Lexikon der Weltliteratur

Biographisch-bibliographisches Handwörterbuch
nach Autoren und anonymen Werken

Fremdsprachige Autoren

L–Z

unter Mitarbeit zahlreicher Fachgelehrter
herausgegeben von Gero von Wilpert

Sonderausgabe
der
vierten, völlig neubearbeiteten Auflage 2004

ALFRED KRÖNER VERLAG STUTTGART

Gero von Wilpert (Hg.)
Lexikon der Weltliteratur
Biographisch-bibliographisches Handwörterbuch
nach Autoren und anonymen Werken
Fremdsprachige Autoren L–Z
Sonderausgabe der
4., völlig neubearbeiteten Auflage 2004.
Stuttgart: Kröner 2008
ISBN 978-3-520-84301-2

© 2008 by Alfred Kröner Verlag
Printed in Germany · Alle Rechte vorbehalten
Satz: pagina GmbH, Tübingen
Gesamtherstellung: Friedrich Pustet, Regensburg

INHALTSVERZEICHNIS

Abkürzungen und Zeichen VII

Artikel L–Z 999

ABKÜRZUNGEN UND ZEICHEN

Nicht aufgeführt werden alle Abkürzungen, die durch Weglassung der Adjektivendung -isch, -ich gebildet werden. Hochgestellte Zahlen vor der Jahreszahl bezeichnen die Auflage, römische Ziffern die Bandzahl.

→	siehe (Verweispfeil)	B.A.	Bachelor of Arts
*	geboren	Ball.	Ballade(n)
†	gestorben	Bb.	Bildband
∞	Eheschließung mit, verh. mit; heiratet	Bch.	Bücher
		Bd.	Band
o|o	geschieden	Ber.	Bericht
A.	Ausgabe(n)	bes.	besonders
AA	Acta Asiatica	Bibl.	Bibliographie
A&A	Antike und Abendland	BICS	Bulletin of the Institute for Classical Studies
Abh.	Abhandlung(en)		
AfO	Archiv für Orientforschung	BJOAF	Bochumer Jahrbuch zur Ostasienforschung
ahd.	althochdeutsch		
AJP	American Journal of Philology	KV	Bibliothek der Kirchenväter, 79 Bde, Kempten 1869–1888
AK	Alaska		
Akad.	Akademie	Bll.	Blätter
AL	Alabama	Bln.	Berlin
allg.	allgemein	BLV	Bibliothek des literarischen Vereins in Stuttgart
Alm.	Almanach		
amerik.	amerikanisch	BMFEA	Bulletin of the Museum of Far Eastern Antiquities
Amst.	Amsterdam		
Anekd.	Anekdote(n)	BONIS	Bibliography of Old Norse-Islandic Studies, Koph.
ANET	Ancient Near Eastern Texts Relating to the Old Testament, Princeton ²1955		
		Br.	Briefe
		Braunschw.	Braunschweig
Anm.	Anmerkungen	Bresl.	Breslau
ANRW	Aufstieg und Niedergang der römischen Welt	CA	California
		Cameron	Angus Cameron, A List of Old English Texts, in: A Plan for the Dictionary of Old English, hg. R. Frank, A. Cameron (Toronto, 1973), 25–306.
Anth.	Anthologie		
AOTAT	Altorientalische Texte zum Alten Testament, ²1956		
Aphor.	Aphorismen		
AR	Arkansas	CHCL	Cambridge History of Classical Literature, hg. P. E. Easterling, B. M. W. Knox, 1985
Archäol.	Archäologie		
AT	Altes Testament		
ATJ	Association of Teachers of Japanese	CJ	Classical Journal
		ClPh	Classical Philology
Aufs(e).	Aufsatz, Aufsätze	ClQ	Classical Quarterly
Aufz.	Aufzeichnung(en)	CO	Colorado
Ausw.	Auswahl	CPh	Classical Philology
Ausz.	Auszug	CQ	Classical Quarterly
Aut.	Autobiographie, Erinnerungen, autobiographische Schrift	CT	Connecticut
		d.	bei Werkangaben: deutsch (von)
AW	Ausgewählte Werke	Darst.	Darstellung
AZ	Arizona	D.B.E.	Dame of the British Empire
B(n).	Biographie(n)	DE	Delaware
-b.	-buch, (bei Ortsnamen: -burg, -berg)	ders.	derselbe
		dgl.	dergleichen
b.	bei (bei Ortsnamen)	d.h.	das heißt

Abkürzungen und Zeichen

Dial.	Dialog(e)	GA	Gesamtausgabe
Dicht.	Dichtung(en)	GCS	Griechische Christliche Schriftsteller
dies.	dieselbe(n)		
Diss.	Dissertation	geh.	geheim
div.	diverse	gen.	genannt
DLE	Deutsche Literatur in Entwicklungsreihen	Gentili Prato PE II	B. Gentili, C. Prato, Poetarum Elegiacorum Testimonia et Fragmenta I-II, Leipzig 1979–1985, ²1988
DNL	Deutsche Nationalliteratur, hg. J. Kürschner		
Dok.	Dokumentation	ges.	gesammelt(e)
Dr.	Doktor (bei Namen)	Ges.	Gesellschaft
Dr.	Drama	Gesch(n).	Geschichte(n)
Drb.	Drehbuch	Gespr(e).	Gespräch(e)
Drr.	Dramen	Gött.	Göttingen
dt., Dtl.	deutsch, Deutschland	Gow-Page HE 1	A. S. Gow, D. L. Page, The Greek Anthology, 1 Hellenistic Epigrams, 1965
DTM	Deutsche Texte des Mittelalters		
Düsseld.	Düsseldorf		
e.	ein, eine, eines usw.	BGRBS	Greek, Roman and Byzantine Studies
E.	Erzählung		
ebda.	ebenda	Greenfield/ Robinson	Stanley B. Greenfield/ Fred C. Robinson; A Bibliography of Publications on Old English Literature to the End of 1972 (Toronto, 1980).
EETS	Early English Text Society		
ehem.	ehemals		
eig.	eigentlich		
Einl.	Einleitung		
En.	Erzählungen		
enth.	enthält	GS	Gesammelte Schriften
Ep.	Epos	GW	Gesammelte Werke
Epigr.	Epigramm(e)	Gymnas.	Gymnasium
erg.	ergänzt	H.(e)	Hörspiel(e)
Erinn.	Erinnerungen	Hbg.	Hamburg
Erl.	Erlangen	Hdb.	Handbuch
erw.	erweitert	Heidelb.	Heidelberg
Es(s).	Essay(s)	Hdwb.	Handwörterbuch
ev.	evangelisch	He.	Hörspiele
f.	für	hebr.	hebräisch
f., ff.	folgende(s)	hg.	herausgegeben (von)
Faks.	Faksimile	HI	Hawaii
Fassg.	Fassung	hist.	historisch
Feuill.	Feuilleton(s)	HJAS	Harvard Journal of Asiatic Studies
Ffm.	Frankfurt/Main	hkA.	historisch-kritische Ausgabe
FGrH	F. Jacoby, Die Fragmente der Griech. Historiker, zusammengestellt von M. Weeber	Hrsg.	Herausgeber, Herausgabe
		Hs(n).	Handschrift(en)
		hsl.	handschriftlich
		HSPh	Harvard Studies in Classical Philology
Filmb.	Filmbuch		
FKDG	Forschungen zur Kirchen- und Dogmengeschichte	IA	Iowa
		ID	Idaho
FL	Florida	IEG2	M. L. West, Iambi et Elegi Graeci ante Alexandrum cantati vol. II. Editio altera, Oxford, 1992
Forts.	Fortsetzung		
Fragm.	Fragment		
franz.	französisch	IL	Illinois
Freib.	Freiburg/Breisgau	IN	Indiana
Fs.	Festschrift	Innsbr.	Innsbruck
Fsp.	Festspiel	insbes.	insbesondere
FSsp.	Fernsehspiel	ital.	italienisch
G.	Gedicht(e)	JAC	Jahrbuch für Antike und Christentum
GA	Georgia (bei Ortsnamen)		

Abkürzungen und Zeichen

Jahrt.	Jahrtausend	MA	Mittelalter
jap.	japanisch	ma.	mittelalterlich
JATJ	Journal of ATJ	M.A.	Magister/stra Artium, Master of Arts
Jb.	Jahrbuch		
JCS	Journal of Cuneiform Studies	Mail.	Mailand
JF	Japan Forum (Univ. of Leeds, UK)	ManualME	A Manual of the Writings in Middle English 1050–1500, hg. A. E. Hartung et al., Hamden/CT, 1972
Jg.	Jahrgang		
Jgb.	Jugendbuch		
Jh(e).	Jahrhundert(e)	Marb.	Marburg
JHP	Journal of the History of Philosophy	Mchn.	München
		MD	Maryland
JHS	Journal of Hellenic Studies	ME	Maine
JJS	Journal of Japanese Studies (Univ. of Washington)	Mem.	Memoiren
		MF	Minnesangs Frühling, hg. C. v. Kraus
JNES	Journal of Near Eastern Studies		
JQ	Japan Quarterly	mhd.	mittelhochdeutsch
JSAL	Journal of South Asian Literature	MH	Museum Helveticum
Jt.	Jahrtausend	MI	Michigan
K.	Komödie	Mitgl.	Mitglied
Kal.	Kalender	MN	Minnesota
Kat.	Katalog	m.n.e.	mehr nicht erschienen
kath.	katholisch	MN	Monumenta Nipponica, Tokyo
Kdb.	Kinderbuch	MO	Missouri
Kg(n).	Kurzgeschichte(n)	MOAG	Mitteilungen der Deutschen Gesellschaft für Natur- und Völkerkunde Ostasiens, Tôkyô
kgl.	königlich		
KNL	Kindlers Neues Literaturlexikon		
komm.	kommentiert	mod.	modern
Komm.	Kommentar	Mon.	Monographie
Koph.	Kopenhagen	Mon. Germ. Hist.	Monumenta Germaniae Historica
Krit.lit.lex	Kritisch Lexicon van de Nederlandstalige Literatuur na 1945		
		MPhL	Museum Philologum Londiniense
KS	Kansas	Ms.	Manuskript
KY	Kentucky	MS	Mississippi
L.	Literaturangaben (Sekundärliteratur)	Mschr.	Monatsschrift
		Msp.	Märchenspiel
LA	Louisiana	MT	Montana
LACL	Lexikon der antiken christlichen Literatur	Mitvf.	Mitverfasser
		N(n).	Novelle(n)
lat.	lateinisch	n.	neu herausgegeben
Leg(n).	Legende(n)	NC	North Carolina
Legsp.	Legendenspiel	ND	North Dakota
Lex.	Lexikon	NdL	Neudrucke deutscher Literaturwerke des 16. und 17. Jahrhunderts
Libr.	Libretto		
LIMC	Lexicon Iconographicum Mythologiae Classicae/ Bildlexikon der Antiken Mythologie		
		NE	Nebraska
		N.F.	Neue Folge
		NH	New Hampshire
Lit.	Literatur	nhd.	neuhochdeutsch
lit.	literarisch	NHK	Nihon hoso kyokai
Lond.	London	NJ	New Jersey
Lpz.	Leipzig	Nl.	Nachlaß
Lsp(e).	Lustspiel(e)	NM	New Mexico
M.	Märchen	NOAG	Nachrichten der Gesellschaft für Natur- und Völkerkunde Ostasiens, Hamburg
m.	mit		
MA	Massachusetts (bei Ortsnamen)		

Abkürzungen und Zeichen

Not.	Notiz(en)	Reiseb.	Reisebuch
NST	Nihon shiso takei, hg. Ienaga Saburo u.a., 67 Bde, 1970–1982	relig.	religiös
		Rep.	Reportage
NT	Neues Testament	Rev.	Revue
NV	Nevada	rev.	revidiert
NY	New York (Bundesstaat)	RFIC	Rivista di Filologia e di Istruzione Classica
N.Y.	New York (Stadt)		
o.J.	ohne Jahresangabe	RGG 4	Religion in Geschichte und Gegenwart, 4. Aufl.
österr.	österreichisch		
OH	Ohio	Rhe.	Reihe
OK	Oklahoma	RhM	Revue d'histoire des missions, 1924ff.
OLZ	Orientalistische Literaturzeitung		
Op.	Operntext	RI	Rhode Island
Opte.	Operettentext	RlA	Reallexikon der Assyriologie und der Vorderasiatischen Archäologie
OR	Oregon		
Orat.	Oratorium		
PA	Pennsylvania	Rost.	Rostock
PALS	Proceedings of the Association of Literary Studies	Rott.	Rotterdam
		S.	Seite
Par.	Parodie	s.	sein(e, usw.)
PCPhS	Proceedings of the Cambridge Philological Society	Sat.	Satire
		Sb.	Sachbuch
Philol.	Philologie	SBBY	Sibu beiyao-Ausgabe
Philos.	Philosophie	SBCK	Sibu congkan-Ausgabe
philos.	philosophisch	SC	South Carolina
PL	Patrologia Latina	SC	Sources chrétiennes. Collection dirigée par H. de Lubac, J. Daniélou, 1941ff.
Plaud.	Plauderei		
PMAJLS	Proceedings of the Midwest Association for Japanese Literary Studies, Ann Arbor/ MI		
		Sch.	Schauspiel
		Schr.	Schrift
		Schw.	Schwank
PMG I	D. Page, Poetae Melici Graeci	SD	South Dakota
PMGF	Poetarum Melicorum Graecorum Fragmenta, Bd. I, post D. L. Page, hg. M. Davies, 1991	SF	Science Fiction
		Sgsp.	Singspiel
		SIFC	Studi Italiani di Filologia Classica
Poxy	The Oxyrhynchus Papyri, hg. B. P. Grenfell, A. S. Hunt u.a., 1898–1964	Sk.	Skizze(n)
		Skjalde- dightning	Den norsk-islandske Skjaldedigtning, udg. ved Finnur Jónsson, Koph., Kristian 1912–1915
Pred(n).	Predigt(en)		
Prof.	Professor		
Progr.	Programm	Slg(n).	Sammlung(en)
Ps.	Pseudonym	SNKBT	Shin nihon koten bungaku taikei (Iwanami Shoten, Tokyo)
PSHK	Pet stoljeća hrvatske književnosti, 1964ff.		
		sog.	sogenannte(r, s)
Psychol.	Psychologie	Son.	Sonette
R.	Roman	Soziol.	Soziologie
RA	Revue d'Assyriologie et d'Archéologie Orientale	Sp.	Spiel
		Spr.	Sprüche
RAC	Reallexikon für Antike und Christentum	SS	Sämtliche Schriften
		St.	Studie
Rd(n).	Rede(n)	-st.	-stück
rd.	rund	Stgt.	Stuttgart
RE	Realencyclopädie für protestant. Theologie und Kirche, begr. von J. J. Herzog, hg. von A. Hauck, 24 Bde, ³1896–1913	Stockh.	Stockholm
		Stud.	Studium, Student
		Suppl.	Supplement
		Suppl. Hell.	Supplementum Hellenisticum, hg. H. Lloyd-Jones u.a., 1983
REG	Revue des Études Grècques, 1888ff.		

Abkürzungen und Zeichen

SW	Sämtliche Werke	v.a.	vor allem
Sz.	Szene	VA	Virginia
TAPhA	Transactions of the American Philological Associations	Verf., Vf.	Verfasser(in)
		verm.	vermehrt
TASJ	Transactions of the Asiatic Society of Japan, Tôkyô	versch.	verschieden(e)
		vollst.	vollständig
Tg.	Tagebuch	Vortr.	Vortrag, -träge
TH	Technische Hochschule	Vst.	Volksstück
Theol.	Theologie	VT	Vermont
TICOJ	Transactions of the International Conference of Orientalists in Japan (Tokyo)	W, Wke.	Werke
		WA	Washington (bei Ortsnamen)
		WA	Werkausgabe
TN	Tennessee	WdF	Wege der Forschung, Wissenschaftl. Buchgesellschaft, Darmstadt
TRE	Theologische Realenzyklopädie, 1976ff.		
TrGF	Tragicorum Graecorum Fragmenta	West IE2	Delectus ex Iambis et Elegis Graecis, hg. M. L. West 1980
Tr(n).	Tragödie(n)	WI	Wisconsin
Tril.	Trilogie	Wiss.	Wissenschaft(en)
TUAT	Texte aus der Umwelt des Alten Testaments, hg. O. Kaiser	wiss.	wissenschaftlich
		WJb	Würzburger Jahrbücher für die Altertumswissenschaft
Tüb.	Tübingen		
TX	Texas	Württ.	Württemberg
u.	und	Würzb.	Würzburg
u.a.	unter anderem	WV	West Virginia
u.a.m.	und anderes mehr	WY	Wyoming
u.d.T.	unter dem Titel	YClS	Yale Classical Studies
u.ö.	und öfter	z.B.	zum Beispiel
üb.	über	ZA	Zeitschrift für Assyriologie und Vorderasiat. Archäologie
Übs.	Übersetzer, -ung		
Übsn.	Übersetzungen	ZPE	Zeitschrift für Papyrologie und Epigraphik
Univ.	Universität		
Unters(s).	Untersuchung(en)	Zs(n).	Zeitschrift(en)
urspr.	ursprünglich	Zt(n).	Zeitung(en)
usw.	und so weiter	z.T.	zum Teil
UT	Utah	Zür.	Zürich
V.	Verse	z.Z.	zur Zeit

Labé, (eig. Charly oder Charlieu) Louise (gen. La Belle Cordière, ›die schöne Seilerin‹, nach dem Beruf ihres Vaters u. dem ihres Gatten Ennemond Perrin, ∞ um 1540), franz. Renaissancedichterin, um 1525 Parcieux b. Lyon – 25. 4. 1566 ebda. Ausgezeichnete Erziehung u. humanist. Bildung, bewunderter Mittelpunkt der künstler. u. geistig aufgeschlossenen Gesellschaft ihrer Stadt, Mitglied der Lyoner Dichterschule (neben Maurice → Scève u. Pernette Du Guillet), soll 1542 in Waffen in e. Turnier mitgekämpft haben. – L. veröffentlichte ihre Werke 1555 in 1 Band, zeigte ihre dialekt.-humanist. Bildung im ›Débat de folie et d'amour‹, wo sie den blinden Amor im Zwiegespräch mit s. Führerin Torheit vorstellt. Schrieb 3 Elegien u. unter Einfluß Petrarcas 25 platonisierende Sonette, die unmittelbarer, leidenschaftl.-schmerzl. Ausdruck e. unerfüllten Liebe sind (ihr Gegenstand ist vermutl. der junge Olivier de Magny). Die glutvolle Darstellung persönl. Erlebens in der Lyrik unterscheidet sie von den anderen Vorläufern der Pléiade. Sie leitet die franz. Renaissancelyrik ein.

A: Œuvres, 1555 (hg. C. Boy II 1887; C. Boutens, Maastricht 1928; A. Bosquet, 1960); Œuvres poétiques, hg. M. Fombeure, 1961; Œuvres complètes, hg. E. Giudici 1981. – *Übs.:* Das lyrische Gesamtwerk, F. v. Rexroth 1957; Sonette, R. M. Rilke 1917, P. Zech 1948, M. Rieple 1957; Sonette und Elegien, 1981.
L: J. O'Connor, 1926; J. Varille, Les Amours de L. L., 1928; L. Carnac, 1934; G. v. Steeg, 1940; M. Brion, Les Amantes, 1941; L. Duhand, 1962; G. Guillot, 1962; L. E. Harvey, 1962; E. Giudici, L. et l'école lyonnaise, Neapel 1964; ders., 1981; L. v. Brabant, 1966; Y. Girault, 1967; F. Zamaron, 1968; G. S. Hanisch, 1979; P. Ardouin, 1981; A. Champdor, 1981; Ch. Sibona, 1984; K. Berriot, 1987; K. Cameron, 1990; F. Rigolot, L. L. Lyonnaise ou la renaissance au féminin, o. J.

Laberius, Decimus, röm. Dramatiker, um 106 v. Chr. – 43 v. Chr. Neben Publilius Syrus bedeutendster Dichter des Mimus. Als Ritter trat er nicht selbst in s. Stücken auf. Bekannt durch den mim. Wettstreit 46 v. Chr. mit Publilius Syrus vor Caesar. – S. Stoffe stammen aus allen Lebensbereichen und der Mythologie. War bekannt für s. polit. Witz. Er schreibt in der Volkssprache, bietet jedoch auch kunstvolle neue Wortschöpfungen.

A: Com. Rom. fragm. 2, hg. O. Ribbeck ³1898 (n. 1962); Romani mimi, hg. M. Bonaria 1965 (m. Komm.); Minor Latin Poets, hg. J. W. u. A. M. Duff II ⁴1961 (m. engl. Übs.).
L: H. Reich, Der Mimus, 1903, n. 1974; D. Romano, Cicerone e L., 1955; A. Marzullo, Il mimo latino nei motivi di attualità, 1958; W. A. Krenkel, Caesar und der Mimus des L., 1997.

Labiche, Eugène-Martin, franz. Dramatiker, 5. 5. 1815 Paris – 23. 1. 1888 ebda. Stud. Jura, Reisen in der Schweiz und Italien. Lebte abwechselnd in Paris und auf dem Lande (Sologne). 1870 Bürgermeister von Sologne. Genoß großes Ansehen, 1880 Mitgl. der Académie Française. – Begann als Romancier; erfolgr. mit s. Lustspielen, schrieb, oft zusammen mit anderen Autoren (M. Michel, A. Lefranc, E. Martin, E. Gondinet, Delacour, Duru), über 100 possenhafte (häufig mit Liedeinlagen) und psycholog. Komödien mit gutmütigem, nie verletzendem Humor. Die Dialoge sind absichtl. naiv, sehr schlagfertig und lebendig. Gute psycholog. Analysen, so des Egoismus in ›Moi‹, der Aufrichtigkeit in ›Le misanthrope et l'Auvergnat‹. Erreicht kom. Wirkung dadurch, daß er das Lügennetz der Konvention durch Zufälle, Täuschungen, Verwechslungen, burleske Peripetien zerreißt. In s. Stücken herrscht e. Logik des Unwahrscheinlichen. Die Personen sind oft mit törichten Leidenschaften oder lächerl. Schwächen behaftete Karikaturen. S. erstes Stück, mit dem er Erfolg hatte, war s. Hauptwerk ›Un chapeau de paille d'Italie‹.

W: La cuvette d'eau, K. 1837; Monsieur de Coislin, K. 1838; Un chapeau de paille d'Italie, K. 1851 (d. nach 1856); Edgar et sa bonne, K. 1852; Le misanthrope et l'Auvergnat, K. 1853; L'affaire de la rue Lourcine, K. 1857; Le voyage de M. Perrichon, K. 1860 (d. 1955); Un pied dans le crime, K. 1860; La poudre aux yeux, K. 1861 (d. 1868); Les vivacités du capitaine Tic, K. 1861; Célimare le bienaimé, K. 1863; La cagnotte, K. 1864 (d. 1868); La grammaire, K. 1867 (d. 1948); Le plus heureux des trois, K. 1870 (d. 1886); Dit-on le dire, K. 1873; Les trente millions de Gladiator, K. 1875; Le prix Martin, K. 1876; La clé, K. 1877. – Œuvres complètes, hg. G. Sigaux 1967ff.; Théâtre complet, hg. E. Augier X 1878f.; Théâtre, V 1949f.; Lettres, hg. P. Blanchart 1959.
L: H. Falter, D. Technik d. Komödien v. E. L., Diss. Lpz. 1908; Z. Gordon, Diss. Toulouse 1932; G.-P. Labiche, 1939; E. Gschladt, Gesellschaft u. Charaktere i. d. Lustsp. v. E. L., Diss. Wien 1949; P. Soupault, ²1964; J. Gilardeau, 1970; J. Autrusseau, 1971; L. Pronko, 1982.

Labīd, altarab. Dichter, um 560 – um 660 Kūfa. Nahm in der Jugend eifrig Anteil an den Fehden s. Stammes, dem er auch als berühmter Dichter die Treue wahrte; 630 mit e. Stammesdeputation in Medina, Annahme des Islam. – Vf. gewandter Schmäh- und Trauergedichte. Unter den Qaṣīden die sog. ›Muʿallaqa‹, die e. der besten Schöpfungen der Beduinenpoesie darstellt. Bezeichnend neben der häufigen Verwendung von Bildern aus der Tierwelt bes. der Ausdruck echter relig. Empfindungen. L. war sicher kein Christ, stand aber im Bann jener Gedanken, die dem Islam den Boden bereiteten.

W: Dīwān, 1. Teil hg. al-Châlidî 1880, 2. Teil hg. A. Huber, C. Brockelmann 1891 (m. Übs.).
L: G. Müller, 1981.

La Boétie, Etienne de, franz. Schriftsteller, 1. 11. 1530 Sarlat – 18. 8. 1563 Germignan. Richter und

Labou Tansi

Parlamentsrat in Bordeaux. Freund Montaignes. – Schrieb die von antikem Freiheitsgefühl erfüllte polit.-relig. Schrift ›Le discours de la servitude volontaire‹, die zur Denkschrift der um ihre Freiheit kämpfenden franz. Protestanten wurde. S. petrarkisierenden Sonette wurden von Montaigne 1580 in den ›Essais‹ veröffentlicht. Übs. von Xenophons ›Oikonomikos‹.

W: Mémoires sur l'édit de janvier 1562 (Revue d'hist. litt., 1917); Le discours de la servitude volontaire, 1576 (d. F. Boenheim 1925, W. Hoffmann-Harnisch 1961, W. Koneffke 1968); Mémoires sur la pacification des troubles, hg. M. Smith 1983. – Œuvres, hg. L. Feugère 1846, P. Bonnefon 1892; Œuvres politiques, hg. F. Hincker 1963.

L: P. Mesnard, 1936; M. Riveline, 1939; L. Martin-Chauffier, 1962; W. Müller-Pelzer, 1983; A. M. Cocula, 1995.

Labou Tansi, Sony, kongoles. Autor franz. Sprache, 1947 – 14. 6. 1995 Brazzaville. Engl.-Lehrer. – Eine der ersten lit. Stimmen des postkolonialen Afrika. Versuchte in seinen Werken Franz. mit den Strukturen der lokalen Sprachen des Kongo zu harmonisieren. Rundfunk u. Theater boten ihm die Foren seiner heftigen soz. und polit. Kritik. Gründet 1979 das ›Raccado-Zuhn-Theater‹ in Limoges; zahlr. Aufführungen s. Stücke in New York.

W: Conscience de tracteur, Dr. 1979; Je soussigné Cardiaque, Dr. 1981; La Panthèse de sang, Dr. 1981; Antoine m'a vendu son destin, Dr. 1986; Moi, veuve de l'empire, Dr. 1987.

Labrunie, Gérard → Nerval, Gérard de

La Bruyère, Jean de, franz. Schriftsteller, 16. 8. 1645 Paris – 10. 5. 1696 Versailles. Aus mittlerem Bürgertum; Stud. Jura, kurze Zeit Advokat. 1673 Schatzmeister des Steuerbezirks Caen, ab 1684 durch Vermittlung Bossuets Erzieher des Duc de Bourbon, Enkels des großen Prince de Conde. Konnte an dessen Hof in einsamem, meditativem Leben nicht ohne Demütigungen fast alle prominenten Aristokraten s. Zeit beobachten. 1688 großer lit. Erfolg mit s. satir. Hauptwerk, durch das er sich viele Feinde schaffte. 1693 Mitglied der Académie Française. – ›Les caractères de Théophraste traduits du grec, avec les caractères ou les mœurs de ce siècle‹ weisen ihn als hochbedeutenden Moralisten und großen klass. Prosaschriftsteller aus. Gibt farbig, lebendig und unmittelbar in Bildern, die bis in psycholog. sprechende Details ausgezeichnet sind, die umfassendste und genaueste Darstellung der franz. Aristokratie gegen Ende der Herrschaft Ludwigs XIV. Charakteristisch für s. Moralistik und neuartig ist s. unsystemat., durch Einzelerscheinungen die psycholog. Hintergründe dokumentierende Methode (im Gegensatz zur abstrakt begrifflich urteilenden). Ging aus von e. Übersetzung Theophrasts, die er fortlaufend durch eigene (in der 9. Fassung schließlich e. Mehrfaches der Vorlage ausmachende) Beiträge vermehrte. Weist die s. Werk zugrundeliegende pessimist. Überzeugung vom eth. Unvermögen des Menschen überhaupt (Eitelkeit, Verlogenheit, maßlosen Ehrgeiz) mit großer Kühnheit an der zeitgenöss. Aristokratie nach, deckt schonungslos die moral. Zersetzung der franz. Kultur auf; ist jedoch weder moral. noch relig. Nihilist, steht treu zur Monarchie. Knappe Aphorismen wechseln im Aufbau des Werkes ab mit dem Hauptteil, Porträts (z. T. unverkennbare Studien von Zeitgenossen), Beschreibungen stehen neben Reflexionen. Der Ton wechselt zwischen Belustigung, Bitterkeit und Entrüstung, entspricht in s. Vielseitigkeit der Mannigfaltigkeit der Stilmittel.

W: Les caractères de Théophraste traduits du grec, avec les caractères ou les mœurs de ce siècle, 1688, letzte Fassg. 1696 (hg. F. E. Schneegans 1910, F. Fluttre 1925, G. Mongrédien 1960; R. Barthes 1963, P. Kuentz, 1969; d. G. Hess ²1947); Dialogues sur le quiétisme, 1699. – Œuvres complètes, hg. G. Servois V 1865–78, VI ³1920–1922; J. Benda 1935, 1951. – *Übs.:* R. Hamel II 1883f.; O. Flake II 1918; G. v. Schuckmann 1968.

L: P. Morrillot, 1904; M. Lange, 1909; G. Michaut, La B. et Théophraste, 1936; H. Klaus, Diss. Bln. 1935; G. Michaut, 1936; Paquot-Pierret, L'art du portrait chez L., ²1948; P. Richard, ²1966; R. Jasinski, 1971; A. Stegmann, 1972; J. Hellegouarch, 1975; R. Garapon, 1978; D. Kirsch, 1978; G. Mongrédien, 1980; M. S. Koppisch, 1981; P. Soler, 1994; M. Escola, 1996; J.-P. Landry, 1996; D. Berhand, 2001.

LaBute, Neil, amerik. Dramatiker u. Regisseur, * 19. 3. 1963 Detroit. Lebt in Fort Wayne/IN, bekennt sich zur Church of Jesus Christ of Latterday Saints. – L. zeichnet kontroverse Porträts der dunklen Kehrseite Amerikas; zwei vom Kleinstadtleben gelangweilte Freunde verführen in ›In the Company of Men‹ e. taube Frau, um sie dann emotional zugrunde zu richten; ›Your Friends and Neighbors‹ zeigt das scheiternde Sexual- u. Gefühlsleben dreier Paare.

W: In the Company of Men, Dr. u. Drb. 1997; Your Friends and Neighbors, Drb. 1998; bash: latterday plays, Dr. u. Drb. 1999; The Shape of Things, Dr. 2001 u. Drb. 2003; The Distance from Here, Dr. 2002; The Mercy Seat, Dr. 2003.

La Calprenède, Gautier de Coste, Sieur de, franz. Romanschriftsteller und Dramatiker, 1614 Château de Toulgou-en-Périgord/Dordogne – 15. (?) 10. 1663 Le Grand Andely. Stud. Toulouse, seit 1632 in Paris. Karriere am königl. Hof. – Erfolg. mit sehr langen und preziösen pseudohist. Heldenromanen, in die lange Erörterungen über Liebe und Politik eingeflochten sind. Das beste s. Dramen ist ›Le comte d'Essex‹.

W: La mort de Mithridate, Dr. 1635; Le comte d'Essex, Dr. 1638; La mort des enfants d'Hérode, Dr. 1639; Edouard, roi d'Angleterre, Dr. 1639; Cassandre, R. X 1642–60 (d. 1685–1707); Cléopâtre, R. XII 1647–58 (d. 1700–02); Faramond ou l'histoire de France, R. XII 1661–70 (vollendet v. Vaumorière; d. 1688–97).
L: E. Seillière, Le romancier du Grand Condé, La C., 1921.

La Capria, Raffaele, ital. Erzähler, * 3. 10. 1922 Neapel. Rundfunkredakteur in Rom. – Erfolg mit ›Ferito a morte‹: Schilderung des untätigen Bürgertums Neapels in der Kriegs- und Nachkriegszeit u. des Versuchs des Helden, sich aus diesem Milieu zu lösen. Gekonnte Technik in der Verwendung versch. Zeitebenen. Zahlr. Essays über Neapel u. zur Lit.theorie.
W: Un giorno d'impazienza, R. 1952; Ferito a morte, R. 1961 (d. 1963); Amore e psiche, R. 1973; False partenze, Aut. 1974; Fiori giapponesi, En. 1979; L'armonia perduta, Ess. 1986; La neve del Vesuvio, R. 1988; Napolitan Graffitti, Ess. 1994; L'occhio di Napoli, Ess. 1994; Lo stile dell'anatra, 2001.
L: P. Grossi, 2002.

La Ceppède, Jean de, franz. Lyriker, um 1550 Marseille – 1622 Avignon. – Schrieb 500 relig. Sonette ›Théorèmes spirituels‹ (1613–21). Von Malherbe bewundert. Erst im 20. Jh. wiederentdeckt.
W: Les théorèmes sur le sacré mystère de notre rédemption, 1613–22 (n. J. Rousset 1966).
L: F. Ruchon, 1953; L. K. Donaldson-Evans, Poésie et méditation chez J. de la C., 1969; P. A. Chillon, 1977; Y. Quenot, 1998; J. Gœury, 2001.

La Chaussée, Nivelle de → Nivelle de la Chaussée, Pierre Claude

Lācis, Vilis, lett. Schriftsteller, 12. 5. 1904 Mangaļi, jetzt Riga – 6. 2. 1966 Riga. Vater Hafenarbeiter; 1917 Schulabschluß Daugavgrīva b. Riga; 1917–21 ins Altai-Gebiet evakuiert, Lehrerseminar Barnaul, Sekretär des Dorfsowjets; 1921–35 Fischer, Dockarbeiter, Schiffsheizer, Bibliothekar; ab 1928 LKP-Mitglied; 1940–59 Vorsitzender des Ministerrates der LSSR; 1941–44 nach Moskau evakuiert; 1950–58 Vorsitzender des Nationalitätenrates der Obersten Sowjets der UdSSR. – Schuf u.a. über 20 Romane u. sog. ›Längere Erzählungen‹ im engagierten Geiste des sozialist. Realismus.
W: Zvejnieka dēls, R. 1933f.; Senču aicinājums, R. 1935; Pazudusī dzimtene, R. 1941; Uzvara, Sch. 1945; Uz jauno krastu, R. 1952; Pēc negaisa, R. 1962. – Kopoti raksti (GW), XXVI 1970–80.

Laclos, Pierre Ambroise → Choderlos de Laclos, Pierre Ambroise François

La Cour, Paul (Arvid Dornonville de), dän. Lyriker, 9. 11. 1902 Rislev/Seeland – 20. 9. 1956 Roskilde. Maler, mehrere Jahre in Paris. – S. Lyrik zeigt e. Entwicklung von pantheist. Naturgefühl über Zeit- u. soziale Gedichte in den 30er Jahren, mit wachsendem ›Schuldgefühl‹ wegen der Bosheit der Zeit, bis zu krampfartigen Versuchen, die Dichtung zu e. ›Erkennen‹ zu machen. In s. vielbesprochenen Monologen ›Fragmenter af en dagbog‹, von vielen als e. mod. Poetik aufgefaßt, sucht C. nach dem Keim des Daseins u. die Dichtens hinter dem Intellekt und der Sprache; e. Ton von Demut und Innigkeit geht durch s. ganze Dichtung.
W: Regn over Verden, G. 1933; Kramer bryder op, R. 1935; Levende Vande, G. 1946; Fragmenter af en dagbog, 1948, ³1993 (d. 1953); Mellem Bark og Ved, G. 1950; Udvalgte digte 1928–51, G. 1951; Efterladte digte, G. 1957; Solhøjde, Ess. 1959.
L: P. Vogt, 1944; Møde med Fragmenterne, hg. E. Larsen 1959; O. Kampp Olsen, 1962; P. Schmidt, 1963, 1971.

Lacretelle, Jacques de, franz. Romancier, 14. 7. 1888 Cormatin/Saône-et-Loire – 2. 1. 1985 Paris. Diplomatensohn; Kindheit in Griechenland, Ägypten, Italien. Ab 1898 (Tod des Vaters) in Paris. Lycée Janson; Stud. engl. Lit. Cambridge. 1938 Mitglied der Académie Française. Freund von Rivière und Gide. – In Romanen pessimist. und scharfsichtiger Analytiker der menschl. Seele in der Nachfolge Flauberts und Prousts. Dringt ein in die Sphäre des Unbewußten, der Triebe und Träume. Stellt mit Vorliebe zu Unrecht Verfolgte und Unverstandene dar. Ausgewogene Romane, die sich auf die Darstellung des Wesentl. beschränken, von großer stilist. Klarheit. Verarbeitete Jugenderinnerungen in ›La vie inquiète de Jean Hermelin‹. ›Silbermann‹ mit der Forts. ›Le retour de Silbermann‹ über e. jungen jüd. Intellektuellen mit ehrgeizigen Plänen, der in der Jugend am Haß s. Mitschüler, später am Mangel an eigentl. Schöpferkraft zerbricht. ›La Bonifas‹ über e. alleinstehende Frau in der Provinz, Studie der franz. Provinzsitten. Der Romanzyklus ›Les Hauts-Ponts‹ über e. sich auflösende Familie. Übs. Werke von M. Webb, E. Brontë.
W: La vie inquiète de Jean Hermelin, R. 1920 (d. 1930); Silbermann, R. 1922 (d. 1924); La mort d'Hippolyte, R. 1923; La Bonifas, R. 1925; La belle journée, R. 1925; Lettres espagnoles, Ess. 1926; Aparté, Ess. 1927; Le Christ aux bras étroits, E. 1927; Le cachemire écarlate, E. 1927; Quatre nouvelles italiennes, Nn. 1928; L'âme cachée, Kgn. 1928; Le retour de Silbermann, R. 1929; Amour nuptial, R. 1929 (Kreuzweg der Ehe, d. 1931); Le rêveur parisien, R. 1930; Le demi-dieu ou le voyage de Grèce, Es. 1930; Solitudes, 1930; Les Hauts-Ponts, R. IV 1932–35 (Sabine, 1932, Les fiançailles, 1933, Années d'espérance, 1935, La monnaie de plomb, 1935); Les aveux étudiés, Es. 1934; L'écrivain public, Es. 1936;

L'heure qui change, Ess. 1941; Libérations, Ess. 1945; Le pour et le contre, R. II 1946; Deux cœurs simples, R. 1947; Une visite en été, Dr. 1953; Le tiroir secret, Aut. 1959; Les maîtres et les amis, Ess. 1959; Michel-Ange, Ess. 1961 (d. 1963); La galérie des amants, Ess. 1963; Face à l'événement, Es. 1966; Portraits d'autrefois, figures d'aujourd'hui, Es. 1973; Journal de Bord, Tg. 1974; Les vivants et leur ombre, R. 1977; Quand le destin nous mène, R. 1981. – Morceaux choisis, hg. A. Maurois 1938.

L: D. W. Alden, New Brunswick, 1958; E. Dupont-Rosenburg, 1988.

La Cruz Cano y Olmedilla, Ramón de, span. Schriftsteller, 28. 3. 1731 Madrid – 5. 3. 1794 ebda. Bescheidenes, unbedeutendes Leben als kleiner Staatsbeamter, 1760 ∞ Doña Margarita Beatriz de Magán, verkehrte mit Schriftstellern u. in lit. Zirkeln, genoß Protektion des Herzogs von Alba. – Bedeutendster Vf. von ›sainetes‹ im 18. Jh., Fortführung der typ. span. Theaterform der ›pasos‹ (Rueda) u. ›entremeses‹ (Cervantes, Quiñones de Benavente u.a.). Anfangs ausgesprochener Anhänger der franz. Schule, begann mit Übsn. u. Bearbeitungen franz. u. ital. Tragödien u. Komödien (u.a. von Metastasio, Zeno, Ducis, Racine), fand bald zu der ihm gemäßeren possenartigen Kurzform der ›sainetes‹, verfaßte mehr als 300, vorwiegend über Leben u. Sitten in Madrid mit lebensechten, maler. Typen aus dem niederen Volk, der Theater- u. Hofwelt, Parodien auf klassizist. franz. Tragödien u. a. Kurze Szenen, meist auf Dialog beschränkt, ohne eigentl. Handlung, von großem dokumentar. u. hist. Interesse. Ferner zahlr. ›zarzuelas‹.

W: Sainetes: Manolo; El muñuelo; Inesilla la de Pinto; Zara; El teatro por dentro; La comedia de las maravillas; El sainete interrumpido; El Rastro por la mañana; El Prado por la noche; La Pradera de San Isidro; La Plaza Mayor por Navidad; El poeta aburrido, 1773. – Obras, in: ›Nueva Biblioteca de Autores Españoles‹, II 1915 u. 1928; Teatro, X 1786–91; Sainetes, II 1882; Doce sainetes, hg. J. F. Gatti 1972; Sainetes, hg. J. Dowling 1982; Sainetes, 1990.

L: E. Cotarelo y Mori, 1899; F. Palau Casamitjana, Diss. Bonn 1935; J. Vega, 1944; U. Voss, Der Sainete, Berlin 1970; A. J. Moore, N. Y. 1972; A. V. Ebersole, 1983; M. Coulon, Pau 1993.

Lactantius, Lucius Caelius Firmianus, lat. christl. Schriftsteller, um 250 n. Chr. Africa – 325 Gallien. Rhetoriklehrer in der Kaiserresidenz Nikomedien; dort wurde L. kurz vor Beginn der Verfolgungen im Jahr 303 Christ; um 315 rief ihn Kaiser Konstantin als Lehrer für s. Sohn nach Gallien. – Die ›Divinae Institutiones‹ (Göttl. Unterweisungen), L.' Hauptwerk, gelten als erste lat. Gesamtdarstellung der christl. Religion; es richtet sich an gebildete Heiden; später verfaßte L. davon e. Kurzfassung (›Epitome‹). In ›De mortibus persecutorum‹ zeigt L., daß die Verfolger der Christen e. ihren Greueltaten entsprechendes Ende fanden. In ›De ira dei‹ rechtfertigt er die Lehre vom Zorn Gottes. ›De opificio dei‹ zeigt den Menschen als Geschöpf e. fürsorgl. Gottes. ›De ave Phoenice‹ ist e. christl. auszulegendes Gedicht über den Wundervogel Phoenix.

A: Epit.: E. Heck, A. Wlosok, 1994; dt. Übs. u. Einl. E. Heck, G. Schickler, 2001; Inst.: m. franz. Übs. u. Einl. P. Monat, Paris 1973ff.; Ira: m. dt. Übs. u. Einl. H. Kraft, A. Wlosok, 1974; Mort.: m. engl. Übs. J. L. Creed, Oxf. 1984; Opif.: m. franz. Übs. u. Einl. M. Perrin, Paris 1974; Phoen.: m. engl. Übs. M. C. Fitzpatrick, Philadelphia 1933.

L: J. Fontaine, M. Perrin, hg., L. et son temps, Paris 1978; A. Wlosok, in: Handbuch der lat. Lit. der Antike, 5, 1989, § 570.

La Cueva, Juan de, span. Dramatiker u. Lyriker, 1543 Sevilla – 1612 Granada. Hielt sich 1574–77 in Begleitung s. Bruders Claudio in Mexiko auf, lebte danach in Sevilla. – Begann mit Liebesgedichten nach ital. Manier (Petrarca), wandte sich dann satir., mytholog. u. allegor. Themen zu, häufig mit autobiograph. Zügen, Ausdruck s. aufrichtigen Charakters u. s. tiefen Glaubens. Als Dramatiker bedeutend durch erstmalige Verwendung von Themen aus der span. Nationalgeschichte u. Verarbeitung volkstüml. Romanzen, e. Neuerung, die von vielen späteren Autoren (u. a. Lope de Vega) aufgegriffen wurde. Verfaßte insgesamt 14 Werke, u. a. auch über antike Themen; in Aufbau u. Durchführung häufig uneinheitl. u. verworren. Der ›Exemplar poético‹ ist e. in Terzinen abgefaßte Epistel über lit. Theorien.

W: Los siete infantes de Lara, Dr. (1579); El infamador, Dr. (1581) (n. J. Caso González 1965); Obras, 1582; Viaje de Sannio, G. 1585 (n. F. A. Wulff 1884); Coro febeo de romances historiales, G. 1587; Ayax Telamón, Dr. 1588; La muerte de Virginia, Dr. 1588; La libertad de España por Bernardo del Carpio, Dr. 1588 (n. A. Watson 1974); La muerte del rey don Sancho, Dr. 1588; Conquista de la Bética, Dicht. 1603; Exemplar poético, Dicht. 1606 (n. E. Walberg 1904). – Comedias y tragedias, 1588 (hg. F. A. de Icaza 1917, in: ›Clásicos Castellanos‹, ²1941); Poèmes inédits, hg. A. Wulff, Lund 1886f.

L: C. Guerrieri Crocetti, Turin 1936; A. Watson, J. de la C. and the Portuguese Succession, Lond. 1971; R. F. Gleen, N. Y. 1973; J. M. Reyes Cano, 1980; J. Cebrián, 1986, 1988, 1991, 2001.

Ladipo, Duro, nigerian. Dramatiker, 18. 12. 1931 Oshogbo – 11. 3. 1978 Oshogbo. Volksschullehrer, seit 1962 Regisseur u. Leiter e. Schauspieltruppe in Oshogbo. – In der Tradition der Yoruba-Volksoper gestaltet L. Stoffe aus Mythos, Sage u. Geschichte der Yoruba zu poet. Dramen klass. Stils mit Chor u. Trommelbegleitung.

W: 3 Yoruba Plays, 1964; Qba kò so, 1966 (Ausw. m. engl. Übs.).

Laevius, röm. Lyriker, Anfang/Mitte 1. Jh. v. Chr. – Verfaßte ›Erotopaegnia‹ (d.h. ›Liebesscherze‹) in mindestens 6 Büchern. Charakterist. für ihn scheint die Heranziehung von Stoffen der hellenist. Dichtung, worin ihm die Neoteriker folgten, und die Bezugnahme auf Aktuelles. Einzelne Titel wie ›Adonis‹, ›Helena‹ und ›Phoenix‹ waren wohl nur Teilstücke der Sammlung. Als Vorläufer der Neoteriker zeigt ihn auch s. artist. Freude an Wortschöpfungen und metr. Spielereien.

A: Fragm. poet. Lat., hg. W. Morel ³1995 (hg. J. Blänsdorf); Poetae novi, hg. A. Traglia ²1974; Fragmentary Latin Poets, hg. E. Courtney 1993.

L: H. De la Ville de Mirmont, Paris 1903.

La Farge, Oliver (Hazard Perry), amerik. Ethnologe und Autor, 19. 12. 1901 New York – 2. 8. 1963 Albuquerque/NM. Nachfahre Franklins und Commodore Perrys, Sohn e. Architekten; Stud. Anthropologie, Ethnologie, Archäologie Harvard, Lehrtätigkeit Tulane, Columbia; Expeditionen nach Arizona, Mexiko, Guatemala. – S. bes. Interesse für die amerik. Indianer bestimmt die Thematik s. Romane, Erzählungen und Kurzgeschichten. ›Laughing Boy‹, e. Liebesgeschichte unter Navajo-Indianern, erhielt 1929 den Pulitzerpreis. Bedeutende Sachbücher über die nordamerik. Indianer.

W: Laughing Boy, R. 1929 (Der große Nachtgesang, d. 1949); Sparks Fly Upward, R. 1931; All the Young Men, Kgn. 1935; The Enemy Gods, R. 1937; As Long as the Grass Shall Grow, St. 1940; The Copper Pot, R. 1942; The Changing Indian, Anth. 1942; Raw Material, Aut. 1945; A Pictorial History of the American Indian, 1956 (Die Welt der Indianer, d. 1961; auch u.d.T. Die große Jagd, 1961); A Pause in the Desert, Kgn. 1957 (Die letzte Flasche Whisky, d. 1958); Santa Fe, St. 1959 (m. A. N. Morgan); The Door in the Wall, En. 1965; Yellow Sun, Bright Sky, En. hg. D. L. Caffey 1988.

L: F. Schulz, 1964; W. T. Scott, hg. 1966; E. A. Gillis, 1967; D'A. McNickle, 1971; R. A. Hecht, 1991.

La Fayette, Marie-Madeleine, geb. Pioche de la Vergne, Comtesse de (Ps. Segrais), franz. Schriftstellerin, 18. (?) 3. 1634 Paris – 25. 5. 1693 ebda. Sorgfältige Erziehung; schon sehr jung im Hotel de Rambouillet, in der Auvergne, 1655 ∞ François Comte de Lafayette, den sie nach der Geburt von 2 Söhnen verließ. Ab 1659 endgültig in Paris, eröffnete dort als prominentes Mitglied der Gesellschaft e. Salon; befreundet mit Segrais (unter dessen Namen sie z.T. publizierte), Huet und La Rochefoucauld, der von 1665 bis zu s. Tode bei ihr lebte. Spielte auch e. bedeutende diplomat. Rolle. – Verdankt ihren lit. Ruhm dem Meisterwerk ›La princesse de Clèves‹, dem ersten franz. psycholog. Roman. S. Thema, wie das aller ihrer Romane, ist die in der Ehe unerfüllte Liebe e. Frau (verarbeitet wahrscheinl. eigenes Erleben). Der Roman zeigt in der Komposition preziöse Elemente, ist zugleich e. hist. Werk, da das Geschehen sich auf dem Hintergrund der genau dargestellten höf. Gesellschaft des 17. Jh. abspielt. Der sittl. Konflikt, der Kampf gegen e. verbotene Liebe, erinnert an Corneille, doch die subtile und ausgedehnte Darstellung der Ängste und inneren Verwirrung steht Racine sehr nahe. Durch Nüchternheit, Verhaltenheit, Dichte und Geschmeidigkeit des Stils ist der Roman e. bedeutendes klass. Werk.

W: La princesse de Montpensier, R. 1662 (d. F. Hardekopf, 1957); Zaïde, R. 1670 (d. 1790); La princesse de Clèves, R. IV 1678 (hg. E. Magne 1946, K. B. Kettle 1967; d. E. Lerch 1947, G. Hess 1949; F. Hardekopf 1957); Histoire d'Henriette d'Angleterre, B. 1720 (n. 1965; d. 1790); La comtesse de Tende, R. 1724; Mémoires et lettres de la cour de France, 1688/89, 1731 (n. 1890, 1965); Vie de la princesse d'Angleterre, hg. M.-Th. Hipp 1967. – Œuvres complètes, V 1832; Œuvres, hg. R. Lejeune III 1925–30; Romans et nouvelles, hg. E. Magne 1958; Correspondance, hg. A. Beaunier II 1942. – *Übs.*: Ges. Romane, F. Schulz, III 1790.

L: H. Ashton, Lond. 1922; E. Magne, Mme de La F. en ménage, 1926; ders., Le cœur et l'esprit de Mme de La F., 1927; A. Beaunier, L'amie de La Rochefoucauld, 1927; C. Dédéyan, 1956; E. Köhler, M. de L.s ›La Princesse de C.‹, 1959; B. Pingaud, 1959; M. J. Durry, 1962; J.-Ch. Remy, 1967; D. Beyerle, ›La princesse de Clèves‹ als Roman des Verzichts, 1967; J. Raitt, Lond. 1971; M. Laugaa, 1971; A. Niderst, ›La Princesse de Clèves‹. Le roman paradoxal, 1973; R. Francillon, 1974; G. Mouligneau, 1980; O. Virmaux, 1981; G. Violato, 1981; J. Kreiter, 1984.

Lafont, Robert, franz. Schriftsteller franz. u. okzitan. Sprache, * 1923 Nîmes. Weitgefächerte Bildung; setzt sich frühzeitig, v. a. während des 2. Weltkrieges, an die Spitze der okzitan. Bewegung; lehrt Lit. und Regionalgeschichte an der Univ. Montpellier. – Vf. von Romanen, Gedichten, Dramen, hist. Darstellungen, soziolinguist. Essays.

W: Paraulas al vielh silenci, G. 1946; Mistral ou l'illusion, Ess. 1954; Dire, G. 1957; Lo pescar de la sepia, Dr. 1958; Dom Esquichòte, Dr. 1973; La primera persona, R. 1978; La confidéncia fantasiosa, R. 1989; La gacha a la cistèrna, G. 1998.

La Fontaine, Jean de, franz. Dichter, 8. 7. 1621 Château-Thierry/Champagne – 14. 4. 1695 Paris. Vater Forstmeister; Schule Château-Thierry, Stud. Theol. und Jura Reims. 1647 ∞ Marie Héricart, die er vernachlässigte, 1658 verließ. 1647 Forstmeister in s. Heimatstadt. Seit 1658 in Paris als Günstling hoher Persönlichkeiten (Fouquet, die Herzogin von Bouillon, die Marquise de la Sablière, bei der er 20 Jahre lebte). 1684 Mitglied der Académie Française. Mondäner, geschickter, sinnenfroher Epikureer, beliebter Gesellschafter und zugleich hart arbeitender Schriftsteller. – Dichter von Weltgeltung mit s. Fabeln. Neben Racine bedeutendster Verskünstler s. an großen Dichtern armen Zeit. Galt den Zeitgenossen vor allem als Epiker. ›Adonis‹ ist e. Nachahmung Ovids in flüssigen, weichen Versen. In den pikant-frivolen, aus Boccaccio und dessen franz. Nachahmern schöpfenden ›Contes‹ zähmte er mit so feinem Geschmack den ›esprit gaulois‹, daß sie zur Lieblingslektüre der Vornehmen wurden. ›Les amours de Psyché et de Cupidon‹, Prosaroman, e. reizvolle Verbindung mytholog. und mod. Elemente. Die in 12 Büchern erschienenen 245 Fabeln gehen auf Äsop, Babrios, Phädrus und Bidpai zurück. L. entwickelt mit Meisterschaft e. neue Form dieser Gattung: Die moralisierende Belehrung (die bei den Quellen den größten Raum einnimmt, wobei die Tiere Abstraktionen bleiben) findet sich bei ihm nur selten. Sie ist verdrängt durch e. aus echter Freude am Lebendigen, an Landschaft, Tier (im Gegensatz zu der Auffassung s. Zeit, die die Tiere als seelenlose Maschinen sah) und Pflanze entstandenen, beseelten Erzählung. Begabt die Tiere mit Charaktereigenschaften, entwirft e. in s. Märchenhaftigkeit die Phantasie ansprechendes, von pessimist. Welterfahrung zeugendes Abbild des menschl. Zusammenlebens. Grundlegend die Überzeugung von der Erbarmungslosigkeit des Kampfes ums Dasein. Rationalist. Beobachter mit der Erkenntnis, daß Glück, der verfeinerte epikureische Genuß von Schönheit, Liebe und Freundschaft, nur außerhalb der Gefahren, in der selbstgewählten Freiheit des Weisen möglich sei. Naive, beseelte, humorvollwitzige und psycholog. subtile Darstellung mit kunstvoll-dramat. Aufbau in e. aus allen Wortgruppen schöpfenden Sprache mit e. gemäß dem Charakter der Personen immer neu variierten Rhythmus, dem ›vers libre‹, e. eleganten Vers von großer Leichtigkeit (mit den Malherbeschen Forderungen widerstreitenden Freiheiten), der in s. von virtuosen, nach langer Arbeit erreichten Vollendung bisweilen wie ›poésie pure‹ wirkt.

W: Adonis, Vers-R. 1658; Elégie aux nymphes de Vaux, Dicht. 1661; Un voyage en Limousin, E. 1663 (d. 1966); Le songe de Vaux, G. 1665, 1671, 1729 (n. E. Titcomb 1967); Contes et nouvelles en vers, IV 1665–85 (hg. E. Pilon, F. Dauphin 1926; d. T. Etzel II 1910–13, n. 1922, C. Moreck 1921); Fables, 1668–94 (hg. G. Michaut II 1927; d. E. Dohm, 1877, n. 1913, R. Mayr 1948, n. 1964); La captivité de Saint Malc, G. 1673; Le Quinquina, G. 1682; Les amours de Psyché et de Cupidon, R. II 1669 (d. 1966). – Œuvres complètes, hg. H. Régnier XI 1883–92, X 1927–29, II 1939–42, II 1958f.; A concordance to the fables, hg. J. A. Tyler o. J. – Übs.: Sämtliche Fabeln, 1978; Sämtliche Novellen in Versen, 1981.

L: G. Michaut, II 1912–14; L. Roche, La vie de La F., 1913; K. Vossler, J. de La F. u. s. Fabelwerk, 1919; F. Gohin, L'Art de La F., 1929; R. Bray, Les fables de La F., 1929; A. Bailly, 1937; J. Giraudoux, Les cinq tentations de La F., 1938; P. A. Wadsworth, Evanston 1952; M. Sutherland, Lond. 1953; M. Guiton, New Brunswick 1961; S. Blavier-Paquot, 1961; R. Lohn, Le gout de La F., 1962; S. Jeune, 1964; M. Rat, 1964; R. Jasinski, La F. et le premier recueil des fables, II 1965f.; J. D. Biard, The style of La F.s fables, Oxf. 1966; P. Clarac, ^{2}1969; R. Collinet, 1970; J.-P. Collinet, 1970; N. Richard, 1972; P. Bornecque, 1974; G. Mongrédien, 1974; J. Orieux, 1976; P. Boutang, 1981; J. J. Merino-Morais, 1981; Z. Youssef, 1981; P. de Dandrey, 1991; W. Drost, J. de la F. dans l'univers des arts, 1991; Actes du Colloque tricentenaire, 1995; C. Chauveau, 1995; J.-J. Lévêque, 1995; M. cornut-Peyron, 1996; W. Aractingi, 1996; P. Cajlar, 1996; R. Fontimpe, J. d. l. F. de A à Z, 2001. – Bibl.: Comte de Rochambeau, 1911.

Laforet, Carmen, span. Romanschriftstellerin, 6. 9. 1921 Barcelona – 28. 2. 2004 Madrid. Lebte bis 1939 in Las Palmas auf den Kanar. Inseln, dann Stud. Philos. u. Lit. in Barcelona, 1946 ∞ Schriftsteller Manuel Gonzalez-Cerezales, lebte in Madrid. – Verbindet e. sehr persönl.-kraftvollen Stil mit Aufrichtigkeit u. echt weibl. Empfinden; mod. Realismus ohne Sentimentalität.

W: Nada, R. 1945 (d. 1948); La isla y los demonios, R. 1952; La muerta, En. 1952; La llamada, En. 1954; La mujer nueva, R. 1955 (Die Wandlung der Paulina Goya, d. 1958); La insolación, R. 1963; Paralelo 35, R. 1967; La niña, En. 1970. – Übs.: 25 Peseten, En. 1961.

L: G. Illanes Adaro, 1971; Novelistas españoles de posguerra, hg. R. Cardona 1976; A. Cerezales, 1982; S. Truxa, Ffm. 1982; W. F. Mateu, Ann Arbor 1985.

Laforgue, Jules, franz. Dichter, 16. 8. 1860 Montevideo – 20. 8. 1887 Paris. Breton. Abstammung; ab 1866 in Tarbes, Frankreich; 1876 Lycée Fontanes in Paris, 1879 Redaktionssekretär der ›Gazette des Beaux Arts‹. Verkehr im Pariser Symbolistenzirkel, protegiert durch Mallarmé, eng befreundet mit P. Bourget, der ihm e. Stellung als Vorleser bei Kaiserin Augusta am Preuß. Hof (1881–86) verschaffte. In Berlin beeinflußt durch den dt. philos. Pessimismus (Schopenhauer, E. von Hartmann), 1887 ∞ engl. Lehrerin Leah Lee. Starb an Tuberkulose. – Ursprüngl. und echter Lyriker des Symbolismus und der Dekadenz unter Einfluß Verlaines. Verwendete als e. der ersten den ›vers libre‹ in Balladen, Litaneien und Volksliedern. Grundthema sind s. Empfindungen über Absurdität und Eitelkeit des menschl. Lebens. Äußert echt und tief empfundene, ausweg- und hoffnungslose Melancholie, Langeweile und Lebensekel, bisweilen unmittelbar in eleg. Ton, meist aber hinter bitterer Ironie und absichtl. falschen Tönen verborgen. Vorliebe für die Maske des pathet., aber irrealen Pierrot. Bes. Nachwirkung s. ›Moralités légendaires‹, mod. Umdeutungen bekannter Mythen und Sagen. Starker Einfluß auf die zeitgenöss. und mod. Dichtung, tiefe Wirkung bes. auf Gide und T. S. Eliot.

W: Carnet de notes, Prosa 1881; Les complaintes, G. 1885; L'imitation de Notre Dame la Lune, G. 1886; Le concile féerique, G. 1886; Moralités légendaires, Prosa 1887 (Sagenhafte Sinnspiele, d. 1905); Des fleurs de bonne volonté, G. 1887; Vers inédits, G. 1888; Les derniers vers, 1890 (n. M. Collie 1965); Le sanglot de la terre, G. 1903; Mélanges posthumes, Prosa 1903; Chroniques parisiennes, Prosa 1920; Berlin, la cour et la ville, Prosa 1922 (d. 1970); Feuilles volantes, G. hg. D. Grojnowski 1981. – Œuvres complètes, hg. G. Jean-Aubry VI 1922–30; Poésies complètes, hg. P. Pia 1970; Lettres à un ami, 1880–86, hg. G. Jean-Aubry 1941. – *Übs.*: Pierrot der Spaßvogel, Ausw. F. Blei, M. Brod 1909.

L: C. Mauclair, 1896; F. Ruchon, Diss. Genf 1924; J. Cuisinier, 1925; L. Guichard, 1950; M.-J. Durry, 1952; P. Reboul, 1963; M. Collie, Edinb. 1964; P. Newman, 1964; J.-L. Debauwe, 1972; R. Chauvelot, 1973; W. Lyrence, 1980; R. H. Ferguson, 1981; M. Duprey, 1987; B. P. Vaccaro, 1992; J. F. and poetic innovation, 1993; P. Brunel, 2000.

Lafourcade, Enrique, chilen. Romancier, * 14. 10. 1927 Santiago. Journalist, Verleger, Lit.-Prof. in den USA, Diplomat. – S. Themen sind die Satire über e. lateinamerik. Diktator, das Millionärsmilieu der Riviera, die Rassenproblematik in den USA, das Scheitern der Guerilla, das Lebensgefühl – Existentialismus, Neorealismus – s. Generation.

W: Pena de muerte, 1952; Para subir al cielo, 1958; La fiesta del rey Acab, 1959 (d. 1968); El príncipe y las ovejas, 1961; Invención a dos voces, 1963; Frecuencia modulada, 1968; Salvador Allende, 1973; Tres terroristas, 1976; Adiós al Führer, 1982; Cristianas viejas y limpias, R. 1997.

Lagercrantz, Olof (G. H.), schwed. Dichter und Kritiker, 10. 3. 1911 Stockholm – 23. 7. 2002 ebda. Sohn e. Bankdirektors. 1951 Dr. phil. u. Kulturredakteur an ›Dagens Nyheter‹, 1960–75 Chefredakteur. ∞ 1939 Martina Ruin. – Nach anfangs formvollendeter, stimmungsvoller, symbolhafter, zur Mystik neigender Naturlyrik verkündet L. als streitbarer Journalist mit zunehmender Aufgeschlossenheit für kulturelle u. polit. Probleme e. humanist. Botschaft, die Leiden u. Mitleid einschließt. – Übs. Dantes ›Divina Commedia‹.

W: Den döda fågeln, G. 1935; Den enda sommaren, G. 1937; Jungfrun och demonerna, St. 1938; Trudi, R. 1939; Dikter från mossen, G. 1943; Fågelropet ur dimman, Ess. 1947; Agnes von Krusenstjerna, Diss. 1951; Dagbok, 1954; Stig Dagerman, B. 1958; Ensamheter i öst och väst, Reiseb. 1961; Från helvetet till paradiset, St. 1964 (Von d. Hölle zum Paradies, d. 1965); Den pågående skapelsen. En studie i Nelly Sachs' diktning, 1966 (d. 1967); Opinionslägen, Ess. 1968; Chinareport, 1970

(d. 1971); Tröst för min älskling, G. 1971; Tretton lyriker och fågeltruppen, Ess. 1973; Enhörningen, G., Ess. 1977; Från Aeneas till Ahlin, Ess. 1978; August Strindberg, B. 1979 (d. 1980); Eftertankar om Strindberg, Es. 1980; Min första krets, Aut. 1982 (Mein erster Kreis, d. 1984); Om konsten att läsa och skriva, St. 1985 (Die Kunst des Lesens und des Schreibens, d. 1987); Ett år på sextiotalet, Es. 1990; Att läsa Proust, Es. 1992; Dikten om livet på den andra sidan, B. (über Swedenborg) 1996.

L: S. Stolpe, 1980. – *Bibl.:* S. Storå, 1977.

Lagerkvist, Pär (Fabian), schwed. Lyriker, Dramatiker und Romancier, 23. 5. 1891 Växjö – 11. 7. 1974 Danderyd b. Stockholm. Eisenbahnersohn. 1911/12 Stud. Philol. Uppsala, 1913 Kunststud. Paris. 1940 Mitglied der Schwed. Akad. 1941 Dr. phil. h. c. Göteborg, 1951 Nobelpreis. ∞ Karen Sørensen 1918–25; Elaine Hallberg. – Brach schon als Schüler mit der einfachen, hergebrachten Frömmigkeit des Elternhauses, trotzdem haben ihn relig. Fragen ununterbrochen beschäftigt. Zugleich sind s. Werken, oft auch dem Idyll, Skepsis u. Lebensangst immanent. Wandte sich dem polit. Radikalismus zu. In der bildenden Kunst vom Kubismus u. Expressionismus ausgehend, fordert L. auch Erneuerung für die Dichtkunst. Das Stud. des Primitiven soll ihn Einfachheit lehren, um sich erheben zu können ›zu einfachen Gedanken, unzusammengesetzten Gefühlen angesichts der ewigen Mächte des Lebens‹, verweist auf AT, Koran, Rgveda, die Edda u. die isländ. Sagas. Nach den Tönen schmerzvoller Illusionslosigkeit u. des prometheischen Trotzes der ersten lyr. Periode findet L. um 1920 weichere harmon. Akkorde. Die Form ist einfach, die bildhafte Sprache bisweilen alltägl., doch verleiht die Kraft des Erlebens Weite, Innerlichkeit u. Wärme. Eindrucksvolle, zarte Naturschilderungen, oft symbol. getragen. Knüpft in der Dramatik an den späten Strindberg an, läßt auch das ma. Mysterienspiel aufleben. Schauplatz kann e. Segment des Erdballs sein, e. Phantasiestaat, e. Schuhmacherwerkstatt oder e. Armenhaus, die Personen können symbol., namenlose, hist. oder alltägl. Menschen sein, stets behandelt L. die Situation des Menschen in e. erdrückenden, chaot. Dasein. Der Mensch ist sich selber überlassen, Gott hat kein Interesse an ihm u. s. Leiden. Auswegslosigkeit also, keine Tragik. Erst während der polit. Bereitschaftsperiode Schwedens zu Beginn des 2. Weltkrieges waren L.s Dramen trag. komponiert. In dem einzigen autobiograph. Zeugnis ›Gäst hos verkligheten‹ erlebt schon das Kind aus dem Idyll heraus Ängste, die den späteren ›großen Frager‹ quälen; es wird hin- u. hergeworfen zwischen Sicherheit u. Angst. Die Begriffe Mensch – Leben, Leben – Sein findet man in jener Zeit häufig gegenübergestellt. E. anderes begriffl. Gegensatzpaar wurde aktuell zur Zeit der Diktaturen: Geist –

Gewalt. L. setzte sich mit Pathos, Satire u. Ironie für die geist. Würde des Menschen ein. Das Problem des Bösen in der Gegenwart kleidete er u.a. in das Gewand des MA u. der Renaissance. In 3 Romanen (1950–60), zwei davon lose zusammenhängend, steht die Gottsuche, jedoch nicht im Sinne der Bibel, im Zentrum. Das Milieu ist zeitlos, die Landschaft archaisch, der Stil betont einfach, dem der Bibel nahestehend. L.s Problematik ist die e. relig. Grüblers; e. Antwort im Sinne des Christentums gibt es für ihn nicht (›Ich bin e. Gläubiger ohne Glauben, e. religiöser Atheist‹). Barabbas versucht auszubrechen, aber gehört zu den ›von Gott Verfolgten‹, wie alle Gestalten dieser Romane. Sie sind hin u. her gerissen zwischen Verzückung u. Entsetzen. Ungeachtet der immer wieder betonten dualist. Lebensauffassung wendet sich L. mit Liebe den einfachen, unkomplizierten Menschen zu, denen das Leben wie auch der Tod selbstverständl. ist.

W: Människor, N. 1912; Ordkonst och Bildkonst, Es. 1913; Två sagor om livet, E. 1913; Motiv, G. 1914; Järn och människor, Nn. 1915; Ångest, G. 1916; Sista människan, Sch. 1917; Teater, Drn. 1918; Kaos, G. u. Prosa 1919; Det eviga leendet, Ep. 1920; Den lyckliges väg, G. 1921; Himlens hemlighet, Sch. 1921; Den osynlige, Dr. 1923; Onda sagor, 1924 (Schlimme Geschichten, d. 1928); Gäst hos verkligheten, Aut. 1925 (Gast bei der Wirklichkeit, d. 1952); Hjärtats sånger, G. 1926; Det besegrade livet, Aphor. 1927; Han som fick leva om sitt liv, Sch. 1928; Kämpande ande, N. 1930; Vid lägereld, G. 1932; Skrifter, III 1932; Konungen, Sch. 1932; Bödeln, E. 1933, Sch. 1934 (Der Henker, d. 1966); Den knutna näven, Reiseb. 1934; I den tiden, Sat. 1935; Mannen utan själ, Sch. 1936; Genius, G. 1937; Seger i mörker, Dr. 1939; Sång och strid, G. 1940; Midsommardröm i fattighuset, Sch. 1941; Dikter, 1941; Hemmet och stjärnan, G. 1942; Dvärgen, R. 1944 (Der Zwerg, d. 1946); Dramatik, 1946; De vises sten, Sch. 1947; Prosa, V 1949; Låt människan leva, Dr. 1949; Dikter, 1950 (Gedichte, d. 1962); Barabbas, R. 1950, Dr. 1952 (d. 1950); Aftonland, G. 1953; Sibyllan, R. 1956 (d. 1957); Ahasverus död, R. 1960 (Der Tod Ahasvers, d. 1961); Pilgrim på havet, R. 1962 (Pilger auf dem Meer, d. 1963); Det heliga landet, R. 1964 (Das heilige Land, d. 1965); Mariamne, R. 1967 (d. 1968); Antecknat, 1977; Den svåra resan, R. 1985. – Dikter, 1941; Dramatik, 1946, III 1956; Prosa, VI 1949–1959.

L: G. M. Bergman, P. L.s dramatik, 1928; G. Fredén, 1934; E. Hörnström, 1947; R. Fearnley, 1950; J. Mjöberg, Livsproblemet hos L., 1951; O. Oberholzer, 1958; S. Linner, P. L.s livstro, 1961; K. Henmark, 1962, 1966; G. Tideström, hg. 1966; Ö. Sjöstrand, 1975; U.-L. Karahka, Diss. 1978; U.-B. Lagerroth, 1978; R. L. White, 1979; I. Schöier, Diss. 1981; A. Cienkowska-Schmidt, Diss. 1985. – *Bibl.:* U. Willers, 1951; A. Ryberg, 1964.

Lagerlöf, Selma (Ottilia Lovisa), schwed. Erzählerin, 20. 11. 1858 Mårbacka/Värmland – 16. 3. 1940 Mårbacka. Tochter e. Leutnants u. Gutsbesitzers; glückl. Kindheit, obwohl durch angeborenes Hüftleiden lange ans Bett gefesselt, Ausbildung durch Gouvernanten, 1882–95 Lehrerin in Landskrona, dann Stipendium, 1895/96 Reise nach Italien, 1899/1900 nach Palästina; ab 1897 als freie Schriftstellerin in Falun, ab 1909 in Mårbacka. 1907 Dr. h.c. Uppsala; 1909 Nobelpreis, 1914 Mitgl. der Schwed. Akad., 1932 Dr. h.c. Kiel. – Die in ihrer Jugendzeit aussterbende Kultur der värmländ. Herrenhöfe vom Anfang des 19. Jh. bildet den Hintergrund für ihr ganzes Werk, bes. für das Erstlingsbuch ›Gösta Berling‹; in der Dichtung das verlorene Kindheitsidyll, im Leben den durch ihres Vaters Mißwirtschaft verlorenen Hof Mårbacka zurückzugewinnen, war die Haupttriebkraft für ihre Arbeit. In ihrem ersten Roman hat sie alte Geschichten u. Anekdoten stilisiert; neben spätromant. Spuren zeigt er intellektuelle Züge, moral. Ernst u. die soziale Verantwortung des Naturalismus, bes. aber die Verehrung der genialen Persönlichkeit, Liebe zum Vergangenen u. Verachtung von Alltag u. Kleinlichkeit. Viele Versuche, auch in Vers u. Drama, führten sie schließl. zu der losen Komposition in der von Carlyle beeinflußten manierierten lyr.-pathet. Prosa, die nicht ihrem späteren natürl. Tonfall entspricht. Das Buch, von Brandes geschätzt u. gefördert, war im übrigen Europa früher populär als in Schweden, wo sie erst mit ihrem zweiten Buch Erfolg hatte, der ihr dann treu blieb. In dieser Novellensammlung nahm sie legendar., altnord. u. mod. Motive auf; das dramat. Geschehen wird anschaul. geschildert in ruhiger, einfacher u. gleichmäßiger Sprache. Subjektive stilist. Effekte, Charakteristik u. Reflexion werden mehr u. mehr der objektiven Darstellung untergeordnet. In rastloser Arbeit u. mit vielen Verbesserungen erreichte sie e. bewußte, künstler. berechnete Wahl ihrer Mittel. In ›Antikrist‹ behandelt sie in südital. Motiven den mod. Sozialismus, dessen philanthrop. Seite sie zwar billigt, dessen materialist., irreligiösen Charakter sie aber ablehnt. Mit den meisten Erzählungen kehrt sie zum Motivkreis des ›Gösta Berling‹, zu heimatl. u. hist. Themen zurück. Während Gösta Berling die eine Seite ihres Wesens, Schwärmerei, Phantasie und Geniekult vertritt, repräsentiert Ingmar in ›Jerusalem‹ die andere Seite: Ernst, Moralismus u. Tradition. Der 1. Teil dieses Romans ist e. großartige Schilderung des Bauerntums in Dalarne, der bodenverwurzelten Familien, und kreist um die Themen Gerechtigkeit und Demut. Im 2. Teil, künstler. weniger bedeutend, da ihr die tiefere Beziehung fehlte, schildert sie das Leben e. Kolonie schwed. Auswanderer in Jerusalem und deren Konflikt zwischen heimatl. Tradition und relig. Radikalismus. Die ersten beiden Bände der ›Löwensköld‹-Trilogie kehren wieder in das Milieu des ›Gösta Berling‹ zurück, während Anna

Svärd im 3. Band die Verbindung zum 1. Teil von ›Jerusalem‹ herstellt. Im ›Nils Holgersson‹ hat sie auf geniale Weise die Geschichte e. moral. Entwicklung zu e. einzigartigen Lehrbuch der heimatl. Geographie, Geschichte und Kultur verwoben. Auch bei den vielen kleineren Erzählungen geht L. gern von alten Sagen oder Legenden aus, die sie auch im Unwirklichen glaubwürdig darstellt, ohne selbst wundergläubig zu sein. Gelegentlich stehen ihre Motive in direktem Gegensatz zu ihren wirkl. Anschauungen. Ihre Religiosität war unbestimmt und durch Skepsis und mod. Nüchternheit zurückgedrängt; sie war keine gläubige Christin, wie die ›Christuslegenden‹ mit ihrer naiven Frömmigkeit vermuten lassen. Sie war e. überzeugte Moralistin u. vertrat insofern e. realist. Optimismus, als bei ihr stets Tugend und Güte über Laster und Bosheit, immer uneigennützige Liebe über Egoismus und Härte siegen. In der Darstellung hat auch das Böse wenig Realität; fester Punkt bleibt stets die Liebe. Bezeichnend hierfür ist ›Jerusalem‹, wo es immer wieder um die Liebe zwischen Eltern u. Kindern, Mann und Frau, Mensch u. Mensch geht. Phantasie und Schönheitssinn sind bei ihr nicht Selbstzweck, sondern ordnen sich der moral. Entwicklung zu dem Ziel, zugleich froh und gut zu sein, unter. Ihre Dichtung entsprach der schwed. ›Sehnsucht nach dem Idyll‹, der Sorge vor Veränderung u. Beunruhigung, der Liebe zur Tradition. Im Kleide des Vergangenen aber suchte sie die Menschen ihrer Gegenwart zu Optimismus und Menschenliebe zu bewegen.

W: Gösta Berlings saga, R. 1891 (d. 1896); Osynliga länkar, Nn. 1894 (Unsichtbare Bande, d. 1897); Antikrists mirakler, R. 1897 (Die Wunder des Antichrist, d. 1899); Drottningar i Kungahälla, Nn. 1899 (Die Königinnen in Kungahella, d. 1903); En herrgårdssägen, R. 1899 (Eine Gutsgeschichte, d. 1900); Jerusalem II, R. 1901f. (Bd. 1 Dalarne, 1901, Bd. 2 I det heliga landet, 1902, d. 1902f.); Herr Arnes penningar, E. 1904 (Herrn Arnes Schatz, d. 1904); Kristuslegender, Leg. 1904 (d. 1904); Nils Holgerssons underbara resa genom Sverige, Kdb. II 1906f. (Wunderbare Reise des kleinen Nils Holgersson mit den Wildgänsen, d. 1907f., 1962); En saga om en saga och andra sagor, Erinn. 1908 (Ein Stück Lebensgeschichte, d. 1909); Meli, Jgb. 1909 (d. 1967); Samlade berättelser, X 1910f.; Liljecronas hem, R. 1911 (Liljecronas Heimat, d. 1911); Körkarlen, R. 1912; Tösen från Stormyrtorpet, N. 1913 (Das Mädchen vom Moorhof, d. 1913); Valda berättelser, 1913; Dunungen, Sch. 1914 (Onkel Theodor, d. 1914); Kejsarn av Portugallien, R. 1914 (Jans Heimweh, d. 1915; u.d.T. Der Kaiser von Portugallien, 1936); Troll och människor, N. II 1915–21 (Trolle u. Menschen, d. II 1915–21); Bannlyst, R. 1918 (Das heilige Leben, d. 1919); Zachris Topelius, B. 1920 (d. 1921); Mårbacka, Mem. 1922 (d. 1923); R.-Tril. (Die Löwenskölds, d. 1960): Löwensköldska ringen, R. 1925 (Der Ring des Generals, d. 1925), Charlotte Löwensköld, R. 1925 (d. 1926), Anna Svärd, R. 1928 (Anna, das Mädchen aus Dalarne, d. 1929); Samlade skrifter, X 1925; erw. XII 1928; Ett barns memoarer, Mem. 1930 (Aus meinen Kindertagen, d. 1931); Dagbok, Tg. 1932 (d. 1934); Höst, E. 1933; Julberättelser, En. 1938; Från skilda tider, Mem., hg. N. Afzelius II 1943–45. – Skrifter, XII 1933; Briefe, hg. I. Bäckmann II 1944. – *Übs.*: GW, XII 1928; Große Erzählungen, 1974.
L: W. Berendsohn, 1927; S. Arvidson, 1932; O. L. Brodin, Fröken på Mårbacka, 1940; G. Ahlström, Den underbara resan, 1942, 1959; E. Wägner, II 1942f.; I. Bäckmann, Mitt liv med S. L., II 1944; L. Maës, Paris 1945; E. v. Eckardt, 1946; C. Jenssen, 1947; F. Ingerslev, 1949; J. Ravn, Mennesekenderen S. L., 1958; B. Ek, S. L. efter Gösta Berlings saga, 1951; F. S. de Vrieze, Fact and Fiction in the autob. Works of S. L., Assen 1958; U.-B. Lagerroth, Diss. 1963; B. Holm, 1984; V. Edström, 1986. – *Bibl.:* A. Büscher, 1930; N. Afzelius, 1938; ders., E. Andersson, 1975; S. L.-sällskapet: Skrifter XIV, 1984.

Lago, Sylvia, uruguay. Erzählerin, * 20. 11. 1932 Montevideo. Lit.-Prof. – Mit psycholog. Scharfsinn erforscht sie kühn u. herausfordernd die familiären Beziehungen, brandmarkt die sexuelle Heuchelei der gehobenen Klassen, die Welt des Scheins u. der apokryphen Werte, das perverse Milieu der Intellektuellen, die Gewalt u. die Diktatur. Ihre charakterist. Themen sind der Wahn, der Inzest, die Schuld, der Suizid, die Unmöglichkeit der wahren Kommunikation; bei ihren Figuren handelt es sich um hartnäckige Verlierer. Die Vf. variiert hervorragend die Stilebenen, schreckt nicht vor starken Ausdrücken zurück. Erfindungsreiche Sprache; Gebrauch von Neologismen u. poet. Erhöhung des Wirklichen.

W: Trajano, R. 1960; Tan solos en el balneario, R. 1962; Detrás del rojo, En. 1967; Las flores conjuradas, En. 1972; El corazón de la noche, En. 1985; Días dorados, días en sombra, En. 1996; Saltos mortales, R. 2001.

La Guma, Alex, südafrikan. Romancier, 20. 2. 1925 Kapstadt – 11. 10. 1985 Havanna. Aufgewachsen im Farbigenghetto von Kapstadt, District Six. Fabrikarbeiter, Sekretär, Journalist. 1948 Eintritt in die Kommunist. Partei (1950 verboten). Aktives Engagement in Gewerkschaftspolitik und Opposition gegen die Apartheid. E. der Angeklagten im Hochverratsprozeß von 1956–60. Mehrfach inhaftiert für vermutete polit. Aktivitäten im Untergrund. Ab 1963 unter Hausarrest. Verließ Südafrika 1966 unter Rückkehrverbot. Journalist in London, ab 1978 Vertreter des ANC auf Kuba. – Vf. von Romanen, die das Leiden der Farbigen Südafrikas unter der polit. Repression und ihr wachsendes revolutionäres Bewußtsein darstellen.

W: A Walk in the Night, N. 1962; And a Threefold Cord, R. 1964; The Stone Country, R. 1967; In the Fog of the Season's End, R. 1972 (d. 1975); A Soviet Journey, Reiseb. 1978; Time of the Butcherbird, R. 1979 (d. 1982); Memories of Home, Schriften 1991; Jimmy la Guma, B. 1997.

L: C. Abrahams, 1985; S. O. Asein, Ibadan 1987; B. Chandramohan, 1992.

La Harpe, Jean-François de, franz. Schriftsteller, 20. 11. 1739 Paris – 11. 2. 1803 ebda. Freund und Verehrer Voltaires. – Schrieb ernste, wenig erfolgr. hist. Dramen; Theater- und Lit.kritiken im ›Mercure‹. Lehrte 1786 Lit. am Lycée Marbeuf. Hielt dort den ›Cours de littérature ancienne et moderne‹, s. bedeutendstes Werk, die erste großangelegte Geschichte der franz. Lit., gleichzeitig der Versuch e. Weltliteraturgeschichte. Galt lange Jahre als Autorität unter den Kritikern. S. ›Soirée chez Cazotte‹ beeinflußte die Romantik.
W: Le comte de Warwick, Dr. 1763 (d. 1771); Les Barmécides, Dr. 1778; Jeanne de Naples, Dr. 1781; Philoctète, Dr. 1783; Coriolan, Dr. 1784; Lycée ou cours de littérature ancienne et moderne, 1799ff. – Œuvres, XVI 1820f.; Correspondance littéraire, 1804ff.; Correspondance inédite, hg. A. Jovicevich 1965.
L: H. Hoffmann, Ästhetik und Poetik v. J. F. de La H., Diss. Hdlbg. 1922; A. Boehtlingk, 1969; A. Jovicevich, 1973; Chr. Todd, Voltaire's disciple, J.-F. de la Harpe, o. J.; ders., 1995.

LaHaye, Tim (F.), amerik. Schriftsteller, * 27. 4. 1926 Detroit/MI. Luftwaffe 2. Weltkrieg; fundamental orientierter Baptistenpriester, Radio- u. Fernsehmoderator, seit 1972 Familienseminare. – Bekannt für s. in Kooperation mit Jerry B. Jenkins verfaßte ›Left Behind‹-Serie (auch als Kinderbuch-Serie), in der bibl. Prophezeiungen vom Jüngsten Tag als Grundlage für zeitgenöss. Actionplots dienen; zahlr. popular-bibl. Studien.
W: Spirit-Controlled Temperaments, St. 1966 (d. 1975); Left Behind (m. J. B. Jenkins), 1995; Tribulation Force, 1996; Nicolae, 1997 (d. 1998); Soul Harvest, 1998 (d. 1999); Nicolae High, 1999 (Highschool, d. 2001); The Underground, 1999 (d. 2001); Apollyon, 1999 (d. 2000); Assassins, 1999 (d. 2000); The Indwelling, 2000 (Die Rückkehr, d. 2001); Desecration, 2001 (d. 2002); The Mark, 2001 (d. 2001); The Remnant, 2002 (Die Felsenstadt, d. 2003); Armageddon, 2003; Glorious Appearing, 2004.

Lahor, Jean → Cazalis, Henri

Lahtela, Markku, finn. Erzähler u. Übersetzer, 1. 8. 1936 Kemijärvi – 31. 7. 1980 Nummi. Stud. in Helsinki, Moskau, München. – Übt in s. Essays radikale Gesellschaftskritik, avanciert in s. Romanen indes zum Vorreiter postmoderner Schreibweisen. Lehnt durchgängige Handlung ab, bevorzugt fragmentarische, collagierende Schreibweisen, die er dem menschl. Denken und Fühlen für adäquater hält.
W: Jumala pullossa, R. 1964; Se, R. 1966; Vihaa nyt – rakaasta myöhemmin, Ess. 1968; Prosessi, R. 1968; Sinapinsiemen, R. 1971; Matias Tallgrenin ykstyiselämä,

R. 1973; Yksinäinen mies, R. 1976; Sirkus, R. 1978; Hallitsija, R. 1980.

Lāhūtī, Abu'l-Qāsem, pers. polit. Dichter, 12. 10. 1887 Kermanšāh/Westiran – 16. 3. 1957 Moskau. Dichter-Journalist während der pers. Verfassungskämpfe, 1911–12 Exil in der Türkei, 1920 zum Tode verurteilt, flüchtete erneut nach Istanbul, dort ab 1921 Hrsg. der pers.-franz. Zs. ›Pārs‹, nahm an der mißglückten Täbriser Revolte Febr. 1922 teil, emigrierte in die UdSSR, wurde als Lohutī kämpfer. marxist. Dichter Sowjet-Tadschikistans, verfaßte die tadschik. Staatshymne, führt erstmalig Themen der bolschewist. Revolution in tadschik. Poesie ein (Qaside ›Kreml‹ 1923, ›Mo zafar chohem kard‹, Wir werden siegen, 1930), wandte sich aber nach dem 2. Weltkrieg von der Politik ab hin zu Märchenstoffen wie ›Pariji bacht‹ (Die Glücksfee, 1948), wirkte bahnbrechend in tadschik. Dramatik, verfaßte e. Libretto zu der beliebten Oper ›Kovaji ohangar‹ (Der Schmied Kāwé; Stoff aus Ferdausī). – Verwendete Alltagssprache auch ›freie Verse‹ (ohne Reim u. Metrum), meisterte aber auch überlieferte klass. Form.
W: Diwān, Moskau 1946, russ. 1949; 20 Dostons, tadschik. u. pers. Epen 1941, 1944.

Lainé, Pascal, franz. Erzähler, * 10. 5. 1942 Anet. Stud. Philos. in Saint-Cloud, dann Lehrer. – Erfolgreicher Erzähler im Stil von R. Queneau; typ. sind Liebesgesch., in denen Tragik u. Banalität aufeinanderstoßen.
W: B. comme Barrabas, 1967; L'irrévolution, 1971 (d. 1974); La dentellière, R. 1974 (d. 1976); Tendres cousines, 1979 (d. 1981); L'eau de miroir, 1980; Terre des ombres, 1982; Jeanne du bon plaisir, R. 1984 (Der Liebe bittere Plagen, d. 1985); Les petites égarées, R. 1988; Elena, R. 1989; Dîner d'adieu, R. 1991; Fleur de pavé, R. 1996; Anaïs nue, R. 1999; Quatre femmes, R. 2000; Casanova, dernier amour, R. 2000. – Théâtre 1993–99, 2000.

Laing, (Bernard) Kojo, ghanes. Schriftsteller, * 1. 7. 1946 Kumasi/Ghana. Stud. in Ghana, Glasgow und Birmingham. – Wird als Postmodernist und ›magic realist‹ eingestuft; sein Werk befaßt sich mit den Spannungen zwischen Technologie und kulturellem Erbe, Tradition und neuer Ordnung, Korruption.
W: Search Sweet Country, R. 1986 (Die Sonnensucher, d. 1995); Woman of the Aeroplanes, R. 1988; Godhorse, G. 1989; Major Gentl and the Achimota Wars, R. 1992.

Lal, Purusottam, ind. Lyriker, Hrsg. u. Übs., * 1929 Kapurthala/Punjab. Studierte u. lehrte an Univ. of Calcutta. – Mit s. ›Writers Workshop‹ u. der Zeitschrift ›Miscellany‹ wurde L. zum bedeutendsten Förderer der mod., an T. S. Eliot u. E. Pound ausgerichteten indo-engl. Lyrik. S. eigenes Werk sowie s. umfängl. Übsn. orientieren sich allerdings gleichermaßen an der klass. Sanskrit-Lit.

W: The Parrot's Death and Other Poems, 1960; Bhagawad Gita, Übs. 1965; Mahabharata, Übs. 1968–80; Modern Indian Poetry in English: An Anthology and a Credo, Anth. 1969; Calcutta: A Long Poem, 1977; Collected Poems, 1977; Lessons, Aut. 2002.

L: S. Mokashi-Punekar, 1968.

Lalić, Mihailo, serb. Schriftsteller, 7. 10. 1914 Trepča/Montenegro – 30. 12. 1992 Belgrad. Stud. Jura Belgrad; Partisan im Krieg, Redakteur, ab 1955 im Verlag Nolit, Akad.-Mitglied. – E. der führenden zeitgenöss. Romanciers. Im Rahmen des Freiheitskampfes u. der Revolution schildert L. den Existenzkampf des mod. Menschen u. s. Suche nach neuen Lebensinhalten. Themat. u. eth. s. montenegrin. Heimat verbunden.

W: Staze slobode, G. 1948; Svadba, R. 1950 (Die Hochzeit, 1972); Izabrane pripovijetke, En. 1950; Zlo proljeće, R. 1953; Raskid, R. 1955; Hajka, R. 1960; Lelejska gora, R. 1962 (Der Berg der Klagen, d. 1967); Poslednje brdo, En. 1967; Gosti, En. 1967; Pramen tame, R. 1970; Ratna sreća, R. 1973; Zatočnici, R. 1976; Dokle gora zazeleni, R. 1982; Gledajući dolje na drumove, R. 1985; Sam sobom, Aut. 1988; Prelazni period (Dnevnik posmatrač), Aut. 1988; Odlučan čovek, R. 1990; Prutom po vodi, Aut. 1992; Tamara, R. 1992. – Sabrana dela (GW), XII 1981f.

L: M. I. Bandić, 1965; R. Ivanović, 1974; Kritičari o M. L., 1985 (m. Bibl.); M. Lalić (1914–92), hg. Crnogorska Akademija Nauka i Umjetnosti 2000 (m. Bibl.).

Lalitavistara, der (›Erschöpfende Darstellung des Spieles [des Buddha]‹), e. in Prosa mit vielen eingestreuten Versen abgefaßtes Werk der buddhist. Sanskrit-Lit. Es stellt die Lebensgeschichte des Buddha von s. Jugend bis zu s. ersten Predigt dar; ursprüngl. wohl die authent. Buddha-Biographie der Sarvāstivādins (Hīnayāna); wurde nach mehreren Überarbeitungen und Erweiterungen zu e. der heiligsten Texte der Mahāyāna-Schulen; das Werk, dessen älteste Teile sicher aus der Zeit vor Christus stammen, dürfte in den ersten Jhn. n. Chr. abgeschlossen worden sein; die Sprache ist e. hybrides Sanskrit.

A: S. Lefmann, in: Leben und Lehre des Cakya-Buddha, 1902–08 (n. 1977), P. L. Vaidya 1958. – *Übs.:* I – V d. S. Lefman 1874; I – XV engl. R. L. Mitra 1877, 1980, 1988, B. Goswami 2001; franz. Ph. E. Foucaux, 1884–92, ²1912.

L: F. Weller, Diss. Lpz. 1915; N. J. Krom, The life of Buddha …, Den Haag 1926; S. Koshla, Delhi 1991.

Lam, Jan, poln. Satiriker, 16. 1. 1838 Stanislau – 3. 8. 1886 Lemberg. Sohn e. dt.-österr. Beamten. Autodidakt. Teilnahme am poln. Aufstand 1863. 1866 ∞ Maria Jasińska. Lebte als Publizist in Lemberg. – Vf. satir., z. T. grotesker Romane über den galiz. Landadel und die österr. Bürokratie. Bes. beliebt s. Feuilletons (›Kroniki‹).

W: Wielki świat Capowic, R. 1869 (Die große Welt Zappowitz, d. 1991); Głowy do pozłoty, R. 1873; Kroniki Iwowskie, Feuill. 1876; Idealiści, R. 1876; Koroniarz w Galicji, R. 1879. – Pisma, V 1938; Wybór kronik, 1954; Dzieła literackie, IV 1956 f.

La Maissonneuve → Héroët, Antoine

La Marche, Olivier de, burgund. Schriftsteller, um 1422 – 1. 2. 1502 Brüssel. 1439 Page Philipps des Guten, diente später als Soldat, Sekretär, Diplomat und Organisator der Hoffeste Karl des Kühnen und Maria von Burgund. – Schrieb Chroniken und allegor. Gedichte. S. hist. Werke geben Äußerlichkeiten zu großen Raum. Allegorisch und moralisierend sind ›Le chevalier délibéré‹, worin er die Schwächen s. Herren zeigt, und das Gedicht ›Le triomphe des dames‹, in dem er für die Frauen eintritt.

A: Le chevalier délibéré, 1486 (hg. F. Lippmann 1898, E. Morgan, Washington 1946); Le triomphe des dames, 1492 (hg. J. Kalbfleisch 1901); Le livre de l'advis de Gaige de Bataille (hg. B. Prost, Traités du duel judiciaire 1872); Mémoires relatifs à 1435–1488 (hg. J. A. C. Buchon 1886). – Œuvres complètes, hg. B. Beaune, J. d'Arbaumont IV 1883–89.

L: H. Stein, 1888; ders., 1922.

La Mare, Walter John de (Ps. Walter Ramal), engl. Dichter, 25. 4. 1873 Charlton/Kent – 22. 6. 1956 London. Schott. und hugenott.-franz. Abstammung. Veröffentlichte schon als Lehrling e. anglo-amerik. Ölgesellschaft (1889–1908) Gedichte und Erzählungen. – Dichter zweier Welten; ist überzeugt, daß jenseits der Welt der sichtbaren Erscheinungen noch e. andere Welt mit anderen Wesen vorhanden ist, die wahrzunehmen unsere Sinne nicht fein genug sind. Jene seltsamen Wesen sind Geschöpfe s. künstler. Imagination, sie haben weder lit. noch folklorist. Vorbilder. Schafft e. eigene Mythologie, umkleidet den Alltag mit dem Märchenhaft-Wunderbaren. Steht der Mystik nahe. Vf. zahlr. Lyrikbände, darunter auch Nonsensdichtungen (in der Tradition E. Lears und L. Carrolls), unvergleichl. Kinderdichtungen, einiger Romane, Kurzgeschichten und Essays. S. Lyrik ist sehr melod. und rhythm.; reine Sprache, vielfältige Verskunst.

W: Songs of Childhood, G. 1902; Henry Brocken, R. 1904; Poems, 1906; The Three Mulla-Mulgars, Kdb. 1910 (auch u. d. T. The Three Royal Monkeys); The Return, R. 1910; The Listeners, G. 1912; Peacock Pie, G. 1913; Rupert Brooke and the Intellectual Imagination, Es. 1919; Memoirs of a Midget, R. 1921; The Veil, G. 1921; The Riddle, Kgn. 1923; Lewis Carroll, Es. 1924; Ding Dong Bell, Slg. 1924; Broomsticks, Kgn. 1925; The Connoisseur, Kgn. 1926; Stuff and Nonsense,

Lamartine

G. 1927; On the Edge, Kgn. 1930; Desert Islands and Robinson Crusoe, Es. 1930; The Lord Fish, Kgn. 1933; The Fleeting, G. 1933; The Wind Blows Over, Kgn. 1936; Memory, G. 1938; Pleasures and Speculations, Ess. 1940; Bells and Grass, G. 1941; Collected Poems, 1942; Collected Rhymes and Verses, G. 1944; The Scarecrow, Kgn. 1945; The Burning Glass, G. 1945; The Traveller, G. 1946; Inward Companion, G. 1950; Winged Chariot, G. 1951; Private View, Es. 1953; Selected Poems, 1954; Winnowing Dream, G. 1954; A Beginning, Kgn. 1955; Ghost Stories, 1956; Jack and the Beanstalk, Kgn. 1959; A Penny a Day, G. 1960. – The Complete Poems, 1970; The Collected Poems, 1979; A Choice of de la M.s Verse, hg. W. H. Auden 1963; Some Stories, 1970. – *Übs.:* Seltsame Geschichten, 1962.

L: R. L. Mégroz, 1924; F. Reid, 1929; J. A. Atkins, 1947; T. S. Eliot u. a., Tribute to W. d. L. M., 1948; H. Ch. Duffin, 1949; K. Hopkins, 1953; W. R. Brain, 1957; L. Clark, 1960; D. R. McCrosson, 1966; K. Hopkins, 1969. – *Bibl.:* L. Clark, 1956.

Lamartine, Alphonse-Marie-Louis Prat de, franz. Schriftsteller, 21. 10. 1790 Mâcon – 1. 3. 1869 Passy b. Paris. Aus niedrigem, aber altem Amtsadel, Vater Gutsbesitzer; glückl. Kindheit auf Schloß Milly, erzogen von e. relig. Mutter, 1803–07 in Jesuitenkolleg in Belley, 1811/12 Schweiz- und Italienreise, 1814 kurze Zeit im Militärdienst; Offizierslaufbahn aus gesundheitl. Gründen aufgegeben. 1816 während e. Kur in Aix-les-Bains Begegnung mit s. großen Liebe, der tuberkulosekranken Mme Julie Charles, die 1817 starb, dadurch inspiriert zu ›Méditations poétiques‹, die 1820 auch über Frankreich hinaus überwältigenden Erfolg hatten. 1820 ∞ Engländerin Maria Ann Eliza Birch. Als Diplomat 1820/21 in Neapel, 1825–28 in Florenz. 1832 Reise in den Nahen Osten, Tod der Tochter. 1830 Mitglied der Académie Française, 1833 Abgeordneter der Kammer. 1848 kurze Zeit Außenminister. Zog sich nach dem Staatsstreich von 1851 von der Politik zurück. Einsam und verschuldet (mußte ererbte Besitzungen verkaufen), zum Schreiben aus Geldnot gezwungen. 1867 kgl. Rente. – Romant. Lyriker, dessen frühe eleg. Verse e. Offenbarung für die Zeitgenossen waren. Polit. Redner und Ideologe. Beeinflußt von Chateaubriand, Rousseau und Bernardin de Saint-Pierre. Die frühen ›Méditations poétiques‹ sind bereits der von L. später nicht mehr erreichte Höhepunkt s. Lyrik, vereinen als echt romant. Dichtung unbestimmte Melancholie, Enttäuschung und myst. Aufschwung, zeichnen sich aus durch Zartheit, Schwerelosigkeit und bezaubernde Harmonie, zeugen von außergewöhnl. Sinn für Melodie und Rhythmus. Weniger beachtet die Forts. ›Nouvelles méditations poétiques‹, s. myst. und sozial-utop. Gedankenlyrik ›Harmonies poétiques et religieuses‹ und ›recueillements poétiques‹. ›Jocelyn‹ und ›La chute d'un ange‹, Teile e. geplanten großen Menschheitsepos ohne ep. Kraft, enthalten einzelne schöne lyr. Passagen. Die letzten Werke, autobiograph. Berichte, Romane, didakt. Prosa und hist. Kompilationen, die L. zum Broterwerb schrieb, sind meist von geringem Wert. Als Politiker maßvoller, christl.-idealist. Liberaler, kein Realpolitiker, doch sehr einflußreich als Redner und durch s. begeistert aufgenommenes Werk ›Histoire des Girondins‹, e. zwar sachl. nicht zuverlässig fundiertes, doch mit großer Aufrichtigkeit der Gesinnung geschriebenes Werk im Dienst s. polit. Ideen.

W: Saül, Dr. 1818 (n. J. de Cognets 1918); Méditations poétiques, G. 1820 (n. G. Lanson II 1915; d. F. Götz 1925); La mort de Socrate, G. 1823; Nouvelles méditations poétiques, G. 1823; Dernier chant du pélerinage d'Harold, 1825; Harmonies poétiques et religieuses, G. 1830 (d. 1831); Souvenirs d'un voyage en Orient, Reiseber. 1835 (n. La Fam 1959; d. 1835); Jocelyn, Ep. 1836 (n. 1960, d. 1840); La chute d'un ange, Ep. 1838; Recueillements poétiques, G. 1839; Histoire des Girondins, Schr. 1847 (d. 1847, gekürzt 1923); Histoire de la Révolution de 1848, Schr. 1849; Les Confidences, Aut. 1849 (d. 1849); Raphaël, pages de la vingtième année, Aut. 1849; Geneviève, histoire d'une servante, R. 1850; Le tailleur de pierres de Saint-Point, R. 1851; Nouvelles confidences, Aut. 1851 (1852); Histoire de la Restauration, Schr. 1851–1853; Graziella, E. 1852 (d. 1947); Histoire des Constituants, Schr. 1853; Cours familier de littérature, XXVIII 1856–69; Mémoires politiques, Mem. 1863; La France parlementaire, Schr. 1864f.; Œuvres oratoires et écrits politiques, 1864f.; Souvenirs et portraits, III 1872; Les visions, G. (hg. H. Guillemin 1936). – Œuvres complètes, XLI 1860–66, XXII 1900–07; Œuvres poétiques complètes, hg. M. F. Guyard 1963; Correspondance, VI 1873–75, IV ^{2}1882; Lettres des années sombres 1853–67 (hg. H. Guillemin 1942); Lettres inédites, hg. ders. 1944; Lettres à C. Vacher, 1963. – *Übs.:* SW, G. Herwegh XXX 1839–53.

L: E. Deschanel, II 1893; P. Hazard, 1925; J. Baillou, E. Harris, État présent des études l.iennes, 1933; L. Bertrand, 1940; H. Guillemin, 1940; J. Lucas-Dubreton, 1951; A. Roux, 1952; M. F. Guyard, 1956; A. Verdier, Les amours italiens de L., 1963; J. Richer, le jeune L. entre l'amour et l'ambition, 1963; A. Pirazzini, 1966; W. Hirdt, Studien zur Metaphorik L.s, 1967; M. Toesca, L. ou l'amour de la vie, 1969; L. Fam, 1971; Faton-Buat, Germaine, 1979; M. E. Birkett, 1982; W. Fortescue, 1983; A. Kablitz, 1985; R. David, La politique de A. de L., 1993; Ch. Croisille, 1996.

Lamb, Lady Caroline, geb. Ponsonby, engl. Erzählerin, 13. 11. 1785 Rochampton – 26. 1. 1828 London. Tochter des 3. Earl of Bessborough. ∞ 1805 William Lamb, späteren Lord Melbourne und Premierminister. – Vf. von 3 damals sehr erfolgr. Romanen ohne eigentl. künstler. Wert. Leidenschaftl. Liaison mit Lord Byron; nach dem Bruch mit ihm karikierte sie ihn in ihrem ersten, zunächst anonym veröffentlichten Roman ›Glenarvon‹.

W: Glenarvon, R. II 1816 (u.d.T. The Fatal Passion 1865); Graham Hamilton, R. II 1822; Ada Reis, R. III 1823.
L: E. Jenkins, 1932; Lord D. Cecil, The Young Melbourne, 1939; H. Blyth, Caro, 1972; S. Manchester, 1992; S. Normington, 2001.

Lamb, Charles (Ps. Elia), engl. Essayist, Kritiker und Dichter, 10. 2. 1775 London – 27. 12. 1834 Edmonton. Vater Sekretär e. Parlamentsmitglieds. Von s. Schwester Mary (1764–1847) aufgezogen. 1782–89 in Christ's Hospital, dort Beginn s. 50jährigen Freundschaft mit Coleridge. Mußte wegen s. Stotterns den Plan, Geistlicher zu werden, aufgeben. Ein halbes Jahr Lehrling im South Sea House, ab 1792 Lehrling in der Buchhaltung der East India Comp., für die er 33 Jahre, bis zu s. Pensionierung 1825, tätig war. Bewahrte s. psych. kranke Schwester Mary, die in e. Anfall die Mutter mit e. Tischmesser getötet hatte, vor der Einweisung in e. Psychiatr. Anstalt, gab s. Heiratspläne auf und widmete sich bis zu s. Tod ihrer Pflege und Fürsorge, da ihre Anfälle von Geistesgestörtheit von Zeit zu Zeit wiederkehrten. Wenn sie gesund war, teilte sie des Bruders Interessen, gemeinsam schrieben sie ›Tales from Shakespear‹, um den Inhalt der Dramen durch künstler. eigenwertige Prosawiedergaben kindl. Verständnis zu erschließen, und L. verfaßte auch ›Adventures of Ulysses‹ (1808) und ›Poetry for Children‹. S. ersten lit. Arbeiten waren 4 Sonette, die in Coleridges ›Poems on various Subjects‹ (1796) erschienen. Zwei frühe dramat. Versuche erwiesen sich als Fehlschläge. Im Auftrag des Verlegers Longman verfaßte L. Auszüge aus Werken elisabethan. Dramatiker und versah sie mit krit. Anmerkungen. 1812 gab er e. weiteren Beweis s. hervorragenden krit. Begabung in den Aufsätzen über Hogarth und Shakespeare. Zahlr. Freunde, unter ihnen Wordsworth und dessen Schwester Dorothy, Coleridge, Southey und Hazlitt, gehörten zu den regelmäßigen Gästen von Charles und Mary L. 1823 mietete L. e. Landhaus in Islington und adoptierte e. junge Waise, Emma Isola. 1825 ging L. in den Ruhestand und lebte in Enfield und Edmonton. S. Leben war von wirtschaftl. Nöten und von der Sorge um den Zustand der Schwester überschattet. Auf e. Spaziergang stürzte L., verletzte s. Gesicht, Sepsis trat hinzu, an der er starb. – E. der charmantesten Persönlichkeiten der engl. Frühromantik. S. bedeutenden künstler. Leistungen waren die zunächst ab 1820 für das ›London Magazine‹ geschaffenen, ab 1823 in Buchform veröffentlichten ›Essays of Elia‹. L. ist der eigentl. Begründer der Tradition des humorist. und geistreich über unscheinbare Dinge plaudernden Essays als lit. Kunstform (Vorläufer: Addison/Steele und Goldsmiths ›Chinese Letters‹). Der bes. Reiz s. Essays liegt in der Subjektivität der Aussage, der ständigen Selbstironie, aber auch in s. Stil, der reich ist an Abschweifungen, an paradox-phantast. und kom. Bildern. S. künstler. Bedeutung wurde erst von der Nachwelt voll gewürdigt.

W: Blank Verse, G. 1798 (m. Ch. Lloyd); Rosamund Gray, Romanze 1798; John Woodvil, Tr. 1802; Mr. H., Farce 1806; Tales from Shakespear, II 1807 (m. Mary L.; d. 1928, 1949); Specimens of English Dramatic Poets who lived about the Time of Shakespeare, 1808 (n. J. D. Campbell 1907); Poetry for Children, II 1809; The Works, 1818; Essays of Elia, III 1823–33 (hg. J. Bate 1987; dt. Ausw. 1965). – Works, hg. T. N. Talfourd 1840; E. V. Lucas VII 1903–05, VI 1912; T. Hutchinson II 1908; L.s Criticism, hg. E. M. W. Tillyard 1923; Essays, hg. R. Vallance, J. Hampden 1963; Life, Letters and Writings, hg. P. Fitzgerald VI 1971; Letters, hg. E. V. Lucas, 1903–05; The Letters of Ch. and M. A. Lamb, hg. E. W. Marrs III 1975–78.
L: E. V. Lucas, II, ⁵1921; E. Blunden, 1933, 1954, 1967; G. L. Barnett, 1964; H. Weber, Stud. z. Form d. Ess. b. Ch. L., 1964; A. Ainger, 1970; J. C. Thomson, 1971 (m. Bibl.); F. V. Randel, 1975; W. McKenna, 1978; W. F. Courtney, Young Ch. L., 1982; C. A. Prance, Companion to Ch. L., 1983; D. Cecil, 1983; J. Aaron, 1991.

Lambert le Tort, altfranz. Dichter, Kleriker aus Chateaudun. – Schrieb in der 2. Hälfte des 12. Jh. den 3. Teil des großen → Alexanderromans (Kampf gegen Dareios, Indienzug, Amazonenkrieg, Verrat des Antipater), ursprüngl. als Erweiterung der 10silbigen poitevin. Fassung. Führte den 12silbigen, später Alexandriner genannten Vers in das Epos ein, benutzte als Quellen ›Epitome Julii Valerii‹ (9. Jh.), ›Alexandri magni iter ad paradisum‹ (4. Jh.) und e. angebl. Brief Alexanders an Aristoteles, aus dem er die vielen märchenhaftphantast. Elemente s. Indienzuges entnahm, die zur großen Beliebtheit des Romans im MA beitrugen.

A: Le roman d'Alexandre, riproduzione del ms. Venezia, Correr 1493, 1998.
L: F. Pfister, 1976.

Lamdan, Jitzchak, hebr. Dichter und Publizist, 7. 11. 1899 Mlinov/Ukraine – 1954 Ramat Gan/Israel. Erlebte die russ. Revolution; Freiwilliger in der Roten Armee; ab 1920 in Palästina, seit 1933 Hrsg. der lit. Zs. ›Gilyonot‹. – Durch s. dichter. Schaffen zieht sich der rote Faden der Judenverfolgungen in der Neuzeit, deren Martyrium im heroischen Widerstandskampf der zionist. Pioniere s. polit. Ergänzung findet.

W: Massada, Poem 1927; Baritma hameschuleschet, G. 1930; Misefer Hajamim, G. 1942; Bema'ale Akrabbim, G. 1946. – Kol Shirey (GW), 1973.
L: S. Umen, 1961; L. Yudkin, Lond. 1971.

Lamennais, Hugues-Félicité-Robert de, franz. Schriftsteller, 19. 6. 1782 Saint-Malo – 27. 2. 1854 Paris. Jugend in Chesnaie b. Dinan, bekehrte sich 22jährig zum Katholizismus; 1816 Priesterweihe. Beeinflußt von Chateaubriand und J. de Maistre. Griff in s. ersten Schriften die relig. Indifferenz s. Zeitgenossen an und verteidigte, antigallikan. gesinnt, Papsttum und Katholizismus gegen Staatskirchentum. Gründete, ab 1830 polit. liberal, mit jungen Katholiken (Lacordaire, Montalembert und M. de Guérin) die Zeitung ›L'avenir‹. Trat für die völlige Trennung von Kirche und Staat ein. S. Thesen wurden 1832 von Papst Gregor XVI. verdammt, er selbst wurde 1834 nach Erscheinen s. Hauptwerkes ›Paroles d'un croyant‹ vom Papst gebannt. – Stellt darin in faszinierender Sprache in e. an die Bibelsprache angelehnten einfachen, bisweilen leidenschaftl. und visionären Stil, den Papst als reaktionäre Macht und das republikan. Ideal der Freiheit als dem Geist des Evangeliums entsprechend dar. 1848 republikan. Abgeordneter. Wandte sich theolog. dem Deismus, polit. dem Sozialismus zu. Verharrte bis zum Tod in Ablehnung der Kirche.

W: Essai sur l'indifférence en matière de religion, IV 1817–23 (d. 1821); De la religion considérée dans ses rapports avec l'ordre politique et social, II 1825f.; Des progrès de la révolution et de la guerre contre l'église, 1829; Paroles d'un croyant, 1833 (d. L. Börne 1834); Affaires de Rome, 1836 (d. 1840); Le livre du peuple, 1838 (d. 1905, 1948); Questions politiques et philosophiques, 1840; De l'esclavage moderne, 1840 (d. 1840); Le pays et le gouvernement, 1840; Esquisse d'une philosophie, 1840–46. – Œuvres complètes, XI 1844–47; Œuvres posthumes, hg. E. Forgues V 1855–58; Œuvres inédites, hg. A. Blaize II 1866; Correspondance, hg. E. Forgues ²1864; L'avenir, 1830–31, Ausw. hg. G. Verucci 1967.

L: C. Boutard, III 1905–13; C. Maréchal, II 1913; F. Duine, 1922; V. Giraud, 1933; C. Carcopino, Les doctrines sociales de L., 1942; Y. Le Hir, 1949; R. P. Quilty, 1954; F. Tuloup, 1961; J.-R. Derre, 1962; L. Le Guillou, L'évolution de la pensée religieuse de F. de L., 1966; P. N. Stearns, Priest and Revolutionary, N. Y. 1967; J. Lebrun, 1981; G. Hourdin, 1982; M. J. u. L. Le Guillou, 1982; G. Valerius, 1983; L. R. White, 1983. – Bibl.: F. Duine, 1923.

Lamming, George, westind. Schriftsteller, engl.-afrikan. Herkunft, * 8. 6. 1927 St. Michael/Barbados. Lehrer, Fabrikarbeiter, Mitarbeiter der BBC, ab 1958 Univ.-Dozent Kingston/Jamaika; Gastdozenturen in Texas, Pennsylvania, Dänemark, Tansania u. Australien. – Stark autobiograph. geprägte Erörterungen westind. Identität u. Psyche zwischen der Karibik u. engl. ›Exil‹; die späteren Arbeiten nehmen hierbei noch stärker eine hist. Perspektive in den Blick.

W: In the Castle of My Skin, R. 1953; The Emigrants, R. 1954 (Mit dem Golfstrom, d. 1956); Of Age and Innocence, R. 1958; Season of Adventure, R. 1960 (d. 1962); The Pleasures of Exile, Ess. 1960; Water with Berries, R. 1972; Natives of My Person, R. 1972.

L: S. P. Paquet, 1982; S. Nair, 1996.

La Motte-Houdar(t), Antoine de, franz. Schriftsteller, 18. 1. 1672 Paris – 26. 12. 1731 ebda. Eng befreundet mit Madame de Lambert. – Dichter, Dramatiker, Dichtungstheoretiker. Im Literaturstreit der Alten und Modernen auf der Seite der Modernen, heftig von Voltaire bekämpft. Wandte sich als Anwalt von Vernunft und Klarheit gegen den zeitgenöss. Vers, trat für die Prosa als Dichtungsform ein. Schrieb s. Gedichte und Dramen in Prosa. Auch Ballett- und Opernlibretti. S. heute vergessene Tragödie ›Inès de Castro‹, klass. in Sprache und Wahl des Gegenstands, zugleich Rührstück, hatte bei den Zeitgenossen sehr großen Erfolg. Ließ in s. Ilias-Übs. (1714) der Vernunft und dem ›guten Geschmack‹ widersprechende Teile aus.

W: La matrone d'Ephèse, K. 1703; Odes avec un discours sur la poésie en général, 1709; Le deuil de la France, G. 1712; Réflexions sur la critique, 1716; Fables, 1719 (d. B. H. Brockes 1721, G. G. Glafey 1736); Les Maccabées, Dr. 1721 (d. 1735) Romulus, Dr. 1722; Inès de Castro, Dr. 1723 (d. J. F. Bertuch 1774); Suite de réflexions sur la tragédie, 1730; Le magnifique, Dr. 1731. – Œuvres complètes, XI 1754, 1970; Œuvres de théâtre, II 1730; Paradoxes littéraires (krit. Schr.), 1859.

L: P. Dupont, Un poète philos. au commencement du XVIIIe siècle, Diss. Paris 1898.

L'Amour, Louis (Dearborn), amerik. Schriftsteller, 28. 3. 1908 Jamestown/ND – 10. 6. 1988 Los Angeles. Autodidakt u. Gelegenheitsarbeiter. – Autor zahlr. u. populärer Romane über den amerik. Alten Westen des 19. Jh., reich an geograph. u. hist. Details; u. a. mehrbändige fiktionale Sackett-Familienchronik.

W: Westward the Tide, R. 1950 (Lockendes Gold, d. 1978); Crossfire Trail, 1954 (Heißes Blut für Caradec, d. 1979); The Daybreakers, R. 1960 (Der letzte Showdown, d. 1965); Sackett, R. 1961 (d. 1965); Lando, R. 1962 (d. 1970); Down the Long Hills, R. 1968 (Allein in der Wildnis, d. 1974); Bendigo Shafter, R. 1978 (d. 1987); The Lonesome God, 1983 (d. 1987); The Walking Drum, R. 1984 (Kerbouchard, der Sohn des Korsaren, d. 1985); Frontier, Ess. 1984; The Haunted Mesa, R. 1987 (Berg des Unheils, d. 1989); The Sackett Companion, St. 1988; The Education of a Wandering Man, Aut. 1989. – Übs.: Das L.-L.-Western-Lesebuch, 1985.

L: R. L. Gale, 1985; R. Weinberg, 1992. – Bibl.: H. W. Hall, 1995/2003.

Lampedusa, Giuseppe Tomasi di → Tomasi di Lampedusa, Giuseppe

Lampell, Millard, amerik. Schriftsteller, 10. 1. 1919 Paterson/NJ – 3. 10. 1997 Ashburn/VA. Neben dem Stud. Arbeiter in Kohlengruben,

Spinnereien u. Werften, dann Folksänger; im Krieg Redakteur beim Soldatensender; freier Autor in New York. – Neben Gedichten, Kantaten u. Liedern Vf. von Stücken u. Erzählprosa sozialkrit. Inhalts; bekannt bes. durch ›The Wall‹, e. Dramatisierung des gleichnamigen Romans von J. Hersey über das Warschauer Ghetto.

W: The Lonesome Train, Folkkantate 1944; The Long Way Home, Dr. 1946; The Hero, R. 1949 (Der Held vom Jackson College, d. 1963); Journey to the Cape, G. 1959 (m. S. Grossman); The Wall, Dr. 1961 (d. 1961); The Inheritance, Dr. (1964); Hard Travelin', Dr. (1965); Eagle in the Cage, FSsp. 1965; Jacob and the Angel, Dr. (1965); Eagle in a Cage, FSsp. 1966.

Lampman, Archibald, kanad. Lyriker, 17. 11. 1861 Morpeth/Ontario – 10. 2. 1899 Ottawa. 1883–99 Staatsbeamter in Ottawa, ⚭ 1887 Emma Playter. 1895 Mitgl. der Royal Society of Canada. Mit D. C. Scott u. W. Campbell gehört L. zu den ›Mermaid Inn‹-Autoren. – Vf. von anschaul. Natur- und Landschaftsgedichten aus Kanada.

W: Among the Millet, 1888; Lyrics of Earth, 1895; Alcyone, 1899; Poems, hg. D. C. Scott 1900; At the Long Sault, hg. D. C. Scott, W. Campbell 1943; Poems, hg. M. C. Whitridge 1974; Late Love Poems, hg. M. C. Whitridge 1975; Sonnets, hg. ders. 1976. – Selected Poems, hg. M. Gnarowski 1990; Letters, hg. A. S. Bourinot 1956; hg. E. W. Thomson 1957; Correspondence, hg. H. Lynn 1980.

L: N. G. Guthrie, 1927; C. Y. Connor, 1929; D. Pacey, Ten Canadian Poets, 1958; M. Gnarowski, hg. 1970; Colony and Confederation, hg. G. Woodcock 1974; L. McMullen, hg. 1976. – Bibl.: G. Wicken, 1980.

Lampo, Hubert (Léon), fläm. Erzähler und Essayist, * 1. 9. 1920 Antwerpen. Lehrer, dann Journalist, Zs.-Redakteur; Inspektor der öffentl. Bibliotheken in Flandern. – Psycholog., dann v. a. mag.-realist. Romane u. Erzählungen, auch Essays. L. findet s. Auffassungen bestätigt in der Archetypenlehre C. G. Jungs.

W: Don Juan en de laatste nimf, N. 1943; Hélène Defraye, R. 1945; De ruiter op de wolken, R. 1948; De belofte aan Rachel, R. 1952 (d. 1976); Terugkeer naar Atlantis, R. 1953; De duivel en de maagd, R. 1955; Toen Herakles spitte en Kirke spon, Ess. 1957; De komst van Joachim Stiller, R. 1959; De heks en de archeoloog, R. 1967; De ring van Möbius, Ess. 1967 u. 1972; De zwanen van Stonehenge, Ess. 1972; De vingerafdrukken van Brahma, R. 1972; Wijlen Sarah Silberman, R. 1980; Zeg maar Judith, R. 1984; Arthur, Ess. 1985 (Artus und der Gral, d. 1985); Schemertijdmuziek, En. 1992; De wortels der verbeelding, Ess. 1993.

L: R. Turkry, [2]1975; P. v. Aken, 1996; V. de Haas, De opgebroken straat, 1996.

Landero, Luis, span. Schriftsteller, * 25. 3. 1948 Alburquerque/Badajoz. Entstammt e. Bauernfamilie, Stud. Hispanistik Madrid, Dozent für Lit. an versch. Hochschulen. – Meisterhafter Erzähler, der iron. die Träume u. Ideale s. Generation analysiert.

W: Juegos de la edad tardía, R. 1989 (Späte Spiele, d. 1992); Caballeros de fortuna, R. 1994 (d. 1995); Entre líneas, Art. 1996; El mágico aprendiz, R. 1999; El guitarrista, R. 2002.

Landino, Cristoforo, ital. Humanist, 1424 Florenz – 24. 9. 1498 Pratovecchio. Lehrte ab 1458 im ›Studio fiorentino‹ Poetik u. Rhetorik. Dabei interpretierte er u. a. auch volkssprachl. Dichter. 1467 Kanzler der ›Signoria‹, Mitgl. der Platon. Akad. Ficinos, Lehrer der Medici. – In s. ›Disputationes camaldulenses‹ erörtert er in Form fingierter Gespräche zwischen Lorenzo de'Medici, L. B. Alberti u. M. Ficino das Problem von ›vita activa‹ u. ›vita contemplativa‹ sowie die Frage nach dem höchsten Gut. In s. Kommentar zu Vergils ›Aeneis‹ tritt er, im Gegensatz zu den damals aufkommenden streng philolog. Methoden, für die allegor.-philos. Interpretation der Dichtung ein, während er sich in den Dialogen ›De nobilitate animae‹ an Ficinos neuplaton. Lehren hält. S. Kommentar zur ›Divina Commedia‹ (von Botticelli illustriert) interpretiert Dante als platon. beeinflußten Dichter, wobei Vergil die Rolle des Vermittlers zugeschrieben wird. S. lat. Verse, z. T. u. d. T. ›Xandra‹ vereinigt, verbinden klass. Motive mit der Tradition der petrarkisierenden Lyrik.

W: De nobilitate animae, Dial. 1472 (n. A. Paoli, G. Gentile 1915–17); Commento all'Eneide, 1478; Disputationes camaldulenses, um 1480 (n. K. Holzkamp 1968, P. Lohe 1980; d. E. Wolf 1927); Commento alla ›Divina Commedia‹, 1481. – Carmina omnia, hg. A. Perosa 1939; Testi inediti e rari di C. L. – F. Filelfo, hg. E. Garin 1949; Reden u. Briefe, hg. M. Lentzen 1973.

L: E. Müller-Bochat, L. B. Alberti u. d. Vergil-Deutung d. ›Disp. Camald.‹, 1968; R. Weiss, 1981; U. Rombach, Vita activa u. vita contemplativa bei C. L., 1991.

Landnámabók, isländ. genealog.-hist. Werk aus dem 13. Jh., enthält Genealogien der Geschlechter, die Island 874 bis 930 in Besitz nahmen. Die Geschlechtertafeln werden oft von Partien unterbrochen, in denen Denkwürdigkeiten über einzelne Familienmitglieder u. anekdotenartige Geschichten mitgeteilt werden.

A: F. Jónsson 1900 u. 1925, G. Jónsson 1942 u. 1946, E. Arnórsson 1948, J. Benediktsson 1968 in: Ísl. Fornrit 1, Faks. d. Hs. 1974. – Übs.: Ausw.: W. Baetke in: Islands Besiedlung u. älteste Geschichte, 1928 (n. 1967).

L: J. Jóhannesson, Koph. 1941. – Bibl.: K. Schier, Sagalit., 1970; R. Simek, H. Pálsson, Lex. d. altnord. Lit., 1987.

Landolfi, Tommaso, ital. Erzähler, 9. 8. 1908 Pico/Farnese – 9. 7. 1979 Rom. Mitarbeiter versch. Zeitungen u. Zsn. – Dank e. ausgezeichneten Darstellungsvermögens u. e. oft bis zur Übertreibung geistvoll verspielten Stiles haben s. stimmungsvollen Romane u. Erzählungen mit surrealist. Effekten große Anziehungskraft. Bekannt auch als Übs. von Werken Gogols u. Puškins.

W: Dialogo dei massimi sistemi, En. 1937; La pietra lunare, R. 1939 (d. 1995); La spada, En. u. Dial. 1942; Racconto d'autunno, R. 1947 (d. 1990); Cancroregina, E. 1950 (d. 1986); La bière du pêcheur, R. 1953 (d. 1994); Ombre, E. 1954; Ottavio di Saint-Vincent, R. 1958; Landolfo VI di Benevento, Dr. 1959; Rien va, R. 1963 (d. 1999); Un amore del nostro tempo, R. 1965; Racconti impossibili, En. 1966 (d. 1969); Des mois, En. 1967; Un paniere di chiocciole, En. 1968; Faust 67, Dr. 1969; Breve Canzoniere, R. 1971; Gogol a Roma, Ess. 1971; Le Labrene, R. 1974; A caso, R. 1975; Il Mar delle Blatte e altre storie, En. 1975; Il tradimento, R. 1977; Del meno. Cinquanta elzeviri, 1978; Se non la realtà, R. 1980. – Übs.: Erzählungen, 1966; Nachtschatten, En. 1987.

L: G. Ghetti Abruzzi, 1979; R. Capek-Habekovic, T. L.s Grotesque Images, 1987; O. Macrí, 1990; I. Landolfi, hg. 2002.

Landon, Letitia Elizabeth (Ps. L. E. L.), engl. Dichterin, 14. 8. 1802 Chelsea, London – 15. 10. 1838 Cape Coast Castle/Südafrika. L. wurde in e. große, ehemals vermögende Familie geboren, die sie nach dem Tod des Vaters unterstützen mußte. ∞ mit dem Gouverneur von Cape Coast Castle, erfüllte damit auch ihren lange gehegten Wunsch e. Reise nach Afrika, wo sie nur 4 Monate später verstarb. – Erste Bekanntheit durch die ›Poetical Sketches‹, ab 1821 in der ›Literary Gazette‹ veröffentlicht. Mit der Popularität ihrer sentimentalen Dichtung rückte das Privatleben der bis 1838 unverheirateten Autorin zunehmend ins Blickfeld der Öffentlichkeit. Ab 1830 auch sentimentale Gesellschaftsromane.

W: The Improvisatrice, G. 1824 (n. 1996); The Troubadour, G. 1825; The Golden Violet, G. 1827; The Venetian Bracelet, G. 1829; Romance and Reality, R. 1831; The Vow of the Peacock, G. 1835; Traits and Trials of Early Life, Kdb. 1836; Ethel Churchill, R. 1837. – Complete Works, II New York 1856; Selected Writings, hg. J. J. McGann, D. Riess 1997; Letters, hg. F. J. Sypher 2001.

L: D. E. Enfield, L. E. L.: A Mystery of the Thirties, 1928; H. Ashton, Letty Landon, ²1977; G. Stephenson, 1995.

Landor, Robert Eyres, engl. Geistlicher und Schriftsteller, 1781 Warwick – 26. 1. 1869 Naffordwith-Birlingham. Jüngster Bruder von Walter Savage L., Stud. Oxford, Landpfarrer. – Versuchte sich in versch. lit. Gattungen, schrieb Tragödien, e. Dichtung über Belsazar, e. phantast. Erzählung ›The Fawn of Sertorius‹ und imaginäre Prosadialoge zwischen Aristoteles, Cicero u. a. Gestalten der klass. Zeit: ›The Fountain of Arethusa‹. Von drei 1841 in e. Band veröffentlichten Schauspielen, ›The Earl of Brecon‹, ›Faith's Fraud‹ und ›The Ferryman‹, vernichtete L. die meisten Abdrucke.

W: The Count Arezzi, Tr. 1823; The Impious Feast, Dicht. 1828; The Fawn of Sertorius, 1846; The Fountain of Arethusa, Dial. II 1848.

L: E. H. Partridge, 1927, 1970.

Landor, Walter Savage, engl. Dichter, 30. 1. 1775 Ipsley Court/Warwick – 17. 9. 1864 Florenz. Sohn e. Arztes, in Rugby erzogen, Stud. in Oxford. Wurde von der Universität verwiesen. Unbeherrschter Charakter, dessen äußeres Leben Extravaganzen, Streitigkeiten, starke Vorurteile und paradoxe Neigungen kennzeichnen. 1808 mit einem selbstgeworbenen Korps Teilnahme am Krieg gegen Napoleon in Spanien. Das Scheitern des Unternehmens findet dichter. Niederschlag in ›Count Julian‹. ∞ 1811 Julia Thuillier, erwarb als Wohnsitz Llanthony Abbey/Monmouthshire, zog nach Streit mit den Lokalbehörden nach Frankreich, ein Jahr später nach Italien, lebte bis 1818 in Como, zog dann wegen Differenzen mit der Behörde nach Florenz, dort schrieb er s. bedeutendstes Werk ›Imaginary Conversations‹, eigenwillige Dialoge von bedeutenden Persönlichkeiten der Vergangenheit (mit treffender Selbstcharakteristik) über lit., polit. u. a. Themen. Kehrte nach Entzweiung mit s. Frau nach England zurück, mußte wegen Verleumdung bald fort, zog für den Rest s. Lebens nach Italien; lebte meist in Florenz. Dickens zeichnete L.s Charakterbild in s. Gestalt Boythorn in ›Bleak House‹. Eine s. ersten, noch wenig erfolgr. Dichtungen, das Epos ›Gebir‹, gewann L. die lebenslängl. Freundschaft Southeys. – Lyriker mit erzählenden oder epigrammat. Gedichten als prägnantem Ausdruck e. Gefühls. Schrieb auch hist. Lesedramen, darunter die Tragödie ›Count Julian‹. Ausgezeichneter Prosastil von klass. Klarheit und dichter. Ausdruck. Gedichte von klass. Einfachheit. Von Wordsworth u. a. Zeitgenossen sehr geschätzt.

W: Poems, 1795; Gebir, Ep. 1798; Poems from the Arabic and the Persian, 1800; Count Julian, Tr. 1812; Imaginary Conversations of Literary Men and Statesmen, V 1824–29 (Erfundene Unterhaltungen, d. 1879, R. Borchardt 1923); The Pentameron and Pentalogia, Dial. 1837; The Citation and Examination of W. Shakespeare Touching Deer-stealing, 1834; Pericles and Aspasia, R. II 1836; Andrea of Hungary and Giovanna of Naples, Tr. 1839; Hellenics, G. 1847; Poemata et Inscriptiones, 1847; Last Fruit of an Old Tree, 1853; Imaginary Conversations of Greeks and Romans, 1853; Heroic Idylls, 1863. – Complete Works, T. E. Welby XII 1927–31; XVI 1969; Poetry, hg. S. Wheeler IV 1933–36; Poems, hg. G. Grigson 1964; Complete Latin Poetry, hg. D. F. Sutton, II 1999; Letters, hg. S. Wheeler 1899 (n. 1985).

L: S. Colvin, 1881 (n. 1969); G. R. Hamilton, 1960; P. Vitoux, Paris 1964; R. Pinsky, L.s Poetry, Chicago 1969; E. W. Evans, ²1970; M. Elwin, ²1970; E. N. Dilworth, 1971; R. H. Super, ²1977; C. L. Proudfit, 1979. – *Bibl.:* R. H. Super, 1954.

Landry, Charles-François, schweizer. Schriftsteller franz. Sprache, 19. 3. 1909 Lausanne – 23. 2. 1973 Vevey. – Schrieb Romane und Erzählungen, kraftvolle Bilder der Provence und der Schweiz mit herben und rauhen, naturverbundenen Gestalten, bes. Bauern und Handwerkern. Auch Dramatiker.

W: Sous la peau de l'homme, R. 1932; Diégo, R. 1938 (d. 1946); Baragne, R. 1939 (Wenn alles wankt, d. 1943); Au bord du monde, R. 1941 (d. 1949); La cendre et la fumée, Aut. 1942; Le Mas Méjac, R. 1944; Garcia, R. 1947; La Devinaize, R. 1951; Charles, dernier Duc de Bourgogne, R. 1960; Rose Bertin, R. 1960; Les étés courts, R. 1965.

L: J.-L. Meunier, 1975.

Landsbergis, Algirdas (Ps. Jer. Žemkalnis, S. Žemkalnis), litau. Dramatiker u. Prosaist, 23. 6. 1924 Kybartai – 4. 4. 2004 Freeport/USA. Gymn. Kaunas, 1941–43 Stud. Lituanistik an der Univ. Kaunas, 1944 Univ. Mainz. 1949 Emigration in die USA, hier Stud. d. Vergl. Lit.wiss. (Univ. Columbia). Hochschullehrer in USA (Fairleigh, Dickinson). Mitglied des PEN-Clubs. – In s. Roman ›Kelionė‹ schildert L. die letzten zwei Jahre des 2. Weltkriegs (1944/45). In dt. Baracken finden sich Vertreter verschiedener Völker zusammen, von denen jeder seine entsprechende Ideologie und Weltanschauung vertritt. In s. Novellen experimentiert L. mit Thematik, Struktur und s. eigenwilligen Stil, in s. Dramen mit der durch weltanschauliche Konflikte hervorgerufenen ethischen Problematik.

W: Kelionė, R. 1954; Ilgoji naktis, Nn. 1956; Meilės mokykla, Dr. 1965; Penki stulpai turgaus aikštėje, Dr. 1966 (engl. 1968); Vėjas gluosniuose, Dr. 1973; Muzika įžengiant į neregėtus miestus, Nn. 1979; Paskutinis piknikas, Dr. 1980; Vaikai gintaro rūmuose, Dr. 1985 (engl. 1986). – Rinktiniai Raštai (GW), II 1994.

L: R. Šilbajoris, 1992; J. Lankutis, 1995; Vyt. A. Jonynas, 1992; J. Lankutis, 1997.

Landstad, Magnus Brostrup, norweg. Dichter, 7. 10. 1802 Måsøy – 8. 10. 1880 Oslo. Pfarrer. – Lyriker unter Einfluß der Volksballade, Kirchenlieddichter und Folklorist. Sammler und Hrsg. norweg. Volkslieder sowie des norweg. Kirchengesangbuches von 1869, beide Sammlungen in Riksmål.

W: Neslands Kirke, 1852; Norske folkeviser, 1853 (n. 1968); Folkeviser fra Telemarken, hg. K. Liestøl 1925; Fra Telemarken. Skik og Sagn, 1927.

L: R. Berge, Norske folkeminnesamlarar II, 2: M. B. L., 1920; H. Nilsen, 1921; I. Bjørndal, 2002; K. Aasen, 2002.

Lang, Andrew, schott. Gelehrter und Dichter, 31. 3. 1844 Selkirk – 20. 7. 1912 Aberdeen. Sohn e. Sheriffs. Selkirk Grammar School, Stud. in Edinburgh, St. Andrews und Oxford, ab 1868 einige Jahre Dozent am Merton College ebda., dann Journalist und freier Schriftsteller in London. ∞ 1875 Leonora Blanche Allayne. – Hervorragender Gelehrter, beherrschte sowohl klass. wie neuere Lit. Schuf ausgezeichnete Homer- und Theokrit-Übersetzungen. Außerordentl. vielseitig, schrieb Essays über klass. Dichtung, schott. und engl. Geschichte, engl. Literatur, ausgezeichnete kleine lyr. Gedichte, versuchte in ›Ballades in Blue China‹ alte franz. Metren neu zu beleben, verfaßte einige weniger bedeutsame Romane, gute folkloristische Schriften, vielgelesene Märchenbücher und e. ›Book of Romance‹. S. Essays sind leichtflüssig und allgemeinverständlich geschrieben, wenden sich jedoch vorwiegend an lit. interessierte Leser.

W: Ballads and Lyrics of Old France, G. 1872; Ballades in Blue China, G. 1880; The Library, Ess. 1881; Rhymes à la Mode, G. 1884; Custom and Myth, Ess. 1884; The Mark of Cain, R. 1886; Letters to Dead Authors, Ess. 1886; Books and Bookmen, Ess. 1886; Myth, Ritual, and Religion, Es. II 1887; Grass of Parnassus, Ess. 1888; Homer and the Epic, Es. 1893; The Making of Religion, Es. 1898; Homeric Hymns, Übs. 1899; Prince Charles Edward, St. 1900; A History of Scotland, St. IV 1900–07; Magic and Religion, Es. 1901; The Mystery of Mary Stuart, St. 1901; The Disentanglers, R. 1902; The Book of Romance, 1902; Homer and his Age, Es. 1906; Sir W. Scott and the Border Minstrelsy, St. 1910; Method in the Study of Totemism, 1911 (hg. A. Duff-Cooper 1994); A History of Engl. Literature, 1912. – Poetical Works, hg. Mrs. Lang IV 1923; Essays of Today and Yesterday, Ausw. 1926.

L: R. L. Green, 1946 (m. Bibl.); A. W. Ebster, hg. 1949; R. L. Green, 1962; E. De S. Langstaff, 1978.

Lange, Antoni (Ps. Napierski u. a.), poln. Dichter u. Kritiker, 1861 Warschau – 17. 3. 1929 ebda. Stud. Naturwiss. Warschau, 1886–90 Philos., Orientalistik und Lit. Paris; seit 1890 Schriftsteller in Warschau. – Stark vom Symbolismus und Shelley beeinflußt. Große Wirkung auf die poln. Dichtung durch vollendete Verstechnik. Beschäftigung mit ästhet. u. soz. Problemen in subjektiv-pessimist. Gedankenlyrik, Erzählungen und Dramen. Übs. ›Mahābhārata‹ u. ›Rāmāyana‹ Shakespeare, Baudelaire, Poe u. a.

W: Pogrzeb Shelleya, ep. Dicht. 1890; Poezje, II 1895–98; Studja z literatury francuskiej, Schr. 1897; Wybór poezji, G. 1900; Wenedzi, Dr. 1909; Atylla, Dr. 1910; Elfryda, En. 1912; W czwartym wymiarze, E. 1912; Miranda, E. 1924 (n. 1984); Pochodnie w mroku, Schr. 1927; Ostatni zbiór poezyj, G. II 1931. – Poezje wybrane (G.-Ausw.), 1960; Rozmyślania i inne wiersze, G.-Ausw. 1979.

L: B. Szymańska, Poeta i nieznane, 1979; H. P. Hoelscher-Obermaier, Das lyr. Werk A. L., 1983.

Lange, John → Crichton, Michael

Lange, Monique, franz. Schriftstellerin, * 1926 Paris. Frühe Kindheit in Frankreich, später bei ihrer Mutter in Saigon; 1945 zurück nach Frankreich; Stud. Bengali und Hindi, Mitarbeiterin an der ›Revue de Cinéma‹ und am ›France-Observateur‹. – Vf. sentimentaler Romane über Lebensangst, enttäuschte Liebe aus dem Milieu der Pariser Jugend der Gegenwart, mit Nähe zu F. Sagan.

W: Les Poissons-Chats, R. 1959 (d. 1961); Les Platanes, R. 1960 (d. 1961); La rue d'Aboukir, R. 1962; Une drôle de voix, R. 1966; Cannibales en Sicile, R. 1967; Une petite fille sous une moustiquaire, R. 1972; Histoire de Piaf, B. 1979 (d. 1980); Les cabines de bain, R. 1982; Cocteau, Prince sans royaume, 1989.

Lange, Sven, dän. Erzähler u. Dramatiker, 22. 6. 1868 Kopenhagen – 6. 1. 1930 ebda. 1896–98 Redakteur des ›Simplicissimus‹ in München; seit 1899 führender Kritiker der radikalliberalen Zeitung ›Politiken‹ in Kopenhagen. – Vf. kulturgeschichtl. Romane u. bühnensicherer Problemstücke in der Ibsen-Nachfolge mit gefühlsbetontem Stil.

W: Hjærtets gærninger, R. 1900; Selvportrætter og andre portrætter, En. 1901; De stille stuer, Sch. 1902; En forbryder, Sch. 1902 (Ein Verbrecher, d. 1903); Kvindelykke, Sch. 1903; De umyndiges røst, Sch. 1906; Samson og Dalila, Sch. 1909 (d. 1910); Kærligheden og døden, Sch. 1914; En dag på Hirschholm Slot, R. 1923; De første kampe, R. 1925; Amor og Bacchus, R. 1926; Meninger om teater, Ess. 1929; Meninger om litteratur, Ess. 1929.

Langendijk, Pieter, niederländ. Dramatiker, 25. 7. 1683 Haarlem – 18. 7. 1756 ebda. Musterzeichner, Maler u. Dichter. Mit 16 Jahren schrieb er s. 1. Lustspiel (›Don Quichot‹). Nach Verarmung (1747) Stadtgeschichtsschreiber in Haarlem. – Vf. von erfolgreichen Lustspielen in Alexandrinern, beeinflußt von franz. Dramatikern, bes. Molière. Am bekanntesten ›Wederzijdsch huwelijks bedrog‹.

W: Don Quichot, Lsp. 1699; De zwetser, Lsp. 1712; Het wederzijdsch huwelijks bedrog, Lsp. 1712; Krelis Louwen, Lsp. 1715; De wiskunstenaars, Lsp. 1715; Quincampoix, Lsp. 1720; Arlequyn actionist, Lsp. 1720; De bedriegery van Cartouche, Lsp. 1732; Xanthippe, Lsp. 1756; De spiegel der vaderlandsche kooplieden, Lsp. 1760. – Gedichten, IV 1721–60.

L: C. H. Ph. Meijer, 1891.

Langendonck, Prosper van, fläm. Dichter, 15. 3. 1862 Werchter/Brabant – 7. 11. 1920 Brüssel. Beamter am Justizministerium, später Übs. beim Parlament. 1893 e. der Gründer der Zs. ›Van Nu en Straks‹. – Neoromantiker; s. schmerzl. bewegte, formal streng klass. Lyrik ist tiefbeleber Ausdruck der Enttäuschung u. des Leids, verwandt mit der Lyrik J. Perks. Literaturkritiker.

W: Verzen, 1900, 1918. – Het werk, 1926; Gedichten, 1939, 1962.

L: A. Westerlinck, 1946; L. Sourie, ²1962 (m. Bibl.); G. Schmook, 1968.

Langenhoven, Cornelis Jacob, afrikaanser Lyriker u. Schriftsteller, 12. 8. 1873 Ladysmith/West- Kap – 15. 7. 1932 Oudtshoorn. Stud. Philos. u. Rechte Stellenbosch; 1900 Rechtsanwalt, 1912 Zs.-Redakteur; ab 1914 im Parlament, 1931 Dr. h. c. – Dichter des südafrik. Nationalhymnus ›Die Stem van Suid-Afrika‹; didakt. Stil. Schrieb humorist.-satir. Werke und weltberühmte Epigramme. Einfluß von Multatuli, Poe u. a.; weniger erfolgr. mit patriot. und relig. Lyrik sowie hist. Dramen und Komödien.

W: Ons Weg deur die Wêreld, G. u. Prosa 1914; Sonde met die Bure, E. 1921; Loeloeraai, E. 1923; Aan Stille Waters, G. u. Prosa II 1930–41. – Versamelde Werke, XIV 1933–37; Versamelde Werke XVI, G. u. Prosa 1972–73; Langenhoven in volkleur, Anth. 1983.

L: J. C. Kannemeyer, 1978; ders., 1995 (Biogr.); L. S. Venter, 1998.

Langer, František, tschech. Dramatiker u. Erzähler, 3. 3. 1888 Prag – 2. 8. 1965 ebda. Arzt; im 1. Weltkrieg 1916 russ. Gefangenschaft, 1917 Freiwilliger der tschech. Legion; nach 1918 Oberst des Gesundheitsdienstes. Nachfolger K. Čapeks als Dramaturg und lit. Direktor des Stadttheaters auf den Weinbergen. Während der dt. Okkupation in Paris u. London. – Begann mit formvollendeten neuklassizist. Erzählungen, in denen er der Sinnenfreude huldigte, u. Dramen um den Konflikt zwischen angeborenem Charakter u. Idee. Später auch Kriegsmotive, bes. s. Erlebnisse in Sibirien und in der tschech. Legion. Die europ. Bühnen eroberte er jedoch mit s. realist.-psycholog. Schauspielen, die mit nachsichtigem Humor den Alltag des kleinen Mannes (›Velbloud uchem jehly‹), das Schuld- u. Sühneproblem (›Periferie‹), das beliebte Motiv von der Dummheit der Reichen (›Grand Hotel Nevada‹) darstellen u. dem Publikumsgeschmack Rechnung tragen. Im Exil schrieb L. den Roman vom Abwehrkampf der Heimat im 2. Weltkrieg ›Děti a dýka‹.

W: Zlatá Venuše, En. 1910 (D. gold. Venus, d. 1918); Svatý Václav, Sch. 1912; Miliony, Sch. 1920; Železný vlk, En. 1920; Pes druhé roty, E. 1923; Velbloud uchem jehly, K. 1923 (Ein Kamel geht durchs Nadelöhr, d. 1929); Periferie, Sch. 1925 (d. 1926); Předměstské povídky, En. 1926; Grand Hotel Nevada, Sch. 1927; Obrácení Ferdyše Pištory, K. 1929 (Die Bekehrung des Ferdys Pistora, d. 1929); Andělé mezi námi, Sch. 1931 (Engel unter uns, d. 1931); Bratrstvo bílého klíče, Jugend-R. 1934 (Die Brüderschaft vom weißen Schlüssel, d. 1949); Jízdní hlídka, Sch. 1935; Dvaasedmdesátka, Sch. II 1937; Děti a dýka, R. 1946 (Die Kinder und der Satan, d.

1949); Jiskra v popelu, Sch. 1948; Pražské legendy, En. 1956; Výbor (AW), 1957; Bronzová rapsódie, Dr. 1962; Byli a bylo, Mem. 1963; Malířské povídky, En. 1966; Snílci a vrahové, En. 1967. – Knily F. L. (AW), IV 1934–37; Výbor z díla (AW), II 1966. – *Übs.:* Ein Koffer aus Übersee, En. 1966.
L: E. Konrád, 1949; H. Kuligowska, Twórczość dramatopisavska F. L., Wrocław 1976. – *Bibl.:* J, Brabec (u. d. Namen A. Langrová), Bibliografie F. L., o. J.

Langfus, Anna (eig. A. Regina Sternfinkiel), franz. Schriftstellerin poln. Herkunft, 1920 Lublin/Polen – 12. 5. 1966 Gonesse/Sarcelles. Mathematikstud. in Paris. Während e. Ferienaufenthaltes in Polen 1939 festgenommen und gefoltert, entkommt aber, anders als ihr Mann und ihre Eltern, dem KZ-Tod. 1947 erneut nach Frankreich, ∞ Langfus. Engagiert sich fortan für das franz. Judentum. – Setzt ab 1956 die früh begonnene Schreibtätigkeit fort, zunächst mit Dramen des Grauens über den Holocaust, die das Publikum überfordern, schreibt dann als erste franz. Schriftstellerin autobiograph. Romane über die Shoah und die Schicksale von entkommenen Juden. Betont in zahlr. Interviews ihre schriftsteller. Verantwortung als Zeitzeugin.
W: Les lépreux, Dr. 1956; Le sel et le soufre, R. 1960; Bagages de sable, R. 1962; Saute Barbara, R. 1965.

Langhveldt, Joris van → Macropedius, Georgius

Langland, William, engl. Dichter, um 1330 Mittelland – um 1400 London(?). Über s. Leben ist wenig bekannt. Aufschlüsse über die Person des Dichters müssen vorwiegend aus autobiograph. Hinweisen in s. Dichtung gewonnen werden. Die Höhenzüge von Malvern bilden den landschaftl. Hintergrund s. Dichtung. Lebte als Schreiber mit Frau und Kindern unter dürftigsten Verhältnissen in Cornhill, London. – S. Epos ›Piers Plowman‹, e. allegor. Vision von großer Stärke und dichter. Kraft, beleuchtet in Form von acht Traumgesichten die soz. Verhältnisse der Zeit, bes. die materielle und geistige Not des Volkes sowie kirchl. Mißstände, und ist neben Chaucers Werken die größte dichter. Leistung des engl. MA. Sie besteht in manchen Handschriften aus 2 Teilen, Visio und Vita: a) vom richtigen Gebrauch der Güter der Welt bei der Suche nach Wahrheit unter Führung Peters des Pflügers, der die christl. Gesellschaft verkörpert, b) die Suche nach Dowel, Dobet, Dobest (= gute, bessere, beste Lebensführung), allegor. Behandlung der Probleme des einzelnen bei s. Suche nach Wissen und Vervollkommnung. Die Dichtung fand lebhaften Widerhall, auch in der Kunst: in zahlr. Dorfkirchen Süd- und Mittelenglands finden sich Fresken vom Pflüger-Heiland. Die A-Version von ›Piers Plowman‹ wird auf ca.

1368/74 datiert, die B-Version (um 1377) erweitert den Text um mehr als das Doppelte (Prolog und 20 Passus), fügt viel Neues hinzu, die C-Version (ca. 1395/98) bringt weitere Änderungen. Im Gegensatz zu Chaucer schrieb L. alliterierende Langzeilen in nicht-stroph. Anordnung.
A: W. W. Skeat, II 1868; T. A. Knott, D. C. Fowler 1952; P. P., the three Versions, hg. G. Kane, E. T. Donaldson, G. Russell III 1960–97; A. V. C. Schmidt ²1978; C-Text, hg. D. Pearsall 1978, A. V. C. Schmidt 1995. – *Übs.:* neuengl. W. W. Skeat, 1967; N. Coghill 1968; T. Tiller (Verse), 1981; A. V. C. Schmidt, 1992; d. W. Klett, 1935.
L: J. J. Jusserand, 1879, ²1965; N. Coghill, 1946–64; W. Erzgräber, 1957; E. Salter, 1962; M. W. Bloomfield, 1962; J. Lawlor, P. P., 1962; E. Vasta, 1966 u. 1968; W. M. Ryan, 1968; R. W. Frank, ²1969; A. Bright, ²1971; D. Aers, 1975; D. M. Murtaugh, 1978; D. Aers, 1979; P. Martin, 1979; T. P. Dunning, ²1980; M. E. Goldsmith, 1981; J. Norton-Smith, 1983; A. V. C. Schmidt, 1987; J. A. Alford, 1988; M. Godden, 1990; J. A. Burrow, 1993. – *Bibl.:* A. J. Colaianne, 1978; V. DiMarco, 1982.

Langley, Noel, südafrikan. Dramatiker u. Erzähler, 25. 12. 1911 Durban/Südafrika – 4. 11. 1980 Desert Hot Springs/CA. Stud. Natal University. 1936–39 in Hollywood, ab 1946 in England. Drehbuchautor (u. a. ›The Wizard of Oz‹, 1938) u. Filmregisseur. Konventionelle Unterhaltungsstücke, Romane u. Erzählungen mit unsentimental-pessimist. Unterton.
W: Cage Me a Peacock, R. 1935 (Althea, d. 1954), Sch. 1946; There's a Porpoise Close Behind Us, R. 1936; Three Plays, 1936; So Unlike the English, R. 1937; Farm of Three Echoes, Sch. 1940; Little Lambs Eat Ivy, Sch. 1947; Edward, My Son (m. R. Morley), Dr. 1948; The Rift in the Lute, R. 1952; An Elegance of Rebels, Sch. 1960; Where Did Everybody Go?, R. 1961; The Tale of the Land of Green Ginger, Kdb. 1966 (d. 1984); The Snow Queen, Sch. 1967; Dream of Dragonflies, Kdb. 1971.

Lanier, Sidney, amerik. Lyriker, 3. 2. 1842 Macon/GA – 7. 9. 1881 Lyon/NC. Vater aus franz. Hugenottenfamilie, Rechtsanwalt; Oglethorpe Univ.; 1861–65 Teilnahme am Bürgerkrieg auf Seite des Südens, Gefangenschaft, in der er sich e. Lungenentzündung zuzog; Leben in Armut; 1878–81 Dozent für Engl. Johns Hopkins Univ., Baltimore. – S. Dichtung beruht auf der Überzeugung, daß die Regeln für Musik und Lyrik ident. seien; in s. Unabhängigkeit vom konventionellen Metrum (die zu langen, unregelmäßigen, rhythm. Verszeilen führt) ähnelt er Whitman; in der Sprachmelodie ist er Poe verwandt. Auch Romane u. lit.wiss. Studien.
W: Tiger-Lilies, R. 1867 (n. 1969); Florida, Reiseb. 1876; Poems, 1877; The Science of English Verse, Abh. 1880; The English Novel, Abh. 1883 (hg. W. H. Browne; n. M. D. Lanier 1897); Poems, 1884 (hg. M. D. Lanier; n. 1891 u. 1916); Music and Poetry, hg. H. W.

Lanier 1898; Shakespeare and His Forerunners, St. 1902; Seletions, hg. H. W. Lanier 1916; Selected Poems, hg. S. Young 1947. – The Centennial Edition, hg. C. R. Anderson X 1945; Poems and Letters, hg. C. R. Anderson 1945; Letters, hg. H. W. Lanier 1899.

L: E. Mims, 1905; J. W. Wayland, 1921; A. H. Starke, 1933; J. S. Manyfield, 1935; P. Graham, M. C. Jones, 1939; M. C. Jones, 1940; R. Webb, E. R. Coulson, 1941; E. W. Parks, 1968; J. de Bellis, 1972; J. S. Gabin, 1985.

Lankveldt, Joris van → Macropedius, Georgius

Lanoux, Armand, franz. Schriftsteller, 24. 10. 1913 Paris – 23. 3. 1983 Champs-sur-Marne. Nach versch. Berufen 1943 Hinwendung zur Lit. – Vf. surrealist. Gedichte, reportagehafter Erfolgsromane, von Erzählungen, Kinderbüchern u. Essays. Auch Hrsg. (Zola).

W: La Canadienne assassinée, R. 1943; La nef des fous, R. 1948; Le photographe délirant, G. 1953; Bonjour, Monsieur Zola, Es. 1954; Psychologie de Paris, Es. 1955; Le commandant Watrin, R. 1956 (Der Tote von Volmerange, d. 1960); Paris 1925, Es. 1957 (d. 1959); Le rendez-vous de Bruges, R. 1958 (d. 1959); A quoi jouent les enfants du bourreau, R. 1959; Amours 1900, Es. 1961 (d. 1964); Quand la mer se retire, R. 1963 (d. 1965); G. de Maupassant, le bel ami, Es. 1967; Dagobert et l'ancre rouillée, Kdb. 1970; La polka des canons, R. 1970; Le coq rouge, R. 1972; Le berger des abeilles, R. 1974; Adieu la vie, adieu l'amour, R. 1977; L'or ou la neige, R. 1978; Michel Tournier, St. 1980. – Le montreurs d'ombres, G. 1932–82, 1982.

L: A. Vinas, 1980.

Lansel, Peider (Ps. P. I. Derin), rätoroman. Dichter, 15. 8. 1863 Pisa/Italien – 9. 12. 1943 Genf. Schulen in Pisa, im Heimatort Sent (Graubünden), Chur, Frauenfeld u. franz. Schweiz, 1879–1906 in den Familiengeschäften in Pisa u. Livorno, 1906–26 u. 1934–43 in Genf u. Sent ganz dem Stud. u. der Förderung der roman. Lit. gewidmet. Dazwischen 1926–34 durch den Tod der Brüder u. des Sohnes gezwungen, wieder die Familiengeschäfte der Toskana zu leiten u. als Schweizer Konsul in Livorno zu amtieren. S. große rätoroman. Bibliothek steht heute in der Chesa Planta in Samedan. – E. Führer der Erneuerung rätoroman. Sprache u. Lit. S. feinfühlige, symbolgeladene Natur- u. Heimatlyrik als Ausdruck e. an sich selbst höchste künstler. Ansprüche stellenden Persönlichkeit, erneuerte entscheidend die rätoroman. Dichtung. Hrsg. mehrerer rätoroman. Anthologien.

W: Primulas, G. 1892; Ni Talians ni Tudais-chs, Abh. 1912; La cullana d'ambras, G. 1912; Il vegl chalamêr, G. 1929; Grusaidas albas id oters requints, N. (1931); I Retoromanci, Abh. 1935 (d. 1936); La funtana chi staina, G. 1936; Fanzögnas, G. 1939; Versiuns veglias e nouvas, G. 1940; Ouvras, hkA 1966.

L: M. E. Maxfield, Studies in the modern Romansh poetry in the Engadine, 1938; A. Peer (in: Bedeutende Bündner, 1970; mit Bibl.).

Lao She (eig. Shu Qingchun), chines. Schriftsteller, 3. 2. 1899 Peking – 24. 8. 1966 ebda. Von mandschur. Abstammung, Stud. und Lehre in Oxford und London 1924–30, ab 1930 Prof. für Lit. an versch. chines. Univ.; 1938 Präsident der Chines. Nationalen Liga der Lit.- u. Kunstschaffenden für den Widerstand gegen Japan. 1937–45 überwiegend in Chongqing, Propagandist im Krieg gegen Japan, 1946–49 Aufenthalt in den USA. Nach 1949 auf dem chines. Festland Vizepräsident des Schriftstellerverbands; in der ›Kulturrevolution‹ kritisiert, setzte er s. Leben selbst e. Ende. – L. zählt zu den bedeutendsten chines. Erzählern der Neuzeit; wichtig auch als Erneuerer des chines. Sprechtheaters. In s. Romanen zunächst pessimist.-satir. Grundhaltung, später abgelöst von patriot. Überzeugungen; stark von Dickens u. a. angelsächs. Autoren beeinflußt, liebevolle Beschreibungen des Pekinger Lebens der Vorkriegszeit. Unter der kommunist. Regierung Vf. von Theaterstücken mit volkserzieher. Tendenz, geschickte Verwendung des Pekinger Dialekts.

W: Lao Zhang de zhexue, R. 1926; Er Ma, R. 1929 (Eine Erbschaft in London, d. 1988); Lihun, R. 1933 (Die Blütenträume des Lao Li, d. 1985); Maocheng ji, Sat. 1933 (Stadt der Katzen, d. 1985); Luotuo Xiangzi, R. 1936–37 (Rikscha Kuli, d. 1987); Si shi tong tang, R. 1944–51 (Vier Generationen unter einem Dach, d. 1998); Longxu gou, Dr. (1950) (Dragon Beard Ditch, 1954); Xi wang Chang'an, Dr. (1956) (Blick westwärts nach Chang'an, d. 1983); Chaguan, Dr. (1957) (Das Teehaus, d. 1980); Zhenghongqi xia, Aut. 1961–62 (Sperber über Peking, d. 1992). – Wenji (GS), XV, 1980f. – *Übs.:* Zwischen Traum und Wirklichkeit, En. 1981.

L: Z. Slupski, Prag 1966; R. Vohra, Cambr./MA 1974; D. Wang, Fictional Realism, N. Y. 1992.

Laotse → Laozi

Laozi, chines. Philosoph, angebl. 6. Jh. v. Chr. Gilt als Vf. des ›Daodejing‹ (Buch vom Weg und seiner Wirkung), doch hält die neuere Forschung das Werk für anonym und die Zuschreibung für fiktiv. Nach dem ›Shiji‹ des Sima Qian soll L. (wörtl. ›Meister Lao‹, Lao = alt) der Beiname des Li Er, e. Einsiedler-Philosophen des 4. Jh. v. Chr., gewesen sein. Noch später wurde L. zur völlig legendären Gestalt mit göttl. Zügen, die z.T. der Buddhalegende entlehnt sind, und galt als Begründer des Taoismus. – Das ›Daodejing‹ führt diesen Namen erst seit dem 3. oder 2. Jh. v. Chr., ist durch Zitate bereits für das 3. Jh. v. Chr. bezeugt, dürfte jedoch kaum wesentl. älter sein, da s. Polemik bereits den ausgebildeten Konfuzianismus und Legalismus voraussetzt. 1973 wurden in e. Grab in Mawang dui (Hunan) 2 hsl. Texte des ›Daodejing‹ entdeckt, die vor 168 v. Chr. geschrieben und textkrit. von höchster Bedeutung sind. Das Werk in der gängigen Fassung enthält 81 z.T. gereimte Sprüche, in 2 Kapitel gegliedert. Dunkle, teilweise aphorist. prägnante Sprache von großer Gewalt des Ausdrucks, apodiktisch und z.T. archaisch (Einsprengsel älterer Sprüche). In 2 Rezensionen überliefert, mit versch. Anordnung des Texts. Inhalt: Reflexionen über das Dao (Weg) als Welturgrund, und De, s. mag. Auswirkung in Natur und Menschenleben. Quietist. Grundhaltung: Der Weise regiert durch Nicht-Handeln, e. Zentralbegriff des Werks. Starke Kulturkritik: Staat, Riten, Gesetze sind Eingriffe in Spontaneität der Natur und zu verwerfen, Rückkehr zu unverbildeter Schlichtheit ist anzustreben. Gewaltlosigkeit und Nachgiebigkeit verbürgen Dauer; myst. Schau und Versenkung führen zum Aufgehen im Dao. Wegen s. Kürze und Gedankentiefe ist das ›Daodejing‹ seit dem 19. Jh. oft übersetzt worden, z.T. dilettant. und unter Vernachlässigung der textkrit. Arbeiten chines. Gelehrter.

Übs.: R. Wilhelm 1921; E. Rousselle 1942; G. Debon 1961; E. Schwarz 1970; H.-G. Möller 1995; engl.: A. Waley, Lond. 1934; J. J. L. Duyvendak, Lond. 1954; D. C. Lau, Harmondsworth 1982.
L: B. Karlgren, in: Göteborgs Högskolas Årsskrift, 1932; E. Erkes, Ascona 1950; M. Kaltenmark, Paris 1965; P. J. Opitz, 1968; A. Seidel, Paris 1969; A. Rump, Honolulu 1979; W. Boltz, in: HJAS 44, 1984.

Lapidoth-Swarth, Hélène → Swarth,

Laprade, Victor-Richard de, franz. Lyriker, 13. 1. 1812 Montbrison/Loire – 13. 12. 1883 Lyon. Stud. Rechte; Advokat am Lyoner Gericht, gab s. jurist. Karriere auf. Prof. der franz. Lit. in Lyon, 1858 Mitglied der Académie Française und der Nationalversammlung von 1871, erbitterter Gegner des Second Empire. – Schrieb romant., an Lamartine und Hugo erinnernde Gedichte relig.-christl., moral. und philos. Gehalts sowie krit. Essays. Schloß sich spät dem Parnasse an.

W: Les parfums de Madeleine, G. 1839; La colère de Jésus, G. 1840; Psyché, G. 1841; Poèmes évangéliques, G. 1852; Symphonies, G. 1855; Le sentiment de la nature avant le Christianisme, Abh. 1866; Pernette, G. 1868; Poèmes civiques, G. 1873; Le livre des adieux, G. 1878; Contre la musique, Abh. 1880; Essai de critique idéaliste, 1882; Histoire du sentiment de la nature, Abh. 1883. – Œuvres poétiques, VI 1878–81.
L: P. Séchaud, Diss. Lyon 1934.

La prise d' Orange, franz. Chanson de Geste, 1146/56. Aus dem Zyklus des ›Guillaume d'Orange‹, auf der Basis einer früheren Fassung entstanden. Berichtet über die Liebe zwischen Orable, der Frau eines Sarazenenfürsten, und Guillaume und dessen Eroberung der Stadt Orange.

L: C. Régnier, 1966; C. Lachet, 1986.

Larbaud, Valéry, franz. Dichter, 29. 8. 1881 Vichy – 2. 2. 1957 ebda. Jugend in Valbois-en-Bourbonnais, Schule in Fontenay-aux-Roses, erbte e. zieml. großes Vermögen, reiste 16jährig nach Dtl., Rußland und in die Türkei; Stud. Philol. Sorbonne, 21jährig erneut auf Reisen durch Europa. Mitarbeiter der Zsn. ›La Phalange‹ und ›Nouvelle Revue Française‹. – Subtiler, faszinierender Vf. sensibler Prosa und modernist. Lyrik, von weitgespannter lit. Bildung und erlesenem Geschmack, z.T. eleg. oder iron. Grundhaltung. Scharfsinniger literarkrit. Essayist (über span., engl. und weniger bekannte franz. Autoren), guter Übs. Erweiterte das lit. Gesichtsfeld s. Zeitgenossen, machte sie v.a. mit J. Joyce bekannt, den er persönl. kannte und bewunderte. Stand zu Beginn unter Einfluß der Parnassiens. Die Erzählung ›Fermina Márquez‹ ist e. feinsinnige Studie des Jugendalters, s. Hauptwerk, ›A. O. Barnabooth‹ die z.T. autobiograph. Geschichte e. reichen amerik. Globetrotters, der auf der Suche nach dem Absoluten ständig unbefriedigt bleibt, innere Ruhe erst nach Rückkehr auf s. Ländereien findet, e. Darstellung der mod. Unruhe, die in den Jahren nach dem 1. Weltkrieg stark wirkte. In den u.d.T. ›Amants, heureux amants‹ gesammelten Novellen verwendet L. e. mit Joyce' innerem Monolog verwandte Erzähltechnik. Starker Einfluß auf die Gruppe um die ›Nouvelle Revue Française‹. Übs. S. T. Coleridge (1901), W. S. Landor, S. Butler (1920–24), A. Bennett, W. Whitman, R. Gómez de la Serna.

W: Les portiques, Prosa u. G. 1896; Poèmes par un riche amateur, 1908 (u.d.T. Poésies de A. O. Barnabooth, 1923); Fermina Márquez, E. 1911 (d. 1957); A. O. Barnabooth, ses œuvres complètes, E., G. u. Tg. 1913 (Tagebuch eines Milliardärs, d. 1926); Enfantines, En. 1918 (d. 1953); Beauté, mon beau souci, En. 1921 (hg. J. Nathan 1968); Amants, heureux amants, En. 1923 (d. 1931); Ce vice impuni, la lecture, Ess. II 1925–41 (d. 1928); Jaune, bleu, blanc, Ess. 1927 (d. 1931f.); Paris de France, Ess. 1929 (d. 1940); Technique, Ess. 1932; Aux couleurs de Rome, Ess. 1938; Sous Rome, Ess. 1938; Le vaisseau de Thésée, Ess. 1946; Sous l'invocation de Saint Jérôme, Ess. 1946 (d. 1956); Gaston d'Ercoule, E. 1952; Journal 1912–35, 1955. – Œuvres complètes, hg. G. Jean-Aubry X 1950–54; Œuvres, I 1957; Correspondance F. Jammes – V. L., hg. G. Jean-Aubry 1947; Lettres à A. Gide, 1948; Correspondance M. Ray – V. L., I 1899–1909, 1979; Correspondance, 1899–1937, hg. F. Lioure 1993, A. A. Stols (1925–1951) 1995.
L: F. Contreras, 1931; A. Wellborn, Diss. Greifsw. 1944; G. Jean-Aubry, 1949; E. Blankenhorn, Der Kosmopolitismus bei V. L., 1959; B. Delvaille, 1963; F.

Weißmann, L'exotisme de L., 1966; J.-Ph. Segonds, L'enfance de L., 1967; M. L. Zoppa, 1969; T. Alajouanine, 1973; J. d'Eudeville, 1975; ders., V. L. et la Littérature de son temps, 1978; J. L. Brown, 1981; J. Besière, 1981; J. Mistler, 1981; E. Der Staag, 1987; A. Dezalay, V. L., espaces et temps de l'humanisme, 1995; F. Lioure, 1995; B. Mousili, 1998; B. D. Bajon, 1999. – *Bibl.*: J. Famerie, Brüssel 1958.

Lardner, Ring(gold) W(ilmer), amerik. Journalist und Erzähler, 6. 3. 1885 Niles/MI – 25. 9. 1933 East Hampton/NY. Zeitlebens Sport-, bes. Baseball-Journalist in Chicago, Boston, St. Louis und New York. – S. populären Kurzgeschichten zeigen ihn als e. Satiriker, der in der amerik. Umgangssprache, bes. im Sportjargon, über den Durchschnittsamerikaner schreibt und dem dadurch kom. Wirkungen sowie treffende Charakterisierungen, krit. Satire und eindringl. Milieuschilderungen gelingen.
W: You Know Me Al, E. 1916; Gullible's Travels, Etc., Kgn. 1917; The Young Immigrants, Kgn. 1920; How to Write Short Stories, Kgn. 1924; The Love Nest, Kgn. 1926 (dramatisiert R. Sherwood 1927; d. 1957); The Story of a Wonder Man, Aut. 1927; Round Up, Kgn. 1929; June Moon, Dr. 1930 (m. G. S. Kaufman); Lose with a Smile, Kgn. 1933; First and Last, Kgn. 1934. – The Collected Short Stories, 1941; The Portable R. L., hg. G. Seldes 1946; The R. L. Reader, 1963; Haircut and Other Stories, 1961 (n. 1991); Ring Around the Bases, Kgn. 1992; The Best Short Stories, 1993; Annotated Baseball Stories, 1995; Selected Stories, hg. J. Yardley 1997; Ring Around Max, Br. hg. C. M. Caruthers 1973; Letters of R. L., hg. C. M. Caruthers ²1995. – *Übs.*: Champion, 1967; Geschichten aus dem Jazz-Zeitalter, 1974; Ausgew. Erzählungen, 1974.
L: D. Elder, 1956; W. R. Patrick, 1963; O. Friedrich, 1965; M. Geismar, 1972; R. Lardner Jr., 1976; J. Yardley, 1977; E. Evans, 1979; D. Robinson, E. Gardiner, 1992. – *Bibl.*: M. J. Bruccoli, R. Layman, 1976.

Larivey, Pierre (eig. Pietro Giunti), franz. Dramatiker, um 1540 Troyes – 12. 2. 1619 ebda. Ital. Abstammung (Florenz); 1605 Kanoniker in Troyes. – Übertrug 9 ital. Renaissancekomödien, die ihrerseits aus den lat. Komödienautoren schöpften, in franz. Sprache. Die beste davon, ›Les Esprits‹, enthält Plautus- und Terenz-Reminiszenzen. Geschmackvolle Übsn. in lebendiger und eleganter Prosa mit volkstüml. Wendungen. Infolge Vorherrschaft von Farce, Moralité und Stegreifkomödie kaum aufgeführt, aber den Komödienautoren des 17. Jh. bekannt. Wahrscheinl. Einfluß auf Molières ›L'école des maris‹ und ›L'avare‹.
W: Les facétieuses nuits de Straparola, K. 1572; Le laquais, La veuve, Les esprits, Le morfondu, Les jaloux, Les écoliers, 1579; La Philosophie de Piccolomini, K. 1581; La constance, Le fidèle, Les tromperies, 1611. – Comédies facétieuses, II 1579; Ausw. Ancien théâtre français 5/6, 1855.

L: L. Amato, La comédie italienne dans le théâtre de L., 1909; L. Morin, 1937; M. Lazard, 1978; Actes du Colloque, 1991.

Larkin, Philip (Arthur), engl. Lyriker u. Romanautor, 9. 8. 1922 Coventry – 2. 12. 1985 Hull. 1940–43 Stud. Oxford, dann Bibliothekar versch. Univ., 1970/71 Gastdozent Oxford. – Mit K. Amis u. J. Wain Hauptvertreter des ›Movement‹. Stellt mit melanchol., toleranter Ironie u. in formvollendeter Ökonomie die unabänderl. Einsamkeit des Menschen in e. gleichgültigen u. feindl. Umwelt dar.
W: The North Ship, G. 1945; Jill, R. 1946; A Girl in Winter, R. 1947 (d. 1948); 20 Poems, 1951; Poems, 1954; The Less Deceived, G. 1955; Whitsun Weddings, G. 1964; High Windows, G. 1974; Required Writing: Miscellaneous Pieces 1955–82, 1983. – Collected Poems, hg. A. Thwaite 1988; Selected Letters, hg. ders. 1992; New Larkins for Old: Critical Essays, hg. J. Booth 2000.
L: D. Timms, 1973; L. Kuby, 1974; B. K. Bruce, 1978; B. Martin, 1978; S. Petch, 1981; A. Motion, 1982 u. 1993; J. Rückert, 1982; A. Thwaite, hg. 1982; G. Latre, 1985; T. Whalen, 1986; G. Hartley, hg. 1988; S. K. Hassan, 1988; J. Rossen, 1989; B. Dyson, 1989; D. Salwak, hg. 1989; J. Hartley, 1989; H. Osterwalder, 1991; A. T. Tolley, 1991; J. Booth, 1992; A. Swarbrick, 1995; S. Regan, hg. 1997; W. Hope, 1997; L. Lerner, 1997; W. Brennan, 2002. – *Bibl.*: B. C. Bloomfield, 1979.

La Roche, Mazo de, kanad. Romanautorin, 15. 1. 1879 Newmarket/Ontario – 12. 7. 1961 Toronto. Wuchs auf der väterl. Farm in Ontario auf; Univ. Toronto, lebte in England, Sizilien und Kanada. – Bekannt aufgrund der aus 15 Romanen bestehenden, lit. traditionell gestalteten Familienchronik der Whiteoaks auf dem Landsitz Jalna. Dieses Epos e. kanad. Kolonistengeschlechts wurde von der Autorin als ›Whiteoaks‹ auch erfolgr. dramatisiert.
W: Jalna, R. 1927 (Die Brüder und ihre Frauen, d. 1932); Whiteoaks of Jalna, R. 1929 (Das unerwartete Erbe, d. 1936); Finch's Fortune, R. 1932 (d. 1937; alle drei zus. u. d. T. Die Familie auf Jalna, 1962); The Master of Jalna, R. 1933 (d. 1953); Young Renny, R. 1935 (d. 1951); Whiteoaks, Dr. 1936; The Very House, R. 1936; Whiteoak Harvest, R. 1936 (Ernte auf Jalna, d. 1958); Growth of a Man, R. 1938 (d. 1949); Whiteoak Heritage, R. 1940 (d. 1951); Wakefield's Course, R. 1941 (Licht und Wolkenschatten, d. 1958); Two Saplings, R. 1941 (Söhne zweier Mütter, d. 1942); The Building of Jalna, R. 1944 (d. 1963); Quebec, R. 1944 (d. 1949); Return to Jalna, R. 1946 (d. 1959); Mary Wakefield, R. 1949 (d. 1965); Renny's Daughter, R. 1951 (Adeline, d. 1965); Whiteoak Brothers, R. 1954 (d. 1968); Variable Winds at Jalna, R. 1954 (d. 1961); Ringing the Changes, Aut. 1957; Centenary at Jalna, R. 1958 (d. 1962); Morning at Jalna, R. 1960 (d. 1964); Bill and Coo, Kdb. 1968.
L: R. Hambleton, 1966; G. Hendrick, 1971.

La Rochefoucauld, François VI., Duc de, Prince de Marcillac, franz. Schriftsteller, 15. 12. 1613 Paris – 17. 3. 1680 ebda. Aus sehr altem Adel; ∞ 1628 Andrée de Vivonne. Kämpfte seit s. 16. Lebensjahr, ab 17. Jahr als Oberst, in Italien und Flandern. Nahm aus galanten Motiven und Abenteuerlust an Intrigen gegen Richelieu teil, kämpfte 1648 mit im Aufruhr der Fronde. Zog sich 1652, bei der Porte Saint-Antoine an einem Auge schwer verwundet und vom polit. Leben enttäuscht, auf s. Besitzungen zurück. Ab 1656, nach der Generalamnestie, in Paris; lebte dort, auf politische Tätigkeit ganz verzichtend, in Gesellschaft von Mlle de Scudéry, Mlle de Montpensier, vor allem von Mme de Sablé; genoß im Alter lit. Ruhm (schlug s. Berufung in die Académie Française aus) und die Freundschaft der Mme de La Fayette, bei der er seit 1665 lebte. – Moralist mit dem Hauptwerk ›Réflexions ou sentences et maximes morales‹. Führte den Aphorismus in die franz. Lit. ein. Teilt mit den Zeitgenossen das psycholog. Interesse. Steht formal auf der Schwelle zwischen Preziosität und Klassik. Äußerte in klar ziselierter, subtiler und nüchtern strenger Form, an deren Genauigkeit und Kürze er lange Zeit feilte, von tiefem Pessimismus geprägte psycholog. Einsichten. Sieht entsprechend den damals geltenden Auffassungen in Eigenliebe die Triebfeder menschl. Handelns. Eigenständig jedoch ist s. Erkenntnis, daß auch die Tugenden bewußt (dem anderen gegenüber) oder unbewußt (sich selbst gegenüber) maskierte Erscheinungsformen des Egoismus seien. Nahm darin bereits tiefenpsycholog. Einsichten vorweg. In den ›Mémoires‹, die s. Enttäuschungen in der Zeit polit. Aktivität widerspiegeln, beurteilt La R. Menschen und Geschehnisse der Fronde, mit denen er in Berührung kam, gerecht und mit scharfem Blick für die Hintergründe. Ihnen liegt bereits die bittere Philos. s. Aphorismen zugrunde.

W: Mémoires, 1662; Sentences et maximes de morale, 1664; Réflexions ou sentences et maximes morales, 1665 [5]1678 (d. E. Hardt 1906, [2]1938, F. Schalk in: Franz. Moralisten, [3]1954, F. Adler, W. Willige [3]1958); La justification de l'amour, hg. J.-D. Hubert 1971. – Œuvres complètes, hg. D. L. Gilbert, J. Gourdault (Grands écrivains de la France) V 1868–83; hg. L. Martin-Chauffier 1935, [2]1964.

L: J. Bourdeau, 1895; G. Grappe, 1914; R. Grandsaignes d'Hauterive, Le pessimisme de La R., 1914; E. Magne, Le vrai visage de La R., 1923; J. Marchand, Les manuscrits des Maximes, 1935; M. Bishop, Ithaca 1951; E. Mora, 1965 (m. Bibl.); A. Bruzzi, La formazione delle ›Maximes‹, 1967; W. G. Moore, Oxf. 1968; J. de Bazin, 1969; J. Lafond, 1977; ders., Les moralists du XVIIe siècle, 1992; H. C. Clark, 1995; F. Jaouën, 1996; T. Todorov, 1999; V. Thweatt, 1980. – Bibl.: J. Marchand, 1948.

Larra y Sanchez de Castro, Mariano José de, span. Schriftsteller, 24. 3. 1809 Madrid – 13. 2. 1837 ebda. Arztsohn, emigrierte nach dem Unabhängigkeitskrieg mit s. Eltern nach Frankreich; erster Unterricht in Bordeaux; 1817 Rückkehr nach Spanien, Stud. in Valladolid u. Valencia. 1829 ∞ Josefa Wetoret, unglückl. Ehe, bald wieder aufgelöst. Mitgl. des Literatenzirkels ›El Parnasillo‹; 1835 Reise nach Paris u. London, rege journalist. Tätigkeit. Die unglückl. Liebe zu e. verheirateten Frau trieb ihn knapp 28jährig zum Selbstmord. – E. der interessantesten Gestalten zwischen Klassizismus u. Romantik, bedeutend durch s. satir.-krit. Artikel, die er u. a. in der ›Revista Española‹, dem ›Observador‹, der satir. Zs. ›El Pobrecito hablador‹ unter den Pseudonymen ›El Duende satírico‹, ›Andrés Niporesas‹ u. ›Fígaro‹ veröffentlichte; scharfsinnige, brillante Aufsätze über soz., polit. u. lit. Fragen, von großer Überlegenheit des Urteils u. z. T. düsterem Pessimismus; Theaterkritiken von hohem Niveau u. Objektivität. S. Drama ›Macías‹ trägt romant. Züge und folgt in der Form der franz. klassizist. Schule, s. hist. Romane W. Scott. S. Dichtungen sind von geringem lit. Wert. Übsn. u. Bearbeitungen franz. Bühnenwerke (u. a. ›Les adieux au comptoir‹ von Scribe).

W: Macías, Dr. 1834; El doncel de don Enrique el Doliente, R. IV 1834 (n. B. Cisne 1941; d. III 1852); Tu amor o la muerte, K. 1835. – Obras completas, in: ›Biblioteca de Autores Españoles‹, Bd. 4, 1960; Textos teatrales inéditos, hg. L. Romero 1991; Artículos completos, [2]1950.

L: M. Chaves, 1881; J. Nombela y Campos, 1909; E. McGuire, Berkeley 1918; C. Burgos, 1919; C. González Ruano, [2]1924; J. R. Lomba y Pedraja, 1936; M. Almagro de San Martín, 1944; R. B. Moreno, 1951; M. Gómez Santos, 1956; E. de Matteis, 1959; S. de Atocha, 1964; F. Umbral, 1965; E. Konitzer, Meisenheim am Glan 1970; P. L. Ullmann, M. J. de L. and Spanish Political Rhetoric, Madison 1971; J. Escobar, 1973; S. Kirkpatrick, 1977; N. Navas Ruiz, Imágenes liberales: Rivas, Larra, Galdós, 1979; J. L. Varela Iglesias, L. y España, 1983; L. Lorenzo-Rivero, 1986; S. Zantop, Bonn 1988.

Larreta, Enrique (eig. E. Rodríguez Larreta), argentin. Schriftsteller, 4. 3. 1875 Buenos Aires – 6. 7. 1961 ebda. Dr. jur., Lehrer; Diplomat; lebte mehrere Jahre in Spanien, Botschafter in Paris. – Sprachl. u. stilist. Anklänge an die span. Klassiker; beschreibt ferne Länder u. Zeiten, z. B. das Griechenland der Sophisten (›Artemis‹); rekonstruiert in s. besten Roman ›La gloria de Don Ramiro‹ die Zeit Philipps II., wurde wegen der hist. Treue mit Flauberts ›Salammbô‹ verglichen. Auch Gaucholit. u. Dramen.

W: Artemis, N. 1896; La gloria de Don Ramiro, R. 1908 (d. 1929); La lampe d'argil, Dr. 1918; Zogoibi, R. 1926 (d. 1942); El linyera, Dr. 1932 (verfilmt); Las dos fundaciones de Buenos Aires, Prosa 1933; Tiempos ilu-

minados, Aut. 1939; La calle de la vida y de la muerte, G. 1941; Tenía que suceder, R. 1943; La naranja, Ess. 1947; Orillas del Ebro, R. 1949; Gerardo o La torre de las damas, R. 1953; En la pampa, R. 1955; Clamor, Chronik 1962. – Obras Completas, II 1959.
L: A. Alonso, 1942; M. Aldao, [6]1943; A. Berenguer Carisomo, 1946; A. Jansen, II 1961–62; J. C. Ghiano, 1968; T. Colón Ortiz, 1983; G. Fernández Ariza, 1984; H. M. Campanella, 1987; G. Ibieta, 1987. – *Bibl.:* M. L. Montero, A. L. Tórtola, 1963.

Larsen, Gunnar, norweg. Schriftsteller, 1900 – 1958. Ab 1930 Journalist bei ›Dagbladet‹, ab 1954 Chefredakteur. – Vf. von psycholog. Romanen über gespaltene Persönlichkeiten auf der Suche nach Wirklichkeit, beeinflußt von Hemingway, den er auch übersetzte, u. Kafka.
W: I sommer, R. 1932 (Im Sommer, d. 1933); To mistenkelige personer, R. 1933; Week-end i evigheten, R. 1934; Bull, R. 1938; Stanleys liv og reiser I Afrika, B. 1942; Sneen som falt i fjor, R. 1948. – Dikt, G.-Ausw. 1959.
L: V. Østmoen, Sviket mot virkeligheten, 1976; R. B. Størmer, 2001.

Larsen, Henry Hertzberg → Lawson, Henry Archibald

Larsen, Johannes Anker → Anker Larsen, Johannes

Larsen, Karl (Halfdan), dän. Schriftsteller, 28. 7. 1860 Rendsburg – 11. 7. 1931 Kopenhagen. Sohn e. Offiziers, Stud. Jura; zahlr. Reisen. – Vf. lokalkolorist. Schilderunge Kopenhagener Kleinbürger u. Proletarier u. naturalist. psycholog. Romane; in Propagandaschriften Eintreten für e. Übernahme preuß. u. jap. Kultur u. Politik in Dänemark.
W: Kvinder, N. u. Ære, Sch. 1889; Dr. Ix, R. 1896 (d. 1898); Udenfor rangklasserne, R. 1896; I det gamle voldkvarter, R. 1899; Hvi ser du skæven, R. 1902 (Was siehst Du aber den Splitter, d. 1903); Japansk Ånd, Es. 1909 (Japan im Kampf, d. 1911); Søndagsbørn og hverdagsmennesker, Nn. III 1909; De, der tog hjemmefra, Ess. IV 1912–14 (Die in die Fremde zogen, d. 1913); Under den store krig, Ess. 1915 (Deutschlands Nationalmilitarismus, d. 1915); Krig, Kultur og Danmark, Ess. 1916. – Udvalgte skrifter, IV 1921; Københavnerfortællinger (En.-Ausw.), hg. A. E. Jensen 1987.

Larsen, Thøger, dän. Lyriker, 5. 4. 1875 Tørring b. Lemvig/Nordjütland – 29. 5. 1928 Lemvig. Sohn e. Häuslers; Hirtenknabe, Hauslehrer, 1904 Redakteur e. Provinzblattes. – Vf. lyr. Gedichte mit Motiven der Limfjord-Gegend; auch visionäre Darstellungen e. kosm. Lebensanschauung; Nähe zu J. V. Jensens Entwicklungsideen.
W: Vilde Roser, G. 1895; Jord, G. 1904; Dagene, G. 1905; Det Fjerne, G. 1907; Bakker og bølger, G. 1912;

Fjordbredden, N. 1913; Slægternes træ, G. 1914; Stjerner og tid, Es. 1914; Kværnen, N. 1915; Limfjordssange, G. 1925; Søndergalm, G. 1926; Frejas rok, R. 1928. – Udvalgte digte, 1938, 1984; Udvalgte værker V, 1946–53; Fire digtsamlinger 1901–12, hg. L. Thyrring Andersen 1995.
L: C. N. Brodersen, II 1942–50; T. L. Et mindeskrift, hg. C. Christensen 1945; J. A. Doctor, 1956; C. N. Brodersen, 1975; F. Nørgaard, Kvinden, solen og universet, 1980; H. Andersen, 1986; S. Baggesen, 1994. – *Bibl.:* K. Madsen, 1997.

Larsson, Stig, schwed. Autor u. Regisseur, * 20. 7. 1955 Skellefteå. 1977–79 Assistent u. Regisseur am Dramatiska Institutet, seitdem freiberufl. als Schriftsteller, Film- u. Theaterregisseur. Dr. phil. Lund 1983. – Die Sprache ist ständiges Versuchsfeld; mit Worten wird Vergängliches festgehalten. Die Struktur der Gedichte, Romane u. Bühnenstücke erscheint oft zufallsbestimmt u. ist ebenso schwer erkennbar wie Realität u. Zusammenhänge des Inhalts. Auch Drehbücher.
W: Autisterna, R. 1979; Minuterna före blicken, G. 1981; Den andra resan, G. 1982; Nyår, R. 1984; Introduktion, R. 1986; Komedin I, R. 1989; Pjäser, Sch. 1991; Ett kommande arbeite, G. 1991; Om en död, Nn. 1992; En andra resa, G. 1993; Ordningen, G. 1994; Matar, G. 1995; Natta de mina, G. 1997; Helhjärtad tanke, G. 1999; Avklädd på ett fält, G. 2000.

Lartéguy, Jean (eig. Pierre Lucien Jean Osty), franz. Erzähler bask. Abstammung, * 5. 9. 1920 Lozère. Stud. Toulouse, 1939 Kriegsfreiwilliger, 7 Jahre Offizier, verwundet im Koreakrieg, Teilnahme am Krieg in Indochina, Kriegsberichterstatter. – S. Bestseller ›Les Centurions‹, e. Heldengesang der franz. Fallschirmjäger, schildert in ep. Breite das abenteuerl. Leben der jeder Zivilisation entwöhnten Fallschirmjäger in Kämpfen gegen Partisanen. Die zeitgenöss. Kriegssituation bleibt auch Thema der folgenden Romane. Brillant s. Bericht; wenig überzeugend s. Analysen.
W: La Déclaration, R. 1959; Les Centurions, R. 1960 (d. 1961); Les dieux meurent en Algérie, Es. 1960; Les Prétoriens, R. 1961 (d. 1962); Les baladins de la Margeride, R. 1962 (Glück mit leeren Taschen, d. 1967); Le mal jaune, R. 1962 (Das gelbe Fieber, d. 1964); Les chimères noires, R. 1963 (Die grausamen Träume, d. 1965); Les tambours de bronze, R. 1965 (d. 1966); Sauveterre, R. 1966 (Aller Menschen Blut ist rot, d. 1968); Les guérilleros, Ber. 1967 (Guerillas, d. 1968); Les Centurions du roi Daud, R. 1968; Les murailles d'Israël, R. 1970; Enquête sur un crucifié, R. 1973; La guerre nue, Es. 1976; Flu-Tahiti, la piroque et la bombe, Es. 1976 (m. T. Bréaud); Dieu, l'or et le sang, R. 1980; Le cheval de feu, R. 1980; Le commandant du noir, R. 1982; Marco Polo, espion de Venise, R. 1983; L'or de Baal, R. 1985; Triple jeu, R. 1992. – Œuvres, X 1977.

La Sale, Antoine de → Antoine de la Sale

Laskaratos, Andreas, griech. Dichter, 1. 5. 1811 Lixuri-Kephalonia – 24. 7. 1900 ebda. Dr. jur. Univ. von Pisa, e. Zeitlang Richter in s. Heimatort. Aufgeklärter Geist, kämpfte mit den Mitteln des Satirikers gegen die gesellschaftl. Mißstände, kritisierte Staat, Kirche u. Gesellschaft, wurde wiederholt verfolgt und von der griech.-orthodoxen Kirche mit Bann belegt.

W: To lēxuri eis tus 1836, 1845; Ta mystēria tēs Kephalōnias, 1856; Paratēréseis ek tōn phylakōn Kephallēnias (ital.), 1860; Stichurgikē, 1865; Apokrisē ston aphorēsmo tu klēru tes Kephalōnias, 1867; Stichurgémata diaphora, 1872; Idu ho anthrōpos, 1866; Stochasmoi, 1921; Technē tu dēmēgorein kai syngraphein, 1956. – Poi²emata, 1916; Hapanta (SW), III 1959; Biographika mu enthymémata, anekdotē biographia, hg. A. G. Papageorgiu 1966 (m. Bibl.).

L: S. Giannatos, 1943; A. Papageorgiu, 1959; K. Porphyris, 1962; A. Alisandratos, Hē autobiographia tu A. L., 1983.

Lasos von Hermione, altgriech. lyr. Dichter, 6. Jh. v. Chr., aus Argolis. – Erhalten ist nur das Fragment e. Demeterhymnus, das sich dadurch auszeichnet, daß der Buchstabe ›Sigma‹ nicht verwendet wird.

A: PMG 702–706.

L: G. A. Privitera, Rom 1965; M. L. West, Oxf. 1992.

Lassila, Maiju (eig. Algot Untola, urspr. Tietäväinen), finn. Erzähler, 28. 11. 1868 Tohmajärvi – 21. 5. 1918 Helsinki. Sohn eines Knechts, Lehrer, Journalist; Opfer des Bürgerkriegs. – S. Romane sind zunächst umfangreiche Sittengemälde, später oft komische Geschichten, geprägt von der Logik des Zufalls, teils mit satir. und gesellschaftskrit. Impetus. Heitere Theaterstücke.

W: Harhama, R. 1909; Tulitikkuja lainaamassa, R. 1910; Pirttipohjalaiset, R. 1911; Luonnon lapsia, Dr. 1912; Liika viisas, R. 1915; Kuolleista herännyt, R. 1916. – *Übs.*: Streichhölzer, 1982; Die seltsame Bärenjagd, 1988.

L: S. Niskanen, 1982.

Last, Jef (eig. Josephus Carel Franciscus L.), niederländ. Schriftsteller, 2. 5. 1898 Den Haag – 15. 2. 1972 Laren. Stud. Sinologie (Promotion Hamburg 1957). Vielseitige Tätigkeiten. Reisen in die Sowjetunion. Teilnahme am span. Bürgerkrieg u. im 2. Weltkrieg am niederländ. Widerstand. 1950–54 Kulturberater des indones. Präsidenten Sukarno. Viele Vortragsreisen. Freundschaft mit A. Gide (gemeinsame Reisen). – Vielseitiger, stark sozial engagierter Schriftsteller: v.a. Lyrik u. Romane. Im späteren Werk Einfluß von Gide und chines. Philos. Auch Maler.

W: Bakboordslichten G. 1927; Marianne, N. 1930; Liefde en de portieken, R. 1932; Twee werelden, G. 1933; Zuiderzee, R. 1934 (d. 1946); Een flirt met de duivel, R. 1936; De bevrijde eros, G. 1936; Kruisgang der jeugd, R. 1939; De vliegende Hollander, R. 1939; Elfstedentocht, Sk. 1941; Oog in oog, G. 1945; Een socialistische renaissance, Prosa 1945; Het eerste schip op de Newa, R. 1946 (d. 1947); Schuim op de kust, R. 1950; Dag in dag, G. 1954; Djagaprana, Dr. 1954; Tegen de draad, G. 1960; De rug tegen de muur, G. 1961; Mijn vriend André Gide, Aut. 1966; De zeven Caramboles, Aut. 1973 (unter Ps. Co Mantjes). – Liedjes op de maat van de rottan, G., hg. H. A. Poeze 1994.

L: H. M. Mooy u. A. G. Put, 1963.

La Tailhède, Raymond-Pierre-Joseph Gagnabé de, franz. Lyriker, 14. 10. 1867 Moissac – 25. 4. 1938 Montpellier. Kam 1888 nach Paris. Begegnung mit Moreas, C. Maurras, schloß sich der ›Ecole romane‹ an. – Schrieb mit Maurras die Kampfschrift ›Un débat sur le romantisme‹. Lehnt darin die subjektive, gefühlsgeladene Dichtung ab, wendet sich der Ordnung u. formalen Harmonie der Klassik zu: schrieb Oden, Hymnen, Sonette.

W: La métamorphose des fontaines, G. 1895; Odes, sonnets, hymnes, 1895; Triomphes, G. 1905; Toi qui rêves toujours, G. 1906; Chœur des Océanides, G. 1911; Poésies, 1927; Un débat sur le romantisme, Schr. 1928 (m. C. Maurras). – Les poésies, 1938.

L: G. Cazals de Fabel, 1938; H. Rebeu, Portraits d'écrivain, 1977.

La Taille, Jean de, franz. Dramatiker und Lyriker, um 1535 Bondaroy/Pithiviers – 1617 ebda. Aus angesehener Familie; Stud. Jura Orléans. Unter Einfluß Ronsards Entschluß zu dichter. Laufbahn. Als hugenott. Soldat in den Religionskriegen 1570 verwundet. – Vf. stoffl. der Bibel entlehnter, antikisierender Renaissancedramen unter Einfluß Senecas. Bedeutsam für die Entwicklung des franz. Dramas ist das Vorwort zu ›Saül le furieux‹, die dramentheoret. Schrift ›De l'art de la tragédie‹, wo er im Anschluß an Aristoteles und Horaz erstmalig für das franz. Drama die Einheit des Ortes fordert und die grundlegenden Gesetze des klass. Theaters verkündet.

W: Saül le furieux, Dr. 1572 (n. A. Werner 1908, E. Forsyth 1968); De l'art de la tragédie, Es. 1572 (n. F. West 1939); La famine ou les Gabéonites, Dr. 1573 (n. E. Forsyth 1968). – Œuvres, hg. R. de Maulde IV 1878–82.

L: T. A. Daley, 1934; D. Vghetti, 1972; C. Moins, 1998; Y. Bellanger, Le théâtre biblique de J. d. L. T., 1998.

Lateur, Frank → Streuvels, Stijn

Latini, Brunetto, ital. Dichter, um 1220 Florenz – um 1295 ebda. Überzeugter Guelfe, Notar u. 1273 Kanzler der Stadtregierung, 1260 Botschafter bei Alfons X. von Kastilien, blieb auf dem Rückweg bis zum Sieg der Guelfen (1266) in der Verbannung in Frankreich. – Führender Vertreter

Latorre

der aufkommenden Laienbildung; verfaßte in franz. Sprache die ›Livres dou Tresor‹, die 1. Enzyklopädie in der Volkssprache, die alle Gebiete des ma. Wissens umfaßt; später verkürzt in e. (unvollendete) didakt. Dichtung in ital. Versen, ›Il Tesoretto‹, umgegossen. Übs. 17 Kapitel von Ciceros ›De inventione‹ in s. ›Rettorica‹.

W: Li livres dou Tresor, 1262–66 (hg. P. Chabaille 1863; hkA F. J. Carmody 1948; ital. B. Giambony 1474, n. P. Gaiter IV 1878–83); Il Tesoretto, um 1262 (hg. B. Wiese 1883 in: Zs. für Rom. Philol. 7, G. Petronio 1951; zweisprachig D. Baker 1979); La Rettorica, hg. F. Maggini 1915, n. 1986.

L: T. Sundby, 1884; G. B. Zamnoni, Il Tesoretto di B. L., 1924; G. Hees, Der Einfluß von B. L.s ›Tesoretto‹ auf Dantes ›Div. Comm.‹, 1953; B. Ceva, 1965; J. Bartuschat, La littérature didactique et ses enjeux: B. L. et B. Giamboni, 1996. – *Bibl.:* J. B. Holloway, 1986.

Latorre, Mariano, chilen. Erzähler, 4. 1. 1886 Cobquecura – 12. 11. 1955 Santiago. Bibliothekar, Lit.-Prof. – Realist, Naturbewunderer, Vertreter des ›Criollismo‹, versuchte, e. systemat. Lit.-Atlas über die Flora, Fauna, Folklore u. die Menschen in Chile zu entwerfen.

W: Cuentos de Maule, 1912; Cuna de cóndores, En. 1918; Zurzulita, R. 1920; Chilenos del mar, En. 1945; La isla de los pájaros, En. 1955; Memorias y otras confidencias, 1971.

L: J. Orlandi Araya, A. Ramírez Cid, 1960.

Latouche, Henri de (eig. Hyacinthe-Joseph-Alexandre Thabaud de), franz. Schriftsteller und Journalist, 2. 2. 1785 La Châtre – 3. 3. 1851 Aulnay b. Paris. Stud. Rechte. Freund von Chateaubriand, Lamartine, V. Hugo; gründete 1828 ›Le Figaro‹. Verteidiger von George Sand. – Romantiker, schrieb Übsn., polit. Pamphlete, Erzählungen, Romane und Dramen und Gedichte. Erster Hrsg. der Werke A. Chéniers.

W: Le tour de faveur, Dr. 1818 (m. E. Deschamps); Olivier Brusson, R. 1823; Fragoletta, E. 1829; De la camaraderie littéraire, Pamphlet 1829; La reine d'Espagne, Dr. 1831; La vallée aux loups, G. 1833; Grangeneuve, E. 1835; Adieux, G. 1843; Les Agrestes, G. 1845. – Correspondance avec F. L'Héritier, 1966. – Œuvres complètes, IV 1867 (n. 1980).

L: F. Ségu, 1931.

La Tour du Pin, Patrice de, franz. Dichter, 16. 3. 1911 Paris – 9. 10. 1975 ebda. Aristokrat. und christl. erzogen; Stud. Collège Sainte-Croix-de-Neuilly und Ecole des Sciences Polytechniques; als Offizier im 2. Weltkrieg 1939 verwundet und 1939–42 in dt. Gefangenschaft. – Stark relig., myst. und sensibler, der Wirklichkeit s. Zeit entrückter Dichter und priesterl. Seher, der in s. Lyrik von klass. Form auf der Suche nach Liebe den Geheimnissen der Natur, Geschichte und des Metaphys. nachgeht. Früh berühmt durch ›Quête de joie‹. ›Une somme de poésie‹ die umfangreiche, seltsame Summe s. geistigen und emotionalen Erfahrung. Der Hang zur Theosophie steigert sich in den späteren Werken.

W: La quête de joie, G. 1933; D'un aventurier, G. 1934; L'enfer, G. 1935; Le Lucernaire, G. 1936; Le don de la passion, G. 1937; Psaumes, G. 1938; La vie recluse en poésie, Es. 1938; Les anges, G. 1939; Deux chroniques intérieures, G. 1945; La Genèse, G. 1945; Le jeu du seul, G. 1946; Les concerts sur la terre, G. 1946; Une somme de poésie, G. 1946; Les contes de soi, G. 1946; La contemplation errante, G. 1948; Le second jeu, G. 1959; Petit théâtre crépusculaire, 1963 Une lutte pour la vie, G. 1970; Concert eucharistique, G. 1972; Psaumes de tous mes temps, G. 1974; Lettres à A. Romus, 1981; Une somme de poésie, G.: I. Le jeu de l'homme en lui-même, 1981, II. Le jeu de l'homme devant les autres, 1982, III. Le jeu de l'homme devant Dieu, 1983.

L: A. Biéville-Noyant, 1948; E. Kushner, 1961; F. de Vernal, 1981; J. Gauthier, 1987; J. Chamska, L'œuvre poétique de L. T. d. P., 1990; M. Lobet, 1991; L. Pietromarchi, 1995.

Laub, Gabriel, tschech. Schriftsteller, 24. 10. 1928 Bochnia/Polen – 3. 2. 1998 Hamburg. Kriegszeit im Ural u. der Usbek. SSR, ab 1946 in Prag. Stud. Journalistik, arbeitete in der Redaktion versch. Zss. u. Ztn., u. a. ›Lidové noviny‹ u. ›Plamen‹. Lebte seit 1968 in Hamburg. – Vf. lit.-polit. Satiren u. Kurzgeschichten, Aphorismen u. Hörspiele. Zahlr. Übs.; mehrmals ausgezeichnet.

W: Zkušenosti, Aphor. 1967; Enthüllung des nackten Kaisers, Sat. 1970; Největší proces dějin, En. 1971; Erlaubte Freiheiten, Aphor. 1975; Doppelfinten, Sat. 1975; Denken erlaubt, Aphor. 1977; Alle Macht den Spionen, En. 1978; Das Recht, recht zu haben, Aphor. 1979; Dabei sein ist nicht alles, En. 1980; Der leicht gestörte Frieden, En. 1981; Der Aufstand der Dicken, En. 1983; Denken verdirbt den Charakter, En. 1984; Entdeckungen in der Badewanne, Sat. 1985; Mein lieber Mensch, Prosa 1987; »Gut siehst du aus«, 1994. – Unordnung ist das ganze Leben, Ausw., II 1992.

L: H. Schmid, Der Aphorismus als literarische Gattung am Beispiel der deutschen und tschech. Aphorismen von G. L., in: Wiener slawistischer Almanach, Bd. 17, 1986.

Lauesen, Marcus, dän. Erzähler, 22. 11. 1907 Løjt-Kirkeby b. Apenrade – 14. 10. 1975 Kopenhagen. Sohn e. Landarbeiters. – Vf. einzelner Gedichte u. Romane aus der jütländ. Heimat über die Schwierigkeiten der dän. Minderheit während des 1. Weltkriegs u. biograph. Romane über den Vater (›Den rige vandring‹) u. die Mutter (›Mor‹); großen Erfolg hatte der Roman ›Og nu venter vi på skib‹, die Erinnerungen e. sterbenden alten Frau über das entschwindende reiche Handels- u. Reedermilieu ihres Geschlechts; scharfsinnige Psychologie, von großem kulturhist. Wert.

W: En mand går bort fra vejen, R. 1929; I morgen, R. 1930; Og nu venter vi på skib, R. 1931 (Und nun warten wir auf das Schiff, d. 1932); En mand og hans fjende, E. 1932; Skippper Theobald, R. 1936; Måske er det Katarina, R. 1937; Han og hans næste, R. 1938; Den rige vandring, R. 1940 (n. u.d.T. Far, 1981); Ventetider, G. 1944; Men endnu lever, vi, G. 1945; Mor, R. 1961; Legender, 1962; Årets rytme, G. 1963; Denne rigdom overgår dog alt, G.-Ausw. 2000.

Laurence, Margaret (eig. Jean M. Wemys), kanad. Schriftstellerin, 18. 7. 1926 Neepawa/Manitoba – 5. 1. 1987 Lakefield/Ontario. Stud. United College, Winnipeg; 1947 ∞ Jack Laurence; journalist. Tätigkeit; lebte 1950–57 in Afrika u. 1962–72 in England, danach in Lakefield; 1980–83 Kanzlerin der Trent Univ. – Aus der Vielfalt ihres Werks ragt der nach dem fiktiven kanad. Präriestädtchen benannte ›Manawaka‹-Romanzyklus (1964–74) als Meisterstück heraus. In Afrika spielende Erzählungen sowie Sammlungen u. Studien zur afrikan. Lit. legen Zeugnis für L.s anti-kolonialist. u. anti-imperialist. Überzeugungen ab. Auch populäre Kinderbücher.

W: A Tree for Poverty, Es./Anth. 1954; This Side Jordan, R. 1960; The Tomorrow-Tamer, Kgn. 1963 (Die Stimmen von Adamo, d. 1969); The Prophet's Camel Bell, Mem. 1963 (u.d.T. New Wind in a Dry Land, 1964); The Stone Angel, R. 1964 (d. 1965, n. 1998); A Jest of God, R. 1966 (u.d.T. Now I Lay Me Down, 1968); Long Drums and Cannons, St. 1968; The Fire-Dwellers, R. 1969; The Bird in the House, Kgn. 1970 (d. 1992); Jason's Quest, Kdb. 1970; The Diviners, R. 1974; Heart of a Stranger, Ess. 1976; Six Darn Cows, Kdb. 1979; The Olden Days Coat, Kdb. 1979; The Christmas Birthday Story, Kdb. 1980; Dance on the Earth, Mem. 1989.
L: C. Thomas, 1969; G. Woodcock, hg. 1983; J. Kertzer, 1987; P. Morley, 1991; J. King, 1997.

Laurent, Jacques (Pse. Cécil Saint-Laurent u. Albéric Varenne), franz. Schriftsteller, 5. 1. 1919 Paris – 29. 12. 2000 ebda. Mitgl. der Académie Française 1987. – Unter Ps. Vf. erfolgr. u. z.T. verfilmter Unterhaltungsromanserien über junge Frauen (›Caroline Chérie‹, ›Clotilde‹, ›Hortense‹) sowie populärer Geschichtsdarstellungen. Schrieb unter s. wirkl. Namen geistreiche u. brillante Romane u. Essays, u.a. eine Forts. zu Stendhals Romanfragment ›Lamiel‹ u.d.T. ›La fin de Lamiel‹ (1966).

W: Les corps tranquilles, R. 1948; Paul et Jean-Paul, Es. 1951; Mauriac sous de Gaulle, Es. 1964; Mauriac sous de Gaulle, Es. 1964 (De Gaulle: Die Zerstörung einer Legende, d. 1965); Offenses au Chef d'Etat, Es. 1965; Lettre ouverte aux étudiants, Es. 1969; Les bêtises, R. 1971; Le petit canard, 1973; Histoire égoïste, 1976; Roman du roman, 1977; Les sous-ensembles flous, 1981; Les dimanches de Mlle Beaunon, 1982; Stendhal comme Stendhal ou le mensonge ambigu, 1984; Le dormeur debout, R. 1986; L'inconnu du temps qui passe, R. 1994;

L'esprit des lettres, Es. 1999; Ja et la fin de tout, R. 2000. – *Übs.*: Caroline Chérie, R. 1950; Wilde Rose Caroline Chérie, R. 1952; Dunkelrot leuchtet der Venusstern, R. 1953; Aus dunkler Schale Gift und Lust, R. 1954; Frou-Frou, R. 1955; Die brennende Rose, R. 1958; Gefährliche Sterne, R. 1959; Hortense 14–18, R. IV 1964–66; Sittengeschichte der weiblichen Dessous, Es. 1968; Spiegel der Frauen, R. 1992.
L: J.-F. Bory, 1987; B. de Saint Vincent, 1995.

Laurents, Arthur, amerik. Dramatiker, * 14. 7. 1917 Brooklyn. Broadwayproduzent, Drehbuchautor. – Bekannt u.a. für ›West Side Story‹, e. Romeo-u.-Julia-Neudramatisierung als zeitgenöss. New Yorker Bandenkrieg zwischen Puertoricanern u. Anglo-Amerikanern; Augenmerk auf jugendl. Kriminalität, Rassenhaß, Armut; auch jüd.-amerik. (›The Way We Were‹) u. homosexuelle Thematik (›Original Story By‹).

W: Home of the Brave, Dr. 1946; The Bird Cage, Dr. 1950; The Time of the Cuckoo, K. 1953; The Clearing in the Woods, Dr. 1957; Gypsy, Musical 1960 (m. J. Styne, S. Sondheim); Invitation to a March, K. 1961; West Side Story, Musical 1965 (m. L. Bernstein, S. Sondheim); Anyone Can Whistle, Musical 1965 (m. S. Sondheim); Do I Hear a Waltz?, Musical 1966 (m. R. Rodgers, S. Sondheim); Hallelujah, Baby!, Musical 1967 (m. J. Styne, B. Comden, A. Green); The Way We Were, R. 1972; The Enclave, Dr. 1974; The Turning Point, Drb. 1977; A Loss of Memory, Dr. 1983; The Radical Mystique, Dr. 1996; Original Story By, Mem. 2000.

Lautréamont, Comte de (eig. Isidore-Lucien Ducasse), franz. Dichter, 4. 4. 1846 Montevideo – 24. 11. 1870 Paris. Vater Kanzleibeamter im franz. Konsulat Uruguay; ab 1860 in Frankreich, höhere Schulen in Tarbes und Pau (Internat); 1867 École Polytechnique Paris. Ab 1868 freier Schriftsteller; starb an Schwindsucht. – S. einziges Werk ›Les Chants de Maldoror‹, 1868/69 begonnen und 1890 fast unbeachtet erschienen, wurde nach dem 1. Weltkrieg von den Surrealisten entdeckt und verherrlicht, die in L. ihren Vorläufer sahen. Bildet den Übergang von der Romantik in ihrer satan.-frenet. Ausprägung zum Surrealismus. Prosagedicht in 6 Gesängen, im Mittelpunkt der Held Maldoror, der zu Beginn (aus glückl. Kindheit zum Wissen um das Böse erwacht) gegen das ihm selbst innewohnende Böse kämpft. Aus der Einsicht in die Vergeblichkeit des Kampfes totale Hingabe an das Böse, an die Instinkte. Absage an die hemmende Kraft der Vernunft, e. Byron an Heftigkeit überbietende Revolte gegen den Schöpfer Gott und die Menschen in ihrer Heuchelei. Der Held berauscht sich an widernatürl., die göttl. und menschl. Ordnung zerstörenden Kräften, verlangt nach Unendlichkeit. Entsetzl. apokalypt. Halluzinationen von grausamer, bisweilen grotesker Monstrosität, durchsetzt von gequälten Dialogen und Monologen. Starke Ausdruckskraft der Prosa, neuartig dadurch, daß sie irreale Elemente in Bildern sinnl. faßbar macht. Einfluß über die Surrealisten hinaus auf die mod. Lyrik.

A: Les chants de Maldoror, Dicht. 1868f. (d. 1976); Poésies, 1917. − Œuvres complètes, hg. P. Soupault 1927, E. Jaloux 1938, R. Caillois 1946, R. de Gourmont 1963, H. Juin 1970. − *Übs.:* GW, 1954, 1963, 1985.
L: V. Orazi, Rom 1944; P. Soupault, 1946 (m. Bibl.); A. Mezei, 1947; H. R. Linder, Diss. Basel 1947; M. Blanchot, L. et Sade, 1949; G. Bachelard, ²1963; J. P. Soulier, 1965; L. Pierre Quint, Le comte de L. et Dieu, ²1967; M. Pleynet, 1967; E. Peyrouzet, 1970; R. Faurisson, 1972; R. Montal, 1973; C. Bouché, 1974; J. Kristeva, 1974; J. Brasil, 1977; J.-M. Olivièr, 1982; G. Mauborgne, 1983; M. P. Lawlor, 1984; M. Pierssens, 1984; F. Caradec, 1991.

La Varende, Jean-Balthasar-Marie Mallard Vicomte de, franz. Erzähler, 22. 5. 1887 Schloß Bonneville-Chamblac/Normandie − 8. 6. 1959 Paris. Verbrachte s. ganzes Leben in s. normann. Heimat. 1941−44 Mitglied der Académie Goncourt. − Schrieb nach hist. und kunsthist. Studien spannende und z. T. pikante Romane, die Ausdruck e. ausgesprochen normann. Patriotismus sind. Schildert in buntbewegten ritterl. Liebesromanen Ereignisse aus der normann. Geschichte, das Leben des normann. Adels und Seefahrerschicksale. S. Helden, halb Faune und halb Ritter, tragen in sich den Kampf zwischen Glauben, Ehre und Sinnlichkeit aus. Vf. von hagiograph. Texten.

W: Série d'histoires normandes, 1934; Pays d'Ouche, En. 1936; Nez-de-cuir, gentilhomme d'amour, R. 1936 (Unter der Maske, d. 1936); Les manants du roi, En. 1938; Le centaure de Dieu, R. 1938 (Der Himmelsreiter, d. 1939); Man d'Arc, 1939 (Manon, d. 1942); L'homme aux gants de toile, R. 1943; Guillaume le bâtard conquérant, Ess. 1946; Les Broglie, Ess. 1950; Indulgence plénière, R. 1951; La navigation sentimentale, Es. 1952 (d. 1957); Cadoudal, Es. 1952; La sorcière, R. 1954; Gustave Flaubert, B. 1956 (d. 1959); Le cavalier seul, R. 1957 (d. 1958); Cœur pensif, R. 1957; M. le duc, R. 1958; Contes fervents, contes sauvages, contes amers, En. III 1958; L'amour sacré et l'amour profane, R. 1959; La partisane, R. 1960; Le Non de Monsieur Rudel, R. 1962 (d. 1965). − Lettres à Michel de Saint-Pierre, hg. H. Anglard 1983.
L: P. Dolley, 1952; P. Coulomb, 1952; J. Datain, 1953; P. Brunetière, 1959; M. de Saint-Pierre, Le dernier viking, 1960; A. Bourin, A la recherche de la V., 1960; R. Lelièvre, 1963; F. Fleuriot de Langle, 1965; H. Quéru, 1966; B. Le Besnerais, 1979. − *Bibl.:* M. Herbert, II 1968.

Lavedan, Henri, franz. Erzähler und Dramatiker, 9. 4. 1859 Orleans − 12. 9. 1940 Paris. Sohn e. bekannten Journalisten; Stud. Rechte Paris, sehr jung Journalist mehrerer Pariser Zeitungen. 1898 Mitglied der Académie Française. − S. Anfangserfolg waren glänzende zeitgenöss. Sittenbilder der ›Belle Époque‹ in e. dialogisierten Chronikenreihe, oft mit heftiger sozialkrit. Tendenz. Erfolgr. mit witzigen, techn. guten Lustspielen aus der Pariser Lebewelt. In den späteren Werken oberflächl. moralisierende Tendenz. Mehrere Dramen in Zusammenarbeit mit Lenotre.

W: Mam'zelle Vertu, R. 1886; Reine Janvier, R. 1886; Lydie, R. 1887; Inconsolables, R. 1888; Sire, R. 1888; Une famille, Dr. 1891; Le prince d'Aurec, Dr. 1894; Les deux noblesses, Dr. 1894; Les viveurs, Dr. 1895; Le vieux marcheur, Dr. 1895; Le nouveau jeu, Dr. 1898; Les beaux dimanches, Dr. 1898; Le marquis de Priola, Dr. 1902; Varennes, Dr. 1904; Viveurs, Dr. 1904; Le duel, Dr. 1905; Le bon temps, R. 1906 (Aber die Jugend, d. 1907); Sire, Dr. 1909 (d. 1910); Le goût du vice, Dr. 1911; Servir, Dr. 1913; Le chemin du salut, R. VII 1920−25; Irène Olette, R. 1922; Le vieillard, Es. 1926; Monsieur Gastère, R. 1927; Monsieur Vincent, aumônier des galères, R. 1928 (Auf der Galeere, d. 1951); De la coupole aux lèvres, R. 1930; Pétard, Dr. 1931; Bonne étoile, R. 1932; Avant l'oubli, Aut. IV 1933−38.

La Vigne, André de, franz. Schriftsteller, 1457 La Rochelle − vor 1527. Hofdichter Karls VIII., den er auf dem Kriegszug nach Neapel begleitete. − Schrieb e. kurze Chronik der Expedition, eingeschoben in die große hist.-moral. Kompilation ›Vergier d'honneur‹, und 1496 für die Bürger von Seurre e. ›Mystère du glorieux Saint Martin‹, ferner e. ›Farce du meunier‹, e. ›Moralité de l'aveugle et du boiteux‹ sowie Lyrik im rhetor. Stil s. Zeit.

L: E. L. de Kerdaniel: Un rhétoriqueur, A. de la V., 1919; ders.: Un auteur dramatique du XVe siècle, A. de la V., 1923; Le voyage de Naples, hg. A. Slerca 1981.

Lavin, Mary, ir. Erzählerin, 11. 6. 1912 East Walpole/MA − 25. 3. 1996 Dublin. In Irland erzogen, Stud. Univ. College Dublin, lebte in Meath, ∞ 1942 William Walsh, 1969 M. M. Scott. − Vf. von teils düsteren, teils humorvollen psycholog. Romanen u. Kurzgeschichten, in deren Zentrum oft Frauengestalten in relig. oder gesellschaftl. Zwängen stehen.

W: Tales from Bective Bridge, Kgn. 1942; The Long Ago, Kgn. 1944; The House in Clewe Street, R. 1945; The Becker Wives, Kgn. 1946; Mary O'Grady, R. 1950; A Single Lady, Kgn. 1951; The Patriot Son, Kgn. 1957 (Der Rebell, d. 1962); Selected Stories, 1959; The Great Wave, Kgn. 1961; Collected Stories, II 1964 u. 1974; In the Middle of the Fields, Kgn. 1967; Happiness, Kgn. 1969; A Memory, Kgn. 1972; The Shrine, Kgn. 1977; A Family Likeness, Kgn. 1985; The Story of the Widow's Son, Kg. 1993. − *Übs.:* Unter ir. Himmel, Kgn. 1969.
L: Z. Bowen, 1975; R. Peterson, 1978; A. A. Kelly, 1980; L. Levenson, 1998. − *Bibl.:* P. A. Doyle, 1969.

Lavreněv, Boris Andreevič, russ. Erzähler, 17. 7. 1891 Cherson − 7. 1. 1959 Moskau. Stud. Rechte Moskau; 1915 im Kriegsdienst, während des Bürgerkriegs in der Roten Armee; widmete sich 1921 ganz der lit. Tätigkeit, die er 1913 mit Versdichtung begonnen hatte. – Urspr. Futurist, dann unter Einfluß der Akmeisten. Erwies sich nach 1924 als namhafter Erzähler; stellte v. a. Ereignisse der Periode des Kriegskommunismus in Erzählungen und Novellen dar, für die heroische Romantik, Gestalten mit starken Gefühlen und Leidenschaften, e. aus der Handlung sich ergebender Spannungsreichtum kennzeichnend sind; läßt gern Gegensätze zwischen der harten Pflicht des Revolutionärs und Verlockung durch Gefühle der Liebe, Freundschaft usw. aufscheinen; widmet im Aufbau s. Werke dem Sujet bes. Aufmerksamkeit. Auch Dramatiker.

W: Veter, E. 1924; Sorok pervyj, E. 1926 (Der Einundvierzigste, d. 1928, u. d. T. Der letzte Schuß, 1960); Krušenie republiki Itl', R. 1926; Sed'moj sputnik, E. 1927; Gravjura na dereve, E. 1928; Razlom, Sch. 1928 (Die Bresche, d. 1950); Za tech, kto v more, Dr. 1945; Golos Ameriki, Sch. 1949 (Die Stimme Amerikas, d. 1950); P'esy, 1951. – Sobranie sočinenij (GW), V 1931, VI 1963–65; Izbrannoe, Ausw. 1951; Izbrannye proizvedenija, Ausw. II 1958. – Übs.: Wind kommt auf (ausgew. Nn.), 1960.

L: L. Višnevskaja, 1962; V. Kardin, 1981.

Lawler, Ray, austral. Dramatiker, * 1921 Footscray/Melbourne. Fabrikarbeiter, Schauspieler und Regisseur. – Vf. psycholog.-realist. Dramen und satir. Komödien aus austral. Milieu. ›The Summer of the Seventeenth Doll‹ gilt als Beginn des mod. austral. Theaters.

W: The Summer of the Seventeenth Doll, Dr. 1957; The Piccadilly Bushman, Dr. 1961; The Unshaven Cheek, Dr. (1963); A Breech in the Wall, FSsp. (1967); The Man Who Shot the Albatross, Dr. (1972); The Doll Trilogy, Drn. 1978.

Lawrence, D(avid) H(erbert), engl. Romanschriftsteller, Essayist und Lyriker, 11. 9. 1885 Eastwood/Nottinghamshire – 2. 3. 1930 Vence b. Nizza. 5. Kind e. Bergarbeiters; Mutter Lehrerin, die s. Begabung förderte und unter Opfern s. Ausbildung als Lehrer 1906–08 in Nottingham ermöglichte. L. schilderte später in ›Sons and Lovers‹ die seel. Konflikte s. Jugend: das Aufwachsen zwischen e. Arbeiter und e. intellektuellen Mutter. 3 Jahre Lehrer im Bergarbeiterdistrikt, später gelegentl. Lehrertätigkeit in London. F. M. Ford veröffentlichte s. ersten Arbeiten in ›The English Review‹; der Verleger Garnett ermutigte L., freimütig über s. Empfindungsweise zu schreiben. 1911 erschien s. erster Roman, 1912 beschloß L., freier Schriftsteller zu werden. 1913 begann s. Liaison mit Frieda, geb. von Richthofen, damals Gattin von Prof. E. Weekley. L. entführte sie, lebte zunächst in freier Ehe mit ihr, ∞ 1914 nach ihrer Scheidung. L. lebte 1912/13 u. a. in Dtl., der Schweiz, England (Cornwall), Italien, Australien und New Mexico. Während des 1. Weltkriegs in England Schwierigkeiten wegen s. dt. Frau. Erhielt 1920 den James Tait Black Memorial Prize für die Novelle ›The Lost Girl‹. 1922 Reise nach Australien, anschließend nach New Mexico. Hier entstand 1926 ›The Plumed Serpent‹. Veröffentlichte nach s. Rückkehr nach England ›Lady Chatterley's Lover‹; der Roman war zunächst in England und USA verboten, erschien dann in gekürzter Ausgabe, erst 1960 von der Zensur ungekürzt freigegeben. Verließ durch die Zensur gekränkt England, verbrachte den Rest s. Lebens in Italien und New Mexico. Starb an Tbc. Die Briefe zeigen deutlich s. Rastlosigkeit und s. ständiges Leiden an Minderwertigkeitsgefühlen. – Einer der Wegbereiter des mod. Romans. In krit. Auseinandersetzung mit Freuds Psychoanalyse und unter dem Eindruck unglückl. Geschlechtsbeziehungen nicht zueinander passender Partner, bes. aber des Konflikts zwischen Instinkt und Intellekt, stellte L. e. Art Sexualphilosophie auf, bekämpfte die Überbewertung des Geistigen und der Askese, die Unterdrückung gesunder Sinnlichkeit als Zivilisationskrankheiten. Die Gestalten s. Erzählungen sind den mag. Kräften des Eros, die sich auf heteroebenso wie auf homosexuelles Begehren verstrekken, ausgeliefert. L.s Überbewertung des Sexuellen ist z. T. s. Reaktion auf die puritan. Erziehung, die alles Triebmäßige verdrängte. Erotik bedeutete ihm etwas Sakrales, e. Mysterium, Urkraft des Lebens, die Rückführung zum Natürlichen; dabei Mißtrauen gegenüber heteronormativen Institutionen wie der Ehe. Whitmaneske Freundschaft zwischen Männern als komplementäre Notwendigkeit, während effeminisierende Homosexualität abgelehnt wird. Neben zahlr. Romanen und Erzählungen veröffentlichte L. auch Reisebücher, Essays und dem Imagismus nahestehende Lyrik.

W: The White Peacock, R. 1911 (d. 1936); The Trespasser, R. 1912 (Todgeweihtes Herz, d. 1937; u. d. T. Auf verbotenen Wegen, 1961); Sons and Lovers, R. 1913 (d. 1925); Love Poems and Others, G. 1913; The Prussian Officer, Kgn. 1914; The Rainbow, R. 1915 (d. 1922); Twilight in Italy, Reiseb. 1916 (d. 1963); Look! We Have Come Through, G. 1917; New Poems, 1918; The Lost Girl, R. 1920 (d. 1961); Women in Love, R. 1920 (d. 1927); Sea and Sardinia, Reiseb. 1921 (d. 1963); Psychoanalysis and the Unconscious, St. 1921; Fantasia of the Unconscious, St. 1922 (Spiel mit dem Unbewußten, d. 1929); Aaron's Rod, R. 1922; England, My England, Kgn. 1922; Kangaroo, R. 1923; The Ladybird, Kgn. 1923 (d. 1934); Birds, Beasts and Flowers, G. 1923; Studies in Classic American Literature, St. 1924; St. Mawr, R. 1925 (d. 1931); Reflections on the Death of A Porcupine, Ess. 1925; The Plumed Serpent, R. 1926 (d. 1932); Mornings in Mexiko, Reiseb. 1927 (d. 1958); The Collected Poems, II 1928 (u. d. T. The Works of D. H. L., 1994); Lady Chatterley's Lover, R. Privatausgabe, dann gekürzt 1928 (d. 1930), ungekürzt 1960 (d. 1961); The Paintings of D. H. L., Bb. 1929; The Woman Who

Rode Away, Kgn. 1928 (d. 1928); Pansies, G. 1929; The Escaped Cock, R. 1929 (u.d.T. The Man Who Died, 1931; Auferstehungsgeschichte, 1931); The Virgin and the Gipsy, R. 1930 (d. 1933); A Propos of Lady Chatterley's Lover, Es. 1930 (d. 1931); Apocalypse, Ess. 1931 (d. 1932); Sketches of Etruscan Places, Ess. 1932; The Lovely Lady, Kgn. 1933; Last Poems, 1933; The Plays, 1933; Study of Thomas Hardy, Ess. 1936; The First Lady Chatterley, R. 1944; The Princess, Kgn. 1971; Sex, Literature and Censorship, Ess. 1955 (Pornographie und Obszönität, Ausw. d. 1971); John Thomas and Lady Jane, R. 1972; Mr. Noon, R. 1984; Love among the Haystacks, Kgn. 1987. – Selected Essays, 1950; The Complete Short Stories, III 1955 (Meisternovellen, d. 1955); Selected Short Stories, 1982; The Complete Short Novels, 1982; The Complete Poems, III 1957, II 1964; Selected Poems, hg. K. Sagar 1972 (1986 u.d.T. Poems), 1992; The Complete Plays, II 1965; The Plays, 1999; A D. H. L. Miscellany, hg. H. T. Moore 1959; The Posthumous Papers, 1961; Selected Literary Criticism, hg. A. Beal 1967; Phoenix, Slg. II 1968. – Letters, hg. A. Huxley 1932 (d. 1938); The Collected Letters, hg. H. T. Moore II 1962; L. in Love: Letters to L. Burrows, 1968; Cambridge Edition of the Letters and Works, VII 1979–93; Interviews and Recollections, hg. N. Page II 1981. – *Übs.:* Die blauen Mokassins, En. 1960; Sämtl. Erzählungen u. Kurzromane, VIII 1985.

L: A. Smith, hg. 1978; S. Nath, 1979; K. Sagar, 1979; J. Worthen, 1979; A. Burns, 1980; C. Dix, 1980; P. Hobsbaum, A Reader's Guide, 1981; D. I. Janik, The Curve of Return, 1981; G. Holderness, 1982; D. H. L. and New Mexico, hg. K. Sagar 1982; A D. H. L. handbook, hg. ders. 1982; J. De Vries-Mason, 1982; H. Malani, 1982; H. Simpson, 1982; H. C. Murfin, 1983; B. T. Tracy, Jr., 1983; J. H. Harris, The Short Fiction, 1984; G. P. Mandell, 1984; J. Ruderman, 1984; D. Schneider, 1984; J. Meyers, hg. 1985; A. Burgess, Flame into Being, 1985; Ch. Davey, 1985; S. MacLeod, 1985; K. Sagar, Life into Art, 1985; P. Scheckner, Class, Politics and the Individual, 1985; A. Nin, 1985; P. Balbert, A Centenary Consideration, 1985; M. Hostettler, 1985; M. Black, 1986; H. Bloom, 1986; Ch. Heywood, hg. 1986; M. Kalnins, hg. Centenary Essays, 1986; D. Mackey, 1986; C. Nixon, 1986; G. Salgádo, hg. 1986; D. Schneider, 1986; Chr. Heywood, 1987; M. J. Lockwood, 1987; C. Milton, L. and Nietzsche, 1987; D. Ellis, H. Mills, 1988; Critical Essays, hg. D. Jackson 1988; H. Laird, Self and Sequence, 1988; G. Salgádo, 1988; P. Balbert, 1989; P. Preston, hg. 1989; J. C. Cowan, 1990; K. Brown, 1990; J. B. Humma, 1990; G. M. Hyde, 1990; A. Ingram, 1990; T. Pinkney, 1990; M. Squires, hg. 1990; A. Banerjee, 1990; Cambridge Biography, III 1991–98; M. Black, 1991; C. Siegel, 1991; C. Sklenicka, 1991; J. Worthen, 1991; D. Bonds, Language and Self, 1992; M. Bell, 1992; Critical Assessments, hg. D. Ellis 1992; D. Holbrook, 1992; V. Hyde, The Risen Adam, 1992; M. Spilka, 1992; P. Widdowson, hg. 1992; K. Widmer, Defiant Desire, 1992; A. Fernihough, 1993; P. Poplawski, Promptings of Desire, 1993; L. R. Williams, Sex in the Head, 1993; W. Thornton, 1993; J. Franks, 1994; R. E. Montgomery, 1994; D. La Chapelle, 1996; P. Eggert, 1996; Ch. Ross, hg. 1996; L. Hamalian, 1996; Critical Heritage, hg. R. P. Draper 1997; M. F. Kearney, The Major Short Stories, 1997; F. Becket, 1997; R. Sadanha, World Anew, 1997; L. R. Williams, 1997; G. Docherty, 1999; G. Donaldson, 1999; T. Iida, hg. 1999; J. Stewart, 1999; P. Poplawski, hg. 2001; Cambridge Companion, hg. A. Fernihough 2001; J. C. Cowan, Self and Sexuality, 2002. – *Bibl.:* J. C. Cowan, II 1982 (n. 1985); W. Roberts, 1982; K. Sagar, 1982; P. Preston, 1994; P. Poplawski, 1995 u. 1996.

Lawrence, Jerome, amerik. Dramatiker, 14. 7. 1915 Cleveland/OH – März 2004 Malibu/CA. Zeitungsreporter, Theaterproduzent, Drehbuchautor; Prof., ab 1984 Univ. of Southern California. – Gemeinsam mit Robert E. Lee zahl- u. erfolgr. Dramen u. Musicals; ›Inherit the Wind‹ über e. jungen Lehrer, der wegen Befürwortung von Darwins Evolutionstheorie vor Gericht mußte; mehrere Pseudonyme.

W: m. Robert E. Lee: Look Ma, I'm Dancin'!, Musical (1948, Musik H. Martin); Annie Laurie, 1954; Roaring Camp, 1955; Inherit the Wind, 1955; Familiar Stranger, 1956; Shangri-La, Musical 1956 (m. J. Hilton, H. Warren); Auntie Mame, 1957 (n. P. Dennis); The Gang's All Here, 1960; Only in America, 1960 (n. H. Golden); A Call on Kuprin, 1962 (n. M. Edelman); Sparks Fly Upward, 1967; Mame, Musical 1967 (m. J. Herman); Dear World, Musical (1969, m. J. Herman); Live Spelled Backwards, 1970; The Night Thoreau Spent in Jail, 1971; The Incomparable Max!, 1972 (n. M. Beerbohm); The Crocodile Smile, 1972; Jabberwock, 1974 (n. J. Thurber); First Monday in October, (1975); The Time of the Cuckoo, K. 1983; A Golden Circle, R. 1993. – Selected Plays, 1995.

Lawrence, T(homas) E(dward), engl. Schriftsteller, 15. 8. 1888 Tremadoc/Wales – 19. 5. 1935 Bovington Camp Hospital, Clands Nill/Dorset. Unehel. Sohn e. ir. Baronets, Stud. Orientalistik und Archäologie Oxford. Erforschte Burgen in England, Frankreich und dem Orient. Fußwanderung durch Syrien. 1912–14 Teilnahme an Ausgrabungsarbeiten in Syrien, Mesopotamien, Sinai u. Ägypten im Auftrag des Brit. Museums. Während des 1. Weltkrieges beim brit. Geheimdienst in Ägypten tätig. Gewann das Vertrauen des Emirs Faisal, organisierte e. Revolte der Beduinenstämme, führte die Araber gegen die Türken. Wurde als Vorkämpfer der arab. Unabhängigkeit zu e. legendären Gestalt. Lehnte alle Auszeichnungen mit Ausnahme s. Beförderung zum Oberst ab. Nahm 1919 an der Pariser Friedenskonferenz teil, trat dort erfolglos für die Einlösung der den Arabern gegebenen Versprechungen ein. Unbefriedigt von der brit. Außenpolitik, schied er 1922 aus dem Kolonialdienst aus und trat als einfacher Soldat unter dem Namen Ross in die Armee ein, wechselte dann unter dem Namen Shaw zur Luftwaffe über, gab als Grund an, er wolle ›sich nach unten orientieren‹, suchte die Kameradschaft der Truppe. Vor Eintritt in die Armee verschenkte L. s. ganzes Besitztum. Ließ sich nach Indien versetzen, übertrug dort die ›Odyssee‹ (1932) in Prosa, um sich neben s. Sold e. Einnahme zu verschaffen. 1931 unbegründet wegen Spionageverdacht nach England zurückgerufen. Schied 1935 ordnungsgemäß aus dem Heeresdienst aus, hatte kurz darauf e. tödl. Motorradunfall. Zu s. Freunden gehörten G. B. Shaw, R. Graves sowie Churchill. – Zwiespältige Natur. Schildert s. abenteuerl. Leben im Araberaufstand in s. großen Werk ›Seven Pillars of Wisdom‹, berichtet dabei zugleich meisterl. von Land, Leuten und Sitten. Die erste Fassung kam unter geheimnisvollen Umständen auf dem Bahnhof in Reading abhanden, L. schrieb das Werk aus dem Gedächtnis nochmals, ließ 1926 privat 100 Exemplare drucken, veröffentlichte gleichzeitig e. gekürzte Fassung ›The Revolt in the Desert‹. S. Erfahrungen als einfacher Soldat bei der Truppe spiegeln sich in ›The Mint‹, das zugleich schonungslose Selbstdarstellung ist.

W: Carchemish, Ber. 1914; Seven Pillars of Wisdom, Aut. 1926 (d. 1936); The Revolt in the Desert, Ber. 1927 (d. 1927–30); Crusaders' Castles, II 1936; Diary, 1937; The Letters, hg. D. Garnett II 1938 (d. 1948); Secret Despatches from Arabia, 1939; The Home Letters, 1954; The Mint, Aut. 1955 (Unter dem Prägestock, d. 1955); Evolution of a Revolution, Slg. 1968; Minorities, G. hg. J. M. Wilson 1971. – *Übs.:* Glaube der Wüste, 1951; Mosaik meines Lebens, 1952; Leben ohne Legende, 1955.

L: L. Thomas, With L. in Arabia, 1925; R. Graves, 1927; R. H. Kiernan, 1930; B. H. Liddell Hart, 1934; Ch. Edmonds, 1935; A. W. Lawrence, hg. 1937 u. 1963; E. G. Winkler, 1937; V. Richards, 1939; E. Robinson, 1946; R. Schroers, 1949; R. Aldington, d. 1955; J. Béraud Villars, 1955, engl. 1958; E. Lönnroth, engl. 1956; R. Stéphane, Paris 1959; A. Nutting, 1961; A. MacLean, 1962; F. Armitage, 1963; S. Monsa, 1966; J. Benoist-Méchin, 1967; P. Knightley, C. Simpson, 1969; J. Meyers, The Wounded Spirit, 1973; P. Brent, 1975; H. M. Hyde, Solitary in the Ranks, 1977; J. Meyers, 1989; J. Wilson, 1989; M. N. Naimi, 1991; Ch. M. Stang, 2002. – *Bibl.:* E. W. Duval, 1938; F. Clements, 1973.

Lawrenjow, Boris A. → Lavrenëv, Boris Andreevič

Lawson, Henry Archibald (eig. Henry Hertzberg Larsen), austral. Dichter, 17. 6. 1867 b. Grenfell/New South Wales – 2. 9. 1922 Abbotsford/New South Wales. Vater norweg. Abstammung, Goldgräber, Mutter Australierin. Wuchs unter großen Entbehrungen auf; seit dem 9. Lebensjahr Beginn der späteren Taubheit. Zog 1884 nach der Scheidung der Eltern nach Sydney, dort Malerlehrling, besuchte Abendvorlesungen. Als Gelegenheitsarbeiter durch ganz Australien. Stets ein sozialist. und republikan. Ideen interessiert. ∞ 1896 Bertha Brett, 2 Kinder; o|o 1902. 1900–02 Englandreise. Nach Rückkehr rascher Verfall, Alkoholismus und Demenz. – Bedeutender austral. Heimatdichter, Vf. realist.-melodramat. Erzählungen. S. zahlr. Gedichte sind oft Protest gegen bestehende soz. Verhältnisse. Feminist. Schuf in den 1890er Jahren volkstüml. Balladen.

W: In the Days When the World Was Wide, G. 1896; Verses Popular and Humorous, G. 1900; Joe Wilson and his Mates, Kgn. 1901; The Skyline Riders, G. 1910; For Australia, G. 1913; My Army, Oh My Army, G. 1915. – The Complete Works, hg. Leonard Cronin 1984; The Poetical Works, III 1925; Collected Verse, hg. C. Roderick III 1967–69; Poetical Works, 1933; Collected Prose, III 1973; Prose Works, 1940; Stories, hg. C. Mann III 1964.

L: A. Fuchs, 1914; J. le Gay Brereton, B. Lawson hg. 1931; B. Lawson, 1943; W. W. Stone, 1954; C. Roderick, 1961; S. Murray-Smith, 1962; R. Colin, 1966; J. Wright, 1967; A. A. Phillips, 1970; H. L. Criticism 1894–1971, hg. C. Roderick 1973, 1991; M. Clark, 1995. – *Bibl.:* G. Mackaness, 1951.

Lawson, John Howard, amerik. Dramatiker, 25. 9. 1894 New York – 11. 8. 1977 San Francisco. Drehbuchautor. – Expressionist., sozialkrit., vom Marxismus beeinflußte Dramen, für die er vor dem ›House Un-American Activities Committee‹ wegen unamerik. Gesinnung 1948 für schuldig befunden wurde (Gefängnisstrafe).

W: Servant-Master-Lover (1916); Standards (1916); Roger Bloomer, 1923; Professional, 1925; Nirvana (1926); Loudspeaker, 1927; The International, 1928; Success Story, 1932; With a Reckless Preface, Drn.-Slg. 1934; Theory and Technique of Playwriting, St. 1936; Marching Song, 1937; The Hidden Heritage, St. 1950; Film in the Battle of Ideas, St. 1953; Parlor Magic (1963); Film, the Creative Process, St. 1964.

L: L. Randrianarivony-Koziol, 1982; G. Carr, 1984; B. R. Bloch, 1988.

Laxdœla saga, isländ. Saga aus der Mitte des 13. Jh., handelt von den Geschicken einer norweg. Familie, die nach Island auswandert und sich im Laxárdalr niederläßt. Im Mittelpunkt der Haupthandlung steht die schöne Guðrún Ósvífrsdóttir, die viermal heiratet, aber Kjartan, den Mann, den sie liebt, nicht bekommen kann. Die Saga hat strukturelle Ähnlichkeiten mit dem Nibelungenstoff, große Gefühle spielen eine bestimmende Rolle: Liebe, Haß, Eifersucht, Freundschaft, Rache u. Heldenmut. Die Handlung ist eingebettet in den Übergang vom Heidentum zum Christentum in Island.

A: K. Kålund 1889–91; ders. 1896; E. Ó. Sveinsson, Reykjavík 1934 (Ísl. Fornrit 5); ders., Koph. 1933 (Faks. Möðruvallabók). – *Übs.:* R. Meißner 1913, 1963; R. Heller 1982; H. Beck 1997.

L: R. Heller, Stud. zum Stil u. Aufbau der L. s., 1960; ders.: Lit. Schaffen in der L. s., 1960; ders.: Die L. s., 1976; H. Beck, L. s., A Structural Approach, 1977; R. Simek, H. Pálsson, Lex. d. altnord. Lit., 1987.

Laxness, Halldór Kiljan (eig. H. K. Guðjónsson), isländ. Dichter, 23. 4. 1902 Hof Laxnes b. Reykjavík – 8. 2. 1998 Reykjavík. Sohn eines Bauern u. Straßenbauleiters, 1919–30 ausgedehnte Reisen in Europa u. (1926–29) Amerika, 1923 Konversion zum Katholizismus (Luxemburg), 1932/33 in der Sowjetunion, 1955 Nobelpreis. – Bedeutendster isländ. Dichter des 20. Jh.; verfolgte lit. u. weltanschaul. e. sehr eigenwillige Linie. S. künstler. Entwicklung läßt sich folgendermaßen umreißen: Eine erste, vorbereitende Gruppe von Dichtungen ist gekennzeichnet durch Experimente mit der Sprache u. Suchen nach eigenem Stil; inhaltl. trägt sie autobiograph. Züge, lit. ist sie Strindberg, dem dt. Expressionismus, dem franz. Surrealismus u. Þorbergur → Þórðarson verpflichtet. Sie findet ihre Vollendung mit ›Vefarinn mikli frá Kasmír‹, e. mod. Roman mit innerer Handlung u. e. bereits weitgehend selbständigen, für Island ganz neuartigen Stil, bei dem sich die natürl. Beredsamkeit des Dichters ungehindert von überkommenen lit. Konventionen entfaltet. Gehört dieser Roman noch in die ›kathol. Periode‹ von L., so wird mit ›Alþýðubókin‹ die Abwendung vom Christentum u. die Hinwendung zu e. kommunist. Sozialismus vollzogen. Individuum u. Gesellschaft, der ausgebeutete, der von der Gesellschaft unterdrückte, getretene Mensch, s. Streben nach Veränderung der sozialen Verhältnisse zum Besseren sind die Leitideen der mit ›Salka Valka‹ beginnenden Folge von Romanen. Teilweise noch Hemingways Vorbild verratend, jedoch künstler. ausgereift, von psycholog. äußerster Sublimität u. ergreifender Menschlichkeit führen diese Romane L. auf die Höhe s. Kunst. Diese ist mit ›Íslandsklukkan‹, e. hist. Trilogie, erreicht. In ›Brekkukotsannáll‹, mehr noch in ›Paradísarheimt‹ gilt s. Interesse nunmehr dem Menschen als Individuum auf der Suche nach der Wahrheit u. dem Glück s. Lebens. Das formal herausfallende ›Kristnihald undir jökli‹ handelt von tätiger christl. Nächstenliebe. Die einzigartige Schönheit von L.s Romanen beruht in der meisterhaft gehandhabten Darstellung der Gegensätze von subjektiver, an Lyrismus grenzender Gefühlstiefe u. extrem naturalist., an Zynismus grenzender Objektivität ebenso wie in der Kunst, jeden Gegenstand sprachl. u. stilist. mit der ihm zukommenden Atmosphäre zu umgeben.

W: Barn náttúrunnar, R. 1919; Nokkrar sögur, En. 1923; Undir Helgahnúk, R. 1924; Kaþólsk viðhorf, Ess. 1925; Vefarinn mikli frá Kasmír, R. 1927 (Der große Weber von Kaschmir, d. 1996); Alþýðubókin, Ess. 1929; Kvæðakver, G. 1930; Salka Valka, R. II: 1. Þú vínviður hreini, 1931, 2. Fuglinn í fjörunni, 1932 (Salka Valka, d. 1951); Í austurvegi, Mem. 1933; Fótatak manna, En. 1933 (daraus: Die gute Jungfrau u. a. En., d. 1958); Straumrof, Dr. 1934; Sjálfstætt fólk, R. II 1934f. (Der Freisasse, d. 1936; u. d. T. Selbständige Menschen, 1962; u. d. T. Sein eigener Herr, 1969); Þórður gamli halti, E. 1935; Heimsljós, R. IV: 1. Ljós heimsins, 1937; 2. Höll sumarlandsins, 1938; 3. Hús skáldsins, 1939, 4. Fegurð himinsins, 1940 (Weltlicht, d. 1955); Dagleið á fjöllum, Ess. 1937; Gerska æfintýrið, Mem. 1938; Sjö töframenn, En. 1942; Vettvangur dagsins, Ess. u. Aufs. 1942; Íslandsklukkan, R. III: 1. Íslandsklukkan, 1943, 2. Hið ljósa man, 1944, 3. Eldur í Kaupinhafn, 1946 (Islandglocke, d. 1951); Sjálfsagðir hlutir, Ess. u. Aufs. 1946; Atómstöðin, R. 1948 (Atomstation, d. 1955); Snæfríður Íslandssól, Dr. 1950; Reisubókarkorn, Ess. u. Aufs. 1950; Gerpla, R. 1952 (d. 1977); Heiman ég fór, N. 1952; Silfurtúnglið, Dr. 1954; Þættir, En. 1954; Dagur í senn, Ess. 1955; Brekkukotsannáll, R. 1957 (Das Fischkonzert, d. 1961); Gjörningabók, Abh. 1959; Paradísarheimt, R. 1960 (Das wiedergefundene Paradies, d. 1971); Strompleikurinn, Dr. 1962; Prjónastofin Sólin, Dr. 1963; Skáldatími, Ess. 1963 (Zeit zu schreiben, d. 1976); Sjóstafakverið, Kgn. 1964; Upphaf mannúðarstefnu, Ess. 1965; Dúfnaveislan, K. 1966; Íslendingaspjall, Ess. 1967; Kristnihald undir Jökli, R. 1968 (Seelsorge am Gletscher, d. 1974; dramat. von S. Einarsson u. d. T. Úa, 1970); Vínlandspúnktar, Ess. 1969; Innansveitarkrónika, R. 1970 (Kirchspielchronik, d. 1976); Yfirskyggðir staðir, Ess. 1971; Guðsgjafaþula, R. 1972 (Die Litanei von den Gottesgaben, d. 1981); Af skáldum, Ess. 1972; Þjóðháitðarrolla, Ess. 1974; Í túnina heima, Aut. 1975 (Auf der Hauswiese, d. 1978); Ungur ég var, Aut. 1976; Seiseijú, mikil ósköp, Ess. 1977; Sjömeistarasagan, Aut. 1978; Grikklandsárið, Aut. 1980; Og árin líða, Erinn. u. Ess. 1984; Af menningarástandi, Ess. 1986; Dagar hjá múnkum, Erinn. 1987. – GW, XI 2002; De islandske sagaer og andre essays, hg. Sønderholm, Koph. 1963.

L: P. Hallberg, 1952; ders., Den store vävaren. En studie i L's ungdomsdiktning 1954; ders., Skaldens hus. L's diktning från Salka Valka till Gerpla, 1956; I. Eskelund, Oslo 1965; K. Karlsson, 1962; Afmæliskveðjur heiman og handan, Fs. 1962; G. Kötz, 1966; Scandinavica, Suppl. Fs. 1972. – Die Romane, 1995; H. Guðmundsson, H. L. – Leben u. Werk, 2002. – *Bibl.:* Landsbókasafn Íslands. Árbók 1955f. (1957); H. Sigurðsson, in: K. Karlsson, 1962; A. Keel, 1981; E. Sönderholm, 1981; Á. Sigurjónsson, Diss. Stockh. 1984; H. Guðmundsson, Loksins, loksins, 1987; W. Friese, H. L.

Layamon, angelsächs. Dichter, 12. Jh. Priester in Ernley (heute Arley Regis/Worcester). – Verf. des ›Brut‹, einer Verschronik vom Ende des 12. Jh. von über 16 000 Langzeilen. Wichtigste Quelle der ›Roman de Brut‹ des Normannen Wace, verfaßt um 1155 in franz. Achtsilblern, der seinerseits auf der ›Historia Regium Britanniae‹ des Geoffrey of Monmouth basiert. Erzählt wird die Geschichte Britanniens von der Ankunft der legendären Brutus, des Enkels des Aeneas, in England bis zum Sieg der Sachsen über Britenkönig Cadwallader 689. Zentrale Gestalt ist nicht Brutus (Brut), sondern König Artur, der damit zum ersten Mal in einem englischsprachigen Werk auftritt. Anders als Wace schildert L. Artur nicht als Feudalherrscher, sondern als Heerführer und Kriegsheld. Daneben werden die Sagen von King Lear,

Cymbeline, Locrine etc. erzählt. Archaisierender, von wenigen franz. Lehnwörtern durchsetzter Wortschatz und das Versmaß, Langzeilen, die teilw. alliterieren, teilw. assonant sind, zeigen, daß L. bewußt an die altengl. Dichtungstradition anknüpft. Gegenüber Wace ist die Chronik durch Stoffe aus anderen Quellen und ausführlichen Naturschilderungen, Jagd- und Schlachtszenen, Meerfahrten um ca. das Doppelte erweitert.

A: G. R. Brook, R. F. Leslie 1963; W. R. J. Barron, S. C. Weinberg 1995 (m. Übs).

L: R. B. Hassett, 1950; H. Pilch, 1960; C. Regel, 1963; F. Le Saux, hg. 1994.

Laye, Camara, guineischer Schriftsteller franz. Sprache, 1. 1. 1928 Kurussa/Guinea − 4. 2. 1980 Senegal. Sohn e. Schmieds u. Goldschmieds; Koranschule, franz. Elementarschule, dann techn. Oberschule in Conakry; zum Stud. nach Frankreich gekommen, arbeitet er zunächst wegen Geldschwierigkeiten in e. Automobilfabrik, dann Ingenieurstud. in Paris. Später im Staatsdienst Guineas. Lebt seit 1964 im Exil in Senegal. − Schildert in z. T. autobiograph. Romanen mit ausgeprägt antikolonialist. Tendenz die Konfrontation westl. u. afrikan. Welt u. das polit. Erwachen Afrikas, das er zuweilen in dunkler Symbolik darstellt.

W: L'enfant noir, R. 1953 (Einer aus Kurussa, d. 1954); Le regard du roi, R. 1954 (d. 1963); Premier contact avec Paris, Ess. 1954; Les yeux de la statue, E. 1959; Dramouss, R. 1966 (d. 1967); Le Maître de la parole, R. 1978.

L: R. Mercier, 1964; S. Lee, Bost. 1984; A. S. Malanda, 2000.

Layton, Irving (Peter) (eig. Israel Lazarovitch), kanad. Dichter, * 12. 3. 1912 Tirgu Neamţ/Rumänien. Seit 1913 in Kanada; Stud. McGill Univ.; 1969–78 Prof. für Engl., York Univ. − Mit seinen satir., anti-bürgerl. und anti-ästhetizist. Gedichten zählt L. zu den Montreal Poets. Dichtung solle ›vital, intensiv, subtil und dramatisch‹ sein.

W: Here and Now, G. 1945; A Red Carpet for the Sun, G. 1959; The Darkening Fire: Selected Poems 1945–68, 1975; Engagements, Ess./Kgn. 1972; The Unwavering Eye: Selected Poems 1969–75, 1975; Waiting for the Messiah, Mem. 1985; Final Reckoning, Poems 1982–86, 1987; Fornaluxt: Selected Poems 1928–1990, 1992.

L: E. Mandel, 1969, ²1981; E. Cameron, 1985; H. Beissel, J. Bennett, hg. 1993; F. Wynne, 1997; D. Layton, 1999.

Lazarević, Laza Kuzmanov, serb. Schriftsteller, 1. 5. 1851 Šabac − 28. 12. 1890 Belgrad. Kaufmannssohn, Stud. bis 1871 Rechte Belgrad, dann bis 1879 Medizin Berlin (bei Virchow, Helmholtz), Arzt in Belgrad, Leibarzt König Milans; verdient um das serb. Sanitätswesen. − Übs. theoret. Schriften Černyševskijs, kehrt jedoch bald zu dem ihm angeborenen Konservatismus der bäuerl.-kleinstädt. Patriarchalität zurück; hinterließ nur 9 psycholog. durchdrungene Novellen, die durch strenge Form u. plast. Darstellungsweise vorbildl. für die folgenden Generationen wurden. Vf. mehrerer medizin. Studien.

W: Šest pripovedaka, Nn. 1886; Pripovetke, Nn. II 1898f. − Srpski pisci, 1929; Pripovetke, Ausw. hg. Ž. Boškov 1953, 1970 (m. Bibl.). − Sabrana dela (GW), 1956; Izabrana dela (AW), 1981.

L: Dj. Jovanović, 1949; V. Gligorić, 1954; V. Jovičić, 1978.

Lazarillo de Tormes, erster span. Schelmenroman, anonym, versch. Autoren zugeschrieben (u. a. Hurtado de Mendoza u. Sebastián de Horozco); steht im Gegensatz zu der idealist. Tendenz der Schäfer- u. Ritterromane des span. 16. Jh. (›Amadís‹, Montemayor usw.); gab das Schema für alle späteren Schelmenromane: Der Held erzählt in der 1. Person, ist Diener bei vielen Herren versch. soz. Stellung, wodurch Anlaß zu Gesellschaftskritik u. -satire gegeben ist; unruhiger Vagabundengeist. Lebensgeschichte des ›pícaro‹ Lazarillo, in 7 Kapiteln (tratados); er dient nacheinander e. Blinden, e. geizigen Geistlichen, e. armen Edelmann, e. barmherzigen Bruder, e. Ablaßkrämer u. e. Polizisten. Schlichter, realist. Stil; hervorragende Kenntnis der Welt der einfachen Leute, plast. Beschreibungen des Volkslebens, gute psycholog. Zeichnung des Helden u. der Vertreter versch. Gesellschaftsklassen; zugleich vergnügl., geistreiche Satire der soz. Milieus, in denen der Held sich bewegt. Unbeschwerte, humorvolle Weltsicht ohne Verbitterung über schlechte Behandlung u. erbärml. Leben. Zahlr. Nachahmungen u. Fortsetzungen, in viele Sprachen übersetzt.

A: La vida de Lazarillo de Tormes y de sus fortunas y adversidades, 1554 (n. R. Foulché-Delbosc, 1900, J. Cejador y Frauca, 1914, C. Castro, 1936, G. Marañon, 1958, E. Moreno Báez, 1959, A. González Palencia, 1960, J. Ruiz de Larios, 1960, J. Caso Gonzalez, 1967, F. Rico, 1967, A. Ruffinato, 2001; d. 1617, 1889, 1920, 1949, 1963 u. in: Span. Schelmenromane, 1964).

L: G. Siebenmann, 1953; M. Bataillon, Paris 1954; A. Cavaliere, 1955; F. Maldonado de Guevara, 1957; R. O. Jones, Manchester 1963; ders., 1968; A. Castro, ³1967; C. Minguet, 1970; F. Ayala, 1971; F. Lázaro Carreter, 1972; A. Blecua, 1972; V. García de la Concha, 1981; R. L. Fiore, Boston 1984; S. Zimic, 2000.

Lazarová, Katarína, slovak. Schriftstellerin, 13. 2. 1914 Výčapy-Opatovce − 21. 6. 1995 Bratislava. − Themen ihrer Erzählprosa sind der slovak. Aufstand u. der Aufbau der slovak. Dörfer nach dem Krieg. L. geißelt Rückständigkeit u.

Lazda

Gewinnsucht u. nimmt Stellung zum ungar. Aufstand.

W: Kamaráti, N. 1949; Traja z neba, R. 1950; Osie hniezdo, R. 1953; Omyly, En. 1957; Mločia hora, R. 1961; Šarkan na ret'azi, R. 1962; Interview s labut'ami, R. 1966; Putovanie svätej Anny, R. 1968; Vlkolaci, R. 1970; Vdovské domy, R. 1977.

Lazda, Zinaïda (eig. Z. Zelma Šreibere), lett. Lyrikerin, 6. 6. 1902 Ērgļi/Lettl. – 7. 11. 1957 Salem/OR. Tochter e. Bauern; Schulen Ērgļi; 1919–36 Rīga, Gymnas., Philologiestud.; 1927–44 Gymnasiallehrerin; 1944 nach Dtl. emigriert; Lehrerin im Lagergymnas. von Fischbach; 1950 in die USA ausgereist; Krankenpflegerin, Hausbedienstete; Hodgkinsche Krankheit; ließ die Urne mit ihrer Asche in der Ostsee versenken. – Schulte sich an der einfachen Schönheit des lett. Volksliedes; Gedichte bestimmt durch Liebes- u. patriotische Gedanken, ethische Werte, gegen nationalist. oder totalitäre Gewalt; die Schönheit der Natur erscheint als universaler Wert oder Metapher.

W: Zaļie vārti, G. 1936; Staru viesulis, G. 1941; Tālais dārzs, G. 1947; Bēgle, G. 1949; Saules koks, G. 1956. – Ogle (GS), 1960; Dzīvības lauki (ausgew. G.), 1972; Dzeja (G.), 2003.

L: Z. L., hg. V. Kārkliņš, K. Rabācs, Chicago 1963

Lazdynu Pelėda (eig. Sofija Ivanauskaitė-Pšibiliauskienė), litau. Dichterin, 28. 9. 1867 Gut Paragiai b. Kuršėnai – 14. 3. 1926 ebda. Bojarentochter; keine regelmäß. Ausbildung, träumerische Jugend auf dem väterl. Gut. Mit 24 Jahren unglückl. Ehe, Scheidung, Mann starb in Amerika, sie lebte mit 2 Kindern in Vilnius, Kaunas, schließl. wieder in Paragiai. Schrieb in den Zsn. ›Varpas‹, ›Ūkininkas‹, ›Viltis‹, ›Šaltinis‹. Unter ihrem Namen schrieb auch ihre Schwester Maria Lastauskienė. – Schildert in ihren Erzählungen den litau. Gutshof und s. Verhältnis zu den Bauern. Schlechte Erziehung beschreibt sie in ›Naujas takas‹, ›Karalaitė lėlė‹, ›Mano draugė‹; das Verhältnis der Bojaren zu den Bauern in ›Stebuklingoji tošelė‹, ›Klajūnas‹, ›Ir pražuvo kaip sapnas‹. In ›Klaida‹ schildert sie die Zeit des Schriftverbotes und den Aufstand 1905.

W: Našlaitė, E. 1898; Kas priešas?, E. 1900; Klajūnas, E. 1902; Stebuklingoji tošelė, E. 1907; Motulė paviliojo, E. 1908; Klaida, R. 1909; Ir pražuvo kaip sapnas, E. 1908; Dzidė, E. 1912; Karalaitė lėlė, E. 1912; Naujas takas, E. 1912; Mano draugė, E. 1912; Atsiminimai, Erinn. 1914. – Raštai (W), V 1925–31; GW, VII 1954/55.

L: M. Lastauskienė, 1947; A. Vengris, 1947; A. Žirgulis, 1954; B. Pranskus, 1955; J. Kaminskas, 1956; P. Česnulevičiūtė, 1962.

Lažečnikov, Ivan Ivanovič, russ. Romandichter, 25. 9. 1792 Kolomna – 8. 7. 1869 Moskau. Vater Kaufmann, nahm 1812 freiwillig am Krieg gegen Napoleon teil; 1821–37 hohe Ämter im Schulwesen, 1842–54 Vizegouverneur. – Bekannt als Vf. dreier seinerzeit und auch später vielgelesener hist. Romane, deren gemeinsames Thema die Entwicklung Rußlands zum mächtigen Staat ist, des ›Poslednij Novik‹ über die Zeit Peters d. Gr., des ›Ledjanoj dom‹ mit Biron, dem dt. Günstling der Kaiserin Anna Ivanovna als zentraler Gestalt und des im 16. Jh. spielenden ›Basurman‹; die Romane zeigen e. verwickelte Fabel, pathet. Sprache, e. Fülle von eingefügten hist. Dokumenten und Elemente der Volksdichtung.

W: Poslednij Novik, R. 1833 (Die Eroberung Livlands, d. 1852); Ledjanoj dom, R. 1835 (n. 1936; Der Eispalast, d. 1838); Basurman, R. 1838. – Polnoe sobranie sočinenij (GW), XII 1899–1901; Sočinenija (W), II 1963.

Leacock, Stephen (Butler), kanad. Schriftsteller, 30. 12. 1869 Swanmoor/Hampshire – 28. 3. 1944 Toronto. Kam 1876 nach Kanada, Jugend auf elterl. Farm in Ontario; Univ. Toronto, 1891–99 Lehrer am Upper Canada College, 1899–1903 Univ. Chicago, 1903–36 Prof. für Volkswirtschaft u. Polit. Wiss. McGill Univ. Montreal. – Vf. humorvoller Erzählungen u. Essays, in denen er Kritik der gegenwärtigen Gesellschaft mit ausgelassener Absurdität verbindet.

W: Elements of Political Science, St. 1906; Literary Lapses, Kgn. 1910; Nonsense Novels, Kgn. 1911 (Der Asbestmann, d. 1987); Sunshine Sketches of a Little Town, Kgn. 1912; Behind the Beyond, Kgn. 1913; Arcadian Adventures with the Idle Rich, Kgn. 1914 (d. 1955); Frenzied Fiction, Kgn. 1918; The Hohenzollerns in America, Kgn. 1919 (d. 1989); Mark Twain, B. 1932; Charles Dickens, B. 1933; Humour and Humanity, 1937; The Boy I Left Behind Me, Aut. 1946.

L: D. A. Cameron, 1967; R. Davies, 1970; D. Staines, 1987; G. Lynch, 1988; A. u. T. Moritz, 2002. – *Bibl.*: C. Spadoni, 1998.

Leal, António Duarte Gomes, portugies. Lyriker, 6. 6. 1848 Lissabon – 29. 1. 1921 ebda. Vorübergehend Lit.-Stud., Journalist, gründete 1872 die satir. Zs. ›O Espectro de Juvenal‹. – Faßte als Romantiker das poet. Erbe der Generation von 1870 zusammen, weist deutl. zugleich auf Parnaß u. Symbolismus. Spannung zwischen Glauben der Kindheit u. darwinist.-determinist. Weltbild, byron. Satanismus, Einfluß des frühen Eça u. bes. Baudelaires, Mystizismus. Vf. polit. Pamphlete u. Satiren.

W: Tributo de Sangue e Canalha, G. 1873; Claridades do Sul, G. 1875 (erw. 1901); A Fome de Camões, G. 1880; A Traição, G. 1881; O Herege, G. 1881; O Renegado, G. 1881; História de Jesus, G. 1883; Anticristo, G. 1886 (Neufassg. 1907); Fim de um Mundo, G. 1900; Mefistófeles em Lisboa, G. 1907; Senhora da Melancolia, G. 1910; Pátria e Deus e a Morte do Mau Ladrão, G. 1914. – Antologia poética, hg. F. da Cunha Leão, A. O'Neill 1959.

L: L. Batalha, 1935; A. Neves, H. Marques jr., 1948; V. Nemésio, 1953 (Anth. m. Einführung); J. Dória Cortesão, 1967.

Leal, José da Silva Mendes, portugies. Lyriker, Novellist u. Dramatiker; 18. 10. 1818 Lissabon – 22. 8. 1886 Sintra. Höchste Stellen als Politiker u. Beamter. – S. romant. Schauerdramen (franz. Einfluß des hist. Dramas mit Mord, Gift u. konventionell-zeitbedingtem Kolorit) wetteiferten mit den Stücken Garretts um die Gunst des Publikums u. der Kritik. In Komödien u. Zeitstücken typ. Vertreter des Aktualitätentheaters im Ultra-Romantismus.

W: Os Dois Renegados, Dr. 1839; O Homem da Máscara Negra, Dr. 1843; A Pobre das Ruínas, Dr. 1846; D. Maria de Alencastro, Dr. 1846; O Pagem de Aljubarrota, Dr. 1846; Homens de Mármore, Dr. 1854; Cânticos, G. 1858; Poesias, G. 1859; Os Primeoros de Bocage, Dr. 1865. – Teatro, II 1851f.

L: M. de Aguiar e Silva, 1965.

Lear, Edward, engl. Nonsense-Dichter, 12. 5. 1812 London – 29. 1. 1888 San Remo. Vater Börsenmakler dän. Herkunft. E. von 15 Kindern. Litt seit der Kindheit an Asthma und Epilepsie. Zeichner, Maler und Illustrator. Edward Stanley, Lord Derby, beauftragte ihn, die Tiere s. Parks in Knowsley zu zeichnen und wurde L.s Gönner, bald verband e. warme Freundschaft die Stanleys mit L., der für 4 Generationen der Familie tätig war. L. war e. menschenscheuer Junggeselle und Sonderling, schloß aber große Freundschaft mit den zahlr. Kindern und Enkeln Stanleys; um sie zu erfreuen, zeichnete er Scherzbilder und schrieb heitere Verse dazu. Erst 1846 entschloß er sich auf Zureden der Freunde, diese Spielerei s. Mußestunden als ›Book of Nonsense‹ zu veröffentlichen, er hatte damit unbeabsichtigt zugleich den Namen für e. völlig neue, von ihm inspirierte Gattung kom. Dichtung gefunden. Freundschaft m. Tennyson. Unstetes Wanderleben, bereiste Europa, Indien, den Vorderen Orient, einschließl. Ägypten, als zoolog. Illustrator und Landschaftsmaler, führte auf allen Reisen Tagebücher, die reich sind an nom. Einfällen. – Vf. von Nonsense-Gedichten, -Kurzversen und -Balladen mit ausgeprägtem Gefühl für Rhythmus, wortschöpfer. Begabung und reicher, etwas abstruser Phantasie. Atmosphäre heiterer Verspieltheit. Eigentl. Schöpfer des Limericks.

W: Illustrated Excursions in Italy, 1846; A Book of Nonsense, 1846; Journal of a Landscape Painter in Albania, Illyria, 1851; … in Southern Calabria, 1852; … in Corsika, 1870; Views of the Seven Ionian Islands, 1863; Journal in Corsica, 1870; Nonsense Songs, Stories, Botany and Alphabets, 1871; More Nonsense, 1872; Laughable Lyrics, 1877; Queery Leary Nonsense, hg. C. B. Strachey 1911. – The Complete Nonsense, hg. H. Jackson 1947; Teapots and Quails, hg. A Davidson, P. Hofer 1953; L. in the Original (Faks.), hg. W. H. Liebert 1975; Letters, hg. C. B. Strachey 1907; Later Letters, hg. C. B. Strachey 1911. – *Übs.:* H. C. Artmann, 1964; G. Fischer, 1965; Indian Journal, hg. R. Murphy 1953.

L: E. Sewell, The Field of Nonsense, 1952; J. Richardson, 1965; P. Hofer, E. L. as a Landscape Draughtsman, 1967; A. Davidson, ³1969; V. Noakes, 1968; Th. Byrom, Nonsense and Wonder, 1977; J. Lehmann, 1977; A. C. Colley, 1993; P. Levi, 1995. – *Bibl.:* W. B. O. Feld, 1935; Konkordanz: A. K. Lyons u.a., 1980.

Léautaud, Paul Firmin Valentin (Ps. Maurice Boissard), franz. Schriftsteller, 18. 1. 1872 Paris – 22. 2. 1956 Robinson. Vater Souffleur; von der Mutter verlassen, lieblose Kindheit. Handlungsgehilfe, Advokatsschreiber, 1908–41 Sekretär des ›Mercure de France‹, für den er ab 1895 Theaterkritiken schrieb, ebenso für ›La Nouvelle Revue Française‹. Lebte isoliert als Misanthrop, von Katzen und Hunden umgeben, in Fontenay-aux-Roses. 1949 mit Rundfunkansprachen auch in der breiteren Öffentlichkeit bekannt. – Kritiker im Stil des 18. Jh., von skept.-zyn. Intelligenz mit sehr eigenwilligen Urteilen in oft schroffer Form; Vf. von Erzählungen, Einaktern, Aphorismen und Tagebüchern. S. ganzes, stark sarkast. Werk ist kulturgeschichtl. aufschlußreich, hat stark autobiograph. Züge.

W: Le petit ami, R. 1903 (d. 1967); Henri de Régnier, Es. 1904; Madame Cantili, E. 1925; Le théâtre de Maurice Boissard, Ess. II 1926–43; Passe-temps, Ess. I 1929, II 1964; Entretiens avec Robert Mallet, Es. 1951; Journal littéraire 1893–1931, XIX 1954–66 (dt. Ausw. 1966); Lettres à ma mère, 1956; Essais, Le petit ami, In memoriam, Amours, En. 1956 (Der Vater, d. 1968; Erste Liebe, d. 1969); Bestiaire, En. 1956; Poésies, G. 1963. – Œuvres, 1956ff.; Correspondance générale avec M. Dormoy, 1912; Lettres 1902–18, 1929; Lettres à M. Dormoy, 1966; Correspondance L. et A. Billy, 1968. – Choix de pages de P. L., hg. A. Rouveyre 1946 (m. Bibl.).

L: A. Suarès, 1951; M. Dormoy, 1958 (m. Bibl.); Auriant, 1965; M. Darmoy, 1969; P. Perret, 1972; R. Mahieu, 1974; J. Harding, 1974; J. Brou, 1985; E. Silve, 1985; M. Sagaert, 1986. – *Bibl.:* A. Kies, hg. 1945.

Lebedev-Kumač, Vasilij Ivanovič, russ. Liederdichter, 5. 8. 1898 Moskau – 20. 2. 1949 ebda. – Nach der Machtergreifung der Bolschewiken als propagandist. Liedermacher tätig. Unter Stalin sehr gefördert.

W: Kniga pesen, 1938; Stichotvorenija i pesni, G. 1950; Pesni, G. 1953.

Lebensmüder, ›Das Gespräch des Lebensmüden mit seinem Ba‹, altägyptisches Literaturwerk, in der Zeit des Mittleren Reiches (um das 20. Jh. v. Chr.) entstanden und auf einem Berliner Papyrus erhalten. Der Anfang des Gesprächs fehlt. Aus dem Folgenden geht aber klar hervor, daß ein

Mann mit seiner Ba-Seele spricht. Der Mann äußert einen intensiven Wunsch nach Tod und Bestattung, der Ba zeigt dem Mann dagegen, wie wenig erstrebenswert der (vorzeitige) Tod ist. Er fordert ihn statt dessen zum Lebensgenuß auf, u. a. mit Hilfe zweier Parabeln; in der ersten schildert er das beklagenswerte Schicksal von Menschen, die zu früh aus dem Leben gerissen werden, in der zweiten warnt er davor, zu verzweifeln, wo nur Geduld geboten ist. Die kurz vor dem Textende stehenden vier ›Lieder‹ des Mannes gehören zum Schönsten und Anrührendsten, was die ägyptische Dichtkunst hervorgebracht hat. Sie beschreiben in eindringlichen Bildern und in kunstvollem Aufbau die tiefe Verzweiflung und den Lebensüberdruß des Mannes. Am Ende gelingt es aber dem Ba, den Mann zum Leben zu überreden: Er wird sich nach dem (natürlichen) Tod des Mannes bei ihm niederlassen und mit ihm zusammenbleiben.

A und L: W. Barta, Das Gespräch eines Mannes mit seinem Ba (Papyrus Berlin 3024), 1969.

Leblanc, Maurice, franz. Erzähler, 11. 12. 1864 Rouen – 6. 11. 1941 Perpignan. – Klassiker des Kriminalromans. Berühmt durch die Figur des Gentleman-Einbrechers Arsène Lupin, Hauptfigur vieler s. bewegten und spannungsreichen Romane.

W: Arsène Lupin, gentleman cambrioleur, R. 1907 (d. ²1923, 1971); A. L. contre Sherlock Holmes, Dr. 1908 (d. 1964); L'aiguille creuse, R. 1909 (d. 1923); 813, R. 1910 (d. 1923, 1971); Le bouchon de cristal, R. 1912 (d. 1971); Les confidences de A. L., R. 1914 (d. 1928); Les trois crimes de A. L., R. 1917; Le triangle d'or, R. 1918; Les dents du tigre, R. 1920 (d. 1926); Les huits coups de l'horloge, R. 1923 (d. 1984); La Comtesse de Cagliostro, R. 1924 (d. 1981); Le formidable événement, R. 1924; La demoiselle aux yeux verts, R. 1927 (d. 1927); Le scandale du gazon, R. 1935.

L: J. Derouard, 1992.

Le Braz, Anatole (eig. Jean François Marie Lebras), franz. Schriftsteller, 2. 4. 1859 Saint-Servais/Côtes-du-Nord – 20. 3. 1926 Menton. Lycée Saint-Louis, Paris; Philos.-Prof. am Collège d'Estampes, 1886–1901 in Quimper, 1901–24 Prof. für franz. Lit. in Rennes. – Als Erzähler, Lyriker und Folklorist bemüht um Wiedererweckung und Verbreitung breton. Volkstums.

W: Le gardien de feu, R. 1890; La chanson de la Bretagne, Dicht. 1892; Les légendes de la morte en Basse-Bretagne, Slg. 1893; Au pays des Pardons, R. 1894; Pâques d'Islande, N. 1897; L'Ilienne, R. 1904; Contes du soleil et de la brume, Nn. 1905; Contes du soleil et de la brousse, Nn. 1907; Âmes d'Occident, R. 1911; La Bretagne, Es. 1925; Poèmes votifs, G. 1927.

L: G. Dottin, 1929; R. Brauss, Diss. Stettin 1930; W. Schienemann, Diss. 1933; J. Jigourel, 1996; G. Le Moël, 1998.

Lebrun, Pierre-Antoine, franz. Dichter, 29. 11. 1785 Paris – 27. 5. 1873 ebda. In jungen Jahren wegen s. Verherrlichung Napoleons I. von diesem gefördert; verlor nach dessen Sturz wieder s. Vorrechte; bereiste dann Italien und Griechenland, aufgrund s. Dichtung über diese Reise ›Voyage en Grèce‹ 1828 Mitglied der Académie Française; 1830 Direktor der kgl. Druckerei; 1839 Pair; zog sich 1848 ins Privatleben zurück, 1853 Senator; 1868 Großoffizier der Ehrenlegion. – Dramatiker und Lyriker, Wegbereiter des romant. Dramas. Vf. klassizist. Oden, die teilweise Hugo vorbereiten, und Tragödien, neigte dann mehr romant. Stilart zu, so bes. mit der Tragödie ›Cid d'Andalousie‹ und ›Marie Stuart‹, e. Bearbeitung von Schillers Drama. Mit ›Voyage en Grèce‹ bemüht, den ›vers libre‹ mit traditionellen Formen zu verbinden.

W: Ode à la Grande Armée, G. 1805; Pallas, Dr. 1806; Ode sur la guerre de Prusse, G. 1806; Ulysse, Dr. 1815; Marie Stuart, Dr. 1820; Cid d'Andalousie, Dr. 1825; Voyage en Grèce, Dicht. 1828. – Œuvres, V 1844–63; Œuvres choisies, IV 1864.

L: H. Glaser, P.-A. L. als Lyriker, 1913; H. Swarc, Un précurseur du romantisme, 1928.

Lec, Stanisław Jerzy, poln. Lyriker, 6. 3. 1909 Lemberg – 7. 5. 1966 Warschau. Rabbinerfamilie; Jugend in Wien, Stud. Jura Lemberg; Jurist, Redakteur; 1941–43 KZ, 1943 Untergrundarmee, 1946–50 poln. Presseattaché in Wien, Israel, ab 1952 Warschau. – Verfaßte anfangs Zeitgedichte, dann Satiren. S. Erzählungen gestalten Kriegserlebnisse. E. Palästina-Aufenthalt war Anlaß zu wehmutsvollen Heimatgedichten. Später Neubelebung des Aphorismus u. des Epigramms zu besinnl. Pointierung und aggressiver Satire.

W: Barwy, G. 1933; Spacer cynika, Sat. 1946; Notatnik polowy, G. 1946; Nowe wiersze, G. 1950 (Über Brücken schreitend, Ausw. d. 1950); Rękopis jerozolimski, G. 1956; Myśli nieuczesane, Aphor. 1957 (Unfrisierte Gedanken, d. 1960); Do Abla i Kaina, G. 1961; List gończy, G. 1963; Poema gotowe do skoku, G. 1964; Myśli nieuczesane nowe, Aphor. 1964 (Neue unfrisierte Gedanken, d. 1964). – Utwory wybrane (AW), II 1977. – *Übs.:* Letzte unfrisierte Gedanken, 1968; Das große Buch der unfrisierten Gedanken, 1971; Alle unfrisierten Gedanken, ⁴1988; Steckbriefe, 1986; Das große Stanisław-Lec-Buch, 1990.

L: K. Dedecius, Letztes Geleit f. St. J. L., 1966; Myślę, że jestem … Wspomnienia i szkice o S. J. L., 1974.

Le Carré, John (eig. David J. Moore Cornwell), engl. Romanautor, * 19. 10. 1931 Poole/Dorset. Stud. neuere Sprachen Bern u. Oxford, 1956–58 Lehrer in Eton, 1961–64 Diplomat in Bonn u. Hamburg. – Vf. erfolgr. Spionageromane, in denen er die gattungsübl. Klischees durchbricht, um zur Denunziation von Ideologie und Psychol. des

Kalten Krieges u. s. Geheimdienstpraktiken sowie zur Analyse schichtenkonformer Denk- u. Verhaltensschemata vorzustoßen. Abkehr von diesem Genre in dem pikaresk witzigen Werk ›The Naïve and Sentimental Lover‹.

W: Call for the Dead, R. 1960 (Schatten von gestern, d. 1963); A Murder of Quality, R. 1962 (d. 1966); The Spy Who Came in from the Cold, R. 1963 (d. 1964); The Looking-Glass War, R. 1965 (d. 1965); A Small Town in Germany, R. 1968 (d. 1968); The Naïve and Sentimental Lover, R. 1971 (Der wachsame Träumer, d. 1972); Tinker, Tailor, Soldier, Spy, R. 1974 (Dame, König, As, Spion, d. 1974); The Honourable Schoolboy, R. 1977 (Eine Art Held, d. 1977); Smiley's People, R. 1979 (Agent in eigener Sache, d. 1980); The Little Drummer Girl, R. 1983 (Die Libelle, d. 1983); A Perfect Spy, R. 1986 (d. 1986); The Russia House, R. 1989 (d. 1989); The Secret Pilgrim, R. 1990 (Der heimliche Gefährte, d. 1991); The Unbearable Peace, R. 1991 (Ein guter Soldat, d. 1991); The Night Manager, R. 1993 (d. 1993); Our Game, R. 1995 (d. 1995); The Tailor of Panama, R. 1996 (d. 1997); Single & Single, R. 1999 (d. 1999); The Constant Gardener, R. 2000 (Der ewige Gärtner, d. 2001); Absolute Friends, R. 2004.

L: D. Monaghan, 1985; P. Lewis, 1985; T. Barley, Taking Sides, 1986; E. Homberger, 1986; P. Wolfe, Corridors of Deceit, 1987; H. Bloom, hg. 1987; A. Bold, hg. 1988; L. D. Beene, 1992; J. L. Cobbs, 1998; M. J. Aronoff, 1999; T. Hoffmann, 2001; R. Harris, 2003.

Lécavelé, Roland → Dorgelès, Roland

Lechoń, Jan (eig. Leszek Serafinowicz), poln. Lyriker, 13. 6. 1899 Warschau – 8. 6. 1956 New York (Selbstmord). Stud. Polonistik Warschau. Mit 19 Jahren jüngstes Mitgl. der Skamander-Gruppe. 1920–28 Mithrsg. des ›Skamander‹. Parteigänger Piłsudskis in polit. Satiren. 1931–40 Kulturattaché in Paris, dann emigriert, ab 1941 in New York. – Philos.-intellektueller Lyriker von pessimist. Lebensauffasung. Stark traditionsgebunden, von formaler Meisterschaft mit sorgfältig gefeilter sprachl. Gestaltung.

W: Karmazynowy poemat, G. 1920; Rzeczpospolita Babinska, G. 1920; Srebrne i czarne, G. 1924; Lutnia po Bekwarku, G. 1942; O literaturze polskiej, Abh. 1942; Aria z kurantem, G. 1945; Mickiewicz, Sk. 1955; Poezje, G. 1957; Dziennik, Tg. III 1967–73; Fragmenty dramatyczne, Drn. 1978; Poezje, G. 1979; Bal u senatora, R.-Fragm. 1981. – Poezje zebrane (Ges. G.), Lond. 1954 u. 1995; Listy do Anny Jackowskiej, Br. 1977.

Leclercq, Michel Théodore, franz. Dramatiker, 1. 4. 1777 Paris – 15. 2. 1851 ebda. 1810–19 Angestellter der franz. Steuerverwaltung, dann freier Schriftsteller. – Vf. von rd. 80 sog. ›Proverbes dramatiques‹ in Anlehnung an L. Carmontelle, kleinen Salonstücken, die wegen ihrer geistreichen Dialoge, der feinen Charakterisierung und des gepflegten Stils großen Beifall fanden. Regte Musset an.

W: Proverbes dramatiques, IV 1823–26 (verm. VI 1828); Nouveaux proverbes dramatiques, II 1830–33 (verm. IV 1853f.; d. W. v. Baudissin II 1875); La manie des proverbes, 1835; La scène double, 1835.

L: L. Chevalier-Janbon, 1967; J. Guex, 1973.

Le Clézio, Jean-Marie Gustave, franz. Schriftsteller, * 13. 4. 1940 Nizza. Vater Bretone mit engl. Staatsangehörigkeit, Mutter Französin; Stud. Lit. mit anschließender Lektorentätigkeit in England (Bristol, London) u. Frankreich (Aix-en-Provence). Reisen nach USA, Mexiko u. Ostasien. – L. C.s Romane und Erzählungen, im Radius des ›Nouveau Roman‹ liegend, sind wesentl. bestimmt durch die Problematik von Erlebnis u. Bewußtsein u. deren Verhältnis zueinander. Permanente Beobachtung, seismograph. registriert, u. deren intensive Reflexion schaffen um die Gestalten L. C.s atmosphär. Kühle u. Distanz. Zugleich vermittelt höchste sinnl. Empfindsamkeit konzentriert Welterfahrung, die häufig durch assoziative Phantasie transzendiert wird, um in die Aufhebung der Trennung von Realität und Irrealität zu münden. Gleiche evokator. Kraft kommt dabei Stadt u. Land zu. Kennzeichnend der stilist. Wechsel zwischen Naivität, dokumentar. Neutralität und gehobener Diktion bei spieler. Handhabung der Sprache.

W: Le procès-verbal, R. 1963 (d. 1965); La fièvre, En. 1965 (d. 1971); Le déluge, R. 1966 (d. 1968); Terra amata, R. 1967 (d. 1970); L'extase matérielle, Es. 1967; Le livre de fuites, R. 1969; La guerre, R. 1970 (d. 1972); Haï, Es. 1971; Les géants, R. 1973; Voyages de l'autre côté, Es. 1975; Voyage au pays des arbres, Es. 1978; Mondo et autres histoires, En. 1978 (d. 1991); L'inconnu sur la terre, Es. 1978; Désert, R. 1980 (d. 1989); Lullaby, Kdb. 1982; Le chercheur d'or, R. 1985 (d. 1987); Printemps et autres saisons, Nn. 1989; Onitsha, R. 1991 (d. 1993); Le rêve mexicain, Ess. 1992 (d. 1989); Etoile errante, R. 1992 (d. 1996); Diego et Frida, R. 1993 (d. 1995); La Quarantaine, R. 1995; Poisson d'or, R. 1997; Hasard suivi de Angoli Mala, R. 1999.

L: R. Holzberg, Sherbrooke 1981; A. Blümel, 1982; G. Brée, 1990; E. Real, hg. 1992; A. Arriens, L. C. als Erzähler moderner Mythennovellen, Diss. 1992.

Leconte de Lisle, Charles-Marie-René, franz. Dichter, 22. 10. 1818 Saint-Paul/Réunion – 18. 7. 1894 Voisins b. Louveciennes. Sohn e. breton. Pflanzers (vorher Militärarztes). In s. Jugend meist auf La Réunion, 1821–28 in Frankreich, 1837–43 Stud. Rechte Rennes; zuerst Kaufmann, Umgang in lit. Kreisen. Seit 1845 endgültig in Paris, überzeugter Republikaner, 1845–51 glühender Anhänger der sozialutop. Ideen Fouriers, Mitarbeiter der Zs. ›La Phalange‹. Gab nach Staatsstreich von 1851 enttäuscht die Politik auf, empfing ab 1864 heiml. e. Pension. Wandte sich seitdem der Dichtkunst zu, dichtete und übersetzte für s. Lebensunterhalt griech. Meisterwerke mit

Ledda

großer Texttreue. Unterhält e. Salon, veröffentlicht mit anderen Lyrikern des ›Parnaß‹ Gedichte in ›Le Parnasse contemporain‹ und in ›Le nain jaune‹ (ab 1864). 1872 Bibliothekar des Senats, 1886 als Nachfolger V. Hugos Mitglied der Académie Française. Geehrt als ›Prince des poètes‹. – Haupt der parnass. Dichterschule, ihr Anreger und bedeutendster Vertreter. Forderte und verwirklichte nach der unkontrolliert subjektiven Gefühlslyrik der Romantik e. klare, unpersönl. und wiss. objektive Lyrik von großer formaler Zucht als Verwirklichung objektiver Schönheit. Suchte, durch Flucht in die Kunst, Pessimismus und Verzweiflung zu entgehen. Verächter der Vulgarität der Menge und des zeitgenöss. Lebens, überzeugter Gegner des Christentums. Durchdrungen und begeistert von der griech. Antike und den ind. Religionen; gestaltete in philos. und symbol. Gedichten die Atmosphäre dieser Kulturen (bibl. Antike, nord. Länder, Persien u. a.), betont in ihnen die barbar. Züge ihrer Geschichte und Legende. Deskriptive Gedichte über die Landschaft s. Heimat, über ferne Gegenden, die Tropen, den malaiischen Archipel, exot. Tiere. Übs. Theokrit (1861), ›Ilias‹ (1866) und ›Odyssee‹ (1867).

W: Poèmes antiques, G. 1852; Poèmes et poésies, G. 1855; Poésies barbares, G. 1862 (später u. d. T. Poèmes barbares); Histoire populaire du christianisme, Prosa 1871; Histoire populaire de la révolution française, Prosa 1871; Catéchisme populaire républicain, Prosa 1872; Poèmes tragiques, G. 1884; L'Apollonide, Dr. 1888; Derniers poèmes, G. 1895; Contes en prose et impressions de jeunesse, 1911. – Poésies complètes, IV 1927f.; Choix de poésies, 1930; Premières poésies et lettres intimes, hg. P. Guindeau 1902; Lettres, hg. J. Putter 1968.

L: E. Estève, 1923; I. H. Brown, 1924; P. Flottes, 1929; ders., 1954; J. Vianey, Les ›Poèmes barbares‹, 1934; A. Peyre, 1937; P. Jobit, L. de L. et le mirage de l'île natale, 1951; R. Carloni Valentini, Un poète presque oublié, Vimodrone 1958; J. Putter, The Pessimism of L., Berkeley 1961; J.-M. Priou, 1966; H. Cornu, 1974; E. Pich, 1975; J. D. Fondanaux, Thèse 1982; I. Ygaunin, 1997.

Ledda, Gavino, ital. Erzähler, * 1938 Siligo/Sassari. Vater Hirte; bis zum 20. Lebensjahr Analphabet, Stud. Sprachwiss., dann Prof. für Linguistik in Sassari. Lebt heute als freier Schriftsteller u. Filmemacher in s. Heimatort. – Erfolgr. mit s. autobiograph. Roman ›Padre Padrone‹, in dem er seine Befreiung aus e. verzweifelten und brutalen ländl. Gesellschaft in e. dichten und spannungsreichen Sprache darstellt.

W: Padre Padrone, R. 1975 (d. 1978); Lo zappatore di cucuzzoli, En. 1975; Lingua di falce, R. 1977 (d. 1980); I cimenti dell' aguello. Novelliere gaìnico, En. 2000.

L: M. Schläfer, Studien zur (modernen) sardischen Literatur, 1986; R. Schwaderer, Sprache als Gefängnis, Sprache als Waffe, in: Italienisch 31, 1994.

Ledeganck, Karel Lodewijk, fläm. Lyriker, 9. 11. 1805 Eeklo – 19. 3. 1847 Gent. Stud. Jura Gent, 1835 Dr. jur., Friedensrichter in Zomergem, 1842 Inspektor der Elementarschulen in Ostflandern. – Vorkämpfer der fläm. Sprach- u. Kulturbewegung. Erster fläm. romant. Lyriker mit teils eleg., teils rhetor. Gedichten voll Gefühl u. Weltschmerz unter Einfluß Byrons u. Lamartines. S. Verherrlichung der fläm. Städte Gent, Brügge, Antwerpen (›De drie zustersteden‹) sind Ausdruck des fläm. Kulturbewußtseins.

W: Bloemen mijner lente, G. 1839; Het burgslot van Zomergem, G. 1840; De drie zustersteden, G. 1846. – Verspreide en nagelaten gedichten, G. 1852; Volledige dichtwerken, 1886, ³1904.

L: L. Opdebeek, 1897; J. Crick, 1944.

Lederer, William J(ulius), amerik. Schriftsteller, * 31. 3. 1912 New York. 1936 Marineakad., Kapitän zur See. – Vf. von Unterhaltungslit. und polit. Kolportageromanen, deren wichtigste in Zusammenarbeit mit E. Burdick (1918–65) entstanden.

W: All the Ship's at Sea, R. 1950; Ensign O'Goole and Me, R. 1957; The Ugly American, R. 1958 (m. Burdick; d. 1959); A Nation of Sheep, R. 1961 (d. 1962); Sarkhan, R. 1965 (m. Burdick; d. 1966), The Story of Pink Jade, R. 1966; The Mirages of Marriage, Abh. 1968 (m. D. D. Jackson; Ehe als Lernprozess, d. 1972); The Deceptive American, 1977 (m. Burdick); A Happy Book of Happy Stories, En. 1981; I, Giorghos, R. 1984.

Leduc, Violette, franz. Schriftstellerin, 8. 4. 1907 Arras – 28. 5. 1972 Faucon. Freudlose Kindheit u. Jugend in Valenciennes u. Paris. Mitarbeiterin der kommunist. Zsn. ›L'Action‹ und ›Les Temps Modernes‹, Freundschaft mit M. Sachs. Narzißtin. Selbstbewußtsein u. lesb. Neigung weisen L. die Rolle der gesellschaftl. Außenseiterin zu. – Ihr abenteuerl., oft hartes u. entbehrungsreiches Leben liefert die Substanz ihrer autobiograph. Berichte, Romane u. Erzählungen, die sich durch schonungslose Offenheit, auch im Sexuellen, u. lyrizist. Metaphernsprache auszeichnen.

W: Ma mère ne m'a jamais donné la main, E. 1945; L'asphyxie, R. 1946; L'affamée, R. 1948; La bâtarde, R. 1964 (d. 1965); La femme au petit renard, R. 1965 (d. 1967); Thérèse et Isabelle, R. 1966 (d. 1967); La folie en tête, Aut. 1970; Le taxi, E. 1971; La chasse à l'amour, En. 1973.

L: J. G. Stockinger, Diss. Ann Arbor 1979; R. de Ceceatty, 1994; S. Marson, 1996; C. Jansiti, 1999.

Lee, Harper (eig. Nelle H.), amerik. Erzählerin, * 28. 4. 1926 Monroeville/AL. Stud. Jura Univ. of Alabama; Angestellte e. Luftfahrtgesellschaft in New York u. Anwältin in Monroeville. – Ihr Erstlings- und einziges veröffentlichtes Werk, die Geschichte e. Kindheit im amerik. Süden (mit Ein-

schluß der Rassenproblematik), wurde über Nacht berühmt (1961 Pulitzerpreis) und Bestseller.
W: To Kill a Mockingbird, R. 1961 (Wer die Nachtigall stört, d. 1962).
L: C. D. Johnson, 1994, 1995; H. Bloom, 1996.

Lee, Harriet → Lee, Sophia

Lee, Laurie, engl. Schriftsteller, 26. 6. 1914 Slad/Gloucestershire – 14. 5. 1997 ebda. Vor dem Span. Bürgerkrieg Wanderungen durch Spanien. 1940–43 u. 1946–51 Arbeit bei Filmgesellschaften, 1944–46 Redakteur im brit. Informationsministerium, dann freier Schriftsteller. – Von García Lorca beeinflußter neuromant. Lyriker bes. mit gefühlsschlichten Natur- und Landschaftsgedichten. Zartsinnige Berichte über s. dörfl. Jugendjahre und s. Wanderleben machten ihn e. größeren Publikum bekannt.
W: The Sun My Monument, G. 1944; Land at War, St. 1945; The Bloom of Candles, G. 1947; Peasant's Priest, Dr. 1948; The Voyage of Magellan, H. 1948; A Rose for Winter, Reiseb. 1955 (d. 1959); My Many-Coated Man, G. 1955; Cider with Rosie, Aut. 1959 (Des Sommers ganze Fülle, d. 1964); Poems, 1960; The Firstborn, Es. 1964; As I Walked Out One Midsummer Morning, Aut. 1969 (d. 1970); I Can't Stay Long, Ess. 1975 (Die Hügel von Toscana, d. 1976); Selected Poems, 1983.

Lee, Manfred B. → Queen, Ellery

Lee, Nathaniel, engl. Dramatiker, um 1653 Hatfield – 6. 5. 1692 London. Sohn e. Geistlichen. Westminster School, 1665 Stud. Cambridge. Zog nach London, dort zunächst Schauspieler, dann Dramatiker. Leichtfertiges Leben, ergab sich der Trunksucht. 1684–89 in psychiatr. Anstalt, erhielt nach s. Genesung e. Pension des Theatre Royal. Später erneut geistige Erkrankung, wollte s. Wärtern entfliehen, starb dabei an den Folgen e. Sturzes. – Vf. von 8 Tragödien und einer Tragikomödie, denen meist hist. Stoffe zugrunde liegen. Am bekanntesten s. Blankverstragödie ›The Rival Queens‹, die in Anlehnung an La Calprenèdres ›Cassandra‹ entstand. Schrieb s. ersten Bühnenstücke im heroischen Couplet, verwendete später den Blankvers. Verfaßte gemeinsam mit Dryden dessen dramat. Version des Ödipus-Stoffes ›Oedipus, King of Thebes‹ und später das Stück ›Duke of Guise‹.
W: The Tragedy of Nero, Tr. 1675 (d. 1901); Sophonisba, Tr. 1676 (n. B. Dobree 1960); Gloriana, Sch. 1676; The Rival Queens, Tr. 1677 (n. P. F. Vernon 1970); Mithridates, Sch. 1678; Theodosius, Dr. 1680 (n. F. Resa 1904); Cesar Borgia, Dr. 1680; The Princess of Cleve, Dr. 1681; Lucius Junius Brutus, Tr. 1681 (n. J. Loftis 1967); Constantine the Great, Dr. 1684 (n. W.

Häfele 1933); The Massacre of Paris, 1690. – Dramatic Works, III 1736; Works, hg. T. B. Stroup, A. L. Cooke II 1954f., 1968; Four Restoration Marriage Plays, hg. M. Co., 1995.
L: R. G. Ham, Otway and L., 1931, n. 1969; A. Wülker, 1933; E. Wong, Ideas of Madness in the Drama of N. L., 1983; J. M. Armistead, 1979; ders., Four Restoration Playwrights: A Reference Guide, 1984.

Lee, Sophia, engl. Erzählerin und Dramatikerin, 1750 London – 13. 3. 1824 Clifton. Tochter e. Schauspielers. Richtete e. Mädchenschule in Bath ein, die sie 1803 aufgab. – Vf. erfolgr. Romane, Kurzgeschichten und Schauspiele. Mitarbeiterin an den ›Canterbury Tales‹ ihrer Schwester Harriet Lee (1757–1851). Ihre Werke spielen in halbgeschichtl. Vergangenheit, sind teils empfindsam, teils pikaresk. Gelegentl. Einflechtung unheiml. Szenen.
W: The Chapter of Accidents, K. 1780 (d. 1782); The Recess R. 1785 (n. III 1972); Almeyda, Queen of Granada, Tr. 1796; Canterbury Tales, Kgn. V 1797–1805; II 1826–31 (m. Harriet L.); The Life of a Lover, R. VI 1804; Ormond, R. III 1810.

Lee, Vernon (eig. Violet Paget), engl. Essayistin und Romanschriftstellerin, 14. 10. 1856 Boulogne – 13. 2. 1935 San Gervasio. Tochter brit. Eltern. Reiste während der Kindheit und Jugend viel, beherrschte mehrere Sprachen. Ließ sich in Florenz nieder. Bereits ihr erstes Werk über ital. Kunst des 18. Jh. verschaffte ihr den Ruf e. hervorragenden Kunstkennerin. 1924 Dr. h. c. der Univ. Durham. – Vf. von Reisebildern über Italien, satir. Romanen, Allegorien, Dramen und von ausgezeichneten kunsttheoret. Schriften. ›Miss Brown‹ ist e. beißende Satire gegen die Präraffaeliten; die satir. Allegorie ›Satan the Waster‹ e. eindrucksvolle Anti-Kriegspolemik der leidenschaftl. Pazifistin Lee.
W: Studies of the 18th Century in Italy, St. 1880; Euphorion, Es. II 1884; Miss Brown, R. 1884; Renaissance Fancies and Studies, Ess. 1895; Genius Loci, Ess. 1899; Ariadne in Mantua, Dr. 1903; Gospels of Anarchy, Ess. 1908; Vital Lies, II 1912; The Beautiful, St. 1913; Louis Norbert, R. 1914; The Tower of Mirrors, Ess. 1914; Satan the Waster, Dr.-Tril. 1920; The Snake Lady and Other Stories, Kgn. 1954; Supernatural Tales, Kgn. 1955.
L: P. Gunn, 1964; Ch. Zorn, 2003.

Leenmans, Margaretha → Vasalis, M.

Leeuw, Aart van der, niederländ. Lyriker u. Erzähler, 23. 6. 1876 Delft – 17. 4. 1931 Voorburg. Stud. Jura; Stadtarchivar u. Versicherungsangestellter, ab 1907 freier Schriftsteller. – Neuromant. Stimmungskünstler voll schwermütiger Glückssehnsucht. Flucht vor der harten Realität in e. farbige, aus Kindheitsträumen, Naturgefühl und

Phantasie erbaute idyll.-arkad. Märchenwelt. ›Ik en mijn speelman‹ schildert in kunstvoller, beschwingter Sprache die unbeschwerte Lebensform e. Edelmanns in der Rokokozeit und s. Flucht vor der Ehe. In der Erzählung ›De kleine Rudolf‹ hat L. sich selbst dargestellt.

W: Liederen en balladen, 1911; Kinderland, R. 1914; Herscheppingen, G. 1916; Sint Veit en andere vertellingen, 1919; De mythe van een jeugd, R. 1921; Opvluchten, G. 1922; De gezegenden, Nn. 1923; Vluchtige begroetingen, Nn. 1925; Het aardsche paradijs, G. 1927; Ik en mijn speelman, R. 1927 (d. 1937; u.d.T. Flucht vor der Ehe, 1940); De kleine Rudolf, R. 1930 (d. 1942); De opdracht, N. 1930; Verspreid proza, 1932; Vertellingen, En. 1935; Monumenten van schoonheid en bezinning, Ess. 1947. – Verzamelde Gedichten, 1950.

L: J. Hulsker, Diss. Leiden 1946; F. W. van Heerikhuizen, 1951; J. Noë, 1964.

Le Fanu, (Joseph) Sheridan, ir. Romanschriftsteller, 28. 8. 1814 Dublin – 7. 2. 1873 ebda. Hugenottenfamilie. Großneffe von R. B. Sheridan. Stud. Dublin. Mitbesitzer und Mitarbeiter des ›Dublin University Magazine‹, in dem viele s. Romane zuerst erschienen. 1839 als Richter bestätigt, übte den Beruf jedoch nicht aus. – Vf. von 12 gut konstruierten Romanen mit packender Darstellung des Unheimlichen und Übernatürlichen. 1. lit. Erfolg durch zwei Balladen ›Phaudrig Croohoore‹ und ›Shamus O'Brien‹, die außerordentl. populär waren.

W: The Cock and Anchor, R. III 1845; The Fortunes of Colonel Torlogh O'Brien, R. 1847; The House by the Churchyard, R. III 1863 (n. 1968; d. 1977); Uncle Silas, R. III 1864 (hg. W. J. McCormack 1981; d. 1865); The Tenants of Malory, R. 1867; In a Glass Darkly, R. 1871; Willing to Die, R. 1873; Madam Crowl's Ghost and other Tales of Mystery, hg. M. R. James 1923. – Übs.: Carmilla, En. 1979; Der besessene Baronet, En. 1981; Der ehrenwerte Richter Harbottle, Kgn. 1982; Ein Bild des Malers Schalken und andere Geistergeschichten, 1983.

L: N. Browne, 1951; M. Begnal, 1971; W. J. Cormack, [3]1997; I. Melada, 1987; J. Achilles, 1991.

Lefèvre, Paul → Géraldy, Paul

Leffler, Anne Charlotte Gustava (Ps. Carlot), schwed. Schriftstellerin, 1. 10. 1849 Stockholm – 21. 10. 1892 Neapel. Tochter e. Rektors u. Reichstagsabgeordneten, harmon. u. glückl. Jugend. Um 1885 eröffnete sie in ihrer Wohnung in Stockholm e. lit. Salon, der zu e. Sammelpunkt der zeitgenöss. Literaten wurde. ∞ 1872–89 Gustaf Edgren, 1890 Pasquale del Pezzo Herzog von Cajanello. – Vf. geistvoller, aber trockener u. phantasieloser Frauenromane. Schauspiele um begabte Frauen, die sich ihre Entwicklung gegen die Hemmnisse der Umwelt erkämpfen müssen. In den Novellen satir. Schilderungen aus dem Leben der Oberschicht, bes. Eheprobleme. Objektivität und genaue Beobachtungen geben ihren Milieuschilderungen manchmal kulturhist. Wert.

W: Skådespelerskan, Sch. 1873; Under toffeln, Sch. 1876; Pastorsadjunkten, Sch. 1876; Elfvan, Sch. 1880; Ur lifvet, Nn. V 1882–90 (Aus dem Leben, Ausw. d. 1902); Sanna kvinnor, Sch. 1883; Hur man gör godt, Sch. 1885 (Wie man Gutes thut, d. 1898); En sommarsaga, R. 1886 (Eine Sommergeschichte, d. 1895); Kvinnlighet och erotik, R. 1890 (Weiblichkeit u. Erotik, d. 1902); Tre komedier, 1891; Sonja Kowalewskij, B. 1892 (d. II 1896). – Efterlämnade skrifter, 1893.

L: E. Key, 1893; A. C. L., hg. J. Gernandt-Claine, I. Essen 1911; M. Sylvan, Diss. 1984.

Lefranc (Le Franc), Martin, franz. Schriftsteller, um 1410 Grafschaft Aumale – 1461. Protonotar Papst Felix' V., 1443 Dompropst von Lausanne, 1451 im Dienst Ludwigs I. von Savoyen. – Schrieb 2 sehr umfangreiche Werke: ›Le champion des Dames‹ (1442, Philipp von Burgund gewidmet) behandelt die damals vieldiskutierte Frage nach Tugenden und Fehlern der Frauen, verteidigt sie gegen Angriffe und endet mit Lob. ›L'Estrif de Fortune et de Vertu‹ ist e. allegor.-moral. Dichtung.

A: L'Estrif de Fortune et de Vertu 1447–48, hg. A. Bayot 1928; Le champion des dames 1440–42, hg. A. Piaget I 1968.

L: A. Piaget, M. Le F. prévôt de Lausanne, 1888; O. Roth, Studien zum ›Estrif‹, 1970; L. Barbey, 1985.

Legenda aurea → Jacobus de Voragine

Léger, Alexis → Saint-John Perse

Legido, Juan Carlos, urugay. Schriftsteller, * 6. 1. 1923 Montevideo. Prof., Journalist. – Hauptstadt u. Provinz, Nostalgie u. soz. Engagement, wirkl. u. surrealist. Ebenen, gegensätzl. Perspektiven u. Klassenzugehörigkeit prägen s. Werk, um das heutige Leben der Uruguayer in der Heimat u. im Exil vorzustellen.

W: Ancla y espiga, G. 1949; La piel de los otros, Dr. 1959; Historia del teatro uruguayo, St. 1968; La máquina de gorjear, R. 1972; La orilla oriental del tango, St. 1974; El naufragio de la ballena, En. 1984; Aviso a los navegantes, En. 1986; Quién socava los muros, R. 1990; Autorretrato con piel de lobo, R. 1993; El café de las mil columnas, R. 1997; Paraíso hora cero, R. 2002.

Le Goffic, Charles (Ps. Jean Capékerne), franz. Schriftsteller, 14. 7. 1863 Lannion/Bretagne – 12. 2. 1932 ebda. Stud. Philol. Paris. Lehrer in Le Havre und Gap, danach freier Schriftsteller. Freund von A. France und M. Barrès. Gründete 1886 mit Barrès und La Tailhède ›Les Chroniques‹, e. Zs. mit regionalist. Tendenz. 1930 Mitglied der Académie Française. – Vf. kulturhist.

Werke über Volkstum und Leben in der Bretagne, einiger Bücher über den 1. Weltkrieg; zahlr. krit., biograph. und literarhist. Werke. Als Lyriker zugleich Romantiker und Parnassien. Bedeutender als Romancier.

W: Amour breton, G. 1889; Le crucifié de Kéraliès, R. 1892; Passé l'amour, R. 1894 (u.d.T. La double confession, 1900); Sur la côte, R. 1897; La payse, R. 1897; Morgane, R. 1898; Le bois dormant, G. 1900; Le pardon de la reine Anne, G. 1902; La Bretagne et les pays celtiques, L'âme bretonne, St. IV 1902–24; Ventôse, R. 1910; Poésies complètes, 1913, II 1932; Le pirate de l'île de Lern, R. 1913; Dixmude, Kriegsber. 1915; Steenstraete, Kriegsber. 1917; Saint-Georges et Nieuport, Kriegsber. 1919; L'abbesse de Guérande, R. 1920; L'illustre Bobinet, R. 1922; Madame Ruguellou, R. 1927; Contes de l'amour et de l'Argoat, En. 1928; La Tour d'Auvergne, En. 1928; Mes entretiens avec Foch, Ber. 1929; De quelques ombres, B. 1929; Ombres lyriques et romanesques, posthum 1933.

L: G. Audiat, ²1922; L. Frazer, La Bretagne de C. Le G., 1935; J.-A. Le Gall, 2001.

Legouvé, Ernest-Wilfried, franz. Dramatiker, 15. 2. 1807 Paris – 14. 3. 1903 ebda. 1856 Mitglied der Académie Française. – Autor e. sehr umfangreichen eklekt. Werkes. Begann 1829 mit dem Gedicht ›La découverte de l'imprimerie‹. Debütierte als romant. Dramatiker erst 1838 mit geistreichen Komödien. Bekannt v.a. als Mitarbeiter Scribes und Labiches. Berühmt durch s. Essay ›La croix d'honneur et les comédiens‹, e. kraftund geistvolle Verteidigung des Schauspielerberufs. Moralist. Arbeiten über die Frauenfrage und familiäre Probleme.

W: La découverte de l'imprimerie, G. 1829; Max, R. 1833; Les vieillards, Dr. 1834; Histoire morale des femmes, Abh. 1848; Adrienne Lecouvreur, Dr. 1849 (m. E. Scribe, d. 1872); Bataille de Dames, Dr. 1851 (m. E. Scribe, d. 1874); Par droit de conquête, Dr. 1855; Le pamphlet, Dr. 1857; La croix d'honneur et les comédiens, Es. 1863; Les pères et les enfants au XIXe siècle, Abh. 1867–69; Deux reines de France, Dr. 1872; Nos filles et nos fils, Abh. 1875 (d. 1881); L'art de la lecture, Ess. 1878; La question des femmes, Abh. 1881; L'amour africain, Op. 1885; Soixante ans de souvenirs, Erinn. II 1886f. – Théâtre complet, hg. Didier 1873; Œuvres complètes, III 1826f.

Legouvé, Gabriel-Marie-Jean-Baptiste, franz. Dichter, 1764 Paris – 30. 8. 1812 ebda. 1793 Mitglied der Académie Française; Prof. für Lit. am Collège de France, Leiter des ›Mercure‹. Starb in geistiger Umnachtung. – Bekannt durch elegante Gedichte, bes. ›Le mérite des femmes‹, das die Opferbereitschaft der franz. Frauen während der Revolution verherrlicht, und zahlr. Tragödien, darunter ›La mort d'Abel‹, teilweise an Geßner, und ›Etéocle et Polynice‹, an Racines ›Thébaïde‹ angelehnt. Übs. von Lucan.

W: La mort d'Abel, Dr. 1792; Epicaris et Néron, G. 1793; Étéocle et Polynice, Dr. 1799; Le mérite des femmes, G. 1800; La mort de Henri IV, Dr. 1806. – Œuvres complètes, III 1826.

Legrand, Maurice-Etienne → Franc-Nohain

Le Guin, Ursula K(roeber), amerik. Science-fiction Erzählerin, * 21. 10. 1929 Berkeley/CA. Aus Familie bekannter Anthropologen stammend; stärker an mögl. gesellschaftl. und polit. als an technolog. Entwicklungen interessiert, Bezug sind Wiss. wie Anthropologie, Soziologie oder Linguistik, daher Vertreterin der ›soft‹ Science-fiction; in ›The Left Hand of Darkness‹ sind ambisexuelle Geschlechterrollen sowie Xenophobie, in ›The Dispossessed‹ der dualist. Gesellschaftskonflikt zwischen extrem-individualist. Kapitalismus und soz.-konformist. Anarchie zentral; auch Gedichte und Kinderbücher.

W: Rocannon's World, R. 1966 (d. 1978); Planet of Exile, R. 1966 (Das zehnte Gebot, d. 1978); City of Illusions, R. 1967 (d. 1979); Earthsea-Chronik: A Wizard of Earthsea 1968 (d. 1979), The Tombs of Atuan 1971 (d. 1979), The Farthest Shore 1972 (d. 1979), Tehanu 1990 (d. 1992); The Left Hand of Darkness, R. 1969 (Der Winterplanet, d. 1974); The Lathe of Heaven, R. 1971 (d. 1974); The Dispossessed, R. 1974 (Planet der Habenichtse, d. 1976); Dreams Must Explain Themselves, Ess. 1975; Very Far Away from Anywhere Else, R. 1976 (Nächstes Jahr im September, d. 1978); Malafrena, R. 1979 (d. 1984); The Language of the Night, Ess. 1979; The Beginning Place, R. 1980 (Das Wunschtal, d. 1984); The Eye of the Heron, Kgn. 1983; The Visionary, R. 1984; Always Coming Home, R. 1985; Dancing at the Edge of the World, Ess. 1989; Searoad, Kgn. 1991; Steering the Craft, St. 1998; The Telling, R. 2000 (d. 2000); Tales from Earthsea, 2001; The Birthday of the World, Kgn. 2002; Changing Places, Kgn. 2003.

L: B. J. Bucknall, 1981; J. Bittner, 1984; C. Spivack, 1984; H. Bloom, hg. 1986; E. E. Cummins, 1990; K. R. Wayne, 1994; R. Reginald, G. E. Slusser, hg. 1996; S. E. Reid, 1997; D. R. White, 1999; H. Tschachler, 2001; W. G. Rochelle, 2001. – *Bibl.*: E. C. Cummins, 1983.

Lehmann, John Frederick, engl. Dichter, 2. 6. 1907 Bourne End/Buckinghamshire – 7. 4. 1987. Schule in Eton, Stud. Cambridge. Bruder von Rosamond L. und der Schauspielerin Beatrix L. 2 Jahre in Wien; 1931–46 Mitarbeiter der Hogarth Press. 1946–53 Inhaber des Verlags John L. Gründer und Hrsg. von ›New Writing‹ (1936), ›Orpheus‹ (1950) und ›London Magazine‹ (1954). 1971–72 Gastprof. Univ. Austin/TX und San Diego, 1974 Berkeley, 1977 Atlanta. – Schrieb anfangs eleg. Naturlyrik unter Einfluß der Georgians, später zunehmend über soz. und polem.-polit. Motive, schließl. volkstüml.-romant. Balladen. Auch Essayist und Kritiker.

Lehmann

W: A Garden Revisited, G. 1931; The Noise of History, G. 1934; Evil Was Abroad, R. 1938; Down River, Reiseber. 1939; Forty Poems, 1942; The Sphere of Glass, G. 1944; The Age of the Dragon, G. 1951; The Open Night, Ess. 1952; The Whispering Gallery, Aut. 1 1955; I Am My Brother, Aut. 2 1960; Ancestors and Friends, B. 1962; The Ample Proposition, Aut. 3 1966; A Nest of Tigers, B. 1968; In My Own Time (Aut 1–3 in I), 1969; History of Holborn, St. 1970; V. Woolf, B. 1975; Thrown to the Woolfs, Mem. 1978. – Collected Poems 1930–63, 1963; New and Selected Poems, 1985.

Lehmann, Rosamond (Nina), engl. Romanschriftstellerin, 3. 2. 1901 London – 12. 3. 1990 ebda. Schwester von John L. Stud. am Girton College, Cambridge, das auch Schauplatz ihres 1. Buches ›Dusty Answer‹ ist. ∞ 1928 Wogan Philipps. – Ihr Schaffen ist in den frühen Werken beeinflußt von V. Woolf, später von H. James. L.s Romane reflektieren die Zeit kulturellen Wandels zwischen zwei Weltkriegen; sie gilt als sozialhist. genaue Beobachterin, die das brit. Klassensystem und s. Einfluß auf das weibl. Rollenmuster und weibl. Identitäten krit. analysiert. L. beleuchtet bis dato wenig beachtete konfliktreiche Aspekte weibl. Lebens – lesb. Beziehungen, Adoleszenzprobleme, Untreue – und überzeugt in ihrer psycholog. feinfühligen Figurendarstellung und teilweise lyr. Prosa mit der radikal desillusionierten Sicht weibl. Existenzen ihrer Zeit. Schrieb auch Kurzgeschichten und e. Schauspiel.

W: Dusty Answer, R. 1927 (Mädchen auf der Suche, d. 1932, Dunkle Antwort, d. 1986); A Note in Music, R. 1930; Invitation to the Waltz, R. 1932 (d. 1938); The Weather in the Streets, R. 1936; No More Music, Dr. 1939; The Ballad and the Source, R. 1944 (Unersättliches Herz, d. 1950); The Gipsy's Baby, Kgn. 1946; The Echoing Grove, R. 1953; The Buried Day, R. 1953 (d. 1985); The Swan in the Evening, Aut. 1967 (d. 1978); A Sea-Grape Tree, R. 1976.

L: D. E. Le Stourgeon, 1965; R. Siegel, 1989; J. Simons, 1992.

Le Houx, Jean → Basselin, Olivier

Lehtonen, Joel, finn. Dichter, 27. 11. 1881 Sääminki – 20. 11. 1934 Helsinki. Journalist, später freier Schriftsteller. – Erzähler und Lyriker, begann im Zeichen Hamsuns u. der Lagerlöf mit romant. Werken voll wilder Phantasie, ungezügelter Kraft u. greller Farbgebung. Versch. Auslandsreisen (Italien, Frankreich, Nordafrika) u. Bekanntschaft mit roman. Lit. wirkten klärend. E. persönl. gefärbter Realismus brach sich in humorist.-burlesken Genrebildern aus s. savolaxischen Heimat Bahn (›Markkinoilta‹). Das Hauptwerk ›Putkinotko‹ schildert urwüchsig-humorvoll, stellenweise mit rabelaisscher Satire, e. Tag aus dem Leben e. Spritschmugglers. In späteren Prosawerken scharfe Abrechnungen mit den rechtsradikalen Zeitströmungen. Meisterhafter Stilist.

W: Perm, Ep. 1904; Paholaisen viulu, E. 1904; Villi, E. 1905; Mataleena, E. 1905; Rakkaita muistoja, G. 1911; Myrtti ja alppiruusu, Reiseb. 1911; Nuoruus, G. 1911; Markkinoilta, G. 1912; Kerrran kesällä, R. 1917; Kuolleet omenapuut, Nn. 1918; Putkinotkon metsäläiset, R. 1919; Putkinotkon herrastelijat, R. 1920; Rakastunut rampa eli Sakris Kukkelman, köyhä polseviikki, R. 1922; Sorron lapset, R. 1923; Punainen mies, R. 1925; Onnen poika, Mem. 1925; Rai Jakkerintytär, R. 1927; Lintukoto, Nn. 1929; Henkien taistelu, R. 1933; Hyvästijättö Lintukodolle, G. 1934. – Kootut teokset (GW), VIII 1931–35; Valitut teokset (AW), IV 1981/82.

L: E. Palola, 1927; M. Björkenheim, 1955; P. Tarkka, Putkinotkon tausta, 1977.

Leidender Gerechter, fragmentar. Weisheitsdichtung, 2. Jt. v. Chr., sog. sumer. Hiob. Der schuldlose Dulder bekennt, niemand sei ohne Sünde, beklagt bes. psych. und soziale Folgen der Gottesferne, erhofft Solidarität engster weibl. Familienmitglieder; der Text endet mit der Wiederzuwendung der Gottheit. Themat. verwandt sind e strukturell ähnl. akkad. Klage (18. Jh.) und die akrostichische babylon. Theodizee in Dialogform (ca. 1000 v.Chr.). →Ludlul bēl nēmeqi.

A: S. N. Kramer (Vetus Testamentum, Suppl. III) 1955; W. G. Lambert, Babylonian Wisdom Literature, 1960; ders., (Fs. E. Reiner, hg. F. Rochberg-Halton), 1987.

L: J. van Dijk, La sagesse suméro-akkadienne, 1953; S. N. Kramer, Sumerians, 1963; ders., (ANET), ³1969; R. Labat, Les religions du Proche-Orient asiatique, 1970.

Leino, Eino (eig. Armas Eino Leopold Lönnbohm), finn. Dichter, 6. 7. 1878 Paltamo – 10. 1. 1926 Tuusula. Aus karel. Geschlecht; unsystemat. Stud., Journalist, Lyriker, Essayist u. Übersetzer (Dante, Goethe, Schiller) in Helsinki; Bohemeleben; nach s. Scheidung 1908 Persönlichkeitskrise und schwere Depressionen bis zur Nähe geist. Umnachtung. – E. der genialsten, vielseitigsten u. produktivsten finn. Dichter, in dem sich Elemente finn. Volkstums mit Impulsen aus der skandinav. u. dt. Lit. verbinden. Meister der Sprachbehandlung u. dekorativen Stilisierung. In der Jugenddichtung unter Einfluß von Heine und Runeberg dominiert jubelndes Glücksgefühl; später dunklere Töne. Gefühle häufig in myth. oder hist. Vorzeit objektiviert. Meisterwerk ›Helkavirsiä‹, geschickt stilisierte u. sprachl. meisterhafte Balladen u. Legenden im Kalevala-Ton. Die spätere Lyrik entwickelt sich zu pantheist. Naturreligion, Humanitätsglauben u. geist. Freiheitsleben hin. Mit seinen lyr. Stücken meist hist. Inhalts suchte er dem neuromant. Versdrama Raum im Theater zu schaffen.

W: Maaliskuun lauluja, G. 1896; Yökehrääjä, G. 1897; Sata ja yksi laulua, G. 1898; Tuonelan joutsen, G. 1898; Hiihtäjän virsiä, G. 1900; Kangastuksia, G. 1902; Helkavirsiä, G. II 1903–16 (dt. Ausw. H. E. v. Hausen u. G.

Otalampi 1943); Simo Hurtta, G. 1904–19; Talviyö, G. 1905; Naamioita, Ges. Drn. VI 1905–11; Halla, G. 1908; Suomal. kirjailijoita, Schr. 1909; Elämän koreus, G. 1915; Juhana herttuan ja Catherina Jagellonican lauluja, G. 1919; Bellerophon, Ep. 1919; Syreenien kukkiessa, G. 1920; Elämäni kuvakirja, Mem. 1925; Kootut teokset (GW), XVI 1926–30. – Elämän laulu (ausgew. G.), hg. V. Tarkiainen 1947; Pakinat (ausgew. Ess.), II 1960; Kirjeet (ausgew. Br.), IV 1961 f.; Runot I – II (ges. G.), 1985; E. L. (AW), II 1986. – *Übs.:* Finnland im Bilde s. Dicht., d. E. Brausewetter 1899; Aus der Versdicht. Finnlands, d. J. Öhquist 1918; Gedichte aus Finnland, d. F. Israel 1920; Suomis Sang, d. O. Manninen 1921.

L: J. Siljo, 1912; L. Onerva: E. L. Runoilija ja ihminen, II 1932; O. Nuorto, 1938; V. Tarkiainen, 1954; A. Thauvón-Suits, Tuntemani E. L. Kärsivä ihminen, 1958; S. Vapaasalo, Studier i E. L.s kalevala romantik 1, 1961; M.-L. Kunnas, Mielikuvien taistetu, 1972; A. M. Peltonen, 1975; T. Oksala, 1986; P. Saarikoski, legenda jo eläessään, 1988; Y. Larmola, Poliitinen E. L., 1990; H. Mäkelä, E. L., 1997.

Leipoldt, Christiaan Frederik Louis, afrikaanser Lyriker u. Dramatiker, 28. 12. 1880 Worcester/Kapprovinz – 12. 4. 1947 Kapstadt. Pfarrersohn; Jugend in Clanwilliam in der Karoo; Journalist, während des Burenkrieges Überseekorrespondent in England u. Holland. 1902 Stud. Medizin in London. Redakteur von ›The Hospital‹; tätig an großen Hospitälern Europas u. Amerikas; 1907 nach Berlin, 1911 in Ostindien; seit 1914 Staatsarzt. Schrieb s. ersten Gedichte als bittere Anklagen aus der Zeit des Burenkrieges. – Beliebter Naturdichter, ekstat. Sänger von der Pracht der Karoo; spätere Lyrik unter ind. u. philos. Einfluß. Großes dramat. Talent in dramat. Monologen und Tragödien. Auch Erzähler: Romane, Detektiv- u. Gespenstergeschichten.

W: Oom Gert vertel, G. 1911; Dingaansdag, G. 1920; Uit drie Wêrelddele, G. 1923; Die Heks, Tr. 1923; Die laaste Aand, Tr. 1930; Skoonheidstroos, G. 1932; Die Bergtragedie, G. 1932; Slampamperliedjies, G. 1936; Versamelde gedigte, G. 1980; Literêre causerie, Ess. 1990.

L: M. P. O. Burger, 1960; H. v. d. Merwe Scholtz, 1980; L. Viljoen 1998; J. C. Kannemeyer, 1999 (Biogr.).

Leiris, Michel, franz. Lyriker u. Essayist, 20. 4. 1901 Paris – 30. 9. 1990 Saint-Hilaire b. Paris. Ethnologe. Mehrere Forschungsreisen. – Ursprüngl. vom Surrealismus ausgehend. S. Gedichte sind getragen von Erotismus, verbunden mit dem Suchen nach e. unitar. Sinn des Lebens und bes. nach der Überwindung von dessen Nichtigkeit und Leere. In s. stark autobiograph. Prosa von schrankenloser seel.-moral. Selbstenthüllung. Nähe zu Proust. Starker Einfluß auf die franz. Erzähler des Nouveau roman.

W: Simulacre, G. 1925 (m. A. Masson); Le point cardinal, G. 1927; L'Afrique fantôme, Ess. 1934 (d. 1980); Abanico para los toros, G. 1938; Glossaire, j'y serre mes gloses, Ess. 1938; L'âge d'homme, Aut. 1939 (d. 1963); Haut mal, G. 1943; Aurora, Dicht. 1946 (d. 1979); Nuits sans nuit, Aut. 1947; La règle du jeu, Aut. III 1948–66; Race et civilisation, Ess. 1951 (d. 1953); Bagatelles végétales, G. 1956; Vivantes cendres, G. 1961; Grande fuite de neige, Aut. 1964 (d. 1982); Brisées, Ess. 1966; L'Afrique noire, R. 1967 (d. 1968); Cinq études d'ethnologie, IV 1969; Mots sans mémoire, G. 1969 (d. 1982); La possession et ses aspects théâtraux chez les Ethiopiens, Es. 1980; Le réalisme mythologique, Es. 1980; Le ruban au cou d'Olympia, Es. 1981 (d. 1983); Francis Bacon, Es. 1983.

L: M. Nadeau, 1963; J. P. Pontalis, 1965; R. Bréchon, 1973; R. D. E. Burton, 1973; A. M. Boyer, 1974; M. P. Chappuis, 1974; P. Lejeune, 1975; G. Genette, 1976; P. Keryel, 1981; H.-J. Heinrichs, 1981; A.-M. Tango, 1993; C. Maubon, 1994; C. Masson, 1995; P. Sauret, Invention de lecture chez M. L., 1995; G. Poitry, 1995; I. E. Murantuali, 1999; A. Vincent, 2000.

Leivick, Halper (eig. Halpern), jidd. Dichter, 1. 12. 1888 Igumen b. Minsk – 23. 12. 1962 New York. 1906 wegen s. polit. Tätigkeit gegen den Zarismus zu 4 Jahren Zuchthaus und 1912 zu lebenslängl. Deportation nach Sibirien verurteilt, auf dem Transport dorthin 1913 nach New York entflohen, wo er viele Jahre lang s. Unterhalt als Arbeiter verdiente, obgleich er sich bereits im Gefängnis e. Namen als jidd. Lyriker gemacht hatte. – Gehörte zu der Außenseiter-Dichterkreis-Avantgarde ›Di Junge‹. L. schrieb auch realist. Werke, doch setzte er sich mit dem Problem des Leidens in symbolist.-visionärer Dichtung auseinander, was besonders in dem berühmt gewordenen Mysterienspiel ›Der Gojlem‹ nach e. alten jüd. Legende zum Ausdruck kommt. Mit L.s Schaffen, dessen Leben von der eigenen Erfahrung des Leiens geprägt war, ist vielleicht der bleibendste jüd. Beitrag zu Weltenschmerz, -klage gegeben durch s. Erkenntnis, daß der gefallene Mensch sich aus den Abgründen erst durch Schmerz geläutert erheben kann.

W: Lider, G. 1919; Der Golem, G. 1921; Schmattes, G. 1922; In keynem's land, G. 1923; Die geule komedye, G. 1934; Abelar un Heloise, G. 1936; Lidel fun gan eden, G. 1937; In Treblinka bin ich nit geven, G. 1945; Maharum Rutenberg, G. 1947; Mit der scheris-haplejta, G. 1947; Di Chassene fun Fernwald, G. 1949; In di Teg fun Hiob, 1953; Lider zum Ebigen, 1953. – Geklibene Verk, V 1925–28; Ale Verk, II N. Y. 1940.

L: A. Koralnik, 1923; A. Beckermann, 1926; J. Gotlieb, 1939; S. Niger, 1951; B. Rivkin, 1955.

Leland, Charles Godfrey, amerik. Schriftsteller, 15. 8. 1824 Philadelphia – 20. 3. 1903 Florenz. Stud. Princeton, Heidelberg u. München; Rechtsanwalt, Journalist. – Erforschte traditionelle Hexerei u. Folklore; bekannt für die Erfindung der lit. Figur Hans Breitmann, der in gespielt dt.-amerik. Dialekt humorist. Verse u. Balladen über s. hedonist. Leben zum Besten gibt.

Lem 1042

W: Meister Karl's Sketch-Book, 1855; Hans Breitmann' Party, Ball. 1868; Hans Breitmann about Town, 1869; Hans Breitmann as a Politician, 1869; Hans Breitmann und His Philosopede, 1869; Hans Breitmann in Church, 1870; Breitmann as an Uhlan, 1871; The Music-Lesson of Confucius, G. 1872; The Gypsies, St. 1882; Gypsy Sorcery and Fortune Telling, St. 1891; Memoirs, II 1893/1968; Hans Breitmann in Germany Tyrol, 1895; The Alternate Sex, St. 1904.

L: E. Pennell, 1906; A. Lang, 1931; T. C. Parkhill, 1997.

Lem, Stanisław, poln. Erzähler, * 12. 9. 1921 Lemberg. Stud. Medizin Lemberg u. Krakau. Arzt und Schriftsteller ebda. – Bedeutendster Science-Fiction-Autor der Gegenwart. Verfügt über fundierte Kenntnisse aus Naturwiss. u. Technik, mit den philos. und moral. Problemen der Utopie gut vertraut. Auch Theoretiker des von ihm gepflegten Genres. Gehört zu den meistübersetzten Gegenwartsautoren der Weltlit.

W: Człowiek z Marsa, R. 1946 (Druck 1994; Der Mensch vom Mars, d. 1989); Astronauci, R. 1951 (Der Planet des Todes, d. 1954, [8]1988); Sezam i inne opowiadania, En. 1954 (Phantastische Erzählungen, d. 1968); Obłok Magellana, R. 1955 (Gast im Weltraum, d. 1956); Czas nieutracony, R. III 1955 (Die Irrungen des Dr. Stefan T., d. 1959); Dialogi, Schr. 1957 (d. 1980); Dzienniki gwiazdowe, En. 1957 (Die Sterntagebücher des Weltraumfahrers Ijon Tichy, d. 1961); Inwazja z Aldebarana, R. 1959; Śledztwo, R. 1959 (Die Untersuchung, d. 1975); Eden, R. 1959 (d. 1960); Wejście na orbite, Ess. 1961; Powrót z gwiazd, R. 1961 (Transfer, d. 1974); Solaris, R. 1961 (d. 1972); Noc księżycowa, E. 1963 (Mondnacht, d. 1977); Niezwyciężony, R. 1964 (Der Unbesiegbare, d. 1967); Summa technologiae, Schr. 1964 (d. 1976); Bajki robotów, En. 1964 (Robotermärchen, d. 1969); Cyberiada, R. 1965 (Kyberiade, d. 1983); Polowanie, En. 1965; Wysoki zamek, Mem. 1966 (Das hohe Schloß, d. 1974); Głos Pana, R. 1968 (Die Stimme des Herrn, d. 1981); Opowieści o pilocie Pirxie, En. 1968 (Die Jagd, d. 1973); Filozofia przypadku, Schr. 1968 (Philosophie des Zufalls, d. 1985); Fantastyka i futurologia, Schr. II 1970 (d. 1977–80); Doskonała próżnia, Sk. 1971 (Die vollkommene Leere, d. 1973); Bezsenność, En. 1971; Rozprawy i szkice, Schr. 1975; Katar, R. 1976 (Der Schnupfen, d. 1977); Maska, En. 1976 (Die Maske, d. 1977); Wielkość urojona, En. 1976 (Imaginäre Größe, d. 1976); Powtórka, En. 1979; Golem XIV, Sk. 1981 (Also sprach Golem, d. 1984); Wizja lokalna, R. 1982 (Lokaltermin, d. 1985); Prowokacja, Ess. 1984 (d. 1985); Fiasko, R. 1987 (d. 1986); Pokój na ziemi, R. 1987 (Friede auf Erden, d. 1986); Rozmowy ze St. L., Mem 1999. – Dzieła, XIX 1994–97. – Übs.: Phantast. Erzählungen, 1968; Werke und Einzelausg., 1976f.; Technologie u. Ethik, En. u. Schr. 1999.

L: E. Balcerzan, 1973; St. L., Der dialektische Weise aus Krakau, hg. W. Berthel 1976; ders., 1981; A. Stoff, Powieści fantastyczne St. L., 1983; L. w oczach krytyki światowej, hg. J. Jastrzębski 1989.

Lemaire de Belges, Jean, franz. Dichter, 1473 Bavai b. Avesnes – um 1525. Stud. Valenciennes u. Paris, an versch. Höfen, 1507–12 Bibliothekar u. Historiograph bei Margarete von Österreich in Valenciennes, zuletzt bei Anna von Bretagne u. Ludwig XII., reiste zwischen 1503 u. 1508 dreimal nach Italien. – Dichter der Frührenaissance, zwar mit s. allegorisierenden Stil noch den Rhetoriqueurs u. dem MA verhaftet, doch übernahm er bereits ital. Versmaße (Terzine) in s. Dichtung. Durch s. vielseitig aufgeschlossenes Wesen u. s. ital. Vorbild gehört er bereits zur Neuzeit. Renaissancegeist atmet ›Concorde des deux langages‹, worin L. sich e. gegenseitige Durchdringung der franz. u. der toskan. Sprache u. Kultur wünscht. ›Les Illustrations de Gaule et Singularitez de Troye‹ führen den Ursprung des franz. Königsgeschlechtes nach ma. Auffassung auf die Trojaner zurück. L.s künstlerisch beste Leistung sind die ›Épîtres de l'Amant vert‹, der reizvolle, halb scherzhafte, halb pathet. Bericht des Papageis der Margarete von Österreich, der den Tod s. Herrin nicht überleben wollte. S. Seele erzählt von den Abenteuern im Jenseits. Die ›Pléiade‹ schätzte L. als bedeutenden Wegbereiter. Ronsard geht in s. ›Franciade‹ auf ›Les Illustrations ...‹ zurück.

W: Le temple d'honneur et de vertu, 1503 (hg. H. Hornik 1957); La Plainte du Désiré, 1503 (hg. P. Yabsley 1932); Épîtres de l'Amant vert, 1505 (hg. J. Frappier 1948); La concorde du genre humain, 1509 (hg. P. Jodogne 1964); Les Illustrations de Gaule et Singularitez de Troye, III 1510–13 (hg. J. Abelard 1976); Concorde des deux langages, 1511 (hg. J. Frappier 1947); De la différence des schismes et des conciles de l'Église universelle et de la préeminence et utilité des conciles de l'Église gallicane, Abh. 1511. – Œuvres, hg. J. Stecher IV 1882–91.

L: P. A. Becker, 1893; P. Spaak, 1926; G. Doutrepont, 1934; K. Munn, N. Y. 1936; P. Jodogne, 1972; M. Jenkins, 1982; J. Britnell, 1997.

Lemaître, Jules, franz. Schriftsteller, 27. 4. 1853 Vennecy/Loiret – 5. 8. 1914 Tavers/Touraine. Eltern relig. Volksschullehrer; Stud. École Normale Supérieure, Lehrer an höheren Schulen in Algier und Le Havre, an Univ. Besançon und Grenoble, ab 1884 freier Schriftsteller, 1895 Mitglied der Académie Française; 1899 Präsident der ›Ligue de la patrie française‹. – Am bedeutendsten als e. der einflußreichsten Kritiker s. Generation. Antipode zur dogmat. Kritik Brunetières, setzte sich für Ibsen und den Impressionismus ein. Seit der Dreyfusaffäre Nationalist, Mitglied der ›Action Française‹, Vf. polit. Pamphlete für die Rechte. Mitarbeiter der Zsn. ›La Revue bleue‹, ›XIXe siècle‹, ›Revue des deux mondes‹, ab 1885 Theaterkritiker beim ›Journal des Débats‹. – Lyriker im Geist des Parnasse; auch sprachl. elegante, subtil humorvolle Erzählungen und stark moralisierende Dramen.

W: Les médaillons, G. 1880; La comédie après Molière et le théâtre de Dancourt, Schr. 1882; Petites Orientales,

G. 1883; Les contemporains, Ess. VIII 1886–1918; Sérénus, conte d'un martyr, E. 1886; Corneille et la poétique d'Aristote, Es. 1888; Impressions de théâtre, XI 1888–1920; Dix contes, En. 1889; Révoltée, Dr. 1889; Le député Leveau, Dr. 1890; Mariage bleu, Dr. 1891; Les rois, R. 1893; Myrrha, vierge et martyre, E. 1894; Les rois, E. 1894; Le pardon, Dr. 1895; L'âge difficile, Dr. 1895; La bonne Hélène, Dr. 1896; L'aînée, Dr. 1898; Contes blancs, En. 1900; Opinions à repandre, Ess. 1901; Théories et impressions, Ess. 1903; La Massière, Dr. 1905; En marge des vieux livres, En. II 1905–07; J. J. Rousseau, Es. 1907; Jean Racine, Es. 1908; Lettres à mon ami, 1909; Fénelon, Es. 1910; Le mariage de Télémaque, Dr. 1910; Discours royalistes, Schr. 1911; Chateaubriand, Es. 1912; Recueil de morceaux choisis, 1913 (m. Bibl.); La vieillesse d'Hélène, E. 1914. – Œuvres Complètes, 1934. – *Übs.:* Realist. Novellenschatz, 1899.

L: H. Bordeaux, 1920; H. Morice, 1924; A. Knopf, J. L. als Dramatiker, 1926; L. Grimm, L. als Kritiker des franz. Theaters, 1927; S. Hucke, Diss. 1932; G. Durrière, J. L. et le théâtre, II 1934; E. Seillière, 1935; M. Harry, La vie de J. L., 1946; J. Roger, 1969.

Lembourn, Hans Jørgen, dän. Erzähler, 26. 3. 1923 Kopenhagen – 28. 8. 1997 ebda. Journalist u. Redakteur. – Als Romancier beeinflußt von Hemingways Triebromantik u. Kafkas Angstsymbolik. Auch Lyriker und Novellist.

W: Sandhedens forbandelse, R. 1950; Samtale om natten, N. 1951; Der kommer en dag, R. 1952 (Es kommt ein Tag, d. 1956); Se dig ikke tilbage, R. 1953; Hotel Styx, R. 1954 (d. 1955); Hvide nat – hvide nu, Reiseb. 1955; Ved daggry, R. 1956; Grev Frederik eller Den bedste af alle verdener, R. 1958 (Graf F., d. 1961); Hold fastere om mig, R. 1962; For menneskets skyld, Ess. 1962; Nu er det forår, R. 1963; Umådelige menneske, Reiseb. 1964; Een/Mange, Ess. 1967; Året i Nordsjælland, Ess. 1968; De afmægtige, E. 1970; Hvad laver du egentlig i min seng?, En. 1971; En smuk tur langs Strandvejen, En. 1980; Teknotronia, Ess. 1983.

Lemercier, Louis-Jean-Népomucène, franz. Dichter und Dramatiker, 21. 4. 1771 Paris – 7. 6. 1840 ebda. Protegiert von Mme de Lamballe; Mitgl. der Académie Française 1810. – Schrieb bes. zwischen 1795 und 1800 zahlr. Melodramen nach klass. Vorbild und die Komödie ›Agamemnon‹; ferner themat. sehr anspruchsvolle Epen, die keinen Anklang fanden und von den großen romant. Epen in den Schatten gestellt wurden.

W: Méléagre, Dr. 1788; Le Lévite d'Ephraïm, Dr. 1795; Le Tartuffe révolutionnaire, Dr. 1796; Agamemnon, Dr. 1797; Les quatre métamorphoses, G. 1799; Pinto, ou la journée d'une conspiration, Dr. 1800 (n. N. Perry 1976; d. 1810); Plaute, ou la comédie latine, Dr. 1808; La Panhypocrisiade, Ep. 1819–32; Frédégonde et Brunehaut, Dr. 1821; Clovis, Dr. 1821.

L: G. Vauthier, 1886; M. Souriau, 1908; L.-G. Rousseau, N. L. et Napoléon Bonaparte, 1958.

Lemierre, Antoine-Marin, franz. Dramatiker und Lyriker, 12. 1. 1723 Paris – 4. 7. 1793 Saint-Germain-en-Laye. – Sehr jung bekannt durch Gedichte, 1758 erfolgr. Tragödie ›Hypermnestre‹, schrieb etwa 10 weitere konventionelle Tragödien in klass. Tradition und 2 lange beschreibende Lehrgedichte. 1781 Mitgl. der Académie Française.

W: Hypermnestre, Tr. 1758 (d. 1764); Artaxerce, Tr. 1766; Guillaume Tell, Tr. 1766 (d. ^{2}1880); La peinture, G. 1769; La veuve de Malabar, Tr. 1770 (d. 1788); Les fastes, G. 1779; Barnevelt, Tr. 1790. – Œuvres, 1810.

L: W. Engler, Unters. zur Tragödie G. Tell von L., 1966.

Lemonnier, Camille, belg. Schriftsteller, 24. 3. 1844 Ixelles b. Brüssel – 13. 6. 1913 Brüssel. Lebte zurückgezogen, ganz der Lit. gewidmet, fast immer in Brüssel. Unterstützte die Jeune-Belgique-Bewegung, deren Vorbild er war. – Erzähler und Kritiker. Verbindet Sinnenhaftigkeit und überschäumende Lebensfreude mit myst.-pantheist. Neigungen. Anhänger der ›figurativen‹ (darstellenden) Kunstkritik. Vf. vorzügl. Kritiken und Monographien. Realist. Erzähler. Zeitweilig unter Einfluß Zolas. Schildert in s. Romanen mit lyr. Überschwang und großer Naturliebe e. idyll. Natur und das ländl. Leben. Leidenschaftl. Landschaftsbeschreibungen in s. Belgienbuch ›La Belgique‹. Auch sozialkrit. Romane über das Leben der Landleute und Fabrikarbeiter, über soz. Benachteiligte und soz. Mißstände. Kinder- und Tiergeschichten. L.-Museum Brüssel.

W: Salon de Bruxelles, Ess. 1867; Sédan, R. 1871; Contes flamands et wallons, 1875; G. Courbet et ses œuvres, 1878; Bébés et joujoux, Kdb. 1880; Un mâle, R. 1881 (Der Wilderer, d. 1910); Le mort, R. 1882; Thérèse Monique, R. 1882; L'hystérique, R. 1885; Happe-Chair, R. 1886 (d. 1928); La comédie des jouets, Kdb. 1887; La Belgique, Schr. 1887; L'histoire des beaux-arts en Belgique, St. 1887; En Allemagne, Schr. 1888; Madame Lupar, R. 1888; Le possédé, R. 1890; L'homme qui tue les femmes, R. 1892; La fin des bourgeois, R. 1892; Le bestiaire, E. 1893; L'arche, R. 1894; La faute de Madame Charvet, R. 1895; L'homme en amour, R. 1897 (d. 1920); L'île vierge, R. 1897; La vie secrète, E. 1898; Adam et Eve, R. 1899; Au cœur frais de la forêt, R. 1900; Le bon amour, R. 1900; Le vent dans les moulins, R. 1901 (d. 1928); Dames de volupté, E. 1902; Comme va le ruisseau, R. 1903; Constantin Meunier, B. 1904; L'école belge de peinture, Es. 1906; Félicien Rops, B. 1908; La chanson du carillon, R. 1911; Une vie d'écrivain, Aut. 1945; Lettres inédites, 1957 (m. J. K. Huysmans). – Œuvres choisies, 1903. – *Übs.:* AW, hg. P. Cornelius VI 1910–14.

L: L. Bazalgette, 1904; M. Des Ombiaux 1909; ders., 1910; A. Kiepert, Diss. Greifsw. 1925; F. R. Pope, Nature in the Work of C. L., N. Y. 1933; H. Landau, 1936; C. Hanlet, 1943; G. Rency, 1944; G. Vanwelkenhuyzen, Histoire d'un livre: ›Un mâle‹ de L., 1961.

Lenartowicz, Teofil, poln. Lyriker, 27. 2. 1822 Warschau – 3. 2. 1893 Florenz. Bürgerl. Herkunft; 1835–48 Rechtsanwaltspraktikant, stand der Warschauer Boheme nahe. Sammler poln. Volkslieder, bis 1848 Archivar, dann Reisen nach Krakau, Breslau, Posen. 1851 Exil in Paris, 1854 Rom, ab 1860 in Florenz. ∞ Malerin Szymanowska. Neben Dichtungen auch Bildhauerarbeiten. In Paris von Mickiewicz religiös-myst. beeinflußt. Im Spätwerk Beschäftigung mit hist. Themen. – Dichter der masov. Weichsellandschaft, versöhnl.-idyll., schnell berühmt, doch in s. Ruhm schnell verblaßt. Gab in s. gefühlsvollmelod. Dichtung e. Abbild des ländl. Lebens, bes. der relig. Überlieferung poln. Bauerntums.

W: Polska ziemia w obrazkach, G. 1848–50; Lirenka, G. 1855; Zachwycenie, G. 1855 (Die Entzückung d. a. Woycke, d. 1861); Błogosławiona, G. 1855; Gladiatorowie, G. 1857; Bitwa Racławicka, G. 1859; Branka, G. 1867; Sul carattere della poesia polonoslava, Vorl. 1886 (poln. 1978). – Wybór poezyj, IV 1876, 1972; Poezje, 1968; Listy do Tekli Zmorskiej 1861–93, Br. 1978.

L: J. Kasprowicz, Lirnik mazowiecki, 1893; A. J. Mikulski, 1906; P. Hertz, Dziennik lektury, 1954; Głosy o L., 1976; M. Zięba, 1983.

Lenčo, Ján, slovak. Schriftsteller, * 23. 10. 1933 Žilina. Nach dem Stud. der Philos. an der Univ. Bratislava war er Verlagsredakteur, Lehrer, später arbeitete in der Kultur-Administrative. – Autor v. Prosa verschiedener Genres mit philos. Hintergründen, krit. gesellschaftspolit. Aspekten u. die unmittelbare Erfahrung betonenden Reflexionen; hist. u. Science-fiction-Lit., Adaptationen von Mythen u. Märchen.

W: Cesta na morské dno, En. 1966; Nepokoj v minútach, En. 1968; Didaktická kronika rodu Hohenzollerovcov, N. 1968; Ďaleká a blízka, N. 1968; Pomsta zo záhrobia, En. 1971; Egypťanka Nitokris, R. 1972; Hviezdne okamihy, En. 1974; Čarovný kameň, M. 1976; Čarodejník z Atén, R. 1978; Rozpamätávanie, R. 1978; Zlaté rúno, R. 1979; Kleopatrin milenec, En. 1980; Odyseus, bronz a krv, R. 1982; Žena medzi kráľmi, R. 1985; Roky v kine Úsmev, R. 1987; Socha z Venuše, En. 1988; Pravidlá a výnimky, En. 1990; Nebezpečná Šeherezáda, En. 1993.

Leñero, Vicente, mexikan. Schriftsteller, * 9. 6. 1933 Guadalajara. Journalist, Ingenieur. – Im Mittelpunkt des Schaffens dieses praktizierenden Katholiken steht die Suche nach Identität, hauptsächl. der relig., das Gefühl der Schuld u. des kollektiven Verbrechens. Die Menschen verwechseln sich mit lit. Figuren; alle heißen gleich. Es gibt keine Lösung, oder alle Lösungen sind gleich.

W: La voz adolorida, R. 1961 (u. d. T.. A fuerza de palabras, 1967); Los albañiles, R. 1964; Estudio Q, R. 1965; El garabato, R. 1967; Autobiografía, 1967; Redil de ovejas, R. 1972; Los periodistas, Aut. 1978; El evangelio de Lucas Gavilán, R. 1979 (d. 1987); La mudanza, Dr. 1980; Alicia tal vez, Dr. 1980; La gota de agua, R. 1984; Asesinato, dokumentar. R. 1985; Puros cuentos,

1986. – Teatro completo, II 1983; Teatro documental, 1985.

Lengyel, József, ungar. Schriftsteller, 4. 8. 1896 Marcali – 12. 7. 1975 Budapest. Wegen Teilnahme an der Revolution 1919 Emigration nach Wien, Berlin und Moskau; zu Kerker u. Internierung verurteilt; rehabilitiert; 1955 Rückkehr nach Budapest. – S. Romane u. Erzählungen sind teils durch die Ereignisse 1919 in Ungarn (›Visegrádi utca‹, ›Prenn Ferenc‹), teils durch die Kritik am Personenkult (›Elévült tartozás‹) inspiriert.

W: Visegrádi utca, R. 1930 (Visegrader Straße, d. 1959); Prenn Ferenc hányatott élete, R. 1958 (Das unruhige Leben des Ferenc Prenn, d. 1966); Igéző, En. 1961; Újra a kezdet, E. 1963; Három hídepítő, R. 1963; Elévült tartozás, Nn. 1964 (Die Attraktionen des Herrn Tördeky, d. 1967); Mit bír az ember, R. 1965; Szembesítés, R. 1988 (Gegenüberstellung, d. 1990).

L: S. Szalai, 1958; A. Diószegi, 1965.

Lengyel, Menyhért, ungar. Dramatiker, 12. 1. 1880 Híreshát – 23. 10. 1974 Budapest. Journalist, Theaterdirektor, lebte einige Zeit in London u. USA. – Mit dem sicheren Aufbau s. Schauspiele u. dem mutigen Anpacken tiefliegender u. komplizierter individueller u. gesellschaftlicher Probleme erzielt L. s. Erfolge, zu denen auch s. Gefühl für Bühnenwirkung beigetragen hat.

W: A nagy fejedelem, Dr. (1907); A hálás utókor, Sch. (1908); Falusi idill, Sch. (1909); Taifun, Dr. (1909); Próféta, Sch. (1911); A cárnő, Sch. (1912, m. Biró); Róza néni, Lsp. (1913); A táncosnő, Sch. (1915); Charlotte kisasszony, Dr. (1918); Sancho Pansa királysága, Lsp. (1919); Amerikai napló, Tg. 1922; Antónia, Lsp. (1924); A waterlooi csata, Lsp. (1924); Seybold, Lsp. (1926); A postáskisasszony, Sch. (1927); A boldog város, R. 1931; A kínai leány, Sch. (1931); Evelyn, Sch. (1931); Királyi vér, Sch. (1937); Das stille Haus, 1957.

L: L. Hatvany, 1960.

Lennart, Clare (eig. Clara Helena van den Boogaard-Klaver), niederländ. Schriftstellerin, 21. 7. 1899 Hattem – 30. 12. 1972 Utrecht. – Vielgelesene Romane u. Erzählungen, wehmütig u. iron., romantisierend u. doch wirklichkeitsnah.

W: Avontuur, R. 1935; Kasteel te huur, R. 1948; Serenade uit de verte, R. 1951; De ogen van Roosje, R. 1957; Twintig ramen aan de straat, R. 1965; Weleer, Mem. I 1971, II 1976 (vollendet E. H. Klaver).

L: F. Dommisse, 1965; E. H. Klaver, Claartje, mijn zusje, 1979.

Lennep, Jacob van, niederländ. Dichter, 24. 3. 1802 Amsterdam – 25. 8. 1868 Oosterbeek b. Arnheim. Sohn des Altphilol. u. Dichters David J. v. L.; Stud. Jura, 1829 Reichsadvokat. – Begann mit romant. Verserzählungen aus dem MA in der Nachfolge W. Scotts und versuchte sich in großen hist. Romanen e. niederländ. Gegenstück zu dessen

Werk zu schaffen. Große Erzählbegabung mit flüssigem, weitschweifigem Stil und spannender Handlungsführung, doch Mangel an psycholog. Tiefe. Auch klassizist. Dramen, Nn. burleske Lyrik. Hrsg. und Biograph Vondels.

W: Nederlandsche legenden, 1828–31; De pleegzoon, R. II 1833 (Der Pflegesohn, d. 1835); De roos van Dekama, R. II 1836 (d. 1837); Onze voorouders, Nn. III 1838–44 (Unsere Ahnen, d. 1840–43); Ferdinand Huyck, R. 1840 (d. 1841); Elizabeth Musch, R. III 1850; Klaasje Zevenster, R. III 1865 (d. 1867). – Romant. werken, XXIII 1855–72, XX 1891 f.; Dramat. en poët. werken, VIII 1889–91.

L: M. F. van Lennep, II ²1910 (m. Bibl.); M. E. Kluit, 1942; J. H. de Groot, 1944.

Lenngren, Anna Maria, geb. Malmstedt, schwed. Dichterin, 18. 6. 1754 Uppsala – 8. 3. 1817 Stockholm. Vater Lateinlehrer; gelehrte Erziehung. ∞ 1780 C. P. Lenngren (Hrsg. u. mit Kellgren Redakteur von ›Stockholmsposten‹). – Begann mit Dramenübersetzungen. aus dem Franz. (Marmontel) u. arbeitete dann anonym an ›Stockholmsposten‹ mit, wo sie geistvolle, Epigramme und genreartige Verserzählungen satir. oder idyll. Inhalts veröffentlichte. Als bürgerl. Moralistin nahm sie die Themen zu ihren realist. Sittenschilderungen aus dem Alltag und schrieb muntere, oft scharfe Satiren gegen den Adel, gegen Egoismus u. Eitelkeit. Ihr Freisinn u. ihre Kritik sind von Kellgren beeinflußt; geistvoller, manchmal zyn. Humor und e. Blick für Drast. u. Burleskes sowie konkrete u. charakterist. Details. Ihre impressionist. Bravour ist der Bellmans vergleichbar. Mit ihrer anschaul., geistvoll-lebendigen u. natürl. Sprache wurde sie zu e. Klassikerin. Sie blieb stets anonym u. bescheiden, ist aber e. der größten u. sichersten Künstlerinnen der schwed. Lit.

W: Biographie, 1795; Pojkarne, Mem. 1797; Grefvinnans besök, Sat. 1800; Skaldeförsök, 1819. – Samlade skrifter, hg. Th. Hjelmqvist, K. Warburg III 1916–26.

L: K. Warburg, ²1917; A. Blanck, 1922 u. 1948.

Lennox, Charlotte, geb. Ramsay, engl. Romanautorin, um 1729 New York – 4. 1. 1804 London. Tochter e. hohen Offiziers, hielt sich ab 1743 in England auf, ∞ 1747 Alexander Lennox. Lernte um 1750 Dr. Johnson kennen, der ebenso wie Fielding ihr lit. Können schätzte. – Ihr Ruf beruht auf dem Roman ›The Female Quixote‹ (1752), der die Erlebnisse e. durchaus sympath. Heldin erzählt, die durch die Lektüre franz. Romanzen in e. Welt der Illusionen verstrickt ist. Aktualisiert die Satire Cervantes' und erzählt zugleich e. Liebesgeschichte.

W: The Female Quixote, R. 1752 (n. M. Dalziel 1970).

L: M. Small, 1935.

Lenormand, Henri-René, franz. Dramatiker, 3. 5. 1882 Paris – 18. 2. 1951 ebda. Sohn e. Komponisten, anfangs Wanderleben, ∞ holländ. Schauspielerin Marie Kalff. Langjähriger Sanatoriumsaufenthalt in der Schweiz; 1919 Bekanntschaft mit G. Pitoeff, der seither die meisten s. sensationellen Dramen aufführte, daher in wenigen Jahren sehr berühmt. – Beeinflußt von Strindberg, Freud und Pirandello, will L. e. Erneuerung des Theaters einleiten, indem er Menschen auf die Bühne bringt, die den zersetzenden dämon. Kräften ihres Unterbewußtseins hilflos ausgeliefert sind und an ihnen zugrunde gehen. L.s Dramen besitzen zufolge ihrer geschickten Dialogführung und ihrer düsteren, oft psychopath. Stoffe bisweilen große dramat. Intensität. Auch Erzählprosa u. Studien zur Ästhetik des Theaters.

W: Les possédés, Dr. 1909; Poussière, Dr. 1914; Le temps est un songe, Dr. 1919; Les ratés, Dr. 1920; Le simoun, Dr. 1920; Le penseur et la crétine, Prosa 1920; Le mangeur de rêves, Dr. 1922; L'homme et ses fantômes, Dr. 1924; A l'ombre du mal, Dr. 1925 (Im Schatten des Bösen, d. 1930); La dent rouge, Dr. 1925; Le lâche, Dr. 1925; Mixture, Dr. 1926; A l'écart, Nn. 1927; Une vie secrète, Dr. 1929; Les trois chambres, Dr. 1931; Asie, Dr. 1931; Sortilèges, Dr. 1932; Le théâtre élizabéthain, Abh. 1933; Crépuscule du théâtre, Abh. 1934; Pacifique, Dr. 1937; La maison des remparts, Dr. 1942; Terre de Satan, Dr. 1942; Troubles, R. 1951; Les confessions d'un auteur dramatique, Prosa II 1949–53. – Théâtre complet, X 1921–42. – *Übs.:* Dissonanz, Nn. 1928; Theater, 1930.

L: H. Daniel-Rops, 1926; G. Marcel, 1928; J. Küppers, Diss. Greifsw. 1938; P. Blanchart, 1947; S. Radine, Anouilh, L., Salacrou, 1951; D. E. Henried, 1954; R. E. Jones, Boston 1984.

Lenôtre, Georges (eig. Louis-Léon-Théodore Gosselin), franz. Historiker und Dramatiker, 7. 10. 1857 Schloß Pépinville b. Metz – 7. 2. 1935 Paris. Begann als Journalist für ›Figaro‹, ›Revue des deux mondes‹, ›Monde illustré‹ und ›Temps‹. Mitgl. der Académie Française 1932. – Schrieb hist. Dramen teils zusammen mit anderen. S. bedeutendste Leistung sind hist. Werke über die Franz. Revolution, dokumentar. gut fundiert und in lebendigem Stil geschrieben. Characterist. Vorliebe für pikante Anekdoten und Ausschmückung einzelner Episoden, Darstellung wenig bekannter Züge bedeutender Persönlichkeiten sowie die Behandlung von Personen geringerer Bedeutung.

W: La captivité et la mort de Marie-Antoinette, 1897; Vieilles maisons, vieux papiers, VI 1900–29 (Die Göttin der Vernunft, dt. Ausw. 1948); Paris révolutionnaire, 1900–30; Varennes, Dr. 1904 (m. H. Lavedan, d. 1908); Les trois glorieuses, Dr. 1905; Les massacres de septembre, 1907; Mémoires et souvenirs sur la Révolution et l'Empire, 1908; Gens de la vieille France, 1918; Le roi Louis XVII et l'énigme du Temple, 1920; Les grognards, Dr. 1921 (m. H. Cain); La proscription des Girondins, 1927; La petite histoire, 1932–54; L'énigme de Molière,

Leon

suivi de vingt récits inédits, 1968. – *Übs.*: Wahre Geschichten aus Alt-Paris, 1952; Historie und Histörchen, 1958; Weihnachtsgeschichten im Schatten Napoleons, 1963 (franz./dt.).
L: L. Sonolet, 1909.

Lentini, Giacomo → Jacopo

Leo Hebraeus → Abaelard(us), Abélard, Abailard, Petrus

Leon, Donna, amerik. Kriminalautorin, * 28. 9. 1942 New Jersey. Stud. New Jersey, Perugia, Siena; lehrt s. 1981 Engl. Lit. in Piacenza u. lebt in Venedig. – Ihre Kriminalromane mit der Hauptfigur Commissario Brunetti spielen in Venedig u. verarbeiten u.a. polit. Themen.
W: Death at la Fenice, 1992 (Venezianisches Finale, d. 1993); Death in a Strange Country, 1993 (Endstation Venedig, d. 1995); Dressed for Death, 1994 (u.d.T. The Anonymous Venetian, 1994; Venezianische Scharade, d. 1996); Death and Judgement, 1995 (u.d.T. A Venetian Reckoning, 1995; Vendetta, d. 1997); Death in High Water, 1996 (u.d.T. Acqua Alta, 1996; d. 1997); Quietly in Their Sleep, 1997 (u.d.T. The Death of Faith, 1997; Sanft entschlafen, d. 1998); A Noble Radiance, 1998 (Nobiltà, d. 1999); Fatal Remedies, 1999 (In Sachen Signora Brunetti, d. 2000); Friends in High Places, 2000 (d. 2001; A Sea of Troubles, 2001 (Das Gesetz der Lagune, d. 2002); Wilful Behaviour, 2002 (Die dunkle Stunde der Serenissima, d. 2003); Uniform Justice, 2003.

León, Fray Luis de, span. Schriftsteller, 1527 Belmonte del Tajo/Cuenca – 23. 8. 1591 Madrigal de las Altas Torres/Ávila. Vater Advokat u. kgl. Ratgeber; 1541 Stud. Philos. u. Theol. Salamanca, dort Eintritt in den Augustinerorden, 1549 Priesterweihe, 1561 Prof. der Theol. in Salamanca, 1572 wegen theolog. Streitigkeiten u. Mißgunst s. Kollegen bei der Inquisition denunziert, 1572–76 Kerkerhaft, Rückkehr an die Univ. Salamanca, 1577 Lehrstuhl für scholast. Theol., 1578 für Moralphilos., 1579 für Bibelforschung; 1582 erneut in e. Prozeß verwickelt. Steigendes Ansehen, bewundert von zeitgenöss. Schriftstellern, vom kgl. Rat mit der Hrsg. der Werke Santa Teresas beauftragt, 9 Tage vor s. Tod zum Provinzial s. Ordens ernannt. – Hervorragender Lyriker u. Prosaist, e. Höhepunkt der Renaissance-Dichtung, verband klass. Form mit christl. Elementen u. großer Gefühlstiefe; bevorzugte kurze, prägnante metr. Formen (Lira) nach dem Vorbild Garcilasos. Hauptmotive: Natur, ewiges Leben, Einsamkeit u. Ruhe des Landlebens, Religion usw. Prosawerke von großer Gedankentiefe u. Wohlklang der Sprache, zeugen von umfassender Bibelkenntnis u. Gelehrsamkeit, bes. ›Los nombres de Cristo‹, e. Abhandlung über die symbol. Bedeutung der Christusnamen in der Bibel; stilist. von klass. Ausgewogenheit u. Harmonie, frei von Rhetorik, schlichte Aussage. Vf. theolog. Traktate u. Bibelkommentare in lat. Sprache; hervorragende Übsn. u. a. von Petrarca, Bembo, Pindar, Euripides, Vergil, Horaz u. Bibel (Psalme, Hohelied, Buch Hiob u.a.).
W: Los nombres de Cristo, Traktat 1583 (n. F. de Onís III 1914–21, G. Díaz-Plaja III 1931); La perfecta casada, Traktat 1583 (n. A. Bonilla y San Martín 1917); Poesías, hg. F. de Quevedo 1631 (komm. P. A. C. Vega 1955 u. 1970; d. 1853); Exposición del Libro de Job, Traktat hg. Fray Diego de González 1779; El cantar de los cantares, G. 1779 (n. J. Guillén 1936). – Obras, hg. A. Merino VI 1804–06, P. C. Muiños IV 1885; Obras completas castellanas, hg. P. F. García II ⁴1967; Poesía completa, hg. J. M. Blecua 1990; Poesías completas, hg. C. Cuevas 1998; Obras poéticas, hg. J. Llobera II 1931f.; Poesías, hg. P. A. C. Vega 1955 u. 1975; Lat. Werke, hg. M. Gutiérrez VII 1891–95.
L: M. Gutiérrez, 1904; F. Blanco García, 1904; P. A. Getino, 1907; J. Fitzmaurice-Kelly, Oxf. 1921; A. Coster, II 1921f.; A. F. G. Bell, Oxf. 1925 (m. Bibl.); P. Julián Zarco, 1929; A. Lugan, 1930; A. Guy, Paris 1943 (span. 1960); K. Vossler, 1946; Muñoz Iglesias, 1950; M. D. Berrueta, 1952; D. Alonso, 1955; P. M. de la Pinta Llorente, 1956; P. G. Vallejo, 1959; P. A. C. Vega, 1963; J. Baruzi, 1966; M. Nerlich, 1966; O. Macrí, 1970; M. Durán, 1971; R. Senabre, 1978; C. Swietlicki, Columbia 1986; C. P. Thompson, Cambr. 1988; J. Baena, 1989; J. Caminero, 1990.

Leonard, Hugh (eig. John Keyes Byrne), ir. Dramatiker und Schriftsteller, * 9. 11. 1926 Dublin. Lebt im Dubliner Vorort Dalkey, wo er aufwuchs. 1945–90 staatl. Angestellter, seit 1959 freier Schriftsteller. – Vf. von um die 30 Theaterstücken, dazu Drehbücher für Film und Fernsehen. Verarbeitet teils lit. Vorlagen (Joyce, Flann O'Brien), stand lange im Ruf der unterhaltsamen, erfolgreichen Oberflächlichkeit, gewinnt aber zunehmend Anerkennung für s. künstlerischen Qualitäten. Spielt in vielen Stücken virtuos mit farcenhaftem Witz, setzt diesen aber nicht selten zu tiefgründiger Kritik polit. u. gesellschaftl. Entwicklungen in Irland ein. Als bestes Drama gilt das autobiograph. Elemente verarbeitende ›Da‹, das die besondere Beziehung eines Mannes zu seinem Adoptivvater gestaltet.
W: Stephen D, Dr. 1964; The Patrick Pearse Motel, Dr. 1971; Da, Dr. 1975; Summer, Dr. 1979; Home Before Night, Aut. 1979; Suburb of Babylon, Drn. 1983; Madigan's Lock/Piazzazz, Drn. 1987; Out After Dark, Aut. 1989; Parnell and the Englishwoman, R. 1990; Selected Plays, 1992; Rover and other Cats, Ess. 1992 (d. 1995); Moving, Dr. 1994; Love in the Title, Dr. 2000.

Leonardo de Argensola, Bartolomé → Argensola, Bartolomé Leonardo de

Leone Ebreo → Abarbanel, Giuda

León Felipe → Felipe, León

Leonidse (Leonidze), Georgi → Leonije, Giorgi

Leonije, Giorgi, georg. Autor, 8. 1. 1900 Patarjeuli – 9. 8. 1966 T'bilisi (Tiflis). 1913–18 Priesterseminar, Stud. T'bilisi. Verlagsmitarbeiter, Journalist, Direktor des Georg. Literaturmuseums, dann des Literaturinstituts der Akad. der Wiss. – Erste Werke seit 1911. Stand 1918 der Gruppe der georg. Symbolisten ›Blaue Hörner‹ nah. Veröffentlichte 1921 mit G. Tabije den Gedichtband ›Dichter der Revolution‹. Es folgen Werke über die trag. georg. Vergangenheit, die Gegenwart, den 2. Weltkrieg, manche wurden zu Volksliedern. Nach dem Krieg erschienen Epen, in denen die Gegenwart und die Vergangenheit Georgiens eine Symbiose eingehen. L. veröffentlichte 1962 den Novellenband ›Natvris xe‹, der 1976 verfilmt wurde (Der Baum der Wünsche).

W: T'xzulebat'a ek'vs tomad, VI 1962. – *Übs.:* russ.: (Izbannye) stichotvorenija i poemy 1951, 1952, 1956, 1957, 1960, 1986; dt. in: Der ferne weiße Gipfel, 1984.

L: G. Xerxeulije, 1959; G. Kalandaje, 1967; G. Margvelašvili, 1970, 1972; G. Asatiani, in: Lit. Gruziâ 4 (1978, russ.).

Leonora, Christina (verh. Ulfeldt), dän. Schriftstellerin, 8. 7. 1621 Frederiksborg – 16. 3. 1698 Maribo. Tochter des dän. Königs Christian IV.; ∞ 1636 den später als Landesverräter verurteilten Corfitz Ulfeldt; selbst 22 Jahre lang Gefangene in Turm (Blåtårn) des Kgl. Schlosses in Kopenhagen. – Vf. des bedeutendsten dän. Prosawerks des 17. Jh., der teils im Gefängnis, teils nach der Entlassung geschriebenen Selbstbiographie ›Jammers Minde‹, e. Zeugnis von Stolz, Unbezwinglichkeit, Frömmigkeit, Geduld u. Humor. Das Manuskript wurde erst 1868 gefunden u. herausgegeben; beeinflußte J. P. Jacobsens ›Fru Marie Grubbe‹.

W: Jammers Minde, Mem 1869 (n. 1998; d. 1917, 1968); Heltinners pryd, Ess. 1977.

L: B. Wamberg, 1990; O. Glismann, 1997.

Leonov, Leonid Maksimovič, russ. Schriftsteller, 31. 5. 1899 Poluchino b. Moskau – 8. 8. 1994 Moskau. Vater Bauer und autodidakt. Dichter; bis 1918 Gymnas. Moskau, dann 3 Jahre in der Roten Armee, ab 1922 in Moskau; 1. Erzählung ›Buryga‹ 1922 gedruckt, die Novelle ›Zapisi… Kovjakina‹ von 1923 brachte ihm hohes Lob Gor'kijs ein. Wurde weit bekannt mit Roman ›Barsuski‹. 1927 Auslandsreise; 1929 1. Vorsitzender des Allruss. Schriftstellerverbands; e. der meistgelesenen sowjet. Autoren, dessen von 1930 an erschienene Werke mit wenigen Einschränkungen von der offiziellen Kritik anerkannt werden; Deputierter des Obersten Sowjets der UdSSR der Einberufungsperioden 1946–58. – S. Romane, Novellen, Erzählungen und Dramen spielen großenteils im sowjet. Leben; läßt in den ersten Erzählungen in der Neigung zum stilist. Experiment Einwirkung Gogol's, Leskovs, Remizovs erkennen. Wichtigstes Thema ist ihm die geistige Haltung des Intellektuellen, den er zwischen 1923 und 1930 mehrmals in e. Stellung außerhalb des Kommunismus darstellt, so in der Novelle ›Konec melkogo čeloveka‹, lehnt sich hier in Aufbau und Stil an Dostoevskij an, wendet sich e. psycholog. Realismus, dem psycholog. Roman russ. Tradition zu und wirkt damit beispielhaft; deutet in ›Barsuki‹ mit dem Grundgedanken der Spaltung von Land und Stadt die durch den Kommunismus (von der Stadt her) erfolgende Mechanisierung und Uniformierung an; gibt in dem im Aufbau komplizierten Roman ›Vor‹ e. fesselndes Bild aus der Zeit der Neuen Ökonom. Politik (NEP) in Moskau. E. neue Schaffensperiode wird mit dem Roman ›Sot'‹ eingeleitet, Fünfjahresplan bzw. ›sozialer Auftrag‹ wird in die Thematik einbezogen, doch bleibt die Darstellung des Seelenlebens der Personen weiterhin viel Raum vorbehalten. Namentl. auf der Kunst der psycholog. Einfühlung beruht die Bedeutung einiger Dramen L.s, wie der Kriegsstücke ›Našestvie‹ und ›Lënuška‹ sowie des Kurzromans ›Vzjatie Velikošumska‹ über e. Episode im 2. Weltkrieg. L.s frühe Werke sind in späteren Fassungen meist angepaßt, in der Aussage verharmlost u. stilist. trivial geglättet.

W: Buryga, E. 1922; Zapisi Andreja Petroviča Kovjakina, N. 1923 (Aufzeichnungen eines Kleinstädters, d. 1962); Tuatamur, E. 1924; Konec melkogo čeloveka, N. 1924; Barsuki, R. 1925 (Die Bauern von Wory, d. 1926, u. d. T. Die Dachse, 1963); Vor, R. 1927, Neufassg. 1959 (Der Dieb, d. II 1928, 2. Fassg. 1970); Sot', R. 1930 (Das Werk im Urwald, d. 1949); Skutarevskij, R. 1932 (Professor Skutarevskij, d. 1956); Doroga na okean, R. 1936 (Der Weg zum Ozean, d. 1966); Metel', Dr. 1940; Našestvie, Dr. 1942; Lënuška, Dr. 1943; Vzjatie Velikošumska, R. 1944; Zolotaja kareta, Dr. 1946, 2. Fassg. 1955 (Die goldene Kutsche, d. 1959); Russkij les, R. 1953 (Der russ. Wald, d. 1960); Begstvo mister MakKinli, E. 1961 (Die Flucht des Mister McKinley, d. 1963); Evgenia Ivanovna, E. 1963 (d. 1965). – Sobranie sočinenij (W), VI 1953–55, IX 1960–62, X 1969–72; Teatr, II 1960; Literatura i vremja, Izbrannaja publicistika, Ausw. 1964. – *Übs.:* AW, VII 1955–70; Erzählungen, 1967.

L: Z. Boguslavskaja, 1960; L. Fink, Dramaturgija L. L., 1962; V. A. Kovalev, 1969, 1978; Ch. Brümmer, 1971; F. Vlasov, 1979; G. Harjan, Toronto 1979; Vek Leonova. Protnemy tvorčestva, hg. V. Ja. Savateev 2001.

Leonovič, Vladimir Nikolaevič, russ. Lyriker, * 2. 6. 1933 Kostroma. 1952–54 Stud. Militärinst. für Fremdsprachen in Moskau, danach 1956–62 an der Moskauer Univ., nach Gedichten in versch. Zsn. erste Sammlung 1971 (›Vo imja‹), bekannt aber v. a. durch Übertragung georgischer Dichter (zuletzt gesammelt in ›Vremja tvoë‹), lebt in Moskau und auf dem Land bei Kostroma. – L.s Lyrik ist geprägt von bäuerl. Tradition und christl. Gedankengut, verbindet Anklage und Klage über allg. Verfall und Zerstörung mit der Idee von verzeihender Güte und Liebe.

W: Vo imja, 1971; Nižnjaja Debrja, 1983; Vremja tvoë, 1986; Jav', 1993; Chozjain i gost', 1997.

León y Román, Ricardo, span. Schriftsteller, 15. 10. 1877 Barcelona – 16. 12. 1943 Torrelodones/Málaga. Offizierssohn, veröffentlichte 1893 erste Verse in e. Zs. s. Geburtsstadt. Militär. Laufbahn, die er aus gesundheitl. Gründen abbrechen mußte; seit 1901 Angestellter der ›Banco de España‹; lebte e. Zeitlang in Santander, ab 1910 in Madrid. 1912 Mitglied der Span. Akad., vorübergehend polit. Tätigkeit; während des 1. Weltkriegs Berichterstatter in Dtl. – Romancier, Essayist u. Lyriker; fand großen Anklang beim breiten Publikum mit s. Romanen, in denen er altspan. Traditionen wiederaufleben läßt u. e. durchaus christl. Geisteshaltung vertritt. Eiferte stilist. den span. Klassikern nach, z. T. altertüml. u. gekünstelte Sprache, aber reicher Wortschatz u. plast. Ausdruck; wenig glückl. in Typenwahl u. Erfindung.

W: Lira de bronce, G. 1901; Casta de hidalgos, R. 1908 (Herrenrasse, d. 1910); Alcalá de los Zegríes, R. 1909; La escuela de los sofistas, Ess. 1910; El amor de los amores, R. 1911; Alivio de caminantes, G. 1912; Los centauros, R. 1912; Los caballeros de la Cruz, Ess. 1916; La voz de la sangre, Ess. 1921; Amor de caridad, R. 1922; Humos de rey, R. 1923; El hombre nuevo, R. 1925; Los trabajadores de la muerte, R. 1927; Jornadas de la revolución, R.-Tril.: Bajo el yugo de los bárbaros, 1932, Roja y gualda, 1934, Cristo en los infiernos, 1941. – Obras completas, XXIV 1911–34, VIII 1916–18, II 1944f., 1956.

L: J. M. G. de la Torre, 1939; J. Casares, Crítica profana, ³1964; J. C. Ara Torralba, Del modernismo castizo, 1996.

Leont'ev, Konstantin Nikolaevič, russ. Schriftsteller, 25. 1. 1831 Kudinovo (im ehem. Gouv. Kaluga) – 24. 11. 1891 im Dreifaltigkeitskloster des hl. Sergius b. Moskau. Vater Gutsbesitzer, Stud. Medizin Moskau; nahm enge Beziehungen zu Turgenev auf; 1854–62 Arzt. Mehrere Romane, 1860/61 erschienen, blieben unbeachtet; 1863–73 im diplomat. Dienst als Konsul auf dem Balkan u. in der Türkei, 1880–87 Journalist und Zensor in Moskau, dann 4 Jahre im Kloster Optina Pustyn', empfing kurz vor s. Tod 1887 heiml. die Mönchsweihe. – Konservativer Denker, der die nationale Originalität und Tradition gewahrt wissen wollte; sah die Eigenart der Kultur Rußlands in der byzantin. Zivilisation begründet. Für s. Weltanschauung ist e. ›ästhet. Amoralismus‹ kennzeichnend; gab s. polit. Schriften in dem Werk ›Vostok, Rossija i Slavjanstvo‹ heraus; s. seinerzeit und auch später wenig beachtete Sammlung oriental. Novellen ›Iz žizni christian v Turcii‹ wurde von L. Tolstoj gerühmt. Als erster Russe hat er darin ›die lebendige Seele und die Poesie des Türkentums‹ dichterisch dargestellt (V. Rozanov). Hervorragender Lit.kritiker.

W: Iz žizni christian v Turcii, Nn. 1876; Vostok, Rossija i Slavjanstvo, Abh. II 1885–86; Otec Kliment Zedergol'm, 1887 (n. 1978); O romanach L. Tolstogo. Analiz, stil' i vejanie, 1911 (n. 1965). – Sobranie sočinenij (W), IX 1912–14, IV 1975; Izbrannoe, 1993. – Der Durchschnittseuropäer. Ideal und Werkzeug universaler Zerstörung, Wien-Lpz. 2001.

L: N. Berdjaev, K. L., Paris 1926; I. V. Kologriwof, Von Hellas zum Mönchstum. Leben u. Denken K. L.s, 1948; A. Ivanov, Pisa 1973; Ju. Ivask, Bern 1974.

Leopardi, Giacomo, ital. Dichter, 29. 6. 1798 Recanati – 14. 6. 1837 Neapel. Aus alter Adelsfamilie. Als ihn der von Hauslehrern erteilte Unterricht nicht mehr befriedigte, betrieb L. in der umfangreichen väterl. Bibliothek eigene Studien, vor allem auf dem Gebiet der klass. Philol., u. veröffentlichte einige diesbezügl. Arbeiten. Bald zeigten sich die ersten Symptome e. Leidens, das durch das Gefühl des Unverstandenseins noch verstärkt wurde u. dem körperlich Verkrüppelten das Leben unerträgl. machte. Nach e. gescheiterten Fluchtversuch aus dem verhaßten Elternhaus ging L. 5 Monate nach Rom (1822/23), ohne sich aber loslösen zu können. E. 2. Reise führte ihn 1825 nach Mailand, wo er für den Verleger Stella Übsn. u. Klassikerausgaben anfertigte. In Bologna fand er zum erstenmal Verständnis im Kreise von Freunden. Nach dem Scheitern s. Pläne kehrte L. 1826 nach Recanati zurück, begab sich aber bald wieder nach Bologna u. Florenz (1827), wo er sich relativ glückl. fühlte. Den Winter 1827/28 verbrachte er in Pisa. E. Geldspende s. Freunde ermöglichte es ihm, 1830 nach Florenz zu ziehen, um an der endgültigen Ausgabe s. Gedichte zu arbeiten. Ab 1831 erhielt er e. monatl. Rente von s. Familie, die ihm erlaubte, mit s. Freund Antonio Ranieri zusammenzuleben. Mit ihm zog er 1833 nach Neapel, wo Ranieri ihn bis zu s. Tode aufopfernd pflegte. – Grundthema der Dichtung L.s, des bedeutendsten ital. Dichters seit Petrarca, ist das Leiden am Leben. S. vergebl. Suche nach Liebe führte ihn zu völliger Vereinsamung u. nährte in ihm e. Todessehnsucht, die sich v. a. in s. Gedichten u. Briefen ausdrückt. Er empfindet das Leben als e. Fluch der Natur, die er als ausgesprochene Feindin des Menschen sieht, da sie dessen Leiden gleichgültig gegenübersteht. Ihren vollendetsten Ausdruck fanden diese Empfindungen L.s in s. idyll. Gedichten, von denen v. a. ›L'infinito‹ diesen romant. Weltschmerz, das Verlorensein des Menschen in der Welt, schildert. Daß L. der Zeit, in der er lebte, fremd gegenüberstand, zeigt sich auch in s. polit. Gedichten. S. Vaterlandsliebe gilt e. idealen Italien, das jenseits der hist. Wirklichkeit steht. Hilfreich für das Verständnis der Dichtungen L.s ist s. ›Zibaldone‹, e. Sammlung verstreuter Gedanken (aus den Jahren 1817 bis 1832) zu den verschiedensten philos., philolog. u. Lit.krit. Problemen, in denen sich s. menschl. u. künstler. Entwicklung widerspiegelt. Die unter dem Titel ›Operette morali‹ vereinigten Schriften u. die ›Pensieri‹ stellen den Versuch e. philos. Begründung s. Pessimismus dar.

A: Operette Morali, 1827 (teilweise), vollst. 1834 (hg. G. Gentile ³1940, C. Galimberti 1977); Canti, 1831 (hg. I. Sanesi 1932, F. Flora 1937, L. Ginzburg 1937, L. Russo 1945, R. Bacchelli 1947, C. Calcaterra 1948, F. Bandini, 1975, D. De Robertis 1978, C. Ghidetti 1988; d. K. L. Kannegießer 1837, R. Hamerling 1866, H. Mück 1909, F. Spunda 1923, E. Schaffran 1963); Pensieri di varia filosofia e di bella letteratura (Zibaldone), VII 1898–1900 (u. d. T. Zibaldone di pensieri, hg. G. Pacella 1991; d. Das Gedankenbuch, H. Helbling 1985); Discorso di un italiano intorno alla poesia romantica, hg. R. Copioli 1998. – Opere (SW), hg. F. Moroncini VI 1927–31; Opere (GW), hg. G. De Robertis III 1937f., hg. F. Flora V 1937–49, hg. W. Binni 1969; Opere scelte, hg. G. Ferretti II 1950; hg. M. Fubini 1977; Puerilia e abozzi vari, hg. A. Donati 1924; Epistolario, hg. F. Moroncini, G. Ferretti VII 1934–41. – *Übs.:* Gedichte u. Prosaschriften, P. Heyse II 1878; Ausgew. Werke, L. Wolde 1924; Dichtungen, G. Brandes 1869; Gedanken, G. Gluck, A. Trost 1922, R. Peters 1928; Gesänge, Dialoge u. andere Lehrstücke, H. Helbling, A. Vollenweider ²1998.

L: B. Zumbini, II 1902–04; G. Ferretti, Studi biografici, 1929; K. Vossler, ²1930; G. A. Levi, 1931; F. De Sanctis, ³1933; I. Origo, Lond. 1935, ital. 1994; G. Ferretti, 1940; G. Gentile, Poesia e filosofia di G. L., 1940; A. Zottoli, ²1947; E. Cozzani, IV 1947–49; P. Bigongiari, L'elaborazione della lirica leopardiana, ²1948; G. Laini, 1948; G. De Robertis, ³1952; J. H. Whitfield, Oxf. 1954; S. Timpanaro, La filologia di G. L., 1955; K. Maurer, L.s ›Canti‹ u. die Auflösung der lyr. Genera, 1957; U. Bosco, Titanismo e pietà in G. L., 1957; H. L. Scheel, L. und die Antike, 1959; C. Galimberti, Linguaggio del vero in L., 1959; L. Malagoli, 1960; P. Bigongiari, 1962; B. Biral, La ›posizione storica‹ di G. L., 1962; W. Binni, La nuova poetica leopardiana, ²1962; Atti del I° convegno internazionale di studi leopardiani, 1964; G. Getto, Saggi leopardiani, 1966; E. Bigi, Studi, 1967; A. Bufano, Concordanze dei ›Canti‹ del L., 1969; G. Lonardi, Classicismo e utopia nella lirica leopardiana, 1969; G. C. d'Adamo, 1970; R. Negri, L. nella poesia italiana, 1970; Atti del 2° convegno internazionale di studi leopardiani, 1970; J. De Feo, 1972; W. Binni, La protesta di L., 1973; V. Gazzola Stacchini, L. politico, 1974; G. Lonardi, 1974; Atti del 3° convegno internazionale di studi leopardiani, 1974; A. Vallone, Interpretazione della poesia leopardiana, 1974; S. Solmi, Studi e nuovi studi leopardiani, 1975; C. Muscetta, Schizzi, studi e letture, 1977; D. Consoli, L. Natura e società, 1977; A. Frattini, Letteratura e scienza in L., 1978; A. Tartaro, 1978; E. Peruzzi, L. e i greci, 1979; F. Brioschi, 1980; A. Prete, 1980; C. Luporini, L. progressivo, ²1980; Atti del 5° convegno internazionale di studi leopardiani, 1982; N. Bonifazi, Lingua mortale: genesi della poesia leopardiana, 1984; L. Blasucci, 1985; A. Bon, 1985; A. Ferraris, 1987; V. Guarracino, 1987; R. Minore, 1987; A. Negri, 1987; N. Borsellino, 1988; Atti del 6° convegno internazionale di studi leopardiani, 1989; L. Blasucci, 1989; E. Severino, 1990; Atti del 7° convegno internazionale di studi leopardiani, 1991; V. Steinkamp, 1991; E. Gioanola, 1995; M. Manotta, 1998; A. Prete, 1998; M. A. Rigoni, 1999; W. Wehle, 2000; G. Tellini, 2001. – *Bibl.:* G. Natali, 1932 (1899–1930); ders., Musmarra, 1953 (bis 1951); A. Tortoreto, 1963 (1952–60); ders., C. Rotondi, 1973 (1961–1970); ders. 1986 (1971–1980); G. Mazzatinti, M. Menghini, ²1996 (bis 1930); E. Carini, A. Sbriccoli (1981–1986), 1998.

Leopold, Carl Gustaf av, schwed. Dichter, 26. 3. 1756 Stockholm – 9. 11. 1829 ebda. Sohn e. Zöllners, 1773/74 Stud. Uppsala, Hauslehrer, 1781/82 Stud. Greifswald, 1782 Dozent für Wissenschaftsgesch. in Greifswald u. Bibliothekar in Stralsund, 1784 Bibliothekar u. Dozent in Uppsala, 1786 Mitgl. der Schwed. Akad. u. lit. Mitarbeiter Gustavs III., 1787 Bibliothekar in Drottningholm, 1788 Handsekretär des Königs, 1792–95 Mitarbeiter von ›Extra Posten‹, 1799 Kanzleirat, wirkte 1809 mit am Erlaß der Druckfreiheitsordnung, 1809 geadelt, 1818 Staatssekretär, 1820 erblindet. – Vf. klarer, geistr. u. geschmackvoller Satiren u. Epigramme; Schüler Voltaires. Auch große Gedankengedichte, eig. philos. Essays in Versen. Besser in geistr. Prosaplaudereien und liebenswürd. Versnovellen. Eintreten für bürgerl. Maximen, Verabscheuung abstrakter Spekulationen, relig. Schwärmerei u. Mystik. S. Richtschnur ist die innere Moral. L. bekämpfte die Romantiker mit Ausnahme von Tegnér. Im Alter klare u. einflußr. philos. Essays.

W: Erotiska Oder, G. 1785; Över segern vid Hogland, G. 1788; Oden eller Asarnas utvandring, Sch. 1790; Den nya lagstiftningen i snillets värld, 1792; Den vackra bedjerskan, G. 1793; Predikaren, G. 1794; Egle och Annett, G. 1800; Virginia, Sch. 1802. – hkA, hg. K. Fredlund 1912ff.; Samlade skrifter, III 1800–02; VI, 1814–33. – *Übs.:* Verm. prosaische Schriften, 1805.

L: M. Ehrenström, 1830; A. E. Sjöding, Diss. Uppsala 1931; O. Holmberg, 1953–65.

Leopold, Jan Hendrik, niederländ. Lyriker, 11. 5. 1865 's-Hertogenbosch – 21. 6. 1925 Rotterdam. Stud. Altphilol. Leiden; Lehrer; lebte zurückgezogen. Im Alter zunehmende Taubheit. – E. der bedeutendsten Vertreter des niederländ. Symbolismus. S. resignierende, nur zurückhaltend veröffentlichte Lyrik ist höchst sensibler Ausdruck des Vergänglichkeitserlebnisses, der Einsamkeit u. des

Lepik

Leids. Versuchte s. Losgelöstheit von der Umwelt durch die Liebe, durch Verse an die eine, die ihm nie begegnete, durch erstrebte Erfahrung der Einheit von Individuum u. Gemeinschaft zu überwinden. Beeinflußt von Gorter, Verlaine, Spinoza, pers. u. arab. Dichtung.

W: Stoische wijsheid, Prosa 1904; Uit den tuin van Epicurus, Prosa 1910; Verzen, 1913; Cheops, G. 1915; Oostersch, G. 1922; Verzen, 1926. – Verzamelde verzen, 1935, hg. H. T. M. van Vliet, II 1982, 1988; Verzameld werk, II 1951f.
L: J. C. Bloem, 1951; J. M. Jalink, 1963; N. A. Donkersloot, 1965; J. Hulsker, 1970; E. Frank, Op de hoogte met L., 1977; W. Spillebeen, 1978 (m. Bibl.); Ontroering door het woord, hg. P. M. Th. Everard 1991; J. J. M. Meijers, 1995.

Lepik, Kalju, estn. Dichter, 7. 10. 1920 Koeru – 30. 5. 1999 Tallinn. 1942/43 Stud. Gesch. und Archäol. Tartu, 1944 Flucht nach Schweden, seit 1966 Leiter des Baltischen Archivs in Stockholm. – Wichtigster Exildichter der jüngeren Generation mit kontemplativer, teils national geprägter Lyrik.

W: Nägu koduaknas, 1946; Mängumees, 1948; Kivimurd, 1958; Kollased nõmmed, 1965; Klaasist mehed, 1978; Kadunud külad, 1985; Rukkilille murdmise laul, 1990; Valguse riie ei vanu. Kogutud luuletused 1938–1999, 2002.
L: K. L. Bibliografia, 2000.

Lera (García), Ángel María de, span. Schriftsteller, 7. 5. 1912 Baides/Guadalajara – 23. 7. 1984 Madrid. Stud. Rechte Granada. Maurer, Straßenhändler u. Versicherungsagent. – S. leidenschaftl. u. realist. Romane schildern das span. Alltagsleben auf dem Lande, in der Stadt u. in Studentenkreisen. Angriffe auf die konventionelle Gesellschaftsmoral; sozialkrit. Tendenz.

W: Los olvidados, R. 1957; Los clarines del miedo, R. 1958 (Fanfaren der Angst, d. 1960); La boda, R. 1959 (Spanische Heirat, d. 1963); Bochorno, R. 1960 (Glühender Mai, d. 1961); Trampa, R. 1962; Hemos perdido el sol, R. 1963; Tierra para morir, R. 1964; Con la maleta al hombro, Rep. 1965; Las últimas banderas, R. 1967; Los fanáticos, R. 1969; Historia de un hombre cualquiera, R. 1973; Se vende un hombre, R. 1973; Los que perdimos, R. 1974; La noche sin riberas, R. 1976; Oscuro amanecer, R. 1977; Angel Pestaña, retrato de un anarquista, B. 1978; Pablo Iglesias, Dr. 1984.
L: A. R. de las Heras, 1972; E. L. Leeder, Coral Gables/FL 1973; R. Hernández, 1981; M. S. Listerman, Boston 1982.

Lerberghe, Charles van, belg. Dichter, 21. 10. 1861 Ledeberg b. Gent – 26. 10. 1907 Brüssel. Flame; Jesuitenschule Sainte-Barbe in Gent. Freund von Maeterlinck. Stud. klass. Philol. Brüssel, 1894 Dr. phil. Reiste in Frankreich, England, Dtl. und Italien, ließ sich in Bouillon nieder. – Lyriker und Dramatiker des Symbolismus, Träumer von großer Empfindsamkeit und zarter Liebe zu allen Erscheinungsformen des Lebens. Parnassien in s. Schönheitskult, Symbolist in der fließenden Form s. bilderreichen, melod. Gedichte und der andeutenden Beschreibung von Empfindungsnuancen. Am stärksten inspiriert durch weibl. Schönheit. S. Hauptwerk ›La chanson d'Eve‹ (vertont von G. Fauré) über die Entwicklung des Mädchens aus unberührter Unschuld zur Enttäuschung als Frau. ›Les flaireurs‹ ist e. ergreifendes und unheiml. Prosadrama, die Komödie ›Pan‹ e. scharfe Satire gegen Heuchelei und konventionelle Moral.

W: Solyane, G. 1887 (n. R. Gaffin 1969); Les flaireurs, Dr. 1889 (n. J. Whistle 1976); Entrevisions, G. 1898 (d. 1914); La chanson d'Eve, G. 1904; Pan, K. 1906.
L: A. Mockel, 1904; F. Séverin, 1922; L. Christophe, 1943; J. Guillaume, 1962; H. Juin, 1969; H. Siepmann, 1988; P. Laude, 1994.

Lermontov, Michail Jur'evič, russ. Dichter, 15. 10. 1814 Moskau – 27. 7. 1841 Pjatigorsk. Vater Offizier, Nachkomme e. schott. Edelmanns, wuchs nach dem frühen Tod der Mutter bei der Großmutter mütterlicherseits in Tarchan im ehem. Gouv. Penza auf; 1825 Kuraufenthalt im Kaukasus; begann früh zu dichten, schrieb 1828–32 u. a. 300 Gedichte, 3 Dramen; 1828 in e. Moskauer Pensionat, 1830–32 Stud. ebda. ohne Abschluß; fand 1830 Zugang zur Dichtung Byrons, der ihm zum Ideal des großen Menschen wurde; 1832 in der Gardejunkerschule in Petersburg, 1834 Kornett e. Gardergiments. S. Verserzählung ›Chadži Abrek‹ als erstes Werk 1835 gedruckt. 1837 wegen s. Gedichts auf Puškins Tod ›Smert' poèta‹, das in Abschriften weit verbreitet wurde, in den Kaukasus, dann nach Nowgorod strafversetzt, kehrte 1838 nach Petersburg zurück; 1840 erster Sammelband, darin nahm L. die vor 1836 geschriebenen Gedichte nicht auf; fand als Dichter mehr und mehr Anerkennung; 1840 wegen e. Duells wieder in den Kaukasus versetzt, fiel dort im Zweikampf. – Neben Gogol' der große Romantiker der russ. Lit.; s. reife Dichtung entstand 1835–41; s. Lyrik zeigt emotionale Gespanntheit, ist gleichsam pathet. Bekenntnis, Ausdruck namentlich des tief empfundenen Widerspruchs zwischen Ideal und Wirklichkeit. Das musikal., melod. Element tritt stärker hervor als in Puškins Lyrik. L. wird von den russ. ›Formalisten‹ im Hinblick auf die Versmelodik neben Žukovskij, Fet und den Symbolisten zu den ›singstimmigen‹ Lyrikern gezählt; geht in späteren Gedichten zu Versen mit deklamator., orator. Intonation über (›Umirajuščij gladiator‹, 1836, ›Smert' poèta‹). Aus s. Verserzählungen hebt sich infolge einzigartiger klangl. und emotionaler Färbung der Sprache ›Demon‹ mit dem Thema der Liebe des gefallenen Engels zu e. Irdischen heraus, Poetisierung e. im Kaukasus lokalisierten Sage. Vollendet in s. Art als emotional-monolog. Poem ist ›Mcyri‹. ›Pesnja pro carja Ivana Vasil'eviča...‹ ist e. künstler. gelungene Nachbildung nach Geist und Art der Bylinen, in der Versform nach dem gesungenen Volksvers. L.s Hauptwerk, der Roman ›Geroj našego vremeni‹, hat nicht die Form des von L. erstrebten geschlossenen Prosaromans, sondern ist e. ›Kette‹ durch die Figur des Helden Pecorin verbundener Erzählungen; sie, darunter bes. die Novelle ›Taman'‹ zeigen L.s Meisterschaft in der kleinen Form, liegen auf e. Linie, die mit Turgenevs Novellen und Čechovs Erzählungen weitergeführt wird. Das Motiv der stolzen Einsamkeit in der verachteten Welt, kennzeichnend für L.s gesamte Dichtung, ist hier auf Pecorin bezogen, dessen Figur als e. von Selbstsucht beherrschter, in der Gesellschaft ›überflüssiger‹ Mensch zum lit. Typus wurde; das Werk war bedeutsam für den späteren russ. psycholog. Roman; L.s Dramen sind nur als Versuche zu werten. S. Neigung zu fremden Literaturen ist aus s. Beziehungen zu Th. Moore, W. Scott, Hugo, Lamartine, A. de Vigny, Musset, Schiller, Heine, Mickiewicz zu erkennen: berühmt ist s. Übertragung von Goethes ›Wanderers Nachtlied‹.

W: Chadži Abrek, Poem 1835; Bojarin Orša, Poem 1835; Pesnja pro carja Ivana Vasil'eviča, molodogo opričnika i udalogo kupca Kalašnikova, Poem 1837; Mcyri, Poem 1840 (Der Novize, d. 1948); Stichotvorenija, G. 1840; Geroj našego vremeni, R. 1840 (Ein Held unserer Zeit, d. L. Gürgens 1947); Demon, Poem 1840 (Der Dämon, d. 1921). – Polnoe sobranie sočinenij (GW), hg. B. Ėjchenbaum IV 1948; Sobranie sočinenij (GW), IV 1961–62, IV 1979–81; Polnoe sobranie sočinenij, X 1999–2002. – *Übs.:* Ausw. hg. A. Luther 1922; G. u. Verserzählungen, J. Guenther 1950; Ausgew. G., Ch. Ferber 1985; Gedichte, 2000.

L: E. Duchesne, Paris 1910; B. Ėjchenbaum, 1924, n. 1967; I. Andronikov, L. ²1951, ³1968; D. Maksimov, Poėzija Lermontova, 1959; J. Lavrin, Lond. 1959; J. Mesereau, Carbondale, 1962; B. M. Ėjchenbaum, Stat'i o L., 1961; A. Guski, M. J. L.s Konzeption d. lit. Helden, 1970; L. ėnciklopedija, 1981.

Lerner, Alan Jay, amerik. Musical-Texter, 31. 8. 1918 New York – 14. 6. 1986 ebda. Sohn e. Inhabers von Modegeschäften, 1936–40 Stud. Harvard. – Ab 1942 Zusammenarbeit mit dem Komponisten Frederick Loewe, aus der u. a. der Musical-Welterfolg ›My Fair Lady‹ hervorging.

W: Brigadoon, Musical 1947; Paint Your Wagon, Musical 1952; My Fair Lady, Musical 1956 (nach Shaws ›Pygmalion‹; d. 1962); Gigi, Drb. 1958; Camelot, Musical 1961 (nach T. H. Whites ›The Once and Future King‹); On a Clear Day You Can See Forever, Musical (1965); Coco, Musical (1969); The Street Where I Live, Aut. 1978; Dance a Little Closer, Musical (1983); A Hymn to Him, Slg. 1987; The Musical Theatre, St. 1987. – The Lerner and Loewe Song Book, 1962.

L: D. Shapiro, 1990; G. Lees, 1990; E. Jablonski, 1996.

Leroux, Etienne (eig. Stephanus Petrus Daniel le Roux), afrikaanser Schriftsteller, 13. 6. 1922 Oudtshoorn/Kapland – 30. 12. 1989 Bloemfontein. Stud. Bloemfontein: Großbauer Koffiefontein/Oranje Vrystaat. – Bedeutendster Vertreter des ›modernen‹ Romans in Afrikaans; Thematik: Desintegration der abendländ. Zivilisation (mit stark satir. Einschlag behandelt), Existentialismus, Ordnung u. Chaos; Suche des mod. Menschen nach e. lebendigen Mythos. Häufig Parallelen aus griech. u. israel. Mythologie sowie jungianische Archetypen in allegor. Form.

W: Eerste lewe van Colet, R. 1956; Hilaria, R. 1957; Sewe dae by die Silbersteins, R. 1962; Een vir Azazel, R. 1964; Die derde oog, R. 1966; 18–44, R. 1967; Isis Isis, R. 1969; Magersfontein, o Magersfontein, R. 1976; Onse Hymie, R. 1982; Die suiwerste Hugenoot is Jan Schoeman, R. 1990.

L: J. C. Kannemeyer, 1970; Ch. Malan, Misterie, 1978; F. I. J. van Rensburg, 1982; A. P. Grové, 1982; Ch. Malan, Bronnegids, 1983; ders., Race, 1987; E. Botha, 1998.

Leroux, Gaston, franz. Erzähler, 6. 5. 1868 Paris – 15. 7. 1927 Nizza. Advokat, dann Journalist. Im 1. Weltkrieg Kriegskorrespondent des ›Matin‹. Schrieb Romane für ›Je sais tout‹. – E. der Klassiker des Kriminalromans. Schuf die Gestalt von Joseph Rouletabille, e. mit außerordentl. Spürsinn begabten, lebendigen und stets gut gestimmten Reporters, der Held vieler s. Detektivromane ist. Auch andere Romane, psycholog. Erzählungen und einige Dramen.

W: Sur mon chemin, N. 1901; La double vie de Théophraste Longuet, 1904; La maison des juges, Dr. 1907; Le mystère de la chambre jaune, 1908 (d. 1927); Le parfum de la dame en noir, 1909 (d. 1928); Le fantôme de l'Opéra, R. 1910 (d. 1928 u. 1968, 1996); Rouletabille chez le Tsar, 1913; Le château noir, 1916; Les étranges noces de Rouletabille, 1916; Gare régulatrice, Dr. 1916. – *Übs.:* Teilslg. 1948.

L: Hommage à G. L., 1953; J.-C. Lamy, 1977; D. Martina, 1977; H. T. Siepe, 1988; Y. Olivier-Martin, 1995; Alfu, 1996.

Lesage, Alain-René, franz. Dichter, 13. 12. 1668 Sarzeau/Bretagne – 17. 11. 1747 Boulogne-sur-Mer. Jesuitenschule. Stud. Rechte Paris. ∞ 1694, Advokat. Lebensunterhalt in Paris durch Schreiben: zunächst Übs. span. Dramen, danach eigene Stücke, darunter an die 100 Komödien für Jahrmarktsbühnen sowie Romane. Lebte ab 1743 in Boulogne-sur-Mer. – Von s. dramat. Werk am bedeutendsten ist die Komödie ›Turcaret‹: L., Schüler Molières, führt dessen Sittensatire weiter, indem er erstmalig die zeitgemäße Figur des grausamen, skrupellosen, eitlen, durch Geldgier und dunkle Geschäfte emporgekommenen Geldmanns mit bisweilen derb kom. Effekten auf die Bühne bringt. S. Romane (außer ›Monsieur Robert Chevalier‹ alle nach span. Vorlagen) sind e. umfassende, z. T. derbe, aber stets gutartige, witzige Satire auf die zeitgenöss. franz. Gesellschaft. ›Le diable boiteux‹ nach Vorbild des Luis Vélez de Guevara ist e. durch den span. Schauplatz der Handlung getarnte, humorvolle Sittenkritik auf franz. Zustände. S. Meisterwerk, der Roman ›Gil Blas de Santillane‹, knüpft inhaltl. und techn. an den pikaresken Roman an (Held niedriger Herkunft, der viele Abenteuer besteht; Aufbau der Handlung kompliziert durch Nebenhandlungen). Die zahlr., in alle Schichten der Gesellschaft führenden Abenteuer und s. ausgeprägter Wirklichkeitssinn erlauben L., als erbarmungsloser Beobachter franz. Sitten und Charaktere zu schildern. S. Stil ist von klass. Klarheit, bildhaft und lebendig, verwirklicht im Roman bereits die Forderungen des Realismus.

W: Le diable boiteux, R. 1707 (n. R. Laufer 1970, d. 1707 u. ö.); Crispin rival de son maître, Dr. 1707 (d. 1772); Turcaret, K. 1709 (n. E. Lavielle 1964); Histoire de Gil Blas de Santillane, R. IV 1715–35 (n. A. Dupouy 1935, R. Étiemble 1973, d. 1840 u. ö.); Théâtre de la foire, X 1721–35; Les aventures de M. Robert Chevalier, R. 1732. – Œuvres complètes, XII 1821, XII 1935; Œuvres choisies, XV 1783; Œuvres, XVI 1823; Théâtre, 1911. – *Übs.:* Werke, XII 1839f.

L: E. Lintilhac, 1894; L. Claretie, 1894; M. Spaziani, Rom 1957; Ch. Dédéyan, II 1965; R. Laufer, 1971; C. Wentzlaff-Eggebert, Beispielreihung und geschlossene Form: Studie zum Roman bei L., 1971; H. Klüppelholz, Diss. Ffm. u.a. 1980; R. Daignault, Montréal 1981; F. Assaf, 1983; D. C. Thomson, Toronto 1984; A. Grewe, 1989; J. Erthel, 1993; F. Mancier, 2001. – *Bibl.:* H. Cordier, 1910; A. u. J. Malo-Renault, in: Bull. des Bibl. de Bretagne, 1947.

Lesches, von peripatet. Gelehrsamkeit (Phainias von Eresos) genannter Name e. angebl. aus Pyrrha stammenden ep. Dichters. → Epischer Kyklos.

Lesches → Epischer Kyklos.

Leskov, Nikolaj Semenovič (Ps. M. Stebnickij), russ. Dichter, 16. 2. 1831 Gorochovo (im ehem. Gouv. Orel) – 5. 3. 1895 Petersburg. Vater Beamter, 1841–46 Gymnas. Orel, 1847–50 ebda. beim Kriminalgericht tätig, 1850–57 in staatl. Verwaltungsbehörde in Kiew; bereiste 1857–60 im Dienst e. engl. Handelsfirma ganz Rußland, viele der dabei empfangenen Eindrücke gingen in s. erzählendes Werk ein. 1860 Berufsjournalist, 1862 von der liberalen Presse aus nichtigem Grund heftig angegriffen, dann, bes. wegen s. Romans ›Nekuda‹, der z. T. Schlüsselroman ist, noch viele Jahre befehdet; lebte meist in Petersburg, erhielt 1874 e. Amt im Kultusministerium; errang sich als Schriftsteller nur langsam Anerkennung; 1883 u. a. wegen s. Angriffe auf die kirchl. Lehre aus dem Staatsdienst entlassen; hegte ab 1887 uneingeschränkte Bewunderung für L. Tolstoj. – E. der großen russ. Erzähler; s. lit. Werk zeigt gewisse innere und äußere Zusammenhänge mit s. Tätigkeit als Journalist; das Streben, den Leser zu fesseln, macht sich in der Neigung zu Anziehungskraft, zu Spannungsreichtum geltend, erweist sich aber oft als nachteilig für die Komposition. S. Erzählkunst beruht im Grunde auf e. kleinen Form, der Anekdote. Wandte sich zunächst dem Roman zu, ging bald zur Romanchronik über; in e. solchen, in ›Soborjane‹, läßt er als erster russ. Schriftsteller Geistliche als zentrale Figuren e. größeren Prosadichtung auftreten. S. Bestes sind kleine Stücke, ob er sie Rhapsodie, Potpourri, Arabeske oder anders nennt; e. untadeliges Kunstwerk ist z. B. die trag. gehaltene Novelle ›Ledi Makbet Mcenskogo uezda‹, e. Meisterstück die kleine Erzählung ›Prividenie v inženernom zamke‹. Verfügt über e. Fülle von Vorlagen und Figuren; neigt zu mosaikart. Aneinanderfügen von Anekdoten; wählt gern Sujets aus dem kirchl. Bereich sowie aus dem ihm vertrauten Altgläubigentum, künstler. vollendet ist in ›Zapečatlennyj angel‹ e. Geschehnis in Kreisen der Altgläubigen dargestellt. Auf der Höhe s. Erzählkunst steht er auch in den Legenden über Themen aus dem christl. Altertum; die Romane und Erzählungen sind oft satir. gefärbt, L. greift aber auch zur reinen Satire. Großer Sprachkünstler, erzielt starke Wirkungen mit Wortspiel, Volksetymologie, stilisierter Rede einzelner Personen. Überzeugt von der eth. Gebundenheit der Kunst, gab er in seinem Denken der Ethik den Vorzug vor der Ästhetik (Setschkareff).

W: Ovcebyk, E. 1863 (Schafochs); Nekuda, R. 1864 (Ohne Ausweg); Ledi Makbet Mcenskogo uezda, N. 1866 (Lady Macbeth von Mcensk); Na nožach, R. 1870 (Bis aufs Messer); Soborjane, R. 1872 (Die Klerisei); Zapečatlennyj angel, E. 1872 (Der versiegelte Engel); Očarovannyj strannik, N. 1874 (Der verzauberte Pilger). – Polnoe sobranie sočinenij (GW), XXXVI ³1902–03, XXX 1996ff.; Sobranie sočinenij (W), XI 1956–58. – *Übs.:* GW, IX 1924–27, III 1963f.; GW in Einzelausg., VI ²1950–56, IX 1958; En. 1961; Meistererzählungen, 1989, ⁴1996.

L: P. Kowalewsky, Paris 1925; L. Grossman, N. S. L., Žizn'-Tvorčestvo-Poėtika, 1945; B. Macher, N. L.s Verhältnis z. Orthodoxie, Diss. 1952; A. Leskov, Žizn' N. Leskova, 1954; V. Setschkareff, 1959; B. M. Drugov, 1961; M. S. Gorjačkina, Satira Leskova, 1963; W. Girke, Stud. z. Sprache N. S. L.s, 1969; B. Zelinsky, Roman u. Romanchronik, 1970; H. McLean, 1977; J. Y. Muckle, 1978.

Leskovar, Janko, kroat. Schriftsteller, 12. 12. 1861 Valentinovo – 4. 2. 1949 ebda. Lehrer in versch. Orten der kroat. Provinz. – Erzähler vom Realismus zur Moderne. Unter dem Einfluß Schopenhauers stellt L. in psycholog. Romanen u. Novellen Typen aus dem Kleinbürgertum, der angekränkelten Intelligenz u. dem sich zersetzenden Adel dar, die nach dem tieferen Sinn des Daseins forschen u. sich in Selbstvorwürfen verzehren.

W: Misao na vječnost, N. 1891; Katastrofa, N. 1892; Poslije nesreće, N. 1894; Propali dvori, R. 1896; Sjene ljubavi, R. 1898; Izgubljeni sin, R. 1903; Pripovijesti, Kgn. II 1944. – Sabrana djela (GW), II 1996; Djela (W), 1953; Izabrana djela, hg. I. Frangeš 1964; Izabrana djela (AW), 1997.

L: M. Nehajev, 1900; C. Milanja, 1987; B. Krizmaniâc, 1992.

Leśmian, Bolesław (eig. Bolesław Lesman), poln. Dichter, 22. 1. 1877 (1878 ?) Warschau – 5. 11. 1937 ebda. Gymnas. und Stud. Jura Kiev, 1907–11 in Paris, 1914–18 Dramaturg in Łódź, bis 1934 Notar. 1933 Mitgl. der Poln. Lit. Akad. S. ersten Dichtungen erschienen in ›Życie‹ u. ›Chimera‹. – Symbolist, beeinflußte die poln. Dichtung wesentl., obwohl selbst nicht sehr produktiv. Bearbeiter oriental. Märchen, Übs. E. A. Poes. Deformiert s. Bilder oft ins Groteske, Absurde. Lyr. Gedichte von starker Dynamik u. Rhythmik mit Elementen des Expressionismus u. des Futurismus. Pessimist. Grundhaltung. Vorbild für den späteren poln. Futurismus u. Surrealismus. Dichtete anfangs auch in russ. Sprache.

W: Sad rozstajny, G. 1912; Klechdy sezamowe, M. 1913; Przygody Sindbada Żeglarza, R. 1913; Łąka, G. 1920; Napój cienisty, G. 1936; Dziejba leśna, G. 1938; Klechdy polskie, M. 1956 (Sesam-Märchen, Ausw. d. 1991); Skrzypek opętany, Dr. 1985. – Wybór poezji, 1946; Poezje zebrane, G. 1957; Z pism (GW), III 1959–65; Poezje, G. 1974 u. 1994. – *Übs.:* Gedichte, 1988.

L: J. Trznadel, 1964; St. K. Papierkowski, 1964; Wspomnienia o B. L., 1966; M. Pankowski, Brüssel 1967; Studia o L., 1971; T. Karpowicz, Poezja niemożliwa, 1975; R. H. Stone, 1976; D. Ratajczak, Teatr Artystyczny B. L., 1979; M. Głowiński, Zaświat przedstawiony, 1981; C. Rowiński, Człowiek i świat w poezji L., 1982; P. Coates, Identyczność i nieidentyczność w twórczości L., 1986; P. Łopuszański, 2000.

Lesort, Paul-André, franz. Erzähler, * 14. 11. 1915 Granville – 1997. Stud. Rechte. Banktätigkeit. 1940–45 dt. Kriegsgefangener. Kathol. Christ, Feind heroischer Emphase und bürgerl. Sicherheit. – Schrieb Romane und Novellen, bes. erfolgr. s. Roman ›Les reins et les cœurs‹ über die Familie als Nebeneinander isolierter Individuen. Vertiefte, minuziös genaue momentane Analysen der einzelnen Personen in bestimmten Situationen.

W: Les reins et les cœurs, R. 1946 (Auf Herz und Nieren, d. 1955); Les portes de la mort, Nn. 1948; Le fil de la vie, R. II, 1: Né de la chair, 1951 (d. 1955), 2: Le vent souffle où il veut, 1954 (d. 1956); Le fer rouge, R. 1957 (Das Brandmal, d. 1958); G. B. K., R. 1960; Paul Claudel par lui-même, B. 1963 (d. 1964); Tabakou à Jérusalem, Kdb. 1965; Vie de Guillaume Périer, R. 1966 (Das blaue Tagebuch, d. 1968); Après le deluge, 1977; La ligne verte, R. 1987; Quelques jours de mai-juin 40, Erinn. 1992; Partage de la mémoire, R. 1993.

Lespinasse, Julie Jeanne Élénore de, franz. Schriftstellerin, 9. 11. 1732 Lyon – 23. 5. 1776 Paris. Unehel. Tochter der Comtesse d'Albon. Genoß gute Erziehung durch Mutter, nach deren Tod Erzieherin ihrer Neffen. Ihr Geist und Charme machten sie zum Mittelpunkt des Salons der Madame Du Deffand, deren Vorleserin und Gesellschafterin sie seit 1754 war. Als Madame Du Deffands Eifersucht 1763 zum Bruch führte, eröffnete sie e. eigenen Salon, in dem die bedeutendsten Geister ihrer Zeit, u. a. d'Alembert, zu Gast waren. – Schrieb schwärmer., leidenschaftl., von romant. Unendlichkeitsstreben erfüllte Liebesbriefe.

A: Lettres, II 1876f. (n. 1994); Lettres inédites à d'Alembert, hg. C. Henry 1887; Lettres, 1893 (n. 1978); Correspondance entre Mlle de L. et le comte de Guibert, hg. Comte de Villeneuve-Guibert 1906; Les plus belles lettres de L., Ausw. hg. C. Roy 1962; Choix de lettres, 1996; Briefe 1773–76, 1997. – *Übs.:* Liebesbriefe, 1957.

L: E. Asse, Mlle de L. et la marquise Du Deffand, 1877; P. de Ségur, [7]1925; G. Truc, 1942; G. Ehmer, Diss. Bln. 1957; J. Bouissounouse, 1958; J. Lacouture, M.-C. d'Aragon, 1980; C. Blondeau, 1994.

Lessing, Doris (geb. Doris May Tayler, Ps. Jane Somers), anglo-afrikan. Schriftstellerin, * 22. 10. 1919 Kermanshah/Persien. Offizierstochter, 1924–49 auf e. Farm in Südrhodesien, 1949 Emigration nach England. – Ihre Hauptthemen sind die Spannungen u. Konflikte, die sich aus der Zugehörigkeit zu rass. oder (linken) polit. oder feminist. emanzipierten Minoritätengruppen ergeben. Auch Gedichte, Bühnenstücke u. Weltraumromane.

W: The Grass Is Singing, R. 1950 (Afrikanische Tragödie, d. 1953); This Was the Old Chief's Country, En. 1951 (Der Zauber ist nicht verkäuflich, Ausw. d. 1956); Children of Violence, R.-Zyklus V (Martha Quest, 1952, d. 1981, A Proper Marriage, 1954, d. 1982, A Ripple from the Storm, 1958, d. 1983, Landlocked, 1965, d. 1983, The Four-Gated City, 1969, d. 1984); Going Home, Ber. 1957; Each His Own Wilderness, Dr. 1959 (d. 1986); 14 Poems, 1959; The Golden Notebook, R. 1962 (d. 1982); Play with a Tiger, Dr. 1962 (d. 1985); Briefing for a Descent into Hell, R. 1971 (d. 1981); The Summer Before the Dark, R. 1973 (d. 1975); The Memoirs of a Survivor, R. 1974 (d. 1982); Canopus in Argos: Archives, R.-Zyklus V (Shikasta, 1979 [d. 1983], The Marriages between Zones Three, Four and Five,

1980 [d. 1984], The Sirian Experiments, 1981 [d. 1985], The Making of the Representative for Planet 8, 1982, [d. 1985], Documents Relating to the Sentimental Agents in the Volyen Empire, 1983 [d. 1985]); The Good Terrorist, R. 1985 (d. 1986); Prisons We Choose to Live Inside, Slg. 1987; The Wind Blows Away Our Words, Slg. 1987 (d. 1987); The Fifth Child, R. 1988; The Real Thing: Stories and Sketches, 1992; African Laughter, Mem. 1992; The Sun Between Their Feet, Kgn. 1993; Under My Skin: My Autobiography to 1949, 1994; To Room Nineteen, Kgn. 1994; Love, Again, R. 1996; Going Home, Mem. 1996; Walking in the Shade: 1949–62, Aut. 1998; Mara and Dann: An Adventure, R. 1999; Ben, in the World, R. 2000; The Sweetest Dream, R. 2002. – Collected African Stories, II 1973; The D. L. Reader, 1989 (d. 1989); The Grandmothers, En. 2003.

L: D. Brewster, 1965; P. Schlueter, 1973; A. Pratt, L. S. Dembo, hg. 1974; M. A. Singleton, 1977; M. Thorpe, 1978; R. Rubenstein, 1979; R. Spiegel, 1980; I. Holmquist, 1980; C. Seiler-Franklin, 1980; H. Kessler, 1982; J. Taylor, 1982; B. Draine, 1983; L. M. Hogeland, 1984; B. Dalhaus Beilner, Wahnsinn: Symptom u. Befreiung, 1984; A. Maak, 1984; H. Kellermann, 1985; E. Bertelsen, 1985; M. Knapp, 1985; K. Fishburn, 1985; C. Sprague, V. Tiger, hg. 1986; S. Budhos, 1987; C. Sprague, 1987; C. Kaplan, E. C. Rose, hg. 1988; R. Whittacker, 1988; J. King, 1989; L. Cederstrom, 1990; J. Pickering, 1990; E. Maslen, 1990; L. E. Chown, 1990; M. Myles, 1991; S. S. Fahim, 1994; G. Greene, 1997; C. Klein, 2000; C. Lommel, H. Bloom, hg. 2003. – *Bibl.:* C. Ipp, 1967; S. R. Burkom, M. Williams, 1973; D. Seligman, 1981.

Lesskow, Nikolai → Leskov, Nikolaj Semenovič

Lethem, Jonathan (Allen), amerik. Erzähler, * 19. 2. 1964 New York. Buchhändler, lebt in Brooklyn. – Genre-sprengende Texte zwischen Science fiction, Western, ›coming-of-age‹-Roman u. Detektivroman, in ›Motherless Brooklyn‹ als Krankengeschichte konzipiert, in die das Tourette-Syndrom formgebend auf die (dadaist.-surreale) Textgestaltung wirkt.

W: Gun, with Occasional Music, R. 1994 (d. 1998); Amnesia Moon, R. 1995; The Wall of the Sky, the Wall of the Eye, Kgn. 1996; As She Climbed Across the Table, R. 1997 (d. 2002); Girl in Landscape, R. 1998; Motherless Brooklyn, R. 1999 (d. 2001); This Shape We're In, R. 2001; The Fortress of Solitude, R. 2003.

Levčev, Ljubomir, bulgar. Dichter, * 27. 4. 1935 Trojan. Stud. Bibl. Sofia. Erste Veröffentlichungen in Zeitungen und Zeitschriften seit 1950. – Vertreter der sog. Aprilgeneration von Dichtern, die am Ende der 50er Jahren neue Formen in die dogmat. kommunist. Ästhetik einführen. In den 70er Jahren wird s. Dichtung zu einem Ausdruck der staatlichen Politik. Auch Drehbuchautor. Übsn. in viele Sprachen.

W: Zvezdite sa moi, G. 1957; Zavinagi, G. 1960; Observatorija, G. 1967; Strelbište, G. 1971; Dnevnik za izgarjane, G. 1973; Samosŭd, G. 1975; Sledljubov, G. 1980; Baven marš i drugi stichotvorenija, G. 1984.

Lever, Charles (James), ir. Romanschriftsteller, 31. 8. 1806 Dublin – 1. 6. 1872 Triest. Stud. Medizin Dublin und Göttingen. ∞ 1833 Kate Baker. 1839–42 prakt. Arzt in Brüssel, 1842–45 Hrsg. des ›Dublin University Magazine‹, ging 1845 nach Italien, einige Jahre in Florenz, dann brit. Konsul in La Spezia, später Triest. – Vf. zahlr. Unterhaltungsromane. Amüsante, oft schwankhafte Geschichten von sehr ungleicher Qualität, die späteren Werke etwas sorgfältiger. Thackeray parodierte L.s Stil in ›Phil Fogarty‹.

W: The Confessions of Harry Lorrequer, R. 1839; Charles O'Malley, R. 1841; Jack Hinton, R. 1843; Tom Burke of ›Ours‹, R. 1843; The Dodd Family Abroad, R. 1854; The Martins of Cro'Martin, R. 1856; Lord Kilgobbin; R. III 1872 (hg. A. N. Jeffares 1992). – Novels, hg. J. K. Neville XXXVII 1897–99.

L: W. J. Fitzpatrick, II 1879; E. Downey, II 1906; L. Stevenson, Dr. Quicksilver, 1939.

Levertin, Oscar (Ivar), schwed. Dichter, 17. 7. 1862 Gryt b. Norrköping – 22. 9. 1906 Stockholm. Sohn e. Kunst- u. Antiquitätenhändlers, 1882–87 Stud. Uppsala, 1888 Promotion, 1889 Dozent für Literaturgesch., 1899 Prof. in Stockholm. Lit.-, Kunst- u. Theaterkritiker, 1897–1906 führender Lit.kritiker für ›Svenska Dagbladet‹. Seit den 1880er Jahren lungenkrank. – Schrieb symbol. Gedankenlyrik, Liebeslyrik u. Epik, mit Motiven aus Judentum u. Christentum, Gesch. u. Legende. S. ersten Novellen schließen sich dem Realismus der 80er Jahre an, aber im Grunde war L. romant. veranlagt. Heidenstam lenkte ihn zur lyr. Phantasiedichtung. Als Jude stark in eigener Tradition verwurzelt aber zugleich mit Schweden tief verbunden. Emotional ist L. romant. Traditionalist, intellektuell dagegen von materialist.-determinist. Lebensanschauung. Die daraus resultierende Spannung ist das zentrale Motiv s. Dichtung. S. Krankheit führte ihn zum Todesproblem, zu hekt. Lebensbejahung u. relig. Schwärmerei. Im Alter Hinwendung zur Vergangenheit bes. in s. hist. Novellen. Auch Literarhistoriker.

W: Från Rivieran, N. 1883; Småmynt, N. 1883; Konflikter, N. 1885; Legender och visor, G. 1891; Livets fiender, R. 1891; Nya dikter, G. 1894; Från Gustaf IIIs dagar, Es. 1896; Diktare och drömmare, Es. 1898; Rococonoveller, Nn. 1899 (Aus dem Tagebuch eines Herzens, d. 1905); Teater och drama under Gustaf III., Abh. 1899; Magistrarne i Österås, E. 1900 (Die Magister von Ö., d. 1902); Dikter, G. 1901; Svenska gestalter, Es. 1903; S. Lagerlöf, St. 1904 (d. 1904); Kung Salomo och Morolf, G. 1905; Sista noveller, Nn. 1906; C. v. Linné, B. 1907; Sista dikter, G. 1907; Essayer, 1907. – Samlade skrifter, hg. E. Levertin, A. Lundegård XXIV 1907–11.

L: W. Söderhjelm, II 1914–17; D. Sprengel, ²1918; H. Ahlenius, 1934; O. Mendelsohn, 1938; F. Böök, 1944; C. Fehrman, L.s lyrik, Diss. Lund, 1945, O. L., 1947; A. Levertin, Den unge L., 1947; B. Julén, 1961; P. Rydén, 1974, 1977.

Levertov, Denise, engl. Lyrikerin, 24. 10. 1923 Ilford/Essex – 20. 12. 1997 Seattle/WA. Tochter e. anglikan. Geistl. russ.-jüd. Herkunft. ∞ 1948 den amerik. Schriftsteller Mitchell Goodman u. übersiedelte in die USA. – Erfaßt freimütig u. direkt in verfeinerter impressionist. Technik das Wesentliche sinnl. Empfindungen u. seel. Reaktionen.

W: The Double Image, G. 1946; Here and Now, G. 1957; Overland to the Islands, G. 1958; With Eyes at the Back of Our Heads, G. 1959 (Ausw. d. 1961); The Jacob's Ladder, G. 1961; Relearning the Alphabet, G. 1970; To Stay Alive, G. 1971; Footprints, G. 1972; The Freeing of the Dust, G. 1975; Life in the Forest, G. 1978; Pig Dreams, G. 1981; Wanderer's Daysong, G. 1981; Candles in Babylon, G. 1982; Light up the Cave, G. 1982; Oblique Prayers, G. 1984; The Menaced World, G. 1984; Breathing the Water, G. 1987; A Door in the Hive, G. 1989; New & Selected Essays, 1992; Evening Train, G. 1992; Tessarae: Memoires & Suppositions, Slg. 1995; The stream & the sapphire, G. 1996; The Life Around Us, G. 1997; Conversations, hg. J. S. Brooker 1998; Sands of the Well, 1998 (Ausw. d. 1998); The Letters of D. L. and William Carlos Williams, hg. C. MacGowan 1998; This Great Unknowing. Last Poems, hg. P. A. Lacey 1999. – Collected Earlier Poems 1940–60, 1979; Poems 1960–67, 1983; Selected Poems, 1986; Poems 1968–72, 1987; Poems 1972–82, 2001.

L: L. W. Wagner, 1967; J. Mersmann, 1974; W. Slaughter, 1981; L. Sakellion-Schultz, 1988; H. Marten, 1988; L. Wagner-Martin, 1991; A. Gelpi, hg. 1993; A. T. Rodgers, 1993; A. C. Little, S. Paul, hg. 2000; M. Bodo, 2002. – *Bibl.:* R. A. Wilson, 1972.

Levi, Carlo, ital. Schriftsteller, 29. 11. 1902 Turin – 4. 1. 1975 Rom. Stud. Medizin Turin, Arzt u. erfolgr. Maler. Als überzeugter Antifaschist wurde er in e. abgelegenes Dorf in Lukanien verbannt; später in Paris in der Widerstandsbewegung. – In s. ersten, sehr erfolgr. Roman ›Cristo si è fermato a Eboli‹ schildert L. mit spürbarer menschl. Anteilnahme eindrucksvoll die Schicksale der von der Zivilisation der Neuzeit kaum noch berührten Menschen e. gottverlassenen Dorfes in den Bergen. S. späteren Werke sind weniger überzeugend; einseitig krit. ist s. Buch über e. Reise nach Dtl., ›La doppia notte dei tigli‹.

W: Cristo si è fermato a Eboli, R. 1945 (Christus kam nur bis Eboli, d. 1947); Paura della libertà, Es. 1946; L'orologio, R. 1950; Le parole sono pietre, Es. 1955 (d. 1960); Il futuro ha un cuore antico, Reiseb. 1956; La doppia notte dei tigli, Reiseb. 1959; Un volto che ci somiglia, Reiseb. 1960; Tutto il miele è finito, Reiseb. 1964 (d. 1965); Coraggio dei miti. Scritti contomporanei, hg. D. De Donato 1975; Quaderno a cancelli, hg. A. Marcovecchio 1979.

L: V. Napolillo, 1984; G. Caserta, Nuova introduzione a C. L., 1996; N. Carducci, Storia intellettuale di C. L., 1999.

Levi, Paolo, ital. Dramatiker und Schriftsteller, 20. 6. 1919 Genua – 1989 Rom. Mitarbeiter versch. ital. und ausländ. Zsn., bes. Theaterkritiker; mußte 1944 nach Brasilien emigrieren; kehrte 1949 nach Italien zurück, lebt in Rom. – L. trat zuerst mit Funkkomödien und weiteren Hörspielen hervor. Im Theater debütierte er 1951 mit dem Schauspiel ›Anna e il telefono‹. Das im darauffolgenden Jahr aufgeführte Bühnenwerk ›Legittima difesa‹ brachte L. außerordentl. Erfolg. Wie dieses gingen die späteren Schauspiele auch über ausländ. Bühnen. Meist stehen menschl. Probleme im Vordergrund s. eigengeprägten, faszinierenden Stücke.

W: La parte buia della luna, H. 1948; Anna e il telefono, Dr. 1951; Legittima difesa, Dr. 1952 (Der Weg ist dunkel, d. 1957); Come per scherzo, Dr. 1955; I Nemici, Dr. 1955; Il Caso Pinedus, Dr. 1955 (d. 1958); Indirizzo sconosciuto, Dr. 1965; Ritratto di provincia, in rosso, R. 1975; Tentativo di corruzione, R. 1980 (d. 1990); Il filo della memoria, R. 1984.

Levi, Peter (Chad Tigar), engl. Lyriker, 16. 5. 1931 Ruislip/Middlesex – 1. 2. 2000 Frampton on Severn/Gloucestershire. Sohn jüd. Eltern, Stud. Oxford; ursprünglich kathol. Priester u. Jesuit, Aufgabe des Priesteramts wegen Heirat; Dozent in Oxford, Korrespondent für Archäologie u. Reiseberichte. – Individuelle, oft surrealist. Lyrik, häufig in freien Rhythmen, jenseits lit. Moden in England, beeinflußt von W. Stevens u. G. Seferis. Vorherrschende Naturthematik. Auch Verf. versch. Biographien (Tennyson, Lear, Milton) sowie Übs. v. a. slawischer Texte u. Verf. von Kriminalromanen.

W: Water, Rock and Sand, 1962; Fresh Water, Sea Water, 1966; Ruined Abbeys, 1968; Five Ages, 1977; Private Ground, 1981; Shakespeare's Birthday, 1985; Shadow and Bone, 1989; Goodbye to the Art of Poetry, 1989; Tennyson, B. 1993; The Rags of Time, 1994; Edward Lear, B. 1995; Reed Music, 1997; Eden Renewed, B. 1997. – Collected Poems 1955–1975, 1976.

Levi, Primo, ital. Autor, 31. 7. 1919 Turin – 11. 4. 1987 ebda. Stud. Chemie ebda.; Mitgl. der Widerstandsgruppe ›Giustizia e Libertà‹; weil Jude u. Mitgl. e. Partisanengruppe, 1944 nach Auschwitz deportiert; 1945 Befreiung durch die rote Armee, anschließend odysseeähnl. Heimkehr. Später berufl. Tätigkeit als Industriemechaniker; als Schriftsteller v. a. Autobiograph. – In ›Se questo è un uomo‹ u. ›La tregua‹ Darstellung des KZ-Grauens. In ›Storie naturali‹ (unter Ps. Damiano Malabaila) werden phantast. u. utop. Stoffe unter Verwendung e. pseudowissenschaftl. Terminologie behandelt. ›Il sistema periodico‹ enthält Episoden s. Lebens unter dem Faschismus.

W: Se questo è un uomo, R. 1947 (d. 1961); La tregua, R. 1963 (Atempause, d. 1964); Storie naturali, En. 1966 (Die Verdoppelung einer schönen Dame, d. 1969); Vizio di forma, En. 1971; L'osteria di Brema, 1975; Il sistema periodico, 1975 (d. 1979); La chiave a stella, R. 1978; Lilit e altri racconti, En. 1981; La ricerca delle radici, Anth. 1981; Se non ora, quando?, R. 1982 (d. 1986); Ad ora incerta, 1985; L'altrui mestiere, En. 1985.

L: G. Grassano, 1981; P. L. Il presente del passato, hg. A. Cavaglion 1991; M. Dini, 1992; S. Tschörner, 1999; E. Bianchini, 2000; F. Molinari v. a., 2000; R. Gordon, Oxford 2001; S. Nezri-Dufour, 2002; P. L. Le double bien. Science et littérature, hg. W. Geerts, Paris 2002.

Levin, Hanoch, Theaterautor und Erzähler, 18. 12. 1943 Tel Aviv – 18. 8. 1999 ebda. Mit etwa 50 Bühnenstücken, die er z. T. selber inszenierte, gehört L. zu den wichtigsten israel. Bühnenschriftstellern. S. Karriere begann Ende der 60er Jahre mit Sketchen für das Kabarett. Im Jahr 1972 löste s. polit. Satire ›Die Königin der Badewanne‹ einen Sturm in der israel. Öffentlichkeit aus. – In s. Dramen versucht Levin, die menschliche Gesellschaft und ihren bedauernswerten Zustand durch groteske, archetyp. Bühnenfiguren zu entlarven. Elend und Einsamkeit sind wiederkehrende Motive in s. Gesamtwerk.

W: Yaakobi ve-Leidental, Dr. 1974 (Yaakobi and Leidental, engl. 1979); Chefez, Dr. 1988; Yisurey Ijov, Dr. 1988; Ashkava, Dr. 1999. – Übs.: Der Zufriedene, der Lüsterne und die Geloste, En. d., 1998; Théatre choisi, II franz. 2001.

Levin, Ira, amerik. Schriftsteller, * 27. 8. 1929 New York. Stud. New York., lebt ebda. – Schauspiele, Kurzgeschichten, Songtexte u. Romane versch. Genres. Am bekanntesten ›Rosemary's Baby‹, e. mod. Schauerroman über den Einbruch des Satanischen in das Leben e. jungen Frau; durch geschickte Handhabung der Erzählperspektive, vergleichbar der Technik von H. James in ›The Turn of the Screw‹, wird die Frage nach dem Wirklichkeitsgehalt des Geschilderten in der Schwebe gelassen.

W: A Kiss Before Dying, R. 1953 (d. 1997); No Time for Sergeants, R. 1956; Rosemary's Baby, R. 1967 (d. 1968); This Perfect Day, R. 1970 (Die sanften Ungeheuer, d. 1972); The Stepford Wives, R. 1972 (Die Roboterfrauen, d. 1977); Veronica's Room, Dr. 1974; The Boys from Brazil, R. 1976 (d. 1997); Deathtrap, Dr. 1979; Break a Leg, Dr. 1981; Three by I. L., 1985; Cantorial, Dr. 1990; Sliver, R. 1991 (d. 1991); Son of Rosemary, R. 1997.

L: D. Fowler, 1988.

Levin, Meyer, amerik. Erzähler, 8. 10. 1905 Chicago – 9. 7. 1981 Jerusalem. Jugend in jüd. und ital. Slums. Stud. Chicago. Zionist; Kriegskorrespondent, Journalist. – In meist autobiograph. Romanen hebr. Elemente; sozialkrit. Proletarierromane, Einfluß chassid. Mystik.

W: Reporter, R. 1929; Frankie and Johnny, R. 1930; Yehuda, R. 1931; Golden Mountain, R. 1932; New Bridge, R. 1933; The Old Bunch, R. 1937; Citizens, R. 1940; My Father's House, R. 1947; In Search, Aut. 1950; Compulsion, R. 1956, Dr. 1958 (Zwang, d. 1958); Eva, R. 1959 (d. 1960); The Fanatic, R. 1964; The Stronghold, R. 1965; Gore and Igor, R. 1968; The Settlers, R. 1972; The Obsession, Aut. 1973; The Spell of Time, R. 1974; The Harvest, R. 1978; The Architect, R. 1981.

L: S. J. Rubin, 1982; L. Graver, 1995.

Levita, Elia (eig. Elia Levi ben Ascher gen. Bachur, auch Tischbi oder Germanus) jidd. Dichter, 13. 2. 1469 Neustadt a. d. Aisch – 28. 1. 1549 Venedig. Hebr. Grammatiker, Korrektor in Venedig und Isny/Württ.; verbrachte fast s. ganzes Leben in Italien, wo er in Rom, Padua u. Venedig die christl. Humanisten im Hebr. unterwies und so den Anstoß zur christl., mit Reuchlin beginnenden Hebraistik des 16. Jh. gab. Entdeckte, daß die bibl. Vokalisation aus nachtalmud. Zeit stammt, und verfaßte außer zahlr. grammat. Abhandlungen und Konkordanzen, die z. T. von s. Schüler S. Münster ins Lat. übersetzt wurden, das 1. jidd.-hebr. Wörterbuch. Trat auch als jidd. Volksschriftsteller mit phantasievollen Ritterdichtungen, z. T. Parodien heroischer Stoffe, und Übs. (Psalmen, 1545, Gebetbuch, 1562) hervor. S. zwei am weitesten verbreiteten Spielmannsdichtungen hat L. mit jidd. Brauchtum u. Ausdrücken durchsetzt, um auch den frommen jidd. Leser zu erreichen.

W: Pirkej Elijahu; Tischbi 1529; Sefer haharkawa, 1536; Massoret hamassoret, 1539 (n. engl. 1969); Bovo—Buch, Ep. 1540; Paris un Viene, Ep. 1954; Einl., Transkription, Komm. v. E. Timm, 1996.

L: S. Buber, 1850; I. Levi, 1888; W. Bacher, 1892; J. A. Joffe, N. Y. I (1949); N. B. Minkoff, 1950; M. A. Szulwas, 1955; I. Zinsberg, II (1956); G. E. Weil, Leiden 1963; O. F. Best, 1973; H. Dinse, S. Liptzin, 1978.

Levitov, Aleksandr Ivanovič, russ. Schriftsteller, 1. 8. 1835 Dobroe (im ehem. Gouv. Tambov) – 16. 1. 1877 Moskau. Vater Dorfküster; Priesterseminar Tambov, das er vorzeitig verließ; Stud. Medizin Petersburg; 3 Jahre nach Šenkursk verwiesen, dann in Vologda, ab 1861 Moskau; erster lit. Versuch um 1858; führte ab etwa 1865 e. unstetes Leben, wanderte von Stadt zu Stadt, übte viele Berufe aus, lebte in großer Not. – In der russ. Lit. e. der namhaften Vertreter der Nichtadligen (raznočincy) unter den ›Volksfreunden‹. S. Skizzen und Erzählungen, von feinem Humor durchsetzt, sind lyr.-ep. Improvisationen, in musikal., an Epitheta und Metaphern reicher Sprache. Hauptthema ist das bäuerl. Elend und das erbärml.

Leben unterster Schichten in der Großstadt. Tendenz gegen die Gutsbesitzer.
W: Stepnye očerki, Sk. II 1875. – Sobranie sočinenij (W), VIII 1911; Sočinenija (W), II 1932f., 1956, 1977; Izbrannoe (AW), 1980.

Levstik, Fran, slowen. Schriftsteller u. Philologe, 28. 9. 1831 Dolnje Retje – 16. 11. 1887 Laibach. Bauernsohn, Stud. Theol. Olmütz, wegen s. 1. Gedichtsammlung aus dem Priesterseminar ausgeschlossen, fristete s. Leben kümmerl. als Lehrer, Vereinssekretär, Journalist u. Bibliothekar, 1870 Hrsg. der satir. Zs. ›Pavliha‹ in Wien, Redakteur u. Übs., ab 1872 Scriptor der Studienbibliothek Laibach; Kämpfer für die nationalen Rechte des slowen. Volkes. – Außer gefühlvoller ausdrucksreicher Liebeslyrik, die an Prešeren anklingt, u. Kindergedichten pflegte L. realist. Prosa, in der er mit Humor u. in bilderreicher Sprache den slowen. Bauern bei der Arbeit u. beim Vergnügen darstellt. S. dramat. Versuche u. s. Romane blieben Torsi; als Kritiker verfaßte L. scharfe Satiren, in denen er die kulturellen, polit. u. soz. Mißstände geißelte u. zur Pflege der Muttersprache, deren bester Kenner er war, aufrief.
W: Pesmi, G. 1854; Juntez, Dr. 1855; Napake slovenskega pisanja, Abh. 1858; Popotovanje od Litije do Čateža, E. 1858; Martin Krpan, E. 1858 (d. 1960); Die slovenische Sprache nach ihren Redetheilen, Abh. 1866. – Zbrani spisi, hg. F. Levec V 1891–95; Zbrano delo, hg. A. Slodnjak III 1931–35, XI 1946–80; Briefe, hg. A. Pirjavec 1931.
L: B. Paternu, 1962, 1978; M. Kmecl, 1981; B. Paternu, 1989.

Lewis, Alun, anglowalis. Schriftsteller, 1. 7. 1915 Aberdare/Glamorgan – 5. 3. 1944 Arakan/Burma. Erzogen in Cowbridge Grammar School, Stud. Geschichte Aberystwyth u. Manchester, e. Jahr Dozent in Aberystwyth, danach Lehrer an e. Schule s. Heimatortes. 1940 Eintritt in den Heeresdienst. ∞ 1941 Gweno Ellis. Fiel im 2. Weltkrieg in Hinterindien. – Vielversprechendes junges Talent, Vf. von Gedichten u. Kurzgeschichten aus dem Erleben des Krieges als e. Elementarmacht, die den Menschen konventioneller Bindungen enthebt.
W: Raider's Dawn, G. 1942; The Last Inspection, Kgn. 1942; Ha! Ha! Among the Trumpets, G. 1945; Letters from India, 1946; In the Green Tree, Slg. 1949; Selected Poetry and Prose, hg. I. Hamilton 1966; Selected Poems, hg. J. Hooker 1981. – A. L.: Collected Stories, hg. C. Archard 1990; A. L.: Letters to My Wife, hg. G. Lewis 1989.
L: H. Jarka, Diss. Wien 1954; A. John, 1970; J. Pikoulis, 1984.

Lewis, Cecil Day → Day-Lewis, Cecil

Lewis, C(live) S(taples) (Ps. Clive Hamilton), engl. Gelehrter, Essayist, Literarkritiker und Schriftsteller, 29. 11. 1898 Belfast – 24. 11. 1963 Oxford. Sohn e. Rechtsanwalts. Stud. Oxford. Teilnahme am 1. Weltkrieg. 1924–54 Lehrtätigkeit in Oxford, danach Prof. für engl. Lit. des MA und der Renaissance in Cambridge. – Vielseitige schriftsteller. Begabung, in s. christl.-eth. Grundhaltung Nähe zu Chesterton und D. Sayers. Vf. von hervorragenden Studien über ma. höf. Liebesdichtung v. a. ›The Allegory of Love‹, Essays über relig. und eth. Themen, phantast.-imaginativen Romanen, Science Fiction mit relig. Einschlag und den bekannten sieben Narnia-Bänden: phantasievollen allegor. Abenteuergeschichten für Kinder mit christl. Parabeln.
W: Dymer, Dicht. 1926; The Pilgrim's Regress, R. 1933; The Allegory of Love, St. 1936; Out of the Silent Planet, R. 1938 (d. 1948); The Problem of Pain, Es. 1940 (d. 1954); The Screwtape Letters, Es. 1942 (Dämonen im Angriff, d. 1944, u. d. T. Dienstanweisung für einen Unterteufel, d. 1958); Christian Behaviour, Es. 1943; Perelandra, R. 1943 (u. d. T. Voyage to Venus, 1953; d. 1957); Beyond Personality, Vortr. 1944; That Hideous Strength, R. 1945 (Die böse Macht, d. 1954); The Great Divorce, Es. 1945 (d. 1955); Miracles, Schr. 1947 (d. 1951); The Lion, the Witch and the Wardrobe, Kdb. 1950 (d. 1957); Prince Caspian, Kdb. 1951 (d. 1959); The Voyage of the ›Dawn Treader‹, Kdb. 1952; Mere Christianity, Vortr. 1952; The Silver Chair, Kdb. 1953; English Literature in the 16th Century, St. 1954; The Horse and His Boy, Kdb. 1954 (d. 1958); Surprised by Joy, Aut. 1955 (d. 1968); Till We Have Faces, R. 1956 (Du selbst bist die Antwort, d. 1958); The Four Loves, Es. 1960 (d. 1961); Studies in Words, 1960; An Experiment in Criticism, St. 1961 (Über das Lesen von Büchern, d. 1966); A Grief Observed, Aut. 1961; They Asked for A Paper: Papers and Addresses, 1962; The Discarded Image, St. 1964. – Poems, hg. W. Hooper 1964; Studies in Medieval and Renaissance Literature, hg. ders. 1966; Letters, hg. W. H. Lewis 1966; Of Other Worlds, Slg. hg. W. Hooper 1966; Letters to an American Lady, 1969; Selected Literary Essays, hg. W. Hooper 1969; God in the Dock: Essays on Theology and Ethics, hg. ders. 1970 (d. 1982); Narrative Poems, 1970; Of this and Other Worlds, Slg. hg. W. Hooper 1982; Boxen: The Imaginary World of the Young C. S. L., Slg. hg. ders. 1985. – *Übs.:* Über den Schmerz, 1954; Über die menschliche Trauer, 1967.
L: E. G. Lee, 1944; C. Walsh, 1949; R. L. Green, 1963; C. S. Kilby, 1964; Light on L., hg. J. Gibb 1965; Patterns in Love and Courtesy, hg. J. Lawlor 1967; H. Gardner, 1967; R. B. Cunningham, 1967; P. Kreeft, 1969; C. Keefe, hg. 1971; R. L. Green, W. Hooper, 1974; A. Arnott, 1974; D. A. Hart, Through the Open Door, 1984; J. R. Christopher, 1987; A. N. Wilson, 1990; D. Downing, Planets in Peril, 1992.

Lewis, Matthew Gregory (›Monk Lewis‹), engl. Erzähler, 9. 7. 1775 London – 16. 5. 1818 auf See. In Westminster erzogen, Stud. Oxford. Während längeren Dtl.-Aufenthaltes Besuch bei

Goethe in Weimar; von dessen ›Faust‹ sehr beeindruckt. Beschäftigte sich eingehend mit Schiller, Bürger und Kotzebue. 1796–1802 Parlamentsmitglied. Fuhr 1817 nach Westindien/Jamaika, wo er Besitztümer hatte, setzte sich dort für bessere Behandlung der Sklaven ein. Starb auf der Rückfahrt an Gelbfieber. – Schrieb 20jährig ›The Monk‹ (seither Spitzname ›Monk Lewis‹), erfolgr. und einflußr. Beispiel des Schauerromans; versch. Sammlungen von ›Tales of Wonder‹ und ›Romantic Tales‹, zu denen auch W. Scott beitrug. Als Dramatiker erfolgr. v. a. durch s. Melodramen; s. bleibender lit. Ruhm gründet s. jedoch ausschließl. auf ›The Monk‹. Wichtiger lit. Vermittler zwischen dt. Sturm und Drang und engl. Vorromantik. Übs. von Schillers ›Kabale u. Liebe‹ (1797).

W: The Monk, R. III 1796 (n. L. F. Peck 1960; d. 1799 u. 1962); The Castle Spectre, Melodr. 1798; Tales of Terror, Ball. 1799; The East Indian, Dr. 1800; Tales of Wonder, Ball. 1801; Timour the Tartar, Melodr. 1811; Journal of a West India Proprietor, Aut. 1834 (n. 1929); Life and Correspondence, hg. M. Baron-Wilson II 1839.

L: A. Parreaux, 1960; L. F. Peck, 1961.

Lewis, (John) Saunders, walis.-kymr. Dramatiker und Schriftsteller, 15. 10. 1893 Wallasey – 1. 9. 1985 Cardiff/Wales. Stud. Liverpool. 1923–36 Dozent Univ. Swansea, ab 1951 Univ. Cardiff. Konvertierte 1933 zum Katholizismus. Begründer und 1925–38 Präsident der Welsh National Party. – Kathol. Glaube und Nationalismus sind Hauptthemen s. Gedichte, Versdramen, phantasievollen Romane, scharfsinnigen, jedoch z. T. tendenziösen krit. Schriften und ausgezeichneten hist. und kulturhist. Studien über walis. Traditionen. In s. Versdramen Experimente mit metr. Formen.

W: Gwaed yr Uchelwyr, G. 1922; Williams Pantycelyn, Es. 1927; Ceiriog, G. 1929; Monica, R. 1930; Buchedd Garmon, Dr. 1937; Canlyn Arthur, Ess. 1938; Amlyn ac Amig, Dr. 1940; Byd a Betws, G. 1941; Ysgrifau Dydd Mercher, Es. 1945; Blodenwedd, Dr. 1948; Eisteddfod Bodran a Gan Bwyll, Dr. 1952; Gymerwch chi sigaret?, Dr. 1956; Brad, Dr. 1958; Esther, Dr. 1960; Serch yw'r Doctor, Dr. 1960; Cymru Fydd, Dr. 1967; Problemau Prifysgol, Dr. 1968. – *Übs.:* Selected Poems, J. P. Clancy 1993.

L: B. Griffith, 1989; A. R. Jones, G. Thomas, 1991.

Lewis, (Harry) Sinclair, amerik. Erzähler, 7. 2. 1885 Sauk Centre/MN – 10. 1. 1951 Rom. Arztsohn, Univ. Yale 1903–08, 1906 in U. Sinclairs Kolonie Helicon Hall; 1907–15 Journalist, Redakteur, Lektor in New York, San Francisco, Washington; ab 1915 freier Schriftsteller. Großer Erfolg mit Romanen seit ›Main Street‹, sensationelle Zurückweisung des Pulitzerpreises 1926, aber Annahme des Lit.-Nobelpreises 1930 als erster Amerikaner, e. in Amerika umstrittene Entscheidung. Hob in s. Nobelpreisrede das Pionierwerk s. Konkurrenten Dreiser u. jüngere Talente wie Hemingway u. Wolfe hervor, betonte Reife der amerik. Lit. u. Recht auf Gesellschaftskritik. ∞ 1914 Grace Hegger (o|o 1928), 1928 Journalistin Dorothy Thompson (o|o 1942); Reisen, letzte Jahre in Europa, bes. in e. Villa b. Florenz. – L. schilderte in s. Romanen mit wenig autobiograph. Zügen den amerik. Menschen u. s. Umwelt mit feinem Ohr für Sprache u. Gefühlswelt. ›Main Street‹ für die Kleinstadt u. ›Babbitt‹ als Bürger wurden Gattungsbegriffe. ›Arrowsmith‹ mit Heroisierung des Arztes u. des Gelehrten zeigt den hinter der Satire wirkenden Idealismus L.'; ›Elmer Gantry‹ als Satire auf relig. Scharlatanerie s. Neigung zu plakathaften Wirkungen, ›Dodsworth‹ die Fähigkeit, e. bürgerl. Typ gerecht zu werden. ›It Can't Happen Here‹ ist die Übertragung des dt. Nazi-Regimes auf amerik. Verhältnisse als Warnung vor Rechtspropagandismus.

W: Our Mr. Wrenn, R. 1914 (d. 1931); The Trail of the Hawk, R. 1915 (Falkenflug, d. 1933); The Innocents, R. 1917; The Job, R. 1917 (Der Erwerb, d. 1929); Free Air, R. 1919 (Die Benzinstation, d. 1927); Main Street, R. 1920, Dr. 1921 (d. 1922); Babbitt, R. 1922 (d. 1925); Arrowsmith, R. 1925 (d. 1925); Mantrap, R. 1926 (d. 1928); Elmer Gantry, R. 1927 (d. 1928); The Man Who Knew Coolidge, R. 1928 (Der Mann, der den Präsidenten kannte, d. 1929); Dodsworth, R. 1929, Dr. 1934 (d. 1930); Ann Vickers, R. 1933 (d. 1933); Work of Art, R. 1934 (Das Kunstwerk, d. 1934); It Can't Happen Here, R. 1935 (Das ist bei uns nicht möglich, d. 1936); Selected Short Stories, 1935; The Prodigal Parents, R. 1938 (Die verlorenen Eltern, d. 1939); Bethel Merriday, R. 1940 (d. 1943); Gideon Planish, R. 1943 (Gideon Planish oder der Verlogenen, d. 1946); Cass Timberlane, R. 1945 (d. 1948); Kingsblood Royal, R. 1947 (d. 1950); The Godseeker, R. 1949 (Der einsame Kämpfer, d. 1951); World So Wide, R. 1951 (Wie ist die Welt so weit, d. 1955); The Man from Main Street, Ess. 1954; Let Us Play King, R. 1956 (König sein dagegen sehr, d. 1956); Storm in the West, Drb. 1963 (m. D. Schary); If I Were Boss, En. 1997; Minnesota Diary 1942–46, Aut. hg. G. Killough 2000. – From Main Street to Stockholm: Letters 1919–30, hg. H. Smith 1952. – *Übs.:* Ges. Erzählungen, 1974.

L: C. Van Doren, 1933 (m. Bibl.); G. H. Lewis, 1955; M. Schorer, 1961 (d. 1964), 1963 u. (hg.) 1962; S. N. Grebstein, 1962; V. Sheean, Dorothy and Red, 1962 (d. 1964); D. J. Dooley, 1967; R. Silhol, Les tyrans tragiques, Paris 1970; M. Light, 1975; M. Bucco, hg. 1986; M.-L. Wolff, 1991; J. M. Hutchisson, 1996; R. R. Lingeman, 2002. – *Bibl.:* R. u. E. Fleming, 1980.

Lewis, (Percy) Wyndham, engl. Erzähler und Essayist, 17. 3. 1884 auf e. Schiff vor Maine/USA – 7. 3. 1957 London. Stud. Kunstschule Slade; Teilnahme am 1. Weltkrieg. Ausgezeichneter abstrakter Maler (5 Bilder in der Tate Gallery). Gab nach dem 1. Weltkrieg gemeinsam mit E. Pound die

Zs. ›Blast‹, später allein noch mehrere kurzlebige Zsn. heraus. Exzentriker, ab 1951 erblindet. – In s. Werken gehen Roman-, Lyrik- und Essayform ineinander über. Kraftvolle, herausfordernde Sprache, boshafte Satire, unbarmherzige Kritik an überkommenen Vorstellungen und Einrichtungen. Unter Einfluß der Imagisten völlige Absage an den Realismus. Begr. des von Kubismus und Futurismus beeinflußten ›Vorticism‹. S. Trilogie ›The Human Age‹ spielt zwischen Himmel und Hölle, in e. Art Purgatorium, in dem die Grenzen zwischen Gut und Böse verwischt sind.

W: Tarr, R. 1918; The Art of Being Ruled, Es. 1926; Time and Western Man, Es. 1927; The Human Age, R.-Tetralogie (The Childermass, 1928, Monstre Gai, 1955, Malign Fiesta, 1955, The Trial of Man, 1960); The Apes of God, R. 1930; One Way Song, G. 1933; Left Wings over Europe, Schr. 1936; The Revenge for Love, R. 1937 (d. 1938); Blasting and Bombardiering, Aut. 1937; The Mysterious Mr. Bull, Es. 1938 (d. 1939); The Hitler Cult, Es. 1939; The Vulgar Streak, R. 1941; Rude Assignment, Aut. 1950; Rotting Hill, Kgn. 1951; The Writer and the Absolute, Es. 1952; Self Condemned, R. 1954; The Demon of Progress in the Arts, Es. 1954; The Red Priest, R. 1956; E. Pound, Es. 1958; On Art, Slg. hg. W. Michel, C. J. Fox 1971; The Roaring Queen, R. 1973; Unlucky for Pringle, Kgn. 1973; Enemy Salvoes, St. hg. C. J. Fox 1976; The Letters, hg. W. K. Rose 1963. – Collected Poems and Plays, hg. A. Munton 1979.

L: H. G. Porteus, 1932; G. Grigson, 1951; The Art of W. L., hg. C. Handley-Read 1951; H. Kenner, 1954; E. W. Tomlin, 1955; R. Neuhäuser, Diss. Wien 1956; G. A. Wagner, 1957; W. H. Pritchard, 1968; D. G. Bridson, The Filibuster, 1972; R. T. Chapman, 1973; T. Materer, 1976. – *Bibl.*: M. F. Daniels, 1972; O. S. Pound, P. Grover, 1978; F. Jameson, 1979; J. Meyers, 1980; S. E. Campbell, 1988; P. Edwards, 2000.

Lewisohn, Ludwig, amerik. Schriftsteller und Kritiker, 30. 5. 1882 Berlin – 31. 12. 1955 Miami Beach. Aus dt.-jüd. Mittelstandsfamilie, die 1890 nach Charleston/SC, auswanderte; College of Charleston, Columbia Univ., 1911–19 Prof. für Dt. Ohio State Univ., 1919 Redakteur von ›The Nation‹, ab 1924 freiberufl., viel im Ausland lebend. – S. Romane behandeln Eheprobleme (er selbst war dreimal verheiratet) und die Geschichte des jüd. Volkes. Wurde überzeugter Anhänger des Zionismus. Als idealist.-individualist. Kritiker benutzte er Freudsche Psychol., um die puritan. Tradition Amerikas anzugreifen. Übs. G. Hauptmanns, Sudermanns u. a.

W: The Broken Snare, R. 1908; The Poets of modern France, St. 1918; The Drama and the Stage, Ess. 1922; Up Stream, Aut. 1922; Don Juan, R. 1923; Israel, St. 1925; The Case of Mr. Crump, R. 1926 (d. 1928); Roman Summer, R. 1927; The Defeated, R. 1927 (u. d. T. The Island Within, 1928); Midchannel, Aut. 1929; The Last Days of Shylock, R. 1931; Expression in America, Abh. 1932; Haven, Aut. 1940; Anniversary, R. 1948 (Verlorene Tochter, d. 1949); Goethe, B. 1949; The American Jew, St. 1950; What Is This Jewish Heritage?, St. 1954.

L: S. Lainoff, 1982; R. Melnick, 1998; J. Statlander, 2002.

Lezama Lima, José, kuban. Schriftsteller, 19. 12. 1910 Campamento de Columbia – 9. 8. 1976 La Habana. Rechtsanwalt, Journalist, Beamter, dann stellv. Vorsitzender des kuban. Schriftstellerverbandes; gründete u. leitete 4 Zsn.; Förderer der Kultur. – Mit e. fast relig. Hingabe lebte u. verkörperte er die Lit. u. war Modell für viele angehende Schriftsteller. In s. in hermet., barockem Stil verfaßten Texten versuchte er durch Mythos u. Esoterik e. eigene, aus Worten bestehende Welt zu schaffen. S. Meisterwerk ist ›Paradiso‹, e. Dichtung, die gleichzeitig Bildungsroman, Autobiographie, Geschichte e. Familie u. s. Freunde ist. Die Figuren agieren als Metaphern u. bilden e. eigene Welt von Erinnerung, Kultur u. Sensualität.

W: Muerte de Narciso, G. 1937; Enemigo rumor, G. 1941; Aventuras sigilosas, G. 1945; La fijeza, G. 1949; Analecta del reloj, Ess. 1953; La expresión americana, Ess. 1957 (d. 1981, 1992); Tratados en La Habana, Ess. 1958; Dador, G. 1960; Paradiso, R. 1966 (d. 1979); La cantidad hechizada, Ess. 1970; Introducción a los vasos órficos, Ess. 1971; Fragmento a su imán, G. 1977; Cangrejos, golondrinas, En. 1977 (auch u. d. T.. Juego de las decapitaciones, 1981; d. 1991); Oppiano Licario, R. 1977; Imagen y posibilidad, Ess. 1981. – Obras Completas II 1977–78; Poesía Completa, 1970, II 1988, 1999; Cartas 1939–76, Br. 1978. – *Übs.*: Fragmente der Nacht, G. 1994.

L: J. Valdivieso, 1980; C. Ruiz Barrionuevo, 1980; E. Gimbert de González, 1982; R. D. Souza, 1983; R. Ríos-Avila, 1984; C. Vizcaíno, E. Suárez Galbán-Guerra, hg. II 1984; C. Espinosa, 1986; E. Suárez Galbán, hg. 1987; J. C. Ulloa, 1987; J. Rodríguez Feo, 1989; G. Pellon, 1989; L. Rensoli, I. Fuentes, 1990; E. F. Bejel, 1990.

L'Hermite, François → Tristan L'Hermite

L'Huillier, Emmanuel Claude → Chapelle

Li Ang (eig. Shi Shuduan), chines. Schriftstellerin, * 7. 4. 1952 Lugang (Taiwan). Stud. Taiwan 1975–77, dann Stud. USA; lebt heute in Taiwan. – Erste lit. Publikation 1975; Themen sind die Erfahrungen von Jugendlichen in der sich modernisierenden Gesellschaft Taiwans. Aufsehen erregte der Roman ›Shafu‹; beeinflußt von der Strömung der ›Heimatlit.‹ wie von modernist. Tendenzen erzählt er die Geschichte e. Halbwaise, die der Gewalt ihres brutalen Mannes ausgeliefert ist; Gegenstand der Kritik ist die sexuelle Unterdrükkung ebenso wie die gesellschaftl. Doppelmoral. Feminist. Perspektiven finden sich auch in den übrigen erzähler. und essayist. Werken L.s.

Liang Bingjun

W: Hunsheng hechang, En. 1975; Aiqing shiyan, En. 1982; Shafu, R. 1983 (Gattenmord, d. 1987); Tamen de yanlei, En. 1984; Anye, R. 1985; Yifeng wei ji de qingshu, En. 1986 (A Love Letter Never Sent, Armonk/NY 1991).
L: S. Dell, 1988; S. Burkard, 1993.

Liang Bingjun (auch Leung Ping-kwan), chines. Schriftsteller, * 1949 Hongkong (?) Journalist. und schriftsteller. Tätigkeit seit 1965; nach Stud. zunächst Mittelschullehrer, dann Übs. westl. Lit.; 1978–84 Stud. Vergleichende Lit.wiss. Kalifornien, Promotion. Dozent, später Prof. an versch. Univ. in Hongkong. – Als zweisprachiger, in der kosmopolit. Metropole aufgewachsener Autor hat L. die Chance, die chines. Realität und Tradition aus e. distanzierten Perspektive zu sehen; in zahlr. Erzählungen und Essays setzt er sich mit der sich wandelnden chines. und Hongkonger Identität auseinander; s. Verwendung des Kantonesischen ist Ausdruck des Widerstands gegen den Traditionalismus auf Taiwan wie gegen die volksrepublikan. Hegemonieansprüche. Die Gedichte, oft in der Tradition der songzeitl. Gedichte über Dinge des Alltags, thematisieren kulturelle Begegnungen, Konflikte und hybride Identitäten. L. gilt als wichtigster Repräsentant der Hongkonger Lit.

W: Yanglongren Shi Men, En. 1979; Bulage de mingxinpian, Ess. 1990; Xingxiang Xianggang (City at the End of Time), G. chines.-engl. 1992; Jiyi de chengshi, xugou de chengshi, R. 1994; Youli de shi (A Poetry of Moving Signs), G. chines.-engl. 1995; Bowuguan (Museum Pieces), G. chines.-engl. 1996; Shishi diyu zhi (Foodscape), G. chines.-engl. 1997; Yixiang (Clothink), G. chines.-engl. 1998. – *Übs.:* Von Politik und den Früchten des Feldes, G. 2000.

Liaozhai zhiyi → Pu Songling

Li Bai → Li Bo

Libanios, altgriech. Sophist, 314 Antiochia – 393 n. Chr. Aus städt. Amtsadel, 336–340 Stud. in Athen, lehrt ab 344 in Konstantinopel, in Nikaia und Nikomedeia (344–349), dann auf kaiserl. Befehl wieder in Konstantinopel, ab 354 bis zu s. Tod wieder in der Heimatstadt; fast alle biograph. Angaben entstammen L.' eigenen Werken. – L. hinterließ e. der größten griech. Prosacorpora: 64 sog. ›Reden‹, 51 ›Deklamationen‹ (›Übungsreden‹, v. a. myth.-hist. und über Verhaltensweisen bestimmter Menschentypen; posthum ediert, vieles unecht), über 100 ›Progymnasmata‹ (rhetor. ›Vorübungen‹; wohl vieles unecht), unvollständig erhaltene ›Hypotheseis‹ zu den Reden des Demosthenes (352 verfaßt) und über 1500 Briefe (auch hier Unechtes, z.B. der Briefwechsel mit Basileios). Als unecht gelten die ›Epistolimaioi kharakteres‹ (Briefsteller). In allen s. Werken fokussiert L. die ›große klass.‹ Zeit Griechenlands, dessen Autoren (v. a. Demosthenes, Platon) s. Sprache und s. Inhalte wesentl. prägen; diese Ausrichtung teilt er mit den Autoren der sog. ›Zweiten Sophistik‹, von denen er v. a. Aelius Aristides in nahezu schwärmer. Weise verehrt. S. Werk ist nicht nur eine wichtige Quelle zu Zeitgeschichte, Bildungsgeschichte und Prosopographie dar, auch in literarhist. Hinsicht sind insbesondere s. autobiograph. Schriften interessant.

A: R. Foerster, E. Richtsteig 1903–27 (Nachdr. 1963); A. F. Norman 1969, 1977. – J. Martin, P. Petit 1979 (or. 1); A. F. Norman 1992 (or. 1, Ausw. Briefe); J. Martin 1988 (orr. 2–10); B. Schouler 1973 (orr. 6–8; 25); G. Fatouros, T. Krischer 1992 (or. 11, Komm.); A. F. Norman 2000 (or. 11); G. Fatouros, T. Krischer, W. Portmann 2002 (orr. 12–18; 24); U. Criscuolo 1996 (or. 13); L. Mattera 1992 (or. 17); E. Bliembach 1976 (or. 18); U. Criscuolo 1994 (or. 24); R. Romano 1982 (or. 30); D. A. Russell 1998 (engl. Übs.); G. Fatouros, T. Krischer 1980 (Briefe, Ausw., dt. Übs.).
L: P. Peti, Paris 1955, 1956, 1994 (Prosopographie); B. D. Herbert, 1983; B. Schouler, Paris 1984; M. L. Benedetti, Florenz 1990; A. Lopez Eire, Murcia 1991; R. Scholl, 1994; P. N. Doukellis, Beyrouth 1995; H.-U. Wiemer, 1995; M. E. Molloy, Melbourne 1996; A. Lopez Eire, Mexico City 1996; E.-M. Seiler, 1997.

Li Baojia, chines. Schriftsteller, 1867 Shandong – 1906 Shanghai. Aus Beamtenfamilie stammend versagt er mehrmals bei der Staatsprüfung; danach als Journalist, Zeitungs- und Zeitschriften-Hrsg. sowie Romanautor in Shanghai; Anhänger der Reformbewegung. – L. verfaßte satir. Romane mit mitleidsloser Schilderung der korrupten Beamten und halbgebildeten Intellektuellen. S. Roman ›Guanchang xianxing ji‹ (Enthüllungen aus der Beamtenwelt) zählt zu den ›Vier großen Romanen der späten Qing-Zeit‹.

W: Guanchang xianxing ji, R. 1903 u. ö. (Das Haus zum gemeinsamen Glück, d., gekürzt, 1964); Wenming xiaoshi, R. 1903 (Modern Times, engl. Teilübs., Renditions 17/18, 1982); Huo diyu, R. 1903 (n. 1956).
L: Ch. Ruh, 1974; D. Lancashire, Boston 1981.

Libedinskij Jurij, Nikolaevič, russ. Schriftsteller, 10. 12. 1898 Odessa – 24. 11. 1959 Moskau. Arztsohn, begann 1920 s. lit. Tätigkeit, nahm ab 1922 aktiven Anteil an den Bemühungen um e. proletar. Lit., hatte 1923–32 leitende Stellen in Organisationen proletar. Schriftsteller inne. – Zentrales Thema s. Romane und Novellen ist die kommunist. Partei in ihrem Wirken im Alltag, mit den Problemen ihrer inneren Entwicklung; Sinn und Wert des einzelnen sind unter dem Blickpunkt s. Stellung im Klassenkampf gesehen, so im Kurzroman ›Nedelja‹. Als Zeitdokument wichtig der Kurzroman ›Kommissary‹, worin Anpassung bzw. Bewußtseinsänderung aktiver Kommunisten unter geänderten Verhältnissen objektiv geschildert werden.

W: Nedelja, R. 1922 (Eine Woche, d. 1928); Zavtra, R. 1923; Komissary, R. 1926; Roždenie geroja, R. 1930; Gory i ljudi, R. 1948 (Berge u. Menschen, d. II 1954); Zarevo, R. 1952 (Feuerschein, d. 1956); Sovremenniki, Mem. 1958. – Sobranie sočinenij (GW), IV 1927–31; Izbrannoe, Ausw. II 1972; Izbrannye proizvedenija, Ausw. II 1980.
L: G. Medvedeva, 1963; W. J. Weeks, Diss. Brown 1971.

Li Bo (Großjährigkeitsname Taibo), chines. Dichter, 701 Ostturkestan(?) – 762 Taiping (Anhui). Aus alter Beamtenfamilie, wuchs in Changming (Sichuan) auf. Ungezügelte Jugend, trieb sich als ›fahrender Ritter‹ herum. Verkehr mit taoist. Geistlichen. ∞ um 726 die Enkelin e. Staatskanzlers. Lebte bei s. Schwiegereltern in Anlu (Hubei). Freundschaft mit → Meng Haoran. Weite Reisen durch Mittel- und Ostchina. 742–744 Stelle an der neugegründeten Hanlin-Akad. am Hof. S. Freundeskreis war in der Hauptstadt bekannt als ›8 Genien des Weinbechers‹. Weitere Reisen 745–53. Nach Tod der 1. Frau 3 weitere Ehen, alle unglückl. durch Tod oder Scheidung. Freundschaft mit → Du Fu. 754–756 in Mittelchina (Nanking und Yangzhou), 757 Begleiter e. kaiserl. Prinzen. Wegen dessen Rebellion 758/59 vorübergehend in Haft. Verbringt die letzten Lebensjahre auf Reisen im Yangzi-Tal. Nach s. zweijährigen Tätigkeit am Hof scheitern alle Versuche, e. Amt zu erlangen, z.T. durch eigenes Versagen. Unzuverlässig, Trinker, anmaßend, ruhmsüchtig, Genießertyp, Schnorrer. Trotzdem sind sich alle Zeitgenossen über s. Genialität einig; der überwältigende Eindruck s. Persönlichkeit ist mehrfach bezeugt. Sah sich selbst als ›auf die Erde verbannten Unsterblichen‹. Taoist. Neigung ausgeprägt, nahm taoist. Weihen; Beschäftigung mit Alchemie. – S. Dichtung ist trotz leidvollen Zeithintergrunds ohne soz. Akzent; Du Fu war hierin s. Gegensatz, was die persönl. Freundschaft nicht trübte. Ebenso ohne idyll.-bukol. Züge; viele Naturgedichte, jedoch stets dem Großen, Düsteren, Wilden zugewandt. Menschl. u. seel. Bereiche gleichfalls maßlos, überschwengl. gestaltet, kühne, oft hyperbol. Sprache, Verwendung mythol. u. legendärer Assoziationen. Rausch, Jubel, Verzweiflung namentl. in s. Trinkliedern. Dichtung ist L. Selbstaussage, keine Formkunst; daher sind s. Gedichte auch biograph. u. psycholog. aufschlußreich. In China neben Du Fu und → Bo Juyi als Gipfel der Tang-Lyrik betrachtet; wirkte wegen Exzentrizität von Leben und Werk nicht schulbildend. In Europa sehr geschätzt; dem Expressionismus wahlverwandt (Nachdichtungen von Klabund).
A: Li Taibo wenji. – *Übs.:* E. v. Zach (Buch II–III in: Asia Major I, 1924; Buch I u. IV ebda. III, 1926; Buch V–VIII ebda. IV, 1927; Buch IX–X ebda. V, 1928); engl.

Shigeyoshi Obata, N. Y. 1923; G. Debon 1958, 1962, 1970.
L: A. Waley, Lond. 1950; S. Wong, Hongkong 1974; V. H. Mair, in: HJAS 44, 1984.

Li Boyuan → Li Baojia

Li Ch'ang-ch'i → Li Changqi

Li Changqi, chines. Dichter, 13. 7. 1376, Ji'an (Jianxi) – 17. 3. 1452 ebda. 1404 Staatsprüfung, Hanlin-Akademiker, Rat im Ritenministerium, 1418 Reg. Kommissar für Guangxi, 1419(?) zu Zwangsarbeit verurteilt, 1425 rehabilitiert, 1439 pensioniert. – Bekannt v.a. als Autor der Novellensammlung ›Qiandeng yuhua‹ (Weitere Gespräche beim Putzen der Lampe), 22 nach dem Vorbild des → Qu You 1420 verfaßte Novellen mit glanzvollen lyr. Einlagen auf hist. Hintergrund des 14. Jh. Großer Einfluß in China (Bühnenfassungen, umgangssprachl. Novellen), Korea, Japan.
Übs.: W. Bauer, H. Franke, Die Goldene Truhe, 1959.
L: H. Franke (Zs. der dt. morgenländ. Gesellschaft 109), 1959.

Li-chi → Liji

Li Ch'ing-chao → Li Qingzhao

Lichtveld, Lodewijk (Lou) Alphonsus Maria → Helman, Albert

Lidin, Vladimir (eig. Vladimir Germanovič Gomberg), russ. Erzähler, 15. 2. 1894 Moskau – 27. 9. 1979 ebda. Kaufmannssohn, Stud. Orientalistik und Jura Univ. Moskau, begann 1915 lit. Tätigkeit. – In den frühen Erzählungen stark von Čechov und Bunin beeinflußt, die ihm offenbar auch in den späteren Novellen Vorbild waren; stellt in Romanen und Erzählungen vorwiegend das nachrevolutionäre Leben in Rußland dar, gibt mehrmals, wie im Roman ›Idut korabli‹, eindrucksvolle Schilderungen des Lebensstils während der ›Neuen Ökonom. Politik‹ (NEP).
W: Idut korabli, R. 1926; Renegat, R. 1927; Otstupnik, R. 1928 (Der Abtrünnige, d. 1928); Iskateli, R. 1930; Mogila neizvestnogo soldata, R. 1932; Velikij ili tichij, R. 1933; Syn, R. 1936; Dve žizni, R. 1950 (Zwei Leben, d. 1951); Dalekij drug, 1957. – Sobranie sočinenij (W), VI 1928–30, 1973–74; Povesti i rasskazy, Nn. u. En. 1964.

Lidman, Sara (Adela), schwed. Schriftstellerin, * 30. 12. 1923 Jörn/Västerbotten. Tochter e. Landwirts. Abitur, Theaterschule, Staatsex. Uppsala; 1955–63 Mitgl. der lit. Gruppe ›De Nio‹. Dr. h.c. 1978. – Das Problem von Schuld u. Verantwortung, die Schwierigkeit des Menschen, wenn

Lidman

es gilt, sich für andere einzusetzen, steht zentral in L.s Werken. Klarer Stil, Dialoge z. T. im Dialekt. Unter dem Eindruck e. Südafrikareise entstand ›Jag och min son‹. L.s Romane sind psycholog. Meisterwerke, straff komponiert u. verdichtet. Durch weitere Reisen nach Südafrika, Kenia u. Nordvietnam erschüttert, nimmt sie leidenschaftl. Stellung gegen Unterdrückung jegl. Art, auch gegen soziales Unrecht in Schweden (›Gruva‹). Wendet sich mit sozialem u. polit. Pathos der eindringl. Form der Reportage zu.

W: Tjärdalen, R. 1953 (Der Mensch ist so geschaffen, d. 1955, u.d.T. Das Teertal, 1967); Job klockmakares dotter, Sch. 1954; Hjortronlandet, R. 1955 (Im Land der gelben Brombeeren, d. 1959); Aina, Sch. 1956; Regnspiran, R. 1958; Bära mistel, R. 1960; Jag och min son, R. 1961 (Ich und mein Sohn, d. 1969); Med fem diamanter, R. 1964 (Mit fünf Diamanten, d. 1971); Samtal i Hanoi, Tg. 1966 (Gespräch in Hanoi, d. 1967); Gruva, Rep. 1968; Vänner och u-vänner, Ess., 1969; Marta, Marta, Sch. 1970 (d. 1972); Fåglarna i Nam Dinh, 1973; Din tjänare hör, 1977, – Vredens barn, 1979, – Naboths sten, 1981, – Den underbare mannen, 1983, – Järnkronan, 1985, R.-Zykl.; Och trädet svarade, R. 1988; Lifsens rot, R. 1996; Oskuldens minut, R. 1999.

L: B. Holm, 1998.

Lidman, (Carl Hindrik) Sven Rudolphsson, schwed. Schriftsteller, 30. 6. 1882 Karlskrona – 14. 2. 1960 Stockholm. Sohn e. Zollbeamten. 1900 Stud. Jura u. Philos. Uppsala. Reserveoffizier. 1906 durch Bonniers Stipendium offiziell anerkannt. ∞ 1908 Carin Thiel. Mit der ihm eigenen Intensität widmete sich der Erweckte nach 1921 dem relig. Leben u. Erleben. Schloß sich der Pfingstbewegung an, wirkte als Prediger u. schrieb Erbauungsbücher; nach Bruch mit dem Leiter aus der Bewegung ausgeschlossen. – Lyriker der Dekadenz und des Symbolismus mit anfangs stark erot. Tönen. Sensualist. Fühlte sich A. Rimbaud verwandt. Krasse, nicht immer geschmackvolle Schilderungen, gewaltsame Rhythmen. Fordert in s. hist. Romanen z. Z. der Unionskrise Moral, Pflicht, Aktivismus. Starke Ichbezogenheit kennzeichnet auch s. autobiograph. Werke.

W: Pasiphaë, G. 1904; Primavera, G. 1905; Källorna, G. 1906; Elden och altaret, G. 1907; Imperia, Dr. 1907; Härskare, Dr. 1908; Stensborg, R. 1910; Thure Gabriel Silfverståhls upplevelser, R. 1912; Tvedräktens barn, R. 1913; Huset med de gamla fröknarna, R. 1918; Såsom genom eld, R. 1920; Bryggan håller, 1923; Människan och tidsandan, Betr. 1932; Oroligt var mitt hjärta, G. 1933; På resan genom livet, Schr. 1934; Guds eviga nu, Mem. 1936; Blodsarv, Mem. 1937; Fjäril och vilddjur, 1947; Resan till domen, 1949; Gossen i grottan, Mem. 1952; Lågan och lindansaren, Mem. 1952; Mandoms möda, Mem. 1954; Vällust och vedergällning, Mem. 1957. – Valda berättelser (W), IV 1924f.

L: Boken om S. L., hg. R. Hentzel 1952; C.-E. Brattemo, 1984.

Lidner, Bengt, schwed. Dichter, 16. 3. 1757 Göteborg – 4. 1. 1793 Stockholm. Organistensohn aus pietist. Milieu, 1773–76 Stud. Lund, Matrose der Ostindien-Linie, in Kapstadt geflohen, nach s. Rückkehr 1777/78 in Greifswald, Hauslehrer auf Rügen, 1779 Stockholm; 1780–82 mit königl. Stipendium Studienreise nach Göttingen u. Paris; Journalist, 1787–89 in Finnland. Genußmensch u. Bohemien. ∞ 1788 Eva Jacquette v. Hastfehr. – Unbedeutend als Dramatiker u. Epiker; als Lyriker e. der subjektivsten u. sensibelsten schwed. Dichter des 18. Jh., ausgesprochener Stimmungsmensch, der die ›Wollust der Tränen‹ genießt, mit Verwandtschaft zum Barock. Kam dem Publikumsgeschmack für Sentimentalität u. Sensation entgegen u. wollte zu Tränen rühren. L. bevorzugt Schreckens- u. Untergangsstimmungen, die er oft pathet. u. emphat. behandelt. Gedichte ohne strenge Konzeption, aber fesselnde Einzelheiten, Bilder u. Verse; ihre Stärke liegt in der Wortmusik. Einfluß auf die Romantiker. Starb völlig verarmt.

W: Fabler, 1779; Grefvinnan Spastaras död, G. 1783; Medea, Sch. 1784; Året 1784, G. 1784; Yttersta domen, G. 1784; Jerusalems förstöring, Orat. 1788; Messias i Gethsemane, Orat. 1791; Eric XIV, Sch. 1800. – hkA, hg. H. Elovson 1932ff.; Samlade arbeten, II 1788.

L: K. Warburg, 1889; M. Feuk, 1912; L. Josephson, 1947.

Lie, Jonas Lauritz Idemil, norweg. Schriftsteller, 6. 11. 1833 Hokksund b. Modum – 5. 7. 1908 Stavern. Kindheit in Tromsø, wohin s. Vater als Richter versetzt worden war; s. Wunsch, Seemann zu werden, mußte L. nach kurzem Besuch der Marineakad. Frederiksværn wegen Kurzsichtigkeit aufgeben, bereitete sich auf derselben Schule wie Vinje, Ibsen u. Bjørnson u. zeitweise mit diesen gemeinsam auf das Abitur vor; Stud. Jura Oslo, 1859 Rechtsanwalt in Kongsvinger, ∞ 1860 s. Kusine Thomasine L. Verlor in der Wirtschaftskrise von 1865–68 u. durch Fehlspekulationen s. Vermögen, mußte s. Beruf aufgeben, ging, von Bjørnson gefördert, als freier Schriftsteller nach Oslo. S. erster Roman brachte ihm 1870 e. Dichterstipendium ein; Studienreise entlang der norweg. Küste; anschließend bis 1906 im Ausland, bes. in Italien, Dtl. u. Paris. – In ›Den Fremsynte‹ verwertete L. Eindrücke u. Erlebnisse s. Jugend in nördlichsten Norwegen, dem Land der Mitternachtssonne, der Spukgeschichten u. des Zweiten Gesichts, zu e. mit stimmungsvollen Landschaftsschilderungen u. Elementen der Märchen- u. Sagenwelt durchwobenen Geschichte e. Liebe, die, wie später häufig bei L., der selbst s. Jugendliebe geheiratet hatte, auf die Kinderzeit zurückgeht. Es folgten naturalist. u. sentimentale Erzählungen u. Romane aus dem Seemannsleben (›Lodsen og hans Hustru‹, Eheroman) u. der tendenziöse Arbeiterroman ›Livsslaven‹. Mit ›Familjen på Gilje‹ eröffnet L. die bes. erfolgr. Reihe s. Familienromane aus dem Mittelstand, die dank ihrer stimmungsvollen, oft weitschweifigen Milieuschilderung u. maßvollen Problematik der Charaktere sehr beliebt waren; am besten ›En Malstrøm‹ über den Verfall e. alten Kaufmannsfamilie. In den dichter. stärkeren Spätwerken wendet sich L. wieder der von spukhaften Dämonen beherrschten Märchenwelt s. Heimat im hohen Norden zu. S. dramat. Versuche sind unbedeutend.

W: Den Fremsynte, R. 1870 (Der Geisterseher, d. 1876); Fortællinger og Skildringer fra Norge, En. 1872 (Bilder aus Norwegen, d. 1878); Tremasteren ›Fremtiden‹, R. 1872 (Dreimaster ›Zukunft‹, d. 1874); Lodsen og hans Hustru, R. 1874 (Der Lotse und sein Weib, d. 1889); Thomas Ross, E. 1878; Adam Schrader, E. 1879; Rutland, R. 1880 (d. 1885); Grabows Kat, Dr. 1880; Gaa paa!, R. 1882 (Drauflos!, d. 1893); Livsslaven, R. 1883 (Lebenslänglich verurteilt, d. 1884); Familjen på Gilje, R. 1883 (Die Familie auf G., d. 1896); En Malstrøm, R. 1884 (Ein Mahlstrom, d. 1888); Kommandørens Døtre, R. 1886 (Die Töchter des Commandeurs, d. 1887); Et Samliv, R. 1887 (Eine Ehe, d. 1888); Maisa Jons, E. 1888; Digte, G. 1889; Onde Magter, R. 1890 (Böse Mächte, d. 1901); Trold, M. II 1891 f. (Troll, d. 1897); Niobe, R. 1893 (d. 1895); Lindelin, Dr. 1894 (d. 1898); Naar Sol gaar ned, E. 1895 (Großvater, d. 1896); Dyre Rein, E. 1896 (Aus Urgroßvaters Haus, d. 1897); Faste Forland, 1899 (Auf Irrwegen, d. 1900); Naar Jerntæppet falder, R. 1901 (Wenn der Vorhang fällt, d. 1901); Ulfvungerne, R. 1903; Østenfor Sol, vestenfor Måne og bagom Babylons Tårn, En. 1905 (Östlich von der Sonne, westlich vom Mond u. hinter den Türmen von Babylon, d. 1907); Eventyr, En. 1909. – Samlede digterverker, X 1920 f.; Samlede verker, V ^{9}1995; J. L. og hans samtidige, Br.-Ausw. 1915.

L: A. Garborg, 1893; E. Lie, Erindringer fra et digterhjem, 1928; ders., J. L.s oplevelser, ^{2}1933 (J. L.s Erlebnisse, d. 1909); F. Paasche, 1933; C. O. Bergström, 1949; H. Midbøe, Dikteren og det primitive, IV 1964–66; Å. H. Lervik, Ideal og virkelighet, 1965; J. Skancke Martens, J. L. i Paris, 1967; I. Havnevik, 1976; J. Mjöberg, 1977; S. Lyngstad, 1977; P. Aaslestad, Dømt til Kunst, 1992.

Lieh-tzu → Liezi

Liezi (Meister Lieh, latinisiert Licius), Sammelname für e. chines. philos. Werk, dem Lie Yukou (4. Jh. v. Chr.) zugeschrieben, doch wohl erst im 3. – 6. Jh. n. Chr. zusammengestellt, z.T. aus älteren Texten. Insgesamt heute 8 Kapitel mit Gleichnisreden, Anekdoten und Aussprüchen taoist. Weiser. Im Stil dem → ›Zhuangzi‹ nahestehend, Kapitel 7 enthält die Lehren des Hedonisten Yang Zhu, e. Zeitgenossen des Mengzi. Grundhaltung quietistisch, insofern Weiterbildung der Gedanken des Laozi. Sprachl. z.T. von dichter. Schwung. Gehört zu den klass. Werken des späteren philos. Taoismus.

Übs.: E. Faber 1877; R. Wilhelm 1923; engl. L. Giles, Lond. 1912; A. C. Graham, Lond. 1960; franz. L. Wieger, Les pères du système taoïste, Paris ^{2}1950.
L: A. C. Graham (Asia Major vol. 8), 1961.

Li Gi → Liji

Ligne, Charles-Joseph, Fürst von, belg. Schriftsteller, 23. 5. 1735 Brüssel – 13. 12. 1814 Wien. Seit 1752 Soldat im österr. Dienst, 1808 Feldmarschall. – Zeichnete sich im 7jährigen und im Bayr. Erbfolgekrieg aus. Gesandter in Petersburg; gewann die Gunst von Kaiserin Katharina. – Verbindet verfeinerten Geschmack des 18. Jh. mit der enzyklopäd. Bildung der Aufklärung. Geistvoller Essayist und Briefschreiber. Scharfsinnige und lebendige Porträts von Ludwig XVI., Marie-Antoinette, Napoleon und Katharina. Briefwechsel mit der geistigen Elite s. Zeit, u.a. mit Friedrich d. Gr., Katharina II., Goethe, Wieland und Rousseau.

W: Mélanges littéraires, militaires et sentimentales, XXXIV 1795–1811 (dt. Ausw. F. Schalk 1940 u. ö.); Vie du prince Eugène de Savoie, B. 1809; Philosophie du catholicisme, Abh. 1816; Œuvres posthumes, VI 1817. – Œuvres choisies, hg. G. Charlier 1941; Œuvres choisies du Prince de L., hg. B. Guy Saratoga 1978; Contes immoraux, 1980; Œuvres romanesques, hg. R. Mortier, M. Couvreur 2000f.; Fragments de l'histoire de ma vie, hg. J. Vercruysse 2000f.; Lettres à la marquise de Loigny, 1787; Lettres II 1812 (n. 1928); Lettres et pensées, hg. Mme. de Staël II 1809; Lettres inédites à Mme. de Staël, hg. S. Balayé 1966; Mémoires, lettres et pensées, hg. A. Payne 1990. – *Übs.:* Militär. Werke, A. v. Pappenheim II 1815; Erinn. u. Briefe, V. v. Klarwill 1920; Neue Briefe, 1924; Aus den Schriften, hg. H.-H. von der Burg 1965 (m. Bibl.); G. Elbin, Literat und Feldmarschall. Briefe und Erinnerungen des Fürsten L., 1979.
L: M. Oulié, 1926; L. Dumont-Wilden, 1927; M. Oulié, 1929; E. Benedikt 1936; E. Chapuisat, 1944; P. Morand, 1964; H. Walbröhl, 1965; R. Quinot, 1973; C. Pasteur, 1980; A. W. Arbogast, 1999. – *Bibl.:* Annuaire de la société des bibliophiles, Brüssel 1914.

Liiv, Juhan (eig. Joannes), estn. Dichter, 30. 4. 1864 Alatskivi, Kr. Dorpat – 1. 12. 1913 Kavastu/Kawast, Kr. Dorpat. 1885–92 Journalist; Nervenleiden, verbrachte die letzten 20 Jahre s. Lebens in geistiger Umnachtung. – S. realist. Dorfgeschichten sind tragisch überschattet u. enthalten eine Vorahnung des durch soziale Ungerechtigkeit verursachten psych. Zusammenbruchs (›Vari‹); die äußerst einfachen, fast ungeschickt wirkenden Symbol-Gedichte gehören zu den suggestivsten Dichtungen innerhalb der estn. Lit.

W: Kümme lugu, En. 1893; Käkimäe kägu, E. 1893; Vari, E. 1894; Nõia tütar, E. 1895; Elu sügavusest, Kürzestprosa 1909; Luuletused, G. 1909. – Sinuga ja sinuta, ges. G., hg. A. Vinkel (hkA) 1989; Ööl on üheksa poega, ges. Prosa, hg. A. Vinkel (hkA) 1996; Kogutud teoksed (GW), VIII 1921–35; Kirjatööde kogu (W), 1904; Teosed (W), 1954; Br. an L. Golding, hg. A. Vinkel 1996.

Liji

L: F. Tuglas, ²1958; A. Vinkel, 1964. – *Bibl.:* O. Kivi, A. Loorand, A. Pill, V. Tosso, 1999.

Liji, chines. philos.-rituelles Werk, im 1. Jh. v. Chr. aus älterem Material zusammengestellt. 2 Rezensionen: ›Da Dai Liji‹, ›Xiao Dai Liji‹, nach Umfang und Inhalt stark abweichend. Das ›Da Dai Liji‹ umfaßte 83 Kapitel, davon sind 38 erhalten, das ›Xiao Dai Liji‹ 46. Letzteres genoß kanon. Geltung als e. der 5 Bücher des Konfuzianismus. Beide enthalten teils systemat. Traktate wie ›Zhongyong‹ und ›Daxue‹, alte Kalendertexte, hauptsächl. aber Vorschriften über Riten und Opferwesen in Familie und Staat, oft in Form von Lehrgesprächen des Konfuzius und s. Schüler. Wichtige Quelle zur altchines. Kulturgeschichte, in China selbst als bindende Norm für Haus und Staat betrachtet, jedenfalls in den systemat. Teilen.

Übs.: Da Dai Liji: R. Wilhelm, Li Gi, 1930; Xiao Dai Liji: ebda., Ausz.; engl. J. Legge, Oxf. 1885; franz. S. Couvreur, Paris ²1950.

Li Ju-chen → Li Ruzhen

Liksom, Rosa (eig. Anni Ylävaara), finn. Schriftstellerin u. Künstlerin, * 7. 1. 1958 Ylitornio. – In ihrer kurzen, messerscharfen Prosa läßt sie Außenseiter der Gesellschaft zu Wort kommen. Der satirische Roman ›Kreisland‹ zeigt die Absurdität der großen Ideologien des 20. Jh. und hält ihnen das naturgemäße Leben in Lappland entgegen.

W: Yhden yön pysäkki, En. 1985; Unohdettu vartti, En. 1986; Go, Moskova, Go, En. 1988; Tyhjän tien paratiisit, En. 1989; Bamalama, En. 1993; Kreisland, R. 1996; Family affairs, Dr. 1999; Perhe, En. 2000; Reitari, R. 2002. – *Übs.:* Schwarze Paradiese, 1991; Verlorene Augenblicke, 1992; Crazeland, 1999.

Liliev, Nikolai (eig. N. Michailov Popivanov), bulgar. Dichter, 26. 5. 1885 Stara Zagora – 6. 10. 1960 Sofia. Handelsoberschule, zunächst Bankbeamter. Stud. Lausanne u. Paris. Gymnasiallehrer, Ministerialbeamter, Aufträge zur Wirtschaftsforschung über bulgar. Außenhandel. 1934–60 mit kurzen Unterbrechungen Leiter des bulgar. Nationaltheaters Sofia. – Einer der bedeutendsten Vertreter des bulgar. Symbolismus. S. Lyrik führte zum Aufblühen der bulgar. Dichtkunst. S. Werk schildert v. a. die Einsamkeit des Individuums in der modernen Welt. Meisterhafter Übs. von V. Hugo, Hofmannsthal, Klabund, Ibsen, Shakespeare, A. Tolstoj.

W: Ptici v noštta, G. 1918; Lunni petna, G. 1922; Stichotvorenija, G. 1931; Stichotvorenija, G. 1960. – Sŭbrani sučinenija (GW), III 1964.
L: N. Mešekov, 1937; G. Konstantinov, 1963.

Lillebakken, Johan Petter → Falkberget, Johan Petter

Lillo, Baldomero, chilen. Schriftsteller, 6. 1. 1867 Lota – 10. 9. 1923 Santiago de Chile. Journalist, Beamter. – Schrieb unter dem Einfluß von franz. Naturalismus u. russ. Roman v. a. Erzählungen über das unmenschl. Leben der Bauern u. Bergleute.

W: Sub-Terra, En. 1904 (d. 1960 Ausw.); Sub-Sole, En. 1907; Relatos populares, En. hg. González Vera 1942; El hallazgo y otros cuentos del mar, En. hg. J. Zamudio 1956; Pesquisa trágica, En. hg. ders. 1962. – Obras completas, 1968. – *Übs.:* Erzählungen aus Chile, 1960.
L: R. Sedwick, Yale 1956.

Lillo, George, engl. Dramatiker, 4. 2. 1693 London – 3. 9. 1739 ebda. Wahrscheinl. Nachkomme fläm. Emigranten. Führte s. Vaters Juweliergeschäft weiter, schrieb in s. Freizeit Dramen. Mit Fielding befreundet. – Lit. bedeutend als Vorläufer und Hauptvertreter der neuen Gattung des bürgerl. Trauerspiels. In s. Stücken machte L. das bürgerl. Privatleben zum trag. Gegenstand. Die Schwächen s. Dramen, mangelnde Einheit und rührselige Sentimentalität, erschienen dem empfindsamen Zeitalter als Vorzüge. Großer Zeiterfolg. L.s bedeutendstes Stück ›The London Merchant‹ beeinflußte Diderot und diente Lessing als Muster für s. ›Miss Sara Sampson‹.

W: The London Merchant, or the History of George Barnwell, Dr. 1731 (n. W. H. McBurney 1965); The Christian Hero, Dr. 1735; Fatal Curiosity, Dr. 1737 (n. W. H. McBurney 1966); Marina, Dr. 1738; Elmerick, or Justice Triumphant, Dr. 1740. – Works, hg. Th. Davies II 1775, Nachdr. 1973; Dramatic Works, hg. J. L. Steffenson 1993. – *Übs.:* Sämtl. theatral. Werke, II 1777f.
L: L. Hoffmann, 1888; G. Lossack, Diss. Gött. 1939; W. Seth, 1991.

Lilly, John → Lyly, John

Lima, Jaime de Magalhães → Magalhães Lima, Jaime de

Lima, Jorge (Mateus) de, brasilian. Dichter, 23. 4. 1895 União/Alagoas – 15. 11. 1954 Rio de Janeiro. Arzt, auch Maler u. Bildhauer. – Lyriker u. Romancier. Vom Parnaß ausgehend Vorstoß zum lit. Regionalismus (aus dessen Geist L. die brasilian. Lyrik erneuerte) des ›Nordostens‹, Modernismus, Surrealismus; Meister des Alexandriners u. Sonetts; versuchte mod. Empfinden mit klass. Formen zu versöhnen; gehörte zum nordbrasilian. Lit.-Kreis um G. Freyre, J. Lins do Rêgo u. A. Fontes.

W: Alexandrinos, G. 1914; Salomão e as Mulheres, R. 1923; Poemas, G. 1928; Novos Poemas, G. 1929; Poemas escolhidos, G. 1932; O Anjo, N. 1934; Anchieta, B. 1934; O Calunga, R. 1935; Tempo e Eternidade, G. 1935 (m. M. Mendes); A Túnica inconsútil, G. 1938; Poemas negros, G. 1947; Livro de Sonetos, G. 1949; In-

venção de Orfeu, G. 1952; A partida sempre, En. 1998. — Obra Completa, 1958ff.; Poesia completa, ²1980.
L: M. Anselmo, 1928; W. Dutra, 1952; J. Fernando Carneiro, 1958; M. Cavalcanti Proença (o. J.); A. M. Paulino, 1987; S. Viotti, 1998.

Lima, José Lezama → Lezama Lima, José

Lima Barreto, Alfonso Henriques de, brasilian. Schriftsteller, 13. 5. 1881 Rio de Janeiro – 1. 11. 1922 ebda. Mulatte, stammte aus armen Verhältnissen, Ingenieurschule, arbeitete als Lagerverwalter u. Journalist, mehrfach in psychiatr. Anstalten interniert. – Gilt als e. der bedeutendsten Chronisten Rio de Janeiros, insbesondere der Vorstädte, ›O triste fim do Policarpo Quaresma‹ liefert mit dem Helden Major Quaresma e. sarkast. Satire der Mandarine, der ›letrados‹ Rios, inmitten von Analphabetentum u. semi-kolonialem Leben.

W: Recordações do escrivão Isaías Caminha, 1909; O triste fim do Policarpo Quaresma, R. 1915 (d. 2000); Numa e Ninfa, Chronik 1915; Vida e morte de M. J. Gonzaga de Sá, R. 1919; Bagatelas, Chronik 1923; A nova Califórnia, En. 1978; Os bruzundangas, Chronik 1985; Vida e morte de M. J. Gonzaga de Sá, Chronik 1990; Um longo sonho de futuro, diários, cartas, entrevistas e confissões dispersas, 1993.
L: O. Lins, 1976; A. Arnoni Prado, 1976; C. E. Fantinati, 1978; S. Santiago, 1982; E. Portella, 1983; B. Rezende, 1993.

Linati, Carlo, ital. Schriftsteller, 25. 4. 1878 Como – 11. 12. 1949 Rebbio/Como. Stud. Jura Parma, Rechtsanwalt in Mailand, freier Schriftsteller. Offizier im 1. Weltkrieg, Mitarbeiter der Zsn. ›La Voce‹, ›La Ronda‹ u. ›Il Convegno‹. – Bedeutend als Übs. der angelsächs. Lit., die er weitgehend für Italien entdeckte, so J. Joyce, E. Pound (mit denen er persönl. befreundet war), D. H. Lawrence, Yeats u.a. Verstand es, s. Kosmopolitismus mit s. lombard. Heimatgefühl zu verbinden, aus dem heraus s. eigenen Dichtungen entstanden, für die die glückl. Verschmelzung von Mensch u. Landschaft bes. charakterist. ist.

W: Duccio da Bontà, R. 1913; Doni della terra, Sk. 1915; Barbogeria, R. 1917; Sulle orme di Renzo, Sk. 1919; Tre Pievi, R. 1922; Due, R. 1928; Concerto variato, R. 1933; Bellezza e amore, En. 1937; Passeggiate Lariane, Prosa 1939; Decadenza del vizio, Prosa 1942.
L: A. Della Torre, 1972.

Lincoln, Geoffrey → Mortimer, Sir John

Linda, Josef, tschech. Dichter, Okt. 1789 Nové Mitrovice – 10. 2. 1834 Prag. – Vf. von Versfabeln, Balladen, e. romant. Roman und e. Drama, die heute wenig Beachtung finden. Bekannt als Mitarbeiter V. Hankas an der Fälschung der ›Königinhofer‹ (1817) und ›Grünberger Hs.‹ (1818), deren ep. Teil er dichtete.

W: Záře nad pohanstvem, R. 1818 (hg. J. Máchal 1924, V. Stejskal 1949); Jaroslav Šternberg v boji proti Tatarům, Dr. 1823 (hg. F. Krčma, 1930).
L: J. J. Langner, Zapadlý hrob, 1917.

Lindė, Julijonas → Lindė-Dobilas

Lindė-Dobilas (eig. Julijonas Lindė), litau. Dichter und Lit.-Kritiker, 15. 11. 1872 Dovydai, Kr. Panevėžys – 2. 12. 1934 Panevėžys. Gymnas. Kuldinga, Priesterseminar Kaunas, Priester in Lettland, 1922–34 Direktor des Gymnas. Panevėžys. – Begründer des litau. Romans. S. ›Blūdas‹ behandelt die Revolution 1905 psycholog.-tiefsinnig. Deuter B. Croces u. H. Taines.

W: Blūdas, R. 1912; Širdis neišturėjo, Dr. 1921; Kur laimė?, Dr. 1930.
L: J. Tumas, 1914, 1990; J. Eretas, 1927; J. Radžvilas, 1930; L. Kuodys, 1933; J. Keliuotis, 1934; J. Ambrazevičius, 1934; P. Būtėnas, 1935; R. Šaltenis, 1935; V. Mykolaitis, 1940; V. Kuzmickas, 1972.

Lindegren, Johan Erik, schwed. Lyriker, 5. 8. 1910 Luleå – 31. 5. 1968 Stockholm. Ingenieursohn. Stud. Philos. Stockholm, bedeutender Literaturkritiker, 1962 Mitgl. der Schwed. Akad. – Neben K. Vennberg Zentralgestalt der schwed. Lyrik der 40er Jahre, beeinflußt vom Surrealismus, von T. S. Eliot u. D. Thomas. Durchbruch mit ›Mannen utan väg‹, e. Vorbild für die junge Generation. L.s Gedichte bes. komprimiert mit überwältigend starken Bildern u. Symbolen. Ausdruck für Pessimismus, Ohnmacht gegenüber dem Weltgeschehen u. Verzweiflung; Ironie. Kühne Mischung vergangener, gegenwärtiger u. zukünftiger Zeit. Spätere Gedichte freier in der Form, getragen von großer Musikalität. Übs., u.a. Faulkner, G. Greene, T. S. Eliot, Saint-John Perse. Schrieb das Libretto zu der Oper ›Aniara‹ nach H. Martinsons Versepos u. 1963 den Operntext nach dem Roman von H. Bergman ›Herr von Hancken‹.

W: Posthum ungdom, G. 1935; Mannen utan väg, G. 1942; Sviter, G. 1947; Dikter 1942–47, G. 1953; Vinteroffer, G. 1954; Dikter, G. 1960; Dikter, G. 1962. –
Übs.: Weil unser einziges Nest unsere Flügel sind, N. Sachs 1963.
L: L. Bäckström, 1962; ²1979. – *Bibl.:* F. Sandgren, 1971.

Lindenberg, Wladimir (Vladimir Aleksandrovič), russ.-dt. Schriftsteller, 16. 5. 1902 Moskau – 18. 3. 1997 Berlin. Stammt aus dem alten Adelsgeschlecht der Čeliščevs. Emigration 1918, ab 1927 Arzt. 1937–41 KZ. 1947–85 ca. 30 autobiograph., eth.-religiöse u. medizin.-soziale Bücher. – Eth. Schriftsteller, der, s. Quellen aus allen Religionen erhielt. S. Bücher gestalten vor dem hist. Hintergrund des vorrevolutionären Rußlands die

Schrecken des Umsturzes u. des nationalsozialist. Zynismus. Sie veranschaulichen die schicksalsmäßigen Verflechtungen der ird. Existenz.

W: Die Menschheit betet, 1956; Mysterium der Begegnung, 1959; Marionetten in Gottes Hand, Aut. R. 1961; Bobik im Feuerofen, Aut. R. 1964; Bobik begegnet der Welt, Aut. R. 1969; Geheimnisvolle Kräfte um uns, 1974; Riten und Stufen der Einweihung, 1978; Himmel in der Hölle, Aut. R. 1983; Tri doma, Aut. 1985.
L: W. Kasack, 1987.

Lindgren, Astrid (Anna Emilia), geb. Ericsson, schwed. Jugendschriftstellerin, 14. 11. 1907 Näs/ Småland – 28. 1. 2002 Stockholm. Tochter e. Landwirts. ∞ 1931 Sture Lindgren († 1952). Verlagsangestellte 1946–70. – Trat 1944 mit e. Mädchenbuch u. e. Kriminalstück an die Öffentlichkeit. Welterfolg mit der Serie ›Pippi Langstrumpf‹, mit erstaunl. Erfindungsgabe, gesundem Menschenverstand; einfacher, ausdrucksvoller Stil. Pippi ist e. Mädchen, das sich den dummen Einfällen der Erwachsenen unterzuordnen weigert u. allein s. Natur folgt; stark u. gutherzig, stößt sie im Umgang mit Menschen jegl. Art nie auf Schwierigkeiten. 1963 Mitgl. der Gruppe ›De Nio‹. Ernst u. Heiterkeit, Einfühlung in die Phantasiewelt einsamer Kinder sowie die Schönheit, aber auch Grausamkeit der Märchen brachten L. internationale Anerkennung. 1978 Friedenspreis des Dt. Buchhandels, 1994 Alternativer Nobelpreis. Dr. h.c. 1973 Linköping, 1978 Leicester, 1989 Warschau. Viele Bücher verfilmt, Funk- und Fernsehserien.

W: Pippi Långstrump, Kdb. 1945 (d. 1949); P. L. i Söderhavet, Kdb. 1945 (P. in Taka-Tuka-Land, d. 1951); P. L. går ombord, Kdb. 1946 (P. L. geht an Bord, d. 1950); Mästerdetektiven Kalle Blomkvist, Kdb. 1946 (Meisterdetektiv B., d. 1950); Alla vi barn i Bullerbyn, Kdb. 1946 (Wir Kinder aus Bullerbü, d. 1954); Mera om oss barn i Bullerbyn, Kdb. 1949 (Mehr von uns Kindern aus Bullerbü, d. 1955); Nils Karlsson-Pyssling, Kdb. 1949 (Im Wald sind keine Räuber, d. 1952); Bara roligt i Bullerbyn, Kdb. 1952 (Immer lustig in Bullerbü, d. 1956); Kalle Blomkvist och Rasmus, Kdb. 1953 (K. B., Eva-Lotte u. R., d. 1954); Mio, min Mio, Kdb. 1954 (d. 1955); Lillebror och Karlsson på taket, Kdb. 1955 (Karlsson vom Dach, d. 1956); Rasmus på luffen, Kdb. 1956 (R. und der Landstreicher, d. 1957); Rasmus, Pontus och Toker, Kdb. 1957 (R., P. und der Schwertschlucker, d. 1958); Barnen på Bråkmakargatan, Kdb. 1958 (Die Kinder aus der Krachmacherstraße, d. 1959); Sunnanäng, Kdb. 1959 (Klingt meine Linde, d. 1960); Madicken, Kdb. 1960 (Madita, d. 1961); Lotta på Bråkmakargatan, Kdb. 1961 (Lotta zieht um, d. 1962); Karlsson på taket flyger igen, Kdb. 1962 (Karlsson fliegt wieder, d. 1963); Emil i Lönneberga, Kdb. 1963 (Michel in der Suppenschüssel, d. 1964); Vi på Saltkråkan, Kdb. 1964 (Ferien auf Saltkrokan, d. 1965); Nya hyss av Emil i. L., Kdb. 1966 (Michel muß mehr Männchen machen, d. 1966); Bröderna Lejonhjärta, Kdb. 1973 (Die Brüder Löwenherz, d. 1974); Samuel August från Sevedestorp och Hanna i Hult, Aut. 1975; Ronja Rövardotter, Kdb. 1981 (Ronja, Räubertochter, d. 1982); Titta, Madicken, det snöar, Kdb. 1983; Spelar min lind, sjunger min näktergal, G. 1984; När lilla Ida skulle göra hyss, Kdg. 1984 (Als Klein-Ida auch mal Unfug machen wollte, d. 1984); Emils hyss nr. 325, Kdb. 1985 (Michaels Unfug Nr. 325, d. 1985); Draken med de röda ögonen, Kdb., 1985; Assar Bubbla, Kdb. 1987; Inget knussel, sa Emil i Lönneberga, Kdb. 1987 (Nur nicht knausern, sagte Michel aus Lönneberga, d. 1987); När Bäckhultarn for till stan, Kdb. 1989; Jullov är ett bra påhitt, Kdb. 1993; Lottas Komihågbok, Aut. 1993; Emil med paltsmeden, Kdb. 1995.
L: U. Lundqvist, 1974, 1979; En bok om A. L., 1977 (m. Bibl.); M. Strömstedt, 1977; R. Wolff, hg. 1986; M. Ørvig (m. Bibl.), 1988; A. M. Hagerfors, 2002.

Lindgren, G. Torgny, schwed. Schriftsteller, * 16. 6. 1938 Raggsjö/Västerbotten. Konvertierte zum Katholizismus; Dr. h.c. 1990, Mitgl. der Schwed. Akad. 1991. – Die karge nordschwed. Landschaft u. die einsamen, verschlossenen Menschen bestimmen s. Romane, uralte Bosheit wird verknüpft mit relig. Überlieferung. Auch Hörspiele.

W: Plåtsax, hjärtats instrument, R. 1965; Dikter från Vimmerby, G. 1970; Hallen, R. 1975; Brännvinsfursten, R. 1979; Ormens väg på hälleberget, R. 1982 (Der Weg der Schlange, d. 1999); Merabs skönhet, R. 1983; Kärleksguden Frö, R. 1988; Till sanningens lov, R. 1991; Hummelhonung, R. 1995 (Hummelhonig, d. 1997); I brokiga blads vatten, R. 1999.

Lindorm, (Gustaf) Erik, eig. Jonsson (Ps. Erik Väderhatt), schwed. Dichter, 20. 7. 1889 Stockholm – 30. 1. 1941 ebda. Sohn e. Lagermeisters, früh auf sich selbst angewiesen, schloß sich der jungsozialist. Bewegung an, Journalist, 1913–22 Redakteur der von ihm gegründeten Witzzeitung ›Naggen‹ (Ausw. 1957), 1922/23 Mitarbeiter an ›Social-Demokraten‹, 1924–32 an ›Svenska Dagbladet‹, 1924–30 Theaterkritiker bei Bonniers ›Veckotidning‹, danach bei ›Vecko-Journalen‹. – Vf. anfangs bissiger Gesellschaftssatiren mit revolutionärem Pathos, entwickelt sich allmähl. zum Vertreter der Bürgerlichkeit zwischen den Kriegen u. besingt bes. das Glück von Haus u. Alltag mit sozialem Unterton. Daneben stark erlebte, wehmütige Liebesgedichte mit tiefem Gefühl für Vergänglichkeit. Persönl. Lyrik ohne polit. u. sozialist. Gedanken. Die Schwachen s. Mitmenschen behandelt er mit Ironie u. Sympathie in Plaudereien u. Volkskomödien, deren Motive vorwiegend aus Proletariat u. Kleinbürgertum stammen. Initiator der sog. ›Buchfilme‹ (›Ett folk på marsch‹, IV 1958–61).

W: Bubblor från botten, G. 1908; Tal till mitt hjärta, G. 1912; Min värld, G. 1918; Bekännelser, G. 1922; På villovägar, 1922; Mellan himmel och jord, 1924; Moloch, K. 1926; Rötmånad, Sch. 1928; Röda dagen, K.

1929; Krasch, Sch. 1930; Blockad, Sch. 1931; Sensation, Sch. 1931; Sverige är räddat, Sch. 1932; Personligt ovett, 1932; På marsch, G. 1934. – Dikter, 1941.

L: G. Westin u.a.: Vardagens skald, 1946; O. Lagercrantz, 1961; E. Palmlund, Diss. Lund 1981.

Lindsay, David → Lyndsay, David

Lindsay, Howard, amerik. Bühnenautor, Schauspieler u. Produzent, 29. 3. 1889 Waterford/NJ – 11. 2. 1968 New York. – Schrieb Operetten, Musicals, Komödien und Dramen, die meisten mit Russel Crouse. S. Bühnenadaption des Romans von C. Day ›Life with Father‹ (dt. u.d.T. ›Der Herr im Haus‹) war mit ihm in der Hauptrolle der größte Broadwayerfolg aller Zeiten (7 Jahre Laufzeit, 3213 Vorstellungen). Mit Crouse auch Produzent der Erfolgsstücke ›Arsenic and Old Lace‹ (1941) und ›Detective Story‹ (1949).

W: Tommy, Opte. 1926; She Loves Me Not, K. 1933; Anything Goes, Musical 1934 (m. R. Crouse); Red, Hot and Blue, Musical 1936 (m. R. Crouse); Life with Father, K. 1939 (m. R. Crouse); State of the Union, Dr. 1945 (m. R. Crouse); Life with Mother, K. 1948 (m. R. Crouse); The Prescott Proposals, Dr. 1953 (m. R. Crouse); The Great Sebastians, K. 1956 (m. R. Crouse); The Sound of Music, Musical 1959 (m. R. Crouse); Mr. President, Musical 1962.

L: R. Purkey, 1968; G.J. Wolfe, 1973.

Lindsay, Jack, austral. Schriftsteller, 20. 10. 1900 Melbourne – 8. 3. 1990 Cambridge. Stud. Brisbane, ab 1926 in England. – Sehr umfassendes u. vielseitiges lit. Schaffen; marxist. Grundhaltung; bes. bekannt durch s. hist. Romane.

W: Caesar Is Dead, R. 1934; Hannibal Takes a Hand, R. 1941; The Passionate Pastoral, R. 1951; Betrayed Spring, R. 1953 (d. 1955); The Great Oak, R. 1957 (d. 1959); Life Rarely Tells, Aut. 1958; The Roaring Twenties, Aut. 1960; Cleopatra, B. 1971 (d. 1972); Courbet, B. 1974; Faces and Places, G. 1974; William Morris, B. 1975; The Troubadours and Their World, St. 1976; T. Gainsborough, B. 1981; The Crisis in Marxism, St. 1981; The Blood Vote, R. 1986.

L: B. Smith, 1984.

Lindsay, Norman, austral. Künstler u. Schriftsteller, 23. 2. 1879 Creswick/Victoria – 29. 11. 1969 Springwood/New South Wales. Nach Stud. in Melbourne Zeichner, Maler, Bildhauer, Romancier, Essayist, Lit.- u. Kunstkritiker, Kinderbuchautor. – S. erster Roman beschreibt das Studentenleben in Melbourne vor der Jahrhundertwende. Es folgten Satiren auf das provinzielle austral. Kleinstadtleben, in dem sich, aller Prüderie zum Trotz, die Kreativität in Form von sexueller Energie durchsetzt. Ein Teil von L.s Malerei wurde wegen ihrer Freizügigkeit als unmoral. verdammt, s. Karikaturen während des 1. Weltkriegs erregten patriot. Protest, zwei s. Romane (›Redheap‹, ›The Cautious Amorist‹) waren in Australien bis 1958 von der Zensur verboten u. wurden in den USA publiziert. Dennoch verbreitete L. unverdrossen s. lebensbejahenden Glauben an Vitalität, Leidenschaft und künstler. Kreativität, entgegen der materialist. Modernisierung Australiens. S. Kinderbücher, eigenhändig illustriert, sind – an Lewis Carroll erinnernd – austral. Klassiker der Kinderlit.

W: A Curate in Bohemia, R. 1913; The Magic Pudding, Kdb. 1918 (d. 1992); Creative Effort, Es. 1920; Hyperborea, Es. 1928; Madam Life's Lovers, Es. 1929; Redheap, R. 1930 (auch hg. u.d.T. Every Mother's Son); Miracles by Arrangement, R. 1932 (auch hg. u.d.T. Mr. Gresham and Olympus); The Cautious Amorist, R. 1932; Saturdee, R. 1933; Pan in the Parlour, R. 1933; The Flyaway Highway, Kdb. 1936; The Cousin from Fiji, R. 1945; Halfway to Anywhere, R. 1947; Bohemians of the Bulletin, Mem. 1965; My Mask, Aut. 1970.

L: J. Hetherington, 1973; J. Lindsay, 1973; D. Stewart, 1975; L. Bloomfield, 1983; K. Wingrove, 1990.

Lindsay, (Nicholas) Vachel, amerik. Lyriker, 10. 11. 1879 Springfield/IL – 5. 12. 1931 ebda. (Selbstmord). 1900–04 Stud. Kunst in Chicago und New York; ab 1905 Trampreisen durch ganz Amerika als Wanderprediger e. Evangeliums der Schönheit, das in der Utopie des ›Golden Book of Springfield‹ Ausdruck findet (1920). – S. volkstüml., prophet. Lyrik verschmilzt schwungvolle Rhythmen, myst. Patriotismus und den visionären Enthusiasmus relig. Erweckungsbewegungen. Die von ihm angestrebte ›höhere Vaudeville-Poesie‹ macht dramat. Gebrauch von musikal. Elementen, insbes. gesungenem Vortrag und Refrain. ›The Congo‹, e. lyr.-visionäres Epos, schildert mit genialer Bildphantasie die Vitalität und Religiosität der schwarzen Bevölkerung.

W: Rhymes to be Traded for Bread, G. 1912; General William Booth Enters Into Heaven, G. 1913; The Congo, G. 1914; Adventures While Preaching the Gospel of Beauty, Aut. 1914; The Art of the Motion Picture, St. 1915 (erw. 1922); A Handy Guide for Beggars, Prosa 1916; The Chinese Nightingale, G. 1917; The Golden Whales of California, G. 1920; Collected Poems, 1923 (erw. 1925, 1952); Every Soul Is a Circus, G. 1929; Selected Poems, hg. M. Harris 1962; Adventures, Rhymes, and Designs, Ausw. 1968. – Complete Poetry, hg. D. Camp 1984ff.; Letters, hg. M. Chenetier 1979.

L: A. E. Trombly, 1929; E. L. Masters, 1935; E. Ruggles, West-Going Heart, 1959; A. Massa, 1970; The Vision of This Land, hg. J. E. Hallwas, D. J. Reader 1976; M. Chénetier, L'obsession des signes, 1979.

Lindström, (Gustav Hilding) Sigfrid (Ps. Tristan), schwed. Dichter, 19. 4. 1892 Lidhult/Småland – 1. 5. 1950 Lund. Sohn e. Diakons, Stud. bis 1918 Anglistik Lund, 1920–25 Mitarbeiter an ›Lunds Dagblad‹, dann schwer krank. – Neben

Ling

weniger, aber feiner Lyrik schrieb L. Miniaturen, Fabeln und Märchen im Stil Andersens, stilist. klar; pessimist., illusionslos und skept., aber voller Mitgefühl. Die Perspektive ist oft bewußt kom., die Phantasie grotesk; geistvoller Ernst verbindet sich mit bitterer Ironie.

W: Sagor och meditationer, 1922; De besegrade, G. 1927; Leksaksballonger, N. 1931; Vindsröjning, N. 1939. – Sagor på vers och prosa (W), 1948.
L: O. Holmberg, 1951, 1965.

Ling, Per Henrik, schwed. Dichter, 15. 11. 1776 Södra Ljunga/Småland – 3. 5. 1839 Stockholm. Pfarrerssohn, 1793/94 Stud. Lund, Hauslehrer u. städt. Angestellter in Stockholm, 1797 theolog. Examen in Uppsala, 1799–1804 in Kopenhagen, 1835 Mitgl. der Schwed. Akad. Führte das Turnen in Schweden ein. Lernte bei e. Besuch in Dänemark, wo er Oehlenschläger, H. Steffens u. J. Ewald traf, die romant. Ästhetik und idealist. Philos. kennen, wurde bes. von Grundtvig u. dessen Versuch, die nord. Mythologie mit dem Christentum zu verbinden, beeinflußt. Mitglied von ›Götiska förbundet‹, bemühte sich wie s. Zeitgenossen, die altnord. Mythologie zu beleben und in ihrem Geist e. nationale Dichtung zu schaffen. – L.s Dichtung ist nur von hist. Interesse, s. Epen sind unpoet., nur die Lyrik ist erträglich.

W: Gylfe, Ep. 1810; Agne, Dr. 1812; Aarne, Ep. 1816–1833; Riksdagen 1527, Dr. 1817; Den heliga Birgitta, Sch. 1818; Tirfing, Ep. 1836. – Samlade arbeten, hg. B. v. Beskow III 1859–66.
L: B. v. Beskow, 1859; C. A. Westerblad, V 1913–55; R. Lindstam, 1939; A. Wiberg, 1942.

Ling Mengchu, chines. Gelehrter u. Dichter, 1580 Wuxing (Zhejiang) – 1654. – Vf. von Kommentaren und Exegesen zum ›Shijing‹, ›Xi xiang ji‹ (→ Wang Shifu) und ›Pipa ji‹ (→ Gao Ming) sowie Gedichten und Dramen. Am bekanntesten jedoch durch s. Novellensammlungen. Gestaltete in der schriftsprachl. Lit. überlieferte Stoffe neu; hierbei selbständiger und origineller als Feng Menglong. Übernahm auch umgangssprachl. Fassungen alter Stoffe unter gelegentl. weitgehender Auflockerung der Handlung durch lebensnahe Dialoge, zusätzl. Gedichteinlagen. L.s Sammlungen waren e. der Quellen des → ›Jingu qiguan‹.

W: Quiran weng, Dr.; Chuke pai'an jingqi, Nn.; Erke pai'an jingqi, Nn. – *Übs.:* Chines. Liebesgarten, T. T. Chang, 1964; L'amour de la renarde, A. Lévy, Paris 1970 (beides Ausw.).
L: W. Baus, 1974.

Linhartová, Věra, tschech. Schriftstellerin, * 22. 3. 1938 Brünn. 1960 Promotion in Kunstgesch., bis 1966 Kustodin in Brünn u. Pardubice, lebt seit 1968 in Paris. – L.s Prosa, deren Erzähltechnik oft ans Dramatische grenzt, variiert das Thema der Unsicherheit u. Unbeständigkeit der menschl. Existenz in e. fragwürdig gewordenen Welt.

W: Prostor k rozlišení, En. 1964 (Geschichten ohne Zusammenhang, d. 1965); Meziprůzkum nejblíž uplynulého, En. 1964 (Mehrstimmige Zerstreuung, d. 1967); Rozprava o zdviži, En. 1965 (Diskurs über den Lift, d. 1967); Přestořeč, En. 1966; Dům daleko, En. 1968 (Haus weit, d. 1970); Antoni Tapiés, St. London 1972; Joseph Sima, St. Bruxelles 1974; TWOR, En. Paris 1974; Intervalles, En. Paris 1979; Portraits carnivores, En. Amiens 1982; Chiméra, neboli průřez cibulí, En. 1992; Ianus tří tváří, G. 1993; Anachroniques, En. Paris 1995; Sur un fond blanc, St. Paris 1995. – *Übs.:* Chimäre oder Querschnitt durch die Zwiebel, N. 1970.

Linna, Väinö Valteri, finn. Dichter, 20. 12. 1920 Urjala – 21. 4. 1992 Tampere. Textilarbeiter, Autodidakt. – Erzählerisches Naturtalent. Mit s. 1. Großroman ›Tuntematon sotilas‹ erzielte er e. sensationellen Erfolg: e. Kriegsbuch, gegen den Krieg geschrieben, e. beißende Kritik patriot. Phrasen, e. realist. Schilderung der Kriegswirklichkeit. L.s Menschen haben Fleisch u. Blut, s. Kompositionsgabe ist hervorragend. Dies beweist auch die Trilogie ›Täällä pohjantähden alla‹, e. hist. Prosaepos aus Finnlands turbulentester Zeit um 1918; soziolog. Umschichtungen, offener Aufstand u. blutiger Bürgerkrieg spiegeln sich in den Schicksalen e. kleinen, abgelegenen Dorfes. Über aller menschl. Tragik liegt e. Schimmer feinen Humors.

W: Päämäärä, R. 1947; Musta rakkaus, R. 1948; Tuntematon sotilas, R. 1954 (Kreuze in Karelien, d. 1955; u. d. T.: Der unbekannte Soldat, 1954); Täällä pohjantähden alla, R. III 1959–62; Oheisia, Ess. 1967; Murroksia, Ess. 1990; Sotaromaani, R. 2000. – Kootut teokset (GW), VI, 2000.
L: N.-B. Storbom, 1963; Y. Varpio, 1980; P. Lilja, 1985; J. Nummi, Jalon kansan parhaat voimat 1993.

Linnankoski, Johannes Vihtori (eig. J. V. Peltonen); finn. Dichter, 18. 10. 1869 Askola – 10. 8. 1913 Helsinki. Aus Bauerngeschlecht in Uusimaa, Autodidakt, Redakteur u. Volkserzieher, ab 1900 freier Schriftsteller, 1909 Italienreise. – Erzähler u. Dramatiker, knüpft an die seit Runeberg traditionelle Schilderung des finn. Volkslebens an, ist jedoch stilist. knapper, romant. farbenreicher. Realist, sofern er sich auf die erlebte Wirklichkeit stützt, leidenschaftl. Idealist in s. eth. Forderungen u. Romantiker in s. Phantasie. Der Roman ›Laulu tulipunaisesta kukasta‹, e. schönheitstrunkener Hymnus an Liebe u. Leben, machte ihn weit über s. Heimat hinaus bekannt. Hier wie in s. Roman ›Pakolaiset‹ u. in s. Dramen, die meist bibl. Stoffe aufgreifen, zeigen sich L.s meisterhafte Behandlung der Sprache und s. originelle u. plastische Menschenschilderung.

W: Ikuinen taistelu, Dr. 1903; Laulu tulipunaisesta kukasta, R. 1905 (Das Lied von der glutroten Blume, d. 1909; Don Juan in Suomi, d. 1963); Taistelu Heikkilän talosta, E. 1907 (Der Kampf um den Hof Heikkilä, d. 1944); Kirot, Dr. 1908; Pakolaiset, R. 1908 (Die Flüchtlinge, d. 1922); Simon ja Delila, Dr. 1911; Jeftan tytär, Dr. 1911; Sirpaleita, Nn. 1913. – Kootut teokset (GW), III 1908–15, ²1929; Valitut teokset (AW), 1953; J. L. (AW), 1987.

L: W. Söderhjelm, 1918; A. Anttila, II 1921–27; T. Salminen, 1937; L. Mäittälä, 1979.

Linnemann, Willy-August, dän. Erzähler, 4. 6. 1914 Harreslevmark/Nordschleswig – 22. 8. 1985 Gentofte. Abitur, kulturhist. Studien, lange Auslandsaufenthalte. – Gestaltet in vielen s. Werke Milieu und Menschen des dän.-dt. Grenzgebietes.

W: Natten før freden, R. 1945; Slesvig, Sch. 1946; Mit land lå i mørke, R. 1949; Syd for Pyrenæerne, Reiseb. 1953; Bogen om det skjulte ansigt, R. 1958 (Das unsichtbare Gesicht, d. 1965); Døden må have en årsag, R. 1959; Skæbnen må være en skælm, R. 1962; Alle skal tjene to herrer, R. 1964; Byen ligger skjult af lyset, R. 1966; Fabrikanten, R. 1968; Planlæggeren, R. 1969; Handelsmanden, R. 1970; Helbrederen, R. 1971; Sønderjyllands fremtid, Ess. 1972; Forkynderen, R. 1972; Lovgiveren, R. 1973; Lyset mellem træerne, R. 1976; Bølgerne pa fjorden, R. 1977; Blæsten gennem gaderne, R. 1978; Slesvigsk legende, R. 1979; Jagt på en lykkelig mand, R. 1981; Hyldest til en by/Huldigung an eine Stadt, G./Sch. 1981; Hinsides horisonten, R. 1984.

L: E. Frederiksen, 1969. – Bibl.: H. Michelsen, G. Nielsen 1934–1970, 1971.

Linnik, Jurij Vladimirovič, russ. Lyriker und Philosoph, * 18. 1. 1944 Belomorsk. Stud. Lit.inst. Moskau und Univ. Petrozavodsk, 1988 Diss. in Philos. (›Die Ästhetik des Kosmos‹), Prof. in Petrozavodsk, wo er ein ›N. K. Rerich-Museum für Kosmische Kunst‹ und ein ›Forschungszentrum der geistigen Kultur des russ. Auslands‹ schuf. – L.s auf Christentum und Buddhismus (›Krita-Yoga‹) aufbauende Schriften zielen auf ganzheitl. Erfassung der Welt ab, sollen dem Menschen tröstende Hilfe bieten. Der Glaube an die menschl. Wiedergeburt führt zur Suche nach Seelenverwandschaft, Geistigkeit und kosmischer Ordnung.

W: Preljudija, 1966; Nit', 1973; Posvjaščenie, 1984; Smjaten'e, 1989; Upovanie, G., Ess. 1992; Preobraženie, G., Ess. 1995; Noktjurn, 1996.

Lins, Osman da Costa, brasilian. Erzähler, 5. 7. 1924 Vitória de Santo Antão/Pernambuco – 8. 7. 1978 São Paulo. Stud. Betriebswirtschaft in Recife, dort Bankangestellter, ab 1962 in São Paulo, seit 1970 Dozent für brasilian. Lit. ebda., ab 1976 freier Schriftsteller. – Führt den nouveau roman in Brasilien ein, ›Avalovara‹ innovativ im Umgang mit dem Medium Malerei, reflektiert lit. Umsetzung von Bildern, schafft Metadiskurs.

W: O visitante, R. 1955; Os Gestos, En. 1957; O Fiel e a Pedra, R. 1961; Nove Novena, En. 1966 (d. 1978); Avalovara, R. 1973 (d. 1976); A Rainha dos Cárceres da Grécia, R. 1976 (d. 1980); O diabo na noite de Natal, Kdb. 1977; Do ideal e da glória, problemas inculturais brasileiros, Ess. 1977; Evangelho na taba, Ess. 1979; Marinheiro da primeira viagem, R. ²1980; A ilha no espaço, R. 1997.

L: M. Carone, 1976.

Lins do Rêgo (Cavalcanti), José, brasilian. Romanschriftsteller, 3. 6. 1901 Gut Corredor b. Pilar/Paraíba – 12. 9. 1957 Rio de Janeiro. Sohn von Zuckerrohrplantagenbesitzern, Jurastud. in Recife, Jurist in Rio. – Mitbegründer des Nordostromans in der Tradition des Realismus, gekennzeichnet von Vielstimmigkeit, Einbindung populären Erzählens; verfaßte Romanzyklus über das Leben auf den Zuckerrohrplantagen, e. heroische Männerwelt, konstitutiv für die Herausbildung der Nation, die Problematik von Ethnie und Geschlecht bleibt ausgegrenzt.

W: Menino de Engenho, R. 1932; Doidinho, R. 1933; Banguê, R. 1934; O moleque Ricardo, R. 1935; Usina, R. 1936; Pureza, R. 1937; Pedra Bonita, R. 1938; Riacho Doce, R. 1939; Água mãe, R. 1941; Fogo morto, R. 1943; Ensaios e Crônicas, 1943; Eurídice, R. 1947; Seres e Coisas, Prosa 1952; Bota de Sete Léguas, R. 1952; Cangaceiros, R. 1953 (Rhapsodie in Rot, d. 1958); Meus verdes anos, Mem. 1956; Gregos e Troianos, Reiseber. 1957; Flamengo é puro amor, Chronik hg. M. de Castro 2000. – Romances Reunidos e Ilustrados, 1960f. – Übs.: Santa Rosa, 1953 (enth. Menino de Engenho, O moleque Ricardo, Banguê).

L: L. Correia Dutra, 1938; A. Lins, O. M. Carpeaux, F. M. Thompson, 1952; R. de Queiroz, 1957; J. Pacheco, 1958; J. Aderaldo Castelo, 1961; J. B. Tenório Vilanova, 1962; E. Coutinho, 1971; M. de Castro, 2000.

Lin Yutang, chines. Schriftsteller, 10. 10. 1895 Longji (Fukien) – 26. 3. 1976 Hongkong. 1911–16 Stud. Sprachwiss. u. Anglistik St. John's Univ. Shanghai; 1916–19 Dozent für Engl. Tsinghua-Univ. Peking; 1919–21 in USA (M. A. Harvard Univ.), 1921–23 Jena u. Leipzig (Dr. phil.), 1923–26 Prof. für Engl. Nationaluniv. Peking, 1926–28 vorübergehend polit. tätig, Hrsg. versch. Zss., 1930 Mitglied der Academia Sinica, emigrierte 1936 in die USA, während des Kriegs zeitweise an der chines. Botschaft in Washington, 1948 Abteilungsleiter für Lit. u. Kunst in der Unesco, 1954/55 Rektor der Nanyang-Univ. Singapur, danach meist in New York. Dort 1959 Übertritt zum Christentum. – Vf. sprachgeschichtl. und phonet. Untersuchungen. Als Schriftsteller und Hrsg. von Zsn. von betont unpolit. Haltung. Essays voll Humor, Satire, Lebenskunst; positive Einstellung zur traditionellen chines. Kultur. Schrieb ab rd. 1930 meist engl.; Romane, geistreiche kulturhist. Studien über China, von denen manche in Europa und USA erfolgr. waren. Übs. chines. Lit., u.a. Laozi (d. 1956).

W: Jianfu ji, Nn. u. Ess. 1928; Dahuang ji, Ess. 1934; Youmo xiaopin ji, humorist. Schr. 1934; Wode hua, Ess. II 1934–36; The Little Critic, Ess. II Shanghai 1935–37; My Country and My People, N. Y. 1935 (d. 1936); The History of the Press and Public Opinion in China, Abh. Chicago 1936; The Importance of Living, Ess. N. Y. 1937 (Weisheit des lächelnden Lebens, d. 1938); Moment in Peking, R. N. Y. 1940 (d. 1950); With Love and Irony, Schr. N. Y. 1940 (d. 1942); A Leaf in the Storm, R. N. Y. 1941 (d. 1953); The Gay Genius, Su Shi, St. N. Y. 1947; Chinatown Family, R. N. Y. 1948 (Chinesenstadt, d. 1952); On the Wisdom of America, Schr., N. Y. 1950; Miss Tu, R. London 1950 (Die Kurtisane, d. 1951); The Vermilion Gate, R. N. Y. 1953 (Leb wohl, Sunganor, d. 1954); Looking Beyond, Es. N. Y. 1955; Lady Wu, R. N. Y. 1957 (d. 1959); The Secret Name, St. London 1959; From Pagan to Christian, Aut. Cleveland 1959 (Kontinente des Glaubens 1961); The Chinese Way of Life, St. Cleveland 1959; The Importance of Understanding, Ess. Cleveland 1960 (d. 1963); The Pleasures of a Nonconformist, Es. Cleveland 1963; The Red Peony, R. Cleveland 1961 (d. 1964); Juniper Loa, R. Cleveland 1963; The Flight of the Innocents, R. N. Y. 1964; The Chinese Theory of Art, St. N. Y. 1966 (d. 1967).

L: M. Erbes u.a., 1989.

Lipkin, Semen Izrailevič, russ. Schriftsteller u. Übersetzer, * 19. 9. 1911 Odessa. Stellte unter polit. Druck eigenes lyr. Schaffen zurück u. wurde e. bedeutender Übs. oriental. Epen. 1980 Austritt aus dem sowjet. Schriftstellerverband (zus. m. s. Frau, der Lyrikerin I. → Lisnjanskaja). Seitdem Publikationen im Westen; Wiederaufnahme in den Schriftstellerverband 1986. – Neben e. bildreichen, das Menschl. betonenden Lyrik hat L. den lit. u. polit. bedeutsamen Roman ›Dekada‹ geschrieben, die erste künstler. Darstellung des Schicksals e. unter Stalin verbannten Volkes.

W: Očevidec, G. 1967; Volja, G. 1981; Dekada, R. 1983 (Das Volk der Adler, d. 1984); Kočevoj ogon', G. 1984; Pis'mena. Stichotvorenija, Poėmy, 1991; Kvadriga. Povest', memyapy, 1997; Vmeste. Stichy, 2000.

Lippi, Lorenzo (Ps. Perlone Zipoli), ital. Maler u. Dichter, 3. 5. 1606 Florenz – 15. 4. 1665 ebda. 1647–49 als Maler am Hof der Erzherzogin Claudia de'Medici in Innsbruck; v.a. als Porträtmaler berühmt. – Vf. des burlesken Epos ›Il Malmantile racquistato‹, e. Parodie auf Tassos ›Gerusalemme liberata‹, angeregt durch e. Novelle der Sammlung ›Lo Cunto de li Cunti‹ von Basile.

W: Il Malmantile racquistato, 1676 (n. Barbera 1861, Salani 1937).

L: A. Alterocca, 1914 (m. unveröffentlichten G.).

Lipska, Ewa, poln. Lyrikerin, * 8. 10. 1945 Krakau. Absolvierte die Kunstakademie. Seit dem Debüt 1961 Entwicklung zu bedeutender Gedankenlyrik.

W: Wiersze, G. V 1967–78; Żywa śmierć, G. 1979; Nie o śmierć tutaj chodzi, Dr. 1982; Strefa ograniczonego postoju, G. 1990; Przechowalnia ciemności, G. 1994; 1999, G. 1999; Sklepy zoologiczne, G. 2001. – Dom spokojnej młodości, G.-Ausw. 1979; Poezje wybrane (G.-Ausw.), 1981; Utwory wybrane (AW), 1986. – *Übs.:* Auf den Dächern der Mausoleen, G. 1983; Meine Zeit, G. 1990.

Lipuš, Florjan, slowen. Schriftsteller, * 4. 5. 1937 Lobnik, Österreich. Arbeitersohn, Mutter in dt. KZ gestorben, als Lehrer tätig. – L. schreibt kurze surrealist. Prosa mit Kriegs- u. Liebesmotiven; L.' Hauptwerk, der satir. Roman ›Zmote dijaka Tjaža‹, in dem er e. Lebensbeichte mit grotesker Kritik verbindet, wurde von s. Verwandten P. Handke ins Dt. übersetzt.

W: Mrtvo oznanilo, Dr. 1962; Črtice mimogrede, En. 1964; Zmote dijaka Tjaža, R. 1972 (Der Zögling Tjaž, d. 1981); Zgodbe o Čuših, En. 1973; Škorelj, En. 1976; Izjava, Satn. 1978; Odstranitev moje vasi, En. 1983 (d. Die Beseitigung meines Dorfes, 1997); Srčne pege, R. 1991; Stesnitev, R. 1995 (d. Verdächtiger Umgang mit dem Chaos, 1997).

L: A. Leben, 1994.

Li Qingzhao, chines. Dichterin, 1084 Licheng (Shandong) – 1155(?). Aus e. angesehenen Literatenfamilie stammend verbringt sie Kindheit und Jugend in der Hauptstadt Kaifeng; gründl. lit. Ausbildung, lernt führende Dichter der Song-Zeit kennen. Mit 18 ∞ e. schöngeistig interessierten Beamten; 1126 Flucht nach dem Fall der Hauptstadt; Tod des Mannes 1129 und Scheitern der zweiten Ehe 1132. – L. gilt als die bedeutendste Dichterin der chines. Kaiserzeit. Von ihrem lyr. Werk sind ca. 80 ›ci‹ (Lieder), ca. 20 Gedichte und einige weitere Texte erhalten. Ihre gefühlsbetonten Lieder beschreiben Szenen und Stimmungen aus der Lebenswelt der gelehrten Kreise der Zeit; später überwiegt der Ausdruck der Trauer und Melancholie über den Verlust des geliebten Gatten und den Niedergang des Reichs.

A: Li Qingzhao ji jiaozhu, 1979. – *Übs.:* J. Gautier, franz. Paris 1867; V. McHugh, C. H. Kwock, engl. San Francisco 1962; P. Liang, franz. Paris 1977; K. Rexroth, C. Ling, engl. N. Y. 1979; H. Ng, A. Engelhardt 1985; E. J. Schwarz 1985.

L: P. Hu, N.Y. 1966; D. Dauber, 2000.

Li Ruzhen, chines. Schriftsteller und Gelehrter, 1763(?) Peking – 1830(?) ebda. Vorübergehend Beamter in der Provinz, lebte meist in Peking. – Vf. e. Werkes über Phonetik ›Yinjian‹ (1810), jedoch hauptsächl. bekannt als Autor des Romans

›Jinghuayuan‹ (Schicksale der Spiegel-Blumen, 1828) in 100 Kapiteln, e. der originellsten Werke der chines. Romanlit. Schildert die Abenteuer von 2 Männern z. Z. der Kaiserin Wu (684–705) in fabelhaften exot. Ländern, die wie bei Swift als Hintergrund für Satire gegen die heim. Zustände dienen. Vorläufer der späteren Frauenemanzipation; durch die satir. Darstellung e. Frauenreichs, in dem die Geschlechterrollen vertauscht sind, wird die doppelte Moral in China und die untergeordnete Stellung der Frau kritisiert.

Übs.: Ausz. Lin Yutang (T'ien Hsia Monthly 1), 1935; Lin Tai-yi, Flowers in the Mirror, Lond. 1965; F. K. Engler, Im Land der Frauen, 1970 (Teilübs.).

L: C. T. Hsia, in: Chinese Narrative, hg. A. H. Plaks, Princeton 1977.

Lisarde, Koen → Demedts, André

Li Shangyin, chines. Lyriker, 813(?) Huojia (Henan) – 858 Zhengzhou. Bestand zwar 837 die staatl. Beamtenprüfung, doch erlangte er zeit s. Lebens nur niedrige Posten in Provinz und Hauptstadt. – Unter den über 500 erhaltenen Gedichten ist die Gruppe der vieldeutigen, für mehrere Interpretationen offenen Gedichte die bekannteste. Sie zeichnen sich durch reiche Sprache, barocke Metaphorik u. intensiven Ausdruck von Gefühlen aus. Sein Werk umfaßt auch Gelegenheitsgedichte, Sozialkritik und Gedichte auf Gegenstände. L. übte durch s. innovative Sprache und Intensität des Gefühlsausdrucks großen Einfluß auf die chines. Lyrik aus.

A: Yuxisheng shi jianzhu, 1870 (Ed. SBBY). – *Übs.:* E. v. Zach, Han Yu, Cambr./MA 1952; J. J. Y. Liu, Chicago 1969.

Lisle, Charles-Marie-René Leconte de → Leconte de Lisle, Charles-Marie-René

Lisnjanskaja, Inna L'vova, russ. Lyrikerin, * 24. 6. 1928 Baku. L. konnte bis 1978 5 Lyrikbücher veröffentlichen, bis sie 1980 unter polit. Druck mit ihrem Mann, dem Schriftsteller S. Lipkin, aus dem sowjet. Schriftstellerverband austrat. Seitdem West-Publikationen. – E. begabte, relig. fundierte Dichterin, deren Bild durch die Zensureingriffe verfälscht war. L. verbindet Zeitnahes mit Zeitlosem, Themen der Angst, Einsamkeit u. des Verrats werden in allg.gültigen Dimensionen erfaßt.

W: Vernost', G. 1958; Ne prosto – ljubov', G. 1963; Vinogradnyj svet, G. 1978; Doždi i zerkala, G. 1983.

Lispector, Clarice, brasilian. Schriftstellerin, 10. 12. 1925 Čečelnik/Ukraine – 9. 12. 1977 Rio de Janeiro. Aus e. jüd. Emigranten-Familie, Stud. Jura, ∞ Diplomaten, Aufenthalte in Europa, USA, 1959 Rückkehr nach Rio. – Debütiert mit dem Roman ›Perto do Coração Selvagem‹, gilt als Erneuerin der Erzählprosa, neben Borges, García Márquez u. Cortázar als e. der Stimmen Lateinamerikas. Die ersten Romane kommen fast ohne Handlung aus. Ende der 1970er Jahre von der Frauenbewegung entdeckt u. teilweise vereinnahmt, spielen ihre Texte e. Schlüsselrolle für die Bildung der Theorie e. weibl. Ästhetik. Doch ist ›Aprendizagem ou: O livro dos Prazeres‹ e. klare Abgrenzung gegen jene feminist. Diskurse, die dem Modell vom Geschlechterkampf verhaftet sind. ›A hora da estrêla‹ ist e. krit. Revision der Nordostromane, jener in der Tradition des Realismus stehenden Texte. Erst nach ihrem Tod ist der Großteil der Texte publiziert worden.

W: Perto do Coração Selvagem, R. 1944 (Nahe dem wilden Herzen, d. 1981); O Lustre, R. 1946; A Cidade Sitiada, R. 1949; Laços de Família, En. 1960; A Maçã no Escuro, R. 1961 (Der Apfel im Dunkeln, d. 1964); A Legião Estrangeira, En. 1964; O mistério do coelho pensante, En. 1967; A Paixão Segundo G. H., R. 1964 (n. 1988; Passion nach G. H., d. 1984); Uma Aprendizagem ou: O livro dos Prazeres, R. 1969 (Eine Lehre oder das Buch der Lüste, d. 1982); Água viva, R. 1973 (d. 1985); A imitação da rosa, En. 1973; A vida íntima de Laura, En. 1974; A via crucis do corpo, En. 1974; Onde estivestes de noite, En. 1974 (Wo warst du in der Nacht, d. 1996); Visão do esplendor – impressões leves, Prosa 1975; A hora da estrêla, R. 1977 (d. 1985); Quase de verdade, Kdb. 1978; Um sopro de vida, Prosa 1978; Para não esquecer, Chronik 1978; A bela e a fera, En. 1979; A descoberta do mundo, Chronik 1984; Como nascem as estrelas, Märchen 1987; O primeiro beijo e outros contos, En. 1989; Clarice Lispector, En. 1994; Os melhores contos, En. 1996; (Co-Autorschaft Fernando Sabino) Cartas perto do coração, Prosa 2001; Correspondências, 2002.

L: L. Costa Lima, 1969; H. Cixous, 1979; E. R. Monegal, 1984; J. Lerner, 1992; E. Spielmann, 1994; N. B. Gotlib, 1995; Kongreßschrift, 1996.

Lista y Aragón, Alberto, span. Schriftsteller, 15. 10. 1775 Sevilla – 5. 10. 1848 ebda. Prof. für Mathematik, Geschichte u. Lit., Kanonikus in Sevilla u. Dekan der Philos. Fakultät; angesehene Persönlichkeit von umfassendem Wissen. – Klassizist. Dichter mit vorromant. Anklängen; Haupt der Schule von Sevilla. Großer Einfluß auf spätere Dichtergenerationen. Akadem. starr in s. Liebesgedichten im Schäferstil; persönlicher bes. in s. relig. Lyrik (v. a. der Ode ›A la muerte de Jesús‹); verfaßte auch bedeutende Essays über geisteswiss. Fragen.

W: Literatura dramática, Ess. 1836; Poesías, G. 1837; Ensayos literarios y críticos, Ess. II 1844. – Poesías inéditas, hg. J. M. de Cossío 1927.

L: F. Pérez de Anaya, 1848; M. Chaves, 1912; J. C. Metford, Liverpool 1940; H. Juretschke, 1951; M. del C. García Tejera, 1989.

Li Tai-po → Li Bo

Liu Binyan, chines. Schriftsteller, * 7. 2. 1925 Changchun. Während der japan. Besatzung Lehrer, 1944 Mitglied der KP. Seit 1951 Journalist, unter dem Einfluß der sowjet. Lit. der beginnenden Reformära erste Reportagen; 1957 als ›rechtes Element‹ aufs Land verschickt; Rehabilitation 1979. Danach produktive schriftsteller. Tätigkeit. 1987 erneuter Parteiausschluß, seit 1988 im Exil in den USA, Engagement in der demokrat. Opposition. – In s. Reportagen kritisiert L. Bürokratie, Autokratie und Korruption.

W: Benbao neibu xiaoxi, E. 1956; Liu Binyan baogao wenxue xuan, Rep. 1980; Liu Binyan zixuan ji (AW), 1985; Tell the World, Abh. N. Y. 1989; Liu Binyan zizhuan, Aut. 1990. – *Übs.:* Unter Menschen und Dämonen, Rep., in: Literatur und Politik, hg. R. Wagner 1983; China! Mein China!, Repn. u. Aufse. 1989 (aus dem Franz.).

L: C. Blank, Ch. Gescher, 1991.

Liu E, chines. Schriftsteller, 18. 10. 1857 Dantu (Jiangsu) – 23. 8. 1909 Yili (Ostturkestan). Aus Beamtenfamilie, jedoch schon früh krit. gegen das traditionelle Erziehungssystem eingestellt; vertraut mit westl. Wiss.; Arzt in Shanghai. 1888 Kauf e. Beamtenrangs, um an der Eindämmung des Huanghe mitwirken zu können. Erfolgr. Tätigkeit als Wasserbau-Beamter, Teilnahme an Industrie-Projekten. Sympathisiert mit der Reformpartei. Kunstsammler, Mitbegründer der Orakelknochen-Forschung. 1908 wegen angebl. illegaler Kontakte zu ausländ. Investoren angeklagt, nach Yili verbannt. – Vf. des Romans ›Lao Can youji‹ (Die Reisen des Lao Can), e. bitteren Satire auf das konservative Beamtentum; Schilderung der grausamen Behandlung des Volks durch die herrschende Klasse. Der von Trauer über den Niedergang Chinas gekennzeichnete Roman gilt als allegor. Abschied vom alten China.

W: Zhi he wushuo, Abh. 1892; Tieyun canggui, Abh. 1903; Lao Can youji, R. 1903–06 u. ö. (A Nun of Taishan, Teilübs. engl. N. Y. 1936; The Travels of Lao Ts'an, 20 Kap. Ithaca/NY 1952; Lieou Ngo, franz. 20 Kap. 1964; d. vollst. 1989). – *Übs.:* J. Chaves, G., Hudson Review 34, 1983.

L: C. T. Hsia, Tsing Hua Journal of Chin. Stud. 7.2, 1969.

Liu O → Liu E

Liutprand von Cremona, lat. Historiker, um 920 Pavia (?) – um 972. Aus vornehmem langobard. Geschlecht; Jugend u. Ausbildung am Hofe König Hugos in Pavia; dort zum Diakon geweiht; nach des Königs Vertreibung 945 im Dienst s. Nachfolgers Berengar II.; 949 dessen Gesandter in Konstantinopel; verfeindete sich mit Berengar und ging Anfang der 950er Jahre nach Dtl. zu Otto I.; folgte ihm 961 auf dem Zuge nach Italien; 961 Bischof von Cremona; 963 Teilnehmer der Synode in Rom; 968 ohne Erfolg Brautwerber für Otto II. in Konstantinopel bei Kaiser Nikephoros. – Schrieb 958–62 die ›Antapodosis‹ (Vergeltung), e. lebendig dargestellte, aber nicht immer ganz zuverlässige Geschichte der Ereignisse in Dtl., Griechenland und Italien 880–949. ›De rebus gestis Ottonis Magni imperatoris‹ (um 965) rechtfertigt die Politik Ottos I. in Italien 960–64; ›Relatio de legatione Constantinopolitana‹ (968) ist e. boshafte, aber geistreiche Satire auf den griech. Hof.

A: Werke, hg. J. Becker ³1915 (d. K. v. d. Osten-Sacken, ⁵1940, in: Geschichtsschreiber der dt. Vorzeit; H. Lintzel 1933; A. Bauer, R. Rau 1971), P. Chiesa 1998; Relatio, hg. B. Scott 1993 (m. engl. Übs.).

L: M. Lintzel, 1933; W. Baum, 1936; J. Koder, T. Weber, L. in Konstantinopel, 1980; J. N. Sutherland, 1988; P. Chiesa, L. ed il codice di Frisinga Clm 6388, 1994; G. Grandino, Il vocabolario politico e sociale di L., 1995; E. Colonna, Le poesie di L., 1996; L. G. G. Ricci, Problemi sintattici nelle opere di L., 1996.

Liu Tsung-yüan → Liu Zongyuan

Liu Zongyuan, chines. Dichter u. Schriftsteller, 773 Chang'an – 819 Liuzhou (Guangxi). Nach Bestehen der Staatsprüfung zunächst im Ritenministerium, dann Zensor. 805 wegen angebl. Beteiligung an e. Aufstand nach Yongzhou (Henan) verbannt, 815 Landrat in Liuzhou. – Gleich hervorragend als Lyriker wie Prosaautor. Gehört mit s. Freund Han Yu zu den führenden Autoren s. Zeit. Konfuzianer, jedoch mit buddhist. Neigungen. Berühmt als Begründer der essayist. Landschaftsschilderung (youji) in schlichter u. ausgewogener Sprache.

W: Liu Hedong ji, 1961; Liu Zongyuan ji, 1979. – *Übs.:* S. S. Liu, The Eight Masters, Hongkong 1979 (Ausz.).

L: E. Edwards, (Asia Major 1) 1949; W. H. Nienhauser, N. Y. 1973.

Lively, Penelope (Margaret), engl. Schriftstellerin, * 17. 3. 1933 Kairo. Kindheit in Ägypten, ab 1945 in Sussex, Geschichts-Stud. Oxford. – Im Zentrum von L.s Werk steht die Auseinandersetzung mit der Vergangenheit; oft wird der Zusammenhang von Orten und Erinnerung auf s. identitätsstiftende Bedeutung hin ausgelotet. In L.s bekanntestem Roman ›Moon Tiger‹ läßt e. Historikerin ihre Vergangenheit auf dem Sterbebett Revue passieren mit dem Anspruch, zugleich e. Weltgeschichte zu erzählen.

W: The Ghost of Thomas Kempe, Jgb. 1973 (Verflixt noch mal, wer spukt denn da?, d. 1984); A Stitch in Time, Jgb. 1976 (Das Haus mit der Schaukel im Garten,

d. 1985); The Road to Lichfield, R. 1977 (Ein Schritt vom Wege, d. 1996); Nothing Missing but the Samovar, Kgn. 1978; Treasures of Time, R. 1979; Judgement Day, 1980; The Revenge of Samuel Stokes, Kdb. 1881 (Ein Spuk kommt selten allein, d. 1996); Perfect Happiness, R. 1983; According to Mark, R. 1984; Pack of Cards, Kgn. 1986 (Die lange Nacht in Abu Simbel, d. 1996); Moon Tiger, R. 1987 (d. 1994); Passing On, R. 1989 (Der wilde Garten, d. 1995); City of the Mind, R. 1991 (London im Kopf, d. 1995); Cleopatra's Sister, R. 1993 (d. 1996); Oleander, Jacaranda, Aut. 1994; Heat Wave, R. 1996 (Hinter dem Weizenfeld, d. 1996); Beyond the Blue Mountain, Kgn. 1998; Spiderweb, R. 1998 (Hekkenrosen, d. 2000); A House Unlocked, Aut. 2001; The Photograph, R. 2003.

L: M. H. Moran, 1993.

Livings, Henry, engl. Dramatiker, 20. 9. 1929 Prestwich/Lancashire – 20. 2. 1998 Delph. Arbeitersohn, 2 Jahre Stud. Univ. Liverpool, 2 Jahre bei der R. A. F., Schauspieler, Koch. – S. Parabeln von der Tragik des Lebens u. der Notwendigkeit zwischenmenschl. Verantwortung werden teils in episod. entwickelten Komödien mit farcenhaftem Humor u. exzentr. Absurdität (›Stop It, Whoever You Are‹), teils mit tiefem Ernst (›Kelly's Eye‹) dargeboten.

W: The Quick and the Dead Quick, Sch. (1961); Stop It, Whoever You Are, K. 1962; Big Soft Nellie, K. 1962; Nil Carborundum, Sch. 1963; Kelly's Eye and Other Plays, 1964; Eh?, Dr. 1965; Honour and Offer, Sch. 1969; Pongo Plays, 1971; This Jockey Drives Late Nights, Sch. 1973; The Finest Family in the Land, Sch. 1973; Six More Pongo Plays, 1974; Jonah, Dr. 1975; We Had Some Happy Hours, FSsp. 1981; Pennine Tales, Kgn. 1983; Flying eggs and things, Kgn. 1986; Plays one, Dr. 2001.

Livingstone, Douglas, südafrikan. Lyriker, 5. 1. 1932 Kuala Lumpur – 19. 2. 1996 Durban. Schott. Eltern. Ausbildung zum Meeresbakteriologen in Salisbury/Rhodesien. Ab 1964 Leiter e. Forschungsinstituts in Durban. – Religion, Liebe u. die afrikan. Natur bilden die zentralen Themen s. formenreichen Lyrik. Auch Übs. von Shona-Lyrik.

W: The Skull in the Mud, G. 1960; Sjambok and Other Poems from Africa, 1964; Poems by Thomas Kinsella, D. L., and Anne Sexton, 1968; Eyes Closed against the Sun, G. 1970; The Sea My Winding Sheet, Dr. 1971; A Rhino for the Boardroom, Radio-Sat. 1974; A Rosary of Bone, G. 1975; The Anvil's Undertone, G. 1978; Selected Poems, 1984; A Littoral Zone, G. 1991; Giovanni Jacopo Meditates (on the High-IQ Haiku), G. 1995.

L: M. Chapman, 1981; W. Saunders, 1996.

Livius, Titus, röm. Geschichtsschreiber, 59 v. Chr. Patavium (Padua) – 17 n. Chr. ebda. Verbrachte den größten Teil s. Lebens in Rom. Über s. Leben ist wenig bekannt. – Vf. (verlorener) philos.-hist. Abhandlungen u. des 142 Bücher umfassenden Geschichtswerks ›Ab urbe condita‹, von dem 35 Bücher erhalten sind (1–10 u. 21–45), in Dekaden bzw. Pentaden gegliedert. Die Bücher 1–108 sind nach annalist. Prinzip geschrieben, die übrigen als fortlaufende Geschichtserzählung. Die Bücher 1–5 reichen von der Gründung Roms (753) bis zum Galliersturm (386), 6–15 bis zur Unterwerfung Italiens (265), 16–20 schildern die Auseinandersetzung mit Karthago (bis 219), 21–30 den 2. Pun. Krieg (bis 201), 31–40 reichen bis zum Tode Philipps V. von Makedonien (179), 41–71 bis zum Ausbruch des Bundesgenossenkrieges (91), 72–80 behandeln den Bundesgenossenkrieg, 81–90 führen bis zum Tode Sullas (78), 91–108 bis zu Caesars Gall. Krieg, 109–116 bis zum Tode Caesars (44), 117–133 bis zur Niederlage des Antonius u. der Cleopatra (31), 134–142 wahrscheinl. bis zum Tod Drusus' (9 v. Chr.). Die nicht erhaltenen Bücher sind bekannt durch die ›Periochae‹ (Inhaltsangaben der einzelnen Bücher) u. wenige Fragmente. L. ist Summe u. Höhepunkt der röm. Annalistik; er benutzte universalhist. Quellen u. solche spezif. röm. Standpunkts. Am wichtigsten sind Polybios u. die sog. jüngere Annalistik. Wenig krit. Stellungnahme zu s. Vorgängern, keine Auswertung von Originaldokumenten, hist. nicht immer zuverlässig. L. will der Größe Roms e. Denkmal setzen, sich über die gegenwärtigen Übel durch die Geschichte der Vergangenheit trösten und den Menschen Beispiele zur Nachahmung oder Abschreckung geben. Das moral. Element ist entscheidend; darum legt er bes. Wert auf die Schilderung des Charakters der hist. Persönlichkeiten. Die Reden nehmen sehr viel Raum ein, denn L.' Anliegen ist v.a. die künstler. Darbietung des Geschichtsstoffes. Oft dichter. gefärbte Sprache, von Cicero beeinflußt. Klarer, ruhig fließender period. Satzbau. Entsprach als Verherrlicher der Größe Roms dem Wollen s. Zeit; schon zu Lebzeiten gefeiert u. von Augustus geschätzt. Lange maßgebend auch bei griech. Historikern. Erneut von Bedeutung in der ital. Renaissance (Poggio u. Machiavelli). Steht in der Moderne hinter Tacitus zurück.

A: R. S. Conway, C. F. Walters, S. K. Johnson u.a., VI 1955ff. hg. u. komm. W. Weißenborn, H. J. Müller, O. Roßbach X 1885–1924 (n. 1962ff.); J. Bayet, P. Jal u.a., 1940 ff. (m. franz. Übs.); J. Briscoe 1986 (Buch 41–45). – *Komm.:* R. M. Ogilvie 1965 (Buch 1–5); S. P. Oakley 1997–98 (Buch 6–10); J. Briscoe II 1973–81 (Buch 31–37); P. G. Walsh V 1990ff. (Buch 36–40); O. Roßbach 1910 (Periochae). – *Übs.:* K. Heusinger, O. Güthling [2]1925; A. Wlosok 1960; H. A. Gärtner 1968; H. J. Hillen 1972–83; J. Feix 1977–80; engl. B. O. Foster u.a. XIV 1951–59, A. de Selincourt II 1960–65.

L: A. Klotz, L. u. s. Vorgänger, III 1940f.; P. G. Walsh, [2]1963; E. Burck, Die Erzählkunst des T. L., [2]1964; P. L. Schmidt, Iulius Obsequens und das Problem der L.-Epitome, 1968; T. A. Dorey, hg. 1971; G. Wille,

Livius Andronicus

Der Aufbau des Livianischen Geschichtswerks, 1973; P. G. Walsh, 1974; Wege zu L., hg. E. Burck ²1977; T. J. Luce, Livy: the Composition of His History, 1977; H. Tränkle, L. und Polybios, 1977; J. Dangel, La phrase oratoire chez T. L., 1982; G. Billanovich, Tradizione e fortuna di L. tra medioevo e umanesimo, 1981; E. Lefèvre, hg. 1983; J. Lipovski, A historiographical study of L., book VI – X, 1984; D. Gutberlet, Die erste Dekade des L. als Quelle zur gracch. u. sullan. Zeit, 1985; R. v. Haehling, Zeitbezüge des T. L. in der ersten Dekade s. Geschichtswerkes, 1989; D. S. Levene, Religion in L., 1993; H. Schuller, hg. 1993; G. B. Miles, 1995; M. Jaeger, L.'s written Rome, 1997; G. Forsythe, L. and early Rome, 1999.

Livius Andronicus, Lucius, röm. Dichter, um 280/260 v. Chr. – vor 200 v. Chr. Kam als Gefangener nach Rom; Hauslehrer, später freigelassen. – S. Übs. der Odyssee in lat. Saturnier wurde bis in die Zeit des Horaz als Schulbuch verwendet. 240 erste Aufführung s. aus dem Griech. übersetzten Dramen. Dichtete 207 in staatl. Auftrag e. Sühnelied für Juno. L. A. steht am Anfang der nachgriech.-abendländ. Lit. Begründete die Kunst des Übersetzens, einflußreich s. Romanisierung der griech. Götternamen. Stellte Normen für die spätere röm. Tragödie u. Komödie auf. Nur wenige Fragmente erhalten.

A: O. Ribbeck, Scaenicae Rom. poesis fragm., II ²⁻31897f. (n. 1962); W. Morel, Fragm. poet. Lat., ³1995 (hg. J. Blänsdorf); Remains of Old Latin 2, hg. E. A. Warmington 1936 (m. engl. Übs.), hg. M. Lenchantin de Gubernatis 1937; A. Klotz, Scaenicorum Rom. fragm. 1, 1953; Script. Rom. quae extant omnia 2, 1964; U. Carratello 1979; Poetae latini arcaici 1, hg. A. Traglia 1986; V. Errusio 1942 (n. 1977).

L: S. Mariotti, 1952; G. Broccia, Ricerche su L. A., 1974; R. Perna, 1978.

Li Xingdao, chines. Dramatiker, um 1300. – Vf. des Dramas ›Huilan ji‹ (Der Kreidekreis), in die Sammlung ›Yuan qu xuan‹ (1616) aufgenommen (Nr. 64). Behandelt das Thema der Mutterliebe: E. der Untreue angeklagte Nebenfrau kämpft für ihr Kind, das von der Hauptfrau beansprucht wird. Die Liebe zu ihrem Kind überzeugt das Gericht; die Hauptfrau, die den Vater des Kindes ermordet hatte, ereilt die Strafe. Stilistisch und in der Art der Handlungsführung nicht von den übrigen Yuan-Dramen verschieden, jedoch in Europa seit dem 19. Jh. bekannt und auch aufgeführt. Wirkung auf Klabund und Brechts ›Der kaukas. Kreidekreis‹.

W: WA o.O. 1615 (Yuanju xuan), Shanghai 1936. – *Übs.:* franz. S. Julien, Hoei Lan Ki, Lond. 1832; d. A. Forke 1927; Nachdichtung: Klabund, 1925.

Li Yu, chines. Kaiser, Lyriker; 937 Nanking – 978 Kaifeng. Sohn des 2. Kaisers der südl. Tang-Dynastie, 961 zur Regierung gelangt, 975 nach einjährigem Krieg durch den Song-Kaiser gefangengenommen und in Kaifeng interniert. – Schrieb Gedichte und Lieder mit unterschiedlich langen Verszeilen (ci); gilt als größter Meister dieser schwierigen Form. Dichte, symbolbeladene Sprache; Inhalte zunächst höf.-verspielt, dann nach dem Tode s. Gattin (964) ernster: Nichtigkeit des Lebens, Melancholie, Trauer über Gefangenschaft und Verlust des Reichs.

Übs.: A. Hoffmann, 1950.

Li Yu (auch Li Liweng), chines. Dichter, 1611 Rugao (Jiangsu) – 1680(?) Wuzhou (Zhejiang). Bestand 1635 die 1. Staatsprüfung, fiel jedoch in den späteren Prüfungen durch. Verzichtete nach Sturz der Dynastie Ming 1644 auf Beamtenlaufbahn. Erwarb 1657 e. Gartenanwesen bei Nanking, reiste jedoch viel in ganz China. Versuchte sich als Buchhändler und Verleger, wurde dann Leiter e. reisenden Schauspielertruppe, deren Hauptdarstellerin e. seiner Konkubinen war. Ließ sich 1678 in Hangzhou nieder; starb verarmt. – Vielseitiger Autor, am bekanntesten als Novellist, Dramatiker und Theaterkritiker. Unkonventionell wie s. Leben und charakterist. für s. epikuräischen Anschauungen sind s. Werke: Schriften über Frauenschönheit, Kosmetik, Hausbau, Möbel, Hygiene und Diät, Phonetik und mehrere Anthologien. In s. erzählenden Werken Unmittelbarkeit des Ausdrucks, Humor, Unterhaltsamkeit, gelegentl. stark erot., ja pornograph.

W: Liweng shizhong qu, Drn.; Wusheng xi, Nn. um 1658; Shier lou, Nn. 1658 (d. F. Kuhn, Der Turm der fegenden Wolken, 1953; Die 13stöckige Pagode, 1940); Roupu tuan, R. (zugeschrieben, d. F. Kuhn 1959); Huiwen zhuan, R. (zugeschrieben); Xianqing ouji, verm. Abh. 1671 (daraus d. W. Eberhard, Die vollkommene Frau, 1963). – GW: Liweng Yijia yan, G. u. Ess. 1672–78.

L: H. Martin, Diss. Hdlbg. 1966; N. K. Mao, T. Liu, Boston 1977.

Ljeskow, Nikolai → Leskov, Nikolaj Semenovič

Ljubiša, Stjepan Mitrov, serb. Schriftsteller, 29. 2. 1824 Budva – 11. 11. 1878 Wien. Autodidakt, 1843 Gemeindeschreiber in Budva, dann Abgeordneter im Reichsrat Wien, 1870–78 Präsident des dalmatin. Landtags. – Neben Gelegenheitsdichtung hinterließ L. Kurzgeschichten, Anekdoten u. folklorist. Novellen im Stil der Romantik, die unter Anlehnung an Volkserzählungen mit Vorliebe Sitten u. Bräuche des montenegrin. Küstenlandes u. der Boka beschreiben; Übs. aus dem Ital. (Dante, Ariost).

W: Boj na Visu, G. 1866; Pripovijesti crnogorske i primorske, Nn. 1875; Pripovijesti, En. 1882; Pričanja Vuka Dojčevića, Nn. 1902f. – Celokupno delo (GW), II 1929;

Djela (W), III 1976; Pripovetke, Ausw. 1969; Odabrana djela (AW), 1975.

L: B. Pejović, 1977.

Ljungdal, Arnold Gottfrid, schwed. Lyriker, 2. 8. 1901 Mellerud – 12. 7. 1968 Stockholm. Sohn e. Großkaufmanns, Lizentiat Philos. 1926; Bibliothekar. Führender Mitarbeiter der Zsn. ›Clarté‹ u. ›Kulturfront‹. – E. der führenden sozialist. Intellektuellen, schrieb auch Gedichte in sozialist. Geiste. Freie Form in der Lyrik nach W. Whitman u. dem dt. Expressionismus. Zug zur relig. Symbolwelt; moral. Verantwortungsgefühl. Übs. Rilkes ›Duineser Elegien‹ und B. Brecht.

W: Fanorna, G. 1928; Ungdom, G. 1931; I folkton, G. 1934; Nihilismens filosofi, Ess. 1943; Lyriskt bokslut, G. 1945; Katedral, G. 1950; Till mänska klarnad, G. 1953; Oavslutat porträtt, Aut. 1957; Rekapitulation, Aphor. 1960; Problemet Kierkegaard, St. 1964; Georg Lukács och marxismens estetik, St. 1967; Respit, G. 1968.

L: J. Stenkvist, 1971.

Ljungquist, Walter Bertil, schwed. Schriftsteller, 11. 6. 1900 Kisa/Östergötland – 22. 5. 1974 ebda. Kaufmannssohn. 1924–34 Druckereibesitzer, ∞ 1950 Gerda Antti. – S. Romane u. Erzählungen sind gekennzeichnet durch Klarheit, erlesene Stimmungsmalerei u. feinsinnige psycholog. Charakterisierung. Im Dialog von Hemingway beeinflußt. Wie H. Bergman liebt L. Spannung u. romant. bizarres Milieu. Zunehmend symbolhafte Sprache, myst. Lebensgefühl; psycholog. Interesse (Déjà-vu-Erlebnisse). Anthroposophische Weltanschauung.

W: Ombyte av tåg, R. 1933; Släkten står på trappan, R. 1935; En dörr står på glänt, N. 1937; Resande med okänt bagage, R. 1939; Farväl, sommar, R. 1940; Vandring med månen, R. 1941; Vägskäl, R. 1944; Jerk Dandelin, R.-Zyklus 1951–65.

L: B. Nerman, 1956, 1965, 1976.

Llamazares, Julio, span. Schriftsteller, * 1955 Vegamián/León. Vater Dorfschullehrer, Internat in Madrid, Stud. Jura ebda., Rechtsanwalt, Journalist, lebt u. arbeitet in Madrid. – Themen: das naturnahe Leben in den Bergregionen Nordspaniens, die Erinnerung (u. a. an den Bürgerkrieg) u. das Verschwinden von Traditionen.

W: La lentitud de los bueyes, G. 1979; El entierro de Genarín, Es. 1981; Memoria de la nieve, G. 1982; Luna de lobos, R. 1985 (d. 1991); La lluvia amarilla, R. 1988 (d. 1991); El río del olvido, Reiseb. 1990; Escenas de cine mudo, R. 1994 (d. 1998); En mitad de ninguna parte, Nn. 1995; Trás-o-Montes, Reiseb. 1998.

Llewellyn, Richard (eig. Richard Dafydd Vivian Llewellyn Lloyd), walis. Erzähler und Dramatiker, 8. 12. 1907 St. David's/Pembrokeshire – 30. 11. 1983 London. Schulbesuch Cardiff und London, Ausbildung Hotelfach London u. Venedig, dort auch Stud. der Malerei und Bildhauerei. 1926 Eintritt in die brit. Armee, mit dieser 6 Jahre in Indien und Hongkong. Danach Regisseur und Dramatiker, später Drehbuchautor. 1939 Eintritt bei den Welsh Guards; Reporter bei den Nürnberger Kriegsverbrecherprozessen; dann Drehbuchautor; lebte und reiste als freier Schriftsteller in Nord- und Südamerika, Afrika, Italien und der Schweiz. 1952–68 ∞ mit Nona Sonstenby, 1974–83 mit Susan Heimann. – L.s erster Roman ›How Green Was My Valley‹, der das Leben einer walis. Bergarbeiterfamilie realist., humorvoll und warmherzig schildert, wurde einer der Bestseller des 2. Weltkriegs und machte seinen Autor berühmt. Sein übriges Werk umfaßt Fortsetzungen seines ersten Romans, Agenten- und hist. Romane, Kinderbücher sowie Dramen und Film- und Fernsehskripte, mit denen er nicht mehr an den Erfolg seines ersten Romans anknüpfen konnte.

W: Poison Pen, Sch. 1937; How Green Was My Valley, R. 1939 (d. 1940); None But the Lonely Heart, R. 1943 (d. 1943); Noose, Sch. 1947; A Few Flowers for Shiner, R. 1950 (d. 1954); A Flame for Doubting Thomas, R. 1954; The Witch of Merthyn, R. 1955 (Die tapferen Frauen von Merthyn, d. 1957); The Flame of Hercules, R. 1955; Mr. Hamish Gleave, R. 1956 (Diplomat und Verräter, d. 1958); Warden of the Smoke and Bells, R. 1956; Chez Pavan, R. 1958; Up into the Singing Mountains, R. 1959 (Das neue Land der Hoffnung, d. 1960); The Man in a Mirror, R. 1961 (d. 1962); Sweet Morn of Judas' Day, R. 1964 (d. 1966); The Scarlet Suit, Sch. 1967; The End of the Rug, R. 1968; But We Didn't Get the Fox, R. 1970; Bride of Israel, My Love, R. 1973 (... und morgen blüht der Sand, d. 1974); A Hill of Many Dreams, R. 1974; Green, Green, My Valley Now, R. 1975; Tell Me Now and Again, R. 1978; A Night of Bright Stars, R. 1979 (Den Sternen nah, d. 1982); I Stand on a Quiet Shore, R. 1982.

Llewellyn Jones, Arthur → Machen, Arthur

Llor, Miquel, katalan. Romanschriftsteller, 3. 5. 1894 Barcelona – 2. 5. 1966 ebda. Reisen durch Frankreich, Belgien, Holland u. Italien. – S. Romane aus dem Mittelstand Barcelonas und katalan. Kleinstädten zeichnen sich durch scharfe Beobachtung, Feinfühligkeit u. gute psycholog. Erfassung aus; flüssig u. ausgefeilt in der Form. Einflüsse Prousts u. Gides. Übs. von Verga, Moravia u. Gide.

W: Història grisa, R. 1925; Tàntal, R. 1928; L'endemà del dolor, En. 1930; Laura a la ciutat dels sants, R. 1931; L'esguard al mirall, En. 1933; Sis fantasíes, En. 1934; L'oreig al desert, R. 1934; El premi a la virtut o Un idili a la plaça de Sant Just, R. 1935; El somriure dels sants, R. 1943; L'humor a la Barcelona del Noucents, En. 1949; Jocs d'infants, R. 1950; Tots els contes, 1952; Un camí de Damasc, R. 1959.

L: E. Valverde i Llor, 1983.

Lloréns Torres, Luis, puertorican. Lyriker, 14. 5. 1878 Juana Díaz – 16. 6. 1944 San Juan. Rechtsanwalt, Gründer der ›Revista de Antillas‹, e. Organ des Modernismus. – L. vermischt in s. vielschichtigen, phantasievollen, realist. u. iron. Gedichten kunstvoll die verschiedensten Gegensätze.

W: Al pie de la Alhambra, 1899; Sonetos sinfónicos, 1914; Velas épicas, 1929; La canción de las Antillas y otros poemas, 1929; Alturas de América, 1940. – Obras completas, III 1967–69.
L: N. S. Ortiz García, 1977.

Llorente i Olivares, Teodor, katalan. Schriftsteller, 7. 1. 1836 Valencia – 2. 7. 1911 ebda. Zeigte schon als Kind lit. Neigungen. Stud. Rechte, Philos. u. Lit. in Valencia, eifrige journalist. Tätigkeit; Abgeordneter in den Cortes, Senator, Chronist der Provinz Valencia. – Lyriker von großer Empfindsamkeit u. musikal. Gefühl, besang s. Heimat u. ihre Menschen vorwiegend in valencian. Mundart; bedeutend als Übs. von Gedichten Goethes (auch ›Faust‹), Schillers, Heines, Uhlands, V. Hugos, Lamartines, Mussets und Byrons; schrieb katalan. u. span.

W: Llibret de versos, G. 1885; Valencia, Prosa II 1887–89; Nou llibret de versos, G. 1902; Poesies triades, G. 1905; Versos de la juventud, G. 1907. – Obra completa, II 1980; Antología poética de Llorente, hg. C. Salvador 1958; Poesía valenciana completa, 1983; Escrits polítics, 2001.
L: A. Masriera, 1905; J. Navarro Reverter, 1909; J. Sanchiz Sivera, 1912; E. Juliá Martínez, Renacimiento literario valenciano y el poeta T. L., 1930; M. Durán, 1936.

Llosa, Mario Vargas → Vargas Llosa, Mario

Lloyd, Richard Dafydd Vivian Llewellyn → Llewellyn, Richard

Llull, Ramón (auch Raimundus Lullus), katalan. Theologe, Philosoph u. Dichter, 1232 Palma de Mallorca – 1316(?). Vornehmer Herkunft, mit 14 Jahren Page am Königshof von Aragonien; Hauslehrer des Prinzen Jakob; 1257 ∞ Blanca Picany; ausschweifendes Leben; hatte mit 30 Jahren Christuserscheinungen, seither unermüdl. missionar. Tätigkeit in Nordafrika u. im Orient; versch. Reisen nach Paris, Lehrtätigkeit an Hochschulen ebda.; starb angebl. als Märtyrer (von Muslimen gesteinigt), was sich jedoch nicht mit Sicherheit nachweisen läßt. Seliger. – Schöpfer der katalan. lit. Prosa, schrieb auch lat. u. arab.; geniale lit. Begabung; Liebeslyrik im Stil der Zeit unter dem Einfluß der provenzal. Schule u. relig. Dichtungen (insbes. ›Desconhort‹ u. ›Cant de Ramón‹), häufig didakt. Tendenz. Wichtigste Prosaschriften: ›El Libre del Gentil e los tres savis‹, theolog. Disput, von großer Toleranz zeugend; ›Blanquerna‹, utop. Roman, imitiert von Don Juan Manuel in s. ›Libro de los Estados‹; ›Llibre del l'Orde de Cavayleria‹, Traktat über den vollkommenen Ritter, vielfach imitiert; auch zahlr. philos., theolog. u. naturwiss. Schriften.

W: Libre de contemplació en Déu (hg. P. M. Arbona 1960); Blanquerna, R. (hg. M. Menéndez y Pelayo 1882, L. Riber 1944, S. Galmés IV 1935–54; dt. Ausz. 1954); Llibre d'Amic e Amat, Traktat (hg. M. Olivar 1927, M. de Riquer 1950; d. L. Klaiber 1948). – Opera omnia, VIII 1721–42, n. 1965; Opuscula, III 1744–46, n. 1970; Obres, hg. Comissió editora Lulliana XXI 1901–50; Poesies, G. hg. R. d'Alòs-Moner 1928; Obras literarias, 1948; Obres esencials, II 1957–60. – *Übs.:* Die treulose Füchsin, d. 1953, 1992; Das Buch vom Liebenden und Geliebten, d. 1969; 1988; Die Kunst, sich in Gott zu verlieben, d. 1985; Buch vom Heiden und den drei Weisen, d. 1986.
L: M. Menéndez y Pelayo, 1884; S. Galmés, 1915; A. Martínez Tomás, 1925; E. Allison Peers, 1929; F. Sureda Blanes, 1934 u 1935; J. Xirau Palau, 1946; J. Carreras Artau, 1946; L. Riber, ²1949; B. Rzyttka, Ars Magna, 1960; M. Batllori, 1960; E. Colomer, Nikolaus von Kues und R. L., 1961; E.-W. Platzeck, II 1962–64; A. Llinarès, Grenoble 1963; J.-G. Frère, 1972; A. Madre, Die theolog. Polemik gegen R. L., 1973; E. Colomer, De la Edad Media al Renacimiento: R. L., N. de Cusa, J. Pico de la Mirandola, 1975; M. Cruz Hernández, El pensamiento literario de R. L., 1977; J. Rubió i Balaguer, 1985; M. D. Johnston, Oxf. 1987; R. Pring-Mill, 1991; A. Vega Esquerra, Freib. 1992; M. Dolç, 1994; R. J. González-Casanovas, N. Y. 1995. – *Bibl.:* E. Rogent y Massó, E. Duran, 1927; M. Batllori, 1945; R. Brummer 1976.

Llwyd, Morgan, walis.-kymr. Schriftsteller, 1619 Cynfal/Merioneth(?) – 3. 6. 1659. Puritan. Armeekaplan im Bürgerkrieg, später Wanderprediger und Pfarrer in Wrexham. – Vf. von relig. Essays und Gedichten. Sein größtes Werk, e. Klassiker walis. Prosa, ›Llyfr y Tri Aderyn‹ (Das Buch der drei Vögel), behandelt in Dialogen zwischen e. Adler (Staatsmacht), e. Raben (relig. Hierarchie) und e. Taube (individuelles Gewissen) polit. u. relig. Fragen. Sein Stil ist gekennzeichnet durch poet. Bilder und aphorist. Zuspitzung. Schrieb auch in engl. Sprache. Übs. Schriften J. Böhmes, von dem er stark beeinflußt wurde, über das Engl. ins Walisische.

W: Llythur i'r Cymru Cariadus, 1653(?); Llyfr y Tri Aderyn, 1653; Gwaedd ynghymru yn wyneb pob cydwybod, 1655(?); An Honest Discorse between Three Neighbours touching the present Government, 1655; Lazerus and his Sisturs discoursing of Paradise, 1655; Gair o'r Gair, neu Son am Swn 1656; Y Disgybl ai; Cyfarwyddid i Cymru, 1657; Gweithian M. Ll., hg. J. G. Jones, G. W. Owen 1994.
L: W. J. Gruffydd, Llenyddiaeth Cymru, 1926; E. L. Evans, 1930; Th. Parry, 1955.

Loba, Ake, Schriftsteller franz. Sprache von der Elfenbeinküste, * 15. 3. 1927 Abobo-Baoulé/Elfenbeinküste. Stud. in Frankreich. Diplomat. Vertreter s. Landes in Bonn und Rom; Bürgermeister in der Heimatstadt. – Schildert in s. Romanen die Erfahrungen afrikan. Studenten in Paris und die Diskrepanz zwischen Naturglauben und techn. Fortschrittsbewußtsein bei der Bevölkerung s. Landes.

W: Kocoumbo, l'étudiant noir, R. 1960; Le fils de Kouretcha, R. 1970; Les dépossédés, R. 1973; Le sas des parvenus, R. 1990.

Lobato, José Bento Monteiro → Monteiro Lobato, José Bento

Lobeira, Vasco de, portugies. Dichter, um 1360 Elvas – 1403 ebda. Evtl. Vf. der Urform des berühmten Ritterromans ›Amadís de Gaula‹. Erstausgabe span. 1508 (Zaragoza). Portugies. Text unbekannt. João L. könnte den Roman zu Anfang des 14. Jh. begonnen haben, den dann später s. Nachfahre Vasco mit e. 3. zusätzl. Buch versah, auf das sich Zurara 1494 bezog; 1508 fügte der span. Hrsg. e. 4. Buch an, im Laufe des 16. Jh. wurde der Zyklus mit 12 Büchern vollständig. – Amadís ist der Prototyp des höf.-verliebten Ritters, der im Dienst s. Dame (Oriana) zahllose phantast. Abenteuer besteht. Außerordentl. Einfluß auf das gesellschaftl. u. lit.-geistige Leben des 15./16. Jh., arbeitet dem europ. Barockroman vor.

A u. L: → Amadisroman.

Lobo, Francisco Rodrigues → Rodrigues Lobo, Francisco

Lochhead, (E)Liz(abeth) (Anne), schott. Dichterin u. Dramatikerin, * 26. 12. 1947 Motherwell. Stud. Kunst in Glasgow, Tätigkeit als Lehrerin. – Widmet sich in ihrem vielseitigen u. genreübergreifenden Werk (Gedichte, Dramen, Hör- und Fernsehspiele, Revuen) oft hist. Personen, Mythen u. Märchen (Mary Stuart, Dracula, Frankenstein etc.), die sie in die Gegenwart überträgt u. satir. verfremdet. Ziel ist e. ironische u. treffende Analyse heutiger schott. Identität, besonders aus feminist. Sicht.

W: The Grimm Sisters, G. 1981; Dreaming Frankenstein and Collected Poems, G. 1984; Mary Queen of Scots Got Her Head Chopped Off, Dr. 1987; Perfect Days, Dr. 1998.

L: L. L.'s Voices, hg. R. Crawford/A. Varty 1993.

Lockhart, John Gibson, schott. Biograph und Romanschriftsteller, 14. 7. 1794 Cambusnethan/Lanarkshire – 25. 11. 1854 Abbotsford. Sohn e. Geistlichen, in Glasgow erzogen; Stud. in Oxford und Edinburgh. Zunächst Jurist, wandte sich später zunehmend lit. Aufgaben zu. Hauptmitarbeiter an ›Blackwood's Magazine‹, 1824–53 Hrsg. der ›Quarterly Review‹. ∞ 1820 Sophia Scott, Tochter des Dichters. S. letzten Lebensjahre nach dem Tod von Frau und Kindern von tiefer Schwermut überschattet. – Schrieb Skizzen über die Edinburgher Gesellschaft, ›Peter's Letters‹, Romane, biograph. Werke, übersetzte A. W. Schlegels Vorlesungen zur Literaturgeschichte. S. schott. Heimatromane zeigen scharfe Gesellschaftskritik u. psycholog. Einfühlungsfähigkeit, sind jedoch sehr düster im Ton und weniger bedeutsam als s. biograph. Werk. L.s Scott-Biographie gilt als e. der besten engl. Biographien.

W: Peter's Letters to his Kinsfolk, Sk. 1819; Valerius, R. 1821; Some Passages in the Life of Mr Adam Blair, R. 1822 (n. 1963); Reginald Dalton, R. 1823; Matthew Wald, R. 1824; Life of R. Burns, B. 1828 (n. J. Kinsley 1959); The History of Napoleon Buonaparte, III 1829; Memoirs of Sir W. Scott, VII 1837f. (Ausz. hg. O. L. Reid 1914); Literary Criticism, hg. M. C. Hildyard 1931.

L: A. Lang, II 1897 (n. 1970); G. Macbeth, 1935; M. C. Lochhead, 1954; F. R. Hart, 1971.

Lodeizen, Hans (eig. Johannes August Frederik L.), niederländ. Lyriker, 20. 7. 1924 Naarden – 26. 7. 1950 Lausanne. Stud. Leiden u. Amherst/MA. – Romantiker u. zugleich Vorläufer der ›Experimentellen‹. Gedichte um Freude u. Wehmut in reimlosen freien Versen u. assoziativer poet. Sprache. Zu Lebzeiten konnte er nur einen Band veröffentlichen.

W: Het innerlijk behang, G. 1950; Reis naar de Congo, E. 1951; Het innerlijk behang en andere gedichten, 1952; Nagelaten werk, 1969.

L: P. Rodenko, 1954; F. C. de Rover, 1978; ›Bzzlletin‹ 90, 1981.

Lodge, David (John), engl. Romancier, * 28. 1. 1935 London. Kathol. Erziehung, 1960–87 Prof. für mod. engl. Lit. Univ. Birmingham, dann freier Schriftsteller. – Neben s. Freund M. Bradbury bedeutendster Vf. satir. Universitätsromane, beschreibt humorvoll kulturelle Austauschprozesse zwischen dem akadem. Betrieb und außeruniversitären Welten sowie die Auswirkungen gesellschaftl. Veränderungen in Großbritannien seit den 1950er Jahren auf s. meist kathol. Figuren. Werden dabei das Aufbrechen repressiver Strukturen und bes. sexuelle Freizügigkeit begrüßt, führen zunehmende Auflösung traditioneller Wertesysteme und Glaubensverlust zu Verunsicherung und neuer Inhumanität. Dem werden e. christl.-liberaler Humanismus und die Überzeugung gegenübergestellt, daß Lit. erkenntnisfördernd und sinnstiftend sein kann. Realist. Erzählen verbunden mit Intertextualität, Metafiktion, Selbstreflexivität und Parodien experimenteller Erzählstile.

Lodge

Auch Beiträge für Zeitungen, Fernsehen u. Theater.

W: The British Museum is Falling Down, R. 1965 (Adamstag, d. 1987); Out of the Shelter, R. 1970 (Ins Freie, d. 1993); Changing Places, R. 1975 (Ortswechsel, d. 1986); How Far Can You Go?, R. 1980; Small World, R. 1984 (Schnitzeljagd, d. 1985); Nice Work, R. 1987 (Saubere Arbeit, d. 1992); Therapy, R. 1995 (d. 1995); Home Truths, Dr. 1999 (Bittere Wahrheiten, d. 2000); Thinks, R. 2001 (Denkt, d. 2001).

L: B. K. Martin, 1999.

Lodge, Thomas, engl. Dichter, 1558 (?) London – Sept. 1625 ebda. Sohn e. Londoner Oberbürgermeisters. Stud. Jura 1573 Oxford und 1578 Lincoln's Inn, wandte sich dann der Lit. zu. Erwiderte Gossons Angriff auf das Theater durch ›A Defence of Plays‹. Begann 1582 Schauspiele zu schreiben. 1591–93 Reise mit Cavendish nach Südamerika. In späteren Jahren übersetzte L. Josephus (1602) und Seneca (1614). 1595 ging er nach Avignon, um dort Medizin zu studieren, erhielt 1602 e. akad. Grad von Oxford, verbrachte den Rest s. Lebens in London als Arzt, starb dort als Opfer der Pest. – Vf. von hist. Tragödien in klass. Form (Vorbild: Seneca), Prosaromanzen (romant. Novellen im Stil der überhitzten, extravaganten Rhetorik von Lylys ›Euphues‹), einem petrarkist. Sonettzyklus (›Phillis‹) in der zeitgenöss. Variante einer dreigeteilten Struktur aus Sonetten, Ode und Frauenklage, sowie Kleinepen mit klass.-mythol. Stoffen, die er z.T. s. Romanzen einfügte. Das Epos ›Glaucus and Scilla‹ begründete Mode und Aktualität dieses Genres, die sich auch auf Shakespeare (›The Rape of Lucrece‹, ›Venus and Adonis‹) auswirkte. L.s Romanzen sind das elisabethan. Äquivalent des später aufkommenden Romans. Der Romanze ›Rosalynde‹, die L. 1588 als Zeitvertreib während e. Reise zu den kanar. Inseln schrieb, entnahm Shakespeare den Stoff für ›As You Like It‹.

W: A Defence of Poetry, Music and Stage-Plays, Es. 1580 (n. G. G. Smith 1904); An Alarum Against Usurers, 1584; Scillaes Metamorphosis, Ep. 1589 (u.d.T. Glaucus and Scilla 1610); Rosalynde, Euphues' Golden Legacie, Romanze, 1590 (n. W. W. Greg ²1931); Phillis, Son. 1593 (n. S. Lee 1906); The Wounds of Civill War, Sch. 1594 (n. J. W. Houppert 1969); A Fig for Momus, Sat. 1595; A Margarite of America, R. 1596 (n. G. B. Harrison 1927; Critical Edition, hg. J. Addison 1980); Wit's Misery and the World's Madness, Es. 1596. – Complete Works, hg. E. Gosse IV 1875–82 (n. 1967).

L: R. Carl, Diss. Lpz. 1887; N. B. Paradise, 1931 (n. 1970); A. Walker, The Life of T. L., 1933; E. A. Tenney, 1935 (n. 1969); P. M. Ryan, 1958; C. J. Sisson, ²1966; W. D. Rae, 1967; E. Cuvelier, 1984. – Bibl.: S. A. Tannenbaum, 1940; A. Allison, 1973.

Lønn, Øystein, norweg. Schriftsteller, * 12. 4. 1936 Kristiansand. Vf. minimalist. Novellen u. Romane, in denen die mod. undurchsichtigen Gesellschaftsstrukturen beim einzelnen e. Gefühl der Fremde und des Absurden erzeugen. In e. verdichteten Sprache schildert der Vf. Individuen auf der Suche nach e. Methode, mit der sie das Dasein meistern können. L. gilt als e. der besten Stilisten des Landes.

W: Prosesjoner, Nn. 1966; Arkeologene, R. 1971; Historie, Nn. 1973; Hirtshals, Hirtshals, R. 1975; Veien til Cordoba, R. 1981; Tom Rebers siste retrett, R. 1988; Thomas Ribes femte sak, R. 1991; Thranes metode og andre noveller, Nn. 1993; Hva skal vi gjøre i dag? Og andre noveller, Nn. 1995; Maren Gripes nødvendige ritualer, R. 1999; Ifølge Sofia, R. 2002.

Lönnbohm, Armas Eino Leopold → Leino, Eino

Lönnrot, Elias, finn. Gelehrter, Schöpfer des Volksepos ›Kalevala‹, 9. 4. 1802 Sammatti – 19. 3. 1884 ebda. Sohn eines Dorfschneiders; entbehrungsreiche, oft unterbrochene Schul- u. Studienzeit in Åbo, ab 1832 Kreisarzt in Kajaani, 1853–62 Prof. für finn. Sprache u. Lit. in Helsinki. Nach der Emeritierung 1862 meist in Sammatti. – L.s Wirken ist eng verknüpft mit dem Erwachen des finn. Nationalbewußtseins. Auf vielen Sammelreisen nach Mittel- und Ostfinnland (1828–34) bis zur Halbinsel Kola (1836/37) zeichnete er Lieder auf, die bei Bauern u. Runensängern noch lebendig waren. Die ep. Lieder gruppierte er um die Gestalt Väinämöinens u. schuf damit das finn. Nationalepos ›Kalevala‹. Die schönsten lyr. Lieder faßte er in der Sammlung ›Kanteletar‹ zusammen. Dazu veröffentlichte er umfangr. Sammlungen von Sprichwörtern, Rätseln u. Zauberrunen. Durch dieses Werk ist L.s Name unlösbar mit der Weiterentwicklung des finn. Geisteslebens verbunden.

W: Kantele taikka Suomen kansan sekä vanhoja että nykyisempiä runoja, Runenslg. 1829–31; Kalevala, Ep. 1835, erw. 1849 (d. A. Schiefner 1852; H. Paul 1885 f., M. Buber ⁵1927, D. Wellding 1948, L. u. H. Fromm II 1967; Prosa A. Luther 1936); Kanteletar, Runenslg. 1840 (d. H. Paul 1882; E. Kunze 1976; T. Hofmann 1997); Suomen kansan sananlaskuja, Sprichw. 1842; Suomen kansan arvoituksia, Rästel 1844; Suomalais-ruotsalainen Sanakirja, finnl.-schwed. Wörterb. 1866–1880; Suomen kansan muinaisia loitsurunoja, Zauberspr. 1880. – Valitut teokset (AW), V 1990–93.

L: A. Ahlqvist, 1884; A. Anttila, II 1931–35; R. Majamaa, E. L. Monitietäjä, 1991; dies. u.a., E. L. Taitaja, tarkkailija, tiedemies, 2002.

Løveid, Cecilie, norweg. Schriftstellerin, * 21. 8. 1951 Eidsberg. Gilt als Erneuerin des norweg. Dramas. Ihre Stücke kreisen oft um das Leben hist. Personen, wie Hildegard von Bingen im Drama ›Rhindøtrene‹ oder Ludwig Wittgenstein in ›Østerrike‹. En overmaling‹, wobei bei letzterem

Leben u. Werk des Philosophen mit Elementen aus Ibsens ›Brand‹ kombiniert werden. Die ausgeprägten intertextuellen Anspielungen sind charakterist. für L.s Dramatik, die auch als Erzählerin, Lyrikerin und Kinderbuchautorin bekannt wurde.

W: Most, R. 1972; Sug, R. 1979 (Sog, d. 1984); Måkespisere, Dr. 1983; Balansedame, Dr. 1984; Dobbel nytelse, Dr. 1988; Maria Q., Dr. 1993; Barock Friise, Dr. 1993; Rhindøtrene, Dr. 1996; Østerrike. En overmaling, Dr. 1998; Den riktige vind, Kdb. 1999; Fars ansikt, Kdb. 2000.

L: Livsritualer. En bok om C. L.s dramatikk, hg. M. M. Andersen 1998; B. Baur, Melancholie u. Karneval, 2002.

Logue, Christopher, engl. Dramatiker u. Lyriker, * 23. 11. 1926 Portsmouth. – Als Bühnenautor zunächst unter Einfluß von Brecht u. Anouilh, später auch surrealist. Züge; experimentierfreudiger u. vielseitiger Lyriker zunächst v. a. mit Protestgedichten, später Interesse an Massenmedien, ferner vielbeachtete Nachdichtungen von Teilen der ›Ilias‹ in mod. Diktion. Übs. auch Neruda.

W: Wand und Quadrant, G. 1953; Lust, R. 1959 (Ps. Count Palmiro Vicarion); Songs, 1959; Songs from ›The Lilywhite Boys‹, 1960; Trials, Drn. 1960 (Antigone and Cob and Leach); Logue's ABC, G. 1966; New Numbers, G. 1969; For Talitha, G. 1971; What, G. 1972; Twelve Cards, G. 1972; Singles, G. 1973; Mixed Rushes, G. 1974; Abecedary, G. 1977; Ode to the Dodo: Poems 1953–78, 1981; The Arrival of the Poet, Dr. 1985; Strings, H. 1989; Selected Poems, 1997; Prince Charming – A Memoir, Aut. 1999; War Music: An Account of Book 1–4 and 16–19 of Homer's Iliad, 2001; All Day Permanent Red: War Music Continued, 2003.

L: Bibl.: G. Ramsdeu, 1997.

Lo-Johansson, (Karl) Ivar, schwed. Schriftsteller, 23. 2. 1901 Ösmo b. Stockholm – 11. 4. 1990 Stockholm. Landarbeitersohn. Versch. Berufe; Autodidakt. Führend in der sog. ›Landarbeiterschule‹ der schwed. Lit. Verdiente Geld für Reisen durch Europa ab 1925 durch Gelegenheitsarbeiten u. durch Reiseschilderungen in Büchern u. Artikeln für Zeitungen. Ausgeprägtes soziales Interesse. 1964 Dr. h. c. Uppsala. – Schildert bes. die bisher übergangenen, vom Schicksal benachteiligten Landarbeiter in Novellen, Romanen u. theoret. Schriften. Kämpft für Kollektiv u. gibt e. überzeugendes, ergreifendes Bild vom Individuum. Rücksichtsloser Naturalismus wechselt mit dokumentar. Realismus.

W: Vagabondliv i Frankrike, Reiseb. 1927; Kolet i våld, Reiseb. 1928; Nederstigen i dödsriket, Reiseb. 1929; Zigenare, Reiseb. 1929; Mina städers ansikten, Reiseb. 1930; Måna är död, R. 1932 (Monna, d. 1949); Godnatt, jord, R. 1933 (Gute Nacht, Erde!, d. 1966); Kungsgatan, R. 1935 (d. 1949); Statarna, Nn. II 1936f.; Statarskolan i litteraturen, Ess. 1938; Bara en mor, R. 1939 (Nur eine Mutter, d. 1946; u. d. T. Rya-Rya, nur eine Mutter, 1950); Jordproletärerna, Nn. 1941; Traktorn, R. 1943; Stridsskrifter, Ess. 1946; Geniet, R. 1947; Monism, Ess. 1948; Analfabeten, Aut. 1951 (Der Mann ohne Namen, d. 1964); Ålderdoms-Sverige, Schr. 1952; Gårdfarihandlaren, Aut. 1953 (Von Hof zu Hof, d. 1959); Stockholmaren, Aut. 1954; Journalisten, Aut. 1956; Författaren, Aut. 1957; Socialisten, Aut. 1958; Soldaten, Aut. 1959; Proletärförfattaren, Aut. 1960; Lyckan, R. 1962 (d. 1964); Astronomens hus, R. 1966; Elektra, kvinna år 2070, R. 1967; Passionerna, Nn. VII 1968–72 (Leidenschaften, d. 1968); Ordets makt, Ess. 1973; Nunnan i Vadstena, Ess. 1973; Furstarna, En. 1974; Pubertet, Mem. 1978; Asfalt, Mem. 1979; Att skriva en roman, Es. 1981; Tröskeln, Mem. 1982; Frihet, Mem. 1985; Till en författare, Ess. 1988; Tisteldalen, G. 1992 (posthum); Blå jungfrun, R. 1992 (posthum). – Romaner och noveller, XIV 1950f.

L: H. Hansen, 1946; M. Edström, 1954; R. Oldberg, 1957, 1964; L. Furuland, 1976; M. Edström, 1976; B. Palmqvist, 1985. – Bibl.: L. Furuland, R. Oldberg, 1961.

Lo Kuan-chung → Luo Guanzhong

Lomonosov, Michail Vasil'evič, russ. Dichter, 19. 11. 1711 Mišaninskaja b. Cholmogory (im ehem. Gouv. Archangel'sk) – 15. 4. 1765 Petersburg. Vater Fischer; floh 1730 heimlich aus dem Elternhaus nach Moskau, dort 1731 in die Slaw.-Griech.-Lat. Akad. aufgenommen, 1735 ins Akadem. Gymnasium Petersburg; 1736–41 Stud. Philos., Mathematik, Chemie, Mineralogie Marburg bzw. Freiburg, 1741 Rückkehr nach Petersburg, 1742 Adjunkt, 1745 Prof. für Chemie u. Mitgl. der Akad. der Wiss. in Petersburg; veranlaßte 1755 Gründung der Univ. Moskau; begründete in Rußland die Geographie, Geologie, Meteorologie, machte viele Entdeckungen naturwiss. Art. – Hervorragend ist s. Anteil an der Entwicklung der mod. russ. Lit.sprache, bes. durch s. ›Rossijskaja grammatika‹. Begrenzte mit s. Theorie der Stile den Gebrauch kirchenslaw. Wörter und förderte damit die Verwendung umgangssprachl. Elemente im Schrifttum; schrieb, der Barocktradition nahestehend, 2 Dramen, Lobreden, feierl. Oden; nahm bes. Boileau, J. Chr. Günther u. Gottsched z. Vorbild. S. Thema ist letztlich die lyr. Begeisterung; gibt ihr in gehobenem Stil Ausdruck, wobei die dichter. Phantasie die log. Zusammenhänge aufhebt; eigenartige bildl. Ausdrucksweise, kühne Epitheta, Reihung von Wörtern aus versch. Bedeutungsreihen kennzeichnen den Stil; wie s. ›heroischen‹ Oden, die oft auf Peter d. Gr. Bezug nehmen, und die beiden ›Betrachtungen‹ (meditative Oden) zeigen s. Psalmenübertragungen stark lyr. Einschlag. Ging in der Sprachbehandlung im Vers den von Trediakovskij gewiesenen neuen Weg (wägender Vers), führte in die russ. Versdichtung, v. a. nach dt. Vorbild, neue Strophenformen ein.

London

W: Oda na vzjatie Chotina, Ode 1739; Utrennee u. Večernee razmyšlenie o Božiem veličestve, Oden 1742; Ritorika, Abh. 1748; Rossijskaja grammatika, Abh. 1755 (d. 1764); Drevnjaja Rossijskaja istorija, Abh. 1766 (Alte russ. Geschichte, d. 1768). – Polnoe sobranie sočinenij (GW), VII 1950–52, X 1950–59; Izbrannye proizvedenija (Ausw.), 1965, 1990. – *Übs.:* Ausgew. Schriften, II 1961.

L: A. Martel, M. L. et la langue littéraire russe, 1933; B. N. Menšutkin, Žizneopisanie M. V. L., ³1947 (d. 1954); ders., Russia's L., 1952; A. Morozov, 1960; A. V. Topčiev u. a., Letopis' žizni i tvorčestva M. V. L., 1961; B. G. Kuznecov, 1961; Lomonosov. Sbornik statej i materialov, 1961, 1977; A. Morozov, 1962; V. P. Vomperskij, 1970; L. Auburger, 1975; G. E. Pavlova, hg. 1989.

London, Jack (eig. John Griffith), amerik. Schriftsteller, 12. 1. 1876 San Francisco – 22. 11. 1916 Glen Ellen/CA (Selbstmord). Unehel. Kind e. ir. Astrologen, wuchs in Armut auf, nahm versch. Beschäftigungen an: Fabrikarbeiter, Werkstudent (1896 Univ. California), Landstreicher, durchquerte früh die USA und fuhr zur See (bis Japan und Sibirien). 1897 Teilnahme am Klondike-›gold rush‹. ∞ 1900 Elizabeth Maddern, nach Scheidung ∞ 1905 Charmian Kittredge. 1904 Korrespondent im russ.-japan. Krieg, Gefangenschaft; anschließend Weltreisen. Brach 1916 mit der Sozialist. Partei. Popularität und Erfolg, Alkoholismus und extravagantes Leben, zuletzt auf einer eigenen Farm in Kalifornien, ruinierten ihn. – Kipling und Stevenson waren s. lit., Darwin, Spencer, Marx und Nietzsche s. weltanschaul. Vorbilder; Upton Sinclair förderte er. – Vf. von hervorragenden Tiergeschichten, Kurzgeschichten, naturalist.-romant. Abenteuerromanen, die in Alaska und im Pazifik spielen und ›Übermenschen‹ als Helden haben, und sozialist. Tendenzromanen, die aus s. auf eigenen Erfahrungen beruhenden Mitfühlen mit dem Los der Arbeiterklasse und aus s. Marx-Lektüre entstanden. S. besten Werke beschreiben den brutalen Existenzkampf mit eindringl. Überzeugungskraft; meist überwiegt in s. Romanen aber Sensationslust. Meistübersetzter amerik. Autor. ›The Call of the Wild‹ und ›White Fang‹ sind s. berühmtesten, in der Arktis spielenden Hundegeschichten; ›The Sea-Wolf‹ über e. rastlosen Kapitän ist s. bedeutendster Seeroman; ›Burning Daylight‹ schildert Alaska zur Zeit des Goldrauschs; ›Martin Eden‹ und ›John Barleycorn‹ sind autobiograph. und sozialkrit., letzteres Enthaltsamkeitspropaganda. ›The Iron Heel‹ nimmt als Zukunftsroman e. Art Faschismus vorweg. – Das Gesamtwerk vermittelt den wirren, forciert optimist. Idealismus e. genialen Einzelgängers, e. Epos des wilden Lebens in e. Welt des Mannes, e. Schock für das feine Bürgertum, das den Autor jedoch mit Erfolg honorierte.

W: The Man on the Track, En. 1897; The Son of the Wolf, Kgn. 1900 (d. 1927); Tales of the Far North, 1900; The God of His Fathers, R. 1901 (Siwash, d. 1929); Children of the Frost, Kgn. 1902 (In den Wäldern des Nordens, d. 1925); A Daughter of the Snows, R. 1902 (An der weißen Grenze, d. 1933); The Cruise of the Dazzler, R. 1902 (Joe unter Piraten, d. 1930); The Call of the Wild, R. 1903 (d. 1907); The People of the Abyss, R. 1903 (d. 1928); The Faith of Men, Kgn. 1904; The Sea Wolf, R. 1904 (d. 1926); Tales of the Fish Patrol, 1905; The War of the Classes, Abh. 1905; The Game, 1905; Before Adam, R. 1906 (d. 1915); White Fang, R. 1906 (Wolfsblut, d. 1955); Love of Life, Kgn. 1907; The Iron Heel, R. 1907 (d. 1927); The Road, R. 1907 (Abenteurer des Schienenstrangs, d. 1926); Lost Face, Kgn. 1909; Martin Eden, R. 1909 (d. 1927); Revolution, Abh. 1910; Burning Daylight, R. 1910 (Lockruf des Goldes, 1926); The Cruise of the Snark, R. 1911 (d. 1930); Adventure, R. 1911 (Die Insel Berande, d. 1927); South Sea Tales, 1911 (d. 1924); Smoke Bellew, R. 1912 (Alaska-Kid, 1931); A Son of the Sun, R. 1912 (d. 1949); John Barleycorn, R. 1913 (König Alkohol, d. 1925); The Abysmal Brute, R. 1913; The Valley of the Moon, R. 1913 (d. 1964); The Mutiny of the Elsinore, R. 1914 (d. 1959); The Star Rover, R. 1915; The Scarlet Plague, R. 1915; The Little Lady of the Big House, R. 1916 (d. 1929); Jerry of the Islands, R. 1917 (d. 1927); Michael, Brother of Jerry, R. 1917 (d.); The Red One, Kgn. 1918 (d. 1928); On the Makaloa Mat, R. 1919 (Die Goldschlucht, d. 1948); The Assassination Bureau Ltd., R. 1963 (hg. M. L. Fish; d. 1963). – Works, XXI 1919; Jack London's Tales of Adventure, hg. I. Shepard 1956; Short Stories, hg. M. Geismar 1960; Letters, hg. K. Hendricks, I. Shepard 1966; Jack London Reports, hg. dies. 1970. – *Übs.:* GW, E. Magnus XXXI 1924–31; XI 1953; XVI 1963ff.; The Letters of J. L., III, hg. E. Labor 1988; The Complete Short Stories, III, hg. E. Labor 1993.

L: Charmian (Kittredge) London, II 1921 (d. 1928); C. Margoline, 1926; E. B. Payne, 1926; I. Stone, Sailor on Horseback, 1938 (d. 1948); Joan London, 1939 (n. 1968); S. Vedde, Koph. 1943; S. Garst, 1944; P. S. Foner, 1947; H. Bracher, 1950; H. Rentmeister, 1960; R. Franchere, 1962; R. O'Connor, 1964; F. D. Walker, 1966; C. C. Walcutt, 1966; G. S. Troller, 1968; A. Barrett, 1971; R. Recknagel, 1975; R. Baltrop, 1976 (d. 1981); R. Italiaander, 1978; A. Sinclair, 1978; R. Kingsman, 1979; C. N. Watson, 1983; C. Johnston, 1984; J. Lundquist, 1987; J. London, 1990; M. E. Zamen, 1990; T. Williams, 1992; E. Labor, J. C. Reesman, 1994; J. Auerbach, 1996; G. Christopher, 1997; A. Kershaw, 1998; J. C. Reesman, 1999; H. Schünemann, 2000; C. Stasz, 2001.

Long, Rikard Sigmund, färöischer Dichter, 23. 1. 1889 Tórshavn – 16. 12. 1977 ebda. Stud. Medizin, Schiffbaulehrer, seit 1921 Lehrer der Realschule Tórshavn; 1943–58 Mitglied des färöischen Parlaments. – Vf. formvollendeter Gedichte aus Natur und Landschaft von hoher Sensibilität. Übs. Komödien von Holberg sowie Li Po und Umar Haiyam.

A: Songbók Føroya fólks; Nyføroyskur skaldskapur, 1930; Sandoyarbók I, 1968. – Kveikt og kannað (G.-Ausw.), 1979.

Longchamps, Niguellus de → Nigellus de Longchamps

Longes Mac n-Uislenn (Exil der Söhne von Uisliu), altir. Erzählung, 9. Jh. Berichtet von der Flucht Deirdres, Braut des Königs Conchobar, mit dessen Gefolgsmann Noísiu. Die Geschichte gehört zu den Remscéla, den Vorgeschichten von Táin Bó Cúailgne. Älteste existierende Version der Tristansage. Eine jüngere Version der Sage aus dem 15. Jh. war die Quelle für Lady Gregorys Neubelebung ir. Sagengutes ›Cuchulain of Muirthenne‹ (1902) sowie für Yeats' Drama ›Deirdre‹ (1907) und für Synges Drama ›Deirdre of the Sorrows‹ (1910).

A: V. Hull, Longes Mac n-Uislenn, 1949 (m. engl. Übs.). – *Übs.:* J. Gantz, Early Irish Myths and Sagas, 1981.

Longfellow, Henry Wadsworth, amerik. Lyriker, 27. 2. 1807 Portland/ME – 24. 3. 1882 Cambridge/MA. Vater Rechtsanwalt; Stud. Bowdoin College, Mitschüler Hawthornes, 1826–29 Aufenthalt in Frankreich, Italien, Spanien, Deutschland; seit 1829 Prof. für mod. Sprachen in Bowdoin (1829–35) und Harvard (1835–54); ∞ 1843 Frances Appleton (2. Ehe); 1854 Aufgabe des Berufs, da sichere wirtschaftl. Existenz durch lit. Erfolg; Mittelpunkt e. gebildeten Zirkels mit J. R. Lowell und C. E. Norton. – Populärster amerik. Dichter im 19. Jh., Nachfahre von Romantik und Biedermeier ohne schöpfer. Originalität. Gefühlvolle, formal vollendete Lyrik ohne persönl. Ausdruckskraft; Verarbeitung von Stoffen aus Sagen, Legenden, Geschichte der europ. Völker zu balladenhaft erzählender Dichtung; idyll.-eleg. Epen über Themen aus der amerik. Vergangenheit und der indian. Mythologie. Übs. von Dantes ›Divina Commedia‹ und zugehöriger Sonettzyklus (1864–1867) als wohl bedeutendste Leistung. Viele Bildungsanregungen aus den europ. Literaturen, bes. der engl. und dt. Romantik (Tennyson, Uhland), der schott. Ballade und der Romania bei geringer Aufgeschlossenheit für die amerik. Wirklichkeit. Erfolg durch Anpassung an das Geschmacksideal des bürgerl.-protestant. Publikums: eth. Idealismus, humanitärer Optimismus, Sentimentalität, didakt.-moralisierender Grundton.

W: Outre-Mer, Skn., Kgn. 1833/34; Hyperion, R. 1839; Voices of the Night, G. 1839; Ballads and Other Poems, G. 1841; Poems on Slavery, 1842; The Belfry of Bruges, G. 1846; Evangeline, Ep. 1847; Kavanagh, R. 1849 (hg. J. Downey 1965); The Seaside and the Fireside, G. 1850; The Golden Legend, Dr. 1851; The Song of Hiawatha, Ep. 1855 (d. 1984); The Courtship of Miles Standish and Other Poems, 1858; Tales of a Wayside Inn, Ep. 1863; The Poets and Poetry of Europe, Übs. 1870; Christus, A Mystery, Dr. 1872; Kéramos and Other Poems, 1878; Ultima Thule, G. 1880. – Works, Riverside Ed. XI 1886; Works, XIV 1886–1891. – Mrs. L.: Selected Letters, hg. E. Wagenknecht, 1956; Letters, hg. A. Hilen VI 1966–83; The Letters, VI, hg. A. Hilen 1966, 1972, 1982. – *Übs.:* Sämtl. poet. Werke, H. Simon II ²1916.

L: S. Longfellow, 1891; C. E. Norton, 1907; P. Morin, Les sources de l'œuvre de H. W. L., Paris 1913; H. S. Gorman, 1926; O. Smeaton, ²1927; J. T. Hatfield, 1933; O. Shepard, 1934; F. Viglione, La critica letteraria di H. W. L., Florenz II 1934; A. Hilen, 1947 (n. 1970); L. R. Thompson, Young L., 1938 (m. Bibl., n. 1969); E. Wagenknecht, 1959; E. J. Moyne, Helsinki 1963; N. Arvin, 1963; C. B. Williams, 1964; E. Wagenknecht, 1966; K. W. Cameron, hg. 1978; Papers of L. Commemorative Conference, 1982; E. Wagenknecht, 1986.

Longinos, Cassius, altgriech. Rhetor/Philologe u. Philosoph (Neuplatonismus), 3. Jh. n. Chr. Lehrt in Athen, dann Rhetorik in Palmyra, von Kaiser Aurelianus hingerichtet. – Philos. Werktitel sind bezeugt, doch scheint L. v. a. als Philologe bedeutend: Erhalten sind nur 1 Brief sowie Fragmente e. ›Rhetorik‹ und e. Kommentars zu Hephaistion. Die Schrift ›Vom Erhabenen‹ (griech.: ›Peri hypsus‹, lat.: ›de sublimitate‹) wurde ihm fälschlicherweise zugeschrieben; mit ihr antwortete e. unbekannter, vermutl. kaiserzeitl. Vf. auf e. verlorene Schrift des Kaikilios, um im Rahmen e. Abrisses der antiken Stilkritik das Wesen des ›hohen Stils‹ zu erläutern. Zur Illustration s. Darlegungen zitiert der Autor zahlr. Beispiele aus der gesamten griech. Lit. (z. T. nur dort erhaltene Zitate). Ihre vielleicht mächtigste Wirkung entfaltete die kleine Schrift in der Neuzeit: Im 17. Jh. entdeckt man ihr argumentator. Potential und macht sie zum Bestandteil der kunstästhet. Diskussion im Rahmen der ›Querelle des anciens et des modernes‹.

A: L. Spengel, C. Hammer 1894; A. O. Pickard ²1929; M. Patillon, L. Brisson 2001. – Peri hypsus: O. Jahn, J. Vahlen, H. D. Blume ⁵1967; A. O. Pickard ²1947; H. Lebègue ²1952 (m. franz. Übs.); D. A. Russell 1964 u.ö. (m. Komm.); W. R. Roberts 1979; A. O. Prickard 1978; E. Matelli 1988; J. Pigeaud 1991 (m. franz. Übs.). – *Übs.:* R. Brandt 1966; O. Schönberger 1988; S. Halliwell, D. Russell u.a. 1995 (engl.).

L: H.-D. Blume, 1957; W. Bühler, 1964; Z. G. Theoharis, Ann Arbor 1975; G. S. Brown, Dallas 1979; G. Lombardo, Modena 1989; M. Fuhrmann, ²1992 (Einführung); I. Männlein-Robert, 2001.

Longley, Michael, ir. Lyriker, * 27. 7. 1939 Belfast. Stud. Belfast, Dublin, ∞ 1964 die Lit.wissenschaftlerin Edna Longley; Lehr- u. kulturelle Gremientätigkeiten (Arts Council). – Vf. dichter, von den Metaphysical Poets beeinflußter, aber bildl. sehr mod. u. gedankl. mutiger Lyrik, die sich mit Themen wie Tierwelt, männl. Identität, menschl. Beziehungen, aber auch dem ir. Bürgerkrieg beschäftigt. In jüngeren Werken zunehmendes Interesse an antiken Stoffen, v.a. Ovid und Homer.

W: No Continuing City, 1969; An Exploded View, 1973; Man Lying on a Wall, 1976; The Echo Gate, 1979; Gorse Fires, 1991; The Ghost Orchid, 1995; Selected Poems, 1998; The Weather in Japan, 2000.
L: A. J. Peacock, K. Devine, hg. 2000.

Longos, griech. Romanautor, um 200 n. Chr.; keine biograph. Nachrichten, als Heimat meist Lesbos angenommen. – Vf. der ›Poimenika ta kata Daphnin kai Chloen‹ (etwa: ›Geschichten im Hirtenmilieu von Daphnis und Chloe‹, meist verkürzt als ›Daphnis und Chloe‹), e. Liebesromans in 4 Büchern, der das Gattungsschema des idealisierenden Liebesromans in e. ländl.-bukol. Welt zweier zu Beginn des Romans noch nahezu kindl. Protagonisten transformiert: Daphnis und Chloe, als Säuglinge ausgesetzt, wachsen bei Hirten auf. Ahnungslos ›erleiden‹ sie die Liebe zueinander zunächst wie e. ›Krankheit‹ und entdecken mit naivem Ungeschick schrittweise die Sexualität. Die Handlung ist eingebettet in den Verlauf e. Jahres mit dem Wechsel der Jahreszeiten; immer wieder geraten die Protagonisten in Gefahr, die durch den Besuch der Städter, der sich teilweise als roher Einbruch in die friedl.-ländl. Welt gestaltet, e. letzten Höhepunkt vor dem Happy-End (Hochzeit) findet. Formal ist der Roman streng durchkomponiert, s. Sprache wendet sich zusammen mit den zahlr. intertextuellen Anspielungen an e. gebildete Leserschaft. Rezeptionsspuren finden sich erst relativ spät; der Roman löste in der Neuzeit Begeisterung und kreative Umsetzung aus (z.B. Schäferdichtung des Rokoko, Goethes Lob des Romans, M. Ravels Ballett).

A: M. D. Reeve [3]1994; G. Thornley, J. M. Edmonds 1916 (m. engl. Übs.); W. D. Lowe 1979 (engl. Übs. u. Anm.); J.-R. Vieillefond 1987 (m. franz. Übs.); O. Schönberger 1989 (m. Übs.). – Übs.: F. Jacobs, in: B. Kytzler, hg. 1983, 1, 21ff. – Komm.: Buch 3: S. M. Trzaskoma 1998.
L: W. E. McCulloh, N. Y. 1970; R. L. Hunter, Cambr. 1983; R. Merkelbach, 1988; B. D. MacQueen, Lond. 1990; M. Fusillo, Paris 1991; D. Teske, 1991; S. Goldhill, Cambr. 1995; A. J. Fernández Garcia, Amst. 1997; N. Holzberg, [2]2001.

Loos, Anita, amerik. Schriftstellerin, 26. 4. 1893 Sisson/CA – 18. 8. 1981 New York. – Vf. zahlr. Stücke u. Drehbücher (Komödien, Melodramen, Satiren) u.a. für D. W. Griffith u. D. Fairbanks, bekannt aber für ›Gentlemen Prefer Blondes‹, die Gesellschaftssatire über die Reise- u. Männererlebnisse von Lorelei Lee u. ihrer brünetten Freundin Dorothy (Filmhit mit M. Monroe).

W: The New York Hat, Drb. 1913; Gentlemen Prefer Blondes, Kgn. 1925 (d. 1926); But Gentlemen Marry Brunettes, Kgn. 1928 (d. 1929); Red-Headed Woman, Drb. 1932 (n. K. Brush); San Francisco, Drb. 1936 (n. R. Hopkins); Women, Drb. 1939; Happy Birthday, Dr. 1948; A Mouse Is Born, R. 1951; No Mother to Guide Her, R. 1961; A Girl Like I, Mem. 1966; Kiss Hollywood Good-by, Mem. 1974; Cast of Thousands, Mem. 1977; The Talmadge Girls, Mem. 1978; Fate Keeps On Happening, Slg. 1984; A. L. Rediscovered, hg. C. Beauchamp 2003.
L: G. Carey, 1988.

Looy, Jacobus van, niederländ. Schriftsteller, 13. 9. 1855 Haarlem – 24. 2. 1930 ebda. Zimmermannssohn; Anstreicherlehrling, 1877 Kunstakademie Amsterdam, 1884 Studienreise nach Italien, Spanien, Nordafrika, ab 1885 Mitarbeiter und zeitweise Schriftleiter des ›Nieuwe Gids‹. Als Maler ordnete er sich in die Amsterdamer Schule ein. – Lyriker, Erzähler und Reiseschriftsteller von plast. Sprachkraft, starkem persönl. Empfinden und Liebe zum Kleinen. In s. Prosa strebte er nach objektiver Wiedergabe im Stil e. lyr. Impressionismus. In ›De wonderlijke avonturen van Zebedeus‹ gibt er e. phantast. Satire auf die Situation der Lit. in Holland, in ›Jaapje‹, ›Jaap‹ und ›Jacob‹ kinderpsycholog. interessante Jugenderinnerungen.

W: Proza, Nn. 1892; Gekken, R. 1892; Feesten, Nn. 1902; Ode aan Rembrandt, G. 1906; De wonderlijke avonturen van Zebedeus, R. 1910 (erw. III 1925); Reizen, Sk. 1913; Jaapje, R. 1917; Nieuwjaarsdag, Sk. 1919; Jaap, R. 1923; Op reis, Sk. 1929; Jacob, R. 1930; Nieuw proza, 1929; Gedichten, 1932.
L: M. J. Brusse, 1930; T. van L.-van Gelder, II 1937f.; M. A. Jacobs, 1945 (m. Bibl.); L. M. van Dis, 1952; J. v. L., hg. J. van der Smit-Meijer, Ch. Will 1998.

Lopes, Fernão, portugies. Chronist des MA, um 1380 – um 1459 Lissabon? Biographie zieml. unzugängl., aus niederem Adel, in Dokumenten 1418–19 bereits als Reichsarchivar u. Notar von João I. erwähnt, später unter Duarte I., der ihm 1434 die Abfassung e. Geschichte Portugals übertrug, u. dem Infanten D. Fernando (dessen Testament er 1437 niederlegte, der ›Príncipe constante‹ Calteróns), wertete die versch. schriftl. u. mündl. Quellen krit. aus u. strebte psycholog. Deutung der behandelten Gestalten an. Vorzügl. u. vielseitiger Stilist, Schöpfer der portugies. erzählenden Prosa; Meister der Charakteristik, lieferte u.a. Herculano, Garrett u. Oliveira Martins dichter. Vorwürfe.

A: Crónica de'l Rei D. Pedro, hg. D. Peres [2]1965, G. Macchi 1966 (krit. Ausg.); Crónica de'l Rei D. Fernando, hg. D. Peres II 1933–35 (Verfasserschaft umstritten); Crónica de D. João I, hg. Braamcamp Freire [2]1945 (Teil 1) u. 1949 (Teil 2), A. Sérgio II 1946–49; Crónica de Cinco Reis de Portugal, hg. M. Basto 1945 (Verfasserschaft umstritten);

L: P. E. Russell, 1941; A. de Magalhães Basto, 1960; L. de Sousa Rebelo, 1983.

Lopes, Henri, kongoles. Schriftsteller u. Politiker, * 12. 9. 1937 Léopoldville. Erlebt in s. Kindheit in s. Familie die konfliktreichen Mischungen der versch. Stämme und Kulturen s. Landes. Schulbesuch und Stud. in Nantes und Paris, knüpft enge Kontakte mit der Zs. ›Présence africaine‹ und der ›Fédération des étudiants d'Afrique noire et francophone‹, Vertreter bei der Unesco. – In s. Erzählungen, die keine eigentl. Romane, sondern e. Mischung heterogener Erzählstrukturen sind, dominiert e. persönl. Ton in Form von polit.-moral. Geständnissen in Briefen oder Zeitzeugenberichten. Zentrales Thema ist die Frage nach dem Umgang mit der Macht im postkolonialen Afrika, in dem L. e. Gefährdung der afrikan. Zivilisation erkennt und dessen Formen er in jähen Kontrast zu menschl. Werten setzt.

W: Tribaliques, N. 1971; La nouvelle romance, R. 1979; Sans tam-tam, R. 1977; Le pleurer-rire, R. 1982.

Lopes Neto, João Simoes, brasilian. Schriftsteller, 9. 3. 1865 Pelotas/Rio Grande do Sul – 14. 6. 1916 ebda. Wuchs auf dem Land auf, Schulbesuch Rio de Janeiro, Medizinstud., 1882 Umzug nach Pelotas, Beamter, Kaufmann, Journalist. – Verfaßte Theaterstücke für lokale Bühne, sammelte u. verschriftlichte lokale u. regionale Legende, von Nostalgie getragene Erzählungen über die untergehende Welt der Gauchos.

W: Cancioneiro guasca, Liederbuch 1910 (n. 1999); Contos gauchescos, En. 1912; Lendas do sul, En. 1913 (n. 1991); Casos do Romualdo, En. 1952; O teatro de Simoes Lopes Neto, hg. C. Heeman 1990.

L: A. Meyer, 1950; C. Reverbel, 1991.

Lopes Vieira, Afonso → Vieira, Afonso Lopes

Lope de Vega → Vega Carpio, Lope Félix de

López de Ayala, Adelardo, span. Schriftsteller, 1. 5. 1828 Guadalcanal/Sevilla – 30. 12. 1879 Madrid. Stud. Rechte Sevilla, entschied sich nach Bekanntschaft mit García Gutiérrez für schriftsteller. Laufbahn; ging 1849 nach Madrid, widmete sich nach ersten Mißerfolgen auf der Bühne der Politik, war verschiedentl. Minister u. Kongreßpräsident, verfaßte das Manifest der Revolution von 1868; ab 1870 Mitglied der Span. Akad. – Dichter, Kritiker, Redner, doch bes. Dramatiker realist. Tendenz im Anschluß an die Romantik; neben Tamayo Hauptvertreter der ›alta comedia‹. War anfangs von den Autoren des Goldenen Zeitalters inspiriert u. bevorzugte hist. Themen; Vorbilder Calderón hinsichtl. der straffen Struktur s. Dramen u. Alarcón, von dem er die moral. Tendenz u. die Korrektheit der Form übernahm. Wandte sich in s. zweiten, bedeutenderen Schaffensperiode soz. Themen aus der Sicht des Bürgers zu. Scharfe Beobachtung der Gesellschaft s. Zeit u. Kritik an ihrer positivist. Einstellung, sichere Bühnentechnik.

W: Un hombre de Estado, Dr. 1851; Los dos Guzmanes, Dr. 1851; Rioja, Dr. 1854; El tejado de vidrio, K. 1857; El tanto por ciento, K. 1861; El nuevo don Juan, K. 1863; Consuelo, K. 1878. – Obras completas, VII 1881–85, III 1965.

L: C. Solsona y Baselga, 1891; J. O. Picón, 1892; M. Blasco, 1931; L. de Oteyza, 1932; E. V. Coughlin, Boston 1977.

López de Ayala, Pero, span. Schriftsteller, 1332 Vitoria – 1407 Calahorra. Erziehung durch s. Onkel, den Kardinal Pedro G. Barroso, dem er vermutl. an den Papsthof von Avignon folgte; brach 1353 s. geistl. Laufbahn ab u. trat als Page u. Edelknabe in die Dienste Peters des Grausamen, diente auch unter dessen Nachfolgern Enrique II., Juan I. u. Enrique III. Aktives Leben als Politiker, Mitglied des Regentschaftsrats, Diplomat u. Kriegsmann, geriet bei der Schlacht von Aljubarrota (1385) in portugies. Gefangenschaft; später viermal in diplomat. Missionen in Frankreich, ab 1399 Großkanzler von Kastilien. – Bedeutendste Gestalt der kastil. Lit. in der 2. Hälfte des 14. Jh.; Dichter u. Chronist, durch s. hervorragenden Übsn. lat. Klassiker, Wegbereiter des span. Humanismus. Hauptwerk ›Rimado de Palacio‹, vielgestaltige Dichtung von 8200 Versen, Einheitlichkeit ist durch stark persönl. Charakter u. Ähnlichkeit der Themen gegeben; heftige Kritik an der Sittenverderbtheit s. Zeit, Gesellschaftssatire. Größter Historiker des span. MA durch s. lebendigen, objektiven Chroniken der kastil. Könige. gute Menschenkenntnis u. psycholog. Erfassung der Charaktere. Übs. der ›Moralia‹ Gregors d. Gr., des Levius u. ›De Summo Bono‹ des hl. Isidor.

W: Rimado de Palacio, Dicht. (hg. A. F. Kuersteiner, N. Y. II 1920, J. Joset II 1978, M. García II 1978, G. Oduna, Pisa II 1981); Crónica del rey Don Pedro, 1493 (n. G. Díaz-Plaja 1931, C. L. Wilkins 1985); La Crónica del rey Don Enrique II de Castilla, 1516; La Crónica del rey Don Juan I de Castilla, 1516; La Crónica de Enrique III de Castilla y de León; El libro de las aves de la caza (hg. P. de Gayangos 1869, J. Gutiérrez de la Vega 1879, J. G. Cummins 1986). – Crónicas, hg. E. de Llaguno y Amírola III 1779–82, C. Rosell in: ›Biblioteca de Autores Españoles‹, Bde. 66 u. 68, n. 1953.

L: M. Díaz de Arcaya, 1900; E. Fueter, A. und die Chronik Peters des Grausamen, 1905; Marqués de Lozoya, 1931 u. 1950; F. Meregalli, 1955; L. Suárez Fernández, 1962; R. B. Brown, Ann Arbor/MI 1975; M. García, 1982; C. L. Wilkins, Boston 1989.

López y Fuentes, Gregorio, mexikan. Schriftsteller, 17. 11. 1897 Huasteca/Veracruz – 10. 12.

López-Picó

1966 Mexiko Stadt. Journalist, Verlagsleiter, Prof. für Lit.; Kindheit auf dem Lande; engagiert für die Sache der Indios. – In s. kraftvollen Romanen ließ er die Zeit der mexikan. Revolution u. das harte Leben der Landbevölkerung aufleben; Neigung zur Stilisierung u. zur Allegorie; erreichte e. Synthese von Realismus u. Symbolismus.

W: La siringa de cristal, G. 1914; Claros de la selva, G. 1922; El alma del poblacho, R. 1924; Campamento, R. 1931; Tierra, R. 1932; Mi general, R. 1934 (d. 1941); El indio, R. 1935 (d. 1938); Arrieros, R. 1937; Huasteca, R. 1939; Cuentos campesinos, En. 1940; Acomodaticio, R. 1943; Los peregrinos inmóviles, R. 1944; Milpa, potrero y monte, R. 1951.

L: S. Menton, 1949; E. Fernández Agüera, 1960; M. D. Morales Elizalde, 1963; J. Kattar, Dakar 1969.

López de Mendoza, Íñigo, Marqués de Santillana → Santillana, Íñigo López de Mendoza, Marqués de

López-Picó, Josep Maria, katalan. Dichter, 14. 10. 1886 Barcelona – 24. 5. 1959 ebda. Gründer und Hrsg. der Zs. ›La Revista‹ (1915–36); von großer kultureller Bedeutung in Katalonien; versch. Preise. – Radikaler Anhänger des ›Noucentisme‹, betont die intellektuellen Werte der Poesie; starke Abstraktionsfähigkeit, relig. Thematik.

W: Intermezzo galant, G. 1910; Turment-Froment, G. 1910; Poems del port, G. 1911; Amor, Senyor, G. 1912; Espectacles i mitología, G. 1913; Epigrammata, G. 1914; L'ofrena, G. 1915; Paraules, G. 1916; Cants i allegoríes, G. 1917; Dietari espiritual, Prosa 1920; Lleures barcelonins, En. 1921; La nova ofrena, G. 1922; Elegía, G. 1925; Invocació secular, G. 1926; Meditacions i jaculatories, G. 1928; Epitalami, G. 1931; Variacions líriques, G. 1934; Epifanía, G. 1936; Seny, G. 1938; Taula parada, G. 1952. – Obres completes, II 1947–48; Antología lírica, 1931; Antología poética, 1969; Epistolari J. M. L.-P. – Carles Riba, 1976; Antologia poètica, 1986; Dietari (1926–1959), 1999.

L: O. Saltor, 1947.

López de Úbeda, Francisco, Ende 16. Jh./Anfang 17. Jh. Lebte wahrscheinl. in Toledo. Evtl. Pseudonym für Andrés Perez, oder ident. mit dem Arzt gleichen Namens. – S. einziges Werk ist der 1582/1599 entstandene Schelmenroman ›La pícara Justina‹ über e. Landstreicherin. In lebendiger, urwüchsiger Sprache werden ihre derben u. kom. Abenteuer geschildert u. das Volk in s. Eigenart gut getroffen.

W: La pícara Justina, R. 1605 (hg. J. Puyol y Alonso III 1912; d. 1626f.); C. Rosell in: ›Biblioteca de Autores Españoles‹, Bd. 33, n. 1950; A. Rey Hazas II 1977.

L: M. Bataillon, 1969; B. M. Damiani, Boston 1977; J. M. Oltra Tomás, 1985.

López Velarde, Ramón, mexikan. Dichter, 15. 6. 1888 Jerez/Zacatecas – 19. 6. 1921 Mexiko Stadt. Journalist, Rechtsanwalt, Beamter, Prof. für Lit. – Schrieb intime, z. T. sentimentale Lyrik zwischen Sinnlichkeit u. Spiritualität im Zeichen des Modernismo, beeinflußt von L. Lugones; bekannt durch regionale Themen; auch relig. u. erot. Probleme; Einfluß auf zeitgenöss. Lyrik.

W: La sangre devota, G. 1916; Zozobra, G. 1919; La suave patria, G. 1921; El minutero, Prosa 1923; El son del corazón, Prosa 1932; El don de febrero, Ess. 1952; Poesías, cartas, documentos e iconografia, hg. E. Molina Ortega 1952; Prosa política, 1953. – Obras Completas, 1944; Obras, hg. J. L. Martínez ²1979; Poesías Completas y El Minutero, hg. A. Castro Leal ⁴1968.

L: B. Dromundo, 1954; R. Cuevas, 1956; B. Calzada, 1957; F. Berrueto, 1958; P. de Alba, 1958; A. W. Phillips, 1962; A. Acevedo Escobedo, 1962; G. List Arzubide, 1963; G. Gálvez de Tovar, 1971; F. W. Murray, 1972; G. López de Lara, 1973; M. L. Canfield, 1981; G. Sheridan, 1989.

Lorca, Federico García → García Lorca, Federico

Lorde, Audre (Geraldine), afroamerik. Lyrikerin u. Essayistin, 18. 2. 1934 New York – 17. 11. 1992 St. Croix. Westind. Mutter, Kindheit in New York, Stud. Univ. of New Mexico, Hunter College u. Columbia Univ. (M.A. 1961); Sozialarbeiterin, Ghostwriter, Bibliothekarin; Prof. in Tougaloo/MO und City Univ. of New York; 3 Ehrendoktortitel; 1991–93 State Poet of New York; verheiratet, 2 Kinder, olo. – L. spricht u. schreibt immer als afroamerik., feministische, lesbische u. später krebskranke Frau aus einer Gegenposition zur dominanten amerik. Kultur u. für e. multiples soziokulturelles Bewußtsein, mit stark didaktischem Impuls in ihren Texten wie in der als ›Überlebenstechnik‹ apostrophierten Lehrtätigkeit. Als eine der gewichtigsten Stimmen der New Black Poetry suchte sie den Dialog mit anderen Frauen (z. B. Adrienne Rich) u. avancierte zur ›Mother of Queer Politics‹ mit klarem Konzept vom Zus.hang zw. Eros u. Macht.

W: The First Cities, G. 1968; Cables to Rage, G. 1970; From a Land Where Other People Live, G. 1973; The New York Headshop and Museum, G. 1974; Coal, G. 1976; The Black Unicorn, G. 1978; The Cancer Journals, Tg. 1980 (Auf Leben u. Tod, d. 1994); Sister Outsider, Ess. 1984; Zami: A New Spelling of My Name, Aut. 1982 (d. 1993); Our Dead Behind Us, G. 1986; The Collected Poems 1997.

L: C. Tate, Black Women Writers at Work, 1983; J. M. Perreault, Writing Selves: Contemporary Feminist Autobiography, 1995.

Lorenzini, Carlo → Collodi, Carlo

Lorenzino De'Medici → Medici, Lorenzino de', gen. Lorenzaccio

Lorenzo De'Medici → Medici, Lorenzo de', gen. Il Magnifico

Lorrain, Jean (eig. Paul Duval), franz. Schriftsteller, 9. 8. 1855 Fécamp – 1. 7. 1906 Paris. Dominikanerschule, relig. Krise, Militärdienst, in Paris zunächst Maler, dann Rezensent und Vf. boshaft-iron. mondäner Bücher und Tageschroniken für Pariser Zeitungen. Stellt lebendig das elegante, libertinist. und lasterhafte Paris der Jahrhundertwende dar. Neigt in naturalist. Romanen, die er manchmal als Betrunkener schrieb, zu künstl. Dämonismus, stellt abnorme Laster und Phantasien in überladenem, manchmal gewollt dunklem Stil dar. Gedichte teils unter Einfluß des Parnaß, teils symbolist. Ballette und Einakter für das Theater des Grand Guignol.

W: Griseries, G. 1887; Buveurs d'âmes, R. 1893; Très russe, R. u. Dr. 1893 (m. O. Méténier); Poussières de Paris, Prosa 1896 u. 1902; L'ombre ardente, G. 1897; Monsieur de Bourgrelon, R. 1897; Contes pour lire à la chandelle, En. 1897; Monsieur de Phocas, R. 1899 u. 1901; Histoire de masques, E. 1900; Théâtre, 1906; La maison Philibert, 1979; Princesse d'ivoire et d'ivresse, hg. F. Lacassin 1980; Correspondance et poèmes (m. G. Moreau), hg. T. Rapetti 1988; Mes expositions universelles (1889–1900), hg. Ph. Martin-Lau 2002.

L: E. Gaubert, 1905; G. Normandy, 1907 u. 1928; O. Uzanne, 1913; P.-L. Gauthier, Diss. Paris 1935; P. Mourousy, 1937; P. Kyria, 1973; P. Jullian, 1974; C. Pajot, 1987; Th. d'Antonay, 1991, 1997; Ch. Grivel, 1993; C. Sispala, Catania 1998.

Lorris, Guillaume de → Roman de la Rose, Rosenroman

Lortkipanidse, Lortkipanidze, Lordkipanidse, Niko → Lort'k'ip'anije, Nikoloz

Lort'k'ip'anije, Nikoloz, georg. Erzähler, 29. 9. 1880 Čuneši – 25. 5. 1944 T'bilisi (Tiflis). Gymnas. Kutaisi u. Vladikavkaz, Stud. Jura Char'kov; Revolutionär; Relegation, Gefängnis, Emigration nach Österreich; Stud. Bergakad. Leoben; 1907 Deutschlehrer T'bilisi. – Behandelt mit romant., lyr., aber auch satir.-humorvoller Grundhaltung in Novellen u. Erzählungen gesellschaftskrit. wie auch hist. Themen, wobei ihn das Schicksal Georgiens genauso interessiert wie der kleine ausgestoßene Mensch.

W: T'xzulebat'a sruli krebuli (GW), IV 1958, 1973–81. – *Übs.:* russ.: Izbr. proizvedenija (AW), II 1972; dt.: Unbeugsame Herzen, 1952; En. in: Georg. Erzähler der Neuzeit, 1970 u. in: Der ferne weiße Gipfel, 1984.

L: R. Bežanišvili, 1969; B. Žgenti, 1972; N. Gambašije, 1980.

Loti, Pierre (eig. Louis-Marie-Julien Viaud), franz. Erzähler, 14. 1. 1850 Rochefort – 10. 6. 1923 Hendaye. Aus hugenott. Familie. Vater Schiffsarzt. 1867–73 Marineschule; Marineoffizier. Nahm 1883 an e. Expedition nach Tonking und am Boxerkrieg teil. 1889 in Indien, 1900 in China, trat 1910 als Kapitän in den Ruhestand, Kriegsfreiwilliger im 1. Weltkrieg. 1891 Mitgl. der Académie Française. – In s. Romanen und Erzählungen sowie einigen Dramen Vertreter des Exotismus; bevorzugte in den letzten Schaffensjahren die Form des Reiseberichts. Hervorragender Milieu- und Naturschilderer, bezaubert von exot. Landschaften und dem Leben primitiver Völker. Sieht in Rückkehr dazu die Möglichkeit e. Gesundung des abendländ. Menschen. Zivilisationsmüde, auf der Suche nach Lebenssinn, erscheint in fast allen Werken selbst. Hintergrund s. Werke sind der Nahe und Ferne Osten, den L. in s. ruhelosen Leben kennengelernt hatte, das Baskenland und die Welt der breton. Seeleute in ›Pêcheur d'Islande‹. E. verspäteter Romantiker von tiefer Melancholie, dem ständigen Bewußtsein von Vergänglichkeit und Todesnähe, vom Wissen um Illusionscharakter und Vergeblichkeit s. Träume vom Aufgeben des Europäertums begleitet. Die seel. Morbidität und Schwüle sprachl. in e. poet., nuancenreichen Prosastil übersetzt.

W: Aziyadé, R. 1879 (d. 1902); Rarahu, R. 1880 (Die Ehe des Leutnant Grant, d. 1886; später u. d. T.: Le mariage de Loti, d. 1897); Le roman d'un Spahi, R. 1881 (d. 1892); Mon frère Yves, R. 1883 (d. 1901); Fleurs d'ennui, E. 1883; Pêcheur d'Islande, R. 1886 (n. 1979; d. 1888); Madame Chrysanthème, R. 1887 (d. 1896); Propos d'exil, E. 1887; Japoneries d'automne, R. 1889; Le roman d'un enfant, Aut. 1890; Le livre de la pitié et de la mort, E. 1891; Fantôme d'Orient, R. 1892; Matelot, R. 1893 (Ein Seemann, d. ²1902); Jérusalem, Reiseber. 1895 (d. 1896); Le désert, Reiseber. 1895 (d. 1922); La Galilée, Reiseber. 1896 (d. 1897); Ramuntcho, R. 1897 (d. 1898); L'île de rêve, Dr. 1898 (m. C. A. Alexandre u. G. Hartmann); Judith Renaudin, Dr. 1898; Figures et choses qui passaient, En. 1898; Reflets sur la sombre route, E. 1899; Les derniers jours de Pékin, Reiseber. 1901 (d. 1924, 1999); L'Inde sans les Anglais, Reiseber. 1903 (d. 1905); Vers Ispahan, Reiseber. 1904 (d. 1906, 2002); Le roi Lear, Dr. 1904 (m. E. Vedel); La troisième jeunesse de Madame Prune, R. 1905 (d. 1905); Les désenchantées, R. 1906 (d. 1908); Ramuntcho, Dr. 1908; La fille du ciel, Dr. 1911 (m. J. Gautier); La hyène enragée, Prosa 1916; L'horreur allemande, Prosa 1918; Les alliés qu'il nous faudrait, Prosa 1919; Prime jeunesse, Aut. 1919; La mort de notre chère France en Orient, Reiseber. 1920; Suprêmes visions d'Orient, Reiseber. 1921; Journal intime 1878–85, hg. S. P. Loti II 1925–1929. – Œuvres complètes, XI 1893–1911; Lettres à Madame Juliette Adam, 1924; Correspondance inédite, 1929; Quelques fragments inédits, hg. W. Bird 1947; Journal intime inédit, hg. R. Bourriau 1956ff., in: Cahiers P. L.

L: G. Goyert, 1910; N. Serban, ²1924; O. Valence, 1930; G. Hirschmann-Günzel, Diss. Hbg. 1930; H.

Scribner, 1932; R. Lefèvre, 1934; P. Brodin, 1945; R. de Traz, 1948; C. Farrère, ²1950; P. G. Ekström, Diss. Göteborg 1953; K. G. Millward, 1955; R. Leguillon, Diss. Paris 1970; F. Le Targat, 1974; M. G. Lerner, N. Y. 1974; L. Blanch, Lond. 1982; A. Quella-Villéger 1986, 1988, 1992; S. Funaoka, Tôkyo 1988; S. Lafont, 1989; Y. La Prairie, 1995; A. Buisine, 1998; M. G. Lerner, Lewiston 1998; B. Vercier, 2002.

Lourenço, Eduardo, portugies. Essayist u. Lit. wissenschaftler, * 29. 5. 1923 S. Pedro de Rio Seco, Guarda. Stud. Philos. Coimbra, Dozent Coimbra, Hamburg, Heidelberg, Montpellier, Grenoble, Nizza u. Brasilien. – Einfluß der franz. Essayistik, von Nietzsche, Kierkegaard, Valéry u. Camus, bedeutende Studien zu Fernando Pessoa. L. gilt als der wichtigste zeitgenöss. portugies. Essayist. In ›O Labirinto da Saudade‹ Auseinandersetzung mit der portugies. Identität. Bilderreiche, poet. Sprache.

W: Heterodoxia, Ess. 1949; Pessoa Revisitado, Ess. 1973; O Labirinto da Saude – Psicanálise Mítica do Destino Português, Ess. 1978 (Portugal-Europa: Mythos und Melancholie, d. 1997); Poesia e Metafísica, Ess. 1983; Fernando, Rei da Nossa Baviera, Ess. 1986; Portugal como Destino, seguido de Mitologia da Saudade, Ess. 1999 (Mythologie der Saudade, d. 2001); A Nau de Ícaro seguido de Imagem e Miragem da Lusofonia, Ess. 1999.

L: D. Faria, 1976; J. Gil, F. Catroga, 1996; M. M. Cruzeiro, 1997.

Louvet de Couvray, Jean-Baptiste, franz. Schriftsteller, 12. 6. 1760 Paris – 25. 8. 1797 ebda. Während der Revolution Mitgl. des Konvents, 1795 des Rates der 500, Buchhändler im Palais Royal. Während des Direktoriums Konsul in Palermo. – Bekannt durch bei den Zeitgenossen weitverbreiteten Roman ›Les amours (aventures) du chevalier de Faublas‹, der schlüpfrig und gewagt, doch in eleganter Form die franz. Gesellschaft vor der Revolution schildert.

A: Les amours (aventures) du chevalier de Faublas, R. XIX 1787–90 (n. M. Vigier 1930; d. F. Blei II ²1918), R. Schacht, 1948 (d. 1979), M. Delon, 1996; Mémoires de L., II 1889.

L: J. Rivers, Lond. 1910; F. V. Benson, Diss. Montpellier 1974; Entre libertinage et révolution, hg. P. Hartmann 1999; V. VanCrugten-André, Les mémoires de L., 2000.

Louw, Nicolaas Petrus van Wyk, afrikaanser Lyriker, Dramatiker u. Kritiker, 11. 6. 1906 Sutherland/Kapland – 18. 6. 1970 Johannesburg. Sohn e. Rechtsanwalts; Stud. Philos., Pädagogik u. Lit. Kapstadt. Einfluß der Stürmer u. Dränger (›Konrad, Prinz von Elsaß‹, 1924), 1929 Dozent Univ. Kapstadt, 1952 Prof. der afrikaansen Lit. u. Kultur Amsterdam, 1958 Prof. Univ. Witwatersrand, Johannesburg. Freundschaft mit Greshoff. – Vielseitige, dynam. Gestalt, philos. Denker u. Prophet. In s. Dichtung gekennzeichnet durch die Spannung zwischen Vitalismus und Sinnlichkeit einerseits, ästhet.-aristokrat. Individualismus und metaphys.-myst. Spekulation andererseits. Das Individuelle steigert sich zum Allgemeinmenschl.; Mensch, Künstler u. Intellektueller stehen im Konflikt mit Gemeinschaft, Gott u. Kosmos. Metaphys. durchdachte Vorliebe für dramat. Konflikte in Übergangszeiten: Völkerwanderung (›Germanicus‹), ausgehendes MA (›Hond van God‹), 20. Jh. (›Raka‹); der Künstler als Träger der Idee. Bedeutender Kritiker, Essayist u. Lit.-Theoretiker.

W: Alleenspraak, G. 1935; Die halwe Kring, G. 1937; Die dieper Reg, Dr. 1938; Raka, Ep. 1941; Gestaltes en Diere, G. 1942; Dias, Dr. 1952; Nuwe Verse, G. 1954; Germanicus, Dr. 1956; Dagboek van n Soldaat, Dr. 1961; Tristia, G. 1962; Die held, Dr. 1962; Lewenslyn, Dr. 1962; Rondom eie werk, Ess. 1970; Versamelde gedigte, G. 1981; Versamelde Prosa, Ess. II 1986; Verborge vuur, G.-Anth. 1989.

L: P. J. Nienaber, 1966; E. van Heerden, 1966; F. I. J. van Rensburg, Swewende Ewewig, 1975; J. C. Kannemeyer, 1978; F. I. J. van Rensburg, 1982; H. van Vuuren, 1989; E. Lindenberg, 1992; F. I. J. van Rensburg, 1996; G. Olivier, 1998; J. C. Steyn, 1998 (Biogr., 2 Bde.).

Louÿs, Pierre (eig. P.-Louis), franz. Dichter, 10. 12. 1870 Gent – 4. 6. 1925 Paris. Freund von Mallarmé, Gide und Valéry, ausgedehnte Reisen durch Europa. Gründete 1890 die symbolist. Zs. ›La Conque‹. Gast im Salon Hérédias, der ihn stark beeinflußte, ∞ 1899 dessen Tochter. Zog sich in den letzten 20 Jahren krank (fast erblindet) zurück. – Lyriker und Erzähler von Romanen in poet. Prosa meist über das spätgriech. Liebesleben, übersetzte spätgriech. Dichter. Vereinigt in sich die verfeinerte Sensibilität des Ästheten mit heidn. Sinnenfreudigkeit. Sieht in der freien, heiteren Sinnlichkeit und dem Kult weibl. Schönheit die notwendige Voraussetzung der schöpfer. Leistung. Berühmt durch den Roman ›Aphrodite‹ mit sinnl. Bildern des alexandrin. Lebens. ›Les aventures du roi Pausole‹, e. anmutige und geistvolle Darstellung e. erot. freien Lebens, ist der bedeutendste s. Kurzromane (Vorlage für gleichnamige Operette von A. Honegger, 1930). S. ›Chansons de Bilitis‹, Lieder e. Kurtisane auf Lesbos, gaben sich als Übs. e. griech. Dichterin aus. In den letzten 20 Jahren intensives wiss. Schaffen, sammelte, übersetzte und kommentierte ausgefallene und bisher unbekannte Texte. – Übs. Meleagros von Gadara (1893) und Lukian (1894).

W: Astarté, G. 1891; Les chansons de Bilitis, G. 1894 (d. 1900); Aphrodite, R. 1896 (d. 1897); La femme et le pantin, R. 1898 (d. 1899); Les aventures du roi Pausole,

E. 1901 (d. 1900); Le crépuscule des nymphes, G. 1925; Trois filles de leur mère, R. 1925 (Vf.schaft unsicher, d. 1970); Journal inédit, 1926–27; Psyché, R. 1927 (d. in: Eros, 1960); Poésies, 1927; Journal intime, 1929; Pastiches et parodies, 1982. – Œuvres complètes, XIII 1929–31; Œuvres choisies, V 1950; Les poèmes, hg. Y.-G. Le Dantec II 1946; Correspondance de C. Debussy et P. L., hg. H. Borgeaud 1945; Premières correspondances de P. Valéry et P. L., 1990. – *Übs.:* Idyllen, F. Weil 1904; Eros, Ausgew. Re. u. En. 1960.

L: E. Gaubert, 1904; K. Franke, Diss. Bonn 1937; R. Cardinne-Petit, 1948; C. Farrère, 1953; R. Fleury, 1973; G. Mirandola, Mail. 1974; L. et les livres, no. spéc. des Cahiers L. 1, 1977; H. P. Clive, Oxf. 1978; M. Di Maio, Rom 1979; D. J. Niederauer, Ottawa 1981; P.-U. Dumont, 1985; J.-P. Goujon, 1988.

Lovecraft, Howard Phillips, amerik. Schriftsteller, 20. 8. 1890 Providence/RI – 15. 3. 1937 ebda. – Erste Beiträge in Science Fiction und Amateur-Zsn. Makabre Horror-Erzählungen mit phantast.-skurrilem Einschlag. Vorläufer der Science Fiction und der Phantastik. Erfinder e. eigenen Cthulhu-Mythologie. Fast alle Veröffentlichungen postum.

W: The Outsider and Others, Kgn. 1939; Beyond the Wall of Sleep, Kgn. u. G. 1943; The Weird Shadow Over Innsmouth and Other Stories of the Supernatural, Kgn. 1944; The Lurker at the Threshold, R. 1945 (d. 1969); The Dunwich Horror and Other Weird Tales, Kgn. 1945; Something About Cats and Other Pieces, Kgn. 1949; The Haunter of the Dark and Other Tales of Horror, Kgn. 1951; The Case of Charles Dexter Ward, R. 1952 (d. 1971); At the Mountains of Madness and Other Novels, R. 1964 (d. 1970); The Fantastic Poetry, hg. S. T. Joshi, 1990; Cthulhu 2000: A Lovecraftian Anthology, Kgn. 1995; The Annotated H. P. Lovecraft, hg. S. T. Joshi 1997; Tales of H. P. Lovecraft: Major Works, hg. J. C. Oates 1997; More Annotated H. P. Lovecraft, hg. P. Cannon, S. T. Joshi 1999; Lord of a Visible World: An Autobiography in Letters, hg. S. T. Joshi 2000. – Collected Poems, 1963.

L: L. Sprague de Camp, 1975; S. T. Joshi, 1980, 1981 u. 1982; D. R. Burleson, 1983; Th. Zachrau, 1986; F. B. Long, 1975.

Lovelace, Earl, afrokarib. Prosa-, u. Musicalautor, Dramatiker, * 13. 7. 1935 Toco/Trinidad. Mitarb. beim ›Trinidad Guardian‹ u. jamaikan. Forstamt (1953–66), später Lehrtätigkeit in den USA u. Trinidad; Produzent der ›Dragon Productions‹. – Romane, Dramen u. Musicals dramatisieren die Spannung zwischen westl. Moderne u. kreoler, ländl. Tradition in L.s Trinidad u. der Karibik unter innovativer Verwendung von trinidadischem Patois.

W: While Gods are Falling, R. 1966; The Schoolmasters, R. 1968; Pierrot Ginnart, Musical 1977; The Dragon Can't Dance, R. 1981 (d. 1984); The Wine of Astonishment, R. 1984; Jestina's Calypso and Other Plays, 1984; A Brief Conversation and Other Stories, 1988; Salt, R. 1997.

Lovelace, Richard, engl. Kavaliersdichter, Hofmann und Gelehrter, 1618 Woolwich/Kent oder in Holland? – 1658 (?) London. Erzogen im ehemaligen Karthäuserkloster/London. 1634 Stud. Oxford. Begeisterter Royalist. 1639/40 Feldzüge in Schottland, 1642 im Gefängnis, schrieb dort s. berühmtes Gedicht ›To Althea from Prison‹. Schloß sich nach Freilassung der Armee Charles I. an, kämpfte dann für den franz. König; in Dünkirchen verwundet. Kehrte 1648 nach England zurück, erneut im Gefängnis. Dort entstanden zwei s. Gedichte an Lucasta, seine Verlobte Lucy Sacheverell. – Im Stil der ›cavalier poets‹ sind seine Gedichte vom Gefühl des Verlustes einer royalistischen Staatsordnung geprägt und kreisen um Themen wie Frauen, Wein und das Lob des Royalismus (bes. deutlich in ›The Grasshopper‹). Starb in großer Armut. Übersetzte erstmals Catull ins Engl. 2 Dramen sind verloren.

W: Lucasta: Epodes, Odes, Sonnets, Songs, G. 1649; Lucasta. Posthumous Poems, hg. D. P. Lovelace 1660; Poems, hg. C. H. Wilkinson 1930.

L: C. H. Hartman, 1925; P. Lindsay, 1949; M. Weidhorn 1970; C. Summers, Classic and Cavalier. Essays on Jonson and the Sons of Ben, 1982; G. Hammond, R. L. and the Uses of Obscurity, 1987.

Loveling, Rosalie → Loveling, Virginie

Loveling, Virginie fläm. Erzählerin, 17. 5. 1836 Nevele b. Gent – 1. 12. 1923 Gent. – Lyrikerin und realist. Erzählerin von Romanen u. Nn. Sitten- u. Dorfgeschichten aus Ostflandern mit scharfer Beobachtung und anfangs z. T. stark antiklerikaler Haltung, zunächst gemeinsam mit ihrer Schwester Rosalie (183475). Lösten sich von der kathol. Kirche, die in ›Vlaamsche gewesten‹ u. ›Sophie‹ erkennbare antiklerikale Haltung ist in späteren Romanen gemildert.

W: Gedichten, 1870; Nn. 1874; Nieuwe Novellen, 1875; In onze Vlaamsche gewesten, Sk. 1877 (unter Ps. W. E. C. Walter); Sophie, R. II 1885; Een dure eed, R. 1890; De bruid des Heren, R. 1895; Mijnheer Connehaye, R. 1895; De twistappel, R. 1904; Het lot der kinderen, R. 1906; Erfelijk belast, R. 1906; Een revolverschot, R. 1911. – Volledige Werken, X 1933–36.

L: A. W. Stellwagen, 1896; H. Piette, Les sœurs L., 1942; A. van Elslander, 1963; ders., 1967.

Lovinescu, Eugen, rumän. Schriftsteller u. Kritiker, 31. 10. 1881 Fălticeni – 16. 7. 1943 Bukarest. Stud. klass. Philol. u. Philos. Bukarest u. Paris, Dr. phil. Sorbonne; Gymnasiallehrer in Ploieşti u. Bukarest, Gründer der Zs. ›Sburătorul‹ (1919), Entdecker u. Förderer zahlr. junger Dichter. – Bedeutender Kritiker, Verfechter des Modernismus, den er als lit. Richtung in Rumänien anführt. S. leidenschaftl. Kritiken bestechen durch geistreiche Polemik, treffsichere Pointen u. wiss.

Akribie. Brillanter Anhänger der franz. Kultur: Nur der ästhet. Faktor sei bei der Beurteilung e. Kunstwerks maßgebend. Schrieb einige biograph. u. autobiograph. Romane. Übs. Homer, Tacitus, Horaz.

W: Paşi pe Nisip, Ess. II 1906; De peste prag, Dr. 1906; Critice, X 1909–29; Cine era?, Dr. 1910; Aripa morţii, R. 1913; Lulu, R. 1920; Istoria Literaturii Române Contemporane, V 1926–29; Memorii, V 1930–41; Bizu, R. 1932; Mite, R. 1934; Bălăuca, R. 1935; Diana, R. 1936; Mili, R. 1937; Acord final, R. 1974. – Scrieri, hg. V. E. Simion 1969; Opere, VIII 1982–89.

L: C. Petrescu, 1933; E.-L.-Festschrift, 1942; N. Tertulian, 1959; I. Vrancea, 1965; I. Negoiţescu, 1970, 1975; E. Simion, 1971; F. Mihăilescu, 1972; Al. George, 1975; M. Anghelescu, 1986.

Lowell, Amy, amerik. Schriftstellerin, 9. 2. 1874 Brookline/MA – 12. 5. 1925 ebda. Aus alter, vermögender Gelehrtenfamilie; langjährige, planmäßige Vorbereitung auf den erwählten Beruf der Dichterin. Durch ihre Exzentrik berühmter Salon. – 1913 Begegnung mit den Imagisten (E. Pound) in England, fand zu selbständigen, mit freien Rhythmen ›polyphoner Prosa‹ experimentierenden Formen. An ostasiat. Dichtung und Kunst geschulte Präzision der sinnl. Wahrnehmung, vor allem visueller Eindrücke. Einflußreiche Verfechterin modernist. Tendenzen, verdrängte E. Pound als Haupt der Imagisten, schrieb e. bissig-humorvollen Verskommentar über zeitgenöss. Dichter.

W: A Dome of Many-Coloured Glass, G. 1912; Sword Blades and Poppy Seed, G. 1914; Six French Poets, Ess. 1915; Men, Women and Ghosts, G. 1916; Tendencies in Modern American Poetry, Ess. 1917; Can Grande's Castle, G. 1918; Pictures of the Floating World, G. 1919; Legends, G. 1921; A Critical Fable, Sat. 1922; What's O'Clock, G. 1925; J. Keats, B. II 1925; East Wind, G. 1926; Ballads for Sale, 1927; Poetry and Poets, Ess. 1930. – Complete Poetical Works, 1955; The letters of D. H. Lawrence and A. L., hg. E. C. Healey 1985.

L: S. F. Damon, 1935 (n. 1966); H. Gregory, 1958; F. C. Flint, 1969; J. Gould, 1975; G. R. Ruihley, The Thorn of a Rose, 1975; C. D. Heymann, American Aristocracy, 1980; R. Benvenuto, 1985.

Lowell, James Russell, amerik. Dichter u. Kritiker, 22. 2. 1819 Cambridge/MA – 12. 8. 1891 Elmwood b. Cambridge/MA. Sohn e. unitar. Geistlichen aus alter Patrizierfamilie Neuenglands; 1835–41 Stud. Jura Harvard; berufl. und persönl. Unzufriedenheit (Scheitern der Zs. ›The Pioneer‹ 1843); zu reger Produktion beflügelt erst durch Heirat mit der Lyrikerin Maria White L. (1844), unter deren Einfluß fortschrittl. publizist. Tätigkeit für die Sklavenbefreiung in ›Liberty Bell‹, ›Pennsylvania Freeman‹ und ›Anti-Slavery-Standard‹ (1848–52); satir.-krit. Gesinnungsdichtung in ›A Fable for Critics‹ (anonym veröffentlichte Revue zeitgenöss. Literaten) und in den ›Biglow Papers‹, die in schwarzem Yankee-Dialekt das Sklavensystem, den mexikan. Krieg und die Unterstützung des Südens durch England aufs Korn nehmen. Nach dem Tod seiner Frau (1853) zunehmend konservativ, Verleugnung der frühen rebell. Schriften. Nach Reisen in Europa Prof. für Lit. und mod. Sprachen, Nachfolger Longfellows in Harvard (1854–86); als Lehrer und Hrsg. von ›The Atlantic Monthly‹ (1857–61) und ›North American Review‹ (1864) wirkt L. mit s. kosmopolit. und urbanen Traditionsbewußtsein im Verein mit Longfellow und Ch. E. Norton geschmacksbildend; erfolgr. diplomat. Wirken als Gesandter in Spanien (1877) und England (1880). Seit 1885, dem Todesjahr seiner 2. Frau Frances Dunlap (∞ 1857), lebte L. auf s. Besitztum Elmwood. – Nach der zur Sentimentalität neigenden Lyrik der Frühzeit bevorzugt L. den lit.-krit. Essay, Zeichen weiter Bildung eher als exakter Gelehrsamkeit. L.s Leistung als Kritiker liegt in der Vermittlung der europ. Tradition und der Mitbegründung des idealisierenden, bürgerl.-viktorian. Kunstideals.

W: A Year's Life, G. 1841; Poems, 1844; A Fable for Critics, Dicht. 1848; The Biglow Papers, Sat. II 1848–67, hg. Th. Wortham 1975; The Vision of Sir Launfal, Versleg. 1848; Fireside Travels, Ess. 1864; The Cathedral, G. 1870; Among My Books, Ess. II 1870–76; My Study Windows, Ess. 1871; Democracy and Other Addresses, Ess. u. Rdn. 1887; Political Essays, 1888; Books and Libraries, Ess. 1889; Anti-Slavery Papers, II 1902; Uncollected Poems, hg. Th. Smith 1950. – The Complete Writings, Elmwood Ed. XVI 1904; Letters, hg. C. E. Norton II 1893; New Letters, hg. M. A. DeWolfe Howe 1932; The Literary Criticism of J. R. L., hg. H. F. Smith 1969.

L: H. E. Scudder, II 1901, ²1968; F. Greenslet, 1905; R. C. Beatty, 1942; L. Howard, Victorian Knight-Errant, 1952; M. Duberman, 1966; E. Wagenknecht, 1971; C. D. Heymann, 1980. – *Bibl.:* G. W. Cooke, 1906; L. S. Livingston, 1914.

Lowell, Robert, amerik. Lyriker, 1. 3. 1917 Boston – 12. 9. 1977 New York. Aus alter Familie Neuenglands; Stud. klass. Lit. Harvard und Kenyon College unter J. C. Ransom; Kriegsdienstverweigerer, polit. Engagement gegen Vietnam-Krieg; lehrte 1955–60 Boston Univ., 1963–77 Harvard; lebte 1960–70 in New York, 1970–76 in England; seit 1949 period. Nervenkrisen. – Lyriker von bewußtem, aber unorthodoxem Katholizismus; Elegien, Hymnen, Epitaphe auf einzelne, oft hist. Personen in streng u. kompliziert organisierten, an die relig. Dichtung des Barock erinnernden Formen. Sein Thema ist der Gegensatz zwischen Welt, Macht, Notwendigkeit, Gnade und Befreiung. Mit der stark autobiograph., formfreieren Dichtung in ›Life Studies‹ fordert L. die Abwendung von T. S. Eliots Ideal e. ›objektiven‹, unpersönl. Dichtung und wird zum Wegbereiter e. subjektivist. ›Poetry of Confession‹ (Wirkungen auf S. Plath, A. Sexton). Übs. von Racine, Homer, Sappho, Rilke, Baudelaire, Aeschylus. Dramen.

W: Land of Unlikeness, G. 1944; Lord Weary's Castle, G. 1946; Poems 1938–49, G. 1950; The Mills of the Kavanaughs, G. 1951; Life Studies, G. 1959; Imitations, G. 1961; The Old Glory, Drr. 1964; For the Union Dead, G. 1964 (d. 1969); Near the Ocean, G. 1967; Notebook, G. 1970; The Dolphin, G. 1973; For Lizzie and Harriet, G. 1973; History, G. 1973; Selected Poems, 1976; Day by Day, G. 1977. – Collected Prose, hg. R. Giroux 1987; The R. L. papers at the Houghton Library, hg. P. K. Miehe 1990. – *Übs.:* Gedichte, 1982.

L: H. B. Staples, 1962; J. L. Mazzaro, 1965; Th. Parkinson, hg. 1968; P. Cosgrave, 1970; R. K. Meiners, 1970; P. Cooper, 1970; M. London, R. Boyers, hg. 1970; J. Price, hg. 1972; M. G. Perloff, 1973; J. Crick, 1974; A. Williamson, Pity the Monsters, 1974; S. Yenser, Circle to Circle, 1975; S. G. Axelrod, 1978; R. J. Fein, ²1979; R. Anzilotti, hg. Pisa 1979; C. D. Heymann, American Aristocracy, 1980; I. Hamilton, 1982; V. M. Bell, 1983; M. Rudman, 1983; N. Procopiow, 1984; E. Carter, 1984; J. Meyers, 1987; W. Doreski, 1990; T. Witek, 1993; P. L. Mariani, 1994; H. Hart, 1995; R. Tillinghast, 1995; W. Doreski, 1999. – *Bibl.:* J. Mazzaro, 1960; S. G. Axelrod, H. Deese, 1982.

Lowry, Malcolm, engl. Romanschriftsteller, 28. 7. 1909 Merseyside – 27. 6. 1957 London. Sohn e. Baumwollhändlers, 1929–32 Stud. Philos. Cambridge. Längere Aufenthalte in China, Frankreich, USA, Rußland u. Mexiko. ∞ 1940 die Schriftstellerin Margerie Bonner, mit der er bis 1954 in Kanada lebte. S. Alkoholismus prägte s. Leben u. findet Ausdruck in s. Werken. – Errang großen Erfolg durch s. Roman ›Under the Volcano‹, die 5. Fassung s. Erstlings, e. Kunstwerk von Rang, das die Einsamkeit und die existentielle Verlorenheit des Menschen symbol. darstellt. Schwer zugängl. Schrieb auch Kurzgeschichten und einige Gedichte.

W: Ultramarine, R. 1933 (d. 1982); Under the Volcano, R. 1947 (d. 1951 u. 1963; n. 1984); Hear Us O Lord from Heaven Thy Dwelling Place, Kgn. 1961 (d. 1965); Selected Poems, 1963; Selected Letters, 1965; Lunar Caustic, E. 1967; Dark as the Grave Wherein My Friend Is Laid, R. 1968 (d. 1985); October Ferry to Gabriola, R. 1970 (d. 1981); Psalms and Songs, hg. Margerie Lowry 1975. – The Collected Poetry, hg. K. Scherf 1992; Letters, 1994; Sursum Corda! The Collected Letters, 1926–46, 1995. – *Übs.:* Briefe, 1984.

L: Les Lettres Nouvelles 5 (Sonderheft M. L.), 1960; Canadian Literature 8 (Sonderheft M. L.), 1961; P. Epstein, hg. 1969; D. B. Dodson, 1970; W. H. New, 1971; R. H. Costa, 1972; T. Kilgallin, 1974; M. C. Bradbrook, 1974; D. Day, 1974; K. Dorosz, 1976; D. Miller, 1977; A. Smith, hg. 1978; W. H. New, 1978; S. E. Grace, 1982; R. Binns, 1984; J. Sartorius, 1984; C. Ackerly, L. J. Clipper, 1984; M. Nadeau, hg. 1984; R. Hauer, 1984; G. Bowker, hg. 1985; M. Mercer, Goodnight Disgrace, 1986; S. Salloum, 1987; H. Hoven, 1988; T. Bareham, 1989; D. Grove, 1989; Apparently Incongruous Parts, hg. P. Thiessen, 1990; J. Barnes, 1990; S. Vice, hg. 1990; S. Grace, hg. 1992; R. P. Singh, 1993; P. A. McCarthy, Forest of Symbols, 1994; G. Bowker, 1995; P. A. McCarthy, P. Thiessen hg. 1997; F. Assals, P. Thiessen, hg. 2000; J. Gabriel, Inside the Volcano, 2000. – *Bibl.:* H. Woolmer, 1983.

Loy, Rosetta, ital. Schriftstellerin, * 1931 Rom. – In ihren teils autobiograph. Romanen steht das Interesse an der Geschichte u. an präzisen Porträts der Generationen im Vordergrund.

W: La bicicletta, R. 1974; La porta dell'acqua, R. 1976 (d. 2001); L'estate di Letuquè, R. 1982; All'insaputa della notte, En. 1984 (d. 1991); Le strade di polvere, R. 1987 (d. 1989); Sogni d'inverno, R. 1992 (d. 1993); Cioccolata da Hanselmann, R. 1995 (d. 1996); La parola ebreo, Aut. 1997 (Via Flaminia 21, d. 1998); Ahi, Paloma, R. 2000.

Loyola Brandão, Ignácio de, brasilian. Schriftsteller u. Journalist, * 31. 7. 1936 Araraquara/São Paulo. Schreibt Filmkritiken, 1957 nach São Paulo, bricht Jurastud. ab, Zeitungsredakteur, arbeitet als Journalist. – Erfolg mit Publikation des Romans über São Paulo (›Zero‹), liefert Diagnose der Gegenwart wie auch ›Não verás país nenhum‹, e. Parodie der Gattung Science Fiction, thematisiert das ›ökolog. Endspiel‹, e. radikale Kritik am nationalstaatl. Konzept der Modernisierung Brasiliens. ›O beijo não vem da boca‹, Wende im lit. Schaffen, Versuch e. krit. Wertung s. Generation u. Reflexion schriftsteller. Selbstverständnisses.

W: Depois do Sol, En. 1965; Bebel que a cidade comeu, R. 1968; Zero, R. 1975 (d. 1979); Cadeiras Proibidas, En. 1976; Dentes ao Sol, R. 1976; Pega ele silêncio, En. 1976; Cães danados, Kdb. 1977; Cuba de Fidel, Reiseb. 1978; Não verás país nenhum, R. 1981 (d. 1986); Cabeças de segunda-feira, En. 1983; O verde violentou o muro, Reiseb. 1984; O beijo não vem da boca, R. 1985; O manifesto verde, Ess. 1985; O homem do furo na mão, En. 1987; A rua de nomes no ar, Chronik 1988; O Ganhador, R. 1989; O homem que espalhou o deserto, Kdb. 1989; Strip-tease de Gilda, Chronik 1995; O Anjo de Adeus, R. 1995; Veia Bailarina, autobiograph. Prosa 1997; Sonhando com o demónio, Chronik 1998. – *Übs.:* Oh-ja-ja-ja, Tg. 1982.

L: F. M. Reali, 1976; C. de Araújo Medina, 1985; P. P. Bessa, 1988; E. Spielmann, 1994.

Lozza, Alexander, rätoroman. Dichter und Erzähler, 29. 6. 1880 Marmorera/Graubünden – 13. 2. 1953 Casti/Graubünden; 12. Kind e. Bauernfamilie. Hirtenbub, Schule im Heimatdorf. 1895 Eintritt in e. Kapuzinerkloster in Genua. 1906 Priester im Tumegl/Graubünden. 1917 in Salouf u. Ziteil/Graubünden – Ital. Jugendgedichte, seit 1928 rätoroman. Erzählungen u. v. a. ungemein kräftige, volks- u. naturverbundene Lyrik e. urwüchsigen, tief empfindenden Priesters und leidenschaftl. Jägers.

W: Ziteil, G. hg. L. Uffer 1951 (m. dt. Übs.); Poesias, 1954; Prosa, hg. D. Lozza 1961.
L: P. A. Lozza, 1980.

Lubicz-Milosz, Oscar Venceslas de → Milosz, Oscar

Lubis, Mochtar → Mochtar Lubis

Lucanus, Marcus Annaeus, röm. Dichter; 39 n. Chr. Corduba/Spanien – 65 Rom. Enkel Senecas d. Ä., Neffe Senecas d. J. L. wuchs in Rom auf u. erhielt die übl. rhetor. Ausbildung. L. gehörte zum engeren Kreis um den jungen Kaiser Nero; er siegte bei e. mus. Wettbewerb mit e. Lobgedicht auf Nero; nach dem Bruch mit Nero u. Veröffentlichungsverbot schloß sich L. der Pison. Verschwörung an u. wurde nach ihrer Aufdeckung 65 zum Selbstmord gezwungen. – Von L.' zahlr. Werken ist außer Fragmenten nur das (unvollendete?) hist. Epos ›Pharsalia‹ bzw. ›De bello civili‹ (Über den Bürgerkrieg) erhalten (10 Bücher). Thema ist der Bürgerkrieg zwischen Caesar u. dem von Pompeius angeführten Senat, der in der Niederlage der Senatspartei in der Schlacht bei Pharsalos im Jahr 48 v. Chr. gipfelte. Betont wird der Wahnsinn des Krieges, der generelle Werteverfall, die alles umfassende Zerstörung; alle ›Helden‹ des Epos haben mehr oder weniger Anteil an Laster u. Verderbtheit. Mit der Wahl e. hist. Themas greift L. auf die Tradition des Epos vor Vergil zurück (z. B. Ennius); aus den ep. Motiven u. Techniken wählt er gezielt aus, z. B. verzichtet er auf die Handlungsebene der Götter. Bekannte Episoden sind z. B. Caesar am Rubikon (Buch 1), Caesars Seefahrt im Sturm (Buch 5), die Hexe Erichtho (Buch 6), der Tod des Pompeius (Buch 8). – L. ist immer stark rezipiert worden, lange war s. Epos Schultext. Goethe (Faust II, 2. Akt) läßt die ›Walpurgisnacht‹ auf dem Schlachtfeld von Pharsalos spielen u. dort die Hexe Erichtho auftreten. Manche der pointierten Formulierungen L.' wurden Allgemeingut, z. B. ›concordia discors‹ (zwieträchtige Eintracht, 1,98).

A: D. R. Shackleton Bailey, n. 1997; m. dt. Übs. W. Ehlers, n. 1978; m. dt. Übs. G. Luck, 1985.
L: W. Rutz, hg. 1970; F. M. Ahl, Ithaca 1976; W. D. Lebek, L.' Pharsalia, 1976; J. Masters, Poetry and Civil War, Cambridge 1992.

Lucas, Victoria → Plath, Sylvia

Lucebert (eig. Lubertus Jacobus Swaanswijk), niederländ. Lyriker, 15. 9. 1924 Amsterdam – 10. 5. 1994 Alkmaar. Viel gereist, viele Berufe. Seit 1953 in Bergen (N. H.); Mitarbeit an der Zs. ›Braak‹. Auch Maler, Zeichner, Graphiker (später überwiegend). – Wichtigster u. einflußreichster Vertreter der experimentellen Gruppe der 50er Jahre. Beeinflußt von Hölderlin, Hans Arp u. den franz. Dadaisten u. Surrealisten. Virtuose sprachl. Kreativität; im Spätwerk wird die Weltsicht düsterer.

W: Triangel in de jungle, G. 1951; Apocrief, G. 1952; Alfabel, 1955; Amulet, G. 1957; Triangel, G. 1958; Val voor vliegengod, G. 1959; Lithologie, G. u. Lithos 1960; Gedichten 1948–63, 1965; Verzamelde gedichten, II 1974; De moeransruiter uit het paradijs, G. 1983; Troost de hysterische robot, G. 1989; Van de maltentige losbol, G., Zeichn. u. Gouachen 1994; Oho oh oor, akust. G.-Anth. (z. T. m. Schlagzeug), 2 CD + Textbuch 1997. – Verzamelde gedichten, G. u. Zeichn. 2002. – *Übs.* (Ausw.): Gedichte u. Zeichn., 1962; Wir sind Gesichter, G. u. Zeichn. 1972; Die Silbenuhr, G. 1981; Ernten im Irrgarten, G. (zweispr.) u. Zeichnungen 1990; Der gestrengte Luftikus, G. (zweispr.) u. Aquarelle 1994.
L: C. W. van de Watering, Met de ogen dicht, Diss. 1979; J. G. Elburg u. a., Lucebert: schilder-dichter, 1991; Licht is de wind der duisternis, hg. H. Groenewegen 1999; Th. Vaessens, De verstoorde lezer, 2001.

Lucévic, Ivan → Kupala, Janka

Lucić, Hanibal, kroat. Dichter, 1485 Hvar – 14. 12. 1553 ebda. Aus angesehener Adelsfamilie, floh 1510 u. 1514 während des Bürgeraufstandes nach Trogir; 1516 Richter. – Vertreter der Renaissancelit., dichtete im Geiste Petrarcas, P. Bembos u. L. Ariosts Liebeslieder, in die später e. moral.-didakt. Ton eindrang; schrieb Sendschreiben an s. Freunde u. verfaßte das erste originale kroat. Drama ›Robinja‹, dessen Sujet e. Volkslied entnommen ist. Übs. Ovid.

A: Skladanje izvrsnih pisan razlicih, Venedig 1556; Robinja, Dr. 1638; F. Rački, Stari pisci hrvatski 6, 1874; PSHK 7, hg. M. Franičević 1968.
L: N. Kolumbić, 1980; D. Fališevac, 1989.

Lucidor → Johansson, Lars

Lucilius, Gaius, röm. Satiriker, um 180/150 v. Chr. Suessa Aurunca/Kampanien – 103/102 v. Chr. Neapel. Aus reicher Ritterfamilie, Großgrundbesitzer, ab etwa 160 v. Chr. in Rom, scheint kein polit. Amt eingenommen zu haben, kämpfte im numantin. Krieg (134/33) mit. Freund des jüngeren Scipio. Die spannungsreiche Zeit, in der sich schon Zeichen der kommenden Bürgerkriege u. Diktaturen zeigten, bot L. genug Angriffspunkte für s. Satiren. – Er gilt trotz Ennius als der eigentl. Schöpfer dieser Gattung, da er ihren Gehalt auf heftige Angriffe und scharfe zeitkrit. Stellungnahmen festlegte. S. Satiren, die er seit 132 v. Chr. herausgab, wurden postum in 30 Bücher eingeteilt, nach Versmaßen geordnet: 1–21 Hexameter, 22–25 Distichen, 26–30 Polymetra. Aus diesem großen Werk sind nur noch etwa 1400 Verse in ca. 950 Fragmenten, meist ohne Zusammenhang, erhalten. L. hat alle Bereiche des Lebens kritisiert, hauptsächl. aber die Politik, das röm. Alltagsleben, den Luxus u. den Sittenverfall. Wichtig waren ihm auch lit. Fragen. In späterer Zeit wurde L. v. a. von Horaz wegen s. Formlosigkeit getadelt, wegen s. Witzes u. s. sprachschöpfer. Begabung aber anerkannt. Vorbild für Persius u. Juvenal.

A: F. Marx II 1904f. (n. 1963; m. Komm.); N. Terzaghi, Florenz ³1966 (n. 1995); W. Krenkel II 1970 (m. Übs.); F. Charpin III 1978–91 (m. franz. Übs.). – *Übs.:* O. Weinreich, Röm. Satiren, ²1962.

L: C. Cichorius, 1908, n. 1964; N. Terzaghi, 1934, n. 1979; G. Coppola, Bologna 1941; M. Puelma Piwonka, L. und Kallimachos, 1949; I. Mariotti, Studi Luciliani, 1960; J. Christes, Der frühe L., 1971; F. E. Maglione, Il mondo e la lingua di L., 1972; W. J. Raschke, Literary and historical studies in the satires of L. and Persius, 1977; B. Zucchelli, L'indipendenza di L., 1977; Der Satiriker L. und seine Zeit, hg. G. Manuwald 2001.

Lucretius Carus, Titus, lat. Dichter, 96/94 v. Chr. – wohl 55 v. Chr. Vermutl. von niederer Herkunft. – Durch die Verbindung von Philos. und Dichtung in Form e. hexametr. Lehrgedichts sucht L. die Römer mit der epikureischen Philos. vertraut zu machen. So ist s. Welt keine röm. Welt, sondern die Epikurs. L. stellt dabei die Physik in den Dienst der Ethik. Er will die Menschen von ihrer Götterfurcht und ihrem Aberglauben befreien, indem er von s. materialist. Standpunkt aus alle Dinge und Vorgänge vernunftmäßig erklärt. In den 6 Büchern s. Werkes ›De rerum natura‹ hat L. diese Aufklärung s. Mitmenschen vorgetragen. Buch 1–2 behandelt die Atomlehre Demokrits und Epikurs, Buch 3 erweist aus der Atomgestalt der Seele wie des Körpers deren Sterblichkeit und widerlegt die Todesfurcht, Buch 4 schildert die Natur der Gefühle und Gedanken (Psychologie), Buch 5 gibt e. Kosmologie (Schöpfungsgeschichte und Astronomie) und Kulturgeschichte der Menschheit, und Buch 6 bespricht meteorolog. und geolog. Erscheinungen. Nicht geklärt ist, ob das Werk von L. selbst vollendet u. veröffentlicht wurde oder von e. antiken Redaktor. Als Anhänger Epikurs stand L. allein in s. Zeit. Er schloß sich keinem Dichterkreis an und schuf den s. Stoff angemessenen Stil selbst. S. Vorbild in Sprache und Versbau war Ennius. Trotz des kunstvollen Aufbaus des Gedichts und der Ausschmückung durch Archaismen, Alliterationen, Anaphern und lange Perioden erzielte L. durch poet. Bilder und Vergleiche Klarheit und Anschaulichkeit des Ausdrucks. Im Altertum stärker erst nach dem Tod und der Hrsg. des Werkes beachtet, erlangte L. im MA kaum Bedeutung. Erst seit der Renaissance (Gassendi) wurde man wieder auf ihn aufmerksam. Heute ist s. Werk als ausführl. Darstellung der epikureischen Philos. von großem Wert.

A: C. Bailey, III ²1962 (m. engl. Übs. u. Komm.); O. Gigon 1948; K. Büchner 1973 (m. Übs.), 1966; A. Ernout, Paris II ¹⁰1959; J. Martin ⁶1969; C. Müller 1975. – *Komm.:* F. Giancotti ²1996; Buch 3: R. Heinze 1897; E. J. Kenney 1971; Buch 5: C. D. N. Costa 1984. – *Übs.:* K. L. v. Knebel ²1831 (n. 1960); H. Diels ²1957; J. Martin 1972; D. Ebener 1989.

L: J. Mewaldt, Der Kampf des Dichters L. gegen die Religion, 1935; G. D. Hadszits, L. and his influence 1963; L., hg. D. R. Dudley 1965; J. D. West, 1969, n. 1994; P. H. Schrijvers, Horror ac divina voluptas, 1970; M. Bollack, La raison de L., 1978; J. D. Minyard, Mode and value in De rerum natura, 1978; J. M. Snyder, Puns and poetry in L.'s De rerum natura, 1980; D. Clay, L. and Epicurus, 1983; G. Runchina, Studi su L., 1983; G. Bonelli, I motivi profondi della poesia lucreziana, 1984; Probleme der L.forschung, hg. C. J. Classen 1986; R. D. Brown, L. on love and sex, 1987; L. Alfano Caranci, Il mondo animato di L., 1988; F. Giancotti, Religio, natura, voluptas, 1989; J. Schmidt, L., der Kepos und die Stoiker, 1990; L. Canfora, Vita di L., 1993; M. Gale, Myth and poetry in L., 1994; L. and his intellectual background, hg. K. A. Algra u. a. 1997. – *Bibl.:* C. A. Gordon, 1962.

Lučyna, Janka (eig. Ivan Ljucyjanavič Njasluchoŭski), weißruss. Dichter, 18. 7. 1851 Minsk – 28. 7. 1897 ebda. Stud. Petersburg, Ing. und Technologe. Mitarbeiter der Zeitung ›Minskij Listok‹ und Mitredakteur des Weißruss. Kalenders. – Lyriker in weißruss. und poln. Sprache mit melod. Versen in volkstüml. Stil über soz. und nationale Themen.

W: Vjazanka, G. 1891; Paezija, G. 1898. – Vybranyja tvory (AW), 1953.

Ludlul bēl nēmeqi (›Ich will preisen den Herrn der Weisheit‹), babylon. Dichtung des Šubši-mešrê-Šakkan (14. Jh. v. Chr.), der sich ermuntert, den Gott Marduk zu preisen, s. Zornesmacht zu verkünden und die Menschheit über s. Güte zu belehren. Marduks Zorn nahm den Dichter, der allen religiösen Pflichten gegenüber Göttern und König nachkam, den göttl. Schutz vor Dämonen und allen sozialen Halt, bewirkte seel. Not, Krankheit und körperl. Verfall; angerufene Götter u. Ritualspezialisten halfen nicht, Feinde triumphierten, Familie und Freunde litten. Doch Träume künden die Wiederzuwendung Marduks an; er hat s. Gebete erhört und böse Geister gebannt. Körperl. Leid endet, e. Heilungsritual integriert ihn wieder sozial, s. Feinde sind machtlos. Das am Schluß fragmentar. G. endet, wie es begann; die Aufforderung, Marduk zu preisen, richtet sich aber nach außen, an die Menschheit. Die klare Trennung von Religiösem, Sozialem, körperl. und seel. Gesundheit zeigt hohes Niveau anthro-

Ludlum

polog. Reflexion im 2. Jt. v. Chr. → Leidender Gerechter.
A u. Übs.: W. G. Lambert, Babylonian Wisdom Literature, 1960; B. R. Foster, Before the Muses, ²1996.

Ludlum, Robert, amerik. Erzähler, 25. 5. 1927 New York – 12. 3. 2001 Naples/FL. Wesleyan Univ. (B. A. 1951), 1952–69 Schauspieler u. Theaterproduzent in New York, seit 1969 Schriftsteller. – Bestseller-Autor spannender Thriller.
W: The Scarlatti Inheritance, R. 1971 (d. 1982); The Osterman Weekend, R. 1972 (d. 1981); The Matlock Paper, R. 1973 (d. 1980); The Rhinemann Exchange, R. 1974 (d. 1981); The Gemini Contenders, R. 1976 (Das Jesuspapier, d. 1982); The Chancellor Manuscript, R. 1977 (d. 1981); The Holcroft Covenant, R. 1978 (d. 1983); The Matarese Circle, R. 1979 (d. 1980); The Bourne Identity, R. 1980 (Der Borowski-Betrug, d. 1984); The Parsifal Mosaic, R. 1982 (d. 1982); The Road to Gandolfo, R. 1983 (d. 1983); The Aquitaine Progression, R. 1984 (d. 1985); The Bourne Supremacy, R. 1986; The Icarus Agenda, R. 1988 (d. 1990); The Bourne Ultimatum, R. 1990; The Road to Omaha, R. 1992 (Das Omaha-Komplott, d. 1992); The Scorpio Illusion, R. 1993 (d. 1995); The Apocalypse Watch, R. 1995 (Die Lennox-Falle, d. 1996); The Matarese Countdown, R. 1997 (Das Matarese-Mosaik, d. 1998); The Prometheus Deception, R. 2000 (d. 2001); The Hades-Factor, R. 2001 (d. 2001); The Sigma Protocol, R. 2001 (d. 2003); The Janson Directive, R. 2002.
L: G. Macdonald, 1997.

Lü Buwei, chines. Staatsmann u. Mäzen, um 300 v. Chr. Yangzhai (Henan) – 235 v. Chr. ebda. Stammte aus Kaufmannsfamilie, Großkaufmann, erwarb in Handan großes Vermögen. Trat in Beziehungen zum Königshaus des Staates Qin; befreundet mit dem Prinzen Zhuangxiang von Qin, dessen Thronfolge er sichern half. Um 246 v. Chr. Kanzler von Qin; wegen angebl. Beziehungen zur Kaiserin-Mutter, s. früheren Frau (natürl. Vater des Kaisers?), und Beihilfe bei deren lockerem Lebenswandel in Hofintrige verwickelt, in den Westen verbannt, beging im Gefängnis Selbstmord. – Als Charakter von chines. Historiographen nicht hoch eingeschätzt; utilitarist. Emporkömmling. Versammelte Gelehrte aller philos. Richtungen an s. Hof, Auftraggeber des Werks ›Lüshi chunqiu‹ (Frühling u. Herbst des Herrn Lü, um 240), selbst wohl nicht an der Abfassung beteiligt. Das ›L.‹ besteht aus 12 ›Aufzeichnungen‹ (ji), kosmolog. nach den 12 Monaten orientierten Vorschriften und Merksprüchen für den Jahreslauf, 8 ›Betrachtungen‹ (lan) je 8 Abschnitte, meist anekdot. Inhalts zur Verdeutlichung von Lebens- und Regierungsregeln und 6 ›Abhandlungen‹ (lun), je 6 Abschnitte, ähnl. Charakters. Die strenge Gliederung des Werks unterstreicht systematisierende Tendenzen. Stil klar, nüchtern,
schmucklos referierend. Synkretist. u. eklekt. Einstellung; taoist. u. konfuzian. Gedanken gleichmäßig verwertet. Als Kompendium der Staats- u. Weltweisheit eindrucksvolles, in s. Echtheit unverdächtiges Zeugnis altchines. Kultur.
Übs.: R. Wilhelm 1928, ²1971.
L: D. Bodde, Statesman, Patriot, General, New Haven 1940.

Lü Pu-wei → Lü Buwei

Lütken, Hulda, dän. Lyrikerin und Erzählerin, 5. 10. 1896 Elling b. Frederikshavn – 9. 7. 1946 ebda. Lehrerstochter, jüd.-poln. Herkunft; zurückgezogenes Leben. – Vf. von 4 teils autobiograph. Romanen mit Vorliebe für Sonderlinge. In ihrer myst.-relig. Lyrik vermischen sich Visionen, Träume u. Kindheitserinnerungen; Zentralthemen sind Liebe und Tod.
W: Lys og skygge, G. 1927; Degnens hus, R. 1929; Lokesæd, R. 1931; Lænken, G. 1932; De uansvarlige, R. 1933; Elskovs rose, G. 1934; Mennesket på lerfødder, Erinn. 1943; Grædende latter, G. 1944; Saa er jeg fri, R. 1945; Skærsilden, G. 1945.
L: P. B. Pedersen, 1946.

Lugalbanda-Epen, Lugalbanda, vergöttlichter Vorzeitkönig des sumer. Uruk, Gemahl der Göttin Ninsumuna und Vater des Gilgameš, ist in sumer. Ep. exemplar. für den allein auf sich gestellten, schwierige Situationen meisternden Helden, der Hilfe von Göttern und übernatürl. Mächten gewinnt. – Nur teilweise verständl. ist e. Fragment des 26. Jh. v.Chr. über Lugalbandas Rückkehr mit s. Gemahlin aus dem Gebirge. – Im 21. Jh. entstanden die komplexe Aufbaumuster zeigenden Epen Lugalbanda I–II; Hsn.: 21. (1 Fragment) und 19.–18. Jh.; für Lugalbanda II auch 1. Jt. zweisprachig-interlinear sumer.-akkad. – In Lugalbanda I erkrankt der sehr junge Held auf e. Feldzug Enmerkars von Uruk gegen das myth., iran. Aratta. Von s. Brüdern und Freunden im Gebirge als tot zurückgelassen betet er eindringl. zu den Gestirnsgöttern um Hilfe, die sie gewähren. Allein durchs Gebirge ziehend fängt und schlachtet er wilde Stiere und Ziegen und bringt sie zubereitet den großen Göttern dar (Aitiologie für Tieropfer?); der Himmel öffnet sich und 7 (oder 14) Geister (Plejaden?) erscheinen, die ihn geleiten sollen (? Text unsicher; Ende fehlt). – In Lugalbanda II schmückt er, im Gebirge ganz allein, Nest und Junge des riesigen Anzu-Adlers (→ Ninurta-Mythen) und bewegt ihn, ihn mit der Fähigkeit zu segnen, überall hin schnell zu laufen und die Truppe mit s. Brüdern und Freunden zu finden. Sie sind in großer Not; Enmerkar kann Aratta nicht einnehmen. Lugalbanda holt allein aus Uruk für Enmerkar e. Anweisung der Göttin Inana zu rituellem Fangen und Zubereiten e. Fisches (Aitiologie f. Fischopfer?). Aratta mit s. Edelmetallen, Edelsteinen und Handwerkern wird daraufhin an Uruk fallen. Rückkehr und Eroberung Arattas sind, weil selbstverständl., nicht berichtet. – Die Handlungsstränge beider Ep. könnten e. kontinuierliche Geschichte bilden; die Epen sind aber, soweit erkennbar, getrennt.

A: C. Wilcke, Das Lugalbandaepos, 1969; http://4665 www-etcsl.orient.ox.ac.uk/edition2/etcslbycat.html. – *Übs:* W. H. Ph. Römer, (TUAT III/3), 1993.
L: C. Wilcke, (RlA 7/1–2), 1987; Th. Jacobsen, (JCS 41), 1989, B. Alster (Fs. W. L. Moran, hg. Tz. Abusch et al.), 1990; H. Vanstiphout (Gedenkschrift Th. Jacobsen, hg. Tz. Abusch), 2003.

Lugones, Leopoldo, argentin. Schriftsteller, 13. 6. 1874 Villa María del Río Seco/Córdoba – 18. 2. 1938 Buenos Aires (Freitod). Journalist; Bibliotheksdirektor, Prof. für Lit. Vom Anarchisten wurde er zum Rechtsradikalen; begrüßte 1930 den Militärputsch. – Umfangreiches Schaffen auf verschiedensten Gebieten (Roman, hist. Novelle, phantast. Erzählung, Geschichte, Ästhetik, Philos.); größte Bedeutung als Lyriker. Entwicklung von der Romantik zum Modernismus u. zu schlichter, natürl. Poesie; nachhaltiger Einfluß auf die lateinamerik. Dichtung; besang vorwiegend s. Heimat u. die argentin. Landschaft.

W: Las montañas de oro, G. 1897; El imperio jesuítico, Abh. 1905; La guerra gaucha, En. 1905; Los crepúsculos del jardín, G. 1905; Las fuerzas extrañas, En. 1906; Lunario sentimental, G. 1909; Odas seculares, G. 1910; Historia de Sarmiento, B. 1911; El libro fiel, G. Paris 1912; El libro de los paisajes, G. 1917; Cuentos fatales, En. 1924; Poemas solariegos, G. 1927; Romances del Río Seco, G. 1938. – Obras poéticas completas, 1959; Obras en prosa, hg. L. Lugones hijo 1962. – *Übs.:* Die Salzsäule, Kurzprosa 1983.
L: J. Mas y Pi, 1911; G. Franceschi, 1923; J. Fingerit, 1926; L. Vidal Peña, 1938; M. Olivari, 1940; E. Mallea, 1942; L. Lugones hijo, 1949; G. Ara, 1955, ²1958, 1967; J. C. Ghiano, 1955, 1967; R. H. Ultera, 1956; J. A. Núñez, 1956; A. Cambours Ocampo, 1957; C. H. Magis, 1960; N. Jitrik, 1960; L. Castellani, 1964; J. L. Borges, B. Adelberg, ²1965; M. E. Mangariello, 1966; F. R. Bello, 1967; A. Omil, 1968; E. Martínez Estrada, 1968; J. Irazusta, 1968; A. Capdevila, 1973; P. L. Moreau, 1973; J. Torres Roggero, 1978; E. Espinoza, 1985. – *Bibl.:* M. Lermón, 1970; H. J. Becco, 1975.

Lugovskoj, Vladimir Aleksandrovič, russ. Dichter, 1. 7. 1901 Moskau – 5. 6. 1957 Jalta. Lehrerssohn, Militärakad., 1921–24 Rote Armee. – Geht vom Konstruktivismus aus, bleibt aber nicht in dessen Rahmen; s. Dichtung ist durch e. Element des Romantischen und e. gespannten Lyrismus gekennzeichnet; bevorzugt das lyr.-ep. Poem, bezeichnend e. themat. Fülle; wählt sehr oft den Blankvers. Hauptwerk ›Seredina veka‹, Zyklus aus 24 selbständ., aber durch e. bestimmtes Thema verbundenen Verserzählungen. Übsn. aus dem Ukrain., Kasach., Baschkir., Tschech.

W: Spolochi, G. 1926; Stradanija moich druzej, G. 1930; Kaspijskoe more, G. 1936; Solncevorot, G. 1956; Seredina veka, Vers-En. 1958; Sinjaja vesna, G. 1958. – Sobranie sočinenij (GW), III 1971; Izbrannye proizvedenija, Ausw. II 1956; Stichotvorenija i poėmy, G. u. Poeme 1966.
L: A. Turkov, 1958; L. Levin, 1972; E. Solovej, 1977.

Lu Hsün → Lu Xun

Luik, Viivi, estn. Schriftstellerin, * 6. 11. 1946 Tänassilma. 1965–67 Bibliothekarin in Tallinn, seit 1967 freiberuflich, zahlreiche Auslandsaufenthalte. – Ihre Dichtung bedeutete eine Formerneuerung der estn. Lyrik in den 60er Jahren, während ihre Romane eine differenzierte Betrachtung der jüngsten estn. Gesch. darstellen.

W: Pilvede püha, G. 1965; Lauludemüüja, G. 1968; Maapäälsed asjad, G. 1978; Seitsmes rahukevad, R. 1985 (Der siebte Friedensfrühling, d. 1991); Ajaloo ilu, R. 1991 (Die Schönheit der Geschichte, d. 1995). Maa taevas, G. 1998.

Luiken, Ian → Luyken, Jan

Luis de Granada, Fray → Granada, Fray Luis de

Luis de León → León, Fray Luis de

Lukáč, Emil Boleslav, slovak. Dichter, 1. 11. 1900 Hodruša – 14. 9. 1979 Bratislava. Stud. Theol. Preßburg. Evangel. Pfarrer, zeitweilig in Paris und Leipzig. Politiker, Redakteur versch. Zss. – Nach pessimist. Jugendlyrik voller Tragik u. Probleme sucht L. im Geiste Claudels Zuflucht bei Gott; mitunter werden s. Verse kämpferischaggressiv, wenn Feinde s. Volk bedrohen. Übs. aus dem Franz., Dt. u. Ungar.

W: Spoved', G. 1922; Dunaj a Seina, G. 1925; Hymny k sláve Hosudarovej, G. 1926; O láske neláskavej, G. 1928; Križovatky, G. 1929; Spev vlkov, G. 1929; Elixír, G. 1934; Moloch, G. 1938; Bábel, G. 1944; Dies irae, G. 1946; Oda na poslednú a prvú, G. 1967; Parížske romance, G. 1969; Srdce pod Kaukazom, G. 1978; Večná parabola, 1980. – Vybrané spisy (AW), II 1970 f.
L: A. Kostolný, O poézi E. B. L., 1970.

Lukianos von Samosata, altgriech. Schriftsteller, 115/125 Samosata (Syrien) – 180/190 n. Chr. In s. Werk beschreibt L. sein Rhetorikstud., dann Reisen (u. a. bis nach Italien und Gallien), Vortragstätigkeit, 160/170 wohl in Athen; als älterer Mann in Provinzverwaltung Ägyptens tätig. – Unter L.' Namen sind ca. 80 Schriften (10? unecht) erhalten, die e. außerordentl. themat. Breite, die nahezu alle Lebensbereiche erfaßt, mit ebenso vielfältigen lit. Genres und Mischformen verbinden. Allen gemeinsam ist e. modulationsreiche, differenzierte Sprache, den meisten e. satir. und/oder parod. Grundtendenz. Der im Gefolge der sog. ›Zweiten Sophistik‹ zeittyp. Ausdrucksformen bedient sich L. zwar, auch sind ›Vorreden‹ aus s. eigenen Vortragstätigkeit erhalten, doch geht s. lit. Produktion darüber hinaus bzw. setzt die Vertreter des zeitgenöss. Bildungsbetriebes dem Spott aus. So verfaßt L. autobiograph. Skizzen, Dialoge sowohl in der Tradition des philos. Dialoges als auch in Anlehnung an die att. Alte und Neue Komödie, lit. Parodien, Satiren; Ziel von L.' Spott ist v. a. jede Form von unreflektierter Pedanterie, unhinterfragtem Scheinwissen, leerer Prahlerei mit demselben, Leichtgläubigkeit sowie die Verletzung des ›guten Geschmacks‹ im lit.-ästhet. Bereich. Zeitgenöss. Rezeption ist kaum feststellbar, in der Neuzeit wurde L. rasch ins Lat. übersetzt und von den Humanisten geschätzt, so daß mehrere Schriften zur Schullektüre wurden und L. in die Nationalliteraturen hinein wirkte (vgl. v. a. Wielands Übs. sowie s. ›Abderiten‹).

A: M. D. Macleod 1972–87 (ders., 1991: komm. Ausw.). – *Übs.:* Chr. M. Wieland 1788/89 (zahlr. Nachdr., z. B. 1974); A. M. Harmon 1921ff. (engl. Übs.); K. Mras 1954 (Ausw.); B. Kytzler (nach Chr. M. Wieland u. K. Mras) 1990 (Ausw. u. Erl.); M. Matteuzzi 1995 (ital. Übs.); P. v. Möllendorff 2000 (Hermot.); M. Ebner, H. Gzella, H.-G. Nesselrath, E. Ribbat 2001 (Philops.); J. L. Lightfoot 2003 (De dea Syria).

L: R. Helm, 1906; J. Bompaire, Paris 1958; G. Anderson, Leiden 1976, 1976; C. Robinson, Lond. 1979; J. Hall, N. Y. 1981; C. P. Jones, Cambr./MA 1986; Chr. Lauvergnat-Gagnière, Genf 1988; R. B. Branham, Los Angeles 1989; M. Wiessenberger, 1996; A. Camerotto, Pisa u. a. 1998; J.-Cl. Ternaux, Paris 2000; M. Baumbach, 2002.

Lukin, Vladimir Ignat'evič, russ. Dramatiker, 19. 7. 1737 Petersburg – 20. 7. 1794 ebda. – Versuchte die klassizist. Theatertradition durch Reformen und realist. Dramen aus dem russ. Volksleben mit russ. Problemen und Charakteren zu überwinden. Vorläufer Fonvizins. S. Bemühungen um e. nationales Singspiel führten zur kom. Oper. Übsn. und Bearbeitungen aus dem Franz.

W: Mot ljubov'ju ispravlennyj, Dr. 1765. – Sočinenija i perevody, II 1765, II 1868.

L: H. Guski, Diss. Mchn. 1973.

Lukrez → Lucretius Carus, Titus

Lullus, Raimundus → Llull, Ramón

Lulofs, Madelon → Székely-Lulofs, Magdalena

Lunačarskij, Anatolij Vasil'evič, russ. Schriftsteller, 11./23. 11. 1875 Poltava – 26. 12. 1933 Mentone. Vater Angestellter, trat 1904 mit Lenin in Verbindung, für die Revolutionäre in der Emigration tätig, mit Gor'kij befreundet, kehrte 1917 nach Rußland zurück, 1917–29 Volkskommissar für Bildungswesen, starb kurz nach Ernennung zum sowjet. Botschafter in Spanien. – Lit.historiker und Theoretiker e. proletar. Kultur und Lit.; s. wichtigsten Aufsätze in ›Literaturnye siluėtki‹. Anfangs Nähe zum Futurismus, dessen Traditionsfeindlichkeit er ablehnte, nahm lebhaften Anteil an den Versuchen, e. proletar. Lit. zu begründen, wandte sich aber dann gegen Bestrebungen, ihr zur Vorherrschaft in der Lit. zu verhelfen und die klass. Vorbilder der bürgerl. Lit. abzuwerten. S. Dramen aus Verbindung von romant. Gehalt mit revolutionärem Pathos sind unbedeutend.

W: Religija i socializm, Schr. 1911; Osvoboždennyj Don-Kichot, Schr. 1922 (Der befreite Don Quichote, d. 1925); Dramatičeskie proizvedenija, Dr. II 1923; Literaturnye siluėtki, Abh. 1925; Teatr i revoljucija, Schr. 1929; stat'i o literature, Ess. 1957; O teatre i dramaturgii, II 1958. – Sobranie sočinenij (GW), VIII 1963–65. – *Übs.:* Three Plays, 1923; The Bear's Wedding, 1926; Der russ. Revolutionsfilm, 1929; On Literature and Art, 1965; Das Erbe, Ess. 1965; Revolutionary Silhouettes, 1968; Faust und die Stadt, 1973.

L: A. B. Chalatov, 1930; I. Alt'man, 1957; A. Elkin, 1961; A. V. L., Neizdannye materialy. Lit.nasledstvo 82, 1970; D. Angres, 1970; N. Trifonov, 1974.

Lunc, Lev Natanovič, russ. Schriftsteller, 2. 5. 1901 Petersburg – 9. 5. 1924 b. Hamburg. Stud. 1918–22 Romanistik Leningrad, emigrierte 1923 schwer erkrankt nach Dtl. – Verteidigte 1922 als Mitbegründer und Theoretiker der ›Serapionsbrüder‹ im Manifest ›Počemu my 'Serapionovy brat'ja'‹ die Unabhängigkeit der Kunst; bedeutsam s. Essay ›Na zapad‹ (1923), worin er Orientierung der russ. dramat. und Roman-Lit. nach den westl. Literaturen fordert. Erwies sich in einigen Bühnenstücken als begabter Dramatiker.

W: Vne zakona, Tr. 1921 (n. 1972). – Rodina i drugie proizvedenija (W), Jerusalem 1981; Zaveščanie Carja (W), 1983.

Lundegård, Axel Wilhelm, schwed. Schriftsteller, 17. 12. 1861 Västra Sallerup/Skåne – 20. 12. 1930 Stockholm. 1879 Abitur, 1881–83 Stud. Lund, 1883–86 Stockholm, 1886–89 Kopenhagen, ein Jahr lang Journalist, seit 1885 freier Schriftsteller. Reise nach Italien u. Ungarn. – Vf. von Schlüsselromanen u. e. Reihe phantasievoller hist. Romane. Anfangs sucht er den Realismus der 80er Jahre mit Idealismus zu vereinigen, wendet sich aber bald vom jugendl. Radikalismus ab und fordert in der Lit. Lebensfreude u. Romantik. S. Schriften gehören im Grunde zur Unterhaltungslit. Regte E. Ahlgren zum Schreiben an und vollendete e. Teil ihrer hinterlassenen Entwürfe.

W: I gryningen, Nn. 1885; Röde prinsen, R. 1889; Victoria Benedictsson, B. 1890 (erw. II 1928); La mouche, R. 1891; Titania, R. II 1892 (d. 1920); Prometheus, R. 1893; Tannhäuser, R. 1895; Dikter, G. 1896; Asra, 1898; Struensee, R. III 1898–1900; Elsa Finne, R. II 1902; Känslans rätt, 1902; Drottning Margareta, R. II 1905f. (Königin M., d. 1911); Drottning Filippa, R. 1907; Drottning Cilla, R. 1910; Den stora dagen, R. 1911; Tillvarataget, G. 1918; Några Strindbergsminnen, Mem. 1920; Sett och känt, Mem. 1925. – Människoskildringar ur historien, X 1916f.; Skrifter, VII 1932f.

Lundell, Ulf G., schwed. Musiker u. Schriftsteller, * 20. 11. 1949 Stockholm. – Gilt als ›Schwedens größter Rock-Poet‹: schreibt Texte u. Musik u. produziert daraus Tonträger seit 1975, daneben Maler u. Graphiker. Als Romanautor der »Szene« (1960er u. 70er Jahre: Pop u. Drogen) sehr beliebt.
W: Jack, R. 1976; Sömnen, R. 1977; Fruset guld, Dikter 1969–1978, G. 1979; Kyssen, R. 1981; Det är långt mellan lycka och leda, G. 1981; Hjärtats ljus, R. 1983; Tid för kärlek, G. 1984; Tårpilen, R. 1987; Saknaden, R. 1992; Friheten, R. 1999; Frukost på en främmande planet, R. 2003.

Lundemis, Menelaos, griech. Erzähler, 26. 10. 1912 Konstantinopel – 22. 1. 1977. Kam als Kind nach Griechenland, wo er die Eltern verlor u. e. freudlose, entbehrungsreiche Kindheit verbrachte. 1947–57 wegen s. polit. Überzeugung in Gefängnissen und Konzentrationslagern. Lebte von 1957–72 im Exil. – Vf. zahlr., in Griechenland vielgelesener Romane und Erzählungen, in denen das Leid der soz. Benachteiligten und polit. Verfolgten geschildert wird. Dichter. Sprache, gefühlsbetonter, stark vom Erlebnis geprägter Erzählstil.
W: Perimenontas to uranio toxo, En. 1940; Glykocharama, En. 1944; Autoi pu pherane ten katachnia, En. 1946; Kalē nychta zoē, R. 1946; Synnephiazei, R. 1948; Burkōmenes meres, En. 1953; Hoi kerasies th' anthisun kai phetos, R. 1956; Hena paidi metraei t' astra, R. II 1956 (d. 1960); Totes pu kynēgusa tus anemus, R. 1957; Hodos Abyssu, ar. O. R. ²1962; To roloi tu kosmu chtypa mesanychta, R. 1963; Hē phylakē tu katō kosmu, R. 1964; Hoi sarkophagoi, R. II 1965f.; Hē Agelaste Anoixē, R. 1970; Katō apo ta kastra tēs elpidas, R. 1973.

Lunden, Eldrid, norweg. Lyrikerin, * 5. 10. 1940 Naustdal/Sunnfjord. Die Vf. gehörte zum sog. Profilkreis (Schriftsteller um die lit. Zs. ›Profil‹), deren Programm e. Absage an den hochgestimmten, oft hermet. Modernismus der 1950er Jahre beinhaltete. Mitredakteurin der schwed. lit. Zs. ›Café Existens‹ u. Lehrerin an der Schule für angehende Autoren in Bø. – L.s Lyrik zeichnet sich in ihren Anfängen durch e. lakon., nüchternen Ton aus unter Betonung der sprachl.-musikal. Rhythmik. Zentrales Thema in den 1970er Jahren ist die Geschlechterthematik, ihre spätere Lyrik beinhaltet zahlr. intertextuelle Verweise auf die Klassiker der norweg. Lit. (Ibsen, Vesaas).
W: F. eks. Juli, G. 1968; Inneringa, G. 1975; Hard, mjuk, G. 1976; Mammy, blue, G. 1977; Gjenkjennelse, G. 1982; Essays, Ess. 1982; Det omvendt avhengige, G. 1989; Noen må ha vore her før, G. 1990; Slik Sett, G. 1996; Til stades, G. 2000. – Dikt i samling 1968–2000, G. 2000.
L: Store oskeflak av sol, hg. O. Karlsen 1995.

Lundkvist, Artur (Nils), schwed. Lyriker, 3. 3. 1906 Oderljunga/Skåne – 11. 12. 1991. Sohn e. Landwirts. Autodidakt. Widerwille gegen Landarbeit, Drang zum Stud., Flucht nach Stockholm. Dort Kritiker. Viele Reisen in fast allen Erdteilen. 1929 Gründer der lit. Gruppe ›Fem Unga‹. 1968 Mitgl. der Schwed. Akad. u. Dr. h. c. Stockholm. ∞ 1936 Maria Wine. – L. huldigt in s. Programmschrift dem Primitivismus u. der Sexualromantik westl. Vorbilder u. in Anlehnung an C. Sandburg e. Maschinenkult. Stark engagiert im polit. Radikalismus. Nimmt den sog. ›dritten Standpunkt‹ ein, d. h. er distanziert sich polit. vom Westen. Freie Verse, exot. Milieu, beeinflußt vom Surrealismus. Wiedergabe von Sinneseindrücken in suggestiven Visionen. Später auch Essayist und Romancier. Machte Saint-John Perse in Schweden bekannt, übs. P. Neruda, O. Paz, F. García Lorca, M. A. Asturias, afroamerik. Lyrik.
W: Glöd, G. 1928; Naket liv, G. 1929; Svart stad, G. 1930; Vit man, G. 1932; Himmelsfärd, N. 1935; Drakblod, Reiseb. 1936; Nattens broar, G. 1936; Sirensång, G. 1937; Korsväg, G. 1942; Dikter mellan djur och gud, G. 1944; Fotspår i vattnet, G. 1949; Negerland, Reiseb. 1949 (Begegnung mit Afrika, d. 1955); Indiabrand, Reiseb. 1950 (d. 1954); Malinga, Ess. 1952; Liv som gräs, G. 1954; Den förvandlade draken, Reiseb. 1955 (Der verwandelte Drache, d. 1956); Vindingevals, R. 1956; Vulkanisk kontinent, Reiseb. 1957 (d. 1958); Ur en befolkad ensamhet, R. 1958; Komedi i Hägerskog, R. 1959; Det talande trädet, St. 1960; Orians upplevelser, R. 1960; Agadir, Reiseb. 1961; Berättelser för vilsekomna, En. 1961; Ögonblick och vågor, G. 1962; Texter i snön, G. 1964; Så lever Kuba, 1965; Självporträtt av en drömmare med öppna ögon, Aut. 1966; Mörkskogen. I stället för dagbok, Aut. 1967; Antipodien, Reiseb. 1971; Tvivla, korsfarare, R. 1972; Lustgårdens demoni, Prosa 1973; Livsälskare, svartmålare, R. 1974; Världens härlighet, Prosa-G. 1975; Flykten och överlevandet, Prosa-G. 1977; Slavar för Särkland, E. 1978; Babylon – gudarnas sköka, R. 1981; Sinnebilder, Prosa-G. 1982; Gryningstrumpet och skymningsflöjt, G. 1983; Färdas i drömmen och föreställningen, Prosa-G. 1984; Allvaret i leken. Apholyrismen, 1987. – *Übs.:* Der Lockruf der Wildnis, 1962; Gedichte, 1963; Ein Baum mit Fischen, G. 1972.
L: M. von Platen, 1955; K. Espmark, 1960; ders., Livsdyrkaren A. L., Diss. 1964; P. Lindblom, 1976; R. Vázques Díaz, 1986.

Luo Guanzhong, chines. Romanautor, 14. Jh. Über s. Leben ist nichts bekannt. – L. ist nicht als

Autor von Romanen im strengen Sinne anzusehen, eher Bearbeiter und Kompilator vorhandener Fassungen. Hauptwerk: → ›Sanguo zhi tongsu yanyi‹. Daneben Vf. anderer hist. Romane, bearbeitete auch → ›Shuihu zhuan‹.

W: Sui Tang liangchao zhi zhuan, R.; Can Tang Wudai shi yanyizhuan, R.; Pingyao zhuan, R. (d. M. Porkert 1986).

Lurie, Alison, amerik. Schriftstellerin, * 3. 9. 1926 Chicago. Engl.-Prof. Cornell Univ. seit 1969. – Satir. Gesellschaftsromane im akadem. Milieu, ›The War between the Tates‹ über Eheprobleme in den sexuell befreiten 1970er Jahren, ›Foreign Affairs‹ über die transatlant. Liebesaffären zweier amerik. Akademiker in England.

W: V. R. Lang, Mem. 1959; Love and Friendship, R. 1962 (d. 1987); The Nowhere City, R. 1965 (d. 1991); Imaginary Friends, R. 1967 (d. 1988); Real People, R. 1969; The War between the Tates, R. 1974 (Familienkrieg, d. 1976); V. R. Lang, G. u. Dr. 1974; Only Children, R. 1979 (d. 1994); The Heavenly Zoo, Jgb. 1980; Cleaver Gretchen, Jgb. 1980; Fabulous Beats, Jgb. 1981; The Language of Clothes, St. 1981; Foreign Affairs, R. 1984 (d. 1986); The Truth about Lorin Jones, R. 1988 (d. 1988); Don't Tell the Grown-Ups, St. 1990; Women and Ghosts, Kgn. 1994 (d. 1996); The Last Resort, R. 1998 (Sommer in Key West, d. 2000); Boys and Girls Forever, St. 2003.

L: R. H. Costa, 1992; J. Newman, 2000.

Lurie, Morris, austral. Erzähler, * 30. 10. 1938 Melbourne. Poln.-jüd. Herkunft, 1965–73 in Europa u. England, dann Melbourne. – Humorist. Erzähler phantast.-grotesker u. absurder Stoffe in witzigem Stil.

W: Rappaport, R. 1966; The London Jungle Adventures of Charlie Hope, R. 1968; Happy Times, Kgn. 1969; Rappaport's Revenge, E. 1973; Inside the Wardrobe, Kgn. 1976; Hack Work, Feuill. 1978; Flying Home, R. 1978; Running Nicely, Kgn. 1979; Dirty Friends, Kgn. 1981; Seven Books for Grossman, R. 1983; The Night We Ate the Sparrow, En. 1985; Whole Life, Aut. 1987.

Lustig, Arnošt, tschech. Schriftsteller, * 21. 12. 1926 Prag. 1942–45 in Konzentrationslagern, dann Stud. Hochschule f. Politik; Journalist, Mitarbeiter der staatl. Filmgesellschaft u. des Rundfunks; 1948 Berichterstatter in Israel; 1968 emigriert in Israel, lebt heute in den USA u. in der Tschech. Republik. Mit mehreren Preisen ausgezeichnet. – Schildert Leben und seel. Prozesse insbes. von Jugendl. in Getto, Konzentrationslager und kriegsbedingten Ausnahmesituationen; betont dabei die Unbezwingbarkeit des menschl. Geistes und Lebenswillens.

W: Noc a naděje, En. 1957; Démanty noci, En. 1958 (Demanten der Nacht, d. 1964); Ulice ztracených bratří, En. 1959; Dita Saxová, E. 1962; Nikoho neponížíš, En. 1963; Vlny v řece, En. 1964; Bílé břízy na podzim, Prosadicht. 1966; Hořká vůně mandlí, En. 1968; Miláček, E. Toronto 1973; Ulice ztracených bratří, En. 1973; Children of the Holocaust: 1. Night and Hope, 1977 – 2. Darkness Casts no Shadow, 1977 – 3. Diamonds of the Night, 1978; Nemilovaná, N. Toronto 1978 (Die Ungeliebte, d. 1986); Neslušné sny, En. 1995 (Indecent Dreams, engl. Evanston 1988); Colette. Dívka z Antwerp, E. 1992; Tanga. Dívka z Hamburku, E. 1993; Kamarádi, R. 1995; Porgess, E. 1995. – Spisy (W), I 1991; 1995ff.

L: A. Haman, 1995.

Luts, Oskar, estn. Erzähler und Dramatiker, 7. 1. 1887 Järvepere – 23. 3. 1953 Tartu. 1899–1902 Realsch. Tartu, 1903–07 Apothekerlehre, Kriegsdienst, Apothekertätigkeit, seit 1922 freiberuflich. – S. 1912 im Selbstverlag edierter Roman ›Kevade‹, die humorvolle Schilderung eines Schülerlebens, ist das populärste estn. Buch aller Zeiten. Ferner verfaßte L. Komödien und Erinnerungen.

W: Kevade, II R. 1912/13; Kapsapää, K. 1912; Suvi, II R. 1918/19.

L: O. L., Kirjandusnimestik ning elu ja loomingu ülevaade, 1986.

Lu Xun (eig. Zhou Shuren), chines. Schriftsteller und Gelehrter, 25. 9. 1881 Shaoxing (Zhejiang) – 19. 10. 1936 Shanghai. Aus alter, jedoch verarmter Beamtenfamilie. Stud. techn. Fächer und Medizin in China und 1902–09 in Japan. Lehrer in Hangzhou und Shaoxing, 1912 im Erziehungsministerium der Republik, 1913 Prof. für chines. Lit. an versch. Pekinger Univ.; 1925 wegen polit. Differenzen entlassen, 1926 Prof. für chines. Lit. in Amoy, 1927 nach Kanton, danach in Shanghai ausschließl. als Schriftsteller, Übersetzer und Hrsg. tätig. – Realist.-soz. Erzähler, Begründer der neuen chines. Erzählkunst in der lit.-fähig gemachten Umgangssprache und Führer der ›lit. Revolution‹ von 1919. Durch europ. Philos. und Lit. des 19. Jh. angeregt (Nietzsche, Byron, Shelley, Heine, Puškin). Kulturkritiker und Satiriker, leidenschaftl. Kämpfer für soz. Gerechtigkeit und Erneuerung der chines. Kultur. Pessimist. Grundhaltung. Trotz Sympathie für Revolution nicht polit. festgelegt, daher zeitweilig von Kommunisten und Konservativen zugleich angegriffen. Ausgeprägte Ironie und Sarkasmus bei Umdeutung hist. Gestalten und Vorgänge. Am bedeutendsten als krit. Schilderer der chines. Gesellschaft im Umbruch anhand von Einzelschicksalen. In der VR China als größter Schriftsteller der Neuzeit gefeiert. Ausgezeichneter Lit.historiker, Hrsg. von alten Texten. Übs. von russ. (Gogol', ›Tote Seelen‹; Fadeev, Lunačarskij) und japan. Lit.

W: Nahan, En. 1923; Panghuang, En. 1926; Yezao, G. 1927; Fen, Ess. 1927; Gushi xinbian, En. 1935; Zhongguo xiaoshuo shilüe, Lit.gesch. 1923 (engl. Peking 1959). – Quanji (SW), XVI 1981. – *Übs.*: Selected Works, Peking IV 1959–61; Werke, VI 1994.

L: L. O. Lee, Bloomington 1987; W. Kubin, hg. 1989; J. Kowallis, Honolulu 1995; R. D. Findeisen, 2001.

Luxurius, lat. Dichter, 6. Jh. n. Chr. in Nordafrika, unter der Vandalenherrschaft. Die Anthologia Latina enthält von L. neben e. Hochzeitsgedicht 90 Epigramme in der Nachfolge Martials, überwiegend Spottepigramme (z.b. über Aussehen oder Verhalten) oder Beschreibungen (z.B. von Gebäuden u. Kunstwerken).

A: mit Studien H. Happ, 2 Bde., 1986.

L: M. Rosenblum, L. A Latin Poet Among the Vandals, New York 1961.

Luyken, Jan (Johannes oder Joan), niederländ. Lyriker, 16. 4. 1649 Amsterdam – 5. 4. 1712 ebda. Sohn e. mennonit. Lehrers; Malerlehre, Radierer. 1675 unter Einfluß J. Böhmes Wendung zum Pietismus, asket. Lebensführung. – Schrieb anfangs heitere Liebes- u. Naturgedichte, auf denen s. Nachruhm v. a. beruht; nach s. Konversion mehrere Sammlungen myst.-pantheist. Lyrik; auch Lehrgedichte u. innige relig. Gedichtbände mit eigenen Radierungen. Sonderfall der Emblematik: Bild- u. Textteil aus derselben Hand.

W: Duytse lier, G. 1671 (n. 1921); Jezus en de ziel, G. 1678 (n. 1916); Spiegel van het menselijk bedrijf, G. 1694 (n. 1888); Zedelijke en stichtelijke gezangen, 1704; Beschouwing der wereld, G. 1708; De bykorf des gemoeds, G. 1709; Des menschen begin, midden en einde, G. 1712; Geestelijke brieven aan verscheidene goede vrienden, 1714.

L: K. Meeuwesse, ²1977; H. van 't Veld, Beminde broeder, 2000.

Lu You, chines. Dichter, 1125 Shaoxing (Zhejiang) – 1210. Erhielt wegen Rang s. Vaters Zugang zur Beamtenlaufbahn, diente in versch. Hofämtern sowie als Präfekt in Kuizhou (Sichuan) und Yanzhou (Guangxi). – Gehörte als Dichter der sog. Jiangxi-Schule an, die Perfektion des poet. Handwerks anstrebte, ist jedoch e. ausgeprägte und selbständige Persönlichkeit. Polit. Engagement, patriot. Haltung. Pflegte alle Gattungen der Lit.; am höchsten werden von der chines. Kritik seine Gedichte gewertet.

W: Ru Shu ji, Reisetg. (Travel Diaries, Hongkong 1980); Nan Tang shu, Gesch. der südl. Tang-Dynastie; Tianpeng mudan pu, Päonien-Hdb.; Fangweng shij, G.; Fangweng ci, Lieder. – Lu Fangweng quanji (GW), 1973. – *Übs.*: The Old Man Who Does As He Pleases, G. u. Ess., engl. N. Y. 1973.

L: P. Y. Ho, Canberra 1972; M. Duke, Boston 1977.

Luzán, Claramunt de Suelves y Gurrea, Ignacio de, span. Schriftsteller, 28. 3. 1702 Saragossa – 19. 5. 1754 Madrid. Aus adliger, wohlhabender Familie, Erziehung u. Stud. in Mailand, 1727 jurist. Doktorexamen an der Univ. Catania, lebte bis 1733 in Neapel; 1749–50 als Botschaftssekretär in Paris, befreundet mit den großen franz. Literaten; bekleidete nach s. Rückkehr nach Spanien bedeutende öffentl. Ämter; Persönlichkeit von hoher Bildung u. umfassender europ. Kultur. – Vf. der ›Poética‹, die zum Manifest der klassizist. Strömung in Spanien wurde, von großem literarhist. Interesse, da erster Systematisierungsversuch lit. Theorien; wendet sich gegen die Auswüchse barocker Dichtung (Kultismus u. Konzeptismus); Vorbilder insbes. Boileau u. Muratori, inhaltl. wenig neuartig, zeugt aber von gut fundiertem Wissen, umfassender Gelehrsamkeit u. krit. Verstand; spricht sich für e. lehrhafte Tendenz der Dichtung aus u. verwirft Idee des ›L'art pour l'art‹; auf dramat. Gebiet Verfechter der 3 Einheiten u. Bewunderer der klass. span. Autoren; trug zur Eingliederung der span. Lit. in die allg. europ. Strömung bei; schrieb Gedichte, anfangs nach barocker Manier über mytholog. Themen, bis er sich in Paris zum Klassizismus bekannte. Übs. von ital. Komödien (u. a. Metastasio).

W: Poética o reglas de la poesía en general y de sus principales especies, Schr. 1737 (n. J. Cano 1928, L. de Filippo II 1956, R. P. Sebold 1977); La virtud coronada, K. 1742; Memorias literarias de París, Aufs. 1751. – Poesías, in: ›Biblioteca de Autores Españoles‹, Bde. 35 u. 61.

L: G. Makowiecka, 1973.

Luzi, Mario, ital. Dichter, * 20. 10. 1914 Castello/Florenz. Sohn e. Bahnbeamten; Jugend in verschiedenen Orten der Toskana; Stud. Lit. in Florenz, Gymnasiallehrer und Journalist. Lebt in Florenz. – S. Dichtung deckt sich vollkommen mit den Zielen des Florentiner ›ermetismo‹ um E. Montale, C. Bo, A. Bilenchi, P. Bigongiari, A. Gatto, zu dessen profiliertesten Vertretern er gehört. L. ist stilist. dem franz. Symbolismus (Mallarmé, Valery), gedanklich T. S. Eliot eng verbunden. S. Dichten, das im Katholizismus tief verankert ist, kreist stets um die trag. Grundfragen der menschl. Existenz. Trost findet L. in der toskan. Landschaft und im vertrauensvollen Lebensgefühl ihrer Menschen.

W: La barca, G. 1935; Avvento notturno, G. 1938; Un brindisi, G. 1946; Quaderno gotico, G. 1947; Primizie del deserto, G. 1952; Onore del vero, G. 1957; Nel magma, G. 1963; Dal fondo delle campagne, G. 1965; Su fondamenti invisibili, G. 1971; Al fuoco della controversia, G. 1978; Per il battesimo dei nostri frammenti, G. 1985; L'opera poetica, hg. S. Verdino 1998 (m. Bibl.). – *Übs:* Gedichte – Poesie, übs. G. B. Bucciol 1989; Wein und Ocker, G. übs. H. Helbling 1993.

Lybeck

L: C. Scarpati, 1970; G. Quiriconi, 1980; G. Mariani, 1982; A. Panicali, 1987; M. Marchi, 1998.

Lybeck, Karl Mikael, finnl.-schwed. Dichter, 18. 3. 1864 Nykarleby – 11. 10. 1925 Grankulla. – Erzähler, Lyriker, Dramatiker, hat s. Heimstatt in der Lit. der 1880er Jahre: daher das Interesse fürs Detail, der Wille zur Sachlichkeit u. Exaktheit, die Rolle des iron. Beobachters u. isolierten Skeptikers. S. Prosa gipfelt in ›Breven till Cecilia‹, stilist. glänzenden Selbstbekenntnissen in Briefform. Die Dramen, von denen ›Bror och syster‹ das konzentrierteste ist, lassen Theaterblut vermissen. In s. Lyrik erhebt er sich zu höchster Höhe erst in dem unbarmherzigen Zyklus ›Dödsfången‹, entstanden nach dem Zusammenbruch s. geordneten Weltbildes unter dem Eindruck des Weltkriegs und s. Folgen für Finnland.

W: Unge Hemming, E. 1891; Ett mosaikarbete, E. 1892; Allas vår Margit, E. 1893; Dikter, G. III 1895–1903 (d. Ausw. E. Brausewetter 1899); Den starkare, R. 1900; Ödlan, Dr. 1908 (Die Eidechse, d. 1909); Tomas Indal, R. 1911; Dynastin Peterberg, Dr. 1913; Bror och syster, Dr. 1915; Hennerson, E. 1916; Den röde André, Dr. 1917; Dödsfången, G. 1918 (d. Ausw. F. Israel 1920); Breven till Cecilia, E. 1920; Schopenhauer, Dr. 1922; Domprosten Bomander, Dr. 1923; Samtal med Lackau, E. 1925. – Samlade arbeten, XII 1921–25.

L: E. Kihlman, 1932.

Lydgate, John, engl. Dichter, ca. 1370 Lydgate/Suffolk – ca. 1449/51 Bury St. Edmunds. 16jährig Mönch im Benediktinerkloster Bury St. Edmunds; Stud. in Oxford und Paris, zeitweilig Hofdichter, Günstling Humphreys, des Herzogs von Gloucester. – Als Vf. von Heiligenlegenden, Fabeln, Erbauungsschriften, Erzählungen über naturwiss., hist. und philos. Stoffe in Anlehnung an franz. Vorbilder produktivster Dichter des 15. Jh. Verehrer Chaucers, doch ohne dessen dichter. Kraft. Wirkt z. T. etwas langatmig und gekünstelt. Die Dichtungen umfassen über 130 000 Verse; Hauptwerke sind die moral. Liebesallegorien ›The Temple of Glas‹ u. ›The Complaynt of the Black Knight‹, das auf Wunsch Heinrichs V. verfaßte ›Troy Book‹, Kompilation ma. Trojadichtungen von 30 000 Versen, bes. nach Guido delle Colonne, der Fürstenspiegel ›The Siege of Thebes‹ (›Storye of Thebes‹) und die Sammlung trag. Wechselfälle des Schicksals, die in ›The Fall of Princes‹ als Strafgericht und als warnende Exempel gedeutet werden (nach Boccaccio bzw. Laurents de Premierfait).

W: (größtenteils in der EETS erschienen): The Temple of Glas, 1400 (hg. J. Schick 1891); Reson and Sensuallyte, 1408 (hg. E. Sieper 1901–03); The Troy Book, 1412–20 (hg. H. Bergen IV 1906–35); The Siege of Thebes, 1420–22 (hg. A. Erdmann, E. Ekwall II 1911–30); The Fall of Princes, 1430 (hg. H. Bergen IV 1924–27); Minor Poems, hg. H. N. Mac Cracken, M. Sherwood II 1911–34; Poems, hg. J. Norton-Smith 1966.

L: E. Gattinger, 1896; W. F. Schirmer, 1952 (engl. 1961); A. Renoir, 1967; E. Tilgner, 1967; D. Pearsall, 1970. – Bibl.: Manual ME 6. XVI, 1980.

Lygdamus, röm. Dichter, pseudonymer Vf. von 6 Elegien im Corpus Tibullianum (III, 1–6), die an e. Neaira gerichtet sind, um deren Gunst wiederzugewinnen. S. Stil und s. Motivik ähneln stark denen des Properz, Tibull und Ovid. Zeitl. Einordnung unsicher; einiges spricht dafür, daß er erst Ende des 1. Jh. n. Chr. tätig war.

A: H. Tränkle, Appendix Tibulliana, 1990 (m. Komm.).

L: W. Erath, Die Dichtung des L., 1971.

Lykophron aus Chalkis, altgriech. Philologe u. Tragiker, * um 320 v. Chr. Verfaßte im Auftrag von Ptolemaios II. in Alexandria e. lexikal. Werk ›Über die Komödie‹ (verloren). Als Tragiker zählt er zur sog. alexandrin. ›Pleias‹ (›Siebengestirn‹); von s. zahlr. Tragödien ist nichts erhalten. – Seit der Antike gilt als wahrscheinl., daß L. nicht der Autor des unter s. Namen überlieferten Gedichts ›Alexandra‹ ist. In ihm weissagt der Priamostochter Kassandra (= Alexandra) den Untergang Trojas, den Kampf zwischen Griechenland und Rom und schließl. die röm. Weltherrschaft. Letzteres kann man entweder als späteren Einschub oder als ›vaticinium ex eventu‹ verstehen. Die ›Alexandra‹ wäre dann als Werk e. gelehrten Dichters nach 200 v. Chr. entstanden (vgl. 197 v. Chr. Kynoskephalai). Gewirkt hat sie durch ihren visionären Duktus v. a. auf Vergil.

A: TrGF I 100. – Alexandra: L. Mascialino 1964; C. von Holzinger 1895; A. W. Mair 1921 (Nachdr. 1960) (m. engl. Übs.); G. W. Mooney 1979 (engl. Übs.); M. Fusillo u. a. 1991 (m. ital. Übs.); G. Schade 1999 (m. Übs.).

L: B. Gauly, hg. 1991; S. Mazzoldi, Pisa 2001.

Lykurgos, altgriech. Politiker u. Redner, 4. Jh. (vor 383–324) v. Chr. Aus Athener Priesterfamilie, Stud. bei Isokrates und Platon, 343 Gesandter auf der Peloponnes gegen Philipp von Makedonien, ab 338 maßgebl. Verwalter der athen. Finanzen, deren Vermehrung er neben militär. und repräsentativen Maßnahmen auch für e. Steinbau des Dionysos-Theaters, e. Neuordnung der Feste mit der Anfertigung e. Ausgabe der drei großen Tragiker (Aischylos, Sophokles, Euripides; sog. ›Staatsexemplar‹) verwendete. – Noch Byzanz kannte 15 (14?) Reden des L., heute ist einzig die Anklagerede ›Gegen Leokrates‹ von 331 erhalten. L. hat die Rede sorgfältig ausgearbeitet, verzichtet auch nicht auf Stilmittel und Schmuck (u. a. Zitate aus Dichtern), ordnet aber die rhetor. Ästhetik der

Intention unter. Schon in der Antike traf er damit nicht auf ungeteilte Zustimmung, was vielleicht den Verlust s. Reden erklärt.

A: N. Conomis 1970; M. Marzi, P. Leone, E. Malcovati 1977; I. Worthington, C. Cooper, E. M. Harris 2001.
L: G. Wirth, 1999.

Lyly, John, engl. Lyriker, Erzähler und Dramatiker, 1554(?) Weald of Kent – begraben 30. 11. 1606 London. Stud. Oxford und Cambridge; lit. Laufbahn London unter Gönnerschaft des Earl of Oxford. 1585 Leiter der Singschule der Chorknaben von St. Paul's, für die er, ebenso wie für die Kindertruppe der Chapel Royal, versch. höf. Stücke schrieb. 1589–1601 Parlamentsmitglied. – Begründete e. neuen Lustspieltyp in England: die romant. Komödie, in der nicht mehr Satire vorherrscht, sondern in der Spannung und kom. Wirkung durch geistvolle, geschliffene Dialoge erzielt werden, und die Liebeskonflikte im Rahmen der höf. Liebe verhandelt. S. Gestalten sind nicht Typen, die verlacht werden, sondern witzige Aristokraten, mit denen der Zuschauer lacht. Ort der Handlung ist e. traumhaftes Nirgendwo. L.s Komödien übten starken Einfluß auf die romant. Komödien von Shakespeare aus. Die Stücke sind völlig symmetrisch gebaut und geprägt von elaborierter Syntax und Rhetorik, wirken deshalb meist formelhaft und gekünstelt. S. Komödien sind meist höf. Allegorien nach Stoffen aus antiker Mythologie. L.s lit. Ruf gründet sich bes. auf s. Doppelroman ›Euphues‹, den 1. engl. Bildungsroman, dessen dürftige Handlung über die Versuchungen und Erfahrungen eines jungen Atheners nur zur Einkleidung lehrhafter Dialogszenen in manierist. Rhetorik dient. ›Euphues‹ ist der Vorläufer des späteren Sittenromans, er schildert aristokrat. Leben und höf. Sitten. Großer Zeiterfolg, bereits 17 Auflagen bis 1636. Von Einfluß auf die gesprochene und geschriebene Sprache der Zeit, bes. auf die zeitgenöss. Lit. (Lodge, R. Greene) durch eigenartig gekünstelten Stil (›Euphuismus‹): übertriebene Befolgung der Regeln antiker Rhetorik (Klauseln), starkes Schmuckbedürfnis, Verwendung weit hergeholter Metaphern (= concetti), vielfach parodiert und auf seine Sinnhaftigkeit befragt, so z.B. in Shakespeares ›Love's Labour's Lost‹. Engl. Gegenstück zum Gongorismus. L.s verschlüsseltes höfisches Drama ›Endymion‹ präsentiert in der Figur der Cynthia eine idealisierte Figur, die nach Elisabeth modelliert ist, ihre Herrschaft verklärt und sie in einen Bereich jenseits realist.-polit. Geschicke rückt.

W: Euphues. The Anatomy of Wit, R. 1578; Euphues and his England, R. 1580 (beide hg. u. komm. M. W. Croll, H. Clemons 1916; n. 1964); Alexander and Campaspe, K. 1584 (d. in: Shakespeares Zeitgenossen, hg. L. Schneider 1941); Sapho and Phao, Sch. 1584; Pappe with a Hatchet, Streitschr. 1589; Endymion, Dr. 1591; Gallathea, K. 1592; Midas, Sch. 1592 (n. u.d.T. Gallathea and Midas, hg. A. B. Lancashire 1969); Mother Bombie, Sch. 1594 (n. K. M. Lea 1948); The Woman in the Moon, K. 1597; Love's Metamorphosis, K. 1601. – Complete Works, hg. R. W. Bond III 1902 (n. 1967); The Plays, hg. C. Daniel, 1988.
L: C. G. Child, 1894; J. D. Wilson, 1905, 1970; A. Feuillerat, 1910, n. 1968; V. M. Jeffery, 1928, n. 1969; M. C. Bradbrook, 1955; G. K. Hunter, 1962; P. Saccio, 1969; J. W. Houppert, 1975; M. Pincombe, The plays of J. L. Eros and Eliza, 1996; T. Canfield, Epideictic Pageantry and the Renaissance Cult of Elizabeth, 1999. – *Bibl.:* S. A. Tannenbaum, 1940; Konkordanz: H. Mittermann, 1986.

Lynch, Benito, argentin. Romanschriftsteller, 25. 7. 1880 Buenos Aires – 23. 12. 1951 La Plata. Ir. Abstammung, Journalist, Literat; lebte sehr zurückgezogen. – Hintergrund s. realist. Romane ist die Pampa, die ihm aus eigener Anschauung sehr vertraut war, mit den Gauchos; der Schwerpunkt liegt auf zügigem Fortschreiten der Handlung u. Vorliebe für gewaltsame Effekte; präzise Kürze, dynam. Linien.

W: Plata dorada, 1909; Los caranchos de la Florida, 1916 (verfilmt; d. 1935); Raquela, 1918; La evasión, En. 1918; Las mal calladas, 1923; El inglés de los güesos, 1924; El antojo de la patrona, En. 1925; Palo verde, En. 1925; De los campos porteños, En. 1931; El romance de un gaucho, 1933.
L: J. Emory Davis, 1948; N. Cócaro, 1954; R. Galama, 1959; H. J. Leavitt, 1959; J. C. Caillet-Bois, 1960; E. Romano, 1966; V. Petit de Murat, 1968. – *Bibl.:* H. J. Becco, M. R. Nason, 1961.

Lyndsay (auch Lindsay), Sir David, schott. Dichter und Satiriker, 1486? Cupar Fife, Garmylton b. Haddington? – 1555 Edinburgh. In St. Andrews erzogen. Gehörte zum Hof Jakobs IV., nach dessen Tod Berater des Infanten, Jakob V. ⚭ 1522 Janet Douglas. 1529 geadelt. 1531 u. 1536 mit offiz. Missionen in Flandern u. Frankreich. – Poet. Vorläufer der schott. Reformation. Griff in s. Dichtungen Adel und Geistlichkeit mit scharfer Satire an, Kämpfer für Wahrheit und Gerechtigkeit. S. bedeutendstes Werk, die Moralität ›The Thrie Estaitis‹, in dem neben allegor. auch wirkl. Figuren auftreten, wurde bei den Edinburgher Festspielen 1948 erneut erfolgr. aufgeführt.

W: The Dreme, 1528; The Complaynt of Scotland, 1529; The Testament and Complaynt of Our Soverane Lordis Papyngo Fabel, 1530; Ane Pleasant Satyre of the Thrie Estaitis, Sp. 1540 (n. J. Kinsley 1954); Ane Dialog betuix Experience and a Courteour, 1553; The Monarchy, 1554; The History of Squyer Meldrum, 1594 (n. J. Kinsley 1959). – Works, hg. J. Small, J. A. H. Murray IV 1863–71, D. Hamer IV 1931–36, J. Small, F. Hall IV 1969.

Lyn'koŭ

L: H. Aschenberg, 1891; W. Murison, 1938. – *Bibl.*: D. Hamer, 1929.

Lyngby Jepsen, Hans → Jepsen, Hans Lyngby

Lyn'koŭ, Michaš, weißruss. Schriftsteller, 30. 11. 1899 Zazyba b. Vitebsk – 21. 9. 1975. Sohn e. Eisenbahnbeamten; Volksschullehrer; seit 1924 Mitgl. der KP, Deputierter zum Obersten Rat der BSSR; ab 1936 am Institut für Lit., Sprache und Kunst der Weißruss. Akad. der Wiss. – Vf. von Romanen im Stil des sozialist. Realismus. Reise- und Kinderbücher.

W: Andrej Ljatun, R. 1932; Saŭka-agicirnik, R. 1933; Na čyrvonych ljadach, R. 1934; Vekapomnyja dni, R. 1951. – Zbor tvoraŭ (GW), VIII 1981–85.

Lysias, altgriech. Redner u. Logograph, um 445 (459/458?) v. Chr. Athen – um 380 v. Chr. Aus reicher Athener Familie, Übersiedlung nach Thurioi, nach 412 wieder in Athen, flieht 404/403 nach Megara, Verlust des Vermögens; nach Rückkehr Tätigkeit als Logograph (= Vf. von Reden für andere), auch eigene Auftritte, u.a. 388 ›Olympische Rede‹. Wenig später verliert sich L.' Spur. – Von den ca. 230 in der Antike als echt anerkannten Reden sind 31 fast vollständig erhalten, 3 in ihren Anfangspartien; bis auf 3 alles Gerichtsreden für Ankläger oder Verteidiger in öffentl. oder Zivilprozessen. Nur im Ausnahmefall handelt es sich um von L. selbst gehaltene Reden; die größte Stärke der in schlichtem, aber elegantem und nuancenreichem Attisch verfaßten Reden liegt in der Sympathie weckenden Präsentation des jeweiligen Sprechers, der suggestiven Darstellung des strittigen Sachverhaltes und der geschlossen wirkenden Argumentation. L.' Reden sind e. wichtige hist. Quelle (für die Zeit zwischen 404 und 380), v.a. aber wirkten sie stilbildend.

A: K. Hude 1912; L. Gernet, M. Bizos ^{2}1955 (m. franz. Übs.); W. R. M. Lamb ^{2}1967 (m. engl. Übs.); U. Albini 1955 (m. ital. Übs.); E. Medda 1991–95 (m. ital. Übs.). – *Einzeledition m. Komm.*: P. Vianello de Cordova 1980 (or. 1); M. H. Hansen 1980 (orr. 1, 3, 10, 13, 24, 30); M. J. Edwards, St. Usher 1985 (orr. 1, 10, 12, 16, 22, 24, 25); G. Avezzù 1985 (or. 1, 2); J. L. Calvo Martínez 1988 (orr. 1–15); C. Carey 1989 (orr. 1, 3, 7, 14, 31, 32); M. Hillgruber 1988 (or. 10); G. Avezzù 1991/92 (or. 12); V. Ugenti 1991 (or. 16); M. Weißenberger 1987 (orr. 16, 25, 26, 31). – *Übs.*: U. Treu 1983.

L: K. J. Dover, Oxf. 1968; P. Grau, 1971; S. Feraboli, Padua 1980; D. G. Lateiner, Stanford 1980; St. C. Todd, Cambr. 1985; M. Weißenberger, 1987; St. Usher, Oxf. 1999.

Łysohorsky, Óndra (eig. Ervín Goj/Erwin Goy), lachischer u. dt. Lyriker, 6. 7. 1905 Frýdek/Schlesien (heute Frýdek-Místek/Tschech. Rep.) – 19. 12. 1989 Bratislava. Sohn e. lachischen Bergmanns, nach dem Abitur in Ostrava (1924) Stud. d. Germanistik, Romanistik u. Slavistik an der Dt. Univ. in Prag (Dr. phil. 1928). Privatlehrer, nach e. Stipendienaufenthalt in Italien Gymnasiallehrer in Kremnica, Ostrava, Trnava u. Bratislava. 1939 Flucht über Polen in die UdSSR, 1940–46 Hochschuldozent in Moskau u. Taschkent, 1942 Mitglied des Sowjet. Schriftstellerverbandes. Wegen s. Bevorzugung der lachischen Mundart (im Ostrauer Industriegebiet; seit 1934 proklamierte er seine Theorie über e. – einst von den Deutschen, dann von den Tschechen u. Polen unterdrücktes – lachisches Zweimillionenvolk) oft kritisiert u. nach 1946 diffamiert u. diskriminiert. 1947–50 Gymnasiallehrer in Bratislava, danach in der Universitätsbibl., 1955–60 Universitätsdozent in Bratislava, nach e. Herzinfarkt ab 1961 in Rente. – In s. seit den 30er Jahren publ. Lyrik überwiegen Themen aus dem Erleben s. Kindheit und der Landschaft s. Heimat, z. T. auch mit sozialen Tönen als Versuch einer proletar. Poesie. Später Ausweitung im Sinne e. weltumspannenden humanist. Universalismus; Hauptmotive Landschaft/ lachische Heimat, Muttertum, Verfall der Werte. Neben d. Originalen zahlr. Übsn. lach. Gedichte. Freundschaft m. M. Cvetajeva u. B. Pasternak. Nach 1960 zahlreiche Publ. in Deutschland, Großbritannien, Frankreich, Norwegen u. der Schweiz; 1970 wurde er von der ›Poesie Vivante‹ (Genf) für den Nobelpreis für Lit. vorgeschlagen.

W: Einsicht und Aussicht, Ess. 1932 (Ps. Dr. Johann Hall); Spiwajuco piaść, G. 1934; Hłos hrudy, G. 1935; Zemlja moja, G., Taschkent 1942; Danksagung, G., Leipzig 1961; Ich reif in meiner Zeit, G., Bln. 1978 (m. Bibl.). – *Ausw.*: Wybrane wérše, G. 1936; Aj lašske řéky plynu do moŕa, G. 1958; Brázdou k vesmíru, G., Bratislava 1960; Jediný pohár, G., Praha 1964. – *Gesamtausg.*: Lašsko poezyja 1931–1977, Köln/Wien 1988; Lachische Poesie 1931–1976 in deutschen Übersetzungen und Nachdichtungen, Köln/Wien 1989.

L: J. Bilan Šinovský, Dílo Ó. Ł., 1960; P. Garnier, Genf 1970; Umělecký a lidský odkaz básníka Ó. Ł., Sammelbd. 1992.

Lyttkens, (Anna) Alice (Maria), geb. Cronquist, schwed. Romanschriftstellerin, 17. 12. 1897 Malmö – 25. 9. 1991. Arzttochter. Lyzeum, Sprachstud. in Frankreich, England, Dtl. 1989 zum Katholizismus konvertiert. – Vf. brillanter Romane, weit ausladender Familienzyklen und kulturhist. Arbeiten um Frauenschicksale, die die soziale Lage der Frau kulturgeschichtl. beleuchten.

W: Synkoper, R. 1932; Flykten från vardagen, R. 1933 (Du mußt dir selbst helfen, d. 1936); Kommer inte till middagen, R. 1934 (Ich komme nicht zum Abendessen, d. 1951); Det är inte sant..., R. 1935 (Es ist nicht wahr, d. 1936); Det är mycket man måste, R. 1936 (Man muß soviel in dieser Welt, d. 1937); Det är dit vi längtar, R. 1937 (Wonach wir uns alle sehnen, d. 1937); Falskt vittnesbörd, R. 1939 (Falsches Zeugnis, d. 1943); Svensk kvinna, Es. 1941; Syndafall, R. 1942; Lyckans tempel, R. 1943 (Der Tempel des Glücks, d. 1945); Längtans blåa blomma, R. 1944; Nya stjärnor tändas, R. 1945; Svenska mödrar, Es. 1946; Statt upp min älskade, R. 1947; Tag lyckan fatt, R. 1949; I kvinnans värld, Es. 1950; En balfantasi, R. 1951; Jungfrun i det blå, R. 1952 (Die Jungfrau in Blau, d. 1953); Himlabröd, R. 1953; Dygdeövning, R. 1954; Herdinnelek, R. 1955; Kärleksbesvär, R. 1956; Slumplycka, R. 1957; Guld och goda ord. En borgerlig släkts historia, Romanzykl. IX 1959–68; Flickan som inte bad om lov, R. 1969; Ljug mej en saga, R. 1971; Kvinnan finner en följeslagare, 1972, Kvinnan börjar vakna, 1973, Kvinnan söker sin väg, 1974, Ess. (Geschichte der schwed. Frauen, d. 1974); Fader: okänd, R. 1975; All livets härlighet, R. 1976; Leva om sitt liv, Aut. VII 1977–84; Blandat sällskap, R. 1981; Ett himmelens under, R. 1982; Omaka blir makar, R. 1986; Gullfågel, R. 1990; Änkegrevinnan, R. 1991.

Lytton-Bulwer, Edward George → Bulwer, Edward George, I. Lord Lytton

al-Maʿarri → Abū l-ʿAlāʾ al-Maʿarrī, Aḥmad ibn ʿAbdallāh

Mabinōgion' (auch Mabhinogi = ›Geschichte einer Jugend‹), Sammlung von 11 kymr.-walis. myth. Prosaerzählungen, wohl um 1060. In e. Handschrift des 14. Jh. vorliegend; enthalten im ›Roten Buch von Hergest‹ (›Llyfr coch o Hergest‹). – Den Kern bilden die sog. ›Vier Zweige d. Mabinogion‹ (›Pedeir Keinc y Mabinogi‹): ›Pwyll‹, ›Branwin‹, ›Manawyddan‹ und ›Math‹. Sie gehen auf mündl. Überlieferungen zurück, gehören zu den Sagenstoffen, die die unteren Rangstufen der Barden besangen und enthalten bunte Phantastik und viele mag. Elemente. Hauptfigur der 4 Zweige ist Pryderi, Sohn des Fürsten Pwyll von Dyfed (Pembrokeshire), dessen Geburt, Schicksal, Taten u. Tod breit u. unter Einbeziehung kelt. Göttersagen berichtet werden. Nur diese 4 Erzählungen sind in der Handschrift mit M. signiert, die engl. Übersetzerin, Lady Guest, übertrug jedoch den Namen auf alle 11 in der Sammlung enthaltenen Erzählungen. 3 weitere der Sagen gehen auf Quellen zurück, die in Frankreich aufgrund walis. Materials zusammengestellt wurden: ›Peredur‹, ›The Lady of the Fountain‹, ›Geraint ac Enid‹. Die märchenhafte Erzählung ›Culhwch und Olwen‹ fußt auf e. Artussage aus Südwales; Artus erscheint in ihr als e. mit mag. Kräften ausgestatteter Feenkönig. Die beiden Erzählungen ›Breuddwyd Macsen‹ und ›Lludd and Llefelys‹ beruhen auf Stoffen, die die Grundlage von Geoffrey of Monmouths Artusroman bilden, sie wurden durch mündl. Überlieferung ergänzt. Nach 1160 entstand ›Breuddwyd Rhonabwy‹, e. nach dem Muster der Artusromane gestaltete, jedoch im Stoff von ihnen unabhängige Erzählung. Die Zusammenstellung der Erzählungen erfolgte wahrscheinl. um 1100 durch die Normannen, die die märchenhaften Erzählungen der Briten sammelten. Bei der Sammlung handelt es sich zwar nicht um die älteste, jedoch um die erste künstler. Prosa in kymr. Sprache.

A: J. Rhys, J. G. Evans 1887; L. Mühlhausen 1925; I. Williams 1930. – *Übs.:* engl. Ch. Guest VII 1838–49; T. P. Ellis, J. Lloyd II 1929; G. Jones, Th. Jones, rev. 1974; J. Gantz, 1976; d. M. Buber ³1966 (nach Loth).

L: R. Zenker, D. M.-Frage, 1912; R. S. Zoomis, Wales and the Arthurian Legend, 1956; ders., 1959; P. MacLana, 1977; 150 Jahre ›M.‹: Dt.-walis. Kulturbeziehungen, hg. B. Maier, S. Zimmer, C. Batke 2000.

Mabuchi → Kamo no Mabuchi

Mac... → Mc

McAlmon, Robert (Menzies), amerik. Schriftsteller, 9. 3. 1896 Clifton/KS – 2. 2. 1956 Hot Springs/CA. Mit W. C. Williams Hrsg. der Zs. ›Contact‹ in New York; Übersiedlung nach London, dann Paris, dort als Zsn.-Hrsg. und Mitinhaber zweier Kleinverlage Förderer anglo-amerik. Emigrantenlit. (Hemingway, G. Stein, Pound u. a.), Freundschaft mit J. Joyce. – Führende Gestalt der ›Lost Generation‹ der 20er Jahre in Paris. Vf. imagist. Lyrik in freien Rhythmen. In s. Erzählprosa von außergewöhnl. poet. Dichte thematisiert M. Stationen s. Exils sowie den bedrükkenden Einfluß s. amerik.-dörfl. Enge auf s. Kindheit.

W: Explorations, G. 1921; A Hasty Bunch, Kgn. 1922; A Companion Volume, Kgn. 1923; Post-Adolescence, R. 1923; Village, R. 1924; The Portrait of a Generation, G. 1926; North America, Continent of Conjecture, G. 1929; Not Alone Lost, G. 1937; Being Geniuses Together, Aut. 1938; There Was a Rustle of Black Silk Stokkings, Kgn. 1963; M. and the Lost Generation, Aut. Sk. hg. R. E. Knoll ²1976.

L: R. E. Knoll, 1957; S. J. Smoller, Adrift Among Geniuses, 1975.

McAuley, James Phillip, austral. Lyriker, 12. 10. 1917 Lakemba/New South Wales – 15. 10. 1976 Hobart/Tasmanien. Ab 1961 Engl.-Prof. Univ. Tasmania; Lit.kritiker. – Bekannt zuerst durch Satiregedichte auf Modernismus (zusammen mit H. Stewart unter Ps. Ern Malley publiziert). Konservativer, klassizist. Lyriker.

W: Under Aldebaran, G. 1946; A Vision of Ceremony, G. 1956; Collected Poems, 1971; Sex and Love in Literature, St. 1972; The Grammar of the Real, Selected Prose 1959–74, Ess. 1976.

L: P. Coleman, 1980; L. McCredden, 1992; C. Pybus, 1999; M. Ackland, 2001.

Macaulay, Rose, engl. Romanschriftstellerin, Dichterin und Kritikerin, 1. 8. 1881 Rugby – 30. 10. 1958 London. Vater Dozent in Cambridge. Verbrachte e. großen Teil ihrer Kinderjahre in Italien; Stud. Oxford, im 1. Weltkrieg Arbeit als Krankenschwester und im Kriegsministerium. Gehörte zur Bloomsbury-Group. 1958 Ernennung zur D. B. E. – Vf. von Romanen, Reiseberichten, lit.krit. Essays, Biographien und Gedichten. Übt in ihren Romanen scharfe Zeit- und Gesellschaftskritik, bes. an engl. Mißständen, aber auch allg. am Kulturoptimismus, und Fortschrittsglauben. Ihre von e. liberalen Sozialethos und dem Feminismus geprägten Entwürfe neuer Frauenrollen kritisieren tradierte Geschlechternormen; ›Non-Combatants and Others‹ ist e. frühes Beispiel e. Anti-Kriegsromans aus feminist. Perspektive.

W: The Valley Captives, R. 1911; The Two Blind Countries, G. 1914; Non-Combatants and Others, R. 1916; Three Days, G. 1919; Potterism, R. 1920; Dangerous Ages, R. 1921 (d. 1932); Mystery at Geneva, R. 1922; Told by an Idiot, R. 1923; Orphan Island, R. 1924; A Casual Commentary, St. 1925; Crewe Train, R. 1926 (Irrwege, d. 1928); Poems, 1927; Keeping Up Appearances, R. 1928; Staying with Relations, R. 1930; Some Religious Elements in English Literature, Es. 1931; They Were Defeated, R. 1932; J. Milton, B. 1934; Going Abroad, R. 1934; I Would Be Private, R. 1937; The Writings of E. M. Forster, St. 1938; And No Man's Wit, R. 1940; Life among the English, Es. 1942; Critical and Historical Essays, 1946; They Went to Portugal, Reiseb. 1946; The World My Wilderness, R. 1950; The Fabled Shore, Reiseb. 1950; Caroline, R. 1952; The Pleasure of Ruins, R. 1953 (Zauber der Vergänglichkeit, d. Ausw. 1966); The Towers of Trebizond, R. 1956 (Tante Dot, das Kamel und ich, d. 1958); Letters to a Friend, 1962; Last Letters to a Friend, 1963; Letters to a Sister, 1964.

L: A. R. Bensen, 1969; C. Smith, 1972; J. Pasky, 1988; J. Emery, 1991.

Macaulay, Thomas Babington, Lord of Rothley, engl. Historiker, Staatsmann, Essayist und Dichter, 25. 10. 1800 Rothley Temple/Leicestershire – 28. 12. 1859 Kensington/London. Sohn e. reichen Kaufmanns, der sich als Gouverneur von Sierra Leone für die Abschaffung des Sklavenhandels einsetzte. Stud. Cambridge. Jurist. Laufbahn, 1826 Advokat, schrieb seit 1825 zahlr. ausgezeichnete Beiträge für die ›Edinburgh Review‹. S. glänzender Essay über Milton machte ihn schlagartig berühmt. Ab 1830 Parlamentsmitgl., setzte sich für die Wahlrechtsreform ein. 1834 in den Supreme Council von Indien berufen; von s. Rückkehr nach England 1838–47 wieder im Parlament; 1839–41 Kriegsminister, danach Aufnahme der Arbeit an s. großen Geschichte Englands. 1857 geadelt. – Führender Historiker der viktorian. Zeit. S. hervorragenden redner. Fähigkeiten, die sich auch im klaren, markanten Stil s. Essays zeigen, erregten großes Aufsehen bei den Zeitgenossen. Begann s. lit. Laufbahn mit Nachdichtungen altröm. Legenden in Balladenform. S. lit. Ruf gründet sich auf die hervorragenden Essays und das Geschichtswerk, das s. große Belesenheit zeigt und ausgezeichnete Beschreibungen und Charakterbilder gibt. Schrieb auch versch. Beiträge für die ›Encyclopaedia Britannica‹. Bürgerl.-liberale Denkweise.

W: The Lays of Ancient Rome, G. 1842 (d. F. Bülau 1853); Critical and Historical Essays, III 1843 (hg. F. C. Montague III 1903; d. VIII 1853, Ausw. 1924); History of England from the Accession of James II., V 1849–61 (n. C. H. Firth VI 1913–15, H. R. Trevor-Roper 1968; d. F. Bülau V 1849–61, F. Paret IX 1850–61, W. Beseler VII ⁵1863); Speeches, II 1853 (d. F. Bülau II 1854). – Works, hg. Lady Trevelyan VIII 1866, IX 1905–07; Prose and Poetry, hg. G. M. Young, 1968; Letters, hg. Th. Pinney VI 1974–81. – *Übs.:* Werke, XXV 1860f.

L: G. O. Trevelyan, II 1876 (d. II ²1883); A. Bryant, 1932; R. C. Beatty, 1938; C. H. Firth, A Commentary on M.'s History, 1938, n. G. Davies 1964; J. R. Griffin, 1964; G. L. Levine, The Boundaries of Fiction, 1968; J. Millgate, 1973; J. Clive, 1973; J. Hamburger, M. and the Whig Tradition, 1976; M. Cruikshank, 1978; N. Kinne, 1979.

McBain, Ed → Hunter, Evan

MacBeth, George, schott. Dichter u. Schriftsteller, 19. 1. 1932 Shotts/Lanarkshire – 16. 2. 1992 Cuam/County Galway, Irland. Nach rheumat. Fieber mit 12 Jahren Invalide. Stud. Klass. Sprachen in Oxford, bis 1970 Redakteur für Lit. und Kunst bei der BBC. In den 1960er Jahren Mitgl. der experimentellen Dichtervereinigung ›The Group‹, die für e. naturnahe, drast. und harte Sprache plädierte. – Neben s. Tätigkeit als Hrsg. und Romanautor v. a. als Dichter bekannt. Frühe Gedichte geprägt von Krieg, Gewalt, Sex und Tod. Vitale, teilweise makabre Bildsprache und phantast. Elemente. Spätere Texte verzichten auf Exzesse, sind schlichter und von nachdenkl., leisen Tönen bestimmt.

W: A Form of Words, G. 1954; The Broken Places, G. 1963; The Night of Stones, G. 1968; A War Quartet, G. 1969; The Burning Cone, G. 1970; The Orlando Poems, G. 1971; Shrapnel, G. 1973; A poet's Year, G. 1974; The Samurai, R. 1976; The Seven Witches, R. 1978; Poems for Breathing, G. 1979; Poems of Love and Death, G. 1980; Anna's Book, R. 1983; A Child of the War, G. 1987; Anatomy of a Divorce, G. 1988; Collected Poems 1958–1982, G. 1989; Another Love, R. 1990; The Testament of Spenver, R. 1992.

McCabe, Patrick, ir. Romanschriftsteller, * 27. 3. 1955 Clones/Monaghan. Sonderschullehrer, lebt in England. Auseinandersetzung mit den kulturellen Umbrüchen in Irland seit den 70er

Jahren sowie mit der Enge u. Heuchelei des traditionellen ir. Kleinstadtlebens. Bedient sich einer drastischen, dem Alltagsslang angenäherten Sprache. Bekanntester Roman ist ›Butcher Boy‹ (Booker Prize Shortlist).

W: Music on Clinton Street, R. 1986; Carn, R. 1989; Butcher Boy, R. 1992 (²1995); Psychobilly, Dr. 1994; The Dead School, R. 1995 (Von Hochzeit u. Tod des Schulmeisters Raphael Bell, d. 1996); Mondo Desperado, R. 2000 (Phildy Hackballs Universum, d. 2001).

MacCaig, Norman, schott. Lyriker, 14. 11. 1910 Edinburgh – 23. 11. 1996 ebda. Stud. der klass. Philol., Lehrer und Universitätslektor in Edinburgh und Stirling. – Einfluß der engl. Metaphysical Poets und von Wallace Stevens. S. Hauptthemen sind Landschaft und Natur sowie die Grenzen von Sprache und Erkenntnis. Bilderreiche Sprache; Frühwerk von komplexen Metaphern geprägt. Zunehmende Tendenz zum Persönl. in der Darstellung subjektiv erlebter Ereignisse und konkreter Wahrnehmungen. Die späten Gedichte zeigen e. pessimist. Weltsicht; melanchol. Stimmung, Kritik an relig. und philos. Metakonzepten, Ablehnung von Mythologisierung und allg.gültigen Erklärungsmustern. Dagegen setzt M. das bewußte Erlebnis des Moments. In den späten Gedichten entwickelt M. e. neuen Realismus und sprachskept. Tenor: präzise Wiedergabe und detailgetreue Nachbildung des Gesehenen; emotionale Zurückhaltung.

W: Far Cry, G. 1943; The Inward Eye, G. 1946; Riding Lights, G. 1955; The Sinai Sort, G. 1957; A Common Grace, G. 1960; A Round of Applause, G. 1962; Measures, G. 1965; Surroundings, G. 1966; Rings on a Tree, G. 1968; A Man in My Position, G. 1969; Selected Poems, 1971; The White Bird, G. 1973; The World's Room, G. 1974; Tree of Strings, G. 1977; Old Maps and New, G. 1978; The Equal Skies, G. 1980; A World of Difference, G. 1983; Collected Poems, G. 1985, 1990 u. 1997; Voice Over, G. 1988.

L: E. Frykman, ›Unemphatic Marveis‹, 1977; J. Hendry, R. Ross, 1990; A. Dagott-Reinhardt, 1992; M. MacNeill, 1996.

McCarthy, Cormac (eig. Charles McCarthy, Jr.), amerik. Erzähler, * 20. 7. 1933 Providence/RI. Ir.-kathol. Abstammung. – In der Tradition der ›Southern Gothic‹ (Faulkner, McCullers, O'Connor) stehend, erzählt M. in poet. Sprache von Außenseitern, Kriminellen u. Abenteurern im Kampf gegen gesellschaftl. Mißstände; ›All the Pretty Horses‹ spielt im mexikan.-amerik. Grenzgebiet als Western u. Love Story mit Rachehandlung.

W: The Orchard Keeper, R. 1965; Outer Dark, R. 1968 (d. 1994); Child of God, R. 1974; Suttree, R. 1979 (Verlorene, d. 1992); Blood Meridian, R. 1985 (Die Abendröte im Westen, d. 1996); The Border Trilogy: All the Pretty Horses, R. 1992 (d. 1993), The Crossing, R. 1994 (d. 1995), Cities of the Plain, R. 1998 (Land der Freien, d. 2001); The Stonemason, Dr. 1994; The Gardener's Son, Drb. 1996.

L: V. Bell, 1988; E. T. Arnold, hg. 1992, 2000, 2001; D. C. Luce, E. T. Arnold, hg. 1993; W. H. Hall, R. Wallach, hg. 1995; R. L. Jarrett, 1997; E. T. Arnold, 1999; B. Owens, 2000; R. Wallach, 2000; G. Guillemin, 2000; H. Bloom, hg. 2002; D. Holloway, 2002; J. D. Lilley, hg. 2002; C. Chollier, hg. 2003.

McCarthy, Mary Therese, amerik. Schriftstellerin, 21. 6. 1912 Seattle/WA – 25. 10. 1989 New York. Stud. alte und neue Lit. Vassar, e. Zeitlang Lehrerin; anfangs Kommunistin; langjährige Theaterkritikerin der ›Partisan Review‹; ∞ Edmund Wilson (o|o). – Vf. iron.-realist. Erzählungen, Kurzgeschichten und Romane mit gesellschaftskrit. Tendenz; geistreiche und scharfsinnige Kritik in brillantem Stil; bedeutende polit. Essayistik (Vietnam!) in der amerik. Protest-Tradition. Ihr bekanntestes Werk ›The Group‹ schildert in satir. und autobiograph. Manier Berufs- und Eheschicksale von acht Vassar-Absolventinnen im New York der 30er Jahre.

W: The Company She Keeps, Kgn. 1942 (Sie und die anderen, d. 1965); The Oasis, E. 1949 (d. 1965); A Source of Embarrassment, R. 1950; Cast a Cold Eye, Kgn. 1950; The Groves of Academe, R. 1952; A Charmed Life, R. 1955 (Der Zauberkreis, d. 1966); Sights and Spectacles, Ess. 1956; Venice Observed, Ess. 1956 (d. 1968); Memories of a Catholic Girlhood, Aut. 1957 (d. 1966); The Stones of Florence, Ess. 1959 (d. 1960); On the Contrary, Ess. 1961; The Writing on the Wall, Ess. 1962 (Ein Blitz aus heiterem Himmel, d. 1970); Theatre Chronicles 1937–62, 1963; The Group, R. 1963 (Die Clique, d. 1964); The Humanist in the Bathtub, Ess. 1964; Report from Vietnam, Ber. 1967 (d. 1967); Hanoi 1968, Ber. 1968 (d. 1968); Birds of America, R. 1971 (Ein Sohn der Neuen Welt, d. 1972); Medina, Ber. 1972 (d. 1973); The Mask of State: Watergate Portraits, Ber. 1974; Cannibals and Missionaries, R. 1979 (d. 1981); Ideas and the Novel, St. 1980; The Hounds of Summer, Ess. 1984; Occasional Prose, 1985; How I Grew, Aut. 1987; Intellectual Memoirs: New York, 1936–1938, Aut. 1992; And no bird sang, R. 1997 (d. 1998). – The Seventeenth Degree, Bere. 1974; Between friends. The correspondence of Hannah Arendt and M. McC. 1949–1975, hg. C. Brightman 1995 (Im Vertrauen, d. 1995).

L: H. Heißenbüttel, 1964; D. Grumbach, The Company She Kept, 1967; B. McKenzie, 1967; I. Stock, 1969. – Bibl.: S. E. Goldman, 1971; F. Bondy, 1989; C. Gelderman, 1991; C. Brightman, 1992; J. Bennett, G. Hochmann, 1992; F. Kiernan, 2000.

Ma Chih-yüan → Ma Zhiyuan

McClure, Michael, amerik. Schriftsteller, * 20. 10. 1932 Marysville/KS. Lebt seit 1953 in San Francisco, seit 1962 Prof., California College of Arts and Crafts. – Von Artaud und Olson beeinflußter Lyriker im Umkreis der ›San Francisco

Renaissance‹; Suche nach transzendentaler Körpererfahrung in sehr persönl. Liebesgedichten; Protest gegen Erlebnis- und Sprachschemata durch gewollte Obszönität und stilist. Experimente; Angriffe auf die kriegslüsterne Staatsmaschinerie. Auch Romane sowie Dramen von provokativem Erotismus.

W: Passage, G. 1956; For Artaud, G. 1959; Hymns to St. Geryon, G. 1959; The New Book and A Book of Torture, G. 1961; Scratching the Beat Surface, Ess. 1962; Meat Science Essays, Ess. 1963; Ghost Tantras, G. 1964; Poisoned Wheat, G. 1965; The Beard, Dr. 1965; Thirteen Mad Sonnets, 1965 (d. 1982); Dark Brown, G. 1967 (d. 1970); The Sermons of Jean Harlow & the Curses of Billy the Kid, G. 1968; Little Odes, G. 1969 (m. The Raptors, Dr.); Star, G. 1970; The Adept, R. 1971; The Mammals, G. 1972 (d. 1984); Rare Angel, G. 1974 (d. 1987); September Blackberries, G. 1974; Jaguar Skies, G. 1975 (d. 1982); Gorf, Dr. 1976; Antechamber, G. 1978; Josephine, the Mouse Singer, Adaption 1980; Directions, Dr. 1980; Scratching the Beat Surface, Ess. 1982; Fragments of Perseus, G. 1983; Rebel Lions, G. 1991; Lighting the Corners on Nature, Art, and the Visionary: Essays and Interviews, 1993; Simple Eyes and Other Poems, 1994; Rain Mirror, G. 1999; Touching the Edge, G. 1999. – Selected Poems, 1986.

L: Bibl.: M. Clements, 1965.

McCourt, Frank, ir.-amerik. Schriftsteller, * 19. 8. 1930 Brooklyn. Lehrer in New York. Seine bewegend und humorvoll erzählten Erinnerungen an Kindheit und Jugend im Limerick der 30er und 40er Jahre, geprägt von bitterer Armut, Alkoholismus und Bigotterie (›Angela's Ashes‹), waren ein internationaler Erfolg. Weniger erfolgreich die Fortsetzung ›'Tis‹.

W: Angela's Ashes: A Memoir, Aut. 1996 (Die Asche meiner Mutter, d. 1996); 'Tis: A Memoir, Aut. 1999 (Ein rundherum tolles Land, d. 1999).

McCrae, Hugh Raymond, austral. Dichter, 4. 10. 1876 Hawthorn/Melbourne – 17. 2. 1958 Sydney. Lebte in Camden und Sydney. – Leitet die mod. austral. Dichtung ein; von den Präraffaeliten beeinflußt. S. frühe Dichtung erweckte Satyrn, Nymphen, Faune u. a. Motive der griech. Mythologie zum Leben; griff auch ma. Legenden und schott. Balladenstoffe auf. Daneben zarte Liebeslyrik.

W: Satyrs and Sunlight, G. 1911; Colombine, G. 1920; Idyllia, G. 1922; The Mimshi Maiden, G. 1938; Poems, G. 1939; Voice of the Forest, G. 1945; Storybook Only, Kgn. 1948; The Ship of Heaven, Dr. 1951; The Best Poems, 1961; The Letters, hg. R. D. Fitzgerald 1970.

McCullers, Carson (Smith), amerik. Erzählerin, 19. 2. 1917 Columbus/GA – 29. 9. 1967 Nyack/NY. Ging mit 17 Jahren nach New York, 1935/36 Stud. ebda., hatte versch. Stellungen inne und begann zu schreiben; schaffte mit dem Bestseller ›The Heart Is a Lonely Hunter‹ den Durchbruch zu Erfolg und Ruhm; 1937 ∞ Reeves McCullers, von dem sie sich 1940 wieder scheiden ließ; Zugehörigkeit zur Künstlerkommune ›February House‹ in Brooklyn; ∞ 1945 zum 2. Mal R. McCullers (Selbstmord 1953), mit dem sie meist in Europa (Paris) lebte; nach mehreren Schlaganfällen seit 1946 teilweise gelähmt; verbrachte die letzten Jahre ans Haus gefesselt, von Freunden umgeben (T. Capote, T. Williams), in Nyack/NY. – Sensible Erzählerin psycholog. Romane und Kurzgeschichten voll poet. Schwermut, aber auch Melodramen vor dem meist urbanen Hintergrund des hochsommerl. amerik. Südens. Grundthema der Einsamkeit und Kommunikationslosigkeit des heutigen Menschen, bes. der Unmöglichkeit erwiderter Liebe, die symbolhaft an absonderl. Charakteren demonstriert wird. Strenge, fast musikal. Textkomposition, lyr., bildhafte Prosa. Bes. erfolgr. die Initiationsromane ›The Heart Is a Lonely Hunter‹ und ›The Member of the Wedding‹; ›The Ballad of the Sad Café‹ u. ›Reflections in a Golden Eye‹ formal bes. geglückte, stark psychoanalyt. geprägte ›romances‹ von frustrierter Liebe; ›Clock without Hands‹ über die existentialist. verstandene Frage des gelebten Lebens vor dem Hintergrund der Bürgerrechtsbewegung im amerik. Süden. Doch wirkt gerade in diesem Werk der Hang der Vf. zur didakt. Allegorie aufdringlich. Der Ökonomie der Mittel entspricht eine gewisse themat. Beschränktheit. Der nihilist. Resignation des ›to endure‹ steht keine hoffnungsvollere Botschaft gegenüber.

W: The Heart Is a Lonely Hunter, R. 1940 (d. 1950); Reflections in a Golden Eye, R. 1941 (d. 1958, auch u. d. T. Der Soldat und die Lady); The Member of the Wedding, R. 1946, Dr. 1951 (Das Mädchen Frankie, d. 1947); The Ballad of the Sad Café, R. 1951 (d. 1954); The Novels and Stories, 1951; The Square Root of Wonderful, Dr. 1958; Clock without Hands, R. 1961 (d. 1962); The Mortgaged Heart, En. u. Ess. 1971. – Übs.: Werke, VIII 1974; Sämtl. Erzählungen, 1970.

L: H. Taylor, 1960; O. Evans, 1965 (d. 1970); L. Graver, 1969; D. Edmonds, 1969; Über C. McC., hg. G. Haffmans 1974; R. M. Cook, 1975; V. S. Carr, 1975; M. L. B. MacDowell, 1980; V. S. Carr, 1990; E. Wirsch-Kling, 1993; J. G. James, 1995; C. L. Dews, 1999; ders., 2002.

McCullough, Colleen, austral.-amerik. Erzählerin, * 1937 Wellington/Neuseeland. Studierte in Sydney, England u. Yale; 1967–76 Neurophysiologie in Yale, lebt heute auf Norfolk Island. – Welterfolg mit der Familien-Saga ›The Thorn Birds‹.

W: Tim, R. 1974 (d. 1981); The Thorn Birds, R. 1977 (d. 1982); An Indecent Obsession, R. 1981 (Ein anderes Wort für Liebe, d. 1982); A Creed for the Third Millennium, R. 1985 (Credo, d. 1986); The Ladies of Missalonghi, R. 1986 (d. 1987); The First Man in Rome, R. 1990 (Macht und die Liebe, d. 1990); The Grass Crown, R. 1991 (d. 1993); Fortune's Favourites, R. 1993 (d. 1995); Caesar's Women, R. 1995 (d. 1996); Caesar, R. 1997 (Rubikon, d. 1998); Song of Troy, R. 1998 (d. 2000); Morgan's Run, R. 2000 (Insel der Verlorenen, d. 2003); October Horse, R. 2002.

L: M. J. Demarr, 1996.

MacDiarmid, Hugh (eig. Christopher Murray Grieve), schott. Lyriker, Satiriker, Essayist und Kritiker. 11. 8. 1892 Langholm/Dumfriesshire – 9. 9. 1978 Edinburgh. Stud. Edinburgh. Teilnehmer am 1. Weltkrieg. ∞ 1932 Valda Trevlyn (2. Ehe). 1957 Dr. h. c. Edinburgh. Mitbegründer der schott. Nationalpartei und Gründer des schott. PEN-Klubs. Großer Bewunderer Lenins. – Als Dichter führend in der schott. lit. Renaissance, gab Dialektdichtung wieder künstler. Niveau. Entwickelte synthet. Schottisch, um typ. Bilder aufzurufen u. so zur Einheit e. schott. Kultur beizutragen.

W: Contemporary Scottish Studies, St. 1924; Sangschaw, G. 1925; Penny Wheep, G. 1926; A Drunk Man Looks at the Thistle, G. 1926; Albyn, or, Scotland and the Future, St. 1927; To Circumjack Cencrastus, G. 1930; First Hymn to Lenin, G. 1932; Scots Unbound, G. 1932; At the Sign of the Thistle, St. 1934; Stony Limits, G. 1934; Scottish Eccentrics, St. 1936; Lucky Poet, Aut. 1943; A Kist of Whistles, G. 1947; In Memoriam J. Joyce, St. 1955; Three Hymns to Lenin, G. 1957; The Company I've Kept, Aut. 1962; The Fire of the Spirit, G. 1965; A Lap of Honour, G. 1967; Selected Essays, hg. D. Glen, 1969; A Clyack Sheaf, G. 1969; Anthology, hg. M. Grieve 1972; Lucky Poet, Aut. 1972. – Complete Poems, hg. M. Grieve, W. R. Aitken 1978; The Letters, hg. A. Bold 1984. – *Übs.:* Ein Wind sprang auf, Ausw. 1968; Die hohe Felsenküste, G. 1970.

L: H.-M.-Fs., hg. K. D. Duval, S. G. Smith 1962; K. Buthlay, 1964; H. M. u. D. Glen, 1970; D. Glen, hg. 1972; The Age of M., hg. P. H. Scott, A. C. Davis 1980; K. Buthlay, 1982; A. Bold, The Terrible Crystal, 1983.

McDonagh, Martin, engl. Dramatiker ir. Abstammung, * 26. 3. 1970 London. – Meistgespielter Vertreter der brit. ›In-Yer-Face‹-Dramatiker. In s. formal konventionellen Dramen verbinden sich Einflüsse J. M. Synges, Becketts und Q. Tarantinos zu e. explosiven, unterhaltsamen u. aufschreckenden Mischung. Meist im abgeschiedenen ir. Westen angesiedelt, wo die traditionellen Werte korrodieren, gipfelt die Suche der selbstzentrierten Figuren nach Anerkennung und Liebe in grotesken Gewaltexzessen. Eingerahmt von kom.-lapidaren Alltagsdialogen werden Selbst-, Vater- und Muttermord zur Normalität. In ›The Lieutenant of Inishmore‹ vermischt sich die absurde Gewalt des dörfl.-familiären Mikrokosmos mit der terrorist. Splittergruppen.

W: The Beauty Queen of Leenane, 1996; A Skull in Connemara, 1997; The Lonesome West, 1997 (alle in: Plays 1. The Leenane Trilogy, 1999); The Cripple of Inishmaan, 1997; The Lieutenant of Inishmore, 2001; The Pillowman (2003).

MacDonagh, Thomas, ir. Dichter und Kritiker, 1. 2. 1878 Cloughjordan/Tipperary – 3. 5. 1916 Dublin. Aus Lehrerfamilie; selbst zunächst Lehrer, später Dozent für Lit. Univ. College Dublin. Lernte auf den Aran-Inseln die gäl. Sprache. Während des Osteraufstandes Mitgl. der Exekutive der ir.-republikan. Streitkräfte, deshalb nach dem Aufstand von den Engländern hingerichtet. – Vorkämpfer für ir. Kultur, gehörte zur ir. lit. Renaissance-Bewegung. S. vielfach balladeske u. humorvolle, oft auch patriotische Lyrik ist u. a. von Walt Whitman beeinflußt. Auch Lit.-kritiker.

W: Through the Ivory Gate, G. 1902; April and May, G. 1903; The Golden Joy, G. 1906; Songs of Myself, G. 1910; Lyrical Poems, 1913; Thomas Campion, St. 1913; Literature in Ireland, St. 1916. – Poetical Works, 1917.

L: E. W. u. A. W. Parks, 1967; J. A. Norstedt, 1980.

Macdonald, Alexander (Alasdair Mac Mhaighstir Alasdair), schott.-gäl. Dichter, um 1695 – um 1770. – Bedeutendster schott. Lyriker des 18. Jh. Schrieb Liebeslyrik, patriot. Lieder und Dichtungen über seine schott. Heimat. Verfaßte 1741 ein gäl.-engl. Wörterbuch.

W: Ais-eiridh na Sean Chanain Albannaich, G. 1751. – The Poems, hg. A. MacDonald 1924; Selected Poems, hg. D. S. Thomson, 1996.

L: R. Black, 1986.

MacDonald, George, schott. Romanschriftsteller und Lyriker, 10. 12. 1824 Huntly/Aberdeenshire – 18. 9. 1905 Ashstead. Sohn e. Landwirts. Stud. Aberdeen und London. Zunächst Geistlicher in Arundel u. 1850–56 Manchester, nach wenigen Jahren Rücktritt, teils aus Gesundheitsgründen, teils wegen theol. Konflikte. Zog als freier Schriftsteller nach London. Freund von L. Carroll u. Ruskin. Verbrachte s. letzten Jahre meist in Bordighera/Italien. – Vf. von Gedichten, Romanen und reizvollen, originellen Kinderbüchern mit erzähler. und dramat. Fähigkeiten, Einsicht in das Leben, Einfühlungsfähigkeit, Humor. Schilderte schott. ländl. Leben, schrieb vielfach im schott. Dialekt.

W: Within and Without, G. 1855; Poems, 1857; Phantastes, a Faerie Romance, 1858; David Elginbrod, R. III 1863; Alec Forbes, R. III 1865; The Disciple, G. 1867; Robert Falconer, R. III 1868; At the Back of the North Wind, Kdb. 1871; The Princess and the Goblin, Kdb. 1872; The Princess and Curdie, Kdb. 1873; The Marquis of Lossie, R. 1877; Sir Gibbie, R. 1879 (n. 1967); The Diary of an Old Soul, G. 1880; Lilith, R. 1895 (d. 1977). – Works, X 1871; Poet. Works, II 1893; Anthology, hg. C. S. Lewis 1946.

L: J. Johnson, 1906; G. M. Macdonald, 1924; R. L. Wolff, The Golden Key, 1961; R. H. Reis, 1972; W. Raeper, 1987; D. Holbrook, 2000. – *Bibl.:* J. M. Bulloch, 1925; R. B. Shaberman, 1980.

Macdonald, Ross (eig. Kenneth Millar), amerik. Romanautor, 2. 6. 1915 Los Gatos/CA – 11. 7. 1983 Santa Barbara/CA. In kanad. Schulen erzogen; nach ausgedehnten Reisen in Europa Stud. Univ. Michigan (1951 Ph. D.), Volksschul-, danach Collegelehrer; ∞ 1938 die spätere Romanautorin Margaret Millar. – Vf. anspruchsvoller erfolgr. Detektivromane aus dem West-Coast-Milieu in der Nachfolge D. Hammetts und R. Chandlers, unter deren zahlr. Nachahmern er e. der wenigen ist, die den Vergleich mit diesen klass. Vorbildern nicht zu scheuen brauchen. Sein ›private eye‹ Lew Archer, längst so berühmt wie Sam Spade oder Philip Marlowe, deckt in Erledigung s. Aufträge unwillentl. immer auch makabre Formen moral. Schuldzusammenhänge hinter der polierten Fassade e. Welt von neureichen ›business tycoons‹ auf.

W: The Dark Tunnel, 1944 (u. d. T. I Die Slowly, 1955); Trouble Follows Me, 1946; Blue City, 1947 (d. 1985); The Moving Target, 1949 (d. 1954, u. d. T. Reiche sterben auch nicht anders, 1970); The Drowning Pool, 1950 (d. 1955, u. d. T. Kein Öl für Mrs. Slocum, 1970); The Way Some People Die, 1951 (d. 1955, u. d. T. Tote ertrinken nicht, 1969); The Ivory Grin, 1952 (d. 1954); Meet Me at the Morgue, 1953 (d. 1969); Find a Victim, 1954 (Anderer Leute Leichen, d. 1977); The Name I Archer, Kgn. 1955; The Barbarous Coast, 1956 (d. 1966); The Doomsters, 1958 (Schuldkonto Vergangenheit, d. 1960); The Galton Case, 1959 (Ein schwarzes Schaf verschwindet, d. 1964); The Ferguson Affair, 1960 (d. 1963); The Zebra-Striped Hearse, 1962 (Camping im Leichenwagen, d. 1965); The Chill, 1964 (Gänsehaut, d. 1966); The Far Side of the Dollar, 1965 (d. 1971); Black Money, 1966 (Geld zahlt nicht alles, d. 1968); The Instant Enemy, 1968 (Durchgebrannt, d. 1970); The Goodbye Look, 1969 (Geld kostet zuviel, d. 1970); The Underground Man, 1971 (d. 1973); Sleeping Beauty, 1973 (Dornröschen, d. 1975); On Crime Writing, Es. 1973; The Blue Hammer, 1976 (d. 1978); Lew Archer, Private Investigator, Kgn. 1977; Ceaselessly into the Past, Aut. 1982; Strangers in Town: Three Newly Discovered Stories, 2001. – *Übs.:* Der Drahtzieher, Kgn. 1983; Einer lügt immer, Kgn. 1983.

L: P. Wolf, Dreamers Who Live Their Dreams, 1976; J. Speir, 1978. – *Bibl.:* M. J. Bruccoli, 1971; ders., 1983; R. E. Skinner, Hard-Boiled Explicator, 1985; J. H. Mahan, 1990; B. A. Schopen, 1990; M. S. Weinkauf, 1994; T. Nolan, 1999; R. L. Gale, 2002.

Macedo, Joaquim Manuel de, brasilian. Erzähler, Dramatiker und Lyriker, 24. 6. 1820 São João do Itaboraí/Rio de Janeiro – 11. 4. 1882 Rio. Arzt, Abgeordneter u. Geschichtswissenschaftler. – E. der fruchtbarsten brasilian. Autoren des 19. Jh., romant.-gefühlvoll, melodramat., erzählt in ›A Moreninha‹ e. Liebesgeschichte zwischen e. jungen Schwarzen u. e. weißen Medizinstudenten, vom trotz Unabhängigkeit weiterhin kolonial geprägten Rio (1915 verfilmt). Gilt als Vorläufer des Romans.

W: A Moreninha, R. 1844 (n. 1952); O moço louro, R. 1845; Os dois amores, R. 1848; Rosa, R. 1849; O Cego, Dr. 1849; Vicentina, R. III 1853; O Forasteiro, R. 1855; A carteira de meu tio, R. 1855; A Nebulosa, G. 1857; Romances da semana, R. 1861; Lusbela, Dr. 1863; O Rio do Quarto, R. 1869; A baronesa do amor, R. 1876; Memórias da Rua do Ouvidor, Chronik 1966; As mulheres de mantilha, R. 1988. – Teatro, III ^{2}1895; Quatro Romances, 1945.

L: A. Cândido, 1959; F. Süssekind, 1990.

Macedo, José Agostinho de, portugies. Dichter, Schriftsteller und Prediger, 11. 9. 1761 Beja – 2. 10. 1831 Pedroucos/Lissabon. Sohn e. Goldschmieds, Stud. Lissabon, 1778 Profeß (Augustiner), 1792 wegen ungezügelten Lebens ausgestoßen, Dispens durch die Kurie. – Trotz der turbulenten, skandalerfüllten Existenz e. der bedeutendsten Kanzelredner der Zeit, auch bei Hofe; pamphletist.-satir. polem. Schriften gegen die Liberalen, Bocage, Garrett; offizieller Bücherzensor, Mitglied der Nova Arcádia u. der Arcadia in Rom. Neoklassizist ohne bes. poet. Begabung; gedachte Camões als Ependichter zu überflügeln. Von der Aufklärung beeinflußt, schwankende Haltung in den polit.-geistigen Kämpfen s. Epoche.

W: O Gama, Ep. 1811 (umgearbeitet u. d. T. O Oriente, II 1814); Motim Literário em forma de Solilóquios, Schr. IV 1811; Newton, G. 1813 (umgearbeitet u. d. T. Viagem Extática ao Templo da Sabedoria, 1830); A Meditação, G. 1813; Cartas Filosóficas a Ático, Schr. 1815; A Besta Esfolada, Schr. 1828–29; O Desengano, Schr. 1830f.; A Natureza, G. 1846; A Criação, G. 1865. – Cartas e Opúsculos, hg. T. Braga 1900.

L: J. F. da Silva, 1899; Castelo Branco Chaves, 1932; C. Olavo, 1939; A. C. Rocha, 1965.

Macedonski, Alexandru, rumän. Dichter, 14. 3. 1854 Bukarest – 24. 11. 1920 ebda. Sohn e. Generals, Abitur in Genf, 1870–73 Studienreisen nach Wien u. Italien, Staatsbeamter; 1880 Gründung der Zs. ›Literatorul‹; Revolutionär, wechselte oft die Parteien u. Ideologien, 1884–1913 freiwilliges Exil in Paris. – Schrieb rumän. u. franz. Verse u. Essays; erst den Parnassiens verschrieben, wurde er später auch als Kritiker leidenschaftl. Anhänger des Symbolismus. Possenhafter, dämon. Selbstbewunderer, produktiv, doch von unterschiedl. Qualität; schwankt zwischen übertriebenem Satanismus u. Sexualität, verklärten Metaphern u. reiner Musikalität.

W: Prima Verba, G. 1872; Poezii, 1882; Bronzes, G. 1897; Calvaire de feu, R. 1906; Flori sacre, G. 1912; Cartea nestematelor, G. 1923; Poema rondelurilor, G.

1927. – Opere, hg. T. Vianu III 1939–43, A. Marino V 1966–69.
L: E. Pohonțu, 1935; I. Pillat, 1939; A. Marino, Viața lui A. M., 1966; ders., Opera lui A. M., 1967; M. Zamfir, 1972; M. Beșteliu, 1984.

Macer, Aemilius, röm. Dichter aus Verona, 1. Jh. v. Chr., † 16 v. Chr. in Asien. Mit Vergil u. Tibull befreundet. Nur sehr wenige Fragmente erhalten. An e. Ovidstelle werden 3 Werke umschrieben; ›Ornithogonia‹ (Quelle: Boios), ›Theriaca‹ (nach Nikander) u. möglicherweise e. weiteres Buch nach Nikander über heilbringende Kräuter. Vergil, Lucanus, Plinius Maior u. a. haben A. M. gelegentl. benutzt.
A: Fragm. poet. Lat., hg. W. Morel ^{2}1927 (n. 1963), ^{3}1995 (hg. J. Blänsdorf); Fragmentary Latin Poets, hg. E. Courtney 1993.
L: H. Dahlmann, Über A. M., 1981.

Mačernis, Vytautas, litau. Lyriker, 5. 6.1921 Šarnelė, Kr. Plungė – 7. 10. 1944 Žemaičių Kalvarija. Gymnas. Telšiai. 1939 Univ. Kaunas (Anglistik), 1940 Univ. Vilnius (Philos.). S. Weltbild wurde unter dem Einfluß von Fr. Nietzsche, F. Dostoevskij, Ch. Baudelaire, O. Milosz, E. A. Poe geformt. S. ersten Gedichte erschienen in ›Šešios Žaros‹ u. ›Ateitis‹. Dann aber wurde der Druck s. Gedichte in Litauen verboten, bis 1970. Sie erschienen jedoch in Vatikanstadt und den USA. – Das Hauptwerk ›Vizijos‹ (1939–42) ist e. Gedichtzyklus: innere Unruhe, Ahnung d. herannahenden Unheils, in Visionen erscheinen Menschen früherer Generationen, die einzigen, die ihm Zuflucht bieten, tiefe Vorahnung des Nichtseins und der erhabene Stolz, auszuharren. Freies Versmaß, lange, verzweigte Periode. Die anderen Gedichtzyklen: ›Metų Sonetai‹ (1942–44, 81 G.), ›Žmogaus apnuoginta širdis‹ (16 G.), ›Songs of Myself‹ (15 G.), ›Žmogiškoji Komedija‹ (5 G.) blieben unvollendet. Hier findet sich streng klassische Form (oft Sonett, Triolett), Spannung zwischen heiteren, lakonischen u. »zerbrechenden Formen« durch den Krieg.
W: Vizijos, G. 1947; Poezija, G. 1961. – Žmogaus apnuoginta širdis (GW), G. 1970; Po ukanuotu nežinios dangum: poezija, proza, laiškai (GW), 1990.
L: J. Grinius, 1951; V. Kubilius, 1970; T. Sakalauskas, 1994.

McEwan, Ian, engl. Erzähler, * 21. 6. 1948 Aldershot/Hampshire. Stud. Univ. of Sussex und Univ. of East Anglia (M. A. 1971), lebt in London. – Das Frühwerk behandelt v. a. Probleme des Erwachsenwerdens und der Identitätsfindung; es dominieren psych. deformierte, isolierte Ich-Erzähler. Später Beziehungs-Thematik; bestimmt von Tabubrüchen und krit. Darstellung kultureller Normen. Melanchol. Weltsicht; gewaltvolle sexuelle Obsessionen und makabre Ereignisse werden präzise in nüchterner, distanzierter Prosa erzählt. Erzähltechn. raffiniert ist v. a. ›Atonement‹, e. Geschichte um Schuld und Sühne vom Beginn bis zum Ende des 20. Jh. McE. greift auf traditionelle Gattungen wie die Familienchronik und den realist. Roman zurück; auch Fernseh- und Hörspiele.
W: First Love, Last Rites, Kgn. 1975 (d. 1982); The Cement Garden, R. 1978 (d. 1982); In Between the Sheets, Kgn. 1978 (d. 1983); The Comfort of Strangers, R. 1981 (d. 1983); The Imitation Game, 3 FSspe. 1983; Or Shall We Die?, Orat. 1983 (d. 1984); The Child in Time, R. 1987 (d. 1988); The Innocent, R. 1990 (d. 1991); Black Dogs, R. 1992 (d. 1994); Amsterdam, R. 1998 (d. 1999); Atonement, R. 2001.

McGahern, John, ir. Erzähler, * 12. 11. 1934 Dublin. Stud. Univ. ebda. – Düstere Romane u. Kurzgeschichten über das zeitgenöss. Irland. ›The Dark‹ von der Zensur verboten. Führender ir. Romancier mit Hang zum Existenzialismus.
W: The Barracks, R. 1963 (Die Polizeiküche, d. 1978); The Dark, R. 1965 (d. 1968); The Leavetaking, R. 1975 (d. 1984); The Pornographer, R. 1979 (d. 1992); High Ground, Kgn. 1985; Amongst Women, R. 1990 (d. 1991); That They May Face the Rising Sun, R. 2002; By the Lake, R. 2002. – The Collected Stories, 1992.
L: D. Sampson, Outstaring Nature's Eye, 1993; L. Rogers, Feminine Nation, 1998; G. Kampen, Zwischen Welt u. Text, 2002.

McGee, Greg, neuseeländ. Dramatiker, * 1950 Oamaru. Stud. in Otago. Erfolgr. Karriere als Rugbyspieler, beeinflußte nachhaltig die Wahl s. lit. Themen. – S. Dramen beschäftigen sich mit dem Verlust kollektiver Werte in e. zunehmend materialist. Gesellschaft.
W: Foreskin's Lament, Dr. 1981; Tooth and Claw, Dr. 1984; Out in the Cold, Dr. 1984; Erebus: The Aftermath, FSsp. 1987; Old Scores, FSsp. 1991.

McGrath, John, engl. Theater-, TV- u. Filmautor, * 1. 6. 1935 Birkenhead/Cheshire. Stud. Oxford, Regisseur. – Hauptthema s. z. T. respektlos komödienhaften Stücke ist die zwischenmenschl. Verantwortung. Am erfolgreichsten das spannende Militärdrama ›Events While Guarding the Bofors Gun‹.
W: A Man has Two Fathers, Sch. (1958); Events While Guarding the Bofors Gun, Sch. 1966; Unruly Elements, Sch. (1971); Soft or a Girl, Libr. (1971); Random Happenings in the Hebrides, Sch. 1973; Backe's Night of Fame, Sch. 1973; The Cheviot, the Stag, and the Black, Black Oil, Sch. 1973; Fish in the Sea, Sch. 1977; Little Red Hen, Sch. 1977; Yobbo Nowt, Sch. 1978; Joe's Drum, Sch. 1979; A Good Night Out, St. 1981; Blood Red Roses, Sch. 1981; The bone won't break, Dr. 1990;

Naked thoughts that roam about, Schr. 2002; Six-pack, Dr. 1996. – *Übs.:* Dramen, 1985.
L: A. Jäger, 1986.

McGuckian, Medbh, ir. Lyrikerin, * 12. 8. 1950 Belfast/Nordirland. Stud. Belfast, Lehrerin u. Lektorin ebda., freie Autorin. – Hochsymbolische, teilweise esoter., häufig erot. u. hermet. Dichtung, lyr., formbetonende Sprache, die Bilder des häuslichen Lebens u. der Natur mit anspielungsreicher, traumartiger Metaphorik verbindet. Vielfach verglichen mit M. Moore, E. Bishop u. E. Dickinson. Wiederkehrende Themen sind die weibliche Psyche u. das Unbewußte.

W: Single Ladies, 1980; Portrait of Joanna, 1980; Trio Poetry, 1981 (m. D. Gorman u. D. Marshall); The Flower Master, 1982; The Greenhouse, 1983; Venus and the Rain, 1984; On Ballycastle Beach, 1988; Two Women, Two Shores (m. N. Archer), 1989; Marconi's Cottage, 1991; Captain Lavender, 1994; Selected Poems, 1978–1994, 1997; Shelmalier, 1998; Horsepower Pass By!, St. 1999; Drawing Ballerinas, 2001; The Face of the Earth, 2002.

McGuinness, Frank, ir. Dramatiker, * 29. 7. 1953 Buncrana/Donegal. Stud. Univ. College Dublin, seit 1984 Univ.-Dozent in Maynooth. Auch Übs. u. Bearb. v. Ibsen, Strindberg, Čechov, Brecht, Lorca. – Experimenteller Stil, der Themen wie Politik und Gewalt, Geschlechterverhältnis und Homosexualität ineinander verwebt und die Beziehungen von Figuren in psychischen Extremsituationen auslotet. Am bedeutendsten ›Observe the Sons of Ulster‹, das das Schicksal von Soldaten e. im 1. Weltkrieg aufgeriebenen nordir. Regiments zeigt, und ›Someone Who'll Watch over Me‹, das die Position polit. Geiseln dramatisiert.

W: The Factory Girls, Dr. 1982; Observe the Sons of Ulster Marching towards the Somme, Dr. 1986; Innocence, Dr. 1987; Carthaginians/Baglady, Drn. 1988; Mary and Lizzie, Dr. 1989; Someone Who'll Watch over Me, Dr. 1992; Booterstown, G. 1994; Mutabilitie, Dr. 1997; Dolly West's Kitchen, Dr. 1999. – Plays I, 1996.
L: F. O'Toole, A Mass for Jesse James, 1990; E. Jordan, The Feast of Famine, 1997.

Mácha, Karel Hynek, tschech. Dichter, 16. 11. 1810 Prag – 6. 11. 1836 Litoměřice. Müllerssohn; 1832–36 Stud. Philos. u. Jura, dann Rechtsanwaltspraktikant in Litoměřice. 1834–36 Reisen ins Riesengebirge, nach Tirol und Venedig. Zog sich beim Löschen e. Brandes e. Lungenentzündung zu, der er kurz vor s. Hochzeit mit E. Šomková, die ihm am 1. 10. 1836 e. Sohn geboren hatte, erlag. – Hauptvertreter der tschech. Romantik, der den engen, sentimental-patriot. u. folklorist. Rahmen der zeitgenöss. Dichtung sprengte u. in Anlehnung an dt. u. poln. Vorbilder (anfangs unter Einfluß Schillers und Novalis' auch dt. Gedichte: ›Versuche‹, 1829), vor allem aber an Byron, metaphys. Betrachtungen, kosm. Horizonte, leidenschaftl. Individualismus u. Landschaftsmalerei in die tschech. Lit. einführte. Außer lyr. u. ep. Gedichten voll Schwermut u. Sehnsucht Verserzählungen, autobiograph. Novellen, Bruchstücken hist. Romane im Stile W. Scotts u. dramat. Versuchen hinterließ M. als Meisterwerk der tschech. Romantik die lyr.-ep. Verserzählung ›Máj‹, deren Held, e. zum Tode verurteilter Vatermörder, sich vor der Hinrichtung auf das ewige Nichts vorbereitet u. wehmütig von s. Jugend u. Heimat Abschied nimmt.

W: Obrazy ze života mého, N. 1834; Křivoklad, E. 1834; Máj, G. 1836 (Der Mai, d. 1844, ^{4}1937); Cikáni, R. 1836 (Zigeuner, d. 1877). – Dílo (W), III 1928–29; Dílo (W), III 1948–50; Spisy (W), III 1959–72; Dílo (W), II 1986; Básně (G.), 1997. – *Übs.:* Ausgew. Gedichte, 1862.
L: F. V. Krejčí, 1907; J. Vobornik, 1907; J. Mukařovský, 1928; ders. 1948; F. X. Šalda, 1936; A. Pražák, 1936; K. H. M. 1937; Věčný Mácha, 1940; V. Jirát, 1943; J. Petrmichl, 1953; O. Králík, Historie textu Máchova díla, 1953; K. Janský 1953; H. Granjard, Paris 1957; K. Janský, K. H. M. ve vzpomínkách současníků, 1958; Realita slova Máchova, hg. R. Grebeníčková, O. Králík 1967; V. Štěpánek, 1984; V. Křivánek, 1986; Prostor M. díla, 1986; A. Měšťan u. V. Měšťanová, Wörterbuch zu K. H. M.: Máj 1988; J. Mukařovský, Příklad poezie, 1991; J. Wágner, 1996; H. Schmid u. Ústav pro českou literatuu Akademie věd České republiky (Hg.), Kapitel zur Poetik K. H. M., Mchn. 2000. – *Bibl.:* F. Krčma, 1932; J. Kuncová, 1956.

Macháček, Simeon Karel, tschech. Dichter, 10. 12. 1799 Prag – 2. 10. 1846 ebda. Gymnasialprof. – Schrieb Lieder, Romanzen und heute vergessene hist. Dramen mit patriot. Tendenz, doch wenig lebensvollen Charakteren. Übs. Opernlibretti, Goethe u. Schiller.

W: Ženichové, K. 1826; Záviš Vítkovic, Tr. 1846; Nové divadelní hry, Drr. 1846. – Spisy (W), II 1883–84; Básně (G.-Ausw.), 1927.

Machado, Simão, portugies. Komödienautor, um 1570 Torres Vedras – 29. 6. 1634 Barcelona. Franziskaner in Barcelona, Theologe, Prediger, wichtige Gestalt in der Geschichte des portugies. Theaters nach Gil Vicente, gab die Dramaturgenlaufbahn zugunsten des Ordenslebens auf. Die niedrigen Stände sprechen in s. Stücken portugies., die übrigen span.; geschickte Dialogführung.

W: Comédias Portuguesas, Comédias do Cerco de Dio, Comédias da Pastora Alfea, com 2 Entremeses e 4 Loas, ^{2}1631 (Erstausgabe 1601?, verschollen); Primera parte llamado Sylva de espirituales y morales pensamientos, símbolos y geroglíficos sobre la vida y dichosa muerte del Padre Maestro Pedro Dias, Schr. 1632.

Machado de Assis, Joaquim Maria, brasilian. Schriftsteller, 21. 6. 1839 Rio de Janeiro – 28. 9. 1908 ebda. Aus einfachen Verhältnissen, Autodidakt, hat als Mulatte im von Rassismus geprägten Kreis der ›letrados‹ e. schweren Stand, Druckerlehrling, Journalist, Beamter, 1897 Mitbegründer u. später Präsident der Academia Brasileira de Letras. – Die Entdeckung des ›Klassikers‹, die Kanonisierung des Begründers der nationalen Roman- und Erzähllit. findet erst in den 1960er Jahren statt. Mit der imaginären Autobiographie ›Memórias póstumas de Brás Cubas‹, der als Roman in Fortsetzung publiziert wurde, führt er e. autoreflexive Erzählerfigur ein, die e. eigene Erzählweise ermöglicht. In Auseinandersetzung mit dem Realismus (Stendhal, Sterne, de Maistres) schreibt er sich mit weiteren Romanen wie ›Quincas Borba‹ und ›Dom Casmurro‹ ein in die große Tradition, Romane zu schreiben, die Begriffe von Bildung, Wahrheit, Geschichte, Realität hinterfragen und auf das Phantasmagorische setzen.

W: Chrysálidas, G. 1864; Contos fluminenses, En. 1870; Ressureição, R. 1872; História da meia noite, En. 1873; Iaiá Garcia, R. 1878; Memórias póstumas de Brás Cubas, R. 1881 (d. 1950, 1978); Papéis avulsos, En. 1882 (dt. Ausw. Der Irrenarzt, 1953); Quincas Borba, R. 1891 (d. 1982); Dom Casmurro, R. 1899 (d. 1951, 1980); Páginas recolhidas, En. 1899; Poesias completas, G. 1901; Esaú e Jacó, R. 1904; Relíquias da casa velha, En. 1906; Memorial de Aires, R. 1908. – Obras completas, XXXI 1936, ⁵1942–46, III 1959–62; Obras, XV 1975; Teatro de Machado de Assis, 2002.

L: A. Candido, 1970; J. G. Merquior, 1972; R. Schwarz, 1977 u. 1990; S. Santiago, 1978 u. 1987; J. Gledson, 1986; F. Süssekind, 1990; E. Spielmann, 1994; J. R. Maia, 1994; S. Y. Campedelli, 1995; C. Fuentes, 1998; J. Montello, 1998; A. B. Baptista, 2003.

Machado y Ruiz, Antonio, span. Lyriker, 26. 7. 1875 Sevilla – 21. 2. 1939 Collioure/Frankreich. Sohn e. namhaften Folkloristen; 1883 Übersiedlung nach Madrid; 1899 u. 1902 kurze Aufenthalte in Paris, wo er bei Bergson studierte, philos. Staatsexamen in Madrid, 1907–12 Franz.-Lehrer in Soria; 1909 ∞ Leonor Izquierdo Cuevas; 1911 erneut in Paris, 1912 Tod s. Frau, der ihn grausam traf u. tiefe Spuren in s. Dichtung hinterließ; 1912–19 Lehrer in Baeza, dann Segovia; 1927 Mitglied der Span. Akad.; ab 1931 Franz.-Lehrer in Madrid; ging bei Ausbruch des Bürgerkriegs (1936) als überzeugter Republikaner nach Valencia, 1939 floh er nach Frankreich, wo er kurz nach s. Eintreffen in Collioure starb. – Bedeutendster span. Lyriker des 20. Jh. neben Unamuno; Vertreter der sog. ›Generation von 1898‹. Verinnerlichte, schlichte Poesie von hohem geistigen Gehalt, ohne rhetor. Beiwerk. Hauptthemen: unerbittl. Gang der Zeit, Welt des Traums als Zuflucht vor der Bitternis des Lebens, melanchol. Erinnerung an die Liebe zu s. verstorbenen Frau; stark angezogen von der herben kastil. Landschaft, deren Wesen er zu erforschen suchte u. deren innigster Sänger er wurde. Hauptanliegen war ihm das Geschick Spaniens u. der Schmerz über s. Niedergang. Zeigte in s. letzten Jahren große Bewunderung für andalus. Volksdichtung; verfaßte zusammen mit s. Bruder Manuel Theaterstücke, die aber nicht an s. Lyrik heranreichen.

W: Soledades, G. 1903 (d. ²1998); Soledades, galerías y otros poemas, G. 1907; Campos de Castilla, G. 1912 (d. 2001); Nuevas canciones, G. 1924; De un cancionero apócrifo, G. 1926; Juan de Mairena, Prosa 1936 (d. 1956); Los complementarios, Prosa 1957; Bühnenwerke → Machado, Manuel. – Obras completas de Manuel y A. M., IV 1947; O. Macrí, Obras completas, hg. II 1989; Obras, 1964; Poesías completas, 1917; Prosas y poesías olvidadas, hg. R. Marrast, R. Martínez López, Paris 1964; Antología de su prosa, IV 1970–72; Antología poética, 1995. – *Übs.:* Gedichte, 1964.

L: E. Allison Peers, Oxf. 1940; S. Montserrat, 1943; A. Serrano Plaja, 1945; V. Ramos y Pérez, 1947; M. Pérez Ferrero, 1947; S. Serrano Poncela, 1954; R. Gullón, 1958 u. 1969; R. de Zubiria, ²1959; P. A. de Cobos, 1963; M. Horany, 1965; A. Rodríguez Fortaleza, 1965; A. Gil Novales, 1966, ²1970; A. de Albornoz, 1967; M. Tuñón de Lara, 1969, ²1976; J. C. Chaves, 1968; J. G. Manrique de Lara, 1968; R. Gutiérrez Girardot, 1968; N. L. Hutman, Albuquerque 1969; A. Sánchez Barbudo, Madison 1969, ³1976; R. Gullón, 1970; C. W. Cobb, N. Y. 1971; M. Rodríguez, 1971; J. M. Aguirre, 1972; H. Leitenberger, 1972; P. Cerezo Galán, 1975; L. de Luis, 1975; J. L. Cano, 1975 u. 1976; J. Angeles, hg. 1977; J. M. Valverde, ³1978; P. Caucca, Milano 1980; B. Sesé, 1980, 1990; M. Alonso, 1985, 1989; J. Verdú de Gregorio, 1990; J. Abellán, 1995; J. J. Coy, 1997; L. C. Fernández Lobo, 1997; A. González, 1999; J. O. Jiménez, 2002. – *Bibl.:* M. Carrión Gútiez, 1976.

Machado y Ruiz, Manuel, span. Lyriker, 29. 8. 1874 Sevilla – 19. 1. 1947 Madrid. Bruder von Antonio M.; Stud. Philos. u. Lit. Madrid; 1898–1900 in Paris, Verkehr mit Schriftstellern, bes. Rubén Darío u. Amado Nervo; seit 1912 in Madrid; Bibliothekar, Journalist, Theaterkritiker, Dramatiker u. Lyriker, ab 1938 Mitglied der Span. Akad. – Erste Gedichte unter dem Einfluß R. Daríos u. der franz. Symbolisten, wurde dann der Sänger Andalusiens, das er mit viel Anmut u. Eleganz in Versen voller Glanz u. Leidenschaft besang; erot. Themen u. feinsinnige Interpretationen berühmter Gemälde aus hist. Sicht; schrieb zusammen mit s. Bruder Antonio lyr. Dramen über hist. u. volkstüml. Themen.

W: Alma, G. 1902; Caprichos, G. 1905; Museo, G. 1907; Los cantares, G. 1907; El mal poema, G. 1909; Apolo, teatro pictórico, G. 1911; Cante hondo, G. 1912; Sevilla, G. 1920; Ars moriendi, G. 1922; Desdichas de la fortuna o Julianillo Valcárcel, Tragikom. 1926; Juan de Mañara, Dr. 1927; Las Adelfas, K. 1928; La Lola se va a los puertos, K. 1929; La duquesa de Benamejí, Dr. 1932; Horas de oro, G. 1938; Poesía, G. 1940; Horario, G. 1947. – Poesías completas, 1940; Obras completas de Antonio y M. M., IV 1947; Prosa, 1974; Poesías completas, 1993.

L: M. Pérez Ferrero, 1947; A. Carballo Picazo, 1967; M. H. Guerra, 1967; G. Brotherston, Cambr. 1968; G. Diego, 1974; G. Gayton, M. M. y los poetas simbolistas franceses, 1975; J. G. Brotherston, 1976; F. López Estrada, 1977; M. Romero Luque, 1992; L. Cotoner, 1996; R. Alarcón Sierra, Entre el modernismo y la modernidad, 1999.

Machar, Josef Svatopluk, tschech. Dichter, 29. 2. 1864 Kolín – 17. 3. 1942 Prag. Altmüllerssohn, Jugend u. a. in Brandýs nad Labem; Jurastud. in Prag ohne Abschluß; 1889–1918 Bankbeamter in Wien, wo er mit K. Kramář u. T. G. Masaryk verkehrte. Im 1. Weltkrieg Mitgl. der Widerstandsbewegung ›Maffie‹, 1916/17 e. Jahr Gefängnis, 1919–24 Generalinspektor der tschech. Armee. Dr. h. c. der Univ. Prag, 1924 Mitgl. der tschech. Akademie. – Hauptvertreter des krit. Realismus um die Zs. ›Čas‹ im Gegensatz zur Neuromantik Vrchlickýs. Bereits die romant.-individualist. Frühwerke, das lyr. Tagebuch des mod. Erotikers ›Confiteor‹ u. der launige Bericht e. Krimreise, verraten M.s iron.-skept. Veranlagung u. s. Neigung zur polit. u. sozialen Kritik sowie e. an Heine geschulten Satire, die mit zunehmender Vergegenständlichung, bes. in den national-polit. Meditationen ›Tristium Vindobona‹, in den trag. Frauenschicksalen ›Zde by měly kvést růže‹, dem Roman e. Dirne ›Magdalena‹ oder dem Pamphlet auf die jungtschech. Politik ›Boží bojovníci‹ stark in den Vordergrund tritt. Die Abkehr vom Subjektivismus vollzieht sich in dem lyr.-ep. ›Golgatha‹, vor allem aber in den 9 Bänden des hist. Zyklus ›Svědomím věků‹ (1905–27), in denen sich M. vom Christentum abwendet u. als Künstler e. heidn.-antiken Philos. auftritt. Von s. Feuilletons haben viele autobiograph. Wert.

W: Confiteor, G. III 1887–92, ²1899–1901; Tristium Vindobona, G. 1893; Zde by měly kvést růže, Vers-En. 1894 (Hier sollten Rosen blühen, d. 1923); Magdalena, Vers-R. 1894 (d. 1904); Boží bojovníci, Ep. 1897; Výlet na Krym, Reiseb. 1900; Golgatha, Ep. 1901; Konfese literáta, Aut. II 1901; Satiricon, Epigr. 1904; Svědomím věků (Das Gewissen der Zeiten, d. III 1911–19); I: V záři helénského slunce, Ep. 1906 (Im Strahl der hellenischen Sonne, d. 1919); II: Jed z Judey, Ep. 1906 (Das Gift aus Judäa, d. 1919); III: Barbaři, Ep. 1911 (Barbaren, d. 1919); IV: Pohanské plameny, Ep. 1911; V: Apoštolové, Ep. 1911; VI: Oni, Ep. 1921; VII: On, Ep. 1921; VIII: Krůčky dějin, Ep. 1926; IX: Kam to spěje, Ep. 1926; Tristium Praga, G. 1926; Řím, Feuill. 1907 (Rom, d. 1920); Kriminál, Feuill. 1918 (d. 1919); Pět roků v kasárnách, Erinn. 1927 (5 Jahre Kasernenleben, d. 1927). – Spisy (W), LI 1927–40; Koresp. Machar-Bezruč, hg. V. Vašek 1961.

L: J. Šusta, Macharův Řím, 1908; V. Martínek, 1912, 1948 (m. Bibl.); J. S. M., 1914; P. Buzková, Žena v životě a díle M., 1918; Z. Pešat, 1959; F. Soldan, 1974.

Machaut, Guillaume → Guillaume de Machaut

Machen, Arthur (eig. Arthur Llewellyn Jones), anglo-walis. Schriftsteller und Essayist, 3. 3. 1863 Caerleon/Wales – 15. 12. 1947 Beaconsfield. Sohn e. Geistlichen, lebte einsam u. in Armut in London, ∞ 1887 Amelia Hogg, ∞ 1903 Dorothie Hudleston. Zeitweise Angestellter e. Londoner Verlags, kurze Zeit Lehrer, 1902 Schauspieler in Bensons Company. Schloß sich 1912 dem Mitarbeiterstab der Londoner ›Evening News‹ an, dort erschien s. legendenhafte Erzählung vom Engel von Mons, die vielfach als Tatsachenbericht galt (später dem Band ›The Bowmen and other Legends of the War‹ eingefügt). – Vf. von myst., romant. und makabren Erzählungen. Ausgezeichneter Übs. Casanovas (XII 1894).

W: The Anatomy of Tobacco, Ess. 1884; The Great God Pan, Kgn. 1894 (d. 1994); The Three Impostors, E. 1895; Hieroglyphics, Ess. 1902; The House of Souls, 1906 (n. 1971); The Hill of Dreams, E. 1907; The Bowmen and Other Legends of the War, Kgn. 1915; The Great Return, E. 1915; The Terror, E. 1917 (d. 1993); War and the Christian Faith, Ess. 1918; Far-off Things, Aut. 1922; Things Near and Far, Aut. 1923; The Shining Pyramid, Kgn. u. Ess. 1923 (d. 1969); Strange Roads, Ess. 1923; Dog and Duck, Ess. 1924; The London Adventure, E. 1924; Notes and Queries, Ess. 1926; The Green Round, E. 1933; Children of the Pool, Kgn. 1936. – Works, IX 1923; Autobiography 1951, hg. M. Bishop 1965.

L: V. Starrett, 1918; F. W. Gekle, 1949; A. M., hg. Fr. Broccard Sewell 1960; A. Reynolds, W. Charlton, 1963; W. D. Sweetser, 1964; M. Valentine, 1995. – *Bibl.:* W. D. Sweetser, A. Goldstone, 1965; H. Danielson, ²1971; D. P. M. Michael, 1971.

Machiavelli, Niccolò, ital. Schriftsteller, 3. 5. 1469 Florenz – 22. 6. 1527 ebda. Sohn e. Juristen; humanist. Studien; 1498–1512 Sekretär in der Kanzlei des Rates der Zehn; reiste in dieser Eigenschaft als Gesandter zu Ludwig XII. von Frankreich, Kaiser Maximilian, Cesare Borgia u. Papst Julius II. Bei der Rückkehr der Medici nach Florenz (1512) abgesetzt u. unter dem Verdacht der Teilnahme an e. Verschwörung gegen die Medici einige Wochen inhaftiert. Nach s. Freilassung lebte er auf s. Gut San Casciano b. Florenz, wo er s. Werke schrieb. Später verkehrte er in Florenz in der ›Accademia degli Orti Oricellari‹, e. lit. Gesellschaft, u. versöhnte sich mit den Medici. – Das lit. bedeutendste Werk M.s ist s. Komödie ›La mandragola‹, vielleicht die gelungenste ital. Komödie des 16. Jh. überhaupt wegen der Originalität ihres Stoffes (kein antikes Vorbild) u. wegen der geistreichen, eleganten Dialoge. M., der s.

Weltruhm s. polit.-hist. Schriften verdankt, nennt als s. Erkenntnisquellen die antiken Autoren, v. a. die Historiker, u. die polit. Erfahrungen der Gegenwart. In ›Il Principe‹ entwirft er e. Technik des polit. Handelns unter dem Gesichtspunkt der Zweckmäßigkeit im Hinblick auf die Erhaltung des Staates. Diesem höchsten Wert werden alle anderen Wertbereiche, der relig. wie der moral., untergeordnet. Nach dem gleichen Grundsatz, nach dem die Geschichte als Lehrmeisterin des Lebens ausgewertet wird, macht M. in den ›Discorsi sopra la prima deca di Tito Livio‹ die Ausführungen des röm. Historikers zum Ausgangspunkt für die Erörterung allg. polit. Probleme. In s. anthropolog. Pessimismus sieht M. den Menschen als von Natur aus verderbt an u. glaubt, daß er daher nur unter staatl. Zwang sich den notwendigen Gesetzen des Zusammenlebens füge. In den ›Discorsi sull'arte della guerra‹ tritt M. für die Einführung der allg. Wehrpflicht ein. M. hat als erster die Eigengesetzlichkeit des Politischen erkannt u. darf damit als Begründer der Wiss. von der Politik angesehen werden.

W: La mandragola, K. um 1513 (hkA S. Debenedetti 1910; d. P. Seliger 1904, P. Heyse 1914, H. Meißner 1946, J. Ziegler 1963); Istorie fiorentine, 1520–25 (hkA P. Carli II 1927; Geschichte von Florenz, d. 1846, 1934); Sette libri dell'arte della guerra, 1521 (hg. P. Pieri 1940); Discorsi sopra la prima deca di Tito Livio, 1531 (hg. A. Oxilia 1927; d. R. Zorn 1966); Il Principe, 1532 (hg. u. komm. F. Alderisio 1940, P. Carli 1939, L. Russo [7]1940; d. R. Zorn 1955 u. ö.). – Opera omnia, hg. S. Bertelli XI 1969ff.; Opere, hg. G. Mazzoni, M. Casella 1929, A. Panella II 1938f., F. Flora II 1949f., M. Bonfantini 1954; Opere letterarie, hg. L. Blasucci 1964; Opere, hg. E. Raimondi 1983. – Übs.: GS, hg. H. Floerke V 1925; Ausw., C. Schmid 1956; Drei Komödien, 1967.

L: F. Ercole, La politica di M., 1926; P. Villari, II [4]1927 (d. III 1877–83); E. Janni, 1927; G. Prezzolini, 1929; F. Alderisio, 1930; H. Hefele, 1933; H. Freyer, 1938; A. Pompeati, 1938; H. E. Kinck, 1938; D. E. Muir, 1939; R. König, 1941, [2]1979; L. v. Muralt, 1945; J. H. Whitfield, Oxf. 1947; G. Santanastaso, 1947; M. Brion, Paris 1948 (d. 1957); A. Gramsci, 1949; R. Ridolfi, 1954; A. Renaudet, Paris [3]1956; G. Sasso, 1958, [2]1980 (d. 1965); E. Barincou, 1958; L. Strauss, N. Y. 1958; E. Namer, Paris 1961; J. R. Hale, Lond. 1961; F. Chabod, 1964; F. Gilbert, Princeton 1965; K. Kluxen, 1967; G. Sasso, 1967; R. M. Crawford, ›Per quale iddio‹, Lond. 1968; C. Lefort, Paris 1972; N. Borsellino, 1973; H. Münkler, 1982; C. Bec, Paris 1985; G. Bárberi-Squarotti, 1987; F. Deppe, 1987; H. Fink, 1988; W. Kersting, 1988; Q. Skinner, 1988; A. Guetta, 1991; M. Viroli, 1998 (d. 2000); E. Cutinelli Rendina, 1999; D. Hoeges, 2000; B. Taureck, M.-ABC (Wörterbuch), 2002. – Bibl.: A. Gerber, IV 1912f.; S. Bertelli, P. Innocenti 1979; S. Ruffo Fiore, N. Y. 1990.

Machon, altgriech. Dichter, 3. Jh. v. Chr., aus Sikyon oder Korinth, lebt und stirbt in Alexandria. – In der Antike v. a. für s. (bis auf 2 Fragmente verlorenen) Komödien geschätzt; heute nur noch ca. 500 Verse (jamb. Trimeter) s. ›Chreiai‹ erhalten, in denen er Anekdoten über Hetären, Parasiten, Dichter u. polit. Berühmtheiten in Verse setzt.

A: A. S. F. Gow 1965.
L: L. Kurke, PCPS 48, 2002, 20–65.

Macias, gen. ›O Enamorado‹ (der Verliebte), galic. Troubadour 2. Hälfte 14. Jh. – Bereits zur Epigonengeneration zählend. Die von ihm wahrscheinl. verfaßten 5–6 Lieder in galic.-portugies. Sprache (früher schrieb man ihm 21 zu) stehen im ›Cancioneiro de Baena‹. Berühmt durch die Legende, wonach er vom Gatten der in hoffnungsloser Liebe angesungenen Dame getötet wurde, geradezu myth. Symbol trag. u. treuer Liebe, das viele Autoren beschäftigte, u. a. Santillana, Juan de Mena, Camões, Lope de Vega, Larra, L. Uhland; der Ausdruck ›verliebter als M.‹ wurde zur stehenden Wendung.

A: H. A. Rennert, Philadelphia 1900.
L: C. Martínez-Barbeito, 1951.

Maciejowski, Ignacy (Ps. Sewer), poln. Erzähler, 7. 7. 1835 Sandomierz – 22. 9. 1901 Krakau. Sohn e. Univ.-Prof., Stud. Agrartechnik; 1863 e. der Führer des Aufstandes, verhaftet; unstetes Wanderleben. 1871 Englandaufenthalt; Rückkehr nach Galizien, seit 1894 Krakau. 1896 vorübergehend Redakteur der Zs. des Jungen Polen ›Życie‹. – Bekannt durch s. Reiseskizzen aus England, später lebensnahe, unsentimentale Romane aus dem Bauernleben u. der Industrieentwicklung in einfacher, dichter Sprache. Verbindet Romantik mit Positivismus u. Neuromantik.

W: Szkice z Anglii, Sk. (1875) gedr. 1883; Łusia Burlak, N. 1878; Przybłędy, N. 1881; Bratnie dusze, R. 1881; Walka o byt, R. 1883; Zyzma, R. 1884/85; Świat ludowy, Kgn. 1889; Słowa a czyny, R. 1890; Nafta, R. 1894; Biedronie, R. III 1896; Bajecznie kolorowa, N. 1897; Matka, R. 1898; Ponad siły, R. 1900. – Wybór pism, XII 1902. – Dzieła wybrane, VII 1955.

L: S. Smak, 1971; E. Łoch, 1971.

McIlvanney, William (Angus), schott. Schriftsteller, * 1936 Kilmarnock/Ayrshire. Stammt aus Arbeiterklasse, irische Vorfahren, Stud. Philol. in Glasgow, Tätigkeit als Lehrer. – Seine existentialist. beeinflußten Romane u. Erzählungen beschäftigen sich v. a. mit der Situation der männl. Protagonisten im (häufig gewalttätigen) Arbeitermilieu West-Schottlands (vgl. auch s. an Chandler erinnernden Kriminalromane mit Inspektor Laidlaw); Sozialkritik verbindet sich mit genauer, einfühlsamer Figurenzeichnung.

W: Remedy Is None, R. 1966; Docherty, R. 1975; Laidlaw, R. 1977 (d. 1999); Walking Wounded, En. 1989; The Kiln, R. 1996.

L: C. MacLuckie, Researching McI., 1999.

MacInnes, Helen, schott.-amerik. Schriftstellerin, 7. 10. 1907 Glasgow – 1. 10. 1985 New York. 1951 amerik. Staatsbürgerin, lebte in New York; Stud. Franz. und Dt. Glasgow, M.A. 1928; Diplom als wiss. Bibliothekarin London 1931; ⚭ 1932 den bekannten klass. Philologen Gilbert Highet. – Schrieb kultivierte, raffiniert aufgebaute und die Mittel des Thrillers intelligent einsetzende Spionage- und Kriminalromane.

W: Above Suspicion, 1941; Assignment in Brittany, 1942; While Still We Live, 1944 (auch u.d.T. The Unconquerable); Horizon, 1945 (Rebellion der Verdammten, d. ²1975); Friends and Lovers, 1947; Rest and Be Thankful, 1949; Neither Five nor Three, 1951; I and My True Love, 1953 (Liebe in Washington, d. 1955); Pray for a Brave Heart, 1955 (d. 1956); North of Rome, 1958 (Das Rauschgift-Komplott, d. 1975); Decision at Delphi, 1960 (d. 1963); Venetian Affair, 1963 (d. 1965); Home Is the Hunter, Dr. 1964; Double Image, 1966 (Das Spiegelbild, d. 1968); The Salzburg Connection, 1968 (In Salzburg stirbt nur Jedermann, d. 1970); Message from Malaga, 1971 (d. 1974); Snare of the Hunter, 1974 (d. 1976); Agent in Place, 1976 (Agentenkrieg, d. 1978); Prelude to Terror, 1978 (Treffpunkt Wien, d. 1978); Cloak of Darkness, 1982; Ride a Pale Horse, 1984.

McKay, Claude (Ps. Eli Eduards), afroamerik. Schriftsteller, 15. 9. 1889 Sunny Ville/Jamaika – 22. 5. 1948 Chicago. Aus armer Farmarbeiterfamilie Jamaikas, Polizist in Kingston/Jamaika, ging 1912 nach USA, zeitweise Stud., Bahnkellner, Koch; Kontakte mit linksradikalen Künstlern u. Zss. (bes. ›Liberator‹), 1919–21 in England, 1922/23 UdSSR, dann Frankreich, Afrika, ab 1934 wieder New York. – Schrieb aufrüttelnde Lyrik in traditionellen Formen u. Romane u. Kurzgeschichten mit interkulturellen Schauplätzen.

W: Songs of Jamaica, G. 1912; Constab Ballads, G. 1912; Spring in New Hampshire, G. 1920; Harlem Shadows, G. 1922; Home to Harlem, R. 1928; Banjo, R. 1929; Gingertown, Kgn. 1932; Banana Bottom, R. 1933; A Long Way from Home, Aut. 1937; Harlem, St. 1940. – Selected Poems, 1953; The Passion of C. M., G. u. Ess. 1973.

L: W. F. Cooper, 1987; T. Tillery, 1992.

Mackay, Mary → Corelli, Marie

Mackay, Shena, engl. Schriftstellerin, * 1944 Edinburgh. Aufgewachsen in Kent und London. Schrieb bereits als Teenager. – Mit hintergründigem Humor und scharfem Blick für das Groteske entwirft Mackay in ihrem Werk das tragikom. Bild brit. Kleinbürgerlichkeit. Die stilist. Bandbreite ihrer Prosa reicht von eleg. Poesie bis hin zur absurden Farce, themat. Konstanten ihres Werks sind Geschlechterbeziehungen und Kindheit.

W: Dust Falls on Eugene Schlumberger, R. 1964; Toddler on the Run, R. 1965; Music Upstairs, R. 1965; Old Crow, R. 1967; An Advent Calendar, R. 1971; Babies in Rhinestones, En. 1983; A Bowl of Cherries, R. 1984; Redhill Rococo, R. 1986; Dreams of Dead Women's Handbags, En. 1987; Dunedin, R. 1992; The Orchard on Fire, R. 1995 (d. 1996); The Artist's Widow, R. 1998 (d. 2001); The World's Smallest Unicorns, En. 1999; Heligoland, R. 2003.

Mackaye, Percy (Wallace), amerik. Dramatiker, 16. 3. 1875 New York – 31. 8. 1956 Cornish/NH. Sohn von Steele M., Univ. Harvard, Leipzig 1906–13 Dozent für Theaterwesen. – Sehr produktiver Autor; schrieb Dramen (darunter Versdramen), Freilichtspiele, Festgedichte für Liebhaberbühnen, satir. Komödien und Opernlibretti; s. folkorist. Interesse (Kentucky!) zeigt sich in einigen s. Stücke. Auch Essayist und Kritiker.

W: The Canterbury Pilgrims, Dr. 1903; Jeanne d'Arc, Dr. 1906; The Scarecrow, Dr. 1908 (nach Hawthorne); Yankee Fantasies, Dr. 1912; Poems and Plays, II 1916; Caliban, by the Yellow Sands, Dr. 1917; Washington, Sp. 1920; Rip Van Winkle, Dr. 1920 (für R. DeKovens Oper); This Fine-Pretty World, Dr. 1923; Tall Tales of the Kentucky Mountains, En. 1926 (d. 1946); Epoch, B. II 1927; The Mystery of Hamlet, Dr. 1945; W. B. Yeats, B. 1947; Poog's Pasture, Aut. 1951; Poog and the Caboose Man, Aut. 1952.

L: A. W. Ege, 1992.

Mackaye, (James Morrison) Steele, amerik. Dramatiker, 6. 6. 1842 Buffalo/NY – 25. 2. 1894 bei Timpas/CO. Mit 16 Jahren Kunststud. in London und Paris, Teilnahme am Bürgerkrieg, bedeutende als (finanziell erfolgloser) Theatermann, der viele Neuerungen auf der amerik. Bühne einführte. – S. Stücke sind sentimentale Melodramen.

W: Hazel Kirke, Dr. 1880; A Fool's Errand, Dr. 1881 (mit A. W. Tourgée; n. D. H. Keller 1969).

L: P. MacKaye, Epoch, 1927.

Mackenzie, (Sir Edward Montague) Compton, engl. Romanschriftsteller und Dramatiker, 17. 1. 1883 West Hartlepool – 30. 11. 1972 Edinburgh. Stud. Gesch. Oxford, dort Geschäftsführer der Dramatic Society. Danach Jurastud. im Inner Temple, London; wandte sich bald der Lit. zu. Konvertierte 1914 zur kathol. Kirche. Teilnahme am 1. Weltkrieg, später im Secret Service. Ließ sich nach dem Krieg auf e. Hebrideninsel nieder. Mitbegr. der schott. National-Partei. 1931–34 Rektor der Univ. Glasgow. 1952 geadelt. – Realist. Erzähler von christl.-kathol. Grundhaltung, zeigt in s. formal traditionellen Romanen mit vielseitiger Stoffwahl die Haltlosigkeit e. glaubenslosen Welt. Schrieb nach dem 1. Weltkrieg zahlr. erfolgr. humorist. Unterhaltungsromane, am bekanntesten ›Whisky Galore‹, sowie einige Schauspiele.

W: The Gentleman in Grey, Sch. (1907); The Passionate Elopement, R. 1911; Carnival, R. 1912; Sinister Street, R. II 1913f.; Guy and Pauline, R. 1915; Sylvia Scarlett, R. 1918; Sylvia and Michael, R. 1919; Poor Relations, R. 1919; Columbine, Sch. 1920; The Altar Steps, R. 1922; The Parson's Progress, R. 1923; The Heavenly Ladder, R. 1924; Coral, R. 1925; Extremes Meet, Aut. 1928; Extraordinary Women, R. 1928; Gallipoli Memories, Kriegsber. 1929; Our Street, R. 1931; Buttercups and Daises, R. 1931 (Fast Leute vom Land, d. 1956, u.d.T. Ein Häuschen auf dem Lande, 1967); Greek Memories, Kriegsber. 1932 (u.d.T. Aegean Memories, 1940); The Lost Cause, Sch. 1933; Water on the Brain, R. 1933 (Bananen, Frauen und Spione, d. 1958); The Four Winds of Love, R. V 1937–45; The Monarch of the Glen, R. 1941 (Der Herr im Hochmoor, d. 1953); Whisky Galore, R. 1947 (d. 1952); Hunting the Fairies, R. 1949; The Rival Monster, R. 1952; Ben Nevis Goes East, R. 1954 (Herrlich und in Freuden, d. 1959); The Lunatic Republic, R. 1959 (d. 1961); My Life and Times, Aut. X 1963–71; The Stolen Soprano, R. 1965; Little Cat Lost, Kgn. 1965; Paper Lives, R. 1966; R. L. Stevenson, B. 1968; Butterfly Hill, Kdb. 1970; Golden Tales of Greece, En. 1974.

L: L. Robertson, 1954; K. Young, 1968; A. Linklater, 1987.

Mackenzie, Henry, schott. Romanschriftsteller und Essayist, 26. 7. 1745 Edinburgh – 14. 1. 1831 ebda. Sohn e. Arztes, Stud. Jura Edinburgh u. London; 1773 Anwalt in Edinburgh; ab 1799 Steuerkontrolleur von Schottland. ∞ 1776 Penuel Grant. Hrsg. der moral. Wochenschriften ›The Mirror‹ 1779/80 u. ›The Lounger‹ 1785–87. Führendes Mitgl. der Edinburgher lit. Kreise: Scottish Literati; Förderer von Robert Burns u. Walter Scott. – Vf. mehrerer Dramen, sentimentaler Romane und Erzählungen in Skizzenform. Klass. Prosa, jedoch mit viel Pathos und Moral. Von den Zeitgenossen sehr geschätzt, als ›nordischer Addison‹ bezeichnet.

W: The Man of Feeling, R. 1771 (n. K. S. Slagle 1958, B. Vickers 1967); The Man of the World, R. 1773; The Prince of Tunis, Tr. 1773; Julia de Roubigné, R. 1777; hg. S. Manning, 1999. – Works, VIII 1808; Mirror and Lounges, 1825; Anecdotes and Egotisms, hg. H. W. Thompson 1927; Letters to E. Rose of Kilravock, hg. H. W. Drescher 1967; Lit. Correspondence and Notebooks, hg. H. W. Drescher II 1987, 1999.

L: H. Schwarz, 1911; H. W. Thompson, A Scottish Man of Feeling, 1931; R. D. Mayo, The English Novel in the Magazines 1740–1815, 1962; H. W. Drescher, Themen und Formen des periodischen Ess. 1971; N. Gassenmeier, Der Typus des Man of Feeling, 1972; G. A. Barker, 1975; L. Bandiera, L'illusione sentimentale. Saggio sulla narrativa di H. M., 1987; R. Lessenich, Aspects of English Preromanticism, 1989.

Mackenzie, Kenneth (Seaforth, eig. Ivo), austral. Romanautor u. Lyriker, 25. 9. 1913 Perth – 19. 1. 1955 Goulburn. Journalist. – S. Romane u. Gedichte erzeugen in reicher, flüssiger Sprache e. intensive sinnl. Atmosphäre.

W: Our Earth, Dicht. 1937; The Young Desire It, R. 1937; The Moonlit Doorway, G. 1944; Dead Men Rising, R. 1951; The Refuge, R. 1954. – Poems of K. M., 1972; Selected Writings, hg. R. Rossiter 2000.

L: E. Jones, 1969.

Mackiewicz, Józef, poln. Schriftsteller, 1. 4. 1902 Sankt Petersburg – 31. 1. 1985 München. Wuchs in Wilna auf und lebte dort bis zu s. Emigration nach England. – Vf. zeitgeschichtl. Romane über Weißrußland und Litauen mit radikal antikommunist. Tendenz.

W: Bunt rojstów, Rep. 1938; Droga do nikąd, R. 1955 (Der Weg ins Nirgendwo, d. 1959); Karierowicz, R. 1955; Kontra, R. 1957 (Die Tragödie an der Drau, d. 1957); Zwycięstwo prowokacji, Schr. 1962; Sprawa pułkownika Miasojedowa, R. 1962 (Die Affäre M., d. 1967); Pod każdym niebem, En. 1964; Lewa wolna, R. 1965; Nie trzeba głośno mówić, R. 1969; W cieniu Krzyża, R. 1972; Fakty, przyroda i ludzie, Schr. 1984. – Utwory zebrane (GW), XII 1989/90.

L: Nad twórczością, J. M., hg. M. Zybura, 1990; J. Malewski, Ptasznik z Wilna, 1991; A. Fitas, Model powieści J. M., 1996.

Macklin, Charles (eig. Ch. McLaughlin), ir. Schauspieler u. Dramatiker, um 1699 Irland – 11. 7. 1797 London. Begann s. Karriere bei e. umherziehenden Schauspieltruppe; seit 1733 am Drury Lane Theater in London; genialisch u. äußerst impulsiv (tötete 1735 e. Schauspieler im Streit um e. Perücke). Innovativ waren s. differenzierte Darstellung des Shylock (1741) u. sein Macbeth im hist. Kostüm des schott. Highlands am Covent Garden Theater (1773). – Als Dramatiker erfolgreich mit s. Komödie ›Love à la Mode‹ (1759) und s. beißenden schott. Satire ›The Man of the World‹ (1781), in denen er jeweils die Hauptrolle spielte.

W: Love à la Mode, Dr. 1759; The Man of the World, Dr. 1781; The True-Born Irishman, Dr. 1761. – Four Comedies, hg. J. O. Bartley 1968.

L: W. W. Appleton, 1961.

Mackus, Algimantas, litau. Lyriker, 11. 2. 1932 Pagėgiai – 28. 12. 1964 Chicago. 1944 Emigration in den Westen, 1949 in die USA. Studium in Chicago (Roosevelt Univ.), 1962 Redakteur der Zs. ›Margutis‹. – In ›Elegijos‹ (1950) beschreibt er Sehnsucht nach der verlorenen Heimat, als Symbol des Verlustes die Stadt Vilnius. In ›Jo yra žemė‹ und bes. in ›Neornamentotos kalbos generacija ir Augintiniai‹ (1962) ändert M. s. Sprache, sie wird ornamentlos, derb, ja drastisch. Er sucht nach dem wahren Sinn der Wörter »einer sterbenden Sprache«. M. beschreibt die Einsamkeit im Exil, jene fruchtlose Existenz derer, die ›von nirgends kommen und nach nirgends gehen‹, die totale Sinnlosigkeit der Existenz, sogar die des Todes. ›Chapel B‹ ist e. Art modernes Requiem, voll düsterer Spannung mit Zitaten von F. García Lorca.

W: Elegijos, 1950; Jo yra žemė, 1959: Neornamentotos kalbos generacija ir Augintiniai, 1962; Chapel B, 1965; Poezija, 1972; Augintinių žemė, 1984; Trys Knygos, 1999; Ir mirtis nebus nugalėta, 1994.

L: R. Šilbajoris, 1989; A. J. Greimas, 1991.

MacLaren, Ian → Watson, John

MacLaverty, Bernard, nordir. Erzähler, * 14. 9. 1942 Belfast. Stud. Queen's Univ. ebda., 1975–81 Englischlehrer, seither freier Schriftsteller. – Im Zentrum s. Werks steht e. Vielzahl von Kurzgeschichten, die sich durch stilsichere und subtile Charakterschilderung auszeichnen (so v.a. ›A Time to Dance‹) und die nicht selten vom spannungsreichen Kontrast zweier Charaktere leben (›The Great Profundo‹). Ebenso s. Romane: ›Lamb‹ schildert die Beziehung e. Erziehers zu s. Schützling in e. Heim für Schwererziehbare, ›Cal‹ prangert die Auswirkungen des relig. Hasses in Nordirland an.

W: Secrets, Kgn. 1977 (d. 1990); Lamb, R. 1980 (d. 1982); A Time to Dance, Kgn. 1982 (d. 1992); Cal, R. 1983 (d. 1984); The Great Profundo, Kgn. 1987; Walking the Dog, Kgn. 1994 (d.1996); Grace Notes, R. 1997 (Annas Lied, d. 2001); The Anatomy School, R. 2001.

MacLean, Sorley (Ps. Somhairle MacGill-Eain), schott.-gäl. Dichter, 26. 10. 1911 Osgaig/Raasay – 24. 11. 1996 Inverness. Stud. Univ. Edinburgh, Lehrer in Skye, Mull u. Edinburgh. 1956–72 Direktor der Plockton Secondary School/Wester Ross. – M., der schon als Student zu schreiben begann, gilt als einer der größten gäl. Dichter des 20. Jh. Er schrieb Liebesgedichte und polit. Lyrik gegen den europ. Faschismus u. die Zerstörung der schott. Hochlandkultur. Einflüsse von T. S. Eliot, MacNeice, E. Pound und W. H. Auden.

W: 17 Poems for 6d (m. R. Garioch), 1940; Dain do Eimhir agus Dain Eile, 1943; Four Points of a Saltire (m. G. C. Hay, W. Neill, St. MacGregor), 1970; Nuabhardachd Ghaidhlig (m. D. M. Deorsa, R. MacThomais, I. Mac a Ghobhainn, D. MacAmhlaigh), 1976; Reothairt u Contraigh: Taghadh de Dhain 1932–1972, 1977; Poems, English and Gaelic, 1987; O Choille gu Bearradh. From Wood to Ridge: Coll. Poems in Gaelic and English, 1989.

MacLeish, Archibald, amerik. Lyriker, 7. 5. 1892 Glencoe/IL – 20. 4. 1982 Boston. Kaufmannssohn; Stud. Rechte Yale und Harvard; Teilnahme am 1. Weltkrieg; 1920–23 Anwaltspraxis in Boston, dann freier Schriftsteller, 1923–28 Paris; Redakteur, Archivar, Bibliothekar, 1939–44 Direktor der Library of Congress in Washington, stellvertretender Direktor des Office of War Information, 1949–62 Prof. für Rhetorik in Harvard. – Dichter von außergewöhnl. Vielseitigkeit. Skept.-melanchol. frühe Gedichte unter dem Einfluß von Pound und Eliot; Hamletfigur als Symbol des ausgelieferten Ichs. ›New Found Land‹ enthält Gedichte von strenger Melancholie über Tod und Vergänglichkeit, deren Sinnbild herbstl. und winterl. Naturbilder sind. Virtuosität der Vers- und Reimtechnik; zugleich Bemühen um dichter. Sprache für e. demokrat. Öffentlichkeit. In den 30er Jahren zunehmendes soz., polit. und nationales Bewußtsein; Hörspiele, Versdramen und polit. Essays über die Aufgabe des Dichters in der demokrat. Gesellschaft; Publizistik für eine liberaldemokrat. Gesellschaft.

W: Tower of Ivory, G. 1917; The Happy Marriage, G. 1924; Nobodaddy, Dr. 1925; The Pot of Earth, G. 1925; Streets in the Moon, G. 1926; The Hamlet of A. M., G. 1928; New Found Land, G. 1930; Conquistador, Ep. 1932; Frescoes for Mr. Rockefeller's City, G. 1933; Poems 1924–33, 1933; Panic, Dr. 1935; The Fall of the City, H. 1937; Air Raid, H. 1938; America Was Promises, G. 1939; The Irresponsibles, Pamphlet 1940; The American Cause, Ess. 1941; A Time to Speak, Ess. 1941; A Timo to Act, Rdn. 1943; The American Story, Rdn. 1944; Actfive, G. 1948; Freedom Is the Right to Choose, Schr. 1951; Collected Poems 1917–52, 1952; The Trojan Horse, Dr. 1952; Songs for Eve, G. 1954; J. B., Dr. 1958 (Spiel um Job, d. 1958); Poetry and Experience, Ess. 1961 (Elemente der Lyrik, d. 1963); Three Short Plays, 1961; The Dialogues of A. M. and Mark Van Doren, 1964; The Eleanor Roosevelt Story, St. 1965; Herakles, Dr. 1967; The Wild Old Wicked Man, G. 1968; A Continuing Journey, Ess. 1968; Scratch, Dr. 1971; The Human Season, G. 1926–1972, 1972; The Great American Fourth of July Parade, H. 1975; Riders on the Earth, Ess. 1978; Six Plays, 1980. – Letters, hg. R. H. Winnick 1983; New and Collected Poems, 1917–1984, 1985; Reflections, Prosa hg. B. A. Drabeck, H. E. Ellis 1986. – *Übs.:* Groß u. tragisch ist unsere Geschichte, Ausw. d. 1950.

L: D. B. Lutyens, The Creative Encounter, 1960; S. L. Falk, 1965; G. Smith, 1971; G. Weiler, 1977; S. Donaldson, 1992. – *Bibl.:* E. Mullaly, 1973; H. E. Ellis, 1995.

MacLennan, Hugh, kanad. Romanschriftsteller, 20. 3. 1907 Glace Bay/Nova Scotia – 7. 11. 1990 Montreal. 1935–45 Stud. Dalhousie Univ., Oxford u. Princeton. Lektor am Lower Canada College, Montreal, 1951–81 Prof. McGill Univ. – Vf. erfolgr. Romane, die kanad. Identität in ihrer Eigenart darstellen u. zugleich allg.-menschl. Relevanz erlangen. Stark didakt. Gestus.

W: Barometer Rising, R. 1941 (Rückkehr zu Penelope, d. 1963); Two Solitudes, R. 1945; The Precipice, R. 1948; Cross-Country, Ess. 1949; Each Man's Son, R. 1951; The Watch that Ends the Night, R. 1959 (Die Nacht der Versöhnung, d. 1961); Scotchman's Return, Ess. 1960; Return of the Sphinx, R. 1967 (Unruhiger Sommer, d. 1968); Voices in Time, R. 1981.

L: P. Goetsch, 1961; G. Woodcock, 1969; E. Cameron, 1981; T. M. MacLulich, 1983; M. Peepre-Bordessa, 1990; F. M. Tierney, 1994.

MacLeod, Alistair, kanad. Schriftsteller, * 20. 7. 1936 North Battleford/Saskatchewan. 1946 Umzug nach Cape Breton; Prof. für Engl. Literatur u. Creative Writing Univ. Windsor. – Vf. von überaus dichten, von der mündl. Tradition beeinflußten Erzählungen. Geschichte u. Geographie der Insel Cape Breton stehen im Vordergrund.
W: The Lost and Salt Gift of Blood, Kgn. 1976 (n. 1988; franz. 1995); As Birds Bring Forth the Sun, Kgn. 1986 (franz. 1995); No Great Mischief, R. 1999 (Land der Bäume, d. 2001); Island, Kgn. 2000 (d. 2003).
L: I. Guilford, 2001.

Macleod, Fiona (eig. William Sharp), schott. Romanschriftsteller, 12. 9. 1855 Paisley – 14. 12. 1905 Castello di Maniaci/Sizilien. Kaufmannssohn, Stud. Glasgow, kurze Zeit Büroangestellter (Rechtsanwalt und Bank), ab 1881 freier Schriftsteller, ∞ 1885 Elizabeth Sharp. Ab 1884 Kunstkritiker des ›Glasgow Herald‹. – 1890 Romreise, begann dort s. romant.-visionären Romane aus dem schott. Hochland, Dramen und teils myst. lyr.-ep. Dichtungen, die kelt. Volksgut beleben und die er unter dem weibl. Pseudonym ›Fiona M.‹ veröffentlichte. Wahrte dieses Pseudonym streng, verfaßte sogar biograph. Daten Fionas für ›Who's Who‹. Veröffentl. außerdem unter s. eigenen Namen 2 Romane ›Wives in Exile‹ und ›Silence Farm‹, ferner krit. Dichterbiographien sowie romant. Naturgedichte.
W: The Human Inheritance, G. 1882; D. G. Rossetti: A Record and a Study, B. 1882; Life of P. B. Shelley, B. 1887; Life of H. Heine, B. 1888; Romantic Ballads, 1888; Life of R. Browning, B. 1890; Pharais, a Romance of the Isles, R. 1894; The Mountain Lovers, R. 1895; The Sin Eaters, R. 1895; From the Hills of Dreams, G. 1896; The Washer of the Ford, En. 1896; Wives in Exile, R. 1896; Green Fire, R. 1896; The Laughter of Peterkin, R. 1897; The Dominion of Dreams, R. 1899 (d. 1922); Silence Farm, R. 1899; The Divine Adventure, R. 1900; Wind and Wave, En. 1902 (d. 1922); The Silence of Amor, G. 1902; Deirdre and the Sons of Usna, Dr. 1903; Winged Destiny, R. 1904; The Immortal Hour, Dr. 1907. – Letters, 1907; Works (Fiona Macleod), VII 1909–10; Selected Writings (W. Sharp), V 1912.
L: E. A. Sharp, W. S., a Memoir, II 1912; F. M. Alaya, 1970.

MacMhaighstir, Alasdair → Macdonald, Alexander

McMillan, Terry, afroamerik. Erzählerin, * 18. 10. 1951 Port Huron/MI. Arbeiterkind; B.A. in Journalismus Berkeley, M.A. in Filmstudien Columbia Univ. – M.s erster Roman über die optimist. Lebensstrategien e. alleinerziehenden Mutter mit 5 Kindern wurde dank intensiver Selbstpromotion zum Marktrenner u. bereitete den Boden für zwei Bestseller unter den folgenden Romanen. Der prekären Randexistenz der Titelfigur von ›Mama‹ folgen dort erfolgsorientierte, mittelständ. Lebensbahnen von afroamerik. Frauen mit hohem sexuellem Gusto, unverblümt lebensnahem Sprachduktus u. meisterhaft komödiantischem Improvisationstalent – frauenzentriert, aber nicht feministisch. Das modisch treffsichere Leseecho führte rasch zu Verfilmungen u. zur Herausgabe einer vielbeachteten Anthologie junger schwarzer Texte durch die Erfolgsautorin.
W: Mama, R. 1987 (d. 1993); Disappearing Acts, R. 1990 (Ab durch die Mitte, d. 1993); Waiting to Exhale, R. 1992 (Endlich ausatmen, d. 1993); How Stella Got Her Groove Back, R. 1996 (Männer sind die halbe Miete, d. 1997); A Day Late and a Dollar Short, 2002. – *Hg.:* Breaking Ice, Anth. 1990.

McMurtry, Larry (Jeff), amerik. Schriftsteller, * 3. 6. 1936 Wichita Falls/TX. Sohn e. Viehzüchters; Lehrtätigkeiten an versch. Univ., Buchhändler. – Zentral das Verhältnis zwischen der myth. Vergangenheit von Texas und der als problemat. empfundenen Urbanisierung der letzten Jahrzehnte betrachtend, handeln M.s frühe Romane von der desolaten Aussicht der texan. Farmerjugend, spätere Romane hingegen von Texanern in urbanen Milieus, auch Hollywood and Washington, D. C.; ›Lonesome Dove‹ als fiktionalisierte Texas-Historie und realist. Darstellung e. Viehtriebs im 19. Jh.
W: Horseman, Pass By, R. 1961 (Der Wildeste unter Tausend, d. 1992); Leaving Cheyenne, R. 1963; The Last Picture Show, R. 1966 (Die letzte Vorstellung, d. 1990); Moving On, R. 1970; All My Friends Are Going to Be Strangers, R. 1972; It's Always We Rambled, Ess. 1974; Terms of Endearment, R. 1975 (Zeit der Zärtlichkeit, d. 1984); Somebody's Darling, R. 1978; Cadillac Jack, R. 1982; The Desert Rose, R. 1983 (Stardust-Girl, d. 1985); Lonesome Dove, R. 1985 (Weg in die Wildnis, d. 1990); Texasville, R. 1987 (d. 1991); Film Flam, Ess. 1987; Anything for Billy, R. 1988 (Desperado, d. 1990); Some Can Whistle, R. 1989 (Jagd durch Texas, d. 1994); In a Narrow Grave, Ess. 1989; Buffalo Girls, R. 1990 (d. 1993); The Evening Star, R. 1992 (Jahre der Zärtlichkeit, d. 1997); The Streets of Laredo, R. 1993 (d. 1996); Dead Man's Walk, R. 1995; The Late Child, R. 1995; Comanche Moon, R. 1997; Duane's Depressed, R. 1999; Crazy Horse, B. 1999; Walter Benjamin at the Dairy Queen, Mem. 1999; Roads, Reiseb. 2000; Boone's Lick, Kgn. 2000; Sacageweas Nickname, Ess. 2001; Paradise, Mem. 2001; Sin Killer, R. 2002; The Wandering Hill, R. 2003; By Sorrow's River, R. 2003.
L: T. Landess, 1969; R. L. Neinstein, 1976; C. D. Peavy, 1977; D. Schmidt, hg. 1978; L. P. T. Lich, 1987; C. Reynolds, hg. 1989; R. W. Jones, 1994; M. Busby, 1995; J. M. M. Reilly, 2000.

MacNeice, Louis (Ps. Louis Malone), ir. Dichter und Kritiker, 12. 9. 1907 Belfast – 3. 9. 1963 London. Sohn e. protestant. Bischofs. Stud. Oxford. Lektor für klass. Sprachen 1930–36 an den Univ. Birmingham, London und Cornell Univ. und 1936–40 am Bedford College for Women. Verbindung mit dem Group Theatre, London. Gehörte zum Dichterkreis um Auden, bereiste mit Auden Island. Kehrte 1939 nach England zurück; ab 1941 bei der BBC. 1950/51 Direktor des British Institute in Athen. – Gegenwartsnaher Lyriker, Dramatiker, Vf. von Hörspielen, Reisebüchern und lit.krit. Studien. S. Stil ist an lat. Vorbildern, Jazz und Umgangssprache geschult, iron., satir., zyn., später in abwägender Haltung. S. Liebeslyrik verbirgt sich hinter dem iron. Titel ›The Last Ditch‹. Übs. von Aischylos' ›Agamemnon‹ (1936) und Goethes ›Faust‹ (1951, gekürzt).

W: Blind Fireworks, G. 1929; Roundabout Way, R. 1932; Poems, 1935; Out of the Picture, Dr. 1937; Letters from Iceland, 1937 (m. W. H. Auden); The Earth Compels, G. 1938; I Crossed the Minch, Reiseb. 1938; Modern Poetry, St. 1938; Autumn Journal, G. 1939; The Last Ditch, G. 1940; Plant and Phantom, G. 1941; The Poetry of Yeats, St. 1941; Christopher Columbus, H. 1944; Springboard, G. 1944; The Dark Tower, H. 1946; Holes in the Sky, G. 1948; Ten Burnt Offerings, G. 1952; Autumn Sequel, G. 1954; Visitations, G. 1957; Solistices, G. 1961; The Burning Perch, G. 1963; Selected Poems, hg. W. H. Auden, 1964; The Mad Islands and The Administrator, 2 He. 1964; The Strings Are False, Aut. 1965; Varieties of Parable, St. 1965; Collected Poems, hg. E. R. Dodds 1966; Persons from Porlock, 4 He. 1969.

L: J. Press, 1955; E. E. Smith, 1970; W. T. McKinnon, 1971; D. B. Moore, 1972; T. Brown, 1975; R. Marsack, The Cave of Making, 1983; E. Longley, 1989; P. MacDonald, 1991; J. Stallworthy, 1995; K. Devine, 1998. – *Bibl.:* C. Armitage, 1973.

Mac Orlan, Pierre (eig. Pierre Dumarchey), franz. Erzähler, 26. 2. 1883 Péronne/Somme – 28. 6. 1970 Saint-Cyr-sur-Morin. Noch vor Abschluß der höheren Schule (in Orléans) zu Geldverdienst gezwungen. Korrektor in Rouen, seit 1900 versch. Berufe (Sänger, Radrennfahrer) in Paris, Bohèmeleben in Montmartre in Gesellschaft von Apollinaire, Carco, Dorgelès, M. Jacob. Teilnehmer am 1. Weltkrieg. Versuchte sich zunächst als Maler, reiste in den Niederlanden und Nordafrika, lebte seit 1924 zurückgezogen in Saint-Cyr-sur-Morin. 1950 Mitgl. der Académie Goncourt. – Zunächst als humorist. Journalist bekannt. 1911–14 satir. Werke in spött. Ton, die die Unsicherheit und Ungefestigtheit der menschl. Zivilisation zeigen, danach e. Reihe grotesk-kom. Erfolgsromane aus der Pariser Halb- u. Unterwelt. Schreibt über s. abenteuerl. Leben, das kosmopolit. und zweifelhafte Milieu der Schenken von Montmartre, der Häfen und der Fremdenlegion, über Nordafrika und die Niederlande. Verbindet phantast. mit realist. Elementen.

W: La maison du retour écœurant, 1912; Le rire jaune, 1914; La bête conquérante, 1914; Les poissons morts, 1917; Le chant de l'équipage, 1918; A bord de l'›Étoile Matutine‹, 1920 (n. 1983); Petit manuel du parfait aventurier, 1920; Le nègre Léonard et Maître Jean Mullin, 1920; La clique du café Brebis, 1920; La cavalière Elsa, 1921 (d. 1923); La Vénus internationale, 1923; Malice, 1923; Aux lumières de Paris, 1925 (dt. Ausw. 1926); Les pirates de l'avenue du Rhum, 1925 (Alkoholschmuggler, d. 1927); Marguerite de la nuit, 1926; Sous la lumière froide, 1926 (dt. Ausw. 1926); Rue des Charrettes, 1927; Chronique des temps désespérés, 1927; Le quai des brumes, R. 1927; Miamis 1928 (d. 1930); Villes, 1929; Sélections sur ondes courtes, Ess. 1929; Dinah Miami, 1929 (d. 1930); Uranie ou l'astronomie sentimentale, 1929; La tradition de minuit, 1930; La Bandera, 1931; Le printemps, 1931; L'ancre de miséricorde, 1941 (d. 1948); Lautrec le peintre, 1941; Montmartre, Erinn. 1946; Chansons pour accordéons, 1953; Le mémorial du petit jour, Aut. 1955; Quartier réservé, 1956; La pension de Mary Stuart, 1958; La petite cloche de Sorbonne, 1959; Picardie, 1964; Mémoires en chanson, 1966. – Œuvres complètes, hg. G. G. Sigaux 1969ff.; Œuvres poétiques complètes, 1929 (n. 1946); Poésies documentaires complètes, 1954, 1982.

L: P. Berger, 1951; A. Bloch, Ann Arbor 1956; B. Baritaud, 1971, 1992; I. Tomas, 1995; J.-C. Lamy, 2002.

Macourek, Miloš, tschech. Schriftsteller, 2. 12. 1926 Kroměříž – 30. 9. 2002 Prag. Übte versch. Brotberufe aus, zeitweilig Musikstud., Lektor für Lit.gesch.; seit 1959 dem Prager ›Theater am Geländer‹ verbunden, u.a. als Bearbeiter (mit Jan Grossmann) von Jarrys ›Ubu roi‹. – Die konventionelle Mechanisierung der Dichtung ablehnend, entwirft M. in Lyrik, Erzählungen, Bühnenstükken u. Drehbüchern für Zeichen- und Puppenfilme e. neue Welt, in der sich Realität u. Phantasie spielerisch vermischen. S. iron. Pointen sind oftmals von aktueller gesellschaftl. Tragweite. Übs. Préverts.

W: Člověk by nevěřil svým očím, G. 1958; Žirafa nebo tulipán, En. 1959, Živočichopis, En. 1962 (Die Wolke im Zirkus, d. 1966); Smutné vánoce, Sch. 1960; Nejlepší roky paní Hermanové, Sch. 1962; Jakub a dvě stě dědečků, Kinder-En. 1963 (Vom blauen Topf, der gern Tomatensoße kochte, d. 1967); Hra na Zuzanku, Sch. 1967; Pohádky, M. 1971; Mach a Šebestová, Kinder-En. 1982; Dívka a koštěti, Jugend-E. 1987; Žofka ředitelkou ZOO, Kinder-E. 1991; Arabela 1–3, Jugend-En. 1991–93; Šest medvědů s Cibulkow, Kinder-E. 1994. – Curious Tales, Ausw. engl. 1980.

McPherson, Conor, ir. Dramatiker, Drehbuchautor und Regisseur, * 1971 Dublin. Stud. Philos. ebda.; schrieb schon während des Stud. Stücke und arbeitete als Regisseur; Gründungsmitgl. des ›Fly by Night Theatre‹; 2001 als Regisseur Beitrag ›Endgame‹ zu ›Beckett on Film‹. – Vf. von Dra-

men und Drehbüchern; wesentl. Gestaltungsmittel s. Dramen sind Monologe v. a. männl. Figuren, aus denen sich die Handlung in alltägl. Situationen entwickelt; s. Stücke werden auch in Dtl. gespielt.
W: Rum and Wodka, Dr. 1992; A Light in the Window of Industry, Dr. (1993); The Good Thief, Dr. 1994; Inventing Fortune's Wheel, H. (1994); The Stars Lose Their Glory, Dr. (1994); This Lime Tree Bower, Dr./H. 1996 (verfilmt 2001 u. d. T. ›Saltwater‹, dt. u. d. T. ›Salzwasser‹); This Lime Tree Bower. Three Plays, 1996; I Went Down, Drb. 1997; The Weir, Dr. 1997 (d. 1998); St. Nicholas, Dr. 1997 (als Hörbuch d. 2002); St. Nicholas and The Weir, 1997; The Weir and other Plays, 1999, ³2000; Four Plays, 1999; Dublin Carol, Dr. 2000; Port Authority, Dr. 2001; Saltwater, Drb. 2001; Actors, Drb. 2003; Shining City, Dr. (2004).
L: G. C. Wood, Imagining Mischief, 2003.

Macpherson, James, schott. Dichter und Übersetzer, 27. 10. 1736 Ruthven/Inverness – 17. 2. 1796 Bellville/Inverness. Beisetzung in Westminster Abbey. Sohn e. Landwirts, Theologiestud. Aberdeen und Edinburgh. Zunächst Lehrer, 1764 Gouverneurssekretär Floridas, 1766 Rückkehr nach England, 1779 Londoner Agent des Nabob von Arcot, 1780–90 Parlamentsmitgl. – M. durchforschte das schott. Hochland und die Hebriden, s. ›Fragments of Antient Poetry‹ fanden lebhaften Widerhall. Hugh Blair mit Freunden stellte über Subskription Geld zum weiteren Sammeln u. Publizieren der Texte zur Verfügung. M. gab die Werke aus als von ihm gefundene gäl. Dichtungen e. blinden Barden Ossian (oder Oisin) aus dem 3. Jh. Tatsächlich benutzte er zwar altes Material, veränderte und erweiterte es jedoch weitgehend. Ossian wurde in ganz Europa begeistert aufgenommen: Goethe, Herder, Napoleon bewunderten ihn, er hatte Einfluß auf den Sturm und Drang und die romant. Bewegung. M. vermied es, Urtexte vorzulegen, Dr. Johnson u. a. Forscher hielten ihn für e. Fälscher, jedoch erst s. Nachlaß offenbarte die Täuschung. Ossian ist nicht e. eigentl. Fälschung, sondern e. allzu freie Bearbeitung alter Sagenüberlieferungen. Die Ossiangesänge mit ihren düsteren, schwermütigen Naturstimmungen, ihren sentimentalen lyr. Versen (rhythm. Prosa) und ihrem Heldenkult ließen in der Zeit des formglatten Klassizismus e. völlig neue Note erklingen und behalten ihren Wert als Dichtung.
W: The Highlander, G. 1758; Fragments of Antient Poetry collected in the Highlands of Scotland and translated from the Gaelic or Erse language, 1760 (krit. hg.: J. Hoops 1901, O. L. Jiriczek 1915, J. J. Dunn 1966); Fingal, Ep. 1762 (hg. O. L. Jiriczek 1940; d. A. Ebrard 1868, R. Jackmann 1869); Temora, Ep. 1763 (hg. O. L. Jiriczek 1940; d. H. Suttner Erenwin 1880); A History of Great Britain from the Restoration to the Accession of the House of Hanover, II 1775. – The Works of Ossian, II 1765 (hg. W. Sharp 1896; d. M. Denis 1768 f., F. L. zu Stolberg 1806, C. W. Ahlwardt 1861 f., E. Brinckmeier 1883; n. F. Spunda 1926); Poetical Works, 1802; Poems, hg. M. Laing 1805, H. Gaskill 1996.
L: H. Blair, A Critical Dissertation on the Poems of Ossian, 1765; Hg. H. Mackenzie, Report of the Committee of the Highland Society of Scotland Appointed to Inquire into the Authenticity of the Poems of Ossian, 1805; T. B. Saunders, 1894 (n. 1969); L. Chr. Stern (Zs. f. vgl. Lit.gesch., N.F. 8); R. Tombo, Ossian in Germany, 1901; J. S. Smart, 1905; P. van Tieghem, Groningen 1920; A. Gillies, Herder and Ossian, 1933; D. S. Thomson, The Gaelic Sources of Ossian, 1952; J. Weisweiler, Hintergrund u. Herkunft d. Ossianischen Dicht., ⁴1963; I. Haywood, 1987. – Bibl.: G. F. Black, M.'s Ossian and the Ossianic Controversy, 1929; H. Gaskill, Ossian Revisited, 1991.

Macrobius, Ambrosius Theodosius, heidn. lat. Schriftsteller, 5. Jh. n. Chr. – M.' Werk ›Saturnalia‹ (7 Bücher) zeigt e. Kreis von Adligen u. Gelehrten, die bei e. Bankett während des röm. Festes der Saturnalien über die Werke Vergils sprechen, wobei sie Fragen aus den verschiedensten Wissensgebieten behandeln. Bekannter ist M.' Kommentar zum philos. ›Traum des Scipio‹, dem Abschluß von Ciceros staatsphilos. Werk ›Über den Staat‹.
A: J. Willis, 2 Bde., n. 1994; Sat.: engl. Übs. u. Einl. P. V. Davies, N.Y. 1969; Somn.: engl. Übs. W. H. Stahl, N.Y. 1952; m. franz. Übs. u. Einl. M. Armisen-Marchetti, Paris 2001.
L: E. Syska, Studien zur Theologie des M., 1993.

Macropedius, Georgius (eig. van Langhveldt), neulat. Dramatiker, 1487 Gemert – Juli 1558 s'Hertogenbosch. Stud. in Löwen; trat in den geistl. Orden der Eremiten des hl. Hieronymus ein; später Rektor an Schulen in s'Hertogenbosch, Lüttich und seit ca. 1530 Utrecht; angesehener Philologe und Mathematiker. – Bedeutender Dramatiker, Vf. geistl. Gesänge und mehrerer Handbücher. S. 12 Dramen behandeln teils bibl. Themen, teils Schwankstoffe. Am bekanntesten der ›Hecastus‹ mit dem Jedermann-Stoff.
W: Aluta, Schw. 1535 (n. J. Bolte 1897; J. Bloemendal, J. W. Steenbeck 1995); Rebelles, Schw. 1535 (n. J. Bolte 1897; Y. Lindeman 1983 m. engl. Übs.); Petriscus, Schw. 1536 (n. J. Hartelust 1902; P. Leys 1980, m. niederländ. Übs. u. Komm.); Asotus, Dr. 1537 (n. D. Jacoby 1886; H. P. M. Puttiger 1988, m. niederländ. Übs. u. Komm.); Andrisca, Schw. 1538 (n. P. Leys, in: Humanistica Lovaniensia 31, 1982); Bassarus, Schw. 1540 (n. R. Engelberts 1968; Y. Lindeman 1983 m. engl. Übs.); Hecastus, Dr. 1539 (n. J. Bolte 1927; d. H. Sachs 1549); Lazarus mendicus, Dr. 1541 (n. F. M. Bussers 1992, m. niederländ. Übs. u. Komm.); Josephus, Dr. 1544; Adamus, Dr. 1552; Hypomone, Dr. 1553; Jesus scholasticus, Dr. 1556.
L: J. Hartelust, Diss. Utrecht 1902; U. Schulz, Diss. Marb. 1949; T. W. Best, 1972; H. Giebels, 1978.

Madách, Imre, ungar. Dramatiker, 21. 1. 1823 Alsó-Sztregova – 5. 10. 1864 ebda. Kalvinist aus kathol. Adelsfamilie; nach Tod des Vaters Erziehung durch e. tyrann. Mutter. M. lernte erst zu Hause, 1837 Stud. Jura Pest. 1842 Rechtsdiplom. Teilnahme am polit. Leben als Notar (bis 1848) im Komitat Nógrád. 1843 wegen Krankheit zurückgezogen. 1845 ∞ Erzsébet Fráter, 1852/53 Gefängnis in Pozsony wegen Verbergens polit. Flüchtlinge nach der Niederlage der Freiheitskämpfer, daher 1854 Scheidung von s. lebenslustigen, doch materialist. Frau. Von 7. 2. 1859 bis 20. 3. 1860 schrieb M. ›Az ember tragédiája‹. 1861 Abgeordneter. 1863 Mitgl. der Ungar. Akad. der Wiss. – In ›Az ember tragédiája‹ will M. die Tragödie der gesamten Menschheit in dichter. u. philos. Gedankengängen zeigen. Die moral. Auswertung der menschl. Geschichte, vom Erscheinen des ersten Menschen bis zur utop. Ferne des letzten Menschen ist das Kernproblem der Dichtung. Philos. u. soz. Fragen werden als deutl. Beispiele der Leitidee anhand hist. Szenen vorgeführt u. analysiert. Kern der Problemstellung M.s ist der Kampf zwischen Gott u. Luzifer, der als Negativum das Werk Gottes, die gesamte Schöpfung vernichten will, u. dies beim Menschen beginnt. Nach dem Sündenfall besinnt sich Adam auf s. menschl. Unvollkommenheit u. will den Sinn s. Lebens erkennen. Im Traum führt ihn Luzifer in die Zukunft, in die Geschichte der Menschheit. In den folgenden Szenen wird Adam, immer als Träger e. Idee, in versch. Milieus versetzt. Er erlebt alle menschl. Möglichkeiten und ist tief enttäuscht. Beim Erwachen will Adam s. Geschlecht durch Selbstmord diese Zukunft ersparen. ›Mensch kämpfe u. vertraue!‹ sind die Schlußworte, mit denen M. die einzige Lösung aller menschl. Probleme geben will. Den Dichter M. muß man auch als Philosophen anerkennen, u. zwar gebührt ihm e. Platz in der Reihe: Hegel – Nietzsche – Bergson. Neben unbedeutenden Dramen u. einigen Gedichten ist die Tragödie s. Lebenswerk.

W: Lantvirágok, G. 1840; A civilizátor, 1859; Mózes, 1860; Az ember tragédiája, Dr. 1861 (Bühnenbearb. v. E. Paulay 1883; Tragödie des Menschen, d. 1865, J. Mohácsi [4]1940, G. engl. [5]1970). – Összes művei és levelei (SW), II 1942.

L: G. Voinovich, 1914 (d. 1935); B. Alexander, 1923; J. Barta, 1942; W. Margendorff, d. 1943; I. Sőtér, 1979.

Madariaga y Rojo, Salvador de, span. Schriftsteller, 23. 7. 1886 La Coruña – 14. 12. 1978 Locarno. Bask. Abstammung; Ingenieurexamen in Paris, 1916 Journalist in London, 1921–27 Mitglied des Völkerbundssekretariats für Abrüstung in Genf, 1931 Botschafter in Washington, 1932 Paris, 1934 Erziehungs- u. Justizminister während der Republik; ging bei Ausbruch des Span. Bürgerkriegs (1936) als Gegner Francos nach England ins Exil; lebte (wie schon 1928–31) als Prof. für span. Lit. in Oxford. – E. der bedeutendsten zeitgenöss. Essayisten, Historiker u. Biographen; auch Lyriker und Romancier; verkörpert europ. Denken u. liberale Gesinnung; um neue Interpretation span. Geschichte u. Verständnis span. Wesens im Ausland bemüht; schreibt span., engl. u. franz.

W: Shelley and Calderón, Ess. 1920; Romances de ciego, G. 1922; Ensayos angloespañoles, Ess. 1922; Guía del lector del ›Quijote‹, Es. 1926 (d. 1966); La fuente serena, G. 1928; Ingleses, franceses, españoles, Ess. 1928 (d. 1966); Spain, Es. 1930 (d. 1930); El enemigo de Dios, R. 1936; Cristopher Columbus, B. 1939 (d. 1951); Hernán Cortés, B. 1941 (d. 1960); El corazón de piedra verde, R. 1942 (d. 1952); Rosa de cieno y ceniza, G. 1942; The Rise of the Spanish Empire, The Fall of the Spanish Empire, 1947 (Die Erben der Conquistadoren, d. Ausz. 1964); Simón Bolívar, B. II 1951 (d. 1960); Bosquejo de Europa, Ess. 1951 (d. 1952); De l'angoisse à la liberté, Schr. 1954 (d. 1959); Guerra en la sangre, R. 1957 (d. 1958); Una gota de tiempo, R. 1958 (d. 1961); Un ramo de errores, R. 1960; Sanco Panco, R. 1964; Satamael, R. 1967 (d. 1969); Amanecer sin mediodía 1921–36, Mem. (d. 1972). – Obras poéticas, 1976.

L: G. Cangiotti, Bologna 1980 (m. Bibl.); C. Fernández Santander, 1991.

Madhubuti, Haki R. (Don Luther Lee), afroamerik. Dichter, Essayist, polit. Aktivist, * 23. 2. 1942 Little Rock/AR. Wächst in Detroit auf, alleinerziehende Mutter, stirbt 1958 an Drogenüberdosis; HighSchool in Chicago; Zeitschriftenverkäufer, Armee; Mitbegründer der ›Third World Press‹ 1967 u. der Organization of Black American Culture (OBAC) in Chicago; Freundschaft mit G. Brooks; aktiv in Bürgerrechtskampf; 1973 Namensänderung; journalist. u. verleger. Tätigkeit für das Black Arts Movement; Prof. an vielen Univ., zuletzt in Evanston, Illinois. – M. war von Beginn an eine der wichtigsten Stimmen des Black Arts Movement. Gegen weiße Dekadenz u. Normenkontrolle, sprach er zuerst militant-impulsiv, später historisch umsichtiger, immer aber polemisch furchtlos, sprachl. eigenwillig u. mit starkem Bezug auf afroamerik. Musik einem schwarzen Kulturnationalismus das Wort, lange Zeit auch als Lehrer u. Erzieher.

W: Think Black, G. 1967; Black Pride, G. 1968; Don't Cry, Scream, G. 1969; We Walk the Way of the New World, G. 1970; Directionscore, G. 1971; Dynamite Voices, Ess. 1971; Book of Life, G. 1973; From Plan to Planet, Ess. 1973; Earthquakes and Sunrise Missions, G. u. Ess. 1984; Killing Memory, Seeking Ancestors, G. 1987; Black Men, Ess. 1990; Claiming Earth, Ess. 1994.

Madhusūdana → Mahānāṭaka, das

Madhusūdan Datta (Dutt) → Datta, Maikal Madhusūdan

Madrid, Juan, span. Schriftsteller, * 12. 6. 1947 Málaga. Stud. Geschichte Salamanca, seit 1974 Journalist, u. a. für die Zs. ›Cambio 16‹. Neben Manuel Vázquez Montalbán bekanntester span. Kriminalschriftsteller. – Vf. gesellschaftskrit., atmosphär. dichter Großstadtkrimis in 2 Serien über den Ex-Polizisten Toni Romano u. den Polizeikommissar Flores.
W: Un beso de amigo, R. 1980 (d. 1989); Las aparencias no engañan, R. 1982 (d. 1989); Nada que hacer, R. 1984 (d. 1990); Regalo de la casa, R. 1986 (d. 1988); Jungla, En. 1988 (d. 1991); Días contados, R. 1993; Cuentas pendientes, R. 1995; Malos tiempos, R. 1995; Tánger, R. 1997; Restos de carmín, R. 1999.

Madsen, Svend Åge (Ps. Marianne Kainsdatter), dän. Erzähler, * 2. 11. 1939 Aarhus. 1958 Abitur. – Vf. abstrakter Romane und Erzählungen, konstruiert s. sprachl. Gebilde z. T. aus Stilelementen der Trivialliteratur.
W: Besøget, R. 1963; Tilføjelser, En. 1967; Liget og lysten, R. 1968 (Lüste und Leichen, d. 1969); Sæt verden er til, R. 1971; Tugt og utugt i mellemtiden, R. II 1976; Se dagens lys, R. 1980 (Dem Tag entgegen, d. 1984); At fortælle menneskene, R. 1989; Jagten på et menneske, R. 1991 (Jagd auf einen Menschen, d. 1998); Edens gave, 1993; Syv aldres galskab, R. 1994 (Sieben Generationen Wahnsinn, d. 2000); Genspejlet, R. 1999; Nærvær og næsten, En. 2000; Den ugudelige farce, R. 2002.
L: K. Schmidt, 1982; N. Dalgaard, 1996; A. Gemzøe, 1997; T. Uhd, 2001. – *Bibl.:* E. Nørager Pedersen, 1999.

Mäkelä, Hannu Elias, finn. Dichter, Dramatiker u. Erzähler, * 18. 8. 1943 Helsinki. – Schuf die klass. Kinderbuchgestalt ›Herra Huu‹. Realistischer Erzähler, der sich in s. jüngeren Werken mit der finn. Kulturgeschichte, u. a. mit Eino Leino, auseinandersetzt.
W: Matkoilla kaiken aikaa, R. 1965; Kylliksi! Tai liika, R. 1965; Sinisen taivaan, harmaan jään, G. 1966; Oman itsensä herra, R. 1971; Herra Huu, Kdb. 1973; Hänen uuden elämänsä alku, En. 1985; Vetsikko, R. 1988; Moinen mies, R. 1991; Kadoneitten kaupunki, G. 1993; Mestari, R. 1995; Äiti, R. 1999; Ihme, R. 2002; Nalle ja Moppe, B. 2003. – Päivä jonka saamme elää (ausgew. G.), 1988.

Mälk, August, estn. Schriftsteller, 4. 10. 1900 Koovi auf Ösel – 19. 12. 1987 Stockholm. 1916–23 Lehrer, 1923–35 Schulrektor, dann freier Schriftsteller; seit 1944 als Flüchtling in Schweden, 1948–71 Bibliothekar des königl. dramat. Theaters. – Fruchtbarer u. erfolgreicher Prosaist, volkstüml. Dramatiker, teilw. mit Neigung zur Unterhaltungslit. S. besten Romane u. En. sind die Klassiker der estn. realist.-heimatlichen Lit. des Küstenlandes (Leben der nord. Fischer u. See-

hundjäger); später Züge d. psycholog. Symbolismus.
W: Kivine pesa, R. 1932; Surnud majad, R. 1934; Õitsev meri, R. 1935 (Das blühende Meer, d. 1949); Mees merelt, Sch. 1935; Läänemere isandad, R. 1936; Rannajutud, En. 1936; Taeva palge all, R. 1937 (Im Angesicht des Himmels, d. 1940, 1941, 1943); Mere tuultes, En. 1938; Hea sadam, R. 1942 (Der gute Hafen, d. 1947, 1949); Kadunud päike, Nn. 1943; Õised linnud, R. 1945; Jumala tuultes, En. 1949; Tee kaevule, R. II 1952f.; Tuli sinu käes, Nn. 1955; Päike küla kohal, R. 1957; Toomas Tamm, R. 1959; Kevadine maa, R. 1963; Jumalaga, meri!, Nn. 1967; Hommikust keskpäevani, Mem. 1972; Peale päevapööret, Mem. 1976; Projekt Victoria, En. 1978.
L: R. Kolk, 1964; A. Vinkel, ²1997; A. Vinkel, Viimased vaod, 2002. – *Bibl.:* A. Valmas, 1991.

Maerlant, Jacob van, fläm. Dichter, um 1230 Brugse Vrije – um 1288 Damme bei Brügge. Gelehrte Bildung bei den Zisterziensern in Zuid-Beveland(?). Siedelte um 1258 als Küster nach Maerlant über (e. Ort auf der Insel Oost-Voorne b. Den Briel oder e. Gebiet nordwestl. von Brügge). Kehrte um 1266 nach Flandern zurück und ließ sich in Damme nieder. In s. Gesinnung eher Holländer als Flame. – S. Werk verrät e. umfangr. u. vielseit. Wissen. ›Alexanders Geesten‹, e. höf. Roman nach der ›Alessandreide‹ von Gaultier de Chatillon, will die Vergänglichkeit ird. Größe veranschaulichen. Die ›Historie van den Grale en Merlijns Boeck‹ ist der älteste niederländ. Gralsroman. Die ›Historie van Troyen‹ ist e. höf. Abenteuerroman mit eingestreuter Liebeslyrik nach Benoît de Sainte-More. Schrieb nach s. Rückkehr nach Damme ›Der naturen bloeme‹. e. Reimwerk über Menschen, Flora, Fauna u. Mineralien nach ›De Naturis Rerum‹ von Thomas van Cantimpré, die ›Rijmbijbel‹ mit ›Wrake van Jerusalem‹ nach Petrus Comestors ›Historia Scolastica‹, ›Sinte Franciscus Leven‹ (über 10 000 Verse) nach Bonaventuras Biographie und ›Spieghel historiael‹, ein Geschichtswerk nach Vincentius von Beauvais' ›Speculum Historiale‹. Richtet in seinen strophischen Gedichten ›Der Kerken claghe‹ z. T. nach lat. Vorbildern und Disputen aus Liebe zur Kirche Angriffe auf Geistliche und zeigt in ›Van den lande van overzee‹ die Gefahren, die dem Heiligen Land drohen.
W: Alexanders geesten, R. 1257–60 (hg. J. Franck 1882); Historie van den Grale en Merlijns Boeck, R. um 1261 (hg. J. van Vloten 1880); Torec, R. um 1262 (hg. J. te Winkel 1875, A. T. W. Bellemans 1948); De Historie van Troyen, R. um 1264 (hg. N. de Pauw u. E. Gaillard 1889–92); Der naturen bloeme, Dicht. um 1266 (hg. E. Verwijs II 1878); Rijmbijbel, 1271 (hg. J. David III 1858–61); St. Franciscus' Leven, B. 1276/82 (hg. J. Tideman 1848, neuniederländ. II 1954); Spieghel historiael, 4. Tle. um 1283–88 (fortgeführt u. vollendet v. L. van Veltheim, hg. M. de Vries u. E. Verwijs III 1857–63);

Wapene Martijn, Lehr.-G.; Heimelichheit der heimelichde, Lehr-G. (hg. A. A. Verdenius 1917). – Strofische Gedichten, hg. J. Verdam u. P. Leendertz 1918 (Ausw. 1954); Keurgedichten uit de godsdienstige lyriek, hg. P. de Keyser 1947; Van den lande van overzee, Faks.ausg. m. Einl. G. Stuiveling, 1966.
L: J. te Winkel, ²1892, ³1979; W. Friedrich, 1934; A. Arents, 1943 (m. Bibl.); J. van Mierlo, 1946; J. Janssens, 1963; A. Berteloot, hg. 2000.

Maeterlinck, Maurice Polydore Marie Bernard, belg. Schriftsteller, 29. 8. 1862 Gent – 6. 5. 1949 Orlamonde b. Nizza. Flame; Jesuitenschule, Stud. Rechte, übte jurist. Beruf kaum aus. 1886 in Paris, wo er sich Villiers de L'Isle-Adam, Saint-Paul Roux u. a. anschloß. Früh berühmt durch s. Drama ›La princesse Maleine‹. Weltbekannt durch s. philos. Essays. Reiste in Europa, 1920 in Nordamerika, 1896–1940 ständig in Paris, 1940–46 im Exil in Nordamerika. Letzte Lebensjahre an der franz. Riviera. 1911 Nobelpreis, 1947 Präsident des Internationalen PEN-Clubs. – Symbolist. Lyriker, bedeutend als Dramatiker des Symbolismus, philos. Essayist. S. ganzes Werk ist Suche und Meditation über das von dunklen Mächten bedrohte Dasein. Anfangs pessimist., später Hinnahme und Bejahung von Leben und Schicksal. Benutzt Assoziationen und Assonanzen, Wiederholungen als Stilmittel in s. zarten, traumhaften Lyrik, die Stimmungen der Melancholie und Einsamkeit beschwört und den Menschen unter e. lastenden Fatalität zeigt. Gilt als Vorläufer des Surrealismus. In s. lyr. Dramen des Schweigens ist die äußere Handlung unwesentl., Stimmung und Atmosphäre, das Schweigen hinter den Worten, sind entscheidend (Ausnahme ›Monna Vanna‹). S. Dramen sind pessimist.-fatalist., ihre marionettenhaften Figuren die Opfer e. grausamen Geschicks, unter seel. Qualen (Todesangst) leidend. Das spätere Drama ›L'oiseau bleu‹ ist dagegen e. anmutiges Märchenstück über die Suche nach dem Glück. Schrieb Bücher der Lebensweisheit, ernste Reflexionen in dichter. Sprache über Schicksal, Leben und Tod (beeinflußt von der Mystik Ruysbroeks, Novalis' und Emersons und dem Stoizismus von Marc Aurel) und bes. erfolgr. philos.-naturmyth. Naturbetrachtungen (Bienen- und Ameisenstaat), fand zu e. instinktgläubigen, myst. Pantheismus und mit dem Erkennbaren sich bescheidenden Agnostizismus.
W: Les serres chaudes, G. 1889; La princesse Maleine, Dr. 1889; L'intruse, Dr. 1890; Les aveugles, Dr. 1890; Les sept princesses, Dr. 1891; Pelléas et Mélisande, Dr. 1892 (Oper von Debussy, 1902); Intérieur, Dr. 1894; Alladine et Palomides, Dr. 1894; La mort de Tintagiles, Dr. 1894; Aglavaine et Sélysette, Dr. 1896; Douze chansons, G. 1896; Le trésor des humbles, Es. 1896; La sagesse et la destinée, Es. 1898; La vie des abeilles, Schr. 1901; Ariane et Barbe-Bleue, Dr. 1901; Sœur Béatrice, Dr. 1901; Monna Vanna, Dr. 1902; Le temple enseveli, Schr.
1902; Joyzelle, Dr. 1903; Le double jardin, Schr. 1904; L'intelligence des fleurs, Schr. 1907; L'oiseau bleu, Dr. 1909; Marie Magdaleine, Dr. 1913; La mort, Schr. 1913; L'hôte inconnu, Schr. 1917; Deux essais, En. 1918; Le bourgmestre de Stilmonde, Dr. 1919; Le miracle de Saint-Antoine, Dr. 1919; Le grand secret, Schr. 1921; Le malheur passe, Dr. 1925; La puissance des morts, Dr. 1926; La vie des termites, Schr. 1927; Marie Victoire, Dr. 1927; La vie de l'espace, Schr. 1927; La grande féerie, Schr. 1929; Juda de Kérioth, Dr. 1929; La vie des fourmis, Schr. 1930; Avant le grand silence, Schr. 1934; Devant Dieu, Schr. 1937; La grande porte, Schr. 1939; Bulles bleues, souvenirs heureux, Aut. 1948; L'autre monde ou le cadran stellaire, Schr. N. Y. 1962; Manuscrits et autographes de M., 1974. – Œuvres, hg. P. Gorceix 1999ff.; Poésies complètes, hg. J. Hanse 1965; Théâtre complet, hg. M. de Rougement 1979; Théâtre III, 1901f., 1918f.; Théâtre inédit I (L'abbé Sétubal, Les trois justiciers, Le jugement dernier), 1959; Morceaux choisis, 1910; Pages choisies, 1955; Les meilleures pages, hg. A. Pasquier 1958. – *Übs.:* Drei mystische Spiele, 1900; Drei Alltagsdramen, 1901; Gedichte, 1906; GA, hg. F. v. Oppeln-Bronikowski IX 1924–29; Die frühen Stücke, hg. S. Gross II 1982.
L: M. Jacobs, 1901; J. Bithell, 1913; A. Bailly, 1931; G. Harry, 1932; S. O. Palleske, M. M. en Allemagne, 1938; M. Lecat, Le Moianisme, II 1939–41; ders., 1951; C. Hertrich, 1946; H. Perruchot, Brüssel 1949; M. Daniels, The French Drama of the Unspoken, Edinb. 1953; G. Compère, 1955; M. K. Zahn, Fordham 1958; W. D. Halls, Oxf. 1960; R. Bodart, 1961; G. Doneux, 1961; J. M. Andrieu, 1962; M. M., hg. J. Hanse, R. Vivier 1962; W. P. Romain, 1962; A. Pasquier, 1963; Le centenaire de M. M., 1964; P. J. Maenner, Diss. Bln. 1964; G. Hermans, 1967; H. Riemenschneider, 1969; E. C. van den Bossche, Diss. 1969; M. Postic, 1970; P. B. Ousterhout, M.s Early Plays and the Symbolist Aesthetic, 1971; B. L. Knapp, N. Y. 1975; G. Benelli, Ravenna 1984; P. Gorceix, 1987; G. Compère, 1990; P. Gorceix, M., le symbolisme de la différence, 1997; A. Rykner, 1998; P. McGuinness, M. and the making of modern theatre, Oxf. 2000. – *Bibl.:* M. Lecat, Brüssel 1939.

Maeztu y Whitney, Ramiro de, span. Essayist. 4. 5. 1875 Vitoria – 7. 11. 1936 Aravaca b. Madrid. Vater Baske, Mutter Engländerin; Aufenthalt in Paris u. Kuba; seit 1898 Journalist in Madrid, 1905 Korrespondent in England, 1928 Botschafter in Argentinien; während der Republik rege polit. Tätigkeit; Gründer der ›Acción Española‹; 1935 Mitglied der Span. Akad.; zu Beginn des Span. Bürgerkriegs ermordet. – Bedeutender Essayist u. Denker der ›Generation von 1898‹; anfangs unter großem Einfluß Nietzsches; erfuhr starke Prägung durch engl. Geist u. Wesen, in dem er das Vorbild für die Erneuerung Spaniens sah; bekannte sich nach innerer Krise zum span. Traditionalismus, zu Monarchie und Kirche. Von entscheidendem Einfluß auf das mod. span. Denken.
W: Hacia otra España, Es. 1899; La crisis del humanismo, Es. 1919; Don Quijote, Don Juan y la Celestina,

Ess. 1926; El arte y la moral, Es. 1932; Defensa de la Hispanidad, Es. 1934; Ensayos, 1948; Artículos desconocidos, hg. E. Inman Fox 1977. – V. Marrero, Obras completas, hg. XXVIII 1957–67.

L: A. Naranjo Villegas, 1938; A. Fuentes Rojo, 1940; Homenaje a R. de M., 1952; V. Marrero, 1955; G. Fernández de la Mora, 1956; W. Herda, 1961 (m. Bibl.); En torno a R. de M., 1975; L. Aguirre Prado, 1976; R.-L. Landeira, Boston 1978; E. Palacios, 1982; E. Sierra Gutiérrez, Ann Arbor 1987; J. M. Fernández Urbina, 1990; J. L. Villacanas, 2000.

Maffei, Andrea, ital. Dichter und Übersetzer, 19. 4. 1798 Molina/Trentino – 27. 11. 1885 Mailand. – Klassizist. Lyriker, Erzähler und Dramatiker; wichtig durch s. oft freien Übsn. und Nachdichtungen von Shakespeare, Milton (II 1857), Geßner, Klopstock, Goethe (1854, 1864, ›Faust II‹ 1866–69), Schiller (III 1850, X 1852), Byron (1852), Heine (1875). Verfaßte Libretti für Mascagni u. Verdi.

W: Opere edite ed inedite, X 1847–52; Versi editi ed inediti, II 1858.

L: M. Marri Tonelli, A. M. e il giovane Verdi, 1999 (m. Bibl.).

Maffei, Scipione Francesco, Marchese, ital. Dramatiker, 1. 6. 1675 Verona – 11. 2. 1755 ebda. Bei den Jesuiten in Parma u. Rom erzogen; e. prominentes Mitgl. der Dichterakad. ›Arcadia‹, gründete 1710 mit Vallisnieri u. A. Zeno das ›Giornale dei letterati‹. Reisen nach Frankreich, England, Holland u. Dtl. – M.s Bedeutung liegt bes. in s. Beitrag zur Erneuerung des ital. Theaters mit der Tragödie ›Merope‹ (von Alfieri als die beste aller bis dahin verfaßten ital. Tragödien bezeichnet, von Lessing in der ›Hamburg. Dramaturgie‹ ausführl. gewürdigt), in der er bewußt von dem bis dahin das ital. Theater beherrschenden Vorbild des franz. Dramas abrückt, indem er v. a. auf das galante Element verzichtet u. wieder auf die antike griech. Tragödie zurückgeht, ohne jedoch diese auch in ihrer äußeren Form schemat. nachzuahmen.

W: Merope, Tr. 1713 (n. 1911; d. 1917); Verona illustrata, Abh. IV 1732; Teatri antichi e moderni, Schr. 1753. – Opere, XXI 1790; Opere drammatiche e poesie varie, hg. A. Avena 1928, hkA II 1955; Epistolario, hg. C. Garibotto 1955.

L: T. Copelli, Il teatro di S. M., 1907; dies., Studi Maffeiani, 1909 (m. Bibl.); L. Rossi, Un precursore di Montesquieu, 1941; G. Gasperoni, 1955; G. P. Marchi, Un italiano in Europa, 1992; G. P. Romagni, hg. S. M. nell' Europa del Settecento, 1998.

Magalhães, Domingos José Gonçalves de, Visconde de Araguaia, brasilian. Dichter, 13. 8. 1811 Rio de Janeiro – 10. 7. 1882 Rom. Arzt u. Diplomat. 1830–40 führender Kopf der nationalen Dichterschule s. Landes, seit 1833 im diplomat. Dienst Europareisen; Unterhändler mit Napoleon III. in Turin, 1859 Gesandter in Wien, dann am Vatikan. – Initiator der brasilian. Romantik, Einführung des nationalen Diskurses, ›Suspiros poéticos e Saudades‹ (1836), Mythos vom einsamen Genie orientiert an Goethe, Chateaubriand, Byron; später arkad. Dichtung mit romant. Themen, scheitert beim Versuch, mit ›A Confederação dos Tamoios‹ (Revolte der Tupi-Indianer gegen die Portugiesen) e. indian. Epos zu schaffen.

W: Poesias, 1832; Suspiros poéticos e Saudades, G. 1836; Antônio José, Tr. 1839; Olgiato, Tr. 1841; A Confederação dos Tamoios, Ep. 1856; Os Mistérios, G. 1858; Factos do espírito humano, G. 1858; A alma e o cerébro, Abh. 2001. – Obras Completas, VIII 1864–76; Cartas a Monte Alverne, Br. hg. J. M. de Carvalho 2001.

L: A. Machado, 1936; José Aderaldo Castelo, ²1961 (m. Anth.); R. Lopes, 1964; J. G. Merquior, 1977.

Magalhães Lima, Jaime de, portugies. Schriftsteller, 15. 10. 1859 Aveiro – 25. 2. 1936 ebda. Politiker, Reisen in Westeuropa u. Rußland, Gegenwendung zur positivist. Kultur des 19. Jh.; trat für eine relig. Erneuerung ein, spiritualist., nationalist., von apostol. Eifer erfüllt, Einfluß Emersons, Ruskins u. Tolstojs, den er besuchte, A. Herculanos u. A. de Quentals sowie der skandinav. Lit.

W: Estudos sobre a Literatura Contemporânea, Abh. 1886; Cidades e Paisagens, Reiseber. 1889; Reino da Saudade, R. 1904; A Língua portuguesa e os seus Mistérios, Abh. 1923; O Amor das Nossas Coisas e Alguns que Bem o Serviram, Abh. 1933; Rogações do Eremita, Prosa-G. o. J.

L: J. Agostinho, 1911; Archer de Lima, 1911; A. Neves, III 1930f.; Lobo de Oliveira, 1961.

Magalotti, Lorenzo, ital. Schriftsteller, 23. 12. 1637 Rom – 2. 3. 1712 Florenz. Aus florentin. Adel. Bedeutender Anhänger der Galilei-Schule mit umfassendem Wissen in Natur- u. Geisteswiss. Mitgl. u. Sekretär der von Vincenzo Viviani u. a. Schülern Galileis 1657 in Florenz gegründeten ›Accademia del Cimento‹. Gefördert von den Großherzögen der Toskana. Mit Cosimo III. de' Medici reiste er in viele europ. Länder, u. a. nach England, Frankreich, Schweden. – Vf. von wiss. Schriften, Erzählungen, Briefen, Reiseberichten in glänzendem, gewandtem, jedoch etwas eigenwilligem Stil. Auch Lyriker.

W: Saggi di naturali esperienze, 1667 (n. E. Falqui 1949); Lettere contro l'ateismo, 1719; Lettere, 1721, 1761, II 1769, 1825; Scritti di corte e di mondo, hg. E. Falqui 1945; La Relazione sulla China, hg. T. Poggi Salani 1974.

L: G. Güntert, Un poeta scienziato del Seicento, 1966; M. de Benedictis, L'ideologia dell'uomo di garbo, 1978; L. M. at the court of Charles II, hg. W. E. K. Middleton 1980.

Maggi

Maggi, Carlo Maria, ital. Dichter, 1630 Mailand – 1699 ebda. Aus großbürgerl. Familie stammend, wächst er im jesuit. Umfeld auf. Unterrichtete alte Sprachen in Mailand, dann Direktor der Universität in Pavia. Mitg. der Accademia della Crusca und der ›Arcadia‹. – Verfaßte Gedichte in der Nachfolge Petrarcas, Dramen mit hist. Themen und später auch Satiren im Mailänder Dialekt.

W: Scelta di poesie e prose edite ed inedite, hg. A. Cipollini 1900; Teatro milanese, II, hkA D. Isella 1964; Rime milanesi, hg. ders. 1965.
L: R. Carpani, Drammaturgia del comico, 1998.

Māgha, ind. Dichter, 7. Jh. n. Chr. Sohn des Dattaka, unabhängiger wohlhabender Bürger in Śrimāla/Gujarat. – Schrieb in Sanskrit das auf e. Episode des → ›Mahābhārata‹ basierende Kunstepos (kāvya) ›Śiśupālavadha‹ (Tötung des Śiśupāla), das in 20 Gesängen (sarga) schildert, wie Kṛṣṇa den Cedi-König Śiśupāla tötet, der ihn bei Yudhisthiras Königsfest beleidigt hat; zählt neben Kālidāsas ›Raghuvaṃśa‹ und ›Kumārasambhava‹, Bhaṭṭis ›Rāvanavadha‹, Bhāravis ›Kirātārjunīya‹ und Śrīharṣas ›Naiṣadha-carita‹ zu den 6 großen Epen (mahākāvya) der klass. ind. Lit. Den Hauptteil des Epos bilden Naturbeschreibungen und Schilderungen von Liebesszenen, die häufig mit der Handlung in keinem Zusammenhang stehen und so zwar M.s dichter. Phantasie und Ausdruckskraft bezeugen, andererseits aber deutl. zeigen, daß es ihm hauptsächl. darum ging, s. großen Vorgänger Bhāravi an Künstlichkeit und gesuchten (bes. erot.) Vergleichen zu übertreffen.

A: V. L. S. Panśīkar ⁴1905, ⁵1910; C. Cappeller 1915 (ebda. teilweise d.; d. E. Hultzsch 1926).
L: W. Rau, Diss. Marb. 1949; S. A. Tenkshe, Poona 1972.

Magnes, altgriech. Komödiendichter, 6./5. Jh. v. Chr. Athen. – Einer der ältesten namentl. bekannten Dichter der sog. ›Alten Komödie‹. Nur wenige Fragmente erhalten; zwei der bezeugten Titel nehmen Titel des Aristophanes vorweg (›Vögel‹, ›Frösche‹).

Magnússon, Guðmundur (Ps. Jón Trausti), isländ. Dichter, 12. 2. 1873 Rif (Melrakkaslétta) – 18. 11. 1918 Reykjavík. Aus armer Bauernfamilie, Autodidakt, 1893 Buchdruckerlehre Seyðisfjörður u. Reykjavík, 1896–98 Lit.- u. Regieunterricht Kopenhagen, ab 1898 Reykjavík, 1903 staatl. finanzierte Europareise (Dtl., Schweiz, England). – Vorläufer des mod. isländ. Romans. Behandelte in s. ersten Romanen aktuelle Themen, um sich später mehr dem hist. Genre zuzuwenden. S. Sympathie gilt Menschen mit ausgeprägtem Charakter, Ausdauer u. Willen zum Überleben, auch wo sie zum Untergang verurteil-

te Institutionen u. Anschauungen vertreten, Abwandlungen von Nietzsches ›Übermenschen‹. Bei reichem, gutdifferenziertem Personeninventar leiden s. Romane u. Stücke z. T. an erhebl. stilist. Schwächen.

W: Heima og erlendis, G. 1899; Íslandsvísur, G. 1903; Teitur, Dr. 1904; Ferðaminningar, En. 1905; Halla, R. 1906; Leysing, R. 1907; Heiðarbýlið, R. IV 1908–11 (n. 1980–81); Smásögur, En. II 1909–12; Sögur frá Skaftáreldi, En. II 1912/13; Dóttir Faraós, Dr. 1914; Góðir stofnar, R. IV 1914f.; Tvær gamlar sögur, En. 1916; Bessi gamli, R. 1918; Samtíningur, En. 1920; Kvæðabók, G. 1922; Ferðasögur, En. 1930 (n. 1974). – Ritsafn (SW), VIII 1942–46, III 1977.

Magnússon, Sigurður A., isländ. Schriftsteller, * 31. 3. 1928 Móar/Kjalarnes. Stud. Theol., Griech. Reykjavík 1948–50, Kopenhagen, Athen u. New York 1951–55; B.A. New York 1955; seitdem freier Schriftsteller. Vielseitige lit. Aktivitäten als Kritiker, Übersetzer, Journalist, Herausgeber; bes. verdient als Vermittler der Kenntnis isländ. Lit. auf internationaler Ebene. – Schrieb gefällige Gedichte, farbige Reisebeschreibungen u. Romane. S. bes. erfolgreichen autobiograph. Schriften schildern in knapper, sagaähnl. Sprache e. Kindheit u. Jugend in den Lebensverhältnissen der Unterschicht in Island.

W: Grískir reisudagar, Reisebeschr. 1953; Krotað í sand, G. 1958; Hafið og kletturinn, G. 1961; Næturgestir, R. 1961; Við elda Indlands, Reisebeschr. 1962; Gestagangur, Sch. 1963; í ljósi næsta dags, G. 1978; Undir kalstjörnu, Aut. 1979 (Unter frostigem Stern, d. 1984); Möskvar morgundagsins, Aut. 1981; Jakobsglíman, Aut. 1983.

Magny, Olivier de, franz. Dichter, um 1529 Cahors – 1561 Paris. Stand dem Pléiade-Kreis nahe. Sekretär von Hugues Salel, dessen nachgelassene Ilias-Gesänge er veröffentlichte. 1553 Begleiter von Jean d'Avenson auf e. Romreise. Dort Freundschaft mit Du Bellay, 1559 Sekretär Heinrichs II. In Lyon Bekanntschaft mit Louise Labé, die er in einigen s. Gedichte besingt. – Schrieb Sonette und Oden. Starken Anklang am Hof Heinrichs II. fanden s. ›Souspirs‹, von ital. Vorbildern beeinflußte, themat. Du Bellay nahestehende Sonette über Exil und Enttäuschung. Ronsard beeinflußte s. Oden auf berühmte Zeitgenossen. S. bestes Werk sind die durch Anakreon inspirierten ›Gayetez‹.

W: Les amours, G. 1553, hg. M. S. Whitney 1970; Les gayetez, G. 1554, hg. A. R. MacKay 1968; Les souspirs, G. 1557 (n. D. J. Wilkin 1978); Les odes, G. 1559, hg. M. S. Whitney 1964. – Poésies complètes, hg. E. Courbet VI 1871–80; Poésies choisies, hg. M. de Beaurepaire-Froment 1913; Œuvres poétiques, hg. F. Rouget 1999f.

L: J. Favre, 1885; P. Cambon, Cahors 1925; A. R. MacKay, M. An Analysis of His Work and Its Relationship to that of the Pleiade, Diss. 1964.

Magrelli, Valerio, ital. Lyriker u. Essayist, * 1957 Rom. Stud. in Rom u. an der Sorbonne. Unterrichtet Franz. Lit. in Pisa. – Während im früheren Werk das Schreiben und der Blick des Dichters thematisiert werden, steht später die alltägl. Umgebung der technisierten und deformierten Welt im Vordergrund.

W: Ora serrata retinae, G. 1980; Nature e Venature, G. 1987; Profilo del Dada, Ess. 1990; Esercizi di tipologia, G. 1992.

L: V. Bonito, Il gelo e lo sguardo, 1996.

Mahābala-malayasundarī-kathā (Erzählung von Mahābala u. Malayasundarī), ind. Märchenroman, in versch. Bearbeitungen des nicht erhaltenen Sanskrit-Urtextes überliefert: die ›Malayasundarī-kathā‹ (Erzählung von Malayasundarī), e. Prakrit-Dichtung von 1303 Māhārāstrī-Strophen, vor dem 13. Jh. n. Chr. (?) von e. unbekannten Dichter verfaßt; der in Sanskrit-Prosa mit eingestreuten Sanskrit- und Prakrit-Versen abgefaßte ›Malayasundarīkathoddhāra‹ (Auszug aus der Erzählung von Malajasundarī) des Dharmacandra (14. Jh. n. Chr.); die gleichfalls in Sanskrit-Prosa mit eingelegten Strophen geschriebene ›M.‹ des Māṇikyasundara (14. – 15. Jh. n. Chr.); auf letzterer beruht das ›Malayasundarī-caritra‹ (Das Leben der Malajasundarī) des Jayatilaka, das seinerseits dem 3488 Gujarati-Strophen umfassenden Versepos ›Śrī-mahābala-malayasundarīno Rās‹ (1718/19) des Kāntivijaya als Vorbild diente. – Die ›M.‹ erzählt die Geschichte des Prinzen Mahābala und der Prinzessin Malajasundarī, ihrer durch mancherlei Fährnisse bedrohten Liebe und Ehe und ihres schließl., durch die Erkenntnis der wahren Lehre bestimmten Entschlusses, in e. jainist. Kloster zum erlösenden Wissen zu gelangen; Mahābala stirbt als Mönch im Augenblick s. Erlösung, Malajasundarī, nun Oberin e. jainist. Nonnenklosters, geht bei ihrem Tod in den höchsten Himmel ein, um im nächsten Leben die Erlösung zu erlangen.

A: Malayasundarī-kathoddhāra (d. J. Hertel in: ›Ind. Märchen‹, 1919, n. 1962); Malayasundarī-caritra, hg. Paṇḍit S. H. Haṃsrāj 1910.

Mahābhārata, das (›große [Epos vom Kampf] der Nachkommen des Bharata‹), 5. Jh. v. – 4. Jh. n. Chr. Das e. der beiden großen ind. Sanskrit-Epen (das andere ist das Rāmāyaṇa); der Tradition nach von → Vyāsa verfaßt, in s. heutigen Form jedoch aufgrund vieler Überarbeitungen und Einschübe kein einheitl. Werk; s. 18 versch. umfangreichen Bücher (parvan) mit zusammen rd. 90 000 Versen (meist Doppelverse versch. Art: 32silbige Ślokas, 44silbige Triṣṭubhs u. a. Metren) enthalten eigentl. e. Folge von Reden, die Ugraśravas vorträgt, wie er sie von Vaiśampāyana, dem Schüler Vyāsas, beim Schlangenopfer des Königs Janamejava Parīkṣita gehört hat. E. Teil des Gesamttextes schildert die Schlacht zwischen den Kauravas (den Nachkommen des Kuru) und den Pāṇḍavas (den Nachkommen des Pāṇḍu), Nachkommen Bharatas, als deren gemeinsamer Stammvater Vyāsa gilt; die Schilderung des Kampfes erfolgt in Form e. aus Reden und Erzählungen versch. Personen bestehenden Berichts Sañjayas an Dhṛtarāṣṭra (Bruder des Pāṇḍu und Vater der Kaurava-Helden, die im Kampf unterliegen); den Rest des Epos bilden eingestreute, z. T. eng, z. T. nur lose mit der Haupthandlung verknüpfte Episoden, d. h. Legenden, Erzählungen (z. B. ›Nala und Damayantī‹, ›Sāvitrī‹), Fabeln, Parabeln, Abschnitte über Staatslehre, Staats- und Zivilrecht, Außenpolitik, Moraltheologie u. a. m. sowie rein philos. Texte; zu letzteren gehört der im 6. Buch enthaltene berühmteste Abschnitt des M. überhaupt, die → Bhagavadgītā. Obwohl im Kern Heldenepos, dessen Handlung möglicherweise auf hist. Begebenheiten beruht, ist das M. vornehmlich e. für den Hinduismus, bes. für den Viṣṇuismus bedeutungsvolles sittl. und relig. Gesetzbuch, das zur heiligen Überlieferung (smṛti) oder dem ›fünften‹ → Veda‹ gerechnet wird. Als 19. Buch und als e. Art Anhang gehört zum M. das ›Harivaṃśa-Purāṇa‹, e. Lebensbeschreibung Kṛṣṇas. Das M. liegt in zwei Rezensionen, e. nördl. u. e. südl., vor; die nördl. wurde zum erstenmal 1834–39 in Kalkutta, in e. besseren Ausgabe (ohne ›Harivaṃśa-P.‹, aber mit dem Kommentar des Nīlakaṇṭha) 1863 in Bombay gedruckt; die südl. erschien zum erstenmal (mit Auszügen aus Nīlakaṇṭhas Kommentar) 1855–60 in Madras. Film 1989 von P. Brook. – Indones. Varianten des M. s. u.

A: Nördl. Rezension V 1834–39, hg. A. Khadilkar 1863, krit. hg. V. S. Sukthankar 1927ff., ders., S. K. Belvalkar, P. L. Vaidya 1933–71, R. S. Kinjawadekar [2]1979, S. D. Satvalkar XVIII 1968–77; Südl. Rezension 1855–60, krit. hg. P. P. Shastri XVIII 1931–36, VIII 1985–88; Bengali-Rezension XIV 1976–78; hg. u. übs. J. A. B. van Buitenen 1973–78 (n. 1992), hg. u. übs. I. Chandra IX 2001. – *Übs.:* d. in Ausw. F. Bopp 1824, [2]1868, A. Holtzmann, ind. Sagen, 1845ff., P. Deussen 1906, Nachdr. 1980, W. Porzig 1923ff., B. Roy, E. Roemer 1961 (n. 1981, [11]1998); Nala u. Damayantī, F. Rückert 1828, A. Wezler 1965, E. Richter 1966; Sāvitrī, H. C. Kellner 1895, E. Richter 1966; M. erzählt nach der ind. Epos, hg. R. Beer 1982; Das Schlangenopfer, hg. M. Morgenroth 1987; Von Liebe und Macht: das M. neu erzählt von O. Abt, 2001; engl.: P. C. Roy XV 1884–96 (n. XII 1960–65, [3]1972–76), M. N. Dutt XVIII 1895–1905 (n. VII 1997), R. C. Dutt 1899 (gekürzt), P. Lal 1968ff., W. Buck 1973 (gekürzt), P. Lal 1980 (gekürzt), K. M. Ganguli [4]1981–82, 1990–91 (gekürzt); franz.: H. Fauche X 1863–70.

L: A. Holtzmann IV 1892–95, n. 1971; J. Dahlmann, 1895, 1899ff.; E. W. Hopkins, N. Y. 1901, n. 1921,

Mahānāṭaka

1969; H. Jacobi, 1903, n. 1980 (Inhaltsangabe u. Konkordanz); S. Sörensen, Delhi 1904–25, n. 1978; H. Oldenberg, 1922; E. P. Rice, Lond. 1934; G.J. Held, Amst. 1935; V. S. Sukthankar, 1957; R. K. Sharma, Berkeley 1964; B. A. van Nooten, N. Y. 1971; H. Gehrts, 1975; M. M. Mehta, Bombay 1976; J. P. Sinha, Delhi 1977; R. Rai, Benares 1982; K. Chaitanya, Delhi 1985; B. S. Suryavanshi, Delhi 1986; S. Mazumdar, Bombay 1988; B. M. Sullivan, Leiden 1990 (m. Bibl.); Essays on the M., hg. A. Sharma, Leiden 1991; K. S. Singh, Shimla 1993; A. Mangels, 1994; M. Hughes, Kalkutta 1994; M. Cultural Index, hg. M. A. Mehendale, V 1993–99; M. Dasgupta, Kalkutta 1999; A. Hiltebeitel, Rethinking the M., Chicago 2001. – *Bibl.:* P. Lal, 1967.

Indones. Versionen, die in gekürzter Form ursprüngl. aus dem Ind. übernommen wurden, z.T. in Gedicht-, z.T. in Prosa-Form: 1a) Alt-javan. Fassungen, z.T. noch mit Sanskrit-Stellen, entstanden um 1000 u. später: ›Ādiparva‹, ›Virāṭaparva‹, ›Bhīṣmaparva‹, ›Āśmaraùasanaparva‹, ›Mausalaparva‹, ›Prathanikaparva‹.

L: H. H. Juynboll, Drie boeken van het Oudjavaansche Mahābhārata, Diss. 1893; ders., Ādiparwa, 1906; ders., Wirāṭaparwa, 1912; J. Gonda, Het Oudjavaansche Bhīṣmaparwa, 1937; A. A. Fokker, Wirāṭaparwa, Diss. 1938; The Indonesian M., 1990ff.

1b) E. zusammengefaßte Vers-Nachdichtung des alt-javan. Prosatextes in 52 Gesängen liegt im ›Bhāratayuddha‹ von → Mpu Sĕdah und → Mpu Panuluh vor; → Mpu Kaṇva behandelte in e. Gedicht die Hochzeit Arjunas. – ›Koravāśārama‹ ist e. Prosa-Epos aus dem M.

L: J. L. Swellengrebel, Korawāśārama, Diss. 1936.

2) Mittel-javan. Fassungen, d.h. von ungefähr 1300 an: ›Navaruci‹, ›Kidung Adiparva‹, ›Arjuna Pralabdha‹, ›Bhīma Svarga‹ u.a.

L: Prijohoetomo, Nawaruci, Diss. 1934.

3) Neu-javan. Fassungen, entstanden im 18. Jh.: Durch e. unbekannten Dichter wurde das altjavan. Versepos ›Bhāratayuddha‹ unter Verwendung des alten, ›großen‹ Versmaßes ins Neu-Javan. übersetzt. E. andere Übs. unter Anwendung des ›kleinen‹ Versmaßes besorgten die beiden Hofgelehrten Jåså di Purå I und II nach 1749, im ›Brata-Juda‹ genannt.

L: A. B. Cohen Stuart, Brata-Joeda, 1860.

4) Malaiische Prosa-Fassungen, denen meist javan. Texte zugrunde liegen: ›Hikayat Pandawa‹ mit versch. Redaktionen wie z.B. ›Hikayat Pandawa Lima‹ u.a.

Mahānāma → Dīpavaṃsa, der

Mahānāṭaka, das (Großes Schauspiel), ind. Drama, vor dem 9. Jh. n. Chr. in Sanskrit verfaßt, traditionell dem göttl. Affen Hanumān zugeschrieben, daher auch ›Hanumannāṭaka‹ (Schauspiel Hanumāns‹ genannt; in zwei Rezensionen erhalten: e. westind., von Madhusūdana bearbeitete, in 9 oder 10 Akten, und e. bengal., von Dāmodaramiśra bearbeitete, in 14 Akten. Das Werk behandelt die Rāma-Legende (→ Rāmāyaṇa). – S. ganzen Aufbau nach weicht das M. stark vom klass. Sanskrit-Drama ab; fast nur in Versen geschrieben, ist es mehr Epos als Drama; die Zuordnung zu den Schattenspielen ist umstritten.

A: westind. Rezension: K. K. Bahadur 1840 (m. engl. Übs.), C. K. Bhaṭṭācārya 1873.

L: S. K. De, 1931; E. Esteller, Diss. Bln. 1937, n. 1966.

Māhātmya → Purāṇas, die

Mahāvaṃsa → Dīpavaṃsa, der

Mahāvastu (Buch der großen Begebenheiten), zwischen dem 2. Jh. v. Chr. und dem 4. Jh. n. Chr. entstandenes, zum Vinaya-piṭaka (→ Ti-piṭaka) der Lokattaravādins (Transzendentalisten) gehörendes äußerst umfangreiches Werk der buddhist. Sanskritlit. Hauptinhalt bildet das Leben des Buddha, dessen Darstellung jedoch vielfach von Jātakas, Avadānas und dogmat. Texten sehr unterschiedl. Alters und Wertes unterbrochen wird. Obwohl e. Werk der Hīnayāna-Lit., enthält es bereits Lehren des Mahāyāna. Die Sprache ist e. hybrides Sanskrit.

A: E. Senart III 1882–97, R. G. Basak III 1963–68, S. Bagchi 1970. – *Übs.:* engl. J. J. Jones III 1949–56 (n. 1973–78).

L: E. Windisch, 1909; B. C. Law, Kalkutta 1930, n. 1978; U. Schneider, 1950; B. T. Rahula, Delhi 1978.

Mahdum Kulu (Mahtumkulu, Machtumkuli), turkmen. Dichter, 1733 – 1783. Über s. Leben ist wenig bekannt; Stud. Schiras Schiralihan-Medresse. S. Vater Devlet Mehmed Molla Azadi war auch Dichter. M. gilt als der größte turkmen. Dichter, der mit s. Werk sprachl. die Grundlage für die turkmen. Einheit lieferte. – Dichtet in den Formen der Volkstradition u. unter Einfluß des Mystikers Ahmet Yesevî (12. Jh.). Die Einheit von Mensch, Natur u. Gott ist das Leitmotiv s. Gedichte. Er besaß e. Divan (Gedicht-Slg.).

W: Mahdum Kulı Divanı, G. hg. Ostrumov, Taschkent 1907; Mahdum Kulı Divanı, G. hg. H. K. Kadri 1921.

Mahen, Jiří (eig. Antonín Vančura), tschech. Schriftsteller, 12. 12. 1882 Čáslav – 22. 5. 1939 Brünn (Selbstmord). Bauernsohn; Gymnasiallehrer, später Redakteur u. Bibliothekar, 1918–22 Dramaturg des Brünner Nationaltheaters. – Das vom Impressionismus geprägte vielseitige lit. Werk M.s umfaßt Liebeslyrik u. Epik, Romane, Erzählungen u. Feuilletons sowie Dramen mit hist., sozialen oder Kriegsthemen, deren Helden sich auf der Suche nach innerer Freiheit gegen die herrschende Ordnung auflehnen.

W: Prorok, Dr. 1906; Plamínky, G. 1907; Ballady, 1908; Kamarádi svobody, R. 1909; První deště, Tragikom. 1910; Janošík, Dr. 1910; Mefistofeles, Dr. 1910; Mrtvé moře, Dr. 1918; Nebe, peklo, ráj, Dr. 1919; Chroust, K. 1920; Rybářská knížka, Feuill. 1921 (Anglergeschichten, d. 1956); Režisérův zápisník, Aut. 1921; Nejlepší dobrodružství, R. 1929; Člověk ve všech situacích, En. 1930; Povídky a kresby, En. 1931; Toulky a vzpomínky, En. 1931; Rodina, Dr. 1933; Požár Tater, G. 1934. – Sebrané spisy (GW), VII 1928–34; Divadelní hry, V 1930–38; Dílo (W), VIII 1953–59.

L: A. Drtil, 1910; Sborník Mahenovi, 1933; K. Hrabě, 1960; F. Buriánek, Generace buřičů, 1968; Š. Vlašín, 1971 (m. Bibl.); K. Mahenová, Život s J. M., 1978; J. M., spolutvůrce pokrokove kulturní politiley, 1983 (m. Bibl.); V. Vařejková, Pohádky J. M., 1992 (erw. 1996). – Bibl.: J. Šteflíčková, M. Papírník, 1959; J. Mariánková, 1974.

Mahendra-vikramavarman, ind. König, Sohn des Pallava-Königs Simha-visnuvarman, regierte im 1. Viertel des 7. Jh. n. Chr. in Kāñcī. – Ihm wird das ›Mattavilāsa-prahasana‹ (Die Streiche der Berauschten), e. Schwank (prahasana) in 1 Akt, das älteste bekannte Werk dieser Gattung, zugeschrieben; es prangert das unsittl. Treiben śivait. und buddhist. Asketen an. Einfach und elegant im Stil, vermeidet das ›Mattavilāsa-prahasana‹ die für spätere Werke dieser Gattung typ., allzu großen Derbheiten; sprachl. und bühnentechn. Anlehnungen an → Bhāsa sind offensichtl.

A: T. Ganapati Šāstrī 1917, R. Majumdar 1988, N. P. Unni 1998. – Übs.: d. J. Hertel, Ind. Dichter 1, 1924; engl. M. Lockwood 1994.

L: M. Lockwood, Metatheater and Sanskrit drama, Madras 1994.

Mahfūz, Naǧīb, ägypt. Schriftsteller, * 11. 12. 1911 Kairo. Stud. Philos., bis 1971 Beamter im Ministerium für relig. Stiftungen, später im Kulturministerium. Zeitweilig Vorsitzender der ägypt. Organisation für Film und Kino. Mitarbeit in versch. Zsn. Zahlr. Romane, Drehbücher und Kurzgeschichten. Erhielt 1988 den Nobelpreis für Lit. – Nach dem Frühwerk (drei hist. Romanen, im pharaon. Ägypten angesiedelt) wandte er sich realist. Schreiben zu. Herausragend ist die Trilogie (1956–57), sie zeichnet erzähler. die Wandlungsprozesse der Modernisierung in Ägypten nach. In s. späteren Werk setzt er sich mit existentialist., relig. und myst. Fragen auseinander. Wegen s. allegor. Romans ›Aulād hāritnā‹ ist er dem Blasphemievorwurf ausgesetzt.

W: Zuqāq al-Mīdaq, 1947 (Die Midaq-Gasse, d. 1987); Bain al-Qasrain, 1956 (Zwischen den Palästen, d. 1992); Qasr al-Šauq, 1957 (Palast der Sehnsucht, d. 1993); al-Sukkariyya, 1957 (Zuckergäßchen, d. 1994); al-Liṣṣ wa-l-Kilāb, 1961 (Der Dieb und die Hunde, d. 1980); al-Ṭarīq, 1964 (Die Spur, d. 1991); Tartara fauq al-nīl, 1966 (Das Hausboot am Nil, d. 1980); al-Miramar, 1967 (d. 1989); Aulād Hāritnā, 1969 (Die Kinder unseres Viertels, d. 1990); Malhamat al-Harāfiš, 1977 (Das Lied der Bettler, d. 1995); al-ʿĀ'iš fī l-haqīqa, 1985 (Echnaton, der in Wahrheit lebt, d. 1999); Hadrat al-Muhtaram, 1986 (Ehrenwerter Herr, d. 1996).

L: S. Somekh, 1973; H. Fähndrich, 1991; R. El-Enany, 1993.

Mahmūd, Ahmad, pers. Schriftsteller, * 1930 Südiran. Eig. Ahmad Eʿtā. – Vertreter des realist., sozialkrit. Genres. Kurzgeschichten, teilweise verfilmte Romantrilogie über das Leben in einer südiran. Kleinstadt z. Z. der Verstaatlichung der Ölgesellschaft 1951, des Staatsstreichs von 1953 u. der irak. Invasion 1980, letzterer der erste iran. Roman, der den Krieg mit dem Irak zum Thema macht. Anhand der Entwicklungsgeschichte e. jungen Mannes zeichnet M. das Porträt der iran. Gesellschaft, deren Idealismus und Hoffnungen zerschlagen werden. Anerkannt als engagierter Chronist, wird er jedoch auch für erzähltechn. Schwächen kritisiert.

W: Hamsāyehā, R. 1974; Dāstān-e yek šahr, R. 1981; Zamīn-e sūhte, R. 1982. – Übs.: Die Rückkehr, R. 1997.

Mahmūd, Taimūr → Taimūr, Mahmud

Mahon, Derek, ir. Lyriker, * 23. 11. 1941 Belfast/Nordirland. Stud. Dublin, freier Journalist London, Redakteur bei versch. Zeitungen, Literaturkritiker. – Zählt zur Gruppe der ›Ulster Poets‹ (mit S. Heaney, M. Longley, P. Muldoon). Innovative, durchkomponierte, technisch versierte Lyrik mit häufig traditioneller Strophenform, beeinflußt v. Auden, Beckett, MacNeice. Themat. Schwerpunkte: Isolation, Einsamkeit u. Entfremdung, Randfiguren, Einzelgänger, oft auch hat, Alltagsthemen mit wenig Bezug zur polit. Situation in Nordirland. Auch Übs. (Racine, Nerval, Jaccottet) u. Hrsg. versch. Anthologien.

W: Night-Crossing, 1968; Beyond Howth Head, 1970; Lives, 1972; The Snow Party, 1975; Light Music, 1977; Courtyards in Delft, 1981; The Hunt by Night, 1982; Antarctica, 1986; Selected Poems, 1990; The Yaddo Letter, 1992; The Hudson Letter, 1996; Journalism, Ess. 1996; The Yellow Book, 1997; Roman Script, 1999. – Poems 1962–1978, 1979; Collected Poems, 1999.

Mahsatī (Mahastī), Dabīra, Legendenumwobene pers. Dichterin, 12. Jh. in Ganǧa. Ihr Leben wurde früh Gegenstand e. pers. Volksromans; berühmt durch ihre spritzigen, z. T. frivolen Vierzeiler, deren Authentizität allerdings zweifelhaft ist.

L: F. Meier, 1963.

Maigrot, Emile → Henriot, Emile

Mailer, Norman, amerik. Schriftsteller, * 31. 1. 1923 Long Branch/NJ. Wuchs in Brooklyn auf; 1943 B. A. Harvard Univ., 1944–46 Soldat auf den Philippinen und in Japan; sechs Ehen. – S. an Dos Passos' Technik geschulter Kriegsroman ›The Naked and the Dead‹ brachte M. Welterfolg und zugleich Desorientierung durch Publizität. Schlechte Aufnahme der 2 folgenden Romane. Mit ›Advertisements for Myself‹ schuf sich M. die Form der kommentierten Sammlung eigener Schriften; enthält den Prolog e. noch unveröffentlichten großen Romanwerks und den Essay ›The White Negro‹ (zuerst 1957), der im Gegenzug zum allgegenwärtigen Konformismus Lebensform und Sprache des existentialist. Außenseiters entwirft. ›An American Dream‹ läßt die Richtung der neuen Romankunst M.s erkennen. Mehr und mehr der polit. Szene zugewandt (Verhaftung vor dem Pentagon 1967, Kandidatur Bürgermeister von New York 1969), entwickelte M. sein eigenes Genre der autobiograph. Reportage, dessen beispielhafter Vertreter das Meisterwerk ›The Armies of the Night‹ ist. Aggressiver, idiomat. und metaphernreicher Stil; kompromißlose Zivilisationskritik.

W: The Naked and the Dead, R. 1948 (d. 1950); Barbary Shore, R. 1951 (d. 1952); The Deer Park, R. 1955 (d. 1955), Dr. 1967; Advertisements for Myself, 1959 (d. 1963); The Presidential Papers, Ess. 1963; An American Dream, R. 1965 (Der Alptraum, d. 1965); Cannibals and Christians, Ess. 1966; Why Are We in Vietnam?, R. 1967 (Am Beispiel einer Bärenjagd, d. 1970); The Armies of the Night: History as a Novel – The Novel as History, Rep. 1968 (d. 1968); Of a Fire on the Moon, Rep. 1970 (d. 1971); The Prisoner of Sex, 1971 (d. 1972); Marilyn: a Biography, 1973 (d. 1973); Genius and Lust, Es. 1976; Some Honorable Men, 4 Repn. 1976; The Executioner's Song, Drehb. 1979; Pieces and Pontifications, Ess. hg. M. Lennon 1982; Tough Guys Don't Dance, R. 1984 (d. 1984); The Last Night: A Story, 1984; Strawhead, Dr. 1985; Harlot's Ghost, R. 1991; How the Wimp Won the War, Ess. 1991; Portrait of Picasso as a Young Man: An Interpretive Biography, 1995; Oswald's Tale: An American Mystery, B. 1995; The Gospel According to the Son, R. 1997; The Time of Our Time, Mem. 1998.

L: L. Braudy, hg. 1972; R. F. Lucid, hg. 1972; R. Poirier, 1972; R. Solotaroff, 1974; J. Radford, 1975; S. T. Gutman, 1976; R. Merrill, 1978; A. Gordon, 1980; R. J. Begiebing, 1980; J. Bailey, 1980; H. Mills (B.), 1982; N. Leigh, 1990; C. E. Rollyson, 1991; M. K. Glenday, 1995. – *Bibl.:* L. Adams, 1974.

Maillet, Antonine, kanad. Schriftstellerin franz. Sprache, * 10. 5. 1929 Bouctouche/Nouveau Brunswick. Stud. der Lit.wiss. an versch. Univ., u.a. Paris. Shakespeare-Übs., Vf. von Dramen, Novellen, Romanen und Gedichten. – Belebt in ihren Werken die Sprache, Folklore, Sitten und geograph. Besonderheiten ihres Landes. Läßt die Menschen ihrer Heimat, der Landschaft Acadie, in ihrer lokalen Verankerung und ihrer bes. kanad. Identität auftreten, in strikter, an die Monroe-Doktrin erinnernder Abgrenzung von den in Frankreich lebenden Franzosen. Verweist auf die Zukunftsaufgaben des Québec; bleibt trotzdem den Werten und kulturellen Höhepunkten der europ. Geschichte und Kultur, so Rabelais und Shakespeare, verpflichtet. Führt e. Kampagne für die Frankophonie.

W: Poire-Acre, R. 1958; Les crasseux, Dr. 1968; La sanguine, Dr. 1971; Don l'Orignal, R. 1972; Evangile deusse, Dr. 1975; Pélagie-la-Charette, R. 1979; La joyeuse criée, Dr. 1982; Les drolatiques, horrifiques et épouvantables aventures de Panurge, ami de Pantagruel, Dr. 1982; Margot, la folle, Dr. 1987.

L: Th. Michaud, 1977.

Mainard, François → Maynard

Maiorescu, Titu Liviu, rumän. Kritiker, 15. 2. 1840 Craiova – 1. 7. 1917 Bukarest. Stud. Theresianum Wien, Philos. Berlin u. Gießen, dort 1859 Dr. phil., 1861 Dr. jur. Paris; Staatsanwalt in Bukarest, nach 1862 Gymnasiallehrer u. Univ.-Prof. in Jassy, 1871 Abgeordneter, 1874 Kultusminister, 1876 diplomat. Mission nach Berlin; Rechtsanwalt in Bukarest, Justiz- u. 1911/12 Außenminister, nach 1884 Prof. für Philos. in Bukarest, 1912 Ministerpräsident, führende Persönlichkeit der konservativen Partei, Mitgl. der Rumän. Akad. – Größter Kritiker der rumän. Lit.; Volkserzieher von aristokrat. Gesinnung, 1863 Initiator des ›Junimea‹-Kreises, Mitarbeiter der führenden Lit.-Zs. ›Convorbiri literare‹ (1867) u. Begr. der rumän. Kritik schlechthin; Verfechter e. rein idealist. Weltanschauung in Anlehnung an die dt. philos. Schule. Ihm verdankt es die rumän. Kultur, daß sie sich universelle Geltung verschaffte.

W: Despre Scrierea limbii române, 1866; Poezia română, 1867; Logica, Schr. 1876 (1988); Critice, II 1892, III ²1908 (krit. hg. D. Filimon-Stoicescu II 1967, 1984, 1989); Discursuri parlamentare, Rdn. V 1897–1915; Însemnări zilnice, Tg. II 1937–40; Jurnal, 1975.

L: G. Bogdan-Duică, 1921; Soveja, 1925; Revista Fundațiilor Regale Nr. 3, 1940; I. Petrovici, 1940; E. Lovinescu, II 1941; I. Petrovici, 1942; L. Pop, 1942; G. Lupi, Rom 1943; L. Rusu, 1963; N. Manolescu, 1970; G. Ivașcu, 1972; E. Todoran, 1977; M. Drăgan, 1987; Z. Ornea, 1986; Al. Dobrescu, 1988.

Mairet, Jean de, franz. Dramatiker, 10. 5. 1604 Besançon – 31. 1. 1686 ebda. Dt. Herkunft; 1614 früh verwaist; 1616 Schule in Paris, begleitete s. Gönner, den Herzog von Montmorency, 1626 auf e. Zug gegen die Protestanten; Pensionär und Hausdichter Richelieus. Aktive Teilnahme an der ›Querelle du Cid‹ gegen Corneille, dann wechselvolle polit. Tätigkeit. – Nach barocken Dramen des Anfangs unterwarf er sich als erster franz. Dramatiker der Forderung nach den 3 Einheiten. Formulierte sie im Vorwort zur pastoralen Tragikomödie ›Silvanire‹, wandte sie an in ›Sophonisbe‹, der 1. regelrechten franz. Tragödie, die begeisterte Aufnahme fand, die Regelgebundenheit des klass. Dramas vorbereitete u. durch ihr Prinzip log. Ordnung auf die klass. Tragödie vorausweist.

W: Chryséide et Arimand, Tr. 1625 (n. H. C. Lancaster 1925); Silvie, Tr. 1626 (n. J. Marsan 1905); Marc-Antoine, Tr. 1630 (n. Ph. Tomlinson, 1997); Silvanire, Tr. 1630 (n. H. Otto 1890, D. Dalle Valle 1976); Les galanteries du duc d'Ossonne, K. 1632 (n. G. Dotoli 1972); La Virginie, Tragikom. 1633; Sophonisbe, 1634 (n. C. Dédéyan ²1969).

L: G. Bizos, 1877; H. Tivier, 1883; E. Dannheisser, 1888; R. Mantero, 1964; W. B. Kay, The Theatre of M. The Metamorphosis of Sensuality, Diss. Los Angeles 1965; C. A. Pieroni, M.'s ›La Virginie‹ and the French Classical Drama, Diss. Fordham Univ. 1965; G. Dotoli, Bari 1974, 1978; W. A. Bunch, Boston 1975; P. Tomlinson, 1983. – *Bibl.:* G. Dotoli, 1973.

Maironis (eig. Jonas Mačiulis), litau. Dichter, 2. 11. 1862 Pasandravis, Kr. Raseiniai – 28. 6. 1932 Kaunas. Sohn e. reichen freien Bauern, Gymnas. Kaunas, 1883 Stud. Lit. Kiev, 1884–88 Priesterseminar Kaunas, 1888–92 Geistl. Akad. Petersburg, 1892 Prof. am Priesterseminar Kaunas, 1894–1909 Prof. für Moraltheologie an der Geistl. Akad. Petersburg, 1909–32 Rektor des Priesterseminars Kaunas und ab 1922 Prof. für Moraltheologie Univ. Kaunas. – In s. lyr. patriot. Dichtung spiegelt sich die Auferstehung des litau. Volkes, das Erwachen des nationalen Bewußtseins nach 150jähr. russ. Joch. Stärkster Vertreter des romant. Nationalidealismus, geistiger Leiter der Zs. ›Aušra‹. Führte in s. lyr. und ep.-lyr. Werken die akzentuierende Metrik ein. S. Dichtung ›Jaunoji Lietuva‹ ist zum Nationalepos geworden. S. Einfluß war so groß, daß man die lit. Epoche zwischen ›Aušra‹ und der litau. Unabhängigkeit (1918) als M.-Epoche bezeichnet. S. einfachen, klass. Reime, s. Wortschatz, sogar s. Thematik hatten größten Einfluß, und nur langsam und mühsam befreite sich die junge Generation von s. Tradition.

W: Tarp skausmų į garbę, Ep. 1895; Pavasario balsai, G. 1895; Kame išganymas, Dr. 1896; Z nad Biruty, G. 1904; Jaunoji Lietuva, Ep. 1907; Raseinių Magdė, Ep. 1909; Mūsų vargai, Poem 1920; Kęstučio mirtis, Dr. 1921; Vytautas pas Kryžiuočius, Dr. 1924; Vytautas Karalius, Dr. 1930. – Raštai (GW), V 1931–35, 1987–92.

L: J. Tumas, 1924; J. Būtėnas, 1958; K. Korsakas, 1962; V. Mykolaitis-Putinas, 1962; A. Sprindis, 1962; A. Venclova, 1962; J. Girdzijauskas, 1966; V. Zaborskaitė, 1968, 1987.

Mais, Roger, westind. Erzähler u. Dramatiker, 11. 8. 1905 Kingston/Jamaika – 20. 6. 1955 Saint Andrew. Tagelöhner, Reporter, Maler u. Photograph. – Seine lebensvollen, realist. Werke über Leidenschaft, Haß, Gewalt u. Religiosität in den Slums von Jamaika stellen den Beginn e. neoafrikan. westind. Lit. dar.

W: Face, En. 1942; And Most of All Men, En. 1943; Atlanta at Calydon, Dr. 1950; The Hills Were Joyful Altogether, R. 1953 (Und alle Hügel sollen jubilieren, d. 1983); Brother Man, R. 1954 (d. 1967); Black Lightning, R. 1955 (alle 3 Romane in 1 Bd. 1966).

Maistre, Xavier Comte de, franz. Dichter, 8. 11. 1763 Chambéry – 12. 6. 1852 Petersburg. Zuerst im sardin. Heer; 1799 in russ. Militärdienst, Generalmajor. Nach s. Entlassung 1817 abwechselnd in Petersburg und Frankreich. – Vf. origineller, meist schlicht-sachl., aber auch sentimentaler oder sarkast. Erzählungen und der humorist.-satir. Idylle ›Voyage autour de ma chambre‹ im Stil L. Sternes. Sie hatte so großen Erfolg, daß M. 1799 e. Forts., ›Expédition nocturne autour de ma chambre‹, schrieb, die aber erst 1825 erschien.

W: Voyage autour de ma chambre, Idylle 1794 (d. 1968); Le lépreux de la cité d'Aoste, E. 1811 (d. 1821, 1948); Les prisonniers du Caucase, E. 1815 (d. 1921); Prascovie ou La jeune sibérienne, E. 1815 (d. 1921); Nouvelles, hg. P. Dumas u.a., Genf 1984. – Œuvres, III 1825 (d. 1826, 1892); Œuvres inédites, II 1877.

L: A. Berthier, 1920 (n. 1984); M. de la Fuye, 1934; C. M. Lombard, Boston 1977.

Maistre Pierre Pathelin, franz. Farce, entstanden zwischen 1461 und 1469. Vf. (Guillaume Alecis aus Lire?) und Entstehungsort unbekannt. Sprachl. Elemente weisen auf Ile-de-France, Picardie und Normandie. Bedeutendste franz. Komödie vor Molière. Pathelin, e. Rechtsanwalt, betrügt e. Tuchhändler um den Kaufpreis s. Ware, verteidigt in e. Prozeß e. ungetreuen Hirten, der, noch schlauer als Pathelin, diesen um s. Honorar betrügt und ihn so zum betrogenen Betrüger macht. E. Gaunergalerie von starker kom. Wirkung mit lebendigen, natürl. Dialogen und unvorhergesehenen Situationen. Sehr beliebt, oft nachgeahmt, fortgesetzt und neu bearbeitet (Brueys 1700, Fournier 1872, Reuchlin, H. Sachs, A. Graf Wickenberg 1883).

A: R. T. Holbrook ²1937; C. E. Pickford 1967; O. Jodogne, Gent 1975; J.-C. Aubailly 1979; J. Dufournet 1986; M. Rousse 1999; D. Hüe, D. Smith 2000. – *Übs.:* W. Wolters 1896; Das Spiel vom Peter Dingsda, F. Hagen 1950.

L: J. Schumacher, Diss. Bln. 1911; L. Cons, 1926; R. T. Holbrook, Guillaume Alecis et P., Berkeley 1928; M. Roques, 1942; J. Frappier, 1967; J. Oufournet, M. Rousse, 1986.

Maitland, Sara, brit. Schriftstellerin, * 27. 2. 1950 London. Stud. Oxford. Aktiv im Women's Liberation Movement seit 1970. ∞ e. anglikan. Priester; konvertierte zum röm. Katholizismus. – M.s Romane spiegeln ihre Auseinandersetzung mit Feminismus und Christentum. Auf der Suche nach weibl. Identität prüfen die Figuren vorgegebene Mythen u. kritisieren deren patriarchal. Gehalt.

W: Daughter of Jerusalem, R. 1978 (Dunkler Willen ihres Körpers, d. 1988); Three Times Table, R. 1990 (Drei Entschlüsse in einer Nacht, d. 1991); A Big-Enough God, Mon. 1995; Angel and Me, Kgn. 1995; Brittle Joys, R. 1999.

Majakovskij, Vladimir Vladimirovič, russ. Dichter, 19. 7. 1893 Bagdadi/Georgien – 14. 4. 1930 Moskau. Vater verarmter Adliger u. Forstaufseher; 1906 in Moskau, kurze Zeit humanist. Gymnas., 1908 wegen revolutionärer Tätigkeit als Mitgl. der Bolschewiki verhaftet, trat 1910 in e. Moskauer Kunstschule ein, widmete sich bald darauf der Dichtung; gab 1912 mit andern das erste Manifest der russ. Futuristen u. d. T. ›Poščečina obščestvennomu vkusu‹ (Eine Ohrfeige dem öffentl. Geschmack) heraus, wurde e. der bedeutendsten Vertreter der futurist. Schule; 1913 erste Gedichte gedruckt. Seit 1915 mit Gor'kij befreundet; stellte sich nach der Oktoberrevolution den neuen Machthabern zur Verfügung, s. Organ war die futurist. Zeitschrift ›Lef‹ (Levyj front, Linke Front). Nach dem Bürgerkrieg Agitationsdichter im Dienst des neuen Staats und s. kulturellen Einrichtungen; von der sowjet. Kritik bes. seit 1935 gerühmt. Meistübersetzter Dichter der Sowjetunion; zwischen 1922 und 1930 Auslandsreisen; Selbstmord aus körperl. u. geist. Erschöpfung. – Drückte in der frühen, revolutionär gestimmten Dichtung Haß gegen die zeitgenöss. Ordnung, in Übereinstimmung mit den Futuristen Verachtung der Kunst der Vergangenheit, der bürgerl. Kultur aus, brandmarkt in ›Vojna i mir‹ den Krieg. Empfängt neue gedankl. Inhalte durch Revolution und Bolschewismus; s. Thematik umfaßt Empörung, Auflehnung gegen die Trägheit des Bestehenden, Geordneten, gegen die Enge der gegebenen Begrenzung, und Selbstaufopferung des Dichters für das allg. Glück; wiederholtes Motiv der trag. Liebe und des Selbstmords; spricht in ›150 000 000‹ im Namen der Millionen gegen Wilson, feiert in dem in s. Art bedeutendsten Poem ›Vladimir Il'ič Lenin‹ den toten sowjet. Führer als Helden des Proletariats; läßt in den letzten Jahren die Elegie fast ganz hinter Ode und Satire zurücktreten. S. Sprache, oft grell und aufdringl. deklamator. getönt, ist mit umgangssprachl. Elementen durchsetzt; bezeichnend für s. Dichtung sind kühne poet. Figuren, eigenartig realisierte Metaphern und Hyperbeln; s. Hauptvers steht dem von Puškin in einigen Dichtwerken gestalteten Volksvers nahe; treppenartig angelegte Druckzeilen sollen die neuen, ungewöhnl. Rhythmen leichter verständl. machen; Füllungsfreiheit der Innentakte gibt s. Vers großen Ausdrucksreichtum; beim Vortrag vor der Menge kam die rhythm. Wirkung s. Gedichte erst zur vollen Geltung. Das Schauspiel ›Misterija-buff‹ verherrlicht die Oktoberrevolution mit stark parodist. Zügen. Die letzten 2 Bühnenstücke in Prosa sind Satiren auf Bürokratismus und Spießertum in der sowjet. Welt.

W: Oblako v štanach, Poem 1915 (Wolke in Hosen, d. 1949); Flejta-pozvonočnik, G. 1915 (Die Wirbelsäulenflöte, d. 1971); Misterija-buff, Sch. 1918, 2. Fassung 1922 (Mysterium buffo, d. 1960); Vladimir Il'ič Lenin, Poem 1924 (d. 1959); Klop, K. 1929 (Die Wanze, d. 1959); Banja, K. 1929 (Das Schwitzbad, d. 1960); V. V. M. i L. Ju. Brik, Perepiska, hg. B. Jangfeldt, Stockholm 1982. – Polnoe sobranie sočinenij (GW), XIII 1955–61. – *Übs.*: GW, VI 1927–30; Gedichte, 1959; Liebesbriefe an Lilja, 1965; Werke, X 1980.

L: V. B. Šklovskij, 1940 (d. 1960); B. M. Ejchenbaum, 1940; V. V. Kamenskij, 1940 (n. 1974); E. Triolet, Paris 1945 (d. 1957); M. Zimmering, Begegnung m. M., 1955; A. M. Ripellino, Turin 1959 (d. 1964); H. Uhlig, 1962; L. Stahlberger, Haag 1965; W. Storch, 1969; W. Woroszylski, Lond. 1972; E. J. Brown, Princeton 1974; B. Jangfeldt, Stockholm 1976; V. Terras, Boston 1983; H. Huppert, 1991; B. Menzel, 1992; N. Thun, 2000. – *Bibl.*: Russkie sovetskie pisateli, Bd. 14, 1991.

Majerová, Marie (eig. Bartošová, verh. Stivínová, dann Tusarová), tschech. Schriftstellerin, 1. 2. 1882 Úvaly b. Prag – 16. 1. 1967 Prag. Entfaltete als überzeugte Sozialistin u. Journalistin versch. links orientierter Zss. e. rege kulturpolit. Tätigkeit. – In realist., psycholog. durchdrungenen Romanen u. Novellen vertieft sich M. in die soziale Problematik der Gegenwart, schildert den Kampf der Fabrik- u. Bergarbeiter, reagiert auf die Ereignisse während u. nach dem 2. Weltkrieg, wobei der Frau, als der Erhalterin des Geschlechts, e. zentrale Rolle eingeräumt wird. Aus allen ihren Werken, in denen das Individuelle dem Kollektiv weichen mußte, strahlt optimist. Zuversicht. Ihre ausgedehnten Reisen fanden Niederschlag in zahlr. Reportagen.

W: Panenství, R. 1907; Plané milování, En. 1911; Náměstí republiky, R. 1914 (Platz der Republik, d. 1951); Mučenky, En. 1921; Nejkrásnější svět, R. 1923 (Die schönste aller Welten, d. 1952); Přehrada, R. 1932 (Talsperre, d. 1956); Siréna, R. 1935 (d. 1950); Havířská balada, R. 1938 (Bergmannsballade, d. 1951); Cesta blesku, En. 1951 f. (Der entzauberte Garten, d. 1952); Divoký západ, En. 1954; Zpívající Čína, Rep. 1954; Sedm hrobů, En. 1956; Ševcovská polka a jiné radosti, Rep. 1961; Důvěrné stránky, Feuill. 1966; Staropražské pomněnky, Feuill. 1967. – Sebrané spisy (GW), V 1936–39; Spisy (W), XIX 1952–61.

L: B. Václavek, Tvorbou k realitě, 1937; J. Hájek, 1952; ders., M. M. aneb román a doba, 1962; V. Kovářík Dětský svět M. M., 1962; Z. Černá, hg. 1972 (m. Bibl.); R. R. Kuzněcova, Moskau 1982; J. Nejedlá, 1986; I. Vízdalová, Novinářka M. M., 1988. – *Bibl.:* H. Winklerová, 1957.

Majkov, Apollon Nikolaevič, russ. Lyriker, 4. 6. 1821 Moskau – 20. 3. 1897 Petersburg. Vater bekannter Maler; 1837 Stud. Rechte Petersburg u. Paris, wollte Künstler werden, widmete sich bald der Lit., Auslandsreise nach Italien; 1844–52 Bibliothekar des Rumjancevmuseums in Petersburg, dann im Komitee für ausländ. Zensur ebda., seit 1875 als Vorsitzender. – Vertrat mit Polonskij und Fet die Losung der zweckfreien, d. h. »reinen« Kunst. S. Eigenart kommt bes. zur Geltung in den frühen, formenstrengen ›antholog.‹ Gedichten, die der Anakreontik nahe, im Geist der altgriech. und röm. Poesie geschrieben sind; schätzte namentlich Horaz; näherte sich später den Slavophilen. Die Thematik s. Dramen bezieht sich auf die Antike; stellt in ›Dva mira‹ dem heidn. das frühchristl. Rom gegenüber. Übs. Goethe und Heine, Versübs. des Igorliedes.
W: Stichotvorenija, G. 1842; Tri smerti, Dr. 1852 (Drei Tode, d. 1884); Dva mira, Dr. 1881. – Polnoe sobranie sočinenij (GW), III 1893, IV 1914; Izbrannye proizvedenija, Ausw. 1977. – *Übs.:* Dichtungen, H. Roskoschny 1893; Gedichte, F. Fiedler 1901.
L: M. L. Zlatkovskij, ²1898; V. Pokrovskij, ²1911.

Majkov, Vasilij Ivanovič, russ. Schriftsteller, 1728 Bez. Jaroslavl' – 28. 6. 1778 Moskau. Vater Gutsbesitzer u. Gardeoffizier; diente selbst bis 1761 in der Garde, dann Gehilfe des Gouverneurs von Moskau. – Literarhist. bedeutsam ist seine Verserzählung ›Elisej, ili Razdražennyj Vakch‹, Parodie des klassizist. Epos, dessen obligator. Metrum und erhabener Stil mit grob naturalist. u. derb humorist. geschilderten Szenen aus dem Milieu unterer Schichten verbunden sind, der russ. Lit. das erste Beispiel des heroisch-kom. Genres.
W: Elisej, ili Razdražennyj Vakch, Ep. 1769. – Sočinenija i perevody (W) u. Übsn. 1867); Izbrannye proizvedenija, Ausw. 1966.
L: M. Schruba, 1997.

Makal, Mahmut (auch Tufan M. M.), türk. Schriftsteller, * 1933 Demirci/Niğde. Nach Abschluß des Dorflehrer-Instituts Ivriz 1947 Dorflehrer, später Stud. PH Ankara, Türkischlehrer, 1968 Rücktritt vom Lehrerberuf, Verleger; 1980–98 Türkischlehrer in Berlin, lebt in Ankara. – S. protokollar. u. dokumentar. Skizzen u. Beschreibungen des anatol. Dorflebens wirkten in der Türkei stilbildend.
W: Bizim Köy, En. 1950 (Unser Dorf in Anatolien, d. 1971); Köyümden, En. 1952 (u. d. T. Hayal ve Gerçek, 1957); Memleketin Sahipleri, Ess. 1954; Kalkınma Masalı, Ess. 1960; Yer Altında Bir Anadolu, En. 1968; Kokmuş Bir Düzende, Ess. 1970; Değişenler: Bizim Köy 1975, En. 1976 (d. 1981); Animsi-Acimsi (Faust 'un Dediği), Mem. 1990; Bakirdaki Kivilcim, En. 1992; Deli Memedin Türküsü, En. 1993.

Makanin, Vladimir Semënovič, russ. Prosaiker, * 13. 3. 1937 Orsk. Stud. Mathematik Univ. Moskau (Abschluß 1960), danach tätig an der Dzeržinskij-Militärakad., gab nach der positiven Aufnahme s. lit. Debuts 1965 seine Stellung auf, hörte bis 1967 Kurse an der Filmhochschule (VGIK) und wurde dann hauptberufl. Schriftsteller, publiziert seitdem mit großer Regelmäßigkeit, lebt in Moskau. – M.s Prosa, die sich kaum einer bestimmten Richtung zuordnen läßt, hat meist den durchschnittl. Stadtmenschen ohne festgefügte Traditionen zum Thema, sucht nach Spuren menschl. Individualität bis hin zum Verzicht auf Sujet und zeitl. Zusammenhang (z. B. ›Golosa‹), um die impressionist. Aufnahme der Stimmen zu ermöglichen, die in jedem Mensch und Ding aus sich heraus sprechen. Die jüngsten Werke sind geprägt von postmoderner Zitathaftigkeit, Ausnutzung von Schablonen und lit. Spiel.
W: Prjamaja linija, R. 1965; Na pervom dychanii, R. 1976 (Schönes Mädchen mit den grauen Augen, d. 1978); Golosa, N. u. En. 1982 (Stimmen, d. 1983); Portret i vokrug, R. 1978 (Der Mann mit den zwei Gesichtern, d. 1986); Andegraund, ili Geroj našego vremeni, R. 1998 (Underground oder Ein Held unserer Zeit, d. 2003). – Sobranie sočinenij (GW), IV 2002–03.
L: Ch. Veldhues, 1987; Z. Stolz-Hladky, 1995.

Makarenko, Anton Semënovič, russ. Pädagoge und Schriftsteller, 13. 3. 1888 Belopol'e (Gouv. Char'kov) – 1. 4. 1939 Moskau. Ab 1905 Lehrer, 1920–35 Aufbau u. Leitung von Kolonien für jugendl. Rechtsbrecher, ab 1935 Schriftsteller. – M.s lit. Hauptwerk ›Pedagogičeskaja poėma‹ (1925–35) galt seit Festigung des autoritären Systems als lit. Standardwerk kommunist. Lehrerausbildung. Spätere Arbeiten ersetzen den Erfahrungsbericht durch soz.-realist. Schematisierung.
W: Sočinenija (W), VII 1950–52, ²1957/58, VIII 1983–86. – *Übs.:* W, VII 1956–60, Erg.-Bd. 1962; GW (russ. u. d.), I–V, VII, IX, XIII 1976–82.
L: L. Adolphs, 1962; I. Rüttenauer, 1965; H. Furrer, 1988; G. Hillig, 1988; K. Kobelt, 1996. – *Bibl.:* G. Hillig, 1969.

Maksimov, Vladimir Emel'janovič (eig. Lev Alekseevič Samsonov), russ. Erzähler, 27. 11. 1930 Moskau – 25. 3. 1995 Paris. Arbeitersohn, 15–20jähr. in Erziehungsheimen, dann Land- u. Bauarbeiter. Ab ca. 1960 Schriftsteller in Moskau. Nach Veröffentlichung s. Romans ›Sem' dnej tvorenija‹ im Westen. 1973 Ausschluß aus dem

Schriftstellerverband, 1974 Ausreise nach Paris, dort bis 1992 Chefredakteur der Zs. ›Kontinent‹ u. Schriftsteller. – Erlangte 1961 Anerkennung durch Erzählungen, die nach den gesellschaftl. Ursachen des Scheiterns sowjet. Jugendlicher fragen. Der Roman ›Sem' dnej tvorenija‹ legt schonungslos das Schicksal des während 50 Jahren Sowjetmacht betrogenen Proletariats bloß. Weitere Romane sind von gleicher eth. Verantwortung u. christl. Glauben getragen.

W: Živ čelovek, E. 1962 (Dennoch lebt der Mensch, d. 1963); Sem' dnej tvorenija, R. 1971 (Die sieben Tage der Schöpfung, d. 1972); Karantin, R. 1973 (Die Quarantäne, d. 1974); Proščanie iz niotkuda, aut. R. 1973 (Abschied von Nirgendwo, d. 1976); Saga o Savve, En. 1975 (Die Ballade von Sawwa, d. 1978); Kovčeg dlja nezvanych, R. 1979 (Eine Arche für die nicht Geladenen, d. 1980); Živ čelovek, Drr. 1979; Saga o nosorogach, Es. 1981 (Sie und wir, d. 1984); Čaša jarosti, aut. R. Teil 2, 1982 (Der Kelch des Zorns, d. 1984); Za gljanut' v bezdnu, R. 1986 (Der weiße Admiral, d. 1986). – Sobranie sočinenij (GW), IX 1991–93.

L: V literaturnom zerkale, Paris 1986.

Maksimović, Desanka, serb. Dichterin, 16. 5. 1898 Rabrovica b. Valjevo – 11. 2. 1993 Belgrad. Stud. Philos. Belgrad, Paris; Lehrerin; Mitglied der Serb. Akad. – In unmittelbarer, von tiefer Humanität durchdrungener melod. Lyrik besingt M. die Erscheinungen des menschl. Lebens, die Schönheit der Natur sowie das Zeitgeschehen. Auch Erzählprosa u. Kinderbücher. Zahlr. Übsn.

W: Pesme, G. 1924; Zeleni vitez, G. 1930; Ludilo srca, En. 1931; Gozba na livadi, G. 1932; Nove pesme, G. 1936; Pesnik i zavičaj, G. 1946; Otadžbino, tu sam, G. 1951; Zarobljenik snova, G. 1960; Buntovan razred, R. 1960; Govori tiho, G. 1961; Tražim pomilovanje, G. 1964; Nemam više vremena, G. 1973; Letopis perunovih potomaka, G. 1976; Ničija zemlja, G. 1979; Slovo o ljubavi, G. 1983; Međaši sećanja, G. 1983; Pamtiću sve, G. 1988; Ozon zavičaja, G. 1989; Nebeski razvoj, G. 1991; Zovina svirala, G. 1992. – Miris zemlje, G.-Ausw. 1955; Sabrana dela (GW), 1969ff.; Sabrane pesme, Ges. G. VI ³1985; Izabrane pesme (AW), V 1987; Sabrane pesme (GW), VI 1988; Izabrane pesme, Ausw. 1991, 1992, 1998. – *Übs.:* Choix de poèmes, Paris 1971.

L: Lj. Djordjević, 1973; Kritičari o pesništvu D. M., 1982; V. Bošković, 1992; M. Đorđević, 1999. – *Bibl.:* A. Vraneš 2001.

Makura no sôshi → Sei Shônagon

Makuszyński, Kornel, poln. Schriftsteller, 8. 1. 1884 Stryj – 31. 7. 1953 Zakopane. Sohn armer Eltern, Stud. in Lemberg u. Paris. S. lit. Karriere begann mit Veröffentlichungen in ›Słowo polskie‹. 1904–14 Theaterkritiker, dann am Theater von Lemberg. Im 1. Weltkrieg interniert, 1918 Rückkehr nach Warschau u. Zakopane. 1937 Mitgl. der Poln. Akad. für Lit. – Formstrenger,

virtuoser Lyriker unter Einfluß von Staff. Selbständig u. originell in s. humorist. Dichtungen. Kriegsdichtung aus dem 1. Weltkrieg als beste Leistung. In optimist. Romanen u. Erzählungen Sehnsucht nach besserem Leben als Grundton. Ab 1925 meist Jugendbücher. 1926 Staatspreis für Lit.

W: Połów gwiazd, G. 1908; Rzeczy wesołe, En. 1909; W kaleidoskopie, Feuill. 1910; Zabawa w szczęście, En. 1912; Po mlecznej drodze, R. 1917; Słońce w herbie, R. 1918; Narodziny serca, G. 1920; Pieśń o ojczyźnie, G. 1924; Bezgrzeszne lata, Mem. 1925; Śmieszni ludzie, En. 1928; Szatan z siódmej klasy, R. 1937. – Utwory wybrane (AW), 1980 ff.; Poezje wybrane (G.-Ausw.), 1988.

L: Stulecie urodzin K. M., hg. T. Szczepanek 1984; D. Piasecka, 1984.

al-Malā'ika, Nāzik, irak. Dichterin u. Kritikerin, * 1923 Bagdad. Stud. Anglistik Princeton. – Initiierte 1949 die bedeutendste arab. poet. Erneuerungsbewegung, die die strenge Metrik der klass. arab. Poesie durch flexiblere prosod. Prinzipien ersetzte (›freie Dichtung‹). Wichtige theoret. Beiträge.

W: Šaẓāyā wa Ramād, 1949; Qarārat al-maug̱a, 1960; Qaḍāyā al-ši'r al-mu'āṣir, 1962 (Probleme d. modernen Poesie).

L: S. Kh. Jayyusi, Trends and Movements in Modern Arabic Poetry, Leiden 1977; Zwischen Zauber und Zeichen. Moderne arabische Lyrik von 1945 bis heute, hg. Kh. al-Maaly 2000.

Malamud, Bernard, amerik. Erzähler, 26. 4. 1914 Brooklyn/NY – 18. 3. 1986 New York. Aus russ. Emigrantenfamilie; Stud. Columbia College; 1949–61 Dozent für Anglistik Oregon State Univ., ab 1961 am Bennington College. – Einer der bedeutendsten Autoren der jungen Generation in den USA neben S. Bellow und J. D. Salinger. Beeinflußt vom realist. Roman des 19. Jh., bes. von Dostoevskij. Sucht in Romanen und Erzählungen aus der stillen kleinbürgerl. Welt am scheinbar Zufälligen das Schicksalhafte darzustellen. Thema der Entfremdung und Isolierung des mod. Menschen (meist in Gestalt eines Anti-Helden), oft in deprimierendem, von soz. Elend geprägtem Milieu. Gilt neben Bellow als Hauptvertreter des jüd. Romans in den USA. Bes. gekennzeichnet durch e. an Banalität grenzende sentimentale Humanität (›The Assistant‹) u. durch absurd-verzweifelten Humor (›A New Life‹).

W: The Natural, R. 1952; The Assistant, R. 1957 (d. 1960); The Magic Barrel, En. 1958 (Das Zauberfaß, d. 1962); A New Life, R. 1961 (d. 1964); Idiots First, En. 1963 (Schwarz ist meine Lieblingsfarbe, d. 1972); The Fixer, R. 1966 (d. 1968); Pictures of Fidelman, R. 1969 (Bilder einer Ausstellung, d. 1975); The Tenants, R. 1971 (Die Mieter, d. 1973); Rembrandt's Hat, En. 1973 (d. 1977); Dubin's Lives, R. 1978 (d. 1980); God's Grace, R. 1982; The Stories, 1983. – A M. Reader, hg. P. Rahv 1967; The People, and Uncollected Stories, hg.

R. Giroux, 1989; Talking Horse: B. M. on Life and Work, hg. A. Cheuse, N. Delbanco 1996; The Complete Stories, hg. R. Giroux 1997.
L: S. Richman, 1966; L. A. u. J. Field, 1970; S. Cohen, 1974; E. Engelbert, 1977; S. J. Hershinow, 1980; J. Alter, The Good Man's Dilemma, 1981; T. L. Rohmer, 1985; R. Solotaroff, 1989; K. G. Ochshorn, 1990; P. Ahokas, 1991; A. Cheuse, 1996; B. Sío-Castiñera, 1998. – *Bibl.:* R. N. Kosofsky, 1971; J. Salzberg, 1985; R. N. Kosofsky, 1991.

Mălăncioiu, Ileana, rumän. Schriftstellerin, * 23. 1. 1940 Godeni/Argeş. Dr. phil. – Ihre Lyrik knüpft an klass. Modelle wie Eminescu, Blaga, Ion Barbu u. Voiculescu an, befreit sich aber vom Korsett der Konventionen u. durchläuft die Kulissen e. immer wieder neu entdeckten Welttheaters. Um die Angst vor der Gleichgültigkeit der Straße, vor den leeren Gassen, vor der Vorherrschaft des Bösen zu überwinden, bringt sie dem Leser bei, mit Würde Barrikaden dagegen zu errichten. Ihre nach 1990 verfaßten dezidierten polit. Kommentare belebten die Übergangsgesellschaft Rumäniens.
W: Către Ieronim, G. 1970; Vina tragică, Es. 1978; Urcarea Muntelui, G. 1985; Poezii, G. 1996.
L: Al. Paleologu, E. 1974; V. Popovici, Orizont, 1988.

Malan'uk, Jevhen, ukrain. Lyriker, 2. 2. 1897 Novoarchanhel's'k – 16. 2. 1968 New York. Militärschule, 1917–21frontoffizier in der ukrain. Nationalarmee, Internierung in Polen, 1922 Aufenthalt in Podebrady, nach Abschluß des techn. Stud. bis 1944 Wasserbauing. in Warschau, dann über Dtl. 1950 Emigration in die USA. – S. hist.-philos. und messianist. Gedichte mit energ. voluntarist. Tönen geißeln s. Landsleute für ihr Unvermögen, ihre Heimat vor Besetzeraggressionen zu verteidigen.
W: Stylet i stylos, G. 1924; Herbarij, G. 1926; Zemlja i žalizo, G. 1930; Zemna Madonna, G. 1934 (n. 1991); Persten' Polikrata, G. 1939; Vlada, G. 1951; Narysy z istoriji našoji kul'tury, N. Y. 1954 (n. Kiev 1992); Knyha sposterežen', Ess. II 1962–66; Persten' i posoch, G. 1972.
L: M. Il'nyc'kyj, Stepove prokl'att'a Ukrajiny (Vid Molodoji Muzy do Praz'koji školy), L'viv 1995.

Malaparte, Curzio (eig. Kurt Erich Suckert), ital. Schriftsteller und Journalist, 9. 6. 1898 Prato – 19. 7. 1957 Rom. Dt. Herkunft. Freiwilliger im 1. Weltkrieg. Ab 1918 intensive journalist. Tätigkeit; 1924 Gründer der Zs. ›La Conquista dello Stato‹, 1928–31 Mitdirektor der ›Fiera Letteraria‹, 1928–31 Leiter der ›Stampa‹, 1937 Gründer der Lit.-Zs. ›Prospettive‹. Zunächst Faschist, später aus der Partei ausgestoßen u. 1933 auf die Lipar. Inseln verbannt. Nach dem Zusammenbruch des Regimes ital. Verbindungsoffizier bei den amerik. Streitkräften. – Vielseitiger u. allen Einflüssen offener Autor, der sich auf den verschiedensten Gebieten der Lit. versucht hat. Charakterist. für ihn sind v. a. s. Tendenz zur journalist. Reportage u. s. polem. Talent, verbunden mit e. Gefühl für Publikumswirksamkeit. In s. beiden Erfolgsromanen der unmittelbaren Nachkriegszeit ›Kaputt‹ u. ›La pelle‹ erscheint die Schilderung des Obszönen u. Grausamen oft nicht durch die künstler. Notwendigkeit gerechtfertigt.
W: La rivolta dei santi maledetti, 1921; Le nozze degli eunuchi, Ess. 1921; L'Europa vivente, Es. 1923; Italia barbara, E. 1926; Avventure di un capitano di sventura, 1927; L'arcitaliano, G. 1928; Intelligenza di Lenin, Es. 1930; Technique du coup d'état, Ess. Paris 1931 (ital. 1948, d. 1932); Sodoma e Gomorra, R. 1931; I custodi del disordine, Ess. 1931; Fughe in prigione, R. 1936; Sangue, R. 1937 (d. 1959); Viaggio in inferno, 1938; Donna come me, 1940; Il Volga nasce in Europa, 1943 (d. 1967); Kaputt, R. 1944 (d. 1951); Don Camaleò, R. 1946; Il sole è cieco, R. 1947; La peau, R. 1948 (ital. 1949, d. 1950); Il battibecco, G. 1949; La storia di domani, 1949 (d. 1951); Maledetti Toscani, R. 1956 (d. 1957); Io in Russia e in Cina, Ess. hg. G. Vigorelli 1958 (d. 1959); Mamma marcia, Ess. 1959 (Der Zerfall, d. 1961); Benedetti Italiani, Schr. 1961 (Verflixte Italiener, d. 1962); Diario di uno straniero a Parigi, 1966. – Opere complete, 1959ff.
L: G. Martelli, 1968; G. Grana, 1968; G. B. Guerri, 1980; M. Bonuomo, 1982; G. Pardini, 1998; R. Barilli, hg. 2000.

Malczewski, Antoni, poln. Dichter, 3. 6. 1793 Kniahinino/Ukraine – 2. 5. 1826 Warschau. Sohn e. Generals, aus wolhyn. Adel. Lyzeum Krzemieniec. 1811 Militärdienst, russ. Gefangenschaft, 1815 Dienst quittiert, Stud. Mathematik, Befestigungsingenieur in Warschau, 1816 Auslandsreisen; Schweiz, Italien, Frankreich; Erstbesteigung der Aiguille de Midi; Freundschaft mit Byron. In Paris Beschäftigung mit Naturwiss., Magnetismus, Hypnose u. ä. 1821 Rückkehr nach Wolhynien. Durch unglückl. Liebe ruiniert, verarmt, frühzeitig gestorben. – Dichter der ›ukrain. Schule‹ der poln. Romantik. Hinterläßt nur e. bedeutendes Werk, ›Maria‹ (1825), e. stark von Byron beeinflußte ep.-lyr. Dichtung mit feiner psycholog. Zeichnung, eingehender Charakterisierung, spannender Handlung und meisterhafter Sprache. Auch Opernlibretti.
W: Maria, Ep. 1825 (n. R. Przybylski 1958, d. 1845, engl. 1935); Pisma, II 1857.
L: M. Mazanowski, Żywot i utwory A. M., 1890; J. Ujejski, 1921; M. Dernałowicz, 1967; H. Gacowa, 1974.

Maldonis, Alfonsas, litau. Lyriker, * 22. 8. 1929 Naujaplentė, Kr. Alytus. Bis 1954 Stud. Univ. Vilnius, 1962–70 Redakteur des Verlages Vaga, 1970–76 Vizevorstand des litau. Schriftstellerverbandes, seit 1976 Vorstand. – Charakterist. für M.s

Lyrik ist die Synthese des psycholog. Lyrismus u. des Intellekts.

W: Viduvasaris, 1958; Veja vėtra debesį, 1960; Saulėti lietūs, 1962; Auga medžiai, 1965; Vandens ženklai, 1969; Pėdsakai, 1971; Kai saulė teka, 1978; Rytas vakaras, 1978; Šitie metai, 1966; Kelionė, 1975; Rugiaveidė, 1982; Baltasis skersgatvis, 1993; Rinktiniai raštai, II 1984; Mūs baltas ratas, 1996.
L: V. Sventickas, 1982; V. Daujotytė, 1987.

Malerba, Luigi Parma (Ps. di L. Bonardi), ital. Erzähler, * 11. 11. 1927 Berceto. Beginnt s. lit. Karriere als Autor neorealist. Drehbücher u. Erzählungen. Wird s. Künstlernamen ›Unkraut‹ gerecht, wenn er sich hartnäckig und störend zum Zeitgeschehen s. Heimat äußert. Verfaßte später auch originelle hist. Romane u. Kinderbücher.

W: Donne e soldati, R. 1955; La scoperta dell'alfabeto, En. 1963 (d. 1983); Il serpente, R. 1966 (d. 1969); Salto mortale, R. 1968 (d. 1971); Le rose imperiali, R. 1974; Roccamonte, E. 1974; L'anello stregato, R. 1975; Mozziconi, En. 1975 (Geschichten vom Ufer des Tibers, d. 1980); Eliogabalo, 1975; Il protagonista 1975 (d. 1976); Storiette, En. 1977; Le parole abbandonate, Ess. 1977; Pinocchio con gli stivali, 1977 (d. 1986); Il pataffio, 1978; Dopo il pescecane, 1979; Le galline pensierose, En. 1980 (d. 1980); Diario di un sognatore, Tg. 1981 (d. 1984); Il pianeta azzurro, R. 1986; Testa d'argento, En. 1989 (d. 1989); Il fuoco greco, R. 1990 (d. 1991); Le maschere, R. 1995 (Die nackten Masken, d. 1995); Avventure, R. 1995; Itaca per sempre, R. 1996 (König Ohneschuh, d. 1997); La superfice di Eliane, R. 1999 (d. 2000); Città e dintorni, 2001; La composizione del sogno, 2002 (d. 2002); Il circolo di Granada, R. 2002.
L: S. Sora, 1988; M. Colonna, hg. 1994; M. Heyer-Caput, 1995.

Malet, Léo, franz. Schriftsteller, 7. 3. 1909 Montpellier – 3. 3. 1996 Paris. Debütierte 1925 als Sänger im Cabaret ›La vache enragée‹ auf dem Montmartre. In der Folge vielseitige unstete Tätigkeiten, v. a. als Journalist. – S. Dichtungen (v. a. 1930–49) sind dem Surrealismus zuzuordnen. Ab 1942 widmet er sich mit großem Erfolg dem Kriminalroman, dem er nach dem Urteil der Kritiker neue Dimensionen eröffnet. Hinterläßt e. umfangreiches Œuvre, kreiert die Gestalt des Detektivs ›Nestor Burma‹ sowie die Figur des ›Johnny Métal‹; vielseitig, analyt. und deskriptiv, v. a. die Serie ›Nouveaux mystères de Paris‹, die e. bisher wenig gezeigtes Parisbild enthüllt. Versucht sich ferner im Genre des Heldenromans: Romans de cape et d'épée.

W: Poèmes surréalistes, 1930–45; Ne pas voir plus loin que le bout de son sexe, G. 1936; 120, rue de la Gare, R. 1943; Hurle à la vie, G. 1944; Le truand chevaleresque, R. 1944; Le diamant du huguenot, R. 1945; Nestor Burma contre CQFD, 1945; Fièvre au Marais, R. 1955; Nestor Burma en direct, R. 1962; Trilogie noire: Nestor Burma dans l'île, R. 1970; Le rêveur absolu, R. 1977; Poste restante, R. 1983; Excellent pour les nerfs, R. 1983; La vache enragée, Aut. 1988.

Malewska, Hanna, poln. Schriftstellerin, 21. 6. 1911 Jordanowice – 27. 3. 1983 Krakau. Generalstochter. Stud. Geschichte Lublin. Mittelschullehrerin. Teilnahme am Warschauer Aufstand. 1957–73 Chefredakteurin der kathol. Zs. ›Znak‹. – Vf. vorwiegend hist. Romane aus Antike und MA mit kathol. Tendenz.

W: Wiosna grecka, R. 1933; Żelazna korona, R. 1937; Kamienie wołać będą, R. 1946; Żniwo na sierpie. Powieść o Norwidzie, R. 1947; Stanica, En. 1947; Przemija postać świata, R. II 1954 (Die Gestalt dieser Welt vergeht, d. 1973); Sir Tomasz More odmawia, En. 1956; Opowieści o siedmiu mędrcach, R. 1959; Panowie Leszczyńscy, R. 1961; Apokryf rodzinny, R. 1965; Labirynt. LLW, R. 1970; O odpowiedzialności, Ess. 1981.
L: A. Sulikowski, »Pozwolić mówić prawdzie«, 1993.

Malherbe, Daniël François, afrikaanser Schriftsteller, 28. 5. 1881 Daljosafat – 12. 4. 1969 Bloemfontein. Stud. mod. Sprachen Stellenbosch u. ab 1902 Halle u. Freiburg, 1905 Dr. phil.; 1907–09 Schuldirektor in Carnarvon, 1910 Prof. für Afrikaans in Bloemfontein, ab 1941 im Ruhestand. – S. frühen Gedichte stehen unter Einfluß von Fontane u. Liliencron; später Neuromantiker mit viel Sinn für das Oratorische; bildreiche u. symbol. Sprache, gedankenreich, aber erst in späteren Werken dichterisch erlebt. Hauptmotive sind Liebe, Natur, bes. die See, Geschichte, Kultur, Religion. Romane im romant. Stil.

W: Karrooblommetjies, G. 1909; Klokgrassies, G. 1914; Die Timmerman, G. 1921; Die Meulenaar, R. 1926; Meester, Dr. 1927; Hans die Skipper, R. 1929; Die hart van Moab, R. 1933; Die profeet, R. 1937; Die Bergstroom ruis, R. 1940; Moeder en Seun, Dr. 1945; En die wawiele vol, R. 1945; Spore van Vlieland, R. 1948; Die uur van die rooi maan, Dr. 1950; Goue appels, Dr. 1953.
L: J. C. Kannemeyer, 1978; H. de Villiers, 1998.

Malherbe, François de, franz. Schriftsteller, 1555 Caen – 16. 10. 1628 Paris. Beamtensohn aus protestant. normann., wenig begüterter Juristenfamilie. Stud. in Paris und Heidelberg. Konversion. 1576 Sekretär des Herzogs von Angoulême in der Provence. Seit 1595 in Aix, ∞ 1581 Tochter e. Parlamentspräsidenten, Madeleine de Coriolis. Warb nach des Herzogs Tod 1586 um die Gunst Heinrichs IV., der ihn erst 1605 an s. Hof berief, wo er, ab 1609 offizieller Hofpoet u. Schatzmeister, auch von Maria von Medici und Ludwig XIII. geschätzt, bis zum Tode blieb. Großer Einfluß im Hôtel Rambouillet. – Sprach- und Dichtungstheoretiker, Lyriker. Sprachl. Reformer und Begründer e. gegenüber den Freiheiten der Pléiade neuen, der franz. Klassik zugrunde liegenden Ästhetik: setzt an die Stelle unmittelbarer Inspiration harte Disziplin, unermüdl. Feilarbeit und handwerkl. techn. Können, fordert e. vernunftbeherrschte Dichtung. S. Gedichte sind vielfach Gelegenheitslyrik (Oden, Sonette, Stanzen, Chansons), anfangs nach Vorbild der Pléiade, entwickeln sich zu Einfachheit, Präzision des Ausdrucks und unpersönl. Strenge. Auch Satire u. Polemik. S. Sprach- und Versregeln, die, von Racan gesammelt, v.a. im ›Commentaire sur Desportes‹ überliefert sind, fordern einfache, klare, allg.-verständl., rationale Sprache, aus der Fremdwörter, Archaismen, Fachausdrücke, dialekt. und gewöhnl. ebenso wie zusammengesetzte Wörter verbannt sind. Strenge Vorschriften gelten für Reim und Vers (Verbot von Hiatus, Enjambement, Flickwörtern, Notwendigkeit der Zäsur).

W: Les larmes de Saint-Pierre, G. 1587; Consolation à Du Périer, G. 1599; Ode au roi Henri le Grand, 1600; Ode à Marie de Médicis, 1600; Prière pour le roi Henri le Grand, G. 1605; L'académie de l'art poétique, 1610; Ode au roi Louis XIII allant châtier les Rochelois', 1628; Œuvres poétiques, 1630; Commentaire sur Desportes, hg. F. Brunot 1891. – Œuvres complètes, hg. L. Lalanne V 1862–69, J. Lavaud (Société des textes français mod.) II 1936f., D. Roustan 1938ff., A. Adam 1971; Œuvres poétiques, hg. R. Fromilhague, R. Lebègue 1968.

L: A. Regnier, Lexique de la langue de M., 1869 (n. 1970); F. Brunot, La doctrine de M. d'après son commentaire sur Desportes, 1891, ²1969; De Broglie, 1897; M. Souriau, La versification de M., 1912; J. de Celles, 1937; R. Lebègue, M. et son temps, 1951; R. Fromilhague, 1954; ders., La vie de M., 1954; C. K. Abraham, Lexington 1971; F. Ponge, Pour un M., ²1977; G. Henry, 1984; C.-D. Hagenberg, 1994; R. Banstert, 1997; J. Roubaud, 1999.

Malik Muḥammad Jāyasī → Jāyasī, Malik Muḥammad

Malinovski, Ivan, dän. Lyriker, 18. 2. 1926 Kopenhagen – 5. 11. 1989 ebda. 1947–52 Stud. Slawistik. – In s. frühen Lyrik registriert er die Sinnlosigkeit des Daseins, später verläßt er diese nihilist. Position, die ihm Ausgangspunkt für polit. Handeln wird. Übs. von Pasternak, Neruda, Nezval, Pound, Trakl u. Brecht.

W: Ting, 1945; Galgenfrist, G. 1958; Romerske bassiner, G. 1963; De tomme sokler, Ess. 1963; Åbne digte, G. 1963; Poetomatic, G. 1965; Leve som var der en fremtid og et håb, G. 1969; Kritik af tavsheden, G. 1974; Vinterens hjerte, G. 1980; Hvad nu, G. 1983; Fuga, G. 1985; Vinden i verden, G. 1988. – Saml. Digte, 1970, 1974; Tryksager. Digte 1974–1983, 1989.

L: B. D. Kjeldsen, 1971; V. Thule Hansen, 1980.

Mallarmé, Stéphane, franz. Dichter, 18. 3. 1842 Paris – 19. 9. 1898 Valvins b. Fontainebleau. Aus kleinbürgerl. Familie. Höhere Schule in Auteuil u. Lycée Sens. 1862–64 in London. ∞ 1863 die Dt. Marie Gerhard. Seit 1864 Engl.lehrer an höheren Schulen in Tournon, Besançon, Avignon, seit 1871 in Paris. 1874/75 Hrsg. der Zs. ›La dernière mode‹ ebda. 1884 von Huysmans entdeckt; Beginn der berühmten Dienstage, an denen M., ›prince des poètes‹ genannt, s. Verehrer, die bedeutendsten lit. Vertreter s. Epoche, um sich sammelte (u.a. Verlaine, Verhaeren, Gide, Valéry, A. Reyes, St. George und G. Moore). Zog sich seit 1894 in s. Landhaus in Valvins b. Fontainebleau zurück. – Bedeutender Dichter des Symbolismus von hohepriesterl. Würde. Kleines, nach zäher Arbeit entstandenes, sehr verdichtetes Werk. Gedichte, Prosagedichte, dichtungstheoret. Abhandlungen, Übsn. von E. A. Poe (1888) und freie Bearbeitungen ind. Märchen. 3 Entwicklungsphasen: im Anfang stark von Baudelaire beeinflußt: Werke von unsicherer Sentimentalität, bestimmt von dem Bedürfnis nach Flucht aus den Existenzbedingungen. In der 2. Phase Vorherrschen parnass. Elemente. Die Dichtungen der Spätstufe seit 1885 entstanden aus dem Bestreben, das Übliche und Herkömml. zu umgehen. M. verleiht der Poesie e. kult. Weihe, sieht in ihr, im Widerstand gegen mod. Wissenschaftlichkeit und Kommerzialisierung, den einzigen Ort, an dem sich Sprache und absolute Realität beggenen können. Dies ist die ontolog. Begründung für zunehmende Verrätselung des Sinnes und verdunkelnde Knappheit des Ausdrucks in M.s Dichtung. Jedes Gedicht besitzt mehrere, einander übersteigende Bedeutungsschichten, deren letzte sich der Sinndeutung entzieht. M. verwendet reale Elemente, doch deformiert er, hierin an Baudelaire anknüpfend, die Wirklichkeit bewußt, entdinglicht die Dinge und erfüllt sie dadurch mit geistiger Wesenheit. M. beschreibt, nicht durch Inspiration, sondern durch den Intellekt gesteuert, die Abenteuer des reinen Geistes bei s. Hinwendung zur absoluten Realität, deren Gesetz und Geheimnis er erfahren will. Die gewollte Vieldeutigkeit des Sinnes ist verbunden mit großer formaler Strenge. Die Dichtung will nicht mehr wirken durch Verstehbarkeit, sondern durch mag. Suggestivität und Musikalität, die M.s Poesie in hohem Maße besitzt. M. verwendet ungewohnte Stilmittel nicht nur, um e. schwierigen Gehalt auszudrücken, sondern auch in Reaktion gegen die Abnutzung der Sprache, bemüht sich, das Wort auf s. ursprüngl. Bedeutung zurückzuführen. Durch die Wirkung der Persönlichkeit, s. Dichtungstheorie und ihre Verwirklichung von starkem Einfluß.

W: Hérodiade, G. 1869; La dernière mode, Zs. 1875 (hg. S. A. Rhodes 1933); L'après-midi d'un faune, G. 1876 (d. 1920, vertont von Debussy); Les Dieux antiques, Prosa 1880; Poésies, 1887; Album de vers et prose, 1887; Pages, 1891; La musique et les lettres, 1891; Divagations, Prosa 1897; Un coup de dés jamais n'abolira le hasard, 1897 (n. M. Ronat 1980; d. 1966); Madrigaux, 1920; Vers de circonstance, 1920; Contes indiens, M. 1927. – Œuvres complètes, hg. H. Mondor, G. Jean-Aubry ²1951, hg. C. B. Barbier, C. G. Millan 1983, B.

Mallea

Marchal, 1998; Poésies complètes, 1928; Lettres, 1924–28, 1959; Propos sur la poésie, Br.-Ausw., hg. H. Mondor ²1953; Correspondance 1862–71, hg. ders. u.a. III 1959–71, IV–X 1880–92, 1973–84; Les ›gossips‹ de M., hg. H. Mondor, L. J. Austin 1962; Pour un tombeau d'Anatole, hg. H. Mondor 1962; Manuscrit autographe des poésies de M., hg. J. Guichard-Meili 1981. – *Übs.:* Sämtl. Gedichte, franz./dt. R. v. Schaukal 1947; C. Fischer 1957; St. George (Werke II) 1958; Sämtl. Gedichte, franz./dt. G. Goebel 1993.

L: A. Thibaudet, La poésie de S. M., ³1931; E. Dujardin, 1936; W. Naumann, Der Sprachgebrauch M.s, Diss. Marb. 1936; E. Noulet, 1940; J. Schérer, Diss. Paris 1947; H. Mondor, Genf 1947; A. Orliac, 1948; B. Fleuriot, 1948; F. de Miomandre, 1948; P. Valéry, Écrits divers sur S. M., 1950; J. Gengoux, Le symbolisme de M., 1950; H. Mondor, La vie de S. M., ²1951; K. Wais, ²1952; G. Michaud, 1953; W. Fowlie, Lond. 1953; D. Haymann, Joyce et M., II 1956; R. Goffin, 1956; J. Schérer, Le ›Livre‹ de M., 1957, n. 1977; G. Davies, 1959; L. Cellier, 1959; D. Boulay, L'obscurité esthétique de M., 1960; J.-P. Richard, 1961; Ch. Chadwick, 1962; E. A. Bird, 1962; A. R. Chisholm, M.s Grand Œuvre, Manchester 1962; P.-O. Walzer, 1963 (m. Bibl.), n. 1973; Ch. Mauron, 1964; ders., Introduction à la psychanalyse de M., ²1968; D. Steland, Dialekt. Gedanken in M.s ›Divagations‹, 1965; R. G. Cohn, Berkeley 1965, n. 1981; ders., M.'s Masterwork, Den Haag 1966; Y. Park, 1967; E. Noulet, Vingt poèmes de M., 1967; N. Paxton, The Development of M.s Prose Style, 1968; H. P. Lund, Koph. 1969; S. Agosti, Il cigno di M., Rom 1970; D. Haas, Flucht aus der Wirklichkeit, 1970; H. Schleicher, Die Struktur der ›Tombeaux‹ von M., Diss. Köln 1971; Documents M., III 1971, IV–VII 1973–80; P. Beausire, 1974; S. Verdin, 1975; J. Kravis, Lond. 1976; G. Regn, 1976; J. Scherer, 1977; A. Gill, Oxf. 1979; M. C. Olds, Desire seeking expression: M.'s Prose pour Des Esseintes, Lexington 1983; B. Marchal, 1985; R. G. Cohn, M.'s prose poems. A critical study, Cambr. 1987; P.-O. Walzer, 1988; J.-M. Nectoux, M. – Debussy – Nijinski, 1989; R. Dragonetti, Études su M., Gent 1992; P. Campion, 1994; R. Pearson, Unfolding M.: the development of a poetic art, Oxf. 1996; P. Brown, 1998; H. Therre, 1998; B. Marchal, 1999; H. Stafford, Amst. 2000; D. Kinloch, G. Millan, Situating M., Oxf. 2000; J. Anderson, La poésie éprise d'elle-même: poétique de M., N. Y. 2002; D. Catani, The poet in society, N. Y. u.a. 2002.

Mallea, Eduardo, argentin. Schriftsteller, 14. 8. 1903 Bahía Blanca – 12. 11. 1982 Buenos Aires. Redakteur, Diplomat; erster triumphaler Erfolg mit ›Cuentos para una inglesa …‹; versch. Europareisen, hohe Auszeichnungen. S. Romane zeugen von psycholog. Scharfblick; klarer, sehr persönl. Stil; s. Essays sind der Niederschlag s. umfassenden Bildung.

W: Cuentos para una inglesa desesperada, En. 1926; Nocturno europeo, En. 1935; La ciudad junto al río inmóvil, En. 1936; Historia de una pasión argentina, Ess. 1937; Fiesta en noviembre, R. 1938; La bahía del silencio, R. 1940 (d. 1968); Todo verdor perecerá, R. 1941 (d. 1960); El sayal y la púrpura, Ess. 1941; Los enemigos del alma, R. 1950; Chaves, R. 1953; Notas de un novelista, Ess. 1954; Simbad, R. 1957; Posesión, En. 1958; Poderío de la novela, Es. 1965; La barca de hielo, R. 1967; La penúltima puerta, R. 1969; La noche enseña a la noche, R. 1985. – Obras Completas, II 1961–65. – *Übs.:* Beredsame Liebhaber, En. 1966.

L: P. O. Dudgeon, 1949; A. Morsella, 1956; J. H. R. Polt, Berkeley 1959; J. F. Becco, 1959; C. F. Grieben, 1961; H. Gillessen, 1966; M. I. Lichtbau, 1967; V. Ocampo, 1969; C. Rivelli, N. Y. 1969; O. H. Villordo, 1973; M. Pinto Genaro, 1976; H. E. Lewald, Boston 1977; M. I. Lichtbau, hg. 1985. – *Bibl.:* H. J. Becco, 1959.

Mallet-Joris, Françoise (eig. F. Lilar), belg. Schriftstellerin, * 6. 7. 1930 Antwerpen. Tochter e. Regierungsbeamten und der Bühnenschriftstellerin S. Lilar. Stud. in Philadelphia u. an der Sorbonne. Verlagslektorin in Paris; seit 1970 Mitgl. der Académie Goncourt. – Realist. Erzählerin, erstrebt in farbenreichen und psycholog. detaillierten Romanen die Aufgabe der Gesellschaftslüge zugunsten von Aufrichtigkeit und Ehrlichkeit.

W: Le rempart des béguines, R. 1951 (Der dunkle Morgen I, d. 1957); La chambre rouge, R. 1953 (Der dunkle Morgen II, d. 1957); Cordelia, Nn. 1954; Les mensonges, R. 1956 (Die Verlogenen, d. 1959); L'empire céleste, R. 1958 (Bei Sokrates am Montparnasse, d. 1961); Les personnages, R. 1961; Lettre à moi-même, Es. 1963; Portrait de Marie Mancini, 1965; Les signes et les prodiges, R. 1966; Trois âges de la nuit, R. 1968; La maison de papier, R. 1970 (Mein Haus hat keine Wände, d. 1971); Le jeu du souterrain, R. 1973; J'aurais voulu jouer de l'accordéon, 1975; Allegra, R. 1976 (d. 1978); Jeanne Guyon, 1978; Dickie-Roi, 1979; Un chagrin d'amour et d'ailleurs, 1981; Le clin d'œil de l'Ange, 1983; Le rire de Laura, R. 1985; La tristesse du cerf-volant, R. 1990; Divine, R. 1992; Le souterrain, R. 1991; Les larmes, R. 1993 (Die Wachsbildnerin, d. 1995); Trois âges de la nuit, histoires de sorcellerie, 1996; La maison dont le chien est fou, R. 1997; Sept démons dans la ville, R. 1999; La double confidence, R. 2000.

L: M. Detry, 1976; S. Petit, Amst. 2001.

Malm, (Johan) Einar (Fredrik), schwed. Lyriker, 6. 7. 1900 Botkyrka – 11. 3. 1988. Sohn e. Generaldirektors. 1918–22 Stud. Stockholm u. Uppsala, 1928 liz. phil., Literaturhistoriker. – Gefühlvolle Lyrik, bes. Landschafts- u. Naturschilderungen s. engeren Heimat Roslagen. Auch hist., zeitkrit. u. satir. Schriften. Intensive Beschäftigung mit dem Schicksal der nordamerik. Indianer. Übs. engl. u. amerik. Lit.

W: Blodets oro, G. 1921; Bländverk, G. 1926; Under bar himmel, G. 1930; Tomter till salu, G. 1932; Ur askan i elden, G. 1934; Stormvarning, G. 1935; Än flyga svanarna, G. 1937; Pejlingar, G. 1939; Ankargrund, G. 1941; Roslagsvisor, G. 1944; Något att förlora, G. 1945; Räcker din synrand?, G. 1947; Ingenting lever länge, G. 1950; Hundvakt, G. 1953; Förbjuden utflykt, G. 1958; Berömda indianhövdingar, Es. 1967; Dödsdans i Dakota, G. 1961; Sitting Bulls krig, G. 1969; I Kalle Schevens lustgård, G. 1975; Sitting Bull i Kanada, Es. 1977. – Dikter 1920–32, G. 1933 (d. 1940), Ausw. 1956.

Malmanche, Tanguy, breton. Dramatiker, 7. 9. 1875 St. Omer – 20. 03. 1953 Courbevoie. – Seine Stücke gehören zu den bedeutendsten der breton. Lit. In der Wahl der Sujets, in der Mischung lyr. und humorvoller Szenen und durch seine kelt. Elemente und Symbole ist er mit Yeats und Synge zu vergleichen. S. Hauptwerk ›Gurvan ar marc'heg estranjour‹, ein Mysterienspiel um Liebe, Tod und Erlösung, das im 9. Jh. spielt, ist eines der klass. Werke der breton. Lit.

W: Marvailh an ene naoneg, Dr. 1899/1900; Gurvan ar marc'heg estranjour, Dr. 1919; Ar Baganiz, Dr. 1931; Salaun ar Foll, Dr. 1926; An intanvez Arzur, Dr. 1973; An Antekrist, Dr. 1950; Gwreg an toer, Dr. 1973. – Übs.: Gurvan le chevalier étranger, Les Paiens; La vie de Salaunm, qu'ils nommeront Le Fou, franz. 1945.

L: M. Kerdraon, 1975.

Malmberg, Bertil (Frans Harald), schwed. Dichter, 13. 8. 1889 Härnösand – 11. 2. 1958 Stockholm. Sohn e. Oberstudienrats. Nach Stud. in Uppsala, Berlin u. Lund 1917–26 Aufenthalt in München, 1953 Mitgl. der Schwed. Akad. – Stand als früher Meister der Form unter Einfluß Schillers und Georges. Leidenschaft für das Schöne, Heroismus, Weltverachtung wichen unter dem Eindruck des 1. Weltkrieges und s. Folgen innerer Gespaltenheit u. Pessimismus, inspiriert von O. Spengler. Stand um 1940 vorübergehend der Oxford-Bewegung nahe, glitt jedoch bald zurück in Pessimismus. Seither kein klass. Gleichmaß mehr; s. Gedichte werden zu flüchtigen, schwer deutbaren Visionen. Diese Verse in surrealist. Stil wurden zum Vorbild für die junge Generation. Übs. dt. Lyrik und Th. Mann.

W: Bränder, G. 1908; Uppgörelse och löfte, G. 1911; Dåd och dröm, G. 1912; Atlantis, G. 1916; En blödande jord, G. 1917; Fiskebyn, E. 1919; Orfika, G. 1923; Åke och hans värld, Jgb. 1924 (Der kleine Ake und seine Welt, dt. 1927); Slöjan, G. 1927; Vinden, G. 1929; Illusionernas träd, G. 1932; Dikter vid gränsen, G. 1935; Värderingar, Ess. 1937; Sångerna om samvetet och ödet, G. 1938; Flöjter ur ödsligheten, G. 1941; Excellensen, Dr. 1942 (Die Exzellenz, d. 1945); Under månens fallande båge, G. 1947; Men bortom marterpålarna, G. 1948; Staden i regnet, Sch. 1949; Utan resolution, Aufss. 1949; Med cyclopöga, G. 1950; Ett stycke väg, Erinn. 1950; Ett författarliv, Erinn. 1952; Lek med belysningar, G. 1953; Klaviatur, G. 1955; Förklädda memoarer, Erinn. 1956. – Dikter, II 1954.

L: A. Ahlberg, 1939, 1960; Festskrift till B. M., 1949; E. Bergman, Diktens värld och politikens, 1967; I. Algulin, 1969.

Malmström, Bernhard Elis, schwed. Lyriker, 14. 3. 1816 Tysslinge/Örebro – 21. 6. 1865 Uppsala. Gymnas. Strängnäs, 1835–37 Stud. Theol. Uppsala, dann humanist. Stud., 1842 Magister, 1843 Dozent, 1859 Prof. für Ästhetik, Kunst- u. Lit.geschichte in Stockholm. 1846/47 Reise nach Italien. 1849 Mitgl. der Schwed. Akad. – Als polit. Liberaler u. philos. Anhänger Hegels wandte er sich heftig gegen die Romantiker u. ihre Epigonen sowie den Schellingianismus. Aber in s. eigenen formvollendeten Romanzen u. Elegien herrschen romant. und sentimentale Stimmungen vor. Nur selten findet er e. selbständigen Ausdruck. Schön sind s. Reisebilder aus Italien. Auch ästhet. Schriften über Shakespeare, Cervantes u. Swift.

W: Ariadne, G. 1838; Hvi suckar det så tungt uti skogen?, G. 1839; Angelica, G. 1840; Sång för Södermanlands nation, G. 1840; Fosterlandet, G. 1841; Dikter, 1845; Dikter, 1847; Litteraturhistoriska studier, 1860f. – Samlade skrifter, hg. C. F. Bergstedt VIII 1866–69.

L: B. Bergmann, 1941.

Malonga, Jean, kongoles. Schriftsteller, 1907 Miwé-Ngovyi/Kongo – 1985. Neben der schriftsteller. umfangreiche administrative Tätigkeit. – S. Werke sind v. a. lebendige Zeugnisse der hist. Tradition s. Landes, die er zu entmythisieren strebt. Feminist. Engagement.

W: Cœur d'Aryenne, R. 1954; La légende de M'Pfoumou, 1954.

Malory, Sir Thomas, engl. Ritter, um 1408 Warwick – 14. 3. 1471 London. Über s. Leben sind nur schlecht zusammenstimmende Einzelheiten bekannt. 1445 Mitgl. des Parlaments, kämpfte vermutl. im Krieg gegen Frankreich. Unter Eduard IV. zeitweilig inhaftiert. – S. in Prosa geschriebener ›Morte Darthur‹ (1469/70, erhalten in einer Handschrift und in Caxtons Druck) faßt in sinnvoller Gliederung größtenteils nach franz. Quellen die Arthur- und Tafelrundenromane zusammen, z.B. die Geschichten über Merlin, Gawain, Lancelot, Tristan, den Gral usw. Er sieht in Arthur das verschwundene Idealbild e. vollkommenen Königs, der eth.-moral. Vorbild für alle Ritter sein sollte, die Ruhm und Ehre begehren. Arthur und s. Ritter werden als tapfere Helden, nimmermüde Beschützer der Schwachen und ritterl.-höf. Liebhaber geschildert. Am Ende geht das Reich Arthurs jedoch durch inneren Zwiespalt unter. Meisterl.-klare Prosa mit poet. Kadenzen; paßt die Sprache der jeweiligen Stimmung an und erzählt schlicht und anschaul. Das Werk ist e. Fundgrube alten Sagenguts.

A: Faks. der Hs., hg. N. R. Ker 1976; J. W. Spisak u. a., Caxton's Malory (1485), 1983; The Works, hg. E. Vinaver, P. J. C. Field III ³1990. – Übs.: H. Lachmann III 1913; Ausw.: S. Rüttgers 1912.

L: G. L. Kittredge, 1897; ders., 1925; E. K. Chambers, 1922; J. A. W. Bennett, 1963; R. M. Lumiansky, 1964; Ch. Moorman, 1965; W. Matthews, The Ill-Framed

Malot

Knight, 1966; E. Reiss, 1966; E. Hicks, ²1970; E. Vinaver, ²1970; P. J. C. Field, Romance and Chronicle, 1971; E. T. Pochoda, Arthurian Propaganda, 1971; M. Lambert, 1975; L. D. Benson, 1976; M. Hodges, 1976; R. Mischke, 1976; B. Dillon, A M. Handbook, 1978; T. Takamiya, D. Brewer, 1981; S. N. Ihle, 1983; M. Whitaker, 1984; B. Kennedy, 1985; R. Merrill, 1987; T. MacCarthy, 1991; P. J. C. Field, 1993; E. Archibald, A. S. G. Edwards, 1996. – *Bibl.*: Manual ME 3. IX, 1972; P. W. Life, 1980.

Malot, Hector Henri, franz. Erzähler, 20. 5. 1830 La Bouille/Seine-Inférieure – 17. 7. 1907 Fontenay-sous-Bois/Vincennes. Stud. Rechte Paris, arbeitete in e. Notariatsbüro, Lit.kritiker von ›L'Opinion Nationale‹. Setzte neben O. Feuillet und E. Erckmann die von G. Sand begründete Tradition des idealist.-sentimentalen Romans im 19. Jh. fort. Vertrat in s. 70 Romanen, die auch über Frankreich hinaus sehr geschätzt wurden, sozialist. und humanitäre Ideen. Klass. Kinderbücher des 19. Jh. wurden die Romane ›Sans famille‹ und ›En famille‹, die romant. dargestellten Erlebnisse von zwei Waisenkindern auf dem Hintergrund der schlechten Lebensverhältnisse von Fabrikarbeitern.

W: Les victimes de l'amour, R. III 1859–66; Romain Kalbris, R. 1869; Suzanne, R. 1872; Sans famille, R. 1878 (d. 1948); En famille, R. 1893 (d. 1946); Le roman de mes romans, Aut. 1896. – Œuvres complètes, 1892–98.

L: Y. Pinchet, 1993; A. Thomas-Malville, Monaco 2000.

Malouf, David, austral. Schriftsteller, * 20. 3. 1934 Brisbane. – Romane u. Gedichte über Küste u. Landschaft von Queensland u. das Leben in Brisbane; ›An Imaginary Life‹ ist e. poet. Evokation von Ovids Jahren im Exil.

W: Bicycle, G. 1970; Neighbours in a Thicket, G. 1974; Johnno, R. 1975; Poems 1975/76, 1976; An Imaginary Life, R. 1978 (Das Wolfskind, d. 1987); Wild Lemons, G. 1980; Child's Play, R. 1982; Harland's Half Acre, R. 1984 (Verspieltes Land, d. 1989); Antipodes, Kgn. 1985; 12 Edmondstone Street, En. 1985; The Great World, R. 1990 (d. 1991); Remembering Babylon, R. 1997; Dream Stuff, Kgn. 2000.

Malpass, Eric (Lawson), engl. Romanautor, 14. 11. 1910 Derby – 16. 10. 1996. Bankangestellter, dann Mitarbeiter der BBC, später freier Schriftsteller. – Vf. anspruchslos-liebenswürdiger, v. a. in Deutschland in den 1960er Jahren erfolgr. Familienromane.

W: Beefy Jones, R. 1957 (d. 1971); Morning's at Seven, R. 1965 (d. 1967); At the Height of the Moon, R. 1967 (d. 1968); Fortinbras Has Escaped, E. 1968 (d. 1969); O My Darling Daughter, R. 1970 (Als Mutter streikte, d. 1973); Sweet Will, R. 1973 (Liebt es am Himmel einen hellen Stern, d. 1974); The Cleopatra Boy, R. 1974 (Unglücklich sind wir allein, d.

1975); Sommer Awakening, R. 1978 (Und der Wind bringt den Regen, d. 1979); The Lamplight and the Stars, R. 1984 (d. 1985); Of Human Frailty, R. 1986 (Thomas Cranmer, d. 1986).

Malraux, André (eig. Georges A.), franz. Schriftsteller, 3. 11. 1901 Paris – 23. 11. 1976 Créteil. Aus wohlhabender Pariser Beamtenfamilie. Lycée Condorcet, Stud. Archäol., Sanskrit und Chines., ⚭ die Dt. Clara Goldschmidt, unternahm 1923 e. archäolog. Expedition nach Indochina, Kambodscha und Siam, kämpfte auf seiten der kommunist. Revolutionäre in Annam und Cochinchina, nahm 1926/27 an der chines. Revolution teil, kehrte nach Bruch mit Chiang Kai-shek 1927 nach Frankreich zurück, Lektor und Redakteur bei Gallimard, entdeckte bei Ausgrabungen in Arabien 1934 die legendäre Stadt Scheba, nahm 1934 am Kongreß sowjet. Schriftsteller in Moskau teil, im Span. Bürgerkrieg seit 1937 Kampfflieger auf republikan. Seite, Organisator der Luftwaffe. Brach 1939 radikal mit dem Kommunismus. Freiwilliger im 2. Weltkrieg, floh 1940 aus dt. Gefangenschaft, 1940–44 Chef e. elsaß-lothring. Partisanenbrigade (›Oberst Berger‹) in der franz. Widerstandsbewegung. 1945/46 Informationsminister De Gaulles, militanter Antikommunist, aktiv in RPF (Rassemblement du Peuple Français). Seit 1958 Informations-, später Kultusminister De Gaulles. Großer lit. Ruhm seit 1933, der Veröffentlichung von ›La condition humaine‹ (Prix Goncourt), übt als Romancier starke Wirkung aus. – Romancier und Kunsttheoretiker. Beeinflußt von Dostoevskij, Nietzsche, Spengler und Gide. Stellt in allen Romanen den Menschen in blutigem und entsetzl. Kampf in den revolutionären Umwälzungen der Gegenwart dar. Zeigt e. verzweifelten Menschen ohne relig. Bindung. Für die Helden, meist Revolutionäre, gilt Abenteuer, die männl. Tat in Freiheit, als einzig mögliche Lebensform, in der sie sich Leiden und Tod, dem Schicksal überlegen zeigen. Aus der Ethik des Einsatzes um des Einsatzes willen entwickelt M. e. humanen Pessimismus, e. angesichts der Absurdität des Schicksals notwendig trag. Humanismus. Während die Helden der ersten Romane nihilist. Abenteurer und Aktivisten sind, zeigen die späteren, so auch in ›La condition humaine‹, sich als militante Humanisten, für die Kameradschaft den höchsten Wert darstellt. M. identifiziert sich weitgehend mit s. Hauptgestalten, verbindet unmittelbare Erfahrungen von dokumentar. Wert mit fiktiven Elementen. Führt die Romanhandlung auf dem Hintergrund e. vielschichtigen hist. Geschehens, verfügt über e. Sprache von großer Dichte, bedient sich der Reportage und der Simultantechnik des Films. In der kunsttheoret. Schrift ›La psychologie de l'art‹ untersucht M., welche Bedeutung die künstler. Erfahrung für die hist. Entwicklung der Menschheit hatte.

W: Lunes en papier, Prosa 1921; La tentation de l'Occident, Ess. 1926 (d. 1951); Les conquérants, R. 1928 (d. 1950); Royaume Farfelu, E. 1928; La voie royale, R. 1930 (d. 1950); La condition humaine, R. 1933 (d. 1948); Le temps du mépris, N. 1935 (d. 1936); L'espoir, R. 1937 (d. 1954); La lutte avec l'ange, Teil 1: Les noyers de l'Altenburg, R. 1943 (d. 1948), Teil 2 von der Gestapo vernichtet; Esquisse d'une psychologie du cinéma, Es. 1947; Goya, Es. 1947 (d. 1957); La psychologie de l'art, I: Le musée imaginaire, 1947 (d. 1949), II: La création artistique, 1948 (d. 1951), III: La monnaie de l'absolu, 1950 (d. 1950), I-III u.d.T.: Les voix du silence 1951 (d. 1956); Saturne, Es. 1950; Le musée imaginaire de la sculpture mondiale, II 1952–55; La métamorphose des dieux, Es. 1957; Antimémoires I, 1967 (d. 1968); Le triangle noir, Ess. 1970; Les chênes qu'on abat, Erinn. 1971 (d. 1972); Oraisons funèbres, Reden 1971; Le miroir des Limbes, 1972; La tête d'obsidienne, Ess. 1974 (d. 1975); Lazare, Mem. 1974; L'homme précaire et la littérature, 1977. – Œuvres complètes, VII 1945ff.; Œuvres complètes, III 1989–97; Œuvres, IV 1970; Romans, 1947.

L: G. Picon, 1945 u. 1953; M. Savane, 1946; C. Mauriac, 1946; P.-H. Simon, L'homme en procès, Neuchâtel 1949; W. M. Frohock, Stanford 1952; M.-V. Kendler, Diss. Wien 1955; P. de Boisdeffre, [4]1957; E. Gannon, The Honor of Being a Man, Chicago 1957; Y. Moser, Diss. Zür. 1959; G. Sigaux, 1959; G. Blumenthal, Baltimore 1960; G. Hartmann, Lond. 1960; G. Blumenthal, Baltimore 1969; A. Espiau de la Maestre, Der Sinn und das Absurde, 1961; C. Malraux, Le bruit de nos pas, 1963 (Wer den Ruf vernimmt, d. 1968); Ch. D. Blend, Columbus/OH 1963; J. Hoffmann, 1963; W. Righter, The Rhetorical Hero, Lond. 1964; A. Vandegans, La jeunesse littéraire d'A. M., 1964; B. T. Fitch, Les deux univers romanesques d'A. M., 1964; ders., Le sentiment d'étrangeté chez M., Sartre, Camus et S. de Beauvoir, 1964; R. Stéphane, Portrait de l'aventurier, T. E. Lawrence, M. v. Salomon, 1965; A. Goldberger, Visions of a New Hero, 1965; R. W. B. Lewis, hg. Englewood Cliffs 1965; W. G. Langlois, N. Y. 1966; A. Brincourt, 1966; D. Wilkinson, Cambr./MA 1967; D. Boak, Oxf. 1968; I. Juillard, Den Haag 1968; J. Carduner, 1968; C. Malraux, Les combats et les jeux, 1969; V. M. Horvath, 1969; H. Balz, Aragon, M., Camus, 1970; F. E. Dorenlot, 1970; D. Marion, 1970; H. Hina, Nietzsche und Marx bei M., 1970; J. Mossuz, M. et le Gaullisme, 1970; P. Gaillard, 1970; P. Galante-Y. Salgues, 1971; E. Lecerf, 1971; A. Lorent, 1971; W.-G. Langlois, hg. 1972ff.; J. Lacouture, 1973; R. Payne, 1973; J. W. Greenlee, 1974; M. de Courcel, Lond. 1976; C. Malraux, 1976; B. Friang, 1977; W. G. Langlois, Hempstead 1978; J. R. Hewitt, N. Y. 1978; A. Marissel, 1979; G. Suarès, J. Bergamin, 1979; G. Schmigalle, 1980; M. Cazenave, 1982; M. Tison-Braun, 1983; P.-R. Cote, Sherbrooke 1984; R. Stephane, 1984; E. Bastiaenen, 1986; J. Bonhomme, 1986; A. Brincourt, 1986; C. Moatti, Les personnages d'A. M., [3]1987; D. Cain, A. M., der Weg vom Revolutionär zum Konservativen, 1987; C. Moatti u.a., 1989; H. Godard, 1990; A. Meyer, 1991; V. Dao, 1991; C. Moatti, 1992; C. Cate, 1994; L. Lemire, 1995; G. Raymond, Aldershot 1995; B. Bonhomme, 1996; P. de Boisdeffre, 1996; G. T. Harris, Basingstoke 1996; J.-C. Larrat, 2001;

R. Kauffer, 2001; O. Todd, 2001. – *Bibl.:* W.-G. Langlois, 1972.

Maltz, Albert, amerik. Erzähler u. Dramatiker, 28. 10. 1908 Brooklyn/NY – 28. 4. 1985 Los Angeles. Stud. Columbia u. Yale (Drama School) Univ., seit 1932 freier Schriftsteller; 1937–41 Dozent. 1941–50 in Los Angeles, 1951–62 in Mexiko. – Vf. sozialkrit. Romane, Erzählungen und Schauspiele aus dem am. Leben. Gehörte zu den Hollywood Ten (unter Senator McCarthy als linker Sympathisant geächtet).

W: Merry-Go-Round, K. 1932 (m. G. Sklar; Die Wahl, d. 1953); Peace on Earth, R. 1934; The Black Pit, Tr. 1935; Private Hicks, Dr. 1936; The Happiest Man on Earth, R. 1938; The Way Things Are, En. 1938 (So ist das Leben, d. 1964); The Underground Stream, R. 1940 (d. 1949); The Cross and the Arrow, R. 1944 (d. 1948); The Voyage of Simon McKeever, R. 1949 (d. 1950); The Citizen Writer, Ess. 1950 (d. 1953); A Long Day in a Short Life, R. 1957 (d. 1957); Tale of One January, R. 1966; Afternoon in the Jungle, En. 1971 (d. 1961). – *Übs.:* Abseits vom Broadway, Sämtl. Kgn. 1960; Hotelboy Ed Martin, Sämtl. Drn. 1962.

L: J. Salzman, 1978.

Malyškin, Aleksandr Georgievič, russ. Erzähler, 21. 3. 1892 Bogorodskoe/Gouv. Penza – 3. 8. 1938 Moskau. Vater Bauer; Jugend in Mokšan; Stud. an philol. Fakultät Petersburg, ab 1912 lit. tätig, diente 1918–21 in der Roten Schwarzmeerflotte. – Stoffe s. Werke vorwiegend aus dem Bürgerkrieg; Held der Novelle ›Padenie Daira‹ ist die Masse der roten und weißen Armee; im hyperbol., abstrakt-symbol. Stil von Belyj und Pil'njak beeinflußt; wendet sich dann, z.B. im Roman ›Sevastopol'‹, realist. Darstellung zu.

W: Padenie Daira, R. 1923 (Der Fall von Daïr, d. 1963); Fevral'skij sneg, R. 1927; Sevastopol', R. 1930 (d. 1967); Ljudi iz zacholust'ja, R. 1938 (Der dreizehnte Winter, d. 1951). – Sobranie sočinenij (W), III 1940–47; Sočinenija (W), II 1956; Izbrannye proizvedenija, Ausw. II 1978. – *Übs.:* Der unsichtbare Zyklon, En. 1969.

L: A. Chvatov, 1959 u. 1985; I. N. Kramov, 1965.

Malyško, Andrij, ukrain. Lyriker, 14. 11. 1912 Obuchiv b. Kiev – 17. 2. 1970 Kiev. Namhafter Vertreter der ukrain. sowjet. Dichtung; e. Einschlag des Romant. ist bleibende Eigentümlichkeit s. Lyrik, deren Thematik, zunächst auf das bäuerl. Leben beschränkt, sich stark ausweitet bis zu aktueller soz. Problematik u. zu innermenschl. Bezügen; Kriegsgedichte; pflegt nach dem Krieg auch das lyr.-ep. Poem; bildet s. bes. Eigenart des Stils, des Verses u. Rhythmus aus; Anknüpfungen an ukrain. Volkslieder u. lit. Werke erlaubten ihm oftmals, der Zensurkontrolle zu entkommen.

W: Liryka, G. 1938; Vesnjana knyha, G. 1949; Balady, G. 1987; Polityčni tvory; Literaturno-krytyčni statt'i,

1988. – Tvory (W), III 1956, V 1962–64, X 1970–74, II 1982; V 1986f.

L: L. Kovalenko, 1957; Malyškovi dorohy, Ess. 1975; L. S. Dem'anivs'ka, A. M. Žytt'a i tvorčist', ²1985.

Mamakaev, Moh°imad, tschetschen. Autor, 16. 12. 1910 Acxoj-Mart'an – 2. 8. 1973 Sölžg'ala (Grozny). Waisenhaus. Stud. u. lit. Kurse in Moskau. Lit.redakteur. – Veröffentlichte ab 1926 philos. tiefgründige u. der Volkspoesie verbundene Gedichte und Poeme über die Gegenwart und Vergangenheit Tschetscheniens, v. a. den revolutionären Übergangsprozeß vom Zarismus zur neuen Wirklichkeit. 1962 hist. Roman ›Müde der Revolution‹ über die Bewegung unter Führung des tschetschen. Revolutionärs A. Šeripov.

Übs.: russ.: Razgovor s mater'ju, G. 1959; Dub nad Assoj, G. 1961; Utro nad Argunom, G. 1958; Mjurid revolucii, R. 1963; Gibel' vendetty, E. 1963.

Mamet, David (Alan), amerik. Dramatiker, * 30. 11. 1947 Chicago. Gelegenheitsarbeiter, Regisseur, Produzent, Drehbuchautor (›The Untouchables‹). – Auseinandersetzung mit dem amerik. Traum u. Mythen wie dem ›Go West‹; gezielt vulgäre Idiomatik als Sprachhülsen; an H. Pinter geschulte versteckte Aggressivität als Kritik an kapitalist. Geschäftsethik in ›Glengarry Glenn Ross‹; Angriff auf polit. Korrektheit des Feminismus im Univ.milieu bei ›Oleanna‹.

W: American Buffalo, Dr. 1977 (d. 1980); Sexual Perversity in Chicago and Duck Variations, Drn. 1978 (d. 1995); A Life in the Theatre, Dr. 1978; The Revenge of the Space Pandas, Dr. 1978; The Water Engine: An American Fable and Mr. Happiness, Drn. 1978; The Woods, Dr. 1979; Reunion and Dark Pony, Drn. 1979; Lakeboat, Dr. 1981; All Men Are Whores, Dr. 1981; Short Plays and Monologues, 1981; Glengarry Glen Ross, Dr. 1984 (Hanglage Meerblick, d. 1987); The Shawl and Prairie du Chien, Drn. 1985; A Collection of Dramatic Sketches and Monologues, 1985; Writing in Restaurants, Ess. 1987; Speed-the-Plow, 1988 (Die Gunst der Stunde, d. 1989); Goldberg Street, Drn. 1989; Some Freaks, Ess. 1989; The Hero Pony, G. 1990; Five Television Plays, 1990; The Cabin, Mem. 1992; Oleanna, 1992 (d. 1993); A Life with No Joy in It, Drn. 1994; Plays – One, Drn. 1994; The Village, R. 1994 (d. 1995); A Whore's Profession, Ess. 1994; The Cryptogram, Dr. 1995 (d. 1995); Make-Believe Town, Ess. 1996; True and False, Ess. 1997; The Old Religion, R. 1997 (Der Fall Leo Frank, d. 2000); The Old Neighborhood, Drn. 1998; Bar Mitzvah, R. 1999; The Chinaman, R. 1999; Henrietta, R. 1999; Jafsie and John Henry, R. 1999; The Spanish Prisoner, R. 1999; D. M. in Conversation, hg. L. Kane, 2001; Boston Marriage, 2002; D. M. Plays: 4, 2002.

L: C. W. E. Bigsby, 1985; D. Carroll, 1987; A. Dean, 1990; L. Kane, hg. 1991; ders., 1996, 1999; G. Brewer, 1993; M. Roeder-Zerndt, 1994; S. Y. Alvarado, 1997; J. S. Haspel, 1997; J. Heilpern, 2000; C. C. Hudgins, 2001; K. Dravid, 2002; D. K. u. J. A. Sauer, 2003.

Mamin-Sibirjak, Dmitrij Narkisovič (eig. D. N. Mamin), russ. Erzähler, 6. 11. 1852 b. Visimo-Šajtanskij zavod/Gouv. Perm' – 15. 11. 1912 Petersburg. Vater Geistlicher; 1866–68 geistl. Lehranstalt Ekaterinburg, 1868–72 geistl. Seminar Perm', 1872–76 Stud. Tiermedizin Petersburg, erste Erzählungen 1875, ab 1882 nur noch lit. tätig, ab 1891 in Petersburg. – S. im Ural und im westl. Sibirien spielenden naturalist. u. sozialkrit. Romane und Erzählungen haben meist das Aufkommen des Kapitalismus zum Thema, schildern die unwiderstehl. Macht des Geldes, das die Moral zerstört, die auf die Dorfgemeinschaft gegründete patriarchal. Ordnung erschüttert, handeln vom Untergang der Heimindustrie. Läßt Romane gern zu Roman-Chroniken einzelner Familien werden, zeigt in der Fülle der Gestalten viele Altgläubige; nahm Zolas ›Les Rougon-Macquart‹ zum Vorbild; Vorzüge in der Personendarstellung, in der einfachen Sprache, in der Handlungsführung.

W: Privalovskie milliony, R. 1883 (Die Privalovschen Millionen, d. 1953); Bojcy, R. 1883; Gornoe gnezdo, R. 1884 (Das Bergnest, d. 1958); Brat'ja Gordeevy, R. 1891; Zoloto, R. 1892 (Gold, d. 1956); Chleb, R. 1895 (Korn, d. 1957). – Polnoe sobranie sočinenij (GW), XII 1915–17; Sobranie sočinenij (W), VIII 1953–56, X 1958, VI 1980/81.

Mamleev, Jurij Vital'evič, russ. Prosaiker, * 11. 12. 1931 Moskau. Stud. Forsttechnik, arbeitete als Mathematiklehrer, lit. im Untergrund tätig, 1974 Emigration in die USA, von dort 1983 nach Paris, 1992 Rückkehr nach Rußland, lebt in Moskau und Paris. – M.s Prosa verweigerte sich schon in den 1960er Jahren dem offiziellen Kanon, kreist um okkulte Erfahrungen mit metaphys. Anspruch, zeigt teilweise sadist. Exzesse mit dem Ziel, die positive Seite der menschl. Seele erfahrbar zu machen.

W: Iznanka Gogena, En. 1982; Moskovskij gambit, R. 1985; Šatuny, R. 1988; Utopi moju golovu, En. 1990; Bluždajuščee vremja, R. 2001 (Die irrlichternde Zeit, d. 2003).

Mammeri, Mouloud, alger. Schriftsteller franz. Sprache. 28. 12. 1917 Taourit-Mimoun/Algerien – 26. 2. 1989 (Verkehrsunfall). Stud. Algier und Frankreich; Anthropologe, Ethnologe und Frühgeschichtler; Teilnahme am 2. Weltkrieg. – Setzt sich in s. Schriften namentl. für die vergessenen und vernachlässigten Kulturen s. Kontinents ein, v. a. für die kulturelle, polit. und soz. Gleichberechtigung der Berber neben der arab. Bevölkerung Algeriens. Fühlt sich der kabyl. Erzähltradition verpflichtet, fordert ebenso ein Erhalt von Sprache und Musik. Vf. e. Grammatik der Berbersprache; begründet 1982 die Zs. ›Awal‹.

W: La colline oubliée, 1952; Le sommeil du juste, 1955; Le banquet, Dr. 1973; Poèmes, 1980; La traversée, 1982.

Man, Herman de (urspr. Salomon Herman Hamburger), niederländ. Erzähler, 11. 7. 1898 Woerden – 14. 11. 1946 Schiphol. Kaufmann, Journalist. 1940 Flucht nach England, dann Leiter des Rundfunks in Curaçao. Lebte nach Kriegsende in Eindhoven. Tod durch Flugzeugunglück. – Charakterisierte in s. Romanen seel. Konflikte kalvinist. Bauern in Südholland.
W: Aardebanden, R. 1922; Rijshout en rozen, R. 1924; Het wassende water, R. 1925 (Die steigende Flut, d. 1930); Maria en haar timmerman, R. 1932; De kleine wereld, R. 1932; Een stoombootje in den mist, R. 1932; De barre winter van negentig, R. 1936; Scheepswerf De Kroonprinces, R. 1936; Heilige Pietje de Booy, R. 1940.
L: Th. Pollemans, Een monument voor een schrijver, 1977; H. A. Ett, 1978 u. 1980; G. Vaartjes, 1999. – *Bibl.:* D. Edeling, 2000.

Mānatuṅga (oder Tuṅgācārya), ind. Dichter, zwischen 3. u. 9. Jh. n. Chr. – Vf. zweier berühmter jainist. Stotras (Hymnen): des ›Bhaktacāmarastotra‹, das in 42 Strophen den Jaina-Propheten Ṛṣabha höchsten Gottheiten gleichstellt und als Schutz gegen alle Gefahren anruft, sowie des ›Bhayahara-stotra‹, e. Hymne auf den Jaina Pārśvanātha.
A: Bhaktacāmara-stotra, hg. u. d. H. Jacobi, Ind. Studien 14, 1876.

Manchette, Patrick, franz. Schriftsteller, 19. 12. 1942 Marseille – 3. 6. 1995 Paris. Seit s. Jugend von militanter Gesinnung zunächst gegen den Algerienkrieg, dann beteiligt an der Studentenbewegung der 1960er Jahre. Früher Tod. – Begeistert für den Film, beginnt nach Englandaufenthalt zu schreiben: Drehbücher, e. erot. Roman, Fernsehkommentare, Erzählungen, Comics, Chroniken für Zsn. Übs. aus dem Engl./Amerik. Viele s. Romane werden verfilmt.
W: Laissez bronzer les cadavres, R. 1971; L'affaire N'Gustro, R. 1971; La guerre des polices, Drb. 1979; La position du tireur couché, R. 1982; Le crime, Drb. 1983.

Mancinelli, Laura, ital. Lit.wissenschaftlerin und Schriftstellerin, * 1933 Udine. Stud. Germanistik, dann Professorin für Dt. Lit. des MA an den Univ. Sassari, Venedig und Turin, wo sie heute lebt. – Seit Beginn der 80er Jahre erfolgr. Autorin von heiter-iron., aber auch humorvoll-poet. Romanen mit vorwiegend mittelalterl., oft zu Kriminalfällen zugespitzten Sujets.
W: I dodici abbati di Challant, R. 1981 (Das teuflische Testament, d. 2000); Il fantasma di Mozart, E. 1986 (d. 1987); Il miracolo di Santa Odilia, R. 1989 (d. 2002); Gli occhi dell'imperatore, R. 1993; La casa del tempo, R. 1993; I tre cavalieri del Graal, R. 1996; Raskolnikov, R. 1996; Il mistero della sedia a rotelle, R. 1997; Killer presunto, R. 1998; Il principe scalzo, 1999; Attentato alla Sindone, R. 2000; La Sacra Rappresentazione ovvero Come il forte di Exilles fu conquistato dai francesi, R. 2001; Biglietto d'amore, R. 2002; Andante con tenerezza, Aut. 2002.
L: M. Testi, Il romanzo al passato, 1992.

Mandel'štam, Nadežda Jakovlevna, russ. Prosaikerin, 31. 10. 1899 Saratov – 29. 12. 1980 Moskau. 1922 ∞ den Lyriker Osip M., folgte ihm 1934–37 in die Verbannung, nach 2. Verhaftung und Tod ihres Mannes 1938 bewahrte sie dessen Gedichte und schrieb aufschlußreiche Memoiren über die Zeit des Terrors, die zunächst nur im Westen erscheinen konnten.
W: Vospominanija, Mem. Paris 1970 (Das Jahrhundert der Wölfe, d. 1971); Vtoraja kniga, Mem. Paris 1972 (Generation ohne Tränen, d. 1974); Kniga tret'ja, Mem. Paris 1987.

Mandel'štam, Osip Ėmil'evič, russ. Dichter, 15. 1. 1891 Warschau – 27. 12. 1938 Durchgangslager Vladivostok. Vater Kaufmann; Jugend in Petersburg; 1907 in Paris, fasziniert von der Lyrik Verlaines u. der Philosophie Henri Bergsons; 1909/10 Stud. in Heidelberg. Erste Gedichtveröffentlichungen in der Zs. ›Apollon‹. 1911 Freundschaft mit den Akmeisten Gumilëv u. Achmatova. Lehnt die Poetik des Symbolismus u. Futurismus ab. Seit 1913 poetolog. u. lit. Ess. 1. Gedichtband (›Kamen'‹). Während der Bürgerkriegsjahre in Südrußland, dann in Moskau. 1922 erscheinen s. 2. Gedichtband in Berlin u. Prosaskizzen, 1928 die letzten Buchveröffentlichungen zu Lebzeiten. In Zss. werden s. Werke bis 1933 publiziert. – In ›Kamen'‹ beginnt, mit formstrengen Gedichten, in klarer, auf Erkenntnis orientierter Sprache M.s Dialog mit der hellenist. u. europ. Kultur, mit der Lit., Musik u. Architektur versch. Epochen u. Kulturen. Im 2. Gedichtband (›Tristia‹) wird der Dialog, weitaus hermet., in der bewußten Auseinandersetzung mit dem Zeitumbruch fortgesetzt. Ausgeliefert an das ›Jahrhundert der Wölfe‹ befreit sich M. in s. letzten Gedichten von dem 5jähr. Rückzug ins lyr. Schweigen. Es sind, obgleich verschlüsselt, klare Texte, die Sprechen u. Schweigen, Noch-Leben u. Tod, Gegenwart u. Zukunft reflektieren.
W: Kamen', G. 1913, erw. 1916 u. 1923 (Der Stein, d. 1988); Tristia, G. 1922; Stichotvorenija, G. 1928; Šum vremeni, Sk. 1925 (erw. u.d. T. Egipetskaja marka, 1928; Das Rauschen der Zeit, d. 1985); O poėzii, Aufs. 1928. – Sobranie sočinenij (W), hg. G. Struve N. Y. 1955; Sobranie sočinenij (W), IV Washington 1964–69, IV 1991. – *Übs.:* Gedichte, 1959; Die Reise nach Armenien, 1983; Schwarzerde, 1984; Briefe aus Woronesch, 1985; Armenien – Gedichte und Notizen, 1985; Rauschen der

Mander

Zeit, 1985; Mitternacht in Moskau, G. 1986; Das Gesamtwerk, hg. R. Dutli, X 1991–2000.
L: N. Mandelstam, 1971 u. 1991; dies., 1975; W. Schlott, 1981; R. Dutli, 1985; P. Hesse, 1989; A. Bonola, 1995; R. Dutli, 1995; M. u. Europa, hg. W. Potthoff, 1999.

Mander, Carel van, niederländ. Schriftsteller, Mai 1548 Meulebeke/Flandern – 11. 9. 1606 Amsterdam. Lateinschule; 1574 Reise nach Italien, Basel, Wien. Mußte als Mennonit 1583 fliehen. Gründete in Haarlem e. Malerschule und übernahm die Malweise der späten ital. Renaissance. F. Hals war e. s. Schüler. Siedelte später nach Heemskerk und Amsterdam über. – S. ›Schilderboek‹ steht unter Einfluß Vasaris, dessen Werk über ital. Maler er aufgenommen hat. Es enthält Lebensbeschreibungen ital., niederländ. und dt. Maler und e. Lehrgedicht mit M.s Gedanken über Kunst und Künstler. Außerdem geistl. Lyrik in der Nachfolge der Pléiade. Übersetzte Homers ›Ilias‹ nach e. franz. Ausgabe u. Vergils ›Bucolica‹ u. ›Georgica‹ (1597) in Jamben.
W: Het Schilderboek, 1604 (n. 1969, d. II 1906).
L: R. Jacobsen, Diss. Leiden 1906, ²1972 (m. Bibl.); R. Haecker, 1916; H. Miedema, 1972 u. 1981.

Mandeville, Bernard de, anglo-holländ. Schriftsteller, 20. 11. 1670 Rotterdam – 21. 1. 1733 Hackney. Medizinstud. Leyden; als Arzt in London, schrieb in engl. Sprache. – Rationalist. Sozialphilosoph, zyn. und satir. Moralist. Entwickelte in s. didakt. Schriften Thesen vom öffentl. Nutzen der privaten Laster der Menschen. Bekämpfte moralisierende Heuchelei. Wandte sich gegen Shaftesburys Moralphilos., wurde von Berkeley u. a. scharf angegriffen, 1729 wegen immoral. Tendenz s. Werke angeklagt, widerrief in s. ›Enquiry into the Origin of Honour‹. Übs. La Fontaines Fabeln ins Engl.
W: The Grumbling Hive, Dicht. 1705 (in erw. Form Teil 1 der Fable of the Bees); The Fable of the Bees, Dicht. II 1714–28 (hg. I. Primer 1962, P. Harth 1970, d. 1761 u. ö., zuletzt 1968); Free Thoughts on Religion, 1720 (d. 1726); An Enquiry into the Origin of Honour, 1732 (hg. M. M. Goldsmith ²1971).
L: P. Sakmann, 1897; R. Stammler, M.s Bienenfabel, 1918; W. Deckelmann, Unters. zu M.s Bienenfabel, 1933; F. Grégoire, 1948; M. Goretti, 1958; R. I. Cook, 1974; I. Pirmer, 1975; H. Monro, 1975; T. A. Horne, 1978; M. M. Goldsmith, 1985; H.-G. Schmitz, 1997.

Mandeville, John, Sir, franz. Reiseschriftsteller des 14. Jh., angebl. * um 1300 St. Albans/England (vielleicht ident. mit dem Lütticher Arzt Jean de Bourgoigne, † 17. 11. 1372 Lüttich, oder dem Lütticher Notar Jean d'Outremeuse, 1338-1399). – Schrieb zwischen 1357 und 1371 s. ›Voyage d'outre mer‹. Kennt das Heilige Land, Ägypten und die Levante aus eigener Anschauung. Angebl. weitere Reisen nach China, Indien, zum Priester Johannes, zum malaiischen Archipel sind abenteuerl. ausgeschmückt und Kompilationen aus versch. Quellen. In viele europ. Sprachen übersetzt, dt. zuerst von Otto von Diemeringen um 1400.
A: The buke of John Maundeville, hg. G. F. Warner 1889 (engl. u. franz. Text), hg. M. C. Seymour 1968; The travels of sir J. M., hg. C. Moseley 1983; The book of J. M., an edition of the Pyncon text, Tempe/AZ 2001. – *Übs.:* T. Stemmler, 1960; G. E. Sollbach, 1989.
L: M. Letts, Lond. 1949; J. W. Bennett, The rediscovery of Sir J. M., N. Y. 1954; M. C. Seymour, Aldershot 1993; G. Milton, The riddle and the knight, N. Y. 2001.

Māṇḍūkya-Upaniṣad → Upaniṣad, die

Mándy, Iván, ungar. Schriftsteller, 23. 12. 1918 Budapest – 6. 10. 1995 ebda. Schildert mit tiefem menschl. Gefühl das Leben der Asoz.; erfolgr. Jugendbuch- und Hörspielautor.
W: A huszonegyedik utca, R. 1948; Fabulya feleségei, R. 1959 (Die Frauen des Fabulya, d. 1966); Csutak, Jgb. 1961 (Stoppel und das graue Pferd, d. 1967); A pálya szélén, R. 1963 (Am Rande des Spielfeldes, d. 1971); Régi idők mozija, En. 1967 (Kino alter Zeiten, d. 1975); Mi az, öreg?, En. 1973; Fél hat felé, En. 1974; Arnold, a bálnavadász, En. 1978 (Arnold, der Walfischfänger, d. 1982); Önéletrajz, En. H. 1989; Budapesti legendák, En. 1994. – *Übs.:* Erzählungen, 1966; Einsam und verloren, En. 2003.
L: M. Béládi, M. I. világa, 1974.

Manea, Norman, rumän.-amerik. Prosaist, * 19. 7. 1936 Burdujeni/Suceav. 1941–45 mit der Familie nach Transnistrien zwangsdeportiert. Stud. Hydrologie, leitet mehrere techn. Institutionen. 1986 Ausreise aus Rumänien; 1988 USA, wo er bald die Stellung e. amerik. Beraters für europ. u. speziell rumän. Kulturfragen innehat. – M. hat 5 Jahre im KZ verbracht, das ständige Wissen darum beeinflußt das Schreiben: Die zahlr. helden s. Romane und Novellen verbindet, unabhängig von Milieu oder Alter, die Unfähigkeit, sich anzupassen. In e. ›verdeckten‹ Welt läßt er gut ziselierte Protagonisten als brutale Schergen agieren, denen es sogar gelingt, das Schuldgefühl auf die Opfer zu transferieren, so in ›Pecetele despărțitor‹ (Die trennende Wand), ›Cartea Fiului‹ (Das Buch des Sohnes) oder ›Zilele și jocul‹ (Die Tage und das Spiel). Zu diesen häufig auftretenden Akteuren gesellen sich gehemmte Debütanten, infantil und linkisch.
W: Captivi, R. 1970; Primele Porți, En. 1975; Cartea Fiului, R. 1976; Zilele și jocul, R. 1977; Anii de ucenicie ai lui August Prostul, Es. 1979; Plicul negru, R. 1986 (engl. 1995, d. 1995, ital. 1999, span. 2000); Casa melcului, A. 1999.

Manetho, ägypt. Priester aus Sebennytos (Nildelta), unter Ptolemaios I. (323–285 v. Chr.) an der Einführung des Sarapis-Kultes beteiligt, verfaßte z.Z. Ptolemaios' II. (285/284–246 v. Chr.) e. griech. Geschichte Ägyptens (›Aigyptiaka hypomnemata‹), die er in 30 Dynastien einteilte; daraus entstand noch in ptolemäischer Zeit e. ›Epitome‹ in mehreren Versionen. Auszüge bei Josephus ›Contra Apionem‹, Königslisten bei den Chronographen Iul. Aricanus u. Eusebius (3. u. 4. Jh. n. Chr.), Synopse der Listen und Exzerpte aus Josephus bei Synkellos (um 800 n. Chr.).

L: W. G. Waddell, Lond. 1956; W. Helck, Unters. zu M. und den ägypt. Königslisten, 1956; J. v. Beckerath, Chronologie des pharaonischen Ägypten, 1997.

al-Manfalūtī, Mustafā Lutfī, ägypt.-arab. Schriftsteller, 30. 12. 1876 Manfalūt – 25. 7. 1924 Kairo. Stud. Azhar-Univ. Kairo; Anschluß an Muhammad ʿAbduh; journalist.-lit. Tätigkeit. – Vf. zahlr. Erzählungen und Essays, die trotz westl. Einfluß starke Tendenzen gegen Europa und entschiedenes Festhalten am Islam zeigen. Trug durch s. arab. Adaptationen des Erzählwerks von Chateaubriand, Esmond Rostrand, den Söhnen Dumas' u.a. zur Entstehung der mod. arab. Lit. bei.

W: an-Nazarāt, Ess. III 1902–10; al-ʿAbarāt, En. 1915. – *Übs.*: engl. Ausw., 1928.

L: N. Barbour, 1933–36; R. A. Raji, 1984; M. Peled, 1991.

Mangan, James Clarence, ir. Dichter, 1. 5. 1803 Dublin – 20. 6. 1849 ebda. Sohn e. Gemüsehändlers, ärml. Verhältnisse, Anwaltsangestellter und Bibliotheksassistent in Dublin. Nervöse Veranlagung und wirtschaftl. Not führten zu Trunk und Opium, verhinderten die volle Entfaltung s. dichter. Begabung. Starb an Cholera. – S. Gedichtbände enthalten neben eigener melod. Lyrik auch Übersetzungen dt., ir. und oriental. Verse.

W: The Poets and Poetry of Munster, 1849; The Tribes of Ireland, Es. 1852. – Collected Works, IV 1996–99; Poems, 1859; Essays, hg. C. P. Meehan 1884; Collected Prose, II 2002.

L: D. J. O'Donoghue, 1897 u. 1922; H. E. Cain, 1929; J. Joyce, 1930; J. Sheridan, 1937; J. Kilroy, 1971; E. Shannon-Mangan, 1996. – *Bibl.*: P. S. O'Hegarty, 1941; J. Kilroy, 1970; H. J. Donaphy, 1974, J. Chuto, 1999.

Manganelli, Giorgio, ital. Schriftsteller u. Kritiker, 14. 11. 1922 Mailand – 28. 5. 1990 Rom. Stud. Anglistik u. Lit.wiss. Rom. Lehrte zeitweise ebda. Schreibt in wichtigen ital. Zeitungen. In den 60er u. 70er Jahren e. der Führer der Lit. Neoavantgarde. Lebte in Rom. – S. antikonformist. Weltanschauung äußert sich in komplizierter, auffälliger Sprache.

W: Hilarotragedia, Es. 1964 (Niederauffahrt, d. 1967); Letteratura come menzogna, Es. 1967 (d. 1983); Nuovo commento, R. u. Es. 1969 (Omegabet, d. 1970); Agli dei ulteriori, R. 1972 (d. 1983); Sconclusione, R. 1976 (d. 1978); Centuria, En. 1979 (Irrläufe, d. 1981); Amore, Es. 1981 (d. 1982); Dall' inferno, R. 1985 (d. 1986); Laboriose inezie, R. 1986; Improvvisi per macchina da scrivere, 1989; La palude definitiva, R. 1991 (d. 1993); Esperimenti con l'India, Reiseb. 1992 (d. 1994); Cerimonie e artefici, Drn. hg. L. Scarlini 2000; L'infinita trama di Allah: viaggi nell' islam 1973–87, Reiseb. 2002. – *Übs.*: Lügenbuch, Texte 1987.

L: G. Galliano, 1986; A. Stella, hg. 1992; M. Cavadini, 1997; V. Papetti, hg. 2000.

Manger, Itzik, jidd. Dichter, Erzähler und Dramatiker, 30. 5. 1901 Czernowitz – 21. 2. 1969 Gedera/Israel. Schneiderssohn; wanderte 1928 von Rumänien nach Polen aus u. lebte bis 1939 in Warschau. Bei Kriegsausbruch floh er nach Paris, später London, von wo aus er 1951 nach New York übersiedelte; seit 1967 lebte er meistenteils in Israel. – Hervorragender Vertreter des mod. jidd. Volkslieds u. Volkstheaters. In s. ›Megillelider‹ erneuert M. die Tradition der Purimspieler. Als Nachfahre der Volkssänger verbindet er in s. Balladen u. bibl. Geschichten spielerische Ironie u. humorvolle Gelehrsamkeit. In s. berühmten ›Dos buch fun Ganeden‹ wird das Paradies als Spiegelbild der ostjüd. Welt in anmutiger Weise parodiert.

W: Schtern oifn dach, G. 1929; Lamtern in wind, G. 1933; Chumesch-lider, 1935; Megile-lider, 1936; Di Kischufmacherin, Dr. 1936; Drei Hotzmachs, Dr. 1937; Noente geschtaltn, Ess. 1938 (erw. 1961); Dos buch fun Ganeden, R. 1939 (n. 1976; Das Buch vom Paradies, d. 1963, 1994); Gesamlte schriftn (Jubiläums-A.), Genf – Paris 1951; Lid un Balade, 1951; Schriften in Prose, 1980; Medresch Itzig, 1990.

L: E. H. Jeshurin, 1963; M. Ravitsch, majn Leksikon, 1945; S. Bickel, Schrajber fun majn dor, 1958; N. Majsel, 1946.

Mangunwijaya, Y. B., indones. Schriftsteller, 06. 5. 1929 Ambarawa/Zentraljava – 10. 2. 1999 Jakarta. Stud. der Theologie, Philosophie u. Architektur in Yogyakarta u. Aachen. Hauptberuflich kathol. Pfarrer in Yogyakarta. Setzte sich für die Bildung der Straßenkinder ein, beteiligte sich aktiv an Hilfsprojekten. – Vf. von Kurzgeschichten und Romanen mit sozialkrit. Inhalt. In s. Werken gelingt eine Verbindung s. Interessen an Technik, Theologie und Lit. Er versucht, den Menschen im Spannungsfeld zwischen Tradition, techn. Neuerung u. geistiger Innovation zu beschreiben. Häufige Verwendung von Charakteren u. Motiven aus dem javan. Schattenspiel. Wortspiele mit hohem symbolischen Gehalt. Vf. von Essays zu Mißständen in der Politik Indonesiens.

W: Burung-Burung Manyar, R. 1981; Ikan-ikan Hiu, Ido, Homa, R. 1983; Balada Becak, R. 1985; Romo Rahadi, R. 1986; Genduk Duku, R. 1987; Lusi Lindri, 1987; Roro Mendut, R. 1994; Durga Umayi, R. 1994; Gerundelan Orang Republik, Ess. 1995; Burung-Burung Rantau, R. 1996: Rumah Bambu, Kgn. 2000.

Mani, S. → Mauni

Māṇikkavāśagar (Māṇikkavāsahar, Sanskrit Māṇikyavācaka), südind. Dichter und Mystiker, 9. Jh. n. Chr. Minister des Pāṇḍya-Fürsten Arimarttana von Madurai. – Vf. zweier berühmter śivait. Hymnendichtungen der klass. Tamillit., des aus 654 Strophen bestehenden ›Tiruvāśagam‹ (Tiruvāsaham, d.h. heiliges Wort) und des ›Tirukkōvaiyār‹, e. 400 Strophen umfassenden Gedichts über ›aham‹ (Ich). Beide Werke bilden zusammen das 8. Buch des Ende 11./Anfang 12. Jh. n. Chr. von Nambiyāṇḍar Nambi redigierten, als ›Tamil-Veda‹ bezeichneten ›Tirumurai‹. M.s Hymnen werden noch heute in südind. Śivatempeln vorgetragen.

A: Tiruvaśagam, hg. u. engl. G. U. Pope 1900, 1995 (d. H. W. Schomerus 1923, A. Frenz, F. Nagarajan 1977).

L: K. A. Nilakantha, 1927; G. E. Yocum, 1982, 1995; B. Pillai, 1991.

Manilius, röm. Dichter, 2. Hälfte 1. Jh. v. Chr. – 1. Hälfte 1. Jh. n. Chr. – M. verfaßte das hexametr. Lehrgedicht ›Astronomica‹ (5 Bücher), e. Darstellung von Astronomie u. Astrologie. Themen sind u.a.: Entstehung des Kosmos, Sternbilder, Tierkreiszeichen u. ihre Zugehörigkeit zu bestimmten Göttern u. ihre Wirkung auf die Menschen, Bestimmung des Horoskops, versch. Menschentypen. Auf der Grundlage des stoischen Weltbildes wird das Wirken von allbestimmenden Schicksalsmächten vertreten. Bes. bekannt sind die philos. Abschnitte (z.B. Anfang u. Ende von Buch 4). – M. wurde bes. in der Renaissance stark rezipiert.

A: m. engl. Übs. G. P. Goold, 1977; G. P. Goold, n. 1988; m. dt. Übs. W. Fels, 1990.

L: C. Salemme, Introduzione agli Astronomia di Manilio, Neapel 1983; W. Hübner, in: Aufstieg u. Niedergang der röm. Welt, II 32, 1, 1984; D. Liuzzi, hg., M. fra poesia e scienza, Galatina 1993.

Maṇimēkhalai → Sāttanār

Maniu, Adrian, rumän. Dichter, 6. 2. 1891 Bukarest – 20. 4. 1968 ebda. Stud. Jura Bukarest, Publizist, gehörte den ›Gândirea‹-Kreisen an, 1933 Mitgl. der Rumän. Akad. – Schrieb Mysterienspiele, Erzählungen, Prosadichtung; traditionalist. Themen u. Anschauungen in mod. Gewand. S. Verse ähneln in Stimmung, Motivwahl u. Ausdruckskraft den Bildern aus dem Stundenbuch des Herzogs von Berry. Auch Übs. (›Peer Gynt‹ von Ibsen).

W: Salomeea, Dr. 1915; Meșterul, Dr. 1922; Lângă pământ, G. 1924; Drumul spre stele, G. 1930; Cântece de dragoste și moarte, G. 1932; Cartea Țării, G. 1934; Versuri, G. 1938; Cântece tăcute, G. 1965. – Scrieri (AW), II 1968.

L: C. Tecchio, La poesia di A. M., Padua 1953; M. Iordache, 1979.

Mankell, Henning, schwed. Schriftsteller, * 3. 2. 1948 Stockholm. Ab 1973 Regisseur in Falun, 1984–87 Växjö. Lebt teils in Göteborg, teils in Maputo/Moçambique als Theaterleiter. – S. Kriminalromane, die meist in der Gegenwart spielen u. den Anschein von Tatsachenberichten erwecken, sind krit. Auseinandersetzungen mit der Verletzlichkeit unserer Gesellschaft und der zunehmenden Verschlimmerung ihrer Verhältnisse; die Personen sind sachl. und nüchtern dargestellt, in ihrer Art unvollkommen und daher glaubhaft. – Viele Auszeichnungen.

W: Fångvårdskolonin som försvann, R. 1979; En seglares död, R. 1981; Prinsen och tiggaren, Sch. 1985; Tokfursten, Sch. 1988; Hunden som sprang mot en stjärna, Jgb. 1991; Mördare utan ansikte, R. 1991 (Mörder ohne Gesicht, d. 2001); Hundarna i Riga, R. 1992 (Hunde von Riga, d. 2000); Den vita lejoninnan, R. 1993 (Die weiße Löwin, d. 2002); Mannen som log, R. 1994 (Der Mann, der lächelte, d. 2001); Villospår, R. 1995 (Die falsche Fährte, d. 1999); Den femte kvinnan, 1996 (Die fünfte Frau, d. 1998); Steget efter, R. 1997 (Mittsommermord, d. 2000); Resan till världens ände, Jgb. 1998; Brandvägg, R. 1998 (Die Brandmauer, d. 2001); Pyramiden, En. 1999 (Wallanders erster Fall, d. 2002); Danslärarens återkomst, R. 2000 (Die Rückkehr des Tanzlehrers, d. 2002); Tea-bag, R. 2001 (d. 2003); Innan frosten, R. 2002 (Vor dem Front, d. 2003).

Maṅkha, ind. Dichter, 12. Jh. n. Chr. Lebte in Kaschmir; Zeitgenosse des kaschmir. Dichters Kalhaṇa, später zeitweilig Außenminister des kaschmir. Königs Jayasimha (1128–49). – Vf. des ›Śrīkaṇṭha-carita‹ (Die Taten Śrīkaṇṭhas, 1135/45), e. Epos in 25 Gesängen; behandelt die Sage von der Vernichtung des Dämonen Tripura durch den Gott Śiva; die Handlung tritt jedoch gegenüber Naturschilderungen und Darstellungen von Hofszenen zurück; von hist. Bedeutung ist Gesang XXV, der 30 gelehrte Männer und deren Wissenszweige nennt; vor ihnen rezitierte M. nach eigener Aussage s. Epos im Haus s. Bruders Alaṃkāra, e. Ministers des Jayasimha. In höchst kunstvollem Stil geschrieben, fehlt dem Werk die den großen Sanskrit-Epen eigene Klarheit in Sprache und Aufbau. Auch Vf. e. Homonymenlexikons ›Anekārthakośa‹ (auch ›Maṅkhakośa‹ genannt).

A: Śrīkaṇṭha-carita, hg. Durgāprasād, K. P. Parab (Kāvyamālā 3) 1900; Maṅkhakośa, hg. T. Zachariae 1897 (n.

1972, 1998). – *Übs.* und *L.:* F. Kreyenborg, Der XXV. Gesang des Śrīkaṇṭhacarita des M., 1929.

Manley, Mary, geb. de la Rivière, engl. Erzählerin und Dramatikerin, 7. 4. 1663 Jersey – 11. 7. 1724 Lambeth Hill. Tochter des Gouverneurs der Kanalinseln; ∞ 1688 ihren Vetter John M., ohne zu wissen, daß er schon verheiratet war. Veröffentlichte satir. polit. Skandalgeschichten, die sie als Romanzen verkleidete, 1709 wegen Verleumdung im Gefängnis. – Lebhafte, erfolgr. Schriftstellerin. Schrieb auch einige Schauspiele. 1711 Nachfolgerin Swifts in der Herausgabe des ›Examiner‹.

W: Letters Written by Mrs. Manley, 1696; The Secret History of Queen Zarah and the Zarazians, 1705 (n. B. Boyce 1952); The New Atlantis, 1709 (n. R. Ballaster 1991); Memoirs of Europe, 1710; Court Intrigues, 1711; The Adventures of Rivella, Aut. 1714; Lucius, Sch. 1720. – Novels, hg. P. Kosten II 1971.

L: R. Ballaster, Seductive Forms, 1992.

Mann, Mendel, jidd. Romancier, * 9. 12. 1916 Plonsk/Polen. Lehrer; als Soldat der poln. Armee 1939 in dt. Gefangenschaft, gelangte nach abenteuerl. Flucht nach Sibirien. 1941 Freiwilliger der Roten Armee, nahm an der Eroberung Berlins teil u. kehrte nach Kriegsende nach Polen zurück. Nach dem Pogrom von Kielce erneute Flucht, Aufenthalt im Lager Föhrenwald b. München, 1949 Einwanderung nach Israel, dort Mitbegründer der lit. Zs. ›Di goldene Kajt‹. Seit den 50er Jahren freier Schriftsteller in Paris. – In Erzählungen u. Romanen ep. Gestaltung eigener Erlebnisse, die er als bewußter Fortsetzer der klass. jidd. Lit. als die Begegnung des jüd. Menschen mit e. oft grausamen Natur u. e. verständnislosen Umwelt deutet u. damit ins Allgemeingültige zu heben sucht. Auf dem Lande aufgewachsen, besingt er in s. früheren Geschichten die Friedfertigkeit des ländl. Lebens.

W: Di schtilkeyt mont, G. 1945; Jerusche, G. 1947 (Das Erbe, d. 1950); Baj di tojeren fun Moskwe, R. 1956 (d. 1961); Baj der Wajsl, R. 1958 (Der Aufstand, d. 1963); Dos faln fun Berlin, R. 1960; Nacht iber Gluschina, R. 1957; Al naharois Poilen, R. 1962. – *Übs.:* Das Haus in den Dornen, En. 1965.

L: M. Ravitsch, majn Leksikon, 1958; A. Lis, Heym un Doyer, 1960; S. Bickel, Schrajber fun majn Dor, 1965.

Manner, Eeva-Liisa (Ps. Anna September), finn. Dichterin, 5. 12. 1921 Helsinki – 7. 7. 1995 Tampere. Erst Versicherungs-, dann Verlagsangestellte, seit 1946 freie Schriftstellerin. – E. führende finn. Lyrikerin der Moderne. Ausgangspunkt u. zentrales Anliegen ihrer Gedichte ist Einsamkeit u. Verzicht als Geschick des Menschen; Erlösung findet sie im Einssein mit der Natur in pantheist. Sinne. Die ersten Sammlungen sind noch der reimenden Lyrik der 30er Jahre u. der freirhythm. Umwälzung der ›Feuerträger‹ verpflichtet. Ihr Durchbruch erfolgte mit ›Tämä matka‹, e. der bedeutendsten Sammlungen der 50er Jahre, die dem finn. Modernismus die Akzente setzte. Hier hat M. – fern aller Gefühlsregungen – zum Konkreten gefunden: Das Naturgefühl ist biolog.-geolog.-hist. bestimmt, streng sachl. beobachtend; rhythm. u. gedankl. Gestaltung haben musikal. Muster. E. zweiten Gipfel erreicht M. in ›Fahrenheit 121‹: Das Lyrische der früheren Produktion ist e. Entsetzen vor der heillosen Entwicklung der Welt gewichen. In die Antworten auf bange Fragen ist viel Philos. eingeflossen. Die Schauspiele bleiben trotz kunstvollem Dialog farblos. Übs. Hesse, Kafka, Mörike, Shakespeare u. a.

W: Mustaa ja punaista, G. 1944; Kuin tuuli ja pilvi, G. 1949; Tyttö taivaan laiturilla, R. 1951 Tämä matka, G. 1956; Kävelymusiikkia, Nn. 1957; Eros ja Psykhe, Dr. 1959 (d. F. Ege in: Der Karlsruher Bote, o. J.); Orfiset laulut, G. 1960; Oliko murhaaja enkeli, R. 1963; Niin vaihtuivat vuoden ajat, G. 1964; Uuden vuoden yö, Dr. 1965; Toukokuun lumi, Dr. 1966; Kirjoitettu kivi, Dr. 1966; Fahrenheit 121, G. 1968; Poltettu oranssi, Dr. 1968; Paetkaa purret kevein purjein, G. 1971; Varokaa voittajat, R. 1972; Kamala kissa, G. 1976; Viimeinen kesä, N. 1976; Kuolleet vedet, G. 1977; Kauhukakara ja Superkissa, Dr. 1982; Kamala Kissa ja Katinperän lorut, G. 1985; Santakujan Othello, Dr. 1987; Ikäviä kirjailijoita, Ess. 1994. – Kirkas, hämärä, kirkas (ges. G.), 1999. – *Übs.:* Die Welt ist eine Dichtung meiner Sinne, 1996.

L: T. Hökkä, Mullan kirjoitusta, auringon savua, 1991.

Mannerkorpi, Juha Toimi Tapani, finn. Dichter, 28. 6. 1915 Ashtabula Harbor/OH – 15. 9. 1980 Helsinki. Vater Geistlicher, Stud. Phil., ab 1945 freier Schriftsteller in Helsinki. – Als Lyriker Überkommenem verpflichtet, geht M. als Prosaist eigene Wege, um Einsamkeit u. Ausgesetztsein in einer unberechenbaren Welt mit existentialist. Zügen zu schildern. Später gelassene Detailbeschreibung. Übs. Malraux, Sartre, Zola, Camus, Beckett.

W: Lyhytpolku, G. 1946; Ehtoollinen lasikellossa, G. 1947; Niin ja toista, Nn. 1950; Pirunnyrkki, Drn. 1952; Kylväjä lähti kylvämään, G. 1954; Avain, dramat. Monolog 1955; Sirkkeli, Nn. 1956; Jyrsijät, R. 1958; Vene lähdössä, R. 1961; Jälkikuva, R. 1965; Matkalippuja kaikkiin juniin, R. 1967; Sudenkorento, R. 1970; Mielipiteet, G. 1971; Päivänsinet, Refl. 1979. – Runot 1945–54 (ges. G.), 1962.

L: E. Poso: Aukevalla spiralilla, 1986.

Manninen, Otto, finn. Lyriker und Übersetzer, 13. 8. 1872 Kangasniemi – 6. 4. 1950 Helsinki. Stud. Philos. u. Philol. Helsinki; ab 1925 Prof., 1927 Ehrendoktor. Reisen durch Europa. – Seine Lyrik ist gekennzeichnet durch intellektuell ge-

Manning

läuterte Klangfülle, komprimierende Kraft des Ausdrucks, konzise, manchmal an Dunkelheit streifende symbol. Aussage. Das erzähler. Element ist bis zum Äußersten reduziert. Erst später ist der straffe Griff etwas gelockert. Die kristallene Klarheit u. Einfachheit der rein lyr. Stimmungsgedichte läßt den Einfluß Goethes ahnen. Durch s. Übs.-Werk (Homer, Sophokles, Molière, Goethe, Heine, Petőfi, Runeberg, Ibsen u.a.) hat er der finn. Sprache neue poet. Impulse verliehen.

W: Säkeitä, G. II 1905–10; Virrantyven, G. 1925; Matkamies, G. 1938 (d. Ausw. H. Fromm 1952); Muistojen tie, G. 1951. – Runot (ges. G.), 1992.

L: V. Tarkiainen, 1933; H. Fromm, 1952; A. Manninen, Kangasniemen historia, II 1953–61.

Manning, Olivia, engl. Romanautorin, 2. 3. 1908 Portsmouth – 23. 7. 1980 Ryde/Isle of Wight. ∞ R. D. Smith, mit ihm 3 Tage vor Kriegsausbruch nach Rumänien, später Athen, Alexandrien, Kairo, Jerusalem; 1945 Rückkehr nach England. – Die Balkan-Trilogie, M.s wichtigstes Werk, ist e. lebendige Panorama-Darstellung der hist. Ereignisse in Bukarest u. Athen während des 2. Weltkriegs.

W: The Wind Changes, R. 1937; Growing Up, Kgn. 1948; A Different Face, R. 1953; The Doves of Venus, R. 1955 (d. 1957); The Balkan Trilogy: The Great Fortune, R. 1960; The Spoilt City, R. 1962; Friends and Heroes, R. 1965; A. Romantic Hero, Kgn. 1967; The Play Room, R. 1969 (Zerbrechliche Puppen, d. 1971); The Rain Forest, R. 1974; The Levant Trilogy: The Danger Tree, R. 1977; Battle Lost and Won, R. 1978; The Sum of Things, R. 1980.

L: Friends & Friendship, hg. H. Dich 1974.

Manning (Mannyng), Robert (auch R. M. of Brunne), engl. Dichter, 1283(?) Bourne/Lincolnshire – 1338(?) Cambridge. S. geschichtl. Hauptwerk, die Reimchronik ›Story of England‹ (1338) von Brut bis zum 14. Jh., v.a. nach Wace und e. franz. Chronik von Pierre de Langtoft, ist e. mehr unterhaltsames als krit. Werk. ›Handlyng Synne‹ (1303) ist e. freie Versübs. des anglonormann. ›Manuel des Péchiez‹; M. verknüpft darin relig. Unterweisung über die Sünde mit anekdot. Unterhaltung, wirft Schlaglichter auf die Raubgier der Ritter.

A: The Story of England, hg. F. J. Furnivall II 1887; Handlyng Synne, hg. ders. II 1901–03, hg. I. Sullens 1983.

L: O. Börner, 1904; F. Kemmler, 1984. – *Bibl.:* Manual ME 5. XIII, 1975, Nr. 23; 7. XX, 1986, Nr. 1; 8. XXI, 1989, Nr. 8.

Manoello Giudeo → Immanuel ben Salomo Romi, gen. Manoello Giudeo

Manrique, Gómez, span. Schriftsteller, 1412 Amusco/Palencia – 1490(?). Toledo. Neffe des Marqués de Santillana, Onkel Jorge Manriques, Korregidor von Toledo. – Vf. von Liebesgedichten u. Rügeliedern nach dem Muster der provenzal. Schule, didakt. Poesie von hohem geistigen Niveau, burlesken Liedern usw. u. zwei für die Entwicklung des span. Dramas bedeutenden Mysterienspielen, bes. e. Krippenspiel für die Nonnen von Calabazanos.

A: Cancionero, hg. A. Paz y Melia 1885, R. Foulché-Delbosc 1915; Poesías, hg. T. Ortega 1941. – Obra completa, II 1991.

L: J. M. del Arco, 1899; J. Entrambasaguas, 1941; C. Palencia Flores, 1943; M. T. Leal, 1958; K. R. Scholberg, Madison 1984.

Manrique, Jorge, span. Dichter, um 1440 Paredes de Nava – 27. 3. 1479 vor dem Schloß Garci Muñoz b. Calatrava. Aus berühmter Dichterfamilie, Neffe von Gómez M.; Neigung zu Waffenhandwerk u. Lit., ∞ Doña Guiomar de Castañeda; lange am portugies. Hof; fiel im Kampf zur Verteidigung der Thronrechte Isabellas von Kastilien. – Berühmt durch die ›Coplas‹ auf den Tod s. Vaters, e. der ergreifendsten und bedeutendsten Zeugnisse span. Lyrik; 1. Teil Verherrlichung s. Vaters Don Rodrigo, Großmeisters des Santiago-Ordens u. tapferen Kriegers in zahlr. Maurenkämpfen; 2. Teil schmerzl.-wehmütige Betrachtung über Vergänglichkeit alles Ird., Unvermeidlichkeit des Todes usw.; ausgehend vom max. Existenzbegriff; Zusammenfassung der gesamten Tradition des MA; Quellen Bibel, Kirchenväter, Boëthius u.a.; weist hinsichtl. der Form (schlichte, menschl. Sprache) u. des Gehalts (der Mensch kämpft nicht nur um ewiges Leben, sondern auch um ird. Ruhm) bereits in die Renaissance; schrieb auch 50 kleinere Gedichte in der Art höf. Liebespoesie nach provenzal. Muster; in versch. ›Cancioneros‹ überliefert.

W: Coplas por la muerte de su padre, G. 1476 (n. R. Foulché-Delbosc 1912, 1994; d. E. R. Curtius, in: Roman. Forschungen 58, 1944). – Obras completas, hg. J. García López 1942; Obras, hg. A. Serrano de Haro 1986; Poesías completas, hg. A. Cortina [4]1960; Poesía completa, hg. V. Beltrán 1988; Poesías, hg. M. A. Pérez Priego 1990.

L: J. Nieto, 1902; A. Krause, 1937; J. Entrambasaguas, 1941; E. P. Bergara, 1945; L. Sorrento, 1946; P. Salinas, 1947; V. Borghini, 1952; P. Salinas, 1962; G. Congietti, 1964; A. Serrano de Haro, [2]1975; K. R. Scholberg, Madison 1984; J. Martín Barrios, 1986. – *Bibl.:* M. Carrión, 1979.

Mansfield, Katherine (eig. Kathleen Mansfield Beauchamp), engl. Erzählerin, 14. 10. 1888 Wellington/Neuseeland – 9. 1. 1923 Fontainebleau. Tochter e. Bankiers, der später geadelt wurde.

Viele ihrer Erzählungen spiegeln die glückl. Kinderjahre in Neuseeland. 1903–06 Queen's College London, gab dort das ›College Magazine‹ heraus. Bildete sich zunächst als Cellistin aus. Fuhr 1906 nach Neuseeland, kehrte aber schon 1908 nach England zurück. ⚭ 1909 George Bowden, den sie am Tag nach der Hochzeit verließ. 1911 begegnete ihr John Middleton Murry, e. führender Lit.kritiker und relig. Sozialist, den sie 1918 heiratete, nachdem es ihr endlich gelungen war, von ihrem ersten Mann geschieden zu werden. Litt an Tbc, wechselnde Aufenthalte in Sanatorien in Dtl., Frankreich und der Schweiz, führte infolgedessen e. unstetes Dasein. Freundschaft mit A. Huxley, V. Woolf u. D. H. Lawrence, der sie als ›Gudrun‹ in s. Roman ›Women in Love‹ zeichnete. Ging 1922 zu e. Spezialbehandlung nach Le Prieuré/Fontainebleau, starb dort an Blutsturz. – Meisterin sublimer Kleinkunst. In ihren impressionist. Kurzgeschichten zeichnet sie zarte Miniaturen, schildert alltägl. kleine Erlebnisse, die sie blitzartig beleuchtet, so daß für Augenblicke das innerste Leben ihrer Gestalten erhellt wird. Feine Einfühlungsfähigkeit. Die Erzählungen sind von leichter Schwermut überschattet. Ihr großes Vorbild: Čechov. Nach ihrem Tod von J. Middleton Murry veröffentlichte Briefe und Tagebücher zeigen, wie hingebungsvoll sie um künstler. Vollendung rang und wie sehr sie unter der Angst litt, vorzeitig durch den Tod von ihrer Arbeit abgerufen zu werden, bevor sie die ersehnte künstler. Vollendung erreichen konnte.

W: In a German Pension, Kgn. 1911; Prelude, Kgn. 1918; Je ne parle pas français, Kgn. 1919; Bliss and Other Stories, Kgn. 1920 (Für 6 Pence Erziehung, d. 1937); The Garden Party, Kgn. 1922; The Dove's Nest, Kgn. 1923; Poems, hg. J. M. Murry 1923; Something Childish, Kgn. 1924; Journal, 1927 (erw. 1954); Letters, 1928 (dt. Ausw. M. A. Schwendimann, K. M., 1967, Eine Ehe in Briefen, 1970); The Aloe, Kgn. 1930; Stories, 1930; Novels and Novelists, Ess. 1930; Scrapbook, 1940; Collected Stories, 1945; The Critical Writings, hg. C. Hanson 1987; Letters to J. Middleton Murry, 1951; Passionate Pilgrimage, Br. hg. H. McNeish 1976. – The Collected Letters, hg. V. O'Sullivan, M. Scott 1984; The Letters and Journals, hg. C. K. Stead 1977. – *Übs.:* Tagebücher 1904–1922, 1979; Sämtl. Erzählungen, II 1980; Briefe, Tagebücher, Kritiken, 1983.

L: R. Mantz, J. M. Murry, 1933; A. Friis, 1946; M. Christen, 1951; S. Berkmann, 1951; I. A. Gordon, 1954; J. Middleton Murry, 1959; S. R. Daly, 1965; N. Hormasji, 1967; L. Moore, 1972; J. Meyers, 1978; C. A. Hankin, 1983; K. Fullbrook, 1986; J. Phillimon, 1990; P. Morrow, 1993; P. Dunbar, 1997. – *Bibl.:* R. E. Mantz, 1931; B. J. Kirkpatrick, 1990.

Månsson, (Karl) Fabian, schwed. Erzähler, 20. 1. 1872 Hasslö (Blekinge) – 4. 1. 1938 Stockholm. Bauernsohn. Bahnarbeiter, 1899 Journalist, ab 1912 Politiker u. freier Schriftsteller. ⚭ 1904 Maria Kvist. 1932 Dr. phil. h. c. Uppsala. – Sozialist. Erzähler hist. Romane aus dem 15./16. Jh., in denen er sich für den Ausgleich der sozialen Gegensätze einsetzt, sowie Vf. e. Geschichte der Völkerwanderung und der Wikingerzeit.

W: Rättfärdiggörelsen genom tron, R. 1916; Sancte Eriks gård, R. III 1922–26; Gustaf Vasa och Nils Dacke, R. III 1928–48; Fabian har ordet, Rdn. u. Ess., 1940. – Skrifter, VII 1938–48.

L: F. Ström, Fabian, 1948.

Manto, Saadat Hasan, indisch-pakistanischer Schriftsteller, 11. 5. 1912 Sambrala/Punjab – 18. 1. 1955 Lahore. Arbeitete als Hörspielautor für das ›All India Radio‹, ab den späten 1930er Jahren als Drehbuchautor in Bombay; ging 1948 nach Pakistan, wo er sich jedoch s. polit. und literar. Überzeugungen wegen heftigen Angriffen ausgesetzt sah; die letzten Lebensjahre waren gezeichnet von schweren psychischen Problemen und zunehmendem Alkoholismus, an dessen Folgen er starb. – Vf. zahlreicher Kurzgeschichten, auch Hörspiele und Essays. M.s Werk ist in seiner Qualität sehr unterschiedlich, da er rasch und viel schrieb; seine besten Kurzgeschichten gehören jedoch zu den bedeutendsten Texten der Urdu-Literatur des 20. Jh. Während in den Erzählungen vor 1947 e. humorvolle oder satir. Kritik an der herrschenden Doppelmoral und die Lust an der Provokation vorherrschen, reagieren die Texte nach 1947 oft mit nacktem Entsetzen auf die Massaker und Gewalttaten während der Teilung Indiens, deren absurde Aspekte wohl kaum e. literar. Text so bloßgestellt hat wie die späte Erzählung ›Tobah Tek Singh‹ (1955).

A: Manto nāmah, E. 2000; Manto rāmā, E. 2001; Manto numā, E. 1999; Manto kahāniyāṅ, E. 2000. – *Übs.:* Kingdom's End and Other Stories, hg. Kh. Hasan, 1987; The best of M. A collection of his short stories, hg. J. Ratan, 1989; Partition. Sketches and stories, hg. K. Hasan 1991; Blinder Wahn, En. hg. R. Beer 1997; Selected stories, hg. M. Gupta 1997.

L: L. A. Flemming, Another Lonely Voice, 1979; Life and works of S. H. M., hg. A. Bhalla 1996; M. Koves, Telling stories of partition and war, 1998; J. C. Vadhavan, 1998; V. Alavi, 2000; R. Singh, Rilke, Kafka, M., 2001.

Mantovano, Battista → Spagnoli, Battista

Manuel, Don Juan → Juan Manuel, Infante Don

Manuel do Nascimento, Francisco → Elísio, Filinto

Manuel Philes, byzantin. Dichter, 1. Hälfte 14. Jh. Konstantinopel. Schüler des Geschichtsschreibers Georgios Pachymeres, verkehrte mit bedeutenden Persönlichkeiten s. Zeit. – Als Dich-

Manyôshû

ter entwickelte M. P. e. ungeheure Produktivität, wobei die Quantität zuweilen in umgekehrtem Verhältnis zur Qualität steht.
A: Peri zoōn idiótētos u.a. naturwiss. Gedichte in Poetae bucolici et didactici, hg. F. Dübner, F. S. Lehrs, Paris 1862; Carmina, hg. E. Miller, Paris II 1855–57, n. Amst. 1969; hg. A. Martini, Neapel 1900.
L: N. Papadogiannakis, Studien zu den Epitaphien d. M. P., 1984; G. Stickler, M. P. und s. Psalmenmetaphrase, Wien 1992.

Manyôshû (Zehntausend-Blätter-Sammlung), älteste jap. Anthologie, 20 Bde., mit 4516 Gedichten, von denen 260 Langgedichte (chôka) sind; etwa um 760 vollendet. Das Werk geht wohl auf die Initiative von Ôtomo no Yakamochi († 785) zurück u. ist von e. allmähl. erstarkenden Nationalgefühl in s. Entstehung beeinflußt. Die Liebeslyrik ist vorherrschend, auch die Naturlyrik hat ihren Platz, daneben die Elegie u. in den Langgedichten die ep. Dichtung. Echtes Empfinden, künstler. Objektivität treten hervor, die 5-7-5-7-7-Versform zeichnet sich bereits streng ab. Mannigfaltig sind die sprachl. Mittel (Parallelismus, Sphäre gebende Kissenwörter, Einleitungsverse, doppelsinnige Wörter u.ä.). Die Dichter entstammen allen Ständen und Berufsschichten; die bedeutendsten sind Kakinomoto no Hitomaro (chôka, Elegie) Yamabe no Akahito (Naturlyrik), Yamanoue no Okura (konfuzian., buddhist. Gedanken in metaphys. Vertiefung), Ôtomo no Yakamochi (Kriegergeist, loyale Gesinnung) u. Ôtomo no Tabito (Trinklieder, taoist. Färbung). Die aufgenommenen Gedichte schließen e. Zeitraum von etwa 300 bis 759 ein.
Übs.: J. L. Pierson, engl. Leiden 1929ff.; Nihon Gakujutsu Shinkôkai, hg. 1940, N. Y. ²1965; The Manyôshû. One thousand poems, Chicago 1941; W. Gundert, in: Lyrik des Ostens, 1952; Rotes Laub, d. J. Berndt 1972; I. H. Levy, The Ten Thousand Leaves, 1981; Written on Water, 500 Poems from M., engl. T. Kojima 1995.
L: Y. Cossard (MN 6 u. 7), 1943 u. 1951; H. Dumoulin (MN 8), 1952; T. LaMarre, Uncovering Heian Japan, Durham 2000.

Manzini, Gianna, ital. Erzählerin, 24. 3. 1896 Pistoia – 31. 8. 1974 Rom. Lebte lange in Florenz; Mitarbeiterin der Zsn. ›Solaria‹ u. ›Letteratura‹. Ging dann nach Rom. – Ihre Romane u. Erzählungen, in denen e. gewisser Einfluß Cecchis u. Tozzis spürbar ist, zeichnen sich durch bes. klare Sprache sowie ausgesprochenes psycholog. Einfühlungsvermögen bes. in einsame Frauen aus.
W: Tempo innamorato, R. 1928; Incontro col falco, En. 1929; Rive remote, En. 1940; Venti racconti, En. 1942; Lettera all'Editore, R. 1945; Forte come un leone, En. 1947; La sparviera, R. 1956; Arca di Noè, En. 1960; Un' altra cosa, R. 1961; Il cielo addosso, En. 1963; Un album di ritratti, Prosa 1964; Allegro con disperazione,

R. 1965; Ritratto in piedi, R. 1971; Sulla soglia, En. 1973.
L: L. Fava Guzzetta, 1974; E. Panareo, 1977; M. Forti, hg. 1985.

Manzoni, Alessandro, ital. Dichter, 7. 3. 1785 Mailand – 22. 5. 1873 ebda. Aus adliger Familie. Erster Unterricht von Geistlichen in Merate u. Lugano, später im Barnabitenkolleg in Mailand. Daneben intensive Beschäftigung mit der Lit., bes. Parini u. Alfieri. Nach Trennung der Eltern 1805 e. Zeitlang bei s. Mutter in Paris, wo er viel in lit. Kreisen, so auch im Hause der Witwe von Helvétius, verkehrte u. den Philologen Claude Fauriel zum Freund gewann. Fauriel weckte s. Interesse für Shakespeare u. die Geschichte. Rückkehr nach Mailand, ∞ 1808 Henriette Blondel aus Genfer calvinist. Familie. Auf ihren Einfluß ist z.T. s. Abkehr vom Freidenkertum u. s. Bekehrung zum kathol. Glauben zurückzuführen. 1810–27 in Mailand. 1827 für einige Zeit nach Florenz, wo er im Hause Vieusseux u.a. auch mit Leopardi zusammentraf. Nach dem Tod s. ersten Frau 1837 ∞ Teresa Borri. 1860 Senator. 1872 Ehrenbürger der Stadt Rom. – Bedeutendster ital. Romantiker. S. wichtigsten lyr. Schöpfungen sind die ›Inni sacri‹, 5 geistl. Hymnen auf die Feste des christl. Kirchenjahres, in denen sich bereits s. tiefe Religiosität zeigt, u. die von Goethe übertragene Ode auf Napoleons Tod ›Il cinque maggio‹. S. beiden Tragödien ›Il conte di Carmagnola‹ u. ›Adelchi‹ behandeln Stoffe aus der ital. Geschichte in bewußter Abkehr von der klass. Form. Kleinere Prosaschriften über sprachpolit., relig., philolog. u. lit. Probleme. Das bedeutendste Werk M.s u. zugleich e. der ital. Werke der Weltlit. ist s. hist. Roman ›I promessi sposi‹, der von grundlegender Bedeutung für die Entwicklung der ital. Prosa geworden ist. Die Akribie, mit der der Dichter sich hier an die hist. Tatsachen hält, zeigt zugleich M.s Bemühen um Detailrealismus. Der Glaube an die Gültigkeit des göttl. Heilsplans führt nach M. auch zu der Hinnahme des Leides als der den Menschen von Gott gesandten Möglichkeit zur Läuterung, wie sie an den beiden Hauptgestalten s. Romans Renzo und Lucia deutl. wird.
W: Urania, Dicht. 1807; Inni sacri, Dicht. 1812–22 (n. u. komm. 1933, d. 1924); Il conte di Carmagnola, Tr. 1820 (n. A. Chiari 1947); I promessi sposi, R. III 1827, bearb. 1840–42 (n. P. Petrocchi 1893–1902, A. Dolci 1922, hkA P. Bellezza ²1930, S. Caramella 1933, L. Russo ⁴1940, M. Barbi, F. Ghisalberti 1942, E. Pistelli 1949, A. Chiari, F. Ghisalberti 1954, A. Moravia 1960; Die Verlobten, d. A. Wesselski II 1913, A. Saager 1943, J. Schluchter II 1947, A. Lernet-Holenia 1950, A. Saager, T. Sapper 1957, E. W. Junker 1960, Die Brautleute, B. Koeber 2000); Il cinque maggio, G. 1822 (d. J. W. v. Goethe 1823); Del romanzo e in genere de' componimenti misti di storia e d'invenzione, Abh. 1845; Dell'

invenzione, Dial. 1845. – Opere, VI 1845, III 1874, hg. G. Lesca IX 1923, ders. II 1927f., M. Barbi, F. Ghisalberti III 1942ff., A. Chiari, F. Ghisalberti IV 1957ff.; Edizione Nazionale, hg. G. Vigorelli 2000ff.; Opere inedite e rare, hg. R. Bonghi, G. Sforza 1883–1900; Tragedie, hg. u. komm. P. Egidi 1921; Liriche e Tragedie, hg. u. komm. L. Russo 1935, M. Apollonio 1940; Poesie prima della conversione, hg. A. Chiari 1947; Poesie rifiutate e abozzi delle riconosciute, hg. I. Sanesi 1954; Osservazioni sulla morale cattolica, hg. E. Bonora III 1972; Epistolario, Br. hg. G. Sforza, G. Gallavresi II 1912–21; Lettere, hg. C. Arieti II 1970; Della lingua italiana, hg. L. Poma, A. Stella 1974; M. intimo, Erinn. u. Br., hg. M. Scherillo, G. Gallavresi III 1923. – *Übs.*: GW, hg. H. Bahr, E. Kamnitzer IV 1923, n. 1964.

L: F. de Sanctis, 1922; N. Sapegno, II 1949; B. Croce, [4]1952; C. Angelini, [2]1953; ders., Capitolo sul M., 1966; B. Wall, Lond. 1954; A. Colquhoun, Lond. 1954; L. Portier, Paris 1956; Atti del I, II e III Congresso nazionale di studi manzoniani, III 1957–59; A. Momigliano, [5]1958; R. Amerio, 1958; M. Hudig-Frey, 1958; E. Radius, 1959; A. Chiari, 1960; E. De Michelis, 1962; A. Leone De Castris, 1962; G. Alberti, 1964; C. F. Goffis, La lirica di A. M., 1964; G. Getto, Letture manzoniane, 1964; N. Sapegno, 1968; E. De Michelis, La vergine e il drago, 1968; L. Caretti, M. e la critica, 1969; C. Angelini, 1969; T. Gallarati Scotti, La giovinezza del M., 1969; G. Petrocchi, 1971; G. Getto, M. europeo, 1971; M. L. Astaldi, M. ieri e oggi, 1971; A. Giordano, 1973; E. Raimondi, 1974; F. Ulivi, M. Storia e Provvidenza, 1974; G. Tellini, 1975; A. Accame Bobbio, 1975; E. Bonora, M. Conclusioni e proposte, 1976; R. Negri, M. diverso, 1976; E. G. Caserta, M.s Christian Realism, 1977; Atti dell' XI Congresso di studi manzoniani, 1978; A Cottignoli, M. tra i critici dell' Ottocento, 1978; S. S. Nigro, 1979; G. Tellini, M. La storia e il romanzo, 1979; L. Caretti, M. Ideologia e stile, [6]1982; N. Ginzburg, 1983 (d. 1988); G. Trombatore, Saggio sul M. La giovinezza, 1983; V. Spinazzola, 1983; G. Barberi Squarotti, 1984; F. Ulivi, 1984; M. Miccinesi, 1985; M. Vitale, 1986; A. Marchese, 1987; Leggere i Promassi Sposi, hg. G. Manetti 1989; C. Varese, 1992; K. Lizium, 1993; E. Ghidetti, 1995; G. Güntert, 2000. – *Bibl.*: M. Parenti, 1936 u. 1944; S. Brusamolino Isella, S. Usuelli Castellani, 1974; M. Gofferdo De Robertis, 1998.

Manzoni, Carlo, ital. Erzähler, * 28. 3. 1902 Gargnano/Garda – 1975 ebda. Mitarbeiter der Zeitung ›Candido‹. – Erfolgr. Vf. zahlr. humorist. Erzählungen mit grotesk-surrealist. und skurrilen Zügen.

W: Noi sfollati, È. 1947; È sempre festa, E. 1950 (Alle Tage Sonnenschein, d. 1956); È in casa il signor Brambilla?, E. 1953; Giochi di società, E. 1953; Il signor Brambilla e dintorni, En. 1958; Un colpo in testa e sei più bella, angelo, R. 1961 (d. 1971); Che pioggia di sberle, bambola, R. 1961 (d. 1969); Ti svito le tonsille, piccola, R. 1962 (Der Hund trug keine Socken, d. 1966); Un calcio di rigor sul tuo bel muso, R. 1963 (Der tiefgekühlte Mittelstürmer, d. 1966); I racconti del Martello, En. 1964 (Die Lügengeschichten, d. 1967); Bertoldo, Tg. 1965; Chico Pipa spara due volte, En. 1974; Ma dico, siamo matti?, E. 1974; Ti faccio un occhio nero e un occhio blu, E. 1974 (Haust du mich, hau ich dich, d. 1974); Io,

quella la faccio a fette, E. 1974 (Blut ist kein Nagellack, d. 1979); Con un bacio ti brucio, E. 1974 (Das MG im Dekolleté, d. 1974); Frena, cretino, E. 1975 (Liebling, zieh die Bremse an, d. 1977). – *Übs.*: Da stimmt was nicht, En. 1955; Der vierzehnte Gast, En. 1961.

Mao Dun (eig. Shen Yanbing), chines. Schriftsteller und Lit.kritiker, 4. 7. 1896 Dongxiang (Zhejiang) – 27. 3. 1981 Peking. Sohn e. Literaten; Stud. in Peking. 1921 Mitgründer der Gesellschaft für Lit.forschung; kurz in Japan, 1926/27 für die Nationalpartei tätig, 1930 Mitgründer der ›Liga linksgerichteter Schriftsteller‹, 1937 in Hongkong, 1942 Rückkehr nach China, 1946/47 Reise in die UdSSR, 1949–64 Kultusminister der VR China; Vorsitzender des Chines. Schriftstellerverbandes. – Fruchtbarer Autor: realist.-soz. krit. Romane, Novellen, Essays, Dramen von ungleicher Qualität. Seit 1949 nur noch polit. und publizist. tätig.

W: Ye qiangwei, Kgn. 1929; Hong, R. 1930 (Regenbogen, d. 1963); Lu, R. 1932; Shi, R. 1933; Ziye, R. 1933 (Shanghai im Zwielicht, d. 1938); Chuncan, Kgn. 1933; Shuangye hongsi eryue hua, R. 1943. – Mao Dun wenji (GW), VIII 1958. – *Übs.*: Seidenraupen im Frühling, En. 1955.

L: F. Gruner, 1967; M. Gálik, 1970.

Mao Tse-tung → Mao Zedong

Mao Tun → Mao Dun

Mao Zedong, chines. Politiker, 26. 12. 1893 Shaoshan (Hunan) – 9. 9. 1976 Peking. Vater mittlerer Bauer, streng konfuzian.; Mutter buddhist.; Schulbesuch Changsha, 1918 Abschlußexamen, Bibliotheksgehilfe in Peking, 1921 Mitgründer der Kommunist. Partei in Shanghai, seit 1925 an mittelchines. Bauernrevolten führend beteiligt, Führer auf dem ›Langen Marsch‹ der Kommunisten von Jiangxi nach Shensi, 1934/35; seit 1931 im ZK des KPC, 1943 Parteivorsitzender, 1954–58 erster Staatspräsident der VR China. Auf zunehmende Entmachtung antwortet er 1966 in machiavell. Stil mit der ›Kulturrevolution‹. – Als Theoretiker, Politiker und Stratege e. der Führer des Weltkommunismus. In parteitheoret. Schriften oft trocken, als Redner lebendig und manchmal volkstüml.-derb. In chines. traditioneller Bildung erzogen; Kenner der chines. Geschichte, Anwendung e. altchines. Strategiehandbuchs auf Guerillataktik der Gegenwart. Verfaßte auch Gedichte im klass. Stil sowie kommunist. Kampflieder. 1966 Veröffentlichung e. Sammlung von Mao-Zitaten als Fibel für die Armee, im Lauf der ›Kulturrevolution‹ in oder 350 Mill. Exemplaren verbreitet, in viele Sprachen übersetzt.

W: Xuanji (AW, d. IV 1956 u.ö.); Xuanji V (AW), 1977; Mao Zhuxi shi ci, G. 1963 (Gedichte, d. 1964);

Mao Zhuxi yulu, 1966 (d. 1967 u.ö.). – *Übs.:* Mao Papers, hg. J. Chen, Oxf. 1970 (d. 1972); H. Martin, Mao intern, d. 1974; Mao Tsetung Unrehearsed. Talks and Letters: 1956–71, hg. S. Schram; 39 Gedichte, 1978; Texte, hg. H. Martin VII 1979–82; S. R. Schram, hg. IV 1992.

L: S. Schram, Lond. 1967, Cambr. 1969, Hongkong 1983; J. Domes, 1971; J. Spence, N. Y. 1999; Th. Kampen, Koph. 2000.

Map (Mapes), Walter, engl. Frühhumanist, um 1130/35 – 1209/10 Westbury. Waliser, Stud. Paris, bekleidete e. Hofamt bei Heinrich II., als Wanderrichter tätig. Berühmt ob s. Witzes. S. satir. Miszellen ›De nugis curialium‹ (1193) enthalten sprühend lebendig geschriebene Geschichten und Anekdoten über geistl. und weltl. Fürsten. Im MA wurden M. zahlr. Vagantenlieder u. Artusromane zugeschrieben.

A: T. Wright 1841 (n. 1968), M. R. James, C. N. L. Brooke, R. A. B. Mynors ²1983 (m. engl. Übs.). – *Übs.:* engl. F. Tupper, M. Ogle 1924.

L: J. Bardoux, 1900; A. Panphilet, 1921; E. Türk, 1977.

Mapu, Abraham, hebr. Erzähler, 10. 1. 1808 Wiliampol b. Kowno – 9. 10. 1867 Königsberg; Lehrer für Religion und Deutsch an e. Gymnas. in Kowno. – Schöpfer des 1. hebr. geschriebenen Romans, mit dem er e. neue Periode der hebr. Lit. eröffnet. Die antike Weltlichkeit s. Romane übte auf die zum größten Teil noch in Ghettovorstellungen befangenen Juden des Ostens e. so große Wirkung aus, daß man M. als den lit. Wegbereiter des Zionismus betrachtet.

W: Ahawat Zion, R. 1853 (Thamar, d. 1885); Aschmat Schomron, R. 1865; Chose Chesjonot, R. 1869; Ajit Zawua, R. V 1869. – Kol kitwej, 1950.

L: D. Patterson, 1964; Shmuel Werses, 1989; Towa Kohen, 1990.

Maragall i Gorina, Joan, katalan. Schriftsteller, 10. 10. 1860 Barcelona – 20. 12. 1911 ebda. Sohn e. Industriellen, Stud. Rechte; Rechtsanwalt; Redaktionssekretär des ›Diario de Barcelona‹, zurückgezogenes Leben auf dem Lande. Trug zur Verbreitung der span. u. ausländ. Lit. s. Zeit bei; Ablehnung des Positivismus u. Materialismus, vertrat die konservativ-kathol. Richtung. – Begann als Lyriker unter dem Einfluß Goethes, hielt sich fern von allen Modeströmungen (Symbolismus, Futurismus) u. griff zu eigenen Neuerungen, z. T. übertrieben rhythm. Kühnheiten u. metr. Freiheiten. Tiefes pantheist. Naturgefühl, Liebe zur Menschheit, bes. zu den Unterdrückten; schlichte, klare Sprache. Übs. von Goethes ›Iphigenie‹, Teilen des ›Faust‹ u. Gedichten, Novalis' ›Heinrich von Ofterdingen‹, Teilen von Nietzsches ›Also sprach Zarathustra‹ u. einigen Werken Pindars.

W: Poesies, 1895; Visions i cants, G. 1900 (n. 1998); Les disperses, G. 1904; Enllà, G. 1906 (n. 1989); Nausica, Dicht. 1910 (n. 1983); Seqüències; G. 1911. – Obras completas, XXV 1929–55, I 1947, II 1960–61; Poesia completa, 1986.

L: J. Pijoan, 1913; J. M. de Sucre, 1921; J. Estelrich, J. M. representatiu, 1926; R. de Montoliu, M. i Goethe, 1932; J. Chabás, 1935; J. Corominas, 1935; A. Maseras, 1936; M. Serrahima, 1938; C. Reig, 1944; M. S. Oliver, 1948; J. M. Corredor, 1951; A. Terry, 1963; M. Arimany, 1964; J. Fuster, Las originalidades. M. y Unamuno frente a frente, 1964; M. Serrahima, 1966; J. Xifre Heras, 1968; J. Teixidó, 1969; J. Ferrer-Vidal Turull, 1970; J. Tur, 1974; G. Maragall, 1988; A. M. Blasco, 1992; L. Quintana, 1996.

Marah Rusli, indones. Schriftsteller, 7. 8. 1889 Padang/West-Sumatra – 17. 1. 1968 Bandung. – Vf. hist. Romane, Wegbereiter der mod. indones. Lit. Aufsehen erregte s. Tendenzroman ›Sitti Nurbaja‹, der eindringl. die Tragödie e. traditionellen Zwangsehe schildert.

W: Sitti Nurbaja, R. 1922; La Hami, R. 1953; Anak dan Kemanakan, R. 1956.

Márai, Sándor, ungar. Schriftsteller, 11. 4. 1900 Kassa – 21. 2. 1989 San Diego. Patrizierfamilie. Stud. in Leipzig, Frankfurt/M. u. Berlin. Zeitungskorrespondent in Paris. 1923 ∞ Ilona Matzner. 1942 Mitgl. der Ungar. Akad. der Wiss. Ging 1948 freiwillig ins Exil. Lebte in Italien u. USA. 1989 Freitod. – Vielfach übs. Erzähler, Lyriker, Essayist u. Dramatiker von elegantem Stil mit Vorliebe für franz. Kultur. Schrieb bes. psycholog. Gesellschaftsromane um Probleme des aussterbenden, gehobenen Bürgertums. Bedeutender Tagebuchvf.

W: A mészáros, R. 1924; Bébi vagy az első szerelem, R. 1928; A zendülők, R. 1930 (Die jungen Rebellen, d. 2001); Csutora, R. 1932 (Ein Hund mit Charakter, d. 1947); Egy polgár vallomásai, R. II 1934–35 (Bekenntnisse eines Bürgers, d. 2000); Válás Budán, R. 1935 (Die Nacht vor der Scheidung, d. 1951); Eszter hagyatéka, R. 1939 (Das Vermächtnis der Eszter, d. 2000); Vendégjáték Bolzonában, R. 1940 (Ein Herr aus Venedig, d. 1943, u. d. T. Begegnung in Bolzano, 1951, u. d. T. Die Gräfin von Parma, 2002); Az igazi, R. 1941 (Der Richtige, d. 1948); Kassai polgárok, Dr. 1942 (Die Bürger von Kaschau, d. 1947); És ég és föld, Ess. 1942 (Himmel und Erde, d. 2001); A gyertyák csonkig égnek, R. 1942 (Die Kerzen brennen ab, d. 1950, u. d. T. Die Glut, 1999); Béke Ithakában, R. 1952 (Verzauberung in Ithaka, d. 1952); San Gennaro vére, R. 1957 (Das Wunder des San Gennaro, d. 1957); Föld, föld!, R. 1972 (Land, Land!, d. 2001); A delfin visszanézett, G. 1978; Írók, költők, irodalom, Ess. 2003; Sirály. A sziget, R. 2003. – *Übs.:* Wandlungen einer Ehe, R. 2003.

L: L. Rónay, 1990; M. Szegedy-Maszák, 1991; I. Fried, M. S. titkai nyomában, 1993; H. Lőrinczy, M.-tanulmányok, 1994; H. Lőrinczy, Újabb M.-tanulmányok, 2002; T. Mészáros, M. S. bibliográfia 2003.

Maraini, Dacia, ital. Schriftstellerin, * 13. 11. 1936 Florenz. Tochter e. bekannten Orientalisten, im 2. Weltkrieg in Japan; Stud. Florenz, Palermo, Rom; Redakteurin in Rom, 1955 Mitarbeit an A. Moravias Zs. ›Nuovi Argomenti‹. Im Roman links-, danach zunehmend feminist. engagierte Kritik der bürgerl. Kultur und Gesellschaft; mit Komödien und Theaterinitiativen Beitrag zu e. frauenorientierten Politisierung der Bühne.

W: La vacanza, R. 1961 (Tage im August, d. 1964); L'età del malessere, R. 1962 (d. 1963); Crudeltà all'aria aperta, G. 1966; A memoria, R. 1967; Mio marito, E. 1968 (Winterschlaf, d. 1984); Il ricatto a teatro e altre commedie, K. 1970; Memorie di una ladra, R. 1972 (d. 1977); Fare Teatro, Ess. 1974; Donne mie, G. 1974; Donna in guerra, R. 1975; Don Juan, K. 1976; Mangiami pure, G. 1978; Storia di Piera, Prosa 1980 (m. P. Degli Esposti); Lettere a Marina, R. 1981; I sogni di Clitennestra e altre commedie, K. 1981; Dimenticato di dimenticare, G. 1982; Lezioni d'amore e altre commedie, K. 1982; Isolina, R. 1985; La lunga vita di Marianna Ucrìa, R. 1990 (Die stumme Herzogin, d. 1991); Bagleria, R. 1993 (d. 1994); Cercando Emma, Es. 1993; Voci, R. 1994 (d. 1995); Un clandestino a bordo, Es. 1996; Dolce per sé, R. 1997 (Liebe Flavia, d. 1998); La nave per Kobe, 2001.

L: B. Merry, 1995; R. Diaconescu-Blumenfeld, 2000.

Marais, Eugène Nielen, afrikaanser Lyriker u. Erzähler, 9. 7. 1871 Dasport – 30. 3. 1936 Delindaba. Schule in Pretoria, Journalist; 1890 Zs.-Redakteur; 1894 ∞ Aletta Beyers, Tochter e. Burengenerals († 1895), 1894 Stud. Medizin in London, nachher Rechte. Viele Reisen in Europa. Rechtsanwalt in Pretoria u. Nordtransvaal, wo M. das Tierleben studierte. Selbstmord. – Übergangsfigur, früheste Gedichte noch patriot., später reifste Lyrik. S. ›Winternag‹ (1904) ist das berühmteste Gedicht in der afrikaansen Lit. wegen der expressionist. Symbolik; Kenner der Natur, der schwarzen Bevölkerung u. des Tierlebens. Er gab wichtige Anregungen zu M. Maeterlincks Darstellung des sozialen Lebens der Ameisen. Auch populärwiss. Werke.

W: Gedigte, 1925; Versamelde Gedigte, 1933; Die Huis van die vier Winde, E. 1933; Sie Siel van die Mier, Schr. 1934 (Die Seele der weißen Ameise, d. 1939); Die Leeus van Magoeba, Schr. 1934; Burgers van die Berge, Schr. 1938; My Friends the baboons, Schr. 1939 (d. 1953); Versamelde Werke II 1984.

L: W. van Heerden, 1936; F. G. Marais du Toit, 1940; E. Lindenberg, 1966; L. Rousseau, 1974 (Biogr.); J. C. Kannemeyer, 1978; J. L. u. R. Marais, 1998; D. v. Reybrouck, 2002.

Maramzin, Vladimir Rafailovič, russ. Prosaiker, * 5. 8. 1934 Leningrad. Stud. Elektrotechnik Leningrad 1952–57, erste Werke 1962, verfaßte Kurzgeschichten, Kinderlit., Stücke und Drehbücher, stellte 1971–74 eine Samizdat-Ausgabe von Brodskij zusammen (5 Bde.), 1974 Arrest, lebt seit 1975 in Paris. – M.s Prosa ist durch stilist. Vielfalt vom Realistischen über das Phantastische bis zum Surrealistischen gekennzeichnet.

W: Blondin obeego cveta, N. Ann Arbor 1975; Smešnee čem prežde, En. Paris 1979; Tjanitolkaj, En. Ann Arbor 1981.

Maran, René, franz. Schriftsteller, 5. 11. 1887 Fort de France/Martinique – 9. 5. 1960 Paris. Sohn aus guayan.-franz. Mischehe. Lebte lange Zeit in Afrika; Jurastud. Bordeaux; Kolonialbeamter, fühlte sich stets der europ. Kultur zugehörig. – Debütierte lit. mit Gedichten, war jedoch erfolgreicher mit Romanen, später auch mit s. Lyrik. Themat. dominiert s. Einsatz für die Farbigen; verwahrt sich gegen jede Form von Rassismus, Diskriminierung, verurteilt den Kolonialismus und rehabilitiert die Farbigen.

W: La maison du bonheur, G. 1909; La vie intérieure, G. 1912; Batouala, R. 1921; Le livre de la Brousse, R. 1943; Mbala, l'éléphant, R. 1943; Les pionniers de l'Empire, Ess. IV 1943–55; Le livre du souvenir, Aut. 1958.

Maranhão, Haroldo de, brasilian. Schriftsteller, * Belém/Pará. Lebt in Rio de Janeiro. – Vertreter des neuen hist. Romans; reduziert die Geschichte nicht auf hard facts, setzt auf Fiktionalisierung, will Geschichte als Gegenwart aufleuchten lassen. ›Memorial do fim‹ rückt die schillernde Figur des Dichters Machado de Assis ins Zentrum, parodiert dessen meisterhaften Stil u. eröffnet die Möglichkeit, im Wieder-Erzählen entscheidende Momente brasilian. Kulturgeschichte zu problematisieren.

W: A estranha xícara, En. 1968; Chapéu de três bicos, En. 1975; Vôo de galinha, En. 1978; A morte de Haroldo Maranhão, N. 1981; O tetraneto del-Rei, Prosa 1982; As peles frias, En. 1983; A porta mágica, R. 1983; Os anões, M. 1983; As peles frias, En. 1983; Rio de raivas, R. 1987; Senhores & senhoras, Prosa 1989; Cabelos no coração, R. 1990; Memorial do fim: a morte de Machado de Assis, R. 1991; Dicionário de futebol, Lex. 1998.

L: O Lopes, 1983; J. P. Paes, 1991; L. R. Teixeira, 2000.

Marañón y Posadillo, Gregorio, span. Schriftsteller, 19. 5. 1887 Madrid – 27. 3. 1960 ebda. Stud. Medizin u. a. in Frankfurt/M.; hervorragender Arzt u. Wissenschaftler von internationalem Ruf, Prof. für Endokrinologie der Univ. Madrid, Mitgl. zahlr. Akad.; Vortragsreisen durch Europa u. Amerika, hochangesehene Persönlichkeit von enzyklopäd. Wissen u. hoher Kultur. Vor dem Span. Bürgerkrieg auch polit. Tätigkeit, bewegte 1931 Alfons XIII. zur Abdankung. Im Bürgerkrieg (1936–39) Exil in Paris. – Unermüdl. lit. Tätigkeit; Aufsätze u. Abhandlungen über medizin., hist. u. soziolog. Themen nach naturwiss. Erkenntnissen; Biographien von großem hist. Scharfblick; lebendige, spontane Prosa.

W: Tres ensayos sobre la vida sexual, 1927 (d. 1928); Ensayo biológico sobre Enrique IV de Castilla, 1930; Amiel, B. 1932; Raíz y decoro de España, Es. 1933; Las ideas biológicas del P. Feijoo, Es. 1934; El conde-duque de Olivares, B. 1936 (d. 1940); Tiberio: Historia de un resentimiento, B. 1939 (d. 1952); Don Juan: Ensayos sobre el origen de su leyenda, Ess. 1942 (d. 1954); Luis Vives, B. 1942; Antonio Pérez, B. 1947 (d. 1959); Los Tres Vélez, St. 1960. – Obras completas, X 1966–73.

L: F. J. Almodóvar, E. Warleta, 1952; L. S. Granjel, 1960; E. Ramos Meza, 1961; P. Laín Entralgo, 1966; M. Gómez-Santos, 1971; G. D. Keller, N. Y. 1977.

Marber, Patrick, engl. Dramatiker, * 19. 9. 1964 London. Lit.-Stud. Oxford; Schauspieler, Drehbuchautor und Regisseur. – Durchbruch als Co-Autor von Radiosendungen und TV-Comedies; e. der erfolgreichsten Vertreter der brit. ›In-Yer-Face‹-Dramatiker. Bei M. kollidieren formale Eleganz, bittere Komik und obszöne Sprache. In ›Closer‹ findet die verzweifelte Suche zweier Paare nach der eigenen Identität, Liebe und Nähe ihren Ausdruck allein in gewalttätiger, gefühlloser und virtueller Sexualität.

W: Dealer's Choice, Dr. 1995; After Miss Julie, Dr. 1996; Closer, Dr. 1997 (Hautnah, d. 1988); Howard Katz, Dr. 2001.

Marbode de Rennes, franz. Gelehrter und Dichter, um 1035 Angers – 11. 9. 1123 Saint-Aubin. 1082 Archidiakon von Angers, 1096 Bischof von Rennes. Seit 1120 erblindet in Angers. – Vf. von Heiligenleben, relig. Gedichten und Versen der Liebe, später des Frauenhasses, Episteln, Epigrammen, Briefen und e. Verslehre. Berühmt s. wiss.-didakt. Werk ›Liber lapidum‹ über Edelsteine in rd. 700 Hexametern.

A: Migne, Patr. Lat. 171, Anal. Hymn. 50; Liber X capitulorum, hg. W. Bulst 1947; Carmina varia, hg. Michael Naughtin 1968; Marbode of Rennes' De Lapidibus, hg. J. M. Riddle, 1977; L'opera agiografica, hg. A. Degl'Innocenti, Spoleto 1990.

L: M. E. Herrera, La tradition manuscrite du Liber lapidum, 1986; St. Kuttner, M. de R. on the ›Ordo indiciorum‹, Gött. 1992.

Marcabru (auch Marcabrun), provenzal. Troubadour, aus der Gascogne, dichtete zwischen 1130 und 1150, von dunkler Herkunft (Findelkind?). Nach e. provenzal. Biographie Schüler des Cercamon, an versch. Höfen, auch bei Wilhelm VIII. von Poitiers. Nach dessen Tod (1137) bei anderen Herren der Provence und Spaniens, in Blois, Poitiers, Portugal, Teilnehmer am Kreuzzug von 1147; vielleicht auch in England im Auftrag Wilhelms IX. von Aquitanien, wahrscheinl. wegen satir. Angriffe durch die Kastellanen von Eyguians getötet. – E. der ältesten Troubadours, einzigartig unter ihnen durch die Heftigkeit und krit. Schärfe s. Temperaments, wodurch er sich viele Feinde machte. U. a. Vf. von Romanzen, Kreuzzugsliedern, e. Pastourelle, e. Liedes an den Dichter Jaufre Rudel. In den meisten s. 43 überlieferten Lieder Kritik an der Verderbnis der höf. Sitten voller Verachtung und Ironie in dem wahrscheinl. von ihm begründeten gekünstelten dunklen Stil (›trobar clus‹).

A: Poésies complètes, hg. J. M. L. Déjeanne, Toulouse 1909 (m. franz. Übs.), Nachdr. N. Y. 1971; M.: a critical edition, hg. S. Gaunt u. a., Woodbridge 2000.

L: K. Vossler, Der Troubadour M. und die Anfänge des gekünstelten Stils (Sitzungsberichte der Akad. München), 1913; A. Franz, 1914; G. Errante, Florenz 1948; R. E. Harvey, The troubadour M. and love, Lond. 1989; V. Pollina, Modena 1991; B. Spaggiari, Spoleto 1992.

Marcadé, Eustache, franz. Dramatiker, Ende 14. Jh. – 10. 1. 1440 Marmoutier. Benediktinermönch und Jurist, Mönch in Corbie, Propst von Dampierre, 1414 kirchl. Richter der Abtei von Corbie, 1437 Haft in Amiens; später auch Univ.-Lehrer in Paris. – Verfaßte ›La Passion d'Arras‹, nach Apokryphen, theolog. und myst. Schriftstellern, in rd. 25 000 Versen. Weitet das Thema aus zur Darstellung der gesamten Existenz Christi von der Geburt bis zur Auferstehung und Himmelfahrt. Vorbild A. Grebans. Ihm wird außerdem ›La vengeance Jesucrist‹ zugeschrieben.

A: Le mystère de la Passion, hg. J. M. Richard 1891 (n. Genf 1976).

Marceau, Félicien (eig. Louis Carette), belg. Erzähler und Dramatiker, * 16. 9. 1913 Cortenberg. Rundfunkredakteur in Belgien auch während der dt. Besatzung; 1945–52 Exil in Dtl., Paris und Italien. 1975 Mitgl. der Académie Française. – Scharfer Beobachter und Moralist. Vf. bewegter heiterer und trag. Romane aus der Provinz. Für den Bau s. gesellschaftskrit.-kabarettist., z. T. frivolen Boulevardstücke übernimmt er Züge der Filmtechnik (Selbstkommentar, Personenspaltung mit Rückblende).

W: Chasseneuil, R. 1948; Chair et cuir, R. 1951; Capri, petite île, R. 1951 (d. 1963); L'homme du roi, 1952; L'école des moroses, Dr. 1953; Bergère légère, R. 1953 (Vielgeliebte Gespielin, d. 1956); En de secrètes noces, En. 1953 (d. 1963); Caterina, En. 1954; Balzac et son monde, Es. 1955; Les élans du cœur, R. 1955 (Denise, d. 1957); Les belles natures, En. 1957 (Pflücke die Rosen, d. 1964); L'œuf, Dr. 1957 (d. 1958); La bonne soupe, Dr. 1958 (Der Nerz, d. 1960); Les diamants de Mlle Antoinette, R. 1959; L'étouffe chrétien, Dr. 1960 (auch u. d. T. Nero); Lavinia, Op. 1961; Les cailloux, Dr. 1962; La preuve par quatre, Dr. 1964; Madame Princesse, Dr. 1965; Un jour j'ai rencontré la vérité, Dr. 1967; Le babour, Dr. 1969; Creezy, R. 1969 (d. 1969);

L'ouvre-boîte, Dr. 1972; L'homme en question, Dr. 1972 (d. 1972); Les années courtes, 1973; Le corps de mon ennemi, 1975; Le roman en liberté, Es. 1977; A nous de jouer, 1979; Une insolente liberté, les aventures de Casanova, B. 1983 (d. 1985); Appelez-moi Mademoiselle, R. 1984; Les passions partagées, R. 1987; Un oiseau dans le ciel, R. 1989; Les Ingénus, N. 1992; La grande fille, R. 1997 (Françoise und ihre Liebhaber, d. 1998); La fille du pharaon, Fabel 1998; L'affiche, R. 2000. – Théâtre, II 1964f. – *Übs.*: Dramen I, 1961.

L: St. Hofmann, 1994; S. Hartwig, Zweiakter im Theater F. M.s u. René de Obaldias, Bonn 2000.

Marcel, Eugène → Prévost, Marcel-Henri

Marcel, Gabriel, franz. Philosoph, Dramatiker und Kritiker, 7. 12. 1889 Paris – 8. 10. 1973 ebda. Vater hoher Staatsbeamter, in Kindheit und Jugend in mehreren europ. Ländern. Höhere Schule Paris, Stud. Philos. Sorbonne. 20jährig ao. Prof. für Philos., lehrte 1912 in Vendôme, 1915–18 und 1939/40 in Paris, 1910–22 in Sens, 1941 in Montpellier. Nach dem 1. Weltkrieg im Verlagswesen, gab 1922 e. fremdsprachige Reihe ›Feux croisés‹ heraus. Mitarbeiter der ›Revue métaphysique et morale‹, Kritiker der ›Nouvelle Revue Française‹ und der ›Nouvelles Littéraires‹, 1929 Konversion zum kathol. Glauben unter Einfluß von C. Du Bos. Nach dem 2. Weltkrieg zahlr. Auslandsreisen nach Spanien, Portugal, Österreich, Dtl. – Hauptvertreter des christl. Existentialismus (lehnt diese Bezeichnung seit 1950 ab, nennt sich Neo-Sokratiker). Fand bereits 1914, vor Sartre, zur existentialist. Denkweise. Bewußt ohne festes System, s. philos. Werk zumeist in Tagebuch- und Dialogform. Geht aus von der Philos. Bergsons, die er später kritisierte. S. Ansatzpunkt ist die konkrete Realität. Mißt der Körperlichkeit des Menschen große Bedeutung bei. Wie der Körper in der Welt ist, muß das menschl. Bewußtsein sich selbst transzendieren, um Wahrheit zu finden. Unterscheidet scharf zwischen der Welt der Probleme, die außerhalb meiner selbst sind, und dem Mysterium, in das ich verstrickt bin. Will des mod. Menschen maieutisch den Nihilismus durch die Einsicht in den Mysteriumscharakter des Seins überwinden helfen. Vf. kraftvoller, doch selten gespielter Thesendramen über moral. und eth. Konflikte auf dem Boden s. Philos. Beeinflußt von Curel und Ibsen, von Porto-Riche und Schnitzler. S. Helden sind durch Einsamkeit, Hoffnungslosigkeit, Sünde und Angst gebrochene mod. Menschen, die sich im Lauf der Stücke vor dem Zuschauer entfalten, der unter diesem Eindruck selbsttätig die Einsicht in den metaphys. Charakter menschl. Seins entwickeln soll; stark gedankl. Dialogstücke.

W: La grâce, Dr. 1911; Le palais de sable, Dr. 1913; Le soleil invisible, Dr. 1914; Le cœur des autres, Dr. 1921; L'iconoclaste, Dr. 1923; Un homme de Dieu, Dr. 1925 (d. 1951); La chapelle ardente, Dr. 1925 (d. 1953); Le quatuor en fa dièse, Dr. 1925; Journal métaphysique, 1927 (d. 1955); Trois pièces (Le regard neuf, Le mort de demain, La chapelle ardente), Drn. 1931; Position et approche du mystère ontologique, 1933 (d. 1961); Le monde cassé, Dr. 1933 (d. 1953); La soif, Dr. 1934; Etre et avoir, 1935 (d. 1954); Le chemin de crête, Dr. 1936; Le dard, Dr. 1937 (d. 1953); Le fanal, Dr. 1938; Du refus à l'invocation, Es. 1940 (Schöpferische Treue, d. 1963); Homo viator, Es. 1945 (Philosophie der Hoffnung, d. 1949); La métaphysique de Royce, Schr. 1945; Théâtre comique, Drr. 1947; L'Emissaire, Dr. 1949 (d. 1952); Rome n'est plus dans Rome, Dr. 1951; Les hommes contre l'humain, Es. 1951 (Die Erniedrigung des Menschen, d. 1957); Le mystère de l'être, II 1951 (d. 1952); L'heure théâtrale, Ess. 1959 (d. 1961); Présence et immortalité, 1959 (d. 1961); The Existential Background of Human Dignity, 1963 (d. 1965); Auf der Suche nach Wahrheit und Gerechtigkeit, 1964; En chemin, vers quel éveil, 1971 (m. Bibl.); Coleridge et Schelling, Ess. 1971; L'existence et la liberté humaine chez J.-P. Sartre, 1981; M. et les injustices de ce temps, 1983; Correspondance 1934–1971, hg. H. de Lubac u.a. 1985. – *Übs.*: Schauspiele, III 1962ff.; Werkausw., hg. P. Grotzer, S. Foelz III 1992.

L: J. Wahl, Vers le concret, 1932; Existentialisme chrétien, hg. E. Gilson 1947 (d. 1951); P. Ricœur, G. M. et Karl Jaspers, 1947; J. Chenu, Le théâtre de G. M., 1948; J. Peters, 1949; M. Bernard, La philosophie religieuse de M., 1952; R. Troisfontaines, De l'existence à l'être, La philosophie de G. M., II 1953; P. Prini, 1953; E. Sottiaux, 1956; J. P. Bagot, Connaissance et amour, 1958; H. R. Lazaron, M. the dramatist, 1959; F. Hoefeld, 1956; K. T. Gallagher, N. Y. 1962; S. Cain, Lond. 1963; M.-M. Davy, 1964; P. Grotzer, 1964; R. Cooper, 1965; J. Parain-Vial, 1966; St. T. Jolin, 1970; C. Widmer, 1971; V. Berning, Das Wagnis der Treue, 1973; S. Plourde, Montréal 1975; E. Levinas u.a., 1976; E. Piscione, Reggio Emilia 1980; A. Dékány, Budapest 1982; P. A. Schilpp, L. E. Hahn, hg. La Salle 1984; F. Riva, Mail. 1985; S. Plourde, Vocabulaire philosophique de G. M., 1985; M. Sacquin, hg. 1989; D. P. Moran, Lanham 1992; S. Cain, N. Y. 1995; N. Mouannès, 2001; A. Mary, Le théâtre de G. M., Diss. Paris 2002. – *Bibl.*: F. H. Lapointe, C. Claire, N. Y. 1977.

March, Ausiàs, katalan. Dichter, 1397 Gandía/Valencia – 3. 3. 1459 Valencia. Aristokrat. Abstammung, Vater Dichter, lebte ständig am Königshof; 1418 Teilnahme an der sizilian. Expedition, 1419 am Feldzug gegen Korsika u. Sardinien unter Alfons V. von Aragonien; versch. Ämter am Hof. 1437 ∞ Isabel Martorell, Schwester des Romanciers Joanot M. – E. der bedeutendsten katalan. Dichter, gedankentiefe Lyrik von echter Menschlichkeit, Spiegel s. reichen Innenwelt, starke Originalität; Hauptelemente s. Lyrik sind Liebe. Religion, Traurigkeit u. Tod; im Gehalt von der Scholastik, in der Form von Petrarca beeinflußt; knapper, präziser Stil.

W: Cants de Mort; Cants d'Amor; Cants Morals; Cant Espiritual. – Obra completa, hg. R. Archer II 1997;

Obres, hg. A. Pagès II 1912–14; Poesies, hg. P. Bohigas V 1952–59.

L: A. Morel-Fatio, 1882; A. Rubió i Lluch, 1884; A. Pagès, 1912 u. 1925; M. de Riquer, La poesía de A. M., 1941; P. L. Fullana, 1945; M. de Montoliu, 1959; A. Tormo García, 1959; P. Bohigas, Metafísica y retórica en la obra de A. M., 1959–62; P. Ramírez i Molas, 1970; F. Gadea-Oltra, 1976; J. R. Costa i Sarió, 1978; R. Archer, 1985, 1994; J. M. Sobrer, 1987; L. Badia, 1993; S. Philipp-Sattel, Ffm. 1993.

March, William (eig. W. Edward March Campbell), amerik. Schriftsteller, 18. 9. 1893 Mobile/AL – 15. 5. 1954 New Orleans. Stud. Valparaiso und Univ. of Alabama; 1917 an der Westfront, Angestellter e. Reederei, seit 1928 freier Schriftsteller. – Vf. von Kurzgeschichten und Romanen über Kriegserfahrung einfacher Soldaten und Kleinstadtleben des amerik. Südens. Mod. Elemente mischen sich mit psycholog.-naturalist. Darstellung.

W: Company K, Kgn. 1933; Come in at the Door, R. 1934; The Little Wife and Other Stories, Kgn. 1935; The Tallons, R. 1936; Some Like them Short, Kgn. 1939; The Looking Glass, R. 1943; Trial Balance, Kgn. 1945; October Island, R. 1952; The Bad Seed, R. 1954; 99 Fables, 1960.

L: Bibl.: R. S. Simmonds.

Marchi, Emilio de, ital. Erzähler, 31. 7. 1851 Mailand – 6. 2. 1901 ebda. Aus einfachen Verhältnissen, arbeitete als Lehrer. Gründete 1875 mit einigen Freunden die lit. Zs. ›La Vita nuova‹. Sekretär der Accademia scientifica e letteraria in Mailand, 1896–1900 dort auch Lehrer für Stilistik. Ab 1898 Hrsg. der volkstüml. Reihe ›La buona parola‹. – Als Erzähler orientierte er sich an den Scapigliati, die die Lit.szene Mailands in der 2. Hälfte des 19. Jh. beherrschten; wendete sich dann dem Naturalismus zu. S. wichtigsten Romane sind ›Demetrio Pianelli‹ u. ›Arabella‹. Der postum erschienene Roman ›Redivivo‹ wurde zum Vorbild von Pirandellos ›Il fu Mattia Pascal‹.

W: Dopo il duello, Dr. 1876; Storielle di Natale, En. 1880; Storie d'ogni colore, En. 1885; L'età preziosa, Schr. 1887; Il capello del prete, R. 1888 (d. 1971); Demetrio Pianelli, R. 1890; Racconti, En. 1891; Arabella, R. 1892; Nuove storie di ogni colore, En. 1895; Storie di una capinera, R. 1895; Giacomo l'idealista, R. 1897; Vecchie cadenze e nuove, G. 1899; Col fuoco non si scherza, R. 1901; Redivivo, R. 1909. – Opere complete, 1901ff.; Tutte le opere, II 1959f.

L: M. Monteverdi, 1963; C. Colicchi, 1970; A. Gorini Santoli, 1986.

Marcinkevičius, Justinas, litau. Dichter, * 10. 3. 1930 Važatkiemis, Gem. Prienai. Gymnas. Prienai; Stud. an der hist.-philolog. Fakultät der Univ. Vilnius. 1953–59 in der Redaktion von ›Pergalė‹; 1960–65 stellvertr. Leiter des litau. Schriftsteller-verbands. – Stark philos. geprägter Dichter, der im Schicksalsweg s. Volkes die Synthese von Konkretem und Allgemeingültigem sucht. Vf. dynam.-lakon. Gedichte. Der Gattung des Poems erschloß er neuen Formenreichtum durch Vereinigung lyr., ep. u. dramat. Elemente. Auch Dramen u. Erzählungen.

W: Prašau, žodžio, G. 1955; Dvidešimtas pavasaris, Poem 1956; Šventoji duona, G. 1957; Kraujas ir Pelenai, Poem 1960; Publicistinė poema, Poem 1961; Duoną raikančios rankos, G. 1963; Pušis, kuri juokėsi, E. 1961; Donelaitis, Poem 1964 (d. 1967); Siena, Poem 1965; Mediniai tiltai, G. 1966; Liepsnojantis krūmas, G. 1968; Mindaugas, Dr. 1968; Sena abėcėlė, G. 1969; Katedra, Dr. 1971; Poemos II, Poem 1972; Šešios poemos, Poem 1973; Eilėraščiai. Mažosios poemos, Poem 1975; Mažvydas, Dr. 1977; Gyvenimo švelnus prisiglaudimas, G. 1978; Skrendančios pušys, G. 1979; Pažinimo medis, Poem 1979; Būk ir palaimink, G. 1980; Vienintelė žemė, G. 1984; Už gyvus ir mirusius, G. 1988; Eilėraščiai iš dienoraščio, G. 1993; Žingsnis, G. 1998; Carmina minora, G. 2000. – *Übs.:* Auf der Erde geht ein Vogel, G. 1969.

L: K. Ambrasas, 1961; J. Lankutis, 1964, 1966, 1977, 1980; V. Galinis, 1966; R. Pakalniškis, 1969, 1984; L. Kossuth, 1969.

Marco Polo → Polo, Marco

Marcos, Plinio, brasilian. Theaterautor, 29. 9. 1935 Santos – 19. 11. 1999. Zirkusclown, Hafenarbeiter, Gewerkschaftsaktivist, zog nach São Paulo; Straßenhändler, Bühnenarbeiter, Schauspieler, aktiv in der Schaffung der Volkskulturzentren der linken Studentenbewegung. – Bringt mit s. Theaterstücken die Straße auf die Bühne (Migranten, Obdachlose, Prostituierte, Straßenkinder, Favela-Bewohner, Drogenhändler) oder zeigt das Gefängnis; ›Barrela‹ thematisiert kriminelles Handeln, Vergewaltigung, Gewalt, Mord; einige der Stücke aus ›Abajur lilás‹ wurden von der Zensur der Militärdiktatur (1964–81) verboten, später spiritualist. Stücke wie ›Madame Blavatsky‹.

W: Barrela, Dr. 1958; Dois perdidos numa noite suja, Dr. 1966 (d. 1985); Navalha na carne, Dr. 1967; Quando as máquinas param, Dr. 1972; Madame Blavatsky, Dr. 1985; Figurinha difícil: pornografando e subvertendo, Chronik 1997.

Marcus, Eduard → Voronca, Ilarie

Marcus, Frank, engl. Dramatiker, * 30. 6. 1928 Breslau. 1939 Emigration nach London. Schauspieler, Regisseur, Kritiker u. TV-Autor. – Erfolgreicher West End-Dramatiker, bekannt insbes. durch ›The Killing of Sister George‹, e. tragikom. Stück über den künstler. u. menschl. Zusammenbruch e. älteren lesb. Schauspielerin. Übs. Hauptmann (The Weavers, 1980) u. Schnitzler (Anatol, 1982).

W: The Formation Dancers, Sch. 1964 (d. Aufforderung zum Tanz, 1971); The Killing of Sister George, Sch. 1965 (d. 1969); Studies of the Nude, Sch. 1967; The Window, Sch. 1970; Notes on a Love Affair, K. 1973; Blind Date, Sch. 1977 (d. 1977).

Marcus Aurelius Antoninus, röm. Kaiser, 26. 4. 121 – 180 n. Chr. Viminaium oder Sirmium. Geboren als M. Annius Verus, 138 von Antoninus Pius adoptiert, trotz polit. Aufstiegs (139 Quaestor, 130 Princeps iuventutis) weitere Studien: Rhetorik bei Fronto und Herodes Atticus; durch Iunius Rusticus radikale Hinwendung zur Philos. (Stoizismus, v.a. in der Ausprägung Epiktets); herrscht ab 161 zusammen mit Lucius Verus, 169–180 allein als Kaiser; zahlr. Kriege zur Sicherung der Reichsgrenzen. – Vf. in griech. Sprache ›Ton eis heauton [sc. biblia]‹ (›[Bücher mit s.] Selbstbetrachtungen‹, lat. ›Meditationes‹, wohl zwischen 170 und 180 teilweise im Feldlager (Buch 2: ›bei den Quaden‹, Buch 3: ›in Carnuntum‹). Nach e. Art autobiograph. Standortbestimmung in Buch 1 folgt in den weiteren 11 Büchern e. themat. nur teilweise geordnete Sammlung aphorist. Äußerungen und Reflexionen zu e. breiten Themenspektrum. Ziel dieser geistigen Übungen ist v.a. ein am synkretist. Stoizismus orientierter Umgang mit den Beschwernissen des Alltags einerseits und der Angst vor dem Tod andererseits, ohne daß dabei systemat. Geschlossenheit erstrebt würde. Nichts in den ›Meditationes‹ weist auf e. Publikationsabsicht des Autors hin, wenn er auch mit e. posthumen Publikation rechnen mußte. – Literarhist. stellen die ›Meditationes‹ e. wichtigen Schritt auf dem Weg zur Autobiographie dar. Durch ihren prominenten Vf. und den Gestus völliger Aufrichtigkeit und Weltentsagung faszinierten sie nicht nur Herrscher (von Iulian bis Friedrich d. Gr.), sondern regten durch alle Jahrhunderte versch. Formen lit. Selbstreflexion an (z.B. D. Hammarskjöld). Bis heute gehören sie zu den meistübersetzten Texten der griech. Lit. der Antike.

A: Med.: J. Dalfen ²1987; A. S. L. Farquharson, II 1944, ²1968 (m. Komm.); R. Michel ²1992 (griech./dt.); *Epp.:* M. P. J. van den Hout, ²1988; Med. u. Epp.: G. Cortassa 1984. – *Übs.:* R. Nickel 1998 (griech./dt.).

L: J. Dalfen, 1967; R. Klein, 1979; E. Champlin, Cambr./MA 1980; A. R. Birley, M. A., A Biography, Lond. ²1987; G. Cortass, Turin 1987; E. Asmis in: ANRW II 36.3 (1989); R. B. Rutherford, The Meditations, Oxf. 1989; P. Grimal, M. A., Paris 1991; P. Hadot, Die innere Burg, 1997 (zuerst franz. 1992); K. Rosen, M. A., 1997; A. Carfora, Neapel 2001; C. Motschmann, Die Religionspolitik, Leiden u.a. 2002.

Mare, Walter de la → La Mare, Walter John de

Marechal, Leopoldo, argentin. Schriftsteller, 11. 6. 1900 Buenos Aires – 27. 6. 1970 ebda. Schul- u. Gymnasiallehrer, versch. Europareisen. – S. Gedichte behandeln v.a. die ird. u. göttl. Liebe in phantasievoller, myst. Art in klass. metr. Form. S. ›Adán Buenosayres‹ ist e. autobiograph., realist. u. symbol. Reise in die eigene Vergangenheit u. in die Hölle, voll von humorvollen Abenteuern.

W: Los aguiluchos, G. 1922; Días como flechas, G. 1926; Cinco poemas australes, G. 1937; Sonetos a Sophia, G. 1940; Adán Buenosayres, R. 1948; Antígona Vélez, Sch. 1951; El banquete de Severo Arcángel, R. 1965; Autopsia de Creso, Ess. 1965; Claves de Adán Buenosayres, 1966; Cuaderno de navegación, Ess. 1966; Megafón o la guerra, N. 1970. – Obras completas, V 1998.

L: R. F. Squirru, 1961; L. M., 1966; J.-C. Chopinet, Paris 1967; A. Andrés, 1968; D. Barros, 1971; E. Rosbaco Marechal, 1973; H. M. Cavallari, 1981; V. Cricco u.a., 1985; J. de Navascués, 1992; U. Kröpfl, 1995.

Marechera, Dambudzo, zimbabw. Schriftsteller, 4. 6. 1952 Rusape/Zimbabwe – 18. 8. 1987 Harare. Stud. University of Zimbabwe (Ausschluß nach Studentenprotest im Befreiungskampf) u. Oxford (Ausschluß wegen rebell. Haltung). Demonstrative Ablehnung von Lit.preisen in England. 1982 Rückkehr nach Zimbabwe. – M.s in fragmentierter, modernist. Prosa verfaßte Romane beschäftigen sich mit gesellschaftl. Außenseitern im Rhodesien vor der Unabhängigkeit u. England. ›Mindblast‹ kombiniert Dramatik, Prosa u. Lyrik u. zeigt lit. Experimentierfreudigkeit u. die konsequente Position des Dissidenten.

W: The House of Hunger, R. 1978 (d. 1981); Black Sunlight, R. 1980; Mindblast, Drn., Kgn., G. 1984; The Black Insider, Aut. 1990; Cemetery of Mind, G. 1992.

L: F. Veit-Wild, 1992.

Margites, Titelheld e. Homer zugeschriebenen Spottgedichtes → Homeros.

Marguerite d'Angoulême (oder de Navarre), franz. Schriftstellerin, 11. 4. 1492 Angoulême – 21. 12. 1549 Odos b. Tarbes. ∞ 1509 Charles Duc d'Alençon, 1527 Henri d'Albret, König von Navarra. Schwester u. Beraterin König Franz' I., Großmutter Heinrichs IV. – Gebildetste (humanist.), intelligenteste und feinsinnigste Schriftstellerin der franz. Frührenaissance. Förderte an ihrem südfranz. Hof Nérac Kunst und Wiss. Die innere Gegensätzlichkeit ihres Jh. begegnet sich in M.: Sie vereinigt in sich myst. Reformglut, Platonismus, Renaissancegeist und gall. Sinnenfreude. Selbst kathol., sympathisierte sie mit dem Protestantismus, nahm vom Parlament oder vom König verfolgte Protestanten auf (Marot, Despériers, Calvin). Begann mit der myst. Schrift ›Miroir de l'âme pécheresse‹, die 1533 von der kathol. Fakultät in Paris als protestant. verbrannt wurde. Die Sammlung ›Les marguerites de la Marguerite des princesses‹ enthält neben Mysterienspielen, Komödien u. Moralitäten das ep. Gedicht ›La coche‹ sowie stark vom Platonismus beeinflußte geistl. u. weltl. Lieder über Gottes- und Königsliebe, ird. Freuden, mit sehr schönen lyr. Teilen. Ihr bedeutendstes, v. a. kulturgeschichtl. wertvolles Werk ist das ›Heptaméron des nouvelles‹, 72 Novellen, die M. nach dem Vorbild von Boccaccios ›Decamerone‹ durch e. Rahmenhandlung verbindet (e. von der Umwelt abgeschnittene aristokrat. Gesellschaft erzählt sie in 7 Tagen). Wichtiger als die meist sehr derben Geschichten mit z. T. trag. Zügen ist das Bemühen um psycholog. Motivierung und die jeweils sich anschließende Diskussion über Liebes- und Moralfragen. Im Mittelpunkt steht die Liebe im platon. Sinne, als ernstes reines Gefühl oder verzehrende Leidenschaft. Ausgelassene Sinnlichkeit, höf. Lebensart und Reinheit stehen dicht nebeneinander. Wirkte stark auf B. Despériers und C. Marot.

W: Le miroir de l'âme péchéresse, G. 1531 (n. R. Salminen 1979); Les marguerites de La Marguerite des princesses, Slg. 1547 (n. F. Franck IV 1873f.); Heptaméron des nouvelles, 1559 (1558 u. d. T. Histoire des amans fortunez, hg. M. François 1960, S. de Reyff 1982; d. A. Semerau II 1909, K. Rosenberg III 1924, W. Widmer 1960, ²1999, E. Bertleff 1965, R. Salminen, Helsinki 1991, Genf 1999). – Œuvres complètes, hg. M. Clément 2001ff; Les poésies, hg. F. Franck IV 1880; Les dernières poésies, hg. A. Lefranc 1895; La Nativité, hg. P. Jourda 1939; Théâtre profane, hg. V. L. Saulnier 1946; Le navire, hkA 1956; Petit œuvre dévot et contemplatif, hg. u. komm. H. Sckommodau 1960; Nouvelles, krit. hg. Le Hir 1967; La coche, hkA 1971; Chansons spirituelles, 1971; Lettres, hg. F. Génin II 1841f.; Correspondance G. Briçonnet et M. 1521–1524, hg. C. Martineau, M. Veissière, Genf 1975ff.; Les comédies bibliques, hg. B. Marczuk, Genf 2000.

L: F. Lotheisen, 1885; A. Lefranc, 1898; J. Darmesteter, 1900; H. Hohlwein, Diss. Jena 1925; E. V. Telle, 1937; P. Jourda, II ²1941; L. Febvre, Autour de l'Heptaméron, 1944; E. Oerter, Diss. Marb. 1944; H. Sckommodau, 1955; K. H. Hartley, Bandello and the Heptaméron, Melbourne 1960; H. Verney, 1962; J. L. Allaire, 1966; J. Gelernt, World of Many Loves, Chapel Hill 1966; R. W. Bernard, 1968; S. J. Toenes, 1970; L. Febvre, Amour sacrée, amour profane, ²1971; P. Brockmeier, 1972; M. Tetel, M. d. N.s ›Heptameron‹, 1973; H. de Chabannes, 1974; N. Toussaint du Wast, 1976; N. Cazauran, 1977, ²1991; R. D. Cottrell, The grammar of silence, Washington D. C. 1986; J.-L. Déjean, 1987; P. Sommers, Celestial ladders, Genf 1989; S. Hanon, Le vocabulaire de l'Heptaméron, 1990; M. Tetel, 1991; M. Bideaux, 1992; R. Reynolds-Cornell, hg. 1995; N. Cazauran, hg. 1995; C. Thysell, Oxf. 2000; B.-M. Karlsson, Sagesse divine et folie humaine, Göteborg 2001. – *Bibl.:* H. P. Clive, Lond. 1983.

Marguerite de Navarre → Marguerite d'Angoulême

Margueritte, Paul und Victor, franz. Erzähler, Paul 1. 2. 1860 Lagh'-ouat/Algerien – 30. 12. 1918 Housségor/Landes. Victor 1. 12. 1866 Blida – 23. 3. 1942 Monestier. Brüder; Generalssöhne. P. bis 1881, V. bis 1896 in der Armee. – Gute Erzähler und Beobachter. P. schrieb e. naturalist. Roman und nach der Veröffentlichung des ›Manifeste des cinq‹ (mit J.-H. Rosny, L. Descaves, P. Bonnetain, P.-G. Guiches) realist. Romane, e. seiner besten ›La force des choses‹. 1896–1908 arbeitete er nur zusammen mit s. Bruder V. Beide verfaßten e. Reihe von Kriegsromanen über die Ereignisse von 1870/71, unterstützten die Frauenrechtlerinnen mit ›Femmes nouvelles‹, forderten soz. Reformen in ›Les deux vies‹ und ›Le prisme‹ und schrieben Kindergeschichten, die bekannteste ›Poum‹. Nach Tod des Bruders rief V. mit dem Roman ›La garçonne‹, in dem er den Freiheitsdurst der Frauen der Nachkriegszeit behandelt, e. Skandal hervor.

W: Paul: Jours d'épreuve, R. 1889; La force des choses, R. 1891; Ma grande, R. 1892; La tourmente, R. 1893; Victor: La garçonne, R. 1922 (d. 1922); Paul u. Victor: Poum, Aventures d'un petit garçon, Kdb. 1897 (d. 1924); Une époque, R. IV 1898–1904 (d. 1902–05); Femmes nouvelles, R. 1899; Les deux vies, R. 1902 (d. 1926); Zette, Kdb. 1903; Histoire de la guerre de 1870, 1903; Le prisme, R. 1905 (d. 1927).

L: E. Pilon, 1905; S. Barreau, 1909; J. Guirec, V. M., 1927 u. 1929; P. Paraf, 35 ans après ›La garçonne‹, 1957; P. Galouzeau de Villepin, 1989, 1991.

Marías, Javier, span. Schriftsteller, * 20. 9. 1951 Madrid. Sohn des Philosophen Julián Marías; schrieb mit 18 Jahren in Paris s. ersten Roman ›Los dominios del lobo‹; Stud. Philosophen u. Lit. Madrid; 1983–85 Dozent in Oxford u. Boston. – Erlangte durch das Medienecho auf s. Roman ›Corazón tan blanco‹ internationale Berühmtheit. Hauptthemen: die Begrenztheit der Erkenntnis von Ich u. Welt, das Verhältnis von Vergessen u. Erinnern, Unbewußtem u. Bewußtem, Fiktion u. Wirklichkeit; verwandelt banale Grundkonstellationen in unnachahm. suggestive Erzählungen durch gezielte Undurchsichtigkeit der Handlung, raffinierte Verschränkung der Zeitebenen, intertextuelle Verweise u. Komplizenschaft des verunsicherten Erzählers mit dem Leser. Auch Übsn. aus dem Engl. (Sterne u. a.) u. zahlr. Essays zur Lit.

W: Los dominios del lobo, R. 1971; Travesía del horizonte, R. 1972 (d. 2002); El monarca del tiempo, R. 1978; El siglo, R. 1983; El hombre sentimental, R. 1986 (d. 1992); Todas las almas, R. 1989 (d. 1991); Mientras ellas duermen, En. 1990 (d. 1999); Corazón tan blanco, R. 1992 (d. 1996); Vidas escritas, En. 1992 (d. 2001); Mañana en la batalla piensa en mí, R. 1994 (d. 1998); Cuando fui mortal, En. 1996 (d. 1999); Miramientos, Ess. 1997; Negra espalda del tiempo, autobiograph. Es. 1998 (d. 2000); Tu rostro mañana, R. 2002.

L: M. Steenmeijer, hg. Amst. 2001; A. Grohmann, Amst. 2002.

Marie de France, älteste franz. Dichterin, um 1130 – um 1200. Identität umstritten, lebte am engl. Hof, schrieb für Heinrich II. Plantagenet vor 1167 ihre ›Lais‹, zwischen 1170 u. 1180 e. Fabelsammlung ›Esope‹ für Wilhelm Langschwert, den natürl. Sohn Heinrichs, verfaßte nach 1189 ›L'Espurgatoire seint Patriz‹, e. Legende nach e. lat. Traktat. Schon bei den Zeitgenossen berühmt. Ihre bedeutendste Leistung, die Lais, e. Lieblingslektüre des Adels. Versnovellen, Stoffe aus dem breton. Sagenkreis in kunstvoller höf. Form gereimter Epik. Klare, einfache, anschaul. Sprache. Von den 12 überlieferten Lais ›Lanval‹ u. ›Guingamor‹ echte Feenmärchen. E. weitere Gruppe, so ›Bisclavret‹ (Werwolfmotiv), ›Eliduc‹ (Motiv der Doppelehe), ›Fraisne‹ (Griseldismotiv), knüpft an den breton. Volksglauben an. Die Lais e. dritten Gruppe, alle außer ›Chievrefeuil‹ Liebesgeschichten mit trag. Ausgang, wirken weniger durch die Handlung als durch seel. Vertiefung. Der Lai vom ›Chievrefeuil‹, der e. von Geißblatt umschlungene Haselnußstaude als Symbol der untrennbaren Liebe verwendet, erzählt e. sonst nicht überliefertes Tristanabenteuer u. ist die erste überlieferte Tristandichtung. M.s ›Esope‹ ist die Übs. e. bereits durch e. Engländer Alfred zusammengestellten Fabelsammlung. Von den 102 erhaltenen Fabeln gehen 40 auf Romulus Nilantius, die restl. auf lat., griech. oder ma.-german. Quellen zurück.

A: Lais, vor 1167 (hg. K. Warnke [3]1925, A. Ewert [2]1958, J. Lods 1959, E. Hoepffner [2]1959, J. Rychner 1966, Ausw. E. v. Richthofen [3]1968, D. Rieger, R. Kroll 1980; Ph. Walter 2000; dt. Ausw.: W. Hertz, Spielmannsbuch, [2]1905, Ausw. 1921; W. Widmer, Ein franz. Hexameron, 1948; E. Lommatzsch, Sagen und Erzählungen aus dem alten Frankreich, 1950); Esope, Fabeln zwischen 1170 und 1180 (hg. K. Warnke 1898; Ausw. A. Ewert, R. C. Johnston 1942, K. Warnke [2]1962, H. U. Gumbrecht 1973; Ch. Brucker 1991); L'Espurgatoire seint Patriz, Leg. nach 1189 (hg. K. Warnke 1938, Y. de Pontfarcy 1995).

L: E. Winkler (Sitzungsberichte der Akad. der Wiss. Wien 188), 1918; E. Hoepffner, 1935; B. Wennberg, 1956; B. Schonwald, 1967; J. Rosso, 1967; J. R. Rothschild, 1968; R. Baum, 1968; R. Schober, Von der wirkl. Welt in der Dichtung, 1970; A. Knapton, 1971; K. Ringger, 1973; G. S. Burgess, Lond. 1977; P. Ménard, 1979; P. Clifford, Lon. 1982; U. Zahn, 1987; C. A. Maréchal, Lewiston 1992; J. Dufournet, hg. 1995; S. Amer, Ésope au féminin, Amst. 1999. – *Bibl.:* G. S. Burgess, 1987.

Mariengof, Anatolij Borisovič, russ. Dichter, 6. 7. 1897 Nižnij Novgorod – 24. 6. 1962 Leningrad. – Lyriker, anfangs unter Einfluß des Futurismus, dann wicht. Vertreter des Imaginismus, Freundschaft mit Esenin; dann auch Dramatiker und Memoirenautor.

W: Vitrina serdca, G. 1918; Magdalina, G. 1919; Konditerskaja solnce, G. 1919; Bujan-ostrov, G. 1920; Stichami čvanstvuju, G. 1921; Razvratničaju s vdochnoveniem, G. 1921; Tučelet, G. 1921; Zagovor durakov, Dr. 1922; Stichi i poėmy, G. 1922–26; Roman bez vran'ja, R. 1927 (n. 1978); Ciniki, R. 1928 (n. 1978); Brityj čelovek, Mem. 1930; Sud žizni, 1948; Roždenie poėta, B. 1951; Ėto vam, potomki!, Slg. 1994.
L: B. Althaus, 1999.

Marienhof, Anatolij → Mariengof, Anatolij Borisovič

Marija, Mat' (eig. Elizaveta Jur'evna Skobcova, geb. Pilenko), russ. Lyrikerin, Dramatikerin, 20. 12. 1891 Riga – 31. 3. 1945 Ravensbrück. Ursprüngl. Sozialrevolutionärin, entwickelte sich die 1919 emigrierte Lyrikerin, als sie 1932 in Paris Nonne geworden war, zu e. sozial engagierten Christin. Einsatz für Juden im Krieg führte zu Haft u. Tod. – M. M. ist e. dichter. begabte, kluge, göttl. begnadete Frau, die im Leben u. in ihren lyr. u. dramat. Werken ihre Aufgabe im Dienst am Nächsten sah.

W: Ruf', G. 1916; Stichotvorenija, G. 1947; Stichi, G. 1949. – Izbrannoe (Ausw.), 1991.
L: S. Hackel, 1965; russ. erw. S. Gakkel', 1980.

Mariken van Nieumeghen, bedeutendstes ma. niederländ. Mirakelspiel, entstanden zwischen 1485 und 1510, in Prosa und Vers wechselnd, evtl. von Anna → Bijns. M. verschreibt sich für 7 Jahre dem Teufel, wird aber durch die Aufführung e. Wagenbühne bekehrt; sie erhält durch die Beichte beim Papst Vergebung ihrer Sünden und wird Nonne in e. Kloster in Maastricht.

A: Faks. 1904; W. H. Beuken 1931; A. Saalborn 1947; J. van Mierlo 1951; C. Kruyskamp, 1954; L. Debaene, 1958; G. Knuvelder, [5]1963. – *Übs.:* F. M. Huebner, 1919; W. Cordan, 1951.
L: G. W. Wolthuis, 1952. – *Bibl.:* R. Roemans, G. W. Wolthuis, 1951.

Marin, Biagio, ital. Dichter, 1891 Grado – 1985 ebda. Stud. der Philos. in Wien, Florenz, Rom. Nach Lehrtätigkeit Bibliothekar in Triest bis 1956. 1968 Rückkehr nach Grado. – Beginnt unter dem Einfluß Pascolis und der Autoren aus dem Kreis der Zs. ›La voce‹ um 1910 im venet.-triestin. Dialekt s. Heimat, den er stets beibehalten wird, zu schreiben. S. unintellektuelle, sinnenfreudige Lyrik, die um Motive aus s. Landschaft (Sonne, Meer, Wind) kreist, wurde von U. Saba und v.a. P. P. Pasolini, der ihn auch bekannt machte, hochgeschätzt.

W: Fiuri de tapo, G. 1912; La girlanda de gno suore, G. 1922; Cansone picole, G. 1927; I canti de l'isola, G. 1951; Le Setembrine, G. 1951; Sénere colde, G. 1953; Elegie istriane, G. 1963; El vento de l'Eterno se fa teso, G. 1973; A sol calào, G. 1974; Stelle cagiùe, G. 1977.

Marinetti, Filippo Tommaso, ital. Schriftsteller, 22. 12. 1876 Alexandria/Ägypten – 2. 12. 1944 Bellagio. Jugend in Frankreich, Erziehung in e. Jesuitenkolleg. Stud. Paris, Pavia u. Genua, zog später nach Mailand, blieb jedoch in enger Verbindung mit den lit. Kreisen in Paris. Schrieb in ital. und franz. Sprache. 1905 gründete er in Mailand die lit. Zs. ›Poesia‹, aus der sich dann bald der Verlag der Futuristen entwickelte. Freiwilliger im 1. Weltkrieg. Später Mitbegr. des Faschismus. – Begr. des lit. Futurismus, dessen Manifest er 1909 im Pariser ›Figaro‹ erscheinen ließ u. in dem er u. s. Anhänger jeder lit. Tradition den Kampf ansagten u. für e. freie, ihrer Zeit angemessene Kunst eintraten. M. fordert unter dem Schlagwort ›Parole in libertà‹ die völlige sprachl. Freiheit für den Dichter, die zur Auflösung der Syntax führt, wendet in s. eigenen Werken diese Theorie aber nur eingeschränkt an. S. Forderung nach e. zeitgemäßen Dichtung entsprechen auch die Stoffe s. Werke. Er berauscht sich an den Errungenschaften der Technik u. fordert, daß Technik u. Krieg als Hauptthemen auch im zeitgenöss. Roman behandelt werden sollen. Übs. Mallarmés.

W: La conquête des étoiles, G. 1902 (ital. 1920); Destruction, G. 1904 (ital. 1911); Le roi Bombance, Dr. 1905; La ville charnelle, G. 1908; Mafarka le futuriste, R. 1910 (ital. 1910); Le futurisme, Schr. 1911; Le Monoplan du Pape, G. 1912 (ital. 1914); Guerra Sola Igiene del Mondo, R. 1915; Come si seducono le donne, 1917; Manifesti del futurismo, IV 1919; Elettricità sessuale, R. 1919; L'alcòva d'acciaio, R. 1921; Gli indomabili, E. 1922; Futurismo e fascismo, Schr. 1924; Novelle colle labbra tinte, En. 1930; Cucina futurista, Schr. 1931 (d. 1983); Tamburo di Fuoco, Dr. 1932; Il fascino dell'Egitto, Schr. 1933; Poemi simultanei futuristi, G. 1933; Il poema non umano dei tecnicismi, G. 1940; Canto eroi e macchine della guerra mussoliniana, G. 1942. – Teatro, III 1960; Opere, hg. L. de Maria 1968ff. – Carteggio inedito 1917–1940, hg. G. C. Milles 2001.

L: E. Settimelli, 1921; C. Pavolini, 1924; G. Mariani, 1970; G. Lista, Paris 1976; L. Paglia, 1977; Présence de M., hg. J.-C. Marcadé, Lausanne 1982; A. Saccone, 1984; G. Baldissone, 1986; S. Briosi, 1986; R. Rinaldi, 1986; C. Salaris, 1987; G. Agnese, 1990; M. Calvesi, 1994; L. De Maria, 1994.

Marinković, Ranko, kroat. Schriftsteller, 22. 2. 1913 Insel Vis – 28. 1. 2001 Zagreb. – Stud. Philol. Zagreb, Schauspieldirektor ebda., Prof. Theaterwiss.; Akad.-Mitglied 1983. – Lyriker, ep.-psychoanalyt. Dramatiker und realist.-satir. Erzähler von skurrilem Humor mit Themen um Angst und Tod. Auch Essayist.

W: Proze, 1948; Geste i grimase, Es. 1951; Ruke, En. 1953 (Hände, d. 1961); Glorija, Dr. 1955; Poniženje Sokrata, En. 1959; Karneval, En. 1964; Kiklop, R. 1965; Tri drame, Drn. 1977; Geste i grimase, Ess. 1979; Zajednička kupka, R. 1980; Nevesele oči klauna, Ess. 1986; Never more, R. 1993. – Izabrana djela (AW), hg. I. Frangeš 1981; Izabrana djela (AW), II 1981; Sabrana djela (GW), VI 1982, VII 1988; U znaku vage (AW), 1995; Izbor iz djela (AW), 2000.

L: V. Pavletić, Sudbina automata, 1955; Lj. Cvijetić, 1980; J. Frangeš, 1981; R. Mikić, 1988; V. Visković, 1988; L. Čale-Feldman, 1997.

Marino (auch Marini), Giambattista, ital. Dichter, 18. 10. 1569 Neapel – 25. 3. 1625 ebda. Auf Wunsch des Vaters Stud. Jura, wandte sich jedoch der Dichtung zu. Vom Vater wegen s. leichtsinnigen Lebenswandels verstoßen, fand M. Aufnahme bei Freunden, für die er z. T. als Sekretär arbeitete; verbüßte mehrfach längere Gefängnisstrafen wegen versch. Vergehen, trat schließl. in die Dienste des Kardinals P. Aldobrandini in Rom, den er nach Turin u. Ravenna begleitete. 1615 ging er nach Paris an den Hof Maria de'Medicis, wo er mit zahlr. franz. Dichtern und Literaten verkehrte und die Gunst u. Bewunderung Ludwigs XIII. errang. 1623 kehrte er nach Italien zurück, hielt sich zunächst in Turin, dann in Rom u. Neapel auf. – Bedeutendster Vertreter des lit. Barock in Italien, das nach ihm auch ›Marinismus‹ genannt wird. Von s. Zeitgenossen für e. der größten dichter. Genies Italiens gehalten. Kennzeichnend für s. Dichtungen ist das Spiel mit der Form, der er meisterhaft beherrscht u. der er den Stoff völlig unterordnet. Sowohl in s. Lyrik als auch in s. umfangreichen mytholog. Epos ›Adone‹, das in 45 000 Versen die Liebesgeschichte von Adonis u. Venus behandelt, herrscht die Freude an der preziösen Schilderung e. raffinierten Erotik vor.

W: Lira, G. 1602–21; La galleria, G. 1620; La sampogna, G. 1620; Adone, Ep. 1623 (hkA G. Balsamo-Crivelli 1922); La Strage degli innocenti, Ep. 1632 (Der bethlehemitische Kindermord, d. B. H. Brockes 1715). – Poesie varie, hg. B. Croce 1913; Le più belle pagine, hg. G. Balsamo-Crivelli 1925; Poesie e prose, hg. C. Culcasi 1930; Marino e i marinisti, hg. G. Ferrero 1954; Rime amorose, hg. O. Besomi 1987; Rime marittime, hg. ders. 1988; Rime boscherecce, hg. J. Hanser-Jakubowicz 1991; Rime lugubri, hg. V. Guerico 1999. – Opere, hg. A. Asor Rosa 1967; Tutte le opere, hg. G. Pozzi 1976; Epistolario, seguito da lettere di altri scrittori del Seicento, hg. A. Borzelli, F. Nicolini II 1911f.; Lettere, hg. M. Guglielminetti 1966. – *Übs.*: Sonette u. Madrigale, 1964.

L: M. Menghini, 1888; E. Brossmann, G. M. u. s. Hauptwerk ›Adone‹, 1898; A. Gustarelli, 1918; F. Picco, 1927; A. Borzelli, 1927 (m. Bibl.); G. Saviotti, 1929; G. Culcasi, 1932; J. V. Mirollo, N. Y. 1963; M. Guglielminetti, 1964; E. Taddeo, 1971; H. Grubitzsch, 1973; M. Pieri, 1976; J. Schulze, 1978; F. Guardiani, 1989; P. Cherchi, 1996. – *Bibl.*: F. Giambonini, 2000.

Marivaux, Pierre Carlet de Chamblain de, franz. Schriftsteller, 4. 2. 1688 Paris – 12. 2. 1763 ebda. Bankierssohn; Jugend in Limoges. Stud. Rechte Paris. Weltmänn. Leben: Besucher der Salons von Mme de Tencin und Mme de Lambert. Erste

Werke nur mondäne Spielerei. 1720 durch Lawschen Bankrott ruiniert; zum Schreiben gezwungen, begann er die Reihe s. bedeutenden Komödien und Romane und redigierte mehrere moral. Zsn., ›Le Spectateur français‹ (1722f.), ›L'indigent philosophe‹ (1728), ›Le cabinet du philosophe‹ (1734). S. Gönnerin war Mme de Tencin. 1742 Mitgl. der Académie Française. In letzten Lebensjahren Gast der Salons von Mme du Deffand und Mme Geoffrin. – Vf. e. Reihe glänzender, neuartiger Komödien, die die klass. Tradition der psychischen Analyse fortsetzen, dabei erstmals Diener oder Zofen als Vertrautenrollen ausgestaltend. Am berühmtesten durch s. Liebeskomödien: vorwiegend in e. Phantasiewelt spielende Stücke, die (nicht architekton. aufgebaut, sondern episod.) das Entstehen der Liebe behandeln. Der Konflikt ist in jeder Komödie im Grunde der gleiche: E. harmloses, überwindl. Hindernis steht der Liebe im Wege (u. a. soz. oder moral. Vorurteil, Entschlußlosigkeit, Schüchternheit, Eigenliebe), der glückl. Ausgang ist von vornherein gewiß. Den eigentl. Inhalt und Reiz der Stücke bildet die genaue, lebenswahre, minuziöse Analyse des Gefühls in s. feinsten Nuancen im Dialog in e. entsprechend geist- und gemütvollen differenzierten, ornamentalen Sprache, in ihrer Besonderheit als ›marivaudage‹ gekennzeichnet und leicht kritisiert. M.' psycholog. Stilkunst übertrifft bes. in Frauengestalten die Molières und bestimmt auch s. beiden bedeutenden Romane ›La vie de Marianne‹ und ›Le paysan parvenu‹, die an die Tradition des preziösen Romans (komplizierter Aufbau, Verzögerungstechnik) anknüpfen, sich aber von ihm unterscheiden durch realist. Darstellung e. wirkl. Umwelt (Stadt, Gesellschaft des 18. Jh.) u. sich auszeichnen durch überzeugende Gestaltung vielschichtiger Charaktere.

W: L'Iliade travestie, 1717; Télémaque travesti, 1717; L'amour et la vérité, Dr. 1720; Annibal, Dr. 1720 (d. 1887 nach G. E. Lessing); La surprise de l'amour, Dr. 1722; La double inconstance, Dr. 1723; Le prince travesti, Dr. 1724; La fausse suivante, Dr. 1724; Le dénouement imprévu, Dr. 1724; L'île des esclaves, Dr. 1725; L'héritier de village, Dr. 1725 (d. um 1735); La seconde surprise de l'amour, Dr. 1727 (d. J. F. Jünger 1803); Le jeu de l'amour et du hasard, Dr. 1730 (d. 1961); La vie de Marianne, R. XI 1731–41 (krit. hg. F. Deloffre 1957, d. A. Diezmann II 1867, d. 1968); Le triomphe de l'amour, Dr. 1732; Les serments indiscrets, Dr. 1732; L'école des mères, Dr. 1732 (d. C. Ekhof 1764); L'heureux stratagème, Dr. 1733; La méprise, Dr. 1734; La mère confidente, Dr. 1735 (d. A. G. Uhlich 1748); Le paysan parvenu, R. IV 1735 (krit. hg. ders. 1959, d. Ch. S. Mylius 1787, C. H. v. Geismar II 1867); Le legs, Dr. 1736; Les fausses confidences, Dr. 1737 (d. F. W. Gotter 1798); La joie imprévue, Dr. 1738; Les sincères, Dr. 1739 (d. 1961); L'épreuve, Dr. 1740 (d. F. L. W. Meyer 1793); Le préjugé vaincu, Dr. 1741. – Œuvres, XIII 1781 (n. 1972), hg. Duviquet X 1827–30; Théâtre complet, Romans, hg. M. Arland II 1949; Théâtre complet, hg. F. Deloffre 1968; Journaux et œuvres diverses, 1969 (n. 1988). – *Übs.:* Sammlung einiger Lustspiele, J. C. Krüger II 1747–49; Komische Romane, 1762; Romane, hg. N. Miller 1968; Der philosophische Vagabund, Die Schriften des Philosophen, 1980.

L: G. Larroumet, 1882; G. Deschamps, ²1907; V. Golubew, M.' Lustspiele in dt. Übsn. des 18. Jh., 1904; K. Holzbecher, Diss. Bln. 1936; O. Ruggiero, Mail. 1953; A. Meister, Diss. Zür. 1955; K. N. McKee, N. Y. 1958; M. J. Durry, 1960; J. B. Ratermanis, Gent 1961; M. Matucci, Neapel 1962; F. A. Friedrichs, Diss. Heidelb. 1965; E. J. H. Greene, Toronto 1965; B. Alsleben, 1967; F. Deloffre, Une préciosité nouvelle, ²1967; W. K. Haughn, 1967; G. Schricke, P. Lotschak, 1968 (m. Übs.: Unbeständigkeit auf beiden Seiten, Spiel von Liebe und Zufall, Die Ehesüchtigen); R. K. Jamieson, N. Y. ²1969; R. G. Marshall, 1969; H. Schaad, 1969; L. Desvignes-Parent, 1970; H. Lagrave, 1970; H. Coulet, M. Gilot, 1973; O. A. Haac, N. Y. 1973; J. Lacant, 1975; H. Coulet, 1975; P. Brady, Bern u. a. 1978; C. Miething, 1979; D. C. Spinelli, A concordance to M.s comédies en prose, IV 1979; P. Gazagne, 1979; H. Kars, Amst. 1981; J.-P. Sermain, Rhétorique et roman au dix-huitième siècle, Oxf. 1985; P. Pavis, 1986; B. Didier, 1987; B. Kortländer, G. Scheffel, 1990; P. Oster, Mchn. 1992; D. J. Culpin, N. Y. 1993; G. Gubier, hg. 1996; M. Gilot, 1998; J.-P. Sermain, Le singe de Don Quichotte, Oxf. 1999; N. Cronk, F. Moureau, Etudes sur les Journaux de M., Oxf. 2001; F. Salaun, Amst. 2002; E. Ecker, 2002. – *Bibl.:* A. Carbonell, 1994.

Markandaya, Kamala (eig. K. Kaylor, geb. Purnaiya), ind. Romanschriftstellerin engl. Sprache, * 1924 Madras/Südindien. Stud. Madras; Journalistin, Mitarbeiterin e. Zs., dann freie Journalistin in Indien und ab 1947/48 England, lebt in London. – Hauptthema ihrer Romane sind die in Indien aus dem Zusammentreffen von Tradition u. techn. Fortschritt und aus der Konfrontation von Ost (Indien) und West (England) entspringenden menschl. und soz. Konflikte.

W: Nectar in a Sieve, 1954 (d. 1956; n. 1986); Some Inner Fury, 1955 (Geliebter Fremdling, d. 1959); A Silence of Desire, 1960; Possession, 1963; A Handful of Rice, 1966 (d. 1969; n. 1985); The Coffer Dams, 1969; The Nowhere Man, 1972; Two Virgins, 1974; The Golden Honeycomb, 1977; Pleasure City, 1982.

L: M. P. Joseph, 1980; Perspectives on K. M., hg. M. Prasad 1984; N. Banerji, 1990; R. K. Srivastava, 1998; P. Misra, 2001; M. K. Bhatnagar, hg. 2002; A. Rochelle, 2002.

Markham, Edwin, amerik. Lyriker, 23. 4. 1852 Oregon City – 7. 3. 1940 New York. Sohn e. Siedlers; Jugend auf e. Ranch in Kalifornien, Farmer und Viehzüchter, Lehrer, ab 1901 freier Schriftsteller in New York. – S. Gedichte, deren bedeutendstes, das außerordentl. populäre ›The Man With the Hoe‹, von dem Bild Millets inspiriert wurde, sind von demokrat. Humanitätspathos getragene sonore Anklagen gegen soz. Ungerechtigkeit und Ausbeutung.

W: The Man With the Hoe and Other Poems, 1899; Lincoln, and Other Poems, 1901; The Shoes of Happiness, G. 1915; Gates of Paradise, G. 1920; New Poems, 1932; The Star of Araby, G. 1937; Poems, Ausw. 1950; The Ballad of the Gallows Bird, G. 1967.
L: W. L. Stidger, 1933; G. T. Carl, 1977. – *Bibl.*: S. K. Shields, III 1952–55.

Markham, Robert → Amis, Sir Kingsley

Markiš, David Perecovič, russ. Prosaiker, * 24. 9. 1938 Moskau. Sohn des 1952 ermordeten jüd. Schriftstellers Perec Markiš; nach Verbannung in Kazachstan 1955 Rückkehr nach Moskau, Stud. Lit.inst. (1957–62) und Filmhochschule; vorw. als Lyrik-Übs. tätig, 1972 Emigration nach Israel, lebt in Tel Aviv. – M.s Romane, die meist zuerst auf Iwrith erschienen, sind im weitesten Sinne historisch, erzählen teilweise autobiograph. vom Schicksal der Juden in der UdSSR und vom Leben der russ. Emigranten, porträtieren die sowjet. Jugend der 1950er/60er Jahre.

W: Priskazka, R. Tel Aviv 1978 (Von einem, der auszog, d. 1982); Šuty, R. Tel Aviv 1983 (Narren des Zaren, d. 1985); Pes, R. Tel Aviv 1984; Granatovyj kolodec, R. Tel Aviv 1986; Donor; R. Tel Aviv 1987; Poljuškopole, R. N. Y. 1988.

Markisch, Perez, jidd. Schriftsteller, 7. 12. 1895 Polonoj/Wolhynien – 12. 8. 1952 Moskau. Nach Pogromen in Ukraine lebte M. in Warschau u. Westeuropa, wo er mit verschied. Kunstrichtungen in Berührung kam u. zeitweilig Mithrsg. e. lit. Anthologie war. 1926 kehrte M. in die Heimat zurück, wo er der stalinist. Säuberung zum Opfer fiel. – M. schrieb Gedichte, Romane u. Epen. S. erste veröffentlichte Gedichtsammlung begründete s. Ruf. M. bekannte sich zum Sozialismus, den er in s. Werk verherrlichte; kritisierte aber auch den Antisemitismus in der UdSSR. In s. Hauptwerk ›Milchome‹ (Krieg), e. Epos von über 20 000 Versen, entfaltet M. ein großangelegtes Bild der tragischen Geschehnisse in Osteuropa während des 2. Weltkrieges u. der Schicksale der jüd. Helden u. Märtyrer.

W: Schweln, G. 1919; Di Kupe, G.-Zykl. 1921; Majn dor, G. 1927; Brider, E. 1929; Dor ojss, dor ajn, N. 1929, Ajnss ojf ajnss, R. 1934; Milchome, E. 1948; Tritt fun dojress, N. 1966.

Markov, Georgi, bulgar. Schriftsteller, Journalist u. Dramatiker, 1. 3. 1929 Sofia – 11. 9. 1978 London (ermordet). – Manche s. Dramen wurden nach der Uraufführung nicht mehr gespielt. 1969 Emigration. Arbeitete bei den bulgar. Sektionen von BBC, Deutsche Welle u. Radio Free Europe. In s. berühmten Reportagen über Bulgarien (1977/78) entlarvte er schonungslos das kommunist. Regime.

W: Cezieva nošt, N. 1957; Pobeditelite na Ajaks, R. 1959; Meždu noštta i denja, En. 1961; Anketa, N. 1961; Muže, R. 1962 (Zeit im Gepäck, d. 1965); Portret na moja dvojnik, Nn. 1966; Ženite na Varšava, Nn. 1968; Zadočni reportaži za Bŭlgaria, II 1980–81.

Marković, Svetozar, serb. Schriftsteller u. Publizist, 9. 9. 1846 Zaječar – 26. 2. 1875 Triest. Stud. Technik Belgrad, 1866 Petersburg, 1869 Zürich (Mitgl. der Internationale); 1870 Mitgl. der Vereinigten serb. Jugend, Hrsg. der ersten sozialist. Zeitung ›Radenik‹, Begründer des serb. Sozialismus, 1874 verhaftet und verurteilt. – Unter dem Einfluß Černyševskijs, Dobroljubovs u. Herzens wandte sich M. gegen die nationalromant. Dichtung u. die idealist. Philos. u. wurde mit s. programmat. Aufsätzen Wegbereiter des lit. Realismus russ. Prägung bei den Serben; s. Hauptwerke widmete M. jedoch wirtschaftl. u. polit. Fragen, machte Vorschläge für Selbstverwaltung, übte Kritik an der Bürokratie, kämpfte für die Rechte der Arbeiter u. die Emanzipation der Frauen.

W: Pevanje i mišljenje, Aufs. 1868; Realnost u poeziji, Aufs. 1870; Srbija na istoku, St. 1872. – Celokupna dela (GW), XVI 1996; Sabrani spisi (GW), IV 1960–65; Odabrani spisi (AW), 1961; Sabrana dela (GW), XVII 1986f.
L: S. Jovanović, ²1920; J. Skerlić, ²1922; J. Žujović, 1926; V. Masleša, 1946; J. Popović, 1949; W. D. McClellan, Princeton 1964; O. Blagojević, 1983; Srpska Akademija Nauka i Umetnosti, hg. 1997.

Mark Twain (eig. Samuel Langhorne Clemens), amerik. Humorist, 30. 11. 1835 Florida/MO – 21. 4. 1910 Redding/CT. Seit 1839 in Hannibal/MO, nach Tod des Vaters (1847) Setzerlehrling. Drucker u. Journalist, 1857–60 Lotse auf dem Mississippi, 1861 mit s. Bruder Orion nach Nevada (Silbersuche u. Journalismus); 1864 in San Francisco; 1866 als Reporter nach Hawaii, 1867 Europa u. Palästina. 1865 nationaler Ruhm mit s. ›Jumping-Frog‹-Story; ∞ 1870 Olivia Langdon, Tochter e. reichen Industriellen; ab 1871 in Hartford/CT; lange Europaaufenthalte (1891–95, 1903/04). Konkurs s. Verlags (1894) u. Millionenfehlinvestition in Setzmaschine zwangen den in großem Stil Lebenden zur Abtragung der Schulden durch e. Vortragsweltreise. Tod der Töchter Susan (1896), Jean (1909) u. s. Frau (1904) ließen M. T. vereinsamt u. früh angelegten Pessimismus ausgeliefert zurück, dem Weltruhm (1907 Ehrendoktor Oxford) nicht abhelfen konnte. – Ausgehend von der Tradition des mündl. Grenzerhumors u. der ›tall tale‹, aber auch engl. u. franz. Lit. des 18. Jh. verpflichtet, empfindsam u. e. Welt voll Vitalität u. Gesetzlosigkeit, von Schuldgefühlen verfolgt, die großbürgerl. Gesellschaft ablehnend u. Aufnahme suchend, voll Bewunderung für den zivilisator. Fortschritt Amerikas (Kritik an Europa in ›Innocents Abroad‹) bei gleichzeitigem sehnsüchtigem Rousseauismus (Zivilisationspessimismus in ›A Connecticut Yankee ...‹), im amerik. Westen aufgewachsen, aber im Osten Erfolg u. Führung findend (Freundschaft mit W. D. Howells), hat M. T.s Persönlichkeit bis heute widersprechende Deutungen gefunden. Mit ausgezeichnetem Ohr für die gesprochene Sprache u. Sinn auch für subtile Pointen, aber wenig Arbeitsdisziplin, dazu e. schlechter Selbstkritiker, hat s. Talent nur in wenigen Büchern volle Entfaltung finden können. S. Meisterwerk ›Adventures of Huckleberry Finn‹ verbindet menschl. Empfindsamkeit mit ep. Weite; das Schicksal des Jungen Huck, der sich aus natürl. innerer Gesittung gegen die künstl. u. versteinerte Erwachsenenwelt entscheiden muß, sprengt den Rahmen des Jugendbuchs; die umgangssprachl. Diktion bricht mit stilist. Konvention u. wird von Hemingway als Vorbild der mod. amerik. Epik bezeichnet. M. T.s satir. Ader kam in ›Pudd'nhead Wilson‹ u. ›The Man That Corrupted Hadleyburgh‹, s. Kunst der Beschreibung in ›Life on the Mississippi‹ zur Geltung. S. Humor, auf niederster Ebene von burlesker Übertreibung, auf höchster von der prekären Mischung aus Liebe zu u. Verzweiflung an der ›verdammten Menschenrasse‹ lebend, weist auf die Inkongruenz der Dinge, die sich M. T. im Spätwerk philos. durch e. Hang zum Determinismus zurechtlegte. Oft sentimental, jugendl.-ausgreifend und sich selbst zuweilen e. Rätsel, fand er e. weltweites Publikum u. legendären Ruhm.

W: The Celebrated Jumping Frog of Calaveras County, and Other Sketches, 1867; The Innocents Abroad, 1869 (d. 1875); Roughing It, 1872 (d. 1892); The Gilded Age, R. 1873 (m. C. D. Warner; d. 1875); The Adventures of Tom Sawyer, 1876 (d. 1876); Life on the Mississippi, 1883 (hg. Wagenknecht 1944; d. 1888); Adventures of Huckleberry Finn, 1884 (d. 1890); A Connecticut Yankee in King Arthur's Court, R. 1889 (d. 1923); The Tragedy of Pudd'nhead Wilson, 1894 (d. 1896); Personal Recollections of Joan of Arc, 1896 (d. 1970); Following the Equator, 1897; The Man That Corrupted Hadleyburgh, Kgn. u. Ess. 1900; What Is Man?, Ess. 1906. – Complete Writings, hg. A. B. Paine XXXVII 1923–25; Works, hg. R. H. Hirst 1972ff; Letters, hg. A. B. Paine II 1917; Love Letters, hg. D. Wecter 1949; M. T. – Howells Letters, hg. H. N. Smith, W. M. Gibson II 1960. – *Übs.:* Ausgew. Skizzen, VI 1878–97; Ausgew. humorist. Schriften, VI 1892, N. F. VI 1903; Werke, V 1940–49; Die besten Geschichten, 1960; AW, XII 1961–67; GW, V 1965–67, Ausw. daraus: II 1971; GW, hg. N. Kohl X 1985.

L: W. D. Howells, 1910; A. B. Paine, III 1912; B. De Voto, 1932; M. M. Brashear, 1934; I. Benson, 1938; John De Lancey, 1943; K. R. Andrews, 1950; D. Wecter, 1952; A. E. Stone, 1961; H. N. Smith, 1962; L. J. Budd, 1962; ders., hg. II 1982–83; ders., 1983; J. Kaplan, 1966; ders., hg. 1967; H. Hill, 1973; F. Fluck, 1975; E. McMahan, hg. 1981; S. K. Harris, 1982; H. Breinig, 1985; M. Sanborn, 1990; G. Cardwell, 1991; J. D. Evans, 1993; J. R. Le Masters, J. D. Wilson, hg. 1993; J. D. Stahl, 1994; F. Robinson, hg. 1995; A. J. Hoffman, 1997; J. B. Fulton, 1997 u. 2000; E. H. Emerson, 2000; L. S. S. Trombley, hg. 2001; S. F. Fishkin, hg. 2002; R. Hill, J. McWilliams, hg. 2002; J. A. Melton, 2002; J. L. Coulombe, 2003; G. Hurm, 2003. – *Bibl.:* M. Johnson, ²1935; T. A. Tenney, 1977; R. M. Rodney, 1982; J. G. Horn, 1999.

Marlinskij, Aleksandr → Bestužev-Marlinskij, Aleksandr Aleksandrovič

Marlowe, Christopher, engl. Dramatiker (getauft 26. 2.) 1564 Canterbury – 30. 5. 1593 Deptford b. London. Sohn e. Schuhmachers, erhielt Stipendien, die ihm den Besuch von King's School, Canterbury und später Stud. am Christ College, Cambridge, ermöglichten. Erwarb dort 1587 den M. A. Zwischen 1584 und 1587 war er wahrscheinl. vorübergehend im Ausland im Dienst der Regierung. Über s. Leben ist sonst wenig bekannt. Etwa seit 1586 lebte er in London, schrieb Verse und Schauspiele, übersetzte Ovids ›Amores‹, gehörte zu dem Kreis der sog. ›university wits‹, war befreundet mit Kyd, Nashe, Watson und dem Kreis um Sir Walter Raleigh. Führte offenkundig ein sehr freies Leben in London, war wohl auch zeitweise als Spion tätig. 1593 Haftbefehl wegen Atheismus. Um der in London herrschenden Pest zu entfliehen, zog er nach Deptford. Dort bei einem Streit, dessen Gründe nie geklärt werden konnten, in e. Gasthof von I. Frizer erstochen. – Bedeutendster engl. Dramatiker vor Shakespeare; führte den Blankvers ein. In seinen leidenschaftlichen Blankverstragödien werden in unterschiedlichen Variationen die Entwicklungen, Selbststilisierungen und vor allem die Krisen und Brüche einer von Machtstreben und Ehrgeiz beherrschten Männlichkeit inszeniert. S. am ma. de-casibus-Schema orientiertes 1. Drama ›Tamburlaine‹ zeigt den raschen Aufstieg und (im 2. Teil) den Fall des skyth. Hirten Tamburlaine. Im Zentrum des Dramas steht Tamburlaine, der sich über einen unbändigen Machtanspruch definiert, der wiederum in der gewaltsamen Kolonialisierung fremder Territorien, der Vergewaltigung der Fürstentochter Zenocrate und der polit. motivierten Bildung patriarchaler Netzwerke seinen Ausdruck findet. Auch die anderen berühmten Dramen Marlowes, v.a. ›Doctor Faustus‹ sowie ›The Jew of Malta‹, behandeln die Konstituierung eines frühneuzeitlichen männlichen Subjekts im Spannungsfeld von Macht, Sexualität, Wissen und ökonom. Bestrebungen. Der ›Jew of Malta‹ (Einfluß auf Shakespeares ›The Merchant of Venice‹) stellt erstmalig die seel. Entwicklung e. Charakters auf der

Mármol

Bühne dar. ›Dr. Faustus‹, von dem nur Bruchstücke erhalten blieben, dramatisiert den Stoff der alten dt. Volksbücher. Auch ›Edward II‹, das die Absetzung eines schwachen Königs inszeniert, ist vom Widerspruch einer sich neu und machtvoll stilisierenden Männlichkeit und den Krisen dieser Männlichkeit geprägt. M.s Dichtung ›Hero and Leander‹ ist e. freie Bearbeitung nach Musaios, e. Fragment von 800 Versen, die Chapman später verdreifachte.

W: Tamburlaine the Great, Dr. II 1590 (hg. U. M. Ellis-Fermor 1930, J. D. Jump 1962, T. A. Wolff 1964, J. W. Harper 1971, I. Ribner, 1974, J. S. Cunningham 1981; d. 1. Teil M. Vöhl 1893); Hero and Leander, Dicht.-Fragm. 1593 (Faks., hg. L. L. Martz 1972); Edward II, Dr. 1594 (hg. W. W. Greg 1925, H. B. Charlton, R. D. Waller, 1933, R. Gill 1971; d. A. W. Heymel 1912, Umdichtung B. Brecht 1924); Dido, Queene of Carthage, Dr. 1594 (m. Nashe; hg. F. T. Brooke 1930, H. J. Oliver 1968); All Ovid's Elegies, Übs. 1595? (hg. C. Edmonds 1870, 1925); The Massacre at Paris, Dr. 1600? (m. Nashe; hg. W. W. Greg 1928); The Tragicall Historie of Dr. Faustus, Dr. 1604 (hg. F. S. Boas 1932, W. W. Greg 1950, J. D. Jump 1962; R. Ribner, 1966; d. W. Müller 1818, n. 1911, 1926); The Jew of Malta, Dr. 1633 (hg. H. S. Bennet 1931, T. W. Craik 1966, N. W. Bawcutt 1978; d. E. v. Bülow 1831). – Complete Works, hg. F. Bowers II 1973; Complete Works, hg. R. Gill VI 1987–2000; The Works, hg. C. F. T. Brooke 1910, R. H. Case VI 1930–33; Poems, hg. L. C. Martin 1931, M. MacLure 1968, S. Orgel 1971; Plays, hg. R. Gill 1971. – *Übs.:* Ausw. in: F. Bodenstedt, Shakespeares Zeitgenossen, 1860.

L: C. F. T. Brooke, 1922; U. M. Ellis-Fermor, 1927; F. S. Boas, 1929 u. 1940; J. E. Bakeless, II 1942, 1970 (m. Bibl.); C. Norman, 1947; P. Henderson, 1952; F. P. Wilson, M. and the Early Shakespeare, 1953; H. T. Levin, 1954; D. Marion, 1955; D. Cole, 1962; A. L. Rowse, 1964; R. W. Battenhouse, 1964; C. Leech, hg. 1965; W. Sanders, The Dramatist and the Received Idea, 1968; R. E. Knoll, 1969; J. H. Ingram, 1970; Ch. G. Masinton, M.s Tragic Vision, 1972; J. P. Cutts, The Left Hand of God, 1973; H. R. Williamson, Kind Kit, 1973; V. M. Meehan, 1974; J. Howe, M. Tamburlaine and Magic, 1976; The Critical Heritage, hg. M. MacLure 1979; L. M. Chan, 1978; K. Friedenreich, 1979; H. Bloom, 1986; P. White, M., History and Sexuality, 1998; F. Tromly, Playing with Desire: C. M. and the Art of Tantalization, 1998; J. Grantley, 1999; J. Downie, Constructing C. M., 2000; C. Kuriyama, 2002; A. Oz, 2003. – *Bibl.:* S. A. Tannenbaum, 1937; Konkordanz: L. Ule, 1979; K. Fehrenbach, 1982.

Mármol, José, argentin. Schriftsteller, 2. 12. 1817 Buenos Aires – 9. 8. 1871 ebda. Stud. Rechte, polit. Tätigkeit, mußte nach Montevideo, später nach Rio de Janeiro emigrieren (1843–45); nach dem Tode des Diktators Rosas (1852) Rückkehr nach Argentinien; Senator, Abgeordneter u. Direktor der Bibliothek in Buenos Aires. – Ausgesprochener Romantiker; themat. Mittelpunkt s. gesamten Schaffens ist der Tyrann Rosas, den er in Versen u. Prosa schmäht; hielt sich als Lyriker an die Vorbilder Byron, Lamartine, Zorrilla u. Espronceda. Musikalität, Klangfülle u. mitreißende Phantasie. S. einziger Roman ›Amalia‹ hatte ungeheuren Erfolg, hist.-polit. Thema, wertvolles Zeitdokument. Als Dramatiker von geringer Bedeutung.

W: El cruzado, Dr. 1842; El poeta, Dr. 1842; Cantos del peregrino, G. 1846; Manuela Rosas, B. 1851; Amalia, R. II 1851–54 (d. 1873); Armonías, G. 1851. – Obras poéticas y dramáticas, Paris 1875; Poesías Completas, hg. R. A. Arrieta II 1946/47.

L: J. Domingo Cortés, 1882; D. Corvalán Mendilaharzu, 1916; H. R. Baudón, 1918; S. Cuthbertson, Boulder 1935; R. D. Bassogoda, 1948; A. O. Blasi Brambilla, 1970.

Marmontel, Jean-François, franz. Schriftsteller, 11. 7. 1723 Bort/Limousin – 31. 12. 1799 Abbeville. Bauernsohn. Kam 1743 nach Paris, verkehrte in den Salons, protegiert von Voltaire und Mme de Pompadour. 1758 Hrsg. des ›Mercure de France‹, 1771 Historiograph des Königs, 1783 ständiger Sekretär der Académie Française, der er seit 1763 angehörte. – Schrieb lit. krit. Artikel für die Encyclopédie, die, als ›Eléments de Littérature‹ gesammelt, e. wertvolles Dokument für den zeitgenöss. lit. Geschmack bilden, ferner Tragödien und Opernlibretti für Grétry, von den Zeitgenossen viel diskutierte philos. Romane über moral. und soz. Anliegen s. Zeit. Trat für Menschlichkeit, Toleranz und die Abschaffung der Sklaverei ein.

W: Denis le tyran, Dr. 1748; Aristomène, Dr. 1749; Cléopâtre, Dr. 1750; Contes moraux, En. III 1761 (d. 1791, Ausw. 1921); Poétique française, III 1763; Bélisaire, R. 1766 (d. 1770); Les Incas ou la destruction de l'empire du Pérou, R. 1778 (d. J. J. C. Bode 1783); Eléments de littérature, Ess. VI 1787 (d. 1766–68); Mémoires d'un père pour servir à l'instruction de ses enfants, II 1800–06 (m. III 1891; d. 1819). – Œuvres complètes, XX 1818f.; Œuvres choisies, XII 1824–27; Correspondance, hg. J. Renwick 1974. – *Übs.:* Sämtl. prosaische Werke II, hg. C. G. Schütz 1795.

L: S. Lenel, 1902; G. O. Schmid, M.s moral. Erzählungen und die dt. Lit., 1935; K. Knauer, Ein Künstler poet. Prosa in der franz. Vorromantik, 1936; H. Bauer, Diss. Lpz. 1937; J. Ehrard, hg. 1970; M. Cardy, Oxf. 1982. – *Bibl.:* J. Renwick, 1972, 2001; K. Meerhoff, A. Jourdan, Amst. 1999.

Marnix van Sint-Aldegonde, Philips van, niederländ. Schriftsteller, 1540 Brüssel – 15. 12. 1598 Leiden. Aus adligem Beamtengeschlecht aus Savoyen; Stud. Theol. Löwen, Paris, Dôle. Nach s. Übertritt zum Kalvinismus 1560/61 Stud. Genf. 1573 Gouverneur von Delft, Rotterdam und Schiedam, 1573/74 in span. Gefangenschaft, 1575 im Auftrag Wilhelms von Oranien in Heidelberg, dann in Polen und England, 1578 auf dem

Reichstag in Worms. Leitete 1585 die Verteidigung Antwerpens. Zog sich auf s. Landgut Westsouburg zurück, begann 1594 im Auftrag der Generalstaaten die Bibel zu übersetzen. – Vf. dogmat. und polem. theolog. Schriften in lat. und franz. Sprache und e. Satire auf die kathol. Kirche ›De Biencorf der H. Roomsche Kercke‹ (1569), die u. a. von Fischart ins Dt. übersetzt wurde. Verteidigte den Bildersturm und setzte sich für die Freiheitsbewegung ein. Übs. der Psalmen. S. Autorschaft des Liedes ›Wilhelmus van Nassouwen‹ (niederländ. Nationalhymne) bleibt ungewiß.

A: Œuvres, hg. E. Quinet III 1857; De Biëncorf der H. Roomsche Kercke, hg. A. Willems 1858, J. Wille 1919; Godsdienstige en kerkelijke geschriften, hg. J. J. v. Toorenenbergen III 1871–90; Marnixiana anonyma 1903; Marnixi epistulae, Br. hg. A. Gerlo, R. De Smet V 1990ff.

L: W. A. Nolet, 1948; F. van Kalken u. T. Jonckheere, Brüssel 1952 (m. Bibl.); W. A. Ornée, Diss. Groningen 1959; A. Gerlo, 1960; B. J. W. de Graaf, Dichtersoldaat, II 1970; G. Oosterhof, 1971; R. van Roosbroeck, 1973; Een intellectuele activist, hg. H. Duits, T. van Strien 2001.

Marot, Clément, franz. Lyriker, 23. 11. 1496 Cahors – 12. 9. 1544 Turin. Von s. Vater, dem Hofdichter u. –chronisten Jean M., seit 1506 am Hof der Königin Anna von Bretagne erzogen, 1527 Kammerdiener und Hofdichter Franz' I., nahm 1525 an Schlacht von Pavia teil, 1526 wegen Verstoßes gegen das Fastengebot inhaftiert, 1532 gerichtl. verfolgt, mußte wegen antipapist. Haltung u. des Verdachtes, Anhänger der Reformation zu sein, fliehen, fand Zuflucht bei Marguerite de Navarre, bei der Herzogin Renée von Ferrara, schließl. in Venedig, durfte nach öffentl. Abbitte 1536 wieder zum Hof zurückkehren, richtete 1542 durch die Psalmenübs. erneuten Verdacht auf sich, floh nach Genf, erregte aber den Zorn des strengen Konsistoriums, zog sich zuletzt nach Savoyen u. Piemont zurück. – M. steht auf der Schwelle zwischen MA u. Renaissance. Zunächst setzt er die ma. Tradition fort. Die Sammlung s. Jugendgedichte ›L'Adolescence Clémentine‹ u. ihre Forts. ›Suite de l'A. C.‹ enthalten die überkommenen Formen Rondeaux, Complaintes, Envois, Blasons, Chansons u. a., die er aber als Hofdichter mit großer Kunstfertigkeit verfeinerte, vervollkommnete u. dem höf. Geschmack u. Geist anpaßte. In ›L'Enfer‹ gibt er e. satir. symbol. Darstellung s. Gefängnishaft als antiker Höllenfahrt. M. war jedoch als erster bedeutender franz. Dichter ital. Einflüssen zugängl.: Er schrieb u. a. die ersten franz. Sonette, vom Renaissancegeist geprägte Elegien, Totenklagen, Cantiques und v. a. scharfe, treffende Epigramme. Die Leichtigkeit s. eleganten u. trotzdem ursprüngl. Stiles (style marotique) bestimmte die franz. Lyrik bis zur Pléiade, deren Vorläufer er war, ist schon e. Vorform des Rokoko u. wird als echte eigenständige Dichtung auch heute geschätzt. In der Psalmenübs., dem Beginn der ernsten Lyrik in Frankreich – Calvin übernahm die ›Psaumes‹ als Kirchenlieder in s. Gesangbuch – verleugnet M. nicht immer das anmutige, poet. Element s. Geistes. Sie wirkte bes. stark auf Malherbe, Racine u. Rousseau.

W: L'Adolescence Clémentine, 1532 (hg. V. L. Saulnier 1958); Suite de l'Adolescence Clémentine, 1534; Œuvres, 1539; Trente Pseaulmes de David mis en francoys, II 1541–43 (Faks. 1935, n. G. Defaux 1995). – Œuvres, hkA C. A. Mayer, Genf VI 1958–80; Œuvres complètes, hg. G. Guiffrey u. a. V 1911–31, A. Grenier II 1951. – *Übs.:* Epigramme, M. Beutler 1908, n. 1972.

L: P. A. Becker, 1926; J. Vianey, Les Epîtres de M., 1935; J. Plattard, 1939; Ch.-E. Kinck, La poésie satirique de C. M., 1941; E. Droz, P. P. Plan, Les dernières années de C. M., 1948; P. Jourda, 1950; J. Rollin, 1950; V.-L. Saulnier, Les élégies de C. M., 1952; P. Leblanc, 1955; C. A. Mayer, 1960; E. M. Rutson, Diss. Oxf. 1961; P. Neuhofer, 1963; M. A. Screech, 1967; H. Siepmann, Diss. Bonn 1968; P. M. Smith, 1970; C. A. Mayer, 1972; R. Griffin, Lond. u. a. 1974; M. Cocco, La tradizione cortese ed il petrarchismo nella poesia di M., Firenze 1978; J.-L. Déjean, 1990; A. Williams, Lewiston 1990; T. Peach, hg. 1993; M. A. Screech, 1994; G. Defaux, 1996; ders., M. Simonin, 1997; F. Lestringant, Padua 1998; D. Claivaz, Fribourg 2000; C. Reuben, La traduction des psaumes de David, 2001. – *Bibl.:* C. A. Mayer, 1975; H. P. Clive, Lond. 1983; D. Bertrand u. a., 2002.

Marot, Jean (eig. Desmaretz), franz. Lyriker und Chronist, 1465 Caen – 1526. Vater von Clément M.; 1506 Sekretär von Anne de Bretagne, Begleiter Ludwigs XII. auf Zügen nach Genua 1507 und Venedig 1509. Seit 1514 Kammerdiener Franz' I. – Dichter in der Tradition der ma. Rhétoriqueurs, begann mit e. Apologie der Frauen. Beschrieb in Vers- u. Prosachroniken von kraftvoller Sprache Ludwigs XII. Italienzüge.

W: La vrai-disante advocate des dames, G. 1506; Voyage de Gênes, 1507 (hg. G. Trisolini 1974); Voyage de Venise, 1509 (hg. ders. 1977); L'épistre d'un complaignant l'abusif gouvernement du Pape, 1511 (hg. J. Colbert de Beaulieu, Script. III 1949). – Œuvres, 1723, 1995; Un poème inédit, hg. G. Guiffrey 1860; The poetry of M., hg. T. C. Gamble, Ann Arbor 1972/73; Les deux recueils, hg. G. Defaux, Genf 1999.

L: L. Theureau, 1873; A. Ehrlich, 1902; C. A. Mayer, Le premier pétrarquiste français, 1965; S. Cigada, 1968; G. Trisolini, Bari/Paris 1975; G. Trisolini, Ravenna 1978. – *Bibl.:* G. Antonini-Trisolini, 1971.

Maróthy-Šoltésová, Elena, slowak. Schriftstellerin, 6. 1. 1855 Krupina – 11. 2. 1939 Martin. Aktiv in Frauenbewegung, ab 1910 Hrsg. der Zs. ›Živena‹. – Behandelt in realist. Dorfgeschichten soziale, moral. u. nationale Probleme, im Roman ›Proti prúdu‹ das Leben des Landadels. Lit. wertvolle Tagebücher.

Marotta

W: Na dedine, E. 1881; Proti prúdu, R. 1894; Moje deti, Aut. 1923 f. (Mes enfants du berceau à la tombe, franz. 1929); Sedemdesiat rokov života, Aut. 1925. – Zobrané spisy (GW), VI 1921–25; Korrespondenz m. Timrava, hg. I. Kusý, 1952.

L: J. K. Garaj, 1939; J. Kusý, 1968; E. M.-Š., 1987.

Marotta, Giuseppe, ital. Autor, 5. 4. 1902 Neapel – 10. 10. 1963 ebda. 1925 Mailand, 1938 Rom, Journalist, Mitarbeiter an zahlr. Zeitungen; Vf. von Drehbüchern u. Schlagertexten. – In s. Erzählungen glänzende, oft humorvolle Schilderung des neapolitan. Milieus in vitaler, realist. Sprache mit Neigung zur Groteske.

W: Questa volta mi sposo, R. 1932; Divorziamo, per piacere?, R. 1934; Mezzo miliardo, R. 1942; Nulla sul serio, R. 1946; L'oro di Napoli, En. 1947 (d. 1954); San Gennaro non dice mai no, En. 1948; A Milano non fa freddo, R. 1949; Pietre e nuvole, R. 1950; Gli alunni del sole, R. 1952 (Die Götter des Don Federico, d. 1955); Le madri, R. 1952 (d. 1955); Coraggio, guardiamo, R. 1954; Salute a noi, R. 1955 (Gruß an die Nacht, d. 1957); Marotta Ciak, Filmkritik 1958; Gli alunni del tempo, R. 1960; Le milanesi, En. 1962 (Frauen in Mailand, d. 1967); Teatrino del Pallonetto, R. 1964. – Opere, hg. C. Bo I 1967.

L: C. B. De Sanctis, 1957; C. Castaldo, 1986.

Marquand, J(ohn) P(hillips), amerik. Romanautor, 10. 11. 1893 Wilmington/DE – 16. 7. 1960 Kent's Island/Kanada. Aus alter Neuenglandfamilie (Großtante M. Fuller), in New York und Massachusetts aufgewachsen, Harvard Univ., journalist. Arbeit, Reisen. – Begann mit hist. und Fortsetzungsromanen (fast ausschließl. in der ›Saturday Evening Post‹, deren Held der japan. Geheimagent Mr. Moto ist. Später kultivierte, in Neuengland spielende Gesellschaftssatiren über den Verfall von alten Familien und den Kontrast von ererbter Konformität und persönl. Streben.

W: The Unspeakable Gentleman, R. 1922; The Late George Apley, R. 1937 (d. 1937; Dr. mit G. S. Kaufman 1946); Wickford Point, R. 1939 (d. 1943); H. M. Pulham, Esq., R. 1941 (d. 1942); So Little Time, R. 1943 (Das Leben ist zu kurz, d. 1947); B. F.s Daughter, R. 1946 (d. 1948); Point of No Return, R. 1949 (d. 1951; Dr. von P. Osborn 1952); Melville Goodwin, USA, R. 1951 (Dottie u. der General, d. 1955); Thirty Years, Kgn. und Ess. 1954; Sincerely, Willis Wayde, R. 1955 (d. 1960); Mr. Moto's Three Aces, 1956; Stopover: Tokyo, R. 1957 (Zwischenspiel in Tokio, d. 1958); Life at Happy Knoll, Ess. 1957; Women and Thomas Harrow, R. 1958; Timothy Dexter Revisited, R. 1960.

L: P. Hamburger, 1952; J. J. Gross, 1963; C. H. Holman, 1965; M. Bell, 1979.

Márquez, Gabriel García → García Márquez, Gabriel

Marquina, Eduardo, span. Schriftsteller, 21. 1. 1879 Barcelona – 21. 11. 1946 New York. Erster Unterricht in s. Heimatstadt, folgte s. ausgesprochenen schriftsteller. Berufung u. widmete sich ganz der Lit.; Mitarbeit an versch. Zeitungen, Mitgl. der Span. Akad., starb während e. diplomat. Mission in Amerika. – Dramatiker, Lyriker u. Romancier modernist. Prägung von ungewöhnl. poet. Qualitäten; am bedeutendsten als Vf. hist. inspirierter Dramen lyr. Charakters; großes Einfühlungsvermögen in die betreffende Zeit, starke Vaterlandsliebe u. Begeisterung für altspan. Traditionen, tiefes Naturgefühl. Behandelte auch zeitgenöss. Themen in anmutigen Bildern aus dem Leben der einfachen Leute; stets maßvoll u. ausgeglichen, frei von den Übertreibungen anderer Modernisten.

W: Odas, G. 1900; Las vendimias, G. 1901; Elegías, G. 1905; Las hijas del Cid, Tr. (1908); En Flandes se ha puesto el sol, Dr. (1909); Vendimión, G. 1909; Doña María la Brava, Dr. 1910; Canciones del momento, G. 1910; Cuando florezcan los rosales, K. 1914; Tierras de España, G. 1914; Las flores de Aragón, K. (1914); El Gran Capitán, Dr. 1916; Don Luis Mejía, Dr. 1925 (m. A. Hernández Catá); La ermita, la fuente y el río, K. 1927; Fuente escondida, K. 1931; Teresa de Jesús, Sch. 1933. – Obras completas, VIII 1944–51.

L: P. García Díaz, 1952; J. Montero Alonso, 1965; M. de la Nuez, Boston 1976.

Marryat, Frederick, engl. Romanschriftsteller, 10. 7. 1792 London – 9. 8. 1848 Langham. Mutter Deutsche. 1806–30 in der Marine, wo er bis zum Kapitän aufstieg. ∞ 1819 Catherine Shairp. Kämpfte im Mittelmeer gegen Franzosen und Türken. 1819 Mitgl. der Royal Society für s. Erfindung e. Flaggensignal-Codes. 1824 Leiter e. Expedition in Birma. Zog sich 1830 auf s. Landgut Langham zurück; 1832–35 Hrsg. des ›Metropolitan Magazine‹; 1837–39 in USA. – Vf. von rd. 30 sehr erfolgr. Romanen und Jugendbüchern. Gab fesselnde Schilderungen von Seeabenteuern, denen meist eigene Erlebnisse zugrunde lagen, erreichte daher große Anschaulichkeit und Lebenswahrheit. Gute Charakterbilder; zeichnete mannigfache Sonderlinge aus dem Seemannsberuf. Lit. in der Nachfolge Smolletts. Handfester, etwas derber Humor. Heute vorwiegend als Jugendschriftsteller gelesen. Veröffentlichte auch e. Tagebuch über s. Eindrücke e. Amerikaaufenthaltes.

W: The Naval Officer, R. III 1829 (auch u. d. T. Frank Mildway); Peter Simple, R. 1834 (d. 1920); Jacob Faithful, R. III 1834; Mr. Midshipman Easy, R. III 1836 (d. 1919); Snarleyyow, R. 1837; The Phantom Ship, R. 1839; A Diary in America, III 1839; Masterman Ready, R. 1841 (Sigismund Rüstig, d. 1843); The Children of the New Forest, R. 1847. – Novels, hg. R. B. Johnson XXIV 1896–1898, XXVI 1929f. (d. LIX 1835–38, XXVII 1843–50, XXIII 1888–90, XXV 1923f.).

L: Fl. Marryat, II 1872; D. Hannay, 1889 (m. Bibl.); C. Lloyd, 1939; O. M. W. Warner, 1953; M.-P. Gautier, Paris 1973; T. Pocock, 2000.

Maršak, Samuil Jakovlevič, russ. Erzähler, * 3. 11. 1887 Voronež – 4. 7. 1964 Moskau. Vater Techniker; Gymnas. Petersburg, 1904–06 Gymnas. Jalta; erste Verse und Übsn. 1907 gedruckt, Freundschaft mit Gor'kij; 1912–14 Univ. London; im 1. Weltkrieg Betreuer von Flüchtlingskindern, nach der Revolution an Jugendtheatern und Lektor für Jugendlit. – E. der Begründer der sowjet. Kinderlit., erstes Kinderbuch ›Detki v kletke‹ 1923. S. Lyrik ist in einigen Zyklen vereinigt; schrieb versifizierte Übsn. aus Shakespeare, Blake, Wordsworth, Burns, Shelley, Byron, Heine, Petőfi, übs. engl. Volkslieder und Balladen.

A: Stichi. Skazki. Perevody, II 1952; Sočinenija (W), IV 1957–60; Sobranie sočinenij (W), VIII 1968–72, IV 1990; Stichotvorenija i poèmy, 1973. – *Übs.:* Die 12 Monate, 1947; Märchen 1959.

L: Žizn' i tvorčestvo S. M., 1975; I. Kučenko, 1997.

Marsé, Juan, span. Romancier, * 8. 1. 1933 Barcelona. Kindheit in e. Arbeiterviertel ebda., Übs., Werbetexter, Drehbuchautor, Journalist. – M. versucht, dem Trauma des geistigen, polit. Stillstands unter Franco Ausdruck zu verschaffen. Gilt als e. der größten span. Romanciers des 20. Jh.

W: Encerrados con un solo juguete, R. 1960; Esta cara de la luna, R. 1962; Últimas tardes con Teresa, R. 1965 (d. 1988); Si te dicen que caí, R. 1977 (d. 1986); La muchacha de las bragas de oro, R. 1978; Un día solveré, R. 1982; Ronda del Guinardó, R. 1984 (d. 1989); Teniente Bravo, En. 1987; El amante bilingüe, R. 1990 (d. 1993); El embrujo de Shanghai, R. 1994 (d. 1996); Rabos de lagartija, R. 2000 (Stimmen in der Schlucht, d. 2002).

L: W. M. Sherzer, 1982; S. Amell, 1984; J. A. Kirsch, Ann Arbor 1986; M. C. Marraco Jordana, Ann Arbor 1987; G. Herschung, 2001.

Marsh, Ngaio (Edith), anglo-neuseeländ. Vf. von Kriminalromanen, 23. 4. 1899 Christchurch/ Neuseeland – 18. 2. 1982 ebda. Studierte zunächst Kunst, vorübergehend Schauspielerin bei e. Wandertruppe. 1928–32 Innendekorateurin in London, dann freie Schriftstellerin abwechselnd in London und Neuseeland. – Schrieb zahlr. Detektivromane um die Figur des Inspektors Alleyn.

W: A Man Lay Dead, R. 1934 (Das Todesspiel, d. 1948); Enter a Murderer, R. 1935 (Ein Schuß im Theater, d. 1957); Death in Ecstasy, R. 1936 (d. 1950); Surfeit of Lampreys, R. 1941 (d. 1947); Color Scheme, R. 1943 (Bei Gefahr Rot, d. 1962); Final Curtain, R. 1947 (Letzter Applaus, d. 1948); Swing, Brother Swing, R. 1949 (Mylord mordet nicht, d. 1961); Spinsters in Jeopardy, R. 1953 (Die Burg der schwarzen Engel, d. 1965); Scales of Justice, R. 1955 (Stumme Zeugen, d. 1964); Singing in the Shrouds, R. 1958 (Der Hyazinthenmörder, d. 1960); False Scent, R. 1959 (Miss Belamys großer Tag, d. 1962); Dead Water, R. 1963 (d. 1965); When in Rome, R. 1970 (Im Preis ist Sterben einbegriffen, d. 1972).

L: M. Lewis, 1991; K. S. McDorman, 1991; B. J. Rahn, hg. 1995; M. Weinkauf, Murder most poetic, 1996.

Marshall, Paule, afroamerik. Erzählerin, * 9. 4. 1929 New York. Tochter von Einwanderern aus Barbados; wächst in Brooklyn auf; B.A. 1953 Brooklyn College; reist als Journalistin in die Karibik u. nach Südamerika; lehrt in Yale u. Columbia; lebt in Haiti u. den USA; 2mal verheiratet. – M. wendete sich als erste afroamerik. Erzählerin der Ausleuchtung des Alltags von Frauen im doppelten Spannungsfeld von Familie u. Nachbarschaft zu sowie den Dissonanzen zw. karib. u. US-amerik. Wertvorstellungen. Am Anfang noch auf amerik. Boden, verlagern sich Handlungsführung u. Thematisierung weibl. Anliegen immer mehr auf karib. Schauplätze, zuerst über Reisende, in ›Daughters‹ schließlich über familienverknüpfte Protagonisten aus beiden Welten. Persönl. Schicksale spiegeln Geschichte u. unseliges Erbe kolonialist. Machtstrukturen; karib. Mythen dringen in westl. Psychologie ein. M.s Fiktionen öffnen eindrucksvoll amerik. Bewußtsein in reale u. imaginäre Räume einer Karibik mit afrikan. Wurzeln.

W: Brown Girl, Brownstones, R. 1959; Soul Clap Hands and Sing, Ess. 1961; The Chosen Place, the Timeless People, R. 1969 (d. 1981); Reena and Other Stories, En. 1982; Praisesong for a Widow, R. 1983 (d. 1986); Daughters, R. 1991; The Fisher King, R. 2000.

L: M. Pryce, H. J. Spillers, Conjuring, 1985; S. Coser, Bridging the Americas, 1994; J. Pettis, Toward Wholeness in P. M.'s Fiction, 1995.

Marsman, Hendrik, niederländ. Dichter und Schriftsteller, 30. 9. 1899 Zeist/Utrecht – 21. 6. 1940 Ärmelkanal. Sohn e. Buchhändlers; Stud. Jura Utrecht, Rechtsanwalt. 1921 während e. Aufenthalts in Dtl. Begegnung mit dem Expressionismus. 1925 und 1929–31 Redakteur von ›De Vrije Bladen‹. Reisen nach Frankreich, Spanien, Italien und Österreich. Versuchte 1940 aus Frankreich zu fliehen, kam jedoch bei der Torpedierung des Schiffes ums Leben. – Dichter des Vitalismus, unter Einfluß Nietzsches und der dt. Expressionisten, Künder e. ekstat., heidn. Lebensgefühls. Vf. dynam., explosiver Gedichte von greller Farbigkeit mit bruchstückhaften Versen und e. Häufung von Assoziationen. Im Mittelpunkt s. Dichtung steht der Todesgedanke, der auch noch nach s. Wendung zur Objektivität und Innerlichkeit vorherrscht. In s. krit. Schaffen wird das Bemühen um Objektivität immer deutlicher. Das autobiograph. Gedicht ›Tempel en kruis‹ ist s. letztes und formal bestes Werk.

Marston

W: Verzen, 1923; Pentheisileia, G. 1925; De anatomische les, Ess. 1926; Paradise regained, G. 1927; De vliegende Hollander, Es. 1927; De lamp van Diogenes, Ess. 1928; De vijf vingers, Sk. 1929; Witte vrouwen, G. 1930; Voorpost, G. 1931; Kort geding, Ess. 1931; De dood van Angèle Degroux, R. 1933; Porta nigra, G. 1934; Heden ik, morgen gij, R. 1936 (m. S. Vestdijk); H. Gorter, Es. 1937; Zelfportret van J. F., N. 1938; Menno ter Braak, Es. 1939; Tempel en kruis, G. 1940. – Verzamelde gedichten, 1941; Verzameld werk, hg. D. A. M. Binnendijk III 1938, IV 1947, ³1960; Achter de vuurlijn van de horizon, G. (nicht in ›Verz. werk‹), hg. H. T. M. v. Vliet 1990.

L: J. C. Brandt Corstius, De dichter M. en zijn kring, 1951; A. W. P. van der Ree, Interpretatie van M., 1956; A. Lehning, 1959; R. Verbeeck, 1959; R. Houwink, 1961; P. de Wispelaere, 1961 u. 1975; J. Goedebuure, Op zoek naar een bezield verband, II 1981; ders., B. 1999.

Marsten, Richard → Hunter, Evan

Marston, John, engl. Satiriker und Dramatiker, Sept./Okt. 1576 Wardington (?) – 25. 6. 1634 London. Stud. Jura 1591–94 Oxford und 1594–1606 Middle Temple. Veröffentlichte 1598 die erot. Dichtung ›The Metamorphosis of Pigmalion's Image‹ und die Satire ›The Scourge of Villainie‹, die beide 1599 auf Anordnung der Kirchenbehörde als unmoralisch verbrannt wurden. Ein ›Dichterkrieg‹ zwischen M. und Ben Jonson wird in satir. Schriften ausgetragen. Spätere Aussöhnung der beiden, die gemeinsam mit Chapman die Satire ›Eastward Hoe!‹ schrieben, deren Spott sich gegen die Ritterkrönungen James' I. richtete, M. und Chapman erhielten Gefängnisstrafen. 1605 gab M. den Schriftstellerberuf auf, 1609 als Geistlicher ordiniert, amtierte 15 Jahre als Pfarrer von Christchurch/Hampshire. – Vf. von Rache- und Schauertragödien sowie satir. Komödien. In der satir. Komödie ›The Dutch Courtesan‹ wird die Strategie einer homosozialen Bindung ›between men‹ als Mittel zur Sicherung der patriarchalischen Ordnung sowie als Schutz vor dem zerstörer. Einfluß einer Frau dramat. inszeniert.

W: The Metamorphosis of Pigmalion's Image, 1598; The Scourge of Villainie, Sat. 1598 (hg. G. B. Harrison 1925); Jack Drum's Entertainment, K. 1600; The History of Antonio and Mellida, Tr. 1602 (hg. W. W. Greg 1921, G. K. Hunter 1965); Antonio's Revenge, Tr. 1602 (hg. W. W. Greg 1921, G. H. Hunter 1965, W. R. Gair 1977); The Malcontent, Tr. 1604 (hg. G. B. Harrison 1933, B. Harris 1969, G. K. Hunter 1975); The Dutch Courtesan, K. 1605 (hg. P. Davison 1968); Parasitaster, K. 1605 (hg. D. A. Blostein 1979); Eastward Hoe!, K. 1605 (m. Chapman u. Jonson); The Wonder of Women, or the Tragedy of Sophonisba, Tr. 1606; What you Will, K. 1607. – Works, hg. A. H. Bullen III 1887; The Plays, hg. E. H. H. Wood III 1934–39; Tragedies and Comedies, 1633; Selected Plays, hg. M. Jackson 1986; Poems, hg. A. Davenport 1961.

L: A. J. Axelrad, Paris 1955; W. Egli, 1956; A. Caputi, 1961; Ph. J. Finkelpearl, 1969; M. Scott, 1978; G. Geckle, 1980; R. W. Ingram, 1980; K. Tucker, J. M.: A Reference Guide, 1985; R. Rice, The Politics of Gender in the Plays of J. M., 1998, T. Warton, The Drama of J. M, 2000.

Martello (oder Martelli), Pier Jacopo, ital. Dramatiker, 28. 4. 1665 Bologna – 10. 5. 1727 ebda. Prof. für Eloquenz in Bologna, ab 1715 Sekretär des Senats. Rege Teilnahme am lit. Leben, Mitgl. der ›Arcadia‹. – Begann mit Gelegenheitsgedichten im Stil Marinos, von dessen Einfluß er sich aber bald befreite. Bedeutend v. a. durch den nach franz. Vorbild unternommenen Versuch e. Reform des ital. Theaters (Einführung des ›verso martelliano‹ nach dem Muster des Alexandriners). S. eigenen Dramen stellen den ersten Schritt vom Melodrama des 17. Jh. zur ital. Tragödie dar, stehen jedoch den Schäferspielen noch sehr nahe. Besser als s. Tragödien sind s. Komödien, in denen s. humorist. Begabung zum Ausdruck kommt, die sich auch in s. Epos zeigt.

W: Del verso tragico, Schr. 1709; Versi e prose, 1710; Dialogo sopra la tragedia antica e moderna, Schr. 1715; Il secretario Cliternale al baron di Corvara, Sat. 1717; Il Femia sentenziato, K. 1724 (hkA P. Viani in: Scelta di curiosità letterarie, 1869); Carlo Magno, Ep. (hg. A. Restori 1891). – Opere, VII 1729–33; Ausw. B. Maier, M. Fubini, Lirici del Settecento, 1959; Scritti critici e satirici, hg. H. S. Noce 1963; Teatro, hg. H. S. Noce III 1980–82.

L: J. M. Campanacci, 1994.

Martens, Ademar-Adolphe-Louis → Ghelderode, Michel de

Martí, José, kuban. Schriftsteller, 28. 1. 1853 La Habana – 19. 5. 1895 Dos Ríos. Journalist, Übs., Politiker. Wegen geheimer polit. Tätigkeit als 17jähriger zur Zwangsarbeit in e. Steinbruch verurteilt; zweimal nach Spanien deportiert; jurist. u. philos. Staatsexamen in Saragossa; Reisen u. Aufenthalte in Paris, Mexiko, Guatemala, ab 1880 in den USA; Vorträge, Veröffentlichungen, konsular. Dienst. Erkannte früh die Gefahr, die von der Habgier und dem Superioritätsanspruch der USA ganz Lateinamerika drohte, und warnte davor. Fiel im Kampf für die Unabhängigkeit Kubas. Für die Kubaner ist er bis heute der größte Nationalheld. – Lyriker u. vielseitiger Prosaist: Kritik, polit. Studien, Briefe, e. Roman; gründl. Kenntnisse der span. Klassiker u. der Lit. s. Zeit, bes. der franz. Prosa; Poesie von großer Schlichtheit; zarte Gedichte auf s. Sohn, die Liebe u.a.m., alltägl. Themen; Vorläufer des Modernismus.

W: Abdala, Dr. 1869; El presidio político en Cuba, Es. 1871; Adúltera, Dr. 1874; Amor con amor se paga, K. 1876; Ismaelillo, G. 1882; Amistad funesta, R. 1885 (u.

d. T. Lucía Jerez, 1969); Versos sencillos, G. 1891; Versos libres, G. o. J.; Flores del destierro, G. 1933; Diario, Tg. 1938. – Obras reunidas, XV 1900–19; Obras completas, hg. G. de Quesada y Miranda LXXIV 1936–52, hg. Edit. Nacional de C. XXV 1963–65; Poesías completas, hg. L. A. Ruiz ²1975. – Übs.: Mit Feder und Machete, G., Prosa, Tg. 1974; Die Krabbe, die zaubern konnte, M. 1977.
L: A. Iduarte, ²1951; A. Augier, ²1951; G. de Zéndegui, 1953; J. A. Portuondo, Washington 1953; A. Baeza Flores, 1954; D. Vela, 1954; F. Peraza Sarausa, 1955; G. Díaz Plaja, 1956; J. Marinello, 1958, 1964, 1972; I. Schulman, 1960; M. P. González, ²1961; A. Cue Cánovas, 1961; M. P. González, I. A. Schulman, 1961; R. B. Gray, Miami 1962; J. Manach, ³1963; E. Martínez Estrada, 1966, 1967; J. C. Ghiano, 1967; F. Schultz de Mantovani, 1968; F. J. Avila, 1968; A. Herrera Franguetti, 1969; R. Fernández Retamar, 1970, 1972, 1973, 1978; R. Agramonte, 1971; H. Almendras, ²1972; H. O. Dill, 1975; N. J. Davison, Salt Lake City 1975; N. Salomon, 1980; J. Marinello, 1980; J. Ibarra, 1980; C. Vitier, F. García Marruz, ²1981; J. Cantón Navarro, 1981; A. Augier, 1982; J. Le Riverend, 1982; J. A. Portuondo, 1982; J. A. Benítez, 1983; J. O. Jiménez, 1983, 1993; J. M. Kirk, 1984; J. Lawrence, 1983; E. Jorge, 1984; H.-E. Gross, R. Kumpf, hg. 1985; C. Abel, hg. 1986; R. Rexach, 1986; P. Turton, 1986; T. G. Oría, 1987; J. Marinello, 1987; J. M. Oviedo, 1989; A. M. Teja, 1990; C. N. Ronning, 1990; O. Ette, 1991; L. Barroso, 1992; I. A. Schulman, 1994; A. Esteban, 1995. – *Bibl.:* Biblioteca Municipal La Habana, 1937; M. P. González, 1950; Univ. Montevideo, 1954; F. Peraza Sarausa, 1954; J. Quintana, 1964; C. Ripoll, N. Y. 1972.

Martial d'Auvergne (auch M. de Paris), franz. Schriftsteller und Jurist, 1430 Paris – 13. 5. 1508 ebda. Lebte lange am breton. Herzogshof, dann Prokurator am Gerichtshof von Paris. In ›Les arrêts d'amours‹ (um 1465) stellt er 51 Liebesfälle in jurist. Formeln und Prozeduren mit Urteilsspruch dar. Noch von La Fontaine benutzt. Die ›Vigilles de Charles VII‹ (vor 1484 entstanden), sind e. Geschichte dieses Herrschers, poetisiert in Form e. Stundenbuches.
A: Les arrêts d'amours (hg. L. Götz 1932, n. 1975, J. Rychner 1951, K. Becker, franz./dt. 1995); Louange de la Vierge Marie, G. 1492 (hg. Y. le Hir 1970); Vigilles de Charles VII, G. 1494; Matines de la Vierge (hg. Y. le Hir 1970).
L: V. Puttonen, Helsinki 1943; E. Giudici, 1955; E. Stojkovic Mazzariol, 1964; K. Becker, 1991; G. Gros, 1994.

Martialis, Marcus Valerius, bedeutendster lat. Epigrammatiker; um 40 n. Chr. in Bilbilis/Spanien – spätestens 104 ebda. Von um 64 bis nach 98 in Rom; Angehöriger des Ritterstandes. – M. verfaßte 14 Bücher Epigramme in versch. Versmaßen. Von griech. u. lat. Vorgängern unterscheidet sich s. Epigramme dadurch, daß fast immer auf e. besinnl. oder witzige Pointe zulaufen. M.' 1. Buch (›Liber spectaculorum‹, Buch der Schauspiele) entstand anläßl. der Einweihung des Amphitheaters in Rom (sog. ›Colosseum‹) im Jahr 80 u. enthält Epigramme über bes. Darbietungen bei den Eröffnungsspielen. Die ›Xenia‹ (›Gastgeschenke‹, die man an Freunde schickte) u. ›Apophoreta‹ (›Geschenke zum Mitnehmen‹, die an Gäste verteilt wurden) (in der Gesamtausgabe Buch 13 u. 14) enthalten Verse über verschiedenste Gegenstände, die als Geschenke beim Fest der ›Saturnalien‹ ausgetauscht werden konnten. Die 12 Bücher ›Epigrammata‹ sind themat. vielfältig: Sie enthalten nicht nur Spottepigramme über alle mögl. Laster wie Luxus, Protzerei, Geiz, Erbschleicherei, sexuelle Ausschweifungen u. über merkwürdige Vorfälle, sondern auch Epigramme auf Kunstwerke u. Gebäude, Huldigungen an den Kaiser, Lob von Freunden u. Gönnern, Reflexionen zum Leben u. zur Dichtung u. a. – Epigrammatiker der Spätantike, des MA u. der Neuzeit haben sich an M. als Vorbild orientiert. Lessing entwickelte an M. s. Theorie des Epigramms. M.' ›Xenia‹ wurden namensgebend für Schillers u. Goethes Xenien.
A: W. Heraeus, I. Borovskij, n. 1976; D. R. Shackleton Bailey, 1990; m. engl. Übs. ders., 3 Bde., Cambr./Mass. 1993; m. dt. Übs. W. Hofmann, 1997; m. dt. Übs. P. Barié, W. Schindler, n. 2002.
L: J. P. Sullivan, M. The Unexpected Classic, Cambr. 1991; F. Grewing, hg., Toto notus in orbe, Perspektiven der M.-Interpretation, 1998; N. Holzberg, M. u. das antike Epigramm, n. 2002; R. R. Nauta, Poetry for Patrons, Leiden 2002.

Martianus Capella, lat. Schriftsteller, 5. Jh. n. Chr. – ›De nuptiis Philologiae et Mercurii‹ (Die Hochzeit von Philologia u. Merkur; 9 Bücher) ist e. enzyklopäd. Lehrbuch in Prosa u. Versen mit e. myth.-allegor. Rahmen: Merkur schenkt s. Braut 7 Dienerinnen – die Freien Künste (Grammatik, Rhetorik etc.) –, die jeweils ihre Wiss. vorstellen. Bes. im MA wurde M. viel gelesen u. kommentiert.
A: A. Dick, n. 1969; J. Willis, 1983; engl. Übs. W. H. Stahl u. a., Bd. 2, N.Y. 1977.
L: Komm. zu Buch 1 D. Shanzer, Berkeley 1986; W. H. Stahl u. a., Bd. 1, N.Y. 1971; S. Grebe, 1999.

Martin, Sir Theodore (Ps. Bon Gaultier), schott. Dichter, Biograph und Übersetzer, 16. 9. 1816 Edinburgh – 18. 8. 1909 Bryntysilio/Wales. Sohn e. Anwalts, Stud. in Edinburgh, 1840–46 Anwalt ebda., danach in London. ∞ 1851 Schauspielerin Helen Faucit (Vf. von Studien über Shakespeares Frauengestalten). – Schrieb unter s. Pseudonym und in Zusammenarbeit mit W. E. Aytoun die noch heute beliebten, humorvoll-witzigen ›Bon Gaultier Ballads‹. Übersetzte zahlr. lat., gr. und dän. Autoren, u. a. ›Faust I‹ (1865), ›Faust II‹ (1886), Heines Gedichte (1878). Schrieb im Auftrag der Queen Victoria e. Biographie des Prinzgemahls; s. taktvolle Erfüllung dieser Aufgabe gewann ihm die lebenslängl. Freundschaft der Königin. 1880 geadelt, 1881 zum Rektor von St. Andrews ernannt.

W: The Bon Gaultier Ballads, 1845 (m. W. E. Aytoun); The Life of His Royal Highness the Prince Consort, B. V 1875–80; A Life of Lord Lyndhurst, 1883; Helena Faucit, B. 1900; Queen Victoria as I Knew Her, B. 1901; Monographs: Garrick, Macready, Rachel and Baron Stockmar, B. 1906.

Martin, Violet Florence → Ross, Martin

Martin du Gard, Roger, franz. Erzähler, 23. 3. 1881 Neuilly-sur-Seine – 23. 8. 1958 Bellême/ Orne. Aus großbürgerl. kathol. Familie, Vater Rechtsanwalt und Magistratsbeamter. Lycée Condorcet und Lycée Janson-de-Sailly in Paris. Stud. bis 1906 Archäol. an der Ecole des Chartes. Archivarlaufbahn. Teilnehmer des 1. Weltkrieges. Freund Gides, Umgang mit den Begr. der ›Nouvelle Revue Française‹. Seit 1920 auf s. Landgut Bellême zurückgezogenes, unpolit. Leben. 1937 Nobelpreis für ›Les Thibault‹. – Verbindet in stark eth. bestimmtem Werk die realist. Romantradition Frankreichs mit mod. psycholog. Mitteln; anfangs Nähe zum Naturalismus. Beeinflußt von R. Rolland und Gide. Schriftsteller von großer Gewissenhaftigkeit (vernichtete selbstkrit. s. ersten beiden Romane), bemüht um objektive, z. T. fast gleichgültig-kalt wirkende Gestaltung, überzeugend durch Kraft der Komposition, Nüchternheit und Sicherheit des Stils. Hauptthemen s. schwermütig-skept. Werkes sind das von Verfallserscheinungen gezeichnete franz. Großbürgertum vor dem 1. Weltkrieg und der Abbruch idealist. Ideologien im Zusammenstoß mit dem Leben. Zeichnet im 1. bedeutenden Roman ›Jean Barois‹ mit dem Schicksal e. Intellektuellen, der durch naturwiss. Studien und unter dem Eindruck der Dreyfus-Affäre zum Freidenker wird, am Lebensende wieder zum kathol. Glauben findet, das Schicksal s. Generation. Der Roman ›Devenir!‹ handelt ebenfalls von den intellektuellen und moral. Problemen der Generation vor 1914. S. größtes Werk ›Les Thibault‹, e. Romanzyklus mit 8 Romanen über den Gegensatz zwischen gläubigem und freidenker. Frankreich in den ersten Jahren des 20. Jh., schildert das Schicksal e. kathol. und e. protestant. Pariser Bürgerfamilie; e. sehr geschlossenes Epos über e. vom Egoismus bedrohtes Bürgertum, in Atmosphäre und hist. Geschehen der ersten Vorkriegszeit eingebettet. Der Gegensatz zwischen Kriegs- und Nachkriegsgeneration ist Thema s. Dramas ›Un taciturne‹ über e. unverstandene und unglückl. Liebe. Außerdem derbbäuerl. Farcen. ›Vieille France‹ gibt e. Bild der bäuerl. Sitten in der franz. Provinz.

W: Devenir!, R. 1909; L'une de nous, R. 1910; Jean Barois, R. 1913 (d. 1930); Les Thibault, R.-Zyklus 1922–40 (n. 1972–86, d. 1928f. u. 1984): Le Cahier Gris, 1922, Le pénitencier, 1922, La belle saison, II 1923, La consultation, 1928, La Sorellina, 1928, La mort du père, 1929, L'Été 1914, 1936, Epilogue, 1940; Le testament du père Leleu, Farce 1923; La Gonfle, Farce 1928; La confidence africaine, N. 1930 (d. 1930); Un taciturne, Dr. 1931; Vieille France, R. 1933 (Kleine Welt, d. 1935); Notes sur A. Gide, 1951; Deux jours de vacances, hg. B. Hagenau 1986. – Œuvres complètes, II 1955 (n. 1995); Correspondance avec A. Gide 1913–1951, II 1968; Lettres à un jeune écrivain 1953–58, 1969; Pensée testamentaire 1970; Correspondance générale, hg. B. Duchatelet VIII 1980–97; R. M. G.-G. Duhamel, Correspondance 1919–1958, hg. A. Lafay 1987; Journal, hg. C. Sicard III 1993. – *Übs.:* Enge Verhältnisse, En. 1963.

L: R. Lalou, 1937 (m. Bibl.); H. C. Rice, N. Y. 1941; H. Gmelin, Der franz. Zyklenroman der Gegenwart 1940–45, 1950; C. Borgal, 1957; Hommage à R. M., 1958; P. Daix, 1958; R. Gibson, Lond. 1961; J. Brenner, 1961; T. Gorilovics, Budapest 1962; M. Kotobi, 1962; D. Boak, Lond. 1963; M. Jonas, 1963; V. S. Verrette, 1963; R. Robidoux, 1964; H. Emeis, 1965; R. Roza, 1965; J. Schlobach, 1965; A. Descloux, Diss. Fribourg 1965; H. Militz, 1967; D. L. Schalk, Ithaca/NY 1967; H. Jacobsson, 1968; C. Savage, N. Y. 1968; J. M. Guitton, 1969; M. Gallant, 1971; G. Neumes, Diss. Ffm. u.a. 1980; H. Emeis, Albi 1983; A. Daspre, 1985; B. Alluin, 1989; A. Brincourt, Messagers de la nuit, 1995; Ch. Andrieux, 1997; J. Schlobach, 2000; A. Daspre, hg. 2001.

Martineau, Harriet, engl. Schriftstellerin, 12. 6. 1802 Norwich – 27. 6. 1876 Ambleside/Westmorland. Tochter e. Tuchfabrikanten hugenott. Abstammung. Entbehrungsreiche Jugend u. Krankheit. Eintreten für Sklavenbefreiung; reiste 1834 nach Amerika. – Vf. von Schriften um polit. Themen, Armenrecht u. Besteuerung; auch Romane, Kinder- u. Reisebücher.

W: Illustrations of Political Economy, IX 1832–34; Poor Laws and Paupers Illustrated, 1833; Society in America, Reiseb. III 1837 (hg. S. M. Lipset 1969); Deerbrook, R. III 1839; The Playfellow, Kdb. 1841 (enth. Feats on the Fjord, separat 1844); Letters on Mesmerism, 1845. – Autobiography, hg. M. W. Chapman III 1877; Selected Letters, hg. V. Sanders, 1990.

L: T. Bosanquet, 1927; V. Wheatley, 1957; R. K. Webb, 1960, G. Thomas, 1985; V. Sanders, 1986; S. Hunter, 1995; C. Roberts, 2002.

Martínek, Vojtěch, tschech. Schriftsteller u. Kritiker, 11. 4. 1887 Brušperk b. Frýdek-Místek – 25. 4. 1960 Ostrava. Gymnasiallehrer u. Journalist. – Außer reflex. u. stimmungsvoller Gefühls- und Landschaftslyrik schrieb M. realist., breitangelegte Dorf- und Bergarbeiterromane, in denen er vorwiegend die Veränderung der sozialen u. wirtschaftl. Struktur des Ostrauer Gebietes durch die Industrialisierung schildert. Als Lit.historiker schrieb M. Monographien über Machar, Bezruč u.a.

W: Černá země, R.-Tril. 1926–32; Jakub Oberva, Plameny, Země duní; Básně, G. 1929; Píseň o domovině, G. 1939; Stavy rachotí, R. 1939; R.-Tril. 1942–56: Kamenný řád, Meze, Ožehlé haluze; Jizva na tváři, R. 1946; Píseň nového dne, G. 1952; Poslední sonety, G. 1976. – Dílo (W), VIII 1957–62; Píseň starých lip, G.-Ausw. 1966; Vybrané spisy (AW), XI 1965–79.
L: Dr. V. M-jeho život a dílo, 1937; Z. Bár, 1948; A. Závodský, Nad prózou V. M., 1960; P. Pešta, O. Sirovátka, Z. Bár, 1977; J. Svoboda, 1982; Průvodce literárním dílem zasl. umělce V. M., hg. K. Bogar 1987. – *Bibl.:* J. Vondra, J. Podzimek, 1961; S. Obenausová, 1987.

Martínez Estrada, Ezequiel, argentin. Schriftsteller, 14. 9. 1895 San José de la Esquina/Santa Fe – 3. 11. 1964 Bahía Blanca. Gymnasiallehrer, Prof., Freund H. → Quirogas; Präsident des Schriftstellerverbands; versch. Reisen; 1961–63 bedeutende Ämter in Kuba. – Kultivierte, phantasievolle Lyrik in neubarockem Stil über versch. intellektuelle u. menschl. Probleme. Prosaschriften u. Essays über moral., soz. u. kulturelle Fragen.
W: Oro y piedra, G. 1918; Nefelibal, G. 1922; Motivos del cielo, G. 1924; Títeres de pies ligeros, Dr. 1929; Las rutas de Trapalanda, Ess. 1933; Radiografía de la pampa, Ess. 1933; La cabeza de Goliat, Es. 1940; Lo que no vemos morir, Dr. 1941; Sarmiento, B. 1946; Nietzsche, Es. 1947; Muerte y transfiguración de Martín Fierro, St. 1948; Tres cuentos sin amor, En. 1956; Coplas de ciego, G. 1959; Análisis funcional de la cultura, Es. 1960; Martí: el héroe y su acción revolucionaria, Es. 1966; Paganini, St. 2002. – Cuentos completos, hg. R. Yanhi 1975.
L: A. Carlos, 1967; J. J. Sebreli, ²1967; P. G. Earle, Austin 1971; A. Morsella, 1973; J. Maharg, 1977; E. Pucciarelli, 1986; P. Orgambide, ²1985; J. M. Rivera, 1987; L. Weinberg de Magis, 1992; R. Fernández Retamar u.a., 1994. – *Bibl.:* C. Adam, 1968.

Martínez Moreno, Carlos, uruguay. Erzähler, 1. 9. 1917 Colonia del Sacramento – 21. 2. 1986 Mexiko Stadt. Journalist, Pflichtverteidiger, Theaterkritiker, Prof. – Die zweifelnden, nicht eindeutigen Figuren – mehrere von ihnen haben im Gegensatz zur Fassade neurot. Beziehungen u. drücken die Agonie e. soz. Klasse aus – lernen die Lektion ihres Lebens zu spät. Frustrationen, gesellschaftl. Immobilismus, das Klima des Terrors oder die Grausamkeit des Systems stehen im Mittelpunkt s. Werks.
W: Los días por vivir, En. 1960; El paredón, R. 1963; Los aborígenes, En. 1964; La otra mitad, R. 1966; Con las primeras luces, R. 1966; Los prados de la conciencia, En. 1968; Tierra en la boca, R. 1974; El color que el infierno me escondiera, R. 1981; Crítica teatral, III 1994; Literatura, II 1994; Ensayos, II 1994; Los días que vivimos, Reden u. Artikel 1994.
L: Bibl.: N. G. Orthmann, 1985.

Martínez de la Rosa, Francisco, span. Schriftsteller, 10. 3. 1787 Granada – 6. 2. 1862 Madrid. Mit 12 Jahren Beginn des Stud. an der Univ. Granada, 1804 Lizentiat u. Dr. der Rechte; 1805 Prof. für Moralphilos. ebda.; 1808 in offizieller Mission über Gibraltar nach London, Verhandlungen wegen Hilfe im Kampf gegen Napoleon; 1814 wegen liberaler Einstellungen inhaftiert und 1814–20 von Ferdinand VII. nach Afrika verbannt; 1823–31 Emigrant in Frankreich; nach s. Rückkehr glänzende polit. Laufbahn; 1834 von Königin Maria Christina mit der Regierungsbildung beauftragt; 1844 u. 1847 Botschafter in Paris; 1848/49 in Rom; Präsident des Staatsrates (1858) u. des Kongresses (1851 u. 1860), 1839 Direktor der Span. Akad. – Dramatiker u. Dichter zwischen Klassizismus u. Romantik, Eklektiker; begann mit Gedichten im Schäferstil Meléndez' Valdés. Gepflegte Form, aber wenig Gefühlstiefe; klassizist. Tragödien sowie Komödien im Stil Moratíns. Kam in Paris mit der Romantik in Berührung, zu der er sich mit Vorbehalten bekannte; Frucht sind die romant. Dramen ›Aben Humeya‹ (zuerst in franz. Sprache u. d. T. ›La révolte des maures sous Philippe II‹) u. v. a. ›La conjuración de Venecia‹, wegbereitend für den Triumph des romant. Dramas auf der span. Bühne.
W: La viuda de Padilla, Tr. 1814; Moraima, Tr. 1818; La niña en la casa y la madre en la máscara, K. 1821; Poética, Abh. 1827; Aben Humeya, Dr. 1830; Poesías, G. 1833; Edipo, Tr. 1833; La conjuración de Venecia, Dr. 1834; Doña Isabel de Solís, reina de Granada, R. III 1837–46. – Obras completas, IV 1827–30 (dt. Ausw. II 1935f.); Obras, hg. C. Seco Serrano VIII 1962; Obras dramáticas, 1933.
L: J. Sarrailh, 1930; L. de Sosa, 1930; C. Seco Serrano, 1962; R. J. u. N. Mayberry, Boston 1988.

Martínez Ruiz, José → Azorín

Martínez Sierra, Gregorio, span. Schriftsteller, 6. 5. 1881 Madrid – 1. 10. 1947 ebda. Veröffentlichte mit 17 Jahren s. 1. Werk u. widmete sich seitdem ganz der Lit.; schrieb Artikel u. Kurzgeschichten für versch. Zeitungen, gründete lit. Zsn., leitete lange Jahre die ›Biblioteca Renacimiento‹, die zwischen 1908 u. 1918 die Werke der besten span. Schriftsteller herausgab; ab 1915 künstler. Leiter e. der besten span. Theaterunternehmen, setzte sich v.a. für die Aufführung mod. ausländ. Autoren u. Komponisten ein. – Lyriker, Erzähler u. bes. Dramatiker von großer Feinfühligkeit; schrieb zarte, gefühlvolle Komödien von fast femininer Empfindsamkeit; bereicherte das realist. Theater um e. verinnerlichten, schlichten Zug; liebte die sanften, milden Töne u. lehnte trag. wie kom. Extreme ab; hatte mit s. liebenswürdigen, stilist. sorgfältig ausgefeilten, bühnentechn. sehr geschickten Werken großen Erfolg. Auch Opernlibretti u. a. für M. de Falla. Übs. Maeterlincks.

W: El poema del trabajo, G. 1898; Diálogos fantásticos, G. 1899; Almas ausentes, N. 1900; Flores de escarcha, G. 1900; Horas de sol, G. 1901; Sol de la tarde, R. 1904; Tú eres la paz, R. 1906; La sombra del padre, Dr. 1909; El ama de la casa, Dr. 1910; Primavera en otoño, K. 1911; Canción de cuna, K. 1911; Las golondrinas, Libr. 1913; Sólo para mujeres, Dr. 1913; Mamá, K. 1913; Navidad, Sp. 1916; La mujer moderna, R. 1920; Don Juan de España, Tragikom. 1921. – Obras completas, XXXII 1920–23; Obras escogidas, III 1948. – *Übs.:* Traumbilder, G. 1906.

L: M. Lejárraga, Gregorio y yo, 1953; A. Goldsborough, 1965; P. Walker O'Connor, 1966; C. Reyero Hermosilla, 1980.

Martínez de Toledo, Alfonso (Arcipreste de Talavera), span. Schriftsteller, 1398 (?) Toledo – 1468 ebda. Stud. in Salamanca; Pfründner u. 1415–36 Kaplan der Kathedrale von Toledo; Aufenthalt in Aragonien u. Katalonien, seit 1430 Erzpriester von Talavera, später Erzdechant von Toledo. – Vf. des bedeutendsten Prosawerks des span. 15. Jh., ›Corbacho‹, e. von Boccaccios ›Corbaccio‹ angeregte Satire in 4 Teilen auf die Sitten der Zeit; am gelungensten 2. Teil, witzige, zyn. Diatribe gegen die Frauen. Guter Kenner weibl. Fehler u. Schwächen; anschaul., ungezwungener Stil, lebendige, ursprüngl. Darstellung; verwandte als erster die kraftvolle, bildhafte Sprache des Volkes in e. lit. Werk. Fundgrube an volkstüml. Wert, da einzige Sittenschilderung aus der Zeit Juans II.

W: Corbacho o Reprobación del amor mundano, Sat. 1438, gedruckt 1495 (n. C. Pérez Pastor 1901; J. Rogerio Sánchez 1930; L. B. Simpson, Berkeley 1939; M. de Riquer 1949; M. Penna, Turin 1955; J. González Muela, M. Penna 1970, 1978); Vida de San Ildefonso, B. (hg. J. Madoz 1943); Vida de San Isidoro, B.; Atalaya de las Crónicas, Prosa 1443–55.

L: Ch. J. Whitbourn, Hull 1970; M. Ciceri, hg. Il Modena 1975; E. M. Gerli, Boston 1976.

Martínez Zuviría, Gustavo → Wast, Hugo

Martín Gaite, Carmen, span. Schriftstellerin, 8. 12. 1925 Salamanca – 23. 7. 2000 Madrid. Stud. Philos. u. roman. Philol. Salamanca; ab 1949 in Madrid; 1953 ∞ Schriftsteller Rafael Sánchez Ferlosio; hist. Forschungen, bes. zum 18. Jh.; Mitarbeit an versch. Zeitungen u. Zsn. – E. der bedeutendsten span. Schriftstellerinnen des 20. Jh.; Vf. von Romanen u. Erzählungen über die Rolle der Frau in der Gesellschaft, Einsamkeit u. gestörte Kommunikation. Auch Gedichte, Theaterstücke, Kinderbücher u. vielbeachtete Untersuchungen zur Sozialgeschichte der Frau.

W: El balneario, En. 1955; Entre visillios, R. 1958; Las ataduras, En. 1960; Ritmo lento, R. 1963; Retahílas, R. 1973; Fragmentos de interior, R. 1976; A rachas, G. 1976; El cuarto de atrás, R. 1978; Caperucita en Manhattan, R. 1990 (d. 1994); Nubosidad variable, R. 1992; La reina de las nieves, R. 1994 (d. 1999); Cuentos completos y un monólogo, En. 1994; Lo raro es vivir, R. 1996; Irse de casa, R. 1998.

L: J. L. Brown, Mississipi 1987; C. Alemany Bay, 1990; M. V. Calvi, Mail. 1990; A. Paatz, Ffm. 1994; J. J. Morales, 2001.

Martini, Fausto Maria, ital. Dichter und Kritiker, 14. 4. 1886 Rom – 13. 4. 1931 ebda. Freund S. Corazzinis, ging nach dessen frühem Tod nach Amerika, wo er jedoch kein Glück hatte. Nach Italien zurückgekehrt, arbeitete er als Journalist, v. a. als Theaterkritiker 1909–25 an ›La Tribuna‹ u. 1925–29 am ›Giornale d'Italia‹. – In s. Anfängen, aus denen s. vom Symbolismus beeinflußte Lyrik stammt, gehörte M. dem Kreis der ›Crepuscolari‹ an. Am überzeugendsten wirkt er in s. Theaterstücken, in denen er häufig nach Art Pirandellos das Motiv der Flucht des Menschen vor sich selbst behandelt. Schwächer sind s. an D'Annunzio erinnernden, etwas weitschweifigen Romane u. Erzählungen.

W: Le piccole morte, G. 1906; Poesie provinciali, G. 1910; Aprile, Dr. 1917; Ridi, pagliaccio, Dr. 1919; Verginità, R. 1920; La porta del paradiso, Nn. 1920; Il Giglio nero, Dr. 1921; Il fiore sotto gli occhi, Dr. 1922; L'altra Nanetta, Dr. 1923; Cronache del teatro, Krit. 1923–28; I Drammi dell' insignificante, Dr. 1928; Teatro breve, Dr. 1929; Si sbarca a New York, R. 1930; Tutte le poesie, hg. G. Farinelli 1969.

L: N. D'Aloisio, 1919; C. Bruschetti, 1981.

Martini, Ferdinando (Ps. Fantasio u. a.), ital. Dramatiker und Journalist, 30. 7. 1841 Florenz – 24. 4. 1928 Monsummano/Valdinievole. Sohn des Lustspielautors Vincenzo M. Widmete sich zunächst ganz dem Theater u. dem Journalismus u. nahm später aktiv am polit. Leben teil: 1874 Abgeordneter der liberalen Linken, 1892/93 Kultusminister, 1897–1900 Gouverneur von Eritrea u. 1915–19 Kolonialminister, 1923 Senator. Gründer des ›Giornale per i bambini‹. – Neben s. theoret. Schriften über das Theater u. den Berichten über s. Erfahrungen in Afrika sind v. a. s. Komödien von Bedeutung, nach Art der ›Proverbes‹ von A. de Musset, in denen er ein typ. Bild der bürgerl. Gesellschaft des 19. Jh. gibt. Sprachl. bes. schön ist s. ›Epistolario‹.

W: Cenni sul teatro dramm. in Italia, Schr. 1862; L'uomo propone e la donna dispone, K. 1862; Chi sa il gioco non l'insegni, Lsp. 1871; Il peggio passo è quello dell' uscio, Lsp. 1873; Fra un sigaro e l'altro, Ess. 1876; Di palo in frasca, Rdn. u. Aufse. 1879; Nell'Affrica italiana, Reiseb. 1891; Teatro di F. M., Drn. 1893; Al teatro, Schr. 1895; Cose africane, Schr. 1896; Confessioni e ricordi, Mem. II 1922–28. – Pagine raccolte, 1912; Lettere (1860–1928), 1934.

L: A. Donati, 1925; C. Weidlich, 1934.

Martins, Joaquim Pedro de Oliveira, portugies. Schriftsteller, Geschichtsschreiber, Wirtschaftswissenschaftler, Soziologe u. Politiker, 30. 4. 1845 Lissabon – 24. 8. 1894 ebda. (Tuberkulose). Dem Bürgertum entstammend, verließ mit 15 Jahren nach Tod des Vaters das Gymnas.; Autodidakt, versuchte sich als Dichter unter Einfluß von Herculano, Garrett u. Braga; mit Antero de Quental befreundet (wichtige Korrespondenz); Mitorganisator des Sozialismus in Portugal, seit 1870 Bergwerksverwalter in Spanien. Rege publizist. Tätigkeit. Ab 1874 Verwaltungsbeamter, techn. Direktor e. Eisenbahngesellschaft in Porto, Verfechter e. demokrat. Staatsform, Abgeordneter. Gründete 1875 mit Antero de Quental die ›Revista occidental‹, 1885 die Zeitung ›A Província‹. Seit 1888 in Lissabon, Gründung der bedeutenden Zeitung ›O Repórter‹, im Umkreis von Ramalho, Eça u. Junqueiro. Nach dem Ultimatum 1890 kurze Zeit Minister, zum Rücktritt gezwungen. Englandaufenthalt, Spanienreise. Nahm als Vertreter Portugals an internationalen Kongressen u.a. auch in Dtl. teil. – Unter dem Einfluß von Proudhon u. Michelet e. der wichtigsten Köpfe der Generation von 1870 u. e. beherrschende Gestalt der portugies. Geistesgeschichte des 19. Jh. Äußerst fruchtbares Schaffen; flüssige Prosa und scharfe Charakterzeichnung. Romant. Wiedererwecker der Vergangenheit; stand der Geschichte s. Landes höchst krit. gegenüber.

W: Phoebus Moniz, R. 1867; Teófilo Braga e o Cancioneiro, Abh. 1869; Os Lusíadas, Abh. 1872; Teoria do Socialismo, Abh. 1872; Portugal e o Socialismo, Abh. 1873; A Reorganizacão do Banco de Portugal, Abh. 1877; As Eleições, Abh. 1878; O Helenismo e a Civilização Cristã, Abh. 1878; História de Portugal, 1879; História da Civilização Ibérica, 1879; O Brasil e as Colónias Portuguesas, Abh. 1880; Elementos de Antropologia, Abh. 1880; Portugal Contemporâneo, Abh. 1881; As Raças Humanas, Abh. 1881; Sistema dos mitos religiosos, Abh. 1882; Quadro das Instituições Primitivas, Abh. 1883; Política e Economia Nacional, Abh. 1885; História da República Romana, Abh. 1885; Portugal nos Mares, Abh. 1889; Portugal em África, Abh. 1891; Os Filhos de D. João I, Abh. 1891; Camões, os Lusíadas e a Renascença em Portugal, Abh. 1891; A Vida de Nun'-Álvares, Abh. 1892; A Inglaterra de Hoje, Reiseber. 1893; Cartas Peninsulares, Ber. 1895; O Príncipe Perfeito, Abh. 1895. – Obras Completas (GW), 1952ff.

L: G. Le Gentil, 1935; F. A. Oliveira Martins, 1944; Raul Leal, 1945; M. Mendes, 1947; E. Hallensleben, 1959; M. T. de Barros Correia, 1961; E. Lourenço, M. M. de Oliveira Martins, 1986; A. A. Lindeza Diogo, 1997.

Martín Santos, Luis, span. Schriftsteller, 1924 Larache/Marokko – 21. 4. 1964 Vitoria. Stud. Medizin Salamanca, Madrid, Heidelberg, ab 1951 Leiter der psychiatr. Klinik von San Sebastián; aktiver Gegner der Franco-Diktatur; 1957, 1959 u. 1962 im Gefängnis; starb bei e. Autounfall. – ›Tiempo de silencio‹ (1962), s. einziger zu Lebzeiten veröffentlichter Roman, gilt wegen s. formalen u. inhaltl. Neuerungen als Meilenstein der span. Nachkriegslit.

W: Tiempo de silencio, R. 1962 (Schweigen über Madrid, d. 1991); Libertad, temporalidad y transferencia en el psicoanálisis existencial, Es. 1964; Apólogos, Textslg. 1970; Tiempo de destrucción, unvollendeter R. 1975.

L: J. Romera Castillo, 1976; E. Díaz Valcárcel, 1982; J. Labanyi, 1985; L. Suárez Granda, 1986; A. Rey, [3]1988; J. H. Townsend, 2000.

Martinson, Harry (Edmund), schwed. Dichter, 6. 5. 1904 Jämshög/Blekinge – 11. 2. 1978 Stockholm. Vater Kapitän, starb früh, die Mutter ging 1912 allein nach Amerika. Versch. Pflegeeltern. 16jährig Flucht zur See als Schiffsjunge u. Heizer. Längere Aufenthalte u.a. in Indien u. Brasilien. Erste lit. Versuche nach Vorbild Kiplings. Kehrte nach 6 Jahren lungenkrank zurück, Jahre des Hungers u. der Arbeitslosigkeit, Landstreicherleben. Autodidakt. 1929 Anschluß an die lit. Gruppe ›Fem Unga‹. 1947 Frödingstipendium; 1949 Mitgl. der Schwed. Akad.; Dr. phil. h.c. Göteborg 1954. 1929–41 ∞ Moa M. (Helga Swartz), 1942 ∞ Ingrid Lindcrantz. 1934 Reise zum internat. Schriftstellerkongreß in Moskau. Betroffen von den Auswirkungen des sozialist. Realismus, Anregung für ›Wirklichkeit zum Tode‹; 1974 Literaturnobelpreis zus. m. Eyvind Johnson. – Mod.-romant. Mystiker, Vertreter e. vitalist. Primitivismus. Symbolhafte Sprache, v.a. Naturschilderungen, angeregt von der Malerei, da selbst Maler. Sehnsucht nach dem Leichten, Einfachen, Qualitativen; Leiden unter dem Schweren, dem Quantitativen der Wirklichkeit. Besingt u.a. Schwermut als werthafte Gemütsart. Sein Landstreicherroman, e. rhapsod. Schilderung schwed. Natur, trägt autobiograph. Züge, geprägt auch durch die Lehre vom Tao. Feiner Humor. Die Landstreicher machen sich keines Verbrechens schuldig außer allg. Asozialität, sie denken u. beobachten. M. ist kein reiner Idylliker. Interesse für Naturwiss. u. tiefe Skepsis gegenüber der Fähigkeit des Menschen, techn. Erfolge richtig zu nutzen, durchziehen das Versepos ›Aniara‹: e. Weltraumschiff ist mit s. Passagieren außer Kurs geraten, wie nach M.s Ansicht die Menschheit sich auf Abwegen befindet.

W: Spökskepp, G. 1929; Nomad, G. 1931; Resor utan mål, 1932 (Reisen ohne Ziel, d. 1949); Kap Farväl, 1933; Natur, G. 1934; Nässlorna blomma, Aut. 1935 (Die Nesseln blühen, d. 1967); Vägen ut, Aut. 1936 (Der Weg hinaus, d. 1970); Svärmare och harkrank, Ess. 1937; Midsommardalen, St. 1938; Det enkla och det svåra, St. 1939; Verklighet till döds, Rep. 1940; Den förlorade jaguaren, R. 1941; Passad, G. 1945; Vägen till Klockrike, R. 1948 (Der Weg nach Glockenreich, d. E. Schaper 1953); Cikada, G. 1953; Aniara, Ep. 1956 (d. 1961); Gräsen i Thule, G. 1958; Vagnen, G. 1960; Tre knivar från Wei, Sch. 1964; Dikter om ljus och mörker, 1971; Tuvor, G. 1973. – Übs.: Gedichte, 1962; Der Henker des Lebenstraumes, G. 1973; Längs ekots stigar, G. 1978.

L: T. Kristensen, 1941; K. Jaensson, Essayer, 1946; L. Ulvenstam, 1950; R. Oldberg, Den unge H. M., 1954; I. Holm, 1960; O. Lagercrantz, 1961; K. Espmark, 1971; M. L. Ramnefalk, 1974; G. Tideström, 1975; S. Erfurth, 1980, 1981, 1987; G. Svensson, 1980; T. Hall, 1981; I. Bodner, 1984; H. M's landskap, 1985.

Martinson, Moa (eig. Helga Maria); geb. Swartz, schwed. Erzählerin, 2. 11. 1890 Vårdnäs/Östergötland – 5. 8. 1964 Södertälje. Tochter e. Textilarbeiterin. Unregelmäßiger Schulbesuch. Mit 20 Jahren Büfettfräulein, schrieb Gedichte. 1910–28 ∞ Leonard Johansson; wieder in großer Armut, von fünf Kindern ertranken zwei Söhne, der Mann beging Selbstmord. 1929–41 ∞ Harry M. – Gehört der sog. ›Landarbeiterschule‹ in der schwed. Lit. an. Lernte als Kind in Norrköping das Leben des Stadtproletariats vor der Zeit der Organisierung und später das Landarbeiterleben kennen. Polit. radikal sozialist. eingestellt. Natürl. Erzählertalent, schreibt ohne Rücksicht auf Form, ohne Konzentration und Komposition. Nicht sonderl. originelle oder gepflegte Sprache. Schreibt aus dem Herzen, nicht ohne Humor, und schöpft aus der eigenen reichen Erfahrung ihrer Kindheit, Jugend und ersten Ehe: Äußerste Armut, Hunger, Wurzellosigkeit, Trunkenheit, Roheit, aber auch Güte. Die zielbewußte Proletarierschriftstellerin appelliert an das Verantwortungsgefühl der Gesellschaft.

W: Kvinnor och äppelträd, R. 1933 (Frauen und Apfelbäume, d. 1937); Sallys söner, 1934; Rågvakt, 1936; Mor gifter sig, Aut. 1936 (Mutter heiratet, d. 1957); Drottning Grågyllen, 1937 (Die Frauen von Kolmården, d. 1942); Motsols, G. 1937; Kyrkbröllop, Aut. 1938 (Kirchliche Trauung, d. 1959); Kungens rosor, Aut. 1938 (Die Rosen des Königs, d. 1959); Vägen under stjärnorna, R. 1940 (Weg unter Sternen, d. 1949); Brandliljor, R. 1941; Armén vid horisonten, Aut. 1942; Den osynliga älskaren, 1943 (Der unsichtbare Liebhaber, d. 1960); Bakom svenskvallen, R. 1944; Kärlek mellan krigen, R. 1947; Livets fest, 1949; Jag möter en diktare, Aut. 1950; Du är den enda, 1952; Kvinnorna på Kummelsjö, R. 1955; Klockor vid sidenvägen, 1957; Hemligheten, 1959.

Martoglio, Nino, ital. Lyriker und Dramatiker, 3. 12. 1870 Belpasso/Cataneo – 15. 9. 1921 Cataneo. Gründer der humorist. Zs. ›D'Artagnan‹. In den Lustspielen Darstellung e. echten sizilian. Milieus im sizilian. Dialekt.

W: Nica, K. 1903; Sara, K. 1904; Turbine, K. 1905; L'aria del continente, K. 1905; 'U paliu, K. 1906; S. Giuvanni Decullaru, K. 1908; Il divo, K. 1913; La cieca di Sorrento, R. 1952. – Centona, G. 1899 (n. 1948); Teatro dialettale, VIII 1919–23.

L: S. Zappulla Muscarà, 1985; A. Scuderi, The dialect poetry of N. M., 1992; C. Caruso Tribalto, 1994.

Martorell, Joanot, katalan. Schriftsteller, zwischen 1413 u. 1415 Gandía – 1468. Schwager des Dichters Ausiàs March; lebte in Valencia, hielt sich zeitweilig am portugies. Hof und 1438 in London auf; weitere Lebensdaten nicht überliefert. – Berühmt als Vf. des bedeutendsten Ritterromans in katalan. Sprache; beginnt mit e. Art Lehrbuch des Rittertums in Anlehnung an den anglo-normann. Roman ›Guy of Warwick‹ u. an das ›Libre del l'Orde de Cavayleria‹ von Ramón Llull; geht dann über zur Beschreibung von Abenteuern in realist., humorvollem u. karikierendem Ton, der sich stark von dem anderer Ritterbücher unterscheidet; Ausdruck der Lebensfreude u. starker Vitalität. Das Werk wurde von Cervantes sehr geschätzt, anscheinend von Martín Juan de Galba vollendet.

W: Tirant lo Blanch, R. 1455ff. (hg. N. Spindeler 1490, M. Aguiló IV 1873–1905, M. de Riquer 1947, M. J. de Galba, N. Y. 1967; d. 1990);

L: J. Givanel Mas, Estudio crítico de la novela caballeresca T. lo B., 1912; J. A. Vaeth, T. lo B., N. Y. 1918; M. de Riquer, Caballeros andantes españoles, 1967, 1972; S. Gili Gaya, Interpretación moderna de T. lo B., 1968; E. T. Aylward, Chapel Hill 1985; J. J. Chiner Gimeno, 1993; J. Villalmanzo, 1995.

Martyn, Edward (Ps. Sirius), engl.-ir. Dramatiker, 31. 1. 1859 Tulira, Co. Galway – 15. 12. 1923 Dublin. In Windsor u. Oxford erzogen. Mitbegründer der ir. lit. Bühne 1899, für die er s. Dramen schrieb; gründete 1914 das Irish Theatre in Dublin. Beeinflußt durch Ibsen und G. Moore. – Versuchte, europ. Realismus in anglo-ir. Mundart zu übertragen; s. Drama ›The Tale of a Town‹ arbeitete G. Moore um in ›The Bending of the Bough‹. S. Dramen behandeln den Zusammenstoß der Märchenwelt ir. Sagen mit der stoffl. realen Wirklichkeit; sie vermögen nicht zu überzeugen.

W: Morgante the Lesser, Sat. 1890; The Heather Field, and Maeve, Drn. 1899 (einzeln 1917); The Tale of a Town, and An Enchanted Sea, Drn. 1902; Grangecolman, Dr. 1912; The Dream Physician, Dr. 1914; The Privilege of Place, Dr. 1915.

L: D. Gwynn, ²1974; M.-T. Courtney, 1956.

Martynov, Leonid Nikolaevič, russ. Lyriker, 22. 5. 1905 Omsk – 21. 6. 1980 Moskau. Sohn e. Postbeamten; Jugend in Sibirien; Journalist. – Schrieb einige ep. Poeme über das Leben in Sibirien im zarist. Rußland; Natur- und Reflexionslyrik, deren Vers Alliteration, Binnenreim, vielfältigen Endreim zeigt; in der dichter. Sprache

Anregungen Esenins, Chlebnikovs, Pasternaks erkennbar; verwendet Wortspiel u. läßt mannigfache Bedeutungsassoziationen anklingen; parodist. Nebenton, so im parodist. Epos ›Poëzija kak volšebstvo‹; pflegt auch das burleske Epos (›Domotkanaja Venera‹).

W: Stichi i poėmy G. u. Poeme, 1939; Lukomor'e, G. 1945; Lirika, G. 1958; Stichotvorenija i poėmy, G. u. Poeme II 1963–65; Perovodstvo, G. 1965; Golos prirody, G. 1966; Vozdušnye fregaty, Aut. 1974; Zolotoj zapas, G. 1981. – Sobranie sočinenij (GW), III 1976/77. – Übs.: Der siebente Sinn, G. 1968.

Ma'rūfī, 'Abbās, pers. Schriftsteller, * 1957 Teheran. Stud. der Dramat. Lit. an der Univ. Teheran. Arbeit in der Musikabteilung der Stadthalle. 1980 Gründung der krit. Kulturzs. ›Gardun‹. Infolge von ständigen Problemen mit der staatl. Zensur 1986 Ausreise nach Deutschland, lebt in Düren. – Wurde durch seinen Roman ›Semfōnīye Mordegān‹ bekannt, e. Eifersuchtsdrama zwischen zwei ungleichen Brüdern, das in Struktur u. Personenkonstellation an W. Faulkners ›The Sound and the Fury‹ erinnert.

W: Āḫarīn nasl-e bartar, En. 1986; Semfōnī-ye Mordegān, R. 1989; Sāl-e balwā, R. 1992; Peykar-e Farhād, R. 1995. – Übs.: Symphonie der Toten, 1996; Die dunkle Seite, 1998.

Marulić, Marko, kroat. Dichter u. Moralphilosoph, 18. 8. 1450 Spalato – 5. 1. 1524 ebda. Patrizier, besuchte in Spalato die Schule des ital. Humanisten u. lat. Dichters T. Acciarini, dann Univ. Padua. – Zahlreicher als die volkssprachl. sind s. im Geist der kathol. Erneuerung lat. geschriebenen moralphilos. Schriften, die M. in Westeuropa (Venedig, Basel, Köln, Amsterdam u. Paris) bekannt machten; s. bedeutendstes lat. Werk ›De institutione bene vivendi‹ erlebte im 16. u. 17. Jh. mehr als 20 Ausgaben u. wurde ins Ital., Dt., Portugies. u. Franz. übersetzt; ins Lat. übertrug M. auch die Chronik des Popen Dukljanin. Dichtete 1501 das erste kroat. relig. Epos ›Judita‹, das christl. Gesinnung mit humanist. Formstreben verbindet.

W: De institutione bene vivendi, 1504; Evangelistarium, 1504–1510; Quinquaginta parabolae, 1510; De humilitate et gloria Christi, 1519; Judita, Ep. 1521 (n. 1950); Dialogus de laudibus Herculis, 1524; Davidias, Ep. 1954. – Sabrana djela (GW), in: Stari pisci hrv. I 1869; Izabrana djela (AW), PSHK 4, hg. I. Slamnig 1970; Sabrana djela (GW), XV 1984ff.; Colloquia Maruliana, VII 1992–97; Repetitorium, III 1998–2000.

L: J. Badalić, Stari pisci hrv. 31, 1954; M. Franičević, Spomenica Jazu, II 1960; N. Kolumbić, 1980; M. Tomasović, 1989, 1996, 1999; Dani hvarskog kazališta XV, 1989; A. Zlatar, 1991; Colloquia Maruliana, IX 1992–2000. – Bibl.: B. Jozić, B. Lučin, 1998.

Marulus → Marulić, Marko

Maruya, Saiichi (eig. Nemura S.), jap. Schriftsteller, * 27. 8. 1925 Tsuruoka (Yamagata). Nach Anglistikstudium bis 1965 Hochschullehrer. Neben Romanen und Übersetzungen (u.a. Joyces ›Ulysses‹) umfangreiches essayist. Werk, das durch M.s profunde Kenntnis der klass. jap. u. mod. westl. Lit. gekennzeichnet ist.

W: Sasa-makura, R. 1966 (Grass for my pillow, engl. 2002); Tatta hitori no hanran, R. 1972 (Singular rebellion, engl. 1986); Onnazakari, R. 1993 (Die Journalistin, d. 1997).

Marvell, Andrew, engl. Lyriker, 31. 3. 1621 Winestead/Yorkshire – 18. 8. 1678 London. Sohn e. Geistlichen, Stud. Cambridge. Bereiste 4 Jahre den Kontinent; längerer Romaufenthalt. 1650–52 Erzieher im Hause des Lord Fairfax in Yorkshire, wo versch. s. ersten Naturgedichte entstanden. Nach Anfängen als Royalist wechselte M. zu den Republikanern über. 1653 Erzieher von Cromwells Neffen. 1657 Mitarbeiter Miltons im Staatsrat. – Vf. von Gedichten auf Cromwell und e. Elegie auf dessen Tod. Nach der Restoration 1660 Parlamentsmitgl.; griff nach 1667 in handschriftl. umlaufenden Satiren und Versen die Minister und schließl. Charles II. an, s. Satiren wurden erst 1689 nach der Revolution veröffentlicht. Wandte sich gegen jede relig. Intoleranz. Begann mit Liebeslyrik und Gedichten über Naturschönheit, teils pastorale Verse, teils leidenschaftl. Gedichte im Stile Donnes. Seine pastorale Dichtung ist allerdings meist ironisch-kritisch verfremdet und osziliert zwischen den Polen eines ländlichen Paradises und dem Gefühl des Verlusts bzw. der Nicht-Existenz reiner Natur; stellt auch immer wieder die dichotomische Struktur menschlichen Lebens heraus, aus der kein Ausbrechen möglich sei (›A Dialogue between the Soul and Body‹). Neben J. Donne der bedeutendste u. der einzige Calvinist unter den metaphys. Dichtern. Die bekanntesten s. Gedichte sind ›To his Coy Mistress‹ und ›A Dialogue between the Resolved Soul and Created Pleasure‹ sowie ›Upon Appleton‹.

W: The Character of Holland, St. 1672; The Rehearsal transprosed, 1672; Account of Growth of Popery and Arbitrary Government in England, 1678; Miscellaneous Poems, 1681 (n. H. MacDonald 1952); The Garden (hg. T. Calhoun u. J. M. Potter 1970). – Complete Poetry, hg. G. de Lord 1968, E. S. Donno 1972; The Poems, hg. J. Reeves u. M. Seymour-Smith 1970; hg. N. Smith, 2003; Poems and Letters, hg. H. M. Margoliouth, II ³1971; The Prose Works, hg. M. Dzelzainis, A. Patterson, 2003. – Übs.: Gedichte, W. Vordtriede 1962.

L: H. Coleridge, 1835; R. Poscher, 1908; W. Bagguley, hg. 1922, n. 1965; P. Legouis, Paris 1928, n. N. Y. 1965; V. Sackville-West, 1929; A. Bradbrook u. T. M. G. Lloyd, 1940; R. Wallerstein, 1950; L. W. Hyman, 1964; D. Davison, 1964; H. E. Toliver, 1965; J. B. Leishman, 1966; K. Hofmann, 1967; J. M. Wallace, 1968; G.

Masamune

de F. Lord, 1968; D. M. Friedman, 1970; P. Cullen, Spenser, M. and Renaissance Pastoral, 1970; A. Berthoff, 1970; R. Colie, 1970; Tercentenary Essays, hg. K. Friedenreich 1977; B. King, M.s Allegorical Poetry, 1977; The Critical Heritage, hg. E. S. Donno 1978; R. I. V. Hodge, Foreshortened Time, 1978; J. D. Hunt, 1978; Approaches to M., hg. C. A. Patrides 1978; R. L. Brett, hg. 1979; M. Craze, 1979; J. Klause, The Unfortunate Fall, 1983; R. Wilcher, 1986; A. Patterson, 1994; T. Wheeler, A.M. Revisited, 1996; T. Healy, 1998; R. Ray, An A.M. Companion, 1998; N. Murray, World Enough and Time, 1999.

Masamune, Hakuchô (eig. M. Tadao), jap. Schriftsteller, 3. 3. 1879 Honami (Okayama) – 28. 10. 1962 Tokyo. Anglistikstudium, Zeitungskolumnist. Mit s. Erzählungen und theoret. Werken wurde M. zum bedeutendsten Vertreter des jap. Naturalismus. Er setzte sich zeitlebens mit dem Christentum auseinander, zeigt in seinen Werken jedoch eine vorwiegend düstere Weltsicht.

W: Jinai, E. 1907; Doko e, E. 1908; Bundan jinbutsu hyôron, Lit.kritik 1932; Shizenshugi seisuishi, Lit.kritik 1948. – M. H. zenshû (SW), XXX 1983–86.

L: R. Rolf, M. H.,1979.

Masaoka, Shiki (eig. M. Tsunenori), jap. haiku- u. waka-Dichter, 17. 9. 1867 Matsuyama – 19. 9. 1902 Tokyo. Stud. klass. jap. Lit. Veröffentlichung von Reiseberichten, Essays über das haiku. 1892 Abbruch des Stud. aus Gesundheitsrücksichten. 1895 Kriegsberichterstatter in der Mandschurei. 1897 Gründung der Zs. ›Hototogisu‹. – M.s Vorbilder waren Bashô u. Buson mit ihrem klaren, echten Empfinden; er wandte sich gegen die moralisierenden, phrasenhaften haikus s. Zeit. Auch bedeutender Kritiker.

W: Dassai-shooku-haiwa, haiku-Ess. 1892; Haikaitaiyô, Ess. 1895; Haijin Buson, Ess. 1897; Utayomi no atauru sho, Ess. 1898; Bokujûitteki, Ess. 1901; Shigo, 1901 (Post mortem, d. 1989); Byôshôrokushaku, Ess. 1902; Gyôga-manroku, Tg. 1902; Take no sato uta, G. 1904; Sh. kushû, G. 1909. – Sh. zenshû (GW), 1975–78. – *Übs.:* G. Coudenhove, Jap. Jahreszeiten, 1963; The Penguin Book of Jap. Verse, ²1966; M. Ueda, Modern Jap. Haiku, ²1978; B. Watson (G.-Ausw.), 1997.

L: M. Hubricht (Oriens Extremus 3), 1959; M. Reck, M. S. und seine Heiku-Dichtung, 1968; R. Brower, 1971; J. Beichman, M. S., Boston 1982.

Mašbaš, Is'chak → Mé'scbrs,he, Ishoiakykq

Maschbasch, Is'chak → Mé'scbrs,he, Ishoiakykq

Maschtotz → Mesrop Maštocʿ

Maschtoz → Mesrop Maštocʿ

Masefield, John (Edward), engl. Dichter, 1. 6. 1878 Ledbury/Herefordshire – 12. 5. 1967 Abington/Berkshire. Sohn e. Notars, frühzeitig verwaist, ging 13jährig zur See, schilderte s. Schiffsjungenerlebnisse in ›Dauber‹ (1913). 3 Jahre Gelegenheitsarbeiter in New York. 1897 Rückkehr nach England, ab 1902 Journalist am ›Manchester Guardian‹, dann Mitarbeiter versch. Zsn. und freier Schriftsteller in London. Ab 1930 Poet Laureate, als Nachfolger des ihm befreundeten R. Bridges. – Erneuerer der Verserzählung. Romantiker der See unter Einfluß J. Conrads. Zuerst bekannt durch s. ep. Dichtung ›The Everlasting Mercy‹. Galt neben Bridge und Yeats als stärkste Dichterbegabung Englands in den 1920er und 30er Jahren, erwies sich jedoch als allzu glatter und gewandter Versifikator und unproblemat. Popularisator e. nur gelegentl. vom Naturalismus berührten optimist. Schönheits- u. myst. Gefühlskults ohne formale Strenge. Frühe Lyrik im Stil Kiplings. S. bes. Begabung liegt auf dem Gebiet der Versepik. Mitreißende Rhythmen s. bis heute volkstüml. Seeballaden, die z. T. durch Sea-shanties inspiriert wurden. Gibt harte Wirklichkeitsschilderungen, meisterhafte Beschreibungen des Lebens auf See. Auch Dramatiker, Vf. relig. Mysterienspiele, Romancier mit realist.-abenteuerl. Seeromanen und Essayist.

W: Salt-Water Ballads, G. 1902 (d. 1951); A Mainsail Haul, Kgn. 1905; A Tarpaulin Muster, Kgn. 1907; Captain Margaret, R. 1908; The Tragedy of Nan and Other Plays, 1909; Multitude and Solitude, R. 1909; Lost Endeavour, R. 1910; The Tragedy of Pompey the Great, 1910; Ballads and Poems, 1910; The Everlasting Mercy, Ep. 1911; The Widow in the Bye Street, Ep. 1912; Dauber, Ep. 1913; Philip the King, G. 1914; The Faithful, Dr. 1915; Good Friday, Dr. 1917; Lollingdon Downs, G. 1917; Reynard the Fox, Dicht. 1919; Right Royal, Ep. 1920; King Cole, G. 1921; A King's Daughter (Jezebel), Tr. 1923; Shakespeare and the Spiritual Life, Ess. 1924; Sard Harker, R. 1924 (Traum von Juanita, d. 1948); The Trial of Jesus, Dr. 1925; Odtaa, R. 1926 (Irrweg für Charlotta, d. 1939); Tristan and Isolt, Dr. 1927; Midsummernight and Other Tales in Verse, Dicht. 1928; The Coming of Christ, Sp. 1928; Easter, Sp. 1929; Collected Poems, G. 1932; A Tale of Troy, G. 1932; End and Beginning, Dr. 1933; The Bird of Dawning, R. 1933 (Der goldene Hahn, d. 1936, u. d. T. Tee aus Futschau, 1953); The Taking of the Gry, R. 1934 (Seezigeuner Gry, d. 1938); Maria Stuart, Dr. 1934; In the Hill, Aut. 1941; The Nine Days Wonder, R. 1941; The Land Workers, Ep. 1943; New Chum, Aut. 1944; On the hill, G. 1949; So Long to Learn, Aut. 1952; The Bluebells, G. 1961; Old Raiger, G. 1964; Grace Before Ploughing, Aut. 1966. – Collected Works, V 1935–37; Poems: Complete Edition, 1953; A. Mainsail Haul, Slg. 1987; Letters from the Front 1915–17, hg. P. Vansittart 1984; Letters to M. Bridges 1915–19, hg. Stanford 1984.

L: W. H. Hamilton, 1922; T. Gilbert, 1932; G. O. Thomas, 1932; L. A. G. Strong, 1952; M. Spark, 1953;

M. Fischer, 1963; C. Lamont, 1971. – *Bibl.:* W. Simons, 1930; G. Handley-Taylor, 1960.

Masing, Uku (eig. Hugo Albert), estn. Dichter, Essayist u. Theologe, 11. 8. 1909, Raikküla, Kr. Harrien – 25. 4. 1985 Tartu. 1926–30 Stud. Theol. u. Sprachen Dorpat, 1937 Prof. ebda., ab 1964 freier Schriftsteller u. Übs. (teilw. Bibel, griech. u. jap. Klassiker, R. Tagore), jedoch zeitw. unter Publikationsverbot in seiner Heimat. – Visionärer, sprachschöpfer. Lyriker relig. Prägung, oft hermet. verschlüsselt; univ. Denker, sein unübersehbarer Nachlaß ist nur teilw. publiziert.

W: Neemed Vihmade lahte, G. 1935; Džunglilaulud, G. 1965; Udu Toonela jõelt, G. 1974; Piiridele pyydes, G. 1974; Aerutades hurtsikumeistriga, G. 1983; Kirsipuu varjus, G. 1985; Ehatuule maa, G. 1988; Vaatlusi maailmale teoloogi seisukohalt, Ess. 1993; Eesti usund, Abh. 1995; Pessimismi põhjendus, Ess. 1995; Budismist, Abh. 1995; Mälestusi taimedest, Ess. 1996; Meil on lootust, Ess. 1998; Eesti vanema kirjakeele lood, Abh. 1999; Üldine usundilugu, Abh. 2000; Luule, G., bisher III 2000–02; 1343, Es. 2002. – *Übs.:* Acht estnische Dichter, 1964.

Mason, Alfred Edward Woodley, engl. Romanschriftsteller und Dramatiker, 7. 5. 1865 London – 22. 11. 1948 ebda. Stud. Oxford. Zunächst Schauspieler. Veröffentlichte 1895 erstmals e. Roman, wurde nach dessen Erfolg freier Schriftsteller. 1906–10 Parlamentsmitgl. – Begann mit hist. u. Abenteuerromanen, dann e. Reihe sehr beliebter Detektivromane sowie Biographien.

W: A Romance of Wastdale, R. 1895; The Courtship of Morrice Buckler, R. 1896; The Philanderes, R. 1897; Miranda of the Balcony, R. 1899; Clementina, R. 1901; The Four Feathers, R. 1902 (d. 1984); The Broken Road, R. 1907; At the Villa Rose, R. 1910, Dr. 1920 (d. 1971); The Witness for the Defence, R. 1911, Dr. 1913; The House of the Arrow, R. 1924 (Das Geheimnis der Sänfte, d. 1971); No Other Tiger, R. 1927; The Prisoner in the Opal, R. 1929; Königsmark, R. 1938 (d. 1939); The Life of Francis Drake, B. 1941; Musk and Amber, R. 1942; The House in Lordship Lane, R. 1946.

L: R. L. Green, 1952.

Mason, Bobbie Ann, amerik. Erzählerin, * 1. 5. 1940 Mayfield/KY. – Das ländl. Kentucky, die soz. u. kulturellen Veränderungen der Region u. die sich daraus ergebenden ungewollten Folgen für die Landbewohner bilden das Zentrum von M.s Erzählungen u. Romanen; Bezüge zu Pop-Ikonen (Bruce Springsteen in ›In Country‹); minimalist.-realist. Schreibweise.

W: Nabokov's Garden, St. 1974; The Girl Sleuth, St. 1975; Shiloh, Kgn. 1982 (d. 1984); In Country, R. 1985 (Geboren in Amerika, d. 1987); Spence + Lila, R. 1988 (d. 1989); Love Life, Kgn. 1989 (d. 1991); Feather Crowns, R. 1993 (d. 1995); Midnight Magic, Kgn. 1998; Clear Springs, Mem. 1999; Zigzagging Down a Wild Trail, Kgn. 2001; Elvis Presley, St. 2003.

L: A. Wilhelm, 1998; J. Price, 2000.

Mason, Bruce, neuseeländ. Dramatiker u. Kritiker, 1921 Wellington – 31. 12. 1982. Nach Militärdienst Hrsg. versch. Zsn. – Setzte sich auf inhaltl. wie auch formaler Ebene intensiv mit dem Problem der Unterdrückung der Maori-Kultur auseinander.

W: Pohutukawa Tree, Dr. 1960; We Don't Want Your Sort Here, Dr. 1963; Awatea, Dr. 1969; Solo, Drn. 1981; Blood of the Lamb, Dr. 1981; Every Kind of Weather, Ess. 1986; The Healing Arch, Drn. 1987.

L: H. McNaughton, 1976; D. Dowling, 1982.

Massinger, Philip, engl. Dramatiker, (getauft 24. 11.) 1583 Salisbury – 18. 3. 1640 London. 1602–06 Stud. Oxford ohne akad. Grad. Konvertierte 1604 zum Katholizismus. Zog nach London, über s. Leben dort ist wenig bekannt, nur e. Brief an Henslowe von 1613 besagt, daß M. in großer Armut lebte. – Schrieb zunächst in Zusammenarbeit mit Fletcher 30 Bühnenstücke, wurde nach dessen Tod 1625 führender Dramatiker von ›The King's Men‹. Schrieb Tragödien, Tragikomödien, teils in der Art Fletchers sowie Komödien, teils Sittenkomödien. Bühnengerecht gebaute, theaterwirksame satir. Typenkomödien in flüssigen Blankversen von meisterhafter Handlungsführung, gewandtem Dialog und lebendiger Charakterisierung der weitgehend Ideen verkörpernden Figuren; hier wie in den ernsten Dramen und romant. Tragödien Stellungnahme zu polit. u. relig. Zeitfragen. Von den Bühnenstücken sind nur 18 erhalten. Wurde teilweise auch als Vf. des Shakespeare zugeschriebenen Stücks ›The Two Noble Kinsmen‹ gehandelt.

W: The Virgin Martir, Tr. 1622 (m. Dekker?); The Duke of Milan, Dr. 1623 (hg. T. W. Baldwin 1918, d. Conrad 1904); The Bondman, Dr. 1623; The Parliament of Love, K. 1624 (hg. K. M. Lea 1928); The Roman Actor, Dr. 1626? (hg. W. L. Sandidge 1929; d. 1890); The Maid of Honour, Tragikom. 1628; The Picture, Tr. 1630; Believe as You List, K. 1631 (hg. C. J. Sisson 1928); The City Madam, K. 1632 (hg. R. Kirk 1934; d. 1836); The Fatal Dowry, K. 1632 (m. Field, hg. C. Bishop 1976); A New Way to Pay Old Debts, K. 1633 (hg. A. H. Cruickshank 1926, M. St. Clare Byrne ²1956, T. W. Craik 1964; d. M. Otto 1902); The Guardian, K. 1633; A Very Woman, Tragikom. 1634; The Bashful Lover, Tragikom. 1636; The Great Duke of Florence, Sch. 1636 (hg. J. M. Stockholm 1933; d. 1881); The Unnatural Combat, Sch. 1639 (hg. R. S. Telfer 1932). – The Plays, hg. W. Gifford 1840, hg. A. F. Cunningham III 1870; The Plays and Poems, hg. Ph. Edwards, C. Gibson V 1976; Selected Plays, hg. A. Symonds II 1904, L. A. Sherman 1912, C. Gibson 1978.

L: A. H. Cruickshank, 1920; M. Chelli, 1923; J. G. MacManaway, 1934; T. A. Dunn, 1957; D. Howard, P. M. A Critical Reassessment, 1985; D. Adler, 1987; I. Clark, The Moral Art of P. M., 1993; B. Tessmer, Paternal Attitudes in P. M.'s Plays, 1995. – *Bibl.:* S. A. Tannenbaum, 1938.

Masson, Loys, maurit. Schriftsteller franz. Sprache, 31. 12. 1915 Rose-Hill/Insel Mauritius – 24. 10. 1969 Paris. Von sozialist. Ideen geleiteter unorthodoxer Katholik. Kam kurz vor Kriegsausbruch nach Paris; 1942 Mitgl. der geheimen KP, Widerstandskämpfer; 1946–48 Chefredakteur der kommunist. Kulturzs. ›Les Lettres Francaises‹. – Predigt in s. O. Milosz verpflichteten Lyrik e. Evangelium der Freiheit und Nächstenliebe, Solidarität mit der unterdrückten u. leidenden Menschheit. Als Vf. von vorzugsweise im Indischen Ozean u. auf Mauritius spielenden phantast. Abenteuerromanen, inspiriert von H. Melville u. J. Conrad, behandelt er teils mit reißer. Mitteln, teils unter exzessiver Verwendung heidn. Symbole allg. Lebensprobleme der Gegenwart. Auch Dramen.

W: Délivrez-nous du mal, G. 1942; Pour une église, Streitschr. 1945; L'étoile de la clef, R. 1945; La lumière naît le mercredi, G. 1946; Requis civil, R. 1946; Saint Alias, En. 1947; Tous les corsaires sont morts, R. 1947; L'illustre Thomas Wilson, 1947; Icare ou le voyage, G. 1950; Les mutins, R. 1951; La résurrection des corps, Dr. 1952; Tout ce que vous demanderez, R. 1952; Les vignes de septembre, G. 1955; Les tortues, R. 1956; La douve, R. 1957; Les sexes foudroyés, R. 1958 (Wenn der Blitz kommt, d. 1959); Théâtre, 1960; Le notaire des noirs, R. 1961; Les noces de la vanille, R. 1962; Célébration du rouge-gorge, Es. 1964; Lagon de la miséricorde, R. 1964; La dame de Pavoux, R. 1965; Le feu d'Espagne, R. 1965; Les anges noirs du trône, E. 1967.

L: C. Moulin, 1962; C. B. Roederer, L'écriture de l'exil dans les romans de M., Diss. 1981; N. Louis, 1996.

Masters, Edgar Lee, amerik. Dichter, 23. 8. 1869 Garnett/KS – 5. 3. 1950 Philadelphia. Jugend in Petersburg und Lewistown/IL; erfolgr., mit der Linken sympathisierender Anwalt in Chicago (1891–1920), wo er sich der Dichter-Gruppe um H. Monroe und V. Lindsay anschloß. Verließ 1917 s. Familie und ging 1921 nach e. Europareise als freier Schriftsteller nach New York. – Der unter s. puritan. Milieu leidende Dichter blieb mit weltschmerzl., epigonalen Versen und Dramen lange erfolglos. 1914 wandte er sich mit ›Spoon River Anthology‹ (nach Vorbild der ›Anthologia Graeca‹) realist. Charakteranalyse und e. iron.-satir. Ton zu. In selbstgesprochenen, tiefenpsycholog. interessanten ›Epitaphen‹ von z. T. epigrammat. Kürze berichten die Toten e. amerik. Kleinstadt leidenschaftslos und sachl. die Wahrheit über ihr Leben. Unterdrückte Leidenschaften, Geschlecht, Neid, Haß, der Zwang e. bornierten Moral und geistige Öde, letztlich aber das Leben selbst als schicksalhafte Macht formen der Menschen. Der Skandalerfolg vernichtete das lit. Klischee von der biedermeierl. verklärten Kleinstadt, bereitete Sh. Anderson und S. Lewis vor und beeinflußte das Free Verse Movement und die psycholog. Thematik in der neuen Lyrik. Die späteren Gedichte, oft voll Zynismus und Pessimismus, blieben wie s. Romane ohne Erfolg.

W: A Book of Verses 1898; Spoon River Anthology, G. 1915 (d. 1959); The Great Valley, G. 1916; Domesday Book, Vers-En. 1920; Children of the Market Place, R. 1922; Skeeters Kirby, R. 1923; The New Spoon River, G. 1924; The Fate of the Jury, G. 1929; Lincoln, B. 1931; Vachel Lindsay, B. 1935; Invisible Landscapes, G. 1935; Poems of People, G. 1936; Across Spoon River, Aut. 1936; Whitman, B. 1937; The Tide of Time, R. 1937; Mark Twain, B. 1938; Illinois Poems, G. 1941; Poems, hg. D. Thompson 1972; The Harmony of Deeper Music, G. hg. F. K. Robinson 1976; The Harmony of Deeper Music: Posthumous Poems hg. F. K. Robinson 1976; The Enduring River: E. L. M.'s Uncollected Spoon River Poems, hg. H. K. Russell 1991; Spoon River Anthology, G. hg. J. E. Hallwas 1992.

L: K. Flaccus, 1955; H. W. Masters, 1978; J. H. u. M. M. Wrenn, 1983. – *Bibl.:* J. T. Flanagan, 1974.

Masters, John, anglo-ind. Romanschriftsteller, 26. 10. 1914 Kalkutta – 7. 5. 1983 Albuquerque/USA. Entstammt e. Familie, die durch 5 Generationen in der brit. Verwaltung in Indien tätig war. In Wellington u. Sandhurst erzogen. Kehrte 1934 als Offizier nach Indien zurück. Kämpfte während des 2. Weltkriegs in Syrien, Irak, Persien und Burma. Zog 1948 nach USA, dort Journalist u. freier Schriftsteller. – Vf. von Unterhaltungs- und Abenteuerromanen, deren Schauplatz Indien ist.

W: Nightrunners of Bengal, R. 1951 (Dies ist die Nacht, d. 1951); The Deceivers, R. 1952 (d. 1958); The Lotus and the Wind, R. 1953 (d. 1959); Bhowani Junction, R. 1954 (d. 1955); Coromandel, R. 1955 (d. 1956); Bugles and a Tiger, Aut. 1956; Far, Far the Mountain Peak, R. 1957 (d. 1957); Fandango Rock, R. 1959 (d. 1960); The Venus of Konpara, R. 1960 (d. 1961); The Road Past Mandalay, Aut. 1961 (d. 1964); To the Coral Strand, R. 1962 (Indisches Abenteuer, d. 1963); Trial at Monomoy, R. 1964 (d. 1966); Fourteen Eighteen, R. 1965; The Rock, R. 1970; Pilgrim Son, Aut. 1971; The Ravi Lancers, R. 1972; Thunder at Sunset, R. 1974; The Field-Marshal's Memoirs, R. 1975; The Himalayan Concerto, R. 1976; Now, God Be Thanked, R. 1979; Heart of War, R. 1980; By the Green of the Spring, R. 1981; Man of War, R. 1983.

Mastretta, Ángeles, mexikan. Erzählerin, * 9. 10. 1949 Puebla. Journalistin. – Übt Sozialkritik an polit. Korruption u. Machismus. Behandelt meist private Frauenschicksale. Ihr erster Roman hat sie weltberühmt gemacht.

W: Arráncame la vida, R. 1986 (Mexikanischer Tango, d. 1988); Mujeres de ojos grandes, En. 1990 (d. 1992); Puerto libre, En. 1993; Mal de amores, R. 1996 (Emilia, d. 1998); El mundo iluminado, En. 1998; Ninguna eternidad como la mía, N. 1999; El cielo de los leones, En. 2003.

Mastronardi, Lucio, ital. Schriftsteller, 28. 7. 1930 Vigevano/Pavia – 1979 ebda. Grundschullehrer, schrieb auf Veranlassung von E. Vittorini s. satir.-krit. Romane in dialektal gefärbter Sprache, die im engen Umfeld s. kleinen Heimatstadt spielen.

W: Il calzolaio di Vigevano, R. 1962; Il maestro di Vigevano, R. 1962 (d. 1965); Il meridionale di Vigevano, R. 1964; A casa tua ridono, En. 1971; L'assicuratore, En. 1975.

L: C. Aliberti, 1986.

Masuccio Salernitano (eig. Tommaso dei Guardati), ital. Schriftsteller, um 1420 Salerno – um 1480 ebda. Zunächst Sekretär bei R. Sanseverino, 1469 bei König Ferdinand am Hof von Neapel. – Vf. e. Sammlung von 50 Novellen, die er unter dem Titel ›Il Novellino‹ veröffentlichte, gehört zu den wenigen bedeutenden Novellendichtern der Zeit nach Boccaccio. Obwohl auch s. Werk in der Tradition Boccaccios steht, unterscheidet es sich doch durch größere satir. Schärfe u. e. eher trag. als kom. Grundton.

W: Il Novellino, hg. F. del Tuppo 1476 (hg. L. Settembrini 1874, A. Sorrentino 1929; hkA A. Mauro 1940; G. Petrocchi 1957; d. II 1905, II 1918).

L: L. Mulas, 1984; D. Pirovano, 1996; L. Reina, 2000; M. Papio, 2000.

al-Masʿūdī, Abū l-Ḥasan ʿAlī, arab. Historiker und Geograph, Ende 9. Jh. Bagdad – 956 al-Fusṭāṭ. Aus alter arab. Familie. Ausgedehnte Studien, die auch das traditionelle griech. Wissen und die Geographie umfaßten; Reisen über Indien hinaus und nach Sansibar; lebte dann in Syrien und Ägypten. – Vf. zweier bisher nur fragmentar. bekannter geograph.-hist. Werke, aus denen er selbst den Auszug ›Murūǧ aḏ-ḏahab wa-maʿādin al-ǧauhar‹ (Goldwäschen und Edelsteingruben) anfertigte. Schrieb kurz vor s. Tod noch e. knappes Kompendium s. gesamten lit. Tätigkeit ›Kitāb at-Tanbīh wa-l-ishrāf‹ (Buch der Ermahnung und Einsichtnahme).

W: Murūǧ aḏ-ḏahab, IX 1861–77 (m. franz. Übs., n. 1914–17; d. 1978 [Ausw.]); Kitāb, 1894 (franz. 1897). – *Übs.:* The Meadows of Gold: the Abbasids, üb. P. Lunde 1989.

L: U. Sezgin, 1994.

Matavulj, Simo, serb. Schriftsteller, 14. 9. 1852 Šibenik – 20. 2. 1908 Belgrad. Aus verarmter Patrizierfamilie; Klosterschüler, Lehrerbildungsanstalt Zadar; Lehrer in versch. Orten Dalmatiens, Montenegros u. Serbiens, bereiste Westeuropa. Erzieher des montenegrin. Kronprinzen Danilo, ab 1887 Gymnasiallehrer u. Beamter des serb. Pressebüros. – Geschult am franz. u. ital. Realismus, zählt der von Natur aus nüchterne u. krit. M. zu den besten Vertretern des kompromißlosen Realismus in der serb. Lit., der bewußt lyr.-sentimentale Elemente meidet. In s. gedrängten, oft humorist. Erzählungen u. Romanen beschreibt M. urwüchsige Typen aus dem dalmatin. kleinbürgerl. Milieu u. deren Sorgen, schildert den heroischen Kampf der Montenegriner gegen die Türken oder den Verfall der eth. Werte im aufreibenden Stadtleben Belgrads. Scharfe Beobachtungsgabe verraten s. Reisebeschreibungen. Übsn. aus dem Ital., Franz. u. Engl. (bes. Molière, Zola, Maupassant).

W: Iz Crne Gore i Primorja, Nn. II 1888f.; Iz primorskog života, Nn. 1890; Sa Jadrana, Nn. 1891; Iz beogradskog života, Nn. 1891; Uskok, R. 1892; Bakonja fra Brne, R. 1892 (d. 1979); Iz raznijeh krajeva, Nn. 1893; Bilješke jednog pisca, Aut. 1897–1903; S mora i s planine, Nn. 1901; Beogradske priče, Nn. 1902; Život, Nn. 1904; Nemirne duše, Nn. 1908. – Sabrana dela (GW), VIII 1953–56; Izabrana dela (AW), 1961, 1988.

L: S. Korać, 1982; P. Botić, 2002.

Mateevici, Alexie, rumän. Dichter, 16. 3. 1888 Căinar/Bessarabien – 13. 8. 1917 Mărășești. Stud. Theol. Kiew; Priester, aktiver Kämpfer für die Wiedervereinigung Bessarabiens mit Rumänien. 1916 freiwillig an der rumän. Front, starb in e. Lazarett. – Bedeutendster bessarab. Dichter, Vf. warmer traditionalist. Lyrik.

W: Poezii, 1936.

L: N. Dabija, 1988.

Matʿewosyan, Hrant, armen. Prosaschriftsteller; 12. 2. 1935 Ahnijor – 18. 12. 2002 Erevan. 1962 Stud. an Hist.-Linguist. Fak. des Päd. Instituts Erevan, 1967 Aufbaustudium für Bühnenautoren in Moskau; 1996–2001 Vorsitzender des armen. Schriftstellerverbandes. – Steht als namhaftester Prosaschriftsteller der 2. Hälfte des 20. Jh. in der Tradition von → A. Bakowncʿ; sein erster Sammelband ›Ogostos‹ (August, 1967) schildert den allmählichen Zerfall der traditionellen Gesellschaft des armen. Dorfes. Seine von den Lesern hochgeschätzten Werke stießen auf Ablehnung der sowjet. Bürokratie.

W: Terę (Der Herr); E. Erevan 1983; Erk. žoġ. (GW), II 1985. – *Übs.:* d.: Das Schelmenstück der Hammeldiebe, Berlin 1969; Die Glut, 1973; Mutter fährt den Sohn verheiraten, Berlin 1978; ... aber sonst ist alles reine Wahrheit, Berlin 1988; russ.: Chleb i slovo: Povesti, Moskau 1974; Pochmelʿe: Novelly i rasskazy, Moskau 1989; engl.: The Orange Herd, Moskau 1976.

L: S. Pʿanosyan, 1984; L. Ezekyan, 1986; K. Aġabekyan, 1988.

Mather, Cotton, amerik. Schriftsteller, 12. 2. 1663 Boston – 13. 2. 1728 ebda. Sohn des Staatsmanns Increase M. (1639–1723), Enkel des Theologen J. Cotton; gelehrtes Wunderkind, 12jährig nach Harvard, 1685 bis zu seinem Tod Pastor der Second Church Boston. S. Ehrgeiz, die Familientradition in Kirchen- und Staatsführung fortzusetzen, endete bei nervösem Temperament in Mißerfolgen. Umstrittene Rolle in Salemer Hexenprozessen. Historiker und Biograph des puritan. Massachusetts; 1713 Mitgl. der Royal Society; Pionier der Pockenimpfung 1721. – Vf. von über 450 Schriften.

W: Wonders of the Invisible World, 1692; Magnalia Christi Americana, 1702 (n. II 1967); Bonifacius: An Essay upon the Good, 1710 (n. D. Levin 1966, J. K. Piercy 1967); The Christian Philosopher, 1721 (n. J. K. Piercy 1968); Diary, hg. W. C. Ford 1911ff.; Selections, hg. K. B. Murdock 1926; Diary ... 1712, hg. W. R. Manierre 1964; Days of Humiliation, hg. G. H. Orians 1970; Paterna, hg. R. A. Bosco 1976; Selected Letters, hg. K. Silverman 1971.

L: B. Wendell, 1891 (n. 1963); R. Middlekauff, 1971; D. Levin, 1978; K. Silverman, 1984; J. S. Erwin, 1990; C. D. Felker, 1993; R. Smolinki, 1995; C. J. Post, 2000. – *Bibl.:* T. J. Holmes, III 1940 (n. 1974).

Mathieu, Noël → Emmanuel, Pierre

Matić, Dušan, serb. Dichter, 13. 9. 1898 Ćuprija – 12. 9. 1980 Belgrad. Verbrachte den 1. Weltkrieg in Frankreich, danach Stud. Philos. Belgrad, Redakteur versch. Zsn., Mitglied der Akad. – Mit M. Ristić Schöpfer des serb. Surrealismus. Nach dem 2. Weltkrieg soz. Romane, die die gesellschaftl. Entwicklung schildern. Vf. zahlr. lit. Essays. Übs. aus dem Franz.

W: Gluho doba, R. 1940 (m. A. Vučo); Jedan vid francuske književnosti, Ess. 1952; Bagdala, G. 1954; Anina balska haljina, Ess. 1956; Kocka je bačena, R. 1957; Budjenja materije, G. 1959; Na tapet bana, Ess. 1961; Laža i paralaža noći, G. 1962; Knjiga rituala, G. 1967; Tajni plamen, G. 1967; Proplanak i um, Ess. 1969; Nova Anina balska haljina, Ess. 1969; Munjeviti mir, G. 1977; A. Breton iskosa, Ess. 1978 (franz. 1976).

L: M. Mirković, 1981; S. Lazarević, 1983.

Matković, Marijan, kroat. Dramatiker, 21. 9. 1915 Karlovac – 31. 7. 1985 Zagreb. Stud. Rechte Zagreb; Theaterintendant ebda., Präsident des kroat. Schriftstellerverbandes, Hrsg. der Zs. ›Forum‹; Akad.-Mitglied 1960. – Außer lyr. Gedichten u. lit. Essays über Probleme des mod. Theaters schrieb M. zahlr. Dramen mit soz. u. gesellschaftl. Thematik, die mit Erfolg im In- u. Ausland aufgeführt wurden.

W: Slučaj maturanta Wagnera, Dr. 1934 (d. 1956); Iz mraka u svijetlo, G. 1936; Dramaturški eseji, 1949; Dva eseja iz hrvatske dramaturgije, 1950; Na kraju puta, Dr. 1954; Igra oko smrti, Dr. 1955; Vašar snova, Dr. 1957 (franz. 1957); Heraklo, Dr. 1957; Ahilova baština, Dr. 1961; Ranjena ptica, Dr. 1966; Američki triptih, Reiseb. 1974; Ikari bez krila, Drn. 1977; Ogledi i ogledala, Ess. 1977. – Izabrana djela (AW), 1976, VII 1994.

L: L. Čale-Feldman, 1997; B. Hečimovič, 1997.

Matoš, Antun Gustav, kroat. Schriftsteller u. Publizist, 13. 6. 1873 Tovarnik – 17. 3. 1914 Agram. Lehrerssohn, Stud. Wien; desertierte 1894 aus dem österr. Heer nach Serbien, lebte in Belgrad, Genf, Paris, nach der Amnestie 1908 Publizist u. freier Schriftsteller in Agram, bereiste Europa. – Als guter Kenner der europ. lit. Strömungen schrieb M. zahlr. Essays, scharfe Kritiken im Stil Lemaitres u. A. Frances' u. geistreiche Feuilletons, in denen er s. Landsleuten v. a. die franz. Dichtung näherbrachte; feuilletonist. sind auch s. unter Einfluß von E. A. Poe und E. T. A. Hoffmann tragikom. und grotesken Novellen, die oft autobiograph. Züge tragen u. deren Fabel durch Eindrükke u. Stimmungen unterbrochen wird; M.' subjektive Lyrik wurde von der Dekadenz u. dem Symbolismus geprägt u. zeigt deutl. das Streben nach Formeffekt.

W: Iverje, Nn. 1899; Novo iverje, Nn. 1900; Ogledi, Ess. 1905; Vidici i putovi, Feuill. 1907; Umorne priče, En. 1909; Naši ljudi i krajevi, En. 1910; Pečalba, Ess. 1913; Pjesme, G. 1923. – Sabrana djela (GW), XX 1973; Djela (W), XVII 1935–40; Izabrana djela (AW), hg. D. Tadijanović 1967; Izabrane pjesme, Ausw. 1996.

L: A. G. M. in memoriam, 1934; J. Tomić, Diss. Zagreb 1939; A. G. M., 1965; I. Frangeš, 1974; D. Jelčić, 1984; V. Horvat, 1994.

Matos Guerra, Gregório de, brasilian. Dichter, 20. 12. 1633 Salvador/Bahia – 26. 11. 1695 Recife. Sohn von Plantagenbesitzern, Jesuitenschule in Salvador, 1652 Jurastud. in Coimbra, ab 1663 Richter, 1668–74 Vertreter Salvadors in der portugies. Ständeversammlung in Lissabon, 1679 zum Obersten Richter u. Schatzmeister des Erzbischofs von Bahia ernannt, 1683 amtsenthoben, 1685 bei der Inquisition denunziert, 1694 nach Angola verbannt, 1695 Rückkehr nach Recife. – Bedeutendster (populärer) Barockdichter Brasiliens; verfaßte lyr., sakrale u. profane Dichtung über das Alltagsleben Salvadors, der damaligen Hauptstadt der portugies. Kolonie, s. Verse zirkulieren in Stadt- u. Herrenhäusern der Plantagen, zeugen von der Präsenz afrikan. u. indian. Sprachen. Schrieb über relig. Feste, Prozessionen, den Karneval (erot.-pornograph. Provenienz); satir. Sonette im Dialog mit Quevedo, Góngora u. Camões; verstand Dichtung als orale Performanz, die in das Leben der Gemeinschaft eingreift; verfaßte Schmähschriften gegen die Obrigkeit, die korrupte Kirche u. a. Hat zu Lebzeiten nichts publiziert, wurde erst im 19. Jh. in Portugal wiederentdeckt.

W: Poesia, hg. F. A. Varnhagen 1850. – Obras, hg. A. Peixoto VI 1923–33; Obras completas, hg. J. Amado VII 1968 (n. 1991). – *Übs.:* Ausgew. Gedichte, hg. C. Azevedo 1992.

L: A. Coutinho, 1955; J. P. Paes, 1961; A. Houaiss, 1975; F. da Rocha Peres, 1983; J. A. Hansen, 1989; H. de Campos, 1989.

Mātṛceta, ind. Dichter, 2. Jh. n. Chr. Buddhist; dem tibet. Historiker Tāranātha zufolge ident. mit → Aśvaghoṣa. – Vf. zweier buddhist. Sanskrit-Hymnen, des ›Catuhśataka-stotra‹ (Hymne zu 400 Strophen) und des ›Śatapañcāśatika-stotra‹ (Hymne zu 150 Strophen), die wegen ihrer Schönheit in Sprache und Stil häufig übersetzt und imitiert wurden; von beiden Hymnen wurden in Zentralasien Fragmente aufgefunden.

A: Śatapañcāśatika-stotra, hg. u. engl. D. R. Shackleton Bailey 1951. – Die Buddhastotras des M.: Faks.-Wiedergabe der Hsn., hg. D. Schlingloff 1968. – *Übs.:* engl. S. Dhammika 1989.

L: J.-U. Hartmann, Neue Aśvaghoṣa- und M.-Fragmente aus Ostturkistan, 1988.

Matsumoto, Seichô (eig. M. Kiyoharu), jap. Schriftsteller, 21. 12. 1909 Kokura/Fukuoka-Präfektur – 4. 8. 1992 Tokyo. Schon in jungen Jahren Eigenbrötler, bis 1957 Arbeit bei e. großen Tageszeitung. Debütiert 1940, widmet sich nach 1957 ausschließlich dem Schreiben, wird zum erfolgreichsten jap. Kriminalautor. – S. Plots vereinen dokumentar. Genauigkeit u. mathemat. Logik mit e. hohen Sensibilität für gesellschaftskrit. Fragen.

W: Aru Kokura nikki-den, E., 1952; Ten to sen, R., 1957–58 (Spiel mit dem Fahrplan, d. 1969). – *Übs.:* Mord am Amagi-Paß, En. d. H. Haase, B. Sparing 1983; The Voice and Other Stories, En. engl. A. Kabat 1989.

L: H. S. Hennemann, Der jap. Kriminalroman, 1973; M. Gonda, Crime Fiction with a Social Consciousness (JQ), 1993.

Matsunaga Teitoku, jap. haikai-Dichter, 1571 Kyoto – 15. 11. 1653 ebda. Sohn des renga-Meisters M. Nagatane; studierte unter s. Vater, dann bei Satomura Jôha (1527–1602) das Kettengedicht (renga), bei Kujô Tanemichi (1507–94) u. Hosokawa Yusai (1534–1610) das waka u. jap. Lit., mit der er sich sehr intensiv beschäftigte. 1624 wandte er sich ganz dem haikai zu. S. wichtigen Schriften zu Fragen der Poetik u. s. haikai-Sammlungen blieben lange Vorbild. S. Regelbildung stützt sich stark auf die des renga. Unter ihm und s. Schülern erreichte s. Schule e. große Berühmtheit.

W: Gosan (auch Gyosan od. O-karakasa), Poetik 1651; Shinso-Inutsukubashû, haikai-Slg. 1643 (vereinigt d. Slgn. Aburakasu u. Yodogawa).

L: K. Yasuda, 1957; D. Keene, 1971.

Matsuo Munefusa Bashô → Bashô

Mattavilāsa-prahasana → Mahendra-vikrama-varman

Matthäus von Vendôme, lat. Dichter, † wohl Ende 12. Jh. Wuchs in Tours bei s. Onkel auf, Schüler des Bernardus Silvestris, darauf Aufenthalte in Orléans (z. Z. von Hugo Primas) u. Paris, schließl. in Tours, im Gefolge des Erzbischofs Bartholomäus. – Die meisten s. zahlr. Dichtungen sind verloren, erhalten sind, durchweg in eleg. Distichen abgefaßt: ›Piramus et Tisbe‹ nach e. Episode aus Ovids ›Metamorphosen‹; die Elegienkomödie ›Milo‹; ›Tobias‹, nach dem bibl. Buch; außerdem e. poet. Briefsteller. S. ›Ars versificatoria‹ oder ›Summa metrica‹ (ca. 1175) ist die erste bedeutende Poetik des MA.

A: F. Munari III 1977–88.

Matthews, James David, südafrikan. Erzähler u. Lyriker, * 1929 Kapstadt. Führende Figur der sog. ›new black poets‹ der 1960er Jahre u. Gründer e. unabhängigen Verlags zur Förderung schwarzer südafrikan. Lit. – Vf. explizit polit. Lyrik u. Prosa, die häufig das Milieu des Farbigenghettos von Kapstadt, District Six, darstellen. ›Cry Rage!‹ war der erste von der südafrikan. Zensur verbotene engl.sprachige Gedichtband.

W: Cry Rage!, G. 1972 (d. 1974); The Park and Other Stories, 1974 (So ist das nun mal, Baby, d. 1977); Pass Me a Meatball, Jones, G. 1977 (Flügel kann man stutzen, d. 1981); No Time for Dreams, G. 1981; Dark of Souls, R. 1984 (Schattentage, d. 1985); Die Träume des David Patterson, R. (d. 1986); Poisoned Wells and Other Delights, G. (d. 1988); The Party Is Over, R. 1997; Flames and Flowers, G. 2000.

Matthiessen, Peter, amerik. Schriftsteller u. Forscher, * 22. 5. 1927 New York. Fischer, Journalist, Marinedienst. – M. erforscht die (verlorene) Wildnis in fiktionaler wie wiss. Form; gefährdete Umwelt u. Gefahr durch Technologie sind zentrale Themen; fiktionalisierte Familiengenealogie aus Floridas Everglades als Thriller in ›Killing Mister Watson‹; auch Perspektive des Zen-Buddhismus (›The Snow Leopard‹).

W: Race Rock, R. 1954; Partisans, R. 1955; Wildlife in America, St. 1959; Raditzer, R. 1961; Cloud Forest, St. 1961; Under the Mountain Wall, St. 1962 (Das verbotene Tal, d. 1964); At Play in the Fields of the Lord, R. 1965 (Ein Pfeil in den Himmel, d. 1966); Sal Si Puedes, St. 1970; The Tree Where Man Was Born, St. 1972 (d. 1973); Far Tortuga, R. 1975 (d. 2000); The Snow Leopard, Aut. 1978 (d. 1980); Sand Rivers, St. 1981; In the Spirit of Crazy Horse, St. 1984; Indian Country, St. 1984; Men's Lives, St. 1986; Nine-Headed Dragon River, Tg. 1986 (d. 1987); On the River Styx, Kgn. 1989; Killing Mister Watson, R. 1990 (Stille und Sturm, d. 1992); Lost Man's River, R. 1997; Bone by Bone, R. 1999; P. M. Reader, 2000; Tigers in the Snow, St. 2000 (d. 2000); Birds of Heaven, St. 2002.

L: W. Dowie, 1991. – *Bibl.:* D. Nicholas, 1980; W. H. Roberson, 2001.

Matthijs, Marcel, fläm. Erzähler, 11. 1. 1899 Oedelem – 30. 8. 1964 Brügge. Autodidakt; versch. Berufe vom Klosterdiener bis zum Fabrikanten. – In s. Romanen u. Erzählungen Vertreter der Neuen Sachlichkeit; das starke soziale Engagement trat später zugunsten genauerer psycholog. Charakterzeichnung etwas in den Hintergrund.

W: De ruitentikker, N. 1933 (Der enttäuschte Sozialist, d. 1953), erw. zum R. 1960; Doppen, N. 1936; Een spook op zolder, R. 1938 (Filomene, d. 1950); Wie kan dat begrijpen, R. 1949 (d. 1949); Spiegel van leven en dood, N. 1954 (d. 1963); Onder de toren, R. 1959.

L: F. Bonneure, 1965.

Matto de Turner, Clorinda, peruan. Schriftstellerin, 11. 11. 1854 Cuzco – 25. 10. 1909 Buenos Aires. Polit. aktive Journalistin, kämpfte für die Indios, für die Verbreitung der Kultur u. der Erziehung gegen die kleinstädt. Mentalität u. den Einfluß der Kirche; leitete die bedeutendste Wochenzs. ›El Perú Ilustrado‹; verbrachte wegen ihrer liberalen Ideen Jahre im Exil. – Berühmt durch den Roman ›Aves sin nido‹, der erstmals in Lateinamerika naturalist. u. sozialkrit. das Problem der unterdrückten Indios behandelt.

W: Tradiciones, leyendas y hojas sueltas, En. 1883; Himacc-Sumacc, Dr. 1883; Tradiciones cuzqueñas, En. II 1884–86; Aves sin nido, R. 1889; Bocetos al lápiz de americanos célebres, B. 1890; Indole, R. 1891; Herencia, R. 1895; Boreales, miniaturas y porcelanas, Ess. u. B. 1902; Viaje de recreo, Reiseb. 1909.

L: E. Matto de Giesecke, 1924; M. E. Cuadros, 1949; F. Carrillo, 1967; A. Tauro, 1976; G. Küppers, 1989.

Maturin, Charles Robert, ir. Romanschriftsteller und Dramatiker, 25. 9. 1782 Dublin – 30. 10. 1824 ebda. Von hugenott. Herkunft. Stud. Trinity College, Dublin. Protestant. Geistlicher an St. Peter's, Dublin. Befreundet mit Scott und Byron. – Vf. erfolgr. Dramen und Romane. S. ›Melmoth the Wanderer‹ gilt als exemplar. für den Schauerroman. Melmoth, e. trag. Gestalt eigener Komposition, trägt Züge von Miltons Satan, von Faust und vom Ewigen Juden, schließt e. Teufelspakt, um s. Leben in unvergängl. Jugendfrische zu verlängern. Wenn e. anderer freiwillig an s. Stelle träte, könnte er erlöst werden, so irrt er durch die Länder und Jahrhunderte und tritt immer da, wo Menschen in verzweifelten Situationen sind, an sie heran und versucht sie, doch alle widerstehen. Meisterl. geschilderte Welt des lauernden Entsetzens.

W: The Fatal Revenge, R. III 1807; The Wild Irish Boy, III R. 1808; The Milesian Chief, R. 1812; Bertram, Tr. 1816; Women, R. 1818; Melmoth the Wanderer, R. IV 1820 (n. V. Sage 2000; d. 1822 u. 1969); The Albigenses, R. IV 1824. – Works, hg. G. Saintsbury 1871.

L: N. Idman, 1923; W. Scholten, Amsterdam 1933; E. Breitinger, D. Tod im engl. Roman, 1971; D. Kramer, 1973; C. Fiérobe, Lille 1974.

Matute, Ana María, span. Schriftstellerin, * 26. 7. 1926 Barcelona. – Schildert in ihren gefühlvollen u. phantasiereichen Romanen u. Erzählungen die Welt der Kindheit und des Span. Bürgerkriegs in bildhaftem, ekstat. Stil, der mit barock wucherndem Formenspiel oft die vorhandene realist. Tendenz verdeckt; seit 1996 Mitglied der Span. Akad.

W: Los Abel, R. 1948; Fiesta al Noroeste, R. 1953; Pequeño teatro, 1954; En esta tierra, R. 1955; Los niños tontos, En. 1956 (d. 1961); El tiempo, En. 1957; Los hijos muertos, R. 1958; Los mercaderes, R.-Tril.: Primera memoria, 1959 (d. 1965), Los soldados lloran de noche, 1964 (d. 1965), La trampa, 1969 (Die Zeit verlieren, d. 1971); El saltamontes verde, Kdb. 1960 (Yungo, d. 1970); Historias de la Artámila, En. 1962; El polizon del Ulises, Kdb. 1965 (Juju und die fernen Inseln, d. 1968); El arrepentido, En. 1967; Algunos muchachos, En. 1968; Sólo un pie descalzo, Kdb. 1983; Olvidado rey Gudú, R. 1996; Aranmanoth, R. 2000. – Obra completa, V 1971–76. – *Übs.:* Die Kinder im Zahlenland, Kdb. 1971; Paulina, E. 1972.

L: E. M. Weitzner, Diss. Madison 1965; M. E. W. Jones, Kentucky 1970; J. Díaz, N. Y. 1971; R. Romá, 1972; N. Pascal, Guatemala 1980; M.-L. Gazarian Gautier, 1997.

Matveeva, Novella Nikolaevna, russ. Lyrikerin, * 7. 10. 1934 Puškin. Stud. Lit.institut Moskau. – Seit 1958 als e. um Lösung vom Gewohnten bemühte Lyrikerin beachtet. Hinter Spielerischem, Phantastischem u. an Cvetaeva orientierten Klangexperimenten steht ein ernstes Suchen nach dem seel. Bereich.

W: Lirika, G. 1961; Korablik, G. 1963; Duša veščej, G. 1966; Lastočkina škola, G. 1973; Reka, G. 1978; Sonety, 1998; Pastuševskij dnevnik, G. 1998. – *Übs.:* Gedichte, 1968.

Maugham, W(illiam) Somerset, engl. Erzähler und Dramatiker, 25. 1. 1874 Paris – 16. 12. 1965 Nizza. Vater Beamter der brit. Botschaft in Paris. M. erlernte die franz. Sprache früher als s. Muttersprache und wurde weitgehend durch franz. Geist geformt. 10jährig verwaist, kam er nach England zu e. Onkel, e. Geistlichen in Kent. In Canterbury Cathedral School erzogen. 1892–97 Stud. Medizin im St. Thomas Hospital London u. Philos. Heidelberg. Übte den Arztberuf nie praktisch aus, studierte Medizin, da er den ›Menschen ohne Maske‹ kennenlernen wollte. Ausgedehnte Reisen bis Ostasien und Südseeinseln; ferne Länder bilden vielfach den Schauplatz s. Erzählungen. Schriftsteller in London, New York, Paris. Während des 1. Weltkriegs für den Geheimdienst in der Schweiz tätig, schildert die dortigen Erlebnisse in ›Ashenden‹. ∞ 1915 Gwendolen Maude Syrie

Wellcome, o|o 1927. Seit 1930 fester Wohnsitz an der franz. Riviera in Cap Ferrat b. Nizza. Mitgl. der Royal Society of Literature, Ritter der Ehrenlegion, Ehrendoktor versch. Univ. Urbane, kosmopolit. Persönlichkeit. – Erzähler von psycholog. Romanen und Novellen um gesellschaftl. und erot.-psycholog. Probleme, bes. menschl. Leidenschaften, Verirrungen und Verstöße des Individuums gegen die gesellschaftl. Konvention. Objektiver, skept.-iron. Stil, kühl-sachl. Diagnose. In s. frühen naturalist. Armeleuteromanen lit. beeinflußt durch Maupassant. M. läßt Begebenheiten und Menschen selbst für sich sprechen, ohne zu kommentieren. Große Geschicklichkeit im Erfinden krit. Situationen. S. bester Roman, ›Of Human Bondage‹, behandelt das Thema sexueller Hörigkeit. Meisterlich pointierte Kurzgeschichten bes. aus dem Leben Weißer in der Südsee. In s. mittleren Jahren (1903–33) schrieb M. rd. 30 erfolgr. Bühnenstücke um Liebes- u. Eheprobleme, meist im humorist.-iron. Stil O. Wildes und der Restaurationskomödien mit witzig-brillanten Dialogszenen.

W: Liza of Lambeth, R. 1897 (d. 1953); Orientations, Kgn. 1899; Mrs. Craddock, R. 1902 (Triumph der Liebe, d. 1957); A Man of Honour, Sch. 1903; The Bishop's Apron, R. 1906; The Magician, R. 1908 (d. 1958); Penelope, Sch. 1909; Lady Frederick, Sch. 1912; Jack Straw, Dr. 1912 (d. 1953); Mrs. Dot, Dr. 1912; Of Human Bondage, R. 1915 (Der Menschen Hörigkeit, d. 1939); The Moon and Sixpence, R. 1919 (Der Besessene, d. 1927; u.d.T. Silbermond und Kupfermünze, 1954); The Circle, K. 1921; Sadie Thompson, Kgn. 1921; The Trembling of a Leaf, Kgn. 1921 (Menschen der Südsee, d. 1932; u.d.T. Betörende Südsee, 1965); East of Suez, K. 1922; On a Chinese Screen, Reiseb. 1922 (Das Lied des Flusses, d. 1962); Our Betters, K. 1923; The Painted Veil, R. 1925 (d. 1928); The Constant Wife, K. 1925 (Finden Sie, daß Constanze sich richtig verhält?, d. 1927);The Casuarina Tree, Kgn. 1926 (Die Macht der Umstände, d. 1959); The Letter, 1927; The Sacred Flame, Sch. 1929; Ashenden, R. 1928 (Ein Abstecher nach Paris, d. 1969); The Breadwinner, K. 1930; Cakes and Ale, R. 1930 (Derbe Kost, d. 1953; u.d.T. Seine erste Frau, 1960); First Person Singular, Kgn. 1931 (d. 1935); The Narrow Corner, R. 1932 (Ein Stück Weges, d. 1934); For Services Rendered, K. 1932 (d. 1932); Sheppey, K. 1933; Ah King, Kgn. 1933 (d. 1948); Altogether, Kgn. 1934; Cosmopolitans, Kgn. 1936 (d. 1948); Theatre, R. 1937 (d. 1937; u.d.T. Julia, du bist zauberhaft, 1966); The Summing Up, Aut. 1938 (Rückblick auf mein Leben, d. 1948, n. 1997); Christmas Holiday, R. 1939; The Mixture as Before, Kgn. 1940 (d. 1968); Up at the Villa, R. 1941 (d. 1944); Strictly Personal, Aut. 1941; The Hour Before the Dawn, R. 1942 (d. 1943); The Razor's Edge, R. 1944 (d. 1946); Then and Now, R. 1946 (Machiavelli in Imola, d. 1947); Creatures of Circumstance, Kgn. 1947 (Schein und Wirklichkeit, d. 1959); Catalina, R. 1948 (d. 1949); A Writer's Notebook, Aut. 1949 (d. 1954); The Vagrant Mood, Ess. 1952; Ten Novels and Their Authors, St. 1954; Points of View, Ess. 1958; Looking Back, Aut. 1962. – A Traveller in Romance 4 (W), 1901–64 hg. J. Whitehead 1984; Collected Plays, VI 1931–34, III 1952; Selected Novels, III 1953; Far and Wide (9 R.), II 1955; Complete Short Stories, III 1951; Best Short Stories, hg. J. Beecroft 1957; Seventeen Lost Stories, 1969 (Der eigenartige Ehrbegriff des Herrn Sebastian, d. 1970); Selected Short Stories, hg. P. Kuch 1989; Selected Prefaces and Introductions, hg. G. Shively 1963; Letters to Lady Juliet Duff, hg. L. R. Rothschild 1982. – *Übs.:* Gesammelte Erzählungen, X 1976.

L: R. Aldington, 1939 (m. Bibl.); J. Brophy, 1952; Critical Companion, hg. R. Mander 1955; K. W. Jonas, hg. 1959; R. A. Cordell, 1961 (n. 1969); L. Brander, 1963; W. Menard, 1965; R. Maugham, 1966; R. E. Barnes, 1968; J. I. Brown, 1970; C. Sanders, 1970; A. Curtis, 1974 (n. 1982); F. Raphael, 1976 (n. 1989); J. Dobrinsky, 1976; J. P. Singh, 1979; T. Morgan, 1980; S. N. Sinha, 1980; G. S. Banhatti, From Frolic to Philosophy, 1985; F. D. Burt, 1985; The Critical Heritage, hg. ders., J. Whitehead 1987; A. K. Loss, 1987; J. Whitehead, 1987 ders., 1987; R. L. Calder, 1989; A. K. Loss, Of Human Bondage, 1990; D. V. S. R. Murty, 1991; A. Makolkin, 1992; M. Adhikari, 1992; S. Archer, Study of the Short Fiction, 1993; P. Holden, Orienting Masculinity, Orienting Nation, 1996; S. J. Rogal, A Companion 1996; ders., 1997; B. Connon, 1997. – *Bibl.:* F. T. Bason, 1931; K. W. Jonas, 1950; R. T. Stott, 1956, 1964 u. 1973; C. Sanders, 1970; F. Raphael, 1977; A. Curtis, 1977.

Maulnier, Thierry (eig. Jacques Louis Talagrand); franz. Dramatiker und Kritiker, 1. 10. 1909 Alès/Gard – 9. 1. 1988 Marnes-la-Coquettes/Hauts-de-Seine. Stud. Ecole Normale Supérieure, Ag-r/egation; Freundschaft mit R. Brasillach; wendete sich der Lit. u. dem Journalismus zu. Mitarbeiter der ›Action Française‹. Seit 1964 Mitgl. der Académie Française. – S. von klass. Traditionalismus bestimmtes Werk zeugt von s. Streben nach innerer Wahrheit. S. neuklass. Thesenstücke verbinden polit.-ideolog. Diskussionen mit erot. Motiven, s. Komödie Boulevardstück mit burlesker Lit.satire. In polit.-philos. Essays Gegner des Kommunismus.

W: La crise est dans l'homme, Schr. 1932; Nietzsche, Es. 1933; Racine, Es. 1935; Mythes socialistes, Schr. 1936; Introduction à la poésie française, St. 1939; Violence et conscience, Schr. 1945; Langages, Aufse. 1947; La course des rois, Dr. 1947; Jeanne et les juges, Dr. 1949; Le profanateur, Dr. 1950; La maison de la nuit, Dr. 1953; Le sexe et le néant, K. 1960; Cette Grèce où nous sommes nés, Schr. 1964; L'honneur d'être juif, Schr. 1971 (m. G. Prouteau); Le dieu masqué, Es. 1985; Les vaches sacrées, Es. 1997.

L: Ch. F. Gerrard, 1965; E. Montety, 1994.

Mauni (S. Mani), indischer Schriftsteller, 1907 – 1985. Stud. Mathematik. – Neben Pudumaipittan der bedeutendste experimentelle Autor des mod. Tamil. Die ersten Erzählungen erschienen in der avantgardist. Lit.zs. ›Manikkoti‹ (1933–38). – Das publizierte Werk umfaßt lediglich 25 Kurzgeschichten, die in singulärer sprachlicher Dichte

Alltag, Traum und mythische Fragmente integrieren; geschildert werden häufig der Einbruch einer ›anderen‹, beunruhigenden Realität, der Übergang aus Vertrautem ins Ungewisse, Grenzsituationen im Spannungsfeld von Sexualität und Tod.

W: Mauṇiyiṉ kataikal, En. 1967, 1991. – *Übs.:* M., A writer's writer, hg. L. Holmström 1997.

L: A. Schüttler, Literar. Paradigmen in den Kurzgesch. des tamil. Autors M., 2002.

Maunick, Edouard Joseph Marc, maurit. Schriftsteller franz. Sprache, * 23. 9. 1931 Mauritius. Mestize; Buchhändler in Port-Louis/Mauritius; 1960 Übersiedlung nach Paris; Chefredakteur von ›La Jeune Afrique‹; Diplomat s. Landes in Pretoria. – Lit.kritiker und Übs. Vf. von 25 Gedichtsammlungen, die in sprachl. schwierigen Ausdrucksformen zentriert sind um die Heimat des Dichters und die Suche nach der Identität der Inselbewohner im Ind. Ozean. Publikationen in ›Présence africaine‹.

W: Les oiseaux de sang, G. 1954; Les manèges de la mer, G. 1964; En mémoire du mémorable, G. 1979; Saut dans un arc-en-ciel, G. 1985; Anthologie personnelle, G. 1989/90; Seul le poème, G. 2000.

Maupassant, (Henri-René-Albert-)Guy de, franz. Erzähler, * 5. 8. 1850 Schloß Miromesnil/Seine-Inférieure – † 7. 7. 1893 Passy b. Paris. Aus alter, wenig begüterter lothring. Adelsfamilie, nach Scheidung der Eltern (1861), die e. tiefen Eindruck hinterließ, liebevoll von der Mutter erzogen; relig. Schule in Yvetot, höhere Schule in Rouen, wo L. Bouilhet s. Lehrer war. Kurze Zeit Stud. Rechte Paris, nahm am Krieg 1870/71 teil. Seit 1871 in Paris kleiner Beamter im Marine-, 1878–80 im Kultusministerium. Dort unter Leitung Flauberts (Jugendfreund s. Mutter) begann s. schriftsteller. Lehrzeit. Seit 1880, dem Erfolg s. 1., in den ›Soirées de Médan‹ veröffentlichten Novelle ›Boule de Suif‹, widmete M. sich ausschließl. der Lit., wurde, e. rastloser und disziplinierter Arbeiter, e. der beliebtesten Schriftsteller Frankreichs, erwarb sich neben Ruhm e. Vermögen, das ihm zahlr. Reisen auf dem Mittelmeer und ausgedehnte mondäne Zerstreuungen erlaubte. Seit 1876 zunehmende Verschlechterung s. Gesundheitszustandes. Lebte seit 1891 in geistiger Umnachtung, starb 18 Monate nach e. mißglückten Selbstmordversuch (in Cannes). – Naturalist. Novellist von in Frankreich unübertroffener stilist. Meisterschaft. Schrieb etwa 260 Novellen, 6 Romane, von denen nur 2 den künstler. Rang der Novellen besitzen (›Bel ami‹ und ›Une vie‹), außerdem 1 Gedichtband, 3 Reisebücher und einige unbedeutende Dramen. In den ersten Novellen ist der Einfluß Flauberts und Zolas bisweilen fühlbar. M.s Werk spiegelt s. tief verankerten und universalen Pessimismus, s. Glaubens- und Hoffnungslosigkeit, s. Bild vom Menschen als banalem, rein triebhaftem, nur auf Erfüllung von Habsucht und erot. Bedürfnissen bedachtem Wesen, das zu Erkenntnissen unfähig, dessen Religiosität e. Selbstbetrug ist, der immer verlassen ist, weil Freundschaft und Liebe für M. nur Illusionen sind. Die Schwermut s. Werks verbindet sich mit grotesken und humorvollen Momenten. S. Personen sind Bauern und Fischer der Normandie, Bürger der franz. Provinz und Pariser Bürokraten, gehören zur Halbwelt und zum niederen Adel. Wandelt hinter der scheinbar kühl-objektiven Darstellung ohne gedankl. Beiwerk s. Ton im Lauf der Entwicklung von grausamer Ironie, Satire und brutalem Sarkasmus (›Boule de Suif‹, ›La maison Tellier‹, ›Mademoiselle Fifi‹) zu Mitleid und Anteil am menschl. Elend (›Monsieur Parent‹, ›Miss Harriet‹). In den letzten Novellen morbide Lust an Angst und Grauen (›Le Horla‹). M.s Meisterschaft in der Novelle beruht auf Geschliffenheit und Knappheit des Ausdrucks, s. großen Sicherheit in der Auswahl der wesentl. Elemente, Lebendigkeit des Tons, Nüchternheit, Einfachheit bis zur Banalität, Transparenz und Ausgewogenheit des Stils.

W: Histoire du vieux temps, Dr. 1879; Des vers, G. 1880; La maison Tellier, Nn. 1881; Mademoiselle Fifi, Nn. 1883; Contes de la bécasse, Nn. 1883; Une vie, R. 1883; Au soleil, Reisebeschr. 1884; Yvette, Nn. 1884; Les sœurs Rondoli, Nn. 1884; Miss Harriet, Nn. 1884; Monsieur Parent, Nn. 1884; Bel ami, R. 1885; Contes du jour et de la nuit, Nn. 1885; La petite Roque, Nn. 1886; Contes et nouvelles, Nn. 1886; Le Horla, Nn. 1887; Mont Oriol, R. 1887; Sur l'eau, Reisebeschr. 1888; Le rosier de Madame Husson, Nn. 1888; Pierre et Jean, R. 1888; La main gauche, Nn. 1889; Fort comme la mort, R. 1889; L'inutile beauté, Nn. 1890; Qui sait?, Nn. 1890; Notre cœur, R. 1890; La vie errante, Reisebeschr. 1890; Musotte, Dr. 1891; La paix du ménage, Dr. 1893. – Œuvres complètes, hg. L. Conard XXIX 1907–10; Œuvres complètes illustrées, hg. R. Dumesnil XV 1934ff.; Œuvres complètes, hg. M. Lubineau XVI 1968–73; Lettres inédites à G. Flaubert, hg. P. Borel ²1941; Flaubert, Lettres à M., hg. G. Normandy 1942; Chroniques, études, correspondance de G. de M., hg. R. Dumesnil 1940; Correspondance inédite, hg. A. Artinian 1951; G. Flaubert – M.: Correspondance, hg. Y. Leclerc 1993. – *Übs.:* GW, G. v. Ompteda XX 1898–1903; Romane und Novellen, XII 1922–24; Novellen, G. v. der Vring 1936, ders. u. W. Widmer III 1955–58; Meisternovellen, F. Sieburg, 1958; Romane, J. Halperin VI 1961–64, II 1974; Novellen, N. O. Scarpi II 1963–67; Romane und Novellen, E. Sander X 1963f.; Das erzählerische Werk, hg. F. Wencker-Wildberg VI 1965f.

L: A. Lumbroso, Souvenirs sur M., 1905; E. Maynial, ⁴1907; P. Mahn, 1908; F. Tassart, Souvenirs sur M., 1911; H. Urtel, 1926; H. Gelzer, 1926; G. Normandy, 1926; ders., M. intime, 1927; R. Dumesnil, 1933; T. Kohn, M.s Einfluß in Dtl., Diss. Wien 1934; P. Morand, 1942; G. Addamiano, Rom 1949; J. Thoraval, L'art de

M., 1950; F. Steegmuller, 1950; E. Sander, 1951; A. Vial, G. M. et l'art du roman, 1954; E. D. Sullivan, Princeton 1954; K. Togeby, 1954; G. Delaisement, M., journaliste et chroniqueur, 1956; H. Roch, 1959; S. Coulter, 1959; J. Halperin, 1961; A. M. Schmidt, 1962; A. S. G. Butler, 1962; F. Tassart, P. Cogny, Nouveaux Souvenirs intimes sur M., 1962; H. Keßler, 1966; R. W. Artinian, 1967; P. Ignotus, Lond. 1967; A. Lanoux, 1967; P. Lartigue, 1967; P. Cogny, 1968; M. P. Besnard, 1970; D. Krüger, 1970; R. W. Artinian, 1973; M. Besnard-Coursodan, 1973; A. H. Wallace, N. Y. 1973; J. R. Dugan, 1973; A. J. Greimas, 1975; M. G. Lerner, Lond./N. Y. 1976; A. u. M. Fratangelo, Firenze 1976; P. Bonnefis, 1981; M. Andry, 1982; P. Madral, 1982; G. Delaisement, 1984; M. MacNamara, Bern 1986; J. Lecarme, B. Vercier, 1988; A. Savinio, 1988; H. Troyat, 1989; T. Lehmann, Transitions savantes et dissimulées, Helsinki 1990; M. Pasquet, 1993; J.-M. Bailbé, L'artiste chez M., 1993; C. Giacchetti, 1993; M. Bury, La poétique de M., 1994; G. Delaisement, La modernité de M., 1995; C. Carlier, Le roman naturaliste, 1999; C. Castella, Lausanne 2000. – *Bibl.*: E. A. Boyd, N. Y. 1926; R. W. Artinian, Lond. 1982.

Maupin, Armistead, amerik. Erzähler, * 13. 5. 1944 Washington, D. C. B. A. Univ. of North Carolina; Militärdienst in Vietnam, Journalist; lebt in San Francisco. – Erfolgsautor der zunächst als Fortsetzungsroman, dann als sechsteilige Romanserie veröffentlichten Chronik e. Freundeszirkels in San Francisco von den liberalisierten 1970ern bis zur Aids-Krise; ›Maybe the Moon‹ enthüllt die Identität der zwergwüchsigen Darstellerin von S. Spielbergs ›E.T.‹.

W: Tales of the City, III 1978–82 (auch ges. als 28 Barbary Lane, 1990); Babycakes, R. 1984; Significant Others, R. 1987; Sure of You, R. 1989; Complete Tales of the City, 1991; Back to Barbary Lane, R. 1991; Maybe the Moon, R. 1992 (Die Kleine, d. 1994); The Night Listener, R. 2000 (d. 2002). – *Übs.*: Stadtgeschichten, VI 1993–95.

L: P. Gale, 1999.

Mauriac, Claude, franz. Schriftsteller, 25. 4. 1914 Paris – 22. 3. 1996 Paris. Sohn von François M., Stud. Sorbonne (Dr. jur.), 1944–49 Privatsekretär General de Gaulles, dann freier Schriftsteller; 1949–53 Hrsg. der Zs. ›Liberté de l'Esprit‹; ∞ 1951 e. Großnichte M. Prousts u. E. Rostands. Lit.- u. Filmkritiker, Mitarbeiter versch. Kulturzsn. – Schrieb krit. Arbeiten, insbes. über zeitgenöss. franz. Lit., subtile u. scharfe Analysen der lit. Ideologien. S. Romantetralogie ›Le dialogue intérieur‹ thematisiert am Beispiel banaler Alltagssituationen – mit e. dem ›Nouveau Roman‹ verwandten, aber durchaus eigenständigen Technik unpersönl.-objektiven mikroskop. Referierens – das Sein des Menschen in der Zeit, die proteische Natur des Bewußtseins u. die Unmöglichkeit zwischenmenschl. Kommunikation durch Gespräch.

W: Introduction à une mystique de l'enfer: l'œuvre de M. Jouhandeau, Es. 1938; J. Cocteau ou la vérité du mensonge, Es. 1945; Aimer Balzac, Es. 1945; Malraux ou le mal du héros, Es. 1946; A. Breton, Es. 1949; Conversations avec A. Gide, 1951; M. Proust par lui-même, B. 1953 (d. 1958); Hommes et idées d'aujourd'hui, Ess. 1953; L'amour du cinema, Es. 1954; Petite littérature du cinéma, Es. 1957; Le dialogue intérieur, R.-Tetralogie: 1. Toutes les femmes sont fatales, 1957 (Keine Liebe ließ ich aus, d. 1958), 2. Le dîner en ville, 1959 (d. 1960), 3. La marquise sortit à cinq heures, 1961 (d. 1962), 4. L'agrandissement, 1963 (d. 1966); L'alittérature contemporaine, Ess. 1958, erw. 1969; La conversation, Sch. 1964; Théâtre, 1968; De la littérature à l'alittérature, Ess. 1969; Le temps immobile, R.-Zykl. VIII 1970–85; Une certaine rage, Tg. 1977; Le Bouddha s'est mis à trembler, R. 1979; Un cœur tout neuf, R. 1980; Laurent Terzieff, 1980; Radio nuit, R. 1982; Zabe, R. 1984; Qui peut le dire, 1985; Trans-amour-étoiles, R. 1989; Le temps accompli, Erinn. 1991.

L: R. T. Fullerton, Intellectualized hermetic reality in the fiction of C. M., Ann Arbor 1969.

Mauriac, François Charles (Ps. Forez), franz. Schriftsteller, 11. 10. 1885 Bordeaux – 1. 9. 1970 Paris. Aus wohlhabendem Bürgertum (Vater Weinhändler); melanchol. Kindheit, von Mutter sehr streng kathol. erzogen. Marianiten-Schule in Candéran, Stud. Bordeaux, 1906 Ecole des Chartes, Paris. Gründete 1912 das kathol. Magazin ›Cahiers‹, 1933 in die Académie Française gewählt. Schrieb im 2. Weltkrieg für die franz. Widerstandsbewegung. Seit 1945 Leitartikler des ›Figaro‹, gründete 1948 die Zs. ›Table Ronde‹, schrieb seit 1954 Feuilletons für ›L'Express‹. 1952 Nobelpreis. Lebte abwechselnd in Paris und dem Weingut Malagar. – E. der führenden Schriftsteller des kathol. Frankreich. Vielseitiges Werk: Romane, Dramen, Essays und Biographien, anfangs auch relig. Lyrik. Beeinflußt von Pascal und Racine, Barrès und Gide, Proust und der Psychoanalyse. Bedeutende Romane, die, kathol. und pessimist. zugleich, ausschließl. um das Böse im menschl. Herzen kreisen und das rel. Leben als e. Hölle darstellen. Zeichnet die verzweifelte Einsamkeit von Männern und Frauen aus den Bürgerfamilien Südwestfrankreichs, die, in Unglauben verhärtet, nur der Befriedigung ihrer Triebe leben, dem Bösen in ihrem Herzen immer mehr Raum geben, sich selbst und ihre Umwelt zerstören. Beschreibt kompromißlos, mit der unbarmherzigen Konsequenz des Moralisten ihre Ängste, Gewissensbisse und uneingestandenen Begierden bis zu den letzten psycholog. Beweggründen. Erkennt keine Ethik außerhalb der des kathol. Glaubens an. Zeigt in späteren Romanen, daß göttl. Gnade den ins Böse Verstrickten immer erlösen kann, wenn er Reue empfindet. Die Romane spielen meist in Bürgerfamilien Bordeaux' oder der Landes. M.s Prosastil ist geschmeidig,

Mauriņa

präzis und plast. zugleich, die Erzählung knapp, gespannt und von klass. Einfachheit. Begann spät mit Dramen, die e. Forts. s. dämon. Romanwerks bilden, stellt mit Vorliebe Menschen dar, die schwächere beherrschen, doch deren Gefangene sind. Hatte glänzenden Erfolg nur mit dem 1. Drama ›Asmodée‹. Polit. Polemiker aus christl. und soz. Gerechtigkeitsempfinden, e. der engagiertesten polit. Kommentatoren im Nachkriegsfrankreich.

W: Les mains jointes, G. 1909; L'adieu à l'adolescence, G. 1911; L'enfant chargé de chaînes, R. 1913; La robe prétexte, R. 1914 (Das Gewand des Jünglings, d. 1953); La chair et le sang, R. 1920 (d. 1949); Petits essais de psychologie religieuse, 1920 (Religiöse Porträts, d. 1949); Préséances, R. 1921 (In diesen Kreisen, d. 1950); Le baiser au lépreux, R. 1922 (Der Aussätzige und die Heilige, d. 1928); Génitrix, R. 1923 (Der Tod der jungen Frau, d. 1928); Le fleuve de feu, R. 1923; Le mal, E. 1924 (d. 1953); Le désert de l'amour, R. 1925 (d. 1927); Le jeune homme, R. 1925 (d. 1928); Orages, G. 1925; Le tourment de Jacques Rivière, Schr. 1926; H. Bordeaux, Es. 1926; Thérèse Desqueyroux, R. 1927 (d. 1928); Destins, R. 1928 (d. 1929); Vie de Racine, B. 1928; Le roman, Es. 1928; Le démon de la connaissance, E. 1928 (d. 1953); Dieu et Mammon, Es. 1929; Mes plus lointains souvenirs, Aut. 1929; Ce qui était perdu, R. 1930; Trois grands hommes devant Dieu, B. 1931; Pèlerins, Es. 1931; Souffrances et bonheur du chrétien, Es. 1931 (d. 1942); Pascal et sa sœur Jacqueline, B. 1931; Le nœud de vipères, R. 1932 (d. 1936); Commencements d'une vie, Aut. 1932; Le mystère Frontenac, R. 1933 (d. 1939); Le romancier et ses personnages, Es. 1933; Journal, Aut. V 1934–53 (Von Tag und Ewigkeit, d. 1955); La fin de la nuit, R. 1935 (d. 1953); Les anges noirs, R. 1935 (d. 1936); Vie de Jésus, B. 1936 (d. 1936); Plongées, R. 1938; Asmodée, Dr. 1938 (d. 1948); Les chemins de la mer, R. 1939 (d. 1967); Le sang d'Atys, G. 1940; La Pharisienne, R. 1941 (d. 1946); Les mal-aimés, Dr. 1945 (d. 1952); Du côté de chez Proust, Es. 1947; Le passage du malin, Dr. 1947; Mes grands hommes, Es. 1949; Le sagouin, R. 1951 (Denn du kannst weinen, d. 1953); La pierre d'achoppement, Bekenntnis 1951 (d. 1952); Le feu sur la terre, Dr. 1951 (d. 1952); Galigaï, R. 1952 (d. 1953); Ecrits intimes, Aut. 1953; L'Agneau, R. 1954 (d. 1954); Paroles catholiques, Schr. 1954 (Vom Geheimnis meines Friedens, d. 1956); Le pain vivant, Drehb. 1955 (d. 1955); Le fils de l'homme, Ess. 1958 (d. 1962); Bloc-Notes 1952–57, Feuill. 1958; Mémoires intérieurs, 1959 (Bild meines Ichs, d. 1960); Bloc-Notes 1958–60, Feuill. 1960; Ce que je crois, Schr. 1962; De Gaulle, Schr. 1964 (d. 1965); Nouveaux mémoires intérieurs, 1965 (Die verborgenen Quellen, d. 1967); Les autres et moi, Schr. 1967; Mémoires politiques, 1967 (Die düsteren Jahre, d. 1968); Le nouveau Bloc-Notes, 1968ff.; Un adolescent d'autrefois, R. 1969 (Der Jüngling Alain, d. 1970). – Œuvres complètes, XIII 1959ff.; Œuvres romanesques et théâtrales complètes, hg. J. Petit 1978ff. (n. 1992); P. Claudel-M., Chroniques du Journal de Clichy, hg. F. Marlot, J. Touzot 1978; Lettres d'une vie, hg. C. Mauriac 1981; Nouvelles lettres d'une vie, hg. ders. 1989; Souvenirs retrouvés Entretiens avec J. Amrouche, 1981; Correspondance A. Gide – F. M., 1912–50, hg. J. Morton 1985.

L: S. S. de Sacy, 1927; E. Jaloux, Le romancier et ses personnages, 1933; C. Du Bos, 1933; A. Fillon, 1936; J. Preveire, 1937; J. Schwarzenbach, Der Dichter des zwiespältigen Lebens, 1938; E. Rideau, 1945; G. Hourdin, 1945; E. Bendz, Göteborg 1945; J. Majault, 1946; E. Pell, F. M. in the search of the infinite, N. Y. 1947; N. Cormeau, L'art de F. M., 1951; P.-H. Simon, 1953; J. Robichon, 1953; M. Jarrett-Kerr, Cambr. 1954; P. Vandromme, La politique littéraire de M., 1957; M. F. Moloney, Denver 1958; F. Claessens, Brügge 1959; X. Grall, M. journaliste, 1960; M. Alyn, 1960; K. R. Srinivasa Iyengar, Lond. 1963; B. Roussel, 1964; J. Laurent, M. sous de Gaulle, 1964; C. Jenkins, Edinb. 1965; P. Stratford, Faith and Fiction, Notre Dame/IN 1967; J. E. Flower, 1969; E. Glenisson, 1970; M. Smith, 1970; J. de Fabrègues, 1971; A. Séailles, 1972; E. Kushner, 1972; M. Suffran, 1973; W. L. Schomers, Dakar 1973; R. Speaight, Lond. 1976; J. Touzot, 1977; S. Kushnir, 1979; J. Lacouture, 1980; R. Scott, Edinb. 1980; J. Monférier, 1980; A. J. Joubert, 1982; J. Touzot, 1985; C. Mauriac, 1985; M. F. Canérot, 1985; G. White-Hecquette, 1987; M. Malicet, M.-C. Praicheux, La vague et le rocher, 1988; J. E. Flower, hg. Oxf. 1989; V. Anglard, Thérèse Desqueyroux, 1992; X. Grall, F. M. journaliste, 1994; A. Séailles, hg. 1994, 1995, 1996, 1997; R. Griffith, Le singe de Dieu, 1996; A. Milecki, 1999; V. Massenet, 2000; D. Risse, Heidelb. 2000; A. Gozier, 2001. – *Bibl.*: K. Goesch, 1965, 1986, 1999.

Maurier, Daphne du → Du Maurier, Daphne

Mauriņa, Zenta, lett. Essayistin, 15. 12. 1897 Lejasciems b. Gulbene/Lettl. – 25. 4. 1978 Basel. Tochter e. Arztes u. e. Pianistin; dreisprachig aufgewachsen; ab 1897 Grobiņa b. Liepāja; 1902 an Kinderlähmung erkrankt, seitdem im Rollstuhl; bis 1913 Schule Liepāja; arbeitete als Privatlehrerin; 1921–27 Philos.- u. Philol.-Stud. Riga; Lehrerin, Lektorin; 1929 Stud. Lit.-wissenschaft Heidelberg; 1937–40 bei Zs. ›Daugavas Gadagrāmata‹; 1938 Dr. phil. Riga; 1944 nach Dtl. emigriert, 1946 nach Schweden; 1949–63 Dozentin an der Univ. Uppsala; ab 1965 Bad Krozingen. – Essays, Romane, Erzählungen in lett. und dt. Sprache; Interpretin großer Dichter Europas u. Lettl.; Ausgangspunkt ist die Persönlichkeit des Dichters, mit Intuition u. philos. Synthese erfolgt Analyse des Werkes; Übs. (Dostoevskij, Camus).

W: Daži pamata motīvi Raiņa mākslā, Es. 1928; Dostojevskis, Es. 1929 (d. 1952); Saules meklētāji, Ess. 1938; Dzīves vilcienā, R. 1941 (Im Zuge des Lebens, d. 1947); Sirds mozaika, Ess. 1947 (Mosaik des Herzens, d. 1947); Die weite Fahrt, Aut. 1951; Um des Menschen willen, Ess. 1955; Septiņi viesi, En. 1957 (Sieben Gäste, d. 1961); Über Liebe und Tod, Ess. 1960; Die Aufgabe des Dichters in unserer Zeit, Ess. 1965; Birkenborke, Benjamin, En. 1967; Bērza tāss, En. 1971; Dzīves jēgu meklējot, Ess. 1973; Kleines Orchester der Hoffnung, Ess. 1974. – Kopoti raksti (GW), II 1939f.; Uzdrīkstēšanās (AW), 1990.

L: Füllhorn der Blüten, hg. M. Fethke 1972; Z. M. zu Ehren, 1978; I. Sigg, 1983; I. Sokolova, Riga 1991.

Maurois, André (eig. Emile Salomon Wilhelm Herzog), franz. Schriftsteller, 26. 7. 1885 Elbeuf/ Normandie – 9. 10. 1967 Paris. Aus jüd. Industriellenfamilie, die nach dem Krieg 1870/71 aus dem Elsaß nach Frankreich geflohen war. Im patriot. Elternhaus streng patriarchal. erzogen. Höhere Schule Rouen, dort Schüler von Alain, der ihn stark beeinflußte. Stud. Philos. Caen. 10 Jahre in der väterl. Tuchfabrik in Elbeuf. Franz.lehrer Edwards VII. von England. Im 1. Weltkrieg Verbindungsoffizier und Dolmetscher in e. schott. Division. Seit 1926 ausschließl. Literat. Im 2. Weltkrieg in der franz. Armee, 1941 in USA, 1942 Nordafrika. 1938 Mitgl. der Académie Française. – Schriftsteller von scharfer Intelligenz, erfüllt vom humanist. Erbe der franz. Rationalisten und Moralisten. Zeigte sich den verschiedensten lit. Formen gewachsen, schrieb Erinnerungen, phantast. Erzählungen, Romane, moralist. Betrachtungen, hist. Werke und Biographien. Wurde bekannt mit köstl. humorvollen Erinnerungen an die Zeit im engl. Generalstab mit interessanter Gegenüberstellung engl. und franz. Mentalität. In s. Romanen über moral. und Gefühls-Krisen, Familiengeschichten aus dem franz. Großbürgertum, gibt er subtile Analysen der verborgenen menschl. Leidenschaften. Von s. moralist. Werken sind bes. bemerkenswert die Betrachtungen zum Problem der Autorität. In hist. Werken über England und die USA zeigt M. sich als guter Kenner angelsächs. Kultur und Eigenart. Mit s. Roman-Biographien bedeutender Persönlichkeiten, die von starkem Einfühlungsvermögen zeugen, Begründer der mod. ›biographie romancée‹. Am meisten beachtet die letzten Biographien von Proust, G. Sand und V. Hugo, in denen er sich auf eigene Forschungen und bisher unveröffentlichte Dokumente stützt.

W: Les silences du colonel Bramble, Kriegsbuch 1918 (d. 1929); Les discours du docteur O'Grady, Kriegsbuch 1922 (d. 1930); Ariel, ou la vie de Shelley, B. 1923 (d. 1928); Dialogues sur le commandement, Es. 1924; Meïpe, N. 1926; Bernard Quesnay, R. 1926 (d. 1928); La vie de Disraeli, B. 1927 (d. 1928); Histoire des Etats-Unis, II 1923–47 (d. 1947); Climats, R. 1928 (Wandlungen der Liebe, d. 1929); Voyage au pays des Articoles, E. 1928 (d. 1929); Aspects de la biographie, Vortr. 1928; Fragments d'une histoire universelle, E. 1928 (d. 1948); Le pays des trente-six mille volontés, E. 1930 (d. 1930); Patapoufs et Filifers, E. 1930 (d. 1956); Byron, B. 1930 (n. u.d.T. Don Juan ou la vie de B., 1952; d. 1930, 1969); Lyautey, B. 1931 (d. 1938); Tourgéniev, B. 1931; Le peseur d'âmes, R. 1931 (d. 1931); Le cercle de famille, R. 1932 (d. 1932); Chantiers américains, Schr. 1933; Edouard VII. et son temps, B. 1933 (d. 1933); Sentiments et coutumes, Es. 1934; L'instinct du bonheur, R. 1934; Magiciens et logiciens, Es. 1935 (d. 1938); Voltaire, B. 1935; La machine à lire des pensées, E. 1936; Histoire de l'Angleterre, 1937 (d. 1953); Chateaubriand, B. 1937; Un art de vivre, Es. 1939 (d. 1950); Chopin, B. 1942; Journal, 1942; Cinq visages de l'amour, Vortr. 1942; Terre promise, R. 1945 (Claire oder das Land der Verheißung, d. 1947); Histoire de la France, 1947 (d. 1951); Etudes littéraires, St. II 1947; Mémoires, Teil I 1948 (Auf den Flügeln der Zeit, d. 1952); A la recherche de M. Proust, B. 1949 (d. 1956); Nouveaux discours du docteur O'Grady, Kriegsbuch 1950; Le dîner sous les marronniers, Nn. 1951 (Jahrmarkt in Neuilly, dt. Ausw. 1954); Lélia ou la vie de George Sand, B. 1952 (Dunkle Sehnsucht, d. 1953); Olympio ou la vie de Victor Hugo, B. 1954 (d. 1957); Robert et Elizabeth Browning, B. 1955; Les roses de Septembre, R. 1956 (d. 1957); La France change de visage, Schr. 1956 (d. 1958); Les trois Dumas, B. 1957 (d. 1959); La vie de Sir Alexander Fleming, B. 1959 (d. 1960); Portrait d'un ami qui s'appellait moi, Aut. 1959; Pour piano seul, Nn. 1960 (Begegnung und Abschied, d. 1961); Adrienne ou la vie de Mme de La Fayette, B. 1961 (Ich flüchte mich in mein Herz, d. 1963); Histoire parallèle des États-Unis et de l'URSS, IV 1962 (m. L. Aragon); Choses nues, Erinn. 1963 (d. 1964); De Proust à Camus, St. 1963 (d. 1964); De Gide à Sartre, St. 1963; De La Bruyère à Proust, St. 1964; Napoléon, B. 1964 (d. 1966); Prométhée ou la vie de Balzac, B. 1965 (d. 1966); Lettre ouverte à un jeune homme, Es. 1966 (d. 1969); 60 ans de ma vie littéraire, Br. 1967; D'Aragon à Montherlant, St. 1967; Nouvelles directions de la littérature française, St. 1967; Les illusions, Vortr. 1968; Mémoires, Teil II 1970. – Œuvres complètes, XVI 1950–55; Lettres à l'inconnue, 1956.

L: D. S. Larg, Lond. 1931; J. Sauvenier, 1932; M. Roya, 1934; A. Fillon, A. M. romancier, 1937; G. Lemaître, Lond. 1940; L. Auriant, 1941; S. Guéry, 1941; V. Dupuis, 1945; L. Chaigne, 1949 (m. Bibl.); M. Droit, 1953; J. Suffel, 1963; L. C. Keating, N. Y. 1969; J. Kaufmann, 1980; M., Exposition de Lausanne, 1985; J. Kolbert, The worlds of A. M., 1985.

Maurras, Charles Marie Photius (Ps. Léon Rameau, Pierre Garnier, Xénophon XIII, Octave Martin), franz. Schriftsteller, 20. 4. 1868 Martigues/Bouches-du-Rhône – 16. 11. 1952 Tours/Indre-et-Loire. Collège in Aix, Stud. Philos. u. Soziologie Paris, 18jährig Journalist in Paris. Sekretär von A. France. 1895 Griechenlandreise. Wandte sich 1898 nach der Dreyfus-Affäre der Politik zu. Um 1890 mit J. Moréas Gründer der klassizist. ›Ecole romane‹. Gründete 1899 die ›Action Française‹ (Mitarbeiter: L. Daudet, Bainville, Lemaître, Bourget), 1908 gleichnamige Tageszeitung, Organ der royalist. Bewegung, die 1926 vom Papst verboten und vom franz. Thronfolger verurteilt wurde. 1938 Mitgl. der Académie Française (1945 ausgestoßen). Unterstützte im 2. Weltkrieg Pétain, bekämpfte die franz. Widerstandsbewegung. Jan. 1945 wegen Kollaboration zu lebenslängl. Gefängnis verurteilt, 1948 begnadigt. – Erzähler, Lyriker und Lit.kritiker. Als Haupt der reaktionären ›Action Française‹ antiklerikal, atheist., antisemit., gegen Demokratie und Sozialismus gerichtet, erstrebte e. integralen Nationalismus auf der Grundlage von absoluter Monarchie, straffer innerer Disziplin u. rücksichtsloser Machtpolitik. Bekämpfte ideolog. Dreyfus, bereitete psycholog. den 1. Weltkrieg vor. Traditionalist auch in der Lit.kritik, wandte sich gegen die Romantik, verherrlichte die Klassik als Bewahrerin von Ordnung und Maß. Schrieb Gedichte und Erzählungen in klassizist. Stil. Starke Wirkung auf e. großen Teil der jungen aristokrat. und bürgerl. Generation.

W: J. Moréas, Es. 1891; Le chemin du paradis, En. 1895; Trois idées politiques, Schr. 1899; Anthinéa: D'Athènes à Florence, Reiseb. 1901; Les amants de Venise, Es. 1902; Le romantisme feminin, Schr. 1902; L'avenir de l'intelligence, Schr. 1905; Enquête sur la monarchie, Schr. 1909; Si le coup de force est possible, Schr. 1910; Pour Psyché, G. 1911; La politique religieuse, Schr. 1912; L'Action Française et la religion catholique, Schr. 1913; Les conditions de la victoire, Schr. VIII 1915–20; Inscriptions, G. 1921; Romantisme et révolution, Schr. 1922; Ironie et poésie, Es. 1923; Le mystère d'Ulysse, Schr. 1923; A. France, politique et poète, Schr. 1924; La musique intérieure, G. 1925; Barbarie et poésie, Schr. 1925; Gaulois, Germains et Latins, Schr. 1926; Contes philosophiques, 1928; Un débat sur le romantisme, Es. 1928; Mistralismes, Ess. 1930; La sagesse de Mistral, B. 1921; Triptyque de P. Bourget, Es. 1931; Au signe de Flore, Aut. 1933; Mes idées politiques, Schr. 1937; L'amitié de Platon, Schr. 1937; La montagne provençale, Schr. 1938; La seule France, Schr. 1941; Mistral, Es. 1941; Poésie et vérité, Es. 1944; L'Allemagne et nous, Schr. 1945; Où suis-je?, G. 1945; M. Barrès, Es. 1948; L'ordre et le désordre, Schr. 1948; Réflexions sur la Révolution de 1789, 1948; Le mont de Saturne, Schr. 1950; À mes vieux désirs, G. 1951; La Balance intérieure, G. 1952; Pascal puni, Schr. 1953; Maîtres et témoins de ma vie d'esprit, Ess. 1954; Lettres de prison 1944–52, 1958. – Œuvre, VI 1922; Œuvres capitales, IV 1954ff.; Dictionnaire politique et critique, hg. J. Pélissier 1966; Critique et poésie, 1968; Correspondance M. Barrès – C. M. 1888–1923, hg. Dupré 1970; Cher Maître. Lettres à C. M. de l'Académie française, hg. P.-J. Deschodt 1995.

L: J. Maritain, 1926; L. Daudet, 1930; A. Thibaudet, Les idées de C. M., ²1931; H. Naumann, 1935; M. Garçon, Le procès de C. M., 1946; M. Mourre, 1953; A. Cormier, 1953; G. Hupin, 1957; H. Massis, 1961; I. P. Barko, 1961; R. Joseph, 1962 (m. Bibl.); H. Maurras, Souvenirs de prison de M., 1965; J. d'Azemar, 1966; P. Vandromme, 1966; A. Detaille, 1968; J. Paugam, L'âge d'or du maurrassisme, 1971; C. Capitan Peter, 1972; J. McCearney, 1977; O. Vigne, 1978; G. Tournier, 1980; P. Boutang, 1984; A. Chebel, 1988; Y. Chiron, 1991; B. Goyet, 1999; G.-P. Wagner, 2002. – *Bibl.:* R. Joseph, J. Forges, II 1953f.; Etudes maurrassiennes, 1974ff.

Mavilis, Lorentzos, griech. Dichter, 7. 9. 1860 Ithaka – 28. 11. 1912 b. Driskos/Jannina. Stud. Philol. Athen, München, Freiburg, Straßburg, Erlangen (1890 Dr. phil.), Breslau. Fiel im Balkankrieg als Freiwilliger im Garibaldi-Korps. – Meister der dichten, gepflegten Sprache, hinterließ als vorbildl. geltende Sonette. Übs. aus mehreren Sprachen (u.a. Uhland, Goethe, Schiller).

A: Ta erga (Werke), 1915; Ta sonetta, 1935; Hapanta (SW), hg. M. Peranthis 1960, P. N. Iliadis 1967.

L: Ph. K. Bubulidis, 1954; M. M. Papajoannu, 1980; I. Ch. Zarojannis, To topio tēs poiēsēs tu L. M., 1994.

Mavor, Osborne Henry → Bridie, James

Maximianus, lat. Dichter; 6. Jh. n. Chr. – M.' Gedichte (5 Liebeselegien u. 1 Abschlußgedicht) sind, anders als die erot. Dichtungen Ovids, auf die sie sich u.a. beziehen, durchweg Klagelieder: Es werden die detailliert beschriebenen Leiden des Alters u. der Gegensatz zum früheren süßen Leben beklagt.

A: m. ital. Übs. u. Anm. T. Agozzino, M., Elegie, Bologna 1970; m. dt. Übs. C. Sandquist Öhrberg, Versus Maximiani, Stockh. 1999.

L: F. Spaltenstein, Commentaire, 1983; Ch. Ratkowitsch, M. amat: Zu Datierung u. Interpretation des Elegikers M., 1986.

Maximos Planudes (Manuel Planudes), byzantin. Gelehrter und Dichter, um 1260 Nikomedia – um 1310 Konstantinopel. Trat sehr jung ins Kloster ein, widmete sich altphilolog. Studien und beherrschte als Ausnahme unter den byzantin. Humanisten das Lat. Bes. Bedeutung mißt man s. Übersetzertätigkeit (Ovid, Cicero, Augustinus u.a.) bei, die e. Seltenheit für s. Zeit war. In s. eigenen Werken, die sich durch e. gepflegte Sprache auszeichnen, beschäftigt sich M. P. mit philolog. Themen (›Peri grammatikēs‹, ›Peri Syntáxeōs‹, Scholien zu Theokrit), mit der Sammlung hist. Materials (Exzerptensammlung), der Mathematik u. der Sammlung von Sprichwörtern. Er dichtete Kanones, Stichera und e. längeres Gedicht in Hexametern und hinterließ e. große Anzahl von Briefen.

A: J. P. Migne, Patrol. Graeca 147; F. Boissonade, Anekdota Graeca, II 1829f. (n. 1962); S. Kugeas, Analecta Planudea, (Byzantin. Zs. 18) 1909; M. Treu, Amst. ²1960.

Maximow, Wladimir → Maksimov, Vladimir Emel'janovič

Maximus, Valerius → Valerius Maximus

Maxwell, Glyn, engl. Autor, * 7. 11. 1962 Welwyn Garden City. Stud. Oxford, Boston Univ. bei D. Walcott, lebt seit 1996 in den USA, Dozent US-Univ. – E. der zentralen Autoren der sog. New Generation von brit. Lyrikern Mitte der 1990er Jahre, der mit s. verspielten, bilder- u. anspielungsreichen Gedichten an die postmoderne Lyrik von P. Muldoon anknüpft, dabei aber e. an den phantast. Realismus gemahnende versponnene Anekdotenhaftigkeit pflegt. Vf. zahlr., formal u. themat. mit den Gedichten vergleichbarer Dramen.

W: Tale of the Mayor's Son, G. 1990; Out of the Rain, G. 1992; Gnyss the Magnificent: Three Verse Plays, 1993; Blue Burneau, R. 1994; Rest for the Wikked, G. 1995; The Breakage: Poems, 1998; The Boys At Twilight: Poems 1990–95, 2000; Time's Fool, Vers-R. 2001; The Nerve, G. 2002.

Maxwell, William (Keepers, Jr.), amerik. Erzähler, 16. 8. 1908 Lincoln/IL – 31. 7. 2000 New York. Langjähriger Redakteur beim ›New Yorker‹. – Nostalg. Familiengeschichten aus dem alten, ländl. Mittleren Westen; ›The Folded Leaf‹ Porträt e. tief empfundenen Jugendfreundschaft.

W: They Came like Swallows, R. 1937 (d. 2001); The Folded Leaf, R. 1945 (d. 1947; u.d.T. Zeit der Nähe, d. 1991); Time Will Darken It, R. 1948 (d. 1996); The Chateau, R. 1961; Over by the River, Kgn. 1977; So Long, See You Tomorrow, R. 1980 (d. 1981); The Outermost Dream, Ess. 1989; Billie Dyer, Kgn. 1992; All the Days and Nights, Collected Stories 1995; The Happiness of Getting It Down Right, Letters of F. O'Connor and W. M., 1996; The Element of Lavishness, Letters of S. T. Warner and W. M., 2001.

L: A. Wilkinson, 2002.

Mayhew, Henry, engl. Schriftsteller u. Journalist, 25. 11. 1812 London – 25. 7. 1887 ebda. Rechtsanwaltssohn, beginnt s. Karriere bei satir. Zeitschriften (insb. ›Punch‹, 1841–46). – 1849–50 schreibt er für den bürgerl.-liberalen ›Morning Chronicle‹ als ›Stadtkorrespondent‹ insges. 82 Briefe über die Situation d. Arbeitenden u. Armen in London. S. Artikel sind soziolog. Bestandsaufnahmen einer den Mittelschichten fremden Welt, die diese ebenso neugierig wie zutiefst verängstigt betrachten, da sie als Brutstätte von Krankheit u. Aufruhr gilt – auch deshalb sind s. Briefe sehr erfolgreich. Nach Zerwürfnis mit dem ›Chronicle‹ publiziert M. auf eigene Rechnung; s. Hauptwerk ›London Labour and the London Poor‹, 1850–56 in Forts. erschienen, schwankt zwischen ethnograph. Distanz zu den anderen der viktorian. Gesellschaft u. M.s offensichtl. Faszination. M. verfaßte zur Sicherung s. Lebensunterhalts satir. Romane (z.T. mit s. Bruder Augustus), Biographien u. Reiseberichte.

W: The Morning Chronicle Survey of Labour and the Poor VI 1980–82; London Labour and the London Poor IV 1861–62 (n. 1968; d. in Ausw. D. Feldmann u.a., 1992 u. 1996); The Criminal Prisons of London, 1862 (m. J. Binny); The Great World of London, IX 1856; London Characters, 1874.

L: A. Humpherys, Travels Into the Poor Man's Country, 1977; dies., 1984; G. Himmelfarb, The Idea of Poverty, 1984.

Maynard (oder Mainard), François, franz. Dichter, Ende 1582 Toulouse – 28. 12. 1646 Saint-Céré/Quercy. Glänzende Erziehung, in Paris Sekretär der Marguerite de Valois, 1615 Präsident des Gerichtshofes von Aurillac, reiste 1634 als Sekretär des Botschafters de Noailles nach Italien. – Bedeutendster und liebster Schüler Malherbes. Geschickte, harmon. Gedichte über Liebe und Politik, doch ohne dichter. Kraft. Am besten s. kurzen Werke, Sonette, Rondos, bes. Epigramme.

A: Œuvres, 1946 (hg. u. erg. F. Gohin 1927); Œuvres poétiques, hg. G. Garisson III 1885–88; Sonnets et épigrammes, hg. G. A. Bertozzi 1977.

L: H. Nadal, 1884; G. Clavelier, 1907; C. Drouhet, 1909; R. Brocato, Diss. Rom 1981.

Mayūra, ind. Lyriker, 7. Jh. n. Chr. Zeitgenosse und der Überlieferung nach Schwiegervater → Bāṇas und Hofdichter des Königs Harṣa von Kanauj. – Schrieb das ›Mayūrāṣṭaka‹ (Acht Strophen Mayūras), e. erot. Gedicht, das e. schöne junge Frau, nach e. Legende s. Tochter, auf dem Weg zum und vom Gemach ihres Geliebten beschreibt; über diese Beschreibung erzürnt, soll sie ihren Vater verflucht haben, so daß dieser vom Aussatz befallen, jedoch durch s. berühmte Hymne ›Sūrya-śataka‹ (Hundert Strophen an den Sonnengott) wieder davon geheilt wurde.

A: The Sanskrit Poems, hg. u. engl. G. P. Quackenbos, 1917 (n. 1965).

Ma Zhiyuan, chines. Dramatiker, ca. 1260–1325, aus Peking. War e. zeitlang in der Provinzialverwaltung von Zhejiang tätig. – Lied- und Ariendichter, e. der führenden Theaterdichter s. Zeit. Von insges. 14 dem Titel nach bekannten Dramen noch 7 erhalten. Am bekanntesten davon ›Hangong qiu‹ (Herbst im Palast der Han), die dramat. Fassung e. Episode der Han-Zeit: E. kaiserl. Nebenfrau wird aufgrund e. Intrige an Hunnenfürsten verschachert. Behandelte außer hist. auch relig. Stoffe.

A: Yuan qu xuan 1616 (Nachdr. 1958); Hangong qiu (engl. J. F. Davis, Lond. 1829; D. Keene, in: C. Birch, Anthol. of Chin. Lit., N. Y. 1965; J. Liu, Lond. 1972; franz. L. Laloy, Neuchâtel 1943); Huangliang meng (franz. L. Laloy, Paris 1935).

al-Māzinī, Ibrāhīm, ägypt.-arab. Schriftsteller, 1890 Kairo – 10. 8. 1949 ebda. Ausbildung auf e. Lehrerseminar; Lehrer, Journalist. – Neben Gedichten und Erörterungen lit.-ästhet. Probleme romanhafte Erzählungen und bes. satir.-humorist. Skizzen von scharfer Beobachtung, die z.T. an Mark Twain erinnern.

W: Dīwān, II 1914–17; Ṣundūq ad-dunyā, Sk. 1929; Ibrāhīm al-kātib, R. 1931 (engl. M. Wahba, Kairo 1976); Ḥuyūṭ al-ʿankabūt, Sk. 1935; Ibrāhīm aṭ-ṭānī, R. 1943.

Mazumdar, Anita → Desai, Anita

Mažuranić, Ivan, kroat. Dichter, 11. 8. 1814 Novi Vinodolski – 4. 8. 1890 Agram. Aus Bauernfamilie. Studium der Rechte Agram, Rechtsanwalt in Karlovac, Oberstaatsanwalt in Agram, Abgeordneter, 1873–80 kroat. Banus, trug wesentl. zur Schul- u. Verwaltungsreform in Kroatien bei. – M.' kleinere Gedichte, in denen er zum führenden Sprecher des Illyrismus wurde, sind teils klassizist. oder ahmen die Dubrovniker Renaissance- u. Barockdichtung nach, teils schöpfen sie bereits aus dem Volkslied; sie erschienen vorwiegend in der Zs. ›Danica‹. 1844 ergänzte M. Gundulić' Epos ›Osman‹. S. künstler. Höhepunkt erreichte M. in dem Heldenepos vom Tod des Čengić-aga, das im Rhythmus des Volksliedes gedrängt u. plast. den Kampf der Montenegriner gegen die Türken u. die Sehnsucht der christl. Balkanvölker nach nationaler u. polit. Freiheit besingt.

W: Gundulić' Osman, Ep. 1844 (14. u. 15. Gesang); Smrt Smail-age Čengića, Ep. 1846 (n. M. Leskovac 1950, M. Živančević, 1969; d. ²1929); Izabrane pjesme, G. 1876; Pjesme, G. 1895. – Sabrana djela (GW), IV 1979; Pjesme, 1924; Djela, hg. S. Ješić 1958; Izabrana djela, PSHK 32, hg. I. Frangeš 1965.

L: A. Barac, 1945; M. Živančević, 1963; R. Lauer, 1987; P. Pavličić, 1989, 1991.

Mazzantini, Margaret, ital. Schriftstellerin, * 27. 10. 1961 Dublin. Nach Übersiedlung Stud. an der röm. Theaterakad. Theater- und Filmschauspielerin, seit 1994 auch Autorin. – Konzentriert sich auf sozialkrit., psycholog. Analysen, in denen auch die Geschlechterrollen in der ital. Gesellschaft problematisiert werden.

W: Il catino di zinco, R. 1994 (d. 1996); Manola, E. 1998 (d. 2000); Non ti muovere, R. 2002 (d. 2002).

Mecarenc' (eig. Mecatowrean), Misak, armen. Lyriker, Januar 1886 Binkean b. Akn (Westarmenien) – 1908 Konstantinopel. 1902–05 Stud. Konstantinopel, seit 1903 lit. tätig; Mitarbeit an armen. Periodika ›Masis‹, ›Hanragitak‹ und ›Arewelyan Mamowl‹. Trotz s. kurzen Wirkungszeit bedeutender Dichter mit eigenwilligem Stil, unter Einfluß der Romantik sowie des franz. Symbolismus. Begründer neuer Stil- u. Dichtungsformen in der westarmen. Lyrik.

W: Ciacan, G. 1907; Nor Taġer, G. 1907; Erkeri žoġovacow (GW), 1946; Oski arišin tak (arjak erkerow hawak'acoy), Konstantinopel 1934; Erkeri liakatar žoġovacow (GW), 1934; Erk. liakatar žoġ. (GW), 1981.–
Übs.: ital. Ausw. M. Gianascian: La poesia armena moderna, Venedig 1963.
L: T'. Azatean: Misak Mecarenc', 1922; H. Ġanalanyan, 1958; Ē. İrbažjan, 1977.

Mecatowrean, Misak → Mecarenc'

Mečiev, Kjasim, balkar. Dichter, 1859 Šiki – 25. 3. 1945 Taldy-kurgan. Schmied, Begründer der balkar. Lit. – Seit 1890 Gedichte, Lieder über unglückl. Liebe, durch soz. Unterdrückung beeinflußt. M. rief das Volk auf, sich der Weisheit u. Liebe zu bedienen u. für die Freiheit zu kämpfen. Über den 1. Weltkrieg das Gedicht ›Das Jahr 1914‹. Begrüßte die Oktoberrevolution. Seine Hoffnung auf den neuen Menschen findet in Gedichten und Liedern Widerhall. Zuletzt äußert er Unverständnis über die Zwangsaussiedlung des balkar. Volkes nach Mittelasien während des 2. Weltkriegs.

Übs.: russ.: Stichotvorenija i poemy, 1962.

Medek, Rudolf, tschech. Schriftsteller, 8. 1. 1890 Hradec Králové – 22. 8. 1940 Prag. Lehrer, im 1. Weltkrieg Oberst der tschech. Legion in Sibirien, 1920–36 Museumsdirektor in Prag; weitgereist. – M.s Lyrik spiegelt den Einfluß des Symbolismus u. der Dekadenz wider, ihr Grundton ist jedoch lebensbejahend. S. patriot. Lyrik u. neuklassizist. Nn. Romane u. Dramen behandeln vorwiegend das Schicksal der tschech. Legion, wobei das Heroische des Kampfes u. die eth. Verantwortung des einzelnen hervorgehoben werden. Schrieb ferner Jugendbücher, Reiseberichte u. Feuilletons.

W: Lví srdce, G. 1919; Ohnivý drak, R. 1921; Veliké dny, R. 1923; Živý kruh, G. 1923; Ostrov v bouři, R. 1925; Láska a smrt, G. 1925; Mohutný sen, R. 1926; Anabase, R. V 1927; Plukovník Švec, Dr. 1928; Vinný keř, En. 1928; Srdce a válka, Dr. 1930; Jiří Poděbradský, Dr. 1934.

L: K. Sezima, Krystaly a průsvity, 1928; O. Novotný, O. Plukovníka Ševce, 1929.

Medenis, Jānis, lett. Lyriker, 31. 5. 1903 Prauliena b. Madona/Lettl. – 10. 5. 1961 Murjāņi b. Sigulda. Sohn e. Pächters; bis 1915 örtliche Schulen; 1915–18 Schule Riga; Soldat im lett. Unabhängigkeitskampf; 1922 Philologiestud., 1930 Jurastud., jeweils abgebrochen; 1927–37 Sekretär des ›Lett. Konversationslexikons‹; ab 1937 Neusiedler, Hof ist Staatsgeschenk; 1944 Flucht nach Tērande, Lehrer; 1946 vom NKWD verhaftet; ab 1948 Arbeitslager in Noril'sk/Sibirien; 1955 amnestiert, Rückkehr nach Riga. – Synthese von romant. Gedichtinhalten u. klassischer Formstrenge sowie im Versbau von Elementen des lett. Volksliedes u. der europäischen Kunstdichtung; frühes u. mittleres Werk durch großes Können ausgezeichnet; Spätwerk im Banne der Lagerhaft.

W: Torņi pamalē, G. 1926; Tecila, G. 1933; Varenība, G. 1936; Teiksmu raksti, G. 1942. – Miķelnīcas (AW), 1952; Kopoti raksti (GW), III 1985–86.

L: Zwischen Oder und Peipus-See, hg. NOKW, Lüneburg 2001.

Medici, Lorenzino de', gen. Lorenzaccio, ital. Dichter, 23. 3. 1514 Florenz – 5. 2. 1548 Venedig. Sohn von Pierfrancesco aus e. Seitenlinie der M.; er fühlte sich ständig mißachtet u. war daher von starkem Geltungsbedürfnis getrieben. Ermordete s. Vetter Alessandro (1537), der ihm bei e. Erbstreit von Cosimo vorgezogen worden war, flüchtete dann zunächst nach Bologna, später nach Frankreich u. Venedig, wo Cosimo ihn ermorden ließ. – S. ›Apologia‹, in der L. s. Handeln zu rechtfertigen versucht hat, ist hauptsächl. vom Haß auf die ›Tyrannen‹ u. s. eigenen Ehrgeiz diktiert. Geschickt in Aufbau u. Handlungsführung ist s. Komödie ›Aridosia‹; in der Nachfolge von Plautus (›Aulularia‹) und Terenz (›Adelphi‹).

W: Aridosia, K. 1536 (hg. I. Sanesi in: Commedie del Cinquecento, 1912); Opere, hg. E. Camerini (unter dem Ps. C. Teoli) 1862; Apologia (hkA G. Lisio in: Orazioni scelte del secolo XVI, 1897); Aridosia e Apologia (m. G. u. Br., hg. u. komm. F. Ravello 1917).

L: F. Martini, 1882 (n. 1972); P. Gauthiez, 1904; E. Baldoni, 1950; J. G. Bromfield, 1972; R. Ridolfi, 1983; M. Vannucci, 1984.

Medici, Lorenzo de', gen. Il Magnifico, ital. Dichter, 1. 1. 1449 Florenz – 8. 4. 1492 ebda. Trat als Nachfolger s. Vaters 1469 an die Spitze der Republik Florenz, förderte durch s. geschickte Politik das Ansehen s. Hauses u. festigte das Gleichgewicht zwischen den ital. Staaten. Als typ. Herrscher der Renaissance zog er Dichter, Humanisten u. Künstler an s. Hof, so M. Ficino, Pico della Mirandola, Poliziano, Pulci u. Michelangelo, u. sammelte Kunstwerke u. Bücher. – Versuchte sich in den verschiedensten Dichtungsarten, mit bes. Erfolg in der in der Tradition des ›dolce stil nuovo‹ u. des Petrarkismus stehenden Liebeslyrik, die er mit den Ideen des Neuplatonismus erfüllte. S. Sinn für die volkstüml. Dichtung zeigt sich in dem ep. Gedicht über die Falkenjagd ›La caccia col falcone‹ u. in den zahlr. Balladen, Karnevalsliedern u. a. realist.-burlesken Versen. L. ist auch Autor einiger ›Laudi‹ u. e. geistl. Schauspiels, ›San Giovanni e San Paolo‹.

A: Opere, hkA A. Simoni II 1913ff., n. 1939, hg. T. Zanato 1992; Scritti scelti, hg. u. komm. E. Bellorini 1922; Il Simposio o i Beoni, Ep. hg. I. Manzino 1937; Scritti scelti, hg. E. Bigi 1955; Lettere, hg. N. Rubinstein IV 1977–81; Rime spirituali, hg. B. Toscani 2000. – *Übs.:* C. Stange, II 1940; Ausgewählte Werke, hg. M. Lentzen 1998.

L: E. Rho, 1926; C. Stange, II 1940; F. Cognasso, 1950; B. Cicognani, 1950; C. M. Ady, N. Y. 1955; L. Ugolini, 1959; A. Rochon, Clermont-Ferrand 1963; M. Martelli, 1965; E. Cremer, 1970; H. R. Williamson, 1974; P. Orvieto, 1976; A. Altomonte, 1982; J. Hook, Lond. 1984; L. M. Studi, hg. G. C. Garfagnini 1992.

Medina, Vicente, span. Dichter, 27. 10. 1866 Archena/Murcia – 17. 8. 1937 Rosario de Santa Fe/Argentinien. Bescheidener Herkunft, entbehrungsreiches Leben, emigrierte 1905 nach Argentinien, seit 1929 wieder in Spanien. – Besang s. Heimat in menschl., aufrichtigen Versen u. schlichter, volkstüml., z. T. dialektgefärbter Sprache.

W: Aires murcianos, G. II 1898 u. 1900 (n. 1981); Alma del pueblo, G. 1900; La canción de la vida, G. 1902; La canción de la huerta, G. 1905; Poesías, G. 1908; Canciones de guerra, G. 1914; Canciones para niño y viejo cantar, G. 1919; Aires argentinos, G. 1927. – Obras completas, Rosario de Santa Fe XXVI 1919–27; Antología poética, 1999.

L: M. Medina Tomero, 1996.

Medsarenz, Misak → Mecarenc'

Medwall, Henry, engl. Dramatiker, 1462 – ca. 1501. Hauskaplan des Kardinals Morton. – Vf. e. Moralitätenstücks ›Nature‹ und des 1. weltl. Schauspiels in England, des Interludiums ›Fulgens and Lucres‹, das zwar noch Abhängigkeit von den Moralitäten zeigt, jedoch lebhafte weltl. Versdialoge bringt.

W: Nature, Sp. um 1495; Fulgens and Lucres, Sp. 1497, gedr. 1512–16, hg. F. S. Boas, A. W. Reed 1926, hg. P. Meredith 1981; The Plays, hg. A. H. Nelson 1980.

L: H. Hecht, 1925. – *Bibl.:* Manual ME 5. XII, 1975, Nr. 31.

Meersch, Maxence van der (eig. Josef Cardijn), franz. Erzähler, 4. 5. 1907 Roubaix – 14. 1. 1951 Le Touquet. Fläm. Herkunft. Stud. Lit. und Rechte Tourcoing u. Lille. Rechtsanwalt und Redakteur in Lille. – Vf. z. T. kraß naturalist. Romane und Erzählungen. Stellt mit psycholog. Verständnis und aus guter Sachkenntnis mit dokumentar. Treue die Welt der Industriellen in Nordfrankreich und Flandern dar. Behandelt die Schäden der westl. Zivilisation, die elenden Lebensbedingungen der Industriearbeiter. Die anfangs marxist. Tendenz s. Werke später von undogmat. christl. Lebensauffassung abgelöst.

W: La maison dans la dune, R. 1932 (d. 1948, u. d. T. Die dunklen Wege, 1952); Quand les sirènes se taisent, R. 1933; Invasion 14, R. 1935; L'empreinte du Dieu, R. 1935 (Sein Vermächtnis, d. 1946); L'élu, R. 1937 (Drama um Direktor Bramberger, d. 1949); Les pêcheurs d'hommes, R. 1940 (d. 1941); Le péché du monde, R. 1941 (d. 1948); Corps et âmes, R. 1943 (d. 1949); La petite Sainte Thérèse, R. 1947 (Die kleine Heilige, d. 1954); La fille pauvre, R. 1948; Le cœur pur, R. 1948 (d. 1956); Vincent, R. 1948; La compagne, R. 1955; Masque de chair, R. 1958.

L: B. Léliaert, Un grand romancier de chez nous, 1946; R. Reus, 1952; W. W. Bailey, Diss. Charlottesville, Virginia 1961.

Meester, Johan (eig. Eliza Johannes) de, niederländ. Schriftsteller, 6. 2. 1860 Harderwijk – 16. 5. 1931 Utrecht. Journalist. 1885 Korrespondent des ›Algemeen Handelsblad‹ in Paris, 1891–1927 Feuilletonredakteur bei ›Nieuwe Rotterdamsche Courant‹: einflußreiche Rolle als Kunst- u. Lit.-kritiker. Setzte sich erfolgr. für die ›Nieuwe Gids‹-Bewegung ein. – Naturalist. Erzähler unter Einfluß Zolas von dunklem Pessimismus, doch Mitgefühl und Menschenliebe. Am bekanntesten der Roman ›Geertje‹, der sich gegen bürgerl. Heuchelei wendet.

W: Kleingoed, En. 1882; Zeven vertellingen, En. 1889; Een huwelijk, R. 1890; Parijsche schimmen, Sk. 1892; Allerlei menschen, En. 1902; Geertje, R. II 1906; De zonde in het deftige dorp, R. 1912; Carmen, R. II 1915; Walmende lampen, R. 1912; Eva, R. 1929; Liefdetrouw, R. 1930.

L: M. Brusse, 1931.

Megged, Aharon, israel. Schriftsteller, * 10. 8. 1920 in Polen. Sohn e. jüd. Lehrers, kam 1926 mit s. Eltern nach Palästina; 12 Jahre Mitgl. e. Kibbuz in Caesarea, ab 1950 Schriftsteller u. Hrsg. e. Lit. blattes in Tel Aviv, 1960–71 Kulturattaché der Israel. Botschaft in London. – Romane, Novellen u. Theaterstücke aus der zionist. Pionierzeit im Heiligen Land mit satir. Schlaglichtern auf die ›unheroische‹ Gegenwart.

W: Ruach jamim, Nn. 1950; Chedva Va'ani, R. 1953 (Hedva and I, engl. 1964); Jißrael chaverim, Nn. 1955; Mikre Hak'sil, R. 1960 (Fortunes of a Fool, engl. 1962); Hachai al Hamet, R. 1965 (The Living on the Dead, engl. 1970); Machberot Evyatar, R. 1973; Al Etzim ve-Avanim, R. 1974 (Derrière la tete, franz. 1996); Ha-Atalef, R. 1975; Heinz uvno veha-Ruach ha-raa, R. 1975 (Heinz, sein Sohn und der böse Geist, d. 1994); Heinz u-beno, R. 1977; Ahavat neurim, R. 1978; Asahel, R. 1978 (engl. 1982); Masa be-Av, R. 1980; Ha-Gamal ha-meofef ve-Dabeshet ha-Zahav, R. 1982 (Das fliegende Kamel mit dem goldenen Höcker, d. 1991); Foigelmann, R. 1988 (Fojgelman, d. 1992); Gaaguim le-Olga, R. 1996; Dudaim min ha-Aretz ha-kedosha, R. 1998; Ad ha-Erev, R. 2001.

L: Y. Cohen, Pirqe A. M., 1976; Vivian S. Eden, 1986.

Meghadūta → Kālidāsa

Mehmed Akif Ersoy → Ersoy, Mehmed Akif

Mehmet Emin Yurdakul → Yurdakul, Mehmed Emin

Mehren, Stein, norweg. Schriftsteller, Lyriker u. Maler, * 16. 5. 1935 Oslo. Philos.- u. Biologiestud. in Oslo u. Dtl., e. der bedeutendsten Lyriker des Landes. Vf. e. oftmals philos. gesättigten Lyrik, beeinflußt von Martin Bubers ›Ich und Du‹-Philos., Husserl u. Heidegger, gilt als Erneuerer e. metaphys. Lyriktradition, der es um die Aufhebung der Grenze zwischen Natur u. Bewußtsein geht durch e. Art myst. Erleuchtung der Natur. In s. Essayistik beschäftigt M. sich v. a. mit Kunstfragen.

W: Gjennom stillheten en natt, G. 1960; Gobelin Europa, G. 1965; Vind Runer, G. 1967; Dikt for enhver som våger, G. 1973; Myten om den irrasjonelle fornuft I – II, Ess. 1977, 1980; Timenes time, G. 1983; Corona. Formørkelsen og dens lys, G. 1986; Det andre lyset, G. 1989; Dikt i bilder, G. 1993; Hotel Memory, G. 1996; Ark, G. 2000; Den siste ildlender, G. 2002. – Utvalgte dikt, G. 2003.

L: P. T. Andersen, 1982.

Meijsing, Doeschka (eig. Maria Johanna M.), niederländ. Schriftstellerin, * 21. 10. 1947 Eindhoven. Lit.redakteurin. Auch ihr Bruder Geerten-Maria M. ist Schriftsteller. – Ein wiederkehrendes Thema in ihrem Werk ist die Frage, wo die Grenze zwischen Phantasie u. Wirklichkeit zu ziehen ist.

W: De hanen en andere verhalen, En. 1974; Robinson, E. 1976 (d. 1988); De kat achterna, R. 1977 (Der Katze hinterher, d. 1984); Tijger, tijger!, R. 1980 (Tiger aus Glas, d. 1986); Utopia, R. 1982 (d. 1989); De weg naar Caviano, R. 1996 (d. 1999).

Meilhac, Henri, franz. Dramatiker, 23. 2. 1831 Paris – 6. 7. 1897 ebda. Buchhändlergehilfe, 1888 Mitgl. der Académie Française. – Vf. von Vaudevilles, Komödien und Libretti. Arbeitete über 20 Jahre mit Halévy zusammen, dem der feine Humor der Stücke zu danken ist. Sie schrieben Komödien wie ›Frou-Frou‹, v. a. Operettenlibretti für Offenbach, Bizet und Massenet. In der von Offenbach vertonten Operette ›La Belle Hélène‹ beruht die Komik auf Parodie und Anachronismus. M. schrieb auch Komödien mit A. Delavigne und Ph. Gilles.

W: L'autographe, K. 1859; Le petit-fils de Mascarille, K. 1861; La vertu de Célimène, K. 1861; L'échéance, K. 1862; La Belle Hélène, Libr. 1864 (d. 1945); Les curieuses, K. 1865; Margot, K. 1865; Barbe-Bleue, Libr. 1866; La vie parisienne, Libr. 1866; La Grande Duchesse de Gérolstein, Libr. 1867 (d. 1931); Suzanne et les deux vieillards, K. 1868; La Périchole, Libr. 1868 (d. 1931); Frou-Frou, K. 1869 (d. um 1875); Carmen, Libr. 1875 (d. 1945); Le petit duc, Libr. 1878 (d. 1880); Le mari à Babette, K. 1882; Manon, Libr. 1884; Rip, K. 1886; Mam'zelle Nitouche, K. 1886 (d. 1930); Ma camarade, K. 1894. – Théâtre de M. et Halévy, VIII 1900–02; Lettres à H. M. et L. Halévy de J. Offenbach, hg. Ph. Goninet 1994.

Meireles, Cecília, brasilian. Lyrikerin, 7. 11. 1901 Rio de Janeiro – 9. 11. 1964 ebda. Zahlr. Auslandsreisen u. -aufenthalte; lehrte Poetik u. Lit.-kritik (u. a. Univ. Texas), rege journalist. Tätigkeit. – Vielleicht die bedeutendste Dichterin portugies. Sprache, von parnass.-symbolist. Dichtung entwickelt sie mit ›Viagem‹ e. eigene poet. Sprache in der Annäherung an Objekte, Situationen, Personen u. Landschaften, schafft neue Formen der Wahrnehmung, vermittelt über Rhythmen, arbeitet mit abstraktem Zeitbegriff. Hist., phänomenolog., anthropolog. Herangehen (intensive Beschäftigung mit afro-brasilian. Kultur), hält öffentl. Vorträge, vieles unveröffentlicht, Hrsg. von Anthologien, Nähe zu hispanoamerik. Dichtung (Storni, Mistral); Übs. von García Lorca.

W: Nunca Mais e Poema dos Poemas, 1923; Baladas para El-Rei, 1925; A festa das letras, Abh. 1937; Viagem, 1939; Vaga Musica, 1942; Mar Absoluto, 1945; Retrato Natural, 1949; Amor em Leonoreta, 1951; Doze nocturnos da Holanda e O Aeronauta, 1952; Romanceiro da Inconfidência, 1953; Canções, 1956; Romance de Santa Cecília, 1957; Metal Rosicler, 1960; Poemas Escritos na Índia, 1961; Solombra, 1964; Ilusões do mundo, Chronik 1976; O que se diz e o que se entende, Chronik 1980; Cânticos oferenda, Ess. 1982; Batuque, samba e macumba, Ess. 1983; Oratório de Santa Maria Egipcíaca, Abh. 1996; Crônicas de educação, Chronik 2001. – Obras (GW), XX 2000f.; Obra Poética, hg. D. Damasceno 1958; Poesias Completas, 1976.

L: D. Damasceno, 1967; L. A. de Azevedo Filho, 1970; K. Stackhouse, 1981; D. Sadlier, 1983.

Mei Sheng, chines. Dichter aus Huaiyin (Jiangsu). † 140 v. Chr. Kaifeng(?). Beamter bei versch. Lehnskönigen. – Schrieb Verse in ungebundenem Stil (d.h. ohne Berücksichtigung der Worttöne), Kunstprosa beschreibenden Charakters. Angebl. Vf. der ›Neunzehn Gedichte‹, leidenschaftl. starke Erlebnislyrik.

W: Mei Shu ji, G. (engl. A. Waley, 170 Chin. Poems, Lond. 1918; E. v. Zach, Die chines. Anthologie, Cambr./MA 1958; franz. J. P. Diény, Paris 1963).

Mei Yaochen, chines. Dichter, 1002–1060. Aus einfacher Beamtenfamilie stammend besteht er erst 1051 die Staatsprüfung, erhält nur niedere Ämter; befreundet mit Ouyang Xiu u.a. Dichtern. – Sein 2800 Gedichte umfassendes lyr. Werk teilt sich in e. frühe sozialkrit. und e. späte sachl.-realist. Phase; es zeichnet sich durch Nüchternheit, Klarheit und die Ablehnung von Bombast und obskuren Anspielungen aus.

A: Wanling ji, GW 1576 (Nachdr. 1865; SBCK-Ausg.).

L: P. Leimbigler, 1970 (m. Übs.); J. Chaves, N. Y. u. Lond., 1976 (m. Übs.).

Mej, Lev Aleksandrovič, russ. Lyriker u. Dramatiker, 25. 2. 1822 Moskau – 28. 5. 1862 Petersburg. Vater Offizier dt. Abstammung; 1841–51 in der Kanzlei des Generalgouverneurs von Moskau, ab 1841 Mitarbeiter der Zs. ›Moskvitjanin‹, 1853 in Petersburg, nur noch lit. tätig. – Bekannte sich zur ›reinen Kunst‹; sah das ›Gesetz der Form‹ bei den Griechen verwirklicht; schrieb anakreont. Gedichte, Lieder nach der Volksdichtung, altruss. Balladen. Hervorragend s. versifizierte Paraphrase des Hohenlieds Salomons; verfaßte hist. Dramen über die Zeit Ivans IV., die Rimskij-Korsakov als Libretti benutzte; bedeutender Übs. von Goethe, Heine, Schiller (›Wallensteins Lager‹), Beranger, V. Hugo, Mickiewicz.

W: Carskaja nevesta, Dr. 1849; Pskovitjanka, Dr. 1860. – Polnoe sobranie sočinenij (GW), II 1911; Izbrannye proizvedenija (Ausw.), 1972.

Mejía Vallejo, Manuel, kolumbian. Schriftsteller, 23. 4. 1923, Jericó/Antioquia – 23. 7. 1998 Medellín. Journalist, Prof., soz. engagierter Katholik. – Der scheinbar unpersönl., kalte Realismus s. Frühwerks wandelte sich zu e. mag. u. traumhaften Vision. Er schreibt mit Bewunderung, Schmerz u. Zorn über die Einsamkeit der einfachen Leute u. die poet. Mythifizierung der Gewalt. Das Leben wird e. Roulettespiel. Mit der Zeit schuf er s. eigene Geographie: die imaginäre Ortschaft Balandú.

W: La tierra éramos nosotros, R. 1945; Al pie de la ciudad, R. 1957; Tiempo de sequía, En. 1957; El día señalado, R. 1964 (d. 1967, 1981); Cuentos de zona tórrida, En. 1966; Aire de tango, R. 1973; Las noches de la vigilia, En. 1975; Prácticas para el olvido, G. 1977; Las muertes ajenas, R. 1979; La tarde de verano, R. 1979; Y el mundo sigue andando, R. 1985; La sombra de tu paso, R. 1987; La casa de las dos palmas, R. 1988; Memoria del olvido, G. 1990; Otras historias de Balandú, En. 1990; Los abuelos de cara blanca, R. 1991; Cuentos contra el muro, 1994; La venganza y otros relatos, 1995.

L: J. Montoya Candamil, 1984; L. Marino Troncoso, 1986; P. Varón, 1989.

Melanippides, von Melos, altgriech. Dithyrambendichter, 2. Hälfte 5. Jh. v. Chr. – Gilt in der Antike als e. der Erneuerer der Dithyrambendichtung; erhalten sind nur wenige Fragmente aus ›Danaiden‹, e. ›Marsyas‹ und e. ›Persephone‹.

A: D. A. Campbell 1993.

L: M. L. West, Oxf. 1992; B. Zimmermann, 1992.

Melas, Spyros, griech. Dramatiker, 13. 1. 1882 Naupaktos – 2. 4. 1966 Athen. – Wirkte mit s. realist. und idealist. soz. Dramen innerer Spannung und sprühenden Dialogen auf die Gestaltung des griech. lit. Lebens. S. Theaterstücke waren die größten Bühnenerfolge in Griechenland. Schrieb außerdem hist. Biographien, Erzählungen und Essays.

W: Ho gyios tu iskiu, Dr. 1908; To chalasmeno spiti, Dr. 1909; To kokkino pukamiso, Dr. 1909; To aspro kai to mauro, Dr. 1924; Mia nychta mia zoē, Dr. 1924; Ho geros tu Mōria, B. II 1931; Ho nauarchos Miaulēs, B.

1932; Papaphlessas, Dr. 1934; Ho Bambas ekpaideutai, K. 1935; Ho Basilias kai ho skylos, K. 1953 (d. 1960); 50 chronia sto theatro, 1960. – Hapanta (GW), XII 1971f.
L: S. C. Solomonidis, 1969.

Meleagros von Gadara, altgriech. Schriftsteller, ca. 130 v. Chr. Gadara (Syrien) – 70 v. Chr. Kos. Stud. in Tyros. – Da M.' Satiren im Stil des Menippos, mit dem er die kyn. Grundeinstellung teilt, verloren sind, ist er uns nur noch als Veranstalter der ältesten bekannten Sammlung fremder und eigener Epigramme faßbar (sog. ›Kranz des M.‹, insgesamt 47 Dichter von Sappho bis zu Zeitgenossen des M.), von der ca. 4000 Verse in der → ›Anthologia Palatina‹ erhalten blieben. In den 132 dort von M. enthaltenen Epigrammen dominiert Liebesdichtung an unterschiedl. Adressaten (weibl. Geliebte, Hetären, Knaben) in metr. strengen, sprachl. ungemein modulationsfähigen (von obszöner Umgangssprache bis zum gesuchten Neologismus) Versen.
A: J. Clack 1992.
L: A. Cameron, Oxf. 1993; K. J. Gutzwiller, Berkeley u.a. 1998; M. Plastira-Valkanou, BICS 43, 1999, 181–184.

Meléndez Valdés, Juan, span. Dichter, 11. 3. 1754 Ribera del Fresno/Badajoz – 24. 5. 1817 Montpellier. Begann Stud. in Madrid; Kammersekretär des Bischofs von Segovia, Fortsetzung des Stud. in Salamanca, Kontakt mit der dortigen Dichterschule, befreundet mit Cadalso, der ihm die engl. u. franz. Lit. nahebrachte, Jovellanos, in dem er s. geistigen Führer sah, u. Quintana. 1781 Prof. für Humaniora u. Grammatik in Salamanca; anschließend jurist. Laufbahn; unglückl. Ehe mit María Andrea de Coca; als Justizbeamter in Saragossa (1789), Valladolid (1791) u. Madrid (1797); sympathisierte 1808 mit den Franzosen; Präsident des Unterrichtswesens, entging mit knapper Not der Erschießung durch den Pöbel in Oviedo, wurde nach dem Unabhängigkeitskrieg aus Spanien ausgewiesen, lebte in Frankreich. – Bedeutendster span. Lyriker des 18. Jh., bereits s. erste Dichtung ›Batilo‹ wurde von der Span. Akad. preisgekrönt; folgte anfangs e. verspielten, bukol.-erot. Richtung u. schrieb Oden, Eklogen u. anakreont. Lieder in Anlehnung an die Salmantiner Schule des 16. u. 17. Jh., Vorbilder Villegas, Garcilaso u. Fray Luis de León, Einflüsse der ital., engl. u. franz. Lit., die ihm sehr vertraut waren. Vereinigte in s. Lyrik alle mod. europ. Strömungen; wurde wegen s. meisterhaften Verskunst u. musikal. Empfinden von s. Zeitgenossen sehr bewundert, von den Romantikern aber als manierierter, bukol. Dichter abgelehnt; wandte sich später unter dem Einfluß Jovellanos' der philos. Dichtung zu, die s. feinen, sinnenfreudigen Art weniger lag.

W: Batilo, Dicht. 1780; Poesías, G. 1785, III 1797, IV 1820 (n. in: ›Biblioteca de Autores Españoles‹ 1871, ›Clásicos Castellanos‹ 1925). – Obras completas, II 1942; Poesías, hg. E. Palacios 1979; Obras en verso, hg. J. H. Polt, G. Demerson II 1981–83; Poesías inéditas, hg. M. Brey Mariño 1950, A. Rodriguez 1954.
L: F. de Munsuri, 1929; W. E. Colford, N. Y. 1942; G. Demerson, Paris 1962; R. Froldi, 1967; R. M. Cox, N. Y. 1974; J. Esteban, 1987; J. H. R. Polt, 1987.

Melgar, Mariano, peruan. Dichter, 8. 8. 1790 Arequipa – 15. 3. 1815 Humachiri. Frühreif, hervorragender Latinist; verließ wegen e. Liebschaft das Priesterseminar; kämpfte gegen die Spanier, geriet in Gefangenschaft u. wurde erschossen. – E. der Wegbereiter des Indio-Romantizismus. Adaptierte aus der Dichtung der Indios die Form des ›yaraví‹, e. Liebesgedichts in achtsilbigen Versen, das bei ihm jedoch stark anakreont. Akzente besitzt.
W: Poesías, hg. M. Moscoso Melgar, Nancy 1878; Obra poética, hg. P. Durán Quevedo 1944; Poesía, hg. E. Cornejo 1948; Poesías, 1958; Poesías completas, 1971.
L: Album del Centenario, 1891; M. Wiesse, 1939; E. San Cristóval, 1944; P. J. Rada y Gamio, 1950; G. Torres Lara, 1952; E. Carrillo, 1963; A. Torres Azurra, 1966; A. Miró Quesada, 1978.

Meli, Giovanni, ital. Dichter, 6. 3. 1740 Palermo – 20. 12. 1815 ebda. Von Jesuiten erzogen, 1759–61 Stud. Medizin, 1767–72 Dorfarzt, 1787 Prof. für Chemie Univ. Palermo. Beschäftigte sich daneben mit Philos. – Vertreter der sizilian. Dialektdichtung, in dessen Dichtungen im Gegensatz zur Künstlichkeit der Arkadier wieder echtes Naturgefühl spürbar ist. S. ›Buccolica‹, e. Sammlung von Idyllen u. Eklogen, schildert in einfacher, anschaul. Weise im heidn.-klass. Gewand das Leben der sizilian. Bauern. Außerdem Vf. von Satiren, kleinen Epen u. Tierfabeln.
W: La fata galanti, Ep. (1761); Lu viaggiu in Sicilia di un antiquariu, Sat. (1785); Favuli murali, 1810–14; Buccolica, 1814. – Poesie siciliane, V 1787, VII 1814; Opere, VIII 1826; Opere poetiche, hg. E. Alfano 1908; Versione dal dialetto siciliano, hg. G. Gazzino II 1858; Poesie, hg. N. Sammartano 1947; Opere, hg. G. Santangelo 1965 ff.; Le lettere, hg. G. Micaeli 1919. – Übs.: Ausw. F. Gregorovius, 1856.
L: G. A. Cesareo, 1924; F. Biondolillo, 1926; A. Di Giovanni, ²1938; R. Zanghi, 1940; Studi su G. M., 1942; G. Etna, 1963; G. Ganci Battaglia, 1978; A. Rizzo, 1989.

Melissanthi (eig. Hēbē Kugia-Skandalaki), griech. Lyrikerin, 9. 4. 1910 Athen – 1990 ebda. – Ihre verinnerlichte Lyrik entspringt e. tiefen relig. Empfinden und wird in neuer, von der Tradition gelöster, substantiell geprägter Form dargestellt. Mit ihrem ersten Buch ›Propheteies‹ begeisterte sie 1931 alle Kritiker.

W: Phōnes entomu, G. 1930; Prophēteies, G. 1931; Phlegomenē Batos, G. 1935; Gyrismos tu Asōtu, G. 1936; Lyrikē Exomologēsē, G. 1945; Epochē tu hypnu kai tēs agrypnias, G. 1950; Anthrōpino Schēma, G. 1961; Eklogē, G. 1965; Phragma Siōpēs, G. 1965; Ta nea poi-emata, 1982; Nyxeis, Ess. 1985.
L: Ton orthron ton erchomenon, Fs. stēn M., 1985.

Mel'nikov, Pavel Ivanovič (Ps. Andrej Pečerskij), russ. Prosaiker, 6. 11. 1818 Nižnij Novgorod – 13. 11. 1883 ebda. Vater Polizeichef; Stud. Lit. Kazan', 1839–46 Gymnasiallehrer in Nižnij Novgorod, dann Beamter beim Gouverneur, erste lit. Versuche 1839. – Mit systemat. volkskundl. Studien befaßt, forschte er bes. auf dem Gebiet des Altgläubigentums; sein Lebenswerk, die Romane ›V lesach‹ und ›Na gorach‹ in insgesamt 8 Bänden, stellt in belletrist. Form Leben und Brauchtum der Altgläubigen, die Volkskultur des Wolgagebiets dar; die Romane haben mit ihrem volkskundl. Material noch immer hohen wiss. Wert.
W: Semejstvo Krasil'nikovych, N. 1852; V lesach, R. 1868–75 (n. II 1970; In den Wäldern, d. 1878); Na gorach, R. 1875–81 (n. II 1958). – Polnoe sobranie sočinenij (GW), XIV 1897 f., ²1910; Sobranie sočinenij (GW), XIII 1976. – Übs.: Die alten Zeiten, 1962.

Melo, Francisco Manuel de (Ps. Clemente Libertino), portugies. Geschichtsschreiber, Moralist u. Dichter, 23. 11. 1608 Lissabon – 24. 8. oder 13. 10. 1666 ebda. Jesuitenkolleg; von Mißgeschick erfülltes, turbulentes Leben in Portugal, Spanien, Frankreich, Flandern, Holland, England, kämpfte 1639 in der Seeschlacht von Dünkirchen, in span. Diensten gegen die Türken, später unter Dom João IV. von Portugal, wegen dessen Eifersucht ab 1644 langjährige Kerkerhaft, 1655–58 Verbannung nach Brasilien aus unklaren Gründen, 1658 Rückkehr nach Lissabon, diplomat. Missionen in europ. Hauptstädten, wurde in Madrid mit den großen span. Dichtern des Siglo de Oro bekannt (Einwirkung von Quevedo, Gracián). – Schrieb in span. u. portugies. Sprache; portugies. Hauptvertreter des Konzeptismus/Gongorismus; typ. Polygraph, fast unübersehbares Schaffen, barocker Formenreichtum, Vf. von Geschichtswerken, Pamphleten, Satiren, Lyrik, Dramen, idyll. Komödien; viele Werke gingen verloren. Liefert wichtige Aufschlüsse über das geistige Leben s. Zeit (Horazianismus, Neoplatonismus).
W: Doze sonetos en la muerte de la señora Dona Inés de Castro, G. 1628; História de los movimientos en, y separación de Cataluña, Schr. 1645 (hg. J. O. Picón 1912); El Mayor Pequeño, Abh. 1647; El Fénis de África, Abh. 1648; Las tres musas del Melodino, G. 1649; Carta de Guia de Casados, Schr. 1651 (hg. E. Prestage 1916); Epanaforas de varia história portuguesa, Abhn. 1660 (hg. E. Prestage 1931); Cartas Familiares, Br. 1664; Obras Morales, Kn. 1664; Obras Métricas, G. 1665 (darin 2 Tragödien und die Farce ›Auto do Fidalgo Aprendiz‹, hg. Mendes dos Remédios 1898, hg. J. V. de Pina Martins 1966); Apologos Dialogais, Dial. 1721 (hg. F. Nery 1921). – Tratado da ciência cabala, Abh. hg. 1724; Feira dos Anexins, portugies. Redensarten, hg. 1875; Obras autógrafas e inéditas, hg. E. Prestage ³1931; Tácito Português – Vida e Morte, Ditos e Feitos de El-Rey D. João IV, B. hg. 1940; Vida de D. Teodósio II., B. hg. 1944.
L: E. Prestage, 1914, Oxf. 1922 u. (portugies.) 1933; J. Duchef de la Ville, 1956; B. N. Teensma 1966.

Melo, João de, portugies. Schriftsteller, * 4. 2. 1949 Achadinha (São Miguel/Azoren). Verläßt im Alter von 11 Jahren die Azoren, um e. Priesterseminar zu besuchen; Lehrer, Kulturattaché in Madrid. – Themat. Schwerpunkte sind das durch Armut und Emigration geprägte Leben auf den Azoren, der Krieg in den ehemaligen portugies. Kolonien in Afrika u. Religion als Werkzeug der Repression.
W: O Meu Mundo Não é deste Reino, R. 1983; Autópsia de um Mar de Ruínas, R. 1984; Gente Feliz com Lágrimas, R. 1988; Bem-Aventuranças, R. 1992; O Homem Suspenso, R. 1996.
L: A. Monteiro Batista, 1993.

Melo Neto, João Cabral de, brasilian. Lyriker, 9. 1. 1920 Recife – 9. 10. 1999 Rio de Janeiro. Aus Familie von Plantagenbesitzern; verbringt Kindheit u. Jugend in Pernambuco, geht 23jährig nach Rio, Diplomat 1947–90; 1968 Mitglied der Academia Brasileira de Letras. – Erste Kontakte mit Lit. über die volkstüml. orale Poesie des Nordostens, s. populärstes Stück, ›Morte e vida severina‹, entsteht 1944/45 als Auftragsarbeit für das Theater und rekurriert ebenfalls auf Leben u. Kultur des Nordostens. Mit ›O engenheiro‹ (1945) beginnt die Reflexion über Dichtung; entwickelt eigene poet. Sprache in der Annäherung an Objekte, Situationen, Personen u. Landschaften, schafft neue Formen der Wahrnehmung, die in direktem Dialog zu bildender Kunst (Essay ›Joan Miró‹) und Architektur (Le Corbusier) stehen, zunächst zum Surrealismus, v.a. aber zum Konstruktivismus, fasziniert von der geometr. Abstraktheit (Mondrian); eliminiert das vermeintl. spontane, subjektive, Bekenntnis ablegende lyr. Ich, wie die selbstreflexive Dichtung ›Autocrítica‹ zeigt. ›Serial‹, poet. Serien, Strophengruppen liefern e. Annäherung an das Objekt aus versch. Perspektiven; schließl. leitet ›Museu de Tudo‹ Rekomposition vergangener Arbeiten, e. grundlegende Revision der Dichtung ein.
W: Considerações sôbre o Poeta Dormindo, Prosa 1941; Pedra do Sono, G. 1942; O engenheiro, G. 1945; Psicologia da Composição, 1947; O Cão sem Plumas, G. 1950; Joan Miró, Ess. 1950; O Rio, G. 1954; Terceira Feira, G. 1961; Poemas Reunidos, G. 1954; Duas Águas, ges. G. 1956; Quaderna, G. 1960; Dois Parlamentos, G. 1961; Serial, G. 1961; A Educação Pela Pedra, G. 1966;

Melville

Poesias completas, 1968; Museu de Tudo, 1975; A escola das facas, G. 1980; Auto do frade, G. 1984; Crime na calle relator, G. 1987; Sevilha andando, G. 1989; A educação pela pedra e depois, G. 1997; Serial e antes, G. 1997; Poemas pernambucanos, G. 1999. – Obras completas (GW), 1995. – *Übs.*: Ausgewählte Gedichte, 1968; Der Weg des Mönchs, G. 1988; Erziehung durch den Stein, G. 1989; Der Fluß (enth. Das Triptychon des Capibariba, Der Hund ohne Federn, Tod und Leben des Severino), 1993.

L: L. Costa Lima, 1968; J. A. Barbosa, 1975; B. Abdala Jr., 1982; E. Caminha, 1995; Fs., 2000.

Melschin, L. → Jakubovič, Petr Filippovič

Melville, Herman, amerik. Erzähler, 1. 8. 1819 New York – 28. 9. 1891 ebda. Sohn e. wohlhabenden Kaufmanns, nach dessen Bankrott u. Tod (1832) wurde die notleidende Familie von Verwandten unterhalten. Schulzeit in Albany, 1839 als Matrose nach Liverpool, 1840 stellungsuchend nach Galena, Ill., 3. 1. 1841 auf Walfänger ›Acushnet‹ zur Südsee, desertierte Juni 1842 in Nukuhiva, vier Wochen bei Indianern, diente auf weiteren Walfängern, sah Tahiti und Hawaii. Rückkehr auf dem Kriegsschiff ›United States‹, Okt. 1844 in Boston entlassen. Berühmt durch Bücher über die lit. noch unerschlossene Südsee, wagte M. den Beruf e. freien Schriftstellers; verbunden mit der demokrat.-nationalen ›Jung-Amerika‹-Gruppe um E. A. Duyckinck. ∞ 4. 8. 1847 Elizabeth Shaw, Tochter des Chief Justice of Massachusetts (2 Söhne, von M. überlebt, 2 Töchter). 1849/50 Englandreise, 1850 in Pittsfield, Mass., auf e. Farm, Freundschaft mit Hawthorne. 1856/57 Mittelmeer- u. Palästinareise; Vortragsreisen in USA 1858/59, 1863 in New York, 1866–85 Zollinspektor ebda.; stille letzte Jahre, von der Welt vergessen. – M.s Südseebücher, Mischung von Erlebtem u. Gelesenem, begeisterten durch Frische u. Humor, aber schockierten relig. Kreise durch Angriffe auf Missionare u. Lob der Primitiven. ›Mardi‹, e. endlose allegor. ›romance‹, zeigt romant. Helden auf der Suche nach e. unerreichbaren Ideal. Durch Sorge ums Brot zu populären Stoffen gezwungen, schrieb M. ›Redburn‹ um e. Sohn aus gutem Haus unter Seeleuten auf Fahrt nach Liverpool u. ›White-Jacket‹ vom Leben auf e. amerik. Kriegsschiff, mit flammenden Anklagen gegen Tyrannei u. Prügelstrafe. Im Detail weniger autobiograph. als allg. angenommen, beruhten alle Bücher auch auf den erlebnisproduktiven Jahren, nur der Walfang war noch ungenutzt. M. begann ›Moby-Dick‹ routinemäßig im Frühjahr 1850, verarbeitete dann entscheidende geistige Impulse (durch Shakespeare, Carlyle, Hawthorne, dem ›Moby-Dick‹ gewidmet ist), die es zur größten symbolist. Prosadichtung Amerikas u. vielleicht reichsten Seegeschichte der Weltlit. werden ließen. Aus alltägl. Verrichtungen erwachsen scheinbar spontan Symbole; der Wal steht für das Rätsel des Universums, dem der in Rache rasende Kapitän Ahab vergeblich zu Leibe will, während Ishmael in agnost. Skepsis u. gereifter Männlichkeit erlebt, überlebt u. berichtet. Die Aufnahme des Werkes war nicht ungünstig, aber geteilt; im nächsten ließ M. s. Helden Pierre auf der Suche nach absoluter Tugend an der Welt u. s. eigenen Zweideutigkeit scheitern. Satir. Abrechnung mit s. lit. Milieu, Verkehrung aller Werte der bürgerl. Welt u. das Inzestthema bewirkten vernichtende Kritiken u. Zweifel an s. geistigen Gesundheit. Meisterhafte Kurzprosa (›Bartleby the Scrivener‹, ›Benito Cereno‹) bewies, daß M.s Ruf nicht s. Kunst zerstört hatte. Letzte veröffentlichte Prosa war ›The Confidence Man‹, e. satir. Parade menschl. Vertrauensseligkeit u. List auf e. Mississippidampfer. Seit Lit. für M. als Broterwerb ausfiel, schrieb er Gedichte (Bürgerkrieg; Erinnerungen an Seekameraden); s. letzte Sucherfigur ist Clarel im gleichnamigen, metr., philos., langen Gedicht. Aus dem Nachlaß erschien die Geschichte des Matrosen Billy Budd, in der M. nochmals iron. das Schicksal der Unschuld in der Welt eines Kriegsschiffs skeptisch-ambivalent behandelt.

W: Typee, E. 1846 (d. 1846); Omoo, E. 1847 (d. 1847); Mardi, E. 1849; Redburn, E. 1849 (d. 1850); White-Jacket, E. 1850 (d. 1948); Moby-Dick, R. 1851 (hg. u. komm. L. S. Mansfield, H. P. Vincent 1952; H. Hayford, H. Parker 1967; d. 1942); Pierre; or, The Ambiguities, 1852 (hg. u. komm. H. A. Murray 1949; d. 1956); Israel Potter, R. 1855 (d. 1956); The Piazza Tales, Kgn. 1855 (hg. E. S. Oliver 1948; d. 1962); The Confidence-Man, R. 1857 (hg. u. komm. E. S. Forster 1954; d. 1958); Battle-Pieces, G. 1866 (Faks. S. Kaplan 1960; hg. u. komm. H. Cohen 1964); Clarel, G. 1876 (hg. u. komm. W. E. Bezanson 1961); Billy Budd, Sailor, R. 1924 (hg. u. komm. H. Hayford, M. M. Sealts 1962; d. 1938); Journal of a Visit to London and the Continent, 1849/50, hg. E. M. Metcalf 1948; Journal of a Visit to Europe and the Levant, 1856/57, hg. H. C. Horsford 1955. – Writings, hkA. XV 1968 ff.; Coll. Poems, hg. H. P. Vincent 1947; Complete Stories, hg. J. Leyda 1949; Works, IX 1968–84; The Letters, hg. M. R. Davis, H. Gilman 1960 (d. 1966). – *Übs.:* AW, III 1964–70; Der Rosenzüchter u.a. Ged., W. Weber, 1969.

L: C. R. Anderson, 1939; R. Chase, 1949; H. P. Vincent, 1949; N. Arvin, 1950; W. H. Gilman, 1951; L. Howard, 1951; J. Leyda, II 1952; E. M. Metcalf, 1953; P. Miller, 1956; W. Berthoff, 1962; E. H. Rosenberry, 1955, ²1969; D. Finkelstein, 1961; K. Ensslen, M.s Erzählungen, 1966; E. A. Dryden, 1968; Moby-Dick As Doubloon, hg. H. Parker, H. Hayford 1970; J. Seelye 1970; W. B. Dillingham, 1972; R. Zoellner, The Salt-Sea Mastodon, 1973; W. G. Branch, Crit. Her., 1974; M. M. Sealts 1974 u. 1982; M. Fisher, Going Under, 1977; C. L. Karcher, Shadow over the Promised Land, 1980; B. Cowan, 1982; J. Duban, 1983; M. P. Rogin, Subversive Genealogy, 1983; W. Dimock, 1991; M. Jehlen, hg.

1994; E. Renker, Strike through the Mask, 1996; W. Post-Lauria, Correspondent Colorings, 1996. – *Bibl.:* B. Higgins, 1979; L. Phelps, 1984.

Memmi, Albert, tunes. Romancier u. Essayist franz. Sprache, * 15. 12. 1920 Tunis. Vater Jude, Mutter Berberin; Besuch des franz. Gymnas. ebda.; Stud. Psychol. u. Philos. ebda. u. Algier; während der dt. Besetzung in e. Arbeitslager, nach Kriegsende Stud. Paris; 1949–56 Leiter e. psycholog. Instituts in Tunis, dann in Paris Mitarbeiter des CNRS. – M.s stark autobiograph. gefärbtes Schaffen kreist um die Problematik der jüd. Existenz, ist im weiteren jedoch e. unter philos.-soziolog. Aspekt geführte generelle Auseinandersetzung mit der gesellschaftl. Situation von Außenseitern u. Minderheiten, in der M., zuweilen mit polem. Schärfe, die Rolle des Anwalts der Erniedrigten u. Unterdrückten übernimmt.

W: La statue de sel, R. 1953 (d. 1963); Agar, R. 1955; Portrait du colonisé, Es. 1957; Portrait d'un juif, Es. 1962; La libération du juif, Es. 1968; L'homme dominé, Ess. 1968; Le scorpion ou la confession imaginaire, R. 1969; Juifs et arabes, Es. 1974; La terre intérieure. Entretiens avec V. Malka, 1976; Le désert, R. 1977; Le racisme, Es. 1982 (d. 1987); Ecrivains francophones du Maghreb, Anth. 1985; Ce que je crois, 1985; Le mirliton du ciel, G. 1985; L'écriture colorée, Es. 1986; Le pharaon, R. 1988 (d. 1990); Bonheurs, Es. 1992; L'exercice du bonheur, Es. 1994 (d. 1996); Le buveur et l'amoureux, Es. 1998 (d. 2000); Le nomade immobile, R. 2000.

L: G. Dugas, Québec 1984; R. Elbaz, Québec 1988; M.-P. Iman, 1990; J. Guérin, hg. 1990; G. Dugas, 2001; D. Ohana, 2002.

Mena, Juan de, span. Dichter, 1411 Córdoba – 1456 Torrelaguna. Stud. in Córdoba u. Salamanca, Aufenthalt in Rom, wo er mit dem ital. Humanismus in Berührung kam; nach s. Rückkehr lat. Sekretär u. Chronist Juans II., treuer Gefolgsmann s. Königs u. von dessen Günstling Álvaro de Luna; befreundet mit dem Marqués de Santillana. – Folgte in s. poet. Werk zwei Richtungen: der für s. Zeit typ. Cancionero-Dichtung mit den kleineren Gelegenheits- u. Liebesgedichten u. e. allegor., von Italien, bes. Dante, beeinflußten Manier in s. großen Dichtungen, bes. ›El Laberinto‹, in dem von ihm vervollkommneten Versmaß der ›arte mayor‹; Einfluß Vergils u. Lukans. Versuchte als erster span. Dichter (wie später Herrera u. Góngora), e. lit. Sprache zum Unterschied von der Volkssprache zu schaffen. Vorliebe für Latinismen, Hyperbaton u. geschraubte Wendungen. Wurde wegen s. großen Gelehrsamkeit u. als Bewahrer der kastil. lit. Tradition von s. Zeitgenossen sehr geschätzt.

W: El Laberinto de Fortuna o Las trescientas, Dicht. (komm. H. Núñez 1499; hg. R. Foulché-Delbosc 1904, J. M. Blecua 1943); Ilíada en romance, Prosa 1519 (auch u. d. T. Homero romanceado); La Coronación, Dicht. 1536 (hg. A. Pérez Gómez 1964). – Obras completas, hg. M. A. Pérez Priego 1989.

L: M. R. Lida de Malkiel, 1950; R. Fuentes Guerra, 1955; A. Vàrvaro, 1964; D. C. Clarke, 1973; F. Delgado Léon, 1978; M. A. Martín Fernández, 1985.

Ménage, Gilles, franz. Schriftsteller, 24. 8. 1613 Angers – 23. 7. 1692 Paris. 1635 als Nachfolger s. Vaters Advokat des Königs, später nur Literat. Sprühender, unruhiger Geist, spielte e. glänzende Rolle im lit. Paris. Lit. Fehde mit Boileau und Molière. – Philologe, Kritiker und preziöser Lyriker. Bedeutend s. lit.krit. (z. B. über Malherbe, Tasso) und hist.-philolog. Werke.

W: Origines de la langue françoise, Abh. 1650 (u.d.T. Dictionnaire étymologique, II 1964); Miscellanea, 1652; Poemata, 1656; Observations sur les poésies de Malherbe, Es. 1666; Observations sur la langue françoise, 1672, ^{2}1675/76 (n. 1972). – Menagiana, 1693 (hg. B. de La Monnoye IV 1694–1714, n. 1729); Lettres inédites à P.-D. Huet, hg. L. C. Pennarola, Neapel 1993.

L: E. Baret, 1859; E. Samfiresco, 1903; H. Ashton, Ottawa 1920; L. Cenerini, L'eclissi della fortuna: Cyrano, Sorel, M., Rom 1981; I. Leroy-Turcan, 1991, 1995.

Menandros von Athen, altgriech. Komödiendichter (wichtigster Vertreter der sog. ›Neuen Komödie‹), 342/341 v. Chr. – 291/290 v. Chr. Soll die Ephebie zusammen mit Epikuros abgeleistet und Verbindungen zum Peripatos gehabt haben; erstes Auftreten 321 (›Der Zorn‹), erster Sieg vermutl. 316 (›Dyskolos‹), insgesamt nur 8 Siege (s. Konkurrent Philemon war erfolgreicher). – Von M.' über 100 bezeugten Komödien sind durch Papyrus-Funde (v.a. seit 1905) 8 wieder in größeren Passagen zugängl., davon der ›Dyskolos‹ (›Griesgram‹, 1957 gefunden) ganz, die ›Samia‹ (›Frau aus Samos‹) zu ca. zwei Dritteln; dazu treten größere Passagen aus 10 weiteren Stücken. M. handhabt die traditionellen ›Typen‹ der ›Neuen Komödie‹ (Soldat, Jüngling, Kupplerin, Hetäre etc.) virtuos und siedelt s. Handlungen ganz in e. bürgerl.-privaten Welt an; die Konflikte entstehen fast immer im zwischenmenschl. Bereich und werden zum Ende der Stücke gelöst. Zum 1. Mal findet sich bei ihm die feste Einteilung in fünf Akte. Vor den Papyrus-Funden kannte man nur einzelne Verse, die sich in e. Sammlung von Sentenzen aus M. fanden, sowie ca. 900 kurze Einzelzitate moralisierenden Inhalts. Obwohl M.' Komödien gleich nach s. Tod e. Siegeszug an Beliebtheit antraten, der im Osten bis ins 7. Jh. n. Chr. anhielt, er in Rom als Hauptvertreter der griech. Komödie galt und ihn die Kaiserzeit höher schätzte als Aristophanes (vgl. Plutarch), fiel er als Folge e. Forderung nach strengem Attizismus aus dem Schulkanon heraus, so daß s. Stücke verlorengingen. Nur durch die Adaption ganzer Stücke bzw. Übernahme einzelner Szenen durch

Ménard

die röm. Komödie (u. a. Plautus, Terenz) konnte M. so e. wesentl. Einfluß auf die Entwicklung des Lustspiels in der Neuzeit (Shakespeare, Molière) nehmen.

A: F. H. Sandbach ²1990 (Papyrus-Fragm.); R. Kassel 1998 (Test u. Fragm.); W. G. Arnott 1979 (Aspis, Epitrep.), 1996 (Heros, Perin.); M. Balme 2001. – *Komm.:* A. W. Gomme, F. H. Sandbach 1973 (Papyrus); *Aspis:* C. Austin 1969/70, F. Sistl 1991, A. Martina 1997, J.-M. Jacques 1998; *Dysk.:* E. W. Handley 1965, J.-M. Jacques ²1976, S. Ireland 1995; *Epitrep.:* U. v. Wilamowitz 1925, F. Sistl 1991, A. Martina 1997; *Mis.:* F. Sistl 1985; *Perikeir.:* M. Lamagna 1994; *Samia:* C. Austin 1969/70, J.-M. Jacques 1971, F. Sistl 1974, D. M. Bain 1983, M. Lamagna 1998, R. Castellano 2001; *Sik.:* R. Kassel 1965, A. M. Belardinelli 1994. – *Sententiae:* S. Jaekel 1964.

L: K. B. Frost, Oxf. 1988; St. W. Gruen, Berkeley 1991; N. Zagagi, Lond. 1994; T. B. L. Webster, Lond. ³1995; J. M. Walton, P. D. Arnott, Westport 1996; St. Schröder, ZPE 113, 1996, 35–48; M. Krieter-Spiro, 1997; H.-D. Blume, 1998; V. J. Rosivach, Lond. 1998; A. Barbieri, Bologna 2001; F. Ferrari, Turin 2001. – Zur Rezeption durch Plautus vgl. E. W. Handly, Lond. 1968; O. Zwierlein, Bd. 1.2, 1990, 1992. – *Bibl.:* A. G. Katsouris, 1995.

Ménard, Louis Nicolas, franz. Gelehrter und Schriftsteller, 19. 10. 1822 Paris – 12. 2. 1901 ebda. Vielseitig interessiert, an Dichtung, Chemie, Philos. und Politik. Entdecker des Kollodiums. Intensiv beteiligt an der Revolution von 1848, deshalb bis 1852 im Exil in London. Nach Rückkehr ausschließl. Beschäftigung mit dem klass. Altertum. 1887 Prof. der Ecole des Arts Décoratifs (selbst Maler von Landschaftsbildern), 1889 Prof. der Gesch. Veröffentlichungen über antike Kultur, Gesch., leidenschaftl. Interesse an antiker Religion. Einfluß auf die Parnassiens, Barrès und mod. Schriftsteller.

W: Prométhée délivré, G. 1844; Prologue d'une révolution, 1849 (n. 1904); Poèmes, 1855; De la morale avant les philosophes, Es. 1860; Du polythéisme hellénique, Es. 1863; Hermès Trismégiste, Übs. m. Einl. 1866; De la sculpture antique et moderne, 1867; Etude sur les origines du christianisme, 1868; Rêveries d'un païen mystique, 1876; Fleurs de toutes les saisons, G. 1877; Histoire des anciens peuples de l'Orient, 1882; Histoire des Grecs, 1884; Lettres d'un mort, opinions d'un païen sur la société moderne, 1895; Symbolique des religions anciennes et modernes, 1897; La religion et philosophie en Egypte, 1899.

L: Ph. Berthelot, Le dernier païen, 1902; M. Barrès, Le dernier apôtre de l'hellénisme, 1909; H. Peyre, New Haven II 1932 (n. N. Y. 1973); D. G. Charlton, The mystical paganism of M., 1961.

Menčetić, Šiško, kroat. Dichter, 27. 2. 1457 Ragusa – 26. 9. 1527 ebda. Aus altem Patriziergeschlecht, bekleidete hohe Ämter, 1521–24 Rektor der Stadtrepublik. – Neben D. Držić bedeutendster Vertreter der südslaw. Troubadourlyrik; s. im Stile Petrarcas verfaßten konventionellen Liebeslieder verherrlichen die weltl. Liebe und grenzen oft ans Laszive.

A: Stari pisci hrvatski 2, hg. M. Rešetar ²1937; Zbornik stihova 15. i 16. stol., hg. R. Bogišić 1968.

L: F. Čale, 1971, 1978; Z. Kravar, 1995.

Mencius → Mengzi

Mencken, Henry Louis, amerik. Schriftsteller, 12. 9. 1880 Baltimore – 29. 1. 1956 ebda. Sohn e. Kaufmanns aus dt. Gelehrtenfamilie; 1899 Journalist und Redakteur der Baltimore ›Sun‹, 1905/06 Hrsg. des ›Evening Herald‹, 1908–23 Kritiker und ab 1914 Mithrsg. ›The Smart Set‹, 1916–18 Kriegskorrespondent in Dtl. und Rußland, mit G. J. Nathan 1924 Gründung des ›American Mercury‹ (Hrsg. bis 1933); seit 1948 schwerkrank. ∞ 1930 Schriftstellerin Sara Haardt († 1935). – M. half Shaw und Nietzsche in Amerika einzuführen, kämpfte gegen die Zensur für Th. Dreiser, im Weltkrieg pro-dt. und gegen den angelsächs. Vorrang in s. Heimat, deren kulturelle Sünden er vom Standpunkt e. lebensbejahenden Überschwangs mit Parodie und Satire geißelte. Verächter der Demokratie und des Sozialismus, Einfluß bis 1930. Vom Journalismus höchsten Standards geformt, reichten M.s sprachl. Gaben über den Wert und die Bedeutung der von ihm selbst als ›Vorurteile‹ angebotenen krit. Meinungen hinaus. Sein amateurhaft begonnenes Werk über die amerik. Sprache wurde von Fachleuten gepriesen.

W: Ventures Into Verse, G. 1903; G. B. Shaw: His Plays, 1905; The Philosophy of Nietzsche, 1908; A Book of Prefaces, Ess. 1919; In Defense of Women, Ess. 1919 (d. 1923); The American Language, Abh. 1919, ⁴1947, Suppl. 1945, 1948 (d. 1927); Prejudices, Ess. VI 1919–27 (Ausw. 1930, 1958); Heliogabalus, Dr. 1920 (m. G. J. Nathan, d. 1921); The American Credo, 1920 (m. Nathan, d. 1927); Notes on Democracy, 1926; Treatise on the Gods, 1930; Making a President, 1932; Happy Days, 1880–1892, Aut. 1940; Newspaper Days, 1899–1906, Aut. 1941; Heathen Days, 1890–1936, Aut. 1943 (alle 3 in 1 Bd. u.d.T. The Days of H. L. M., 1947); Minority Report: Notebooks, 1956; A Carnival of Buncombe, Prosa hg. M. Moos 1956; The Bathtub Hoax, hg. R. McHugh 1958; H. L. M.s Smart Set Criticism, hg. W. R. Nolte, 1968; Young M., hg. C. Bode 1973. – Letters, hg. G. J. Forgue 1961; The New M. Letters, hg. C. Bode 1977; Correspondence of Theodore Dreiser and H. L. Mencken 1907–45, hg. T. P. Riggio 1986; The Diary, hg. C. Fecher 1989; The Impossible H. L. M.: A Selection of His Best Newspaper Stories, 1990; My Life as Author and Editor, Mem. hg. J. Yardley 1993; Thirty-Five Years of Newspaper Work, Mem. hg. F. Hobson u. a. 1994; Letters of H. L. M. and Philip Goodman, hg. J. Sanders 1996.

L: M. K. Singleton, 1962; W. H. Nolte, 1966; P. Wagner, 1966; G. J. Forgue, 1967; S. Mayfield, 1968; C. Bode, 1969; D. C. Stenerson, 1971; G. H. Douglas, 1978; C. A. Fecher, 1978. – *Bibl.:* B. Adler, 1961, Suppl. 1971.

Mendele Moicher Sforim (hebr. = Mendele, der Bücherverkäufer, eig. Schalom Jakob Abramowitsch), jidd. Erzähler, 2. 1. 1836 Kopyl b. Minsk – 8. 12. 1917 Odessa. Besuchte Talmudschulen in Litauen, lebte e. Zeitlang bei s. Stiefvater, e. Müller im Dorf Melniki. Ab 1881 Leiter der Talmud-Thora-Schule in Odessa. – Zur aufklärenden Verbreitung des Haskala-Gedankenguts verfaßte M. zuerst populärwiss. Schriften in hebr. Sprache. In s. Intention, dem Volke zu dienen, wandte er sich der jidd. Sprache zu, die er in vieler Hinsicht künstler. verfeinerte. Als Schöpfer des mod. jidd. lit. Stils wurde er von der jungen Schriftsteller-Generation ›Sajde‹ (Großvater) der jidd. Sprache genannt u. nachgeahmt. In s. sozialu. gesellschaftskrit. Romanen schildert M. als scharfer Beobachter eindringl. die inneren Mißstände des verarmten jüd. Ghettolebens, das er als Bücherverkäufer intersiv auf s. Reisen kennenlernte. Seine Figuren, charakterist. Episoden u. Milieus beschreibt M. zwar schonungslos realist., aber zugleich durch pädagog. Typisierung u. humorvoll-satir. Spiegelung verständnisvoll-aufklärend. Als erster in der jidd. Lit sucht M. die Welt als Ganzes zu erfassen, indem er auch das Kind berücksichtigt, Landschaft u. Tier mit einbezieht u. s. idyllischen Darstellungen mit stimmungsvollen Naturerscheinungen verwebt.

W: Dos klajne menschele, R. 1864; Fischke der Krumer, R. 1869 (Fischke der Lahme, d. 1978, 1994); Die Takse, Dr. 1869; Di Kliatsche, R. 1873 (Die Mähre, d. 1984); Jüdel, E. 1875; Massaot Benjamin haschlischi, R. 1875, 1973 (Die Fahrten Binjamins des Dritten, d. 1983); Smires, R. 1875; Der Prisyw, Dr. 1884; Dos Wintschfingerl, R. 1885 (Schloimale u. der Wunschring, d. 1924/25); Beemek habacha, R. 1896; Schlojme Reb Chajims, E. 1899. – Ale werk, XXII 1911–36; Jidd. Werke, XX, Hebr. Werke, VII 1920ff.; Ojsgewajlte werk, 1953; Jidd. Erzählungen, 1984. – *Übs.:* Werke, II 1962.

L: F. M. Kaufmann, 1914; S. Gorelik, 1920; I. Serebryanuy, 1948; U. Finkel, 1948; N. Meisel, hg., N. Y. 1959; J. Drukier, Warschau 1964; I. Rabinovich, 1968; D. Miron, 1969; S. Niger, (B.), N. Y. 1970.

Mendès, Catulle, franz. Dichter, 22. 5. 1841 Bordeaux – 8. 2. 1909 b. Saint-Germain-en-Laye (Eisenbahnunglück). Jüd. Bankierssohn. Seit 1860 in Paris, Bewunderer von T. Gautier, ∞ 1866 dessen Tochter Judith. – Typ. Vertreter der ästhetisierenden Dekadenz der Jahrhundertwende. Fruchtbarer Autor. Schrieb leichte parnass. Gedichte, formal von virtuoser Vielseitigkeit, kurze Salonromane und wenig erfolgr. romant. Theaterstücke. Verteidigte mit Begeisterung als e. der ersten in Frankreich R. Wagner. Bedeutend als leidenschaftl. Förderer des Parnasse. Gründete 1861 die ›Revue fantaisiste‹. Beteiligt an der Anthologie ›Le Parnasse contemporain‹. Schrieb die Geschichte der parnass. Bewegung.

W: Philoméla, G. 1864; Hespérus, G. 1869; Odelettes guerrières, G. 1871; Les 73 journées de la Commune, Schr. 1871 (d. 1871); La maison de la vieille, R. 1874; Le roi vierge, R. 1881; L'homme tout nu, R. 1881 (d. 1888); Monstres parisiens, R. 1882; Folies amoureuses, R. 1883; Le roman d'une nuit, Dr. 1883; La légende du Parnasse contemporain, Schr. 1884 (n. 1983); Zo'har, R. 1886; Contes choisis, 1886; R. Wagner, Schr. 1886; La première maitresse, R. 1887; Poésies, III 1892; Poésies nouvelles, 1893; Verger fleuri, R. 1894; L'art au théâtre, Ess. III 1895–1900; Médée, Dr. 1898; Briséis, Dr. 1899; La reine Fiammette, Dr. 1899; Les braises du cendrier, G. 1900; Rapport sur le mouvement poétique français 1867–1900, Es. 1902 (n. 1993); Scarron, Dr. 1905; Glatigny, Dr. 1906; La vierge d'Avila, Dr. 1906. – Œuvres complètes, IX 1900–08; Choix de poésies, 1925.

L: A. Bertrand, 1908; J. F. Herlihy, 1936; L. Losito, 1965; H. L. Hanson jr., The ›Revue fantaisiste‹ of M., Diss. Kentucky II 1970.

Mendes, Murilo Monteiro, brasilian. Lyriker, 13. 5. 1901 Juiz de Fora/Minas Gerais – 14. 8. 1975 Lissabon. Journalist u. Hochschullehrer, seit 1953 Lektor für brasilian. Lit. im Ausland, zuletzt an der Univ. Rom. – Vertreter des brasilian. Modernismus (Gruppe von Minas); überträgt meisterhaft Umgangs- in Lit.sprache, enge Freundschaft mit dem modernist. Künstler Ismael Nery.

W: Poemas, G. 1930; História do Brasil, G. 1932; Tempo e Eternidade, G. 1935 (m. J. de Lima); Os quatro elementos, G. 1935; A Poesia em pânico, G. 1938; O visionário, G. 1941; As metamorfoses, G. 1944; O discípulo de Emaus, G. 1944; Mundo enigma, G. 1945; Poesia Liberdade, G. 1947; Contemplação de Ouro Prêto, G. 1955; Poesias 1925–55, 1959; Tempo espanhol, G. 1959; Convergência, G. 1970; Formação de discoteca e outros artigos sobre musica, Ess. 1993; Recordações de Ismael Nery, Ess. 1995. – Antologia poética, 1965; Poesia completa e prosa, 1994.

L: L. Correa de Araújo, 1972; J. G. Merquior, 1976.

Mendes, Pedro Rosa → Rosa Mendes, Pedro

Mendes Leal, José da Silva → Leal, José da Silva Mendes

Mendes Pinto, Fernão → Pinto, Fernão Mendes

Mendoza, Diego Hurtado de → Hurtado de Mendoza, Diego

Mendoza, Eduardo, span. Romancier, 11. 1. 1943 Barcelona. Stud. Jura ebda.; 1973–83 UNO-Dolmetscher in N. Y. – Brillanter, humorvoller Erzähler, verwebt hist. Fakten mit abenteuerl. Geschichten, parodist. u. pikareske Elemente, Schauplatz häufig Barcelona.

Menen

W: La verdad sobre el caso Savolta, R. 1975 (d. 1991); El misterio de la cripta embrujada, R. 1979 (d. 1990); El laberinto de las aceitunas, R. 1982; La ciudad de los prodígios, R. 1986 (d. 1989); La isla inaudita, R. 1989 (d. 1993); Sin noticias de Gurb, R. 1991 (d. 1996); El año del diluvio, R. 1992 (d. 1997); Una comedia ligera, R. 1997 (d. 1998); La aventura del tocador de señores, R. 2001 (Niemand im Damensalon, d. 2002).
L: S. Alonso, 1988; M. Herráez, 1988; D. Knutson, 1999; M. J. Giménez Micó, 2000; C.-Y. Yang, 2000; J. T. Oxford, hg. N. Y. 2002.

Mendoza, Íñigo López de → Santillana, Íñigo López de Mendoza, Marqués de

Menen, (Salvator) Aubrey (Clarence), indo-engl. Erzähler, 22. 4. 1912 London – 1989. Sohn e. Inders und e. Irin; Stud. in London; Theaterkritiker und Regisseur; 1939–45 beim ind. Rundfunk, ab 1948 freier Schriftsteller. Lebte in Italien. – Geistreicher Vf. satir. gesellschaftskrit. Romane.
W: The Prevalence of Witches, R. 1947 (. . . nichts als Hexen, d. 1953, u.d.T.. Hexen überall, d. 1963); The Stumbling Stone, R. 1949 (d. 1959); The Backward Bride, R. 1950 (Anisetta, die Braut von gestern, d. 1955, u.d.T. Eine unmoderne Frau, d. 1957); The Duke of Gallodoro, R. 1952; Dead Man in the Silver Market, Aut. 1953; The Ramayana Retold, Übs. u. Bearb. 1954; The Abode of Love, R. 1956 (Das Liebesnest, d. 1957); Angelina, R. 1958; The Fig-Tree, R. 1959; A Conspiracy of Women, R. 1965; India, Reiseb. 1969; The Space Within the Heart, Aut. 1970; Cities in the Sand, Reiseb. 1972 (d. 1974); Fonthill, R. 1974; The New Mystics and the True Indian Tradition, St. 1974.

Menga, Guy, kongoles. Schriftsteller franz. Sprache, * 1935 Mankonongo/Brazzaville. Lehrer, Journalist, v.a. im Hörfunk tätig. Von s. Posten vertrieben, lebt er in Frankreich. – Vf. von Dramen und Romanen. Erstrebt die Harmonisierung der alten und der neuen Werte.
W: L'oracle, Dr. 19(?); La marmite de Koka Mbala, Dr. 1967; La palabre stérile, Dr. 1968; Case de Gaulle, R. 1985; Congo: La transition escamotée, R. 1993.

Meng Hao-jan → Meng Haoran

Meng Haoran, chines. Dichter, 689 Xiangyang (Hubei) – 740. Lebte in s. Jugend zurückgezogen im Lumen-Gebirge bei Xiangyang, reiste 728 in die Hauptstadt Chang'an; dort Verkehr mit → Wang Wei u.a. Künstlern. Fiel bei der Staatsprüfung durch. War um 737 e. Zeitlang in der Präfekturverwaltung von Jingzhou unter dem als Dichter gleichfalls berühmten Zhang Jiuling, dann wieder buddhist. Einsiedler. Von Li Bo besucht. – Stiller, besinnl. Lyriker; naturnahe, zarte, ästhetisierende Haltung. V.a. als Landschaftsdichter geschätzt.
W: Meng Haoran ji, G. – *Übs.*: Bibl. in: M. Davidson, A List of Published Translations from Chinese, New Haven 1957.
L: H. H. Frankel, Berkeley 1952; P. W. Kroll, Boston 1981.

Meng-tzu → Mengzi

Mengzi (›Meister Meng‹, latinisiert Mencius; eig. Meng Ke), chines. Philosoph, 372 (?) v. Chr. Zou – 289 (?) v. Chr. Stammte aus dem Fürstentum Lu wie Konfuzius. Verlor früh s. Vater; von der Mutter erzogen. Verbrachte den größten Teil s. Lebens als wandernder Politiker und Lehrer an versch. Fürstenhöfen. 332–323 in Qi, 319–318 in Wei, 318–311 in Qi, ab 308 in Lu. Ohne polit. Einfluß, im Alter nur noch als Lehrer tätig. – Das Werk ›Mengzi‹, wohl im Kreis der Schüler und Enkelschüler zusammengestellt, umfaßt heute 7 (früher 11) Kapitel, hauptsächl. Gespräche des Meisters mit s. Schülern, mit zeitgenöss. Politikern und Fürsten, im Gegensatz zu den Gesprächen des Konfuzius länger ausgeführte Dialoge in lebendiger Sprache, nicht ohne dialekt. Schliff; gelegentl. Ironie. Oft polem. gegen andere philos. Schulen wie → Mo Di, Yang Zhu (→ Liezi). Führte den Konfuzianismus weiter unter zunehmender Systematisierung und selbständiger Umbildung älterer Gedanken. Lehren: Die Natur des Menschen ist gut; Erziehung soll die angeborene Güte fördern. Die Regierung soll durch Güte und Pflichtgefühl erfolgen. Materialist. Auffassungen: Wenn das Volk es gut hat, gibt es keine schlechten Menschen. Fürsten sollen dem Wohl des Volks dienen. Gegen Staatsallmacht und utilitarist. Politik, propagierte Eigentumsregelung in gemeinwirtschaftl. Sinn. Kriege nur zulässig unter Wahrung eth. Prinzipien, Annexionen nur mit Zustimmung des Volks. Betonung der Standesunterschiede: Gebildete brauchen nicht körperl. zu arbeiten, haben das Recht, die arbeitenden Klassen zu regieren. Seit dem 13. Jh. genoß M. kanon. Ansehen (›zweiter Heiliger‹ nebst Konfuzius); das Werk M. wurde eines der ›4 klass. Bücher‹ (Sishu). Zahlr. Kommentare, der älteste von Zhao Qi (um 160 v. Chr.).
Übs.: d. R. Wilhelm 1921; engl. J. Legge, The Chinese Classics, Hongkong II ²1895, L. A. Lyall 1932; W. A. C. H. Dobson, Toronto 1963; D. C. Lau, Harmondsworth 1970; franz. S. Couvreur ²1950; Ausz. engl. A. Waley, Three Ways of Thought in Ancient China, Lond. 1939 (Lebensweisheit im alten China, d. 1947).

Menippos von Gadara, altgriech. Philosoph u. Schriftsteller, 3. Jh. v. Chr., aus Gadara (Syrien). Biograph. Legende machte ihn erst zu e. Sklaven in Sinope, zuletzt zu e. Bürger von Theben. – M. verbreitete s. Gedankengut in der neuen, nach ihm benannten Form der sog. ›Menippeischen Satire‹, e. lit. Mischform aus Prosa und Poesie, die verschiedenste lit. Genera (Abhandlung, Diatribe, Brief, Dialog, komödienhafte Szenen, Gedichte etc.) zu e. neuen Ganzen vereinigt. Außer Titeln (z.B. ›Unterweltsfahrt‹: e. Verspottung gängiger Jenseitsvorstellungen, ›Symposion‹: Platon-Parodie?, ›Geburt des Epikur‹, ›Verkauf des Diogenes‹) ist nichts erhalten.

A: C. Wachsmuth, II 1885.
L: R. Helm, 1906 (Nachdr. 1967).

Menzini, Benedetto, ital. Autor, 29. 3. 1646 Florenz – 7. 9. 1704 Rom. Aus ärml. Verhältnissen, wurde Priester u. lehrte in Florenz u. Prato; ging 1685 nach Rom, wo Königin Christine von Schweden ihn protegierte. Nach ihrem Tod erhielt er von Papst Innozenz XII. e. Pfründe u. 1701 den Lehrstuhl für Rhetorik an der Univ. – Vf. e. ›Arte poetica‹, in der er Kritik an dem schwülstigen Stil des Barock übt, den er selbst in s. Werken ganz vermeidet. In s. ›Satire‹ greift er Heuchelei, Neid u. Geiz an, die drei Hauptlaster, die sich s. Ansicht nach bei allen Menschen ohne Unterschied der soz. Klassen finden. Verfaßte außerdem anakreont. Verse u. e. Epos in der Art Tassos.

W: Poesie, 1680; Arte Poetica, 1690; Satire, 1718. – Opere, IV 1731f., V 1818–1819; Satire, rime e lettere scelte, hg. G. Carducci 1874; Lettere, 1828; Lettere inedite, hg. A. Lancetta 1897.

L: R. A. Gallenga-Stuart, 1899; S. Rago, 1901.

Mera, Juan León, ecuadorian. Schriftsteller, 28. 6. 1832 Ambato – 13. 12. 1894 ebda. Autodidakt, Politiker, Maler; schrieb in allen Gattungen. Vf. der Nationalhymne. – S. Romane unter dem Einfluß von Chateaubriand schildern in romant., idealist., oft sentimentaler Art das Leben der Indios. Bekanntestes Werk: ›Cumandá‹.

W: Poesías, G. 1858; La virgen del sol, G. 1861; Poesías devotas y nuevo mes de María, G. 1867; Cumandá, R. 1879; Porque soy cristiano, R. 1891; Poesías, G. 1892; Tijeretazos y plumadas, Ess. 1903; Novelitas ecuatorianas, En. 1909; Novelas cortas, 1952.

L: A. Andrade Coello, 1920; L. F. Borja, 1932; C. A. Rolando, 1932; D. C. Guevara, 1944; V. M. Garcés, 1963; M. Corrales Pascual, hg. 1979.

Meras, Icchokas, litau. Erzähler, * 8. 10. 1934 Kelmė. Schule ebda., 1953–58 Stud. am Polytechnikum in Kaunas, 1958–64 Rundfunk-Dipl.-Ing. in Vilnius. Seit 1964 nur noch schriftsteller. tätig. 1972 Emigration nach Israel. – S. Romane u. Erzählungen in lyr. Prosa schildern die dt. Okkupation in Litauen, das Getto und den jüd. Widerstand, den Kampf nicht nur ums nackte Überleben, sondern vielmehr um die Menschenwürde schlechthin, um den Sieg der Menschlichkeit. Dabei wendet sich M. nicht nur gegen den Nationalsozialismus, sondern gegen jedwede Unmenschlichkeit, jeden Haß. Stets ist er bestrebt, die Beziehung des Menschen zur Geschichte zu durchdenken, zu erahnen, woher der Mensch die Kraft nimmt, in krit. Situationen s. Würde und geistigen Werte zu bewahren.

W: Geltonas lopas, En. 1960 (d. 1970); Žemė visada gyva, En. 1963; Lygiosios trunka akimirką, R. 1963 (Remis für Sekunden, d. 1966); Ant ko laikosi pasaulis, R. 1965 (Worauf ruht die Welt, d. 1967); Mėnulio savaitė, R. 1966 (Die Mondwoche, d. 1968); Senas Fontanas, En. 1971; Striptizas, arba Paryžius-Roma-Paryžius, R. 1971; Sara, R. 1982.

L: A. Bieliauskas, 1964; A. Bučys, 1965; V. Galinis, 1966; J. Pilypaitis, 1966; A. Makarov, 1966.

Mercantini, Luigi, ital. Lyriker, 20. 9. 1821 Ripatransone/Ascoli Piceno – 17. 11. 1872 Palermo. Teilnahme an den Aufständen von 1848, 1853 Verbannung nach Korfu, Zante u. Turin, Gymnasiallehrer in Genua, 1860 Prof. für Gesch. u. Ästhetik Bologna, 1865–72 für ital. Lit. Univ. Palermo. – Vf. patriot. Gedichte; sehr bekannt s. ›Inno a Garibaldi‹.

W: Patriotti, all' Alpi andiamo, G. 1848; Le rupi di Dodismala, E. 1856; La spigolatrice di Sarpi, G. 1857; La madre veneta; Il soldato in congedo, G. 1859. – Canti, hg. G. Mestica 1885, hg. P. Zaccaria 1973; Poesie, hg. A. Mabellini 1921.

L: A. Speranza, 1910; G. Falzone, 1967.

Mercer, David, engl. Dramatiker, 27. 6. 1928 Wakefield/Yorkshire – 8. 8. 1980 Haifa/Israel. – Experimentierfreudige, polit. und sozialkrit. Fernseh- und Theaterstücke vorwiegend über die psycholog. Auswirkungen des Kapitalismus, des brit. Klassensystems und der metaphys. Desorientierung des Menschen.

W: The Generations, FSspe. 1964; Ride a Cock-Horse, Dr. 1966; Belcher's Luck, Dr. 1967; The Parachute, FSspe. 1967; On the Eve of Publication, FSspe. 1970; Flint, K. 1970 (d. 1971); After Haggerty, Dr. 1970; The Bankrupt, FSspe. 1974; Duck Song, Dr. 1974; Huggy Bear, FSspe. 1977; Cousin Vladimir, Drn. 1978; The Monster of Karlovy Vary, Drn. 1979; No Limits to Love, Dr. 1980.

L: P. Madden, hg. 1981; D. Taylor, Days of Vision, 1990.

Mercier, Louis, franz. Dichter, 6. 4. 1870 Coutsouvre/Loire – 27. 11. 1951 Saint-Flour. Aus Bauerngeschlecht; Schule in Saint-Godard, Stud. klass. Philol. und franz. Lit. Lyon. Nach Rückkehr vom 3jährigem Militärdienst in Nordafrika ausschließl. Literat. Ständiger Mitarbeiter des ›Journal de Roanne‹, vertrat darin Regionalismus und Traditionalismus. – S. Werk, außer dem ersten symbolist. Gedichtband von Einfachheit, Liebe zu Natur und Heimat bestimmt, ist über den

Rahmen des Provinziellen hinaus e. Hymne auf das mit der Erde und der Tradition der Vorfahren verbundene Leben.

W: L'enchantée, G. 1897; Voix de la terre et du temps, G. 1903; Le poème de la maison, G. 1907; Lazare le Ressuscité, G. 1909; Poèmes de la tranchée, G. 1916; Les pierres sacrées, G. 1920; Les petits Géorgiques, G. 1923; Hélène Sorbiers, R. 1923; Les demoiselles Valéry, R. 1924.

L: F. Gohin, 1923; E. Rombach, Die Mariendichtungen von L. M., 1959.

Mercier, Louis-Sébastien, franz. Dramatiker, 6. 6. 1740 Paris – 25. 4. 1814 ebda. Besuchte Collège des Quatre Nations, lehrte 2 Jahre Rhetorik am Collège von Bordeaux. Lebte danach in Paris in Theater- und Literatenmilieu. Aktive Rolle in der Revolution, lehrte zuletzt an der Ecole Centrale. – Knüpfte als Dramatiker an Diderots ›Drame bourgeois‹ an, begeisterte sich für Shakespeare. Lehnte das klass. Versdrama ab, verlangte Freiheit von allen Regeln. Vertrat s. Ideen in theoret. Schriften, verwirklichte sie in moralisierenden bürgerl. Prosadramen über den aufklärer. Tugendbegriff, von denen einige großen Erfolg hatten. Anfangs auch hist. Stoffe. In Dtl. vom Sturm und Drang gefeiert. Sehr erfolgr., lebendige und satir. Schilderungen des zeitgenöss. Pariser Lebens. Übs. Schillers ›Jungfrau von Orléans‹ (1802).

W: Héroïdes, G. 1764; Jenneval, Dr. 1768; L'an deux mille quatre cent quarante, rêve s'il en fut jamais, 1771 (hg. Trousson 1971); Du théâtre, Es. 1773 (d. H. L. Wagner 1776, n. 1967, 1999), La brouette du vinaigrier, Dr. 1775 (d. 1775 u.ö.); Molière, Dr. 1776; Œuvres dramatiques 1776 (n. 1984); De la littérature et des littérateurs, Ess. 1778; Théâtre complet, IV 1778–84 (n. 1970); Tableau de Paris, Schr. IV 1781–89 (d. 1790, Ausw. 1967, n. 1979, 1994); La destruction de la Ligue, Dr. 1782; Le déserteur, Dr. 1782 (d. 1791); Mon bonnet de nuit, Es. 1783 (d. 1784–86); Le nouveau Paris, Schr. VI 1797 (d. 1799). – *Übs.:* Das Jahr 2240, 1982; Pariser Nahaufnahme, 2000.

L: O. Zollinger, Diss. Zür. 1899; L. Béclard, 1903; J. San-Giorgiu, Diss. Basel 1921; W. W. Pusey, L.-S. M. in Germany, Diss. N. Y. 1939; R. Chedin, Diss. 1968; A. M. Deval, Diss. 1968; H. F. Majewski, N. Y. 1971; Mario Momille, Rom 1973; H. Hofer, hg. 1977; F. Boubia, 1977; M. Steinhard-Unseld, Diss. Hbg. 1981; R. Harloff, Diss. Halle 1985; E. Rufi, Oxf. 1995; ders. 1996.

Meredith, George, engl. Dichter, 12. 2. 1828 Portsmouth – 18. 5. 1909 Box Hill/Surrey. Kelt. Abstammung; Vater Uniformschneider der Marine. Lebte nach dem Tod der Eltern 8 Jahre im Internat der Brüdergemeine in Neuwied. Verlor durch Nachlässigkeit s. Vormunds s. Vermögen. Nach vorübergehender Tätigkeit in e. Anwaltsbüro 1845 freier Schriftsteller und Journalist in London. Zeitweise Zeitungshrsg., Verlagslektor und ital. Korrespondent für die ›Morning Post‹. ∞ 1849 Mary Peacock, die Tochter von Th. L. Peacock, die ihn 1860 verließ. ∞ 1864 Maria Vulliamy († 1885). Durch s. Gedichte wurden Rossetti und Swinburne auf ihn aufmerksam, später war er mit beiden eng befreundet, lebte 1901/02 gemeinsam mit ihnen in Chelsea. – Bedeutender Lyriker und Erzähler des Realismus, erstrebte e. Synthese zwischen Idealismus und den neuen naturwiss. Erkenntnissen des Positivismus (Comte, Darwin). In s. realist. psycholog. Romanen gruppiert sich das Geschehen um e. ideale Zentralfigur, deren Charakter eingehend analysiert wird, während die Nebenfiguren nur durch die gesellschaftl. Konvention bestimmte und daher einseitige, oft kom. Typen sind. In s. bedeutendsten Romanen ›The Egoist‹, ›The Ordeal of Richard Feverel‹ und ›Diana of the Crossways‹ zeichnete M. e. neuen, selbständigen Frauentyp, der gleiche Rechte und Unabhängigkeit wie der Mann fordert. Die Handlung tritt in s. Romanen zurück, es ging M. vielmehr darum, menschl. Beziehungen zu analysieren, Gewissenskonflikte zwischen Geist und dem durch falsche gesellschaftl. Konventionen überdeckten Trieb darzustellen und menschl. Bewährungsproben zu zeigen. Gesellschaftskritik bes. gegenüber der entweder im Animalischen oder im Patriarchalischen gründenden, die geistige Freiheit der Frau unterdrückenden Ehe. M. ist der ›allwissende‹ Autor, der ständig kommentiert und iron., aphorist. oder didakt. Bemerkungen einflicht. Philos. und zugleich oft komödienhafte Weltdeutungen in schwer zugängl., nervösem und sensiblem Stil voll überraschender Metaphern. Gedankentiefe, myst.-erdhafte Natur- u. Liebeslyrik unter Einfluß von Shelley u. Wordsworth.

W: Poems, 1851; The Shaving of Shagpat, R. 1856; The Ordeal of Richard Feverel, R. III 1859 (d. 1904); Evan Harrington, R. III 1860; Modern Love and Poems of the Engl. Roadside, G. 1862; Emilia in England, R. III 1864 (später u. d. T. Sandra Belloni); Rhoda Fleming, R. III 1865 (d. 1905); Vittoria, R. III 1867; The Adventures of Harry Richmond, R. III 1871; Beauchamp's Career, R. III 1876; On the Idea of Comedy and the Uses of the Comic Spirit, Es. 1877; The Egoist, R. III 1879 (d. 1905); The Tragic Comedians, R. II 1880; Poems and Lyrics of the Joy of Earth, G. 1883; Diana of the Crossways, R. III 1885 (d. 1905); Ballads and Poems of Tragic Life, 1887; A Reading of Earth, G. 1888; One of our Conquerors, R. III 1891 (Faks., hg. M. Hains 1981); Lord Ormont and his Aminta, R. III 1894; The Amazing Marriage, R. II 1895; Last Poems, G. 1909; Celt and Saxon, Es. 1910. – Works, Memorial Edition, XXVII 1909–11 (n. 1968; m. Bibl.); Poetical Works, hg. G. M. Trevelyan 1912 (n. 1928); Selected Poems, hg. G. Hough 1962; Poems, hg. Ph. B. Bartlett II 1978; Letters, hg. W. M. Meredith II 1912, C. L. Cline III 1970. – *Übs.:* Ges. Romane, IV 1904–08.

L: G. M. Trevelyan, 1906; S. M. Ellis, 1919; R. Galland, 1923; G. R. Milnes, 1925; M. S. Gretton, 1926; W. Chislett, 1925; J. B. Priestley, 1926; M. S. Henderson, 1926; R. E. Sencourt, 1929; A. Woods, 1937; G. P. Petter, M. and his German Critics, 1939; S. Sassoon, 1948; L. Stevenson, The Ordeal of G. M., 1953; W. F. Wright, 1953; J. Lindsay, 1956; S. Rossi, 1959; N. Kelvin, A Troubled Eden, 1961; P. Bartlett, 1963; V. S. Pritchett, 1969; D. R. Swanson, Three Conquerors, Den Haag 1969; A. M. B. Butcher, 1970; G. Beer, 1970; H. Lynch, 1970; The Critical Heritage, hg. I. Williams 1971; J. Wilt, The Readable People of M., 1975; M. McCullen, L. Sawin, A Dictionary of the Characters in M.s Fiction, 1977; D. Williams, 1977; K. L. Pfeiffer, Bilder u. die Realität der Bilder, 1981; M. Shaheen, 1981; J. Moses, The Novelist as Comedian, 1983. – *Bibl.:* M. B. Forman, 1922 u. 1924; H. Lewis Sawin (Bull. of Bibl. 21), 1955f.; M. Collie, 1974; J. Ch. Olmsted, 1979.

Merežkovskij, Dmitrij Sergeevič, russ. Schriftsteller, 14. 8. 1865 Petersburg – 9. 12. 1941 Paris. Vater Hofbeamter aus ukrain. Adel; Gymnas. Petersburg, 1884 Stud. Moskau u. hist.philol. Fakultät Petersburg, 1888 erster Gedichtband, 1889 ∞ Zinaida N. Gippius; emigrierte nach Mißlingen der Revolution von 1905 nach Paris, kehrte 1912 nach Rußland zurück, emigrierte als entschiedener Gegner der Bolschewisten 1919 wieder, lebte dann in Paris. – Mitbegründer u. bedeutender Vertreter des russ. Symbolismus; richtete sich mit ›O pričinach upadka i o novych tečenijach sovremennoj russkoj literatury‹ gegen die tendenziöse Lit. und Lit.kritik s. Zeit, gab darin e. theoret. Begründung für die Entwicklung des Symbolismus als russ. lit. Schule. In s. Lyrik, die Motive der Ermattung und Einsamkeit, bisweilen gekünstelt wirkende Reflexion über relig. Themen zeigt, Symbolist. Wurde weit über Rußland hinaus bekannt durch s. hist. Romane, gibt darin, u. a. von Nietzsche, Solov'ëv und V. Rozanov angeregt, s. Grundgedanken lit. Form, wonach die europ. Geschichte als Kampf zwischen Heidentum und Christentum, zwischen Körper und Geist zu betrachten ist; spannt in der auf reichem hist. Material aufgebauten Romantril. ›Christos i Antichrist‹ den Bogen von der Antike bis zur neueren, und zwar russ. Geschichte, führte die Antithese in s. zweiten, auf die russ. Vergangenheit beschränkten Tril. weiter; verfaßte theolog.-publizist. Werke und Biographien; erregte mit Essays über Lit. ›Večnye sputniki‹ Aufsehen, wandte s. dialekt. Schema in dem gedankenreichen Buch über Tolstoj und Dostoevskija an.

W: Stichotvorenija, G. 1888; Simvoly, G. 1892; O pričinach upadka i o novych tečenijach sovremennoj russkoj literatury, Ess. 1893; Christos i Antichrist, Romantril., I: Otverzennyj, 1896, u. d. T. Smert' bogov. Julian Otstupnik, 1902 (Julian Apostata, d. 1903), II: Voskresšie bogi. Leonardo da Vinci, 1902 (d. 1903), III: Antichrist. Petr i Aleksej, 1905 (Peter der Große u. s. Sohn Alexei, d. 1905); Novye stichotvorenija, G. 1896; Večnye sputniki, Ess. 1897 (Ewige Gefährten, d. 1915); Tolstoj i Dostoevskij, Abh. 1901/02 (Tolstoj und Dostoevskij als Menschen und als Künstler, d. 1903); Gogol' i čert, Es. 1906 (Gogol und der Teufel, d. 1914); Tril.: Smert' Pavla I, Dr. 1908 (Kaiser Pauls Tod, d. 1910), Aleksandr I, R. 1913 (d. 1913), Četyrnadcatoe dekabrja, R. 1918 (Der 14. Dezember, d. 1921); Carstvo Antichrista, Schr. 1921 (Das Reich des Antichrist, d. 1922); Tutanchamon na Krite, R. Prag 1925 (Tutenchamon auf Kreta, d. 1924); Messija, R. 1926/27 (Der Messias, d. 1927); Iisus neizvestnyj, R. 1932 (Jesus der Unbekannte, d. 1932); Iisus grjaduščij, R. 1934 (Jesus der Kommende, d. 1934); Smert' i voskresenie, R. 1935 (Tod und Auferstehung, d. 1935). – Polnoe sobranie sočinenij (GW), XXIV 1914 (n. 1973); IV 1990; Stichotvoe rnija i poėmy, G. 2000.

L: E. Lundberg, 1914 (d. 1922); J. Chuzeville, Paris 1922; Z. Gippius, Paris 1951; U. Spengler, 1972; B. G. Rosenthal, Den Haag 1975; T. Pachmuss, N.Y. 1990.

Meri, Lennart, estn. Reiseschriftsteller und Staatsmann, * 29. 3. 1929 Tallinn. 1934/35 Schule in Paris, 1935–38 in Berlin, 1938–40 in Tallinn, 1941–46 verbannt in Sibirien, 1946–48 Gymnasium Tallinn, 1948–53 Stud. Gesch. Tartu. Radio- und Filmregisseur, 1990–92 Außenminister 1992–2001 Staatspräs. Estlands. – S. Reiselit. sorgte für Identitätsbewahrung und Geschichtsbewußtsein bei den Esten.

W: Tulemägede maale, Reiseb. 1964 (Es zog uns nach Kamtschatka, d. 1968); Virmaliste väraval, Reiseb. 1974.

L: L. M., Personaalnimestik, 1991; M. Oplatka, L. M., 1999.

Meri, Veijo (Vainö Valvo), finn. Schriftsteller, * 31. 12. 1928 Viipuri. Offizierssohn; 1957–59 Stud. Geschichte Helsinki, später Verlagsangestellter, dann freier Schriftsteller. – M. – der international bekannteste mod. finn. Prosaist – hat neben Hyry auf e. ganze lit. Generation richtungweisend gewirkt. In s. oft im Soldatenmilieu angesiedelten Romanen u. Erzählungen schildert er den Krieg nicht naturalist.-demaskierend als großes kollektives Geschehen (wie Linna), sondern aufgelöst in absurde u. oft makabre Zufallssituationen, denen s. weltfremden, schwerfälligen Antihelden hilflos ausgesetzt sind. Da die Verhältnisse in ihrem ständigen Wechsel aller Vernunft hin sind, verlieren M.s Menschen die Fähigkeit zu situationsbezogenem Handeln u. agieren absurd, an der Wirklichkeit vorbei. Daraus erwächst die Groteske, die als schwarzer Humor M.s bekanntesten Roman, ›Manillaköysi‹, sowie alle s. späteren Werke durchzieht. Dem schwebenden Charakter der dargestellten Wirklichkeit entspricht auf strukturell-stilist. Ebene e. episod.-offene Erzählweise, die unter Verzicht auf psycholog. Deutung zum gesprochenen Wort neigt u. oft ganz in Dialog aufgeht.

Meriç

W: Ettei maa viheriöisi, Nn. 1954; Manillaköysi, R. 1957 (Das Manilaseil, d. 1964); Irralliset, R. 1959 (Findlinge, d. 1969); Vuoden 1918 tapahtumat, R. 1960; Sujut, R. 1961 (Der Wortbruch, d. 1969); Tilanteita, Nn. 1962; Peiliin piirretty nainen, R. 1963 (Die Frau auf dem Spiegel, d. 1967); Tukikohta, R. 1964; Sotamies Jokisen vihkiloma, Dr. 1965; Kaksitoista artikkelia, Ess. 1967; Yhden yön tarinat, Nn. 1967; Suku, R. 1968; Sata metriä korkeat kirjaimet, Nn. 1969; Kersantin poika, R. 1971 (Das Garnisonstädtchen, d. 1975); Leiri, Nn. 1972; Morsiamen sisar, Nn. 1972; Aleksis Stenvallin elämä, B. 1973; Sano Oili vaan, Drn. 1974; Aleksis Kivi, Dr. 1974; Mielen lähtölaskenta, G. 1976; Syksy 1939, Kgn. 1978; Toinen sydän, G. 1978; Goethen tammi, Ess. 1978; Jääkieckoilijan kesä, R. 1980; Ylimpänä pieni höyhen, G. 1980; Tuusulan rantatie, Sb. 1982; Elon saarel tääl Aleksis Kiven taustoja, B. 1984; Runoilijan Kuolema, G. 1985; Kevät kuin aamu, G. 1987; C. G. Mannerheim, B. 1988; Tätä mieltä, Es. 1989; Veitsi, Libr. 1989; Lasiankeriaat, G. 1990; Kun, G. 1991; Amleth ja muita Hamletteja, Es. 1992; Maassa taivaan saranat, H. 1993; Huonot tiet, hyvät hevoset, H. 1994; Ei tule vaivatta vapaus, H. 1995; Suurta olla pieni kansa, H. 1996; Pohjantähden alla, H. 1999. – V. Mn novellit, Nn.-Ausw. 1965; Valitut teokset (AW), 1969; V. Mn näytelmiä, Drn.-Ausw. 1970; Julma prinsessa ja kosijaat (ges. Es.), 1961–86; Yhdessä ja yksin (ges. G.), 1986. – *Übs.:* Erzählungen, 1981.
L: K. Haikara, Se oli se kultamaa, 1969.

Meriç, Nezihe, türk. Schriftstellerin, * 1925 Gemlik. Abbruch Stud. türk. Sprache u. Lit., 1945, Musiklehrerin 1946–54; leitete 1957–72 zus. mit ihrem Mann Salim Şengil den Dost-Verlag u. die bekannte Zeitschrift gleichen Namens. – Pionierin des Aufbruchs von Erzählerinnen in der zweiten Hälfte des 20. Jh. in der türk. Lit. Sie lauscht der inneren Stimme von in der Männergesellschaft in sich gekehrten Mädchen u. Frauen; präzise, differenzierte Sprache; auch als Dramatikerin u. Kinderbuchautorin bekannt.

W: Bozbulanık, En. 1953; Topal Koşma, En. 1956; Korsan Çıkmazı, R. 1961; Menekşeli Bilinç, En. 1965; Sular Aydınlanıyordu, Sch. 1969; Dumanaltı, En. 1979; Bir Kara Derin Kuyu, En. 1989; Sevdican, Sch. 1992 (Bühnenman, d. 1985); Çın Sabahta, Sch. 1995; Ges. En., II 1998; Yandırma, En. 1998; Alacaceren, R. 2003.

Merikare, altägyptischer König der 10. Dynastie (um 2025/20 v. Chr.). Ihm hat sein königlicher Vater, vermutlich Cheti III., eine Lehre gewidmet. Die Autorschaft ist sicher fiktiv, die Lehre entstand vermutlich in der 11. oder 12. Dynastie (etwa zwischen 2100 und 1800 v. Chr.). Der Text ist eine Art ›speculum regum‹, eine Belehrung über die richtige Ausübung der Königsherrschaft. Der Vater selbst hatte diese Aufgabe nur unzulänglich erfüllt, wie aus dem »historischen Abschnitt« der Lehre hervorgeht. Große Bedeutung hat die Pflicht zur Bewahrung der Maat, der gerechten Weltordnung. Berühmtester Abschnitt ist der »Hymnus auf den Schöpfergott«, in dem dessen Sorge für die Menschen (»das Kleinvieh Gottes«) gepriesen wird.
A und L: J. F. Quack, Studien zur Lehre für Merikare, 1992.

Meriluoto, Aila Marjatta, finn. Dichterin, * 10. 1. 1924 Pieksämäki. Abitur 1943; ∞ 1948– 56 Lauri Viita; lebte jahrelang in Nordschweden, heute in Helsinki. – E. der wichtigsten Stimmen der Nachkriegslyrik. Schon in ihrem 1. Gedichtband ›Lasimaalaus‹ gelangt M., wiewohl formal noch traditionsgebunden, zu eigenständiger, kühner u. klarer lyr. Aussage in illusionsloser Weltschau. Wahl der Themen u. Symbole anfängl. unter Einfluß Rilkes, den sie erstmals ins Finn. übersetzte. Später sucht sie in reimlosen, von metr. Bindungen fast freien Gedichten persönl. Erleben in kosm., physiolog., biolog. Bildern zu objektivieren. M.s Sprachgestus wird immer knapper, abstrakter; die zuletzt entstandenen Gedichte fassen die Heillosigkeit unserer Welt in arkt. Bildern. Daneben melanchol. Liebesdichtungen u. kompromißlose Auseinandersetzung mit Zeitproblemen.

W: Lasimaalaus, G. 1946; Sairas tyttö tanssii, G. 1952; Pahat unet, G. 1958; Portaat, G. 1961; Asumattomiin, G. 1963; Ateljee Katariina, R. 1965; Tuoddaris, G. 1965; Meidän linna, G. 1968; Silmämitta, G. 1969; Elämästä, G. 1972; Varokaa putoilevia enkeleitä, G. 1977; Peter-Peter, R. 1971; Kotimaa kuin mies, H. 1977; Lauri Viita, B. 1974; Sisar vesi, veli tuli, R. 1979; Talvikaupunki, G. 1980; Vihreä tukka, Kdb. 1982; Lasimaalauksen läpi, Aut. 1986; Ruusujen sota, G. 1988; Vaarallista kokea, Tg. 1996; Mekko meni taululle, Aut. 2001; Kimeä metsä, G. 2002.
L: P.-M. Toivonen, 1986.

Mérimée, Prosper (Ps. Clara Gazul), franz. Schriftsteller, 28. 9. 1803 Paris – 23. 9. 1870 Cannes. Aus wohlhabendem Bürgertum, Sohn e. angesehenen Malers und Kunstwissenschaftlers; Stud. Jura, Archäol. und Philol., weltmänn. Besucher der Salons, befreundet mit Stendhal, ab 1831 diverse Ministerialposten unter dem Comte d'Argout, 1834 Generalinspektor der hist. Denkmäler Frankreichs, reiste in franz. Provinzen, Spanien, Korsika, Italien, England, Griechenland, Kleinasien. Befreundet mit Manuela de Montijo, der Schwiegermutter Napoleons III., seit 1853 Senator und ständiger Gast des Kaiserpaars, half Napoleon III. bei der Abfassung s. hist. Werke. Lebte s. letzten Jahre in bitterer Einsamkeit. – Novellist zwischen Romantik u. Realismus, von starker Phantasie und im strengen Ausdruck gebändigtem Gefühl. Begann mit kurzen romant. Dramen in sarkast.-parodist. Stil und Balladen sowie e. hist. Roman, schrieb archäolog. und hist. Studien, Lit.kritiken, übersetzte als e. der ersten Puškin, Gogol' und Turgenev ins Franz. Fand seit 1829 zur Novelle, die er zu künstler. Vollendung führte. Verbindet e. romant. Vorliebe für exot. Lokalkolorit, Seltsames, für animal. primitive, intensive und schicksalhafte Leidenschaften und phantast. Episoden mit klass. ruhiger, absichtl. unbeteiligter, kultivierter, leicht iron. Objektivität des Tons. S. Briefwechsel als Zeitdokument sehr aufschlußreich.

W: Theatre de Clara Gazul, Dr. 1825, erw. 1830; La Guzla, G. 1827; La Jacquerie, Dr. 1828 (d. 1964); La famille de Carvajal, Dr. 1828; Le carrosse du Saint-Sacrement, Dr. 1829 (d. 1949); Chronique du règne de Charles IX., R. 1829 (Die Bartholomäusnacht, d. 1925, 1954); Mateo Falcone, N. 1829; La vision de Charles XI., 1829; L'enlèvement de la redoute, N. 1829; Tamango, N. 1829; Le vase étrusque, N. 1830; La partie de Trictrac, N. 1830; La double méprise, N. 1833; Les âmes du Purgatoire, N. 1834; La Vénus de l'Ille, N. 1837; Colomba, N. 1840; Notes d'un voyage en Corse, Reiseber. 1840; Carmen, N. 1845; Histoire de Don Pèdre I., roi de Castille, St. 1848; Le faux Démétrius, Schr. 1854; Mélanges historiques et littéraires, 1855; Lokis, N. 1869; Dernierès nouvelles, 1973; Portraits historiques et littéraires, 1874. – Œuvres complètes, hg. P. Trahard, E. Champion XII 1927–33; Romans et nouvelles, hg. H. Martineau 1934, M. Parturier II 1967; Notes et voyages, hg. P. M. Auzas 1971; Correspondance générale, hg. M. Parturier XVII 1941–64; Lettres à une autre inconnue, [13]1889; Lettres à une autre inconnue, 1875; Lettres à la comtesse de Montijo, II [2]1936; Lettres à Fanny Lagden, 1938; Lettres à E. Ellice, 1963; Lettres et rapports inédits de M. recueillis et annotés, hg. J. Maillon, Henri Beyle 1983; La correspondance M. – Viollet-le-Duc, hg. F. Bercé 2001. – *Übs.:* GW, H. Elsner VII 1845; A. Schurig IV 1924–26; Ausgew. Novellen, R. v. Schaukal II 1908–17; P. v. Hansmann II 1922; Novellen, W. Widmer 1960; Sämtl. Novellen, W. Widmer u. a. 1982.

L: A. Filon, [2]1922; P. Trahard, III 1925–31; O. Theis, Sprache und Stil M.s in seinen Novellen, Diss. Ffm. 1929; A. Billy, 1959; Marquis de Luppé, 1960; P. Léon, 1962; F. B. Bowman, Berkeley 1962; P. Léon, M. et son temps, 1962; R. C. Dale, The Poetics of M., Den Haag 1966; A. W. Raitt, Lond. 1970; G. Thieltges, Genf 1973; J. Chabot, 1983; J. Autin, 1983; M. San Miguel, Salamanca 1984; Th. Ozwald, 1987; S. Torrès, 1994; K.-B. Tolo, L'intertextualité chez M., Birmingham 1998; X. Darcos, 1998; A. Fonyi, Genf 1999; C. Roquena, Unité et dualité dans l'œuvre de P. M., 2000. – *Bibl.:* P. Trahard, P. Josserand, 1929 (n. N.Y. 1971); Bibliographie de la critique sur P. M. (1825–1993), hg. P. H. Dubé, Genf 1997.

Merle, Robert Jean-Georges, franz. Schriftsteller, 20. 8. 1908 Tebessa/Algerien – 28. 3. 2004 La Malmaison (bei Paris). Stud. Philol. Frankreich und Univ. Cleveland/USA. 1939 Lehrer am Lycée Pasteur (Kollege von Sartre). 1939/40 Soldat im Krieg, 3 Jahre Gefangenschaft. Prof. für engl. Lit. in Rennes, danach in Toulouse. – Dramatiker und Erzähler. ›Week-end à Zuydcoote‹, ist die hart realist. Darstellung des Kampfes um Dünkirchen 1940. ›La mort est mon métier‹, auf Dokumenten bauend, zeigt genau den psycholog. Mechanismus, der dem System der Konzentrationslager zugrunde lag. Außerdem weitere dokumentar. Romane u. hist. Reportagen. Die meisten s. Romane wurden ins Dt. übersetzt.

W: Week-end à Zuydcoote, R. 1949 (d. 1950); Théâtre I (Flamineo, Sisyphe et la mort, Les Sonderling), 1950; La mort est mon métier, R. 1953 (d. 1957); Oscar Wilde, Es. 1955; Théâtre II (Le nouveau Sisyphe [S. und der Tod, d. 1957]; Justice à Miramar, L'Assemblée des femmes), 1957; L'assemblée des femmes, Ess. 1957; Vittoria, princesse Orsini, R. 1958; L'île, R. 1962 (d. 1965); Moncada, premier combat de M. Castro, Rep. 1965 (d. 1968); A. Ben Bella, Dok. 1965; Un animal doué de raison, R. 1967 (Tag der Delphine, d. 1969); A travers la vitre, R. 1970; Les hommes protégés, R. 1974 (d. 1983); Madrapour, R. 1976 (d. 1984); Fortune de France, R. 1977; En nos vertes années, R. 1979; Paris ma bonne ville, R. 1980; Le prince que voilà, R. 1982; La violente amour, R. 1983; La pique du jour, R. 1985; La volte des vertugadins, R. 1991; L'enfant-roi, R. 1993; Les roses de la vie, R. 1995.

L: E. B. Boyd, Diss. Durham 1975; B. Morvan, Les lieux clos dans les romans de R. M., 1985.

Merlino Cocai → Folengo, Teofilo

Mérode, Willem de (eig. Willem Eduard Keuning), niederländ. Lyriker, 2. 9. 1887 Spijk – 22. 5. 1939 Eerbeek. Ab 1906 Volksschullehrer, 1925 entlassen. – Begann in der Nachfolge von Bloem u. Gossaert; in s. bedeutenderen späten Gedichten Rilke-Einfluß. Konflikt zwischen homoerot. Veranlagung und gläubiger protestant.-christl. Einstellung.

W: Gestalten en stemmingen, G. 1915; De lichtstreep, G. 1929; Chineesche gedichten, G. 1933; Kaleidoskoop, G. 1938. – Verzamelde gedichten, 1987.

L: H. Werkman, 1971; G. Borgers u.a. 1973; H. Werkman, 1983 u. 1991.

Merrill, James I., amerik. Schriftsteller, 3. 3. 1926 New York – 6. 2. 1995 Tucson/AZ. Lawrenceville School, Stud. Amherst College, 1944/45 Soldat, dann Lehrer am Amherst College, lehrte 1 Jahr Lit. am Bart-College. Reisen nach Griechenland, Italien, Frankreich, Österreich, Dtl. Ließ sich in New York nieder. – Lyriker und Prosaist mit teils philos., teils dekadenten Zügen unter Einfluß T. Capotes und W. Stevens'.

W: First Poems, 1951; The Immortal Husband, Dr. 1956; The Seraglio, R. 1957 (Tanning Junior, d. 1961); The Country of a Thousand Years of Peace, G. 1959; The Bait, Dr. 1960; Water Street, G. 1962; The (Diblos) Notebook, R. 1965; Nights and Days, G. 1966; The Fire Screen, G. 1969; Braving the Elements, G. 1973; The Yellow Pages, G. 1974; Divine Comedies, G. 1976; Mirabell, G. 1978; Scripts for the Pageant, G. 1980; From the First Nine Poems, G. 1982; The Changing Light at Sandover, G. 1982; Late Settings, G. 1986; The Image Maker, Dr. 1986; Recitative, Prosa 1987; The In-

ner Room, G. 1988; A Different Person, Mem. 1993; A Scattering of Salts, G. 1995; Self-Portrait in Tyvek Windbreaker and Other Poems, 1995. – Selected Poems, 1946–1985, 1992; Collected Poems, hg. J. D. McClatchy, S. Yenser 2001.
L: R. Labine, 1982; St. Yenser, The Consuming Myth, 1987; D. Adams, 1997; T. Materer, 2000.

Merrill, Stuart Fritzrandolph, amerik. Schriftsteller franz. Sprache, 1863 Hampstead/NY – 1. 12. 1915 Versailles. – Aktiver Vertreter des Symbolismus, vollzog in s. Gedichten nach dem Vorbild Verlaines v.a. die Verbindung von Poesie und Musik. Mitarbeiter bei mehreren Zsn.; übersetzt die franz. Lyriker s. Zeit ins Engl. Später Hinwendung zum Sozialismus.
W: Les gammes, G. 1887; Les Fastes, G. 1891; Petits poèmes d'automne, G. 1895; Visitation à l'amour, 1912.

Merriman, Henry Seton (eig. Hugh Stowell Scott), engl. Romanschriftsteller, 9. 5. 1862 Newcastle-upon-Tyne – 19. 11. 1903 Melton b. Woodbridge. Sohn e. Schiffsbesitzers. Erzogen in Loretto und Wiesbaden. Zeitweise Versicherungsangestellter. ∞ 1889 Ethel Hall. – Vf. von Unterhaltungsromanen, in denen er vorwiegend hist. Themen nach der Art Dumas' behandelt.
W: Young Mistley, R. 1888; The Slave of the Lamp, R. II 1892; With Edged Tools, R. III 1894; The Grey Lady, R. 1895; The Sowers, R. 1896; Flotsam, R. 1896; In Kedar's Tents, R. 1897; Roden's Corner, R. 1898; Isle of Unrest, R. 1899; The Velvet Glove, R. 1901; Barlasch of the Guard, R. 1903; The Last Hope, R. 1904. – Works, hg. E. F. Scott, S. G. Tallentyre XIV 1909f.
L: H. T. Cox, 1967.

Merton, Thomas, amerik. Schriftsteller, 31. 1. 1915 Prades/Südfrankreich – 10. 12. 1968 Bangkok. Sohn e. engl. Malers und e. amerik. Quäkerin; Univ. Cambridge, Columbia; Mitgl. e. kommunist. Jugendgruppe, kathol. Konvertit; lebte seit 1941 in e. Schweigekloster der Trappisten in Kentucky. – Relig. Lyriker und Vf. selbstkrit. Darstellung s. Gewissenskrisen, die Bestseller wurden.
W: A Man in the Divided Sea, G. 1946; The Seven Storey Mountain, Aut. 1948 (d. 1950); Seeds of Contemplation, Ess. 1949 (d. 1951); Selected Poems, 1950; The Ascent to Truth, Schr. 1951 (d. 1952); The Sign of Jonas, Aut. 1952 (d. 1954); Bread in the Wilderness, Schr. 1953 (d. 1955); No Man Is an Island, Schr. 1953 (d. 1956); The Silent Life, 1957 (Lebendige Stille, d. 1959); The Secular Journal, Aut. 1959 (d. 1960); The Waters of Siloe, Schr. 1962; The New Man, Schr. 1962; Life and Holiness, Schr. 1963; Emblems of a Season of Fury, G. 1963; Seeds of Destruction, Schr. 1964; Seasons of Celebration, Schr. 1965; Zen and the Birds of Appetite, Schr. 1968; The Hidden Ground of Love, Br. hg. W. H. Shannon 1985; A Vow of Conversation: Journals, 1964–65, hg. N. Burton Stone 1988; The Road to Joy, Br. hg.

R. E. Daggy 1989; The School of Charity, Br. hg. P. Hart 1990; The Courage for Truth, Br. hg. C. M. Bochen 1993; Witness to Freedom, Br. hg. W. H. Shannon 1994; Passion for Peace, Ess. hg. ders. 1995; At Home in the World, Br. hg. M. Tardiff 1995; The Springs of Contemplation, Ess. 1997; T. M. – James Laughlin, Br. 1997; Mornings with T. M.: Readings and Reflections, hg. J. C. Blattner 1998; Essential Writings, hg. C. Bochen 2000; Dialogues with Silence, hg. J. Montaldo 2001; When Prophecy Still Had a Voice, Br. T. M. – Robert Lax, 2001; Survival or Prophecy?, Br. T. M. – Jean Leclercq, 2002.
L: J. T. Baker, 1971; G. Woodcock, 1978; M. Furlong, 1980; A. E. Carr, 1988; D. D. Cooper, 1989; G. Kilcourse, 1993; L. S. Cunningham, 1999; R. H. King, 2001; R. Labrie, 2001. – *Bibl.:* F. Dell' Isola, 1956; M. E. Breit, R. E. Daggy, 1986.

Mé'scbrs,he, Ish°iakykq (Mašbaš, Is'chak), adyg. Autor; * 29. 5. 1931 Urupskij. Stammt aus Bauernfamilie; Stud. Lit.institut Moskau. 1962–70 Verantwortl. Sekretär des adyg. Schriftstellerverbandes. – Veröffentlichte seit 1949 Gedichte und Poeme über seine adyg. Heimat, seit 1966 auch Prosa. In s. Romanen greift er versch. Themen auf, u.a. die Arbeit eines Tschekisten, Teilnahme der Adygen an der Revolution u. am 2. Weltkrieg.
Übs.: russ.: Izbrannoe (Ausw.), 1988.

Mesonero Romanos, Ramón de, span. Schriftsteller, 19. 7. 1803 Madrid – 30. 4. 1882 ebda. Sohn e. reichen Grundbesitzers, führte die Geschäfte s. Vaters; 1833–35 Reisen durch Spanien, Frankreich u. England; 1838 Aufnahme in die Span. Akad. – Schrieb unter dem Pseudonym ›El curioso parlante‹ Artikel u. Skizzen über Leben u. Sitten s. Heimatstadt, deren Geschichte er in Bibliotheken u. Archiven studierte. Verteidigung des Unverfälschten, Traditionellen gegen die Modernisierung der Stadt; Vertreter des costumbrismo, gab anschaul. Sittenbilder aus der 1. Hälfte des 19. Jh. in leichtem, geistvollem Erzählton; erzieher. Absicht, wohlwollende Satire.
W: Panorama matritense, Sk. 1832–35; Escenas matritenses, Sk. 1836–42 (n. F. C. Sáinz de Robles 1945); Tipos y caracteres, Sk. 1843–62; El antiguo Madrid, Sk. 1861; Memorias de un setentón, Mem. 1880 (n. 1994). – Obras completas, VIII ²1925f.; Antología, 1944; Obras, hg. C. Seco Serrano V 1967.
L: J. Olmedilla y Puig, 1889; M. Sánchez de Palacios, hg. 1963; R. A. Curry, Boston 1976; U. Laumeyer, Ffm. 1986.

Mesquita, Marcelino Antonio da Silva, portugies. Dramatiker, 1. 9. 1856 Cartaxo – 7. 7. 1919 Santarém. Stud. Medizin Lissabon, Journalist, Abgeordneter. – Vf. erfolgr. hist. Dramen in Prosa u. Vers mit naturalist. u. neo-romant. Zügen.

W: O Regente, Dr. 1880; Os Castros, Dr. 1893; Leonor Teles, Dr. 1893; O Sonho da Índia, Dr. 1898; Pérola, Dr. 1899; Peraltas e Sécias, Dr. 1899; Margarida do Monte, Dr. 1910; O Grande Amor, G. 1916.

Mesrop Maštocʻ, Begründer der armen. Schrift (um 405) u. altarmen. Literatur sowie Übersetzungsliteratur, um 362 Hacʻekacʻ (Provinz Taron, heute Türkei) – 17. 2. 440 Vaġaršapat (heute Ējmiacin). Beigesetzt in Ošakan. Zunächst Hofsekretär u. Militär, ab 394 Mönch u. Missionar. Im Auftrag von Katholikos Sahak Gründung von Schulen u. Ausbildung von Übersetzern, die mit der Übs. der Bibel (vollendet 433), Liturgie u. der wichtigsten Werke griech. u. syr. Kirchenväter, aber auch mit eigenen Werken das ›goldene Zeitalter‹ der altarmen. Lit. begründeten. Von M. selbst stammen vielleicht die sog. ›Lehre des Grigor‹ (bei Agatʻangeġos, 5. Jh.) u. mit Gewißheit Predigten, Widmungen sowie ›Šarakanner‹. Die Sprache dieser Periode gilt als klassische armen. Literatursprache. Das Leben M.s beschrieb sein Schüler Koriwn (um 443).

A: Šarakan Hogewor Ergocʻ (Beicht-Šarakanner), Ējmiacin 1861.
L: K. Sasnecʻi, Vaġaršapat 1897; Ġ. Parpecʻi, Tpʻgis 1904; N. Akinean, Wien 1949; Koriwn, 1981; M. Xorenacʻi, 1981; H. Ačaṙyan, 1984; Ġ. Aġayan, 1986.

Messager, Charles → Vildrac, Charles

Mesterházi, Lajos, ungar. Schriftsteller, 3. 3. 1916 Kispest – 5. 4. 1979 Budapest. Stud. Philol., Dr. phil., Verlagslektor u. Redakteur. – Sein Interesse galt den moral. Beweggründen, die das Verhalten des einzelnen in den ereignisreichen Zeiten der 1930er und der Nachkriegsjahre, insbes. um und nach der Revolution 1956 in Ungarn bestimmten.
W: Csodák nélkül, Nn. 1951; Hűség, Nn. 1952; Pár lépés a határ, R. 1958 (Ein paar Schritte bis zur Grenze, d. 1960); Játék, Sch. 1961; Pesti emberek, Dr. 1958 (Menschen von Budapest, d. 1960); A négylábú kutya, R. 1961 (Der vierbeinige Hund, d. 1963); Az ártatlanság kora, R. 1963 (Das Alter der Unschuld, d. 1965); Magnéziumláng, En. 1965; Apaszív, R. 1971; Sempiternin, R. 1975.
L: A. Wéber, 1980.

Mészöly, Miklós, ungar. Schriftsteller u. Dramaturg, 19. 1. 1921 Szekszárd – 22. 7. 2001 Budapest. S. Helden versuchen stets, sich e. feindl. Umwelt gegenüber zu behaupten, egal, ob sie Leistungssportler oder Geheimpolizist sind; sie scheitern an ihrer Einsamkeit und dem schlechten Gewissen, vielleicht doch gegen die geltenden Verhaltensregeln verstoßen zu haben.
W: Az atléta halála, R. 1966 (Der Tod des Athleten, d. 1966); Saulus, R. 1968 (d. 1970); Az ablakmosó, Dr.

1963 (Der Fensterputzer, d. 1966); Film, R. 1976 (Rückblenden, d. 1980); Családáradás, R. 1995 (Familienflut, d. 1997). – *Übs.:* Landkarte mit Rissen, En. 1976.
L: B. Thomka, 1995; L. Grendel, A tények mágiája. M. M. időskori prózája, 2002.

Metalious, Grace, amerik. Erzählerin, 8. 9. 1924 Manchester/NH – 25. 2. 1964 Boston. 1942 ∞ Rektor George M.; wohnte in Gilmanton/NH. – Ihr Roman ›Die Leute von Peyton Place‹, die ›chronique scandaleuse‹ e. amerik. Kleinstadt mit Vorliebe für Pikanterien, Skandale und Sex, wurde e. der größten Bestseller-Erfolge in den USA.
W: Peyton Place, R. 1956 (Die Leute von Peyton Place, d. 1958); Return to Peyton Place, R. 1959 (d. 1960); The Tight White Collar, R. 1960 (d. 1961); No Adam in Eden, R. 1963; The Girl from Peyton Place, Aut. hg. J. O'Shea 1965.

Metaphrastes, Symeon → Symeon Metaphrastes

Metastasio, Pietro (eig. Pietro Antonio Domenico Bonaventura Trapassi), ital. Dichter, 3. 1. 1698 Rom – 12. 4. 1782 Wien. Stammte aus einfachsten Verhältnissen u. wurde dann von s. Gönner, dem Juristen u. Literaten G. Gravina, gefördert, der ihn als s. Erben einsetzte. 1718 als Artino Corasio Mitgl. der ›Arcadia‹. Nach Scheitern s. Planes, Gravinas Erbe anzutreten, ging er 1719 nach Neapel, wo er bei e. Rechtsanwalt arbeitete u. nebenbei s. Werke schrieb. Die Sängerin Marianna Bulgarelli, die in s. ersten Werk ›Gli Orti Esperidi‹ e. Hauptrolle gespielt hatte, protegierte ihn u. verhalf ihm zum Erfolg. 1729 von Karl VI. zum Hofdichter in Wien ernannt, wo er bis zu s. Tode verblieb. – M. verdankt s. Ruhm s. 26 Opernlibretti, mit denen er e. Reform der ital. Opernbühne durchführte. Obwohl zur Vertonung gedacht, sind sie doch noch selbständige lit. Werke, die eigene dramat. und stilist. Qualitäten besitzen. Die Verschmelzung von Heroischem u. Idyllisch-Sentimentalem kennzeichnet die Eigenart von M.s dramat. Schaffen. Die Themen sind zum größten Teil der klass. Tradition entnommen, so bei den bekanntesten Libretti (›Didone abbandonata‹, ›Catone in Utica‹, ›La clemenza di Tito‹, ›Attilio Regolo‹), doch werden trag. Konflikte in weichen, musikal. Versen aufgelöst. M. hat außerdem zahlr. Kantaten, Oratorien, e. Tragödie ›Giustino‹ u. Gedichte sowie e. Abhandlung über die Poetik des Aristoteles verfaßt. Aufschlußreich für das Verständnis des Menschen u. Künstlers M. sind s. zahlr. Briefe.
W: Gli Orti Esperidi, 1721; Didone abbandonata, 1723; Catone in Utica; La clemenza di Tito; Attilio Regolo. – Opere, hg. G. Pezzana XII 1780–82; Opere postume, hg. D'Ayala III 1793; Tutte le opere I 1832;

Metellus

Tutte le opere, hg. B. Brunelli V 1943–54; Teatro, hg. R. Bacchelli 1962; Opere (Ausw.), hg. E. Sala di Felice 1965; Opere, hg. M. Fubini 1968; Opere, hg. F. Mollia 1979; Lettere, hg. G. Carducci 1883, C. Antona-Traversi 1886. – *Übs.:* Ausw. der Dramen (d. M. R. Schenk), 1910.

L: R. Rolland, d. 1922; G. Natali, 1923; M. Pieri, Il melodramma e P. M., 1925; A. Scuppa, M. e il melodramma italiano, 1932; C. Culcasi, 1935 (m. Bibl.); L. Russo, ^{3}1945; M. Apollonio, ^{2}1950; M. Vani, 1960; W. Binni, L'Arcadia e il M., 1963, ^{2}1984; F. Gavazzeni, 1964; M. L. Astaldi, 1979; E. Sala Di Felice, 1983; G. P. Marangoni, 1984; M. T. Muraro, 1986; R. Candiani, 1998; A. Beniscelli, 2000; P. M. uomo universale, hg. A. Sommer-Mathis 2000; Il melodramma di P. M., hg. W. Sala Di Felice 2001.

Metellus, Jean, haitian. Schriftsteller, * 1937 Jacmel. Stud. der Linguistik und Medizin. Flieht vor der Duvalier-Diktatur ins Exil nach Paris. – Debütiert mit e. Dichtung, befolgt dann M. Nadeaus Rat, Romane zu schreiben. Diese, zunächst auf Haiti konzentriert, lösen sich zunehmend von den gängigen Mustern von ›négritude‹ und ›identité‹ zugunsten e. Ausweitung des Horizontes in allgem. menschl. Dimensionen.

W: Au pipirite chantant, G. 1978; Journal au crépuscule, R. 1981; Hommes de plein vent, G. 1981; Une eau forte, R. 1983; Voyance, G. 1985; Anacaona, Dr. 1985.

Metge, Bernat, katalan. Schriftsteller, um 1343 Barcelona – 1413 ebda. Abenteuerl. Leben, im Dienst des Prinzen Don Juan, Sekretär der Königin, verschiedentl. in Kerkerhaft. – E. der großen Prosaisten der katalan. Lit.; skept.-iron. Prosa in Anlehnung an die lat. Rhythmen, Einfluß R. Llulls u. Boccaccios. Hauptwerk ›Lo Somni‹, allegor.-philos. Dialog. Erster Petrarca-Übs. in Spanien.

W: Libre de Fortuna e Prudència, Dicht. 1381; Lo Somni, Dial. 1399 (n. A. Vilanova 1946, M. Jordà 1980). – Obres completes, hg. M. de Riquer 1950, hg. L. Badia, X. Lamuela 1976; Obres, hg. M. de Riquer 1959; Obres menors, hg. M. Olivar 1927.

L: J. M. Guardia, 1889; A. Vilanova, 1958; L. Badia, 1988.

Methodios von Olympos, altgriech. Schriftsteller, 3./4. Jh. n. Chr. († vermutl. 311 n. Chr.). Soll Bischof von Olympos in Lykien gewesen und während der Decischen Verfolgungen als Märtyrer gestorben sein (so die Kirchenhistorie); wahrscheinlicher war M. Asket und Wanderlehrer in Kleinasien. – Von M.' umfangreichem, v. a. in Dialogform verfaßtem Werk ist nur das ›Gastmahl‹ (nach platon. Vorbild), e. Verherrlichung der Jungfräulichkeit, vollständig erhalten (darin e. Christushymnus enthalten); dazu treten Zusammenfassungen, Fragmente und (v. a. slaw.) Übsn. von ca. 7 weiteren Schriften. Diese zeigen e. an den griech. Klassikern geschulten Autor, e. Chiliasten und Antiorigenisten (vgl. um 300: ›Über die Auferstehung‹); literarhist. ist M. v. a. als e. weiterer Vertreter der vielfältigen Vermittlungsmöglichkeiten zwischen Platonismus und Christentum interessant.

A: G. N. Bonwetsch 1917; H. Musurillo, V. H. Debidour 1963. – M. Pellegrino 1958 (Symp.); A. Lolos 1976 (Apocal.); A. Vaillant ^{2}1974 (De lib. arb.).

L: C. Tibiletti, Rom 1983; I. Duichev, N. Y. 1985; E. Prinzivalli, Rom 1985; L. G. Patterson, 1997; J. Pauli, Artikel ›M.‹, in: LACL ^{2}1999, 439–440 (m. Bibl.).

Metschiew, Kjasim → Mečiev, Kjasim

Meung, Jean de → Roman de la Rose, Rosenroman

Mew, Charlotte, engl. Lyrikerin, 15. 11. 1869 London – 24. 3. 1928 ebda. Leben überschattet von Wahnsinn und frühem Tod der Geschwister; Selbstmord nach Tod der einzig überlebenden Schwester Anne. – Lyrik thematisiert unerfüllbare Liebe, Verlust, Isolation, Geisteskrankheit. Dramat. Monologe, oft aus männl. Sprecherperspektive. Anerkennung durch führende Literaten ihrer Zeit.

W: The Farmer's Bride, 1916; Saturday Market, 1921; The Rambling Sailor, 1929. – Collected Poems, 1953; Collected Poems and Prose, hg. V. Warner 1981; Selected Poems, hg. I. Hamilton 1999; Complete Poems, hg. J. Newton 2000.

L: P. Fitzgerald, B. 1984; J. Jones, The Triumphant Victim, 1987; S. Joiner, 1989; P. B. Harris, His Arms Are Full of Broken Things, fikt. B. 1997; N. Rice, 2002.

Mexía, Pero, span. Schriftsteller u. Gelehrter, 1499(?) Sevilla – 1551(?). ebda. Stud. in Sevilla u. Salamanca, hochgeschätzte Persönlichkeit von umfassender Bildung u. überragenden Kenntnissen, bes. auf naturwiss. Gebiet; Briefwechsel mit Erasmus; befreundet mit den bedeutendsten Männern s. Zeit, bekleidete wichtige Ämter, wurde u. a. Nachfolger Guevaras als Chronist Karls V. (1548). – S. bedeutendstes Werk, die ›Silva de varia lección‹, ist e. reichhaltige Sammlung von Erzählungen, Anekdoten u. a. über die verschiedensten Themen; aufschlußreich für den Stand der Kenntnisse jener Zeit; vielgelesenes u. auch im Ausland weitverbreitetes Werk.

W: Silva de varia lección, 1540 (n. J. García Soriano II 1933f., A. Castro Díaz, II 1988–90); Historia imperial y cesárea, Prosa 1545; Coloquios y Diálogos, Prosa 1547 (n. M. Milroney 1930); Historia del Emperador Carlos V (hg. J. Mata Carriazo 1945).

L: J. García Soriano, 1933; A. Castro Díaz, 1977; M. Scaramuzza Vidoni, Rom 1989.

Meynell, Alice (Christiana Gertrude), geb. Thompson, engl. Dichterin und Essayistin, 22. 9. 1847 Barnes b. London – 27. 11. 1922 London. Verbrachte e. großen Teil der Kindheit in Italien. Konvertierte 1872 zur röm.-kathol. Kirche. ∞ 1877 den Verleger und Zeitschriftenhrsg. Wilfrid M. Beide waren befreundet mit den bedeutendsten Schriftstellern der Zeit: Tennyson, Browning, Ruskin, Rossetti, George Eliot, Meredith. 1881–98 Redakteurin versch. Zeitschriften. Mütterl. Freundin und Betreuerin von Francis Thompson, der ihr s. Gedichtband ›Love in Diana's Lap‹ widmete. Aktive Frauenrechtlerin. – Schrieb sprachl. präzise lit. Essays und nach konventionellen Anfängen gedankentiefe, formvollendete Gedichte, in denen e. tiefrelig. Unterton mitschwingt. Ihre späteren Gedichte zeigen Einflüsse von F. Thompson.

W: Preludes, G. 1875; The Rhythm of Life, Es. 1893; Poems, 1893; The Colour of Life, Es. 1896; Other Poems, 1896; The Children, Ess. 1897; London Impressions, Es. 1898; J. Ruskin, B. 1900; Later Poems, 1902; Ceres' Runaway, Es. 1909; A Father of Women, G. 1917; The Second Person Singular, Es. 1921; Last Poems, 1923. – Complete Poems, 1923; Prose and Poetry, 1947; The Poems, 1947; Selected Poems, 1966; Essays, 1947.

L: A. Kimbell Tuell, 1925; V. Meynell, 1929; J. Badeni, The Slender Tree, 1981. – *Bibl.:* F. Meynell, 1947.

Mezarentz, Misak → Mecarenc'

Michael, Ib (eig. I. M. Rasmussen), dän. Erzähler, * 17. 1. 1945 Roskilde. Stud. Mittelamerikanistik, Auslandsreisen. – Vf. phantast. Erzählungen, die, inspiriert vom mag. Realismus, eine wiedererkennbare Wirklichkeit mit vergangenen Zeiten (Mittelalter) und exot. Räumen (Südsee, Mexiko) verbinden.

W: Troubadurens lærling, R. 1984 (Die Nacht des Troubadours, d. 1998); Kilroy Kilroy, R. 1989 (d. 1999); Vanillepigen, R. 1991 (Das Vanillemädchen, d. 1995); Den tolvte rytter, R. 1993 (Der zwölfte Reiter, d. 1997); Brev til månen, R. 1995 (Brief an den Mond, d. 2000); Prins, 1997 (Prinz, d. 2001).

L: K. Rose Petersen, I virkeligheden, 1993; E. Vinæs, Forvandlingsfortællinger, 1997; K. Himmelstrup, Den udødelige soldat og jeg, 2000.

Michael, Sami, hebr. Erzähler, * 15. 8. 1926 Bagdad. In Bagdad aufgewachsen, floh M. 1948 in den Iran, da er sich als Mitglied der illegalen Kommunist. Partei Iraks in Lebensgefahr befand. 1949 wanderte er nach Israel ein, arbeitete als Zeitungsredakteur und später im Ministerium für Landwirtschaft. – S. ersten Erzählungen schrieb er auf arabisch, 1974 veröffentlichte er s. ersten hebr. Roman. S. Œuvre, darunter auch Jugendbücher und Theaterstücke, beschreibt die Beziehungen zwischen Juden, Moslems und Christen, schildert das Leben der großen jüd. Familien in den arab. Ländern wie auch den Neubeginn in Israel.

W: Shavim ve-Shavim yoter, R. 1974; Sufa bejn ha-Dekalim, Jgb. 1975 (Bagdad. Sturm über der Stadt, d. 1998); Chasut, R. 1977; Chofen shel Arafel, R. 1979 (Eine Handvoll Nebel, d. 1993); Chatzotzra ba-Vadi, R. 1987 (Eine Trompete im Wadi, d. 1996); Viktoria, R. 1993 (d. 1995).

Michael Choniates (Akominatos), byzantin. Gelehrter, um 1138 Chonai/Phrygien – Febr. 1222 Muntinitsa b. Thermopylai. Stud. Konstantinopel unter der geistigen Führung des Eustathios von Thessalonike. 1182–1204 Erzbischof von Athen. Nach der Einnahme Athens durch die Kreuzfahrer mußte er fliehen, lebte e. Zeitlang auf Keos und kam später, um Athen näher zu sein, nach Muntinitsa in das Kloster des Prodromos. – Vf. vieler Predigten und Reden und einiger Gedichte (Lobhymnen auf Heilige und e. jamb. Klagehymnus auf s. geliebte Stadt Athen, wegen deren geistigem Verfall er sehr litt). Sein Stil ist gepflegt u. verrät e. tiefgehende klass. Bildung.

A: Ta sōzómena (Predigten, Homilien, G.), hg. S. Lampros, Athen II 1879f. (n. 1968); Katechesen, hg. Arsenij, Novgorod 1901; Gedichte, hg. Ph. Kolobu, 1999.

L: G. Stadtmüller, Rom 1934.

Michael Glykas (Sikidites), byzantin. Chronist und Dichter, Anfang 12. Jh. – Ende 12. Jh. Konstantinopel(?). Verfaßte außer e. Weltchronik bis 1118 e. längeres Kerkergedicht und e. Bittgedicht an den Kaiser Manuel Komnenos, in dem er um Freilassung aus dem Kerker flehte (um 1159). Auch e. Sammlung von Sprichwörtern stellte er für den Kaiser zusammen, der ihn trotz der dichter. Bittschrift mit Blendung gestraft hatte. E. der ersten Autoren, die sich in einigen ihrer Schriften der griech. Volkssprache bedienten; Selbständigkeit des Denkens und lebendige Darstellung.

A: Weltchronik, J. P. Migne, Patrol. Graeca 158; I. Bekker 1836; Kerkergedicht, E. Legrand, Bibl. gr. vulg. 1., 1880; S. Efstratiades, M. G. eis tas aporías tēs theías graphēs kephálaia, II 1906–12; E. Tsolakes, M. G. stíchoi, 1959. – *Übs.:* R. Cantarella, Poeti bizantini, II 1948.

L: K. Krumbacher, 1894; S. Mauromate-Katsougiannopoulo, 1984.

Michaëlis, Karin (eig. Katharina Marie Bech Brøndum), dän. Schriftstellerin, 20. 3. 1872 Randers, Nordjütland – 11. 1. 1950 Kopenhagen. Tochter e. Telegraphenbeamten; Stud. Musik, 1895–1911 ∞ Schriftsteller Sophus M., 1912 ∞ amerik. Legationssekretär, später Prof. Ch. E. Stangeland. 1903–13 und 1920–25 jährl. Vortragsreisen in den USA und in Europa. Seit 1930 lebte sie auf der Insel Thurø, wo sie während des

Michaëlis

Naziregimes dt. Flüchtlinge (u. a. B. Brecht), später auch Pflegetöchter aufnahm. Während des 2. Weltkriegs Emigration in die USA, 1946 Rückkehr nach Dänemark. – M.' zahlr. Jungmädchenbücher, bes. die ›Bibi‹-Serie, hatten internationalen Erfolg; am bekanntesten wurde sie mit dem Roman ›Den farlige alder‹, in dem sie mit großem Einfühlungsvermögen die Probleme der 40jährigen Frau darstellt. Die Frau ist Mittelpunkt ihres Werkes, in dem sie häufig ihre Stellung in der Ehe und Fragen der Gleichberechtigung behandelt. Zu den wichtigsten gehören ihre autobiograph. Bücher, das in Romanform geschriebene ›Pigen med glasskårene‹, das gemeinsam mit den vier Folgebänden u. d. T. ›Træet på godt og ondt‹ erschien. Später schrieb sie diese Bücher zu e. genaueren Autobiographie um (›Vidunderlige verden‹). Ihr Stil ist impressionist.; sie gibt Gedankensprüngen u. impulsiven Einfällen nach, die sowohl das Thema als auch die Autorin dem Leser sehr nahebringen; M. hat in der ›stream-of-consciousness-Technik‹ J. Joyce u. V. Woolf vorgegriffen.

W: Højt Spil, R. 1898; Barnet, R. 1902 (Das Kind, d. 1902); Lillemor, R. 1902 (Das Schicksal der Ursula Fagel, d. 1903); Betty Rosa, R. 1908 (d. 1908); Den farlige alder, R. 1910, ³1987 (Das gefährliche Alter, d. 1910, n. 1998); Elsie Lindtner, R. 1911 (d. 1911); Bogen om kærlighed, R. 1912 (Das Buch von der Liebe, d. 1913); Grev Sylvains hævn, R. 1913 (Graf S.s Rache, d. 1913); Krigens ofre, Schr. 1916 (Opfer, d. 1917); Don Juan efter døden, R. 1919 (Don Juan im Tode, d. 1921); Lille unge kone, R. 1921; Mette Trap og hendes unger, R. 1922 (Mette Trap, d. 1925); Syv søstre sad, R. 1923 (Die sieben Schwestern, d. 1924); Træet på godt og ondt, Aut. V: Pigen med glasskårene, 1924 (Das Mädchen mit den Scherben, d. 1925), Lille løgnerske, 1925 (Die kleine Lügnerin, d. 1926), Hemmeligheden, 1926 (Das Geheimnis, d. 1927), Synd og sorg og fare, 1928 (Sünden, Sorgen und Gefahren, d. 1929), Følgerne, 1930 (Eine Frau macht sich frei, d. 1931); Pigen der smilede, R. 1929 (Herr und Mädchen, d. 1930); Bibi-bøgerne, R.-Folge VII 1929–39 (d. 1929–33, n. VI 1995–97); Hjertets vagabond, R. 1930 (Vagabundin des Herzens, d. 1932); Mor, R. 1935 (Nielsine, die Mutter, d. 1936); Little Troll, Aut. New York 1947 (Der kleine Kobold, d. 1948, n. 1998); Vidunderlige verden, Aut. III 1948–51 (Die wunderbare Welt, d. 1950).

L: B. Nielsen, 2002.

Michaëlis, Sophus (August Berthel), dän. Dichter, 14. 5. 1865 Odense – 28. 1. 1932 Kopenhagen. Zeitschriftenredakteur u. Theaterkritiker, 1915–32 Vorsitzender des dän. Schriftstellerverbandes. – Virtuoser Lyriker, später häufig mit rhetor. und pathet. Wendungen, mehr von der Kunst als vom Leben inspiriert; Vertreter des neuromant. Ästhetizismus. Von Nietzsche beeinflußt, feierte er das Ideal des Übermenschen und des Hellenismus. Vf. e. lyr. Romans über e. Volksliedmotiv ›Æbelø‹ u. effektvoller hist. Romane sowie e. bühnenwirksamen Schauspiels ›Revolutionsbryllup‹. Übs. aus dem Dt. (›Faust‹), Franz. und Portugies.

W: Digte, G. 1889; Solblomster, G. 1893; Æbelø, R. 1895 (d. 1900); Sirener, G. 1898; Livets fest, G. 1900; Giovanna, R. 1901 (d. 1909); Palmerne, G. 1904; Revolutionsbryllup, Sch. 1906 (Revolutionshochzeit, d. 1909); Den evige søvn, R. 1912 (Der ewige Schlaf, d. 1912); Blåregn, R. 1913; Hellener og barbar, R. 1914 (Hellenen und Barbaren, d. 1920). – Samlede romaner, III 1919; Romersk forår, G. 1921. – *Übs.:* Novellen, 1922.

Michael Psellos (eig. Konstantinos Psellos), byzantin. Gelehrter und Philosoph, 1018 Konstantinopel – um 1078. Zuerst Advokat, dann Richter, höherer Beamter, 1045 Prof. und Hypatos der von ihm und dem Kreis s. Freunde wiedergegründeten Univ. und Minister unter mehreren Kaisern. Eine Zeitlang als Mönch im Kloster (Michael ist s. Mönchsname). – Führende geistige Persönlichkeit des 11. Jh., von umfassender Bildung. S. Schriften behandeln Philos., Philol., Rhetorik, Gesch., Geometrie, physikal. Probleme, Medizin, jurist. Fragen (Zusammenfassung der Gesetze), Grabreden u. a. Reden, Gedichte u. Briefe. Lehrte an der Univ. Philos. Bemüht, die Großen der antiken Lit. im christl. Sinne auszulegen und sie in die christl. Erziehung mit einzubeziehen. Die klass. Paideia bestimmte s. wiss. und lit. Schaffen. Bei s. ungeheuren Kenntnissen weist er Gedankenfreiheit, Prägnanz des Ausdrucks, sprachl. Treffsicherheit, Humor und e. für die Byzantiner ungewöhnl. humanist. Einstellung auf.

A: K. N. Sathas, Mesaeōnikē bibliothēkē 4–5, 1874f.; Scripta minora, hg. E. Kurtz, F. Drexl, Mail. II 1936–41; De omnifaria doctrina, hg. L. G. Westerink, Nijmegen 1948; Chronographia, hg. S. Impellizeri (m. ital. Übs.), Mail. 1984; Oratoria minora, hg. A. R. Littlewood, Lpz. 1985; Orationes forenses et acta, hg. G. T. Demis, Stgt. 1994; Orationes panegyricae, hg. ders. Stgt. 1994; Orationes hagiographicae, hg. E. A. Fischer, Stgt. 1994; Philosophica minora I, hg. J. M. Duffy, Stgt. 1992, II, hg. D. J. O'Meara, Stgt. 1989; Historia syntomos, hg. W. J. Aerts, Bln. 1990; Poemata, hg. L. G. Westerink, Stgt. 1992; Theologica I, hg. P. Gautier, Lpz. 1989, II, hg. L. G. Westenrink u. a., Lpz. 2002.

L: C. Zervos, Un Philosophe néoplatonicien du XI siècle, Paris 1920; E. Renauld, Paris 1920; G. Böhlig, Untersuchungen zum rhetor. Sprachgebrauch der Byzantiner m. bes. Berücksichtigung d. Schriften des M. P., 1956; R. Anastasi, Studi sulla ›Chronographia‹ di M. P., Catania 1969; R. Volk, Der med. Inhalt der Schriften d. M. P., Mchn. 1990; A. Kaldellis, the Argument of P' Chronographia, Leiden 1999.

Michailovski, Stojan, bulgar. Schriftsteller, 7. 1. 1856 Elena – 3. 8. 1927 Sofia. Franz. Lyzeum Istanbul. 1875–83 (mit Unterbrechung) Stud. Jura Paris, hoher Ministerialbeamter, Privatdozent in Sofia. – Die meisten s. Fabeln, Dramen, Gedichte

u. krit. Betrachtungen sind stark satir. u. allegor. u. schildern Mißstände im bulgar. polit. Leben. Metaphys. Weltanschauung u. universelle philos. Verallgemeinerungen.

W: Novissima verba, G. 1989; Poema na zloto, Poem 1989; Satiri. Našite pisaci i gazetari, 1893; Kniga za bŭlgarskija narod, 1897; Kniga za oskŭrbenite i onepravdanite, St. 1903; Ot razvala kŭm provala, Ess. 1905; Iztočni legendi, 1904. – AW, III 1938–39; AW, II 1960.

L: I. Bogdanov, 1947; A. Todorov, 1956.

Michal, Karel (eig. Pavel Buksa), tschech. Schriftsteller, 28. 12. 1932 Prag – 30. 6. 1984 Basel. Sohn e. Arztes, nach dem Abitur (1951) übte er versch. Berufe aus u. stud. Medizin an der Karls-Univ. in Prag, seit 1961 Berufsschriftsteller, seit 1968 Exil in der Schweiz. – S. oft mit groteskem u. phantast., aber auch mit histor. Motiven ausgestattete Prosa zeigt die Suche nach der Authentizität des Lebens u. des Schaffens, die in e. entmythisierende, ironisch-skeptische Vision von e. existentiellen Verfremdung des Menschen mündet.

W: Bubáci pro všední den, En. 1961; Krok stranou, E. 1961; Čest a sláva, N. 1966; Rodný kraj, En. Köln 1977.

Michalkov, Sergej Vladimirovič, russ. Schriftsteller, * 12. 3. 1913 Moskau. Sowjet. Autor, der die jeweilige Linie der kommunist. Partei in tendenziösen Fabeln, Stücken u. Kinderbüchern umsetzt. 1970–92 als Vorsitzender des Schriftstellerverbandes RSFSR in dogmat.-konservativem Sinne leitend aktiv.

W: Sobranie sočinenij (GW), IV 1963/64, VI 1981–83.

Michaux, Henri, franz. Dichter belg. Herkunft, 24. 5. 1899 Namur – 17. 10. 1984 Paris. Aus reichem Bürgertum; einsame und schwierige Jugend, relig. Krise. Reiste nach Abbruch des Medizin-Stud. 21jährig als Matrose nach Nord- und Südamerika, später auch nach Afrika, Indien und China. Sekretär Supervielles in Paris, dort Umgang mit surrealist. Malern. 1926 Mitarbeiter der ›Nouvelle Revue Française‹ und des ›Commerce‹. 1937–39 Redakteur der Zs. ›Hermès‹, nach 1940 durch Gide in größerem Kreis bekannt. Auch Maler und Zeichner. – E. der originellsten und stärksten Dichter des zeitgenöss. Frankreich. Den Surrealisten verwandt, beeinflußt von Mystikern und Lautréamont, aber unabhängig. S. Werk ist die Transposition e. großen metaphys. Unbehagens an der Wirklichkeit des mod. Lebens. Reisebücher in präziser, objektiver und iron. distanzierter trockner Prosa. Im gleichen Stil und mit groteskem und zugleich beunruhigendem Humor schrieb er Bücher über Reisen in imaginäre Länder, in deren Phantastik er das Beunruhigende und Absurde unserer Wirklichkeit erschreckend offenbart. S. Lyrik faßt Schmerz, Angst und Todesfurcht in Form des Schreis, ist e. Versuch der Befreiung durch Heftigkeit der Aussage, besitzt auch Töne melanchol. Müdigkeit und verhaltenen Gesangs. Verwendete in den letzten Jahren Drogen zur Erweiterung s. geistigen Erfahrungsbereichs, berichtete präzis und fesselnd über s. Zustände. Großer Einfluß auf die mod. Dichtung.

W: Fables des origines, G. 1923; Qui je fus, G. 1927 (Ausw. d. 1966); Mes propriétes, G. 1929 (d. 1930); Ecuador, Prosa 1929; Un certain Plume, G. 1931 (d. 1946f.); Un barbare en Asie, Prosa 1932; La nuit remue, G. 1935; Voyage en Grande Garabagne, G. 1936; Plume, précédé de lointain intérieur, G. 1938, erw. 1963 (Ausw. d. 1960); Sifflets dans le temple, G. 1938; Peintures, G. 1939; Au pays de la magie, G. 1942; Exorcismes, G. 1943; Le Lobe des monstres, G. 1944; Labyrinthes, G. 1944; L'espace du dedans, G. 1944; Liberté d'action, G. 1945; Epreuves, G. 1945; Ici, Poddéma, G. 1946; Ailleurs, G. 1948; Meidosems, G. 1948; Nous deux encore, G. 1948; La vie dans les plis, G. 1949; Poésie pour pouvoir, G. 1949; Passages, G. 1950 (d. 1957); Nouvelles de l'étranger, Prosa 1954; Face aux nerveux, G. 1954; Misérable miracle, la mescaline, G. 1956 (d. 1986); Quatre cent hommes en croix, G. 1956; L'infini turbulent, G. 1957, erw. 1964 (d. 1961); Paix dans les brisements, G. 1959; Connaissance par les gouffres, G. 1961; Vents et poussières, G. 1962 (d. 1965); Les grandes épreuves de l'esprit et les innombrables petites, G. 1966 (Die großen Zerreißproben, d. 1970); Façons d'endormi, façons d'éveillé, G. 1969 (Zwischen Tag u. Traum, d. 1971); Poteaux d'angles, G. 1972; Émergences-Résurgences, G. 1972; Moments, G. 1973 (Durchquerungen der Zeit, d. 1983); Chemins cherchés chemins perdus. Transgressions, G. 1982; Les commencements. Dessins d'enfants. Essais d'enfants, 1983; Déplacements, dégagements, G. 1985; Affrontements, 1986. – Œuvres complètes, hg. R. Bellour II, 1998–2001. – *Übs.:* Dichtungen, 1954; Dichtungen, Schriften, Bd. 1, hg. P. Celan 1966, Bd. 2, hg. K. Leonhard 1971.

L: A. Gide, Découvrons H. M., 1941; Ph. de Coulon, 1949; R. Bertelé, ³1953 (m. Bibl.); R. Ponlet, La lanterne magique, 1956; R. Brechon, 1959; A. Jouffroy, 1961; W. Engler, Diss. Tüb. 1964; R. Bellour, 1965; ›Cahiers de l'Herne‹, Sondernummer H. M., 1966; N. Murat, 1967; ›Promesse‹, Sondernummer H. M., 1967; M. Bowie, Oxf. 1973; P. Broome, 1977; V. A. La Charite, 1977; L. A. Velinsky, 1977; J. B. David, 1981; A. Kippur, 1981; M. Butor, 1985; J.-C. Mathieu, M. Collot, Passages et langages de H. M., 1987; B. Ouvry-Vial, 1989; F. Trotet, 1992; F. Roustang, 1993; J.-P. Martin, 1999; E. Grossman, 2002. – *Bibl.:* G. Place, 1969.

Michel, Georges, franz. Dramatiker u. Romancier, * 4. 3. 1926 Paris. Ursprüngl. Uhrmacher ebda.; als Bühnenautor von Sartre entdeckt u. in ›Les Temps Modernes‹ gedruckt, von Ionesco u. M. Duras gefördert. – Durchbruch zum Bühnenerfolg mit ›La promenade du dimanche‹. M.-Stücke sind, ebenso wie s. Romane, bestimmt durch scharfe, provozierende Sozialkritik u. e.

Michel 1208

beißend-satir. Haltung gegenüber der bürgerl. Gesellschaft, die bes. durch Darstellung ihrer Umgangsformen u. Sprachkonventionen als Fassade aggressiv entlarvt wird.

W: Les jouets, Dr. 1964; Les timides aventures d'un laveur de carreaux, R. 1966; La promenade du dimanche, Dr. 1967; L'agression, Dr. 1968; Les bravos, R. 1968; Arbalètes et vieilles rapières, Dr. 1969; Un petit nid d'amour, Dr. 1970; Les bancs, R. 1970; Mes années Sartre, 1981; Rhapsodie-Béton, R. 1986; Quatre restent disponible, R. 1987.

Michel, Jean, franz. Dramatiker, um 1435 Angers – 1501 ebda. Arzt am Hofe Karls VIII., diente seit 1495 dem Dauphin. – Vf. der ›Passion d'Angers‹ (1486 dort aufgeführt). Benutzte die Passion von A. Gréban, erweiterte sie auf 4 Tage, führte phantast. und legendäre Züge ein. Auch ›La Résurrection‹ (1491) wird ihm zugeschrieben.

A: Le mistère de la Passion de nostre Saulveur Jhesucrist, 4 vlle (hkA O. Jodogne 1959; Ausw. 1974).
L: R. P. Wülcker, 1872; K. Kruse, J. M. und sein Verhältnis zu A. Gréban, 1907; J. Cocherras, Les éditions de la ›Passion‹ de J. M. au XVIᵉ siècle, 1966; M. Accarie, Diss. 1978.

Michelangelo → Buonarroti, Michelangelo

Michener, James (Albert), amerik. Schriftsteller, 3. 2. 1907 New York – 16. 10. 1997 Austin/TX. Swarthmore, Colorado State College, viele Reisen, im 2. Weltkrieg mit der US-Marine im Pazifik. – S. Erzählungen und Romane spielen im 2. Weltkrieg und im Koreakrieg, vor dem exot. Hintergrund der Südsee. ›Tales of the South Pacific‹ diente als Vorlage für das Musical ›South Pacific‹ von Rodgers und Hammerstein (1949). ›Hawaii‹ und ›The Source‹ (über Palästina) sind breit angelegte hist.-geograph. Genrebilder; Betonung der Tugenden der Toleranz und rass. Harmonie. Später in zunehmendem Maße journalist. Arbeiten mit polit. Engagement. Erfolgreicher ep. Bearbeiter hist. Stoffe.

W: Tales of the South Pacific, Kgn. 1947 (Im Korallenmeer, d. 1951, u.d.T. Südsee, 1966); The Fires of Spring, R. 1950 (d. 1951); Return to Paradise, Kgn. 1951 (d. 1955); The Voice of Asia, Abh. 1951; The Bridges at Toko-ri, R. 1953 (d. 1955); Sayonara, R. 1954 (d. 1958); The Bridge at Andau, Ber. 1957 (d. 1957); Rascals in Paradise, Kgn. 1957 (m. A. G. Day, d. 1961); Hawaii, R. 1959 (d. 1960); Report of the County Chairman, Ber. 1961; Caravans, R. 1963 (d. 1964); The Source, R. 1965 (d. 1966); Iberia, Reiseber. 1968 (d. 1969); Presidential Lottery, Abh. 1969; The Quality of Life, Abh. 1970; The Drifters, R. 1971 (Die Kinder von Torremolinos, d. 1971); Kent State, Ber. 1971; Centennial, R. 1974 (Colorado-Saga, d. 1974); Sports in America, St. 1976; Chesapeake, R. 1978 (Die Bucht, d. 1979); The Covenant, R. 1980 (Verheißene Erde, d. 1981); James A. Michener's USA, Ess. 1981; Space, R. 1982 (Sternenjäger, d. 1983); Poland, R. 1983 (Mazurka, d. 1984); Texas, R. 1985 (d. 1986); Legacy, R. 1987. – Selected Writings, o. J.; A. M. Miscellany, Anth. 1950–70, 1973; Alaska, R. 1988; Journey, R. 1989; Caribbean, R. 1989; Pilgrimage, Mem. 1990; The Novel, R. 1991; Mexico, R. 1992; Explorations in Writing and Publishing, St. 1992; My Lost Mexiko, Reiseber. 1992; The World is My Home, Mem. 1992; Creatures of the Kingdom, R. 1993; Literary Reflections, Mem. 1993; Recessional, R. 1994; This Noble Land, Abh. 1996; A Century of Sonnets, St. 1997.

L: A. G. Day, 1964; J. Kings, 1978; M. S. Severson, 1996. – *Bibl.:* F. X. Roberts, C. D. Rhine, 1995; D. A. Groseclose, 1996.

Michiels, Ivo (eig. Henri Ceuppens), fläm. Schriftsteller, * 8. 1. 1923 Mortsel. Zuerst Journalist, dann Verlagstätigkeit. Mitarbeit an versch. Zeitschriften; Dozent für Filmanalyse in Brüssel. – Existentialist. Einflüsse; Entwicklung vom traditionellen Erzählstil der frühen Werke, von dem ›Het afscheid‹ Abschied nimmt, zu experimenteller Prosa, die nicht erzählen, sondern e. Situation suggerieren will: beklemmende Kindheits- u. Kriegserinnerungen, Ehe- u. Schuldprobleme, das Dasein als Flucht. Wechsel zwischen Traum u. Wirklichkeit. Von ›Het boek alfa‹ an zeigen die Werke e. zykl. Zusammenhang u. stellen e. Mischform zwischen Roman, Tagebuch, Reflexionen u. Textexperimenten dar. Auch Drehbücher.

W: Daar tegenover, G. 1946; De ogenbank, R. 1943; Het afscheid, R. 1957 (d. 1960); fünfteil. ›Alpha‹-Zyklus: Het boek alfa, R. 1963 (d. 1965); Orchis militaris, R. 1968 (d. 1969); Exit, R. 1971; Samuel, o Samuel, R. 1973; Dixi(t), R. 1979; zehnteil. Zyklus ›Journal brut‹ (Ausw.): De vrouwen van de aartsengel, R. 1983 (= 1); Prima materia, R. 1989 (= 4); Daar komen scherven van, R. 1995 (= 7); De mirakelen, Elizabeth, de mirakelen, R. 2001 (= 10).

L: W. Martin, Analyse van een vocabularium..., 1970; ›De Vlaamse Gids‹, Jan. 1973; J. M. Maes, 1978; L. de Vos u.a., hg. 1980.

Michizane → Sugawara

Miciński, Tadeusz, poln. Dichter, 9. 11. 1873 Łódź – Febr. 1918 Czeryków/Weißrußland. Sohn e. Geometers. Stud. in Krakau u. Leipzig. Reisen nach Spanien u. zum Kaukasus. Im 1. Weltkrieg in Moskau. Bei Rückkehr nach Polen ermordet. – Schüler Przybyszewskis. Symbolist, Vorläufer des Surrealismus u. Expressionismus, schwer verständl. Werk, für e. kleine Lesergemeinde. Thema s. bekanntesten Werkes ist der Kampf zwischen Stoff u. Geist ›Xiądz Faust‹. Der Historie zugewandt in s. Drama ›Bazylissa Teofanu‹, e. auf sorgfält. Studien beruhenden Bild byzantin. Kultur. Einiges noch unveröffentl.

W: Nauczycielka, N. 1896; W mroku gwiazd, G. 1902 (n. 1957); Noc rabinowa, Dr. 1903; Do źródeł duszy polskiej, St. 1906; Kniaź Patiomkin, Dr. 1906; W mrokach złotego pałacu czyli Bazylissa Teofanu, Dr. 1909; Nietota. Księga tajemna Tatr, R. 1910; Walka o Chrystusa, Es. 1911; Dęby Czarnobylskie, Nn. 1911; Xiądz Faust, R. 1913; Termopile polskie, Dr. 1914; Nowy Konrad Wallenrod, Ep. 1915; Wita, R. 1926. – Pisma pośmiertne, I 1931; Dzieła, I 1936 (enth. Lucyfer, poet. Prosa); Utwory dramatyczne (Ges. Drn.), 1979/80; Poezje, 1980, 1984; Poematy prozą, 1985.

L: J. Tynecki, Inicjacje mistyka, 1976; E. Rzewuska, O dramaturgii T. M., 1977; J. Prokop, Żywioł wyzwolony, 1978; Studia o T. M., 1979; W. Gutowski, O poszukiwaniu nowego, 1980.

Mickevičius, Vincas → Krėvė-Mickevičius, Vincas

Mickiewicz, Adam, poln. Dichter, 24. 12. 1798 Zaosie/Litauen – 26. 11. 1855 Konstantinopel. Sohn e. kleinadl. Advokaten. 1807–15 Mittelschule Nowogródek, 1815–19 Stud. klass. Philol. u. Lit. Univ. Wilno; 1819 Lehrer in Kowno. Steht stark unter dem Einfluß der Geheimbünde der Philomaten u. Philareten, 1823 von der russ. Regierung 5 Monate eingekerkert u. aus Litauen ausgewiesen. Zunächst nach Petersburg, 1825 Odessa. Von hier Ausflug auf die Krim, schließl. 1826–28 Moskau. Begegnung mit A. Puškin. 1829 Erlaubnis für e. Auslandsreise (Emigration) nach Hamburg, Berlin, Dresden, Prag, Karlsbad, Weimar (Empfang bei Goethe), Bonn (A. W. Schlegel), der Schweiz u. Italien. Bei Ausbruch der Revolution 1831 Reise von Rom über die Schweiz u. Paris nach Posen. Von hier nach Dresden, 1832 nach Paris. Mitarbeit in vielen Gesellschaften, Organisationen u. Zeitungen. Stark beeindruckt von Saint-Simon u. dem revolutionären Katholizismus des Abbé Lamennais. 1834 ∞ Celina Szymanowska, wenig glückl. Ehe; 1839/40 Lehrer für Latein Univ. Lausanne, Dez. 1840 Prof. für slaw. Lit. am Collège de France Paris, 1844 entlassen. 1841–47 unter dem nachteiligen Einfluß Towiańskis. Papstbesuch. 1849 Chefredakteur der Zs. ›Tribune des Peuples‹. Teilnahme am Krimkrieg, wollte e. poln. Legion bilden. Starb an Cholera, 1890 Überführung in die Gruft der poln. Könige zu Krakau. – Größter poln. Dichter. Frühwerk unter Einfluß der poln. Pseudoklassizisten u. Voltaires. Aus s. unglückl. Liebe zu Maryla Wereszczaka erwachsen lyr. Verse. Entdeckte die Volkspoesie; davon beeinflußt Balladen u. Romanzen. Die romant. Gedichte erschienen mit e. programmat. Vorwort. Von Scott u. Byron beeinflußt. In der Verbannung entstanden ›Sonety krymskie‹ u. das Epos ›Farys‹. Die Epen ›Grażyna‹ u. ›Konrad Wallenrod‹ zeigen s. patriot. Gesinnung. In Dresden Vollendung des Monumentalwerkes ›Dziady‹. Ausdruck der geist. Führerschaft sind die 1832 in Paris verfaßten ›Księgi Narodu Polskiego i Pielgrzymstwa Polskiego‹. Verbindet Freiheitsgedanken mit dem christl. Sozialismus. Nov. 1833 – Febr. 1834 entstand das Epos ›Pan Tadeusz‹, das das Leben des poln. Landadels am Vorabend des Napoleon. Feldzuges nach Rußland realist. schildert. Später nur noch einige kleine, z. T. myst. Dichtungen. Die Dichtung M.s wird gekennzeichnet durch Plastik u. Anschaulichkeit, die Erschließung der poln. Natur, die volkstüml. Gestaltung, den wohlausgefeilten Vers u. s. meisterhafte Sprache. Wichtig s. Vorlesungen üb. slaw. Literaturen.

W: Oda do młodości, G. 1820; Ballady i romanse, G. 1822f. (d. 1874); Grażyna, Ep. 1823 (d. 1989); Dziady, Dr. III 1823–32 (Ahnenfeier, d. 1887 u. 1991); Sonety krymskie, G. 1826 (d. 1957); Konrad Wallenrod, Ep. 1827 (d. 1834, 1955 u. 1990); Farys, Ep. 1828; O krytykach i recenzentach warszawskich, Abh. 1828; Księgi narodu polskiego i pielgrzymstwa polskiego, Prosa 1832 (Die Bücher des poln. Volkes u. der poln. Pilgerschaft, d. 1833); Pan Tadeusz, Ep. 1834 (d. 1955, 1963 u. 1977); Cours de la littérature slave, Schr. 1845; Les slaves, Schr. 1849. – HkA. IX 1933–38; Dzieła, XVI 1949–55; 1955; hkA. 1969ff.; Briefw., hg. Wł. M. IV 1870–85. – *Übs.:* Poet. Werke, S. Lipiner II 1882–87, A. Brückner I 1919; Ausw. M. Jastrun, 1953; Lyrik. Prosa, ²1979; Dichtung u. Prosa, 1994.

L: M. Kridl, 1921; J. Kallenbach, II ⁴1926; A. Potocki, 1930; M. Czapska, Paris 1931; E. Krakowski, A. M. philosophe mystique, 1935; H. Szyper, 1947; J. Kleiner, III 1948; C. Regamey, 1949; M. Jastrun, II 1950 (d. 1953); V. Weintraub, The Poetry of A. M., Haag 1954; G. Wytrzens, 1955; A. M. in World Literature, hg. W. Lednicki, Berkeley 1956 u. 1976; A. M., Bb. 1956; Kronika życia i twórczosci, 1957 ff.; W. Kyka, II 1962; L. Kolodziej, Paris 1966; D. J. Welsh, N. Y. 1966; V. Weintraub, Profecja i profesura, 1975; ders., Poeta i prorok, 1983; Cz. Zgorzelski, O sztuce poetyckiej M., 1976; B. I. Rostockij, M. i teatr, 1976; K. Górski, M. Artyzm i język, 1977; Z. Kępiński, M. hermetyczny, 1980; A. Witkowska, ²1983; M. Dernałowicz, 1985; K. Górski, 1986; Konkordanz, XI 1962–83; S. Makowski, 1992; J. Łukasiewicz, 1996; Z. Sudolski, 1997.

Middleton, Christopher, engl. Lyriker, * 10. 6. 1926 Truro/Cornwall. Stud. u. Promotion in Oxford, Dozent an versch. Univ. in England u. im Ausland, seit 1966 Prof. für dt. Literatur in Texas. – Einflußreicher Verf. komplexer, visionärer, oft verstörender Lyrik, eng angelehnt an die Innovationen des Modernismus, beeinflußt von Surrealismus u. dt. Expressionismus. Formale Stringenz, häufiger Einsatz von Collagetechniken, inhaltliches Nebeneinander von gegensätzlichen menschlichen Erfahrungen. Auch Übs. (Goethe, Rilke, Trakl, R. Walser) u. Hrsg. versch. Anthologien zur dt. Literatur.

W: Torse 3, 1962; Nonsequences, 1965; Our Flowers and Nice Bones, 1969; Fractions from Another Telemachus, 1974; The Lonely Suppers of W. V. Balloon, 1975; Razzmatazz, 1976; Pataxanadu and Other Prose,

Ess. 1977; Carminalenia, 1980; 111 Poems, 1983; Serpentine, Pros. 1985; Selected Writings, 1989; The Balcony Tree, 1992; Intimate Chronicles, 1996; The Word Pavilion, 2001.

Middleton, O(sman) E(dward Gordon), neuseeländ. Erzähler, * 1925 Christchurch. Stud. in Auckland u. Paris. Diverse Berufserfahrungen auf weltumspannenden Reisen. – S. Kurzgeschichten konzentrieren sich einerseits auf die realist., betont männl. Reflexion s. Reisebegegnungen, andererseits trug M. mit der verständnisvollen Schilderung von Maoris nennenswert zu e. kulturellen Ausgleich in Neuseeland bei.

W: Short Stories, 1953; The Stone and Other Stories, 1959; A Walk on the Beach, Kgn. 1964; The Loners, Kgn. 1972; Selected Stories, 1975.

Middleton, Thomas, engl. Dramatiker, 18. 4. 1580 London – 4. 7. 1627 Newington Butts (Surrey). Stud. Oxford, schrieb als Student Gedichte, ab 1602 Bühnenstücke, 1620 Londoner Stadtchronist. – Schrieb z.T. in Zusammenarbeit mit Rowley, Dekker und Fletcher. Begann mit satir. derben Sittenkomödien aus dem Londoner Alltagsleben, die den Sittenverfall anprangern; ab 1615 nur noch ernste realist. Stücke. Seine Dramen sind oft von einer beginnenden Dichotomisierung der Geschlechterwahrnehmung gekennzeichnet und imaginieren Weiblichkeit in stereotypen Oppositionen (Hure und Heilige; Beatrice in ›The Changeling‹). ›A Game at Chess‹, e. Allegorie, die Englands Beziehungen zu Spanien verspottete, mußte wegen Protest des span. Gesandten zurückgezogen werden. Außer Tragödien, Tragikomödien und Komödien auch Maskenspiele und Schaustücke für städt. Festlichkeiten sowie die Dichtung ›The ghost of Lucrece‹, in dem er zu dieser Zeit bedeutenden und kontrovers diskutierten mytholog. Stoff um die Vergewaltigung v. Lucrecia verarbeitet.

W: The Phoenix, K. 1602; The Black Book, K. 1604; The Honest Whore, Sch. 1604 (m. Dekker); Father Hubbard's Tales, K. 1604; Michaelmas Term, K. 1607 (hg. R. Levin 1967, G. R. Price 1976); A Mad World, My Masters, K. 1608 (hg. S. Henning 1965); A Trick to Catch the Old One, K. 1608 (hg. C. Barber 1968); The Roaring Girl, K. 1611 (m. Dekker); A Chaste Maid in Cheapside, K. 1613 (hg. A. Brissenden 1968, R. B. Parker 1969); The Witch, Tragikom. 1617 (hg. E. Esche, 1993); A Fair Quarrel, K. 1617 (m. Rowley, hg. R. V. Holdsworth 1974); Women Beware Women, Sch. 1621 (hg. C. Barber 1968, R. Gill 1969, J. R. Mulryne 1975); The Changeling, Dr. 1622 (m. Rowley; hg. N. W. Bawcutt 1958; M. Scott 1989); The Spanish Gipsy, Dr. 1623 (m. Rowley); A Game at Chess, Sch. 1624 (n. R. C. Bald 1929, J. W. Harper 1966). – Works, hg. A. H. Bullen VIII 1885f.; Ausw., hg. H. Ellis II 1890, 1969, M. W. Tompson 1915, D. L. Frost 1978.

L: H. Jung, 1904; S. Schoenbaum, 1955; G. R. Hibbard, 1957; G. H. Jones, 1966; W. D. Dunkel, 1967; D. M. Holmes, The Art of M., 1970; D. M. Farr, 1973; J. R. Mulryne, 1979; G. E. Rowe, 1979; M. Heinemann, Puritanism and Theatre, 1980; S. Steen, T. M. A Reference Guide, 1984; S. Chakravorty, Society and Politics in the Plays of T. M., 1996; H. Heller, Penitent Brothellers. Grace, Sexuality and Genre in T. M.'s City Comedies, 2000. – *Bibl.:* S. A. Tannenbaum, 1940; D. Wolff, 1985.

Midhat, Ahmed → Ahmed Midhat

Międzyrzecki, Artur Adam, poln. Dichter u. Kritiker, 6. 11. 1922 Warschau – 2. 11. 1996 ebda. Stud. École des Sciences Politiques Paris, poln. Soldat im Italienfeldzug, 1946–49 in Paris, 1950 Rückkehr nach Polen. – Bedeutend vor allem durch s. kulturkrit. Lyrik.

W: Namiot z Kanady, G. 1943; Szyby Auchel, Dicht. 1951; Noc noworoczna, G. 1953; Opowieści mieszkańca namiotów, En. 1957; Powrót do Sorrento, Sk. 1958; Noc darowana, G. 1960; Piękne zmęczenia, G. 1962; Śmierć Robinsona, En. 1963 (Kongreß der Blumenzüchter, d. 1966); Poezja dzisiaj, Krit. 1964; Selekcje, 1964; Zamówienia, G. 1968; Złota Papuga, R. 1970; Dialogi i sąsiedztwa, Ess. 1970; Wygnanie do rymu, G. 1977; Wiek mentorów, En. 1979; Wojna nerwów, G. 1983; To samo miasto, ta sama miłość, En. 1992; Nowe wiersze (1987–97) i wybór wierszy dawnych, G. 1999. – Wybór wierszy (G.-Ausw.), 1971; Poezje, 1980.

L: R. Przybylski, 1994.

Mielants, Florent Constant Albert → Hensen, Herwig

Mieželaitis, Eduardas, litau. Lyriker, 3. 10. 1919 Kareiviškis, Kr. Šiauliai – 6. 6. 1997 Vilnius. Gymnas. Kaunas, Stud. Jura Kaunas. – Philos. Lyrik, die trotz abstrakter Form sehr klare, scharfe Gedanken in schönen Bildern wiedergibt, die aus e. gütigen Herzen fließen, welches das Leben und die Menschen leidenschaftl. liebt, die Erde bejaht und zu den Sternen strebt, der sich im Kosmos, der sich vor ihm erschließt, zu Hause fühlt.

W: Lyrika, G. 1943; Tėviškės vėjas, G. 1946; Pakilusi žemė, G. 1951; Dainų išausiu marga rašta, G. 1952; Broliška poema, Poem 1954, 1960; Mano lakštingala, G. 1956; Svetimi akmenys, G. 1957; Žvaigždžių papėdė, G. 1959; Lineliai, G. 1960; Saulė gintare, G. 1961; Žmogus, G. 1962 (Der Mensch, d. 1967); Autoportretas-Aviaeskizai, G. 1962; Atogrąžos-Panorama, G. 1963; Lyriniai Etiudai, G. 1964; Duona ir žodis, G. 1965; Naktiniai Drugiai, G. 1966; Era, G. 1967; Čia Lietuva, G. 1968; Poezija, G. 1968; Montažai, G. 1969; Horizontai, G. 1970; Antakalnio barokas, 1971; Gintaro paukštė, 1972; Iliuzijos bokštas, G. 1973; Aleliumai, 1974; Kontrapunktas, 1975; Pantomima, 1976; Monodrama, 1976; Tekstai, 1977; Nikė, 1977; Mano Lyra, 1979; Pasaka, 1980; Monologai, 1981. – Raštai (W), XI 1974–84, VIII 1982–85. – *Übs.:* Denn ich bin die Brücke, 1980.

L: J. E. Lankutis, 1965, 1971; S. Kurliandčikas, 1965; V. Vilnonytė, 1962; A. Makarov, 1966; L. V. Ponomarenko, 1966; A. Baltakis, 1957; I. Kostkevičiūtė, 1964; V. Kubilius, 1962; J. Macevičius, 1961; V. Radaitis 1961, 1966; A. Venclova, 1962; V. Ognev, 1960, 1964; V. Areška, 1984.

Migjeni (Akron. von Milosh Gjergj Nikolla), alban. Dichter u. Prosaist, 13. 10. 1911 Shkodër – 26. 8. 1938 Torre Pellice (b. Turin). 1925–32 Gymnas. u. orthod. theolog. Seminar Monastir; 1933–37 Lehrer in Nordalbanien; Tod durch Tuberkulose. – S. sprachlich unprätentiösen Gedichte u. Prosaskizzen sind – e. Novum in der alban. Lit. – e. Aufschrei gegen die unter s. alban. Landsleuten herrschende soziale Not, gegen Krankheit, Armut, Hunger. Wenngleich von mitleidendem Verständnis getragen, überwiegt in ihnen e. von Verzweiflung u. Ausweglosigkeit verdüsterte Stimmung.

W: Vargjet e lira, G. 1936 (nach Erscheinen verboten; veränd. 1944 (d. d. 1987; engl. 1991); GW, Vepra, hg. Rr. Dedaj II (IV) 1977, ²1980; Vepra, hg. M. Zeqo 1988, ²1989; Vepra, hg. G. Bushaka 1999.

L: V. Bala, M., portret-mon., 1974 (n. 1977); P. Januara, M., 1982; S. Fetiu, Vepra e M-it dhe kritika e saj, 1984; I. Kadaré, Ardhja e M-it në letërsinë shqipe, 1991; R. Idrizi, M., 1992.

Miguéis, José Rodrigues, portugies. Schriftsteller und Journalist, 9. 12. 1901 Lissabon – 27. 10. 1980 New York. Sohn e. Hotelportiers, Stud. Jura Lissabon, Pädagogikausbildung Brüssel; beteiligte sich an der lit. Bewegung um die Zs. ›Seara Nova‹, als Lehrer setzte er sich für die portugies. Pädagogik ein, anschließend Stud. Pädagogik Brüssel. – Obwohl er 1935 aus polit. Gründen in die USA emigrierte, blieb Lissabon in s. Werk als Ort der Abgeschlossenheit u. Entzauberung immer präsent. In den Erzählungen geraten die Figuren in Grenzsituationen und suchen auf der Flucht – zwischen dem Gefühl der Hoffnung und dem des Scheiterns schwankend – die eigene Identität; Einfluß von R. Brandão, R. Proença und F. Dostoevskij.

W: Páscoa feliz, N. 1932; Onde a Noite se Acaba, Kgn. 1946; Léah e Outras Histórias, Kgn. 1958; Uma Aventura Inquietante, R. 1959; A Escola do Paraíso, R. 1960; O Passageiro do Expresso, Dr. 1960; Gente da Terceira Classe, Kgn. 1962; Nikalai! Nikalai!, R. 1971; Comércio com o Inimigo, Kgn. 1973; O Milagre segundo Salomé, R. 1975; O Pão não cai do Céu, R. 1981; Paços Confusos, Kgn. 1983; Idealista no Mundo Real, R. 1986.

L: M. Sacramento, 1959; O. Teotónio Almeida, 1984; T. Martins Marques, 1994.

Mihăescu, Gib, rumän. Schriftsteller, 23. 4. 1894 Drăgăşani/Olt – 19. 10. 1935 Bukarest. Stud. Jura Bukarest abgebrochen. Mitbegr. des ›Gândirea‹-Kreises. – E. der größten Romanciers Rumäniens; leidenschaftl. Charaktere, sublimer Eros, packende Handlung, Selbstironie, feine psycholog. Analyse im Kontrast zum gewollt nüchtern-derben Stil. Mit ›Donna Alba‹ schuf er e. Frauengestalt, die in der Weltlit. der Madame Bovary, Anna Karenina oder Effi Briest ebenbürtig ist.

W: La Grandiflora, Nn. 1928; Pavilionul cu umbre, Dr. 1928; Vedenia, Nn. 1929; Braţul Andromedei, R. 1930; Rusoaica, R. 1933; Donna Alba, R. 1935; Nuvele, Nn. 1969. – Opere (GW), hg. Al. Andriescu V 1976–85 (wobei Bd. 3 ›Rusoaica‹, R. erst 1995 nach der polit. Wende erscheinen konnte).

L: I. Ichim, 1942; N. Manolescu, 1967; V. Dogaru, 1973; M. Diaconescu, 1973; P. Petria, 1985.

Mihailović, Dragoslav, serb. Schriftsteller, * 20. 11. 1930 Ćuprija. Stud. Philos. Belgrad, freier Schriftsteller ebda. Polit. Haft 1950–52, was zum Thema vieler Texte wird. Akad.-Mitglied 1988. – Schildert mit feiner Beobachtungsgabe in lokaler Mundart das Leben in der serb. Kleinstadt und auf dem Lande.

W: Frede, laku noć, En. 1967 (d. 1972); Kad su cvetale tikve, R. 1968 (d. 1984); Petrijin venac, R. 1975; Čižmaši, R. 1983; Uhvati zvezdu padalicu, En. 1983; Uvodjenje u posao, R. 1983; Gori Morava, R. 1994; Goli otok, R. 1995; Barabe, konji i gegule, En. 1997; Jalova jesen, En. 2000; Crveno i plavo, R. 2001; Treće proleće, R. 2002. – Dela (W), VI 1984.

L: L. Jeremić, 1978; V. Janković, 1985.

Mihalić, Slavko, kroat. Dichter, * 16. 3. 1928 Karlovac. Im Zagreber Kreis um die Zs. ›Krugovi‹, ab 1990 Hrsg. der Zs. ›Forum‹. – Vollendete Form und direkte, oft iron. Aussage kennzeichnen s. Lyrik über Probleme des mod. Menschen, vom Existentialismus geprägtes Weltgefühl herrscht vor. Leitfigur der mod. kroat. Lit.

W: Komorna muzika, 1954; Put u nepostojanje, 1956; Darežljivo progonstvo, 1959; Godišnja doba, 1961; Posljednja večera, 1969; Vrt crnih jabuka, 1972; Klopka za uspomene, 1977; Atlantida, 1982; Tihe lomače, 1985 (d. 1990); Ispitivanje tišine, 1990; Zavodnička šuma, 1992 (d. 1995); Baršunasta žena, 1993 (d. 1996); Pandorina kutija, 1997. – Sabrane pjesme (GW), 1998.

L: A. Stamać, 1996; I. Frangeš, 1997.

Mihálik, Vojtech, slovak. Dichter, 30. 3. 1926 Dolná Streda – 3. 11. 2001 Bratislava. Stud. Philos. Preßburg, Redakteur, Politiker. – Nach relig. Stimmungslyrik, die Unruhe u. Suche nach neuen Werten widerspiegelt, wendet sich M. dem ›sozialist. Realismus‹ zu. Unter dem Einfluß der polit. u. lit. Entwicklung erklingen in s. späteren Gedichten wieder differenziertere Töne; M. entwirft e. Vision der Vereinigung von Freiheit u. Sozialismus, die auch s. Tätigkeit in den Redaktionsräten versch. lit. Zss. bestimmt. Auch Prosa u. Übs. aus dem Poln.

W: Anjeli, G. 1947; Plebejská košel'a, G. 1950; Spievajúce srdce, G. 1952; Ozbrojená láska, G. 1953; Neumriem na slame, G. 1955; Vzbúrený Job, G. 1960; Archimedove kruhy, G. 1960; Trpky, G. 1963; Appassionata, G. 1964; Útek za Orfeom, G. 1965; Sonety pre tvoju samotu, G. 1966; Čierna jeseň, G. 1969; Trinásta komnata, G. 1975; Posledná prvá láska, G. 1978. – Najmilšie verše, Ausw. 1976; Večné dialógy, Ausw. 1986.

L: J. Škamla, Pramcny poézie V. M., 1969.

Mihura, Miguel, span. Schriftsteller, 21. 7. 1905 Madrid – 28. 10. 1977 Fuenterrabía. Mitgründer der humorist. Wochenschrift ›La Codorniz‹. – S. Komödien vereinen originelle Thematik mit gekonnter Technik u. mildem, manchmal pathet., meist desillusioniertem Humor u. sind große Theatererfolge der Nachkriegszeit.

W: Ni pobre ni rico, sino todo lo contrario, K. 1943; El caso de la mujer asesinadita, K. 1946; Tres sombreros de copa, K. 1952 (geschrieben 1932); El caso de la señora estupenda, K. 1953; Una mujer cualquiera, K. 1953; A media luz los tres, K. 1953; El caso del señor vestido de violeta, K. 1954; Sublime decisión, K. 1955; Mi adorado Juan, K. 1956; Carlota, K. 1957; Melocotón en almíbar, K. 1958 (Der Engel mit dem Blumentopf, d. 1969); Maribel y la extraña familia, K. 1959 (d. 1960); El chalet de Madame Renard, K. 1961; Las entretenidas, K. 1962; La bella Dorotea, K. 1963; Ninette y un señor de Murcia, K. 1964; Milagro en casa de los López, K. 1965; La tetera, K. 1965; Ninette, ›Modas de París‹, K. 1966; La decente, K. 1969. – Obras Completas, 1962; Obras Selectas, 1971; Teatro, 1974.

L: J. Aguirre Bellver, 1961; I. Muur, Oslo 1966; F. Ponce, 1972; D. R. McKay, Boston 1977; E. de Miguel Martínez, 1979; F. Lara, 1990.

Mikes, Kelemen, ungar. Schriftsteller, Aug. 1690 Zágon – 2. 10. 1761 Rodostó (Türkei). Als Konvertit im Jesuitenkonvikt Kolozsvár erzogen; kam an den Hof Rákóczi Ferenc' II., dort Page, später Schreiber. Er folgte s. Fürsten nach dessen Verbannung 1711 in die Fremde: Polen, England, Frankreich, Türkei. – Philos. Schriftsteller, in s. Person u. s. Hauptwerk ›Törökországi levelek‹ e. Markstein in der Entwicklung ungar. Geisteshaltung. In der Einsamkeit e. Hauses schrieb er s. Briefe an e. erdichtete Tante, die packend, Mitgefühl erregend u. voller relig. Ergebenheit das Schicksal des Emigranten mit allen Qualen des Heimwehs schildern.

W: Törökországi levelek, 1717–58, hg. 1794 (n. 1990). – *Übs.:* Briefe aus der Türkei, 1999.

L: R. Gálos, 1954; L. Hopp, M. Pintér, G. Tüskés, 1992.

Mikszáth, Kálmán, ungar. Schriftsteller, 16. 1. 1847 Szklabonya – 28. 5. 1910 Budapest. 1857 Gymnas. Rimaszombat, 1863 Selmecbánya. 1866 Stud. Jura Győr. Kurz Beamter, dann Journalist in Szeged u. Budapest. 1874 Redakteur der Zs. ›Magyar Néplap‹. 1882 ∞ Ilona Mauks. 1883 Mitgl. der Kisfaludy-Gesellschaft. 1887 liberaler Abgeordneter. 1889 Mitgl. der Ungar. Akad. der Wiss. 1910 großer Preis der Akademie. – Humorvoller, z. T. gesellschaftskrit.-satir. Erzähler von lebendiger Darstellung u. lebensnaher Charakterisierung, bes. Vorliebe für seltsame Käuze. Einfluß von Dickens u. M. Jókai. Der Kern aller s. Erzählungen ist die Anekdote. Auch der Roman wird bei ihm durch Anekdoten u. Episoden zu e. bunten, schwungvollen Erzählung. Bei den großen wie bei den kleinen Menschen findet er Züge, die es ihm unmöglich machen, den Großen allzugroß, den Kleinen allzuklein zu sehen. Diese Art des Humors ist bei ihm nicht mehr eine Frage des Stils, sondern der Lebensanschauung. In s. Episoden ist M. Realist, aber im allg. strebt er nicht nach Realität. S. Stoffe sind nicht realist., wenn sie auch auf wirklichen Geschehnissen aufbauen. S. Helden u. deren Taten sind nicht typ., sondern einmalig.

W: A tót atyafiak, Nn. 1881; A jó palócok, Nn. 1882 (Die guten Hochländer, d. 1882); Nemzetes uraimék, R. 1884; A beszélő köntös, R. 1889 (Der Zauberkaftan, d. 1891); Szent Péter esernyője, R. 1895 (Sankt Peters Regenschirm, d. 1898); Beszterce ostroma, R. 1895 (Der Graf und die Zirkusreiterin, d. 1955); Új Zrínyiász, R. 1898; Különös házaság, R. 1900 (Seltsame Ehe, d. 1954); Szelistyei asszonyok, R. 1901 (Szelistye, das Dorf ohne Männer, d. 1906, u. d. T. Die Maskerade des jungen Königs, 1959); Akli Miklós, R. 1903; Mikor a mécses már csak pislog, Nn. 1906; Jókai Mór élete és kora, B. II 1907; A gavallérok, R. 1907 (Die Kavaliere, d. 1954); A Noszty fiú esete Tóth Marival, R. III 1908 (Die Hochzeit des Herrn von Noszty, d. 1953); A fekete város, R. 1910 (Die schwarze Stadt, d. 1953). – Összegyűjtött munkái (GW), XII 1889–96; VI 1900; XXXIII1903–08; L, 1929–31. – *Übs.:* GS, IV 1899; Der alte Gauner, En. 1968; Der schwarze Hahn, En. 1968.

L: A. Schöpflin, 1941; I. Király, 1952; Mikszáth Kálmánné visszaemlékezései, ²1957; A. Fábri, 1983; K. Véber, Így élt M. K., 1986; Gy. Eisemann, 1998.

Miladinov, Dimitar, mazedon. Publizist u. nationaler Kämpfer, 1810 Struga – 23. 1. 1862 Konstantinopel. – Als Lehrer beteiligte sich M. führend an der kulturellen u. polit. Wiedergeburt und Autonomie Mazedoniens, erwarb sich große Verdienste um das Schulwesen, erzog alle bedeutenden mazedon. Schriftsteller der 2. Hälfte des 19. Jh.; verbrachte e. Teil s. Lebens im Exil u. starb im türk. Kerker; mit s. Bruder Konstantin M. sammelte D. mazedon. Volkslieder, die 1861 mit Unterstützung des Bischofs J. J. Strossmayer in Agram erschienen.

L: H. Polenakovik', 1973.

Miladinov, Konstantin, mazedon. Dichter, 1830 Struga – 18. 1. 1862 Konstantinopel, Bruder Dimitars. Stud. slaw. Philol. Moskau, wo er bis 1861 lebte; als Fürsprecher s. Bruders in Konstantinopel verhaftet u. zu Tode gemartert. – Führender mazedon. Romantiker; besang in zahlr., z.T. stark subjektiven Gedichten, in denen er meisterhaft die Stimmung u. Sprache des Volksliedes wiedergab, die sonnige Schönheit s. Heimat u. gab mit s. Bruder mazedon. Volkslieder heraus.
A: Sočinenija (W), 1939, 1943; Tvorbi, 1958.
L: H. Polenakovik', 1973.

Milani, Milena, ital. Schriftstellerin, * 24. 12. 1922 Savona. Journalistin und Malerin. Kam 19jährig nach Rom, wo sie den Kreis um den Dichter Cardarelli frequentierte. Bekannt durch den Roman ›La storia di Anna Drei‹. Nachlässiger, der Alltäglichkeit ihrer Motive entsprechender Stil. 1966 Beschlagnahme ihres Buches ›La ragazza di nome Giulio‹ u. Prozeß gegen den Verleger u. die Autorin wegen Pornographie.
W: Ignoti furono i cieli, G. 1944; L'estate, En. 1946; La storia di Anna Drei, R. 1947; Emilia sulla diga, En. 1954; La ragazza di nome Giulio, R. 1966 (d. 1967); Italia sexy, Rep. 1967; Io donna e gli altri, R. 1972; Soltanto amore, R. 1976; La rossa di via Tadino, R. 1979; Mi sono innamorata a Mosca, G. 1980; Umori e amori, Ess. 1982.
L: R. Lovascio, 1990.

Mi-la-ras-pa, tibet. Klausner und Dichter, 1040 Gung-thang (nahe der nepales. Grenze) – 1123. S. Name bedeutet ›Mi-la, der mit dem Baumwolltuch Bekleidete‹, und kennzeichnet ihn als e. myst. Meister, der durch mag. Körperwärme auch den tibet. Winter im Hochgebirge nur mit e. Baumwolltuch bekleidet überstehen konnte. Kaufmannssohn; verlor früh s. Vater. Nach schwerer Jugend und e. mag. Racheakt an s. Feinden wurde er Wanderasket, Schüler des Mar-pa (1012–97), des Begründers der bKa'-brgyud-Schule des Lamaismus, und wirkte lehrend und bekehrend zum Heile aller Lebewesen. – Die tibet. Lit. enthält zwei Werke, die s. Wirken gewidmet sind, e. Biographie (›rNam-thar‹) und die ›Hunderttausend Gesänge‹ (›mGur-'bum‹), die, in Legenden eingebettet, die von M. verfaßten Lieder enthalten. Diese noch heute bei den Tibetern sehr populären Gesänge sind im Sinne Goethes Gelegenheitsgedichte, die sich aus e. bestimmten Lebenssituation herleiten. Lit. gehen die Lieder auf die ind. Dohâs, myst.-paradoxe Lieder aus der Zeit des späten ind. Buddhismus, zurück. M. aber vermittelt nicht nur geistl. Belehrung und myst. Erfahrung, sondern auch wundervolle Naturschilderungen und Szenen aus dem Volksleben. Niemand konnte wie er die Stimmung der tibet. Hochgebirgswelt und den seel. Zustand s. Bewohner einfangen.
A: rNam-thar, 's-Gravenhage 1959; mGur-'bum, Delhi 1985. – *Übs.*: dt. Berlin 1996, engl. Boston 1999; Übs. d. Biographie dt. Aitrang 1994; engl. Delhi 1997.

Milev, Geo (eig. Georgi Milev Kasabov), bulgar. Dichter, 15. 1. 1895 Radnevo b. Stara Zagora – nach 15. 5. 1925 Sofia. Stud. Philol. Sofia, 1912–14 Philos. u. Theaterwiss. Leipzig. 1914 in London, wo er sich mit der engl. Lit. vertraut machte u. sich mit Émile Verhaeren anfreundete. Nach schwerer Verwundung im 1. Weltkrieg u. Genesungsaufenthalt in Berlin Rückkehr nach Bulgarien, wo er die modernist. Zsn. ›Vezni‹ (1912–22) u. ›Plamuk‹ (1924) herausgab. Dramatiker u. Regisseur in Stara Zagora u. Sofia. – Erste dichter. Versuche unter dem Einfluß des Symbolismus, später bedeutendster bulgar. Expressionist. S. berühmtestes Werk ist das Poem ›Septemvri‹ über den Bürgerkrieg in Bulgarien 1923, das konfisziert wurde. Am 14. Mai 1925 wurde M. zu einer Gefängnisstrafe verurteilt, dann ermordet. Zahlr. Übsn. klass. Werke aus dem Engl., Dt., Russ. u. Franz.
W: Teatralno izkustvo, St. 1918; Žestokijat prŭsten, G. 1920; Ekspresionistično kalendarče, 1921; Ikonite spjat, G. 1922; Krŭštenie s ogun i duh, Anth. 1923; Septemvri, Poem 1927 (franz. 1950). – Sŭčinenija (GW), III 1975–76 Izbrani prevodi, Übsn.; 1980.
L: G. Markov, 1965; R. Kolarov,1976; K. Protohristova, 1991; E. Dimitrova, 2001.

Milindapañha, der (Die Fragen des Milinda), e. zur nachkanon. Pali-Lit. gehörendes Werk e. unbekannten Vf.; behandelt die wichtigsten Elemente der buddhist. Dogmatik in Form e. Gesprächs zwischen dem Ende des 2. Jh. v. Chr. im Punjab regierenden gräco-ind. König Menander (ind.: Milinda) und dem buddhist. Heiligen Nāgāsena. In der heute vorliegenden Form ist der M. zweifellos e. Überarbeitung und wesentl. Erweiterung des ursprüngl., wahrscheinl. in Nordindien um Christi Geburt in Sanskrit abgefaßten Grundtextes. Wegen der Schönheit s. Sprache und Darstellung ist der M., der zu den bedeutendsten philos. Schriften des Buddhismus zählt, zugleich e. der lit. wertvollsten Werke der Pali-Lit.
A: V. Trenckner II 1880–1928 (n. 1963), S. Jaini 1961. – *Übs.*: engl.: T. W. Rhys Davids, II 1890–94 (n. 1963), I. B. Horner II 1963–64 (n. 1969, 1990/91); franz. L. Finot 1923; d. F. O. Schrader 1905 (Ausw.), Nyanatiloka II 1919–24, ³1985, 1998.
L: P. Demiéville (Bulletin de l'Ecole Française d'Extrême Orient 24), 1924; A. J. Festugière (Revue de l'Histoire des Religions 125), 1942f.; Thich Minh Chau, M. and Nagasenabhikshusutra, Kalkutta 1964. – *Bibl.*: S. Behrsing (Bulletin of the School of Oriental Studies), 1934; R. Basu, 1978.

Miljanov, Marko, montenegrin. Schriftsteller, 24. 4. 1833 Medun – 15. 2. 1901 Herceg Novi, Bauernsohn, kämpfte gegen türk. Besatzung, ab 1856 Senatsmitglied, lernte erst mit 50 Jahren lesen und schreiben. – In Anekdoten beschreibt er treffend Menschen sowie deren Heldentum und Menschlichkeit; sammelt Volkslieder.
W: Primjeri čojstva i junaštva, En. 1901; Život i običaji Arbanasa, En. 1907. – Celokupna dela (GW), 1930; Sabrana djela (GW), V 1967, II 1990.
L: J. Jovanović, 1952; T. Đukić, 1967; Đ. Radović, 1971.

Miljković, Branko, serb. Dichter, 28. 1. 1934 Niš – 12. 1. 1961 Zagreb. Stud. Philos. Belgrad, Redakteur ebda. Beging Selbstmord. – M.' Dichtung, die Elemente des Symbolismus u. Surrealismus vereint, zeichnet sich durch Unmittelbarkeit, ungewöhnl. Bilderreichtum u. Formvollendung aus. Meisterhafte Form- u. Sprachbeherrschung äußert sich auch in lit. Essays u. Übsn. aus dem Russ. u. Franz.
W: Uzalud je budim, G. 1957; Smrću protiv smrti, G. 1959 (m. B. Šćepanović); Vatra i ništa, G. 1960; Poreklo nade, G. 1960; Pesme, G. 1965. – Sabrana dela (GW), I 1972; Dok budeš pevao, Ausw. ²1984; Poezija, G. II 1988; Izabrane pesme, G. (AW) 1991; Sabrane pesme, G. (GW) 2002.
L: P. Džadžić, 1965, 1996; Lj. Stanojević, 1973; M. Šutić, Poezija duhovnog iskaza, 1984; N. Petković, hg. 1996; V. Petrović, 2001; R. Mikić, 2002.

Miłkowski, Zygmunt → Jeż, Teodor Tomasz

Millar, Kenneth → Macdonald, Ross

Millar, Margaret (eig. Margaret Ellis Sturm), kanad.-am. Romanautorin, 5. 2. 1915 Kitchener/Ontario – 26. 4. 1994 Santa Barbara/CA. 1933–36 Univ. of Toronto, 1938 ∞ K. Millar (Ps. Ross Macdonald). – Bedeutende u. vielfach preisgekrönte Kriminalschriftstellerin.
W: The Iron Gates, 1945 (d. 1983); Beast in View, 1955 (Liebe Mutter, es geht mir gut, d. 1967); A Stranger in My Grave, 1960 (d. 1980); How Like an Angel, 1962 (d. 1984); Beyond This Point Are Monsters, 1970 (d. 1981); Ask For Me Tomorrow, 1976 (d. 1978); The Murder of Miranda, 1980 (d. 1981); Mermaid, 1982 (d. 1984); Banshee, 1983 (d. 1987); Spider Webs, 1986 (d. 1989).
L: E. F. Bargainnier, hg. 1981 (m. Bibl.); K. G. Klein, hg. 1994.

Millás, Juan José, span. Schriftsteller, * 31. 1. 1946 Valencia. Kommt mit 6 Jahren nach Madrid; Stud. Philos. ebda.; Journalist, u. a. für die Zeitung ›El País‹. – Herausragender Gegenwartsautor, umfangreiches Werk (Romane, Erzählungen, Lyrik). Schonungslose Analyse bürgerl. Paar- und Dreiecksbeziehungen, komplexes Spiel mit versch. Realitätsebenen, beeinflußt von Psychoanalyse u. Existentialismus.
W: Cerbero son las sombras, R. 1974; Visión del ahogado, R. 1977; El jardín vacío, R. 1981; Papel mojado, R. 1983; Letra muerta, R. 1984; El desorden de tu nombre, R. 1988 (d. 1990); La soledad era esto, R. 1990 (d. 1991); Volver a casa, R. 1990; Ella imagina y otras obsesiones de Vicente Holgado, R. 1994; Tonto, muerto, bastardo e invisible, R. 1995; Cuentos a la intemperie, En. 1997; El orden alfabético, R. 1998 (d. 2003); No mires debajo de la cama, R. 1999; Dos mujeres en Praga, R. 2002; Cuentos de adúlteros desorientados, En. 2002.
L: I. Andres-Suárez, hg. Neuchâtel 2001; D. Knickerbocker, N. Y. 2003.

Millay, Edna St. Vincent (Ps. Nancy Boyd), amerik. Lyrikerin, 22. 2. 1892 Rockland/ME – 19. 10. 1950 Steepleton/NY. Vassar College; Schauspielerin; Bohèmeleben in Greenwich Village/NY; befreundet u. a. mit E. Wilson und Floyd Dell, Reisen in Europa; ∞ 1923 E. Boissevain, e. Geschäftsmann; lebte auf e. Farm in den Berkshire Hills. – Schrieb leidenschaftl. unmittelbare Bekenntnis- und Liebeslyrik. Neigung zu Selbstbespiegelung, zu hektisch entschlossenem Lebensgenuß und zur leichtfertig-zyn. Pose der desillusionierten Frau, die die Bitterkeit enttäuschter und unerfüllter Liebe oft allzu persönl. verkündet. ›Second April‹ und die Sonette in ›The Buck in the Snow‹ zeichnen sich durch Reife und Strenge des Gefühls, ekstat. Lebensfeier und bewegende Klagen über Tod und Vergehen aus. An den Elisabethanern geschulte Sonettkunst; poet.-satir. Einakter für die ›Provincetown Players‹; spätere Lyrik zunehmend polit. engagiert und gesellschaftsbewußt.
W: Renascence, G. 1917; A Few Figs From Thistles, G. 1920; Second April, G. 1921; Two Slatterns and a King, Dr. 1921; The Lamp and the Bell, Dr. 1921; Aria da Capo, Dr. 1921; The Harp Weaver, G. 1923; Distressing Dialogues, Sk. 1924; Three Plays, 1926; The King's Henchman, Dr. 1927; The Buck in the Snow, G. 1928; Fatal Interview, G. 1931; The Princess Marries the Page, Dr. 1932; Wine from these Grapes, G. 1934; Conversation at Midnight, G. 1937; Make Bright the Arrows, G. 1940; Invocation to the Muses, G. 1941; The Murder of Lidice, Dr. 1942; Letters, 1952; Mine the Harvest, G. 1954; Take Up the Song, G. 1986. – Collected Sonnets, 1941; Collected Lyrics, 1943; Collected Poems, 1956; Selected Poems, hg. C. Falck 1992.
L: E. Atkins, 1936, n. 1964; V. Sheean, 1951; E. Wilson, The Shores of Light, 1952; M. Gurko, 1962; N. A. Brittin, 1967, ²1982; J. Gould, 1969; A. Cheney, 1975; D. M. Epstein, 2001; N. Milford, 2001. – *Bibl.:* K. Yost, 1937; J. Nierman, 1977.

Miller, Andrew (M.), engl. Romanschriftsteller, * 29. 4. 1960 Bristol. Aufgewachsen in Bath und Wiltshire; seit der Schulzeit großes Interesse für Geschichte und hist. Romane; Auslandsaufenthalte; Betätigung in den verschiedensten Jobs, später Stud. London, bis 1991 Stud. Creative Writing Norwich; 1993 Aufenthalt in Japan, u.a. als Engl.-Lehrer; lebte in Dublin, Paris, London, Brighton. – Vf. von bisher drei Romanen, von denen s. beiden ersten Romane verfilmt wurden; inhaltl. sind sie im 18. Jh. angesiedelt, der neueste Roman jedoch in der Gegenwart; wiederkehrende Themen sind die Vergangenheit der Menschen bzw. ihre Verbindung zur Geschichte, die Frage nach dem richtigen Leben, Momente der Krise und Entscheidung.

W: Ingenious Pain, 1997 (Die Gabe des Schmerzes, d. 1998); Casanova, 1998 (Eine kleine Geschichte, die meist von der Liebe handelt, d. 2000); Oxygen, 2001 (Zehn oder fünfzehn der glücklichen Momente des Lebens, d. 2003).

Miller, Arthur, amerik. Dramatiker, * 17. 10. 1915 New York. Sohn e. Textilfabrikanten, der in der Wirtschaftskrise verarmte; arbeitete für sein Stud. (Univ. of Michigan) u.a. in e. Autofabrik; 1938 Redakteur des ›Michigan Daily‹; erste Dramen 1936–38 aufgeführt, Federal Theatre Project 1938, im 2. Weltkrieg bei der Marine, ab 1945 in Hollywood. Auf der kommerziellen Bühne seit 1947 erfolgr. 1940 ∞ Mary Grace Slattery, 1956 ∞ Marilyn Monroe, 1961 o|o; 1962 ∞ Ingeborg Morath. – Der analyt. Methode Ibsens verpflichtet, gelang M. in ›Death of a Salesman‹ die Tragödie des von falschen Werten s. Gesellschaft Verführten, dessen Söhne als Nemesis wirken. Originelle, mit dem Bühnenbildner entwickelte Darstellung, bei der Gegenwart und Vergangenheit gleich präsent sind. Das hist., die Salemer Hexenjagd darstellende Drama ›The Crucible‹ (mit zeitgenöss. Bezügen: McCarthy-Verfolgungen und mod. Massenwahn) ist konventioneller. Im Ehedrama ›After the Fall‹ rückt die Frage nach individueller Schuld in den Vordergrund. M. erstrebt ein ›soziales Drama‹ im Sinn e. die Gemeinschaft umfassenden, die trag. Situation, aber den Sieg des Menschen darstellenden Kunst. Auch Erzähler.

W: Situation Normal, Rep. 1944; Focus, R. 1945 (d. 1955); All My Sons, Dr. 1947 (d. 1948); Death of a Salesman, Dr. 1949 (d. 1950); The Crucible, Dr. 1953 (Hexenjagd, d. 1954); A Memory of two Mondays, Dr. 1955; A View from the Bridge, Dr. 1955 (d. 1956); The Misfits, R. 1961 (Nicht gesellschaftsfähig, d. 1961); After the Fall, Dr. 1964 (d. 1964); Incident at Vichy, Dr. 1965 (d. 1965); The Price, Dr. 1968 (d. 1968); I Don't Need You Any More, Kgn. 1968 (Ges. Erzählungen, d. 1969); In Russia, Bb. 1969 (d. 1969); The Creation of the World and other Business, K. (1972); The Archbishop's Ceiling, Sch. 1977; The Theatre Essays, hg. R. A. Martin 1978; The American Clock, Sch. 1980; Timebends, Mem. 1987 (d. 1987); The Golden Years, Dr. 1990; The Last Yankee, Dr. 1991; The Ride Down Mt. Morgan, Dr. 1992; Broken Glass, Dr. 1994; Homely Girl, A Life, and Other Stories, 1995; The Portable Arthur Miller, hg.

C. Bigsby 1995; Mr. Peters' Connections, Ess. 1999; On Politics and the Art of Acting, Ess. 2001. – Collected Plays, 1957, II 1981; Echoes Down the Corridor: Collected Essays, 1947–1999, hg. S. Centola 2000. – *Übs.:* Dramen, 1966.

L: D. Welland, 1961; R. Hogan, 1964; S. Huftel, 1965; E. Murray, 1966; R. Lübbren, 1966; B. Nelson, 1970; J. J. Martine, 1979; L. Moss, ²1980; R. A. Martin, hg. 1982; N. Carson, 1982; J. Schlueter, J. K. Flanagan, 1987; P. Singh, 1990; S. R. Centola, 1993; A. Griffin, 1996; C. Maerker, 1997. – *Bibl.:* G. H. Jensen, 1976; J. H. Ferris, 1979.

Miller, Henry, amerik. Schriftsteller, 26. 12. 1891 New York – 8. 6. 1980 Los Angeles. Aus dt. Familie und in dt. Umgebung aufgewachsen; ungeordnete Jugend in den Straßen New Yorks, durchzog die USA, Gelegenheitsarbeiter, 1920–24 Angestellter der Western Union Telegraphengesellschaft in New York, ab 1924 Schriftsteller, 1930–40 in Europa (meist in Paris, länger in Griechenland), seit 1942 in Kalifornien, wohnte seit 1947 in Big Sur/Partington Ridge. Auch Zeichner und Maler. – Seine teils kraß naturalist., teils in visionärer lyr. Prosa abgefaßten Bücher ohne künstler. Formkraft sind stark autobiograph., schildern s. intellektuellen und ästhet. Abenteuer, s. Gefühle, Stimmungen, Überzeugungen und s. egozentr., anarch. Weltsicht. Wegen ihrer freien Behandlung sexueller Beziehungen (Sexualismus und bewußt schockierender Obszönitäten als Protest gegen sterile Zivilisation, Rückkehr zu Natur und Instinkt) wurden sie vielfach kritisiert und konnten z. T. in den USA lange nicht erscheinen; Prozesse; verwickelte Publikationsgeschichte. Seit etwa 1950 einsetzende H.-M.-›Renaissance‹, im Zuge wachsender sexueller Freizügigkeit Vorbild für Beat Generation, Hippies und ›permissive society‹.

W: Tropic of Cancer, R. 1934 (d. 1953); Aller Retour New York, Reiseber. 1935 (d. 1962); Black Spring, En. 1936 (d. 1954); Max and the White Phagocytes, E. 1938; Tropic of Capricorn, R. 1939 (d. 1953); The Cosmological Eye, E. 1939; Hamlet, Br. II 1939 u. 1941; The World of Sex, Es. 1940 (d. 1960); The Colossus of Maroussi, Reiseber. 1941 (d. 1956); The Wisdom of the Heart, Ess. 1941; Sunday After the War, Ess. 1944; The Air-Conditioned Nightmare, Reiseber. 1945; Remember to Remember, Reiseber. 1947 (Land der Erinnerung, d. 1957); The Smile at the Foot of the Ladder, E. 1948 (d. 1954); Sexus, R. 1949 (d. 1970); Rimbaud, Es. 1952 (Vom großen Aufstand, d. 1955); The Books in My Life, Ess. 1952 (Die Kunst des Lesens, d. 1963); Plexus, R. 1952 (d. 1955); Big Sur and the Oranges of Hieronymus Bosch, R. 1955 (d. 1958); Nights of Love and Laughter, E. 1955 (d. 1957); Art and Outrage, Br. 1959 (m. A. Perlès u. L. Durrell); Kunst und Provokation (d. 1960); Nexus, R. 1960 (d. 1961); Stand Still Like the Hummingbird, En. u. Ess. 1962; Just Wild about Harry, Dr. 1963 (d. 1963); L. Durrell – H. Miller, Br. 1963 (d. 1967); Letters to A. Nin, 1965 (d. 1968); Selected Prose,

II 1965; Quiet Days in Clichy, R. 1966 (d. 1968); My Life and Times, Aut. 1972 (d. 1972). – The H. M. Reader, hg. L. Durrell 1959 (d. 1961); H. M. on Writing, hg. T. H. Moore 1964; H. M. Miscellanea, Anth. 1970; Genius and Lust, Br. hg. N. Mailer 1976 (Die Literatur und das Obszöne, d. 1979); Dear, Dear Brenda, Br. H. M. – B. Venus 1986 (d. 1987); Letters H. M. – Hoki Tokuda Miller, hg. J. Howard 1986; A Literate Passion, Br. Anais Nin – H. M. 1932–1953, hg. Stuhlmann 1987; The Durrell-Miller Letters 1935–1980, hg. I. S. MacNiven 1988; Selected Letters H. M. – James Laughlin, hg. J. Laughlin, G. Wickes 1996. – *Übs.:* Von der Unmoral der Moral, Ess. 1958; Sämtliche Erzählungen, 1968; Jugendfreunde, 1977.

L: N. Moore, hg. 1943; G. Villa, Paris 1947; A. Perlès, 1956; S. Omarr, 1960; W. Schmiele, 1961; A. K. Baxter, 1961; G. Wickes, hg. 1963; K. Widmer, 1963; R. Kostelanetz, 1964; G. Wickes, 1966; W. A. Gordon, 1967; I. Hassan, The Lit. of Silence, 1968; J. A. Nelson, Form and Image in the Fiction of H. M., 1969; E. B. Mitchell, 1971; J. Martin, 1978; Brassaï, 1979; J. D. Brown, 1986; J. Parkin, 1990; K. Widmer, 1990; E. Jong, 1993 (d. 1999); G. L. Balliet, 1996; J. Crews, 1997; C. Blinder, 2000; P. Jahshan, 2001. – *Bibl.:* B. H. Porter, 1945; T. H. Moore, 1961; E. L. Riley, 1962; M. Renken, 1962; L. J. Shifreen, 1979; L. J. Shifreen, H. Jackson, 1993.

Miller, Joaquin (Cincinnatus Hiner oder Heine), amerik. Schriftsteller, 10. 3. 1839 (oder 1841) Liberty/IN – 17. 2. 1913 Oakland/CA. Abenteuerl. Leben: Goldrausch in Kalifornien, Leben mit Indianern und Pferdedieben, Anwalt in Oregon, Zeitungshrsg., Weltreisender, Korrespondent in Klondike usw. Mitgl. lit. Kreise in San Francisco (B. Harte) und London (W. M. Rossetti). Exzentr. Persönlichkeit. – Vf. banaler, unorigineller Gedichte und Prosaschriften, die Freiheit und Schönheit des Westens verherrlichen.

W: Joaquin et al., G. 1869; Pacific Poems, G. 1870; Songs of the Sierras, G. 1871; Songs of the Sun-lands, G. 1873; Life Amongst the Modocs, Aut. 1873; Light, G. 1907; Overland in a Covered Wagon, Aut. hg. S. G. Firman 1920; California Diary, hg. J. S. Richards 1936. – Complete Poetical Works, ²1902; Poems, VI 1909f.; The Poetical Works, Ausw. hg. S. P. Sherman 1923.

L: H. Wagner, 1929; M. P. Allen, 1932; M. S. Peterson, 1937; M. M. Marberry, 1953; O. W. Frost, 1967.

Millin, Sarah Gertrude, geb. Liebson, südafrikan. Romanschriftstellerin und Biographin, 19. 3. 1889 Zagar/Litauen – 6. 7. 1968 Johannesburg. Vater Diamantenschürfer in Südafrika. ∞ Philip M., später Richter am obersten südafrikan. Gerichtshof. – Vertreterin e. biolog. Determinismus in ihrer lit. Befürwortung der Rassentrennung, bes. in dem Roman ›God's Stepchildren‹, der in den USA zum Bestseller wurde.

W: The Dark River, R. 1919; Middle Class, R. 1921; Adam's Rest, R. 1922; The Jordans, R. 1923; God's Stepchildren, R. 1924; Mary Glenn, R. 1925; The South Africans, St. 1926; An Artist in the Family, R. 1928; The Coming of the Lord, R. 1928; The Fiddler, R. 1929; Men on Voyage, Ess. 1930; The Sons of Mrs. Aab, R. 1931; Cecil Rhodes, B. 1933; Three Men Die, R. 1934; General Smuts, B. 1936; What Hath a Man, R. 1938; Bucks Without Hair, R. 1941; The Night Is Long, Aut. 1941; The Herr Witchdoctor, R. 1941; War Diary, Tg. VI 1944–48; King of the Bastards, R. 1949; The People of South Africa, St. 1950; The Burning Man, R. 1952; The Measure of My Days, Aut. 1955; Two Bucks Without Hair, Kgn. 1957; The Wizard Bird, R. 1962; Goodbye, Dear England, R. 1965.

L: J. P. L. Snyman, 1955; M. Rubin, 1977.

Milne, Alan Alexander, engl. Schriftsteller, 18. 1. 1882 London – 31. 1. 1956 Hartfield/Sussex. Sohn e. Lehrers, erzogen in Westminster, Mathematikstud. Cambridge. Journalist in London, 1906–14 Mithrsg. des ›Punch‹, ∞ 1913 Daphne de Selincourt. – Als Vf. von über 30 seinerzeit erfolgreich aufgeführten unterhaltsamen Konversationsstücken, von humorist. Ess. u. 6 Romanen ist M. heute weitgehend vergessen. Ungebrochener Popularität, auch bei Erwachsenen, erfreuen sich dagegen 2 Bändchen, illustr. v. E. H. Shepard, mit Geschichten um Christopher Robin (benannt nach M.s eigenem Sohn) u. dessen Stofftieren. In über 20 Sprachen übs., gehören Winnie-the-Pooh 1926 u. s. Forts. 1928 zum klass. Bestand engl. Kinderlit.

W: Wurzel-Flummery, K. 1917; Mr. Pim Passes By, K. 1919 (d. 1930); Mr. Pim, R. 1921; The Red House Mystery, R. 1921 (d. 1929); The Sunny Side, Ess. 1922; When We Were Very Young, Kdb., G. 1924; Winnie-the-Pooh, Kdb. 1926 (d. 1928; 1996; 2001); Winnie ille Pu, lat. A. Lenard 1959; Now We Are Six, Kdb., G. 1927; The House at Pooh Corner, Kdb. 1928 (d. 1953, 1996); Toad of Toad Hall, Dr. 1929 (nach K. Grahame); It's Too Late Now, Aut. 1939.

L: B. Swann, 1971; Ch. Milne, Aut. 1975; A. Thwaite, 1994.

Miłosz, Czesław, poln. Dichter, * 30. 6. 1911 Šeteiniai/Litauen. 1946–50 Diplomat; lebte ab 1951 im Exil in Frankreich, ab 1956 in den USA, 1958 Prof. für Slavistik in Berkeley. Lebt seit der Wende in Berkeley u. Krakau. Sehr viele Auszeichnungen. – Lyriker, Erzähler u. Essayist. Beschäftigung mit philos., polit. u. nationalen Gegenwartsfragen. Nobelpreis 1980. Erschloß für den poln. Leser wichtige engl. Autoren (Milton, Blake, Yeats, T. S. Eliot). Widmet sich seit den 1970er Jahren der Übs. der Bibel aus dem Urtext. Bedeutendster poln. Gegenwartsdichter.

W: Poemat o czasie zastygłym, G. 1933; Trzy zimy, G. 1936; Ocalenie, G. 1945; Zniewolony umysł, Schr. 1953 (Verführtes Denken, d. 1953, ⁵1959); Światło dzienne, G. 1953; Dolina Issy, Aut. R. 1955 (Tal der Issa, d. 1957); Traktat poetycki, G. 1957; Zdobycie władzy, R. 1955 (Das Gesicht der Zeit, d. 1953); Kontynenty, Schr. 1958; Rodzinna Europa, Aut. 1959 (West- und östliches Gelände, d. 1961); Człowiek wśród skorpionów, St. 1962; Gucio zaczarowany, G. 1965; Miasto bez imienia, G.

1969; Widzenia nad zatoką San Francisco, Schr. 1969; The History of Polish Literature, Lond. 1969 (d. 1981); Prywatne obowiązki, Schr. 1972; Gdzie wschodzi słońce i kędy zapada, G. 1974; Ziemia Ulro, Schr. 1977 (Das Land U., d. 1982); Emperor of the Earth, Ess. 1977; Ogród nauk, Schr. 1979; Świadectwo poezji, Schr. 1983 (Das Zeugnis der Poesie, d. 1983); Nieobjęta ziemia, G. 1984; Zaczynając od moich ulic, Schr. Paris 1985; Piesek przydrożny, G. 1997 (Hündchen am Wegesrand, d. 2000); To, G. 2000; Druga przestrzeń, G. 2002. – Wiersze, G.-Ausw. 1967; Dzieła zbiorowe (SW), XII ²1984; Wiersze, G.-Ausw. 1993 u.a. – *Übs.:* Lied vom Weltende, G. 1966 u. 1980; Zeichen im Dunkel, G. ²1980; Gedichte 1933–81, 1982; Mein ABC, Erinn. 2002.

L: Z. Łapiński, Między polityką a metafizyką, 1980; A. Fiut, Rozmowy z M., 1981; B. Chrząstowska, Poezja M., 1982; E. Czarnecka, Podróżny świata, N. Y. 1983; A. Walicki, Spotkania z M., Lond. 1985; Poznawanie M., 1985. – *Bibl.:* v. R. Volynska-Boggert, W. Zalewski, 1983; A. Zawada, 1996.

Milosz, Oscar (eig. Oscar Venceslas de Lubicz-M.), franz. Schriftsteller litauischer Herkunft, 28. 5. 1877 Čerėja b. Kowno/Litauen – 2. 3. 1939 Fontainebleau. Aus altem litauischen Adelsgeschlecht, Mutter Jüdin. Kam 1889 mit den Eltern nach Paris, Stud. Ecole du Louvre, Hebr. und Assyr. an der Ecole des Langues Orientales. Reiste 1896–1916 in Mittel-, Osteuropa und Nordafrika, 1902–06 in Litauen. Freund von F. de Miomandre, J. de Boschère, J. Moréas u. P. Fort, 1919–26 litauischer Gesandter in Paris. Seit 1931 franz. Staatsangehöriger. Letzte Jahre zurückgezogen in Fontainebleau. – Symbolist und theosoph. Mystiker, schrieb Gedichte, Prosawerke und Dramen. Erste Gedichte in klass. Form, im Ton fast sakrale, düstere, dekadente Phantasien über Tod und Verfall. Unter Einfluß von Claudel Bekehrung zum Katholizismus. Tief relig. myst. Lyrik. Myst. Dramen, so das Mysterienspiel ›Miguel Mañara‹ über die Verwandlung der sinnl. Liebe Don Juans in Gottesliebe. In den letzten Jahren Bibelexegesen (Apokalypse), Übsn., Hrsg. volkstüml. litauischer Texte in franz. Sprache.

W: Le poème des décadences, 1899; Les sept solitudes, G. 1904; Scènes de Don Juan, 1906; L'amoureuse initiation, R. 1910; Les éléments, G. 1910; Miguel Mañara, Dr. 1912; Chefs-d'œuvre lyriques du Nord, Übsn. 1912; Méphiboseth, Dr. 1914; Epître à Storge, 1917; La confession de Lemuel, G. 1922; Ars magna, Schr. 1924; Le poème des Arcanes, 1927; Le cantique de la connaissance, 1927; Contes et fabliaux de la veille Lithuanie, hg. 1930; La clef de l'Apocalypse, Schr. 1938; Poèmes 1895–1927, 1930; Contes lithuaniens de ma Mère l'Oye, hg. 1934. – Œuvres complètes, VIII 1945–48, X 1957–68, XII 1982; M., hommages et documents inédits, 1941; Textes inédits, 1959; Poèmes, hg. J. de Boschère 1929, 1944; Le cahier déchiré, Jugend-G. 1969; Poèmes d'adolescence de M., hg. J. Bellemin-Noël 1972; Soixante-quinze lettres inédites et sept documents originaux, 1960; Lettres inédites à C. Gauss, hg. C. Milosz 1976. – *Übs.:* Poesie (zweisprachige Ausw.), 1963.

L: A. Godoy, 1944; G.-I. Zidonis, Diss. Paris 1949; J. Rousselot, 1949; J. Buge, 1963; ders., hg. 1965, ²1979; S. Guise, La sensibilité ésoterique de M., 1964; A. Richter, 1965; Cahiers de l'Association des Amis de M., 1967ff.; G. G. Place, 1971; J. Rousselot, 1972; J. Bellemin-Noël, 1975; Y. Vaicaitis, Essai de lecture psychanalytique de l'œuvre O. M., Bern 1979; G. Schäfer, 1991; P. Gamarra, J. Supervielle, O. M., 1995; O. Cohen, 1995; A. Charbonnier, 1996.

Milton, John, engl. Dichter, 9. 12. 1608 London – 8. 11. 1674 ebda. Sohn e. Notars, der wegen s. Übertritts zum Protestantismus von s. Familie enterbt wurde. Seit 1625 Stud. Cambridge (1632 M.A.), wo bereits erste Gedichte entstanden. Gab s. Plan, Geistlicher zu werden, bald auf, da er sich zum Dichter berufen fühlte. Auf dem Landsitz s. Vaters in Horton b. Windsor entstanden s. Maskenspiel ›Comus‹ (uraufgeführt 1634) sowie s. ersten großen Dichtungen ›L'Allegro‹, ›Il Penseroso‹, das Maskenspiel ›Arcades‹ und die s. ertrunkenen Freund King gewidmete Elegie ›Lycidas‹. 1638/39 Bildungsreise nach Frankreich und Italien, in Paris Begegnung mit Grotius, in Florenz mit Galilei. Auf die Nachricht von den polit. Schwierigkeiten s. Heimat kehrte er nach England zurück und kämpfte gegen die Royalisten. Nach Cromwells Sieg ließ M. sich in London nieder, wurde zunächst Privatlehrer s. beiden Neffen und kämpfte in zahlr. Prosaschriften für s. Ideale bürgerl. u. relig. Freiheit. M. verherrlichte Cromwell und stellte sich ganz in den Dienst des Commonwealth. Er erstrebte e. polit. Block aller protestant. Länder gegen das Haus Habsburg. 1641–60 vorwiegend Publizist in engl. u. lat. Sprache. Ab 1649 diplomat. Korrespondent im Staatsrat. Ab 1644 ließ s. Augenlicht nach; schließl. völlig erblindet. Nach Rückkehr der Stuarts für kurze Zeit gefangengesetzt, lebte dann für den Rest s. Lebens vereinsamt und in äußerst dürftigen Verhältnissen. Starb an e. Gichtanfall. – Nach Shakespeare bedeutendster Dichter Englands. Obschon Künder und Dichter puritan. Gedankenguts, gleichzeitig erfüllt vom Schönheitsideal der Renaissance, das er mit den relig. Idealen des Puritanismus verschmolz. Strebte nach klass. Vollendung. Auf e. rein dichter. Periode s. Frühzeit, in der sich vorwiegend mit der Welt als Ort von Gefallenen beschäftigte (z.B. im philos. Maskenspiel ›Comus‹), folgte während der Herrschaft des Commonwealth e. Zeit, in der s. ganzes Schaffen s. Begeisterung für die Sache der Republik galt. Als nach 1660 die polit. Schriften öffentl. verbrannt wurden, entstanden in den Jahren s. Blindheit und Vereinsamung s. größten dichter. Werke, die s. Ruhm begründeten. ›Paradise Lost‹, e. relig. Epos in 10 Gesängen, schildert in streng puritan. Geist, jedoch psycholog. vertieft, die Geschichte des Sündenfalls. Die Gestalt Satans, die Klopstock zu

s. ›Messias‹ anregte, ist e. der großartigsten Schöpfungen der Weltlit. Der Kampf zwischen Satan und Christus spiegelt zugleich das gigant. Ringen der guten und bösen Mächte im Innern des Menschen. ›Paradise Lost‹ behandelt im Rahmen des menschlichen Sündenfalls und der Schöpfungsgeschichte anhand von Adam und Eva die Beziehung der Geschlechter und beansprucht damit ein Urmoment der Geschlechterdifferenz. Aufgrund der angeblich göttlich geschaffenen Überlegenheit des Mannes, die durch die Schöpfungsgeschichte bestätigt scheint, wurde das Epos um 1700 auch als Werk über den Geschlechterkampf und als Rechtfertigung für misogyne Tendenzen rezipiert. Das darin in verschiedener Weise vertretene Ideal der ›companionate marriage‹, das die Frau dem Mann als gleichwertige Partnerin zur Seite stellt, hintertreibt die scheinbar offensichtliche Hierarchie der Geschlechter jedoch immer wieder. Der Widerspruch, der zwischen diesen ›Modellen‹ von Geschlechterdifferenz besteht, wird von M. damit offen ins Zentrum des Werks gerückt. E. Nachklang dazu ist die ep. Dichtung ›Paradise Regained‹, die in 4 Gesängen die Versuchung Christi in der Wüste darstellt. Die Absage an Satan bedeutet Verzicht auf die sinnenhafte Schönheit der Welt. Das Lesedrama ›Samson Agonostes‹, an der griech. Tragödie geformt, das die letzten Stunden des blinden Kämpfers darstellt, trägt autobiograph. Züge und ist in der Verkleidung der bibl. Erzählung Ausdruck eigener Enttäuschungen.

W: Ode on the Morning of Christ's Nativity (1627); L'Allegro, Dicht. (1932); Il Penseroso, Dicht. (1632; zus. m. L'Allegro hg. E. B. u. E. Safer 1970; beide d. O. H. v. Gemmingen 1782 u. ö.); Epitaph on Shakespeare (in der 2. Folio), 1932; Arcades, Maskensp. (1633); Comus, Maskensp. (1634) 1937; Lycidas, G. (1637) 1638 (d. 1932); Epitaphium Damonis, lat. G. (1639); Of Reformation touching Church-Discipline in England, Schr. 1641; The Reason of Church-Government urg'd against Prelaty, Schr. 1641; The Doctrine and Discipline of Divorce, Schr. 1643, ²1644; On Education, Schr. 1644 (hg. O. M. Ainsworth 1970, K. M. Lea 1973); Areopagitica, Rd. 1644 (hg. K. M. Lea 1973); Poems, 1645 (enth. sämtl. früheren poet. Werke); The Tenure of Kings and Magistrates, Schr. 1649; Eikonoklastes, Schr. 1649; Pro Populo Anglicano Defensio, Schr. 1651 u. 1654; De Doctrina Christiana, Schr. 1655; A Treatise of Civil Power in Ecclesiastical causes, 1659; The Readie & Easie Way to establish a Free Commonwealth, Schr. 1660; Paradise Lost, Ep. 1667, rev. u. erw. 1674 (hg. A. W. Verity 1910, H. F. Cowling 1926, E. M. W. Tillyard, 1960, J. Broadbent 1972; d. E. G. v. Berge 1682, J. J. Bodmer II 1732, n. 1965, F. W. Zachariä II 1760, B. Schuhmann 1855 u. ö., K. Eitner 1865 u. ö.); The Historie of Britain, Schr. 1670; Paradise Regained, Ep. 1671 (hg. L. C. Martin 1925, E. H. Blakeny 1932; d. 1909 u. ö.); Samson Agonistes, Dr. 1671 (hg. F. T. Pruice 1957; d. 1947 u. ö.). – The Complete Works (Columbia Edition), hg. F. A. Patterson XX 1931–40; The Poetical Works, hg. P. Hume 1695, H. Darbishire II 1952–55, J. T. Shawcross 1963, D. Bush 1966, H. J. Todd VII ²1970; Complete Poems, hg. B. A. Wright ²1980; Works, hg. J. Mitford VIII 1851; The Complete Prose Works, hg. D. M. Wolfe VII 1953ff., M. Patrick 1968; Private Correspondence and Academic Exercises, hg. E. M. W. Tillyard 1932. – Übs.: Poet. Werke, A. Böttger 1843, H. Ullrich 1909; Polit. Hauptschriften, W. Bernhardi III 1870–79; Pädagog. Schriften, J. B. Meyer 1890.

L: D. Masson, VII 1858–94; A. Stern, IV 1877–79; R. D. Havens, 1922; E. M. W. Tillyard, 1930, 1949, 1951; H.-O. Wilde, 1933; M. on Himself, hg. J. S. Diekhoff 1939; A. Sewell, 1939 u. 1958; G. McColley, ›P. L.‹, 1940; M. M. Ross, 1941; D. M. Wolfe, 1941; C. S. Lewis, Preface to ›P. L.‹, 1942; A. Barker, 1942; D. Saurat, 1944; D. Bush, ›P. L.‹ in Our Time, 1945; A. J. A. Waldcock, ›P. L.‹ and Its Critics, 1947; F. E. Hutchinson, 1948; J. M. French, The Life Records, V 1949–58; J. Thorpe, hg. 1951; A. Stein, Answerable Style, 1953; F. T. Prince, 1954; W. B. C. Watkins, 1955; 1955; K. Muir, 1955; R. H. Grün, 1956; J. K. O. Svendsen, 1956; H. F. Fletcher, II 1956–61; R. Tuve, 1957; D. Daiches, ²1959; I. G. MacGaffrey, ›P. L.‹ as a ›Myth‹, 1959; E. Saillens, Paris 1959, engl. 1964; J. B. Broadbent, Some Graver Subject, 1960; J. Peter, Critique of ›P. L.‹, 1960; F. Kermode, hg. 1960; C. A. Patrides, M.'s Lycidas, 1961; J. I. Cope, The Metaphoric Structure of ›P. L.‹, 1962; D. P. Harding, The Club of Hercules, 1962; J. H. Summers, The Muse's Method, 1962; E. M. Pope, ›P. R.‹, 1962; R. Daniells, 1963; A. D. Ferry, 1963; M. H. Nicolson, A Reader's Guide to M., 1963; J. G. Nelson, The Sublime Puritan, 1963; D. Bush, 1964; N. Frye, The Return of Eden, 1965; L. Martz, hg. 1965; A. Barker, hg. 1965; H. Gardener, A Reading of ›P. L.‹, 1965; J. H. Summers, 1965; B. Lewalski, 1966; A. C. Patrides, 1966; S. Elledge, M.'s ›Lycidas‹, 1966; S. B. Liljegren, 1967; D. H. Burden, The Logical Epic, 1967; W. Shumaker, Unpremeditated Verse, 1967; Language and Style in M., hg. R. D. Emma, J. T. Shawcross 1967; S. E. Fish, Surprise by Sin, 1967; J. W. Grace, 1967; V. Murray, 1967; W. R. Parker, II 1968; J. G. Demaray, M. and the Masque Tradition, 1968; W. G. Madsen, From Shadowy Types to Truth, 1968; M. Wilding, 1969; At This Hour: Critiques and Interpretations of ›P. L.‹, hg. T. Kranidas, W. E. Gilman, 1970; J. B. Leishman, 1971; A. J. S. Fletcher, The Transcendental Masque, 1972; H. D. Kreuder, M. in Dtl., 1972; A. S. P. Woodhouse, The Heavenly Muse, 1972; D. F. Bouchard, 1974; E. Le Comte, M.s Unchanging Mind, 1974; A. L. Rowse, M. the Puritan, 1977; R. M. Frye, M.s Imagery and the Visual Arts, 1978; D. M. Miller, 1978; J. S. Hill, 1979; J. M. Webber, 1979; L. L. Martz, Poet of Exile, 1980; The Age of M., hg. C. A. Patrides, R. B. Waddington 1980; M. Roston, M. and the Baroque, 1980; A. Burnett, M.s Style, 1981; M. Ch. Pecheux, 1981; A. N. Wilson, 1983; Ch. R. Geisst, The Political Thougt of M., 1984; R. A. Shoaf, 1985; J. M. Steadman, M. and the Paradoxes of Renaissance Heroism, 1987; C. Belsey, 1988; D. Dickey, A Study of the Place of Women in the Poetry and Prose Works of J. M., 2000; B. Lewalski, 2000, rev. 2003; R. Bradford, The Complete Critical Guide to J. M., 2001; H. Bloom, 2003; J. Evans, J. M. Twentieth-Century Perspectives. – Bibl.: D. H. Stevens, 1930; H. F. Fletcher, 1931; C. Huckabay, 1960; W. C. Johnson, M. Criticism: A Subject

Index, 1978; C. Patrides, 1987; Konkordanz: L. Sterne, 1985.

Milutinović-Sarajlija, Sima, serb. Schriftsteller, 3. 10. 1791 Sarajevo – 30. 12. 1847 Belgrad. Unstetes Leben, abwechselnd in Bosnien, Serbien, Dtl. (Leipzig) u. Bulgarien, nahm an den serb. Aufständen 1804 u. 1815 gegen die Türkei teil, Erzieher des montenegrin. Kronprinzen P. P. Njegoš. – Als typ. Romantiker schrieb M.-S. im Stil des Volksliedes lyr. u. ep. Gedichte, in denen er die Heldentaten und Leiden s. Volkes verherrlicht, sowie hist. Dramen aus montenegrin. Geschichte; s. hist. Werke über Montenegro und die serb. Revolution, in denen Realität und Mystik verschmelzen, sind lediglich als Materialsammlung brauchbar; M.-S.s Darstellungsweise ist oft bis zur Unverständlichkeit gedrängt, s. Wortschatz eigenwillig. Aus dem reichen Schatz der serb. Volkslieder vermittelte er e. Auswahl an Goethe, Talvj u. Gerhard.

W: Serbianka, Ep. 1826; Zorica, G. 1827; Pjevanija cernogorska i hercegovačka, Volksliedslg. 1833; Dijka cernogorska, Dr. 1835; Istorija Cerne Gore, Schr. 1835; Istorija Serbie od početka 1813 do konca 1815, Schr. 1837; Tragedia Obilić, Dr. 1837; Trojesestarstvo, Ep. 1837; Trojebratstvo, Ep. 1844. – Lirske pesme, Ausw. 1899; Igraljke uma, Ausw. 1981.

L: V. Nedić, 1959 (m. Bibl.); M. Frajd, hg. 1993; A. Gavrilović, 2002.

Mimnermos, aus Kolophon, altgriech. Lyriker, 2. Hälfte 7. Jh. v. Chr. (Datierung unsicher). – M.' gesamtes Werk ist nur noch in relativ wenigen Fragmenten faßbar, die neben mytholog. Sujets oft e. gewisse Tendenz zum Daseinspessimismus und e. tiefes Bewußtsein für die menschl. Hinfälligkeit aufweisen. In der Antike galt M. v. a. als e. der ›Erfinder‹ der Elegie, was uns in Resten e. Gedichtes über den Sieg über Gyges (auch als ›Smyrneis‹ zitiert) nachvollziehbar ist. Erfolgreicher war das ›Nanno‹ genannte Buch mit vermutl. sympot. Dichtung. In s. erot. Dichtung spricht M. in gleicher Weise Frauen, Männer u. Knaben an; ob er auch Jamben (Invektiven) verfaßt hat, muß unsicher bleiben. Die ›Nanno‹ diente vielleicht Antimachos als Vorbild, Kallimachos hat sie sehr geschätzt; noch Propertius pries M. als Liebesdichter.

A: M. L. West, II ^{2}1992; B. Gentili, C. Prato I, ^{2}1988. – *Komm.:* A. Allen 1993.

L: A. Dihle, Hermes 90, 1962, 257–275; C. W. Müller, RhM 131, 1988, 197–211; S. R. Slings, Amst. 2000. – *Bibl.:* D. E. Gerber, Lustrum 33, 1991, 152–163 (1921–89).

Mimouni, Rachid Tombéza, alger. Schriftsteller franz. Sprache, 20. 11. 1945 Boudouaou/Alma – 12. 2. 1995 Paris. Aus armer Bauernfamilie, Stud. der Naturwiss., vorübergehend in Kanada; zerbricht an den relig. und soziopolit. Problemen s. Landes nach der Unabhängigkeit; Exil in Frankreich, früher Tod aufgrund psychiatr. Krankheit. – Sucht in s. Werken die Verbindung zu den einfachen Leuten der eigenen Herkunft. Kämpft gegen den islam. Fanatismus, sucht verzweifelt nach Auswegen. Die Sprache ist realist., hart, wild aufbrausend, ohne Spuren von Lyrismus.

W: Le printemps n' en sera que plus beau, R. 1978; Une paix à vivre, R. 1981; Tombéza, R. 1982; L'honneur de la tribu, R. 1989; La ceinture de l'ogresse, R. 1990; La malédiction, R. 1993.

Mīna, Ḥannā, syr. Romanschriftsteller, * 1924 Lattakia. Mußte aus Armut noch als Kind die Schule verlassen, arbeitete am Hafen, als Matrose und Friseur, dann als Journalist. Autodidakt. 1951 Mitbegr. des Verbands Arab. Schriftsteller. – Er schrieb anfangs Kurzgeschichten, widmete sich jedoch bald dem Roman. S. Stil ist realist. In s. Schriften thematisiert er in erster Linie wichtige polit. Ereignisse und Entwicklungen, den arab.-israel. Konflikt, den Klassenkonflikt und die Verbreitung revolutionärer u. radikaler Ideen in der arab. Welt. Bezieht sich dabei auf s. eigenen Erfahrungen u. gebraucht bibl. und myth. Andeutungen.

W: al-Maṣābīḥ az-zurq, R. 1954; aš-Širāʿ wa-l-ʿāṣifa, R. 1966; aš-Šams fī yawm ġāʾim, R. 1973; al-Yātir, R. 1975; Baqāyā ṣūar, autobiograph. R. 1977; Ḥikāyat buḥār, R. 1981; al-Marfaʾ al-baʿīd, R. 1983; Ḥamāma zarqāʾ fī as-suhub, R. 1988; Nihāyat raǧul šuǧāʿ, R. 1989; an-Nuǧūm tuḥākim al-qamar, R. 1993; Hārat aš-šaḥḥāḏīn, R. 2000; Širāʿ imraʾatain, R. 2001; al-Baḥr wa-s-safīna wa hīya, R. 2002. – *Übs.:* Fragments of Memory, Austin/TX 1993; Bilderreste, Basel 1994; Soleil en instance, franz. Übs. A. Laâbi, Paris 1986.

L: R. Allen, N. Y. 1994; A. Hibbard, 1995; R. Allen, Lond. 1998.

Mináč, Vladimír, slowak. Schriftsteller, 10. 8. 1922 Klenovec – 25. 10. 1996 Bratislava. Stud. Philos. Preßburg, Redakteur, Politiker, Literarkritiker. – In Erzählungen u. Romanen schildert M. die positiven u. negativen Erscheinungen des slovak. Aufstandes u. die Entstehung der neuen Gesellschaft; der Schwerpunkt liegt nicht auf der Handlung, sondern auf der Einstellung der Menschen zur Geschichte.

W: Smrť chodí po horách, R. 1948; Včera a zajtra, R. 1949; Prielom, R. 1950; Modré vlny, R. 1951; Na rozhraní, En. 1954; V krajine, kde vychodí slnko, Rep. 1955; R.-Tril.: Generácia: Dlhý čas čakania 1958, Živí a mŕtvi, 1959 (Haß u. Liebe, d. 1961); Zvony zvonia na deň, 1961 (Die Glocken läuten den Tag ein, d. 1974); Nikdy nie si sama, Nn. 1962; Čas a knihy, St. 1962; Záznamy, En. 1963; Výrobca šťastia, R. 1964; Dúchanie do pahrieb, Es. 1970; Sub tegmine, Ess. 1992; Návraty k

Minamoto(no) Shitagô

prevratu, Ess. 1993; Odkial'a kam, Slováci, Ess. 1993; Hovory M., Ess. 1994. – Vybrané spisy (AW), VI 1969–76.

L: J. Noge, 1962. – *Bibl.:* A. Mat'ovčik, J. Ballová, 1981.

Minamoto(no) Shitagô, jap. Dichter und Gelehrter, 911–983. Wurde 951 in das Amt für Dichtkunst berufen u. Mitkompilator der 2. offiziellen Anthologie ›Gosenwakashû‹. Daneben betrieb er philolog. Studien am ›Manyôshû‹ u. verfaßte das chines.-jap. Wörterbuch ›Wamyôrûijushô‹ (zwischen 930 u. 935). S. chines. Gedichte sind im ›Honchômonzui‹ (um 1040), s. jap. in die offiziellen Sammlungen wie ›Shûiwakashû‹ aufgenommen. S. private Sammlung ist das ›M. S.-shû‹ (um 983).

L: O. Karow, Die Wörterbücher d. Heian-Zeit (MN 7), 1951.

Minamoto Takakuni → Konjaku-monogatari

Minco, Marga (eig. Sara Voeten-Minco), niederländ. Schriftstellerin, * 31. 1. 1920 Ginneken. Jüd. Abstammung, konnte während der Besatzungszeit untertauchen, ihre Familienangehörigen kamen um. – M.s Romane u. Erzählungen sind stark von der persönl. Traumatisierung durch das 3. Reich geprägt, äußerst nüchtern u. unpathet. im Stil. Auch Fernsehspiele u. Kinderbücher.

W: Het bittere kruid, R. 1957 (d. 1959, 1985); De andere kant, En. 1959, erw. 1989; Een leeg huis, R. 1966 (Dr.-Bearb. 1992); De hutkoffer, FSsp. 1970; Verzamelde verhalen 1951–81, En. 1982; De val, E. 1983; De glazen brug, E. 1986; De zon is maar een zeepbel, En. 1990; Nagelaten dagen, R. 1997 (d. 2000).

L: C. Sanderse van der Boede, 1970; A. Middeldorp, 1981; J. P. Snapper, The ways of M. M., 1999.

Minkov, Svetoslav, bulgar. Schriftsteller, 12. 2. 1902 Radomir – 22. 11. 1966 Sofia. – Führender Vertreter des bulgar. Diabolismus. In skurriler Form, voller Phantastik, wendet sich s. Werk von der realist. Tradition ab. Übs. von G. Meyrink, E. Ludwig, S. Undset, K. Hamsun, H. C. Andersen, E. A. Poe, A. P. Čechov.

W: Sinjata chrizantema, En. 1922; Ognenata ptica, En. 1927; Kŭštata pri poslednija fener, En. 1931; Avtomati, En. 1932; Damata s rengenovite oči, En. 1934 (Die Dame mit den Röntgenaugen, d. 1955); Razkazi v taraležova koža, En. 1936; Drugata Amerika, Reiseb. 1938 (L'autre Amérique, franz. 1939); Imperija na glada, 1952; Patent SAS, En. 1936. – Izbrani proizvedenija (AW), II 1955.

Minne, Richard, fläm. Dichter, 30. 11. 1891 Gent – 1. 6. 1965 St. Martens-Latem. Landwirt, seit 1930 Journalist. – Naturverbundenheit u. Verletzlichkeit hinter u. Maske von Skeptizismus u. z. T. sarkast. Ironie. Sprachl. Schlichtheit, Nähe zur Volkssprache, zuweilen herb und ungezügelt als Reaktion auf den Expressionismus.

W: In den zoeten inval, G. 1927 (erw. 1955); Heineke Vos en zijn biograaf, N. 1933; Wolfijzers en schietgeweren, G. u. Prosa, 1942; In twintig lijnen, 1955.

L: A. Demedts, 1946; J. De Haes, 1956; R. H. Bossaert, 1968; D. van Ryssel u.a., 1971 (m. Bibl.); D. van Berlaer-Hellemans, 1975; M. Daane, B. 2001 (m. Bibl.).

Minnema, Sijbe → Polet, Sybren

Minot, Laurence, engl. Dichter, 1300(?) – 1352(?). Über s. Leben ist nichts bekannt, wahrscheinl. Soldat. – Vf. von patriot. Schlachtgedichten, die in nordengl. Sprache mit End- u. Stabreim die glanzvolle Zeit Edwards III. († 1377) und s. Siege über Schotten und Franzosen verherrlichen. Anschaul. Bild von ma. Kriegsführung, Untertanentreue und patriot. Begeisterung.

A: The Poems, hg. J. Hall ³1914; hg. T. B. James und J. Simons, 1989.

L: Bibl.: Manual ME 5. XIII, 1975, Nr. 43–55.

Minskij, Nikolaj Maksimovič (eig. N. M. Vilenkin), russ. Dichter, 27. 1. 1855 Glubokoe/Gouv. Wilna – 2. 7. 1937 Paris. 1875–79 Stud. Rechte Petersburg; erste Gedichte 1876 gedruckt; emigrierte um 1906 nach Paris, wurde in London Mitarbeiter der sowjet. Handelsmission. – Vorläufer der russ. Symbolisten; ahmt anfangs Nekrasov nach, gibt Stimmungen, bes. der Trauer, Enttäuschung über das Volk wieder, wurde mit früheren Gedichten, u.a. dem Poem ›Belye noči‹, populär; setzte sich 1884 in e. vielbeachteten Feuilleton für die reine Kunst ein, wurde militanter Verkünder e. ›Orgiasmus‹, e. jenseits von Gut und Böse stehenden Individualismus des Künstlers; verfolgt in Essaysammlung ›Pri svete sovesti‹ auf oriental. Mystik und Nietzsche beruhende Gedankengänge, gibt damit dem späteren russ. Symbolismus e. wichtige theoret. Grundlage.

W: Belye noči, Poem 1879; Pri svete sovesti, Ess. 1890; Al'ma, Tr. 1900; Religija buduščego, Abh. 1905. – Polnoe sobranie stichotvorenij, ges. G., IV 1907; Iz mraka k svetu, G.-Ausw. 1922.

Minturno, Antonio (eig. A. Sebastiani), ital. Dichter, ca. 1500 Traetto (heute Minturno) – 1574 Crotone/Catanzaro. Ausbildung an der Schule von A. Nifo, Bischof von Ugento (1559) und Crotone (1565), Teilnahme am Konzil von Trento. – Verfaßte gelehrte Gedichte in lat. u. ital. Sprache u. ein Traktat ›L'Arte Poetica‹, das durch e. genaue Untersuchung der Regeln u. Techniken der einzelnen lit. Gattungen die Dichtung theoretisch als solche legitimiert.

W: De Poeta, 1559, n. Mchn. 1970; Rime et prose, 1562; Poemata Tridentina, 1564; De officiis ecclesiae praestandis, 1564; L'Arte Poetica, 1564, n. Mchn. 1971.
L: R. Calderisi, 1921.

Minucius Felix, Marcus, zweiter lat. christl. Schriftsteller nach Tertullian, 2./3. Jh. n. Chr., wahrscheinl. aus Afrika. Anwalt in Rom; Konversion zum Christentum. – Zwischen 210 u. 245 schrieb M. den Dialog ›Octavius‹: Auf die Rede e. Heiden gegen die Lehren u. das Verhalten der Christen folgt die Rede des Octavius, der die Vorwürfe abwehrt bzw. gegen die Heiden kehrt u. den Monotheismus, die christl. Moral, die Heilserwartung u.a. darstellt; e. Schiedsspruch des M. erübrigt sich, da der Heide sich für bekehrt erklärt. Das Werk richtet sich an gebildete heidn. Leser; sowohl die im Dialog eingesetzten Bildungsinhalte als auch das hohe Stilniveau begegnen dem Vorwurf, die Christen seien ungebildet.
A: B. Kytzler, n. 1992; m. dt. Übs. B. Kytzler, n. 1993.
L: C. Becker, Der Octavius des M., 1967.

Minulescu, Ion, rumän. Dichter, 7. 1. 1881 Bukarest – 11. 4. 1944 ebda. Gymnas. Pitești, 1901–05 Studienreise durch Europa; Publizist, zeitweilig Direktor des Nationaltheaters in Bukarest, hoher Beamter im Kultusministerium. – Vf. geistreicher Komödien von burlesker Phantasie, iron.-humorvoller Romane, amüsanter phantast. Erzählungen; bedeutender symbolist. Lyriker, in s. musikal., z.T. rhetor. Versen verhaltene Sehnsucht nach exot. Ländern und nach dem Mittelmeer.
W: Romanțe pentru mai târziu, G. 1908; Casa cu geamurile portocalii, Nn. 1908; De vorbă cu mine însumi, G. 1914; Lulu Popescu, Dr. 1920; Pleacă berzele, Dr. 1920; Măști de bronz și lampioane de porțelan, N. 1920; Roșu, galben și albastru, R. 1924; Spovedanii, G. 1927; Manechinul sentimental, Dr. 1927; Allegro ma non troppo, Dr. 1927; Cetiți-le noaptea, G. 1930; Strofe pentru toată lumea, G. 1930; Bărbierul regelui Midas, R. 1931; Nu sunt ce par a fi, G. 1936; Nevasta lui Moș Zaharia, Dr. 1937; Versuri, Ges. G. 1939, n. 1969.
L: M. Dragomirescu, 1924; M. Călinescu, 1966; C. Millian, 1968; D. Daniel, 1984.

Minyana, Philippe, franz. Schriftsteller, * 1946 Besançon. Sohn span. Einwanderer. – Verfaßte seit 1979 e. Vielzahl von Dramen, Hörspielen und Drehbüchern, Schauspieler, Leiter und Koordinator der Organisation ›Théâtre en chantier‹ am ›Théâtre ouvert‹ in Paris, zahlr. Auslandstourneen. Viele s. Stücke sind in mehrere Sprachen übersetzt. Inhaltl. dominieren Paradoxien, die Themen der zwischenmenschl. Kontaktarmut, der Omnipräsenz des Todes. Die Dialoge sind meist vordergründig banal, die Sprache ist häufig karg und sehr einfach gehalten.

W: Premier trimestre, Dr. 1979; Titanic, Dr. 1983; Inventaires, 1988 (d. 1988); Les guerriers, Dr. 1991 (d. 1991); Murder, Dr. 1993; Anne-Marie, Dr. 2000 (d. 2000); Pièces, Dr. 2001 (d. 2001); Suite, 1, 2, 3, 2003.

Miomandre, Francis de (eig. François Durand), franz. Schriftsteller, 22. 5. 1880 Tours – 1. 8. 1959 St-Quay-Portrieux. Jugend zum größten Teil in Marseille, das oft in s. Werken erscheint. – Schrieb Gedichte, krit. Essays, poet. Erzählungen und Romane. Starke Vorliebe für das Phantast. und für anmutige Träumereien. 1908 erschien ›Ecrit sur l'eau‹, worin er realist. Beobachtung mit Humor und Phantasie verbindet. Zahlr. Übsn. aus dem Span.
W: Ecrit sur l'eau, R. 1908; L'aventure de Thérèse Beauchamps, E. 1914 (Das Herz und der Chinese, d. 1929); Jeux de glaces, E. 1930; Samsara, E. 1931; Otarie, E. 1933; Le cabinet chinois, E. 1936; Direction Etoile, E. 1937; Primevère et l'ange, R. 1945; Mallarmé, Es. 1948; L'âne de Buridan, R. 1949; Rencontres dans la nuit, E. 1954; Caprices, Nn. 1960.

Miorița, rumän. Poem, Hauptepisode e. uralten Epos aus dem Hirtenleben ohne fremde Beziehungen u. Einflüsse. E. mit übernatürl. Kräften begabtes Lamm verkündet s. Herrn den Tod. Das dramat. Geschehen erinnert an Kain u. Abel. Das ›Testament‹ des Hirten, der von zwei Freunden getötet werden soll, wurde in der Vollkommenheit des Ausdrucks u. metaphys. Erhabenheit nur von Eminescus Gedicht ›Mai am un singur dor‹ erreicht. Nach M. bezeichnet der Philosoph L. Blaga den rumän. Raum als ›mioritischen Raum‹ (spațiu mioritic).
L: A. Fochi, 1964.

Mira de Amescua, Antonio, span. Dramatiker, 1574(?) Guadix/Granada – 8. 9. 1644 ebda. Stud. Theol. u. Rechte Granada; um 1600 Priesterweihe, 1609 Kaplan an der Kathedrale von Granada; begleitete 1610 den Grafen von Lemos nach Italien; Mitgründer des Literatenkreises ›Academia de los ociosos‹; lebte nach s. Rückkehr 10 Jahre in Madrid, Ehrenkaplan Philipps IV., 1631 Erzdechant in Guadix. – E. der eifrigsten Nachfolger u. Bewunderer Lope de Vegas, dessen Art u. Stil er täuschend nachahmte; schrieb Stücke über bibl. u. hist. Themen, Sitten-, Verwicklungs-, Mantel- u. Degenstücke u. Autos sacramentales; verwirrende Häufung von Intrigen u. Episoden mit Schwerpunkt auf dramat. Geschehen; oft mangelnde Personenzeichnung u. schwache Handlungsführung, aber starke Einfallskraft; stilist. Einflüsse Góngoras zeigen sich in pomphafter, rhetor. Ausdrucksweise; einige Stücke wurden später von Calderón u. s. Nachfolgern nachgedichtet oder umgearbeitet. Auch Vf. zahlr. Gelegenheitsgedichte.

W: El esclavo del demonio, Dr. 1612 (n. M. A. Buchanan, Baltimore 1905); La rueda de la fortuna, Dr. 1615; El rico avariento, Sch. 1655; La mesonera del cielo (n. K. C. Gregg 1969); El arpe de David (n. C. E. Anibal, Columbus 1925); El animal profeta San Julián; La desdichada Raquel; Calan, valiente y discreto (n. F. W. Forbes 1972). – Teatro, hg. A. Valbuena Prat II 1926–28; Poesías, in: ›Biblioteca de Autores Españoles‹, Bd. 42.

L: J. A. Castañeda, Boston 1977.

Mīrā Bāī → Mīrāmbāī

Mirabeau, Honoré, Gabriel de Riqueti (auch Riquetti), Graf von, franz. Schriftsteller, 9. 3. 1749 Le Bignon/Nemours – 2. 4. 1791 Paris. Sohn des gleichnamigen Physiokraten. Eloquenter Politiker, gefürchteter Publizist, ab der Jugend umherschweifendes Leben in mehreren europ. Ländern. Als Diplomat intrigant und opportunist. die Seiten wechselnd; im letzten Lebensjahr Präs. der Nationalversammlung. Durch s. plötzl. Tod erlebt er die Terrorphase der Revolution nicht mehr. – Lit. bedeutsam s. skandalöse Beziehung zu S. Montarlier, die ihn ins Gefängnis treibt und ihn zu den ›Lettres à Sophie‹ inspiriert. E. diplomat. Mission in England regt ihn zu Abhandlungen über die preuß. Monarchie an.

W: Des lettres de cachet et des prisons d'Etats, II 1782; Considérations sur l'ordre de Cincinnatus, Abh. 1784; Histoire de la cour de Berlin, III 1789 (Geheime Geschichte des Berliner Hofes, d. 1900); Mémoires biographiques, littéraires et politiques, hg. Lucas de Montigny VIII 1834/35. – Œuvres, hg. M. Mérilhou IX 1825–27.

L: F. Wild, 1901; F. Leppmann, 1919; O. J. G. Welch, 1958.

Mirabeau, Sybille de → Gyp

Mīr ʿAlī Šīr Nevāī → Nawāʾī, Mīr ʿAlī Šīr Nizamuddin

Mīrāmbāī (Mīrābāī), ind. Dichterin, 1499(?) Khurkī/Rajasthan – 1547(?) Dvaraka/Gujarat. Prinzessin von Jodhpur; ∞ Prinz von Mevar; lebte nach dessen Tod in Vrndavan, später im Krsna-Heiligtum Dvaraka. – Bedeutende Vertreterin krsnait. Liebesmystik; Hymnen an Krsna in Gujarati, Rajasthani und Hindi (›Mīrām-Bhajan‹), bis ins 19. Jh. nur mündl. überliefert.

A: Mīrāmbāī kī padāvalī, hg. K. D. Vyās 1842, ²1914, ⁶1956, A. Svārup 1957, P. Caturvedi ¹⁷1983. – *Übs.:* dt. Ausw. in: H. v. Glasenapp, Ind. Geisteswelt 1, 1958; engl. V. K. Sethi 1973, P. Nandy 1975, A. J. Alston 1980, 1998 (m. Einl.), A. Schelling 1993, 1998; franz. N. Balbir 1979.

L: S. S. Meht, A monograph on M., o. J. (ca. 1920); Bankey Behari, 1961; H. Goetz, 1966; P. Mukta, Upholding the common life, 1994.

Mīr Amman Dihlavī, ind. Dichter, 18. Jh. Delhi – Anfang 19. Jh. Kalkutta (?). Verließ Delhi, als 1757 beim Verfall des Moghulreichs Soldaten des Ahmed Šāh Durrānī den Besitz s. Vorfahren plünderten; ging zunächst nach Patna, dann nach Kalkutta; dort für einige Zeit Hauslehrer; von dem Urdu-Dichter Mīr Bahādur ʿAlī Husainī bei Dr. J. B. Gilchrist (1759–1841) eingeführt, dem ›Vater der Urdu-Prosa‹, seinerzeit Leiter des ›Fort William College‹ Kalcutta. – Im Auftrag von Gilchrist übersetzte D. die ›Erzählungen der vier Derwische‹ (Qissah-i-Cahār-Durvesh) von Amīr Chosrau (1253–1325) in Urdu-Prosa; diese Übs. mit dem Titel ›Bāgh-o-Bahār‹ (Garten u. Frühling) zählt zu den besten und populärsten Dichtungen des Urdu. D. übersetzte außerdem das moralphilos. Werk ›Achlāq-i-Mohsinī‹ (15. Jh. n. Chr., von Mullā Husain Wāʾiz Kāshifī) unter dem Titel ›Ganj-i-Khūbī‹ (Schatzhaus der Tugend) ins Urdu. D.s Sprache zeichnet sich bes. durch Schlichtheit und Eleganz aus; s. Stil ist einfach und klar.

A: Bāgh-o-Bahār, E. 1801 (hg. D. Forbes, Lond. 1846, ⁶1897, Allahabad ²1933; engl. L. F. Smith 1825, D. Forbes 1862, W. Quentin 1902, M. Zakir 1994 [m. Einl.]; franz. Garcin de Tassy 1878); Ganj-i-Khūbī, Schr. 1802.

Miranda, Ana, brasilian. Schriftstellerin, * 19. 8. 1951 Fortaleza. Schulzeit in Brasília, Jurastud., zog 1969 nach Rio de Janeiro, Kulturjournalistin, Verlagslektorin, Regieassistentin. – ›Boca do inferno‹, e. hist. Roman über den brasilian. Barockdichter Gregório de Matos, konstruiert die Figur als intellektuellen Helden, der scheitert; ›O retrato do rei‹ thematisiert die Zeit des Goldrauschs in Minas Gerais, fokussiert die Frau als koloniales Subjekt; ferner Romanbiographien (Augusto dos Anjos, Gonçalves Dias).

W: Anjos e demônio, G. 1978; Celebrações do outro, G. 1983; Boca do inferno, R. 1990; O retrato do rei, R. 1991; Sem pecado, R. 1993; A última quimera, R. 1995; Desmundo, R. 1996; Amrik, R. 1997; Noturnos, En. 1999; Cadernos de sonhos, G. 2000; Dias & dias, R. 2002.

L: M. Fereira, 1994; E. Spielmann, 1995.

Miranda, Francisco de Sá de, portugies. Dichter, 1487 Coimbra – 1558 Tapada/Minho. Sohn e. Klerikers, Stud. Jura Lissabon u. Coimbra, im ›Cancioneiro‹ von Resende vertreten, 1521–26 Italienreise, Bekanntschaft mit wichtigen Gestalten der ital. Renaissance, deren Anregungen er aufnahm u. an Portugal weitergab (›medida nova‹). Fruchtbares dichter. Schaffen auf s. Besitzungen im Minho-Gebiet. – E. der bedeutendsten Erneuerer der portugies. Dichtung, die er aus e. gewissen formalen Monotonie befreite durch die Einführung der ital. Vorbilder (Petrarkismus), denen sich gleichzeitig u. früher auch Boscán u. Garcilaso (dem sich M. verpflichtet fühlte) in Spanien angeschlossen hatten. Pflegte die Prosakomödie mit mäßigem Erfolg (Einfluß von Plautus u. Terenz), Terzine, Sestine, Kanzone, Sonett, Epistel, Elegie, Ekloge (›Basto‹, ›Alexo‹), führte den Zehnsilber in Portugal ein, mitunter pädagog.-lehrhaft; verachtet selbst später nie die vor der Italienreise ausschließl. von ihm gehandhabten überkommenen volkstüml. Formen (redondilha), schrieb span. Eklogen, ansprechende bukol. Werke u. bedeutende Versepisteln (›Cartas‹). Knappe, prägnante Ausdrucksweise, zu Sentenz u. Aphorismus neigend. Einfluß antiker Autoren sowie ital. u. span. Renaissance-Dichter. Die Chronologie s. (ständig umgearbeiteten) Veröffentlichungen bereitet fast unüberwindl. Schwierigkeiten.

W: Comédia dos Estrangeiros, K. 1559; Comédia dos Vilhalpandos, K. 1560; Poesias, hg. J. de Castro 1595 (erw. ²1614, hkA hg. C. Michaëlis de Vasconcelos 1885); Versos Portugueses, hg. D. Guimarães 1909; Comédias, 1622; Sátyras, Sat. 1626 (Faks. 1958). – Obras completas (GW), hg. M. Rodrigues Lapa II ³1960; Obras, 1784; Poesia, hg. ders. ³1949.

L: C. Michaëlis de Vasconcelos, 1911; E. Pereira, 1914; D. Mourão Ferreira, 1951; T. F. Earle, 1980.

Mirandola, Pico della → Pico della Mirandola, Giovanni

Mirbeau, Octave, franz. Romancier und Dramatiker, 16. 2. 1850 Trévières/Calvados – 16. 2. 1917 Paris. Arztsohn aus kleinbürgerl. Familie; unglückl. Kindheit. Seit 1871 in Paris. Ungeregeltes Leben: Stud. Rechte, Besuch von Nachtlokalen und Literatenzirkeln. Anfangs konservativer, dann radikaler Journalist, bekannt durch die Schärfe s. Polemiken. In vorderster Linie in den polit. und künstler. Kämpfen s. Zeit: Eintreten für Dreyfus und für die neue Kunstauffassung der Impressionisten. Lebte später zurückgezogen auf s. Gut Cheverchemont. – Steht mit Dramen, Romanen und Novellen von heftigem Zynismus in der Tradition des Naturalismus. Wendet sich gegen soziale Mißstände. Antiklerikale, antimilitarist. und in zunehmendem Maße anarchist. Tendenz. S. bestes Drama ist die Charakterkomödie ›Les affaires sont les affaires‹ über die Wirkung des Geldes auf e. Menschen. Sehr bekannt durch den stark erot. und sadist. Roman ›Le jardin des supplices‹ und den antibürgerl. Roman ›Le journal d'une femme de chambre‹.

W: Lettres de ma chaumière, Nn. 1885; Le calvaire, R. 1886; L'abbé Jules, R. 1888 (n. 1977; d. 1926); Sébastien Roch, R. 1890 (n. 1977; d. 1902); Les mauvais bergers, Dr. 1898; Le jardin des supplices, R. 1899 (d. 1902, 1967); Le journal d'une femme de chambre, R. 1900 (n. 1984; d. 1901, 1965); Les vingt et un jours d'un neurasthénique, R. 1902 (n. 1977; Die Badereise eines Neurasthenikers, d. 1902); Les affaires sont les affaires, Dr. 1903 (d. 1903); Farces et moralités, Dr. 1904; La 628–E 8, R. 1908 (n. 1977); Le foyer, Dr. 1908 (m. T. Natanson); Dingo, R. 1913; La pipe de cidre, Nn. 1918; La vache tachetée, Nn. 1918; Chez l'illustre écrivain, Nn. 1919; Un gentilhomme, R.-Fragm. 1920; Les grimaces et quelques autres chroniques, Erinn. 1928. – Œuvres complètes, X 1934–36; Œuvre romanesque, hg. P. Michel III 2001 f.; Théâtre complet, hg. ders. 1999; Combats esthétiques, hg. ders. II 1993; Correspondance avec C. Pissarro, hg. ders. 1990; Correspondance avec C. Monet, hg. ders. 1990.

L: M. Revon, 1934; A. M. Braun, Diss. Hdlbg. 1944; Th. Gribelin, 1965; M. Schwarz, 1966; R. Carr, Manchester 1977; F. de Tienda-Jones, 1988; P. Michel, Les combats de O. M., 1992; I. Saulquin, 1997; P. Michel, 1997; Ch. Dobzyncki, 1999; E. MacCaffrey, Lewiston 2000; S. Thiéblemont-Dollet, 2001; C. Herzfeld, 2001.

Mirea, A. → Anghel, Dimitrie

Miriam → Przesmycki, Zenon

Mīr Moḥammed Hedjāzī → Ḥeğāzī, Moḥammad

Miró Ferrer, Gabriel, span. Romanschriftsteller, 28. 7. 1879 Alicante – 27. 5. 1930 Madrid. Jesuitenkolleg von Orihuela; Stud. Rechte Valencia u. Granada; 1901 ∞ Clemencia Maignon, Tochter des franz. Konsuls in Alicante; bekleidete e. bescheidenen Posten im Staatsdienst in Alicante u. schrieb für zahlr. Zeitungen u. Zsn.; ab 1911 Mitarbeiter e. kathol. Enzyklopädie in Barcelona, ab 1920 in Madrid, in s. letzten Lebensjahren Angestellter im Arbeits- u. Erziehungsministerium in Madrid; befreundet mit Azorín. – Bedeutender Prosaist der neueren span. Lit.; Vf. von symbolist. Romanen u. Erzählungen von hohem lit. Wert u. sprachl. Kunstfertigkeit; stark poet. Prosa von vollendeter Struktur; Überwiegen des deskriptiven vor dem erzähler. Element, der Umweltschilderung (bes. der Atmosphäre stiller Provinzstädte) vor der Handlung; Nähe zu Flaubert. Hervorragender Stilist, dessen Stärke in der Zeichnung stat., in sich ruhenden Personen u. der Beschreibung von Landschaften in ausdrucksstarken, farbenprächtigen Bildern liegt.

W: Del vivir, Prosa 1904; Nómada, R. 1908; La novela de mi amigo, R. 1908; Las cerezas del cementerio, R. 1910; Dentro del cercado, R. 1912; El abuelo del rey, R. 1915; Figuras de la Pasión del Señor, Sk. II 1916; Libro de Sigüenza, R. 1917; El humo dormido, R. 1919; Nuestro padre San Daniel, R. 1921; El ángel, el molino y el caracol del faro, En. 1921; Niño y grande, R. 1922; El obispo leproso, R. 1926; Años y leguas, R. 1928. – Obras completas, XII 1932–36, I ⁴1962; Obra completa, 1986 ff.

L: J. Gil Albert, 1931; J. Guardiola Ortiz, 1935; A. Lizón, 1944; F. Meregalli, Mail. 1949; M. Baquero Goyanes, 1952; V. Ramos, 1955 u. 1964; A. W. Becker,

1958; J. van Praag-Chantraine, Paris 1959; C. Sánchez Gimeno, 1960; R. Vidal, Bordeaux 1964; R. López Landeira, 1969 u. 1974; T. Barbero, 1974; I. R. McDonald, Lond. 1975; T. Labrador Gutiérrez, 1975; H. Carpintero, G. M. en el recuerdo, 1985; M. Altisent, 1988; M. del Carmen Díaz Bautista, 1989; R. Martínez Galán, 1990; A. Propetta, 1996.

Miron, Paul, rumän.-dt. Philologe und Übersetzer, * 13. 6. 1926 Giulești/Baia. Stud. Romanistik, Völkerkunde und Kommunikationswiss. Bonn, Köln, Paris. Prof. für Romanistik in Freiburg/Br. – Vf. von Gedichten, Dramen, Romanen und Erzählungen. Es ist eine myst. Lyrik, die auch in der Prosa weiterlebt, so in ›Tîrgul șaradelor‹ oder ›Moștenirea Astrelor‹. Als gefürchteter Satiriker setzt er sich in der Memorialistik mit dem rumän. Exil (1948–68) auseinander. Weitere Erzählungen schaffen unverwechselbare lebendige Typen. Einige s. Theaterstücke wurden in Rumänien und Dtl. aufgeführt.

W: Rodul ascuns, G. 1963; Fata călălului, En. 1994; Idoli de lut, Drn. 1994; Fălticeni – mon amour, En. 1996; Maipuțincaperfectul. Istorioarele lui Policarp Cutzara, En. 1998; Tîrgul șaradelor. O povestire tridimensională, R. 2000; Moștenirea astrelor, 2002. – *Übs.:* Eine Menge Bäume, G. hg. E. Lüder 2003.

L: J. Holban, 2002; E. Beltechi, C. Ungureanu, 2003.

Mirror for Magistrates, A → Myrroure for Magistrates, A

Mīr Taqī Mīr, indischer Dichter, 1723 Agra oder Delhi – 1810. Bedeutendster Vertreter der im frühen 18. Jh. entstandenen Delhi-Schule, die unter den Mughal-Herrschern das Urdu als Sprache der Dichtung neben dem Persischen durchsetzte; ging nach dem polit. Niedergang Delhis 1782 an den Hof von Lakhnau, wo er sich jedoch bis ans Ende seines Lebens im Exil fühlte. – Die an der Umgangssprache geschulte Sprache seiner Ghazals und Erzählgedichte (›maṣnavī‹) ist von klass. Einfachheit; beherrschendes Thema ist die unendliche Sehnsucht des fast immer unglücklich Liebenden; daneben stehen aber auch satir. Texte, die nicht zuletzt die Doppelmoral vieler islam. Geistlicher verspotten; von hohem kulturhist. Interesse ist auch die auf persisch geschriebene Autobiographie ›Zikr-i Mīr‹.

A: Kulliyāt-i Mīr, G. hg. ʿAbdul Bārī Āsī 1941 (n. Lahore 1999). – *Übs.:* Allahs indischer Garten, hg. U. Rother-Dubs 1989; K. C. Khanda, Selected Poetry 1997; Zikr-i Mir, Aut., übs. u. hg. C. M. Naim Delhi 1999, 2002.

L: Kh. Islam, R. Russell, Three Mughal Poets, 1969; I. Kumar, 1982.

Mishima, Yukio (eig. Hiraoka Kimitake), jap. Erzähler u. Dramatiker, 14. 1. 1925 Tokyo – 25. 11. 1970 ebda. Aus bedeutender Beamtenfamilie, Adelsschule, 1944–47 Stud. Jura Tokyo; Anstellung im Finanzministerium. Bald jedoch ausschließl. lit. tätig. In den letzten Jahren polit. engagiert, 1970 bei e. versuchten Coup d'état spektakulärer Selbstmord. – In s. Werken skept. Nihilismus. Einflüsse der klass. jap. Lit. (auch des Jôruri) verbinden sich mit solchen der mod. europ., bes. franz. psychoanalyt. Lit. zu ästhetisierender, psycholog. durchdachter Technik. Kunstvoll geschliffener Stil. M. trug wesentl. zur Emanzipierung der jap. Lit. bei, da er stets neue, schokkierende Problemstellungen u. Ausdrucksformen suchte. Große Vielfalt der Themen: ›Kamen no kokuhaku‹ (z. T. autobiograph.) u. ›Kinjiki‹ behandeln homosexuelle Neigungen, ›Ai no kawaki‹ schildert e. Welt Mauriacs ohne Gott, ›Shiosai‹ beschreibt e. vom Daphnis-und-Chloe-Motiv inspirierte Idylle, ›Kinkakuji‹ basiert auf e. Kunst-Leben-Konflikt usw. M. verband künstler. Ambitionen mit unverhohlener Neigung zu Showmanship; wurde zum neuen Schriftstellertyp im Zeichen der Massenkommunikationsmittel. Manchen s. überaus zahlr. Werke fehlt Tiefe. Vf. erfolgr. Theaterstücke (Nô, Kabuki, mod. Theater) u. wichtiger Essays; neben Kawabata u. Tanizaki bedeutendster jap. Autor der Moderne.

W: Hanazakari no mori, En. 1944; Kamen no kokuhaku, R. 1949 (Geständnis e. Maske, d. 1964); Ai no kawaki, R. 1950 (engl. 1969; Liebesdurst, d. 2000); Ao no jidai, R. 1950; Kinjiki, R. 1951 (engl. 1968); Manatsu no shi, En. 1952 (Tod im Hochsommer, d. 1986); Higyô, R. 1952–53; Fukushû, E. 1954 (engl. 1954); Shiosai, R. 1954 (Die Brandung, d. 1959); Kinkakuji, R. 1956 (Der Tempelbrand, d. 1961); Kindai-nôgaku-shû, Drn. 1956 (Sechs mod. No-Spiele, d. 1962); Rokumei kan, Dr. 1957; Utage no ato, R. 1960 (Nach dem Bankett, d. 1967); Toka no kiku, Dr. 1961; Ken, R. 1963; Gogo no eikô, R. 1963 (Der Seemann, der die See verriet, d. 1970); Sado kôshaku fujin, Dr. 1965 (engl. 1967); Yoroboshi, mod. Nô-Sp. 1968 (engl. 1979); Hôjô no umi, Tetral. 1969–71, I: Haru no yuki (Das Meer der Fruchtbarkeit: Schnee im Frühling, d. 1985), II: Homba (Unter dem Sturmgott, d. 1986), III: Akatsuki no tera (Der Tempel der Morgendämmerung, d. 1987); Tennin gosui, E. 1971 (Die Todesmale des Engels, d. 1988). – M. Y. zenshû (GW), 1973–76. – *Übs.:* Sun and Steel, Ess. 1970; Gesammelte Erzählungen, 1971; Zu einer Ethik der Tat, 1987; My Friend Hitler and Other Plays of M. Y. (engl. H. Sato 2002).

L: R. Micha, Les allégories de Y. M. (Nouvelle Revue Française 15), 1967; H. Scott-Stokes, The Life and Death of Y. M., 1975/95; M. Yourcenar, M. oder Die Vision der Leere, 1985; P. Wolfe, Y. M., N. Y. 1989; S. J. Napier, Escape of the Wasteland, Cambridge 1991; R. Starrs, Deadly Dialectics, Folkstone 1994; A. Cecchi, M. Y.: Esthétique classique, univers tragique, Paris 1999; J. Nathan, M. A Biography, N. Y. 2000.

Mistler, Jean, franz. Schriftsteller, 1. 9. 1897 Sorèze/Tarn – 11. 11. 1988 Paris. Teilnahme am 1.

Weltkrieg. Lit.stud. an der École Normale, Diplomatenlaufbahn, Aufenthalt in Ungarn. Ab Ende der 1920er Jahre polit., teilweise als Mitglied der Regierung tätig, bes. kulturpolit. Engagement. Leitende Funktion im Verlag Hachette. – Verfolgt parallel e. lit. Karriere; Vf. zahlr. Romane und literarhist. Schriften; literar. Editionen und Biographien.

W: Madame de Staël et Maurice O' Donnell, R. 1926; Ethelka, R. 1929; La symphonie inachevée, R. 1950; Le 14 juillet, R. 1963; Le bout du monde, R. 1964; Napoléon et l'Empire, R. II 1967; Gaspar Hauser, R. 1971; Aimés des Dieux, R. 1972; Gare de l'Est, R. 1975; Faubourg Antoine, R. 1982; Le jeune homme qui rôde, R. 1984.

Mistral, Frédéric (eig. Jean Etienne Frédéric), neuprovenzal. Dichter, 8. 9. 1830 Maillane/ Bouches-du-Rhône – 25. 3. 1914 ebda. Bauernsohn; höhere Schule in Avignon. Dort entscheidende Begegnung mit dem begeisterten provenzal. Dichter J. Roumanille; bis 1851 Stud. Rechte Aix-en-Provence. Danach in Maillane, widmete sich ganz der neuprovenzal. Renaissancebewegung, gründete 1854 mit Roumanille, F. Gras, Aubanel u.a. die Felibrige-Bewegung. Veröffentlichte seit 1855 ihr Organ ›Armana Provençau‹, seit 1859 (Veröffentlichung s. von der Académie Française preisgekrönten Epos ›Mirèio‹) Leiter der Bewegung. Ihr fruchtbarster Dichter und Förderer. – Entwickelte e. regionalist. Ideologie, die die geistige und kulturelle Unabhängigkeit des mittelmeer. Frankreich betont, erstrebte die Wiedererweckung der provenzal. Sprache und Lit., e. an die Dichtung der Antike anknüpfenden mediterranen Klassizismus. Trat bis zur Jahrhundertwende auch für administrative Autonomie ein. Gründete die ethnograph. Sammlung ›Museon Arlaten‹, verfaßte e. Wörterbuch des Provenzal. Schrieb in provenzal. Sprache Epen, Erzählungen und Gedichte, übersetzte die meisten s. Werke selbst ins Franz. Grundlage aller Werke sind Volkstum, Lebensformen, Landschaft und Überlieferung s. Heimat. S. Meisterwerk ›Mirèio‹, e. dörfl. Epos über die unglückl. Liebe e. armen Bauernburschen zu e. reichen Bauerntochter, wurde von Lamartine begeistert aufgenommen. 1904 Nobelpreis (m. J. Echegaray).

W: Mirèio, Ep. 1859 (n. 1959; Mireille, franz. 1936; d. ^{6}1914); Calendau, Ep. 1867 (Calendal, Oper, franz. 1895, d. 1909); Lis isclo d'or, G. u. En. 1875 (Lieder und Erzählungen, d. 1910); La Raço Latino, G. 1879; Lou tresor dóu Félibrige, Wb. II 1879–86; Nerto, Ep. 1884 (d. 1891); La rèino Jano, Dr. 1890; Lou Pouèmo dou Rose, Ep. 1897; Moun espelido, memòri e raconte, Aut. 1906 (Mes origines, franz. 1937; Erinnerungen, d. 1908); Discours et dicho, Prosa 1906; Lis Oulivados, G. 1912; Prose d'almanach, III 1967. – Œuvres poétiques complètes, II 1967 (franz.-provenzal.), Ausw. hg. K. Voretzsch 1928; Lyr. Ausw. aus Félibrigegedichten, hg. ders. II 1934–36; Anthologie du félibrige provençal, hg. C. P. Julian, P. Fontan II 1920–24; Histoire d'un amour. M. et V. Rostand, Correspondance inédite, hg. P. Rollet 1972; Daudet – M., Correspondance inédite, hg. J.-H. Bornecque 1979; Correspondance, hg. P. Devoluy, Ch. Rostaing II 1984; Correspondance de M. avec P. Meyer et G. Paris, 1978; Correspondance entre F. M. et l'Abbé F. Pascal, 1998. – *Übs.*: Gedichte, F. Steinitz 1900; AW, A. Bertuch II 1908–10; Seele der Provence, Ausw. 1959.

L: N. Welter, 1899; M. Coulon, 1930; L. Larguier, 1930; E. Herriot, 1930; P. Lasserre, ^{2}1930; A. Thibaudet, 1930; C. Maurras, La sagesse de M., ^{2}1931; ders., 1941; V. Poncel, 1935; C. M. Girdlestone, Lond. 1937; P. Souchon, 1945; E. Ripert, 1946; E. Delacollette, Brüssel 1947; R. Lyle, New Haven 1953; M. Decremps, 1954; R. Lafont, 1954; R. Aldington, 1956; S. A. Peyre, 1959 (m. Bibl.); Ch. Maurras, 1961; J. Soulairol, 1964; T. Edwards, The Lion of Arles, N. Y. 1965; B. Galvada, Lamartine et M., 1970; J. de Caluwé, 1974; J.-C. Rivière, 1985; C. Mauron, 1993; B. Gavalda, 1997. – *Bibl.*: E. Lefèvre, 1903.

Mistral, Gabriela (eig. Lucíla Godoy Alcayaga), chilen. Dichterin, 7. 4. 1889 Vicuña – 10. 1. 1957 Hempstead/New York. Tochter e. Volksschullehrers; 1905 Unterrichtstätigkeit aus Neigung, ohne akadem. Titel. Die Liebe zu e. Mann, der später Selbstmord beging, regte sie zu ihren besten Versen an (1906); unterrichtete seit 1918 an höheren Schulen; wurde bekannt durch die Veröffentlichung des Gedichtbandes ›Desolación‹; 1922 Mitarbeiterin von J. Vasconcelos bei der Schulreform in Mexiko; viele Reisen als Konsul; 1945 Nobelpreis. – Beherrschendes Thema ihrer gesamten Lyrik ist die Liebe; aus der Erfahrung ihres eigenen Liebeserlebnisses heraus besingt sie mit großer Zartheit u. starkem Einfühlungsvermögen die Empfindungen, die die Liebe weckt: das Erwachen des ersten Gefühls, Furcht vor dem Verlust des Geliebten, Eifersucht, Verzweiflung usw.; Fehlen jeglichen erot. Elements; sucht nach dem Tod des Geliebten Trost in der Erinnerung; Frage nach dem Jenseits. Besang später andere Formen der Liebe: die Liebe zu Gott, zur Natur, zur Mutter, zu allen hilflosen u. verlassenen Geschöpfen, v. a. zu den Kindern, für die sie entzükkende Geschichten u. Gedichte schrieb. Nach der Läuterung der Liebe durch den Schmerz erhebt sie sich zur reinen Nächstenliebe; neigte gegen Ende ihres Lebens zu abstrakter, verstandesbetonter Poesie.

W: Sonetos de la muerte, G. 1915; Desolación, G. 1922; Ternura, G. 1924; Lecturas para mujeres, Prosa 1924; Tala, G. 1938; Poemas de la madre, G. 1950; Lagar, G. 1954; Epistolario, Br. 1957; Recados: contando a Chile, Prosa 1957; Páginas en prosa, hg. J. Pereira Rodríguez 1965; Cartas de amor de G. M., hg. S. Fernández Larrain 1978. – Poesías Completas, hg. M. Bates ^{4}1976; Escritos políticos, hg. J. Quezada 1994; Cartas de amor y desamor, hg. S. Fernández Larraín 1999. – *Übs.*: Gedichte, 1958; Motive des Töpfertons, G.-Ausw.

1969; Spürst du meine Zärtlichkeit?, G.-Ausw. ⁴1981; Liebesgedichte und andere Lyrik, G.-Ausw. 1981; Wenn du mich anblickst, werd' ich schön, G.-Ausw. 1991.

L: V. Figueroa, 1933; R. Silva Castro, 1935; Alone, 1946; A. Gumucio Harriet, 1946; M. Petit, 1946; N. Pinilla, 1946; J. Saavedra Molina, 1947; M. R. Mota del Campillo, 1948; A. Iglesias, 1950; A. Martinez Hermoso, 1950; K. Wais, 1955; H. Rheinfelder, 1955; C. Vitier, 1957; G. v. dem Busche, 1957; M. Ladrón de Guevara, 1957, 1962; S. de Madariaga, Lond. 1958; M. Arce de Vázquez, N. Y. 1958; E. Szmulewicz, 1958; C. Santandereu, 1958; J. Monsalve, 1958; A. Rojas Molina, 1959; M. L. Cresta de Leguizamón, 1959; A. Torres-Rioseco, 1962; M. Pomés, Paris 1963; Sister Ch. Preston, Washington 1964; F. Alegría, 1966; L. Silva, 1967; M. T. Rudd, 1968; M. C. Taylor, Berkeley 1968; M. E. Samatán, 1969; M. L. Grazarián, 1971; G. Illaues Adaro, 1971; G. Rubilar, 1972; I. Santelices, 1972; J. A. Rodríguez Pagán, 1973; M. C. Taylor, 1975; R. E. Scarpa, 1976; D. Pincheira, 1979; M. Servodidio, M. Coddou, 1980; M. Bahamonde, 1980; W. J. Castleman, 1982; P. Marchant, 1984; J. Concha, 1987; S. Daydi Tolson, 1989; G. Lillo, J. G. Renart, hg. 1997. – *Bibl.:* G. M. Vida y obra, 1936; N. Pinilla, 1946.

Mistry, Rohinton, ind.-kanad. Erzähler, * 3. 7. 1952 Bombay. Stud. Toronto, lebt seit 1975 in Kanada. – Präsentiert in lebhafter Fülle, mit skept. Ironie u. zugleich genußvoll fabulierend, die polit. Turbulenzen interkultureller Kollisionen u. Verwicklungen sowie die menschl. Opfer in der jüngsten Geschichte Indiens.

W: Tales from Firozsha Baag, Kgn. 1987 (Kaleidoskop des Lebens, d. 1999); Such a Long Journey, R. 1991 (d. 1994); A Fine Balance, R. 1995 (Das Gleichgewicht der Welt, d. 1998).

L: J. Dodiya, hg. 1998.

Mitana, Dušan, slovak. Schriftsteller, * 9. 12. 1946 Moravské Lieskové. Stud. der Journalistik, später der Film- u. Fernsehdramaturgie an der Hochschule für musische Künste in Bratislava, Redakteur, seit 1975 freier Schriftsteller. – S. Prosa basiert auf scheinbar realen Lebenssituationen, in deren Darstellung jedoch das Irreale, Absurde und Geheimnisvolle eindringt. Bekannt auch als Publizist, Dichter u. Autor von Film- u. Fernsehdrehbüchern.

W: Psie dni, En. 1970; Patagónia, N. 1972 ; Nočné správy, En. 1976; Koniec hry, R. 1984; Na prahu, En. 1987; Hľadanie strateného autora, R. 1991; Krutohory, G. 1992; Slovenský poker, En. 1993; Maranatha, G. 1996; Pocity pouličného našinca, Ess. 1998.

Mitchell, Adrian, engl. Dichter und Dramatiker, * 1932 London. Stud. Oxford; arbeitete bis 1959 als Journalist, danach freier Schriftsteller. – Vf. humorvoll-anarch. Protestlyrik und -lieder, in denen die eth. und polit. Inhalte in kraftvolle, originelle u. imaginative Reime und Rhythmen überführt werden. Zahlr. Bühnenadaptionen; darunter ›Marat/Sade‹ nach Peter Weiss und ›Man Friday‹ nach ›Robinson Crusoe‹.

W: If You See Me Comin', R. 1962; Poems, G. 1964; U. S., Dr. 1966; Out Loud, G. 1969; Ride the Nightmare, G. 1971; Tyger, Dr. 1971; Man Friday, Dr. 1973; Wartime, R. 1973; The Apeman Cometh, G. 1975; For Beauty Douglas: Collected Poems 1953–1979, G. 1982; On the beach at Cambridge, G. 1984.

L: B. Elliott, 1973.

Mitchell, David, engl. Romanschriftsteller, * Januar 1969 Southport/Lancashire. Aufgewachsen in Malvern/Worcestershire, 1987–90 Stud. engl. u. amerik. Lit. Univ. Kent, M. A. Comparative Literature; dann einjähriger Aufenthalt auf Sizilien; ab Mitte der 1990er Jahre längerer Aufenthalt Japan, u. a. Engl.-Lehrer Univ. Hiroshima; durch Stipendium u. a. in Neuseeland; lebt in Cork/Irland. – Vf. von bisher drei Romanen, die versch. Erzählverfahren aufgreifen und die Grenzen von Phantasie und Realität verschwimmen lassen; v. a. der erste und letzte Roman sind in mehrere, doch kunstvoll verbundene Teile gegliedert, die sich auch in ihrer sprachl. Gestaltung unterscheiden, sie umspannen e. Vielzahl an Handlungsorten und -zeiten.

W: Ghostwritten. A Novel in Nine Parts, 1999; Number 9 Dream, 2001; Cloud Atlas, 2004.

Mitchell, (Charles) Julian (Humphrey), engl. Schriftsteller, * 1. 5. 1935 Epping/Essex. Stud. Oxford; 1959–61 USA; seit 1962 freier Schriftsteller. – Schreibt zunächst Romane, dann Stücke für Bühne und Fernsehen. Kunstvolle Konstruktion und Erzählverfahren kennzeichnen s. Romane, das Spiel mit dem Verhältnis von Realität bzw. hist., auch autobiograph. Fakten und Fiktion findet sich bes. in ›Imaginary Toys‹, ›A Disturbing Influence‹ und ›The Undiscovered Country‹; auch der Kontrast versch. Lebensweisen und Kulturen (etwa der engl. mit der amerik. oder mit der afrikan.) wird hervorgehoben; schreibt seit den 1970er Jahren v. a. Bühnenstücke, darunter wohl am bekanntesten und später verfilmt ›Another Country‹, außerdem Adaptationen von Werken versch. Art für Theater, Fernsehen, Kino (darunter Romane I. Crompton-Burnetts, W. Scotts und F. M. Fords, von Čechovs ›Onkel Wanja‹ oder Ellmans Biographie von O. Wilde für e. Kinofilm); ferner 10 Episoden der ›Inspector Morse‹-Serie für das Fernsehen.

W: Imaginary Toys, R. 1961; A Disturbing Influence, R. 1962; As Far As You Can Go, R. 1963; The White Father, R. 1964; A Circle of Friends, R. 1966; Arabesque, Drb. 1966; The Undiscovered Country, R. 1968; Truth and Fiction, Vorles. 1972; A Perfect Day, FSsp. 1972; Jennie, Lady Randolph Churchill, B. 1974; The Enemy Within, Dr. (1980); Another Country, Dr. 1982 (verfilmt 1984); Francis, Dr. 1984; After Aida, or, Verdi's

Messiah, Dr. 1986; The Evils of Tabaccho, Dr. (1987); Vincent and Theo, Drb. 1990; Survival of the Fittest, FSsp. 1990; Falling over England, Dr. 1994; Oscar Wilde, Drb. 1997.

Mitchell, Margaret, amerik. Romanautorin, 8. 11. 1900 Atlanta – 16. 8. 1949 ebda. Anwaltstochter, Smith College, wollte Ärztin werden; 1922–26 Journalistin am ›Journal‹ (Atlanta); ∞ 1925; Tod durch e. Autounfall. – Schrieb 1926–36 ihren einzigen Roman, ›Gone With the Wind‹, der breit und romant. das Schicksal Scarlett O'Haras, ihrer Pflanzung Tara und des Staates Georgia während des Bürgerkrieges und der Nachkriegszeit schildert und der größte Bestseller Amerikas wurde.

W: Gone With the Wind, 1936 (d. 1937); Lost Laysen, E. 1916, hg. D. Freer 1996; Before Scarlett: Girlhood Writings, hg. J. Eskridge 2000; Margaret Mitchell: Reporter, Schr. hg. P. Allen 2000. – Letters to A. Edee 1919–21, 1985 (d. 1987); A Dynamo Going to Waste, Br. M. M. – Allen Edee 1919–1921, hg. J. Bonner Peacock 1985.

L: F. Farr, 1965 (d. 1967); A. Edwards, 1983; D. A. Pyron, 1991 (d. 2000); E. I. Hanson, 1991; M. Walker, 1993.

Mitchison, Naomi, geb. Haldane, engl. Romanautorin, 1. 11. 1897 Edinburgh – 11. 1. 1999 Carradale. Familie entstammt schott. Oberklasse; Mutter aktive Suffragette, Vater und Bruder berühmte Oxforder Biologen. ∞ 1916 MP G. R. Mitchison. Ab 1937 in Carradale, Schottland. Dort polit. u. soz. Engagement. – Hist. Romane entwerfen radikale Visionen einer gerechten Gesellschaft, weibl. Teilhabe an polit. Macht, schott. Unabhängigkeit. Später Themen wie Rassismus u. nukleare Bedrohung, Science-fiction-Romane mit allegor. Subtext.

W: The Conquered, R. 1923; When the Bough Breaks, Kgn. 1924; Cloud Cuckoo Land, R. 1925; The Corn King and the Spring Queen, R. 1931; The Home, R. 1934; We Have Been Warned, R. 1935; The Bull Calves, R. 1947; Travel Light, R. 1952; To a Chapel Perilous, R. 1955; Behold Your King, R. 1957; Memoirs of a Spacewoman, R. 1962; When We Become Men, R. 1965; Mary and Joe, Kgn. 1970; Small Talk, Mem. 1973; Solution Three, R. 1975; All Change Here, Mem. 1975; You May Well Ask, Mem. 1979; Mucking Around, Reiseb. 1981; Not by Bread Alone, R. 1983; Among You Taking Notes: 1939–45, Tg. 1985; A Girl Must Live, R. 1990; The Oathtakers, R. 1991.

Mitford, Mary Russell, engl. Romanschriftstellerin und Dramatikerin, 16. 12. 1787 Alresford/Hampshire – 10. 1. 1855 Swallowfield b. Reading. Ihr Leben war geformt durch die Notwendigkeit, e. extravaganten Vater unterhalten zu müssen. Lebte abgeschieden auf dem Lande. – Veröffentlichte zunächst e. Gedichtband und epigonenhafte Verstragödien. Wurde bekannt durch ihre anmutigen Skizzen aus dem Landleben. Verzichtete bewußt auf Handlung, gab skizzenhafte Stimmungsbilder von künstler. Rang.

W: Poems, 1810; Julian, Tr. 1823; Our Village, Sk. V 1824–32 (hg. A. Scott-James, 1987); Foscari, Tr. 1826; Rienzi, Tr. 1828; Charles I., Tr. 1834; Belford Regis, or Sketches of a Country Town, Sk. III 1835; Recollections of a Literary Life, Aut. III 1852; Atherton and other Tales, Kgn. III 1854. – Dramatic Works, II 1854; Life in a Selection of her Letters, hg. A. G. L'Estrange III 1870; Letters, Second Series, hg. H. Chorley II 1872; Correspondence with Ch. Boner and J. Ruskin, hg. E. Lee 1914; Elisabeth Barrett to Miss M., hg. B. Miller 1954.

L: Friendships, hg. A. G. L'Estrange 1882; W. J. Roberts, 1913; V. G. Watson, 1949; P. D. Edwards, Idyllic Realism, 1988.

Mitford, Nancy (Freeman), engl. Romanautorin, 28. 11. 1904 London – 30. 6. 1973 Versailles. Vater Baron Redesdale. – Schildert die engl. Exzentriker und die amourösen Eskapaden der Aristokratie mit leichtem Ton, eleganter Satire und genauer Beobachtung ohne moral. Wertung.

W: Highland Fling, R. 1931; Wigs on the Green, R. 1935; The Pursuit of Love, R. 1945 (n. 1967; Heimweh nach Liebe, d. 1955); Love in a Cold Climate, R. 1949 (Liebe eisgekühlt, d. 1953); The Blessing, R. 1951 (Sein Sohn Sigi, d. 1953); Voltaire in Love, B. 1957; Don't Tell Alfred, R. 1960 (d. 1962); The Sun King, B. 1966 (d. 1966); Frederick the Great, B. 1970 (d. 1973); The Best Novels, 1974.

L: S. Hastings, 1986 (d. 1992).

Mittelholzer, Edgar (Austin), westind. Romancier, 16. 12. 1909 New Amsterdam/Guyana – 6. 5. 1965 Farnham/England (Freitod). Schweizer., kreol., engl. u. afrikan. Ahnen. Ab 1948 in England als Mitarbeiter des British Council. – Einer der Hauptvertreter der karib. Lit. mit über 20 handlungsreichen, z. T. mit leitmotivischen Techniken experimentierenden Romanen.

W: Corentyne Thunder, R. 1941; A Morning at the Office, R. 1950; Shadows Move Among Them, R. 1951 (Glühende Schatten, d. 1957); Children of Kaywana, R. 1952 (d. 1954); The Weather Family, R. 1958 (Hurrikan ›Janet‹, d. 1959); Eltonsbrody, R. 1960; A Swarthy Boy, Aut. 1963; The Aloneness of Mrs. Catham, R. 1965.

Miyamoto, Yuriko (eig. Chujo Y...), jap. Schriftstellerin, 13. 2. 1899 Tokyo – 21. 1. 1951 Yamabeonsen/Nagano-Präfektur. Tochter des Architekten u. Bauunternehmers Chujo Seiichirô. 1916 Abschluß des Chanomizu-Lyzeums, Stud. engl. Lit. Nihonjoshi Univ. ohne Abschluß. Frühzeitig erfolgic. lit. Tätigkeit. 1918 Reise in die USA, Gasthörerin der Columbia-Univ., dort 1919 ∞ Araki Shigeru. 1924 o|o; 1927 Reise nach Rußland u. Europa; schloß sich nach ihrer Rückkehr der kommunist. Partei an u. wandte sich der

Miyazawa

›Proletarier-Lit.‹ zu. 1932 ∞ Miyamoto Kenji, der, ebenfalls linksradikal, bald ins Gefängnis mußte. Selbst ebenfalls mehrfach bestraft. Nach Kriegsende erneute parteipolit. Tätigkeit; Mitbegründerin der marxist. orientierten Zs. ›Shin Nihon Bungaku‹; zentrale Figur der proletar. Lit.-Bewegung. Bevorzugte lit. Form blieb der Ich-Roman.

W: Mazushiki hitobio no mure, E. 1917 (Herde der Armen, d. 1987/88); Nobuko, R. 1924–26; Fuyu wo kosu tsubomi, Ess. 1934; Fûchisô, R. 1946; Banshûheiya, R. 1946–47 (Die Banshu-Ebene, d. 1960); Fujin to bungaku, Ess. 1947; Dôhyô, R. 1948–51. – M. Y. zenshû (GW), 1979–81. – *Übs.:* B. de Bary, 1984.

L: H. Gössmann (JQ), 1995; M. Niikuni Wilson, 1997.

Miyazawa, Kenji, jap. Dichter u. Erzähler, 27. 8. 1896 Hanamaki/Iwate-Präfektur – 21. 9. 1933 Hanamaki. Entstammt e. Familie frommer, wohlhabender Pfandleiher im Norden Japans. Nach Stud. der Land- u. Forstwirtschaft in Morioka wird er Lehrer in s. Heimatort, engagiert sich in gemeinnützigen Projekten. In s. Gedichten – in klass. (tanka) sowie in freier Form verfaßt – setzt er thematisch und rhetorisch innovative Akzente. S. Schreiben verrät Einflüsse d. proletar. u. der romant. Schule, ist tief geprägt von relig. (buddhist.) Überzeugungen. Das narrative Werk (Märchen, Erzählungen) besticht durch e. humorvollen, phantast. Stil, mit Hang zu Groteske u. Utopie u. einer Schwäche für Lautmalerei u. synergist. Effekte.

A: M. K. zenshû (GW), XIII, Tokyo 1973–77. – *Übs.:* Winds from Afar, En., engl. J. Bester 1972; Spring and Asura, G., engl. H. Sato 1973; Die Früchte des Gingko, En., d. J. Fischer 1980; Goosch, der Cellist, En., d. K. Komori, H. Röder 1983; A Future of Ice, G. u. En., engl. H. Sato 1989; Le train de la voie lactée, En. franz. F. Lecœur 1990.

L: M. Nakamura, Hyôden M. K., 1975; M. K. (Zs.), seit 1981; S. Mehlhop, The Poetry of M. K., Chicago 1984; T. Hagiwara, Innocence and the Other World (MN), 1992.

Mjeda (Mjedia), Ndre, alban. Lyriker, 20. 11. 1866 Shkodër – 1. 8. 1937 ebda. 1880–82 Jesuitenschule Porta Coeli b. Valencia, 1883 Kraljevica (Kroatien), 1884–87 Kolleg der Gregoriana ebda., 1887–91 Lehrer der Musik Cremona, 1891–93 Kolleg der Gregoriana Krakau, 1894–98 Prof. der Philosophie u. Philologie ebda., nach Ausschluß aus dem Jesuitenorden Priester u. Lehrer in Nordalbanien; 1901 Mitbegründer der kulturellen Gesellschaft Agimi (Die Morgenröte) in Shkodër, 1908 Mitgl. der Alphabetkommission in Monastir, 1920–24 Deputierter im ersten alban. Parlament in Tiranë; seit 1930 Lehrer der alban. Sprache u. Literatur am Jesuitenkolleg Shkodër. – M.s Lyrik, beeinflußt von der alban. Volksdichtung u. der ital. Dichtung des ausgehenden 19. Jh., durch klassischen Stil u. Reinheit der Sprache ausgezeichnet, ist thematisch vorwiegend dem Gedankengut der alban. Unabhängigkeitsbewegung verhaftet. Auch als Übersetzer religiösen Schrifttums trat M. hervor.

W: Juvenilia, G. 1917 (n. 1978, 1999). – Vepra (GW), III 1982; Vepra letrare, hg. R. Idrizi II 1988.

L: M. Gurakuqi, Mbi veprën poetike të M-ës, 1980; R. Idrizi, N. M., 1980; Andrra e M-es, Studime ... me rastin e përvjetorit të 130–të të lindjes, hg. I. Jubica, K. Kraja 1996.

Młodożeniec, Stanisław (Ps. Jan Chmurek u. a.), poln. Dichter u. Prosaiker, 31. 1. 1895 Dobrocice b. Sandomierz – 21. 1. 1959 Warschau. Sohn einer wohlhabenden Bauernfamilie. 1915–18 verschlug es ihn nach Rußland. In Moskau Kontakte zu Futuristen. Stud. Polonistik Krakau. Eingezogen 1939 gelangte er mit s. Einheit über Ungarn, Nordafrika 1942 nach London. Arbeit im Propagandaministerium der poln. Exilregierung. 1957 Rückkehr nach Polen. – Mitbegründer des poln. Futurismus. In den ersten beiden Gedichtbänden Verfechter e. radikalen dichter. Experiments, insbesondere in der Lexik. In den 30er Jahren verbindet er das futurist. Postulat mit der Bauernthematik und wird zum Vorläufer der Dorfprosa.

W: Kreski i futureski, G. 1921; Kwadraty, G. 1925; W dolinie małej wody, En.-Ausw. 1958; G.-Ausw. 1977, 1989.

L: S. Burkot, 1985.

Mňačko, Ladislav, slovak. Schriftsteller, 29. 1. 1919 Valašské Klobúky – 24. 2. 1994 Bratislava. Autodidakt, ab 1945 Journalist, polit. u. kultureller Kommentator. Wurde bekannt durch Reportagen aus der Arbeiterwelt, in denen er sich zunächst als Verfechter des offiziellen Parteikurses zeigte; mit ›Oneskorené reportáže‹ beginnt s. später auch in Romanform vorgetragene, wachsende Kritik an gesellschaftl. Mißständen u. dem Novotný-Regime, die ihn schließl. zur freiwilligen Auswanderung nach Israel führt. Rückkehr nach Novotnýs Sturz, Exil nach dem Einmarsch der Warschauer-Pakt-Truppen in die Tschechoslowakei; lebte dann in Wien, nach 1989 auch in der Slowakei. – S. seither aus dem Ms. übersetzten, im Ausland erscheinenden Romane, Berichte u. Analysen kreisen um die Irrationalität auf Macht beruhender Verhältnisse. M.s bisher größter lit. Erfolg war s. z. T. autobiograph. Roman ›Smrť sa vola Engelchen‹ aus dem slovak. Volksaufstand 1944.

W: Izrael, národ v boji, Rep. 1949; Albánska reportáž, Rep. 1950; Dobrodružstvo vo Vietname, Rep. 1953; Vody Oravy, Rep. 1955; Marxova ulica, En. 1957; Daleko je od Whampoa, Reiseb. 1958; Smrť sa volá Engelchen, R. 1959 (Der Tod heißt Engelchen, d. 1962); Ja, Adolf Eichmann, Rep. 1962; Kde končia prašné cesty, Rep. 1963 (Wo die staubigen Wege enden, d. 1964); Oneskorene reportáže, En. 1963 (Verspätete Reportagen, d. 1964, illegal u.d.T. Der rote Foltergarten, 1963); Ako chutí moc, R. 1967 (Wie die Macht schmeckt, d. 1967); Die Aggressoren, Rep. 1968; Die siebente Nacht, Ber. 1968; Die Nacht von Dresden, R. 1969; Der Vorgang, R. 1970; Hanoi-Report, 1972; Sudruh Münchhausen, R. 1972 (Genosse Münchhausen, d. 1973); Einer wird überleben, R. 1973; Die Festrede, Sat. 1976; Jenseits von Intourist, Rep. 1979.

Mo, Timothy, engl. Autor, * 30. 12. 1950 Hongkong. Stud. Oxford. – Verf. von Romanen, die Erfahrungen v.a. chines. Einwanderer in England, insbes. den aus Kolonialismus u. Gewalt resultierenden Konflikt zwischen östl. u. westl. Lebensweise, thematisieren.

W: The Monkey King, R. 1978; Sour Sweet, R. 1982; An Insular Possession, R. 1986; The Redundancy of Courage, R. 1991; Brownout on Breadfruit Boulevard, R. 1995; Renegade or Halo2, R. 1999.

Moberg, (Carl Artur) Vilhelm, schwed. Erzähler und Dramatiker, 20. 8. 1898 Algutsboda/Småland – 8. 8. 1973 Grisslehamn/Väddö (ertrunken). Sohn e. Soldaten u. Kätners; Volksschule; Arbeiter, 1916 Volkshochschule, 1917/18 Privatoberschule, 1920 Journalist an Provinzzeitungen, seit 1927 freier Schriftsteller, ∞ 1923 Margareta Törnqvist. – Polit. linksradikal; s. Schrift ›Warum ich Republikaner bin‹ (1955) löste e. heftige Debatte aus. Blieb in s. gesamten Produktion fest verwurzelt im heimatl. Kulturboden und zeigte stets auffallendes Interesse für volkskundl. Einzelheiten. S. 1. großer Roman ›Raskens‹ schildert mit Einfühlung und Sachkenntnis das Schicksal e. Soldaten- und Kätnerfamilie. Schon hier breiter ep. Fluß, kraftvoller Stil. M. erlebte in s. Jugend in der damals kleinbäuerl. Provinz Småland die vordringende Industrialisierung u. die damit aufkommenden Klassengegensätze; davon zeugt s. Roman ›Soldat med brutet gevär‹. Realist. Prosa, größtenteils autobiograph., schildert die Entwicklung e. jungen linksradikalen Småländers in e. Zeit der Neugestaltung der Gesellschaft, v.a. polit. gesehen. Der Roman wurde e. Art schwed. Geschichtsschreibung über die ersten 4 Jahrzehnte des 20. Jh. – Der zunehmende Konflikt zwischen Stadt und Land sowie das Problem der Landflucht beschäftigten M. in der Romantrilogie über Knut Toring: Der Weg e. Bauernsohnes vom Land in die Stadt und wieder zurück aus dem Zwang der Gesellschaft zum Ursprungsmilieu, zu persönl. Freiheit. M. war Gegner des Nationalsozialismus; s. hist.-kulturhist. Roman ›Rid i natt‹ war ein Diskussionsbeitrag dazu. Archaisierender Stil, untermalt durch Dialekt, Bibelsprache u. volkstüml.

Redewendungen. M.s Romantetralogie und Auswandererchronik umfaßt etwa 50 Jahre des 19. Jh., als e. erhebl. Teil der Bevölkerung Skandinaviens in die USA auswanderte. Tatsachenbericht, Gesellschaftsschilderung als Fundament; aufgrund von Studien genaue Angaben über die Voraussetzungen der Emigration. Durch Forschungen in Archiven in den USA sammelte M. weiteres Material. Verfaßte auch Schauspiele, u.a. Volksstücke, Bearbeitung s. Romane; auch behandelte M. Probleme der mod. Gesellschaft.

W: Kassabrist, Sch. 1926; Raskens, R. 1927 (Kamerad Wacker, d. 1935); Långt från landsvägen, R. 1929 (Fern von der Landstraße, d. 1937); Hustrun, Dr. 1929; Marknadsafton, Dr. 1930; De knutna händerna, R. 1930 (Die harten Hände, d. 1935); A. P. Rosell, bankdirektör, R. 1932 (Alles für das Wohl der Stadt, d. 1934); Mans kvinna, R. 1933 (Dr. 1943; Weib eines Mannes, d. 1936); Våld, Dr. 1933; R.-Tril.: Sänkt sedebetyg, 1935 (Knut Torings Verwandlung, d. 1936), Sömnlös, 1937 (Schlaflos, d. 1938), Giv oss jorden, 1939; Kyskhet, Dr. 1938; Jungfrukammare, Dr. 1938 (Das Mädchenzimmer, d. 1940); Änkeman Jarl, Dr. 1940; Rid i natt, R. 1941 (Reit heut nacht, d. 1946); Soldat med brutet gevär, R. 1944; Vår ofödde son, Sch. 1945; Gudens hustru, Dr. 1946; Brudarnas källa, R. 1946 (Die Brautquelle, d. 1948); Tetralogie: Utvandrarna, 1949 (Bauern ziehen übers Meer, d. 1954), Invandrarna, 1952 (Neue Heimat in fernem Land, d. 1955), Nybyggarna, 1956, Sista brevet till Sverige, 1959; Det gamla riket, Sat. 1953; Lea och Rakel, Dr. 1954 (d. 1956); Domaren, Dr. 1957; Sagoprinsen, Dr. 1960; Din stund på jorden, R. 1963 (Dr. 1967); Förrädarland, R. 1967; Berättelser ur min levnad, Aut. 1968; Min svenska historia, II 1970f.; Otronsartiklar, Aufs. 1973. – Werke, XV 1946f.; Lustspel och enaktare, Kvinnodramer, Äktenkapsdramer, 1957.

L: G. Ollén, 1959; S. Mårtensson, 1953, 1956, 1963; G. T. Alexis, M's Immigrant Trilogy, 1966; En bok till V. M. 1968; Perspektiv på utvandrarromanen, hg. U. B. Lagerroth 1971; G. Eidevall, Diss. Stockholm 1974, 1976; G. Lannestock, 1977; M. v. Platen, 1978; S. Delblanc, 1980.

Mochtar Lubis, indones. Schriftsteller, * 17. 3. 1922 Padang/West-Sumatra. Journalist, wegen s. demokrat. Gesinnung 1956–65 polit. verfolgt u. zeitweise im Exil in Malaysia. Gründer der Zeitung ›Indonesia Raya‹ und lit. Zs. ›Horison‹. – E. der bekanntesten Autoren der Nachkriegszeit, humorvoll und iron. in s. frühen Erzählungen ›Si Djamal‹ um e. erfindungsreichen typ. Kleinbürger; die Zeit der Guerilla-Kämpfe und s. polit. Verfolgung schildert er mit eindringl. Realismus. Korruption u. Unmenschlichkeit sind Thema von ›Senja di Djakarta‹.

W: Tidak Ada Esok, R. 1950; Si Djamal, En. 1950; Tjatatan Korea, Reiseb. 1951; Djalan tak Ada Udjung, R. 1952; Perempuan, Kgn. 1956; Senja di Djakarta, R. 1964 (Twilight in Djakarta, engl. 1963); Tanah Gersang, E. 1964; Harimau! Harimau!, R. 1975; Maut dan Cinta, R. 1977; Catatan Subversif, Ess. 1980; Bromocorah, Kgn. 1983.

Mockel, Albert, belg. Dichter und Kritiker, 27. 12. 1866 Ougrée b. Lüttich – 30. 1. 1945 Ixelles b. Brüssel. Schule und Univ. Brüssel u. Lüttich. 1890–1937 in Paris, dort regelmäßige Kontakte mit Mallarmé. Seit 1938 in Brüssel Präsident der Kgl. Akad. – 1884 Mitgründer der Zs. ›Elan littéraire‹ (1886–93 ›La Wallonie‹), die den Symbolismus in Belgien einführte und e. Zeitlang das Hauptorgan des Symbolismus war. Schrieb dafür subtile, ausgewogene Kritiken, trat für ›vers libre‹ und ›rythme intérieur‹ ein, bemühte sich um e. Definition des Symbols. Zeigt in s. Dichtungen und der Ästhetik ›Propos littéraires‹ unter Einfluß der Theorien von R. Ghil die beherrschende Rolle der Musik in symbolist. Dichtung.

W: Chantefable un peu naïve, G. 1891; Propos de littérature, Schr. 1894; St. Mallarmé, un héros, Es. 1899; Clartés, G. 1901; La flamme immortelle, G. 1924; E. Verhaeren, poète de l'energie, Es. 1933; Esthétique du symbolisme, 1962; Correspondance littéraire entre M. et R. Desaise, 1965; A. Gide et M., Correspondance 1891–1938, Genf 1975; Lettres, hg. R. Debever II 1986; L'instrumentation verbale, hg. T. Goruppi, Rom 1981.

L: P. Champagne, 1922; E. Dujardin, Mallarmé, par un des siens, 1936; H. Davignon, A. M. entre F. Severin et Ch. Van Lerberghe, 1951; P. Gorceix, Fin de siècle et symbolisme en Belgique, 1998; F. B. Crucitti Ullrich, La littérature belge d'expression française au miroir de la correspondance A. M. – G. Marlow, 1998.

Mo Di, chines. Philosoph, um 470–400 v. Chr. Stammte aus Fürstentum Lu, war Hofbeamter im Staat Song, soll angebl. dort auch als Stratege gewirkt haben. Meist als wandernder Politiker und Lehrer in versch. Staaten tätig. – Das unter s. Namen bekannte Werk ›Mozi‹ (Meister M.) umfaßte das Werk s. ganzen Schule in 15 Kapiteln mit 71 Abschnitten, erhalten sind davon nur 53. Durch → Liu Xiang ediert, im 15. Jh. in den taoist. Kanon aufgenommen. Sammlung von Lehrtexten der Mo-Di-Schule. Im Stil farblos und trocken dozierend. Lehren: allg. Menschenliebe, Ablehnung der Familien- und Standesschranken des Konfuzianismus. Utilitarismus, daher gegen Künste und Ritualwesen. Bemerkenswerte Ansätze zu Logik, naturwiss. Beobachtungen, Technologischem, insbes. Kriegstechnik (Verteidigung von Städten). Wegen heterodoxer Gedanken in China lange vergessen, erst im 18. Jh. erneute Beschäftigung mit dem Text.

Übs.: A. Forke 1922; B. Watson N. Y. 1963; d. H. Schmidt-Glintzer II 1975.

L: Yi-pao Mei, Lond. 1934; A. C. Graham (T'oung Pao 51), Leiden 1964.

Modiano, Patrick Jean, franz. Drehbuchautor und Erzähler, * 30. 7. 1945 Boulogne-Billancourt. – M. beschäftigt sich in s. Romanen mit dem dt. Antisemitismus des Nationalsozialismus; zugleich Demontage des Résistance-Mythos, Zerrissenheit der Protagonisten in ihrer Suche nach e. europ.-jüd. Identität, Relativierung traditioneller Werte und Zerschlagen von Tabus. Einfluß Célines.

W: La place de l'étoile, R. 1968; Les boulevards de ceinture, R. 1972; Villa triste, R. 1975 (d. 1977); Livret de famille, 1977; Rue des boutiques obscures, R. 1978 (d. 1979); Une jeunesse, R. 1981 (d. 1985); De si braves garçons, R. 1982; Poupée blonde, 1983; Quartier perdu, R. 1985; Dimanches d'août, R. 1986; Remise de peine, R. 1988; Vestiaire de l'enfance, R. 1989; Voyage de noces, R. 1990 (d. 1991); Fleurs de ruine, R. 1991; Un cirque passe, R. 1992; Chien de printemps, R. 1993 (Ein so junger Hund, d. 1994); Dora Bruder, R. 1997; Des inconnues, R. 1999.

L: C. W. Nettelbeck, P. A. Hueston, 1986; X. Chen, Mémoire et quête dans quelques romans de P. M., 1992; J. Bedner, hg. Amst. 1993; P. Srour, 1994; T. Laurent, 1995; D. Parrochia, Ontologie fantôme, 1996; A. Morris, Oxf. 1996; W. VanDer Wolk, Rewriting the past, Amst. 1997; T. Laurent, 1997; S. Schutz, Diss. Ffm. 1998; B. Roux, 1999; M. Guyot-Bender, 1999; P. Gellings, 2000.

Moe, Jørgen Engebretsen, norweg. Dichter und Folklorist, 22. 4. 1813 Hole/Ringerike – 27. 3. 1882 Kristiansand. Theologe, Bischof ebda. – Relig. Lyriker, Vf. weitverbreiteter Kindergeschichten. Bes. bekannt durch s. Sammlung norweg. Volksmärchen, die er zusammen mit P. C. Asbjørnsen nach Vorbild der Brüder Grimm herausgab.

W: Norske folkeeventyr, M. 1841–44, 1852, 1871 (n. 1940) (m. P. Asbjørnsen); Digte, G. 1849; I Brønden og i Kjærnet, E. 1851; At hænge paa Juletræet, G. 1855. – Samlede skrifter, hg. A. u. M. Moe II 1924; Fra det nationale gjennembruds tid. Breve fra J. M. til Chr. Asbjørnsen og andre, hg. A. Krogvig 1915; Dikt og prosa, hg. S. A. Aarnes 1968.

L: F. Grimnes, 1929; Ø. Hodne, 1979 u. 1982.

Møllehave, Herdis, dän. Schriftstellerin, 26. 8. 1936 Flensburg – 8. 6. 2001 Brighton. Sozialbeiterin. – M.s Debütroman ›Le‹ wurde zum Diskussionsgegenstand der Frauenbewegung. Weitere Romane und Essays zu Fragen des Geschlechterkampfes und der sexuellen Befreiung.

W: Le, R. 1977 (Le und die Knotenmänner, d. 1981); Lene, R. 1980 (d. 1983); Men i virkeligheden?, Ess. 1981; Helene, R. 1983 (d. 1985). – Le/Lene/Helene, 1997.

Møller, Poul Martin, dän. Dichter, 21. 3. 1794 Uldum b. Vejle – 13. 8. 1838 Kopenhagen. Pfarrerssohn; Theol.-Stud.; Schiffspfarrer; Chinareise; Lektor in Kristiania, 1831 Prof. der Philos. in Kopenhagen. – Lyriker, Erzähler und Essayist zwischen Romantik und Realismus. M.s Dichtung ist meist e. (oft humorist.) Objektivierung eigener seel. Konflikte oder übertriebener Gefühle, z. B. Heimweh, durch unsentimentale oder humorist. Darstellungen von Heimatszenen. S. vaterländ. Lied ›Glæde over Danmark‹ ist e. Prototyp des nichtheroischen dän. vaterländ. Liedes geworden. E. Grundzug s. Werkes ist der Kampf gegen jede Affektiertheit und für Gegenständlichkeit im Geistesleben: Den phantasiereichen Schwärmer hat er in s. Hauptwerk, dem kleinen Roman ›En dansk students eventyr‹, in realist.-parodist. Szenen gestaltet und hiermit den ersten der langen Reihe von dän. Phantastenromanen geschrieben. M.s schmales Werk wird oft als e. dän. Ideal des errungenen Gleichgewichts der Seele betrachtet.

A: Efterladte skrifter (GW), III 1839–43; VI 1855f.; Skrifter i udvalg (Ausw.), II 1930; En dansk students eventyr, R. 1986; Strøtanker (Ausw.), 1994. – P. M. og hans familie i breve, III 1976.

L: V. Andersen, 1894, ³1944; J. Brøndum-Nielsen, 1940; U. Andreasen, 1973; B. Henningsen, 1973; M. Paludan-Müller, Udlængsel og hjemve, 1987. – *Bibl.:* H. Denmann, 1986.

Moens, Wies, fläm. Dichter, 28. 1. 1898 St. Gillis-Dendermonde – 5. 2. 1982 Geleen. 1916–18 Stud. Gent, 1918–22 wegen fläm. aktivist. Gesinnung in Haft; gründete Zsn. ›Pogen‹ (1923–25) u. ›Dietbrand‹ (1933–40). Nach dem 2. Weltkrieg wegen Kollaboration zum Tode verurteilt. Lebte in Heerlen/Niederlande. – Führender Vertreter des fläm. Expressionismus. Beeindruckte die fläm. Jugend tief durch die ›Celbrieven‹ in Prosa u. ›De boodschap‹ in freien Versen. Forderte in bildreicher Sprache freie Entfaltung für den fläm. Volksteil; seine Vorstellungen waren denen der Nazis ähnlich.

W: Celbrieven, Prosa 1920; De boodschap, G. 1920; De tocht, G. 1921; Opgangen, G. 1922; Landing, G. 1923; Golfslag, G. 1935; Het vierkant, G. 1938; De doden leven, Ess. 1938; Nederlandsche letterkunde van volksch standpunt gezien, Es. 1939; Dertig dagen oorlog, 1940; De spitsboog, Es. 1943; Het spoor, G. 1944; De verslagene, G. 1963; Ad vesperas, G. 1967; Gedichten 1918–1967, 1968; Memoires, Aut., hg. O. Moens, Y. T'Sjoen 1996.

L: W. Noë, 1944; E. Verstraete, 1973; J. Haest, 1976.

Mørch, Dea Trier, dän. Künstlerin u. Schriftst., 9. 12. 1941 Kopenhagen – 26. 5. 2001 ebda. Kunststudium. – Ihr sozialist. Engagement prägt auch ihr Werk. ›Vinterbørn‹ beschreibt die Gemeinschaft mehrerer Frauen auf der Entbindungsabteilung über soziale Grenzen hinweg.

W: Vinterbørn, R. 1976 (Winterkinder, d. 1979); Kastaniealleen, R. 1978 (d. 1982); Den indre by, R. 1980; Aftenstjernen, R. 1982 (Abendstern, d. 1984); Morgengaven, R. 1984 (Die Morgengabe, d. 1986).

L: Bibl.: H. H. Hansen, A. K. Skibelund, 1988.

Mörne, Arvid, finnl.-schwed. Dichter u. Politiker, 6. 5. 1876 Kuopio – 15. 6. 1946 Grankulla. Literarhist. Stud.; 1899 Volkshochschulrektor in Finns, 1908 abgesetzt, redigierte die Arbeiterpresse u. ab 1902 die Widerstandspresse gegen die Russifizierung. 1913 Dozent für finn. Lit. – S. umfangr. dichter. Werk (Lyrik, Prosa, Drama) ist Produkt s. patriot. u. sozialist. Ideale. Die Lyrik, anfängl. idyllisch u. von der kargen Schärenlandschaft geprägt, versinkt mit jeder Enttäuschung s. polit. Ideale tiefer in Schwermut, gewinnt jedoch an Tiefe u. Dichte. Die Romane u. Erzählungen sind ganz vom polit. Erleben bestimmt. Auch sie werden immer düsterer, zuletzt ohne Glauben an Menschlichkeit u. Zukunft. Den in ihren Konflikten konstruiert wirkenden Dramen fehlt die natürlich gewachsene Spannung.

W: Rytm och rim, G. 1899; Ny tid, G. 1903; Döda år, G. 1910; Skärgårdens vår, G. 1913; Den svenska jorden, R. 1915; Offer och segrar, G. 1918 Höstlig dikt, G. 1919; Inför havets anlete, R. 1921; Kristina Bjur, R. 1922 (d. 1949); Vandringen och vägen, G. 1924; Ett liv, E. 1925; Mörkret och lågan, G. 1926; Någon går förbi på vägen, Nn. 1928; Morgonstjärnan, G. 1928; Den förborgade-källan, G. 1930; Det ringer kväll, G. 1931; Under vintergatan, G. 1934; Hjärtat och Svärdet, G. 1935; Atlantisk bränning, G. 1937; Över havet brann Mars, G. 1939; Sånger i världsskymning, 1941; Sfinxen och Pyramiden, G. 1944; Det förlorade landet, Mem. 1945; Solbärgning, G. 1946. – Samlade Dikter, VIII 1918; Prosa, 1921; Lyrik, 1924.

L: A. Akerhjelm, 1945; H. Ruin, 1946; P. O. Barck, A. M. och sekelskiftets Finland, 1953; J. Wrede, A. M's lyrik, 1968.

Mofolo, Thomas (Mokopu), südafrikan. Romancier, 22. 12. 1876 Khojane/Basutoland – 8. 9. 1948 Teyateyaneng/Lesotho. Lehrer an versch. Missionsschulen; Korrektor, 1916 Dampfmühlenbesitzer, 1928–40 Farmer in Griqualand, dann Händler in Basutoland. – Vf. hist. Romane zur Geschichte Afrikas mit christl. Grundhaltung im Südsesoto-Dialekt. International bekannt durch s. mehrfach übersetzten Roman über den Zulu-Herrscher Chaka.

W: Moeti oa Bochabela, R. 1906 (The Traveller of the East, engl. 1934); Pitseng, E. 1910; Chaka, R. 1925 (d. 1953).

L: D. Kunene, 1989.

Mohammed → Koran

Moḥammed Bākir Hedjāzī → Ḥeǧāzī, Moḥammad

Moḥammed Hegazi → Ḥeǧāzī, Moḥammad

Mohrt, Michel, franz. Romancier, * 28. 4. 1914 Morlaix/Bretagne. Vater Kaufmann; Stud. Jura

Moinot

Rennes, 1940 Advokat, während des Kriegs im Verlagswesen, danach zeitweilig Prof. für franz. Lit. Yale Univ., Middleburg u. Berkeley; seit 1952 Lektor für engl.sprachige Lit. bei Gallimard, auch Lit.kritiker bekannter Zeitungen u. Zsn. 1985 Mitgl. der Académie Française. – Behandelt in s. Romanen u. Erzählungen Probleme der Vorkriegs- u. Kriegszeit, zuweilen in krit.-sat. Geist, sowie die Zeit der Jugend; erneuerte die Tradition des Abenteuerromans angelsächs. Prägung in ›La prison maritime‹. Kunstvolle Erzähltechnik u. stilist. Eleganz nähern ihn der viktorian. Romantradition an.

W: Les intellectuelles devant la défaite, Es. 1942; Montherlant ›homme libre‹, Es. 1943; Le répit, R. 1945; Mon royaume pour un cheval, R. 1949; Les nomades, R. 1951; Marin la Meslée, Es. 1952; Le serviteur fidèle, R. 1953; Le mur du son, E. 1953; Le nouveau roman américain, Ess. 1955; La prison maritime, R. 1961 (d. 1964); La campagne d'Italie, R. 1965; Vérité et poésie chez Stevenson, Es. 1966; L'ours des Adirondacks, R. 1969; L'air du large, Ess. 1970; Un jeu d'enfer, Dr. 1970; Deux Indiennes à Paris, 1974; Les moyens du bord, R. 1975; La maison du père, R. 1979; Paquebots, 1980 (m. G. Feinstein); La guerre civile, R. 1986.

L: P. Vandromme (m. Bibl.), 2000.

Moḥtašam Kāšī → Muhtašam Kāšānī, Maulānā

Moineaux, Georges → Courteline, Georges-Victor-Marcel Moinaux

Moinot, Pierre, franz. Schriftsteller, * 29. 3. 1920 im Poitou. Teilnahme am 2. Weltkrieg; entflieht als Gefangener, linguist. Stud. Grenoble bis 1942; danach als militantes Mitglied der Résistance in Marokko; nach dem Krieg Karriere im franz. Rechtssystem. Parallel hierzu bringt er zahlr. Neuerungen im franz. und internationalen Kulturleben (Unesco), gefördert von Camus und Malraux. – Vf. von Novellen, Romanen und hist.-biograph. Dramen; Drehbücher, die häufig Adaptationen s. Theaterstücke sind.

W: Armes et bagages, R. 1952; La chasse royale, R. 1954; La blessure, N. 1957; Repos à Bacoli, Dr. 1966; Héliogabale, Dr. 1971; Mazarin, Dr. 1978; Jeanne d'Arc, le pouvoir et l'innocence, Ess. 1988; La descente du fleuve, R. 1991; Attention à la peinture, Ess. 1997; Le matin vient aussi la nuit, Ess. 1999; La mort en lui, Ess. 2002.

Moïse Sephardi → Petrus Alfonsi

Mokuami → Kawatake, Mokuami

Moldova, György, ungar. Schriftsteller, * 12. 3. 1934 Budapest. Stud. Dramaturgie. Nach dem Stud. Arbeiter, ab 1964 freier Schriftsteller. – Großes gesellschaftl. Interesse. Setzt satir. Tradition der ungar. Lit. fort. Deckt in Erzählungen u. Romanen innere Widersprüche der Gesellschaft auf. Schrieb zahlr. soziograph. Romane u. Reportagen.

W: Az idegen bajnok, R., En. 1964; Sötét angyal, R. 1964 (Der dunkle Engel, d. 1967); Magányos pavilon, R. 1966 (Der einsame Pavillon, d. 1970); Gázlámpák alatt, En. 1966; Az Elátkozott Hivatal, R., En. 1967; Malom a pokolban, R. 1968; Az elbocsátott légió, R. 1969; Hajósok éneke, Repn. 1971; A változások őrei, R. 1972; Negyven prédikátor, R. 1973, (Vierzig Prediger, d. 1977); Az Örség panasza, soz. R. 1974; Akit a mozdony füstje megcsapott, soz. R. 1977; A szent tehén, Rep. 1980; A napló, Che Guevara élete, R. 1983; Bűn az élet, Repn. 1988; A félelem kapuja, R. 1992; A Balaton elrablása, Rep. 1996; ›XX. század, lelépni!‹, Moldova György kalendáriuma a 2000. évre, R. 1999. – Übs.: Unter den Gaslaternen, En. (Ausw.) 1971.

Molière (eig. Jean-Baptiste Poquelin, nannte sich seit 1644 M.), franz. Komödiendichter, 15. 1. 1622 Paris – 17. 2. 1673 ebda. Sohn e. reichen Teppichwirkers, 1636–41 Schüler des Jesuitenkollegs Clermont in Paris, unter hochadligen Mitschülern. Verzichtete auf den vom Vater ererbten Posten des ›valet-tapissier du roi‹, war vielleicht Advokat in Orléans. Gründete 1643 u. a. mit der Schauspielerin Madeleine Béjart, s. Gefährtin, die Theatergruppe ›L'Illustre Théâtre‹. Nach Mißerfolgen in Paris und Geldnot 1645–58 Wanderleben in der Provinz (Languedoc, Provence, Lyon) als Schauspieler, seit 1652 als Lustspielautor und Leiter der Truppe, die Okt. 1658 nach Paris als Truppe des Herzogs von Orléans zurückkehrte; gewann die Gunst Ludwigs XIV., spielte ab 1661 im Palais Royal. Febr. 1662 ⚭ Armande Béjart, Tochter oder Schwester von Madeleine B. Freundschaft mit Racine, La Fontaine, Boileau. Seit 1664 zunehmend mit Stücken zur Unterhaltung des Hofes beauftragt. Zugleich Regisseur und Schauspieler in den Hauptrollen s. Stücke. Ab 1665 stand s. Truppe als ›Troupe du Roi‹ unter dem persönl. Schutz des Königs, der M. im Kampf gegen Rivalen und Intrigen unterstützte; sie bildete den Grundstock der späteren ›Comédie Française‹. In s. Ehe enttäuscht, überarbeitet, schon seit 1665 krank, erlag M. e. tödl. Anfall auf der Bühne während e. Vorstellung des ›Malade imaginaire‹. – Erhebt die franz. Komödie aus den Niederungen der primitiven Farce und der äußerl. ital. Maskenu. Intrigenkomödie zum Kunstwerk. Schrieb abwechselnd den klass. Regeln folgende Komödien, tolle Farcen und zwischen diesen beiden Gattungen stehende Prosakomödien, außerdem Stücke zur Unterhaltung des Hofes mit Gesangs- und Balletteinlagen. Nur wenige Stücke gehören e. reinen Typ an, die meisten sind Mischformen. Ebenso sind versch. Formen der Komik wie Situations-, Milieu- und Charakterkomik in den meisten Stücken miteinander verbunden. Die Charaktere sind mehr Typen, Träger e. bestimmten Eigenschaft, als Individuen. Schöpft Stoffe aus allen verfügbaren Quellen (europ. Komödien und erzählenden Werken), schulte sich dramentechn. an der Commedia dell'arte. Die bedeutendsten seiner 32 erhaltenen Komödien sind das bereits vor der Aufführung heftig umstrittene Meisterwerk ›Le Tartuffe‹, ›Les précieuses ridicules‹, ›Dom Juan ou le festin de Pierre‹, ›Le misanthrope‹, ›L'avare‹, ›Les femmes savantes‹ u. ›Le malade imaginaire‹. Die Stücke nehmen Bezug auf Zustände der zeitgenöss. Gesellschaft (Preziosität, Adelsprätentionen der neureichen Bürger, Unwissenheit und Anmaßung der Ärzte), charakterisieren mit konkreten Einzelfällen allg. menschl. Grundschwächen wie Geiz, Heuchelei, Egoismus, Dünkel und Hypochondrie und sind deshalb von überzeitl. Gültigkeit. Allen Stücken zugrunde liegt M.s ausgeprägter Sinn für das Echte, Maßvolle, Vernünftige und insofern den Gesetzen der Natur Gemäße. Die Komik umfaßt die ganze Skala zwischen derber primitiver Heiterkeit (Farcen, ›Le bourgeois gentilhomme‹), Subtilität (›Amphitryon‹) und Verhaltenheit (›Le Misanthrope‹); sie entsteht dadurch, daß Personen den Gesetzen der Natur zuwiderhandeln. M. bekämpft diese Personen, deren Verhalten die Umwelt schädigt, indem er sie der Lächerlichkeit preisgibt. Die Natur, die die normalen Lebensbedingungen der Gesellschaft bestimmen sollte, verbietet Künstelei (›Les précieuses ridicules‹), fordert die Neigungsehe der Frau (›L'école des femmes‹), macht Mutterschaft, nicht Wissenschaft zu ihrer Aufgabe (›Les femmes savantes‹). Die sittl. Unbedingtheit des ›Misanthrope‹ entspricht nicht den Gesetzen des menschl. Zusammenlebens, das auf Kompromißbereitschaft beruht. M.s Sprache ist natürl. und voller Witz, M. verschwindet hinter s. Personen, läßt jede e. ihrer Situation und Stellung gemäße Sprache sprechen. Anfang der Sittenkomödie in Frankreich und Europa.

W: L'étourdi, ou les Contre-temps, 1655; Le dépit amoureux, 1656; La jalousie du barbouillé, vor 1659; Le médecin volant, vor 1659; Les précieuses ridicules, 1659; Sganarelle ou le cocu imaginaire, 1660; Don Garcie de Navarre ou le prince jaloux, 1661; L'école des maris, 1661; Les fâcheux, 1661; L'école des femmes, 1662; La critique de l'école des femmes, 1663; L'Impromptu de Versailles, 1663; Le mariage forcé, 1664; Les plaisirs de l'île enchantée, 1664; La princesse d'Elide, 1664; Dom Juan ou le festin de pierre, 1665; L'amour médecin, 1665; Mélicerte, 1666; Le misanthrope, 1667 (d. 1979); Le Sicilien ou l'amour peintre, 1667; Le médecin malgré lui, 1668; George Dandin, ou le mari confondu, 1668 (d. 1983); Monsieur de Pouceaugnac, 1669; Le bourgeois gentilhomme, 1670; Les amants magnifiques, 1670; Les fourberies de Scapin, 1671; La contesse d'Escarbagnas, 1671; Psyché, 1671 (m. Corneille u. Quinault); Les femmes savantes, 1672; Le malade imaginaire, 1673. – Œuvres complètes, hg. E. Despois u.a. XIII 1873–93, n. 1968, B. Guégan VII 1925–29, G. Michaut, R. Groos XI 1949ff., R. Bray, J. Scherer III 1954–56, M. Rat II ³1959, R. Jouanny 1965, G. Couton II 1972; Théâtre choisi, hg. M. Rat 1962; Théâtre complet, hg. P. Maladin IV 1997f. – Übs.: W. Graf Baudissin IV 1865–67 (hg. P. A. Becker VI 1912, n. 1950); L. Fulda 1892, n. III 1947f.; M. Beutler u.a. VI 1911–21; A. Luther, R. A. Schröder, L. Wolde ²1959; G. Fabricius, W. Widmer 1970, n. 1987; H. Weigel, VII 1975.

L: G. Michaut, La jeunesse de M., ²1923; ders., Les débuts de M. à Paris, 1923; ders., Les luttes de M., 1925; ders., La raconté pour ceux qui l'ont vu, 1932; M. J. Wolff, ²1923; K. S. Gutkind, M. und das komische Drama, 1928; H. Heiß, 1929; W. Küchler, 1929; R. Fernandez, La vie de M., 1929; ders., Lond. 1961; J. Palmer, Lond. 1930; D. Mornet, 1943; M. Apollonio, Brescia ²1947; N. E. Taube, Stockh. 1947; D. Romano, Essai sur le comique de M., Bern 1950; J. Audiberti, 1954, n. 1973; J. Cairncross, Genf 1956; ders., 1963; A. Simon, 1957; D. B. W. Lewis, Lond. 1959; J. D. Hubert, Lond. 1962; R. Bray, ²1963; M. Jurgens, E. Maxfield-Miller, Cent ans de recherches sur M., 1963; J. L. Gossman, Men and Mask, Baltimore 1963; J. L. A. Meyer, 1963; J. Guicharnaud, 1964; ders., hg. Lond. 1965; L. Thoorens, Verviers 1964; G. Montgrédien, Recueil des textes et des documents du XVIIe siècle relatifs à M., II 1965; L. Jouvet, 1965; Sondernummer ›Europe‹ 441–42, 1966; M. Gutwirth, 1966; W. G. Moore, N. Y. ²1968; A. A. Tilley, N. Y. ²1968; W. Salzmann, M. und die lat. Komödie, 1969; K. Robra, 1969; R. Jasinski, 1969; M. Descotes, M. et sa fortune littéraire, 1970; B. Masters, Lond. 1970; P. Gaxotte, M. fameux comédien, 1971; Sondernummer ›Revue d'histoire littéraire de la France‹ 5–6, 1972; S. Chevalley, M. en son temps, 1973; Über M., hg. Ch. Strich u.a. 1973; V. Brett, ²1975; G. Macchia, 1975; F. Hartau, 1976; K. Waterson, 1976; H. Knutson, 1976, 1988; P. Gaxotte, 1977; R. Garapon, 1977; R. Ikor, 1977; G. Defaux, 1979; R. Baader, hg. 1980; S. Feldman, 1980; Y. Kermanach, 1980; R. Herzel, 1981; N. Gross, 1982; R. Horville, 1983; S. Chevalley, 1984; J. F. Gaines, 1984; J. Grimm, 1984; G. Hall, 1984; J. v. Stakkelberg, 1986; J. Hösle, 1987; Th. Malachy, M.: les métamorphoses du carnaval, 1987; L. W. Riggs, M. and plurality, N.Y. 1989; F. Mallet, ²1990; A. Bermel, Illinois 1990; G. Forestier, 1990; M. Vernet, 1991; P. H. Nurse, Genf 1991; A. Couprie, 1992; P. Dandrey, 1992, Ch. Mazouer, M. et ses comédies-ballets, 1993; M. Cornud-Peyron, 1994; P. Force, 1994; B.-M. Kylander, Le vocabulaire de M., Göteborg 1995; B. Rey-Flaud, Genf 1996; F. Fiorentino, Turin 1997; G.-A. Goldschmidt, Belfort 1997; R. Duchêne, 1998; C. E. J. Caldicott, La carrière de M., Amst. u.a. 1998; M. Baschera, 1998; C. Bourqui, Les sources de M., 1999; L. F. Norman, Chicago 1999; J. Garagnon, 1999; B. Parent, 2000; O. Bloch, 2000; J. Pineau, 2000; Y. Scott, Cambr. 2000; G. Blaikner-Hohenwart, Der deutsche M., 2001; G. McCarthy, Lond. 2002. – Bibl.: P. Lacroix, Turin 1872; P. F. Saintonge, R. W. Christ, Baltimore 1942; A. J. Guibert, 1961–64, n. 1977; T. A. Keck, M. auf Deutsch: eine Bibliographie deutscher Übersetzungen und Bearbeitungen der Komödien M.s, 1996.

Molin, Pelle (eig. Petrus), schwed. Erzähler, 8. 7. 1864 Multrå/Ångermanland – 26. 4. 1896 Bodø/ Norwegen. Bauernsohn; 1876–83 höhere Schule Härnösand, 1884–86 Journalist ebda., 1887–90 Stud. Kunstakad. Stockholm, lebte als Einsiedler in e. Waldhütte bei Näsåker/Ångermanland, ab 1894 in Bodø. – Wollte zunächst als Maler, dann als Erzähler das Eigenartige u. Maler. am Volkstum sowie die wilde Majestät der Natur s. Heimat wiedergeben. Spürbar beeinflußt vom Ernst Strindbergs, dem kom. Realismus Mark Twains sowie der Romantik von Bjørnson u. S. Lagerlöf. Künstler. hervorragende Schilderungen des primitiven Lebens der Menschen in der Wildnis, der Tiere u. der gewaltigen Natur; sie handeln oft von mächtigen Naturereignissen u. starken Seelenbewegungen.

W: Ådalens poesi, N., hg. G. af Geijerstam 1897, G. Attorps 1934; Från Ådal och Norrlandskust, hg. M. Rieck-Müller 1916. – Samlade skrifter, hg. E. Gamby u. L. Hjelmstedt 1964. – *Übs.:* Nordlandserzählungen, 1912.

L: G. Attorps, 1930.

Molina, Tirso de → Tirso de Molina

Molinari, Ricardo E., argentin. Dichter, 20. 3. 1898 Buenos Aires – 2. 8. 1996 ebda. Angestellter im Kongreß; lebte zurückgezogen, fern der theoret. Polemiken. – Umfangreiches Schaffen von gleichbleibender Perfektion, viel davon zuerst in Privatdrucken von wenigen Exemplaren erschienen (in etwa 60 Bänden). S. Werk entsagt allem, was nicht reine Dichtung ist, läßt sich nicht e. Strömung zuordnen

W: El imaginero, 1927; El pez y la manzana, 1929; Hostería de la rosa y el clavel, 1933; El huésped y la melancolía, 1946; Unida noche, 1957; Las sombras del pájaro tostado (GA), 1975.

L: N. Pousa, 1961; J. Arístides, 1965; A. B. Lacunza, 1973.

Molinet (Moulinet), Jean, franz. Lyriker und Chronist, 1435 Desvres-en-Boulonnais – 1507. Kanoniker in Valenciennes, 1475 Historiograph Karls des Kühnen als Nachfolger s. Lehrers G. Chastellain, zuletzt Bibliothekar Marias von Burgund. – Setzte die Chronik s. Lehrers für die Jahre 1474–1504 fort. Gehört zu den Rhétoriqueurs. S. meist kurzen Gedichte sind moralisierend oder relig. Inhalts, allegor., affektiert und gekünstelt in der Form. Übersetzte und kommentierte den Rosenroman.

A: L'art de rhétorique vulgaire (hg. E. Langlais, Recueil d'arts de seconde rhétorique, 1902); Le mystère de Saint-Quentin, 1501 (hg. H. Chatelain 1908); Chroniques, hg. G. Doutrepont, O. Jodogne III 1935–37; Les faictz et dictz, hg. N. Dupire III 1936–39; Les pronostications joyeuses, hg. J. Koopmans, P. Verhuyck, Genf 1998.

L: N. Dupire, 1932; U. Dambska-Prokop, Krakau 1965; J. Devaux, 1996.

Molinier, Guilhem, provenzal. Schriftsteller, lebte im 14. Jh. in Toulouse. Vielleicht dort Bürgermeister 1352. – Mitbegr. und Kanzler der ›Companhia del Gai Saber o Consistori de la gaia Sciensa‹. Fixiert in ihrem Auftrag in den ›Leys d'Amors‹ die Gesetze und Regeln der Poesie (1356), e. Kompilation ohne große Originalität. Gibt selbst e. Auszug in 7000 Versen als ›Flors del Gay Saber‹ heraus.

A: A.-F. Gatien-Arnould, Las Flors del gay saber, III 1841–43 (m. franz. Übs. n. 1977); J. Anglade, Les Leys d'Amors, 1919/20 (kürzere Fassung, n. 1971).

L: A. Jeanroy, Les Joies du Gai Savoir, 1914; P. Swigger, N. Lioce, Grammaire, culture et réalité dans les Leys d'Amors, Leuven 2002.

Molnár, Ferenc, ungar. Dramatiker und Erzähler, 12. 1. 1878 Budapest – 2. 4. 1952 New York. Sohn e. gutsituierten Arztes; reformiertes Gymnasium Budapest. Stud. Jura Genf u. Budapest. 1896 Redaktionsmitgl. der Zs. ›Budapesti Napló‹. Während des 1. Weltkriegs Berichterstatter großer Tageszeitungen auf dem Kriegsschauplatz. S. großartige Laufbahn begann 1907, als das Lustspiel ›Az ördög‹ zur Aufführung gelangte. Von da an erschienen in ununterbrochener Reihenfolge s. Bühnendramen, die ihm Ruhm u. Vermögen brachten, von Budapest ausgehend die Bühnen der Welt eroberten. Angesichts der großen gesellschaftspolit. Umstürze in Ungarn verließ M., rassisch verfolgt, s. Heimat u. lebte zwei Jahrzehnte in New York. – Als Schriftsteller stand er anfänglich zwar unter dem Einfluß von O. Wilde, Maupassant u. der mod. franz. Lustspielautoren, aber was s. Laufbahn als Dramatiker entschied und was ihm Welterfolg brachte, war s. angeborenes Empfinden für Bühnentechnik und bühnenwirksames, effektvolles Theater, bes. für geistreich-witzige Konversationsstücke und Gesellschaftskomödien aus dem Budapest s. Zeit mit gepflegtem, aphorist. Dialog und e. typ. Mischung von Realistik, Frivolität und romant. Sentimentalität. Auch in der amerik. Emigration hatte M. noch manche Erfolge, die sich jedoch nicht so sehr in neuen Werken, sondern in der Neubearbeitung und Wiederaufführung alter Werke zeigten.

W: Magdolna és egyéb elbeszélések, Nn. 1897; A csókok éjszakája és egyéb elbeszélések, Nn. 1898; Az éhes város, R. 1900; Egy gazdátlan csónak története, R. 1901 (Ein herrenloser Kahn, d. 1909); Józsi és egyéb kis komédiák, Humoresken 1902; A doktor úr, Schw. (1902), 1911; Józsi, Schw. (1904), 1910; Rabok, R. 1907; A Pál utcai fiúk, R. 1907 (Die Jungens der Paulstraße, d. 1910); Az ördög, Lsp. 1907 (Der Teufel, d. 1908); Muzsika, Nn. 1908; Ketten beszélnek, 1909; Liliom, Sch. 1909 (d. 1912); A testőr, Lsp. 1910 (Der Leibgardist, d. 1911); A farkas, Sch. 1912 (Das Märchen vom Wolf, d. 1913); Kis hármaskönyv, E. 1914; A fehér felhő, Sch. 1916; Farsang, Sch. 1916 (Fasching, d. 1917); Úri divat, Lsp. 1917; Az aruvimi erdő titka, Sat. 1917; Andor, R. 1918; A hattyú, Lsp. (1920), 1921; (Der Schwan, d. 1921); Színház, Sch. 1921, (Theater, d. 1921); Égi és földi szerelem, Dr. (1922), 1923; (Himmlische und irdische Liebe, d. o. J.); A vörös malom, Sch. 1923 (Die rote Mühle, d. 1925); Az üvegcipő, Lsp. 1924 (Der gläserne Pantoffel, d. 1925); Riviera, Lsp. 1926 (d. 1927); Játék a kastélyban, Sch. 1926 (Spiel im Schloß, d. 1927); A gőzoszlop, R. 1926; Olympia, Lsp. 1928 (d. 1928); Egy, kettő, három, Lsp. 1929; A jó tündér, Lsp. 1930 (Die Fee, d. 1931); Valaki, Lsp. 1932; Harmónia, Sch. 1932 (d. 1932); A zenélő angyal, R. 1933 (Der musizierende Engel, d. 1933); Az ismeretlen leány, Dr. 1934 (Das unbekannte Mädchen, d. 1935); Nagy szerelem, Sch. (1935); Csoda a hegyek közt, Sch. 1936 (Wunder in den Bergen, d. 1933); A zöld huszár, R. 1937 (Der grüne Husar, d. 1937); Delila, Lsp. (1938); Őszi utazás, R. 1939; Arthur, Dr. 1943 (d. 1944); Panoptikum, Dr. 1944 (d. 1949); Farewell My Heart, R. 1945 (d. 1950); Companion in Exile, Aut. 1951 (d. 1953); Game of Hearts, K. (1954). – Összes munkái (GW), XX 1928 (d. 1953); Színház, Drn. 1961. – *Übs.:* Die Erfindung des Milchkaffees, En. 1972; Die grüne Fliege, En. 1986; Der Vormittag des Redakteurs, En. 1999.

L: B. Halmi, 1929; I. Vécsei, 1966; G. Kőváry, 1985. – *Bibl.:* E. Molnár-Rajec, II 1986.

Molza, Francesco Maria, ital. Humanist, 18. 6. 1489 Modena – 28. 2. 1544 ebda. Stud. in Bologna, 1506 Rom, Verkehr mit vielen Dichtern, Mitgl. mehrerer Akad., am Hof des Kardinals Ippolito de'Medici u. Schützling von A. Farnese. 1543 in Modena. – Vf. zahlr. eleganter, z. T. preziöser Verse in lat. u. ital. Sprache, von Scherzgedichten im Stil der ›poesia bernesca‹ u. einiger Novellen; verfaßte Liebesgedichte u. Verse auf Edeldamen u. Kurtisanen s. Zeit.

W: La ninfa Tiberina, G. 1538; Poesie volgari e latine, G. III 1747–54; Opere, hg. P. A. Serassi III 1774; Ausw. in: Lirici del Cinquecento, hg. L. Baldacci 1957.

L: W. Söderhjelm, 1911; A. Signorile, 1921.

Momaday, N(avarre) Scott, indian.-amerik. Erzähler, * 27. 2. 1934 Lawton/OK. Sohn eines Kiowa-Malers; wuchs im Navajo-Reservat Ship-Rock/NM, in Chinle/AZ u. im Jemez Pueblo auf; Stud. Lit. Stanford Univ., Ph.D. 1963 (bei Yvor Winters); lehrte in Santa Barbara, Berkeley, Stanford u. ab 1982 Univ. of Arizona, Tucson. – M. initiierte mit s. ersten Roman (Pulitzer-Preis 1969) das nationale Interesse an der sog. Indian. Lit.-Renaissance. Dem Entwicklungsroman, der indian. Rituale, Psychologie u. Raumgefühl mit modernist. Erzähltechnik verbindet, gingen nacherzählte Kiowa-Geschichten voraus; ihm folgte e. Rekonstruktion kollektiver u. individueller Kiowa-Geschichte (1969). E. weiterer Roman (1989) thematisiert das aufrüttelnde Heilungsritual e. seiner Kultur entfremdeten Künstlers durch e. junge Indianerin. M. gilt als e. der wichtigsten Stimmen e. neuen, selbstbewußten indian. Lit.

W: The Journey of Tai-me, Geschn. 1967; House Made of Dawn, R. 1968 (Haus aus Dämmerung, d.1971); The Way to Rainy Mountain, hist. Ess. 1969 (d. 1991); The Names: A Memoir, Aut. 1976; The Ancient Child, R. 1989 (Im Stern des Bären, d. 1993); In the Presence of the Sun: Stories and Poems, 1961–91.

L: M. Schubnell, 1985; B. Georgi-Findlay, Tradition u. Moderne in der zeitgenöss. indian. Lit. der USA, 1986; K. M. Roemer, Approaches to Teaching M.'s ›The Way to Rainy Mountain‹, 1988; S. Scarberry-Garcia, Landmarks of Healing, 1990; H. Isernhagen, Momaday, Vizenor, Armstrong. Conversations on American Indian Writing, 1999.

Moncrif, François Auguste Paradis de, franz. Schriftsteller, 1687 Paris – 19. 11. 1770 ebda. Geschickter Fechter, Musiker, Schauspieler, später u. bedeutende Rolle in den Salons. Vorleser der Dauphine, Sekretär des Herzogs von Orléans, Historiograph von Frankreich, 1733 Mitgl. der Académie Française. – Schrieb Ballette, Romane, Dramen, Gedichte. Bekannt durch s. ›Histoire des chats‹, e. Parodie auf pedant. Gelehrsamkeit.

W: Les aventures de Zéloide et d'Amanzarifdine, R. 1715 (hg. F. Assaf 1994); La Fausse Magie, K. 1719; L'Oracle de Delphes, Dr. 1722; Histoire des chats, 1727 (hg. R. de Laroche 1988); Essais sur la necessité et sur les moyens de plaire, 1738 (d. 1752). – Œuvres, III 1751, IV 1768.

Moniage, Guillaume, altfranz. Chanson de geste, Ende 12. Jh. Dem Zyklus des Guillaume d'Orange zugeordnet. Beschreibt die Mönchwerdung und die letzten Heldentaten des M., der sich in das Kloster Gellone zurückgezogen hatte, dieses aber verließ, um Paris von den Sarazenen zu befreien. Zahlr. heroisch-kom. Einlagen.

A: G. A. Bertin 1973; M. Andrieux-Reix, hg. 2003.

Monmouth, Geoffrey of → Geoffrey of Monmouth

Monnier, Adrienne, franz. Schriftstellerin, Literatin und Buchhändlerin, 26. 4. 1892 Paris – 19. 6. 1955 ebda. 1915 Inhaberin e. Buchhandlung und e. Verlags, die sie zu e. Zentrum des franz. und anglophonen lit. Austausches ihrer Zeit machte; dadurch Begegnungen mit Joyce und v. a. Valéry. – Mit ihren Memoirenbüchern zeichnet sie e. Bild der lit. Entwicklung in Frankreich nach dem 1. Weltkrieg.

W: La maison des amis des livres, Mem. 1920; La figure, G. 1922; Les vertus, G. 1926; Les gazettes d'A. M. 1925–1945, Mem. 1953; Trois agendas, Mem. hg. 1960; Rue de l'Odéon, 1960. – *Übs.:* Aufzeichnungen aus der Rue de l'Odéon, Schr. 1917–1953, hg. C. H. Buchner 1995.

Monnier, Henri Bonaventure, franz. Schriftsteller, 6. 6. 1799 Paris – 3. 1. 1877 ebda. Lycée Bonaparte, 16jährig in e. Notariatsbüro, später im Justizministerium, dann Zeichner in den Studios der Maler Girodet und Gros. Erfolgr. Buchillustrator (La Fontaine, ›Fables‹; Béranger, ›Les Chansons‹). – S. grausam realist., psycholog.-satir. Werk zeugt von scharfer Beobachtungsgabe u. ist von dokumentar. Wert für s. Epoche. Schuf den Typ des selbstzufriedenen, beschränkten und protzigen Spießers Joseph Prudhomme, der in den Dialogen ›Scènes populaires‹, in Erzählungen und Lustspielen auftritt. Führt die Umgangssprache mit ihren Gemeinplätzen in s. Werke ein.

W: Scènes populaires dessinées à la plume, Dial. 1830 (n. C. Cœuré 1973); Nouvelles scènes populaires, 1835–39; Scènes de la ville et de la campagne, II 1841; Physiologie du bourgeois, 1841 (d. 1919); Les compatriotes, Dr. 1849; Grandeur et décadence de M. Joseph Prudhomme, Dr. 1852 (d. 1982); Les bourgeois de Paris, 1854; Les diseurs de riens, 1855; Le roman de la portière, Dr. 1855; Peintres et bourgeois, Dr. 1855; Les mémoires de M. Joseph Prudhomme, II 1857 (n. 1939); La religion des imbéciles, 1862. – Morceaux choisis, 1935.

L: J. Siede, 1885; J. F. F. Champfleury, ²1890; H. Wolfrun, Diss. Erl. 1931; A. Marie, 1931; E. Melcher, Cambr./MA 1951; J. G. Marsh, Lond. 1951; M.-A. Vanheule, Diss. Brüssel 1953; G. H. Gauthier, 1966; M. C. Gendron, 1970.

Monnier, Marc Charles François, franz.-schweizer. Schriftsteller, 7. 12. 1829 Florenz – 18. 4. 1885 Genf; franz. Eltern, lebte lange in Italien, Prof. für Lit. in Genf; förderte die ital. Einigungsbestrebungen. – Vf. von Komödien nach dem Vorbild Gozzis, Marionettenspielen, Novellen nach ital. Stoffen, Gedichten und hist. wie lit. Studien; Übs. von Goethes ›Faust‹ (1875).

W: Lycioles, G. 1853; Garibaldi, Abh. 1861; Les amours permises, N. 1861; Histoire du brigandage dans l'Italie méridionale, Abh. 1862; Nouvelles napolitaines, 1879 (d. 1946); Poésies, ²1879; Histoire de la littérature moderne: La renaissance, 1884 (d. 1888). – Un epistolario italo-svizzero del risorgimento: A. Ranieri e M. M., hg. S. F. Baridon, Mail. 1947.

L: P. Godet, 1888; S. Baridon, Turin 1942.

Monnier, Thyde (eig. Mathilde Anna M.), franz. Erzählerin, 23. 6. 1887 Marseille – 18. 1. 1967 Nizza. Fabrikantentochter, höhere Schule Marseille. Lebte zuletzt in Nizza. – Vf. realist. Unterhaltungsromane (bes. Zyklen) aus südl. Landschaft in gemildertem naturalist. Dokumentarstil. Schauplatz ist die Provence. Unkomplizierte Schilderungen des Lebens der kleinen Leute ohne moral. Absicht. Zeichnet e. diesseitige, fast heidn. Welt, die sie vollauf bejaht; zeigt sie beherrscht von elementaren Kräften, menschl. Leidenschaften und Naturgewalten. Ihr Hauptwerk ist die Familienchronik ›Les Desmichels‹.

W: Mon bel été, En. 1926; Petites destinées, R.-Tril.: La rue courte, 1937 (d. 1947), Annonciata, 1939 (d. 1948), Cœur, 1951 (Frisette, d. 1953); Les Desmichels, R.-Zyklus VII: Grand-Cap, 1937, Le pain des pauvres, 1937 (beide u.d.T. Liebe – Brot der Armen, d. 1939), Nans le berger, 1942 (d. 1942 u. 1948), La demoiselle, 1944 (Unser Fräulein Lehrerin, d. 1961), Travaux, 1946 (Die Familie Revest, d. 1962), Le figuier stérile, 1947 (d. 1965), Les forces vives, 1948; Pierre Pacaud, R.-Tetralogie 1942ff. (daraus: Rausch und Erwachen, d. 1944, u.d.T. Maja, 1952; Die Talsperre, 1963; Lebwohl, Amour!, 1968); Le vin et le sang, R. 1946 (d. 1951); Amour de la vie, G. 1949; Franches-Montagnes, R.-Zyklus V 1949–53; Moi, R.-Aut. IV 1949ff. (gekürzte Ausg., d. 1967); La combe, R. 1950 (d. 1951); R.-Tril.: L'huile vierge, 1952, Le déjeuner sur l'herbe, Retour aux îles, 1954 (alle 3 u.d.T. Der jungfräuliche Ölbaum, d. 1958); La Désirade, R. 1956 (d. 1958); Madame Roman, R. 1957 (d. 1959); Les cinq doigts de la main, R. 1959 (d. 1961); Le jour vert, R. 1960; Entre parenthèses, Tg. 1961; La Graine, R. 1962; J'ai joué le jeu, R. 1963.

Monroe, Harriet, amerik. Schriftstellerin, 23. 12. 1860 Chicago – 26. 9. 1936 Buenos Aires. Lebte in der wohlhabenden Gesellschaft Chicagos; kosmopolit. Bildung. Gründete 1912 die Zs. ›Poetry: A Magazine of Verse‹, die dank M.s aufgeschlossener Herausgeberschaft (›open door policy‹) einflußreichster Wegbereiter der mod. amerik. Dichtung wurde (Erstveröffentl. von Eliot, Pound, Stevens, Moore, Millay, Lindsay, Sandbury, Frost u. v. a.).

W: Valeria, G. 1892; Columbian Ode, 1893; The Passing Show, Drn. 1903; The Dance of the Seasons, G. 1911; You and I, G. 1914; The Difference, G. 1924; Poets and Their Art, Ess. 1926 (erw. 1932); A Poet's Life, Aut. 1938 (n. 1969).

L: D. J. Cahill, 1973; E. Williams, 1977; J. Parisi, S. Young, Dear Editor, 2002.

Montagu, Mary Wortley Lady, geb. Pierrepoint, engl. Schriftstellerin, 10. 5. 1689 Thoresby/Nottingham – 21. 8. 1762 Twickenham. Älteste Tochter des Duke of Kingston, e. durch Schönheit u. Geist anziehende Frau, die aufgrund ihres unkonventionellen exzentr. Wesens aber auch aneckte. ⚭ 1712 gegen den Willen ihrer Familie Edward Wortley Montagu, der nach e. Amt beim Schatzkanzler 1716 Gesandter in Konstantinopel wurde. Ließ sich nach ihrer Rückkehr nach England in Twickenham nieder. Von Jugend an befreundet mit Pope, Addison und Swift. Als 1716 ohne ihr Wissen ihre ›Town Eclogues‹ erschienen, erwuchs e. heftiger Streit mit Pope und Swift. 1739 verließ sie aus ungeklärten Gründen Mann und Heimat, ließ sich in Italien nieder, kehrte erst 1762 nach dem Tod ihres Mannes auf Bitten ihrer Tochter zurück. Ihr lit. Ruf beruht auf ihren lebendigen, von Konstantinopel aus an versch. geistreiche Persönlichkeiten in der Heimat gesendeten ›Letters from the Levant‹ mit wirklichkeitsgetreuen Schilderungen des Orients sowie klugen Urteilen über Lit. und Gesellschaft.

W: Town Eclogues, 1716; Letters of the Rt. Hon. Lady M. W. H. written during her Travels, III 1763 (n. 1971; d. Ausw. 1931, 1967). – Poetical Works, hg. I. Reed 1768; Letters and Works, hg. Lord Wharncliffe III 1861 (n. W. M. Thomas II 1970); Complete Letters, hg. R. Halsband III 1965–67; Selected Letters, hg. ders. 1971; Essays and Poems and Simplicity, hg. ders., I. Grundy 1977; Embassy to Constantinople, hg. Ch. Pick 1988; Romance Writings, hg. I. Grundy 1996.

L: G. Paston, 1907; L. Melville, 1925; I. Barry, 1928; L. Gibbs, 1949; R. Halsband, 1956 u.ö.; I. Grundy, 1999.

Montague, C(harles) E(dward), engl. Journalist u. Schriftsteller, 1. 1. 1867 Twickenham – 28. 5. 1928 Manchester. Mitarbeiter, später Mithrsg. der liberalen Tageszt. ›Manchester Guardian‹ (e. Auswahl. s. Beiträge zum Theater veröffentlichte er 1911 als ›Dramatic Values‹). – Romane z.T. mit sozialkrit. Thematik; s. widersprüchl. Erfahrungen als 47jähriger Freiwilliger im 1. Weltkrieg (u.a. als Presseoffizier) verarbeitete er 1922 in ›Disenchantment‹. (G. B. Shaw: ›War is fascinating even to those who, like Montague, have no illusions about it‹).

W: A Hind Let Loose, R. 1910; Dramatic Values, 1911; Rough Justice, R. 1926; Right off the Map, R. 1927; Disenchantment, 1922; Action and other Stories, Kgn. 1930.

L: O. Elton, 1929.

Montague, John, ir. Lyriker u. Erzähler, * 28. 2. 1929 New York. Stud. Dublin, Yale u. Iowa. Div. Gastprofessuren. – Lyrik von großer stilist. u. themat. Breite, die oft den Nordirlandkonflikt mit s. Familiengeschichte verwebt. In jüngerer Zeit verstärkt auch Prosagedichte, Kurzgeschichten u. Essays zur ir. Dichtungstradition.

W: Forms of Exile, G. 1958; Poisoned Lands, G. 1961; Stories, 1963; Death of a Chieftain, Kgn. 1964 (Anlaß zur Sünde, d. 1969); Patriotic Suite, G. 1966; A Chosen Light, G. 1967; The Bread God, 1969, Triad, 1970; Tides, G. 1970; The Rough Field, G. 1972; A Slow Dance, G. 1975; The Great Cloak, G. 1978; Selected Poems, 1982; The Dead Kingdom, G. 1984; The Lost Notebook, N. 1987; Mount Eagle, G. 1989; The Figure in the Cave, Ess. 1991; Time in Armagh, G. 1993.

L: F. Kersnowski, 1975; T. Brown, Northern Voices, 1975; T. Dillon-Bradshaw, Hillfield, 1989; ›Irish University Review‹, Sondernr. (Spring 1989).

Montaigne, Michel Eyquem Seigneur de, franz. Philosoph u. Schriftsteller, 28. 2. 1533 Schloß M., Périgord – 13. 9. 1592 ebda. Reiche, spät geadelte Kaufmannsfamilie, nach humanist. Prinzipien (ohne Zwang u. zunächst nur in lat. Sprache) erzogen; Collège Guyenne, Bordeaux, Stud. Rechte Toulouse u. Bordeaux, Steuerrat in Périgueux, 1557–70 Parlamentsrat in Bordeaux, befreundete sich dort mit s. Kollegen La Boétie, dessen Denken u. Tod ihn beeinflußten, zog sich 1571 zu Lektüre, Meditation u. schriftsteller. Arbeit in s. Turmzimmer im Schloß M. zurück, schrieb die beiden ersten Bände der ›Essais‹, reiste 1580–81 in Frankreich, Schweiz, Dtl. u. Italien, 1582–85 Bürgermeister von Bordeaux, vermittelte zwischen Protestanten u. Katholiken, Royalist ohne Fanatismus, diente Heinrich III., betrachtete aber Heinrich IV. bereits als Nachfolger, lernte spät in Marie de Gournay s. ›Wahltochter‹ kennen. Ab 1585 wieder in Einsamkeit, ergänzt u. vollendet er die ›Essais‹. – M.s 1. Werk ist die Übs. der ›Theologia naturalis‹ von Raymundus Sebundus. S. Hauptwerk sind die ›Essais‹. Die durch gründl. Studien erworbene Kenntnis antiker Autoren (Plutarch, Seneca, Horaz, Lukrez), die Beobachtung s. Umwelt u. v.a. seiner selbst wurden Ausgangspunkt für diese neue, zwischen Brief u. Dialog stehende lit. Form, die er begründete u. die zur Gattung wurde, bei M. aber nichts anderes sein wollte als e. Sichselbsterproben u. Untersuchen der eigenen Beschaffenheit. In diesen Selbstgesprächen sind Reflexionen, Beobachtungen, Anekdoten u. Bilder in lockerer Folge aneinandergefügt. Das zentrale Thema in dieser Selbstanalyse ohne Transzendenz ist der Mensch, der in s. leibl.-seel. Ganzheit (ohne Höherbewertung des geistigseel. Teiles) bejaht wird. M. will nicht belehren, er analysiert den Durchschnittsmenschen als komplexes, veränderl., widersprüchl. Wesen, behandelt moral- u. lebensphilos. Themen, verzichtet bewußt auf feste Resultate. Die offene Form der ›Essais‹ entspricht dieser fließenden Vorläufigkeit der Gedanken, dieser fortgesetzten Verschiebung des Gesichtswinkels. Von der Stoa, der er zu Anfang nahesteht, entfernt er sich zugunsten e. vergeistigten Epikureismus, da e. Ethik der Selbstüberwindung s. Neigung zur Entspannung nicht entspricht. M. schreibt im Bewußtsein der Subjektivität s. Aussagen, steht auf dem Boden des bloßen Meinens, ist erkenntnistheoret. Skeptiker (›que sais-je‹), wehrt sich gegen die Überschätzung der menschl. Vernunft, die nur relative Wahrheiten erkennen könne, verhält deshalb jegl. Intoleranz ab u. tritt für das Recht der Sinne u. der Empirie ein. M. respektiert die christl. Offenbarung als Möglichkeit, die aber für ihn nicht verbindl. ist. Doch achtet die Kirche als Institution. Er kämpft gegen Selbsttäuschungen u. bemüht sich um Treue zu sich selbst. Bejaht ohne Sehnsucht nach Erlösung den Menschen in s. zerbrechl. Kreatürlichkeit. S. Humanität erwächst aus der Einsicht in s. Schwäche. ist Weisheit der Bescheidung und des heiter gelassenen Jasagens zu sich selbst. Formal sind die ›Essais‹ von lässiger Komposition, familiärer Sprache, der bisweilen sogar mundartl. Ausdrücke (Gascogne) beigemischt sind; sie ist bilderreich u. klangvoll. Die ›Essais‹ sind inhaltl. sowie als schriftsteller. Leistung das bedeutendste Werk des Späthumanismus in Frankreich, sie waren v. a. in der franz. Klassik u. sind darüber hinaus außerhalb Frankreichs auch heute noch von tiefgehendem Einfluß.

W: L'Apologie de Raimond Sebond, 1569 (hg. P. Porteau 1937); Voyage en Italie (hg. Ch. Dédéyan 1946, d. 1947); Le livre de raison (hg. J. Marchand 1948); Les Essais, 1580, 1595 (Faks. 1912; hg. F. Strowski, F. Gebelin, P. Villey, Ed. Municipale V 1906–33, P. Villey III ²1930, J. Plattard VI ²1946–48, A. Thibaudet ²1950, M. Guilbaud V 1962–64, A. Micha 1970, A. Tournon III 1998; Ausw. dt. E. Kuhn V 1900F., P. Sackmann 1948, H. Lüthy 1953, A. Franz ⁴1963, L. Loos 1963, R. R. Wuthenow 1976, J. J. C. Bode ³1990, H. Stilett ²1998). – Œuvres complètes, hg. A. Armaingaud XII 1924–41, A. Thibaudet, M. Rat 1962, A. Maurois, R. Barral, P. Michel 1967. – Übs.: J. J. Bode VII 1793–99, n. O. Flake, W. Weigand VIII 1908–11, ²1915.

L: P. Bonnefon, 1893, n. 1943; ders., II ²1898; W. Weigand, 1911; A. Gide, 1929; J. Plattard, 1933; P. Villey, Les sources et l'évolution des Essais de M., II ²1933; ders., M. devant la postérité, 1935; A. M. Boase, The Fortunes of M., Lond. 1935; F. Strowski, ³1938; A. Bailly, 1942; Ch. Dédéyan, M. et ses amis anglosaxons, II 1943; P. Barrière, 1949; F. Gray, Le style de M., 1958; F. Jeanson, 1958; A. Cresson, ³1961; M. Nicolot, 1961; W. E. Traeger, Aufbau und Gedankenführung in M.s Essais, 1961; M. Recksiek, M. und die Zerstörung der klass. Form, Diss. Bonn 1962; A. Thibaudet, hg. F. Gray 1963; F. S. Brown, Genf 1963; P. Moreau, ⁶1963; A. Micha, 1964; D. M. Frame, 1965; A. Mueller, Brügge 1965; M. Conche, 1966; H. Friedrich, ²1967; E. Lablénie, 1968; M. Butor, Essais sur les ›Essais‹, 1968; M. Baraz, L'être et la connaissance selon M., 1968; J.-Y. Pouilloux, 1969; P. Michel, 1970; J. Chateau, ²1971; R. Trinquet, La jeunesse de M., 1972; S. Schmarje, Das sprichwörtliche Material in den ›Essais‹ von M., II 1973; H.-H. Ehrlich, M., la critique et le langage, Paris 1973; F. Rider, The Dialectic of Selfhood in M., Lond. 1973; P. Morabito, 1973; P. Kemp, 1973; B. Croquette, 1974; M. M. McGowan, Lond. 1974; M. Tetel, N. Y. 1974; G. P. Norton, 1975; I. J. Winter, Lexington 1976; D. Martin, 1977; M. Gutwirth, Montréal 1977; R. L. Regosin, Berkeley 1977; C. Clark, Lexington 1978; R. Aulotte, 1979; F. Charpentier, 1979; B. Wojciechowska, Lecce 1979; A. Compagnon, 1980; P. Burke, Oxf. 1981, d. 1986; D. M. Frame, M. B. McKinley, Lexington 1981; G. Nakam, 1982; J. O'Neill, Lond. 1982; F. Moureau, R. Bernoulli, 1982; F. Gray, 1982; J. Starobinski, 1983, d. 1986; C. Boutaudou, 1984; F. Lestringant, 1985; M. Raffel 1986; H. Bloom, N.Y. u. a. 1987; Y. Bellenger, 1988; E. Loos, Selbstanalyse und Selbsteinsicht bei Petrarca und M., 1988; F. Rigolot, 1988; G. Mathieu-Castellani, 1988; C. Brousseau-Beuermann, La copie de M., 1989; U. Schultz, Reinbek 1989, 1997; E. Bencivenga, The Discipline of Subjectivity, Princeton/NJ 1990; M. C. Smith, M. and religious freedom, Genf 1991; M. A. Screech, Lond. 1991; F. Gray, M. bilingue, 1991; A. Compagnon, 1992; C.-G. Dubois, 1992; S. Rendall,

Oxf. 1992; H. Günther, 1992; A. Comte-Sponville, 1993; I. Zinguer, hg. 1993; J. Brody, 1994; O. Millet, La première réception des ›Essais‹, 1995; R. A. Watson, N. Y. 1996; I. Maclean, M. philosophe, 1996; J. Lacouture, 1996; F. Brahami, Le scepticisme de M., 1997; N. Dauvois, 1997; M. Gessman, M. und die Moderne, 1997; M. Greffrath, Zür. 1998; J. J. Supple, 2000; D. B. Heitsch, Leiden 2000; G. Nakam, 2002. – Bibl.: S. A. Tannenbaum, 1942; R. A. Sayce, D. Maskell, Lond. 1983; P. Bonnet, Genf u. a. 1983; H. P. Clive, 1990.

Montalbán, Juan Pérez de → Pérez de Montalbán, Juan

Montale, Eugenio, ital. Dichter, 12. 10. 1896 Genua – 12. 9. 1981 Mailand. Verließ zunächst die Schule, um privat Gesang zu studieren, gab jedoch dieses Stud. später wegen s. stärkeren Interesses für die Lit. wieder auf. Offizier im 1. Weltkrieg. 1921 Mitarbeiter der Zs. ›Primo Tempo‹; er ging 1928 nach Florenz, wo er Bibliotheksangestellter wurde. Erlitt zahlr. berufl. Nachteile durch den Faschismus. Widmete sich nach dem 2. Weltkrieg immer mehr dem Journalismus. Seit 1948 Musikkritiker des Mailänder ›Corriere della Sera‹, außerdem Mitarbeiter zahlr. lit. Zsn. Nobelpreis 1975. – E. der bedeutendsten Vertreter u. neben Ungaretti Mitbegr. der sog. ›hermet. Dichtung‹, der durch dunkle, subjektive Symbolik, stark reflexiven Charakter ausgezeichneten ital. Form des Surrealismus. In s. Lyrik wandte sich M. ausdrücklich gegen den sprachl. Überschwang u. die hohle Rhetorik in der Tradition D'Annunzios u. schuf e. auf das Wesentl. reduzierte, karge Bildersprache; s. Motive wählte er oft aus der ihm vertrauten ligur. Küstenlandschaft; später wurden s. von tiefem existenziellem Pessimismus geprägten Texte auch als Ausdruck s. inneren Distanz zum Geist der faschist. Epoche gedeutet.

W: Ossi di seppia, G. 1925 (erw. 1928); La casa dei doganieri e altri versi, 1932; Le occasioni, G. 1939; Finisterre. G. 1943 (d. 1965); Quaderno di traduzioni, Übs. 1948; La bufera e altro, G. 1956; Farfalla di dinard, Prosa 1956 (Die Straußenfeder, d. 1971); Satura, G. 1962 (d. 1973); Accordi e pastelli, G. 1962; Xenia, G. 1966; Autor da fe, Es. 1966; Fuori di casa, 1969; Diario del '71 e del '72, G. 1973. – Opere, hg. G. Zampa, II 1996. – Übs.: Glorie des Mittags, G. 1960; Ausgew. G., 1980; Gedichte, ital.-dt. 1987.

L: G. Contini, Introduzione a E. M., 1940; S. Ramat, 1966; E. Bonora, 1967; A. Jacomuzzi, 1969; M. Forti, 1973; C. Scarpati, 1973; G. Singh, 1973; G. Manacorda, 1979; D'Arco S. Avalle, 1982; G. Contini, 1982; M. Martelli, 1982; J. Schulze, 1983; R. Luperini, 1986; Per conoscere m., hg. M. Forti 1986; G. Mercenaro, 1999; A. Leone De Castris, 2000; T. Arvigo, 2001; L. Blasucci, 2002; G. Ioli, 2002.

Montalvo, Garci Ordóñez de → Amadisroman

Montalvo, Juan, ecuadorian. Schriftsteller, 13. 4. 1832 Ambato – 17. 1. 1889 Paris. Autodidakt; bis 1854 Stud. in Quito; begleitete den ehemaligen Präsidenten Urbina nach Europa; 1858 Botschaftssekretär in Paris; 1859 Rückkehr nach Ecuador, polit. Tätigkeit, Verbannung; ging zuletzt freiwillig ins Exil. – Lyriker, Erzähler, Dramatiker u. bes. Essayist; Einflüsse von Montaigne; eigenwilliger, charakterist. Stil; kleidete die Ideen s. Zeit in das Gewand e. klass. Sprache; legte zuweilen mehr Wert auf die Form als auf den Inhalt s. Aussage.

W: El Cosmopolita, Es. 1866–69; Catilinarias, Aufs. 1880; Siete tratados, Ess. II 1882; El Espectador, Ess. IV 1886–88; Capítulos que se le olvidaron a Cervantes, R. 1895; Geometría moral, Prosa 1902; El descomulgado, Dr. 1931; El dictador, Dr. (in: El libro de las pasiones, 1935); Páginas desconocidas, Ausw. II 1936; Páginas escogidas, hg. A. Giménez Pastor 1941; Ensayos, narraciones y polémica, 1957.

L: R. Andrade, 1890; N. Vargas, 1905; F. Córdova, 1922; F. Uribe, 1926; C. A. Rolando, 1932; B. Checa Drouet, 1933; J. Téllez Reyes, 1933; C. V. Velásquez, 1933; R. Agramonte, 1937; G. Zaldumbide, 1938; R. Alvarez, H. Toro 1939; O. E. Reyes, ³1943; G. Vasconez Hurtado, 1944; E. Anderson Imbert, 1948; C. González, 1960; D. C. Guevara, 1963; R. Mata, 1966; P. Fortuny, 1967; J. Sánchez, 1967; G. H. Mata, 1969; C. B. Sevilla, II o. J.; A. Sacoto Salamea, 1973; J. M. en Francia, 1976; J. Chacón, 1982. – Bibl.: P. Naranjo, C. Rolando, II 1962.

Montanelli, Indro, ital. Schriftsteller u. Journalist, 22. 4. 1909 Fucecchio/Florenz – 22. 7. 2001 Mailand. Lektor für Ital. in Dorpat u. Leiter des ital. Kulturinstituts in Reval/Estland. Auslandskorrespondent zahlr. Zeitungen u. Zsn., Redakteur des ›Corriere della Sera‹. Lebt in Rom. – Vf. zahlr. stilist. eleganter Essays, lit. Porträts u. Reisebücher, die von s. satir.-iron. Begabung u. s. Talent für die Charakteristik von Menschen u. Ländern zeugen. Außerdem e. Reihe von Erzählungen u. Komödien.

W: Giorno di festa, E. 1936; L'idolo, K. 1937; Gente qualunque, En. 1942; Qui non riposano, E. 1945 (Drei Kreuze, d. 1946); Il buon uomo Mussolini, B. 1947; Vita sbagliata d'un fuoruscito, B. 1947; Pantheon minore, Ess. 1951; Tali e quali, Ess. 1952; I rapaci in cortile, Ess. 1952; Busti al Pincio, Ess. 1953; Facce di bronzo, Ess. 1955; Andata e ritorno, E. 1955; Lettere a Longanesi e ad altri nemici, 1956; Storia di Roma, 1957 (d. 1959); I sogni muoiono all'alba, Dr. (1961); Garibaldi, B. 1962 (d. 1964); Dante e il suo secolo, 1965; Il vero Della Rovere, Dr. (1965); Ritratti, B. 1988. – Übs.: Wenn ich so meine lieben Landsleute betrachte ..., 1954; Italienische Zeitgenossen, 1963.

L: G. Mazzuca, 1995; T. Abate, I. Montanelli, 2002.

Montanhagol, Guilhem, franz. Troubadour, Anfang 13. Jh. Toulouse – 1258 ebda. Protegé des Fürsten Raimund VII. – Treue zu Raimund, polit. Stellungnahme und e. neue Auffassung der Liebe bestimmen die 14 erhaltenen Lieder. Der profunden und höf. Liebe stellt M. e. höhere und ideale Liebe gegenüber, aus der jedes sinnl. Element entfernt ist. Sie wird zur relig. Kraft, heiligt den Liebenden.

A: J. Coulet, Le troubadour G. M., Toulouse 1898; P. T. Ricketts, Les poésies de G. de M., Toronto 1964.

Montchrestien, Antoine de, Sieur de Vasteville, franz. Dramatiker, um 1575 Falaise/Calvados – 7. 10. 1621 Tourailles/Orne. Abenteuerl. Leben. Mußte nach e. Duell nach England fliehen. Unternehmer (Seehandel, Stahlfabrikation), später Gouverneur von Châtillon-sur-Loire. Im Gefecht auf hugenott. Seite gefallen. – S. unter stilist. Aufsicht Malherbes verfaßten, handlungsarmen Verstragödien über bibl. und klass. Stoffe (e. Ausnahme ist s. bestes Werk ›L'Ecossoise‹, das 1. Drama über das Schicksal der Maria Stuart) sind mehr eleg. als dramat.; wortreiche lyr. Äußerung der Gefühle. Der Chor spielt e. bedeutende Rolle. Schrieb auch e. bedeutende wirtschaftspolit. Abhandlung.

W: Sophonisbe, Dr. 1596 (d. 1889); L'Ecossoise ou le Désastre, Dr. 1601 (n. u. d. T. La reine d'Ecosse, 1905, hg. J. D. Crivelli 1970); Les Lacènes ou la Constance, Dr. 1601 (n. 1943); David, Dr. 1601 (hg. L. E. Dabney 1963); Aman, Dr. 1601 (n. Philadelphia 1939); Hector, 1604 (n. A. B. Eyre 1970); Traicté de l'oeconomie politique, Abh. 1615 (n. T. Funck-Brentano 1889, F. Billacois 1999). – Tragédies, hg. L. Petit de Julleville 1891 (m. Bibl.).

L: L. Fries, M.s ›Sophonisbe‹, 1886; P. Dessaix, M. et l'économie politique nationale, 1901 (n. 1970); K. Willner, M.s Tragödien und die stoische Lebensweisheit, Diss. Bln. 1932; R. M. Griffiths, The Dramatic Technique of M., Diss. Cambr. 1962; F. Charpentier, Diss. 1976.

Montcorbier, François de → Villon, François

Monteforte Toledo, Mario, guatemaltek. Schriftsteller, 15. 9. 1911 Guatemala Stadt 4. 9. 2003 ebda. Soldat in der am. Armee; verbrachte drei Studienjahre unter den Indios; Rechtsanwalt, Übs., Diplomat; wegen polit. Aktivität mehrmals im Gefängnis; Vizepräsident s. Landes; lange Jahre im mexikan. Exil. – Im Mittelpunkt s. Werkes stehen die Indios u. die Notwendigkeit ihrer kulturellen Assimilierung, um überleben zu können; der Vf. schreibt alte Legenden um u. belebt die prähispan. Zeit wieder. Umfangreiches Werk als Essayist.

W: Barro, G. 1932; Biography of a Fish, R. 1943; Anaité, R. 1946; Entre la piedra y la cruz, R. 1948; Donde acaban los caminos, R. 1953; Una manera de morir, R. 1957; Llegaron del mar, R. 1966; Izquierdas y derechas en Latinoamérica, Es. 1971; Centroamérica, modelo de desarrollo deforme y dependencia, Es. 1973; Casi todos los cuentos, 1974; Mirada sobre Latinoamérica, Ess. 1975; El santo de fuego, Dr. 1983; Los signos del hombre, Kunstkrit. 1985; Las formas y los días. El barroco en Guatemala, Es. 1989.

L: A. Arias, Ideología, literatura y sociedad durante la revolucíon guatemalteca 1944–54, 1979.

Monteiro, Luís de Sttau (Luís Infante de Lacerda Sttau Monteiro), portugies. Dramatiker, 3. 4. 1926 Lissabon – 23. 7. 1993 ebda. – Veröffentlichte zunächst Erzählbände u. Romane, bekannt wurde er mit s. von Brecht beeinflußten Theaterstücken. Er findet s. Platz in der polit. engagierten Theaterszene Portugals der 1960er Jahre mit ›Felizmente há Luar‹, e. Stück, in dem die Ereignisse der gescheiterten liberalen Revolution von 1817 erzählt werden, die deutl. Parallelen zum Portugal Salazars aufweisen. Das Stück war bis zur Revolution von 1974 verboten.

W: Um Homem Não Chora e Outra Novela, Nn. 1960; Angústia para o Jantar, R. 1961; Felizmente há Luar, Dr. 1961; Todos os Anos pela Primavera, Dr. 1963 (Jedes Jahr im Frühling, d. 1970); Auto do Motor fora de Borda, Dr. 1966; As Mãos de Abraão Zacut, Dr. 1968; Crónica Atribulada do Esperançoso Fagundes, Dr. 1981.

L: M. E. Salema, 1978; E. Ribeiro Lamas, F. Hilário M. Ferreira, 1990.

Monteiro Lobato, José Bento, brasilian. Schriftsteller, 18. 4. 1882 Taubaté/São Paulo – 4. 7. 1948 São Paulo. Geschäftsmann, Verleger u. Autor. – Vertreter des Modernismo nationalist. Prägung, Mentor u. Autorität für Künstler, z. B. Anita Malfatti, erzieher. Intention als Kritiker, Journalist u. Verleger; Hrsg. des Reiseberichts von Hans Staden über die Tupinambá (1543) in Portugies., bekannt als Vf. von Kinderbüchern.

W: Urupês, En. 1918; Cidades Mortas, En. 1919; Negrinha, En. 1920; Idéias de Jeca Tatú, Abh. ^{3}1922; O garimpeiro do Rio das Garças, M. 1940; O presidente negro ou o choque da raça: romance americano do ano 2228, Ess. 1959. – Obras Completas, XXX 1946f.

L: E. Cavalheiro, II 1955; P. Dantas, 1982.

Montemayor, Jorge de (portugies. Montemor), span. schreibender portugies. Dichter, zwischen 1520 u. 1524 Montemor-o-Velho b. Coimbra – 1561 Piemont. Soldat in Flandern u. Italien, Musiker u. Sänger am portugies. (1552f.) u. span. (1543–52, 1554ff.) Hof, lebte länger in Valencia, fiel in e. Duell wegen e. Liebesaffäre. – Schrieb in Spanien s. berühmt gewordenen Schäferroman ›Diana‹, der allein im 16. Jh. 17 Auflagen erlebte u. in ganz Europa den Geschmack bestimmte bzw. zu Nachahmungen ermunterte. Das unvollendet gebliebene Werk lebt aus den Klagen unglückl. verliebter Hirten u. geht in der Anlage auf Sannazaro (›Arcadia‹) zurück, vermeidet jedoch e. Übermaß an mytholog.-gelehrtem Apparat u. ist stärker gefühlsgeprägt, getragener. Melodiöser Sprachbau von vollendetem Gleichmaß. Die ›Diana‹ gilt als bedeutsames Verbindungsstück innerhalb der Tradition der europ. Pastoraldichtung u. wurde fortgesetzt u. a. von Gil Polo (1564) u. Pérez (1564), nachgeahmt von Cervantes (›Galatea‹), Honoré d'Urfé (›Astrée‹) u. Sidney (›Arcadia‹). Die relig. Lyrik kam 1559 auf den Index.

W: Cancionero spiritual, G. 1554–58 (hg. A. González Palencia 1932); Los siete libros de la Diana, R. 1559 (hg. M. Menéndez y Pelayo 1907 in: Nueva biblioteca de autores españoles 7, F. López Estrada ^{2}1954, E. Moreno Báez 1955; d. H. L. Khueffstein 1619 u. G. P. Harsdörffer 1646).

L: J. G. Schonherr, 1886; H. A. Rennert, The Spanish Pastoral Romances, Baltimore ^{2}1912; M. I. Gerhardt, 1950; G. Hoffmeister, Die spanische Diana in Deutschland, 1972.

Montero, Rosa, span. Schriftstellerin, * 3. 1. 1951 Madrid. Stud. Publizistik, Lit., Psychol. Madrid; angesehenste Journalistin Spaniens (›El País‹) u. e. der meistgelesenen Romanautorinnen. – Ihre Themen sind weibl. Selbsterfahrung u. das Verhältnis der Geschlechter in e. patriarchal. u. kapitalist. geprägten Gesellschaft.

W: Crónica del desamor, R. 1979 (d. 1990); La función Delta, R. 1981; Te trataré como a una reina, R. 1983 (d. 1990); Amado amo, R. 1988 (d. 1989); Temblor, R. 1990 (d. 1991); La hija del caníbal, R. 1997; El corazón del tártaro, R. 2001 (d. 2003).

L: E. de Miguel Martínez, 1983; H. Ahumada Peña, 1999; V. Knights, Lewiston 1999; M. C. Harges, N. Y. 2000.

Monterroso, Augusto, guatemaltek. Erzähler, 21. 12. 1921 Tegucigalpa – 7. 2. 2003 Mexiko Stadt. Diplomat, seit 1944 im Exil, seit 1956 in Mexiko; Übs., Lit.-Prof. – S. kurzen u. sehr kurzen Texte, z. T. Tierfabeln, richten sich mit Scharfsinn u. Satire gegen Konventionen, ohne e. Wahrheit oder Moral zu postulieren.

W: Obras completas (y otros cuentos), 1959 (d. 1973); La oveja negra y demás fábulas, 1969; Movimiento perpetuo, 1972; Lo demás es silencio (la vida y la obra de Eduardo Torres), R. 1978 (d. 1992); Viaje al centro de la fábula, Interview 1981; La letra E., Tg. 1987; Los buscadores de oro, 1993; La vaca, 1998; Pájaros de Hispanoamérica, Lit.krit. 2001. – Cuentos, fábulas y ›lo demás es silencio‹, Gesamtes Erzählwerk 1996.

L: J. Ruffinelli, 1976; W. Corral, 1985.

Montesquieu, Charles-Louis de Secondat, Baron de la Brède et de M., franz. Schriftsteller, Rechts- und Geschichtsphilosoph, 18. 1. 1689 Schloß La Brède b. Bordeaux – 10. 2. 1755 Paris. Erzogen im Oratorianerkolleg von Juilly. Stud. Rechte. 1714 Parlamentsrat, 1716–26 Senatspräsident in Bordeaux, ohne großes Interesse am Beruf. 1715 ∞ Jeanne de Cartigues. Begann mit wiss. Arbeiten, die er der Académie Bordeaux vorlegte. Erwarb, 1721 mit den ›Lettres persanes‹ berühmt geworden, Zugang zum ›Club de L'Entresol‹ in Paris. 1728 Mitgl. der Académie Française. 1728–31 Studienreisen durch Europa, 1729–31 in England. Letzte Jahre, bes. 1734–48, der Erblindung nahe, meist in La Brède, dazwischen zeitweilig in Paris. – Bedeutendster franz. Staatsphilosoph vor Rousseau. E. der Begr. des hist. Denkens: durch s. neue Methode, die konkrete Wirklichkeit und Verschiedenheit der Länder und Nationen unvoreingenommen zu betrachten, um daran anschließend Erklärungen zu suchen, anstatt wie s. Vorgänger von aprior. Ideen oder theolog. Vorstellungen auszugehen. Die ›Lettres persanes‹ geben, mit e. mod. exot. Romanhandlung verbunden, durch die fiktive Briefform auf die Ebene des Relativen gestellte und so getarnte, geistvoll iron., kühne und umfassende Zeitkritik an Europa, bes. Frankreich: an Sitten, soz. und polit. Zuständen, bereichert durch Reformvorschläge und das utop. Bild e. idealen Republik. Die ›Considérations sur les causes de la grandeur des Romains et de leur décadence‹ sehen die Ursachen für die Größe Roms, des franz. Erbvorbilds, in Freiheitsliebe, militär. Stärke, geschickter Innen- und Außenpolitik, für s. Verfall im Verlust der Bürgertugenden, im Schwund der Mittelklasse und der großen Ausdehnung des Reiches. In s. großen Hauptwerk ›De l'esprit des lois‹, woran M. lange Jahre arbeitete, erklärt er Gesetze, Regierungsformen (ausgehend von den drei Grundtypen: Demokratie, Monarchie, Despotie) und das Staatsgebilde aus realen, natürl. und hist. Bedingungen, ihre Abhängigkeit vom Milieu, v. a. den Einfluß des Klimas und der geograph. Verhältnisse in versch. Völkern und Ländern. S. Vorliebe gilt der konstitutionellen Monarchie Englands. Stellte im Anschluß an Locke die Theorie von der Teilung der Staatsgewalt in legislative, exekutive und judikative auf. Die Franz. Revolution übernahm von ihm die Idee der Gewaltentrennung, ebenso wie von tiefer Achtung vor dem Menschen zeugende Reformvorschläge (gegen Folter, Intoleranz u. a.). M. stellte den trockenen gedankl. Stoff in durch geistreiche Epigramme, Pointen und fein ausgearbeitete Sentenzen gefälliger, sowie klarer und konziser Sprache dar. Zwei Romane und die Tagebücher zeugen von s. schriftsteller. Können.

W: Lettres persanes, 1721, erw. 1754 (hg. H. Barckhausen II 1913, E. Carcassonne II 1929, A. Adam 1954, P. Vernière 1963, d. F. Montfort 1947); Temple de Gnide, R. 1725; Considérations sur les causes de la grandeur des Romains et de leur décadence, 1734 (hg. C. Jullian 1896, J. Ehrard 1968, d. L. Schuckert 1958); De l'esprit des lois, 1748 (hg. J. Brèthe de la Gressaye IV 1950–61, d. E. Forsthoff II 1951); Histoire véritable, R. (hg. R. Caillois 1948, d. V. Klemperer 1953, S. von Massenbach 1967). – Œuvres complètes, hg. E. de Laboulaye VII 1875–79 (n. 1972), R. Caillois II 1949–51, A. Masson 1950–55, G. Vedel, D. Oster 1964, Société Montesquieu 1998ff.; Mélanges inédits, 1892; Voyages, II 1894–97; Pensées et fragments inédits, II 1899–1901; Cahiers (1716–55), hg. B. Grasset 1941 (d. W. Reinhard 1944); Correspondance, hg. F. Gebelin, A. Morize II 1914. – Übs.: SW, VIII 1799, III 1827; Ausw. kleiner Werke 1815.

L: H. Barckhausen, 1907; V. Klemperer, II 1914f.; G. Lanson, 1932; F. Meinecke, Die Entstehung des Historismus I, 1936; N. Duconseil, Machiavelli and M., 1943; P. Barrière, Un grand provincial, 1946; J. Starobinski, 1953; W. Stark, Lond. 1960; R. Shackleton, Lond. 1961; W. Krauss, in: Studien zur dt. und franz. Aufklärung, 1963; C. P. Courtney, M. and Burke, Oxf. 1963; L. Althusser, 1964; F. Schalk, in: Studien zur franz. Aufklärung, 1964; A. Eiselin, Diss. Köln 1964; F. Gentile, Padua 1965; C. Rosso, 1965 (franz. 1971, 1989, 1992); J. Ehrard, M., critique d'art, II 1966; J. Dedieu, ³1966; J. R. Loy, N. Y. 1968; G. Benrekessa, 1968; Études sur M., 1970; M. H. Waddicor, Den Haag 1970; S. Goyard-Fabre, 1973; W. Kuhfuß, Mäßigung und Politik, 1975; M. Joly, Macht und Recht, 1979; J. Tarraube, 1982; H. Girardi, Abschied von M., 1982; N. Hampson, Will & circumstance: M., Rousseau and the French Revolution, Lond. 1983; J. Cox, M. and the history of French laws, Oxf. 1983; C. Volpilhac-Auger, Tacite et M., Oxf. 1985; L. Desgraves, 1986; J. N. Shklar, Oxf. 1987; Ch. Dédéyan, M. ou l'alibi persan, 1988; P. Gascar, 1988; J. Goldzink, 1989; H. Schlosser, 1990; P. Grenaud, 1990, L. Desgraves, 1992; S. Goyard-Fabre, 1993; F.-P. Bénoit, M., inspirateur des jacobins, 1995; P. M. Neaud, 1995; M. Hereth, M. zur Einführung, 1995; R. Kingston, Genf 1996; P. Kondylis, 1996; J. Ehrard, Genf 1998; H. Stubbe-da Luz, Reinbek 1998; A. Juppé, 1999; D. Felice, Pisa 2000; P. Dubouchet, 2001; J. Order, Diss. 2001; N. Campagna, 2001. – Bibl.: L. Dangeau, 1874; D. C. Cabeen, N. Y. 1947; L. Desgraves, 1988, 1998; J. u. M. Charpentier, 1995.

Montesquiou-Fezensac, Robert, Comte de, franz. Lyriker und Essayist, 19. 3. 1855 Paris – 11. 12. 1921 Mentone. Aus berühmter alter Familie, Dandy und Salonheld, bekannt mit den bedeutendsten Leuten s. Zeit, Freund von Mallarmé u. Huysmans. Diente Proust als Muster für s. Figur des Baron de Charlus. – Vf. preziöser Dichtungen, angeregt durch extreme Formen des Symbolismus, sucht in Rhythmus, Empfindungen, suggestiven Bildern und Farben das Unerhörte, Einzigartige, noch nie Gesagte zu gestalten. Die nach s. Tode veröffentlichten Memoiren geben e. lebendiges Bild von s. lit. und gesellschaftl. Leben der Zeit.

W: Les chauves-souris, G. 1892; Le chef des odeurs suaves, G. 1894; Les hortensias bleus, G. 1896 (n. 1979); Roseaux pensants, Ess. 1897; Autels privilégiés, Ess. 1898; Les perles rouges, G. 1899 (d. 1912); Les Paons, G. 1901; Poésies, VII 1905–09; Têtes couronnées, Ess. 1916; Les délices de Capharnaüm, Ess. 1921; Diptyque de Flandres, triptyque de France, Erinn. 1921; Les pas effacés, Mémoires, hg. P. L. Couchoud III 1923; La chauve-souris et le papillon: Correspondance M. – Whistler, hg. J. Newton, Glasgow 1990.

Montfleury

L: E. de Clermont-Tonnerre, R. de M. et M. Proust, 1925; L. Thomas, P. Jullian, 1965; C. N. Shields, 1966; N. Mares-Reymond, Diss. 1971; P. Chaleyssin, 1992; A. Bertrand, Les curiosité esthétiques de R. de M., Genf 1996.

Montfleury (eig. Antoine Jacob), franz. Dramatiker, 1639 Paris – 11. 10. 1685 Aix. Eltern berühmte Schauspieler. Protegé Colberts. Nach Jurastud. 1660 Advokat, dann Theaterlaufbahn. Rivalisierte mit Molière, den er in einigen Stücken durch genaue Nachahmung zu ironisieren sucht. Erreicht mit s. besten Stück ›La femme juge et partie‹ für kurze Zeit dessen Ruhm.

W: Le mariage de rien, Dr. 1660; L'école des jaloux, K. 1664; L'école des filles, Dr. 1666; Crispin gentilhomme, Dr. 1667; La femme juge et partie, Dr. 1669; La dame médecine, Dr. 1678. – Œuvres, III 1705; Théâtres, IV 1775 (n. Genf 1971).

L: W. Rohr, 1911; G. Mongrédien, La bataille des impromptus entre Molière et M., 1969.

Montgomery, James, engl. Dichter, 4. 11. 1771 Irvine/Ayrshire – 30. 4. 1854 Sheffield. Sohn e. Geistlichen und Missionars der Brüdergemeine. Schule der Brüdergemeine b. Leeds. Einige Jahre unstetes Leben, ab 1772 Mitarbeiter der Zeitung in Sheffield. Zweimal wegen polit. Artikel im Gefängnis. – S. Essaybände enthalten zwar einzelne beachtl. Stellen, sind aber lit. bedeutungslos, s. Kirchenlieder jedoch blieben lebendig und werden noch heute gesungen, insbes. ›For Ever with the Lord‹ und ›Prayer is the Soul's sincere Desire‹.

W: Prison Amusements, G. 1797; The Wanderer of Switzerland, Dicht. 1806; The West Indies, Dicht. 1809; The World before the Flood, Dicht. 1812; Greenland, G. 1819; The Christian Psalmist, Hymnen 1825; The Pelican Island, G. 1827. – Poetical Works, III 1819, hg. R. Carruthers Univ. 1858; Ausw., hg. R. A. Willmott 1860; Poems, hg. G. Wiley 2000.

L: J. Holland, J. Everett, VII 1854–56; W. Odom, Two Sheffield Poets, 1929.

Montgomery, L(ucy) M(aud), kanad. Romanautorin, 30. 11. 1874 Clifton/Prince Edward Island – 24. 4. 1942 Toronto. Stud. u. a. Dalhousie Univ., Halifax; ∞ 1911 den presbyterian. Geistlichen E. Macdonald. – Bekannt v. a. durch ihre ›Anne‹-, ›Emily‹u. ›Jane‹-Bücher, in denen M. ihr psycholog. Interesse mit e. sozialkrit.-feminist. Gestus verbindet.

W: Anne of Green Gables, 1908 (d. 1986); Anne of Avonlea, 1909 (d. 1987; Anne of the Island, 1915 (Anne in Kingsport, d. 1988); Emily of New Moon, 1923 (d. 1992); Emily Climbs, 1925 (Emily auf der High-School, d. 1993); Emily's Quest, 1927 (Emily in Blair Water, d. 1994); Jane of Lantern Hill, 1938; The Selected Journals, Tg. 1985–92.

L: J. R. Sorfleet, 1976; G. ´Åhmansson, 1991; M. Rubio, E. Waterson, 1995; A. Heilbron, 2001.

Montherlant, Henry Marie-Joseph Millon de, franz. Dichter, 21. 4. 1896 Neuilly – 21. 9. 1972 Paris (Freitod). Aus alter kathol. Adelsfamilie, Schüler des kathol. Kollegs Sainte-Croix in Neuilly. Bildete sich seit s. 15. Lebensjahr im Stierkampf aus, übte alle harten Sportarten. Freiwilliger im 1. Weltkrieg, mehrmals verwundet. 1925 im Stierkampf in Spanien verletzt. Reiste seit 1925–33 in Italien, vornehml. in Spanien u. Afrika. Im 2. Weltkrieg Kriegskorrespondent. Lebte in Paris. 1960 Mitgl. der Académie Française. – Romancier, Dramatiker und Essayist. Beeinflußt von Barrès, Gide, Nietzsche und D'Annunzio. Individualist. Autor e. umstrittenen Werkes von hohen stilist. Qualitäten. Von zähem Glauben an die eigene Persönlichkeit, von Stolz und leistungsbezogenem heroischem Ich-Kult erfüllt. Als aristokrat. Zyniker Verächter der geltenden Moral und aller Mittelmäßigkeit. In sich widersprüchl., zeigt er in s. vielfältigen Werken die verschiedensten Möglichkeiten, sich selbst zu verwirklichen, vom Hedonismus bis zur Askese, vom zyn., rein körperl.-sinnl. Lustkult bis zur unbedingten Hingabe an e. absolutes eth. Ideal, immer vom hochmütigen Bewußtsein der eigenen Leistung begleitet. Stellt in den Hauptgestalten weitgehend sich selbst dar, will sich selbst übertreffen, abwechselnd Casanova und Vinzenz St. Paul sein. Verherrlicht in ›Bestiaires‹, e. frühen Roman über den Stierkampf, die tierhaft starken Instinkte; feiert in autobiograph. Arbeiten und Essays den Sport. Lehnt in s. bekanntesten Roman ›Les jeunes filles‹, der sich durch genaue Beobachtungen und psycholog. Tiefe auszeichnet, die Frau mit ihren spezif. Eigenschaften sowie weibl. Zärtlichkeit ab. Kraftvoller, vieltoniger Prosastil, wechselnd zwischen feierl. und gewöhnl., steifer und humorvoller Sprache. Fand erst 1942 zum Theater. Begründete s. Ruhm mit dem Meisterwerk ›Le maître de Santiago‹, dem Drama e. hochmütigen span. Granden, der, dem Ideal absoluter Reinheit bis zur Selbstaufgabe ergeben, s. verlobte Tochter dazu überredet, den Schleier zu nehmen. Kraftvolle und konzentrierte Dramen mit bald kargem, bald prunkvoll bildhaftem, bald von zyn. Hochmut geprägtem Dialog.

W: La relève du matin, E. 1920; Le songe, R. 1922; Le paradis à l'ombre des épées, E. 1924; Les onze devant la porte dorée, Dial. 1924; Chant funèbre pour les morts de Verdun, Dial. 1924; Les Olympiques, R. 1924; Les bestiaires, R. 1926 (d. 1929); Aux fontaines du désir, Es. 1927; La petite infante de Castille, E. 1929; L'exil, Dr. 1929; Mors et vita, Es. 1932; Les célibataires, R. 1934 (d. 1956); Encore un instant de bonheur, G. 1934; Service inutile, Ess. 1935 (d. 1939); Les jeunes filles, R. IV 1936–39 (Erbarmen mit den Frauen, d. 1957): I: Les jeunes filles, 1936, II: Pitié pour les femmes, 1936, III: Le démon du bien, 1937, IV: Les lépreuses, 1939; L'équinoxe de septembre, Es. 1939; Le solstice de juin, Es. 1941; La reine morte, Dr. 1942 (d. 1947); Sur les femmes, Ess. 1942 (d. 1960); Fils de personne, Dr. 1943; Malatesta, Dr. 1946; Le maître de Santiago, Dr. 1947; Carnets 1930–39, Tg. 1947; Carnets 1942–44, Tg. 1948 (beide d. 1961); Celles qu'on prend dans ses bras, Dr. 1950; La ville dont le prince est un enfant, Dr. 1951; Textes sous une occupation, Ess. 1953; Port-Royal, Dr. 1954 (d. 1956); L'histoire d'amour de ›la rose de sable‹, R. 1954 (Blüte im Sand, d. 1955); Les Auligny, R. 1956; Brocéliande, Dr. 1956; Don Juan, Dr. 1958; Le Cardinal d'Espagne, Dr. 1960; Le chaos et la nuit, R. 1963 (d. 1964); La guerre civile, Dr. 1965; Va jouer avec cette poussière, Tg. 1966 (d. 1968); La rose de sable, R. 1968 (d. 1977); Les garçons, R. 1969 (d. 1974); Le treizième César, Ess. 1970; Un assassin est mon maître, R. 1971 (d. 1973); La tragédie sans masque, Ess. 1972; Carnets 1968–71, Tg. 1972; Mais aimons-nous ceux que nous aimons?, Tg. 1973; Le fichier parisien, 1974; Tous feux éteints, 1975; Coups de soleil, 1976. – Théâtre, III 1954–65; Romans et œuvres de fiction non théâtrales, 1959; Essais, 1963 (n. P. Sipriot 1988); Théâtre (Pléiade), 1972; Romans, hg. M. Raimond II 1982; M. – R. Peyrefitte, Correspondance, hg. R. Peyrefitte, P. Sipriot 1983. – *Übs.:* Theaterstücke, hg. F. R. Weller 1962.

L: E. Mériel, 1936; M. Mohrt, 1943; J. N. Faure-Biguet, 1948; M. de Saint-Pierre, 1949; J. de Laprade, Le théâtre de M., 1950; P. H. Simon, Procès du héros, 1950; J. Sandelion, M. et les femmes, 1950; A. Bouch, 1951; P. Sipriot, 1953; J. Datain, M. et l'héritage de la renaissance, 1956; G. Bordonove, ²1958; H. Perruchot, ⁶1959; M. vu par des jeunes de 17 à 27 ans, hg. J. J. Thierry 1959; ›La Table Ronde‹, Sondernummer H. de M., 1960; N. Debrie-Panel, 1960; B. Mondini, 1962; J. de Beer, 1963; J. Cruickshank, Lond. 1964; S. Chevalley, 1965; A. Marissel, 1966; D. E. Veville, Lawrence-Cambr./MA 1966 (m. Bibl.); J. Batchelor, Existence and Imagination, N. Y. 1967; A. Blanc, 1968; R. B. Johnson, N. Y. 1968; P. de Saint-Robert, 1969; L. Becker, 1970; ›Nouvelle Revue Française‹, Sondernummer H. de M., 1973; A. Blanc, 1973; P. Ginestier, 1973; J. Robichez, 1973; G. Place, 1974; B.-O. Simon-Schaefer, 1975; P. Sipriot, 1975, n. 1982; A. Wong Yun Sang, Lond. 1976; C. F. Gerrard, Madrid 1977; M. Sito-Alba, 1978; Album M., hg. P. Sipriot 1979; J. J. Marchand, 1980; E. Vatré, 1980; P. Duroisin, M. et l'antiquité, 1987; J.-P. Kremer, 1987; R. J. Golsan, 1988; L. Baladier, 1989, 1992; J.-F. Domenget, 1993; P. Sangsoon, 1995; P. d'Arx, 1995; J.-L. Garet, 1999; F. Favre, M. et Camus, 2000; S. Hillen, Le roman monologue, 2002.

Monti, Vincenzo, ital. Dichter, 19. 2. 1754 Alfonsine/Romagna – 13. 10. 1828 Mailand. 1766–71 Priesterseminar Faenza, dann Univ. Ferrara, um Jura zu studieren, beschäftigte sich jedoch vorwiegend mit Lit. Begleitete 1778 Kardinal Sc. Borghese nach Rom, wurde dort Sekretär des Herzogs Luigi Braschi u. unterhielt lebhaften Verkehr mit den Dichtern der ›Arcadia‹, der er auch angehörte. 1797 folgte er heim. Marmont, dem Gesandten Napoleons, nach Florenz u. Bologna u. ging dann nach Mailand, wo er Sekretär des Direktoriums wurde. Nach dem Sturz der Republik floh M., lebte e. Zeitlang in Paris u. kehrte nach Napoleons Sieg zurück. 1802 Prof. für Eloquenz Univ. Pavia. 1806 zum Geschichtsschreiber des ital. Königreichs gewählt. Nach dem Sieg der Österreicher paßte er sich dem neuen Regime an u. feierte es sogar in s. Versen. – Letzter Vertreter des ital. Neuklassizismus und einflußreicher Vorläufer der Romantik. Der opportunist. Wandel s. polit. Anschauungen spiegelt sich auch in M.s Dichtung. S. Epos ›Bassvilliana‹ nach dem Vorbild der ›Göttlichen Komödie‹ schildert die Schrecken der franz. Revolution, während er in dem zu Ehren des Dichters u. Wissenschaftlers L. Mascheroni geschriebenen Epos ›La Mascheroniana‹ die Ideen der Demokratie u. in ›Il Bardo della Selva Nera‹ Napoleon als den Retter Italiens feiert. S. hervorragende Begabung als Übs. offenbart s. Übertragung der ›Ilias‹ (1806–08) in formvollendeten Versen.

W: Bassvilliana, Ep. 1793, n. E. Bevilacqua 1929; Aristodemo, Tr. 1794; Teseo, Tr. 1799; La Mascheroniana (1800); Caio Gracco, Tr. 1802; Il Bardo della Selva Nera (1806); Sermone sulla mitologia, Schr. 1825. – Opere, hg. Resnati, Bernardoni VI 1839–42, hg. G. Carcano V 1857; Opere scelte, Ausw. hg. C. Angelini 1940, hg. M. Valgimigli, C. Muscetta 1953; Poesie (1797–1803), hg. L. Frassineti 1998; Epistolario, hg. A. Bertoldi VI 1927–31. – *Übs.:* P. Heyse, Ital. Dichter I, 1889.

L: L. Vicchi, IV 1879–87; E. Bevilacqua, 1928; A. Pompeati, 1928; E. Allodoli, 1929; G. Reichenbach, 1930; Q. Veneri, 1941; L. Fontana, 1943; F. Allevi, 1954; C. Angelini, 1960; G. Barbarisi, 1982; N. Mineo, 1992. – *Bibl.:* G. Bustico, 1924; W. Binni, 1981.

Montis, Kostas, zypriot. Dichter, 1914 Ammochostos – 15. 3. 2004 Nikosia. Stud. Jura Athen, nach Berufsverbot als Richter in Zypern, Angestellter; Mitbegründer des ersten Theaters in Zypern; Mitarbeit bei zahlr. Zeitungen u. Radiostationen. – Erneuerer der mod. zypriot. Dichtung. S. Gedichte ranken sich um alltägl. Begebenheiten. Die Geschichte spiegelt sich in s. Erinnerung, humorvoll, aber nicht ohne eine gewisse Bitterkeit.

W: Me metro kai chōris metro, G. 1934; Gkamēles, En. 1939; Tapeinē zōē, En. 1944; Minima, G. 1946; Ta tragudia tēs tapeinēs zōēs, G. 1954; Stigmes, G. 1958; Symplērōma tōn Stigmōn, G. 1960; Poiēsē tu K. M., G. 1962; Kleistes portes, En. 1964; Gramma stēn mētera, G. 1965; Agnōstō anthrōpō, G. 1968; Ex himertēs Kypru, G. 1969; En Leukōsia tē…, G. 1970; Deutero gramma stē mētera, G. 1972; Kai tot' en einaliē Kyprō, G. 1974; Pikrainomenos en autō, G. 1975; Kypria eidōlia, G. 1980; Ho Sagridēs, En. 1980; Meta phobu anthrōpu, G. 1982; Antimacha, G. 1983; Hōs en katakleidi, G. 1984; Epi sphagēn, G. 1985; Tōra pu diabazō kalytera, G. 1998. – Hapanta, VII+III, 1986–93.

L: 12 keimena gia ton K. M., hg. G. Kechaioglu, M. Pieris 1984.

Monzó

Monzaemon → Chikamatsu Monzaemon

Monzó, Quim (eig. Joaquim Monzó i Gómez), katalan. Erzähler, * 24. 3. 1952 Barcelona. – Meister der Kurzprosa; auch Songtexter, Comic-Zeichner, Graphiker, Drehbuchautor; ironisiert in lakon.-hartem Stil die unerfüllten Wünsche u. Leidenschaften des mod. Großstadtmenschen; zahlr. Artikel u. Übsn.

W: L'udol del griso al caire de les clavegueres, R. 1976; Uf, va dir ell, En. 1978; Olivetti, Moulinex, Chaffoteaux et Maury, En. 1980; Benzina, R. 1983; L'illa de maians, En. 1985 (d. 1997); La magnitud de la tragèdia, R. 1989 (d. 1996); El perquè de tot plegat, En. 1993 (d. 1995); Guadalajara, En. 1996 (d. 1999); El millor dels mons, En. 2001 (d. 2002).

Moody, Rick (eig. Hiram F. III), amerik. Erzähler, * 18. 10. 1961 New York. Verlagsredakteur, seit 1991 auch Lehrtätigkeit am Bennington College. – Kontrastiert das Gewöhnl. und Alltägl. mit dem Unheiml. und Mysteriösen; Erfolg mit ›The Ice Storm‹ (Verfilmung 1997) über den schleichenden Zerfall e. Familie, der während e. nächtl. Eissturms katastrophale Ausmaße annimmt.

W: Garden State, R. 1991 (d. 1995); The Ice Storm, R. 1994 (d. 1995); The Ring of Brightest Angels Around Heaven, Kgn. 1996; Purple America, R. 1997 (Ein amerikanisches Wochenende, d. 1998); Demonology, Kgn. 2000 (Bis ich nicht mehr wütend bin, d. 2001); The Black Veil, Mem. 2002.

Moody, William Vaughn, amerik. Dichter und Dramatiker, 8. 7. 1869 Spencer/IN – 17. 10. 1910 Colorado Springs. Vater Kapitän e. Mississippi-Dampfers, Stud. in Harvard, Europareise, Prof. für Englisch in Harvard und Chicago (1895–1907). – Vf. philos. Gedichte und Dramen. E. als Trilogie angelegtes unvollendetes Versdrama behandelt symbol.-allegor. die Entzweiung Gottes und des Menschen in der Sünde, die prometheische Rebellion und die Aussöhnung durch die erlösende Wirkung der Liebe. Erfolgr. melodramat. Prosadramen, die in realist. Milieu den Konflikt zwischen der puritan. Moral Neuenglands und dem selbstverantwortlichen Individualismus des Westens behandeln (bes. ›The Great Divide‹). Formal traditionelle, melodiöse Problemlyrik.

W: The Masque of Judgement, Dr. 1900; Poems, 1901; The Fire-Bringer, Dr. 1904; The Great Divide, Dr. 1909; The Faith Healer, Dr. 1909. – The Poems and Plays, hg. J. M. Manly II 1912 (n. 1969); Some Letters, hg. D. G. Mason ²1935; Letters to Harriet, hg. P. Mac Kaye 1935.

L: D. D. Henry, 1934, ²1976; M. Halpern, 1964; M. F. Brown, 1973.

Moor, Margriet de, geb. Neefjes, niederländ. Schriftstellerin, * 21. 11. 1941 Noordwijk. Gesangsstudium, dann regelmäßige Auftritte, v. a. mit moderner Musik. Später Stud. Kunstgeschichte u. Archäologie. – In ihren virtuos gebauten Romanen wechseln immer wieder die Perspektiven und die Zeitebenen. musikal. Themen spielen eine große Rolle, und auch die Sprache ist sehr musikalisch.

W: Op de rug gezien, En. 1988 (Rückansicht, d. 1993); Dubbelportret, En. 1989 (d. 1994); Eerst grijs dan wit dan blauw, R. 1991 (d. 1993); De virtuoos, R. 1993 (d. 1994); Hertog van Egypte, R. 1996 (d. 1997); Zee-Binnen, R. 1999 (Die Verabredung, d. 2000); Kreutzersonate, R. 2001 (d. 2002).

Moorcock, Michael, engl. Science-fiction- u. Fantasy-Autor, * 18. 12. 1939 Mitcham/Greater London. Schon in s. Schulzeit Comic- und Krimiautor, später Bluessänger u. Gitarrist. – M. wurde in den 1960er Jahren als Hrsg. der Zs. ›New Worlds‹ zentrale Figur einer Intellektualisierung der engl. Science-fiction (›New Wave‹). In seinen zahlr. Fantasy-Romanen inszeniert er die Abenteuer eines ›ewigen Helden‹ als postmod. Commedia dell'arte mit versch. Inkarnationen in e. miteinander verbundenen ›Multiversum‹.

W: The Blood Red Game, 1962 (d. 1979); Behold the Man, 1969 (I.N.R.I., d. 1972); The Ice Schooner, 1969 (d. 1970); The Eternal Champion, 1970 (d. 1982); Elric of Melnibone, 1972 (d. 1979); Warlords of the Air, 1971 (d. 1973); The Condition of Muzak, 1977 (Lachen d. Harlekin, d. 1982); Gloriana, 1978 (d. 1981); Byzantium endures, 1981 (d. 1984); The Brothel in Rosenstrasse, 1986 (d. 1988); The Dreamthief's Daughter, 2001 (d. 2002).

L: C. Greenland, 1983.

Moore, Brian, kanad. Schriftsteller, 25. 8. 1921 Belfast – 10. 1. 1999 Malibu/CA. Erziehung in Irland, emigrierte 1948 nach Kanada. Journalist, Lektor u. a. Berufe; später Schriftsteller; lebte seit 1959 in den USA. – Vf. von 18 Romanen, die u. a. Irland u. ir. Einwandererprobleme in Nordamerika, Glaubensfragen, Frauenschicksale u. hist. Ereignisse behandeln. Im Spätwerk bevorzugt M. den Thriller. Auch Sachbücher, Short Stories, Essays und Filmskripte.

W: The Lonely Passion of Judith Hearne, R. 1955 (d. 1988); The Luck of Ginger Coffey, R. 1960 (d. 1963, n. 1994); An Answer from Limbo, R. 1962 (d. 1966, n. 1991); I Am Mary Dunne, R. 1968 (d. 1970, n. 1991); Fergus, R. 1970 (Strandgeburtstag, d. 1996); Catholics, R. 1972 (d. 1978, n. 1989); The Great Victorian Collection, R. 1975 (d. 1978, n. 1990); The Mangan Inheritance, R. 1979 (d. 1999); Cold Heaven, R. 1983 (d. 1992); Black Robe, R. 1985 (d. 1987); The Colour of Blood, R. 1987 (d. 1989); Lies of Silence, R. 1990 (Dillon, d. 1991); The Statement, R. 1995 (Hetzjagd, d. 1997); The Magician's Wife, R. 1997 (d. 1998).

L: J. O'Donoghue, 1990; R. Sullivan, 1996; D. Sampson, 1998; P. Craig, 2002.

Moore, George (Augustus), anglo-ir. Dichter u. Literat, 24. 2. 1852 Moore Hall/Mayo – 21. 1. 1933 London. Vater Grundbesitzer in Irland, erzogen in Oscott/Birmingham. S. Familie lebte ab 1869 in Süd-Kensington, 1873–80 Stud. Malerei in Paris, hier erste Gedichtbände. Begeisterter Anhänger des franz. Impressionismus. Mit Verlaine und den franz. Symbolisten eng befreundet. Zog 1901 nach Irland, wurde High Sheriff von Mayo, konvertierte 1903 zum Protestantismus. 1911 Rückkehr nach London. – Drei Hauptphasen des Schaffens: 1880–95 naturalist. Romane nach dem Vorbild Zolas, so der im Dienstmädchenmilieu spielende ›Esther Waters‹. Die Pariser Erlebnisse werden in ›Confessions of a Young Man‹ mit rückhaltloser Offenheit geschildert. 1899–1910 Nähe zur ir. lit. Renaissance-Bewegung, begründete mit Yeats das ›Irish Literary Theatre‹ u. schrieb die Novellen ›The Untilled Field‹, die Bilder der ir. Heimat zeichnen. In Spätwerken häufig myst. und relig. Probleme, so in dem psycholog. Christusroman ›The Brook Kerith‹. Ep. Stil unter fast völligem Verzicht auf Dialoge. Geschliffene, eigenwillige Sprache. S. zahlr. autobiograph. Schriften gehören zu s. künstler. besten Leistungen, sie vermitteln e. lebendiges Bild s. Zeit, obschon das eigentl. Geschehen hinter seel. Erlebnissen zurücktritt.

W: Flowers of Passion, G. 1878; Pagan Poems, G. 1881; A Modern Lover, R. III 1883; A Mummer's Wife, R. 1885; A Drama in Muslin, R. 1886 (d. 1978); Spring Days, R. 1888; Confessions of a Young Man, Aut. 1888 (d. 1986); The Strike at Arlingford, Sch. 1893; Esther Waters, R. 1894 (Arbeite und bete, d. 1904); Evelyn Innes, R. 1898 (d. 1905); The Bending of the Bow, Sch. 1900; Sister Teresa, R. 1901 (d. 1905); The Untilled Field, Kgn. 1903; The Lake, En. 1905; Memoirs of My Dead Life, Aut. 1906, ²1921; Ave, Salve, Vale, Aut. III 1911–14 (u.d.T. Hail and Farewell, hg. R. Cave 1976); The Apostle, Dr. 1911 (u.d.T. The Passing of the Essenes, 1930; d. 1911); The Brook Kerith, R. 1916; Heloise and Abelard, R. 1921; Aphrodite in Aulis, R. 1923; The Making of an Immortal, Sch. 1927. – Works, Uniform Ed. XX 1924–33 (= Ebury Ed. XX 1936–38); In Minor Keys, hg. D. B. Eakin, H. E. Gerber, Kgn. 1985; Letters, hg. J. Eglinton 1942; Letters to Lady Cunard, hg. R. Hart-Davis II 1957; Letters to T. Fisher Unwin and L. Milman, 1894–1910, hg. H. E. Gerber 1967. – *Übs.:* Stadt und Land, En. 1964.

L: S. L. Mitchell, 1916; J. Freeman, 1922; G. Goodwin, 1929; H. Wolfe, 1931; C. Morgan, 1935; J. M. Hone, 1936; E. Nejdefors-Frisk, 1952; M. J. Brown, 1955; N. Cunard, 1956; A. N. Jeffares, 1965; J. C. Noël, 1966; G. Owens, 1968; H. Zirker, 1968; R. Allen, 1978; A. Farrow, 1978; J. Dunleavy, hg. 1983; P. Bridgewater, 1988; E. Grubgeld, 1994; T. Gray, A Peculiar Man, 1996; A. Frazier, 2000. – *Bibl.:* I. A. Williams, 1921; E. Gilcher, 1970 (Suppl. 1988).

Moore, Marianne (Craig), amerik. Lyrikerin, 15. 11. 1887 Kirkwood/MO – 5. 2. 1972 New York. Bryn Mawr College, 1911–15 Lehrerin, Verbindung mit der Gruppe um die avantgardist. Zs. ›Others‹ (Kreymborg, W. C. Williams), 1921–25 New York Public Library, 1925–29 Chefredakteurin der avantgardist. Zs. ›The Dial‹. – Schrieb vom Imagismus beeinflußte experimentelle Lyrik von knapper Phrasierung; iron. Kontrastierung von pompösen philos. Abstraktionen mit mikroskop.-trivialer Gegenständlichkeit und Genauigkeit; originelle, Idee und exakte Anschauung verschmelzende Metaphern. Übs. von La Fontaines Fabeln (1954).

W: Poems, 1921; Observations, G. 1924; Selected Poems, 1935; The Pangolin and Other Verse, 1936; What Are Years?, G. 1941; Nevertheless, G. 1944; Collected Poems, 1951; Predilections, Ess. 1955; Like a Bulwark, G. 1956; O to Be a Dragon, G. 1959; A M. M. Reader, 1961; The Arctic Ox, G. 1964; Tell Me, Tell Me, G. 1966. – Complete Poems, 1967; The Complete Prose, hg. P. C. Willis 1987; Selected Letters, hg. B. Costello 1997; Becoming M. M. The Early Poems, hg. R. G. Schulze 2002. – *Übs.:* Gedichte, 1954; Kein Schwan so schön, 2001.

L: B. F. Engel, 1964, 1989; W. Wasserstrom, The Time of the Dial, 1963; D. Hall, 1970; G. Lane, Concordance, 1972; P. W. Hadas, 1977; L. Stapleton, 1978; B. Costello, 1981; E. Phillips, 1982; G. Schulman, 1986; P. C. Willis, 1987; M. Holley, 1987; C. Molesworth, B. 1990; D. W. Erickson, 1992; J. Heuving, 1992; C. Miller, 1995; L. Leavell, 1995; E. Joyce, 1998; C. Stamy, 1999; E. Hesse, 2002. – *Bibl.:* E. P. Sheehy, K. A. Lohf, 1958; C. S. Abbott, 1977.

Moore, Thomas, ir. Dichter, 28. 5. 1779 Dublin – 25. 2. 1852 Sloperton Cottage b. Devizes/Wiltshire. Im Trinity College in Dublin erzogen; Stud. Jura London; widmete s. Anakreon-Übersetzungen dem Prince of Wales, späteren Prinzregenten u. König Georg IV.; 1803 als Verwaltungsbeamter nach Bermuda berufen, läßt er schon 1804 s. Amt durch Stellvertreter verwalten u. reist über USA u. Kanada nach England zurück; 1806–09 in Dublin, großer Erfolg s. ›Irish Melodies‹, die M. selbst vorsang (Musik Sir J. Stevenson); ∞ 1811 die Schauspielerin E. Dyke; Freundschaft mit Byron. Wegen Unterschlagung von 6000 Pfund durch s. Stellvertreter drohte M. 1819 das Schuldgefängnis, er wich nach Italien aus, bis 1822 s. Verleger Longman die Schuld beglich; reiste mit Lord Russell; Besuch Byrons. M. verwaltete nach Byrons Tod dessen Memoiren, vernichtete sie gemäß e. dem Freund gegebenen Versprechen, schrieb aber auf ihrer Grundlage e. Byron-Biographie. – Vielseitiger, geistig bewegl. und formgewandter Lyriker, Epiker und Satiriker; durch Byron, Scott, Southey u. a. angeregt. Dichtete zu alten ir. Volksmelodien neue Texte; s. ›Irish Melodies‹ in einfacher, doch graziöser, volksliedhafter Sprache brachten ihm selbst Shelleys Bewunderung, regten ihn durch ihren großen Erfolg an, 25 Jahre hindurch fortlaufend neue ir. Lieder zu schreiben und machten ihn zum Nationaldichter Irlands. Großer Beliebtheit erfreute sich auch s. an Beckford geschulte oriental. Versdichtung ›Lalla Rookh‹, vier metr.-sprachl. ausgezeichnete, aber etwas spieler.-künstler. Idyllen, unter denen ›Paradise and the Peri‹ am bekanntesten ist. Schrieb in späteren Jahren beißende satir. Dichtungen über zeitgenöss. Themen.

W: The Poetical Works of Thomas Little, G. 1801; Epistles, Odes and Other Poems, 1806; A Selection of Irish Melodies, G. 1808 (d. F. Freiligrath 1877); Intercepted Letters: or, The Two Penny Post Bag, Sat. 1813; Sacred Songs, II 1816–24; Lalla Rookh, Ep. 1817 (d. F. Fouque 1822, Musik R. Schumann); The Fudge Family in Paris, Sat. 1818; Irish Melodies, G. 1821 (d. 1874); Memoirs of the Life of Sheridan, B. 1825 (n. 1971); The Epicurean, 1827 (hg. Hannaford 1900); Letters and Journals of Lord Byron (Hg.), II 1830; Travels of an Irish Gentleman in Search of Religion, Sat. II 1833 (d. 1841). – Poetical Works, X 1840f., hg. A. D. Godley 1910; Memoirs, Journals and Correspondence, hg. Lord Russell VIII 1853–1956; Lyrics and Satires, hg. S. O'Faolain 1929; Journal, 1818–1841, hg. P. Quennell 1964, Journal, hg. W. S. Dowden VI 1983–91. – *Übs.:* Werke, IV 1839, V ²1843.

L: J. Burke, 1852; A. G. Strong, The Minstrel Boy, 1937; H. Mackey, ²1973; M. A. DeFord, 1967; H. M. Jones, The Harp That Once –, ²1970; T. de Vere White, 1977; J. W. Vail, Literary Relationship of Lord Byron and T. M., 2001.

Moorhouse, Frank, austral. Erzähler, * 21. 12. 1938 Nowra/New South Wales. Journalist. – In s. experimentellen, einander überschneidenden Geschichten mit wiederkehrenden Charakteren beschreibt M. iron. das mod., urbane und inhomogene Australien.

W: Futility and Other Animals, Kgn. 1969; The American Baby, Kgn. 1972; The Electrical Experience, Kgn. 1974; Between Wars, FSsp. 1974; Conference-ville, Kgn. 1976; Tales of Mystery and Romance, 1977; The Everlasting Secret Family and Other Secrets, Kgn. 1980; Room Service, Kgn. 1985; Forty-Seventeen, Kgn. 1988 (d. 2000); Lateshows, Kgn. 1990; Grand Days, R. 1993; Dark Palace, R. 2000.

Móra, Ferenc, ungar. Erzähler, 19. 7. 1879 Kiskunfélegyháza – 8. 2. 1934 Szeged. Sohn e. Kürschnermeisters. 1901 Examen als Oberlehrer Univ. Budapest. Ab 1902 Journalist, Kustos des städt. Museums in Szeged; ab 1912 Chefredakteur und 1917 auch Direktor des städt. Museums ebda. Dr. h. c. Szeged. – Vf. von Novellen und drei Romanen; in innig-lyr. heiterem Plauderton und naiver Schlichtheit schildert er einfühlsam das harte Leben der armen, sich den Verhältnissen geschickt anpassenden Bauern s. Heimat. Auch Lyrik und Jugendbücher.

W: Könnyes könyv, G. 1920; Ének a búzamezőkről, R. 1927 (Lied von den Weizenfeldern, d. 1936); Nádi hegedű, Feuill. 1927; Aranykoporsó, R. II 1933 (Der einsame Kaiser, d. 1942, u. d. T. Der goldene Sarg, ³1968); Parasztjaim, En. 1935.

L: A. Földes, 1958; L. Vajda, 1962; L. Péter, 1989.

Moraes, Dom(inic), ind. Lyriker in engl. Sprache, * 19. 7. 1938 Bombay. Seit 16. Lebensjahr in England. Mit 19 jüngster u. erster nichtengl. Empfänger des Hawthornden-Preises. – Gedichte über Indien u. weltweite Reisen sowie Liebeslyrik. Synkretist. Bilderwelt, virtuose Versdisziplin und Musikalität in der Sprache qualifizieren s. dichter. Werk.

W: A Beginning, G. 1957; Poems, 1960; Gone Away, Reise-Tg. 1960; John Nobody, G. 1965; My Son's Father, Aut. 1968; Mrs. Gandhi, B. 1980; Absences, G. 1983; Collected Poems 1957–1987, 1987; Serendip, G. 1990; Never at Home, Aut. 1992.

Moraes, Vinícius de Mello, brasilian. Lyriker, Dramatiker u. Liedermacher, 19. 10. 1913 Rio de Janeiro – 9. 7. 1980 ebda. Stud. Jura u. Sozialwiss., seit 1942 Diplomat; 1968 von Militärregierung aus dem diplomat. Corps ausgeschlossen; in den 1970er Jahren auch Bühnenauftritte. – Gehört zum Kreis des Modernismo in Rio, Seismograph s. Zeit, erneuert mod. Dichtung in unmittelbarem Austausch mit Musikern wie Antônio Carlos Jobim, schreibt das Musical ›Orfeu‹ (1956; Bühnenbild: Oscar Niemeyer), erfindet den Bossa Nova, die Zusammenarbeit mit Tom Jobim und Baden Powell trägt zum Export der ›musica popular brasileira‹ bei.

W: O caminho para a distância, G. 1933; Forma e exegese, G. 1935; Ariane, a mulher, G. 1936; Novos poemas, G. 1938; Cinco Elegias, G. 1943; Poemas, sonetos e baladas, G. 1946; Patria minha, G. 1949; Antologia poética, G. 1954; Orfeu da Conceição, Tr. 1956; Livro de Sonetos, G. 1957; Novos Poemas 1949–56, G. 1959; Para viver um grande amor, G. u. Prosa 1962; Livro de letras, hg. J. Castello 1991; Livro de sonetos, 1991; O cinema dos meus olhos, Ess. 1991; As coisas do alto, G. 1993; Jardim noturno, hg. A. Miranda 1993; Teatro em versos, G. 1995. – *Übs.:* Sarává, G. 1982.

L: R. Pallottini, 1958; J. Castello, 1991; R. Castro, 1991; A. Chediak, 1993.

Morais, Francisco de, portugies. Dichter, um 1500 Bragança (oder b. Lissabon) – 1572 Évora? Biographie z. T. recht dunkel, genoß Ansehen am Hofe Dom Joãos III.; 1540 u. 1549 Aufenthalte in Paris. Aus unbekannten Gründen ermordet. – Berühmt als Vf. des Abenteuerromans ›Palmeirim de Inglaterra‹, dessen 1. (verlorene) portugies. Ausgabe wohl auf 1544 zu datieren ist; die span. Übs. von 1547 galt lange als Original; älteste erhaltene portugies. Fassung 1567. Der Palmerín-Zyklus begann in Spanien mit der anonymen ›Amadis de Gaula‹-Imitation ›Palmerín de Oliva‹ 1511, die portugies. Fassung (in 2 Teilen) löste vielfältige Weiterbildungen u. Fortsetzungen aus, bis hin zu e. 5. u. 6. Teil (1602). Wohl bedeutendster portugies. Ritterroman s. Zeit, voll phantast. Abenteuer, märchenhafter geograph. Angaben u. e. gewissen Frauenfeindlichkeit; im ›Don Quijote‹ (I, VI) als einzigartig gelobt.

W: Palmeirim de Inglaterra, R. (1544) 1567 (hg. Rodrigues Lapa 1941; G. de Ulhoa Cintra III 1946; französ. 1574, engl. 1596, ital. 1553–54); Diálogos, 1624.
L: C. Michaëlis de Vasconcelos, Versuch über Palmeirim, 1883; W. E. Purser, Palmeirim of England, Dublin 1904; Jordão de Freitas, 1910.

Morais, Venceslau José de Sousa, portugies. Schriftsteller, 30. 5. 1854 Lissabon – 1. 7. 1929 Tokushima/Japan. 1873 Polytechnikum, 1875 Marineschule, Seeoffizier in Moçambique, Timor, Macao (Freundschaft mit Pessanha), bis 1912 Konsul in Kobe, Generalkonsul in Japan, das er schwärmer. verehrte u. zur neuen Heimat wählte. Trat zum Buddhismus über. – Fesselte das portugies. Publikum mit s. erfolgr. Berichten u. Erzählungen aus dem Fernen Osten, verdammte das ihm oberflächl.-materialist. erscheinende Wesen Europas. Romant. Exotismus unter Einfluß von P. Loti u. L. Hearn. Geschmeidiger u. einfühlsamer Stilist.

W: Traços do Extremo-Oriente, Sião, China e Japão, Ber. 1895; Dai-Nippon, Ber. 1897; Cartas do Japão, Br. III 1904–28; O Culto do Chá, Schr. 1905; Paisagens da China e do Japão, Schr. 1906; Bon-Odori em Tokushima, Schr. 1918; Fernão Mendes Pinto e o Japão, Abh. 1920; O-Yoné e Ko-Haru, En. 1923; Relance da História do Japão, Abh. 1924; Relance da Alma Japonesa, Abh. 1925; Osoroshi, Br. 1933; Cartas íntimas, Br. 1944.
L: A. Pereira, O. Cécar, 1932; L. Danilo Barreiros, 1955; A. Martins Janeiro, 1956; ders., 1966; A. Motta, 1966; D. Barreiros, 1990.

Morand, Paul, franz. Erzähler, 13. 3. 1888 Paris – 23. 7. 1976 ebda. Sohn e. Malers und Zeichners, 1899 Lycée Carnot, 1908 Stud. in Oxford u. Ecole des Sciences Politiques, Paris. Diplomat. Laufbahn: 1913–16 Gesandtschaftssekretär in London, 1917 Rom, 1918 Madrid, 1919–25 Angestellter im Pariser Außenministerium, begann zu schreiben, gehörte zur Gruppe der ›Nouvelle Revue Française‹. Weltreise, 1927 ∞ Fürstin Soutzo, 1943 franz. Gesandter in Bukarest, 1944 Gesandter in Bern, nach 1945 im Exil. Lebte abwechselnd in Vevey und Paris. 1968 Mitgl. der Académie Française. – Zyn. und intelligenter Erzähler, Reiseschriftsteller und Lyriker impressionist. Stils. Begann mit von Cendrars und Jacob beeinflußten mod. Gedichten. Berühmtester franz. Romancier der Avantgarde in den 1920er Jahren, deren bewegte Atmosphäre er als scharfer Beobachter in ihren charakterist. Nuancen einzufangen verstand. In Stil und Beobachtung vorzügl. Reisebücher und Untersuchungen exot. Völker und ihrer Geisteshaltung. Ferner Beschreibungen großer Städte u. biograph. wie autobiograph. Werke. Zunehmende Einfachheit, vertiefte Psychologie. In den nach dem 2. Weltkrieg entstandenen, meist psycholog. Romanen und Novellen Wissen um die Absurdität des Daseins.

W: Lampes à arc, G. 1919; Feuilles de température, G. 1920; Tendres stocks, Nn. 1921; Ouvert la nuit, En. 1922; Ferme la nuit, En. 1923 (beide d. u. d. T. Nachtbetrieb, 1926); Lewis et Irène, R. 1924 (d. 1924); Poèmes, 1924; L'Europe galante, E. 1925; Rien que la terre, Reiseb. 1926 (Weite, wilde Welt, d. 1926); Bouddha vivant, R. 1927 (d. 1928); Le voyage, Reiseb. 1927; Magie noire, En. 1928 (d. 1928); Paris – Timbouctou, Reiseb. 1928; Hiver caraïbe, Reiseb. 1929; New York, St. 1930 (d. 1930); Champions du monde, E. 1930; Flèche d'Orient, Reiseb. 1931; Air indien, Reiseb. 1932; Londres, St. 1933; France la doulce, Es. 1934 (Das Konzentrationslager des lieben Gottes, d. 1935); Les extravagants, E. 1936; L'homme pressé, R. 1941; Journal d'un attaché d'ambassade, 1947; Marcel Proust, souvenirs ..., 1949; Le flagellant de Séville, R. 1951 (d. 1954); Hécate et ses chiens, E. 1954; La folle amoureuse, E. 1956; Fin de siècle, E. 1957; Bains de mer, bains de rêve, Prosa 1960; Le nouveau Londres, St. 1963; Ci-gît Sophie-Dorothée de Celle, R. 1968 (d. 1970); Monplaisir en littératura, Es. 1968. – Œuvres, 1981; Nouvelles complètes, hg. M. Collomb II 1991f.; Nouvelles d'une vie, II 1965; Poèmes, 1973; Lettres à des amis et à quelques autres, 1978; Chroniques du XXe siècle, 1980; Journal inutile hg. L. u. V. Boyer II 2001.
L: C. Garnier, 1955; G. Guitard-Auviste, 1956; B. Delvaille, 1966; S. Sarkany, 1968; M. Schneider, 1971; J.-F. Fogel, 1980; G. Guitard-Auviste, 1981; M. Burrus, 1986; M. Bulteau 1988; Ch. Boulay, 1991; M. Bonou, 1992; M. Collomb, hg. 1993; P. Louvrier, 1994; K. Philpot van Noort, Amst. u. a. 2001.

Morante, Elsa, ital. Erzählerin, 18. 8. 1918 Rom – 25. 11. 1985 ebda. ∞ A. Moravia; unternahm zahlr. Reisen, lebte in Rom. – Bezeichnend für ihre Dichtung sind e. Vorliebe für das Mythisch-Märchenhafte u. der Gegensatz zwischen Phantasie u. Gefühl für die Realität, der erst in ihrem Hauptwerk ›L'isola di Arturo‹ e. Ausgleich findet. Übs. K. Mansfield, schrieb auch Kinderbücher.

W: Il gioco segreto, Nn. 1941; Menzogna e sortilegio, R. 1948 (d. 1968); L'isola di Arturo, R. 1957 (d. 1959); Alibi, G. 1958; Le straordinarie avventure di Caterina, Kdb. 1959; Lo scialle andaluso, En. 1963 (Das heimliche Spiel, d. 1966); Il mondo salvato dai ragazzini, G. 1968; La storia, R. 1974 (d. 1976); Aracoeli, R. 1982 (d. 1984).
L: A. R. Pupino, 1969; G. Venturi, 1977; D. Ravanello, Scrittura e follia nei romanzi di E. M., 1980; G. Agamben, hg. 1993; M. Bardini, 1999.

Moratín, Leandro Fernández de, span. Schriftsteller, 10. 5. 1760 Madrid – 21. 6. 1828 Paris. Sohn des Dichters N. F. de Moratín; Lehre bei e. Juwelier; die geistige Atmosphäre s. Elternhauses

u. der Kontakt mit den Schriftstellern, die mit s. Vater befreundet waren, weckten früh Neigung zur Lit. Erhielt mit 19 Jahren bei e. Wettbewerb der Span. Akad. e. Preis für s. Dichtung ›La toma de Granada‹; wandte sich nach dem Tod s. Vaters (1780) ganz der Lit. zu; 1787 Sekretär von Cabarrús in Paris, Bekanntschaft Goldonis; nach s. Rückkehr Protektion durch Godoy; 1792–96 Reisen durch England, Frankreich u. Italien, erhielt durch Stud. der Theatersituation in diesen Ländern Anregungen für e. Reform der span. Bühne. Liebe zu Francisca Muñoz Ortiz (die Paquita in ›El sí de las niñas‹); 1808 Ernennung zum Oberbibliothekar durch König Joseph; von Ferdinand VII. aus Madrid verbannt, Aufenthalt in Barcelona; floh 1817 vor der Inquisition nach Montpellier, ging 1821 mit s. Freund Manuel Silvela nach Bordeaux, dann nach Paris. – Bedeutendster klassizist. Bühnenautor der span. Lit. nach Vorbild Molières; nur 5 Komödien; Meisterwerk ›El sí de las niñas‹ von erlesener Zartheit u. unübertreffl. dramat. Geschicklichkeit; leicht melanchol. Hintergrund; vollkommen in Stil, Aufbau u. Charakterzeichnung; in s. Problematik (Erziehung der jungen Mädchen in Spanien u. Lebensgefühl der span. Frau) noch heute gültig. Verfaßte in Anlehnung an Horaz auch Oden, Episteln u. satir. Gedichte von edlem Geschmack u. großer Korrektheit. Übs. von Shakespeares ›Hamlet‹ u. Molières ›L'école des maris‹ u. ›Le médecin malgré lui‹.

W: La derrota de los pedantes, Sat. 1789; El viejo y la niña, K. 1790; La comedia nueva o el café, K. 1792 (n. J. Dowling, R. Andioc 1969; d. 1800); El barón, K. 1803; La mojigata, K. 1804; El sí de las niñas, K. 1806 (n. 1927, J. Dowling, R. Andioc 1969). – Obras, in: ›Biblioteca de Autores Españoles‹, Bd. 2; Obras póstumas, III 1867–68; Teatro completo, 1945, 1955, II 1977; Diario, 1968; Epistolario, 1924 (n. R. Andioc 1973).

L: M. Martínez Rubio, 1893; J. Arolas Juani, 1897; A. Papell, 1958; J. de Entrambasaguas, 1960; M. y la sociedad española de su tiempo, 1960; F. Lazaro Carreter, 1961; P. Regalado de Kerson, 1966; R. Andioc, 1970; J. Dowling, 1971; L. F. Vivanco, 1972; H. Higashitani, 1973; G. C. Rossi, 1974; H. Rien, 1982; R. Fernández Cabezón, 1990; J. C. Rodríguez, 1991.

Moravia, Alberto (eig. A. Pincherle), ital. Schriftsteller, 28. 11. 1907 Rom – 26. 9. 1990 ebda. S. Familie stammte aus Mähren. Während des Krieges Korrespondent in Dtl. u. im Fernen Osten. ∞ Elsa Morante; lebte als freier Schriftsteller in Rom. Hrsg. der Zs. ›Nuovi Argomenti‹. – Schon in s. 1. Roman ›Gli indifferenti‹ zeigt sich s. Neigung zu scharfer moralist. Analyse der willensschwachen, sittl. indifferenten und konformist. Bourgeoisie in ihrer Scheinwelt, zu e. Gesellschaftskritik. Realistisch erzählt sind die ›Racconti romani‹ u. ›La ciociara‹, wo sich die Sprache der Einfachheit der Figuren anpaßt. E. gewisse Gruppe von Themen, denen M.s bes. Interesse gilt, kehrt in s. Werken immer wieder: das Problem des Entwicklungsalters (›Agostino‹, ›La disubbidienza‹), die Unmöglichkeit der Kommunikation unterschiedl. Gesellschaftsschichten (›Le ambizioni sbagliate‹, ›La noia‹) und zwischen den Geschlechtern, wo sie zu Haß und Machtkampf führt u. nur in der körperl. Begegnung überwunden werden kann (›L'amore coniugale‹, ›Il disprezzo‹). Ferner die Zeitgeschichte (›Il conformista‹), die auch in e. s. besten Werke, der ›Romana‹, der Geschichte e. röm. Straßenmädchens, e. Rolle spielt. M.s Pessimismus wird weder durch Glaube noch durch Ideale aufgehoben.

W: Gli indifferenti, R. 1929 (d. 1956); Le ambizioni sbagliate, R. 1935 (Gefährliches Spiel, d. 1951); La bella vita, E. 1935; L'imbroglio, N. 1937; La mascherata, R. 1941; L'amante infelice, En. 1943; Agostino, R. 1944 (d. 1948); L'epidemia, En. 1944; La speranza, Es. 1944; Due cortigiane, N. 1945; La Romana, R. 1947 (Adriana, ein römisches Mädchen, d. 1950, auch u.d.T. Die Römerin); La disubbidienza, 1948 (d. 1964); L'amore coniugale, En. 1949 (Lea Baldoni und der Fremde, d. 1952); Il conformista, R. 1951 (d. 1957); I racconti, En. 1952; Racconti romani, En. 1954 (Die Mädchen vom Tiber, d. 1957); Il disprezzo, R. 1954 (d. 1963); La ciociara, En. 1957 (Cesira. La Ciociara, d. 1958); Teatro, Drn. 1958; Nuovi racconti romani, En. 1959 (Römische Erzählungen, d. 1962); La noia, R. 1960 (d. 1961); Un'idea dell'India, Ess. 1962 (d. 1963); L'uomo come fine, Ess. 1963; L'automa, R. 1963 (Das schöne Leben, d. 1967); L'attenzione, R. 1965 (Inzest, d. 1966); Le luzi di Roma, En. 1965 (d. 1965); Il mondo è quello che è, Dr. 1966; Una cosa è una cosa, En. 1967 (d. 1969); Il dio Kurt, Dr. 1968; La rivoluzione culturale in Cina, Es. 1968 (d. 1968); La vita è gioco, Dr. 1969; Io e lui, R. 1971 (d. 1971); Un'altra vita, En. 1973 (d. 1974); 1934, R. 1982 (d. 1982); L'uomo che guarda, R. 1985 (d. 1987); La villa del venerdi, En. 1990; Vita di Moravia, Aut. 1990 (d. 1991). – Opere complete, 1952ff. – Übs.: Das Paradies, En. 1978.

L: E. Sanguineti, 1962; E. Siciliano, 1982; T. E. Peterson, 1996.

Morax, René, schweizer. Schriftsteller, 1873 Morges – 1963. Bruder des Arztes Victor M. – Begründete in Mézières in e. Straßenbahnhalle in Kooperation mit dem Theater Jorat 1903 e. Theater für jedermann mit dem hist. Stück ›La dîme‹; inszenierte dort zumeist eigene Stücke, aber auch Werke von A. Honegger, brach mit den übl. Konventionen.

W: Aliénor, Dr. 1910; Tell, Dr. 1914; Davel, Dr. 1923; La servante D'Evolène, Dr. 1937.

Morcinek, Gustaw, poln. Schriftsteller, 25. 8. 1891 Karwin – 20. 12. 1963 Krakau. 1920–36 Lehrer in Skotschau. Mit der Dichtergruppe ›Przedmieście‹ in Warschau in enger Verbindung. Während des Krieges im KZ. Im neuen Polen aktiv im gesellschaftl. Leben tätig. 1952–56 Sejm-Abgeordneter. – Schildert das Leben in den schles. Bergwerken, erzählt von den Kumpeln u. Zechen, von den Schutthalden u. den finsteren Schächten.

W: Wyrąbany chodnik, R. II 1932; Duńskie serce, Rep. 1934; Ondraszek, R. 1937 (Räuber, Rächer und Rebell, d. 1955); Listy spod morwy, Erinn. 1946; Dziewczyna z Pól Elizejskich, En. 1946 (Das Mädchen von den Champs Elysées, d. 1965); Pokład Joanny, R. 1950 (Schacht Johanna, d. 1953); Urodzaj ludzi, R. 1951; Czarna Julka, R. 1959 (Die schwarze Julka, d. 1965); Górniczy zakon, R. 1964. – Wybór pism (AW), III 1956; Dzieła wybrane (AW), 1979–84; Listy, Brn. 1985ff. – Übs.: Brand im wilden Schacht, En. 1962.

L: G. M., Fs. 1961; W. Nawrocki, 1972; G. M. piewca pracy, ²1980; K. Heska-Kwaśniewicz, Pisarski zakon, 1988.

More, Hannah, engl. Dramatikerin und Erbauungsschriftstellerin, 2. 2. 1745 Stapleton/Gloucestershire – 7. 9. 1833 Bristol. Lehrerstochter. Zog nach Veröffentlichung einiger erfolgr. Dramen nach London. Eng befreundet mit Garrick, der ihre Tragödie ›Percy‹ 1777 erfolgreich aufführte. Nach s. Tod wandte M. sich der Abfassung von relig. und sozialen Traktaten und sonstigen Erbauungsschriften zu, begründete die ›Religious Tract Society‹ u. kaufte Barley Grove, wo sie prakt. Hilfe für die Armen des Bezirks leistete.

W: The Search for Happiness, Dr. 1773; The Inflexible Captive, Tr. 1775; Percy, Tr. 1778; The Fatal Falsehood, Tr. 1779; Sacred Dramas, 1782; Strictures on the Modern System of Female Education, II 1799 (hg. G. Luria, 1974); Hints towards Forming the Character of a Young Princess, II 1805; Coelebs in Search of a Wife, R. II 1809; Cheap Repository Tracts, Kgn. 1809; Practical Piety, II 1811; Christian Morals, II 1813. – Works, XI 1830; Letters, hg. R. B. Johnson 1925.

L: W. Roberts, II 1834; H. Thompson, 1838; C. M. Yonge, 1888; A. M. B. Meakin, 1911; M. A. Hopkins, 1947; M. G. Jones, 1952; S. Pickering, The Moral Tradition in Engl. Fiction, 1976; E. Kowaleski-Wallace, Their Fathers' Daughters, 1991; C. H. Ford, 1996.

More, Henry, engl. Philosoph und Dichter, 12. 10. 1614 Grantham – 1. 9. 1687 Cambridge. Erzogen in Eton, Stud. Cambridge. Geistlicher, lehnte alle Beförderungen ab, führte e. stilles, der Philos. und Gelehrsamkeit gewidmetes Leben als Wissenschaftler am Christ's College. Gehörte zur Gruppe der Cambridger Platonisten, die einen sensualist. Glauben ablehnten und einen rationalist. christl. Glauben mit Bezug auf Erasmus propagierten. – Mystiker, beeinflußt durch Platon, Plotin, Luther, Böhme u. die Kabbala. S. anspruchsvollen Schriften waren seinerzeit einflußreich und geschätzt, u. a. ein wichtiger Bezugspunkt für die Philos. Margaret Cavendishs.

W: Philosophical Poems, 1647 (Ausw. G. Bullough 1931); An Explanation of the Grand Mystery of Godliness, St. 1600; A Modest Enquiry into the Mystery of Iniquity, St. 1664; Enchiridion Ethicum, Schr. 1668 (auch u. d. T. An Account of Virtue); Divine Dialogues, 1668; Enchiridion Metaphysicum, Schr. 1671; Opera Omnia, III 1674–79 (n. 1966). – Complete Poems, hg. A. B. Grosart 1878; Philosophical Writings, hg. F. J. Mac-Konnon 1925.

L: R. Zimmermann, 1881; R. Ward, 1911; H. G. Jentsch, 1935; H. Reimann, 1941; A. Lichtenstein, 1962; S. Hutin, 1966 (m. Bibl.); A. Hall, 1990; S. Hutton, 1990; E. Strauß, D. Arithmetik d. Leidenschaften, 1997/1999. – Bibl.: R. Crocker, 2003.

More (Morus), Thomas Sir, engl. Staatsmann, Humanist und philos. Schriftsteller, 7. 2. 1478 London – 6./7. 7. 1535 ebda. Sohn e. kgl. Richters, Stud. Theol. u. humanist. Philos. Oxford; wird Richter und 1504 Parlamentsmitglied; vermittelte den Frieden von Cambrai, 1529 Lordkanzler (erster Laie in diesem Amt). Zunächst Günstling Henry's VIII., doch als dieser sich 1534 von Catherine of Aragon scheiden lassen wollte, um Anne Boleyn zu heiraten, verweigerte M. den Suprematseid, um die Autorität des Papstes nicht zu verletzen. Darauf ließ der König M. gefangensetzen und enthaupten. Als Märtyrer des Katholizismus 1935 heiliggesprochen. Bedeutendste Gestalt des engl. Humanismus, eng befreundet mit Erasmus von Rotterdam. – M.s Hauptwerk, die lat. geschriebene ›Utopia‹ (Leiden 1516, engl. 1551) ist der erste mod. Staatsroman, der zugleich den Begriff der Utopie schuf. Thema ist die Suche nach der bestmöglichen Staatsform, die gerade in der Renaissance verschiedentlich diskutiert wurde; M. lehnt sich damit zwar an sein Vorbild (Platons ›Politeia‹) an, beschreibt aber im Unterschied zu diesem Utopia als existierenden Staat, nicht als Modell. Gleichzeitig prangert das Werk die Mißstände der Renaissancezeit in satir. Form an, indem M. zeigt, wie in s. Lande Adel und Reichtum die alleinige Macht haben, während die Bauern mißachtet und rücksichtslos ausgenutzt werden. Fiktiver Held ist der Seefahrer Raphael Hythlodus (= Possenmacher), der die Staatsformen Englands und Frankreichs scharf kritisiert und ihnen antithetisch den Vernunftstaat der Insel Utopia gegenüberstellt. Mit der Schiffsreise Raphaels wird metaphorisch das frühneuzeitliche Subjekt beschrieben, das an der Schwelle von der religiös strukturierten Gesellschaftsordnung des Mittelalters zu einer beginnenden Individualisierung und Neuorientierung in der Renaissance steht. In Utopia ist das Privateigentum beseitigt, jedermann ist dort zur Arbeit verpflichtet, landwirtschaftl. und geisteswiss. Arbeit werden bes. hoch geachtet, Gold und Silber dagegen als nutzloser Tand verachtet. M.s ›History of Richard III‹, als erstes individuelles hist. Charakterbild am Beginn der mod. engl. Geschichtsschreibung, wirkte auf Shakespeare.

W: The Lyfe of Johan Picus, Erle of Myrandula, 1510 (hg. J. M. Rigg 1890); Historie of the Life and Death of kyng Edward V, and of the Usurpation of Richard III, 1514 (hg. R. S. Sylvester 1963); De optimo rei publicae statu deque nova insula Utopia, 1516 u.ö. (hg. E. Surtz 1964, ders., J. H. Hexter 1965; engl. R. Robinson 1556, n. 1970, G. C. Richards 1923, R. M. Adams 1975; d. G. Ritter 1922, n. 1964, A. Hartmann ²1957, H. M. Endrös 1960); The apologye, 1533 (hg. A. I. Taft 1929); A dialogue of comfort against tribulacion, Streitschr. 1553 (Trost in Trübsal, d. ²1953); Epigrammata (hg. u. engl. L. Bradner, Ch. A. Lynch 1953). – Complete Works, Yale Ed., XVI 1963ff. (m. Komm. u. Bibl.); The Works, Written in Engl., hg. W. Rastell 1557, Faks., hg. K. J. Wilson 1978; W. E. Campbell II (von VII geplanten) 1931; Opera, 1565; Opera Omnia Latina, 1689 (n. 1963); Correspondence, hg. E. F. Rogers 1947; Selected Letters, hg. dies. 1961. – Übs.: Werkausw., L. Wiedner 1945; Briefausw., B. v. Blaser 1949, K. Schmidthus ⁴1951; Neue Briefe, hg. H. Schulte 1966; R. Schirmer 1971.

L: Th. Stapleton, Vita et obitus T. M., 1589, n. 1964, engl. 1965; N. Harpsfield (hg. E. V. Hitchcock 1932); W. Roper, 1625, n. 1935 u. 1962; K. Kautsky, 1890 n. 1970; T. E. Bridgett, 1891; G. E. Dermengheim, Paris 1927; W. E. Campbell, 1930; R. W. Chambers, 1935, d. 1947; ders., 1937; H. W. Donner, Introduction to Utopia, Uppsala 1945; R. Ames, 1949; J. H. Hexter, 1952; L. Paul, 1953, E. E. Reynolds, 1953; J. Farrow, 1954; E. L. Surtz, The Praise of Wisdom, 1957; P. Hogrefe, 1959; D. Petsch, Warschau 1962; G. Marc'Hadour, Paris 1963; M.'s Utopia and Its Critics, hg. L. Gallagher 1964; H. Küng, Freiheit in der Welt, 1964; E. E. Reynolds, T. M. and Erasmus, 1965; G. Möbus, Politik des Heiligen, ²1967; R. Pineas, 1968; H. Maynard, The Humanist as Hero, 1971; M. Fleisher, Radical Reform and Political Persuasion, 1973; R. S. Sylvester, M. 1977; J. P. Jones, 1979; J. A. Guy, The Public Career of M. 1980; A. Fox, 1982; L. Bouyer, 1984; R. Marius, 1985, d. 1987; S. Macmillin, The Elisabethan Theatre and the Book of Sir T. M., 1987; K. Watson, 1994. – Bibl.: F. u. M. P. Sullivan, Moreana, IV 1946–64; R. W. Gibson, 1961; M. Wentworth, 1995; Konkordanz: L. J. Bolchazy, 1978.

Moréas, Jean (eig. Joannis Papadiamantopoulos), griech. Schriftsteller franz. Sprache, 15. 4. 1856 Athen – 30. 3. 1910 Paris. Aus vornehmer griech. Familie. Jugend in Marseille, franz. erzogen. 1872 erstmals in Paris. Reiste in Italien, Dtl. und Griechenland, lebte seit 1878 in Paris, Stud. Rechte ebda., Umgang in lit. Zirkeln, freier Schriftsteller, zu Beginn unter dem Einfluß der Décadents und Symbolisten. – Bedeutendster Vertreter der ›Ecole romane‹, die er 1891 mit C. Maurras u.a. gründete, e. neoklassizist. Schule, die in Form und Inhalt an die griech.-lat. Tradition und die Dichtung der Pléiade anknüpft. Lyriker, Erzähler, Essayist und Dramatiker. S. lyr. Meisterwerk sind die melod.-balladesken ›Cantilènes‹ u. ›Les stances‹: Gedichte, in denen Einfachheit, Intensität u. gebändigte Melancholie vereint sind. Großer Erfolg der Tragödie ›Iphigénie à Aulide‹, des bedeutendsten neoklassizist. Dramas.

W: Tourterelles et vipères, G. 1878; Les syrtes, G. 1885; Les cantilènes, G. 1886; Le thé chez Miranda, R. 1886; Les demoiselles Gaubert, R. (m. P. Adam) 1887; Les premières armes du symbolisme, Ess. 1889; Le pèlerin passionné, G. 1891; Enone au clair visage, G. 1893; Eriphyle, G. 1894; Sylve et Sylves nouvelles, G. 1894/95 (u.d.T.: Poèmes et Sylves, 1907); Les stances, VI 1899–1901, Bd. 7 1920 (d. 1922; Gastmahl in Orplid, Ausw. 1948); Iphigénie, Dr. 1903; Contes de la vieille France, 1904; Esquisses et souvenirs, 1908; Variations sur la vie et les livres, Ess. 1910; Réflexions sur quelques poètes, Ess. 1912. – Œuvres, II 1923–27 (n. 1977); Choix de poèmes, hg. E. Raynaud 1923; Œuvres en prose, morceaux choisis, hg. A. Thérive 1927; 173 lettres, hg. R. A. Jouanny 1968. – Übs.: Gedichte, 1947.

L: Ch. Maurras, 1891; R. de Gourmont, 1905; M. Barrès, 1910; E. Reynaud, 1929; R. Georgin, 1930; L. Roussel, 1932; J. Weber, Diss. Erl. 1934; R. Niklaus, 1936; L. Thomas, 1941; A. Embiricos, Les étapes de J. M., Lausanne 1948; J. D. Butler, Den Haag 1967; R. A. Jouanny, 1969; ders., M., écrivain grec, 1975.

Moreau, Hégésippe (eig. Pierre Jacques Roulliot), franz. Dichter, 9. 4. 1810 Paris – 20. 12. 1838 ebda. Unehel. Sohn e. Lehrers, früh Waise. Druckerlehrling, 19jährig bei Firmin-Didot in Paris. Aktive Rolle in der Revolution von 1830. Privatunterricht, ungeregeltes Vagabundenleben. – Typ. Romantiker in Leben und Werk. Schrieb zarte Lieder und Elegien über e. unglückl. Liebe. Setzte sich in Pamphleten für die Rechte der Arbeiterklasse ein.

W: Poésies, 1833; Le Myosotis, G. 1838; Contes à ma sœur, 1851. – Œuvres complètes, II 1890f. (n. 1973). –
Übs.: La souris blanche und andere Novellen, bearb. von E. Galen 1932.

L: L. Seche, 1910; B. Benoît-Guyot, 1945; Y. Daniline, Moskau 1978; C. de La Mata, Gilbert, Malfilatre, H. M. et quelques autres poètes maudits, 1985.

Moreno Villa, José, span. Schriftsteller, 16. 2. 1887 Málaga – 25. 4. 1955 Mexico City. Erster Unterricht im Jesuitenkolleg s. Heimatstadt; 1904–08 Chemiestud. in Dtl.; ab 1910 in Madrid mit versch. Studien beschäftigt; Bibliothekar, Maler, vielseitige schriftsteller. Tätigkeit. Seit 1939 Emigrant in Nordamerika, später in Mexiko. – Erzähler, Essayist, Dramatiker, erlangte v.a. als Lyriker Bedeutung, fand über e. postmodernist.-folklorist. u. e. surrealist. Phase zu e. sehr persönl., direkten Stil von großer Natürlichkeit u. andalus. Anmut.

W: Garba, G. 1913; El pasajero, G. 1914; Luchas de pena y alegría, G. 1915; Evoluciones, En. 1918; La comedia de un timido, Dr. 1924; Jacinta la Pelirroja, G. 1929; Carambas, G. 1931; Puentes que no acaban, G. 1933; Salón sin muros, G. 1936; Puerta severa, G. 1941;

La noche del Verbo, G. 1942; Vida en claro, Aut. 1944; La música que llevaba, Anth. 1949; Voz en vuelo a su cuna, G. 1961. – Antología, 1982; Poesías completas, México 1998.
L: J. F. Cirre, 1963; C. Cuevas, J. M. V. en el contexto del 27, hg. 1989; E. Jiménez Urdiales, 1998.

Moreto y Cavana (oder Cavaña), Don Agustín, span. Dramatiker, (getauft) 9. 4. 1618 Madrid – 26. 10. 1669 Toledo. Ital. Abstammung, Stud. in Alcalá de Henares; 1642 Priesterweihe, stand unter der Protektion des Kardinals von Toledo, der ihm e. Pfründe verschaffte; befreundet mit Calderón; beschaul. Leben ohne nennenswerte Ereignisse, zuletzt Leiter e. Armenhospitals. – Gehörte zum Kreis Calderóns; schrieb 69 comedias von großer Feinfühligkeit u. Ausgeglichenheit, Abglanz s. harmon. Wesens. Fehlen von bewegter Handlung u. sprudelndem Witz der Dialoge, Vermeidung komplizierter Intrigenknüpfung u. gewaltsamer Lösungen, dafür Vollkommenheit in der techn. Anlage, tiefe gedankl. Durchdringung der Probleme, erlesener Geschmack in Stil u. Aufbau. Weist mit gewissen Zügen bereits in das 18. Jh.; benutzte fast immer ältere Stücke als Vorlage (bes. von Tirso de Molina u. Lope de Vega), entwickelte jedoch das Thema meist mit größerer künstler. Vollendung als s. Vorbild; berühmt insbes. ›El desdén con el desdén‹, e. anmutige Komödie mit feiner Nuancierung der Charaktere, später vielfach imitiert (u. a. von Molière in ›La princesse d'Elide‹), Vorlage für Reznieceks Oper ›Donna Diana‹; ›El lindo don Diego‹, Charakterkomödie mit feiner Ironie, geistreiche Karikatur des eitlen, eingebildeten Gecken.
W: El valiente justiciero, Sch. 1658 (d. 1870; n. F. P. Casa 1971); El lindo don Diego, K. 1659 (Der Unwiderstehliche, d. 1925; n. F. P. Casa, B. Primorac ^{4}1984); El desdén con el desdén, K. 1672 (n. W. H. Jones, N. Y. 1935, J. H. Parker 1970, F. Rico 1971; Donna Diana, d. 1819); San Franco de Sena o El Lego del Carmen, Dr. 1676. – Comedias, III 1654, 1676, 1681; Obras escogidas, hg. A. Fernández-Guerra in: ›Biblioteca de Autores Españoles‹, Bd. 39, N. Alonso Cortés 1922. – *Übs.:* H. Schlegel, H. Kurz, Span. Theater, 1864.
L: C. A. Barrera, 1855; S. G. Morley, 1918; M. M. Harlan, 1924; R. L. Kennedy, Northampton/MA 1932; E. Caldera, Pisa 1960; U. K. Bernsholt-Thomsen, Diss. Köln 1966; F. P. Casa, Cambr./MA 1966; J. A. Castañeda, 1974.

Moretti, Marino, ital. Dichter, 18. 7. 1885 Cesenatico – 6. 7. 1979 ebda. Studierte in Ravenna u. Bologna. Wandte sich in Florenz dem Theater zu, erkannte jedoch bald, daß s. eigentl. Begabung auf lyr. Gebiet lag. – In s. Lyrik ist e. starker Einfluß der ›Crepuscolari‹, bes. Corazzinis u. Pascolis, spürbar. Hier u. in verstärktem Maße in s. Romanen u. Erzählungen stehen die kleinen Dinge im Mittelpunkt. V. a. Dichter des grauen Alltags; schildert mit großem psycholog. Einfühlungsvermögen u. in sprachl. schöner Form die Öde des provinziellen, kleinbürgerl. Lebens. S. Figuren, vornehml. die Frauen, sind passiv u. ertragen das Leben als e. ihnen auferlegte Pflicht und versuchen nicht, gegen die Macht der Umstände anzukämpfen, deren Opfer sie werden.
W: Fraternità, G. 1906; Poesie scritte col lapis, G. 1910; I lestofanti, En. 1910; Poesie di tutti i giorni, G. 1911; I pesci fuor d'acqua, R. 1914; Il sole del sabato, R. 1916; Poesie 1905–14, Ausw. 1919; L'isola dell'amore, R. 1920; La voce di Dio, R. 1920; I due fanciulli, R. 1922; I puri di cuore, R. 1923; Mia madre, R. 1923; Il romanzo della mamma, R. 1924; Il trono dei poveri, R. 1928; Il tempo felice, R. 1929; L'Andreana, R. 1935; Pane in desco, R. 1940; La vedova Fioravanti, R. 1941 (d. 1942); Il fiocco verde, R. 1948; Il tempo migliore, Aut. 1953; Uomini soli, En. 1954; La camera degli sposi, 1958; Cento novelle, 1959; I coniugi Allori, 1959 (d. 1960); Tutte le novelle, 1959; Tutti i ricordi, Aut. 1962; Romanzi dal primo all'ultimo, 1965; Tutte le poesie, G. 1967; L'ultima estate, G. 1969.
L: F. Casnati, 1952; G. Raucan, 1974; G. Zaccaria, 1981; B. Porcelli, 1983.

Morgan, Charles (Langbridge), engl. Romancier und Dramatiker, 22. 1. 1894 Kent – 6. 2. 1958 London. Sohn e. Ingenieurs, Ausbildung bei der Marine, im 1. Weltkrieg Marineoffizier. 1919 Stud. in Oxford. In den 1920er Jahren Theaterkritiker bei der ›Times‹, ⚭ 1923 die Schriftstellerin Hilda Vaughan. 1939–44 Mitgl. des Admiralstabs, dann freier Schriftsteller. 1945 Dozent der Univ. Glasgow, 1948 der Univ. Oxford. 1953 Präsident des PEN-Clubs. Mitgl. der Royal Society of Literature und der Académie Française. – Neuplatoniker und Neuromantiker, als Romancier zu s. Zeit bes. in Dtl. und Frankreich sehr bewundert. S. anspruchsvollen psycholog. Weltanschauungsromane bes. über Konflikte aus Liebe und Freiheit des Geistes sind mit philos. Gedankengut überladen, die Gestalten verkörpern in erster Linie abstrakte Probleme (Kunst, Liebe, Tod) und Ideale, sie wirken daher z. T. blutlos und isoliert. Gepflegte Sprache, satir. Abstand. Die Dramen erreichen nicht die künstler. Höhe s. Romane.
W: The Gunroom, R. 1919; Portrait in a Mirror, R. 1929 (Das Bildnis, d. 1936); The Fountain, R. 1932 (d. 1933); Sparkenbroke, R. 1936 (Die Flamme, d. 1936); The Flashing Stream, Sch. 1938 (d. 1952); The Voyage, R. 1940 (d. 1942); The Empty Room, R. 1941 (d. 1943); The Judge's Story, R. 1947 (d. 1952); The River Line, R. 1949 (Der Reiher, d. 1954, u. d. T. Der geheime Weg, 1960); The River Line, Dr. 1952 (Die unsichtbare Kette, d. 1953); A Breeze of Morning, R. 1951 (d. 1955); Liberties of the Mind, Ess. 1951 (d. 1956); The Burning Glass, Sch. 1954 (d. 1955); Challenge to Venus, R. 1957 (d. 1957).

Morgan

L: H. C. Duffin, 1959; C. Iklé, Diss. Zür. 1961; V. de Pange, Paris 1962.

Morgan, Claire → Highsmith, Patricia

Morgan, Edwin (George), schott. Dichter, * 27. 4. 1920 Glasgow. Stud. Glasgow, Militärdienst 1940–46, Dozent, seit 1975 Prof. Anglistik Glasgow. – E. der bedeutendsten brit. Dichter der zweiten Hälfte des 20. Jh. Beeinflußt von mod. schott., aber auch US-amerik. u. osteurop. Lyrik, bringt er in s. Werk die Poetisierung des zeitgenöss. Schottland u. die Experimente der Avantgarde zusammen, wobei progressiver Erfindungsreichtum u. persönl. moral. Dringlichkeit in beiden Werkbereichen zu finden sind. Waches Auge auf heutige polit. Ereignisse u. e. intensive Auseinandersetzung mit den mod. Medien. Auch Übs. (Beowulf, Montale, Majakovskij, Rostand).

W: The Vision of Cathkin Braes, 1952; The Cape of Good Hope, 1955; The Second Life, 1968; The Horseman's Word: A Series of Concrete Poems, 1970; From Glasgow to Saturn, 1973; The New Divan, 1977; Star Gate: Science Fiction Poems, 1979; Poems of Thirty Years, 1982; Sonnets from Scotland, 1984; From the Video Box, 1986; Newspoems, 1987; Themes on a Variation, 1988; Sweeping out the Dark, 1994; Collected Translations, 1996; Virtual and Other Realities, 1997; New Selected Poems, 2000; A. D.: A Trilogy of Plays on the Life of Jesus Christ, 2000; Today Tomorrow: Collected Poems 1933–2000, hg. G. Bruce 2001; Cathures: New Poems 1997–2001, 2002.

L: R. Hamilton, Science and Psychodrama, 1982; G. Thomson, 1986; R. Crawford, H. White, hg. 1990; R. S. Edgecombe, 2003.

Morgan, Sydney, Lady, geb. Owenson, ir. Romanschriftstellerin, um 1776 Dublin – 16. 4. 1859 London. Tochter e. Schauspielers. ∞ 1812 den Chirurgen Sir Thomas M. – Produktive, etwas oberflächl. Schriftstellerin. Anschaul. Bilder ir. Volkslebens. Leidenschaftl. Patriotin, die viel verzerrte polit. Anklage in ihre Romane verflocht.

W: St. Clair, R. 1803; The Wild Irish Girl, R. III 1806 (n. 1997); O'Donnel, R. III 1814; France, Reiseb. II 1817; Italy, Reiseb. II 1821; The O'Briens and the O'Flahertys, R. IV 1827.

L: W. J. Fitzpatrick, 1860; L. Stevenson, The Wild Irish Girl, 1936; U. Schoner, 1983; M. Campbell, 1988.

Mori, Ôgai (eig. M. Rintarô), jap. Schriftsteller, 19. 1. 1862 Tsuwano/Shimane-Präfektur – 9. 7. 1922 Tokyo. Medizinstud., 1884–88 Studienaufenthalt in Dtl. (Leipzig, Dresden, München, Berlin). Später Arzt (1907 General) in der jap. Armee. Eigentl. Begründer der Übersetzungskunst aus der franz., engl. u. bes. der dt. philos. u. schöngeistigen Lit. (Goethe, Schiller, Hoffmann, Heine, Hauptmann). – In s. eigenen Werk zeichnen sich drei Entwicklungsphasen ab: neoromant. Tendenz, die zu s. antinaturalist. Einstellung führte, u. schließl. die Hinwendung zum hist. genauen, objektiv psycholog. durchleuchteten Roman. Gründl. Kenner der klass. jap. u. chines. Lit.; Vf. von Dramen und Gedichten. Als Kritiker von der Ästhetik K. v. Hartmanns geprägt.

W: Maihime, N. 1890 (engl. 1907; Die Tänzerin, d. 1989, u. d. T. Das Ballettmädchen, 1994); Tsukikusa, Ess. 1896; Kamen, Dr. 1909; Vita sexualis, R. 1909 (d. 1983); Ikutagawa, Dr. 1910; Asobi, E. 1910; Seinen, E. 1910f.; Môsô, E. 1913; Gan, E. 1915 (Die Wildgans, d. 1962); Abe ichizoku, E. 1913 (Der Untergang des Hauses Abe, in: Die fünfstöckige Pagode, d. 1961); Sanshô-dayû, E. 1915 (engl. 1952); Takasebune, E. 1916 (d. 1958); Shibue-chûsai, Ess. 1916. – O. zenshû (GW), 1971–75. – *Übs.:* The Historical Literature of M. O., II 1977; Fiction, engl. D. Dilworth, J. T. Rimer 1991.

L: J. T. Rimer, M. O., 1975; R. J. Bowring, M. O. and the Modernization of Japanese Culture, 1979; M. Marcus, Paragons of the Ordinary, Honolulu 1993.

Moric, Junna Petrovna (eig. Ju. P. Pinchusovna), russ. Lyrikerin, * 2. 6. 1937 Kiev. Bis 1961 Stud. Lit.inst. Moskau. Wurde 1961 durch ungekünstelte Verbindung zarter seel. Zeichnung mit rauher Seemannsrealität nach e. Eismeerfahrt bekannt. Steht wortbewußt in der Tradition Cvetaevas. Viele ihrer aus Realität und Visionärem geschöpfte Bilder kreisen um Einsamkeit u. das Unmittelbare der Kindheit.

W: Razgovor o sčast'e, 1957; Mys želanija, 1961; Loza, 1970; Izbrannoe, Ausw. 1982; V logove golosa, G. 1990; Buket kotov, G. 1997.

Móricz, Zsigmond, ungar. Schriftsteller, 30. 6. 1879 Tiszacsécse – 4. 9. 1942 Budapest. Aus kalvinist. Bauernfamilie. Gymnas. Debrecen u. Sárospatak. Stud. erst Theologie, dann Jura in Debrecen. Journalist an der Zeitung ›Az Újság‹ in Budapest. 1929–33 Redakteur der Zs. ›Nyugat‹. Erster Erfolg 1909 mit der Erzählung ›Hét krajcár‹. Nach dem Tod s. 1. Frau ∞ e. Schauspielerin, die in s. Schauspielen meist die weibl. Hauptrollen spielte, 1. dramat. Erfolg war die Dramatisierung s. Romans ›Légy jó mindhalálig‹, 1928 im Ungar. Nationaltheater aufgeführt. In seinen letzten Lebensjahren gründete er e. große Zs. ›Kelet Népe‹. 1937 trennte er sich von s. 2. Frau u. zog sich auf s. Gut in Leányfalu zurück, wo er kurz nach Vollendung s. Romans ›Rózsa Sándor‹ starb. – Naturalist. Erzähler und Dramatiker mit Nähe zu Zola, schildert in wirklichkeitstreuer, gelegentl. eruptivungeschliffener Darstellung die bäuerl. und kleinbürgerl. Welt in Dorf und Kleinstadt. S. bedeutendstes Werk ist die Romantrilog. ›Erdély‹ aus dem Siebenbürgen des 17. Jh. Hatte auch großen Erfolg mit s. autobiograph. Roman ›Életem regénye‹.

W: Hét krajcár, E. 1909 (Sieben Kreuzer, d. 1967); Sári bíró, Lsp. 1910; Sárarany, R. 1911 (Gold im Kote, d. 1921); Az Isten háta mögött, R. 1911 (Hinter Gottes Rücken, d. 1922); Kerek Ferkó, R. 1913 (Franzi Kerek, d. 1944); Árvalányok, R. 1914 (Waisenmädchen, d. 1923); A fáklya, R. 1917 (Die Fackel, d. 1929); Szegény emberek, E. 1917 (Arme Leute, d. 1961); Erdély, R. III 1922–35 (Siebenbürgen, d. 1936); Légy jó mindhalálig, R. 1922 (Eines Kindes Herz, d. 1937, u. d. T. Mischi und das Kollegium, 1962); Búzakalász, Dr. 1924; Pillangó, R. 1925; Kivilágos kivirradtig, R. 1926; Úri muri, R. 1928; Rokonok, R. 1932; A boldog ember, R. 1935 (Der glückl. Mensch, d. 1955); Forr a bor, Sch. 1936; Rab oroszlán, R. 1936 (Löwe im Käfig, d. 1938); Életem regénye, R. 1939 (Der Roman meines Lebens, d. 1939); Árvácska, R. 1941; Rózsa Sándor, R. II 1941 f. – Összes művei (W), 1935, 1954 ff. – *Übs.*: Der Mann mit den Hahnenfedern, En. 1954.

L: G. Féja, 1939; L. Németh, 1943; M. Móricz, 1959; M. Czine, 1960; K. Vargha, 1962; P. Nagy, ³1975; T. Kiss, Így élt M. Zs., 1979.

Morier, James Justinian, engl. Diplomat und Schriftsteller, 1780(?) Smyrna – 19. 3. 1849 Brighton. Hugenottenfamilie. In Harrow erzogen. Ab 1807 im diplomat. Dienst, 1814 Botschafter in Teheran. – Vf. von anschaul. Reiseberichten sowie Schelmenromanen, als deren Held e. nichtsnutzig-liebenswerter junger Perser in allerlei Ländern und Berufen e. komödienhaftes Leben führt. Beeinflußte damit die Entwicklung des Romans in Persien selbst.

W: Journey through Persia, 1812 (d. 1815); Second Journey through Persia, 1818 (d. 1820); The Adventures of Hajji Baba of Ispahan, R. III 1824 (hg. G. Curzon 1895, R. D. A. Altick 1954; d. 1824); Hajji Baba in England, R. II 1828; Zohrab the Hostage, R. 1832; Ayesha, R. 1834; The Mirza, R. 1841.

L: K. J. Zeidler, Beckford, Hope und M. als Vertreter d. oriental. Romans, 1909; H. M. Johnston, Ottoman and Persian Odysseys, 1997.

Morley, Christopher (Darlington), amerik. Schriftsteller, 5. 5. 1890 Haverford/PA – 28. 3. 1957 Roslyn Heights/NY. Aus engl. Quäkerfamilie; Haverford College, Rhodes Scholar in Oxford; journalist. Arbeit meist in New York, 1924–41 Redakteur der ›Saturday Review of Literature‹. – Schrieb über 50 sehr verschiedenartige Bücher: journalist. Arbeiten, Essays, Gedichte, Dramen und Romane; darunter viel Parodie, Karikatur, Humor.

W: The Eighth Sin, G. 1912; Parnassus on Wheels, R. 1917 (Parnaß und Pegasus, d. 1950); The Haunted Book Shop, R. 1919; Where the Blue Begins, R. 1922; Thunder on the Left, R. 1925; John Mistletoe, Aut. 1931; The Swiss Family Manhattan, R. 1932; Kitty Foyle, R. 1939 (Kitty, d. 1961); The Man Who Made Friends With Himself, R. 1949. – Collected Works, XII 1927; Bright Cages: Selected Poems, hg. J. Bracker 1965; Prefaces Without Books, hg. H. Abromson 1970.

L: J. Bracker, M. Wallach, 1976. – *Bibl.*: A. P. Lee, 1935; G. R. Lyle, H. T. Brown, 1952.

Morriën, Adriaan, niederländ. Lyriker, Erzähler u. Essayist, 5. 6. 1912 IJmuiden – 7. 6. 2002 Amsterdam. Gründer der Zs. ›Literair paspoort‹ (1946), die er bis 1964 leitete; Mitarbeit an den Zsn. ›Criterium‹ u. ›Libertinage‹; Kontakte zur Gruppe 47. – Hauptmotiv s. Lyrik ist das Verhältnis des Mannes zur Frau und die Lebensform des Kindes. Auch amüsant-iron. Skizzen und Feuilletons in journalist. unterhaltsamem Stil. Lit.kritiker und Übs.

W: Hartslag, G. 1939; Landwind, G. 1942; Het vaderland, G. 1946; Een slordig mens, Nn. 1951 (Ein unordentlicher Mensch, d. 1955); Een bijzonder mooi been, Sk. 1955 (Ein besonders schönes Bein, d. 1957); Kijken naar de wolken, G. 1956; Alissa en Adrienne, Sk. 1957 (d. 1957); Moeders en zonen, G. 1962; Het gebruik van een wandspiegel, G. 1968; Avond in de tuin, G. 1980; Plantage Muidergracht, Aut. 1988 (T. 1); Het kalfje de gnoe, En. 1991; Verzamelde gedichten, G. 1993; Ik heb nu weer de tijd, Aut. 1996 (T. 2); Brood op de plank, Ess. 2001.

L: R. Molin, 1995 (m. Bibl. u. engl. Zus.fass.).

Morrieson, Ronald Hugh, neuseeländ. Romancier, 29. 1. 1922 Hawera/Taranaki – 26. 12. 1971 ebda. – In der Heimat weitgehend verkannt, publizierte M. zu Lebzeiten in Australien zwei s. Burlesken des neuseeländ. Kleinstadtlebens; zwei weitere erschienen posthum. Die spannungsvollen, erot. brisanten u. oft gewaltsamen Handlungsgefüge wurden erfolgr. verfilmt.

W: The Scarecrow, R. 1963; Came a Hot Friday, R. 1964; Predicament, R. 1974; Pallet on the Floor, R. 1976.

Morris, James → Morris, Jan

Morris, Jan (bis 1972 James [Humphrey] M.), engl. Schriftsteller u. Journalist, * 2. 10. 1926 Clevedon/Somerset. Stud. engl. Lit. Oxford; Militärdienst 1944–47; Journalist und Korrespondent an versch. Orten der Welt, u. a. für die Ztn. ›Times‹ und ›Guardian‹; seit 1956 Arbeit als Reiseschriftsteller; 1972 Geschlechtsumwandlung; Engagement für die walis. Sprache und Lit. – Vf. v. a. zahlr. Reisebücher über viele Weltgegenden aus e. persönl. Perspektive in persönl. Stil; daneben hist. u. biograph. Werke sowie Essays.

W: Coast to Coast, Reiseb. 1956 (n. 2002); Coronation Everest, 1958; Venice, Reiseb. 1960 (d. 1961, ³1989); Cities, 1963 (d. 1966); Oxford, 1965 (n. 1978, ²1987); Pax Britannica, Tril.: I Pax Britannica. The Climax of an Empire, 1968, II Heaven's Command, 1973, III Farewell the Trumpets. An Imperial Retreat, 1978; Conundrum, Aut. 1974 (d. 1993); Destinations. Essays from Rolling Stone, 1980; The Matter of Wales. Epic Views of a Small Country, 1984 (n. 1998); Journeys, Ess.

1985; Hong Kong. Epilogue to an Empire, 1988, ²1993 (d. 1991, ²1994); Wales; Fisher's Face, B. 1995; Our First Leader. A Welsh Fable, Prosa 2000; Lincoln. A Foreigner's Quest, B. 2000; Trieste and the Meaning of Nowhere, Reiseb. 2001; A Writer's World. Travels 1950–2000, Reiseb. 2003.

L: P. Clements, 1998.

Morris, William, engl. Dichter, 24. 3. 1834 Walthamstow/Essex − 3. 10. 1896 London. Erzogen in Marlborough, Stud. Oxford. Vielseitige Begabung, zunächst Architekt und Maler; ∞ Jane Burden. Begründete, unterstützt von s. Freunden Rossetti und Burne-Jones, 1861 die Firma Morris, Marshall, Faulkner & Co. für Dekoration und Innenarchitektur, die für das Kunsthandwerk im Jugendstil wegweisend wurde. Hatte durch Förderung des Kunsthandwerks großen Einfluß auf die Geschmacksbildung der Zeit. Forderte die Erneuerung e. häßlich gewordenen, industrialisierten Welt durch Wiederbelebung des ma. Werkgedankens. Begründete 1891 die Kelmscott Press zur Förderung der Buchkunst. Stand der präraffaelit. Bewegung nahe. Als Sozialreformer gründete er 1884 die ›Socialist League‹, gab deren Zs. ›The Commonweal‹ heraus. − S. eigene Dichtung, anfangs unter Einfluß Carlyles u. Ruskins, später Tennysons u. Rossettis, war wie s. Kunstgewerbe Ausdruck s. Liebe zur Schönheit um ihrer selbst willen. Dichtete romant. Visionen antiker und ma. Stoffe, nord. Sagas, e. heroisches Epos, e. Märchenspiel (›Love is Enough‹) in der Tradition der ma. Moralitäten, daneben auch utopist. soziale Erzählungen (›Dream of John Ball‹, ›News from Nowhere‹). S. lebendiger, zarter Stil war an Chaucer, Froissart und Malory geschult. Die dramat. Gewalt und die schlichte, musikal. Sprache der Verse bewahren sie vor dem Abgleiten ins Triviale. Übs. von Vergils ›Äneis‹ u. Homers ›Odyssee‹ sowie alter angelsächs. und nord. Dichtungen.

W: The Defence of Guenevere, Dicht. 1858; The Life and Death of Jason, Dicht. 1867; The Earthly Paradise, Dicht. III 1868–70; Love is Enough, Msp. 1873; The Aeneid, Übs. 1875; Sigurd the Volsung and the Fall of the Niblungs, Dicht. 1876; The Decorative Arts, Schr. 1878 (dt. Ausw. XII 1901–03); Chants for Socialists, 1884f.; Odyssee, Übs. 1887; A Dream of John Ball, and A King's Lesson, En. 1888 (d. 1904); The House of the Wolfings, Prosa 1889; News from Nowhere, R. 1890 (d. 1900); Beowulf, Übs. 1895; The Well at the World's End, Prosa 1896. − Collected Works, XXIV 1910–15, ²1934 (n. 1992); Selected Writings, hg. A. Briggs 1963; Political Writings, hg. N. Salmon 1994; Letters, hg. P. Henderson 1950; Unpublished Letters, hg. R. P. Arnot 1951; Collected Letters, hg. N. Kelvin IV 1984–96.

L: E. L. Cary, 1902; J. W. Mackail, II ²1908, n. 1995; A. Vallance, ²1909, n. 1971; J. Drinkwater, 1912; A. Clutton-Brock, 1914; J. B. Glasier, 1921, n. 1994; M. Morris, II 1936; S. C. Cockerell, 1943; M. R. Grennan, 1945, n. 1970; E. A. Meynell, 1947; L. E. Grey, 1949; R. D. Macleod, 1954; P. Henderson, ²1964; J. Lindsay, 1975; E. P. Thompson, ²1977; P. Meier, II 1978; P. Lewis, hg. 1978; Ch. H. Oberg, A Pagan Prophet, 1978; P. Faulkner, Against the Age, 1980; R. Wandel, Sozialkritik u. regressive Ideale, 1981; F. Kirchhoff, 1982; H.-C. Kirsch, 1983; P. Stansky, 1983; S. Coote, 1990; P. Thompson, ³1991; F. MacCarthy, 1994; C. Harvey, J. Press, 1996. − *Bibl.:* S. u. D. Latham, 1990.

Morris, Wright, amerik. Romanautor und Photograph, 6. 1. 1910 Central City/NE − 25. 4. 1988 Mill Valley/CA. Wuchs in der Kleinstadt auf; Pomona College; Reisen in Amerika und Europa; lehrte an versch. Univ., Prof. an der Calif. State Univ. 1962–75. − S. eigenwilligen, an Hemingway geschulten, z. T. satir. Romane behandeln die Spannung zwischen Kleinstadt und Großstadt in Amerika mit subtiler Menschenschilderung; sie verbinden und ergänzen oft den Text mit anschaul. Fotografien.

W: My Uncle Dudley, R. 1942; The Inhabitants, R. 1946; The Home Place, R. 1948; The World in the Attic, R. 1949; The Works of Love, R. 1952; The Deep Sleep, R. 1953 (Die gläserne Insel, d. 1957); The Huge Season, R. 1954 (Die maßlose Zeit, d. 1958); The Field of Vision, R. 1956; Love among the Cannibals, R. 1957 (d. 1959); The Territory Ahead, Ess. 1958; Ceremony in Lone Tree, R. 1960 (d. 1963); What a Way to Go, R. 1962 (Miss Nausikaa, d. 1964); Cause for Wonder, R. 1963; One Day, R. 1965; In Orbit, R. 1966; A Bill of Rites, a Bill of Wrongs, a Bill of Goods, Es. 1968; God's Country and My People, Ber. 1968; Fire Sermon, R. 1969; Love Affair – A Venetian Journal, 1972; A Life, R. 1973; Here Is Einbaum, R. 1973; Real Losses, Imaginary Gains, Ess. 1976; The Fork River Space Project, R. 1977; Earthly Delights, Unearthly Adornments, Ess. 1978; Plains Song: For Female Voices, R. 1980; Wills' Boy, Mem. 1981; Photographs and Words, Ess. 1982; Solo: An American Dreamer in Europe, 1933–34, Aut. 1983; A Cloak of Light, Aut. 1985; Time Pieces, Ess. 1989; Three Easy Pieces, 1993; Writing My Life, Aut. 1993. – W. M.: A Reader, 1970; Collected Stories, 1986.

L: D. Madden, 1964; L. Howard, 1968; R. E. Knoll, 1977; G. B. Crump, 1978; R. K. Bird, Memory and Imagination, 1985; S. S. Philips, 1992; J. J. Wydeven, 1998; A. Trachtenberg, Distinctly American. The Photography of W. M., 2002.

Morrison, Arthur, engl. Schriftsteller, 1. 11. 1863 London − 4. 12. 1945 Chalfont St. Peter/Buckinghamshire. Geboren nicht, wie er später angab, in das Bürgertum Kents, sondern als Sohn eines Maschinenschlossers im Londoner East End, über das er als Journalist, in sozialkrit. Romanen (›A Child of the Jago‹) u. Kurzgeschichten (gesammelt als ›Tales of Mean Streets‹) schrieb. Auch erfolgr. Kriminal-Kurzgeschichten, später Fachbücher über oriental. Kunst.

W: Tales of Mean Streets, Kgn. 1894; Martin Hewitt, Investigator, Kgn. 1894; A Child of the Jago, R. 1896; The Hole in the Wall, R. 1902.

L: W. G. Urlaub, Bonn 1978.

Morrison, Toni, afroamerik. Erzählerin, * 18. 2. 1931 Lorain/OH. Stud. Howard u. Cornell Univ. (M.A. 1955), 1957–64 Engl.-Prof. Howard Univ., seit 1965 Verlagslektorin in New York Versch. Gastprofessuren; alleinerziehende Mutter. – M. schreibt stets über symptomatische Frauenschicksale in reichvernetzten Gemeinschaften, mit wachsendem Interesse für Geschichte als prägendem Hintergrund. Flucht aus Armut, Mißbrauch, Entwürdigung in Sklaverei u. Ehe, Selbstbehauptung gegen Eltern, Partner, endemischen Rassismus u. Masochismus sind zentrale Themen ihrer Romane, die sprachlich komplex oder sprechnah, musikalisch, im Vortrag der Autorin magisch wirken. M. erhielt 1993 den Nobelpreis; sie ist auch mit lit.- u. kulturkrit. Essays hervorgetreten u. gilt als eine der bedeutendsten zeitgenössischen Erzählerinnen der USA.

W: The Bluest Eye, R. 1970 (d. 1979); Sula, R. 1973 (d. 1980); Song of Solomon, R. 1977 (d. 1979); Tar Baby, R. 1981 (d. 1983); Beloved, R. 1987 (Menschenkind, d. 1989); Playing in the Dark, St. 1992 (d. 1994); Jazz, R. 1992 (d. 1993); Paradise, R. 1998 (d. 1999); Love, R. 2000.

L: A. Koenen, 1985 (m. Bibl.); Critical Essays on T. M., hg. N. Y. McKay 1988; W. D. Samuels, C. Hudson-Weems, 1990; H. L. Gates, K. A. Appiah, hg. 1993; Conversations with T. M., hg. D. Taylor-Guthrie 1994; P. Page, Dangerous Freedom, 1995; T. M.'s Fiction, hg. D. L. Middleton 1997.

Morselli, Ercole Luigi, ital. Schriftsteller, 19. 2. 1882 Pesaro – 16. 3. 1921 Rom. Stud. Medizin Florenz, widmete sich dann der Lit. Abenteuerl. Leben, ging 1903 nach Kapstadt, Süd- u. Mittelamerika, dann nach England u. kehrte schließl. nach Italien zurück, starb an Schwindsucht. Befreundet mit Papini, Borgese u.a. – S. Dramen, Novellen u. Satiren sind Ausdruck s. Desillusionierung.

W: Favole per i re d'oggi, Fabeln 1909; Orione, Tr. 1910; Storie di redere e da piangere, Nn. 1918; Glauco, Dr. 1919; Il trio Stefania, Nn. 1920; Belfagor, Dr. 1930 (vertont von Respighi). – Opere, hg. T. Sillani 1928f.

L: V. Bertolloni Meli, L. Ferrari, 1993.

Morselli, Guido, ital. Schriftsteller, 15. 8. 1912 Bologna – 31. 7. 1973 Varese. Stud. Jura Mailand. Zu Lebzeiten verkannt, endet mit Selbstmord. – S. Romane spielen meist vor dem Hintergrund polit. Science Fiction u. zeugen von desillusionierter Ironie.

W: Roma senza papa, R. 1974 (d. 1976); Contropassato prossimo, R. 1975 (Licht am Ende des Tunnels, d. 1977); Divertimento 1889, R. 1975 (Ein Ausflug seiner Majestät, d. 1980); Il comunista, R. 1976; Dissipatio H. G., R. 1977; Fede e critica, Es. 1977; Un dramma borghese, R. 1978 (Liebe einer Tochter, d. 1984).

L: M. Lessona Fasano, 1998; M. Fiorentino, 2002.

Moršen, Nikolaj Nikolaevič (eig. N. N. Marčenko), russ. Lyriker, 8. 11. 1917 Kiew – 31. 7. 2001 Monterey/CA. Stud. Physik Kiew (Abschluß 1941), ab 1944 in Hamburg, 1950 in die USA, bis 1977 Russ. Lektor in Kalifornien. – M.s Lyrik ist zunächst vom Verlust der Heimat bestimmt, später wendet sie sich allgemeingültigen Fragen des Seins zu, zwingt den Leser zum Weiterdenken, zeigt großes stilist. Können.

W: Tjulen', 1959; Dvoetočie, Washington 1967; Ėcho i zerkalo, Berkeley 1979. – Pušče nevoli (GW), 2000.

Morstin, Ludwik Hieronim, poln. Dichter, 12. 12. 1886 Pławowice – 12. 5. 1966 Warschau. Adelsfamilie. 1912 Mitbegründer der Zs. ›Museion‹ in Krakau. Verarbeitet versch. Stileinflüsse: Romantik, Neoklassizismus, Wyspiański. Aktualisiert die Thematik des antiken Dramas mit feinem Stilempfinden. S. lyr. Empfinden kommt auch im Drama zum Ausdruck. Die Lyrik bewegt sich um Klärung des eigenen Ich.

W: Pieśni, G. 1907; Psalm ziemi, G. 1908; Lilie, Dr. 1912; Szlakiem legionów, Dr. 1913; Legenda o królu, Dr. 1916; Święty, Dr. 1923; W kraju Latynów, Mem. 1925; Kłos panny, R. 1929; Radość i frasunek, G. 1930; Rzeczpospolita poetow, Dr. 1934; Panteja, D. 1937; Obrona Ksantypy, Dr. 1939 (Verteidigung der Xanthippe, d. 1966); Polacy nie gęsi, Dr. 1952; Kleopatra, Dr. 1955; Przygoda florencka, Dr. 1957; Rycerz Antychrysta, Dr. 1957; Spotkania z ludźmi, Mem. 1957; Przędziwo Arachne, En. 1958; Moje przygody teatralne, Mem. 1961; Opowieści o ludziach i zdarzeniach, Mem. 1964. – Z pism (AW), IV 1956–67.

L: W. Natanson, 1967.

Morsztyn, Jan Andrzej, poln. Dichter, 24. 6. 1621 b. Krakau – 8. 1. 1693 Paris. Aus bürgerl., später geadelter, ursprüngl. kalvinist. Familie, Katholik ohne die für s. Zeitgenossen typ. gegenreformator. Unduldsamkeit. Diplomat. Hauptstütze der franz. Parteien am Hofe. Des Landesverrats beschuldigt, 1683 Flucht nach Frankreich. Lebte dort als Graf von Châteauvillain. – S. Dichtung richtet sich aggressiv gegen die Geistlichkeit, steht im Gegensatz zur Askese s. Zeitgenossen. Übs. Corneilles ›Cid‹, Tassos ›Aminta‹. Vorbild s. virtuosen Lyrik ist Marino. Erhalten sind handschriftl. 2 Gedichtsammlungen mit scharfer Pointierung in der Darstellung stark sinnl. Erotik. Sucht nach wahrheitsgetreuer Darstellung s. Zeit.

W: Kanikuła albo psia gwiazda, G. 1647 (gedr. 1844); Lutnia, G. 1661 (gedr. 1874). – Utwory zebrane (SW), 1971.

L: E. Porębowicz, 1893; J. Sokołowska, 1965.

Morsztyn, Zbigniew, poln. Dichter, um 1628 Südpolen – 13. 12. 1689 Königsberg. Blieb s. arian. Glauben treu, mußte deshalb Polen zeitweise verlassen. Offizier in vielen Feldzügen. Vom Großen Kurfürsten erhielt er e. Pachtgut im Ermland. Ab 1662 ständig im preuß. Rudówka, das er zum Zentrum der Poln. Brüder machte. – Schrieb emblemat. Gedichte und e. Zyklus, in dem er sich mit Kriegsgreuel und relig. Fanatismus krit. auseinandersetzt.

A: Muza domowa (AW), II 1954; Wybór wierszy, G.-Ausw. 1975.
L: J. Pelc, 1966 u. 1973.

Morte Arthure, mittelengl. Dichtungen, um 1360/1400. Zwei mittelengl. Dichtungen, die den Untergang von König Artur und s. Reich schildern. Der um 1360 entstandene alliterierende M. konzentriert sich in formel- und bildhafter Sprache auf die Kämpfe Arturs gegen den röm. Kaiser Lucius und gegen Mordred; er beeinflußte Teile von → Malorys ›Morte Darthur‹. Der um 1400 entstandene stroph. (stanzaic) M. behandelt v.a. die Liebe zwischen Lancelot und Guinevere, die letztl. zum Ende des Arturreiches führt.

A: L. D. Benson 1974 (alliterierend u. stroph.; n. 1986 u.ö.); V. Krishna 1976 (alliterierend).
L: W. Matthews, 1961; W. R. J. Barron, Engl. Medieval Romances, 1987. – *Bibl.:* Manual ME 1. I, 1967.

Mortimer, John (Clifford) (Ps. Geoffrey Lincoln) (seit 1998 Sir), engl. Dramatiker, * 21. 4. 1923 London. Erzogen in Harrow, Stud. Oxford. Im 2. Weltkrieg Regieassistent u. Drehbuchautor für Dokumentarfilme. 1948–65 Rechtsanwalt in London. ∞ 1949–72 Penelope M. – Hauptthema s. Boulevardstücke, in denen sich Unterhaltsames mit Tragischem mischt, ist der Versuch Einsamer, Gestrandeter u. Lebensuntüchtiger, sich aus der Traumwelt ihrer Lebenslügen zu befreien u. zu zwischenmenschl. Kommunikation zu gelangen.

W: The Narrowing Stream, R. 1954 (Der Mann aus dem Bootshaus, d. 1957); The Dock Brief, K. 1958 (Das Pflichtmandat, d. 1961); What Shall We Tell Caroline?, Sch. 1958 (d. 1970); I Spy, K. 1958 (Der Privatdetektiv, d. 1970); Lunch Hour, Sch. 1960 (d. 1961); The Wrong Side of the Park, Sch. 1960; Collect Your Hand-Baggage, Sch. 1960 (Der Fluggast, d. 1970); Two Stars for Comfort, K. 1962 (Regatta-Tag, d. 1970); The Judge, Sch. 1967; Come as You Are, K. 1971 (d. 1978); A Voyage Round My Father, Sch. 1971 (d. 1971); Collaborators, Dr. 1973 (d. 1973); Knightsbridge, FSsp. 1973; Will Shakespeare, R. 1977; The Fear of Heaven, Sch. 1978; Rumpole of the Bailey, Kgn. 1978; The Trials of Rumpole, Kgn. 1979; Rumpole's Return, Kgn. 1981; Clinging to the Wreckage, Aut. 1982; Paradise Postponed, R. 1985; Character Parts, Interviews 1986; Titmuss Regained, R. 1990; Dunster, R. 1992; Under the Hammer, R. 1994; Murderers and Other Friends, Aut. 1994.

Mortimer, Penelope Ruth (geb. Fletcher), engl. Erzählerin, 19. 9. 1918 Rhyl/Nordwales – 19. 10. 1999 London. ∞ 1949–71 John M. – Brillant konstruierte, sehr feminist., kühle Studien quäler. Ehezwiste, Identitätssuche u. zerbrechender Illusionen.

W: A Villa in Summer, R. 1954; Saturday Lunch with the Brownings, Kgn. 1960; The Pumpkin Eater, R. 1962 (Kann man Jake lieben?, d. 1967); My Friend Says It's Bullet Proof, R. 1967 (So wie du bist, d. 1969); The Home, R. 1971; Long Distance, R. 1974; About Time, Aut. 1979; The Handyman, R. 1983; Queen Elizabeth, B. 1986; About time, too, B. 1993.

Morton, Frederic (eig. Fritz Mandelbaum), anglo-amerik. Romanautor, * 5. 10. 1924 Wien. Im 2. Weltkrieg Emigration nach London. Engl.-Dozent Univ. of Columbia/N. Y. – Stilist. elegante Bestseller über gesellschaftl. u. emotionale Intrigen in der glanzvollen Welt der Reichen, Berühmten, Verderbten; hist. Romane.

W: The Darkness Below, R. 1950 (Dunkle Leidenschaft, d. 1951); Asphalt and Desire, R. 1952 (d. 1961); The Witching Ship, R. 1960 (d. 2000); The Rothschilds, Ber. 1962 (d. 1962); The Schatten Affair, R. 1965 (d. 1966); Snow Gods, R. 1968; An Unknown Woman, R. 1976; A Nervous Splendour: Vienna 1888/1889, hist. Ber. 1979 (Schicksalsjahr Wien, d. 1981; auch u.d.T. Ein letzter Walzer, d. 1997); The Forever Street, R. 1984 (Ewigkeitsgasse, d. 1986); Crosstown Sabbath, Es. 1987 (d. 1993); Thunder at Twilight: Vienna 1913/14, R. 1989 (d. 1990); Geschichten aus zwei Welten, Sk. 1994.

Morus, Thomas → More

Moschion, altgriech. Tragiker, vermutl. 3. Jh. v. Chr. in Athen. – Bekannt fast nur durch Zitate bei Ioannes Stob. Bezeugt sind als Titel neben ›Telephos‹ (mythology. Stoff) 2 hist. Dramen: ›Themistokles‹ (über Seeschlacht bei Salamis?) u. ›Die Leute von Pherai‹ (Tod des Alexandros von Pherai?). E. längeres Fragment enthält e. Kulturentstehungslehre mit Nähe zum aischyleischen Prometheus.

A: TrGF 97; Th. K. Stephanopoulos, ZPE 75, 1988, 19–38, Archaignosia 9, 1995/96, 137–153; B. Gauly u.a. 1991.

Moschos aus Syrakus, altgriech. Dichter, Mitte 2. Jh. v. Chr., kaum zuverlässige biograph. Nachrichten. – Von M.' Werk sind nur 2 Gedichte vollständig erhalten: ›Europa‹ (Epyllion, 166 Hexameter: Raub des Mädchens Europa durch den Stier Zeus; bereits in der Antike am berühmtesten) und ›Eros als Ausreißer‹ (Steckbrief des entlaufenen Gottes in 29 Hexametern); dazu treten kürzere Gedichte sowie Fragmente. Nicht von M. stammen die ihm zugeschriebenen hexametr. Gedichte ›Megara‹ und der ›Epitaphios für Bion‹. M. ›Europa‹ wirkt fort bis hin zu Nonnos.

A: A. S. F. Gow 1952. – *Komm.:* W. Bühler 1960 (Europa, m. dt. Übs.), M. Campbell 1991 (Europa). – *Übs.:* H. Beckby 1975.

L: R. Schmiel, CPh 76, 1981, 261–272; A. Porro, Eikasmos 10, 1999, 125–135.

Moses von Chorene → Movsēs Xorenacʻi

Mošīrī, Fereydun, pers. Dichter, 1925 – 2000 Teheran. – Kein Erneuerer, aber beliebt für s. musikal. Ghaselen, die zwischen der klass. und der mod. Poesie in der Nachfolge Nimā's stehen u. daher von Anhängern beider Richtungen geschätzt werden. Veröffentlichte ab den 1950er Jahren.
W: Gonāh-e Daryā, 1956; Abr, 1966; Bahār-rā bāwar kon, 1968; Morwārīd-e mehr, 1986; Āh, bārān, 1989.

Mosley, Walter, afroamerik. Erzähler, * 12. 1. 1952 Los Angeles. B.A. Vermont; arbeitete als Töpfer, Caterer, Programmierer; lebt in New York. – M. kreierte e. schnell reüssierende Krimireihe mit Schauplatz Los Angeles um den beweglichen, einfühlsamen, aber immer straßennahen Privatdetektiv Easy Rawlins herum – e. Erben der R. Chandler-Tradition mit dezidiert afroamerik. Perspektive. Daneben ein Blues-Roman (über Robert Johnson, 1995) u. Neuansätze zu Krimis u. anderem.
W: Devil in a Blue Dress, R. 1990 (verfilmt, Jonathan Demme 1998); Red Death, R. 1991; White Butterfly, R. 1992; Black Betty, R. 1994; R. L.'s Dream, R. 1995; A Little Yellow Dog, R. 1996; Gone Fishin', R. 1997; Always Outnumbered, Always Outgunned, En. 1997; Blue Light, R. 1999; Walkin' the Dog, R. 2000; Fearless Jones, R. 2001; Bad Boy Brawley Brown, R. 2002.

Mo Ti → Mo Di

Motion, Andrew, engl. Schriftsteller, * 26. 10. 1952 London. Stud. Oxford, 1977–81 Univ.-Doz. in Hull, 1983–89 Lektor für Lyrik bei Chatto & Windus. Seit 1999 ›Poet laureate‹. – Angesehener Lyriker, v. a. bekannt für seine erzählende Dichtung, in die über fiktive oder reale Personen autobiograph. Themen wie Angst, Verlust, Isolation sowie Liebesproblematik einfließen. Auch Verf. einiger Biographien, Romane u. literaturwiss. Studien.
W: The Pleasure Steamers, G. 1978; The Poetry of Edward Thomas, St. 1980; Secret Narratives, G. 1983; Dangerous Play, G. 1984; The Lamberts, B. 1986; Natural Causes, G. 1987; The Pale Companion, R. 1989; Love in a Life, G. 1991; Philip Larkin, B. 1993; Salt Water, G. 1997; Keats, B. 1998; Wainewright the Poisoner, Sb. 2000; The Invention of Dr. Cake, R. 2003.

Mourão-Ferreira, David, portugies. Schriftsteller, 24. 2. 1927 Lissabon – 16. 6. 1996 ebda. Stud. Roman. Philol., Leiter versch. Lit.zsn., Hrsg. von Gedichtanthologien, dem breiten Publikum als Moderator und Sprecher in Kultursendungen des portugies. Fernsehens und als Autor einiger Fadotexte von Amália Rodrigues bekannt. Wegen s. Engagements gegen die Diktatur wurde er 1963–70 aus der Univ. ausgeschlossen, nach der Revolution 1974 Staatssekretär für Kultur. – In s. humanist. geprägten Werk deutl. Einfluß von griech. u. lat. Klassikern sowie von Valéry, Proust, Gide, Rilke u. Th. Mann. Eros ist das wichtigste Motiv s. Werkes, das ewig Weibliche als Objekt der Begierde, aber auch als Mittel der Gnosis.
W: A Secreta Viagem, G. 1950; Tempestade de Verão, G. 1954; Gaivotas em Terra, Nn. 1959; Infinito Pessoal ou a Arte de amar, G. 1962; O Irmão, Drn. 1965; Os Amantes, Nn. 1968; Cancioneiro do Natal, G. 1971; As Quatro Estações, Nn. 1980; Ode à Música, G. 1980; Entre a Sombra e o Corpo, G. 1981; Um Amor Feliz, R. 1986; Quatro Tempos, G. 1996.
L: V. Graça Moura, 1978; J. Martins Garcia, 1980; H. Malheiro, N. Teodoro, 2001.

Mouw, Johan Andreas Dèr → Dèr Mouw, Johan Andreas

Movsēs Xorenacʻi Übersetzer, Autor u. Begründer der altarmen. Historiographie; um 410 Xoronkʻ – 490. Schüler des Mesrop Maštocʻ u. Sahak Partʻew. Um 430 Ausbildung in Alexandria; um 440 Rückkehr nach Armenien. Sein einflußreiches Hauptwerk ›Patmowtʻiwn Hayocʻ‹ (Geschichte der Armenier bzw. Armeniens) entstand im Auftrag des Fürsten Sahak Bagratowni u. besteht aus drei Büchern, beginnend mit Haykʻ, dem mythischen Stammvater der Armenier. Es enthält auch ausführliches Material zur Geschichte der Nachbarn Iran, Byzanz, Syrien, Georgien u. a. und erschien erstmals 1695 im Druck (Amsterdam; d. 1869).
A: Matenagrutʻiwnkʻ (2 Bde.), Venedig 1865; Patmowtʻiwn Hayocʻ, hg. M. Abeġean, S. Harowtʻiwnean, Tpʻġis 1913; Hayocʻ Patmowtʻyown, 1981. – Übs.: Moses Chorenensis Historiae Armeniacae, London, III 1736 (lat.); Histoire d'Arménie, Paris 1836 (franz.); Storico armeno del quinto secolo, Venedig 1841; Istorija Armenii Moiseja Chorenackago, Moskau 1858 (russ.); Histoire d'Armenie, Paris, III 1869 (franz.); Geschichte Großarmeniens, Regensburg 1869 (d.); Patmowtʻyown Hayocʻ, 1968 (neuarmen.).
L: G. Chalatjanc, Moskau 1896, 1897, 1903; F. Koniber, Venedig 1902; St. Malxasyancʻ, 1940; Hrand Kʻ. Armen, Jerusalem 1954; M. Abeġyan, 1968.

Mo Yan (eig. Guan Moye), chines. Schriftsteller, * 1956 Gaomi (Shandong). Aus Bauernfamilie stammend erhält M. nur rudimentäre Schulbildung; 1976 Aufnahme in die Armee, Ausbilder, 1984–86 Stud. Lit.; heute als Berufsschriftsteller Angehöriger der Armee. – Schon mit s. ersten Erzählungen und Romanen 1985 und 1986 erregte M. großes Aufsehen. Mit innovativem Erzählstil und Fabulierlust porträtiert M. die Bauern s. Heimat auf neue, unerhörte Weise: sinnl., gewalttätig, vital und mutig. Beeinflußt vom lateinamerik. Magischen Realismus hat sich M. von den doktrinären Vorgaben der Partei befreit; seine Werke sind herausragende Beispiele der Lit. der ›Suche nach den Wurzeln‹.

W: Touming de hong luobo, En. 1985; Hong gaoliang jiazu, R. 1987 (Das rote Kornfeld, d. 1993); Tiantang suantai zhi ge, R. 1988 (Die Knoblauchrevolte, d. 1997). – Übs.: Explosion and other Stories, En. Hongkong 1991.

Možaev, Boris Andreevič, russ. Schriftsteller, 1. 6. 1923 Pitelino/Kr. Rjazan' – 4. 3. 1996 Moskau. Ursprüngl. als Militäring. tätig, veröffentlichte seit 1954 Prosa. – E. der wichtigsten russ. ›Dorfprosaiker‹. S. lebendige Prosa zeigt Zeitkritik u. persönl. Engagement gegen Ungerechtigkeit u. Mißstände in Dorf (z.B. ›Živoj‹, 1966), u. Kleinstadt (›Poltora kvadratnych metra‹).

W: Dal'nevostočnye povesti, Nn. 1970; Lesnaja doroga, Ausw. 1973; Mužiki i baby, R. 1979; Zatmenie, En. 1995. – Sobranie sočinenij (GW), IV 1989/90.

Mozūriūnas, Vladas, litau. Lyriker, 1. 2. 1922 Kaunas – 9. 6. 1964 Vilnius. Gymnas. Kaunas. 1940/41 Redakteur der Zs. ›Pionierius‹. 1941 geht M. in die Sowjetunion, Stud. an der Parteihochschule Moskau und Literaturkurse am Gorki-Institut, 1945 zurück in Litauen. 1945–48 Mitarbeit bei der Zs. ›Komjaunimo Tiesa‹, 1948–54 bei der Zs. ›Švyturys‹, 1958–64 Redakteur d. Literatur-Zs. ›Pergalė‹. Während des Krieges schreibt M. Kriegsgedichte, schildert in diesen das innere Leben der Frontsoldaten und ihre Sehnsucht nach Zuhause. In s. Hauptwerk ›Vilniaus etiudai‹ besingt M. die litau. Hauptstadt Vilnius, ihre Geschichte in lyrisch-epischer Form, die Vergänglichkeit des Menschen und des Menschlichen. Auch in späteren Gedichten finden sich Details aus dem Krieg. Malerische Bilder, zarte lyrische Stimmung, verwoben mit Tragik.

W: Žemės sauja, G. 1947; Saulėtekis, G. 1950; Sažinė negali tylėti, G. 1952; Varpos iš laukų, G. 1952; Šaltinis prie kelio, G. 1957; Vilniaus etiudai, G. (Teil 1 1958, Teil 2 1963); Jūros posmai, G. 1965. – Raštai (GW), II 1971.

L: Alg. Baltakis, 1971; A. Areška, 1983.

Mphahlele, Es'kia (Ezekiel), südafrikan. Erzähler, * 17. 12. 1919 Pretoria. Kindheit in Slums. Lehrer u. Journalist, verließ Südafrika 1957; Univ.-Dozent in Nigeria, Sambia; 1970–74 Prof. in Denver, 1974–77 Philadelphia; 1977 Rückkehr nach Südafrika, 1979–87 Prof. Johannesburg. – Kurzgeschichten u. Romane v.a. über Probleme des soz. u. polit. Wandels in Südafrika. S. bekanntestes Werk ist die Autobiographie ›Down Second Avenue‹.

W: Man Must Live, Kgn. 1946; Down Second Avenue, Aut. 1959 (d. 1961); The Living and the Dead, Kgn. 1961; The African Image, Ess. 1962; A Guide to Creative Writing, Es. 1966; In Corner B, Kgn. 1967; Thought, Ideology and African Literature, Ess. 1970; The Wanderers, R. 1971; Voices in the Whirlwind, Ess. 1972; Chirundu, R. 1979; Let's Write a Novel, Es. 1981; The Unbroken Song, G. u. Kgn. 1981; Africa My Music, Aut. 1984; Father Come Home, R. 1984; Bury Me at the Marketplace, Br. 1984.

L: U. A. Barnett, 1976; N. C. Manganyi, 1983.

Mṛcchakaṭika → Śūdraka

Mrożek, Sławomir, poln. Schriftsteller, * 26. 6. 1930 Borzęcin b. Krakau. Sohn e. Postbeamten, Stud. Orientalistik, Architektur und Malerei Krakau; Journalist, Karikaturist, 1956–63 in Warschau, dann Rapallo, Florenz, Paris, seit s. Protest gegen die Prager Okkupation 1968 im Exil ebda. Seit 1996 in Krakau. – Schreibt seit 1950 vorwiegend surrealist. Satiren mit polit.-sozialkrit. Hintergrund gegen Ideologie und Dogmatik, die ad absurdum geführt werden; Darstellung vom Leiden des einzelnen oder der Gruppe unter Terror und Totalitarismus in grotesk-absurden Stücken, bes. Einaktern. Auch satir. Zeichner.

W: Słoń, En. 1957 (Der Elefant, d. 1960); Policja, Dr. 1958 (Die Polizei, d. 1959); Męczeństwo Piotra O'Heya, Dr. 1959 (d. 1963); Wesele w Atomicach, En. 1959 (Hochzeit in Atomweiler, d. 1961); Postępowiec, Sat. 1960; Indyk, Dr. 1960 (Der Truthahn, d. 1968); Karol, Dr. 1961 (d. 1963); Striptease, Dr. 1961 (d. 1965); Na pełnym morzu, Dr. 1961 (Auf hoher See, d. 1963); Deszcz, En. 1962; Kynolog w rozterce, Dr. 1962 (Der Kynologe am Scheideweg, d. 1963); Racket Baby, Dr. 1962 (d. 1963); Zabawa, Dr. 1963 (d. 1965); Czarowna noc, Dr. 1963 (Eine wundersame Nacht, d. 1964); Tango, Dr. 1964 (d. 1965); Testarium, Dr. 1967 (Die Propheten, d. 1968); Dwa listy, En. 1970; Vatzlav, Dr. 1970 (d. 1970); Szczęśliwe wydarzenie, Dr. 1971 (Ein freudiges Ereignis, d. 1971); Rzeźnia, Dr. 1973 (Der Schlachthof, d. 1981); Emigranci, Dr. 1974 (Emigranten, d. 1975); Garbus, Dr. 1975 (Buckel, d. 1977); Krawiec, Dr. 1977; Amor, Dr. 1979 (d. 1981); Małe listy, Feuill. 1981; Moniza Clavier, En. 1983; Pieszo, Dr. 1983; Donosy, Humoresken, 1983; Alfa, Dr. 1984; Portret, Dr. 1990 (Porträt, d. 1989); Kontrakt, Dr. 1995; Miłość na Krymie, Dr. 1995 (Liebe auf der Krim, d. 1994); Wielebni. Piękny widok, Drn. 2000. – Utwory sceniczne, Drn. II 1973; Opowiadania, En. 1974; Utwory sceniczne nowe, Drn. 1975; Wybór dramatów i opowiadań, 1975; Dzieła zebrane (GW), VIII 1994–97. – Übs.: Stücke, III 1963–70; Was uns trägt, En. 1970; Stükke, 1977; GW, IV 1980 f.; Das Leben ist schwer, Sat. 1985; GW, V 1992/93; Das dramat. Werk, Ausw. VII, 2000.

L: A. Pohl, Zurück zur Form, 1972; J. Kłossowski, 1980; J. Błoński, 1995; M. Sugiera, 1996.

Mrštík, Alois, tschech. Schriftsteller, 14. 10. 1861 Jimramov – 24. 2. 1925 Brünn. Lehrer in

Diváky. – Mit s. jüngeren Bruder Vilém schrieb M. außer naturalist. Erzählungen u. der Tragödie e. Gattenmörderin (›Maryša‹) auch die umfangr. Chronik der mähr. Slovakei, in der er das Leben der Bauern an Fest- u. Arbeitstagen u. den allmählich einsetzenden moral. u. sozialen Verfall darstellt. Vf. von Feuilletons u. Reiseberichten.

W: Maryša, Tr. 1894 (m. Vilém M.); Bavlnkovy ženy, En. 1897; Rok na vsi, Chronik IX 1903/04 (m. Vilém M.); Stříbrná nit, En. 1924. – Sebrané spisy A. a V. M. (GW), XIV 1920–26; Kritické vydání díla bratří M. (W), VI 1948–50 (unvollendet).

L: B. Mrštíková, Vzpomínky, II 1950; V. Justl, Bratři M., 1963 (m. Bibl.); A. M., 1975; A. M., 1990.

Mrštík, Vilém, tschech. Schriftsteller, 14. 5. 1863 Jimramov – 2. 3. 1912 Diváky bei Hustopeče. Gymnas. Brünn; 1884–90 in Prag. Zwischen Lit. u. Malerei schwankend, ließ sich M. 1890 als Schriftsteller bei s. Bruder nieder; 1912 beging er Selbstmord. – Als Vermittler des franz. Naturalismus schrieb M. Dorferzählungen, e. ländl. Liebesroman sowie Romane aus dem Prager Studentenmilieu, in denen Naturschilderungen oft die Handlung überwuchern. Später pflegte er auch idyll. Genremalerei. Übs. aus dem Russ. (u. a. Puškin, Gončarov, Dostoevskij, Tolstoj).

W: Paní Urbanová, Dr. 1889; Santa Lucia, R. 1893; Stíny, En. 1893; Obrazky, En. 1894; Pohádka máje, R. 1897; Moje sny. Pia desideria, St. 1902/03; Kniha cest, Reisees. 1905; Zlatá nit, Natursk. 1907; Zumři, R. 1912. – Sebrané spisy A. a V. M (GW), XIV 1920–26; Kritické vydcíní díla bratří M. (W), VI 1948–50 (unvollendet).

L: F. X. Šalda, Duše a dílo, 1913; B. Mrštíková, Vzpomínky, II 1950; V. Justl, Bratři M., 1963 (m. Bibl.); B. Slavík, Důvěrný pohled na V. M., 1971; R. Pytlík, 1989.

Mtshali, Oswald (Joseph Mbuyiseni), südafrikan. Lyriker, * 17. 1. 1940 KwaBhanya/Südafrika. Journalistenschule, Stud. Columbia University. Journalist, Schulleiter, Gastdozent New York University. Lebt seit 1989 in den USA. – Der Erfolg von ›Sounds of a Cowhide Drum‹ mit s. von e. distanzierten lyr. ich in oft satir. Ton vorgetragenen Gedichten ermutigte viele andere schwarze Autoren zur Produktion sog. ›township poetry‹.

W: Sounds of a Cowhide Drum, G. 1971; Fireflames, G. 1980.

L: M. Rammopo, Zaria/Nigeria 1981.

Muʿallaqāt, ›die Aufgehängten‹, d. h. ›die wegen ihrer Kostbarkeit auf einen Ehrenplatz erhobenen (Gedichte)‹, früheste erhaltene Sammlung altarab. Qaṣīden, die angebl. schon in vorislam. Zeit als Musterwerke anerkannt und daher an der Kaʿba in Mekka aufgehängt waren, tatsächl. aber erst von Ḥammād ar-Rāwiya (694 – um 771) gesammelt wurden. Zu den M. gehören gewöhnl. sieben Qaṣīden von Imru l-Qais, Ṭarafa, Zuhair, Labīd, ʿAmr ibn Kulṯūm, ʿAntara (oder an-Nābiġa) und al-Ḥāriṯ ibn Ḥilliza (oder al-Aʿšā), seltener auch noch Gedichte von ʿAbīd und Ḏū r-Rumma.

A: F. Arnold 1850, Ch. Lyall 1894 u. ö. – *Übs.:* F. Rückert (in: P. de Lagardes Symmikta 1, 1877: Ṭarafa u. ʿAmr); Th. Nöldeke (Sitzungsber. Wiener Akad., phil.-hist. Kl. 140, 142, 144, 1889–1901: fünf M.); S. Gandz (ebda. 170/4, 1913: Imraʾalqais); B. Geiger (Wiener Zs. für die Kunde des Morgenlandes 19/20, 1905/06: Ṭarafa); The Seven Golden Odes of Pagan Arabia, engl. A. u. W. S. Blunt 1903; Les dix grandes odes arabes de l'anté-Islam: une nouvelle traduction des Muʿallaqāt, übs. J. Berque 1995.

L: A. J. Arberry, 1957; M. J. Kister, 1969.

Mucha, Jiří, tschech. Schriftsteller, 12. 3. 1915 Prag – 5. 4. 1991 ebda. Sohn d. Malers A. Mucha; Stud. Medizin, Kunstgesch. u. Orientalistik. Brit. Kriegsberichterstatter. Während der Stalinära zeitweilig im Straflager. – Aus den Kriegserfahrungen schöpfend, schildert M. die psycholog. Probleme des entwurzelten Menschen, der verzweifelt nach e. Ausweg aus s. Verlorenheit u. e. neuen Sinn des Lebens sucht. Greift den Personenkult an. Übs. aus dem Engl.; Vf. von Drehbüchern.

W: Problémy nadporučíka Knapa, En. 1946 (engl. 1945); Most, R. 1946 (engl. 1943); Oheň proti ohni, En. 1947; Spálená setba, R. 1948; Skleněná stěna, N. 1948; Válka pokračuje, R. 1949; Čím zraje čas, En. 1958; Sex a světla Manhattanu, Dr. 1958; Pravděpodobná tvář, R. 1963; Alphonse Mucha, B. 1965 (engl. 1966); Studené slunce, Tg. 1968 (Kalte Sonne, d. 1969); Kankán se svatozáří, R. 1969; Marieta v noci, R. 1970; Podivné lásky, N. 1988; Večná zalnada, R. 1994.

Mudan ting → Tang Xianzu

Mudimbé, Vumbi-Yoka (eig. Valentin-Yves), zair. Schriftsteller, * 8. 12. 1941 Likasi/Zaire. Klösterl. Erziehung, Stud. Theol. Kinshasa und Löwen; Lehrstuhl für Lit. Paris, dann in Zaire und in den USA. – Vf. von Gedichten, Essays und Romanen. Versucht in s. Schriften, aus zahlr. Mosaiksteinen s. persönl. Vorstellung vom Menschen zusammenzusetzen. Hinterfragt den in der abendländ. Theol. diskutierten Leib-Seele-Dualismus, ohne ihn gänzl. zu verneinen. Versucht, neue Normen für die Vernunft und die ihr zuzuordnende Sprache zu finden. Betont, daß Dichtung für ihn geistige Übung ist, die er mit s. Freunden erleben möchte.

W: Déchirures, G. 1971; Réflexions sur la vie quotidienne, Ess. 1972; Entre les eaux, R. 1973, 1987; L'autre face du monde, Ess. 1973; Les Fuseaux, parfois, G. 1974; Le Bel Immonde, R. 1976; L'écart, R. 1979; L'odeur du père, Ess. 1982.

Múgica, Rafael (Ps. Gabriel Celaya, auch Juan de Leceta), span. Schriftsteller, 18. 3. 1911 Hernani – 18. 4. 1991 Madrid. Industrieingenieur. Gründete 1947 mit s. Frau die ›Colección de poesía Norte‹. E. der stärksten Persönlichkeiten der Lyrik des 20. Jh. – Verlegte sich im Gegenzug zur klassizist. Dichtung der Nachkriegszeit (poesía garcilasista) auf e. Poésie engagée. Besang anfangs abstrakt das existentialist. Streben nach menschl. Solidarität u. widmete sich später mehr den alltägl. u. konkreten Dingen. Übs. von Rilke, Blake, Rimbaud, Éluard.

W: Marea del silencio, G. 1935; La soledad cerrada, G. 1936; Tentativas, Es. 1946; Tranquilamente hablando, G. 1947; Las cosas como son, G. 1949; Lázaro calla, R. 1949; Avisos, G. 1950; Las cartas boca arriba, G. 1951; Lo demás es silencio, G. 1952; Cantos iberos, G. 1955; De claro en claro, G. 1956; Cantata en Aleixandre, G. 1959; Poesía urgente, G. 1960; Penúltimas tentativas, Es. 1960; Los poemas de Juan de Leceta, G. 1961; Poesía 1934–61, 1962; Lo uno y lo otro, R. 1962; Dos cantatas, G. 1963; La linterna sorda, G. 1964; Baladas y decires vascos, G. 1965; Los buenos negocios, R. 1965; Exploración de la poesía, Es. 1965; Lo que faltaba, G. 1967; Los epejos transparentes, G. 1968; Lírica de cámara, G. 1969; Cien poemas de amor, Anth. 1970; Canto en lo mío, Anth. 1973; El derecho y el revés, G. 1973; Itinerario poético, Anth. 1975; Memorias inmemoriales, 1980; Orígenes, G. 1990. – Poesías completas, 1970; Poesías Completas, VI 1977–80.

L: A. González, 1977; Z. J. Brooks, 1979; A. Chicharro Chamorro, 1983, 1985, 1987, 1989.

Muḥtašam Kāšānī, Maulānā, pers. Dichter, um 1500 Kaschan/Mitteliran – 1588. Panegyriker am Safawidenhof Ṭahmāsps (reg. 1524–76), zuerst von Beruf Stoffhändler. – Vf. v. Qasiden, Ghaselen und Chronogrammen; berühmt ist e. Elegie aus zwölfversigen Strophen (dawāzdah-band) zu Ehren des schiit. Märtyrer-Imams Ḥusain († 680), wurde zum Prototyp e. bald äußerst beliebten Lit. gattung.

A: Diwan, hg. A. Bihdārwand 1379/2000.

Muir, Edwin, schott. Dichter und Kritiker, 15. 5. 1887 Deerness/Orkney-Inseln – 3. 1. 1959 b. Cambridge. Sohn e. Landwirts. Kurze Zeit kaufmänn. Angestellter in Glasgow, ließ sich dann in London nieder. Ab 1919 freier Journalist, Mitarbeiter von ›The New Age‹, ∞ 1919 die Schriftstellerin Willa Anderson, lebte mit ihr ab 1921 jahrelang in versch. Ländern des Kontinents, schrieb von dort Beiträge für die Zs. ›The Freeman‹. Ließ sich 1927 in St. Andrews/Schottland nieder, übersetzte gemeinsam mit s. Frau Kafka, Hauptmann, Broch und Feuchtwanger. 1955–58 Gastprofessor in Harvard und an engl. Univ. – Lyriker, Erzähler schott. Heimatromane und geistvoller lit.krit. Essayist. S. Lyrik behandelt ernste metaphys. Fragen um Probleme der Zeit, des Glaubens und der Sinngebung des Lebens; symbolhafte Verwendung alltägl. Bilder und Dinge.

W: Latitudes, Ess. 1924; First Poems, 1925; Transition, Ess. 1926; The Marionette, R. 1927; The Structure of the Novel, St. 1928 (n. 1957); J. Knox, B. 1929; The Three Brothers, R. 1931; Poor Tom, R. 1932; Variations on a Time Theme, G. 1934; Scottish Journey, 1935; Scott and Scotland, Es. 1936; Journeys and Places, G. 1937; The Present Age, St. 1939; The Story and the Fable, Aut. 1940 (erw. u. überarbeitet u.d.T. An Autobiography, 1954); The Narrow Place, G. 1943; Chorus of the Newly Dead, G. 1946; The Voyage, G. 1946; Essays on Literature and Society, 1949 (erw. 1965); The Labyrinth, G. 1949; Prometheus, G. 1954; One Foot in Eden, G. 1956; Collected Poems, 1921–58, 1960; The Estate of Poetry, Es. 1962; Collected Poems, ²1963; Uncollected Scottish Criticism, hg. A. Noble 1982. – Selected Prose, hg. G. Mackay Brown 1987; Selected Letters, hg. P. H. Butter 1974.

L: J. C. Hall, 1956; J. Holloway, 1961; Helen Gardner, 1961; P. H. Butter, 1962; E. Huberman, 1971; C. Wiseman, Beyond the Labyrinth, 1978; G. Marshall, 1987. – *Bibl.:* E. W. Mellown, 1964.

Mujica Laínez, Manuel, argentin. Schriftsteller, 11. 9. 1910 Buenos Aires – 21. 4. 1984 Cruz Chica. Journalist, Kunstkritiker, Übs.; Schulbildung in Paris, z.T. in öffentl. Auftrag bereiste er annähernd die ganze Welt; hohe Ämter im Außenministerium. – Schrieb über 30 Romane, einige wurden verfilmt; ›Bomarzo‹ diente als Libretto zu der gleichnamigen Oper von Alberto Ginastera. S. Werke spiegeln die Sehnsucht nach Vergangenem wider; Ästhetik u. Skepsis sind characterist. Merkmale.

W: Don Galaz de Buenos Aires, R. 1938; Canto a Buenos Aires, G. 1943; Vida de Aniceto el Gallo (H. Ascasubi), B. 1943; Vida de Anastasio el Pollo (E. Del Campo), B. 1947; Aquí vivieron, En. 1949; Misteriosa Buenos Aires, En. 1950; Los ídolos, R. 1953; La casa, R. 1954; Invitados en ›El Paraíso‹, R. 1957; Bomarzo, R. 1962 (d. 1971); El unicornio, R. 1965 (d. 1986); De milagros y melancolías, R. 1968; El gran teatro, R. 1979; El escarabajo, R. 1982 (d. 1992); Un novelista en el Museo del Prado, En. 1984; Placeres y fatigas de los viajes: crónicas andariegas, II 1983/84; Cuentos inéditos, 1993. – Obras completas, III 1979–80; Cuentos completos, II 2001; Cartas, hg. O. Monesterolo, 1984.

L: M. E. Vázquez, 1983; G. O. Schanzer, 1986; S. Francés Vidal, 1986; M. del C. Tacconi de Gómez, 1989; Homenaje de Sur, 1989; O. H. Villordo, 1991; D. García Simon, 1998.

Mukai, Kyorai (eig. M. Kanetoki), jap. haikai-Dichter u. -Theoretiker, 1651 Nagasaki – 1704. Sohn e. konfuzian. Arztes; erhält Unterricht in martialischen Künsten, pilgert nach Kyoto, um haikai-Dichter zu werden, besucht 1686 Bashō in Ise, wird einer der 10 Hauptschüler des Meisters. Mithrsg. der haikai-Sammlung ›Sarumino‹. Berühmt v.a. für sein Traktat ›Kyoraishō‹, e. der

wichtigsten Poetiken der Bashô-Schule, die in Dialogform zentrale Konzepte der haikai-Dichtung behandelt.
W: Kyoraishô, Es. 1702–04 (Der Weg des Praktizierens, d. 1954). – Kyorai sensei zenshû (GW), 1982. – Übs.: Shômon. Haiku von Bashôs Meisterschülern, G., d. E. May 2000.
L: E. May, Shômon I, 2000.

Mukherjee, Bharati, ind.-amerik. Schriftstellerin, * 27. 7. 1940 Kalkutta/Indien. Schulzeit in Kalkutta, England, Schweiz; kanad. Staatsbürgerin (1972); seit 1987 Prof. in Berkeley/CA. – Typ. für M.s Schreiben sind Migrantenschicksale (Grenzgänger zwischen ird. und kosm. Welten) und die Neukonstruktion von Identität, Bezug zum hinduist. Glauben (›Jasmine‹).
W: The Tiger's Daughter, R. 1972; Wife, R. 1975; Days and Nights in Calcutta, Reiseb. 1977 (m. C. Blaise); Darkness, Kgn. 1985; The Middleman, Kgn. 1988; Jasmine, R. 1989 (d. 1993); Political Culture and Leadership in India, St. 1991; Regionalism in Indian Perspective, St. 1992; The Holder of the World, R. 1993 (Die Träne des Großmoguls, d. 1995); Leave it to Me, R. 1997; Desirable Daughter, R. 2002.
L: E. S. Nelson, hg. 1993; F. Alam, 1996; R. K. Dhawan, hg. 1996; A. Dlaska, 1999.

Mukherji, Dhan Ghopal, indo-engl. Schriftsteller, 6. 7. 1890 Kalkutta – 14. 7. 1936 New York. Brahmane, Stud. vergleichende Lit.wiss. in Kalkutta, Tokio und USA. Wissenschaftler in den USA. – Vf. feinsinniger Erzählungen und Kindergeschichten, die s. ind. Heimat als Hintergrund haben. Engagement für interkulturelle u. internationale Toleranz und Verständigung.
W: Kari the Elephant, E. 1923; Caste and Outcast, Aut. 1923; My Brother's Face, E. 1924 (d. 1948); Face of Silence, E. 1926 (d. 1938); Gay-Neck, Kdb. 1927; A Son of Mother India Answers, Es. 1928; Ghond the Hunter, E. 1929 (d. 1930); Chief of the Herd, E. 1929; Visit India With Me, Jgb. 1929 (Indische Heimat, d. 1932); The Song of God, 1931; Daily Meditation, 1933; Path of Prayer, 1934; Indian Music, 1945. – Übs.: Hindu-Fabeln für kleine Kinder, 1947.

Mukundarām Cakravartī, ind. Dichter, lebte im 16. Jh. n. Chr., stammte aus Damunya/Bengalen. Als Brahmane mußte er unter dem Druck der mohammedan. Herrscher den Familiensitz verlassen; fand Zuflucht bei Bāṅkuḍā Rāy (Rājā Bāṅkuḍādeva), der ihn zum Erzieher s. Sohnes Raghunāth (Raghunāth Rāy, regierte 1573–1603) ernannte und ihn in Adada/Bengalen ansiedelte. – Schrieb das ›Caṇḍī-kāvya‹ oder ›Caṇḍī-maṅgal‹, e. auf alter Volksdichtung fußendes Epos in Bengali, das ihm den Ehrentitel ›Kavikankaṅ‹ (Armreif unter den Dichtern) einbrachte. Der 1. Teil des Werkes, ursprüngl. wohl e. selbständige Dichtung, schildert in Anlehnung an die → Purāṇas die Göttin Caṇḍī (Durgā) in ihren beiden Existenzen als Satī und Umā (Pārvatī) sowie ihre Heirat mit Śiva; der 2. Teil (Ākhaṭīkhaṇḍa) behandelt die Geschichte des Jägers Kālaketu, dem Caṇḍī e. Königreich schenkt; der 3. (Vanika-khaṇḍa) die des Kaufmanns Dhanapati und s. Weigerung, Caṇḍī anzubeten, wofür ihn die erzürnte Göttin mit Leiden straft. Das ›Caṇḍī-kāvya‹, das e. Fülle von Szenen aus dem bengal. Alltag enthält, überragt frühere und spätere Behandlungen desselben Stoffes.
A: Caṇḍī-kāvya, Ep. 1589 (hg. R. V. Bhaṭṭācārya 1824, S. K. Banerji, V. Candhurī ²1962; engl. Ausw. E. B. Cowel, in: Journ. Asiatic Soc. of Bengal 71, 1902).
L: H. N. Das Gupta, 1914.

Muldoon, Paul, ir. Lyriker, * 20. 6. 1951 Portadown/Nordirland. Stud. in Belfast, Radio- u. Fernsehproduzent bei der BBC, Dozent an versch. Univ., seit 1999 Prof. für Dichtung in Oxford, Vorstand der ›Poetry Society‹. – Zählt zur Gruppe der ›Ulster Poets‹ (mit S. Heaney, M. Longley, D. Mahon). Formal u. sprachl. komplexe u. innovative, vieldeutige u. hochmetaphorische Lyrik, die u. a. mit klass. Formen (Sonett) experimentiert. Thematisch heterogen: Liebe, Selbsterkenntnis u. Reife neben polit.-sozialen Themen, v. a. ir. Kultur u. Geschichte.
W: New Weather, 1973; Mules, 1977; Names and Addresses, 1978; Why Brownlee Left, 1980; Out of Siberia, 1982; Quoof, 1983; The Wishbone, 1984; Selected Poems, 1986; Meeting the British, 1987; Madoc, 1991; Kerry Slides, 1996; New Selected Poems, 1996; Hay, 1998; Moy Sand and Gravel, 2002. – Collected Poems, 2001. – Übs.: Auf schmalen Pfaden durch den tiefen Norden, G. 1998.
L: T. Kendall, 1996.

Mulisch, Harry (Kurt Victor), niederländ. Schriftsteller, * 29. 7. 1927 Haarlem. Sohn eingewanderter deutschsprachiger Eltern: der Vater, im damals österr. Böhmen geboren, war im 1. Weltkrieg österr. Offizier u. verwaltete im 2. Weltkrieg als Amsterdamer Bankier konfisziertes jüd. Kapital; die jüd. Mutter ist in Antwerpen geboren, ihre Mutter und Großmutter wurden von den Nazis umgebracht. Mulisch sagte einmal von sich, er ›verkörpere den 2. Weltkrieg‹. Schon früh beschloß er, sich ganz der Schriftstellerei zu widmen. Mitarbeit an mehreren Lit.zeitschriften. Er bekam viele niederländ. Lit.preise u. zu s. 75. Geburtstag das dt. Bundesverdienstkreuz. – Einer der wichtigsten niederländ. Autoren des 20. Jh. Phantasiereicher Erzähler philos.-hintergründiger Romane u. Erzählungen um existentielle Grundfragen des mod. Menschen. Grundthemen sind die Beziehung zwischen Alltag u. Transzendenz, der Ödipus-Mythos u. die Frage nach Schuld u. Verantwortung. ›Het stenen bruidsbed‹ thematisiert die Zerstörung Dresdens; ›De zaak 40/61‹ ist eine

Reportage über den Eichmann-Prozeß; ›De aanslag‹ verknüpft die Frage nach Schuld u. Sühne im 2. Weltkrieg mit d. gesamten Weltgeschichte; ›De ontdekking van de hemel‹ verbindet myth., philos. u. autobiograph. Elemente; und ›De procedure‹ handelt auf verschiedenen Ebenen von der creatio ex nihilo, u. a. am Beispiel des Golem im Prag des 16. Jh. Auch Lyrik, Dramen, Drehbücher, Libretti, Essays u. autobiograph. Texte.

W: Archibald Strohalm, R. 1952; De diamant, R. 1954 (d. 1961); Het mirakel, En. 1955; Het zwarte licht, R. 1956 (d. 1961); De versierde mens, En. 1957; Het stenen bruidsbed, R. 1959 (Das steinerne Brautbett, d. 1960); Voer voor psychologen, En. 1961; De zaak 40/61, Rep. 1962 (d. 1963 u. 1994); Bericht aan de rattenkoning, Rep. 1966; Wenken voor de jongste dag, En. 1967; Reconstructie, Op. 1969 (zus. m. Hugo Claus); Paralipomena Orphica, En. 1970; De verteller, R. 1970; De verteller verteld, Komm. 1971; Twee vrouwen, R. 1975 (d. 1980); Oude lucht, En. 1977; De compositie van de wereld, Schr. 1980; De aanslag, R. 1982 (Das Attentat, d. 1986); Opus Gran, G. 1982; Hoogste Tijd, R. 1985 (d. 1987); De pupil, R. 1987 (Augenstern, d. 1989); De elementen, R. 1988 (d. 1990); De ontdekking van de hemel, R. 1992 (d. 1993); De procedure, R. 1998 (d. 1999); Het theater, de brief en de waarheid, E. 2000 (d. 2000); Siegfried: een zwarte Idylle, R. 2001 (d. 2001).

L: L. Thuring, 1962; N. Gregoor, 1965; J. van Ham, 1970; J. H. Donner, 1971; J. H. Caspers u. a., 1971; H. Dütting, 1983; P. Kralt, De tuin der spiegels, 1992; F. de Rover, 1995; J. Buurlage, 1999.

Multatuli (eig. Eduard Douwes Dekker), niederländ. Schriftsteller, 2. 3. 1820 Amsterdam – 19. 2. 1887 Nieder-Ingelheim. Sohn e. Seekapitäns; 1832–35 Gymnas., Büroangestellter; seit 1838 im Staatsdienst an versch. Orten Niederländ.-Indiens. 1844 unrechtmäßig entlassen. 1846 ∞ Everdine Baroneß van Wijnbergen. 1851 Assistent-Resident (hoher Verwaltungsbeamter) des Bezirks Amboina. Erkrankte im gleichen Jahr schwer und suchte Genesung in Europa. 1856 Assistent-Resident von Lebak b. Batavia. Durch Einschreiten bei der ungerechten Behandlung Eingeborener Konflikte mit der Kolonialregierung (sein lat. Pseudonym bedeutet: ›Ich habe vieles erlitten‹); 1857 Übersiedlung nach Europa, lebte lange in Mainz, später in Nieder-Ingelheim. – ›Max Havelaar‹ ist e. der bedeutendsten niederländ. Prosawerke, heftige Kritik an der Verwaltung Niederländisch-Indiens durch s. Landsleute mit dem Ziel, die Aufmerksamkeit auf die Lage der eingeborenen Bevölkerung in Niederländ.-Indien zu lenken, und in der (vergebl.) Hoffnung auf Rehabilitierung. Lebendige und geistvolle Darstellung, doch ohne Geschlossenheit in der Komposition. In ›Minnebrieven‹ verlieh M. der Neigung zu s. Nichte Sietske Abrahamszoon Ausdruck. Gedanken, Skizzen, Abhandlungen und kurze Erzählungen sammelte er in den ›Ideën‹; sie enthalten auch ›Geschiedenis van Woutertje Pieterse‹, e. Romanfragment mit autobiograph. Elementen um die Entwicklung e. sensiblen Kindes in e. beengenden Atmosphäre, sowie ›Vorstenschool‹, e. Drama in reimlosen Versen, in dem M. zum Verfechter e. aufgeklärten Königtums wird. M.s Auffassung von Gut und Böse stimmt nicht mit der des Christentums überein. Für ihn ist die Natur gut und heilig. Maßloses, unkrit. Selbstgefühl, doch anziehend durch Wagemut, Aggressivität, Wahrheitsliebe und Eintreten für soziale Gerechtigkeit. S. umgangssprachl., natürl. Stil bewirkte e. Neubelebung der niederländ. Prosa. In weltanschaul. Hinsicht mit Nietzsche verwandt. M.-Museum Amsterdam, M.-Gesellschaft ebda. (seit 1909).

W: Max Havelaar of de koffieveilingen der Nederlandsche Handelsmaatschappij, R. 1860 (n. 1949, d. 1875, 1965); Minnebrieven, 1861 (d. 1900); Ideën, VII 1862–77; Millioenenstudiën, 1873 (d. 1900); Vorstenschool, Dr. 1872 (d. 1901); De Geschiedenis van Woutertje Pieterse, R. II 1890 (Die Abenteuer des kleinen Walter, d. II 1901, 1955). – Verzamelde werken (GW), X 1888 f.; Volledige werken, hkA. G. Stuiveling, F. E. A. Batten X 1950–60; Max Havelaar ...; hkA, II 1992; Brieven, hg. M. D. B. Hamminck-Schepel X 1890 (Ausw., d. II 1905); Liefdesbrieven, 1980. – Übs.: Ausw., 1899; Kleine Erzählungen und Skizzen, 1902; Ideen, 1903; Ideen und Skizzen, 1904.

L: G. Stuiveling, 1952; P. H. Dubois u. a., 100 jaar Max Havelaar, 1962; A. L. Sötemann, De structuur van ›Max Havelaar‹, 1966; J. Kortenhorst, M. en David Koning, 1968; ›Maatstaf‹, 1970; M. Janssens, Max Havelaar, 1970; J. J. Oversteegen, 1970; G. Stuiveling, hg. 1970; H. A. Ett u. a., 1970 (m. Bibl.); G. Stuiveling u. a., 1970; J. J. Oversteegen, 1970; W. F. Hermans, 1976; P. van't Veer, 1982; E. Francken, 1990; K. ter Laan, Multatuli encyclopedie, 1995; J. Hoofteijling, 1996; N. Maas, 2000; D. v. d. Meulen, 2002.

Munch-Petersen, Gustaf, dän. Maler u. Lyriker, 18. 2. 1912 Kopenhagen – 2. 4. 1938 im span. Bürgerkrieg gefallen. Sohn e. Prof. Idealist. Sucher nach menschl. Bruderschaft, erst durch e. myst. Vereinigung von sozialem Reformertum und Eintauchen in e. Gemeinseele, später durch Teilnahme am Kampf gegen den Faschismus. – Avantgardist.-experimenteller Lyriker mit effektbeeinflußten, metr. freien, bildstarken Versen unter Einfluß des Expressionismus und Surrealismus.

W: Det nøgne menneske, G. 1932; Simon begynder, R. 1933; Det underste land, G. 1933; Mod Jerusalem, G. 1934; Nitten digte, G. 1937. – Samlede skrifter (GW), II 1959, ³1988.

L: S. Sørensen, T. Andersen, L. Kærulf Møller, 2000.

Muṇḍaka-Upaniṣad → Upaniṣad, die

Munday, Anthony, engl. Dramatiker und Balladendichter, 1553 London – 9./10. 8. 1633 ebda.

Begann s. lit. Laufbahn mit antikathol. Flugschriften. Zeitweise Schauspieler, erhielt 1584 e. kleinen Posten am Hof. Übersetzte beliebte Romane, u. a. ›Palladino of England‹ (1588) und ›Amadis de Gaule‹ (1589–95). – Mitarbeiter an einigen Werken von Thomas More. Schrieb einige nicht erhaltene Balladen sowie Bühnenstücke um volkstüml. Stoffe aus engl. Geschichte. S. romant. Komödie ›John a Kent‹ und s. beiden Robin Hood-Spiele, die den Übergang vom Volksstück zum Drama bilden, waren außerordentl. beliebt. Vf. einer satir. Spottschrift gegen die Theater.

W: A Second and Third Blast of Retreat from Plays and Theatres, Schr. 1580; John a Kent and John a Cumber, K. 1595 (hg. J. P. Collier 1851, A. Pennell 1980); Sir Thomas More, Sch. 1600 (hg. C. F. T. Brooke, Shakespeare Apocrypha, 1908, J. Shirley 1939); The Downfall of Robert, Earl of Huntingdon, Sch. 1601 (hg. J. C. Meagher 1965, G. C. Pittman 1968); The Death of Robert, Earl of Huntingdon, Sch. 1601 (m. Chettle); Pageants and Entertainments, hg. D. M. Bergeron, 1985.
L: G. Hayes, 1925; J. C. Turner, 1928. – *Bibl.*: S. A. Tannenbaum, 1942.

Mungard, Jens, fries. Dichter, 9. 2. 1885 Keitum/Sylt – 13. 2. 1940 KZ Sachsenhausen. Sohn des Sprachaktivisten Nann M. Kam so früh mit den Bestrebungen zur Pflege der nordfries. Mundarten in Berührung. Kam durch s. Unangepaßtheit oft in Konflikt mit s. fries. Umgebung; wurde 1940 ins KZ deportiert. – Bedeutendster nordfries., insbes. Sylter Dichter der Gegenwart, schrieb Gedichte, Erzählungen und Theaterstücke. Namentl. s. tiefsinnigen und wortgewaltigen Gedichte stoßen vielfach das Tor der engbegrenzten Mundartdichtung auf. E. Sonderstellung unter den Mundartdichtern nimmt er durch s. offene dichter. Auseinandersetzung mit dem ›3. Reich‹ ein.

A: Dit Leewent en broket Kraans, En.-Slg. hg. J. H. Brouwer, H. Schmidt 1962; Fuar di min hart heer slain. Sölring steken en som brewer fan J. M., hg. H. Hoeg 1985; Ströntistel en Dünemruusen. Das lyrische Werk, hg. ders. 1995.

Munīf, ʿAbd al-Rahman, arab. Schriftsteller, 1933 Amman – 24. 1. 2004 Damaskus. Vater saud. Händler, Mutter aus dem Irak. Stud. Bagdad und Kairo, Promotion Belgrad, versch. Tätigkeiten als Ökonom in der Ölbranche, seit 1981 ausschließl. Schriftsteller; lebt in Syrien. – S. Romane, die gegenwärtig zu den meistgelesenen der arab. Welt gehören, erörtern die Freiheit des Individuums unter den Bedingungen der Diktatur. S. fünfbändiges Romanwerk ›Mudun al-milḥ‹ (Salzstädte) ist e. wenig verschlüsseltes lit. Abbild der Entwicklung Saudiarabiens von e. tribalen Wüstengesellschaft zur Ölmonarchie.

W: al-Ašǧār wa-l-iġtiyāl Marzūq, 1973; Šarq al-mutawassit, 1975 (Östlich des Mittelmeeres, d. 1995); al-Nihāyāt, 1978 (Am Rande der Wüste, d. 2000); Mudun al-milḥ, 1984–89 (Salzstädte, d. 2003); Sīrat madīnah, 1994 (Geschichte einer Stadt, d. 1996).
L: R. Allen, 1995; Ṣ. Ṭaʿʿān, Damaskus 1995; N. Quṣanṭīnī, Tunis 1995.

Munk, Kaj (Harald Leininger), dän. Dichter, 13. 1. 1898 Maribo/Lolland – 4. 1. 1944 b. Silkeborg. Sohn e. Gerbermeisters (Petersen), früh elternlos, von dem Häuslerehepaar Munk adoptiert, Gymnas., nach relig. Krise 1924 theol. Examen Kopenhagen, Pfarrer in Vedersø; Widerstandskämpfer, 1944 von der Gestapo ermordet. – Lyriker, Dramatiker, Essayist und Vf. von Reiseschilderungen u. Predigten. S. Werk, von der Philosophie Kierkegaards beeinflußt, stellt e. Auseinandersetzung mit theol., philos. u. polit. Fragen dar, oft gegen die Kirche, den Materialismus u. die Degeneration der Demokratie gerichtet. S. frühen Dramen, in denen Einflüsse des Expressionismus und Pirandellos spürbar sind, behandeln das Problem des Übermenschen aus psycholog., moral. und relig. Sicht an großen Gestalten der Weltgeschichte. Parallel dazu entstanden einige Dramen über die Probleme der Liebe und des Glaubens, unter ihnen s. Hauptwerk ›Ordet‹, in dem er (gegen Bjørnsons nihilist. ›Over ævne‹) das Wunder e. Auferstehung darstellt und s. Vertrauen in die Macht des Glaubens Ausdruck verleiht. Das polit. Engagement gewinnt in den späteren Dramen wachsende Bedeutung. Zwischen 1933 und 1940 wirft M. die Frage nach dem vermeintl. Idealismus mod. Diktatoren (Mussolinis in ›Sejren‹, Hitlers in ›Han sidder ved smeltediglen‹) auf. In letzterem wendet er sich leidenschaftl. gegen die Judenverfolgungen unter dem Hitlerregime und gegen Mißbrauch der Macht. Aktuelle Bezüge verbergen sich auch unter dem hist. Geschehen s. Schauspiele ›Egelykke‹, ›Niels Ebbesen‹ und ›Før Cannae‹, die trotz Schreibverbots während der dt. Besatzungszeit entstanden und z. T. heiml. verbreitet wurden. E. der bedeutendsten dän. Dramatiker im 20. Jh. S. Stücke mit ihrem von Ibsen beeinflußten Naturalismus und der an Oehlenschläger erinnernden Großlinigkeit, ihrer vorzügl. Dialogführung und Situationstechnik und ihrer strengen Komposition sind sehr bühnenwirksam.

W: En idealist, Dr. 1928 (n. 1996); I brændingen, Dr. 1929; Cant, Dr. 1931; Ordet, Dr. 1932; De udvalgte, Dr. 1933; Os bærer den himmelske glæde, G. 1934; Vedersø ren, Dr. 1935; Kaldperler, G. 1936; 10 Oxford-Snapshots, Reiseb. 1936; Liv og glade dage, Ess. 1936 (Glückhafte Tage, d. 1946); Pilatus, Dr. 1937; Han sidder ved smeltediglen, Dr. 1938; Diktatorinden, Dr. 1938; Dette dødsens legeme, En. 1938; Tempelvers, G. 1939; Fugl Føniks, Dr. 1939; Egelykke, Dr. 1940; Navigare Necesse, G. 1941; Sværg det, drenge, G. 1941; Ved Babylons floder, Pred. 1941; Det unge Nord, G. 1942; Niels Ebbesen, Dr. 1942 (d. 1944); Med ordets sværd, Pred. 1942; Med Sol og megen glæde, En. 1942; Foråret så sagte kommer, Mem. 1942, ³1978 (Fragment eines Lebens, d. 1944); Tre prædikener, Pred. 1943; Jesus' historier, En. 1943 (Jesus-Geschichten, d. 1949); Før Cannæ, Dr. 1943 (n. 1998; d. 2000); Ewalds død, Dr. 1943; Vers, G. 1943; Den blå anemone, G. 1943; 8 nye digte, G. 1944; Den skæbne ej til os, G. 1944; Saml dig, Norden, G. 1945; Et norsk digt om Norge, G. 1946; Døden, Dr. 1946; I Guds bismer, Ess. 1946; Saa fast en borg, Ess. 1946; Ansigter, 1947; Alverdens-Urostifterne, Dr. 1947; Af et overfladisk gejstligt menneskes papirer, Br. 2001. – Mindeudgave (GW), IX 1948f.; Naturens egne drenge, En. 1948 (n. 1991); Vers om syndefaldet, G. 1951 (n. u.d.T. Paradis og syndefaldet, 1994). – *Übs.:* Dän. Predigten, 1944.

L: H. H. Siegumfeldt, 1945; O. Geismar, 1945; N. Nøjgaard, 1945, 1946, 1958, 1973; H. Brix, Hurtig svandt den lyse sommer, 1946; B. N. Brovst, 1984, 1992, 1993; Retsopgør og eftermæle 1998; M. Auchet, hg. 1995; ders., De lollandske stjerner, 1997; P. S. Møller, 2000, 2003. – *Bibl.:* O. Marcussen, 1945; F. H. Blædel, 1945.

Muñoz Molina, Antonio, span. Schriftsteller, * 10. 1. 1956 Úbeda/Jaén. Lebt seit 1974 in Granada; Stud. Kunstgeschichte ebda., Journalismus Madrid; engagierter Journalist u. e. der bedeutendsten span. Autoren der Gegenwart; seit 1995 Mitgl. der Span. Akad. – Setzt sich in s. Romanen krit. mit der jüngsten span. Vergangenheit auseinander; Dekonstruktion von Geschichtsmythen; raffinierte Erzählstruktur mit Überlagerung versch. Zeit- u. Realitätsebenen; variiert Muster des Kriminalromans u. des Film noir. Umfangreiches essayist. Werk.

W: Beatus ille, R. 1986 (d. 1989); El invierno en Lisboa, R. 1987 (d. 1991); Beltenebros, R. 1989 (d. 1996); El jinete polaco, R. 1991 (d. 1995); Los misterios de Madrid, R. 1992 (d. 1995); El dueño del secreto, R. 1994 (Der Putsch, der nie stattfand, d. 1998); Ardor guerrero, R. 1995; Plenilunio, R. 1997 (Die Augen eines Mörders, d. 2000); Carlota Fainberg, R. 1999 (d. 2002); Sefarad, R. 2001.

L: M. M. Morales Cuesta, 1996; I. Andres-Suárez, Neuchâtel 1997; S. A. Oropesa, 1999; L. Rich, N. Y. 1999; M. T. Ibáñez-Ehrlich, hg. Ffm. 2000; C. Pérès, Paris 2001.

Muñoz Seca, Pedro, span. Dramatiker, 20. 2. 1881 Puerto de Santa María/Cádiz – 28. 11. 1936 Madrid. Unterricht im Jesuitenkolleg s. Heimatstadt; Stud. Rechte, Philos. u. Lit. Sevilla, Doktorexamen in Madrid; Mitarbeit an Zeitungen u. Zsn.; bekleidete versch. öffentl. Ämter. Zu Beginn des Span. Bürgerkriegs von Republikanern ermordet. – Sehr fruchtbarer Autor von (über 200) grotesken Komödien, den ›astracanadas‹, gekennzeichnet durch unsinnige Situationen, kühne Wortspiele, derbe Witze, an Albernheit grenzende Effekte mit dem Ziel der Unterhaltung des Publikums; erhob keinen Anspruch auf menschl. Tiefe u. geistigen Gehalt; erfolgr. dank absoluter Beherrschung der Theatertechnik.

W: Soy un sinvergüenza, K. o. J.; Los cuatro Robinsones, K. 1917; La venganza de don Mendo, K. 1919 (n. 1987); Trampa y carton, K. 1920; Anacleto se divorcia, K. 1921; Los extremeños se tocan, K. 1926; Usted es Ortiz, K. 1927; La plasmatoria, K. 1928; La oca, K. 1931; Jabalí, K. 1932; La tonta del rizo, K. 1936. – Obras completas, III 1949; Obras selectas, 1979.

L: J. Montero Alonso, 1940; M. Cantos Casenave, 1998.

Munro, Hector Hugh → Saki

Munthe, Axel (Martin Fredrik); schwed. Schriftsteller, 31. 10. 1857 Oskarshamn/Kalmar – 11. 2. 1949 Stockholm. Aus fläm. Familie, Apothekerssohn, 1874–80 Stud. Medizin Uppsala, Montpellier, Paris; 1880 prakt. Arzt, Spezialist für Nervenleiden in Paris, ab 1890 Rom, 1903 Kgl. Leibmedicus; im 1. Weltkrieg Arzt in engl. Lazaretten; pendelte zwischen Rom, London u. Capri, wo er die Villa San Michele errichtete u. sie auch zum Museum ausbaute; 1946 bestimmte er sie testamentar. dem schwed. Staat. 1942 Rückkehr nach Schweden, lebte als Gast des Königs im Schloß Stockholm. ∞ 1880–88 Ultima Hornberg, 1907 Hilda Remington-Mellor. – Nach kleineren Skizzen und e. gegen Dtl. gerichteten Kriegsschrift schrieb er s. eigenartigen, phantasievollen, von starkem Selbstgefühl getragenen Memoiren, in denen er mit Geist u. Humor von sich selbst, s. Patienten u. Freunden erzählt. Dichtung u. Wahrheit sind nicht zu trennen. Im Mittelpunkt der lebendigen Bilder steht immer wieder s. temperamentvolle Persönlichkeit.

W: Från Napoli, Sk. 1885; Små skizzer, 1888; Memories and Vagaries, 1908, erw. u.d.T. En gammal bok om människor och djur, 1931 (Ein altes Buch von Menschen und Tieren, d. 1934, u.d.T. Seltsame Freunde, 1951); Bref och skizzer, 1909; Red Cross and Iron Cross, Lond. 1916; The Story of San Michele, Mem. 1929 (schwed. 1930, d. 1931).

L: G. Munthe, G. Üxküll 1949, 1957 (d. 1951).

Muoth, Giacun Hasper, rätoroman. Dichter, 29. 9. 1844 Breil/Graubünden – 6. 7. 1906 Chur. Schulen in Breil, Gymnas. Feldkirch, Schwyz, Freiburg; 1868–73 Stud. Philol. u. Gesch. München. 1873–1902 Gymnasiallehrer für Latein u. Gesch. in Chur. – S. Werk umfaßt roman. u. dt. Studien über die Bündnergeschichte u. das Rätoromanische in Zeitungen und Jahrbüchern, bes. aber lyr. Gedichte und ep. Balladen von unerhörter Sprachgewalt, die das Bauernleben, die Bergnatur und Episoden aus der Geschichte der Rätoromanen dichter. verklären.

W: Poesias (in: Annalas da la Società Retorumantscha XXII, 1908); Ovras, hg. L. Cagianut II 1931f.; La Poesia de G. H. M., 1945. – Ovras (Ediziun da Breil), hkA VI 1994–2000.
L: P. Cavigelli (in: Bedeutende Bündner), 1970.

Murakami, Haruki, jap. Romanautor, * 12. 1. 1949 Kyoto. Studium der Theaterwissenschaft. 1971 Heirat, betreibt zus. mit seiner Frau ab 1974 einen Jazzclub. Seit 1981 freier Autor u. Übersetzer. Seit 1986 längere Aufenthalte in Europa u. USA. – M. hat wie kein anderer jap. Autor ein breites Publikum inner- und außerhalb Japans erreicht. Seine Romane zeichnen sich durch Lakonik, Fabulierlust u. trockenen Humor ebenso wie durch Bezugnahme auf die Popkultur aus.
W: Kaze no uta wo kike, R. 1979 (Hear the Wind Sing, engl. 1987); Hitsuji wo meguru bôken, R. 1982 (Wilde Schafsjagd, d. 1991); Sekai no owari to hâdoboirudo wandârando, 1985 (Hard-boiled Wonderland u. das Ende der Welt, d. 1995), Noruwei no mori, R. 1987 (Naokos Lächeln, d. 2001); Dansu, dansu, dansu, R. 1988 (Tanz mit dem Schafsmann, d. 2002); Nejimakitori kuronikuru, R. 1995 (Mister Aufziehvogel, d. 1998); Andaguraundo, Sb. 1997 (Untergrundkrieg, d. 2002), Umibe no Kafuka, R. 2002. – M. H. zensakuhin (GW) 1979–89, VIII 1991; M. H. zensakuhin (GW), 1990–2000, VII 2002/03.
L: J. Rubin: H. M. and the music of words, 2002; M. C. Strecher, Dances with sheep, 2002.

Murasaki Shikibu, jap. Dichterin, 978–1016. Aus Dichter- u. Gelehrtenfamilie, Tochter des Fujiwara no Tametoki, genoß zusammen mit ihren Brüdern e. sorgfältige Erziehung in jap., chines. u. buddhist. Lit. Um 999 ∞ Fujiwara no Nobutaka († 1001). Wollte Nonne werden, trat aber dann um 1007 in den Dienst der Kaiserin Akiko. In dieser Zeit, zwischen 1004 u. 1011, entstand ihr großer Roman ›Genji-monogatari‹, das bedeutendste Werk der Hofdamenlit. Das Liebesleben des Frauengünstlings Genji wird in feinempfundenen Bildern aufgezeichnet, jede Person des Werkes lebt vor e. zu ihr harmon. sich fügenden Hintergrund der Jahreszeiten, die ihren Charakter akzentuieren. In feinem Gegensatz zu Genji steht im 2. Teil des Werkes Kaoru, s. angebl. Sohn, dem das Glück bei Frauen weniger hold ist. Meisterin e. leicht u. elegant dahinfließenden Prosa, versteht, die Bildhaftigkeit der Sprache voll zu nützen, zeichnet e. wirklichkeitsnahes Bild des höf. Lebens, das nur der Schönheit u. Liebe huldigt. So liegt der Wert des ›G.‹ ebenso im Lit. wie im Kulturhist. – Von M. S., die unter den leichtlebigen Hofdamen als Ausnahme dasteht, sind noch e. Tagebuch u. e. waka-Sammlung ›M. S. shu‹ überliefert.
W: Genji-monogatari, R. 1004–11 (engl. VI 1925–33, I 1952, 1981, 2002; d. II 1937, II 1966; franz. 1977); Murasaki Shikibu nikki, Tg. 1010 (engl. 1920, 1996).
L: J. M. Maki, Lady Murasaki and the Genjimonogatari (MN 3), 1940; O. Benl, Der Schicksalsbegriff im Genji-monogatari (NOAG 77), 1955; I. Morris, The World of the Shining Prince, Lond. 1964; W. Puelte, Guide to the Tale of Genji, Rutland 1983; A. Pekarik, Ukifune: Love in the Tale of Genji, N. Y. 1983; N. Field, The Splendor of Longing in the Tale of Genji, Princeton 1987; H. Shirano, The Bridge of Dreams, Stanford 1987.

Murdoch, (Jean) Iris, anglo-ir. Schriftstellerin, * 15. 7. 1919 Dublin – 8. 2. 1999 Oxford. Schule in London u. Bristol, Stud. Altphilol. Oxford, Philos. Cambridge, 1948–68 Philos.-Dozentin in Oxford. ∞ 1956 J. O. Bayley. – Sehr produktive Autorin, die Geistesschärfe, Phantasie, Gefühl, Witz, Sinn für Tragik u. spannende Erzählgabe verbindet. Traditionell realist. Wirklichkeits- u. Charakterschilderungen u. zugleich Gestaltung e. bizarren, hintergründigen Märchenwelt der Träume, Phantasien, Mythen u. Symbole als Ort der Zuflucht vor der trag. Verlorenheit in der unfaßbaren, unerträgl. Relativität des Lebens.
W: Sartre, St. 1953; Under the Net, R. 1954 (d. 1957); The Flight from the Enchanter, R. 1956 (d. 1964); The Sandcastle, R. 1957 (d. 1958); The Bell, R. 1958 (Die Wasser der Sünde, d. 1962); A Severed Head, R. 1961 (Maskenspiel, d. 1963). Sch. 1964 (m. J. B. Priestley); An Unofficial Rose, R. 1962; The Unicorn, R. 1963; The Italian Girl, R. 1964 (d. 1999), Sch. 1969 (m. J. Saunders; d. 1982); The Red and the Green, R. 1965; The Time of the Angels, R. 1966; The Nice and the Good, R. 1968 (Lauter feine Leute, d. 1968); Bruno's Dream, R. 1969; A Fairly Honourable Defeat, R. 1970; An Accidental Man, R. 1971 (d. 1980); The Three Arrows and The Servants and the Snow, Drn. 1973; The Black Prince, R. 1973 (d. 1975); The Sacred and Profane Love Machine, R. 1974 (Uhrwerk der Liebe, d. 1977); A Word Child, R. 1975; Henry and Cato, R. 1976 (d. 1998); The Fire and the Sun, Es. 1976; The Sea, the Sea, R. 1978 (d. 1981); A Year of Birds, G. 1978; Nuns and Soldiers, R. 1980; The Philosopher's Pupil, R. 1983; The Good Apprentice, R. 1985 (In guter Absicht, d. 1999); Acastos. Two Platonic Dialogues, Drn. 1986; The Book and the Brotherhood, R. 1987; The Message to the Planet, R. 1989; Metaphysics as a Guide to Morals, Abh. 1992; The Green Knight, R. 1993; Jackson's Dilemma, R. 1995; Existentialists and Mystics, Ess. 1997; Something Special, Kg. 2000.
L: A. S. Byatt, Degrees of Freedom, 1965; P. Wolfe, The Disciplined Heart, 1966; L. Bredella, Diss. Ffm. 1968; R. Rabinowitz, 1968; V. Rieger, Diss. Tüb. 1969; B. Stettler-Imfeld, Diss. Bern 1970; L. Hermes, 1972; F. Baldanza, 1975; D. Gerstenberger, 1975; R. Todd, 1980; G. Backus, 1986; C. K. Bove, 1986; H. Bloom, 1986; D. Johnson, 1987; P. J. Conradi, I. M. The Saint and the Artist, 1988; R. Todd, hg. 1988; R. C. Kane, 1988; B. Lehr, 1990; S. Ramanathan, 1990; D. Phillips, 1991; D. Mettler, 1991; L. Tucker, hg. 1992; C. K. Bove, 1993; G. Griffin, 1993; J. Turner, 1993; H. D. Spear, 1995; D. J. Gordon, 1995; B. S. Heusel, 1995; P. J. O'Connor, 1996; J. Bayley, Elegy for Iris, 1998; ders., Iris and Her Friends, 1999; B. Nicol, 1999; M. Antonac-

cio, 2000; R. Hardy, 2000; B. S. Heusel, 2001; P. J. Conradi, I. M. A Life, 2002 (d. 2002); A. Rowe, 2002. – *Bibl.:* T. Tominga, W. Schneidermeyer, 1976; K. Begnal, 1987; J. Fletcher, C. K. Bove, 1994.

Murena, Héctor Alberto (eig. H. A. Álvarez), argentin. Schriftsteller, 14. 2. 1923 Buenos Aires – 6. 5. 1975 ebda. – Stellt in s. Essays die These auf, daß die weißen Bewohner Amerikas aufgrund der Verpflanzung aus Europa e. geograph. u. kulturelle Schuld tragen; in s. Romanen beschreibt er e. desolate Welt, wo die Kommunikation unmögl. ist; krit. Blick für die Gegenwartsprobleme s. Landes.

W: Primer testamento, En. 1946; La vida nueva, G. 1951; El juez, Dr. 1953; El pecado original de América, Ess. 1954; R.-Tril.: Historia de un día: La fatalidad de los cuerpos, R. 1955, Las leyes de la noche, R. 1958 (d. 1968), El escándalo y el fuego, G. 1959; Los herederos de la promesa, R. 1965; El centro del infierno, En. 1956; Homo atomicus, Ess. 1961; Relámpago de la duración, G. 1962; Ensayos de subversión, Ess. 1962; El demonio de la armonía, G. 1964; Epitalámica, R. 1969; Polispuercón, R. 1970; La cárcel de la mente, Ess. 1971; Caína muerte, R. 1971.

L: M. I. Lagos, 1989.

Muretus, Marcus Antonius (eig. Marc-Antoine Muret), neulat. Dichter, Humanist, 12. 4. 1526 Muret b. Limoges – 4. 6. 1585 Rom. Mit 18 Jahren Lehrer in Auch, 1547 in Bordeaux und 1551 Paris; Lehrer u. a. von Montaigne, Ronsard u. Du Bellay; seit 1554 in Venedig und Padua; ging auf Einladung des Kardinals Hippolyt d'Este nach Rom; 1572 Prof. der Rhetorik; 1576 Priesterweihe; 1584 Aufgabe s. Lehramts. – Galt als bedeutendster Redner s. Zeit. Schrieb Gedichte, die Tragödie ›Julius Caesar‹ und mehrere prosaische Schriften, darunter ›Orationes‹ und ›Epistolae‹. Hrsg. und Kommentator antiker Autoren.

W: Iuvenilia, darunter: Iulius Caesar, Tr., wahrscheinl. 1547 (d. D. Schmitz 1995); Variae lectiones, 1559 (n. II 1791–1828). – Opera omnia, hg. D. Ruhnken IV 1789 (n. C. H. Frotscher, G. A. Koch III 1834–41); Scripta selecta, 1809 (n. hg. J. Frey II 1871–73); Epistolae, 1875.

L: C. Dejob, Paris 1881, n. 1970; P. Renzi, I libri del mestiere, 1993.

Murfree, Mary Noailles (Ps. Charles Egbert Craddock), amerik. Schriftstellerin, 24. 1. 1850 Murfreesboro/TN – 31. 7. 1922 ebda. Aus wohlhabender, alter Südstaatenfamilie, erhielt e. für ihre Zeit ungewöhnlich gute Ausbildung (Nashville Female Academy, Philadelphia Chegary Institute); nach früher Krankheit halbseitig gelähmt. – Führte die Bergbewohner Tennessees mit ihrem Dialekt in die Lit. ein und wurde so zu e. führenden Kurzgeschichtenautorin in der ›local color‹-Schule; schrieb außerdem hist. Romane über den Süden u. den Bürgerkrieg.

W: In the Tennessee Mountains, Kgn. 1884; Where the Battle Was Fought, R. 1884; The Prophet of the Great Smoky Mountains, R. 1885; The Phantoms of the Foot-Bridge and Other Stories, 1895; The Young Mountaineers, Kgn. 1897; The Frontiersman, R. 1904; The Fair Mississipian, R. 1908; The Story of Duciehurst, R. 1914.

L: A. Reichert, 1912; E. W. Parks, 1941; R. Cary, 1968.

Murger, Henri, franz. Schriftsteller, 24. 3. 1822 Paris – 28. 1. 1861 ebda. Vater Concierge und Schneider dt. Herkunft. Stud. Malerei. Sekretär des russ. Botschafters in Paris, Graf A. Tolstoj; danach ausschließl. Journalist u. Schriftsteller, führte mit s. Freunden e. entbehrungsreiches Bohèmeleben in e. Mansarde, schrieb für versch. Zsn., u. a. für die ›Revue des deux mondes‹. Starb trotz finanzieller Besserung an den Folgen s. Entbehrungen. – S. Lyrik unter Einfluß Mussets, s. Erzählungen und Dramen sind vergessen bis auf den pittoresken, realist.-sentimentalen Roman ›Scènes de la vie de bohème‹ über die von der Hand in den Mund lebenden armen Pariser Maler und Schriftsteller. Großer Erfolg der Dramatisierung und der Oper Puccinis. Durch zahlr. Nachahmungen Beginn der europ. Bohèmelit.

W: Scènes de la vie de bohème (Zs.-Serie 1847–49), Sch. 1849 (m. T. Barrière; vertont von G. Puccini 1896), R. 1851 (d. F. P. Greve [2]1960); Scènes de la vie de jeunesse, E. 1851 (d. 1852); Claude et Marianne, Sch. 1851; Le bonhomme Jadis, Sch. 1852 (d. um 1879); Le pays latin, E. 1852 (d. 1852); Adeline Protat, E. 1853 (d. um 1855); Scènes de campagne, E. 1854; Le roman de toutes les femmes, R. 1854; Les buveurs d'eau, E. 1855; Le sabot rouge, E. 1860; Ballades et fantaisies, G. 1864; Les nuits d'hiver, E. 1864; Le roman d'un capucin, R. 1868; Le souper des funérailles, E. 1873; Donna Sirène, E. 1874; Les roueries d'une ingénue, E. 1874.

L: T. Pelloquet, 1861; A. Delvau, 1866; F. Maillard, Les derniers bohèmes, 1874; G. Montorgueil, 1929; W. Brauns, Die Lyrik H. M.s, Diss. Jena 1932; A. Warnod, La vraie bohème de H. M., 1947; R. Baldick, The First Bohemian, Lond. 1961.

Murn-Aleksandrov, Josip, slowen. Dichter, 4. 3. 1879 Laibach – 18. 6. 1901 ebda. Unehel. Sohn e. Dienstmagd, auf dem Lande erzogen; Stud. Jura in Wien u. Prag, nach 1 Jahr bereits aufgegeben; fristet s. kurzes Dasein als Angestellter in Laibach, starb im Obdachlosenasyl. – Neben Kette, Cankar u. Zupančič Vertreter der slowen. Moderne. Aus s. subjektiven, düsteren Lyrik, die formal u. inhaltl. e. wesentl. Bereicherung der slowen. Dichtung darstellt, erklingen Sehnsucht u. bis zur Verzweiflung gesteigerte Trauer; s. Balladen u. Romanzen zeichnen sich durch Unmittelbarkeit aus.

W: Pesmi in romance, G. 1903. – Zbrano delo (GW), II 1954; Izbrano delo (AW), 1969. – *Übs.*: (Ausw.) A. Funtek, Aus der neuen slowen. Lyrik, 1919; Jugoslaw. Anthologie, hg. K. Jovanovits, Zür. 1932; L. Novy, Blätter aus der slowen. Lyrik, 1933.

L: F. Zadravec, 1965, 1979; J. Snoj, 1978; N. Grafenauer, 1979.

Murphy, Richard, ir. Dichter, * 6. 8. 1927 Milford House/Galway. Familie protestant. Grundbesitzer. Jugend teilweise in Ceylon. Stud. Oxford u. Paris. Gastprof. in England u. den USA. Lebt in Cleggan/Galway. – S. Lyrik lebt von ihrem feinen Gespür für die vielfältigen Resonanzen von hist. und natürl. Lokalitäten. Dazu tritt ein pointiertes Bewußtsein für die Widersprüchlichkeit der kolonialen, angloir. u. ir.-ländl. Traditionen.

W: Sailing to an Island, G. 1963; The Battle of Aughrim, G. 1968; High Island, G. 1974; Niches, G. 1978; Care, G. 1983; The Price of Stone, G. 1985; The Mirror Wall, G. 1989; The Kick, Aut. 2002. – Collected Poems, 2000.

L: Poet of Two Traditions, hg. M. Harmon 1978.

Murphy, Thomas (Bernard), ir. Dramatiker, * 23. 2. 1935 Tuam/Galway. 1962–70 in London, seither in Dublin. – Zentrale ir. Themen wie Emigration, Gewalt und Religiosität. S. von Artauds Theater der Grausamkeit beeinflußten Stücke haben vielfach provoziert, so die Darstellung ir. Einwanderer in London in ›A Whistle in the Dark‹, der Opfer der Hungerkatastrophe der 1840er Jahre in ›Famine‹, oder das zugleich spirituelle wie antiklerikale ›The Sanctuary Lamp‹. M.s Figuren stehen oft verzweifelt zwischen den Welten, zwischen Vergangenheit und Gegenwart. S. erster Roman schildert die Rückkehr einer Frau aus Amerika, wo sie Prostituierte war, in ihren Heimatort.

W: A Whistle in the Dark, Dr. 1970 (d. 1991); The Morning after Optimism, Dr. 1973; The Orphans, Dr. 1974; The Sanctuary Lamp, Dr. 1976; Famine, Dr. 1977; The Fooleen, Dr. 1968 (u. d. T. A Crucial Week in the Life of a Grocer's Assistant, 1978); The Gigli Concert, Dr. 1984 (d. 1992); Too Late for Logic, Dr. 1989; The Seduction of Morality, R. 1994. – Plays, III 1992–94.

L: F. O'Toole, The Politics of Magic, 1987 ›Irish University Review‹, Sondernr., hg. Christopher Murray 1987.

Murray, Les(lie) A(llan), austral. Lyriker, * 17. 10. 1938 Nabiac/New South Wales. Stud. an der Univ. of Sydney. – Experimentierfreudige, zugleich originelle und traditionsbewußte, ebenso humorvolle wie hintergründige Gedichte über vielfältige Aspekte der Interaktion von Mensch u. Natur, insbes. im ländl. Australien (›Mythos der Freiheit‹).

W: The Ilex Tree, G. m. Geoffrey Lehmann, 1965; The Weatherboard Cathedral, G. 1969; Poems Against Economics, 1972; Lunch and Counter Lunch, G. 1974; The Peasant Mandarin, Ess. 1978; Ethnic Radio, G. 1979; The Boys Who Stole the Funeral, G. 1979; Equanimities, G. 1982; The People's Otherworld, G. 1983; Persistence in Folly, Ess. 1984; The Daylight Moon, G. 1987; The Vernacular Republic: Poems 1961–83, 1988; Blocks and Tackles, Ess. 1990; Dog Fox Field, G. 1990; Collected Poems, 1991; The Paperbark Tree, Ess. 1992; Subhuman Redneck, G. 1996; A Working Forest, Ess. 1997; Fredy Neptune, G. 1998; The Quality of Sprawl: Thoughts about Australia, Ess. 1999; Conscious and Verbal, G. 2000. – *Übs.*: Ein ganz gewöhnlicher Regenbogen, G. 1996.

L: P. Nelson, 1978; L. Bourke, 1992; C. Gaffney, hg. 1997; A. Sharma, 1997; P. F. Alexander, 2000; S. Matthews, 2001.

Murry, John Middleton, engl. Lit.kritiker und Essayist, 6. 8. 1889 Peckham/London – 13. 3. 1957 Thelnetham/Norfolk. Erzogen in Christ's Hospital. Stud. Oxford. Journalist für ›Westminster Gazette‹ und ›Nation‹. Im 1. Weltkrieg im brit. Geheimdienst, 1919–21 Hrsg. des ›Athenaeum‹, 1923–48 des ›Adelphi‹. Viermal verheiratet, in 1. Ehe mit der Schriftstellerin K. Mansfield, deren Tagebücher und Briefe M. veröffentlichte. – Lit. beeinflußt durch K. Mansfield und D. H. Lawrence. Vf. zahlr. Essays, psychoanalyt. unterbauter Biographien und lit.krit. Studien. Neigung zu Esoterik und Mystik. In s. zeitkrit. Schriften Vertreter e. christl. Kommunismus.

W: F. Dostoevsky, St. 1916; Countries of the Mind, Ess. II 1922–31; The Problem of Style, Ess. 1922; Pencillings, Ess. 1923; Discoveries, Ess. 1924; To the Unknown God, Es. 1924; Keats and Shakespeare, St. 1925; The Life of Jesus, St. 1926; Studies in Keats, Ess. 1930; Son of Woman, the Story of D. H. Lawrence, 1931 (u. d. T. D. H. Lawrence, 1954); The Necessity of Communism, Ess. 1932; The Life of K. Mansfield, B. 1933 (m. R. E. Mantz); William Blake, St. 1933; Between two Worlds, Aut. 1935; The Necessity of Pacifism, Ess. 1937; Democracy and War, Es. 1940; Christocracy, Es. 1942; The Mystery of Keats, St. 1949; K. Mansfield and Other Literary Portraits, 1949; J. Swift, St. 1954; Unprofessional Essays, 1956; Love, Freedom and Society, Ess. 1957. – Selected Criticism 1916–57, hg. R. Rees 1960, hg. M. Woodfield 1989; Letters between K. Mansfield and J. M. M., hg. Ch. A. Hankin 1983.

L: R. Heppenstall, 1934; P. Mairet, 1958; F. A. Lea, 1959; E. G. Griffin, 1969; K. M. Murry, 1986; L. R. Sharma, 1987. – *Bibl.*: G. Lilley, 1975; S. G. Cassavant, 1982; D. Goldie, 1998.

Musahipzade, Celal, türk. Dramatiker, 19. 8. 1868 Istanbul – 20. 7. 1959 ebda. Jurastud. nicht abgeschlossen; Hofsekretär; nach der jungtürk. Revolution 1908 nur noch Schriftsteller. – E. der bedeutendsten türk. Dramatiker, der in s. Werken westl. (Molière) u. traditionelle türk. Techniken verschmolz; differenzierte Wiedergabe des Le-

bens im osman. Istanbul, treffende Typendarstellung, Ironie u. Satire kennzeichnen s. publikumswirksamen Stücke.
A: Bütün Piyesleri (ges. Drn.), 1936; Bütün Oyunlari (ges. Drn.), hg. O. Hançerlioğlu 1970.
L: S. Şener, 1963; E. Üniv, hg. 1980.

Musaios (Musaios Grammatikos), altgriech. Dichter, Mitte 5. (?) Jh. n. Chr. – Vf. des Kleinepos ›Hero u. Leander‹ (eigentl. ›Die Geschehnisse um Hero und Leander‹, 343 daktyl. Hexameter) in der Nachfolge der traditionellen alexandrin. Liebeselegie und des Nonnos: Leander aus Abydos liebt die junge Aphroditepriesterin Hero in Sestos und schwimmt, um sie zu treffen, jede Nacht durch den Hellespont, geleitet durch e. von Hero aufgestellte Lampe. Als die Lampe einmal im Sturm verlöscht, ertrinkt Leander, Hero begeht angesichts s. Leichnams Selbstmord. Die Sage begegnet bereits in hellenist. Dichtung des 3. Jh. v. Chr. (auf Papyrus), dann in Vergils ›Georgica‹ und in Ovids ›Heroidenbriefen‹. Das Thema des Gedichts hat in Antike und Neuzeit e. reiches lit. Nachleben, u. a. im Volkslied von den ›Zwei Königskindern‹ bis hin zu Chr. Stolbergs Übs. (1782) oder Grillparzers ›Des Meeres und der Liebe Wellen‹ (1831).
A: E. Livrea, P. Eleuteri 1982; K. Kost 1971 (m. Komm. u. Übs.); C. A. Trypanis 1975 (m. Komm. u. engl. Übs.).
L: H. Jellinek, 1980; P. Eleuteri, Pisa 1982; O. Schönberger, RhM 130, 1987, 385–395; G. Paduano, hg. Mail. 1994.

Muşatescu, Tudor, rumän. Dramatiker, 22. 2. 1903 Câmpulung-Muscel – 4. 11. 1970 Bukarest. Stud. Philol. Bukarest. Theaterdirektor. – Vf. von über 60 Dramen u. doppelt so vielen Skizzen, Satiren u. Possen; es gibt keinen Nationalfeiertag, dem er nicht s. theatral. Wirken gewidmet hätte. Unter dem inneren Zwang, immer präsent sein zu müssen, verschwendete er in der kommunist. Ära s. humorist. Begabung, die daher nur in wenigen Stücken erbaut. Auf internationaler Bühne geschätzt, leuchtete s. Stern jedoch nur kurz auf, so z. B. in ›Titanic Vals‹.
W: Vitrinele toamnei, G. 1926; Nudul lui Gogu, Sk. 1928; Ale vieţii valuri, Sk. 1929; Titanic vals, K. 1936; Scrieri (GS), VIII 1969–84.
L: Carandino, 1973; C. Cubleşan, 1983; Ileana Dalea, 1988.

Muset, Colin, franz. Dichter, 12./13. Jh. Lebte in bescheidenen Verhältnissen. – 12 Lieder sind erhalten, in denen er s. Leben als herumziehender Spielmann schildert. M. neigt zum Bürgertum, zu Häuslichkeit, Gutmütigkeit. Hat sich von der aristokrat. Haltung der Troubadours gelöst, die er etwas boshaft und karikierend zeichnet.

A: J. Bédier 1912, ²1938; Trouvères-Melodien, Bd. 2, hg. H. von der Werf, Kassel 1979.
L: J. Bédier, De Nicolao Museto, 1893.

Mushanokôji (Mushakôji) Saneatsu, jap. Erzähler und Dramatiker, 12. 5. 1885 Tokyo – 9. 4. 1976 ebda. Aus bekanntem Adelsgeschlecht. Schon in der Jugend Begeisterung für Tolstoj u. die Bibel. Adelsschule und Stud. Univ. Tokyo, 1910 Gründung der Zs. ›Shirakaba‹ u. der lit. Bewegung gleichen Namens, die sich gegen den Objektivismus der Naturalisten wandte. Vertrat e. Richtung, die erfüllt war vom Glauben an das Gute im Menschen; die Verwirklichung der allg. Harmonie wollte er 1918 durch die ideale Gemeinschaft im ›Neuen Dorf‹ realisieren, für das er Land ankaufte; der Plan scheiterte. – Durch die immer wiederkehrenden idealist. Gedanken zeigen s. Werke e. gewisse Eintönigkeit in Thematik u. Form. 1937 Mitgl. der jap. Akad. der Künste. Auch Maler u. Vf. von krit. Essays u. Gedichten.
W: Yoshiko, R. 1908; Aru Katei, Dr. 1909 (A Family Affair, engl. Y. T. Iwasaki, G. Hughes, in: New Plays from Japan, 1930); Omedetaki hito, E. 1911; Sekenshirazu, R. 1912; Ryôkan, R. 1913 (d. O. Benl, in: Flüchtiges Leben, 1948); Washi mo shiranai, Dr. 1914; Sono imoto, Sch. 1915 (Seine Schwester, d. A. Spann, in: Das Junge Japan 2, 1925); Kôfukumono, R. 1919; Ningen banzai, Dr. 1922; Aiyoku, Dr. 1925 (The Passion, engl. N. Hidaka 1933; 1971); Ai to shi, E. 1939 (Love and Death, engl. 1958); Akatsuki, E. 1942; Shinri Sensei, R. 1951. – M. S. zenshû (GW), 1954–57. – *Übs.:* The Great Saigo, 1942.
L: A. Spann, in: Das junge Japan, II 1924f.; B. Dehn, (Nippon) 1942; M. Mortimer, Meeting the Sensei, Leiden 2000.

Mussato, Albertino, ital. Lyriker u. Historiker, 1261 Padua – 31. 5. 1329 Chioggia. Notar u. Inhaber polit. Ämter, wurde 1315 in Padua zum Dichter gekrönt. – Neben D. Compagni u. G. Villani der bedeutendste ital. Historiker des 14. Jh. S. lat. Dichtungen weisen schon auf den Humanismus hin. In der lat., nach klass. Vorbildern geschriebenen Tragödie ›Ecerinis‹, die s. Landsleuten als Warnung vor der drohenden Herrschaft Can Grande della Scalas dienen sollte, stellt M. den Tyrannen Ezzelino da Romano als Symbol des Bösen schlechthin dar.
W: Opere, 1636; Ecerinis, Tr. (hg. L. Padrin 1900; ital. Übs. 1914; Der Tyrann, d. 1968); De gestis italicorum (hg. L. Padrin 1903).
L: A. Zardo, 1884; H. Müller, Früher Humanismus in Oberitalien, 1987.

Mussche, Achilles, fläm. Schriftsteller, 12. 8. 1896 Gent – 30. 8. 1974 ebda.. Lehrer, später Schulinspektor. Überzeugter Linkssozialist. – Gehört mit s. 1. Gedichtband ›De twee vaderlanden‹

zum fläm. Expressionismus. Hauptmotiv s. idealist.-rhetor., freirhythm. Lyrik ist die Einsamkeit, in s. Prosawerken die soziale Frage. In ›Aan de voet van het belfort‹ schildert er den Untergang der fläm. Handweber. Auch Lehrbücher für den Sprach- u. Lit.unterricht.

W: De twee vaderlanden, G. u. Prosa 1927; Koraal van den dood, G. 1938; H. Gorter, Es. 1946; Aan de voet van het belfort, R. 1950; Christoffel Marlowe, Dr. 1954; Gedenksteen voor Rosa, R. 1961; Langzaam adieu, G. 1962; Reinaert de vos, Prosa-Bearb. 1964; Dat arme beetje mens, En. 1967.

L: J. Schepens, 1946; F. Buyens, 1952; R. Herreman, 1966.

Musset, Louis-Charles-Alfred de, franz. Dichter, 11. 12. 1810 Paris – 2. 5. 1857 ebda. Aus adliger Familie mit schriftsteller. Neigungen; Collège Henri IV., kurze Zeit Stud. Rechte und Medizin, Freundschaft mit dem Herzog von Orléans; mit 18 Jahren jüngstes Mitgl. des romant. ›Cénacle‹ um V. Hugo. 1831 Lösung und dichter. Selbständigkeit. Wegen s. Schönheit und s. gesellschaftl. Fähigkeiten umschwärmter Mittelpunkt der Pariser Salons. 1833–35 leidenschaftl. qualvolles Liebesverhältnis mit G. Sand, gemeinsame Reise nach Italien (1833/34), Enttäuschung und Bruch. Daraus starker dichter. Impuls, fruchtbare Jahre bis 1840. Ausschweifende, unregelmäßige Lebensführung e. Dandy u. Alkoholismus zerrütteten frühzeitig s. zarte Konstitution. 1836 Pension vom Herzog von Orléans, Titel e. Bibliothekars des Innenministeriums. Seit 1852 Mitgl. der Académie Française. – Hochbegabter, dichter. vielseitiger Romantiker, geistreich-iron. und von eleganter, seltener Formkunst, mit schwerelosem, musikal. Vers von virtuoser Technik. Schrieb Lyrik, Verserzählungen, Novellen und Dramen. Inhaltl. Einfluß von Byron, Goethe u. E. T. A. Hoffmann. Mal-du-siècle-Stimmung als Folge e. unreflektierten Anspruches auf Glück. Bekenntnis, leidvolles Klagen (›Les nuits‹, ›La confession d'un enfant du siècle‹) neben iron.-sarkast. Geist des 18. Jh. (›Contes d'Espagne et d'Italie‹, ›Namouna‹). Nihilist. Grundzug. Typ. Figur ist der Held des gleichnamigen kleinen Epos Rolla, Wüstling und Selbstmörder aus ›mal du siècle‹; Abscheu gegen das Bürgertum, innerl. und äußere Ziellosigkeit. Vf. der besten romant. Dramen unter Einfluß von Aristophanes u. Shakespeare, meist Prosastücke, fast alle an die damalige Gesellschaft gebunden und als Lesedramen oder Proverbes dramatiques gedacht, im Inhalt nicht Bekenntnis eigenen Erlebens, sondern Phantasie. ›Charakterstudien romant. Jünglinge und Mädchen‹, von rokokohafter, salongemäßer Grazie, voll Zartheit und Leidenschaft, verspielt heiter, aber mit trag. Unterton, Komödien und Tragödien zugleich.

W: L'anglais mangeur d'Opium, 1828; La nuit vénitienne, Dr. 1830; Contes d'Espagne et d'Italie, G. 1830; Un spectacle dans un fauteuil, Dr. u. G. 1832 (enthält: A quoi rêvent les jeunes filles, La coupe et les lèvres u. Namouna); Les caprices de Marianne, Dr. 1833 (d. 1874); Gamiani, R. 1833 (Zuschreibung unsicher, evtl. m. G. Sand; d. 1968); Rolla, G. 1833; André del Sarto, Dr. 1833 (d. 1947); Fantasio, Dr. 1834; On ne badine pas avec l'amour, Dr. 1834 (d. 1888); Lorenzaccio, Dr. 1834; Le chandelier, Dr. 1835; Les nuits, G. III 1835–37 (d. 1920); La confession d'un enfant du siècle, R. 1836 (hg. M. Allem 1968; d. 1903); Il ne faut jurer de rien, Dr. 1836; Lettre à Lamartine, G. 1836; Lettres de Dupuis et Cotonet, 1836f.; Un caprice, Dr. 1837; Contes et nouvelles, 1838; Margot, Prosa 1838; Souvenir, G. 1841; Histoire d'un merle blanc, Prosa 1842 (d. 1918); Pierre et Camille, Prosa 1843; Il faut qu'une porte soit ouverte ou fermée, Dr. 1845; Mimi Pinson, Prosa 1846; Premières poésies (1829–35), 1852; Poésies nouvelles (1836–52), 1852 (hg. A. Bouvet 1961, J. Bony 2000); La mouche, Prosa 1853. – Œuvres complètes, hg. P. de Musset X 1866–83 (n. 1973), E. Biré VIII 1907–09, X 1927–29, M. Allem III 1933–38, ²1954, Ph. van Tieghem II 1963; Théâtre complet, hg. R. Chollet 1964, S. Jeune 1990; Correspondance 1827–57, hg. L. Seche 1907; Correspondance entre G. Sand et A. de M., 1930; Correspondance 1826–1839, 1985; Lettres d'amour, hg. H. Frichet 1923. – *Übs.:* GW, M. Hahn IV 1900–08; Ausgew. Gedichte, A. Schmidt 1913; Novellen, E. v. Hollander 1918, A. u. H. Seiffert 1965; Dichtungen, H. Eulenberg 1923; GW, A. Neumann V 1925; Dichtungen, zweisprachig F. Schäfer 1960.

L: P. de Musset, 1877; E. Zola, Documents littéraires, 1881; Ch. Maurras, Les amants de Venise, 1902, ²1926; L. Seche, 1907; E. Henriot, 1929; P. Gastinel, Le romantisme de M., 1933; A. Villiers, La vie privée de M., 1939; M. Allem, Grenoble ²1948; Ph. Soupault, 1957, n. 2001; M. de Hédouville, 1958; W. Bahner, 1960; Ch. Haldane, Lond. 1960; M. Vantorre, Etude historique et critique du théâtre de M., Diss. Lille 1962; L. Almeida de Paula Arantes, La révolte et le doute chez M., Diss. Paris 1965; A. Lebois, Vues sur le théâtre de M., 1966; J. Pommier, Variétés sur A. de M. et son théâtre, ²1967; H. S. Gochberg, The Dramatic Art of M., Genf 1967; St. Jansen, Koph. 1967; L. Lafoscade, Le théâtre de M., ²1968; Ph. van Tieghem, ²1969; G. Ganne, 1970; H. Lefebvre, ²1970; M. Toesca, Vie de M. ou l'amour de la mort, 1970; S. Jeune, M. et sa fortune littéraire, 1970; C. Affron, A Stage for Poets, Princeton 1971; H. Guillemin, La liaison M.-Sand, 1972; J. Delais, 1974; E. L. Gans, 1974; B. Masson, 1974; P. Odoul, 1976; P.-G. Castex, 1978; ders., 1979; P. J. Siegel, Boston 1982; L. Bishop, The poetry of M., N.Y. u.a. 1987; C. Malthus, M. et Shakespeare, N.Y. u.a. 1988; S. Kanose, 1989; M. Masri, Les représentations du théâtre de M. à Paris du 1945 à nos jours, 1991; A. Heyvart, 1994; J.-L. Backès, 1995; M. Caors, G. Sand, A. M. et Venise, 1995; F. Lestringant, 1998; B. Courtin, 1999; M. Pruner, 2000. – *Bibl.:* M. Clouard, 1883.

Mustapää, P. (eig. Martti Haavio), finn. Dichter u. Folklorist, 22. 1. 1899 Temmes – 4. 2. 1973 Helsinki. 1918–21 Stud.; 1932 Dozent, 1949 Prof. für Volkskunde an der Univ. Helsinki, 1956

Mutafčieva

Mitgl. der Akad. Finnlands; ∞ 1960 Aale Tymmi. – Vielseitiger Lyriker mit expressionist. Zügen, der durch s. Reichtum an Einfällen, die Neigung zu überraschenden Zuspitzungen, durch e. eigenwillige Sprache und Rhythmisierung der finn. Lyrik neue Bereiche erschloß. Neben harten Zeitgedichten, archaisierenden Balladen stehen bilderreiche humorist. u. satir. Gedichte. In dem etwas schwärmerischen, gutmütigen, grüblerischen Klempner Lindblad hat sich M. e. humorist. Alter ego gesetzt. S. Humor hat jedoch einen doppelten Boden: E. Gefühl der Vergänglichkeit alles Seins ist noch in den heitersten Versen verborgen.

W: Laulu ihannista silmistä, G. 1925; Laulu vaakalinnusta, G. 1927; Jäähyväiset Arcadialle, G. 1945; Koiruoho, ruusunkukka, G. 1947; Ei rantaa ole, oi Thetis, G. 1948; Linnustaja, G. 1952; Metsästäjä, G. 1952; Tuuli Airistolta, G. 1969. – Kootut runot (ges. G.), ²1957; Runoja, G. Ausw. 1965.

L: M. Larmola, Opera secreta, 1990.

Mutafčieva, Vera, bulgar. Schriftstellerin, * 28. 3. 1929 Sofia. Geschichtsprof. – Ihr Werk stellt eine Vereinigung von wiss. u. schöngeistigem Denken dar. Schlägt neue konzeptuelle Modelle für die bulgar. Vergangenheit vor. Behandelt mit Ironie geschichtl. Klischees.

W: Letopis na smutnoto vreme, R. I – II 1965–66; Slučajat Džem, R. 1967 (Spielball von Kirche u. Thron, d. 1980); Rizarjat, R. 1970; Prozesŭt, Es. 1972; Belot na dve rŭce, R. 1973 (Belote zu zweit, d. 1977); Kniga za Sofronij, Es. 1978; Bombite, Es. 1985; Az, Anna Komnina, R. 1991.

al-Mutanabbī (›der sich als Prophet Ausgebende‹), Abū t-Taiyib Aḥmad ibn al-Ḥusain, arab. Dichter, 915 Kūfa – 23. 9. 965 aṣ-Ṣāfiya b. Nahrawān. Aus südarab. Familie. In Syrien aufgewachsen; trat im Zusammenhang mit den karmat. Bewegungen in der Samāwa als relig.-polit. Agitator auf (daher der Beiname) und wurde 933 verhaftet; 948–957 Hofdichter des Hamdāniden Saifaddaula in Aleppo; nach Zerwürfnis mit diesem Flucht nach Ägypten und später nach Persien zu dem Buyiden ʿAḍudaddaula; auf der Rückkehr von räuber. Beduinen getötet. – Wohl der letzte große klass. Dichter, der die Weiterentwicklung der alten Qaṣīdendichtung vollendet hat. S. Lobgedichte auf Saifaddaula, die ›Saifīyāt‹, gelten bis heute als Prototyp arab. Lobesdichtung. Vertritt in s. Spruchdichtung pessimist. Gedanken, die denen der stoischen Popularphilos., auch im Hinblick auf moral. Strenge, nahestehen.

A: Dīwān, hg. F. Dieterici 1850–61 u. ö. – Übs.: J. v. Hammer-Purgstall, 1824. – Ausw. u. engl. A. J. Arberry 1967.

L: F. Dieterici, 1847; R. Blachère, Paris 1935; Andras Hamori, 1992.

Mutis, Álvaro, kolumbian. Schriftsteller, * 25. 8. 1923 Bogotá. Journalist, Verkäufer, reiste viel, lebt seit 1956 in Mexiko Stadt. – Schrieb zuerst als Lyriker über Wahnsinn u. Tod; später Roman-Zyklus ohne Chronologie hauptsächl. über Maqroll, e. philosophierenden Seemann, der viele surreale Abenteuer erlebt.

W: Summa de Maqroll el Gaviero, G. 1973, 1990; La mansión de Araucaíma, R. 1978 (verfilmt); La nieve del almirante, R. 1986 (d. 1989); Ilona llega con la lluvia, R. 1988 (verfilmt; d. 1990); La última escala del Tramp Steamer, R. 1988 (d. 1994); Un bel morir, R. 1989 (d. 1991); Amirbar, R. 1990 (d. 1995). – Obra poética, 1993; Poesía y prosa, 1982; Empresas y tribulaciones de Maqroll el gaviero, II 1993.

L: S. Mutis, hg. 1988; J. G. Cobo Borda, 1989; E. García Aguilar, 1993; F. Quiroz, 1993; S. Mutis Durán, hg. 1993; C. Hernández, 1996.

al-Muwailihī, Muḥammad Ibrāhīm, ägypt.-arab. Journalist u. Schriftsteller, 1868 – 28. 2. 1930 Heluan. Stud. Azhar-Univ. Kairo, Regierungsdienst, Teilnahme am ʿUrābī-Aufstand; Entlassung, Aufenthalt in Europa und Istanbul, wieder Regierungsdienst, Zusammenarbeit mit den Reformern al-Afġānī und M. ʿAbduh. – Vf. e. bekannten Romans in Anlehnung an die klass. Form der Maqāmen-Lit., jedoch unter Abwandlung von Aufbau und Stil. Bitter-iron. Kritik an den Gesellschaftszuständen.

W: Ḥadīth ʿĪsā ibn Hišām, 1907.

L: R. Allen, 1992; A. Anshuman Mondal, 1997.

Muzio, Girolamo, ital. Autor, 1496 Padua – 1576 La Paneretta b. Siena. Lebte an den Höfen von Ferrara, Mailand u. Urbino; 1518/19 als Sekretär des Bischofs von Triest in Dtl. u. Österreich. – Trat für einheitl. ital. Sprache ein. S. Traktate u. Eklogen sind sozialgeschichtl. bedeutsamerik. von petrarkist. Versen besang er s. Liebe zu Tullia d'Aragona.

W: Egloghe, G. 1550; Rime diverse, G. 1551; Battaglie per la difesa dell'italica lingua, 1582; Lettere 1590, n. 1985.

L: P. Giaxich, Vita di G. M., 1847; S. Di Brazzano, G. M. e Pietro Bonomo, 1999.

Mwangi, Meja, kenian. Romanautor, * Dez. 1948 Nanyuki/Kenia. Techn. Angestellter in Nairobi. – Krasse, lebensvolle Schilderungen von Elend, Entwurzelung u. brutaler Ausbeutung, aber auch Überlebenswillen u. Solidarität in den Slums der mod. Nairobi. in kenian. Dörfern.

W: Kill me Quick, R. 1973; Carcase for Hounds, R. 1974 (Wie ein Aas für Hunde, d. 1985); Taste of Death, R. 1975; Going down River Road, R. 1976 (Nairobi, River Road, R. 1982); The Cockroach Dance, R. 1979; The Bushtrackers, R. 1979 (Die Wilderer, d. 2001); Bread of Sorrow, R. 1987; Weapon of Hunger, R. 1989

(Mr. Rivers letztes Solo, d. 1995); The Return of Shaka, R. 1989; Striving for the Wind, R. 1990 (Narben des Himmels, d. 1992); Little White Man, Kdb. 1990 (Kariuku und sein weißer Freund, d. 1991); The Last Plague, R. 2000 (Die achte Plage, d. 1997).

L: H. Chakava, 1976; A. N. Paraswam, 1977.

Myers, Leo(pold) Hamilton, engl. Erzähler, 6. 9. 1881 Cambridge – 8. 4. 1944 Marlow/Bucks. Stud. Cambridge. Gehörte vorübergehend zur ›Bloomsbury Group‹, deren ästhet. und moral. Werte er attackierte. Gegner des Kapitalismus; 1940 Kommunist. Mit Orwell befreundet. Beendete s. unglückl. Leben durch Selbstmord. – S. von der mod. Tiefenpsychologie und metaphys. Spekulation beeinflußtes Werk fand in lit. Kreisen hohe Anerkennung.

W: The Orissers, R. 1921; The Clio, R. 1925; The Root and the Flower, R.-Tril. (The Near and the Far, 1929, Prince Jali, 1931, Rajah Amar, 1935), durch The Pool of Vishnu, 1940, erw. zur R.-Tetralogie The Near and the Far (in 1 Bd. 1943); Strange Glory, R. 1938. – *Übs.:* Das Haus im Sumpfland, 1938.

L: G. H. Bantock, 1956; I. Simon, 1956.

Mykle, Agnar (eig. A. Myklebust), norweg. Erzähler, 8. 8. 1915 Trondheim – 14. 1. 1994 Asker. Handelshochschule in Bergen; Stud. Psychologie, Musik und Lit.wiss.; Marionetten- u. Puppenspieler, 1951 Theaterstud. USA. Journalist, Direktor e. Handelshochschule, Programmdirektor des Norweg. Rundfunks, später freier Schriftsteller. – Vf. von realist.-erot. Romanen und Erzählungen aus dem norweg. Alltag mit gesellschaftskrit. Zügen (bes. gegen heuchler. Sexualmoral), sensibler Psychologie und starker Symbolkraft.

W: Taustigen, Nn. 1948 (Die Strickleiter, d. 1954); Tyven, tyven skal du hete, R. 1951 (Wie ein Dieb in der Nacht, d. 1962); Lasso rundt fru Luna, R. 1954 (Liebe ist eine einsame Sache, d. 1957); Sangen om den røde rubin, R. 1956 (Das Lied vom roten Rubin, d. 1958); Kors på halsen, En. 1958 (Eine Blume im Knopfloch, d. 1959); Rubicon, R. 1965 (d. 1966); Largo, Nn. 1967. – Samlede verker, VII 1994.

L: A. Heger, 1999; L. J. Larsen, Mønsteret og meningen, 2001.

Mykolaitis, Vincas → Putinas

Myrdal, Jan, schwed. Schriftsteller, * 19. 7. 1927 Stockholm. Sohn v. Gunnar u. Alva Myrdal, Journalist, 1972/73 u. 1987/89 Hrsg. der Zs. ›Folket i bild/Kulturfront‹. Dr. h.c. Upsala (New Jersey) 1980, Tianjin (China). – Nach anfängl. satir., gegen den Wohlfahrtsstaat gerichteten Romanen Übergang des leidenschaftl. engagierten Sozialisten zu direkter polit. Debatte; beachtl. Versuch objektiver Dokumentation in Form von Interviews in Reisebüchern. Hrsg. Balzac, Diderot, Sartre, Strindberg.

W: Folkets hus, Sch. 1953; Jubelvår, R. 1955; Kulturers korsväg, Reiseb. 1960 (Kreuzweg der Kulturen, d. 1964); Rescontra, Erinn. 1962; Rapport från kinesisk by, 1963 (Bericht aus e. chines. Dorf, d. 1966); Moraliteter, H. 1967; Ansikte av sten. Staden Angkor, Es. 1968 (d. 1973); Skriftställning I, Ess. 1968ff.; Confessions of a Disloyal European, Ess. 1968 (d. 1970); Albansk utmaning, Ber. 1970 (m. Gun Kessle; Die albanische Herausforderung, d. 1971); Kina. Revolutionen går vidare, Ber. 1970 (China: Die Revolution geht weiter, d. 1971); B. Olsen löper livet ut, FSsp. 1973; Den onödiga samtiden, 1974 (m. L. Gustafsson; d. Die unnötige Gegenwart, 1975); Karriär, R. 1975 (Karriere, d. 1977); Kina efter Mao Tsetung, Ber. 1977 (China nach Mao Tsetung, d. 1978); Sidenvägen, 1977 (Die Seidenstraße, d. 1981); Indien väntar, Rep. 1980 (Indien bricht auf, d. 1986); Strindberg och Balzac, Es. 1981; Barndom, Aut. 1982 (Kindheit in Schweden, d. 1990); Bortom bergen, Rep. 1983; Skriftställning XIII, 1983; En annan värld, Aut. 1984 (Eine andere Welt, d. 1991); Rapporter från kinesisk by: Liu Lin 1962–82, 1985; Ord & avsikt, Es. 1986 (Wort und Absicht, d. 1988); 3 X Sovjet, Es. 1988; Trettonde året, Es. 1989 (Das dreizehnte Jahr, d. 1993); Fem år av frihet, Es. 1990; När västerlandet trädde fram, Es. 1992; När morgondagarna sjöng, 1994; I svarta fanors tid, 1997; Maj, en kärlek, 1998; Johan August Strindberg, Es. 2000.

Myrivilis, Stratis (eig. S. Stamatopulos), griech. Erzähler, 13. 7. 1892 Sykamia/Lesbos – 9. 7. 1969 Athen. Stud. Philos. u. Jura Athen; Publizist u. Journalist in Mytilene u. Athen; Mitgl. der Akad. der Wiss. Athen. – Erzähler von lebendiger und bildhafter Sprache, inspiriert bes. vom Kriegserleben; trug zur Neugestaltung der neugriech. Lit. in den 1930er Jahren bei.

W: Kokkines histories, En. 1915; Hē zoē en taphō, R. 1923, 1932 (d. 1986); Diēgēmata, En. 1928; Hē daskala me ta chrysa matia, R. 1933 (d. 1998); Prasino biblio, En. 1936; Galazio biblio, En. 1939; Mikres phōties, E. 1942; Ho Basilēs ho Arbanitēs, E. 1943 (d. 1976); Ta Pagana, E. 1944; Ho Pan, E. 1946; To Kokkino biblio, En. 1953; He Panagia hē gorgona, R. 1955 (Die Madonna mit dem Fischleib, d. 2001); To tragudi tēs gēs, G. 1956; To Byssino biblio, En. 1959. – *Übs.:* Erzählungen, 1991.

L: J. Boudouris, 1983; N. Lycurgu, 1990 u. 1993.

Myrnyj, Panas (eig. Panas Rudčenko), ukrain. Erzähler, 13. 5. 1849 Myrhorod – 28. 1. 1920 Poltava. Niederer Beamter in Poltava. – Vf. psycholog. Romane und Erzählungen über den sozialeth. Zerfall des Bauerntums nach der Landreform von 1861 in lebendiger, volkstüml. Sprache.

W: Lychi ljudy, En. 1876; Chiba revut' voly jak jasla povni?, R. 1880; Povija, R. 1883–1918 (n. 1987, 1988); Lymarivna, K. 1892; Lycho davnje i. s'ohočasne, R. 1897 (n. 1986). – Tvory (SW), III 1903–07, 1928/29, 1929/30, V 1954/55, 1960; II 1969.

L: J. Kyryljuk, 1939; M. P. Pyvovarov, 1952, 1959, 1960, 1965; V. J. Jevdokymenko, 1955; M. J. Syvačenko,

1957; S. D. Zubkov, 1958; V. M. Čerkas'kyj, 1973; M. S. Hrycaj, 1986; V. M. Čerkas'kyj, 1989; I. Prychod'ko, 1995.

Myrroure for Magistrates, A, engl. Dichtung, Erstdruck 1559, Fürstenspiegel und e. Art nationales Geschichtswerk in der Art von Boccaccios ›De casibus virorum illustrium‹ und Lydgates ›Fall of Princes‹. 19 trag. endende Lebensläufe berühmter Männer der engl. Geschichte werden in Ichform von versch. Autoren aus der Perspektive des jeweiligen Toten ep. dargestellt. Der Herausgeber W. Baldwin verband die einzelnen Erzählungen durch hist. erläuternde Zwischenstücke. Von lit. Bedeutung sind nur Sackvilles ›Induction‹ und ›Complaint of the Duke of Buckingham‹. Bis 1587 auf 98 Kapitel erweitert. Begründete im Schema von Aufstieg und Fall eines Helden maßgeblich das frühneuzeitliche Verständnis des menschlichen Lebens und damit auch das Tragödienverständnis (›de-casibus‹-Tragödie). Wichtige Quelle für zahlreiche elisabethan. Dramatiker.

A: J. Haslewood 1815, L. B. Campbell 1938; Parts Added to The M., dies. 1946.

L: G. Kartzke, 1908; J. W. Cunliffe, 1909; L. B. Campbell, 1936; P. Budra, A Mirror for Magistrates and the De Casibus Tradition, 2000.

Myśliwski, Wiesław, poln. Romancier und Dramatiker, * 25. 3. 1932 Dwikozy b. Sandomierz. Die deutsche Besatzung erlebte er in s. Heimatdorf. Stud. Polonistik Lublin. Arbeitet und lebt seit 1955 in Warschau. Ab 1975 Chefredakteur der Zs. ›Regiony‹, seit 1993 der Kultur-Zs. ›Sycyna‹. – Begeisterte Kritiken und höchste Auszeichnungen begleiten sein Werk, das der Dorfliteratur zugeordnet werden kann, darüber hinaus aber eine philos. und universelle Aussage hat. Es wird von aktuellen oder polit. Fragen nicht tangiert. Die bäuerl. Kultur erscheint als Träger elementarer Existenzwerte des Menschen. Der Roman ›Kamień na kamieniu‹ ist ein imposantes Epos bäuerl. Schicksale und gilt als Meisterwerk nicht nur der poln. Nachkriegslit.

W: Nagi sad, R. 1967 (Der nackte Garten, d. 1974); Pałac, R. 1970; Kamień na kamieniu, R. 1984 (Stein auf Stein, d. 1990); Drzewo, Dr. 1989; Widnokrąg, R. 1996.

L: E. Pindor, Proza W. M., 1989; Cz. Dziekanowski, Życie w śmierci, 1995; B. Kaniewska, 1996.

Nāank Chand → Nānak, Guru

Nābhādās oder Nārāyan Dās, ind. Dichter, lebte Ende des 16., Anfang des 17. Jh. Gehörte der Überlieferung nach zur Kaste der Dom (Unberührbare). – Vf. der in altem West-Hindi/Brajbhasa abgefaßten ›Bhakt-mālā‹ (Kranz der Heiligen), e. 316 Chappai-Strophen umfassenden Geschichte der myth. wie hist. Vaiṣnava-Heiligen; reich an hist. Angaben und wertvollen Einzelheiten viṣṇuit. Dogmatik, jedoch wegen ihres dunklen und äußerst gedrängten Stils ohne den 1712 von Priyādās geschriebenen Kommentar kaum verständl. Die ›Bhaktmālā‹ gehört zu den beliebtesten relig. Dichtungen Indiens und ist in fast alle ind. Volkssprachen übersetzt worden.

A: hg. II 1904–09, hg. S. Sītārām Śaraṇ, 1913, ³1937, hg. Janakīdās 1964.

an-Nābiġa ad-Dubyānī, altarab. Dichter, 2. Hälfte des 6. Jh. Hielt sich zumeist am Lachmidenhof in al-Hīra, nach e. Zerwürfnis mit an-Nuʿ-mān abū Qābūs vorübergehend auch am Ġassānidenhof in Damaskus und später bei s. Stamm Dubyān in der Wüste auf. – In s. Dichtung verbinden sich e. bilderreiche, lebendige Ausdrucksweise und Echtheit der Gefühle. Neben Lobliedern auf fürstl. Gönner sind bes. bemerkenswert e. Gedicht auf die Schönheit der Lachmidenkönigin, das N. angebl. das Verbleiben am Hof unmögl. machte, ferner e. große Qaṣīda, in der er die Gunst des erzürnten Nuʿmān wiederzugewinnen sucht, und e. ergreifende Elegie auf den Tod dieses Fürsten.

A: Dīwān, hg. H. Derenbourg in: Journal asiatique 1868/2 (mit franz. Übs., vgl. ebda. 1899), The Diwans of the six ancient Arabic Poets, hg. W. Ahlwardt 1870.

Nabokov, Vladimir Vladimirovič (Ps. bis 1940 V. Sirin), russ.-amerik. Schriftsteller, 22. 4. 1899 Petersburg – 2. 7. 1977 Montreux. Vater Jurist und Staatsmann; emigrierte 1919, Stud. franz. Lit. und Entomologie Cambridge, 1922–37 in Berlin, 1937–40 in Paris, dann in den USA, 1941–48 Poet in residence am Wellesley College, 1948–59 Prof. für russ. Lit. an der Cornell Univ., dann freier Schriftsteller in Montreux. – Anfangs Lyriker, wandte sich früh der Prosa zu, lenkte mit den ersten Romanen mehr und mehr die Aufmerksamkeit der Kritik auf sich; zeigt Eigenständigkeit in Entfaltung des Themas, überlegene Beherrschung der sprachl. Mittel und überraschende Gewandtheit im Gebrauch der kompositionellen Elemente, ist vorwiegend ›Künstler der Form‹, des schriftsteller. Kunstgriffs‹, steht nicht in der Tradition der russ. Lit. des 19. Jh.; teilt mit Belyj und den von diesem beeinflußten sowjet. Prosaikern die Neigung zum stilist. Mittel der ›Entfremdung‹; läßt Beziehungen zu zeitgenöss. fremden Literaturen vermuten, so zu F. Kafka in ›Priglašenie na kazn'‹, zu M. Proust; s. seit 1940 in engl. Sprache verfaßten Büchern erkennt die Kritik dieselben stilist. Vorzüge zu wie s. früheren russischen. Erreichte mit dem bravourös erzählten Roman ›Lolita‹ von der Leidenschaft e. 40jähr. für e. 12jähr. Mädchen e. internationalen Erfolg. Auch Dramatiker und Übs. (Puškin). Ab 1974 wurde s. russ. Werk in den USA nachgedruckt. In der SU wurde N. bis 1986 verschwiegen, dann begann allmähl. Anerkennung.

W: Grozd', G. 1923; Gornyj put', G. 1923; Mašen'ka, R. 1926 (Maschenka, d. 1976); Korol', dama, valet, R. 1928 (König, Dame, Bube, d. 1959); Zaščita Lužina, R. 1930 (Lushins Verteidigung, d. 1961); Vozvraščenie Čorba, En. u. G. 1930; Podvig, R. 1933; Kamera obscura, R. 1934 (Gelächter im Dunkel, d. 1962); Otčajanie, R. 1936 (Despair, engl. 1965; d. 1972); Izobretenie val'sa, Dr. 1938 (The Waltz Invitation, engl. 1966); Priglašenie na kazn', R. 1938 (Einladung zur Enthauptung, d. 1970); The Real Life of Sebastian Knight, R. 1941 (d. 1960); N. Gogol, B. 1944; Bend Sinister, R. 1947 (Das Bastardzeichen, d. 1962); Nine Stories, En. 1947; Conclusive Evidence, Aut. 1951 (Andere Ufer, d. 1964); Dar (1937), R. 1952 (The Gift, engl. 1963); Lolita, R. 1955 (d. 1959); Pnin, R. 1957 (d. 1960); Nabokov's Dozen, En. 1958; Poems, 1959; Pale Fire, R. 1962 (d. 1968); Speak, Memory, Aut. 1966 (d. 1984); Nabokov's Quartet, En. 1967; Ada or Ardor, R. 1969 (d. 1974); Transparent Things, R. 1973 (d. 1980); The Russian Beauty, En. 1973; Look at the Harlekins, R. 1974 (d. 1979); The Enchanter, E. 1985 (d. 1987). – Sobranie sočinenij (GW), IV 1990; Sobranie sočinenij amerikanskogo perioda (GW), V 1997–99; Sobranie sočinenij russkogo perioda (GW), V 1999/2000. – Übs.: Gesammelte Werke, XXIII 1989–2002.

L: A. Field, 1967, 1987; L. S. Dembo, 1967; H. Grabes, 1975; Z. Schachowskoy, 1981; H. Schwalm, 1991; M. Wood, 1994; Th. Urban, 1999; S. Baumann, 1999; D. Zimmer, 2001. – Bibl.: A. Field, N.Y. 1973; M. Juliar, 1986; V. V. N. Ukazatel' literatury, 2001.

Nádas, Péter, ungar. Schriftsteller und Fotograf, * 14. 10. 1942 Budapest. Stud. 1963 Journalistik. Ab 1961 Fotoreporter bei der Zs. ›Nők Lapja‹. 1965 Mitarbeiter der Zs. ›Pest Megyei Hírlap‹. Ab 1969 freier Schriftsteller. Schrieb Rezensionen u. Essays. in der Zs. ›Vigilia‹. 1980 als Lektor beim »Kisfaludy«-Theater in Győr tätig. 1991 Österreichischer Staatspreis für Europäische Literatur; 2003 Franz-Kafka-Literaturpreis. – Schreibt Gedichte, Erzählungen, Romane u. Drehbücher. Neuinterpretation der klass. epischen Tradition. Variierende Verwendung untersch. narrativer Verfahren kennzeichnet s. Werke. Konfrontation mit Krise der europ. Kultur verleiht s. Werken tragische Modalität.

W: A Biblia, En. 1967; Kulcskereső játék, En. 1969; Egy családregény vége, R. 1977 (Ende eines Familienromans, d. 1979); Takarítás: Komédia szünet nélkül, Dr. 1978; Leírás, En. 1979; Minotaurus, En. 1979; Szerelem, E. 1979 (Liebe, d. 1996); Temetés, Dr. 1980; Találkozás, Dr. 1981 (Begegnung, d. 1988); Színtér, Sche. 1982; Nézőtér, Ess., Rez. 1983; Emlékiratok könyve, R. 1986 (Buch der Erinnerung, d. 1991); Játéktér, Ess. 1988; Hazatérés, Es. 1988 (Heimkehr, d. 1992); A Biblia és más régi történetek, En. 1988; Évkönyv, R. 1989 (Der Lebensläufer, d. 1995); Az égi és a földi szerelemről, Es. 1991 (Von den himmlischen und der irdischen Liebe, d.

1994); Párbeszéd, Es. 1992 (Zwiegespräche, d. 1994); Talált cetli és más elegyes írások, Repn. 1992; A fotográfia szép története, Film-N. 1992 (Die schöne Geschichte der Photographie, d. 1999); Esszék, Ess. 1995; Kalauz, Ess. (zus. m. Péter Esterházy u. Imre Kertész), 2003. – Übs.: In Gottes Hand, Prosa 1983; Minotaurus, En. (Ausw.) 1997; Ohne Pause, Sche. (Ausw.) 1999; Der eigene Tod, Fotos u. Prosa 2002.

L: P. Balassa, 1997.

Nádaši, Ladislav → Jégé

Nadjib, Emha Ainun, indones. Dichter u. Schriftsteller, * 27. 5. 1953 Jombang/Ost-Java. Gymnasium, unvollendetes Studium der Wirtschaftswiss. in Yogyakarta. Redakteur für die Tageszeitung ›Masa Kini‹ (1973–76), Leiter des Theaters ›Dinasti‹. Vielseitige Interessen. S. Werke umfassen Lyrik, Dramen, Ess. u. Musik. Durchführung von Projekten im Bereich der Kunst u. der soz. Entwicklung u. a. auf den Philippinen, in Malaysia, den Niederlanden, Deutschland u. den USA.

W: Sajak Sepanjang Jalan, G. 1978; Geger Wong Ngoyok Macan, Sch. 1989; Santri-Santri Khidir, Sch. 1990; 99 untuk Tuhanku, G. 1993; Abacadabra kita ngumpet G. 1994; Markesot bertutur lagi, Kgn. 1994; Doa mohon Kutukan, G. 1995; Kiai kocar-kacir, Kgn. 1998; Pak Kanjeng, R. 2002.

Nadson, Semën Jakovlevič, russ. Lyriker, 26. 12. 1862 Petersburg – 31. 1. 1887 Jalta. Vater Beamter († 1864); klass. Gymnas. in Petersburg und Kiev, dann Heeresschule Pavlovsk, 1882–84 Offizier in Kronstadt, mußte nach 2 Jahren wegen Tbc den Dienst verlassen, suchte in s. letzten Lebensjahren auf der Krim und an der Riviera vergebens Heilung von Lungentuberkulose. – Setzt, bes. in den ersten Gedichten, die von Nekrasov ausgehende Verstradition fort, besingt Freiheit, Brüderlichkeit, Glück der Zukunft, gibt aber auch in pessimist. Tönen dem Zweifel, der Enttäuschung an den revolutionären Idealen der ›Volksfreunde‹ Ausdruck; e. impressionist. Zug s. Lyrik weist bereits den Symbolismus hin; hatte mit s. klangvollen, emotional gefärbten, in einfacher Sprache gehaltenen Versen ungewöhnl. Erfolg.

W: Stichotvorenija, G. 1885 (erw. ²1886). – Polnoe sobranie sočinenij (GW), II 1917; Polnoe sobranie stichotvorenij (sämtl. G.), 2001. – Übs.: Gedichte, 1898.

Naeff, Top (eig. Anthonetta van Rhijn-N.), niederländ. Schriftstellerin, 24. 3. 1878 Dordrecht – 22. 4. 1953 ebda. 1914–30 Theaterkritikerin von ›De Groene Amsterdammer‹. – Schrieb erfolgr. Mädchenbücher; später leicht ironische Romane, die im bürgerl. Milieu spielen; auch Dramen.

W: De genadeslag, Dr. 1899; Schoolidyllen, Jgb. 1900; Aan flarden, Dr. 1901; De tweelingen, Jgb. 1902; 't Veulen, Jgb. 1903; De dochter, R. 1905; De stille getuige, R. 1906 (d. 1908); Oogst, Nn. 1908; Voor de poort, R. 1912 (Vor dem Tore, d. 1942); Dramatische kroniek, Ess. IV 1918–23; Letje, Sk. 1926; Offers, R. 1932; Een huis in de rij, R. 1935 (Erfüllung eines Lebens, d. 1941); Klein witboek, Verzen, 1940–45; Zo was het ongeveer, Erinn. 1950. – Verzameld proza, V 1953.

Naevius, Gnaeus, lat. Dichter, um 280/260 v. Chr. Capua(?) – um 201 v. Chr. Utica. Teilnehmer am 1. Pun. Krieg. Wegen Invektiven gegen die röm. Aristokratie, bes. gegen die Meteller, 206 im Gefängnis. Nach s. Freilassung verließ er 204 Rom. – Wie s. Vorgänger Livius Andronicus beschäftigt sich N. mit mehreren lit. Gattungen (Komödie, Tragödie, Epos). S. Hauptwerk, ›Bellum Punicum‹ in Saturniern, erst später in 7 Bücher eingeteilt, wurde 1. röm. Nationalepos und Vorbild für Ennius und Vergil. Seit 235 v. Chr. auch Dramatiker. Neben Nachbildung griech. Dramen (6 Tragödientitel mit Themen aus der griech. Sagenwelt erhalten) Schöpfer des röm. histor. Schauspiels (fabula praetexta) in s. Römer- u. Königsdramen. Von s. Komödien sind 37 Titel überliefert, davon e. Drittel mit griech. Stoffen. N.' Eigenart beruht auf der bei ihm neuen Technik der Kontamination, d. h. dem Einfügen geeigneter Szenen aus anderen Stücken in die bearbeitete Vorlage, und auf s. Anspielungen auf das polit. Leben s. Zeit, in denen er auch für das Drama das Recht der freien Meinungsäußerung verlangt.

A: O. Ribbeck, Scaenicae Roman. poesis fragm. 2, ³1898 (n. 1962; Komödien); W. Morel, Fragm. poet. Lat., 1927 (n. 1963), ³1995 (hg. J. Blänsdorf); W. Strzelecki 1964; A. Mazzarino ²1969 (Bellum Punicum); A. Klotz, Scaenicorum Roman. fragm. 1, 1953 (Tragödien); E. V. Marmorale ³1967 (Dramen; m. Komm. u. Bibl.).

L: W. Strzelecki, 1935; S. Mariotti, 1955, n. 1970; W. Richter, 1960; M. Barchiesi, 1962; V. Buchheit, Vergil über die Sendung Roms, 1963.

Nagai, Kafû (eig. N. Sôkichi), jap. Erzähler 3. 12. 1879 Tokyo – 30. 4. 1959 ebda. Beamtenfamilie, arbeitete nach Stud. der klass. jap. Kultur u. der chines. Sprache später unter Hirotsu Ryûrô. 1903–08 Reise nach Amerika u. Frankreich; 1910 Prof. der Lit. an der Keiô-Univ. – Schon früh Abneigung gegen die mod. Zeit, Vorliebe für Außenseiter u. Randfiguren der Gesellschaft. Unter Einfluß des franz. Naturalismus (Zola, Maupassant); wandte sich später gegen den naturalist. Trend in der jap. Lit. Verlegte die Handlung s. Erzählungen meist ins Vergnügungsviertel Tokyos, wo die Welt der Geishas noch e. Rest der alten Edo-Kultur bewahrte u. wo später die Barmädchen u. Prostituierten die wehmütige Erinnerung an das Tokyo der Meiji-Zeit wachhielten. Während des 2. Weltkriegs Schreibverbot. Neben Reisebüchern u. Kritiken auch Übs. franz. Lit. (Baudelaire, Verlaine, Maupassant u. a.) in ›Sangoshû‹ (1913).

W: Jigoku no hana, N. 1902; Amerika-monogatari, Sk. 1908 (engl. 2000); Furansu-monogatari, Sk. 1909; Reishô, R. 1910; Sumidagawa, N. 1911 (The River S., engl. D. Keene, in: Mod. Jap. Lit., 1956); Ude-kurabe, N. 1918 (Geisha in Rivalry, engl. K. Meissner 1963); Okamezasa, R. 1920; Tsuyu no atosaki, N. 1931; Hikage no hana, E. 1934; Bokutô-kidan, R. 1937 (A Strange Tale from East of the River, engl. E. Seidensticker 1972); Towazugatari, En. 1946; Katsushika miyage, Ess. 1950; Danchôtei nichijô, Tg. 1958–59. – K. zenshû (GW), 1971–74. – *Übs.:* Geliebtes Gesicht, in: O. Benl, Flüchtiges Leben, 1948; Ihr Geliebter, in: ders., Eine Glocke in Fukagawa, ²1969; A Strange Tale from East of the River and Other Stories, 1972; En., engl. E. Seidensticker 1972; L. Dunlop (En.-Ausw.), 1994; W. Schamoni, Feuerwerk 1990.

L: E. Seidensticker, K. the Scribbler, 1968; T. Suzuki, Narrating the self, Stanford 1996; E. Schulz, N. K.: Tagebuch eines Heimgekehrten, 1997; S. Snyder, Fiction of Desire, Hawaii 2000.

Nāgarakĕrtāgama (oder Deśawarṇana), kakawin (altjavan. Epos in quantitierenden ind. Versmaßen) von Mpu Prapañca, e. hohen buddhist. Geistlichen am Hof von Hayam Wuruk (1350–89), dem Herrscher des javan. Reiches Majapahit, das er anhand einer zeremoniellen Reise des Königs durch s. Reich im Jahre 1359 schildert, weitere Themen u. a. die königl. Familie, Hof u. Hauptstadt, Zeremoniell am Hof u. a. Wichtigste hist. u. kulturhist. Quelle für s. Zeit. Künstlerisch bedeutender sind andere kakawin, wie z. B. das altjavan. → ›Rāmāyaṇa‹, ›Arjunawiwāha‹, ›Bhāratayuddha‹ oder ›Sutasoma‹.

A: H. Kern, Het Oud-Javaansche lofdicht Nāgarakṛtāgama, 1919 (m. niederl. Übs. u. Komm.); Th. G. Th. Pigeaud, Java in the 14th Century, 1967–70 (m. engl. Übs. u. Komm.); S. Robson, Deśawarṇana, 1995 (engl.).

L: C. C. Berg, Het rijk van de vijfvoudige Buddha, 1962; Slametmulyana, Nagarakretagama dan tafsir sejarahnya, 1979; zu kakawin: P. J. Zoetmulder, Kalangwan, 1974.

Nāgārjuna, ind. Philosoph u. Dichter, lebte vermutl. in der 2. Hälfte des 2. Jh. n. Chr. Der Tradition nach zum Buddhismus übergetretener südind. Brahmane. – Vf. der ›Mādhyamika-kārikā‹ oder ›Mādhyamika-sūtra‹, e. buddhist. systemat.-philos. Werkes im Stil brahman. wiss. Sanskrit-Schriften, das in 400 Merkversen (kārikā) mit N.s eigenem, nur in tibet. Übs. erhaltenem Kommentar ›Akutobhayā‹ die sog. ›mittlere Lehre‹ des Mahāyāna, d. h. den mittleren Weg zwischen Sein u. Nichtsein darlegt; weitere ihm zugeschriebene philos. Werke sind die ›Yuktiṣaṣṭikā‹ (60 Argumente), das ›Pratītya-samutpādahṛdaya‹ (Wesen des Kausalnexus), der ›Dharmasaṃgraha‹, e. kurzes Verzeichnis buddhist. techn. Ausdrücke, der ›Suhrl-lekha‹ (Freundesbrief), e. Darstellung der buddhist. Grundlehren in Form e. an e. König gerichteten Briefes, und das ›Mahāprajñāparamitāśāstra‹, e. 25 000 Strophen umfassender Kommentar zum ›Prajñāparamitāsūtra‹ (Leitfaden der Vollkommenheit der Erkenntnis).

A: Dharma-saṃgraha, hg. K. Kesawara, M. Müller, H. Wenzel 1885; (Mūla-) Mādhyamika-kārikā, hg. L. de la Vallée Poussin 1903–13, 1970, M. Saigusa 1985 (aus dem Tibet., d. M. Walleser 1911; aus dem Chines., d. ders. 1912, S. Batchelor, K. Wiederspahn 2002; engl. K. K. Inada 1970, M. E. Luetchford 2002 [m. Komm.]); Pratītya-samutpāda-hṛdaya, tibet. Text hg. u. franz. L. de la Vallée Poussin 1913; Suhrl-lekha (aus dem Tibet., d. u. engl. H. Wenzel 1886); Yukti-ṣaṣṭikā (aus dem Chines., d. Ph. Schaeffer 1923); Mahāprajñāparamitāśāstra, hg. E. Lamotte I–II 1944–49, III–V 1970–80 (n. [Teil-Ausg.] T. Skorupski 2002).

L: A. Grünwedel, 1900; M. Walleser, 1924; K. V. Ramanan, 1966, Nachdr. 1975; D. Seyfort Ruegg, 1981; C. Lindtner, 1982; R. C. Jamieson, 2000; D. Burton, 2002.

Nagibin, Jurij Markovič, russ. Prosaiker, 3. 4. 1920 Moskau – 17. 6. 1994 ebda. Filmhochschule. 1941 Soldat, dann Kriegskorrespondent, Journalist. – Vf. vieler Erzählungen, von denen die Kurzgeschichte ›Svet v okne‹ mit bemerkenswerter symbol. Gestaltung des Motivs des Personenkults und ›Chazarskij ornament‹ N. kurzfristig offiziöser Kritik aussetzten. N.s Erzählungen sind naturverbundene Episoden zwischenmenschl. Geschehens aller Bevölkerungsschichten mit gutem Gespür für Kinderpsychologie.

W: Čelovek na fronte, En. 1943; Trudnoe sčast'e, En. 1956 (Schwer erkämpftes Glück, d. 1958); Boj za vysotu, N. 1958; Čistye prudy, E. 1961; Pogonja, En. 1964; Dalëkoe i blizkoe, N. u. En., 1965; Vstan' i idi, 1987 (Steh auf und wandle, d. 1989); T'ma v konce tunnelja, Aut. 1994. – Sobranie sočinenij (GW), IV 1980/81.

L: E. Cochrum, Ann Arbor 1982.

Nagy, Lajos, ungar. Schriftsteller, 5. 2. 1883 Apostag – 28. 10. 1954 Budapest. Unehel. Kind aus ärmstem Milieu; Gymnas. u. Jurastud. Budapest. Arbeitete als Anwaltsgehilfe, Hauslehrer u. Buchhändler. – Als ausgezeichneter Kenner des städt. und Landproletariats übt er in fiktionaler, dokumentar., autobiograph. u. essayist. Prosa Kritik an der ungar. Gesellschaftsstruktur bes. der 20er und 30er Jahre. Machte die soziograph. Studie als lit. Gattung in Ungarn heimisch. S. künstler. Stil ist durch kühle Tatsachenschilderung, explosionsnahe Spannung der unterdrückten Leidenschaften u. unterschwellige Erotik gekennzeichnet.

W: Az Andrássy-út, Nn. 1918; Fiatal emberek, Nn. 1919; Kiskunhalom, St. 1934; Budapest Nagykávéház, R. 1936; A falu álarca, R. 1937; A tanítvány, Nn. 1945 (Der Schüler, d. 1973); A lázadó ember, Aut. 1949; A menekülő ember, Aut. 1954; Vál. elbeszélések, Nn. III 1956; Vadember, Nn. 1959; Író, könyv, olvasó, Ess. II 1959; Képtelen természetrajz, St. 1961. – *Übs.:* Der ägyptische Schreiber, En. 1969; Wenn man Geld hat, En. 1977.

L: P. Kardos, 1958; L. N. emlékkönyv, 1964; T. Tarján, 1980.

Nagy, László, ungar. Dichter, Übersetzer, 17. 7. 1925 Felsőiszkáz – 30. 1. 1978 Budapest. Ref. Kolleg. in Pápa. Stud. Bild. Künste, Hungarologie, Philos. u. Slavistik in Budapest. 1949–52 mit Stipendium in Bulgarien. Ab 1959 Mitarbeiter der lit. Zs. ›Élet és Irodalom‹. – Thematisiert in erster Linie naturgebundenes Leben der geschlossenen, durch strenge Bräuche geregelten Bauernwelt. Synthetisiert mythol. Motive u. Elemente der christl. Kultur u. kathol. Liturgie. Von ungar. Folklore u. Volksdichtung stark geprägte Metaphorik u. Sprache. Übersetzte bulgar. Volksdichtung.

W: Tűnj el fájás, G. 1949; A tüzér és a rozs, G. 1951; Gyöngyszoknya, G. 1953; Havon delelő szivárvány, G. 1954; A nap jegyese, G. 1954; A vasárnap gyönyöre, G. 1956; Himnusz minden időben, G. 1965; Versben bujdosó, G. 1973; Jönnek a harangok értem, G. 1978, Versek és versfordítások, G., Übsn. III 1978; Adok nektek aranyvesszőt, Prosa (Ausw.) 1979. – *Übs.:* Gedichte (Ausw.), 1971.

L: A. Görömbei, N. L. költészete, 1992; G. Vasy, 1995; G. Tolcsvai Nagy, 1998.

Naharro, Bartolomé de Torres → Torres Naharro, Bartolomé de

Naḥšabī, Šaiḫ Żiyā'ud-Dīn, pers. Schriftsteller, Naḫšab/Nasaf (Buchara) – 1350 Badaun/Indien. Von Turkestan nach Indien ausgewandert, wurde Jünger des Scheich Farīd, übersetzte Werke ins Pers. Als Schriftsteller sehr produktiv. Bekanntestes Werk ist das in Indien u. Zentralasien weitverbreitete ›Tūṭī-Nāma‹ (›Papageienbuch‹) auf Grundlage des Sanskritwerks ›Śukasaptati‹, e. 1330 vollendete Rahmenerzählung mit eingelegten Novellen in 52 Kapiteln (›Nächten‹). Glänzende, metaphernreiche Sprache, späteren Generationen jedoch zu schwierig, weshalb mehrfach schlichtere Fassungen angefertigt wurden, die beliebteste von Muḥammad Qādirī (17. Jh.), nur noch 35 Kapitel, übers. in Hindi, Bengali, Türk., Tatar. Die Urfassung N.s noch unediert, doch bestehen franz. (München) u. russ. Übers. (Moskau) im Manuskript. S. sonstigen Prosawerke stehen im Schatten des ›Papageienbuches‹.

A: Übs.: C. J. L. Iken, 1822 (nach Muḥammad Qādirī, n. 1947); G. Rosen 1858 (türk. Fassg.); W. Morgenroth, 1986 (nach Sanskrit-Fassg.).

L: M. Hatami, Untersuchungen zum pers. Papageienbuch des Naḫšabī, 1977.

Naidu, Sarojin-ī, ind. Lyrikerin, 13. 2. 1879 Hyderabad – 3. 3. 1949 Lucknow. Vater Prinzipal des ›Nizam's College‹; Stud. Madras, ab 1895 in London und Cambridge; ∞ M. C. Naidu; setzte sich früh für soz. u. polit. Reformen ein; Führerin der ind. Frauenbewegung; schloß sich dem fortschrittl. Flügel des ›Ind. Nationalen Kongresses‹ an, dessen Präsidentin sie 1925 war; 1924 in Ost- und Südafrika in polit. Mission; beteiligte sich 1930 aktiv an der ›civil disobedience‹-Bewegung Mahatma Gandhis, den sie 1931 zur 2. ›Round Table Conference‹ nach London begleitete; mehrfach wegen ihrer Beteiligung an der ind. Freiheitsbewegung inhaftiert; 1947 Gouverneur von Uttar Pradesh. – Die Gedichtsammlungen N.s, die Gandhi als ›Mīrāmbhāī der Gegenwart‹ apostrophierte, zählen zu den bedeutendsten ind. Dichtungen in engl. Sprache und sind in die meisten ind. Volkssprachen und in europ. Sprachen übersetzt worden.
  W: The Golden Threshold, G. 1905; The Bird of Time, G. 1912; The Broken Wing, G. 1917; Speeches and Writings, ³1925; The Sceptred Flute, G. 1928; The Feather of the Dawn, G. 1960. – Selected poetry and prose, hg. M. Paranjape 1993; Selected letters 1890–1940, hg. ders. 1996.
  L: P. E. Dustoor, 1961; P. Sengupta, 1966; A. N. Dwivedi, 1981; D. Prasad, 1988; H. Banerjee, 1988; L. N. Mishra, 1995.

Naipaul, Vidiadhar Surajprasad, anglo-westind. Erzähler, * 17. 8. 1932 Chaguanas/Trinidad. Nachfahre ind. Kontraktarbeiter. Seit 1950 in England. Stud. Oxford. Wohnte in London, jetzt in Wiltshire. 1990 geadelt, 2001 Nobelpreis für Lit. – Zahlr. weltweite Reisen wurden in profunden Reisebüchern verarbeitet, die sich v. a. auf Gespräche mit sehr unterschiedl. Partnern stützen. Hauptthemen des rationalen Agnostikers u. heimatlosen Kosmopoliten N. sind Identitätsfindung, Rassismus, Entwurzelung u. Orientierungslosigkeit. Er kritisiert – aus individualist. eurozentr. Sicht – sehr skept. u. oft mit scharfem Zynismus die Entwicklungen, Denk- und Verhaltensweisen in der postkolonialen Welt. Schauplätze der Werke, in denen Fakten, Fiktion, Autobiographie, Geschichte, soz. u. kulturelle Analyse ineinander fließen, sind v. a. die Karibik, Afrika, Indien, Südamerika, islam. Länder, die USA u. England. Der an die Biographie des Vaters angelehnte Roman ›A House for Mr Biswas‹ gestaltet den Versuch e. Brahmanen auf Trinidad, in e. Kultur ohne Werte und Traditionen e. eigenes Haus zu erlangen als Symbol s. Platzes in der Welt, s. Identität u. Emanzipation. In ›A Bend in the River‹ erfährt der in Ostafrika geborene Inder Salim im Scheitern s. Versuchs, in e. als Mobutus Kongo identifizierbaren, chaot. zentralafrikan. Staat Auskommen u. Heimat aufzubauen, die Sinnlosigkeit und Leere menschl. Existenz. Im Zentrum der autobiograph. Romane ›The Enigma of Arrival‹ u. ›A Way in the World‹ stehen die Konstruktion von N.s individuellem postkolonialem Selbst u. die Suche nach e. angemessenen Erzählweise. Mit scharfsinniger Wahrnehmung zeichnet das Reisebuch über den SO der USA, ›A Turn in the South‹, e. umfassendes Gesellschaftsbild, enthüllt aber auch die Versuche zahlr. Gesprächspartner, sich mit der Zuflucht zu Sekten, Stolz auf die Geschichte etc. e. eigene Identität zu konstruieren, als beliebig. N.s Haltung zu Indien ist in ›India – a Million Mutinies Now‹ positiver geworden als in den früheren Indienbüchern.

  W: The Mystic Masseur, R. 1957 (d. 1984); The Suffrage of Elvira, R. 1958 (Wahlkampf auf karibisch, d. 1975); Miguel Street, Kgn. 1959 (Blaue Karren im Calypsoland, d. 1966); A House for Mr Biswas, R. 1961 (d. 1981); The Middle Passage, Reiseb. 1962 (Auf der Sklavenroute, d. 1999); Mr Stone and the Knights Companion, R. 1963; An Area of Darkness, Reiseb. 1964 (d. 1997); The Mimic Men, R. 1967 (Herr und Sklave, d. 1974); A Flag on the Island, Kgn. 1967; The Loss of El Dorado, Reiseb. 1969 (d. 2001); In a Free State, En. 1971 (Sag mir, wer mein Feind ist, d. 1973, In einem freien Land, 1995); The Overcrowded Barracoon, Slg. 1972; Guerrillas, R. 1975 (d. 1976); India: A Wounded Civilization, St. 1977 (d. 1978); A Bend in the River, R. 1979 (d. 1980); The Return of Eva Perón, Ess. 1980; Among the Believers. An Islamic Journey, Reiseb. 1981 (Eine islam. Reise, d. 1982); Finding the Centre, En. 1984 (Prolog zu einer Autobiographie, d. 1984); The Enigma of Arrival, R. 1987 (d. 1993); A Turn in the South, Reiseb. 1989 (In den alten Sklavenstaaten, d. 1990); India – a Million Mutinies Now, Reiseb. 1990 (Indien – ein Land im Aufruhr, d. 1992); A Way in the World, R. 1994 (d. 1995); Beyond Belief. Islamic Excursions Among the Converted Peoples, Reiseb. 1998 (d. 2002); Between Father and Son. Family Letters, hg. G. Aitken 1999 (d. 2002); Reading and Writing, Aut. 2000 (d. 2003); Half a Life, R. 2001 (d. 2001); The Night Watchman's Occurrence Book. And Other Comic Inventions, Kgn. 2002; The Writer and the World, Ess. 2002; Literary Occasions, Ess. 2003. – *Übs.:* Dunkle Gegenden. Sechs große Reportagen, 1995.
  L: P. Theroux, 1972; W. Walsh, 1973; R. D. Hamner, 1973; Critical Perspectives, hg. ders. 1977; L. White, 1975; R. K. Morris, Paradoxes of Order, 1975; M. Thorpe, 1975; K. I. Madhusudana Rao, 1982; R. Pitt, hg. 1982; S. Rai, 1982; A. Boxill, 1983; N. Mason, 1986; P. Nightingale, 1987; S. R. Cudjoe, 1988; C. Ebel, 1988; J. Thieme, 1988; P. Hughes, 1989; D. Z. Hassan, 1989; R. Kelly, 1989; S. Kamra, 1990; R. Nixon, 1992; T. F. Weiss, 1992; W. Dissanayake, C. Wickramagamage, 1993; B. King, 1993; Du-Verlag, Citoyen der Weltliteratur, 1993; J. Levy, 1994; F. Mustafa, 1995; F. Jussawalla, hg. 1997; A. J. Khan, 1998; P. Theroux, Sir Vidia's Shadow, 1998; S. Gupta, 2000; L. Joris, Eine Begegnung auf Trinidad, 2001; L. Feder, 2001; P. Mishra, hg. 2002;

J. K. P. Ramphal, 2003; J. C. Ball, 2003; D. Barnouw, 2003; F. Mustafa, 2003; H. Wayward, 2003. – *Bibl.:* K. Jarvis, 1989.

Nairne, Carolina, Baroness, geb. Oliphant (Ps. B. B. = Mrs. Bogan of Bogan), schott. Dichterin, 16. 8. 1766 Gask/Perthshire – 26. 10. 1845 ebda. ∞ 1806 Major Nairne. – Vf. lebendig-melod.- pathet. Verse, teils in der Heimatsprache. Bedeutendste Dichterin der Jakobinerbewegung.
W: Lays from Strathearn, G. 1846. – Life and Songs, hg. C. Rogers 1869.
L: M. S. Simpson, 1894; G. Henderson, ⁵1908.

Nakagami, Kenji, jap. Schriftsteller, 2. 8. 1946 Shingû/Wakayama-Präfektur – 11. 8. 1992 Kumano. Geboren und aufgewachsen in e. Familie mit Paria-Aszendenz (burakumin), Mutter Analphabetin. Nach Gymnas. in Shingû kommt er nach Tokyo, hält sich als Tagelöhner über Wasser, ist von Jazz und Theater fasziniert. Erster lit. Erfolg mit dem Roman ›Misaki‹ 1975. Außenseitertum u. Identitätssuche bestimmen thematisch s. Werk, in dem die diskriminierte Welt des Kiez (roji) e. myst.-romant. Erhöhung erfährt. Kräftiger, eigenwilliger Prosastil.
W: Misaki, R. 1975; Karekinada, R. 1977 (franz. 1977); Shugen, E. (Der Bergasket, d. 1990); Sennen no yuraku, R. 1982 (Mandala der Lüste, d. 1994); Nichirin no tsubasa, R. 1984 (franz. 1994); Kumanoshû, En. 1984 – N. K. zenshû (GW), XV 1995. – *Übs.:* The Cape, En. engl. E. Zimmerman 1999.
L: Y. Ayashi, N. K.-ron, 1988; S. Dodd, Japan's Private Parts, 1996; L. Monnet, Ghostly Women, 1996; A. Rankin, N. K. – Against the Grain, 1997; N. Cornyetz, Dangerous Women, Deadly Words, Stanford 1999.

Nakhshabī → Naḫšabī, Šaiḫ Ẓiyā'ud-Dīn

Naku, Lilika (Iulia), griech. Schriftstellerin, 1904 Athen – 1989 ebda. Verbrachte viele Jahre in Paris und der Schweiz. – Schildert in realist. Prosa das Schicksal der Schwachen u. Bedrängten. Freilich wirkte sich das polit. Engagement der Autorin nicht immer positiv auf die ästhet. Qualität ihrer Romane aus.
W: Hē xeparthenē, R. 1932; Hoi parastratēmanoi, R. 1935; Hē kolasē tōn paidiōn, En. 1945; Hē kyria Ntoremi, R. 1955; Anthrōpina peprōmena, R. 1955; Gia mia kainuria zōē, R. 1960; Hoi oromatistes tēs Ikarias, R. 1963.
L: D. Tannen, Boston 1983.

Nala und Damayantī → Mahābhārata, das

Nalješković, Nikola, kroat. Dichter, um 1510 Ragusa – 1587 ebda. Reicher Bürgersohn, reiste als Kaufmann öfter in den Orient u. nach Italien. – Typ. Vertreter des gebildeten, handeltreibenden Renaissancemenschen, den außer Dichtung auch Mathematik u. Astronomie interessierten, wovon s. Werk ›Dialogo sulla sfera del mondo‹ (1579) zeugt; als Dichter hinterließ N. mehrere Sammlungen Liebeslyrik u. geistl. Lieder, e. Reihe Sendschreiben, 4 Schäferspiele u. 3 Komödien, die wegweisend für die folgende Generation wurden.
W: Pjesni ljuvene, Pjesni od maskerat, Pjesni bogoljubne, G., alle Hsn. zwischen 1539 u. 1571, hg. Jagić u. Daničić, in: Stari pisci hrvatski 5, 1873 u. 8, 1876; PSHK 9, 1965.
L: R. Bogišić, 1971; S. P. Novak, 1977; Dani hvarskog kazališta, Sammelband 1988.

Nałkowska (Rygier-N.), Zofia, poln. Schriftstellerin, 10. 11. 1884 Warschau – 17. 12. 1954 ebda. Tochter e. poln. Geographen. Jugend in kultureller Atmosphäre. 1935 Mitgl. der poln. Lit.-Akad., Delegierte des poln. PEN-Clubs. 1952 Abgeordnete des Sejm. – Schrieb um 1900 erste ästhetisierende Gedichte. Behandlung der russ. Revolution von 1905 im Romanerstling ›Książę‹. Die Auseinandersetzung mit dem 1. Weltkrieg weitet den dichter. Gesichtskreis. Die Nachkriegsdichtung wendet sich, von der Liebe zum Menschen getragen, gegen den Krieg. Meist psycholog. Behandlung von emanzipierten, intellektuellen oder dekadenten Frauengestalten der Oberschicht mit gesellschaftskrit. Tendenz. Der bedeutendste psycholog. Roman ist ›Granica‹. Neben der ausführl. Analyse der seel. Erlebnisse der Hauptheldin steht die Entlarvung der bürgerl. Schichten in Polen, später aber auch e. realist. Darstellung des revolutionären Proletariats. Die Novellensammlung ›Ściany świata‹ u. das Drama ›Dom kobiet‹ zeigen starkes soz. Interesse. Der 2. Weltkrieg findet Niederschlag in den zarten, aber erschütternden, unpathet. Erzählungen des Bandes ›Medaliony‹. Ferner Jugenderinnerungen u. Tiergeschichten. Bedeutende Tagebücher.
W: Kobiety, R. 1906 (Women, engl. 1920); Książę, R. 1907 (Der Prinz, d. 1929); Narcyza, R. 1910; Romans Teresy Hennert, R. 1923 (Die Affäre des T. H., d. 1989); Dom nad łąkami, Erinn. 1925; Choucas, R. 1927 (franz. 1936); Niedobra miłość, R. 1928 (Verhängnisvolle Liebe, d. 1937); Dom kobiet, Dr. 1930 (Haus der Frauen, d. 1974); Ściany świata, Nn. 1931; Dzień jego powrotu, Dr. 1931, Granica, R. 1935 (Die Schranke, d. 1958); Niecierpliwi, R. 1939 (Die Ungeduldigen, d. 2000); Medaliony, En. 1946 (d. 1956); Węzły życia, R. II 1948–54; Widzenie bliskie i dalekie, Schr. 1957; Dzienniki, Tg. V 1970–88. – Dzieła (SW), XV 1976–90.
L: Wspomnienia o Z. N., 1965; W. Wójcik 1973; E. Frąckowiak-Wiegandtowa, 1975; E. Pieńkowska, 1975; B. Rogatko, 1980.

Namatianus, Rutilius Claudius, lat. heidn. Dichter, frühes 5. Jh. n. Chr. – N., Angehöriger der gall. Senatsaristokratie, durchlief e. Beamtenkarriere am weström. Hof u. war 414 Stadtpräfekt von Rom; vermutl. im Jahr 417 reiste er von Rom nach Gallien, das von Goteneinfällen u. inneren Unruhen erschüttert war, um s. Landgüter vor dem Verfall zu retten. – Diese Reise schildert er in dem (unvollständig überlieferten) Gedicht ›De reditu suo‹ (Die Rückkehr; 2 Bücher). Er beschreibt die auf der Seereise gesehenen Städte, Bauten u. Landschaften u. deren Verfall, die Nöte der Flüchtlinge, erinnert sich an frühere Begegnungen mit seinesgleichen u. rühmt die Vergangenheit. Über Standesgenossen, die Christen geworden sind, äußert er sich verächtl. Bes. bekannt sind s. hymnenhaften Worte über die sich trotz aller Gefahren stets erneuernde, ›ewige‹ Stadt Rom.

A: m. dt. Übs., Einl. u. Komm. E. Doblhofer, 2 Bde., 1972 u. 1977; m. ital. Übs. u. Komm. A. Fo, n. 1994.
L: F. Corsaro, Studi Rutiliani, Bologna 1981; I. Lana, Turin 1961; ders., in: La coscienza religiosa del letterato pagano, Genua 1987.

Namık Kemal, Mehmed, türk. Dichter, 21. 12. 1840 Tekirdağ – 2. 12. 1888 auf Chios. Aus aristokrat. Beamtenfamilie, Unterricht durch Privatlehrer, seit 1857 Beamter in Istanbul, mit Şinasi bekannt, Mitarbeit an dessen Zs. ›Tasvir-i Efkâr‹, die er 1865 übernahm. 1867 mit Ziya Pascha, e. liberalen Gesinnungsgenossen, Flucht nach Paris, 1868 gaben beide in London die freiheitl. Exilzeitung ›Hürriyet‹ heraus. Auch nach der Rückkehr 1870 (Amnestie) betätigte sich N. K. journalist. im gleichen Sinne. Bei der Aufführung s. patriot. Schauspiels ›Vatan yahud Silistre‹, e. Verherrlichung der türk. Verteidiger Silistrias 1854, zu Anfang April 1873, kam es zu nationalist. Demonstrationen der begeisterten Zuschauer; das Stück wurde verboten, N. K. verbrachte 38 Monate im Gefängnis auf Zypern. Nach der Entthronung des Sultans Abdül Aziz begnadigt; nach kurzer Tätigkeit in der Verfassungskommission 1877 nach Mytilene verbannt, 1879 Statthalter ebda., 1884 nach Rhodos, 1887 nach Chios versetzt. Starb an Tbc. Viele s. Schriften wurden heiml. verbreitet. – Erwecker der osman. vaterländ. Strömung, die die jungtürk. Bewegung auslöste u. auch Atatürks Revolution beeinflußte. S. Lyrik u. die Schauspiele sind romant., oft übermäßig sentimental; als Prosaist gab er mit ›Intibah‹ den ersten ›mod.‹ türk. Roman, inhaltl. bereits mit Ansätzen zu psycholog. Darstellung, stilist. noch zieml. prätentiös.

W: Vatan yahut Silistre, Sch. 1873 (n. 1940; Heimat oder Silistria, d. 1887); Zavalli Çocuk, Sch. 1873 (n. 1947); Akif Bey, Tr. 1874 (n. 1958); Gülnihal, Sch. 1875; Intibah, R. 1876 (n. 1944); Cezmi, R. 1880; Celâlettin Harzemşah, Sch. 1885. – Külliyati (GS), hg. A. Ekrem Bey VII 1910–27; Ges. Gedichte, hg. S. N. Ergun 1933.

L: N. K. hakkinda, Fs. d. Univ. Ankara 1942; M. Uraz, ²1944; M. C. Kuntay, 1944; M. Kaplan, 1948.

Namora, Fernando, portugies. Erzähler und Lyriker, 15. 4. 1919 Condeixa-a-Nova b. Coimbra – 31. 1. 1989 Lissabon. Stud. Medizin Coimbra, Landarzt, später in Lissabon, lernte das Leben des einfachen Volkes kennen; Präsident des portug. Kulturinstituts ICAM. – Erfolgr. neorealist. Romancier, daneben auch Lyriker. Aus dem Umkreis der Zs. ›Presença‹ stammend, mit regionalist. Einschlag (Alentejo), unter Einfluß des amerik. Romans. Zum Teil autobiograph. Züge, hohes Berufsethos (Kampf gegen Elend u. Aberglauben), psycholog. Durchdringung. Auch städt. Rahmen (›O Homem Disfarçado‹).

W: Relevos, G. 1938; As Sete Partidas do Mundo, R. 1938; O Outro, Prosa 1939; Mar Alto, Prosa 1939; Mar de Sargaços, G. 1940; Terra, G. 1941; Fogo na Noite Escura, R. 1943 (n. 1956); Casa da Malta, R. 1945; Minas de São Francisco, R. 1946 (Gold aus schwarzen Steinen, d. 1966); Retalhos da Vida de um Médico, En. 1949 (Landarzt in Portugal, d. 1958); A Noite e a Madrugada, R. 1950; O Trigo e o Joio, R. 1954 (Spreu und Weizen, d. 1963); O Homem Disfarçado, R. 1958; A Cidade Solitária, R. 1959; As Frias Madrugadas, G. 1959; Domingo à Tarde, R. 1961 (Sonntagnachmittag, d. 1962); Diálogo em Setembro, R. 1966; Os Clandestinos, R. 1972.

L: M. Sacramento, 1968; T. de Vasconcelos, 1972; U. Tavares Rodrigues, 1980.

Nānak, Guru (eig. Nānak Chand), ind. Religionsstifter und relig. Dichter, 1469 Talvandi/Punjab – 1538 Kartarpur/Punjab. Begründer der Sikh-Religion. – Stand unter Einfluß → Kabīrs; s. zumeist in Hindī abgefaßten relig. Dichtungen und die der anderen neuen ›Gurus‹ (Lehrer) der Sikhs wurden 1604 von Guru Arjan Singh zum ersten Mal im ›Ādi Granth‹ (auch: ›Granth Sāhib‹), dem heiligen Buch der Sikhs, gesammelt, das auch Dichtungen anderer Heiliger (z. B. Kabīrs) enthält.

A: Ādi Granth, 1604. – *Übs.:* engl.: E. Trumpp 1877; M. A. Macauliffe 1909; K. Singh, Hymns of G. N., 1969.
L: M. A. Macauliffe, The Sikh Religion, Oxf. 1909; Khushwant Singh, The Sikhs, N. Y. 1953; W. H. MacLeod, Oxf. 1968; H. Singh, 1969; S. S. Bal, 1969; S. Singh, 1970; C. Shackle, 1981; W. O. Cole, 1987; I. Singh, II ²1985.

Nansen, Peter, dän. Schriftsteller, 20. 1. 1861 Kopenhagen – 31. 7. 1918 Mariager. Journalist, 1896–1916 Verlagsleiter bei Gyldendal. – Vf. psycholog.-erot. Ehe- und Frauenromane und Novellen in graziösem Plauderton. Auch Dramatiker.

W: Julies Dagbog, R. 1893 (Julies Tagebuch, d. 1895); Maria, R. 1894 (d. 1895); Guds fred, R. 1895; Judiths ægteskab, R. 1898 (Judiths Ehe, d. 1899); Hendes elskede, En. 1918. – Samlede skrifter, III 1908f., ³1920.

L: M. Jepsen, 1912; S. Frøland, 1962.

Nápravník, Milan, tschech. Dichter u. bildender Künstler, * 28. 5. 1931 Německý (heute Havlíčkův) Brod. Nach dem Abitur (Prag, 1951) Stud. an der Filmakademie in Prag, dann in der Redaktion des tschech. Fernsehens, nach 1968 Exil in der BRD, seit den 80er Jahren freischaffender Künstler, nach 1989 lebt er in Prag und Köln. – S. v. a. durch surrealist. Methoden geprägtes lit. wie auch künstler. Schaffen vermittelt e. existentialist. Lebensgefühl, begleitet v. Desillusion u. Skepsis über das menschl. Dasein in e. Welt, die als absurdes, widersprüchl. u. brutales Provisorium empfunden wird.

W: Básně, návěstí a pohyby, G. 1966 (erw. 1994); Moták, G. 1969 (erw. u. d. T. Kniha moták, 1995); Beobachtungen des stehenden Läufers, G. Ffm. 1970; Vůle k noci, G. Mchn. 1988, erw. 1997 (Der Wille zur Nacht, d. Bln. 1980); Inverzáž, G. u. Fotogr. 1995.

Naqīb o'l-Mamālek, Mirzā Mohammad ʿAlī, war mit der Oberaufsicht über ›Unterhaltungskünstler‹ betraut und ›Chef-Erzähler‹ des Qāǧārenherrschers Nāṣerod-Dīn Šāh (Regierungszeit 1846–96). Nachdem er das Repertoire der traditionellen Volkserzählungen erschöpft hatte, erfand er die ›Abenteuer des Amīr Arslān‹. Ihre Niederschrift und wohl auch Ausgestaltung ist jedoch Faḫrod-Doule, e. Tochter des Schahs zu verdanken, die hinter e. Vorhang mithörte. ›Amīr Arslān‹ steht an der Schwelle zwischen traditionellen Volkserzählungen und dem mod., europ. beeinflußten Roman.

W: Amīr Arslān (um 1880); Malek Ǧamšīd wa ṭelesm-e Āsef wa hammām-e bolūr, Ed. 1948.

Naranjo, Carmen, costarican. Erzählerin, * 30. 1. 1931 Cartago. Diplomatin, Kulturministerin, Leiterin des Universitätsverlages. – Kritisiert Konformismus u. Routine der Bürger; verurteilt aus feminist. Sicht den Machismo. Z. T. Ausflüge ins Phantastische.

W: Los perros no ladraron, R. 1966; Diario de una multitud, R. 1974; Mi guerrilla, G. 1977; Memorias de un hombre palabra, R. 1978; Ondina, En. 1983; Nunca hubo alguna vez, En. 1984; Manuela siempre, Dr. 1984; Mujer y cultura, Es. 1989; Otro rumbo para la rumba, En. 1989.

L: A. Miranda Hevia, 1985; L. I. Martínez Santiago, 1987.

Nārāyan, R(asipuram) K(ṛṣnasvāmī), ind. Schriftsteller engl. Sprache, 10. 10. 1906 Madras – 13. 5. 2001. Stud. Madras und Mysore, dann Leeds/England; Dozent in Madras und Mysore; freier Schriftsteller in Mysore. – Bedeutender Erzähler der zeitgenöss. ind.-engl. Lit.; charakterisiert in s. durchaus sozialkrit. Romanen und Erzählungen liebenswürdig-humorvoll, aber scharf beobachtend die Menschen e. fiktiven, als archetyp. zu verstehenden südind. Kleinstadt namens Malgudi. Auch Essayist und Übs. ind. Epen und Mythen; Freundschaft und Briefwechsel mit G. Greene.

W: Swami and Friends, R. 1935; The Bachelor of Arts, R. 1937; The Dark Room, R. 1938; Malgudi Days, Kgn. 1943; The English Teacher, R. 1945; An Astrologer's Day, Kgn. 1947; Mr. Sampath, R. 1949; The Financial Expert, R. 1952 (Gold vom Himmel, d. 1955); Waiting for the Mahatma, R. 1955; Lawley Road, Kgn. 1956; Next Sunday, Ess. 1956; The Guide, R. 1958 (Der Fremdenführer, d. 1960); My Dateless Diary, Tg. 1960; The Maneater of Malgudi, R. 1961 (d. 1967); Gods, Demons and Others, Leg. 1964; The Vendor of Sweets, R. 1967; A Horse and Two Goats, Kgn. 1970; Cyclone and Other Stories, Kgn. o. J.; Dodu and Other Stories, Kgn. o. J.; My Days, Aut. 1975; The Painter of Signs, R. 1976; Malgudi Days, Kgn. 1982; A Tiger for Malgudi, R. 1983; Under the Banyan Tree, En. 1985; Talkative Man, R. 1987.

L: R. K. N. A critical spectrum, hg. B. S. Goyal 1982; W. Walsh, 1982; M. K. Naik, The ironic vision, 1983; R. M. Varma, 1993; A. K. Jha, 2000; K. K. Gaur, 2000.

Nārāyaṇa → Hitopadeśa, der

Nārāyaṇa-bhaṭṭa, ind. Dichter des 16. Jh. n. Chr., aus Ponnani/Kerala. Brahmane; lebte später in Trikandiyur bei Tirur/Kerala. – Vf. des ›Nārāyaṇīya‹, gleichzeitig Epos u. Hymne, das in 100 Dekaden (daśaka) den gesamten Stoff des ›Bhāgavata-Purāṇa‹ (→ Purāṇa) wiedergibt; zwei weitere Werke N.s sind die ›Svāhāsudhākaracampū‹, die die Liebesgeschichte des Mondes mit Svāhā, der Frau des Gottes Agni, erzählt und zu den ›Schnell-(= Stegreif-)Dichtungen‹ gehört, sowie der ›Mānameyodaya‹, e. philos. Werk über die Erkenntnismöglichkeiten im Sinne der Mīmāṃsā des Kumārila. N. ist e. der angesehensten und vielseitigsten Dichter Südindiens; s. ›Nārāyaṇīya‹ zählt in Kerala zu den Andachtsbüchern.

W: Nārāyaṇīya, Ep. 1587 (hg. u. engl. komm. P. N. Menon 1934, ²1961); Mānameyodaya, Schr. (n. Trivandrum Sanskrit Series XIX, 1912); Svāhāsudhākara-campū, Dicht. (hg. Paṇḍit Durgāprasāda, K. P. Parab ³1937).

L: K. Rama Pisharoti, 1933; K.-W. Müller, 1992.

Narcejac, Thomas → Boileau, Pierre-Louis

Narežnyj, Vasilij Trofimovič, russ. Schriftsteller, 1780 Ustivica, Kr. Mirgorod./Gouv. Poltava – 3. 7. 1825 Petersburg. Vater verarmter Adliger, Kosak; 1798–1800 Stud. Moskau ohne Abschluß; unterer Beamter im Kaukasus und in Petersburg; hatte mit satir. Erzählungen und Romanen großen Erfolg, beteiligte sich nicht an den lit. Auseinandersetzungen s. Zeit. – S. Abenteuerroman ›Rossijskij Žilblaz ili Pochoždenija knjazja... Čistjakova‹ zeigt im Formalen das Vorbild von Lesage, ist in der Schilderung russ. Lebens original;

Darstellung des ukrain. Milieus drängt das Element des Abenteuerl. zurück in ›Bursak‹ und ›Dva Ivana‹; beide Romane haben in Milieuschilderung, Charakteren u. Sujet auf Gogol' gewirkt.

W: Dimitrij Samozvanec, Tr. (1800); Svjatopolk, Tr. 1806; Slavenskie večera, G. 1809; Rossijskij Žilblaz ili Pochoždenija knjazja Gavrily Simonoviča Čistjakova, R. III 1814 (n. II 1938); Bursak, R. 1824; Dva Ivana, R. 1825; Černyj god, Dr. 1829. – Romany i povesti, X 1835 f.; Izbrannye romany, Ausw. 1933; Izbrannye sočinenija, II 1956. – *Übs.:* Der russ. Gil Blas, 1972.
L: L. Teml, 1979; R. D. LeBlanc, Columbus 1986.

Narihira, Ariwara → Ariwara

Narokov, Nikolaj Vladimirovič (eig. N. V. Marčenko), russ. Schriftsteller, 8. 7. 1887 in Bessarabien – 3. 10. 1969 Monterey/CA. N. verließ die SU im Rahmen der 2. Emigrationswelle u. schrieb s. erste Prosa in Dtl. 1950 Übersiedlung in die USA. – N. wurde durch s. in mehrere Sprachen übersetzten Roman ›Mnimye veličiny‹ 1952 international bekannt. In diesem 1937 spielenden Werk gibt er guten Einblick in das systembedingte Unechte zwischenmenschl. Beziehungen in der UdSSR.

W: Mnimye veličiny, R. 1952 (Wenn das Salz schal wird, d. 1956); ›Mogu!‹, R. 1965.

Narses (syr. Narsai), syr. Kirchenschriftsteller nestorian. Bekenntnisses, Anfang 5. Jh. ʿAin Dulbā (Gebiet von Maʿallṯā) – kurz nach 503 Nisibis. 437 Leiter der ›Schule der Perser‹ in Edessa; wegen s. nestorian. Tendenzen 457 von dort vertrieben, gründete er auf Einladung des Bischofs Barṣaumā die Schule von Nisibis, die er abgesehen von e. 5jährigen Aufenthalt im Kloster Kfar Mār(ī) 40 Jahre lang leitete. – Vf. von zahlr. metr. Homilien (Mēmrē) u. stroph. Hymnen (Maḏrāšē) theolog. Inhalts; bes. wichtig s. liturg. Homilien u. die Homilie zum Lob der nestorian. Lehrer Diodor, Theodor v. Mopsuestia u. Nestorius. S. Urheberschaft e. Epos über den ägypt. Joseph ist zweifelhaft.

A: Homiliae, hg. A. Mingana II 1905, Nachdr. 1970, engl. u. komm. R. H. Connolly 1909; Syrische Wechsellieder, hg. u. dt. F. Feldmann 1896; Josephepos, hg. V. Grabowski, Diss. Lpz. 1889; M. Weyl, Diss. Bln. 1901; Homélies sur la Création, hg. P. Gignoux 1968.

Narten-Epos, Epos der Kaukasusvölker, am ausführlichsten bei den Osseten, Adygen und Abchasen. Narten sind die Hauptgestalten, die weite Feldzüge unternehmen und Heldentaten vollbringen. Das Epos reicht bis zu den Skythen (7.– 4. Jh. v. Chr.) zurück, es entstand in der Stammesgesellschaft (Reste des Matriarchats), von nachfolgender Zeit beeinflußt. Genaue Bedeutung noch nicht völlig erschlossen. Wurde mündl. weitergegeben; ab Mitte des 19. Jh. aufgeschrieben.

A: Narty: kabardinskij epos, 1951; Adygskij geroičeskij epos, 1974; Narty: osetinskij geroičeskij epos, 1989. – *Übs.:* A. Sikojev, Die Narten, Söhne der Sonne, Köln 1985, 1987.
L: A. Kubalov, Pesni kavkaz. gorcev, 1906; M. Rklickij, K voprosu o nartach i nartskich skazanijach, 1927; V. Abaev, 1945, 1957; A. Alieva, 1969; A. Anšba, 1970; U. Dalgat, 1972; V. Meremkulov, abazinskij epos, 1975; Š. Salakaâ, Abchazskij epos, 1976; V. Kuznecov, osetinskij epos, 1980; A. Gutov, adygskij epos, 1993; R. Ortabaeva, Narty, geroičeskij epos balkarcev i karačaevcev, 1994; Z. Dzapyua, Nartskij epos abchazov, 1995.

Naruszewicz, Adam Stanisław, poln. Dichter u. Historiograph, 20. 10. 1733 Łaniszyn b. Pińsk – 6. 7. 1796 Janów. Aus armem Adel. 1748 Mitgl. des Jesuitenordens. Jesuitenkolleg Lyon. 1762 Prof. für Poetik in Wilna u. Warschau. Reisen nach Dtl., Frankreich, Italien. 1764 Begegnung mit König Stanislaus, wurde Hofdichter. Nach Auflösung des Jesuitenordens 1790 Bischof von Łuck u. Ernennung zum Historiograph. – Hrsg. der Gedichte u. Briefe Sarbiewskis. Übs. Tacitus, Horaz u. Anakreon, die auch s. Lyrik beeinflußten. Schildert in pseudoklassizist. Oden das Hofleben. Idyllen nach franz. Vorbild u. Geßner. Fabeln nach La Fontaine und realist.-zeitnahe Satiren zur Entlarvung poln. Mißstände. S. Dichtung ist noch ungeschliffen, nur in Umgangssprache, oft archaisch. Geschichtsschreibung auf wiss.-krit. Grundlage im Sinne der Aufklärung. Behandelt die poln. Geschichte von der Christianisierung bis 1386.

W: Sielanki, G. 1770/71; Głos umarłych, G. 1778; Satyry i bajki, G. um 1800; Historia narodu polskiego od początku chrześciaństwa, VI 1780–1824 (n. X 1859f.); Historia Jana Karola Chodkiewicza, 1781; Tauryka, 1787; Diariusz podróży Najjaśniejszego St. A. króla polskiego na Ukrainę, 1788. – Dzieła poetyckie, G. IV 1778; Dzieła zupełne (SW), XV 1803–05; Satyry, 1962; Liryki wybrane, G.-Ausw. 1964; Korespondencja, 1959.
L: M. N. Rutkowska, Wash. 1941; S. Grzybowski, Teki N., 1960; A. Aleksandrowicz, Twórczość satyryczna N., 1964; J. Platt, Sielanki i poezje sielskie A. N., 1967; J. Platt, 1967.

Nascimento, Francisco Manuel do → Elísio, Filinto

Nāṣero'd-Dīn Šah Qāǧār, pers. Großkönig, 17./18. 7. 1831 Teheran – 1. 5. 1896 (ermordet) ebda. Aus der Dynastie der Qāǧāren, regierte ab 1848. – Lit.geschichtl. bedeutsam, weniger als Vf. e. ›Diwan‹ als durch Tagebücher s. Europa-Reisen (1873, 1878, 1889), die er in ganz schlichter Alltagsprosa verfaßte. Sie trugen zur Entwicklung der heutigen pers. Schriftprosa bei.

W: Rūz-Nāme-ye safar-e Ferangestān, 1874 (›Tagebuch der ersten Europareise‹, engl. J. W. Redhouse 1874); Rūz-Nāme, 1879 (›Tagebuch‹ [2. Reise], engl. A. Houtum-Schindler 1879).

Nash, N. Richard (eig. Nathan Richard Nusbaum), amerik. Dramatiker und Romanautor, 7. 6. 1916 Philadelphia – 11. 12. 2000 New York. Stud. Univ. Pennsylvania, lehrte Theaterwiss., Regisseur, Drehbuchautor. – S. Komödie ›The Rainmaker‹ über den Einbruch des Fremden in das Leben einfacher Menschen des Mittelwestens wurde e. großer Erfolg.
W: The Young and Fair, Dr. 1949; See the Jaguar, Dr. 1953; The Rainmaker, K. 1954 (d. 1955); Girls of Summer, K. 1956; Handful of Fire, K. 1958; Wildcat, Musical 1960; 110 in the Shade, K. 1964; Eastwind, Rain, R. 1977 (d. 1978); Radiance, R. 1983.

Nash, (Frederic) Ogden, amerik. Vershumorist, 19. 8. 1902 Rye/NY – 19. 5. 1971 Baltimore/MD. Stud. Harvard; Verlagstätigkeit, Redakteur beim ›New Yorker‹, Bearbeiter von Filmskripten in Hollywood. – Schrieb von witzigen Einfällen übersprudelnde Lyrik mit bewußt unkorrekten Reimen und unkonventionellen Gedanken; bissige Gesellschaftssatiren, pseudopoet. Parodien und surrealist. Nonsense-Verse. Auch Kinderbücher.
W: Hard Lines, 1931; Free Wheeling, 1931; The Bad Parent's Garden of Verse, 1936; I'm a Stranger Here Myself, 1938; The Face is Familiar, 1940; Good Intentions, 1942 (d. 1965); Versus, 1949; Family Reunion, 1950; Parents Keep Out, 1951; The Private Dining Room, 1953; You Can't Get There from Here, 1957; The Christmas That Almost Wasn't, 1957; Custard the Dragon, 1959; Verses from 1929 On, 1959 (Ich bin leider auch fremd hier, Ausw. amerik./dt. 1969); A Boy is a Boy, 1960; Custard the Dragon and the Wicked Knight, 1961; Girls are Silly, 1962; Everyone but Thee and Me, 1962; The New Nutcracker Suite, 1962; The Adventures of Isabel, 1963; Marriage Lines: Notes of a Student Husband, 1964; The Untold Adventures of Santa Claus, 1964; An O. N. Omnibook, 1967; Santa Go Home, 1967; There's Always Another Windmill, 1968; Bed Riddance, 1969; I Wouldn't Have Missed It, Selected Poems, 1983. – Loving Letters, hg. L. N. Smith, 1990. – Übs.: Der Kuckuck führt ein Lotterleben, 1977.
L: Bibl.: G. W. Crandell, 1990.

Nash(e), Thomas, engl. Satiriker, Erzähler und Dramatiker, Nov. 1567 Lowestoft (Suffolk) – um 1601 London. Stud. Cambridge; Reise durch Frankreich und Italien. Ließ sich 1588 in London nieder u. verdiente s. Lebensunterhalt mit dem Abfassen von Flugschriften auf Bestellung; Freundschaft mit R. Greene, gehörte wie dieser den ›university wits‹ an; unruhiges, ständig durch Armut bedrohtes Dasein, verscherzte sich durch s. Sarkasmus mehrere Gönner. – Mit s. grotesken Pamphleten führender Satiriker der Zeit, unter Einfluß von Aretino. S. Erzählung ›The Unfortunate Traveller‹ fand damals wenig Beachtung, ist jedoch von künstler. Wert und lit. bedeutsam, da bahnbrechend für den engl. pikaresken Roman. Der Held, Jack Wilton, einstiger Hofnarr Henry's VIII., erzählt s. Schelmenstreiche und Abenteuer, gibt interessante Zeitbilder, alles gesehen aus der Perspektive des skrupellosen, lebensfrohen Schelms und erzählt im Stil Rabelais'. E. inzwischen verlorene Komödie ›Isle of Dogs‹ wies so nachdrückl. auf Mißstände im Staat hin, daß sie N. e. Gefängnisstrafe einbrachte; zudem wurde 1599 der Druck seiner Werke, ebenso wie der seines Gegenspielers G. Harvey, von der Kirche verboten. Schrieb ferner die Komödie ›Summer's Last Will‹, zahlr. Satiren, meist gegen die Puritaner gerichtet, ferner e. burleskes Loblied des Herings ›Lenten Stuffe‹ (= Fastenspeise).
W: The Anatomie of Absurditie, Sat. 1590; Pierce Penilesse his Supplication to the Diuell, Sat. 1592 (n. 1969) Christ's Teares over Jerusalem, Sat. 1593; The Unfortunate Traveller, or the Life of Jack Wilton, E. 1594 (hg. H. F. Brett-Smith 1920, J. Berryman 1971, J. B. Steane 1972; d. 1970); Terrors of the Night, Sat. 1594; Dido, Queene of Carthage, Tr. 1594 (mit Marlowe); Have with you to Saffron-walden, Sat. 1596; Lenten Stuffe, Burlie 1599; A Pleasant Comedie, Called Summers Last Will and Testament, K. 1600 (hg. P. Posluszny, 1989). – The Works, hg. R. B. McKerrow V 1904–08 (n. F. P. Wilson 1958, 1967); Selected Writings, hg. S. Wells 1965.
L: A. Piehler, 1907; F. Stamm, D. Unf. Trav. des T. N., 1930; A. Stalker, Shakespeare, Marlowe and N., 1936; W. Schrickx, Shakespeare's Early Contemporaries, 1956; G. R. Hibbard, 1962; J. V. Crewe, Unredeemed Rhetoric, 1982; S. S. Hilliard, The Singularity of T. N., 1986; L. Hutson, T. N. in Context, 1989; J. Nielson, Unread Herrings: T. N and the Prosaics of the Real, 1993. – Bibl.: S. A. Tannenbaum, 1937; Konkordanz: L. Ule, 1997.

Nāṣir ad-dīn → Nāṣero'd-Dīn Šāh Qāǧār

Nāṣir-i Ḫusrau, Abū Muʿīn, pers. Dichter, 1004 Qubādiyān/Marw (Turkestan) – zw. 1072 u. 1088 Yumgān/Afghanistan. Aus Beamtenfamilie; obwohl Schiit, im seldschuk. (sunnit.) Staatsdienst tätig (Balch, Afghanistan). E. Traum bewirkte 1045 innere Wandlung; Aufgabe der Beamtentätigkeit, Wallfahrt nach Mekka, von da in das Ägypten des extrem-schiit. Gegen-Kalifen al-Mustansir billāh (reg. 1036–94), trat zu dessen Ismāʿīlī-Sekte über, kehrte 1052 nach Balch zurück zur Verbreitung des Ismailitentums, wurde von Staats wegen verfolgt, floh nach Yumgān in die Berge von Badachschan, wo er auch starb. – Vf. e. umfangreichen Diwans, vorwiegend Lobpreis Gottes, dichterisch formvollendet, sowie von einigen philos.-theol. Prosaschriften, darunter ›Zādu'l-Musāfirīn‹ (›Zehrung der Reisenden‹), und dem Lehrgedicht ›Raušanā'ī-Nāma‹ (›Buch der Erleuchtung‹); am bekanntesten s. kulturgeschichtl. hochbedeutsames ›Safar-Nāma‹ (›Reisetagebuch‹) über s. Reise durch Persien, Syrien, Ägypten, Arabien u. zurück nach Zentralasien.

A: Safar-Nāma, hg. Berlin 1923 (m. Raušanā'ī-Nāma u. Saʿādat-Nāma) u. M. D. Siyāqī 1335/1956 (franz. Ch. Schefer 1881; d. U. v. Melzer 1993; engl. W. M. Thackston, New York 1986); Diwan, hg. M. Mīnuwī, M. Muḥaqqiq 1375/1978 (dt. Ausw. H. Ethé, Nachr. Ges. Wiss. Göttingen 1882 u. Zs. d. dt. morgenl. Ges. 36, 1882).

L: H. Ethé, 1884; E. G. Browne, 1905; A. C. Hunsberger 2000.

Nāṣir-i Khusrau, Abū Muʿīn → Nāṣir-i Ḥusrau, Abū Muʿīn

Nasreddin Hoca, der ›türk. Eulenspiegel‹, halb legendärer Held e. im ehemaligen osman. Bereich, auch in Turkestan (Molla N., N. Apandi = Efendi) verbreiteten Sammlung von Schwänken, die oft prakt. Lebensweisheiten in naiv-schalkhaftem Gewande enthalten. N. hat vermutl. gegen Ende des 14. Jh. in Akşehir als niederer Geistlicher u. Lehrer (Hoca) gewirkt. S. angebl. Grab wird noch heute dort gezeigt. Der Eroberer Timur Leng (›Tamerlan‹) soll ihn als weisen, in spekulativem Denken talentierten Hofnarren mit s. Gunst ausgezeichnet haben. – Viele der außerordentl. volkstüml. Überlieferungen sind in den türk. Sprichwörterschatz eingegangen oder finden sich umgewandelt im Repertoire des Schattentheaters (Karagöz) wieder. Die Figur des N. wird weitgehend als Personifizierung des türk. Volkscharakters empfunden, daher die häufig vorkommende Bezeichnung des Helden als ›Buadem‹ (aus ›bu adam‹ = dieser Mensch). Die gleichartigen ägypt. Schwänke um Djuha (Goha, in Maghrib Si Djehan, in Sizilien Giuca u. ä.) gehen auf e. weit älteren ›Schalksnarren‹ zurück, haben sich jedoch später z. T. mit dem N.-Überlieferungskreis verschmolzen.

A: Letāif-i Hoca Nasreddin, hg. Baha'i 1909 u. ö., F. Köprülü 1918, O. V. Kanik 1949 (d. 1979), E. C. Güney 1957, A. Gölpinarli 1961, R. Ş. Yeşim 1966. – *Übs.:* A. Wesselski II 1911 (m. Komm.); Ausw. E. Müllendorf 1890, O. Spies 1928, A. Wesselski 1962, A. Hünich 1964, J.-P. Garnier, O. v. Taxis 1965, H. Melzig ²1969; U. Marzolph, 1996.

L: Bibl.: P. Arbak, 1964; A. E. Bozyiğit, 1987; I. Ü. Nasrattinoğlu, 1996.

Naṣru'llāh, Abu'l-Maʿālī ibn Muhammad, pers. Fabeldichter, 12. Jh. aus Schiras/Südiran. – Verfaßte 1143–45 für den Ghasnewiden-Sultan Bahrām Šāh (1118–52) in meisterhafter Prosa mit rhetor. Beiwerk e. ›Kalīla u Dimna‹ (Name zweier Schakale) betitelte Neubearbeitung der ind. Fabelsammlung ›Pañcatantra‹, Tierfabeln mit vielfachen polit. Aphorismen, e. der im Orient meistverbreiteten Werke. Als Text legte er die auf Geheiß des Sasaniden Ḫusraw Anūširwān (531– 579) vom Arzt Burzōe ins Pahlawi (Mittelpers.) übersetzte, vom Perser Ibn al-Muqaffaʿ († um 756) ins Arab. übertragene Fassung der Fabelsammlung zugrunde.

A: Kalīla u Dimna, hg. M. Mīnuwī 1343/1964 (d. S. Najmabadi, S. Weber 1996).

Nassar, Raduan, brasilian. Schriftsteller, * 1935 Pandorama/São Paulo. Stud. Jura u. Philos., journalist. tätig; verweigert sich dem Lit.betrieb und lebt zurückgezogen auf dem Land. – Mit ›Lavoura arcáica‹ und ›Um copo de cólera‹ internationale Erfolge als Erzähler.

W: Lavoura arcáica, R. 1975; Um copo de cólera, N. 1978 (d. 1991); Menina a caminha, E. 1994 (erw. 1997). – *Übs.:* Mädchen auf dem Weg, 1982.

Nathan, Robert (Gruntal), amerik. Schriftsteller, 2. 1. 1894 New York – 25. 5. 1985 Los Angeles. Erzogen in Genf, Stud. Harvard, 1924/25 Lektor für Journalistik in New York; zeitweilig Präsident des PEN-Clubs, lebte als freier Schriftsteller in New York und Los Angeles. Auch Komponist und Illustrator. – Schrieb mit satir. Phantasie und in lyr.-sentimentalem Stil Romane über nichtalltägl. Charaktere; in den 1930er u. 40er Jahren Drehbuchautor in Hollywood.

W: Peter Kindred, R. 1919; Autumn, R. 1921; The Fiddler in Barly, R. 1926 (Das Mädchen aus Barly, d. 1955); The Bishop's Wife, R. 1928 (d. 1948); A Cedar Box, R. 1929; One More Spring, R. 1933 (d. 1961); The Barly Fields, 1938 (5 Romane, hg. S. V. Benét); Portrait of Jennie, R. 1940 (d. 1949); A Winter Tide, G. 1940; The River Journey, R. 1949 (Flußfahrt mit Herrn Mortimer, d. 1953); The Married Look, R. 1950 (Wer warst du, Clementine, d. 1952); Jezebel's Husband, Dr. (1953); So Love Returns, R. 1958 (d. 1961); The Color of Evening, R. 1960; A Star in the Wind, R. 1961; The Wilderness Stone, R. 1961 (Miranda, d. 1968); The Devil with Love, R. 1963; The Fair, R. 1964; Stonecliff, R. 1967.

L: C. K. Sandelin, 1969. – *Bibl.:* H. Laurence, 1960.

Nathansen, Henri, dän. Erzähler und Dramatiker, 17. 7. 1868 Hjørring/Jütland – 16. 2. 1944 Lund/Schweden. Sohn e. jüd. Großhändlers. Stud. Rechtswiss., Dramaturg u. Theaterkritiker in Kopenhagen. 1940 Flucht nach Schweden; Freitod. – Vf. von realist. Romanen u. Schauspielen über dän.-jüd. Leben mit tiefgehender Darstellung der Unterschiede zwischen jüd. u. dän. Lebensform; Porträtstudie über G. Brandes.

W: Sommernat, R. 1899; Den forbudne Frugt, En. 1901; Floden, R. 1901; Mor har ret, Sch. 1904; Den gode borger, Sch. 1908; Daniel Hertz, Sch. 1909; Indenfor murene, Sch. 1912 (Hinter Mauern, d. 1913); Affæren, Sch. 1913; Dr. Wahl, Sch. 1915; Af Hugo Davids liv, R. IV 1917; G. Brandes, B. 1929 (Jude oder Europäer, d. 1931); Portrætstudier, Ess. 1930; Mendel Philipsen og Søn, R. 1932 (Sophie, d. 1993). – Memento (G.-Ausw.), 1951.

Natsume Sôseki (eig. N. Kinnosuke), jap. Erzähler, Essayist u. Romanautor, 5. 1. 1867 Tokyo – 9. 12. 1916 ebda. Nach schwieriger Kindheit, belastet durch Pendeln zw. Eltern u. Adoptiveltern, durch den frühen Tod der Mutter und zweier Brüder, studiert er klass. Chinesisch u. engl. Lit. bis 1893. 1900–03 Englandaufenthalt, danach Lektor an der Univ. Tokyo. Ab 1907 Mitarbeiter e. prominenten Zeitung. – Debütiert mit Gedichten in klass. Versformen (haiku, renku u.a.) u. poetolog. Essays. Durchbruch mit dem Roman ›Wagahai wa neko de aru‹ (1905). Einer der wichtigsten Autoren seiner Zeit, Spiritus rector in literarischen Zirkeln, übt entscheidenden Einfluß auf jüngere Schriftsteller aus. – S. Werk spiegelt die schwierige Zeit des Umbruchs einer Gesellschaft an der Schwelle zur Moderne wider, gebrochen durch die Sicht jugendlicher Helden u. deren sentimentalen Verstrickungen. S. Stil vereint satir. Schärfe mit einfühlsamen psycholog. Analysen und einem feinen Sinn für Humor. Innovativ verwendet er die Technik des ›stream of consciousness‹, den dialog. Aufbau u. den perspektiv. Wechsel in der Narration.
W: Wagehai wa neko de aru, R. 1905 (Ich, der Kater, d. 1996); Botchan, E. 1906 (Ein reiner Tor, d. 1925); Kusamakura, N. 1906 (Das Graskissenbuch, d. 1996); Sanshirô, R. 1909 (Sanshirô, d. 1991); Kokoro, R. 1914 (Kokoro, d. 1946); Garasudo no uchi, Ess. 1915 (engl. 2002); Meian, R. 1917 (engl. 1971). – N. S. zenshû (GW), 1965–67. – *Übs.*: M. Ueda, Modern Japanese Haiku, ²1978.
L: E. McClellan, Two Jap. Novelists, 1969; H. Hibbett, N. S. and the Psychological Novel, 1971; T. Doi, The Psychological World of N. S., 1976; T. Iijima u. J. Vardaman, The World of N. S., 1987; S. Ôka, N. S. Novelist, 1989; R. Abe Auestad, Rereading S., 1998; F. Hintereder-Emde, Ich-Problematik, 2000.

Naum, Gellu, rumän. Dichter u. Dramatiker, 1. 8. 1915 Bukarest – 29. 9. 2001 ebda. Stud. Philos. u. Pädagogik Bukarest u. Paris, Dr. phil. Aktives Mitgl. der surrealist. Bewegung. Redigiert die Zsn. ›Meridian‹ (1934), ›Tânăra Generație‹ (1935). – Vf. e. Reihe von Kinderbüchern (Cel mai mare Gulliver, Cartea cu Apolodor, Athanor). S. Sprache zeigt die ausgeklügelte Beherrschung des semant. Registers. Die Assoziierung des Gegensätzlichen, das Zitat, das Entdecken e. Vorstellungswelt, die sich selbst genügt, sind die Grundlagen s. Schreibens. N. s. Texte oszillieren zw. theoret. Rechtfertigung u. Lyrik. Die Selbstironie dient zu Distanzierung u. Klarsicht, zu Entmythologisierung. S. Wohnsitz Paris trug zu s. Bekanntheitsgrad in der internationalen Lyrik bei; s. Name steht insbes. nach 1990 für phantast. Prosa, und schwarzen Humor, eingebettet in e. System des Absurden nach selbstbestimmten Regeln, Codes u. Zeichen. Rege Übs.tätigkeit.
W: Castelul Orbilor, Es. 1946; Copacul-Animal, 1946; Sanda, 1956; Cel mai mare Gulliver, 1958; Apolodor I 1959, II 1964; Athanor, E. 1968; Poeme alese, G. 1974; Partea cealaltă, 1975; Ceasornicăria Taus, Dr. 1979; Apolodor: Un pinguin călător, E. 1988.
L: Al. Călinescu, 1985; E. Simion, 1989.

Navarre, Yves, franz. Schriftsteller, 24. 9. 1940 – 24. 1. 1994 Selbstmord. – Beschäftigt sich mit psycholog. Themen, z. B. mit den Auswirkungen der Homosexualität auf die Psyche.
W: Lady Black, R. 1971; Evolène, R. 1972; Loukoums, R. 1973; Le cœur qui cogne, R. 1974; Biographie, 1981; L'espérance de beaux voyages, 1984; Une vie de chat, 1986 (Kater Tiffauge, d. 1988); Louise, Hôtel Styx, R. 1989; Poudre d'or, R. 1993; La ville atlantique, posthum 1996. – Théâtre, II (1974–76).
L: P. Salducci, 1997.

Nawā'ī, Mīr ʿAlī Šīr Nizamuddin, tschagataitürk. Dichter, 9. 11. 1441 Herat – 3. 2. 1501 ebda. Aristokrat. Familie; auserlesene Bildung; nach der Thronbesteigung s. Jugendfreundes Husain Bayqara (1469) am Hof mit hohen Ämtern betraut, die er aufgab, um nur der Dichtung u. Gelehrsamkeit zu leben. – Begründer u. größter Repräsentant der tschagataischen Literatursprache und Dichtung Turkestans. S. reiche dichter. Phantasie u. hohe Formkunst stellen ihn ebenbürtig neben die großen pers. Lyriker. S. bedeutendsten poet. Werke sind: 1. die 5 Gedichtsammlungen (Divans), davon e. in pers. Sprache; die 4 tschagatai-türk. sind jeweils e. Lebensalter (Kindheit bis Greisenalter) gewidmet. 2. ›Hamsa‹, e. Zyklus von 5 romant. Mesnevi-Dichtungen zu traditionellen Themen (Farhad u. Schirin, Leyla u. Medjnun, u. a.). Unter s. Prosawerken hat die erste türk.sprachige Sammlung von Dichterbiographien, ›Madjālis an-nafā'is‹, einzigartigen Quellenwert für die literaturhist. Forschung.
A: Hamsa, Taškent 1958. – GW, hg. A. S. Levend 1965–68.
L: M. F. Köprülü, 1941; E. Bertel's, Moskau 1948.

Naylor, Eliot → Frankau, Pamela

Naylor, Gloria, afroamerik. Erzählerin, * 25. 1. 1950 New York. Kind einfacher Eltern; nach High-School Missionarin für Zeugen Jehovas, nach Nervenzus.bruch Hinwendung zum Schreiben; M.A. Yale 1983; weitgereist, Univ.-Doz. Gründerin e. Filmproduktionsgesellschaft (One

Way Productions). – N. verdankt ihr Interesse am Schreiben Toni Morrisons Roman ›The Bluest Eye‹. Wie dort stehen auch in N.s erstem Werk bedrängte u. verzweifelte Frauen im losen Netzwerk einer Straßengemeinschaft. Neben anderen Dramatisierungen von Nachbarschaft (›Linden Hills‹) u. Begegnungsraum (›Bailey's Café‹) als Bühnen für verkümmerte oder verhinderte Existenzen (zunehmend auch Männer) gelang N. mit ›Mama Day‹ ein großer Wurf in der Auslotung afroamerik. Geschichte, Mythologie u. von Generations- u. Geschlechterkonflikten. Für ihr erstes Buch erhielt N. den American Book Award.

W: The Women of Brewster Place, En. 1982 (d. 1984); Linden Hills, R. 1985; Mama Day, R. 1988 (d. 1996); Bailey's Café, R. 1992 (d. 1994); The Men of Brewster Place, En. 1999.

L: H. L. Gates, K. A. Appiah, hg. 1993; D. M. Perry, Backtalk: Women Writers Speak, 1993; V. C. Fowler 1996; S. Felton, M. Loris, hg. 1997.

Nazareno → Cardarelli, Vincenzo

Nâzim Hikmet Ran → Hikmet, Nazim

Nazor, Vladimir, kroat. Dichter, 30. 5. 1876 Postire (Insel Brač) – 19. 6. 1949 Zagreb. Stud. Naturwiss. Graz und Zagreb, Gymnasiallehrer in versch. Orten der kroat. Provinz, freier Schriftsteller; nahm als Partisan am 2. Weltkrieg teil, seit 1945 Präsident des kroat. Parlaments; seither rege polit. u. lit. Tätigkeit; Akad.-Mitglied. – Trotz Beeinflussung von versch. europ. lit. Strömungen blieb N. originell und gab dem kroat. Vers e. neue Elastizität; anstelle pessimist. u. sentimentaler Töne der Dekadenz erklingen aus s. frühen Lyrik überschäumendes dionys.-pantheist. Lebensgefühl, Liebe zur Natur u. Menschheit. In der Zwischenkriegszeit Neigung zum Symbolismus nach roman. Vorbild (Maeterlinck, Pascoli). Für s. Epik wählt N. Themen aus der nationalen Geschichte u. der slaw. Mythologie; auch in s. Novellen u. Romanen mit versch. Thematik bleibt N. Lyriker. Ferner krit. u. polem. Essays, Übsn. aus der Weltlit., bes. ital. (Dante, Shakespeare, Goethe, Heine, V. Hugo, Baudelaire, Leopardi, Carducci, D'Annunzio, Pascoli).

W: Slavenske legende, G. 1900; Veli Jože, E. 1908; Lirika, G. 1910; Hrvatski kraljevi, G. 1912; Istarske priče, Nn. 1913, Intima, G. 1915; Medvjed Brundo, Tierep. 1915; Pjesni ljuvene, G. 1915; Utva zlatokrila, Ep. 1916; Priče iz djetinjstva, En. 1924; Pastir Loda, R. II 1938f. (Der Hirt Loda, d. 1949); Zagrebačke novele, Nn. 1942; Knjiga pjesama, G. 1942; Članci i kritike, Ess. 1942; Ahasver, Ep. 1946; Kurir Loda, R. 1946. – Sabrana djela (GW), XXI 1977; Djela (W), XXIX 1928–40, hg. A. Barac XVI 1944–50; PSHK 77 u. 78, 1965; Izabrana djela (AW), IV 1999.

L: A. Barac, 1918; M. Marjanović, 1924; J. Čelar, 1928; E. Mayr, Diss. Wien 1954; M. Žeželj, 1960; S. Župić, 1968; N. Mihanović, 1976; S. Vučetić, 1976; F. Pavličić, 1986; V. Žmegač, 1993; Lj. Djurdjan, 1995.

Ndao, Cheik Aliou, senegales. Schriftsteller franz. Sprache, * 3. 8. 1933 Bignona/Senegal. Seit Kindheit geprägt durch die Koranschule. Stud. Philol. Dakar, Frankreich und England. Engl.-Lehrer in den USA. – Beginnt s. lit. Werk mit Gedichten, verfaßt nun in der Folge Novellen, Romane und Dramen. S. Poesie, beeinflußt durch den Surrealismus, kennzeichnen zahlr. Wortspiele und Klangfiguren. Die Romane streben nach Neubelebung der afrikan. Geschichte, schreibt auch in der senegales. Sprache Wolof.

W: Kairée, G. 1962; L'Exil d' Alboury, R. 1969; Mogariennes, G. 1970; Buur Tilleen, roi de la médina, R. 1972; Le fils d'Almamy, Dr. 1973; L'île de Bahila, Dr. 1975; Le Marabout de la sécheresse, N. 1979; Du sang pour un trône, Dr. 1983; Excellence, vos épouses, R. 1983.

Neal, John, amerik. Schriftsteller, 25. 8. 1793 Portland/ME – 20. 6. 1876 ebda. Quäkersohn, arbeitete als Kaufmann, dann Stud. Jura, Anwalt. Erste lit. Erfolge in Baltimore, 1823–27 in England, sensationelle Artikel über amerik. Autoren in ›Blackwood's Magazine‹ (erste amerik. Lit.geschichte); befreundet mit J. Benthams, dessen utilitarist. Philos. er in Amerika predigte; frühes Eintreten für Frauenrechte. – Lit. Nationalist, Rivale Coopers u. Irvings, frühester Förderer Poes, Einfluß auf Whitman; schrieb kulturhist. u. lit. bedeutende Romane u. Kurzgeschichten mit dem erklärten Ziel e. lit. Unabhängigkeitserklärung Amerikas; hohe krit. Intelligenz bei Selbstanpreisung als Genie.

W: Keep Cool, R. 1817; Battle of Niagara, G. 1818; Otho, a Tragedy, 1819; Logan, R. 1822; Randolph, R. 1822; Errata, R. 1823; Seventy-Six, R. 1823; Brother Jonathan, R. 1825; Rachel Dyer, R. 1828; Authorship, R. 1830; The Down-Easters, R. 1833; Wandering Recollections of a Somewhat Busy Life, Aut. 1869; American Writers, hg. Pattee 1937; The Genius of J. N., Ausw. hg. B. Lease u. H.-J. Lang 1977.

L: B. Lease, 1972; D. A. Sears, 1978; F. Fleischmann, 1983.

Neale, John Mason, engl. Dichter, 24. 1. 1818 London – 6. 8. 1866 East Grinstead. Stud. Cambridge. Begründer der Cambridge Camden Society (ab 1845 Ecclesiological Society). – Vf. e. hist. Romans ›Theodora Phranza‹. Übs. lat. u. griech. Kirchenlieder für die anglikan. Kirche; dichtete selbst zahlr. Kirchenlieder, am bekanntesten s. Choral ›Jerusalem, the Golden …‹.

W: Hymns for Children, 1843; History of the Holy Eastern Church, V 1847–73; Mediæval Hymns, 1851;

Theodore Phranza, R. 1857; Hymns of the Eastern Church, 1862 (n. 1971). – Collected Hymns, Sequences and Carols, 1914; Letters, 1910.
L: E. A. Towle, 1907; A. G. Lough, 1962; ders., 1975; L. Litvack, 1994; M. Chandler, 1995.

Necatî, (Isa), türk. Dichter, (?) Edirne – 17. 3. 1509 Istanbul. Sohn e. Sklaven; Knecht e. reichen Dame, die ihm e. gründl. Bildung ermöglichte; Kalligraph u. Dichter in Kastamonu; Divan-Sekretär von Sultan Mehmet II. u. Beyazid II. – E. der bedeutendsten Divan-Dichter des 15. Jh. u. anders als s. Zeitgenossen kein Epigone der pers. Meister; realitätsbezogene Sprache u. soziale Inhalte kennzeichnen s. Gedichte.
A: Necatî Beg Divaní, hg. A. N. Tarlan 1963.
L: M. Çavuşoğlu, 1971.

Necatigil, Behçet, türk. Dichter, 16. 4. 1916 Istanbul – 13. 12. 1979 ebda. Stud. Turkologie u. Germanistik; Lehrer für türk. Sprache u. Lit., zuletzt PH Istanbul. – E. der Wortführer u. Erneuerer der mod. türk. Lyrik; subtile, chiffrenhaft verschlüsselte Gedichte um Individuum-Umwelt-Innenwelt-Beziehungen, in späteren Werken verfeinerte sprachl. Komposition durch weitgehenden Verzicht auf Redundanz u. durch Leerstellen Variabilität des Poet. Sprechens. Schrieb als 1. türk. Autor lit. Hörspiele; daneben Lexika u. zahlr. Übsn. aus dem Dt. (Rilke, Borchert, Eich, Krolow, Hagelstange, Böll u.a.). Seit 1980 ›Necatigil-Lyrikpreis‹ eingerichtet.
W: Kapali Çarşi, G. 1945; Çevre, G. 1951; Evler, G. 1953; Eski Toprak, G. 1956; Arada, G. 1958; Dar Çağ, G. 1960; Edebiyatimizda Isimler Sözlüğü, 1960, [20]2002; Yaz Dönemi, G. 1963; Divançe, G. 1965; Iki Başina Yürümek, G. 1968; En/cam, G. 1970; Edebiyatímízda Eserler Sözlüğü, 1971; Zebra, G. 1973; Kareler Aklar, G. 1975; Beyler, G. 1978; Söyleriz, G. 1980; Bile/Yazdi, Es. 1979. – GW, 1981–89, 1994–99. – *Übs.:* Gedichte, 1972; Eine verwelkte Rose beim Berühren, 1986.
L: H. Cöntürk, 1964; Y. Pazarkaya, 1972; S. Ileri, 1999; A. Sarisayin, 2001; R. Tarim, 2002.

Neculce, Ion, rumän. Schriftsteller, 1672 – 1745 Jassy? Aus bekannter Adelsfamilie. Mehrmals Exil in der Türkei u. Rußland, hoher moldauischer Würdenträger. – Schrieb e. unparteiische moldauische Chronik der Jahre 1662–1743 u. e. Sammlung von 42 hist. Skizzen und Legenden. Weiser Beobachter, geläuterter Prosaist, Mitschöpfer der rumän. Lit.-Sprache.
A: M. Kogălniceanu 1872; A. Procopovici 1932; I. Iordan [2]1959; E. Russev, P. Dimitrev, T. Celac [2]1974; Z. u. P. Mihail 1980; G. Ştrempel 1982.
L: M. Sadoveanu, 1936; V. Koroban, E. Russev, Chişinău 1961; D. Velciu, 1968; V. Cristea, 1974.

Nedîm (Nadīm), Ahmed, türk. Dichter, 1681 Istanbul – 14. 10. 1730 ebda. Sohn e. Kadi, Stud. an e. Medrese, Gelehrter; Lehrer an e. Medrese, Bibliothekar, Mitarbeit an e. großen hist. Übersetzungswerk; kam beim Aufstand der Janitscharen ums Leben, indem er bei der Flucht verunglückte. – Wurde unter Einfluß der pers. Poesie, Bākīs und Nef'is zu e. der größten Divan-Dichter. S. Kasiden, Gaselen u. Lieder für Musikbegleitung (şarki, e. ihm bes. adäquate Form) spiegeln die Lebensfreude des ›Tulpen-Zeitalters‹ wider.
A: Divan, hg. A. Gölpinarli 1951, 1956.
L: N. Yesirgil, 1952; H. Mazioğlu, 1975.

Nedreaas, Torborg, norweg. Schriftstellerin, 13. 11. 1906 Bergen – 30. 6. 1987 ebda. Soz. engagierte Vf., die sich zeitlebens als Kommunistin betrachtete. Verfaßte realist. Novellen u. Romane, in denen die Mädchensozialisierung e. zentrales Thema ist; bekannt geworden ist sie bes. mit ihren Erzählungen über das Mädchen ›Herdis‹ u. dessen Aufwachsen in Bergen in der ersten Hälfte des 20. Jh. E. der bedeutendsten Schriftstellerinnen der norweg. Nachkriegszeit.
W: Bak skapet står øksen, Nn. 1945 (Hinter dem Schrank steht die Axt, d. 1990); Før det ringer tredje gang, Nn. 1945; Av måneskin gror det ingenting, R. 1947 (Im Mondschein wächst nichts, d. 1972); Trylleglasset, Nn. 1950; De varme hendene, R. 1952; Stoppestedet, Nn. 1953; Musikk fra en blå brønn, R. 1960 (Musik von einem blauen Brunnen, d. 1964); Den siste polka, Nn. 1965; Ved neste nymåne, R. 1971; Vintervår, Ess. 1982. – Samlede Verker I – VII, 1982.
L: B. Modal, hg. Nordens svale, 1976; H. Eriksen, 1979.

Neera (eig. Anna Radius, geb. Zuccari), ital. Erzählerin, 7. 5. 1846 Mailand – 19. 7. 1918 ebda. Verlor früh die Mutter; lieblose Kindheit in seel. Einsamkeit; Journalistin und freie Schriftstellerin. – Verfaßte erbaul. Romane mit starker Charakterzeichnung über das Grundthema der idealist. aufgefaßten Liebe und der Konflikte zwischen Vernunft und Leidenschaft; auch Essays und Lyrik.
W: Addio, En. 1877 (d. 1894); Vecchie catene, R. 1878; Un nido, R. 1880 (d. 1897); Il castigo, E. 1881 (Die Strafe, d. 1895); Dizionario d'igiene per le famiglie, 1881 (m. P. Mantegazza); La Regaldina, R. 1884; Teresa, R. 1886 (d. 1898); L'indomani, R. 1890; Il libro di mio figlio, 1891 (d. 1897); Senio, R. 1892; Lydia, R. 1894 (d. 1899); Anima sola, R. 1894 (d. 1896); L'amuletto, R. 1897 (d. 1905); L'amor platonico, Es. 1897; Poesie, 1898; Battaglie per un' idea, Es. 1898; Il secolo galante, Ess. 1900 (d. 1903); La vecchia casa, R. 1900 (Das schweigende Haus, d. 1907); Una passione, R. 1903 (d. 1906); Crevalcore, R. 1907 (Haus C., d. 1908); Opere, hg. B. Croce 1943. – *Übs.:* Der Regenbogen, 1888; Die Tabakspfeife des Onkel Bernhard, 1896; Im Traum, 1897; Letzte Liebe, 1904; Die unverstandene

Neferti

Frau, 1905; Der Roman des Glücks, 1905; Vergeltung, 1909; Drei Schlauköpfe, 1911.
L: M. Serao, 1920; A. Folli, Penne leggere, 2000.

Neferti, (fiktiver) altägyptischer Weiser, der in den ›Prophezeiungen des Neferti‹ dem König Snofru (um 2600/2560 v. Chr.) die Zukunft vorhersagt. Nach einer Zeit der Not und des Elends, in der »Asiaten« einfallen und der Sonnengott sich von Ägypten abwendet, wird ein Heilskönig mit Namen Ameni »aus dem Süden« kommen und die Ordnung in Ägypten wiederherstellen. Ameni steht für (den durch Usurpation an die Macht gekommenen) Amenemhet I. (1976–1947 v. Chr.), die Schrift ist also eine in dessen Regierungszeit entstandene Ex-eventu-Prophezeiung, die seiner Legitimierung dienen soll.
A und L: W. Helck, Die Prophezeiung des Nfr.tj, 1970.

Neff, Vladimír, tschech. Schriftsteller, 13. 6. 1909 Prag – 2. 7. 1983 ebda. Aus Prager Kaufmannsfamilie, nach Besuch der Handelsakademie Wien kaufmänn. Angestellter ebda.; 1935 Fremdsprachenlektor in Prag, seit 1939 freier Schriftsteller. – Nach Kurzgrotesken u. Parodien sowie Gesellschaftsromanen wendet sich N. nach dem 2. Weltkrieg hist. Themen zu. E. 5bändige Romanreihe schildert Aufstieg u. Fall des Prager Bürgertums von Mitte des 19. Jh. bis 1945. Ferner Dramen, Drehbücher u. Übs. aus der Weltlit.
W: Lidé v tógách, R. 1934; Malý velikán, R. 1935; První nález, Dr. 1937; Bůh zbytečnosti, R. 1939; Soused, Dr. 1941; Třináctá komnata, R. 1944; Srpnovští páni, R. 1953; Romanepopöe: Sňatky z rozumu, 1957 (Vernunftehen, d. 1963), Císařské fialky, 1958 (Kaiserveilchen, d. 1963), Zlá krev, 1959 (Böses Blut, d. 1964), Veselá vdova, R. 1961 (Die lustige Witwe, d. 1964), Královský vozataj, R. 1963 (Der Rosselenker, d. 1965); Trampoty pana Humba, R. 1967 (Die Wetterfahne, d. 1972); Královny nemají nohy, R. (Königinnen haben keine Beine, d. 1976); Prsten Borgiů, R. 1975 (Der Ring der Borgias, d. 1979); Roucho pana de Balzac, R. 1981; Večery u krbu, Erinn. 1986 (m. O. Neff). – Vybrané spisy (AW), V ³1969.

Nef'i, Ömer, türk. Dichter, 1572(?) Hasankale b. Erzurum – 27. 1. 1635 Istanbul. Am Hofe Murads IV. ebenso geschätzt wie wegen s. boshaften Satire gefürchtet, fiel er wegen e. Gedichts auf den Vezir Bayram Pascha zum zweitenmal in Ungnade u. wurde durch Erdrosseln hingerichtet. – N., der auch zahlr. pers. Gedichte schrieb, war v. a. e. Meister der Kaside. S. satir. Hauptwerk ›Sihâm-i Kazâ‹ (Schicksalspfeile) blieb bisher unediert.
A: Divan, 1836, 1853; A. N. Tarlan, hg. 1943; S. Sitki, Sihâm-i Kazâ, hg. 1943.
L: A. Karahan, 1954, 1972.

Negoițescu, Ion, rumän. Schriftsteller, 10. 8. 1921 Cluj – 6. 2. 1993 München. Stud. Philol. u. Philos. in Sibiu u. Cluj. Mitbegr. des ›Lit. Kreises‹ von Sibiu 1943. Wechselnde Berufe und langjährige Gefängnisaufenthalte. Lebte seit 1981 im Exil in Dtl. – Dichter der abgründigen Träume, in denen die Unordnung der Materie zu klaren musikdurchfluteten Konturen sublimiert wird. Die zahlr. Essays weisen ihn als bedeutenden Kritiker s. Generation aus.
W: Povestea tristă a lui Ramon Ocg, R. 1941; Sabasias, G. 1968; Însemnări critice, Ess. 1970; Poezia lui Eminescu, St. 1970; Lampa lui Aladin, Ess. 1971; Engrame, Ess. 1975; Analize și sinteze, Ess. 1976; Viața particulară, G. 1977; Moartea unui contabil, G. 1977; Un roman espitolar, 1978; Alte Însemnări, 1980; În cunoștință de cauză, 1990.

Negreiros, José de Almada → Almada Negreiros, José de

Negri, Ada, ital. Dichterin, 3. 2. 1870 Lodi – 11. 1. 1945 Mailand. Aus Arbeiterfamilie; 1888 Volksschullehrerin in Motta Visconto b. Pavia u. 1893 Mailand. 1896 ∞ F. Garlanda; 1940 zur ›Accademia d'Italia‹ ernannt. – Verdankte ihren großen Erfolg zunächst der für ihre Zeit neuen soz. Themenstellung ihrer Dichtung – so in den beiden ersten Gedichtbänden ›Fatalità‹ u. ›Tempeste‹. In ihrer späteren Lyrik überwiegen die Motive der Liebe (bes. im ›Libro di Mara‹, der Klage über den frühen Tod e. Geliebten) und der Mutterschaft (›Maternità‹) sowie seit ihrer Abkehr vom Sozialismus zur kathol. Kirche relig. Züge. Stark autobiograph. Charakter tragen die Novellen ›Le solitarie‹, in denen die Autorin e. Reihe von Frauentypen schildert, denen allen das Gefühl der Einsamkeit im Leben gemeinsam ist, u. die Erzählung ›Stella mattutina‹, die Geschichte ihrer freudlosen Kindheit u. Jugend.
W: Fatalità, G. 1892 (d. 1900); Tempeste, G. 1894 (d. 1902); Maternità, G. 1904 (d. 1905); Dal profondo, G. 1910; Esilio, G. 1914; Le solitarie, Nn. 1917; Il libro di Mara, G. 1918; Stella mattutina, R. 1921 (Frühdämmerung, d. 1938); Finestre alte, Nn. 1923; I canti dell'isola, G. 1924; Le strade, Nn. 1926; Vespertina, G. 1931; Il dono, G. 1936; Erba sul sagrato, G. 1939; Fons amoris, G. 1945. – Tutte le opere, hg. B. Scalfi 1966.
L: A. Frattini, 1921; V. Schilirò, 1938; M. Magni, 1961; S. Comes, 1970; A. Gorini Santoli, 1995.

Negruzzi, Costache, rumän. Schriftsteller, 1808 Trifești b. Jassy – 24. 8. 1868 Jassy. Aus Bojarengeschlecht, neugriech. u. franz. Bildung. Während der Revolution 1821 Flucht mit den Eltern nach Bessarabien, dort Bekanntschaft u. Freundschaft mit Puškin. 1840 Leiter des Nationaltheaters in Jassy, dann auf s. Landgut am Pruth; Abgeordneter, ab 1843 hoher Staatsbeamter, Direktor der Staatskasse u. Finanzminister. – Erstrangiger Erzähler, Mérimée geistesverwandt, schuf für die rumän. Lit. klass., hist. u. soz. Novellen; Meister des Wortes u. der Volkspsychologie; romant. Interesse an nationaler Geschichte u. Volksdichtung. Übs. V. Hugo, Molière, Karr, Voltaire, Young, Puškin u. a.

W: Aprodul Purice, Ep. 1837; Alexandru Lăpușneanu, N. 1840 (d. 1933, 1959); Fragmente istorice, 1840; Doi țărani și cinci cârlani, Lsp. 1849; Muza de la Burdujeni, Lsp. 1851. – Opere complete, III ^{2}1912; Scrieri alese, II 1950–57; Păcatele Tinereţelor (AW), hg. L. Leonte 1963, n. 1982, 1986 (Hg. N. Ciobanu); Opere, hg. L. Leonte I 1974.

L: E. Lovinescu, ^{2}1925; Al. Piru, 1966; J. Osadcenko, 1969; L. Leonte, 1980; G. Dimisianu, 1983.

Neihardt, John G(neisenau), amerik. Schriftsteller, 8. 1. 1881 Sharpsburg/IL – 3. 11. 1973 Columbia/MO. Lebte zeitweise bei Omaha- und Sioux-Indianern, Lehrtätigkeit Univ. Missouri. – Verfaßte Romane, ep. Lyrik, Kurzgeschichten, Dramen, (Auto-)Biographien und Lit.kritik; ›Black Elk Speaks‹ handelt von dem heiligen Sioux Black Elk, ›A Cycle of the West‹ von der Siedlungsgeschichte des amerik. Westens und der Vertreibung der Indianer.

W: The Divine Enchantment, G. 1900; The Dawn-Builder, R. 1911; Life's Lure, R. 1991; The Quest, G. 1916; Two Mothers, Drn. 1920; Indian Tales, 1926; Black Elk Speaks, B. 1932 (Ich rufe mein Volk, d. 1955); A Cycle of the West, V 1949; When the Tree Flowered, R. 1951; All Is But A Beginning, Aut. 1972; Luminous Sanity, Ess. 1973; Patterns and Coincidences, Aut. 1978; The Giving Earth, Anth. hg. H. N. Petri 1991; The End of the Dream, Kgn. 1991; The Ancient Memory, Kgn. hg. H. N. Petri 1991; Knowledge and Opinion, Ess. 2002. – Collected Poems, II, 1926; Collected Poems, 1978.

L: B. Whitney, 1976; L. F. Aly, 1976 u. 1977; J. T. Richards, 1982; M. M. Brown, J. K. Leech, 1983; V. Deloria Jr., hg. 1984; H. N. Petri, 1995. – *Bibl.:* J. T. Richards, 1983.

Neilson, Anthony, schott. Dramatiker, * 1967 Edinburgh. Stud. in Edinburgh u. Cardiff; wiederholt Konflikt mit staatl. Institutionen (u. a. Hampstead Theatre), Schauspieler u. Regisseur. – Mit Mark Ravenhill u. Sarah Kane Hauptvertreter des brit. ›In-Yer-Face‹-Theaters. N. ergründet in brutalen u. kom., tabubrechenden u. einfühlsamen Szenen das kommunikative Potential von Sexualität und analysiert hilflos gewalttätige Figuren u. Freundschaften (z.B. ›Penetrator‹). Nicht nur ›The Censor‹ lotet die Folgen von gesellschaftl. u. persönl. Verdrängungsmechanismen aus. Bisweilen Experimente mit der dramat. Form (z.B. ›Stitching‹). Auch Hörspiele und Drehbücher.

W: Hoover Bag, Dr. (1996); Plays 1 (Normal [1991]; Penetrator [1993]; Year of the Family [1994]; The Night Before Christmas [1995]; The Censor [1997; d. 1998]), 1998; The Debt Collector, Spielfilm 1999; Edward Gant's Amazing Feats Of Loneliness, Dr. (2002); Stitching, Dr. 2002; The Lying Kind, Dr. 2002.

Neilson, (John) Shaw, austral. Lyriker, 22. 2. 1872 Penola/Südaustralien – 12. 5. 1942 Melbourne. Landarbeiterfamilie, harte Jugend; niederer Ministerialbeamter. – Die idealisierte Welt s. Dichtung ist harmon. und getragen von tiefer Liebe zu Menschen und Dingen; er brachte e. myst.-mag., kelt. Note in das austral. Milieu.

W: Heart of Spring, 1918; Ballads and Lyrical Poems, 1923; New Poems, 1927; Collected Poems 1934; Beauty Imposes, 1938; Unpublished Poems, 1947; The Poems, hg. A. R. Chisholm 1965; Witness of Spring, hg. J. Wright 1970.

L: J. Devaney, 1944; J. Wright, 1965; H. J. Oliver, 1968; H. Anderson, L. J. Blake, 1972; J. H. Phillips, Poet of the Colour, 1988; C. Hanna, Folly of Spring, 1990; ders., Jock, 1999.

Nekrasov, Nikolaj Alekseevič, russ. Dichter, 10. 12. 1821 Nemirovo/Gouv. Podol'sk – 8. 1. 1878 Petersburg. Vater Gutsbesitzer, Mutter gebürt. Polin; bis zur 5. Klasse Gymnas. Jaroslavl', sollte 1838 die Kadettenschule Petersburg besuchen, war entgegen dem Willen des Vaters u. ohne dessen Unterstützung 1838–40 Gasthörer an der Univ. Petersburg, in großer materieller Not journalist. Kleinarbeit; Erstlingswerk Gedichtband ›Mečty i zvuki‹ 1840. 1842 Bekanntschaft mit Belinskij, dessen Einfluß für s. geistige Haltung bestimmend wurde; gab 1845/46 die Sammelbände ›Fiziologija Peterburga‹ und ›Peterburgskij sbornik‹ mit Aufsätzen und Skizzen von Schriftstellern der ›natürl. Schule‹ heraus, redigierte 1847–66 die später verbotene Zs. ›Sovremennik‹, ab 1868 mit Saltykov-Ščedrin die ›Otečestvennye zapiski‹; nahm um 1855 enge Beziehungen zu Černyševskij und Dobroljubov auf. S. Werk hatte schon während s. Lebens großen Erfolg und erschien nach s. Tod in vielen Auflagen. – S. Dichtung (außer dem ersten Gedichtband) ist ihrem Grundgedanken nach zur sog. Anklagelit. zu rechnen, ist zum Teil tendenziöse, sozialpolit. Lyrik, Agitationsdichtung, gegen die führenden Schichten gerichtet. N. entfaltet das Motiv des ›reuigen‹, im Gefühl e. Schuld gegenüber den unteren Volksschichten lebenden Adligen in Versen, die von zarter lyr. Stimmung getragen sind (so im Gedicht ›Rycar' na čas‹). Reife dichter. Gestaltung zeigen Verserzählungen wie ›Russkie ženščiny‹ mit dem Thema des Heldentums russ. Dekabristenfrauen, ›Moroz, Krasnyj nos‹, im Schicksal e. einzelnen symbol. das Los vieler russ. Bäuerinnen darstellend. Hauptwerk ist das unvollendet gebliebene satir.-soziale Epos ›Komu na Rusi žit' chorošo?‹, worin wie in der übrigen Dichtung N.s Zusammenhänge mit dem Volkslied (Byline, Totenklage) zutage treten. Zwar sind viele s. Verse auf das Niveau von Umgangsprosa gesenkt, doch war s. lit. Wirken bedeutsam für die damals in Rußland vernachlässigte Versdichtung. N. verwendete gern das Genre der Versnovelle (›V doroge‹, ›Orina, mat' soldatskaja‹).

W: Mečty i zvuki, G. 1840; Korobejniki, Poem 1861; Moroz, Krasnyj nos, Poem 1863; Komu na Rusi žit' chorošo?, Ep. 1866–77 (Wer lebt glücklich in Rußland?, d. 1888, 1948); Russkie ženščiny, Poem 1873 (Russische Frauen, d. 1891); Poslednie pesni, G. 1877. – Polnoe sobranie sočinenij i pisem (GW u. Br.), XII 1948–53; XV 1981–99. – *Übs.:* Gedichte u. Poeme, II 1965.

L: V. N. A. N., Lit. nasledstvo, III 1946–49; E. Evgen'ev-Maksimov, III 1947–52; Ch. Corbet, Paris 1948; K. Čukovskij, 1952; Nekrasovskij sbornik, XIII 1951–2001; M. B. Peppard, N. Y. 1967; S. S. Birkenmeyer, Haag 1968; V. Ždanov, 1981. – *Bibl.:* L. M. Dobrovol'skij, 1953.

Nekrasov, Viktor Platonovič, russ. Erzähler, 17. 6. 1911 Kiev – 3. 9. 1987 Paris. Stud. Architektur u. Schauspielkunst; im 2. Weltkrieg Frontoffizier. Mitgl. der KPdSU. Ab 1962 zunehmende Schwierigkeiten wegen liberaler Äußerungen. 1974 Emigration nach Frankreich, mehrere neue Bücher. – N.s Roman ›V okopach Stalingrada‹ zeichnet den Krieg ohne die vorher übliche Heroisierung. In ›Kira Georgievna‹ nimmt N. offen das Problem des Rückkehrers aus 20jähr. unschuldiger Lagerhaft auf. In den in Paris geschriebenen Büchern wie ›Po obe storony steny‹ verbindet N. Reiseerfahrungen in aller Welt mit krit. Erinnerungen an die sowjet. Realität.

W: V okopach Stalingrada, R. 1946 (In den Schützengräben von Stalingrad, d. 1948); V odnom gorode, R. 1954 (Ein Mann kehrt zurück, d. 1957); Kira Georgievna, N. 1961 (d. 1962); Po obe storony okeana, Reiseb. 1962 (Auf beiden Seiten des Ozeans, d. 1964); V žizni i v pis'mach, Ess. 1971; Po obe storony steny, E. 1978 (Zu beiden Seiten der Mauer, d. 1980); Stalingrad, R. u. En. 1981; Saperipolet, E. 1983. – *Übs.:* Ansichten und etwas mehr, E. 1980.

Nelli, Jacopo Angelo, ital. Autor, 1673 Siena – 21. 1. 1767 Castellina del Chianti/Siena. Geistlicher, als Hofmeister im Hause der Strozzi in Florenz, später in Rom. – Vf. zahlr. Komödien, in denen er die Handlungsführung der Commedia dell'arte mit Nachahmung der Charakterkomödie Molières verbindet. Hervorzuheben ist s. gute Beobachtungsgabe u. die Darstellung volkstüml. Szenen, z.T. im Sieneser Dialekt, derentwegen man N. als Vorläufer Goldonis bezeichnet hat. Auch Vf. e. ital. Grammatik.

W: La Serva Padrona, K. 1731; Moglie in calzoni, K. 1731; Serve al forno, K. 1751; La suocera e la nuora, K. 1755. – Opere, V 1731–58; Commedie, hg. A. Moretti III 1883–89.

L: F. Mandò, Il più prossimo precursor di C. Goldoni: J. A. N., 1903.

Nelli, René, franz. Schriftsteller okzitan. Herkunft, 1906 – 1982. Ethnograph, Historiker und Vf. zahlr. Dichtungen. – Beschäftigt sich maßgebl. mit der Kultur der Katharer, der Poesie der Troubadours; schreibt eigene, an den Surrealismus angelehnte, z.T. hermet. Gedichte, dunkel, aber dennoch getragen von Hoffnung. Die Belebung der südfranz. Kultur ist s. Lebenswerk.

W: L'érotique des troubadours, Abh. 1963; Dictionnaire du catharisme et des hérésies méridionales, 1968; La poésie occitane, dès origines à nos jours, 1972; L'amour et les mythes du cœur, G. 1975; Joë Bousquet: sa vie et son œuvre, 1975.

Nelligan, Émile, franz.-kanad. Lyriker, 24. 12. 1879 Montreal – 18. 11. 1941 ebda. Sohn e. Postbeamten ir. Herkunft, früh neurot. u. melanchol.; besuchte bis 1897 versch. Schulen in Montreal; zeitweilig kaufmänn. Tätigkeit. Vom 20. Lebensjahr an bereits geisteskrank, ab da in e. Heilanstalt. – Frühreife dichter. Begabung in der Nachfolge von Verlaine und Rimbaud. Einige geniale Gedichte.

A: Poésies complètes, 1952; Poèmes choisis, 1966 (m. Bibl.).

L: L. Dantin, 1903; R. Jacob, 1960; P. Wyczynski, 1960; B. Burger, 1967; Zs. Études Françaises (Sondernr.), 1967 (m. Bibl.); P. Wyczynski, 1968; ders., N. et la musique, 1971; B. Wallace, Diss. Dalhousie 1976; J. Larose, 1981; B. Corteau, 1986; A. Vanesse, 1996; P. Brissette, 1998; P. Wyczynski, 2002. – *Bibl.:* P. Wyczynski, 1974, ²1999.

Neʿmatoʾllāh Walī, Šāh → Niʿmatuʾllāh Walī, Šāh

Nemčić, Antun, kroat. Schriftsteller, 14. 1. 1813 Edde/Ungarn – 5. 9. 1849 Križevci. Stud. Rechte Zagreb; Richter, Abgeordneter im kroat. Landtag. – Außer vorwiegend reflexiver Lyrik schrieb N. nach Vorbild Sternes u. Heines geistreiche Reiseberichte aus Kroatien u. Italien u. verfaßte Gesellschaftsdramen u. Romane, die bereits realist. Züge tragen.

W: Putositnice, Reiseber. 1845; Pjesme, G. 1851; Kvas bez kruha, Dr. 1854. – Izabrana djela (AW), 1898; Djela (W), 1957; PSHK 34, 1965 (m. Bibl.).

L: B. Donat, 1965; D. Duda, 1998.

Němcová, Božena, geb. Barbora Panklová, tschech. Schriftstellerin, 4. 2. 1820 Wien – 21. 1. 1862 Prag. Jugend unter der Obhut der Großmutter in Ratibořice, wo ihre Eltern als Dienerehepaar bei der Herzogin von Sagan arbeiteten. 1837 ∞ den wesentl. älteren Zollbeamten Josef

Němec; sehr unglückliche Ehe. 1842–45 geriet N. in Prag in e. Kreis feingeistiger Männer, die sie mit den zeitgenöss. lit. Ideen u. Strömungen bekannt machten. In den folgenden Jahren wechselte sie häufig ihren Wohnsitz, hielt sich 2 Jahre in Domažlice auf, wo sie Märchen sammelte u. nationalaufklärerisch wirkte. Als ihr Mann nach Ungarn versetzt wurde, kehrte N. 1850 mit den 4 Kindern nach Prag zurück. Krankheit u. finanzielle Not, der Tod des ältesten Sohnes u. trag. erot. Beziehungen zerstören frühzeitig ihr Leben. – An der Grenze zwischen Romantik u. Realismus stehend, begann N. mit sentimentalen patriot. Gedichten, denen sich kunstvolle Nacherzählungen tschech. u. slovak. Märchenmotive anschlossen. Realist. sind ihre ethnograph. Skizzen aus der Umgebung von Taus, der Slovakei u. Ungarn, die von N.s scharfer Beobachtungsgabe zeugen u. in den Zss. ›Květy‹ u. ›Česká Včela‹ veröffentlicht wurden. Die in ihrer Konzeption noch ganz romant. Dorfgeschichten u. Nn. deren Hauptgestalten jedoch bereits realist. Züge tragen, behandeln soziale Probleme, berühren das Verhältnis zwischen Adel u. Volk, Arm u. Reich, Kindern u. Eltern, wobei N. als Künderin e. echten Humanität alle Gegensätze harmonisch zu lösen sucht. In der Zeit schwerster Not entstand das meisterhafte autobiograph. Werk ›Babička‹, in dem das ländl. Brauchtum e. Jahres durch die zentrale Gestalt der Großmutter zu e. organ. Ganzen verschmilzt, aus dem sich die einzelnen Typen markant hervorheben.

W: Národní báchorky a pověsti, M. VII 1845–47, XIV 1854 f.; Obrázky z okolí domažlického, St. 1845; Baruška, E. (1853); Karla, E. (1855; d. 1910); Babička, R. 1855 (Großmutter, d. A. Smital 1924; K. Eben 1924, G. Jarosch 1956, H. u. P. Demetz 1959, J. Mühlberger 1969); Divá Bára, E. (1856); Pohorská vesnice, R. 1856; Chudí lidé, E. (1856); V zámku a v podzámčí, E. (1857); Slovenské pohádky a pověsti, M. X 1857 f.; Dobrý člověk, E. (1858); Chyže pod horami, E. (1858); Pan učitel, E. 1860 (Der Herr Lehrer, d. 1962). – *Dílo* (W), XIV 1904–20, XIV 1928–30; Spisy (W), XV 1950–61. – *Übs.:* Der goldene Vogel, M. (Ausw.) 1965; Das goldene Spinnrad, M. (Ausw.) 1969.

L: B. N. Sborník statí, 1912; J. Lelek, 1920; J. Fučík, 1940; F. Kubka, M. Novotný, 1941–45; Zd. Nejedlý, 1950; J. Mukařovský, 1950; M. Novotný, VI 1951–59; R. Havel u. M. Heřman, 1961; M. Otruba, ²1964; V. Tille, ⁹1967; Zur Poetik und Rezeption von B. N. Babička, hg. A. Guski Bln., Wiesbaden 1991; H. Šmahelová, Autor a subjekt v díle B. N., 1995. – *Bibl.:* Z. Záhoř in ›Časopis čes, musea‹, 1920, 1923; M. Laiske, 1962.

Nemerov, Howard, amerik. Schriftsteller, 1. 3. 1920 New York. – 5. 7. 1991 University City/ MO. Stud. Harvard. Seit 1946 Dozent für engl. Lit., u.a. Hamilton College und Bennington, 1969–90 Prof. an der Washington Univ. St. Louis. – N.s Romane wie auch die meisten s. Gedichte spiegeln e. satir.-iron. Haltung wider. Auch Hrsg. und Kritiker.

W: The Image and the Law, G. 1947; The Melodramatist, R. 1949; Guide to the Ruins, G. 1950; Federigo, or The Power of Love, R. 1954; The Salt Garden, G. 1955; The Homecoming Game, R. 1957; Mirrors and Windows, G. 1958; A Commodity of Dreams, Kgn. 1959; New and Selected Poems, G. 1960; The Next Room of the Dream, G. u. Dr. 1962; Poetry and Fiction, Ess. 1963; Journal of the Fictive Life, Tg. 1965; The Blue Swallows, G. 1967; The Winter Lightning, G. 1968; Stories, Fables, and Other Diversions, 1971; Gnomes & Occasions, G. 1973; The Western Approaches, G. 1976; Figures of Thought, Ess. 1978; Inside the Onion, G. 1984. – Collected Poems, 1977; New and Selected Essays, 1985; A H. N. Reader, 1991; Trying Conclusions: New and Selected Poems 1961–1991, 1991; Selected Poems, 2003.

L: P. Meinke, 1968; B. Duncan, 1971; J. A. Bartholomay, 1972; R. Labrie, 1980; D. Potts, 1994.

Nemesianus, Marcus Aurelius, lat. heidn. Dichter, Ende 3. Jh. n. Chr., aus Karthago. – Von N. stammen 4 bukol. Gedichte (›Eclogae‹) in der Tradition des Vergil u. Calpurnius Siculus: e. hymn. Totenklage, 2 Wechselgesänge verliebter Hirten u. e. von Pan gesungener Lobpreis auf Bacchus. Die Eklogen wurden seit karoling. Zeit stark rezipiert. Außerdem ist e. Teil e. Lehrgedichts über die Jagd (›Cynegeticas‹) erhalten, worin Jagdhunde, -pferde u. -geräte behandelt werden (vgl. Grattius).

A: m. franz. Übs. P. Volpilhac, Paris 1975; m. dt. Übs. D. Korzeniewski, Hirtengedichte aus spätröm. u. karolingischer Zeit, 1976; m. Komm. H. J. Williams, Eclogues and Cynegetica of N., Leiden 1986.

L: H. Walter, Studie zur Hirtendichtung N.', 1988; B. Effe, G. Binder, Die antike Bukolik, 1989; K. Smolak, in: Handbuch der lat. Lit. der Antike, 1989, Bd. 5, § 555.

Nemésio, Vitorino Mendes Pinheiro da Silva, portugies. Schriftsteller u. Kritiker, 19. 12. 1901 Praia da Vitória/Terceira (Azoren) – 20. 2. 1978 Lissabon. Stud. Philol. Coimbra, im Umkreis der modernist. Zs. ›Presença‹, Gründer u. Leiter der ›Revista de Portugal‹ 1937–40, 1935–38 an den Univ. Montpellier u. Brüssel tätig; 1939 Ordinarius für Roman. Lit. an der Univ. Lissabon. – Bleibt in s. poet.-realist. lit. Veröffentlichungen themat. u. auch sprachl. der heimatl. Inselwelt verpflichtet; s. reifster Roman ›Mau Tempo no Canal‹ überwindet den bloßen Regionalismus durch stärkere soziolog.-psycholog. Durchdringung. Fruchtbarer Lit.wissenschaftler.

W: Paço do Milhafre, En. 1924; Varanda de Pilatos, R. 1926; A Mocidade de Herculano até à Volta do Exílio, B. II 1932; Sob os Signos de Agora, Ess. 1932; La Voyelle Promise, G. (franz.) 1935; Isabel de Aragão, Rainha Santa, B. 1936; Relações Francesas do Romantismo Português, Abh. 1937; A Casa Fechada, Nn. 1937; O Bicho Harmonioso, G. 1938; Études Portugaises, Abh. (franz.) 1938; Eu, Comovido a Oeste, G. 1940; Mau Tempo no Canal, R. 1944 (Le Serpent Aveugle, franz. 1953); Ondas Médias, Abh. 1945; O Mistério do Paço do Milhafre, En. 1949; Festa Redonda, G. 1950; Nem Toda a Noite a Vida, G. 1952; Destino de Gomes Leal, Abh. 1953; O Segredo de Ouro Preto e Outros Caminhos, Reiseber. 1954; O Pão e a Culpa, G. 1955; Corsário das Ilhas, Tg. 1956; O Verbo e a Morte, G. 1956; O Retrato do Semeador, G. 1957; Conhecimento de Poesia, Ess. 1958; O Cavalo Encantado, G. 1963; Ode ao Rio – ABC do Rio de Janeiro, 1965; Andamento Holandês e Poemas Graves, G. 1965; Canto de Véspera, G. 1966; Caatinga e Terra Caída, Reiseber. 1968.

L: 50 anos de Vida Literária de V. N., 1966; D. Mourão Ferreira, 1987; E. F. Rosa, 1989; A. Moniz, 1996; L. Machado de Abreu, 1998; C. Santarém Andrade, 2001.

Nemes Nagy, Ágnes, ung. Schriftstellerin, Übersetzerin, 3. 1. 1922 Budapest – 23. 8. 1991 Budapest. Publ. schon als Kind in Zs. »Cimbora«. Stud. Hungarol., Latein u. Kunstgesch. in Budapest. 1946 Gründungsmitgl. d. lit. Zs. »Újhold«. Ab 1958 freischaff. Schriftstellerin. 1948–60 Publikationsverbot. – Schuf unter Einfluss v. Rilke d. »objektive Lyrik«. Erneuerte die Essayform. Schrieb zahlr. Märchen u. Ged. f. Kinder. Übersetzte u. a. Corneille, Racine u. Brecht.

W: Kettős világban, G. 1946; Napforduló, G. 1967; 64 hattyú, Es(s). 1975; Metszetek, Es(s). 1982; A hegyi költő, Es. 1984; Összegyűjtött versei, GG 1999. – *Übs.:* Dennoch schauen, G. (Ausw.), 1986.

L: G.Schein, N.N.Á. költészete, 1995.

Németh, László, ungar. Schriftsteller, 18. 4. 1901 Nagybánya – 3. 3. 1975 Budapest. Stud. Medizin; Arzt, Lehrer, freier Schriftsteller, lebte am Plattensee. – Erzähler, Dramatiker und Essayist auf der Suche nach trag. Urbildern typ. menschl. Situationen. Vielseitiger Anhänger des Populismus, der mit der Leidenschaft der Vernunft das Kulturleben erobert u. formt. S. anspruchsvoller Stil ist voller Spannung und Ideen. Zeitweilig Hrsg. der von ihm allein bestrittenen Zs. ›Tanú‹.

W: Gyász, R. 1935 (Maske der Trauer, d. 1970); Bűn, R. II 1936 (Sünde, d. 1965); Villámfénynél, Dr. 1936; Kocsik szeptemberben, R. 1937; VII. Gergely, Dr. 1939; A minőség forradalma, Ess. 1940 (Die Revolution der Qualität, d. 1962); Széchenyi, Dr. 1946; Iszony R. 1947 (Wie der Stein fällt, d. 1961, u.d.T. Abscheu, 1977); Husz János, Dr. 1948; Galilei, Dr. 1953; Petőfi Mezőberényben, Dr. 1954; Apáczai, Dr. 1955 Történeti drámák, Drn. II 1956–63; Égető Eszter, R. II 1956 (d. 1963); Társadalmi drámák, Drn. II 1958–64; Irgalom, R. 1965 (Die Kraft des Erbarmens, d. 1968). – *Übs.:* Dramen, 1965.

L: L. Vekerdi, 1970; I. Hartyányi, Z. Kovács, N. L.-bibliográfia, 1992; M. Domokos, Leletmentés, 1996; A. Görömbei, N. L. irodalomszemlélete, 1999; I. Monostori, 2001.

Nemirov, Dobri (eig. D. Zarafov), bulgar. Schriftsteller, 3. 2. 1882 Ruse – 30. 9. 1945 Sofia. Bibliothekar, Beamter. – Erste Veröffentlichungen 1902. Realist, Verf. von sozialen u. sittlichpsycholog. Werken. Auch Dramatiker.

W: Razkazi, En. 1912; Novi dni, En. 1916; Drugijat, R. 1918; Bratja, R. 1927; Pŭrvi brazdi, R. 1929; Prez ogŭnja, R. 1931; Angeloglasijat, R. 1938; Dunavŭt, En. 1943; Ausw. 1982.

Nemirovič-Dančenko, Vasilij Ivanovič, russ. Schriftsteller, 5. 1. 1845 Tiflis – 18. 9. 1936 Prag. Bruder von Vladimir I. N.-D., Vater Offizier; 1921 emigriert. – Vf. vieler Romane, Erzählungen, Skizzen, Reisebeschreibungen; s. belletrist. Werk vermag zwar durch spannende Handlung zu fesseln, doch entbehrt es im allg. höherer lit. Qualitäten.

W: God vojny, Ber. III 1878; Groza, R. 1880; Vperëd, R. 1883; Cari birži, R. 1886 (Die Fürsten der Börse, d. 1892); Očerki Ispanii, Sk. 1889; Svjatočnye rasskazy, En. 1890. – Sobranie sočinenij (W), XVIII 1910–15, III 1996; Novoe sobranie sočinenij (W), L 1916.

Nemirovič-Dančenko, Vladimir Ivanovič, russ. Regisseur und Schriftsteller, 23. 12. 1858 Ozurgety/Georgien – 25. 4. 1943 Moskau. Vater Offizier; 1876–79 Stud. Mathematik Moskau, 1877–98 Theaterkritiker. – Schrieb viele Erzählungen und Romane, meist über das Leben der russ. Intelligenz. S. Dramen waren seinerzeit beliebt. Gründete 1898 mit Stanislavskij das Moskauer Künstlertheater, wirkte mit s. Inszenierungen auf die Entwicklung des russ. Theaters ein; setzte nach der Revolution s. Tätigkeit als Regisseur in der Sowjetunion fort.

W: Teatral'noe nasledie, Schr. II 1952–54; Povesti i p'esy, 1958; P'esy, 1962.

L: J. Sobolev, 1929; O. Radiščeva, 1997.

Némirovsky, Irène, ukrain.-jüd. Schriftstellerin franz. Sprache, 11. 2. 1903 Kiew – 1942 Auschwitz. Lebte in wohlhabender Familie außerhalb des Ghettos, Aufenthalte in Frankreich; nach der Oktoberrevolution Flucht nach Moskau, dann ins Ausland, Heirat in Frankreich; 1942 nach Auschwitz deportiert, wo sie umkommt. – N. hinterläßt e. sensibles Romanwerk, Novellensammlungen und e. Biographie von Čechov.

W: L'enfant génial, R. 1927; Le bal, R. 1929; David Golder, R. 1929; Films parlés, N. 1934; La proie, R. 1938; Vie de Tchekhov, 1946; Les biens de ce monde, R. 1947; Les feux de l'automne, R. 1948.

Nemunėlis, Vytė → Brazdžionis, Bernardas

Nenadović, Ljubomir, serb. Schriftsteller, 26. 9. 1826 Brankovina – 2. 2. 1895 Valjevo. Sohn des Volksführers u. Memoirenschreibers Matija N.,

Stud. Philos. Prag, Berlin, Heidelberg; Prof. am Belgrader Lyzeum, Diplomat, Hrsg. mehrerer lit. Zsn. (u. a. ›Šumadinka‹, 1850–57), bereiste e. großen Teil West- u. Südosteuropas; in Italien Sekretär P. P. Njegoš'. – Außer zahlr. didakt.-moralisierenden Gedichten, die trocken u. nüchtern wirken, schrieb N. interessante Reisebriefe aus Dtl., Italien, der Schweiz u. Montenegro, die sich durch scharfe Beobachtungsgabe, Humor u. leichten Stil auszeichnen.

W: Pesme, G. 1849; Slavenska vila, G. 1849; Pisma iz Severne Nemačke, Reise-Br. 1850; Šumadinče, Alm. 1852 u. 1853; Pisma iz Švajcarske, Reise-Br. 1852, 1855; Pisma iz Italije, Reise-Br. 1868. – Sabrana Dela (GW), XVIII 1881–85; Celokupna dela (GW), XX 1892–95, XX 1912–23, 1939; Odabrana dela (AW), 1959, 1971.

L: P. Jovanović, Bio-bibliografska gradja o Lj. P. Nenadoviću, (Letopis M. S. 371) 1953; J. Jerković, 1981; Lj. Andrić, 1995; Philolog. Fakultät Priština, hg. 1995.

Nennius (auch Nynniaw, Nemnius), kelt. Geschichtsschreiber, 9. Jh. Lebte in Mercia; Schüler von Bischof Elbod von Bangor († 811). Die lat. ›Historia Britonum‹, früher vielfach als sein Werk angesehen, wurde von ihm neu bearbeitet (als Vorlage benutzte er u. a. die ›Genealogiae Saxonium‹ von 679). Das Werk existiert in versch. Versionen und stellt eine Sammlung von Notizen über engl. Geschichte, Genealogie und Geographie dar, bes. interessant wegen der Behandlung der hist. Gestalt König Arturs, der nach Hengests Tod als dux bellorum die Briten in 12 Schlachten gegen die Sachsen führte, die einzeln von N. genannt werden. Das Werk diente Geoffrey of Monmouth u. a. als Quelle.

A: Th. Mommsen (Mon. Germ. hist. Auct. antiq. 13), 1898; F. Lot, Paris 1934 (m. Komm.); A. W. Wade-Evans, 1938; J. Morris, hg. u. übs. 1980.

L: H. Zimmer, 1893; K. H. Jackson, 1963; D. N. Dumville, Histories and Pseudo-Histories in the Insular Middle Ages, 1990.

Nepos, Cornelius, röm. Historiker, um 100 v. Chr. – um 25 v. Chr., aus Oberitalien (Pavia?). Kam früh nach Rom, hielt sich jedoch von der Politik fern. Befreundet mit Pomponius Atticus, Briefwechsel mit Cicero, Verbindung zu Catull. – S. Werke sind zum größten Teil verloren, nur aus späteren Zitaten bekannt, so erot. Gedichte; ›Chronica‹, e. Abriß der Weltgeschichte in 3 Büchern (vor 54 v. Chr.) nach griech. Quellen, Vorbild des ›Liber annalis‹ von Atticus; ›Exempla‹, e. Sammlung von Kuriositäten (nach 44). S. Hauptwerk ›De viris illustribus‹ (um 35–33) ist e. Sammlung von Biographien berühmter Männer, in mindestens 16 Büchern. In je 2 Büchern wurden Griechen u. Römer einander gegenübergestellt. Außer einigen Fragmenten sind die Viten des Cato Censorius u. des Atticus sowie die 23 Biographien nichtröm. Feldherrn erhalten. N. war kein Gelehrter, sondern schrieb rhetor. mit Lob u. Tadel u. erzählte viele Anekdoten. Der hist. Wert ist gering, aber N. schuf die Grundlage zum biograph. Sammelwerk. Wegen s. leicht faßl. Darstellung viel gelesen.

A: C. Halm, A. Fleckeisen ^{3}1939; H. Färber 1952 (m. Übs.); P. K. Marshall 1977; C. Löhning 1978 (m. Übs.); G. Wirth 1994 (m. Übs.); M. Pfeiffer 2003 (m. Übs.). – *Komm.:* K. Nipperdey, K. Witte ^{12}1962. – *Übs.:* G. Wirth, 1962; P. Krafft, F. Olef-Krafft, 1993.

L: A. Jenkinson, 1967; J. Geiger, 1985.

Nepveu, André → Durtain, Luc

Nerciat, (André-Robert) Andréa, Chevalier, dann Baron de, franz. Schriftsteller, 1739 Dijon – Januar 1800 Neapel. Vater Kämmerer (Parlement de Bourgogne). N. war zunächst Offizier, später in den Diensten des Prinzen von Hessen (Bibliothekar, Direktor des Bauwesens). Emigrierte während der Revolution nach Neapel, wo er 1800 von den Franzosen eingekerkert wurde und starb. – Vf. galant-obszöner Romane u. Erzählungen. Unsicher ist die Autorschaft des ihm zugeschriebenen ›Le diable au corps‹.

W: Les Aphrodites, 1764; Félicia ou mes fredaines, R. II 1775 (n. G. Apollinaire 1911, m. Bibl.; d. 1969, u. d. T. Nächte e. Liebestollen, 1970); Contes nouveaux, En. 1777; Dorimont ou la marquise de Clarville, K. 1778; Constance ou l'heureuse témérité, R. 1780; Les galanteries du jeune chevalier de Faublas, R. IV 1788; Mon noviciat ou les joies de Lolotte, R. 1792 (d. 1970); Monrose ou suite de Felicia, R. IV 1795; Le diable au corps, R. 1803 (d. ^{2}1969). – Œuvres, II 1952–54.

L: Bibl.: Lond. 1876.

Nergal u. Ereškigal, babylon. fragmentar. Dichtung in 2 Versionen (Hsn.: 14. Jh. v. Chr. aus Tall al-Amarna/Ägypten und 1. Jt. aus Sultantepe und Uruk) darüber, wie der Gott Nergal Unterweltsherrscher und Gemahl der Ereškigal wurde (Aitiologie), über höfische Etikette und die Ahndung ihrer Verletzung, Liebe und Enttäuschung, mißachtete Warnungen, die Tore zum Totenreich und die Gefahr bei ihrem Öffnen (ders. Topos in → ›Inanas Gang zur Unterwelt‹, akkad. Fassung, und im → ›Gilgameš-Epos‹, Tafel VI).

A: G. Pettinato, Nergal ed Ereškigal (ital.), 2000. – *Übs.:* G. Müller, (TUAT, III/4), 1994; B. R. Foster, Before the Muses, ^{2}1996.

L: M. Hutter, 1985; Sh. Izre'el, (Tel Aviv, Occasional Publications 1, Gedenkschrift R. Kutscher), 1993; D. O. Edzard, (RlA 9/3–4), 1999.

Neri Tanfucio → Fucini, Renato

Néricault Destouches, Philippe → Destouches, Philippe Néricault

Nėris, Salomėja (eig. S. Bačinskaitė-Bučienė), litau. Lyrikerin, 17. 11. 1904 Kiršai, Kr. Vilkaviškis – 7. 7. 1945 Moskau. Bauerntochter; Gymnas. Mariampolė u. Vilkaviškis. 1924–28 Univ. Kaunas; Reisen in die Schweiz und nach Dtl., 1928 Lehrerin in Lazdijai, Kaunas, 1934 in Panevėžys; 1936 Reise nach Paris, ⚭ 12. 12. 1936 Bildhauer Bernardas Bučas, 1941 Flucht in die UdSSR (Penza, Ufa). 1944 zurück nach Litauen. – Ihre klangvollen, bilderreichen Gedichte sind von klass. Klarheit und Schönheit. Es wäre falsch, sie in irgendeine Strömung einordnen zu wollen, ihre Dichtung ist Gesang e. Menschenseele, Freude, Lust u. Leiden, Sich-Sehnen u. Ahnen, Lieben und Hassen, Kampf um das Glück ›für sich und die Welt‹, das zärtl. Sich-Anschmiegen an den Geliebten und das stolzeste Alleinsein im Menschenschicksal, leidenschaftl. Liebe zum Leben und das stille Sichergeben in den erahnten Tod.

W: Ankstį rytą, G. 1927; Pėdos smėly, G. 1931; Per lūžtantį ledą, G. 1935; Diemedžiu žydėsiu, G. 1938; Laukinės obelys, G. 1940; Eglė žalčių karalienė, M. 1940; Našlaitė, M. 1940; Poema apie Staliną, Poem, 1940; Dainuok, širdie, gyvenimą, G. 1943; Lakštingala negali nečiulbėti, G. 1945. – Poezija, II 1946; II 1966; Raštai, III 1957; Poezijos, G. 1979.

L: K. Vairas-Račkauskas, 1955; J. Šimkus, 1956; J. Žėkaitė, 1959; V. Žukas, 1959; K. Zelinskij, 1962; A. Venclova, 1962; A. Bieliauskas, 1963; D. Sauka, 1964; K. Korsakas, 1964; T. Rostovaitė, 1964; J. Grušas, 1964; V. Kubilius, 1968; V. Rakauskas, 1981; V. Alekna, 1996.

Nerman, Ture, schwed. Schriftsteller, 18. 5. 1886 Norrköping – 7. 10. 1969 Stockholm. Buchhändlersohn. Stud. Uppsala. Journalist bei liberalen u. sozialist.-radikalen Zeitungen. Bereiste berufl. Europa, den Orient u. Amerika. – Erfolgr., talentierter Lyriker. Schrieb mit techn. Virtuosität Gedichte voller Esprit u. Ironie in leichtem, eingehendem Rhythmus u. dichter Atmosphäre; zwei Themen vorherrschend: phys. Liebe u. Sozialismus. Auch Essays über polit. u. kulturelle Fragen. S. Romane sind z. T. autobiograph. u. wertvoll als Zeitdokumente. Übs. von Heine.

W: Nidvisor och solsalmer, G. 1909; Olympen, R. 1913; I brynja och brånad, G. 1913; Kina åt kineserna, E. 1914; I fiendeland, G. 1916; Borgarkulturens undergång, Es. 1920; Fem friska, R. 1924; I Vilda Östern, Reisetg. 1930; Dikt i dag, G. 1944; För människovärdet, Es. 1946; Allt var ungt, Mem. 1948; Allt var rött, Mem. 1950; Arbetarsångaren Joe Hill – mördare eller martyr?, Es. 1951; Trots allt, Mem. 1954. – Samlad vers, IV 1930; Skrifter, XII 1930–38.

L: A. Strindberg, 1947.

Nersēs IV. Šnorhali (eig. Nersēs IV. Pahlawowni/Klayecʻi), armen. geistlicher Dichter, Schriftsteller, Komponist, Diplomat, um 1100 Festung Covkʻ b. Elâzig (Türkei) – 13. 8. 1173 Hŕomkla (Türkei). Stud. Kloster Karmir Vankʻ; eine der bedeutendsten Persönlichkeiten des mittelalterl. Armeniens. Hinterließ außer kultur- u. kirchengeschichtl. aufschlußreichen Briefen, Reden u. wiss. Werken über 200 Hymnen sowie 300 der Bildung seiner Landsleute dienende Rätsel. – Seine Hauptwerke ›Šaradrowtʻiwn Homerakan Vipasanowtʻeamb‹ (Aufzeichnung d. Homerischen Epos, 1121; ersch. 1643), ›Oġb Edesioy‹ (Klagelied auf Edessa, 1145; ersch. 1810) sowie ›Yisows Ordi‹ (Jesus der Sohn, 1152, ersch. 1643) bilden Urbeispiele armen. Romandichtung und romanhaft-lyr. Poeme.

W: Yisows Ordi, Konstantinopel 1824; Namakani, Venedig 1838; Tʻowġtʻ endhanrakan (Enzyklika), Ējmiacin 1865; Bankʻ čʻapʻav, Venedig 1930; Yaġags erkni zardowcʻ nora..., Erevan 1968. – *Übs.*: Sancti Nersetis Clajensis Opera, II Venedig 1833; M. Canard in: Revue des Études Arméniennes 5 (1968); Jésus, fils unique de père, Venedig 1973; Nerses Šnorhali, La complainte d'Edesse, Venedig 1984.

L: G. Ališan, Venedig 1873; P. A. Vetter, in: Theologische Quartalsschrift 80 (1898) u. 81 (1899); M. Ormanean, Azgapatowm, Bd. 1, Konstantinopel 1912; G. Hakobyan, 1964; N. Tʻahmiazyan, 1973; Žitie Nersesa Šnorali (Blagodatnogo), in: Pamjatniki armjanskoj agiografii (russ.), Vyp. 1, 1973; Ignatius Petrus XVI. (Batanian), in: Unitas 29 (1974); K. V. Ajvazjan, in: Banber Erevani Hamalsarani 2 (1974); E. Suttner, in: Kleronomia 7 (1975); V. Nersessian, in: Die Kirche Armeniens (1978); J. Etmekjian, in: History of Armenian Literature, 1985; H. Goltz, A. Drost-Abgarjan, in: Fs. Fairy v. Lilienfeld, Berlin 1997.

Neruda, Jan, tschech. Dichter u. Journalist, 9. 7. 1834 Prag – 22. 8. 1891 ebda. Proletarierkind von der Prager Kleinseite; dt. u. bis 1853 Akadem. Gymnasium Prag; bis 1858 Stud. Philol. u. Philos., gab jedoch 1860 den Lehrberuf auf, um von 1861 bis zu s. Tode als Feuilletonist u. Theaterkritiker an der liberal-demokrat. Zt. ›Národní listy‹ mitzuarbeiten. E. intime Freundschaft verband den ewigen Junggesellen mit der Schriftstellerin K. Světlá. Unternahm ausgedehnte Reisen, die ihren Niederschlag in stark impressionist. Reisebildern fanden. Ab 1879 schwer leidend. – In s. Jugend Anhänger der kosmopolit.-romant. Gruppe ›Máj‹, in reiferem Alter stellt er jedoch s. Kräfte in den Dienst der nationalen Wiedergeburt. Begründer des tschech. Realismus u. des tschech. Feuilletons (1860–91 insges. 2260 Feuilletons). Begann 1857 mit düsterer ›Friedhofs‹-Lyrik, der sich e. Sammlung Balladen, patriot. Lieder mit sozialer Färbung u. zarte Liebesgedichte im Volksliedstil (›Knihy veršů‹) anschlossen. Wandte sich dann 10 Jahre lang dem realist. Genrebild zu, in dem er, den Verbalismus der älteren Generation ablehnend, gedrängt u. knapp das soziale Milieu u. die lokale Atmosphäre der Prager Kleinseite mit kernigem Humor meisterhaft wiedergibt (›Povídky malostranské‹). Kehrte jedoch 1878 erneut zur Lyrik zurück, um in den philos.-meditativen kosmischen Liedern, den volkstüml. Balladen u. Romanzen, in stimmungsvollen Naturbildern (›Prosté motivy‹) u. in myst.-patriot. Hymnen (›Zpěvy páteční‹) s. künstler. Höhepunkt zu erreichen. Auch Lustspielautor.

W: Hřbitovní kvítí, G. 1857; Ženich z hladu, Lsp. 1859; Prodaná láska, Lsp. 1859; Žena miluje srdnatost. Lsp. 1860; Merenda nestřídmých, Lsp. 1860; Francesca da Rimini, Dr. 1860; Já to nejsem, Lsp. 1863; Arabesky, En. 1864 (Genrebilder, d. 1883 f.; Bilder aus dem alten Prag, d. 1957 u. 1968); Pařížské obrázky, Reiseb. 1864; Knihy veršů, G. 1867; Různí lidé, E. 1871; Obrazy z ciziny, Reiseb. 1872; Studie, krátké a kratší, Feuill. II 1876; Žerty, hravé a dravé, Feuill. 1877; Menší cesty, Reiseb. 1877; Povídky malostranské, En. 1878 (Kleinseitner Geschichten, d. 1885, 1955); Písně kosmické, G. 1878 (Kosmische Lieder, d. 1880); Balady a romance, G. 1878–83; Divadelní táčky, Ess. 1881; Prosté motivy, G. 1883; Zpěvy páteční, G. 1896 (Freitagsgesänge, d. 1913). – Sebrané spisy (GW), XLI 1907–15; Dílo (W), XXV 1923–26; Spisy (W), XXXIX 1950–76. – *Übs.:* E. Albert, Poesie aus Böhmen, 1893 f.; K. Eben, II 1926 f.; F. W. Nielsen, 1936; Kleinseitner Geschichten, 1975.

L: F. V. Krejčí, 1902; J. Karásek ze Lvovic, 1910; A. Novák, ³1921; ders., Studie o. J. N., 1932; K. Polák, 1942; M. Novotný, IV 1951–56; J. Arbes, 1952; K. Polák, M. Grygar, 1955; F. Buriánek, 1955; Z doby Nerudovy, hg. K. Krejčí 1959; S. Budín, 1960; O. Králík, 1965; A. Haman, 1969; J. Špičák, 1974; V. Křivánek, 1983; V. Křivánek, hg. 1991.

Neruda, Pablo (eig. Neftalí Ricardo Reyes Basoalto, nannte sich nach Jan N.), chilen. Dichter, 12. 7. 1904 Parral – 23. 9. 1973 Santiago de Chile. Sohn e. Lokomotivführers u. e. Lehrerin, begann früh zu dichten; Stud. für Lehramt in Franz.; von 1927–43 mit Unterbrechungen Konsul; in Madrid Freundschaft mit den Mitgliedern der ›Generación del 27‹, Übs. aus versch. Sprachen; 1936 Rückkehr nach Chile, kommunist. Senator; lebte nach Verbot der KP 1 Jahr versteckt, dann bis 1952 meist in Europa (West u. Ost); Präsidentschaftskandidat der KP; sehr viele Auszeichnungen, 1971 Nobelpreis; 1971 Botschafter in Paris, 1973 Rücktritt wegen Krankheit; starb wenige Tage nach dem Sturz des Volksfront-Präsidenten Allende, s. Freundes, von der Militärjunta verfemt, an Krebs. Seit 1987 existiert e. ›Stiftung Neruda‹, die sich um die Verbreitung s. Werks kümmert. – E. der besten lateinamerik. Lyriker des 20. Jh.; ausgedehntes Schaffen in versch. Phasen: ausgesprochen modernist., konventionelle Sprache (›Crepusculario‹); weniger lit., dafür aufrichtiger u. inniger in ›Veinte poemas de amor‹; in ›Tentativa del hombre infinito‹ kündigt sich der Bruch mit der Tradition an, Übergang zu e. Phase dunkler, surrealist. Dichtung mit schwer verständl. automat. Traum-Assoziationen (›Residencia‹, die von der Kritik begeistert aufgenommen wurde); verteidigt in s. polit. Dichtung den Kommunismus (›Tercera residencia‹); ›Canto general‹ ist e. Gesang auf Amerika, s. Natur u. Geschichte, s. Völker, Rassen u. Meere, mit idyll. Beschreibung des präkolumbian. Amerika; letzte Phase: Synthese von Einsamkeit u. Solidarität, Magie u. Realismus, sentimentale Biographie u. Chronik.

W: La canción de la fiesta, 1921; Crepusculario, 1923; Veinte poemas de amor y una canción desesperada, 1924 (d. 1958); Tentativa del hombre infinito, 1926; El habitante y su esperanza, Prosa 1926 (d. 1978); Residencia en la tierra, III 1933–47 (d. Ausz. 1960, vollst. 1973, Poésie impure, zweisprachige Ausw. 1968); España en el corazón, 1937 (vertont F. Testi; d. 1956; Ausw. 1949); Las furias y las penas, 1939; Canto general, 1950 (vertont P. Schat, M. Theodorakis; Der große Gesang, d. 1953); Los versos del capitán, Mail. 1952 (Liebesgedichte, d. ²1984); Odas elementales, III 1954–57 (Bd. I, d. 1957, vollst. ²1975); Las uvas y el viento, 1954 (d. 1955); Estravagario, 1958 (Extravaganzbrevier, d. 1967; Ausw. 1971); Navegaciones y regresos, 1959; Cien sonetos de amor, 1959 (d. Auswahl 1997); Canción de gesta, 1960; Plenos poderes, 1962; Memorial de Isla Negra, V 1964 (d. 1976); Arte de pájaro, 1966; Una casa en la arena, Prosa 1966; Fulgor y muerte de Joaquín Murieta, Dr. 1967 (d. 1972); La barcarola, 1967; Las manos del día, 1968; Aún, 1969; El mar y las campanas, 1973; Confieso, que he vivido, Mem. 1974 (d. 1974); Para nacer he nacido, Prosa 1978 (d. 1980); Cuadernos de Temuco, 1996. – Obras Completas, III ⁴1974, IV 1999–2000; Obras poéticas, hg. J. Valle X 1947–48; Poesías Completas, 1951; Poesía política, hg. M. Aguirre II 1953; Antología esencial, hg. H. Loyola 1971; Cartas de amor de P. N., Br. hg. S. Fernández Larraín 1975 (d. 1978). – *Übs.:* Dichtungen 1919–65, II 1967; Letzte Gedichte, 1975; Gedichte, zweisprachige Ausw. ³1981; Das lyr. Werk, III 1984–86.

L: A. Aldunate Philips, 1936; M. Massis, 1944; P. de Rokha, 1955; N. Madrid Malo, 1958; A. Torres Rioseco, 1958; M. J. de Lellis, ²1959; R. Silva Castro, 1964; J. Alazraki, 1965; G. Bellini, 1966; H. Loyola, 1967; A. Melis, Florenz 1971; E. Siefer, 1971; S. Yurkievich, 1971; J. Concha, 1972, 1979; L. P. González-Cruz, Miami 1972, 1979; F. T. Riess, Oxf. 1972; M. Aguirre, ²1973, 1980; E. Rodríguez Monegal, ²1977; A. Alonso, ⁷1977; R. de Costa, Cambr. 1979; Coloquio, Poitiers 1979; E. Rodríguez Monegal, E. M. Santi, hg. 1980; A. Lundkvist, 1981; A. Sicard, 1981; M. Durán, M. Safir, Bloomington 1981; K. Garscha, hg. 1981; E. M. Santí, 1982; M. de Urioste, 1984; V. Teitelboim, 1984 (d. 1987); C. Cortínez, 1985; H. Montes, ³1985, 1997; M. Agosín, 1986; M. Urrutia, 1986; H. Loyola, 1987; R. Osuna, 1987; L. Poirot, 1987; R. Aguayo, 1987; E. Szmulewicz, ²1988; C. Perriam, 1989; A. Flores, 1989; J. Edwards, 1990 (d. 1992); Sáinz de Medrano, 1996; F. Sáez, 1997; F. Schopf, hg. 2003. – *Bibl.:* S. C. Rosenbaum, 1936; A. M. Escudero, 1964; H. Loyola, 1969; H. J. Becco, 1975; H. Woodbridge, D. Zubatsky, 1988.

Nerval, Gérard de (eig. Gérard Labrunie), franz. Dichter, 22. (?) 5. 1808 Paris – 25. (26?) 1. 1855 ebda. Sohn e. Militärarztes; mutterlose, verträumte Kindheit bei e. Onkel im Valois; Collège Charlemagne in Paris, besuchte den ›Cenacle‹ und Hôtel du Doyenné. Unglückl. Liebe, nach 1841 immer häufiger auftretende Wahnzustände. Wiederholte Aufenthalte in Heilanstalten. Reisen im Orient (1843) und in Europa. Unstetes Wanderleben, Selbstmord: erhängte sich in e. Anfall geistiger Umnachtung an e. Straßenlaterne von Paris. – Nach Lebenslauf und Werk typ. Romantiker. Von dt. Lit., bes. E. T. A. Hoffmann und Goethe, beeinflußt. Kleines, aber bedeutendes Werk in Prosa und Lyrik von stark autobiograph. Charakter. Von Jugend an dem Traum, dem Okkulten, Phantast. und Düsteren näher stehend als der Realität, suchte er e. Erleuchtung der Wirklichkeit durch die höhere Wirklichkeit des Traumes. Poesie wird s. Mittel, die Traumbilder zu fixieren. Erstmalig in ›Le voyage en Orient‹, e. Reisebericht, findet sich die später immer wiederkehrende Vorstellung von der myst., idealisierten Verkörperung s. toten Geliebten. In s. Prosameisterwerk ›Sylvie‹, e. Novelle von großer Feinheit und Eleganz, stellt er das Erwachen s. Liebesmystik dar. ›Chimères‹, dunkle Sonette von ungewöhnl. Dichte, verarbeiten neben eigenem Erleben Elemente aus der Mythologie fremder Länder, aus Astrologie, Alchemie und Okkultismus. In ›Aurélia‹ beschreibt N. die Träume s. Wahnzustände. Wirkte stark auf Rimbaud, gilt, nachdem er lange unbeachtet geblieben war, als bedeutender Vorläufer der Surrealisten. Übs. ›Faust I‹ (1828), ›Faust II‹ (1840), Lyrik von Heine, Klopstock und Goethe.

W: Napoléon et la France guerrière, G. 1826; Études sur les poètes allemands, 1830; Léo Burckart, Dr. 1839; Voyage en Orient, Reiseb. 1851; Lorely, souvenirs d'Allemagne, 1852 (hg. H. Clouard 1928; d. I. Pfeiffer 1947); Sylvie, N. 1853 (hg. P. G. Castex 1970; d. G. Goyert 1947); Les filles du feu, Nn. 1854 (enth. ›Chimères‹); Aurélia ou le rêve et la vie, Prosa 1855 (hg. J. Giraudoux 1927, J. Richter 1965; d. H. Kubin 1910, F. Hindermann 1943, E. Sander 1970, E. W. Junker 1971 zus. m. ›Sylvie‹); Le prince des sots, 1888 (Der Fürst der Narren, d. 1905). – Œuvres complètes, hg. H. Clouard X 1927–31, 1993; Œuvres, hg. A. Béguin, J. Richter II ³1960f.; Œuvres complémentaires, hg. J. Richer VIII 1959ff.; Les Chimères, hkA J. Guillaume 1966; Des inédits, hg. G. Marie 1939; Correspondance (1830–55), hg. J. Marsan 1911; Lettres à F. Liszt, textes inédits, hg. J. Guillaume, C. Pichois 1972. – *Übs.:* Erzählungen, A. Wolfenstein III 1921; Töchter der Flamme, Ausw. E. Sander, G. M. Daiber 1953; Aurelia u. a. Erzählungen, E. Rechel 1960; Poésies choisies, franz./dt. 1972; Reise in den Orient (W), I 1986.

L: A. Marie, 1914; R. Bizet, 1928; H. Merz, Diss. Zür. 1929; H. Clouard, La destinée tragique de G. de N., 1929; O. Weise, 1936; P. Valéry, Au sujet de N., 1944; A. Béguin, 1945; J. Richer, 1947; L. H. Sébillotte, Le secret de G. de N., 1948; J. Richer, 1950; S. A. Rhodes, N. Y. 1951; E. Aunos, 1956; L. Cellier, 1956, ³1974; C. Dédéyan, G. de N. et l'Allemagne, II 1957f.; J. Richer, 1963; K. Stierle, Dunkelheit und Form in N.s ›Chimères‹, 1963; R. Jean, 1964; E. Peyrouzet, 1965; A. Du-

bruck, G. de N. and the German Heritage, Lond. 1965; G. W. Hefke, 1965; M. de Viviers, 1965; M. Krüger, 1966; C. Didiyan, 1966; G. Weitemeier, 1966; J. Senelier, 1966; G. Poulet, 1966; W. E. Beauchamp, 1969; K. Schäfer, 1969; G. R. Humphrey, 1969; N. par les témoins de sa vie, hg. J. Richter 1970; S. M. Schicker, 1970; L. Greene, 1970; J. Geninasca, 1971; A. Lebois, 1972; N. Rinsler, Lond. 1973; B. Sowerby, Lond. 1973; R. E. Jones, N. Y. 1974; La Villedieu, 1975; D. Tailleux, 1975; J. M. Bailbé, 1976; M. Jeanneret, 1978; B. L. Knapp, Alabama 1978; Études nervaliennes et romantiques, hg. J. Guillaume, C. Pichois 1979ff.; J. Richter, hg. 1980ff.; ders., 1983; S. Dunn, 1981; P. Gascar, 1981; G. Le Breton, 1982; K. Lokke, 1987; Léo Burckart, 1995; C. Pichois, 1997; J. Quintallet, 1998; J.-P. Bourre, 2001; S. Pillu, 2001. – *Bibl.:* A. Marie, 1926; J. Senelier, 1959, 1968 u. 1982; J. Villas, Columbia/MO. 1968; M. Brix, 1997.

Nervo, Amado (eig. Ruiz de Nervo), mexikan. Dichter, 27. 8. 1870 Tepic/Nayarit – 24. 5. 1919 Montevideo. Stud. Rechtswiss., später Theol.; 1891 Abbruch der geistl. Laufbahn, Journalist; 1900 Reise als Journalist zur Weltausstellung nach Paris; Kontakt mit berühmten Schriftstellern, u. a. R. Darío, Moréas, O. Wilde; Reisen durch Europa; lernt s. große Liebe, Ana Cecilia, kennen; 1903 Rückkehr nach Mexiko, Prof.; 1905–18 in diplomat. Mission in Madrid; 1912 Tod Anas; 1918 Botschafter in Argentinien, Uruguay u. Paraguay. – Dichter des Modernismo mit zunehmend relig., moral. und didakt. Thematik; zu s. Zeit sehr gefeiert; widerspruchsvolles, ungleiches Werk; als Dichter anfangs durch den franz. Symbolismus, Buddhismus sowie Schopenhauer u. Nietzsche beeinflußt, Neigung zur Mystik, Überbetonung der Form, auf äußeren Effekt bedacht; später Einkehr zu sich selbst, besingt s. Liebe zu Ana in schlichten Versen, nach dem Tod der Geliebten stark lit. Poesie des Verzichts.

W: El bachiller, N. 1895; Perlas negras, 1898; Místicas, 1898; Poemas, 1901; Lira heroica, 1902; Las voces, 1904; Los jardines interiores, 1905; Almas que pasan, En. 1906; Ellos, 1909; En voz baja, 1909; Juana de Asbaje, St. 1910; Serenidad, 1914; Elevación, 1917; Plenitud, Prosa u. G. 1918 (Erfüllung, d. 1922, 1936); Soledad, En. 1918; El estanque de los lotos, Prosa 1919 (d. 1936); La amada inmóvil, 1920; El arquero divino, 1922. – Obras Completas, hg. A. Reyes XXIX 1920–28, XXX 1938, II ³1962; Poesías Completas, 1935; Un epistolario inédito, Br. hg. E. Abreu Gómez 1952.

L: E. de Orly, 1917; J. M. González de Mendoza, 1919; A. Quijano, 1919; E. Talero, 1919; J. C. Tíndaro, 1919; C. Meléndez, N. Y. 1926; H. A. Torre Ruiz, ²1928; F. Monterde, 1929; E. O. Zapiola, 1931; D. Kress, Boston 1935; E. T. Wellmann, N. Y. 1936; A. Reyes, 1937; A. Rafael, 1939; P. C. Malvigne, 1939, 1964; B. Ortiz de Montellano, 1943; A. M. Herrera y Sierra, 1952; B. Calzada, 1957; L. G. Lamothe, 1962; M. Durán, ²1969. – *Bibl.:* G. Estrada, 1925.

Nesbit, Edith, engl. Schriftstellerin, 15. 8. 1858 London – 4. 5. 1924 New Romney. Erzogen in e. franz. Kloster, Dtl. und Brighton. Lebte in Kent. ∞ 1880 Hubert Bland, 1917 Thomas T. Tucker. Erhielt ab 1915 Staatspension. Letzte Lebensjahre in New Romney. – Vf. von Gedichten, Romanen und phantast.-kom. Kinderbüchern. Wurde bekannt durch ihre Tätigkeit als Sozialistin und durch ihre phantasievollen Kinderbücher, in denen sie mit Humor u. ohne moral. Zeigefinger Kinder des edwardian. Bürgertums lebensecht darstellte.

W: Lays and Legends, G. II 1886–92; Sweet Lavender, G. 1892; The Story of the Treasure Seekers, Kdb. 1899 (d. 1948); The Wouldbegoods, Kdb. 1901; Five Children and It, Kdb. 1902; The Red House, R. 1903; The Phoenix and the Carpet, R. 1904 (d. 1961); New Treasure Seekers, Kdb. 1904; The Railway Children, Kdb. 1906 (d. 1959); The Enchanted Castle, Kdb. 1907 (d. 1958); The House of Arden, Kdb. 1908 (Die Kinder von Arden, d. 1959); Ballads and Lyrics of Socialism, G. 1908; The Magic World, En. 1912; Wet Magic, Kdb. 1913; Five of Us – and Madeline, Kdb. 1925; The Complete History of the Bastable Family, R. 1928.

L: N. Streatfield, 1958; A. Bell, 1960; D. L. Moore, ²1967; J. Briggs (1987).

Nescio (eig. Jan Hendrik Frederik Grönloh), niederländ. Schriftsteller, 22. 6. 1882 Amsterdam – 25. 7. 1961 Hilversum. Geschäftsmann. – Lit. Einzelgänger, der Bürger u. Dichter, Romantiker u. nüchterner Beobachter zugleich war. Schrieb etwa 30jährig 3 Erzählungen mit autobiograph. Einschlag (1918 zusammen in Buchform veröffentlicht): selbstiron. Gegenüberstellung von jugendl.-idealist. Weltverbesserern u. gesichertem Bürgertum, mit Skepsis nach beiden Seiten. Schmales, aber ausgereiftes Gesamtwerk.

W: De uitvreter, Titaantjes, Dichtertje, En. 1918 (Faks. 1982; Kleine Titanen, Ausw. d. 1993); Mene Tekel, En. 1946; Boven het dal, En. 1961. – Verzameld werk, hg. L. Frerichs II 1996.

L: Aandacht voor N., 1972 (m. Bibl.); R. Bindels, 1978; S. Carmiggelt, Van u. heb ik ook een heleboel gelezen ..., 1993; Is u Amsterdammer?, hg. M. Verhoeff 1997.

Nesimi, Seyyid Imadeddin (auch Nasimi), 1339/1344(?) Bagdad – 1418 Aleppo. Nachfolger von Fazlullah Hurufi, dem Gründer des Sufiordens Hurufismus, der 1393 in Schiras gehängt wurde; s. Gedichte u. Gedanken als schariafeindlich eingestuft, wurde N. in Aleppo die Haut abgezogen und dann wurde er getötet. S. Gedichte verhalfen zur Verbreitung des Hurufismus in Anatolien, des Ordens, der die Botschaft Gottes durch Buchstaben u. Worte erklärt; um N.s Person ranken in Sufikreisen Legenden. Obwohl in Aserbaidschan-Türkisch gedichtet, wurde er durch die Klarheit s. Sprache und aufrichtige Tonlage in Glaubensäußerungen auch in Anatolien zu einem bedeutenden Dichter, der nicht nur Ordensdichter, sondern auch Divan-Dichter beeinflußte. Er besaß e. türkischen u. e. persischen Divan. S. türk. Divan wurde 1844–81 viermal verlegt.

W: GW, Baku III 1973; Seyyid Nesimi Divanı'ndan Seçmeler, G. hg. K. E. Kürkçüoğlu 1973; Nesimi Divanı, G. hg. H. Ayan 1990.

Nesin, Aziz, türk. Schriftsteller, 20. 12. 1915 Istanbul – 6. 7. 1995 Izmir. Absolvent der Kriegsakademie, 1937 Offizier, verurteilt wegen kommunist. Tätigkeit, 1944 Rücktritt vom Offiziersberuf; Journalist, Kolumnist, Verleger. – International namhafter Satiriker, legt karikierend u. ironisierend gesellschaftl. Widersprüche bloß; über 110 Bücher: Erzählungen, Romane und groteske Theaterstücke u.a. Gründung der Nesin-Stiftung 1972, die mit Honorareinkünften armen u. elternlosen Kindern Heim u. Ausbildung gibt.

W: Geriye Kalan, En. 1948; It Kuyruğu, En. 1955; Kadin Olan Erkek, R. 1955; Damda Deli Var, En. 1956; Deliler Boşandi, En. 1957; Erkek Sabahat, R. 1957; Biraz Gelir misiniz?, Sch. 1958; Bir Şey Yap Met!, Sch. 1959; Mahmut Ile Nigar, En. 1959; Ah Biz Eşekler, En. 1960; Zübük, R. 1961 (d. 1965); Toros Canavari, Sch. 1963; Sosyalizm Geliyor Savulun, En. 1965; Böyle Gelmiş Böyle Gitmez, Mem. 1966; Düdükçülerle Fiçicilarin Savaşi, Sch. 1968; Çiçu, Sch. 1970; Sizin Memlekette Eşek Yok mu?, En. 1995. – *Übs.:* Der unheilige Hodscha, En. 1962; Der einzige Weg, R. 1981; ... so gehts nicht weiter, Mem. 1986; Ein Verrückter auf dem Dach, En. 1996.

L: D. Ceyhun, 1984 (erw. 1995).

Nestor, altostslav. Hagiograph und Chronist, 1056? – 1114? Kiev. Wurde zwischen 1074 und 78 Mönch im Kiever Höhlenkloster, schrieb hier in den 80er Jahren des 11. Jh. 2 Heiligenleben, die Vita von Feodosij Pečerskij, dem ersten Abt und eigentl. Begründer des Klosters, und die sog. Lesung (›Čtenie‹) über die Fürsten Boris und Gleb, die ersten Heiligen der russ. Kirche. Gilt als Vf. der u.d. T. Nestorchronik bekannten ältesten ostslav. annalist. Chronik (›Povest' vremennych let‹), die in schlichter, anekdotenreicher Art die Geschichte Rußlands bis 1110 erzählt und 1116 von dem Abt Sylvester redigiert wurde. Die früheste erhaltene Abschrift stammt aus dem Jahr 1377 (Laurentius-Hs., hg. ²1926–28; Hypatius-Hs., um 1420, hg. ²1908). Von der ›Povest'‹, die den 1. Teil e. Gruppe ostslav. bzw. altruss. Chroniken bildet, zweigen sich mehrere lokale Chroniken ab.

A: Povest' vremennych let, hg. V. P. Adrianova-Peretc II 1950; D. Nestor-Chronik, hg. u. komm. D. Tschižewskij 1969; Handbuch zur Nestorchronik, hg. L. Müller III 1977. – *Übs.:* R. Trautmann, Die altruss. Nestorchronik, 1931.

Nesvadba, Josef, tschech. Schriftsteller, * 19. 6. 1926 Prag. – Neben Dramen mit vorwiegend sozialist. Thematik Vf. utopist. Erzählungen, die den Konflikt zwischen der starren technolog. oder ideolog. Realität u. dem freien menschl. Geist behandeln.

W: Budou žít, Dr. 1948; Výprava do Oceánie, Dr. 1949; Tarzanova smrt, En. 1958; Případ z latého Buddhy, R. 1960; Einsteinův mozek, En. 1960; Výprava opačným směrem, En. 1962; Vynález proti sobě, En. 1964 (Das verlorene Gesicht, d. 1964); Dialog s doktorem Dongem, R. 1964 (Vinh Linh oder Die Entdeckung des Dr. Dong, d. 1965); Jak předstírat smrt, N. 1971; Tajná zpráva z Prahy, R. 1978; Minehava podruhé, En. 1981; Hledám za manžela muže, R. 1986; Pvrní zpráva z Prahy, R. 1991. – *Übs.:* Die Erfindung gegen sich selbst, En. 1962.

L: Zasloužilý umělec J. N., 1986.

Neto, António Agostinho, angolan. Dichter, 17. 9. 1922 Catete – 10. 9. 1979 Moskau. Arzt u. Politiker, 1975 1. Präsident der Volksrepublik Angola. – Wichtiger Vertreter der sog. Négritude bzw. Angolanität, s. humanist. ausgerichtete Dichtung ist von großer Bildhaftigkeit u. Symbolik geprägt.

W: Sagrada Esperança, G. 1974 (Angola, heilige Hoffnung, d. 1976 u. 1977).

L: A. Margarido, 1980; F. A. Soares, 1983; E. Neto, 1989.

Neto, João Cabral de Melo → Melo Neto, João Cabral de

Neumann, Stanislav Kostka, tschech. Dichter, 5. 6. 1875 Prag – 28. 6. 1947 ebda. Sohn reicher Eltern, 1893 im Prozeß gegen die radikalsozialist. ›Omladina‹ verurteilt; nach Entlassung e. Zeitlang Vertreter des Anarchismus in der Zs. ›Nový kult‹; 1905 Redakteur in Mähren; während des 1. Weltkriegs in Ungarn u. Albanien, anschließend Politiker u. Propagator des Kommunismus, dessen Organe er 1922–27 redigierte. Ab 1927 freier Schriftsteller. – Vom Individualismus der Dekadenz, e. atheist. Hedonismus und individualist. Anarchismus, ferner von Nietzsche u. Przybyszewski beeinflußt, wendet sich N. um 1910 der sozialist. Dichtung zu, die die Schreckensbilder vom städt. Proletariat u. die Vision der sozialen Weltrevolution entstehen läßt. E. neue Phase beginnt mit den leidenschaftl. Versen des genußfrohen Vitalismus u. der Verherrlichung der Zivilisation, der auch der lyr. Kriegstagebuch zuzuschreiben ist. Dann herrscht die kommunist. Tendenzdichtung vor, die nur durch N.s Liebeslyrik (›Láska‹) Abwechslung erfährt. Zahlr. Feuilletons.

W: Nemesis bonorum custos, G. 1895; Jsem apoštol nového žití, G. 1896; Sen o zástupu zoufajících, G. 1903; České zpěvy, G. 1910; Kniha lesů, vod a strání, G. 1914; Nové zpěvy, G. 1918; Třicet zpěvů z rozvratu, G. 1918; Kniha mládí a vzdoru, G. 1920; Rudé zpěvy, G. 1923; Písně o jediné věci, G. 1927; Žal, G. 1931; Srdcová dáma, G. 1932; Láska, G. 1933; Srdce a mračna, G. 1935; Staří dělníci, G. 1936; Sonata horizontálního života, G. 1937; Anti-Gide, Streitschr. 1937; Bezedný rok, G. 1945; Zamořená léta, G. 1946. – Spisy (W), XVI 1920–46; Sebrané spisy (GW), XXIII 1948–56; Spisy (W), XII 1962ff. (unvollendet).

L: B. Václavek, 1935; E. Strohsová, 1954; J. Taufer, 1956; J. Lang, 1957; S. A. Šerlaimova, Moskau 1959; F. Kantman, 1966; M. Macháček, 1985; B. Neumannová, Byla jsem ženou slavného muže, 1998. – *Bibl.:* Soupis díla S. K. N., 1959.

Nevâî, Mīr ʿAlī Šīr Niẓamuddīn → Nawāʾī, Mīr ʿAlī Šīr Niẓamuddin

Neverov, Aleksandr (eig. Aleksandr Sergeevič Skobelev), russ. Erzähler, 24. 12. 1886 Novikovka/im ehem. Gouv. Samara – 24. 12. 1923 Moskau. Vater Bauer; war seit 1906 etwa 10 Jahre Dorflehrer, 1906 erste lit. Versuche, nahm aktiven Anteil an der Revolution. Lebte seit 1922 in Moskau. – S. Erzählungen über das Dorfleben stehen der lit. Tradition der ›Volksfreunde‹ nahe; s. bekanntestes Werk, der Roman ›Taškent-gorod chlebnyj‹, beruht auf Eindrücken aus der Zeit der Hungersnot im Wolgagebiet um 1920, e. wirkungsvolle, trag. und kom. Situationen umschließende Schilderung der Erlebnisse e. Knaben, den der Hunger aus der engeren Heimat in ferne Gegenden Rußlands treibt. Aus s. Dorfgeschichten über die Problematik von Revolution und Bauernschaft hebt sich ›Andron neputěvyj‹ heraus. Auch Dramatiker.

W: Taškent-gorod chlebnyj, R. 1923 (Taschkent, die brotreiche Stadt, d. 1925); Lico zizni, E. 1923 (Das Antlitz des Lebens, d. 1925); Gusi-lebedi, R.–Fragm. 1924. – Polnoe sobranie sočinenij (GW), IX 1926 f.; Sobranie sočinenij, IV 1957 f. – Izbrannoe, Ausw. 1971.

Neveux, Georges, franz. Dramatiker, 25. 8. 1900 Poltava/Rußland – 26. 8. 1982 Paris. Vater Franzose, Mutter Russin. Kam früh nach Frankreich. Stud. Medizin und Rechte; Journalist von ›Le Matin‹. – Begann mit surrealist. Lyrik ›La beauté du diable‹. Vf. surrealist. Dramen unter Einfluß von Giraudoux, z. T. in Gestalt von Traumbildern. ›Le voyage de Thésée‹ über Bedrohtheit und Unsicherheit, ›Plainte contre inconnu‹ über die Absurdität des Lebens. Gute Übsn. u. a. von Shakespeare und Huxley.

W: La beauté du diable, G. 1929; Juliette ou la clé des songes, Dr. 1930 (d. 1956); Le bureau central de mes rêves, Dr. 1930; Ma chance et ma chanson, Dr. 1932; Appel de la vie, Drb. 1937; Le voyage de Thésée, Dr. 1943; Plainte contre inconnu, Dr. 1946 (d. 1949); Proverbiales, G. 1950; Le fils de Rochelle, Dr. 1953; Zamore, Dr. 1953; Le loup et la rose, Dr. 1953; Le chien du jardinier, Dr. 1955 (Bei Tag und Nacht, d. 1956); Le système deux, Dr. 1955; La voleuse de Londres, Dr. 1960; Arsène Lupin contre Arsène Lupin, Drb. 1962; J'ai inventé Vidocq, Kdb. 1967 (nach Fernsehserie ›Vidocq‹; d. 1970); Molière pour rire et pour pleurer, Drb. 1973.

L: D. B. Parsell, Diss. 1970.

Nevil(l)e, Henry, engl. Erzähler, 1620 Billingbear/Berkshire – 22. 9. 1694 Wafield/Berkshire. Stud. Oxford. Reisen auf dem Kontinent. Polit. Zusammenstoß mit Cromwell, der ihn 1654 aus London verwies. Nach dessen Tod 1658 Parlamentsmitglied. – Verfaßte 1659 e. Schmähschrift gegen Cromwell sowie die Schrift ›The Commonwealth Ladies‹, mit der er angesichts des verstärkten polit. Engagements von Frauen dieses Motiv grotesk überformt und damit satirisiert. Übersetzte 1675 Machiavelli. S. lit. Ruf beruht auf dem Roman ›The Isle of Pines‹, e. Robinsonade vor Defoe, die in Dtl. u. a. auf Grimmelshausen einwirkte.

W: Shuffling, Cutting, and Dealing in a Game at Pickquet, Sat. 1659; The Commonwealth Ladies, Sat. 1659; The Isle of Pines, R. 1668 (hg. W. C. Ford 1920); Plato Redivivus, Schr. 1681 (hg. C. Robbins 1969).

L: O. Duncan, 1974.

Newbolt, Sir Henry John, engl. Dichter, 6. 6. 1862 Bilston/Staffordshire – 19. 4. 1938 London. Stud. Oxford. 1887–99 Jurist in London. ∞ 1889 Margaret Duckworth. 1911 zum ›Prof. of Poetry‹ der Royal Society of Literature ernannt, Hrsg. der ›Monthly Review‹, 1915 geadelt. – Vf. von Prosaerzählungen, e. Blankverstragödie und zahlr. vaterländ. Seegedichte, deren patriot. Ton sich nach dem 1. Weltkrieg überlebt hatte.

W: Taken from the Enemy, R. 1892; Mordred, Tr. 1895; Admirals All, G. 1897; The Island Race, G. 1898; The Sailing of the Long Ships, G. 1902; Song of the Sea, G. 1904; The Old Country, R. 1906; The New June, R. 1909; Collected Poems, 1910; Drake's, Drum, G. 1914; St. George's Day, G. 1918; A Naval History of the War 1914–18, V 1920–31; My World is in My Time, Aut. 1932. – Selected Poems, hg. P. Dickinson 1981; Studies, Green and Grey, 1968; Later Life and Letters, hg. M. Newbolt 1942.

L: V. Jackson, 1994.

Newby, P(ercy) H(oward), engl. Romanautor, * 25. 6. 1918 Crowborough/Sussex. Lehrerausbildung in Cheltenham, 1942–46 Lit.-Dozent Univ. Kairo, seit 1949 bei der BBC, ab 1971 als Programmdirektor. – Hauptschauplätze s. Romane sind Ägypten u. England; wichtigstes Thema ist Suche u. Prüfung: Den Protagonisten begegnet auf der Flucht vor e. unerträgl., sinnlosen Dasein Mysteriöses, Gewalt bricht plötzl. u. scheinbar irrational über sie herein, sie werden mit der Möglichkeit des Todes konfrontiert u. erleben schließl. Genesung, neue Identitätsfindung, Wiedergeburt. Konziser, trockener, oft satir.-kom. Stil, Understatement; realist. Dialoge.

W: A Journey to the Interior, R. 1945; Agents and Witnesses, R. 1947; Mariner Dances, R. 1948; The Snow Pasture, R. 1949; The Young May Moon, R. 1950; The Novel, 1945–50, St. 1951; A Season in England, R. 1951; A Step to Silence, R. 1952; The Retreat, R. 1953; The Picnic at Sakkara, R. 1955; Revolution and Roses, R. 1957; A Guest and His Going, R. 1959; The Barbary Light, R. 1962; One of the Founders, R. 1965; Something to Answer for, R. 1968; A Lot to Ask, R. 1973; Kith, R. 1977; Warrior Pharaohs, St. 1980; Saladin in His Time, B. 1983; Leaning in the Wind, R. 1986.

L: F. X. Mathews, 1964; G. S. Fraser, 1974; E. C. Bufkin, 1975.

Newman, John Henry, engl. Kardinal und relig. Schriftsteller, 21. 2. 1801 London – 11. 8. 1890 Birmingham. Vater Bankier, Mutter aus Hugenottenfamilie. Erzogen in Ealing, Stud. Oxford. 1824 Priester von St. Clement, 1827 Priester von St. Mary's, Oxford, hielt dort s. berühmten Sonntagspredigten. Reiste 1832 gemeinsam mit Froude nach Südeuropa; Romaufenthalt. Schloß sich nach s. Rückkehr der Oxforder Traktatgesellschaft an, begründete mit J. Keble u. E. B. Pusey die Oxforder Bewegung, die das kathol. Element des Anglikanismus betonte; verfaßte für sie zahlr. kämpfer. relig. Flugschriften, um das Interesse für die Kirche neu zu beleben, bewirkte Erstarkung der hochkirchl. Richtung. Priestertum war ihm göttl. Auftrag. Nachdem er i. e. der Traktate dargelegt hatte, daß Priester nicht Staatsbeamte, sondern Beauftragte des Apostels seien, entstand e. Entfremdung von der Hochkirche. 1843 gab N. s. Amt als Priester von St. Mary's auf, zog sich nach Littlemore zurück. Nach e. Zeit des Fastens und Betens in weitgehender Abgeschiedenheit (1843/44) konvertierte er 1845 zur röm.-kathol. Kirche. 1846 in Rom zum Priester und Oratorianer geweiht. 1854–58 Rektor der kathol. Univ. Dublin, 1879 zum Kardinal ernannt. – Als relig. Schriftsteller Gegner des viktorian. Rationalismus u. Positivismus von scharfem Intellekt. Die in lyr. Prosa geschriebenen Predigten gehören zu den besten in engl. Sprache. Schuf e. der schönsten Kirchenlieder der anglikan. Kirche, ›Lead, kindly light‹ (1833). S. Roman ›Callista‹ spielt in der Zeit des frühen Christentums. N.s lit. Schaffen erwuchs ausschließl. aus s. relig. Erleben. E. Kontroverse mit Kingsley führte zur Veröffentlichung der ›Apologia pro Vita Sua‹, e. relig. Autobiographie, N.s künstler. bedeutendstes Werk. Die Dichtung ›Dream of Gerontius‹ ist e. dramat. Monolog; s. Romane behandeln Konvertitenschicksal u. Christenverfolgung.

Nezval

W: The Arians of the Fourth Century, 1833; Tracts for the Times, VI 1833–41 (m. Pusey); Parochial and Plain Sermons, VI 1834–42 (erw. hg. W. J. Copeland VIII 1868); Lyra Apostolica, G. 1836; Lectures on the Prophetical Office of the Church, 1837; Fifteen Sermons Preached before the University of Oxford, 1843; An Essay on the Development of Christian Doctrine, 1845 (überarb. 1878; d. 1969); Loss and Gain, R. 1848 (hg. A. G. Hill 1986; d. 1924); Discourses to Mixed Congregations, 1849; Lectures on Certain Difficulties Felt by Anglicans, 1850 (d. 1951); Lectures on the Present Position of Catholics in England, 1851 (auch u.d.T. L. on Catholicism in England; hg. J. J. Daly 1942; d. 1853); Discourses on the Scope and Nature of University Education, 1852 (auch u.d.T. The Idea of a University; hg. G. N. Shuster 1959, I. T. Ker 1976, F. M. Turner 1996; d. 1957); Verses on Religious Subjects, 1853; Callista, R. 1856 (hg. A. G. Hill 2000; d. 1856, ^{25}1920); Apologia pro Vita Sua, 1864 (hg. C. F. Harrold 1947, M. J. Svaglic 1967; Geschichte meiner relig. Meinungen, d. 1865); The Dream of Gerontius, Dicht. 1866 (hg. F. P. Stockley 1823, A. F. Danglish 1928 m. Konkordanz; d. 1939); Verses on Various Occasions, 1868; Sermons on Subjects of the Day, 1869; An Essay in Aid of a Grammar of Assent, 1870 (hg. D. Wilson 1958; d. 1921, 1962); Essays Critical and Historical, II 1872; Historical Sketches, III 1872. – Collected Works, XXXVI 1868–81, XLV 1889 (n. 1966ff.); Works, Birmingham Oratory Millennium Ed. 2000ff.; Selected Works, hg. C. F. Harrold IX 1947–49; University Sketches, hg. M. Tierney 1963; N. the Oratorian. His Unpublished Oratory Papers, hg. P. Murray 1969; The Philosophical Notebooks, hg. E. Sillem II 1969f.; The Theological Papers of N. on Biblical Inspiration, hg. J. D. Holmes 1979; Letters and Correspondence, hg. A. Mozley II 1891 (Briefe aus der katholischen Zeit, d. 1929–31); Letters and Diaries, hg. C. S. Dessain 1961ff.; Letters and Diaries, hg. I. T. Ker u. Th. Gornall 1978ff. – *Übs.:* AW, M. Laros, W. Becker, J. Artz VIII 1951–69; Predigten, XI 1949–58.

L: F. W. Newman, 1891; H. Bremond, Paris III 1905f.; M. Laros, ^{5}1921; J. J. Reilly, 1925; W. Ward, II ^{3}1927; J. L. May, ^{2}1945 (d. 1948); C. F. Harrold, 1945; M. Tierney, hg. 1945; M. Ward, 1948; R. Sencourt, 1948; J. A. Lutz, 1948; N.-Studien, hg. H. Fries, W. Bekker 1948ff. (m. Bibl.); S. O'Faoláin, 1952; J. M. Cameron, 1956; N. Schiffers, 1956; T. P. Kerney, 1957; O. Chadwick, From Bossuet to N., ^{2}1987; G. Biemer, 1960; J. H. Walgrave, 1960; M. Trevor, II 1962; G. M. Tracy, 1963; J. Sugg, 1965; W. Robbins, 1966; The rediscovery of N., hg. J. Coulson, A. M. Allchin 1967; L. Cognet, Paris 1967; M. C. Hollis, 1967; T. Vargish, 1970; J. Coulson, 1970; H. L. Weatherby, Cardinal N. in His Age, 1973; L. H. Yearley, The Ideas of N., 1978; C. S. Dessain, ^{3}1981; B. Martin, 1982; I. T. Ker, 1990; G. Biemer, ^{2}2002.

Neẓāmī → Niẓāmī, Ilyās ibn Yūsuf

Neẓāmo'l-Molk, Abū ʿAlī al-Ḥasan ibn ʿAlī ibn Isḥāq, → Niẓāmu'l-Mulk

Nezval, Vítězslav, tschech. Dichter, 26. 5. 1900 Biskoupky bei Moravský Krumlov – 6. 4. 1958 Prag. Philos.-Stud. Prag, freier Schriftsteller; ab 1945 Mitarbeiter des Informationsministeriums; mit dem internat. Friedenspreis ausgezeichnet. – S. lit. Tätigkeit, die Lyrik, Prosa, Dramen, Kinderbücher, Übs. aus dem Franz. u. Engl., Studien u. Essays umfaßt, begann N. als Vertreter des lyrisch-spielerischen ›Poetismus‹, in den sich vereinzelt sozialrevolutionäre Töne mischen. Das Programm dieser lit. Strömung legte N. 1928 mit K. Teige in der Studie ›Manifesty poetismu‹ nieder. Unter dem Einfluß A. Bretons u. der Psychoanalyse Freuds verankerte N. nach 1930 die Realität immer häufiger im Unterbewußtsein u. wurde e. eifriger Bekenner des Surrealismus. Nach erzwungenem Schweigen während des 2. Weltkrieges meldete sich N. mit Gelegenheitsgedichten. S. Prosa u. Dramen haben nicht immer den künstler. Wert s. Lyrik.

W: Pantomima, G. 1924; J. Wolker, Es. 1925; Diabolo, G. 1926; Akrobat, G. 1927; Edison, G. 1928; Židovský hřbitov, G. 1928; Hra v kostky, G. 1929; Básně noci, G. 1930; Pět prstů, G. 1932; Skleněný havelok, G. 1932; Milenci z kiosku, Sch. 1932; Zpáteční lístek, G. 1933; Sbohem a šáteček, G. 1934; Žena v množném čísle, G. 1936; Praha s prsty deště, G. 1936; Nový Figaro, Sch. 1936 (bearb. 1962); Ulice Gît-le-cœur, E. 1936; Absolutní hrobař, G. 1937; Pražský chodec, E. 1938; Historický obraz, G. 1939 (erw. 1945); Pět minut za městem, G. 1940; Manon Lescaut, Sch. 1940; Veliký orloj, G. 1949; Stalin, G. 1949; Zpěv míru, G. 1950 (Ich singe den Frieden, d. 1951); Z domoviny, G. 1950; Křídla, G. 1952; Chrpy a města, G. 1955; Básně všedního dne, G. 1958; Z mého života, Erinn. 1959 (unvollendet); Nedokončená, G. 1960; Podivuhodný kouzelník, G. 1963 (^{1}1924, in Pantomima). – Dílo (W), XXXVIII 1950–90. – *Übs.:* Ausw. O. Eisner u. H. Schönhof 1938; J. Schröpfer 1967.

L: F. Soldan, 1933; L. Kratochvíl, Wolker a N., 1936; J. Taufer, 1957; A. Jelínek, 1961; A. Hoffmeister, 1961; J. Svoboda, 1966; L. N. Budagova, Moskau 1967; S. A. Šerlaimova, Moskau 1968; M. Blahynka, 1976; M. Macháček, 1980; M. Blahynka, 1981; Š. Žáry, Stovežatý básnik, 1981; I. V. Inov (Ivanov), Sudba i muzy V. N., Moskau 1990. – *Bibl.:* M. Blahynka u. J. Nečas, 1960; B. Hemelíková, 1986.

Ngugi wa Thiong'o (bis 1979 James T. Ngugi), kenian. Romanautor, * 5. 1. 1938 Limuru/Kenia. Stud. Makerere u. Leeds, 1967–69 u. 1972–77 Dozent Nairobi, 1970/71 Evanston/Ill.; 1977/78 polit. Häftling. Seit 1982 im Exil, 1984 Gastprof. in Bayreuth, 1989 Prof. Yale, seit 1992 in New York. – Bedeutendster ostafrikan. Autor. Er gestaltet die menschl. u. polit. Probleme des Kolonialismus u. Neokolonialismus u. will bei s. Landsleuten e. Bewußtseinsänderung in Richtung auf s. (zunehmend radikaler werdenden marxist.) Ideen bewirken. Die in Introspektionen u. gesprochenen Äußerungen dokumentierte Darstellung der geistigen Entwicklung s. oft allegor. für e. Kollektiv stehenden Figuren steht daher im Mittelpunkt des Interesses. N. setzt sich für die Verwendung afrikan. Sprachen ein; seit ›Devil on the Cross‹ schreibt er auf Gikuyu.

W: The Black Hermit, Dr. 1963 (d. 1973); Weep Not, Child, R. 1964 (Abschied von der Nacht, d. 1969); The River Between R. 1965 (d. 1970); A Grain of Wheat, R. 1967 (Preis der Wahrheit, d. 1971, Freiheit mit gesenktem Kopf, 1979); This Time Tomorrow, Drn. 1970 (d. 1974); Homecoming. Essays on African and Caribbean Literature, Culture and Politics, 1972; Secret Lives, Kgn. 1975 (Verborgene Schicksale, d. 1977); m. M. G. Mugo, The Trial of Dedan Kimathi, Dr. 1976; Petals of Blood, R. 1977 (Verbrannte Blüten, d. 1981); Detained. A Writer's Prison Diary, 1981 (Kaltgestellt, d. 1991); Writers in Politics, Ess. 1981, ²1997; Education for a National Culture, Abh. 1981; Devil on the Cross, R. 1982 (d. 1988); m. Ngugi wa Mirii, I Will Marry When I Want, Dr. 1982; Barrel of a Pen: Resistance to Repression in Neo-colonial Kenya, Ess. 1983; Decolonising the Mind: the Politics of Language in African Literature, Ess. 1986; Matigari, R. 1989 (d. 1991); Moving the Centre: The Struggle for Cultural Freedoms, Ess. 1993; Penpoints, Gunpoints, and Dreams: the Performance of Literature and Power in Post-colonial Africa, Ess. 1998.

L: C. B. Robson, 1979; G. D. Killam, 1980; S. Peike, 1981; D. Cook, M. Okenimkpe, 1983, ²1997; D. Burness, G. D. Killam, hg. 1984; C. Sicherman, 1990; H. Meyer, 1991; J. Bardolph, 1991; C. M. Nwanko, 1992; H. Narang, 1995; C. Cantalupo, hg. 1995; ders., 1995; M. Parker, R. Starkey, hg. 1995; F. O. Balogun, 1997; J. Ogude, 1999; S. Gikandi, 2000; P. Nazareth, 2000; A. Breidlied, 2002; G. Ndigirigi, 2003; K.-H. Stoll, 2003. – *Bibl.*: C. Sicherman, 1989.

Nguyên Binh Khiêm, vietnames. Dichter, 1491 Hai Duong – 1585 Bach Vân/Hai Duong. Erst mit 45 Jahren Mandarinprüfung, dann hoher Beamter für die Mac-Dynastie, mit 70 Jahren Rückzug in die ›Weiße-Wolken-Klause‹ (Bach Vân Am). Gedichtzyklen: Bach Vân Am Thi Tap (ca. 1000 Han-Gedichte) sowie Bach Vân Quôc Ngu Thi (200 Nôm-Gedichte). Beeinflußt von chines. Philosophien, insbes. vom ›Buch der Wandlungen‹, suchte er Antworten auf die gesellschaftl. Krise seiner Zeit. V. a. seine Nôm-Gedichte markieren eine neue Entwicklungsstufe der vietnames. Literatursprache.

Nguyên Công Hoan, vietnames. Dichter, 1903 Bac Ninh – 1977 Hanoi. Franz. Bildung in Hanoi, arbeitete als Lehrer in Tongking (1926–45). Veröffentl. seit 1920, zuerst in den Zeitschriften des Tan Da, später als Sammlungen. Berühmt sind v. a. die vor 1945 entstandenen über 100 satirischgesellschaftskrit. Kurzgeschichten, in denen er die neue (westl. geprägte) vietnames. Prosa zu einer ersten Blüte führte.

Ü: Die verhexte Münze, En. 1984.

Nguyên Dinh Chiêu, vietnames. Dichter, 1822 Gia Dinh – 1888 Ben Tre. 1843 erfolgr. Mandarinprüfung, 1849 Erblindung und Hinwendung zur tradit. Medizin und Literatur, arbeitete fortan als Arzt und Lehrer. Bekanntestes Werk: der Versroman ›Luc Vân Tiên‹ (um 1849–58), in dem er sein tragisches Schicksal verarbeitete und mit dem Traum des Sieges gegen die ausländ. Eroberer verband. Einflüsse der Volksliteratur, der chin. Prosaerzählung und des Tuông-Theaters.

W:-Übs.: Luc Van Tiên ca diên (franz. Paris 1883); Luc Van Tiên, Hanoi 1927.

Nguyên Du, vietnames. Dichter, 1766 Thang Long – 1820 Huê. Bereits 1783 erfolgr. Mandarinprüfung, ab 1802 Mandarin für die Nguyên-Dynastie, u. a. Gesandter nach China. Verarbeitete die Staats- und Gesellschaftskrise des späten 18. Jh. in Gedichten, v. a. im Versroman ›Truyên Kiêu‹, dem bedeutendsten vietnames. Versroman. Vorbild war eine chines. Prosaerz. des 16. Jh., die er sprachl. u. psycholog. umdeutete. Das Werk spiegelt die Gefühle der Trauer u. der Resignation seiner Generation wider. Die Sprache des Werkes gilt als ein Gipfelpunkt der vietnames. Lit.

W: Truyên Kiêu (Das Mädchen Kiêu, d. 1964, The tale of Kiêu, engl. 1983).

L: M. Durand, Mélanges sur N. D., Paris 1966.

Nguyên Huy Thiêp, vietnames. Dichter, * 1950 Hanoi. Pädagogikstudium, Arbeit als Lehrer und Schulbuchillustrator, seit 1987 Veröffentlichung von Erzählungen u. Theaterstücken. Realist. Erzählweise wird verbunden mit Montagetechnik, Elementen der trad. u. Volkslit., Lyrik, Satire u. schwarzem Humor. Themat. und stilist. ein herausragender Autor der sog. Erneuerungs-(Dôi Moi-)Literatur.

W:-Übs.: Un général à la retraite, La Tour d'Aigues 1990; La vengeance du loup, La Tour d'Aigues 1997.

Nguyên Trai, vietnames. Dichter, 1380 Thang Long – 1442. Aus einer bedeut. Familie der Trâ nund Hô-Dynastien. Wichtige Rolle beim Aufstand gegen die Ming-Besatzer u. in der Lê-Dynastie. Später Ungnade, 1442 Königsmord-Vorwurf, Auslöschung der Familie, 1464 postume Rehabilitierung. Markiert in Thematik u. Sprache Übergang von der frühen zur klass. traditionellen vietnames. Lit.

W: Binh Ngô Dai Cao, 1428; Du Dia Chí (Reichsgeographie), 1434; Uc Trai Thi Tap (105 Gedichte in Han), 1480.

Niane, Djibril Tamsir, guineischer Schriftsteller franz. Sprache, * 9. 1. 1932 Conakry/Guinea. Stud. in Dakar und Bordeaux; Arbeit als Historiker und Sozialwissenschaftler im Hochschulbereich s. Landes. – S. schriftsteller. Tätigkeit konzentriert sich auf den Appell an die afrikan. Völker, nach der Entkolonisierung zu sich selbst zurückzufinden, insbes. über die entscheidenden Persönlichkeiten sowie die großen Städte.

W: Recherches sur l'empire Mali, 1959/60; Soundjata ou l'épopée mandingue, 1960; Histoire de l'Afrique occidentale, 1961; Sikasso ou la dernière citadelle, 1971; Méry, Nn. 1975.

Nicander, Karl August, schwed. Dichter, 20. 3. 1799 Strängnäs – 7. 2. 1839 Stockholm. Sohn e. Konrektors, 1817 Stud. Uppsala, 1824 Magister, Beamter in Stockholm, 1827–29 Italienreise, dann ohne Stellung, herzkrank. – Großes Formtalent, aber meist unselbständiger Epigone der Romantik, der sich dem populären Geschmack anpaßte. Nur gelegentl. wirkl. Dichtung. ›Runesvärdet‹ ist das 1. schwed. romant. Drama; in ›Hesperider‹, Beginn der Italienromantik in Schweden, erweist sich N. in ausgezeichneter Prosa als guter Erzähler. Bes. aber Lyriker mit romant. Grundanschauung. Übs. ›Othello‹, ›Die Räuber‹, ›Die Jungfrau von Orleans‹.

W: Runesvärdet och den förste riddaren, Dr. 1820; Fjärilar från Pinden, G. 1822; Runor, G. 1824; Dikter, 1825 u. 1826; Nya dikter, 1827; Minnen från Södern, Reiseb. II 1831–39; Hesperider, G. u. Nn. 1835. – Samlade dikter, IV 1839–41.

L: G. Lokrantz, Diss. Uppsala 1939; B. Lewan, Drömmen om Italien, 1966.

Niccodemi, Dario, ital. Dramatiker, 27. 1. 1874 Livorno – 24. 9. 1934 Rom. Jugend in Buenos Aires, wo er schon früh journalist. tätig war u. auch 2 Komödien in span. Sprache veröffentlichte. 1900 Sekretär der Schauspielerin Réjane in Paris, wo er bis 1921 lebte u. ital. Komödien (u. a. Goldoni) ins Franz. übersetzte. Ab 1921 Leiter e. ital. Truppe, mit der er die ganze Welt bereiste. – Mit s. lebendig geschriebenen u. geschickt aufgebauten Dramen u. Komödien nach franz. Vorbild (Bernstein) kam er dem Geschmack des ital. Bürgertums der ersten beiden Jahrzehnte des 20. Jh. ausgesprochen entgegen.

W: La flamme, Dr. 1910; Le refuge, Dr. 1911; Les Requins, Dr. 1913; L'aigrette, Dr. 1913; I pescicani, Dr. 1914; L'ombra, Dr. 1915 (d. 1942); Scampolo, Dr. 1916 (d. 1929); La nemica, Dr. 1917; Prete Pero, Dr. 1918; La maestrina, Dr. 1918; La morte in maschera, R. 1919; L'alba, il giorno e la notte, Dr. 1921 (Tageszeiten der Liebe, d. 1940); La Madonna, Dr. 1927; Tempo passato, Mem. 1928; Il principe, Dr. 1929. – Teatrino, Einakter III 1922.

L: R. Bianchi, 1924; P. Bavatti, 1936.

Niccolini, Giovanni Battista, ital. Dramatiker, 19. 11. 1782 Bagni di San Giuliano/Lucca – 20. 10. 1861 Florenz. Stud. Rechte Pisa, Dr. jur., arbeitete zunächst in e. Florentiner Archiv, 1807 Prof. für Gesch. u. gleichzeitig Bibliothekar u. Sekretär der ›Accademia delle Belle Arti‹. Trat für die Idee e. einigen ital. Königreichs ein. Mit Manzoni befreundet. – Verdankt s. Ruhm vor allem s. Tragödien, in denen er zunächst Themen aus der Gesch. u. Mythologie behandelt. Später löste er sich von den klass. Vorbildern u. wandte sich unter Einfluß Shakespeares, Schillers, Byrons u. V. Hugos mehr der Romantik zu. Gegenstand weiterer Dramen wird der patriot. Kampf für Freiheit u. Einigkeit. Außerdem theoret. Schriften u. Gedichte.

W: Edipo, Dr. 1816; Medea, Dr. 1816; Nabucco, Dr. 1819; Antonio Foscarini, Dr. (1827); Giovanni da Procida, Dr. (1830); Arnaldo da Brescia, Dr. (1838, d. 1845); Rosmunda d'Inghilterra, Dr. 1838. – Opere, hg. C. Gargiolli VIII 1860–80.

L: L. Alfieri, 1939; Studi su G. B. N. (Kongreß), 1985.

Niccolò da Verona, ital. Dichter, 14. Jh. Verona. Stud. Jura in Padua, längerer Aufenthalt in Ferrara, widmete dem Fürsten Niccolò I. d'Este e. seiner ep. Dichtungen in franco-venetischer Sprache, ›Pharsale‹.

W: Opere, hg. F. Di Ninni 1992.

Nichols, Grace, guyan. Autorin engl. Sprache, * 18. 1. 1950 Georgetown/Guyana. Stud. Georgetown, Lehrerin, Reporterin, 1977 Übersiedlung nach London. – Ihre Gedichte setzen sich mit Situation u. Identität der Frau in der Karibik auseinander. Bes. in der 1. Sammlung überführen die Gedichte u. die in ihnen beschworenen weibl. Körper als Speicher der Kolonialgeschichte die Vergangenheit in das lyr. Präsens u. in e. heutiges Ich. Auch e. themat. ähnl. Roman u. zahlr. Bücher für Kinder.

W: I is a Long-Memoried Woman, 1983; The Fat Black Woman's Poems, 1984; Lazy Thoughts of a Lazy Woman, and Other Poems, 1989; Whole of a Morning Sky, R. 1989; Sunris, 1996.

L: G. Webhofer, Identity in the Poetry of G. N. and Lorna Goodison, 1996.

Nichols, Peter, engl. Dramatiker, * 31. 7. 1927 Bristol. Vater e. spast. gelähmten Kindes, darüber die auch verfilmte, tragikom.-makabre Studie ›A Day in the Death of Joe Egg‹. – Vf. gesellschaftssatir. Dramen, Fernseh- u. Filmskripts.

W: The Hooded Terror, Dr. (1964); A Day in the Death of Joe Egg, Dr. 1967; The National Health, Dr. 1970; Forget-Me-Not-Lane, Dr. 1971; Chez Nous, Dr. 1974; The Freeway, Dr. 1975; Privates on Parade, Dr. 1977; Born in the Gardens, Dr. 1980; Passion Play, Dr. 1981; Poppy, Sch. 1982; Feeling You're Behind, Aut. 1984.

L: K. L. Jones, 1991.

Nicodemi, Dario → Niccodemi, Dario

Nicolaj, Aldo, ital. Dramatiker, * 15. 3. 1920 Fossano/Cuneo. Stud. Philos. Turin; 1947–49 Mittelschullehrer, 1951–54 Kulturattaché in Guatemala. Lebt in Rom; ständiger Mitarbeiter des ital. Fernsehens. – Bediente sich der versch. Stile des Theaters des 20. Jh. S. Figuren stehen meist am Rand der bürgerl. Gesellschaft. S. Werk, das im Ausland berühmter ist als in Italien, umfaßt über 30 Dramen.
W: Il soldato Piccico, Dr. (1959); La cipolla, Dr. (1962); Il mondo d'acqua, Dr. (1963); Il pendolo, Dr.; Nero come un canarino, Dr.; Il cordone ombelicale, Dr.; Classe di ferro, Dr. (1971); L'onda verde, Dr. (1977); Amleto in salsa piccante, Dr. 1991.

Nicolson, Harold George (seit 1953 Sir), engl. Schriftsteller und Kritiker, 21. 11. 1886 Teheran – 1. 5. 1968 Sissinghurst Castle/Kent. Vater Diplomat in Teheran, später zum Lord Carnock ernannt. Erzogen in Wellington, Stud. Oxford. 1909–29 im diplomat. Dienst, bekleidete Posten in Madrid, Istanbul, Teheran und Berlin. ∞ 1913 Schriftstellerin V. Sackville-West. 1929 freier Journalist, Kritiker, Mitarbeiter des ›Daily Express‹. 1935–45 Parlamentsmitgl. – Vf. von Biographien, polit. Studien, geistvollen Essays sowie e. satir. polit. Romans.
W: Tennyson, B. 1923; Byron, the Last Journey, St. 1924; Swinburne, B. 1926; The Development of English Biography, St. 1927; Lord Carnock, B. 1930 (Die Verschwörung der Diplomaten, d. 1930); Public Faces, R. 1932 (Die Herren der Welt privat, d. 1933); Peacemaking, 1919, Es. 1933 (d. 1933); Curzon, the Last Phase, St. 1934 (Nachkriegsdiplomatie, d. 1934); The English Sense of Humour, Es. 1946 (Die Kunst der Biographie, dt. Ausw. 1958); King George V, B. 1952 (d. 1954); Good Behaviour, Ess. 1955 (Vom Mandarin zum Gentleman, d. 1959); Sainte Beuve, St. 1957; Journey to Java, 1957 (d. 1959); The Age of Reason, St. 1960 (d. 1961); Diaries and Letters, III 1966–68 (dt. Ausw. II 1969–71).

Niedra, Aīda, lett. Schriftstellerin, 23. 3. 1899 Tirza b. Gulbene/Lettl. – 23. 11. 1972 Santa Monica/CA. Gastwirtsfamilie; 1908–13 örtliche Schulen; 1913–19 Gymnasien Madona, Cēsis; 1919–32 Riga, Sekretärin am Friedensgericht; 1944 nach Dtl. emigriert, Esslingen; ab 1949 USA, Schriftstellerin. – Romane zeigen Schönheiten ländlichen Lebens u. ihre Landsleute im Exil, später auch Frauenthemen; gekonnte Sujets, Genres, Psychologie.
W: Sarkanā vāze, R. 1927; Piektais bauslis, R. 1931; Salna, R. 1934; Anna Dzilna, R. 1936; Rūžu Kristīne, R. 1939; Ugunī, R. 1940; Rožu pelni, R. 1946; Pilsēta pie Daugavas, R. 1955; Miera ielas cepurniece, R. 1957; Zelta vārtu pilsēta, R. 1959; Indrānes oši šalc, R. 1965; Sastapšanās pie Operas kafejnīcas, R. 1967; Atkal Eiropā, R. 1968; Rīga dienās, nedienās, R. 1970.

Niedra, Andrievs, lett. Schriftsteller, 8. 2. 1871 Tirza b. Gulbene/Lettl. – 25. 9. 1942 Riga. Sohn e. Hofbesitzers; örtliche Schulen u. in Vecpiebalga, Riga; 1889 Abitur Jelgava; 1890–99 Theologiestud. Tartu/Estl.; ohne Pfarrei, Literat, Journalist, u. a. bei Zsn. ›Peterburgas Avīze‹, ›Austrums‹; 1906–18 Pfarrer in Matīši, Kalsnava-Vietalva; 1919 Politiker, arbeitet für die dt. Armee, verläßt Lettl.; 1924 Rückkehr, Verurteilung wegen Volksverrats, Ausweisung; Pfarrer in Ostpreußen; 1942 Rückkehr. – N.s lit. Schaffen fällt praktisch ganz in die Zeit vor 1906; soz. Themen u. Darstellung der lett. Bauern; poetische Synthese von Realismus u. Romantik.
W: Pirmās ziedoņa vēsmas, G. 1887; Skaidra sirds, E. (1898) 1903; Līduma dūmos, R. (1899) 1901; Zeme, Dr. (1903) 1911. – Kopoti raksti (GW), X 1925–26; Raksti (W), IV 1971–72.
L: J. Ezergailis, Waverley 1960.

Nielsen, Morten, dän. Lyriker, 3. 1. 1922 Aalborg – 29. (30.?) 8. 1944 Kopenhagen. Stud. Lit., Teilnahme am Freiheitskampf gegen die dt. Besatzung im 2. Weltkrieg, 1944 Mitarbeiter der illegalen Anthologie ›Der brænder en ild‹. – Vf. lyr. Gedichte von großer Tiefe. Sowohl der Freiheitskampf als auch Leben, Lieben u. Dichten sind für N. e. Kampf um die Existenz im Angesicht des Todes; bewußt unheroischer Ton; tiefe Wirkung auf die dän. Dichtung nach dem Kriege.
W: Krigere uden våben, G. 1943; Efterladte digte, G. 1945. – Digte, G. hg. Th. Bredsdorff 1954, ^{3}1994 (n. 2002); Breve til en ven, Br. 1962, ^{2}1994; Breve, Br. 1966.
L: B. N. Brovst 1995.

Niemcewicz, Julian Ursyn, poln. Dichter, 16. 2. 1758 Skoki b. Brest – 21. 5. 1841 Paris. Aus Kleinadel, Kadettenschule, Adjutant des Fürsten A. K. Czartoryski, lebte in Puławy. Reisen nach Dtl., Österreich, Frankreich, Italien, England, Holland. 1788–91 livländ. Mitgl. des 4. Reichstages (Sejm), Anhänger der Reformpartei. 1791/ 92 Redakteur der Zs. ›Gazeta Narodowa i Obca‹. Danach in Italien. Begegnung mit Th. Kościuszko; als dessen Adjutant Teilnahme am Aufstand, verwundet, 1794 in der Schlacht bei Maciejowice in russ. Gefangenschaft. Mit Kościuszko nach Petersburg, 1½ Jahre Kerker, Freilassung durch Zar Paul I., 1796 Reise über England nach Amerika. Begegnung mit Jefferson u. Washington. 1807 Rückkehr. Aktive Teilnahme am polit. u. kulturellen Leben des Herzogtums Warschau u. Kongreß-Polens. Staatssekretär u. Präsident der Gesellschaft der Wiss. Lebte auf Gut Ursynów bei Warschau. Teilnahme am Novemberaufstand 1831, erneute Emigration nach London. Lebte seit 1833 in Paris. – Trotz der umfangr. polit. Tätigkeit noch umfangr. dichter. Werk. Verbindung zwischen Aufklärung u. Romantik. In s. Romanen mehr Patriot als begnadeter Künstler. Führt die hist. Ballade in die poln. Lit. ein. Auch Fabeln u. tendenziöse Dramen. Hist. Romane in der Scott-Nachfolge. Wiss. Arbeiten zur poln. Geschichte. Übs. engl. Lyrik.

W: Powrót posła, Lsp. 1790 (n. 1959; Die Heimkehr des Landboten, d. 1792); Puławy, Ep. 1802 (gedruckt 1907); Listy litewskie, Schr. 1812; Dwaj panowie Sieciechowie, R. 1815; Śpiewy historyczne, G. 1816 (Geschichtl. Gesänge, d. 1833); Bajki i powieści, G. II 1817; Zbigniew, Dr. 1819 (franz. 1835); Dzieje panowania Zygmunta III, Schr. III 1819; Lejbuś i Siora, R. 1821 (Lewi u. Sara, d. 1824); Jan z Tęczyna, R. III 1825 (n. 1954, d. III 1827); Pamiętniki czasów moich, Mem. 1848 (n. 1957); Podróże histor. po ziemiach polskich …, Reisetg. 1858. – Podróże po Ameryce, Tg. 1959. – Dzieła poetyczne, XII 1838–40; V 1883–86.

L: A. Czartoryski, 1860; J. Dihm, 1928; A. Knot, 1948; I. Kunert, 1968; St. Majchrowski, 1982; K. Zbyszewski, Lond. 1986.

Nievo, Ippolito, ital. Dichter, 30. 11. 1831 Padua – 4./5. 3. 1861 auf See zwischen Palermo u. Neapel. Stud. Jura in Pavia u. Padua, wo er 1855 promovierte; ging dann nach Colloredo. Anfängl. Anhänger der Republikaner, bekehrte er sich später zur Idee der Monarchie. 1860 folgte er Garibaldi nach Sizilien; ertrank auf der Rückfahrt bei e. Schiffbruch. – In s. bekanntesten Werk, dem hist.-autobiograph. Roman ›Le confessioni di un italiano‹ (postum hg. u. d. T. ›Confessioni di un ottuagenario‹) aus der Zeit des Risorgimento von Napoleon bis Garibaldi, schuf N. den ital. Entwicklungsroman aus dem Geist der Spätromantik. Bes. gelungen ist die weibl. Hauptfigur des Romans, die sich immer wieder entziehende Pisana, die zu den berühmtesten Frauengestalten der ital. Lit. überhaupt gehört. Außerdem Vf. zahlr. romant. Gedichte u. Novellen.

W: Versi, G. 1854; Le Lucciole, G. 1858 (n. G. Battelli 1916); Le confessioni di un italiano, R. (u. d. T. Le confessioni di un ottuagenario hg. E. Fuà Fusinato 1867, n. F. Palazzi 1931, C. Iorio 1934, B. Chiurlo 1941, E. Cecchi 1942; d. I. Kurz II 1877, Ch. Birnbaum, Pisana, 1957). – Poesie, G. (Ausw.), hg. R. Barbiera 1889; Opere, hg. S. Romagnoli 1952; Novelliere campagnuolo e altri racconti, Nn. hg. I. De Luca 1956; Novelle campagnuole, Nn. hg. E. Bartolini 1956; Teatro, hg. E. Faccioli 1962; Scritti politici e storici, hg. G. Scalia 1965; Quaderno di traduzioni, hg. I. De Luca ²1976; Tutte le opere narrative, hg. F. Portinari II 1967; Scritti giornalistici, hg. U. M. Olivieri 1996. – Tutte le opere, hg. M. Gorra 1970; Lettere garibaldine, hg. A. Ciceri 1961.

L: A. Valle Rolando, La poesia di I. N., 1921; G. Solitro, 1936; U. Gallo, 1940; F. Ulivi, Il romanticismo di I. N., 1947; C. Bozzetti, 1959; A. Balduino, 1962; F. Mollia, 1968; G. Titta Rosa, 1968; F. Portinari, 1969; E. Mirmina, Il Friuli collinare nella vita e nell'opera del N., 1974; P. De Tommaso, N. e altri studi sul romanzo storico, 1975; A. Di Benedetto, N. e la letteratura campagnola, 1975; G. Maffei, 1990; M. Gorra, 1991; M. Columini Camerino, 1991; F. Olivari, 1993; P. Ruffilli, 1995; U. M. Olivieri, 2002. – *Bibl.:* M. Marcazzan, 1945.

Nigellus de Longchamps (Nigellus de Longo Campo, früher fälschl. Nigellus Wireker, auch Witeker), engl. Schriftsteller, um 1130 – um 1200. Mönch von Christ Church, Canterbury. S. ›Speculum stultorum‹ (um 1180) kritisiert in Form e. satir.-abenteuerl. Verselegie gesellschaftl. Mißstände allg., bes. aber Korruption u. Ehrgeiz der Orden durch den Vergleich mit dem ehrgeizigen Esel Brunellus, der e. längeren Schwanz begehrt. Die Satire wird durch Witz gemildert. Im späten MA weit verbreitet, wie zahlr. Manuskripte u. → Chaucers Anspielung in ›The Nun's Priest's Tale‹ beweisen. Verfaßte auch Heiligenlegenden.

A: A. Boutemy 1959, J. H. Mozley, R. R. Raymo 1960. – *Übs.:* Ausw. in: Manitius, Mären und Satiren aus dem Lat., 1905; K. Langosch 1982; neuengl. G. W. Regenos 1959; J. H. Mozley 1961.

L: R. A. Beals, 1927.

Nihongi oder Nihonshoki (›Jap. Annalen‹), erste der 6 offiziellen Reichsannalen (›Rikkokushi‹) Japans, 714 befohlen u. 720 von Prinz Toneri, Ō no Yasumaro u. a. fertiggestellt. Eng an chines. Vorbilder wie z. B. das ›Han-shu‹ anschließend, ist es im Gegensatz zum ›Kojiki‹, das es an Klarheit, Sachlichkeit u. hist. Bedeutung weit übertrifft, rein chines. geschrieben. Auch ihm müssen verlorengegangene, frühere Aufzeichnungen zugrunde gelegen haben. Im N. werden neben dem Shintô auch konfuzian. u. buddhist. Einflüsse spürbar. Die ersten beiden s. 30 Bände wenden sich der Mythologie, die folgenden 13 der geschichtl. Zeit, die letzten der Zeit bis 697 zu.

Übs.: N. Chronicles of Japan from the Earliest Times to A. D. 697, engl. W. G. Aston II 1956; I–II: K. Florenz, Jap. Mythologie, 1901; XII–XXX: ders., Jap. Annalen, ²1903; P. Wheeler, The Sacred Scriptures of the Japanese, 1976; R. Borgen, M. Ury (Ausw.), 1990.

L: H. Borton, A. Survey of Jap. Historiography (American Hist. Review 43, 1938); N. Naumann, Die Mythen des alten Japan, 1996; T. Konoshi, 2000; J. Isomae (JJS), 2000.

Nijhoff, Martinus, niederländ. Lyriker, Dramatiker u. Essayist, 20. 4. 1894 Den Haag – 26. 1. 1953 ebda. Sohn des Verlegers Wouter N.; Stud. Rechtswiss. Amsterdam; Jurist u. Redakteur, später Stud. niederländ. Lit. Utrecht, Regierungsberater für Lit. – Eklektiker, anfangs von Baudelaire beeinflußt. Nach v. Lebensangst bestimmten Beginn gestaltet er Hinwendung zur geheimniserfüllten Erde, Spannung zwischen Wirklichkeit u. Ideal. S. Werk vereinigt Tradition u. Erneuerung, heidn. u. christl. Einflüsse, Sachlichkeit, Dekadenz u. Manierismus. Als Stilkünstler häufig Abänderungen s. Gedichtformen. Verfaßte auch geistl. Spiele sowie Übersetzungen aus versch. Sprachen u. Epochen: Seit 1956 ist ein jährl. Übersetzerpreis nach ihm benannt.

W: De wandelaar, G. 1916; Pierrot aan de lantaarn, Dr. 1919; Vormen, G. 1922; De pen op papier, Schr. 1927; De vliegende Hollander, Dr. 1930; Gedachten op dinsdag, Aufss. 1931; Nieuwe gedichten, 1934; Het uur U, G. 1937; Een idylle, G. 1940; De ster van Bethlehem, een kerstspel, 1941; Het heilige Hout, Drn. 1950. – Verzameld werk, III 1954–1961; III 1981; Verzamelde gedichten, hg. W. v. d. Akker 1990; Gedichten, hkA, hg. ders. III 1993. – *Übs.:* Die Stunde X, G. 1989.

L: T. de Vries, 1946; C. Bittremieux u.a., 1954; F. Lulofs, Verkenning door varianten, 1955; A. Donker, ²1957; J. de Poortere, 1960; L. Wenseleers, Het wonderbaarlijk lichaam, 1966; Nooit zag ik Awater..., hg. D. Kron 1981; W. v. d. Akker, 1994.

Nijlen, Jan van, fläm. Lyriker, 10. 11. 1884 Antwerpen – 14. 8. 1965 Vorst/Brüssel. 1919–49 Beamter im Justizministerium; Redakteur von ›Vlaamsche Arbeid‹ u. ›Groot Nederland‹. – Romant. Lyriker unter franz. Einfluß. Grundcharakter s. Lyrik ist die uneingeschränkte, aber unbefriedigte Bejahung des Irdischen. Verse von vollendeter Form, souverän beherrscht durch Humor u. Ironie.

W: Verzen, 1906; Het licht, G. 1909; Naar't geluk, G. 1911; Uren met Montaigne, Es. 1916; Het aangezicht der aarde, G. 1923; De lokstem en andere gedichten, 1925; De vogel Phoenix, G. 1928; Geheimschrift, G. 1934; Het oude kind, G. 1938; De dauwtrapper, G. 1947; Te laat voor deze wereld, G. 1957; Verzamelde gedichten 1903–1964, 1964.

L: C. Bittremieux, 1956; P. H. Dubois, 1959.

Nikandros aus Kolophon, Datierung umstritten, 3. oder 2. Jh. v. Chr., heute Vermutung, daß evtl. 2 versch. Autoren gleichen Namens, von denen der ältere (3. Jh.) Vf. von fast völlig verlorenen hist.-geograph. Epen (z.B. ›Europia‹, ›Über Sizilien‹, ›Über Theben‹) sowie mehreren gattungsmäßig nicht sicher einzuordnenden Werken (ebenfalls verloren, Prosa oder Dichtung, u.a. ›Über die Kimmerier‹, ›Über Aitolien‹, ›Seltene Wörter‹) ist, der jüngere (2. Jh.) Vf. von hexametr. Lehrgedichten gesuchten Inhaltes, von denen 2 kürzere erhalten sind: die ›Theriaka‹ (›Mittel gegen den Biß wilder Tiere‹) und die ›Alexipharmaka‹ (›Mittel gegen Vergiftung [sc. durch Speisen]‹). Beide Gedichte setzen Prosaabhandlungen e. Apollodoros (Anfang 3. Jh. v. Chr.) in Verse um. Nicht erhalten ist e. in ähnl. Verfahren erstelltes Gedicht über die ›Prognostik‹ des ›Corpus Hippocraticum‹; weitere verlorene Werke lassen die Absicht vermuten, daß N. e. Art ›versifizierte Enzyklopädie‹ schaffen wollte. Die Lehrgedichte blieben lange bekannt und wurden noch in Rom imitiert (Vergil, Ovid, Aemilius Macer).

A: O. Schneider 1856; A. S. F. Gow, A. F. Schofield 1953. – *Scholien:* A. Crugnola 1971; M. Geymonat 1974. *L:* G. Pasquali, SIFC 20, 1913, 55–111; B. Effe, 1977; A. Cameron, Princeton 1995.

Nikitin, Ivan Savvič, russ. Dichter, 3. 10. 1824 Voronež – 28. 10. 1861 ebda. Besuchte e. Priesterseminar, das er vorzeitig verließ, lebte dann längere Zeit in bedrückenden Verhältnissen; 1853 erstes Gedicht gedruckt, gab 1856 s. ersten Gedichtband heraus; eröffnete 1859 in Voronež e. Buchladen. – Stand unter dem Eindruck Lermontovs, Nekrasovs, bes. Kol'covs; das Thema s. Lyrik ist vor allem Not, Unterdrückung, aber auch Rohheit der breiten Masse der Bauernschaft, Elend des städt. Kleinbürgertums; stellt den Bauern im Gegensatz zum Ausbeuter bäuerl. Herkunft (Verserzählung ›Kulak‹ 1858). Viel gerühmt wurde die Landschaftszeichnung in manchem s. Gedichte, wie in ›Burja‹, ›Utro‹, ›Utro na beregu ozera‹.

W: Polnoe sobranie sočinenij i pisem (GW u. Br.), III 1913–15; Sočinenija (W), IV 1960 f.; Polnoe sobranie stichotvorenij (sämtl. G.), 1965. – *Übs.:* Gedichte, Ausw. 1896.

L: V. Pokrovskij, 1911; V. A. Tonkov, 1968.

Nikitin, Nikolaj Nikolaevič, russ. Schriftsteller, 8. 8. 1895 Petersburg – 26. 3. 1963 Leningrad. Vater Beamter; 1915 Stud. Jura u. Philol. Petersburg, 1918 in der Roten Armee, schloß sich der Schriftstellergruppe ›Serapionsbrüder‹ an, bes. Zamjatin verpflichtet, beeinflußt u.a. auch von Leskov, Remizov, Pil'njak; 1922 s. erste Erzählung gedruckt. – S. frühen, großenteils auf den Bürgerkrieg bezogenen Erzählungen zeigen in Stil, Komposition und Art des Sujets die Merkmale der ›ornamentalen Prosa‹. Gibt in e. Anzahl von Skizzen und im Roman ›Prestuplenie Kirika Rudenko‹ e. naturalist. getönte Darstellung e. Personenkreises aus dem zeitgenöss. Kommunismus, zog sich den Vorwurf der Kritik zu, der Roman zeige den Menschen hauptsächl. in s. erot. Bindungen, bringe aber keine Typen neuer Menschen. Betonte die Rolle des Unbewußten im dichter. Schaffen; bekannte sich 1931 zu den von der offiziellen Kritik geforderten Parolen.

W: Rvotnyj fort, E. 1922; Prestuplenie Kirika Rudenko, R. 1928; Špion, R. 1930; Linija ognja, Dr. 1931; Èto načalos' v Kokande, R. 1939; Severnaja avrora, R. 1950 (Nordlicht, dt. 1955); Firsovy, Dr. 1956; Buran, En. 1956; Utro našich dnej, Dr. 1957. – Sobranie sočinenij (W), VI 1928/29 (ersch. I, II, VI); Izbrannoe, Ausw. II 1968.

Nikolaeva, Galina Evgen'evna (eig. G. E. Voljanskaja), russ. Schriftstellerin, 18. 2. 1911 Usmanka/Gouv. Tomsk – 18. 10. 1963 Moskau. Beamtentochter. Stud. Medizin, 1938–42 Dozen-

Nikolaidis

tin in Gor'kij; 1942–45 Ärztin im Fronteinsatz, 1948–50 Korrespondentin der ›Literaturnaja gazeta‹. – Erzählerin und Lyrikerin im Sinne des sozialist. Realismus mit Themen aus dem Leben des Kolchoz und dem Wiederaufbau.

W: Gibel' komandarma, E. 1945 (Der Tod des Armeeführers, d. 1964); Žatva, R. 1950 (Ernte, d. 1952); Čerez desjatiletie, R. 1955; Bitva v puti, R. 1957 (daraus: Schlacht unterwegs, d. 1958); Rasskazy babki Vasilisy pro čudesa, En. 1962 (Wassilissa und die Wunder, d. 1963). – Sobranie sočinenij (GW), III 1972/73; III 1987/88.

Nikolaidis, Nikos (eig. Nikos Nikolau), zypriot. Schriftsteller u. Maler, 1884 Nikosia – 1956 Kairo. Aus bescheidenen Verhältnissen, besuchte nur die Grundschule; arbeitete als Maler; Reisen in Europa, Afrika u. im Nahen Osten. Den größten Teil seiner lit. Werke verfaßte und veröffentlichte er in Kairo. – S. Sprache ist auch in der Prosa musikal., die realist. Erzählweise zuweilen von Einflüssen des Exotismus und Ästhetizismus durchbrochen, im Spätwerk dominiert die Satire. S. Werk zeichnet sich bes. durch die präzise psycholog. Schilderung der Charaktere aus u. trägt manchmal autobiograph. Züge.

W: To galazio luludi, Dr. 1919; Anthrōpines kai anthines zōes, Pr. 1920; To Straboxylo, R. 1922; Ho Chrysos Mythos, Lieder in Prosa 1938; Per' ap' to kalo kai to kako, R. 1940; Ta tria karfia, R. 1948; To biblio tu monachu, R. 1951. – Erzählungen, III 1921–29.

L: A. Papadopulos, N. N. – Un portrait, Kairo 1956; G. Alithersis, Alexandria 1958; E. Voisku, Kai aurio N. N., Athen 1983; E. Ghazal-Kulumbri, La pensée sociale de N. N., Diss. Montpellier 1989. – *Bibl.:* E. N. Platis, 1984.

Nikolaos von Damaskos, altgriech. Schriftsteller, * um 64 v. Chr. Damaskus. Aus angesehener Familie, wird Anhänger des Peripatos; später Berater des Herodes, mit diesem nach Rom, wo er vielleicht blieb. – N. war in peripatet. Tradition e. sehr vielseitiger Schriftsteller: 1) ›Historiai‹ (Bücher 1–7 in Exzerpten erhalten, Bücher 8–144 nur in wenigen Fragmenten): Universalgeschichte vom Beginn bis zum Tod des Herodes; 2) ›Sammlung von Sitten‹ (Fragment): Beschreibung seltsamer Sitten; 3) ›Das Leben des Kaisers Augustus‹ (Exzerpte erhalten): Biographie bis ca. 25 v. Chr., Exzerpte reichen bis 44 v. Chr.; 4) ›Über das eigene Leben u. den eigenen Werdegang‹ (Fragment); 5) Philos. Schriften (weitgehend verloren); 6) Tragödien und Komödien (verloren).

A: FGrH 90; H. J. Drossaart Lulofes 1965 (Über Philos. des Aristoteles) (Nachdr. 1969); B. Scardigli, P. Delbianco 1983 (Augustus-Vita, m. ital. Übs.); J. Malitz 2003 (Augustus-Vita m. Übs.); E. L. J. Poortmann 1989 (De plant.).

L: M. Toher, Diss. Brown Univ. 1985; M. Affortunati, B. Scardigli, Annali della Facoltà di Lettere Univ. Siena 7, 1987, 389–401; M. Kober, 2000.

Nikolla, Milosh Gjergj → Migjeni

Nīlakaṇṭha Dīkṣita, ind. Dichter, 17. Jh. n. Chr. – Vf. zweier ep. Dichtungen, des ›Gaṅgāvataraṇa‹ in 8 Gesängen, das die Herabkunft der Gaṅgā (Ganges) zum Thema hat, und des ›Śivalīlārṇava‹, dessen 21 Gesänge die 64 ›Spiele‹ (līlā) Śivas nach dem ›Hālāsya-Māhātmya‹ des ›Skanda-Purāṇa‹ (→ Purāṇa) behandeln; schrieb außerdem das ›Anyāpadeśaśataka‹, 101 Strophen relig.-moral. Inhalts, u. den 51 Strophen umfassenden ›Śāntivilāsa‹ (Reiz des Seelenfriedens). N. D.s Sprache u. Stil sind einfach u. ungekünstelt, jedoch halten bes. s. beiden Epen e. Vergleich mit klass. Vorbildern nicht stand.

A: Gaṅgāvataraṇa, hg. in: Kāvyamālā 76, 1902, K. Giri 1985; Śivalīlārṇava, hg. Gaṇapati Sāstrī 1909; Anyāpadeśaśataka, hg. Paṇḍit Durgāprasāda, K. P. Parab ²1930; Śāntivilāsa, hg. dies. ²1930; Œuvres poétiques de N. D., hg. P.-S. Filliozat 1967 (m. franz. Übs. u. Anm.).

L: S. Viswanatham, The Sivalilarnava of N. D., 1985; N. P. Unni, 1995.

Niland, D'Arcy, austral. Erzähler, 20. 10. 1919 Glen Innes/New South Wales – 1967. Jahrelanges Wanderleben, arbeitete zeitweise im Busch, dann freier Schriftsteller u. Mitarbeiter des ›Sydney Morning Herald‹. ∞ Ruth Park, Schriftstellerin. – Erzähler von Kurzgeschichten und Landstreicherromanen aus Australien in kräftiger, unsentimentaler Sprache.

W: The Shiralee, R. 1955 (d. 1957); The Drums Go Bang, Aut. 1956 (m. R. Park); Call Me When the Cross Turns Over, R. 1957 (d. 1959); The Big Smoke, R. 1959; Gold in the Street, R. 1960; How to Make Your Stories Sell, Ber. 1964; The Apprentices, R. 1965; Pairs and Loners, Kgn. 1966; Dead Men Running, R. 1969 (Schwarz ist die Siegespalme, d. 1971).

Nilin, Pavel Filippovič, russ. Schriftsteller, 16. 1. 1908 Irkutsk – 2. 10. 1981 Moskau. Wurde vor allem nach dem Zweiten Weltkrieg durch die Novelle ›Žestokost'‹ bekannt. – Erzähler problemreicher psycholog. Romane und Erzählungen in knappem, wirkungsvollem Stil. Auch Dramatiker und Drehbuchautor.

W: Bližajšij rodstvennik, E. 1937 (Der überflüssige Alte, d. 1960); Znamenityj Pavljuk, R. 1938; Na belom svete, Dr. 1947; Ispytatel'nyj srok, E. 1956 (Probezeit, d. 1957, u. d. T. Der Kriminalassistent, 1960); Žestokost', R. 1956 (Genosse Wenka, d. 1959; auch u. d. T. Ohne Erbarmen, 1958 u. Hart auf hart, 1958); Čerez kladbišče, E. 1962 (Über den Friedhof, d. 1963); Znakomoe lico, En. 1975; Znakomstvo s Tišovym, En. 1981.

L: N. F. Pijašev, 1962; E. V. Kardin, 1987.

Nil Sorskij (eig. Nikolaj Majkov), russ. kirchl. Schriftsteller, 1433 – 7. 5. 1508. Bauernsohn; Mönch, während e. mehrjähr. Aufenthalts auf dem Athos von den hesychast. Strömungen nachhaltig beeinflußt, stand dann den Einsiedlern e. nordruss. Klosters vor. – Strebte nach Vergeistigung des relig. Lebens und Freiheit der Kirche von der weltl. Behörde; setzt die Tradition der frühchristl. Askese der Ostkirche fort; verwarf als erbitterter Gegner Iosifs von Volokolamsk den klösterl. Grundbesitz; bes. s. Hauptwerk ›Ustav ili predanie o žitel'stve skitskom‹, das dem geistl. Kampf mit den Leidenschaften gewidmet ist, zeugt von s. hohen geistl. Entwicklung und lit. Begabung.

A: Beilage zu Prep. Nil S., pervoosnovatel' skitskogo žitija v Rossii ..., 1864; Sobornik Nila Sorskogo, 2000.

L: F. v. Lilienfeld, 1963; H.-D. Döpmann, 1967.

Nilsson Piraten, Nils Fritiof Adam, schwed. Erzähler, 4. 12. 1895 Vollsjö/Schonen – 31. 1. 1972 Malmö. Sohn e. Stationsvorstehers, Stud. Jura Lund bis 1918, 1921–30 Rechtsanwalt in Tranås, 1932–34 in Göteborg, seit 1936 in Kivik. – Fabulierfreudiger Erzähler mit Stilsicherheit u. Kompositionsvermögen; Schelmenstücke mit echtem Humor u. Vorliebe für Karikaturen; hervorragender Anekdotenerzähler, oft in schon. Dialekt; sprudelnde Phantasie u. Sinn für das Bizarre. Nähe zu H. Bergman. Später spürt man hinter dem Barocken u. Grotesken Pessimismus, u. das Komische vermischt sich unauflöslich mit dem Tragischen.

W: Bombi Bitt och jag, Anekdoten 1932 (B. B. und ich, d. 1939); Bock i örtagård, R. 1933; Småländsk tragedi, N. 1936; Bokhandlaren som slutade bada, R. 1937; Historier från Färs, N. 1940; Tre terminer, R. 1943; Bombi Bitt och Nick Carter, Anekdoten 1946; Skepparhistorier av mig själv och andra, En. 1952; Vänner emellan, En. 1955; Flickan med bibelspråken, En. 1959; Millionären, En. 1965; Historier från Österlen, En. 1972; Medaljerna, E. 1973.

L: E. Noreen, Från Birgitta till Piraten, 1942.

Ni'matu'llāh Walī, Šāh, pers. myst. Dichter, um 1330 Aleppo/Syrien – 5. 4. 1431 Māhān b. Kerman, Südostiran. Heiliger und berühmter Derwisch-Ordensgründer, 24jährig Wallfahrt nach Mekka, dort Jünger des Sufi-Scheichs al-Yāfiʿī, nach dessen Tod mehrere Jahre auf Reisen, ließ sich schließlich in Māhān nieder u. begründete dort e. Konvent; genoß verehrende Gunst vieler Herrscher, starb 100jährig; s. Grab in Māhān ist noch heute Wallfahrtsziel. – Vf. sehr zahlreicher (relativ kurzer) Abhandlungen zur pantheist. Mystik in Arab. u. Pers. sowie myst. Poesie.

W: Diwan, hg. Ġ. Nūrbaḫš 1347/1969.

Nīmā Yūšīğ (eig. ʿAlī Esfandiyārī), iran. Dichter, 1897 Yūš, Masanderan – 1961 Teheran. Stud. an der kathol. Missionsschule St. Louis in Teheran. 1938–41 Mithrsg. e. Musik-Zs., in der er auch eigene lit.- u. kunstkrit. Essays publizierte, die e. der ersten ernsthaften Versuche in Persien darstellen, zeitgenöss. ästhet. Theorien u. das Problem der Entwicklung u. Veränderung in Kunst, Lit. u. Musik zu erörtern. Ab 1949 im iran. Erziehungsministerium tätig. – Wichtigster Wegbereiter der mod. Lyrik vor Farroḫzād. Machte sich in realist. sozialkrit. Gedichten zum Sprecher der Armen u. Unterdrückten. Einfache Sprache u. neue, der natürl. Sprechweise angenäherte Versformen.

W: Maǧmūʿe-ye kāmel-e Ašʿār, 1990.

L: A. Djannatī, 1956.

Nimier de la Perrière, Roger, franz. Romanschriftsteller, 31. 10. 1925 Paris – 28. 9. 1962 b. ebda. (Autounfall). 1944 Kriegsfreiwilliger; dann Chefredakteur großer Wochenzsn.; ab 1957 lit. Berater beim Verlag Gallimard; verfaßte ab 1953 keine Bücher mehr. – Romanschriftsteller, Essayist u. Journalist von provozierendem Zynismus u. glänzendem, klarem, doch überlegen-kaltem Stil. S. Romane in ihrer ›indifference passionnée‹ sind Ausdruck leidenschaftl. Auflehnung gegen die Heuchelei der mod. Welt.

W: Les Epées, R. 1949; Perfide, Es. 1950; Le hussard bleu, R. 1950 (d. 1960); Le Grand d'Espagne, Es. 1950; Les Enfants tristes, R. 1951; Amour et néant, 1951; Histoire d'un amour, R. 1953; D'Artagnan amoureux ou cinq-ans-avant, R. 1962; Entre le vice et la vertu, 1963; Choix de chroniques, 1964; Un an après, Br. u. Aufse. 1964; Journées de lectures, Ess. 1965; L'étrangère, R. 1968; L'élève d'Aristote, hg. M. Dambre 1981. – Lettres inédites adressées à J. Namur, 1964; Correspondance avec J. Chardonne 1950–1962, hg. M. Dambre 1984.

L: P. Vandromme, La Droite buissonnière, les Sept Couleurs, 1960; P. Vandromme, Brüssel 1977. – *Bibl.:* M. Dambre, Diss. 1976.

Nin, Anaïs, amerik. Schriftstellerin, 21. 2. 1903 Neuilly bei Paris – 14. 1. 1977 Los Angeles. Musikertochter span.-franz. Abstammung, mit elf Jahren nach Amerika; Rebellion gegen die Schule, Autodidakt. Studieren in Bibliotheken; Malermodell u. Mannequin; 1923 ∞ Hugh Guiler; 1923–40 Paris; seit 1931 Freundschaft u. Liebesbeziehung zu H. Miller, den sie stark beeinflußte. Wurde zur feminist. Kultfigur. – Bekenntnishafte, visionär-halluzinator. Prosadichtungen in surrealer, phantast. Sprache; Darstellung von Traumleben u. Unterbewußtsein; Inzest-Problem u. die Einsamkeit des Menschen in der Liebesbeziehung als Themen der Romane. Hier wie im monumentalen Tagebuch Einfluß von Joyce u. Psychoanalyse, Verwischen der Grenzen von Biogr. u. Fiktion. Schrieb auch Erotica.

W: D. H. Lawrence, St. 1932 (d. 1993); The House of Incest, R. 1936 (d. 1984); Winter of Artifice, R. 1939; Under a Glass Bell, En. 1944 (d. 1979); On Writing, Es. 1947; Ladders to Fire, R. 1946 (d. 1982); Children of the Albatross, R. 1947 (d. 1982); The Four-Chambered Heart, R. 1950 (d. 1983); A Spy in the House of Love, R. 1954 (d. 1970); Solar Barque, R. 1958, erw. als Seduction of the Minotaur, 1961 (d. 1985); die letzten 5 Romane zus. u.d.T. Cities of the Interior, 1959; Collages, R. 1964 (Wien war die Stadt der Statuen, d. 1993); The Diary, XI 1966–1985 (d. X 1969–1986); Novel of the Future, Ess. 1968; A Woman Speaks, Ess. hg. E. J. Hinz 1975 (Sanftmut des Zorns, d. 1979 u.ö.); In Favor of the Sensitive Man, Ess. 1976 (d. 1982); Waste of Timelessness, Kgn. 1977; Delta of Venus, Erotica 1977 (d. 1980 u.ö.); Little Birds, Erotica 1979 (Die verborgenen Früchte, d. 1979 u.ö.); The Early Diary, IV 1980–1985 (d. 1996–99); From ›A Journal of Love‹: The Unexpurgated Diary, IV 1992–96 (d. 1997); A Literary Passion: Letters of H. Miller and A. N., 1932–1953, hg. G. Stuhlmann, Br. 1987 (d. 1989); The Correspondence between A. N. and Felix Pollak, 1952–1976, hg. G. H. Mason, 1998.

L: O. Evans, 1968; E. J. Hinz, The Mirror and the Garden, 1971; S. Spencer, 1977; B. Knapp, 1978; B. Franklin, D. Schneider, 1979; N. Scholar, 1984; L. Salber, 1992; N. R. Fitch, 1993; D. Blair, B. 1995 (d. 1998); L. Salber, 1995; S. Nalbantian, 1997; D. Richard-Allerdyce, 1998; H. Tookey, 2003. – *Bibl.:* B. Franklin, 1973; R. Cutting, 1978.

Ninurta-Mythen, sumer. und akkad. Dichtungen, ca. 22. Jh. v. Chr. Hsn.: 18. Jh. bis 1. Jt. Ningirsu (Gott des Stadtstaates Lagaš, im 2. Jt. ersetzt durch den Enlilsohn Ninurta) unterwirft Gebirge und ernennt s. Mutter zu deren Herrin. Seine Rolle als Bezwinger der mannigfaltigen Chaosmächte übernimmt später der babylon. Gott Marduk. – ›Lugal ud melim-bi nirĝal‹ (»König, Unwetter, auf seine glänzende Aura vertrauend«), mit ca. 220 Quellentexten bestbezeugte altoriental. Dichtung (sumer. und interlinear-biling sumer.-akkad.), vielschichtiges Werk über den Titanenkampf des Kulturheroen und Ackerbaugottes Ningirsu mit dem von Himmel und Erde gezeugten dämon. Herrn der Steine, Asag. Er befreit das als Eis im Gebirge gefangene Wasser, leitet es im Tigris nach Sumer, schafft das Bewässerungswesen und bestimmt Zweck und Verwendung der Gesteinsarten in Segenssprüchen und Flüchen. Aber auch Epos über polit. Streit und Krieg mit e. Staat im Gebirge (iran. Anšan?), der in Grenzbereiche vorrückt. – Auch im babylon. ›Anzu-Epos‹ (Hsn.: 18. Jh. aus Susa, junge, erw. Fassung: 1. Jt.) bedroht e. übernatürl. Wesen die Kultur und ist zu besiegen. Der im → ›Lugalbanda-Epos II‹ helfende, in → ›Gilgameš, Enkidu und die Unterwelt‹ gefährl. Anzu-Adler stiehlt die »Schicksalstafel« des Göttterkönigs Enlil; der erstarrt; alle Kultur erliegt. Ningirsu besiegt Anzu nach fast vergebl. Kampf und nimmt die »Schicksalstafel« an sich. Der Wind weht die Anzu-Federn zu Enlils Tempel; der erwacht aus seiner Starre. Die Götter geben Ningirsu viele, bes. synchretist. Namen, ein Vorläufer zum Katalog der 50 Namen Marduks (→ Weltschöpfungsepos). – ›Gudeas Bauhymne‹ setzt Ningirsus Sieg über Anzu bereits voraus. – In ›angim dima‹ (»Himmelsgleich geschaffen«; sumer. und interlinear sumer.-akkad.) flößt der heimkehrende Sieger den großen Göttern Furcht ein und ist zu reintegrieren; ein Konflikt mit König Enlil ist zu vermeiden. Ninurta legt s. Machtsymbole ab, bringt die Beute s. Vater und zieht zu s. Ehefrau in den eigenen Tempel ein.

A: V. Scheil, (RA 35), 1938; J. Nougayrol, (RA 46), 1952; E. Ebeling, (ebda.), 1952; J. S. Cooper, The return of Ninurta to Nippur, Rom 1978; W. L. Moran, W. W. Hallo, (JCS 31), 1979; J. J. A. van Dijk, Lugal ud melambi nirgal, Leiden 1983; H. W. F. Saggs, (AfO 33), 1986; W. L. Moran, (AfO 34), 1988; F. N. H. al-Rawi, Iraq 57), 1995; A. Annus, The Standard Babylonian Epic of Anzu, Helsinki 2001; ders. The God Ninurta, Helsinki 2002; http://5531www-etcsl.orient.ox.ac.uk/edition2/etcslbycat.html. – *Übs.:* Th. Jacobsen, The Harps that Once…, 1987; J. Bottéro, S. N. Kramer, Lorsque les dieux faisaient l'homme, 1989; St. Dalley, Myths from Mesopotamia, 1989; K. Hecker, (TUAT III/2), 1994; B. R. Foster, Before the Muses, [2]1996.

L: S. N. Kramer, Sumerians, 1963; W. Heimpel, (JNES 46), 1987; ders., (JCS 40), 1988; C. Wilcke, (Anfänge polit. Denkens in der Antike, hg. K. Raaflaub), 1993.

Nishiwaki, Junzaburô, jap. Lyriker, 20. 1. 1894 Provinz Niigata – 4. 6. 1982 Kochitani. Stud. Lit., bes. Baudelaire, Rimbaud, Flaubert, Tolstoj, Turgenev. 1922–25 in England (Oxford), wandte sich altengl. Lit. zu; gleichzeitig Umgang mit jungen Autoren u. Journalisten. Dadaismus, Surrealismus u. Imagismus wirkten auf ihn. Hrsg. der 1. Surrealismus-Anthologie in Japan (1928). 1926–62 Prof. für Anglistik Keiô-Univ. Tokyo. Übs. von Chaucer, T. S. Eliot, Joyce. 1954 Mitgl. der jap. Akademie der Künste. – Wichtigster Dichter u. Theoretiker des Surrealismus in Japan.

W: Spectrum, G. 1925; Chôgenjitsushugi-shiron, Ess. 1929; Surrealismus-bungaku-ron, Ess. 1930; Ambarvalia, G. 1933; Tabibito kaerazu, G. 1947; Ushinawareta toki, G. 1960; Jôka, G. 1969. – N. J. zenshû (GW), 1982–83. – *Übs.:* The Penguin Book of Jap. Verse, [2]1966; Gen'ei: Selected Poems of N. J., engl. Y. Claremont 1991.

L: A. Piper, N. J.s Dichtung und Poetik (NOAG), 1990; H. Hirata, The Poetry and Poetics of N. J., Princeton 1993; M. Kumewaka, Creativity and Tradition (AA), 2000.

Nishiyama Sôin, jap. haikai-Dichter, 1605 Yatsushiro/Provinz Higo – 28. 3. 1682 Osaka. Stud. des Kettengedichts (renga) bei Satomura Shôtaku (1576–1636) u. Matsue Shigeyori (1600–

80) in Kyoto, 1647 in Osaka, weite Reisen u. Wanderfahrten, auf denen s. Tagebücher (›Tsuyama-kikô‹, 1653, ›Matsushima-ikkenki‹, 1663) entstanden. 1671 Mönch, 1675 in Edo. – Zunächst steht das renga im Mittelpunkt, zum haikai findet N. S. erst um 1657 unter Einfluß des Teitoku-Schülers Matsue Shigeyori; gegen 1672 findet er s. eigenen Stil im haikai, der zur Gründung s. Danrin-Schule führt, wenn auch die Kräfte, welche diese zur Blüte führten, unter s. Schülern zu suchen sind (Ihara Saikaku, Okanishi Ichû, Suganoya Takamasa u.a.). S. haikai macht sich von der Wortspielerei u. dem flachen Witz der Teitoku-Schule frei, erreicht aber noch nicht die Tiefe u. Treffsicherheit der Aussage wie die Bashô-Schule.

W: Saiô-toppyakuin, haikai-Slg. 1673.

Nisser, Peter, schwed. Erzähler, 7. 12. 1919 Alster/Värmland – 25. 1. 1999 ebda. 1937 Abitur in Karlstad, 1940 Offiziersexamen, 1942 Leutnant. Kriegsfreiwilliger im finn.-russ. Krieg. Stud. in Uppsala und im Ausland. – Vf. hist. Romane von eindrucksvoller Naturalistik und fein nuancierter Landschaftsschilderung.

W: Blod och snö, R. 1941 (Blut und Schnee, d. 1943); Hunger, R. 1942; Böj knä i soluppgången, R. 1943; Det glödande tornet, R. 1944; De försvunna, R. 1945; Träslottet, R. 1946; Irrande liv, N. 1948; Sällskapsdamens dilemma, R. 1950; Den röda mården, R. 1954 (Der rote Marder, d. 1958); Vredens födelse, R. 1955 (Geburt des Zorns, d. 1959); Slaget, R. 1957 (Die Schlacht, d. 1960).

Nister, der, Ps. f. Pinchas Kahanowitsch, jidd. Schriftsteller, 1. 11. 1884 Berditschew – 4. 6. 1950. Lebte in Rußland, zeitweise in Berlin/Ukraine; tradionelle relig. Erziehung; private Studien der Lit. u. russ. Sprache, mit jüd. Volkssagen, jüd. Mystik des Chassidimus u. der Kabbala. Die verborgenen Werte der Mystik u. den geistigen Reichtum der Märchen in künstler. Form neu zu gestalten, war er, bereits in s. ersten veröffentl. Gedichten, bestrebt. Bedeutender Roman, ›Di mischpoche mascher‹ (die Familie M.), in ausdrucksstarker u. eigenwilliger Sprache geschrieben, vermittelt e. realist. u. zugleich farbenreiches Panorama jüd. Lebens im Rußland des ausgehenden 19. Jh. Mit s. Schaffen beeinflußte N. die weitere Entwicklung der jidd.-sowjet. Lit.

W: Gedanken un motivn, G. 1907; Hecher fun der erd, En. 1910, Gesang un gebejt, G. 1912; Majssalach in fersen, G. 1919; Gedacht, N. 1922; fun majne giter, G. 1929; Draj hojpstet, Skn. 1934; Di mischpoche mascher, R. 1939/43.

Nivardus, Magister von Gent, fläm. Dichter des 12. Jh. Wahrscheinl. Vf. des lat. satir. Tierepos in 7 Büchern ›De Ysengrimo et Rainarde‹ um 1152, e. Vorläufers des mittelniederländ. Epos ›Van den vos → Reinaerde‹. N.' ›Ysengrimus‹ vereint Gelehrtheit mit volkstüml. Tradition u. satir. Elementen; neu ist die typisierende Kennzeichnung der Tiere durch Namen.

A: Ysengrimus, hg. E. Voigt 1884; (neuniederländ.) J. van Mierlo 1946. – Übs.: Isengrimmes Not, 1926; Isengrimus, A. Schönfelder 1955.
L: A. Graf, D. Grundlage d. Reineke Fuchs, Diss. Bln. 1922; J. van Mierlo, 1943; F. P. Knapp, Das lateinische Tierepos, 1979; D. N. Yates, Diss. 1979.

Nivelle de la Chaussée, Pierre Claude, franz. Dramatiker, 1692 Paris – 14. 3. 1754 ebda. Vater Finanzmann. Vermögensverlust durch System Law. 1736 Mitglied der Académie Française. – Schöpfer der ›comédie larmoyante‹, die moralisierendes Pathos mit übersteigerter Sentimentalität verbindet, in bescheidenem soz. Milieu spielt und Vorläuferin des bürgerl. Trauerspiels ist. Größte Erfolge mit ›Le préjugé à la mode‹ und ›Mélanide‹.

W: Epître de Clio, Schr. 1731; La fausse antipathie, Dr. 1733; Le préjugé à la mode, Dr. 1735 (Darf man seine Frau lieben, d. T. P. von Gebler 1772, u.d.T. Triumph der ehelichen Liebe, d. K. G. Pfeffel 1774); L'école des amis, Dr. 1737 (d. G. Bröse 1902); Mélanide, Dr. 1741; Paméla, Dr. 1743; L'école des mères, Dr. 1744 (n. J. Bernard 1982); La gouvernante, Dr. 1747. – Œuvres dramatiques, V 1761f.; Contes et Poésies, hg. Lanvix 1880.
L: G. Lanson, ²1903, 1970; M. Descotes, 1964.

Niwa, Fumio, jap. Schriftsteller, * 22. 11. 1904 Yokkaichi. Sohn e. buddhist. Priesters. Stud. jap. Lit. Waseda-Univ. Wollte buddhist. Priester werden; 1932 Schriftsteller. – Kindheitserlebnisse u. eigene Erfahrungen spiegeln sich in versch. Werken: Der Mensch kann s. Karma, der sinnl. Lust, nicht entfliehen. ›Iyagarase no nenrei‹ schildert das Problem des geistigen Verfalls im Alter; spätere Romane (z.T. autobiograph.) setzen sich mit der Rolle des Buddhismus im mod. Japan auseinander.

W: Ayu, E, 1932; Zeiniku, E. 1935; Aiyoku no ichi, R. 1936; Iyagarase no nenrei, E. 1947 (engl. ⁸1968); Hachûrui, R. 1950f.; Hebi to hato, R. 1952; Bodaiju, R. 1955–56 (engl. 1966); Ichiro, R. 1966. – N. F. bungakuzenshû (GW), 1974–76.

Niẓāmī, Ilyās ibn Yūsuf, pers. Dichter, 1141 Gaṅǧa/Südkaukasien – 1209 ebda. Früh verwaist, auch der ihn erziehende Oheim starb; wandte sich der Religion zu, blieb zeitlebens frommer Sunnit mit myst. Einschlag, hochgebildet in allen Wissenszweigen; ∞ die ihm vom Fürsten von Darband geschenkte Qyptsčhaq-Türkensklavin Afaq, deren Tod er tief beklagt, auch e. Sohn Muhammad wird in s. Dichtungen erwähnt, desgl. s. beiden anderen, vor ihm verstorbenen Gattinnen; lebte ununterbrochen u. bescheiden (von s. Einkünften als Dichter?) in s. Heimatstadt Gaṅǧa, s.

Niẓāmu'l-Mulk

Mausoleum dort jahrhundertelang Wallfahrtsziel. – E. der genialsten pers. Dichter, bedeutendster Repräsentant des romant. Epos. Begann mit e. relig. Dichtung ›Maḫzanu'l-Asrār‹ (›Schatzkammer der Geheimnisse‹, 1165–66 beendet), 2262 Verse in Anlehnung an → Sanā'īs ›Hadīqa‹; ging zu Liebes- u. heroischer Thematik über, was s. Ruhm begründete: ›Ḫusrau u Šīrīn‹, rd. 6500 Verse, erzählt die Liebesgeschichte des Sasanidenkönigs Ḫusrau Parwīz (reg. 590–628) und der armen. Prinzessin Šīrīn; ›Lailī u Maǧnūn‹, 1188 beendet, nach einem arab. Stoff, rd. 4600 Verse; ›Haft Paikar‹ (›Die sieben Bildnisse‹), 1197 beendet, 4600–5100 Verse, romant.-phantast. Epos um den Sasanidenkönig Bahrām Gūr (reg. 420–38); die ›sieben Bildnisse‹ stellen e. ind., chines., choresm., russ., maghrebin., pers. u. byzant. Prinzessin dar, in die sich Bahrām verliebt (die Gesch. der 4. Prinzessin gab den Stoff zu Gozzis u. Schillers ›Turandot‹); das enzyklopäd. ›Iskandar-Nāma‹ (›Alexanderbuch‹), um Aristoteles als Lehrmeister Alexanders gerankt, rund 10 500 Verse, nach 1197 beendet. Die fünf Werke bilden N.s berühmtes ›Quintett‹ (›Ḥamsa‹), auch ›Panǧ Ganǧ‹ (›Die fünf Schätze‹) genannt. Oft nachgeahmt, nie erreicht. Gab der Miniaturmalerei unerschöpfl. Stoff. S. Dichtung ist auch sprachl. von höchster Vollendung, einzig an Erfindungsreichtum (ganz neue Themen), Wirklichkeitsnähe, Naturverständnis u. psycholog. Erzählkunst; N., von hoher Humanität beseelt, gilt als reifster Vertreter der ›bürgerlichen‹, neuerstandenen Kultur der Seldschukenzeit Irans.

A: Ganǧīna-i Ganǧawī, hg. W. Dastgirdī 1313/1934; Haft Paikar, hg. H. Ritter, J. Rypka, Prag 1934 (d. R. Gelpke 1959, J. C. Bürgel 1997; engl. C. E. Wilson, London II 1924, J. S. Meisami, Oxford 1995); Maḫzanu'l-Asrār, hg. N. Bland, London 1844 (engl. G. H. Dārāb, London 1945); Lailī u Maǧnūn, hg. 1879 (d. R. Gelpke 1963; engl. J. Atkinson, London 1836); Ḫusrau u Šīrīn, hg. 1871 (d. J. C. Bürgel 1980); Iskandar-Nāma (d. J. C. Bürgel 1991); Diwan, hg. S. Nafīsī ⁶1368/1989.

L: W. Bacher, 1871; H. Ritter, Üb. d. Bildersprache N.s, 1927; L. Binyon, London 1928; E. Ė. Bertel's, Moskau 1956 u. 1962; P. Chelkowski, 1975; The Poetry of Nizami Ganjavi, hg. K. Talattof, New York 2000.

Niẓāmu'l-Mulk (›Ordnung des Reiches‹), Abū ʿAlī al-Ḥasan ibn ʿAlī ibn Isḥāq, pers. Staatsmann, 10. 4. 1018 Rādkān/Nordostiran – 14. 10. 1092 Sihna/Westiran. Berühmtester Großwesir Irans, diente unter den Seldschuken Alp Arslan (1063–72) und Malikšāh (1072–92), stiftete 1067 in Bagdad die berühmte theol. Hochschule Niẓāmiyya, an der auch al-Ġazālī lehrte, fiel gegen Ende s. Laufbahn in Ungnade, wurde auf e. Reise nach Bagdad von e. Assassinen (Sendbote der fanat. Ismāʿīlī-Sekte) erdolcht. – Lit. u. kulturgeschichtl. hochwichtig ist s. ›Siyāsat-Nāma‹ (›Buch der Politik‹), urspr. e. 1086 von Sultan Malikšāh bestellte Denkschrift über nötige Reformen, danach mit hist. Anekdoten und Berichten, biograph. Erlebnissen, Erfahrungen aus s. einmaligen Verwaltungspraxis des Riesenreiches (von Buchara bis zum Mittelmeer) und Ratschlägen an den Herrscher erweitert, Fürstenspiegel ersten Ranges, zugleich als Prosawerk bedeutsam; ohne lit. Anspruch verfaßt, document humain e. großen Staatsmannes.

W: Siyāsat-Nāma, hg. Ǧ. Šiʿār ⁹1998 (d. K. E. Schabinger Freih. v. Schowingen 1960).

Nizan, Paul, franz. Romanschriftsteller, 7. 2. 1905 Tours – 23. 5. 1940 b. Dünkirchen (gefallen). Sohn e. Ingenieurs; Stud. École Normale Supérieure, Freundschaft mit J.-P. Sartre. 1926 Reise nach Aden; Agrégation in Philos. Eintritt in die KP; Lehrer in Bourg-en-Bresse, dann Journalist bei ›L'Humanité‹ u. ›Le Soir‹. Nach dem dt.-sowjet. Bündnis Austritt aus der KP. Fiel bei Dünkirchen als Verbindungsoffizier bei e. engl. Regiment. – Vf. von Romanen u. Essays; s. bedeutendster Roman ›La Conspiration‹ in der lit. Tradition von M. Barrès ist als Dokument der geistigen Zeitströmung 1935–40 bemerkenswert.

W: Aden, Arabie, Es. 1932 (n. 1960; d. 1969); Les Chiens de garde, Es. 1932 (d. 1969); Antoine Bloyé, R. 1933 (Das Leben des Antoine B., d. 1974); Le Cheval de Troie, R. 1935; Les matérialistes de l'antiquité, Es. 1936; La Conspiration, R. 1938 (n. 1960; d. 1975); Chronique de Septembre, Es. 1939; P. N., intellectuel communiste. Ecrits et correspondance 1926–40 (hg. J. J. Brochier 1967); Pour une nouvelle culture, Ess. (hg. S. Suleiman 1971; d. 1973).

L: J.-P. Sartre, in: Situations 1, 1947, u. 4, 1964; A. Ginsbourg, 1966; ›Atoll‹ (Sondernr.), 1967f.; J. Leiner, 1970; W. D. Redfern, Princeton 1972; F. Fé, Rom 1973; A. King, 1976; A. Cohen-Solal, H. Nizan, 1980; P. Ory, 1980; A. Bloyé, 1999; J.-J. Brochier, 2002.

Njáls saga, isländ. Saga aus dem Ende des 13. Jh. Erzählt im 1. Teil von der Freundschaft des jungen Gunnar von Hlíðarendi mit dem alten, erfahrenen Njáll auf Bergþórshvoll sowie dem Böses stiftenden Umtrieben von Gunnars Frau Hallgerðr, denen dieser schließlich zum Opfer fällt. Im Mittelpunkt des 2. Teils stehen Verwicklungen, in die Njáll und s. Söhne mit Abkömmlingen aus Gunnars Sippe geraten u. die zum Racheakt des Mordbrandes an Njáll u. s. Familie, dem Höhepunkt der Saga, führen. Die N. ist in ihrem dichter., ästhet. u. eth. Wert das großartigste Erzeugnis altisländ. Sagakunst u. gehört zu den Meisterwerken der ma. Lit.

A: K. Gíslason, E. Jónsson, Koph. 1875–89; Finnur Jónsson 1908; Guðni Jónsson 1945; H. K. Laxness 1945; E. Ó. Sveinsson 1954 (Ísl. Fornrit 12); J. Helgason, Koph. 1962 (Faks. Reykjabók); J. Böðvarsson II 1968/

69 (m. Komm.); G. Finnbogason 1977; H. Pálsson 1984. – *Übs.:* A. Heusler 1922 (n. 1963).
L: M. Jóhannesson, Njála í íslenzkum skáldskap, 1958; B. Guðmundsson, Höfundur Njálu, 1958; K. Schier, Sagaliteratur, 1970; R. Simek, H. Pálsson, Lex. d. altnord. Lit., 1987.

Njegoš, Petar II. Petrović, serb. Dichter, 13. 11. 1813 Njeguši – 31. 10. 1851 Cetinje. Verbrachte s. Jugend im Kerngebiet der montenegrin. Patriarchalität, seit 1827 vom europaerfahrenen serb. Dichter S. Milutinović-Sarajlija erzogen, später Autodidakt. Übernahm 1830 als Nachfolger s. Onkels Petar I. die geistl. u. weltl. Macht, Fürstbischof von Montenegro in Cetinje; bemüht um die Festigung der Staatsautorität, brach N. rücksichtslos die Macht der Clanhäuptlinge, reformierte das Verwaltungs- und Erziehungswesen, schuf e. montenegrin.-serb. Volksbewußtsein u. suchte mit Hilfe Rußlands s. Land gegen die Türken zu sichern. 1833 und 1837 Rußlandreisen, ferner polit. Besuche in Wien und Studienreisen in Italien; dort Bekanntschaft mit dem serb. Dichter Lj. P. Nenadović, s. späteren Sekretär. – Serb. Epiker, Lyriker und Dramatiker, an der Grenze zwischen heroischem und bürgerl. Zeitalter, der unter wechselndem Einfluß von Volksdichtung und slaw. Klassizismus stand. Begann unter Milutinović als Sammler und Bearbeiter montenegrin. Volksepen (›Ogledalo srbsko‹), pflegte als Klassizist patriot. u. reflexive Lyrik, schrieb unter Einfluß Puškins, Dantes, Miltons, Byrons und Lamartines das relig.-philos. Epos ›Luča mikrokozma‹ (Die Fackel des Mikrokosmos), das die Stellung und Bestimmung des Menschen im Universum in schroffem metaphys. Dualismus darstellt; ferner das Hauptwerk der südslaw. Lit., den ›Gorski vijenac‹ (Bergkranz), e. Epos in dramat. Form im zehnsilbigen Vers des Heldenliedes, das den Befreiungskampf der Balkanslawen gegen die Türken mit starker poet. Ausdruckskraft in lyr. Partien und e. pessimist.-heroischen Philos. schildert, wobei e. packende Beschreibung des Volksbrauchs u. Charakters den Hintergrund abgibt. Volkstüml. Sänger der altserb. Patriarchalität und ihres eth. Vermächtnisses.
W: Pustinjak cetinjski, G. 1834; Ogledalo srbsko, Slg. 1845; Luča mikrokozma, Ep. 1845 (n. 1968; engl. 1957); Gorski vijenac, Ep. 1847 (hg. M. Rešetar 1912–40; Bergkranz, d. 1939, 1963); Lažni car Šćepan Mali, Dr. 1851; Svobodijada, Ep. 1854. – Cjelokupna djela, IX 1951–55, VII 1969; Njegoševa bilježnica, 1956.
L: N. Velimirović, Religija Njegoševa, 1911; G. Gesemann, Heroische Lebensform, 1943; M. Djilas, Legenda o Njegošu, 1952; I. Sekulić, Njegošu knjiga duboke odanosti, ²1961; V. Latković, 1963; V. Djurić, Njegoševa poetika, 1964; M. Djilas, 1968; Lj. Durković-Jakšic, N. i Lovćen, 1971; K. J. Spasić, Paris 1972; J. Milović, 1974; M. Tasić, 1994; M. Babović, hg. 1995. – *Bibl.:* Lj. Durković-Jakšić, 1951.

Nkosi, Lewis, südafrikan. Romancier u. Essayist, * 5. 12. 1936 Durban. Journalist der Zulu-Zeitung ›Ilanga lase Natal‹ und des berühmten ›Drum Magazine‹ in den 1950er Jahren. Verließ Südafrika 1961 unter Rückkehrverbot. Studierte e. Jahr in Harvard. 1962–68 Journalist u. Lit.kritiker in London. 1967 brit. Staatsbürger. 1970–76 Anglistik-Stud. in London u. Sussex. Prof. in Zambia, Polen u. Wyoming. – N. liefert in s. Essays wichtige Beiträge zum Verständnis afrikan. Kulturen u. Literaturen. ›Mating Birds‹ stellt die Problematik gemischtrassiger Beziehungen in Südafrika dar.
W: The Rhythm of Violence, Dr. 1964; Home and Exile, Ess. 1965; The Transplanted Heart, Ess. 1975; Tasks and Masks, Es. 1981; Mating Birds, R. 1983 (Weiße Schatten, d. 1987); De Vermissing (niederländ. Übs.), R. 1994.

Noailles, Anna-Elisabeth Comtesse de, geb. Prinzessin Bibesco de Brancovan, franz. Dichterin rumän. Herkunft, 15. 11. 1876 Paris – 30. 4. 1933 ebda. Tochter des rumän. Prinzen Bibesco de Brancovan und e. vornehmen Kreterin. Franz. erzogen. 1897 ∞ Comte Mathieu de Noailles, lebte abwechselnd in Paris und am Genfer See. Sofort sehr berühmt, 1922 in die Kgl. Belg. Akad. aufgenommen. – Schrieb von überschwengl. heidn. Daseinsliebe und glutvoller Sinnenfreude erfüllte Gedichte über Schönheit des Lebens, Jugend und Natur in der romant. Tradition unter Einfluß von Verlaine, Baudelaire u. Jammes. Neben leidenschaftl. Aufschwung Unruhe angesichts der Zerbrechlichkeit der Kreatur. In späteren Werken Bitterkeit, Melancholie und Resignation. Wie die Romantiker vom Glauben an den Wert der unmittelbaren Eingebung erfüllt, im Ausdruck von naiver Einfachheit, in der Form klassizist. (Alexandriner). Schrieb auch Romane.
W: Le cœur innombrable, G. 1901; L'ombre des jours, G. 1902 (Sehnsucht, d. 1906); La nouvelle espérance, R. 1903; Le visage émerveillé, R. 1904; La domination, R. 1905; Les éblouissements, G. 1907; De la rive d'Europe à la rive d'Asie, N. 1913; Les vivants et les morts, G. 1913 (dt. Ausz. R. M. Rilke, GW VI); Les forces éternelles, G. 1920; Les innocentes, R. 1923 (d. 1926); Le poème de l'amour, G. 1924; L'honneur de souffrir, G. 1927; Poèmes d'enfance, 1928; Exactitudes, R. 1930; Choix de poésies, 1930; Le livre de ma vie, Aut. 1932 (n. 1976); Derniers vers, 1934. – Correspondance entre la comtesse de N. et Charles-Louis Philippe, 1962; Correspondance J. Cocteau A. de N., XI 1989.
L: J. Larnac, 1931; M. Proust, Lettres à la comtesse de N., 1931; F. Gregh, 1934; J. Kirseck, Diss. Jena 1939; C. Du Bos, La Comtesse de N. et le climat du génie, 1949; C. Fournet, Un grand poète français moderne, Genf 1950; E. de La Rochefoucauld, 1956; J. Cocteau, 1963; L. Perche, 1964; E. de La Rochefoucauld, 1976; C. Mignot-Ogliastri, 1986; F. Broche, 1989; E. Higonnet-Dugua, 1989; A. Bargenda, 1995.

Nobre, António, portugies. Dichter, 16. 8. 1867 Porto – 18. 3. 1900 Carreiros/Foz-do-Douro. Stud. Jura Coimbra, polit. Wiss. an der Sorbonne (Examen); Kontakt mit der zeitgenöss. franz. Dichtung (Verlaine, Moreas, Laforgue). Suchte Heilung von s. Schwindsucht auf Reisen: Schweiz (1895 u. 1899), USA (1897) u. Madeira (1898). – Unter Einfluß von Junqueiro u. des franz. Symbolismus neuromant.-impressionist. Lyrik aus der Themenwelt der nordportugies. Provinz, heimatl. Landschaft mit ihren Menschen u. Bräuchen, sehnsuchtsvolles Sichversenken in Jugend u. Kindheit, Unrast, Pessimismus, Narzißmus, Dandytum, Weltschmerz, Dekadenz, Magie des Todes, oft sarkast.-iron. gebrochen, mitunter freizügig-ungezwungen in Versifikation u. Diktion, umgangssprachl. Ton (Einfluß von Garrett u. Júlio Dinis) und Elemente der Volksdichtung. E. der großen Erneuerer portugies. Lyrik im 19. Jh.

W: So, G. 1892; Despedidas, G. 1902; Primeiros Versos, G. 1921; Cartas Inéditas, Br. 1934; Cartas e Bilhetes Postais a Justino de Montalvão, Br. 1956; Correspondência, 1967.

L: Visconde de Vila-Moura, 1915; C. de Frias, A afronta a A. N., 1922; A. de Las Casas, 1927 u. 1940; A. Nobre, 1946; A. de Serpa, 1950; J. Montello, Fontes tradicionais de A. N., 1953; J. Gaspar Simões, ²1959; G. de Castilho, 1965; ders., ²1968; F. Lindley Cintra, 1968 (Broteria).

Noda, Hideki, jap. Dramatiker, * 20. 12. 1955 Nagasaki. 1971 Stud. Rechtswiss. an der Univ. Tokyo, bricht ab, um sich dem Theater zu widmen. Debütiert 1972, gründet eigene Truppe 1976, wirkt als Dramatiker, Schauspieler u. Regisseur. Durchbruch 1983 mit ›Nokemono kitarite‹. S. Dramen vereinen die Welten der Pop-Kultur (SF, Zeichentrickfilm, Comics) mit westl. Bildungsgut (Bearbeitungen nach Shakespeare, Dostoevskij, Wagner u. a.). Kultiviert Collage u. Pastiche. Barocker Stil, mit Zitaten u. Wortspielen überladen. Gilt als e. der erfolgreichsten Dramatiker der Gegenwart.

W: Senda-jô no toriko, Sch. 1981; Nokemono kitarite, Sch. 1983; Mawashi wo shimeta Shêkusupîa, Drn.-Zykl. 1986–92; Gansaku: Sakura no mori no mankai no shita, Sch. 1989; Kiru, Sch. 1994; Aka-oni, Sch. 1996 (engl. 2002); Pandora no kane, Sch. 1999; Oiru, Sch. 2003.

Nodier, Jean Charles Emmanuel, franz. Schriftsteller, 29. 4. 1780 Besançon – 27. 1. 1844 Paris. Vater Advokat. Jugend unter dem Eindruck der Revolution, Einfluß von Goethes ›Werther‹. 1803 wegen e. Satire auf Napoleon verfolgt. 1812 Bibliothekar in Laibach, nach 1815 Journalist (›Journal des Débats‹), 1821 Schottlandreise, Begegnung mit W. Scott; ab 1824 Leiter der Bibliothèque de l'Arsenal, 1823–30 Mittelpunkt des 1. romant. Cénacles, zu dem Künstler und Literaten der neuen Schule, darunter auch Vigny, Musset und Hugo, gehörten. – In erster Linie bedeutend als Anreger. Machte Shakespeare, dt. und engl. Romantiker in Frankreich bekannt. S. Werke sind von diesen beeinflußt. Schrieb Gedichte, Kritiken, Romane, am wertvollsten s. Erzählungen, die e. Neigung zum Phantast., zu Traum und Geheimnis zeigen. Übs. Goethes ›Faust‹ (1828).

W: Le peintre de Salzbourg, R. 1803; Jean Sbogar, R. 1818 (d. 1914); Smarra, E. 1821 (n. 1980); Trilby ou le lutin d'Argail, E. 1822 (n. 1980); La fée aux miettes, E. 1832 (d. 1835); Souvenirs de la jeunesse, 1832 (d. um 1875); Inès de Las Sierras, E. 1837; La neuvaine de la chandeleur, E. 1838; Le chien de Brisquet, E. 1844; Trésor des fèves et Fleurs des Pois, E. 1844; Le Voleur, R. hg. J. Richer 1964; Romans, hg. R. Huyghe 1972; Rêveries, hg. H. Juin 1979; Histoire du roi de Bohème, hg. ders. 1979. – Œuvres, XII 1832–37; Contes, 1948, hg. P. G. Castex 1961 (m. Einl. u. Bibl.); Infernaliana, En. 1966; Lettres inédites à F. Buloz, 1967. – *Übs.:* Werke, 1845; Traum und Leben, En. 1948.

L: M. Salomon, C. N. et le groupe romantique, 1908; J. Lavat, La tradition et l'exotisme dans l'œuvre de N., 1923; J. Vodoz, La fée aux miettes, 1925; M. Henry-Rosier, 1931; W. Mönch, C. N. und die dt. und engl. Literatur, 1931; M. Dargaud, Autour de C. N., 1944; M. Held, Diss. Bern 1949; P. G. Castex, Le conte fantastique en France de N. à Maupassant, 1951; M. A. Ruff, 1956; J. Richer, 1962; A. R. Oliver, N. Y. 1964; R. J. B. Maples, 1965; L. M. Porter, 1965; M. Schonfeld, N. et le mythe, 1966; D. H. Horchler, 1969; H. Juin, 1970; L. M. Terrett, 1970; E. D. Pence, 1971; H. Nelson, N. Y. 1972; G. Picat-Guinoi-Seau, 1977; R. Setbon, Genf 1979; G. Zaragoza, 1998; B. Ochsner, 1998; V. Laisney, 2002. – *Bibl.:* M. Salomon, 1925; E. J. Bender, 1969; S. F. Bell, 1971.

Noël, Marie (eig. Marie-Mélanie Rouget), franz. Lyrikerin, 16. 2. 1883 Auxerre – 23. 12. 1967 ebda. – Volkstüml.-naive Lyrik über das Leben in ihrer Heimatprovinz in der Tradition von Villon u. den Fabliaux.

W: Les chansons et les heures, G. 1921 (n. 1983); Les chants de la merci, G. 1930; Le rosaire des joies, G. 1930 (n. 1983); Chants et psaumes d'automne, G. 1947; Petit-jour, Erinn. 1951; Le jugement de Don Juan, Sch. 1955; L'œuvre poétique, 1957; Notes intimes, Tg. 1959 (Erfahrungen mit Gott, dt. Ausw. 1961); La rose rouge, G. 1960; Chants d'arrière-saison, G. 1961; Le voyage de Noël, En. 1962; Souvenirs du beau-vrai, Erinn. 1964 (zus. m. Petit-jour); Le cru d'Auxerre, E. 1967.

L: R. Escholier, La neige qui brûle, 1957; A. Blanchet, 1962; M. Manoll, 1962; Sœur Marie-Tharcisius, 1962; E. M. Charters, 1966; M. A. N. O'Donoghue, 1967; ›Cahiers M. N.‹, 1969ff.; A. Blanchet, ²1970; H. Gouhier, 1971; O. Durocher, Quebec 1974; A. Blanchet, 1979; M. Manoll, 1993; B. Lobet, 1994.

Nogami, Yaeko (geb. Kotegawa Yae), jap. Schriftstellerin, 6. 5. 1885 Usuki/Oita-Präfektur – 30. 3. 1985 Tokyo. Aus wohlhabender Familie; genießt e. sorgfältige Erziehung in chines u. jap. Klassikern, ergänzt durch Stud. an e. christlichen Schule in Tokyo. 1906 ∞ dem später berühmten Nô-Forscher N. Toyoichirô; 3 Söhne. – Debütiert mit Erzählungen, Dramen u. Beiträgen für bekannte Zeitschriften, etabliert sich mit breitangelegten Romanen (Familiensaga, hist. Roman, Zeitchronik), die sich durch komplexe narrative Strukturen und stark sozialkrit. Komponenten auszeichnen.

W: Kaijin maru, E. 1922 (engl. 1957); Kitsune, E. 1946 (engl. 1957); Meiro, R., 1948–56 (russ. 1963); Hideyoshi to Rikyû, R. 1962–63. – N.Y. zenshû (GW), 1980–82.

L: S. Watanabe, N. Y. konkyû, 1969; Y. McClain, N. Y.: A Writer as Steady as a Cow? (JATJ), 1982.

Noir, Jean → Cassou, Jean

Nolhac, Pierre Girault de, franz. Schriftsteller, 15. 12. 1859 Ambert/Auvergne – 31. 1. 1936 Paris. Stud. Philol. Clermont, ab 1880 Sorbonne und École Pratique des Hautes Études. 1882 in Rom Schüler der Franz. Schule für Geschichte und Archäologie. Entdeckte e. Petrarca-Hs. 1886 Bibliothekar an der Bibliothèque Nationale in Paris, 1887–1920 Konservator des Musée Versailles. Ab 1920 Direktor des Musée Jacquemart-André in Paris. 1922 Mitglied der Académie Française. – Arbeitete über Humanismus, u.a. über Petrarca, Erasmus und kleine franz. Humanisten. Veröffentlichte dazu hist. Studien und Künstlermonographien sowie Gedichte von parnass. Formstrenge.

W: Le dernier amour de Ronsard, 1882; Le canzoniere autographe de Pétrarque, 1886; Erasme en Italie, 1888; Pétrarque et l'humanisme, 1892; Paysages de France et d'Italie, G. 1894; Le musée de Versailles, 1897; Le château de Versailles sous Louis XV., 1898; Sonnets, 1907; Le testament d'un latin, G. 1929; Contes philosophiques, 1932; Le rameau d'or, G. 1933; La résurrection de Versailles, hg. C. Pincemaille 2002.

L: P. de Bouchaud, 1896; M. Levaillant, 1928; G. Grente, De la Force, 1938; I. O. Karracker, Urbana/IL 1940; A. Mabille de Poncheville, 1944; G. Zuchelli, N. et l'Italie, 1971 (m. Bibl.).

Noli, Fan (Theofan) Stylian, alban. Schriftsteller, Publizist, Übersetzer, Bischof u. Politiker; 6. 1. 1882 Ibriktepe/Qytezë (b. Edirne) – 13. 3. 1965 Ft. Lauderdale/Florida. 1896–1900 griech. Gymnas. Edirne; dann Aufenthalte in Istanbul, Athen; 1903–06 Lehrer des Griechischen u. Kirchensänger in Ägypten; 1906 Emigration in die USA, 1908 Diakon der orthod. Albaner in Brooklyn (erste Messe in alban. Sprache), Mitbegründer der alban. Vereine Besa-Besën (Das Ehrenwort) 1907 in Boston u. Vatra (Der Herd) 1912 ebda., Herausgeber alban. Zeitungen u. Zeitschriften, bes.

›Dielli‹ (Die Sonne), seit 1909 ebda. (erscheint noch heute); 1912 B.A. Harvard Univ.; 1919 Bischof der Alban. Orthod. Kirche in den USA; 1921/22 Deputierter im ersten alban. Parlament in Tiranë; 1922 Außenminister, 1923 Bischof von Korçë u. Erzbischof von Durrës, 1924 Ministerpräsident, dann Regent Albaniens, nach Regierungssturz am 24. 12. 1924 Aufenthalte in Italien, Österreich, Deutschland; 1930 Rückkehr nach Boston, 1938 Mus. Konservatorium ebda., 1945 Ph.D. Univ. ebda. – In s. vielseitigen, v. a. publizistisch bedeutsamen Œuvre erweist sich N. als glänzender Stilist u. hat dadurch zur Herausbildung der (toskischen Variante der) alban. Literatursprache entscheidend beigetragen. Dies gilt ebenso für s. Übersetzungen von Werken der Weltliteratur (Shakespeare, Longfellow, R. Fitzgerald, Cervantes, Molière u.a.) u. von liturg. Texten ins Albanische.

W: Israilitë dhe Filistinë, Dr. 1907 (n. 1968); Historia e Skënderbeut, mbretit të Shqipërisë 1412–1468, hist. St. 1921 (n. 1950; engl. 1947); Beethoven and the French Revolution, Abh. 1947 (n. 1991); Albumi, G. 1948 (n. 1958 u.ö.); Fiftieth Anniversary Book of the Albanian Orthodox Church in America 1908–1958, Aut. 1960. – Vepra të plota (SW), hg. A. Rexha VII 1968; Vepra, hg. V. Bala, K. Bihiku, N. Jorgaqi, S. Pulaha VI 1988–96.

L: V. Bala, Jeta e F. S. N-it, 1972; P. Tako, F. N. në fushën politike dhe publicistike, 1975; Flamurtar i mendimbit T. S. N. 1882–1982 ... me rastin e 100-vjetorit të lindjes, hg. E. Liço 1982; F. S. N., Në 100-vjetorin e lindjes 1882–1982, 1984; E. Dodona, N. i panjohur, 1996; B. Shtylla, F. N., siç e kam njohur, kujtime, 1997; N. Jorgaqi, Fanoliana, 2000.

Nólsoyar-Páll, färöischer Dichter, 1766 Nólsoy – 1809 (auf See); aus altem färöischen Geschlecht, Schiffbauer und Schiffbaulehrer; weite Reisen u.a. nach Amerika u. China. Gegner des dän. Handelsmonopols. – Ornithologe u. Vf. e. Kvæði (Reigentanzliedes) mit polit. Anspielungen (›Fuglakvæði‹), in dem die Handelnden in Vogelgestalt auftreten. Erneuerer der Kvæði- und Táttardichtung.

A: Fuglakvæði, G. 1884; Poul Nolsøe, livssøga og irkingar, 1908.

L: E. Krenn, Urbana 1939.

Noma, Hiroshi, jap. Schriftsteller, 23. 11. 1915 Kobe – 2. 1. 1991 Tokyo. Sohn e. buddhist. Priesters; Stud. franz. Lit. Univ. Kyoto. Um 1934 Anschluß an die marxist. Bewegung. 1938 in der Stadtverwaltung Osaka. 1941 Soldat in China, Philippinen, dann zeitweise wegen kommunist. Gesinnung inhaftiert u. 1944 aus der Armee ausgestoßen. Dozent für franz. Lit. Tokyo. Trat nach dem Krieg wieder aktiv für den Kommunismus ein. – Vielen s. Werke liegt der Konflikt zwischen buddhist. Weltanschauung und kommunist. Ideologie zugrunde. Auch Gedichte, Essays und Theaterstücke.

W: Kurai e, E. 1947; Kao no naka no akai tsuki, E. 1947 (Ein roter Mond in ihrem Gesicht, in: Träume aus zehn Nächten, d. ²1980); Hôkai kankaku, E. 1948; Seinen no wa, R. 1949–71; Shin-kû-chitai, R. 1952 (engl. 1956); Yuki no shita no koe ga, R. 1952; Chi no tsubasa, R. 1955; Saikoro no sora, R. 1959; Waga tô wa soko ni tatsu, R. 1962. – N. H. zenshû (GW), 1969–76. – Übs.: Dark Pictures and Other Stories, engl. J. Raeside 2000.
L: K. Matsue Gibson, N. H.'s Struggle for the Total Novel, 1992; J. Raeside (JF), 1997.

Nonnos aus Panopolis, altgriech. Dichter, wahrscheinl. Mitte 5. Jh. n. Chr., aus Oberägypten. Außerhalb der Werke keine biograph. Nachricht, die Identifizierung mit dem homonymen Bischof von Edessa ist unwahrscheinl. – Vf. des Epos ›Dionysiaka‹ (längstes erhaltenes Gedicht der Antike, über 21 000 Verse, 48 Bücher, in Alexandria entstanden), in dem Vorgeschichte, Geburt, Indienzug und Rückkehr des Gottes Dionysos bis hin zu s. Apotheose geschildert werden. Unter N.' Namen liegt auch e. ›Paraphrase des heiligen Evangeliums nach Johannes‹ (Epos, 3650 Hexameter, 20 Gesänge) vor, die v.a. die Rolle Marias als Gottesgebärerin hervorhebt. Der scheinbar gegensätzl. Inhalt beider Werke (pagan/christl.) stellte lange e. Problem dar, das man mit der Annahme e. Konversion oder zweier Autoren lösen wollte; heute tendiert man eher dazu, die beiden Werke als komplementär zu verstehen im Sinne e. übergeordneten Vorstellung vom Göttlichen.

A: R. Keydell 1959; F. Vian u.a. 1976–99 (Dion. 1–37); E. Livrea 1989 (Joh. 18); A. Accortini 1996 (Joh. 20); D. Ebener 1985 (Joh., dt. Übs.).
L: W. Peek, 1969; B. Abel-Wilmanns, 1977; W. Fauth, 1981; D. Gigli Picardi, Florenz 1985; H. White, Amst. 1987; G. W. Bowersock, Cambr. u.a. 1990; P. Chuvin, Clermont 1991; L. F. Sherry, N. Y. 1991, Byzantion 96/2, 1996, 409–430; D. Willers, MH 49, 1992, 141–151; N. Hopkinson, hg. Chicago 1994.

Noot, Jan Baptista van der (gen. Jonker Jan van der N.), fläm. Lyriker und Epiker, 1539/40 Brecht – um 1595 Antwerpen. Patrizier, hoher Beamter in der Stadtverwaltung von Antwerpen. Mußte 1567 wegen Teilnahme an e. Geusenerhebung nach London fliehen, übersiedelte zwischen 1569 u. 1571 ins Rheinland; lernte in Xanten Coornhert kennen, 1578 Rückkehr nach Antwerpen als Katholik. – Erster großer Renaissancedichter in den Niederlanden; beeinflußt von der Pléiade (bes. Ronsard) u. Petrarca. ›Het Bosken‹, die erste Sammlung niederländ. Renaissancelyrik, vor 1568 geschrieben, 1570 oder 1571 in London veröffentlicht, enthält Liebes-, Preis- u. relig. Gedichte. In ›Het Theatre oft Tonneel‹, mit einleitenden Gedichten, versucht N. die Kalvinisten zu ermutigen. In Köln entstand ›Das Buch Extasis‹, Ausarbeitung in niederländ. u. franz. Sprache nicht zustande gekommen, nur ›Cort begrijp‹ und ›Abregé‹. N. wurde von A. Verwey neu entdeckt. Seine Vermittlertätigkeit zwischen der franz., dt., engl. u. niederländ. Literatur machen ihn zu einer europäischen Figur.

W: Het Theatre oft Tonneel, 1568 (d. 1572); Het Bosken, G. 1570 oder 1571; Das Buch Extasis, 1576; Cort begrijp der XII Boecken Olympiados/Abregé des douze livres Olympiados, 1579 (The Olympia Epics, n. C. A. Zaalberg 1956). – Poeticsche werken, 1580 u.ö. (m. Bibl. III 1975); Bosken u. Theatre, hg. W. A. P. Smit 1952; Gedichten, hg. A. Verwey 1899; Verscheiden poetixe werken: het voorwerk, hg. u. komm. K. Porteman, W. Waterschoot 1990.
L: C. A. Zaalberg, Das Buch Extasis, 1954; P. Brachin, Un disciple de Ronsard, Paris 1959; S. F. Witstein, De verzencommentaar in ›Het Theatre‹, 1965; F. de Schutter, 1967; K. E. Schöndorf, 1981.

Nooteboom, Cees, niederländ. Schriftsteller, * 31. 7. 1933 Den Haag. Nach der Schulzeit ausgedehnte Autostopp-Reise durch Europa. Mitte der 50er Jahre erschienen sein erster Roman, sein erster Gedichtband u. seine erste Reportage. Er arbeitete für versch. Zeitungen und Zeitschriften (u.a. als Reise- u. Lyrik-Redakteur), übersetzte fremdsprachl. Literatur, z.B. Enzensberger u. lateinamerikan. Autoren. Zahlreiche Reisen. Seit den 80er Jahren wurde er als Autor allmählich bekannter, v.a. in Deutschland: hier ist er von allen niederländ. Schriftstellern mit den meisten Übersetzungen präsent. Wohnhaft in Amsterdam und zeitweilig auf Menorca u. in Berlin. – Durch das ganze Werk zieht sich ein Element der Reflexion: In den Reiseerzählungen ist N. einerseits kühler Beobachter, andererseits wird die Beschreibung kommentiert durch Erinnerung u. einen breiten Wissensfundus. Auch die Gedichte sind oft mehrschichtig verrätselt durch die Überlagerung konkreter Darstellung (z.B. der Natur) mit der Reflexion darüber, wobei Aspekte aus der gesamten Kulturgeschichte ins Spiel kommen können. In den Romanen wird, neben der konkreten Handlung, immer wieder über das Schreiben selbst reflektiert. Dazu paßt auch, daß die Romane z.T. einen raffiniert verschachtelten Aufbau haben. Zentrale Themen sind Zeit, Leben und Tod, v.a. in den Gedichten, aber auch in der Prosa.

W: Philip en de anderen, R. 1955 (Das Paradies ist nebenan, d. 1958; n. Übs.: Philip und die anderen, 2003); De ridder is gestorven, R. 1963 (d. 1996); De Parijse beroerte, Rep. 1968; Rituelen, R. 1980 (d. 1985); Een lied van schijn en wezen, E. 1981 (d. 1989); Gyges en Kandaules, Dr. 1982; Mokusei!, E. 1982 (d. 1990); In Nederland, R. 1984 (In den niederländischen Bergen, d. 1987); De Boeddha achter de schutting, E. 1986 (d. 1993); Het gezicht van het oog, G. 1989 (d. u. niederländ. 1991, 1994); Berlijnse notities, Reise-En. 1990 (d.

1991); Het volgende verhaal, E. 1991 (Die folgende Geschichte, d. 1991); De Omweg naar Santiago, Reise-En. 1992 (d. 1992); De ontvoering van Europa, Es. 1993 (Wie wird man ein Europäer, d. 1993); Zelfportret van een ander, lyr. Prosa 1993 (d. u. niederländ. 1993, d. 1996); Van de lente de dauw. Reise-En. 1995 (Im Frühling der Tau, d. 1995); Allerzielen, R. 1998 (d. 1999); Zo kon het zijn, G. 1999 (d. 2001); Voltooid vergeten tijd, Aut. 2000. – *Übs.*: Gedichte, 1992.

L: R. Rennenberg, De tijd en het labyrint, 1982; ›Bzzlletin‹ 168, 1989; Der Augenmensch C. N., hg. D. Cartens 1995; H. Bekkering, hg. 1997.

Nor, A. C. (eig. Josef Kavan), tschech. Schriftsteller u. Journalist, 19. 9. 1903 Kylešovice u Opavy – 29. 7. 1986 Prag. Vertreter der naturalist. Richtung des sog. ›Ruralismus‹. In psycholog. durchdrungenen Romanen u. Erzählungen schildert N. die soziale Entwicklung des schles. Dorfes von der Bodenreform bis zum 2. Weltkrieg. Bedient sich der schles. Mundart.

W: Bürkental, R. 1925; Rozvrat rodiny Kýrů, R. 1925; Raimund Chalupník, R. 1927; Laciné povídky, En. 1929; Příběh Jana Osmerky, Kasaře, R. 1932; Jed v krvi, R. 1934; Můj nepřítel osud, R. 1941; Přišel den, R. 1946; Žiji život bratrův, R. 1946; Zločin na samotě, R. 1948; Zmučená zem, R. 1964; Vichřice, R. 1965; Jedno pokolení, R. 1982; Život kebyl sen, Mem., II 1994. – Sebrané spisy (GW), I 1948 (unvollendet).

L: M. Rusinský, 1968; Keep smiling, hg. J. K. Nor Toronto 1978.

Nora, Eugenio de, span. Lyriker, * 13. 11. 1923 Zacos/León. Seit 1949 Lehrtätigkeit an der Univ. Bern. Mitgründer der Zs. ›Espadaña‹, die gegen die nur formal bedachte Lyrik der Nachkriegszeit polemisierte. – S. Werke unter Einfluß der älteren span. Dichtergeneration (bes. V. Aleixandres, L. Cernudas) vereinen soz. Thematik u. krit. Denken mit dichter. Ursprünglichkeit. Guter Kenner des zeitgenöss. span. Romans.

W: Cantos al destino, G. 1945; Amor prometido, G. 1946; Contemplación del tiempo, G. 1948; Siempre, G. 1953; España, pasión de vida, G. 1954; La novela española contemporánea, St. III 1958–62; Poesía 1939–1964, G. 1975; Díaz y sueños, ges. G. 1999.

L: A. Soladana Carro, 1987.

Norbu, Jamyang, Essayist, Autor, * 1949 Darjeeling. Guerillakämpfer, lebt in den USA. Mitgründer des Amnye-Machen-Instituts in Dharamsala, Hrsg. der Zeitschrift ›Lungta‹. – Engagiertester Intellektueller im tibet. Exil, der sich in seinen Essays kritisch mit tibet. Geschichte und Kultur befaßt. Die Biographie ›Warriors of Tibet‹ steht exemplarisch für die Flucht der Tibeter und den Kampf der tibet. Guerilla. Sein hist. mytholog. Roman ›The Mandala of Sherlock Holmes‹ beschreibt auf symbolische Weise den Kampf zwischen Tibetern und Chinesen.

W: Warriors of Tibet, B. 1979; The Mandala of Sherlock Holmes, R. 1999, The Silence, En. 1977 (Schweigen, d. 2002), Hunter's Moon, En. 1984 (Der Mond des Jägers, d. 2002).

Nordbrandt, Henrik, dän. Lyriker, * 21. 3. 1945 Frederiksberg. Lebt s. 1970 im Mittelmeerraum. – Wiederkehrendes Motiv ist s. ambivalentes Verhältnis zur Heimat, ›Aufbrüche und Ankünfte‹. Auch Kinderbücher, ein Kriminalroman, Essays.

W: Digte, G. 1966; Opbrud og ankomster, G. 1974; Udvalgte digte, G.-Ausw. 1981; Glemmesteder, G. 1991 (Vergessenheitsorte, d. 1993); Ruzname, Tg. 1996; Drømmebroer, G. 1998; Egne digte, G.-Ausw. 1999; Døden fra Lübeck, Erinn. 2002.

L: Ø, hg. I. Holk 1989; T. Bredsdorff, 1996; Rosens skygge, hg. J. Kjærgaard 1998.

Nordenflycht, Hedvig Charlotta, schwed. Dichterin, 28. 11. 1718 Stockholm – 29. 6. 1763 ebda. Tochter e. geadelten Kammerherrn, wuchs in Viby/Västmanland auf, philos. u. lit. Stud., 1738 nach Stockholm, ∞ 1741 Admiralitätspfarrer Jacob Fabricius († 1741) in Karlskrona, ab 1742 wieder Stockholm, erhielt 1752 e. Pension u. bildete e. lit. Salon, Präses des Tankebyggare-Ordens, Freundschaft mit Creutz u. Gyllenborg. Wegen unglückl. Liebe Selbstmordversuch, an dessen Folgen sie starb. – Erste bedeutende schwed. Lyrikerin, die der Individualität u. den innersten Gefühlen ihres Herzens enthusiast. Ausdruck gibt. Die Trauer um ihren Gatten regte sie zur ersten Gedichtsammlung an. Creutz u. Gyllenborg wiesen sie auf die zeitgenöss. franz. Dichtung hin; bes. beeindruckt von Rousseau. Ihre Dichtung ist vielseitig u. z. T. zeitgebunden (Rokokolieder), allmähl. befreit sich N. von barocken Elementen. Ihre gefühlsbedingten Ansichten sind schwankend, voller intellektueller Unruhe; in der Selbstbespiegelung ist sie aufrichtig bis zur vorbehaltlosen Beichte, bes. in ihren letzten Liebesgedichten.

W: Den sörgande Turtur-Dufwan, G. 1743; Qwinligit tankespel af en Herdinna i Norden, G. 1744–50; Den frälsta Swea, G. 1746; Tåget öfver Bält, Ep. 1753; Fruentimrets försvar, G. 1761. – Samlade skrifter, hg. H. Borelius, T. Hjelmqvist III 1924–38. – *Übs.*: Ausw., 1859.

L: J. Kruse, 1895; H. Borelius, 1921; T. Stålmarck, 1959, 1967; S. Göransson, 1972; T. Byström, 1980.

Nordhoff, Charles B. → Hall, James Norman

Nordström, Ludvig (Lubbe) Anselm, schwed. Schriftsteller, 25. 2. 1882 Härnösand – 15. 4. 1942 Stockholm. Sohn e. Bankdirektors. 1901–03 Stud. Philos. u. Lit. Uppsala, 1903–08 Journalist in Sundsvall, dazwischen ein Jahr lang Fischer, ab

1908 freier Schriftsteller; Studienreisen, Weltreise. ∞ 1909 Marika Stiernstedt, 1938 2. Ehe mit Gunborg Molin. – Entscheidend von Strindberg, Kielland u. H. Söderberg beeinflußt, schrieb N. lebendige, stets optimist. u. lebensbejahende Erzählungen, deren kräftiger Humor oft in Burleske, Groteske u. Karikatur übergeht, mit feinem Natursinn. Liebe zur Heimat. Moral., soziale, wirtschaftl. u. psycholog. Reflexionen. Meister der Novelle; weniger gelungen sind s. Romane über die Industrialisierung Norrlands. Ausgezeichnete Reiseberichte. Entwickelte die Idee des ›Totalismus‹: die Entwicklung der Welt muß gesetzmäßig zur Einigung der Menschen in Frieden, Eintracht u. Glück führen: Öbacka ist Symbol der Weltstadt Urbs. Auch Vf. sozialkrit. Essays u. Satiren.

W: Kains land, G. 1906; Fiskare, Nn. 1907; Borgare, N. 1909 (Bürger, d. 1912); Herrar, N. 1910; De tolf söndagarna, R. 1910; Landsorts-bohème, R. 1911; Tomas Lack, N. 1912; Ankarsparre, R. 1912; Jobbarfamiljen Gobsman, R. 1913; Bottenhavsfiskare, R. 1914; Idyller från kungariket Öbacka, N. 1916; Resan till Cythere, R. 1917; Döda världar i samhällsrymden, R. 1920; Öbackabor, N. 1921; Fyrskeppet, Rep. 1922; Världsstaden, St. 1923; Petter Svensks historia, R. IV 1923–27; Historier, N. 1926; Stor-Norrland, Rep. 1927; Svenskar, N. 1929; Tomas Lack och hans familj, R. 1930; Vi, Sch. 1932; Jag reste ut som svensk ...; ... och blev helt enkelt människa, Reiseb. 1932; Bonde-nöden, Es. 1933; På hemväg till Öbacka, N. 1934; Planeten Markattan, R. 1937; Sjörövarefinal, N. 1937; Lort-Sverige, Rep. 1938; Kapten Åbygges vita väst, R. 1941; En dag av mitt liv, Mem. 1942. – Valda noveller, VI 1923.

L: G. Lindeberg, 1933; G. Qvarnström, Från Öbacka till Urbs, 1954; T. Hallén, 1952; K. Lindqvist, Diss. 1980.

Norén, Lars, schwed. Dichter u. Dramatiker, * 9. 5. 1944 Stockholm. Vater Hotelier. Intensive Beschäftigung des Gymnasiasten mit Hölderlin, Rilke, A. Lundkvist, P. Celan findet ihren Niederschlag in zahlr. eigenen Gedichtbänden. Las jeweils das Gesamtwerk von Dostoevskij, S. Lagerlöf, J. Cheever, A. Strindberg. In den 70er Jahren Hinwendung zur Dramatik; verwendet oft die Sprache der Psychose, um die Ambivalenz des menschl. Daseins zu erklären. TV-Autor. Lebt zurückgezogen.

W: Syrener, snö, G. 1963; Encyklopedi. Mémoires sur la fermentation 1–3, G. 1966; Stupor. Nobody knows you when you're down and out, G. 1968; Salome, Sfinxerna, R. 1968; Revolver, G. 1969; Biskötarna, R. 1970 (Die Bienenväter, d. 1973); I den underjordiska himlen, R. 1972; Dagliga och nattliga dikter, G. 1974; Dagbok augusti – oktober 1975, G. 1976; Order, G. 1978; Den ofullbordade stjärnan, G. 1979; Hjärta i hjärta, G. 1980; Nattvarden, Sch. 1983 (Nachtwache, d. 1985); Kaos är granne med Gud, Sch. 1983; Demoner, Sch. 1984 (Dämonen, d. 1985); Endagsvarelser, Sch. 1990; Tre borgerliga kvartetter, Sch. 1992; De döda pjäsarna, Sch. IV 1995; Personkrets 3:1, 1998 – Skuggpojkarna, 1999 – Sju tre, 1999, Sch.-Tril.; November, Sch. 2001.

Norfolk, Lawrence, engl. Erzähler, * 1. 10. 1963 London. – Einer der führenden Autoren der brit. historiograph. Metafiktion, dessen ambitionierter erster Roman große Beachtung fand. N. recherchiert für seine enzyklopäd. u. anspielungsreichen Romane stets detailbesessen, nutzt sein hist. Material aber sehr spielerisch u. verwischt immer wieder die Grenzen zwischen Fiktion u. Realität, Vergangenheit u. Gegenwart, die dadurch beide gleich ungreifbar werden.

W: Lempriere's Dictionary, R. 1991 (d. 1992); The Pope's Rhinoceros, R. 1996 (d. 1998); In the Shape of a Boar, R. 2000 (d. 2001).
L: B. Lewis, 2003.

Norman, (Jean) Birger (Isak), schwed. Schriftsteller, 30. 7. 1914 Svanö/Ångermanland – 13. 9. 1995. Kaufmannssohn, Sägereiarbeit, Volkshochschule, Sozialinstitut, Redakteur. ∞ 1940 Anna-Lis Mattson. – Lyriker mit feinem Natursinn, oft wehmutsvoll oder iron.; schildert in s. Prosa u. Dramen menschl. Schicksale s. Heimatlandschaft gegen hist. Hintergrund: Streik, Arbeitslosigkeit, Demonstrationen der 30er Jahre. Scharfer Gesellschaftskritiker.

W: Sånger vid floden, G. 1951; Vandringsutställning, G. 1953; Medan mandarinerna mognar, Ess. 1957; Ådalen, Rep. 1960 (m. S. Gillsäter); Repliker i kulturedebatten, Ess. 1963; Ådalen 31, E. 1968; Vinterfiske, G. 1970; Sol, vad vill du mig?, Sch. 1970; De bordlagda, Sch. 1971; Löken, Nn. 1972; Utanför Eden, G. 1974; Sista natten på Nordstjernan, R. 1978; Medan sommaren ännu är sommar, G. 1979; Dikter om socialismen och friheten, G. 1983; Samvetets landsflykt, Es. 1983. – Lyrik 1950–74, 1980; Noveller 1969–78, 1980; Vinkelskott och annan journalistik 1955–78, 1980.

Norman, Marsha, amerik. Dramatikerin, * 21. 9. 1947 Louisville/KY. Drehbuchautorin für Film und Fernsehen. – Großer Erfolg mit ›'night, Mother‹, der trag. Beziehung e. Mutter zu ihrer epilept., zum Selbstmord entschlossenen Tochter (Verfilmung); das experimentellere Gefängnisdrama ›Getting Out‹ über e. bildl. konkret gemachte Persönlichkeitsspaltung; Westernparodie in ›The Holdup‹.

W: Getting Out, Dr. 1977 (d. 1979); Third and Oak, Dr. 1978 (Ecke Lindenstraße, d. 1986); 'night, Mother, Dr. 1982 (d. 1986); The Holdup, Dr. 1983; Traveler in the Dark, Dr. 1984; The Fortune Teller, R. 1987; Sarah and Abraham, Dr. 1988; Four Plays, 1988; Loving Daniel Boone, Dr. 1992; The Red Shoes, Musical 1993; The Secret Garden, Musical 1993; Tudy Blue, Dr. 1995. – Collected Works, 1998.
L: L. G. Brown, hg. 1996.

Norris, Frank (Benjamin Franklin N.), amerik. Romanautor, 5. 3. 1870 Chicago – 25. 10. 1902 San Francisco. Jugend in San Francisco, Kunststud. Paris, 1890–94 Univ. of California, 1894

Harvard; 1895 Südafrika, Korrespondent im Burenkrieg, 1898 Kriegsberichterstatter in Kuba für das sozialkrit. ›McClure's Magazine‹, dann Verlagslektor in New York; nahm Dreisers ›Sister Carrie‹ an; ∞ 1900 Jeannette Black. Starb an Folgen e. Blinddarmoperation. – Pionier des lit. Naturalismus in Amerika, Begeisterung für Zola. ›McTeague‹ ist die Geschichte e. ungeschlachten Zahnarztes und s. moral. Degeneration unter dem Einfluß e. kleinbürgerl. Milieus in San Francisco, des patholog. Geizes s. Frau und der eigenen triebhaften Instinkte. Die als realist. Studie sozialer Kräfte geplante, unvollendete Trilogie ›The Epic of Wheat‹ schildert in ›The Octopus‹ den Kampf kaliforn. Farmer gegen die Eisenbahngesellschaften. N. ist nicht wirklich Sozialkritiker; er schätzt die Arthur-Epen und den romant. Realismus von Kipling und J. London, neigt zu e. darwinist. inspirierten Vitalismus und in der Darstellung zum symbol. Schematismus des Melodramas.

W: Moran of the Lady Letty, R. 1898 (Shanghaied, d. 1937; Der Ozean ruft, 1948); McTeague, R. 1899, hg. D. Pizer 1977, ²1997 (Verfluchtes Gold, d. 1948; Gier nach Gold, 1958; Heilloses Gold, 1964); Blix, R. 1899; A Man's Woman, R. 1900; Epic of Wheat: I: The Octopus, R. 1901 (Die goldene Fracht, d. 1939, 1960); II: The Pit, R. 1903 (Die Getreidebörse, d. 1912; Kampf um Millionen, 1935); The Responsibilities of the Novelist, Ess. 1903; A Deal in Wheat, Kgn. 1903; The Third Circle, Kgn. 1909; Vandover and the Brute, R. 1914. – Complete Works, X 1928; Lit. Criticism, hg. D. Pizer 1964; A Novelist in the Making, Ess. hg. J. D. Hart 1970; Novels and Essays, hg. D. Pizer 1986; The Letters, hg. F. D. Walker 1956; Collected Letters, hg. J. S. Crisler 1986.

L: F. Walker, B. 1932; E. Marchand, 1942; W. French, 1962; D. Pizer, 1966; D. Graham, 1978; Critical Essays on F. N., hg. D. Graham 1980; B. Hochmann, 1988; J. Boyd, 1993; L. West, 1998; L. E. Hussman, 1999. – Bibl.: K. A. Lohf, E. P. Sheehy, 1959; J. S. Crisler, J. R. McElrath 1974; J. R. McElrath, 1992.

North, Sir Thomas, engl. Übersetzer, 28. 5. 1535 London – 1603(?). Stud. wahrscheinl. in Cambridge, ab 1557 Jurist am Lincoln's Inn, 1574 Gesandter in Frankreich, 1596/97 geadelt. Übersetzte Plutarchs Lebensbeschreibungen aus dem Franz. des J. Amyot in vorzügl. idiomat. Englisch, erzählte dabei die Geschichten so anschaulich, daß der Eindruck eines Originalwerks entsteht. Das Werk ist bedeutsames Dokument für die Entwicklung der engl. Prosa u. hatte großen Einfluß auf die elisabethan. Dichtung; es war Shakespeares Hauptquelle für Stoffe aus der antiken Geschichte, bes. für die Römerdramen. Außerdem übersetzte N. Guevaras ›El Reloj de Principes‹ und (nach e. ital. Fassung) e. arabisches Fabelbuch, ›The Morall Philosophie of Doni‹.

W: The Diall of Princes, Guevara-Übs. 1557 (hg. K. N. Colvile 1919); The Morall Philosophie of Doni, Übs. 1570 (gedr. 1601); Plutarch's Lives, Übs. 1579 (n. VIII 1928, V 1929f., II 1963).

L: A. P. Paton, 1871; F. Bushby, Those Men of Tudor Time, 1911; K. N. Colvile, Fame's Twilight, 1923.

Norton, Thomas, engl. Jurist, Dramatiker und Lyriker, 1532 London – 10. 3. 1584 Sharpenhoe. Stud. Cambridge; Jurist und freier Schriftsteller. Parlamentsmitglied ab 1562; antikathol. – Vf. versch. Gedichte (nicht erhalten). Schuf in Zusammenarbeit mit Th. Sackville, der gleich ihm Jurist am ›Inn of Court‹ war, die 1. engl. Tragödie ›Gorboduc‹, ein Stück in der Tradition Senecas, das die Gefahren und Probleme eines schwachen Herrschers schildert und damit die Tragödie zur didakt. Inszenierung polit. Inhalte nützt. Übs. Calvins ›Institutio‹ (1561).

W: Gorboduc, or Ferrex and Porrex, Tr. 1561 (m. Sackville, hg. J. W. Cunliffe, Early English Classical Tragedies, 1910, 1922, I. B. Cauthen 1970).

L: M. Graves, T. N. The Parliament Man, 1994.

Norway, Nevil Shute → Shute, Nevil

Norwid, Cyprian Kamil, poln. Dichter, 24. 9. 1821 Laskowo-Gluchy b. Warschau – 23. 5. 1883 Paris. Gymnas. Malerschule Warschau. 1842 Florenz, weitere Kunststudien in Rom. Unglückl. Liebe zu Maria Kalergis bleibt lebensbestimmend. 1847 Bekanntschaft mit Krasiński u. Zaleski. 1848 in Paris. Zusammentreffen mit Mickiewicz, 1849 Freundschaft mit Chopin, Słowacki u. a. Schwere Existenzsorgen, Arbeit als Fabrikarbeiter. 1852 verarmt nach Amerika, 1854 über London zurück nach Paris. Lebte dort in Armut, u. a. als Modelleur für Dentisten. 1877 Aufnahme ins Armenhaus für poln. Emigranten. Trotz Not, Vereinsamung u. Taubheit bis zum Tode rastlos tätig. – Der letzte der großen poln. Romantiker; für die Zeitgenossen wegen s. esoter., schwere Gedanklichkeit bei geringer Stimmungshaftigkeit als unerbittl. Wahrheitssucher unverständl. u. sprachl. unzugängl. Alltag u. Arbeit des Volkes sollen mit Hilfe der Kunst organ. durchdrungen u. zu e. Gemeinschaftswerk von Intellektuellem u. Arbeiter umgestaltet werden. Vorläufer der Symbolisten. Hinwendung zur Volkskunst. Bes. Verstechnik mit e. neuen Art dichter. Bilder. Dramen von mehr innerer als äußerer Handlung um mytholog. Themen u. Probleme der poln. Geschichte. In Prosawerken satir. Behandlung gesellschaftl. Mißstände. Übs. Horaz u. a. Auch Maler u. Graphiker mit Zeichnungen, Aquarellen und Radierungen teils relig., teils satir. Inhalts. Nach s. späten Entdeckung von wachsendem Einfluß auf die poln. Lit.

W: Promethidion, G. 1851 (n. 1911); Wanda, Dr. (1852) gedr. 1922; Auto da Fé, Lsp. 1859; Quidam, E.

1859; Krakus, Dr. 1861; Za Kulisami, Dr. 1861–63, hg. 1948; Poezje, G. 1863; Aktor, Dr. 1864–70, hg. 1937–39; Vade mecum, G. 1865/66, hg. 1947 (d. 1981); Kleopatra, Dr. 1873, hg. 1904; Stygmat, N. 1883, hg. 1904. – Pisma zebrane, V 1911–45; Poezje, II 1956; Pisma polityczne i filozoficzne, Lond. 1957; Trylogia włoska, 1963; hkA. XI 1971–76; Pisma wybrane, V 1983. – *Übs.:* Ausw. J. P. d'Ardeschah 1907; Poezje – Poems, zweispr. 1986.

L: K. Berezyński, Filozofia C. N., 1911; Z. Falkowski, 1933; Z. Wasilewski, 1935; Pamięci C. N., 1946 (m. Bibl.); K. Wyka, 1948; K. Górski u.a., 1949; I. Sławińska, O komediach N., 1953; Prace o No., 1958; Z. Stefanowska, 1960; W. Borowy, 1960; Nowe studia o N., 1961; N. żywy, Lond. 1962; Z. Dokurno, 1965; K. Wyka, N. w Krakowie, 1967; A. Lisiecka, Lond. 1973; Th. Domaradzki, Le symbolisme et l'universalisme de N., Montréal 1974; J. W. Gomulicki, 1976; J. Trznadel, Czytanie N., 1978; Z. Łapiński, ²1984; C. K. N. kształt prawdy i miłości, 1986; St. Sawicki, N. walka z reformą, 1986.

Nosaka, Akiyuki, jap. Schriftsteller, * 10. 10. 1930 Kamakura. Nach frühem Tod der Mutter wächst N. bei Adoptiveltern in Kôbe auf, die bei einem Bombenangriff 1945 umkommen. Danach lebt N. auf der Straße, wird in ein Heim gesteckt, kehrt schließlich zum leiblichen Vater in Niigata zurück. Ein Romanistikstudium bricht er ab u. arbeitet u.a. als Werbe- und Songtexter. 1963 Durchbruch als Schriftsteller mit dem Roman ›Erogotoshitachi‹. Daneben weiterhin als Schauspieler, Politiker, Zeitschriftenherausgeber u. Sänger tätig. – N.s häufig autobiographisch geprägte Werke verdanken ihre Popularität ebenso ihrem krit. Humanismus wie ihrer Unterhaltsamkeit.

W: Erogotoshitachi, R. 1963 (Japanische Freuden, d. 1971); Hotaru no haka, E. 1967 (Das Grab der Leuchtkäfer, d. 1990).

Nota, Alberto, ital. Dramatiker, 15. 11. 1775 Turin – 17. 4. 1847 ebda. Jurist; 1803–16 Verwaltungsangestellter, dann Hofmeister u. Bibliothekar beim Prinzen von Savoyen. Da liberaler Ideen verdächtig, später kleiner Beamter. – Von s. rd. 40 Theaterstücken überzeugen am meisten die nach dem Vorbild Molières u. Goldonis verfaßten Komödien, in denen sich N.s ausgesprochen kom. Talent in der Charakterisierung von Personen u. in der Schilderung der Sitten zeigt.

W: La Duchessa di La Vallière, Dr. (1806); I primi passi del mal costume, K. (1808); L'Ammalato per immaginazione, K. (1813); La fiera, K. (1826). – Commedie, 1826–37; Teatro Comico, VIII 1842/3.

L: A. Camaldo, 2001 (m. 8 unveröffentl. Kommentaren).

Noto Suroto, Raden Mas, niederländ. schreibender Lyriker und Essayist indones. Herkunft.

5. 6. 1888 Yogyakarta – 25. 11. 1951 Solo. Verbrachte e. Teil s. Lebens in den Niederlanden (Jura-Stud., Publizistik). – Vorkämpfer für die Verständigung zwischen Europa u. Asien; Einflüsse von R. Tagore.

W: Melati-knoppen, G. 1915; De geur van moeders haarwrong, G. 1916; Fluisteringen van den avondwind, G. 1917; Bloemeketenen, G. 1918; Tagore's opvoedingsidealen, Schr. 1921; Nieuwe fluisteringen, G. 1925; Wajangliederen, G. 1930; Van overheersching naar zelfregeering, Schr. 1931.

Nourissier, François, franz. Schriftsteller, * 18. 5. 1927 Paris. Vater Forstwirt; Lycée Louisle-Grand und Diplom des Institut d'Études Politiques in Paris. Journalist u. Berater versch. Verlage; 1956–58 Chefredakteur von ›La Parisienne‹, seit 1958 Mitarbeiter beim Verlag Grasset sowie der Zs. ›Nouvelles Littéraires‹, ›Nouvelle Revue Française‹, ›Vogue‹, ›Paris Match‹. – Anfängl. vom Katholizismus beeinflußt, sind s. Romane und Essays zunehmend bestimmt durch krit., sich selbst in Frage stellende Intellektualität. S. großes psycholog. Einfühlungsvermögen stellt N. in die Tradition des franz. psycholog. Romans.

W: L'homme humilié, Ess. 1950; L'eau grise, R. 1951; La vie parfaite, R. 1952; Lorca, Es. 1955; Les orphelins d'Auteuil, R. 1956; Les chiens à fouetter, Es. 1956; Le corps de Diane, R. 1957; Portrait d'un indifférent, R. 1958; Bleu comme la nuit, R. 1958; Un petit bourgeois, R. 1964; Une histoire française, R. 1966 (Im Schatten verlorener Gärten, d. 1971); Le maître de maison, R. 1968 (d. 1969); Les Français, Ess. 1968 (d. 1969); La crève, R. 1970; Vive la France, Ess. 1970; L'Allemande, Ess. 1973; Lettre à mon chien, 1975; Lettre ouverte à Jacques Chirac, 1977; Le musée de l'homme, 1978; L'empire des nuages, 1981; La fête des pères, R. 1985; En avant, calme et droit, R. 1987; Au marbre: chronique retrouvée, 1952–1962, 1988; Autos graphie, 1990; Les mémorables, 1918–1945, 1999; A défaut de genie, 2000; Un siècle ›nrf‹, 2000.

Nouveau, Germain Marie Bernard (Ps. Humilis), franz. Lyriker, 31. 7. 1851 Pourrières – 4. 4. 1920 ebda. Sohn reicher Bauern. Lehrer am Gymnas. Marseille. Lernte 1873 Rimbaud kennen, reiste mit ihm nach London. 1875 Freundschaft mit Verlaine. Bis 1883 Angestellter des Unterrichtsministeriums in Paris, dann Zeichenlehrer in Beirut. Ab 1884 Bohemeleben in Paris. 1891 myst. Krise, ab da bis 1911 Wallfahrten zu Fuß und als Bettler in Frankreich, Italien, Spanien und Algerien. Ab 1911 Einsiedler in Pourrières. – Dichter des ›Renouveau catholique‹. Anfangs von Rimbaud beeinflußt, dann Epigone des späten Verlaine. Schrieb relig. u. leidenschaftl. sinnl. Gedichte, nach der Bekehrung nur wenige, unter dem Titel ›Le calepin du mendiant‹ gesammelte, selbst illustrierte Gedichte.

W: La doctrine de l'amour, G. (u.d.T. Savoir aimer, 1904, u.d.T. Poèmes d'Humilis, 1910) (n. 1981); Valentines et autres vers, G. 1922 (n. 1981); Le calepin du mendiant, G. 1949. – Œuvres poétiques, II 1953–55; Œuvres complètes, hg. P. O. Walzer 1970 (zus. m. Lautréamont).

L: A. Lopez, La vie étrange d'Humilis, 1928; L. Vérane, 1929; M. Saillet, Sur la route de Narcisse, 1958; F. R. Smith, 1966; G. M. Spackey, 1966; G. N., études, hg. M. A. Ruff 1967; G. P. Sozzi, 1969; P. O. Walzer, 1970; L. Forestier, 1971; J. Morgan, Diss. Ottawa 1976; A. L. A. Amprimoz, L'évolution poétique de N., Diss. Ontario 1978; Actes du Colloque, 1986; A. L. Amiprimoz, 1989; C. Kleinespel, 1992; F. Proïa, 2001. – *Bibl.:* L. Forestier, 1967.

Novak, Slobodan, kroat. Erzähler u. Essayist, * 3. 11. 1924 Split. Kindheit auf der Insel Rab, Stud. Sprach.- u. Lit.wiss. Zagreb; Lektor, Journalist ebda., Dramaturg in Split; Redakteur der Zsn. ›Izvor‹ u. ›Krugovi‹; Akademiemitglied ab 1983. – N.s verdichtete, biogr. gefärbte Prosa greift mit Ironie u. schwarzem Humor existentialist. Themen auf u. gehört zu d. besten Werken d. kroat. Lit. Im Mikrokosmos d. Insel Rab spielt sich d. Makrokosmos menschlicher Erfahrungen ab.

W: Glasnice u oluji, G. 1950; Izgubljeni zavičaj, R. 1955 (d. 1997); Tvrdi grad, En. 1961; Novele, Nn. 1963; Zakrivljeni prostor, H. 1969; Mirisi, zlato, tamjan, R. 1968; Izvanbrodski dnevnik, R. 1977 (d. 1996); Digresije, Mem. 2001. – Djela, VI (GW) 1990; Izabrana proza (AW), PSHK 160, 1981.

L: T. Maroević, 1968; M. Beker, 1976; I. Mandić, 1981; J. Hekman, hg. 1990; D. Katunarić, hg. 1996.

Novak, Vjenceslav, kroat. Schriftsteller, 11. 9. 1859 Senj – 20. 9. 1905 Agram. Aus kleinbürgerl. Familie; Lehrerbildungsanstalt Agram; Lehrer in Senj; Stud. Musik Prag. Lehrer am Konservatorium Agram. – Vertreter des kroat. Realismus, schildert in Romanen u. Novellen den Verfall der Patrizierfamilien im kroat. Küstenland, die Not der jungen Bauern in der Stadt, den Kampf der Künstler gegen das Spießbürgertum, das schwere Los des geistigen u. wirtschaftl. Proletariats in den Städten, was s. Werken e. soz. Note verleiht.

W: Pavao Šegota, R. 1888; Podgorske pripovijesti, Nn. 1889; Pod Nehajem, Nn. 1892; Podgorka, R. 1894; Nikola Baretić, R. 1896; Posljednji Stipančići, R. 1899; Dva svijeta, R. 1901; Zapreke, R. 1905; Tito Dorčić, R. 1906. – Izabrane pripovijesti, hg. B. Livadić IV 1925–28; Djela, hg. S. Ježić XII 1931–33, hg. A. Barac III 1951ff. (m. Bibl.); PSHK 57, 58, 1964 (m. Einl. u. Bibl.); Pripovijetke, Ausw. 1997.

L: Riječka revija, 1962; A. Barac, 1964; D. Jelčić, 1996.

Nováková, Teréza, geb. Lanhausová, tschech. Schriftstellerin, 31. 7. 1853 Prag – 13. 11. 1912 ebda. Angeregt durch K. Světlá u. die nord. Literaturen, nahm N. aktiv an der Frauenbewegung teil u. gab 1897–1907 die Zs. ›Ženský svět‹ heraus. – Nach romant. Anfängen wandte sich N. endgültig dem Realismus zu. In Romanen u. Erzählungen schildert sie das Leben der ostböhm. Sektierer u. Schwärmer, der Sucher nach Wahrheit u. sozialer Gerechtigkeit, wobei sie die ethnogr. Kenntnisse, die sie in Leitomischl, dem Arbeitsort ihres Mannes, erworben u. in wiss. Arbeiten zusammengefaßt hatte, verwertet. Schrieb auch Reiseberichte, allegor. Märchen- und Kinderbücher.

W: K. Světlá, B. 1890; Úlomky žuly, En. 1902; Jan Jílek, R. 1904; Jiří Šmatlán, R. 1906; Na Librově gruntě, R. 1907; Děti čistého živého, R. 1909; Drašar, R. 1914. – Spisy, hg. A Novák XVII 1914–30; Vybrané spisy (AW), VI 1956–61.

L: J. Novotný, 1924; A. Novák, 1930; Zd. Nejedlý, 1958; O. Chaloupka, 1963.

Novarina, Valère, schweizer. Schriftsteller franz. Sprache, * 1947 Genf. Stud. Lit., Philos. und Theaterwiss. in Paris. – Debütiert mit Shakespeare- und Schilleradaptationen. Erfolg mit ›Le drame de la vie‹, e. gigant. Aufgebot von Personen, die in beschleunigter Lebensdarstellung auftreten und sterben. Ebenso überdimensioniert ›La chair de l'homme‹, dramat. Epos s. Sicht der ›conditio humana‹ und der aus dieser resultierenden psych. Reaktionen. Sprachl. kreativ und innovativ.

W: L'atelier volant, Dr. 1974; La lutte des morts, Dr. 1979; Le drame de la vie, Dr. 1984; Je suis, Dr. 1991; La chair de l'homme, Dr. 1995; Le jardin de la reconnaissance, Dr. 1997.

Novaro, Angiolo Silvio, ital. Dichter, 12. 11. 1866 Diano Marina/Liguria – 10. 3. 1938 Imperia. Autodidakt, zeitweilig Maler; lebte meist sehr zurückgezogen. 1929 zum ›Accademico d'Italia‹ ernannt. – S. Gedichte, Novellen u. Romane von ausgesprochen intimem Charakter sind meist von e. melanchol. Grundton durchzogen und zeigen wie s. Kindergedichte tiefes Verständnis für die Welt des Kindes. Von einschneidender Bedeutung für den Menschen u. Dichter wurde der Tod s. im 1. Weltkrieg gefallenen Sohnes. In s. ›Fabbro armonioso‹ hat N. den Schmerz über diesen Verlust dichter. gestaltet.

W: Sul mare, En. 1889; Giovanna Ruta, R. 1891; L'angelo risvegliato, R. 1901; La casa del Signore, G. 1905; Il cestello, G. 1910; Il Fabbro armonioso, 1919; Il cuore nascosto, G. 1920; La Fisarmonica, Nn. 1924; Dio è qui, Prosa 1927; Il piccolo Orfeo, G. 1929.

L: F. Saccà, 1938; L. Carelli, 1939; E. Schaub-Koch, 1939.

Novás Calvo, Lino, span.-kuban. Schriftsteller, 23. 9. 1903 Granas del Sor/Galicien – 24. 3. 1983 Palm Beach/FL. Emigrierte mit 5 Jahren nach

Kuba. Versch. Berufe (u.a. Landwirt, Händler). Teilnahme am Span. Bürgerkrieg auf republikan. Seite. Nach Castros Machtübernahme Emigration nach USA. – E. der bedeutendsten hispano-amerik. Erzähler des 20. Jh., beeinflußt von W. Faulkner, den er ins Span. übersetzte. Vf. e. Romans (›El negrero‹) über das Leben P. Blanco Fernández de Truvas; s. Erzählungen zeigen das Elend des kleinen Mannes, einige verarbeiten Erlebnisse im Span. Bürgerkrieg.

W: El negrero, R. 1933; El medio y las letras en Norteamérica, Es. 1933; Un experimento en el barrio chino, R. 1936; El pathos cubano, Ess. 1936; La luna nona, En. 1942; No sé quién soy, E. 1945; Cayo Canas, E. 1946; En los traspatios, E. 1946; La noche de los ñáñigos, R. o. J.; El otro cayo, E. 1959; Cuentos completos, 1961; Maneras de contar, En. 1970; Obra narrativa, 1990.

L: S. Fernández, Cinco escritores hispanoamericanos, 1958; R. Dale Souza, Diss. Univ. Columbia 1964; A. Gutiérrez de la Solana, N. Y. 1972; R. D. Souza, Boston 1981; L. E. Roses, N. Y. 1986.

Novellino oder ›Le Cento novelle, antiche‹, älteste ital. Novellensammlung, Ende 13. Jh. Umfaßt 100 Novellen aus versch. Quellen (Bibel, antike Sagen, franz. Ritterromane u.a.), die offensichtl. von e. oder mehreren anonymen Toskanern (wie die Sprache zeigt) in sehr kurzer, gedrängter, einfacher u. nüchterner Form erzählt wurden. Satir. Haltung gegen Frauen und Klerus.

A: G. Biagi, 1880; hkA E. Sicardi, Le Cento novelle antiche, 1909 (in: Bibl. romanica); L. Di Francia, 1930 (m. Bibl.); N. e conti del Duecento, hg. S. Lo Nigro 1963; hkA G. Favati, 1970. – *Übs.:* J. Ulrich, 1905.

L: G. Vertano, L'elemento storico del N., 1934; S. Battaglia, Contributi alla storia della novellistica, 1947; A. Paolella, Retorica e racconto: argomentazione e finzione nel N., 1987 (m. Bibl.).

Noventa, Giacomo (eig. Ca' Zorzi, Giacomo), ital. Dichter, 31. 3. 1898 Noventa di Piave – 4. 7. 1960 Mailand. Aus venet. Landadel stammend; Stud. Lit. und Jura in Turin, journalist. Tätigkeit, frühe Kontakte zu antifaschist. Intellektuellen in Turin und Florenz, erste Veröffentlichungen unter dem Pseudonym Emilio Sarpi, am franz. ›renouveau catholique‹ orientiert, später wertkonservativ. – S. fast ausschließl. im venet. Dialekt verfaßtes u. zu Lebzeiten kaum publiziertes Werk sucht Orientierung an großen Geistern wie Dante und Goethe.

W: Versi e poesie, hg. G. Pampaloni 1956; Versi e poesie, hg. E. Sarpi 1963; Versi e poesie, hg. F. Mandriani 1986.

Novikov, Ivan Alekseevič, russ. Schriftsteller, 13. 1. 1877 Il'kovo/Gouv. Orël – 10. 1. 1959 Moskau. Vater Gutsbesitzer; Stud. Agronomie Moskau, s. erste Erzählung erschien 1901. – Schrieb Romane, Novellen, Poeme, Schauspiele; steht in Thematik, Motiven und Stimmungen s. vorrevolutionären Werks gewissen Repräsentanten der russ. ›Adelslit.‹, wie I. Turgenev, nahe; wurde später durch die im traditionellen Realismus geschriebenen autobiograph. Romane ›Puškin v Michajlovskom‹ (1936) und ›Puškin na juge‹ (1944) bekannt, die er 1947 u.d.T. ›Puškin v izgnanii‹ zusammenfaßte.

W: Povesti i rasskazy, Nn. u. En. 1958. – Izbrannye sočinenija (AW), III 1955; Sobranie sočinenij (GW), IV 1966/67.

Novikov, Nikolaj Ivanovič, russ. Journalist und Verleger, 8. 5. 1744 Avdot'ino (heute Tichvinskoe) b. Moskau – 12. 8. 1818 ebda. Vater Gutsbesitzer; diente 1762–67 in der Garde, 1767 Schriftführer in der Kommission zur Ausarbeitung e. neuen Gesetzbuches, trat 1769 als Hrsg. der satir. Wochenschrift ›Truten'‹ hervor, die 1770 verboten wurde, gab 1770 die Zs. ›Pustomelja‹, 1772/73 die Zs. ›Živopisec‹ heraus, 1774 den ›Košelëk‹; wurde 1775 Freimaurer, 1779 nach Moskau übergesiedelt, übte, namentlich in Verbindung mit freimaurer. Organisationen, vielseitige und erfolgreiche Tätigkeit als Verleger, Druckereidirektor und Buchhändler aus; wurde 1792 im Zusammenhang mit dem Einschreiten Katharinas II. gegen die Freimaurer zu 15 Jahren Festungshaft verurteilt; 1796 wieder in Freiheit, lebte er zurückgezogen. – S. kühnen Satiren im ›Truten'‹ und ›Živopisec‹ geißeln kulturelle, soziale und moral. Mißstände in Rußland, haben mit ihrem wortreichen Stil, mit der Vielfalt der Genres, in die sie gekleidet sind, Bedeutung für die russ. Lit., speziell für die russ. Prosa des 18. Jh. Hrsg. altruss. Chroniken und des 1. russ. Schriftstellerlexikons (1772–75).

A: Satiričeskie žurnaly N. I. N-a, 1951; Izbrannye sočinenija, Ausw. 1961; Opyt istoričeskogo slovarja o rossijskich pisateljach, 1772 (Faks. 1987) + Erg.-Bd. 1987; Pis'ma, Br. 1994.

L: A. Monnier, Paris 1981; W. G. Jones, Cambridge 1984.

Novikov-Priboj, Aleksej Silyč, russ. Erzähler, 24. 3. 1877 Matveevskoe/Gouv. Tambov – 29. 4. 1944 Moskau. Vater Bauer; Jugend auf dem Dorf; Volksschulbildung, 1899–1906 Matrose zuerst in der Ostseeflotte, 1904 zur Pazifikflotte versetzt, Teilnehmer der Schlacht von Tsushima; bis 1906 in jap. Gefangenschaft. 1907 die ersten Erzählungen unter Ps. erschienen, 1907–13 in der Emigration, 1917 ›Morskie rasskazy‹, Seemannsgeschichten, von da an Schriftsteller. – Bracht das Thema des Lebens auf See in die russ. Lit. S. bekanntester Roman ›Cusima‹, größtenteils dokumentar. Bericht nach eigenem Erleben, gibt e.

Bild vom Russ.-Japan. Krieg von 1905 und von der Seeschlacht bei Tsushima.
W: Solënaja kupel', E. 1929 (Die salzige Taufe, d. 1962); Cusima, R. II 1932–35, letzte Fassung 1940 (Tsushima, d. 1954); Kapitan pervogo ranga, R. II 1943–45. (The Captain, engl. 1946). – Sobranie sočinenij (GW), V 1963. – *Übs.:* Zwei Seegeschichten, 1952.
L: V. Krasil'nikov, 1966; A. S. N.-P. v vospominanijach sovremennikov, 1980.

Novius, röm. Atellanendichter, 1. Jh. v. Chr. N. unterschied sich im Dichten röm. Volkspossen nicht wesentl. von Pomponius; auch bei s. 44 bekannten Titeln tauchen die traditionellen Typen Dossennus, Maccus, Pappus u. Bucco auf; volkstüml. derber, oft obszöner, meist aber witziger Ton. Wenige Fragmente erhalten.
A: Comic. Roman. fragm., hg. O. Ribbeck [3]1898 (n. 1962); D. Romano, Atellana fabula, 1953; P. Frassinetti, Atellanae fabulae, [2]1967.

Novomeský, Laco (Ladislav), slovak. Dichter, 27. 12. 1904 Budapest – 4. 9. 1976 Bratislava. Zunächst Lehrer, dann Redakteur, Politiker; 1951 verhaftet, 1963 rehabilitiert. – Von der zweckgebundenen ›proletar. Poesie‹ wandte sich N. um 1930 der reinen Lyrik zu. Wirkt durch Imagination, kühne Bilder, Gefühlskraft, vollendet in Form u. Sprache. Nach dem Krieg Rückkehr zur sozialist. Lyrik.
W: Nedel'a, G. 1927; Romboid, G. 1932; Otvorené okná, G. 1935; Svätý za dedinou, G. 1939; Pašovanou ceruzkou, G. 1948; Vila Tereza, G. 1963; Do mesta 30 minút, G. 1963; Stamodtial' a iné, G. 1964; Dom, kde žijem, G. 1966; Časová nečasovost, Publizistik 1967. – Básnická dielo (W), II 1971; Publicistika, V 1969–72; Dielo (W), II 1984; Splátka ul'kého dlhu (Publizistik), II o. J. (nach 1989).
L: V. Reisel, 1946; Ked' nevystača slová (Sborník na 60, narozeniny L. N.), 1964; S. Šmatlák, 1967; 1978; L. N., 1974; Z. Holotíková, 1981; Slovo o L. N., 1994; V. Kochol, N. v sńvislostiach, 1996.

Nový, Karel (eig. K. Novák), tschech. Schriftsteller, 8. 12. 1890 Benešov b. Prag – 23. 11. 1980 Prag. Journalist. – Realist. Erzähler von sozialen Romanen mit Themen aus der Welt der Stadt- u. Landarbeiter u. ihrem Kampf um e. neue soziale Ordnung und e. bessere Zukunft. Auch hist. Dramen und Jugendbücher.
W: Cesta životem, R. 1919; Železný kruh, R.-Tril.: Samota Křešín, 1927, Srdce ve vichru, 1930, Tváří v tvář, 1932; Městečko Raňkov, R. 1927 (Zweitfassung 1959); Modrý vůz, R. 1929; Chceme žít, R. 1933; Atentát, R. 1935 (u. d. T. Sarajevský atentát, 1948; Das Attentat, d. 1964); Rybaříci na Modré zátoce, Kdb. 1936 (Die Fischer von der Blauen Bucht, d. 1967); Na Táboře 1420, Dr. 1936; Třetí větev, R. 1939; Rytíři a lapkové, R. 1940; Potulný lovec, Kdb. 1941 (Rotpelz der Wilderer, d. 1955); Balada o českém vojáku, E. 1945; Česká bouře,
Dr. 1948; Na rozcestí, R. 1949; Plamen a vítr, R. 1959; Básníkova první láska, E. 1962; Chci a vidím hvězdy, Kdb. 1965. – Sebrané spisy (GW), XIX 1952–59.
L: M. Jungmann, 1960; J. Hrabák, 1983.

Nowaczyński, Adolf (Ps. Neuwert), poln. Dichter, 9. 1. 1876 Podgórze – 3. 7. 1944 Warschau. Aus adliger, streng kathol., konservat. Familie. Vater k. u. k. Landgerichtsrat in Krakau. Stud. ebda. u. München. Seit 1904 in Warschau. Satir. Angriffe gegen bürgerl. Milieu in der Zs. ›Życie‹ führen zum Bruch mit dem Vater. Ständiger Wechsel der Weltanschauung. – Witziger und geistreicher, aggressiver Satiriker von scharfer antibürgerl. Haltung, später konservativ-nationaler Pamphletist. In breiten, spannungsarmen Dramen gestaltet er in farbigen, barocken Bildern gern große Persönlichkeiten aus der Geschichte. Am bedeutendsten die Begegnung des Kopernikus mit Cesare Borgia in ›Cezar i człowiek‹. Bei freier Behandlung der hist. Fakten ausgezeichnete Darstellung der Zeitatmosphäre.
W: Studja i szkice, Ess. 1901; Małpie zwierciadło, Sat. 1902 (Der Affenspiegel, d. 1903); Facecje sowizdrzalskie, Sat. 1903; Skotopaski sowizdrzalskie, Sat. 1904; Smocze gniazdo, Dr. 1904; Jegomość Pan Rej w Babinie, Dr. 1906; Wczasy literackie, Schr. 1906; Starościc ukarany Dr. 1906; Bóg wojny, Dr. 1908; Car Samozwaniec, Dr. 1908; Wielki Fryderyk, Dr. 1910 (n. 1982); Meandry, Sat. 1911; Cyganerja warszawska, Dr. 1912; Nowe Ateny, Dr. 1913; Było to nad Bałtykiem, Dr. 1915; Pułaski w Ameryce, Dr. 1917; Góry z piasku, Schr. 1918; Komendant Paryża, Dr. 1926; Wojna wojnie Dr. 1927; Wiosna narodów, Dr. 1929; Pamflety, 1930; O żonach złych i dobrych, Dr. 1931; Komedja amerykańska, Dr. 1931; Cezar i człowiek, Dr. 1937; Słowa, słowa słowa ..., Ess. 1938. – Małpie zwierciadło (AW), II 1974. – *Übs.:* Polnische Eulenspiegeleien, En. 1962; Der schwarze Kauz, En. 1972.

Nowak, Tadeusz, poln. Dichter und Prosaiker, 11. 11. 1930 Sikorzyce b. Dąbrowa Tarnowska – 10. 8. 1991 Skierniewice. Stammte aus e. Bauernfamilie. Stud. Polonistik Krakau. Siedelte 1977 von Krakau nach Warschau über. Seit 1981 im Vorstand des poln. Schriftstellerverbandes. – S. Dichtung ist e. überaus interessantes u. einzigartiges Phänomen in der poln. Gegenwartslit. Sie steht zwar in der Tradition der Dorflit., begreift das bäuerl. Leben aber nicht in s. materiellen Dimensionen, sondern als einen von Geheimnissen u. Widersprüchen geprägten myth. Raum. Traditionelle, patriarchalische wie christliche Lebensformen bestimmen das soz. Gefüge. Diese Geborgenheit bietende, vom Zauberglauben getragene folklorist. Mythenwelt ist durch die techn. Zivilisation dem Verfall preisgegeben. Der Zuwanderer wird in der Stadt entfremdet und entwurzelt. Diese Erfahrung weckt Wehmut in Anbetracht einer untergehenden, heilen Welt. Sowohl N.s Lyrik als auch s. Prosa thematisieren auf sehr authentische und künstlerisch einzigartige Weise diese Konfliktsituation.

W: Psalmy na użytek domowy, G. 1959; Ziarenko trawy, G. 1964; Takie większe wesele, R. 1966; A jak królem, a jak katem będziesz, R. 1968 (Und wenn Du König, und wenn du Henker bist, d. 1980); Diabły, R. 1971; Psalmy, G. 1971; Dwunastu, R. 1974; Nowe psalmy, G. 1978; Wniebogłosy, R. 1982. – Übs.: G.-Ausw., 1989.

L: Z. Brudnicki, 1978; B. Zadura, 1981; R. Sulima, 1986.

Nowakowski, Marek, poln. Schriftsteller, * 2. 4. 1935 Warschau. 1953–58 Stud. Jura Warschau, bis 1963 Redakteur, dann freier Schriftsteller ebda. – Vf. realist. Erzählungen über kleine Leute der Warschauer Vorstädte.

W: Ten stary złodziej, En. 1958; Benek kwiaciarz, En. 1961; Silna gorączka, En. 1963; Trampolina, R. 1964; Zapis, En. 1965; Marynarska ballada, R. 1966; Gonitwa, En. 1967; Przystań, En. 1969; Opowiadania wybrane, Ausw. 1970; Sielanka, En.-Ausw. 1974; Śmierć żółwia, En. 1974; Tutaj całować nie wolno, En. 1979; Kto to zrobił, E. 1981; Wesele raz jeszcze, En. 1982; Dwa dni z aniołem, En. 1984; Wilki podchodzą ze wszystkich stron, En. 1985; Grisza, ja tiebie skażu, En. Paris 1986, Empire, R. 2001. – Übs.: Die schrägen Fürsten, En. 1967; Kopf, En. 1968; Karpfen für die Miliz, En. 1983.

Nowakowski, Tadeusz, poln. Erzähler, 8. 11. 1918 Allenstein – 11. 3. 1996 Bromberg. Stud. Polonistik u. Philos. Warschau. Während des 2. Weltkriegs im KZ, nach dem Krieg Exil; 1947–53 in England, USA, ab 1953 in München. Mitgl. der Poln. Akad. in London. – S. schonungslos realist. und ehrl. Romane u. Erzählungen mit gelegentl. skurrilen u. satir.-iron. Zügen und plast. Sprache kreisen um das Problem des Hasses und nationaler wie ideolog. Vorurteile.

W: Szopa za jaśminami, Erinn. 1948; Panna z drugiego piętra, R. 1951; Obóz Wszystkich Świętych, R. 1957 (Polonaise Allerheiligen, d. 1959); Syn zadżumionych, R. 1959; Die Radziwills, B. 1966; Niestworzone rzeczy, En. 1968; Byle do wiosny, R. 1975; Wiza do Hrubieszowa, R. 1979; Reporter papieża, Rep. 1980 (Ich fürchte mich nicht, d. 1981); Na skrzydłach nadziei, Rep. 1984.

Nowra, Louis, austral. Dramatiker, * 12. 12. 1950 Melbourne. Gelegenheitsarbeiter. – Autor zahlr. Stücke, Romane u. Libretti, die aus postkolonialer Perspektive Machtstrukturen hinterfragen.

W: Kiss the One-eyed Priest, Sch. 1973; The Misery of Beauty, R. 1976; Inner Voices, Sch. 1979; Spellbound, Sch. 1982; Displaced Persons, FSsp. 1985; The Lizard King, FSsp. 1987; Palu, R. 1987; Cosí, Sch. 1992; Summer of the Aliens, Sch. 1992; Crow, Sch. 1994; The Incorruptible, Sch. 1995; The Twelfth of Never, R. 1999.

L: V. Kelly, 1987, 1998.

Nu'aima, Mīḫā'īl, syr.-arab. Schriftsteller, 22. 11. 1889 Biskintā/Libanon. – 1988. Griech.-orthodoxer Christ. Ausbildung am russ. Lehrerseminar in Nazareth und Poltava, ab 1912 an der Univ. Washington; Journalist in Amerika; 1932 Richter in Syrien. – Vf. von Dramen, lit.krit. Essays und zahlr. psycholog. feinsinnigen Erzählungen in arab. und engl. Sprache, bes. über Probleme arab. Einwanderer in den USA.

W: al-Ābā' wa-l-banūn, Dr. 1917; al-Ġirbāl, Ess. 1923; Kān mā kān, Nn. 1937; Kitab Mirdad, R. 1948 (Das Buch von Mirdad, d. 1986); Durub, 1954. – Sab'un, Aut. III 1950–60.

L: N. N. Naimy, 1967; C. Nijland, 1975; H. Dabbagh, 1983.

Nugelli, Carlo → Bersezio, Vittorio

Nummi, Lassi (eig. Lauri Juhani Yrjönpoika), finn. Dichter, * 9. 10. 1928 Helsinki. Abitur 1958; Univ.-Stud., Lit.-, Musik- und Kunstkritiker. – Schreibt zuerst jugendl.-gefühlsträchtige, z. T. fernöstl. anmutende Lyrik. Themen sind Liebe, Natur, der Zauber seltener Gegenstände. Später mündet das Wissen um die Außenseiterrolle des Dichters in bewußt eingesetzte Resignation. Großen Erfolg brachte die auf Finnland bezogene Gedankenlyrik ›Linna vedessä‹. Die letzten Sammlungen zeigen den tiefsinnigen Beobachter.

W: Timanttiajo, R. 1948; Intohimo olemassaoloon, G. 1949; Maisema, R. 1949; Vuoripaimen, G. 1949; Ristikot, Nn. 1952; Viha, R. 1952; Tahdon sinun kuulevan, G. 1954; Taivaan ja maan merkit, G. 1956; Kuusimitta ja muita säkeitä, G. 1963; Keskipäivä, delta, G. 1967; Linna vedessä, G. 1975; Lähdössä tänään, G. 1977; Heti, melkein heti, G. 1980; Kaksoiskuva, G. 1982; Hiidentyven, G. 1984; Matkalla niityn yli, G. 1984; Joulukonsertto, G. 1987; Requiem, Libr. 1989; Karu laidunrinne, G. 1989; Requiem, G. 1990; Portaikko pilvissä, G. 1992; Hengitys yössä, G. 1995; Välimeri, G. 2000. – Seitsemän kirjaa (ges. G.), 1998. – Übs.: Welt, noch immer, 1992.

Nuñez de Arce, Gaspar, span. Schriftsteller, 4. 8. 1834 Valladolid – 9. 6. 1903 Madrid. Stud. in Toledo u. Madrid; aktive polit. Tätigkeit, Chronist der Zeitung ›La Iberia‹ während des Afrikafeldzuges (1859/60), Zivilgouverneur von Barcelona, 1865 Abgeordneter in den Cortes, 1883 Kolonialminister, 1874 Mitglied der Span. Akad. – Dichter u. Dramatiker der polit.-soz. Richtung mit philos. Einschlag, Zweifler und Pessimist; sah in der Dichtung e. erzieher. Element im Dienst der polit. Aktualität; schrieb als erbitterter Gegner des Absolutismus kraftvolle patriot. Gedichte auf die Freiheit (insbes. ›Gritos del combate‹). Rein poet. Element u. melod. Schwung treten zugunsten der Rhetorik u. der Brillanz der Verse zurück; in der Form sorgfältig ausgefeilt. Ablehnung der romant.

Dichtung, v. a. Bécquers. Zu s. Zeit viel gelesen u. mit Begeisterung aufgenommen. Verfaßte Dramen, z. T. in Zusammenarbeit mit A. Hurtado; bestes s. selbständigen Stücke ist ›El haz de leña‹ über den Don-Carlos-Stoff.

W: El haz de leña, Dr. 1872; Gritos del combate, G. 1875; Raimundo Lulio, G. 1875; La última lamentación de Lord Byron, G. 1879; La selva oscura, G. 1879; El vértigo, G. 1879; Un idilio, G. 1879; La visión de fray Martín, G. 1880 (d. 1881); La pesca, G. 1884; Maruja, G. 1886; Discurso sobre la poesía, Es. 1887; Miserere, G. 1895. – Obras dramáticas, 1879; Obras escogidas, 1911.

L: J. del Castillo y Soriano, ²1907; H. Rodríguez de la Peña, 1944; J. Romo Arregui, 1946 u. 1947; I. Vallejo, 1984.

Nurowska, Maria, poln. Schriftstellerin, * 3. 3. 1944 Okółek b. Suwałki. Stud. Polonistik, Slavistik Warschau. Arbeitete u. a. als Stewardeß u. Modell. 1977 Beitritt zum poln. Schriftstellerverband. Lebt in Warschau. – Seit Ende der 1980er Jahre gehören ihre Romane in Polen zu den meistgelesenen. Intensiv auch die Rezeption im Ausland, v. a. im deutschsprachigen Raum. Von den bisher erschienenen 17 Romanen wurden 12 ins Dt. übersetzt. N. repräsentiert par excellence die sog. Frauenliteratur. Die Psyche der Frau, v. a. in extremen, oft patholog. Lebenssituationen bildet des Grundthema ihrer Dichtung. Dramat. Gefühlshaltungen im Spannungsgefüge d. Liebe und Erniedrigung, Verantwortung und Ausgrenzung tragen die Handlung. Die Geschicke der Protagonisten sind in der Regel in histor. und polit. Ereignisse der jüngsten poln. Geschichte eingebettet, wie etwa des Warschauer Aufstandes, der Lebensanomalien in der VR, in Zeiten des Kriegszustandes (1981) oder des latenten poln. Antisemitismus.

W: Po tamtej stronie śmierć, R. 1977 (Jenseits ist der Tod, d. 1981); Kontredans, R. 1984; Postscriptum, R. 1989 (d. 1991); Hiszpańskie oczy, R. 1990 (Spanische Augen, d. 1993); Listy miłości, R. 1991 (Briefe der Liebe, d. 1992, ⁶1993); Rosyjski kochanek, R. 1996 (Der russische Geliebte, d. 1998); Tango dla trojga, R. 1997 (Tango für drei, d. 2000).

Nur Sutan Iskandar (Nursinah Iskandar), indones. Schriftsteller, 3. 11. 1893 Sungai Batang Manindjau/West-Sumatra – 28. 11. 1975 Jakarta. Aus dem lit. traditionsreichen Minangkabau-Gebiet; Absolvent der Lehrerausbildungsstätte in Bukittinggi, 1919 in Jakarta als Korrektor und Redakteur im Verlag Balai Pustaka. Dozent an der lit. Fakultät der Universitas Indonesia in Jakarta (1955–60). – Übte starken Einfluß auf die Vorkriegsautoren aus, auch auf sprachl. Gebiet. Die Fülle s. Werke zeugt von reicher lit. Begabung u. großer Aktivität. Übs. von Molière, A. Dumas u. a.

W: Apa Dajaku kerana Aku Perempuan, R. 1922; Si Bachil, Sch. 1926 (nach Molière); Tjinta jang Membawa Maut, R. 1926 (u. d. T. Korban Perchintaan, 1963); Salah Pilih, R. 1928; Karena Mentua, R. 1932; Tuba Dibalas dengan Susu, 1933; Hulubalang Radja, R. 1934; Dewi Rimba, 1935 (m. Dahlan Idris); Katak Hendak Djadi Lembu, R. 1935; Naraka Dunia, R. 1937; Tjinta dan Kewadjiban, 1941 (m. Wairata); Tjinta Tanah Air, 1945; Mutiara, R. 1945; Djangir Bali, R. 1946; Tjobaan, R. 1946; Pengalaman Masa Ketjil, B. 1949; Udjian Masa, R. 1952.

Nušić, Branislav, serb. Schriftsteller, 8. 10. 1864 Belgrad – 19. 1. 1938 ebda. Kaufmannssohn, Stud. Rechte Belgrad, Graz; 10 Jahre diplomat. Dienst, Journalist, Dramaturg, Theaterdirektor, 1905–12 Redakteur u. freier Schriftsteller; Bezirkshauptmann in Bitolj, 1913 Gründer des Theaters in Skoplje. Bis 1923 Sektionschef im jugoslaw. Unterrichtsministerium, dann bis 1928 Theaterleiter in Sarajevo. Mitglied der Akad. – Realist, dessen vielseitige und umfangreiche schriftstell. Tätigkeit fast alle lit. Gattungen umfaßt: Erzählung, Humoreske, Skizzen, Roman, Feuilleton, hist. Tragödie, Lustspiel, polit. Satire u. Reisebeschreibung. Wählte s. Stoffe teils aus der nationalen Geschichte, teils aus dem Alltag. Verdankt s. große Beliebtheit den zeitbezogenen, bühnenwirksamen Lustspielen aus dem Belgrader Gesellschaftsleben z. Z. des Übergangs von dörfl. Enge zur mod. europ. Großstadt, deren Witz jedoch meist an der Oberfläche bleibt. Später stärkere Gesellschaftskritik. Begründer des mod. serb. Feuilletons.

W: Pripovetke jednog kaplara, E. 1886; Listići, E. 1889; Narodni poslanik, Lsp. 1896; Običan čovek, Lsp. 1900; Knez Ivo od Semberije, Dr. 1900 (Der Gespan von Semberia, d. 1903); Tako je moralo biti, Dr. 1900 (Um hohen Preis, d. 1904); Pučina, Dr. 1901 (Auf uferloser See, d. 1903); Opštinsko dete, R. 1902 (Der Knabe mit den 13 Vätern, d. 1902); Kosovo, Reiseber. II 1902f.; Ben-Akiba, Feuill. 1907; Hadži Loja, K. 1908; Put oko sveta, Lsp. 1910; Devet-sto petnaesta, Mem. 1921; Nahod, Dr. 1923; Autobiografija, 1924; Ministarka, Lsp. 1929; Pripovetke, En. 1931; Beograd nekad i sad, Dr. 1933; Hajduci, E. 1934 (Die Hajduken, d. 1965); Analfabeta, K. 1935; Dr. = Doktor, Lsp. 1936; Pokojnik, Lsp. 1937. – Sabrana dela (GW), XXV 1966 (m. Bibl.); Dela (W), 1958, X 1963; Odabrana pozorišna dela, Ausw. II 1951; Odabrane komedije, 1957, 1970. – *Übs.:* Der tollwütige Teofilo, En. d. 1985.

L: M. Djoković, 1964; Nušićev zbornik, 1965; V. Gligorić, 1968; M. Misailović, 1983; G. Maksimović, 1995. – *Bibl.*: A. Masleša-Tosić 1990.

Nuwās, Abū → Abū Nuwās, Ḥasan ibn Hāni'

Nwapa, Flora, nigerian. Schriftstellerin, 18. 1. 1931 Oguta/Nigeria – 16. 10. 1993 Enugu/Nigeria. Stud. ni Ibadan und Edinburgh, bekleidete Ministerposten in Nigeria, gründete Tana Press und F. N. Books in Enugu. – Nwapa ist eine der ersten anerkannten schwarzafrikan. Autorinnen und befaßt sich mit der Situation von Frauen in traditioneller, kolonialer und postkolonialer Igbo-Gesellschaft

W: Efuru, R. 1966 (d. 1997); Idu, R. 1970; This is Lagos, En. 1971; Never Again, R. 1975; Wives at War, En. 1980; One is Enough, R. 1981; Women are Different, R. 1986; The Lake Goddess, R. 1995.

L: Sondernr. v. Research in African Literatures 26/2 (1995); E. Eko, 1997; M. Umeh, Trenton/NJ 1998; F. Nzegwu, Love, Motherhood and the African Heritage: The Legacy of F. N., 2001.

Nye, Robert, engl. Romancier u. Lyriker, * 15. 3. 1939 London. Seit 1961 freier Schriftsteller. – Vf. radikal intertextuell konzipierter biograph. Romane über lit. Gestalten und hist. Dichterpersönlichkeiten; auch letztere dabei nur Konstrukte aus Texten, die keinen Blick auf die hist. Person freigeben. Vf. und Hrsg. von Lyrik, Beiträge für Zeitungen.

W: Falstaff, R. 1976; Faust, R. 1980; The Memoirs of Lord Byron, R. 1980; The Life and Death of My Lord Gilles de Rais, R. 1990; Mrs Shakespeare: The Complete Works, R. 1993 (Mrs. Shakespeares Gesammelte Werke, d. 1999); Complete Poems, G. 1995; The Late Mr Shakespeare, R. 1998.

Nyírő, József, ungar. Schriftsteller, 18. 7. 1889 Székelyzsombor – 16. 10. 1953 Madrid. Stud. Theol. Karlburg u. Wien, 1938 Redakteur in Klausenburg. 1912 kathol. Priester, 1919 Austritt aus der Kirche u. Heirat. 1920 Journalist. Müller u. Landwirt. Exil. – In volkhaften Romanen von einfacher, kräftiger Sprache beschrieb er das Leben der urwüchs. Szekler aus s. siebenbürg. Heimat.

W: Jézusfaragó ember, Nn. 1924 (Der Christusschnitzer, d. 1924); Isten igájában, R. 1930 (In Gottes Joch, d. 1930); Uz Bence, R. 1933 (Der Uz, d. 1937); Kopjafák, En. 1933 (Die Totenpfähle, d. 1941); Az én népem, R. 1935 (Denn keiner trägt das Leben allein, d. 1941); Havasok könyve, En. 1936 (Die Schneeberge, d. 1940); Új haza, Sch. 1940.

Nynniaw → Nennius

Oates, Joyce Carol, amerik. Schriftstellerin, * 16. 6. 1938 Lockport/NY. Wuchs in armen ländl. Verhältnissen auf; Stud. Engl., 1961–67 Dozentin Univ. of Detroit, 1968–78 Prof. Univ. of Windsor/Kanada, seit 1978 Princeton Univ.; seit 1974 Hrsg. ›The Ontario Review‹ (mit Ehemann R. J. Smith). – Vielfach autobiograph., erinnern ihre Texte an den Naturalismus von Farrell, Dreiser und Steinbeck. Mit ihrer Vorliebe für die Abgründe exzentr.-besessener Figuren sowie mit ihrer ep. Provinz Eden County im Staat New York ist O. das Gegenstück zu Faulkner; in traditioneller Erzähltechnik schildert sie e. Pandämonium von Blut, Leidenschaft und Selbstzerstörung unter dem dünnen Zivilisationsfirnis der am. Gesellschaft (Varianten der ›gothic horror story‹). Auch die Kurzgeschichten weisen O. als e. der wichtigsten zeitgen. Schriftstellerinnen aus.

W: By the North Gate, Kgn. 1963; With Shuddering Fall, R. 1964; Upon the Sweeping Flood, Kgn. 1966; A Garden of Earthly Delights, R. 1967 (d. 1970); Expensive People, R. 1968; Them, R. 1969 (d. 1975); Anonymous Sins, G. 1969; Love and Its Derangements, G. 1970; The Wheel of Love, Kgn. 1970 (d. 1988); The Wheel of Love, Kgn. 1970 (d. 1988); Cupid and Psyche, Kgn. 1970; Wonderland, R. 1971; The Edge of Impossibility, St. 1972; Marriages and Infidelities, Kgn. 1972 (Lieben, verlieren, lieben, d. 1980); Do With Me What You Will, R. 1973; Dreaming America, G. 1973; The Goddess and Other Women, Kgn. 1974; The Hungry Ghosts, Kgn. 1974; The Assassins, R. 1975; The Fabulous Beasts, G. 1975; The Seduction, Kgn. 1975; Childworld, R. 1976 (Im Dickicht der Kindheit, d. 1983 u.ö.); Crossing the Border, Kgn. 1976 (d. 1978 u.ö.); Night-Side, Kgn. 1977; Women Whose Lives Are Food, G. 1978; All the Good People I've Left Behind, Kgn. 1978; Unholy Loves, R. 1979 (d. 1984); Three Plays, 1980; Bellefleur, R. 1980 (d. 1982 u.ö.); Angel of Light, R. 1981 (d. 1984 u.ö.); Contraries, Ess. 1981; Invisible Woman, G. 1982; A Bloodsmoor Romance, R. 1982 (Die Schwestern von Bloodsmoor, d. 1987); Last Days, Kgn. 1984 (d. 1986); Solstice, R. 1985; Marya; A Life, R. 1986 (d. 1991); Marya, You Must Remember This, R. 1987 (Die unsichtbaren Narben, d. 1992); (Woman)Writer, Ess. 1988; American Appetites, R. 1989 (d. 1993); Soul/Mate, R. 1989 (Dein Tod – Mein Leben, d. 1993); The Traveler, G. 1989; Because It Is Bitter, Because It Is My Heart, R. 1990 (d. 1994); Nemesis, R. 1990 (Das Frühlingsopfer, d. 1993 u.ö.); Twelve Plays, 1991; In Darkest America, Drn. 1991; Black Water, R. 1992 (d. 1993); The Profane Art, Ess. 1993; Foxfire, R. 1993 (d. 1995); Haunted, Kgn. 1994 (Das Spukhaus, d. 1996); New Plays, 1998; My Heart Laid Bare, R. 1998; The Barrens, R. 2001; Faithless, Kgn. 2001; The Tatooed Girl, R. 2003; Small Avalanches and Other Stories, 2003.

L: M. K. Grant, 1978; J. V. Creighton, 1979; G. F. Waller, Dreaming America, 1979; Critical Essays on J. C. O., hg. L. W. Wagner 1979; E. G. Friedman, 1980; K. Bastian, 1983; T. Norman, Isolation and Contact, 1984; H. Severin, 1986; E. T. Bender, 1987; G. Johnson, 1987; Conversation with J. C. O., hg. L. Milazzo 1989; J. V. Creighton, 1992; M. C. Wesley, 1993; G. Johnson, 1994; B. Daly, 1996; N. A. Watanabe, 1998; G. Johnson, B. 1998; M. Loeb, 2002. – *Bibl.*: F. Lercangée, 1986.

Ôba, Minako, jap. Schriftstellerin, * 11. 11. 1930 Tokyo. Tochter eines Militärarztes, der häufig versetzt wird, wechselt M. mehrmals die Schule, debütiert noch als Gymnasiastin mit Gedichten, folgt nach Heirat 1959 ihrem Ehemann nach Alaska, wo sie bis 1970 überwiegend bleibt. Studiert Kunst in Wisconsin u. Seattle. Durchbruch mit der Erzählung ›Sanbiki no kani‹ 1968. – Themen: Entfremdung u. die Suche nach Identität. Kultiviert lyr. Prosa, nonlineare Narration mit fluktuierender Erzählperspektive.

W: Sanbiki no kani, E. 1968 (engl. 1985); Katachi mo naku, E. 1982 (Träume fischen, d. 1990); Mae mae katatsumuri, En. 1984 (Tanze, Schneck, tanz, d. 1995). – O. M. zenshû (GW), X 1990–91. – Übs.: Omikuji – Japanische Orakel, d. U. Gräfe, K. Nakayama-Ziegler 1996; Blauer Fuchs, E., d. M. Donath 1990; The Pale Box u. a. En., engl. S.W. Kohl 1985.

L: K. Yonaha, O. M.-ron (in: Gendai joryû sakkaron, 1986); J. Brown, O. M.: Telling the Untellable (JQ), 1998; Ch. Mulhern, Jap. Women Writers, Westport 1994; M. Niikuni-Wilson, Gender Is Fair Game, New York 1999.

Obaldia, René de, franz. Schriftsteller, * 22. 10. 1918 Hongkong. Vater Panamese, Mutter Französin; Jugend in Paris; Kriegsteilnehmer, 1940–45 in dt. Gefangenschaft. – Schrieb, beeindruckt von H. Michaux, Prosagedichte, dann surrealist.-gleichnishafte Prosa voll schwarzen Humors. In s. Stücken parodiert O. mit iron. Zitaten, Verfremdung und e. eigenen poet. Sprache heutige Trivialmythen und Gefühlsklischees; tritt ein für spontanes Fühlen und Sprechen, für anarch. humorvolle Phantasie gegenüber den Zwängen aus Technologie u. Massenmedien.

W: Midi, G. 1949; Les richesses naturelles, G. 1952; Tamerlan des cœurs, R. 1955 (d. 1963); Fugue à Waterloo, En. 1956 (d. 1968); Le centenaire, R. 1960 (d. 1966); Genousie, R. 1960 (d. 1962); Sept impromptus à loisir, 1961 (später u. d. T. Théâtre 3; Sieben Einakter, d. 1963); Du vent dans les branches de Sassafras, K. 1965 (d. 1966); Théâtre, II 1966 (Komödien zum Nachdenken, d. 1968); Essais radiophoniques (Théâtre 4), H. 1968; Innocentines, G. 1970; Théâtre 5, 1973; Théâtre 6, 1975; Théâtre 7, 1981; Le centenaire, 1983; Exobiographie: mémoires, 1993; Sur le ventre des veuves, ⁶1996.

L: K. Zein, Le théâtre de O., Diss. Stanford 1980; G. D. Farcy, 1981; T. Norimoto, 1984; S. Hartwig, 2000.

'**Obeid-e Zākānī** → 'Ubaid-i Zākānī

Obey, André, franz. Dramatiker, 8. 5. 1892 Douai – 11. 4. 1975 Montsoreau/Marne et Loire. Mitglied der Compagnie de Quinze; ab 1946/47 Direktor der Comédie Française. – Vertreter des poet. Dramas, beeinflußt von antiken Tragödien und Claudel wie von den Stilexperimenten Pirandellos. S. Stücke sind im allg. konventionell und nicht bes. lebensvoll, mit Ausnahme der frühen, sehr erfolgr. Dramen ›Le viol de Lucrèce‹ und ›Noé‹. Auch Erzähler.

W: Le gardien de la ville, R. 1919; La souriante Mme Beudet, Dr. 1921 (m. D. Amiel); L'enfant inquiet, R. 1923; La carcasse, Dr. 1926 (m. dems.); L'apprenti sorcier, R. 1926; Le joueur de triangle, R. 1928; Le viol de Lucrèce, Dr. 1931; Noé, Dr. 1932; La bataille de la Marne, Dr. 1932; Loire, Dr. 1932; Le trompeur de Séville, Dr. 1937; Revenue de l'Etoile, Dr. 1939 (d. 1947); Maria, Dr. 1946; Théâtre, Ausw. 1948; L'homme de cendre, Dr. 1950; Lazare, Dr. 1950; Une fille pour du vent, Dr. 1953; Les trois coups de minuit, Dr. 1958; La fenêtre, Dr. (1961); Les bons bourgeois, Dr. 1980.

L: E. D. Clowney, The Plays of O., 1968; C. Clüver, 1978.

Obligado, Rafael, argentin. Dichter, 27. 1. 1851 Buenos Aires – 8. 3. 1920 Mendoza. Traditionalist u. Nationalist; s. berühmtestes Werk ist ›Santos Vega‹, über e. Volkssänger, der die argentin. Pampa verkörpert.

W: Poesías, 1885; Santos Vega, 1885. – Prosas, hg. P. L. Barcia 1976.

L: E. Quesada, 1920; O. B. Rovelli de Riccio, 1967.

Obradović, Dimitrije (als Mönch Dositej), serb. Schriftsteller, um 1742 Čakovo – 28. 3. 1811 Belgrad. Aus Banater Handwerkerfamilie; früh verwaist; zunächst Mönch in Hopovo, floh 1760 von dort, bereiste ganz Europa, 1782 Stud. Philos. Halle, Leipzig; 20 Jahre Fremdsprachenlehrer in Wien, ging 1802 nach Triest, unterstützte die serb. Freiheitsbewegung, kehrte 1806 nach Belgrad zurück, gründete hier 1808 die ›Velika škola‹, Vorläuferin der Belgrader Univ.; wurde der erste Unterrichtsminister des neuen serb. Staates. – Geschult an der dt. u. engl. rationalist. Philos., trug O. in s. meist moral-philos. Schriften die Ideen der Aufklärung und bes. des Josefinismus unter das serb. Volk, bediente sich erstmals der Volkssprache anstelle der slaweno-serb. Kirchensprache u. wurde bes. mit s. lit. wertvollen Autobiographie Begründer der neuen serb. Lit.

W: Život i priključenija, Aut. II 1783–89; Sovjeti zdravago razuma (Ratschläge der gesunden Vernunft), 1784; Basne, Fabeln 1788, 1990; Etika, 1803. – Sabrana dela (GW), III 1961; Dela (W), 1911, III 1953; Izabrani spisi, Ausw. 1961, 1989.

L: T. Ostojić, ²1911; M. Kostić, 1952; G. Rapall Noyes, 1953; Dj. Gavela, 1969; M. V. Stojanović, Dositej i antika, 1971; M. Živković, 1972; P. Pijanović, hg. 1999. – Bibl.: K. Lazić, 1990.

Obradovič, Sergej Aleksandrovič, russ. Lyriker, 14. 9. 1892 Moskau – 25. 10. 1956 ebda. Vater Handwerker; erste lit. Versuche 1912, Soldat im 1. Weltkrieg; Mitgl. der Moskauer Gruppe des ›Proletkul't‹ und der Redaktion der Zs. ›Kuznica‹; besingt in emotional gefärbten Versen Fabrik und Arbeiterschaft im Zusammenhang mit dem Thema der Revolution; Neigung zum Realismus.

W: Vzmach, G. 1921; Stichi o golode, 1921; Rabočij front, Izbrannye stichi, Ausw. 1933. – Izbrannoe, Ausw. 1954.

Obrestad, Tor, norweg. Schriftsteller, * 12. 2. 1938 Hå/Jæren. Bauernsohn; Redakteur der lit. Zs. ›Profil‹. – Gesellschaftskrit. Autor, der in den

1990er Jahren auch einige Biographien schrieb u. sich als Übs. von William Blake u. Robert Bly e. Namen machte.
W: Kollisjon, G. 1966; Den norske løve, G. 1970; Sauda! Streik!, R. 1970; Stå på!, R. 1976; Sjå Jæren, gamle Jæren, Nn. 1982; Kamelen i Jomarkskogen, Kdb. 1985; Tenningar, Skrivestykke gjennom 20 år, Ess. 1986; Misteltein, G. 1987; Seks netter, seks dagar, R. 1989; Arne Garborg, B. 1991; Hulda, B. 1992; Menneske i vindens rike, Nn. 1993; Alexander L. Kielland, B. 1996; Kvinnene i Casablanca, Nn. 2002. – Dikt i utval: 1966–94, G. 1995.

O'Brien, Edna, ir. Schriftstellerin, * 15. 12. 1932 (1930/1936?) Tuamgraney/Clare. Klostererziehung, Stud. Pharmazie Dublin, ∞ E. Gebler 1951; lebt in London. – Ihr Hauptthema ist die emanzipierte Frau, so auch in ihrer Studie zu James Joyce u. s. Frau Nora. Ihre Stärke liegt in den realist. Dialogen u. der Charakterzeichnung. Wegen Thematisierung von Sexualität u. Abtreibung waren ihre frühen Romane in Irland teils verboten. Auch Kinderbücher, Dramen u. Drehbücher.
W: The Country Girls, R. 1960 (Die Fünfzehnjährigen, d. 1961); The Lonely Girl, R. 1962 (auch u.d.T. The Girl with Green Eyes; d. 1972); Girls in Their Married Bliss, R. 1964 (d. 1969); August Is a Wicked Month, R. 1965 (Der lasterhafte Monat, d. 1967); Casualties of Peace, R. 1966 (Plötzlich im schönsten Frieden, d. 1974); The Love Object, Kgn. 1968 (d. 1972); Night, R. 1972 (d. 1998); Johnny I Hardly Knew You, R. 1977; (d. 1978); Mrs. Reinhardt, Kgn. 1978 (d. 1979); James and Nora: A Portrait of Joyce's Marriage, biograph. St. 1981; Returning, Kgn. 1982 (Das Haus meiner Träume, d. 1987); Time and Tide, R. 1992 (d. 1994); House of Splendid Isolation, R. 1994 (d. 1996); Down by the River, R. 1996 (d. 1999); Wild Decembers, R. 1999 (Das rauhe Land, d. 2003); In the Forest, R. 2002.
L: G. Eckley, 1974; A. Greenwood, 2003.

O'Brien, Fitz-James, ir. Schriftsteller, 1828 County Limerick – 6. 4. 1862 Cumberland (Maryland). Anwaltssohn ir. Herkunft, der nach s. Umzug in die Vereinigten Staaten 1852 durch s. übernatürlichen bzw. Science-fiction-Kurzgeschichten (insbes. ›The Diamond Lens‹, ›The Lost Room‹ u. ›What Was It?‹) zu kurzfristigem lit. Ruhm kam. Starb im amerik. Bürgerkrieg.
W: Poems and Stories, hg. W. Winter 1881; Fantastic Tales, hg. M. Hayes 1977; Supernatural Tales, hg. J. A. Salmonson II 1988.
L: F. Wolle, 1944.

O'Brien, Flann (eig. Brian O'Nolan, ir. Briain ó Nuallain; Ps. Myles na gCopaleen), ir. Romanautor, 5. 10. 1911 Strabane/Co.Tyrone – 1. 4. 1966 Dublin. Stud. Gälisch, Dt. u. Altphilol. Dublin; 1935–53 Staatl. Angestellter. – Phantasievoll-makabre Romane mit kompliziert verschachtelter Erzählweise, an Joyce u. Beckett erinnernd. S. Kolumnen in der ›Irish Times‹ (1940–66) satirisieren ir. Gesellschaft u. Zeitgeschehen.
W: At Swim-Two-Birds, R. 1939 (Zwei Vögel beim Schwimmen, d. 1966, in: Schwimmen-zwei-Vögel, 2002); An Béal Bocht, R. 1941 (The Poor Mouth, e. 1972; Das Barmen, d. 1977); Faustus Kelly, Dr. 1943; The Hard Life, R. 1961 (d. 1966); The Dalkey Archive, R. 1964 (d. 1979, n. 1990; als Dr. When the Saints Go Cycling in, 1965); The Third Policeman, R. 1966 (d. 1976, n. 1991); The Best of Myles, Feuill. 1968; Stories and Plays, 1972.
L: T. O'Keeffe, hg. 1973; A. Clissmann, 1975; E. Wäppling, 1984; R. Imhof, hg. 1985; P. Costello, P. Van de Kamp, 1987; A. Cronin, 1989; S. Asbee, 1991; T. F. Shea, 1992; K. Hopper, 1995; R. Zimmermann, 1999; J. Meyer, 2002.

O'Brien, Tim(othy) (William), amerik. Schriftsteller, * 1. 10. 1946 Austin/MN. Vietnamveteran, Journalist. – Verarbeitet Kriegserlebnisse in Vietnam zwischen realist. Kriegsjournalismus und surrealen Soldaten-Tagträumen; individueller Heroismus und Gewalt sind mit Tod und Zerstörung durch globale Mächte kontrastiert (›Going after Cacciato‹, ›The Things They Carried‹).
W: If I Die in a Combat Zone, Box Me Up and Ship Me Home, Mem. 1973; Northern Lights, R. 1975; Going after Cacciato, R. 1978 (Die Verfolgung, d. 1981); The Nuclear Age, R. 1985; The Things They Carried, Kgn. 1990 (d. 1999); In the Lake of the Woods, R. 1994 (Geheimnisse und Lügen, d. 1995); Twinkle, Twinkle, Kdb. 1994; Tomcat in Love, Kgn. 1998; July, July, R. 2002.
L: S. Kaplan, 1995; T. C. Herzog, 1997; M. Tegmark, 1998; J. P. Hughes, 1998; M. A. Radelich, 1998; R. Poppleton-Pritchard, 2000; C. Blatt, 2001; M. A. Heberle, 2001.

Obstfelder, Sigbjørn, norweg. Dichter, 21. 11. 1866 Stavanger – 29. 7. 1900 Kopenhagen. Bäkkerssohn; Enkel e. dt. Arztes. Studierte erst Philol., dann Maschinentechnik Oslo; 1890/91 Maschinentechniker in Milwaukee/USA. 1891 enttäuscht und mittellos Rückkehr nach Norwegen. Nach e. Nervenzusammenbruch (1892) Beginn des lit. Schaffens. – Hauptvertreter des Symbolismus in Norwegen von vollendeter, rhythm.-musikal. Sprachkunst in Gedichten und reimloser, dem gesprochenen Wort naher Prosalyrik unter Einfluß W. Whitmans. S. schwermütig-grübler., handlungsarmen, ganz auf seel. Geschehen konzentrierten Novellen in lyr. Prosa verbinden individualist. Lebenssehnsucht und Suche nach den Geheimnissen des Lebens mit Existenzangst (unter Einfluß Kierkegaards), Einsamkeit und neuromant. Mystik; Sublimierung des erot. Erlebens und Verherrlichung des Leidens. Auch psycholog. Dramatiker.
W: Digte, 1893 (Gedichte, d. 1914); To novelletter, 1895 (Novellen, d. 1900); Korset, N. 1896 (Das Kreuz,

d. 1909); De røde Dråber, Dr. 1897; En Præsts Dagbog, R.-Fragm. 1900 (Tagebuch eines Priesters, d. 1901); Efterladte Arbejder, Dr. hg. V. Stuckenberg 1903 (Pilgerfahrten, d. 1905). – Samlede skrifter, II 1917, III 1950; Breve til hans bror, 1949; Brev, hg. A. Hannevik 1966. – *Übs.:* Novellen u. Skizzen, 1915; Ringsum Millionen Sterne, U. Gunsilius, 2000.
L: C. Claussen, 1924; J. A. Mortensen, 1940; T. Greiff, 1945; J. F. Bjørnsen, 1959; A. Hannevik, O. og mystikken, 1960 (m. Bibl.); J. F. Bjørnson, 1974; M. Nag, 1996; A. Aarnes, 1997; B. Holgersen, på en feil klode, 1997.

O'Cadhain, Mairtin, ir. Schriftsteller, 1906 Cois Fharraige – 1970 Dublin. 1926–36 Lehrer im Westen Irlands, entlassen wegen Mitgliedschaft in der IRA und subversiver Tätigkeit; im 2. Weltkrieg in Curragh Camp 5 Jahre interniert, wo er seine Mitgefangenen in ir. Sprache und Kultur unterrichtete und sich in mehreren Sprachen fortbildete; Übersetzer, Dozent, schließlich Prof. für Neuirisch im Irish Dept., Trinity College, Dublin. – Entwickelte unter dem Einfluß Gorkis seine bes. Form der Kurzgeschichte. Beschreibt vor allem Leben und Mentalität der einfachen Iren. Setzte sich ein Leben lang ungewöhnlich kämpfer. für die ir. Unabhängigkeit und den Erhalt der ir. Kultur ein und gilt deshalb als ›enfant terrible‹ der ir. Lit. Sein Hauptwerk ›Cré na Cille‹ besteht aus Gesprächen unter Toten auf dem Friedhof, in deren Mittelpunkt die über den Tod hinausreichende Feindschaft zweier Schwestern steht; gilt als klass. Werk der ir. Lit.
W: Idir Shúgradh agus Dáirire, Kgn. 1939; Cré na Cille, i. Forts. 1947, R. 1949; An Braon Broghach, Kgn. 1948; Cois Caoláire, Kgn. 1953; An tSraith ar Lár, Kgn. 1967; An tSraith Dá Togáil, Kgn. 1970.
L: R. Welch, 1933; D. Kibert, 1993.

Ocampo, Silvina, argentin. Schriftstellerin, 28. 7. 1903 Buenos Aires – 14. 12. 1993 ebda. – Sie schuf eigenartige wunderbare, grausame u. auch humorvolle Welten von beunruhigenden Träumen u. verdrehter Wirklichkeit.
W: Viaje olvidado, En. 1937; Enumeración de la patria, G. 1942; Autobiografía de Irene, 1948; La furia, En. 1959; Las invitadas, En. 1961; Cornelia frente al espejo, En. 1988; La lluvia de fuego (m. J. J. Hernández), Dr. 1997. – Cuentos completos, II 1999; Poesía completa, 2002; Poesía inédita y dispersa, 2001. – *Übs.:* Der Farnwald, En. 1991.
L: N. Ulla 1982, 1992.

Ocampo, Victoria, argentin. Schriftstellerin; 7. 4. 1890 Buenos Aires – 27. 1. 1979 ebda. Übs. Gründete 1931 Zs. u. Verlag ›Sur‹ (346 Nummern bis 1980). Hat aus ihrem Privatleben Lit. u. diese wiederum zu ihrem Privatleben gemacht.
W: Testimonios (10 Serien), 1935–77; Autobiografía, IV 1980–84.

L: H. Basaldúa, hg. 1962; F. Schultz de Mantovani, 1963; D. Meyer, 1979 (d. 1982); A. Omil, 1980; N. Ulla, 1982; B. Matamoro, 1986; M. E. Vázquez, 1991, 2002; M. de París, 1992; L. Ayerza de Castilho, O. Felgine, 1992; M. C. Arambel-Güiñazú, 1993.

O'Casey, Sean, ir. Dramatiker, 30. 3. 1880 Dublin – 18. 9. 1964 Torquay. Aus kinderreicher protestant. Familie der Dubliner Slums; autodidakt. Bildung; nur 3 Jahre Schulbesuch, dann Gelegenheitsarbeiter. Betätigte sich organisator. u. journalist. in der Transportarbeitergewerkschaft u. deren paramilitär. Organisation wandte sich jedoch desillusioniert von diesen ab. – Bedeutendster ir. Dramatiker s. Generation, trug mit zur Weltgeltung der ir. Bühnendichtung bei. Erste Bühnenerfolge am Abbey Theatre mit der naturalist. beeinflußten ›Dublin Trilogy‹, die das Leben in den Dubliner Slums vor dem Hintergrund von Unabhängigkeits- u. Bürgerkrieg darstellt, wobei Humanität u. Opferbereitschaft einzelner Frauengestalten mit der erbarmungslos komischen Entlarvung von Egoismus, Bigotterie, Feigheit u. soz. Aufsteigertum kontrastieren. ›The Plough and the Stars‹, das während des Osteraufstands 1916 spielt, löste massive nationalist. Proteste aus u. mußte zeitweilig unter Polizeischutz aufgeführt werden. S. lyr.-expressionist. Auseinandersetzung mit dem Weltkriegs-Trauma ›The Silver Tassie‹ wurde vom Abbey abgelehnt. O'C. ging daraufhin 1929 nach London und verfaßte e. Serie experimentierender, wenig populärer Dramen. Kehrte in den 50er Jahren, wiederum kontrovers, zu ir. Themen zurück. In den letzten Dramen behandelt O'C. die Generationenproblematik vor dem Hintergrund e. zunehmend materialist. Welt. O'C.s Dramen sind phantasievoll und reich an grotesk-lebensfreudigem Humor in. Prägung. Mit Elementen der Umgangssprache arbeitende, dichterische Sprache. Ausgeprägte Charaktere, witzige, lebensvolle Dialoge. Am beliebtesten das mit dem Hawthornden-Preis ausgezeichnete Drama ›Juno and the Paycock‹. Seine 6bändige Autobiographie hat dichter. Rang.
W: The Shadow of a Gunman, Dr. 1925 (Der Rebell, der keiner war u. d. 1960, u. d. T. Rebell zum Schein, 1967); Juno and the Paycock, Dr. 1925 (d. 1953); The Plough and the Stars, Dr. 1926 (d. 1948); The Silver Tassie, Dr. 1928 (Der Preispokal, d. 1952); Within the Gates, Dr. 1934; The Flying Wasp, Ess. 1937; I Knock at the Door, Aut. 1939 (d. 1957); The Star Turns Red, Dr. 1940 (d. 1961); Purple Dust, Dr. 1940 (d. 1963); Pictures in the Hallway, Aut. 1942 (d. 1959); Red Roses for Me, Tragikom. 1942 (d. 1948); Drums Under the Windows, Aut. 1945 (Irische Trommeln, d. 1961, u.d.T. Trommeln unter den Fenstern, 1967); Oak Leaves and Lavender, Tragikom. 1946; Cock-A-Doodle Dandy, Tragikom. 1949 (Gockel, der Geck, d. 1960); Inishfallen, Fare Thee Well, Aut. 1949 (Irland, leb wohl, d. 1968); Rose and Crown, Aut. 1952 (d. 1962); Bedtime Story, Dr.

1953 (Süßes Erwachen, d. 1953); Sunset and Evening Star, Aut. 1954 (d. 1962); The Bishop's Bonfire, Dr. 1955 (d. 1956); The Green Crow, St. 1957; The Drums of Father Ned, K. 1960; Behind the Green Curtains, Drr. 1961; Figuro in the Night, Dr. 1961; Under a Coloured Cap, St. 1963 (d. 1966). – Collected Plays, IV 1949–51; Autobiographies, II 1963 (VI d. 1965–69); Blasts and Benedictions: Articles and Stories, hg. R. Ayling 1967 (d. 1970); Letters, hg. u. komm. D. Krause IV 1975–92. – *Übs.:* Rebell zum Schein, Drn.-Ausw. 1967 (u.d.T. Rote Rosen für mich, 1976); Auswahl, 1970; Das dramatische Werk, hg. H. Kosok 1972; Die ganze Autobiographie des großen ir. Dichters, 1980.

L: K. Wittig, 1937; H. Zaslawski, Wien 1949; R. G. Hogan, 1960; S. Cowasjee, 1963; G. Fallon, 1965; S. McCann, hg. 1966; W. Armstrong, 1967; K. Völker, 1968; M. Malone, hg. 1969; R. Ayling, hg. 1969; H. Kosok, 1970; E. O'Casey, 1971; B. Benstock, 1971; M. B. Margulies, 1971; E. H. Mikhail, J. O'Riordan, The Sting and The Twinkle, 1974; Th. Kilroy, 1975; D. Krause, 1976; B. Benstock, hg. 1976; R. Ayling, 1976; C. D. Greaves, 1979; R. G. Rollins, 1979; B. Atkinson, 1981; J. Simmons, 1983; R. Hogan, 1992. – *Bibl.:* E. H. Mikhail, 1985; R. Ayling, J. Durkan, 1978.

Occleve, Thomas → Hoccleve

O'Connor, Edwin, amerik. Schriftsteller, 29. 7. 1918 Providence/RI – 23. 3. 1968 Boston. Stud. Notre Dame Univ.; im 2. Weltkrieg bei der Küstenwache; Rundfunkautor u. -produzent. – Vf. unterhaltender polit. Romane aus dem zeitgenöss. Neuengland. Sein bekanntestes Buch, ›The Edge of Sadness‹, ist e. ir.-amerik. Familiensaga.

W: The Oracle, R. 1951; The Last Hurrah, R. 1956 (Der alte Mann und die Wahl, d. 1960); The Edge of Sadness, R. 1961 (d. 1962); I Was Dancing, R. 1964 (Alles Komödie, d. 1965); All in the Family, R. 1966 (Es hatte ein Mann drei Söhne, d. 1968); The Best and Last of E. O'C., hg. A. Schlesinger, Jr. 1970.

L: H. Rank, 1974; C. F. Duffy, B. 2003.

O'Connor, Flannery, amerik. Erzählerin, 25. 3. 1925 Savannah/GA – 3. 8. 1964 Milledgeville/ GA. 1945–47 Stud. State Univ. of Iowa; seit 1946 Kurzgeschichten in Zeitschriften; gläubige Katholikin; früh unheilbar erkrankt. – Ihre im Milieu des amerik. Südens angesiedelten Romane u. Erzählungen sind Ausdruck e. von Angst u. Grauen geprägten trag. Welt; schockierende Objektivität als therapeut. Mittel, religiös-philosoph. Thematik u. grotesker, ›schwarzer‹ Humor.

W: Wise Blood, R. 1952 (Die berstende Sonne, d. 1963, u.d.T. Die Weisheit d. Blutes, 1982); A Good Man Is Hard to Find, En. 1955 (n. 1992; Ausw. u.d.T. Ein Kreis im Feuer, d. 1961, Ein guter Mensch ist schwer zu finden, d. 1987); The Violent Bear it Away, R. 1960 (Das brennende Wort, d. 1962, u.d.T. Ein Herz aus Feuer, 1972); Everything That Rises Must Converge, En. 1965 (Die Lahmen werden die Ersten sein, d. 1987); Mystery and Manners, Ess. 1969; The Presence of Grace, Ess. 1983. – Complete Stories, 1971; Collected Works, hg. S. Fitzgerald, 1988; Letters, hg. S. Fitzgerald 1979.

L: M. J. Friedman, L. A. Lawson, hg. 1966, ²1977; J. Hendin, 1970; D. Eggenschwiler, 1972; H. G. Muller, 1972; D. Walters, 1973; M. Stephens, 1973; P. M. Browning, 1974; D. T. McFarland, 1976; J. A. Grimshaw, 1981; F. Asals, 1982; R. Coles, 1982; M. J. Friedman, B. L. Clark, hg. 1985; M. B. Gentry, 1986; J. F. Desmond, 1987; J. P. Baumgaertner, 1988, ²1999; R. H. Brinkmeyer, 1990; J. L. Bacon, 1993; A. DiRenzo, 1993; R. K. Johannsen, 1994; M. E. Whitt, 1995; R. Gianone, 2000; G. A. Kilcourse, 2001; K. H. Prown, 2001; J. W. Cash, B. 2002; D. E. Hardy, 2003. – *Bibl.:* D. Farmer, 1981; R. N. Scott, 2002.

O'Connor, Frank (eig. Michael John O'Donovan), ir. Erzähler, 17. 9. 1903 Cork – 10. 3. 1966 Dublin. Erzogen Christian Brother's School, Cork. Bibliothekar in Cork und Dublin. 1935–39 Direktor des Abbey Theatre. 1921/22 in der ir. republikan. Bewegung tätig. 1952–60 Dozent an amerik. Univ. – Vf. von Schauspielen, Romanen und ausgezeichneten Kurzgeschichten. An Čechov geschult. Impressionist. Stil mit feinem Gefühl für Rhythmus und Klangfarbe der ir. Sprache. S. Erzählungen sind temperamentvoll bewegt, z.T. leicht karikierend, von dramat. und psycholog. Dichte. Galt als führender zeitgenöss. ir. Meister der Kurzgeschichte. Zahlr. ausgezeichnete Übersetzungen ir. Gedichte (›A Lament for Art O'Leary‹, 1940; ›Kings, Lords and Commons‹, 1959).

W: Guests of the Nation, Kgn. 1931; The Saint and Mary Kate, R. 1932 (Die Reise nach Dublin, d. 1961); Bones of Contention, Kgn. 1936; Three Old Brothers, G. 1936; In the Train, Sch. 1937; The Invincibles, Sch. 1937; Time's Rocket, Sch. 1938; Lords and Commons, Kgn. 1938; Dutch Interior, R. 1940; The Statue's Daughter, Sch. 1940; The Crab Apple Jelly, Kgn. 1944; The Midnight Court, G. 1945; The Common Chord, Kgn. 1947; Traveller's Samples, Kgn. 1951; The Mirror in the Roadway, St. 1956; The Domestic Relations, Kgn. 1957; An Only Child, Aut. 1961 (d. 1964); The Lonely Voice, St. 1963; Collection Two, Kgn. 1964; The Backward Look, St. 1967; My Father's Son, Aut. 1968 (d. 1970); A Set of Variations, Kgn. 1968; Collection Three, Kgn. 1969. – *Übs.:* Er hat die Hosen an, Kgn. 1957; Und Freitags Fisch, Kgn. 1958; Die lange Straße nach Ummera, Kgn. 1959; Bitterer Whisky, Kgn. 1962; Geschichten, 1967; Ausgew. Erzählungen, 1971; Ges. Erzählungen, VI 1977.

L: Michael/Frank, hg. M. Sheehy 1969 (m. Bibl.); J. H. Matthews, 1976; M. Wohlgelernter, 1977; W. Tomory, 1980; J. H. Matthews, 1985; M. Steinman, 1990; R. C. Evans, hg. 1998; J. McKeon, 2000.

O'Connor, Joseph, ir. Erzähler, * 20. 9. 1963 Dublin. Stud. Dublin. Journalist. – Vielseitiger Verf. von Romanen, Kurzgeschichten, Drehbüchern und Essays zu Themen wie Exil und Familie sowie zum veränderten ir. Nationalbewußtsein.

W: Cowboys and Indians, R. 1991 (d. 1994); Desperadoes, R. 1993 (d. 1996); The Secret World of the Irish Male, Ess. 1995; The Salesman, R. 1998 (d. 1999); Inishowen, R. 2000 (d. 2001); Yeats is Dead!, R. 2001 (d. 2001); Star of the Sea, R. 2003 (d. 2003).

Oda, Makoto, jap. Schriftsteller, * 6. 2. 1932 Osaka. Stud. Sprachwiss. Univ. Tokyo u. Harvard. Durchbruch mit USA-Reisebeschreibung 1961. Starkes soziales Engagement, weltweit aktive Teilnahme an Protestbewegungen, viele Vortragsreisen nach Europa u. Amerika. – Im essayist. wie auch erzähler. Werk dominieren tagespolit. Themen. Bekannt vor allem durch s. Hiroshima-Roman, e. prominentes Beispiel der sog. Atombombenliteratur.

W: Nandemo mite yarô, Reise-Tg. 1961; Gendai-shi, R. 1968; Nanshi no shisô, Es. 1969; Hone, E. 1978 (Asche, d. 1987); Hiroshima, R. 1981 (engl. 1990); Aboji wo fumu, R. 1997 (engl. 1998). – O. M. zenshû (GW), XI 1970–78.

Odensten, Per, schwed. Schriftsteller, * 1938 Karlskrona. Volkshochschullehrer. – Das Verhältnis zwischen Individuum u. Kollektiv bzw. zwischen Freiheit u. Verantwortung beherrscht s. sorgsam formulierten Romane; Schuld im Widerspruch zwischen Wort u. Handlung muß bewußt werden, um Lebenszuversicht zu finden.

W: Gheel. De galnas stad, R. 1981 (Gheel, die Stadt der Besessenen, d. 1984); En lampa som gör mörker, R. 1999; Anton Tjechovs hembesök hos Gud, R. 2002.

Odets, Clifford, amerik. Dramatiker, 18. 7. 1906 Philadelphia – 14. 8. 1963 Los Angeles. Aus jüd.-litau. Einwandererfamilie, aufgewachsen im New Yorker Stadtteil Bronx, mit 15 Jahren Schauspieler, Rundfunkrezitator, Ansager, 1931 Mitbegründer des ›Group Theatre‹, nach den ersten Erfolgen Drehbuchautor in Hollywood. – Wichtigster Vertreter des am. ›proletar.‹ Dramas der 1930er Jahre. S. sozialkrit. Stücke unter Einfluß des dt. Expressionismus u. Čechovs sind ungeschminkte Darstellungen aus dem Leben der unteren Mittelklasse mit scharfer Charakterisierung, gehen aber über das Propagandistische u. die Kritik des Kapitalismus in den Bereich des rein Menschlichen hinaus. O.s Ruf als ›proletar.‹ Dramatiker begründeten 1935 das Agitpropdrama ›Waiting for Lefty‹ über e. New Yorker Taxifahrerstreik u. ›Awake and Sing!‹, das von e. in ärml. Verhältnissen lebenden jüd. Familie in der Bronx handelt.

W: Waiting for Lefty, 1935 (d. 1976); Awake and Sing!, 1935 (Die das Leben ehren, d. 1947, u. d. T. Wachet auf u. rühmet, 1987); Till the Day I Die, 1935; Paradise Lost, 1936 (d. 1977); Golden Boy, 1937, Musical, 1964 (Goldene Hände, d. 1950); Rocket to the Moon, 1938 (Brücke zum Mond, d. 1978); Night Music, 1940;

Clash by Night, 1941; The Big Knife, 1949 (d. 1950); The Country Girl, 1950 (d. 1951); Winter Journey, 1952; The Flowering Peach, 1954. – Six Plays, 1939, 1982.

L: R. B. Shuman, 1962; E. Murray, 1968; M. Mendelsohn, 1969; G. Weales, 1971; H. Cantor, 1978; M. Brenman-Gibson, 1981; J. Groß, 1985; G. Miller, 1989, hg. 1991. – *Bibl.:* R. Cooperman, 1990; W. W. Demastes, 1991.

Odobescu, Alexandru, rumän. Schriftsteller, 23. 6. 1834 Bukarest – 10. 11. 1895 ebda. (Selbstmord). Sohn e. Generals, Stud. Lit. u. Gesch. Paris; Staatsbeamter, Theaterdirektor, 1863 Minister, Univ.prof. für Archäol. in Bukarest, 1870 Mitgl. der Rumän. Akad. – Bereicherte die rumän. Lit. um zwei hist. Novellen von hohem stilist. Wert. Hauptwerk jedoch ist ›Pseudokyneghetikos‹, in dem die Jagd zum Vorwand für subtile Naturbeschreibungen u. kunstvolle Meditationen dient, voll geistreicher Heiterkeit u. distinguierter Gelehrsamkeit.

W: Mihnea-Vodă cel Rău, E. 1857 (Fürst Mihnea der Böse, d. 1953); Doamna Chiajna, E. 1860; Câteva ore la Snagov, Ess. 1862; Pseudokyneghetikos, E. 1874 (1974); Istoria arheologiei, St. 1877; Zece basme mitologice, Sagen 1887; Le Trésor de Pétrossa, St. 1889. – Opere complete, IV 1909; Opere literare, 1938; Opere, II 1955, VIII 1965ff.; Scene istorice, 1989. – *Übs.:* Ausgew. Schriften, 1960.

L: A. Dima, 1935; T. Vianu, 1960; D. Păcurariu, 1966; N. Manolescu, 1976.

Odoevceva, Irina Vladimirovna (eig. Iraida Gustavovna Ivanova, geb. Heinicke), russ. Dichterin, 27. 7. 1895 Riga – 14. 10. 1990 Leningrad. Emigrierte 1922 mit ihrem Mann, dem Lyriker Georgij Ivanov, nach Paris, kehrte 1987 nach Leningrad zurück. – Schrieb zarte, leicht surreale Lyrik, unter Einfluß des Akmeismus (Gumilëv), u. leichte, sprachgewandte Romane aus dem Leben des reichen franz. Bürgertums mit Neigung zum Traumhaften. Ihre Erinnerungen ›Na beregach Nevy‹ u. ›Na beregach Seny‹ betreffen vor allem akmeist. Lyriker.

W: Dvorec čudes, G. 1922; Angel smerti, R. 1927 (Luka, der Backfisch, d. 1930); Ostav' naděždu nevsegda, R. 1954; Kontrapunkt, G. 1950; Desjat' let, G. 1961; Odinočestvo, G. 1965; Na beregach Nevy, Erinn. 1967; Portret v rifmovannoj rame, G. 1976; Na beregach Seny, Erinn. 1983.

Odoevskij, Aleksandr Ivanovič, russ. Lyriker, 8. 12. 1802 St. Petersburg – 27. 8. 1839 Pszeuap (heute Lazarevskoe/Kaukasus). Aus altem Adelsgeschlecht, Offizier; befreundet mit Griboedov, Ryleev, Bestužev-Marlinskij; wegen Teilnahme am Dekabristenaufstand von 1825 zu 12 Jahren Zwangsarbeit verurteilt, nach 10 Jahren in Sibirien begnadigt; 1837 als Soldat im Kaukasus (Regimentskamerad Lermontovs). – S. an Umfang geringe Lyrik ist großenteils auf die Zeit nach 1825 bezogen und daher eleg. gestimmt, Ausdruck romant.-philos. und patriot. Gedanken; in den späten Gedichten Motive der Einsamkeit, der relig. Entsagung. Neben Ryleev der namhafteste Dichter unter den Dekabristen.

A: Polnoe sobranie stichotvorenij i pisem (GW u. Br.), 1934 (n. 1967); Polnoe sobranie stichotvorenij (GW), 1958.
L: I. Kozlov, 1975; V. Jagunin, 1980.

Odoevskij, Vladimir Fëdorovič, russ. Schriftsteller, 11. 8. 1803 Moskau – 11. 3. 1869 ebda. Aus dem Geschlecht der Rurikiden; Stud. in Moskau; Beamter, leitete mit Venevitinov 1823–25 den ›Kreis der Weisheitsfreunde‹, 1824/25 mit Küchelbecker Hrsg. des Almanachs ›Mnemozina‹; 1846 stellv. Direktor der Kaiserl. öffentl. Bibliothek in Petersburg, 1861 Mitgl. des Senats; namhafter Musikkritiker. – Hervorragender Vertreter der philos. Romantik in Rußland, in früheren Jahren stark von Schelling beeinflußt, dessen Gedanken er in s. lit. Werk interpretieren will; vielen s. kleinen Erzählungen liegt e. These der Philos. oder der Moral zugrunde. Fügte in ›Russkie noči‹, 1844 gesammelt und zyklisiert, die zu den bedeutendsten philos. Erzählungen zu rechnen sind, e. Anzahl von Novellen in e. Rahmenerzählung. Grundgedanke ist die Auffassung, es sei unmöglich, die philos. Idee auf angemessene Weise in Worten wiederzugeben. Das musikal. Element spielt nach Einfluß E. T. A. Hoffmanns in einigen der phantast.-myst. Novellen e. wichtige Rolle; in späteren Jahren stärker von St. Martin und Pordage angeregt, war er bes. im Erziehungswesen und in der musikal. Forschung tätig.

W: Russkie noči, En. 1844 (n. Mchn. 1967; Russische Nächte, d. 1970). – Sočinenija (W), III 1844; Romantičeskie povesti, En. 1929 (n. 1975); Izbrannye muzykal'no-kritičeskie stat'i, Ausw. musikkrit. Aufs. 1951; Izbrannye pedagogičeskie sočinenija, Ausw. päd. Werke 1955; Povesti i rasskazy, Nn. u. En. 1959; Sočinenija (W), II 1981. – *Übs.:* Magische Nn., Ausw. 1924.

L: W. Baumann, 1980; N. Cornwell, London 1986; J. S. Campbell, N.Y. 1989; O. Golubeva, 1995; Providence, hg. N. Cornwell 1998; S. Sucur, 2001.

Odojewski, Włodzimierz, poln. Erzähler und Dramatiker, * 14. 6. 1930 Posen. Stud. Soziologie Posen. Mitarbeit an Zeitungen, Literaturredakteur des poln. Rundfunks. Lebt seit 1971 im Ausland, seit 1972 in München. – In s. formal anspruchsvollen u. schwierigen Romanen u. Erzählungen von Faulkner beeinflußt. S. Helden erleben den Einbruch des Chaos; der Mensch kann das Vergangene nie überwinden.

W: Opowieści leskie, En. 1954; Upadek Tobiasza, En. 1955; Białe lato, R. 1958: Miejsca nawiedzone, R. 1959 (Zwischenreich, d. 1962); Kwarantanna, En. 1960 (Quarantäne, d. 1962); Zmierzch świata, En. 1962; Wyspa ocalenia, R. 1964 (Adieu an die Geborgenheit, d. 1966); Punkt zwrotny (ges. Einakter), 1964; Czas odwrócony, R. 1965; Zasypie wszystko, zawieje, R. Paris 1974 (Katharina, d. 1977); Zabezpieczanie śladów, En. Paris 1984; Raptularz krytyczny, Schr. 1994; Oksana, R. 1999.

O'Donovan, Michael John → O'Connor, Frank

O'Dowd, Bernard Patrick, austral. Dichter, 11. 4. 1866 Beaufort/Victoria – 1. 8. 1953 Melbourne. Stud. Lit. u. Jura Melbourne. Journalist u. Bibliothekar von reichem Wissen und großer Belesenheit. – S. Dichtung behandelt Fragen der Zeit. Reichl. Gebrauch von mytholog. und hist. Symbolen, oft in Verbindung mit mod. naturwiss. Vorstellungen. S. Epos ›The Bush‹ ist e. Hymne auf das Australien der Zukunft.

W: Dawnward?, G. 1903; The Silent Land, G. 1905; Dominions of the Boundary, G. 1907; The Seven Deadly Sins, G. 1909; The Bush, Ep. 1912; Alma Venus, G. 1921; The Poems, 1941; Fantasies, G. 1942.

L: V. Kennedy, N. Palmer, 1954; H. Anderson, 1968. – *Bibl.:* ders., 1963.

Ôe, Kenzaburô, jap. Schriftsteller, * 31. 1. 1935 Ôse/Ehime-Präfektur, Shikoku. Sohn e. alteingesessenen Grundbesitzer-Familie; erste lit. Versuche während des Studiums der franz. Lit. an der Univ. Tokyo 1954–59 (Abschlußarbeit über Sartre). Durchbruch 1958 mit der Erzählung ›Shiiku‹. Heirat 1960, drei Söhne. Linke Sympathien, Treffen mit Mao Zedong bei Chinareise 1960, mit Sartre in Frankreich 1961. Aktives soziales Engagement in etlichen Vereinigungen und Protestbewegungen, zahlreiche Auslandsaufenthalte und -vorträge. Nobelpreis für Literatur 1994. – Zentrale Themen: Außenseitertum, Krankheit, Sexualität und Gewalt auf dem Hintergrund des pazif. Krieges und dessen traumatisierendem Ende mit der jap. Kapitulation. V. a. das Frühwerk ist existentialistisch gefärbt, behandelt Grenzerfahrungen, Sinnverlust, Diskriminierung, sexuelle Gewalttätigkeit. Nach Geburt e. behinderten Sohnes 1963 verwebt Ô. das Motiv der Behinderung mit symbol.-allegor. Deutungen der aktuellen polit. Lage. Im späteren Werk verschmelzen Naturalismus, Groteske und Satire mit e. verklärenden myth. Realismus mit zunehmend didakt. Komponente. Nativist. Ideengut u. Impulse aus der ›neuen Spiritualität‹ treffen im Spätwerk auf e. von Bachtin- u. Rabelais-Lektüren angereicherte Groteske, generieren Utopien, die Urjapanisches im Marginalen beschwören. Typisch für Ô.s Erzähltechnik ist die Wiederholung und Variation narrativer Zellen, die leitmotivisch das Gesamtwerk durchziehen. Selbstparodie u. spieler. Wiederholungen charakterisieren s. sperrigen, mit Metaphern geladenen Stil, der deutlich von westlichen Einflüssen zeugt.

W: Shisha no ogori, E. 1957 (Der Stolz der Toten, d. 1969); Shiiku, E. 1958 (Der Fang, d. 1964); Me mushiri ko wo uchi, R. 1958 (Reißt die Knospen ab, d. 1997); Kojin-teki-na taiken, R. 1964 (Eine persönliche Erfahrung, d. 1972); Man'en gannen-no futtobôru, R. 1967 (Die Brüder Nedokoro, d. 1980); Mizukara waga namida wo nuguitamau hi, E. 1972, (Der Tag, an dem Er selbst mir die Tränen abgewischt, d. 1995); Migawari-yagi-no hangeki, 1980 (Der Sündenbock, d. 1989); Jinsei no shinseki, 1989 (Verwandte des Lebens, d. 1994); Shizuka-na seikatsu, R. 1990 (Stille Tage, d. 1994); Chiryô tô, 1990 (Therapiestation, d. 1995); Moegaru midori no ki, R.-Tril. 1995ff. (Bd. 1 Grüner Baum in Flammen, d. 2000; Bd. 2 Der schwarze Ast, d. 2002); Chûgaeri, 1999 (engl. 2003); Ureigao no dôji, R. 2002. – Ô. K. zensakuhin (GW), 1966–97.

L: M. N. Wilson, The Marginal World of O. K., 1986; J. L. Schefer, 1990; S. J. Napier, Escape of the Wasteland, Cambridge/MA 1991; L. Cameron, The Music of Light, N. Y. 1998; C. Luchsinger, The Decay of the Real, Ann Arbor 1999; S. Snyder, Oe and Beyond, Honolulu 1999; O. K. bungaku sainyûmon, hg. NHK 2001.

Oehlenschläger, Adam (Gottlob), dän. Lyriker und Dramatiker, 14. 11. 1779 Frederiksberg – 20. 1. 1850 ebda. Dt. Abstammung, Sohn e. Organisten und kgl. Schloßverwalters; Stud. Jura, skandinav. Geschichte und Mythologie, kurze Zeit Schauspieler. Durch die Vorlesungen H. Steffens' (1802) zur Dichtung angeregt. 1805–09 Reisen nach Frankreich, Italien u. Dtl. Begegnung mit Goethe, Schleiermacher, Tieck, Mme. de Staël und Thorvaldsen. Bewußtwerden s. nord. Eigenart. 1809 Prof. für Ästhetik Kopenhagen, ∞ Christiane Heger. Auseinandersetzungen mit Baggesen. 1829 von Tegnér in Lund zum ›nord. Dichterfürsten‹ gekrönt, 1849 als Wiedererwekker des nationalen Geistes gefeiert. – Mit. s. Gedicht ›Guldhornene‹ 1802 Initiator u. Vollender der dän. Romantik. In s. Werken, z. T. in dt. Sprache, von Tieck und Novalis und von der Naturphilos. Steffens' beeinflußt. Im Unterschied zur dt. Romantik fehlten ihm jedoch das sehnsuchtsvolle Suchen, die Neigung zum Katholizismus und zum MA. Vielen s. Gedichte, Epen, Erzählungen und Dramen liegen frühnord. Stoffe zugrunde. S. Hauptwerk, das Märchenschauspiel ›Aladdin‹ mit e. Motiv aus ›Tausendundeine Nacht‹, wurde normativ für alle spätere dän. Dichtung über die romant. Idee vom Liebling des Glücks, u. s. Hauptfigur wurde zum Prügelknaben der realist. Kritik. O. hat mit s. plast. Sprachkunst die dän. Poesie nach dem Rationalismus wiedergeboren u., von der Romantik inspiriert, den Sinn für den nationalen (nord.) hist. Zusammenhang geweckt.

W: Digte, 1803; Poetiske Skrifter, II 1805; Nordiske Digte, G. u. Drn. 1807; Palnatoke, Sch. 1809; Correggio, Sch. 1811; Aksel og Valborg, Sch. 1810; Aly og Gulhyndi, G. 1811; Stærkodder, Sch. 1812; Helge, Tril. 1814 (n. 1996); Hagbard og Signe, Sch. 1815; Fiskeren, Sch. 1816; Hroars saga, N. 1817; Fostbrødrene, Sch. 1817; Den lille Hyrdedreng, G. 1818; Nordens guder, Ep. 1819 (d. 1829); Erik og Abel, Sch. 1820; Levnet, Erinn. II 1830f., Dronning Margareta, Sch. 1834; Sokrates, Sch. 1835; Olaf den Hellige, Sch. 1838; Knud den Store, Sch. 1839; Ørvarodds saga, Sch. 1841 (d. 1844); Dina, Sch. 1842; Erik Glipping, Sch. 1844; Amleth, Sch. 1846; Kjartan og Gudrun, Sch. 1848 (n. 1999); Erindringer, Erinn. IV 1850f. (d. IV 1850, n. Ausw. 1925). – Samlede værker, XL 1848–54; Poetiske skrifter, hg. F. L. Liebenberg XXXII 1857–62, XV 1896–99, H. Topsøe-Jensen V 1926–30; Æstetiske Skrifter, hg. F. J. Billeskov Jansen 1980; Mindeblade, Br. 1879; Breve fra og til Oe., Br. V 1945–50; VI, 1953–81; III 1984–90; A. Oe.s Breve til Kamma Rahbek, Br. 1999. – *Übs.:* Werke, XXI 1839; Dramatische Dichtungen, II 1835; Neue dramatische Dichtungen, II 1850; Gedichte, d. von Oe. selbst 1817; Aladdin, d. von Oe. selbst 1808, E. Magnus 1920; Die Inseln im Südmeer, N. 1911; Die Brüder von Maria u. a. Nn., 1949.

L: F. L. Liebenberg, II 1868; K. Arentzen, VIII 1870–78 u. 1879; V. Andersen, Guldhornene, 1896 u. III 1899 f.; I. Falbe-Hansen, 1921; V. Madsen, 1929; E. Thomsen, 1950; T. Krogh, 1954; J. Fafner, 1965; A. Andersen, 1970; P. Ingerslev-Jensen, 1972; L. L. Albertsen, 1979; A. Dvergsdal 1997; U. H. Petersen, 2002. – *Bibl.:* A. Jørgensen, 1966, 1989.

Økland, Einar, norweg. Schriftsteller, * 17. 1. 1940 Valevåg/Sunnhordland. Ausgebildeter Psychologe, seit 1976 freischaffender Autor. – E. der eigenwilligsten u. originellsten Vf. des Landes, der sich in spieler.- u. iron. Art gegen alles Hochgestimmte wendet u. statt dessen das Konkrete betont unter Verwendung von Elementen aus der Volkskultur. Ø betätigt sich als Spracharbeiter, verwendet Reklamebilder, Plakate, Spielkarten u. dergleichen für s. Texte, wobei er e. rastloses Spiel mit den lit. Gattungen betreibt. Als Kinderbuchautor wurde er auch international bekannt.

W: En gul dag, G. 1963; Mandragora, G. 1966; Vandreduene, Nn. 1968; Amatør-album, R. 1969; Romantikk, G. 1979; Gutar i røyk, Kdb. 1980; Ei ny tid, Kdb. 1981; Nå igjen, Ess. 1982; Blå roser, G. 1983 (Blaue Rosen, d. 1988); Måne over Valestrand, Ess. 1989; Pennen den blå, Kdb. 1992; Heile tida, heile tida, G. 1994; Etter Brancusi, G. 1999; I tilfelle nokon spør, Ess. 2001.

L: Ein orm i eit auge. Om E. Ø. forfattarskap, hg. O. Karlsen 1997.

Ömer Seyfettin (Seyfeddin), türk. Schriftsteller, 28. 2. 1884 Gönen/Anatolien – 6. 3. 1920 Istanbul. Väterlicherseits kaukas. Abkunft, absolvierte die Kriegsschule 1903, Offizier bis 1910, dann Mitarbeiter der Zs. ›Genç Kalemler‹ in Saloniki. Im Balkankrieg wieder Soldat, 1 Jahr in griech. Gefangenschaft. Von 1914 bis zu s. Tod Lehrer

für Lit. Gymnas. Kabataş-Istanbul. – Trat mit dem Aufsatz ›Neue Sprache‹ in der 1. Nummer von ›Genç Kalemler‹ (11. 4. 1911), e. Angriff auf die ›volksferne‹ Sprache der 'Servet-i Fünun-Schule, in die Lit. ein. Im Stil s. realist. Novellen, deren Stoffe teils der hist. u. volkstüml. Überlieferung, teils der kleinbürgerl.-bäuerl. Lebenssphäre entnommen sind, gab er e. Beispiel für die von ihm geforderte Vereinfachung der Literatursprache. Er wurde damit zu e. der wesentl. Inspiratoren der türk. Sprachreform. Als Meister der Kurzprosa, eindringl. Erzählweise oft mit verhalten-lehrhafter Tendenz in patriot. Sinne verbindend, bleibt er richtungweisend.
W: Eshabi Kehfimiz, R. 1918; Gizli Mabet, En. 1923; Yüksek Ökçeler, En. 1923; Bahar ve Kelebekler, En. 1927; Ilk Düşen Ak, En. 1938; Asilzadeler, En. 1938; Beyaz Lâle, En. 1938; Mahcupluk İmtihani, Sch. 1938. – Ömer Seyfeddin Külliyati (GW), hg. A. Halit X 1938–56; Bütün Eserleri (GW), XII 1970–86; Doğduğum Yer, G. 1989; Essays, hg. M. Uyguner IV 1989–93.
L: A. C. Yöntem, 1935; T. Alangu, 1968. – *Bibl.:* 1970.

Ören, Aras, türk. Dichter, * 1. 11. 1939 Istanbul. Schauspieler u. Dramaturg; 1969 Übersiedlung nach Berlin; türk. Redakteur bei SFB bis 2002, freier Schriftsteller. – E. der bedeutendsten Vertreter der Ausländerdichtung in Dtl. Verknüpfung von lyr. u. ep. Formmitteln, im mittelpunkt s. Werke steht der Seelen- u. soziale Zustand des ausländischen Arbeiters in Dtl. Im späteren Erzählwerk Erkundung von Zeit- und Kultursphären (Seelenwanderung).
W: Was will Niyazi in der Naunynstraße, Poem 1973; Der kurze Traum aus Kağithane, Poem 1974; Die Fremde ist auch ein Haus, Poem 1980; Privatexil, G. 1977; Deutschland, ein türkisches Märchen, G. 1978; Mitten in der Odyssee, G. 1980; Bitte nix Polizei, E. 1981; Manege, E. 1983; Paradies kaputt, En. 1986; Wrack, G. 1986; Eine verspätete Abrechnung, R. 1988; Berlin Savignyplatz, R. 1995; Unerwarteter Besuch, R. 1997; Granatapfelblüte, R. 1998; Sehnsucht nach Hollywood, R. 1999; Ein Frühstück in Kaş, E. 1999; Büyülü Çınarlar, E. 2002.

Ørjasæter, Tore, norweg. Dichter, 8. 3. 1886 Nordberg b. Skjåk/Gudbrandstal – 29. 2. 1968 Lillehammer. Lehrerssohn, aus Bauerngeschlecht; einsame Jugend wegen langwieriger Krankheit. – Naturverbundener, doch stark gedankl. Lyriker mit Liebes- und relig. Gedichten und langen, monumentalen Verszyklen in Landsmål bes. über den Dualismus des Menschen durch s. Spannung zwischen altüberlieferter Kultur und mod. Technik, zwischen Körper und Geist und zwischen Fernweh und Heimatliebe, der Überwindung findet durch die eth. Kraft des Willens und die Religion. Auch Dramatiker und Erzähler.
W: Ættar-arv, G. 1908; I dalom, G. 1910; Gudbrand Langleite, G.-Tril.: I Gudbrand Langleite, 1913, II Brumillom, 1920, III Skuggen, 127; Manns kvæde, G. 1915; Jo Gjende, Dr. 1917; Fararen, E. 1922; Eldringer, G. 1924; Skiringsgongen, G. 1925; Anne på Torp, Dr. 1930; Elvesong, G. 1932; Uppheimen på Sandnes, E. 1933; Jonsokbrev, E. 1936; Livet skal vinne, G. 1939; Livsens tre, G. 1945; Christophoros, Dr. 1948; Den lange bryllaupsreisa, Dr. 1949; Dikt, G. 1951; Ettersommar, G. 1953. – Viljen og lagnaden. Dikt i utval, 1946; Dikt i samling, II 1985.
L: R. Thesen, 1935; Festskrift til T. Ø., hg. J. A. Dale, R. Thesen 1956; L. Mæhle, 1986.

Örkény, István, ungar. Erzähler u. Dramatiker, 5. 4. 1912 Budapest – 24. 6. 1979 ebda. Ausgebildeter Apotheker u. Chemieingenieur. – Als Prosaist e. Meister der knappen Skizze u. Groteske, der mit wenigen Zeilen Problematik und Dramatik des Alltags wiedergibt, seit es ihm gelang, sich den Klischees des sozialist. Realismus zu entwinden. S. Dramen verbinden mod. westl. Stilzüge mit Elementen des Volkstheaters.
W: Amíg ide juttottunk, En. 1946; Lágerek népe, En. 1947; Hóviharban, En. 1954; Ezüstpisztráng, En. 1956; Nehéz napok, R. 1957; Jeruzsálem, hercegnője, En. 1966; Nászutasok a légypapíron, En. 1967; Egyperces novellák, Nn. 1970; Időrendben, En. 1971; Macskajáték, Dr. 1972 (Katzenspiel, d. 1975); Színművek, Sch. III 1972; Rózsakiállítás, R. 1977 (Interview mit einem Toten, d. 1982). – *Übs.:* Der letzte Zug, En. 1973; Minutennovellen, Nn. 2002.
L: I. Lázár, 1979, A. Földes, Ö.-színház, 1985; Z. Fráter, Zs. Radnóti, Ö. I. emlékkönyv, 1995.

Ørum, Poul, dän. Verf., 23. 12. 1919 Nykøbing Mors – 27. 12. 1997 Fanø. Arbeiter u. Seemann, s. 1944 Journalist. –Verf. von realist. Romanen u. Kriminalromanen in der Tradition Sjöwall/Wahlöös.
W: Lyksalighedens ø, R. 1958; Skyggen ved din højre hånd, R. 1959 (Der Schatten neben dir, d. 1983); Ukendt offer, R. 1967 (Blinde Fenster, d. 1984); Det 11. bud, R. 1972 (Das elfte Gebot, d. 1984); Syndebuk, R. 1972 (Einer soll geopfert werden, d. 1980); Kun sandheden, R. 1974 (Was ist Wahrheit, d. 1981); De uforsonelige, R. 1976 (Wissen ist Mord, d. 1981); Tavse vidner, R. 1976 (Stumme Zeugen, d. 1981); Bristepunktet, R. 1978 (Am kritischen Punkt, d. 1983).

Östergren, Klas, schwed. Schriftsteller, * 20. 2. 1955 Stockholm. – Ambitionierter Erzähler von Menschen, die sich in der Rat- u. Sinnlosigkeit ihres Lebens verfangen u. auch im Übersinnlichen keinen Ausweg finden, dabei humorvoll u. gelegentl. satirisch. Schreibt auch Drehbücher.
W: Attila, 1975; Ismael, 1977; Fantomerna, 1978; Gentlemen, 1980 (d. 1985); Giganternas brunn, 1981; Slangbella, 1983; Fattiga riddare och stora svenskar, 1983; Förbjudet område, 1985; Plåster, 1986 (Pflaster, d. 1988); Ankare, 1988; Ge mig lite sodavatten, 1988; Han-

delsmän och partisaner, 1991; Under i september, 1994 (Wunder im September, d. 1996); Med stövlarna på, En. 1997; Tre porträtt, 2002.

Österling, Anders (Johan), schwed. Dichter und Kritiker, 13. 4. 1884 Hälsingborg – 13. 12. 1981 Stockholm. Sohn e. Redakteurs; Jugend in Malmö. Stud. Philos. Lund u. 1907 Paris (H. Bergson); 1912/13 Italienreise, 1914 philos. Lizentiat, 1913–19 Bibliothekar in Lund, ∞ 1916 Greta Sjöberg. 1919 Mitgl. der Schwed. Akad., Übersiedlung nach Stockholm, Kulturredakteur an Zeitungen, 1927 Dr. phil. h.c. Lund, 1941–64 ständiger Sekretär der Schwed. Akad., 1947 Vorsitzender des Nobelpreiskomitees. – In s. Jugendlyrik unter Einfluß S. Georges herrscht Melancholie über die Unlösbarkeit des Konflikts zwischen Ideal u. Leben. Distanz von jegl. Schwulst. Lyr. Humanist, bisweilen leicht akadem., befreiend wirkt s. Humor. Nach eigentl. Durchbruch 1910 realistischer in der Sprache, bleibt typ. Kulturdichter, verwurzelt in s. Heimatprovinz Schonen. Verknüpft Schönheitsverlangen u. Sensibilität in der Liebe zu kleinen Dingen. Trotz Vorliebe für das Idyll blieb ihm Lebensangst nicht fremd. Wurde 1919 von S. Stolpe als ›der Dichter des Angenehmen‹ angegriffen, der sich zuwenig an den Zeitereignissen beteiligt. Reiche Übersetzertätigkeit (u. a. Werke von Goethe u. Shelley).

W: Preluder, G. 1904; Offerkransar, G. 1905; Nattens röster, 1906; Årets visor, G. 1907; Hälsningar, G. 1907; Bäckahästen, Msp. 1909; Blommande träd, 1910; Människor och landskap, Ess. 1910; Facklor i stormen, G. 1913; Idyllernas bok, G. 1917; Dagens gärning, Ess. III 1921–31; De sju strängarna, G. 1922; En fläkt av Indien, Reiseb. 1923; Levant, Reiseb. 1924; Jordens heder, G. 1927; Tonen från havet, G. 1933; Skånska utflykter, Ess. 1934; Tio års teater, Kritiken 1936; Horisonter, Ess. 1939; Livets värde, G. 1940; Årens flykt, G. 1947; Vårens löv och höstens, G. 1955; Dikten och livet, Ess. 1961; A. U. Bååth, B. 1960; O. Hansson, B. 1966; Minnets vägar, Mem. 1967; Längtan till Italien, Reiseb. 1971. – Samlade dikter, IV 1925, II 1945f.; Ögonblick, dikter 1971–78, 1978; Hundra dikter, 1981; Grinden åt havet, G. 1985.
Übs.: Gedichte, 1962.
L: S. Engdahl, 1942. – *Bibl.*: S. Colliander, 1939, 1944; T. Tottie 1944–63, 1964; G. Vallquist, 1983.

Oever, Karel van den, fläm. Schriftsteller, 19. 11. 1879 Antwerpen – 6. 10. 1926 ebda. 1905–12 Redaktionssekretär von ›Vlaamsche Arbeid‹, 1914–18 in Baarn; großniederländ. orientiert. Streitbarer Katholik. – Schrieb zunächst schlichte Stimmungsgedichte, dann Gedichte in überschwengl. breit ausgeschmücktem Stil mit Anklängen an die Renaissancedichtung u. nach dem 1. Weltkrieg schließlich vom Expressionismus beeinflußte relig. Gedichte und Erzählungen. Auch scharfer Kritiker.

W: In schemergloed der morgenverte, G. 1901; Van stille dingen, G. 1904; Kempische vertelsels, En. 1905; Godvruchtighe maenrymen, G. 1911; Lof van Antwerpen, G. 1912; Juffrouw Suzanne Roemers, Dr. 1914; De Vlaamsche beweging, Es. 1918; De zilveren flambouw, G. 1919; Oud-Antwerpsche vertellingen, En. 1920; Het open luik, G. 1922; Het inwendig leven van Paul, R. 1923; De Hollandsche natie voor een Vlaamsche spiegel, Ess. 1925; Paviljoen, G. 1927. – Verzameld werk, II 1985.
L: F. Verachtert, 1940; M. Gijsen, 1958.

Øverland, Arnulf, norweg. Dichter, 27. 4. 1889 Kristiansund – 25. 3. 1968 Oslo. Jugend in Bergen; Stud. Philol. Oslo; freier Schriftsteller und 1917–24 Kritiker der Zeitungen ›Verdens gang‹ und ›Arbeiderbladet‹. Während der dt. Besatzung als Widerstandskämpfer verhaftet, 1941–45 KZ Grini und Sachsenhausen. Als Nationaldichter seit 1946 Ehrengast des norweg. Volkes in der ›Grotte‹ Wergelands in Oslo. 1953 Präsident der norweg. Akad. – Bedeutender Lyriker von schlichter Sprache, beherrschter Form und aufrichtigem, leidenschaftl. Ethos. Begann als Neuromantiker mit empfindsam-melanchol. Gedichten der Einsamkeit und Sehnsucht in zartgetönter, rhythm. Sprache; wandte sich unter dem Eindruck des 1. Weltkriegs zu radikalem Sozialismus in polit. engagierter Lyrik mit Angriffen gegen Kirche, Christentum, Faschismus und heuchler. Bürgertum; Eintreten für Wahrheit und Gerechtigkeit. Schrieb nach der dt. Invasion Norwegens heiml. verbreitete, scharfe Widerstandsgedichte von starkem Patriotismus. Auch Erzähler, Dramatiker und Essayist.

W: Den ensomme fest, G. 1911; De hundrede violiner, G. 1912; Advent, G. 1915; Den hårde fred, N. 1916; Venner, Dr. 1917; Brød og vin, G. 1919; Deilig er jorden, N. 1923; Berget det blå, G. 1927; Hustavler, G. 1929; Giv meg ditt hjerte, Dr. 1930; Gud plantet en have, N. 1931; Riket er ditt, G. 1934; Jeg besværger dig, G. 1934; Den røde front, G. 1937; Ord i alvor til det norske folk, G. 1940; Vi overlever alt, G. 1945; Tilbake til livet, G. 1946; Fiskeren og hans sjel, G. 1950; I beundring og forargelse, Ess. 1954; Sverdet bak døren, G. 1956; Den rykende tande, G. 1960; På Nebo bjerg, G. 1962; Livets minutter, G. 1965. – Samlede dikt, IV 1947 ff., II 1979; Noveller i utvalg, 1939; Den unge Ø. (Ausw.), 1975; Essays, 1994.
L: A. Strindberg, 1943; O. Gelsted, 1946; E. E. Johnsen, Livets spiral: A. Ø., 1956; Festskrift til A. Ø., hg. S. Hoel 1959; D. Haakonsen, 1966; C. Gill, 1973; C. Hambro, 1984; W. Dahl, 1989.

Özakın, Aysel, türk. Schriftstellerin, * 1942 Urfa. Ging in Izmir zur Schule, studierte in Ankara auf Lehramt in Franz., nach kurzer Tätigkeit als Lehrerin wurde sie aus polit. Gründen entlassen, kam 1980 nach Dtl., übersiedelte später nach England. – In ihren Erzählungen werden neben gesellschaftl.

auch individuelle u. familiäre Konflikte der türk. Frau thematisiert.

W: Gurbet Yavrum, R. 1975 (Der fliegende Teppich, d. 1987); Sessiz bir Dayanışma, En. 1976; Alnında Mavi Kuşlar, R. 1978 (Die Vögel auf der Stirn, d. 1991); Genç Kız Ve Ölüm, R. 1981 (Die Preisvergabe, d. 1982); Kanal Boyu, En. 1982; Soll ich hier alt werden? En. 1982; Die Leidenschaft der Anderen, R. 1983; Das Lächeln des Bewußtseins, En. 1985; Du bist willkommen, G. 1985; Zart erhob sie sich bis sie flog, G. 1986; Mavi Maske, R. 1988 (Die blaue Maske, d. 1991); Glaube, Liebe, Aircondition, E. 1992; Die Zunge der Berge, E. 1994.

Özlü, Demir, türk. Schriftsteller, * 1935 Istanbul. Stud. Jura Istanbul, Rechtsanwalt, lebt seit 1979 in Schweden u. in der Türkei. – Vom Existentialismus beeinflußt schafft er in s. Erzählungen e. geheimnisvolle, den intellektuellen Protagonisten erdrückende Atmosphäre.

W: Bunaltı, En. 1958; Soluma, En. 1963; Boğuntulu Sıcaklar, En. 1966; Öteki Günler Gibi Bir Gün, En. 1974; Bir Uzun Sonbahar, R. 1976; Bir Küçük Burjuvanın Gençlik Yılları, R. 1979; Aşk Ve Poster, En. 1980; Bir Beyoğlu Düşü, E. 1985 (Ein Istanbuler Traum, d. 1987); Berlin'de Sanrı, E. 1987 (Berliner Halluzination, d. 1992); Stockholm Öyküleri, En. 1988; Bir Yaz Mevsimi Romansı, R. 1990; Sürgünde On Yıl, Erinn. 1990; Kanallar, E. 1991; Berlin Güncesi, T. 1991; İstanbul Büyüsü (ausgew. En.), 1994; Tatlı Bir Eylül, R. 1995; Ithaka'ya Yolculuk, R. 1996; Paris Güncesi 1961–62, Tg. 1999.

O'Faoláin, Julia, ir. Schriftstellerin, * 6. 6. 1932 London. Tochter Seán O'F.s. Erzogen in einem kathol. Internat in Frankreich. Stud. Univ. College Dublin, Perugia, Venedig, Rom u. Paris. ∞ Lauro Martines. Lebt in London u. Los Angeles. – Vielfältiges Werk zur Geschichte der Geschlechterrollen, des Erbes von Nationalismus und Katholizismus. Schauplatz ihrer oft mit grimmigem Humor erzählten Geschichten sind neben Irland auch Italien, Frankreich und die USA.

W: We Might See Sights!, Kgn. 1968; Godded and Codded (u.d.T. Three Lovers, 1971), R. 1970; Not in God's Image: Women in History from the Greeks to the Victorians (hg. mit L. Martines), St. 1973; Man in the Cellar, Kgn. 1974; Women in the Wall, R. 1975; Melancholy Baby, Kgn. 1978; No Country for Young Men, R. 1980; The Obedient Wife, R. 1982; Daughters of Passion, Kgn. 1982; The Irish Signorina, R. 1984; The Judas Cloth, R. 1992.

O'Faoláin, Seán (eig. John Francis Whelan), ir. Erzähler u. Literat, 22. 2. 1900 Cork – 20.4.1991 Dublin. Stud. Univ. College Dublin und Harvard, dort einige Zeit Dozent. Kämpfte während des ir. Bürgerkrieges auf republikan. Seite unter De Valera. Lehrte 1929 Englisch am Boston College, desgl. 1929–33 in Strawberry Hill/Middlesex. 1933 Rückkehr nach Irland. 1957–59 Direktor des ›Arts Council of Ireland‹. Ausgedehnte Reisen durch Europa u. die USA. – Impressionist, lit. beeinflußt durch Turgenev. S. Kurzgeschichten um Geschichte, Land u. Leute Irlands sind kleine poet. Kunstwerke, reich an kelt. Fabulierfreude. Führender ir. Literat der Jh.mitte, u.a. als Hrsg. der bedeutenden lit. Zs. ›The Bell‹. Hrsg. der Werke Th. Moores, Vf. anschaul. Biographien, Reisebücher u. e. Kulturgeschichte Irlands.

W: Midsummer Night Madness, Kgn. 1932 (Sonnenwend-Tollheit, d. 1932); A Nest of Simple Folk, R. 1933 (d. 1933, 1966); De Valera, B. 1933; Constance Markievicz, B. 1934; Bird Alone, R. 1936 (Der Einzelgänger, d. 1963); A Purse of Coppers, Kgn. 1937; She Had to Do Something, Sch. 1938; King of the Beggars, D. O'Connell-B. 1938; Come Back to Erin, R. 1940 (Erste und letzte Liebe, d. 1951, u.d.T. Komm heim nach Irland, 1964); The Great O'Neill, B. 1942; The Story of Ireland, 1943; Teresa, Kgn. 1947; The Man Who Invented Sin, Kgn. 1948; The Short Story, St. 1948; The Irish, St. 1949; Summer in Italy, Reiseb. 1949; Newman's Way, B. 1952; South to Sicily, Reiseb. 1953; The Vanishing Hero, St. 1956; The Stories, 1958; Short Stories, St. 1961; I Remember! I Remember!, Kgn. 1962; Vive Moi, Aut. 1965; The Heat of the Sun, Kgn. 1966; Of Sanctity and Whiskey, Kgn. 1969; The Talking Trees, Kgn. 1970; Foreign Affairs, Kgn. 1976; Selected Stories, 1978. – Collected Stories, III 1980–82. – Übs.: Der erste Kuß, Kgn. 1958; Sünder und Sänger, Kgn. 1960; Dividenden, Kgn. 1969.

L: M. Harmon, 1966 (n. 1984); P. A. Doyle, 1968; J. S. Rippier, 1976; R. Bonaccorso, 1987; P. Butler, 1993; M. Harmon, 1994; M. Arndt, 2001; D. Abbate Badin, 2001.

O'Flaherty, Liam, ir. Romanschriftsteller, 28. 8. 1896 Inishmore/Aran Islands – 7. 9. 1984 Dublin. Stud. Dublin, Jesuitenkolleg; wollte urspr. Priester werden; Teilnahme am 1. Weltkrieg, 1917 in Belgien verwundet. Streifte mehrere Jahre als Gelegenheitsarbeiter u. Seemann umher, kämpfte 1922 während des ir. Bürgerkriegs auf seiten der ir. Republikaner. 1930 Rußlandreise. Sympathisierte mit kommunist. Ideologie, lehnte aber das Sowjetsystem ab. Publizierte meist in England, war zeitweise in Irland verboten. Während des 2. Weltkriegs in USA, danach Rückkehr nach Dublin. – Vf. zahlr. Romane und Kurzgeschichten aus ir. Geschichte und Gegenwart, bes. um Not u. Freiheitskampf der Iren. Beeinflußt von Dostoevskij, erzählt dramat.-bewegt und kraftvoll, stellt oft brutal realist. vor allem das Leben der ›underdogs‹, der Erniedrigten und Unterdrückten, dar, das von dämon. Mächten, sozialen und naturhaften Elementen tragisch bestimmt wird. S. Erzählungen sind von unterschiedl. lit. Wert, hin und wieder melodramat. oder polit. Tendenzromane. Am bedeutendsten s. oft höchst poet. Kurzgeschichten.

W: Thy Neighbour's Wife, R. 1923 (d. 1924); Spring Sowing, Kgn. 1923; The Black Soul, R. 1924 (d. 1928);

The Informer, R. 1925 (Der Denunziant, d. 1984); Darkness, Tr. 1926; The Tent, Kgn. 1926; Mr. Gilhooley, R. 1926 (d. 1929); The Assassin, R. 1928 (d. 1929); A Tourist's Guide to Ireland, 1929; The House of Gold, R. 1929 (Verdammtes Gold, d. 1931); The Fairy Goose, Kgn. 1929; Mountain Tavern, Kgn. 1929; The Return of the Brute, R. 1929 (Die Bestie erwacht, d. 1930); Two Years, Aut. 1930; I Went to Russia, Reiseber. 1931 (Lügen über Rußland, d. 1933, u.d.T. Ich ging nach Rußland, 1971); The Puritan, R. 1931; The Wild Swan, Kgn. 1932; Skerrett, R. 1932 (d. 1933); Shame the Devil, Aut. 1934; Hollywood Cemetery, R. 1935; Famine, R. 1937 (Das schwarze Tal, d. 1952, u.d.T. Hungersnot, 1972); The Short Stories, Ausw. 1937 (n. 1956); Land, R. 1946; Insurrection, R. 1950; Duil, R. 1953; Irish Portraits, R. 1970; Selected Short Stories, 1970. – Collected Letters, hg. A. A. Kelly 1994. – *Übs.*: Irische Schattenbilder, 1949; Das Zicklein der Wildgeiß, 1958; Die Landung, 1959; Der Stromer, 1965; Ein Topf voll Gold, 1971.

L: J. Zneimer, 1970; P. A. Doyle, 1971; A. A. Kelly, 1976; P. F. Sheeran, 1976; J. M. Cahalan, 1991. – *Bibl.:* P. A. Doyle, 1972; G. Jefferson, 1991.

Ogarëv, Nikolaj Platonovič, russ. Lyriker und Publizist, 6. 12. 1813 Petersburg – 12. 6. 1877 Greenwich. Vater Gutsbesitzer; 1829–33 Stud. Univ. Moskau als Hospitant, 1834 mit dem mit ihm engbefreundeten A. Herzen verhaftet, später nach Penza verbannt, 1841–46 in Westeuropa, 1850 erneut verhaftet, 1856 nach London emigriert, dort Mitarbeiter Herzens, bes. an der Zs. ›Kolokol‹; stand von den 60er Jahren an Bakunin nahe. – In s. polit. Gedichten strebt er entsprechend s. propagandist. Absichten nach orator. Formen; s. Reflexionslyrik ist musikal., sie ist von Sehnsucht nach Gewesenem, nach unwiederbringl. Vergangenem erfüllt. Heine-Übs.

A: Stichotvorenija i poėmy, G. u. Poeme 1956; Izbrannye proizvedenija (AW), II 1956.

L: V. A. Putincev, 1963; N. G. Tarakanov, 1974; S. T. Cochrane, 1977. – *Bibl.:* G. S. Komarova, 1986.

Ognev, Nikolaj (eig. Michail Grigor'evič Rozanov), russ. Prosaiker, 26. 6. 1888 Moskau – 22. 6. 1938 ebda. – Vater Anwalt, ab 1910 in Moskauer Jugendfürsorge tätig, gründete nach der Oktoberrevolution das 1. Kindertheater in Moskau, Mitgl. der Konstruktivisten und des ›Pereval‹. – O.s Werke sind zunächst an dekadenter Romantik orientiert, zeigen dann die sowjet. Gesellschaft nach der Revolution, werden zunehmend linientreu.

W: Dnevnik Kosti Rjabceva, R. 1927 (Das Tagebuch des Schülers Kostja Rjabzew, d. 1927), Kostja Rjabcev v vuze, R. 1928 (K. R. auf der Universität, d. 1930) Tri izmerenii, R. 1933; Rasskazy, En. 1938.

Bibl.: R. Judina, 1973.

O'Grady, Standish James, ir. Mythologe und Schriftsteller, 18. 9. 1846 Castletown/Cork – 18. 5. 1928 Shanklin/Isle of Wight. Sohn e. protestant. Geistlichen. Erzogen in Tipperary Grammar School. Stud. Trinity College, Dublin. Ab 1872 Jurist, bald freier Schriftsteller. Hrsg. von ›The Kilkenny Moderator‹, Begründer des ›All Ireland Review‹. – E. der Pioniere der kelt. lit. Renaissance-Bewegung, da er den Schatz ir. Legenden und Mythen um Cuchulain in Nacherzählungen erschloß, obschon er selbst nicht die kelt. Sprache beherrschte.

W: History of Ireland, I: The Heroic Period, 1878, II: Cuculain and His Contemporaries, 1880; History of Ireland, Critical and Philosophical, 1881; Early Bardic Literature of Ireland, 1879 (n. 1970); Finn and his Companions, E. 1892 (hg. B. N. Rinn 1970); The Bog of Stars, E. 1893 (n. 1970); The Coming of Cuculain, E. 1894; The Chain of Gold, E. 1895; The Flight of the Eagle, E. 1897; The Masque of Finn, E. 1907; The Departure of Dermot, E. 1917; The Passing of Cuculain, 1917; The Triumph of Cuculain, 1917. – Selected Essays and Passages, hg. E. A. Boyd 1918.

L: H. O'Grady, 1929; P. L. Marcus, 1971; M. McAteer, 2002. – *Bibl.:* P. O'Hegarty, 1930.

O'Hara, Frank, amerik. Lyriker, 27. 6. 1926 Baltimore/MA – 25. 7. 1966 Fire Island/NY. Stud. Klavier Boston, nach 2. Weltkrieg Stud. Engl. u. Musik Harvard, Michigan. Angestellter am Museum of Modern Art, New York. Kunstkritiker u. Journalist. – Einer der ›New York Poets‹ (J. Ashberry, L. Rivers, J. Schuyler), beeinflußt durch die Malerei Pollocks, Vorläufer der Beat-Lyrik, Einfluß auf die ›language poets‹ der 1980er u. 90er Jahre. Zahlr. kunstkrit. Essays.

W: A City Winter and Other Poems, G. 1952; Meditations in an Emergency, G. 1956; Second Avenue, G. 1960; Odes, G. 1960; Lunch Poems, G. 1964 (d. 1969); Love Poems, G. 1965; Selected Poems, G. hg. D. Allen 1971; Standing Still and Walking in New York, Ess. 1975; Art Chronicles, 1954–66, 1975, ^{2}1990; Early Writing, Ess. 1977; Biotherm, G. 1990.

L: M. Perloff, 1977; A. Feldmann, 1979; F. MacShane, B. 1980; A. C. Parker, 1989; J. Elledge, hg. 1990; H. Koriath, 1990; B. Gooch, 1993; B. Honrath, 1994; H. Smith, 2000; G. Ward, 2001; J. LeSueur, 2003. – *Bibl.:* A. Smith, 1980.

O'Hara, John (Henry), amerik. Erzähler, 31. 1. 1905 Pottsville/PA – 11. 4. 1970 Princeton/NJ. Arztsohn; Gelegenheitsarbeiter und Reporter. – Vf. naturalist., brutal schockierender gesellschaftskrit. Romane und Kurzgeschichten mit manchmal reißerischer Handlung über das ennuyierte, hektische lebenshungrige, erot. unbefriedigte, aufwendige und egoist. Dasein der ›feinen Leute‹ in der typ. amerik. Mittel- und Kleinstadt, in New York und Hollywood. Von Hemingway beeinflußter Reportagestil; als iron. Gesellschaftssatiriker Nähe zu F. S. Fitzgerald; auch Drehbuchautor u. Dramatiker.

W: Appointment in Samarra, R. 1934 (³1994, d. 1950); Butterfield 8, R. 1935 (³1994; d. 1966); The Doctor's Son, Kgn. 1935; Hope of Heaven, R. 1938; Files on Parade, Kgn. 1939; Pal Joey, Kgn. 1940; Pipe Night, Kgn. 1945; Hellbox, Kgn. 1947; A Rage to Live, R. 1949 (Eine leidenschaftliche Frau, d. 1965); The Farmers Hotel, R. 1951; Sweet and Sour, Ess. 1954; Ten North Frederick, R. 1955 (Stolz und Leid, d. 1956); From the Terrace, R. 1958 (d. 1970); Ourselves to Know, R. 1960 (Portrait im Spiegel, d. 1962); Sermons and Soda-Water, Nn. 1960 (Pete küssen? - Ausgeschlossen!, d. 1968); Assembly, Kgn. 1961; Five Plays, 1961; The Big Laugh, R. 1962; 49 Stories, 1963; Elizabeth Appleton, R. 1963 (d. 1964); The Hat on the Bed, Kgn. 1963; The Horse Knows the Way, Kgn. 1964; The Lockwood Concern, R. 1965 (d. 1967); Waiting for Winter, Kgn. 1966; The Instrument, R. 1967 (Danke für gar nichts, d. 1969); And Other Stories, Kgn. 1968; My Turn, Ess. 1966; Lovey Childs, R. 1969 (Diese zärtlichen wilden Jahre, d. 1972); The Ewings, R. 1972 (All die ungelebten Stunden, d. 1973); The Time Element, Kgn. 1972; Good Samaritan, Kgn. 1974; An Artist Is His Own Fault, Ess. hg. M. J. Bruccoli 1977; Two by O'Hara, Drr. 1979; Gibbsville, Pa, Kgn. hg. M. J. Bruccoli 1992; The Novellas of J. O'H., 1995; We'll Have Fun, 1996. – Collected Stories, 1984; Selected Letters, hg. M. J. Bruccoli 1978.– Übs.: Lunch am Samstag, Kgn. 1971.

L: A. Van Nostrand, The Denatured Novel, 1960; E. R. Carson, 1961; S. N. Grebstein, 1966; F. Farr, B. 1974; M. J. Bruccoli, 1975; F. MacShane, 1980; R. E. Long, 1983; P. B. Eppard, 1994; S. Goldleaf, 1999; G. Wolff, B. 2003. – Bibl.: M. J. Bruccoli, 1961; ders., 1972.

O. Henry → Porter, William Sydney

Ojetti, Ugo (Ps. Tantalo), ital. Schriftsteller, 15. 7. 1871 Rom – 1. 1. 1946 Florenz. Tonangebender Journalist und Kunstkritiker in der faschist. Ära. Mitarbeiter an ›La Tribuna‹, ›Nuova Rassegna‹ u. a. Zsn. Mitarbeiter, Kunstkritiker u. zeitweiliger Leiter des ›Corriere della sera‹. 1930 zum ›Accademico d'Italia‹ ernannt. – Sehr vielseitiger Autor, dessen Hauptbegabung auf journalist. u. essayist. Gebiet liegt. S. brillanter, oft humorist. Stil offenbart sich bes. in s. Roman ›Mio figlio ferroviere‹, e. Satire auf die ital. Gesellschaft der Zeit nach dem 1. Weltkrieg, u. in den unter dem Titel ›Cose viste‹ vereinigten Essays, e. Reihe von Künstlerporträts, Reisebildern, Kunstbetrachtungen u. a.

W: Paesaggi, G. 1892; Senza Dio, R. 1894; Il vecchio, 1895; Alla scoperta dei letterati, Ess. 1895; Il giuoco dell' amore, R. 1899; Il cavallo di Troia, R. 1904; Donne, uomini e burattini, Nn. 1912; L'amore e suo figlio, En. 1913; Mio figlio ferroviere, R. 1922 (Mein Sohn, der Herr Parteisekretär, d. 1924); Cose viste, Ess. VII 1923–39, II 1951 (Ausw.: Gestalten, Bilder, d. 1944); Atlante di storia dell'arte italiana, 1925–34; Ricordi d'un ragazzo romano, 1958; Carteggio d'Annunzio – Ojetti, hg. C. Ceccuti 1979.

L: L. Collino, 1910; Tamaris, 1934; C. Ceccuti, 1978; I. Nardi, 1990.

Okamoto, Kido (eig. O. Keiji), jap. Dramatiker, 15. 10. 1872 Tokyo – 1. 3. 1939 ebda. Nach der Mittelschule als Journalist tätig. 1911 Durchbruch als Dramatiker mit dem Kabuki-Drama ›Shûzenji monogatari‹. O. versucht das Kabuki durch Aufnahme von Elementen des Shinpa-Theaters zu reformieren. Ab 1913 freier Autor. Neben Dramen auch Romane wie die erfolgreiche hist. Detektivromanreihe ›Hanshichi torimonochô‹ (1917–36).

W: Shûzenji monogatari 1911 (e. The mask-maker, engl. 1928); Osaka-jô, 1921 (Osaka-Schloß, in: Deutsche Gesellschaft für Natur- und Völkerkunde Ostasiens, Jubiläumsband,1933). – O. K. Yomimono zenshû, VII 1969.

Okara, Gabriel, nigerian. Schriftsteller, * 21. 4. 1921 Bumoundi/Nigeria. Buchbinder u. Journalist, während des nigerian. Bürgerkriegs Benefiz-Lesungen in den USA, danach Leitung der Rivers State Radio-Gesellschaft u. Hrsg. der Zt. ›Nigerian Tide‹. – Seine frühen Gedichte wurden 1957 in der Zs. ›Black Orpheus‹ veröffentlicht. Thema sind die Entstehung von Nationen und damit verbundene indiv. Traumata.

W: The Voice, R. 1964; The Fisherman's Invocation, G. 1978; Little Snake and Little Frog, Kdb. 1981; An Adventure to Juju Island, Kdb. 1981.

O'Keeffe, John, ir. Schauspieler u. Dramatiker, 24. 6. 1747 Dublin – 4. 2. 1833 Southampton. Begann s. Karriere an Dubliner Theatern, seit 1777 überwiegend in London. Seit 1781 vollständig blind u. damit auf den Erfolg s. populären Musikdramen, Opern u. v. a. Farcen angewiesen. – Überaus produktiver Dramatiker, dem es gelang, auch wenig erfolgr. Dramen publikumswirksam umzuschreiben (so die kom. Oper ›The Banditti‹ 1781 in ›The Castle of Andalusia‹).

W: Tony Lumpkin in Town, 1778; The Son-in-Law, 1779; The Dead Alive, 1781; The Castle of Andalusia, 1782; The Poor Soldier, 1783; Wild Oats, 1791. – Dramatic Works, IV 1798; Plays, hg. F. M. Link, IV 1981; Recollections, II 1826.

Okigbo, Christopher (Ifeanyichukwu), nigerian. Lyriker u. Jazzmusiker, 16. 8. 1932 Ojoto/Nigeria – 18. 9. 1967 bei Nsukka/Nigeria als Major im nigerian. Bürgerkrieg. – Veröffentlichte s. Gedichte in der Zs. ›Black Orpheus‹, Mitherausgeber von ›Transitions‹. Stieß Grundsatzdebatte über afrikan. Literatur an, grenzte sich gegen die ›Négritude‹ von L. S. Senghor ab. Seine frühen Gedichte kreisen um Liebe und Religion, die späteren beschäftigen sich mit politischen Fragen und gesellschaftl. Verantwortung.

W: Heavensgate, G. 1962; Limits, G. 1964; Silences, G. 1965; Labyrinths, with Path of Thunder, G. 1971; Collected Poems, 1986.

L: S. D. Anozie, 1972; D. I. Ngowa, Washington, D.C. 1984; C. K. Ikwuemesi, Songs for Idoto, 1996; E. Ngumoha, Folk Traditions in O.'s Poetry, 1998; D. Okafor, Dance of death: C. O.'s poetry and Nigerian history, 1998; U. Esonwanne, N. Y. 2000.

Okri, Ben(jamin), nigerian. Schriftsteller, * 15. 3. 1959 Minna/Niger State/Nigeria. Vater Rechtsanwalt. Teil der Kindheit, Stud. u. Exil in England. Prägend war das Trauma des Biafra-Kriegs. – ›The Famished Road‹ mit s. mehrschichtigen Wirklichkeitswahrnehmung, in der lebendige, drast. Episoden aus der Realität von der Welt der Geister durchdrungen sind, wurde im Westen enthusiast. als faszinierendes Beispiel des sog. ›mag. Realismus‹ gefeiert.

W: Flowers and Shadows, R. 1980; The Landscapes Within, R. 1981; Incidents at the Shrine, En. 1986 (Maskeraden und andere Erzählungen, d. 2001); Stars of the New Curfew, En. 1988; The Famished Road, R. 1991 (Die hungrige Straße, d. 1994); An African Elegy, G. 1992 (Afrikanische Elegien, d. 1996); Songs of Enchantment, R. 1993; Astonishing the Gods, R. 1995 (Der Unsichtbare, d. 2000); Dangerous Love, R. 1996 (Verfängliche Liebe, d. 1996); Birds of Heaven, Ess. 1996 (d. 2000); A Way of Being Free, Ess. 1997; Infinite Riches, R. 1998; Mental Fight: An Anti-spell for the 21st Century, G. 2000; Phoenix Rising: Stories, Poems, Drama, 2001; In Arcadia, R. 2002.

L: A. Quayson, Strategic Transformations in Nigerian Writing, 1997; R. Fraser, 2002; F. A. Moh, 2002.

Okudžava, Bulat Šalvovič, russ. Lyriker, 9. 5. 1924 Moskau – 12. 6. 1997 Paris. Ab 1960 durch Gedichte, die er zu Gitarre singend vortrug, berühmt u. beliebt. S. erste Prosa ›Bud' zdorov, školjar!‹, aus eig. Erleben pazifist. gehalten, wurde – wie ein Teil s. Lyrik – in der SU unterdrückt. Ab 1969 mehrere histor. Romane. – O.s Lyrik enthält u. a. Elemente der Volksdichtung, der Zigeunerromanze u. der Ballade, gestaltet menschl., zeitkrit.-polit., auch religiöse Fragen. S. Kriegsbuch veranschaulicht das Leid des jungen Menschen an der Front, s. histor. Romane enthalten vorsichtige krit. Anspielungen auf die Gegenwart.

W: Lirika, G. 1956; Vesëlyj barabanščik, G. 1964, Lond. 1966 (Der fröhl. Trommler, d. 1969); Bud' zdorov, školjar!, N. 1961 (Mach's gut, d. 1963); Bednyj Avrosimov, Chicago 1970 (Der arme Awrosimow, d. 1970); Pochoždenija Šipova, R. 1975 (Die Erlebnisse des Polizeiagenten Schipow bei der Verfolgung des Schriftstellers Tolstoj, d. 1974); Arbat, moj Arbat, G. u. Vers-En. 1976; Putešestvija diletantov, R. 1979 (Die Reise der Dilettanten. 1. Teil Petersburg, d. 1978; 2. Teil Die Flucht, d. 1979); Svidanie s Bonapartom, R. 1985 (Begegnung mit Bonaparte, d. 1986). – Stichotvorenija, Ausw. 2001.

L: K.-D. van Ackern, 1976; D. Boss, 1985; H. Heider, Der Hoffnung kleines Orchester, 1983; R. Hansen-Kokoruš, 1992.

Okura → Yamanoue no Okura

Ólafsson, Ólafur Jóhann, isländ. Romanautor u. Manager, * 26. 9. 1962 Reykjavík. Sohn des Dichters Ólafur Jóhann → Sigurðsson; Examen als Physiker an der Brandeis Univ./MA, arbeitet seit 1986 bei der Sony Corporation, zuletzt 7 Jahre als Präsident von Sony Interactive Entertainment, jetzt Vizepräsident von Time Warner Digital Media, lebt in New York. – Ó. ist mit seinen realist., psycholog. überzeugenden Romanen, Bestsellern in Island und den USA, einer der erfolgreichsten isländ. Autoren der Gegenwart. Häufig schildern seine Werke Schicksale von Isländern im Ausland – im Spannungsfeld von Schuld und Sühne, Heimweh und Leidenschaft und vor dem Hintergrund der turbulenten Ereignisse des 20. Jh.

W: Níu lykla árið, En. 1986; Markaðstorg guðanna, R. 1988; Fyrirgefning syndanna, R. 1991 (Vergebung der Sünden, d. 1995); Sniglaveislan, R. 1994; Lávarður heims, R. 1996; Slóð fiðrildanna, R. 1999 (Der Weg nach Hause, d. 2002); Höll minninganna, R. 2001.

Ólafsson, Stefán, isländ. Dichter und Pfarrer, um 1619 Kirkjubær – 1688 Vallanes. Sohn des Pfarrers u. Dichters Ólafur Einarsson, Enkel des Propstes u. Dichters Ólafur Sigurðsson; kam um 1638 in die Kathedralschule nach Skálholt, wo er 1641 s. Abschluß machte, zwei Jahre als Sekretär im Dienst des Bischofs Brynjólfur Sveinsson, ab 1643 Stud. der Theol. u. altisländ. Lit. in Kopenhagen, übersetzte altisländ. Lit. ins Lat., 1648 Rückkehr nach Island u. Übernahme der Pfarrstelle in Vallanes, 1659 Erkrankung, ab 1671 Propst in den Ostfjorden. – Ó. war neben Hallgrímur Pétursson der bedeutendste Dichter der isländ. Barockzeit. Er verfaßte viele Kirchenlieder, aber auch weltl. Dichtung, darunter Loblieder auf Bier, Tabak u. Pferde, Liebesgedichte u. das satir. ›Ómennskukvæði‹, in dem er den moral. Verfall u. die Mißwirtschaft seiner Zeit kritisiert. Bedeutend auch als Übersetzer (Kingo u. a.).

A: Ljóðmæli, G. 1948.

Olaus (Olavus) Petri (eig. Olof Petterson), schwed. Reformator, 6. 1. 1493(?) Örebro – 19. 4. 1552 Stockholm. Sohn e. Schmieds, Stud. Uppsala, 1516–19 Leipzig und Wittenberg, Schüler Luthers, 1518 Magister, 1520 Diakon in Strängnäs, durch L. Andreae mit Gustav Vasa bekannt, 1524–31 Sekretär im Rat von Stockholm u. Prediger in der Nicolaikirche, 1531–33 Kanzler, 1540 wegen Hochverrats zum Tode verurteilt, begnadigt, 1542 Schulinspektor, 1543 Stadtpfarrer in Stockholm. – Luthertum und dt. Humanismus prägten s. Anschauungen. Veranlaßte 1525 die Übs. des NT, übersetzte selbst Teile des Matthäus- und Johannes-Evangeliums und des

Römer-Briefes. Das Erscheinungsjahr der Übs. des NT. (1526) gilt als Beginn der neuschwed. Sprachperiode. S. Flugschriften, meist Übsn. oder Bearbeitungen dt. Vorlagen, dienten der Verbreitung reformator. Gedankenguts, teils waren sie Polemiken. Nach Ausscheiden aus dem Kanzleramt begann er mit s. Geschichtswerk ›Een Swensk Cröneka‹, das bis zum Stockholmer Blutbad 1520 reicht, ohne jede patriot. Verschönerung. Vielseitiger Intellekt, selbständig in Wort und Handlung, glaubte an s. Berufung und trat für Gerechtigkeit ein, daher Zerwürfnis mit dem König. S. Psalmen sind meist Übsn. ma. oder luther. Vorlagen. In ›Tobiae Commedia‹ dramatisierte er den bibl. Text. Verfaßte auch jurist. Schriften und e. lat.-schwed. Wörterbuch. S. einfache, leicht verständl. Sprache ist kraftvoll und volkstüml., manchmal iron.

W: Een nyttugh underwijsning, 1526; Swar påå tolf spörsmål, 1527; Swar uppå ett ochristelighit sendebreff, 1527; Om Gudz ordh och menniskios bodh och stadhghar, 1528; Eeen liten underwijsning om Echteskapet, 1528; Een liten ingong i then helga skrifft, 1529; Eeen lijten postilla, 1530; Then Swenska Messan, 1531; Een Swensk Cröneka, 1535 (?) (gedr. 1818, n. 1917; d. 1793); Swenske songer eller wisor, G. 1536; Tobiae Commedia, Dr. 1550. – Samlade skrifter, hg. B. Hesselman IV 1914–17.

L: R. Hohn, 1917; H. Schück, ⁴1922; C. Bergendorff, 1928; J. Palmer, O. P.s språk, IV 1934–42; R. Murray, 1952.

Olbracht, Ivan (eig. Kamil Zeman), tschech. Schriftsteller, 6. 1. 1882 Semily – 30. 12. 1952 Prag. Sohn des Schriftstellers A. Stašek. Jurastud. Prag, Redakteur sozialist. u. kommunist. Zss. in Wien u. Prag; 1945 Sektionschef des Informationsministeriums. – Schon in s. frühen Erzählungen u. dem psycholog. Roman von den seel. Qualen e. Blinden (›Žalář nejtemnější‹) sucht O. den Subjektivismus u. Formalismus der älteren Lit. zu überwinden, was ihm in dem Kriegsroman ›Podivné přátelství herce Jesenia‹ mit dem Problem des Doppelgängers gelingt. Mit s. sozialen Romanen u. Erzählungen, die z. T. in der bis dahin wenig bekannten Karpatoukraine spielen (›Nikola Šuhaj loupežník‹) u. den Kampf der Arbeiter gegen die wirtschaftl. Unterdrückung zum Gegenstand haben, erreicht O. den Übergang zum Objektivismus u. zur kollektiven Deutung der Gesellschaftsprobleme. Vf. zahlr. Reportagen, Feuilletons u. Jugendbücher.

W: O zlých samotářích, En. 1913; Žalář nejtemnější, R. 1916 (Im dunkelsten Kerker, d. 1923); Podivné přátelství herce Jesenia, R. 1919 (Der Schauspieler J., d. 1958); Obrazy ze soudobého Ruska, Rep. 1920; Bejvávalo, En. 1927 (Es war einmal, d. 1949; daraus: Der Tata, 1950; Von der Liebe zur Monarchie, 1954); Anna proletářka, R. 1928 (Anna, ein Mädchen vom Lande, d. 1951); Bratr Žak, E. 1938 (Bruder Jacques, d. 1962); Zamřížované zrcadlo, E. 1930 (Der vergitterte Spiegel, d. 1932); Nikola Šuhaj loupežník, R. 1933 (Der Räuber Nikola Schuhaj, d. 1934); Hory a staletí, Rep. 1935; Golet v údolí, En. 1937 (Wunder mit Julka, d. Ausw. 1967); Dobyvatel, R. 1947. – Spisy (W), V 1926–30; Sebrané spisy (GW), XV 1947–61; Z rodinné korespondence, Korresp. 1966; Spisy (W), XIV 1973–85. – Übs.: GW, 1951 ff.

L: K. Sezima, Krystaly a průsvity, 1928; B. Václavek, Tvorbou k realitě, 1937; A. M. Píša, 1949; V. Hm'zdo, 1977 (erw. 1982); L. Adamová, 1977; D. Tureček, 1983; N. F. Kopistjanskaja, Lwow 1991. – Bibl.: R. Havel, 1956; Soupis literatury o životě a díle, II 1974, 1982.

Oldenbourg, Zoé, franz. Romanschriftstellerin russ. Herkunft, 31. 3. 1916 Petersburg – 8. 11. 2002 Paris. Tochter des Historikers Serge O.; kam 1925 nach Frankreich; Malerin u. Schriftstellerin. – Vf. von exakt dokumentierten, realist. hist. Romanen von kraftvollem, aber schwerfälligem Stil.

W: Argile et cendres, R. 1946 (Denn das Herz wird niemals Ruhe finden, d. 1954); La pierre angulaire, R. 1953 (Auf diesen Felsen, d. 1955); Réveillés de la vie, R. 1956; Les irréductibles, R. 1958; Le bûcher de Montségur, R. 1959; Les brûlés, R. 1960; Les cités charnelles, R. 1961; Les croisades, Ber. 1963 (d. 1967); Catherine de Russie, B. 1965 (d. 1969); L'épopée des cathédrales, R. 1972; Que vous a donc fait Israël?, 1974; Visages d'un autoportrait, Aut. 1977; La joie-souffrance, R. 1980; Le procès du rêve, R. 1982; L'évêque et la vieille dame, 1983; Que nous est Hécube, 1984; Les amours égarées, R. 1987; Visages d'un autoportrait, 1988; Déguisements, N. 1989.

Oleša, Jurij Karlovič, russ. Schriftsteller, 3. 3. 1899 Elizavetgrad – 10. 5. 1960 Moskau. Jugend in Odessa, bis 1927 Journalist, wurde 1927 durch s. Roman ›Zavist'‹ bekannt, schrieb noch einige Erzählungen und das Schauspiel ›Spisok blagodejanij‹; von der sowjet. Kritik gerügt, schwieg er vom Ende der 30er Jahre bis 1956 als Schriftsteller. – S. Roman ist in der Art der Entfaltung des Themas ungewöhnl. in der sowjetruss. Lit.; er symbolisiert den Zusammenstoß des Alten mit dem Neuen in einigen Figuren, in denen das Problem der menschl. Werte in der veränderten Umwelt lit. gestaltet ist; jenen Personen, die die neue Welt repräsentieren, wollen die andern, vor allem der zentrale Held des Romans, der um s. Selbstbehauptung als Mensch, als Individuum ringende Träumer Kavalerov, e. ›Verschwörung der Gefühle‹ entgegensetzen. Einfacher Aufbau mit symmetr. Verteilung der Figuren, ein durch das Spiel der Phantasie geformter reicher Stil. Die anderen Werke variieren Motive des ›Neid‹.

W: Zavist', R. 1928 (Neid, d. 1960); Tri tolstjaka, E. 1928 (Die drei Dicken, d. 1961); Višnevaja kostočka, En. 1931; Spisok blagodejanij, Sch. 1931; Ni dnja bez strokki, Tg. 1965. – Izbrannye sočinenija (AW), 1956; Povesti i rasskazy (Nn. u. En.), 1965; P'esy. Stat'i o teatre i dramaturgii, 1968.

L: E. K. Beaujour, 1970; S. Appel, 1973; A. Belinkov, 1976; K. Ingdahl, Stockholm 1984; V. Peppard, Gainesville 1989; J. G. Tucker, Columbus 1996.

Olescha, Jurij → Oleša, Jurij Karlovič

Oliphant, Margaret, geb. Wilson, schott. Romanschriftstellerin und Biographin, 4. 4. 1828 Wallyford – 25. 6. 1897 Wimbledon. ∞ 1852 den Maler Francis Wilson O., freie Schriftstellerin in London. – Ihr erster Roman zeigte Humor und Einfühlungsvermögen und verschaffte ihr sofort e. Namen in der zeitgenöss. Lit. Gibt in ihren Romanen minutiöse Schilderungen bürgerl.-viktorian. Lebens. Schrieb aus materieller Not über 100 Bände Romane, Kurzgeschichten, hist. Skizzen und Biographien. Unter dem Zwang zur Vielschreiberei litt die Qualität. Am besten ihre Schilderungen des Lebens in Schottland und Erzählungen, die in e. wirklichkeitsentrückten Traumwelt spielen.

W: Passages in the Life of Mrs Margaret Maitland, R. III 1849; The Chronicles of Carlingford, R.-Zyklus: Salem Chapel, II 1863, The Rector, III 1863, The Perpetual Curate, III 1864, Miss Marjoribanks, III 1866, The Minister's Wife, R. 1869; Historical Sketches of the Reign of George II, St. 1869; The Makers of Florence Sk. 1876; Phoebe Junior, R. III 1876; A Beleaguered City, E. 1880; A Little Pilgrim in the Unseen, E. 1882; Literary History of England in the end of the 18th and the beginning of the 19th Century, St. III 1882 (n. 1970); Effie Ogilvie, R. 1886; Kirsteen, R. III 1890; Life of L. Oliphant, B. 1891; The Victorian Age of English Literature, St. II 1892; William Blackwood and His Sons, B. III 1897. – The Autobiography and Letters of Mrs O., hg. E. Jay 1990.

L: A. T. Ritchie, From the Porch, 1913; V. u. R. A. Colby, The Equivocal Virtue, 1966; M. Williams, 1986.

Oliveira, Alberto de, portugies. Dichter, 16. 11. 1873 Porto – 23. 4. 1940 Lissabon. Stud. Coimbra, Mitarbeit an der symbolist. Zs. ›Boémia Nova‹, Bekanntschaft mit A. Nobre. Als Diplomat in versch. Ländern tätig. – Gelangt von der Dekadenz-Dichtung über e. myst. Idealismus u. schwärmer. Kunstverehrung zu parnass. Bildersprache. Polit. reaktionär u. betont national, für das Eigenleben der einzelnen portugies. Landschaften eintretend, durch Geschichte u. Volkstum s. Landes inspiriert. Wichtiger Memoirenschreiber u. impressionist. Kritiker, Neogarrettist u. Mentor der ›Generation von 1890‹.

W: Poesias, G. 1891; Palavras Loucas, G. 1894; Mil Trovas Populares (Sammlung von Volksdichtungen), 1903; Pombos Correios, Ber. 1913; Sermões Não Encomendados, Ber. 1925; Memórias da Vida Diplomática, Mem. 1926; Coimbra Amada, G. 1930; Novos Sonetos, G. 1935.

Oliveira, António Corrêa d', portugies. Dichter, 30. 7. 1879 São Pedro do Sul (Beira Alta) – 20. 12. 1960 Belinho (Esposende). Mitarbeiter der Zs. ›A Águia‹, Mitgl. der Akad. der Wiss. Lissabon. – Sehr ausgedehntes lyr. Werk von volkstüml.-relig. Themenkreis, Idealisierung ländl. Existenz, z. T. nicht ohne Trivialität, Hang zum einfachen Leben, nationalkonservativ, daneben auch anspruchsvolle metaphys. Weltdeutung (›Tentações de São Frei Gil‹), formal kaum originell. Gefühlvolle Sonette (›Saudade Nossa‹, 1944) und lyr. getönte Dramen.

W: Auto do Fim do Dia, Dr. 1900; Tentações de São Frei Gil, G. 1907; Auto das Quatro Estações, Dr. 1911; A. Criação, G. 1913; A Minha Terra, G. 1915–17; Verbo Ser e Verbo Amar, G. 1926; Azinheira em Flor, Dr. 1954. – Obras completas (GW), 1949–55.

L: A Cortez Pinto, 1953; ders., 1960; B. Salgado, 1957.

Oliveira, Carlos de, portugies. Dichter u. Erzähler, 10. 8. 1921 Belém do Pará (Brasilien) – 1. 7. 1981 Lissabon. Kindheit im Norden Portugals, Stud. Geschichte u. Philos. – Mitbegründer des portugies. Neorealismus, zunächst soz. und polit. Themen, nach ›Cantata‹ (1960) Dialogisieren des Subjekts mit der Zeit u. dem kosm. Imaginären, Einfluß von Dante, Camões, Shakespeare, Sá de Miranda u. António Machado (Welt als Trugbild), mit ›Finisterra‹ sprengt O. die Grenzen des Neorealismus u. leistet e. wichtigen Beitrag zur Erneuerung des portugies. Romans.

W: Casa na Duna, R. 1943 (Haus auf der Düne, d. 1989); Pequenos Burgueses, R. 1948 (Kleinbürger, d. 1991); Descida aos Infernos, G. 1949; Uma Abelha na Chuva, R. 1953 (Eine Biene im Regen, d. 1988); Sobre o Lado Esquerdo, G. 1968; Entre Duas Memórias, G. 1971; Trabalho Poético, G. 1977–78; Finisterra, R. 1978.

L: C. Reis, 1980; M. Gusmão, 1981; R. M. Martelo, 1998; J. P. Cruz, 2000.

Oliveira, Francisco Xavier de, gen. Cavaleiro de Oliveira, portugies. Schriftsteller, 21. 5. 1702 Lissabon – 18. 10. 1783 Hackney/England. Aus vornehmer Familie, seit 1734 Botschaftssekretär in Wien; intrigenreiches Leben, finanzieller Ruin, versch. Heiraten. Ab 1740 in Amsterdam u. Den Haag. Versuchte als freier Schriftsteller den Lebensunterhalt zu verdienen; ab 1744 in England, nahm den anglikan. Glauben an. Als Gegner der Inquisition und kirchl. Macht 1761 in Lissabon in effigie verbrannt. – Im Banne der Aufklärung stehend, e. der bedeutendsten portugies. Briefschreiber, Vf. von Erinnerungen, autobiograph. Reflexionen, Reisebeschreibungen u. programmat. Schriften, die sich u.a. mit den portugies. Wesen u. relig. Fragen auseinandersetzen, der ›lusitan. Protestant‹, sehr belesen, geistreich, iron. und galant.

W: Memórias das Viagens, 1741; Mémoires de Portugal, Ber. 1741; Cartas Familiares, Br. III 1741f. (n. A. Gonçalves Rodrigues 1935–37); Viagens à Ilha do Amor, Ber. 1744; Amusement Périodique, Reflexionen 1751 (portugies. u. hg. A. Ribeiro, II 1922); Discours Pathétique, Abh. 1756 (Forts. 1757); O Cavaleiro de O. queimado em estatua per hereje, Schr. 1757; Réflexions sur le désordre de Lisbonne, 1761; Le Chevalier d'Oliveira brûlé en effigie, Schr. 1762; Reflexões de Felix Vieyra Corvina de Arcos, 1767.

L: A. Gonçalves Rodrigues, 1950; A. Ribeiro, 1966.

Oliveira Martins, Joaquim Pedro de → Martins, Joaquim Pedro de Oliveira

Oliveira Penna, Cornélio de → Pena, Cornélio

Oliver, Miquel dels Sants, katalan. Schriftsteller, 1864 Campanet/Mallorca – 1920 Barcelona. Stud. Jura ebda. – Einflußreicher Journalist, modernist. Lyriker, Erzähler; nostalg. Schilderer mallorquin. Sitten.

W: Margalida. Paisatge mallorquí, R. 1888 (n. 1991); Aventures de un mallorquí, R. 1890; L'hostal de la Bolla, R. 1898f.; Flors del silenci, En. 1907; Poesies, 1910. – Obres completes, 1948.

L: J. Alcover, 1921; G. Mir, 1993.

Oller i Moragues, Narcís, katalan. Romanschriftsteller, 10. 8. 1846 Valls – 26. 7. 1930 Barcelona. Stud. Rechte Barcelona, seit 1875 im Staatsdienst, Mitarbeit an versch. Zsn.; schrieb span. u. katalan., Pseudonym ›Plácido‹, später nur in s. katalan. Muttersprache. Machte in Paris die Bekanntschaft Zolas, der s. ersten Romane beeinflußte. – Neben V. Catalá berühmtester Erzähler des mod. Katalonien; umfangreiches Schaffen, scharfe Beobachtungsgabe, Humor u. Einfallskraft. S. Werke sind sorgfältig durchdacht u. mit reifer Technik entwickelt; wandte sich wohlwollend, ohne Schärfe gegen die soz. Mißstände s. Zeit. Übs. russ. Realisten.

W: Croquis del natural, En. 1879; La papallona, R. 1882; Notes de color, En. 1883; L'escanyapobres, R. 1884 (Der Vampyr, d. 1920); Vilaniu, R. 1885; De tots colors, En. 1888; La febre d'or, R. III 1890–93; Figura i paisatge, En. 1897; La bogería, R. 1899; Teatre d'aficionats, 1900; Pilar Prim, R. 1906; Rurals i urbanes, Prosa 1916; Al llapis i a la ploma, En. 1918. – Obres completes, XII 1928–30, 1948; Memòries literàries, 1962.

L: J. Ixart, 1884; A. Masriera, 1912; F. de A. Costas Iovè, 1946; J. Triadú, 1955; V. Maragas, 1995; A. Yates, 1998.

Ollier, Claude, franz. Schriftsteller, * 17. 12. 1922 Paris. Stud. Jura, Filmkritiker der ›Cahiers de Cinéma‹. Lebt in Marrakesch. – S. Romane u. Erzählungen, in die kriminalist. Elemente einbezogen werden (›La mise en scène‹), liegen im Einflußbereich des Nouveau Roman.

W: La mise en scène, R. 1958; Le maintien de l'ordre, R. 1961; Été indien, R. 1963; Navettes, En. 1967; L'échec de Nolan, R. 1967; Fables sans rêve (1960–1970), o. J.; La vie sur Epsilon, R. 1972; Enigma, R. 1973; Our, ou vingt ans après, R. 1974; Fuzzy sets, R. 1975; Marrakch Medine, Prosa 1979; Souvenirs écran, 1981; Nébules, 1981; Mon double à Malacca, 1982; Cahiers d'écolier 1950–1960, 1984; Une histoire illisible, R. 1986; Déconnection, 1988; Wanderlust et les oxycèdres, 2000; Préhistoires, 2001.

L: A. Cali, Lecce 1978; C. Lindsay, Diss. Columbus: Ohio State Univ. Press 1980; G. Mies, Diss. 1981; M. Calle-Gruber, 1996; S. Houppermans, 1997.

Olmedo, José Joaquín de, ecuadorian. Dichter, 20. 3. 1780 Guayaquil – 19. 2. 1847 ebda. Stud. Philos. u. Rechte Quito u. Lima; Prof. für bürgerl. Recht; 1803 Inquisitionsprozeß wegen Lesens verbotener Bücher; Abgeordneter in den span. Cortes von Cádiz; Teilnahme an den Unabhängigkeitskämpfen in Ecuador; 1825 in London; befreundet mit Bello; nach s. Rückkehr hohe polit. Ämter, Vizepräsident. – Klassizist in Anlehnung an die griech. u. lat. Lyrik; besang die Unabhängigkeit u. Freiheit s. Landes in emphat., tönenden Oden; wurde der ›amerik. Pindar‹ genannt. Übs. u. a. von Horaz u. Pope.

W: La victoria de Junín. Canto a Bolívar, Ode 1825; Al general Flores, vencedor de Miñarica, Ode 1835. – Obras poéticas, 1848; Poesías inéditas, hg. M. N. Corpancho 1862; Poesías, hg. C. Ballén, Paris 1896; Obras completas: Poesías, hg. E. Espinosa Pólit 1945; Epistolario, hg. A. Espinosa Pólit 1960.

L: D. Carbonell, 1918; F. Váscones, 1920; A. R. Castillo, 1946, 1950; A. Duarte Valverde, 1953; D. Guevara, 1958; L. Noboa Icaza, 1973; M. Tello, 1980; J. I. Cazorla, 1984.

Olson, Charles, amerik. Lyriker und Kritiker, 27. 12. 1910 Worcester/MA – 10. 1. 1970 New York. Stud. Wesleyan Univ. u. Harvard, Dozent für engl. Lit. Harvard (1936–39) u. am progressiven, den Ideen des Bauhauses verpflichteten Black Mountain College (1951–56), wo er mit R. Duncan u. R. Creeley die ›Black Mountain Review‹ als Magazin für neueste Lyrik edierte. – Anknüpfend an W. C. Williams u. Whitman forderte O. e. ›offene‹ Dichtung als Projektion der Persönlichkeit u. e. an physiolog. Bewegungsrhythmen (Atmen, Hören u. Sprechen) orientierte dynam. Prosodie statt fester Formen (›projective verse‹); einflußr. Poetik der Spontaneität u. Diskontinuität. Der an Pounds ›Cantos‹ anknüpfende Zyklus ›The Maximus Poems‹ kontrastiert die depravierte Moderne mit den menschl. Kulturen der Vergangenheit u. vertritt e. Philosophie der Geschichte als Wandel u. Veränderung; Verbindung von Ethnologie (Maya-Kultur), Marxismus u. Vitalismus.

W: Call Me Ishmael, St. 1947 (d. 1979); Y & X, G. 1948; The Maximus Poems 1–10, 1953; Mayan Letters, Es. 1953; In Cold Hell, In Thicket, G. 1953; The Maximus Poems 11–22, 1956; Projective Verse Vs. the Non-Projective, Es. 1959; The Maximus Poems, 1960; The Distances, G. 1960; Human Universe, Ess. 1965; O'Ryan 1–10, G. 1965; Proprioception, G. 1965; West, G. 1966 (am.-d. 1969); Selected Writings, hg. R. Creeley 1966; Maximus Poems IV, V, VI, G. 1968; Archeologist of Morning, G. 1970; Poetry and Truth, Ess. hg. G. F. Butterick 1971; Additional Prose, Ess. hg. ders. 1974; The Post Office, A Memoir of His Father, 1974 (d. 1997); The Maxismus Poems, vol. III hg. C. Boer, G. F. Butterick 1975; C. O. and Ezra Pound, hg. C. Seelye 1975; The Fiery Hunt, Drn. 1977; Some Early Poems, G. 1978; Muthologos, Ess. II 1978–79. – Maximus Poems, hg. G. F. Butterick 1983; Collected Poems, hg. G. F. Butterick 1987; Collected Prose, hg. D. Allen, B. Friedlander 1997; Letters for Origin, hg. A. Glover 1969; C. O. and R. Creeley, Br. hg. G. F. Butterick VI 1980–85; C. O. and F. Dahlberg, Br. 1990; C. O. and F. Boldereff, Br. hg. R. Maud 1999. – *Übs.:* Gedichte, 1965; Ich jage zwischen Steinen, Br. u. Ess. hg. R. Schmitz 1998.

L: C. Boer, B. 1975; G. F. Butterick, 1978; S. Paul, 1978; R. v. Hallberg, 1978; P. Christensen, 1979; D. Byrd, 1980; T. F. Merrill, 1982 u. 1986; T. Clark, B. 1991; J. Halden-Sullivan, 1991; E. Bollobás, 1992; S. Fredman, 1993; R. Maud, B. 1996; R. Maud, 1997. – *Bibl.:* G. F. Butterick, A. Glover, 1967; W. McPheron, 1986.

Olson, Elder, amerik. Schriftsteller, 9. 3. 1909 Chicago – 25. 7. 1992 Albuquerque/NM. Lit. theoretiker der neoaristotel. Schule von Chicago. – Vf. in reiner Bildersprache vorgetragener ›absoluter‹ Lyrik u. parabelhafter Einakter.

W: Thing of Sorrow, G. 1934; Cock of Heaven, G. 1940; The Scarecrow-Christ, G. 1954; Poetry of D. Thomas, St. 1954; Plays and Poems 1948–58, 1958; Tragedy and the Theory of Drama, St. 1961; Collected Poems, 1963; The Theory of Comedy, 1968; Olson's Penny Arcade, G. 1975; On Value Judgements in the Arts, Ess. 1976; Last Poems, G. 1984.

L: T. E. Lucas, 1972. – *Bibl.:* J. L. Battersby, 1983.

Olsson, Hagar, finnl.-schwed. Schriftstellerin und Kritikerin, 16. 9. 1893 Kustavi – 21. 2. 1978 Helsingfors. Propsttochter; Schulzeit in Viborg. Journalistin u. freie Schriftstellerin in Helsingfors. – Neben Södergran u. Diktonius Mitbegründerin des Modernismus in Finnland. Sie teilt mit den Expressionisten die Revoltestimmung, aber ihr fehlt der Zynismus. Zu künstler. Reife gelangt sie im teilweise autobiograph. Roman ›Chitambo‹. Hier wird zuerst ihr Ideal e. myst. Aufgehens des Menschen in der Natur deutl., das in den folgenden Werken immer stärker in den Vordergrund tritt.

W: Lars Thorman och döden, Ess. 1916; Själarnas ansikten, 1917; Kvinnan och naden, E. 1919; Ny generation, Ess. 1925; Mr. Jeremias söker en illusion, E. 1926;
Hjärtats pantomim, Dr. (1927); S. O. S., Dr. 1928; På Kanaanexpressen, R. 1929; Det blåser upp till storm, R. 1930 (Sturm bricht an, d. 1931); Det blå undret, Dr. 1932; Chitambo, R. 1933; Arbetare i natten, Ess. 1935; Lumisota, Dr. 1939; Träsnidaren och döden, E. 1940 (Der Holzschnitzer und der Tod, d. 1942, u. d. T.. Wie schön ist dein Gesicht, 1955); Rövaren och jungfrun, Dr. 1944; Jag lever, Ess. 1948; Kinesisk utflukt, R. 1949; Kärlekens död, Dr. 1952; Tidiga fanfarer och annan dagskritik, Ess. 1953; Hemkomst, N. 1961; Möte med kära gestalter, Mem. 1963; Drömmar, Nn. 1965; Ridturen, Nn. 1968. Tidig dramatik, Drn. (Ausw.) 1962; Tidig prosa, Prosa (Ausw.) 1963.

L: R. Holmström, H. O. och den öppna horisonten, 1993.

Oltmans, Jan Frederik (Ps. J. van den Hage), niederländ. Schriftsteller, 1. 9. 1806 Haag – 29. 1. 1854 Steenderen. 1841–45 Redaktionsmitglied von ›De Gids‹ – Vf. hist. Romane (urspr. unter Ps. veröffentlicht) nach dem Vorbild W. Scotts. Die Darstellung geschichtl. Tatsachen beruht auf eingehenden Quellenstudien.

W: Het slot Lovestein in 1570, R. II 1834; De schaapherder, R. IV 1838 (n. 1979, m. Einl.). – Volledige werken, VII [8]1893, II [9]1893.

Olujić, Grozdana, serb. Schriftstellerin, * 30. 8. 1934 Erdevik. – O.' populäre Romane, die starken Anklang im Ausland fanden, behandeln innere Probleme des mod. Menschen. Vf. von Jugendlit.

W: Izlet u nebo, R. 1958 (Ein Ausflug in den Himmel, d. 1961); Pisci o sebi, Ess. 1959; Glasam za ljubav, R. 1963 (Liebe ist wie ein frischer Apfel, d. 1966); Ne budi zaspale pse, R. 1964; Divlje seme, R. 1967; Zvezdana reka, M. 1986 (Der Himmelsfluß, d. 1989); Princ oblaka, M. 1990; Zvezdane lutalice, M. 2002. – *Übs.:* Die Mondblume und andere Märchen, 1984.

Omar Chajjam → ʿUmar Ḥaiyām, Abū Ḥafṣ

ʿOmar ibn abī Rabīʿa → ʿUmar ibn abī Rabīʿa

ʿOmar ibn al-Fārid → Ibn al-Fāriḍ, ʿUmar

Omre, Arthur (eig. Ole A. Antonisen), norweg. Erzähler, 17. 12. 1887 Horten – 16. 8. 1967 Porsgrunn. Seemann, dann Journalist in Amerika, ruheloses Leben, Reisen in Europa und Asien. 1932 Rückkehr nach Norwegen. – Vf. lit. wertvoller realist.-psycholog. Kriminalromane unter Einfluß der mod. amerik. Erzähler (bes. Hemingways) über die innere Angst und Unruhe von Verbrechern und gejagter, mit den Gesetzen in Konflikt geratener Menschen, ihrem Leben im Gefängnis und ihrer Sehnsucht nach Freiheit. Auch Novellist und Dramatiker.

W: Smuglere, R. 1935 (Die Schmuggler, d. 1953); Flukten, R. 1936 (Die Flucht, d. 1953); Sukkenes bro,

Oña R. 1937; Kristinus Bergman, R. 1938 (Die Männer im Fuchsbau, d. 1954); Intermesso, R. 1939 (Intermezzo, d. 1940); Det onde øie, R. 1939; Harmoni, R. 1939; Det hender i blandt, Nn. 1941; Linedansere, K. 1945; Det femte bud, K. 1947; Stort sett pent vær, Nn. 1948; Skiftende bris, Nn. 1950; Vagabond i Gosen, R. 1953; Gullmyntene og andre historier, Nn. 1954; Utvalgte noveller, Nn. 1964; Den magiske koffert, Nn. (Ausw.) 1994.

L: I. Tveitan, En ny retning i norsk litteratur, 1943; E. Søbye, 1992.

Oña, Pedro de, chilen. Schriftsteller, 1570 Infantes de Angol – 1643. Sohn e. Hauptmanns, bis 1590 Stud. in Lima. – Vf. des Epos ›Arauco domado‹ über den Kampf der Spanier gegen die Araukaner, zur Verherrlichung des Vizekönigs von Peru, Don García Hurtado de Mendoza; e. schwache Nachahmung von Ercillas ›Araucana‹, ohne dessen Unmittelbarkeit, wenn auch teilweise interessant durch detaillierte Sittenschilderungen u. poet. Naturgefühl.

W: Arauco domado, Ep. 1596 (n. 1958; J. T. Medina 1917; in: ›Biblioteca de Autores Españoles‹ 29; Faks. 1944); El temblor de Lima, G. 1609 (Faks., hg. J. T. Medina 1909); El vasauro, G. 1635 (n. R. Oroz 1941); Ignacio de Cantabria, unvollendete B. 1639.

L: E. Matta Vial, 1924; E. Seguel, 1940; S. Dinamarca, N. Y. 1952.

O'Nan, Stewart, amerik. Schriftsteller, * 4. 2. 1961 Pittsburgh/PA. – Autor realist. Romane und Kurzgeschichten mit relig. Symbolik und teils grausamer Sentimentalität, zerfallende Familien, ärml. Kleinstadtmilieu, Todeserfahrungen durch Mord, Krieg, Todesstrafe.

W: In the Walled City, Kgn. 1993 (Die Armee der Superhelden, d. 2000); Snow Angels, R. 1994 (d. 1997); The Names of the Dead, R. 1996; The Speed Queen, R. 1997 (d. 1998); A World Away, R. 1998 (Sommer der Züge, d. 1999); A Prayer for the Dying, R. 1999 (Das Glück der anderen, d. 2001); The Circus Fire, Dok. 2000 (d. 2003); Everyday People, 2001 (Ganz alltägliche Liebe, d. 2004); Wish You Were Here, R. 2002; The Night Country, R. 2003 (Halloween, d. 2004).

Ondaatje, (Philip) Michael, kanad. Dichter u. Romanautor, * 12. 9. 1943 Colombo/Sri Lanka. Vater war Leiter e. Tee- u. Kautschukplantage; 1954 Emigration nach England; Stud. Dulwich College/London, Univ. of Toronto, Queen's Univ.; seit 1971 Dozent am Glendon College, York Univ.; lebt in Toronto. – S. Werk thematisiert Grenzlinien u. Grenzverwischungen zwischen Kunst u. Leben, Selbst u. Anderen, Imagination u. Realität. Charakterist. für s. Stil sind surreal-bizarre Elemente, Anleihen bei cineast. Verfahren sowie ausgeprägte Metaphorik u. Symbolik. In s. späteren Romanen wendet sich O. verstärkt zeitgeschichtl. u. polit. Themen zu. Auch Vf. von Filmskripten, literaturkrit. Schriften u. Hrsg. von Anthologien.

W: The Dainty Monsters, G. 1967; The Man with Seven Toes, G. 1969; The Collected Works of Billy the Kid, Dicht. 1970 (d. 1997); Rat Jelly, G. 1973; Coming Through Slaughter, R. 1976 (Buddy Boldens Blues, dt. 1997); There's a Trick with a Knife I'm Learning to Do, G. 1979; Running in the Family, Aut. 1982 (d. 1992); Secular Love, G. 1984; In the Skin of a Lion, R. 1987 (d. 1990); The Cinnamon Peeler, G. 1992; The English Patient, R. 1992 (d. 1993); Handwriting, G. 1998 (d. 2001); Anil's Ghost, R. 2000 (d. 2000).

L: N. Waldman, 1982; L. Mundwiler, 1984; D. Barbour, 1993; E. Jewinsky, 1994; J.-M. Lacroix, hg. 1999.

O'Neill, Eugene (Gladstone), amerik. Dramatiker, 16. 10. 1888 New York – 27. 11. 1953 Boston. Sohn e. Schauspielers, mit Eltern auf Tournee, 1906/07 Princeton, auf Goldsuche in Honduras, als Matrose nach Südamerika u. Südafrika; Schauspieler, Reporter; 1912/13 Lungensanatorium, 1914/15 Harvard in G. P. Bakers ›Workshop 47‹; Verbindung mit den ›Provincetown Players‹, später mit der ›Theatre Guild‹. Erster Broadway-Erfolg mit ›Beyond the Horizon‹ (1920) u. erster Pulitzerpreis; 1936 Nobelpreis. – Der Vater James O'N. verriet die Kunst zugunsten von Tourneen mit dem Kassenschlager ›Graf von Monte Christo‹; der Sohn verachtete die konventionelle Bühne u. wurde (neben S. Glaspell u. a.) zum Begründer u. wichtigsten Vertreter des mod. amerik. Dramas. Beeinflußt durch Ibsen, Shaw, Strindberg u. Nietzsche, gefördert von Mencken u. Nathan, blieb O'N. mit stimmungsvollen Einaktern über Seeleute, expressionist. Stationendramen (›Emperor Jones‹, ›The Hairy Ape‹) u. maskenverwendender philos. Tiefenschau (›The Great God Brown‹, ›Lazarus Laughed‹) auf der Suche nach e. eigenem Stil. S. 9aktiges ›Strange Interlude‹ mit gesprochenem innerem Monolog näherte das Drama der Romanform an, das dreiteilige ›Mourning Becomes Electra‹ (1931) transponierte den Atriden-Mythos in die Zeit des amerik. Bürgerkriegs. Pläne großer Zyklen scheiterten, aber neuer Höhepunkt mit um das für O'N. krisenhafte Jahr 1912 (Tuberkulose) u. um s. Familiengeschichte kreisenden Stücken, bes. ›Long Day's Journey Into Night‹ (1956). Philosophisch nie zur Ruhe gekommen, dramaturg. zwischen Naturalismus u. Experimenten schwankend, Ibsens Illusionsthematik u. der Tiefenpsychologie verpflichtet, ragt O'N. bei manchen Fehlschlägen mit s. Gesamtwerk doch über die amerik. Zeitgenossen hinaus.

W: Bound East for Cardiff, 1916; The Long Voyage Home, 1917; In The Zone, 1917; The Moon of the Caribbees, 1919 (d. 1924); Beyond the Horizon, 1920 (d. 1952); The Emperor Jones, 1921 (d. 1923); Anna Christie, 1921 (d. 1923); The Hairy Ape, 1922 (d. 1924); All God's Chillun Got Wings, 1924 (d. 1932); Desire Under the Elms, 1925 (d. 1925); The Great God Brown, 1926 (d. 1928); Lazarus Laughed, 1927; Marco Millions, 1928

(d. 1956); Strange Interlude, 1928 (d. 1929 u. 1957); Mourning Becomes Electra, 1931 (d. 1947); Nine Plays, 1932; Ah, Wilderness, 1933 (d. 1949); Days Without End, 1934; The Iceman Cometh, 1946 (d. 1949); A Moon for the Misbegotten, 1952 (d. 1954); Long Day's Journey Into Night, 1956 (d. 1956); A Touch of the Poet, 1957 (d. 1959); Hughie, Dr. 1958 (d. 1960); More Stately Mansions, Dr. hg. D. Gallup 1964 (Alle Reichtümer dieser Welt, d. 1965). – The Plays, XII 1934f.; Works, XI 1927, III 1941; Ten ›Lost‹ Plays, 1964; Children of the Sea and Three Other Unpubl. Plays, hg. J. M. Atkinson, 1972; Complete Plays, III hg. F. Bogard 1988; Letters to K. Macgowan, hg. J. R. Bryer 1982; The O'N.-Commins Correspondence, hg. D. Commins 1986; O'N. to G. J. Nathan, Br. 1987; A. Boulton and O'N., Br. 2000. – *Übs.*: Meisterdramen, II 1960–63.

L: B. H. Clark, ³1947; D. V. Falk, 1958, n. 1981; O. Cargill u. a. 1961; D. Alexander, 1962; J. Leech, 1963; H. Frenz, 1965 u. 1975; J. Gassner, 1965; J. H. Raleigh, 1965; F. H. Link, 1967; T. Tinsanen, 1968; L. Sheaffer, II 1968–73; U. Halfmann, 1969; R. Scheibler, 1970; T. Bogard, 1972; A. u. B. Gelb, ²1973; G. Ahrens, 1978; W. B. Lewis, 1984, M. Seidel, 1984; J. E. Barlow, 1985; V. Floyd, 1985; T. Bogard, ²1988; R. Wainscott, 1988; D. Alexander, 1992; K. Müller, 1993; K. Eisen, 1994; J. Pfister, 1995; M. Manheim, 1998, 2001; S. Black, 1999; B. Voglino, 1999; M. T. Miliora, 2000; B. Murphy, 2001. – *Bibl.:* R. Sanborn, B. H. Clark, ²1965 (enth. ges. Ged.); J. M. Atkinson, 1974; U. Halfmann, 1987; M. Smith, R. Eaton, 1988.

O'Neill de Bulhões, Alexandre Manuel Vahia de Castro, portugies. Dichter u. Publizist, 19. 12. 1924 Lissabon – 21. 8. 1986 ebda. Kontakt mit André Breton u. den portugies. Surrealisten. – Erste Veröffentlichung 1948 in ›Cadernos Surrealistas‹ mit e. audiovisuellen Gedicht, überwindet das Erbe des Surrealismus und findet s. eigene Stimme. S. Lyrik ist e. geist- u. ausdrucksvoller, satir. Angriff auf die portugies. Gesellschaft, an der Grenze zur Antipoesie. Anfang der 1960er Jahre nähert er sich der konkreten Poesie.

W: Poesias completas 1951–1981 (GW), 1982.
L: M. A. Oliveira, 1992.

Onetti, Juan Carlos, uruguay. Schriftsteller, 1. 7. 1909 Montevideo – 30. 4. 1994 Madrid. Journalist, Beamter, Bibliothekar; jahrelang in Buenos Aires, ab 1975 im Madrider Exil. – Bedeutendster Schriftsteller Uruguays im 20. Jh. Rief 1950 die myth. Stadt ›Santa Maria‹ ins Leben, in der sich fast alle s. späteren Werke abspielen, wovon das beste ›El astillero‹ ist. Die Identitätskrise s. Figuren ist der Ausdruck des Ungleichgewichts zwischen Individuum u. Gesellschaft. O. schuf durch s. Stil e. Atmosphäre sanfter Traurigkeit.

W: El pozo, R. 1939 (d. 1989); Tierra de nadie, R. 1941; Para esta noche, R. 1943; La vida breve, R. 1950 (d. 1978); Un sueño realizado, En. 1951; Los adioses, N. 1954; Para una tumba sin nombre, R. 1959 (d. 1982, 1987); La cara de la desgracia, En. 1960; El astillero, R. 1961 (verfilmt; d. 1976); El infierno tan temido, En. 1962; Tan triste como ella, N. 1963 (dt. in: So traurig wie sie, 1981); Juntacadáveres, R. 1964 (d. 1988); La novia robada, En. 1970; La muerte y la niña, N. 1973 (d. 1993); Dejemos hablar al viento, R. 1979 (d. 1986); Cuando entonces, N. 1987 (d. 1989); Cuando ya no importe, R. 1993; Confesiones de un lector, Chronik 1995. – Obras Completas, 1970; Cuentos completos, 1967, 1975 u. 1994. – *Übs.:* Willkommen, Bob (ges. En.), 1999.

L: M. Izquierdo Rojo, 1973; H. F. Giocoman, hg. 1974; Homenaje a J. C. O., in: Cuadernos Hispanoamericanos, Fs. 1974; D. Kadir, 1977; M. R. Frankenthaler, 1977; J. Ludmer, 1977; F. Curiel, 1980; H. J. Verani, 1981, 1987; O. Prego, M. A. Petit, 1981; J. M. Molina, 1982; F. Curiel, ²1984; M. Millington, 1985; M. C. Milián-Silveira, 1986; R. Ferro, 1986; O. Prego, 1986; B. Bayce, 1987; A. L. Grenes, 1987; R. Cosse, hg. 1989; J. P. Díaz, 1989; La obra de J. C. O.: cologuio internacional, hg. Centre de Recherches Latinoamericaines 1990; S. Mattalía, 1990; R. Chao, 1990; E. M. Martínez, 1992; R. S. Méndez-Clark, 1993; M. E. Gilio, C. M. Domínguez, 1993; M. Fischer, 1995; Homenaje, 1997.

Ongaro, Franceso dall' → Dall'Ongaro, Francesco

Onitsura (eig. Uejima Onitsura), jap. haikai-Dichter, 4. 4. 1661 Provinz Sesshû – 2. 8. 1738. Haikai-Schüler des Ikeda Sôtan (1636–93), legt die Grundlage zur Vertiefung des haikai: ›Außerhalb der Wahrhaftigkeit gibt es kein haikai‹ (1685) u. ist e. Vorläufer von Bashô's makoto-Begriff. S. haikai-Poetiken haben für die Fortentwicklung dieser Form große Bedeutung.

W: Hitorigoto, Poetik 1718 (d. 1963); Nanaguruma, haikai-Slg. 1727.
L: W. Naumann, OAG-Fs. 1963.

Onofri, Arturo, ital. Dichter, 15. 9. 1885 Rom – 25. 12. 1928 ebda. Humanist. Ausbildung. Mitbegr. u. 1912/13 Mitarbeiter der Zsn. ›Lirica‹, 1915/16 ›La Voce‹, 1922 ›Le Cronache d'Italia‹. – S. Dichtung strebt unter dem Einfluß von Mallarmé u. Pascoli nach Idealen der Läuterung u. geistigen Erlösung, nach e. myst. übersinnl. Erkenntnis, nach e. Versöhnung von Wiss., Religion u. Kunst.

W: Liriche, G. 1907; Poemi tragici, G. 1908; Canti delle oasi, G. 1909; Liriche, G. 1914; Arioso, G. 1921; Nuovo rinascimento come arte dell'io, Ess. 1925; Terrestrità del sole, G. 1927. – Poesie, hg. A. Bocelli, G. Comi 1949; Poesie edite e inedite 1900–1914, hg. A. Dolfi 1982.

L: A. Luzzatto, Rimbaud, O., Valery, 1933; S. Salucci, 1972.

Ono(no) Komachi, jap. Dichterin, 9. Jh. E. der sechs Dichter-Genien (rokkasen), neben Ariwara no Narihira e. der besten Repräsentanten ihrer Zeit. Ihre Gedichte finden sich im ›Kokinwakas-

Onomakritos

hû‹ u. in der privaten Sammlung ›Komachi shû‹ (um 850). Ihrer Person bemächtigte sich die Legende, u. ihr Leben wurde zum lit. Thema, wie z.B. in den Nô-Spielen ›Sôshiarai‹, ›Sekidera Komachi‹, ›Ômu Komachi‹, ›Sotoba Komachi‹, ›Kayoi Komachi‹ u. im buddhist. Traktat ›Tamatsukuri Komachi-ko sôsui-shô‹.

Übs.: The Ink Dark Moon, G., engl. J. Hirshfield 1988.
L: P. Weber-Schäfer (Stud. z. Japanologie 2), 1960; E. Kato, O nok and the old woman of Bease (TASJ), 1996.

O'Nolan, Brian → O'Brien, Flann

Onomakritos aus Athen, altgriech. Dichter; 2. Hälfte 6. Jh./Anf. 5. Jh. v. Chr. – Unter den Peisistratiden Redakteur (evtl. teilweise Vf.?) der Dichtungen, die unter dem Namen des Orpheus bzw. s. Schülers Musaios umliefen; soll der Fälschung von Weissagungen des Musaios überführt worden sein, deshalb Athen verlassen und den Perserkönig Xerxes zum Krieg gegen Griechenland aufgestachelt haben.

A: O. Kern 1922, 182–195 (Nachdr. 1966).
L: F. Graf, 1974; M. L. West, Oxf. 1983 (Nachdr. 1998); R. Boehme, 1983, 1991.

Ô no Yasumaro, jap. Gelehrter, ?–723, Kompilator von → ›Kojiki‹ u. → ›Nihongi‹.

'Onsorī → 'Unṣurī, Abu'l-Qāsim Ḥasan ibn Aḥmad

Ôoka, Makoto, jap. Lyriker, * 16. 2. 1931 Mishima (Shizuoka). Nach dem Studium der jap. Literatur in verschiedenen Lyrikergruppen aktiv. Beschäftigung mit dem Surrealismus. 1956 erster eigener Gedichtband. Zahlreiche Veröffentlichungen zur Poetik vormoderner u. mod. Lyrik. – Nicht zuletzt durch seine seit 1970 in Zusammenarbeit mit jap. u. ausländ. Dichtern entstandenen ›Kettengedichte‹ einer der international profiliertesten jap. Lyriker.

W: Kioku to genzai, G. 1956; zus. mit Kawasaki H. u.a., Poetische Perlen, G. 1986; Poésie et poétique du Japon ancien, Vortr. 1995 (Dichtung und Poetik des alten Japan, d. 2000); zus. mit J. Becker u.a., Hängebrükken – Berliner Renshi, d. 2000. – O. M. Chosaku shû (GW), XV 1977–78. –*Übs.:* A string around autumn, engl. 1982; Beneath the sleepless tossing of the planets, engl. 1995; Botschaft an die Wasser meiner Heimat, d. 1997.

Ôoka, Shôhei, jap. Romanschriftsteller, 6. 3. 1909 Tokyo – 25. 12. 1988 ebda. 1921 Besuch der Mittelschule, Beeinflussung durch das Christentum. 1929 Stud. franz. Lit. Kyoto-Univ.; nach Abschluß 1932 ausschließl. Stud. u. Übs. Stendhals. 1934–35 bei der Zt. ›Kokumin‹, 1938–43 bei der Teikoku Oxygen Co. beschäftigt. 1944 Einberufung in die Armee, Dienst auf den Philippinen, 1945 amerik. Kriegsgefangenschaft. Aus dem Kriegserlebnis heraus entstanden ›Furyoki‹ u. ›Nobi‹. – An der klass. europ. Lit. geschult, lehnt Ô. die traditionelle Form des Ich-Romans ab u. unterscheidet zwischen ›Ich‹ u. Autor. Differenzierte, psycholog. exakte Darstellung, durchdachter Aufbau.

W: Furyoki, R. 1948; Musashino-fujin, R. 1950; Nobi, R. 1951 (Feuer im Grasland, d. 1959, 1994); Kaei, R. 1961 (engl. 1998). – O. S. shû (GW), 1982–84.
L: M. Kawamura, Postwar Literature and the Asian Experience (AA), 2000.

Opaliński, Krzysztof, poln. Satiriker, 1609 Sieraków – 7. 12. 1655 Włoszakowo. Magnatenfamilie; Ausbildung in Posen, Italien, Dtl.; Wojwode von Posen. Gründer e. höheren Schule in Sieraków unter Mitwirkung von J. A. Comenius. Gesandter des Königs bei s. Brautwerbung um Maria von Gonzaga 1645. Ließ 1655 die Schweden unter Karl X. Gustav in Großpolen einrükken, starb bald darauf verachtet u. vereinsamt. – Weltaufgeschlossen, Verbindung mit vielen bedeutenden Kulturschaffenden. Auch im lit. Schaffen von Comenius beeinflußt. Schrieb anonym 52 Satiren nach Juvenal im Blankvers. Will e. eigenständ. poln. Satire schaffen.

W: Satyry, albo Przestrogi do naprawy rządu i obyczajów w Polszcze należące, Sat. 1650 (n. 1953); Listy do brata Łukasza, Br. 1957.
L: W. Rabski, Üb. d. Satiren d. Ch. O., 1893; S. Rygiel, 1912; A. Sajkowski, 1960; S. Grzeszczuk, O ›Satyrach‹ O., 1961.

Opatofski, Joseph → Opatoschu, Joseph

Opatoschu, Joseph (eig. J. Opatofski), jidd. Erzähler, 1. 1. 1887 Mlava/Polen – 19. 10. 1954 New York. Stud. in Frankreich; wanderte 1907 in die USA aus. In s. zahlreichen Skizzen, Erzählungen u. großangelegten hist. Romanen schildert O. jüd. Schicksal in Polen u. den USA. Kampf um das Dasein u. um Erneuerung des Judentums vor dem Hintergrund menschl. Triebverfallenheit, das Spannungsverhältnis zwischen Mystik u. Erotik sowie die Verlebendigung des Chassidismus sind die zentralen Motive s. von geistiger Weite zeugenden Hauptwerke. Unter s. Feder verwandeln sich Typen zu lebensechten Gestalten, die aus dem Gesetz ihrer Gemeinschaft u. des großen Charakters leben, leiden u. handeln.

W: A Roman funm Pferdegannef, R. 1913; Morris un sejn zun, R. 1919; Lehrer, R. 1920 (u.d.T. Farloirene Mentchn, 1922); Alejn, R. 1920; Lyncher, R. 1920; Trum the Churbes, R. 1922; Rasse, R. 1923; In poilische Velder, R. 1928, 1965 (u.d.T. Der letzte Waldjude u. Der Aufstand, d. 1928); A Tog in Regensburg, E.

Opie, Amelia, geb. Alderson, engl. Romanschriftstellerin, 12. 11. 1769 Norwich – 2. 12. 1853 ebda. Arzttochter. ∞ 1798 den Maler John Opie. Verkehrte in den radikalen Zirkeln um Godwin u. M. Wollstonecraft. Wurde 1825 Quäkerin, widmete ihre letzten Lebensjahre philanthrop. Werken. – Vf. etwas pathet., moralisierender Romane und Kurzgeschichten sowie moral. Abhandlungen.

W: Father and Daughter, R. 1801; Adeline Mowbray, or Mother and Daughter, R. III 1804; Simple Tales, IV 1806; Temper, R. 1812; Tales from Real Life, Kgn. 1813; Illustrations of Lying, Ess. II 1825; Detraction Displayed, Es. 1828; Lays for the Dead, 1834. – Works, III 1843 (Nachdr. 1974); Miscellaneous Tales, XII 1845–47.

L: C. L. Brightwell, 1854; M. E. Macgregor, 1933. J. Menzies-Wilson, H. Lloyd, 1937; E. R. Ty, Empowering the Feminine, 1998.

Opperman, Dirk Johannes, afrikaanser Lyriker, 29. 9. 1914 Dundee/Natal – 22. 9. 1985 Geluksoord/Stellenbosch. Stud. Univ. Natal Lehrer, 1949 Dozent der Univ. Kapstadt, 1952 Doktortitel, 1959 Prof. der niederländ. u. afrikaansen Lit. Univ. Stellenbosch. – S. Lyrik ist gekennzeichnet von eth.-relig. Besinnung um die Problematik der Zeit, um Vergangenheit, Gegenwart oder Zukunft im Zusammenhang mit Natur u. Kosmos. Nüchterner Sprachgebrauch, ohne persönl. Gefühl; Konkretheit bis zum äußersten. Ihre Pole sind das Unterbewußte u. das Verstandesmäßige, das Individuelle u. das Kosmische. Die Symbiose zwischen Europa und Afrika ist ein zentrales Thema in O.s Werk.

W: Heilige Beeste, G. 1945; Negester oor Nineve, G. 1947; Joernaal van Jorik, G. 1949; Engel uit die Klip, G. 1950; Periandros van Korinthe, Dr. 1954; Blom en Baaierd, G. 1956; Vergelegen, G. 1956; Dolosse, G. 1963; Kuns-mis, G. 1964; Voëlvry, Dr. 1968; Edms. Bpk., G. 1970; Die galeie van Jorik. Joernaal van Jorik: Faksimilee en transkripsie, G. 1979; Komas uit 'n bamboesstok, G. 1979; Versamelde poësie, G. 1987.

L: A. P. Grové, 1965; E. Lindenberg, 1965; A. P. Grové, 1974; H. van Vuuren, 1985; J. C. Kannemeyer, 1986; H. van Vuuren, 1999.

Oppianos aus Korykos, altgriech. Dichter, 2. Jh. n. Chr., aus Kilikien. – 1) Vf. des dem Kaiser Marc Aurel gewidmeten Lehrgedichts ›Halieutika‹ (›Über den Fischfang‹, 4 Bücher), das erst die Meerestiere in ihrer natürl. Umgebung (inkl. Verhalten, Paarung etc., Bücher 1–2) und dann deren Bejagung und Nutzung durch den Menschen (Bücher 3–4) beinhaltet. O. verbindet das Fachwissen s. Zeit mit ep. Formen (Götteranrufung, Gleichnisse) und der Tradition des hellenist. Lehrgedichtes (Nikander) zu e. großen Synthese über die Strukturen des Kosmos (Zeus als Urgrund, alles hängt mit allem zusammen). – 2) Von e. anderen O. (* in Apameia, Syrien, 1. Hälfte 3. Jh. n. Chr.) wird Kaiser Caracalla e. offenbar von den ›Halieutika‹ angeregtes Lehrgedicht ›Kynegetika‹ (›Über die Jagd‹, 4 Bücher) gewidmet; dieser O. interessiert sich v. a. für Großwildjagd, Jagdhunde und Pferde, schildert aber auch Phantastisches; die weltanschaul. Geschlossenheit s. Vorbildes erreicht er nicht.

A: (1), (2): G. Schneider³1813; A. W. Mair 1928. – (1) F. Fajen 1999. – (2) P. Boudreaux 1908; W. Schmitt 1970 (Komm. Buch 1).

L: (1), (2): B. Effe, 1977; (1): F. Fajen, 1969, 1995; A. W. James, Amst. 1970; (2): A. D. Hollis, ZPE 102, 1994, 153–166; C. M. Englhofer, Grazer Beiträge 21, 1995, 157–173.

Oracula Sibyllina → Sibyllinische Weissagungen

Orbeliani, Grigol, georg. Dichter, 14. 10. 1804 T'bilisi (Tiflis) – 2. 4. 1883 ebda. Kadett, General; 1832 am Adelsaufstand beteiligt; 5 Jahre Verbannung, später wieder Militärdienst. – Einer der bedeutendsten georg. Romantiker. Ab 1827 Gedichte über Heimat und Verlust der Unabhängigkeit Georgiens: ›Meiner Schwester Ep'emia‹ (1835) oder ›Abend des Abschieds‹ (1841); lebendig u. farbig in Naturschilderung u. Lob auf Wein u. Liebe; traditionstreu, doch auch Realist: ›Reise nach Petersburg‹. Später werden die Werke z. T. resignierend. O. richtet sich gegen krit.-realist. Dichtung, obwohl auch er soziale Fragen, z. B. in ›Der Arbeiter Bok'ulaje‹, aufwirft. Übs. Puškin, Lermontov u. Krylov ins Georgische.

W: T'xzulebat'a sruli krebuli (GW), IV 1959–66. – *Übs.:* Gedichte, in: A. Leist, Georg. Dichter, ²1900; Georg. Poesie aus 8 Jhs., 1971.

L: J. Bogomolov, 1964; E. Maǧraje, 1967; Ch. Gagua, Gruz. Romantiki, 1989.

Orbeliani, Sulxan-Saba, georg. Autor, 3. 11. 1658 Tanjia – 16. 2. 1725 Moskau. Ratgeber des Königs Vaxtang VI.; 1712 Diplomat Persien, 1713–16 Vatikan u. am Hofe Ludwigs XIV., 1724 in Moskau. – S. Hauptwerk ›Sibrjne sic'ruisa‹ (Die Weisheit der Lüge) ist e. Sammlung von Fabeln, Märchen, Anekdoten, Parabeln u. Spiegel des Volks- u. Hoflebens, zur Erziehung des Thronfolgers bestimmt. S. georg. Wörterbuch (25 000 Wörter), seine ›Reise nach Europa‹, seine Gedichte u. hymnograph. Werke sowie Übersetzungen haben einen großen Beitrag bei der Entwicklung der georg. Lit. geleistet. Bearbeitung der von Vaxtang übersetzten Sammlung oriental. Fabeln (›K'ilila u. Damana‹).

W: T'xzulebani (W), IV 1959–66. – *Übs.*: Die Weisheit der Lüge, 1933, 1973; Die Weisheit der Erdichtung, T'bilisi 1984.
L: A. Baramije, 1959; I. Lolašvili, 1959.' *Bibl.*: M. Jigauri, 1960.

Ordóñez de Montalvo, Garci → Amadisroman

Orens (Orentius), Sankt → Orientius

Orfelin, Zaharija S., serb. Dichter, 1726 – 19. 1. 1785 Novi Sad. Autodidakt, Lehrer, Lehrbuchautor, Herausgeber. – O. ist der bedeutendste serb. Dichter des 18. Jh. Sein Hauptwerk ›Plač Serbii‹ beklagt die Not Serbiens durch klerikale, fremde und eigene Unterdrücker. Verfasser des ersten serb. Lehrbuchs, führte Kalender und Zsn. in Serbien ein. In s. Werken ist der Einfluß der russ. Aufklärung spürbar.
W: Trenodia v mir čeloveka, G. 1762; Plač Serbii, G. 1761; Melodija k proleću, G. 1765; Žitije Petra Velikago, St. II 1772; Iskusni podrumar, Sb. 1783; Večni kalendar, Sb. 1783.

'Orfī, Mohammad → 'Urfī, Muhammad

Orgambide, Pedro, argentin. Schriftsteller, 9. 8. 1929 Buenos Aires – 19. 1. 2003 ebda. – S. Themen sind das Scheitern der Befreiungsbewegungen, das Exil, die soz. u. sexuelle Frustration, dargestellt mit humorist. oder phantast. Elementen.
W: Mitología de la adolescencia, G. 1954; Memorias de un hombre de bien, R. 1964; Yo, argentino, Es. 1968; Historias de tangos y corridos, En. 1976; Aventuras de Edmund Ziller en tierras del nuevo mundo, R. 1977; Todos teníamos veinte años, Aut. 1985; El escriba, R. 1996; Un caballero en las tierras del sur, R. 1997; Un tango para Gardel, R. 2003.

Orhan Kemal (eig. Mehmet Raşit Öğütçü), türk. Schriftsteller, 15. 9. 1914 Ceyhan – 2. 6. 1970 Sofia. Sohn e. Rechtsanwalts; Webereibeiter u. Angestellter, dann freier Schriftsteller in Istanbul. – O. K. hat das auch in der türk. Gegenwartslit. noch selten behandelte Thema der großstädt. Arbeitswelt aufgegriffen. S. erzähler. Arbeiten (z. T. in der UdSSR übersetzt) tragen reportagehaften, teilweise auch autobiograph. Charakter, können künstler. Anforderungen jedoch nur unvollkommen erfüllen. Drehbücher, über 40 Bücher. – O. K.-Roman-Preis seit 1972.
W: Baba Evi, R. 1949; Ekmek Kavgasi, En. 1949; Sarhoşlar, En. 1951; Murtaza, R. 1950 (d. 1979); Çamaşircinin Kizi, En. 1952; Cemile, R. 1952; Dünyanin Topraklar Üzerinde, R. 1954; Grev, En. 1954; Arka Sokak, En. 1956; Suçlu, R. 1957; Vukuat Var, R. 1959; Eskici Ve Oğullari, R. 1962; Gurbet Kuşlari, R. 1962; Müfettişler Müfettişi, R. 1966; Önce Ekmek, En. 1968; Kötü Yol, R. 1969; Tersine Dünya, R. 1986. – GW, Drn. II 1985.

L: N. Uğurlu, 1973; A. Bezirci, H. Altinkaynak, 1977; H. Altinkaynak, 1983; M. Buyrukçu, 1984.

Orhan Veli Kanik → Kanik, Orhan Veli

Oriani, Alfredo, ital. Schriftsteller, 27. 7. 1852 Faenza – 18. 10. 1909 Casola Valsenio. Aus alter Familie. Stud. Jura Rom u. Neapel. Schriftstellerleben auf s. Familiensitz Casola Valsenio. Fand zu Lebzeiten keine Anerkennung u. nur wenige Freunde, so Carducci, Abba u. Corradini. – Sehr vielseitiger Erzähler, Lyriker, Dramatiker, Philosoph u. polit. Historiker. S. Werk spiegelt fast immer s. eigenes Schicksal wider. Am charakteristischsten ist hier der Roman ›La disfatta‹, mit dem O. den Bekenntnisroman e. Panzini u. Borgese vorwegnimmt. In s. polit. Traktat ›La rivolta ideale‹ von Nietzsche beeinflußt, Vorkämpfer e. nationalist. Imperialismus; gilt als Vorläufer des Faschismus.
W: Memorie inutili, R. 1876; Al di là, R. 1877; Il Nemico, R. 1892; La lotta politica in Italia, Schr. 1892; Gelosia, R. 1894; La disfatta, R. 1896; Vortice, 1899; Ombre di occaso, Ess. 1901; La bicicletta, Nn. 1902; La rivolta ideale, Schr. 1908 (d. 1930); I racconti, II 1977. – Opera omnia, hg. B. Mussolini XXX 1923–33.
L: V. Piccoli, 1929; G. Dolci, 1934; G. Lipparini, 1935; S. Bruzzo, 1937; H. Frenzel, 1937; F. Cardelli, 1940; N. Matteini, 1952; B. Buscema, 1955; G. Bruno Bianchi, 1965; E. Dirani, 1985.

Orichovius, Stanisław → Orzechowski, Stanisław

Oriente, Fernão Álvares do, portugies. Dichter, um 1530 Goa – um 1600. Biograph. recht unzugängl., verbrachte den größten Teil s. Lebens als Soldat in Asien, zeigt die für viele Dichter s. Zeit charakterist. Verbindung von Waffenhandwerk u. Lit. (armas e letras), deren wechselseitiges Aufeinanderbezogensein ihm erst als Zeichen wahren Adels gilt. – Trat mit e. durch Lyrik aufgelockerten Buch von Hirtennovellen ›Lusitânia Transformada‹ die Nachfolge Sannazaros an. Einfluß von Camões, den O. als Dichterfürsten preist, erzähler. Wert bescheiden, jedoch wichtige Anspielungen auf zeitgenöss. Dichter, Autos da fé, durch eigene Anschauung ausgezeichnete Beschreibung der Zustände in Indien, China, Japan. Gewisse myst. Neigungen, barocker Formalismus, Konzeptismus, stilist. Spitzfindigkeiten verschiedenster Art.
W: Lusitânia Transformada, Nn. 1607 (n. 1781).
L: A. Cirurgião, 1976.

Orientius (Sankt Orens, Orentius), lat. Dichter, Anfang 5. Jh. n. Chr. Vermutl. Bischof von Auch/Aquitanien (Augusta Ausciorum). – Lehrdichter, schrieb 2 Bücher e. Sittenpredigt ›Commonitori-

um‹ (Mahngedicht) in knapper, klarer Sprache und eindringl. überzeugendem Ton. S. Distichen zeigen Anklänge an Vergil, Ovid, Horaz, Catull u.a. Will den Menschen den Verlockungen durch die Sünde entreißen und ihm den Weg über christl. Tugend zur ewigen Seligkeit weisen. Weitere, kleinere Gedichte wahrscheinl. unecht.
W: Commonitorium, hg. R. Ellis 1888, C. A. Rapisarda 1958–60.
L: L. Bellanger, 1903.

Origenes, altgriech. Kirchenschriftsteller, um 185 Alexandria – etwa 253 n. Chr. Vermutl. aus christl. Familie, Stud. Rhetorik und Philos., Lehrer in Alexandria, Reisen nach Rom und Kaisareia, 230/231 Bruch mit dem Bischof von Alexandria, Verbannung; lehrt in Kaisareia und etabliert dort e. Lebensgemeinschaft nach dem Vorbild der platon. Akad., wird in den Verfolgungen um 250 verhaftet, stirbt vermutl. in Tyros. – O.' Werke (von denen große Teile verloren, nur fragmentar. bzw. in lat. Übersetzung erhalten sind) entstehen v.a. aus e. exeget. Impuls, für den er mit der ›Hexapla‹ (›Sechsfache [sc. Textgestalt der Bibel]‹, synopt. Ausgabe verschiedener hebr. Versionen und griech. Übsn. des AT) die philolog. Grundlage legt. Stark beeinflußt von platon. Denkformen setzt O. eine Zwei-Welten-Lehre (intelligible Welt, Welt sinnl. Wahrnehmung; menschl. Seele = gefallene Geistwesen, die in zykl. Weltperioden wieder ihrem Ursprung zustreben) an; s. Bibelinterpretationen beruhen v.a. auf allegor. Exegesen, mittels derer er zu s. Lehre vom ›mehrfachen Schriftsinn‹ kommt. In umfangreichen Kommentaren, Textauslegungen, dogmat. und polem. Schriften (z.B. ›Gegen Celsus‹) ringt O. unter diesen Voraussetzungen um e. immer besseres Verständnis der Hl. Schrift. Mit ›Von den Hauptlehren‹ (›De principiis‹) legt er den ersten systemat.-theolog. Entwurf der Alten Kirche vor. Schon im 4. Jh. stellt man s. Rechtgläubigkeit in Frage, im 6. werden einzelne Punkte s. Lehre verurteilt, s. Rezeption in Ost und West hat dies kaum behindert. Westl. Kirchenväter (Hilarius, Ambrosius, Augustinus) adaptierten die Allegorese und brachten sie so dem christl. MA. Noch das von Paulos Diakonos für Karl d. Gr. zusammengestellte Evangeliar enthält die O. zugeschriebenen Predigten.
A: P. Koetschau u.a. 1899–1983 (versch. Aufl.). – Einzelausg.: Philoc.: E. Junod, M. Harl, 1976, 1983 (m. franz. Übs.); De princ.: H. Goergemanns, H. Karpp ³1992 (m. Übs.), H. Crouzel, M. Simonetti 1978–84 (m. Komm. u. franz. Übs.); Hom. Gen.: M. I. Danieli 1978 (ital. Übs.); Hom. Gen. u. Hom. Ex.: R. E. Heine 1982 (engl. Übs.); Hom. Ex.: M. Borret 1985 (m. Komm. u. franz. Übs.); Hom. Lev.: M. Borret 1981 (m. Komm. u. franz. Übs.), M. I. Danieli 1985 (ital. Übs.), G. W. Barkley 1990 (engl. Übs.); Hom. Num.: M. I. Danieli 1988 (ital. Übs.); Hom. Ios.: R. Scognamiglio, M. I. Danieli 1993 (ital. Übs.); Hom. Iud.: P. Messié u.a. 1993 (Komm. u. franz. Übs.); Hom. Sam.: P. Nautin, M. T. Nautin 1986 (Komm. u. franz. Übs.); Hom. Ps.: E. Prinzivalli 1991 (m. ital. Übs.); Comm. Cant.: L. Brésard, H. Crouzel 1991/92 (m. Komm. u. franz. Übs.); Hom. Cant.: M. I. Danieli 1990 (ital. Übs.); Hom. Ier.: E. Schadel 1986 (Komm. u. Übs.); Hom. Ezech.: M. Borret 1989 (m. Komm. u. franz. Übs.); Comm. Matth.: H.J. Vogt 1983–92 (Komm. u. Übs.); Hom. Luc.: H.-J. Sieben 1992 (m. Komm. u. Übs.); Comm. Ioh.: R. E. Heine 1989ff. (engl. Übs.); Comm. Rom.: C. P. H. Bammel 1990ff.; T. Heither 1990–96 (mit Übs.); De orat., Exh. ad mart.: J. J. O'Meara 1954 (Komm. u. engl. Übs.); De Pascha, Disp. Heracl.: R. J. Daly 1992 (Komm. u. engl. Übs.); Contra Cels.: H. Chadwick 1980 (Komm. u. engl. Übs.); L. Dattrino 1987 (ital. Übs.). – Übs.: Auswahl (dt.) P. Koetschau 1926–27.
L: Internationale Origeneskongresse: ›Origeniana‹, ab 1973; P. Nautin, Paris II 1977, 1979; U. Berner, 1981; G. Q. Reijners, 1983; H. Crouzel, Paris 1985; B. Neuschäfer, 1987; A. Monaci Castagno, Mail. 1987; M. Fedou, Paris 1988; P. Heimann, 1988; C. Kannengiesser, W. L. Petersen, Notre Dame 1988; A. Scott, Oxf. 1991; L. Lies, 1992; J. C. Smith, Lewisburg 1992; P. Dyckhoff, 1994; H. Ziebritzki, 1994; M. Fédou, Paris 1995; H. J. Vogt, in: LACL ²1999, 460–468 (dort umfangreiche Bibl.).

O'Riordain, Sean, ir. Dichter, 1916 Ballyvourney – 1977. 1937–65 Angestellter Stadtverwaltung Cork. Erkrankte 1938 an Tbc und begann gleichzeitig zu schreiben. 1969 Lehrbeauftragter Univ. College Cork. – Seine Dichtung ist tief geprägt vom kathol. Glauben und der traditionellen kathol. Philos., gestaltet aber vor allem die Begrenztheit menschlicher Erkenntnis, die Unsicherheit menschlicher Existenz und die Lebensangst. Übs. relig. ir. Dichtung des 9. bis 12. Jh. ins Neuirische.
W: Eireaball Spideoige, 1952; Ri na n-hUile, 1964, 1966; Brosna, 1964. – Übs.: The Pleasures of Gaelic Poetry, hg. S. MacRéamonn 1982; The New Oxford Book of Irish Verse, hg. Th. Kinsella 1986; The Deer's Cry: A Treasury of Ir. Rel. Verse, hg. P. Murray 1986; Irish Literature: A Reader, hg. Murphy, O'Rourke, MacKillop 1987.
L: F. Sewell, Extending the Alhambra. Four Mod. Irish Poets, 1998.

O'Riordan, Conal Holmes O'Connell (Ps. F. Norreys Connell), ir. Erzähler u. Dramatiker, 29. 4. 1874 Dublin – 18. 6. 1948 Ealing. Körperl. Behinderung nach Sturz vom Pferd. Kurze Zeit Nachfolger Synges als Direktor des Abbey Theatre. Nach dem 1. Weltkrieg in London. – Vf. einer Vielzahl von Dramen und Romanen. Am wichtigsten die zwölf 1920–40 geschriebenen Romane, die die Geschichte mehrerer ir. Familien ineinanderweben. Bedeutendes Porträt Dublins nach 1900 in ›Adam of Dublin‹.

Orkan

W: In the Green Park, R. 1894; The Fool and His Heart, R. 1896; The Nigger Knights, R. 1900; Rope Enough, Sch. 1913; Adam of Dublin, R. 1920; Adam and Caroline, R. 1921; Rowena Barnes, R. 1923, Married Life, R. 1924; His Majesty's Pleasure, Sch. 1925; The Age of Miracles, R. 1925; Captain Falstaff and Other Plays, 1925; Soldier Born, R. 1927; Soldier of Waterloo, R. 1928; The King's Wooing, Sch. 1929; Judith Quinn, R. 1939; Judith's Love, R. 1940.

Orkan, Władysław (eig. Franciszek Smaciarz-Smreczyński), poln. Dichter, 27. 11. 1875 Poręba Wielka (Podhale) – 4. 5. 1930 Krakau. Sohn armer Bergbauern, unter Opfern Besuch des Gymnas. u. Stud. Krakau. 1930 Lit.-Preis der Stadt Warschau. – Neben Reymont e. der bedeutendsten Dichter des poln. Bauerntums, gibt, z. T. im Goralen-Dialekt, realist. harte Bilder der Armut bes. unter den Tatra-Bauern und melanchol. Lyrik, von Żeromski beeinflußt. Führt der erstarrten Literatursprache aus der Volkssprache neuen Wortschatz zu.

W: Nowele, Nn. 1898; Nad urwiskiem, Sk. 1900; Komornicy, R. 1900; W roztokach, R. II 1903 (n. 1965); Z tej smutnej ziemi, G. 1903; Skapany świat, Dr. 1903; Ofiara, Dr. 1905; Wina i kara, Dr. 1905; Franek Rakoczy, Dr. 1908; Pomór, R. 1910; Drzewiej, R. 1912; Pieśni czasu, G. 1915; Wesele Prometeusza, Nn. 1921; Kostka Napierski, R. 1925. Listy ze wsi, Ess. II 1925–27. – Dzieła (W), hg. S. Pigoń XIV 1960–72.

L: J. Krzyżanowski, Pieśniarz krainy kęp i wiecznej nędzy, 1927; M. Puchalska, 1957; S. Pigoń, 1958; R. Gerlecka, 1959; J. Dużyk, ²1980.

Orléans, Charles d' → Charles d'Orléans

Orléans, Theodulf von → Theodulf von Orléans

Orm (Ormin), engl. Dichter, Ende 12. Jh. Augustinermönch, Vf. e. Evangelienbuches (›Ormulum‹, in jamb. Septenarien), von dem 32 Homilien in 10 000 Zeilen erhalten sind. Langatmig, weil reich an Wiederholungen, aber sprachgeschichtl. bedeutsam wegen auffälliger phonet. Schreibweise.

A: R. M. White, R. Holt, II ²1878.

L: H. C. Matthes, 1933; M. Lehnert, 1952/53; R. W. Burchfield, 1956; R. A. A. Palmatier, 1969. – Bibl.: D. Burnley, M. Tajima, The Language of ME Lit., 1994.

Ormesson, Comte Jean d', franz. Erzähler u. Essayist, * 16. 6. 1925 Paris. Alte Diplomatenfamilie; Agrégé de philosophie, Ministerialbeamter. Seit 1976 Generaldirektor des ›Figaro‹, beachteter Leitartikler. Seit 1973 Mitgl. der Académie française.

W: Du côté de chez Jean, Es. 1959; La gloire de l'Empire, R. 1971 (d. 1978); Le vagabond qui passe sous une ombrelle trouée, R. 1978; Dieu, sa vie, son œuvre, R. 1981; Mon dernier rêve sera pour vous, R. 1982; Album Chateaubriand, 1988; Voyez comme on danse, R. 2001.

L: B. Frommeyer, Das Geschichtsbild O.s, 1994; P. Dufay, 1997.

Ormin → Orm

Orosius, Paulus, lat. christl. Historiker, aus Bracara (Braga), † vermutl. 418 n. Chr. – Vom Einsatz des Presbyters O. gegen versch. Häresien zeugen 2 Schriften (›Commonitorium‹, ›Liber apologeticus‹). Bekannt ist O. als Vf. der ersten christl. Universalgeschichte, die er auf Anregung Augustins schrieb, mit dem er in Afrika zusammengekommen war. In der ›Geschichte gegen die Heiden‹ (›Historiae adversum paganos‹; 7 Bücher), die von der Schöpfung bis 417 n. Chr. reicht, widerspricht O. der Behauptung der Heiden, die Christen hätten Schuld am Niedergang Roms. Im Rahmen der Idee von 4 aufeinanderfolgenden Weltreichen schildert O. Kriege u. Katastrophen. O. betont die Vorteile des Röm. Reiches als christl. Weltreich u. zeigt Gottes Wirken in der Welt auf u. entwikkelt so e. Geschichtstheologie. – Die Geschichte wurde im MA viel gelesen u. ins Altengl. u. Arab. übersetzt.

A: Comm.: K. D. Dauer, Corp. Chr. Ser. Lat. 49, 1985; Apol., Hist.: C. Zangemeister, Corp. Script. Eccl. Lat. 5, n. 1966; Hist.: m. franz. Übs. M.-P. Arnaud-Lindet, 3 Bde., Paris 1990f.; dt. Übs. A. Lippold, 2 Bde., 1985f.

L: H.-W. Goetz, Die Gesch.theologie des O., 1980; D. Koch-Peters, Ansichten des O. zur Gesch. seiner Zeit, 1984; A. Polichetti, Le Historiae, Neapel 1999.

O'Rowe, Mark, ir. Dramatiker, * 1970 Dublin. Seit 1994 freier Schriftsteller ebda. – Vf. von Dramen, die wenige, meist männl. Figuren in Dublin und oft in e. brutalen, gewalttätigen Umfeld zeigen, mit Gebrauch von obszönem Slang; s. bekanntestes Stück ist wohl ›Howie the Rookie‹, das aus den Monologen zweier Dubliner Jugendlicher besteht.

W: Rundown, 1996; Anna's Ankle (1997), 1999?; From Both Hips (1997); From Both Hips. The Aspidistra Code. Two Plays, 1999; Howie the Rookie, 1999 (d. 1999); Made in China, 2001; Crestfall, 2003; Intermission, Drb. 2003.

Orrm, Orrmin → Orm

Ors y Rovira, Eugenio d' (Ps. Xenius), span. Schriftsteller, 28. 9. 1882 Barcelona – 25. 9. 1954 Madrid. Katalan.-kuban. Abstammung; Stud. Rechte Barcelona, Philos. Paris; 1914 Prof. für Psychol. Barcelona: 1938 Direktor der Kunstakad., Mitglied der Span. Akad., Reisen durch ganz Europa u. Südamerika, langer Aufenthalt in Paris; umfassende klass. Bildung, von europ. Geisteshaltung, v. a. aufgeschlossen für ital. u. franz. Kultur. – Bedeutender Kunstkritiker, Theoretiker u. Ästhetiker; großer Literat u. Denker mit didakt. Tendenz. Gesamtwerk von tiefer gedankl. Einheit u. stark intellektueller Prägung; von entscheidendem Einfluß auf das kulturelle Leben s. Zeit; schrieb bis 1920 katalan., dann span., später auch franz.; Meister der Prosasprache, melodiös u. kunstvoll, z. T. mit barocken Anklängen; bewunderte das 18. Jh.; bevorzugte als Form die Glosse.

W: La ben plantada, R. 1912; Glosari, Prosa IX 1906–15; Flos Sophorum, Prosa 1907; Grandeza y servidumbre de la inteligencia, Es. 1919; Glosas, 1920; Oceanografia del tedio, Es. 1921; Nuevo glosario, VII 1921–23 (III 1947–49); Poussin y el Greco, B. 1922; Tres horas en el Museo del Prado, Ess. 1923; Cézanne, B. 1924; Guillermo Tell, Dr. 1926; Cuando ya esté tranquilo, Es. 1927; Juliano y San Pablo, Es. 1928; Vida de Goya, B. 1929; P. Picasso, B. 1930; Sísifo, Es. 1931; Glosas desangeladas, 1932; Lo Barroco, Es. 1944; Novísimo glosario, Prosa 1946; El secreto de la Filosofía, Es. 1947. – Obra catalana completa, 1950ff.

L: M. García Morente, 1917; A. E. Schneeberg, 1920; A. Marichalar, 1923; J. L. Aranguren, 1944; L. Anceschi, Mail. 1945 u. 1957; Homenaje a E. d'O., 1955; N. Barquet, 1956; E. Rojo Pérez, 1963 (m. Bibl.); J. M. Capdevila, 1965; E. Jardí, 1966 u. 1967; V. Aguilera, 1967; G. Díaz Plaja, 1967; A. Amorós, 1971; R. Flórez, 1971; P. G. Suelto de Saenz, 1971; L. F. González-Cruz, 1989; M. Rius, 1991; V. Cacho Viu, 1997.

Országh, Pavol → Hviezdoslav

Ortega y Gasset, José, span. Philosoph u. Schriftsteller, 9. 5. 1883 Madrid – 18. 10. 1955 ebda. Sohn des Publizisten José Ortega y Munilla; 1898–1902 Stud. Philos. u. Lit. Madrid; 1906–10 an versch. dt. Univ. (Leipzig, Berlin, Marburg); 1911–36 Prof. der Univ. Madrid; zahlr. Veröffentlichungen, wachsender Ruhm; Haupt der republikan. Intellektuellengruppe ›Al servicio de la República‹; ging bei Ausbruch des Span. Bürgerkriegs (1936) nach Frankreich, später nach Argentinien; während des 2. Weltkriegs Rückkehr nach Europa: Portugal, Dtl. usw.; seit 1945 mit Unterbrechungen wieder in Spanien; Gründer der ›Revista de Occidente‹ (1923–1936 u. 1963ff.), von großem Einfluß auf das span. Geistesleben; Leiter der ›Biblioteca de ideas del siglo XX‹; ideolog. u. lit. Mentor s. Zeit u. späterer Generationen. – Der Schwerpunkt s. Schaffens liegt auf philos. Gebiet, stellt aber mit s. meisterhaften Essays in dieser Gattung e. Höhepunkt in der span. Lit. aller Zeiten dar; schrieb über die verschiedensten Themen; stets gedankentief u. elegant in der Form; treffende Wertungen der zeitgenöss. span. Schriftsteller (u. a. Baroja, Azorín, Miró); Wortführer der sog. ›Enthumanisierung der Kunst‹; verfaßte auch scharfsinnige Studien über Malerei; stets wacher Geist, aufgeschlossen für alle bedeutenden Geistesströmungen s. Zeit.

W: Meditaciones del Quijote, Ess. 1914 (d. 1959); El Espectador, Ess. VIII 1916–34 (dt. Ausw. 1934); España invertebrada, Es. 1921; El tema de nuestro tiempo, Es. 1923 (d. 1928); La deshumanización del arte e ideas sobre la novela, Ess. 1925 (d. 1964); Espíritu de la letra, Es. 1927; La rebelión de las masas, Ess. 1930 (d. 1931); La misión de la Universidad, Es. 1930 (d. 1952); Pidiendo un Goethe desde dentro, Vortr. 1932 (d. 1934); Meditaciónes de la técnica, 1939 (d. 1939); El intelectual y el otro, Es. 1940 (d. 1949); Estudios sobre el amor, Ess. 1941 (d. 1933); Historia como sistema (engl. 1936) y Del imperio Romano, 1941 (d. 1943); Esquema de la crisis, Ess. 1942 (Das Wesen geschichtlicher Krisen, d. 1943); Prólogo a un tratado de montería, Es. 1944 (d. 1953); Papeles sobre Velázquez y Goya, 1950 (d. 1955); El hombre y la gente, St. 1957 (d. 1957); Caracteres y circunstancias, Ess. 1957; Idea del teatro, Es. 1958; ¿Qué es filosofía?, Vortr. 1958 (d. 1962); Una interpretación de la historia universal, St. 1960 (d. 1964); Pasado y porvenir para el hombre actual, Ess. 1962 (d. 1955). – Obras completas, XI 1946–69; Epistolario completo, hg. L. Robles Carcedo 1987. – Übs.: Stern und Unstern. Über Spanien, 1937; Vom Menschen als utop. Wesen, Ess. 1951; GW, IV 1954–56, VI 1978; Ausw., 1960; Polit. Schriften, 1971.

L: V. Chumillas, 1940; O. J. Iriarte, 1942; M. Ramis Alonso, 1946; J. Sánchez Villaseñor, 1946; M. Osorno, 1949; J. Marías, 1950 (d. 1952), 1960, 1961 u. 1972; M. Oromí, 1953; J. Ferrater Mora, Lond. 1956; J. Gaos, 1957; O. Cascalès, Paris 1957; C. Ceplecha, Washington 1958; J. D. García Bacca, 1958; S. Ramírez, 1958 u. 1959; F. Niedermayer, 1959; J.-P. Borel, La Chaux-de-Fonds 1959; B. von Galen, 1959; G. Morón, 1960; M. Granell, 1960; F. Diaz de Cerio, 1961; A. García Estrada, 1961; F. Vela, 1961; G. Fernández de la Mora, 1963; J. L. Abellán, 1966; J. L. L. Aranguren, 1966; A. Guy, Paris 1969; U. Rukser u. a., 1971; L. Pellicani, Antropologia ed etica di O. y G., Neapel 1971; A. López Quintás, El pensamiento filosófico de O. y G., 1972; L. Pellicani, Introduzione a O. y G., Neapel 1978; A. Elorza, 1983; M. Ortega, 1983; P. Cerezo Galán, La voluntad de aventura, 1984; F. Riu, 1985; A. Donoso, 1986; M. Benavides Lucas, 1988; R. Gray, Berkeley 1989; F. Jung-Lindemann, Diss. Hdlbg. 1997; E. Martínez de Pisón, 1998; G. Morán, 1998; A. Jecht, Diss. Erl. 2000; T. J. Salas Fernández, 2001.

Orten, Jiří (eig. J. Ohrenstein), tschech. Dichter, 30. 8. 1919 Kutná Hora – 1. 9. 1941 Prag. Sohn e. kleinen Kaufmanns, seit 1936 in Prag, Stud. des Konservatoriums, doch wegen s. jüd. Abstammung während der NS-Okkupation aus dem Stud. ausgeschlossen, gest. durch e. Unfall (überfahren von e. dt. Sanitätswagen). – Schuf intime Lyrik u. reflexive Poesie mit existential. Thematik zur aktuellen tragischen Lage der Nation u. in bezug auf die Suche nach Geborgenheit. Autor von lyrischer Prosa, Lesedramen u. lit. Tagebüchern.

W: Čítanka jaro (u. d. Ps. Karel Jílek), G. 1939; Cesta k mrazu (u. d. Ps. Karel Jílek), G. 1940; Jeremiášův pláč (u. d. Ps. Jiří Jakub), G. 1941; Ohnice (u. d. Ps. Jiří Jakub), G. 1941; Elegie, G. 1946; Deníky J. O., Tgb. (Ausw.) 1958; Eta, Eta, žlutí ptáci, En. 1966; Pro děti. Knížka naslouchajícím, En. 1967; Čemu se báseň říká, G., En., Tgb., Korresp. (Ausw.) 1967; Hrob nezavřel se, G. (Ausw.) 1969, erw. 1994; Verše, G. (Ausw.) 1970; Sám u stmívání, G., En., Tgb., Korresp. (Ausw.) 1982; Tisíc nahých trápení, G., En., Tgb., Dok. (Ausw.) 1985; Veliké stmívání, G. (Ausw.) 1987; Červený obraz, G. (Ausw.) 1991; Modrá kniha, Tgb. 1992; Čechy za oknem smutných duší, G., Tgb. (Ausw.) 1993; Žíhaná kniha, Tgb. 1993; Červená kniha, Tgb. 1994. – Dílo (W), 1947; Prózy (Prosa), III 1966–68; Spisy (W), 1992 ff.

L: Za J. O., hg. K. Bednář 1945; J. Kocián, 1966; R. Hamanová (Hg.), 1969.

Ortese, Anna Maria, ital. Erzählerin, 13. 6. 1915 Rom – 9. 3. 1998 Rapallo. Lebte viele Jahre in Neapel. – Als Erzählerin von stilist. Reife und psycholog. Einfühlungsvermögen zwischen einem weiterentwickelten ›neorealismo‹ u. dem ›magischen Realismus‹ lateinamerik. Autoren von den Kritikern gefeiert. E. lebendiges Bild des neapolitan. Milieus bietet v. a. ›Il mare non bagna Napoli‹.

W: Angelici dolori, En. 1937; Il mare non bagna Napoli, En. 1953 (Neapel, Stadt ohne Gnade, d. 1955); Silenzio a Milano, En. 1958 (Stazione Centrale, d. 1993); L'iguana, R. 1965 (d. 1988); Poveri e semplici, R. 1967; La luna sul muro, R. 1968; L'alone grigio, En. 1969; Il porto di Toledo, En. 1975; Il cappello piumato, R. 1979; Il treno russo, 1983; Estivi terrori, En. 1987; In sonno e in veglia, En. 1987; Il cardillo addolorato, R. 1993 (d. 1995); Il mio paese è la notte, G. 1996; Alonso e i visionari, R. 1997.

L: G. Borri, 1988; M. Farnetti, 1998; F. de Nicola, hg. 1999.

Ortigão, José Duarte Ramalho → Ramalho Ortigão, José Duarte

Ortiz, Adalberto, ecuadorian. Schriftsteller, * 9. 2. 1914 Esmeraldas. Lehrer, Prof., Diplomat, Maler, Chefredakteur e. Zs., Sekretär der Casa de la Cultura Ecuatoriana. – Der Mulatte O. war der erste Lyriker, der Motive u. Rhythmen der Folklore der Schwarzen Ecuadors verarbeitete. Er kämpfte für mehr Menschlichkeit. S. bekanntestes Werk ist ›Juyungo‹.

W: Juyungo, R. 1943 (d. 1957); Tierra, son y tambor; cantares negros y mulatos, G. 1945; El espejo y la ventana, R. 1964; La entundada, En. 1971; Poemas, 1973.

Ortiz, Juan L., argentin. Dichter, 11. 7. 1896 Puerto Ruiz b. Gualeguay – 2. 9. 1978 Paraná. Angestellter am Standesamt, lebte zurückgezogen, von allen ›Juanele‹ genannt. – Besingt die Natur, sucht die Kommunikation mit dem Kosmos.

W: El agua y la noche, 1933; De las raíces y del cielo, 1958. – En el aura del sauce (GA), III 1970; J. L. O.: el Contra-Rimbaud, hg. L. Benítez 1985; Antología, 2002.

L: E. Serra, 1976; A. E. Veiravé, 1984.

Ortiz, Simon J(oseph), indian.-amerik. Schriftsteller, * 27. 5. 1941 Albuquerque/NM. Angehöriger der Acoma-Pueblo-Indianer; Gelegenheitsarbeiter, Alkoholsucht, Vietnamkriegsdienst, Stud. Univ. of New Mexico und Univ. of Iowa, Lehrtätigkeit, Redakteur, Übs. – In s. Dichtungen und Erzählungen mischen sich die mündl. Erzähltradition s. indian. Gemeinde mit der Realität des mod. amerik. Lebens (›Fight Back‹); optimist. Glauben an die universale Überlebensfähigkeit von Mensch und Natur.

W: Naked in the Wind, G. 1971; Going for the Rain, G. 1976; A Good Journey, G. 1977; Howbah Indians, Kgn. 1978 (Dunkle Wolken am Horizont, d. 1985, u. d. T. Willkommen, Indianer, 1991); Song, Poetry, Language, Ess. 1978; Fight Back, G. u. Prosa 1980; From Sand Creek, G. 1981; Fightin', Kgn. 1983; Woven Stone, Slg. 1991; After and Before the Lightning, G. u. Prosa 1994; Men on the Moon, Kgn. 1999; Out There Somewhere, G. 2002.

L: A. Wiget, 1986.

Orton, Joe (eig. John Kingsley), engl. Dramatiker, 1. 1. 1933 Leicester – 9. 8. 1967 London. Schauspieler. Ermordet von e. Gefährten, der darauf Selbstmord beging. – Kontroverser Autor. Bizarrer schwarzer Humor in gesellschaftssatir. Komödien mit unkonventionell-explosiven Dialogen. Der doppeldeutige Titel s. erfolgreichsten Stücks ›Entertaining Mr. Sloane‹ impliziert die Entwicklung des Titelhelden, e. jungen Mörders, vom ›unterhaltenen‹ tyrann. Parasiten zum ›unterhaltenden‹, willenlos abhängigen, tyrannisierten Opfer e. alternden, sexbesessenen Frau u. ihres homosexuellen Bruders.

W: Entertaining Mr. Sloane, Dr. 1964 (Seid nett zu Mr. Sloane, d. 1967); Loot, Dr. 1966 (Beute, d. 1967); Crimes of Passion, 2 Drn. 1967; What the Butler Saw, Dr. 1969 (d. 1967); Funeral Games and The Good and Faithful Servant, 2 Drn. 1970; Head to Toe, R. 1971. – The Complete Plays, 1976; The O. Diaries, hg. J. Lahr 1986; Fred & Madge, The Visitors, Drn. 1998; m. K. Halliwell, The Boy Hairdresser, Lord Cucumber, Re. 1999; Between Us Girls, R. 2000.

L: J. Lahr, Prick Up Your Ears, 1978; C. W. E. Bigsby, 1982; M. Charney, 1984; J. Lahr, Diary of a Somebody, 1989; S. Rusinko, 1995.

Orwell, George (eig. Eric Blair), engl. Essayist und Romanschriftsteller, 25. 6. 1903 Motihari/Bengal, Indien – 21. 1. 1950 London. Stipendiat in Eton. 1922–27 bei der brit. Militärpolizei in Indien; s. Protest gegen die brit. Regierungsmethoden spiegelt sich in ›Burmese Days‹. Gab s. Beamtentätigkeit auf, um am ›Leben der Unterdrückten‹ teilzuhaben, verlebte unruhige Jahre in London und Paris als Vagabund, Tellerwäscher, auch als Lehrer, Buchhandelsgehilfe usw., deren Erfahrungen er in ›Down and Out in Paris and London‹ schildert. ∞ 1936 Eileen O'Shaughnessy. Erforschte im Auftrag von V. Gollancz die Verhältnisse der Bergarbeiter, gab s. Eindrücke wieder in ›The Road to Wigan Pier‹. Damals Anhänger der kommunist. Internationale, später Übertritt zur Labour Party. 1936 freiwillige Teilnahme am Krieg in Spanien, Verwundung. Dann in London Redakteur der ›Tribune‹, später Mitarbeiter des ›New Statesman‹. Während des 2. Weltkriegs Mitarbeiter der BBC. ∞ 1949 Sonia Mary Brownell. – Unmittelbar nach Kriegsende durch s. allegor.-phantast. Roman ›Animal Farm‹, e. geistvolle Satire auf das Diktatorenunwesen und die Tendenzen e. Massenstaates, schlagartig berühmt. Vollendete kurz vor s. Tod auf dem Krankenlager s. utop. Roman ›1984‹, in dem er die in totalitären Staaten vorherrschenden Tendenzen zur Massenknechtung mit grausam-unerbittl. Konsequenz zu e. warnenden Schreckbild e. unfreien Menschheit zu Ende führte. S. furchtbaren Zukunftsvisionen zeichnete er mit der Feder e. scharfen Satirikers.

W: Down and Out in Paris and London, Aut. 1933 (Erledigt in Paris und London, d. 1978); Burmese Days, R. 1934 (d. 1982); A Clergyman's Daughter, R. 1935 (d. 1983); Keep the Aspidistra Flying, R. 1936 (Die Wonnen der Aspidistra, d. 1983); The Road to Wigan Pier, St. 1937 (d. 1982); Homage to Catalonia, Es. 1938 (d. 1964); Coming Up for Air, R. 1939 (Das verschüttete Leben, d. 1953, u. d. T.: Auftauchen, um Luft zu holen, d. 1981); Inside the Whale, Ess. 1940 (d. 1975); The Lion and the Unicorn, Ess. 1941; Animal Farm, R. 1945 (d. 1946); Critical Essays, 1946; The English People, Es. 1947 (d. 1949); Nineteen-Eighty-Four, R. 1949 (d. 1950); Shooting an Elephant, Ess. u. Kgn. 1950; Such, Such Were the Joys, Aut. 1953 (dt./engl. 1992). – The Complete Works, XX hg. P. Davison 1998; Collected Essays, Journalism and Letters, IV 1968; The Complete Novels, 2001. The War Broadcasts, Slg. hg. W. J. West 1985 (Von Pearl Harbor bis Stalingrad. Die Kommentare zum Krieg, d. 1993); Facing the Unpleasant Facts, 1937–38, 2000; All Propaganda is Lies, Slg. hg. P. Davison 2001. – Übs.: WA, XI 1983; Die besten Geschichten, hg. C. Strich 1984.

L: T. Hopkinson, 1953; J. A. Atkins, 1954; L. Brander, 1954; C. Hollis, 1956; R. Rees, 1961; R. J. Voorhess, 1961; E. M. Thomas, 1965; G. Woodcock, The Crystal Spirit, 1966 (Der Hellseher, d. 1985); B. T. Oxley, 1967; J. Calder, Chronicles of Conscience, A Study of O. and A. Koestler, 1968; K. Alldritt, 1969; R. A. Lee, 1969; R. Williams, 1970; M. Gross, hg. 1971; P. Stansky, W. Abrahams, 1972; A. Sandison, 1974; The Critical Heritage, hg. J. Meyers 1975; C. Small, The Road to Miniluv, 1975; P. Stansky, W. Abrahams, 1979; B.-P. Lange, 1982; L. Büthe, Auf den Spuren G. O.s, 1984; B. Crick, 1984; M. Papst, hg. 1984; L. Hunter, 1984; E. Jensen, The Future of 1984, 1984; C. J. Kuppig, 1984 to 1984, hg. 1984; P. Lewis, 1984; P. A. Chilton u.a., hg. 1984; P. Stansky, hg. 1984; D. Patai, 1984; G. Woodcock, 1984; A. Sandison, 1985; M. Carter, 1985; I. Slater, 1985; P. Reilly, 1986; J. Atkins, 1986; P. Lewis, 1986; H.-J. Lang, 1986; R. Mulvihill, hg. 1986; M. Connelly, The Diminished Self, 1987; H. Bloom, 1987;

A. Gardner, 1987; D. Wykes, 1987; J. Calder, Animal Farm and 1984, 1988; W. J. West, 1988; C. Howard, 1988; I. Nadel, 1988; H.-C. Schröder, 1988; N. Flinn, 1990; A. Rai, 1990; J. Rodden, 1990; M. Shelden, 1991; V. Meyers, 1991; J. Rose, 1992; S. Ingle, 1993; W. J. West, 1994; P. Stansky, W. M. Abrahams, 1994; S. Howard, 1997; Animal Farm, hg. H. Bloom 1998; 1984, hg. ders. 1998; I. McGregor, Animal Farm, 1998; S. Das, 1998; Animal Farm, hg. O'Neill 1998; G. Holderness, B. Loughrey, hg. 1998; J. Newsinger, 1999; Understanding Animal Farm, hg. J. Rodden 1999; T. Agathocleous, 2000; J. R. Hammond, 2000; M. Brunsdale, 2000; M. Shelden, 2000; W. J. Boerst, Generous Anger, 2001; A. Reznikov, 2001; A. Lazaro, hg. 2001; M. Sherborne, 2001; D. Lea, 2002; J. Rodden, 2002; C. Hitchens, 2002; S. Foster, Animal Farm, 2002. – Bibl.: J. Meyers, 1980.

Orzechowski, Stanisław (gen. Orichovius), poln. Schriftsteller, 11. 11. 1513 Przemyśl – 1566. Aus altadl. ukrain. Familie. Stud. Krakau, Wien, Wittenberg; 3jähr. Umgang mit Luther u. Melanchthon, Protestant. In Italien rhetor. Ausbildung. 1541 Rückkehr. Gegen s. Willen Priesterweihe. Heirat. Kirchl. verfolgt, vom Adel gedeckt. Nach Versöhnung mit Rom fanat. Gegner der Reformation. – Hervorragender Rhetoriker u. Pamphletist in lat. u. poln. Sprache; meisterhafter Stilist.

W: De bello adversus Turcas suscipiendo, Schr. 1543; Ad Sigismundum Poloniae regem Turcica secunda, Schr. 1544 (d. 1544); Rozmowa albo dialog około egzekucjej Polskiej Korony, Dial. 1563; Quincunx, to jest wzór Korony Polskiej na cynku wystawiony, Dial. 1564 (beide hg. J. Łos 1919); Fidelis subditus, 1584. – Ausw. 1551 (lat.); Opera inedita, hg. J. Korzeniowski 1891; Wybór pism. (Ausw.), 1972.

L: B. Krzesiński, 1891.

Orzeszkowa, Eliza, poln. Schriftstellerin, 6. 6. 1841 Milkowszczyzna b. Grodno – 18. 5. 1910 Grodno. Tochter des adl. Gutsbesitzers Pawłowski. Häusl. Erziehung, dann 1852–57 Kloster-Internat in Warschau. ∞ 1858 Piotr Orzeszko; die Ehe endet unglückl.; Wohnung auf Gut Ludwinow, sehr gesellig. Gründete e. Dorfschule. Begann mit lit. Arbeiten. Ihre Familie wurde in den Januaraufstand 1863 verwickelt, ihr Ehemann verbannt. Rückkehr auf väterl. Gut; Scheidung 1869. Intensive Beschäftigung mit Naturwiss. Wendung zum Positivismus. Verkauf des Gutes. Schriftstellerin als Beruf. 1894 zweite Heirat, der Mann starb kurz darauf. Selbst herzkrank. – Ihr Werk ist ganz vom eigenen Erleben bestimmt. Im Frühwerk soz. Einstellung. Nach Vorbild Flauberts u. Ebers' in idealist.-patriot.-hist. Romanen Anschluß an die Tradition Krasinskis, Kraszewskis u. Norwids. Ab 1880 neue Thematik des poln.-lit. Bauerntums. Ihre realist. Schilderungen versuchen, gesellschaftl. Barrieren niederzureißen u. durch Reformen u. Belehrung die Verhältnisse bes. der Frauen, der Juden und des Kleinadels zum Bauern zu bessern. Ihr Werk ist vom Gedanken tiefster Humanität durchdrungen.

W: Pan Graba, R. III 1872 (d. Herr Graba); Marta, R. 1873; Eli Makower, R. II 1875 f. (d. 1888); Meir Ezofowicz, R. 1879 (d. 1885); Z różnych sfer, Nn. III 1879–82; Dziurdziowie, R. 1885 (Die Hexe, d. 1954); Mirtala, R. 1886 (d. 1900); Nad Niemnem, R. III 1888; Cham, R. 1888 (Der Njemenfischer, d. 1952); Bene nati, R. 1891 (d. 1965); Australczyk, R. 1896 (Der Australier, d. 1900); Argonauci, R. 1900. – Pisma, XXIV 1937–39; GS, LII 1947–53; Listy, IX 1954–81; O sobie, Mem. 1974 – *Übs.:* Ausw., IV 1899.

L: A. Drogoszewski, 1933; M. Romankówna, 1948; J. Mrosik, D. poln. Bauerntum i. Werk E. O.s, 1963; M. Żmigrodzka, 1965; G. Pauszer-Klonowska, Pani Eliza 1967; I. Detko, 1971; E. Jankowski, 1973, 1981; J. Barczyński, Narracja i tendencja, 1976; A. Baczewski, E. O. jako krytyk literacki, 1981.

Osaragi, Jirô (eig. Nojiri Kiyohiko), jap. Erzähler, 9. 10. 1897 Yokohama – 30. 4. 1973 Tokyo. Stud. Jura Tokyo bis 1921, dann Anstellung im Außenministerium. Daneben Übs. (R. Rolland). – Viele s. Romane erschienen in Zeitungen in Fortsetzungen. Drei Kategorien: 1. populäre hist.-romant. Romane, einige aufgrund genauer Geschichtsforschung, 2. sozialkrit. Gegenwartsromane aus dem Milieu der oberen Mittelschicht, 3. Romane, die geschichtl. Ereignisse aus e. eth.-krit. Weltanschauung heraus interpretieren. – O. bemüht sich um die Hebung des künstler. u. moral. Niveaus der Unterhaltungslit. Auch Vf. von Theaterstücken u. Reisebeschreibungen.

W: Kurama Tengu, R. 1924; Teru hi kumoru hi, R. 1926; Akôrôshi, R. 1927f.; Kojiki taishô, R. 1944f.; Boulanger Shôgun no higeki, R. 1935f.; Kikyô, R. 1948 (engl. 1955); Munakata kyôdai, R. 1949; Tabiji, R. 1952 (engl. 1960); Paris moyu, R. 1961–64. – O. J. jidai-shôsetsu-zenshû (AW), 1975–77.

Osborn, Paul, amerik. Dramatiker, 4. 9. 1901 Evansville/IN – 12. 5. 1988 New York. Univ. Michigan, Yale; Workshop G. P. Baker. – Vf. von Gesellschaftskomödien mit nachdenklich stimmenden Tönen; Drehbuchautor (›The Yearling‹, ›East of Eden‹, ›Mme Curie‹); dramatisierte J. Herseys Roman ›A Bell for Adano‹ u. R. Masons ›Suzie Wong‹.

W: The Vinegar Tree, 1931 (Familienleben, d. 1949, auch u. d. T. Erinnerst Du Dich); On Borrowed Time, 1938 (Galgenfrist, d. 1947, auch u. d. T. Der Tod im Apfelbaum); Morning's at Seven, 1940.

Osborne, John (James), engl. Dramatiker, 12. 12. 1929 London – 24. 12. 1994 Clunton/Shropshire. Schauspieler, Regisseur, ∞ 1951–57 Pamela E. Lane, 1957–63 Mary Ure (weibl. Hauptrolle der Verfilmung von ›Look Back in Anger‹), 1963–68 Penelope Gilliatt, 1968–77 Jill Bennett, 1978 Helen Dawson. – Die Uraufführung von O.s ›Look Back in Anger‹ am 8. 6. 1956 war der Beginn e. neuen Ära auf der engl. Bühne. Das Stück gab der Gruppe der ›zornigen jungen Männer‹ den Namen. Es verlieh dem Mißbehagen der jungen Intellektuellen über die Reduktion menschl. Möglichkeiten im Wohlfahrtsstaat beredten Ausdruck. Typ. für die meisten Dramen O.s sind e. dominierender, monologisierender, rebell. Protagonist, der wahllos alles um sich herum mit bitterer, scharfer Kritik geißelt u. e. mit mehr Wehmut als Haß gezeichnete Vaterfigur als Repräsentant e. vergangenen geordneten u. harmon. Welt. Die Themen der Kommunikationslosigkeit u. des Konflikts zwischen e. nonkonformist. Individuum u. e. korrupten, bigotten Gesellschaft beherrschen O.s im zeitgenöss. England spielende Dramen (neben ›Look Back in Anger‹ am bedeutendsten ›Inadmissible Evidence‹) ebenso wie die hist. (›A Subject of Scandal and Concern‹, ›Luther‹, ›A Patriot for Me‹ u. ›A Bond Honoured‹). In ›The Hotel in Amsterdam‹ u. ›West of Suez‹ ist die dominierende Rolle der Hauptfigur zugunsten der Darstellung zwischenmenschl. Beziehungen zurückgenommen.

W: Look Back in Anger, Dr. 1957 (d. 1958); The Entertainer, Dr. 1957 (d. 1958); Epitaph for George Dillon, Dr. 1958 (m. A. Creighton; d. 1963); The World of Paul Slickey, Libr. 1959; A Subject of Scandal and Concern, Dr. 1961; Luther, Dr. 1961 (d. 1963); Plays for England (The Blood of the Bambergs, Under Plain Cover), 2 Drn. 1963; Tom Jones, Drb. 1964 (d. 1965); Inadmissible Evidence, Dr. 1965 (Richter in eigener Sache, d. 1968); A Patriot for Me, Dr. 1966 (d. 1968); A Bond Honoured, Dr. 1966 (nach Lope de Vega); Time Present and the Hotel in Amsterdam, 2 Drn. 1968 (d. 1970); The Right Prospectus, FSsp. 1970; Very Like a Whale, FSsp. 1971; West of Suez, Dr. 1971 (d. 1975); The Gift of Friendship, FSsp. 1972; A Sense of Detachment, Sch. 1973; A Place Calling Itself Rome, Sch. 1973; The Picture of Dorian Gray, Sch. 1973 (d. 1975); The End of Me Old Cigar, Sch. 1975 (d. 1977); Watch It Come Down, Sch. 1975; You're Not Watching Me, Mummy, and Try a Little Tenderness, Drn. 1978; A Better Class of Person, Aut. 1981; Almost a Gentleman, Aut. 1994.

L: R. Hayman, 1968; J. R. Taylor, hg. 1968; S. Trussler, 1969; M. Banham, 1969; A. Carter, 1969; H. Ferrar, 1973; A. P. Hinchcliffe, 1984; L. Gilleman, 2002. – *Bibl.:* C. Northouse, T. P. Walsh 1974.

Oserow, Wladislaw A. → Ozerov, Vladislav Aleksandrovič

O'Shaughnessy, Arthur William Edgar, ir. Dichter und Naturwissenschaftler, 14. 3. 1844 London – 30. 1. 1881 ebda. Im Brit. Museum zunächst Bibliothekar, später Spezialist für Fische und Reptilien in der naturhist. Abteilung. Mit den führenden franz. Dichtern s. Zeit sowie mit den Präraffaeliten, bes. mit Rossetti, befreundet. –

Schrieb mehrere Bände z.T. an Swinburne anklingender Gedichte, die sich durch vorzügl. Beherrschung des Metrums und Musikalität auszeichnen und kelt. Schwermut mit franz. Dekadenz verbinden.
W: An Epic of Women, G. 1870; Lays of France, G. 1872; Music and Moonlight, G. 1874; Songs of a Worker, G. 1881. – Poems, hg. W. A. Percy 1923.
L: L. C. Moulton, 1894; O. Brönner, 1933.

Os'mačka, Todos', ukrain. Dichter u. Prosaist, 3. 5. 1895 Kucivka – 8. 9. 1962 New York. S. staatsfeindl. individualist. Haltung u. Mißachtung der Parteipolitik brachten ihm Verfolgungen ein, vor denen er sich durch simulierte Geisteskrankheit retten konnte; emigrierte 1943 über Dtl. in die USA. – Angeregt seitens des Symbolismus, tendiert zum Expressionismus, gestaltet Gedanken des Existentialismus über die menschl. Existenz, die Vereinsamung des Menschen. Das Schicksal e. Dichters auf dem Hintergrund der Zwangskollektivierung u. der Hungersnot des aussterbenden Dorfes zeigt das Poem ›Poet‹.
W: Kruča, G. 1922; Skyts'ki volni, G. 1925; Klekit, G. 1929; Sučasnykam, G. 1943; Poet, Poem 1947; Staršyj bojaryn, R. 1946; Plan do dvoru, R. 1951; Iz-pid svitu, G. 1954; Rotonda dušohubciv, En. 1956; W. Poeziji, 1991; Staršyi bojaryn, R. 1995.
L: M. Skors'kyi, 2000.

Osorgin, Michail Andreevič (eig. M. A. Il'in), russ. Romancier, 19. 10. 1878 Perm' – 27. 11. 1942 Chabris/Frankreich. Vor der Oktoberrevolution Journalist, u. a. Auslandskorrespondent der ›Russkie Vedomosti‹; 1922 aus Rußland ausgewiesen, lebte in Paris, wo er weiterhin als Journalist wirkte, sich um 1925 auch lit. Tätigkeit zuwandte. – Schrieb realist. Erzählungen und 4 Romane bes. über die russ. Revolution; s. erster Roman ›Sivcev Vražek‹ handelt von menschl. Schicksalen in der Zeit der Revolution. Hatte bes. in den USA Erfolg; erinnert in s. Stilhaltung an Turgenev und S. Aksakov (Močul'skij), greift zuweilen zu Kunstgriffen aus der Filmtechnik. S. Neigung zu ironisierender Darstellung bekundet sich in der Satire des ›Vol'nyj kamenščik‹, hier zeigt s. Stil auch sehr mod. Züge.
W: Sivcev Vražek, R. 1928 (Der Wolf kreist, d. 1929); Povest' o sestre, E. 1931; Čudo na ozere, En. 1931; Svidetel' istorii, R. 1932; Kniga o koncach, R. 1935; Vol'nyj kamenščik, R. 1937; Vremena, Erinn. 1955.
L: A. Becca Pasquinelli, Firenze 1986; V. V. Abašev, hg. 1994. – *Bibl.*: M. Barmache u.a., Paris 1973.

Osorio, Miguel Angel (Ps. Ricardo Arenales, Porfirio Barba Jacob, Main Ximénez), kolumbian. Lyriker, 29. 7. 1883 Santa Rosa de Osos/Antioquia – 14. 1. 1942 Mexiko Stadt. Abgebrochene Studien, abenteuerl. Wanderleben in ganz Amerika, versch. Berufe, hauptsächl. Journalist. – Lyriker anfangs in der Tradition des Modernismus, dann Rückwendung zur Romantik unter Einfluß E. A. Poes. Thema s. Werke ist die Sehnsucht des unbefriedigten Menschen nach e. höheren Dasein, Wollust, Sünde, Angst, Einsamkeit.
W: Canciones y elegías, 1932; Rosas negras, 1933; La canción de la vida profunda, 1935; El corazón iluminado, 1942; Poemas intemporales, 1943; Antorchas contra el viento, 1945. – Poesías completas, 1960; Obras completas, hg. R. Montoya y Montoya 1962; Obra poética, 1982.
L: A. Upegui Benítez, 1942; J. B. Jaramillo Meza, ²1956; V. Amaya González, 1957; R. Aviles, 1964; G. Posada Mejia, 1970; F. Vallejo, 1984; B. Cuberos de Valencia, 1989; E. Santa, 1991. – *Bibl.*: E. Romero del Valle, 1961.

Ossendowski, Ferdynand Antoni, poln. Schriftsteller, 27. 5. 1878 Witebsk – 3. 1. 1945 Grodzisk. Stud. Petersburg. 1899 erste Reise nach Sibirien u. dem Fernen Osten. Nach Rückkehr Stud. in Paris. Präsident der ›Revolutionären Regierung des russ. Fernen Ostens‹, daraufhin bis 1907 in Haft. Nach Freilassung bis 1917 in Petersburg, 1918–20 Prof. für Chemie in Omsk. Verbindung mit Kolčak. Floh 1920 vor den Bolschewisten durch die Mongolei; 1922 Rückkehr nach Polen, seither Hochschullehrer in Warschau. Reisen u.a. nach Zentralasien u. Afrika. – Vf. sensationeller Reiseberichte. Bevorzugt Jugendlit., Novellen, Biographien, auch wiss. Arbeiten. Vom Gedankengut der Rassentheorie beeinflußt u. durch eigene Erfahrungen, vertritt er die Meinung, es sei die Aufgabe Europas u. der ›arischen Rasse‹, den anderen, weniger glückl. Völkern Frieden u. Freiheit zu bringen. In s. Hauptwerk Darstellung s. Flucht vor Bolschewisten durch die Mongolei.
W: Ljudskaja pyl', R. 1909; Przez kraj ludzi, zwierząt i bogów, E. 1922 (Tiere, Menschen u. Götter, d. 1923); Pod smaganiem Samumu, Reiseb. 1926; Płomienna północ, Reiseb. 1926 (Flammendes Afrika, d. 1926); Niewolnicy słońca, Reiseb. 1928 (Sklaven der Sonne, d. 1928); Pod polską banderą, R. 1928; Lenin, B. 1930 (d. 1930).
L: S. Hedin, O. u. d. Wahrheit, 1925; W. Michałowski, Tajemnica O., 1983.

Ossian → Macpherson, James

Ossiannilsson, Karl Gustav, schwed. Schriftsteller, 30. 7. 1875 Lund – 4. 3. 1970 Lindhem. Lehrer, dann Journalist, 1904 Bruch mit der Sozialdemokratie. Staatsstipendiat seit 1908. – Liebte großartige hist. Bilder u. leidenschaftl. Weltveränderer; Revolution ist wichtiger als Humanität u. Freisinn. Aus dem hist. Roman entwickelt er den politischen (›Barbarskogen‹), spätere Werke sind eher hist. Unterhaltungsromane.

W: Barbarskogen. R. 1908 (Der Barbarenwald, d. 1911); Kung Karl den unge hjälte, R. 1914; Gustavus Adolphus Magnus, R. 1916; Fädernas arv, R. 1925; Domedagsprofeten, R. 1936; Livet måste levas, R. 1940; En gång skall förbannelsen vika, R. 1942; Riddarekedjan, R. 1959. – Samlade dikter, IV 1920.

Ossoli, (Sarah) Margaret → Fuller, Margaret

Ostaijen, Paul van, fläm. Dichter und Essayist, 22. 2. 1896 Antwerpen – 18. 3. 1928 Miavoye-Anthée b. Dinant. Aus Angst vor Verfolgung wegen fläm. aktivist. Tätigkeit 1918–21 in Berlin, wo er als Sympathisant die Novemberrevolution miterlebte und in den Expressionisten- u. Dadaistenkreisen verkehrte. Mitarbeit an vielen Zeitschriften. Zeitweilig Antiquar und Kunsthändler in Brüssel, längerer Aufenthalt in e. Lungensanatorium, wo er an Tuberkulose starb. – S. frühe Lyrik erinnert an Hofmannsthal. Kam dann in Berührung mit dem dt. Expressionismus und wurde e. s. führenden Vertreter in den Niederlanden. Zeigte zunächst national-fläm. Haltung und setzte sich für Menschlichkeit und Brüderlichkeit ein. Wandte sich dann dem Dadaismus zu und verfaßte experimentelle Lyrik, in der er die Ausdruckskraft des gedruckten Wortes mit typograph. Mitteln intensivierte. S. ausdrucksstarken Gedichte zeichnen sich durch große Musikalität und e. Häufung von Wort- und Klangassoziationen aus. Setzte sich in s. Essays mit dem Problem der ›reinen Poesie‹ auseinander. Maßgebl. Einfluß auf die junge fläm. Dichtergeneration.

W: Music-Hall, G. 1916; Het Sienjaal, G. 1918; Bezette stad, G. 1921, fotomech. Nachdr. 1990 (d. 1991); De trust der vaderlandsliefde, E. 1925; Het bordeel van Ika Loch, E. 1925; Vogelvrij, E. 1927; Gedichten, 1928; Intermezzo, E. 1929; Het eerste boek van Schmoll, G. 1929; Krities Proza, Ess. II 1929–31; De bende van de stronk, E. 1932; Diergaarde voor kinderen van nu, E. 1932; Self-defense, Kgn. 1933; Het landhuis in het dorp. De jongen, unvoll. Aut., hg. G. Borchers 1977. – Verzameld werk, IV 1952–77. – *Übs.:* Poesie (Ausw. zweispr.), 1966; Grotesken, 1967; Der Pleitejazz, Prosa 1993.

L: A. T. W. Bellemans, 1939; A. de Roover, ²1960; P. Hadermann, De kringen van binnen, 1965; ders., Het vuur in de verte, 1970; E. M. Beekman, Homeopathy, 1970, ²1996; G. Borgers, II 1971 (m. Bibl.); ders., 1975; J. Bogman, De stad als tekst, 1991; M. Reynebeau, Dichter in Berlijn, 1996; De stem der loreley, hg. G. Buelens, E. Spinoy 1996; S. Neef, Kalligramme (Diss. d.) 2000; G. Buelens, 2001.

Ostenso, Martha, amerik. Erzählerin, 17. 9. 1900 Bergen/Norwegen – 24. 11. 1963 Seattle/WA. 1902 nach USA, 1915 nach Kanada emigriert; lit. Partnerschaft mit Ehemann D. L. Durkin. – ›Wild Geese‹ über willensstarke Frauen, die sich den relig. und familiären Normen ihrer ländl. Gemeinschaft widersetzen; basierend auf eigenen Erfahrungen im Mittleren Westen und Manitoba.

W: A Far Land, G. 1924; Wild Geese, R. 1925 (d. 1940); The Dark Dawn, R. 1926; The Mad Carews, R. 1927 (d. 1928); The Young May Moon, R. 1929 (d. 1929); The Waters under the Earth, R. 1930 (d. 1931); Prologue to Love, R. 1932 (d. 1933); There's Always Another Year, R. 1933; The White Reef, R. 1934; The Stone Field, R. 1937 (Jobina Porte, d. 1938); The Mandrake Root, R. 1938; Love Passed This Way, R. 1942; O River, Remember!, R. 1943 (Schicksale am Fluß, d. 1950); Milk Route, R. 1948; The Sunset Tree, R. 1949; A Man Had Tall Sons, R. 1958.

L: M. Stassijns, 1981; S. S. Atherton, 1985.

Ostrovskij, Aleksandr Nikolaevič, russ. Dramatiker, 12. 4. 1823 Moskau – 14. 6. 1886 Ščelykovo/Gouv. Kostroma. Vater Beamter, später Notar und Handelsanwalt; 1835–40 Gymnas. Moskau, 1840–43 Stud. Rechte ebda. ohne Abschluß, 1845–51 in der Kanzlei des Moskauer Handelsgerichts. Erste Szenen aus e. Komödie 1847, erste Komödie ›Svoi ljudi – sočtëmsja‹ 1849 gedruckt; hatte mit s. Schauspielen größten Erfolg; übernahm 1885 die Leitung des Moskauer Kaiserl. Theaters und der ihm angegliederten Theaterschule. – Neben Griboedov und Gogol' bedeutendster russ. Dramatiker, schrieb etwa 45 Dramen und Komödien, davon 8 in Blankversen; ihr Stoff ist zu zwei Dritteln auf die Welt der russ. Kaufmannschaft bezogen, in 30 der Stücke ist der Schauplatz Moskau; es sind mit wenigen Ausnahmen weder Tragödien noch Komödien im strengen Sinn des Gattungsbegriffs, es fehlt die echte dramat. Spannung, nicht wenige von ihnen zeigen Ansätze zum Stimmungsbild, sie bestehen zum Teil nur aus lose aneinandergereihten episod. Szenen. Wurde in der Wahl der Themen durch zeitgenöss. gesellschaftl. und wirtschaftl. Erscheinungen allg. Art sowie durch äußere Umstände des Lebens entscheidend beeinflußt; stellt in vielen Personen s. Schauspiele den nach den sozialen Umschichtungen um die Mitte des 19. Jh. mehrschichtigen Stand des russ. Kaufmanns dar, bringt gern, wie in der wirkungsvollen Figur des reichen Kaufmanns Torcov in ›Bednost' ne porok‹, den Typ des Haustyrannen auf die Bühne. Die bedeutende Komödie ›Bednaja nevesta‹ spielt unter Moskauer Kleinbürgern und Beamten; zeichnet in e. s. wenigen echt dramat. Stücke, in ›Groza‹, das Bild e. weibl. Despoten in e. Kaufmannshaus in der Provinz; s. hist. Stücke nach Shakespeares Vorbild sind schwächer als die Kaufmannsdramen. In mehreren nach 1870 entstandenen Spielen sind die Personen in die durch die Reformen der 60er Jahre gewandelten sozialen Verhältnisse gestellt. Steht in der Komödie ›Les‹ auf der Höhe s. Kunst der Dialogführung und der Charakterzeichnung; bringt den Dialog in die Nähe zur Rede des Alltags; die dramat. Konstruktion ist untheatralisch, durch Verzicht auf wirkungsvolle Effekte gekennzeichnet; das Spiel beruht auf den Charakteren, aus ihnen geht die Handlung hervor.

W: Svoi ljudi – sočtëmsja, K. 1850 (Es bleibt ja in der Familie; Der Bankrott); Ne v svoi sani ne sadis', K. 1853; Bednost' ne porok, K. 1854; Dochodnoe mesto, K. 1857; Groza, Dr. 1859 (Das Gewitter, d. 1911); Na vsjakogo mudreca dovol'no prostoty, K. 1868 (Eine Dummheit macht auch der Gescheiteste, d. 1972); Bešenye den'gi, K. 1870 (Tolles Geld); Les, K. 1871 (Der Wald); Sneguročka, Msp. 1872; Volki i ovcy, K. 1875 (Wölfe und Schafe); Talanty i poklonniki, K. 1881 (Talente und Verehrer). – Polnoe sobranie sočinenij (GW), XVI 1949–53; XII 1973–80. – Übs.: Dramat. Werke, hg. J. v. Guenther IV 1951 u. 1955; Ausgew. Theaterstücke, II 1966.

L: J. Patouillet, Paris 1912 (m. Bibl.); A. J. Revjakin, 1949, ³1974; L. M. Lotman, 1961; U. Steltner, 1978; A. G. F. van Holk, Groningen 1979; L. Cox, Ann Arbor 1982; M. Lobanov, 1989; O. Schlüter, 1996; K. S. Rahman, Birmingham 1999. – Bibl.: K. D. Muratova, 1974; G. M. Čapenko, 1977.

Ostrovskij, Nikolaj Alekseevič, russ. Schriftsteller, 29. 9. 1904 Vilija – 22. 12. 1936 Moskau. Als Freiwilliger der Roten Armee schwer verwundet, ab 1924 gelähmt u. erblindend. – S. lit. sehr schwacher, allein durch das eig. Schicksal inhaltl. anrührender Roman ›Kak zakaljalas' stal'‹ wurde in der SU als vorbild. Werk des sozialist. Realismus gepriesen.

W: Kak zakaljalas' stal', R. 1932–34, als Buch 1935 (Wie der Stahl gehärtet wurde, d. 1954). – Sobranie sočinenij (GW), III 1974/75.

O'Sullivan, Vincent, neuseeländ. Schriftsteller, * 1937 Auckland. Nach dem Stud. längere Aufenthalte in Griechenland u. Mittelamerika. – Schon in s. frühen Dichtung neigt er zu e. universell gebildeten, visionären Bildlichkeit u. zur perspektiv. Pointierung in dramat. Monologen. S. Dramen thematisieren den Sprachverlust durch Krieg u. Kolonialismus. S. Kurzgeschichten verbinden Beobachtungsschärfe mit sprachl. Ökonomie u. erzähltechn. Raffinesse.

W: Revenants, G. 1969; From the Indian Funeral, G. 1976; Brother Jonathan, Brother Kafka, G. 1980; The Butcher Papers, G. 1982; Shuriken, Dr. 1985; The Pilate Tapes, G. 1986; The Snow in Spain, Kgn. 1990; Billy, Dr. 1990; Palms and Minarets, Kgn. 1993; Let the River Stand, R. 1993; Believers to the Bright Coast, R. 1998.

Otčenášek, Jan, tschech. Schriftsteller, 19. 11. 1924 Prag – 24. 2. 1979 ebda. 1943 Mitgl. der illegalen KP; 1956–59 Sekretär des Schriftstellerverbandes. – In Romanen u. Erzählungen behandelt O. die Konflikte, die sich aus dem revolutionären Wandel der Gesellschaftsordnung ergeben.

W: Plným krokem, R. 1952; Občan Brych, R. 1955 (Die Zeit der Entscheidung, d. 1959); Romeo, Julie a tma, N. 1958 (Romeo und Julia und die Finsternis, d. 1961); Kulhavý Orfeus, R. 1964 (Der hinkende Orpheus, d. 1968); Mladík z povolání, E. 1968; Když v ráji pršelo, R. 1972 (Als es im Paradies regnete, d. 1975); Pokušení Katarina, unvoll. R. 1984; Lásky mezi kapkami deště, N. 1991.

L: J. Hájek, Literatura a život, 1955.

Otero, Blas de, span. Dichter, 15. 3. 1916 Bilbao – 29. 6. 1979 Madrid. Stud. Jura Madrid. Lebte in Bilbao. – Von D. Alonso als bedeutendster Lyriker der Nachkriegsgeneration erkannt u. gefördert. Zwei gegensätzl. Stilphasen kennzeichnen s. Schaffen: Zunächst singt O. in klass. schöner Sprache von Angst, Entwurzelung u. der Suche nach metaphys. Bindung, dann macht er das Gedicht unter Verzicht auf jegl. ornamentale Schönheit zum Werkzeug polit. Anklage; Gegenstand und Adressat s. Dichtung ist jetzt ›die große Mehrheit‹ (im Gegensatz zu J. Ramón Jiménez' ›inmensa minoría‹), die arbeitenden und duldenden Massen, mit denen O. sich solidarisiert.

W: Cántico espiritual, 1942; Ángel fieramente humano, 1950; Redoble de conciencia, 1951; Pido la paz y la palabra, 1955; Ancia, 1958; Parler clair, 1959; En castellano, 1960; Hacia la inmensa mayoría, 1962; Esto no es un libro, 1963; Que trata de España, 1964; Historias fingidas y verdaderas, Prosa 1970; Mientras, 1970; Todos mis sonetos, 1977; Poesía con nombres, 1977. – Expresión y reunión. A modo de antología 1941–1969, 1969; País: Antología 1955–1970, 1971.

L: E. Alarcos, 1967; M. Semprún Donahue, 1977; J. Galán, B. de O., palabras para un pueblo, 1978; C. Mellizo, L. Salstad, hg. Wyoming 1980; I. Zapiain, R. Iglesias, 1983; S. de la Cruz, 1983; G. R. Barrow, Columbia 1988; J. A. Asunce Arrieta, 1990; M. A. Harris, 1991.

Otero, Lisandro, kuban. Schriftsteller, * 4. 6. 1932 Havanna. Journalist, Diplomat, höherer Kulturfunktionär. – Beschreibt die frühere kuban. Oberschicht, das korrupte Batista-Regime, Glanz u. Elend der populären Musiker in der Karibik.

W: Tabaco para un jueves santo, En. 1955; Lo que vi en Argelia, Rep. 1956; Cuba: Z. D. A., Rep. 1960 (d. Rebellion im Paradies, 1961); La situación, R. 1963 (d. Schaler Whisky, 1967); Pasión de Urbino, R. 1966; En ciudad semejante, R. 1970 (d. Wehe dir, große Stadt, 1973; u. d. T.. Stadt im Feuer, 1985); General a caballo, N. 1980 (d. 1985); Razón y fuerza de Chile, Ess. 1984; Bolero, R. 1986 (d. 1988).

Otero Silva, Miguel, venezolan. Schriftsteller, 26. 10. 1908 Barcelona, Anzoátegui – 28. 8. 1985 Caracas. Gründer von Zeitungen, Senatsmitglied, mehrmals im Exil. E. der großen Humoristen Lateinamerikas. – S. Themen sind das Leben unter der Diktatur u. in den Erdölfeldern, das Scheitern des Studenten-Aufstandes, das Sterben e. Stadt in

Ôtomo(no) Tabito

der Savanne u. die aktuelle Situation des Landes: Elend, Luxus u. polit. Macht. In s. letzten Roman beschreibt er das Leben Jesu aus der Sicht der Befreiungstheologie.

W: Agua y cauce, G. 1937; Fiebre, R. 1939 (d. 1960); Casas muertas, R. 1955; Oficina No. 1, R. 1961; Sinfonías tontas, G. 1962; La muerte de Honorio, R. 1963 (d. 1976); Cuando quiero llorar no lloro, R. 1970 (d. 1975); Lope de Aguirre, príncipe de la libertad, R. 1979 (d. 1981); La piedra que era Cristo, R. 1985. – Poesía completa, 1972; Obra poética, 1976; Obra humorística completa, 1976; Prosa completa, 1976.

L: E. Subero, 1975; A. Márquez Rodríguez, 1985.

Ôtomo(no) Tabito, jap. Dichter, 665 – 25. 7. 731 Kyoto. Vater des Ô. Yakamochi, bekleidete hohe Hofämter, 730 Staatsrat. Im ›Manôyshû‹ sind von ihm neben 2 Lang(chôka) 76 Kurzgedichte (waka) aufgenommen, in denen sich neben buddhist. v. a. taoist. Gedanken abzeichnen.

Übs.: W. G. van Campen, Three sets of poems by O. T. (Journal of Oriental Literature 5), 1952; W. Gundert, in: Lyrik des Ostens, 1952.

Ôtomo(no) Yakamochi, jap. Dichter, 718 – 28. 8. 785. Sohn des Ô. Tabito; hohe Ämter bei Hofe, ∞ Sakanoe no Ôiratsune, Tochter s. Tante, 746 Statthalter von Etchu, 758 von Inaba, 783 Staatsrat. Kompilator der Sammlung ›Manyôshû‹, in der sich 480 s. Gedichte finden. – S. Langgedichte (chôka) sind jenen des Kakinomoto no Hitomaro u. des Yamanoue no Okura unterlegen, s. waka führen stilist. auf das ›Kokinwakashû‹ hin.

Übs.: E. E. Florenz, Die Langgedichte Y. (Asia Major 9), 1933; W. Gundert, in: Lyrik des Ostens, 1952.

L: L. P. Doe, A Warbler's Song in the Dusk, Berkeley 1982.

Ottlik, Géza, ungar. Schriftsteller, 9. 5. 1912 Budapest – 9. 10. 1990 ebda. Schildert in s. Hauptwerk das Leben in e. Offiziersschule und die Methodik, wie humane Gefühle aus jungen Leuten getilgt werden.

W: Hajnali háztetők, R. 1957; Iskola a határon, R. 1959 (Die Schule an der Grenze, d. 1963); Próza, Ess., St. 1980.

L: M. Szegedy-Maszák, 1994.

Otway, Thomas, engl. Dramatiker, 3. 3. 1652 Trotton/Sussex – 14. (?, begraben 16.) 4. 1685 London. In Winchester erzogen; brach Stud. der Theol. in Oxford vorzeitig ab, ging 1672 nach London; zunächst Schauspieler, teilweise auch in der Armee, begann nach berufl. Fehlschlag selbst Bühnenstücke zu schreiben. Trotz des Erfolges e. Bühnenstücke führte er e. Leben in Elend und großer Armut. – Neben Dryden bedeutendster engl. Tragödiendichter s. Zeit, bes. um leidenschaftl. Konflikte zwischen Liebe u. Ehre. Durch Racine beeinflußt, strebte er zunächst die heroisch-klass. Form an; spätere Werke in der Nachfolge Shakespeares, bei dem er mancherlei künstler. Anleihe machte. S. bestes Werk, ›Venice Preserved‹, ist e. letzter Nachklang der großen Renaissancetragödie, die Tragödie ›The Orphan‹ e. bürgerl. Trauerspiel, das ähnlich wie in den Stükken von J. Banks oder N. Rowe die Frau als (unverschuldet) Leidende inszeniert und sie damit zu einem marginalisierten Objekt männl. Begehrens im Theater macht.

W: Alcibiades, Tr. 1675; Don Carlos, Tr. 1676; The Rival Queens, Tr. 1677; Titus and Berenice, Tr. 1676 (nach Racine); The Cheats of Scapin, Farce 1677 (nach Molière); Friendship in Fashion, K. 1678; History and Fall of C. Marius, Tr. 1679; The Orphan, or, the Unhappy Marriage, Tr. 1680 (n. 1972; d. 1767); The soldiers fortune, K. 1680; Venice preserv'd: or a plot discover'd, Dr. 1682 (hg. M. Kensall 1969, K. Suganuma, Tokio 1979; d. P. Hagen 1897; bearb. H. v. Hofmannsthal 1905); The Atheist, K. 1683; The History of the Triumvirates, 1686; Works, 1692; Love Letters, hg. Earl of Rochester 1697 (hg. J. C. Gosh 1932). – Works, hg. M. Summers III 1926, J. C. Gosh II 1968.

L: G. Fried, Gestalt u. Funktion der Bilder im Dr. O.s, 1965; R. G. Ham, O. and Lee, ²1969; H. Klingler, Die künstler. Entwicklung in den Tragödien O.s, 1971; H. M. B. Pollard, From Heroics to Sentimentalism, 1974; K. Warner, 1982; J. M. Armistead, Four Restoration Playwrights: A Reference Guide, 1984.

Oudshoorn, J. van (eig. Jan Koos Feylbrief), niederländ. Schriftsteller, 20. 12. 1876 Den Haag – 31. 7. 1951 ebda. Regierungsbeamter, 1905–33 an der Gesandtschaft in Berlin. – Naturalist, Vorläufer des Existentialisten, beeinflußt von Dichtern der Generation um 1880. In früher, stark autobiograph. Prosa tiefer Pessimismus. Hauptprobleme s. psycholog. Romane sind Pubertät, Existenzangst, erot. Unruhe. Im Spätwerk individueller, z. T. humorist. Stil.

W: Willem Merten's Levensspiegel, R. 1914; Louteringen, R. 1916; Zondag, Dr. 1919; Tobias en de dood, R. 1925; Achter groene horren, R. 1943; De fantast, R. 1948; Doolhof der zinnen, Ausw. 1950. – Verzamelde werken, II 1968–74.

L: W. de Moor, II 1982 (m. Bibl.).

Ouida (eig. Maria Louise de la Ramée), engl. Romanschriftstellerin, 1. 1. 1839 Bury St. Edmunds – 25. 1. 1908 Viareggio/Italien. Mutter Französin. Reiste ab 1860 häufig nach Italien, lebte dort in großem Stil, verarmte nach 1890 völlig, da ihre Bücher aus der Mode kamen. Schließl. Staatspension. – Schrieb insgesamt 45 Gesellschaftsromane, in denen sie meist die mod.-elegante Welt ihrer Zeit darstellte und zugleich gegen Prüderie u. moral. Ideale der viktorian. Lit. rebellierte. Ihre Bücher waren e. Zeitlang sehr populär, wurden aber gleichzeitig als gekünstelt und lebensunwahr vielfach verspottet. Held der Romane ist meist e. blasierter Gardeoffizier, e. Musterbeispiel der Schönheit und des Mutes. Auch einige gute Tierromane und e. Kinderbuch.

W: Held in Bondage, R. III 1863; Strathmore, R. III 1865 (d. 1867); Chandos, R. 1866; Under Two Flags, R. III 1867 (d. 1870); Tricotrin, R. III 1869; Puck, E. 1870; A Dog of Flanders, R. 1872; Two Little Wooden Shoes, R. 1874; Ariadne, R. III 1877 (d. 1878); Moths, R. III 1880 (d. 1881); A Village Commune, R. II 1881; Bimbi, Kdb. 1882; In Maremma, R. III 1882; A House Party, R. 1887; Views and Opinions, Ess. 1895; An Altruist, R. 1897; Critical Studies, Ess. 1900.

L: E. Lee, 1914; Y. Ffrench, 1938; E. Bigland, 1950; M. Stirling, The Fine and the Wicked, 1957.

Ouologuem, Yambo, mal. Schriftsteller franz. Sprache, * 22. 8. 1940 Bandiagara/Mali. Sohn e. begüterten Notabeln. Kam 1960 nach Paris; Besuch des Lycée Henri IV; Stud. École Normale Supérieure, Licence in Lit. u. Philos., Thèse in Soziologie. Unterrichtete bis 1966 am Lycée de Charenton. – Schildert vor dem Hintergrund e. vital-dämon. Afrika die hist. Situation s. von einheim. wie fremden Machthabern gleichermaßen ausgebeuteten Landsleute.

W: Le devoir de violence, R. 1968 (d. 1969); Lettre à la France nègre, Ess. 1969; The Pilgrims of Copernaum, R. 1971.

L: P. Battista, L'acculturazione formale, Neapel 1974; G. Eryno-Sanziri, La rhétorique de l'expression, Diss. 1981; M. Ledu, 1991; C. Wise, 1999.

Ousmane, Sembène, senegales. Schriftsteller u. Cineast franz. Sprache, * 8. 1. 1923 Ziguinchor/Senegal. Kämpfte im 2. Weltkrieg in der franz. Armee in Italien und Dtl. Nach dem Krieg Syndikalist; s. Erfahrungen als Docker in Marseille sind lit. verarbeitet in ›Le docker noir‹. – O., militanter Verfechter des Islam u. zugleich marxist. orientiert, schildert Aspekte der mod. afrikan. Gesellschaft, insbes. Arbeiterprobleme, in realist. Darstellung des Alltagslebens und der Folgen der Kolonialherrschaft. S. Helden sind Vorkämpfer progressiver Gruppen. Einige s. Werke hat O. selbst verfilmt.

W: Le docker noir, R. 1956; Ô pays, mon beau peuple, R. 1957 (Meines Volkes schöne Heimat, d. 1958); Les bouts des bois de Dieu, R. 1960; Voltaiques, E. 1962; Borrom Sarrett, E. 1963; L'harmattan, R. 1964; Véhi-Ciosane ou Blanche-Genèse. Le mandat, En. 1965; La noire de …, Film 1966; God of thunder (= Emitai), Film 1971; Xala, R. 1974 (d. 1979); Le dernier de l'Empire, R. 1981; Le champ de Thiaroge, Film 1988; Guelwaar, R. 1996.

L: C. D. Moore, Evolution of an African artist, Diss. 1973; C. Serauky, Diss. 1979; M. T. Bestman, Sherbrooke 1981; W. C. Kang, Diss. 1982; T. Habiyakare, 1999.

Ou-yang Hsiu → Ouyang Xiu

Ouyang Xiu, chines. Schriftsteller, 6. 8. 1007 Luling (Jiangxi) – 1072 Ruyin (Anhui). Aus verarmter Familie. Bestand 1026 Staatsprüfung, 1030 Richter in Luoyang, 1036 als Landrat nach Yiling (Hubei) verschickt; weitere Provinzämter. 1043 Zensor; Anhänger von → Fan Zhongyan. 1054 Hanlin-Akademiker, 1055 als Gesandter zu den Kitan, 1060 Staatsrat, 1067 Justizminister, 1068 Kriegsminister, Karriere mehrfach durch Degradierung unterbrochen. – Als Politiker Gegner der Reformen des → Wang Anshi, von streng konservativer Gesinnung; aufrechter Konfuzianer. Als Prosaautor Nachahmer von → Han Yu; ausgezeichneter Essayist mit klarem, abgewogenem und doch freiem Stil. Hist. Schriftsteller, Epigraphiker. Auch Liederdichter von hohem Rang. Vf. e. Poetik.

W: Xin Tangshu, Schr.; Xin Wudaishi, Schr. 1072; Zhigu lu, Schr.; Guitian lu, Mem.; Liuyici, G.; Liuyi jushi shihua, Poetik. – Luling Ouyang wenzhong gong quanji (GW), um 1195. – Übs.: Bibl. in: M. Davidson, A List of Published Translations from Chinese, New Haven 1957.

L: K. Wals, 1938; P. Olbricht, 1939; J. T. C. Liu, Stanford 1967; R. C. Egan, Cambr. 1984.

Ovečkin, Valentin Vladimirovič, russ. Prosaiker, 22. 6. 1904 Taganrog – 27. 1. 1968 Taškent. Ursprüngl. Kolchosvorsitzender, versuchte O. mit dokumentar. Prosa ab Ende der 50er Jahre die verhängnisvollen Folgen der Zwangskollektivierung zu mildern. S. ›Rajonnye budni‹ (ab 1952) wurden als wahrheitsgemäße Dorfskizzen beachtet. Enttäuscht über die prakt. Wirkungslosigkeit, versuchte O. sich das Leben zu nehmen.

W: Kolchoznye rasskazy, En. 1935; Trudnaja vesna, Skn. 1956 (Frühlingsstürme, d. 1957); Pust' èto sbudetsja, Dr. 1962; Zametki na poljach, 1973. – Stat'i, dnevniki, pis'ma, Ess., Tg., Br. 1972; Sobranie sočinenij (GW), III 1989/90.

L: M. Privalenko, 1955; Vospominanija o V. O., 1982.

Overbury, Sir Thomas, engl. Dichter, (getauft 18.) Juni 1551 Compton Scorpion/Warwickshire – 15. 9. 1613 London. Stud. Jura Oxford u. London; Jurist. Widersetzte sich der Heirat s. Gönners Robert Carr, des späteren Grafen von Rochester und Somerset, mit der geschiedenen Gräfin von Essex, kam deshalb als Opfer e. Hofintrige in den Tower, wo ihn Agenten der Lady Essex vergifteten. – Hinterließ e. Ehegedicht ›A Wife‹ sowie kurze unterhaltsame Charakterbeschreibungen versch. menschl. Typen nach Art Theophrasts.

W: A. Wife, G. 1614; Characters, Ess. 1614 (n. W. J. Paylor 1936); Miscellaneous Works, hg. E. F. Rimbault 1856.
L: C. E. Gough, 1909; W. MacElwee, 1952; B. M. White, 1965.

Ovidius Naso, Publius, röm. Dichter, 20. 3. 43 v. Chr. Sulmo – um 18 n. Chr. Tomis/Konstanza. Aus Ritterfamilie, rhetor. Ausbildung in Rom u. Athen, Reisen nach Sizilien u. Kleinasien, kurz im Staatsdienst, dann polit. Laufbahn zugunsten der Dichtkunst aufgegeben. 8 n. Chr. wohl wegen Verwicklung in e. Skandal innerhalb der kaiserl. Familie u. wegen moral. bedenkl. Einflusses s. Gedichte von Augustus nach Tomis am Schwarzen Meer verbannt. Trotz Bittschreiben nach Rom nicht begnadigt, im Exil gestorben. – Letzter großer röm. Elegiker, poet. Naturtalent, von funkelndem Witz, schöpfer. Einbildungskraft u. hoher formaler Perfektion. Darsteller u. Deuter der vornehmen stadtröm. Gesellschaft. Begann in der Jugend mit e. Tragödie ›Medea‹ (von Quintilian gerühmt; verloren) u. den ›Amores‹, 50 Liebeselegien, die e. Geliebten unter dem Pseudonym Corinna gewidmet sind, leicht, lebhaft, elegant, zuweilen frivol. Es folgten die ›Heroides‹, 20 erdichtete Briefe von Frauen u. Mädchen der Sage an ihre Gatten oder Liebhaber (Nr. 15, Epistula Sapphus, ist unecht, die Briefpaare Nr. 16–21 in ihrer Echtheit umstritten), z.T. mit deren Antworten. ›Ars amatoria‹, Liebeskunst in Form e. parodist. Lehrgedichts, und, nachdem O. Leichtfertigkeit vorgeworfen, ihr Widerruf in den ›Remedia amoris‹ (Heilmittel gegen die Liebe), schließl. e. bruchstückhaftes Gedicht über Kosmetik, ›De medicamine faciei femineae‹. O.' Hauptwerke sind erzählenden Charakters: 15 Bücher ›Metamorphoses‹, e. Zyklus von 256 Verwandlungssagen (Menschen in Götter, Tiere, Pflanzen u. umgekehrt), in Hexametern, u. ›Fasti‹, e. röm. Festkalender mit Erklärung von Namen u. Bräuchen u. mit Sagen über Ursprünge der relig. Feiertage, in Distichen, nur 6 Bücher = 6 Monate vollendet. Ihr Wert für die röm. Religionsgeschichte ist umstritten. Letzte Werkgruppe O.' sind die Klagelieder aus der Verbannung (›Tristia‹, ›Epistulae ex Ponto‹, ›Ibis‹). Starke Nachwirkung in der späteren röm. Elegie u. vom hohen MA bis in die Gegenwart.

W: Amores (hg. u. ital. F. Munari [4]1964; E. J. Kenney [2]1994 mit Ars, Remedia und De medicamine; hg. u. komm. J. C. McKeown III 1987–98; d. W. Marg, R. Harder [6]1984, M. v. Albrecht 1997, N. Holzberg 1999); Heroides (hg. R. Giomini II 1957–65, A. Palmer 1874, n. 1967, H. Dörrie 1971, G. Showerman [2]1977; d. W. Gerlach [2]1952, D. Hoffmann, C. Schliebitz, H. Stocker 2000); De medicamine faciei, um 8 v. Chr. (zus. m. Remedia; hg. u. dt. F. W. Lenz 1960, d. J. Eberle 1959); Ars amatoria, um 1 v. Chr. (hg. u. komm. P. Brandt, n. 1963; Buch 1 komm. A. S. Hollis 1977, Buch 2 komm. M. Janka 1997; d. F. Burger [11]1969, N. Holzberg 1985, M. v. Albrecht 1992); Remedia amoris, um 2 n. Chr. (komm. H. J. Geisler 1969, C. Lucke 1982, P. Pinotti [2]1993; vgl. auch De medicamine); Metamorphoses, um 2 – 8 n. Chr. (hg. H. Magnus 1914, F.J. Miller [2]1984, W. S. Anderson [6]1993; komm. M. Haupt, O. Korn, R. Ehwald, H. J. Müller II [10]1966, F. Bömer VII 1969–86; d. J. H. Voß 1829, Th. v. Scheffer 1948, H. Breitenbach [2]1964, E. Rösch [10]1983, n. 1988, G. Fink [2]1990, M. v. Albrecht 1994); Fasti, um 2 – 8 n. Chr. (hg. u. komm. H. Peter [4]1907, J. G. Frazer V [2]1989; E. H. Alton, D. E. W. Wormell, E. Courtney 1978; hg., komm. u. dt. F. Bömer 1957f.; I 1–4 komm. S. Posch 1983; d. W. Gerlach 1960, N. Holzberg 1995); Tristia, 8–12 n. Chr. (hg., komm. u. dt. G. Luck II 1967–77; J. B. Hall 1995; zus. m. Epistulae ex Ponto hg. S. G. Owen 1915; A. L. Wheeler [2]1988, hg. u. dt. W. Willige 1963); Epistulae ex Ponto, 13–16 n. Chr. (hg. F. W. Lenz 1938, J. André 1977, J. A. Richmond 1990, A. Pérez Vega, F. Socas Gavilán 2000; vgl. auch Tristia; komm. G. Nemethy 1915); Ibis, 11 n. Chr. (hg. F. W. Lenz [2]1956, hg. u. komm. A. La Penna 1957, hg. u. franz. J. André 1963; d. B. W. Häuptli 1996); Halieutica (hg. J. Richmond 1962).

L: E. Martini, Einl. zu O., 1933, n. 1970 (m. Bibl.); H. Fränkel, 1945 (d. 1970); L. P. Wilkinson, 1955; N. I. Herescu, hg. Paris 1958; S. D'Elia, 1959; F. Stoessl, 1959; J. C. Thibault, The Mystery of O.'s Exile, 1964; W. Ludwig, Struktur und Einheit der Metamorphosen O.s, 1965; B. Otis, O. as an Epic Poet, 1966, [2]1970; E. J. Bernbeck, Beobachtungen zur Darstellungsart in O.s Metamorphosen, 1967; O. im Urteil der Nachwelt, hg. W. Stroh 1969; G. Luck, Unters. zur Textgeschichte O.s, 1969; J.-M. Frécaut, L'esprit et l'humour chez O., 1972; O. S. Due, Changing forms, 1974; H. Jacobson, O.'s Heroides, 1974; G. Löscher, 1975; H. Froesch, 1976; R. Syme, History in O., 1978; S. Lundström, O.s Metamorphosen und die Politik des Kaisers, 1980; B. R. Nagle, The poetics of exile, 1980; M. v. Albrecht, E. Zinn, hg. [2]1982; G. Rosati, Narciso e Pigmalione, 1983; T. Eggers, 1984; D. Porte, L'étiologie religieuse dans les ›Fastes‹ d'O., 1985; P. E. Knox, O.'s Metamorphoses and the traditions of Augustan poetry, 1986; J. B. Solodow, The world of O.'s Metamorphoses, 1988; J. T. Davis, Fictus adulter, 1989; U. Schmitzer, Zeitgeschichte in O.s Metamorphosen, 1990; B. M. Gauly, Liebeserfahrungen, 1990; J. F. Miller, O.'s elegiac festivals, 1991; E. A. Schmidt, O.s poetische Menschenwelt, 1991; R. Verdière, Le secret du voltigeur d'amour, 1992; A. Barchiesi, Il poeta e il principe, 1994; G. Herbert-Brown, O. and the Fasti, 1994; K. S. Myers, O.'s Causes, 1994; G. D. Williams, Banished voices, 1994; J. Fabre-Serris, Mythe et poésie dans les Métamorphoses d'O., 1995; C. E. Newlands, Playing with time, 1995; M. Beck, Die Epistulae Heroidum XVIII und XIX des Corpus Ovidianum, 1996; G. D. Williams, The curse of exile, 1996; N. Holzberg, 1997; G. Tissol, The face of nature, 1997. Konkordanz: R. J. Deferrari u.a. 1939, n. 1968. – Wörterbuch zu den Metamorphosen: O. Eichert, 1878, n. 1968. – *Bibl.:* E. Paratore, 1958.

Owen, Alun (Davies), engl. Dramatiker, Drehbuchautor, Schauspieler und Regisseur, 24. 11. 1925 Menai Bridge/Insel Anglesey, Wales – 6. 12.

1994 London. Walis. Familie, Schule in Wales und Liverpool; ab 1942 Schauspieler (Bühne und Film) und Regisseur, seit 1957 Autor für Radio und Fernsehen. – Bekannt v. a. als Vf. zahlr. Fernsehspiele, auch Dramen u. Hörspiele sowie Drehbücher. Häufiges Thema ist das Leben in der Stadt, oft Liverpool, und die aus dem Aufeinandertreffen unterschiedl. Religionen, Kulturen und Generationen sich ergebenden Konflikte; e. anderer Hintergrund, der amerik. Bürgerkrieg, findet sich etwa im Drama ›The Rough and Ready Lot‹. In s. Werk zeigen sich surrealist. Elemente. Seit Mitte der 1960er Jahre schrieb O. v. a. zahlr. Fernsehspiele, besonders erfolgr. die vier Stücke unter dem Titel ›Male of the Species‹; auch Drehbuchautor des Beatles-Films ›A Hard Day's Night‹.

W: Two Sons, H. (1957); No Trams to Lime Street, FSsp. 1959; The Rough and Ready Lot, H. u. Dr. 1960 (H. 1958, Uraufführung 1959); Three TV Plays, 1961; Progress to the Park, Dr. 1962 (Uraufführung 1959); Maggie May, Libr. (1964); A Hard Day's Night, Drb. 1964; A Little Winter Love, Dr. 1965 (Uraufführung 1963); The Game (The Winner u. The Loser), Dr. (1965); Shelter, Dr. 1968; George's Room, Dr. 1968; Norma, Dr. 1970 (u. d. T. Mixed Couples n. 1983); Doreen, Dr. 1971; Male of the Species, FSsp. 1975 (1969 gesendet, 1974 als Dr. aufgeführt); Lucia, Dr. (1982); Tiger, H. 1984; Widowers, H. 1985; Come Home Charlie and Face Them, FSsp. 1990 (nach R. F. Delderfield).

Owen, Daniel, walis-kymr. Romanschriftsteller und Essayist, 20. 10. 1836 Mold – 22. 10. 1895 ebda. Stud. ab 1865 am theol. College Bala. – Vf. von teils biograph. Romanen und Erzählungen mit anschaul.-lebendiger Schilderung.

W: Offrymau Neilltuaeth, Prosa 1879; Y Dreflan, ei Phobl a'i Phethan, R. 1881; Hunangofiant Rhys Lewis, R. 1885; Y Siswrn, Ausw. 1888; Profedigaethan Enoc Huws, R. 1891; Gwen Tomos, Merch y Wernddu, R. 1894; Straeon y Pentan, En. 1895.

L: I. Foulkes, 1903; T. Gwynn Jones, 1936; S. Lewis, 1936; J. G. Jones, 1970; G. T. Hughes, 1991.

Owen, Goronwy, walis.-kymr. Lyriker, 1. 1. 1723 Llanfair Mathafarn Eithaf/Anglesey – Juli 1769 Virginia. Klass. Bildung. 11 Jahre Pfarrer an versch. Orten Englands, dann Lehrer in Williamsburgh/Virginia, ab 1760 Pfarrer von St. Andrews/Brunswick. Rastloses Leben, reich an Härten und Enttäuschungen. – Seine Gedichte behandeln vorwiegend traditionelle Themen der Zeit, wie das Jüngste Gericht; einige drücken persönl. Empfinden aus. Briefe in lebendiger idiomat. Prosa; e. horazische Epistel, Einladung an e. Freund, gehört zu s. besten Arbeiten.

W: Diddanwch Teuluaidd, 1763; Poetical Works with Life and Corresp., hg. R. Jones II 1876; Barddoniaeth G.

O., hg. J. Morris Jones 1895; Gwaith G. O., hg. O. M. Edwards II 1901f.; The Letters, hg. J. H. Davies 1924.

L: Glan Rhydallt, Goronwy'r Altud, 1947; W. D. Williams, 1951.

Owen, John (lat. Audoenus, Ovenus), walis. neulat. Epigrammatiker, um 1564 Plasdhu/Carnarvonshire – 1622 London. Stud. Winchester u. Oxford; Lehrer in Trelleck u. Warwick. – Sein lit. Ruf beruht auf mehreren Bänden lat. Epigramme, die weite Bewunderung fanden, vor allem auf dem Kontinent, wo sie bis zum 18. Jh. immer wieder übersetzt u. gedruckt wurden. Wirkte bes. stark auf die dt. Epigrammatiker des 17. Jh. Seine Themen umfassen Typen menschl. Verhaltens (Laster und Tugenden), aber auch Institutionen, lit. Werke und fiktive Persönlichkeiten.

W: Epigrammatum ... Libri Tres, 1606 (hg. A. A. Renouard, Paris II 1794); Epigrammatum, Liber Singularis, 1607; Epigrammatum Libri Tres, 1612. – Übs.: Ausw. 1863.

L: E. Urban, 1900.

Owen, Wilfred Edward Salter, engl. Lyriker, 18. 3. 1893 Ostwestry/Shropshire – 4. 11. 1918 Landrecies/Frankreich. Zartes, frühreifes, der Dichtung aufgeschlossenes Kind. Erzogen im Birkenhead Institute, Stud. in Liverpool u. London. Reisen in Frankreich, 1913–15 Hauslehrer e. franz. Familie bei Bordeaux. 1915 engl. Kriegsfreiwilliger. Lag 1917 verwundet im Craiglockhart-Hospital zusammen mit S. Sassoon, der ihn zum Dichten ermutigte. Rückkehr zur Armee nach Frankreich; fiel an der Spitze s. Kompanie e. Woche vor Waffenstillstand. – Bedeutendster engl. Kriegsdichter des 1. Weltkriegs. S. an der Romantik (bes. Keats) orientierte, doch mod. Lyrik gibt erschütternde Aussagen von der gnadenlosen Wirklichkeit des Krieges, vom soldat. Sterben, von der Schickung ins Unvermeidliche. Verwendet vielfach Assonanz statt Endreim, darin Vorläufer Audens u. S. Spenders. Einfluß auf die jungen Dichter der 1930er u. der 1960er Jahre. B. Brittens ›War Requiem‹ (1962) enthält Gedichte von O.

W: Poems, hg. S. Sassoon 1920, E. Blunden 1931. – The Collected Poems, hg. C. Day Lewis 1963; War Poems and Others, hg. D. Hibberd 1973; Complete Poems and Fragments, hg. J. Stallworthy 1983; The Poems, hg. ders. 1985; Collected Letters, hg. H. Owen, J. Bell 1967; Selected Letters, hg. J. Bell 1985.

L: D. S. R. Welland, 1960; H. Owen, III 1963–65; G. M. White, 1969; J. Stallworthy, 1974; D. Hibberd, 1986; M. Williams, 1993; H. McPhail, 1993; Ph. Guest, 1998; J. Purkis, 1999; D. Hibberd, 2002. – Bibl.: W. White, 1966.

Owl and the Nightingale, the (Die Eule und die Nachtigall), das berühmteste mittelengl.

Streitgedicht; 13. Jh. Südengland (?). Es schildert in vierhebigen jamb. Reimpaaren (1794 Versen) und e. lebhaften, umgangssprachl. Ton den Streit zwischen e. Eule und e. Nachtigall, wer von ihnen besser singe und den Menschen nützlicher sei. Die Vögel verlieren zwar nie ihren Charakter als Vögel; gleichzeitig behandeln sie aber komplexe und vielschichtige Themen wie etwa das Verhältnis von Vorauswissen und Vorbestimmung oder das von Liebe, Sexualität und Ehe. Wer von beiden siegt, bleibt offen, da der Erzähler das Urteil des Schiedsrichters Nicholas von Guildford nicht mitteilt. Dies alles erzeugt e. reizvolle Spannung und hat zu vielerlei Deutungen, darunter auch allegor., Anlaß gegeben.

A: J. E. Wells, 1907; J. W. H. Atkins, 1922; E. G. Stanley, 1962; N. Cartlidge, 2001 (mit neuengl. Übs.). – *Übs.:* dt.: H. Sauer, 1983; engl.: J. Gardner, 1971, B. Stone, 1971.

L: H. Hässler, 1942; B. Sundby, 1950; K. Hume, 1975; R. Holtei, 1990. – *Bibl.:* Manual ME 3. VII, 1972, Nr. 45.

Oxenstierna, Johan Gabriel Graf, schwed. Dichter, 19. 7. 1750 Skenäs/Södermanland – 29. 7. 1818 Stockholm. Stud. Uppsala, Examen 1767, 1769 Mitgl. von ›Utile dulci‹, 1770–74 Gesandtschaftssekretär in Wien, 1786 Reichsrat u. Kanzleipräsident, 1786 Mitgl. der Schwed. Akad., 1792–1801 Reichsmarschall. Lebte zuletzt in Armut. 1791 ∞ Kristina Lovisa Wachschlager. – Begann frühzeitig unter Anleitung von Gyllenborg zu dichten; selbst e. weiche, träumer., dabei kluge u. geistvolle Natur, empfing er starke Eindrücke von Rousseau u. Voltaire, daneben von Thompson u. Milton. Schrieb schwärmer.-sentimentale erot. Gedichte, mythol. eingerahmte Naturschilderungen, geistvolle Epigramme, Gedankengedichte mit dem Pessimismus der Aufklärung, patriot. Texte zu den Dramenentwürfen Gustavs III. und (zu s. Zeit nicht veröffentlichte) vorromant.-myst. Visionen. Dieser Vielseitigkeit entspricht mangelnde Selbständigkeit, Originalität u. Schöpferkraft. Bedeutend bleiben nur s. Naturschwärmerei u. der eleg. Kult s. Kindheitserinnerungen. Übs. von Miltons ›Paradise lost‹.

W: Natten, G. 1769; Morgonen, G. 1772; Skördarne, G. 1796; Disa, G. 1780; Dagens stunder, G. 1805; Dagboksanteckningar åren 1769–71, Mem. hg. G. Stiernström 1881; Mitt minne 1788/89, Mem. hg. H. Schück 1900. – Arbeten, V 1805–26.

L: C. D. af Wirsén, 1885, M. Lamm, 1911; H. Frykenstedt, 1961.

Oyono, Ferdinand Léopold, kamerun. Schriftsteller franz. Sprache, * 14. 9. 1929 Ngoulemakong/Kamerun. Staatsmann, Schauspieler, Stud. in Frankreich; arbeitet im diplomat. Dienst für s. Land. – Vf. von Romanen gegen den Kolonialismus von satir. Witz und geistreicher Brillanz.

W: Une vie de boy, R. 1956; Le vieux nègre et la médaille, R. 1967 (d. 1972); Le chemin d'Europe, R. 1989.

L: Bibl.: R. Mercier u. a., 1964.

Oyônô-Mbia, Guillaume, kamerun. Dramatiker, * 1939 Mvoutessi/Kamerun. Stud. an der Keele Univ./England, unterrichtete Englisch an der Univ. Yaoundé. – Die meisten seiner Dramen, die sowohl im anglophonen als auch frankophonen Teil Kameruns bekannt sind, übersetzt er selbst ins Engl.; sein erstes Stück ist eine Komödie über die Ehe einer jungen Frau, das zweite zeigt anhand derselben Charaktere die Irrwege junger Leute.

W: Trois prétendants, un mari, Dr. 1964 (Three Suitors, One Husband, 1968); Until Further Notice, Dr. 1968; His Excellency's Special Train, Hsp. 1969; Notre fille ne se mariera pas!, Dr. 1971; Chroniques de Mvoutessi I, En. 1971; Chroniques de Mvoutessi II, En. 1972.

Oz, Amos, israel. Erzähler, * 4. 5. 1939 Jerusalem. Stud. Lit. u. Philos. Univ. Jerusalem; Lehrer im Kibbuz Hulda. Seit 1986 lebt er in der südlichen Stadt Arad in der Negev-Wüste und ist Prof. für Lit. an der Ben-Gurion-Univ. in Beersheva. Er erhielt den franz. Prix Femina und im Oktober 1992 den Friedenspreis des Börsenvereins des Deutschen Buchhandels. 1997 zeichnete ihn Präsident Jacques Chirac mit dem Franz. Kreuz der Ehrenlegion aus. 1998 bekam Oz den Israel-Preis für Literatur. Polit. engagiert, setzte sich Oz schon früh für einen Dialog mit den arab. Nachbarn und der palästinen. Bevölkerung ein. – Sein Œuvre umfaßt Romane, Erzählungen, Kinder- und Jugendbücher wie auch Essays und behandelt die israel. Gegenwart sowie die jüd. Vergangenheit.

W: Arzot ha-Tan, En. 1965 (Where the Jackals Howl, engl. 1981; 1992); Makom Acher, R. 1966 (Ein anderer Ort, d. 2001); Michael scheli, R. 1968 (Mein Michael, d. 1979, 1989, 1999); Ad Mawet, En. 1971 (Dem Tod entgegen, d. 1997); Lagaat ba-Mayim, lagaat ba-Ruach, R. 1973 (Touch the Water, Touch the Wind, engl. 1974, 1991, 1992); Anashim acherim, En. 1974; Har ha-Etza ha-raa, Nn. 1976 (Der Berg des bösen Rates, d. 1993; Sehnsucht, d. 1994); Soumchi, Jgb. 1978 (d. 1993); Beor ha-tchelet ha-Aza, Ess. 1979 (Under the Blazing Light, engl. 1995); Menucha nechona, R. 1982 (Der perfekte Frieden, d. 1987); Kufsa Schechora, R. 1987 (Black Box, d. 1989) Po vesham he-Eretz Israel, Ess. 1983 (Im Lande Israel, d. 1984); Mi-Mordot Levanon, polit. Ess. 1987 (Die Hügel des Libanon, d. 1994); Hafradat Tzewaim, En. 1989; Ladaat Ischa, R. 1989 (Eine Frau erkennen, d. 1993); Ha-Matzaw ha-schlischi, R. 1991 (Der dritte Zustand, d. 1992); Schtikat ha-Schamayim, Lit.kritik, 1993 (Das Schweigen des Himmels: Über Samuel Josef Agnon, d. 1998); Al Tagidi Layla, R. 1994 (Nenn die Nacht nicht Nacht, d. 1995); Panter ba-Martef, Jgb. 1995 (Panther im Keller, d. 1997); Mat-

chilim Sipur, Sb. 1996 (So fangen Geschichten an, d. 1997); Kol ha-Tikwot, Ess. 1998; Oto ha-Yam, R. 1999 (Allein das Meer, d. 2002); Sipur al Ahava ve-Choschech, R. 2002 (d. 2004). – *Übs.*: Bericht zur Lage des Staates Israel, d. 1992; Israel, Palestine and Peace, engl. 1994; Ess. engl. 1999.
L: Bernd Feininger, Amos Oz verstehen, 1988; A. Balaban, Between God and Beast, 1993; Aharon Komem, 2000; Y. Mazor, Somber Lust, 2002. – *Bibl.:* Yosef Yerushalim, 1984; R. Kalman, 1995.

Ozaki, Kôyô (eig. O. Tokutarô), jap. Romanschriftsteller, 16. 12. 1867 Tokyo – 30. 10. 1903 ebda. Bis 1888 Stud. chines. u. jap. Klassiker. Von Ihara Saikaku, der in manchem der neuen Neigung zum Realismus entsprach, stark beeinflußt, sowohl in Thematik als auch im Stil. Bedeutendes Mitgl. der Schriftstellergruppe Ken'yûsha, 1888 Gründer der Zs. ›Garakuta-bunko‹. S. Werk ›Konjikiyasha‹ wurde 1905 von s. Schüler Oguri Fûyô vollendet. Vf. von Essays u. haiku.
W: Ninin-bikuni irozange, R. 1889; Futari-nyôbo, R. 1891 (d. 1905); Sanninzuma, R. 1892; Konjiki-yasha, R. 1897f. (engl. 1925). – O. K. zenshû (GW), 1941–42.
L: C. F. Taeusch, Realism in the Novels of O. K. 1975; P. F. Kornicki, O. K. and Edo Fiction (TICOJ), 1977; ders., The Reform of Fiction in Meiji Japan, London 1982.

Ozerov, Lev Adol'fovič (eig. L. A. Gol'dberg), russ. Lyriker, 23. 8. 1914 Kiew – 18. 3. 1996 Moskau. Stud. 1934–39 am Inst. für Geschichte, Philol. und Lit. (MIFLI) Moskau, Kandidaten-Diss. 1941, reger Kontakt zu Schriftstellerkreisen, unterrichtete am Lit.inst. – O.s Lyrik strebt nach der Entwicklung großer Zusammenhänge aus der feinen Beobachtung von Details und will so dem Leser positive Impulse im Alltag geben.
W: Pridneprov'e, 1940; Liven', 1947; Priznanie v ljubvi, 1957; A. A. Fet, Abh. 1970; Stich i stil', Abh. 1975; Zemnaja os', 1986; Avarijnyj zapas, 1990; Bezdna žizni, 1995; Dver' v masterskuju, Mem. Paris 1996.

Ozerov, Vladislav Aleksandrovič, russ. Dramatiker, 11. 10. 1769 Kazanskoe/Gouv. Tver' – 17. 9. 1816 ebda. Aus altem Adel; Kadettenkorps, Offizier, 1804–08 Beamter, hatte mit 3 Tragödien großen Erfolg; später in geist. Umnachtung. – In s. Tragödien mit Stoffen der russ. Geschichte, der antiken Lit. und den Liedern des Ossian hält er sich an die Tradition der klassizist. Tragödie, zeigen sie auch Einschlag e. sentimentalen Lyrismus.
W: Édip v Afinach, Tr. 1804; Fingal, Tr. 1805; Dmitrij Donskoj, Tr. 1807 (d. 1815); Poliksena, Tr. 1809. – Tragedii, Stichotvorenija, Tr. u. G. 1960.
L: M. Gordin, 1991.

Ozick, Cynthia, amerik. Schriftstellerin, * 17. 4. 1928 New York. Tochter jüd.-russ. Immigranten, New York und Ohio State Univ.; Lehrtätigkeiten. – Bekannt v. a. durch Kurzprosa, zeichnet sich ihr an H. James und A. Čechov geschultes parabol. Schreiben unter Einbezug jidd. Tonalität durch s. Geschichtsverankerung und die zunehmende Thematisierung des Holocaust aus; in der intellektuellen Figur der Ruth Puttermesser (›Levitation‹, ›The Puttermesser Papers‹) und dem von ihr geschaffenen weibl. Golem, der aber allmähl. Amok läuft und deshalb von Ruth selbst zerstört werden muß, wird der menschl. Kampf zwischen Libido und Ratio zu e. absurd-humorvoll gestalteten Kampf gegen den moral. Verfall New Yorks; auf die imaginative Kraft der Geschichte setzend, die sich bes. in den Erzählungen ›The Shawl‹ und ›Rosa‹ konkretisiert, bleibt e. Mutter der Schal das einzige Erinnerungsstück an ihre im Lager verstorbene Tochter; der Schal wird dabei gleichzeitig Bindeglied zwischen Alter (das kalte Auschwitz) und Neuer (das heiße Miami) Welt.
W: Trust, R. 1966; The Pagan Rabbi, Kgn. 1971; Bloodshed, Nn. 1976; Levitation, Kgn. 1982; The Cannibal Galaxy, R. 1983 (d. 1985); Art and Ardor, Ess. 1983; The Messiah of Stockholm, R. 1987 (d. 1990); The Shawl, Nn. 1989; Metaphor and Memory, Ess. 1989; What Henry James Knew, Ess. 1993; Blue Light, Dr. (n. ›The Shawl‹, 1994); A C. O. Reader, hg. E. M. Kauvar 1996; Fame and Folly, Ess. 1996; Portrait of the Artist as a Bad Character, Ess. 1996; The Puttermesser Papers, R. 1997; Quarrel and Quandary, Ess. 2000. – *Übs.:* Puttermesser und ihr Golem, Kgn. 1987.
L: H. Bloom, hg. 1986; S. Pinksker, 1987; D. Walden, hg. 1987; J. Lowin, 1988; V. E. Kielsky, 1989; L. S. Friedman, 1991; V. H. Strandberg, 1991; E. M. Kauvar, 1993; S. B. Cohen, 1994; M. Chard-Hutchinson, 1996; J. Antoine, 1999.

Paaltjens, Piet → Haverschmidt, François

Pacheco, José Emilio, mexikan. Schriftsteller, * 30. 6. 1939 Mexiko Stadt. Lit.-Prof. in versch. Ländern, Übs., Hrsg., Redakteur von Kulturzsn. – In s. Lyrik überwiegt die formale Experimentierfreude, gepaart mit Kritik an der Konsumgesellschaft, dem Vietnamkrieg, der Zerstörung der Natur. In s. Roman ›Morirás lejos‹ geht er e. Idee Robbe-Grillets nach: dem Durchspielen der Beziehungen von Realität u. lit. Fiktion.
W: Los elementos de la noche, G. 1963; El viento distante, En. 1963; Morirás lejos, R. 1967 (d. 1992); No me preguntes cómo pasa el tiempo, G. 1969; El principio del placer, En. 1972; Irás y no volverás, G. 1973; Islas a la deriva, G. 1976; Las batallas en el desierto, N. 1981; Miro la tierra, G. 1986; Tarde o temprano (Poemas 1958–2000), ³2000.
L: Y. Jiménez de Báez u.a., 1979; R. Dorra, 1986; L. A. Villena, 1986; H. J. Verani, hg. 1987; D. Torres, 1990.

Packer, Lady Joy, geb. Petersen, engl.-südafrikan. Schriftstellerin, 11. 2. 1905 Kapstadt – 7. 9.

1977 Kapprovinz. ∞ 1925 Herbert P. Reporterin. Zahlr. Weltreisen. – Vf. spannungsreicher Unterhaltungsromane aus südafrikan. Milieu.

W: Pack and Follow, St. 1945; Grey Mistress, St. 1949; Apes and Ivory, St. 1953; Valley of the Vines, R. 1955 (Die Reben von Dieu Donné, d. 1956); Nor the Moon by Night, R. 1957 (Die reißenden Wasser von Velaba, d. 1958); The High Roof, R. 1959 (d. 1959); The Glass Barrier, R. 1961 (d. 1962); Home from the Sea, Aut. 1963 (Im Tal der Reben, d. 1964); The Man in the Mews, R. 1964 (Nach all diesen Jahren, d. 1966); The World Is a Proud Place, Aut. 1966; The Blind Spot, R. 1967 (Diana, Jägerin und Beute, d. 1969); Leopard in the Fold, R. 1969 (d. 1970); Veronica, R. 1970 (d. 1972); Boomerang, R. 1972 (Der Weg der Entscheidung, d. 1973); Deep as the Sea, B. 1976.

Paço d' Arcos, Joaquim (eig. J. Corrêa da Silva), portugies. Erzähler, Essayist, Lyriker u. Dramatiker, 2. 9. 1908 Lissabon – 10. 6. 1979 ebda. Jugendjahre in Angola, Moçambique, Macao u. Brasilien, 1922–25 Angestellter der Bank of England in Lissabon; später auf versch. hohen Posten in der Kolonialverwaltung tätig. Autodidakt. – Verbindet Hang zum Exotismus mit dem Entwurf e. Lissaboner ›Comédie Humaine‹.

W: Herói Derradeiro, R. 1933; Amores e Viagens de Pedro Manuel, R. 1935; Diário de um Emigrante, R. 1936; Neve sobre o Mar, R. 1942; O Caminho da Culpa, R. 1944; O Ausente, Dr. 1944; Tons verdes em Fundo Escuro, R. 1946; Carnaval, R. 1958; Memórias de uma Nota de Banco, R. 1962.

Pacuvius, Marcus, röm. Tragiker, 220 v. Chr. Brundisium – vor 130 v. Chr. Tarentum. Neffe u. Schüler des Ennius, lebte in Rom als Dichter u. Maler. – Bekannt sind die Titel von 12 s. Tragödien, deren Sagenkreise oft abgelegen sind. Erhalten sind ca. 300 Fragmente. Berühmt waren bes. der ›Teucer‹, die ›Antiopa‹, die ›Niptra‹ und das hist. Schauspiel ›Paulus‹. P. zeigt z. T. neue Züge (aufklärer. Warnungen nach Euripides' Vorbild; kühne Naturszenen); von Cicero als größter röm. Tragiker bezeichnet; in der Kaiserzeit als Repräsentant e. veralteten Stils betrachtet. Schrieb ferner e. Satire (verloren).

W: Scaenicorum Rom. fragmenta 1, hg. A. Klotz 1953; E. H. Warmington, Remains of Old Latin 2, 1957; G. D'Anna, 1967 (m. ital. Übs.).

L: M. Valsa, ²1957, d. 1963; I. Mariotti, 1960; P. Magno, 1977.

Pādalipta (Pālitta) Sūri → Haribhadra Sūri

Padilla, Heberto, kuban. Lyriker, 20. 1. 1932 Pinar del Rio – 25. 9. 2000 Auburn/Alabama. Rechtsanwalt, Dr. phil., Journalist, Auslandskorrespondent, bedeutende Ämter im Kulturleben, 1971 als Folge e. polit.-lit. Skandals verhaftet, 1980 Exil in den USA. – ›Fuera del juego‹ beinhaltet in verschlüsselter Form den Konflikt zwischen Individuum u. Gesellschaft. S. Roman ›En mi jardín pastan los héroes‹ handelt von e. bitteren, von tiefer Verzweiflung zeugenden Abrechnung mit der kuban. Revolution.

W: Las rosas audaces, G. 1948; El justo tiempo humano, G. 1962; La hora, G. 1964; Fuera del juego, G. 1968 (d. 1971); Por el momento, G. 1970; El hombre junto al mar, G. 1981; En mi jardín pastan los héroes, R. 1981 (d. 1985); La mala memoria, Aut. 1989; Una fuente, una casa de piedra, G. 1992; Prohibido el gato, R. 1994.

L: L. Casal, 1972.

Padilla, Juan de, span. Schriftsteller, 1468 Sevilla – nach 1518 ebda. Kartäusermönch, daher auch ›El Cartujano‹ genannt. – Letzter Vertreter der allegor. Schule des span. MA nach Vorbild Dantes.

W: Laberinto del marqués de Cádiz, Dicht. 1493; Retablo de la vida de Cristo, Dicht. 1513; Los doce triunfos de los doce Apóstoles, Dicht. 1521 (n. M. del Riego 1842; mit Retablo in: Cancionero castellano del siglo XV, hg. R. Foulché-Delbosc 1912, n. E. Norti-Gualdani, Messina 1975–83).

L: H. de Vries, Diss. Groningen 1972; M. A. Martín Fernández, 1988.

Padmagupta (Parimala), ind. Dichter, lebte im 10./11. Jh. n. Chr. Hofdichter des Königs Sindhuraja Navasāhasāṅka von Dhara (Malava). – Vf. des Epos ›Navasāhasāṅka-carita‹ (1050 n. Chr.), das in 18 Gesängen das Märchen von der Gewinnung der Schlangentochter Śaśiprabhā behandelt, jedoch auf hist. Ereignisse aus dem Leben von P.s Mäzen Bezug nimmt und deshalb zu den hist. Werken der Sanskritlit. gezählt wird.

A: V. Shāstrī Islāmpurkar 1895.

L: G. Bühler, T. Zachariae, 1888.

Padmāvat → Jāyasī, Malik Muḥammad

Padrón, Rodríguez del → Rodríguez de la Cámara, Juan

Padumāvatī → Jāyasī, Malik Muḥammad

Paemel, Monika van, fläm. Schriftstellerin, * 4. 5. 1945 Poesele. – Ein wiederkehrendes Thema ihrer Romane ist die Suche nach der eigenen Identität: als einzelner in der Gesellschaft, als Frau in der autoritären Männer- und Väterwelt. Ihre Werke haben eine fragmentarische Struktur: Erzählpassagen, Erinnerungen u. Betrachtungen wechseln sich ab.

W: Amazone met het blauwe voorhoofd, R. 1971; Marguerite, R. 1976; Vermaledijde vaders, R. 1985 (d. 1993); De eerste steen, R. 1992 (d. 1995); Rozen op ijs, R. 1997.

Päonienlaube → Tang Xianzu

Page, Louise, engl. Dramatikerin, * 7. 3. 1955 London. Stud. Birmingham, Journalistin. – Gefeierte Dramatikerin, deren Stücke sich meist sozialkrit. Stoffen widmen. Charakterist. ist die Auswahl spezifisch weiblicher Themen, z.B. Brustkrebs, Attraktivität, Mutter-Tochter-Beziehungen. Ihre Stücke wurden in zahlr. Anthologien aufgenommen.

W: Salonika, 1983; Real Estate, 1985; Golden Girls, 1985; Beauty and the Beast, 1986; Diplomatic Wives, 1989; They Said You Were Too Young, Anth. 1989; Plays One (AW), 1990.

Page, Stanton → Fuller, Henry Blake

Page, Thomas Nelson, amerik. Schriftsteller, 23. 4. 1853 Oakland Plantation, Hanover County/VA – 1. 11. 1922 ebda. Aus aristokrat. Familie Virginias; Stud. Jura Washington College u. Univ. Virginia; Anwalt in Richmond; 1893 Aufgabe der Praxis, freier Schriftsteller; 1913–19 Botschafter in Italien. – S. zur ›local-color‹-Schule zu rechnenden sentimentalen Erzählungen, z.T. in Dialektform, geben e. romant.-verklärtes Bild der Vorkriegszeit des Südens, bes. Virginias.

W: In Ole Virginia, Kgn. 1887; The Old South, Ess. 1892; The Burial of the Guns, Kgn. 1894 (n. hg. C. Gohdes 1969); Red Rock, R. 1898; The Old Dominion, Ess. 1908; John Marvel, Assistant, R. 1909; Robert E. Lee, B. 1911. – The Novels, Stories, Sketches and Poems, XVIII 1906–18.

L: R. Page, 1923; R. U. Johnson u.a., 1925; T. L. Gross, 1968.

Paget, Violet → Lee, Vernon

Pagnol, Marcel (Paul), franz. Dramatiker, 28. 2. 1895 Aubagne b. Marseille – 18. 4. 1974 Paris. Lehrerssohn; Engl.-Lehrer in mehreren höheren Schulen Südfrankreichs, ab 1922 am Lycée Condorcet in Paris. Wandte sich bald dem Theater, ab 1930 als Drehbuchautor u. Regisseur auch dem Film zu. Gründete die Lit.-Zs. ›Fantasio‹, die späteren ›Cahiers du Sud‹, ebenfalls ›Les Cahiers du Film‹. Sehr erfolgr. Dramatiker, ab 1946 Mitglied der Académie Française, lebte zeitweilig als portugies. Generalkonsul in Monaco. – Humorvoller Dramatiker mit großer satir. Begabung: gut beobachtete Personen, bewegter und realist. Dialog. Erster großer Erfolg mit ›Topaze‹, der farcenhaften Satire auf Amtsuntreue der Politiker, Käuflichkeit der Presse und moral. Niedergang, zeigt die Verwandlung e. rechtschaffenen Professors in e. anrüchigen Geschäftsmann. ›Marius‹, ›Fanny‹ und ›César‹, s. Hauptwerk, ist e. Trilogie auf den Marseiller Hafen mit unübertroffen lebensechter Gestaltung der Hafenatmosphäre mit ihren versch. Menschentypen, deren schlichte Menschlichkeit in Liebe, Freude u. Leid er mit Wärme zeichnet.

W: Catulle, Dr. 1922; Ulysse chez les Phéniciens, Dr. 1925 (m. A. Brun); Les marchands de gloire, Dr. 1926 (m. P. Nivoix, d. 1930); Jazz, Dr. 1927; Topaze, Dr. 1928 (Das große ABC, d. 1928); Marius, Dr. 1929 (d. 1930, auch u.d.T. Zum goldenen Anker); Fanny, Dr. 1931 (d. 1932); César, Dr. 1931 (d. mit ›Marius‹ u. ›Fanny‹, 1948); Pirouettes, R. 1932; La petite fille aux yeux sombres, R. 1933 (d. 1937); Le Schpountz, Film 1938; La femme du boulanger, Film 1938, Dr. 1946 (d. 1948, auch u.d.T. Madame Aurélie); La fille du puisatier, Film u. Dr. 1940 (d. 1955); La belle meunière, Film 1948; Manon des sources, Film 1952; Judas, Dr. 1956; La gloire de mon père. Souvenirs d'enfance, Aut. 1957; Le château de ma mère, Aut. 1958 (beide zus. u.d.T. Marcel, d. 1961); Le temps des Secrets, Aut. 1961 (Marcel und Isabelle, d. 1964); L'eau des collines, R. II 1963 (d. 1964); Le masque de fer, B. 1965 (d. 1966). – Œuvres dramatiques, 1954; Œuvres complètes, XII 1964–77; Les sermons, hg. N. Calmels 1968. – *Übs.:* Dramen, 1961.

L: L. Combaluzier, Le jardin de P., 1937; Y. Georges, 1966; C. E. J. Caldicott, Diss. Dublin 1967; ›Avant-Scène/Cinéma‹ (Sondernr.), 1967; C. Beylié, 1974; P. Leprohon, 1976; C. E. J. Caldicott, 1977; J. Rochefort, 1978; G. Berni, 1980; R. Castans, Il était une foie ... P., ²1980; ders., Les films de M. P., 1982; J.-P. Clébert, 1986; S. Matyja, 1988; A. Tudesque, 1991; M. Galabru, 1999; T. Dehayes, 2001.

Pahlawuni → Grigor Magistros Pahlavowni

Pahor, Boris, slowen. Schriftsteller, * 26. 8. 1913 Triest. Stud Theol. Gorica, Stud. Philol. Padua; Lehrer Triest, 15 Monate in verschiedenen KZs; Akademiemitglied seit 1993. – P. greift stets das Thema der Slowenen in Triest u. Ereignisse des 2. Weltkriegs aus biograph. Sicht auf.

W: Moj tržaški naslov, Nn. 1948; Mesto v zalivu, R. 1955; Na sipini, N. 1960; Zatemnitev, R. 1975; Tržaški mozaik, Aut. 1983; Slovenska svatba, Aut. 1995.

L: F. Zadravec, 1973; A. Inkret, 1980; M. Pirjavec, 1993.

Pai Hsien-yung → Bai Xianyong

Pailleron, Édouard Jules Henri, franz. Dramatiker, 17. 9. 1834 Paris – 20. 4. 1899 ebda. Aus reicher Kaufmannsfamilie. Kurze Zeit Advokat, dann Offizier, lebte schließl. ganz für das Theater, finanziell unabhängig als Miteigentümer der ›Revue des Deux Mondes‹ (durch s. Ehe mit der Tochter des Dramatikers F. Buloz), führte e. der bekanntesten Salons s. Zeit. 1882 Mitglied der Académie Française. – Lustspielautor mit satir. Ader. Begann mit Einaktern und Versdramen. Erfolgreicher und bühnenwirksamer s. Prosakomödien, deren beste ›Le monde où l'on s'ennuie‹ ist, s. einziges heute noch aufgeführtes Stück, e. schalkhafte Satire auf die Salons der 3. Republik, die sich durch feine Beobachtungen auszeichnet. P.s Dialoge sind spritzig und geistreich in echt Pariser Art, doch nicht sehr tiefgründig und stark dem Zeitgeschmack angepaßt.

W: Le parasite, K. 1860; Les parasites, G. 1860; Le mur mitoyen, K. 1861; Le dernier quartier, K. 1864; Le second mouvement, K. 1865; Le monde où l'on s'amuse, K. 1868 (d. 1913); Les faux ménages, K. 1869 (d. um 1879); Amours et haines, G. 1869; Hélène, K. 1872; Petite pluie, K. 1875; L'âge ingrat, K. 1878; L'étincelle, K. 1879; Pendant le bal, K. 1881 (d. 1947); Le monde où l'on s'ennuie, K. 1881 (d. 1894, 1913); La souris, K. 1887; Les cabotins, K. 1894. – Théâtre complet, IV 1909–12.

L: L. d'Almeida, 1888; A. Lalia-Paternostro, 1931; M.-L. Paikeron, 1947.

Pak Chiwon (Ps. Yonam), korean. Satiriker u. polit. Schriftsteller, 5.3.1737 Sŏul – 10.12.1805 ebda. Wandte sich gegen die nutzlose Büchergelehrsamkeit der Oberschicht und befürwortete statt dessen die Verbreitung westl. u. chines. Zivilisationserrungenschaften. In satir. Kurzgeschichten geißelte er die Heucheleien der Oberschicht; gilt als der größte korean. Meister dieser Kunstform. Neben der formalist. chines. Lit.sprache benutzte er auch Elemente der chines. Umgangssprache u. Populärlit.

W: Hosaeng chon; Hojil; Yangban chon; Kwangmunja chon; Minong chon; Yedok sonsaeng chon; Yorha ilgi u.a., ges. in: Yonam chip, Re. u. En. 1805.

L und Übs.: F. Vos in: Koreanica, Fs. A. Eckhardt, hg. A. Rickel 1960; ders. in: ›Tongbang-hakchi‹ 7, 1961; D. Eikemeier, Elemente im polit. Denken des Yonam P. Ch., Leiden 1970.

Pakkala, Teuvo (eig. Theodor Oskar Frosterus), finn. Erzähler, 9.4.1862 Oulu – 7.5.1925 Kuopio. Vater Goldschmied, nach Abitur freier Schriftsteller u. Journalist. – Realist. Erzähler von impressionist. exakter, anschaul., stimmungsträchtiger Darstellungsweise. Zentraler Motivkreis ist s. Vaterstadt Oulu u. ihr ärml. Randbezirk Vaara, von dessen Bewohnern ihn v.a. Kinder u. Jugendliche interessieren. In s. besten Erzählungen außerordentl. treffsicher, zeichnet scharfe Konturen. Stiller Humor wechselt mit milder Satire.

W: Oulua soutamassa, E. 1885 (dt. Ausz. E. Brausewetter 1899); Vaaralla, E. 1892; Elsa, E. 1894; Lapsia, E. 1895 (dt. Ausz. J.J. Meyer 1910); Tukkijoella, E. 1899; Pikku ihmisia, E. 1913; Meripoikia, E. 1915; Kirjeet 1882–1925, Br. 1983; Väliaita ja muita kadonneita kertomuksia, En. 1986. – Kootut teokset (GW), 1921 f.; T. P. (AW), II 1987.

L: E. Valve, 1922; N. P. Virtanen, 1933; P. Karkama, T. Pakkalan romaanit, 1975.

Pak Kyŏngni, südkorean. Schriftstellerin, * 28. 10.1926 Ch'ungmu, Kyŏngsangnamdo. 1945 Abschluß am Mädchengymnas. Chinju, 1946 Heirat, eine Tochter. Verlust des Ehemannes und neugeb. Sohnes im Koreakrieg, später Urteile gegen Schwiegersohn Kim Chiha; Krebsoperation. – Seit 1955 Romane und Erzählungen, 1969–94 Arbeit am 16bändigen Roman ›Toji‹ (Land), der als e. der größten Meisterwerke korean. Lit. gilt. Gründete 1999 e. Zentrum für Ausbildung und Begegnung von Schriftstellern nahe ihrem Wohnort in Kangwŏndo.

W: Kyesan, E. 1955; Kim yakkug-ŭi ttal-tŭl, R. 1962. – Übs.: Die Töchter des Apothekers Kim, R. 1999; Land (1), 2000.

Pak Wansŏ, südkorean. Schriftstellerin, * 20.10.1931 Pakchŏkkol (Dorf im Bezirk Kaep'ung), Kyŏnggido. Einfache Familienverhältnisse, verliert 1934 den Vater, Mutter u. Bruder ziehen nach Sŏul, wächst bei Verwandten auf. 1938 an Sungmyŏng-Mädchengymnas. Sŏul, 1950 Immatrikulation an der Sŏul-Univ. für e. Stud. der korean. Lit., Abbruch wegen Koreakrieg, 1953 Heirat, insges. 4 Töchter, 1 Sohn. – Seit 1970 mehr als 20 Romane und 50 Erzählungen, u.a. über Schicksale durch Koreakrieg, Leben der Mittelklasse, Frauenprobleme; e. der populärsten Schriftstellerinnen Südkoreas.

W: Namok, R. 1976; Paeban-ŭi yŏrŭm, En. 1978; Kkoch'-ŭl ch'ajasŏ, En. 1986; Kŭdae ajikto kumkkugo innŭn'ga, R. 1989; Mimang, R. 1990; Kŭ mant'ŏn singa-nŭn nuga ta mŏgossŭlkka, R. 1992; Aju oraedoen nongdam, R. 2000. – Übs.: Das Familienregister, R. 1994; Die träumende Brutmaschine, En. 1995; The naked tree, En. 1995; My very last possession, En. 1999.

Palacios, Pedro Bonifacio (Ps. Almafuerte), argentin. Lyriker, 13.5.1854 San Justo – 28.2.1917 La Plata. Autodidakt, Lehrer, Journalist, schweres, finanziell sehr bescheidenes Leben. – In s. uneinheitl. Werk ergreift P. mit messian. Eifer für die Entrechteten Partei.

W: Confiteor Deo, G. 1904; Gimió cien veces, G. 1904; Vencidos, G. 1904; El misionero, G. 1905; Mancha de tinta, G. 1905; Lamentaciones, G. 1906; La hora trágica, Aut. 1906; Evangélicas, Prosa 1915; La sombra de la patria, G. 1916; Poesías, 1916; Amorosas, G. 1917. – Obras completas, hg. A.J. Torcelli 1928; Obras completas, 1951; Poesías completas, 1990; Obras inéditas, 1997.

L: A.J. Mazza, 1917; V. M. Delfino, 1917; A. Herrero, 1918; A. Mendioroz, 1918; R. Brughetti, 1954; H. A. Cedevo, 1959; J. G. de Alari, 1965; A. M. Reynoso, 1986. – Bibl.: A. Roggiano, 1961; D. W. Foster, 1982.

Palacio Valdés, Armando, span. Erzähler, 4.10.1853 Entralgo/Asturien – 3.2.1938 Madrid. Aus wohlhabender Familie des Mittelstandes, Erziehung in Avilés u. Oviedo, Stud. Rechte Madrid 1876 Hrsg. der ›Revista Europea‹, in der er lit.

Artikel veröffentlichte, die er später in den ›Semblanzas literarias‹ zusammenfaßte. Befreundet mit ›Clarín‹, an dessen krit. Werken er mitarbeitete; 1905 Aufnahme in die Span. Akad. – Bedeutender, fruchtbarer Vertreter des span. realist. Romans, z. T. regionalist. Prägung, gab optimist. Sittenbilder mit astur., andalus. oder Madrider Hintergrund; hervorragend in der Zeichnung der Charaktere, bes. der Frauengestalten, in psycholog.-biograph. Charakterromanen; treffende Umweltschilderungen, schöner, klarer Stil; klass. Konzeption des Romans, als Widerschein s. harmon. Persönlichkeit. S. Romane hatten dank des feinsinnigen Humors u. der großen Menschlichkeit großen Erfolg, v. a. im Ausland. Werke der letzten Zeit meist Essays u. Erzählungen.

W: Semblanzas literarias, Aufs. 1871; El señorito Octavio, R. 1881; Marta y María, R. 1883 (d. 1930); El idilio de un enfermo, R. 1884; José, R. 1885; Riverita, R. 1886; Maximina, R. 1887; El cuarto poder, R. 1888; La hermana San Sulpicio, R. II 1889 (Die Andalusierin, d. 1955); La espuma, R. 1891; La fe, R. 1892; El maestrante, R. 1893; El origen del pensamiento, R. 1895; Los majos de Cádiz, R. 1896; La alegría del capitán Ribot, R. 1899 (d. 1944); La aldea perdida, R. 1903; Tristán o el pesimismo, R. 1906; Papeles del doctor Angélico, Ess. 1911 (d. 1914), Años de juventud del doctor Angélico, R. 1918; La hija de Natalia, R. 1924; Santa Rogelia, R. 1926 (d. 1929); Los cármenes de Granada, R. 1927; Testamento literario, Es. 1929; Sinfonía pastoral, R. 1931; Tiempos felices, Nn. 1933. – Obras completas, XXVIII 1901–32, II [6]1956; Epistolario con Clarín, Br. 1941.

L: L. Antón del Olmet, J. Torres Bernal, 1919; A. Cruz Rueda, 1924 u. 1949; B. Palumbo, 1938; R. Narbona, [2]1949; J. M. Roca Franquesa, 1951, 1980; M. Colangeli Romano, 1957; M. Pascual Rodríguez, 1976; B. J. Dendle, Lewisburg 1995.

Palamas, Kostis, griech. Dichter, 13. 1. 1859 Patras – 27. 2. 1943 Athen. Kam 1875 nach Athen. Stud. Jura ebda., Mitarbeit an mehreren lit. Zsn. 1897–1927 Generalsekretär der Univ. Athen, 1930 Präsident der Akad. der Wiss. ebda. – Größte Dichterpersönlichkeit des neuen Griechenland. P. schloß sich der Sprachrevolution v. Psycharis' an und kämpfte mit Erfolg um den Sieg der Volkssprache (Dēmotikē) als Lit.sprache in Griechenland. Empfing den Einfluß aller lit. Strömungen des Westens, ohne ihnen zu erliegen. Die byzantin. griech. Welt, ihre Sagen, das Leben des griech. Volkes u. die Antike bieten P. e. unerschöpfl. Reichtum an Themen für s. Dichtung. S. plast. bilderreiche, lyr. und manchmal prophet. Sprache verleiht diesen Themen s. persönl. Prägung. Auch bedeutender Literaturkritiker.

W: Tragudia tēs patridos mu, G. 1886; Hymnos eis tēn Athēnan, 1889; Ta matia tēs psychēs mu, G. 1892; Iamboi kai anapaistoi, G. 1897; Ho Taphos, G. 1898 (franz. 1930); Hoi chairetismoi tēs Hēliogennētēs, G. 1900; Ho thanatos tu pallēkariu, Prosa 1901 (engl. 1934); Triseugenē, Dr., 1903; Hē asaleutē, zoē, G. 1904 (engl. 1919); Ho poiētēs kai ta niata, G. 1906; Ho dōdekalogos tu gyphtu, G. 1907 (franz. 1931); Hē phlogera tu basilia, G. 1910; Hē politeia kai hē monaxia, G. 1912; Hoi kaymoi tēs limnothalassas, G. 1912; Ta satirika gymnasmata, G. 1912; Bōmoi, G. 1915; Ta dekatetrasticha, G. 1919; Ta parakaira, G. 1919; Hoi pentasyllaboi, G. 1925; Ta pathētika kryphomilēmata, G. 1925; Hoi lykoi, G. 1925; Deiloi kai sklēroi stichoi, G. 1928; Ho kyklos tōn tetrastichōn, G. 1929; Pezoi dromoi, Ess. III 1929–32; Perasmata kai chairetismoi, G. 1931; Hoi nychtes tu Phēmiu, G. 1935; Bradynē phōtia, G. 1940. – Hapanta (GW), XXXIII 1992; Sonette, hg. K. Mitsakis 1995. – Briefe V, 1986. – *Übs.:* Œuvres choisies, II 1922.

L: A. Thrylos, 1924; J. Psychares, 1927; A. Karantonis, 1929; K. Tsatsos, 1936, [3]o. J.; A. Churmusios, Ho P. kai hē epochē tu, III 1944–60; I. M. Panajotupulos, 1944, [2]1962; P. Lascaris, C. P. et la poésie grecque moderne, 1944; K. T. Demaras, 1947, [2]1962; A. Doxas, 1959; B.-L. Eklund, The Ideal and the Real, 1972; G. Emrich, Antike Metaphern und Vergleiche im lyr. Werk des K. P., 1974; E. Politu-Marmarinu, Ho P. kai ho gallikos Parnassismos, 1976; A. Karantonis, 1979; R. A. Fletcher, 1984; N. Zachariadis, Ho alēthinos P., 1986; V. Apostalidu, Ho K. P. historikos tēs neoellēnikēs logotechnias, 1992; A. Lambraki-Paganu, G. D. Pagamos, Ho ekpaideutikos dēmotikismos tu K. P., 1994; P. Michalopulos, 1994. – *Bibl.:* G. K. Katsimbalis, VIII 1943–70.

Palárik, Ján (Ps. J. Beskydov), slowak. Dramatiker u. Publizist, 27. 4. 1822 Raková – 7. 12. 1870 Majcichov. Lehrerssohn, Stud. kath. Theologie u. mod. Sprachen; Kaplan in Pest, Schemnitz, Majcichov, schlug e. Reform der Kirchenhierarchie vor, mußte jedoch widerrufen; Hrsg. der Zss. ›Cyrill a Method‹, ›Katolícke Noviny‹ u. des Almanachs ›Concordia‹. – S. moralisierenden, aggressiven Lustspiele, z. T. nach fremden Vorbildern, behandeln soziale u. nationale Probleme u. zeichnen sich durch Lebendigkeit der Gestalten u. gute Bühnentechnik aus.

W: Inkognito, K. 1858; Drotár, K. 1860; Zmierenie, K. 1862. – Zobrané dram. spisy, ges. Drr. II 1870; Dielo (W), II 1955/56.

L: M. Gašparík, 1952; J. Vavrovioč, 1993.

Palau i Fabre, Josep, katalan. Schriftsteller, * 21. 4. 1917 Barcelona. Stud. Philos. u. Lit. ebda.; gründete 1944 die Zs. ›Poesia‹; 1946–61 Paris. – Lyriker, Essayist, Erzähler, Dramatiker, Picasso-Experte, Übs. (Rimbaud u. a.).

W: L'aprenent de poeta, G. 1943; Poemes de l'alquimista, G. 1952 (erg. 1997); Quaderns de l'alquimista, Prosa 1967 (erg. 1997); Teatre, 1977; Contes despullats, En. 1983.

L: E. Balaguer, 1995; E. Gau, 1995.

Palazzeschi, Aldo (eig. Aldo Giurlani), ital. Lyriker und Erzähler, 2. 2. 1885 Florenz – 17. 8. 1974 Rom. Mitarbeiter der futurist. Zs. ›Lacerba‹. Ausgesprochene Abneigung gegen Konventionen

u. bürgerl. Vorurteile. – In frühen Gedichten von den ›Crepuscolari‹ beeinflußt. Anfängl. Anhänger der Futuristen, wandte sich später von ihnen ab. S. stilist. meisterhaften Romane u. Erzählungen zeichnen sich durch ausgeprägte psycholog. Beobachtungsgabe u. e. bes. Sinn für die iron. Schilderung aus. Auch in s. Lyrik sucht P., ebenso wie im Leben, immer das Besondere, nicht das Alltägliche.

W: I cavalli bianchi, G. 1905; Lanterna, G. 1907; Riflessi, R. 1908; L'incendiario, G. 1910; Il codice di Perelà, R. 1911; Poesie, 1904–09, 1925 (endgültige Ausg. 1930); Stampe dell'Ottocento, Sk. 1932 (Am Fenster. Florentiner Veduten um 1900, d. 1962); Sorelle Materassi, R. 1934 (d. 1948, 1966); Il palio dei buffi, En. 1937; Tre imperi... mancati, 1945; I fratelli Cuccoli, R. 1948 (d. 1967); Bestie del Novecento, En. 1951; Roma, R. 1953; Perelà uomo di fumo, R. 1954; Viaggio sentimentale, G. 1955; Scherzi di gioventù, En. 1956; Schizzi italofrancesi, G. 1966; Il buffo integrale, En. 1966; Ieri, oggi e... non domani, Prosa 1967; Il doge, R. 1967 (d. 1968); Cuor mio, G. 1968; Stefanino, R. 1969; Storia di un'amicizia, R. 1971 (Ungleiche Freunde, d. 1973). – Romanzi straordinari (GW), 1943; Tutte le novelle, 1957; Opere giovanili (Ausw.), 1958; I romanzi della maturità, 1960. – *Übs.:* Die Mechanik der Liebe, En. 1970.

L: M. Miccinesi, 1972; G. Pullini, ²1972; G. Savoca, Eco e Narciso. La ripetizione nel primo P., 1979; L. Lepri, Il funambolo incosciente P. 1905–1914, 1991; G. Tellini, A. P. et les avantgardes, hg. 2002.

Palés Matos, Luis, puertorican. Lyriker, 20. 3. 1898 Guayama – 23. 2. 1959 Santurce. Schullehrer, Prof. für Lit.; bekleidete versch. öffentl. Ämter. – In s. vom Modernismus beeinflußten Gedichten herrschen rhythm. u. lautmaler. Elemente vor; Verwendung mod. Metaphern u. leichter Ironie. Gründer des ›diepalismo‹, e. lyr. Schule, die Rhythmen u. Klangelemente der Negermusik in die Dichtung integrieren wollte. Später übernahm er Motive aus der Dichtung der Afroamerikaner.

W: Azaleas, 1915; Canciones de la vida media, 1925; Tuntún de pasa y grifería, 1937; Poesía 1915–56, 1957. – Obras (1914–1959), hg. M. Arce de Vázquez II 1984; Poesía completa y prosa selecta, 1978.

L: T. Blanco, 1950; F. de Onís, 1959; M. Enguídanos, 1961; G. Agrait, 1973; J. I. de Diego Padró, 1973; V. Romero García, 1977.

Palgrave, Francis Turner, engl. Dichter und Kritiker, 28. 9. 1824 Great Yarmouth – 24. 10. 1897 London. Schulbildung im Charterhouse/London, Stud. Oxford. 1846 Privatsekretär Gladstones. ∞ 1862 Cecil Grenville Milnes. Mit M. Arnold, Clough und Tennyson eng befreundet. Gab unter Tennysons Mitwirkung die überaus einflußr. repräsentative Anthologie engl. Dichtung heraus, ›The Golden Treasury‹. 1885–95 Inhaber des Lehrstuhls für Poetik an der Univ. Oxford. – Vf. von Gedichten und lit.krit. Studien.

W: Idyls and Songs, G. 1854; The Passionate Pilgrim: or Eros and Anteros, G. 1858; Golden Treasury, Anth., hg. I 1861, II 1897; Lyrical Poems, 1871; Visions of England, G. 1880; Amenophis, G. 1892; Landscape in Poetry, St. 1897.

L: Palmer, Tucker, 1878; W. Bayliss, The Professor of Poetry at Oxf., 1888; G. F. Palgrave, n. 1971.

Pali-Kanon → Tipiṭaka, das

Palingenius Stellatus, Marcellus (Pseudonym?), lat. Dichter, ca. 1500 – zwischen 1538 u. 1547 Cesena. Stammte wohl aus der Umgebung von Neapel u. lehrte Latein in Neapel u. Rom. Über s. Leben ist nichts bekannt. – Vf. e. philos. Lehrgedichts, ›Zodiacus vitae‹ in 12 Büchern, die jeweils unter e. Sternzeichen stehen. Der Inhalt ist stark neuplaton. geprägt mit stellenweise antiklerikaler Polemik. Wohl aufgrund dieses Werkes wurde er posthum als Ketzer verurteilt u. s. Leichnam exhumiert u. verbrannt. S. Werk durfte in Italien erst 1832 wieder erscheinen.

A: J. Chomarat 1996 (m. franz. Übs.).

L: G. Borgiani, 1915.

Palissot de Montenoy, Charles, franz. Schriftsteller, 3. 1. 1730 Nancy – 15. 6. 1814 Paris. Stud. Theol.; wollte Oratorianer werden, ging 1749 als Dramatiker nach Paris. – Gegner Rousseaus und der Philosophen der franz. Aufklärung, die er in s. Prosaschriften, Gedichten und Komödien (nach Vorbild Molières und der Antike) angriff. Diderot verspottete ihn in ›Le neveu de Rameau‹.

W: Les originaux ou le cercle, Dr. 1755; Petites lettres contre de grands philosophes, Br. 1757; Les philosophes, Dr. 1760 (n. T. J. Basling 1975); La Dunciade ou la guerre des sots, G. 1764; L'homme dangereux, Dr. 1770; Les courtisanes, Dr. 1775; Le génie de Voltaire, Schr. 1806. – Œuvres complètes, IV 1788, VI 1809.

L: P. Delafarge, 1912; E. Jovy, P. et Gobet, 1928; G. Buchard, 1930; H. Hofmann, Diss. Columbia Univ. N. Y. 1965; H. H. Freud, Genf 1967; G. A. Roggerone, 1983.

Palkovič, Juraj, slovak. Schriftsteller, 27. 2. 1769 Rim. Baňa – 13. 6. 1850 Preßburg. Stud. evangel. Theologie Jena, 1803 Prof. am Lyzeum Preßburg. – Verbreitete die Ideen der Aufklärung in Kalendern (1805–48) u. den Zss. ›Týdenník‹ (1812–18) u. ›Tatranka‹ (1832–47), schrieb anakreont. Gedichte, e. Posse, gab geistl. u. weltl. Werke slovak. Dichter u. e. böhm.-dt.-lat. Wörterbuch heraus. Übs. der ›Ilias‹. Gegner des slovak. sprachl. Separatismus.

W: Dva buchy a tri šuchy, K. 1800; Muza ze slovenských hor, G. 1801; Böhmisch-deutsch-lateinisches Wörterbuch, II 1820/21.

L: M. Vyvíjalová, 1968; J. P., 1971.

Palladas, altgriech. Epigrammatiker, 2. Hälfte 4. Jh. n. Chr. in Alexandria. Verlor nach 391 s. Lehramt (›grammaticus‹). – Vf. einer Sammlung von Epigrammen, von der ca. 160 Gedichte in der → ›Anthologia Palatina‹ erhalten sind; diese sind überwiegend satir. Charakters und greifen auch zeitgenöss. Persönlichkeiten an. Literarhist. stellt P. e. wichtiges Bindeglied zwischen spätantiker und byzantin. Epigrammatik dar.

A: → Anthologia Palatina; T. Harrison ²1984.
L: A. Cameron, Oxf. 1993, 90–96, 322–24; M. D. Lanxtermann, Mnemosyne 50, 1997, 329–337.

Palladios, altgriech. Schriftsteller, um 363 Galatia – vor 431 n. Chr. Ab etwa 384 Mönch in Palästina, um 400 Bischof von Helenopolis, ergreift im Origenistenstreit Partei für Iohannes Chrysostomos (P. verfaßt zu diesem Anlaß e. Dialog), wird in Konstantinopel verhaftet und nach Ägypten verbannt. – Sein Hauptwerk, die ›Historia Lausiaca‹ (nach der Widmung an den kaiserl. Kammerherrn Lausos), beschreibt das monast. Leben in Ägypten und Palästina und ist e. der wichtigsten Quellen für das frühe Mönchtum. Ihm wohl fälschl. zugeschrieben wird e. Schrift ›Über die Völker Indiens und die Brahmanen‹ (Reiseerlebnisse e. Griechen).

A: J. Laager 1987 (m. Übs.). – *Übs.:* R. T. Meyer 1965 (engl.); A. Wellhausen 2003 (Hist. Laus., lat.).
L: M. E. Magheri Cataluccio, Rom 1984; G. Bunge, Bégrolles-en-Mauges 1994; N. Molinier, ebda. 1995.

Pallavicino, Ferrante, ital. Autor, 23. 3. 1615 Piacenza – 5. 3. 1644 Avignon. Abenteurernatur, schrieb über bibl. Stoffe, antispan. Romane, Satiren gegen Jesuiten, frivole Novellen. Epigone Aretinos. Wegen Majestätsbeleidigung hingerichtet.

W: Il corriere svaligiato, Sat. 1644, hg. A. Marchi 1984 (d. 1926); Opere scelte, hg. G. Brusoni 1655.
L: J. Lucas-Dubreton, Un libertin italien du XVIIe siècle, 1923.

Palm, Göran J. S., schwed. Schriftsteller, * 3. 2. 1931 Uppsala. Pastorensohn, Staatsexamen 1956, Redakteur, Literaturkritiker. ∞ 1957 Tora Cederberg, 1992 Siv Hågård. – Nimmt als Lyriker einfache Wirklichkeitsbilder auf, artikuliert klar polit. Problematik, zwingt zur Stellungnahme, linksengagiert; Sachverständiger Kritiker. Essays u. a. über Eigensucht der Industrieländer.

W: Hundens besök, G. 1961; Världen ser dig, G. 1964; Sextiotalskritik, Ausw. 1966; En orättvis betraktelse, Ess. 1966; Indoktrineringen i Sverige, 1968; Vad kan man göra?, Sk. 1969; Varför har nätterna inga namn?, 1971; Ett år på LM, Dok. 1972; Bokslut från LM, Dok. 1974; Dikter på vers och prosa, 1976; Kritik av kulturen, Es. 1978; Sverige – en vintersaga, Vers-E. III 1984, 1989, 1996; En omodern betraktelse, Es. 1994; Den svenska högtidsboken, Anth. 2002.
L: L.-G. Malmgren, Diss. 1977.

Palma, Ricardo, peruan. Schriftsteller, 7. 2. 1833 Lima – 6. 10. 1919 ebda. Journalist; 1860 Exil in Chile; später diplomat. Missionen, Reisen in Europa u. USA; 1883 Direktor der Staatsbibliothek; 1887 Gründer der Peruan. Sprachakad. – Begann s. lit. Tätigkeit ohne großen Erfolg als Dramatiker u. Lyriker, wandte sich später der Geschichte u. Philol. zu. Meisterwerk ›Tradiciones peruanas‹, Frucht s. romant. Neigung für die Vergangenheit; es handelt sich um e. Gattung sui generis: Mischung von Sittenbildern, Sagen, Erzählungen usw. zwischen Phantasie u. Wirklichkeit; umfassende Darstellung der peruan. Geschichte von den Inkas bis zur Gegenwart u. des Lebens aller Volksschichten mit Sprichwörtern, Liedern, volkstüml. Geschichten, Aberglauben u.a. Große Erzählkunst. Übs. von Werken Heines u. V. Hugos.

W: Rodil, Dr. 1851; Anales de la inquisición de Lima, Es. 1863; Armonías, G. 1865; Tradiciones peruanas, Prosa XI 1872–1910; Poesías, 1887; La bohemia de mi tiempo, Aut. 1887; Recuerdos de España, Reiseber. 1897; Papeletas lexicográficas, St. 1903; Poesías, 1955; Poesías olvidadas, hg. A. Tauro 1963; Cartas inéditas, hg. R. Vargas Ugarte 1964; Tradiciones peruanas completas, hg. E. Palma ⁶1968. – Poesías completas, 1911; Epistolario, Br. II 1949.
L: J. Montello, Rio de Janeiro 1954; R. Porras Barrenechea, 1954; J. M. Bákula Patiño, 1958; A. Martinengo, Padua 1962; A. Ponce, 1963; J. M. Oviedo, 1965, 1968; S. L. Arora, Berkeley/CA 1966; A. Flores, hg. 1973, 1979; M. D. Compton, 1982; R. L. Tanner, 1986; O. Holguín Callo, 1994. – *Bibl.:* G. Feliú Cruz, II 1933; R. Porras Barrenechea, 1952.

Palmblad, Vilhelm Fredrik, schwed. Schriftsteller, 16. 12. 1788 Liljestad/Östergötland – 2. 9. 1852 Uppsala. Sohn e. Kronvogts, 1806 Stud. Uppsala; wandelte die lit. Gesellschaft ›Musis Amici‹ zu ›Auroraförbundet‹, dem ersten Kreis schwed. Romantiker, um; übernahm 1810 die Akadem. Buchdruckerei; 1815 Dr. phil., 1822 Dozent für Griech., 1835 Prof. für Griech. Unterstützte als Rezensent, Polemiker und Drucker die jungen Romantiker, gab ihre Zeitschriften heraus und veröffentlichte darin s. Kritiken und Novellen. – Bedeutender Kritiker, wenig dogmat., geistvoll und mit gutmütigem Humor. S. Novellen, von Tieck, Novalis u. F. Schlegel beeinflußt, sind unreif und mangelhaft. Im Alter schrieb P. realist. und humorvolle Romane von hist. Weitblick. Mitarbeiter am schwed. biograph. Lexikon und dt. Zeitschriften. Übs. Tieck (Volkssagen), Aischylos und Sophokles.

Palmer

W: Svensk verslära, 1811; Dialog öfver romanen, 1812; Vådelden, N. 1812; Fjällhvalfvet, N. 1813; Resorna, N. 1813; Slottet Stjerneborg, N. 1814; Amala, N. 1817; Åreskutan, R. 1818; Holmen i sjön Dall, N. 1819; Familjen Falkenswärd, R. 1844f. (d. 1846); Aurora Königsmark, R. IV 1846–49 (d. VI 1848–53). – Noveller, IV 1840–51.

L: C. D. Marcus, 1908.

Palmer, Vance (Ps. Rann Daly), austral. Schriftsteller, 28. 8. 1885 Bundaberg/Queensland – 15. 7. 1959 Kew/Victoria. Arbeitete zunächst als Privatsekretär, 1905–15 ausgedehnte Reisen nach England, USA und Mexiko. – Mit s. Überzeugung, daß Lit. die nationale und kulturelle Identität der Gesellschaft widerspiegeln, aber auch beeinflussen sollte, wurde er zum Vorbild für viele Lit.schaffende s. Zeit.

W: Coast to Coast Australian Stires 1944, Kgn. 1945; Hail Tomorrow, Dr. 1947; Legend of the Nineties, R. 1954; Let the Birds Fly, R. 1955; The Passage, R. 1959.

L: H. Heseltine, 1970; V. Smith, 1971.

Palmerín de Inglaterra → Morais, Francisco de

Palmerín de Oliva, anonymer span. Ritterroman, 1511, in graziöser poet. Sprache, beeinflußt vom ›Amadis de Gaula‹. Der Held, e. natürl. Sohn des griech. Kaisers, erringt nach vielen abenteuerl. Irrfahrten durch Dtl., England u. den Orient die Königskrone von Konstantinopel. Versch. Fortsetzungen u. zahlr. Übsn. u. Prosaübertragungen.

A: Venedig 1534; Sevilla 1553; hg. G. di Stefano, Pisa 1966.

L: L. Ruiz Contreras, El crítico y su crítico, 1902.

Palmieri, Matteo, ital. Schriftsteller, 12. 4. 1406 Florenz – 13. 4. 1475 ebda. Stud. bei berühmten Humanisten, Apotheker; ab 1432 Inhaber versch. Ämter; Gesandtschaften. – Entwirft in ital. verfaßten Dialogen das humanist. Idealbild des Bürgers; beschreibt nach Dantes Vorbild e. Jenseitsreise, wobei er stellenweise in Gegensatz zum christl. Dogma gerät.

W: Della vita civile, Dial. 1432, hkA G. Belloni 1982; La città di vita, Ep. 1465 (hg. M. Rooke II 1927f.).

L: G. M. Capretto, The humanism of M. P., 1984; C. Finzi, 1984.

Palmotić, Junije, kroat. Dichter, 7. 11. 1607 Ragusa – 1657 ebda. Adeliger, Zeitgenosse u. Verwandter I. Gundulić', Jesuitenzögling. – Vf. barocker, mytholog.-allegor. Dramen nach antiken u. romant. Motiven (Ovid, Vergil, Tasso, Ariost) mit patriot. Untergrund u. des christl. Epos ›Kristijada‹ nach dem Vorbild von G. Vida.

W: Atalanta, Schäfersp., 1628; Pavlimir, Dr. 1632; Danica, Dr. 1644; Armida, Dr. 1647; Alcina, Dr. 1647; Captislava, Dr. 1652; Kristijada, Ep. 1670. – Ausg. in Stari pisci hrvatski 12–14 u. 19, 1882–84 u. 1892; PSHK 9, 1965 (m. Bibl.); Izabrana djela (AW), 1995.

L: W. Potthoff, 1973; F. Ferluga-Petronio, 1992; R. Bogišić, 1995.

Pálsson, Gestur, isländ. Erzähler, 25. 9. 1852 Miðhús (Reykhólasveit) – 19. 8. 1891 Winnipeg. Bauernsohn; höhere Schule, 1875–82 Kopenhagen, 1882–90 Schriftsteller u. Journalist in Reykjavík, 1890/91 in Winnipeg; Einflüsse: Kielland, Turgenev, Brandes. – Bedeutender Realist, Hauptbeiträger der Zs. ›Verðandi‹. Schrieb in teilw. meisterhaft satir. Form gesellschaftskrit. Erzählungen im Sinne des skandinav. Realismus. Kritisierte die Verhältnisse auf Island auch direkt. S. weiteren Themen sind die Einwirkung der Natur auf das menschl. Schicksal sowie die Natur an sich. Schrieb e. der ersten isländ. Tiergeschichten (›Skjóni‹, 1884). Übs. Turgenev.

W: Þrjár sögur, En. 1888 (Drei Novellen vom Polarkreis, d. 1896). – G. P., rit hans í bundnu og óbundnu máli (GW), Winnipeg 1902; Skáldrit sem tilt eru eftir G. P. (GW), 1902; Ritsafn (GW), 1927 u. II 1952; Sögur (AW), 1970. – Übs.: Grausame Geschicke, Nn. 1902.

L: S. S. Höskuldsson, II 1965.

Paltock, Robert, engl. Romanschriftsteller, 1698 London – 20. 3. 1767 ebda. Stud. Jura, als Rechtsanwalt in London. – S. einziger Roman, ›The Life and Adventures of Peter Wilkins‹, ist e. Mischung aus Robinsonade und Technikutopie (fliegende Menschen!) und wurde u.a. von Coleridge, Scott und Shelley gelobt.

W: The Life and Adventures of Peter Wilkins, R. 1750 u.ö. (d. 1767, n. 1974).

L: M. H. Nicolson, Voyages to the Moon, 1948.

Paludan, (Stig Henning) Jacob (Puggaard), dän. Schriftsteller, 7. 2. 1896 Kopenhagen – 26. 9. 1975 Birkerød. Professorensohn, Apothekerausbildung, 1920 Reisen nach Ecuador und USA, seit 1921 freier Schriftsteller und Lit.kritiker, seit 1940 Redakteur an Hasselbalchs ›Kultur-Bibliothek‹; Mitglied der Dän. Akademie, 1960. – Vf. zeit-, gesellschafts- und kulturkrit. Romane und Novellen um Dekadenzerscheinungen der 1. Nachkriegszeit; energ. Gegner der zunehmenden Amerikanisierung Europas; sprachl. von K. Hamsun beeinflußt. Scharfe Beobachtung, Vorliebe für psycholog. Analysen. Im Romanzyklus ›Jørgen Stein‹ prangert er Materialismus und Sittenlosigkeit im Dänemark der Zwischenkriegszeit an. Tief pessimist. Unterton. Auch Vf. hervorragender Essays über Psychol. (bes. Parapsychol.), Philos. u. Dichtung.

W: De vestlige veje, R. 1922 (Die neue Welt, d. 1923); Urolige sange, G. 1923; Søgelys, R. 1923 (Im Lichtkegel, d. 1944); En vinter lang, R. 1924; Fugle omkring fyret, R. 1925 (n. 1997; Vögel ums Feuer, d. 1926);

Markerne modnes, R. 1927 (Die Felder reifen, d. 1927); F. Jansens jeremiader, Es. 1927; Året rundt, Es. 1929; Jørgen Stein og hans kreds, R. II 1932f. (1. Torden i syd [Gewitter von Süd, d. 1940, n. 1985], 2. Under regnbuen [Unter dem Regenbogen, d. 1956] ges. Ausg., [13]1996); Som om intet var hændt, Es. 1938; Søgende ånder, Es. 1943; Facetter, Ess. 1947; Skribenter på yderposter, Ess. 1949; Litterært selskab, Ess. 1956; Røgringe, Ess. 1959; Landeveje og tankeveje, Es.-Ausw. III 1963; Mørkeblaat og sort, Nn. u. Ess. 1965; Gyldne snit, Ess. 1966; Siden De spørger, Ess. 1968; Draabespil, Ess. 1971; Skrivebord og stjernehimmel, Es.-Ausw. 1972; I høstens månefase, Ess. 1973; Sløret sandhed, Erinn. 1974; Vink fra fjern virkelighed, Erinn. 1975; Låsens klik, Erinn. 1976.

L: S. Hallar, 1927; O. Lundbo, 1943; Hilsen til J. P. paa halvtredsaarsdagen, 1946 (m. Bibl.); T. Hansen, Minder svøbt i Vejr, 1947; E. Frederiksen, 1966; H. Oldenbourg, 1984, 1988; P. Houe, 1993. *- Bibl.:* B. Benthien 1980.

Paludan-Müller, Fr(ederik), dän. Dichter, 7. 2. 1809 Kerteminde/Fünen – 28. 12. 1876 Kopenhagen. Sohn e. Pfarrers u. späteren Bischofs von Aarhus; Kathedralschule Odense, 1828 Abitur, Stud. Jura Kopenhagen bis 1835, dann freier Schriftsteller, anfangs mit e. Hang zu Schwermut in der Manier Heines u. Byrons; gefeierter Modedichter. Nach e. Krankheit und seel. Krise ∞ 1838 s. Pflegerin Charite Borch. Zurückgezogenes Einsiedlerleben in Kopenhagen und sommers in Fredensborg. – Bedeutender Dichter zwischen Romantik u. Realismus. Wurde nach der leichten Dichtung s. Jugendzeit zum Moralisten und Vertreter e. asket. Philos. des Verzichts, der die Oberflächlichkeit, Willensschwäche und Disziplinlosigkeit s. Zeit wie s. Landsleute geißelt und den Tod als Befreiung der Seele von ird. Sünde und Eitelkeit preist. In s. Ideendichtung von etwa 1840 an über hist., bibl. oder mytholog. Motive sagt er sich von der Weltlichkeit zugunsten e. christl. Askese los. S. umfangr. Versepos ›Adam Homo‹ ist ein iron. Bildungsroman über das Leben e. gebildeten, aber moral. schwachen und eben deshalb erfolgr. Menschen, e. ätzende Satire auf die Glücksphilos. der Romantik. Enthält scharfe autobiograph. Anspielungen und solche auf aktuelle Kulturphänomene in den letzten Jahren des dän. Absolutismus. Mit s. starken Ansprüchen an die Persönlichkeit steht ›Adam Homo‹ der Tendenz der gleichzeitigen Schriften Kierkegaards nahe, und in der ›at være‹-Szene im 1. Teil ist in der Tat der Kern der Existentialphilos. ausgedrückt. – ›Adam Homo‹ ist e. Hauptwerk der dän. Lit.

W: Råb til Polen, G. 1831; Fire romanzer, G. 1832; Dandserinden, G. 1833 (n. 1991; Die Tänzerin, d. 1835); Amor og Psyche, Dr. 1834 (d. 1845); Poesier, II 1836– 38; Trochær og jamber, G. 1837; Venus, Dr. 1841; Adam Homo, Ep. III 1842–49 (d. II 1883); Tithon, Dr. 1844; Dryadens bryllup, Dr. 1844; Tre digte, 1854; Nye digte, 1861; Ungdomskilden, En. 1865 (Der Jugendborn, d. 1885); Ivar Lykkes historie, R. III 1866–73; Adonis, G. 1874. – Poetiske skrifter, VIII 1878f.; Poetiske skrifter i udvalg, III 1909 (m. Bibl.); Breve, Br. 1928.

L: F. Lange, 1899; V. Andersen, II 1910; H. Martensen-Larsen, 1923, 1924; M. Haugsted, 1939; S. Kühle, II 1941f.; O. Brandstrup, 1973; T. u. B. Gad, Den gamle digter, 1986.

Pamuk, Orhan, türk. Schriftsteller, * 1952 Istanbul. Stud. Journalistik Istanbul, Aufenthalt in Amerika. – Anfangs rekapituliert er erfolgreich den klass. Roman des 19. Jh. um dann an die Postmoderne anzuknüpfen; beliebig anmutende, schwer zugängliche, jedoch durchkomponierte, mehrschichtige Verknüpfungen der Ereignisse und Personen. Weltbekannt, in der Türkei der meistdiskutierte Romanautor.

W: Karanlık Ve Işık, R. 1979; Cevdet Bey Ve Oğulları, R. 1982; Sessiz Ev, R. 1983; Beyaz Kale, R. 1985 (Die weiße Festung, d. 1990); Kara Kitap, R. 1990 (Das schwarze Buch, d. 1995); Gizli Yüz, Drb. 1992; Yeni Hayat, R. 1994 (Das neue Leben, d. 1998); Benim Adım Kırmızı, R. 1998 (Rot ist mein Name, d. 2001); Öteki Renkler, Ess. 1999; Kar, R. 2002; Istanbul ›Hatıralar Şehir‹, Erinn. 2003.

Panaev, Ivan Ivanovič, russ. Schriftsteller, 27. 3. 1812 Petersburg – 2. 3. 1862 ebda. Ab 1847 mit Nekrasov Hrsg. u. Redakteur der Zs. ›Sovremennik‹. – Tendiert in Erzählungen der 30er Jahre über das Milieu der russ. Hocharistokratie tur Romantik, in späteren Romanen über das Leben russ. Gutsbesitzer zum Naturalismus im Sinn der ›natürl. Schule‹. S. Romane gelten aber auch als Vorstufen zum Roman Turgenevs. Bemerkenswerte lit. Memoiren.

W: Prekrasnyj čelovek, E. 1840; Mamen'kin synok, R. 1845; Rodstvenniki, R. 1847; L'vy v provincii, R. 1852; Chlyšči, R. 1856; Literaturnye vospominanija, Erinn. 1928, 1950. – Sobranie sočinenij (GW), VI 1888f. u. 1912.

Panasenko, Stepan → Vasyl'čenko, Stepan

Panč, Petro (eig. P. Pančenko), ukrain. Erzähler, 5. 7. 1891 Valky b. Charkov – 1. 12. 1978 Kiev. Aus Künstlerfamilie, Offizier im 1. Weltkrieg, bis 1921 in der Roten Armee. – Erzählungen aus dem 1. Welt- u. dem Bürgerkrieg mit z. T. satir. Zügen (›Holubi ešelony‹), über das nachrevolutionäre Dorf u. die Kulakenvichtung (›Vovky‹), hist. Roman über B. Chmel'nyćkyj (›Homonila Ukrajina‹).

W: Holubi ešelony, En. 1928; Vovky, R. 1929; Homonila Ukrajina, R. 1954 (n. 1991, russ. 1987); Na kalynovomu mosti: Povist' mynulych lit, En. 1987. – Tvory, III 1947–49, IV 1961/62, IV 1972/73, VI 1981–83.

L: V. H. Dončyk, 1981; O. Kylymnyk, 1988; I. Il'jenko in: Kurier Unesco 7, 1991.

Pañcatantra, das (Fünf Leitfäden [für kluges Verhalten]), altind. Fabelbuch, vor 500 n. Chr. Als Vf. wird in der Einleitung Visnuśarman (→ Cāṇakya) genannt. – Bedeutendes Werk der ind. Erzähllit., in über 200 Versionen bekannt und in über 50 Sprachen übersetzt. Die älteste, jedoch nicht ursprüngl. Fassung des P. ist das kashmir. ›Tantrākhyāyika‹ des 4. oder 5. Jh. n. Chr.; dieses Werk wurde im 6. Jh. n. Chr. von dem Arzt Barzôê ins Pahlevī übersetzt, aus diesem übertrug es Bud um 570 n. Chr. ins Syr. und Ibn al-Muqaffa im 8. Jh. ins Arab. (›Kalīla wa Dimna‹ oder Die Fabeln des Pilpay [Bidpai]); auf letzterem beruhen die Übs. ins Griech. (›Stephanites kai Ichnelates‹, 1180 n. Chr.), ins Hebr. durch Rabbi Joël (Anfang 12. Jh. n. Chr.) und ins Neupers. durch Kaśifī (›Anwār-i-Suhailī‹, um 1494 n. Chr.); auf der hebr. Fassung fußt die lat. Übs. (›Liber Kalilae et Dimnae‹, zwischen 1263 und 1270), die der dt. Übs. von Antonius von Pforr (1480) zugrunde liegt. Das ›Tantrākhyāyika‹ wurde zwischen dem 9. und 12. Jh. n. Chr. von e. Jaina unter dem Titel ›Pañcākhyānaka‹ (5 Erzählungen) völlig neu bearbeitet (Textus simplicior) und 1199 von dem Jainamönch Pūrṇabhadra zur heutigen Form des P. erweitert (Textus ornatior); beide Fassungen sind in der ind. Bevölkerung weit verbreitet; daneben gibt es e. große Zahl von anderen Rezensionen und Neubearbeitungen in Sanskrit und den Volkssprachen; die bekannteste ist das → ›Hitopadeśa‹. Das P., zur Klasse der ›Nīti-śāstra‹ (Lehrbücher über Lebensklugheit) gehörig, sollte Prinzen als Leitfaden für die Staatskunst dienen; jedes s. 5 Bücher behandelt in der Rahmenerzählung e. wichtiges polit. Thema: 1. Entzweiung von Freunden, 2. Gewinnen von Freunden, 3. Krieg und Frieden, 4. Verlust des Erworbenen, 5. Folgen unüberlegten Handelns; die in die Rahmenerzählung eingebetteten Erzählungen liefern Beispiele u. Gegenbeispiele zum jeweiligen Thema; handelnde Personen sind zumeist Tiere, gelegentl. auch Menschen, während Götter kaum auftreten, obwohl hinduist., speziell viṣṇuit. Anschauungen überall begegnen. Die stark machiavellist. Einstellung der älteren weicht in den jüngeren Rezensionen e. mehr moral.

A: Tantrākhyāyika, hg. J. Hertel II 1910 (d. ders. II 1909, n. 1970, d. E. Richter-Ushanas 2003); Pañcākhyānaka (Textus simplicior), hg. J. G. L. Kosegarten II 1848–59, F. Kielhorn, G. Bühler III 1868, [6]1891–96 (d. L. Fritze 1884); Pañcatantra (Textus ornatior), hkA hg. J. Hertel III 1908–15, F. Edgerton II 1924, Nachdr. 1967 (m. engl. Übs.). – *Übs.:* dt.: T. Benfey II 1859 (n. 1966, [2]1982, 1990), R. Schmidt 1901, L. Alsdorf 1952, A. v. Pforr, hg. F. Geissler 1964, Faks.-Ausg. 1970, G. L. Chandiramani, S. B. Hudlekar 1971, [3]1975, A. Greither 1986; engl.: M. R. Kale 1912, [3]1982, Nachdr. 1991, 1995, A. W. Ryder 1925, [22]1998, F. Edgerton 1965, P. Olivelle 1997; franz.: J. A. Dubois 1826, n. 1995, E. Lancereau 1871, n. 1965, 1991. – Lat. Fassung des Johann v. Capua, hg. u. dt. F. Geissler 1960.
L: T. Benfey, 1859; M. Haberlandt, Wien 1884; J. Hertel, 1904, 1914; F. Edgerton, New Haven II 1924; H. Blatt, 1931; W. Ruben, 1959; R. Geib, 1969; H. Falk, 1978; A. C. Barthakuria, Kalkutta 1992. – *Bibl.:* P. Carnes, 1996.

Pančenko, Nikolaj Vasil'evič, russ. Lyriker, * 9. 4. 1924 Kaluga. Vater Lehrer; arbeitete als Journalist und Handwerker in Kaluga, Initiator des Almanachs ›Tarusskie stranicy‹ (1961), lebt seit 1961 in Moskau. – P.s Lyrik ist stark vom Erleben des 2. Weltkriegs geprägt, vieles konnte erst nach der Perestrojka erscheinen; Tragik des Lebens und Sendung des Dichters als Prophet paaren sich im Ringen um das Gute.

W: Teplyn', 1958; Liričeskoe nastuplenie, 1960; Osennij šum, 1990; Gorjačij sled, 1994. – Izbrannoe (Ausw.), 1988.

Pan Chao → Ban Gu

Pancrazi, Pietro, ital. Lit.kritiker und Erzähler, 19. 2. 1893 Cortona/Arezzo – 26. 12. 1952 Florenz. Langjähriger Mitarbeiter der ›terza pagina‹ des Mailänder ›Corriere della sera‹, 1929–33 Redakteur an Ojettis Zs. ›Pegaso‹. – Als eleganter Essayist u. scharfsinniger Kritiker der Lit. des 19. und des beginnenden 20. Jh. geschätzt. Verfaßte mit leichter Feder humorvolle Erzählungen ohne ideolog. u. lit.theoret. Ballast. Auch Vf. von 2 originellen Bänden humorvoller Erzählungen.

W: Ca' Pesaro ed altro, Ess. 1913; Ragguagli di Parnaso, 1920; Venti uomini, un satiro e un burattino, Ess. 1923; I toscani dell'Ottocento, 1924; L'Esopo moderno, En. 1930; Donne e buoi dei paesi tuoi, En. 1934; Scrittori italiani del Novecento, 1934; Nel giardino di Candido, Ess. 1950; Italiani e stranieri, Ess. 1957.
L: F. Mattesini, 1971; N. Caldarone, 1983.

Panduro, Leif, dän. Erzähler, 18. 4. 1923 Kopenhagen – 16. 1. 1977 Asserbo. 1947 Zahnarzt. – In satir.-absurden, humorvollen Romanen versucht P. die Widersinnigkeiten seiner Zeit darzustellen. Vf. von Hörspielen, Fernsehstücken u.a. dramat. Arbeiten.

W: Av, min guldtand, R. 1957, [5]1989; Rend mig i traditionerne, R. 1958, [5]1997; De uanstændige, R. 1960, [4]1997 (Die Unanständigen, d. 1991); Øgledage, R. 1961 (Echsentage, d. 1964); Fern fra Danmark, R. 1963 (d. 1972); Fejltagelsen, R. 1964; Den gale mand, R. 1965; Vejen til kærlighed, R. 1966; Farvel, Thomas og andre TV-spil, FSsp. 1968; Daniels andern verden, R. 1970 (d. 1974); Vinduerne, R. 1971 (Die Fenster, d. 1973); Amatørerne, R. 1972; Den ubetænksomme elsker, R. 1973; Den bedste af alle verdener, En. 1974; Hofeber, R. 1975, [5]1991 (Heufieber, d. 1978); Hvilken virkelighed, Ess. 1977. – Et ordentligt kaos (AW), 1994.

L: J. C. Jørgensen, 1973, 1987; B. Hesselaa, 1976; J. E. Tiemroth, 1977; P. Hammerich, 1977; B. Wamberg, 1978.

Pandurović, Sima, serb. Dichter u. Essayist, 14. 4. 1883 Belgrad – 27. 8. 1960 ebda. Stud. Philos. ebda.; Gymnasiallehrer, freier Schriftsteller. – In formvollendeten Versen, reich an Rhythmik u. Bildern, bringt P. seinen tiefen Weltschmerz zum Ausdruck, beklagt den Tod der Geliebten, die Nichtigkeit des Seins. Vf. scharfer lit. Essays, Übsn. aus dem Engl. u. Franz.

W: Posmrtne počasti, G. 1908; Dani i noći, G. 1912; Okovani slogovi, G. 1918; Ogledi iz poetike – Integralna poezija, Es. 1920; Stihovi, G. 1921; Razgovori o književnosti, Ess. 1927; Dvorana mladosti, G. 1955; Pesme, G. 1959. – Dela (W), V 1935–37; Izabrane pesme (AW), 2002.

L: Spomenica, S. P., 1928; Z. Gavrilović, 1958.

Pané, Armijn → Armijn Pané

Pané, Sanoesi → Sanusi Pané

Panero, Leopoldo, span. Lyriker, 19. 10. 1909 Astorga/León – 27. 8. 1962 ebda. Bruder des Dichters Juan P. (1908–1937). Stud. San Sebastián, Madrid u. Oviedo; 1931 Dr. jur. Reisen nach Frankreich u. England zum Stud. der franz. u. engl. Lit. 1945–47 Aufenthalt in London. Übs. von Shelley u. Keats. Danach Leiter versch. Kulturinstitute in Madrid. – In Bildern der heim. Landschaft, der Familie, der Religion drückt P.s Lyrik die Suche nach dem inneren Menschen aus.

W: La estancia vacía, G. 1944; Rimas del Guadarrama, G. 1945; Escrito a cada instante, G. 1949; Canto personal, G. 1953. – Poesía 1932–60, 1963; Obras completas, 1973.

L: J. García Nieto, 1963; E. Connolly, L. P., la poesía de la esperanza, 1969; A. Barra Higuera, Investigaciones sobre la obra poética de L. P., Bern 1971; C. Aller, 1976; J. Sardo, 1978; R. Gullón, 1985; M. de las M. Marcos Sánchez, 1987.

Panfërov, Fëdor Ivanovič, russ. Prosaiker, 2. 10. 1896 Pavlovka (Gouv. Saratov) – 10. 9. 1960. Aus Bauernfamilie; Lehrerseminar ohne Abschluß, ab 1926 Mitglied der KP, Redakteur der Zsn. ›Krest'janskij žurnal‹ (1924–31) und ›Oktjabr'‹ (1931–60). – P.s Werke sind ebenso lang wie minderwertig und zeigen die Sicht des sozialist. Realismus auf Zwangskollektivierung und Entkulakisierung, verknüpfen flache Argumentation mit phantasieloser Aneinanderreihung beliebiger Episoden.

W: Bruski, R.-Tril. 1928–37 (Wolgabauern, d. 1953); Volga matuška-reka, R.-Tril. 1953–60. – Sobranie sočinenij (GW), VI 1966.

L: A. Panferov, 1980, 1986; V. Panferova, 1996.

Pan Gu → Ban Gu

Pānini, ind. Grammatiker, lebte im 5./4. Jh. v. Chr., stammte aus Salatura/Nordwestindien. – Vf. des berühmtesten grammat. Lehrbuchs (śabdānuśāsana) der klass. ind. Lit., der ›Aṣṭādhyāyī‹ (8 Abschnitte grammat. Regeln), die in kurzen, vom Schüler auswendig zu lernenden Regeln Laut-, Formen-, Wortbildungslehre und Syntax des klass. Sanskrit erschöpfend darstellt. Die ›Aṣṭādhyāyī‹, die den Indern als Offenbarung Śivas gilt und daher das ›Vedāṅga‹ (Glied des Veda) betrachtet wird, ist das Ergebnis e. langen Entwicklung ind. grammat. Wiss. P. selbst nennt 64 Grammatiker als Vorgänger. Das von → Rājaśekhara erwähnte Epos ›Jāmbavatī-vijaya‹ oder ›Pātāla-vijaya‹ sowie in mehreren Anthologien zitierte Liebesdichtungen sind zweifellos die Werke e. späteren Dichters gleichen Namens.

A: O. Böhtlingk II 1839–40, [2]1887 (m. dt. Übs.; n. 1983, 1998), S. C. Vasu II 1891–98 (n. 1977, m. engl. Übs.), S. M. Katre 1987, 1989. – *Übs.:* franz. L. Renou III 1948–54, [2]1966.

L: Th. Goldstücker, Lond. 1861, n. 1965; B. Liebich 1891; P. Thieme, P. and the Veda, Allahabad 1935; B. Faddegon, Amst. 1936, n. 1963; B. Shefts, Grammatical Method in P., New Haven 1961; R. Birwé, Der Gaṇapāṭha zu den Adhyāyas IV und V der Grammatik P.s, 1961; ders., Studie zu Adhyāya III der Aṣṭ. P.s, 1966; V. S. Agrawala, [2]1963; G. Cardona, 1976; P. B. Junnarkar, III 1977–83; P. Kiparsky, 1980; I. S. Pawate, [2]1987; G. Gardona, 1988; M. D. Pandit, 1990; J. D. Singh, 1991; Y. V. Dahiya, P. as a Linguist, 1995.

Pann, Anton, rumän. Dichter, um 1796 Sliven/Bulgarien – 2. 11. 1854 Bukarest. Ab 1806 in Kischinëw, ab 1812 in Bukarest Küster, Kantor, 1843 Drucker, Musiklehrer. Abenteuerl. Leben; entführte die Nichte e. Äbtissin aus e. Kloster u. floh mit ihr ins Ausland. – Genialer Volksdichter und Sammler von Sprichwörtern, Schwänken, Geschichten und Volksliedern, die er meist in bäuerl. Erzählton aufzeichnete; s. Werk beinhaltet e. kraftvolle Renaissance der uralten balkan. Weisheit, ein buntes, lebensfrohes, ursprüngl. Epos.

W: Poezii deosebite sau Cântece de lume, Slg. 1831; Noul Erotocrit I – V, G. 1837; Fabule și istorioare, Slg. II 1839–41; Poezii populare, Slg. 1846; Proverburi, Slg. III 1847–52; Spitalul amorului, Slg. VI 1850–52; Povestea vorbii 1971, 1982.

L: G. Teodorescu, 1891; I. Manole, 1954; T. Vianu, 1955; O. Papadima, 1963, 1975; P. Cornea, 1964.

Panneton, Philippe → Ringuet

Panova, Vera Fëdorovna, russ. Schriftstellerin, 20. 3. 1905 Rostov am Don – 3. 3. 1973 Leningrad. 1922–35 Zeitungskorrespondentin, schrieb zunächst Bühnenstücke, wurde durch die Novelle ›Sputniki‹ und den Roman ›Vremena goda‹ bekannt. – Erzählerin, die in erster Linie um Darstellung des echt Menschlichen bemüht ist; schildert in ›Sputniki‹ Leben und Tätigkeit in e. Sanitätszug während des 2. Weltkriegs, z. T. krit.; entwirft in ›Vremena goda‹ e. Bild aus dem Leben der mittleren Parteiaristokratie.

W: Sputniki, N. 1946 (Weggenossen, d. 1954); Kružilicha, R. 1947 (Menschen aus Krushilicha, d. 1950); Jasnyj bereg, R. 1949 (Helles Ufer, d. 1951); Vremena goda, R. 1954 (Verhängnisvolle Wege, d. 1957); Serëža, N. 1955 (Serjosha, d. 1960); Sentimental'nyj roman, R. 1958 (Sentimentaler Roman, d. 1960); Valja – Volodja, N. 1960 (Leningrader Erzählungen, d. 1962); Provody belych nočej, Dr. 1961 (Abschied von den hellen Nächten, d. 1962); Liki na zare, hist. Nn. 1969; O moej žizni, knigach i čitateljach, Erinn. 1975. – Sobranie sočinenij (GW), V 1969/70, V 1987–89.

L: A. Ninov, 1988; N. S. Gornickaja, 1970; D. Tevekeljan, 1980; S. M. Jur'eva, Tenafly 1993.

Panyassis, altgriech. Dichter, 505/500 v. Chr. – 455/450 v. Chr. Halikarnass. Aus adeliger Familie (Onkel Herodots), in Opposition zum Tyrannen Lygdamis, von dem er nach s. Exil in Samos ermordet wird. – P.' beide Hauptwerke sind nur noch aus spärl. Fragmenten rekonstruierbar: In den ›Ionika‹ schilderte P. die Geschichte Ioniens von Kodros in Athen bis zum ion. Aufstand (500/ 499); die ›Herakleia‹ enthielten in angebl. 14 Büchern e. Schilderung des Lebens des Herakles von s. Jugendzeit bis hin zur Einnahme von Oichalia. P. gehört zum alexandrin. ›Kanon‹ der griech. Epiker (mit Homer, Hesiod und Antimachos).

A: V. J. Matthews 1974 (m. Komm.); PEG I, 171–187.
L: G. L. Huxley, Lond. 1969; E. Bowie, JHS 106, 1986, 13–35.

Panzacchi, Enrico, ital. Schriftsteller, 16. 12. 1840 Ozzano d'Emilia – 5. 10. 1904 Bologna. Stud. Jura, Philos. u. Lit.; Lehrer in Sassari, 1867 am Lyzeum Bologna, dann Prof. für Kunstgesch. ebda. u. Direktor der ›Accademia di belle Arti‹. Eng befreundet mit Carducci, dessen Einfluß auch in s. Lyrik spürbar ist. Besser als s. Gedichte ist s. Prosa in elegantem, musikal. fließendem Stil. Größte Berühmtheit als Redner. Als begeisterter Wagnerianer beschäftigt er sich auch mit der Musik, bleibt jedoch hier, wie auf allen Gebieten, Eklektiker.

W: R. Wagner, ricordi e studi, 1883; Nel mondo della musica, 1895; Saggi critici, Ess. 1896; I miei racconti, En. 1900. – Conferenze e discorsi, Rdn. 1908; Prose, hg. G. Lipparini 1913; Poesie, hg. G. Pascoli ³1925; Lettere, 1940.

L: G. Albini, 1932; C. Calcaterra, La poesia di E. P., 1940; A. Alessandrini, 1955.

Panzini, Alfredo, ital. Schriftsteller, 31. 12. 1863 Senigallia – 10. 4. 1939 Rom. Schüler Carduccis u. Acris an der Univ. Bologna, wo er 1886 s. Stud. abschloß. Bis 1927 Gymnasiallehrer in Rom und Mailand. Ab 1929 Mitgl. der Accademia d'Italia. Mitarbeiter der ›Nuova Antologia‹ u. am ›Corriere della sera‹. – P. steht auf der Schwelle von der positivist. Lebenshaltung der Zeit vor dem 1. Weltkrieg zum neuen Streben nach Idealen während der Kriegs- u. Nachkriegszeit. S. Hauptwerk ›La lanterna di Diogene‹, entstanden im Anschluß an e. Reise mit dem Fahrrad, erweist sich als poet. Tagebuch e. philos. Reise auf der Suche nach dem Selbst, Reflexionen über die Welt u. das Schicksal.

W: Il libro dei morti, E. 1893; La Cagna nera, E. 1896; Moglie nuova, R. 1899; Trionfi di donna, Nn. 1903; La lanterna di Diogene, R. 1907; Santippe, R. 1914 (Sokrates u. Xanthippe, d. 1938); Viaggio di un povero letterato, R. 1919; Il mondo è rotondo, R. 1921; Signorine, Nn. 1921; Il padrone sono me, R. 1922; Novelline divertenti per bambini intelligenti, Kdb. 1934; Il bacio di Lesbia, R. 1937; Per amore di Biancofiore, Ges. En. 1948; Rose d'ogni mese, 1959. – La cicuta, i gigli e le rose, R. 1950; Sei romanzi fra due secoli, ²1954; Romanzi d'ambo i sessi, ²1954; Scritti scelti (Ausw.), 1958; La mia storia, il mio mondo, Aut. hg. P. Nardi 1959. – Opere scelte, hg. G. Bellonci 1970.

L: G. Mormino, ³1937 (m. Bibl.); R. Pedicini, 1957; G. De Rienzo, 1969; T. Scappaticci, Il caso P., 2000.

Papa, Katina, griech. Erzählerin, 6. 10. 1903 Nordepirus – Okt. 1959 Athen. Stud. Philos. Athen, dann Wien und Dtl., Schülerin von Adler. – Tiefe Menschenliebe und Ursprünglichkeit charakterisieren ihre fein nuancierten Erzählungen.

W: Stē sykamia apo katō, E. 1934 (d. 1959); An allazan hola, En. 1950; S'hena gymnasio thēleōn, R. 1960; Poi-̃emata, G. 1963.

L: L. Iakovidu, Apo tē zoē tēs K. P., 1972.

Papadat-Bengescu, Hortensia, rumän. Schriftstellerin, 8. 12. 1876 Iveşti/Tecuci – 5. 3. 1955 Bukarest. Tochter e. Generals. – Gehörte zum Kreis um ›Sburătorul‹. Nach lyr. u. dramat. Versuchen wurde sie e. Meisterin der psycholog. Erzählung; zartgliedrige Analyse, kühl-kühnes Sezieren der menschl. Seele. Ihre an Proust geschulten Romane nehmen Ausdrucksmittel des ›Nouveau Roman‹ vorweg.

W: Ape adânci, Dicht. 1919; Sfinxul, R. 1920; Bătrânul, R. 1920; Femeia în faţa oglinzii, N. 1921; Balaurul, R. 1923; Fecioarele despletite, R. 1926; Concert din muzică de Bach, R. 1927 (Das Bachkonzert, d. 1967); Drumul ascuns, R. 1932; Logodnicul, R. 1935; Rădăcini, R. II 1938.

L: V. Ciobanu, 1965; C. Ciopraga, 1973; F. Mihăilescu, 1975; M.-L. Cristescu, 1976; V. Vancea, 1980; I. Holban, 1985.

Papadiamantis, Alexandros, griech. Erzähler, 3. 3. 1851 Skiathos – 3. 1. 1911 ebda. Gymnas. Chalkis u. Piräus, 1872 auf dem Athos, 1873 Stud. in Athen, lebte auf Skiathos. – Schrieb Sittenschilderungen der Gesellschaft s. Heimatinsel Skiathos, die aufgrund ihrer Sprache und ihrer maßvollen Form als Vorbilder der neugriech. Erzählung gelten.

W: Phonissa, R. 1912 (d. 1989); Rhodina akrogialia, R. 1913 (d. 2001); Erzählungen, VIII 1912–14 (Magisses, Paschalina diegemata, Christugenniatika diēgēmata, Prōtochroniatika diēgēmata, Ho pentarphanos, Hē choleriasmenē, Hē nostalgos. Ta christugenna tu tempelē). – Hapanta (GW), hg. N. D. Triantafillopulos V 1989–98.

L: K. M. Michailidis, Ho erōtikos Papadiamantis, 1938; G. Valetas, 1940; D. G. Seremetis, Ho P. kai hē koinōnia, 1955; M. Chalvatzakis, Ho P. mesa sto ergo tu, 1960; I. M. Chatziphotis, 1970; Od. Elytis, He Mageia tu P., 1976; L. Proguidis, La conquête du roman: de P. à Boccace, Paris 1997; R. Bouchet, Le nostalgique, Paris 2001. – *Bibl.*: G. K. Katsimbalis, 1934.

Papadiamantopoulos, Joannis → Moréas, Jean

Papageienbuch → Naḫšabī, Šaiḫ Żiyā'ud-Dīn

Papatsonis, Takis, griech. Lyriker, 30. 1. 1895 Eva-Messinien – 1976 Athen. Generaldirektor des Finanzministeriums, später Vorstand der Commerzbank. – P.' Dichtung ist vom relig. Glauben getragen und verrät e. lebensbejahende Verbundenheit mit der Natur und dem Übernatürlichen. In der Sprache Nähe zu Kavafis. Eigenwillige Reisebücher. Übs. Hölderlin, P. Claudel, E. A. Poe, Saint-John Perse, L. Aragon u. a.

W: Eklogē, G. 1934; Ursa minor, G. 1944; Eklogē II, G. 1962; Askēsē ston Athō, Reiseb. 1963; Moldovlachika tu mythu, Reiseb. 1965; Ho tetraperatos kosmos, Ess. 1966.

L: T. Papathanasopulos, 1997.

Papillon, Marc de Lasphrise, franz. Schriftsteller, 1555 Lasphrise b. Amboise – 1599 ebda. Höfling Heinrichs III., kämpfte im Bürgerkrieg gegen die Calvinisten, Teilnahme an der Schlacht von Lepanto. – Vf. von heiteren, z. T. satir. Liebesgedichten mit autobiograph. Hintergrund. In s. burlesk ausgelassenen Art Vorläufer von Saint-Amant.

W: Les amours de Théophile, 1597; L'amour passionnée de Noémie, 1599; Diverses poésies, Genf 1988.

L: N. Clerici Balmas, 1983.

Papini, Giovanni, ital. Schriftsteller, 9. 1. 1881 Florenz – 8. 7. 1956 ebda. Sohn e. Tischlers. Autodidakt, gründete 1903 mit Prezzolini die Zs. ›Leonardo‹, mit Corradini den ›Regno‹ u. mit Borgese den ›Hermes‹. 1908–12 Mitarbeiter an der ›Voce‹, die er wie die oben erwähnten Zsn. zum Organ s. Ideen machte; 1913 Gründung des futurist. Kampfblattes ›Lacerba‹. 1935 Prof. in Bologna; 1937 Direktor des ›Centro Nazionale di Studi sul Rinascimento‹; seit 1938 Hrsg. der Zs. ›La Rinascita‹. – P.s Ziel ist die Erneuerung von Kunst u. Philos. Ausgehend von der Ablehnung des Positivismus vertritt er nacheinander versch. geistige Strömungen (Futurismus, Pragmatismus, Nihilismus) u. protestiert jeweils gegen das Herkömmliche u. die Tradition. Der autobiograph. Roman ›Un uomo finito‹ schildert das Scheitern e. Menschen, der versucht, aus dem engen Kreis des alltägl. Lebens auszubrechen u. den Abstand zwischen Denken u. Handeln zu überwinden. Er ist gleichzeitig die Gesch. e. ganzen Generation, die unfähig ist, anstelle der von ihr abgelehnten traditionellen Werte e. neue Werteskala aufzurichten. 1919 konvertierte P. zum kathol. Glauben u. schrieb e. ›Storia di Cristo‹, die in zahlr. Sprachen übersetzt wurde. S. Lit.krit. Versuche (›Dante vivo‹ u. e. Gesch. der ersten Jh. der ital. Lit.) sind geistvoll, doch stark subjektiv.

W: Il crepuscolo dei filosofi, Es. 1906; Il tragico quotidiano, Nn. 1906; Un uomo finito, Aut. 1912 (d. 1925); 24 Cervelli, 1913 (u. d. T. Stroncature, 1916); Cento pagine di poesia, 1915; Opera prima, G. 1917; L'esperienza futurista, 1919; Storia di Cristo, 1921 (d. 1924); Pane e vino, G. 1926; Sant' Agostino, 1929 (d. 1930); Gog, N. 1931 (d. 1931); Dante vivo, 1932 (d. 1936); Storia della letteratura italiana, 1937 (Ewiges Italien, d. 1940); I testimoni della Passione, 1938 (d. 1952); Italia mia, 1939; Mostra personale, Tg. 1941 (Aus meiner Werkstatt, d. 1944); Imitazione del padre, 1942 (Wiedergeburt und Erneuerung, d. 1950); Saggi sul rinascimento, 1942 (Das Wesen der Renaissance, d. 1946); Cielo e terra, 1943 (d. 1947); Santi e Poeti, 1947; Lettere agli uomini del papa Celestino VI, 1947 (d. 1948); Passato remoto, 1948; Vita di Michelangiolo, 1949 (d. 1952); Il diavolo tentato, 1950; Le pazzie del poeta, 1950 (Narreteien, d. 1953); Il libro nero, 1951 (d. 1952); Il Diavolo, 1953 (d. 1955); Concerto fantastico, En. 1954; Il bel viaggio, 1954 (m. E. Palmieri); La spia del mondo, 1955 (d. Ausw. 1957); La loggia dei busti, 1955; L'aurora della letteratura italiana, 1956; La felicità dell'infelice, 1956; Il muro dei Gelsomini, Erinn. 1957; Giudizio universale, 1957 (d. 1959); La seconda nascita, 1958 (d. 1960); Poesia e fantasia, 1958; Prose morali, 1959; Diario, 1962; Scritti postumi, 1966. – Tutte le opere, 1959 ff.

L: N. Moscardelli, 1924; R. Ridolfi, 1957; J. Lovreglio, 1960; V. Horia, Paris 1963; V. Gaye, La critica letteraria di G. P., 1965; L. Righi, 1982; P. Bagnoli, hg. 1982; C. DiBiase, 1999.

Papinius → Statius, Publius Papinius

Paprocki, Bartłomiej, poln. Schriftsteller, um 1543 Paprocka Wola/Płock – 27. 12. 1614 Lemberg. Masur. Adliger, lebte an Magnatenhöfen; abenteuerl. Reisen u. a. mit Gesandtschaft nach

Konstantinopel. Polit. Emigrant in Mähren, Böhmen, Schlesien. Erst 1610 Rückkehr nach Polen. – Reiches, vielgestaltiges Werk in poln. u. tschech. Sprache, von Rej beeinflußt. Realist. u. satir. Schilderungen, allegor. Fabeln über Zeitgenossen u. ihre Lebensformen. Höhepunkt ist s. hist.-herald. Werk: Wappenbücher in Vers u. Prosa mit fesselnden belletrist. Einschüben. Ferner Scherzgedichte nach Vorbild Kochanowskis.

W: Panosza, Schr. 1575; Koło rycerskie, Dicht. vor 1580 (n. 1903); Gniazdo cnoty, Schr. 1578; Herby rycerstwa polskiego, Schr. 1584 (n. 1860); Upominek, Schr. 1587 (n. 1900); Pamięć nierządu, Schr. 1588 (n. 1900); Nauka ... obierania żony, G. 1590; Zrcadlo slavného marhrabství Moravského, Schr. 1593 (Paprotzkius enucleatus oder Kern ... d. Mähr. Geschichtsspiegels, d. 1730 u. 1741); Ogród królewski, Schr. 1599; Cathalogus ... arcybiskupów gnieźnieńskich, G. um 1608 (n. 1881); Štambuch slezský, G. 1609; Nauka i przestrogi, 1613.

L: K. Krejčí, Prag 1946.

Paradijs, Cornelis → Eeden, Frederik (Willem) van

Páral, Vladimír, tschech. Schriftsteller, * 10. 8. 1932 Prag. Sohn e. Generalstabsoffiziers der Tschech. Armee, nach dem Abitur (1950) stud. er Chemie an den techn. Univ. in Brno u. Pardubice, dann als Chemiker tätig, seit 1967 Berufsschriftsteller. – In s. der Gegenwart gewidmeten Prosa der 60er Jahre befasst er sich v. a. mit der Problematik der Lebensstereotype u. des Bestrebens, diese zu bewältigen, die in R. ›Milenci a vrazi‹ zu e. elementaren – u. durchaus skeptischen – Perspektive der gesamten Menschheitsgeschichte wird. Nach einigen Versuchen, diese Skepsis in bezug auf die Macht der Alltäglichkeit zu überwinden, widmete er sich u. a. auch der Sciencefiction u. schrieb oft routinierte Geschichten über die Banalität der Konsumgesellschaft.

W: Veletrh splněných přání, N. 1964; Soukromá vichřice, N. 1966; Katapult, N. 1967; Milenci a vrazi, R. 1969; Profesionální žena, R. 1971; Mladý muž a bílá velryba, N. 1973; Radost až do rána, N. 1975; Generální zázrak, N, 1977; Muka obraznosti, R. 1980; Pokušení A-ZZ, N. 1982; Válka s mnohozvířetem, R. 1983; Země žen, R. 1987; Kniha rozkoší, smíchu a radosti, N. 1992; Playgirls, N. II 1994; Tam za vodou, N. 1995.

L: R. B. Pynsent, Sex under Socialismus, London 1994.

Parandowski, Jan, poln. Schriftsteller, 11. 5. 1895 Lemberg – 26. 9. 1978 Warschau. Stud. Philos. u. Altphilol. 1945–48 Univ.-Prof. Lublin. Lebte in Warschau. Seit 1933 Präsident des poln. PEN-Clubs. – Beliebter Erzähler u. Essayist bes. um antike Stoffe. Repräsentant des Klassizismus in der erzählenden Dichtung. Vorwiegend hist. Stoffe in Novellen u. Erzählungen; Übs. Homers. Schrieb e. O. Wilde-Roman.

W: Eros na Olimpie, En. 1924; Aspazja, Sk. 1925; Dwie wiosny, En. 1927; Król życia, R. 1930; Dysk Olimpijski, R. 1933 (Der olympische Diskus, d. 1950); Niebo w płomieniach, R. 1936 (Himmel in Flammen, d. 1957); Trzy znaki Zodiaku, En. 1938 (Drei Tierkreiszeichen, d. 1961); Godzina śródziemnomorska, En. 1949 (Mittelmeerstunde, d. 1960); Alchemia słowa, Schr. 1951; Zegar słoneczny, En. 1953 (Die Sonnenuhr, d. 1965); Petrarca, R. 1956 (Der Sohn des Verbannten, d. 1977); Z antycznego świata, Schr. 1958; Juvenilia, En. 1960; Powrót do życia, R. 1961; Wrześniowa noc, Erinn. 1962; Luźne kartki, Mem. 1965; Akacja, En. 1967. – Podróże literackie, Ess. 1958; Przed zamkniętymi drzwiami czasu, Ess. 1975; Refleksje, 1975. Dzieła wybrane (AW), III 1957.

L: E. Kozikowski, 1967, 1977; G. Harjan, N. Y. 1971; W. Studencki, Alchemik słowa, 1974; I. Parandowska, Dzień Jana, 1983; J. Z. Lichański, Wtajemniczania i refleksje, 1986; D. Kretowska, 1989.

Paraschivescu, Miron Radu, rumän. Dichter, 2. 10. 1911 Zimnicea – 17. 2. 1971 Bukarest. Stud. Philol. u. Kunstakad. Cluj u. Bukarest. S. frühes Engagement für die Linke brachte ihm nach 1944 ehrenvolle Aufgaben u. Funktionen. – Schrieb auf den Spuren García Lorcas Zigeunerlieder mit e. Überdosis Argot u. gesuchter Liederlichkeit, patriot. Oden, hist. Hymnen u. besinnl. Lyrik im neoklass. Stil. Übs. Péguy, Rilke, Rimbaud, Ungaretti, Gor'kij.

W: Cântice țigănești, G. 1941; Laude şi alte poeme, G. 1956; Declarație patetică, G. 1960 (zus. mit den vorigen); Drumuri şi răspântii, Rep. u. Erinn. 1967; Scrieri (AW) I – IV, 1969–75.

L: Ș. Foarță, 1970, 1971.

Pardo Bazán, Emilia, span. Schriftstellerin, 16. 9. 1851 La Coruña – 12. 5. 1921 Madrid. Tochter e. Grafen, von dem sie 1908 den Titel erbte; zeigte schon in früher Jugend starke Neigung zur Lit.; 1868 ∞ José Quiroga; zahlr. Auslandsreisen (u. a. Frankreich, Belgien, England, Italien); 1916 Prof. für roman. Lit. an der Univ. Madrid. Umfassende lit. Bildung, setzte sich für Verbreitung der mod. europ. Geistesströmungen in Spanien ein. – Bedeutende Vertreterin des span. naturalist. Romans regionalist. Prägung; prächtige Schilderungen ihrer galic. Heimat, herber Stil, ep.-dramat. Ton. Streben nach Präzision der Darstellung nach dem Vorbild der von ihr sehr bewunderten franz. Naturalisten, bes. Zolas. Wandte sich in ihren letzten Jahren dem psychol. Roman zu; schrieb auch Lyrik im Stil Bécquers, Erzählungen von großer Kunstfertigkeit, Reisebücher sowie zahlr. lit.krit. Arbeiten u. Monographien über Schriftsteller ihrer Zeit (u. a. Zorilla, Campoamor, Valera, Alarcón).

W: Pascual López, autobiografía de un estudiante de Medicina, R. 1879; Un viaje de novios, R. 1882 (d. 1885); La Tribuna, R. 1882; La cuestión palpitante, Es. 1883; El cisne de Vilamorta, R. 1885 (d. 1946); Los pazos de Ulloa, R. 1886 (d. 1946); La Madre Naturaleza, R. 1887; Cuentos de mi tierra, En. 1888; Insolación, R. 1889; Morriña, R. 1889; Una cristiana, R. 1890; La prueba, R. 1890; Cuentos escogidos, En. 1891; La piedra angular, R. 1891 (d. 1895); Cuentos de Marineda, En. 1892; Adán y Eva, R. 1894 (d. 1900); Cuentos sacroprofanos, En. 1899; Un destripador de antaño, En. 1900; Misterio, R. 1902 (Um einen Königsthron, d. 1903); La quimera, R. 1905; La sirena negra, R. 1908; La literatura francesa moderna, III 1910–14; Dulce Dueño, R. 1911. – Obras completas, XLVI 1909ff., II [4]1964.

L: A. Andrade Coello, 1922; M. G. Brown, 1940; E. González López, N. Y. 1944; H. Preisendanz, Diss. Hdlbg. 1948; E. P. B., 1955; D. F. Brown, Chapel Hill 1957; C. Bravo Villasante, 1962; R. E. Osborne, 1964; N. Clemessy, E. P. B. romancière, 1972, 1981; B. Varela Jácome, Estructura novelística de E. P. B., 1973; J. Paredes Nuñez, 1979; M. Hemingway, Cambr. 1983; R. M. Scari, 1984; P. González Martínez, 1988; D. Henn, Liverpool 1988; D. S. Whitaker, 1988; A. R. Rodríguez, 1991; J. Gómez, 1996; C. Patiño Eirín, 1998.

Pareja Diezcanseco, Alfredo, ecuadorian. Romancier, 12. 10. 1908 Guayaquil – 3. 5. 1993 Quito. Diplomat, Abgeordneter, Prof. für Geschichte, Mitglied der ›Guayaquil-Gruppe‹. – Starke weibl. Charaktere, soz. Gerechtigkeit, Diskriminierung der Schwarzen in den USA u. die polit. Zustände Ecuadors bilden s. Themen.

W: La señorita Ecuador, 1930; El muelle, 1933; Baldomera, 1938 (d. 1954); Hombres sin tiempo, 1941; Las tres ratas, 1944 (verfilmt); La hoguera bárbara, Es. 1944; La advertencia, 1956 (Offiziere und Señoras, d. 1968); La manticora, 1974.

Paretsky, Sara, amerik. Kriminalautorin, * 8. 6. 1947 Ames/IA. Univ. Kansas und Chicago, Arbeit bei Versicherungsgesellschaft, dann freie Schriftstellerin, lebt in Chicago, gründete 1980 ›Sisters in Crime‹ (Berufsverband für Kriminalautorinnen). – Figur der Seriendetektivin V. I. Warshawski löst ihre Fehden mit Institutionen wie Gewerkschaften (›Indemnity Only‹), kathol. Kirche (›Killing Orders‹) und Gesundheitssystem (›Bitter Medicine‹) durch effektiv genutzte soz. Frauenbeziehungen.

W: Indemnity Only, R. 1982 (Schadenersatz, d. 1986); Deadlock, R. 1984 (d. 1988); Killing Orders, R. 1985 (Fromme Wünsche, d. 1988); Bitter Medicine, R. 1987 (Tödliche Therapie, d. 1989); Blood Shot, R. 1988 (u. d. T. Toxic Shock, 1988, d. 1990); Burn Marks, R. 1990 (d. 1992); Guardian Angel, R. 1992 (Eine für alle, d. 1993); Tunnel Vision, R. 1994 (Engel im Schacht, d. 1995); Windy City Blues, R. 1995 (d. 1997); Ghost City, R. 1998; Hard Time, R. 1999 (Die verschwundene Frau, d. 2001); Total Recall, R. 2001 (Ihr wahrer Name, d. 2002); Blacklist, R. 2003.

Parijat (eig. Bishnukumari Waiba), nepalesische Schriftstellerin, 1937 Darjeeling – 20. 4. 1993. Stud. engl. Lit., durch eine frühe Erkrankung zeitlebens schwer behindert. – Die in den 1960er Jahren als sehr innovativ empfundene Lyrik und das erzählerische Werk in Nepali sind bestimmt von einer existentialist. Grundstimmung der Verlorenheit des Menschen; Einsamkeit und Verzweiflung führen jedoch nicht in die Isolation, sondern v. a. im späteren Werk zu soz. Engagement, insbes. für ein menschenwürdiges Leben der Frau. Auch Vf. von Kurzgeschichten, Romanen, Essays und Memoiren.

W: Śirīṣko phūl, R. 1964 (Blue mimosa, engl. T. V. Varya, S. Zeidenstein 1972; La fleur bleue du jacaranda, franz. C. Atlan 1998); Euṭā citramay śurūāt, Aut. 1988. – Pārijātkā kavitā (Ges. Ged.), hg. I. Baral 1987. – *Übs.:* M. J. Hutt, Himalayan Voices, An Introduction to modern Nepali Literature, 1991.

L: J. A. B. Hegewald, The Mimosa Flower, JSAL 29, 1994; N. R. Prasai, The Legend of Literature. A Biography of Parijat, Kathmandu 2003.

Parimala → Padmagupta

Parini, Giuseppe, ital. Dichter, 23. 5. 1729 Bosisio/Brianza – 15. 8. 1799 Mailand. Aus e. Bauernfamilie; kam 9jährig zu e. Verwandten nach Mailand; 1754 Priester, 1754–62 Hofmeister bei versch. aristokrat. Familien. 1768 Leiter der ›Gazzetta di Milano‹ u. Lehrer für Lit. an e. Jesuitenschule, 1769–99 Prof. für ital. Lit. Mailand. 1791 Schulinspektor in Brera. – P. dichtete anfangs in der Art der Arkadier, wandte sich aber bald anderen Themen zu. Unter Einfluß der soz. u. eth. Ideen der franz. Aufklärung wurde P. die Leere u. Lebensferne großer Teile der zeitgenöss. Lit. bewußt, u. er forderte im Einklang mit der Aufklärung sittl. Gehalt u. erzieher. Wirkung der Dichtung. Er selbst sucht dieser Forderung in s. Dichtungen zu entsprechen u. leitet damit die Orientierung der ital. Poesie am Risorgimento ein. S. Lebenswerk ›Il Giorno‹ (nur die ersten beiden Teile von 4 geplanten vollendet) ist e. Satire auf das unausgefüllte, nutzlose u. verlogene Leben der adligen Mailänder Kreise. Es gelingt P., dieser Zeitkritik e. dichter. Form von hoher sprachl. Schönheit zu verleihen, wodurch er e. der bedeutendsten Repräsentanten des ›Neoclassicismo‹ im 18. Jh. wird. Klassizist. sind auch s. übrigen Dichtungen.

W: Alcune Poesie di Ripano Eupilino, G. 1752 (hg. E. Spoglianti 1943); Dialogo sopra la nobilità, 1751 (d. 1889); Il Giorno, 1.: Mattino, 1763, 2.: Mezzogiorno, 1765, 3. u. 4.: Vespro u. Notte, unvollst., hg. F. Reina 1801 (hg. E. Romagnoli, F. Palazzi 1925, B. Migliore 1940 [m. Odi scelte]); Odi, 1791 (hg. P. Arcari 1939, A. Bertoldi 1957). – Opere, hg. F. Reina IV 1801–04, G. Petronio 1957, G. M. Zuradelli 1961, E. Bonora 1967;

Prose, hg. E. Bellorini II 1913–15; Poesie, hg. ders. II 1929; Tutte le opere, hg. G. Mazzoni 1925; Poesie e prose, hg. L. Caretti 1951.

L: G. Mazzoni, 1929; G. Natali, ²1931; N. Sapegno, 1960; P. Giannantonio, 1963; R. Spongano, La poetica del sensismo e la poesia del P., ³1964; A. Piromalli, 1966; E. Bonora, 1982; L. Badesi, Rivisitando la vita di G. P., 1999; G. Baroni, L'attualità di G. P., hg. 2000.

Parise, Goffredo, ital. Schriftsteller, 8. 12. 1929 Vicenza – 31. 8. 1986 Treviso. Stud. Philos. Padua, Journalist; lebte später in Mailand u. Rom. – Vf. gesellschaftskrit.-satir. Romane aus dem Italien des Faschismus u. der Nachkriegszeit in e. zwischen Neorealismus u. Phantastik schwankenden Stil. Zahlr. journalist. Reportagen aus Afrika, Asien u. Amerika.

W: Il ragazzo morto e le comete, R. 1951; La grande vacanza, R. 1953; Il prete bello, R. 1954 (d. 1955; u. d. T. Die Gassenjungen von Vicenza, 1959); Il fidanzamento, R. 1956 (d. 1959); Amore e fervore, R. 1959; Il padrone, R. 1965 (Der Chef, d. 1969); L'assoluto naturale, Dr. 1967; Il crematorio di Vienna, R. 1970; Sillabario N. 1, Kgn. 1973; Guerre politiche, 1976; New York, 1977; L'eleganza è frigida, R. 1982; Sillabario N. 2, Kgn. 1983; Giorni deliziosi, R. 1985. – Opere, hg. B. Callegher II 1987–89.

L: C. Altarocca, 1972; P. Petroni, 1975; N. Naldini, 1989; G. P. Atti del convegno Venezia, hg. I. Crotti 1997.

Parker, Dorothy (geb. Rothschild), amerik. Schriftstellerin, 22. 8. 1893 West End/NJ – 7. 6. 1967 New York. Theater- und Buchkritikerin in New York, als Korrespondentin z. Z. des Bürgerkriegs in Spanien. Auch Drehbuchautorin in Hollywood. – Bekannt für ihren sarkast., bitter-süßen Witz, ihre Bonmots; Hauptthemen ihrer Kurzgeschichten und Gedichte sind unerfüllte Liebe und betrogener Idealismus, geschildert mit frivolem Zynismus.

W: Enough Rope, G. 1926; Sunset Gun, G. 1928; Close Harmony, Dr. 1929 (m. E. Rice; d. 1989); Laments for the Living, Kgn. 1930; Death and Taxes, G. 1931; After Such Pleasures, Kgn. 1932; Not So Deep as a Well, G. 1936; Here Lies, Kgn. 1939. – Collected Stories, 1942; Collected Poetry, 1944, The Portable D. P., Kgn. 1945 (Kurzgeschichten, d. 1947, Die Geschlechter, d. 1985, New Yorker Geschichten, d. 2002); The Ladies of the Corridor, Dr. 1954; Constant Reader, Ausw. 1970; The Collected D. P., 1973; Complete Stories, 1995.

L: L. Hellman, 1969; J. Keats, You Might As Well Live, B. 1971; A. F. Kinney, 1978; M. Meade, 1987; B. Grasset, 1994; S. Melzer, 1996; R. S. Pettit, 2000. – *Bibl.:* R. Calhoun, 1993.

Parker, Sir Gilbert Horatio George Baronet, anglo-kanad. Erzähler, 23. 11. 1862 Camden East/ Ontario – 6. 9. 1932 London. Sohn e. kanad. Offiziers, Stud. Toronto, lehrte ebda. 1885 nach e. Krankheit Weltreise. 4 Jahre Mithrsg. des ›Morning Herald‹ in Sydney. Lebte ab 1889 in England; 1900–18 Abgeordneter. 1915 geadelt, 1916 im Privy Council. – Vf. seinerzeit beliebter hist. Romane und Kurzgeschichten aus Kanada.

W: Pierre and his People, En. 1892; The Trail of the Sword, R. 1895; The Adventurer of the North, R. 1895; When Valmond Came to Pontiac, R. 1895; The Seats of the Mighty, R. 1896; The Battle of the Strong, R. 1898; The Lane had no Turning, Kgn. 1900; The Right of Way, R. 1901; A Ladder of Swords, R. 1904; The Weavers, R. 1907; The Judgement House, R. 1913; You never Know Your Luck, R. 1915; Tarboe, Aut. 1927. – The Works, XVII 1913; The Seats of the Mighty, Dr. hg. J. Ripley 1986.

L: G. Fridén, 1953; J. C. Adams, 1979; P. Stuewe, Britishers at Home and Overseas, Diss. Waterloo 2000.

Parks, Tim, engl. Schriftsteller, * 1954 Manchester. Stud. Cambridge und Harvard; lehrt lit. Übs und lebt in Italien. – Vf. von Essays, Romanen und skurril-humorist. Italienbüchern aus selbstiron. brit. Perspektive. In den Romanen psycholog. raffinierte Figurendarstellung; Verbindung von Familien- und Beziehungsgeschichten mit mytholog. und polit. Themen.

W: Tongues of Flame, R. 1985 (d. 1990); Loving Roger, R. 1986 (d. 1988); Home Thoughts, R. 1987 (Julias Abschied, d. 1992); Family Planning, R. 1989; Cara Massimina, R. 1990 (Italienische Verhältnisse, d. 1991); Goodness, R. 1991 (Gute Menschen, d. 1996); Italian Neighbours, Reiseb. 1992 (Ein Haus im Veneto, d. 1994); Shear, R. 1993 (Der Gutachter, d. 1995); Mimi's Ghost, R. 1995 (d. 1996); An Italian Education, Reiseb. 1996 (Mein Leben im Veneto, d. 1997); Europa, R. 1997 (d. 2000); Translating Style, Sb. 1997; Adultery and Other Diversions, Ess. 1998 (d. 2001); Destiny, R. 1999 (d. 2003); Hell and Back, Ess. 2001; A Season with Verona, Reiseb. 2002; Judge Savage, R. 2003 (Doppelleben, d. 2003).

L: G. Fenwick, 2003.

Parland, Henry Georg William, finnl.-schwed. Dichter, 29. 7. 1908 Vyborg – 10. 11. 1930 Kaunas. – Lernte das Schwedische, in dem er schrieb, erst als vierte Sprache. Publizierte Essays über Film, Mode, Reklame, zu Lebzeiten aber nur e. einziges lit. Werk. P. war mit Dadaismus u. Futurismus vertraut, in der finnl.-schwed. Avantgarde vertritt er die moderne Sachlichkeit. S. gegenwartsbezogene, spontane Lyrik sucht den adäquaten Ausdruck für das moderne Lebensgefühl, nimmt die technisierte Welt in ihrer Widersprüchlichkeit auf u. reduziert das emotionale Element. In s. Prosa reflektiert P. das Verhältnis von Mensch u. Maschine. S. experimenteller Metaroman ›Sönder‹ blieb Fragment.

W: Idealrealisation, G. 1929. – Återsken, Nachl. 1932; Hamlet sade det vackrare (ges. G.), 1966; Den stora Da-

genefter (ges. Prosa), 1966; Säginteannat (ges. Prosa), 1970. – *Übs.:* (z.B. schreiben wie gerade jetzt), 1984.
L: P. Stam, 1998.

Parland, Oscar Percival, finnl.-schwed. Schriftsteller, 20. 4. 1912 Kiew – 27. 9. 1997 Helsingfors. Abitur Helsingfors 1930, Medizinstud., praktizierender Psychiater ab 1950. – S. Werk ist gekennzeichnet durch tiefenpsycholog. Schau der Seele u. ihrer Wandlungen. In den Romanen von 1953 u. 1962 überwiegen Erinnerungen an die idyll. Welt der verlorenen Heimat s. Kindheit. Schildert einfühlsam die seel. Eindrücke des Kindes durch frühe Konfrontation mit dem gewaltsamen Tod im Jahre 1918.
W: Förvandlinger, R. 1945; Den förtrollade vägen, R. 1953; Tjurens år, R. 1962. – Hamlet sade det vackrare (ges. G.), hg. H. Parland 1964; Den stora Dagen-efter (ges. Prosa), hg. ders. I 1966; Säginteannat (ges. Prosa), hg. ders. II 1970; Kunskap och inleveslse (ges. Ess.), 1991; Spegelgossen, En. 2001; Flanellkostym och farsaas käpp, En. 2003. – *Übs.:* Gedichte, schwed.-dt. 1984.
L: K. Björklund, Riki och den förtrollade vägen, Diss. Helsingfors 1982.

Parley, Peter → Goodrich, Samuel Griswold

Părličev, Grigor (auch Prličev), mazedon. Dichter, 18. 1. 1830 Ohrid – 6. 2. 1893 ebda. Stud. Medizin Athen. – Lyriker und Versepiker in mazedon. u. griech. Sprache. Erhielt 1860 den Preis der Akad. in Athen für s. patriot. Versdichtung ›O Armatolos‹. Wurde später zum Gegner der Hellenisierung. Übs. griech. Klassiker, Tasso und Ariost. Auch Essayist und Erzähler.
W: Avtobiografijata, Aut. 1894; Serdarot i Skenderbeg, Ep. 1971. – Pălnao săbranie na săčinenijata, hg. V. Pundev 1930; Odbrani stranici, Ausw. 1959; Izbor (AW), 1991.
L: H. Polenakovik, 1973; D. Stefanija, 1993; A. Spasov, hg. 1994; N. Bošale, 2003.

Parmenides aus Elea, altgriech. Philosoph (traditionell zu den sog. ›Vorsokratikern‹ gezählt), spätes 6./frühes 5. Jh. v. Chr., kaum zuverlässige biograph. Nachrichten, soll Schüler des Xenophanes gewesen sein, die Zusammenkunft des ca. 65jährigen mit Sokrates und Zenon von Elea im ›Parmenides‹ Platons ist fiktiv. – P. artikuliert s. Philos. in e. Lehrgedicht ›Peri physeos‹ (›Über die Natur‹, fragmentar. erhalten) unter Rückgriff auf die ep. Kunstsprache sowie traditionelle Bilder (z.B. Hesiod). Das Gedicht hebt an mit e. Proömium (vollständig erhalten), in dem die rasende Fahrt e. Ich-Sprechers auf dem Sonnenwagen hin zum ›Haus der Nacht‹ evoziert wird; dort verspricht ihm die Göttin die Enthüllung der Wahrheit: ›Sein‹ muß angenommen, ›Nicht-Sein‹ verworfen werden. In e. 1. Hauptteil (größtenteils erhalten) wird dann der ›Weg der Wahrheit‹, in e. 2. Teil (nur lückenhaft erhalten) der der ›doxa‹ (bloßes Meinen) erläutert; in ihm findet sich neben e. Erkenntnistheorie v.a. e. dualist. Kosmologie. P.' Seinsbegriff wird meist in Gegensatz zu Herakleitos' Lehre vom beständigen Werden verstanden (jedoch ist das Verhältnis der beiden zueinander ungeklärt). P.' Ansatz erwies sich als ungemein fruchtbar: Der Atomismus sowie die Ansätze von Empedokles und Anaxagoras lassen sich als Reaktionen auf P. interpretieren; Platon setzt sich produktiv mit P. auseinander, Aristoteles schreibt P. die Einführung des Begriffs der ›Einheit‹ zu. Auch in neuerer Philos.-Geschichte bleibt P. präsent (vgl. Hegels ›Vorlesung über die Geschichte der Philosophie‹, Nietzsches ›Die Philosophie im tragischen Zeitalter der Hellenen‹, Heideggers Heraklit- und P.-Interpretationen).
A: M. Untersteiner 1958; D. Gallop 1984 (m. engl. Übs.); A. Coxon 1986 (m. engl. Übs. u. Komm.). – *Übs.:* W. Capelle 1968; U. Hölscher 1969; E. Heitsch 1974, ³1995; H. von Steuben 1981.
L: H. Diels, 1897; K. Reinhardt, 1916, ⁴1985; F. M. Cornford, Lond. 1939; W. J. Verdenius, Groningen 1942 (Nachdr. 1964); J. H. M. M. Loenen, Assen 1951; Th. Ballauf, 1952; J. Mansfeld, 1964; L. Tarán, Princeton 1965 (m. Edition); U. Hölscher, 1968; W. Burkert, Phronesis 14, 1969, 1–30; A. P. D. Mourelatos, New Haven 1970; H. Pfeiffer, 1975; E. Heitsch, 1979; J. Owens, hg. The Monist 64, 1979 (Sondernummer); S. Austin, New Haven 1986; P. Aubenque, hg. II Paris 1987; L. Couloubaritsis, Brüssel ²1990; J. Wiesner, 1996; P. Curd, Princeton 1998; D. Sedley, in: A. A. Long, 2001 (zuerst engl. 1999), 102–113.

Parnell, Thomas, ir. Lyriker, 1679 Dublin – (begraben) 24. 10. 1718 Chester. Stud. Trinity College, Dublin. Ab 1700 Geistlicher, Freund von Pope und Swift. Mitarbeiter am ›Spectator‹ und an Popes ›Ilias‹, für die er seinen ›Essay on the Life of Homer‹ schrieb. – Seine Ode ›A Night Piece of Death‹ war das klassizist. Vorspiel zu Grays Elegie; ein weiteres bekanntes Beispiel von P.s klassizist. Poetik ist das Gedicht ›The Hermit‹.
W: An Essay on the Different Styles of Poetry, 1713; Poems, hg. A. Pope 1722; Posthumous Works, 1758; The Poetical Works, hg. G. A. Aitken 1894; Collected Poems, hg. C. Rawson, 1989.
L: O. Goldsmith, 1770; A. H. Cruickshank, 1921; T. Woodman, 1985.

Parnicki, Teodor, poln. Romancier, 5. 3. 1908 Berlin – 5. 12. 1988 Warschau. Jugend im Fernen Osten, ab 1928 in Polen, Stud. Lit. Lemberg. Lebte nach russ. Deportation 1940 in der Türkei, dann in Mexiko. 1967 nach Polen zurückgekehrt. – Intellektueller Erzähler mit Stoffen aus dem Orient und der dekadenten Spätantike.
W: Aecjusz, ostatni Rzymianin, R. 1937 (Hotius, der letzte Römer, d. 1989); Srebrne orły, R. II 1944f.; Ko-

niec ›Zgody Narodów‹, R. 1955; Słowo i ciało, R. 1960; Twarz księżyca, R. III 1961–67; Tylko Beatrycze, R. 1962; Nowa baśń, R. VI 1962–70; I u możnych dziwny, R. 1965; Koła na piasku, R. 1966; Śmierć Aecjusza, R. 1966; Inne życie Kleopatry, R. 1969; Muza dalekich podróży, R. 1970; Tożsamość, R. 1970; Przeobrażenie, R. 1973; Rodowód literacki, Ess. 1974; Hrabia Julian i król Roderyk, R. 1976; Sam wyjdę bezbronny, R. 1976; Szkice literackie, Schr. 1978; Historia w literaturę przekuwana, Schr. 1980; Dary z Kordoby, R. 1981; Rozdwojony w sobie, R. 1983; Sekret trzeciego Izajasza, R. 1984; Kordoba z darów, R. 1988. – Dzieła wybrane, En. 1958; Dzieła (AW), 1977–89.

L: T. Cieślikowska, 1965; W. Sadkowski, 1970; M. Czermińska, 1974; A. Chojnacki, 1975; M. Jankowiak, Przemiany poetyki P., 1985.

Parny, Évariste-Désiré de Forges, Chevalier, Vicomte de, franz. Dichter, 6. 2. 1753 St-Paul/ Réunion – 5. 12. 1814 Paris. Kreole. Schulbesuch in Rennes. Zuerst Militärlaufbahn, dann Privatmann und Dichter, nach Ruin durch die Revolution Beamter. – Schrieb wie s. Freund Bertin galant-spieler. Liebesgedichte voller Sinnlichkeit und Anmut in Anlehnung an S. Geßner u. die griech.-röm. Elegiker. Die melanchol. und empfindsamen Töne bes. s. letzten Gedichte deuten schon auf die Romantik. P. wirkte auf den jungen Lamartine und auf Chateaubriand. Großer Erfolg s. freigeistigen Gedichtes ›La guerre des Dieux‹. Milton-Parodie.

W: Poésies érotiques, 1778–84 (ab 1781 u. d. T. Elégies; n. 1949); Chansons madégasses, 1787 (n. 1948; d. J. G. Herder SW, 1885); Poésies fugitives, 1787; La guerre des Dieux anciens et modernes, kom. Ep. 1799; Le portefeuille volé, 1805; Le voyage de Céline, 1806; Les Rose-Croix, 1808. - Œuvres complètes, V 1788–1808; Poésies inédites, 1826; Œuvres, hg. A. J. Pons 1862.

L: H. Potez, Élégie en avant le romantisme, 1898; R. Barquissau, Les poètes créoles du 18. siècle, 1949; C. Seth, 1998.

Paronyan, Yakob, armen. Satiriker u. Publizist; 19. 11. 1843 Adrianopel (Türkei) – 27. 5. 1891 Konstantinopel. Seit 1863 in Konstantinopel, Mitarbeit an mehreren Zeitschriften. Namhaftester armen. Satiriker, von scharfer Beobachtungsgabe, wählte seine Themen aus dem Alltagsleben. Hinterließ einige Komödien u. Novellen. Sein Lustspiel ›Pagdasar ağbar‹ (Bruder Baltsasar) gilt als bestes klass.-armen. Bühnenwerk.

A: Erk. liakt. žoğ. (GW), XI 1931–48; Erk. žoğ. (GW), X 1962–79; Erker (AW), Erevan 1979. – *Übs.:* russ. A. S. Chačatrjanc, II 1945–48; Gentlemen Beggars, engl., Boston 1930; Uncle Baltazar, engl. Boston 1933; Izbrannoe, russ. 1965; The honorable beggars: a comedy in two acts, New York, c. 1980; Honorable Beggars, 2001.

L: G. Step'anjan, 1964; A. Manowkyan, 1964; K. B. Bardakjian, Diss. Oxford 1974; ders., Boston 1980.

Parra, Nicanor, chilen. Dichter, * 5. 9. 1914 Chillán. Gymnasiallehrer, dann Prof. für theoret. Physik, später für Lit. – E. der originellsten Lyriker. Ironie, Sarkasmus, bösartige Kritik sind Ausdrucksmittel für s. Weltanschauung, in der der Mensch als Gefangener e. mechanisierten kapitalist. Gesellschaft gilt. Volkstüml. Akzente bei sehr kühner u. auf Wirksamkeit bedachter Sprache. In s. ›Antipoemas‹ greift er die konventionellen Vorstellungen an, damit die Urkräfte des Lebens wieder siegen können.

W: Cancionero sin nombre, 1937; Poemas y antipoemas, 1954 (Und Chile ist eine Wüste, d. 1975); La cueca larga, 1957; Versos de salón, 1962; Canciones rusas, 1967; Obra gruesa, 1969; Los profesores, 1971; Emergency Poems, 1972; Artefactos, 1972; Sermones y prédicas del Cristo de Elqui, 1977–79; Hojas de Parra, 1985.

L: M. Rein, 1970; H. Montes, M. Rodríguez, 1970; T. Brons, Göppingen 1972; L. Morales Toro, 1972; A. Flores, 1973; E. Grossman, N. Y. 1975; M. Gottlieb, 1977, 1993; R. Yamal, 1985; L. Morales T., 1991; C. Cuadra, 1997.

Parra, Teresa de la (eig. Ana Teresa Parra Sanojo), venezolan. Schriftstellerin, 5. 10. 1889 Paris – 23. 4. 1936 Madrid. Schulen ebda., Vortragsreisen, Journalistin, kämpfte für die Rechte der Frauen. – Ihr fiktives Tagebuch ›Ifigenia‹ mit Anklängen an M. Proust schildert in impressionist.-monolog. Stil das Leben e. venezolan. Bürgerstochter. In Kindergeschichten beschwört sie die Vergangenheit. Feines Gespür für psycholog. Effekte.

W: Ifigenia, R. 1924; Memorias de la Mamá Blanca, Kdb. 1929; Cartas, hg. M. Picón Salas 1951. – Obras completas, hg. C. García Prada 1965; Epistolario íntimo, hg. R. Carías 1953.

L: R. Díaz Sánchez, 1954; Homenaje, 1965; A. Martinengo, 1967; V. Fuenmayor, 1974; V. Bosch, hg. 1982; R. Hiriart, 1983; V. Bosch, ^{2}1983; E. Garrels, 1986; J. Seone Gallo, 1987; L. Febres, 1990.

Parry, Robert Williams, walis. Dichter und Essayist, 1884 Tal-y-sarn/Dyffryn Nantlle, Caerns – 1956 Bethesda. Stud. ab 1902 zwei Jahre Univ. Aberystwyth, Arbeit als Volksschullehrer. 1907 Stud. University College Bangor, Abschluß 1908. Lehrer für Walis. u. Engl., Dozent in Bangor. Gewann 1910 den Chair beim National Eisteddfod und wurde als Bardd yr Haf (Dichter des Sommers) berühmt. – Seine Dichtungen in den traditionellen walis. Gattungen gelten als besonders kunstvoll und formvollendet. Schrieb auch satir. Gedichte, vor allem, um seinen Freund Saunders Lewis zu verteidigen.

W: Yr Haf a Cherddi Erail, G. 1924; Cerddi 'r Graeaf, G. 1952; Collected Poems of R. W. P., hg. Th. Parry 1981.

L: B. L. Jones, 1972; A. Llwyd, 1984.

Parthenios, altgriech. Dichter, 1. Jh. v. Chr., aus Nikaia (auch: Myrlea). – Vf. von nur noch in spärl. Fragmenten erhaltenen Gedichten unterschiedl. Metra und Genres. Das einzige vollständig erhaltene Prosawerk e. hellenist. Dichters überhaupt sind P.' C. Gallus gewidmete ›Liebesleiden‹ (›Erotika pathemata‹), e. Sammlung von 36 myth. Fällen unglückl. Liebe, die Gallus als Stoffsammlung für Elegie und Epos dienen sollte. Dementsprechend handelt es sich um kurze Inhaltsangaben in paratakt. Prosa, in denen Mythenvarianten ohne weitere Ausarbeitung präsentiert werden.

A: R. Wagner u.a. 1902; S. Gaselee 1916; W. Plankl 1947 (m. Übs.); E. Calderón Dorda 1988; G. Spatafora 1995 (m. Komm. u. ital. Übs.); J. L. Lightfoot 1999 (poet. Fragm. u. Erot. path., m. Komm., ausführl. Einführung u. Bibl.); E. Astyrakaki 1999 (Komm. Erot. path. 20–36). – *Übs.*: K. Brodersen 2000 (dt. Übs. von Erot. path.).

L: J. S. Rose, Bryn Mawr 1994; J. L. Lightfoot, CQ 50, 2000, 303–305; Chr. Francese, 2001; H. Bernsdorff, Philologus 146, 2002, 360–365.

Parun, Vesna, kroat. Dichterin, * 10. 4. 1922 Zlarin. Stud. Philos. Zagreb, ab 1945 freie Schriftstellerin. – Lyrik mit vorwiegend mediterranen Motiven, gefühlsbetont, unmittelbar u. reich an kraftvollen Metaphern. Daneben Kindergedichte, Dramen, Drehbücher u. Reportagen. Übs. Goethe, Heine, Rilke.

W: Zore i vihori, G. 1947; Pjesme, G. 1949; Crna maslina, G. 1955; Vidrama vjerna, G. 1957; Ropstvo, G. 1957; Pusti da otpočinem, G. 1958; Koralj vraćen moru, G. 1959; Ti i nikad, G. 1959; Kornjačin oklop, G. 1959; Konjanik, G. 1962; Jao jutro, G. 1963; Bila sam dječak, G. 1963; Vjetar Trakije, G. 1964; Gong, G. 1966; Otvorena vrata, G. 1968; Ukleti dažd, G. 1969; Sto soneta, G. 1972; Stid mi je umrijeti, G. 1974; Apokaliptičke basne, G. 1976; Šum krila, šum voda, G. 1981; Salto mortale, G. 1981; PSHK 155, 1982; Konjanik, Ausw. 1984; Pod muškim kišobranom, Feuill. 1987; Krv svjedoka, Prosa 1988; Poezija, G. 1988; Indigo grad, G. 1989; Sonetni vijenci, G. 1991; Začarana čarobnica, G. 1993; Tronožac koji hoda, Skr. 1993; Ptica vremena, G. 1996; Igrokazi, Drn. 1999. – Izabrana djela (AW) XII, 1991; Izbor iz djela, Ausw. 1995. – *Übs.*: Selected Poems, 1984.

L: N. Milićević, 1982; N. Jurica, 1989.

Parwīn Eʿteṣāmī → Eʿteṣāmī, Parwīn

Pascal, Blaise, franz. Religionsphilosoph, Schriftsteller, Mathematiker, Physiker, 19. 6. 1623 Clermont-Ferrand – 19. 8. 1662 Paris. Sohn e. gebildeten Beamten, ab 1631 in Paris. Frühreife mathemat. Begabung: 16jährig Arbeit über Kegelschnitte, 19jährig Konstruktion e. Rechenmaschine, 1647 Entdeckung des Gesetzes der Torricellischen Röhren und des Luftdrucks. Ab 1646 Beziehung zum Jansenismus. Mußte wegen s. zarten Gesundheit Stud. abbrechen, erwarb in den weltl.-mondänen Jahren 1651–54 tiefen Einblick in die aristokrat. Gesellschaft, verkehrte im Salon der Mme de Sablé mit La Rochefoucauld, den Freigeistern Milton und Chevalier de Méré, las Epiktet und Montaigne. Nach e. Unfall 1654 myst. Bekehrung (festgehalten in ›Mémorial‹), ab da bis zum Tod im Kloster Port-Royal, widmete sich mathemat. Arbeiten, aber vorwiegend relig. Askese, Studie und Meditation. Mit außergewöhnl. scharfer und klarer geistiger Kraft gepaarte, glutvolle relig. Leidenschaft machen P. zu e. einmaligen Figur des relig. und geistigen Lebens in Frankreich. – Großer klass. Prosaschriftsteller. Griff auf Wunsch s. jansenist. Freunde Arnauld, Nicole u. Lancelot mit den leidenschaftl.-polem. ›Lettres provinciales‹ scharfsinnig, mit subtiler Ironie und heftiger Entrüstung die Kurie im Streit mit den Jansenisten an. An e. fiktiven Empfänger gewandt, verteidigt er kraftvoll und wirksam die jansenist. Lehre, behandelt in den ersten Briefen relig. Kernfragen, die Augustin. Gnadenlehre, wendet sich ab dem 5. Brief gegen die Moral der Jesuiten. Schreibt mehr als Philosoph denn als Theologe in klarer, für den gebildeten Laien verständl. Form, errang sachl. und lit. e. bedeutenden Erfolg. Mit s. Hauptwerk, den ›Pensées sur la religion‹, e. Apologie des Christentums (wegen s. frühzeitigen Todes nur Fragment), dämmte he den stoischen, optimist. Rationalismus s. Zeit ein. stellte ihm mit e. die Strenge der jansenist. Lehre überbietenden Absolutheit den christl. Glauben gegenüber. P. paßt sich mit Sensibilität psycholog. an den Leser, e. weltmänn. Freigeist, an, bemüht sich dialekt., dessen Selbstsicherheit in Unruhe zu verwandeln, indem er ihm die Nichtigkeit, Verlorenheit seiner selbst zeigt, die weder durch diesseitige Kultur noch durch Philosophien oder andere Religionen, sondern nur durch Erkenntnis der eigenen Erbärmlichkeit, Askese und die ungewisse Gnade e. unendl. fernen Gottes in Glück verwandelt werden könnten. P. wendet sich an den gebildeten Leser mit Mitteln der Logik, der induktiven Methode der Naturwiss., um mit gedankl. Schärfe und Prägnanz das Paradox der Unzulänglichkeit menschl. Denkens aufzuweisen. Sah, der Augustin. Tradition folgend, im Herzen das Mittel zur Erfahrung Gottes. Faßte aber subtile seel. Regungen in vom Gedanken beherrschter, klass. Sprache von großer Klarheit. Großes Ansehen Ende des 17. Jh., Feinde innerhalb der Kirche wegen s. pessimist. Menschenbilds, im fortschrittsgläubigen 18. Jh. abgelehnt, in der Romantik rehabilitiert.

W: Discours sur les passions de l'amour (hg. L. Lafuma 1950; d. M. Bense 1949); Les provinciales ou lettres écrites par Louis de Montalte à un provincial de ses amis, 1656/57 (hg. P. Faugère II 1886–95, Z. Tourneur II 1944, H. F. Stewart ^{2}1951, J. Steinmann II 1962, J. Cognet 1965; d. E. Russel 1907, E. Wasmuth ⁶1963, A. Schorn 1968); Pensées sur la religion, 1670 (hg. P. Faugère II ²1897, L. Lafuma III 1952, d. W. Rüttenauer ⁶1964). – Œuvres complètes, hg. L. Brunschvicg, P. Boutroux, F. Gazier XLV 1904–14 (n. 1966), hg. F. Strowski III 1926–31, H. Massis VI 1926f., J. Chevalier 1950, L. Lafuma 1963, J. Mesnard 1964ff., 2000; Textes inédits, hg. ders. III 1962; L'œuvre scientifique, hg. R. Taton 1964. – *Übs.:* Briefe gegen die Jesuiten, E. Russell 1907; Vermächtnis eines großen Herzens, W. Rüttenauer ²1947; Die Kunst zu überzeugen, E. Wasmuth 1950; Ausw. W. Warnach 1962; Briefe, W. Rüttenauer 1935; Werke, IV 1981.

L: A. Vinet, 1848, ⁵1936; F. Strowski, III 1907/08; V. Giraud, 1922; L. Brunschvicg, Le génie de P., 1924; F. Gentile, Bari 1927; A. Stöcker, Diss. Freib. 1939; P. Serini, Turin, 1942; Z. Tourneur, Une vie avec P., 1943; E. Baudin, IV 1946f.; J. Chevalier, ³1947; F. E. Peters, 1947; P. Andreas, 1947; E. Wasmuth, Die Philosophie P.s, 1949; V. Giraud, II 1949; L. Lafuma, 1949f. u. 1952; P. Sergescu, P. et la science de son temps, 1950; J. Guitton, P. et Leibniz, 1951; L. Brunschvicg, ²1953; A. Rich, P.s Bild vom Menschen, 1953; F. T. H. Fletcher, P. and the Mystical Tradition, Oxf. 1954; L. Goldmann, Le Dieu caché, ³1955 (d. 1973); M. Kruse, Das P.-Bild in der franz. Literatur, 1955; T. Spoerri, Der verborgene P., 1955; ders., P.s Hintergedanken, 1958; ders., P. heute, 1968; ders., 1984; L. Bouyer, ⁵1957; E. Mortimer, Lond. 1959; A. Béguin, 1959; J. Steinman, ²1962; J. Guitton, Génie de P., 1962; versch. Vf., P. présent, 1962; versch. Vf., P. et Port-Royal, 1962; L. Jerphagnon, Le caractère de P., 1962; H. Meyer, P.s Pensées als dialog. Verkündigung, 1962; P. e Nietzsche, hg. E. Castelli, Padua 1962; E. Wasmuth, Der unbekannte P., 1962; V. Martino, 1963; G. Ronnet, P. et l'homme moderne, 1963; F. Mauriac, hg. 1963; J. H. Broome, Lond. 1965 (m. Bibl.); H. Gouhier, P.-Commentaires, 1966; ders., 1974; J. Mesnard, ⁵1967; Ch. Baudouin, 1969; J. Miel, P. and Theology, Baltimore 1969; M. Le Guern, L'image dans l'œuvre de P., 1969; P. Sellier, P. et Saint Augustin, 1970; A. Forest, P. ou l'intériorité révélante, 1971; M. u. M.-R. Le Guern, Les Pensées de P., 1972; C. Genet, ›Pensées‹ de P., 1973; E. Morot-Sir, La Métaphysique de P., 1973; M. Scholthes, 1974; P. Magnard, 1975; P. H. Dube, 1976; M. Heeß, 1976; P. Guenancia, 1976; I. E. Kummer, 1978; A. Moscato, 1978; A. Canilli, 1978; H. M. Davidson, 1979; ders., 1983; A. Krailsheimer, 1980; Y. Maeda, 1980; A. Cahné, 1981; E. H. Stern, 1981; R. L. Nelson, 1981; Th. M. Harrington, 1982; G. Ferreyrolles, 1984; J.-L. Cardies, 1984; F. X. J. Coleman, 1987; V. Alexandrescu, 1997; P. Sellier, 1999; W. Schmidt-Biggemann, 1999; A. Legall, 2000; J.-L. Bischoff, 2001; P. Stolz, 2001; J. Attali, 2001; D. Wetsel, Actes du Colloque, 2002; J. F. Boitano, 2002. – *Bibl.:* A. Maire, V 1925–27.

Pascarella, Cesare, ital. Dichter, 27. 4. 1858 Rom – 8. 5. 1940 ebda. Begann als Maler, wandte sich dann der Dichtung zu. Zahlr. Reisen, u. a. nach Spanien, Indien, Argentinien u. Amerika. Freund Carduccis u. D'Annunzios. Im Alter wegen Taubheit vereinsamt. – Bedeutendster röm. Dialektdichter nach Belli. S. Sinn für Humor u. s. karikaturist. Begabung zeigen sich bes. in den beiden Sonett-Zyklen ›Villa Gloria‹ u. ›La scoperta de l'America‹, die beweisen, daß der Dialekt das dem Autor adäquate dichter. Ausdrucksmittel ist. Auch humorist. Prosaerzählungen in der Lit.sprache.

W: Il morto di campagna, G. 1882; La serenata, G. 1882; Villa Gloria, Son. 1885; La scoperta de l'America, Son. 1893; Sonetti, 1911; Poesie disperse, hg. E. Provaglio 1919; Prose, 1920; Storia nostra, Son. 1941; Opere complete, hg. Accademia dei Lincei 1955–60.

L: A. Jandolo, 1940; E. Bizzarri, 1941; F. Sarazani, 1957.

Pascoaes, Teixeira de (eig. Joaquim Pereira Teixeira de Vasconcelos), portugies. Dichter, 2. 11. 1877 Amarante/Minho – 4. 12. 1952 Gatão/ Amarante. Stud. Jura Coimbra, Anwalt in Amarante u. Porto, 1912–17 Hrsg. der Zs. ›A Águia‹ (Organ der Erneuerungsbewegung ›Renascença Portuguesa‹), Berufsaufgabe, auf s. Landsitz in Art e. Laienmönchs der Meditation nachgehend. 1923 Mitgl. der Portugies. Akad. – Lyriker, Dramatiker, Erzähler, Biograph, bedeutende Gestalt der portugies. Geistesgeschichte. Hauptwortführer des sog. ›saudosismo‹ (myst.-metaphys.-visionärer Begriff im Umkreis von Erinnerung, Sehnsucht, Hoffnung, aus dem er die Wesens- u. Gemütsart s. Volks deutet, mit Ausweitung ins Allgemeine), huldigte e. relig.-prophet. dichter. Sendungsbewußtsein. Einfluß von Junqueiro, Nobre u. der heim. Landschaft (Marão-Gebirge). Pantheist.-spiritualist. Entwicklungsvorstellungen.

W: Sempre, G. 1894; Terra Proibida, G. 1899; Jesus y Pan, G. 1903; Para a Luz, G. 1904; Vida Etérea, G. 1906; As Sombras, G. 1907; Marânos, G. 1911; Regresso ao Paraíso, Dicht. 1912; O Génio Português, Es. 1913; Verbo Escuro, Schr. 1914 (d. 1949); O Doido e a Morte, G. 1915; Jesus Cristo em Lisboa, Dr. 1924; Sonetos, 1925; São Paulo, B. 1934 (d. 1938); São Jerónimo, B. 1936 (d. 1942); Napoleão, B. 1940; O Penitente, Castelo Branco, B. 1942; Santo Agostinho, B. 1945; Empecido, R. 1950; Os Dois Jornalistas, R. 1951; Últimos Versos, 1953. – Obras Completas (GW), VII 1935ff., hg. J. do Prado Coelho 1965ff.

L: J. do Prado Coelho, 1945; J. Sardoeira, 1951; A. Ambrósio de Pina, 1958; A Margarido, 1961; J. de Sena, 1965; J. A. F. Hortas, 1971; J. Coutinho, 1995.

Pascoli, Giovanni, ital. Dichter, 31. 12. 1855 San Mauro di Romagna – 6. 4. 1912 Bologna. Bis 1871 Collegio degli Scolopi Urbino. Der Verlust s. Vaters, der 1867 ermordet wurde, u. bald darauf e. Schwester u. der Mutter waren von einschneidender Bedeutung für s. Entwicklung u. beeinflußten auch s. Dichtung. S. Studienzeit in Bologna (1873–82), wo er Schüler Carduccis war, war e. Zeit schwerer innerer Kämpfe. 1879 wegen revolutionärer Tätigkeit in Haft. 1882 Gymnasiallehrer in Matera, 1884 in Massa u. 1887 in Livorno. 1895 Dozent für griech. u. lat. Grammatik an der Univ. Bologna, 1897 Prof. für lat. Lit. in Messina. 1903 nach Pisa, 1905 Nachfolger Carduccis auf dem Lehrstuhl für ital. Lit. an der Univ. Bologna, wo er bis zu s. Tode blieb. – Dichter der Welt des Kleinen u. Idyllischen. Wie er in s. Naturlyrik sich ganz der Schilderung der Vögel, Insekten u. Blumen widmet, so sind auch die Themen s. anderen Gedichte immer wieder aus dem Alltag der einfachen Menschen, bes. der Kinder, genommen. S. 1. Gedichtsammlung ›Myricae‹ ist Zeugnis dieser Neigung, hier wird auch schon der melanchol. Grundton deutl., der dann in den ›Canti di Castelvecchio‹ noch verstärkt spürbar wird u. fast die gesamte Dichtung P.s durchzieht. Aus dieser Vorliebe u. Begabung für das Intime u. Zarte erklärt sich auch, daß s. patriot. Dichtungen nicht so gelungen sind. S. vollkommene Beherrschung der dichter. Formen offenbaren sowohl s. ›Carmina Latina‹ in lat. Sprache als auch s. Übsn. klass. u. mod. Dichter. P., der s. pädagog. Verpflichtung sehr ernst nahm, sucht den Beruf des Dichters mit dem des Lehrers zu verbinden, der s. Ansicht nach weniger Wissen vermitteln als vielmehr durch Liebe u. Überzeugungskraft die Begeisterung junger Menschen wecken soll.

W: Myricae, G. 1891; Poemetti,1897; Lyra Romana, Anth. 1897; Epos, Anth. 1897; Minerva oscura, Ess. 1898; Sul limitare, Anth. 1900; Canti di Castelvecchio, 1903; Primi Poemetti, 1904; Storia della poesia lirica in Roma fino alla morte d'Orazio, 1904; Poemi conviviali, 1904; Odi e Inni, 1906; Pensieri e discorsi, 1907; Nuovi poemetti, 1909; Le canzioni di Re Enzio, 1909; Poemi italici, 1911; Poesie varie, 1912; Poemi del Risorgimento. Inno a Roma. Inno a Torino, 1913; Traduzioni e riduzioni, 1913; Carmina, II 1914 u. 1930. – Tutte le opere, V 1939–52: Prose, hg. A. Vicinelli II 1946–52; Poesie, hg. ders. II 1958; Carmina, hg. M. Valgimigli 1951; Lettere agli amici lucchesi, hg. F. Del Beccaro 1960. – *Übs.:* Ausgew. Gedichte, 1908, 1913, 1957; Edizione nazionale delle opere, 2001.

L: E. Cecchi, 1912; A. Valentin, Paris 1925; E. Turolla, La tragedia del mondo nella poesia civile di G. P., 1926; N. Benedetti, La formazione della poesia pascoliana, 1934; E. Cozzani, V 1937–55; G. Lipparini, 1938; A. Pompeati, 1939; A. Zamboni, ²1941 (m. Bibl.); B. Croce, ⁴1947; S. A. Chimenz, ³1954; R. Viola, 1954; A. Galletti, ⁴1955; M. Biagini, 1955; S. Antonielli, 1955; F. Flora, 1955 u. 1959; M. Valgimigli, 1956; A. Piromalli, 1957; E. Petrini, ³1958; M. Pascoli, 1961; G. Sozzi, 1962; R. Spongano, hg. III 1962; C. Varese, 1965; G. Barberi Squarotti, 1966; B. di Porto, La religione in P., 1967; F. Franco, 1970; M. Del Serra, 1976; M. Rinaldi, 1984; R. Barilli, 1986; E. Gioanola, 2000. – *Bibl.:* F. Felcini, 1879–1979, 1982.

Pasek, Jan Chryzostom, poln. Memoirenschreiber, um 1636 b. Rawa – etwa 1701 b. Krakau. Aus masur. Adel. Jesuitenzögling. Kämpfte 1656 gegen Schweden, 1657 gegen Rakoczy, 1658 in Dänemark, gegen die Russen in Litauen; königstreu im Lubomirski-Aufstand. Danach Heirat (1667) und Leben auf s. Gut. Reges Interesse an Politik, bes. am Feldzug nach Wien. Streitlustig, gewalttätig im Gegensatz zur Selbstdarstellung. – S. erst Anfang des 19. Jh. entdeckten Memoiren enthalten bunte, lebendige, realist. Schilderungen des Krieges, des öffentl. u. privaten Lebens.

W: Pamiętniki, Mem. 1836 (krit. Ausg. 1968; Denkwürdigkeiten, d. 1967).

L: J. Czubek, 1900; J. Rytel, 1962.

Paso, Alfonso, span. Dramatiker, Sept. 1926 Madrid – 11. 7. 1978 ebda. Sehr erfolgr., fruchtbarer u. vielseitiger Bühnenautor der jüngeren Generation; s. zahlr. Komödien zeugen von Scharfsinn u. sarkast. Humor.

W: No se dice adiós, sino hasta luego, K. 1953; Los pobrecitos, K. 1957; El cielo dentro de casa, K. 1957; Catalina no es formal, K. 1958; Cena de matrimonios, K. 1960; Cosas de papá y mamá, K. 1960; Las niñas terribles, K. 1960; La boda de la chica, K. 1961; Aurelia y sus hombres, K. 1961; Las buenas personas, K. 1961; Vamos a contar mentiras, K. 1962 (d. 1981); Al final de la cuerda, K. 1962; La corbata, K. 1963; Los derechos del hombre, K. 1963; Los peces gordos, K. 1965; Buenísima sociedad, K. 1965; El casado casa quiere, K. 1966; La caza de la extranjera, K. 1966; Desde Isabel con amor, K. 1967; Casi Lolita, K. 1967; Enseñar a un sinvergüenza, K. 1968; ¡Cómo está el servicio!, K. 1968; El armario, K. 1969; Atrapar a un asesino, K. 1969. – Teatro selecto, 1971.

L: A. Marquerié, 1960; J. Mathías, 1971.

Pasolini, Pier Paolo, ital. Lyriker, Erzähler, Filmregisseur und Essayist, 5. 3. 1922 Bologna – 2. 11. 1975 Rom. Sohn e. Offiziers; Stud. Kunstgesch. und Philol. Bologna, 1943–49 Lehrer in Casarsa/ Friaul, der Heimat s. Mutter, seit 1949 in Rom. Unruhiges, aufsehenerregendes Leben, in dem er sich für alle Unterdrückten und Außenseiter der bürgerl. Gesellschaft einsetzte. Wurde aus ungeklärten Motiven ermordet. – Vf. von Gedichten, auch im friaul. Dialekt, und von erfolgr. harten neorealist. Romanen aus der Welt des röm. Proletariats. Auch krit.-polem. Essays. Wandte sich später als Drehbuchautor und Regisseur dem Medium Film zu und schuf vieldiskutierte Werke aus der Spannung von relig. Empfinden und marxist. Gesellschaftskritik (›Accattone‹ 1961, ›Mamma Roma‹ 1962, ›Il vangelo secondo Matteo‹ 1964, ›Uccellacci – uccellini‹ 1966, ›Edipo Re‹, 1967, ›Teorema‹ 1968, ›Porcile‹ 1969, ›Medea‹ 1969, ›Decamerone‹ 1971, ›Canterbury Tales‹ 1972, ›1001 notti‹ 1974).

W: Ragazzi di vita, R. 1955 (d. 1990); Le ceneri di Gramsci, G. 1957 (d. 1980); L'usignolo della Chiesa Cattolica, G. 1958 (d. 1989); Una vita violenta, R. 1959 (d. 1963); Passione e ideologia, Ess. 1960; La religione del mio tempo, G. 1961; Il sogno di una cosa, R. 1962 (d. 1968); Poesia in forma di rosa, G. 1964; Alì dagli occhi azzurri, En. 1965 (d. 1990); Orgia, Dr. 1968; Teorema, R. 1968 (d. 1969); Affabulazione, Dr. 1972 (d. 1972); Empirismo eretico, Ess. 1972 (Ketzererfahrung, d.

1979); Trasumanar e organizzar, G. 1973; Calderón, Dr. 1973 (d. 1985); La divina mimesis, R. 1975; Scritti corsari, Ess. 1975 (d. 1978); Lettere luterane, Ess. 1976 (d. 1983); Manifesto per un nuovo teatro, Ess. 1978; I Turchi in Friuli, Dr. hg. G. Boccotti 1980; Poesie e pagine ritrovate, hg. A. Zanzotto, N. Naldini 1980; Amado mio, 1982 (d. 1984); Petrolio, 1992 (d. 1994). – Lettere agli amici 1941–1945, hg. L. Serra 1976; Lettere 1940–54, hg. N. Naldini 1987. – Tutte le opere, hg. W. Siti 1998.

L: A. Asor Rosa, 1965; M. Gervais, 1973; T. Anzoino, 1973; G. C. Ferreti, 1976; E. Siciliano, 1978; G. Santato, 1980; F. Brevini, 1981; M. Mancini, G. Perrella, 1981; R. Rinaldi, 1982; L. Martellini, 1984; O. Schweitzer, 1986; N. Naldini, 1989 (d. 1991); N. Greene, 1990; M. A. Bazzocchi, 1998; A. Miconi, 1998; K. Witte, 1998. – *Bibl.:* T. Blume, 1994.

Passavanti, Jacopo, ital. Autor, um 1302 Florenz – 15. 6. 1357 ebda. Trat um 1317 in den Dominikanerorden ein, um 1330–33 Student in Paris; lehrte Philos. in Pisa (1333), dann Theol. in Siena u. Rom. Vf. des ›Specchio di vera penitenza‹, e. Sammlung von Predigten über die Buße, gefolgt von kleineren Moraltraktaten (›Della superbia‹, ›Dell'umiltà‹ u. a.). Nach Art ma. Autoren bedient P. sich dabei zahlr. Beispiele u. lockert s. Werk durch Anekdoten u. Erzählungen auf.

W: Lo specchio di vera penitenza, 1495 (hg. Polidor 1856, M. Lenardon 1924 [m. Komm. u. Bibl.], Accad. della Crusca 1925).

L: G. Getto, Umanità e stile di J. P., 1943; M. Aurigemma, 1957.

Passerat, Jean, franz. Humanist, 18. 10. 1534 Troyes – 14. 9. 1602 Paris. E. der bedeutendsten Latinisten s. Zeit, lehrte an versch. Kollegien; seit 1572 am Collège Royal in Paris. Eng befreundet mit Ronsard. – Lyriker in lat. und franz. Sprache, Vf. polit. Epigramme gegen die Liga, schrieb mit anderen die ›Satira Menippea‹.

W: Œuvres poétiques, 1602–06 (hg. P. Blanchemain II 1880).

L: E. v. Mojsisovics, 1907; K. C. K. Merken, P., poet and humanist, 1966; C. Des Guerrois, 1969.

Passeroni, Gian Carlo, ital. Autor, 8. 5. 1713 Lantosca b. Nizza – 26. 12. 1803 Mailand. Priester; in Mailand in die ›Accademia dei Trasformati‹ aufgenommen. Hofmeister beim Nuntius Marchese Lucini, den er als Sekretär nach Rom (1743) u. Köln (1760) begleitete. – Vf. zahlr. Epigramme, Fabeln, Sonette u.a. Verse u. des satir. Epos ›Il Cicerone‹ (das das längste Epos der Welt werden sollte u. aus 88 776 Versen besteht), in dem er die Lebensgeschichte des röm. Dichters zum Anlaß für weitläufige Abschweifungen nimmt, in denen er die Sitten s. Zeit karikiert u. s. Vaterland zur Selbstbesinnung aufruft.

W: Il Cicerone, Ep. VI 1755–74 (n. 1845); Rime giocose, satiriche e morali, G. 1776; Favole esopiane, Fabeln VII 1779–88.

L: S. Paggi, Il Cicerone di G. C. P., 1912; ders., 1914 (m. Bibl.).

Passos, John Dos → Dos Passos, John Roderigo

Passuth, László, ungar. Schriftsteller, 15. 7. 1900 Budapest – 19. 6. 1979 Balatonfüred. Stud. Jura; war Bankkaufmann u. Fach-Übs. – Vf. kunstvoller hist. Romane um authent. Daten u. Ereignisse.

W: Esőisten siratja Mexikót, R. 1939 (Der Regengott weint über Mexiko, d. 1950); A bíborbanszületett, R. 1943 (In Purpur geboren, d. 1962); Fekete bársonyban, R. 1947 (In schwarzem Samt, d. 1960); A mantuai herceg muzsikusa, R. 1957 (Monteverdi, d. 1959); Lagunák, R. 1958 (Liebe und Tod in den Lagunen, d. 1961); Édenkert az óceánban, R. 1959; Sárkányfog I–II, R. 1960; Ravennában temették Rómát, R. 1963 (In Ravenna wurde Rom begraben, d. 1971); Aranyködben fáznak az istenek, R. 1964 (Gastmahl für Imperia, d. 1968).

Pasternak, Boris Leonidovič, russ. Dichter, 10. 2. 1890 Moskau – 30. 5. 1960 Peredelkino b. Moskau. Sohn des Malers Leonid P.; nach Beendigung des Gymnas. 1908 Stud. Rechte Moskau, ging 1909 zur hist.philol. Fakultät über, 1912 Stud. bes. Philos. Marburg, 1913 Abschluß in Moskau. 1912 erste Gedichte gedruckt; schloß sich e. Gruppe gemäßigter Futuristen an, von der er sich bald wieder entfernte; 1914 erster Gedichtband veröffentlicht, erst durch s. 3. Band ›Sestra moja – žizn'‹, wurde er weiten Kreisen bekannt; kurze Zeit Mitgl. der Gruppe ›Lef‹; wurde zwar von manchen sowjet. Kritikern gerühmt, doch warfen ihm andere unpolit. Haltung vor, so daß 1932–43 keine eigenen Gedichte mehr erscheinen konnten; wirkte als Übs.; widmete sich von 1948 an bes. der Abfassung des Romans ›Doktor Živago‹, der, 1956 beendet, im Ausland gedruckt und in der UdSSR erst 1987 zur Veröffentlichung zugelassen wurde. 1958 Zuerkennung des Nobelpreises für Lit., den P. infolge der Angriffe seitens der offiziellen Kritik und des Vorstands des Sowjet. Schriftstellerverbands nicht annahm; der Roman ist in alle Kultursprachen übersetzt. – E. der größten russ. Dichter des 20. Jh. Ging vom Symbolismus aus, bes. von Blok und Belyj angeregt, verdankt der Musik, u. a. der Kunst des russ. Komponisten Skrjabin, starke Impulse. S. Gedichte kennzeichnet e. Anthropomorphismus der beseelten Welt, die Person des Dichters tritt – scheinbar – in den Hintergrund, der Held wird oft mehr durch die ihn umgebenden, in Bewegung gezeigten Dinge sichtbar, als daß er selbst charakterisiert würde; die Metonymie ist P.s wesentlichste dichter. Trope, s. Gedichte wie s. Prosa –

diese ist wie s. hist. Dichtungen lyr. gestimmt – sind reich an Metonymien, die zu selbständigem Leben erweckt sind, es sind nicht selten auf sprachl. Wurzeln beruhende Vergegenständlichungen, z.B. der Titel des Bandes ›Sestra moja – žizn'‹. Bevorzugte Themen sind die Liebe als Macht, als verwandelnde Kraft, und das künstler. Schaffen; diese Thematik liegt auch dem ›Doktor Živago‹ zugrunde, der das Leben e. russ. Intellektuellen, und zwar e. Arztes und Dichters, im 1. Drittel des 20. Jh. darstellt. Die frühere Lyrik ist reich instrumentiert, überrascht durch kühne Bilder, in der späteren treten die modernist. Ausdrucksbestrebungen zurück, bekundet sich stärkere Annäherung an die klass. russ. Tradition, an Puškin, Lermontov, Tjutčev. Schuf hervorragende Übs. von Tragödien Shakespeares, Goethes ›Faust‹, Kleists ›Prinz Friedrich von Homburg‹, Rilke, Petőfi, Werken georg. und armen. Dichter.

W: Bliznec v tučach, G. 1914; Poverch bar'erov, G. 1917; Sestra moja – žizn', G. 1922; Temy i var'jacii, G. 1923; Devjat'sot pjatyj god, G. 1927; Ochrannaja gramota, E. 1931 (Geleitbrief, d. 1958); Vtoroe roždenie, G. 1932; Izbrannye perevody, Übs. Ausw. 1940; Na rannich poezdach, G. 1943; Zemnoj prostor, G. 1945; Doktor Živago, R. Milano 1957 (d. 1958); Kogda razguljaetsja, G. Paris 1959 (Wenn es aufklärt, d. 1960); Stichotvorenija i poėmy, G. 1965, 1974; Perepiska s Ol'goj Frejdenberg, 1981 (B. P.–Olga Freudenberg: Briefw., d. 1986); Vozdušnye puti, versch. Prosa 1982; Izbrannoe (Ausw.), II 1985. – Sobranie sočinenij (GW), V 1989–91. – *Übs.*: Bescheidenheit u. Kühnheit (Ausw.), 1959; Über mich selbst, Aut. 1959; Gedichte, Erzählungen, Sicheres Geleit, 1959; Briefe nach Georgien, 1967; Die blinde Schönheit, Dr. 1969; Initialen der Leidenschaft, G. 1969; Schwarzer Pokal, Br. u. Ess. 1973.

L: G. Ruge, Bb. 1958; Y. Berger, Paris 1958; G. Reavey, The Poetry of B. P., 1960; R. Payne, The Three Worlds of B. P., N. Y. 1961; R. Conquest, The P. Affair, Philadelphia 1962; J. de Proyart, Paris 1964; H. Schewe, 1974; K. Borowsky, 1976; S. Dorzweiler, hg. 1993; F. Thun, 1994; R. Vogt, 1997; E. B. Pasternak, 1997; Ch. Fischer, 1998; U. Hepp, 2000; A. Uhlig, 2001.

Pastonchi, Francesco, ital. Dichter, 31. 12. 1877 Riva Ligure – 29. 12. 1953 Turin. Stud. in Turin, Schüler von A. Graf; 1898–1903 Kunstkritiker am ›Corriere della sera‹. Ab 1935 Dozent für ital. Lit. an der Univ. Turin. 1939 Mitgl. der ›Accademia d'Italia‹. – Charakterist. für s. Lyrik, in der anfangs der Einfluß D'Annunzios spürbar ist, ist das Fragmentarische. In s. Dramen ist formal e. Rückkehr zu den Klassikern deutlich. P. verfaßte auch e. Roman u. Novellen.

W: Saffiche, G. 1892; La giostra d'amore, G. 1898; Italiche, G. 1903; Belfonte, G. 1903; Il violinista, R. 1908; Fiamma, Tr. 1911 (m. G. A. Traversi); La sorte di Cherubino, K. 1912; Il mazzo di gelsomini, Nn. 1913; Il campo di grano, En. 1916; Don Giovanni in provincia, Dr. 1920; Il Randagio, G. 1921; Le Nuove Italiche, G. 1923; Versetti, E. 1931; Simma, Dr. 1935; Rime dell'amicizia, G. 1943; Endecasillabi, G. 1949; Poesie, G. 1960.

Patchen, Kenneth, amerik. Schriftsteller, 13. 12. 1911 Niles/OH – 8. 1. 1972 Palo Alto/CA. Arbeitersohn, mit 17 Jahren Arbeit im Stahlwerk, Stud. Univ. Wisconsin, Wanderarbeiter, lebte ab 1936 in New York, später in Kalifornien. – Sozialkrit. Autor von Gedichten, Romanen u. Dramen; beeinflußte mit s. Lyrik die Dichter der Beat-Bewegung.

W: Before the Brave, G. 1936; The Journal of Albion Moonlight, R. 1941; The Dark Kingdom, G. 1942; The Memoirs of a Shy Pornographer, R.1945 (d. 1964); Sleepers Awake, R. 1946 (d. 1983); Selected Poems, 1947 (erw. 1958); See You in the Morning, R. 1948; Red Wine and Yellow Hair, G. 1949; The Famous Boating Party, G. 1954; Hurrah for Anything, G. 1957; Because It Is, G. 1959; The Love Poems, 1960; Hallelujah Anyway, G. 1966; Doubleheader, G. 1966; But Even So, G. 1968; Collected Poems, 1969; Aflame and Afun of Walking Faces, G. 1970; Wonderings, G. 1971. – Out of the World of P., Ausw. IV 1970; Three Prose Classics, 1971. – *Übs.*: Nokturne für die Bewahrer des Lichts, G. 1987.

L: H. Miller, 1947; G. Detro, P.: The Last Interview, 1976; L. Smith, 1978; R. Nelson, 1984.

Pater, Walter (Horatio), engl. Kunstkritiker und Essayist, 4. 8. 1839 Shadwell b. London – 30. 7. 1894 Oxford. Sohn e. Arztes, verlor 5jähr. den Vater, 15jähr. die Mutter. In King's School, Canterbury, erzogen. Stud. Oxford, 1864–80 ebda. Dozent am Brasenose College, verbrachte e. großen Teil s. Lebens in Oxford, unterbrochen durch gelegentl. Reisen auf dem Kontinent (Dtl., Italien) und längere Aufenthalte in London. Erlesener Freundeskreis, u. a. die Präraffaeliten. Ausgezeichneter Goethe-Kenner. Von Ruskin beeinflußt. Wurde als neuromant. Kunstkritiker zu e. Autorität für Fragen der Ästhetik. – Ernstester Vertreter der L'art-pour-l'art-Bewegung, doch s. Konzeption der Kunst schloß weite Lebensbereiche ein. Vertrat das Ideal e. harmon. Entwicklung der im Menschen liegenden Möglichkeiten. Beschäftigte sich eingehend mit Plato, sah den Sinn der Ideen in deren greifbaren Verkörperungen. Bes. Vorliebe für Zeiten des Übergangs. Gibt in s. hist. Roman ›Marius the Epicurean‹ e. ausgezeichnete Darstellung der antiken Welt; wählte den Zeitpunkt des entstehenden Christentums, da e. neue Philos. und e. neue Religion erwuchsen, um so Bilder des sterbenden und der neuen Kultur einander gegenüberzustellen. P.s Zeitbilder hist. Persönlichkeiten in den ›Imaginary Portraits‹ sind dichterisch überhöht. Geschliffener Prosastil von großer Prägnanz. War ständig auf der Suche nach dem ›mot propre‹, das verlieh s. Sprache zugleich

Paterson

Verhaltenheit und Eindringlichkeit. Suchte Hellenismus und Moderne zu vereinen, erneuerte die Kritik einfühlsamen Verstehens. O. Wilde war der bedeutendste Schüler s. Ästhetizismus, doch P. verurteilte Wildes vergröberten sinnl. Kult.

W: Studies in the History of the Renaissance, 1873, 1877, 1888 (n. K. Clark 1961; d. 1902); Marius the Epicurean, R. II 1885 (n. A. K. Tuell 1929, O. Burdett 1934; d. II 1908); Imaginary Portraits, Ess. 1887 (n. E. J. Brzenk 1962; d. E. Sander 1946); Appreciations, Ess. 1889; Emerald Uthwart, 1892, 1905; Plato and Platonism, 1893 (d. 1904); The Child in the House, Aut. 1894 (d. 1903); Greek Studies, 1895 (d. 1904); Miscellaneous Studies, 1895; Essays from the Guardian, 1896. – Works, hg. C. S. Shadwell X 1910 (n. 1967); Selected Works, hg. R. Aldington ²1951; Lit. Works, hg. Wright/Spears II ²1971; Letters, hg. L. Evans, 1970.

L: A. C. Benson, 1906; T. Wright, II 1907; E. Thomas, 1913; A. Symons, 1932; L. Cattan, Paris 1936; R. C. Child, 1940; D. Patmore, 1949; W. Iser, 1960; G. d'Hangest, Paris II 1961; R. V. Johnson, 1962; S. Fishman, The Interpretation of Art, 1963; D. A. Downes, Victorian Portraits: Hopkins and P., 1965; A. Ward, 1966; G. McKenzie, 1967; G. C. Monsman, P.'s Portraits, 1967; R. Crinkley, 1970; R. L. Stein, The Ritual of Interpretation, 1975; P. A. Dale, The Victorian Critic and the Idea of History, 1977; G. Monsman, 1977; M. Levey, The Case of P., 1978; P. Meisel, The Absent Father, 1980; G. Monsman, P.s Art of Autobiography, 1980; The Critical Heritage, hg. R. M. Seiler 1980; Ph. Dodd, hg. 1981; H. Bloom, hg. 1985; R. M. Seiler 1987; J. Fellows, Tombs, Despoiled and Haunted, 1991; D. Donoghue, 1995; E. S. Shaffer, hg. 1995; W. Shuter 1997; B. Bucknell, Literary Modernism, 2001. – *Bibl.:* S. Wright, 1975; F. E. Court, 1980.

Paterculus → Velleius Paterculus

Paterson, Andrew Barton (Ps. Banjo), austral. Dichter, 17. 2. 1864 Narrambla/New South Wales – 5. 2. 1941 Sydney. Stud. Jura; Rechtsanwalt, Journalist, 1899 Kriegsberichterstatter im Burenkrieg, 1903–06 Hrsg. der ›Sydney Evening News‹ und Farmer. – Gab 1905 ›The Old Bush Songs‹ (anonyme Balladen) heraus. Scharfer Beobachter des Lebens im austral. Busch, schrieb selbst zahlr. sehr beliebte Gedichte und volkstüml. Balladen.

W: The Man from Snowy River, G. 1895; An Outback Marriage, R. 1907; Saltbush Bill, G. 1919; Happy Dispatches, Mem. 1935; The Shearer's Colt, R. 1936. – Complete Works, hg. R. Campbell, P. Harvie 1983; Collected Verse, ³1951; The World of ›Banjo‹ P., Prosa-Ausw. 1967.

L: C. Semmler, 1965; H. G. Palmer, 1966; C. Roderick, 1993.

Pathelin → Maistre Pierre Pathelin

Patmore, Coventry (Kersey Dighton), engl. Dichter und Kritiker, 23. 7. 1823 Woodford/Essex – 26. 11. 1896 Lymington. Sohn e. Schriftstellers. 1846 Bibliothekar im Brit. Museum. Befreundet mit Tennyson, Ruskin, Rossetti und den Präraffaeliten, Mitarbeiter an deren Zs. ›The Germ‹. Dreimal verheiratet. Konvertierte 1864 nach dem Tod s. 1. Frau zur röm.-kathol. Kirche. – S. vier Gesänge ›The Betrothal‹, ›The Espousals‹, ›Faithful for Ever‹ und ›The Victories of Love‹ vereinte er u. d. T. ›The Angel in the House‹, indem er sie durch eine Erzählung zusammenfügte zu e. Loblied häusl. Idylle und ehel. Liebe, manchmal fast ans Banale streifend, doch mit philos. Hintergrund, indem er in der ehel. Liebe die Wurzel aller Liebe zu den Menschen und letztlich zu Gott sah. In s. nach der Konversion entstandenen Oden ›The Unknown Eros‹ erfuhr diese Philos. ihre Erhöhung und Steigerung zur Mystik. P.s Spätwerk unterscheidet sich themat. und in der symbolhaften Sprache von s. frühen Dichtungen.

W: Tamerton Church-tower, G. 1853; The Angel in the House, 1.: The Betrothal, 1854, 2.: The Espousals, 1856, 3.: Faithful for Ever, 1860, 4.: The Victories of Love, 1862 (hg. A. Meynell 1905); The Unknown Eros, G. 1877; Amelia, G. 1878; Poems, IV 1879; Principle in Art, Ess. 1889; The Rod, the Root and the Flower, G. u. Ess. 1895. – Works, V 1897–1907; Poems, hg. B. Champneys ⁵1928, F. Page 1949; Courage in Politics, Ess. n. 1968. – *Übs.:* Gedichte in Ausw., 1951.

L: B. Champneys, Memoirs and Correspondence of C. P., II 1900; O. Burdett, 1921; D. Patmore, Portrait of my Family, 1935; A. Guidi, Brescia 1946; D. Patmore, 1949; M. Stobie, P.'s Theory and Hopkins's Practice, 1949; E. J. Oliver, 1956; F. C. Reid, 1957; E. W. Gosse, ²1969; F. Page, ²1970; M. A. Weining, 1981.

Paton, Alan (Stewart), südafrikan. Schriftsteller, 11. 1. 1903 Pietermaritzburg/Südafrika – 12. 4. 1988 Hillcrest. Stud. Natal University. 1924–35 Lehrer in Ixopo, 1935–48 Leiter e. Erziehungsanstalt. Gründungsmitglied u. 1956–68 Präsident der Liberalen Partei (1968 verboten). Paßentzug für zehn Jahre. Engagement für e. friedl. Lösung des Rassenkonflikts. – Nach dem Welterfolg des Romans ›Cry, the Beloved Country‹ lange Südafrikas international bekanntester Autor. Poetischer, bildreicher Stil, Neigung zum Pathos.

W: Cry, the Beloved Country, R. 1948 (Denn sie sollen getröstet werden, d. 1949); South Africa Today, St. 1951; Too Late the Phalarope, R. 1953 (Aber das Wort sagte ich nicht, d. 1954); The Land and People of South Africa, St. 1955 (d. 1956); South Africa in Transition, St. 1956 (m. D. Weiner); Hope for South Africa, St. 1956; Debbie Go Home, Kgn. 1961 (u. d. T. Tales from a Troubled Land, 1961; Und deinen Nächsten wie dich selbst, d. 1967); Hofmeyr, B. 1964 (gekürzt 1965); Sponono, Dr. 1965 (m. K. Shah); The Long View, Ess. 1967; Civil Rights and Present Wrongs, St. 1968; Instrument of Thy Peace, St. 1968 (d. 1969); Kontakion for You Departed, Aut. 1969; Case History of a Pinky, St. 1972; Apartheid and the Archbishop, B. 1973; Knocking on the Door, Slg. 1975; Towards Racial Justice, St. 1979;

Towards the Mountain, Aut. 1980; Ah, But Your Land Is Beautiful, R. 1981; Federation or Desolation, St. 1985; Beyond the Present, St. 1986; Save the Beloved Country, Ess. 1987; Journey Continued, Aut. 1988; Songs of Africa, G. 1995.

L: E. Callan, 1968.

Patrick, John (eig. J. Patrick Goggan), amerik. Dramatiker, 17. 5. 1905 Louisville/KY – 7. 11. 1995 Delray Beach/FL. Harvard, Columbia Univ., Arbeit für Funk und Film. – Sein bekanntestes Stück, ›The Teahouse of the August Moon‹, ist e. gelungene Satire auf die amerik. Umerziehungsversuche nach dem 2. Weltkrieg in Japan.

W: The Willow and I, 1943; The Hasty Heart, 1945 (Das heiße Herz, d. 1955); The Story of Mary Surratt, 1947; The Curious Savage, 1951 (Eine etwas sonderbare Dame, d. ca. 1955); Lo and Behold, 1954; The Teahouse of the August Moon, 1954 (nach d. Roman v. V. Sneider; Das kleine Teehaus, d. ca. 1954); Everybody Loves Opal, 1961; A Bad Year for Tomatoes, 1975; The Gay Deceiver, 1988; The Doctor Will See you now, Drr. 1991.

Patrikios, Titos, griech. Lyriker, * 1928 Athen. Nach Aufenthalten in Paris u. Italien arbeitet er als Jurist, Soziologe u. Übs. in Athen. – Linksengagierter Dichter, s. Werk ist geprägt von e. gewissen Enttäuschung über die nicht eingetretene geistige u. politische Erneuerung Griechenlands in der Nachkriegszeit.

W: Chōmatodromos, G. 1954; Mathēteia, G. 1963; Proairetikē stasē, G. 1975; Thalassa epangelias, G. 1977; Antidikies, G. 1981; Paramorphōseis, G. 1989; Hē summoria tōn dekatriōn, Pr. 1990; Hē hēdonē tōn parataseōn, G. 1992; Syneches ōraio, En. 1993. – Poiēmata, III 1998.

Patroni-Griffi, Giuseppe, ital. Bühnenautor u. Regisseur, * 27. 2. 1921 Neapel. Nach Kriegsende Mitarbeit bei der Reorganisation des ital. Rundfunks. 1958 Erfolg mit ›D'amore si muore‹, e. Sittenbild aus röm. Cineastenkreisen. Gutes theatral. Gefühl, kein Bruch mit der Tradition. Techn. kühner ist der Bau von ›Metti, una sera a cena‹.

W: Ragazzo di Trastevere, En. 1955; D'amore si muore, Dr. 1958; Anima nera, Dr. 1960; In memoria di una signora amica, Dr. 1963; Teatro, 1965; Metti, una sera a cena, Dr. 1967 (d. 1975); Scende giù per Toledo, R. 1975; Prima del silenzio, Dr. 1980; Gli amanti dei miei amanti sono i miei amanti, Dr. 1982; Cammurriata, G. 1986; Del metallo e della carne, R. 1990; La morte della bellezza, R. 2000; Allium, R. 2001.

L: A. Bentoglio, hg. 1998; F. Francione, Letteratura e teatro nel cinema di G. P.-G., 2001.

Patten, Brian, engl. Lyriker und Kinderbuchautor, * 7. 2. 1946 Liverpool. Aufgewachsen ebda.; zunächst versch. Gelegenheitsarbeiten; Herausgebertätigkeit, u. a. der lit. Zs. ›Underdog‹; 1985 Dozent San Diego/CA; regelmäßig Beiträge für die BBC. – Vf. und Hrsg. zahlr. Gedichtbände (auch für Kinder), außerdem erfolgr. Kinderbücher u. -dramen (vielfach übersetzt). S. Gedichte zeigen klass. Themen wie Liebe oder Einsamkeit in starker Bildsprache und überraschenden, auch sarkast.-iron. Wendungen; gehört mit A. Henry und R. McGough zur Gruppe der ›Liverpool Poets‹ (gemeinsames Werk ›The Mersey Sound‹).

W: Portraits, 1962 (Privatdruck); Atomic Adam, 1967; Little Johnny's Confession, 1967, [2]1979 (d. 1973); The Mersey Sound, 1967 (n. 1974, 1983; m. A. Henri u. R. McGough); Notes to the Hurrying Man, 1969; The Homecoming, 1970; The Elephant and the Flower, Kdb. 1970 (d. 1985); The Irrelevant Song and Other Poems, 1971 (n. 1980); Walking Out. The Early Poems of B. P., 1971; And Sometimes it Happens, 1972; The Unreliable Nightingale, 1973; Vanishing Trick, 1976; Grave Gossip, 1979; Love Poems, 1981 (n. 1992); Gargling with Jelly, Kdb. 1985; Storm Damage, 1988; Grinning Jack. Selected Poems, 1990; Thawining Frozen Frogs, Kdb. 1990; The Magic Bicycle, 1993; The Utter Nutters, G. für Kinder 1994; Armada, 1996; The Story Giant, Kdb. 2002.

Paul, Elliot Harold, amerik. Schriftsteller, 13. 2. 1891 Malden/MA – 7. 4. 1958 Providence/RI. Landvermesser, Journalist, Musiker, Soldat, Reporter in Paris. Gründete 1927 mit E. Jolas ›Transition‹ als lit. Organ der ›expatriates‹, 1931 bis zur Besetzung im span. Bürgerkrieg auf Ibiza, danach in New York. – Vielseitige Tätigkeit als Romancier u. Vf. von Kriminalparodien. Bedeutend s. 6 Bände Memoiren, halb Autobiographie, halb Fiktion, bes. ›Life and Death of a Spanish Town‹, das s. Leben auf Ibiza schildert.

W: Indelible, R. 1922; Impromptu, R. 1923; Imperturbe, R. 1924; Lava Rock, R. 1929; Low Run Tide, R. 1929; The Amazon, R. 1930; Life and Death of a Spanish Town, Aut. 1937 (n. 1971); Concert Pitch, R. 1938; The Mysterious Micky Finn, R. 1939 (n. 1989; d. 1993, 1998); Hugger Mugger in the Louvre, R. 1940; The Last Time I Saw Paris, Aut. 1942 (Die kleine Gasse, d. 1944); Linden on the Saugus Branch, Aut. 1947; My Old Kentucky Home, Aut. 1949; Springtime in Paris, Aut. 1950; Murder on the Left Bank, R. 1951; Understanding the French, Aut. 1955; Desperate Scenery, Aut. 1954.

Paulding, James Kirke, amerik. Schriftsteller, 22. 8. 1778 Great Nine Partners/NY – 6. 4. 1860 Hyde Park/NY. Aus patriot. Kaufmannsfamilie holländ. Abstammung; 1815–23 Sekretär des ›Board of Navy Commissioners‹ in Washington, unter Van Buren 1838–41 Marineminister. Frühe und dauernde Freundschaft mit s. Schwager Washington Irving, mit dem er die erste ›Salmagundi‹-Serie schrieb; gehörte in New York zur Gruppe der Knickerbocker-Literaten; in polit. und sozialer Hinsicht überzeugter Jeffersonianer. – E. der vielseitigsten und erfolgreichsten Literaten der frühen Republik. S. Werk erklärt sich aus der patriot. Abneigung gegen England (Behandlung von Stoffen aus dem Unabhängigkeitskampf, Satiren auf ›John Bull‹), aus den Angriffen auf Scotts und Byrons Romantizismus, über den er sich satir. und mit eigenen, realistischeren Behandlungen hist. Stoffe hinwegsetzt, und aus s. Liebe zum schlichten amerik. Charakter. S. Prosastil ist von Goldsmith und Fielding geprägt.

W: Salmagundi, Ess. u. G. 1807/08 (m. Washington und William Irving; 2. Serie 1819/20 allein); The Diverting History of John Bull and Brother Jonathan, E. 1812; The Lay of the Scottish Fiddle, Parodie 1813; Letters from the South, 1817; The Backwoodsman, G. 1818; Koningsmarke, R. 1823 (d. 1824) John Bull in America, E. 1825; The Lion of the West, Dr. (1830, hg. J. N. Tidwell 1954); The Dutchman's Fireside, R. 1831 (n. hg. T. F. O'Donnell 1966, R. M. Aderman 1970; Sybrandt Westbrook, d. 1837); Westward Ho!, R. 1832 (d. 1837); A Life of Washington, B. 1835; Slavery in the United States, St. 1836; The Old Continental, R. 1846 (d. 1855); The Bucktails, Dr. 1847; The Puritan and His Daughter, R. 1849 (d. 1850). – Collected Works, XIV 1835–37, IV 1867–68; Letters, hg. R. M. Aderman 1962; P. to Frank Richard Stockton, hg. V. L. Smyers, M. Winship, 1983.

L: W. I. Paulding, 1867; A. L. Herold, 1926; L. J. Reynolds, 1984; L. Ratner, 1992; R. M. Aderman, W. R. Kime, Advocate for America, B. 2003.

Paulhan, Jean, franz. Erzähler u. Kritiker, 2. 12. 1884 Nîmes – 9. 10. 1968 Boissise-la-Bertrand. Stud. Philos. Sorbonne. 1907 Lehrer und Goldsucher in Tananarivo, Sammler madegass. Lieder u. Sprichwörter (›Les Hain-Tenys Merinas‹, 1913); danach Lehrer an École des Langues Orientales in Paris, 1925–40 u. ab 1953 Chefredakteur der ›Nouvelle Revue Française‹, 1941 Mitgründer des geh. Widerstandsorgans ›Les Lettres Françaises clandestines‹. 1963 Mitglied der Académie Française. Außerordentl. einflußreicher Literat, Entdecker und Förderer junger Autoren. – Essayist, Aphoristiker und Erzähler in brillantem, weltmänn.-iron. Stil mit streng rationalist. und minutiösen Analysen. Vorwiegend an sprachtheoret. Fragen interessiert, Kämpfer gegen hohles Pathos u. leere Rhetorik; voller Widerspruchsgeist und Neigung zu Paradox.

W: Le guerrier appliqué, E. 1915; Jacob Cow, le pirate, Es. 1921; Le pont traversé, E. 1921; La guérison sévère, E. 1925; Les fleurs de Tarbes, Es. 1941; Clef de la poésie, Es. 1944 (d. 1969); F(élix) F(énéon) ou le critique, Es. 1945; Entretiens sur les faitsdivers, Es. 1945 (Unterhaltungen über vermischte Nachrichten, d. 1962); De la paille et du pain, Es. 1948; Les causes célèbres, En. 1950; Le Marquis de Sade et sa complice, Es. 1950; Petite préface à toute critique, Es. 1951 (d. 1969); Lettre aux directeurs de la Résistance, 1952; Le bonheur dans l'esclavage, Es. 1954; De mauvais sujets, Es. 1960; L'art informel, éloge, 1962; Progrès en amour assez lents, En. 1968; La peinture cubiste, Es. 1971; Carnet du jeune homme, 1977; Traité du ravissement, 1983; Le clair et l'obscur, 1983; Cahier du centenaire 1884–1984, hg. Y. Belaval 1984; La vie est pleine de choses redoutables, hg. C. Paulhan 1989. – Œuvres complètes, V 1966ff.; 226 lettres inédites à Etiemble, hg. J. J. Etiemble 1971; Correspondance 1925–68, hg. R. Judrin 1984.

L: M. Toesca, 1948; M. J. Lefèvbre, 1949; F. P.-M. Jouhandeau u.a., Portrait de J. P., 1957; R. Judrin, 1961, 1984; Les Lettres Françaises (Sondernr. ›J. P.‹), 1968; Nouvelle Revue Française (Sondernr. ›J. P.‹), 1969; L. Plante, 1969; E. Ionesco, 1971; R. Turci, 1996; F. Badré, 1996; M. Syrotinski, 1998; J. Diendonné, 2001. – *Bibl.:* J.-Y. Larcoix, 1995.

Paulin, Tom (Neilson), brit. Lyriker, * 25. 1. 1949 Leeds. Schulzeit in Belfast, Stud. Hull u. Oxford, Dozent für Anglistik in Nottingham 1972–94 und Oxford seit 1994; e. der Direktoren der ›Field Day Theatre Company‹ in Derry, daneben TV-Journalismus. – Vf. von diskurs- u. sprachkrit. Gedichten. Von e. ernsten, dichten u. stroph. Lyrik schritt er in s. Werk zu formal freieren und bildl. sinnlicheren Gedichten voran. Die Hauptthematik protestant. Identität vor dem Hintergrund relig. Konflikte in Nordirland blieb aber erhalten. Auch wichtiger u. umstrittener Hrsg. (Faber Book of Political Verse) sowie Bearbeiter griech. Tragödien.

W: A State of Justice, 1977; The Strange Museum, 1980; Liberty Tree, 1983; Fivemiletown, 1987; Selected Poems 1972–90, 1993; Walking a Line, 1994; The Wind Dog, 1999; The Invasion Handbook, 2002.

L: C. Wills, Improprieties, 1993.

Paulinus II. von Aquileja, lat. Dichter und Grammatiker, vor 750 – 11. 1. 802 Cividale. Ca. 776 an den Hof Karls d. Gr. berufen; von diesem ca. 787 zum Patriarchen von Aquileja ernannt; für die Christianisierung Kärntens und Friauls sowie für die Awarenmission tätig; bekämpfte in s. Schriften und 794 auf der Synode von Frankfurt den Adoptianismus. Heiliggesprochen. – Vf. theolog. Schriften und Gedichte, darunter e. Klage um s. Freund, Markgraf Erich von Friaul; ›Liber exhortationum‹ an Markgraf Erich, e. Art Fürstenspiegel. Interessant sind s. zahlr. Briefe.

A: J. P. Migne (Patrologia latina 99); Mon. Germ. Hist., Poet. lat. 1.4.6, 1880f., 1914–23, 1951; L'œuvre poétique, hg. D. Norberg 1979; Contra Felicem, hg. D. Norberg 1990; Briefe, in: Mon. Germ. Hist., Epist. 4, 1895.

L: G. Giannoni, 1896; P. Paschini, 1906, n. 1977; Atti del Convegno Internazionale di Studi su P., hg. G. Fornasari 1988.

Paulinus von Nola, Meropius Pontius, lat. christl. Dichter u. Epistolograph, um 355 in Aquitanien – 431. Angehöriger der Senatsaristokratie; nach polit. Karriere radikale Wendung zum Christentum; Bischof von Nola (b. Neapel). – P.' Werke zeigen sowohl die tradititionelle als auch christl. Bildung. Erhalten sind Prosabriefe (u. a. an Augustinus) u. Dichtungen (bes. für das Fest des hl. Felix); am bekanntesten ist die poet. Korrespondenz mit Ausonius über P.' Konversion.

A: W. Hartel, M. Kamptner, Corp. Script. Eccl. Lat. 29f., n. 1999; Carm.: engl. Übs. P. G. Walsh, N.Y. 1975; Epist.: engl. Übs. P. G. Walsh, 2 Bde., N.Y. 1966f.; m. dt. Übs. M. Skeb, 3 Bde., 1998.

L: J. T. Lienhard, 1977; M. Skeb, Christo vivere, 1997; D. E. Trout, Berkeley 1999; S. Mratschek, Der Briefwechsel des P., 2002.

Paulinus von Pella, lat. christl. Dichter, 4./5. Jh. n. Chr. P. zog sich nach vielen Schicksalsschlägen in Gallien in e. christl. Leben zurück. – Mit 83 Jahren verfaßte P. das autobiograph. Gedicht ›Eucharisticos‹ (Danksagung), um Gott zu danken u. zu rühmen; P. beschreibt, wie Glück und Unglück s. Familie, s. Besitz u. s. Laufbahn betroffen haben. Erhalten ist zudem e. kurzes Gebet.

A: m. franz. Übs. u. Komm. C. Moussy, Paris 1974.

Paulus Diaconus, langobard. Geschichtsschreiber, um 720/735 Friaul – um 799 Monte Cassino. Aus langobard. Adel. Sohn Warnefrids; wahrscheinl. unter Flavianus am langobard. Königshof in Pavia erzogen; möglicherweise Mönch im Kloster Monte Cassino; 783 am Hof Karls d. Gr., verfaßte für Bischof Angilram von Metz e. Geschichte der Bischöfe von Metz u. für Karl d. Gr. e. Homiliensammlung; kehrte 787 nach Monte Cassino zurück. – S. Hauptwerk, die in einfacher lat. Sprache geschriebene, bis 744 reichende ›Historia Langobardorum‹, hat durch die in ihr enthaltene mündl. Überlieferung des Langobardenvolks und dessen Sagenschatz bes. Bedeutung. S. ›Historia Romana‹ (ca. 773), auf Wunsch der Herzogin Adelperga von Benevent verfaßt, ergänzt das Werk des Eutropius bis zum Goteneinfall in Italien. Daneben noch e. Vita Gregors d. Gr., 2 grammat. Studien, Rätsel, Epigramme, mehrere Gedichte und Briefe.

A: Historia Langobardorum, in: Mon. Germ. Hist., Scriptores 48, 1878; L. Capo 1992 (m. Komm. u. ital. Übs.; d. O. Abel ²1939, n. 1986); Historia Romana, hg. A. Crivellucci 1914; Gesta episc. Mett., in: Mon. Germ. Hist., Scriptores 2, 1829 (n. 1976); Omiliarium, hg. J. P. Migne, PL 95; Sancti Gregorii Magni Vita, hg. J. P. Migne, PL 75; Gedichte, hg. K. Neff 1908; De verborum significatu, hg. W. M. Lindsay 1913 (n. 1978); Ars Donati, hg. M. Franca Buffa Giolito 1990 (m. Komm. u. ital. Übs.); Briefe, in: Mon. Germ. Hist. Epist. 4, 1895.

L: F. Dahn, 1876; R. Jacobi, 1877; G. Loeck, 1890; A. Pantoni, 1946; L. J. Engels, Observations sur le vocubulaire de P., 1961; R. Cervani, L'epitome di P. D. del ›De verborum significatu‹ di Pompeo Festo, 1978; H. Rogan, 1993; P. Chiesa, hg. 2000; P. D. e il Friuli altomedievale, Atti del congresso, II 2001.

Pausanias, altgriech. Schriftsteller, 2. Jh. n. Chr., ›Perihegetes‹ genannt, biograph. Informationen nur aus Werk erschlossen, stammt vermutl. aus Lydien; Reisen; noch um 180 n. Chr. Arbeit an der ›Perihegesis‹. – P.' in stark rhetorisierter Sprache verfaßte ›Beschreibung Griechenlands‹ (›Hellados Perihegesis‹, genauer Titel unsicher) in 10 Büchern (abruptes Ende) ist e. Art ›Reiseführer‹. P. verbindet hist. Schilderungen sowie biograph., anekdot., mytholog. und naturwiss. Informationen mit ausführl. Beschreibungen von Sehenswürdigkeiten. Dabei richtet sich sein bes. Interesse zeittyp. auf alles, was vor der ›großen Zeit‹ des klass. Griechenland (also vor der Eroberung durch Rom) zeugt. P. hat e. Vorliebe für Denkmäler und Bräuche von Religion und Kultus sowie jeweils bes. gesuchte, fast ›vergessene‹ Nachrichten. Er steht nicht nur in der Tradition Herodots, sondern in der der gesamten periheget. Lit., wobei er letztere durch den Umfang des von ihm beschriebenen Gebietes weit übertrifft. Aufgrund der Fülle von spezieller Information hat die ›Perihegesis‹ stärker als jeder andere einzelne antike Text auf die klass. Archäologie gewirkt.

A: M. H. Rocha-Pereira, III ²1989–90; N. Papachatzis ²1982–95 (m. archäolog. Komm.); D. Musti, L. Beschi 1982ff. (m. ital. Übs. u. Komm.); M. Casevitz 1992ff. (m. franz. Übs. u. Komm.). – E. Meyer, F. Eckstein, P. C. Bol, III 1986–89 (vollst. dt. Übs.).

L: A. Diller, TAPhA 87, 1956, 84–97 (ma. Tradition); C. Habicht, 1985; K.W. Arafat, Cambr. u.a. 1996; J. Bingen, hg. Genf 1996; S. Swain, Oxf. 1996; U. Kreilinger, Hermes 125, 1997, 470–491; W. K. Pritchett, II 1998–99.

Paustovskij, Konstantin Georgievič, russ. Schriftsteller, 31. 5. 1892 Moskau – 14. 7. 1968 ebda. Vater Ingenieur; 1914 Stud. Kiev u. Moskau ohne Abschluß; Sanitäter im 1. Weltkrieg, Journalist in Kiev, Moskau, Batum, Tiflis, Odessa; erste Erzählung 1911; ab 1925 Schriftsteller in Moskau, setzte sich nach 1953 aktiv für die Liberalisierung der Lit. ein. – Stellt in s. ersten Büchern das Leben zur See u. in südl. Hafenstädten dar, greift kurzfristig zur Thematik des industriellen Aufbaus u. entwickelt dann s. volles Können in reizvoller, lyr. getönter Landschaftsbeschreibung; weltberühmt durch die lit. Autobiographie ›Povest' o žizni‹, die ihren Wert besonders im Zwischenmenschlichen hat. In Erzählungen wie ›Sneg‹ u. ›Telegramma‹ erweist sich P. als unpolit. hervorragender Erzähler.

W: Vstrečnye korabli, En. 1928; Blistajuščie oblaka, En. 1929; Kara-Bugaz, R. 1932 (d. 1948); Kolchida, N. 1934 (Die Kolchis, d. 1946); Isaak Levitan, R. 1938 (d. 1965); Povest'o žizni, Aut. VI 1947–63: I Dalëkie gody,

1946 (Ferne Jahre, d. 1955), II Bespokojnaja junost', 1955 (Unruhige Jugend, d. 1962), III Načalo nevedomogo veka, 1958 (Beginn e. unbekannten Zeitalters, d. 1963), IV Vremja bol'šich oždanij, 1960 (Die Zeit der großen Erwartungen, d. 1963), V Brosok na jug, 1961 (Sprung nach dem Süden, d. 1966), VI Kniga skitanij, 1963 (Buch der Wanderungen, d. 1967); Povest' o lesach, N. 1949 (Segen der Wälder, d. 1952); Zolotaja roza, Ess. 1956 (Die goldene Rose, d. 1958); Naedine s osen'ju, Erinn., Sk. 1967. – Sobranie sočinenij (GW), VI 1957/58; IX 1981–86.

L: W. Kasack, 1971.

Pauwels, Louis François, franz. Schriftsteller u. Journalist, 2. 8. 1920 Gent – 1997 Paris. Vater Belgier, Mutter Französin; ab 1939 franz. Nationalität. 1950/51 Chefredakteur des ›Combat‹; Direktor des ›Club des amis du livre‹. – In Romanen u. Essays plädiert P. für das Reich der Imagination, das Übernatürl. u. Wunderbare, wider die bloße Rationalität. Unter Einbeziehung von Mythen u. Legenden sucht er in esoter. u. irrationale Bezirke vorzudringen, um Mensch u. Welt auszuloten. Ähnl. geht er als Vf. theoret. Schriften auf der Basis wiss. Untersuchung über die Wiss. hinaus.

W: Saint quelqu'un, R. 1946; Les voies de petite communication, Es. 1949; Le château de dessous, R. 1952; Monsieur Gurdjeff, R. 1954 (d. 1958); L'amour monstre, R. 1955; Le matin des magiciens, Ess. 1961 (m. J. Bergier; Aufbruch ins 3. Jahrtausend, d. 1962); La planète, Es. 1967 (m. J. Bergier; Der Planet der unmöglichen Möglichkeiten, d. 1968); L'homme éternel, Es. 1970 (m. J. Bergier); C. G. Jung, B. 1970; Henry Miller, B. 1970; Ce que je crois, 1974; Blumroch l'admirable, R. 1976; L'arche de Noé et les naïfs, 1977; Nouvelles histoires magiques, 1978 (m. G. Breton); Comment devient-on ce que l'on est?, 1979; L'apprentissage de la sérénité, 1980; Le droit de parler…, 1981; Nouvelles histoires extraordinaires, 1982; Histoires fantastiques, 1983 (m. G. Breton).

Pavel, Ota (urspr. Otto Popper), 2. 7. 1930 Prag – 31. 3. 1973 Prag. Sohn e. jüd. Handelsreisenden, nach dem Absolvieren der Handelsschule (1947) u. dem Besuch e. Sprachschule in Prag war er v. a. als Sportredakteur tätig, aus gesundheitlichen Gründen ging er bereits 1966 in die Rente. – Neben originellen Reportageerzählungen aus dem Sportmilieu schrieb er autobiograph. Prosa, mit Lyrismus u. Melancholie begleitete Erinnerungen an s. Jugend u. s. Familie.

W: Dukla mezi mrakodrapy, Feuill. 1964; Plná bedna šampaňského, Rep.-En. 1967; Pohár od Pánaboha, En. 1971; Smrt krásných srncú, En. 1971; Jak jsem potkal ryby, En. 1974; Pohádka o Raškovi, Rep.-E. 1974; Fialový poustevník, En. (Ausw.) 1977; Tatínkova loď naděje, En. (Ausw.) 1990; Ja šel táta Afrikou, En. (Ausw.) 1994; Omyl a jiné povídky, En. (Ausw.) 1995. – Spisy (W), V 1977–81.

L: O. Brůna, J. Š. Fiala, Slzy na stoncích trávy O. P., 1990; V. Pavlová, Vzpomínání na O. P., 1993.

Pavese, Cesare, ital. Schriftsteller, 9. 9. 1908 S. Stefano Belbo/Cuneo – 27. 8. 1950 Turin. Sohn e. Justizbeamten, Gymnas. u. Stud. Anglistik Turin, intensive Beschäftigung mit engl. u. amerik. Lit., viele Übsn. (Defoe, Melville, M. Anderson, Joyce, Steinbeck, Faulkner). Lehrer, dann Lektor bei Einaudi. 1935 wegen s. polit. Gesinnung vom faschist. Regime nach Kalabrien verbannt. Beging wenige Monate nach s. Auszeichnung mit dem Premio Strega in e. Turiner Hotel Selbstmord. – E. der sensibelsten mod. ital. Autoren, beginnt mit Gedichten u. wandte sich dann der Prosa zu. In neorealist. Erzählungen u. den von ihm bevorzugten Kurzromanen unter Einfluß mod. amerik. Erzähler bilden häufig die piemontes. Hügellandschaft u. die Stadt Turin den Hintergrund. Fast alle s. Gestalten sind durch Skepsis u. Pessimismus gekennzeichnet, e. Einstellung, die oft zusammen mit der Erkenntnis von der Unmöglichkeit e. echten Verbindung zum Du zur völligen Resignation führt. Am deutlichsten kommt dieses pessimist.-nihilist. Lebensgefühl in P.s Tagebuch zum Ausdruck.

W: Lavorare stanca, G. 1936; Paesi tuoi, R. 1941 (Unter Bauern, d. 1970); La spiaggia, R. 1942 (d. 1970); Feria d'agosto, 1946; Il compagno, R. 1947 (d. 1970); Dialoghi con Leucò, 1947 (d. 1958); Prima che il gallo canti, 1949 (enth. 2 Re.: Il carcere, La casa in collina; d. 1965); La bella estate, 1949 (enth. 3 Re.: La bella estate, d. 1964; Il diavolo sulle colline, d. 1963; Tra donne sole, d. 1960); La luna e i falò, 1950 (Junger Mond, d. 1954); La letteratura americana e altri saggi, Ess. 1951 (Schriften zur Literatur, d. Ausw. 1967); Verrà la morte e avrà i tuoi occhi, G. 1951; Il mestiere di vivere, Tg. 1935–50, 1952 (d. 1956); Notte di festa, 1953; Fuoco grande, 1959 (m. B. Garufi, d. 1962). – Racconti, 1960 (d. 1966); Romanzi, II 1961; Poesie, hg. M. Mila 1961; Tutto Pavese (SW), XVI 1968; Lotte di giovani, Racconti 1925–1930, hg. M. Masoero 1993; Lettere 1924–44, hg. L. Mondo 1966; Lettere 1945–50, hg. I. Calvino 1966. – Übs.: Nacktheit, Sämtl. Erzählungen, 1983; Sämtl. Gedichte, 1991.

L: D. Lajolo, Il ›Vizio assurdo‹. Storia di C. P., 1960 (Kadenz d. Leidens, d. 1964); L. Mondo, 1961, ⁴1973; F. Mollia, 1963; J. Hösle, ²1964; M. Tondo, 1965; I. Hofer, Das Zeiterlebnis bei C. P., 1965; ›Text u. Kritik‹ 17, 1965; A. Amans, 1967; D. Fernandez, Paris 1967; A. Guiducci, 1967; G.-P. Biasin, The Smile of the Gods, Ithaca/N. Y. 1968; V. Stella, C. P. traduttore, 1969; P. Fontana, 1969; H. Hinterhäuser, 1969; E. Gioanola, 1971; E. Kanduth, C. P. im Rahmen d. pessimist. ital. Lit., 1971; P. Renard, Paris 1972; M. Guglielminetti, 1976; G. Pampaloni, 1982; D. Thompson, Cambridge 1982; M. Tondo, 1984; D. Lajolo, 1984; E. Romeo, 1986; V. Lenzen, 1989; C. P. oggi, hg. G. Joli 1989; S. Pautasso, 1991; R. Gigliucci, 2001.

Pavić, Milorad, serb. Autor u. Lit.historiker, * 15. 10. 1929 Belgrad. Promotion 1966 in Vergleichender Lit.wiss. Zagreb; Prof. in Novi Sad, Belgrad, Freiburg. Akad.-Mitglied 1991. – Neben reflexiver Lyrik u. Prosa Vf. grundlegender Studien zur südslaw. Lit. des 18.–19. Jh. Übs. aus dem Russ. u. Engl.

W: Palimpsesti, G. 1967; Mesečev kamen, G. 1971; Gvozdena zavesa, En. 1973; Jazičko pamćenje i pesnički oblik, Ess. 1976; Ruski hrt, En. 1979; Nove beogradske priče, En. 1981; Duše se kupaju poslednji put, G. u. Prosa 1982; Radjanje nove srp. književnosti, St. 1983; Hazarski rečnik, R. 1984 (d. 1991); Istorija stalež i stil, Ess. 1985; Predeo slikan čajem, R. 1988 (d. 1991); Unutrašnja strana vetra, R. 1991 (d. 1995); Istorija srpske književnosti, St. 1991; Stakleni puž, En. 1998; Hazarski besednjak, R. 2002.
L: A. Leitner, 1991; R. Popović, 2002. – Bibl.: J. Mihajlović, 1996.

Pavlenko, Pëtr Andreevič, russ. Prosaiker, 11. 7. 1899 St. Petersburg – 16. 6. 1951 Moskau. Vater Handwerker; aufgewachsen in Tiflis, landwirtschaftl. Polytechnikum in Baku, 1920 freiwillig zur Roten Armee, ab 1921 polit. Aufstieg, 1924–27 bei sowjet. Handelsmission in der Türkei; viele Reisen in den Westen auch unter Stalin, ab den 1930er Jahren führender Lit.funktionär. – P.s Werke propagieren den sozialist. Aufbau und stellen sich vollständig in den Dienst der Parteilichkeit, brachten dem Autor mehrere Stalin-Preise ein, v. a. für seine Filmdrehbücher (›Aleksandr Nevskij‹, ›Padenie Pariža‹ u. a.), zeigen, sprachlich dürftig, in geschichtsverfälschender Schönfärberei die lichte Zukunft des Sozialismus und verschreiben sich bedingungslos dem Stalinkult.

W: Aziatskie rasskazy, En. 1929; Barrikady, R. 1932 (Barrikaden, d. 1934); Na vostoke, R. 1937; Sčast'e, R. 1947 (Das Glück, d. 1949). – Sobranie sočinenij (GW), VI 1953–55.

Pavličić, Pavao, kroat. Erzähler, Lit.wiss. u. -historiker, * 16. 8. 1946 Vukovar. Stud. Vergl. Lit. wiss. Zagreb, Prof. ebda., Akademiemitglied seit 1996. – Gehört zu den produktivsten kroat. Erzählern; beginnt mit phantastischen Themen, wendet sich später dem Kriminal-Genre zu. Zahlreiche lit.wiss. Publikationen.

W: Lađa od vode, En. 1975; Dobri duh Zagreb, En. 1976; Plava ruža, R. 1977; Umjetni orao, R. 1979; Zagrebački odrezak, Feuill. 1985; Trg slobode, R. 1986; Rakova djeca, R. 1988; Sretan kraj, R. 1989; Koraljna vrata, R. 1990; Škola pisanja, R. 1994; Pokora, R. 1998; Vesele zgode djeda i bake, R. 2000.
L: K. Nemec, 1994; J. Matanović, 1997.

Pavlova, Karolina Karlovna (geb. K. K. Janiš), russ. Lyrikerin, 22. 7. 1807 Jaroslavl' – 14. 12. 1893 Dresden. Vater Arzt dt. Abstammung; 1825 Begegnung mit A. Mickiewicz, dann langjähr. Briefwechsel mit ihm; 1837 ∞ Schriftsteller Nikolaj Filippovič Pavlov; wurde früh in der lit. Welt bekannt. – Schrieb anfangs franz. und dt. und übersetzte vorwiegend Werke russ. Dichter ins Dt. und Franz.; ihre originale russ. Dichtung, vom Ende der 30er Jahre an entstanden, ist meist intime Lyrik in der Form der Elegie oder des Sendschreibens, eleg. gehaltene Poetisierung von Reflexionen und Erinnerungen; polit. Ereignisse ihrer Zeit regten sie zu ihren Poemen ›Razgovor v Trianone‹ und ›Razgovor v Kremle‹ an. Übs. russ. Lyrik (Lermontov, A. Tolstoj, Jazykov) und der Dramen A. Tolstojs ins Dt.

W: Dvojnaja žizn', R. 1848; Razgovor v Kremle, Poem 1854; Razgovor v Trianone, Poem 1861. – Sobranie sočinenij (GW), II 1915; Polnoe sobranie stichotvorenij, sämtl. G. 1939, 1964; Das deutsche Werk, hg. F. Göpfert III 1994.
L: L. Grossman, ^{2}1922; B. Lettmann-Sadony, 1971; S. Fusso, Evanston 2001; M. Fajnštejn, 2002.

Pavlović, Miodrag, serb. Autor u. Essayist, * 28. 11. 1928 Novi Sad. Arzt, dann freier Schriftsteller, Redakteur im Verlag Prosveta, Akad.-Mitglied 1985. – E. der Hauptvertreter der serb. Nachkriegsdichtung. P. lehnt die konventionellen Ausdrucksmittel und Inhalte der Vergangenheit ab und pflegt philos.-reflexive Lyrik, die sich durch Ideenreichtum auszeichnet. Schreibt antirealist. Erzählungen, Dramen und lit. Essays. Übsn. aus der Weltlit.

W: 87 pesama, G. 1952; Most bez obala, En. 1956; Oktave, G. 1957; Rokovi poezije, Ess. 1958; Mleko iskoni, G. 1962; Igre bezimenih, Dr. 1963; Antologija srpskog pesništva, 1964 (Von einem kleinen Volk, serb. Lyrik, d. 1966); Osam pesnika, Ess. 1964; Velika Skitija, G. 1970; Poezija i kultura, Ess. 1974; Zavetine, G. 1976; Pevanje na viru, G. 1977; Bekstva po Srbiji, G. 1979; Vidovnica, G. 1979; Poetika žrtvenog obreda, Ess. 1987; Biografije i bibliografije, Bibl. 1987; Koraci u podzemlju, Dr. 1991; Bitni ljudi, R. 1995; Drugi dolazak, R. 2000; Afroditina uvala, R. 2001. – Izabrane pesme (G.-Ausw.), 1996. – Übs.: Gedichte, 1968; Opfer und Tempel, G. 1993; Usurpatoren des Himmels, G. 2001.
L: Č. Đorđević, 1984; B. A. Popović, 1985.

Pavlyčko, Dmytro, ukrain. Dichter, * 28. 9. 1929 Stopčativ/Westukraine. Aus Bauernfamilie. Oberschule in Kolomyja, Stud. Philol. Univ. L'viv (Lemberg). Ab 1954 Mitglied ukrain. Schriftstellerverband. Langjährige redaktionelle Arbeit in lit. Zeitschriften. – Geprägt vom geistigen Erbe Ivan Frankos und der Tauwetterperiode, weist bereits seine frühe Lyrik (›Pravda klyče‹, 1958) heikle sozialpolitische Themen auf, was ihm frühzeitig scharfe offizielle Kritik beschert. Ideologische Vorsicht kennzeichnet eine Reihe seiner Lyrikbände. Reflexive, gefühlvolle, assoziative Lyrik kommt im Lyrikband ›Hranoslov‹ zum Ausdruck. Naturphilosophische Gedanken, die an den lange Jahre in der Sowjetukraine verschwiegenen B. I. Antonyč erinnern, dominieren in seinem Band ›Sonety podil's'koji oseni‹. Ein Jahr zuvor hatte er diesen nur in der Westukraine bekannten Dichter in einem repräsentativen Band in der Sowjetukraine vorgestellt. I. Franko folgend verfaßte er Kindergedichte mit ukrain. Tiermärchenmotiven. Vortrefflicher Lyrikübersetzer (Shakespearesonette u.a.).

W: Hranoslov, G. 1968; Sonety podil's'koji oseni, G. 1968; Poemy ta prytči, 1986; Vybrane, 1986; Tvory, III 1989; Pokajanni psal'my. Poeziji, 1994; Zasvidčuju žytt'a. Poeziji, 2000.

L: Ju. K. Klymec', 1987; S. Hrečan'uk, 1989; V. K. Morenec', 1989; V. K. Dončyk, 1998.

Pavón, Francisco García → García Pavón, Francisco

Pawlenko, Pjotr Andrejewitsch → Pavlenko, Pëtr Andreevič

Pawlikowska, Maria → Pawlikowska-Jasnorzewska, Maria

Pawlikowska-Jasnorzewska, Maria (auch Maria Pawlikowska), poln. Lyrikerin, 24. 11. 1891 Krakau – 9. 7. 1945 Manchester. Entstammt der Malerfamilie Kossak. Wuchs in bürgerl.-aristokrat. Umgebung mit großer künstler. u. lit. Tradition auf. – Veröffentlichte im ›Skamander‹. Ihre frühen Gedichte zeigen weibl. Empfinden u. Leichtigkeit. Miniaturen von subtiler Sprache und leiser Melancholie. Traditionsgebundenheit verbindet sich mit versch. mod. Strömungen wie Impressionismus, Futurismus, Expressionismus. Leichte humorvoll-poet. Liebesdramen mit frischem Dialog. Großer Einfluß auf die Lyrik nach 1960.

W: Niebieskie migdały, G. 1922; Różowa magia, G. 1924; Szofer Archibald, Dr. 1924; Pocałunki, G. 1926; Wachlarz, G. 1927; Dansing, G. 1927; Cisza leśna, G. 1928; Profil białej damy, G. 1930; Kochanek Sybilli Thompson, Dr. (1926) gedr. 1986; Surowy jedwab, G. 1932; Balet powojów, G. 1935; Nagroda literacka, Dr. 1937; Róża i lasy płonące, G. 1941; Gołąb ofiarny, G. 1941; Ostatnie utwory, G. 1956, Baba-Dziwo, Dr. 1966. – Poezje, II 1958; Wybór poezji (Ges. G.), 1967, ⁵1998; Dramaty, Drn. II 1986; Poezje zebrane (sämtl. G.), II 1993.

L: M. Samozwaniec, Maria i Magdalena, 1956; dies., Zalotnica niebieska, 1973; A. Milanowski, 1991.

Payelle, Raymond-Gérard → Hériat, Philippe

Payne, John Howard, amerik. Dramatiker, 9. 6. 1791 New York – 9. 4. 1852 Tunis. Redakteur 1805/06 des ›Thespian Mirror‹, e. der ersten Theatermagazine New Yorks, 1807/08 des ›The Pastime‹, 1809–13 Schauspieler; ging von 1813–32 nach Europa, wo er abwechselnd in London und Paris Stücke schrieb (z.T. mit Washington Irving), bearbeitete und selber auf der Bühne stand, materiell aber erfolglos blieb; 1832 als gefeierter Autor Rückkehr nach New York; 1842–45 und 1851/52 Konsul in Tunis. – E. der ersten amerik. Schriftsteller, die Anerkennung in Europa fanden; s. über 50 Stücke sind gut geschriebene, elegante Komödien, Melodramen, aber auch Blankverstragödien.

W: Julia, or The Wanderer, 1806; Lovers' Vows, 1809 (nach Kotzebue); Brutus: or the Fall of Tarquin, 1818; Clari; or, The Maid of Milan, 1823 (m. dem Lied ›Home, Sweet Home‹); Charles the Second, 1824 (m. W. Irving); Richelieu, Tr. 1826 (m. W. Irving). – Ausw. in America's Lost Plays 5–6, hg. C. Hislop, W. R. Richardson 1940; J. H. P. to His Countrymen, Ausw. hg. C. D. Baillou, 1961.

L: G. Harrison, 1884 (n. 1969); C. H. Brainard, B. 1885; W. T. Hanson, 1913; R. P. Chiles, 1930; G. Overmyer, 1957 (n. 1975).

Payró, Roberto Jorge, argentin. Schriftsteller, 19. 4. 1867 Mercedes/Buenos Aires – 5. 4. 1928 Lomas de Zamora. Rege journalist. Tätigkeit, gründete 1888 in Bahía Blanca die Zeitung ›La Tribuna‹, 1899 die humorist. Zs. ›Arlequín‹, wegen sozialist. Haltung mehrfach verfolgt, 1907–22 Korrespondent von ›La Nación‹ in Europa. – Fruchtbarer Romancier u. Dramatiker. S. stark realist. Romane bes. vom argentin. Landleben tragen hist. oder polit. Charakter; große Beobachtungsgabe, kom. Züge, erzieher. Absicht. S. Theaterstücken, ebenfalls mit erzieher.-moralisierender Tendenz, mangelt es an Dramatik.

W: Antígona, R. 1885; Novelas y fantasías, En. 1888; Canción trágica, Dr. 1902; Sobre las ruinas, Dr. 1904; El falso inca, R. 1905; Marcos Severi, Dr. 1905; El casamiento de Laucha, R. 1906; El triunfo de los otros, Dr. 1907; Pago Chico, En. 1908; Divertidas aventuras del nieto de Juan Moreira, R. 1910; Vivir quiero conmigo, Dr. 1923; El capitán Vergara, R. II 1925; El mar dulce, R. 1927; Nuevos cuentos de Pago Chico, En. 1929. – Teatro completo, 1956.

L: E. Anderson Imbert, 1942; N. Vergara de Bietti, 1957; A. M. Oteiza, 1958; R. Larra, ³1960; G. García, 1961; W. Weyland, 1962; S. M. Fernández de Vidal, 1962; E. González Lanuza, 1965; M. C. Leonard de Amaya, 1974.

Paz, Octavio, mexikan. Schriftsteller, 31. 3. 1914 Mixcoac/Distrito Federal – 19. 4. 1998 Mexiko Stadt. Stud. Jura u. Lit. Mexiko u. USA; Übs.; Teilnahme am Span. Bürgerkrieg auf republikan. Seite; in Frankreich Begegnung mit dem Surrealismus; Diplomat; weite Reisen in Europa u. Asien; 1968 Botschafter in Indien, quittierte den Dienst aus Protest gegen die von den Regierung angeordneten Studentenmassaker. 1990 Nobelpreis. 1997 wurde die Stiftung Octavio Paz gegründet. – Bedeutendster mexikan. Lyriker u. sozialphilos. Denker des 20. Jh. Experimentierfreudiges Talent, das immer neue Wege des lyr. Ausdrucks suchte u. sogar östl. Rhythmen u. Gedankengut aufarbeitete. Behandelte in s. Essays sämtl. Probleme der zeitgenöss. Kultur; plädierte für die Trennung von Kunst u. Politik.

W: No pasarán!, G. 1937; Libertad bajo palabra, G. 1949 (Freiheit, die sich erfindet, d. 1971); El laberinto de la soledad, Es. 1950 (erw. 1969; d. 1970); Águila o sol?, Prosa 1951 (d. 1991); El arco y la lira, Ess. 1956 (d. 1983); La hija de Rappaccini, Dr. 1956; Las peras del olmo, Ess. 1957; Piedra de sol, Ess. 1957 (d. 1977); Conjunciones y disyunciones, Prosa 1964 (d. 1984); Postdata, Prosa 1970; El signo y el garabato, Ess. 1973; Apariencia desnuda, Es. 1973 (d. 1991); Los hijos del limo, Ess. 1974 (d. 1989); El mono gramático, Prosa 1974 (d. 1982); El ogro filantrópico, Ess. 1979 (d. 1979); Sor Juana Inés de la Cruz, B. 1982 (d. 1991); Hombres en su siglo, Ess. 1984; Árbol adentro, G. 1988 (d. 1990); La otra voz, G. 1990 (d. 1994); La llama doble, Es. 1993 (d. 1997); Itinerario, Ess. 1993; Vislumbres de la India, Ess. 1995; Chuang-Tzu, Ess. 1997. – Obra completa, III 1990; Obras completas, XIV 1998; Poemas, (ges. G.), 1979; Cartas a Pere Gimferrer 1966–97, 1999. – *Übs.*: Gedichte, 1973 u. 1977; Essays, II 1979–80; Suche nach einer Mitte, G. 1980; ›Zwiesprache‹, Ess. 1984; Die andere Zeit der Dichtung, Vortr. 1989.

L: H. J. Verani, hg. 1985; J. Aguilar Mora, 1986; J. M. Fein, 1986; J. Wilson, 1986; F. Chiles, 1987; M. Murillo González, 1987; E. Montoya Ramírez, 1988; Kwon Tae Jung Kim, 1989; E. González Rojo, 1990; M. Höfs-Kahl, 1990; A. Ruy Sánchez, 1990 (d. 1991); J. González, 1990; M. Schärer, 1991; T. Brons, 1992; L. I. Underwood, 1992; R. Hozven, 1994; M. E. Maciel, 1995; X. Rodríguez Ledesma, 1996. – *Bibl.*: J. Valencia, E. Coughlin, 1973; H. J. Verani, 1983.

Pázmány, Péter, ungar. Schriftsteller, 4. 10. 1570 Várad – 19. 3. 1637 Pozsony. Aus protestant. Familie; wurde 1583 kathol. u. trat 1588 in das Jesuitenkolleg Kolozsvár ein. Stud. in Wien u. Rom. 1597 Prof. der Philos. in Graz. 1601 Missionar in Ungarn. 1602–07 Prof. der Theologie in Graz. Lebte seit 1607 ständig in Ungarn. 1616 Erzbischof von Esztergom u. Primas von Ungarn. 1629 Kardinal. 1635 Gründer der Univ. Nagyszombat. – Polemiker u. Führer der ungar. Gegenreformation, der in s. Streitschriften, Predigten u. Gebetbüchern die ungar. Literatursprache weiter ausbildete u. auf hohes Niveau hob. Auch Übs. relig. Werke (Thomas a Kempis).

W: Isteni igazságra vezérlő Kalauz, 1613; Prédikátsiók, Pred. 1636. – Opera omnia, VI 1894–1911; Összes művei, VII 1894–1905.

L: V. Fraknói, III 1867–72; J. Schwicker, 1888; S. Sík, 1939; N. Őry, 1970; I. Bitskey, 1986.

p'Bitek, Okot, ugand. Lyriker, 1931 Gulu/Uganda – 19. 7. 1982 Kampala/Uganda. Schrieb in der Acoli-Sprache u. übersetzte seine langen Gedichte ins Englische. p'Bitek beeinflußte mit seiner Verbindung von afrikanischer oraler Lit. u. europ. Reimen viele afrikan. Autoren und weckte westl. Interesse an afrikan. Literatur.

W: Lak Tar Miyo Kinyero Wi Lobo, R. 1953 (White Teeth, 1989); Wer pa Lawino, Ep. 1966 (Song of Lawino, 1966; n. u. d. T. The Defense of Lawino, 2001; d. 1972); Song of Ocol, Ep. 1970; Two Songs, Ep. 1971; The Horn of My Love, G. 1974; Artist, the Ruler, Ess. 1986. – *Übs.*: Lawinos Lied & Ocols Lied, 1998.

L: G. A. Heron, London 1976; M. N. Wanambisi, New York 1984.

Pea, Enrico, ital. Schriftsteller, 29. 10. 1881 Seravezza/Lucca – 11. 8. 1958 Forte dei Marmi. Früh verwaist, arbeitete als Hirte u. Schiffsjunge, ging mit 15 Jahren nach Alexandria, wo er Freundschaft mit G. Ungaretti schloß. Nach s. Rückkehr nach Italien (im 1. Weltkrieg) Journalist, Regisseur u. Schauspieler. – Besser als s. impressionist. Gedichte u. Dramen sind die stark autobiograph. Romane u. Erzählungen, in denen er mit feinem Humor mit Vorliebe die provinzielle Welt s. Heimat schildert. Strebte auch e. Erneuerung des relig. Theaters an.

W: Fole, En. u. G. 1910; Montignoso, G. 1912; Lo Spaventacchio, G. 1914; Prime piogge d'ottobre, Dr. 1919; Moscardino, E. 1922; La passione di Cristo, Dr. 1923; Il volto santo, E. 1924; Il servitore del diavolo, E. 1931; Il forestiero, R. 1937; La Maremmana, R. 1938; Tre alberi, Dr. 1938; Il trenino dei sassi, En. 1940; Arie bifolchine, G. 1943; Opere raccolte, 1944; Lisetta, E. 1946; Malaria di guerra, E. 1947; Vita in Egitto, Mem. 1949; Zitina, E. 1949; Il romanzo di Moscardino (enth. 4 frühe En.), 1949; La figlioccia e altre donne, R. u. En. 1953; Peccati in piazza, En. 1956; Villa Beatrice, R. 1959.

L: G. Olobardi, 1940 (m. Bibl.); A. Borlenghi, 1943; E. Travi, 1965; S. Salvestroni, 1976; A. Arslan, P. Zambon, 1983; M. Fratnik, 1997; S. Pantasso, 1999.

Peacock, Thomas Love, engl. Erzähler, 18. 10. 1785 Weymouth – 23. 1. 1866 Lower Halliford, Middlesex. Sohn e. Glashändlers; versch. Schulen, ab 13. Lebensjahr Autodidakt; hervorragende Bildung; eingehende Antike-Studien; wurde e. der größten Humanisten s. Zeit. ∞ 1819 Jane Gryffydd. 1819–56 bei der East India Company tätig, ab 1836 als deren Direktor. Eng befreundet mit Shelley, verwaltete dessen Nachlaß. Schwiegervater Merediths. – Lyriker, Essayist und Vf. von humorist.-satir. Romanen zwischen Romantik u. Realismus. Gutmütiger Spötter. In ›The Misfortunes of Elphin‹ parodierte er Versromane und Arthurlegenden, ohne ihnen den romant. Zauber zu nehmen. Schuf e. neue Form des Romans, die sog. ›conversation pieces‹, deren wahre und erdachte Gestalten in langen Gesprächen ihre Charaktere und Intentionen enthüllen. S. bestes Werk ›Nightmare Abbey‹ ist e. Parodie auf die Romantiker Wordsworth, Coleridge, Byron und sogar s. Freund Shelley, auf ihre Kunst, ihre Theorien, ihr

Verhalten. Weltmänn. Stil, reich an Witz und humorvollen Einfällen. Erfand zahlr. Nonsense-Wörter.

W: Headlong Hall, R. 1816; Melincourt, R. III 1817; Rododaphne, Dicht. 1818; Nightmare Abbey, R. 1818; The Four Ages of Poetry, Schr. 1820; Maid Marian, R. 1822; The Misfortunes of Elphin, R. 1829; Crotchet Castle, R. 1831; Gryll Grange, R. 1860; Memoirs of Percy Bysshe Shelley, B. 1858–62. – Works, hg. H. F. B. Brett-Smith, C. E. Jones, X 1924–34; Novels, hg. D. Garnett II ^{2}1963; The Satirical Novels, hg. L. Sage 1976; Letters, hg. N. Joukovsky II 1999–2001.

L: C. van Doren, 1911; J. B. Priestley, 1927, n. 1966; J. J. Mayoux, Paris 1932; B. Read, Diss. Boston 1959; L. Madden, 1967; H. Mills, 1969; C. Dawson, 1968 u. 1970; O. W. Campbell, ^{2}1970; F. Felton, 1973; M. Butler, P. Displayed 1979; B. Burns, 1985.

Peake, Mervyn, engl. Schriftsteller u. Maler, 9. 7. 1911 Kuling (China) – 17. 11. 1968 Burcot/Oxfordshire. In China u. Kent erzogen; Studium der Malerei; erfolgreich als Maler u. Illustrator von Kinderbüchern u. Romanen. ∞ 1937 die Malerin Maeve Gilmore. – Lit. Ruhm durch s. Romantrilogie (1946–59) über das Schloß Gormenghast u. seinen letzten Herrscher Titus Groan; der barocke Detailreichtum, die verschlungenen Handlungspfade u. grotesken Figuren der Romane stellen Peakes überbordende Imagination aus.

W: Rhymes without Reason, 1944; Titus Groan, R. 1946; Gormenghast, R. 1950; Mr Pye, R. 1953; Titus Alone, R. 1959; The Wit to Woo, Dr. 1957. – Selected Writings and Drawings, hg. M. Gilmore 1979; Selected Poems, 1972.

L: J. Watney, 1976; M. Gilmore, S. Peake, Two Lives, 1999; G. P. Winnington, Vast Alchemies, 2000; M. Yorke, 2000.

Pecham, John → Peckham

Pečkauskaitė, Marija → Šatrijos Ragana

Peckham (Pecham) John, engl. Dichter in lat. Sprache, Geistlicher und Gelehrter, um 1225 Sussex – 8. 12. 1292 Mortlake. Stud. als Schüler Bonaventuras in Paris, wo er auch lehrte, bis er 1270 als Prof. nach Oxford berufen wurde. Trat 1250 in den Franziskanerorden ein, wurde 1275 engl. Provinzial des Franziskanerordens, 1277 Magister S. Palatii in Rom, 1279 gegen s. Willen Erzbischof von Canterbury. Bekanntschaft mit Thomas von Aquin. – Größter engl. Lyriker des 13. Jh. S. Nachtigallengedicht ›Philomena praevia‹ ist e. relig. lyr. Dichtung von großer Schönheit, ihre myst. Innigkeit brachte e. neue Note in die lat. Lyrik Englands. P.s Verse sind Ausdruck franziskan. Frömmigkeit.

A: Tractatus tres de Paupertate, hg. C. L. Kingsford, A. G. Little, F. Tocco 1910 (Brit. Soc. Francisc. Studies); Tractatus de Anima, hg. H. Spettmann 1919 (n. 1948); Perspectiva Communis, Mailand 1482, als ›J. P. and the Science of Optics‹ n. D. C. Lindberg 1970; Registrum epistolarum, hg. C. T. Martin III 1882–85.

L: H. Spettmann, 1919; J. L. Peckham, 1934; J. J. Smith, 1948; L. D. Douie, 1952.

P'ecuch, Vjačeslav Alekseevič, russ. Prosaiker, * 18. 11. 1946 Moskau. Stud. Geschichte ebda., Päd. Inst. (Abschl. 1970), dann Lehrer; 1983 wegen lit. Tätigkeit entlassen, 1991–95 Chefredakteur der Zs. ›Družba narodov‹; lebt in Moskau. – P.s außergewöhnliche, teilweise absurde Alltagssituationen zitieren aus der russ. Geschichte und Lit., um Mängel der Gegenwart und das Fehlen von ethischen Prinzipien zu kritisieren.

W: Alfavit, En. 1978; Novaja moskovskaja filosofija, R. 1989 (Die neue Moskauer Philosophie, d. 1991); Ja i pročee, Ausw. 1990; Gosudarstvennoe ditja, En. 1997; Russkie anekdoty, En. 2000; Zakoldovannaja strana, En. 2001.

Pedersen, Christiern, dän. Bibelübersetzer, um 1480 Helsingör – 16. 1. 1554 Helsinge. Bekannt durch s. Rettung des letzten Saxo-Manuskripts; Hrsg. von P. Laales Sprichwörtern; Vf. e. vorreformator. Postille (›Jærtegnspostil‹) und Übs. von Luthers Bibel (1550 als ›Christian IIIs Bibel‹ erschienen), wodurch er die Grundlage der auf seeländ. Mundart beruhenden dän. Schriftsprache schuf.

W: Jærtegnspostillen, 1515; Om urtevand, Abh. 1986. – Danske skrifter, V 1850–56.

L: C. J. Brandt, 1882.

Pedersen, Knut → Hamsun, Knut

Pedro, Dom, Herzog von Coimbra, Infant von Portugal, portugies. Schriftsteller, 9. 12. 1392 Lissabon – 20. 5. 1449 in der Schlacht von Alfarrobeira. Sohn von João I., Bruder Heinrichs des Seefahrers u. Dom Duartes, Regent 1439. Unternahm 1425–28 e. Europareise, die ihm e. legendären Ruf einbrachte u. die Einbildungskraft s. Landsleute sehr beschäftigte. – Gebildet u. belesen (Bibel, antike Autoren, Kirchenväter), bekannt als Vf. e. Cicero-Übs., die den Humanismus in Portugal ankündigt, u. e. Traktats, dessen erzähler. Teile e. nicht unbegabten Autor verraten.

W: Dos Benefícios, Traktat 1418 (nach Seneca: De Beneficiis; erw. u. umgearbeitet durch Frei João Verba 1418–33 u.d.T. ›Livro da Virtuosa Benefeitoria‹, hg. J. Costa 1946); Livro dos Ofícios, Cicero-Übs. 1433–38 (hg. J. M. Piel 1948).

L: J. Costa, 1940; F. M. Rogers, 1961.

Pedro Alfonso → Petrus Alfonsi

Pedrolo, Manuel de, katalan. Schriftsteller, 1918 L'Aranyó – 25. 6. 1990 Barcelona. Kämpfte im

Bürgerkrieg, lebte ab 1943 in Barcelona. – Meistgelesener katalan. Autor der Nachkriegszeit; veröffentlichte trotz Konflikten mit der Zensur mehr als 100 Bücher aller Gattungen; Hrsg. e. Krimireihe u. Übs. (Dos Passos, Faulkner, Sartre u. a.).

W: Cendra per martina, R. (1952) 1965; Temps obert, R.-Zykl. XI 1963ff.; Totes les bèsties de càrrega, R. 1967; Mecanoscrit del segon origen, R. 1974. – Obra poètica completa, II 1996; Contes i narracions, V 1974–97; Novel.les curtes, VII 1976–95; Epistolari, II 1997.

L: X. Garcia, hg. 1992; R. X. Rosselló, 1997.

Peele, George, engl. Dramatiker, 1558(?) London – Nov. 1596(?) ebda. 1565–70 Stipendiat in Christ's Hospital, 1572 Stud. Oxford; Rückkehr nach London. Erfolgr. Schauspieler und Bühnenschriftsteller. Beziehung zum Hofe. Gehörte zu den sog. ›university wits‹, e. Gruppe hochbegabter, jedoch etwas zügelloser Bohemiens mit Univ.-bildung, die für die Bühnen Londons Stükke schrieben. Freundschaft m. Greene. – P.s zahlr. Bühnenstücke umfassen u. a. e. höf. Schäferspiel über das Urteil des Paris ›The Arraignment of Paris‹. Darin wird eine als Allegorie für Elizabeth vorgestellte Nymphe sowohl als Verkörperung einer göttlichen Schönheit als auch als personifizierte (staatstragende) Klugheit dargestellt. Ferner Vf. e. für das Volkstheater geschriebenen Historie ›Edward I‹, e. bibl. Drama im Stil der ma. Mirakelspiele ›David and Fair Bethsabe‹. S. bestes Werk ist die mit Blankversen untermischte satir. Prosa der ›Old Wives' Tale‹, in der er durch Gegenüberstellung von Märchen und Wirklichkeit Lustspieleffekte bewirkt. Die Gestalten wurden z. T. parodistisch gezeichnet. P. wurde manchmal als Mitautor des frühen Shakespeare-Dramas ›Titus Andronicus‹ gehandelt.

W: The Arraignment of Paris, Sch. 1584 (n. H. H. Child 1910); Polyhymnia, G. 1590; The Honour of the Garter, G. 1593; Edward I., Sch. 1593; The Battle of Alcazar, Sch. 1594 (n. W. W. Greg 1907); The Old Wive's Tale, Sch. 1595 (n. W. W. Greg 1908, R. C. Blair 1936, P. Binnie 1980); King David and Fair Bethsabe, Sch. 1599; Merry Conceited Jests, 1607 (hg. C. Hindley 1869). – Plays and Poems, hg. H. Morley 1887; Works, hg. A. H. Bullen II 1888; The Life and Works, hg. C. T. Prouty, D. H. Horne u. a. III 1952–70 (mit Biographie, Komm. u. Bibl.).

L: F. A. Laemmerhirt, 1882; P. H. Cheffaud, Paris 1913; G. K. Hunter, Lyly and P., 1968; S. Purcell, 1972; R. Beard, 1974; A. Braunmuller, 1983; I. Aspök, The Herald of his Age, 1993. – *Bibl.*: S. A. Tannenbaum, 1940.

Peer, Andri, rätoroman. Dichter, 19. 12. 1921 Sent/Graubünden – 2. 6. 1985 Winterthur. Schulen in Zernez u. Lavin, Lehrerseminar in Chur. Stud. roman. Sprachen Zürich und Paris, Dr. phil. 1952–83 Lehrer für Franz. u. Ital. am kantonalen Gymnas. Winterthur. – Erneuert die rätoroman. Dichtung unter starkem Einfluß der mod. europ. Dichtung v. a. Éluards, García Lorcas, Fargues u. Eliots, aber auch Trakls und Benns, nicht ohne jedoch immer wieder unter dem ursprüngl. Einfluß Lansels u. Fontanas zu traditionelleren Tönen und Motiven rätoroman. Lyrik zurückzukehren oder e. Synthese zwischen heimatl. Erdverbundenheit u. mod. Leben zu versuchen. S. sprachl. ungemein reichen Erzählungen u. s. dramat. Versuche haben ausgesprochen lyr. Grundcharakter, soweit sie diesen nicht den etwas gesuchten Motiven der mod. Kurzgeschichte opfern.

W: Trais-cha dal temp, G. 1946; Trais raquints, En. 1947; La mort aint il glatsch, H. 1947; Poesias, 1948; Tizzuns e sbrinzlas, Ess. 1951; Sömmis, G. 1951; Battüdas d'ala, G. 1955; L'ura da sulai, Ess. 1957; Sgrafits, G. 1959 (m. dt. Übs.); Suot l'insaina da l'archèr, G. 1960; Da nossas varts, En. 1961; Viadi in Lucania, Ess. 1961; Clerais, G. 1963 (m. dt. Übs.); Da cler bel di, G. 1969; Jener Nachmittag in Poschiavo, En. 1974; L'Alba, G. 1975 (m. ital. Übs.); Il chomp sulvadi, G. 1976; La terra impromissa, G. 1979; La ruina da Plür, En. 1982; Insainas, G. 1984; Poesias/Gedichte (m. dt. Übs.), 1988. – GW Poesias 1946–85, 6. 2003. – *Übs.*: Bilder und Gedichte, 1985.

L: G. Köhler, 1985; A. P. – scrittore di frontiera, hg. Centro P. E. N. da la Svizra taliana e retorumantscha 1987.

Péguy, Charles Pierre (Ps. Pierre Deloire, Pierre Baudouin), franz. Schriftsteller, 7. 1. 1873 Orl/eans – 5. 9. 1914 Plessis-l'Évêque b. Villeroy. Handwerkerssohn; Kindheit in Elend; 1885 Stipendiat an der höheren Schule in Orléans, danach an Lycée Lakanal und 1893 Lycée Louis-le-Grand in Paris. 1894–97 Stud. École Normale, Schüler Bergsons. Brach Stud. ab, verzichtete auf Univ.-Laufbahn, wurde Publizist, Buchhändler und Schriftsteller, ∞ 1897 Charlotte Baudouin. Fiel in der Marneschlacht. – Dichter, Essayist und Publizist. Mitgründer der neukathol. Bewegung Frankreichs und e. der repräsentativsten Gestalten im geistigen Leben Frankreichs vor dem 1. Weltkrieg. Komplexe Persönlichkeit, geprägt von Leidenschaftlichkeit, fanat. Wahrheitsliebe, Kompromißfeindlichkeit und Verachtung für äußeren Zwang. Erstrebte aus tiefer Liebe zu Frankreich s. geistige Erneuerung aus den Kräften s. ma. Tradition, wurde zu e. Führer des relig. verklärten franz. Nationalismus. Im Anfang glühender Sozialist, kämpfte in der Dreyfus-Affäre auf der Seite der Revisionisten. 1900–14 Leiter und Hrsg. der ›Cahiers de la Quinzaine‹, der bedeutendsten lit.-polit. Zs. Frankreichs vor dem 1. Weltkrieg. Veröffentlichte kraftvolle sozialkrit. Pamphlete gegen parlamentar. Sozialismus, den vom Staat unterstützten Antiklerikalismus, den zeitgenöss. Glauben an Fortschritt und Wiss. Näherte sich seit 1900 zunehmend dem Katholizismus, zu dem er

Peiper

sich 1908 endgültig bekehrte, jedoch ohne sich an die Kirche zu binden. Schrieb ab 1910 neben polem. Essays gegen Kapitalismus und Demagogik von glühender Religiosität, kindl. Gläubigkeit erfüllte dichter. Werke über Glauben und Hoffnung der Christen: Sonette, Mysterien und längere ep.-dramat. Versdichtungen. Die Prosaschrift ›Clio‹, e. Dialog des Autors mit der personifizierten Geschichte über den notwendig unglückl. Verlauf der ird. Geschichte und die Rolle der Gnade. Für die pathet. Sprache, auch die Prosa, kennzeichnend sind wie bei der Litanei monotone und an Wiederholungen reiche Sätze von bedrängendem, das Gesagte einhämmerndem Rhythmus. Abstraktes in Bildern konkretisiert.

W: Jeanne d'Arc, Dr. 1897; De la cité socialiste, Schr. 1897; Marcel, premier dialogue de la Cité harmonieuse, Prosa 1898; Notre Patrie, Schr. 1905; Situations, Prosa 1906/07; Notre jeunesse, Schr. 1910; Le mystère de la charité de Jeanne d'Arc, G. 1910 (d. 1954); Victor-Marie, comte Hugo, Schr. 1911; Le porche du mystère de la deuxième vertu, G. 1911 (d. 1943, 1952); Le mystère des Saints Innocents, G. 1912 (d. 1958); L'argent, Schr. II 1912; La tapisserie de Sainte Geneviève et de Jeanne d'Arc, G. 1912; La tapisserie de Notre-Dame, G. 1913; Eve, G. 1914; Note conjointe sur M. Bergson et M. Descartes, Prosa 1914 (d. 1956); Textes politiques, II 1940–44; La route de Chartres, Prosa 1946; La république, Prosa 1946; Du rôle de la volonté dans la croyance, Prosa 1947; Polémique et théologie, Le ›Laudet‹, 1980; Les ›Cahiers de la Quinzaine‹, 1983. – Œuvres complètes, XV 1916–34, XII 1935–44; Œuvres poétiques complètes, 1948; Œuvres politiques et sociales, 1956; Œuvres en prose, II 1957–59; Œuvres posthumes, 1969; Correspondance A. Gide – C. P., 1905–12, 1958; Correspondance C. P. – R. Rolland, 1898–14, 1973; Correspondance C. P. – P. Marcel, 1905–14, 1980. – Übs.: Aufsätze, 1918; P.-Brevier, 1949; Erkämpfte Wahrheit. Gedanken, 1951; Die letzten großen Dichtungen, 1965.

L: M. Péguy, II 1925f.; J. u. J. Tharaud, Notre cher P. II 1926; Nouvelle Revue Française (Sondernr.), 1929; D. Halévy, C. P. et les Cahiers de la Quinzaine, ²1941 (d. 1960); A. Béguin, La prière de P., 1942; R. Rolland, II 1944 (d. 1951); A. Rousseaux, III ²1946 (d. 1947); L. Gillet, 1946; A. Fossier, Tables analytiques des Œuvres de P., 1947; A. Chabanon, La poétique de P., 1947; E. Gremminger, 1949; M. Reclus, 1951; F. Brunnet, 1956; A. Druy, 1957; J. Barbier, Le vocabulaire, la syntaxe et le style des poèmes réguliers de C. P., 1957; L. Perche, 1959; J. Delaporte, Connaissance de P., II ²1959; R. J. Nelson, 1960; J. Onimus, 1962 (d. 1969); L. Christophe, 1963 u. 1964; M. Villiers, Lond. 1965; N. Jussem-Wilson, Lond. 1965; H. A. Schmitt, Lond. 1965; P. Duployé, La religion de P., 1965 (d. 1970); E. van Itterbeek, Socialisme et poésie chez P., 1966; P., Actes du Colloque international d'Orléans, 1964, 1966; Th. Quoniam, La pensée de P., 1967; A. Robinet, P. entre Jaurès, Bergson et l'Église, 1969; J. Viard, Les œuvres posthumes de P., 1969; J. Bonenfant, L'imagination du mouvement dans l'œuvre de P., 1969; P. Gregor, C. P. und die christl. Revolution, 1969; B. Guyon, ²1973; S. Fraisse, Les Critiques de notre temps et P., 1973; J. Bastaire, 1973; A. Marc, 1973; Y. Rey-Herme, 1973; L. Leclère, 1974; R. Winling, 1975; R. Secretain, 1977; F. C. St. Aubyn, 1977; G. Negro, Lecce 1977; S. Fraisse, 1978, 1979; J. Bastaire, hg. Lecce 1978; D. Halévy, 1979; G. Leroy, 1980; H. Guillemin, 1981; P. Vergine, Lecce 1982; S. Fraisse, 1988; A. Finkielkraut, 1991; M. Tardien, 1993; R. Burac, 1994, 1999; D. Halévy, 1995; H. Clavel, 1996; J. Bastaire, 1998. – Bibl.: P. J. Vergine, 1982.

Peiper, Tadeusz, poln. Dichter, 3. 5. 1891 Krakau – 10. 11. 1969 Warschau. Lebte 1915–20 in Spanien. – Erster u. einflußreichster Theoretiker der poln. Avantgardisten. Hrsg. der programmat. Zs. ›Zwrotnica‹ (1922–27). Fordert Autonomie des Ausdrucks, Gestaltung der realen Welt durch andere Worte als die der Umgangssprache, Schaffung e. neuen Syntax. Schrieb teils unverständl. intellektualist. Konstruktionen.

W: A, G. 1924; Żywe linie. Poezje, G. 1924; Nowe usta, Vortr. 1925; Szósta! Szósta!, Dr. 1925; Raz, G. 1929; Tędy, Ess. 1930; Na przykład, G. 1931; Skoro go nie ma, Dr. 1933; Poematy, G. 1935; Ma lat 22, R. 1936. – Pisma zebrane (SW), 1972–90; Pisma wybrane (AW), 1979.

L: St. Jaworski, U podstaw awangardy, ²1979.

Peire d'Alvernha, altprovenzal. Troubadour, dichtete zwischen 1150 und 1170. Bürgerlicher, wirkte mit großem Erfolg an den Höfen Südfrankreichs (v. a. Toulouse) und in Spanien. – Anhänger der dunklen Dichtungsart (trobar clus) im Umkreis von Bernart de Ventadorn. In Formen konventionell, doch um hohes Stilniveau bemüht, von Dante und s. Zeitgenossen sehr geschätzt.

A: R. Zenker (Roman. Forschungen 12), 1900; A. Del Monte, Turin 1955. – Übs.: I. Diez, Leben und Werke der Troubadours, ²1882.

L: L. de Goustine, 1998.

Peire d'Auvergne → Peire d'Alvernha

Peire Cardenal, altprovenzal. Troubadour, um 1174 – um 1271. Nach der Biographie des Michel de la Tor aus Puy-en-Velay; aus adliger Familie; sollte Priester werden, zog aber das ungebundene Leben des Troubadours vor. Dichtete an den südfranz. Höfen, bes. am Hof Jakobs I. von Aragón. – Von herber pessimist. Wesensart. Betrachtete das Dichten als hohe eth.-soz. Aufgabe. Übte heftige Zeitkritik, verspottete die höf. Liebeslyrik, geißelte die Korruption des Klerus, die Grausamkeit der Albigenserkreuzzüge und die Moral der Emporkömmlinge. 70 Gedichte (sirventès) überliefert, für 20 weitere ist P. C.s Autorschaft unsicher. Dante würdigte ihn in der ›Divina Commedia‹ als Christen und Moralisten (Paradiso, 26).

A: R. Lavaud 1957.

L: K. Voßler, 1916; L. Cocito, Aspetti e motivi della poesia di P. C., Genua 1958; S. Vatteroni, 1999.

Peire Vidal, altprovenzal. Troubadour, um 1175 Toulouse – um 1210. Sohn e. Kürschners. Zog in abenteuerl. Leben als Spielmann von Hof zu Hof, in Frankreich, Spanien, Ungarn, Italien, Malta, Zypern und Palästina; länger am Hof des Grafen Barral von Marseille; besang dessen Gattin Azalais. Teilnehmer am 3. Kreuzzug; ∞ 1190 e. Griechin, die er für e. Nichte des oström. Kaisers hielt; legte sich im Größenwahn den Kaisertitel bei. – Begabter Vf. von formvollendeten und persönl. Liedern über s. Leben, Liebe und Heimat in melodiöser, bildreicher Sprache. 50 Lieder erhalten.

A: K. Bartsch 1857; J. Anglade ²1923; D'A. Silvio Avalle, Mail./Neapel II 1960 (m. Bibl.).

L: S. Schopf, Beiträge zur Biographie und Chronologie der Lieder der Troubadours P. V., 1887; E. Hoepffner, 1961.

Peisandros aus Kamiros (Rhodos), 7.–6. Jh. v. Chr. P. wurde von der alexandrin. Philol. zusammen mit u. a. Homer u. Hesiod (zeitl. Verhältnis umstritten) zu den kanon. Epikern gezählt. Er gilt als Vf. einer fragmentar. erhaltenen ›Herakleia‹ (›Herakles-Epos‹, 2 Bücher), die ihn im Hellenismus berühmt machte; vermutl. nicht echt ist das unter s. Namen überlieferte Epigramm.

A: PEG I, 164–167; EpGF 129–135.

L: G. B. Philipp, Gymnasium 91, 1984.

Peisson, Édouard, franz. Romancier, 7. 3. 1896 Marseille – 2. 9. 1963 Ventabren b. Aix-en-Provence. Vf. spannender Seefahrerromane für Jugend und Erwachsene in der Nachfolge J. Conrads.

W: Ballero Capitaine, R. 1928; Hans le marin, R. 1930 (Abenteuer in Marseille, d. 1930); Une femme, R. 1931 (d. 1931); Parti de Liverpool, R. 1932; Crise, 1932; Passage de la ligne, R. 1935; Mer Baltique, R. 1936; Le pilote, R. 1937; Le voyage d'Edgar, Kdb. 1938 (d. 1947); L'aigle de mer, R. 1941 (d. 1949); Jacques Cartier navigateur, R. 1942; A destination d'Anvers, R. 1943; Les écumeurs, R. 1946; Les démons de la haute mer, R. 1948; Les rescapés du Névada, R. 1949 (d. 1952); Le garçon sauvage, R. 1950; Gens de mer, R. 1951 (Seeleute, d. 1951); Une certaine nuit, R. 1953 (d. 1953); Capitaines de la route de New York, R. 1953 (Kapitäne auf großer Fahrt, d. 1958); Grampus, R. 1962; Le cavalier nu, R. 1963.

Peixoto, Júlio Afrânio, brasilian. Gelehrter u. Schriftsteller, 17. 12. 1876 Lençóis/Bahia – 12. 1. 1947 Rio de Janeiro. Student u. Prof. an der Medizin. Fakultät Bahia, an soziolog., ethnolog., philolog. u. pädagog. Fragen interessiert, Mitglied der Academia Brasileira de Letras. – Nach symbolist. Jugendgedichten Vertreter des brasilian. Regionalromans (Bahia) mit realist. Einschlag u. mitunter gesellschaftskrit. Zügen. Darstellung der Welt des Sertão, porträtiert weibl. Figuren (u. a. Maria Bonita, die Frau des berühmten Cangaçeiros Lampião), bedeutsamer als Lit.kritiker, auch in Portugal.

W: Rosa Mística, G. 1900; A Esfinge, R. 1911; Maria Bonita, R. 1914; O Mistério, R. 1920; Fruta do Mato, R. 1920; Castro Alves, B. 1922; Bugrinha, R. 1922; Dicionário de ›Os Lusíadas‹, Wörterb. 1924; A camonologia e os estudos camonianos, Abh. 1924; Sinházinha, R. 1929; Estudos camonianos, Abh. 1932; Panorama da Literatura Brasileira, Schr. 1940. – Obras Completas, XXV 1944; Romances completos, 1962.

L: F. da Costa, 1920; W. Giese, 1932; L. Bittencourt, 1938; E. de Mendonça, 1947; L. Ribeiro, 1950; L. Viana Filho, 1963; O. de Faria, 1977.

Pekić, Borislav, serb. Erzähler u. Dramatiker, 4. 2. 1930 Podgorica – 2. 7. 1992 London. Freier Schriftsteller in Belgrad. – Außer stilist. und strukturell komplexen allegor. Romanen und Novellen, in denen Mythos und Realität auf eth. Ebene verschmelzen, auch psycholog. Gesellschaftsromane, in denen Tod und Sterben e. zentrale Stellung einnehmen. Mit s. z. T. satir. u. grotesken Dramen, Hörspielen und Szenarien aus dem Zeitgeschehen wurde P. zum Wegbereiter des mod. serb. Dramas.

W: Vreme čuda, R. 1965 (The Time of Miracles, engl. 1976); Hodočašće Arsenija Njegovana, R. 1970 (The Houses of Belgrade, engl. 1978); Konopac i tronožac ili Obešenjak, H. 1970; Na ludom belom kamenu, Drn. 1971; Uspenje i sunovrat Ikara Gubelkijana, R. 1975; Kako uspokojiti vampira, R. 1977; Zlatno runo; fantazmagorija, R. V 1977–82; Kategorički zahtev, Dr. 1978; Besnilo, R. 1983; Pisma iz tuđine, En. III 1987–91; Argonautika, R. 1989. – Izabrana dela (AW), 1991.

L: R. Baturan, 1989; P. Pijanović, 1991. – *Bibl.:* D. Vukićević, 2001.

Pekkanen, Toivo Rikhard, finn. Dichter, 10. 9. 1902 Kotka – 30. 5. 1957 Kopenhagen. Vater Steinklopfer; Jugend in Armut; Fabrikarbeiter, Autodidakt. 1932 freier Schriftsteller; 1955 Mitgl. der Akad. Finnlands. – Prosaist mit Interesse für die soziale Frage. Sucht im Arbeiterleben das individuelle Schicksal, den Menschen in s. Verstrikkungen. Schauplätze sind: Fabrik, Hafen, Meer u. Schären s. Heimat. Prosa oft pessimist., ohne Sentimentalität. Knapper, genauer Ausdruck. Dringt über die realist. Schilderung hinaus ins Symbolische. Der einzige Gedichtband entstand im Schatten des Todes. Auch Dramatiker.

W: Rautaiset kädet, E. 1927; Satama ja meri, Nn. 1929; Kuolemattomat, Nn. 1931; Tehtaan varjossa, R. 1932; Ihmisten, kevät, R. 1935 (Menschen im Frühling, d. 1949); Isänmaan ranta, R. 1937; Levottomuus, Nn. 1938; Musta hurmio, R. 1939; Ne menneet vuodet, R. 1940; Elämän ja kuoleman pidot, Nn. 1945; Nuorin veli, R. 1946; Aamuhämärä, R. 1948; Toverukset, R. 1948; Mies ja Punapartaiset herrat, Nn. 1950; Täyttyneiden toiveiden maa, R. 1951; Voittajat ja voitetut, R. 1952; Lapsuuteni, Mem. 1953; Lähtö matkalle, G. 1955; In-

kerin romaani, R. 2002. – Kootut teokset (GW), VII 1957 f.
L: K. Kare, 1952; U. Kupiainen, 1955; K. Ahti, 1967; M. Mäkelä, 2002.

Péladan, Joséphin, franz. Schriftsteller, 28. 3. 1859 Lyon – 27. 1. 1918 Neuilly-sur-Seine. Vater kathol. Monarchist. Wandte sich, der Zeitströmung folgend, Mystik und Okkultismus zu, Anhänger des von Stanislas de Guaita gegründeten Rosenkreuzordens, gründete 1888 den ›Ordre du Temple de la Rose-Croix‹, nannte sich als dessen Großmeister ›Sâr Mérodack‹. – Vf. religionsphilos., kunstkrit. Schriften. Romane und Dramen. Anfangs beeinflußt von Barbey d'Aurevilly. Gegner des herrschenden Naturalismus und Positivismus. Verband in s. Lehre philos., kabbalist. Züge und Elemente der oriental. und christl. Religionen. Begann mit zahlr. Romanen, machte sie zum Träger s. Grundidee, daß die Entspiritualisierung Ursache für den bevorstehenden Niedergang der »lat. Rasse« sei. Trat in feurigen und klugen kunstkrit. Schriften für e. neue Spiritualisierung der nach s. Auffassung in ihrem Wesen mag. Kunst ein. Wagner-Anhänger. Schrieb handlungsarme wagnerianisierende Ideendramen aus dem Gefühl der Dekadenz und der Suche nach neuen Maßstäben. Am bedeutendsten ›Oedipe et le sphinx‹ und ›Sémiramis‹. Beeinflußte Claudel und Maurras. Übs. R. Wagner (›Le théâtre complet de R. W.‹, 1895, mit Kommentar).

W: La décadence latine, éthopée, R.-Folge 1884–1922 (Le vice suprême, 1884, Istar, 1888, L'Androgyne, 1891, La Gynandre, 1891, Le Panthée, 1891 [d. 1940], Finis latinorum, 1899, Pérégrine et Pérégrin, 1910, Les amants de Pise, 1912 [d. 1949], Les dévotes d'Avignon, 1922); La décadence esthétique, III 1888/89; Amphithéâtre des sciences morales, Schr. VII 1892–98; Le fils des étoiles, Dr. 1895; Babylone, Dr. 1895; Œdipe et le sphinx, Dr. 1897; Sémiramis, Dr. 1897; Les idées et les formes, Schr. X 1899–1910; Cagliostro, Dr. 1900; La dernière leçon de Léonard de Vinci, Schr. 1904; De Parsifal à Don Quichotte, Schr. 1906. – *Übs.:* Romane, XII 1911–25; Dramen, II 1914.

L: J. Aubrun, 1904 (m. Bibl.); R.-L. Doyon, La douloureuse aventure de P., 1946; E. Datinne, Brüssel 1948 (m. Bibl.); E. Bertholet, La pensée et les secrets du Sâr J. P., III 1952–55; R. Pincus-Witten, Occult Symbolism in France, N. Y. 1976; C. Beaufils, 1986, 1993; J.-P. Breton, 1999; M. Verna, 2000.

Pèlerinage de Charlemagne, franz. Chanson de geste, um 1150. Karl der Große und s. Paladine pilgern zum Hl. Grab. Auf dem Rückweg wollen sie sich mit Kaiser Hugo dem Starken von Konstantinopel messen. Ihre Prahlereien aber bringen sie in Not, und nur die Wunderkraft der von Jerusalem mitgebrachten Reliquien rettet ihr Leben aus versch. Gefahren. Heroisches und Kom. spielen dabei ineinander.

A: E. Koschwitz, A. J. Cooper, 1925; P. Aebischer, 1965. – *Übs.:* W. Schwartzkopff, 1923; W. Widmer 1948 (60 alte franz. Nn. u. Schwänke).
L: J. Horrent, 1961; G. Favati, 1964; P. Aebischer, 1965; M. Bonafin, 1990; A. E. Cobby, 1995.

Peletier, Jacques (P. du Mans), franz. Schriftsteller, 25. 7. 1517 Le Mans – Juli 1582 Paris. Universale Interessen. Sekretär von René du Bellay, Lehrmeister Ronsards; von großem Einfluß auf die Entstehung der Pléiade; forderte den Gebrauch der Nationalsprache und Anlehnung an die Antike. Schrieb lyr. Sonette und Lehrgedichte. Übs. Homer, Vergil, Martial, Petrarca.

W: Œuvres poétiques, G. 1547 (hg. L. Séché, P. Laumonier 1904); Dialogue de l'Ortografe e Prononciacion Françoese, 1550 u. 1555 (hg. L. C. Porter 1966); Art poétique, Abh. 1555 (hg. A. Boulanger 1930); L'Amour des Amours, G. 1555 (hg. A. van Bever 1926); La Savoye, G. 1572 (hg. C. Pagès 1897).
L: C. Juge, 1907, 1970; A. Boulanger, L'art poétique de J. P., 1930; H. Staub, Le curieux désir, 1967.

Pelevin, Viktor Olegovič, russ. Prosaiker, * 22. 11. 1962 Moskau. Stud. Inst. für Energetik ebda., Fernstud. Lit.inst. ohne Abschluß; lebt als freier Schriftsteller in Moskau. – P.s Texte fokussieren das Wechselspiel von individueller Psyche und kollektivem Unterbewußtsein, verarbeiten in e. Art ›phantast. Realismus‹, der sprachlich stark am Werbeclip und an psychedelischen Techniken orientiert ist, teilweise grotesk und ironisch ideolog. Phänomene des neuen russ. Selbstverständnisses.

W: Omon Ra, N. u. En. 1993 (Omon hinterm Mond, d. 1994); Čapaev i Pustota, R. 1996 (Buddhas kleiner Finger, d. 1999); Žizn' nasekomych, R. 1997 (Das Leben der Insekten, d. 1997); Generation ›P‹, R. 1999 (d. 2000); Dialektika Perechodnogo Perioda iz Niotkuda v Nikuda, R. 2004. – Sobranie sočinenij (GW), III 1999.

Pellicer, Carlos, mexikan. Lyriker, 4. 11. 1899 Villahermosa – 17. 2. 1977 Mexiko Stadt. 1922–26 Studienreisen in Lateinamerika, Europa u. im vorderem Orient; Prof., Initiator des Aufbaus mehrerer Museen, Generaldirektor der bildenden Künste. – In P.s Dichtung herrscht das Experiment mit Bildern u. Farben vor; das Visuelle steht über dem Gefühl; benutzt Elemente des Sprechreims u. Volkslieds; später auch relig. Themen.

W: Colores en el mar, 1921; 6, 7 poemas, 1924; Piedra de sacrificios, 1924; Hora y 20, 1927; Camino, 1929; Hora de junio, 1937; Exágonos, 1941; Recinto, 1941; Subordinaciones, 1949; Práctica de vuelo, 1956; Con palabras y fuego, 1963; 13 de agosto: ruina de Tenochtitlán, 1965; Antología, 1969; Cuerdas, percusión y alientos, 1976; Cosillas para el nacimiento, 1977; Reincidencias, 1978; Esquemas para una oda tropical, 1987. – Material poético (GW), 1962; Obra, Poesía, 1976; Obras. Poesía, 1981.

L: E. J. Mullen, 1977; G. Melnykovich, 1979; E. J. Mullen, hg. 1979; D. Martín del Campo, 1987; S. Gordon, 1997.

Pellico, Silvio, ital. Dichter, 25. 6. 1789 Saluzzo – 31. 1. 1854 Turin. Sohn e. Spezereienhändlers; Jugend in Pinerolo, Turin u. Lyon, intensive Beschäftigung mit der franz. Sprache u. Lit. Ab 1809 in Mailand, enge Freundschaft mit Foscolo, Verkehr mit zahlr. Dichtern u. Literaten (Manzoni, Monti, Berchet). S. Tätigkeit als Hauslehrer bei dem Grafen Luigi Porro Lambertenghi brachte ihn in Verbindung mit den Führern der ital. Einheitsbewegung, deren lit. Organ ›Il Conciliatore‹ er 1818/19 leitete. Nach dem Verbot der Zs. Eintritt in den Geheimbund der ›Carbonari‹, 1820 verhaftet, wegen Hochverrats von den Österreichern 1822 zum Tode verurteilt. Das Urteil wurde jedoch in e. 15jährige Gefängnisstrafe umgewandelt, die P. auf der Festung Spielberg (Mähren) verbüßte. Nach s. Begnadigung (1830) zog er sich aus dem polit. Leben zurück. Sekretär des Marchese Barolo. – P.s Lyrik ist Ausdruck s. relig. u. patriot. Gefühle; in s. romant. Versnovellen schildert er Episoden aus dem ma. Leben. Romant., wenn auch in der Form nach den klass. Regeln aufgebaut, sind auch s. zahlr. Tragödien (am bekanntesten ›Francesca da Rimini‹), denen es an echter Tragik fehlt. P.s bedeutendstes u. in der Zeit des Risorgimento viel gelesenes Werk ist ›Le mie prigioni‹, die eindrucksvolle Schilderung s. Festungszeit, die er durch die Kraft s. unerschütterl. Vertrauens auf die göttl. Vorsehung ertragen hat.

W: Francesca da Rimini, Tr. 1815 (d. 1834); Eufemio da Messina, Tr. 1820; Le mie prigioni, Aut. 1832 (hg. u. komm. A. Luzio 1919, C. Spellanzoni 1933, F. Ravello ²1940, A. Jacomuzzi 1995; d. 2002); Tomaso Moro, Tr. 1833; Discorso dei doveri degli uomini, 1834. – Opere, IV 1856–60; Scritti scelti (Ausgew. Schriften), hg. A. Romanò 1960; Opere scelte (AW), hg. C. Curto ³1978; Epistolario, hg. ders. 1955. – *Übs.:* SW, 1835, ²1850.

L: I. Rinieri, III 1898–1901; A. Luzio, Il processo P.-Maroncelli, 1903; E. Bellorini, 1916; M. Cimino, Il teatro di S. P., 1925; R. Barbiera, 1926; H. Ritter, 1932; B. Allason, 1933; A. Romanò, 1949; F. Ravello, ²1966; E. Ballabio, 2000. – *Bibl.:* E. Bellorini (Rivista di sint. letter., I), 1934; M. Parenti, 1952.

Pellinen, Jyrki Olavi, finn. Schriftsteller u. Künstler, * 16. 5. 1940 Helsinki. – S. kaum kategorisierbaren Gedichte bieten Wahrnehmungen aus ungewöhnlicher Perspektive u. entwickeln überraschende Bilder. Die sprachlich stark verdichteten existentiellen Reflexionen s. Prosa bewegen sich im Grenzbereich von Essay u. Erzählung.

W: Näistä asioista, G. 1962; Niin päinvastoin kuin kukaan, G. 1965; Nuoruuteni ilmastot, Prosa 1965; Tässä yhteiskunnassa on paha nukkua, G. 1966; Moskova, G. 1971; Kesän maa, G. 1973; Yksin, Prosa 1974; Sade, En. 1975; Kun sinussa on joku, G. 1983; Yön kaunottaret ovat todellisia kuvitelmia, G. 1987; Huulilla kylmä tuuli, G. 1990; Ennen ja jälkeen, G. 1994; Ei ilman tätä, G. 1997. – Valitut runot (ausgew. G.), 1983.

Pels, Andries, niederländ. Dramatiker, (getauft) 19. 10. 1631 Amsterdam – (begraben) 6. 7. 1681 ebda. Rechtsanwalt, Mitbegründer der Kunstgenossenschaft ›Nil Volentibus Arduum‹ (1660). Bearbeitete die von J. Oudaen übs. ›Dichtkunst‹ des Horaz, hatte entscheidenden Anteil an der Prägung des klassizist. Charakters der niederländ. Lit. des 18. Jh. nach franz. Vorbild; übersetzte Molière.

W: Didoos doot, Tr. 1668; Julius, Lsp. 1668; Q. Horatius Flaccus' dichtkunst op onze tijden en zeden gepast, 1677; Gebruik en misbruik des tooneels, Abh. 1681; Minneliederen en Mengelzangen, G. 1684.

L: A. J. Kronenberg, Het kunstgenootschap Nil Volentibus Arduum, 1875; B. P. M. Dongelmans, Nil Volentibus Arduum, 1982.

Peltonen, Juho Vihtori → Linnankoski, Johannes Vihtori

Pemán y Pemartín, José María, span. Schriftsteller, 8. 5. 1898 Cádiz – 19. 7. 1981 Madrid. Stud. Rechte u. Lit. Sevilla, Doktorexamen in Madrid, 1938–46 Präsident der Span. Akad. Zeitweilig Kultusminister. – Myst.-symbolist. Lyriker der Neuromantik, Dramatiker u. Redner; am erfolgreichsten u. fruchtbarsten als Bühnenautor; Erneuerer des span. Versdramas. Bevorzugt Themen aus der Nationalgeschichte, Spiegel s. polit. u. relig. Ideen. Bearbeitet auch Werke der griech.-lat. Klassiker (Edipo, Antígona, Electra, Julio César).

W: De la vida sencilla, G. 1923; Nuevas poesías, G. 1924; A la rueda, rueda, G. 1929; El barrio de Santa Cruz, G. 1931; Elegía a la tradición de España, G. 1933; El divino impaciente, Dr. (1933, De Stürmer Gottes, d. 1951); Cisneros, Dr. (1934); Señorita del mar, G. 1934; Cuando las Cortes de Cádiz, Dr. 1934; Julieta y Romeo, K. 1935; Noche de Levante en calma, Dr. (1935); Poema de la Bestia y el Ángel, G. 1938; La Santa Virreina, Dr. 1939; Metternich, K. 1942; Yo no he venido a traer la paz, Dr. 1943; La casa, K. 1946; Las flores del bien, G. 1946; En tierra de nadie, K. (1947); La verdad, K. (1947); Electra, Tragikom. (1949); Callados como muertos, Dr. 1952; Los tres etcéteras de don Simón, K. 1958; Felipe II, Dr. 1958; La viudita naviera, K. 1960; La coqueta y don Simón, K. 1961; El horizonte y la esperanza, R. 1970. – Obras completas, VII 1948–64; Obras selectas, VII 1971–75; Poesías 1914–41, 1941; Teatro selecto, 1998.

L: M. Ciriza, 1974; G. Álvarez Chillida, 1996; J. Tusell, 1998; F. Sánchez García, 1999.

Pena, Cornélio (eig. C. de Oliveira P.), brasilian. Schriftsteller und Maler, 20. 2. 1896 Petrópolis/ Rio de Janeiro – 12. 2. 1958 Rio. Ausbildung in São Paulo; zunächst expressionist. Maler, Illustrator, Journalist. – Vf. von psycholog. Romanen, v. a. zu den Themenbereichen Identität, Vereinsamung der Menschen und dem von Rassismus geprägten Leben versch. Gesellschaftsgruppen innerhalb der brasilian. Gesellschaft. Der letzte Roman spielt auf e. Fazenda; das Romanfragment ›Alma branca‹ erschien in der Gesamtausgabe 1958.

W: Fronteira, R. 1935 (m. eigenen Illustrationen; 1967, 1976; engl. Threshold, 1975); Dois romances de Nico Horta, R. 1939 (2000); Repouso, R. 1948/49 (n. 1998); A menina morta, R. 1954 (n. 1997; franz. La petite morte, 1993). – Romances completos, hg. A. Filho 1958; Poesia, hg. ders. 1960; Romance, hg. ders. 1960.

L: L. C. Lima, 1976; A. Eulálio, 1979; C. D. Romo, Os romances de C. P., Ann Arbor 1986 (m. Bibl.); J. A. Montenegro, O tradicionalismo ontológico nos romances de C. P., 2001.

Penna, Cornélio → Pena, Cornélio

Penna, Sandro, ital. Dichter, 12. 6. 1906 Perugia – 21. 1. 1977 Rom. Aus kleinbürgerl. Elternhaus, Handelsschule in Perugia, absichtsvoll gewählte Außenseiterexistenz als Homosexueller und Dichter ohne festen Beruf in Rom, wo er nur von wenigen, u. a. von P. P. Pasolini, unterstützt wurde. S. Lyrik, die lange im Schatten des in Italien dominierenden ›ermetismo‹ stand, ist geprägt von e. sinnl. und optimist. Lebensgefühl in paganmediterraner, homoerot. Tradition. S. unchiffrierten poet. Bilder bestechen durch ihre Konzentration und epigrammat. Kürze.

W: Poesie, G. 1939; Appunti, 1950; Una strana gioia di vivere, 1956; Croce e delizia, 1958; Un po' di febbre, En. 1973 (d. 1987); Stranezze, 1976; Poesie, hg. C. Garboli 1989. – Übs.: Qual und Entzücken (Ausw.), R. v. der Marwitz, 1985.

L: G. Di Fonzo, 1981; G. De Santi, 1982; C. Garboli, 1984; M. G. Boccolini, 1985; E. Pecora, 1990; A. Vaglio, 1993; F. Bernardini Napoletano, 2000.

Pennac, Daniel, franz. Schriftsteller, * 1. 1. 1944 Casablanca. Wuchs aufgrund der Tätigkeit s. Vaters bei der Armee in versch. Garnisonen in Afrika und Asien auf; Stud. in Nizza, Lehrer.- Vf. von Kinderbüchern, Kriminalgeschichten über die Gestalt des Benjamin Malaussène, Comicautor. Versucht mit dem Essay ›Comme un roman‹ gezielt die Freude am Lesen zu wecken.

W: Au bonheur des ogres, R. 1985; La fée carabine, R. 1987 (Wenn alte Damen schießen, d. 1989); La petite marchande de prose, R. 1989; Comme un roman, 1992; Monsieur Malaussène, R. 1995; Messieurs les enfants, R. 1997; Au fruit de la passion, R. 1999; La débauche, R. 2000; Le dictateur et le hamac, R. 2003.

Pennanen, Eila, finn. Erzählerin u. Übersetzerin, 8. 2. 1916 Tampere – 23. 1. 1994 ebda. – Vielseitige Autorin mit Vorliebe für hist. Romane. Widmet sich auch polit. Themen in leserfreundlicher, unterhaltsamer Schreibweise. Ihr Interesse gilt v. a. zwischenmenschl. Beziehungen. Sie begleitet ihre Protagonisten, oft Menschen, die im Wohlfahrtsstaat zu kurz kommen, auch bei deren Scheitern mit Humor.

W: Ennen sotaa oli nuoruus, R. 1942; Pilvet vyöryvät, R. 1947; Tornitalo, En. 1952; Pyhä Birgitta, R. 1954; Valon lapset, R. 1958; Mutta, R. 1963; Tunnustelua, Ess. 1965; Pientä rakkautta, En. 1969; Himmun rakkaudet, R. 1971; Koreuden tähden, R. 1972; Ruusuköynnös, R. 1973; Santalahden aika, R. 1986; Kulmatalon perhe, R. 1988.

Pepetela (Artur Carlos Maurício Pestana dos Santos), angolan. Romancier u. Dramaturg, * 1941 Benguela. Stud. Soziol., Widerstandskämpfer im Kolonialkrieg, nach der Unabhängigkeit Angolas Mitarbeit in mehreren Ministerien. – Thematisiert ohne Dogmatismus die Geschichte Angolas und gewisse naive Entwicklungen in der angolan. Gesellschaft nach der Unabhängigkeit, durch s. letzten Romane zieht sich e. humorist. Faden.

W: Mayombe, R. 1980 (Mayombe oder eine afrikan. Metamorphose, d. 1983); Yaka, R. 1984; O Cão e os Caluandas, R. 1985 (Der Hund und die Leute von Luanda, d. 1987); Lueji – O Nascimento de um Império, R. 1989; A Geração da Utopia, R. 1994; Jaime Bunda, Agente Secreto, R. 2001.

L: A. Mafalda Leite, 1996; T. Macedo, R. Chaves, 2003.

Pepys, Samuel, engl. Schriftsteller, 23. 2. 1633 London – 26. 5. 1703 Clapham. Stud. Cambridge. Sein lebenslängl. Gönner war Edward Montagu, erster Graf von Sandwich; durch s. Vermittlung erhielt P. versch. hohe Verwaltungsposten. 1660 Sekretär des Navy Office,1673 Sekretär der Admiralität; vorübergehend wegen s. Teilnahme an dem ›Popish Plot‹ im Tower, 1684 Präsident der Royal Society, 1686 unter Charles II. wieder eingesetzt, nach der ›Glorious Revolution‹ entlassen. Letzte Lebensjahre zurückgezogen in Clapham. – Schrieb die Memoiren der Royal Navy, 1690, ging jedoch in die Lit. ein durch s. einzig dastehendes intimes Tagebuch, das er vom 1. 1. 1660 bis zum 31. 5. 1669 führte, als s. Augenlicht nachließ. Das Tagebuch besitzt großen kulturhist. Wert, da P. darin als Augenzeuge e. Zeitbild von erstaunl. Aufrichtigkeit und Unmittelbarkeit gab. Er erörterte alles, s. vielseitigen Interessen für Musik, Theater, Bücher, Naturwiss., ferner Hoffeste und Hofklatsch, die üppige Luxusleben nach der puritan. Zeit, aber auch die Schrecken der großen Pestepidemie und des Brandes von London, daneben äußerst freimütig sein persönl. Tun und

Treiben, Ehebruch und Selbsterforschung. P. hatte s. nicht zur Veröffentlichung bestimmtes Tagebuch in e. selbsterfundenen Geheimschrift geschrieben, die erst 1825 durch John Smith entziffert wurde.

W: Diary and Correspondence, hg. M. Bright VI 1875–79 (n. J. Warrington III 1953); hg. H. B. Wheatley X 1893–99, VIII ²1923; hg. R. Latham, W. Matthews XI 1970ff. (m. Komm.; 1. vollst. Ausg.); The Illustrated P., hg. R. Latham 1978; Private Correspondence, hg. J. R. Tanner II 1926; Further Correspondence, hg. ders. 1929; The Letters, hg. H. T. Heath 1955. – *Übs.:* Ausw., M. Schwartzkopf-Winter 1931.
L: H. B. Wheatley, 1880; P. Lubbock, 1909; G. Bradford, 1924; J. R. Tanner, 1925; A. A. Ponsonby 1928, 1971; J. Drinkwater, 1930; E. Chappell, 1933; A. Bryant, III 1933–38; L. Schücking, 1949; P. Hunt, 1958; J. H. Wilson, 1959; J. Cleugh, 1959; C. S. Emden, P.s Diary and the New Science, 1963; M. Willy, Engl. Diarists: Evelyn and P., 1963; M. H. Nicolson, 1965; I. E. Taylor, 1967, rev. 1989; R. Barber, 1970; R. Ollard, 1974; E. M. Wilson, P.s Spanish Plays, 1980; R. Ollard, 1984; S. Coote, 2000; C. Tomalin, 2002. – *Bibl.:* G. Keynes, 1937.

Percival, James Gates, amerik. Lyriker, 15. 9. 1795 Kensington/CT – 2. 5. 1856 Hazel Green/WI. Univ. Pennsylvania, Yale; Arzt und Geologe, führte e. exzentrisches Leben, Anzeichen von Geisteskrankheit. – S. stark intellektualisierte Lyrik galt als die beste amerik. Lyrik vor Bryant.

W: Poems, 1821; Prometheus, G. 1822; Clio, G. III 1822–27; The Dream of a Day, G. 1843. – Uncollected Letters, hg. H. Warfel 1959.
L: J. H. Ward, 1866; H. E. Legler, 1901.

Percy, Thomas, engl. Geistlicher und Altertumsforscher, 13. 4. 1729 Bridgnorth/Shropshire – 30. 9. 1811 Dromore. Sohn e. Kaufmanns, Stud. Oxford. 1753 Pfarrer in Easton Maudit, 1756 Pfarrer in Wilby. ∞ 1759 Anne Gutteridge. 1769 Hofkaplan des Königs, Hauskaplan, Dekan von Carlisle und 1782 Bischof von Dromore/Irland. Vielseitig begabter Literat, von antiquar. Forscherdrang besessen. S. lit. Ruhm beruht auf der Herausgabe der ›Reliques of Ancient English Poetry‹ (1765), die sich auf e. Manuskriptsammlung des 16. Jh. stützen, die das Repertoire e. damaligen Berufsvortragenden von Chester enthält. P. entdeckte durch Zufall das Manuskript im Hause s. Gastgebers Humphrey Pitt. Aus diesem Manuskript, nach ihm ›Percy Folio‹ benannt, gab er unkrit. und mit gelegentl. Veränderungen 1765 zunächst 45 Balladen heraus, vermehrte die Ausgabe 1767, 1775 und 1794. Machte dadurch Schätze ma. Poesie der Öffentlichkeit zugänglich. – S. ›Reliques‹ hatten großen Einfluß auf die lit. Entwicklung Englands und Dtl.s: Herders Theorien über Volkspoesie, G. A. Bürger, Goethe, die engl. Romantik.

W: Hau Kiou Choaan, Übs. IV 1761; Five Pieces of Runic Poetry, Übs. 1763; Reliques of Ancient English Poetry, III 1765 u. ö. (hg. G. Gilfillan III 1855, H. B. Wheatley III 1876f. [n. 1966], M. M. A. Schröer II 1889–93; d. J. J. Bodmer 1780f.); Northern Antiquities, II 1770; Hermit of Warkworth, 1771; Bishop P.s Folio Manuscript, hg. J. W. Hales, F. J. Furnivall III 1867f. (n. 1968), I. Gollancz IV 1905; Ancient Songs, chiefly on Moorish Subjects, Übs. hg. D. Nichol Smith 1932; The Percy Letters, hg. ders., Cleanth Brooks u. a. 1944ff.
L: M. Hagedorn, Das P.-Folio-Ms., 1940; B. H. Davis, 1989; N. Groom, The Making of P.s Reliques, 1999.

Percy, Walker, amerik. Erzähler u. Journalist, 28. 5. 1916 Birmingham/AL – 10. 5. 1990 Covington/LA. Aus alter Südstaatenfamilie, verlor früh beide Eltern; Stud. Med. Columbia Univ.; Pathologe in New York, gab 1943 krankheitsbedingt Arztberuf auf. – Erkenntnisproblematik, Existentialismus, Selbstentfremdung des modernen Menschen u. Sinnentleerung des Alltags sind s. Themen. Daneben Gesellschaftssatire u. Komik des Alltags; sensibler, poet. Stil.

W: The Moviegoer, R. 1961 (n. 1980, 1999; d. 1980); The Last Gentleman, R. 1966 (n. 1978; Der Idiot des Südens, d. 1985); Love in Ruins, R. 1971 (n. 1978; d. 1974); Lancelot, R. 1977 (d. 1978); The Second Coming, R. 1980 (d. 1989); Lost in the Cosmos, R. 1983 (d. 1991, 1999); The Thanatos Syndrome, R. 1987 (d. 1989). – The Letters of Kenneth Laine Ketner and W. P., hg. P. H. Samway 1995; The Correspondence of Shelby Foote and W. P., hg. J. Tolson 1996.
L: M. Luschei, 1972; R. Coles, 1978; P. R. Broughton, hg. 1979; J. Tharpe, hg. 1980; L. Baker, 1983; J. Tharpe, 1983; P. H. Vaughan, 1984; P. L. Poteat, 1985; W. R. Allen, 1986; L. J. Taylor, 1986; J. E. Hardy, 1987; L. W. Hobson, 1988; J. Tolson, 1990; B. Wyatt-Brown, 1994; L. Lawson, E. Oleksy, 1995; K. Quinlan, 1996; J. F. Desmond, 1997; R. E. Lauder, 1997; P. H. Samway, B. 1997; M. Kobie, 2000. – *Bibl.:* C. G. Dana, 1983; L. W. Hobson, 1988.

Perec, Georges, franz. Schriftsteller u. Lit.kritiker, 7. 3. 1936 Paris – 3. 3. 1982 ebda. Mitarbeiter versch. Zsn. Ab 1960 als Soziologe am ›Centre National de la Recherche Scientifique‹ tätig. – P. thematisiert menschl. Leere, Indifferenz u. empfindungslose Neutralität in der Konsumgesellschaft. S. analyt.-krit. Darstellung bedient sich e. präzisen, klaren Stils, frei von Emotionen. Zunehmend gewinnt der Erzählvorgang an Bedeutung gegenüber dem Erzählten, die Sprache selbst rückt ins Zentrum.

W: Les choses, E. 1965 (d. 1966); Quel petit vélo à guidon chromé au fond de la cour, E. 1966 (d. 1967); Un homme qui dort, R. 1967; La disparition, R. 1969 (d. 1986); Les revenantes, E. 1973; La boutique obscure, 1973; Espèces d'espace, Es. 1974; W ou le souvenir d'enfance, E. 1975 (d. 1982); Alphabets, G. 1976; Je me souviens, E. 1978; La vie mode d'emploi, R. 1978 (d. 1982); Mots croisés, Es. 1979; Un cabinet d'amateur, E. 1979;

La clôture et d'autres poèmes, G. 1980; Récits d'Ellis Island, E. 1980; Théâtre, I 1981; Entretiens et conférences I (1965–1978), II (1979–1981), 2003.

L: W. F. Motte, The poetics of experiment, 1984; P. Lejeune, 1991; D. Bellos, 1994; B. Lamblin, 2000; C. Burgelin, 2002.

Pereda y Sánchez de Porrúa, José María de, span. Romanschriftsteller, 6. 2. 1833 Polanco/Santander – 2. 3. 1906 ebda. Adliger Abstammung, erster Unterricht in Santander, 1852 Artillerieschule Madrid, 1855 wieder in Santander, da ihm das Leben in der Hauptstadt u. die militär. Laufbahn nicht zusagten. Unter Amadeus von Savoyen 1871 Abgeordneter in den Cortes; 1897 Aufnahme in die Span. Akad.; führte seit 1872 als Urtyp des echten, den Traditionen verhafteten Hidalgos e. einfaches, zurückgezogenes Leben in s. geliebten Heimat, ganz der Kunst u. Lit. gewidmet. – Bedeutend als Vf. realist. Heimatromane; hielt die einfache Welt der Bauern, Fischer u. Seeleute der Montaña von Santander in sorgfältig beschriebenen Sittenbildern fest. Prächtige Landschaftsschilderungen, Szenen u. Porträts; die Handlung spielt nur e. Nebenrolle. Entging nicht immer der Gefahr themat. Einförmigkeit; präziser, kraftvoller Stil. Weniger überzeugend in Romanen, die e. Tendenz verfolgen u. nicht in der Montaña spielen.

W: Escenas montañesas, En. 1864; Tipos y paisajes, En. 1871; Bocetos al temple, En. 1876; Tipos trashumantes, En. 1877; El buey suelto, R. 1878; Don Gonzalo González de la Gonzalera, R. 1879; De tal palo tal astilla, R. 1879; Esbozos y rasguños, En. 1881; El sabor de la tierruca, R. 1882; Pedro Sánchez, R. 1883; Sotileza, R. 1885 (d. 1914); La Montálvez, R. 1888; La puchera, R. 1889; Nubes de estío, R. 1891; Al primer vuelo, R. 1891; Peñas arriba, R. 1894 (Das Erbe von Tablance, d. 1950); Pachín González, R. 1896. – Obras completas, XVII 1888–1900, ^{2}1914–24, XVIII 1942f., II ^{7}1959; Obras completas, VIII 1989–2001.

L: J. Montero, 1919; M. Mays, A Sociological Interpretation of the Works of P., Canton/MO 1926; K. Siebert, Die Naturschilderungen in P.s Romanen, 1932; J. M. de Cossío, 1934; J. Camp, Paris 1937; R. Gullón, 1944; J. F. Montesinos, 1961; D. Carracedo, 1964; C. Luque de Pérez, 1970; C. Fernandez-Cordero, 1971; A. H. Clarke, 1971; L. H. Klibbe, N. Y. 1975; J. M. González Herrán 1983; E. Sicurella, Catania 1990; B. Madariaga, 1991; M. Aguinaga, 1994, 1996.

Peregrina → Gómez de Avellaneda, Gertrudis

Peregrinatio Egeriae (oder: Aetheriae), auch ›Itinerarium E.‹: Bericht über e. Pilgerfahrt e. relig. Frau aus Gallien (ihr Name ist unsicher überliefert) ins hl. Land am Ende des 4. Jh. Sie schreibt e. Reisebericht in Form von Briefen an e. Kreis relig. Frauen. Der Text ist e. wichtiges Zeugnis für das Pilgertum, für die beschriebenen Orte, Traditionen, die Liturgie, das sich entwickelnde Kirchenjahr, auch für die Form des Spätlateins. – Es handelt sich um e. der wenigen antiken lat. Texte von Frauen.

A: H. Pétré, K. Vretska, Die Pilgerreise der Aetheria, 1958 (m. dt. Übs.); P. Maraval, Égérie, Journal de Voyage, Paris 1982 (m. franz. Übs.).

L: H. Donner, Pilgerfahrt ins Heilige Land …, 1979; Einl., engl. Übs., Dokumente, J. Wilkinson, Egeria's Travels, n. 1981.

Pereira Teixeira de Vasconcelos, Joaquim → Pascoaes, Teixeira de

Perelman, Sidney Joseph, amerik. Schriftsteller u. Cartoonist, 1. 2. 1904 Brooklyn/NY – 17. 10. 1979 New York. 1921–25 Stud. Brown Univ., 1925–30 Mitarbeiter versch. humorist. Zeitschriften, 1929–30 Drehbuchautor in Hollywood, seit 1930 freier Schriftsteller, Mitarbeiter des ›New Yorker‹; ∞ 1929 Laura West, Schwester des amerik. Schriftstellers Nathanael West, lebte bis zu ihrem Tod 1970 auf e. Farm in Pennsylvania, 1970–72 in London. – Vf. erfolgr. humorist.-parodist. Erzählungen, Skizzen, Bühnenstücke, Drehbücher (u. a. für die Marx Brothers), Essays; satir. Geißelung typ. amerik. Auswüchse, bes. im Bereich der Massenmedien u. -kultur; lit. bedeutsam durch präzise Beobachtung u. treffsicheren Stil.

W: Dawn Ginsbergh's Revenge, En. 1929; All Good Americans, K. 1934 (m. Laura P.); One Touch of Venus, K. 1944 (m. O. Nash); The Best of S. J. P., Ausw. 1947 (u. d. T. Crazy Like a Fox, 1947); Acres and Pains, Ausw. 1947; Westward Ha!, En. 1948; Listen to the Mocking Bird, En. 1949; P.'s Home Companion, En. 1955; The Road to Miltown, En. 1957; The Most of S. J. P., Ausw. 1958; The Rising Gorge, En. 1961; The Beauty Part, K. 1963 (m. O. Nash); Chicken Inspector No. 23, En. 1966; Baby, It's Cold Inside, En. 1970; Vinegar Puss, En. 1975; Eastward Ha!, En. 1977; The Last Laugh, En. 1981. – That Old Gang o' Mine: The Early and Essential S. J. P., hg. R. Marshall, 1984.

L: D. Fowler, 1983; S. H. Gale, 1985, D. Herrmann, B. 1986.

Péret, Benjamin, franz. Dichter, 4. 7. 1889 Rezé/Loire-Atlantique – 18. 9. 1959 Paris. Freund von A. Breton. Teilnehmer am Span. Bürgerkrieg auf republikan. Seite. 1941–45 im mexikan. Exil. – Vorkämpfer des Surrealismus. S. lebhafte, eigenwillige, z. T. exzentr. Lyrik übt Kritik an den überlieferten Einrichtungen in z. T. aufsehenerregend scharfen Satiren. S. Prosa nützt die Möglichkeiten der écriture automatique.

W: Le passager du Transatlantique, G. 1921; Au 125 du boulevard Saint-Germain, Prosa 1923; Immortelle maladie, G. 1924; 152 proverbes mis au goût du jour, 1925 (m. P. Eluard); Il était une boulangère, G. 1925; Dormir, dormir dans les pierres, G. 1927; Le grand jeu, G. 1928; De derrière les fagots, G. 1934; Je ne mange pas de ce pain-là, G. 1936; Au paradis des fantômes, G. 1938; La parole est à Péret, G. 1943 (d. 1985); Le déshonneur des poètes, G. 1945 (d. 1985); Main forte, G. 1946; Feu central, G. 1947; La brebis galante, G. 1949 (d. 1985); Air mexicain, G. 1952; Mort aux vaches et au champ d'honneur, Prosa 1953; Anthologie de l'amour sublime, 1956; Des cris étouffés, G. 1957; Le gigot, sa vie et son œuvre, G. 1957; Anthologie des mythes, légendes et contes populaires d'Amérique, 1960. – Œuvres Complètes, II 1970f., 1989.

L: J. L. Bedouin, 1961 (m. Bibl.); C. Courtot, 1965; J. H. Matthews, 1975; J. F. Costich, 1979; J.-M. Goutier, 1982.

Perez, Jitzchak Leib, jidd. Dichter, 18. 5. 1851 Zamość/Lublin – 3. 4. 1915 Warschau. Stud. Jura; Rechtsanwalt in Zamość; mußte s. Praxis 1889 wegen s. sozialist. Gesinnung aufgeben; Übersiedlung nach Warschau, Sekretär der jüd. Gemeinde ebda. – Bedeutender Dramatiker, Erzähler und Lyriker; e. der großen Klassiker der mod. jidd. Lit., in der er formal wie inhaltl. der geistigen Physiognomie des jüd. Volkes in Osteuropa Ausdruck verlieh. Den Idealen der Aufklärung verbunden, schrieb P. zuerst in hebr. u. poln. Sprache. Über das Sozialengagement fand er jedoch bald den Weg zum Jidd., der Sprache des Volkes, u. im Chassidismus e. neue geistig-seel. Orientierung. Hier in der Welt des Glaubens, der messian. Hoffnung u. s. großen Liebe zur gequälten Kreatur, erreichte P. in den Erzählungen von volkstüml. Charakter meisterhafte Leistung. Die einfachen chassid. Geschichten u. Legenden verwandelt P. zu Schöpfungen von hohem lit. Rang. In s. Schaffen strebte P. nach e. Erneuerung des jüd. Lebens u. Überwindung der Gegensätze in e. höheren menschl. Einheit. So jüdisch P. dachte u. fühlte, suchte er doch in s. unverwechselbaren Individuen v.a. das Menschl. darzustellen. P.' ausgeprägter Sinn für die Episode u. naive Lebensäußerung verbreitet in s. Schilderungen e. gütigen Humor, voll Verständnis für die menschl.-unzulängl. Schöpfungen, die zu den Höhepunkten der jidd. Lit. zählen.

W: Monisch, G. 1888; Der Golem, G. 1890; Bekannte Bilder, En. 1890; Der Meschullach, E. 1893; Scholem bajes, 1896; A kaas fun a Jidene, E. 1901; Die goldene Kette, Dr. 1907; In Polish auf der Keit, Dr. 1909. – Shriftn, VII 1901; Ale Verk, XVIII 1908; IV N. Y. 1947; Dramen, 1910; Di Verk, N. Y. XIII 1920; Oisgevelte Verk, II 1951; Dertseilungen, 1952. – *Übs.:* Volkstüml. Erzählungen, 1916; Chassid. Geschichten, 1917; Adam und Eva, Nn. 1919; Aus dieser und jener Welt, En. 1919; Musikalische Novellen, 1920; Drei Dramen, 1920; Erzählungen aus dem Ghetto, 1961; Geschichten am Sabbat, 1964; Baal Schem als Ehestifter, En. 1969; Jidd. Erzählungen, Slgg. 1984; Der Prozeß mit dem Wind, Ausw. 1987; Finf Megiles, sichrojnes briw, Rdn. N. Y. 1948; Obj nischt noch hecher, E. 1996.

L: Borochow, 1915; N. Maisel, Warschau 1929, 1931, 1945 u. 1951; A. A. Roback, Cambr./Mass. 1935; ders., S. Kaleko, 1935; S. Lipzin, 1947; M. Samuel, 1948; O. E. Best, 1973; H. Dinse, S. Liptzin, 1978.

Pérez de Ayala, Ramón (Ps. Plotino Cuevas), span. Schriftsteller, 9. 8. 1881 Oviedo – 5. 8. 1962 Madrid. Erziehung bei Jesuiten in Gijón u. Carrión de los Condes; Stud. Rechte Oviedo, Schüler Claríns; Reisen in Europa u. Amerika, ab 1928 Mitglied der Span. Akad.; während der 2. Republik Botschafter in London (1931–36); emigrierte bei Ausbruch des Span. Bürgerkriegs nach Argentinien; 1946 Kulturattaché in Buenos Aires. Lebte ab 1954 in Madrid, betätigte sich ab 1926 nur noch journalist. – E. der bedeutendsten zeitgenöss. span. Romanciers; s. Romane sind Ausdruck e. starken Intelligenz u. e. umfassenden humanist. Bildung, verbinden poet. Feinfühligkeit mit feinem Humor u. plast., sorgfältig erarbeitetem Stil; Bewunderer Galdos', dem er in der novellist. Technik nacheifert. Tiefsinnige Kommentare der versch. Aspekte des Lebens u. alles Menschlichen; ideeller Gehalt hat den Vorrang vor dem rein erzähler. Element; essayist. Einschlag, Verbindung von Ernst, trockenem Humor und leichter Satire des span. Lebens. In den ersten Romanen überwiegen realist. Züge, die späteren neigen mehr zu Symbolik u. rein ideolog. Konflikten. Auch s. Lyrik ist vorwiegend intellektuell, steht zwischen der Ideendichtung Unamunos u. der emotionalen Lyrik Machados, in der Form hart und spröde.

W: La paz del sendero, G. 1903; Tinieblas en las cumbres, R. 1907; A. M. D. G., R. 1910 (d. 1912); La pata de la raposa, R. 1912; Troteras y danzaderas, R. 1913; El sendero innumerable, G. 1916; Tres novelas poemáticas de la vida española: Prometeo, 1916, Luz de domingo, 1916, La caída de los Limones, 1916; Bajo el signo de Artemisa, En. 1916 (d. 1959); Las máscaras, Ess. II 1917–19; Política y toros, Ess. 1918; El sendero andante, E. 1921; Belarmino y Apolonio, R. 1921 (d. 1958); Luna de miel, luna de hiel, R. 1923; Los trabajos de Urbano y Simona, R. 1923; El ombligo del mundo, En. 1924; Tigre Juan, R. 1926 (d. 1959); El curandero de su honra, R. 1926 (Tiger Juan, d. 1959); Principios y finales de la novela, Es. 1959; Amistades y recuerdos, Aufs. 1961; – Obras completas, XIX 1923–30, IV 1964–69, IV 1998–2002; Obras selectas, 1957; Poesías completas, 1942.

L: F. Augustín, 1927; K. W. Reinink, Den Haag 1955; R. L. Bancroft, N. Y. 1957; N. Urrutia, De Troteras a Tigre Juan, 1960; F. W. Weber, Chapel Hill 1966; R. Derndarsky, 1970; M. Fernández Avello, 1970; ders., El anticlericalismo de P. de A., 1975; M. Rand, N. Y. 1971; A. Amorós, 1972; M. Pérez Ferrero, 1973; J. M. González Calvo, 1979; P. de A. visto en su centenario 1880–1980, 1981; V. Rivas Andrés, 1983; T. Feeny, 1985; M. Viñuela, 1987; J. J. Macklin, Boulder 1989; J. R. González García, 1992; J. R. Prieto Jambrina, 1999. – *Bibl.:* M. Best, Lond. 1980.

Pérez Galdós, Benito, span. Romanschriftsteller, 10. 5. 1843 Las Palmas/Kanar. Inseln − 4. 1. 1920 Madrid. Kindheit u. Jugend in s. Heimatstadt, frühe Neigung zum Zeichnen u. Malen; ging 1863 nach Madrid, Stud. Rechte, Umgang mit Literaten u. Theaterleuten, Kontakt mit dem einfachen Volk; Reisen durch Spanien, Frankreich, England, Italien; Journalist. Tätigkeit; befreundet mit Pereda, Cánovas, Menéndez y Pelayo u.a.; 1884 in Portugal; Abgeordneter in den Cortes (1885 u. 1890/91 für Puerto Rico, 1907 für Madrid); 1897 Aufnahme in die Span. Akad.; 1912 für den Nobelpreis vorgeschlagen; gegen s. Lebensende fast erblindet. G. blieb unverheiratet, war e. unermüdl. Beobachter von Umwelt u. Menschen u. führte e. einfaches Leben, allein s. lit. Tätigkeit gewidmet. − Bedeutendster span. Romancier der neueren Zeit, auch fruchtbarer Dramatiker. Die gewaltige Romanserie der ›Episodios nacionales‹ ist e. sachl., lebendige Darstellung der span. Geschichte des 19. Jh., gibt Einblick in das span. Leben jener Zeit, Typen aus allen soz. Schichten. In Romanen der ersten Zeit Auseinandersetzung mit relig. Problemen; Konflikte durch relig. Fanatismus u. Intoleranz (›Doña Perfecta‹, ›Gloria‹); Symbol dieser Haltung u. Schauplatz der Handlung sind die imaginären Städte Ficobriga u. Orbajosa. Die zweite, naturalist. Phase bringt Romane über Schicksale einfacher Menschen in städt. Milieu, Darstellung des span. Charakters; die bedeutendsten Werke entstehen von 1886−92: Vereinfachung der Handlung, scharfe Beobachtung, glänzende Personen- u. Milieuschilderungen, meisterhafte psycholog. Durchdringung (›Miau‹, ›Angel Guerra‹, ›Torquemada‹). In der letzten Phase Streben nach Läuterung der Materie durch den Geist (›La loca de la casa‹, ›Nazarín‹, ›Halma‹), Darstellung von Menschen mit hohen Idealen; Vergleich mit Tolstoj. G. wird als Begründer des mod. span. Romans betrachtet; man stellt ihn an die Seite Balzacs u. hat s. gigant., tief menschl. Werk die ›Menschliche Komödie‹ des span. 19. Jh. genannt; er fängt in s. Romanen das Leben in all s. Fülle ein, war stets um Wahrheit u. lebensnahe Darstellung bemüht u. hoffte, mit s. Werken zur Befreiung u. Erneuerung Spaniens beizutragen. Als Dramatiker weniger erfolgr., da themat. zu weitläufig u. techn. zu wenig bühnengemäß; trug zur Entromantisierung der span. Bühne bei u. bildete e. Gegengewicht zu Echegaray; vielfach Bearbeitungen s. Romane gleichen Titels (u. a. ›Realidad‹, ›Doña Perfecta‹, ›La loca de la casa‹); größte Erfolge ›Electra‹ u. ›El abuelo‹.

W: La Fontana de Oro, R. 1870; El audaz: historia de un radical de antaño, R. 1871; Episodios nacionales, R. XLVI 1873–1912; Doña Perfecta, R. 1876 (d. 1886, 1963, 1989); Gloria, R. 1877 (d. II 1880); Marianela, R. 1878 (d. 1888, 1903); La familia de León Roch, R. 1879 (d. 1886); La desheredada, R. 1881; El amigo Manso, R. 1882 (d. 1894, 1964); El doctor Centeno, R. 1883; La de Bringas, R. 1884; Tormento, R. 1884; Lo prohibido, R. 1885; Fortunata y Jacinta, R. 1886/87 (d. 1961); Miau, R. 1888 (d. 1960); La incógnita, R. 1889; Torquemada, R. IV 1889–95; Realidad, R. 1889; Angel Guerra, R. 1891; Tristana, R. 1892 (d. 1988); La loca de la casa, R. 1892; La de San Quintin, K. 1894; Los condenados, Dr. 1894; Nazarín, R. 1895; Halma, R. 1895; Misericordia, R. 1897 (d. 1961); Electra, Dr. 1901 (d. 1901); Alma y vida, Dr. 1902; Mariucha, K. 1903; El abuelo, Dr. 1904; Barbara, Dr. 1905; Amor y ciencia, K. 1905; Casandra, Dr. 1910; Celia en los infiernos, K. 1913; Sor Simona, Dr. 1915; Santa Juana de Castilla, Tragik. 1918; Antón Caballero, K. 1921; Rosalía, R. 1983. − Obras completas, VI 1940–51, VIII 1973.

L: A. González-Blanco, 1920; R. de Mesa, 1920; A. Alarcón y Capilla, 1922; G. Dendariena, 1922; L. B. Walton, Lond. 1927; H. Hüsgens, Diss. Köln 1928; C. Arroyo, 1930; E. Gutiérrez Gamero, III 1933–35; J. L. Sánchez Trincado, 1934; F. C. Sainz de Robles, 1941; A. Capdevila, 1944; H. C. Berkowitz, Madison 1948; J. Casalduero, [2]1951; Á. del Río, 1953; W. T. Pattison, Minneapolis 1954; S. H. Eoff, St. Louis 1954; J. Schraibman, 1960; H. Hinterhäuser, 1961; R. Ricard, Paris 1961 u. 1963; G. Correa, 1962; F. Ruiz Ramón, 1964; A. Regalado García, 1966; R. Gullón, [2]1966; A. Rodríguez, N. Y. 1967; J. F. Montesinos, III 1968–73; F. Rodríguez Batllori, 1968; M. Nimetz, London in G., Lond. 1968; L. I. Hoar, 1968; R. Gullón, 1970; F. Ynduraín, 1970; F. Sopeña Ibañez, 1970; I. E. Varey, hg. Lond. 1970; W. H. Shoemaker, 1970; J. Rodríguez Puértolas, G., burguesía y revolución, 1975; G. Correa, 1977; K. Engler, The Structure of Realism: the ›Novelas contemporáneas‹ of B. P. G., Chapel Hill 1977; St. Gilman, G. and the Art of the European Novel: 1867–1887, Princeton 1981; S. Miller, El mundo de G., 1983; C. Menéndez Onrubia, 1984; G. Triviños, 1987; A. Armas Ayala, 1989; A. G. Andreu, 1989; L. P. Condé, 1990; A. Tsuchiya, Columbia 1990; V. R. R. Benítez, 1992; M. del P. García Pinacho, 1998; V. Prill, Bern 1999; L. Behiels, 2001; P. Esterán Abad, 2001; J. Peñate Rivero, 2001. − *Bibl.*: Th. A. Sackett, Albuquerque 1958; H. Woodbridge, Metuchen 1975.

Pérez de Guzmán, Fernán, span. Schriftsteller, 1377 (?) − 1460 Batres (?). Neffe des Kanzlers Ayala u. Onkel des Marqués de Santillana; polit. u. militär. Laufbahn, zog sich mit 56 Jahren auf s. Güter von Batres zurück, vermutl. wegen Verfeindung mit Don Álvaro de Luna, u. widmete sich ganz s. Studien u. der Lit. − Bedeutendster span. Historiograph des 15. Jh. S. Hauptwerk ›Mar de historias‹ beruht im 1. u. 2. Teil auf Johannes de Columna u. a. und gibt im 3. Teil ›Generaciones y semblanzas‹ e. selbständige Sammlung von Biographien. Hob die mehr romanhaften traditionellen Chroniken auf den Rang psycholog. Studien u. wies damit der Geschichtsschreibung neue Wege; guter Beobachter der menschl. Natur, Bemühen um Sachlichkeit; präziser, lebhafter Stil. Pflegte auch die für s. Zeit typ. Cancionero-Dichtung u. die moral.-didakt. Lyrik.

W: Mar de historias, Chronik 1517 (n. R. Foulché-Delbosc, 1913; J. Rodríguez Arzúa, 1944; A. Zinato, Padua 1999); Generaciones y semblanzas, B. 1517 (n. R. Foulché-Delbosc, 1907; J. Domínguez Bordona, ²1941; R. B. Tate, 1965; J. A. Barrio Sánchez, 1998); Loores de los claros varones de España, G. (hg. R. Foulché-Delbosc, in: Cancionero castellano del siglo XV, I 1912). – Poesías, hg. A. M. Huntington 1904.

L: E. M. Zuber, Diss. Basel 1971; S. v. Hoegen, Entwicklung der span. Historiographie im ausgehenden MA, Ffm. 2000.

Pérez de Hita, Ginés, span. Schriftsteller, 1544(?) vermutl. Mula/Murcia – 1619(?). Schuhmacher in Murcia, Teilnahme an den Moriskenkämpfen in den Alpujarras (1568); 1585 in Madrid, 1597 ⊙, 1619 vermutl. in Barcelona. – Berühmt als Vf. e. hist. Romans über die letzten Jahre Granadas unter maur. Herrschaft. Glänzende Schilderungen des Lebens am Maurenhof u. der arab. Welt, Bilder von oriental. Pracht. Die Mauren werden als hochherzige Menschen dargestellt, verkörpern Ideale des alten Rittertums; zahlr. Mauren- u. Grenzromanzen eingestreut. Weite Verbreitung u. nachhaltige Wirkung auf spätere Lit., bes. die europ. Romantik. 2. Teil e. Bericht von den Moriskenkriegen, an denen der Autor teilgenommen hatte.

W: Guerras civiles de Granada, auch u. d. T. Historia de los bandos de Zegríes y Abencerrajes, R. II 1595 u. 1619 (n. in: ›Biblioteca de Autores Españoles‹, Bd. 3, P. Blanchard-Demouge II 1913–15; d. 1821, II 1913, Ausw. 1975, 1998, 2002).

L: M. Acero Abad, 1889; N. A. Wiegman, 1971; M. Muños Barberán, 1975.

Pérez de Montalbán, Juan, span. Dramatiker, 1602 Madrid – 25. 6. 1638 ebda. Sohn e. Buchhändlers u. Verlegers jüd. Abstammung; Stud. Philos. u. Humaniora in Alcalá de Henares, 1620 Doktorexamen, 1625 Priesterweihe u. Dr. theol. Großer Bewunderer u. enger Freund Lope de Vegas, erbitterter Feind Quevedos; starb in geistiger Umnachtung. – Hielt sich mit s. Bühnenwerken eng an s. großes Vorbild Lope; s. früher Tod verhinderte e. Ausreifen s. Begabung. Verfaßte auch relig. u. hist. Stücke (bes. ›El segundo Séneca de España‹ über Philipp II. u. ›Don Carlos‹) sowie Mantel- u. Degenstücke; gute Beherrschung der Theatertechnik, doch unausgeglichen in Form u. Durchführung.

W: El segundo Séneca de España; La toquera vizcaína; El divino portugés, San Antonio de Padua; El hijo del serafín; San Pedro de Alcántara; Los amantes de Teruel; El valiente Nazareno; La doncella de labor; El señor don Juan de Austria; Diego García de Paredes; La monja alférez; La puerta macarena; Orfeo en lengua castellana, Dicht. 1624 (hg. P. Cabañas 1968); Sucesos y prodigios de amor, Nn. 1624 (hg. A. González de Amezúa 1948, L. Giuliani 1992); Vida y purgatorio de San Patricio, 1627 (n. M. G. Profeti 1972); Para todos, moral. Exempla u. Abh. 1635. – Obras, 1635 u. 1638; Obra no dramática, 1999; Ausw. in: ›Biblioteca de Autores Españoles‹, Bd. 45; Novelas ejemplares, hg. F. Gutiérrez 1957.

L: G. W. Bacon (Rev. Hisp. 26), 1912; J. H. Parker, Boston 1975; L. L. Barrett, Chapel Hill 1976. – *Bibl.:* M. G. Profeti, Verona 1976.

Pérez-Reverte, Arturo, span. Romanautor, * 24. 11. 1951 Cartagena. 1973–94 Kriegsreporter; seit 2003 Mitgl. der Span. Akad. – International sehr erfolgr. Vf. hist. Romane u. Krimis.

W: El húsar, R. 1986; El maestro de esgrima, R. 1988 (d. 1996); La tabla de Flandes, R. 1990 (Das Geheimnis der schwarzen Dame, d. 1994); El club Dumas, R. 1993 (d. 1995); La carta esférica, R. 2000 (Die Seekarte, d. 2001).

L: Territorio Reverte, hg. J. M. López de Abiada 2000.

Pergaud, Louis, franz. Schriftsteller, 22. 1. 1882 Belmont/Doubs – 8. 4. 1915 Marcheville (gefallen). 1898 École Normale des Instituteurs in Besançon. Landschullehrer in Durnes, seit 1907 in Paris. – S. Gedichte u. Erzählungen sind beeinflußt durch s. Freund, den Dichter L. Deubel. Berühmt durch s. Tiergeschichten, 1910 Prix Goncourt für ›De Goupil à Margot‹. – In diesem und weiteren dramat. und mit lebendiger Phantasie erzählten Büchern vortreffl. Darsteller von Tieren, der von ihrem Verhalten auf Gedanken und Gefühle schließt.

W: L'aube, G. 1904; L'herbe d'avril, G. 1908; De Goupil à Margot, En. 1910 (d. 1927, u. d. T. Markt der Marder, 1935); La revanche du corbeau, E. 1911; La guerre des boutons, R. 1912 (d. 1964); Le roman de Miraut, chien de chasse, 1913; Les rustiques, E. 1921; La vie des bêtes, E. 1923; Poèmes, 1930. – Œuvres complètes, IV 1965; Œuvres, IV 1948, 1954; Correspondance, 1955.

L: L. A. Layé, 1925; E. Rocher, 1927; C. Léger, 1933; G. B. MacBeath, Diss. Paris 1955; J. Demeure, 1975; H. Frossard, 1982; M. Le maître, 1982; G. Baudouin, 1992. – *Bibl.:* E. Chalot, 1969.

Périers, Bonaventure des → Despériers, Bonaventure

Peri hypsus → Longinos, Cassius

Peri Rossi, Cristina, uruguay. Schriftstellerin, * 5. 10. 1941 Montevideo. Dozentin, Journalistin, Übs.; ging 1972 ins Exil nach Spanien. – Hinter den klaren verständl. Worten verbirgt sich e. symbol. Welt, in der fast alle Werte verkehrt sind; alles ist allegorisch, doppeldeutig.

W: El libro de mis primos, R. 1969; Evohé, G. 1971; La tarde del dinosaurio, En. 1976 (d. 1985); La nave de los locos, R. 1984 (d. Iks, 1988); Una pasión prohibida, En. 1986; Solitario de amor, R. 1988 (d. Einsiedler der

Liebe, 1989; u. d. T.. Einzelgänger der Liebe, 1995); Babel bárbara, G. 1900; Fantasías eróticas, Es. 1991 (d. 1993); La última noche de Dostoievski, R. 1992 (d. 1994); Otra vez Eros, G. 1994; El amor es una droga dura, R. 1999; Cuando fumar era un placer, Aut. 2003.

L: C. Raúl Narváez, 1991; M. Rowinsky, 1997; P. T. Dejbord, 1998.

Perk, Jacques (Fabrice Herman), niederländ. Lyriker, 10. 6. 1859 Dordrecht – 1. 11. 1881 Amterdam. Pfarrerssohn. Jugend ab 1868 in Breda, ab 1872 Amsterdam, Stud. Jura ebda.; bis zum Bruch 1880 Freundschaft mit W. Kloos. Starb an e. Lungenleiden. – P.s bedeutendstes Werk, der Sonettenzyklus ›Mathilde‹, entstanden aus der Liebe zu der mit e. anderen verlobten Mathilde Thomas, verherrlicht das in der Person M.s verkörperte Schönheitsideal; Ausdruck des Gedankens, daß Schönheit nicht begehrt, sondern nur bewundert werden kann. Stärke des Gefühls und romant. Schönheitskult, frische und ursprüngl. Bildsprache brachten e. neuen Ton in die niederländ. Lyrik. Gilt als Vorläufer der ›Tachtigers‹.

W: Sonettenkrans Mathilde (1880 f., hg. G. Stuiveling III 1941); Gedichten (hg. W. Kloos, C. Vosmaer 1882, H. A. Mulder 1942). – GW, hg. G. Stuiveling III 1957–59; hg. F. R. W. Stolk (m. Komm. u. Bibl.) 1999; Briefe an C. Vosmaer, hg. G. Stuiveling 1938; an J. C. Blancke, hg. ders. u. d. T. Een dichter verliefd, 1939.

L: B. Perk, 1902; G. Stuiveling, 1957; ders., De wording van P.s Iris, 1963; P. van Eeten, Dichterlijk labirint, 1963; R. Breugelmans, 1974; J. Meijer, Perk-studiën, V 1975–77.

Perkens, Duko → Du Perron, Charles Edgar

Pernath, Hugues (eig. Hugo Wouters), fläm. Dichter, 15. 8. 1931 Borgerhout – 4. 6. 1975 Antwerpen. Redakteur versch. Lit.zeitschriften. – Gehört zur zweiten Welle der fläm. experimentellen Lyriker der 50er Jahre. Zunächst sehr kryptischer Stil, später zugänglichere Gedichte.

W: Het uur Marat, G. 1958; Instrumentarium vor een winter, G. 1963; Mijn gegeven woord, G. 1966; Mijn tegensem, G. 1973; Nagelaten gedichten, hg. 1976. – Verzameld werk, hg. H. F. Jespers 1980.

L: P. Conrad, 1976; Pernath-Nr. von Nieuw Vlaams Tijdschrift, 1976.

Pérochon, Ernest, franz. Romancier, 24. 2. 1885 Vouillé/Deux-Sèvres – 10. 2. 1942 Niort/Deux-Sèvres. Bauernsohn; Lehrer, freier Schriftsteller. – Regionalist. Beschrieb in Romanen u. Erzählungen das Leben der Bauern der Vendée. 1920 Prix Goncourt für ›Nêne‹, Roman über das traurige Schicksal e. Bauernmädchens, verbunden mit der Darstellung relig. Konflikte. Läßt die Personen e. unglaubwürdig feierl. Sprache sprechen.

W: Nêne, R. 1920 (Magdalene, d. 1937); Les creux-demaisons, R. 1921; La parcelle 32, R. 1922 (Das letzte Gebot, d. 1938); Les gardiennes, R. 1924; L'instituteur, R. 1927; L'eau courante, R. 1932; Barberine des Genêts, R. 1933; Milon, R. 1937; Babette et ses deux frères, R. 1939; Le chanteur de Villanelle, R. 1943.

L: M. Demouray, 1942; P. Vernois, 1986.

Perpessicius (eig. Dumitru S. Panaitescu), rumän. Dichter u. Kritiker, 21. 10. 1891 Brăila – 29. 3. 1971 Bukarest. Stud. Lit. Bukarest, Kriegsinvalide. – Bedeutender, emsiger Kritiker, schrieb kunstvolle, innige Verse zwischen Symbolismus u. Antike; Übs. lat. Lyrik. Hrsg. Eminescus (Opere XI, 1966–80).

W: Scut şi targă, G. 1926; Itinerar sentimental, G. 1932; Carnet inactual, Mem. 1970; Eminesciana, II 1989.

Perrault, Charles, franz. Schriftsteller, 12. 1. 1628 Paris – 16. 5. 1703 ebda. Jüngster der vier kulturgeschichtl. bedeutenden Brüder Nicolas, Pierre, Claude u. Ch. P., Oberaufseher der kgl. Bauten unter Colbert. 1670 Mitgl. der Académie Française. Eröffnete den Streit um antike und mod. Lit. Griff bereits im Vorwort zum Epos ›Saint Paulin‹ Boileaus ›Art poétique‹ an. Vertrat mit dem Gedicht ›Le siècle de Louis XIV‹, das er 1687 in e. Sitzung der Académie Française vortragen ließ, ebenso wie im Dialog ›Parallèles des anciens et des modernes‹ die These von der Überlegenheit der mod. über die antike Lit. Lit. bedeutend als Vf. der unter dem Namen s. Sohnes veröffentlichten Märchen ›Contes de ma mère l'Oye‹, iron. nacherzählten Volksmärchen, deren Erscheinen das Interesse an Volksmärchen erregte u. sehr viele Kunstmärchen nach sich zog.

W: Les murs de Troie ou l'origine du burlesque, G. 1653 (m. Nicolas u. Pierre P.); Saint Paulin, Ep. 1687; Parallèles des anciens et des modernes en ce qui regarde les arts et les sciences, Dial. IV 1688–97 (n. H. R. Jauß, M. Imdahl 1964); Griseldis, E. 1691; Apologie des femmes, Schr. 1694; Les souhaits ridicules, E. 1694; Peau d'âne, E. 1694; Contes de ma mère l'Oye, 1697 (n. E. Henriot 1928, G. Rouger 1967; d. M. Hartmann 1867 [n. 1966], H. Krause 1921, U. F. Müller 1962, D. Walterhöfer 1966); Les hommes illustres qui ont paru en France pendant le 17. siècle, II [3]1697–1701; Mémoires de ma vie, 1755 (n. P. Bonnefon 1909, 1993, 2000). – Œuvres choisies, 1878.

L: T. Pletscher, Die Märchen C. P.s, Diss. Zür. 1906; H. Gillot, La querelle des anciens et des modernes, 1914; P. Saintyves, Les contes de P. et les récits parallèles, 1923; A. Hallays, Les P., 1926; A. Nordick, Der Stil der Märchen P.s, Diss. Münster 1934; R. Hagen, Diss. Gött. 1954; L. Chini-Velan, Florenz, 1960; H. Kortum, 1962; G. Cristini, Brescia [2]1965; H. Kortum, P. und Boileau, 1966; M. Soriano, Les Contes de P., 1968; ders., [2]1977; H. Krüger, Die Märchen von P. und ihre Leser, Diss. Kiel 1969; J. Barchilon, P. Flinders, Boston 1981; E. P.

Lewis, 1996; F. Collin, 1999. – *Bibl.:* J.-L. Gautier, 1980; M.-L. Malarte, 1989.

Perret, Jacques, franz. Schriftsteller, 8. 9. 1901 Trappes/Yvelines – 10. 12. 1992 Issy-les-Moulineaux. Stud. Philos. Persönl. und lit. geprägt ab 1930 durch s. Reiseziele, namentl. Franz. Guayana, und die dt. Besatzung in Frankreich, 1940. Résistancekämpfer, der der Gefangenschaft entfliehen konnte. Suchte in e. Form von Evasion mit großen Segelturns neue Horizonte. Verschreibt sich überkommenen Strukturen und Werten. Bekennender Monarchist, Patriot und Christ. – S. Romane tragen ausgeprägte autobiograph. Züge, zeugen von Selbstironie und krit. Distanz. Vergil-, Horaz- und Tacituskommentator und -Übs.
W: Le caporal épinglé, R. 1947; Bande à part, R. 1951; Rôle de plaisance, 1972; Roucou, Le vent et les voiles, Souvenirs I–III 1975–83; Tirelires, 1981; Le Jardin des Plantes, R. 1984; Traffic de chevaux, Nn. 1989; Institutions et vie culturelles, 1996.

Perron, Charles Edgar du → Du Perron, Charles Edgar

Perse, Saint-John → Saint-John Perse

Persius Flaccus, Aules, röm. Satiriker, 34 n. Chr. Volaterrae/Etrurien – 62 n. Chr. bei Rom. Seit 46 in Rom; Angehöriger des Ritterstandes. – Von P. stammen 6 Verssatiren u. e. programmat. Einleitungsgedicht. Der Ton der Satiren ist eindringl. moralist. u. idealist. fordernd; als Aufgabe der Satire wird die Besserung der Mitbürger gesehen. Themen sind: der zeitgenöss. Lit. betrieb u. die Rechtfertigung der satir. Dichtung (Sat. 1), falsche Wünsche in den Gebeten an die Götter (2), der Widerspruch zwischen Erkenntnis u. Lebensführung (3), e. Mahnung zur Selbsterkenntnis (4), e. Widmung an den stoischen Philosophen Cornutus, P.' Freund u. Mentor, u. der Preis der Philos. als Quelle der wahren inneren Freiheit (5), der rechte Gebrauch des Reichtums (6). – P. wurde viel gelesen u. kommentiert. Im MA war er Schulautor u. geschätzt als moral. Autorität; auch in Renaissance und Neuzeit ist er rezipiert u. nachgeahmt worden.
A: m. dt. Übs. u. Komm. W. Kißel, 1990.
L: C. S. Dessen, The Satire of P., Lond. n. 1996; R. A. Harvey, A Commentary on P., Leiden 1981; M. Morford, Boston 1984; W. T. Wehrle, The Satiric Voice, 1992.

Perucho, Joan, katalan. Schriftsteller, 1920 Barcelona – 30. 10. 2003 ebda. Stud. Jura ebda.; bis 1980 Richter; Journalist, Kunstkritiker. – Veröffentlichung in allen Genres, außer Drama. Surrealist. Lyrik; iron.-anspielungsreiche Prosa mit phantast. Zügen, auch in s. zahlr. Artikeln; inspiriert durch Mythologie u. Geschichte.
W: Sota la sang, G. 1947; Amb la tècnica de Lovecraft, En. 1956; Llibre de cavalleries, R. 1957 (d. 1991); Les històries naturals, R. 1960 (Der Nachtkauz, d. 1990); Les aventures del cavaller Kosmas, R. 1981; Pamela, R. 1983; Els jardins de la malenconia, Mem. 1992. – Obres completes, VIII 1985–96.
L: C. Pujol, 1986; J. Guillamon, 1989, hg. 1998.

Pervencev, Arkadij Alekseevič, russ. Prosaiker, 26. 1. 1905 Nabut (Gouv. Stavropol') – 2. 11. 1981 Moskau. Bis 1929 polit. und publizist. Tätigkeit in der Provinz, dann Stud. Technik Bauman-Hochschule in Moskau, erste Erzählungen 1936, Kriegsberichterstatter, Lit.funktionär. – P.s Werke kreisen thematisch oft um Bürgerkrieg und Weltkrieg, zeigen in sprachl. anspruchsloser und gekünstelter Weise hohle Figuren in konstruierten Situationen.
W: Kočubej, R. 1937; Nad Kuban'ju, R. 1939; Čest' smolodu, R. 1949; Matrosy, R. 1961; Černaja burja, R. 1974. – Sobranie sočinenij (GW), VI 1977–80.

Pervomajs'kyj, Leonid (eig. Illja Hurevyč), ukrain. Schriftsteller, 17. 5. 1908 Kostjantynohrad (jetzt Krasnohrad b. Poltava) – 9. 12. 1973 Kiev. Bis 1945 Journalist, dann Schriftsteller. – Dramen u. Gedichte um Revolutions- u. Komsomolromantik, Erzählungen aus dem jüd. Handwerkermilieu; unpathet. Frontlyrik aus dem 2. Weltkrieg mit Motiven des Soldatenalltags u. des Heimwehs. Der Kriegsroman ›Dykyj med‹ über die Panzerschlacht bei Kursk 1943 mit Einblenden des erlebten Stalinterrors s. schlichten Helden.
W: Terpki jabluka, G. 1929; Komsomolci, Dr. 1930; Proloh do hory, G. 1933; Nova liryka, G. 1937; Žyttja, En. 1944; Dykyj med, R. 1963. – Tvory (W), V 1932/33, III 1958/59, VII 1968–70, VII 1985.
L: J. Kovaliv, 1988; V. Ahejeva, in: Rad. Lit. 5, 1988.

Perzyński, Włodzimierz, poln. Lyriker, Erzähler u. Dramatiker, 6. 7. 1877 Opoczno – 21. 10. 1930 Warschau. – Schrieb zunächst stimmungsvolle Lyrik, beeinflußt von der Dekadenz, danach erstklass. Sittenschilderungen mit erfreul. Wirklichkeitssinn. Charakterisiert durch iron. Stellungnahme des unbeteiligten Beobachters. In Komödien natürl. Dialogführung, gutgezeichnete Charaktere, interessante, wirkungsvolle Situationskomik. In Novellen u. Erzählungen Schilderung des kleinbürgerl. Lebens.
W: Poezje, G. 1901; Aszantka, K. 1906; To, co nie przemija, En. 1906; Leckomyślna siostra, K. 1907; Pamiętnik wisielca, En. 1907; Idealiści, K. 1909; Sławny człowiek, R. 1907; Michalik z PPS, R. 1910; Dzieje Józefa, R. 1913; Złoty interes, R. 1915; Polityka, K. 1920; Kłopoty ministrów, En. 1921; Cudowne dziecko, En.

1921; Szczęście Frania, K. 1914; Raz w życiu, R. 1925; Uśmiech losu, K. 1927; Nie było nas – był las, R. 1927; Znamię, En. 1928; Lekarz miłości, K. 1928; Mechanizm życia, R. 1929; Dziękuję za służbę, K. 1929; Klejnoty, R. 1930; Pralnia sumienia, Ess. 1930. – Nowele, Ausw. 1956; Wybór komedii (AW), 1980.

Pessanha, Camilo de Almeida, portugies. Lyriker, 7. 9. 1867 Coimbra – 1. 3. 1926 Macao/China. Unehel. Sohn e. Jurastudenten u. späteren Richters und e. Mädchens aus dem Volke, Stud. Jura Coimbra, 1894 Reise nach Macao, Gymnasialprof. ebda.; Bekanntschaft mit Venceslau de Morais. Erlag dem Zauber des Orients, wahrscheinl. opiumsüchtig. – E. der namhaften mod. Lyriker Portugals u. dessen reifster Symbolist, vereint durchdringenden Verstand mit überreiztmorbider Empfindsamkeit, verinnerlichte, sublime Klang- u. Wortkunst symbolist. Gepräges ohne direkten Wirklichkeitsbezug, mitunter an Verlaine erinnernd (auch Einfluß Mallarmés u. W. Whitmans). Traurig-pessimist. Grundstimmung (Exil, Vergänglichkeit, Tod) u. Exotismus. Schrieb auch Essays über chines. Lit. u. Kultur u. übersetzte chines. Dichtung.

W: Clepsidra, G. 1920 (erw. 1945, 1969); China, Ess. u. Übs. 1944. – AW, 1965.

L: A. Dias Miguel, 1956; E. de Lemos, 1956; D. Barreiros, 1961; J. G. Simões, 1967; A. Carneiro da Silva, 1968; O. M. C. Paiva Monteiro, 1969; T. C. Lopes, 1979; J. G. Simões, 1982.

Pessoa, Fernando António Nogueira de Seabra (Heteronyme: Alberto Caeiro, Álvaro de Campos, Ricardo Reis), portugies. Lyriker u. Schriftsteller, 13. 6. 1888 Lissabon – 30. 11. 1935 ebda. Verlor früh den Vater, Übersiedlung nach Südafrika (Durban), Rückkehr nach Lissabon 1905 mit der Familie; Übersetzer u. Handelskorrespondent, Mitarbeiter versch. Zsn., gehörte zum Kreis um die Zs. ›Orpheu‹ (brach dem Modernismus in Portugal Bahn). Einfluß Schopenhauers, Nietzsches, der franz. Symbolisten; schrieb in engl. u. portugies. Sprache; veröffentlichte zu Lebzeiten nur e. Buch (›Mensagem‹). – Außerordentl. luzider Geist u. extremer Sprachvirtuose, spielt mit den divergierendsten u. esoterischsten stilist.-artist. Möglichkeiten u. lit. Genera, spaltet sich in ›Heteronyme‹ auf, die versch. potentielle Anlagen seiner selbst unabhängig voneinander individuell verkörpern u. entfalten sollen (symbolist., klassizist., futurist. usw.). Auch Vf. krit.-programmat. Schriften (Entwurf e. nichtaristotel. Poetik) und e. ›stat.‹ Einakters (›O Marinheiro‹, 1915) sowie e. Faust-Fragments in Versen. Beunruhigendste u. meistdiskutierte Gestalt der portugies. Lit.; in den deutschsprachigen Raum bekannt durch das ›Buch der Unruhe‹ von B. Soares; gehört zum Kanon der europ. Moderne.

W: Mensagem, G. 1933 (Botschaft, d. 1989); Cartas, Br. hg. J. Serrão 1944 u. G. Simões 1957 (Dokumente zur Person u. ausgew. Briefe, d. 1988); Páginas de Doutrina Estética, Abhn. u. Ess. 1946. – Obras Completas (GW), VIII 1942–56; Obra Poética, ²1965. – *Übs.:* Poesie (zweisprachig), G. R. Lind 1962; Dichtungen, ders. 1965; Buch der Unruhe, Prosa 1984; Algebra der Geheimnisse, Lesebuch 1985.

L: J. Gaspar Simões, II 1950; J. de Entrambasaguas, 1955; M. da E. Monteiro, Incidências inglesas na poesia de P., 1956; J. Nemésio, Os inéditos de F. P., 1957; A. Casais Monteiro, 1958; M. Sacramento, 1958; A. da Silva, 1959; A. Guibert, Paris 1960; R. Campbell, 1961; J. do Prado Coelho, Diversidade e unidade em F. P., ²1963; G. R. Lind, 1967; T. de Vasconcelos, 1968; M. L. Guerra, 1969ff.; G. Güntert, Das fremde Ich, 1971; E. Lourenço, 1973; J. G. Simões, 1978; L. Perrone-Moisés, 1982; A. Tabucchi, 1984; G. Crespo, 1996; R. Bréchon, 1997; J. Gil, 1999; T. Rita-Lopes, 2001.

Petan, Žarko, slowen. Schriftsteller, *27. 3. 1929 Ljubljana. Stud. Ökon. u. Regie ebda., Theaterregisseur, Leiter des slowen. Fernsehens. – P. ist in allen drei Gattungen produktiv, machte sich einen Namen als Humorist, Vf. von zahlreichen Hörspielen u. Drehbüchern. Seine Gedichte u. Aphorismen sind von kritisch-satirischer Sicht auf seine Zeitgenossen geprägt.

W: Humoreske z napako, En. 1962; Slečene misli, Aphor., 1963; Črni smeh, En. 1970; Avtobiografija, Aphor. 1972; Nebo na kvadrate, En. 1979 (d. 1981); 1001 aforizem, 1986; Preteklost, En. 1987; Preteklost se nadaljuje, En. 1989; Enciklopedija humorja, Sat. 1989 (d.1999); Poloneza, R. 1991; Luknja v glavi, Aphor. 2002.

L: F. Slivnik (m. Bibl.), 1995.

Peter von Eboli → Petrus de Eboli

Peters, Lenrie (Leopold), afrikan. Romanautor u. Lyriker engl. Sprache, *1. 9. 1932 Bathurst/Gambia. 1952–59 Stud. Medizin Cambridge, Chirurg in Guildford, jetzt wieder in Gambia. – Vf. urbaner Lyrik in europ. Formen, vorwiegend über afrikan. Themen mit afrikan. u. medizin. Metaphorik. Roman über die Probleme e. vom Stud. in England nach Afrika zurückkehrenden jungen Arztes.

W: Poems, 1964; The Second Round, R. 1965; Satellites, G. 1967; Katchikali, G. 1972; Selected Poetry, 1981.

Petersen, Nis, dän. Lyriker und Erzähler, 22. 1. 1897 Vamdrup/Jütland – 9. 3. 1943 Laven. Sohn e. Gerbermeisters, Vetter K. Munks, früh verwaist, von der Großmutter in Herning in pietist. Milieu erzogen; 1913 Apothekerlehrling in Nakskov; 1918–21 Journalist u. Redaktionssekretär in Holbæk; seither unbürgerl.-vagabundenhaftes Wanderleben in Europa. 1931 Welterfolg mit dem Roman ›Sandalmagernes gade‹; zweimal verheiratet. S. dominierende geistige Haltung ist ein chron., irrationales Schuldgefühl. – Vf. von Gedichten, Romanen, Novellen u. Aphorismen mit e. bunten Stoff, von vollendeter Erzähltechnik u. stilist. Meisterschaft, doch innerl. unausgeglichen u. voller Gegensätze. S. ungeschulte, fabelhaft suggestive Wortkunst zaubert in der Lyrik Visionen von Vagabundenleben, Schlachtenszenen, Wüstenlandschaften und Stimmungen menschl. Konflikte. Im Roman ›Sandalmagernes gade‹ schildert P. das Rom des Marcus Aurelius und schockiert durch sarkast. Anachronismen und mod. Slang; ergreifende Darstellung des langsamen, aber sicheren Sieges des Christentums. ›Spildt Mælk‹ schildert den ir. Freiheitskampf von 1922, einige Novellen behandeln das Leben der sozialen Unterschichten. P.s existentielle Dichtung beeinflußte die dän. Dichtergeneration nach dem 2. Weltkrieg.

W: Nattens Pibere, G. 1926; Sandalmagernes gade, R. 1931 (n. 1994; Die Sandalenmachergasse, d. 1933); En drift vers, G. 1933; Spildt mælk, R. 1934 (Verschüttete Milch, d. 1935); Til en dronning, G. 1935; Engle blæser paa trompet, En. 1937; Stykgods, G. 1940; Dagtyve, En. 1941; Muleposen, En. 1942; Digte, 1942; Stynede popler, En. u. G. 1943; Brændende Europa, G. 1947; Aftenbønnen, Nn. 1947; Da seeren tav, G. 1947; Lad os leve i nuet, Aut. 1948; For tromme og kastagnet, G. 1951. – Samlede Digte, 1949, ⁶1966; Mindeudgave, VIII 1962.

L: M. Knudsen, 1942; R. Bryde, En digter bliver til, 1945; K. F. Plesner, 1945; H. Brix, ²1948; A. N. Petersen, Mod hæld, 1948; G. Albeck, 1949; N. M. Nielsen, Den regntunge sky, 1951; J. Andersen, 1957; C. V. Garm, Gråd og granit, 1962; B. Tuxen, 1975. – Bibl.: K. F. Plesner, 1947; F. Johansen, 1953; B. Therkildsen, 1998.

Peterson, Kristian Jaak, estn. Dichter, 14. 3. 1801 Riga – 4. 8. 1822 ebda. Schule in Riga, 1819/20 Stud. Theol.,dann Philos. Tartu. Nach Abbruch des Stud. Hauslehrer, starb an Tuberkulose. – P.s Oden und seine teilweise freie Rhythmen verwendende Gedichte markierten eine poetische Revolution innerhalb der entstehenden estn. Lyrik, sie wurden jedoch zu seinen Lebzeiten (bis auf drei deutschsprachige Gedichte) nicht gedruckt und erst Anfang des 20. Jh. wiederentdeckt.

W: IAAK. Kr. J. P. 200, 2001.

Petkanov, Konstantin, bulgar. Schriftsteller, 29. 11. 1891 Kavaklija – 12. 2. 1952 Sofia. Nach Abitur in Adrianopel zunächst Lehrer, dann Stud. der slav. Philol. in Sofia. Vorstandsmitgl. der Thrak. Bewegung. – Vf. vieler Romane, Novellen, Essays u.a., in denen er den Akzent bes. auf das Dorfleben u. die Kriege setzte.

W: Trakijski razkazi, En. 1925; Bez deca, R. 1927; Beglec, N. 1929; Staroto vreme, R. 1930; Vjatŭr eči, R. 1933; Morava zvezda kŭrvava, R. 1934 (Ein purpurroter Stern, d. 1975); Indže vojvoda, R. 1935 (Heiduken, d. 1982); Preselnici, R. 1937; Angelina, R. 1940.

Petković-Dis, Vladislav, serb. Lyriker, 12. 3. 1880 Zablaće – 29. 5. 1917 b. Korfu (ertrunken). Bauernsohn, Volksschullehrer, freier Schriftsteller. – Besingt in pessimist. Tönen das Elend des Belgrader Geistesproletariats; s. patriot. Lieder zeigen bereits die Überwindung des Pessimismus.

W: Utopljene duše, G. 1911; Mi čekamo cara, G. 1913. – Sakupljene pesme, Ausw. 1921; Izabrane pesme (AW), 1955, 1986; Pesme, 1959, 1970, (AW) 1999.

L: Lj. Stanojević, 1971; J. Dučić, 1981.

Petőfi, Sándor (eig. S. Petrovics), ungar. Dichter, 1. 1. 1823 Kiskőrös – 31. 7. 1849 Fehéregyháza. Sohn e. Fleischers aus evangel. Familie slovak. Ursprungs. 1833 Gymnas. Budapest, 1835 Aszód, 1838 Selmec. 1839 Statist, Theaterdiener, Kulissenschieber, Laufbursche. 1840/41 Soldat in Sopron u. Graz. 1841/42 abwechselnd Stud. im Kolleg zu Pápa u. Schauspieler. 1842 erschien s. erstes Gedicht ›A borozó‹. 1843 lebte P. von Übs. aus dem Dt. für Külföldi Regénytár. 1843/44 Schauspieler in Debrecen; erkrankt. 1844 in Pest Hilfsredakteur bei der Zs. ›Pesti Divatlap‹ neben I. Vahot. Liebe zu dessen Schwägerin. 1846 Begegnung mit s. zukünftigen Frau, Júlia Szendrey, in Nagykároly. 1847 ∞. 1848 Hauptmann in der Revolutionsarmee, kämpfte 1849 neben Bem als dessen Adjutant. Fiel in der Schlacht bei Segesvár. – Größter ungar. Lyriker. Das lyr. Werk P.s läßt e. für alles Schöne empfängl. Seele und e. Menschen mit unbeugsamem Charakter erkennen. S. träumerische Natur ist gepaart mit e. kompromißlosen Gefühl der unbedingten Unabhängigkeit. Auf s. Flucht in die Einsamkeit, in die Weiten der Ungar. Tiefebene – sie ist ihm das Symbol der unbegrenzten Freiheit – erschaut er die geheimnisvollen Schönheiten s. Landes, erlebt seine Menschen u. läßt sie in s. Gedichten zu neuem Leben erwachen. S. lyr. Gedichte bezeichnen den bisherigen Höhepunkt in der Entwicklung der ungar. Lit. Viele s. Gedichte wurden von Volksliedern angeregt, und viele sind zum wahren Volkslied geworden. S. Sprache verwendet gern volkstüml. Wendungen. Zwischen Erlebnis und Darstellung steht allein die lyr. Realität; der Leser wird in s. Lyrik immer unmittelbar angesprochen.

W: A borozó, G. 1842; Versek, G. II 1844 f.; A helység kalapácsa, kom. Ep. 1844; János vitéz, Märchenep. 1845 (Held Hans, d. 1878); A hóhér kötele, R. 1846 (Der Strick des Henkers, d. 1852); Tigris és hiéna, Dr. 1846; Versei, G. 1846; Összes költemények, G. 1847; Bolond Istók, G. 1847; Nemzeti dal, G. 1848; Az apostol, Ep.

Petrarca

1848. – Összes művei (SW), VI 1892–96, II 1923, VII 1951–64. – *Übs.:* Gedichte, A. Dux 1846, 1867, L. v. Neugebauer ³1910; Lyr. Dichtungen, K. M. Kertbeny ⁴1866; Poet. Werke, J. Schnitzer VI 1910, II 1919; Prosaische Schriften, A. Kohut 1894; Ungar. Dichtungen, L. v. Szemere 1935; Lyr. u. ep. Dichtungen, L. Landgraf ³1938; Ausw. G. Steiner 1955, 1959; Gedichte, M. Remané 1973.

L: A. Z. Ferenczi, III 1896; A. B. Yolland, 1906; G. Kirchner, P. Drámái, 1913; L. Kéky, 1922; F. Riedl, 1923; G. Voinovich, 1936; J. v. Farkas, Der ungar. Vormärz, Das Zeitalter P., 1943; Gy. Illyés, ⁵1971 (d. 1967); B. Köpeczi, 1973 (m. Bibl.); L. Hatvany, így élt P., V ³1980; J. Horváth, ³1989; I. Margócsy, 1999.

Petrarca, Francesco, ital. Dichter, 20. 7. 1304 Arezzo – 19. 7. 1374 Arquà/Padua. Sohn des Notars Petracco, der wegen s. Zugehörigkeit zur Partei der ›Weißen Guelfen‹ aus Florenz verbannt worden war. Verlebte die ersten Jahre mit s. Mutter u. folgte 1310 (oder 1311) dem Vater nach Pisa u. 1 Jahr später nach Avignon. In Carpentras von e. ital. Lehrer in Grammatik, Rhetorik u. Dialektik unterrichtet. Ab 1317 Stud. Rechte Montpellier u. ab 1320 Bologna. 1326 kehrte er nach Avignon zurück, wo er, durch den Tod des Vaters in wirtschaftl. Schwierigkeiten geraten, das Angebot s. Freundes Giacomo Colonna annahm, ihn nach Lombe/Gascogne zu begleiten. Am 6. April 1327 jedoch traf er zum erstenmal die Frau, die unter dem Namen Laura in s. Dichtung eingegangen ist u. die er s. Leben lang liebte, wahrscheinl. die Gattin e. Hugo de Sade. Diese Begegnung wurde entscheidend für s. Leben u. s. künstler. Entwicklung. P. unternahm ausgedehnte Reisen durch Frankreich, Flandern u. Dtl., auf denen er nach alten Hsn. forschte. 1337 zog er sich nach Vaucluse, e. stillen Ort in der Nähe von Avignon zurück, wo er bis 1349 lebte u. s. Werke schrieb. 1341 wurde P. auf dem Kapitol in Rom feierl. zum Dichter gekrönt. Auf dem Rückweg von Rom hielt er sich e. Weile in Selvapiana (zwischen Reggio u. Parma) auf u. kehrte 1342 an den Hof des Kardinals Colonna nach Avignon zurück, wo er Cola di Rienzo kennen lernte. In den folgenden Jahren lebte er abwechselnd dort u. in Vaucluse; daneben zahlr. Reisen nach Rom u. Neapel (1343) u. nach Parma (1344), auf denen er u. a. Boccaccio begegnete. 1353 ging er nach Mailand, wo er 8 Jahre als Gesandter (u. a. reiste er zu Karl IV. nach Prag) für die Visconti tätig war. Ab 1362 lebte er meist in Venedig u. Arquà. – P. ist aufgrund s. ›Canzoniere‹ e. der größten Lyriker Italiens u. durch s. lat. Werke der Begr. des Humanismus. Das Hauptthema s. im ›Canzoniere‹ vereinigten ital. Gedichte ist s. Liebe zu Laura. Obwohl P. noch in der Tradition der Provenzalen u. der Dichter des ›dolce stil nuovo‹ steht, ist für ihn die Geliebte doch nicht mehr nur die ›donna angelicata‹ (die Engelsfrau), sondern verkörpert auch schon das innerweltl. Schönheitsideal der Frau in der beginnenden Renaissance. Sowohl durch ihren Inhalt wie durch ihre Form (Sonett, Canzone) wurde P.s Lyrik jahrhundertelang vorbildl. für die ital. u. z. T. sogar die europ. Liebesdichtung (Petrarkismus). In lat. Sprache dichtete P. das unvollendete Epos ›Africa‹, das den röm. Sieg über Karthago verherrlicht, ›Epystole metrice‹ u. 12 u. d. T. ›Bucolicum Carmen‹ vereinte Eklogen. S. lat. Briefe (›Familiares‹) sind v. a. aufschlußreich für die Beurteilung s. komplexen Persönlichkeit, die bereits zahlr. Züge des ›mod. Menschen‹ aufweist. Auch die Traktate ›Secretum meum‹, e. fingierte Beichte vor dem Kirchenvater Augustin, u. ›De vita solitaria‹, e. Lob des ›otium cum litteris‹, haben den Charakter von Bekenntnisschriften. Die unvollendete Sammelbiographie ›De viris illustribus‹ offenbart die neue Geschichtsbetrachtung der Renaissance. Die gleichfalls unvollendeten ›Rerum memorandarum libri‹ sind e. Sammlung hist. Exempla. Der Traktat ›De remediis utriusque fortunae‹ ist als Trostbuch gedacht u. erfreute sich als solches noch lange großer Beliebtheit innerhalb u. außerhalb Italiens. In ›De sui ipsius et multorum ignorantia‹ polemisiert P. gegen den Averroismus, in den ›Invectiva contra medicum‹ gegen die Medizin.

A: Rime (Canzoniere), 1470 (hkA G. Mestica 1896, m. Trionfi); Trionfi, hkA C. Appel 1901 (d. B. Geiger 1935); Liber sine nomine, hg. P. Piur 1925; Le rime sparse e i Trionfi, hg. E. Chiorboli 1930; Rime, trionfi e poesie latine, hg. F. Neri, E. Bianchi, G. Martellotti, N. Sapegno 1951; Rime, hg. R. Ramat 1956, G. Contini 1957, N. Zingarelli 1963, M. Santagata 1996 (d. B. Jacobson 1904, F. Spunda 1913, L. Lanckorovski 1956, B. Geiger 1958); Africa, hg. N. Festa 1926; Familiari, Br., hg. V. Rossi, U. Bosco IV 1933–42 (d. H. Nachod, P. Stern 1931); Poemata minora, hg. D. Rossetti III 1829–34; Bucolicum Carmen, hg. A. Avena 1906; Rerum memorandarum libri, hg. G. Billanovich 1943; Prose, hg. G. Martellotti, P. G. Ricci, E. Carrara, E. Bianchi 1955. – Opera omnia, IV 1554, 1581, n. 1965; Edizione nazionale, 1926ff. – *Übs.:* Epystole metrice, d. P.s poet. Briefe, F. Friedersdorff, 1903; Briefe u. Gespräche, d. H. Hefele, 1910; Dichtungen, Briefe, Schriften (Ausw.), hg. H. W. Eppelsheimer 1956; Das lyr. Werk, hg. B. Geiger 1958; Sonette (Ausw.), hg. A. Eo 1962; Dichtung in Prosa, hg. H. Heintze 1968.

L: E. Tatham, II 1925f.; L. Tonelli, 1929; H. Eppelsheimer, ²1934; C. Calcaterra, Nella selva del P., 1942; U. Bosco, 1946; G. Billanovich, 1947; E. H. Wilkins, The Making of the Canzoniere, 1951; ders., 1964; K. Heitmann, Fortuna u. Virtus, 1958; F. Montanari, Studi sul Canzoniere, 1958; E. Carrara, Studi petrarcheschi, 1959; U. Bosco, 1961; E. H. Wilkins, Chicago, 1961; B. Curato, 1963; A. E. Quaglio, 1967; F. Chiappelli, 1971; R. Amaturo, 1981; U. Dotti, 1987; G. Orelli, 1990; M. Santagata, 1993; M. Vitale, 1996; F. Neumann, 1998; C. Berra, hg. 1999. – *Bibl.:* J. G. Fucilla 1916–1973, 1982.

Petrescu, Camil, rumän. Schriftsteller, 22. 4. 1894 Bukarest – 14. 5. 1957 ebda. Stud. Lit. u. Philos. Bukarest, Regisseur, 1939 Direktor des Nationaltheaters in Bukarest; freier Publizist. Begr. versch. Zsn., Kritiker und 1934–47 Hrsg. der Zs. ›Revista Fundațiilor Regale‹. – Führender rumän. Dichter, Essayist und Kulturkritiker zwischen den beiden Weltkriegen; scharfer Intellekt und e. glückl. Feder führten ihn zum Erfolg auf allen lit. Gebieten. Trotz deutl. Einflusses von Husserl, Stendhal u. Proust gelang es P., s. starke Originalität als visionär-abstrakter Lyriker aus dem Kriegserleben, als Dramatiker und bes. als unsentimentaler, experimenteller Erzähler psycholog. Gesellschaftsromane zur Geltung zu bringen. Um so unverständlicher erscheint es, daß e. solche Persönlichkeit ihre Werke realist.-sozialist. umarbeitete.

W: Versuri, G. 1923; Suflete tari, Dr. 1925; Ultima noapte de dragoste, întâia noapte de război, R. II 1930 (Letzte Liebesnacht, erste Kriegsnacht, d. 1970); Danton, Dr. 1931; Transcendentalia, G. 1931; Patul lui Procust, R. II 1933 (Das Prokrustesbett, d. 1963); Teze și Antiteze, Ess. 1936; Un om între oameni, R. III 1953–57 (Ein Mensch unter Menschen, d. IV 1956–58); Nuvele, 1953, 1956. – Teatru, IV 1957f.; Opere, 1968ff.

L: B. Elvin, 1962; C. Ionescu, 1968; A. Petrescu, 1972; M. Popa, 1972; I. Sîrbu, 1973; C. Ungureanu, 1985.

Petrescu, Cezar, rumän. Schriftsteller, 1. 12. 1892 Cotnari – 9. 3. 1961 Bukarest. Stud. Jura Jassy. Freier Publizist, 1920 Mitgründer u. Leiter versch. Zsn., darunter ›Gândirea‹. 1936 kurz Generalsekretär im Kultusministerium. – Mit dem Ehrgeiz e. Balzac wollte P. e. rumän. Comédie humaine schreiben, e. Fresko der rumän. Gesellschaftsentwicklung in den letzten 100 Jahren, doch fehlten ihm Genialität u. Impetus des franz. Meisters. Übrig blieb e. echtes Erzählertalent; s. Helden zerbrechen im allg. an der Ungunst des Schicksals, versinken in Trostlosigkeit, vor der sie nicht einmal die gelegentl. Flucht ins Phantastische rettet.

W: Scrisorile unui răzeș, En. 1922; Omul din vis, En. 1925 (Die Traumerscheinung, d. 1930); Întunecare, R. III 1927 (Umdüsterung, d. III 1957); Sinfonia fantastică, 1929; Calea Victoriei, R. 1929 (²1989; Die Siegesstraße, d. 1982). Baletul mecanic, R. II 1931; Comoara regelui Dromichet, R. 1931 (Der Schatz des Königs D., d. 1947); Fram, ursul polar, Kdb. 1932 (Fram der Eisbär, d. 1957); Apostol, R. 1932; Aurul negru, R. 1934 (Das schwarze Gold, d. 1944); Duminica Orbului, R. 1934 (Sonntag in Bukarest, d. 1953); Luceafărul, R. III 1935f.; 1907, R. III 1937–43; Ochii strigoiului, R. III 1942; Carlton, R. 1944. – *Übs.:* Novellen, 1929; Der Onkel aus Amerika, Nn. 1964.

L: Horia Stancu, 1958; I. Bălu, 1972.

Petronius Niger (Arbiter), Titus, röm. Roman-Autor, 1. Jh. n. Chr. Wahrscheinl. Statthalter von Bithynien, Konsul im Jahr 62; P. war zunächst Vertrauter Kaiser Neros als ›elegantiae arbiter‹ (Autorität in Fragen der feineren Lebensart), wurde dann aber im Jahr 66 im Zusammenhang mit der Pison. Verschwörung zum Freitod gezwungen. – P. verfaßte den (nur fragmentar. überlieferten) Roman ›Satyrica‹ (Satyrgeschichten), den einzigen heute bekannten lat. antiken Roman neben Apuleius' ›Metamorphosen‹. P. parodiert das Handlungsschema u. Motive des griech. idealisierenden Romans (z. B. des Chariton u. Xenophon von Ephesos). Erzählt werden in Prosa u. Versen Abenteuer des Encolpius u. des von ihm geliebten Knaben, die sich in soz. niedrigen Kreisen bewegen: z.B. Schiffbruch, Scheintod, Trennung u. Wiedererkennen, Bordellbesuch, aber auch die Rezitation e. Epos, e. Vortrag über Bildung, Beschreibung e. Gemäldes. Die berühmteste Partie schildert die ›Cena Trimalchionis‹, e. ausschweifendes Gastmahl, bei dem der Gastgeber, der Parvenü Trimalchio, am Ende s. eigene Bestattung probt. Die ›Satyrica‹ lassen sich sowohl als Unterhaltung als auch als Kritik (die aber nirgends explizit wird) am gesellschaftl. Leben der frühen Kaiserzeit lesen. – Die ›Satyrica‹ bzw. einzelne Episoden (z.B. über die Witwe von Ephesos) haben stark gewirkt; z.B. ist P. e. Hauptfigur in H. Sienkiewicz' Roman ›Quo vadis‹; Fellini hat das Werk verfilmt (›Satyricon‹, 1968).

A: K. Müller, n. 1995; m. dt. Übs. K. Müller, W. Ehlers, n. 1995; m. dt. Übs. O. Schönberger, 1992.
L: P. G. Walsh, The Roman Novel, Lond. n. 1995; N. W. Slater, Reading P., Baltimore 1990; S. J. Harrison, Oxford Readings in The Roman Novel, Oxf. 1999; E. Courtney, A Companion to P., Oxf. 2001; N. Holzberg, Der antike Roman, n. 2001.

Petrov, Evgenij Petrovič (eig. E. P. Kataev), russ. Schriftsteller, 13. 12. 1903 Odessa – 2. 7. 1942 bei Sevastopol'. Sohn e. Lehrers, Bruder von V. Kataev, 1920 Journalist, ab 1923 in Moskau; fiel als Kriegsberichterstatter. – Schrieb mit Il'ja Il'f zwischen 1927 und 1937 humorist. und satir. Werke, bekannt bes. durch Romane ›Dvenadcat' stul'ev‹ und ›Zolotoj telënok‹; verfaßte nach dem Tod von Il'f (1937) Reportagen und Skizzen.

W: Dvenadcat' stul'ev, R. 1928 (m. Il'f; Zwölf Stühle, d. 1954); Odnoėtažnaja Amerika, Sk. 1937 (m. Il'f); Zolotoj telënok, R. 1931 (m. Il'f; Das goldene Kalb, d. 1946); Frontovoj dnevnik, Tg. 1942; Ostrov mira, Lsp. 1947 (Die Insel des Friedens, d. 1947). – Sobranie sočinenij (GW), IV 1938 f., V 1961 (m. Il'f), V 1994–96.
L: U. M. Zehrer, 1975; A. Préchac, Paris III 2000.

Petrov, Ivajlo (eig. Prodan P. Kjučukov), bulgar. Schriftsteller, * 19. 1. 1923 Bdinci. Stud. Jura Sofia. Jurist, Redakteur von Zeitungen u. bei Radio

Petrov

Sofia. – Erste Veröffentlichungen 1945. S. Werke von den 1950er bis zu den 1980er Jahren schildern vor allem die Spannung zwischen der patriarchalen Tradition u. der modernen Gesellschaft, die widersprüchliche Vorstellungen des Dorflebens verursacht. Meisterhafte plast. Darstellung u. psycholog. Charakterisierung. Spiegelt immer das Politische wider, vom Gesichtspunkt des Existentiellen u. Ethischen aus beurteilt.

W: Nonkinata ljubov, N. 1956; Mŭrtvo vŭlnenie, R. 1961; Predi da se rodja. I sled tova, Nn. 1968; Ljubov po pladne, En. 1976; Naj – dobrijat graždanin na republikata, Nn. 1980; Hajka za vŭlci, R. 1982; Ausw., II 1983.
L: St. Iliev, 1990.

Petrov, Valeri (eig. Valeri Nissim Mevorach), bulgar. Dichter, * 22. 4. 1920 Sofia. Medizinstud. Sofia. 1947–50 Presseattaché in Rom, 1945–62 Redakteur der humorist. Zt. ›Stŭršel‹, Drehbuchautor im Spielfilmstudio Sofia. – Einer der größten Vertreter der Generation der 40er. Meisterhafte Verse. S. Werke zeichnen sich durch Ironie aus u. geben den Geist der modernen Stadt wieder. Bester Übs. Shakespeares in bulgar. Sprache.

W: Stichotvorenija, G. 1949; Tam na zapad, G. 1954; V mekata esen, Poem 1961; Poemi, 1962; Kogato rosite tanzuvat, Lsp. 1965 (Wenn die Rosen tanzen, d. 1965); Dŭžd vali, slŭnce gree, G. 1967; Na smjah, Poeme 1970; Pet prikazki, Theater-M. 1986.

Petrov, Vasilij Petrovič, russ. Odendichter, 1736 – 15. 12. 1799. Vater Geistlicher; Stud. Slav.-griech.-lat. (geistl.) Akademie Moskau, wo er dann als Lehrer wirkte; 1760 mit Potemkin bekannt, der ihm zu großer Laufbahn verhalf; fand 1766 als Odendichter Anerkennung beim Hof; 1768 Vorleser und Übersetzer Katharinas II., dann geadelt, 1772–74 im Ausland, bes. in London; 1783 Mitgl. der russ. Akad. – Hofdichter, der mit s. von Lomonosov stark beeinflußten Oden zwischen diesem und Deržavin steht; bevorzugt log. begründeten Aufbau. Übs. Vergils ›Aeneis‹, Gedichte A. Popes und Teile von Miltons ›Paradise Lost‹.

W: Sočinenija (W), III ²1811.

Petrović, Petar II. → Njegoš, Petar II. Petrović

Petrović, Rastko, serb. Schriftsteller, 16. 5. 1898 Belgrad – 15. 8. 1949 Washington. Stud. Jur. Paris; ab 1923 Diplomat. – P. gehörte den 1. Generation der serb. Modernisten zwischen den Weltkriegen an und schrieb temperamentvolle, unkonventionelle Lit., zunächst expressionist. beeinflußt, später wieder traditioneller.

W: Otkrovenje, G. 1922; Burleska Gospodina Peruna Boga Groma, R. 1921; Afrika, Reiseb. 1930; Ljudi govore, Prosa 1931; Dan šesti, R. 1961; Sa silama nemjerljivim, R. 1963. – Dela (GW), VI 1974; Sabrane pesme (GW), 1989; Izbor II (AW), 1958, 1960.
L: V. Gligorić, 1959; Dj. Vuković, hg. 1989; N. Petković, hg. 1999.

Petrović, Veljko, serb. Schriftsteller, 5. 2. 1884 Sombor – 27. 7. 1967 Belgrad. Stud. Rechte Budapest; Journalist, Publizist, höherer Beamter im Kultusministerium, Präsident des Kulturvereins ›Matica srpska‹, 1936 Mitglied der Akad.; Direktor des Nationalmuseums in Belgrad. – Begann mit patriot. Gedichten, schrieb zahlr. lit. Kritiken u. Essays, wandte sich jedoch später ganz der Novelle zu, in der er das Leben des Kleinbürgertums und Bauerntums in der Vojvodina beschreibt. Auch Tiergeschichten.

W: Rodoljubive pesme, G. 1912; Na pragu, G. 1913; Bunja i drugi u Ravangradu, Nn. 1921; Varljivo proleće, Nn. 1921; Pripovetke, Nn. II 1925–34; J. Ignjatović, E. 1937; Kroz borbu i stradanja, Nn. 1948; Prepelica u ruci, En. 1950; Stihovi, G. 1951; Nevidljiv izvor, G. 1956; Pripovetke, En. 1963; Dah života, En. 1964; Zemlja, En. 1964; Krilata grudva zemlje, G. 1965. – Sabrana dela, IV 1930–32, VI 1954–58; Sabrane pripovetke, VI 1964.
L: Zbornik radova (Sammelband), 1985.

Petrus Alfonsi (ursprüngl. Moïse Sephardi), lat. Dichter, vor 1075 – nach 1116. Span. Rabbiner, Leibarzt König Alfons I. von Aragonien, 1106 unter dessen Patenschaft christl. getauft. Später Aufenthalte in England, vielleicht als Leibarzt Heinrichs I., und Nordfrankreich. – S. Hauptwerk ist die ›Disciplina clericalis‹, ca. 1110–20, etwa 40 Gespräche zwischen Vater und Sohn als Lehrer und Schüler. Nahm in das Werk Gedanken arab. Philosophen und Stoffe ind. Novellen auf und vermittelte dem christl. Abendland schon sehr früh oriental. Weisheit. S. Buch gilt als älteste Novellensammlung des MA; es fand weite Verbreitung. Auch Vf. des ›Dialogus contra Iudaeos‹, der einflußreichsten antijüd. Schrift des MA.

A: Disciplina clericalis, hg. A. Hilka, W. Söderhjelm 1911 (Die Kunst, vernünftig zu leben, dt. u. komm. E. Hermes 1970); Dialogus, hg. K.-P. Mieth 1982.
L: J. V. Tolan, 1993; Estudios sobre P. A., hg. M. J. Lacarra Ducay 1996.

Petrus von Blois (Blesensis), mittellat. Dichter, um 1130/35–1211/12. Aus adliger Familie; Stud. Tours, Paris u. Bologna; 1167/68 Erzieher König Wilhelms II. von Sizilien; folgte dann e. Ruf Heinrichs II. nach England; 1182 – um 1200 Archidiakon von Bath; 1200 – 1211/12 von London; Kanzler des Erzbischofs von Canterbury. – Verfaßte neben theolog. und philos. Schriften, meist zur Belehrung des Klerus, formvollendete lyr. Gedichte. Wichtig sind s. sehr zahlr. Briefe, oft mit Zitaten antiker Dichter geschmückt.

A: Opera, hg. J. P. Migne, PL 207; Carmina, hg. C. Wollin 1998; De amicitia christiana et de dilectione dei et proximi, hg. M.-M. Davy 1932 (m. franz. Übs.); Tractatus duo, hg. R. B. C. Huygens 2002; Later letters, hg. E. Revell 1993.

L: R. Köhn, 1973; M. Markowski, 1988; L. Wahlgren, Letter collections of P., 1993.

Petrus de Eboli, lat. Dichter, um 1160 Eboli/Italien – vor 1220. Arzt; lehrte vermutl. in Salerno. – S. Hauptwerk ist e. großes eleg. ›Carmen de rebus Siculis (Liber ad honorem Augusti)‹ (ca. 1195–97) von panegyr. Charakter über die sizilian. Feldzüge Kaiser Heinrichs VI., dem P. alle s. Werke widmete und der ihm materielle Unterstützung gewährte. Besang auch in e. verlorenen Gedicht die Taten Friedrich Barbarossas und schrieb e. medizin. Lehrgedicht ›De balneis Puteolanis‹ über die Bäder von Pozzuoli.

A: Liber ad honorem Augusti, hg. E. Rota, in: Rerum Italicarum Scriptores 31, 1904; G. B. Siragusa 1960; T. Kölzer, M. Stähli u.a. 1994 (m. dt. Übs.); F. de Rosa 2000 (m. ital. Übs.); Bäder: A. Daneu Lattanzi, 1962 (Faks.).

L: P. Block, II 1883; C. M. Kauffmann, The Baths of Pozzuoli. The Medieval Illuminations of P. de E.'s Poem, 1959; Studi su P., hg. R. Manselli u.a. 1978.

Petruševskaja, Ljudmila Stefanovna, russ. Prosaikerin und Dramatikerin, * 26. 5. 1938 Moskau. Stud. Journalistik ebda. (Abschluß 1961); bis 1972 Redakteurin beim Zentralfernsehen; erste Erzählungen in den 1960er Jahren, erlangte Bekanntheit zunächst als Dramatikerin (›Činzano‹, ›Uroki muzyki‹), wurde jedoch bis zur Perestrojka kaum legal aufgeführt und publiziert. – P.s Werke behandeln in ›neutraler‹, anschaulicher Umgangssprache Situationen des geist- und freudlosen Alltags, den Kampf mit unerbittlichen widrigen Lebensumständen; bes. Aufmerksamkeit gilt der Charakterschilderung und der Darstellung von Entfremdung, Seelenlosigkeit und (grundloser) Grausamkeit in den zwischenmenschlichen Beziehungen.

W: Bessmertnaja ljubov', En. 1988; Tri devuški v golubom, Drn. 1989; Nastojaščie skazki, En. 1997; Dom Devušek, En. 1998; Devjatyj tom, Erinn. 2003. – Sobranie sočinenij (GW), V 1996.

L: K. Simmons, Birmingham 1992; S. Želobcova, 1996; S. Kost, 1997; S. Dalton-Brown, N. Y. 2000; N. Balz, 2003.

Petrus de Vineis → Pier della Vigna

Petsalis, Thanassis (eig. Athanassis Petsalis-Diomedes), griech. Erzähler, 11. 9. 1904 Athen – 1995 ebda. Stud. Jura Athen und Paris; 10 Jahre auf Reisen durch ganz Europa; kurze Zeit Bankbeamter. – Die 1. Periode s. Schaffens war den Problemen und Konflikten der bürgerl. Gesellschaft gewidmet. Später wandte er sich mit bes. Erfolg dem groß angelegten hist. Roman nationalen Inhalts zu.

W: Merikes eikones se mia korniza, En. 1925; Maria Parnē, R. III 1933–35 (endgültige Fassg 1950); Parallēla kai parataira, En. 1936; Ho magos me ta dōra, R. 1939; Pera stē thalassa, En. 1944; Hē kyria tōn timōn, En. 1944; Ta dika mas paidia, En. 1946; Hoi Maurolykoi, R. II 1948f.; Hē kampana tēs hagias Triadas, R. 1949; Promētheas, Dr. 1949; Stē riza tu megalu dentru, Dr. 1952; Basileios ho II., Dr. 1953; Hē sphagē tōn mnēstērōn, Tr. 1955; Exarsis tēs glykeias chōras Kypru, R. 1956; Hellēnikos orthros, R. III 1962; Dekatria chronia, B. 1964; Hē kyra tēs Hydras, En. 1968; Ho katakaēmenos topos, Chronik 1972; Epistrophē sto mytho, R. 1974; To telos tu mythu, R. 1976; Logia tu sythambu, En. 1980; Diaphanies I, Aut. 1983.

L: V. Athanasopulos, 1990; A. Sachinis, To pezographiko ergo tu P.-D., 1992.

Pétursson, Hallgrímur, island. Dichter, 1614 Hólar – 27. 10. 1674 Ferstikla. Besuchte 1632–36 die lat.-humanist. ›Vor Frue Skole‹ in Kopenhagen, 1637–44 Bauer u. Fischer in Keflavík, 1644–51 Pfarrer in Hvalsnes, 1651–69 in Saurbær (Hvalfjörður). – Bedeutendster geistl. Dichter Islands. Schrieb zahlr. Kirchenlieder u. geistl. Dichtungen auch didakt. Inhalts, so bes. die ›Heilræðavísur‹. Von ergreifender Gefühlstiefe sind s. heute noch aufgelegten ›Passíusálmar‹, die auf Martin Möllers ›Soliloquia de passione Jesu Christi‹ beruhen. In s. weltl. Dichtungen, in denen er bes. zur Rímur-Tradition Wesentl. beitrug, wird der allg. pessimist. Grundzug auch von froheren Betrachtungen e. urwüchsigen Humors durchbrochen. Stil u. Diktion s. Lyrik zeichnen sich durch Schlichtheit u. Unmittelbarkeit aus, doch findet sich auch skald. Kunstübung. Das zeitkrit. ›Aldarháttur‹ ist in leonin. Hexametern u. in skald. Diktion gedichtet.

W: Passíusálmar, 1666, [70]1977, hg. H. S. Kjartansson, Króka-Refs rímur og Rímur af Lykla-Pétri og Magelónu (hg. F. Sigmundsson 1956; m. B. Jónsson:); Rímur af Flóres og Leo (hg. ders. 1957). – Sálmar og kvæði (GW), hg. G. Thomsen II 1887–90; Kvæði og rímur (GW), hg. S. Pálsson, F. Sigmundsson 1945; Sálmar og hugvekjur (AW), hg. L. H. Blöndal 1957.

L: A. Møller, 1922; M. Jónsson, II 1947; S. Nordal, 1970; J. Jónsson, 1972.

Pétursson, Hannes, island. Lyriker u. Literaturwissenschaftler, * 14. 12. 1931 Sauðarkrókur. Stud. Germanistik Köln u. Heidelberg, Examen in island. Philol. Univ. Reykjavík, Arbeit als Herausgeber, später als freier Schriftsteller u. Übersetzer. – P.s Werke sind gekennzeichnet durch die lebendige Verbindung von island. u. gesamteurop. volkstüml. u. klass. Kulturtradition einerseits u. den Formen u. sprachkrit. Haltungen der Moderne.

W: Kvæðabók, G. 1955; Í sumardölum, G. 1959; Sögur að norðan, En. 1961; Stund og staðir, G. 1962; Steingrímur Thorsteinsson, B. 1964; Innlönd, G. 1968; Rímblöð, G. 1971; Rauðamyrkur, R. 1973; Óður um Ísland, G. 1974; Kvæðasafn 1951–1976, G. 1977; Heimkynni við sjó, G. 1980; 36 ljóð, G. 1983; Eldhylur, G. 1993; Ljóðasafn, G.-Slg. 1998.

Peyami Safa → Safa, Peyami

Peyrefitte, (Pierre) Roger, franz. Schriftsteller, 17. 8. 1907 Castres – 5. 11. 2000 Paris. Jesuitenschule, Licence in Philos., École des Sciences Politiques, 1931–40 Diplomat: 1933–38 Botschaftssekretär in Athen. – Schildert in s. stilist. eleganten Romanen teils souverän distanziert, teils iron., homoerot. Beziehungen und diplomat. Intrigen, oft unverschlüsselte Klatschgeschichten. Lit. Skandalerfolge mit ›Enthüllungen‹ über den Vatikan, ›die‹ Juden, Freimaurer, Amerikaner, Franzosen u. a. Auch Dramatiker.

W: Amitiés particulières, 1944 (Heimliche Freundschaften, d. 1950); Mademoiselle de Murville, R. 1947; Le prince des neiges, Dr. 1948; L'oracle, R. 1949; Les amours singulières, R. 1950; La mort d'une mère, R. 1950; Du Vésuve à l'Etna, Reiseber. 1951 (d. 1955); Les ambassades, R. 1951 (Diplomaten, d. 1952); La fin des ambassades, R. 1953 (Diplomatische Missionen, d. 1954); Les clés de Saint-Pierre, R. 1955 (d. 1956); Chevaliers de Malte, R. 1957 (d. 1957); L'exilé de Capri, R. 1959 (d. 1960); Le spectateur nocturne, Dr. 1960; Les fils de la lumière, R. 1961 (d. 1962); La nature du prince, R. 1963 (d. 1963); Les secrets des conclaves, R. 1964; Les Juifs, R. 1965 (d. 1966); Notre amour, R. 1967 (Unmögliche Liebe, d. 1968); Les Américains, R. 1968 (d. 1969); L'enfant amour, R. 1969; Des Français, R. 1970 (Paris ist eine Hure, d. 1971); Manouche, R. 1972 (d. 1973); Tableaux de chasse, 1976 (d. 1977); La jeunesse d'Alexandre, B. II 1977f. (d. 1980); Propos secrets, R. 1977; L'enfant de cœur, R. 1978 (d. 1979); Roy, R. 1979; Les conquêtes d'Alexandre, B. 1979 (d. 1982); Alexandre le Grand, B. 1981 (d. 1985); Les chevaux du lac Ladoga, R. 1981; L'illustre écrivain, R. 1982; Voltaire, sa jeunesse et son temps, B. 1985; Charles de Gaulle, B. 1992.

L: C. Garnier, 1955; D. Bourdet, Pris sur le vif, 1957; P.-X. Giannoli, 1970; M. Périsset, 1979; L. Monnier, 1982.

Pfleger-Moravský, Gustav, tschech. Schriftsteller, 27. 7. 1833 Karasejn/Mähren – 20. 9. 1875 Prag. Försterssohn; ab 1843 in Prag, 1854 Sparkassenbeamter, Theaterreferent, litt an Schwindsucht. – Romantiker mit schwachen realist. Ansätzen. Außer melanchol. Gedichten, byronist. Verserzählungen u. hist. Tragödien schrieb Pf.-M. im Geiste Spielhagens den ersten tschech. Arbeiterroman, in dem er soziale u. nationale Probleme berührte. Übs. aus dem Franz.

W: Mramorový palác, Vers-E. 1856; Dumky, G. 1857; Pan Vyšinský, Ep. 1858 f.; Cypřiše, G. 1861; Ztracený život, R. 1862; Z malého světa, R. 1864; Paní fabrikantová, R. 1873; Královna noci, G. 1875; Telegram, Dr. 1884. – Sebrané spisy (GW), VII 1871–85; Sebrané spisy (GW), VI 1907–12; Spisy (W), VI 1927/28; Výbor ze spisů (AW), VIII 1927–28.

L: K. Velemínský, 1904.

Phaedrus, röm. Fabeldichter, um 15 v. Chr. Makedonien – um 50 n. Chr. Kam als Sklave nach Rom; Freigelassener des Augustus. – Schöpfer der röm. Fabel als e. selbständigen lit. Gattung; schrieb um 30 – 50 n. Chr. Fabeln aus der Natur, bes. aus der Tierwelt, in iamb. Senaren; inhaltl. Äsop verpflichtet. 5 Bücher mit 93 Fabeln sind überliefert. P. wollte anfängl. nur Bearbeiter s. Vorlage sein; in den späteren Büchern auch selbst erdachte Fabeln mit Anekdoten, die Ereignisse s. eigenen Zeit glossieren. Hauptvorzug der Fabeln des P. ist ihre Kürze und ihre prägnante Sprache; störend wirken häufig die allzu aufdringl. vorgebrachten Lehren. Lebte im MA in e. lat. Prosabearbeitung u. d. T. ›Romulus‹ fort.

A: L. Müller 1877 (n. 1922); L. Havet [14]1923; B. E. Perry 1965 (m. engl. Übs.); A. Guaglianone 1969; E. Oberg 1996 (m. Übs.), O. Schönberger 1975 (m. Übs.). – Übs.: E. Saenger 1929; F. F. Rückert, O. Schönberger 1975; H. Rupprecht 1992.

L: G. Thiele, Der lat. Äsop des Romulus und die Prosa-Fassung des P., 1910; A. de Lorenzi, 1955; G. Pisi, 1977; S. Boldrini, Fedro e Perotti, 1988; F. Bertini, Interpreti medievali di Fedro, 1998. – Index: A. Cinquini, 1964. – Lexikon: C. A. Cremona, 1980. – Bibl.: R. W. Lamb, Annales Phaedriani, 1998.

Phanokles, altgriech. Dichter, 4./3. Jh. v. Chr. – Vf. e. nur fragmentar. erhaltenen eleg. Gedichts ›Liebschaften oder: Die Schönen‹, in dem homosexuelle erot. Abenteuer von Göttern und Heroen des Mythos erzählt wurden; P. verbindet die katalogartige Reihung in der Tradition Hesiods mit der Vorliebe für Ursprungsgeschichten und der gelehrten Gesuchtheit des hellenist. Lehrgedichts.

A: J. U. Powell: Collectanea Alexandrina, 1925, 106–109.

L: K. Alexander, Amst. 1988.

Pherekrates, altgriech. Komödiendichter (›Alte Komödie‹), 2. Hälfte 5. Jh. v. Chr. Athen. – 19 Titel (Mehrfachnennungen?) und 2 Siege bezeugt, ca. 280 Fragmente (z. B. von ›Die Wilden‹, ›Die Überläufer‹, ›Korianno‹ = Name e. Hetäre) erhalten. P. entwickelt e. bes. Ausprägung der Alten Komödie (meidet z. B. persönl. Invektive) und nimmt manche Züge der Neuen Komödie vorweg (z. B. bestimmte Typen wie die Hetäre, den verliebten Jüngling etc.). In der Kaiserzeit schätzte man P.' reines Attisch, noch in Byzanz zählte man ihn zu den bedeutendsten Vertretern der Alten Komödie.

A: E. Urios-Aparisi 1992.
L: H.-G. Nesselrath, 1990; J. Henderson, in: D. Harvey, J. Wilkins, hg. Lond. 2000.

Philemon, aus Syrakus, altgriech. Komödiendichter (›Neue Komödie‹), 2. Hälfte 4. Jh. v. Chr. 327erster Dionysiensieg, insgesamt 4 Siege. – Nur 198 Fragmente erhalten, deren Kontext meist nicht mehr rekonstruierbar ist. 3 Stücke sind in Adaptationen des Plautus erhalten. Die überlieferten Titel weisen auf die übl. Inhalte der Neuen Komödie und berühren sich mehrfach mit Menandros. Obwohl P. zu Lebzeiten erfolgreicher war als letzterer, galt er in den Folgejahrhunderten nur noch als zweitwichtigster Vertreter der Neuen Komödie, was zum Verlust s. Werke beigetragen haben mag. Schon in der Spätantike kannte man aus s. Werk fast nur noch Sentenzen.
L: H.-G. Nesselrath, 1990; E. Lefèvre, 1995.

Philes, Manuel → Manuel Philes

Philethas aus Kos, altgriech. Philologe u. Dichter, um 340 v. Chr. – Von P.' Werk sind 4 sichere Titel und ca. 30 Fragmente erhalten, v.a. ›Hermes‹, ›Demeter‹, ›Epigramme‹ (nur 1 vollständig kenntl.), ›Paignia‹ (Sammlung kürzerer Gedichte), e. glossograph. Sammlung (›Ataktoi glossai‹). Ein ep. Gedicht über koische Lokalmythen sowie weitere philolog. Arbeiten lassen sich nur erschließen.
A: J. U. Powell: Collectanea Alexandrina, 1925, 90–96; Suppl. Hell. 447f. – A. Nowacki 1927 (poet. Fragm. m. Komm.); W. Kuchenmüller 1928 (poet., glossogr., krit.-exeget. Fragm.); E. Dettori 2000 (grammat. Fragm. m. Komm.); L. Sbardella 2000 (poet. Fragm. m. Komm.).
L: A. Hardie, ZPE 119, 1997, 21–36; J. Latacz, N. Kazazis, A. Rengakos, Fs. D. M. Maronitis, 1999; K. Geus, WJb 24, 2000, 65–78; K. Spanoudakis, Leiden u. a. 2002.

Philikos von Kerkyra, altgriech. lyr. u. trag. Dichter, 2. Hälfte 3. Jh. v. Chr. Dionysospriester in Alexandria, oft mit Philiskos von Aigina verwechselt. – Von s. zahlr. Tragödien ist nichts erhalten; von e. Demeter-Hymnus immerhin e. größeres Fragment.
A: TrGF I, 280.
L: K. Latte, 1968; M. Dickie, A&A 44, 1998, 49–77.

Philipe, Anne, franz. Erzählerin, 1926 Brüssel – 1990 Paris. Witwe des Schauspielers Gérard P.; Mutter von 3 Kindern; Reisen nach China, zuletzt 1980. Journalistin, Mitarbeiterin in e. Museum für Völkerkunde. – P.s gleichsam aus Bildern, Empfindungen, Träumen u. Erinnerungen gewobene Prosa spiegelt Gefühle u. Stimmungen wider.

W: Le temps d'un soupir, 1963; Les rendez-vous de la colline, R. 1966 (Morgenstunden des Lebens, d. 1968); Un été près de la mer, R. 1977 (d. 1978); Promenade à Xian, R. 1980; Je l'écoute respirer, R. 1984 (d. 1986); Gérard Philipe, Souvenirs et témoignages, B. 2003.

Philippe, Charles-Louis, franz. Romanschriftsteller, 4. 8. 1874 Cérilly/Allier – 21. 12. 1909 Paris. Sohn e. armen Schusters; Kindheit in Elend und Krankheit, 1891–94 Lycée Moulins. Begnügte sich trotz guter Schulbildung mit e. sehr bescheidenen Anstellung in der Pariser Stadtverwaltung. – Romancier der materiellen Not des einfachen Volkes in Paris und im Bourbonnais. Grundton s. Werkes sind Unruhe und e. schmerzvoll-herbe Poesie des Leidens aus Armut. Brachte in die franz. Lit. e. neuen Ton. Stark beeinflußt von Tolstoj und Dostoevskij. Steht in der Tradition des Naturalismus, hebt sich aber dadurch von ihm ab, daß er sich dem Volk zugehörig fühlt und es mit menschl. Wärme beschreibt. S. Werk spiegelt eigene Lebenserfahrungen. S. Sprache ist humorvoll, unmittelbar, einfach und volkstüml. im Wortschatz. P. gestaltet kraftvoll das Pariser Proletariat in ›Bubu de Montparnasse‹, das erstickende Provinzleben in e. Dörfchen des Bourbonnais in ›Le père Perdrix‹. Ergreifend der Fragment gebliebene Roman ›Charles Blanchard‹ über die elende Kindheit s. Vaters. Bes. in den späteren Werken Neigung zu oberflächl. Lyrismus. Starker Einfluß auf F. Carco und J. Romains sowie auf die Schriftsteller des Populismus wie Dabit und Poulaille.

W: Quatre histoires du pauvre amour, N. 1897; La bonne Madeleine et la pauvre Marie, R. 1897 (d. 1923); La mère et l'enfant, R. 1900 (d. 1912); Bubu de Montparnasse, R. 1901 (d. 1920); Le père Perdrix, R. 1903 (d. 1923); Marie Donadieu, R. 1904 (d. 1942); Croquignole, R. 1906 (d. 1913); Dans la petite ville, R. 1910 (d. 1913); Charles Blanchard, R. 1913 (d. 1922). – Œuvres complètes, V 1987; Correspondance (1896–1907), 1911; Lettres de jeunesse, 1911 (d. 1922); Lettres à sa mère, 1928. – *Übs.:* GW, 1913; Das Bein der Tiennette, En. n. 1964.
L: H. Bachelin, 1920; H. Poulaille, 1929; K. Kerber, Diss. Lpz. 1931; E. Guillaumin, 1943; J. de Fourchambault, 1943; L. Lanoizelée, 1953 (m. unveröffentlichen Briefen); B. Rountree, Imagery in the Novels of P., 1966; F. Capello, 1972.

Philippe de Remi, Sire de Beaumanoir, franz. Schriftsteller, 1250 – 1296. Wirkt als Rechtslehrer prägend durch die Redaktion ma. Gesetzestexte, Beamter in Grenoble und Senlis. Insbes. s. ›Coutumes de Beau-voisis‹ sind von rechtsgeschichtl. Bedeutung.
L: H.-L. Bordier, 1980; M. Shepherd, 1990; C. Rossi, 1999.

Philippe de Thaon, altfranz. Dichter, Geistlicher. – Schrieb als erster Dichtungen in anglonormann. Sprache: 1119 e. ›Comput‹, e. Erklärung des Kalenders für die Geistlichen, e. ›Bestiaire‹, e. durch allegor. Kommentierung erweiterte Übs. des lat. ›Physiologus‹, und e. ›Lapidaire‹.

A: Li Cumpoz, hg. E. Mall 1873; Le Bestiaire, hg. E. Walberg, Lund 1900; Lapidaire, hg. P. Meyer (Romania 38) 1909; Le livre de Sibile, hg. H. Shields, Lond. 1979. *L:* E. Walberg, Quelques aspects de la littérature anglonormande, 1936; H. Shields (Romania 85) 1964; R. T. Pickens, The Literary Activities of Ph. de Th., 1970.

Philippide, Alexandru, rumän. Dichter, 1. 4. 1900 Jassy – 8. 12. 1979 Bukarest. Sohn e. bekannten Philologen. Stud. Philos. u. Wirtschaftswiss., Jura u. Philol. 1929–47 Ministerialbeamter. Akad.mitgl. – S. Lyrik ist e. Forts. der Romantik mit mod. Mitteln. Übs. von Hölderlin, Novalis, Baudelaire, Rilke, Mörike.

W: Aur sterp, G. 1922; Stânci fulgerate, G. 1930; Visuri în vuietul vremii, G. 1939; Poezii, 1964; Monolog în Babilon, G. 1967; Considerații confortabile, Es. 1970; Floarea din prăpastie, G. 1975.

L: N. Balotă, 1974; H. Avrămuț, Diss. 1978; ders., 1984.

Philips, Katherine, geb. Fowler, engl. Dichterin, 1. 1. 1632 London – 22. 6. 1664 ebda. Erzogen in einem presbyterian. Internat in Hackney, zog um 1646 nach Wales, dort ⚭ August 1648 James Philip, Politiker und Parlamentsmitglied bis 1662. Bewegte sich in intellektuell-lit. Zirkeln in Wales u. London, gründete die ›Society of Friendship‹, die weibl. und männl. Dichter und Intellektuelle in einem platon. Ideal von Freundschaft vereinte und bes. der Freundschaft zwischen Frauen Gewicht verlieh. Als Royalistin und Dichterin harsch kritisiert, nach der Restauration jedoch eine der führenden Persönlichkeiten am Hof. Starb auf dem Höhepunkt ihres Ruhmes an Pocken. – Gilt als eine der bekanntesten und größten Dichterinnen ihrer Zeit. Ihre Lyrik ist, v.a. beeinflußt von ihrer langen Freundschaft mit Mary Aubrey und Mary A. Harvey, vom Gedanken einer intensiven Freundschaft zwischen Frauen geprägt, die sie als Freundschaft im Sinne des platon. Ideals von Seelenverwandtschaft entwirft. Die Gedichte, die sich an J. Donnes Lyrik (sowohl am heteroerot. Begehren der ›Songs and Sonnets‹ als auch den Gedichten über sapphist. Liebe) orientieren, agieren dieses Ideal von Freundschaft in erot.-leidenschaftl. aufgeladener Sprache aus und stellen die Spannung, die sich aus diesen beiden Polen ergibt, häufig palimpsestartig dar. P. schrieb zudem panegyr. Lyrik nach der Restauration und die Ode zum Tod Charles' II.

W: Pompey, T. 1663; Poems, G. 1664; Horace, Übs. v. Corneille, 1667. – The Collected Works, hg. P. Thomas III 1990–93.

L: P. Souers, The Matchless Orinda, 1931; P. Thomas, 1988; R. Trefousse, The Reputation of K. P., 1990.

Phillips, Caryl, afrokarib.-brit. Schriftsteller, * 13. 5. 1958 St. Paul's/St. Kitts. Jugend in Leeds u. Birmingham; Stud. Oxford. Zunächst freie journalist. u. dramat. Arbeiten, dann Dozenturen in Indien, Schweden, den USA, Ghana, seit 1998 Prof. Columbia Univ./New York. – Frühe Dramen u. Romane erörtern die Zerrissenheit karib. Einwandererfamilien zwischen den Generationen. Spätere Romane u. nichtfiktionale Arbeiten zur Aufarbeitung des atlant. Sklavenhandels, der karib. Diaspora, aber auch des jüd. Holocaust.

W: Strange Fruit, Dr. 1981; Where there is Darkness, Dr. 1982; The Shelter, Dr. 1984; The Final Passage, R. 1985 (Abschied von der Tropeninsel, d. 1988); A State of Independence, R. 1986; The European Tribe, Reiseb. 1987; Higher Ground, R. 1989 (d. 1997); Cambridge, R. 1991 (d. 1996); Crossing the River, R. 1993 (d. 1995); The Nature of Blood, R. 1997 (Blut und Asche, d. 2000); The Atlantic Sound, Reiseb. 2000.

L: B. Ledent, 2002.

Phillips, David Graham, amerik. Journalist und Schriftsteller, 31. 10. 1867 Madison/IN – 24. 1. 1911 New York (ermordet). Stud. Princeton Univ., 1887–1902 Reporter in Cincinnati und New York. – Schrieb 1901–11 23 Romane, deren sozialreformer. Tendenz zu s. Erschießung durch e. Geisteskranken führte. P.' Artikel und Romane dienen der Aufdeckung von Korruption in allen Lebensbereichen (›muckraking journalism‹), bes. der Zeitungswelt, oder behandeln die neue Stellung der Frau. S. bedeutendster Roman, ›Susan Lenox‹, schildert den Lebensweg e. jungen Frau, die, als unehel. Pflegekind aufgewachsen, mit einem Farmer verheiratet wird, aus der Ehe ausbricht u. schließlich die Prostitution als den Beruf wählt, der ihr mehr Selbstbestimmung ermöglicht als jeder andere.

W: The Great God Success, R. 1901; The Treason of the Senate, Schr. 1906 (n. hg. G. E. Mowry, J. A. Grenier 1964); Light-Fingered Gentry, R. 1907; The Hungry Heart, R. 1909; The Fashionable Adventures of Joshua Craig, R. 1909; Susan Lenox: Her Fall and Rise, R. 1917. – Collected Works, XXVI 1916 ff.

L: I. F. Marcosson, 1932; A. C. Ravitz, 1966; L. Filler, B. 1978; Contemporaries: Portraits in the Progressive Era, hg. L. Filler, 1981.

Phillips, Jayne Anne, amerik. Schriftstellerin, * 19. 7. 1952 Buckhannon/WV. – Zählt aufgrund ihrer Herkunft und deren lit. Verarbeitung als ›regional writer‹; P.' Werke umkreisen die Schattenseiten des ›American Dream‹, Vietnam-

trauma, Armut, Einsamkeit, Krankheit, häusl.-familiäre Probleme; poet.-präziser Stil.
W: Sweethearts, Kgn. 1976; Counting, Kgn. 1978; Black Tickets, Kgn. 1979; How Mickey Made It, R. 1981; The Secret Country, R. 1983; Machine Dreams, R. 1984 (d. 1985); Fast Lanes, Kgn. 1984 (Überholspur, d. 1987); Shelter, R. 1994 (Sommercamp, d. 1996); MotherKind, R. 2000 (d. 2001). – Übs.: Das himmlische Tier, Kgn. 1981.

Philodemos, altgriech. Philosoph u. Schriftsteller, um 110 v. Chr. Gadara – nach 40 v. Chr. Stud. in Athen bei Zenon von Sidon (Epikureismus), um 75 v. Chr. Herculaneum, dort Kontakt u.a. mit Vergil. – Vor der Entdeckung der Bibliothek der sog. ›Villa dei Papiri‹ waren von P. nur Epigramme (in der → Anthologia Palatina) bekannt, jetzt durch Papyrus-Funde umfangreiche Fragmente der übrigen Werke, die v.a. philosophiegeschichtl. (›Zusammenstellung der Philosophen‹, erhalten Teile von Akad., Stoa und Epikureismus; ›Vita Epikurs‹), philos.-lit. (›Über die Rhetorik‹; ›Über Gedichte‹), eth.-polit. (›Über die Stoiker‹; ›Über Übel‹; ›Über Lebensformen‹), theolog. (z.B. ›Über die Frömmigkeit‹) sowie log. Themen (›Über Phänomene und Semeiosen‹) beinhalten.
A: S. Sudhaus 1892–96. – P. H. u. E. A. DeLacy 1978 (meth.) (m. engl. Übs. u. Komm.); T. Dorandi 1991 (Philos.geschichte, Plat. u. Akad.), 1994 (Philos.geschichte, Stoa); M. Gigante 1978ff. (Philos.geschichte, Epik.); D. Obbink 1996 (de piet., m. Komm.); F. Sbordone, L. Auricchio, 1968–83 (m. ital. Übs. u. Komm.); R. Janko 2000 (poet.); D. Sider 1997 (Epigr., m. engl. Übs. u. Komm.); Philodemus-Project: www. humnet.ucla.edu/ humnet/ classics/ philodemus/ philhome. htm.
L: Fr. Sbordone, Neapel 1983; M. Gigante, Florenz 1990; N. Greenberg, N. Y. u.a 1990; M. Erler, in: H. Flashar, hg. Bd. 4 ²1994, 289–362; D. Obbink, N. Y. u.a. 1995; M. Gigante, Neapel 1998; C. Auvray-Assayas, D. Delattre, Paris 2001; J. Allen, Oxf. 2001; D. Armstrong u.a., hg. Austin/TX 2004.

Philo Historicus, griech. Historiker, vor 40 v. Chr. Vermutlich griech.-jüd. Herkunft. – Vf. e. nicht erhaltenen griech. Geschichtswerks über die Könige der Juden; bei Flavius Iosephus als ›Philo der Ältere‹ (zur Unterscheidung von Ph. v. Alexandreia) erwähnt. Ph. H. ist vermutl. nicht ident. mit e. Dichter Philo, von dem 3 Fragmente eines Epos über Jerusalem erhalten sind.
A: FGrH 729; Frag. jüd.-hell. Historiker, hg. N. Walter 1976; Frag. jüd.-hell. Epik, hg. ders. 1977; R. Doran, ANRW II 20.1, 1987, 246–297.

Philon von Alexandria, altgriech. Schriftsteller, ca. 15 v. Chr. – ca. 50 n. Chr. Kaum biograph. Nachrichten; aus jüd. Familie der Oberschicht (daher: ›P. Iudaeus‹), 39 Leiter e. Gesandtschaft der alexandrin. Juden zu Caligula. – Von wohl über 70 Schriften sind fast 50 erhalten (teilweise in lat. oder armen. Übs.), neben hist.-apologet. und philos. Werken v.a. P.s umfangreiche inhaltl. Darstellung und Kommentierung des Pentateuch. Hier vollzieht P. aus e. inneren Verbundenheit mit dem Judentum, das er in der Weisheit des Moses verwirklicht sah, e. Synthese mit der griech. Tradition, v.a. dem Platonismus in der Ausprägung des zeitgenöss. Mittelplatonismus. P.s eigentl. Ziel bleibt dabei stets die Bibelexegese, so daß der Philos. nur dienende Funktion zukommt. Obwohl P. der bedeutendste Vertreter des griech.-sprachigen Judentums in Alexandria ist, findet sich nur e. einzige (ungefähr) zeitgenöss. Erwähnung (bei Iosephos); kein Einfluß auf die jüd. Tradition, auch die späteren Kirchenväter (z.B. Origenes, Hieronymus, Augustinus) erwähnen ihn nur selten, verdanken ihm aber v.a. durch s. allegor. Bibelauslegung viel.
A: L. Cohn, P. Wendland, S. Reiter 1896–1915 (Nachdr. 1962); Fragm.-Ausg. fehlt. – Übs.: L. Cohn u.a. 1909–64 (dt.); F. H. Colson u.a. 1929–62 (griech./engl.); R. Arnaldez u.a. 1961–92 (franz.); R. Radice u.a. 1994 (ital.).; C. D. Yonge 1854 (Nachdr. 1993, engl.). – Antike Übs.: Lat.: F. Petit 1973 (Gen.); Armen.: J. B. Aucher 1822–26; F. Siegert 1988 (De deo).
L: W. Bousset, 1915; E. R. Goodenough, 1938; J. Dillon, Lond. 1977 (²1996); R. Radice, Neapel 1983; A. Tobin, Washington DC 1983; A. Kasher, 1985; D. Winston, Cincinnati 1985; D. T. Runia, Leiden 1986, Aldershot 1990, Assen 1993, Leiden u.a. 1995; R. Goulet, Paris 1987; L. A. Montes-Peral, Leiden 1987; Chr. Riedweg, 1987; H. Burkhardt, 1988; L. Grabbe, Atlanta 1988; R. Radice, Mail. 1989; D. Zeller, 1990; D. M. Hay, hg. Atlanta 1991; J. R. Royse, Leiden u.a. 1991; J. D. Dawson, Berkeley 1992; N. G. Kohen, 1995; E. Birnbaum, Atlanta 1996; V. Nikiprowetzky, Paris 1996; P. Borgen, Leiden u.a. 1997; B. W. Winter, Cambr. 1997, ²2002; Chr. Noack, 2000; M. Niehoff, 2001. – Bibl.: R. Radice, D. T. Runia, 1988 (1936–86); D. T. Runia, 2000 (1987–96), jährl. erg. durch ›The Studia Philonica Annual‹.

Philostratos von Lemnos, altgriech. Sophist, um 170 – um 245 n. Chr. Karriere als Redner und Redelehrer in Athen (vermutl. ident. mit dem von Athen durch e. Statue geehrten Flavius P.) und Rom, dort wohl ab 207 im Kreis der Kaiserin Iulia Domna. – Hauptwerke: 1) ›Lebensbeschreibung des Apollonios von Tyana‹; 2) ›Sophistenbiographien‹: Lebensbeschreibungen der für P. zeitgenöss. sog. ›Zweiten Sophistik‹ vor dem Hintergrund der alten Sophistik (Gorgias und Zeitgenossen); 3) ›Heroikos‹ (214–219): die ›wahren‹ Begebenheiten aus dem Heroen des Trojan. Krieges; 4) ›Gymnastikos‹: Abhandlung über den Wert der gymnast. Spiele gegen die Verweichlichung; 5) ›Eikones‹: Beschreibung e. neapolitan. Gemäldegalerie mit 65 (fiktiven?) Gemälden meist mytholog. Inhalts; 6) Wahrscheinl. von P. sind außerdem e. Epigramm auf Telephos, der Kurzdialog ›Nero‹, 9 (?) Briefe aus e. Sammlung fiktiver Liebesbriefe sowie e. Abhandlung ›Dialexeis‹. Die antike Tradition kennt insgesamt 3 bzw. 4 Personen dieses Namens, so daß die Zuweisung einzelner Werke (v.a. bei 4) teilweise schwankt; sicher von e. jüngeren P. ist der 1. Teil e. weiteren Sammlung ›Eikones‹. Die Philostrate wurden rege rezipiert. So liegt die Bedeutung beider ›Eikones‹ darin, daß sie e. gewissen Eindruck von den Themen der fast völlig verlorenen antiken Tafelmalerei vermitteln. Bes. wirkmächtig war P.' in 2) erstmals entworfenes Konstrukt e. ›Zweiten Sophistik‹, das in modifizierter Form bis in die mod. Literarhistorie besteht.

A: C. L. Kayser 1870/71. – *Her.:* L. de Lannoy 1977; *Imag.:* O. Benndorf, C. Schenkel 1893. – *Komm.:* I. Avotins 1968 (Soph., Herod. Att.); S. Rothe 1989 (Ausw. Soph.); A. Beschorner 1999 (Her. m. dt. Übs.). – *Übs.:* Ap.: V. Mumprecht 1983 (dt.); *Her.:* J. K. Berenson Maclean u.a. 2001 (engl.); *Soph.:* W. C. Wright 1921 (zahlr. Nachdr.; engl.); *Imag.:* A. Fairbanks 1931 (engl.), O. Schönberger, E. Kalinka 1968 (dt.), A. Bougot, F. Lissarague 1991 (franz.); *Ep.:* A. R. Benner, F. H. Fobes 1949.

L: E. L. Bowie, ANRW II 16.2, 1978, 1652–1699; Th. G. Knoles, Ann Arbor 1981; G. Anderson, Lond. 1986, Lond. u.a. 1993; J.-J. Flinterman, Amst. 1995; S. Swain, Oxf. 1996; L. de Lannoy, ANRW II 34.3, 1997, 2362–2449; R. Creszenzo, Genf 1999; A. Billault, Brüssel 2000.

Philoxenos, altgriech. Dithyrambendichter, 435/434 v. Chr. Kythera – 380/379 v. Chr., Syrakus? Angebl. am Hof des Dionysios I. von Syrakus und in Ephesos, reiche Anekdotenbildung. – Neben Timotheos Hauptvertreter der sog. ›Neuen‹ Musik, Vf. von 24 Dithyramben, u.a. e. ›Kyklops‹ (von Aristophanes parodiert). Bisweilen schreibt man ihm e. Gedicht ›Gastmahl‹ zu, doch ist sowohl das Genre als auch die Zuschreibung unsicher (eher Ph. von Leukas, Anfang 4. Jh. v. Chr.). Das Sujet des ›Kyklops‹ wird in der bukol. Dichtung des Hellenismus (Theokrit) wieder aufgegriffen.

A: D. A. Campbell 1993; D. F. Sutton 1989.

L: B. Zimmermann, 1992; J. M. Hordern, ClQ 49, 1999, 445–455.

Phokylides, altgriech. Dichter, um 540 v. Chr., Milet. – Vf. von fragmentar. erhaltenen ›Gnomen‹ (›Sinnsprüchen‹) in Hexametern, die durch e. refrainartigen Erkennungsvers (›auch dies sagt P. ...‹) in Abschnitte gegliedert werden. Als prakt. Lebensratgeber scheint P.' Sammlung lange beliebt gewesen zu sein; noch im 1. Jh. n. Chr. wird unter s. Namen e. Lehrgedicht relig. Inhalts verfaßt.

A: Br. Gentili, C. Prato ²2002; G. E. Gerber, 1999.

L: M. L. West, Berlin u.a. 1974, JHS 98, 1978, 164–167; M. Korenjak, R. Rollinger, Philologus 145, 2001, 195–202.

Photios, byzantin. Gelehrter, Theologe und Dichter, um 820 Konstantinopel – um 891 in der Verbannung. Aus vornehmer, aber verarmter Familie; nach Stud. Lehrer Philos. und Philol. in Konstantinopel, kaiserl. Sekretär. Von s. Zeitgenossen wegen s. ungeheuren Kenntnisse und s. umfassenden Bildung bewundert; obwohl Laie, zweimal (858–867 und 877–886) Patriarch von Konstantinopel; beide Male von dem jeweiligen Kaiser abgesetzt. – E. der bedeutendsten Gestalten der byzantin. Geistesgeschichte. Durch s. tiefgründige Kenntnis der antiken Philos. (Aristoteliker) und Lit. Vorläufer der humanist. Renaissance. Spielte als Patriarch e. entscheidende Rolle in der beginnenden Auseinandersetzung der röm. und der östl. Kirche. Von s. Werken ist vor allem das ›Myriobiblon‹ (oder ›Bibliothek‹) für die Lit. geschichte von größter Bedeutung, da P. darin 280 wichtige außerdicher. Werke angibt, kommentiert und beurteilt, die zum größten Teil verlorengegangen sind. In mehreren theolog. Schriften bekämpft er mit dogmat. Argumenten die röm. Kirche. (›Lógos peri tēs tu hagíu pneúmatos mystagōgías‹). Verfaßte auch mehrere Schriften, Predigten, Reden, e. Lexikon zum Verständnis der Sprache antiker Autoren und der Bibel und einige Dichtungen.

A: J. P. Migne, Patrol. Graeca 101–104, 1860; Lexikon, hg. S. A. Naber, Leiden II 1864f.; Bibliothek, hg. R. Henry, Paris IV 1959–78; Homilien, hg. B. Laourdas 1959; ders., L. G. Westerink, III 1984–85.

L: J. Hergenröther, III 1867–69, n. 1966; F. Dvornik, The Photian Schism, Cambr. ²1970; W. T. Treadgold, The nature of the Bibliotheca of P., Dumbarton Oaks 1980.

Phrynichos, altgriech. Tragödiendichter, 6./5. Jh. v. Chr., aus Athen. 511/508 erster Sieg, 492 (?) Aufführung s. ›Einnahme Milets‹. – P. soll als erster Frauenrollen auf die Bühne gebracht, den trochäischen Tetrameter in e. Tragödie verwendet u. sich bes. um den Tanz bemüht haben. Bewundert wurde die ›Süße‹ s. lyr. Partien, die den größten Teil s. Stücke ausmachten. Von s. nur fragmentar. erhaltenen Tragödien sind 9 Titel bekannt, teilweise mit Sujets, von denen manche von Aischylos und Euripides wieder aufgegriffen wurden.

A: TrGF ²I, 69–79.

L: H. Lloyd-Jones, Oxf. u.a. 1990; B. Gauly u.a., 1991; C. Calame, in: M. Cannatà Fera u.a., hg. Fs. G. A. Privitera, Neapel 2000, 233–246.

Phrynichos, altgriech. Komödiendichter (›Alte Komödie‹), 2. Hälfte 5. Jh. v. Chr., aus Athen. Erste Aufführung 429, Zeitgenosse und Konkurrent von Eupolis und Aristophanes. – Nur spärl. Fragmente erhalten. P.' ›Eigenbrötler‹ (›Monotropos‹, 414) scheint Züge von Menanders ›Dyskolos‹ vorwegzunehmen, in s. ›Musen‹ (›Mousai‹, 405) fand wohl e. Dichterwettstreit vergleichbar dem der aristophan. ›Frösche‹ statt.

L: D. Harvey, J. Wilkins, hg. Lond. 2000.

Physiologus, e. im MA sehr beliebtes allegor. lat. Tierbuch; schon zum ursprüngl. (wohl um 200) auf Griech. verfaßten Text entstanden mehrere spätere Versionen; der Ph. wurde früh in viele Sprachen übersetzt (z.B. aus dem Syr. ins Arab.); nach 385 entstanden mehrere lat. Übsn., die dann in die europ. Sprachen übertragen wurden. – Das Buch enthält kurze Erzählungen, zumeist über Tiere, aber auch über einige Pflanzen u. Steine. Zumeist heißt es: ›Der Ph. sagt über ...‹, u. es wird die Eigenart (griech. ›physis‹) des Wesens beschrieben u. christl. ausgelegt. Betont werden die wichtigsten christl. Glaubenssätze wie Christi Fleischwerdung, Tod u. Auferstehung. – Zunächst wurde das Buch von der Kirche verworfen, doch seit Gregor d. Gr. wurde es sehr geschätzt. Im MA wurden aus dem Ph. ›Bestiarien‹ (Tierbücher), z.T. ohne die christl. Aussage. Einige Geschichten haben bes. stark gewirkt, z.B. über das Einhorn, das sich nur von e. Jungfrau fangen lässt, über den Phoenix, der aus s. Asche wieder aufersteht, u. über den Pelikan, der s. Jungen mit s. Blut ernährt. – Motive aus dem Ph. finden sich in Lit. u. bildender Kunst bis weit in die Neuzeit hinein.

A: dt. Übs. O. Seel, n. 1987; m. dt. Übs. O. Schönberger, 2002.

L: N. Henkel, Studien zum Ph. im MA, 1976.

Piasecki, Sergiusz, poln. Schriftsteller, 1. 6. 1899 Lachowicze – 12. 9. 1964 Penley/England. In Rußland erzogen. Ab 1918 in Polen. 1920 Freiwilliger im poln.-sowjet. Krieg; Militärschule in Warschau; angebl. Agent des Geheimdienstes. In den 20er Jahren e. der berüchtigsten Schmuggler u. Banditen. 1924 wegen bewaffneten Raubüberfalls erstmals Zuchthausstrafe (1 Jahr); 1930 Todesurteil, zu 15 Jahren Zuchthaus umgewandelt. Beginnt in der Haft zu schreiben u. erregt großes Aufsehen mit s. ersten Roman. Bei Ausbruch des dt.-poln. Krieges entkommt er anläßl. der Evakuierung aus dem Zuchthaus u. taucht in den Okkupationswirren unter. Ab 1946 in England. – S. abenteuerl. Leben als Krimineller ist Handlungsgrundlage s. Romane, doch erreichte kein späteres Werk den internationalen Erfolg s. Erstlings ›Kochanek Wielkiej Niedźwiedzicy‹.

W: Kochanek Wielkiej Niedźwiedzicy, R. II 1937 (Der Geliebte der großen Bärin, d. 1957); Piąty etap, R. 1938; Bogom nocy równi, R. 1939; Jabłuszko, R. 1946; Spojrzę ja w okno, R. 1947; Nikt nie da nam zbawienia, R. 1947; Zapiski oficera Armii Czerwonej, R. 1957; Żywot człowieka rozbrojonego, R. 1962 (Straßenballade, d. 1960); Człowiek przemieniony w wilka, R. 1964; Dla honoru organizacji, R. 1964. – Dzieła zebrane (SW), 1985.

Piave, Francesco Maria, ital. Librettist, 18. 5. 1810 Murano/Venedig – 5. 3. 1876 Mailand. Von der Familie in die Klerikerlaufbahn gedrängt, verließ diese 1827, um in Rom Philos. und Rhetorik zu studieren. Wieder in Venedig, schrieb er Libretti für Verdi, Mercandante und Ponchielli.

W: Tutti i libretti di Verdi, hg. L. Baldacci [3]1987 (darin von F. M. P.: Ernani, I due Foscari, Macbeth, Il corsaro, Rigoletto, La traviata, Airoldo, La forza del destino, Simon Boccanegra).

Picard, Louis-Benoît, franz. Dramatiker und Romancier, 29. 7. 1769 Paris – 31. 12. 1828 ebda. 1796–1807 Schauspieler, Theaterdirektor am Theater des ›Odéon‹. – Fruchtbarer Komödienautor. Großen Erfolg hatte s. kom. Oper ›Les visitandines‹ mit jakobin.-revolutionärer Tendenz. S. Romane sind mittelmäßig und vergessen.

W: Le badinage dangereux, Dr. 1789; Les visitandines, Dr. 1792 (Die Herrnhuterinnen, d. 1804); Médiocre et rampant, Dr. 1797 (d. 1806); Le collatéral, Dr. 1799 (d. 1808); Les provinciaux à Paris, Dr. 1801; La petite ville, Dr. 1801 (d. 1803); Le vieux comédien, Dr. 1803; Monsieur Musard, Dr. 1803; Les marionnettes, Dr. 1806 (d. 1806); Les deux Philibert, Dr. 1816; Œuvres, X 1821.

L: W. Staaks, Berkeley 1952.

Picasso (Ruiz y P.), Pablo, span. Maler und Dichter, 25. 10. 1881 Málaga – 8. 4. 1973 Mougins b. Cannes. Kam 1904 nach Paris. Durchlief und beeinflußte entscheidend die Entwicklung der Malerei des 20. Jh. Hier wie auf dem Gebiet der Skulptur ist er von einzigartiger, proteushafter Wandlungsfähigkeit, die ihn alle Epochen, sofern nicht von ihm geprägt, fr. v. Kunst fruchtbar machen ließ. – Vf. poet. Texte in franz. Sprache, die 1935 und später in den ›Cahiers d'Art‹ erschienen und dem Surrealismus verpflichtet sind. 1941 schrieb er das surrealist. Theaterstück ›Le désir attrapé par la queue‹, das 1945 erschien, und 1948 das Stück ›Les quatre petites filles‹. ›Le désir attrapé ...‹ wurde zum 1. Mal 1944 privat bei M. Leiris aufgeführt; A. Camus führte Regie, J.-P. Sartre, S. de Beauvoir und R. Queneau wirkten mit. Unbekümmert um Logik u. Syntax gleichen s. Stücke ›poèmes automatiques‹, die der Magie des Wortes allein unterworfen sind, das um Leben, Liebe, Tod kreist.

W: Le désir attrapé par la queue, 1945; Les quatre petites filles, 1948 (franz./dt. 1970). – *Übs.:* Wort und Bekenntnis, 1958; Die poet. Schriften, 1989.
L: A. Fernández Molina, 1988.

Piccolomini, Alessandro, ital. Humanist u. Literat, 13. 6. 1508 Siena – 12. 3. 1578 ebda. Aus der berühmten Seneser Familie der P.; humanist. Ausbildung; ›Arciprete del Duomo‹ in Siena. 1540 Prof. für Philos. in Padua, dort Mitgl. der ›Accademia degli Infiammati‹, dann in Siena u. Rom, 1549 endgültig in Siena. Verkehrte u. a. mit Bembo, Speroni u. Aretino. 1574 ›Arcivescovo titolare di Patrasso‹. – Bemühte sich um die Popularisierung der humanist. Studien. Neben s. wiss. Hauptwerk ›La Filosofia Naturale‹ u. e. kommentierten Übs. der aristotel. ›Poetik‹ und ›Rhetorik‹ verfaßte er nach Vorbild Castigliones e. pädagog. Traktat über die Erziehung des ›Edelmanns in der Stadt‹ sowie 2 Komödien u. den Dialog ›La Raffaella‹, der e. lebendiges Bild von der Stellung der Frau in der zeitgenöss. Gesellschaft bietet. P. verfaßte zudem Liebeslyrik sowie astronom. Schriften ptolemäischer Observanz (›De le stelle fisse‹) und übersetzte Ovids ›Metamorphosen‹ sowie Teile der Aeneis.

W: L'Amor, constante, K. 1536 (n. N. Borsellino in: Commedie del Cinquecento 1, 1962); La Raffaella. Dialogo de la bella creanza delle donne, 1539 (hg. D. Valeri 1940; d. H. Floerke 1924); Della Institutione di tutta la vita dell' huomo nato nobile e in città libra, 1540; De le stelle fisse, 1540; Alessandro, K. 1545; Cento Sonetti, 1548; La Filosofia naturale, Schr. 1551.
L: F. Cerreta, 1960; A. Baldi, 2001.

Piccolomini, Enea Silvio, ital. Humanist, 18. 10. 1405 Corsignano (später Pienza) b. Siena – 15. 8. 1464 Ancona. Stud. Jura Siena, dann im Dienst hoher Kirchenfürsten. 1432 Kardinalssekretär, später Sekretär des Gegenpapstes Felix V. Von Friedrich III. 1442 in Frankfurt zum Dichter gekrönt u. zum Sekretär der kaiserl. Kanzlei ernannt. 1444 Wende in s. Leben; er bereute s. bisheriges weltl. freies Leben u. nahm die Priesterweihen. 1447 Bischof von Triest u. 1450 von Siena, 1456 Kardinal. 1458 unter dem Namen Pius II. zum Papst gewählt. – P., der den dt. Humanismus maßgebl. beeinflußt hat, ist ebenso durch s. hist.-geograph. Werke wie durch s. Dichtungen bedeutend. S. wichtigstes hist. Werk sind die ›Commentarii rerum memorabilium quae temporibus suis contigerunt‹, e. glorifizierende Schilderung s. Tätigkeit als Papst. Von s. Dichtungen ist die Novelle ›De duobus amantibus historia‹ bekannt geworden. Schrieb außerdem lat. Liebesgedichte u. e. Komödie ›Chrisis‹ nach Plautus sowie ›Cynthia‹ (1453), e. Traumdialog in der Nachfolge von Dantes ›Inferno‹.

W: Commentarii rerum memorabilium quae temporibus suis contigerunt, 1584 (n. G. Bernetti II 1981); De duobus amantibus historia, N. (1444; Euryalus und Lucretia, d. Niklas v. Wyle 1478, K. Falke 1907, E. v. Bülow 1920, M. Mell 1960); Chrisis, K. (1444); De educatione liberorum, 1444 (n. J. S. Nelson 1940; d. 1889); Cynthia, 1453. – Opera, 1551 u. 1571; Opera inedita, hg. G. Cugnoni 1883, n. 1968; Germania (hg. A. Schmidt 1962; d. ders. 1962); Briefwechsel, hg. R. Wolkan IV 1909–18. – *Übs.:* Briefe (Ausw.), Abh., Euryalus und Lucretia, M. Mell 1911, erw. (Chrysis) U. Abel 1966.
L: G. Voigt, III 1856–63, n. 1967; T. Bycken, 1931; G. M. Baroni, 1938; G. Paparelli, 1950, ²1978; G. Bürck, 1956; B. Widmer, 1960 (m. ausgew. Texten, zweispr.); dies., 1963 (m. Bibl.); R. J. Michell, Lond. 1962; Atti del Convegno Storico P.ano, 1967; D. Maffei, 1968; G. Bernetti, 1971; C. E. Neville, 1984.

Pichette, Henri, franz. Lyriker, 26. 1. 1924 Chateauroux – 30. 10. 2000 Paris. Vater Kanadier, Mutter Französin; Kriegskorrespondent in Dtl. und Österreich. – Neosurrealist, beeinflußt von Rimbaud u. Lautréamont. S. Gedichte in dramat., übersteigerter Sprache sind e. revolutionäre Anklage gegen Ungerechtigkeiten in der Welt und das Martyrium der Menschheit.

W: Apoèmes, G. 1947, 1979; Les épiphanies, Dr. 1947; Lettres arc-en-ciel, G. 1950; Le point vélique, G. 1950; Nucléa, Dr. 1952; Les revendications, G. 1958; Odes à chacun, G. 1960; Tombeau de G. Philipe, G. 1962; Dents de lait, dents de loup, G. 1962; Ode à la neige, G. 1967; Défense et illustration, Ess. 1991; Les enfants, 1995.

Pickthall, Marmaduke (William), engl. Erzähler, 7. 4. 1875 Chillesford/Suffolk – 19. 5. 1936 St. Ives. Pfarrerssohn. Erzogen in Harrow u. auf dem Kontinent. Lebte lange im Vorderen Orient u. in Indien, konvertierte zum Islam. Teilnahme am 1. Weltkrieg. Übs. des Koran (1930). – Vf. exot. Romane aus der arab.-ägypt. Welt.

W: Saïd the Fisherman, R. 1903 (d. 1926); Enid, R. 1904; Brindle, R. 1905; The Valley of the Kings, R. 1909; Larkmeadow, R. 1912; Veiled Women, R. 1913; The House of War, R. 1916; Knights of Araby, R. 1917; Oriental Encounters, Reiseber. 1918; The Early Hours, R. 1921; The Meaning of the Glorious Koran, St. 1930.
L: A. Tremantle, 1939.

Pico della Mirandola, Giovanni, ital. Humanist, 24. 2. 1463 Mirandola/Modena – 17. 11. 1494 b. Florenz. Fürstengeschlecht; 1477–79 Stud. Jura Bologna, 1479/80 alte Sprachen, auch Hebräisch u. Arabisch in Ferrara u. 1480–82 Philos. Padua. In Florenz, wo er 1484 schon e. Zeitlang gelebt haben muß, Mitgl. der ›Accademia Platonica‹, mit M. Ficino u. Poliziano befreundet. Nach e. Aufenthalt in Paris (1485/86) wollte er in Rom e. theolog.-philos. Diskussion durchführen, für die er 900 Thesen aufgestellt hatte, die jedoch von

Papst Innozenz VIII. verboten wurde; Exkommunikation. Auf der Flucht nach Frankreich 1488 in Lyon verhaftet, später mit Hilfe Lorenzo de' Medicis befreit; lebte in Turin, dann in Florenz. Kurz vor s. Tode Rückkehr zum christl. Dogma unter Einfluß Savonarolas. – P. wollte die platon. u. aristotel. Philos. miteinander verbinden u. mit der christl. Theol. in Einklang bringen, bes. in dem Traktat ›De ente et uno‹. S. Gedankengut beeinflußte das ganze 16. Jh. in hohem Maße. Ausdruck der vom Selbstbewußtsein der Renaissance getragenen Überzeugung von der Würde des Menschen ist s. Rede ›De hominis dignitate‹. Auch s. petrarkist. Sonette spiegeln s. von M. Ficino beeinflußten philos. Ideen wider.

W: Heptaplus de septiformi sex dierum Geneseos, enarratione, 1489; Disputationes adversus astrologiam divinatricem, 1495 (hg. E. Garin II 1946–52); Commentationes, 1496 (Heptaplus, Apologia, De ente et uno u. Briefe u. Reden); Conclusiones nongentae, 1496. – Opera, II 1496; Opera omnia, 1557 (n. 1967); De hominis dignitate (d. H. W. Rüssel ²1949, mit ausgew. Briefen u. Biogr.; hg. komm. u. d. H. H. Reich 1968), Heptaplus, De ente e uno e scritti vari, hg. E. Garin 1942; Sonetti inediti, hg. F. Ceretti 1894; Carmina latina, hg. W. Seyer 1964. – Übs.: Ausgew. Schriften, A. Liebert 1905.

L: E. Garin, 1937; L. Gautier Vignal, Paris 1937; G. Barone, 1948; E. Monnerjahn, 1960; E. Garin, 1963; P. Rocca, 1963; L'opera e il pensiero di G. P. nella storia dell'umanesimo, II 1965; G. Di Napoli, 1965; W. G. Craven, 1984; H. Reinhardt, 1989; Ch. Wirszubski, Cambridge/MA 1989; A. Raspanti, 1991; A. Traldi, 1994; A. Thumfart, 1996; G. P. Convegno internazionale di studi, 1997; W. A. Euler, 1998; M. Fumagalli Beonio Brocchieri, 1999.

Picón, Jacinto Octavio, span. Schriftsteller, 8. 9. 1852 Madrid – 18. 11. 1923 ebda. Erziehung in Frankreich, Stud. Rechte Madrid; Republikaner; trat zuerst als Journalist an die Öffentlichkeit, Mitarbeit an bedeutenden lit. Zsn.; ab 1900 Mitglied der Span. Akad. – Namhafter Romancier u. Kritiker; gepflegte Sprache, guter Psychologe, treffende Milieu- u. Charakterschilderungen, Einfluß des franz. Naturalismus, aber auch Annäherung an V. Hugo u. A. Dumas; erot. u. antiklerikale Tendenz, verteidigte die freie Liebe. Auch Vf. von ausgezeichneten kunsthist. Studien u. hervorragenden Novellen u. Kurzgeschichten.

W: Apuntes para la historia de la caricatura, St. 1878; Lazaro, R. 1882; La hijastra del amor, R. 1884; Juan Vulgar, R. 1885; El enemigo, R. 1887; La honrada, R. 1890; Dulce y sabrosa, R. 1891 (n. 1976); Cuentos de mi tiempo, En. 1895; Vida y obras de don Diego Velázquez, B. 1898; Emilio Castelar, B. 1900; El desnudo en el arte, Es. 1902; La prudente y otros cuentos, En. 1905; Juanita Tenorio, R. 1909; Sacramento, R. 1910; Mujeres, En. 1911. – Obras completas, XIII 1909–28.

L: A. González de Amezúa, 1925; H. Gold, Ann Arbor 1982; N. Valis, 1991.

Pidmohyl'nyj, Valerijan, ukrain. Prosaist, 2. 2. 1901 Čapli b. Dnepropetrovsk – 19. 12. 1941. Stud. Kiev ohne Abschluß; um 1935 verhaftet, nach 1956 rehabilitiert. – Bedeutender Übs. bes. franz. Lit.; Nähe zum europ. krit.-psycholog. Realismus; vielfältige Thematik (Revolution, Hungersnot, Problem des Todes, das Aufkommen des ukrain. Nationalbewußtseins in der russifizierten Stadt), vielseitig im Gebrauch der Stilmittel; bedeutend der Roman ›Misto‹ (Die Stadt) mit Thematisierung des Gegensatzes Land – Stadt.

W: Tretja revoljucija, En. 1926; V epidemičnomu baraci, En. 1927; Problema chliba, En. 1927; Ostap Šaptala, N. 1922; Misto, R. 1928 (n. 1954, 1989, 1991); Nevelyčka drama, R. 1930 (Paris 1956). – Tvory (W), 1920.

L: P. Kolesnyk, 1931; V. Mel'nyk, 1994; T. Pastuch, 1999.

Piercy, Marge, amerik. Romanautorin u. Lyrikerin; * 31. 3. 1936 Detroit/MI. Wuchs als Kind e. jüd. Familie in e. überwiegend schwarzen Arbeiterviertel Detroits auf; studierte mit Stipendien an der Univ. von Michigan; polit. Aktivistin u. feminist. Schriftstellerin. – P.s Dichtung u. Prosa spiegeln in kraftvoller Sprache die sozialen Probleme Amerikas wider.

W: Breaking Camp, G. 1968; To Be of Use, G. 1973; Braided Lives, R. 1982 (Donna u. Jill, d. 1994); Parti-Colored Blocks for a Quilt, Ess. 1982; Gone to Soldiers, R. 1987 (Menschen im Krieg, d. 1995, 2001); He, She, and It, R. 1991 (d. 1993, 2002); The Longings of Women, R. 1994 (d. 1996); City of Darkness, City of Light, R. 1996; What Are Big Girls Made of?, G. 1997; Three Women, R. 1999; The Art of Blessing the Day: Poems with a Jewish Theme, 1999; Sleeping With Cats, B. 2002; The Third Child, R. 2003; Colors Passing Through Us, G. 2003.

L: P. Thielmann, 1986; K. W. Shands, 1994. – Bibl.: P. Dohorty, 1997.

Pierides, Georgios P., zypriot. Erzähler, * 1904 Dali. Lebte bis 1946 in Kairo, danach Bibliotheksdirektor in Ammochostos, danach in Nikosia. – In s. Werk spiegelt sich die Zeitgeschichte Zyperns und des Nahen Ostens.

W: Hoi bambakades, R. 1946, ²1994 (Les marchands de coton, franz./griech. 2001); Diēgēmata apo tē Mesē Anatolē, En. 1949; Sklēroi kairoi, En. 1963; Asaleutoi kairoi, En. 1966; Ho kairos tōn olbiōn, En. 1975; Ho kairos tēs dokimasias, En. 1978; Mnēmes kai histories apo tēn Aigypto, En. 1986 (Memories and stories from Egypt, engl. 1992; Souvenirs et histoires d'Egypte, franz. 2003); He tetralogia tōn kairōn, En. 1989, ²2000 (Tetralogy of the times, engl. 1998); Ho kalos politēs kai hoi alloi, En. 1993. – Übs.: Nouvelles, zweispr. Ausg. hg. A. Chatzisavas, Besançon 1999.

Pier della Vigna (Petrus de Vineis), ital. Autor, um 1190 Capua – April 1249 b. Pisa. Aus einfachen Verhältnissen; Stud. Jura Bologna; 1220

Pieyre de Mandiargues

Schreiber, 1225 Richter am Hof Friedrichs II. in Palermo, 1246 Großkanzler des Kaisers, als dessen engster Vertrauter er zahlr. polit. Aufträge ausführte. 1249 wegen angebl. Verrats verhaftet u. geblendet, worauf er sich das Leben genommen haben soll. – P. d. V., dem Dante den 13. Gesang s. ›Hölle‹ gewidmet hat, genoß bei s. Zeitgenossen den Ruf e. außerordentl. gelehrten Mannes. Außer s. als Briefmuster dienenden lat. Episteln, in denen er die Rechte Friedrichs II. verteidigt, verfaßte er Liebesgedichte im Stil der sizilian. Dichterschule.

A: B. Panvini in: Le rime della scuola siciliana 1, 1962; A. Huillard-Bréholles, Vie et correspondance de P. d. V., 1865.

L: F. Baethge, Dante und P. d. V., 1955.

Pieyre de Mandiargues, André (Paul Édouard), franz. Schriftsteller, 14. 3. 1909 Paris – 13. 12. 1991 ebda. Stud. Archäologie Sorbonne; ausgedehnte Reisen in Europa u. dem Nahen Osten. – Eros u. Sexus, Verhängnis u. Tod sind P. de M.' bevorzugte Themen. S. vorwiegend im mediterranen Raum angesiedelten Romane u. Erzählungen sind ebenso wie s. Lyrik geprägt von e. barock-phantast. Dekor, e. fiktiven, visuell bestechenden Atmosphäre, die mit subtilster stilist. Akribie vermittelt wird. Die schriftsteller. Sensibilität des vom Surrealismus u. der dt. Romantik beeinflußten P. de M. registriert e. mag. Kraft der Objekte und setzt ihre verborgenen Seiten visionär frei.

W: Dans les années sordides, En. 1943; Le musée noir, En. 1946; L'étudiante, E. 1946; Les incongruités monumentales, G. 1948; Soleil des loups, En. 1951; Marbre, E. 1954; Le lis de mer, E. 1956 (d. 1959); Astynax, G. 1957; Les monstres de Bomarzo, Ess. 1957; Le cadran lunaire, Kritiken 1958 (erw. 1972); Belvédère, Ess. 1958; Feu de braise, En. 1959 (d. 1964); Sagai, Ess. 1960; L'âge de croire, Hedera, G. 1961; Deuxième Belvédère, Ess. 1962; La motocyclette, R. 1963 (d. 1965); Le point où j'en suis, Ess. 1964; Porte dévergondée, E. 1965; Beylamour, Ess. 1965; La marge, R. 1967; Ruisseau des solitudes, Jacinthes, Chapeaugaga, G. 1968; Mascarets, En. 1971; Troisième Belvédère, Ess. 1971; Bona, l'amour et la peinture, Es. 1971; Isabella Morra, Dr. (1974); Sous la lame, En. 1976; L'ivre œil, G. 1979; La nuit séculaire, Dr. 1979; L'Anglais décrit dans le château fermé, 1979; Arsène et Cléopâtre, Dr. 1981. – *Übs.:* Die Monstren von Bomarzo, Ess. 1969.

L: S. Stétié, 1978; D. Bond, The Fiction of A. P. de M., Syracuse 1982; F. Marfelluci, 1995; A.-P. Pillet, 1999.

Pigault de l'Epinoy, Charles-Antoine-Guillaume, genannt Pigault-Lebrun, franz. Schriftsteller, 8. 4. 1753 Calais – 24. 7. 1835 Saint-Germain-en-Laye. Bewegtes Leben; Regisseur des ›Théâtre Français‹. – Schrieb später e. Reihe von leichten, lebenslustigen und scharf beobachteten Romanen aus bürgerl. Milieu; anregend für Balzac; bemerkenswert s. antichristl. Zitatenschatz.

W: Charles et Caroline, Dr. 1790; L'enfant du Carnaval, R. 1792; Les Barons de Felsheim, R. 1798; Angélique et Jeanneton, R. 1799 (d. 1801); Monsieur Botte, R. 1802 (Herr Puff, d. 1804); Citateur, II 1803; La famille Luceval, R. 1806 (d. 1808); L'homme à projets, R. 1819. – Œuvres, XX 1822–24. – *Übs.:* Erzählungen, 1826.

L: I.-N. Barba, 1836; E.-F. Grimaloi, 1850.

Piglia, Ricardo, argentin. Schriftsteller, * 24. 11. 1941 Adrogué. Dozent für Geschichte, Lit.kritiker, Hrsg. – Fiktion u. Lit.kritik werden verknüpft; der Vf. überlagert versch. Ebenen; in e. virtuellen Welt gibt es keine Grenze zwischen Wirklichkeit u. Traum.

W: Nombre falso, En. 1975; Respiración artificial, R. 1980 (d. 2002); Crítica y ficción, St. 1986, 2000; La ciudad ausente, R. 1992 (d. 1994); Plata quemada, R. 1997 (Brennender Zaster, d. 2001); Formas breves, Ess. 2000.

Pigres von Halikarnassos → Batrachomyomachia

Pilcher, Rosamunde, brit. Bestsellerautorin, * 22. 9. 1924 Lelant, Cornwall. Wuchs in gehobenen Verhältnissen in Cornwall auf, Frauenkorps der brit. Marine im 2. Weltkrieg, schrieb seit den 1940er Jahren Erzählungen für Zeitschriften etc., später Romane (auch als Jane Fraser), lebt in Schottland. – Durchbruch 1987 mit dem autobiograph. Roman ›The Shell Seekers‹, seitdem Welterfolg mit traditionell erzählter, meist in wohlhabendem Bürger- oder Adelsmilieu angesiedelter Unterhaltungsliteratur. Atmosphär. Landschaftsschilderungen, u. a. Schottlands u. Cornwalls; in Dtl. v. a. auch durch die Fernsehverfilmungen ihrer Werke bekannt.

W: Wild Mountain Thyme, R. 1978 (d. 1993); The Blue Bedroom, En. 1985 (d. 1994); The Shell Seekers, R. 1987 (d. 1990); September, R. 1990 (d. 1991); Coming Home, R. 1995 (Heimkehr, d. 1995); Winter Solstice, R. 2000 (Wintersonne, d. 2000).

Pilinszky, János, ungar. Dichter, 27. 11. 1921 Budapest – 27. 5. 1981 ebda. – Durch Katholizismus u. Antifaschismus geprägte Weltanschauung. In wortkargen, exakt formulierten Gedichten kann die ernstgemeinte Menschenliebe e. tiefen Pessimismus nicht verdrängen.

W: Trapéz és korlát, G. 1946; Harmadnapon, G. 1959; Rekviem, G. 1963; Nagyvárosi ikonok, G. 1970 (Großstadt-Ikonen, d. 1971); Gyerekek és katonák, Dr. 1978; Vál. versei, G. 1979; Márkus Annának, G. 2001. – Öszszes versei (SW), 1996. – *Übs.:* Lautlos gegen die Vernichtung (Ausw.), 1989.

L: T. Tüskés, 1996.

Pillat, Ion, rumän. Lyriker, 31.3.1891 Bukarest – 17. 4. 1945 ebda. Aus alter Bojarenfamilie; aristokrat. Leben. Gymnas. u. Stud. Lit. u. Jura Paris, vor dem 1. Weltkrieg meist in Frankreich, dann mehrmals Abgeordneter u. Senator, zeitweilig Parlamentspräsident. Redakteur kultureller Zsn. 1936 Mitgl. der Rumän. Akad.; gehörte dem ›Gândirea‹-Kreis an. – Vf. traditionalist. bukol. Verse über Kindheit, Heimat, rumän. Volkstum, Familie und heimatl. Landschaft in klass. Formvollendung, milden, wohltuenden Farben u. heller Harmonie. Übs. Baudelaire, Valéry, T. S. Eliot (1932), St.-John Perse, Jammes, Moréas, Novalis, Trakl, Rilke u. a.

W: Cărţile albe, G. 1913; Eternităţi de o clipă, G. 1914; Pe Argeş în sus, G. 1923; Satul meu, G. 1925; Biserica de altă dată, G. 1926; Limpezimi, G. 1928; Caietul verde, G. 1932; Scutul Minervei, G. 1933; Poeme într'un vers, G. 1935; Umbra timpului, G. 1939; Balcic, G. 1940. – Poezii, III 1944, hg. D. Pillat 1967; Ausw. A. Rău 1965. – *Übs.:* Ausgew. Gedichte, 1943.

L: I. P. Mărturii despre om şi poet, 1946; V. A. Tăuşan, 1972; O. Papadima, 1974; C. Livescu, 1980; D. Ş. Drăgoi, 1984.

Pillecyn, Filip de, fläm. Schriftsteller, 25. 3. 1891 Hamme a. d. Durme – 7. 8. 1962 Gent. 1910–14 Stud. Löwen, 1914–18 Soldat, 1914–25 Journalist, 1926 Promotion, 1926–41 Lehrer; übernahm während der deutschen Besatzungszeit ein hohes Amt im Unterrichtsministerium, wofür er 1945 zu 5 Jahren Haft verurteilt wurde. – Vf. stimmungsvoller, handlungsarmer neuromant. Erzählungen u. Kurzromane, oft zu hist. Themen, z. T. mit Betonung des erot. Elements. Gepflegte Sprache.

W: Hugo Verriest, Es. 1926; Blauwbaard, R. 1931 (B. in Flandern, d. 1933); Hans van Malmédy, R. 1935 (d. 1938); Monsieur Hawarden, N. 1935; De soldaat Johan, R. 1939 (d. 1943); Jan Tervaert, R. 1947; Mensen achter de dijk, R. 1949 (d. 1958); De veerman en de jonkvrouw, E. 1950 (Leda, d. 1950); Aanvaard het leven, R. 1956. – Verzameld werk, IV 1959–61; Romans en novellen, II 1964. – *Übs.:* Das zwiefache Leben, Nn. 1943.

L: B. Ranke, 1941; A. van Wilderode, 1960; F. van Vlierden, 1961.

Pil'njak, Boris Andreevič (eig. B. A. Vogau), russ. Schriftsteller, 11. 10. 1894 Možajsk – 21. 4. 1938 Moskau (in Haft). Sohn e. wolgadt. Tierarztes, Mutter Russin; Stud. Handelshochschule Moskau; ab 1915 Mitarbeiter bei Zss.; 1919 erster Band Erzählungen ›Byl'ë‹, 1922 der Roman ›Golyj god‹, durch den P. bekannt wurde; Reisen nach Westeuropa, Amerika, Japan; wurde wegen Erzählung ›Povest' o nepogašennoj lune‹ 1927 aus polit. Gründen heftig angegriffen, auf Grund des im Ausland erschienenen Kurzromans ›Krasnoe derevo‹ 1929 aus der Schriftstellerorganisation RAPP ausgeschlossen; 1938 hingerichtet. – Bedeutender Prosaiker der sowjetruss. Lit.; nimmt gern die Wirkung der Revolution auf breitere Schichten zum Thema, so in s. originellsten Werk ›Golyj god‹; es wurde seinerzeit in der SU viel beachtet und nachgeahmt, ist kein Roman im engeren Sinn, sondern zeigt unter Einfluß des Imaginismus durch keine Fabel verbundene, wie Bild an Bild aneinandergereihte Episoden, ist z. T. aus dem Bd. ›Byl'ë‹ erwachsen. P. sieht hier und in anderen s. früheren Werke die Revolution als Zeichen nationaler Wiedergeburt, als Kraft, die das ursprüngl. nationale Gebilde Rußland, und zwar speziell in der Gestaltung des 17. Jh., wiederherstellen will. Steht in Stil und Motiven nicht selten Leskov nahe; Vorliebe für Animalisch-Brutales u. Sexuelles, läßt im Gedankl. Berührungen mit Gogol' und Dostoevskij erkennen. Verwendet in der Art Remizovs den ›skaz‹ (stilisierte mündl. Rede fingierter Erzähler), nimmt Belyjs rhythm., mit rhetor. und lyr. Beiwerk versehene Prosa auf. Verbindet im Fünfjahresplan-Roman ›Volga vpadaet v Kaspijskoe more‹ das Thema des sozialist. Aufbaus mit Problem der Wechselwirkung zwischen dem Elementaren und Rationalen.

W: Byl'ë, En. 1920; Golyj god, R. 1922 (Das nackte Jahr, d. 1964); Povest' peterburgskaja, En. 1922; Mašiny i volki, R. 1925; (Maschinen u. Wölfe, d. 1946); Tret'ja stolica, N. 1924; Povest' nepogašennoj luny, E. 1927 (Die Erzählung vom nichtausgelöschten Mond, d. 1963); Korni japonskogo solnca, Sk. 1927; Kitajskaja povest' 1928; Krasnoe derevo, R. 1929 (Mahagoni, d. 1962); Volga vpadaet v Kaspijskoe more, R. 1930 (Die Wolga fällt ins Kaspische Meer, d. 1930); Rasskazy, En. 1932; O'kej, R. 1933; Kamni i korni, R. 1934; Dvojniki, 1983. – Sobranie sočinenij (GW), VIII 1929/30; Sočinenija (W), III 1994.

L: V. T. Reck, Montreal 1975; R. Damerau, 1976; A. Schramm, 1976; G. Browning, Ann Arbor 1985.

Pincherle, Alberto → Moravia, Alberto

Pindaros, altgriech. Chorlyriker, 522 oder 518 v. Chr. Kynoskephalai (b. Theben) – nach 446 v. Chr. Argos. Aus dem Geschlecht der Aigeiaden, 497/496 Sieg im Dithyrambos, 1. datierbares Epinikion 497/6, letztes 446; 476 angebl. bei olymp. Spielen auf Sizilien (Hof des Hieron von Syrakus). – Die alexandrin. P.-Ausgabe umfaßte 17 Bücher, evtl. durch e. Auswahl im 2. Jh. n. Chr. sind heute nur noch die Epinikien (insgesamt 43 Lieder auf Sieger bei den olymp., pyth., nemeischen, isthm. Spielen) sowie Fragmente (v. a. der Paiane) erhalten, P.' in der Antike gerühmte Musik ist nur in geringsten Spuren zu erahnen. Die in dor. Dialekt verfaßten Epinikien sind in korrespondierenden Strophen organisiert (jedes Gedicht hat e. eigenes metr. Schema), die Gedichte werden in der Regel im Heimatort des Siegers von

e. Chor vorgetragen. In P.' Selbstverständnis ermöglicht erst das von e. kunstverständigen Dichter verfaßte Lied die gebührende Anerkennung des Sieges durch die Zeitgenossen u. garantiert dessen ›Unsterblichkeit‹ über den Moment der Siegesfeier hinaus. Die in den Gedichten gespiegelte Welt ist die des Adels, geprägt von aristokrat. Idealen und Ansprüchen. P. gehört zum sog. ›Kanon der Lyriker‹, gilt zusammen mit → Bakchylides als bedeutendster Vertreter der griech. Chorlyrik; durch Melanchthons lat. Prosaübersetzung wird die Form der pindar. Ode wieder ins europ. Bewußtsein geholt, Hölderlins dt. Übs. wirkt bis ins 20. Jh. weiter (George, Rilke).

A: B. Snell, H. Maehler ⁸1987; H. Maehler 1989 (Fragm.); A. Turyn ²1952. – *Komm.:* A. Boeckh 1811/12; L. R. Farnell 1930/32; L. Lehnus 1981 (Ol.); E. Thummer 1968/69 (Isthm.); A. Privitera 1982 (Isthm.); G. Bona 1988 (Paiane); M. Cannatà Fera 1990 (Threnoi); M. J. H. van der Weiden 1991 (Dithyramben); B. Gentili 1995 (Pythien); W. J. Verdenius 1987 (Ol. 3. 7. 12. 14); M. M. Willcock 1995 (Ol. 2.7.11, Nem. 4, Isth. 3,4,7). – *Übs.:* K. A. Pfeiff 1997 (dt., m. Erläuterungen).

L: F. Dornseiff, 1921; U. v. Wilamowitz-Moellendorff, 1922; E. L. Bundy, Berkeley u.a. 1962; W. Schadewaldt, ²1962; C. M. Bowra, Oxf. 1964; W. M. Calder, J. Stern, hg. 1970 (WdF 134); A. Köhnken, Berlin 1971; R. Hamilton, The Hague 1974; J. Péron, Paris 1974; G. M. Kirkwood, Univ. of California 1982; T. K. Hubbard, Leiden 1985; W. H. Race, Boston 1986, Atlanta 1990; D. Steiner, N. Y. u.a. 1986; M. Lefkowitz, AJP 109, 1988, 1–11; C. Carey, AJP 110, 1989, 545–65; ClPh 86, 1991, 192–200; E. Krummen, Berlin 1990; M. Heath, M. Lefkowitz, ClPh 85, 1991, 173–91; A. M. Miller, CJ 89, 1993, 21–53; Th. Schmitz, 1993; Ch. Segal, Lanham u.a. 1998; A. Seifert, 1998; St. P. Revard, Arizona 2001; M. Theunissen, ²2002. – *Bibl.:* D. E. Gerber 1969 (1513–1966), Lustrum 31, 1989, 97–269, 32, 1990, 7–67.

Pindemonte, Giovanni Marchese, ital. Dichter, 4. 12. 1751 Verona – 23. 1. 1812 ebda. Älterer Bruder von Ippolito P. Stud. in Parma, dann lange in Venedig; Podestà der venezian. Republik in Vicenza. 1795 ins Exil nach Frankreich, später in Mailand u. Verona. – S. Dramen, die von der klass. Tragödie abweichen u. von Shakespeare beeinflußt sind, wirken hauptsächl. durch prunkvolle szen. Effekte. S. Lyrik ist v.a. Ausdruck s. Vaterlandsliebe.

W: Componimenti teatrali, IV 1804/05, II 1827; Poesie e lettere, hg. G. Biadego II 1883.

L: C. Pugliesi, 1905; M. Petruccini, 1966.

Pindemonte, Ippolito, ital. Dichter, 13. 11. 1753 Verona – 18. 11. 1828 ebda. Adelsfamilie; Schule in Modena; in Verona Unterricht in alten Sprachen bei G. Torelli u. G. Pompei. 1778 nach Rom, Mitgl. der ›Arcadia‹; ging dann nach Neapel u. Sizilien. In Florenz Freundschaft mit Alfieri. Weitere Reisen nach Paris, London, Berlin u. Wien; 1791 Rückkehr nach Verona, Freund Foscolos. – Vf. von Tragödien, Gedichten, Romanen u. moral. Schriften; übersetzte viel aus dem Griech., Lat., Franz. u. Engl.; sehr bekannt ist s. Übs. der ›Odyssee‹. Ausgeprägtes Interesse für die Antike in der Tradition des Klassizismus, teilweise mit Themen der europ. Präromantik. In s. leicht melanchol. Lyrik von Klopstock, Ossian u. der engl. Gräberpoesie Youngs u. Grays beeinflußt.

W: Poesie campestri, 1788; Abaritte, N. 1790; Novelle, 1792; Arminio, Tr. 1804; Epistole in versi, 1805; I sepolcri, 1807 (hg. P. Laita 1955, mit I cimiteri); I sermoni, 1812; Prose e poesie campestri, 1817; Il colpo di martello, 1820; Odissea, Übs. 1822 (hg. M. Valgimigli 1930); Elogi di letterati italiani, 1826. – Poesie originali, hg. A. Torri 1858; Le più belle pagine di I. P., hg. G. B. Angioletti 1933; Abaritte, hg. A. Ferraris 1987; La Franeia, hg. P. Luciani 1988 (Nachdruck der Ausg. 1789); Prose e poesie campestri, hg. A. Ferraris 1990; Lettere a Isabella (1784–1828), hg. G. Pizzamiglio 2000.

L: G. Gini, 1899; S. Peri, 1905; M. Scherillo, 1919; O. Bassi, Fra classicismo e romanticismo, 1934; G. B. Guillet, II. P. attraverso il carteggio di Verona, 1955.

Pineau, Charles → Duclos

Piñera, Virgilio, kuban. Schriftsteller, 4. 8. 1912 Cárdenas – 18. 10. 1979 Havanna. Hrsg. von Zsn., Diplomat, Übs. Nach der Affäre Padilla Publikationsverbot. – 1942 schrieb er das erste absurde Theaterstück. S. Werk steht für e. Welt der Angst u. des Alptraums, da alle in e. monströsen u. unmenschl. Labyrinth ohne Ausweg gefangen sind.

W: Las furias, G. 1941; Electra Garrigó, Dr. 1942; La carne de René, R. 1952; El flaco y el gordo, Dr. 1956; Cuentos fríos, 1956; El filántropo, Dr. 1960; Pequeñas maniobras, R. 1963 (d. 1990); Presiones y diamantes, R. 1967; Dos viejos pánicos, Dr. 1968; El que vino a salvarme, En. 1970; Muecas para escribientes, En. 1987. – Teatro completo, 1961; La vida entera (ges. G.), 1968; Cuentos completos, 1999; La isla en peso – obra poética, 2000.

L: C. L. Torres, 1988; R. Aguilú de Murphy, 1989.

Pinero, Sir Arthur Wing, engl. Dramatiker, 24. 5. 1855 Islington – 23. 11. 1934 London. Vater Rechtsanwalt portugies. Abstammung. Nach jurist. Ausbildung Schauspieler, Mitgl. der Truppe Irvings. Gab nach dem Erfolg s. ersten Bühnenstückes den Schauspielerberuf auf. ∞ 1883 M. E. W. Hamilton, geb. Moore. 1909 geadelt. – Begann mit geschickt konstruierten Farcen und Komödien, wandte sich später dem Gesellschaftsstück und der Tragödie zu. Gute Charakterbilder. S. ernsten Schauspiele sind realist. Problemstücke im Stile Ibsens, jedoch häufig noch mit rührselige Lösung. ›The Second Mrs. Tanqueray‹ wurde zum Sensationserfolg. P. war 30 Jahre lang Londons erfolgreichster Bühnenschriftsteller.

W: £ 200 a Year, K. 1877; Daisy's Escape, K. 1879; The Money Spinner, K. 1880; The Squire, K. 1881; The Magistrate, K. 1885; The Schoolmistress, K. 1886; Dandy Dick, K. 1887; Sweet Lavender, Dr. 1888; The Profligate, Sch. 1889; The Amazons, K. 1893; The Second Mrs Tanqueray, Dr. 1893; The Notorious Mrs Ebbsmith, Dr. 1895; Trelawny of the ›Wells‹, K. 1898; The Gay Lord Quex, K. 1899; Iris, Dr. 1901; Letty, Dr. 1903; His House in Order, K. 1906; Mid-Channel, Dr. 1909; The Enchanted Cottage, Dr. 1922. – Plays, XXIX 1892–1930; Collected Letters, hg. J. P. Wearing 1974.

L: H. Fyfe, 1930; W. D. Dunkel, ²1967; P. Griffin, A. W. P. and Henry Arthur Jones, 1991; J. Dawick, 1993.

Pinget, Robert, franz. Schriftsteller schweizer. Herkunft, 19. 7. 1919 Genf – 25. 8. 1997 Tours. Stud. klass. Philol. u. Jura; Rechtsanwalt. Übersiedelte 1946 nach Paris, war 5 Jahre Maler, ehe er sich der Schriftstellerei zuwandte. Reisen nach Nordafrika, Israel, Amerika; 1 Jahr Englandaufenthalt. Freund S. Becketts u. von ihm beeinflußt. – Experimenteller Erzähler im Umfeld des Nouveau Roman. Verwendet inhaltl. u. formale Elemente des Kriminalromans (Verbrechen, Verhörtechnik) zur Einkreisung zweifelhafter Sachverhalte, ohne dem Leser zum Schluß die Beruhigung bei eindeutigem Befund zu gewähren. Allenfalls als hypothet. konstituiert sich Wirklichkeit bei P. aus dem Gerede s. Personals, dessen Marotten und Sprachgebärden höchst genau und nicht ohne Humor registriert werden. Auch Theaterstücke u. Hörspiele.

W: Entre Fantoine et Agapa, Nn. 1951; Mahu ou le matériau, E. 1952; Le renard et la boussole, R. 1953; Graal Flibuste, E. 1956; Baga, R. 1958; Le fiston, R. 1959 (Ohne Antwort, d. 1960); Lettre morte, Sch. 1959 (Unzustellbar, d. 1970); La manivelle, Sch. 1960; Clope au dossier, R. 1961 (Gegenbeweise, d. 1962); Ici et ailleurs, Sch. 1961 (d. 1963); Das Interview, H. 1962 (erw. u. d. T. Autour de Mortin, 1965); L'inquisitoire, R. 1962 (d. 1965); Quelqu'un, R. 1965 (Augenblicke der Wahrheit, d. 1967); Le Libera, R. 1968 (Das Tumbagebet, d. 1970); Passacaille, R. 1969 (d. 1971); Paralchimie, Drn. u. H. 1973; Cette voix, R. 1975; L'apocryphe, R. 1980 (d. 1982); Monsieur songe, R. 1982 (d. 1986); Le Harnais, Es. 1984; Charrue, Es. 1985; Un Testament bizarre, Dr. 1985.

L: D. Gay, Les romans de P., 1967; R. Chambers, The World around Mortin, Sydney 1973; M. Praeger, 1987; A. Rykner, 1988; R. Henela, 1997; V. Dolle, 1999.

Pinilla García, Ramiro, bask. Erzähler, * 13. 9. 1923 Bilbao. – Autodidakt; e. der bedeutendsten bask. Erzähler des 20. Jh.; Romane, Kurzromane u. Erzählungen in span. Sprache; regionales Universum mit wiederkehrenden Figuren in der Art Faulkners; Darstellung des einfachen bask. Volkes u. soz. Außenseiter; trag.-mytholog. Züge.

W: Las ciegas hormigas, R. 1961 (d. 1963); En el tiempo de los tallos verdes, R. 1969; Seno, R. 1972; El salto, R. 1975; ¡Recuerda, oh, recuerda!, En. 1975; Antonio B..., ›el Rojo‹, ciudadano de tercera, R. 1977; Primeras historias de la guerra interminable, En. 1977; Quince años, R. 1990.

L: I. Beti Sáez, 1990.

Pinot, Charles → Duclos

Pinski, David (Ps. D. Puls), jidd. Schriftsteller, 5. 4. 1872 Mohilev/Ukraine – 11. 8. 1959 Haifa/Israel. Lebte 1885 in Moskau, 1892 in Warschau, 1896 Berlin, 1899–1950 in USA, dann in Israel. Hrsg. amerik.-jidd. Arbeiterzeitungen und Gründer jüd.-sozialist. Kulturorganisationen in den USA. – P., der zionist. engagierte Sozialist., der als Entdecker des jüd. Arbeiters für die Bühne galt, wandelte sich später zum Bekenner der Tradition u. Folklore. Neben umfangreichen sozialkrit. Dichtungen u. reifen hist. Erzählungen schuf er bedeutende Dramen, deren wichtigste Themen sind sozialer Kampf um ird. Güter, Generationsunterschiede, Zionssehnsucht, Legenden, Messias u. Erlösertum.

W: Isaac Sheftel, Dr. 1899; Di Muter, Dr. 1901; Der Oitzer, Dr. 1905; Familie Ts'vi, Dr. 1905; Derzajlungen, En. II 1911; Der Schtumer Moschiach, Drn. 1911; Dos hoiz fun Noah Edon, R. 1913; Arnold Levenburg, R. 1920; Jankel der Schmied, Dr. 1921; Meschuchim, Messias-Dr. 1928/30/35; Ven vegan tzugehen sich, R. 1950; Schabsi Ts'vi un Soreh, Dr. 1952. – Drames, VIII 1918–20. – Übs.: Erzählungen, in: Das Ghettobuch 1914.

L: S. Niger, 1946; M. Singer, 1960; S. Liptzin, 1963; O. E. Best, 1973; H. Dinse, S. Liptzin, 1978.

Pinskij, Dowid → Pinski, David

Pinter, Harold, engl. Dramatiker, * 10. 10. 1930 London. Sohn e. jüd. Arbeiterfamilie; 1950–60 Schauspieler, ab 1954 unter Ps. David Baron, seither freier Schriftsteller u. Regisseur. ∞ 1956 Schauspielerin Vivien Merchant, ∞ 1980 Lady Antonia Fraser. – Wohl bedeutendster lebender engl. Dramatiker. Das neue engl. Wort ›Pintereske‹ beschreibt s. charakterist., absurde Mischung von präziser umgangssprachl. Realistik, kom. Situationen u. jäh hereinbrechender mysteriöser Bedrohung. Im Mittelpunkt der Stücke stehen die aus der Befindlichkeit des Individuums am Rande der Existenz u. in e. sinnentleerten Welt sich ergebenden Probleme: Kampf um das Existieren, Angst vor der Umwelt, Einsamkeit, Verwirrung, Ziellosigkeit, Flucht in spieler. Illusionen, Identitätsfrage, Schwierigkeiten der zwischenmenschl. Kommunikation, der Verstehbarkeit u. Verifizierbarkeit von Aussagen, Ereignissen u. Motivationen. P. legt in sorgfältig dargestellten Alltagssituationen deren Absurdität bloß, deckt das drohend Unheimliche im Gewöhnlichen auf. S. ersten 4 Werke wurden als absurde ›comedies of menace‹ charakterisiert: In den scheinbar sicheren,

Pinto

abgeschlossenen Bereich e. Zimmers oder Hauses bricht e. namenlose, unheiml. Bedrohung von außen ein u. zerstört das Refugium. In den späteren Werken kommt die Bedrohung weniger aus e. mysteriösen, feindl. Umwelt als aus den Situationen u. Charakteren selbst; äußerl. Gewalttätigkeit tritt zurück, die Darstellung ist verhaltener, schlichter u. stiller. Auch TV- und Filmdrehbücher, z.T. nach fremden Vorlagen.

W: The Room, Dr. 1960; The Dumb Waiter, Dr. 1960; The Birthday Party, Dr. 1960 (d. 1980); The Caretaker, Dr. 1960 (d. 1969); A Slight Ache and Other Plays (A Night Out, The Dwarfs), Drn. 1961; The Collection and The Lover, 2 Drn. 1963; The Homecoming, Dr. 1965 (d. 1978); Tea Party and Other Plays (The Basement, Night School), Drn. 1967 (d. 1967); Mac, Kg. 1968; Poems, 1968; Landscape and Silence, 2 Drn. 1969; Five Screen Plays (The Servant, The Go-Between, Accident, The Pumpkin Eater, The Quiller Memorandum), 1971; Old Times, Dr. 1971; Monologue, FSsp. 1973; No Man's Land, Sch. 1975 (d. 1980); Plays 1–4, 1975–81; The Proust Screenplay, 1978; Poems and Prose 1949–77, 1978; Betrayal, Drn. 1978 (Betrogen, d. 1979); The Hothouse, Dr. 1980 (d. 1981); Family Voices, Dr. 1981 (d. 1981); The French Lieutenant's Woman, and Other Screenplays, 1982; A Kind of Alaska, Dr. 1982; Other Places, Drn. 1982 (d. 1988); One for the Road, Dr. 1984 (d. 1984); Mountain Language, Dr. 1988; Dwarfs, R. 1990 (d. 1994); Party Time and The New World Order, 2 Drn. 1993; Ashes to Ashes, Dr. 1994; Various Voices, Slg. 1999; Celebration, Dr. 2000; Press Conference, Dr. 2002. – Complete Works, IV 1990; Collected Poems and Prose, 1995; Collected Screenplays, III 2000. – *Übs.:* Dramen, III 1967–69; Dramen, 1970.

L: A. P. Hinchcliffe, 1967; M. Esslin, 1967; W. Kerr, 1967; R. Hayman, 1968; D. Allgaier, Diss. Ffm. 1968; R. Tabbert, Diss. Tüb. 1969; L. G. Gordon, 1969; J. R. Taylor, 1969; M. Esslin, The Peopled Wound, 1970; J. R. Hollis, 1970; A. Sykes, 1971; H. T. Schroll, 1971; A. Ganz, hg. 1972; S. Trussler, 1973; W. Baker, S. E. Tabachnik, 1973; G. Klotz, Individuum und Gesellschaft im engl. Drama d. Gegw., ³1975; A. E. Quigley, 1975; R. Imhof, H. P.s Dramentechnik, 1976; K.-H. Stoll, 1977; B. F. Dukore, 1977; S. H. Gale, 1977; G. Almansi, 1982; K. Morrison, 1983; A. Bold, 1984; D. T. Thompson, 1985; H. Bloom, hg. 1987; L. Gordon, hg. 1990; J. Jenkins, 1992; M. Page, 1993; K. H. Burkman, J. L. Kundert-Gibbs, 1993; M. Silverstein, 1993; P. Prentice, 1994; V. L. Cahn, 1994; M. S. Regal, 1995; R. Knowles, 1995; S. H. Merritt, 1995; M. Gussow, 1996; D. K. Peacock, 1997; M. Billington, 1997; B. Naismith, 2000; P. Raby, 2001; L. G. Gordon, hg. 2001; R. Eyre, 2001; M. Batty, 2001; The Films of H. P., hg. S. H. Gale 2001; A. Bleisteiner, 2001; S. H. Gale, 2002. – *Bibl.:* R. Imhof, 1975; S. H. Gale, 1978.

Pinto, Fernão Mendes, portugies. Schriftsteller, 1510 Montemor-o-Velho – 8. 7. 1583 Pragal/Almada. Wohl dem niederen Adel entstammend; Jugend in Lissabon (Kammerdiener bei Dom Jorge, dem unehel. Sohn von Dom João II.); 1537 Reise nach Indien, 21jährige abenteuerl.-phantast. Odyssee in die Länder des Nahen u. Fernen Ostens (u.a. als Gefangener, Sklave, Missionar, Kaufmann), die sich in s. ›Peregrinação‹ niederschlug, wobei die Fakten wohl nur z.T. theatral. überhöht wurden.

W: Peregrinação (Peregrinação de Fernão Mendez Pinto), Mem. 1614 (n. Brito Rebelo IV 1908–10, Jordão de Freitas VII 1930f., A. J. da Costa Pimpão, C. Pegado VII 1944–46, A. Casais Monteiro II 1952f., A. J. Saraiva V 1961ff.). – *Übs.:* d. P. H. Külb 1868; freie Bearbeitung d. W. G. Armando 1960.

L: C. Aires, 1904 u. 1906; G. Schurhammer, 1926; G. Le Gentil, Paris 1947; M. Collis, 1949; A. J. Saraiva, 1958; C. Segundo Pinho, II 1966; J. Falcato, 1966; M. Domingues, ²1967; M. A. Seixo, 1999.

Pinto, Júlio Lourenço, portugies. Erzähler, 24. 5. 1842 Porto – 6. 5. 1907 ebda. Stud. Jura, höherer Verwaltungsbeamter, ab 1906 Bankdirektor in Porto; rege journalist. u. lit. Tätigkeit. – Einfluß von Eça de Queirós, Balzac und Flaubert. Auch bedeutender Theoretiker des Naturalismus-Realismus.

W: Margarida, Cenas da Vida Contemporânea, R. 1879; Vida Atribulada, R. 1880; O Senhor Deputado, R. 1882; Esboços do Natural, En. 1882; O Homem Indispensável, R. 1884; Estética Naturalista, Abh. 1884; O Bastardo, R. 1889.

L: J. Serrão (Temas Oitocentistas 2), 1962.

Pinto Correia, Clara → Correia, Clara Pinto

Piovene, Guido, ital. Schriftsteller, 27. 7. 1907 Vicenza – 12. 11. 1974 London. Aus adliger Familie; Stud. Philos. in Mailand. Journalist, Londoner und Pariser Korrespondent für den ›Corriere della sera‹. In s. Novellen u. Romanen starke Neigung zur psycholog. Analyse und Sittenschilderungen im Stil des franz. Romans des 19. Jh. ›Viaggio in Italia‹ ist e. erfolgr. Reisebuch durch das Nachkriegsitalien.

W: La vedova allegra, Nn. 1931; Lettere di una novizia, R. 1941; La gazzetta nera, R. 1943 (Mörder vor dem Anruf, d. 1953); Pietà contro pietà, R. 1946 (Mitleid unerwünscht, d. 1949); De America, 1953; Processo dell'Islam alla civiltà occidentale, Reiseb. 1957; Viaggio in Italia, Reiseb. 1957 (18mal Italien, d. 1959); La coda di paglia, Dr. 1962; Le furie, En. 1963; Madame la France, Reiseb. 1967 (d. 1968); La gente che perde Jerusalemme, Es. 1967; Le stelle fredde, R. 1969 (d. 1973). – Opere 1962; Opere narrative, hg. C. Martignoni II 1976.

L: G. B. Catalano, 1968; G. Marchetti, 1973; G. P., hg. St. Rosso-Mazzinghi 1980; G. P. tra idoli e ragione, hg. St. Strazzabosco 1996; S. Mazzer, 1999; A. M. Humpl, 2000.

Pîr Sultan Abdal (Haydar), türk. Dichter des 16. Jh., geb. in Sivas. Kämpfer gegen Unterdrückung, als Anführer eines Aufstands gegen den Sultan erhängt. – Lyrischster Dichter der anatol.-

schiit. Sekte; das Ineinander von lyr. Stimmung u. kämpfer. Tonlage, sowie starker Realbezug machen die Besonderheit s. Gedichte aus u. erklären ihre Aktualität bis heute.

A: A. Gölpinarli, P. N. Boratav 1943, C. Öztelli 1971; I. Arslanoğlu, 1984; A. Bezirci, 1986; M. Bayrak, 1986. *L:* A. Gölpinarli, 1953; C. Kudret 1965.

Pirandello, Luigi, ital. Dramatiker u. Erzähler, 28. 6. 1867 Agrigent – 10. 12. 1936 Rom. Aus wohlhabender Familie; Schulen in Agrigent u. Palermo, Stud. Lit.gesch. Palermo, Rom u. Bonn, wo er 1891 in Roman. Philol. promovierte. 1892 Rückkehr nach Rom, Journalist. ∞ 1894 Maria Antonietta Portulano. 1897–1921 Prof. für ital. Lit. am Istituto Superiore di Magistero; gab nebenbei Privatunterricht u. war Mitarbeiter zahlr. Zeitungen u. Zsn. Gründete 1925 in Rom das ›Teatro d'Arte‹, dessen Leiter u. Regisseur er wurde u. mit dem er 1925–28 ganz Europa u. Nord- u. Südamerika bereiste. 1929 Mitgl. der Accademia d'Italia; 1934 Nobelpreis. – E. der bedeutendsten ital. Erzähler u. Dramatiker des 20. Jh. In allen s. Werken steht die psycholog. Analyse im Vordergrund, die Frage nach der Bestimmung der menschl. Persönlichkeit ist immer wieder Gegenstand s. Dichtung. Überzeugung von der Unsicherheit alles Bestehenden u. der Unmöglichkeit e. objektiven Wahrheit: Jeder Mensch trägt e. ›Maske‹, die zudem noch ständig wechselt je nach der Situation, in der er sich befindet, u. je nach den Mitmenschen, die ihn betrachten. Der ständige Konflikt zwischen Sein u. Schein, den P. überall entdeckt, führt schließlich zum Nihilismus. Mit den 246 ›Novelle per un anno‹ (P. plante für jeden Tag des Jahres e. Novelle), für die zum Teil s. Heimat Sizilien den Hintergrund bildet u. die vorwiegend Episoden aus dem Leben einfacher Menschen behandeln, steht P. zunächst in der Tradition des Realismus u. Verga. Grundthema ist aber auch hier die Fragwürdigkeit der menschl. Existenz, die Erschütterung des Ich-Bewußtseins. Das gleiche gilt für s. Romane, von denen v. a. ›Uno, nessuno e centomila‹ das Problem der Persönlichkeitsspaltung behandelt. S. Verdienst als Dramatiker liegt bes. in der Befreiung des ital. Theaters von der naturalist. Poetik. Mit dem Drama ›Sei personaggi in cerca d'autore‹, mit dem er Weltruhm erlangte, hat P. e. überaus wirkungsvolle Form des mod. psycholog. Masken- u. Spiegeltheaters geschaffen.

W: Amori senza amore, En. 1894; Elegie Renane, G. 1895; L'esclusa, R. 1901; Il turno, R. 1902; Il fu Mattia Pascal, R. 1904 (d. E. Wiegand 1930, P. Rismondi 1967); L'umorismo, Abh. 1908 (d. 1985); Arte e scienza, Es. 1908; Suo marito, R. 1911; Fuori di chiave, G. 1912; I vecchi e i giovani, R. 1913; Le due maschere, En. 1914; Si gira, R. 1915; E domani, lunedì, En. 1916; Pensaci Giacomino, Dr. 1916 (Professor Toti, d. 1960); Liolà, Dr. 1916 (Hahn im Korb, d. 1943); Il berretto a sonagli, Dr. 1916; Il piacere dell' onestà, Dr. 1917 (d. 1925); Così è se vi pare, Dr. 1918 (d. 1925); Ma non è una cosa seria, Dr. 1919; L'uomo, la bestia e la virtù, Dr. 1919 (d. 1925); Tu ridi, R. 1920; Come prima, meglio di prima, Dr. 1921 (Besser als früher, d. 1925); Sei personaggi in cerca d'autore, Dr. 1921 (d. 1925); Enrico IV, Dr. 1922 (d. 1925); Novelle per un anno, XV 1922–37 (Novellen, Ausw. d. 1925, Ausw. 1926; Geschichten für ein Jahr, Ausw. 1927, Ausw. 1938; Meisternovellen, 1951; Angst vor dem Glück, Ausw. 1954; Humoresken u. Satiren, Ausw. 1956; Die Paduaner Mütze, Ausw. 1959; Novellen für ein Jahr, Ausw. II 1964f.); Vestire gli ignudi, Dr. 1923 (d. 1926); La vita che ti diedi, Dr. 1924 (d. 1925); Ciascuno a suo modo, K. 1924 (d. 1925); Quaderni di Serafino Gubbio operatore, R. 1925 (Kurbeln, d. 1927); Uno, nessuno e centomila, R. 1926 (d. H. Feist 1927, P. Rismondi 1969); O di uno o di nessuno, Dr. 1929; Come tu mi vuoi, Dr. 1930 (d. 1956); Questa sera si recita a soggetto, Dr. 1930 (d. 1930); Quando si è qualcuno, Dr. 1933; Non si sa come, Dr. 1935 (d. 1935); I giganti della montagna, Dr. 1938 (d. 1948); U Ciclopu, Dr. 1967. – Maschere nude, Drn. XXXI 1926–35, n. II 1958; Tutte le opere teatrali, X 1930–39; Tutte le opere, VI 1956–60; Tutti i romanzi, 1959; Saggi, poesie, scritti varii, 1961. – *Übs.:* Gesammelte Werke, hg. M. Rössner XVI 1997–2001.

L: A. Tilgher, Das Dr. P.s, 1926; F. V. Nardelli, L'uomo segreto, 1932; M. Lo Vecchio Musti, 1936 u. 1939; P. Mignosi, Il segreto di P., ²1937; S. D'Amico, 1937; L. Bàccolo, ²1949; G. Petronio, P. novelliere, 1950; C. Guasco, Ragione e mito nell'arte di L. P., 1954; O. Büdel, 1954; G. Dumur, Paris 1955; J. Chaix-Ruy, Paris 1957; D. Vittorini, ²1957; L. Ferrante, 1958; G. B. Angioletti, 1958; U. Cantoro, ²1958; F. Puglisi, 1958; L. Biagioni, 1959; L. Sciascia, P. e la Sicilia, 1961, ²1983; A. Leone De Castris, 1962; K. A. Ott, P. u. d. mod. Lit., 1963; G. Giudice, 1963; F. Rauhut, Der junge P., 1964; W. Starkie, ³1965; D. Dramatiker P., hg. F. N. Mennemeier 1965; G. Andersson, Arte e teoria, 1966; F. Nuzzaco, 1967; S. D'Alberto, P. romanziere, 1967; P., hg. G. Cambon 1967; R. Matthaei, 1967; A. M. Hind, 1968; O. Ragusa, 1968; C. Vicentini, L'estetica di P., 1970; G. Munafò, ²1971; L. Lugnani, 1971; E. Mazzali, 1973; E. Mirmina, 1973; F. Virdia, 1975; S. Costa, 1978; P. Puppa, Fantasmi contro giganti, 1978; G. Piroué, 1980; E. Lauretta, 1980; G. Macchia, P. o la stanza della tortura, 1981; A. Illiano, Metapsichica e letteratura in P., 1982; E. Gioanola, 1983; F. Zangrelli, L'arte novellistica di P., 1983; P. Tuscano, 1989; R. Alonge, 1997; N. Jonard, 1997; F. Bruno, 1998; M. Manotta, 1998. – *Bibl.:* M. Lo Vecchio Musti, II ²1952; A. Barbina, 1967; G. Ferroni 1977; L. Tardino, 1997.

Pires, José Augusto Neves Cardoso, portugies. Erzähler, Essayist, Theaterautor u. Journalist, 2. 10. 1925 São João do Peso (Castelo Branco) – 26. 10. 1998 Lissabon. Stud. Mathematik; Fremdsprachenkorrespondent, Vertreter, Übersetzer; ab 1949 Journalist u. Schriftsteller; Lit.dozent London, stellv. Chefredakteur der Zeitung ›Diário de Lisboa‹. – In den frühen Werken dem Neorealismus verpflichtet, erlangte P.' Werk durch die

Pirmez

Überwindung dieser ästhet. Strömung Bedeutung. Bes. die ›Anti-Detektivromane‹ ›O Delfim‹ u. ›Balada da Praia dos Cães‹ gelten aufgrund ihrer kunstvollen Verschlüsselung u. ihrer über das rein Erzähltechnische hinausgehenden Neuerungen als Meilensteine der portugies. Erzählkunst nach 1950. Trotz des geistreichen metalit. Spiels bleibt P. jedoch auch hier s. gesellschaftskrit. Anspruch treu.

W: Os Caminheiros e Outros Contos, En. 1949; O Delfim, R. 1968 (Der Dauphin, d. 1973); Balada da Praia dos Cães, R. 1982 (Ballade vom Hundestrand, d. 1990); A República dos Corvos, En. 1988.

L: M. L. Lepecki, 1977; C. Hoffmann, 1992.

Pirmez, Octave (eig. O. Louis Benjamin), belg. Schriftsteller, 19. 4. 1832 Chatelet − 30. 4. 1883 Acoz. Reiste nach Frankreich, Dtl. und Italien, führte ab 1860 das müßige Leben e. Landedelmannes, meist zurückgezogen in s. Schloß; begeisterter Anhänger der franz. Romantik; meditierte, träumte und studierte, von Naturliebe und ›Mal du siècle‹ erfüllt. − Der flüssige, klare, leicht melanchol. Stil s. Meditationen wurde von den ›Jeune Belgique‹-Dichtern sehr geschätzt. Briefwechsel mit V. Hugo und Sainte-Beuve.

W: Pensées et maximes, 1862 (u. d. T. Feuillées, 1870); Jours de solitude, 1862; Heures de philosophie, 1873; Esquisses psychologiques, 1875; Remo, 1878; Lettres à José, 1884. − Ausw., hg. M. Wilmotte 1904.

L: P. Champagne, 1925; ders., La vie méditative d'O. P., 1929; ders., Nouvel essai sur O. P., 1952; ders., 1966; L. Chenoy, 1930.

Piron, Alexis, franz. Lyriker und Dramatiker, 9. 7. 1689 Dijon − 21. 1. 1773 Paris. Stud. Rechte, Advokat. Verlor s. Amt nach Veröffentlichung e. geistvoll-obszönen Ode, wurde Schreiber, kam 1719 nach Paris. − Geistreicher Schriftsteller von gefürchtetem Witz. Lebenslanger Feind Voltaires. Bekannt durch das Monodrama ›Arlequin-Deucalion‹, geschrieben aus Protest gegen e. von der Comédie Française durchgesetzte Regelung, nach der Wanderbühnen nur Stücke mit 1 Schauspieler aufführen durften. Weitere Stücke für die Jahrmarktsbühne und die Comédie Française. Wirksam bis heute sind s. satir. Gedichte und Epigramme.

W: Arlequin-Deucalion, Dr. 1722; Endriaque, Op. 1723; Gustave Wasa, Dr. 1733; La métromanie, Dr. 1738 (Die poetische Familie, d. in: Slg. einiger franz. Lustspiele für das dt. Theater, 1768). − Œuvres, 1776, hg. M. Bonhomme 1859 u. 1879; Œuvres complètes, X 1928−31; Œuvre badine, 1949; Briefe, Ausw. hg. G. v. Proschwitz, Göteborg 1982.

L: J. Backhaus, Diss. Lpz. 1902; P. Champonnière, 1910; ders., La vie joyeuse de P., ³1935; P. Verèb, 1993; M. Arbey-Salémi, 1993; P. Verèb, 1997.

Pirro, Ugo (eig. U. Mattone), ital. Schriftsteller, * 26. 4. 1920 Salerno. Sohn e. Eisenbahners; P.s Schlüsselerfahrungen, Militärdienst u. Krieg auf dem Balkan, sind zugleich die Grundlage s. Anti-Kriegsromane. Nach versch. Berufen u. Versuchen beim Theater Drehbuchautor bei engagierten Regisseuren. Lehrt an der Filmakad.

W: Le soldatesse, R. 1956 (d. 1958); Mille tradimenti, R. 1959; Jovanka e le altre, R. 1959 (d. 1960); Mio figlio non sa leggere, R. 1981; Per scrivere un film, Es. 1982; Celluloide, Es. 1983.

Pisan, Christine de → Christine de Pisan

Pisani, Carlo Alberto → Dossi, Carlo

Pișculescu, Grigore → Galaction, Gala

Pisemskij, Aleksej Feofilaktovič, russ. Schriftsteller, 23. 3. 1820 oder 1821 Ramen'e/Gouv. Kostroma − 2. 2. 1881 Moskau. Vater Gutsbesitzer; 1840−44 Stud. Mathematik Moskau, dann bis 1872 ohne Unterbrechung im Staatsdienst; Erstlingswerk: Erzählung ›Nina‹ 1848. Der Roman ›Vinovata li ona?‹ wurde 1848 von der Zensur nicht zum Druck freigegeben, erschien erst 1857 u. d. T. ›Bojarščina‹. P. wurde Mitarbeiter der Zs. ›Moskvitjanin‹; 1857−62 Redakteur der ›Biblioteka dlja čtenija‹; wegen des Romans ›Vzbalamučennoe more‹ ab 1863 von der liberalen und radikalen Kritik heftig befehdet, was s. bisherige Geltung als Schriftsteller stark beeinträchtigte. − S. Romane u. Erzählungen gründen auf e. in langjähr. Tätigkeit in der Provinz erworbenen ungewöhnl. Kenntnis des russ. Lebens, enthalten e. Element sozialer Satire. Nahm für Thematik und Stil s. Werke zunächst den als Realisten verstandenen Gogol' zum Vorbild; von G. Sand angeregt, deren Gedanken von der Freiheit des Gefühls s. ersten Roman zugrunde liegen. S. bedeutendster und bes. erfolgreicher Roman ›Tysjača duš‹, in nüchternem Naturalismus gehalten, zeigt den Aufstieg e. von hemmungslosem Ehrgeiz getriebenen kleinen Beamten zu Macht und Reichtum; ›Vzbalamučennoe more‹ führt im 1. Teil in die Provinz der Jahre vor 1857, im 2. in das Petersburg von 1858−61; der beißende Spott auf Erscheinungen in der neuen Bewegung der fortschrittl. Kreise rief den Zorn der Radikalen hervor. Das stärkste s. Bühnenstücke, die Tragödie ›Gor'kaja sud'bina‹, noch heute aufgeführt, spielt in bäuerl. Milieu, zählt nach dem straffen Handlungsaufbau und der starken dramat. Wirkung zum Besten der russ. Dramatik.

W: Nina, E. 1848; Tjufjak, N. 1850; Tysjača duš, R. 1858 (Tausend Seelen, d. 1955); Gor'kaja sud'bina, Tr. 1858 (Das bittere Los, d. 1922); Vzbalamučennoe more, R. 1863; Ljudi sorokovych godov, R. 1869; V vodovorote, R. 1871 (Im Strudel, d. 1882); Meščane, R. 1877. – Polnoe sobranie sočinenij (GW), VIII ³1910/11; Sobranie sočinenij (GW), IX 1959; V 1982–84.

L: P. G. Pustovojt, 1969; Ch. A. Moser, Cambridge 1969; S. N. Plechanov, 1986.

Pisides, Georgios → Georgios Pisides

Pistoia, Il (eig. Antonio Cammelli), ital. Dichter, 1436 Pistoia – 29. 4. 1502 Ferrara. Lebte im Dienst der Este vorwiegend in Ferrara. – Witziger, satir. und burlesker Renaissancedichter, bevorzugte das ›sonetto caudato‹; als Tragiker nur von hist. Bedeutung.

W: La Panfila, Tr. 1508; Rime edite e inedite, hg. A. Cappelli, S. Ferrari 1884; I sonetti, hg. R. Renier 1888; I sonetti faceti, hg. E. Percopo 1908.

L: E. Percopo, A. C. e i suoi sonetti faceti, 1913; D. Clarizia, Un poeta giocoso del Rinascimento, 1929; R. Pallone, Anticlericalismo, e ingiustizie sociali nell' Italia del '400. L'opera poetica e satirica di A. C., 1975.

Pitaval, François Gayot de, franz. Jurist, 1673 Lyon – 1743 ebda. Bekannt als Hrsg. e. umfangreichen Sammlung von Kriminalfällen. Der Name P. diente später allg. als Bezeichnung für Sammlungen von Kriminalgeschichten.

W: Causes célèbres et intéressantes, XX 1734ff. (d. IX 1747–68, d. F. Schiller 1792–94, n. bearb. H. Eggert 1950 u. a.)

Pitigrilli (eig. Dino Segre), ital. Autor, 9. 5. 1893 Turin – 8. 5. 1975 ebda. Mitarbeiter u. Redakteur mehrerer Zeitungen u. Zsn.; lange in Argentinien. – Höchst produktiver u. erfolgr. Autor von Unterhaltungslit. mit Neigung zum Erotischen. Seit s. Rückkehr nach Italien (1945) u. s. Bekehrung zum Katholizismus Wendung zum Moralismus.

W: Mammiferi di lusso, En. 1920 (Auswahl); La cintura di castità, R. 1921 (d. 1928); Cocaina, R. 1921, ²1999, mit e. Vorwort von U. Eco (d. 1927); Oltraggio al pudore, R. 1922 (Der falsche Weg, d. 1928); La vergine di 18 carati, R. 1924 (d. 1927); I vegetariani dell'amore, R. 1929 (d. 1980); L'esperimento di Pott, R. 1929; Dolicocefala bionda, R. 1936; La piscina di Siloe, R. 1948; P. parla di P., Aut. 1949; La danza degli scimpanzè-Peperoni dolci, R. 1955; I figli deformano il ventre, R. 1957. – Opere, 1971.

L: E. Magri, 1999.

Pitter, Ruth, engl. Lyrikerin, 7. 11. 1897 Ilford/ Essex – 29. 2. 1992 Long Crendon/Buckinghamshire. Malerin u. Dichterin, erhielt 1979 den ›OBE‹. – Eine der angesehensten engl. Lyrikerinnen des 20. Jh. P.s Dichtung spiegelt ihre Naturverbundenheit u. ihren christl. Glauben in einer charakterist. Mischung aus Transzendenz und bodenständigem Humor.

W: First Poems, 1920; First and Second Poems, 1930; A Mad Lady's Garland, 1934; The Ermine, 1953; End of Drought, 1975; A Heaven to Find, 1987. – Poems 1926–66, 1968.

Pius II. → Piccolomini, Enea Silvio

Pixérécourt, René-Charles Guilbert de, franz. Dramatiker, 22. 1. 1773 Nancy – 27. 7. 1844 ebda. Offizier in der Armee von Condé. Während der Revolution kurze Zeit nach Dtl. emigriert. Widmete sich nach s. Rückkehr dem Theater, leitete e. Zeitlang die ›Opéra Comique‹ und das ›Théâtre de la Gaieté‹. – Schrieb neben Lustspielen und Operettenlibretti zahlr. Melodramen, wurde zum unbestrittenen Meister dieser Gattung, die mit ihrer Mischung von Abenteuer, Grauen und Pathos beim nachrevolutionären Publikum sehr großen Anklang fand. Errang triumphale Erfolge u. a. mit ›Coelina‹. Dramatisierte geschickt beliebte Unterhaltungsromane.

W: Le château des Apennins, ou les mystères d'Udolphe, Dr. 1798; Victor, ou l'enfant de la forêt, Dr. 1798; Coelina, ou l'enfant du mystère, Dr. 1801; Les mines de Pologne, Dr. 1803; Robinson Crusoé, Dr. 1805; Le solitaire de la Roche-Noire, Dr. 1806; Le chien de Montargis ou la forêt de Bondy, Dr. 1814; Guerre au mélodrame, Schr. 1818; Masers de Latude, ou 35 ans de captivité, Dr. 1834; Le mélodrame, Ess. 1838. – Théâtre choisi, IV 1841–43.

L: F. Heel, Diss. Erl. 1912; W. G. Hartog, 1913; J. Marsan, Le mélodrame de P., 1926; E.-C. van Bellen, Les origines du mélodrame, 1927; A. Lacey, Toronto 1928; M. W. Disher, Blood and Thunder, 1949; M. Descotes, Le public de théâtre et son histoire, 1964; M.-P. Le Hir, 1992.

Pizarnik, Alejandra, argentin. Dichterin, 29. 4. 1936 Buenos Aires – 25. 9. 1972 ebda. (Selbstmord). Sie fühlte sich als einsame Insel, die nicht geliebt wurde; man spürt ihr existentielles Unbehagen, das Abhandenkommen des Seins, die Nostalgie der verlorenen Unschuld u. die Verweise auf ihr frei gewähltes Lebensende.

W: La tierra más ajena, 1955; La última inocencia, 1956; Las aventuras perdidas, 1958; Árbol de Diana, 1962; Los trabajos y las noches, 1965; Extracción de la piedra de locura, 1968; El infierno musical, 1971; La condesa sangrienta, 1971; El deseo de la palabra, Anth. 1975. – Obras completas. Poesía y prosa, hg. C. Piña 1990; Poesía completa, hg. A. Becciú ³2001; Prosa completa, hg. dies. 2001; Correspondencia Pizarnik, hg. I. Bordelois 1998; Diarios, 2003.

L: C. Piña, 1981, 1991; F. Graziano, hg. 1987; B. E. Koremblit, 1991; C. Aira, 1998; I. Malinow, 2002.

Pla, Josep, span.-katalan. Schriftsteller, 8. 8. 1897 Palafrugell/Baix Empordà – 23. 4. 1981 Llofriu. 1919–39 Auslandskorrespondent. – Fruchtbarer Autor, versch. Genres (Feuilletons, Reisebeschreibungen, Tagebücher, Romane u. Erzählungen aus dem ländl. Katalonien).

W: El carrer estret, R. 1951; El vent de garbé, En. 1952; Nocturn de primavera, R. 1953; El quadern gris, Tg. 1966; L'herència, R. 1972; Joan Maragall, B. 1984. – Obres completes, XXIX 1956–62; Obra completa, XLVI 1966, 1993f.

L: J. M. Castellet, 1978; J. M. Casasús, 1986; L. Bonada, 1991; C. Badosa, 1994, 1996; X. Pla, 1997.

Plaatje, Sol(omon Tshekiso), südafrikan. Schriftsteller, 9. 10. 1876 Boshof – 19. 6. 1932 Johannesburg. Autodidakt. Gerichtsdolmetscher; beherrschte neben s. Muttersprache Tswana auch Afrikaans, die niederländ., dt., engl. sowie vier Bantu-Sprachen. Gründer der Zeitungen ›Koranta ea Becoana‹ u. ›Tsalaea Batho‹. Erster Generalsekretär des ›African National Congress‹. Reisen in Europa u. Nordamerika. Schrieb engl. u. Tswana. – Neben polithist. u. volkskundl. Arbeiten Vf. e. hist. Romans aus dem 19. Jh. über Leben und Konflikte südafrikan. Schwarzer u. ihren Zusammenstoß mit den Buren; gekonnt schlichter u. direkter Stil mit Einbezug der oralen Lit.tradition der Bantu. Pionierleistungen sind s. Übsn. Shakespeares ins Tswana.

W: Sechuana Proverbs, 1916 (m. engl., lat., franz., dt. u. ital. Übs.); A Sechuana Reader, Anth. 1916 (m. D. Jones); Native Life in South Africa, Abh. 1916; Some of the Legal Disabilities Suffered by the Native Population, Abh. 1919; The Awful Price of Native Labour, Abh. 1921; Repressive Land Laws of British South Africa, Abh. 1921; Mhudi: An Epic on Sex Relationships 'Twixt White and Black in British South Africa, Abh. 1921; Mhudi: An Epic of South African Native Life a Hundred Years Ago, R. 1930; The Boer War Diary of Sol Plaatje, Tg. 1973 (n. u. d. T. Mafeking Diary 1989).

L: B. Willan, 1984; P. Midgley, Grahamstown 1997.

Plaidy, Jean → Holt, Victoria

Planchon, Roger, franz. Dramatiker, * 12. 9. 1931 Saint-Chamond. Gründete 1950 das ›Théâtre de la Comédie‹ in Lyon; seit 1957 Direktor des ›Théâtre de la Cité‹ in Villeurbanne. Bedeutender Theaterregisseur mit aufsehenerregenden Inszenierungen auch in Paris (›Tartuffe‹, ›Troilus und Cressida‹); Drehbuchautor. – Stellt die gesellschaftl. Situation der Gegenwart dar, worin ihm Marxismus u. Psychoanalyse Erkenntnismittel sind. Einzelschicksale erscheinen als Konsequenz der soz. Herkunft. P.s Helden rekrutieren sich aus pauperisierter Landbevölkerung u. Priesterschaft, will mit der Arbeiterschaft dem Theater e. neues Publikum gewinnen.

W: La remise, Dr. 1964; Pattes blanches, Dr. 1964; Bleu, blanc, rouge ou les libertins, Dr. 1967; Dans le vent … grrr …, Dr. 1968; L'infâme, Dr. 1969; La langue au chat, Dr. (1972); Le cochon noir, Dr. (1973); Alice par d'obscurs chemins, Dr. 1986; Dandin, Drb. 1990; Louis: Enfant roi, Drb. 1993.

L: Y. Daoust, P., director and playwright, Cambr. 1981; M. Bataillon, 2001.

Planudes, Manuel → Maximos Planudes

Plas, Michel van der (eig. Bernardus Gerardus Franciscus Brinkel), niederländ. Dichter, * 23. 10. 1927 Den Haag. Redakteur bei ›Elseviers Weekblad‹. – Gefühlvolle Gedichte in ausgewogener Form, meist relig. Thematik. Auch Kabarett-Texte, Parodien, Reportagen, Übsn.

W: Dance for you, G. 1947; Going my way, G. 1949; Als ik koning was, G. 1949; Een hemel op aarde, G. 1955; Edelman-bedelman, G. 1945–55, 1960; Uit het rijke Roomsche Leven, Rep. 1963; Schuinschrift, Satiren 1946–1971, 1971; Getuige in München, Rep. 1974; Korte metten, G. 1980; Een traan of de wang, Prosa 1988; Mijnheer Gezelle, B. 1990; Vaderland, G. 1991.

L: F. Verhallen, 1993.

Plaskovitis, Spyros (eig. S. Plaskasovitis), griech. Erzähler, * 14. 6. 1917 Korfu. Stud. Jura, erst Rechtsanwalt, seit 1951 Richterlaufbahn, Mitgl. des Obersten Gerichtshofes Athen. 1967 vom Militärregime wegen Widerstandes zu 5 Jahren Zuchthaus verurteilt. – Dichte Erzählart aus der Problematik um die Existenzangst.

W: To gymno dentro, En. 1952; Hē thyella kai to phanari, En. 1955; To phragma, 1960; Hoi gonatismenoi, En. 1964; To syrmatoplegma, En. 1976; Hē polē, R. 1979; To trelo epeisodio, En. 1984; Hē kyria tēs bitrinas, R. 1990 (d. 1995); To pukamiso tu kathēgētē, En. 1994; Hē allē kardia, R. 1995.

Plath, Sylvia (Ps. Victoria Lucas), amerik. Dichterin, 27. 10. 1932 Boston – 11. 2. 1963 London. 1950–55 Stud. Smith College, wo sie 1957/58 auch unterrichtete; 1956 ∞ engl. Lyriker Ted Hughes, ging 1959 endgültig nach England. P.s Selbsterfahrungen gehen in ihre konfessionelle Dichtung ein, die sich durch groteske Bilder, scharfe Ironie, emotionale Tiefe und techn. Versiertheit auszeichnet. Durch ihren Selbstmord u. den autobiograph. Roman ›The Bell Jar‹ wurde P. Mitte der 1960er Jahre zur Kultfigur. Auch Kinderbücher.

W: The Colossus, G. 1960; The Bell Jar, R. 1963 (unter Ps. V. Lucas, unter S. P. 1965; Die Glasglocke, d. 1969); Ariel, G. 1965 (d. 1974); Three Women, H. 1968 (d. 1991); Crossing the Water, G. 1971; Winter Trees, G. 1971; The Bed Book, Kdb. 1976 (d. 1989); Johnny Panic and the Bible of Dreams, En. 1979 (d. 1987); The It Doesn't Matter Suit, Kdb. 1996. – Collected Poems, hg. T. Hughes 1981; Letters Home, Br. hg. A. S. Plath 1975 (d. 1979); Journals 1950–62, hg. T. Hughes 1983; The Unabridged Journals of S. P., 1950–1962, hg. K. V. Kukil 2000.

L: The Art of S. P., hg. C. Newman 1970; A. Alvarez, 1971; E. Aird, 1973; N. H. Steiner, 1973; E. Butscher, 1976; D. Holbrook, 1976; J. Kroll, Chapters in a Mythology, 1976; E. Butscher, hg. 1977; C. K. Barnard, 1978; M. D. Uroff, 1979; G. Lane, hg. 1979; J. Rosenblatt, 1979; M. L. Broe, 1980; L. K. Bundtzen, 1983; Critical Essays on S. P., hg. L. W. Wagner 1984; R. M. Matovich, Concordance, 1986; S. Tabor, 1987; L. Wagner-Martin, 1987, 1988, 1992 u. 1999; A. Stevenson, 1989; S. G. Axelrod, 1990; W. Werth, 1990; P. Alexander, 1991; R. Hayman, 1991 (d. 1992); J. Rose, 1991; M. Jaidka, 1992; M. Marsack, 1992; T. Saldívar, 1992; E. Connell, 1993; S. R. Van Dyke, 1993; L. F. Chapman, 1994; N. D. Hargrove, 1994; J. Malcolm, 1994 (d. 1994); F. Haberkamp, 1997; E. Bronfen, 1998; C. K. B. Hall, 1998; T. Hughes, 1998; A. Strangeways, 1998; C. Britzolakis, 1999; E. Tennant, 2001; S. Blosser, 2001; B. Lindberg-Seyersted, 2002; R. Peel, 2002; J. Becker, 2003. – *Bibl.:* E. Homberger, 1970; C. Northover, T. P. Walsh, 1974; G. Lane, M. Stevens, 1978; S. Tabor, 1987; S. L. Meyering, 1990.

Platon, griech. Philosoph, 428/427 v. Chr. Athen (oder Aigina?) – 348/347 v. Chr. Athen. Aus einflußr. Familie, umfassende Ausbildung (u.a. Philos. bei Kratylos, Herakliteer), Militärdienst (peloponn. Krieg), um 408/407 Begegnung mit Sokrates, nach dessen Tod (399) kurze Zeit in Megara, wohl ab 399 eigene lit. Produktion. 390–388 Reisen nach Ägypten, Kyrene, Unteritalien (Pythagoreer), Sizilien (Hof des Tyrannen Dionysios I.). Wohl gleich nach s. Rückkehr nach Athen (388/387) gründet P. die Akademie (gen. nach dem Hain des Heros Akademos, nordwestl. v. Athen). Nach dem Tod Dionysios' I. (367) 366/365 und 361/360 erneute Reisen nach Sizilien, auf denen P. in eine polit. Affäre verwickelt worden sein soll. Aus P.s letztem Lebensjahrzehnt wissen wir von e. öffentl. Vorlesung ›Über das Gute‹, bis zu s. Tod blieb er schriftsteller. tätig. Um P.s Leben rankten sich schon in der Antike zahlr. Anekdoten. – Alle in der Antike bekannten Schriften P.s sind erhalten; das in Tetralogien geordnete ›Corpus Platonicum‹ umfaßt die ›Apologie [sc. des Sokrates]‹, 34 Dialoge (davon ca. 7 heute als eher unecht eingestuft), e. Sammlung von 13 Briefen, e. Appendix mit Kurzdialogen (unecht) und e. Sammlung von Definitionen (wohl nachplaton.). Dazu treten wenige außerhalb des Corpus überlieferte Schriften (u.a. in ihrer Echtheit umstrittene Epigramme) sowie e. umfangr. indirekte Überlieferung. In der chronolog. Einteilung der mod. Forschung unterscheidet man: 1) ›Frühdialoge‹: themat. um den Prozeß des Sokrates (z.B. ›Kriton‹: Sokrates im Gefängnis), auch: ›Definitionsdialoge‹ (z.B. ›Euthyphron‹: Was ist Frömmigkeit?, ›Lysis‹: Was ist Freundschaft?), meist mit aporetischen Ausgang, 2) ›Übergangsdialoge‹: auf dem Weg zur Ideenlehre (z.B. ›Phaidon‹, ›Symposion‹), 3) ›Mittlere Dialoge‹, auch: ›Ideendialoge‹ (z.B. ›Staat‹, ›Phaidros‹), die teilweise bereits Ideenkritik enthalten (z.B. ›Parmenides‹, ›Theaitetos‹) wie sie dann für 4) ›Späte Dialoge‹ (z.B. ›Sophistes‹, ›Philebos‹, aber auch die Ideendialoge ›Timaios‹ u. ›Kritias‹, die ebenfalls in diese Gruppe gehören) typisch wird; die ›Gesetze‹, P.s letztes Werk, sind unvollendet. – Mittel platon. Philosophierens ist die ›Dialektik‹, die allein zu wahrer Erkenntnis führen kann. Diese ist auch für ethisches Handeln unabdingbar, da wirkl. Tugend ›Wissen‹ ist, aus dem richtiges Handeln unmittelbar folgt. Dabei muß der Intellekt die leitende Instanz sein; von den 3 Seelenteilen (›begehrlich‹, ›muthaft‹, ›denkend‹), hat allein der ›denkende‹ Verwandtschaft mit der Welt der Ideen, ist als einziger unsterbl. Die ›Ideen‹ existieren getrennt (›khorismos‹) von der sinnl. wahrnehmbaren Welt: Je größer ›Teilhabe‹ (›methexis‹) die Dinge der Sinnenwelt an ihnen haben, umso vollkommener sind sie; jedes Wissen ist im Grunde nur Wiedererinnerung (›anamnesis‹) an sie, die Seele hat sie vor ihrer Geburt in den Körper bereits geschaut. Entsprechend den 3 Seelenteilen entwirft P. im ›Staat‹ e. Gesellschaft mit 3 Ständen (Bauern/Handwerker, Wächter, Philosophen) als Modell, an dem die Gerechtigkeit (›jeder tut das seine‹) untersucht wird. Bes. berühmt sind das in diesem Kontext formulierte ›Liniengleichnis‹, das ›Höhlengleichnis‹, die Kritik der mimet. Dichtung und der ›Philosophenkönigssatz‹. – Um P.s Einfluß auf die europ. Geistesgeschichte zu charakterisieren pflegt man das Dictum zu zitieren, daß letztere aus ›nicht Reihe von Fußnoten zu P.‹ bestehe. Richtig daran ist, daß P. im Bereich der Philosophie v.a. nach der Abkehr der Akademie vom Skeptizismus (1. Jh. v. Chr.) über den sog. ›Mittel-, v.a. aber den sog. ›Neuplatonismus‹ (Plotin) die gesamte Spätantike einschließl. des Großteils der christl. Autoren u. Kirchenväter dominiert; im MA wird er durch Aristoteles verdrängt, um dann in der Neuzeit, v.a. seit der sog. ›platon. Akademie‹ des M. Ficino in Florenz (15. Jh.), wieder zu dem bestimmenden Philosophen der Antike zu werden. Daneben wirkt P.s Werk auch im Bereich der Literatur durch die Jhe., v.a. durch die von ihm geprägte Form des Dialogs, aber auch durch die Bildentwürfe s. Mythen.

A: M. Schanz 1875–87 (nicht vollst.); J. Burnet ²1905–13 (zahlr. Nachdre.); E. Chambry u.a. 1920–56; E. A. Duke u.a. 1995ff. (OCT, noch nicht vollst.). – *Gesamtkomm.:* G. Stallbaum, neu bearb. von M. Wohlrab 1833–77; H. Gauss 1952–67. – *Ges.übersicht u. -komm.:* E. Heitsch, C. W. Müller ab 1993 (noch nicht vollst.). – *Ges.übs.:* Fr. Schleiermacher 1804–28, ²1817–27 (zahlr. neue Ausg.); O. Apelt, zus. mit K. Hildebrandt 1916–26 (n. 1988); R. Rufener 1974; E. Loewenthal ⁸1982 (n. 2003). – *Einzelkomm., -übs.: Apol.:* J. Burnet 1924 u.ö. – *Euthyphr.:* J. Burnet 1924 u.ö. – *Kriton:* J. Burnet 1924

u. ö. – *Gorg.:* E. R. Dodds 1959. – *Meno:* R. S. Bluck 1961; R. W. Sharples 1985 (engl. Übs. u. Anm.). – *Parm.:* F. M. Cornford 1939; R. E. Allen 1983; C. C. Meinwald 1991. – *Phaed.:* J. Burnet 1911; R. Hackforth 1955; D. Bostock 1986. – *Symp.:* K. J. Dover 1980; A. Nehamas, P. Woodruff 1989 (engl. Übs. u. Anm.). – *Phaedr.:* G. J. A. de Vries 1969; R. Hackforth 1952 (Studie); G. R. F. Ferrari 1987 (Studie). – *Theaet.:* D. Bostock 1988; M. J. Levett, rev. u. m. neuer Einl. von M. Burnyeat 1990. – *Tim.:* A. E. Taylor 1928; F. M. Cornford 1937. – *Soph.:* L. Cambell 1867. – *Polit.:* L. Cambell 1867; J. B. Skemp 1987. – *Rep.:* B. Jowett, L. Campbell 1894; J. Adam m. Einl. v. D. A. Rees ²1963; R. C. Cross, A. D. Woozley 1964; A. Bloom 1968; O. Gigon 1976 (Bücher 1–4). – *Phileb.:* R. G. Bury 1897 (n. 1973); H.-G. Gadamer 1931 (Studie); R. Hackforth 1945; R. Shiner 1974 (Studie); J. C. B. Gosling 1975; C. Hampton 1990 (Studie). – *Leg.:* G. R. Morrow 1939; ders. 1960 (Studien); H. Görgemanns 1960 (Studie); Th. L. Pangle 1980 (engl. Übs. m. Anm.); R. F. Stalley 1983 (Einf.); J. Saunders 1991 (Studie). – *Ep.:* G. R. Morrow 1962 (engl. Übs.); J. Moore-Blunt 1985; M. Isnardi-Parente 2001 (ital. Übs. m. Anm.).

L: (Einführung:) K. Bormann, 1973; J. C. B. Gosling, Lond. 1973; G. M. A. Grube, hg. D. J. Zeyl ²1980; C. J. Rowe, Brighton 1984; J. D. Melling, Oxf. 1987; The Cambridge Companion to Plato, hg. R. Kraut, Cambr. 1992 u. ö.; Th. A. Szlezák, P. lesen, 1993; H. Görgemanns, 1994. – (Allg. Studien:) P. Shorey, Chicago 1903, n. 1968, 1980; L. Robin, Paris 1908, n. 1963; U. von Wilamowitz-Moellendorff, II 1919, ⁵1959; A. N. Whitehead, Cambr. 1929; H. Cherniss, ²1946; W. D. Ross, Oxf. 1951, n. 1976; K. Gaiser, P.s ungeschriebene Lehre, 1962, ²1968; ders., Napoli 1984; L. Edelstein, Leiden 1966; H.-J. Krämer, Amst. ²1967; R. Maurer, 1970; P. Friedländer, III: I.II ³1964; III ³1975; H.-G. Gadamer, 1978; H. Thesleff, Helsinki 1982; ders. Helsinki 1999; L. Brisson, Paris 1982; W. Wieland, 1982; Th. A. Szlezák, P. u. die Schriftlichkeit, 1985; M. Erler, Der Sinn der Aporien, 1987; K. Albert, Über P.s Begriff der Philosophie, 1989; L. Brandwood, The Chronology, Oxf. 1990; J. Platthy, P. A Critical Biography, Santa Claus 1990; G. Cerri, Mail. 1991; F. J. Gonzalez, hg. Lanham 1995; R. B. Rutherford, Lond. 1995. – *Bibl.:* R. D. McKirahan Jr., P. and Socrates, New York, Lond. 1978 (1958–73); M. Deschoux, Comprendre P., Paris 1981 (franz. Lit. 1880–1980); L. Brisson, Lustrum 20, 1977 (1958–75); ders., H. Ioannidi, ebda. 25, 1983 (1980–85); ebda. 30, 1988; ebda. 34, 1992; L. Brisson, P., 1990–95, 1999.

Platon, altgriech. Komödiendichter (›Alte Komödie‹), 5./4. Jh. v. Chr. Athen. Zeitgenosse von Eupolis und Aristophanes. – Soll etwa 28 Stücke verfaßt haben, nur Fragmente erhalten, die P. einerseits als typ. Vertreter der ›Alten Komödie‹ ausweisen, andererseits aber durch mythol. Sujets bereits so stark in die Folgezeit vorausweisen, daß man in P. bisweilen e. Vertreter der ›Mittleren Komödie‹ sehen wollte. In ›Die lange Nacht‹ scheint P. erstmals in der europ. Lit. den Amphitryon-Stoff auf die Bühne gebracht zu haben.

L: H.-G. Nesselrath, 1990; R. Rosen, in: G. Dobrov, hg. Atlanta/GA 1995, 119–137; E. Degani, Eikasmos 9, 1998, 81–99.

Platonov, Andrej Platonovič (eig. A. P. Klimentov), russ. Schriftsteller, 28. 8. 1899 Voronež – 5. 1. 1951 Moskau. Arbeitersohn; versch. Berufe, Bürgerkriegskämpfer, Elektroing., führendes Mitgl. der Gruppe ›Pereval‹. 1929 schärfste Parteikritik, danach nur selten Publikationserlaubnis. S. Werk blieb bis 1958 in der SU vollständig unterdrückt. E. der bedeutendsten sowjetruss. Schriftsteller. S. Werk ist nur im Westen – ab 1968 – so vollständig wie möglich erschienen, die in der SU veröffentlichten Werke geben e. verkümmertes Bild. S. Romane ›Čevengur‹ (geschr. 1927/28) u. ›Kotlovan‹ (geschr. 1929/30), die die Entwicklung in der SU jener Jahre krit. in e. Mischung von Ironie u. Parabel gestalten, konnten vor der Perestrojka nur im Westen erscheinen. P.s hohes Sprachbewußtsein erschließt sich nur in russ. Originaltext.

W: V prekrasnom i jarostnom mire, En. 1965 (In der schönen u. grimmigen Welt, d. 1969); Kotlovan, N. 1969 (Die Baugrube, d. 1972); Čevengur, R. 1972 (Unterwegs nach Tschewengur, d. 1972); Razmyšlenija čitatelja, 1980; Potaennyj Platonov, 1983; Starik i starucha. Poterjannaja proza, 1984. – Sobranie sočinenij (GW), III 1984/85; V 1998 (ersch. Bd. 1+2).

L: M. Jordan, Letchworth 1973; M. Geller, Paris 1982; T. Langerak, Amsterdam 1995; R. Hodel, hg. 1998; P.-S. Berger-Bügel, 1999; St.-I. Teichgräber, R. Hodel, 2001.

Plaŭnik, Samuil Jafimovič → Bjadulja, Zmitrok

Plautus, Titus Maccius, röm. Komödiendichter, 250(?) v. Chr. Sarsina/Umbrien – wohl nach 180 v. Chr. Rom. Aus armen Verhältnissen, kam jung nach Rom, dort Theaterdiener, Kaufmann u. Müllersknecht. Mit s. Komödien ›Saturio‹, ›Addictus‹ u. e. unbekannten Namens hatte er Erfolg u. schrieb weiterhin zahlr. Komödien. – Als Zeitgenosse des Ennius gehört P. in die archaische Periode der röm. Lit. Von Livius Andronicus u. Naevius übernimmt er die Technik, griech. Vorlagen unter Beibehaltung ihres Inhaltes auf röm. Verhältnisse umzudichten. S. Vorbilder sind die Dichter der neuen Komödie Menander, Philemon, Diphilos u. Demophilos. P. formt die Komödie durch Einfügung der ›Cantica‹ (Gesangseinlagen) in Singspiele um. Er verfährt frei mit s. Vorlage, kontaminiert häufig, benutzt Prologe zur Unterrichtung der Zuschauer. Durch s. Erweiterungen u. Verkürzungen vergröbert P. zwar nicht selten den Gehalt der griech. Originale, steigert aber ihre Bühnenwirksamkeit u. Komik. S. Stil ist lebendig, wendig, oft umgangssprachl. u. derb. Urwüchsiger Humor, Wortwitze u. Situationskomik, Wortschöpfungen, Bilderreichtum u. metr. Vielfalt zeichnen s. Charakter- u. Familienstücke, Possenspiele u. myth. Travestien aus, die Grundverhältnisse des menschl. Lebens schildern. S. Stücke enthalten Verwechslungs-, Wiedererkennungs-, Sklaven- u. Prügelszenen, Intrigen u. Liebesgeschichten mit gutem Ausgang. Charakterist. Typen sind der durchtriebene Sklave, der Kuppler, der Parasit, der verliebte Greis, der Prahler, die konkurrierenden Liebhaber, die Hetäre u. das unschuldige junge Mädchen. – Bis ins 1. Jh. v. Chr. wurden P.' Stücke aus Mangel an neuen guten Komödien häufig aufgeführt. Der Text wurde dadurch verändert (bes. in den Prologen) u. erhielt Einschübe. In der klass. Periode wenig rezipiert, wurden sie seit dem 2. Jh. n. Chr. wieder stärker gelesen. Von 130 unter P.' Namen laufenden Komödien erkannte Varro nur das erhaltene Corpus von 21 Stücken als unbezweifelbar echt an. Im MA, das den geschliffeneren u. sprachl. reineren Terenz bevorzugte, übersehen, gelangte P. ab 1429, als Nicolaus Cusanus 12 unbekannte Komödien entdeckte, zu neuer Bedeutung (Ariost, Lope de Vega, Shakespeares ›Comedy of Errors‹, Calderón, Molières ›Amphitryon‹, Goldoni, Holberg, Lessings ›Der Schatz‹, Kleists ›Amphitryon‹).

W: Amphitryo (komm. W. B. Sedgwick 1960; D. M. Christenson, 1991; R. Oniga, 1991; d. J. Blänsdorf 1979); Asinaria, um 211?; Aulularia, um 194–190 (komm. K. Kunst ²1927; C. Questa 1978; W. Stockert 1983; d. H. Rädle 1978); Bacchides; Captivi (hg. C. Questa ²1975; komm. A. Ernout 1935; J. Barsby 1986); Casina (komm. W. T. MacCary, M. M. Willcock 1976); Cistellaria, vor 201; Curculio, um 193 (komm. J. Collart 1962); Epidicus, um 195/94 (komm. G. E. Duckworth 1940); Menaechmi (komm. N. Moseley, M. Hammond ²1964; R. E. H. Westendorp Boerma 1971; A. S. Gratwick 1993; d. H. Rädle 1980); Mercator (komm. P. J. Enk II 1932); Miles Gloriosus, 206–204 (komm. M. Hammond u.a. 1963; d. P. Rau 1984); Mostellaria, 193 (komm. N. Terzaghi 1929; A. Quattordio Moreschini 1970); Persa, nach 190 (komm. E. Woytek 1982); Poenulus (komm. G. Maurach ²1988); Pseudolus, 191 (komm. E. H. Sturtevant 1932; M. M. Willcock 1987); Rudens (komm. F. Marx 1928; A. Thierfelder 1949; H. C. Fay 1969); Stichus, 200 (komm. H. Petersmann 1973); Trinummus, frühestens 189; Truculentus, 186? (komm. P. J. Enk II 1953; W. Hofmann 2001, m. Übs.); Vidularia. – Comoediae, hg. F. Leo II 1895f. (n. 1958), W. M. Lindsay II 1904f., A. Ernout VII 1932–40 (m. franz. Übs.). – Übs.: J. J. C. Donner 1864; W. Binder IV 1861–69, n. W. Ludwig 1966; L. Gurlitt IV 1920–22; Ausw. A. Klotz 1948, E. R. Leander 1959, A. Thierfelder 1962–68, W. Hofmann 1971ff..

L: G. Lodge, Lexicon Plautinum, 1904–33, n. 1971; W. M. Lindsay, The syntax of P., 1907, n. 1936; F. Leo, Plautin. Forschungen, ²1912, n. 1966; E. Fraenkel, Plautinisches im P., 1922; P. Lejay, 1925; G. Jachmann, Plautinisches und Attisches, 1931, n. 1966; G. Norwood, P. and Terence, 1932, n. 1963; C. H. Buck, A chronology of the plays of P., 1940; F. Della Corte, Da Sarsina a Roma, 1952, ²1967; A. De Lorenzi, Cronologia ed evoluzione plautina, 1952; R. Perna, L'Originalità di P., 1955; K. Abel, Die Plautusprologe, 1955; E. Paratore, 1961; J. Blänsdorf, Archaische Gedankengänge in den Komödien des P., 1967; E. Segal, Roman Laughter, 1968; L. Braun, Die Cantica des P., 1970; N. Zagagi, Tradition and originality in P., 1980; C. Questa, Parerga Plautina, 1985; G. Chiarini, Introduzione a P., 1991; W. S. Anderson, Barbarian play, 1993; C. Pansiéri, P. et Rome, 1997. – Bibl.: J. D. Hughes, 1975; F. Bubel, 1992.

Plavil'ščikov, Pëtr Alekseevič, russ. Dramatiker, 4. 4. 1760 Moskau – 30. 10. 1812 Chanenovo/ Gouv. Tver'. Kaufmannssohn; bis 1779 Stud. in Moskau; beliebter Schauspieler in Petersburg und Moskau, setzte sich als Lit.theoretiker für die realist. Tendenzen im bürgerl. Drama (gegen die Prinzipien des Klassizismus) ein. Unter s. 12 Theaterstücken das bürgerl. Schauspiel ›Sidelec‹ mit satir. Einschlag. Stoff aus der Welt der russ. Kaufmannschaft, einige im Kleinbürgertum spielende Komödien. E. der Vorgänger A. Ostrovskijs.

W: Bobyl', K. 1790; Sidelec, Sch. 1803. – Sočinenija (W), IV 1816; Sobranie dramatičeskich sočinenij (Drr.), 2002.

Pleščeev, Aleksej Nikolaevič, russ. Dichter, 4. 12. 1825 Kostroma – 8. 10. 1893 Paris. Vater Beamter; Gardeoffiziersschule, dann Univ. Petersburg, beides ohne Abschluß, 1849 erster Gedichtband gedruckt; 1849 wegen aktiver Teilnahme am Kreis Petraševskijs nach Orenburg verbannt; durfte 1858 zurückkehren; 1872–84 in Petersburg, in der Redaktion der ›Otečestvennye zapiski‹. – In den 40er Jahren bekannt wegen s. den Tendenzen des linken Flügels der Adelsintelligenz nahestehenden polit.-liberalen Gedichte; in s. späteren Versen fehlt die kämpfer. Begeisterung, klingen eleg. Töne an. Schrieb kunstvolle Kinderlieder; übersetzte aus Barbier, Petőfi, Heine, Herwegh.

W: Povesti i rasskazy, En. II 1896 f. – Stichotvorenija, G. 1948; Izbrannoe, Ausw. 1960; Polnoe sobranie stichotvorenij, sämtl. G. 1964.

L: L. S. Pustil'nik, 1988; N. G. Kuzin, 1988.

Pletnëv, Pëtr Aleksandrovič, russ. Dichter und Lit.kritiker, 21. 8. 1792 im Kreis Bežeck/Gouv. Tver' – 10. 1. 1866 Paris. Vater Geistlicher; seit 1832 Prof. der russ. Lit. an der Univ. Petersburg, 1840–61 deren Rektor. Stand etwa 20 Jahre lang Puškin sehr nahe, dessen ges. Werke er herausgab, 1838–46 Hrsg. des ›Sovremennik‹. – Mehr als durch s. in eleg. Ton gehaltenen Gedichte wurde er wegen s. literaturkrit. Aufsätze bekannt, beachtete darin neben Fragen nationaler Besonderheiten der Lit. u.a. die formale Seite des Dichtwerks. Entschiedener Gegner Belinskijs. Förderte Gogol' und Turgenev.

W: Sočinenija i perepiska (W. u. Br.), III 1885; Stat'i, stichotvorenija, pis'ma (Aufs., G. u. Br.), 1988.

Pliekšāns, Jānis → Rainis, Jānis

Plinius Caecilius Secundus, Gaius (d. J.), röm. Redner u. Epistolograph, 61/62 n. Chr. Como – um 113. Angehöriger der Senatsaristokratie; adoptiert von s. Onkel C. Plinius Secundus (d. Ä.); Schüler Quintilians, Anwalt; polit. Karriere, im Jahr 100 Konsul, um 111–112 Legat in Bithynien. – P.' Gedichte sind verloren, ebenso die Reden bis auf e. Dank- u. Lobrede (›Panegyricus‹) an Kaiser Trajan anläßlich von P.' Konsulat; diese steht in der Tradition der Fürstenspiegel u. hat den idealen Herrscher zum Thema. Hauptwerk ist die Sammlung von Privatbriefen in 9 Büchern. Die Briefe geben in Form von glänzend stilisierten Essays u. a. Beschreibungen von Personen, Ereignissen, Villen; sie behandeln u. a. Fragen der Lebensführung, der Lit. u. des Rechts. Es entsteht e. Bild des lit., gesellschaftl., soz. Lebens der Aristokratie. Bes. berühmt sind 6,16 u. 20 über den Vesuvausbruch im Jahr 79. Das 10. Buch enthält P.' amtl. Briefe aus Bithynien mit verwaltungstechn., jurist. u. ä. Anfragen an Kaiser Trajan u. dessen Antworten; bes. bekannt sind 10,96f. über die Frage, wie die Christen zu behandeln seien. – Die Briefe, bes. Buch 1–9, hatten starken Einfluß auf die Epistolographie, z. b. auf Symmachus, Sidonius Apollinaris und Petrarca.

A: Epist.: R. A. B. Mynors, Oxf. 1963; m. dt. Übs. H. Kasten, n. 1995; Pan.: m. dt. Übs. W. Kühn, 1985.

L: A. N. Sherwin-White, The Letters of P. A Historical and Social Comm., Oxf. 1966; M. Ludolph, Epistolographie u. Selbstdarstellung, 1997; F. Beutel, Vergangenheit als Politik, 2000.

Plinius Secundus, Gaius (d. Ä.), röm. Schriftsteller u. Polyhistor; 23/24 n. Chr. Como – 79 Pompeji. Angehöriger des Ritterstandes; Karriere in Militär u. Verwaltung, Anwaltstätigkeit; P. starb während des Vesuvausbruchs im Jahr 79 bei den Hilfeleistungen, die er als Flottenkommandant ausführte (wie Plinius d. J. in Brief 6,16 berichtet). – Von P.' zahlr. Werken, die Plinius d. J. aufführt (3,5), ist die ›Naturalis historia‹ (Naturkundl. Forschungen; 37 Bücher) erhalten. Das Werk bietet das (aus vielen Quellen gesammelte) Wissen der Zeit zu den versch. Bereichen der Natur: Kosmologie, Geographie, Anthropologie, Zoologie, Botanik (Heilmittel), Bodenschätze. Bes. bekannt sind die ›Kunstbücher‹ (33–36) mit u. a. Geschichte der Bronzeplastik, Marmorskulptur u. Malerei. – Bis in die Neuzeit hinein galt P. als Autorität für Naturkunde; heute ist er e. wichtige Quelle für die Wiss.geschichte.

A: m. franz. Übs. A. Ernout u. a., 20 Bde., Paris 1950ff.; m. engl. Übs. H. Rackham u. a., 10 Bde., Lond. 1962ff.; m. dt. Übs. R. König, G. Winkler, K. Bayer u. a., 37 Bde., 1973ff.

L: R. König, G. Winkler, P. der Ältere. Leben und Werk eines antiken Naturforschers, 1979; J. Pigeaud, hg., Pline l'Ancien, témoin de son temps, Salamanca/Nantes 1987; M. Beagon, Roman Nature, Oxf. 1992; J. Isager, Pliny on Art and Society, Odense 1998; J. F. Healy, Pliny the Elder on Science and Technology, Oxf. 1999.

Plisnier, Charles (eig. C.-Marius-Fernand), belg. Lyriker und Erzähler, 13. 12. 1896 Ghlin-les-Mons – 17. 7. 1952 Brüssel. 1918 Stud. Rechte Brüssel, Advokat. Mitarbeiter linksgerichteter Blätter. Trat 1919 der Kommunist. Partei bei, gründete die Wochen-Zs. ›Le Communisme‹. An kommunist. Kämpfen in Bulgarien, Rumänien, Tschechoslowakei und Dtl. beteiligt. 1927 Enttäuschung durch e. Moskaureise. 1928 als Trotzkist aus der Partei ausgeschlossen. Ab 1937 ausschließl. Schriftsteller, lebte in Saint-Germain-en-Laye. 1937 Mitgl. der Kgl. Belg. Akad. – Begann mit stark gedankl. Gedichten, in denen er sich als Vertreter der durch den 1. Weltkrieg enttäuschten Generation gegen Gesellschaft und herkömml. Werte revoltiert. Entwickelte sich vom Kommunisten zum leidenschaftl. Katholiken. Vf. realist., psychoanalyt., meist sozalkrit. Romane. Wendet sich in den Familienromanen ›Mariages‹, ›Meurtres‹ u. ›Mères‹ gegen Heuchelei, Lauheit und Mittelmäßigkeit des Bürgertums; gibt in ›Mères‹ e. christl. Deutung der Mutterschaft.

W: Voix entendues, G. 1913; L'enfant qui fut déçu, G. 1913; La guerre des hommes, G. 1920; Eve aux sept visages, G. 1921; Élégies sans les anges, G. 1922; Prière aux mains coupées, G. 1931; Fertilité du désert, G. 1933; Déluge, G. 1933; L'enfant aux élégies, G. 1933; Odes pour retrouver les hommes, G. 1934; Périple, G. 1936; Mariages, R. II 1936 (Menschen, d. 1941); Faux passeports, Nn. 1937 (d. 1941); Sel de la terre, G. 1937; Sacre, G. 1938; Meurtres, R. V 1939–41 (d. Die Familie Annequin, 1942, Schlummernde Glut, 1943, Der letzte Tag, 1944); La matriochka, R. 1943; Ave genitrix, G. 1943, 1963; Une voix d'or, R. 1944; Figures détruites, En. 1945; Mères, R. III 1946–49 (d. 1952; u. d. T. Du sollst nicht begehren, 1954); Beauté des laides, R. 1951 (Wider die Seele, d. 1952); Folies douces, Nn. 1952; L'homme et les hommes, Es. 1953; Le roman, Papiers d'un romancier 1954; Brûler vif, G.-Ausw. 1958; Les meilleures pages, Ausw. 1964. – L'œuvre poétique de P., 1980.

L: P. Bay, 1952 (m. Bibl.); R. Bodart, 1954; J. Roussel, 1957; R. Foulon, 1971; M. Wynant, 1978; C. Bertin, 1996; C. Gerniers, 2000.

Plomer, William Charles Franklyn (Ps. William d'Arfey), anglo-südafrikan. Schriftsteller, 10. 12. 1903 Pietersburg/Transvaal – 20. 9. 1973 Hassodes b. Brighton. Schulbesuch in Rugby u. Johannesburg. Farmer u. Kaufmann. Schrieb schon 21jährig s. ersten Roman. Gab gemeinsam mit R. Campbell die satir. Zs. ›Voorslag‹ heraus. 2 Jahre Japanaufenthalt. Lebte anschließend in England. –

Vf. von Romanen, Kurzgeschichten, Erzählungen, Libretti für Opern B. Brittens und Gedichten in knapper, klarer, gepflegter, bilderreicher Sprache. In s. Erzähltechnik von Maupassant beeinflußt. Verhaltene, andeutende iron. Erzählweise von starker Wirkung. Zeichnet Düsternisse des Lebens, Außenseiter der Gesellschaft und entwurzelte Charaktere.

W: Turbott Wolfe, R. 1926 (d. 1976); Notes for Poems, G. 1927; I Speak of Africa, Slg. 1927; The Family Tree, G. 1929; Paper Houses, Kgn. 1929; Sado, R. 1931; The Fivefold Screen, G. 1931; The Case in Altered, R. 1932; The Child of Queen Victoria, Kgn. 1933; Cecil Rhodes, B. 1933; The Invaders, R. 1934; Visiting the Caves, G. 1936; Ali, the Lion, B. 1936; Selected Poems, G. 1940; In a Bombed House, G. 1942; Double Lives, Aut. 1943 (d. 1949); The Dorking Thigh, Sat. 1945; Curious Relations, Kgn. 1945 (d. 1949); Four Countries, Kgn. 1949; Museum Pieces, R. 1952; Gloriana, Libr. 1953; A Shot in the Park, G. 1955 (auch u. d. T. Borderline Ballads, 1955); At Home, Aut. 1958; A Choice of Ballads, G. 1960; Collected Poems, 1960; Conversation with My Younger Self, Aut. 1963; Curlew River, Libr. 1964; Taste and Remember, G. 1966; The Burning Fiery Furnace, Libr. 1966; The Prodigal Son, Libr. 1968; Celebrations, G. 1970; Collected Poems, 1973; The Butterfly and the Grasshopper's Feast, G. 1973 (d. 1974); Electric Delights, Ess. 1978. – Selected Stories, 1984; Selected Poems, 1985.

L: J. R. Doyle, 1969; P. F. Alexander, 1989.

Plotinus, griech. Philosoph (Begründer des ›Neuplatonismus‹), 205 Ägypten (?) – 270 n. Chr. Kampanien. Pl. verschwieg s. Geburtsort (so Porphyrios in s. Plotin-Vita), Stud. Philos. Alexandria (ab 233 bei Ammonios Sakkas, Platoniker); 243 mit Gordian III auf Perserfeldzug; 244 nach Rom, dort Lehrtätigkeit, 268 (Ermordung Galliens) Zerstreuung des Schülerkreises, Pl. zieht sich schwer erkrankt auf Landgut bei Minturnae zurück, wo er stirbt. – Pl. ist neben Platon und Aristoteles der bedeutendste antike Philosoph; mit dem von ihm begründeten ›Neuplatonismus‹ erlebt die antike Philos. e. letztes Mal e. kreativen Neuanfang. S. Werk ist vollständig erhalten und liegt in der Ausgabe s. Schülers Porphyrios vor, der Pl.s Schriften auf 6 Gruppen zu je 9 Abhandlungen (sog. ›Enneaden‹) verteilte. – Pl. verstand s. Philosophieren als e. Interpretation Platons, geht aber weit über diesen hinaus. Zentral für Pl.' Denken ist die Lehre von der Emanation (griech. ›aporrhoia‹) der Ebenen des Intellekts und der Seele aus dem Einen, so daß sich e. hierarch. Ordnung ergibt: über die sinnl. wahrnehmbare Welt hin zur Weltseele, zum Intellekt und zum Einen (sog. ›Hypostasen‹). Philos. bedeutet dementsprechend, zum ›Einen‹ und ›Guten‹ zurückzukehren, da jede Abweichung von diesem u. damit jede Entstehung von Seiendem immer nur unvollkommener u. letztl. ›schuldhaft‹ verstanden wird. Möglich ist e. solche Rückkehr nicht allein durch begriffl. Annäherung, sondern v. a. auch durch Askese und myst. Versenkung. – Pl.' Denken wirkt nicht nur im östl. (u. a. Basileios, Gregor v. Nyssa) und westl. Bereich (Ambrosius, Augustinus) des Christentums, sondern über die Schrift ›Theologie des Aristoteles‹ (großteils Auszüge aus Pl.) bis in die arab. Welt und von dort das ganze MA hindurch. In der frühen Neuzeit erlebt der christl. Platonismus ausgehend von Italien e. neue Blüte in ganz Europa; im 19. Jh. werden Einzelaspekte der plotin. Philos. (›Form‹, ›Schönheit‹) v. a. in der dt. Philos. rezipiert und weitergeführt.

A: É. Bréhier 1924–38; P. Henry, H.-R. Schwyzer 1951–73 (ed. maior); dies. 1964–82 (ed. minor); A. H. Armstrong 1968–88 (mit engl. Übs.); R. Harder 1956–67 (Indices v. G. O'Daly 1971). – *Übs.*: R. Harder 1930–37 (überarb. R. Beutler, W. Theiler 1956–71).

L: D. O'Meara, P. An Introduction, Oxf. 1993 (Einf.); K.-H. Volkmann-Schluck, P. als Interpret, 1944, ³1966; G. Huber, 1955; K. Jaspers, 1957; H. J. Krämer, 1964, ²1967; W. Beierwaltes, 1967, ⁴1995; J. Rist, Cambr. 1967; F.-P. Hager, 1970; H. J. Blumenthal, The Hague 1971; Th. A. Szlezák, 1978; E. Emilsson, Cambr. 1988; G. Sigmann, 1990; W. Beierwaltes, Selbsterkenntnis u. Erfahrung der Einheit, 1991; J. Halfwassen: Der Aufstieg zum Einen, 1992; K. Alt, Weltflucht u. Weltbejahung, 1993; J. Halfwassen, Geist u. Selbstbewußtsein, 1994; L. P. Gerson, Lond. 1994; The Cambridge Companion to P., hg. ders., Cambr. 1996; J. Halfwassen, 1999; J.-M. Narbonne, Paris 2001; G. O'Daly, Aldershot 2001; R. Dufour, P., Leiden u. a. 2002; O. Kuisma, Art or experience, Helsinki 2003. – *Bibl.*: R. Dufour, Leiden 2002.

Plūdons, Vilis, auch: Plūdonis (eig. V. Lejnieks), lett. Dichter, 9. 3. 1874 Bauska jetzt Ceraukste/ Lettl. – 15. 1. 1940 Riga. Sohn e. Hofbesitzers; 1884–90 örtl. Schulen; 1891–95 Lehrerseminar Kuldīga; 1895–1933 Lehrer in u. a. Liezēre, Riga; ab 1905 politisch aktiv; 1917 Bruch mit den Bolschewiken. – Großer Balladendichter neben K. Ābele u. E. Virza, außerdem melodische Naturlyrik; Übs. (Goethe, Schiller, Heine, Rilke, Puškin).

W: Divi pasaules, G. 1899; Atraitnes dēls, Poem 1900; Uz saulaino tāli, Poem 1912; Dzīves simfonijas, Ball. 1913; Via dolorosa, G. 1918; 111 lirisku dziesmu, G. 1918; Tāli taki, tuvi tēli, Ball. 1921; Zeme un zvaigznes, G. 1928; Par tēvzemi un brīvību, Ball. 1935. – Kopoti dailḑarbi (GW), IV 1939; Raksti (W), III 1974–78.

Pluhař, Zdeněk, tschech. Schriftsteller, 16. 5. 1913 Brünn – 18. 6. 1991 Prag. Sohn e. Beamten u. Juristen, stud. nach dem Abitur (1931) an der TH Brünn, dann Bauingenieur, während der NS-Okkupation inhaftiert, nach 1956 Berufsschriftsteller. – S. v. a. auf die Zwischenkriegszeit, den 2. Weltkrieg wie auch die Gegenwart thematisch bezogene Prosa zeichnet sich trotz psychologisierender Versuche durch e. rationalist. Komposition u. schemat. Polarisierung der Werte (oft im Einklang mit führenden kultur-polit. Trends s. Zeit) aus.

W: Touha, chléb můj, R. 1947; Kříže rostou k Pacifiku, R. 1947; Mraky táhnou Savojskem, R, 1949; Modré údolí, R. 1954; Opustíš-li mne, 1957; Ať hodí kamenem, R. 1962; Minutu ticha za mé lásky, R. 1969; Konečná stanice, R. 1971; Devátá smrt, R. 1977; Bar U ztracené kotvy, N. 1979; V šest večer v Astorii, R. 1982; Opona bez potlesku, R. 1985; Měšťanský dům, R. 1989. – Vybrané spisy (AW), IV 1982–88.

L: Z. Černá hg. 1973 (m. Bibl.); J. Adam, 1978; J. Němec, Příspěvky k poetice románů Z. P., 1989.

Plunkett, James (eig. James Plunkett Kelly), ir. Erzähler, * 21. 5. 1920 Dublin. Musikal. Ausbildung, Gewerkschafter, Programmdirektor des ir. Fernsehens 1960–71. – Vf. von Romanen, Kurzgeschichten, Hörspielen und Drehbüchern. Beschreibt mit Einfühlungsvermögen und getragen von einer humanist. Grundeinstellung das Dubliner Arbeitermilieu im Lauf des 20. Jh. Welterfolg mit s. ersten Roman ›Strumpet City‹, in dem die Geschichten von Figuren unterschiedl. soz. Herkunft zum Porträt einer Stadt und der Epoche der Arbeiterunruhen vor dem 1. Weltkrieg verwoben werden.

W: The Trusting and the Maimed, Kgn. 1955; Strumpet City, R. 1969 (Manche, sagt man, sind verdammt, d. 1972); Farewell Companions, R. 1977; Collected Short Stories, Kgn. 1977; The Risen People, Dr. 1978; The Circus Animals, R. 1990.

Plutarchos, altgriech. biograph. u. philos. Schriftsteller, um 45 – vor 125 n. Chr. Chaironeia. Aus begüterter Familie, studierte v. a. bei Ammonios (Platonismus); polit. Tätigkeit u. a. als Gesandter (Italien, Rom) und in städt. Ämtern; Apollonpriester in Delphi. In späteren Jahren in Chaironeia fester Schülerkreis (Philos.unterricht), Bekanntschaft mit polit. einflußreichen Römern (erhält röm. Bürgerrecht), evtl. kaiserl. Ehrungen. – Das Werk (Antike zählt über 260 Titel) läßt sich in 2 Gruppen einteilen: 1) sog. ›Moralia‹, e. Sammlung von heute 78 Schriften (auch unechte) unterschiedl. Genres (Pamphlet, Abhandlung, epideikt. Rede, Apophthegmensammlung, Dialog etc.) und Themen; P. stellt u. a. eine der Hauptquellen für die griech. Religionsgeschichte der hellenist.-röm. Zeit dar. In den philos. Schriften stark eth. Schwerpunkt, grundsätzl. ist P. (Mittel-)Platoniker (mit stoischen Elementen). Der eth. Impetus durchzieht auch: 2) Biographien: a) ›Caesarenviten‹ (veröffentlicht 96–98?, sicher vor Sueton): Leben der röm. Kaiser von Augustus bis Vitellius, erhalten nur ›Galba‹ und ›Vitellius‹; b) ›Parallelbiographien‹ (nach 96 begonnen): Vitenpaare, in denen jeweils e. herausragender Grieche und Römer einander gegenübergestellt werden, 23 Paare erhalten, u. a. ›Demosthenes und Cicero‹, ›Alexander und Caesar‹, ›Dion und Brutus‹. Nicht von P. stammen der ›Viten der 10 Redner‹. – P. war bereits im 4. Jh. e. ›Klassiker‹, noch Byzanz schätzte ihn als Schulautor; in der Neuzeit wirkte er v. a. in der franz. Übs. von Amyot (›Vitae‹ 1559, ›Mor.‹ 1572) u. der engl. Übs. von Ph. Holland (›Mor.‹ 1603) auf Montaigne, Shakespeare, Rousseau, Emerson u. a.

A: Moralia: W. R. Paton, I. Wegehaupt, M. Pohlenz u. a. 1925ff., F. C. Babbitt, W. C. Helmbold u. a. 1927ff. (m. engl. Übs.), J. Sirinelli, A. Philippon u. a. 1972ff. (m. franz. Übs.), Corpus Plutarchi Moralium, hg. I. Gallo, R. Laurenti 1988ff.; *Viten:* C. Lindskog, K. Ziegler 1914–39; K. Ziegler 1957–71, Gesamt-Komm. von Rizzoli und der Fondazione L. Valla (L. Piccirelli, M. Manfredini u. a.) ist in Arbeit. – *Einzelausg. bzw. -komm.: Ages.:* D. R. Shipley 1997; *Alex.:* J. R. Hamilton 1969; *Ant.:* C. B. R. Pelling 1988; *Arist. & Cato maior:* D. Sansone 1989; *Caesar, Cicero, Pomp.:* M. J. Edwards 1991; *Cicero:* J. L. Moles 1988; *Galba & Otho:* D. Little 1994; *Kimon:* A. Blamire 1989; *Pelop.:* A. Georgiadou 1997; *Peric.:* P.A. Stadter 1989; *Pomp.:* H. Heftner 1995; *Sert.:* C. F. Konrad 1994; *Themist.:* F. Frost 1980, J. L. Marr 1998. – *Übs.:* K. Ziegler, W. Wuhrmann 1954–65 (dt.); B. Perrin 1914–26 (engl.); R. Flacelière u. a. 1957–83 (franz.).

L: K. Ziegler, 1949, ²1964; Ch. Teander, 1951; Chr. P. Jones, Oxf. 1971; D. A. Russell, Lond. 1973 (n. 2001); F. E. Brenck, Lugduni Batav. 1977; B. Scardigli, 1979; S. Swain, Diss. 1987; W. Bernard, Spätantike Dichtungstheorien, 1990; ANRW II 33.6, 1991; P. A. Stadter, Lond. u. a. 1992; K. Alt, Weltflucht u. Weltbejahung, 1993; B. Scardigli, hg. Oxf. 1995; J. M. Mossman, P. and his Intellectual World, 1997; A. Strobach, P. und die Sprachen, 1997; T. Duff, Oxf. 1999; L. van der Stockt, hg. Louvain 2000; R. Lamberton, New Haven u. a. 2001; Ch. B. Pelling, P. and history, Lond. 2002; D. Wördemann, 2002. – ›Ploutarchos‹, seit 1985 Zs. ›International Plutarch Society‹.

Plužnyk, Jevhen, ukrain. Dichter, 26. 12. 1898 Kantemyrivka (im Bereich Voronež) – 2. 2. 1936 Solovki. Ende 1934 verbannt, nach 1956 rehabilitiert. – S. nicht umfangreiches, letztlich von Reflexion geprägtes Werk ist von Skepsis, Motiven der Enttäuschung u. zugleich vom Ausdruck optimist. Erwartung gekennzeichnet, stellt den humanitären Auftrag des Menschen dessen wirkl. Erscheinungsbild gegenüber; geht vom Impressionismus aus, von dem er sich aber in mancher Hinsicht entfernt.

W: Dni, G. 1926; Rannja osin', G. 1927; Rivnovaha, G. Augsburg 1948; Neduha, R. 1928; Poeziji (Ausw.), 1966; Poeziji, 1988.

L: L. Čerevatenko, 1988; L. Skyrda, 1989; Povernuti imena, 1993; H. Tokman', 1999; Bio-bibl. Skizze, 2000.

Po Chü-i → Bo Juyi

Podivínská, Jarmila → Glazarová, Jarmila, eig. Podivínská

Podjavorinská, L'udmila (eig. Riznerová), slovak. Schriftstellerin, 26. 4. 1872 Horné Bzince – 2. 3. 1951 Nové Mesto. – Außer zarter intimer, patriot. u. reflexiver Lyrik u. meisterhaften Balladen, die den Einfluß des Volksliedes u. Hviezdoslavs verraten, schrieb P. romant.-realist. Dorfgeschichten, deren Hauptthema dramat. Frauenschicksale bilden. Vf. von Jugendlit.

W: Z vesny života, G. 1895; V otroctve, N. 1905; Blud, N. 1906; Žena, N. 1910; Balady, G. 1930; Piesne samoty, G. 1942; Balady a povesti, Ball. 1946. – Zobrané spisy (GW), III 1925–29; Pret'atý život cez poly, Ausw. 1970.

L: L. Klátik, 1972, 1978.

Poe, Edgar Allan, amerik. Dichter, 19. 1. 1809 Boston – 7. 10. 1849 Baltimore. Sohn der Schauspieler David P. u. Elizabeth Arnold, 1811 Waise, im Haus des Kaufmanns John Allan als Gentleman erzogen, aber nicht adoptiert; 1815–20 Schule London, 1820–25 Richmond/VA, 1826 Univ. of Virginia, Charlottesville; Spielschulden u. Zerwürfnis mit Allan; 1827 bei der Armee, 1830 Kadett in West Point, 1831 entlassen. Zog zu s. Tante Clemm in Baltimore; schrieb 1833 Preiserzählung ›MS Found in a Bottle‹. 1835–37 Mithrsg. des ›Southern Literary Messenger‹ in Richmond; 1836 ∞ s. 13jährige Kusine Virginia Clemm († 1847). 1837 in New York, 1838–43 in Philadelphia, 1844–49 in Fordham b. New York als Journalist u. Hrsg. versch. Zsn.; der Plan e. eigenen krit. Journals war nicht zu verwirklichen. Durch Trunksucht gelegentl. in berufl. Schwierigkeiten, meist in bitterster Armut, in zahlr. Polemiken verwickelt; nach dem Tod s. Frau Anlehnung bei mehreren Freundinnen suchend; starb unter mangelhaft aufgeklärten Umständen während e. Periode der Ausschweifungen. Trotz früher Proteste s. Freunde blieb das vom Nachlaßverwalter R. W. Griswold gezeichnete, düstere Charakterbild lange vorherrschend, bis A. H. Quinn 1941 sogar Brieffälschungen G.s nachwies. In Amerika im 19. Jh. verurteilt, in Europa (Baudelaire) ebendeshalb heroisiert, war P.s Leben tatsächl. prosaischer: das e. hart arbeitenden Journalisten u. gewissenhaften Künstlers, dessen psych. Antriebe u. evtl. Schäden trotz vieler Theorien dunkel geblieben sind. – Frühreifer Dichter in Nachfolge der Romantik, theoret. Coleridge u. A. W. Schlegel verpflichtet, wandte sich P. aus wirtschaftl. Gründen der Prosa zu, die von ihm selbst parodierte Schreckensgeschichte perfektionierend (›The Fall of the House of Usher‹). Als Kritiker u. Magazinist durch scharfen, analyt. Verstand berühmt, begründete P. die Detektiverzählung (›The Murders in the Rue Morgue‹, ›The Purloined Letter‹), in Verbindung mit dem Motiv der Schatzsuche (›The Gold Bug‹) bes. populär. In e. Kritik der Erzählungen Hawthornes (1842) entwickelte P. die später folgenreiche Theorie der Kurzgeschichte, nach der diese vom ersten Wort an auf e. vorbedachten Endeffekt zusteuern muß, e. dem Roman verschlossene Einheit der Stimmung beim Leser ermöglichend. Die Analyse der Entstehung s. berühmtesten Gedichts, ›The Raven‹, in ›The Philosophy of Composition‹ (1846) stellt gleiche Prinzipien für lyr. Gedichte auf (vorgeplanter Effekt, analyt. Wahl der Mittel, hier bes. Refrain, optimale Länge). Demgegenüber stehen Gedichte wie das dunkel-melodiöse, rational schwer aufklärbare ›Ulalume‹ (1847). Mit s. Dichtung u. Theorie wirkte P. auf die franz. Symbolisten u. fand in Baudelaire u. Mallarmé kongeniale Übs. In e. kosmolog. Prosagedicht ›Eureka‹ verbinden sich Motive s. Dichtung mit Atomtheorien. P.s stilist. u. themat. Vielfalt (früher Tod der Geliebten, Verfall, Reue, Wahnsinn, Schiffbruch, Beklemmung usw.), Wortkunst, artist. Gewissen (ständige Revisionen) u. heller krit. Verstand machen ihn zu e. singulären Erscheinung zwischen Romantik und Moderne.

W: Tamerlane, G. 1827 (n. T. O. Mabbott 1941); Al Aaraaf, Tamerlane, and Minor Poems, 1829 (n. T. O. Mabbott 1933); Poems, 1831 (n. K. Campbell 1936); The Narrative of Arthur Gordon Pym, E. 1838 (d. 1908); Tales of the Grotesque and Arabesque, Kgn. 1840; Prose Romances, Kgn. 1843; The Raven and Other Poems, 1845 (n. T. O. Mabbott 1942; J. B. Hubbell 1969); Tales, 1845 (n. J. B. Hubbell 1969); Eureka: A Prose Poem, 1848; Politian: An Unfinished Tragedy, hg. T. O. Mabbott 1923. – Works, hg. R. W. Griswold IV 1850–56, hg. E. C. Stedman, G. E. Woodberry X 1894f., hg. J. A. Harrison XVII 1902; The Poems, hg. K. Campbell 1917, hg. F. Stovall 1965; The Complete Tales and Poems, hg. T. O. Mabbott III 1969–78; Collected Works, Poems, 1969; Tales and Sketches, hg. T. O. Mabbott II 1978; Collected Writings, Imaginary Voyages, 1981; Essays and Reviews, hg. G. R. Thompson 1984; Brevities, hg. B. R. Pollin 1985; Broadway Journal Prose, hg. ders. II 1986; The Letters, hg. J. W. Ostrom II 1948, ²1966. – *Übs.:* AW, W. E. Drugulin III 1853; GW, H. u. A. Moeller-Bruck X 1901–04; F. Blei VI 1922; K. Schuhmann, H. D. Müller IV 1966–73; B. C. Nauhaus III 1990; Bilder aus der Welt des E. A. P., Ausw. hg. S. Marsden 1993.

L: Ch. Baudelaire, 1852–57 (n. Hyslop 1952); J. H. Ingram, II 1880; G. E. Woodberry, 1885, II 1909; H. Allen, 1926, ²1934; M. Bonaparte, II 1933; A. H. Quinn, 1941; P. F. Quinn, The French Face of E. P., 1957; K. Schuhmann, 1959; E. Wagenknecht, 1963; S. P. Moss, P.'s Literary Battles, 1963 u. 1970; The Recognition of E. A. P., hg. E. W. Carlson 1966; A. Staats, 1967; F. H. Link, 1968; J. Walsh, 1968; Zs. Poe Studies, 1968ff.; M. Allen, 1969; R. D. Jacobs, 1969; B. R. Pollin, 1970 u. 1974; G. R. Thompson, 1973; U. Horstmann, 1975; J.

C. Miller, 1977; J. Symonds, 1978; C. Richard, 1978; D. Ketterer, 1979; C. Gregorzewski, 1982; D. Eddings, hg. 1983; H. Bloom, hg. 1985; F. T. Zumbach, 1986; I. M. Walker, 1986; E. Carlson, hg. 1987; J. Dayan, 1987; D. K. Jackson, T. Dwight, 1987; G. J. Kennedy, 1987; M. J. S. Williams, 1988; C. E. May, 1991; L. Weissberg, 1991; J. Meyers, 1992; E. Brahms, 1993; T. S. Hansen, 1995; S. J. Rosenheim, hg. 1995; J. Ernst, 1996; J. R. Hammond, 1998; S. Peeples, 1998; D. Kerlen, 1999; D. G. Smith, 1999; T. Whalen, 1999; J. G. Kennedy, hg. 2001; K. J. Hayes, hg. 2002. – *Bibl.:* J. W. Robertson II 1934; C. F. Heartman, J. R. Canny, ²1943; J. L. Dameron, I. B. Canthen Jr. 1974; E. K. Hyneman, 1974; L. R. Philips, 1978.

Poggio Bracciolini, Gian Francesco, ital. Humanist, 11. 2. 1380 Terranuova b. Arezzo – 30. 10. 1459 Florenz. Sekretär mehrerer Päpste, begleitete 1414 den Gegenpapst Johannes XXIII. zum Konstanzer Konzil. Nahm die niederen Weihen u. kehrte 1423 nach Italien zurück. Ab 1443 in Rom; 1453 Kanzler von Florenz. Auf s. Reisen entdeckte er zahlr. Manuskripte bisher unbekannter Texte, u. a. im Kloster St. Gallen 12 Komödien von Plautus u. die ›Institutio oratoria‹ von Quintilian (1416), ferner Lucrez, Statius u. z. T. Valerius Flaccus. – In e. Abhandlung ›Modus epistolandi …‹ behandelt er die Technik des Briefschreibens, die er selbst glänzend beherrschte. S. sehr erfolgr. satir. ›Liber facetiarum‹ ist e. Sammlung von z. T. recht gewagten Anekdoten u. Späßen. P. verfaßte außerdem e. Geschichte der Stadt Florenz u. e. Reihe von Dialogen, in denen er die vom Humanismus bevorzugten moral-philos. Themen behandelt. Im Dialog ›De avaritia‹ sucht er das menschl. Gewinnstreben zu rechtfertigen. Zahlr. Übsn. aus dem Griech.

W: De avaritia, Schr. 1428; De nobilitate, Schr. 1440; Historia florentina, Schr. 1453ff. (n. L. M. Muratori, Rerum Italicarum Scriptores 20, 1715); De miseria humanae conditionis, Dial. 1455; Liber facetiarum, 1470 (Die Schwänke und Schnurren, d. A. Semerau 1905; Die Facezien, d. H. Floerke, A. Wesselski 1906 u. 1920, n. 1967); Historiae convivales disceptativae, orationes, invectivae etc., 1510; De varietate fortunae, hg. D. Giorgi 1723; Contra hypocritas, hg. G. Vallese 1946; Oratio in laudem legum, hg. E. Garin in: La disputa delle arti nel Quattrocento, 1948. – Opera omnia, Straßb. 1513, n. 1964; Facezie, hg. M. Ciccuto 1983; Lettere, hg. H. Harth II 1984.

L: E. Walser, 1914, n. 1974; R. Fubini, S. Caroti, P. B. nel VI centenario della nascita, hg. 1980/81; dies., P. B. 1380–1980, hg. 1982.

Pogodin, Michail Petrovič, russ. Historiker und Schriftsteller, 23. 11. 1800 Moskau – 20. 12. 1875 ebda. Vater leibeigener Verwalter beim Grafen Saltykov; Prof. für russ. Geschichte 1835–44 Univ. Moskau, daneben anfangs auch lit. tätig als realist. Erzähler; seit 1841 Mitgl. der Akademie; gab Moskauer Zss. heraus, so 1841–56 den ›Moskvitjanin‹; trat für die russ. Autokratie und die ›Theorie der offiziellen Volkstümlichkeit (narodnost')‹ ein, beeinflußte die Entwicklung der slavophilen Anschauungen, Freund N. Gogol's.

W: Povesti, En. III 1832; Issledovanija, zamečanija i lekcii o russkoj istorii, Abh. VII 1846–57; Istoriko-političeskie pis'ma i zapiski, Abh. 1874.

L: N. P. Barsukov, XXII 1888–1910 (n. 1971); U. Picht, 1969.

Pogodin, Nikolaj Fëdorovič (eig. N. F. Stukalov), russ. Dramatiker, 16. 11. 1900 Gundorovskaja/Don – 19. 9. 1962 Moskau. Vater Bauer; 1921–29 Sonderberichterstatter der ›Pravda‹. 1929 1. Bühnenstück ›Temp‹; e. der bekanntesten sowjet. Dramatiker. – Vf. von über 40 Bühnenstücken, vieler Aufsätze u. mehrerer Drehbücher. Die ersten Stücke, wie ›Temp‹, ›Poèma o topore‹, zeigen industriellen Aufbau in der SU; tendiert zu parteigemäßer Aktualität und publizist. Diktion; in krassem Widerspruch zur Gulag-Realität steht ›Aristokraty‹ mit dem zentralen Motiv der durch Zwangsarbeit vollzogenen Umwandlung krimineller Elemente und polit. Gegner in willige Glieder des Systems; bringt in ›Čelovek s ruž'ëm‹, das im Oktober 1917 spielt, Lenin auf die Bühne, ergänzt das Stück mit dem Stalinkult-Drama ›Kremlëvskie kuranty‹ 1941 u. erweitert 1958 nach Eliminierung Stalins mit ›Tret'ja, patetičeskaja‹ zur Lenintril..

W: P'esy, Drr. 1952. – Sobranie sočinenij (GW), IV 1972/73.

Pohl, Frederick, amerik. Schriftsteller, * 26. 11. 1919 New York. Agent, zählt zu den ›Futurians‹, Hrsg. von ›Galaxy Science Fiction‹ und ›If‹. – Zahlr. Science-fiction-Erzählungen und -Romane, viele gemeinsam mit Cyril M. Kornbluth wie ›The Space Merchants‹, e. dystop. Satire über die Welt regierende Werbeagenturen.

W: The Space Merchants, R. 1953 (m. C. M. Kornbluth); Search the Sky, R. 1954; Gladiator at Law, R. 1955; Wolfbane, R. 1957; The Age of the Pussyfoot, R. 1965; The F. P. Omnibus, Kgn. 1966; Day Million, Kgn. 1971; The Wonder Effect, Kgn. 1974; Best of F. P., 1975; Heechee-Serie: Gateway, 1976, Beyond the Blue Event Horizon, 1980, Heechee Rendezvous, 1985, Annals of the Heechee, 1987; The Way the Future Was, Aut. 1978; Survival Kit, Kgn. 1979; The Man Who Ate the World, Kgn. 1979; Jem, R. 1980; The Cool War, R. 1981; Starburst, R. 1982; Man Plus, R. 1982; The Merchants War, R. 1985; Narabedla Inc., R. 1988; Mars Plus, R. 1994 (m. T. T. Thomas); Eschaton-Serie: The Other End of Time, 1996, The Siege of Eternity, 1997; O Pioneer!, R. 1998.

L: T. D. Clareson, 1987.

Poirier, Louis → Gracq, Julien

Poirot-Delpech, Bertrand, franz. Schriftsteller, * 10. 2. 1929 Paris. Arztsohn; Besuch des Lycée Louis-le-Grand u. Stud. Philos. ebda.; Lehrer; seit 1959 Theater-, 1972 Lit.kritiker der Zt. ›Le Monde‹, 1985 Mitglied der Académie Française. – Vom Existentialismus beeinflußt, schildert P.-D. in s. Romanen bevorzugt Personen, die, vom Verlust ihrer Identität bedroht, durch permanente Selbstanalyse ihren Standort zu fixieren trachten; bei generell traditionalist. Technik Bemühen um Integration neuerer Erzählformen. In Essays ätzende Kritik an der franz. Intelligenz, angeregt bes. durch die Ereignisse von 1968.

W: Le grand dadais, R. 1959 (Die Zeit der Kirschen ist vorbei, d. 1967); La grasse matinée, R. 1960; L'envers de l'eau, R. 1963; Finie la comédie, Ess. 1969; La folle de Lithuanie, R. 1970; Au soir le soir, Ess. 1971; Les grands de ce monde, R. 1976; La légende du siècle, R. 1981; Le couloir du dancing, R. 1982; Feuilletons 1972–82, 1982; Bonjour Sagan, 1985; L'amour de l'humanité, 1994; Théâtre d'ombres, 1998; Monsieur le Prince, 1999; Dictionnaire de la littérature française, du XXe siècle, 2000; J'ai pas pleuré, Ess. 2002; Truands et poètes, R. 2003.

L: L. Monier, 1975.

Poirters, Adriaen (Adrianus), fläm. Schriftsteller, 2. 11. 1605 Oisterwijk – 4. 7. 1674 Mechelen. Jesuit, Volksprediger. – In s. didakt. Dichtung verbindet er streitbaren Katholizismus mit Lebensnähe.

W: Het masker van de wereldt afgetrocken, Prosa u. G. 1644; Den spieghel van philagie, Prosa u. G. 1673.

L: E. Rombauts, 1930 u. 1937.

Poitiers, Wilhelm IX. Graf von → Guilhem IX., Herzog von Aquitanien, Graf von Poitou

Pol, Wincenty, poln. Dichter, 20. 4. 1807 Lublin – 2. 12. 1872 Krakau. Aus urspr. engl. Familie; Vater österr. Beamter. Schule in Lemberg, Jesuitenkonvikt Tarnopol, Univ. Lemberg. Begegnung mit der Lehre Schellings u. F. Schlegels. 1828 nach Wilna. Durchwanderte Wolhynien, Podolien, Ukraine; Lektor für dt. Sprache u. Lit. Univ. Wilna. 1831 als Offizier Teilnehmer am Novemberaufstand. Aufenthalt im Elsaß; durch Béranger angeregt. 1832 in Dresden, Begegnung mit Mickiewicz. Seit 1832 in Galizien ansässig. 1849–52 Prof. für Geographie Univ. Krakau, dann freier Schriftsteller. Im Alter erblindet. – Pflegte die Gawęda, e. volkstüml. Verserzählung nach Vorbild Mickiewicz' u. Rzewuskis mit Stoffen aus poln. Vergangenheit u. dem Leben des poln. Kleinadels. Große Publikumserfolge; heute rhetor. wirkend. Auch lyr. Naturbeschreibungen.

W: Pieśni Janusza, G. 1833 (n. J. Kallenbach 1921; Volkslieder der Polen, d. 1833); Pieśń o ziemi naszej, Ep. 1843 (n. R. Zawiliński 1922; Das Lied von unserem Lande, d. 1869); Obrazy z życia i podróży, G. u. En. 1846; Rzut oka na północne stoki Karpat, Schr. 1851; Północny wschód Europy pod względem natury, Schr. 1851; Mohort, Ep. 1854 (n. A. Łucki 1925); Wypadki J. P. Benedykta Winnickiego, Ep. 1840; Wit Stwosz, Ep. 1857; Pieśń o domu naszym, G. 1866. – Dzieła wierszem i prozą, X 1875–78; Pamiętniki, Mem. 1960; Wybór poezji, 1963.

L: L. Siemieński, 1873; St. Buszczyński, 1873; M. Mann, II 1904 f., H. Barycz, 1949; J. Rosnowska, Dzieje poety, 1973; St. Majchrowski, 1982.

Poláček, Karel, tschech. Schriftsteller u. Journalist, 22. 3. 1892 Rychnov nad Kněžnou – Jan./Feb. 1945 Dova (bei Buchenwald). Gerichtsberichterstatter der Zt. ›Lidové noviny‹. – In humorist., oft ans Groteske grenzenden Romanen, Erzählungen u. Feuilletons schildert P. das Leben des tschech. Spießers, s. Verlogenheit, falsche Moral u. s. Streben nach Anerkennung.

W: Povídky pana Kočkodana, En. 1922; Povídky izraelského vyznání, En. 1926; Dům na předměstí, R. 1928 (Das Haus in der Vorstadt, d. 1958); Hráči, R. 1931; Muži v ofsajdu, R. 1931 (Abseits, d. 1971); Hlavní přelíčení, R. 1932; Edudant a Francimor, Jgb. 1933; Židovské anekdoty, 1933; Pan Selichar se osvobodíl, E. 1933; Michelup a motocykl, R. 1935; Okresní město, R. 1936 (Die Bezirksstadt, d. 1956); Hrdinové táhnou do boje, R. 1936; Podzemní město, R. 1937; Vyprodáno, R. 1939; Hostinec U kamenného stolu, R. 1941; Bylo nás pět, R. 1946; Otec svého syna, Dr. 1946. – Dílo (W), XI 1954–61; Spisy (W), XV 1994ff.

L: K. P., 1967; P. Taussig, Filmový mích K. P., 1984; 100 let K. P., hg. J. Tydlitát 1992; Ptáci vítají jitro zpěvem, poddůstojníci řvaním, hg. J. Lopatka 1992; O K. P. a o jiných, hg. J. Kolár 1995; Pátečníci a K. P., hg. J. Tydlitát 2001. – *Bibl.:* B. Mědílek, 1997.

Polet, Sybren (eig. Sijbe Minnema), niederländ. Schriftsteller, * 19. 6. 1924 Kampen. Viele Reisen u. Auslandsaufenthalte. Zeitschriften-, Zeitungs- u. Rundfunk-Mitarbeit. – In den 50er Jahren intellektuell-experimentelle Lyrik voll anonymer Großstadtfiguren; Themen u. Sprache sind eher ›unpoetisch‹, z.B. aus der modernen Maschinenwelt. Die experimentellen Romane der 60er u. 70er Jahre haben eine Art zyklischen Zusammenhang durch eine gemeinsame Figur (Lokien), die sich allerdings immer wieder verändert; Tendenz zur Entpsychologisierung; als Bild für e. unpersönl. moderne Gesellschaft; z.T. mit Montagestruktur, z.B. eingebaute Zeitungs- u. Werbetexte. Auch Dramen u. Lit.kritik.

W: Demiurgasmen, G. 1953; Organon, G. 1958 (d. 1980); Geboorte-stad, G. 1958; Breekwater, R. 1961; Konkrete poëzie, G. 1962; Verboden tijd, R. 1964; Mannekino, R. 1968 (d. 1994); De sirkelbewoners, R. 1970; Illusie & illuminatie, G. 1975; De andere stad, R. 1994; Stadgasten: anamorfosen, R. 1997; De hoge hoed der historie: een geschiedsboek, R. in 13 En., 1999; Gedichten 1948–1998, G. 2001.

L: De literatuur van S. P., hg. H. R. Heite u.a. 1980.

Polevoj, Boris Nikolaevič (eig. B. N. Kampov), russ. Schriftsteller, 17. 3. 1908 Moskau – 12. 7. 1981 ebda. Veröffentlichte s. erstes Buch Skizzen 1927; 1941–45 Frontberichterstatter der ›Pravda‹. – Die sowjet. Kritik rühmt s. ›Povest' o nastojaščem čeloveke‹, e. publizist. im Sinne des sozialist. Realismus idealisierende Kriegsgeschichte. Auch spätere Prosa ist zwar journalist. wirksam, aber künstler. schwach.

W: Gorjačij cech, N. 1940 (Der Querkopf, d. 1956); Povest' o nastojaščem čeloveke, R. 1947 (Der wahre Mensch, d. 1950); My, sovetskie ljudi, Sk. 1948 (Frontlinie Eisenstraße, d. 1954); Sovremenniki, En. 1952 (Zeitgenossen, d. 1955); Amerikanskie dnevniki, Tg. 1956; Po belu svetu, Reisetg. 1958; Glubokij tyl, R. 1959 (Tiefes Hinterland, d. 1961); Na dikom brege, R. 1962 (Am wilden Ufer, d. 1964); Do Berlina – 896 kilometrov, Tg. 1973 (Berlin 896 km, d. 1975); Ėti četyre goda, Ber. II 1974; Samye pamjatnye, 1980. – Sobranie sočinenij (GW), IX 1981–86.

Polevoj, Nikolaj Alekseevič, russ. Journalist und Historiker, 3. 7. 1796 Irkutsk – 6. 3. 1846 Petersburg. Vater Kaufmann; keine systemat. Ausbildung; 1822 nach Moskau übergesiedelt, widmete er sich ganz der schriftsteller. Tätigkeit; gab 1825–34 die lit. Zs. ›Moskovskij telegraf‹ heraus. – Gründete s. Auffassungen über Lit.kritik großenteils auf e. vereinfachte Form der Philos. Schellings, trat für die Romantik ein, die ihm vor allem als Manifestation nationaler Eigenständigkeit galt; gab der russ. Journalistik neue Impulse, u.a. mit Popularisierung zeitgenöss. europ. Wissens. Stellte dem Geschichtswerk Karamzins e. 6bänd. ›Istorija russkogo naroda‹ entgegen. S. lit. Werke, romant. Dramen u. Romane, sind unbedeutend.

W: Istorija russkogo naroda, Abh. III 1829–33 (n. 1997). – Sobranie sočinenij (W), III 1948.

L: V. E. Evgen'ev-Maksimov, V. G. Berezina, 1947; V. Orlov, ²1971; Z. Dziechciaruk, 1975.

Poležaev, Aleksandr Ivanovič, russ. Dichter, 11. 9. 1804 Ružaevka/Gouv. Penza – 28. 1. 1838 Moskau. Unehel. Sohn e. Gutsbesitzers; 1820–26 Stud. Moskau, 1826 wegen s. satir.-humorist., in religiösen und polit. Dingen sehr freien Poems ›Saška‹ (1825) zum Militärdienst verurteilt; 1828–33 an Feldzügen im Kaukasus beteiligt. – Schrieb in diesen Jahren u. a. Kriegslieder in der Art der volkstüml. Soldatenlieds. In s. Gedichten des letzten Jahrfünfts überwiegen Motive der Trauer, Hoffnungslosigkeit, Verzweiflung. Brachte mit manchen s. Gedichte die kurze, von gespannter Energie erfüllte Verszeile (z.B. von 2 Jamben) in die russ. Dichtung.

A: Polnoe sobranie stichotvorenij, ges. G. 1939; Stichotvorenija i poėmy, 1984.

L: I. D. Voronin, ²1979; N. Vasil'ev, 1992.

Poliakoff, Stephen, engl. Dramatiker, * 1. 12. 1952 London. Stud. Cambridge. – Verf. polit.-sozialkrit. Stücke in der Tradition H. Pinters, die sich gesellschaftl. Problemen widmen und Tabuthemen, z.B. Inzest zwischen Geschwistern, aufgreifen. Seit ca. 1980 auch Drehbuchautor u. Filmregisseur.

W: City Sugar, 1977 (d. 1990); Strawberry Fields, 1977; Shout across the River, 1979; American Days, 1980; Runners, Drb. 1984; Coming in to Land, 1987 (d. 1988); Close My Eyes, Drb. 1991; Food of Love, 1997; Remember This, 2000 (d. 2001); Perfect Strangers, Drb. 2001.

Polidori, John (William), engl. Arzt, 7. 9. 1795 London – 24. 8. 1821 ebda. Arzt toskanischer Herkunft, der Byron 1816 auf s. Reisen in Italien begleitete. – Verfaßte die Horrorgeschichte ›The Vampyr‹ nach e. Idee Byrons u. durch Mary Shelleys ›Frankenstein‹ beeinflußt; das ›New Monthly Magazine‹ schrieb die Erzählung zunächst Byron zu u. publizierte sie 1819. Aufgrund der vermeintl. Autorschaft Byrons v. a. auf dem Kontinent sehr erfolgreich; Basis für ein Theaterstück u. die romant. Oper von Heinrich Marschner, 1828.

W: The Vampyr, 1819 (hg. K. Scherf 1994); Diary, hg. W. M. Rossetti, 1911.

Politis, Kosmas (eig. Paris Taveludis), griech. Erzähler, 1888 Athen – 23. 2. 1974 ebda. Jugend in Smyrna. 1922–24 in Paris u. London, ab 1924 Bankbeamter in Athen, 1942 als Direktor pensioniert. Ab 1928 schriftsteller. tätig. – Neoromant. Impressionist, Darsteller feinster seel. Vorgänge u. psycholog. Konflikte der Jugend. Einfluß der neuen engl. Lit. u. Gides.

W: Lemonodasos, R. 1930; Hekatē, R. 1933; Eroica, R. 1938; Treis gynaikes, En. 1943; To gyri, E. 1945; Konstantinos ho megas, Dr. 1957; Hē koromēlia, E. 1959; Stu Chatzēphrangu, R. 1963; Terma, R. 1975.

L: J. Marmarinu, 1988.

Poliziano, Angelo (eig. Angiolo Ambrogini), ital. Humanist und Dichter, 14. 7. 1454 Montepulciano b. Siena (daher ›Poliziano‹) – 29. 9. 1494 Florenz. Zog nach dem Tod des Vaters zu e. Verwandten nach Florenz, 1469/70 Stud. am dortigen ›Studio‹ bei Ficino u. Argiropulo, kam dann an den Hof Lorenzo de' Medicis, gewann dessen Freundschaft u. wurde von ihm zum Kanzler ernannt sowie 1475 mit der Erziehung s. Sohnes Piero betraut. 1480 trat er in die Dienste des Kardinals Gonzago von Mantua, kehrte jedoch noch im gleichen Jahr nach Florenz zurück, wo er Prof. für griech. u. lat. Lit. an der Univ. wurde. Daneben lehrte er auch Philos., war Prior u. unternahm zahlr. Reisen als Gesandter. 1492 ernannte Alexander VI. ihn zum apostol. Bibliothekar. – P. ist sowohl als humanist. Philologe wie als lat. u. volkssprachl. Dichter bedeutend. S. Hauptverdienst auf philolog. Gebiet besteht in der Einführung der textkrit. Methode, bes. in den ›Miscellanea‹, die sich wie alle s. lat. Werke (er übersetzte auch 4 Bücher der ›Ilias‹ ins Lat.) durch große Formbeherrschung u. eleganten Stil auszeichnen. Von s. in ital. Sprache verfaßten Dichtungen sind bes. das Drama ›La Favola d'Orfeo‹ u. das unvollendete Gedicht ›Stanze per la giostra‹ bekannt geworden. Mit dem ›Orfeo‹ vollzieht sich in der ital. Lit. der Übergang vom ma. Mysterienspiel zum weltl. Schauspiel. In den ›Stanze‹ besingt P. in mytholog. Rahmen die Liebe Giuliano de' Medicis zu Simonetta Vespucci. Von bes. poet. Reiz sind hier die Schilderungen der Jagd, des Palastes der Venus u. der Gestalt Simonettas.

W: De coniuratione pactiana commentarii, nach 1478 (n. A. Perosa 1949); Miscellanea, 1489; Favola d'Orfeo, Dr. 1494 (d. 1956). – Opera omnia, 1498, Lyon III 1536–46 (n. I. Maier, 1970/71); Prose volgari inedite e poesie latine e greche, hg. J. de Lungo 1867 (n. 1976); Le stanze, l'Orfeo e le rime, hg. A. Momigliano 1921, 1945; Le stanze, l'Orfeo e le rime, hg. G. De Robertis 1932; Epigrammi greci, hg. A. Ardizzoni 1951; Poesie italiani, hg. S. Orlando 1976; Rime, hkA, hg. D. Delcorno Branca, 1986; Stanze, hg. D. Puccini 1992; Sylva in scabiem, hg. P. Orvieto 1989. – *Übs.:* Tagebuch (P.s Autorschaft umstritten), A. Wesselski 1929; Der Triumph Cupidos, E. Staiger 1974; Rusticus, O. Schönberger 1992.
L: A. Fumagalli, 1914; P. Micheli, 1916; G. Vaccarella, ²1925; I. Maier, Genf 1966; E. Bigi, 1967; R. Lo Cascio, 1970; D. Delcorno Branca, 1979; V. Branca, 1983; A. Bettinzoli, 1995; M. Martelli, 1995; P. nel suo tempo, hg. L. Secchi Tarugi, 1996; T. Leuker, 1997; A. P., hg. V. Fera 1998; A. Perosa, 2000.

Pollio, Gaius Asinius, röm. Schriftsteller, um 76 v. Chr. Teatina Marrucinorum – um 5 n. Chr. Stand als junger Mann mit dem Neoterikerkreis in Verbindung; kämpfte als Caesaranhänger im Bürgerkrieg gegen Pompeius, 45 Prätor, dann Proprätor der Provinz Spanien, 40 Konsul, nach siegreichen Kämpfen in Illyrien 39 Triumph; mit Horaz u. Vergil befreundet; gründete die 1. öffentl. Bibliothek in Rom; machte s. Kunstsammlung jedermann zugängl. u. veranstaltete Rezitationen. – Vf. von Tragödien, Geschichtswerken, Reden, grammat. Schriften u. Briefen. S. 17 Bücher ›Historiae‹, die die Zeit von 60 v. Chr. bis etwa 42 v. Chr. umfassen, sind wie alles andere bis auf einige Fragmente verloren. Auch Kritiker Catulls, Ciceros, Sallusts u. des Livius.

A: H. Peter, Hist. Rom. reliquiae 2, 1906 (n. 1967); E. Malcovati, Orat. Rom. fragm., ⁴1976; H. Funaioli, Gramm. Rom. fragm., 1907; W. Morel, Fragm. poet. Lat., 1927 (n. 1963), ³1995 (hg. J. Blänsdorf).
L: J. André, Paris 1949 (m. Bibl.).

Pollock, Sharon, kanad. Dramatikerin, Schauspielerin u. Regisseurin, * 19. 4. 1936 Fredericton/New Brunswick. – Bedeutende zeitgenöss. Dramatikerin; kontroverse Themen u. experimenteller Stil.

W: Walsh, Dr. 1973, ³1983; The Komagate Maru Incident, Dr. 1978; Blood Relations, Dr. 1981; One Tiger to a Hill, Dr. 1981; Doc, Dr. 1986; Saucy Jack, Dr. 1994; Fair Liberty's Call, Dr. 1995; Angel's Trumpet, Dr. 2001.
L: R. E. Loucks, 1986; A. Nothof, hg. 2000.

Polo, Gaspar Gil → Gil Polo, Gaspar

Polo, Marco, ital. Händler, um 1254 Venedig – 8. 1. 1324 ebda. Reiste schon 1271 mit s. Vater u. e. Onkel nach China, wohin er später zurückkehrte u. das Vertrauen des Groß-Chans von Peking gewann. Als dessen Gesandter unternahm er ausgedehnte Reisen. 1295 traf er wieder in Venedig ein; 1298 wurde er in e. Seeschlacht von den Genuesern gefangengenommen u. blieb bis 1299 in Gefangenschaft. E. Mitgefangenen, Rustichello da Pisa, diktierte P. die Geschichte s. Reisen, die dieser in Franz. mit zahlr. Italismen niederschrieb. Die geograph. Beobachtungen des Autors, durchsetzt von hist. u. mytholog. Erzählungen, lassen ein lebhaftes Panorama der oriental. Völker entstehen.

A: Milione, hkA L. F. Benedetto 1928. – *Übs.:* ital. L. F. Benedetto 1932, d. A. Bürck 1845, E. Guinard 1983.
L: R. Allulli, 1923; A. Aniante, Paris 1938; R. Almagià, La figura e l'opera di P. secondo recenti studi, 1938; G. Dainelli, 1941; L. Olschki, 1955; H. H. Hart, Venezian. Abenteurer, 1959; P. Pelliot, Paris II 1959–63; L. Thoorens, Paris 1962; A. Zorzi, 1982 (d. 1986).

Polockij, Simeon → Simeon Polockij

Polonskaja, Elizaveta Grigor'evna (eig. E. G. Movšenzon), russ. Dichterin, 26. 6. 1890 Warschau – 11. 1. 1969 Leningrad. Tochter e. jüd. Ingenieurs, Ärztin. Während des 1. Weltkriegs in Frankreich, 1918 zurück nach Rußland. – Begabte Lyrikerin aus dem Kreis der Serapionsbrüder, anfangs unter Formeinfluß der Akmeisten.

W: Znamen'ja, G. 1921; Pod kamennym dožděm, G. 1923; Ljudi sovetskich budnej, G. 1934; Goda. Izbrannye stichi, G. 1935; Novye stichi, 1932–36, G. 1937; Stichotvorenija i poėma, G. 1960. – Izbrannoe, Ausw. 1966.
L: L. D. Davis, Evanston 2001.

Polonskij, Jakov Petrovič, russ. Dichter, 18. 12. 1819 Rjazan' – 30. 10. 1898 Petersburg. Vater Beamter; Stud. Rechte Moskau 1844 beendet; 1844 erster Gedichtband ›Gammy‹ gedruckt; 1859/60 Mitredakteur beim ›Russkoe slovo‹, dann Zensurbeamter. – Sehr produktiv in vielen Genres, vom ep. Poem über den lyr. Gedicht bis zum versifizierten satir. Zeitungsfeuilleton; pflegte im Bereich der ›reinen Kunst‹ bes. die Romanze. S. Landschafts- und Liebeslyrik, nach dem Beispiel Lermontovs emotional gestimmt, wirkt durch die weiche Intonation und die Innigkeit im Ausdruck des Gefühls. Viele Gedichte wurden, von Čajkovskij, Rubinštejn u.a. Komponisten vertont, sehr beliebt; versuchte sich in den 70er Jahren Nekrasov zu nähern. S. leichtes, graziöses allegor.-scherzhaftes Poem ›Kuznečik-muzykant‹, dessen Stil durch Prosaismen und Elemente des Zeitungsjargons gekennzeichnet ist, war sehr populär.

A: Polnoe sobranie sočinenij (GW), X 1885/86; Stichotvorenija i poėmy, G. u. Poeme 1935; Stichotvorenija, G. 1954; Sočinenija (W), II 1986. – *Übs.:* Gedichte, 1905.

L: I. Bogomolov, 1963; L. Pronina, 2000.

Polybios, altgriech. Geschichtsschreiber; vor 199 v. Chr. Megalopolis – um 120 v. Chr. Aus vornehmer Familie, 169 Führungsposition im Achaischen Bund, 168 mit 1000 achaischen Geiseln nach Rom deportiert, dort Lehrer und Freund des jüngeren Scipio, erst 150 entlassen; vermittelt nach 146 (Zerstörung Korinths) zwischen Achaia und Rom, Reisen (Alexandria, Kleinasien). – Neben kleineren Werken verfaßte P. mit den ›Historien‹ e. Geschichtswerk, das für die Zeit 220–146/144 v. Chr. den Aufstieg Roms zur Weltmacht darstellt, ca. ein Drittel erhalten, dazu Zitate und Fragmente u. a. bei Livius. Die ›Historien‹ verstehen sich als ›pragmat. Geschichtsschreibung‹ v.a. unter dem Aspekt der Nützlichkeit im Sinn e. Orientierungshilfe für polit. Handeln. Dem entspricht ihr um Objektivität bemühter, nüchterner Stil sowie der Umgang mit den Quellen. Erst e. universalhist. Sicht auf das Geschehensganze (gesamter Mittelmeerraum, Einbeziehung von Ethnographie, Geographie, Verfassungskunde, Militärgeschichte etc.) sowie Einsicht in die Unberechenbarkeit des Schicksals führt zu e. tieferen Einblick und macht dann auch den Aufstieg Roms verständl.: Rom ist v.a. aufgrund s. inneren Verfaßtheit zur Weltmacht prädestiniert. Wie P. diese Sicht mit s. Theorie vom zykl. Wandel der Verfassung vereinbart, ist aufgrund des Überlieferungszustandes nicht mehr sicher rekonstruierbar. P.' ›Historien‹ waren bis in die Kaiserzeit hinein geschätzt, s. staatstheoret. Überlegungen wirkten bis in die Neuzeit (Macchiavelli, Montesquieu).

A: F. Hultsch, IV ²1888, ²1892, ²1870, 1872; Th. Büttner-Wobst, V ²1905, 1889–1904. – *Komm.:* F. W. Walbank 1957–79. – *Übs.:* W. R. Panton 1922–27 (griech./engl.); H. Drexler 1964 (dt.).

L: K.-W. Welwei, 1963; P. Pédech, Paris 1964; J. A. de Foucault, Paris 1972; F. W. Walbank, Berkeley u.a. 1972, Cambr. u.a. 2002 (Nachdr. 2003); K. Meister, 1975; W. Nippel, 1980; H. Sacks, Berkeley u.a. 1981; J. A. Dubuisson, Paris 1985; H. Verdin u.a., hg. Louvain 1990; A. M. Eckstein, Berkeley u.a. 1995; G. Schepens, Louvain 2003.

Pombo, Álvaro, span. Schriftsteller, * 1939 Santander. Aus großbürgerl. Haus; Jesuitengymnas. in Valladolid, Stud. Philos. u. Lit. Madrid u. London, 1966–77 in England; seit 2002 Mitgl. der Span. Akad. – Lyriker u. Romancier. Konzentriert sich auf menschl. Beziehungen u. Abhängigkeitsverhältnisse; ausgefeilte Technik der Bewußtseinsdarstellung. Wiederkehrende Themen: Kindheit, Jugend, Homosexualität.

W: Protocolos, G. 1973; Relatos sobre la falta de sustancia, En. 1977; Variaciones, G. 1977; El parecido, R. 1979; El hijo adoptivo, R. 1983; El héroe de las mansardas de Mansard, R. 1983 (d. 1988); Los delitos insignificantes, R. 1986 (d. 1991); El metro de platino iridiado, R. 1990 (Die Elle des Glücks, d. 1997); Donde las mujeres, R. 1996; La cuadratura del círculo, R. 1999; El cielo raso, R. 2000.

Pombo, Rafael, kolumbian. Dichter, 7. 11. 1833 Bogotá – 5. 5. 1912 ebda. Diplomat, Übs. – Umfangreiches romant. Werk, von Inspirationen hingerissen, blieb häufig fragmentarisch. Geschätzt als Nationaldichter. Schrieb auch Nachdichtungen bekannter Fabeln.

W: Poesía, II 1916–17; Poesías completas, 1957; Poesía inédita y olvidada, 1970; Traducciónes poéticas, 1917.

L: L. Pachón Gómez, 1950; H. Manjares Polo, 1960; H. H. Orjuela, 1965, 1975.

Pomjalovskij, Nikolaj Gerasimovič, russ. Schriftsteller, 23. 4. 1835 Petersburg – 17. 10. 1863 ebda. Vater Diakon; geistl. Schule; 1851–57 Priesterseminar; ab 1858 lit. tätig, die erste s. Skizzen 1859 gedruckt. Erregte Aufsehen mit s. ›Očerki bursy‹, worin er e. düsteres Bild der Zustände in e. geistl. Internats-Schule gab. Schildert in Romanen das Leben der in die Höhe strebenden nichtadl. u. damit nicht privilegierten Intelligenz; beeinflußt bes. von Černyševskij und Dobroljubov, um ästhet. Wirkung nicht bemüht, geht im protokollierenden Stil der ›Očerki‹ bis zum Äußersten e. von der radikalen Kritik geforderten ›Realismus‹.

W: Meščanskoe sčas't'e, R. 1861; Molotov, R. 1861; Očerki bursy, Sk. 1862 f. – Polnoe sobranie sočinenij (GW), II 1935; Sočinenija (W), II 1965, 1980.

L: I. G. Jampol'skij, 1968.

Pompéia, Raul d'Avila, brasilian. Schriftsteller, 12. 4. 1863 Angra dos Reis/Rio de Janeiro – 25. 12. 1895 Rio de Janeiro. Schulzeit in Rio, Jurastud. in São Paulo u. Recife, Engagement als Schriftsteller, Journalist, Karikaturist, trat für die Abschaffung der Sklaverei ein, Direktor der Nationalbibliothek in Rio, beging Selbstmord. –

Vertreter des Parnaß und Symbolismus, des hist. Naturalismus. S. teilweise autobiograph. Roman ›O Ateneu‹, den er selbst illustrierte, gilt aufgrund der reichen Metaphorik und musikal. Form als barock, eher e. brasilian. Version des Künstler- u. Bildungsromans.

W: Uma tragédia no Amazonas, R. 1880; Canções sem metro, G. 1881; As jóias da coroa, Sat. 1882; O Ateneu, R. 1888 (n. 1976).
L: E. Pontes, 1935; M. de Andrade, 1943; L. Miguel-Pereira, 1950; L. Ivo, 1963; A. de Almeida Torres, 1972.

Pompeius Trogus → Trogus, Pompeius

Pompili, Aganoor Vittoria → Aganoor Pompili, Vittoria

Pomponius Bononiensis, Lucius, röm. Dichter, 1. Jh. v. Chr. – Neben dem jüngeren Novius bedeutendster Dichter der Atellane. S. 73 dem Titel nach bekannten Stücke enthielten die kennzeichnenden Figuren der Atellane: Maccus, Pappus, Dossennus u. Bucco. Auch mytholog. Parodien u. Komödien soll P. B. verfaßt haben.

A: O. Ribbeck, Scaenic. Rom. poesis fragm., n. 1962; D. Romano, Atellana fabula, 1953; P. Frassinetti, Atellanae fabulae, 1967.

Ponce de León → León, Fray Luis de

Pondal Abente, Eduardo, span. Lyriker, 8. 2. 1835 Ponteceso/La Coruña – 8. 3. 1917 La Coruña. Stud. Medizin in Santiago de Compostela, 1860 Arzt in Ponte-Ceso; wandte sich nach kurzer Tätigkeit im Sanitätswesen ganz der Lit. zu, verfügte über Bildung u. sicheres Urteil. – Neben Rosalía de Castro u. Curros Enríquez e. der besten galic. Lyriker der mod. Zeit; s. Verse verbinden Anmut u. Feinfühligkeit mit kraftvoller Männlichkeit.

W: Rumores de los pinos, G. 1877; A campana de Anllons, Ode 1886; Queixumes dos pinos, G. 1886; O Dolmen de Dombate, G. 1895; Versos iñorados on esquecidos, 1961.

Ponge, Francis, franz. Dichter, 27. 3. 1899 Montpellier – 6. 8. 1988 Bar-sur-Loup. Stud. an der École Normale Supérieure, begann 1923 in der ›Nouvelle Revue Française‹ zu veröffentlichen. Nahm an der intellektuellen Résistance teil. 1937–47 Mitglied der Kommunist. Partei. – Beschreibt in Prosaskizzen, die Stilleben vergleichbar sind, einfache, konkrete Gegenstände der Natur wie Kiesel und Muschel mit minutiöser Genauigkeit ohne subjektive, gedankl. oder emotionale Zutat. Antipode des traditionellen Lyrismus. S. phänomenolog. dichter. Methode beabsichtigt, die Sprache am Gegenstand von seel. Überlagerungen zu reinigen und den vom Bedürfnis nach Flucht in das Irreale erfüllten Menschen durch das Vertrautwerden mit in sich ruhenden, nach ihrem eigenen Gesetz lebenden realen Objekten von der Unruhe zu erlösen, ihm neue Heiterkeit zu schenken.

W: Douze petits écrits, 1926; Le parti pris des choses, 1942 (erw. 1949, 1967; d. 1973, u.d.T. Einführung in den Kieselstein, 1956); Dix cours sur la méthode, 1946; L'œillet, la guêpe, le mimosa, 1946; Le carnet du bois de pins, 1947 (d. 1982); Braque, 1947; Poèmes, 1947; La crevette dans tous les etats, 1948; La liasse, Ausw. 1948 (m. Bibl.); Le peintre à l'étude, 1948; Proêmes, 1949 (d. 1959); L'araignée, 1952; La rage de l'expression, 1952; Le soleil placé en abîme, 1954 (d. in: Neue Rundschau, 1961); Pour un Malherbe, 1965; Le savon, 1967 (d. 1969); Entretiens avec P. Sollers, 1970; La fabrique du pré, G. 1971; Comment une figue de paroles et pourquoi, G. 1977; L'écrit Beaubourg, 1977. – Le grand recueil (GW), III 1961; Numéro thématique des ›Etudes françaises‹, XVII, 1–2, 1981. – Übs.: Die lit. Praxis, 1964; AW (zweisprachig), II 1965–68; Texte zur Kunst, 1967.
L: Nouvelle Revue Française (Sondernummer), 1956; P. Sollers, 1963 (m. Bibl.); E. Walther, 1965; J. Thibaudeau, 1967; I. Vowinckel, Diss. Freib. 1967; W. Wider, 1974; G. Butters, 1976; J. Higgin, Lond. 1979; S. Koster, 1983; Chr. Prigent, 1977; M. Sorell, Boston 1981; S. Koster, 1983; C. Eurard, 1990; B. Doucey, 1993; A. Fritz-Smead, 1997; L. Sydney, 1999; C. Hayez-Melckenbeeck, 2000. – Bibl.: O. Nadal, 1960; B. Beugnot, 1999.

Poniatowska, Elena, mexikan. Schriftstellerin, * 19. 5. 1933 Paris. Tochter e. mexikan. Mutter u. e. poln. Vaters, kam mit 9 Jahren nach Mexiko. Journalistin. – Ihre Zeugnis-Romane verleihen den Menschen das Wort, die nicht für sich selbst sprechen können, die keine Geschichte machen. Sie schrieb die Biographie von Tina Modotti u. die Geschichte der Wiss. in Mexiko.

W: Melés y Teleo, Dr. 1956; Hasta no verte Jesús mío, R. 1969 (d. 1982); La noche de Tlatelolco, Chronik 1971 (60 Aufl.); Querido Diego, te abraza Quiela, Briefroman 1978 (d. 1989); Fuerte es el silencio, Chronik 1980; Tinísima, B. 1992 (d. 1996); Paseo de la Reforma, R. 1999; La piel del cielo, R. 2001.
L: B. E. Jörgensen, 1994.

Poničan, Ján (Ps. Ján Rob), slovak. Dichter, 15. 6. 1902 Očová – 25. 2. 1978 Bratislava. Rechtsanwalt, ab 1945 im Schriftstellerverband tätig. – Als Vertreter der sog. ›proletar. Poesie‹ u. später des sozialist. Realismus kämpft P. in Lyrik, Epik, Novellen, Romanen u. Dramen für e. neue soziale Ordnung u. Ethik; nur vereinzelt erot. u. Landschaftsmotive. Übs. aus der Weltlit.

W: Som, G. 1923; Dva svety, Dr. 1925; Demontáž, G. 1929; Večerné svetlá, G. 1931; Iskry bez ohňa, Dr. 1935; Boj, Dr. 1935; Stroje sa pohly, R. 1935; Póly, G. 1937; Divný Janko, Ep. 1941; Sen na medzi, G. 1942; Povstanie, G. 1946; Čistá hra, Dr. 1949; Na tepne čias, G.

1949; Básne, G. 1954; Riava neutícha, G. 1958; Držím sa zeme, drží ma zem, G. 1967; Hl'bky a dial'ky, G. 1973; Jánošíkovci, N. 1973; Búrlivá mladost', Erinn. 1975; Dobyvatel', Aut. 1979. – Vybrané spisy (AW), IV 1961 ff.; Špirála l'úbost', G.-Ausw. 1972.
L: M. Chorváth, Literárne dielo J. P., 1972; J. P., 1977.

Ponsard, François, franz. Dramatiker, 1. 6. 1814 Vienne/Isère – 7. 7. 1867 Paris. Wie s. Vater Stud. Rechte, Advokat in Vienne. Ab 1855 Mitglied der Académie Française. Beschäftigte sich nebenher mit Lit., Byron-Übs. – Hatte sehr großen Erfolg, weil dem Zeitempfinden entsprechend, mit s. antiromant. Drama ›Lucrèce‹. Es besitzt im Gegensatz zu den romant. Dramen guten, geordneten Aufbau, entspricht mit s. ausgewogenen Gefühlen dem ›bon sens‹, hat e. der Prosa nahestehenden Vers. Die weiteren Dramen beweisen die Mittelmäßigkeit von P.s Begabung, literarhist. aber ist s. Werk bedeutend für die Entwicklung des romant. Dramas zum Gesellschaftsdrama.
W: Lucrèce, Dr. 1843 (d. 1873); Agnès de Méranie, Dr. 1847; Charlotte Corday, Dr. 1850 (d. 1880); Horace et Lydie, Dr. 1850 (d. 1885); Ulysse, Dr. 1852 (d. 1853); L'honneur et l'argent, Dr. 1853 (d. 1853); La bourse, Dr. 1856; Le lion amoureux, Dr. 1866 (d. 1874); Galilée, Dr. 1867 (d. 1875). – Œuvres complètes, III 1866f.
L: C. Latreille, La fin du théâtre romantique et F. P., 1899; H. Schrenker, Diss. Erl. 1913; S. Himmelsbach, Diss. Graz 1975; E. de Mirecourt, 2002.

Ponson du Terrail, Pierre-Alexis Vicomte de, franz. Romancier, 8. 7. 1829 Montmaur b. Grenoble – 20. 1. 1871 Bordeaux. Angebl. Nachkomme des berühmten Ritters Bayard; ab 1850 in Paris. – Fruchtbarer Erzähler meist sensationellabenteuerl. Romane im Stil von Dumas. Vielschreiber, führte den Fortsetzungsroman ein.
W: Les coulisses du monde, R. 1853; Les cavaliers de la nuit, R. 1855; Bavolet, R. 1856; Les exploits de Rocambole, R. 1859; Les chevaliers du clair de lune, R. VIII 1860; Les drames de Paris, III 1865 (d. 1867); Le forgeron de la Cour-Dieu, R. 1869.
L: C. Witkowski, 1984; E. M. Gaillard, 2001.

Pontano, Giovanni, ital. Dichter und Humanist, 7. 5. 1426 Cerreto/Umbrien – Sept. 1503 Neapel. Trat 1447 in die Dienste des Königs von Neapel, Alfons von Aragon, dem er nach Neapel folgte. Dort Stud. Naturwiss. bei Lorenzo Buonincontri u. Lit. bei Gregorios Trifernates u. Georgios von Trapezunt. 1466 Sekretär unter Ferdinand I., im gleichen Jahr von Papst Innozenz VIII. zum Dichter gekrönt. Bekleidete sehr hohe Ämter. – Haupt der nach ihm benannten ›Accademia Pontaniana‹. Ausgestattet mit umfassender humanist. Bildung und vielfältigen Interessen, ist P. Autor e. umfangreichen Werks in lat. Sprache von Philos. über Satire in Prosa bis zu vielfältiger Dichtung: Liebeselegien und Lehrgedichte über Astrologie.
A: Opera, 1518f.; Carmina, hg. B. Soldati II 1902, J. Oeschger 1948; Dialoghi, hkA C. Previtera 1943, lat.-dt. hg. H. Kiefer 1984; De sermone, hg. S. Lupi, A. Risicato 1954; I trattati delle virtù sociali, hg. F. Tateo 1965; I poemi astrologici di G. P., hg. M. De Nichilo 1975.
L: F. Tateo, Astrologia e moralità in G. P., 1960; V. Prestipino, 1963; E. Paratore, La poesia di G. P., 1967; F. Tateo, L'umanesimo etico di G. P., 1972; L. Monti Sabia, Un profilo moderno e due ›vitae‹ antiche di G. P., 1998.

Ponte, Lorenzo da (eig. Emanuele Conegliano) ital. Librettist, 10. 3. 1749 Ceneda/Vittorio Veneto – 17. 8. 1838 New York. Aus jüd. Familie, die 1763 zum Christentum übertrat. Erst mit 14 Jahren geregelter Unterricht. 1769 Stud. Theol. im Seminar von Portogruaro. Als Priester Rhetoriklehrer u. Vizerektor. 1773 in Venedig. Freundschaft mit G. Casanova. Wegen Liebesaffären u. Spottgedichten 1779 aus Venedig verbannt, ging er nach Görz, dann nach Dresden. Kam 1781 nach Wien zu Salieri u. traf hier auch Metastasio. 1783 Ernennung zum Dichter des in Wien gegründeten ital. Theaters. 1791 nach dem Tode s. Gönners Kaiser Joseph II. entlassen. 1793–1805 in London, wo er zuerst am King's Theatre, dann als Buchhändler arbeitete. Wegen s. finanziellen Ruins und vieler Intrigen ging er 1805 nach New York, dort Geschäftsmann u. Lehrer der ital. Sprache, 1825 Prof. für ital. Lit. am Columbia-College. – Vf. e. großen Anzahl von Opern-Libretti u.a. für Salieri, Martin y Soler, Weigl, Mozart, meist geschickte u. wirkungsvolle Bearbeitungen fremder Vorbilder. Bei ›Don Giovanni‹ übernahm er z.B. stellenweise sogar den Text des G. Bertati. Zwei Drittel s. Libretti gehören der Buffo-Oper an.
W: Le nozze di Figaro, 1786 (d. G. Schünemann 1940); Il dissoluto punito o sia il Don Giovanni, 1787 (d. M. Kalbeck 1905); Il pastor fido, 1789; Così fan tutte o sia la scuola degli amanti, 1790 (d. G. Schünemann 1940); Antigona, 1796; Il consiglio imprudente, 1796; Il ratto di Proserpina, 1804; Memorie IV 1823–27 (hg. A. G. Gambarin, F. Nicolini II 1918; d. G. Gugitz II 1924f., Ausz. Ch. Birnbaum 1970).
L: A. Marchesan, 1900; J. L. Russo, N. Y. 1922; H. Goertz, 1985; S. Hodges, 1985. – *Bibl.:* G. Zagonel 1999.

Pontoppidan, Henrik, dän. Erzähler, 24. 7. 1857 Fredericia – 21. 8. 1943 Kopenhagen. Aus alter Pfarrersfamilie; Jugend in Randers. Wollte aus Opposition gegen die Familientradition Ingenieur werden, gab jedoch das Stud. auf; kurz Mathematik- und Physiklehrer an der Heimvolkshochschule s. Bruders, dann freier Schriftsteller.

1876 Reise in die Schweiz, später nach Italien, Dtl. und Österreich. 1881 ∞ Mette Marie Hansen, o|o. 1892 ∞ Antoinette Caroline Elise Kofoed. 1917 Nobelpreis zusammen mit K. Gjellerup. Lebte nach dem Tode s. 2. Frau in Ordrup. – Schildert realist. das Leben s. Volkes, bes. der bäuerl. Bevölkerung, in s. frühen Erzählungen mit heftiger sozialer Anklage. Zeichnet e. scharf umrissenes Bild der polit., moral. und relig. Probleme s. Zeit. Bemüht sich um objektive, kühle und nüchterne Darstellung. S. Hauptwerk bilden die Romane ›Det forjættede land‹ um ein relig. Strömungen innerhalb seines Volkes und ›Lykke-Per‹, Schilderung des kulturellen und geistigen Verfalls Dänemarks, deren pessimist. Betrachtungsweise sich in ›De dødes rige‹ noch vertieft. In s. Memoiren kommt s. skept., mahnendes und selbstkrit. Wesen zum Ausdruck. S. Kampf gegen Konvention, Passivität und Gleichgültigkeit ist jedoch immer von der Liebe zu s. Volk bestimmt.

W: Stækkede vinger, En. 1881 (daraus: Ein Kirchenraub, d. 1890); Sandinge menighed, En. 1883 (Die Sandinger Gemeinde, d. 1905); Landsbybilleder, En. 1883 (in: Aus ländlichen Hütten, d. 1896); Ung elskov, E. 1885 (Junge Liebe, d. 1890, u.d.T. Aus jungen Tagen, 1913); Mimoser, R. 1886; Isbjørnen, R. 1887 (Der Eisbär, d. 1903); Fra hytterne, En. 1887 (in: Aus ländlichen Hütten, d. 1896); Spøgelser, En. 1888 (Spuk, d. 1918); Nattevagt, R. 1890 (Nachtwache, d. 1896); Skyer, En. 1890; Krøniker, En. 1890; Natur, darin: Vildt u. En Bonde, Re. 1890; Det forjættede land, R. III 1891–95, ¹²1997 (Das gelobte Land, d. 1908); Minder, En. 1893; Den gamle Adam, E. 1894 (n. 1984; Der alte Adam, d. 1912); Højsang, E. 1896; Kirkeskuden, En. 1897; Når vildgæssene trækker forbi, En. 1897; Lykke-Per, R. VIII 1898–1904, II ¹⁶1997 (Hans im Glück, d. II 1906, n. 1981); Lille Rødhætte, E. 1900 (Rotkäppchen, d. 1904); Det ideale hjem, E. 1900; De vilde fugle, Sch. 1902; Borgmester Hoeck og hans hustru, E. 1905 (Bürgermeister Hoeck und Frau, d. 1907); Asgaardsrejsen, Sch. 1906; Det store spøgelse, E. 1907; Hans Kvast og Melusine, R. 1907 (d. 1927); Den kongelige gæst, E. 1908 (Der königliche Gast, d. 1910, n. 1982); De dødes rige, R. V 1912–16, ⁹1992 (Das Totenreich, d. 1920); En kærlighedseventyr, R. 1918; Mands himmerig, R. 1927; Drengeaar, Erinn. 1933; Hamskifte, Mem. 1936; Arv og gæld, Mem. 1938; Familjeliv, Mem. 1940 (zus. u.d.T. Undervejs til mig selv, 1943, n. u.d.T. Erindringer, 1962). – Noveller og skitser, III 1922–30 (n. 1950); darin: Den kongelige gæst, En. 2002; Sandige menighed, En. 2002; Romaner og fortællinger, VI 1924–26; Enetaler, Ess. hg. J. de Mylius 1993; Meninger & holdninger, Ess. hg. E. H. Madsen, 1994; Små romaner 1885–1890, hg. F. Behrendt 1999; H. P.s digte, G. hg. B. Andersen 1999; Undervejs til P., Ausw. hg. J. Rosdahl 2002; H. P.s breve, Br. hg. C. E. Bay, E. Bredsdorff 1997. – Übs.: Der Eisbär, En. 1976.

L: P. C. Andersen, 1934 (m. Bibl.) u. 1951; C. M. Woel, II 1945; K. Ahnlund, 1956; K. V. Thomsen, 1957; B. H. Jeppesen, 1962, ²1984; E. Bredsdorff, 1964; F. J. Billeskov Jansen, 1978; H. P. Rohde, 1981; K. P. Mortensen, 1982; N. Kofoed, 1986; H. P., hg. J. Ørum Hansen 1994; M. Pahuus, Selvudfoldelse og selvhengivelse, 1995; E. Diderichsen, 2002.

Pontus de Tyard → Tyard

Poot, Hubert Korneliszoon, niederländ. Dichter, 29. 1. 1689 Abtswoude b. Delft – 31. 12. 1733 Delft. Landwirt, von Rederijkerskamers in die Dichtkunst eingeführt, Tabakhändler in Delft. – Lyriker mit frischen Natur- u. Liebesgedichten in klassizist. Form, doch allzu stark vom mytholog. überhöhten Zeitstil beeinflußt.

W: Mengel-dichten, G. III 1716–33; Gedichten, III 1722–35. – Ausw., hg. C. Eggink u.a. 1954, C. M. Geerars 1964; J. Spex 1995.
L: C. M. Geerars, 1954; M. A. Schenkeveld-van der Dussen, 1968.

Popa, Vasko, serb. Dichter, 26. 7. 1922 Grebenac/Banat – 5. 1. 1991 Belgrad. Stud. roman. Philol. Belgrad, Bukarest, Wien; Redakteur des Verlags ›Nolit‹ in Belgrad. – P. zählt zu den Hauptvertretern der serb. Nachkriegsdichtung. S. Lyrik, in der das Stadtmotiv vorherrscht, verbindet folklorist. Elemente mit mod. Ausdrucksmitteln, groteskem Humor, kühnen Metaphern u. Assoziationen, Bildern u. Visionen. Übsn. aus der Weltlit.

W: Kora, G. 1953 (n. 1969); Nepočin-polje, G. 1956; Od zlata jabuka, Anth. 1958; Urnebesnik, Anth. 1960; Ponoćno sunce, Anth. 1962; Pesme, G. 1965; Sporedno nebo, G. 1968; Uspravna zemlja, G. 1972; Vučja so, G. 1976 (Wolfserde, d. 1979); Živo meso, G. 1976; Kuća usred druma, G. 1976; Rez, G. 1981; Sabrane pesme, G. (GW) 2001. – Übs.: Gedichte, 1961; Nebenhimmel, G. 1969, 1980; Gedichte, 1984; Die Botschaft der Amsel, d. 1989.
L: A. Ronelle, 1985; V. Cidiko, 1987; A. Lekić, 1993. – Bibl.: A. Vasić, 1997.

Popa, Victor Ion, rumän. Schriftsteller, 29. 7. 1895 Bârlad – 30. 3. 1946 Bukarest. Maler, Dramaturg, Theaterdirektor. – Vf. rührender Romane u. Theaterstücke aus Kleinstadtmilieu und Bauernleben; flüssiger, packender Stil.

W: Ciuta, Dr. 1922; Păpușa cu piciorul rupt, Dr. 1926; Muscata din fereastră, K. 1930; Floare de oțel, R. 1930; Velerim și Veler Doamne, R. 1933; Sfârlează cu Fofează, R. 1936. – Teatru, 1958.
L: Ș. Cristea, 1973; V. Mîndra, 1975.

Popdimitrov, Emanuil (eig. E. P. Popzahariev), bulgar. Dichter, 23. 10. 1885 Gruinzi – 23. 5. 1943 Sofia. Stud. in Montpellier u. Freiburg, seit 1923 Privatdozent in Sofia. – Epiker, Lyriker u. Dramatiker; daneben Vf. von Monographien u. wiss. Schriften. Besonders bekannt durch s. romant.-symbolist. Liebeslyrik u. s. polit.-humorist. Versepos.

W: Svobodni stichove, G. 1921; Korabi, G. 1923; V stranata na rozite, Ep. 1939. – Sŭbrani sŭčineneja (GW), XVI 1931–38; Ausw., 1954.
L: G. Gogov (Konstantinov), 1922; P. Jordanov, 1943.

Pope, Alexander, engl. Dichter, 21. 5. 1688 London – 30. 5. 1744 Twickenham. Sohn e. kath. Kaufmanns, wuchs auf dem Besitz der Eltern in Binfield b. Windsor auf. Konnte als Katholik keine öffentl. höhere Schule besuchen. Hausunterricht und ausgedehnte Lektüre; ausgezeichnete Bildung. Zarte Konstitution, körperl. Mißbildung, ständige Krankheit und Überempfindlichkeit machten ihn äußerst mißtrauisch. Begann schon 12jährig zu dichten, verfaßte zwischen 13. und 15. Lebensjahr e. 4000 Verse langes Epos ›Alcandre‹. Schulte durch Übsn. aus dem Griech. s. Formempfinden. P.s erste lit. Versuche gewannen die Aufmerksamkeit Wycherleys, der ihn in lit. Kreise einführte. S. Hirtengedichte ›Pastorals‹ nach Vorbild Vergils hatte er angebl. schon 16jährig geschrieben, veröffentlichte sie 1709 in ›Tonson's Miscellany‹; vertrat in ihnen die klassizist. Kunstregeln und rückte mit dieser Dichtung bereits in die Reihe der bedeutendsten Schriftsteller s. Zeit. 1712 folgte das kom. Heldenepos ›The Rape of the Lock‹, das ihn schlagartig berühmt machte; zugleich Parodie und Verherrlichung der Gesellschaft u. e. brillantes Interieurgemälde der Rokokozeit. Von da an war P.s Leben, das er unermüdl. immer neuen lit. Arbeiten widmete, e. ununterbrochener glänzender Erfolg. Er übersetzte Homers ›Ilias‹ (1715–20) und ›Odyssee‹ (1725f.) im ›heroic couplet‹ als Rokokoparaphrase, die den Geist s. eigenen Zeit spiegelte und gerade deshalb außerordentl. populär war. S. Dichtung ›Windsor Forest‹ gewann ihm die Freundschaft Swifts. Er paraphrasierte die Briefe der Héloïse an Abälard im eigenen Zeitstil. 1716–18 lebte er in Chiswick. Nach dem Tod. s. Vaters zog er 1719 mit s. Mutter nach Twickenham in s. berühmte Villa, die zu e. Mittelpunkt geistigen Lebens s. Zeit wurde. S. nächste Aufgabe, e. Shakespeare-Ausgabe, enthielt zwar e. glänzendes Vorwort, war aber sonst nicht sehr glückl. gelöst. 1727/28 gab P. gemeinsam mit Swift und Arbuthnot e. humorist.-satir. Zs. ›Miscellanies‹ heraus, die heftige Gegenangriffe der verspotteten Schriftsteller brachte. P. erwiderte mit s. ›Dunciad‹, e. äußerst bissigen und z. T. unfairen Satire gegen Schriftsteller, die ihm echtes oder vermeintl. Unrecht zugefügt hatten. Trotz Anerkennung s. Dichterruhms blieb P. einsam und verbittert. Frauenliebe und echte Freundschaft waren ihm versagt. Durch s. geistreichen, aber aggressiven Veröffentlichungen zog er sich viele persönl. Feinde zu. – S. Stil, in s. Frühzeit lyr., wurde mehr und mehr der e. krit. Satirikers, der metr. Formen, bes. das ›heroic couplet‹, meisterl. beherrschte. S. geistvoll-pikante Dichtung ist von schwereloser Eleganz. Glänzender Epigrammatiker, der zugespitzte, funkelnde Maximen des Lebens und der Kritik schrieb. S. Essays sind ausgezeichnete didakt. Dichtungen. Hauptvertreter des engl. Klassizismus, geprägt durch Maß, Klarheit, Vernunft, Tradition, aber auch polit. Pessimismus angesichts der Herrschaft Walpoles. Fruchtbarer Anreger s. Jh.

W: Pastorals, Dicht. 1709; Essay on Criticism, 1711 (n. R. M. Schmitz 1962; d. 1807); The Rape of the Lock, kom. Ep. 1712 (n. J. S. Cunningham 1966, C. Tracy 1974; d. 1968); Windsor Forest, Dicht. 1713 (n. R. M. Schmitz 1952); The Temple of Fame, Dicht. 1713; Miscellanies, Sat. 1727f. (m. Swift); The Dunciad, Sat. 1728; The Dunciad Variorum, 1729; Epistles to Various Persons (Moral Essays), 1731–35; Imitations of Horace, 1733–39; An Essay on Man, 1733 (n. A. H. Thompson 1913, M. Mack 1962; d. 1740); The New Dunciad, 1742. – Complete Works, hg. W. Elwin, W. J. Courthope X 1871–89; Prose Works I, hg. N. Ault 1936, II hg. R. Cowler 1987; Poems, Twickenham Ed., hg. J. Butt u. a. X 1939–67, I 1963; Poetical Works, hg. H. Davis 1966 (n. 1978); Correspondence, hg. G. Sherburn V 1956. – *Übs.:* Werke, J. Dusch XIII 1778–85, A. Böttger, T. Ölckers IV 1842.

L: I. R. F. Gordon, 1976; R. M. Brownell, P. and the Arts of Georgian England, 1978; P. Rogers, Hacks and Dunces, 1980; D. Fairer, P.'s Imagination, 1984; M. Mack, 1985; R. Berry, 1988; F. Rosslyn, 1990; P. Baines, The Complete Critical Guide to A. P., 2000. – *Bibl.:* Griffith, II 1923–27; J. E. Thobin, 1945; W. Kowalk, 1981. Konkordanz: E. G. Bedford, R. J. Dilligan, II 1974.

Popescu, Dumitru Radu, rumän. Schriftsteller, * 19. 8. 1935 Păușa/Bihor. Stud. Medizin, dann Philol. in Cluj. Redakteur; Präsident des rumän. Schriftstellerverbandes (1981–90). – Schreibt Dramen, Erzählungen u. Romane, stets mit beharrl. u. feiner Einfühlung in die Seelen s. Helden, jeder für sich e. ›Fall‹ wie etwa bei Faulkner.

W: Fuga, En. 1958; Zilele săptămânii, R. 1959; Vara oltenilor, R. 1964; Dor, En. 1966; Leul albastru, R. 1966; F., R. 1969; Acești îngeri triști, Dr. 1969; Pisica în noaptea anului nou, Dr. 1970; Duminica linistita, R. 1973 (Königliche Jagd, d. 1977); Cei doi din dreptul Țebei, R. 1973 (Die beiden vor dem Berg, d. 1977); O bere pentru calul meu, R. 1974; Ploile de dincolo de vreme, R. 1976; Împăratul norilor, R. 1976; Iepurele șchiop, R. 1980.

L: G. Dimiseanu, 1966, 1970; N. Balotă, 1970.

Poplavskij, Boris Julianovič, russ. Dichter, 7. 6. 1903 Moskau – 9. 10. 1935 Paris. 1919 nach Paris emigriert, veröffentlichte ab 1928 Gedichte, fand die ihm gebührende Anerkennung als hochbedeutender Lyriker der jüngeren Gruppe in der ersten russ. Emigration zunehmend nach dem frühen Tod. – P.s Lyrik ist von relig. Suchen durchdrungen, steht zwischen Antike u. Christentum, lebt aus Inspiration u. Form, nicht der Logik, verbindet – auch in ihren surrealist. Elementen – die russ. Tradition mit der franz. Dichtung s. Zeit.

W: Flagi, G. Paris 1931; Snežnyj čas, G. Paris 1936; V venke iz voska, G. Paris 1938; Iz dnevnikov, Paris 1938; Dirižabl' neizvestnogo napravlenija, G. Paris 1965. – Sobranie sočinenij (GW), III 1980/81; III 2000.

Popov, Evgenij Anatol'evič, russ. Prosaiker, * 5. 1. 1946 Krasnojarsk. Stud. Geologie in Moskau (1963–68), arbeitete bis 1975 als Geologe in Sibirien, dann Übersiedlung nach Moskau, begann früh Kurzgeschichten zu schreiben, einzelne Erzählungen erschienen in Zsn., nach der Mitwirkung am Almanach ›Metropol'‹ (1979) generelles Publikationsverbot, das erst mit der Perestrojka aufgehoben wurde, lebt in Moskau. – P.s Texte befassen sich meist mit dem sowjet./russ. Alltag und vermitteln durch postmodernes Ironisieren und Parodieren e. erzählerisch vielgestaltigen Blick auf das Leben, dessen Widrigkeiten mit demonstrativem Gleichmut geschildert werden.

W: Veselie Rusi, En. Ann Arbor 1981; Ždu ljubvi neverolomnoj, En. 1989; Prekrasnost' žizni, R. 1989 (Die Wunderschönheit des Lebens, d. 1992); Duša patriota, R. 1991 (Das Herz des Patrioten, d. 1991); Podlinnaja istorija ›Zelënych muzykantov‹, R. 1999 (Die wahre Geschichte der Grünen Musikanten, d. 1999).

Popović, Jovan Sterija, serb. Dramatiker, 13. 1. 1806 Vršac – 9. 3. 1856 ebda. Kaufmannssohn, Vater Grieche, Stud. Rechte u. Philos. Budapest, Rechtsanwalt in s. Banater Heimat, dann Lehrer am Lyzeum Kragujevac; als hoher Beamter des Kultusministeriums Verdienste um den kulturellen Aufbau und das Schulwesen Serbiens; ab 1848 freier Schriftsteller in Vršac. Mitgl. der serb. gelehrten Gesellschaft. – Begann mit klassizist. Gedichten u. sentimentalen hist. Romanen, von denen er sich jedoch in s. weiteren Entwicklung lossagte; s. eigentl. Betätigungsfeld wurde das Drama, für das er zunächst in Tragödien auch hist. Stoffe und Themen aus der Volksepik wählte; später ging P. ganz zur Charakter- u. Sittenkomödie über, in der er mit viel Humor urwüchsige Typen aus dem Kleinbürgertum darstellt u. Kritik an den menschl. Schwächen übt.

W: Nevinost ili Svetislav i Milena, Tr. 1827; Boj na Kosovu, R. 1828; Miloš Obilić, Tr. 1830; Laža i paralaža, K. 1830; Tvrdica ili Kir Janja, K. 1837; Roman bez romana, K. 1838; Pokondirena tikva, K. 1838; Zla žena, K. 1838; Ženidba i udadba, K. 1841; Smrt Stefana Dečanskog, Tr. 1842; Rodoljubci, K. 1850; Beograd nekad i sad, K. 1853; Davorje, G. 1854. – Celokupna dela (GW), V 1931; Dramatski spisi, Ausw. III 1902–1909; Komedije, K. 1956; Izabrane stranice (AW), 1972.

L: M. Tokin, 1956; S. Ž. Marković, 1968; M. Flasar, 1988.

Poquelin, Jean Baptiste → Molière

Poradeci, Lasgush (eig. Llazar Gusho), alban. Lyriker, 27. 12. 1899 Pogradec – 12. 11. 1987 Tiranë. 1909–16 rumän. Schule Monastir, 1916–18 Lycée des Frères Marisses Athen, seit 1921 Kunstakad. Bukarest, seit 1924 philol. Stud. Univ. Graz, 1933 Dr. phil. ebda., 1934–44 Lehrer am Gymnas. Tiranë, danach als Übersetzer lit. Werke tätig. – P.s unter dem Eindruck tiefen Naturerlebens stehende Gedichte verknüpfen die irdische Welt mit e. pantheistisch gedachten, bisweilen mystisch verklärten Welt u. atmen den Geist dessen, was P. ›Metaphysik der schöpferischen Harmonie‹ nennt. Wiewohl sie in hohem Maße der südalban. Volksdichtung verpfichtet sind, zeichnen sie sich durch ihre ausgewogene metrisch-rhythmische Gestaltung u. ihre geschliffene sprachlich-stilist. Form aus. Neben – Camaj ist P. der bedeutendste alban. Lyriker des 20. Jh. Von hohem künstlerischem Rang sind auch s. Übersetzungen aus der Lyrik der Weltlit. (Puškin, Goethe, Heine, Lenau, Byron, Musset, Eminescu u.a.) ins Albanische.

W: Vallja e yjve, G. 1933; Ylli i zemrës, G. 1937 (n. 1990); Vjersha të zgjedhura, Ausw. hg. M. Xhaxhiu 1960; Vepra: Publicistika, hg. K. u. M. Gusho 1999; Vepra letrare (GW), hg. F. Idrizi 1990; Vepra, hg. K. Gusho, M. Poradeci III 1999.

L: M. Raifi. Lasgushi, Noli, Migjeni, 1986; P. Kolevica, Lasgushi më ka thënë, Shënime nga bisedat me L. P-in, 1992, [2]1999; P. Prifti, Rilindja e Lasgushit, 1997.

Porphyrios, altgriech. Philosoph (Neuplatonismus), ca. 234 Tyros (Phönizien) – 305/310 n. Chr. Rom(?) Aus vornehmer Familie, Stud. Mathematik, Philol., Philos. in Athen, 263 nach Rom zu Plotinos, wird dessen engster Mitarbeiter, 268 Umzug nach Sizilien. – P.' Werk deckt das ganze Spektrum der ›7 artes liberales‹ ab (Philos., Mathematik, Astronomie, Musik, Grammatik, Rhetorik, Geschichte) und richtet sich an Leser verschiedenster Kompetenzstufen. U. a. verfaßte er e. Biographie s. Lehrers Plotin mit Schriftenverzeichnis und e. Einleitung in die von ihm besorgte Gesamtausgabe (›Enneaden‹). Umfangreiche Tätigkeit als Kommentator, um die Lehren Plotins zu bewahren und zu verteidigen.

A: A. Nauck [2]1886 (Nachdr. 1963; Opusc.). – J. Bidez 1913 (zahlr. Nachdre.); L. Brisson u.a. 1992 (Plotinvita m. franz. Übs. u. Komm.); E. des Places 1982 (Pyth.-Vita, Mark., m. franz. Übs.); E. Lamberz 1975 (Aph.); C. Larrain 1987 (Aph., dt. Übs.); W. Pötscher 1969 (Mark., dt. Übs.); A. Smith 1993 (Fragm.).

L: H. Dörrie, 1959; I. Hadot, Paris 1968; F. Romano, Catania 1979, 1985; G. Girgenti, Mail. 1994, 1996, Rom u.a. 1997; P. Hadot, Paris 1999; D. P. Taormina, Paris 1999; M. Zambon, Paris 2002.

Porphyrius, Publilius Optatianus, lat. Dichter; * um 260/270 n. Chr. Stadtpräfekt in Rom 329 u. 333; P. konvertierte zum Christentum. – Von P. stammt e. Sammlung von Gedichten mit versch. Vers-, Buchstaben- u. Figurenspielereien. Für die Figurengedichte ist die visuelle Wahrnehmung zentral: Z.B. heben sich aus e. regelmäßigen Buchstabenblock kolorierte, e. Bild (z.B. Christus) u. e. eigenen Text bildende Buchstaben heraus. – Im MA wurden die Gedichte geschätzt u. häufig nachgeahmt.

A: G. Polara, 2 Bde., Turin 1973 u. 1976.
L: U. Ernst, Carmen figuratum, 1991.

Porta, Antonio (eig. Leo Paolazzi), ital. Dichter, 6. 11. 1935 Vicenza – 28. 7. 1989 Rom. Sohn e. Mailänder Verlegers; Stud. Lit.wiss., Mitarbeit bei versch. Zeitungen, unterrichtete an den Universitäten Yale, Pavia, Rom, Bologna. – Als Mitgl. des ›Gruppo 63‹ zählt er zur lit. Bewegung der ›Neoavanguardia‹, die e. Erneuerung der Sprache der Dichtung als wichtigsten Schritt der Loslösung von der Lit. des bürgerl. Kapitalismus anstrebt, ohne sich jedoch ideolog. vereinnahmen zu lassen. P.s Sprache ist geprägt von Expressionismus u. Surrealismus.

W: La palpebra rovesciata, G. 1960; I rapporti, G. 1965; Partita, R. 1967; Metropolis, G. 1971; La presa del potere di Ivan lo sciocco, Dr. 1974; Quanto ho da dirvi, Ges. G. 1977; Il re del magazzino, R. 1978; Passi passaggi, G. 1980; Se fosse tutto un tradimento, En. 1981; L'aria della fine, G. 1982; Invasioni, G. 1984; Yellow, G. 2002.
L: L. Sasso, 1980; M. Moroni, Essere e fare, 1991.

Porta, Carlo, ital. Autor, 15. 6. 1775 Mailand – 5. 1. 1821 ebda. Stud. Lit. in Monza, dann Beamter in Mailand; 1796/97 Finanzbeamter in Venedig. Korrespondenz mit G. Berchet, T. Grossi, U. Foscolo u. Torti. – Entwirft in s. im Mailänder Dialekt geschriebenen Gedichten, Novellen und Dramen e. satir., psycholog. dichtes Bild s. Mailänder Mitbürger.

W: El lava piatt de Meneghin ch'è mort, 1792/93 (hg. D. Isella 1960); Le desgrazi di Giovanni Bongee, G. 1812; Olter desgrazi di Giovanni Bongee, G. 1813; La ninetta del Verzee, G. 1815; Lament del Marchionn di gamb avert, G. 1816. – Poesie, hg. P. Campagnini 1887, A. Ottolini ²1946, D. Isella III 1955f. u.ö., G. Barbarisi, C. Guarisco II 1964.
L: A. Momigliano, ²1923; E. Rota, 1933; H. Aureas, Paris 1959; G. Bezzola, ²1980; C. Beretta, 1994.

Porta, Giambattista della → Della Porta, Giovan Battista

Portaas, Herman → Wildenvey, Herman Theodore

Porter, Katherine Anne, amerik. Schriftstellerin, 15. 5. 1890 Indian Creek/TX – 18. 9. 1980 Silver Spring/MD. Nachfahrin Daniel Boones, aufgewachsen in Texas und Louisiana, von früh an schriftsteller. tätig, Journalistin in allen Teilen der USA und in Europa; auch Lit.dozentin an mehreren Univ. der USA. – Ihre K. Mansfield verpflichteten Kurzgeschichten, mit ihrem Schauplatz in Mexiko und im Süden der USA, sind von dichter. Dramatik erfüllt und schildern psycholog. erfaßte Charaktere. Trotz des geringen Umfangs ihres Schaffens erfreut sich P. großen Ansehens und beträchtl. Beliebtheit. In ihrem einzigen Roman ›Ship of Fools‹ über e. das Dtl. von 1931 allegorisierende Schiffsreise (S. Brant diente als Vorwurf) verarbeitet P. ihre Einblicke in das nationalsozialist. Dtl.

W: My Chinese Marriage, 1921 (als Ghostwriter für M. T. Franking); Flowering Judas, Kg. 1930 (Unter heißem Himmel, d. 1951; u.d.T. Blühender Judasbaum, d. 1964; u.d.T. Judasblüten, d. 1984); Hacienda, Kg. 1934; Noon Wine, N. 1937; Pale Horse, Pale Rider, Nn. 1939 (Das dunkle Lied, d. 1950; u.d.T. Fahles Pferd und fahler Reiter, d. 1963); The Leaning Tower, Kgn. 1944 (Das letzte Blatt, d. 1953; u.d.T. Der schiefe Turm, 1965); The Days Before, Ess. 1952 (Was vorher war, d. 1968); Ship of Fools, R. 1962 (d. 1963). – The Collected Stories, 1965; Collected Essays and Occasional Writings, 1970; The Never-Ending Wrong, Mem. 1977; Conversations, 1987; This Strange, Old World, Ess. hg. D. H. Unrue 1991; Uncollected Early Prose, hg. R. M. Alvarez, T. F. Walsh 1993; Poetry, hg. D. H. Unrue 1996; Letters, hg. I. Bayley 1990.
L: H. J. Mooney, ²1962; R. B. West, 1963; W. L. Nance, 1964; G. Hendrick, 1965; W. S. Emmons, 1967; L. Hartley, G. Core, 1970; R. P. Warren, 1979; A. H. Lopez, 1981; J. K. DeMouy, 1983; C. Machann, W. B. Clark, hg. 1990; J. T. F. Tanner, 1991; J. Givner, 1991; L. Chandra, 1992; T. H. Walsh, 1992; R. H. Brinkmeyer, 1993; J. P. Stout, 1995; D. H. Unrue, hg. 1997; M. Busby, hg. 2001. – *Bibl.:* E. Schwartz, 1953; K. Hilt, R. M. Alvarez, 1990.

Porter, Peter (Neville Frederick), austral. Lyriker, * 16. 2. 1929 Brisbane/Queensland. Journalist, seit 1951 in England, seit 1968 freier Schriftsteller. – Gelehrte, niveauvolle, satir.-sarkast., oft epigrammat. Lyrik über die Themenbereiche Gesellschaftskritik u. Tod. Brillante Preisgedichte auf die Höhepunkte europ. Kultur.

W: Once Bitten, Twice Bitten, G. 1961; Poems Ancient and Modern, 1964; Words Without Music, G. 1968; A Porter Folio, E. 1969; The Last of England, G. 1970; Preaching to the Converted, G. 1972; The Lady and the Unicorn, G. 1975; The Cost of Seriousness, G. 1978; English Subtitles, G. 1981; The Animal Programme, G. 1982; Collected Poems, 1983; Fast Forward, G. 1984; The Run of Your Father's Library, G. 1984; The Automatic Oracle, G. 1987; A Porter Selected, G. 1989.
L: B. Bennett, 1991; P. Steele, 1992. – *Bibl.:* J. R. Kaiser, 1990.

Porter, William Sydney (Ps. O. Henry), amerik. Kurzgeschichtenautor, 11. 9. 1862 Greensboro/NC − 5. 6. 1910 New York. Sohn e. Arztes, arbeitete in e. Drugstore, ging nach Texas, wurde als Bankangestellter der Veruntreuung angeklagt, floh nach Südamerika, führte e. Abenteuer- und Vagabundenleben, kehrte nach Texas zurück, 1897–1901 im Gefängnis, lebte in New York anfangs in Armut, dann dem Trunk ergeben, starb an Leberzirrhose. − Schrieb mehrere hundert humorist., häufig auch sentimentale Kurzgeschichten, die mit iron. Zufall und Überraschungseffekt arbeiten (der sog. ›O. Henry Style‹) und oft das Schicksal e. der ›4 Millionen‹ New Yorker zum Inhalt haben. Zu Lebzeiten weltweit berühmt.

W: Cabbages and Kings, R. 1904 (Narren des Glücks, d. 1953, auch u. d. T. Kohlköpfe und Könige); The Four Million, En. 1906; The Voice of the City, En. 1908; Roads of Destiny, En. 1909 (d. 1947); Rolling Stones, En. 1912 (d. 1966); Selected Stories, 1922 (hg. C. A. Smith); O. Henry Encore, 1936; Best Stories, 1965; O. Henry Stories, 1969. − The Complete Works, XIV 1917, XVIII 1929, II 1953, I 1960; The World of O'Henry, IV 1974; The Ransom of Red Chief, En. 1995. − *Übs.:* Hinter der grünen Tür, 1955; Frühling à la carte, 1961; New Yorker Geschichten, 1966; Glück, Geld und Gauner, 1967; Ruf der Posaune, 1973; Gesammelte Stories, II 1973–74; Nebel in Santone, 1974; Handel am Blackjack, 1974.

L: C. A. Smith, 1916; W. W. Williams, 1936; J. C. Nolan, 1943; E. H. Long, 1949, n. 1969; D. Kramer, 1954; G. Langford, 1957; E. S. Arnett, 1962; E. Current-Garcia, 1965; R. O'Connor, 1970; D. Stuart, 1987; K. C. Blansfield, 1988; C.-G. Eugene, 1993. − *Bibl.:* P. S. Clarkson, 1938.

Porto, Luigi da, ital. Autor, 10. 8. 1485 Vicenza – 10. 5. 1529 ebda. 1503–05 am Hof von Urbino. Nach Verwundung im Krieg widmete er sich der Lit. Mit Bembo befreundet. − Verfaßte 69 Briefe über den Krieg, in den Venedig 1509–13 verwickelt war, petrarkist. Verse und e. Novelle, in der er den schon bei Salernitano u. Bandello behandelten Stoff von Romeo und Julia neu gestaltet.

W: Hystoria novellamente ritrovata di due nobili amanti, N. 1530 (krit. Ausg. A. Ricklin 1937; d. 1944); Rime e prose, 1539; Lettere storiche (hg. B. Bressan 1857).

L: C. Foligno, 1912. − *Bibl.:* A. Torri, 1961.

Porto-Riche, Georges de, franz. Dramatiker ital. Abstammung, 20. 5. 1849 Bordeaux − 5. 9. 1930 Paris. Seit 1892 franz. Staatsangehöriger; Bibliothekar. 1923 Mitgl. der Académie Française. Freund Maupassants. − Sah s. Meister in Racine, Marivaux und Musset. Schrieb realist., gut und einfach gebaute psycholog. Dramen für das ›Théâtre libre‹ Artauds, die sich oft durch geistvollen Dialog auszeichnen. Größter Erfolg ›Amoureuse‹. S. ausschließl. Thema ist der Konflikt zwischen Mann und Frau in der Liebe, die er als tyrann., alles fordernde, zerstörende Leidenschaft zeichnet.

W: Prima verba, G. 1872; Le vertige, Dr. 1873; Un drame sous Philippe II, Dr. 1875; Tout n'est pas rose, G. 1877; La chance de Françoise, Dr. 1888; L'infidèle, Dr. 1890; Amoureuse, Dr. 1891; Le passé, Dr. 1898; Les Malefilâtre, Dr. 1904; Le vieil homme, Dr. 1911; Zubiri, Dr. 1912; Le marchand d'estampes, Dr. 1918; Anatomie de l'amour, Dr.-Ausw. 1920; Les vrais dieux, Dr. 1929. − Théâtre d'amour, II 1921f., IV 1926–28; Théâtre complet, II 1925f.

L: E. Sée, 1932 (m. Bibl.); W. Müller, Diss. Poitiers 1934, 1994; H. Brugmans, Diss. Amst. 1934, 1976.

Portugal, Francisco de, Graf von Vimioso, portugies. Dichter, 1585 Lissabon – 1632 ebda. (nicht zu verwechseln mit s. gleichnamigen Vorfahr, der Lieder u. Sentenzen schrieb u. am 8. 12. 1549 starb). Erfolgr. in Madrid am Hofe Philipps II., Offizier, trat später als Witwer ins Kloster ein. − Galanter Weltmann u. feinsinniger Dichter, dessen Werke nur posthum erschienen. Neuplaton. Züge. Schrieb auch span.; Vf. von Sonetten, Kanzonen, Oktaven, Romanzen u. ä. in gongorist. Manier. S. unterhaltende ›Kunst der Galanterie‹ ist e. wertvolles Zeitdokument.

W: Divinos e Humanos Versos, G. 1652; Arte de Galanteria, Schr. 1670 (n. J. Ferreira 1943).

L: A. Crabbé-Rocha, 1965.

Poruks, Jānis, lett. Schriftsteller, 13. 10. 1871 Druviena b. Cesvaine/Lettl. − 25. 6. 1911 Tartu/Estl. Sohn e. Hofbesitzers; 1881–87 örtliche Schulen; 1887–92 Schulen Cēsis, Rīga; 1893/94 Dresdner Königl. Konservatorium, Klasse für Klavier; ab 1894 Redakteur in Riga; 1897–1905 Chemie- u. BWL-Stud. Riga; ab 1905 Aufenthalte in versch. psychiatr. Krankenhäusern; 1909/10 Vecmīlgrāvis b. Riga; ab 1910 Tartu, Nervenklinik. − Lit. Schaffen praktisch nur bis 1905; vitaler Realismus zusammen mit philos. Romantik, von Nietzsche beeinflußt; Gedanken über menschliche Ideale, Gott, Ewigkeit u. Bedeutung des Leidens; moderner Klassiker.

W: Pērļu zvejnieks, längere E. 1895; Sirdsšķīsti ļaudis, E. (1896); Kauja pie Knipskas, E. (1897); Sirdis starp sirdīm, En. 1900; Dzīve un sapņi, En. 1904; Dzejas, G. 1906. − Kopoti raksti (GW), XX 1929/30, V 1954–58; Raksti (W), III 1971–73. − *Übs.:* Die reinen Herzens sind, En. 1922.

L: Z. Mauriņa, 1929; J. Lapiņš, 1935. − *Bibl.:* K. Egle, 1977.

Porzecanski, Teresa, uruguay. Erzählerin, * 5. 5. 1945 Montevideo. Prof. für Anthropologie. − Ihre atyp., aufrührer., wenn auch poet. Texte bedeuten e. Bruch mit den abgedroschenen Formeln; strenggenommen schreibt sie nicht Romane im traditionellen Sinn, sondern huldigt nur der absoluten schöpfer. Freiheit u. Einbildungskraft. Traurige Atmosphäre von Verfall; gewagte Sprache, wild u. zart, iron. u. ernst.

W: El acertijo y otros cuentos, 1967; Intacto el corazón, G. 1976; Construcciónes, En. 1979; La invención de los soles, R. 1982; Una novela erótica, R. 1986; Curanderos y caníbales, Es. 1989; Perfumes de Cartago, R. 1994; La piel del alma, R. 1996; Felicidades fugaces, R. 2002.

Poseidippos, altgriech. Komödiendichter (>Neue Komödie<), 4./3. Jh. v .Chr., aus Kassandreia (Makedonien). – Von s. angebl. 30 Stücken sind 18 Titel bekannt, sonst nur spärl. Fragmente, die P. als typ. Vertreter der >Neuen Komödie< ausweisen (Kochszenen, Hetären etc.). Manche s. Stücke wurden wohl Vorlagen für lat. Komödien (z.B. Caecilius' >Der Statthalter< nach gleichnamigem Stück des P.).

Poseidonios, altgriech. Philosoph (Stoa), ca. 135 v. Chr. Apameia (Syrien) – 51 v. Chr. Stud. in Athen bei Panaitios, nach dessen Tod auf Rhodos, dort neben Lehrtätigkeit auch Ämter; Pompeius besucht P. 66 und 62, Cicero zählt ihn zu s. Freunden; Reisen im Mittelmeerraum. – Von P.' Werk sind nur Fragmente erhalten. Neben historiograph., geograph. und astronom. Werken lag P.' Interessenschwerpunkt im Kernbereich der Philos. (Logik, Physik, Ethik). Hier folgt er wohl in wichtigen Punkten traditioneller (alt-)stoischer Lehre (umstritten), in einzelnen Punkten scheint er auch neue Thesen zu vertreten. Der Großteil von P.' philos. Werk scheint nur in begrenztem Maß gewirkt zu haben, doch wurden s. eth., v. a. aber s. hist.-kulturhist. (vgl. Livius, Plutarch) und naturwiss. (vgl. Plinius d. Ä.) Schriften oft benutzt.

A: L. Edelstein, I. G. Kidd [2]1989, I. G. Kidd 1988–99 (Komm.), 1999 (engl. Übs.). – *Übs.:* W. Theiler 1982 (dt. m. Komm.).

L: K. Reinhardt, 1928 (Nachdr. 1975); L. Edelstein, AJPh 57, 1936, 286–325; G. Pfligersdorffer, 1959; M. Laffranque, Paris 1964; K. Schmidt, 1980; J. Malitz, 1983; K. Bringmann, in: I. G. Kidd, hg. Genf 1986; Fr. Adorno u.a., Florenz 1986; M. Ruggeri, Florenz 2000.

Posse, Abel, argentin. Romancier, * 1936 Córdoba. Studium in Paris u. Tübingen; Diplomat. – S. Themen sind die Entdeckung u. Eroberung Amerikas, Buenos Aires, der >Che< Guevara in Prag.

W: La boca del tigre, 1971; Daimón, 1978; Los perros del paraíso, 1983 (d. 1993); La reina del Plata, 1988; El largo atardecer del caminante, 1992; La pasión según Eva, 1995; Los cuadernos de Praga, 1998; El inquietante día de la vida, 2001.

Post, Laurens van der, anglo-afrikan. Erzähler, 13. 12. 1906 Philippolis – 16. 12. 1996 London. Journalist, Farmer, Soldat, Militärattaché. Lebte ab 1928 in England. Im 2. Weltkrieg mehrere Jahre in japan. Gefangenschaft. – Vf. spannender Romane u. Reiseberichte über Afrika, in denen die Kultur der Buschmänner e. zentrales Thema darstellt.

W: In a Province, R. 1934; Venture to the interior, 1952 (d. 1952); A Bar of Shadow, Kgn. 1954 (Trennender Schatten, d. 1955); Flamingo Feather, R. 1955 (d. 1956); The Dark Eye in Africa, R. 1955 (d. 1956); The Face Beside the Fire, R. 1958 (David Alexander Michaeljohn, d. 1958); The Lost World of the Kalahari, Reiseb. 1959 (d. 1959); The Heart of the Hunter, R. 1961 (d. 1962); The Seed and the Sower, En. 1962 (Das Schwert und die Puppe, d. 1964); Journey into Russia, Reiseb. 1964 (Rußland-Antlitz aus vielen Gesichtern, d. 1965); The Hunter and the Whale, R. 1967 (d. 1968); A Portrait of All the Russias, Ber. 1967 (Erlebnis Rußland, d. 1967); A Portrait of Japan, Ber. 1968; The Night of the New Moon, St. 1970 (d. 1970); A Story Like the Wind, R. 1972 (Wenn Stern auf Stern aus der Milchstraße fällt, d. 1973); A Far-off Place, R. 1974 (Durchs große Durstland müßt ihr ziehen, d. 1986); A Mantis Carol, R. 1975; Jung and the Story of Our Time, St. 1975; First Catch Your Eland, Sb. 1977 (Wie Afrika ißt, d. 1979); Yet Being Someone Other, Mem. 1982 (Aufbruch und Wiederkehr, d. 1985); Testament to the Bushmen, St. 1984 (m. J. Taylor); A Walk with a White Bushman, Mem. 1986 (m. J.-M. Pottiez); About Blady, a Pattern out of Time, R. 1991; Feather Fall, Anth. 1994; Admiral's Baby, Aut. 1997.

L: F. A. Carpenter, 1969.

Posthomerica → Quintus von Smyrna

Postma, Obe, westfries. Lyriker, 29. 3. 1868 Kornwerd – 26. 6. 1963 Leeuwarden. Bauernsohn; Stud. Naturwiss. Amsterdam, 1895 Promotion. 1893–1933 Lehrer in Tilburg und Groningen. – Vf. zahlr. Veröffentlichungen zur Gesch. der Landwirtschaft und des Dorfes. Übs. Rilkes (1933), E. Dickinsons aus dem >Heliand< und chines. Gedichte. Als Lyriker e. der bedeutendsten fries. Dichter der Gegenwart. Bezeichnend für ihn sind reimlose freie Rhythmen.

W: Fryske lân en Fryske libben, G. 1918; De ljochte ierde, G. 1929; Dagen, G. 1937; It sil bestean, G. 1946; Samle Fersen, G. 1949; Fan wjerklank en bisinnen, G. 1957; Samle Fersen, G. 1978. – *Übs.:* Gedichte fen Rilke, 1933.

L: F. Sierksma, Bern fan 'e ierde, 1953; Ph. H. Breuker, Obe Postma als auteur van het sublieme, 1996, ders., Skriuwers yn byld, 1997; Zs. Trotwaer Oktober 1997, ges. Komm.

Potechin, Aleksej Antipovič, russ. Schriftsteller, 13. 7. 1829 Kinešma/Gouv. Kostroma – 29. 10. 1908 Petersburg. Aus Adelsfamilie. – Slavophiler Erzähler und Dramatiker; schildert sozialkrit. die

Sitten und Bräuche der Gutsbesitzer und des einfachen Volkes, Vorläufer Ostrovskijs, L. Tolstojs, Bunins.
W: Krušinskij, R. 1856; Sud ljudskoj, ne božij, Dr. 1854. – Polnoe sobranie sočinenij (SW), XII 1903–05; Izbrannye proizvedenija (Ausw.), 1938.

Potgieter, Everhardus Johannes, niederländ. Dichter u. Essayist, 27. 6. 1808 Zwolle – 3. 2. 1875 Amsterdam. Mit 13 Jahren in e. Lederhandlung in Amsterdam, 1827–30 in Antwerpen (Freundschaft mit J. F. Willems). 1831/32 Geschäftsreise nach Schweden; ließ sich 1832 endgültig als Vertreter ausländ. Firmen in Amsterdam nieder. Zusammenarbeit mit Drost u. Bakhuizen van den Brink an ›De Muzen‹ (1834), 1837–65 Hrsg. der Zs. ›De Gids‹. Frucht e. Florenzreise ist s. größte Dichtung ›Florence‹, e. ep. Gedicht in Terzinen um das Leben Dantes. – Bedeutender, scharfsinniger Kritiker von hohen Ansprüchen im Kampf um e. Erneuerung der niederländ. Lit. Suchte den Holländer in ›Jan, Jannetje en hun jongste kind‹ aus s. energielosen Selbstgenügsamkeit wachzurütteln. Will anknüpfen an die polit. u. kulturelle Größe Hollands im 17. Jh., die er bewundert und zu erneuern versucht. Trotz schwerflüssigen Stils e. der bedeutendsten lit. Persönlichkeiten des 19. Jh.
W: Het Noorden, Prosa II 1836–40; Liedekens van Bontekoe, G. 1840; Jan, Jannetje en hun jongste kind, Prosa 1842; 't Is maar een Pennelikker, Prosa 1842; Het Rijksmuseum te Amsterdam, Es. 1844; Onderweg in den regen – Prosa 1837–45, II 1864 (komm. J. Smit 1957); Florence, Ep. 1864 (komm. G. M. J. Duyfuizen 1942, J. Smit 1960); Poëzy 1827–74, II 1868–75; De natenschap van de Landjonker, G. 1875; Gedroomd paardrijden, G. 1875. – Verspreide en nagelaten werken, XI 1875–77; De werken, hg. J. C. Zimmermann XVIII 1885 f. Brieven aan C. Busken Huet, hg. G. Busken Huet III 1903.
L: C. Busken Huet, 1877; J. H. Groenewegen, 1894; A. Verwey, 1903; J. Saks, Busken Huet en P., 1927; J. Smit, 1950; J. T. R. van Greevenbroek, 1951; E. J. P. (...), Ausstellungs-Kat., 1975. – *Bibl.:* J. H. Groenewegen, 1890.

Potocki, Jan Graf, poln. Gelehrter und Dichter, 8. 3. 1761 Pikow – 2. 12. 1815 Uładówka (Freitod). Stud. Mathematik, lebte in Warschau, London, Paris und Spanien, Marokko, ergriff Partei für die Franz. Revolution und unternahm als Geheimrat des Zaren Alexander weite Reisen bis nach China. – Geschichts- und Altertumsforscher, Begründer der slaw. Archäologie und Kenner oriental. Sprachen, s. hist.-geograph. Publikationen in franz. Sprache sind heute noch als Materialsammlung wertvoll. Zwischen 1803 und 1815 entstand s. einziges dichter. Werk, ›Manuscrit trouvé à Saragosse‹, e. philosoph. Rahmenerzählung nach dem Vorbild von ›1001 Nacht‹ und Boccaccio, mit vielfältig verzweigter Handlung voll von phantast. Elementen.
W: Voyage en Turquie et en Egypte, 1788; Recherches sur la Sarmatie, V 1789–92; Voyage dans l'Empire de Maroc, 1792; Parades, Drn. 1793 (n. 1958 f.); Voyage dans quelques parties de la Basse-Saxe, 1795; Fragments historiques et geographiques sur la Scythie, la Sarmatie et les Slaves, IV 1796; Histoire primitive des peuples de Russie, 1802; Histoire ancienne des provinces de l'Empire de Russie, III 1805; Manuscrit trouvé à Saragosse, R. 1805–14, 1958 franz. Teilausg. (poln. Übs.: Rakopis znaleziony w Saragossie, VI 1847; vollst. Die Handschrift von Saragossa, d. 1961 u. 2003); Podróże, Ausw. 1959; Voyages, 1980.
L: E. Krakowski, Paris 1963; J. P. et le ›Manuscrit‹, hg. C. Jean 1982.

Potocki, Wacław, poln. Dichter, 1625(?) Wola Łużańska – 9. 7. 1696 Łużna. Aus arian. Adelsfamilie. Ohne höhere Schulbildung. Teilnahme an einigen Feldzügen. 1661 Übertritt zum Katholizismus. Mundschenk von Krakau. 1683 Kommissar für die schles. Gebiete. Lebte vorwiegend auf s. Landsitz. – Sehr produktiv in freier Umgestaltung versch. fremder Vorbilder. Von s. über 100 000 Versen zu Lebzeiten wenig veröffentlicht, ohne Wirkung auf s. Zeitgenossen. Relig. Dichtung unter Einfluß Kochanowskis, Bußlieder u. relig. Dramatik. Hist. Dichtung, Heldenepik unter Einfluß Tassos u. Twardowskis; nach Berichten J. Sobieskis breite Schilderung der Schlacht bei Chotim 1621. Heraldik des poln. Adels, noch zu Lebzeiten P.s erschienen. Allegor. Romane in Versen. Ferner didakt. Dichtung, Possen, Epigramme.
W: Argenida, Ep. (1665) 1697; Wojna Chocimska, Ep. (1670) 1850, hg. A. Brückner 1924; Zgoda, G. (1673) 1889; Poczta, G. (1674) 1911; Wirginja, G. (1674) 1777; Dialog o zmartwychstaniu Pańskim (1676) n. 1949; Pełna, G. 1678; Syloret, Versr. (1691) 1764; Moralia, (1695) III 1915–18; Ogród, ale nieplewiony, Epigr. (1695, u. d. T. Ogród fraszek, hg. A. Brückner II 1907); Poczet herbów, Wappenb. 1696. – Wiersze wybrane, hg. A. Brückner 1924; Ausw., II 1953.
L: W. Chotkowski, 1876; A. Brückner, 1900; L. Kukulski, Prolegomena filologiczne do twórczości W. P., 1962; L. Sieciechowiczowa, 1965; J. Malicki, Słowa i rzeczy, 1980; M. Kaczmarek, Sarmacka perspektywa sławy, 1982.

Potok, Chaim, amerik. Romancier, * 17. 2. 1929 New York City. Stud. Judaistik u. Philos., seit 1954 Rabbiner, Lehrtätigkeit an jüd. Univ. u. Hrsg. jüd. Publikationsorgane in den USA. – P. dramatisiert das Spannungsverhältnis zwischen jüd. Tradition u. e. säkularisierten Welt vor e. zeitgenöss. amerik. Hintergrund.
W: The Chosen, R. 1967 (d. 1975); The Promise, R. 1969 (d. 1976); My Name is Asher Lev, R. 1972 (d. 1976); In the Beginning, R. 1975 (d. 1977); The Book of Lights, R. 1981; Davita's Harp, R. 1985; The Gift of

Pottecher

Arthur Lev, R. 1990; I Am the Clay, R. 1992; The Gates of November, B. 1996 (d. 1998); Zebra, En. 1998 (d. 2002); Old Men at Midnight, R. 2001.
L: E. A. Abramson, 1986; S. Sternlicht, 2000.

Pottecher, Marie-Benjamin Maurice, franz. Dramatiker, 19. 10. 1867 Bussang/Vogesen – 16. 4. 1960 Fontenay-sous-Bois. – Gründete 1895 in s. Heimatdorf e. Bauern-Freilichtbühne ›Théâtre du peuple‹, die erste in Frankreich, schrieb dafür e. Reihe von realist. Komödien und Tragödien über hist. u. legendäre Stoffe mit erzieher.-humanitärer Tendenz.
W: Le diable marchand du goutte, Dr. 1895; Morteville, Dr. 1896; Le théâtre du peuple, Abh. 1899; L'héritage, Dr. 1900; La passion de Jeanne d'Arc, Dr. 1904; Le mystère de Judas, Dr. 1911; Amys et Amyle, Dr. 1913; Le théâtre du peuple de Bussang, Abh. 1913; Le valet noir, 1927.
L: R. Rolland, Le théâtre du peuple, ²1913 (d. 1926); C. Perconte, 1993; J. Clarke u.a., 1994.

Potter, (Helen) Beatrix, engl. Kdb.autorin, 6. 7. 1866 South Kensington/London – 22. 12. 1943 Sawrey/Lake District. Monotone, streng behütete Jugend ohne Schulbesuch in reicher bürgerl.-viktorian. Familie; Erziehung durch Gouvernante. Lebte, durch Einfluß der Eltern von der Umwelt isoliert, bis zum Alter von 39 Jahren ganz in deren Haus. Frühe Liebe zu Tieren, zeichner. Begabung u. kühle, objektivist. Beobachtung. Langjähr. Zus.arbeit mit dem Verleger F. Warne; 1905 Verlobung mit dessen Sohn Norman, der jedoch kurz darauf stirbt. Aus dem Erlös ihrer ersten Bücher Kauf der Hill Top Farm in Sawrey, die ihre zweite Heimat wird. ∞ 1913 den Anwalt W. Heelis, schreibt nur noch wenig, widmet sich der Schafzucht u. den Landschaftsschutz-Bestrebungen des National Trust, dem sie 4000 Hektar Land hinterläßt. – Verf. in einfachem, aber sorgfältigem Stil (Vorbild Jane Austen) über 20 kleininformatige, von ihr selbst bebilderte Kinderbücher, meist phantast. Tiergeschichten, die bei aller humorvollen Vermenschlichung (Kleidung, Wohnungsausstattung) auf präziser Naturbeobachtung beruhen. In zahlr. Sprachen übersetzt, sind P.s Bücher in Millionenauflagen verbreitet.
W: The Tale of Peter Rabbit, 1900 (Privatdruck) u. 1902 (d. 1948; 1973); The Tailor of Gloucester, 1902 (d. 1948; 1973); The Tale of Squirrel Nutkin, 1903 (d. 1973); The Tale of Two Bad Mice, 1904 (d. 1973); The Tale of Benjamin Bunny, 1904; The Tale of Mrs Tiggy-Winkle, 1905; The Tale of Mr Jeremy Fisher, 1906; The Tale of Tom Kitten, 1907 (d. 1973); The Tale of Jemima Puddle-Duck, 1908; The Roly-Poly Pudding, 1908; The Tale of Mrs Tittlemouse, 1910; The Tale of Mr Tod, 1912 (d. 1973); The Tale of Pigling Bland, 1913. – The Journals 1881–97, hg. L. Linder, 1966. – *Übs.:* Das große Beatrix—Potter Geschichtenbuch, d. v. C. Schmölders u.a., 1992.

Potter, Dirc, niederländ. Dichter, um 1370 – 30. 4. 1428. Sekretär im Dienste mehrerer Fürsten. Mit diplomat. Missionen beauftragt, 1411/12 in Rom. – ›Der minnen loep‹ ist e. gereimtes moralisierendes Lehrgedicht über die Liebe mit 57 lebendig geschriebenen Erzählungen aus versch. Quellen.
A: Der minnen loep, hg. P. Leendertz IV 1845–47; Blome der doechden, hg. P. S. Schoutens u.d.T. Dat bouck der bloemen, 1904; Mellibeus, hg. B. Overmaat 1950.
L: A. M. J. van Buuren, Der minnen loep van D. P., 1979.

Pottier, Eugène, franz. Dichter, 4. 10. 1816 Paris – 6. 11. 1887 ebda. Arbeiter, aktiv an der Revolution von 1830 beteiligt. Mitglied der Pariser Kommune 1871, floh nach deren Scheitern in die USA; kam nach e. Amnestie 1880 zurück. – Revolutionärer Arbeiterdichter mit Gedichten und Liedern, schrieb 1871 den Text der ›Internationale‹, des Kampflieds der internationalen Arbeiterbewegung (Melodie von A. de Geyter).
W: Chants révolutionnaires, 1887. – Œuvres complètes, 1966. – *Übs.:* Die Internationale wird alle Menschheit sein, Ausw. 1967.
L: E. Tersen, 1962; J. Péridier, 1980; P. Brochon, 1997.

Poulaille, Henri (Ps. Hyp), franz. Schriftsteller, 5. 12. 1896 Paris – 2. 4. 1980 ebda. Arbeitersohn. Zuerst in sehr bescheidenen Stellungen, dann ausschließl. Schriftsteller. – Gründer und Leiter der ›proletar. Schule‹, die, unbürgerlicher und dem soz. niedrigsten Volke näher als die ›populist. Schule‹, e. unmittelbare Darstellung des Lebens der einfachen Schichten anstrebt. Gibt in ›Nouvel âge littéraire‹ e. theoret. Begründung der proletar. Ästhetik. Vf. schlichter, kraß realist. Romane, darunter Antikriegsbücher und e. Zyklus über das Leben e. Arbeiterfamilie von der Jahrhundertwende bis 1920. Kindergeschichten, zahlr. Studien über den Film.
W: Âmes neuves, En. 1925 (Kinderschicksal, dt. Ausw. 1928); Ils étaient quatre, R. 1925; L'enfantement de la paix, R. 1926 (d. 1927); Nouvel âge littéraire, Schr. 1930; Le pain quotidien, R. 1931 (d. 1950); Le prolétariat, 1933/34; Les damnés de la terre, R. 1935; Pain de soldat, R. 1937; Les rescapés, R. 1938; Maintenant, 1945–1948; La grande et belle Bible des Noëls anciens, Schr. II 1951; Le feu sacré, 1980.
L: H. Chambert-Loir, 1971 u. 1974; K.-A. Arvidsson, 1989; R. Chapman, 1992; G. P. Sozzi, 1992; M. Thierry, 1992.

Poulet, Robert, belg. Romanschriftsteller, 4. 9. 1893 Chênée – 6. 10. 1989 Marly-le-Roy. Ingenieur, Teilnahme am 1. Weltkrieg, Huardist, 1945 wegen polit. Gesinnung zum Tode verurteilt;

1951 befreit, aber des Landes verwiesen, fortan Exilfranzose, Verlagslektor. – Erzähler von starker Einbildungskraft mit Neigung zum Phantastischen. Psychoanalyt. Interessen; Darstellung des Unbewußten, e. Freudschen Traumwelt, gesteigert bis zum Erleben von Halluzination und Wahnsinn als Realität. Pessimist., zyn. Grundhaltung, geprägt von jansenist. Weltbild.
W: Handji, R. 1931; Le trottoir, R. 1931; Les ténèbres, R. 1934; Prélude à l'apocalypse, R. 1944; Journal d'un condamné à mort, R. 1948 (u.d.T. L'enfer-ciel, 1952); Contre la jeunesse, Es. 1963 (d. 1967); Ce n'est pas une vie, R. 1976; Billets de sortie, R. 1976. – *Übs.:* Wider die Liebe, Aphor. 1970.

Pound, Ezra Loomis, amerik. Dichter und Kritiker, 30. 10. 1885 Hailey/IA – 1. 11. 1972 Venedig. 1901–05 Stud. vergleichende Lit.geschichte Univ. of Pennsylvania u. Hamilton College; 1908 in Italien, 1909–20 in London als Mittelpunkt e. Literatenkreises, Übs., Redakteur u. Hrsg. lit. Zsn.; 1920–24 in Paris, 1924–45 in Rapallo, anfangs als ›Dial‹-Korrespondent; scharfe Amerikakritik erweitert zu Zivilisationskritik, unter Berufung auf klass. Kulturleistungen u. utop. Gesellschaftsziele der Aufklärung; Sympathien für die faschist. Staatsordnung führen im Krieg zu anti-amerik. Propagandasendungen über Radio Rom; deswegen 1945 bei Pisa inhaftiert und vor dem Hochverratsprozeß durch Einlieferung in e. psychiatr. Anstalt in den USA bewahrt; erst 1958 entlassen, lebte er zuletzt b. Meran; 1949 polit. umstrittene Verleihung des ›Bollingen-Prize‹ für die ›Pisan Cantos‹. – Durch umfassendes Wissen u. unerschöpfl. Vitalität eigentl. Neuerer u. Anreger der mod. anglo-amerik. Dichtung. Ideen von T. E. Hulme u. Ford Madox Ford weiterverfolgend, wurde er zum Begründer der sog. Imagisten, darunter H. Doolittle, J. G. Fletcher, A. Lowell, u. edierte die Anthologie ›Des Imagistes‹ (1914); als ausländ. Korrespondent des von H. Monroe gegründeten ›Poetry: A Magazine of Verse‹ wirkte er ab 1912 mit s. kosmopolit. Lit.begriff, s. Formvorstellungen u. s. Sprachauffassung (Bild statt Idee, Partikularität statt Begrifflichkeit, direkter Appell an Erfahrung statt Reflexion) auf die mod. amerik. Dichter, bes. T. S. Eliot. Übsn. der ital. u. franz. Troubadours, Dantes u. Cavalcantis, Nachdichtungen chines. Gedichte nach Notizen von E. Fenollosa und eigene Lyrik sammelte er in ›Personae‹. Das Frühwerk zeichnet sich durch Verschmelzung von Empfindung u. Anschauung im Bild, metr. Experimente bei klass. Formen und Gelehrsamkeit aus. Diese, verbunden mit e. elast. freien Vers u. umgangssprachl. Diktion, beherrscht das ab 1925 wachsende Lebenswerk ›The Cantos‹, e. geschichts- u. kulturphilos. Gedicht, das die entwertete mod. kommerziell-kapitalist. Welt des Wuchers mit den gültigen Kulturtraditionen des Abendlands, der Antike, des Amerika von Jefferson und Chinas kontrastiert; diese werden in unzähligen Anspielungen auf Mythen, hist. Figuren, Orte u. Litn., in Zitaten u. fremdsprachl. Einsprengseln dichter. vergegenwärtigt. Stärkste Wirkung (neben W. C. Williams) auf die jüngeren amerik. Lyriker (R. Lowell, Ch. Olson) durch Technik des freien Verses, der Montage u. des sog. ›Ideogramms‹.

W: A Lume Spento, G. 1908; Exultations, G. 1909; Personae, G. 1909; The Spirit of Romance, Es. 1910; Proven ça, G. 1910; Canzoni, G. 1911; Ripostes, G. 1912; Cathay, Übs. 1915; Lustra, G. 1916; Quia Pauper Amavi, G. 1918; Hugh Selwyn Mauberley, G. 1920; Instigations, Ess. 1920; Poems 1918–21, 1921; Indiscretions, Ess. 1923; Personae, ges. G. 1926, ^{2}1949 (d. 1959); Selected Poems, hg. T. S. Eliot 1928; How to Read, Ess. 1931; ABC of Economics, Ess. 1933; Homage to Sextus Propertius, Nachdicht. 1934; ABC of Reading, Skn. 1934 (d. 1957); Make It New, Es. 1934; Jefferson and/or Mussolini, Ess. 1935; Polite Essays, 1937; Culture, Ess. 1938; What Is Money For?, Es. 1939; Patria Mia, 1950 (geschr. 1913, d. 1960); The Translations, 1953; Literary Essays, Ausw. hg. T. S. Eliot 1954; Sophokles: Women of Trachis, 1956; Pavannes and Divagations, Ess. 1958; Impact, Ess. 1960. – Selected Prose 1909–65, hg. W. Cookson 1973; Collected Early Poems, 1982; Diptych Rome – London, G. 1994; Early Poems, 1996; Roses from the Steel Dust, Collected Ess., 2000. – *Cantos:* A Draft of XVI Cantos, 1925; A Draft of Cantos 17–27, 1928; A Draft of XXX Cantos, 1930; Eleven New Cantos: XXXI – XLI, 1934; The Fifth Decade of Cantos, 1937; Cantos LII – LXXI, 1940; The Pisan Cantos (74–84), 1948 (d. 1956); The Cantos I–84, 1948; Section: Rock-Drill (85–95), 1955; Thrones (96–109), 1959; The Cantos 1–109, 1964 (d. 1964); Canto CX, 1965; Drafts and Fragments of Cantos CX – CXVII, 1968; Cantos, 1972. – Letters, 1950; P./Joyce, Br. 1967 (d. 1972); Letters to Ibbotsom, 1935–1952, 1979; P./J. Theobald, Br. 1981; P./Ford Madox Ford, Br. 1982; P./Dorothy Shakespear, Br. 1984; P./Wyndham Lewis, Br. 1985; P./L. Zkofsky, 1987; P./M. Anderson, 1988; P./A. C. Henderson, 1993; P./J. Laughlin, 1994; P./Senator Bronson Cutting, 1995; P./Cummings, 1996; P./W. C. Williams, 1996; P./D. Pound, 1998; P./O. R. Agresti, 1998. – *Übs.:* Dichtung und Prosa, Ausw. 1953; Fisch und Schatten, G. 1954; ›motz el son‹, eine Didaktik der Dichtung, 1957; Über Zeitgenossen, 1959; AW, 1959ff.; No-Spiele, 1961; Letzte Texte: Entwürfe zu Cantos CX – CXX, 1974; Usura Cantos CLV u. LI, 1985; Lesebuch, hg. E. Hesse 1985.

L: An Examination of E. P., hg. P. Russell 1950, ^{2}1973; H. Kenner, 1951 u. 1971; H. H. Watts, 1952; J. J. Espey, 1955; J. Edwards, W. W. Vasse, Annotated Index to the Cantos, 1957, ^{2}1971; C. Norman, 1960, ^{2}1969; N. C. de Nagy, 1960, ^{2}1968; ders., Bern 1966; N. Stock, Poet in Exile, 1964; ders., 1970; J. P. Sullivan, 1964; M. Reck, 1967; E. Hesse, hg. 1967; D. D. Pearlman, 1969; E. P.: The Critical Heritage, hg. E. Homberger 1972; M. Nänny, 1973; E. P. Nassar, 1975; C. D. Heymann, 1976; R. Bush, Genesis of E. P.'s Cantos, 1976; W. Harmon, 1977; G. Bornstein, 1977; E. Hesse, 1978; M. Alexander,

1979; M. Hansen, 1979; J. F. Knapp, 1979; L. Surette, Light from Eleusis, 1979; P. Brooker, Student's Guide, 1979; C. F. Terrel, Companion to the Cantos, II 1980–84; W. S. Flory, 1980; A. Woodward, 1980; I. F. A. Bell, Critic as Scientist, 1981; J. J. Dilligan u. a., Concordance, 1981; F. Read, 1981; A. Durant, 1981; J. B. Berryman, Circe's Craft, 1983; P. Smith, 1983; Ch. Froula, To Write Paradise, 1984; F. H. Link, 1984; P. Nicholls, 1984; Ph. Furia, 1984; P. Makin, P.'s Cantos, 1985; J. J. Wilhelm, American Roots of E. P., 1985; R. W. Dasenbrook, Literary Vorticism, 1985; E. P. and History, hg. M. Korn 1985; M. A. Kayman, 1986; J. M. Rabaté, 1986; T. Findley, 1994; W. Schmied, 1994, 2002 u. 2003; G. Singh, 1994; J. J. Wilhelm, 1994; M. Coyle, 1995; M. E. Gibson, 1995; T. B. Joseph, 1995; P. Stoicheff, 1995; D. Tiffany, 1995; H. M. Dennis, 1996; R. Emig, 1996; M. Kyburz, 1996; P. Wilson, 1996; M. P. Cheadle, 1997; T. F. Grieve, 1997; I. B. Nadel, 1998; M. Hsieh, 1998; A. Schmitz, 1998; U. Shioji, 1998; H. M. Dennis, hg. 2000; P. Grover, hg. 2000; W. Cookson, 2001; M. Coyle, hg. 2001; R. Preda, 2001; W. Pratt, hg. 2002; S. Jin, 2002. – *Bibl.:* D. Gallup, 1983; B. Ricks, 1986; V. Bischoff, 1991.

Pourrat, Henri, franz. Erzähler, 7. 5. 1887 Ambert/Puy-de-Dôme – 17. 7. 1959 ebda. Schule ebda., dann Lycée Henri IV in Paris, Stud. Landwirtschaft. Verbrachte s. Leben in s. Heimat Auvergne. – Typ. Regionalist, schrieb über 50 Romane und Erzählungen über die Auvergne, das Leben ihrer Bauern und Hirten, geprägt von lyr. Naturgefühl und leidenschaftl. Katholizismus. Sammler von Volksmärchen.

W: Sur la colline ronde, R. 1912 (m. J. Angeli); Les montagnards, R. 1919; Les vaillances, farces et gentillesses de Gaspard des montagnes, R. IV 1922–31; Le meneur de loupes, R. 1930; Les sorciers du Canton, R. 1933; Le secret des compagnons, R. 1937; L'homme à la bêche, R. 1939–41; Vent de mars, R. 1941; Sully, R. 1942; Le chemin des chèvres, R. 1947; Le trésor des contes, M.-Slg. XIII 1948–62; Le chasseur de la nuit, R. 1951; Le temps qu'il fait, R. 1960.

L: J. Tenant, Notre voisin H. P., 1937; R. Gardes, Maîtres du roman du terroir, 1959; ders., Un écrivain au travail, 1980; G. Veysset, 1982; C. Faure, 1988; Actes du Congrès d'Aubrac, 1998; P. Pupier, 1999.

Pourtalès, Guy de, franz.-schweizer. Schriftsteller, 4. 8. 1881 Genf – 12. 6. 1941 Lausanne. Naturalisierter Franzose. Schrieb Romane, Erzählungen, Märchen, Legenden, Musikerbiographien, kultur- und literarhist. Essays, übersetzte Shakespeare. S. Erzählungen und Romane spielen im Genfer Patriziertum zu Beginn des 20. Jh. und zeichnen sich ebenso wie s. Biographien zumeist romant. Musiker aus durch subtile und vertiefte Darstellung komplexen menschl. Seelenlebens, der Atmosphäre und des geistigen Klimas.

W: Marins d'eau douce, R. 1919; Chopin, B. 1927 (Der blaue Klang, dt. 1928); Louis II de Bavière, ou Hamlet roi, B. 1928 (König Hamlet, dt. 1929); Nietzsche en Italie, Es. 1929; R. Wagner, B. 1932 (d. 1933); La pêche miraculeuse, R. 1937 (d. 1938); Berlioz et l'Europe romantique, B. 1939 (Fantastische Sinfonie, d. 1941); Les contes du milieu du monde, 1941; Saints de pierre, Legn. 1941 (dt. Ausz. Die kleine Prinzessin von Zypern, 1951); Chaque mouche a son ombre, Aut. 1980; La tunique sans couture, 1982. – Correspondance avec E. Bloch, C. J. Burckardt, J. R. de Salis, hg. J. F. Tappy 1981.

L: S. A. L'Hopital, 1975; Actes du Colloque de Lausanne, 1995; S. Jeanneret, 1998.

Powell, Anthony (Dymoke), engl. Romancier, 21. 12. 1905 London – 28. 3. 2000. 1923–26 Stud. Gesch. Oxford. ∞ 1935 Lady V. G. Parkenham. Im 2. Weltkrieg Offizier. – Die schon im Frühwerk sichtbaren charakterist. Elemente s. Kunst kommen in dem aus 12 Bänden (4 Trilogien) bestehenden, z. T. autobiograph. beeinflußten Romanzyklus ›A Dance to the Music of Time‹ zur vollen Entfaltung. Der Zyklus wird zusammengehalten durch die Gestalt des Erzählers Nicholas Jenkins, dessen Lebensabschnitten je e. der Trilogien gewidmet ist: 1) Schüler, Student in Oxford u. junger Mann im London der späten 1920er, 2) 1930er Jahre, 3) 2. Weltkrieg, 4) Nachkriegszeit bis (›Temporary Kings‹) Ende 1950er Jahre. Er schildert als zurückhaltender Chronist in fein verwobenen Tableaus u. Vignetten den bunten Karnevalstanz des Lebens: Affären, Hochzeiten, Scheidungen, Exzentrizitäten, Langeweile, verpaßte Gelegenheiten u. ungenutzte Möglichkeiten in der Welt einer ihrem Zerfall entgegentreibenden, etablierten oberen Mittelklasse. Trag. Grundton u. – in den letzten Romanen zunehmende – Melancholie der Menschbetrachtung, zugleich aber subtiler Humor u. ausgedehnte kom. Episoden.

W: Afternoon Men, R. 1931; Venusberg, R. 1932; From a View to a Death, R. 1933; Agents and Patients, R. 1936; What's Become of Waring, R. 1939; John Aubrey and His Friends, B. 1948; A Dance to the Music of Time, R.-Zykl.: A Question of Upbringing, 1951, A Buyer's Market, 1952, The Acceptance World, 1955 (diese 3 u. d. T. Tanz zur Zeitmusik, d. 1966), At Lady Molly's, R. 1957 (d. 1961), Casanova's Chinese Restaurant, 1960, The Kindly Ones, 1962, The Valley of Bones, 1964, The Soldier's Art, 1966, The Military Philosophers, 1968, Books Do Furnish a Room, 1971, Temporary Kings, 1973, Hearing Secret Harmonies, 1975; The Garden God, Sch. 1971; The Rest I'll Whistle, Sch. 1971; To Keep the Ball Rolling, Aut.: Infants of Spring, 1976, Messengers of Day, 1978, Faces in My Time, 1980, The Strangers All Are Gone, 1982; O, How the Wheel Becomes It!, R. 1983; The Fisher King, R. 1986.

L: B. Bergonzi, 1962; J. W. Lee, Diss. Auburn 1964; R. K. Morris, 1968; J. D. Russell, 1970; N. Brennan, 1974, 1995; J. Tucker, 1976; H. Spurling, 1977; L. A. Frost, 1990; N. McEwan, 1991; I. Joyau, 1994. – *Bibl.:* G. P. Lilley, 1993.

Powers, J(ames) F(arl), amerik. Erzähler, 8. 7. 1917 Jacksonville/IL – 12. 6. 1999 Collegeville/ MN. Stud. Quincy College Academy u. Northwestern Univ. Mitarbeiter an den Zsn. ›The Commonweal‹, ›The New Yorker‹, ›Partisan Review‹. Unterrichtete an versch. Univ. – Mit treffsicheren Dialogen schildert P. in s. Erzählungen Episoden aus dem amerik. Alltag, meist über kathol. Geistliche im Mittelwesten. S. Stärke liegt in der Sparsamkeit der Mittel. Auslassungen u. Andeutungen kennzeichnen s. Stil.

W: The Prince of Darkness, En. 1947 (d. 1957, u. d. T. Am späten Abend, d. 1959); The Presence of Grace, En. 1956; He Don't Plant Cotton, En. 1958 (Ol'Man River, d. 1958); A Valiant Woman, En. 1958 (Die Streitaxt, d. 1958); Morte d'Urban, R. 1962 (Gottes Schrift ist schwer zu lesen, d. 1965); Look How the Fish Live, Kgn. u. Dr. 1975; Wheat That Springeth Green, R. 1988 (Ein Zweig in frischem Triebe, d. 1992). – *Übs.:* Gesammelte Erzählungen, 1968.

L: J. V. Hagopian, 1968; F. Evans, hg. 1968.

Powys, John Cowper, engl.-walis. Lyriker, Erzähler und Essayist, 8. 10. 1872 Shirley/Derbyshire – 17. 6. 1963 Blaenau Ffestiniog/Wales. Vater Geistlicher. Donne und Cowper gehörten zu s. Vorfahren mütterlicherseits. Bruder der Schriftsteller Theodore F. u. Llewelyn P. In Sherborne erzogen, Stud. in Cambridge. ∞ 1898 Margaret Alice Lyon. Vorübergehend Dt.lehrer in Brighton, hielt danach Volkshochschulvorlesungen im Auftrag der Universitäten Oxford, Cambridge und London. 1928–34 Lehrtätigkeit in USA, danach in Wales. – In seinen z. T. grotesk-phantast., schwer zugängl. u. abseits der lit. Strömungen stehenden Romanen verbindet P. als relig. Seher-Dichter myst. Pantheismus und philos.-skept. Ratio. Daneben philos., soziolog. u. lit. Essays sowie Gedichte.

W: Wood and Stone, R. 1915; Wolfbane Rhymes, G. 1916; Rodmoor, R. 1916; Mandragora, G. 1917; Samphire, G. 1922; Ducdame, R. 1925; Wolf Solent, R. III 1929 (d. 1930); The Meaning of Culture, Ess. 1929 (Kultur als Lebenskunst, d. 1989); In Defence of Sensuality, Ess. 1930; A Glastonbury Romance, R. 1932 (d. 1995); Weymouth Sands, R. 1932 (Der Strand von Weymouth, d. 1999); A Philosophy of Solitude, Ess. 1933; Autobiography, 1934 (d. 1992); The Art of Happiness, Ess. 1935; Jobber Skald, R. 1935; Morwyn, R. 1937; The Pleasures of Literature, Ess. 1938; Owen Glendower, R. 1940; Mortal Strife, Ess. 1941; The Art of Growing Old, Ess. 1944; Dostoievsky, B. 1947; Rabelais, B. 1948; Porius, R. 1951; The Inmates, R. 1952; In Spite of, Es. 1953; Atlantis, R. 1954; The Brazen Head, R. 1956; Up and Out, R. 1957; Letters to L. U. Wilkinson, 1957; Homer and the Aether, St. 1959; All or Nothing, R. 1960; Poems, hg. K. Hopkins 1964; Letters to His Brother Llewelyn, hg. M. Elwin 1975; Letters to Henry Miller, 1975; After My Fashion, R. 1980; Powys to Knight: The Letters, 1983; Three Fantasie, En. 1985; The Diary 1930, hg. F. Davies 1987; The Diary 1931, 1990; Jack to Frances: The Love Letters to Frances Gregg II, hg. O. u. C. Wilkinson 1994 u. 1996; Petrushka and the Dancer: The Diaries 1929–39, hg. M. Krissdottir 1995 (d. 1997); The Dorset Years: The Diary 1934–1935, hg. ders. 1997.

L: H. R. Ward, The P. Brothers, 1935; W. C. Derry, 1938; L. U. Wilkinson, Brothers P., 1947; W. Kehr, Diss. Marb. 1957; R. C. Churchill, The P. Brothers, 1962; G. W. Knight, The Saturnian Quest, 1964; H. P. Collins, 1966; K. Hopkins, The P. Brothers, 1967; B. Humfrey, hg. 1972; G. Cavaliero, 1973; J. A. Brebner, 1973; J. Hooker, 1973; R. Mathias, The Hollowed-Out Elder Stalk, 1979; J. Hooker, 1979; C. A. Coates, 1982; E. Schenkel, Natur u. Subjekt im Werk von J. C. P., 1983; R. P. Graves, The Brothers P., 1983; H. W. Fawkner, 1986; M. Krissdottir, 1987; B. Humfrey, hg. 1990; G. R. W. Knight, Visions and Vices, 1990; P. Roberts, Becoming Mr. Nobody, 1992; A. P. Seabridge, The Ecstasies of Crazy Jack, 1993; E. Schenkel, Die Ungeduld der Phantasie, 1995; H. Ahrens, J. C. P.' Elementalismus. Eine Lebensphilosophie, 1997; J. Nordius, ›I Am Myself Alone‹. Solitude and Transcendence, 1997; H. Williams, 1998. – *Bibl.:* L. E. Siberell, 1937; D. Langridge, 1966; K. Carter, 1972; T. E. Davies, 1972.

Powys, Llewelyn, engl. Essayist und Romanschriftsteller, 13. 8. 1884 Dorchester – 2. 12. 1939 Davos Platz/Schweiz. Bruder von John C. u. Theodore F. P. Erzogen in Sherborne, Stud. in Cambridge. 1909 Lehrtätigkeit in Amerika; 1914–19 wegen Lungenerkrankung auf e. Pflanzung in Kenia. 1920–25 Journalist in New York; Rückkehr nach England, lebte dort mit s. amerik. Frau an der Südküste in Dorsetshire. Versch. Auslandsreisen, u. a. nach Palästina u. Westindien. Starb an Tbc. – Vf. von lebensfrohen Romanen u. Kurzgeschichten in gepflegtem Stil, in denen er häufig s. Eindrücke aus Afrika verarbeitete.

W: Confessions of Two Brothers, 1916 (m. John Cowper P.); Ebony and Ivory, Kgn. 1922; Black Laughter, Kgn. 1924; Skin for Skin, Aut. 1925; The Cradle of God, Ess. 1929; Apples Be Ripe, R. 1930; Impassioned Clay, Ess. 1931; Glory of Life, Ess. 1934; Dorset Essays, 1935; Love and Death, R. 1939. – So Wild a Thing, Br. hg. M. Elwin 1973.

L: H. R. Ward, The P. Brothers, 1935; M. Elwin, 1946; L. U. Wilkinson, Brothers P., 1947; R. C. Churchill, The P. Brothers, 1962; K. Hopkins, The P. Brothers, 1967; K. Hopkins, 1979; R. P. Graves, The Brothers P., 1983. – *Bibl.:* K. Carter, 1972; T. E. Davies, 1972.

Powys, Theodore Francis, engl. Romanschriftsteller, 20. 12. 1875 Shirley/Derbyshire – 27. 11. 1953 Sturminster Newton. Bruder von John C. und Llewelyn P. Liebte die Stille u. führte seit 1900 e. völlig zurückgezogenes Leben in East Chaldon. – Vf. von phantasievollen, exzentr. Romanen in knappem, strengem Stil mit pantheist.-symbol. Zügen bes. um die Themen Liebe und Tod. Schilderte in vielen s. Erzählungen detailliert u. mit groteskem Humor, doch zugleich mit puritan. Abscheu, das triebhafte Leben der Bauern.

Pozner

W: Soliloquies of a Hermit, R. 1916; Black Bryony, R. 1923; The Left Leg, Kgn. 1923; Mark Only, R. 1924; Mr. Tasker's Gods, R. 1925; Mr. Weston's Good Wine, R. 1927 (d. 1969); The House with the Echo, Kgn. 1928; Fables, Kgn. 1929; Unclay, R. 1931; When Thou Wast Naked, Kgn. 1931; Captain Patch, R. 1935; Goat Green, R. 1937; Bottle's Path, Kgn. 1946; God's Eyes A-Twinkle, Kgn. 1947; Rosie Plum, Kgn. 1965.
L: W. Hunter, 1931; H. R. Ward, The P. Brothers, 1935; L. U. Wilkinson, Brothers P., 1947; H. Coombes, 1960; R. C. Churchill, The P. Brothers, 1962; K. Hopkins, The P. Brothers, 1967; R. P. Graves, The Brothers P., 1983; M. Buning, 1986. – *Bibl.:* P. Riley, 1967; K. Carter, hg. 1972; T. E. Davies, 1972.

Pozner, Vladimir, russ. Schriftsteller franz. Sprache, 5. 1. 1905 Paris – 12. 2. 1992 ebda. Nach der Oktoberrevolution Emigration aus Rußland. – Ursprüngl. zur Gumilëv-Gruppe gehörender Vf. realist. dokumentar. Romane und Erzählungen.
W: Les mors aux dents, R. 1937 (Der weiße Baron, d. 1958); Les Etats-Désunis, R. 1938 (d. 1949); Deuil en 24 heures, R. 1942 (n. 1982); Les gens du pays, R. 1946 (Der Fall Huber, d. 1948); Qui a tué H. O. Burrell?, R. 1946 (d. 1953); Souvenirs sur Gorki, 1957 (d. 1959); Le lieu du supplice, En. 1959 (d. 1961); Espagne, premier amour, R. 1965 (d. 1966); Juin 1940, R. 1965; Mille et un jours, R. 1967; Le temps est hors des gonds, R. 1969; Le lever de rideau, R. 1973; Mal de lune, R. 1974; Descente aux enfers, R. 1980; Les Brumes de San Francisco, R. 1985.
L: V. Pozner, 1989.

Prabhācandra → Hemacandra

Prabodhacandrodaya → Kṛṣṇamiśra

Prada, Juan Manuel de, span. Schriftsteller, * 1970 Baracaldo/Vizcaya. Stud. Jura Salamanca, lebt in Madrid. – Als Wunderkind gefeierter, international erfolgr. Vertreter der jüngsten Schriftstellergeneration; Vf. sprachgewaltiger Romane u. Erzählungen, in denen häufig die Lit. selbst Thema ist. Auch mehrere Artikel-Sammlungen.
W: Coños, Kurzprosa 1995; El silencio del patinador, En. 1995 (Junge Damen in Sepia, d. 2000); Las máscaras del héroe, R. 1996; La tempestad, R. 1997 (Trügerisches Licht der Nacht, d. 1999); Las esquinas del aire, R. 2000 (d. 2002); La vida invisible, R. 2003.

Prada Oropeza, Renato, bolivian. Erzähler, * 17. 10. 1937 Potosí. Stud. in Rom u. Belgien, Prof., Lit.-Wissenschaftler. – Behandelt die philos. Probleme des Menschen, sucht die Wurzeln s. Einsamkeit. Das Leben ist danach e. Bewegung hin zum Tode.
W: Nadie espera al hombre, En. 1969; Los fundadores del alba, R. 1969; Al borde del silencio, En. 1969; La autonomía lit., St. 1976; El último filo, R. 1979; El lenguaje narrativo, St. 1979; La larga hora: la vigilia, R. 1979; ... poco después humo, R. 1989.

Prado, Pedro, chilen. Schriftsteller, 8. 10. 1886 Santiago – 31. 1. 1952 Viña del Mar. Architekt, Prof. für Ästhetik, Direktor des Museums der Schönen Künste; 1915 Gründer der von Tolstoj beeinflußten Dichtergruppe ›Los Diez‹; Diplomat. – Starke poet. Natur, hielt sich in s. Versen an die traditionellen Metren ohne Streben nach Neuerungen, verfaßte auch Romane lyr. Prägung aus dem chilen. Bauernleben, Beschreibung phantasmagor. Welten.
W: Flores de cardo, G. 1908; La casa abandonada, G. 1912; La reina de Rapa Nui, R. 1914; Los pájaros errantes, G. 1915; Los Diez, G. 1915; Alsino, R. 1920; Karez i Roshan, G. 1922; Un juez rural, R. 1924; Andróvar, Tr. 1925; Camino de las horas, G. 1934; Sonetos, 1935; Otoño en las dunas, G. 1940; Esta bella ciudad envenenada, Prosa u. Son. 1945; No más que una rosa, G. 1946; Viejos poemas inéditos, G. 1949. – La roja torre de los diez. Antología, hg. E. Espinosa 1961.
L: J. Arriagada Augier, H. Goldsack, 1952; V. Brandau, 1953; R. Silva Castro, ²1965; J. R. Kelly, N. Y. 1974.

Pradon, Jacques, franz. Dramatiker, 20. oder 21. 1. 1644 Rouen – 14. 1. 1698 Paris. – Schrieb nach Vorlagen der griech.-röm. Antike Tragödien mit bes. breiter Darstellung der Liebeshandlung. Débütierte 1674 erfolgr. mit ›Pyrame et Thisbé‹. Die Herzogin von Bouillon unterstützte in der Intrige gegen Racines ›Phèdre‹, die fast zur gleichen Zeit aufgeführt wurde, P.s ›Phèdre et Hippolyte‹. E. geheimer Bewunderer Racines, ahmte er diesen in mehreren Tragödien nach.
W: Pyrame et Thisbé, Tr. 1674; Tamerlan, Tr. 1676; Phèdre et Hippolyte, Tr. 1677; Troade, Tr. 1679; Statira, Tr. 1679; Régulus, Tr. 1688 (d. J. U. v. König, 1725); Scipion l'Africain, Tr. 1697.
L: T. W. Bussom, 1922; D. H. Creusen, 1999.

Prados, Emilio, span. Lyriker, März 1899 Málaga – 24. 4. 1962 Mexico City. Stud. Philos. u. Lit.; Reisen durch Frankreich, Schweiz u. Dtl., lebte seit dem Span. Bürgerkrieg in Mexiko; gründete mit M. Altolaguirre die Zs. ›Litoral‹ u. leitete deren Publikationen. – Typ. andalus. Lyriker u. Balladendichter, von García Lorca u. R. Alberti beeinflußt; leicht, elegant, rhythm. u. musikal., korrekte Form.
W: Tiempo, G. 1925; Canciones del farero, G. 1926; Vuelta, G. 1927; Llanto subterráneo, G. 1936; Llanto en la sangre, G. 1937; Cancionero menor para los combatientes, G. 1938; Memoria del olvido, G. 1940; Mínima muerte, G. 1944; Jardín cerrado, G. 1946 (Dormido en la yerba, 1953); Antología 1923–53, Ausw. 1954; Río natural, G. 1957; La piedra escrita, G. 1961; Signos del ser, G. 1962; Últimos poemas, G. 1965; Diario íntimo, Prosa 1966; Cuerpo perseguido, G. hg. C. Blanco Aguinaga 1971. – Poesías completas, II 1975.
L: P. J. Ellis, Cardiff 1981; J. Sanchis-Banús, 1987; P. Hernández Pérez, II 1988; E. Reina, 1988.

Praed, Rosa Caroline, geb. Murray-Prior (Ps. Mrs. Campbell Praed), austral. Romanschriftstellerin, 27. 3. 1851 Bromelton/Queensland – 10. 4. 1935 Torquay/England. Tochter e. Beamten, ∞ 1872 Arthur Campbell Bulkley Praed; seit 1876 in England. – Schilderte in ihren zahlr. Romanen anschaul. die ländl., soz. und polit. Verhältnisse Australiens. Versch. Romane in Zusammenarbeit mit Justin McCarthy.

W: An Australian Heroine, R. 1880; Policy and Passion, R. 1881; Nadine, R. 1882; Moloch, R. 1883; Zero, R. 1884; The Head Station, R. 1885; The Romance of a Station, R. 1891; December Roses, R. 1893; My Australian Girlhood, Aut. 1902; The Other Mrs. Jacobs, R. 1903; Nyria, R. 1904; Opal Fire, R. 1910; Lady Bridget in the Never-Never Land, R. 1914.

L: C. Roderick, In Mortal Bondage, 1948; E. Pownall, A Pioneer Daughter, 1968; R. Beilby, C. Hadgraft, 1979. – *Bibl.:* C. Tiffin, L. Baer, 1994.

Praga, Emilio, ital. Lyriker, 26. 12. 1839 Gorla/Mailand – 26. 12. 1875 Mailand. Ursprüngl. Maler. Mitgl. des Mailänder Dichterkreises der ›Scapigliatura‹; lange Reisen ins Ausland, ab 1865 Dozent für Lit. – Im Grunde noch romant., beeinflußt von Hugo u. Musset, aber auch schon von Baudelaire u. Heine; am überzeugendsten als Lyriker, bes. in Naturgedichten; weniger glückl. als Dramatiker u. Erzähler.

W: Tavolozza, G. 1862; Penombre, G. 1864; Fiabe e leggende, 1867; Trasparenze, G. 1878; Memorie del presbiterio, R. (hg. L. Crescini 1963). – Poesie, 1922, hkA M. Petrucciani 1969.

L: M. Carlucci, Scapigliando E. P., 1950; M. Petrucciani, 1962; V. Paladino, 1967; A. Marinari, 1969; T. Scappaticci, 1986.

Praga, Marco, ital. Dramatiker, 20. 6. 1862 Mailand – 31. 1. 1929 Como. Sohn des Dichters Emilio P. Zunächst Buchhalter, 1913 Leiter e. Mailänder Schauspieltruppe. Organisator der ›Società degli autori‹. – E. der erfolgreichsten Dramatiker des Verismus, der Ideologie des Materialismus verpflichtet. In s. Stücken aus der Mailänder Gesellschaft, denen zum großen Teil die Duse durch ihre Kunst ein zum Erfolg verhalf, erscheinen die bürgerl. Moralbegriffe in ihrer Krise. Hauptthema ist der Ehebruch, daneben behandelt P. das Problem des unehel. Kindes u. der Scheidung, wobei er jedoch innerhalb der Grenzen der Moralvorstellungen des Bürgertums s. Zeit bleibt. Auch Vf. von Libretti.

W: Giuliana, Dr. (1887); La biondina, R. 1889; Le vergini, Dr, 1890; La moglie ideale, Dr. 1891; L'amico, Dr. 1893; L'innamorata, Dr. 1894; Il bell' Apollo, Dr. 1894; La morale della favola, Dr. 1895; L'ondina, Dr. 1903; La crisi, Dr. 1905; La porta chiusa, Dr. 1914; Il divorzio, Dr. (1915); Cronache teatrali, Ess. X 1920–29; Poesie, 1922.

L: E. Possenti u.a., Ricordo di M. P., 1959; G. Pullini, 1960.

Pramudya Ananta Tur, indones. Schriftsteller, * 6. 2. 1925 Blora/Java. Abitur an der Taman-Siswa-Schule in Jakarta, diente im Heer der indones. Republik, 1947–49 Kriegskorrespondent, als solcher gefangen in Bukit Duri. Besuchte 1953 die Niederlande, 1956 Peking. Seit dem Putsch von 1965 aus polit. Gründen 8 Jahre in e. Lager auf der Buru-Insel. – E. der größten indones. Schriftsteller der Gegenwart. S. Werk trägt stark sozialkrit. Züge. Es schildert das Grauenvolle des Krieges u. der Revolution, um Bereitschaft für den Frieden zu wecken. Die Jugend beschreibt er oft als Hoffnungsträger Indonesiens.

W: Krandji dan Bekasi Djatoeh, 1947; Pertjikan Revolusi, 1950; Subuh, Kgn. 1950; Keluarga Gerilja, R. 1950; Perburuan, E. 1950; Mereka jang Dilumpuhkan, R. II 1951; Bukan Pasarmalam, E. 1951; Tjerita dari Blora, Kgn. 1952; Gulat di Djakarta, 1953; Kapal Gersang, 1953; Korupsi, R. 1954; Midah, Simanis Bergigi Emas, R. 1954?; Sunjisenjap Disiang Hidup, 1956; Ditepi Kali Bekasi, 1957; Tjerita dari Djakarta, 1957; Suatu Peristiwa di Banten Selatan, 1958; Panggil aku Kartini sadja, Mon. II 1962; Gadis Pantai E. 1962; Buru-Tetralogie Bumi Manusia, Anak Semua Bangsa, Jejak Langkah, Rumah Kaca, R. 1980–87.

Praśna-Upaniṣad → Upaniṣad, die

Prassinos, Gisèle, franz. Schriftstellerin griech. Abkunft, * 16. 2. 1920 Konstantinopel. Kam im selben Jahr nach Paris. Entdeckt von A. Breton, wurde sie mit 15 die Muse der Surrealisten u. als ›Wunderkind‹ gefeiert. Debüt in der surrealist. Zs. ›Minotaure‹ (6, 1935). – Ihre Lyrik, ganz im Zeichen des Surrealismus stehend, ist von suggestiver Kraft.

W: La sauterelle arthritique, G. 1935; Facilité crépusculaire, G. 1935; Quand le bruit travaille, G. 1937; La lutte double, G. 1938; Le feu maniaque, G. 1939; Le temps n'est rien, R. 1958; La voyageuse, E. 1959 (Die Abreise, d. 1961); Le cavalier, En. 1961 (Der Mann mit den Fragen, d. 1963); La confidente, R. 1962; Le visage effleuré de peine, R. 1965; Les mots endormis, G. 1967; La fièvre du labour, 1989; La lucarne, 1990; La table de famille, 1993; Mon cœur les écoute, 1998; Bible surréaliste, o. J.; Correspondance, 2003.

L: A. Richard, M. Algazy, 1981; J. Ensh, 1986.

Pratchett, Terry (eig. Terence David John), engl. Schriftsteller, * 28. 4. 1948 Beaconsfield/Buckinghamshire. Verkaufte s. erste Kurzgeschichte mit 15, dann Journalist und Pressesprecher. – Seit 1987 freier Autor und mit seinen satir. u. geistr. Fantasy-Romanen über die Bewohner der sog. ›Scheibenwelt‹ der kommerziell erfolgr. engl. Schriftsteller der 1990er Jahre.

Prati

W: The Carpet People, 1971 (d. 1994); The Colour of Magic, 1983 (d. 1985); The Light Fantastic, 1986 (d. 1989); Equal Rites, 1987 (Erbe des Zauberers, d. 1989); Mort, 1987 (d. 1990); Truckers, 1988 (d. 1992); Guards, Guards, 1989 (d. 1991); Moving Pictures, 1990 (d. 1993); Reaper Man, 1991 (d. 1994); Small Gods, 1992 (d. 1995); Interesting Times, 1994 (Echt Zauberhaft, d. 1997); Feet of Clay, 1996 (Hohle Köpfe, d. 1998); Carpe Jugulum, 1998 (Ruhig Blut, d. 2000); The Truth, 2000, (d. 2001); The Thief of Time, 2001 (d. 2002); Night Watch, 2002 (d. 2003); Monstrous Regiment, 2003.

L: A. M. Butler, E. James, F. Mendlesohn, 2000.

Prati, Giovanni, ital. Dichter, 27. 1. 1814 Campomaggiore/Trento – 9. 5. 1884 Rom. Stud. Jura Padua ohne Abschluß, ging 1841 nach Mailand, 1843 Turin, kehrte 1844 nach Venetien zurück. 1848 wegen s. Eintretens für e. geeintes Italien von den Österreichern verhaftet u. daraufhin aus Venedig u. Florenz ausgewiesen. 1848–65 in Turin, wo er als Anerkennung für s. dem Haus Savoyen gewidmeten Werke zum Hof-Geschichtsschreiber ernannt wurde. Ging zunächst nach Florenz u. 1871 nach Rom, wo er 1876 zum Senator u. 1880 zum Leiter des ›Istituto Superiore di magistero‹ ernannt wurde. – An s. ersten Dichtung ›Edmenegarda‹, die s. lit. Ruhm bei den Zeitgenossen begründete, bemängelt die Kritik die Neigung zu bloßer Rhetorik. Von s. Lyrik unter Einfluß Manzonis, Lamartines u. V. Hugos überzeugen am meisten s. ›Canti politici‹. Dagegen ist der lit. Wert der nach dem Vorbild Byrons u. Goethes verfaßten romant. Epen gering.

W: Edmenegarda, Ep. 1841 (n. P. P. Trompeo 1924); Canti lirici, 1843; Lettere a Maria, 1843; Poesie, 1843; Memorie e lacrime, G. 1844; Nuovi canti, 1844; Passeggiate solitarie, G. 1847; Canti politici, 1852; Rodolfo, Ep. 1853; Satana e le grazie, Sat. 1855; Nuove poesie, 1856; Incantesimo, G. 1860; Armando, G. 1868; Psiche, Ep. 1876; Iside, Ep. 1878. – Opere varie, hg. E. Camerini V 1875; Poesie, hg. G. Stiavelli II 1885; Edmenegarda e poesie liriche scelte, hg. S. Multineddu 1918; Poesie varie, hkA O. Malagoli II ²1929; Scritti inediti e rari, hg. G. Amoroso 1977.

L: C. Giordano, 1907; G. Gabetti, 1912; F. L. Mannucci, 1934 (m. Bibl.); L. Fontana, 1947; S. Einaudi, 1952; G. Amoroso, 1973.

Pratinas aus Phleius, altgriech. Dichter, 6./5. Jh. v. Chr. Zeitgenosse von Aischylos und Choirilos. – P. gilt der Antike als ›Erfinder‹ des Satyrspiels, soll 32 Satyrspiele und nur 18 Tragödien verfaßt haben, außer wenigen Titeln nichts erhalten.

L: B. Zimmermann, MH 43, 1986, 145–154; M. Pohlenz, in: B. Seidensticker, 1989 (WdF 579); H. Lloyd-Jones, Oxf. u. a. 1990; B. Gauly u. a., 1991; H.-J. Newiger, 1996; R. Krumeich, N. Pechstein, B. Seidensticker, hg. 1999.

Pratolini, Vasco, ital. Schriftsteller, 19. 10. 1913 Florenz – 12. 1. 1991 Rom. Jugend im Florentiner Proletarierviertel Santa Croce, in dem viele s. Werke spielen. Versch. Berufe, u.a. Kellner u. Drucker. Autodidakt. Ab 1938 Mitarbeiter der Zs. ›Letteratura‹. – E. der Hauptvertreter des Neorealismus, mit sozialkrit. Tendenz im Sinne des Marxismus. P. begann mit Dichtungen im Stil des ›ermetismo‹. Der für ihn typ. Realismus findet sich erstmals in dem Roman ›Il quartiere‹ u. in ausgeprägter Form dann in der ›Cronaca familiare‹, in der, wie in fast allen Werken P.s, die Geschichte des einzelnen stellvertretend für die e. ganzen Kategorie von Menschen steht. E. der Hauptthemen P.s ist dabei die Degeneration der Vitalität des Volkes.

W: Il tappeto verde, Nn. 1941; Via de' Magazzini, R. 1941; Le amiche, R. 1943; Il quartiere, R. 1945 (d. 1967); Cronache di poveri amanti, R. 1947 (d. 1949); Cronaca familiare, R. 1947 (Geheimes Tagebuch, d. 1967); Mestiere da vagabondo, R. 1947; Un eroe del nostro tempo, R. 1949 (Schwarze Schatten, d. 1957); Le ragazze di San Frediano, 1952 (d. 1957); Il mio cuore a ponte Milvio, En. 1954; Una storia italiana, R.-Tril.: Metello, 1955 (d. 1957), Lo scialo, 1960, Allegria e derisione, 1966; Diario sentimentale, 1956; La costanza della ragione, R. 1963 (In den Straßen von Florenz, d. 1968); La città ha i miei trent'anni, G. 1967; Il mannello di Natascia e altre cronache di versi e prosa (1930–1980), 1985.

L: F. Rosengarten, Carbondale 1965; V. Titone, 1981; M. Bevilacqua, hg. 1982; F. Russo, 1989. – Bibl.: F. P. Memmo, 1998.

Pratt, E(dwin) J(ohn), kanad. Dichter, 4. 2. 1883 Western Bay/Neufundland – 26. 4. 1964 Toronto. Sohn e. methodist.-Geistlichen. Stud. in Toronto, Dr. theol.; ab 1921 Dozent für Engl., 1933–53 Prof. in Toronto. 1936–43 Hrsg. des ›Canadian Poetry Magazine‹. – Mit s. lyr. und erzählenden Dichtungen bedeutendster kanad. Dichter s. Generation.

W: Newfoundland Verses, G. 1923; The Witches Brew, G. 1925; Titans, G. 1926; The Iron Door, G. 1927; Verses of the Sea, G. 1930; The Roosevelt and the Antionoe, Dicht. 1930; Many Moods, G. 1933; The Loss of the Titanic, Dicht. 1935; The Fable of the Goats, Dicht. 1937; Brébeuf and His Brethren, Dicht. 1940; Dunkirk, Dicht. 1941; Still Life, G. 1943; Collected Poems, G. 1944, ²1958; They Are Returning, G. 1945; Behind the Log, G. 1947; Towards the Last Spike, G. 1952. – Collected Works, 1983–95.

L: C. F. Klinck, H. W. Wells, 1947; J. Sutherland, 1956; D. G. Pitt, 1984, 1988; P. Buitenhuis, 1987; R. Collins, 1988.

Pravarasena → Setubandha

Pravda, František (eig. Vojtěch Hlinka), tschech. Schriftsteller, 17. 4. 1817 Nekrasín b. Jindřichův Hradec – 8. 12. 1904 Hrádek b. Sušice. Kath.

Geistlicher, ab 1847 gräfl. Erzieher in Hrádek. – Erster realist. Darsteller des tschech. Dorflebens, das er mit relig.-moralisierender Tendenz schildert.

W: Povídky z kraje, En. V 1851–53; Divadlo pro děti, III 1863–67; Sebrané spisy (GW), IV 1871–77; Sebrané povídky pro lid, ges. En. XII 1877–98.

L: F. Holeček, 1906; Z korespondence a života spisovatele F. P., 1941.

Praxilla aus Sikyon, griech. lyr. Dichterin, um 451 v. Chr. – Vf. von Hymnen, Dithyramben und ›skolia‹ (›Spottgedichten‹), wenige Fragmente. Ihre Darstellung des Adonis wurde sprichwörtl. (›dümmer als der Adonis der P.‹), e. von ihr gebrauchtes Metrum wurde nach ihr benannt (›Praxilleion‹).

L: D. L. Page, 1962; D. A. Campbell, 1992.

Preda, Marin, rumän. Schriftsteller, 5. 8. 1922 Siliştea-Gumeşti/Teleorman – 16. 5. 1980 Bukarest. Bauernsohn. Lehrerseminar, Journalist, Angestellter, Verlagsdirektor. – Setzt in s. Erzählungen u. Romanen die Tradition der rumän. Dorfepik fort; die Atmosphäre weist auf russ. Vorbilder hin.

W: Întâlnirea din pământuri, En. 1948; Moromeţii, R. II 1955–67 (Bd. I: Schatten über der Ebene, d. 1958); Ferestre întunecate, N. 1956 (Dunkle Fenster, d. 1959); Îndrăzneala, R. 1959 (Wagemut, d. 1960); Risipitorii, R. 1962; Intrusul, R. 1968 (Der Ausgewiesene, d. 1974); Marele singuratic, R. 1972 (Der Einsame, d. 1976); Delirul I, R. 1975; Viaţa ca o pradă, R. 1977; Cel mai iubit dintre pământeni, R. 1980.

L: M. Ungheanu, 1973; I. Bălu, 1976.

Prediger Salomo (Kohelet, Ecclesiastes), Buch des AT, frühhellenist. Weisheitsschrift (3. Jh. v. Chr.), wegen der Königstravestie zu Anfang des Buches Salomo zugeschrieben, im Judentum Festrolle zu Sukkot (Laubhüttenfest). Die Schrift setzt sich mit dem Kulturschock auseinander, den im ptolemäischen Palästina die Konfrontation mit griech. Rationalismus (bes. auf wirtschaftlichem, politischem und militärischem Gebiet) ausgelöst hat. Sie führt das Falsifikationsprinzip in das jüd. Denken ein (›Die Tradition sagt ... Ich aber habe festgestellt‹), steht aber auf dem Boden sadduzäischer Schöpfungstheologie. Die Welt hat eine Ordnung, auch wenn sie für den Menschen nicht immer und nicht vollständig erkennbar ist, und der Verzicht auf die Erkenntnis des absolut Guten hindert nicht daran, das relativ Gute zu tun und zu genießen.

L: Kommentare: N. Lohfink, 1980; Th. Krüger, 2000. – A. Bühlmann, La structure logique du livre de Qohélet, 2000.

Preissová, Gabriela, geb. Sekerová, tschech. Schriftstellerin, 23. 3. 1862 Kutná Hora – 27. 3. 1946 Prag. – Mit realist.-folklorist. Dorfgeschichten und Dramen, die sich durch straffe Komposition u. gute Charakterdarstellung auszeichnen, führt P. den Leser in die Welt der mähr. Slowaken u. Kärntner Slovenen ein. Dagegen wirken ihre Romane und Erzählungen aus dem Prager Milieu farblos und konventionell.

W: Obrázky ze Slovácka, En. 1886–89; Gazdina roba, Dr. 1889 (Eva, vertont J. B. Foerster); Črty ze Slovácka, En. 1890; Její pastorkyňa, Dr. 1890 (Jenůfa, vertont L. Janáček), R. 1930; Korutanské povídky, En. 1896; Jarní vody, E. 1912; Dědicové, En. 1913; Bouře a jiné povídky, En. 1920; Horelové a jiná próza, En. 1922; Zlatý hoch, R. 1930; Zatoulaná píseň, R. 1932. – Spisy sebrané (GW), XVIII 1910–15; Dramata, II 1940; Vijbor ze spisů (AW), III 1942.

L: J. Roleček, 1946; A. Závodský, 1962 (m. Bibl.).

Premānand, ind. Dichter, lebte ca. 1636 – 1734, doch fehlen Nachrichten nach 1700. Brahmane aus Baroda; lebte zeitweise in Nandarbar und Surat. – Ihm werden 57 Werke zugeschrieben, fast ausschließl. Ākhyānas (halbdramat. Erzählungen) über das Leben des Bhākta Narasimha Mehetā aus Gujarat, über Stoffe des ›Mahābhārata‹, ›Rāmāyaṇa‹, ›Bhāgavata-Purāṇa‹ und ›Mārkaṇḍeya-Purāṇa‹ sowie vollständige Versionen dieser vier. P.s Werke sind häufig Plagiate, ganze Abschnitte entstammen Werken s. Vorgänger. Die ihm zugeschriebenen Dramen sind sicher nicht von ihm verfaßt. P. gilt als der größte der klass. Dichter Gujarats. S. Ziel war es, Gujarati zu e. dem Sanskrit ebenbürtigen Lit.sprache zu erheben.

W: Okhāharaṇa, E. 1667 (hg. G. S. Pandya 1938); Ṛsyaśṛṅgākhyāna, E. 1673; Huṇḍī, E. um 1674; Hāramālā, E. um 1678; Draupadīsvayaṃvara, E. 1680; Srāddha, E. 1681; Sudāmā-carita, E. 1682 (hg. V. Y. Arasatthi [2]1919, M. P. Desai [3]1958); Māmeruṃ, E. 1683 (hg. B. S. Mehta 1922); Nalākhyāna, E. 1685 (hg. A. M. Raval 1951); Ranayajña, E. 1685 (hg. M. Majumdar 1949); Subhadrāharaṇa, E. 1702 (hg. A. B. Jani 1919); Aṣṭāvakrākhyāna, E. 1710 (hg. Daśama-skandha, E. (hg. M. M. Jhaveri [2]1958).

L: V. Raghavan, Ramayana, Mahabharata and Bhagavata writers, hg., 1978, 1990.

Premcand (eig. Dhanpat Rai), ind. Lyriker und Dramatiker, 31. 7. 1880 Limhi b. Benares – 8. 10. 1936 Benares. Sohn des Munśī Ajāib Lāl; Stud. Queen's College Benares, Hilfslehrer; Stud. 1902–04 Allahabad, bis 1921 im Schuldienst ebda. und Kanpur, Basti, ab 1908 als Inspektor; dann Hrsg. versch. Zsn.; in 2. Ehe ∞ Śivarānī Devī. – Gilt als bedeutendster Vertreter der Hindi-Prosa neuerer Zeit; s. sozialkrit. Romane, bes. ›Sevāsadan‹, ›Premāśram‹ u. ›Raṅgabhūmi‹, behandeln hauptsächl. das ihm aus dem Landschuldienst vertraute ärml. Leben der Landbevölkerung. E. Gegenüberstellung von Stadt und Land bildet den Inhalt s. letzten großen Romans ›Godān‹. P. schrieb außerdem Kurzgeschichten (in Hindi und Urdu, gesammelt in ›Mānasarovar‹), Dramen und Biographien.

W: Varadān, R. 1910; Sevāsadan, R. o. J. (Urdu), 1919 (Hindi); Premāśram, R. 1922; Saṅgrām, Dr. 1923; Kāyākalp, R. 1924; Raṅgabhūmi, R. 1925; Gavan, R. 1930; Mahātmā Śekh Sādī, B. 1931; Karmabhūmi, R. 1932; Karbalā, Dr. ²1934; Godān, R. 1936 (engl. 1956, u. d. T. The Gift of a Cow, 1968); Godan, Oder die Opfergabe, d. 1979); Galam Talvār aur Tyāg, B. ²1944; Prem kī Vedī, Dr. o. J.; Mānasarovar, En. VIII 1936–62. – Racanavali (GW, in Hindi), XX 1996. – Übs.: Short Stories, 1946; Eine Handvoll Weizen, En. 1958; A P. Reader, Ausw. 1962; The World of P., En. 1969, 2001; Twentyfour Stories, 1980; Die Schachspieler, En. 1989; Deliverance and other stories, 1990; Stories from P., 1994; The best of P., II 1997.

L: R. R. Bhatnagar, 1951; Sivrani Devi, 1952; H. R. Rahbar, 1957; M. Gopal, 1964; V. S. Naravane, 1980; S. A. Schulz, 1981; P., hg. Shiv Kumar Misra 1986; G. Pandey, 1989; J. Kumara, 1993.

Premschand → Prem Cand

Preradović, Petar, kroat. Dichter, 19. 3. 1818 Grabovnica – 18. 8. 1872 Fahrafeld (Niederösterreich). Sohn e. Grenzoffiziers; 1836–38 Militärakad. in Wiener-Neustadt, 1838 Offizier in versch. Garnisonen der Habsburger Monarchie, 1866 General. – Nach dt. u. kroat. romant. Liebesliedern unter Einfluß Lenaus, Herders u. Mikkiewicz' schrieb P., der neben Mažuranić zu den führenden Dichtern des Illyrismus gehört, patriot. Gedichte, in denen er die Schönheit u. die ruhmvolle Vergangenheit s. Heimat besingt; brachte nach 1855 in reflexiver Lyrik s. philos. Betrachtungen über allg.-menschl. Probleme u. die Mission des Slawentums zum Ausdruck; hinterließ e. relig. Epos im Geist Miltons. Der Versuch, e. hist. Drama zu schreiben, scheiterte. Übs. Goethe, Wieland und Bürger, Byron, Dante und Manzoni.

W: Prvenci, G. 1846; Kraljević Marko, Dr. (1848–50); Lina-Lieder, G. (1850); Nove pjesme, G. 1851; Prvi ljudi, E. 1862. – Djela (W), hg. B. Vodnik II 1918–19, 1932, hg. A. Barac 1954; PSHK 30, 1965 (m. Bibl.); Pozdrav domovini (G.-Ausw.), 1968; Izabrane pjesme, Ausw. 1994; Izabrana djela (AW), 1997.

L: B. Vodnik, 1903. – Bibl.: V. Maštrović, 1952; D. Janus, 1980; C. Milanja, 1995, 1997.

Prešeren, France, slowen. Dichter, 3. 12. 1800 Vrba – 8. 2. 1849 Kranj. 1813–21 Gymnas. Laibach, Stud. Philos. u. Jura Wien, Promotion ebda. Als Präfekt des adeligen Erziehungsinstituts Klinkowström in Wien zählte P. den Grafen Auersperg, später als Dichter A. Grün bekannt, zu s. Zöglingen, mit dem ihn e. bleibende Freundschaft verband; Konzipient in Laibach, 1847 Rechtsanwalt in Kranj. – Führender Lyriker nicht nur der Slowenen, sondern der Südslawen überhaupt. Geschult an der europ., bes. der dt. Romantik u. unter der Leitung s. Dichterfreundes M. Čop, brach P. bereits in s. frühen, in versch. Zsn. veröffentlichten Gedichten, in denen er die ganze Skala der menschl. Gefühle u. die Schönheit der Natur in vollendeter Form besang, mit der Tradition der bisher vorwiegend relig. u. moralisierenden Lit., stieß jedoch wegen s. erot. Motive bei der älteren Generation auf erbitterten Widerstand. Die unglückl. Liebe zur reichen Bürgerstochter Julia Primic inspirierte P.s bestes Werk ›Sonetni Venec‹. Trotz Verbundenheit mit dem Volkslied unterlag P. nie ganz s. Einfluß, sondern bewahrte e. gewisse Vorliebe für klass. Formen, an denen er die Ausdrucksfähigkeit der slowen. Sprache dokumentierte; als meisterhafter Kenner s. Muttersprache wurde P. Schöpfer der mod. slowen. Dichtersprache, trug wesentl. zur Stärkung des Nationalgefühls bei u. wirkte bahnbrechend auf die gesamte lit. Entwicklung.

W: Dekelcam – An die Mädchen, G. 1827; Povodnji mož, Ball. 1830 (Der Wassermann, d. 1866); Soneti nesreče, Sonetni venec, Son. 1834 (Sonette des Unglücks, d. 1983; Sonettenkranz, d. 1984); Krst pri Savici, Ep. 1836 (Die Taufe an der Savica, d. 1866); Poezije, G. 1847. – Zbrano delo (GW), 1929, II 1956–66; Izbrano delo (AW), 1969; Pesmi in pisma, Ausw. 1960 u. 1964; Poezije, G. II 1990. – Übs.: (Ausw.) 1865, 1869, 1893, 1901, 1936, 1960, 1998.

L: A. Žigon, Poet in umetnik, 1925; F. Kidrič, II 1936–38; A. Slodnjak, 1964; J. Kos, P. in evropska romantika, 1970; B. Paternu, P. 1976–77; N. Košir, 1977; P. Scherber, 1977; S. Suhodolnik, 1985. – Bibl.: Š. Bulovec, 1975; H. R. Cooper, 1981; B. Paternu, 1999.

Preston, Thomas, engl. Gelehrter und Dramatiker, 1537 Simpson/Buckshire – 1. 6. 1598 Cambridge. Stud. Cambridge, lehrte 1584–98 ebda. in Trinity Hall; 1589/90 Vizekanzler der Univ. Cambridge. – S. Tragödie über den persischen Tyrannenherrscher ›Cambises‹ wurde sprichwörtl. für bombast. Beredsamkeit und ist ein Dokument für die elisabethan. Gattungsmischung im Drama, bei der auf heroisch-feierliche Szenen derbe Komik oder Gewaltszenen folgen. Die Szenen sind nur lose verknüpft, doch zeigt das Stück den Übergang vom Moralitätenspiel zum hist. Drama.

L: A lamentable Tragedy of Cambises, Tr. 1570 (n. Dodley-Hazlitt 1910, R. C. Jonson 1964).

Prevelakis, Pantelis, griech. Erzähler und Lyriker, 18. 2. 1909 Rethymnon/Kreta – 15. 3. 1986 Athen. Stud. Philol. Thessaloniki und Paris, ab 1939 Ordinarius der TH Athen; enger Freund von N. Kazantzakis. In s. Werk wird die kret. Welt in ihrer Ursprünglichkeit eindringl. und in e. äußerst unmittelbaren Sprache verlebendigt.

W: Stratiōtes, G. 1928; To chroniko mias politeias, R. 1938 (d. 1981); Ho thanatos tu Mediku, R. 1939; Hē gymnē poiēsē, G. 1939; Hē pio gymnē poiēsē, G. 1941; Pantermē Krētē, R. 1945; Hē trilogia tu Krētiku, 1.: To dentro, R. 1948, 2.: Hē prōtē leuteria, R. 1949, 3.: Hē Politeia, R. 1950; To hiero sphagio, Tr. 1952; Ho Lazaros, Tr. 1954; Ta cheria tu zōntanu Theu, Tr. 1955; Ho hēlios tu thanatu, R. 1959 (d. 1962); To hēphaisteio, Dr. 1962; Hē kephalē tēs Medusas, R. 1963 (d. 1964); Ho artos tōn angelōn, R. 1966; To poiēmata, G. 1969; Ho angelos sto pēgadi, R. 1970 (d. 1974); To cheri tu skotomenu, Dr. 1971; Ho neos Erōtokritos, Dicht. 1973 (endgültige Fassg 1985); Antistrophē Metrēsē, R. 1974; Deichtēs poreias, Ess. 1985.

L: G. Manussakis, Hē Krētī sto logotechniko ergo tu P., 1968; St. Charkiananis, Ho neos Erōtokritos tu P. P., 1982; M. Vostantzi, To theatro tu P. P., 1985; A. Dekavalles, Eisagōgē sto logotechniko ergo tu P. P., 1985.

Prévert, Jacques, franz. Dichter, 4. 2. 1900 Neuilly-sur-Seine – 11. 4. 1977 Omonville-La-Petite. Lebte in Saint-Paul-de-Vence. – Begann als Anhänger des Surrealismus und fand zu e. eigenen Stil. Einziger volkstüml. franz. Lyriker der Gegenwart. Vf. leicht zugängl., meist reimloser Gedichte in einfacher, transparenter Sprache, die der gesprochenen Alltagssprache des einfachen Mannes nahesteht. Verzichtet auf hohen Gedankenflug, kunstvolle Formen und traditionelle Metaphorik. Stellt ungebräuchl. Wortverbindungen her. Reiht Bilder u. Szenen des alltägl. Lebens impressionist. aneinander. Bejaht das Diesseits, wendet sich in leidenschaftl. Anarchismus gegen Autorität und Zwang. Auch Filmdrehbücher: ›Les visiteurs du soir‹, ›Les enfants du paradis‹, ›Le jour se lève‹, ›Les portes de la nuit‹ u. a.

W: C'est à Saint-Paul-de-Vence, G. 1945; Histoires, G. 1946; Paroles, G. 1946 (erw. 1947); L'ange gardechiourme, G. 1946; Le cheval de Troie, G. 1946 (m. Gedichten von A. Verdet u. A. Virel); Contes, 1947; Le petit lion, G. 1947 (d. 1950); Tentative de description d'un dîner de têtes à Paris-France, E. 1947; Histoires, 1948 (m. A. Verdet; u. d. T. Histoires et d'autres histoires, erw. 1963); Spectacle, 1951; Vignette pour les vignerons, G. 1951; Grand bal du printemps, G. 1951 (Wenn es Frühling wird in Paris, d. 1958); La pluie et le beau temps, 1955; Fatras, 1965; Imaginaires, 1970; Soleil de nuit, G. 1980; Collages, 1982; Poèmes et chansons, hg. M. Beutter, H.-D. Schwarzmann 1983. – *Übs.:* Gedichte und Chansons, 1970, erw. u. zweisprachig 1962.

L: J. Quéval, 1956; G. Guillot, 1966; W. E. Baker, N. Y. 1967; A. Hyde Greet, Berkeley 1968; A. Bergens, 1969; Ch. Mortelier, 1976; J. Sadeler, 1978; D. CasiglaLaster 1986; R. Gilson, 1990; M. Andry, 1994; J.-C. Lamy, 1997; M. Racheline, 1999; Y. Courrière, 2000, 2002.

Prévost, Jean, franz. Schriftsteller, 13. 6. 1901 Saint-Pierre-les-Nemours – 1. 8. 1944 b. Sassenage. Stud. École Normale Supérieure, Schüler von Alain. Journalist. Gefallen als Widerstandskämpfer. – Entwickelt in Essays Lieblingsgedanken s. Generation: Sportlichkeit, Männlichkeit und Körperfreude, Mißtrauen gegenüber Mystik und Intellektualismus. S. Romane beschreiben voll echter Anteilnahme für das einfache Volk die Freuden und Leiden s. harten Lebens. ›Les frères Bouquinquant‹ ist e. Meisterwerk des populist. Romans.

W: Plaisirs des sports, Es. 1925; Les frères Bouquinquant, R. 1930; Dix-huitième année, Erinn. 1930; Les épicuriens français, Ess. 1931; Rachel, R. 1932; Le sel sur la plaie, R. 1934; La chasse du matin, R. 1937; Usonie, Es. 1939; Apprendre seul, Es. 1939; La création chez Stendhal, Es. 1942; Baudelaire, Es. 1953.

L: M. Bertrand, Berkeley 1968; O. Yelnik, 1979; J.-L. Le Prevost, 1985; G.-A. Boissinot, 1991.

Prévost, Marcel-Henri (eig. Eugène Marcel), franz. Romanschriftsteller, 1. 5. 1862 Paris – 8. 4. 1941 Vianne/Lot-et-Garonne. Beamtensohn; Jesuitenschulen in Bordeaux und Paris; bis 1882 École Polytechnique; Ingenieur in der Tabakindustrie, ab 1891 freier Schriftsteller, ab 1902 Journalist beim ›Figaro‹, danach Hrsg. der ›Revue de France‹. 1908 Mitglied der Académie Française. – Vf. psycholog. und moralist. Romane über das weibl. Seelen- und Liebesleben. Großer Erfolg mit ›Les demi-vierges‹ (P.s Wortschöpfung), in dem er pikant, mit erot. Realismus, die unmoral. Sitten junger Mädchen in Paris darstellt. Weitere Romane mit weibl. Charakteren im Mittelpunkt, über Probleme der Frauenemanzipation und der Mädchenerziehung. Weniger erfolgr. mit Bühnenbearbeitungen s. Romane.

W: Le scorpion, R. 1887 (Erblich belastet, d. 1899); Chonchette, R. 1888 (d. 1898); Mlle Jauffre, R. 1889 (d. 1898); Cousine Laura, R. 1890 (d. 1897); La confession d'un amant, R. 1891 (d. 1898); Lettres de femmes, II 1892–97 (Pariserinnen, d. 1895); L'automne d'une femme, R. 1893 (Späte Liebe, d. 1898); Les demi-vierges, R. 1894 (Halbe Unschuld, d. 1895); Le jardin secret, R. 1897 (d. 1897); Les vierges fortes, R. 1900 (d. 1900); Léa, R. 1900 (d. 1901); L'heureux ménage, R. 1900 (Eine Pariser Ehe, d. II 1900); Les lettres à Françoise, III 1902–24 (Die moderne Frau, d. V 1902–13); La princesse d'Erminge, R. 1905 (d. 1905); Monsieur et Madame Moloch, R. 1906 (d. 1908); Les anges gardiens, R. 1913; L'adjutant Benoît, R. 1916; Les Don Juanes, R. 1922 (Vampir Weib, d. 1926); Sa maîtresse et moi, R. 1925 (d. 1926); L'homme vierge, R. 1929 (d. 1929); Voici ton maître, R. 1930; Marie-des-Angoisses, R. 1932; Fébronie, R. 1933; Clarisse et sa fille, R. 1935; La mort des ormeaux, R. 1938.

L: J. Bertaut, 1904; G. Jansen, Diss. Würzb. 1927; P. Valéry u. a., M. P. et ses contemporains, II 1943; E. Henriot, 1946; J. F. Costeloe, Diss. Lancaster 1980.

Prévost d'Exiles, Antoine-François (gen. Abbé Prévost), franz. Schriftsteller, 1. 4. 1697 Hesdin/Artois – 25. 11. 1763 La Croix de Courteuil b. Chantilly. Novize im Jesuitenorden, 1716–19 Soldat, 1720 Benediktinermönch, 1726 Priester. 1727 Flucht aus s. Abtei, ab 1728 7 Jahre im Exil in England und Holland, beendete dort bereits begonnene Memoiren, gründete und leitete die moral. Zs. ›Le pour et le contre‹ (XX 1733–40, n. 1967). 1735 wieder Benediktiner, Geistlicher u. Sekretär des Prince de Conti. 1754 Prior des Klosters Saint-Georges-de-Gesnes. – Unermüdl. Schriftsteller und Übs. Bes. von den Zeitgenossen geschätzt als Übs. der empfindsamen Romane S. Richardsons. Unvergessen mit dem im 7. Band der ›Mémoires‹ erschienenen empfindsamen Roman ›Histoire du chevalier des Grieux et de Manon Lescaut‹, meisterhafte psycholog. Darstellung der leidenschaftl., hemmungslosen, zu Verbrechen und Ehrlosigkeit führenden Liebe e. Adligen zu e. leichten Mädchen, Bild der unbewußten Immoralität s. Zeit und Mahnung gegen die rationale Überschätzung des Willens. Die Entschuldigung aller Verfehlungen mit der Leidenschaft, deren Erfüllung dem Helden mehr gilt als das ferne Ideal e. unird. Paradieses, die daraus sich ergebende Negierung der durch Moral, Religion und Gesellschaft gesetzten Schranken, nimmt bereits Ideen der Frühromantiker und Romantiker vorweg. Zahlr. weitere abenteuerl. Liebesromane belanglos.

W: Mémoires et aventures d'un homme de qualité, R. VII 1728–31, darin Bd. 7: Histoire du chevalier des Grieux et de Manon Lescaut (hg. J. Aynard 1926, G. Matoré 1953, C. King 1963, F. Deloffre, R. Picard 1965; vertont von J. Massenet 1884; d. 1756, R. G. Binding 1914, F. Leppmann 1920, J. Hofmiller 1928, H. Meister 1949, E. v. Hasen 1950, W. Widmei 1962, E. Sander 1977); Le philosophe anglais ou Histoire de M. Cleveland, fils naturel de Cromwell, R. IV 1731–39; Le doyen de Killerine, R. VI 1735–40; Mémoires pour servir à l'histoire de Malte ou Histoire de la jeunesse du Commandeur, 1740; Campagnes philosophiques, ou mémoires de M. de Montcal, R. 1741; Histoire générale des voyages, LXXX 1746–89; Le Monde moral, R. 1760–64. – Œuvres choisies, XXXIX 1783–85, LV 1811–16; Œuvres, hg. P. Berthiaume, J. Sgard 1977ff.

L: H. Harrisse, 1896 (n. 1970); V. Schroeder, 1898; P. Hazard, Études critiques sur ›Manon Lescaut‹, Chicago 1929; H. Friedrich, Abbé P. in Dtl., 1929; E. Lasserre, Manon Lescaut, 1930; A. de Maricourt, Ce bon abbé P., 1932; F. W. Müller, Diss. Marb. 1938; H. Roddier, 1955; R. Noack, Diss. Lpz. 1962; E. Pognon, Manon Lescaut à travers deux siècles, 1963; L'Abbé P. – Actes du Colloque d'Aix-en-Provence, 1965; M. Josephson, 1966; J. Sgard, 1968; J. R. Monty, 1970; J. L. Jaccard, 1975; J. P. Gilroy, Sherbrooke 1980; P. Rosmorduc, Diss. 1981; M. Menoud, Diss. 1981; J.-P. Sermain, 1985; A. Principato, 1988; J. Sgard, 1989; C. M. Lazzaro Weis, 1991; C. Shelly, 1992; R. A. Francis, 1993; E. Leborgne, 1996. – *Bibl.*: H. Harrisse, n. 1969; P. Tremewan, 1984.

Prežihov, Voranc (eig. Lovro Kuhar), slowen. Schriftsteller, 10. 8. 1893 Kotlje – 18. 2. 1950 Maribor. Sohn e. armen Pächters aus Südkärnten, Autodidakt, 1914 Soldat, 1916–18 als Überläufer in Italien interniert; nahm frühzeitig an der Arbeiterbewegung teil, emigrierte deshalb 1929 aus Jugoslawien, lebte als Flüchtling in versch. Städten Europas, wegen s. polit. Einstellung oft zu Freiheitsstrafen verurteilt, im 2. Weltkrieg Widerstandskämpfer, 1942–45 im KZ. – Obwohl Arbeiter, schildert P. in realist., psycholog. durchdrungenen Novellen u. Romanen mit Vorliebe das schwere Leben des Kärntner Bauern, wobei er sich auf den Zeitraum zwischen den beiden Kriegen beschränkt; s. skizzenhaften Erinnerungen an Krieg u. Internierungslager zeichnen sich durch Objektivität u. scharfe Beobachtungsgabe aus u. verraten P.s souveräne Beherrschung der Materie u. Sprache.

W: V tujino, N. 1909; Povesti, Nn. 1925; Požganica, R. 1939; (Die Brandalm, d. 1983); Samorastniki, Nn. 1940 (Wildwüchslinge, d. 1985); Doberdob, R. 1940; Jamnica, R. 1941; Naši mejniki, Ess. 1946; Borba na tujih tleh, Nn. 1946; Od Kotelj do Belih vod, Reiseb. 1946; Solzice, Erinn. 1949; Kanjuh iz Zagate, Nn. 1952; Pernjakovi, Dr. 1953. – Zbrano delo (GW), X 1963ff.; Izbrano delo (AW), XII 1990.

L: M. Boršnik, 1957; P. Zbornik, 1957 (m. Bibl.); F. Sušnik, 1978; J. Koruza, 1981; D. Drušković, 1983; J. Pogačnik, 1993; J. Mrdavšič u. a., 1993.

Prezzolini, Giuseppe, ital. Autor, 27. 1. 1882 Perugia – 14. 7. 1982 Lugano. Autodidakt, gründete 1903 zusammen mit G. Papini die Zs. ›Leonardo‹; 1903–05 Mitarbeit am ›Regno‹, gründete 1908, zusammen mit anderen jungen Italienern, aus Opposition gegen das ›offizielle‹ Italien die Zs. ›La Voce‹ (die er bis 1914 leitete). Ab 1930 Prof. für ital. Lit. an der Columbia University; lebte in Amerika, veröffentlichte Lit.krit. Essays in den ital. Zsn. ›La Nazione‹ u. ›Il Borghese‹. – P., der sich als Wegbereiter neuer Ideen in allen kulturellen Bereichen betätigt hat, ist v. a. durch s. krit. Essays u. s. Studien über Machiavelli u. Croce bekannt geworden.

W: La cultura italiana, 1906 (m. G. Papini); La teoria sindicalista, 1909; B. Croce, 1909; I maggiori autori della letteratura italiana, VI 1923–30; B. Mussolini, 1925; La vita di N. Machiavelli fiorentino, 1927 (d. 1929); Come gli Americani scoprirono l'Italia, 1933; The legacy of Italy, 1948 (L'Italia finisce – ecco quel che resta, ital. 1959; Das Erbe der ital. Kultur, d. 1960); America in pantofole, Mem. u. Ess., 1950; L'Italiano inutile, Erinn. 1953; America con gli stivali, 1954; Saper leggere, 1956; G. P. il meglio, Ausw. hg. G. Ansaldo 1957; Dal mio terrazzo, 1960; I trapiantati, 1963; Tutta la guerra, 1968; Dio è un rischio, 1969. – Briefw. mit G. Papini, II 1966–68; Carteggi 1904–1974, hg. M. Del Guercio Scotti 1998.

L: A. Verrecchia, 1995; R. Salek, 2002.

Price, (Edward) Reynolds, amerik. Erzähler, * 1. 2. 1933 Macon/NC. Stud. an versch. Univ. Seit 1961 Prof. für engl. Lit. Duke Univ. – Viele Romane reflektieren den ländl. Süden, s. Heimat in North Carolina. Auch Kurzgeschichten, Gedichte, Dramen u. Essays.

W: A Long and Happy Life, R. 1962 (d. 1963); The Names and Faces of Heroes, Kgn. 1963 (Siegerehrung für Verlierer, d. 1971); A Generous Man, R. 1966 (d. 1967); Love and Work, R. 1968; Permanent Errors, Kgn. 1970; Things Themselves, Ess. 1972; The Surface of the Earth, R. 1975; The Source of Light, R. 1981; Vital Provisions, G. 1982; Kate Vaiden, R. 1986 (d. 1991); The Laws of Ice, G. 1986; Clear Pictures: First Loves, First Guides, Mem. 1989; The Tongue of Angels, R. 1990; Conversations, hg. J. Humphries 1991; The Collected Stories, 1993; Full Moon, Drn. 1993; A Whole New Life, Mem. 1994; The Promise of Rest, R. 1995; Roxanna Slade, R. 1998; Learning a Trade: A Craftsman's Notebook, 1955–1997, 1998; Letter to a Man in the Fire, St. 1999; A Singular Family, R. 1999; Noble Norfleet, R. 2002. – The Collected Poems, 1997.

L: S. L. Kimball, L. V. Sadler, hg. 1989; J. A. Schiff, 1996; ders., hg. 1998. – *Bibl.:* S. T. Wright, u. J. L. W. West, III 1986.

Prichard, Caradog, walis. Schriftsteller, 1904 Bethesda/Caerns – 1980. Journalist in Wales, später in London, wo er den größten Teil seines Lebens verbrachte. Gewann dreimal hintereinander die Crown beim National Eisteddfod, erstmals im Alter von 23 Jahren. Gewann 1962 den Chair auf diesem nationalen Dichterwettstreit. – Sein Werk umfaßt Gedichte, Romane und Kurzgeschichten. Seine Gedichte gelten als dunkel und behandeln auch Themen wie Wahnsinn und Selbstmord. Seine Autobiographie gilt als Schlüssel zu seiner Dichtung.

W: Canu Cynnar, G. 1937; Tantalus, G. 1957; Un Nos Ola Lenad, R. 1961 (n. 1988); Llef Un yn Llefain, G. 1963; Y Genod yn ein Bywyd, Kgn. 1964; Afal Drwg Adda, Aut. 1973; Collected Poems, 1979. – *Übs.:* One Moonlit Night – In mondheller Nacht, 2000.

L: R. M. Jones, Llenydd iaeth Cymraeg, 1936–1972, 1975.

Prichard, Katherine Susannah, austral. Romanschriftstellerin, 4. 12. 1883 Levuka/Fidschi-Inseln – 2. 10. 1969 Greenmount/Westaustralien. Tochter e. Journalisten, seit früher Kindheit in Australien. Erzogen im South Melbourne College. Zahlr. Reisen; einige Jahre im Londoner Zeitungsviertel Fleet Street. ∞ 1919 Hugo Throssell († 1933), Gründungsmitgl. der austral. KP. – Vf. zahlr. realist. Romane und Erzählungen aus dem austral. Alltag mit anschaul. Schilderungen des Lebens der Farmer, Holzfäller und Goldgräber. Um ihren Zirkusroman schreiben zu können, reiste sie lange mit e. Wanderzirkus durch Australien. Determinist. Weltanschauung. Die Trilogie ›The Roaring Nineties‹, ›Golden Miles‹, ›Winged Seed‹ mit polit. Sentenzen überladen. Auch sozialkrit. Schriften.

W: The Pioneers, R. 1915; Black Opal, R. 1921 (d. 1959); Working Bullocks, R. 1926; Coonardoo, R. 1928; Haxby's Circus, R. 1929; Kiss on the Lips, Kgn. 1932; Intimate Strangers, R. 1939; Moon of Desire, R. 1941; Potch and Colour, Kgn. 1944; The Roaring Nineties, R. 1946 (Goldrausch, d. 1954); Golden Miles, R. 1948 (d. 1954); Winged Seeds, R. 1950; N'goola, Kgn. 1954; Child of Hurricane, Aut. 1963; Subtle Flame, R. 1967; Happiness, Kgn. 1967; The Wild Oats of Han, Kdb. 1968.

L: J. Beasley, 1964, 1993; R. Throssell, 1975.

Priede, Gunārs, lett. Dramatury, * 17. 3. 1928 Riga. Vater Beamter; bis 1947 Schulen Riga, Ventspils; bis 1953 Architekturstud. Riga; 1953–58 Dozent; ab 1958 Filmregiekarriere, 1972–84 Sekretär des Schriftstellerverbandes der LSSR. – Schrieb über 30 vielschichtige u. bühnenwirksame Theaterstücke.

W: Lai arī rudens, Sch. (1956); Vikas pirmā balle, Sch. (1960); Otīlija un viņas bērnubērni, Sch. (1971); Žagatas dziesma, Sch. (1978); Mācību trauksme, Sch. (1980); Sniegotie kalni, Sch. (1986). – Septiņas lugas (AW), 1968; Pie Daugavas (AW), 1977; Sēnes un siens (AW), 1988.

Priest, Christopher, engl. Schriftsteller, * 14. 7. 1943 Cheadle/Cheshire. – Schon s. anspruchsvollen Science-fiction Romane in den 1970er Jahren thematisieren neben techn.-wiss. Phänomenen die Grenzen des menschl. Bewußtseins. In s. neueren phantast. Romanen inszeniert er raffinierte Übergänge zw. Realität, Traum u. Illusion (›visionary realism‹).

W: Fugue for a Darkening Island, 1972 (d. 1972); Inverted World, 1974 (Der steile Horizont, d. 1976); The Space Machine, 1976 (d. 1977); A Dream of Wessex, 1977 (d. 1979); The Affirmation, 1981 (Der weiße Raum, d. 1984); The Glamour, 1984 (d. 1987); The Prestige, 1995 (Das Kabinett des Magiers, d. 2000); The Extremes, 1998 (Die Amok-Schleife, d. 2002); The Separation, 2002.

Priestley, John Boynton, engl. Erzähler, Dramatiker und Essayist, 13. 9. 1894 Bradford/Yorkshire – 14. 8. 1984 Stratford-upon-Avon. Lehrerssohn; 16jährig Kaufmannslehrling. Teilnahme am 1. Weltkrieg, danach Stud. engl. Lit., Gesch. und Staatswiss. Cambridge. Ab 1922 Kritiker und freier Schriftsteller in London, Schauspieler, sehr beliebter Rundfunksprecher. 1936/37 Präsident des PEN-Clubs. ∞ 1921 Pat Tempest, ∞ 1926 Mary Wyndham Lewis, geb. Holland. 1952 olo, ∞ 1953 Jacquetta Hawkes. Polit. linksgerichtet, engagierte sich gegen das atomare Wettrüsten, Gegner des kommunist. Materialismus. – Außerordentl. erfolgr. und vielseitiger

Prieto

Schriftsteller, Vf. zahlr. Romane, Bühnenstücke, Hörspiele, Essaybände. S. Romane stehen in der Erzähltradition von Fielding und Dickens. Schildert vielfach Leben, Gedanken und Stimmungen der ›kleinen Leute‹, gibt realist. Alltagsbilder voll romant. Sehnsüchte mit scharf gezeichneten, humorvollen Charakteren; nur selten trag. Töne, meist lebensbejahend, trotz sozialkrit. Tendenzen. Experimenteller sind s. stets bühnenwirksamen Schauspiele, die zeitnahe Probleme erörtern und mit dem rationalist. Kausalitätsbegriff wie den objektiven Raum-Zeit-Vorstellungen operieren. Spannender Handlungsaufbau und flüssiger Dialog; z. T. Anlehnung an ma. Moralitäten. Am bekanntesten in Dtl. das Kriminalspiel ›An Inspector Calls‹, in dem Rücksichtslosigkeit und leere Konventionen entlarvt werden und die soz. Verantwortung im engl. Klassensystem hervorgehoben wird.

W: Brief Diversions, Ess. 1922; Figures in Modern Literature, Ess. 1924; The English Comic Characters, Ess. 1925; G. Meredith, St. 1926; The English Novel, St. 1927; Adam in Moonshine, R. 1927; Benighted, R. 1927 (auch u. d. T. The Old Dark House; Von der Nacht überrascht, d. 1953); Apes and Angels, Ess. 1928; The Good Companions, R. 1929 (d. 1931), Sch. 1935 (m. E. Knoblock); The Balconinny, Ess. 1929; Angel Pavement, R. 1930 (d. 1931); Dangerous Corner, Sch. 1932 (Gefährliche Kurven, d. 1946); Faraway, R. 1932 (Die ferne Insel, d. 1951); Wonder Hero, R. 1933 (d. 1942); Laburnum Grove, K. 1934 (Goldregen, d. 1933); English Journey, St. 1934 (d. 1934); Eden End, Sch. 1934; Cornelius, Dr. 1935; The Walk in the City, R. 1936 (Abenteuer in London, d. 1945); Time and the Conways, Sch. 1937 (d. 1941); Midnight on the Desert, Aut. 1937; The Doomsday Men, R. 1938 (Das Jüngste Gericht, d. 1952); Music at Night, Dr. 1938; I Have Been Here Before, Sch. 1938 (d. 1949); When We Are Married, K. 1938; Johnson Over Jordan, Sch. 1939; Rain Upon Godshill, Aut. 1939; Let the People Sing, R. 1939 (d. 1959); The Long Mirror, Sch. 1940 (d. 1954); Blackout in Gretley, R. 1942 (d. 1944); The Came to a City, Sch. 1943 (Eine fremde Stadt, d. 1947); Three Men in New Suits, R. 1945 (d. 1946); An Inspector Calls, Sch. 1945 (d. 1947); Bright Day, R. 1946 (d. 1949); Jenny Villiers, R. 1947 (d. 1949); The Linden Tree, Sch. 1948 (Familie Professor Linden, d. 1948); Ever Since Paradise, Sch. 1949 (Seit Adam und Eva, d. 1948); Delight, Ess. 1949 (Köstlich, köstlich, d. 1962); Summer Day's Dream, Sch. 1950; Festival at Farbridge, R. 1951 (Das große Fest, d. 1952); The Magicians, R. 1954; Take the Fool Away, Sch. (1956; d. 1960); The Scandalous Affair of Mr. Kettle and Mrs. Moon, K. 1956 (Und das am Montagmorgen, d. 1956); The Art of the Dramatist, Ess. 1957; The Wonderful World of the Theatre, St. 1959; Literature and Western Man, Schr. 1960 (d. 1961); Saturn Over the Water, R. 1961 (d. 1962); Charles Dickens, B. 1961 (d. 1965); The Thirty-First of June, R. 1961; Margin Released, Aut. 1962 (Ich hatte Zeit, d. 1963); The Shapes of Sleep, R. 1962; The Pavilion of Masks, Sch. 1963; Sir Michael and Sir George, R. 1964 (Das Turnier, d. 1965); Man and Time, Ess. 1964; Lost Empires, R. 1965 (Der Illusionist, d. 1966); Salt Is Leaving, Kgn. 1966; The Moment and Other Pieces, Ess. 1966; It's an Old Country, R. 1967 (d. 1969); The Image Men, II, R.: Out of Town, 1968, London End, 1968; Trumpets Over the Sea, Mem. 1968; The Prince of Pleasure, St. 1969; The Edwardians, St. 1970; Victoria's Heyday, St. 1972; Over the Long High Wall, Ess. 1972; Snoggle, R. 1972 (d. 1973); Eden End, Sch. 1974; Outcries and Asides, Slg. 1974; The Carfitt Crisis, Kgn. 1975; Found, Lost, Found, R. 1977; Instead of the Trees, Aut. 1977. – The Plays, III 1948–50; Essays of Five Decades, 1968. – *Übs.:* Ironische Spiegelbilder, 1959; Theater, 1964.

L: E. Petrich, Die Dramentechnik der 3 Zeitstücke P.s, Diss. 1950; I. Brown, 1957; D. Hughes, 1958; L. Loeb, 1962; G. L. Evans, 1964; S. Cooper, 1970; K. Young, 1977; J. Braine, 1979; A. A. De Vitis, A. E. Kalson, 1980; J. Atkins, 1981. – *Bibl.:* A. E. Day, 1980; R. Poppe, 1998.

Prieto, Ricardo, uruguay. Schriftsteller, * 8. 2. 1943 Montevideo. Dozent u. Werkstattsleiter für Dramaturgie. – Kritik u. Demaskierung der Bigotterie, der Unaufrichtigkeit e. heuchler. u. lüsternen Gesellschaft; Nostalgie der Unschuld; Suche des verlorenen Paradieses. P. vereinigt Poesie, Harmonie u. Aufruhr, Philosophie u. Allegorie.

W: El huésped vacío, Dr. 1971; El desayuno durante la noche, Dr. 1985; Desmesura de los zoológicos, En. 1987; Asunto terminado, Dr. 1995; Pequeño canalla, R. 1997; Amados y perversos, R. 2000; Palabras ocultas, G. 2000; Benditos agravios, N. 2003.

Prince, F(rank) T(empleton), engl. Lyriker, * 13. 9. 1912 Kimberley. Jugend in Südafrika. Stud. Oxford u. Princeton. 1935–40 Lit.wissenschaftler in den USA, im Krieg im brit. Geheimdienst, 1946–74 Dozent für engl. Lit. Southampton, dann Jamaika u. USA. – In s. frühen Dichtung durch Yeats beeinflußt; s. Spätdichtung neigt zu Manierismus u. Symbolismus. Melanchol. Mitgefühl als Grundzug s. Lyrik.

W: Poems, 1938; Soldiers Bathing, G. 1954; The Stolen Heart, G. 1957; In Defence of English, St. 1959; The Doors of Stone: Poems 1938–62, 1963; The Study of Form and the Renewal of Poetry, Rd. 1965; Memoirs in Oxford, G. 1970; Later On, G. 1983. – Collected Poems, 1979.

L: A. Nigam, 1983.

Pringle, Thomas, schott.-südafrikan. Dichter, 5. 1. 1789 Blaiklaw/Teviotdale – 5. 12. 1834 London. Sohn e. Landwirts, durch e. Unfall von Kind auf gelähmt. Erzogen in Kelso Grammar School, Stud. Edinburgh. Verwaltungsangestellter ebda., widmete s. Freizeit schriftsteller. Arbeiten. Zus. mit Cleghorn gründet er das ›Edinburgh Monthly Magazine‹. ∞ 1817 Margaret Brown. Freund W. Scotts. Wanderte 1820 nach Südafrika aus, zunächst Bibliothekar, dann Herausgeber liberaler Zeitungen in Kapstadt. Konservativer

Gouverneur bewirkt 1826 Heimkehr nach Engl., wo P. Geschäftsführer der Gesellschaft zur Abschaffung der Sklaverei wird. – Gilt v. a. als südafrikan. Dichter, obschon er auch in Schottland Gedichte und Erzählungen schrieb. Pionier der südafrikan. Lit., zeigte als erster Interesse am Leben der Eingeborenen und an der südafrikan. Landschaft.

W: The Autumnal Excursion, 1819; Ephemerides, 1828; The History of Mary Prince: A West Indian Slave, R. 1931; African Sketches, 1834 (d. 1835); Narrative of a Residence in South Africa, 1835. – The Poetical Works, hg. L. Ritchie 1838; Afar in the Desert, G. hg. J. Noble 1881; P.: His Life, Times and Poems, hg. W. Hay 1912.

L: E. Mphalele, The African Image, 1962; J. M. Meiring, 1968; J. R. Doyle, 1972; P. I. Morris, Documentary Account of the Life of T. P., Diss. 1982.

Prins, Arij (Ps. A. Cooplandt), niederländ. Schriftsteller, 19. 3. 1860 Schiedam – 3. 5. 1922 ebda. Übernahm die väterl. Kerzenfabrik. – Mitarbeit an ›De Nieuwe Gids‹. Begann mit naturalist. Skizzen aus dem Arbeitermilieu (›Uit het leven‹). Der Kreuzzugs-Roman ›De heilige tocht‹ ist dann in impressionist. Stil geschrieben: Auflösung des Satzbaus, Neologismen.

W: Uit het leven, Sk. 1885 (unter Ps.); Fantasie, E. 1887; Een nacht, E. 1887; Een executio, E. 1888; Vreemde verschijning, E. 1889; Een koning, R. 1897; De heilige tocht, R. 1912.

L: S. P. Uri, 1935.

Prins Wilhelm, (eig. Carl Wilhelm Ludwig Bernadotte, Herzog von Södermanland), schwed. Dichter, 17. 6. 1884 Tullgarn/Södermanland – 5. 6. 1965 Stockholm. 2. Sohn von König Gustav V. Bernadotte; ⚭ 1908–14 Großfürstin Maria Pawlowna; 1904 Seeoffizier, 1938 Admiral. 1935 Mitarbeiter von ›Svenska Dagbladet‹, Auslandaufenthalte, bes. in Frankreich, nahm an ethnograph. Expeditionen teil. 1947 Dr. h. c. – Schrieb formsichere, ausgewogene, oft wehmütige Lyrik, Novellen und Reiseschilderungen, in denen er sich mit der heim. Landschaft, aber auch mit exot. Milieu vertraut zeigt. Große Freiheits- und Vaterlandsliebe, bes. in den Schriften während des 2. Weltkrieges. Übs. engl. Lit., schrieb mehrere Filmdrehbücher, meist für Kulturfilme.

W: Där solen lyser, Reiseb. 1913; Släckta fyrar, G. 1916; Svart och vit, G. 1918; Mellan två kontinenter, Reiseb. 1920 (Zwischen zwei Kontinenten, d. 1925); Bland dvärgar och gorillor, Reiseb. 1922 (Unter Zwergen und Gorillas, d. 1925); Selene, G. 1922; Vid vattenhålen, Reiseb. 1923; Kinangozi, Sch. 1924; Svarta noveller, N. 1924 (Schwarze Novellen, d. 1925); Ombord, Sch. 1926; Sydfranskt, Reiseber. 1926; Berättelser från byn, N. 1929; Amelia, R. 1930; Bara en gumma, N. 1930; Av denna jord, G. 1935; Alle mans katt, Mem. 1938; Fritt land, St. 1941; Ond tid, G. 1942; Inom egna gränser, St. 1944; Svenskt land, St. 1947; Röda jordens svenskar, Reiseber. 1948; Skärvor från fyra världsdelar, Reiseber. 1949; Känner du landet?, Bildband 1950; Episoder, Mem. 1951; Blick tillbaka, Mem. 1952; Noveller i urval, 1954.

L: K. Asplund, 1954, 1966.

Printz-Påhlson, Göran, schwed. Lyriker, * 31. 3. 1931 Hässleholm. 1961–63 Lektor f. Schwedisch Harvard Univ., 1963–64 Univ. of California, 1964–89 Univ. Cambridge. Dr. h. c. Lund 1987. – In s. Gedichten trotz bewußt schwieriger Versmaße einfache, klare Diktion mit Vorliebe für das Natürliche. Auch Kritiker; übs. engl. Lyrik.

W: Resan mellan poesi och poesi, G. 1955; Räkna ditt hjärtas slag, G. 1959; Gradiva. G. 1966; Förtroendekrisen, 1971; Säg minns du skeppet Refanut?, 1984; Färdväg, 1990; När jag var prins utav Arkadien, 1995.

Prior, Matthew, engl. Dichter, 21. 7. 1664 Wimborne Minster – 18. 9. 1721 Wimpole/Cambridge. Sohn e. Tischlers. Erzogen in Westminster School. Stud. Cambridge. Versch. diplomat. Posten als Tory, u. a. im Gesandtschaftsdienst in Holland; 1711 in geheimer Mission in Paris, nach dem Tod der Königin Anne abberufen, von den Whigs 1715–17 wegen angebl. Hochverrats Gefängnis. Kaufte Down Hall Essex, um dort in Ruhe und Beschaulichkeit zu leben, starb jedoch nach 2 Jahren. In Westminster Abbey beigesetzt. – Urbane Persönlichkeit von vielseitiger schriftsteller. Begabung. Vertreter der anakreont. Kavaliersdichtung. Trat zuerst lit. hervor mit e. Satire gegen Drydens ›Hind and Panther‹, gemeinsam mit C. Montagu verfaßt. Schrieb Gelegenheitsgedichte und Lobeshymnen, v. a. aber iron. elegante, anmutig-flüssige Verse, lehrhafte wie humorvolle satir. Dichtungen. Gewandter Epigrammatiker. S. Plaudereien in leichtem, absichtl. unfeierl. Ton stellen e. Gegenpol zur Barockdichtung dar. S. formales Vorbild war Horaz.

W: The Hind and the Panther Transvers'd to the Story of the Country-Mouse and City-Mouse, Sat. 1687; Poems on Several Occasions, II 1709–16. – Poetical Works, hg. R. B. Johnson II 1892; Writings, hg. A. R. Waller II 1905–07; The Literary Works, hg. H. B. Wright, M. K. Spears II ²1971; Correspondence, in: Calendar of the Manuscripts of Marquis of Bath, III 1904.

L: F. L. Bickley, 1914; L. G. W. Legg, 1921; C. K. Eves, 1939; R. W. Ketton-Cremer, 1957; F. M. Rippy, 1986.

Priscianus, lat. Grammatiker, Ende 5./Anfang 6. Jh. n. Chr., aus Caesarea in Mauretanien. Grammatikprof. in Konstantinopel. P.' Hauptwerk ist die ›Institutio de arte grammatica‹ (18 Bücher), die ausführlichste antike Darstellung der lat. Grammatik. Die Unterweisung schreitet von Buchstaben u. Einzellauten über Wortarten usw.

bis zur Satzlehre fort. – Die ›Institutio‹ war im MA als Schulbuch sehr verbreitet.

A: M. Hertz, H. Keil, Grammatici Latini, Bd. 2 u. 3, n. 1961; Opusc.: M. Passalacqua, Rom 1987 u. 1999.

L: R. A. Kaster, Guardians of Language, Berkeley 1988; L'Héritage des Grammairiens Latins, hg. I. Rosier, Paris 1988; G. Ballaira, P. e i suoi amici, Turin 1989.

Prisco, Michele, ital. Erzähler, * 18. 1. 1920 Torre Annunziata b. Neapel. – Vf. langatmiger, gut gebauter Romane, in deren Zentrum e. weniger sozialkrit. als hist.-psycholog. Erfassung der neapolitan. Provinzbourgeoisie steht.

W: La provincia addormentata, En. 1949; Gli eredi del vento, R. 1951; I figli difficili, R. 1954 (Gefährliche Liebe, d. 1956); Fuochi a mare, En. 1957; La dama di piazza, R. 1961 (Eine Dame der Gesellschaft, d. 1963); Una spirale di nebbia, R. 1966 (d. 1968); I cieli della sera, R. 1970; Gli ermellini neri, R. 1975; Il colore del cristallo, En. 1977; Le parole del silenzio, R. 1981; La specchio cieco, R. 1984; I giorni della conchiglia, R. 1989; Terre Basse, En. 1992; Il pellicano di pietra, R. 1996. – *Übs.:* Das Pferd mit der Augenbinde, En. 1970.

L: G. Amoroso, 1980; A. Benevento, 2001; A. Zambardi, Borghesie e letteratura, 2002.

Pristavkin, Anatolij Ignat'evič, russ. Prosaiker, * 17. 10. 1931 Ljubercy (Gebiet Moskau). Aufgewachsen das Kriegswaise im Kinderheim, absolvierte das Technikum für Flugzeugbau (1952) und das Lit.inst. (1959) in Moskau, publizierte erst Lyrik, seit 1960 überwiegend Prosa, Parteimitglied 1965–90, ab 1992 Vorsitzender der Begnadigungskommission des russ. Präsidenten, seit 2001 Ratgeber des Präsidenten der Russ. Föderation, lebt in Moskau. – P.s Prosa teilt sich in dokumentar. Texte über Sibirien, das er selbst im Arbeitseinsatz kennenlernte, und in lyr.-autobiograph. Werke, die in direkter und anrührender Form Kindheits- und Jugenderlebnisse verarbeiten.

W: Na Angare, R. 1975; Soldat i mal'čik, N. 1977 (Der Soldat u. der Junge, d. 1981); Gorodok, R. 1983; Nočevala tučka zolotaja ..., R. 1987 (Über Nacht eine goldene Wolke, d. 1988; vollst. u. d. T. Schlief ein goldnes Wölkchen, 1994); Kukušata, R. 1989 (Wir Kukkuckskinder, d. 1990); Dolina smertnoj teni, R. 2002 (Ich flehe um Hinrichtung, d. 2003).

Prišvin, Michail Michajlovič, russ. Erzähler, 4. 2. 1873 Chruščëvo/Gouv. Orël – 16. 1. 1954 Moskau. Vater Kaufmann; bis 1902 Stud. Landwirtschaft Leipzig, in Rußland als Agronom tätig; lernte auf vielen Wanderungen im Norden des Landes die dortige Natur und Tierwelt kennen, die er in fesselnden Beschreibungen in Gedichten, Skizzen, Erzählungen darstellt. Verwendet Elemente der Volksdichtung, traditionelle Figuren aus Sagen und Legenden. Wurde durch den teilweise autobiograph. Roman ›Kurymuška‹, fortgesetzt u. d. T. ›Kaščeeva cep'‹, weit bekannt. E.

hervorragender, naturverbundener, polit. unabhängiger Stilist.

W: V kraju nepuganych ptic, En. 1907 (Der Friedhof der Vögel, d. 1922); Kolobok, En. 1906; Černy arab, Sk. 1910 (Der schwarze Araber, d. 1917); Za volšebnym kolobkom, Sk. 1908; U sten grada nevidimogo, Sk. 1909; Rodniki Berendeja, Sk. 1926; Kaščeeva cep', R. 1927 (Die Kette des Kastschej, d. 1963); Žen'-šen', E. 1934 (Ginseng, d. 1935); Kladovaja solnca, E. 1946 (Der Sonnenspeicher, d. 1949); Korabel'naja čašča, R. 1955 (Nordwald-Legende, d. 1961); Osudareva doroga, R. 1958 (Der versunkene Weg, d. 1960). – Sobranie sočinenij (GW), VIII 1982–86; Dnevniki (Tg.), IV 1991–99.

L: I. Motjašov, 1965; H. Lampl, 1967; M. Pachomova, 1970; G. Eršov, 1973; V. Ja. Kurbatov, 1986; N. N. Ivanov, 2001.

Pritchett, V(ictor) S(awdon), engl. Romanschriftsteller und Kritiker, 16. 12. 1900 Ipswich – 20. 3. 1997 London. Erzogen in Alleyn's School. Zeitweilig Korrespondent in Spanien, Marokko u. den USA. Lit.kritiker, Redakteur u. Direktor des ›New Statesman‹. Mehrfach Gastprof. an US-Univ. 1971 Präsident des engl., 1974–76 des internationalen PEN-Clubs. – Vf. von erfolgr. Romanen und Kurzgeschichten in knappem, präzisem Stil sowie lit.-krit. Essays. Lebensvolle Darstellung von Gestalten der unteren Mittelklasse, die er durch kom. Dialoge außerordentl. lebendig macht. In s. bekanntesten Roman ›Mr. Beluncle‹ schuf er e. Micawber unserer Tage. S. Roman ›Dead Man Leading‹ gibt e. anschaul. Schilderung der brasilian. Dschungellandschaft und Einblicke in die Psyche der Forschungsreisenden.

W: Nothing Like Leather, R. 1935; Dead Man Leading, R. 1937; You Make Your Own Life, Kgn. 1938; In My Good Books, St. 1942; It May Never Happen, Kgn. 1945 (Komme, was kommen mag, d. 1947); The Living Novel, St. 1946 (d. 1947); Mr. Beluncle, R. 1951; Collected Stories, 1956; When My Girl Comes Home, E. 1961 (d. 1965); The Key to My Heart, E. 1963; The Working Novelist, St. 1965; A Cab at the Door, Aut. 1968; Blind Love, Kgn. 1969; G. Meredith and English Comedy, Vortr. 1970; Midnight Oil, Aut. 1971; Balzac, St. 1973; The Camberwell Beauty, Kgn. 1974; The Gentle Barbarian. The Life and Work of Turgenev, 1977; Selected Stories, 1978; The Myth Makers, Ess. 1979; On the Edge of the Cliff, Kgn. 1979 (Tee bei Mrs. Bittell, d. 1979); The Tale Bearers, Ess. 1980; More Collected Stories, 1983; Collected Stories, 1984; The Other Side of a Frontier, Slg. 1984; A Man of Letters. Selected Essays, 1985; Cechov, B. 1988; A Careless Widow, En. 1989; At Home and Abroad, Reiseb. 1989; Lasting Impressions, 1990; Complete Collected Essays, 1991; Complete Collected Stories, 1992; The Pritchett Century, Slg. 1997. – *Übs.:* Das rote Motorrad, En. 1959; Die Launen der Natur, En. 1987; Die Heimkehr der verlorenen Tochter, 1992.

L: A. Theil, 1982; D. R. Baldwin, 1987; J. J. Stinson, 1992.

Prličev, Grigor → Părličev, Grigor

Procházka, Jan, tschech. Schriftsteller, 6. 2. 1929 Invančice b. Brünn – 20. 2. 1971 Prag. Mitarbeiter des Staatsfilms, bis 1969 stellvertr. Vorsitzender des Schriftstellerverbandes; 1969 aus der Partei ausgeschlossen. – P.s Drehbücher u. Erzählungen gestalten den psycholog. Werdegang u. die Probleme des mod. Menschen im Rahmen der gesellschaftl. Neugestaltung. Vf. von Jugendlit.
W: Rok života, En. 1956; Zelené obzory, N. 1960; Závěj, En. 1961; Přestřelka, R. 1964; Ať žije republika, N. 1965 (Es lebe die Republik, d. 1968); Tři panny a Magdaléna, En. 1966 (Milena spielt nicht mit, d. 1978); Kapr, E. 1966 (Der Karpfen, d. 1981); Divoké prázdniny, N. 1967 (Lenka, d. 1969); Kočár do Vídně, N. 1967 (Die Kutsche nach Wien, d. 1970); Svatá noc, N. 1967; Politika pro každého, Ess. 1968 (Solange uns Zeit bleibt, d. 1971); Naše bláznivá rodina, E. 1968 (Was für eine verrückte Familie, d. 1981); Ucho, Film-E. 1976 (Das Ohr, d. 1984). – *Übs.:* Prosa, 1970; Der alte Mann und die Tauben, E. 1981.

Procopé, Hjalmar, finnl.-schwed. Dichter u. Dramatiker, 28. 4. 1868 Helsingfors – 24. 9. 1927 Borgå. – Anfang des 20. Jh. beliebter Bohemedichter aus dem Umkreis der Zs. ›Euterpe‹, zu dem auch Gripenberg zählte. S. scharfer Blick auf die Gegenwart führte zu resignierten poet. Betrachtungen. Sibelius vertonte einige seiner Gedichte.
W: Dikter, G. 1900; Belsazars gästabud, Dr. 1905; Färdrens anda, Dr. 1909; Medaljongen, Dr. 1922; Diktarhemmet, G. 1924. – Samlade dikter (ges. G.), 1920.

Prodikos aus Keos, altgriech. Sophist u. Philosoph, * 470/460 v. Chr. Iulis auf Keos. Zeitgenosse des Gorgias und des Protagoras, Wanderredner, bei Platon bezeichnet sich Sokrates als P.' Schüler. – Von P.' Werk sind nur Fragmente erhalten, er soll sich v. a. mit Lexikographie und Semantik beschäftigt haben. Wenn ihm bei Xenophon die Erzählung von ›Herakles am Scheidewege‹ zu Recht zugeschrieben wird, behandelte er auch eth. Themen. Bezeugt ist auch e. physiolog. Werk.
A: M. Untersteiner [2]1961, 156–201.
L: H. D. Rankin, Lond. u.a. 1983; J. de Romilly, Paris 1988.

Proklos, altgriech. Philosoph (Neuplatonismus), 7. 2. 412 Konstantinopel – 17. 4. 485 Athen. Vornehme Familie, Stud. in Alexandria, nach e. Traum ›Bekehrung‹ zur Philos., in Athen Anschluß an Platoniker (Syrian); 430–432 Schüler des Plutarchos, des Gründers der neuplaton. Schule in Athen, die P. von ca. 438–485 selbst leitet; P. soll e. regelmäßigen Rhythmus von Askese und Gebet gelebt und thaumaturg. Fähigkeiten besessen haben. – Der letzte Universalgelehrte und umfassende philos. Systematiker der Antike; von s. enzyklopäd. Werk, das philos. Kommentare (zu Platon, Plotin) und systemat. Abhandlungen, Religionsphilos., Mathematik, Astronomie und Physik umfaßte, ist nur weniges vollständig erhalten, so u. a. zu den platon. Dialogen Kommentare (u. a. ›Zum Timaios‹, ›Zum Parmenides‹) bzw. Erörterungen (v. a. zum Mythos des Er in ›Zum Staat‹), e. Kommentar ›Zum ersten Buch der Elemente Euklids‹ und v. a. die ›Elemente der Theologie‹ (systemat. Darstellung der Metaphysik) sowie die ›Platon. Theologie‹ (6 Bücher, Kompendium der gesamten platon. Lehre); teilweise erhalten ist e. Sammlung von Hymnen für die Feste der Schule (7 hexametr. Hymnen, u. a. an die Sonne, Aphrodite, die Musen). P.' Werk stellt den Höhepunkt des Neuplatonismus dar; inwieweit s. Modifikationen von Plotins Neuplatonismus originär oder im Kern schon bei Iamblich bzw. Syrian angelegt sind, ist umstritten. P.' Methodik des Kommentierens wird bis ins MA überdauern, wenn auch im Westen s. Inhalte lange Zeit nur indirekt (in christl. Adaptation) bekannt sind. Auszüge s. ›Elemente‹ wurden in lat. Übs. (›Liber de causis‹) Aristoteles zugeschrieben und gelangten so ins Curriculum ma. Universitäten. Im 13. Jh. wird e. Teil s. Hauptwerke ins Lat. übersetzt (W. v. Moerbeke), anderes erst im 17. Jh. Nach der Edition s. großen Kommentare im 19. Jh. wurden größere Teile s. Denkens auch wieder verstärkt für die Philos. fruchtbar (G. W. Hegel).
A: Tim.: A. J. Festugière 1966–68; *Alc.:* A. Ph. Segonds 1985–86; *Crat.:* G. Pasquali 1908 (n. 1994); *Parm.:* C. Steel 1982–85 (franz. Übs.), G. R. Morrow, J. Dillon 1987; *Resp.:* A. J. Festugière 1970 (franz. Übs.); *Theur.:* J. Bidez, 1928; *Chald.:* E. des Places [3]1996, R. Majercik 1989; *Elem. theol.:* H. Noese 1987; *Theol. Plat.:* H. D. Saffrey, L. G. Westerink 1968–97; *Elem. Eucl.:* G. Friedlein [2]1967, G. R. Morrow 1970 (engl. Übs.); *Phys.:* H. Boese 1958; *De prov., De mal.:* H. Boese 1960, D. Isaac 1977–80, J. Opsomer 2003 (engl. Übs.); *Hymn.:* E. Vogt 1957, H. D. Saffrey 1994 (franz. Übs.), R. M. van den Berg 2001 (m. engl. Übs., Komm., Aufs.).
L: H. Lewy, Kairo 1956, n. 1978; A. J. Festugière, Paris 1971; J. Trouillard, 1972; ders., Paris 1982; G. Endreß, 1973; H. Dörrie, hg. Genf 1975; W. Beierwaltes, [2]1979; ders., 1985; J. Lowry, Amst. 1980; G. Boss, G. Seel, hg. Zür. 1987; J. Pépin, H. D. Saffrey, hg. Paris 1987; W. Bernard, Spätantike Dichtungstheorien, 1990; H. D. Saffrey, Recherches sur le néoplatonisme, Paris 1990; E. P. Bos, hg. Leiden u.a. 1992; R. T. Wallis, Neoplatonism, Lond. [2]1995; L. Siorvanes, New Haven u.a. 1996; A. Ph. Segonds, C. Steel, hg. Leuven [2000, o.J.]; A. Lernoud, Villeneuve 2001; J.-M. Narbonne, Paris 2001. – *Bibl.:* N. Scotti Muth, Mail. 1993 (1949–92).

Prokopios, altgriech. Geschichtsschreiber, um 500 Kaisareia – nach 555 n. Chr. Jurist, ab 527

›consiliarius‹ des Belisar (mit diesem 536 in Afrika, 537 in Süditalien), ab 540 in Konstantinopel. – P.' Hauptwerk ist ›Über die Kriege‹ (lat. ›Bella‹, 8 Bücher, verfaßt 545–553); das Werk wird dominiert von detaillierter militär. Berichterstattung, bietet aber auch Kulturhistorisches und Anekdoten. In ähnl. Tendenz ›Über die Bauten‹, e. geograph. gegliederte Ekphrasis zum Preis der von Justinian errichteten Bauten. Jenseits dieser kaiserfreundl. Werke bewegen sich die ›Anekdota‹ (lat. zit. als ›Historia arcana‹, ›Geheimgeschichte‹), in denen P. schonungslos den Lebensstil des Kaiserpaares anprangert und deren Feldherr Belisar kritisiert.

A: J. Haury, corr. G. Wirth 1962–64, IV 2001; O. Veh 1961–70 (m. dt. Übs.).

L: Ed. Schwartz, 1939; O. Veh, 1951–53; R. Rubin, 1954; R. Browning, Lond. 1971; I. A. Evans, N. Y. 1972; A. Cameron, Berkeley u.a. 1985 (Nachdr. 1996); A. D. Lee, Cambr. 1993; G. Greatrex, Diss. Oxf. 1994; St. Bocci, Rom 1996; M. Vielberg, 1998; Kongreßakten (o. Hrsg.): De Aedificiis, Turnhout 2001.

Prokopovič, Teofan (Feofan), ukrain. Schriftsteller, 1681 Kiev – 19. 9. 1736 Novgorod. Vater Kaufmann, Stud. geistl. Akademie Kiev und in Polen und Rom, nach Rückkehr 1704 Mönch, Lehrer der Poetik, Rhetorik, Philos. und Theologie an der Kiever Akademie; traf dort 1706 Peter d. Gr., der ihn 1716 als s. Berater nach Petersburg berief, wurde Bischof von Pskov, 1721 Vizepräsident des Hl. Synods, 1724 Erzbischof von Novgorod. – S. Werk, großenteils kirchl. Schrifttum, das der Publizistik nahesteht, zählt zum kleineren Teil zur Lit. Setzte in s. Kiever Periode die ukrain. lit. Tradition fort, verwandte z.B. das Motiv von Kiev als 2. Jerusalem. Wurde als Ratgeber Peters zum Ideologen des russ. Imperiums; beachtete als Dichter die syllab. Metrik; s. Drama ›Vladimir‹ (ukrain. ›Vladymyr‹) mit dem Thema der Christianisierung des Altkiever Reichs ist noch Schuldrama des Barock mit satir. Bildern heidn. Opferpriester, die eigentl. gegen das müßiggänger. Mönchtum gerichtet waren.

W: De arte poetica, Abh. 1705; Vladimir (Vladymyr), Dr. 1705; Epinikion, G. 1709; Slovo o vlasti i česti carskoj, Pred. 1718; Volodymyr, Dr. Cleveland 1988. – Versdichtung in Virši, Sillabičeskaja poèzija XVII–XVIII vv. 1935 u. Russkaja sillabičeskaja poèzija XVII–XVIII vv., 1970; Sočinenija (W), 1961; Filosofični tvory, Abh. III 1979–81; De arte rhetorica libri X, Kioviae 1706, hg. R. Lachmann 1982.

L: Ukrain. literatura v portretach, 2000; Istorija filosofiji n. Ukrajini, III 1987; V. Ševčuk, 1990; Filosofskaja mysl' u. vost. slav'an, 1999.

Prokosch, Frederic, amerik. Schriftsteller, 17. 5. 1908 Madison/WI – 2. 6. 1989 Plan de Grasse. Sohn e. Germanisten und e. Pianistin, österr. Abstammung. Aufgewachsen in Texas, Dtl., Österreich, Frankreich und England. Stud. an versch. Univ., Promotion in Yale über Chaucer, 1932–34 Prof. für engl. Sprache ebda., 1936/37 New York, 1950/51 Rom; im 2. Weltkrieg diplomat. Tätigkeit, bes. in Schweden; Reisen in Europa, Afrika u. Asien. – Europ. anmutende exot. Reise- und Abenteuerromane. Auch Gedichte, Hölderlin-Übs.

W: The Asiatics, R. 1935 (d. 1936); The Assassins, G. 1936; The Seven Who Fled, R. 1937 (d. 1940); The Carnival, G. 1938; Night of the Poor, R. 1939 (d. 1949); Death at Sea, G. 1940; The Skies of Europe, R. 1941; The Age of Thunder, R. 1945; The Idols of the Cave, R. 1946; Storm and Echo, R. 1948 (d. 1952); Nine Days to Mukalla, R. 1953 (d. 1954); A Tale for Midnight, R. 1955; A Ballad of Love, R. 1960; The Seven Sisters, R. 1963; The Dark Dancer, R. 1964 (Und kalt glänzte der Marmor, d. 1966); The Wreck of the Cassandra, R. 1966; The Missolonghi Manuscript, R. 1968; America, My Wilderness, R. 1971 (d. 1973); Voices, Mem. 1983 (Die metaphysische Piazza, d. 1984).

L: R. Squires, 1964; M. Peter, 1969.

Propertius, Sextus, röm. Elegiker, um 50 v. Chr. Assisi/Umbrien – um Christi Geburt. S. Familie gehörte zum Landadel; von Äckerverteilung 41/40 betroffen. Verlor früh den Vater. Kam nach Rom, sollte nach Anlegen der Toga virilis in die Ämterlaufbahn eintreten, verlor bald das polit. Interesse. Lernte Cynthia (eig. Hostia) kennen und verfiel ihr sehr schnell. – S. I. Buch (Monobiblos, vor 28 v. Chr.) schildert die Liebesgeschichte; langes Ringen, Vorwürfe an Cynthia, Eifersucht und Freude. Durch das Cynthiabuch bekannt geworden, in den Maecenaskreis aufgenommen; schloß sich dann Vergil u. Ovid an. S. II. Buch (nach 26 v. Chr.) enthält die Ablehnung der Bitte des Maecenas, die Taten des Augustus zu besingen, Trauerelegien, Liebeslieder, Klagen über Untreue Cynthias. Das III. Buch (nach 23 v. Chr.) weist die Bitte des Maecenas noch einmal zurück. Das Verhältnis zu Cynthia wird immer kühler, erot. Themen treten zurück; endgültiger Bruch mit Cynthia. Im Buch IV (nach 16 v. Chr.) geht P. zu allgemeineren Themen über. Er nimmt die ›Aitia‹ des Kallimachos als Vorbild u. gestaltet die legendar. Urgeschichte Roms. Berühmteste Elegie ist s. Schlußgedicht auf den Tod der Cornelia. P. schreibt stark expressiv, hat viele griech., insbes. bukol. Elemente aufgenommen, bringt zahlr. myth. Bilder u. Metaphern. Durch sprachl. Verdichtung u. eigenwillige Gedankensprünge oft nicht leicht verständlich. Reichtum der Phantasie u. des Ausdrucks. Großer Einfluß auf Ovid; schon zu Lebzeiten geschätzt und bis in die späte Kaiserzeit viel gelesen. Im MA fast verschollen, von Petrarca wiederentdeckt. Wirkte in der Neuzeit bes. stark auf Goethe (›Röm. Elegien‹).

A: E. A. Barber ²1960; G. Luck (zus. m. Tibullus) 1964 (m. Übs.); R. Hanslik 1979; R. Helm 1965 (m. Übs.); P. Fedeli 1984; C. P. Goold 1990 (m. engl. Übs.); komm. M. Rothstein II 1920–24; W. A. Camps IV 1961–67; H. E. Butler, E. A. Barber 1933; E. Pasoli 1966; Buch 1 u. 2 komm. P. J. Enk IV 1946–62; Buch 1, 3 u. 4 komm. P. Fedeli 1965–85. – *Übs.:* F. Diettrich 1958; W. Willige ²1960.
L: E. Reitzenstein, Wirklichkeitsbild und Gefühlsentwicklung bei P., 1936; H. Tränkle, Die Sprachkunst des P., 1960; E. Lefèvre, 1966; M. Hubbard, 1974; A. La Penna, L' integrazione difficile, 1977; J.-P. Boucher, ²1980; G. Petersmann, 1980; K. Neumeister, Die Überwindung der eleg. Liebe bei P., 1983; J. L. Butrica, The manuscript tradition of P., 1984; H.-P. Stahl, 1985; R. Gazich, ›Exemplum‹ ed esemplarità in P., 1995; H.-C. Günther, Quaestiones Propertianae, 1997.

Protagoras, altgriech. Sophist, 485/80 v. Chr. Abdera – um 411/410 v. Chr. Als Redner und Redelehrer Reisen, u. a. Sizilien, mehrfach Athen. – Von P.' Schriften sind nur kümmerl. Fragmente erhalten. Am berühmtesten wurde s. sog. ›Homo-mensura-Satz‹ (›Aller Dinge [i. e. Prädikate] Maß ist der Mensch, ...‹), der e. erkenntnistheoret. Relativismus artikuliert. Bezeichnend für P. war wohl die Lehre, daß es über alles zwei einander gegenseitig ausschließende ›Reden‹ gebe (vgl. s. Schrift ›Antilogiai‹), so daß man durch optimale Beherrschung der Mittel der Rhetorik jeden beliebigen Standpunkt durchsetzen könne.
A: A. Capizzi 1955; M. Untersteiner: Sofisti, ²1961. – *Übs.:* R. K. Sprague 1972; M. Gagarin, P. Woodruff, hg. 1995.
L: G. Vlastos, hg. Indianapolis u. a. 1956; D. K. Glidden, Phronesis 20, 1975, 209–227; M. Burnyeat, PR 85, 1976, 172–195; C. C. W. Taylor, Oxf. 1976; M. Nill, Leiden 1985; P. Woodruff, JHP 23, 1985, 483–197; P. Thrams, 1986; R. Bett, Phronesis 34, 1989, 139–169; C. J. Classen, in: P. Huby, G. Neal, Liverpool 1989; E. Schiappa, Columbia/SC 1991; F. D. Caizzi, in: A. A. Long, hg. 2001.

Prou, Suzanne, franz. Erzählerin, 11. 7. 1920 Grimaud – 30. 12. 1995 Paris. Offiziersfamilie; Stud. Philol. Aix-en-Provence; lebte in Paris. – Erfolgr. Erzählerin seit den 1960er Jahren mit Gesellschafts- u. Frauenromanen.
W: Les Patapharis, R. 1966, La terrasse des Bernardini, R. 1973 (d. 1976); Le rapide Paris-Vintimille, R. 1977; Les femmes de la pluie, R. 1978; Miroirs d'Edmée, R. 1976 (d. 1978); Le voyage aux Seychelles, R. 1981; Jeanne l'hiver, R. 1982; Le pré aux narcisses, R. 1983 (Die Schöne, d. 1984); Les amis de Monsieur Paul, R. 1985 (d. 1986); La notairesse, R. 1989; Car déjà le jour baisse, 1991; L'album de famille, 1994.

Proulx, E(dna) Annie, amerik. Erzählerin, * 22. 8. 1935 Norwich/CT. Franz.-kanad. Abstammung; Journalistin. – Tragikom. Erzählungen, Mischung aus Regionalismus, mag. Realismus, poet. Landschaftsbeschreibungen und postmod. Erzähltechnik über von ihren hist., ökonom. und ökolog. Umständen geprägten Menschen; auch Garten- und Haushaltsratgeber.
W: Heart Songs, Kgn. 1988 (d. 1998); Postcards, R. 1992 (d. 1995); The Shipping News, R. 1993 (d. 1995); Accordion Crimes, R. 1996 (Das grüne Akkordeon, d. 1996); Close Range: Wyoming Stories, 1999 (Weit draußen, d. 1999); That Old Ace in the Hole, R. 2002 (Mitten in Amerika, d. 2003).
L: K. L. Rood, 2001; A. Varvogli, 2002.

Proust, Marcel, franz. Erzähler, 10. 7. 1871 Auteuil – 18. 11. 1922 Paris. Vater bedeutender Arzt, Mutter reiche Jüdin. Sehr glückl. Kindheit und Jugend in Paris, in Illiers b. Chartres und im Seebad Cabourg. Ab 9. Lebensjahr asthmaleidend, deshalb unregelmäßiger Schulbesuch. Schüler des Lycée Condorcet in Paris, Stud. Rechte in Paris. Kurze Zeit in Anwaltsbüro, danach ohne Beruf, finanziell unabhängig. Gründete 1892 mit Freunden die Zs. ›Le Banquet‹. Schon sehr jung in mondänen Kreisen, den Salons von Madame Straus, Madeleine Lemaire, Madame Arman de Caillavet, wo v. a. die Pariser Aristokratie zu Gast war. Lebte bis etwa zum 35. Lebensjahr als Snob und Dandy, geschätzt als geistvoller Unterhalter. 1900 Reise nach Venedig. Tod des Vaters 1903, der Mutter 1905 und Verschlimmerung s. Leidens veranlaßten P. zu völligem Rückzug vom mondänen Leben in e. von künstl. Düften durchzogene Wohnung mit korkbelegten Wänden, wo er s. Beobachtungen in der mondänen Gesellschaft zum Hauptwerk ›À la recherche du temps perdu‹ verdichtete; erlangte in den letzten Lebensjahren Weltruhm. – Romanschriftsteller von hohem Rang und unverwechselbarer Eigenart, neben Joyce der bedeutendste Neuschöpfer der Epik des 20. Jh. Beeinflußt vom Engländer J. Ruskin, der großen franz. Tradition verpflichtet, bes. Saint-Simon, Balzac, Flaubert, Montaigne und A. France, den er persönl. kannte. Stellt in s. 7bändigen Hauptwerk über franz. Aristokratie und Großbürgertum 1890–1916, deren morbide Aspekte er v. a. zeichnet, die innere Wirklichkeit der menschl. Seele mit großer Genauigkeit bis in die subtilsten und kompliziertesten Einzelheiten dar. P.s Roman ist e. Gegenpol des naturalist. Romans, er übertrifft den psycholog. Roman durch die Tiefe der seel. Analyse. Originell ist P.s künstler. Methode: P. gestaltet in dem als autobiograph. Bericht aufgebauten Roman aus der Erinnerung die verflossene Zeit, die er übereinstimmend mit Bergsons Philos. als subjektiv und als Erleben der Seele auffaßt. Entsprechend ist die Komposition weder chronolog. noch sachl. geordnet, sondern sie folgt sinnl. Wahrnehmungen, die assoziativ Vergangenes, Geschehnisabläufe, Menschen, sinnl. und unsinnl. Dinge in die Erinnerung rufen. So hat der Roman neben der Handlungsebene des in der Vergangenheit Geschehenen noch die des Berichtenden, sich Erinnernden. Aus der Fülle der Zeit entsteht für Proust eigentl. seel. Wirklichkeit durch Assoziation, Erinnerung und die schöpfer. Leistung des Künstlers. Sie ist das Dauernde im Fluß der vergängl. Zeit. P.s Auffassung von dem Erinnerungsbild als dem allerdeutlichsten entspricht s. Stil von gewissenhafter Genauigkeit in den Einzelheiten; charakterist. sind überlange, nuancenreiche Sätze, die die Fülle der Realität in zahlr. Bildern und Vergleichen zu erfassen suchen und durch Rhythmus und Harmonie faszinieren. Großer Einfluß auf die mod. Weltlit. Übs. J. Ruskins.

W: Portraits de peintres, G. 1896; Les plaisirs et les jours, 1896 (d. 1926); À la recherche du temps perdu, R. XIII 1913–27 (hg. A. P. Clarac, H. Ferré III 1954; d. VII 1953–57, XIII 1963f., III 1967); 1/2: Du côté de chez Swann, 1913 (d. 1926), 3/4: À l'ombre des jeunes filles en fleurs, 1919 (d. 1926), 5/6: Le côté de Guermantes, 1920 (d. 1930), 7/8: Sodome et Gomorrhe, 1921, 9/10: La prisonnière, 1924; 11: Albertine disparue, 1925, 12/13: Le temps retrouvé, 1927; Pastiches et mélanges, Ess. 1927 (d. 1969); Chroniques, Ber. 1927; Jean Santeuil, R. III 1952 (d. II 1965); Contre Sainte-Beuve, Ess. 1954 (d. 1962). – Œuvres complètes, XVI 1919–27, XVIII 1929–35; Morceaux choisis (Les cahiers M. P. 3), 1928; Textes retrouvés, hg. P. Kolb, L. B. Price, Urbana/IL 1968; Correspondance générale, hg. R. Proust, P. Brach VI 1930–36; Lettres et conversations, hg. R. Billy 1930; A un ami, 1903–22, hg. G. de Lauris 1948; Lettres à Gide, 1949; Correspondance avec sa mère, hg. P. Kolb (d. 1970); Correspondance sur la stratégie littéraire, 1954; Correspondance, XIII 1970 (dt. Ausw. II 1964–69). – Übs.: Tage des Lesens, Ess. 1963.

L: P. Souday, 1927; E. Seillière, 1931; S. Beckett, 1931 (d. 1960); H. Massis, Le drame de M. P., 1937; L. Pierre-Quint, ²1944; J. Bret, Gent 1946; H. March, Two worlds of M. P., Philadelphia 1948; F. C. Green, Lond. 1949; A. Maurois, À la recherche de M. P., 1949 (d. 1956); L. Tauman, 1949; P. A. Spalding, A Reader's Handbook to P., Lond. 1952; E. Jaloux, Avec M. P., 1953; C. Mauriac, 1953 (d. 1958); J. M. Cocking, Lond. 1956; W. A. Strauss, P. and literature, Cambr./MA 1957; R. H. Barker, N. Y. 1958; G. Cattaui. 1959, 1963 u. 1972; G. D. Painter, Lond. II 1959–65 (d. 1962–68); J. Zéphyr, La personnalité humaine de l'œuvre de P., 1960; J. F. Revel, 1960; G. Piroué, 1960; R. Girard, hg. N. Y. 1962; M. Hindus, Lond. 1962; G. Picon, 1963; A. Vial, 1963; G. Poulet, 1963 (d. 1966); M. Butor, Lond. 1964; M. P. (Ausstellungskatalog), 1964; R. Shattuck, Lond. 1964; Album P., hg. P. Clarac, A. Ferré 1965; L. Bersani, N. Y. 1965; V. E. Graham, The Imagery of P., Oxf. 1966; P. par dix auteurs, 1966; G. Brée, Lond. 1967; E. Köhler, ²1967; R. de Chantal, II 1967; J. Mouton, 1968; P. Newman-Gordon, Dictionnaire des idées dans l'œuvre de P., Den Haag 1968; G. Wäber, 1968 (m. Bibl.); B. J. Bucknall, The Religion of Art in P., Urbana/IL 1969; H. R. Jauß, ²1970; J.-Y. Tadié, 1971 (d. 1987); ders., P. et le roman, 1971; M. Bardèche, II 1971; H. Uhlig, 1971; J. Nathan, Citations, références et allusions dans À la recherche…, 1971; J. Bersani u.a., hg. 1972; C. Albaret, 1973 (d. 1974); G. Stambolian, 1973; S. L. Wolitz, N. Y. 1973; Y. Louria, La convergence stylistique chez P., ²1973; L. B. Price, hg. Urbana/IL 1973; J.-P. Richard, 1974; W. Fowlie, ²1975; P. A. Spalding, Lond. 1975; J. R. Hewitt, N. Y. 1975; L. Pierre-Quint, 1976; H. Pinter, N. Y. 1977; P. Brady, Boston 1977; E. Guaraldo, Rom 1977; J. P. Moser, N. Y. 1978; A. de Lattre, 1978; ders., 1981; R. Fernandez, 1979; E. Brunet, Genf 1983; A. Corbineau-Hoffmann, 1983; A. Henry, 1983; E. Huges, Cambr. 1983; J.-Y. Tadié, 1983 (d. 1987); M. Raimond, 1984; V. Roloff, 1984; D. R. Ellison, Oxf. 1984; Duchêne, 1994; J.-Y. Tadié, 1996; W. C. Carter, 2000; S. Albaret, 2001; R. Dreyfus, 2001; E. White, 2001; A. de Botton, 2001; A. Barguillet Hanteloire, 2002. – Bibl.: G. de Silva Ramos (Les cahiers M. P. 6), 1932; V. E. Graham, 1976; H. Bonnet, 1976; E. R. Taylor, 1981.

Prudentius Clemens, Aurelius, lat. christl. Dichter, 348/49 Spanien – nach 405. Advokat, zweimal Provinzstatthalter, schließl. hoher Beamter in der kaiserl. Verwaltung; mit 56 Jahren beschloß P., sich der christl. Dichtung zu widmen. – Die gesammelten Dichtungen, die von e. persönl. Vor- u. Nachwort eingerahmt sind, bestehen aus: ›Cathemerinon‹ (Die tägl. Dinge), e. Sammlung von Hymnen zu versch. Tageszeiten u. kirchl. Anlässen; 2 Lehrgedichten: ›Apotheosis‹ (Vergöttlichung), über das Wesen Christi u. die Dreifaltigkeit, u. ›Hamartigenia‹ (Die Entstehung der Sünde); ›Contra Symmachum‹, e. späte Erwiderung auf die von Symmachus vor den Kaiser gebrachte Forderung des Senats im Jahr 384, die alten Religionen zu stärken; ›Peristephanon‹ (Über die Kränze), e. Sammlung von Gedichten über Märtyrer; ›Dittochaeon‹, e. Sammlung von Epigrammen zu bibl. Szenen. Bes. bedeutend ist die ›Psychomachia‹ (Kampf um die Seele), e. christl.-allegor. Epos über den Kampf der Laster gegen die Tugenden, das Dichtung u. bildende Kunst des MA stark beeinflußte.

A: J. Bergman, Corp. Script. Eccl. Lat. 61, 1926; M. P. Cunningham, Corp. Chr. Ser. Lat. 126, 1966; m. engl. Übs. H. J. Thomson, 2 Bde., Lond. n. 1961ff.

L: M. Smith, P.' Psychomachia, Princeton 1976; A.-M. Palmer, P. on the Martyrs, Oxf. 1989; M. Roberts, Poetry and the Cult of the Martyrs, Ann Arbor 1993; Ch. Gnilka, Prudentiana, 2 Bde., 2000f.

Prudhomme, René François Armand Sully
→ Sully Prudhomme

Prus, Bolesław (eig. Aleksander Głowacki), poln. Schriftsteller, 20. 8. 1847 Hrubieszów – 19. 5. 1912 Warschau. Sohn e. Angestellten aus verarmtem Adel. Früh verwaist, von s. Großmutter erzogen. 1863 der Schule entlaufen, Teilnahme am Januaraufstand, verurteilt, Haft, Folgeerscheinung Augenleiden. Stud. Mathematik u. Physik Lublin

u. Warschau, dann landwirtschaftl. Institut Puławy; vorzeitig abgegangen. Zeitweilig Arbeiter, Hauslehrer, dann ganz Publizist u. Literat. Reisen nach Dtl., Schweiz, Paris; lebte sehr zurückgezogen s. lit. Arbeit. – Neben Sienkiewicz bedeutendster poln. Romancier des Positivismus. S. Gestalten sind Individuen u. zugleich Belege für wiss. Erfassung der soz. Erscheinungen. Verbindet sichere und scharfe Beobachtungsgabe mit zartem Gefühl. Humorist wie Dickens, schrieb zunächst Humoresken, dann Novellen, kam danach zum soz. Roman. S. Hauptthemen sind der Kampf gegen preuß. Ostlandpolitik, Darstellung der Gesellschaft s. Zeit und des alten Ägypten (von Ebers angeregt). ›Lalka‹, der 1. große realist. poln. Roman, gibt e. breites Kulturbild Polens in der 2. Hälfte des 19. Jh. Auch Lit.theoretiker, Feuilletonist u. Essayist.

W: Listy ze starego obozu, E. 1872; To i owo, E. 1874; Kłopoty babuni, E. 1874; Pałac i rudera, En. 1875 (Palais und Hütte, d. 1914); Anielka, E. 1880 (Angelika, d. 1960); Powracająca fala, E. 1880 (Die Welle strömt zurück, d. 1959); Grzechy dzieciństwa, E. 1883 (Der Nichtsnutz und die Mädchen, d. 1960); Omyłka, E. 1884; Placówka, R. 1885 (Der Bauer Slimak, d. 1947); Szkice i obrazki, En. IV 1885 f.; Lalka, R. III 1887–89 (Die Puppe, d. 1954); Emancypantki, R. IV 1894 (Die Emanzipierten, d. 1957); Faraon, R. III 1897 (Der Pharao, d. 1954); Najogólniejsze ideały życiowe, Schr. 1901; Ze wspomnień cyklisty, R. 1904; Dzieci, R. 1909; Przemiany, R. 1911. – Pisma, XXIX 1948–52; Ausw. X ^{5}1974/75; Listy, Br. 1959; Kroniki, Feuill. XX 1953–70. – Übs.: Stas u. Jas, 1887; Sein eigener Doppelgänger, 1893; Der Provinzial-Redakteur, 1894; Der kleine Anton, 1902.

L: F. Araszkiewicz, B. P. i jego ideały życiowe, 1925; ders., B. P. filozofia, kultura, zagadnienia społeczne, 1948; St. Baczyński, 1928; J. Putrament, Struktura nowel, P., 1936; K. W. Zawodziński, 1946; H. Markiewicz, P. i. Żeromski, 1964; J. Kulczycka-Saloni, 1967; dies., Nowelistyka P., 1969; K. Tokarzówna u. S. Fita, 1969; T. Tyszkiewicz, 1971; Z. Szweykowski, II ^{2}1972; B. P. Materiały, hg. E. Pieścikowski 1974; ders., 1985; K. Tokarzówna, Młodość B. P., 1981. – Bibl.: T. Tyszkiewicz, 1981.

Prutkov, Koz'ma Petrovič, fingierte Persönlichkeit, 1854 im ›Sovremennik‹ zum erstenmal genannt, dann allmählich beinahe die Züge e. realen Person annehmend, Ps. für die Brüder Aleksej Michajlovic (1821–1908) und Vladimir Michajlovič Žemčužnikov (1830–84) und Aleksej Konstantinovič Tolstoj (1817–75); ließ in den 50er Jahren u. a. in obiger Zs. parodist. Versdichtung und Prosa, Fabeln, Parodien, Epigramme, Aphorismen, Komödien erscheinen, worin er, als stolzer, enttäuschter Poet, in vulgär-romant. Weise sich der Masse gegenübergestellt sieht; legt in plattem, kunstvoll ausgeklügelten Versen von starker Wirkung die Schwächen der russ. Lyrik zwischen 1830 und 1850 bloß; e. Teil s. Werks ist durch Komik des Alogismus gekennzeichnet, ist jedoch gleichfalls parodist. auf das lit. Leben bezogen.

A: Polnoe sobranie sočinenij (GW), 1965; Sočinenija (W), 1981.

L: P. N. Berkov, 1933; B. H. Monter, Den Haag 1972.

Prynne, J(eremy) H(alvard), engl. Lyriker, * 24. 6. 1936 London. Zwei Jahre Militärdienst, Stud. in Cambridge, seit 1962 Dozent u. Prof. ebda. – Einflußreicher, innovativer, schwer zugängl. Lyriker, dessen zahlr. Gedichtbände zunächst in kleiner, teilweise privater Aufl. erschienen; Durchbruch 1982 mit der Veröffentl. von ›Poems‹. Bewußt hermet., vom brit. u. amerik. Modernismus beeinflußte, formbetonte Lyrik, die sich explizit auf dichter. Tradition beruft, zu Vergleichen auffordert u. neue Tradition entwickelt.

W: Forces of Circumstance, 1962; Kitchen Poems, 1968; Day Light Songs, 1968; Fire Lizard, 1970; A Night Square, 1973; Wound Response, 1974; Down Where Changed, 1979; Poems, 1982; The Oval Window, 1983; Marzipan, 1986; Word Order, 1989; Not-You, 1993; Her Weasels Wild Returning, 1994. – Collected Poems, 1998.

L: N. H. Reeve, R. Kerridge, 1995; B. Johansson, 1997.

Przesmycki, Zenon (Ps. Miriam), poln. Dichter u. Kritiker, 22. 12. 1861 Radzyń – 17. 10. 1944 Warschau. Jurist, Dichter des ›Jungen Polen‹, 1887/88 Redakteur der Zs. ›Życie‹. 10jähr. Parisaufenthalt; 1901–07 Redakteur der Zs. ›Chimera‹; 1919/20 Kulturminister. – Übs. von Poe, Baudelaire, Verlaine, Swinburne, Vrchlický, Zeyer, Maeterlinck (1894). Bemüht um die Verarbeitung des Modernismus in der poln. Lit. Zwar Gegner des L'art pour l'art, aber Ablehnung e. gesellschaftl. Sendung der Kunst. St. Brzozowski trat 1905 als s. Gegner auf. S. Einfluß nahm in den folgenden Jahren ab. Veröffentlichte nur wenige eigene Dichtungen, vielmehr Theoretiker und Kritiker. Entdecker und Hrsg. Norwids (1911).

W: Z czary młodości. Liryczny pamiętnik duszy, G. 1893; Pro arte, Schr. 1914. – Wybór pism krytycznych, Krit. II 1967. – Wybór poezji (G.-Ausw.), 1982.

L: M. Szurek-Wisti, Miriam tłumacz, 1937; B. Koc, 1980.

Przyboś, Julian, poln. Lyriker, 5. 3. 1901 Gwoźnica – 6. 10. 1970 Warschau. Bäuerl. Abstammung, eng mit dem dörfl. Leben verbunden. 1924–36 Gymnasiallehrer, 1947–51 Diplomat, 1951–55 Direktor der Univ.-Bibl. Krakau. – Vertreter u. Theoretiker der Avantgarde. S. durch sparsamen, knappen Ausdruck gesteigerte Dichtung ist oft schwer verständl. Er fordert gehobenen Ausdruck, um das starke Erlebnis, das Inhalt der Poesie sein soll, zu gestalten. Stark von der Filmtechnik beeinflußt.

W: Śruby, G. 1925; Oburącz, G. 1926; Sponad, G. 1930; Wgłąb las, G. 1932; Równanie serca, G. 1938; Póki my żyjemy, G. 1943; Czytając Mickiewicza, Ess. 1950; Najmniej słów, G. 1955; Narzędzie ze światła, G. 1958; Linia i gwar, Ess. II 1959; Próba całości, G. 1961; Sens poetycki, Ess. 1963; Na znak, G. 1965; Kwiat nieznany, G. 1968; Zapiski bez daty, Schr. 1970. – Poezje zebrane, 1959, 1967; Utwory poetyckie 1971, 1975; Pisma zebrane (SW), II 1984–94; Listy do rodziny, Br. 1974. – *Übs.:* K. Dedecius, 1963; Werkzeug aus Licht 1978; Poesie und Poetik, 1990.

L: A. Sandauer, 1970; J. Kwiatkowski, 1972; Wspomnienia o. J. P., hg. J. Sławinski 1976; B. Kierc, P. i., 1976; W. P. Szymański, 1978; O J. P., 1983.

Przybyszewska, Stanisława (Ps. Andrée Lynne), poln. Dramatikerin und Erzählerin, 1. 10. 1901 Myślenice – 15. 8. 1935 Danzig. Tochter des Schriftst. St. Przybyszewski. 1909–12 Schulbesuch Paris. Lebte ab 1923 äußerst zurückgezogen in Danzig. – Auch ihr vollkommenstes Werk, das Drama ›Sache Danton‹, blieb lange unbekannt, erst in den 1970er Jahren wurde es als bedeutendstes Stück des polit. Theaters der Zwischenkriegslit. gefeiert. Es ist das Ergebnis langjähriger Studien über die Franz. Revolution und analysiert die Mechanismen terroristischer Machterhaltung.

W: Sprawa Dantona, Dr. (1925) gedr. 1975; Thermidor, Dr. in dt. Sprache (1925–35) gedr. 1975. – Dramaty (AW), 1975.

L: S. Helsztyński, 1958.

Przybyszewski, Stanisław, poln. Dichter, 7. 5. 1868 Łojewo b. Kruszwica – 23. 11. 1927 Jaronty. Sohn e. Dorfschullehrers. Schulbesuch in Thorn u. Wągrowiec. Stud. Architektur u. Medizin in Berlin ohne Abschluß. Schriftsteller. Redakteur der poln. soz. Zs. ›Gazeta Robotnicza‹. Stand Berliner u. Münchener Künstlerkreisen nahe. Begegnung mit Dehmel, Strindberg, Ola Hansson u. s. ersten Frau, der Norwegerin Dagny Juel. 1894–98 Norwegenaufenthalt. Reisen nach Spanien u. Frankreich. 1898 nach Krakau, übernahm die Redaktion des ›Życie‹. Bis 1914 zeitweise in Lemberg u. München, während des Krieges Eintreten für dt.-poln. Verständigung, danach Bahnbeamter in Danzig. – Wesentl. Vertreter der von Nietzsche und Strindberg beeinflußten naturalist.-symbolist. Bewegung des ›Jungen Polen‹, gab der Bewegung den Namen. Schrieb bis 1900 dt., dann poln. S. ›satanist.‹ Epoche 1895–1900 am bedeutendsten. Hauptthema ist der schonungslos analysierte Kampf der Geschlechter. S. antibürgerl. Lebensauffassung war von ungeheurer Wirkung. Zahlr. Romane und Dramen meist von Zeitbedeutung. Später Neigung zum Expressionismus. Wichtig auch heute s. Memoiren.

W: Zur Psychologie des Individuums, Ess. II 1892; Totenmesse, R. 1893; E. Munch, Ess. 1894; Vigilien, R. 1894; De profundis, R. 1895; Homo sapiens, R. III 1896 (Über Bord 1898, Unterwegs 1895, Im Malstrom 1895, poln. III 1901); Satans Kinder, R. 1897; Das große Glück, Dr. 1897; Synagoge des Satans, R. 1897 (poln. 1902); Na drogach Duszy, Ess. 1900; Androgyne, Dicht. 1901 (d. 1906); Nad morzem, En. 1901; Taniec miłosci i śmierci, Dr. II 1901 (Totentanz der Liebe, d. IV 1902); Matka, Dr. 1902; Z gleby kujawskiej, Ess. 1902; Śnieg, Dr. 1903 (Schnee, d. 1903); Synowie ziemi, R. II 1904 (Erdensöhne, d. 1905); Śluby, Dr. 1906 (Gelübde, d. 1906); Dzień sądu, R. 1909 (Das Gericht, d. 1913); Gody życia, Dr. 1910; Zmierzch, R. 1911; Mocny człowiek, R. III 1912 f.; Topiel, Dr. 1912; Dzieci nędzy, R. II 1913; Adam Drzazga, R. 1914; Miasto, Dr. 1914; Polen und der heilige Krieg, Schr. 1916; Von Polens Seele, Schr. 1917 (Szlakiem duszy polskiej, poln. 1917); Krzyk, R. 1917 (Der Schrei, d. 1918); Il regno doloroso, R. 1924; Moi współcześni, Mem. II 1926–30 (Ferne komm ich her, d. 1994); Mściciel, Dr. 1927 – Wybór pism (AW), 1966; Briefe, III 1937–54.

L: I. Szczygielska, P. jako dramaturg, 1936; M. Herman, Un sataniste polonais, Paris 1939; S. Helsztyński, 1958 u. 1985; M. Schluchter, St. P. u. s. deutschspr. Prosawerke, 1969; K. Kolińska, Stachu, 1978; St. P., 1982; K. Łuczyński, Dwujęzyczna twórczość St. P., 1983; H. I. Rogacki, 1987. – *Bibl.:* U. Steltner, Überlegungen …, 1989; G. Klim, 1991.

Psaila, Carmelo → Dun Karm

Psalmen, in die Erzählungen des AT eingestreute theol. Kommentare und Zusammenfassungen (1 Sam 2; 2 Sam 22 = Ps 18; 1 Chr 16; Neh 9). Der Psalter (das Buch der P.) ist eine endgültige Zusammenfassung des AT seitens der frühen Pharisäer. Seine 5 Bücher spiegeln seine etappenweise Entstehung vom 5. (oder 3.) bis zum 2. (oder 1.) Jh. v. Chr.: I = Ps 3–41 (zugleich 1. David-Psalter); II = Ps 42–72 (Korachiten- und 2. David-Psalter, Ps 51–72); III = Ps 73–89 (Asaf-Psalter); IV = 90–106; V = 107–145 (3. David-Psalter 108–110; 4. David-Psalter 138–145). Ps. 1–2 und 146–150 bilden den Rahmen um die Gesamtkomposition, die durch Konkatenationen (Ps 22–23–24; 90–91–92) und Symmetrien (15–19–24) wie durch Kontraste (136–130) charakterisiert ist. Einzelne P. können weit älter sein als ihr redaktioneller Kontext; z.B. geht Ps 104 auf ägypt. amarnazeitl. (14. Jh. v. Chr.) Sonnen-Litaneien zurück, die wohl durch phöniz. Vermittlung nach Israel gelangten. Andere P. scheinen für den Kontext verfaßt, in dem sie jetzt stehen (z.B. Ps 17). Kultische Herkunft vieler P. ist wahrscheinlich (Ps 15, 24, 49, 68 würden in den Ablauf einer israelit. und judäischen Rezeption des babylon. Neujahrsfestes in assyrischer Ausprägung passen), doch ist der Psalter als Gesamtkomposition als Meditationsbuch konzipiert (Ps 1,2). Durch seine Rezeption im Stundengebet dürfte der Psalter das der Kirche am besten bekannte bibl. Buch darstellen. Wichtige protestant. Kirchenlieder sind Ps.-Nachdichtungen (M. Luther, Ein feste Burg: Ps 48; Paul Gerhard, Befiehl du deine Wege: Ps 37).

L: Kommentare: F.-L. Hossfeld & E. Zenger, 1993; 2001. – H.-P. Mathys, Dichter und Beter: Theologen aus spätalttestamentl. Zeit, 1994; Der Psalter in Judentum und Christentum, hg. E. Zenger, 1998.

Psellos, Konstantinos → Michael Psellos

Pseudo-Dionysios Areopagites, Pseudonym e. Autors, vermutl. 5./6. Jh. n. Chr., der sich als Autor der in Griech. verfaßten Werke ›Über die himml. Hierarchie‹, ›Über die Hierarchie in der Kirche‹, ›Über die göttl. Namen‹, ›Über die myst. Theologie‹ sowie von 10 theolog. Briefen ausgibt. – S. zentrale Fragestellung ist die nach der Gotteserkenntnis; daraus wird ein ontolog. System erkennbar, das in hierarch. Triaden geordnet ist. Ps.-D. entwirft e. umfassende Systematik, deren letztes Ziel letztl. nur durch ›Unio mystica‹ zugängl. ist. Diese Synthese von Neuplatonismus und Christentum erfährt e. erstaunl. Nachleben: kommentiert ab dem 6./7. Jh. (v. a. von Maximus Confessor), im 6. Jh. ins Syrische übersetzt; ab dem 9. Jh. reiche Nachwirkung e. griech. Hs. im Westen: Wegen der vermuteten Identität mit dem Gründer wird sie der Abtei Saint-Denis (Paris) geschenkt, dort im 9. Jh. ins Lat. übersetzt und kommentiert. Im 12. Jh. erhielt e. revidierte Fassung der Übs. offiziellen Status als Lehrtext an den Universitäten von Paris und Oxford. Seit L. Valla wird die Echtheit des Corpus in Frage gestellt, Erasmus schließt sich dem an, doch verhindert dies auch in der Renaissance nicht die inhaltl. Auseinandersetzung.

A: P. Chevalier 1937, 1950 (Nachdr. 1989); G. Heil, A. M. Ritter 1991; P. Rorem 1993 (m. Komm.). – *Übs.:* P. Rorem 1987 (engl.).

L: E. Corsini, Turin 1962; F. Hathaway, Den Haag 1969; B. Brons, 1976; R. Roques, Paris ²1983; A. Louth, Lond. 1989; B. McGinn, in: Mystik im Abendland 1, 1994, 233–269; B. R. Suchla, 1995; Y. de Andia, hg. Paris 1996.

Psichari, Ernest, franz. Schriftsteller, 27. 9. 1883 Paris – 22. 8. 1914 Saint-Vincent-Rossignol b. Virton (gefallen). Sohn von Jannis → Psycharis, Enkel von É. Renan. Bis 1902 Stud. Philos. Aufenthalt in Afrika, 1906 zunächst im Kongo, 1909–12 in Mauretanien. Kolonialoffizier. – Begann mit symbolist. Lyrik. Konvertierte 1912 vom griech.-orthodoxen zum röm.-kathol. Glauben und wollte Priester werden; berichtet darüber in s. als Dokument der relig. Erneuerung wichtigen ›Le voyage du centurion‹. Entwickelte unter Einfluß von Péguy, Barrès und Bergson e. myst.-relig. Patriotismus. Wendet sich mit ›L'appel des armes‹ unter Berufung auf Frankreichs ritterl. Tradition gegen die pazifist. Haltung der skept. Intellektuellen.

W: Terres de soleil et de sommeil, Erinn. 1908; L'appel des armes, R. 1913; Le voyage du centurion, Tg.-Bearb. 1916 (Der Wüstenritt des Hauptmanns, d. 1937); Les voix qui crient dans le désert, Tg. 1920; Lettres du centurion, 1933. – Œuvres complètes, III 1948.

L: W. Becherer, Diss. Jena 1933; H. Psichari, 1933; H. Massis, 1936; W. Fowlie, N. Y. 1939; J. Penvesne, 1942; F.-L. Charmont, Diss. Paris 1944; P. Delhaye, Brüssel 1945; A. M. Goichon, 1946 u. 1953; H. Daniel-Rops, ²1947; W. Y. Young, Les mystiques de P., 1957; M. Montreuil, 1969; R. Th. Sussex, 1980; A. G. Hargreaves, 1981; F. Neau-Dufour, 2001.

Psycharis, Jannis (Jean Psichari), griech. Schriftsteller, 15. 5. 1854 Odessa – 30. 9. 1929 Paris. Jugend in Konstantinopel; ab 1868 in Frankreich, bes. Marseille u. Paris. Stud. Philol. ebda.; 1884 Privatdozent, 1900 o. Prof. für neugriech. Lit. in Paris; ∞ 1882 Naomi Renan, Tochter von E. Renan (1912 o|o). – Bedeutender Erzähler und Sprachwissenschaftler, auf dessen Einsatz der endgültige Sieg der neugriech. Volkssprache (Demotikē) in der neugriech. Lit. zurückzuführen ist. S. Romane, Erzählungen und Essays sind in e. fast derben Sprache verfaßt und vom sprachkämpfer. Geist durchdrungen, der sich manchmal zuungunsten ihres rein lit. Wertes auswirkt.

W: To taxidi mu, En. 1888; To oneiro tu Giannirē, R. 1897; Zoē kai agapē stē monaxia, R. 1904; Ta dyo adelphia, R. 1910; Hagnē, R. 1912. – Rhoda kai mēla, En. u. Ess. VI 1902–10.

L: E. Kriaras, 1959; L. Kastanakis, Me ton P., 1986.

Ptahhotep, (fiktiver) altägyptischer Wesir und Verfasser einer Lehre für seinen Sohn und Nachfolger. Die Rahmenerzählung (eindrucksvoll: die Schilderung der Altersbeschwerden des Ptahhotep) setzt die Entstehungszeit in das Alte Reich (5. Dynastie, König Isesi, 24. Jh. v. Chr.), tatsächlich entstand der Text vermutlich im Mittleren Reich (12. Dynastie, um 2000 v. Chr.). Der soziale Hintergrund, vor dem Ptahhotep spricht, ist der eines hohen Beamten bei Hofe, der seinem Sohn und Nachfolger seine Lebensordnung und Lebenserfahrung in insgesamt 37 Maximen weitergibt. Diese Lehrsprüche umfassen das Benehmen gegenüber Frauen, den eigenen Kindern, den Nachbarn oder dasjenige bei Tisch ebenso wie das Verhalten als Vorgesetzter, als Untergebener oder vor Gericht. Sie mahnen zur Pflichterfüllung, fordern aber auch zum Lebensgenuß auf, umfassen also die gesamte Bandbreite menschlichen Verhaltens, das sich insgesamt an der Maat, der gerechten Weltordnung, orientieren muß. Der auf die Lehrsprüche folgende Epilog enthält ein semantisches Kabinettstück, in dem virtuos mit dem Wort für »hören«, »gehorchen« und seinen verschiedenen

Bedeutungsnuancen gespielt wird.
   A: G. Jéquier, Le papyrus Prisse et ses variantes, 1911.
   L: Z. Žába, Les maximes de Ptahhotep, 1956.

Publilius Syrus, röm. Mimendichter, 1. Jh. v. Chr. Kam als syr. Sklave nach Rom. Dort ausgebildet u. freigelassen, trat dann in selbst gedichteten Mimen auf und wurde schnell berühmt. 46 v. Chr. fand auf Caesars Veranlassung e. Wettbewerb im Stegreifmimus statt, den P. vor D. Laberius gewann. Da P. in s. Stücken immer selbst auftrat, wurden sie wahrscheinl. nie aufgezeichnet. Dagegen ist e. Sammlung von etwa 700 Sprüchen aus P.' Mimen erhalten, meist Lebensweisheiten, glänzend formuliert, oft trocken, zuweilen banal.
   A: Sententiae, hg. W. Meyer 1880 (n. 1967); H. Beckby 1969 (m. Übs.); Fragm.: O. Ribbeck, Com. Rom. fragm. ³1898; M. Bonaria, Romani mimi, 1965.
   L: F. Giancotti, Mimo e gnome, 1967; E. Schweitzer, 1967.

Pucci, Antonio, ital. Dichter, um 1310 Florenz – 1388 ebda. Sohn e. Glockengießers, zunächst Glöckner, dann 1349–69 Ausrufer der Gemeinde, auch gelegentl. als Gesandter eingesetzt. – E. der Hauptvertreter der beim Volk sehr beliebten öffentl. auftretenden Erzähler von Rittergeschichten. Vf. zahlr. Verse, in denen er die typ. ma. Themen behandelt, wobei die lebendigen Schilderungen von Episoden aus s. eigenen Leben u. dem Leben des zeitgenöss. Florenz am besten gelungen sind. In s. Liebesgedichten besingt er im Gegensatz zu den Dichtern des ›dolce stil nuovo‹ die Freuden der sinnl. Liebe. Alle s. Werke zeichnen sich durch bes. lebensnahe Darstellung aus.
   A: Delle poesie di A. P., hg. Frate Ildefonso di S. Luigi IV 1772–75; Le Noie, hg. K. McKenzie, Princeton 1931, n. 1966; Cantari (in: E. Levi, Fiore di leggende, cantari antichi, Reihe 1, 1914); Libro di varie storie o Zibaldone, hg. A. Varvaro 1957.
   L: F. Ferri, La poesia popolare in A. P., 1909; H. Franz, Bln. 1935; A. Claassen, Die autobiographische Lyrik des europäischen Spätmittelalters, Amst. 1991.

Puccini, Mario, ital. Schriftsteller, 29. 7. 1887 Senigallia – 5. 12. 1957 Rom. Mitarbeiter vieler in- und ausländ. Zsn. u. Zeitungen. Begann mit lyr. Prosa u. wandte sich dann der Erzählung u. dem Roman zu. Bekämpfte den Ästhetizismus D'Annunzios und trat entschieden für den Naturalismus Vergas, dessen Einfluß in s. Werken deutl. spürbar ist, u. der russ. Autoren ein. Als Frucht s. Erlebnisse im 1. Weltkrieg entstand s. bedeutendster Roman ›Cola, o ritratto dell'italiano‹, in dem er e. objektive Darstellung des Krieges versucht u. s. Helden, e. einfachen Soldaten, ganz menschl. sieht. Der Wahl s. Stoffe entspricht s. einfacher Stil. Übsn. aus dem Span. u. lit.krit. Essays.
   W: Cola, o ritratto dell'italiano, R. 1927; Ebrei, R. 1930; La prigione, R. 1932; Comici, R. 1934; Gli ultimi sensuali, R. 1934; Scoperta del tempo, Ges. En. 1959.

Puchmajer, Antonín Jaroslav, tschech. Dichter, 7. 1. 1769 Týn nad Vltavou – 29. 9. 1820 Prag. Handwerkerssohn. Ab 1807 kath. Pfarrer in Radnice (bei Plzeň). – Führer der neutschech. Dichterschule, deren Almanach ›Sebrání básní a zpěvů‹ (1795, 1797), später als ›Nové básně‹ (1798, 1802, 1814), er redigierte. Im Geiste des absterbenden Rokoko schrieb P. anakreont. Liebeslyrik u. Idyllen, relig.-patriot. Oden, moral.-didakt. Gedichte, Balladen u. Romanzen, übs. nach poln. Vorlagen La Fontaines Fabeln in Hexametern und Montesquieu, wobei er sich als feiner Sprachschöpfer erwies. Schrieb ferner Predigten, landwirtschaftl. Schriften u. als Schüler Dobrovskýs, dessen akzentuierende Prosodie er unterstützte, philol. Arbeiten.
   A: Fialky, G. 1833. – Sebrané básně, hg. J. Ježek 1881; Almanachy, hg. J. Vlček IV 1917–21.
   L: J. Máchal, 1895; J. Vítek, 1934.

Pudumaipittan (eig. Cho Vrittasalam), indischer Schriftsteller, 1906 Tirunelveli – 1948 Tirunvananthapuram. Journalist in Karaikkudi, später in Chennai; starb an Tuberkulose. – Gilt als bedeutendster Autor der Gruppe um die Lit.zs. ›Manickoṭi‹ (1933–38), von der der entscheidende Anstoß für die Entstehung einer modernen Tamil-Literatur ausging; verbindet in seinen über 200 Kurzgeschichten innovativen Realismus mit scharfer Satire und Kritik an der soz. Situation; wichtig sind auch seine essayist. Texte zur Theorie des Erzählens. Verfaßte neben wenigen Gedichten auch Einakter, daneben Rezensionen und Übersetzungen.
   A: Pudumaipiṭṭan kataikal (Ges. En.), hg. A. R. Venkatachalapathy 2000; Pudumaipiṭṭan katturaikal (Ges. Ess.), hg. ders. 2000; Pudumaipiṭṭan, En. hg. L. Holmström 2002.

Puértolas, Soledad, span. Schriftstellerin, * 3. 11. 1947 Saragossa. Stud. Journalismus Madrid u. Hispanistik Santa Barbara/CA; arbeitete im Kultusministerium, leitete das Verlagshaus Destino; lebt in Pozuelo de Alarcón/Madrid. – E. der bedeutendsten zeitgenöss. Autorinnen Spaniens; erzählt von der Unerfülltheit des Alltagslebens u. der ungewissen Suche nach Glück.
   W: El bandido doblemente armado, R. 1980; Una enfermedad moral, En. 1983; Burdeos, R. 1986; Todos mienten, R. 1988 (d. 1996); Queda la noche, R. 1989 (d. 1994); Días del arenal, R. 1992; Si al atardecer llegara el mensajero, R. 1995; Recuerdos de otra persona, Aut. 1996; Gente que vino a mi boda, En. 1998; La rosa de

plata, R. 1999; La señora Berg, R. 1999; Adiós a las novias, En. 2000.

L: M. D. Intemann, Lewiston 1994; J. Wang, 2000.

Puget, Claude-André, franz. Dramatiker, 22. 6. 1900 Nizza – 1975. Stud. Lit. und Jura; Journalist, Advokat. – Begann mit Versen, schrieb dann Komödien für das Boulevardtheater. Hatte 1938 mit s. bekanntesten Stück ›Les jours heureux‹ über junge, zartfühlende Menschen glänzenden Erfolg. Schuf in s. Märchenstücken e. konventionelle, aber bezaubernde und junge Welt.

W: Valentin le désossé, Dr. 1922; La Ligne de cœur, Dr. 1922; Pas de taille, Dr. 1930 (m. H. Jeanson); Tourterelle, Dr. 1934, Les jours heureux, Dr. 1938; Un petit ange de rien du tout, Dr. 1940; Echec à Don Juan, Dr. 1941 (d. 1947); Le Grand Poucet, Dr. 1943; Le Saint-Bernard, Dr. 1946; La peine capitale, Tr. 1948; Un Don Juan passe, Dr. 1948; Le roi de la fête, Dr. 1951; Un nommé Judas, Dr. 1954 (m. P. Bost); Le Cœur-Volant, Dr. 1957. – Théâtre, III 1943–46.

L: E. C. Bouniol, Diss. Columbia 1963.

Puide, Peeter, estländ.-schwed. Autor, * 11. 10. 1938 Pärnu/Estland. Seit 1945 in Schweden, selbständiger Werbeberater. – Gedichte u. Romane mit estländ. u. internat. Motiven aus jüngster Vergangenheit, z. T. dokument. belegt (Judenverfolgung). Übs. aus dem Estnischen. Auch Fotograf.

W: Överlevande, G. 1981; Till Bajkal, inte längre, R. 1983 (Zur Vermeidung von Bildverlusten muß noch folgendes beachtet werden, d. 1988); Samuil Braschinskys försvunna vrede, R. 1997.

Puig, Manuel, argentin. Romancier, 28. 12. 1932 General Villegas/Buenos Aires – 23. 7. 1990 Cuernavaca. Filmstud. Rom u. Mitwirkung als Regieassistent in versch. Filmen. Lebte in Mexiko, New York u. in Rio de Janeiro. – Erster lateinamerik. Autor, der den Einfluß von Film, Fernsehen u. Trivialromanen literarisierte. Vf. parodist.-aufklärer. Romane über die Trivialmythen unserer Zeit. S. Thema ist die Durchdringung der Provinzwelt mit der Illusionswelt der industriellen Volkskultur. P. zeigt die Sehnsüchte lateinamerik. Menschen nach dem Glamour der Unterhaltungsindustrie mit dem Verlangen, den Abgründigkeiten des Eros nachzuspüren. Bloßstellung der sprachl. Stereotypen.

W: La traición de Rita Hayworth, R. 1968, endgültige Fassg. 1976 (d. 1976); Boquitas pintadas, R. 1969 (verfilmt, d. 1975); The Buenos Aires Affair, R. 1973; El beso de la mujer araña, R. 1976 (verfilmt; d. 1979); Pubis angelical, R. 1979 (d. 1981); Maldición eterna a quien lea estas páginas, R. 1980 (d. 1992); Sangre de amor correspondido, R. 1982 (d. 1985); Bajo un manto de estrellas, Dr. 1983 (d. 1987); La cara del villano. Recuerdo de Tijuana, Drehbücher. 1985; Cae la noche tropical, R. 1988 (d. 1995); Los ojos de Greta Garbo, Chronik 1993; El misterio del ramo de rosas, Dr. 1997.

L: R. Echavarren Welker, E. Giordano, 1986; A. Pauls, 1986; E. M. Muñoz, 1987; L. Kerr, 1987; N. Lavers, 1988; J. Corbatta, 1988; O. Steimberg de Kaplan, 1989; P. B. Jessen, 1990; E. Otero-Krauthammer, 1991; J. Amícola, 1992; A. Almada Roche, 1992; P. Bacarisse, 1993; J. Tittler, 1993; R. Páez, 1995; R. L. Gómez-Lara, 1996; G. Fabry, 1998; G. Speranza, 2000; S. Jill-Levine, 2002.

Puig i Ferreter, Joan, katalan. Schriftsteller, 5. 2. 1882 La Selva del Camp/Tarragona – 2. 2. 1956 Paris. Lebte einige Jahre in Paris, journalist. Tätigkeit. – Vf. von pathet., pessimist. Dramen voller Grausamkeiten u. Heftigkeit; Einfluß Andreevs u. Gor'kijs. Absichtl. Unterdrückung jegl. Anflugs von Lyrik u. Zartheit. Behandelt in s. Romanen ländl., später städt. u. autobiograph. Themen.

W: La bagassa (Boires de Ciutat), Dr. 1905; Arrels mortes, Dr. 1906; La dama enamorada, Dr. 1908; El gran Aleix, Dr. 1912; La dolça Agnès, Dr. 1914; Senyora Isabel, Dr. 1917; Dama Isaura, Dr. 1921; L'home que tenía més d'una vida, R. 1923; Les facècies de l'amor, R. 1925; Servitud, R. 1926; Els tres al lucinats, R. 1926; Una mica d'amor, En. 1927; El cercle màgic, R. 1929; Camins de França, R. 1934; On son els pobres i altres històries de Nadal, En. 1934; La farsa i la quimera, R. 1936; El pelegrí apassionat, R. XII 1952–77; Diari d'un escriptor. Ressonàncies 1942–1952, Aut. 1975.

Pujmanová, Marie, geb. Hennerová, in 1. Ehe Zátková, tschech. Schriftstellerin, 8. 6. 1893 Prag – 19. 5. 1958 ebda. Vater Univ.-Prof., Ehemann Regisseur des Nationalen Theaters. – Außer zarter Stimmungslyrik, Theaterkritiken u. Reportagen schrieb P. impressionist.-naturalist. Erzählungen aus dem Prager bürgerl. Milieu, wandte sich dann sozialen Themen zu u. erreichte in e. breitangelegten Romantril. vom Zerfall der alten Gesellschaftsordnung nach dem 1. Weltkrieg u. dem Widerstand der Heimat im letzten Krieg ihren künstler. Höhepunkt.

W: Pod křídly, E. 1917; Povídky z městského sadu, En. 1920; Pacientka doktora Hegla, N. 1931; Pohled do nové země, Rep. 1932; Lidé na křižovatce, R. 1937 (Menschen am Kreuzweg, d. 1949); Verše mateřské, G. 1940; Rafael a Satelit, G. 1944; Radost i žal, Erinn. 1945; Hra s ohněm, R. 1946 (Das Spiel mit dem Feuer, d. 1953); Miliony holubiček, G. 1950; Život proti smrti, R. 1952 (Das Leben wider den Tod, d. 1954); Čínský úsměv, G. 1954; Praha, G. 1954; Zapsáno tužkou, Rep. 1957; Modré vánoce, Rep. 1958; Sestra Alena, N. 1958. – Dílo (W), X 1953–58; Duhový náhrdelník, Ausw. 1975.

L: M. Blahynka, 1961; I. A. Bernštejnová, Moskau 1961; J. Tax, Tvůrčí drama 1909–1937, 1972.

Pulci, Bernardo, ital. Dichter, 8. 10. 1438 Florenz – 9. 2. 1488 ebda. Bruder von Luigi und Luca, zunächst Bankier, ab 1474 Beamter. – Schrieb außer rd. 100 petrarkist. Gedichten v.a. Werke relig. Inhalts, von denen e. Mysterienspiel zu s. Zeit viel aufgeführt wurde. Übs. Vergils.

Pulci

W: Barlaam e Josafat, Sp. (hg. A. D'Ancona, Sacre Rappresentazioni 2, 1872); 8 sonetti amorosi (hg. G. Baccini 1892); Rime, in: Lirici toscani del Quattrocento, hg. A. Lanza 1975.
L: O. Besomi, B. P. (u.a.), hg. Hildesheim 1994.

Pulci, Luca, ital. Dichter, 3. 12. 1431 Mugello – 29. 4. 1470 Florenz. Bruder von Bernardo und Luigi P., Bankier in Rom. – Vf. von Terzien nach dem Muster der ›Heroides‹ von Ovid und e. umfangreiche ätiolog. Dichtung mit dem Titel ›Driadeo d'amore‹.

W: Epistole eroiche, 1481; Ciriffo Calvaneo (hg. S. L. G. E. Audin 1834, B. Giambullari IV 1841); Driadeo d'amore (hg. P. E. Giudici 1916).
L: L. Mattioli, 1900; S. Carrai, Le muse del P. Studi su L. e Luigi P., 1985.

Pulci, Luigi, ital. Dichter, 15. 8. 1432 Florenz – Okt./Nov. 1484 Padua. Bruder der Dichter Luca u. Bernardo P. Anfangs intimer Freund Lorenzo de' Medicis, der ihn mit polit. Aufgaben betraute u. an die Höfe von Rom und Neapel schickte. Später in Diensten des Hauptmanns Roberto Sanseverino, den er auf s. Reisen begleitete. – Vertreter der volkstüml. Dichtung. S. bedeutendstes Werk ›Morgante‹ ist e. Epos in ›ottave rime‹ über die Heldentaten der Ritter um Karl d. Gr. Der ›Morgante‹ ist weniger e. einheitl. Werk als e. Folge von einzelnen Abenteuern und Episoden, die ihren bes. Charakter durch den iron.-parodist. Ton u. die derbe Komik des Autors erhalten: Der Schluß der 1483 erschienenen Fassung enthält e. Polemik gegen Savonarola. Nach den daraus resultierenden Schwierigkeiten verfaßte P. ›Confessiones‹. In ›La Giostra‹ beschreibt er e. Turnier in Florenz. Sehr lebendig u. aufschlußreich sind s. Briefe. S. zahlr. Sonette haben z.T. realist.-burlesken Charakter.

W: Morgante, 1483 (hg. G. Volpi III 1900–04; zus. m. Br. hg. D. De Robertis 1960; d. 1890); Le frottole, hg. G. Volpi 1912; Il libro dei sonetti, hg. G. Dolci 1933; Lettere a Lorenzo il Magnifico e ad altri, hg. S. Bongi ²1886. – Opere minori, hg. P. Orvieto 1986.
L: A. Momigliano, 1907; C. Pellegrini, 1912; ders., 1914; C. Curto, 1932; D. De Robertis, 1958; A. Gianni, 1967; D. Getto, 1967; S. Salvatore Nigro, 1981; R. Ankli, Morgante iperbolico, 1993; M. Davie, The narrative poetry of L. P., Dublin 1998.

Puls, D. → Pinski, David

Pumpurs, Andrejs, lett. Dichter, 22. 9. 1841 Lieljumprava b. Lielvārde/Lettl. – 6. 8. 1902 Riga. Sohn e. gutsherrlichen Schnapsbrenners; bis 1856 örtliche Schule; Gehilfe des Vaters auf einem Gut in Litauen; Wald- u. Feldarbeiter auf Lāčplēši/Gem. Jumprava; ab 1858 Landvermesser auf verschiedenen Gütern Lettl.; 1867–74 Piebalga u. Jumurda; 1874–76 Riga, Fabrikarbeiter, Buchhändler; ab 1876 Moskau, Freiwilligenkorps, Donkosaken, serbischer Freiheitskrieg; 1877 Sevastopol', Offiziersschule; ab 1882 Riga, Narodowolze; ab 1895 Daugavpils, militärische Intendantur; 1901 Chinareise, Rheumaerkrankung. – Nationaler Romantiker; auf der Grundlage lett. Märchen, Volkslieder u. eigener Phantasie schuf er bis 1888 das Epos ›Lāčplēsis‹, das P.s anderen Werke in Vergessenheit geraten ließ.

W: Tēvijā un svešumā, G. 1890. – Raksti (W), II 1925.
L: J. Kalniņš, 1964; J. Rudzītis, 1991.

Purāṇas, die (›alte‹ Erzählwerke), Gruppe von meist relig. Werken des Hinduismus in Sanskrit, der heiligen Überlieferung (smṛti) oder dem ›fünften → Veda‹ zugehörend, die hauptsächl. viṣṇuit. und śivait. Sekten als kanon. Schriften dienen, als deren Vf. nach der Tradition → Vyāsa gilt; ihre Entstehungszeit ist jedoch völlig ungeklärt, da der Begriff ›P.‹ schon im ›Atharvaveda‹, in den älteren Upanisaden und im ›Mahābhārata‹ vorkommt, die P. in ihrer heutigen Form aber aus wesentl. jüngerer Zeit (spätestens 10. Jh. n. Chr.) stammen müssen. Sie enthalten mytholog. und hist. Überlieferungen, philos. Betrachtungen und rituelle Vorschriften; e. ind. Spruch zufolge sollen sie fünf Themen (pañca-lakṣana = fünf Merkmale) behandeln: sarga (Schöpfung), pratisarga (Zerstörung und Neuschöpfung), vaṃsa (Genealogie der Götter und Weisen), manvantara (Darstellung der Perioden der myth. Vorväter), vaṃsanucarita (Geschichte der Königsdynastien); die ›großen‹ P. sollen außerdem fünf weitere Themen behandeln: saṃsthā (Weltordnung), rakṣā (Schutz, Erhaltung der Welt durch die göttl. Inkarnationen), pralaya (Weltuntergang), hetu (Ursache, Darstellung der mit Nichtwissen behafteten Seele als Weltursache), apāśraya (Stütze, Darstellung der Allseele). In ihrer heutigen Form teilen sich die P. in drei Gruppen auf, wobei die Grenze zwischen den beiden ersten Gruppen fließend ist: 1. die 18 ›großen‹ P. (mahāpurāṇa): Brahmā, Padma, Viṣṇu, Śiva, Bhāgavata, Nārada, Mārkaṇḍeya, Agni, Bhaviṣya, Brahmavaivarta, Liṅga, Varāha, Skanda, Vāmana, Kūrma, Matsya, Garuḍa, Brahmāṇḍa; 2. die 18 ›Neben‹-P. (upapurāṇa): Sanatkumāra, Nārasimha, Nandi, Śivadharma, Daurvāsa, Nāradīya, Kapila, Mānava, Uśana, Brahmāṇḍa, Vāruṇa, Kālikā, Māheśvara, Sāmba, Saura, Parāśara, Mārīca, Bhārgava; 3. weitere P., darunter die zahlr., e. heiligen Ort gewidmeten ›Sthala-Purāṇas‹ oder ›Māhātmyas‹, das Harivaṃśa des → Mahābhārata sowie weitere relig. Schriften auch in neuind. Sprachen. Die Zahl sowohl der ›Mahāpurāṇas‹ als auch der ›Upapurāṇas‹ dürfte ursprüngl. größer als 18 gewesen sein. – Den Versuch e. Wiederherstellung allen P. zugrunde liegenden Urtextes unternahm W. Kirfel in ›Das Purāna Pañcalakṣaṇa, Versuch einer Textgeschichte‹ (1927).

W: Viṣṇu P., hg. 1887, hg. M. M. Pathak 1999 (engl. H. H. Wilson 1840, n. ³1961, 1972, M. N. Dutt 1894; teilweise d. A. Paul, 1905); Bhāgavata P., hg. 1887 (engl. M. N. Dutt 1896, J. M. Sanyal 1952, S. Tapasyananda ⁴1980–82; franz. M. E. Burnouf, 1840–98, n. IV 1981; teilweise d. L. Icke-Schwalbe 1989); Mārkaṇḍeya P., hg. 1855–62 (n. 1980; engl. F. E. Pargiter 1888–1904, n. 1969, M. N. Dutt 1897); Agni P., hg. R. Mitra 1870–79 (n. 1985; engl. M. N. Dutt Shastri II ²1967); Brahmavaivarta P., hg. A. F. Stenzler, 1820 (engl. R. N. Sen 1920); Kûrma P., hg. M. N. N. Nyāyālankāra 1890 (teilweise engl. L. K. Mal 1924), hg. A. S. Gupta 1971; Matsya P., hg. P. Sharma 1895 (n. 1984; engl. 1916); Garuḍa P., hg. 1888 (engl. M. N. Dutt Shastri 1908, n. 1968; teilweise d. E. Abegg 1921); Brahmaṇḍa P., hg. J. L. Shastri 1887–93, ²1983 (teilweise engl. L. B. Nath 1913); Varāha P., hg. P. H. Shastri 1887–93, ²1982, hg. A. S. Gupta II 1981 (m. engl. Übs.). – The P. text of the dynasties of the Kali age, hg. F. E. Pargiter 1913 (n. 1962); P. Sangraha, or a Collection of the P. (AW), hg. K. M. Banerjea 1851 (m. engl. Übs.). – Übs.: W. Kirfel, Das P. vom Weltgebäude, 1959; Teilausg. in: Classical Hindu mythology, hg. C. Dimmitt, 1978. Alle P. sollen übersetzt werden in: Ancient Indian tradition and mythology, Iff. 1969ff. (bisher erschienen Übsn. zu: Śiva, Liṅga, Bhāgavata, Garuḍa, Nārada, Kūrma, Brahmāṇḍa, Agni, Varāha, Brahmavaivarta, Vayu, Padma, Skanda).

L: F. E. Pargiter, 1913, 1922, n. 1962; W. Kirfel, 1927, 1954 (engl. 1979); R. Suga, Diss. Bonn 1951; V. R. Ramachandra Dikshitar, The P. Index, III Madras 1951–55; Y. Tandon, Hoshiarpur 1952; P. Hacker, 1959; W. Kirfel, 1959; S. D. Gyani, 1964; B. Mishra, 1965; A. Hohenberger, 1967; A. J. Gail, 1969; F. László, 1971; V. Mani, P. Encyclopedia, Delhi 1975; S. S. Prasad, 1984; S. A. Dange, Encyclopedia of P. beliefs and practics, Iff. Delhi 1986ff.; N. N. Chatterji, Studies in the P. and the Smṛtis, Iff. Kalkutta 1986ff.; L Rocher, Wiesbaden 1986; P. research publications, Iff. Wiesbaden 1987ff.; A. B. L. Awasthi, P. Index, Delhi 1992; P. Sarma, Introduction to the P., Delhi 1995; K. Chakrabarti, Religious process, Delhi 2001; V. Nath, P. and acculturation, Delhi 2001 (m. Bibl.); S. Parmeshwaranand, Encyclopedic dictionary of P., Delhi 2001. – Bibl.: P. G. Layle, 1985; P. Flamm, 1992.

Purdy, Al(fred Wellington), kanad. Dichter, 30. 12. 1918 Wooler/Ontario – 21. 4. 2000 Sidney/British Columbia. Industriearbeiter, Soldat im 2. Weltkrieg; Autodidakt. – Die Dichotomie zwischen lit. Ambitionen u. Arbeiterherkunft sowie Reiseerlebnisse bilden themat. Fixpunkte s. anspielungsreichen u. umgangssprachl. Lyrik.

W: The Enchanted Echo, G. 1944; The Crafte So Long to Lerne, G. 1959; Poems for all the Annettes, 1962; The Cariboo Horses, G. 1965; North of Summer, G. 1967; A Handful of Earth, G. 1977; The Stone Bird, G. 1981; Piling Blood, G. 1984; A Splinter in the Heart, R. 1990; Reaching for the Beaufort Sea, Aut. 1993; Naked with Summer in Your Mouth, G. 1994; Starting from Ameliasburgh, Ess. 1995.

L: G. Bowering, 1970; L. K. MacKendrick, 1990; S. Solecki, 1999; L. Rogers, hg. 2002.

Purdy, James, amerik. Schriftsteller, * 17. 7. 1923 Ohio. Stud. Chicago u. Puebla, Mexiko, versch. Tätigkeiten in Kuba, Mexiko, USA. – Vf. unkonventioneller Erzählungen, die meist vom destruktiven Einfluß der Familie auf jugendl. Helden handeln; Erlebnisse des Alltags an der Schwelle des Unbewußten; kom.-pikareske Helden (›Malcolm‹) als Satire auf den ›American way of life‹.

W: 63: Dream Palace, En. 1957 (n. 1991); The Color of Darkness, Kgn. 1957, Dr. 1963 (d. 1959); Malcolm, R. 1959 (dramatisiert E. Albee 1966; d. 1963); The Nephew, R. 1961 (d. 1964); Children Is All, Kgn. u. Dr. 1962; Cabot Wright Begins, R. 1964 (d. 1967); Eustace Chisholm and the Works, R. 1967 (Die Preisgabe, d. 1970); An Oyster Is a Wealthy Beast, Kg. u. G. 1967; Mr. Evening, G. u. E. 1968; Jeremy's Version, R. 1970; The Running Sun, G. 1971; I Am Elijah Thrush, R. 1972 (Die Millionärin auf der Wendeltreppe kannibal. Beziehungen, d. 1984); Sunshine Is an Only Child, G. 1973; The House of the Solitary Maggot, R. 1974; In a Shallow Grave, R. 1975; A Day After the Fair, G. u. Dr. 1977; Narrow Rooms, R. 1978 (d. 1982); Mourners Below, R. 1981; Sleepers in Moon-Crowned Valleys, 1981; On Glory's Course, R. 1984; In the Hollow of His Hand, R. 1986; Candles of Your Eyes, En. 1986; Garments the Living Wear, R. 1989; Out with the Stars, R. 1992; Gertrude of Stony Island Avenue, R. 1997. – Collected Poems, 1990.

L: B. Schwarzschild, 1969; H. Chupak, 1975; S. D. Adams, 1976. – Bibl.: J. L. Ladd, 1999.

Pūrṇabhadra → Pañcatantra, das

Puškin, Aleksandr Sergeevič, russ. Dichter, 6. 6. 1799 Moskau – 10. 2. 1837 Petersburg. Aus altem Adelsgeschlecht, Urenkel des Mohren Hannibal Peters d. Gr.; 1811–17 Lyzeum in Carskoe Selo; 1814 erstes Gedicht gedruckt, 1817–19 in der gegen die Bestrebungen A. Šiškovs wirkenden lit. Gesellschaft ›Arzamas‹, dann im Kreis ›Zelënaja lampa‹, trat 1817 in den Staatsdienst. 1820 Verserzählung ›Ruslan i Ljudmila‹. Wegen polit. Gedichte (sie beginnen 1817 mit der Ode ›Vol'nost'‹) und satir. Epigramme nach Südrußland strafversetzt, dort 1820–24 zunächst in Ekaterinoslav, dann in Kišinëv und Odessa, geriet in den Bann der Dichtung Byrons, begann mit der Abfassung des ›Evgenij Onegin‹; mußte 1824–26 auf dem Gut s. Mutter in Michajlovskoe bei Pskov verweilen, fand dort Zugang zur Volksdichtung, schrieb von Shakespeare angeregt die Tragödie ›Boris Godunov‹; dann als freier Schriftsteller meist in Moskau und Petersburg, 1831 ∞ Natal'ja N. Gončarova, begründete 1836 die Zs. ›Sovremennik‹. Tod infolge e. im Duell mit dem franz. Emigranten Georges d'Anthès empfangenen

Puškin

Wunde. – S. Rang als großer Dichter gründet in erster Linie auf s. Meisterschaft im lyr. und ep. Genre, bedeutsam ist s. dramat. Werk, s. literaturgeschichtl., krit. und hist. Schrifttum, überragend s. Bedeutung für die Entwicklung der russ. Lit. sprache. Machte sich mit den europ. Literaturen bekannt in dem Bestreben, deren Werte für die russ. nutzbar zu machen; führte die lyr. Dichtung zu e. Höhe, die keiner der späteren großen russ. Lyriker erreicht hat, zeigt früh Neigung zur Ironie, zur Freiheit im Ausdruck. Das satir. und parodist. Element ist später oft verhüllt, nur in der Andeutung sichtbar. S. frühen, bereits formvollendeten epikureischen Verse lassen das Vorbild einerseits Deržavins, Karamzins und Batjuškovs, andererseits der franz. leichten Poesie des 18. Jh., des Parny und anderer erkennen. E. Reihe von Gedichten bis zum Dekabristenaufstand 1825 ist auf das Pathos des polit. Kampfes gegen Unterdrückung der personalen Freiheit gestimmt. Gibt bes. 1826–30 der romant. Auffassung von der Sendung des Dichters Ausdruck in Versen, die den Selbstzweck der Kunst nachdrücklich betonen. In den 30er Jahren klingen bei Betrachtungen über den Tod, über das eigentl. Ziel des Lebens die eleg. Töne stärker an; unter s. Balladen ragt die in die höchst klare und einfache Form gefaßte, letzte Bereiche menschl. Fühlens berührende ›Legenda‹ hervor; brachte mit ›Ruslan i Ljudmila‹ e. erstes Beispiel e. später vielverwendeten Gattung der Verserzählung, verflicht darin heim. Märchenstoffe mit dem phantast. Element des kom. Epos Ariosts, überraschte die Zeitgenossen mit e. kirchenslav. und umgangssprachl. Bestandteile sowie entlehntes franz. Sprachgut mischenden geschmeidigen dichter. Sprache; schuf, von Byron (›Oriental Tales‹) angeregt, das ›romant. Poem‹, verwendet darin ›oriental.‹ Sujets, gestaltet Szenen aus dem Leben fremder Stämme auf der Krim und im Kaukasus. Aus s. gesamten Werk hatten ›Kavkazskij plennik‹ und ›Bachčisarajskij fontan‹ bei der zeitgenöss. breiteren Öffentlichkeit den größten Erfolg. Viele byronist. Motive finden sich noch in der Verserzählung ›Poltava‹; bedeutsam für spätere, wie für L. Tolstoj, das Thema des Gegensatzes zwischen sinnentleertem Leben der zivilisierten Welt und naturnahem, freiem Dasein des primitiven Stammes in ›Cygany‹. In der letzten s. Verserzählungen, ›Mednyi vsadnik‹, liegt der Verbindung von hyperbol. Stilisierung des Denkmals, des ›Ehernen Reiters‹, und panegyr. Hymne auf das Werk Peters d. Gr. mit wirkungsreicher Darstellung der zerstörenden Folgen dieses Werks für e. Bürger das Thema des Verhältnisses des einzelnen zum Staat, zur Allgemeinheit zugrunde. P.s Hauptwerk, der Versroman ›Evgenij Onegin‹, der erste in der Reihe der großen russ. Romane, zeigt romant. Einschlag u. a. in der sich darin ausdrükkenden Neigung zur Freiheit der dichter. Form, in den lyr. Digressionen; unverkennbar ist die Einwirkung seitens des ›Tristram Shandy‹ L. Sternes. Die äußeren Lebensverhältnisse und das geist. Milieu, in dem die Oberschicht des zeitgenöss. Rußland lebte, sind zu e. höchst eindrucksvollen dichter. Bild gestaltet; zeichnet in den ›Kleinen Tragödien‹, die vorwiegend im westl. MA spielen, von starken Leidenschaften besessene Charaktere, so den ›Geizigen Ritter‹. Wendet sich spät der Prosa zu, gibt neben den u. d. T. ›Povesti Belkina‹ zusammengefaßten 5 Novellen mit ›Pikovaja dama‹, s. stärksten Prosawerk, e. Muster der europ. Novellenform. ›Kapitanskaja dočka‹, der erste bedeutende Versuche eines russ. Prosaromans, in die Form von Memoiren e. russ. Offiziers aus der Zeit des Aufstands von Pugačëv gefaßt, läßt erkennen, was W. Scott für P. bedeutete. Parodiert in dem satir. gehaltenen Bruchstück ›Istorija sela Gorjuchina‹, e. Erzählung auf das Thema vom Goldenen Zeitalter, historiograph. Methoden und Stile. Einfacher syntakt. Bau der Sätze, prägnante Kürze kennzeichnen P.s Prosa, die hinter scheinbarer Einfachheit eine Vielzahl intertextueller Verweise und kompositorischer Raffinesse verbirgt.

W: Vol'nost', G. 1817; Ruslan i Ljudmila, Poem 1820; Gavriiliada, Poem (1821); Kavkazskij plennik, Poem 1822; Bachčisarajskij fontan, Poem 1824; Evgenij Onegin, R. 1825–32 (Eugen Onegin, d. 1946); Stichotvorenija, G. 1826; Cygany, Poem (1824) 1827; Arap Petra Velikogo, R. (1827); Graf Nulin, Poem (1825) 1827; Brat'ja razbojniki, Poem (1821–22) 1827; Poltava, Poem 1829; Domik v Kolomne, Vers-E. 1830; Istorija sela Gorjuchina, E. (1830)'; Skupoj rycar', Mocart i Sal'eri, Kamennyj gost', Pir vo vremja čumy, kl. Trn. (1830); Povesti Belkina, Nn. 1831; Boris Godunov, Dr. (1825) 1831; Dubrovskij, R. (1832); Mednyj vsadnik, Poem (1833); Pikovaja dama, N. 1833 (Pique Dame, d. 1920); Istorija Pugačevskogo bunta, Abh. 1834; Kapitanskaja dočka, R. 1836. – Polnoe sobranie sočinenij (GW), XVII 1937–59; XX 1999f.; Stichotvorenija, III 1955. – *Übs.:* GW, VI 1973.

L: V. Žirmunskij, 1924 (n. 1970); V. Veresaev, P. v. žizni, 1926/27 (d. 1947); M. Hofmann, Paris 1931; V. Vinogradov, Jazyk P.a, 1935; H. Troyat, II 1946 (d. 1959); Solange Dichter leben, P.-Studien, hg. A. Luther 1949; B. Tomaševskij, II 1956–61; V. Setschkareff, 1963; K. Hielscher, A. S. P.s Versepik, 1966; D. Magarshack, Lond. 1967; R. Jakobson, 1975; J. Lotman, 1981 (d. 1989); U. Busch, 1989; W. Schmid, 1991; R. Edmonds, 1996; R.-D. Keil, 1999; M. Aden, 2000; R. Lauer, A. Graf, hg. 2000; G. Ressel, hg. 2001. – *Bibl.:* P. N. Berkov, 1949; B. V. Tomaševskij, 1951; L. A. Žiža, 1999.

Puškin, Vasilij L'vovič, russ. Dichter, 8. 5. 1770 Moskau – 1. 9. 1830 ebda. Onkel von A. S. Puškin; diente bis 1797 im Garderegiment; Mitgl. des lit. Kreises ›Arzamas‹. – Schrieb Fabeln, Märchen, Epigramme, Elegien, Madrigale, im wesentl. ana-

kreont. und epikureische Lyrik. Stand dem Sentimentalismus nahe, von Karamzin und Dmitriev angeregt. Bemerkenswert s. Scherzpoem ›Opasnyj sosed‹.
W: K Žukovskomu, G. 1810; Opasnyj sosed, Poem 1815. – Sočinenija (W), 1893; Stichi, proza, pis'ma (Ausw.), 1989.

Pu Songling, chines. Schriftsteller, * 5. 6. 1640 Zichuan (Shandong) – 25. 2. 1715 ebda. Aus altansässiger Familie, bestand 1658 die unterste Staatsprüfung, scheiterte aber bei höheren Examina. 1671/72 Privatsekretär in Jiangsu, danach bis um 1652 Privatsekretär bei e. reichen Bekannten; danach in s. Heimatort lit. sowie als Hauslehrer tätig. – Zu Lebzeiten wenig bekannt, erst im Lauf des 18. Jh. als großer Autor anerkannt, namentl. durch s. Novellensammlung ›Liaozhai zhiyi‹ (Seltsame Geschichten aus dem Liao-Studierzimmer; Vorwort datiert 1679, Erstdruck 1766). 445 Novellen in Schriftsprache, z.T. jedoch mehr kurze Anekdoten und seltsame Begebenheiten als eigentl. Novellen. Viele Geistergeschichten, manchmal als Satire auf ird. Zustände dienend. Starkes Vorherrschen erot. Themen (Liebesverhältnisse zwischen Geistern und Menschen). Äußerst knappe, prägnante Sprache, viele lit. Anspielungen, daher nur für e. gelehrtes Publikum verständlich. Volkskundl. wichtig für Religion, Brauchtum, da die Novellen nicht erfunden, sondern gesammelt worden sind. Außerdem Vf. zahlr. Essays, Gedichte, Lieder sowie volkstüml. Balladen und Theaterstücke, z.T. in s. heimatl. Dialekt. Buddhist. u. taoist. Grundhaltung, Enttäuschung über Mißerfolge im Leben, starke Sozialkritik. P. wird mit gutem Grund der Roman ›Xingshi yinyuan zhuan‹ (Geschichte von Liebesbanden zur Mahnung der Mitwelt erzählt; E. A. Nyren, The Bonds of Matrimony, Lewiston 1995) zugeschrieben, der in 100 Kapiteln Familienleben und Ehekonflikte schildert (Erstdruck 1870).
A: Liaozhai quanji, G. u. Ess., Dr. II 1936; Liaozhai zhiyi, Nn. 1776 (n. 1962). – Übs.: E. Schmitt, d. 1924 (25 Nn.); Pu Sungling, d. II 1987/88; H. A. Giles, engl. II Lond. ^{2}1909 (164 Nn.); Contes extraordinaires, franz. Paris 1969 (Ausw.).
L: J. Prusek, in: Studia Serica, Koph. 1959; O. Ladstätter, 1960; A. Barr, HJAS 44, 1984, 45, 1985, und 49, 1989; A. H. Plaks, HJAS 45, 1985.

Puṣpadanta (Blumenzahn), ind. myth. Fürst der Gandharvas (himml. Musiker), dem das wahrscheinl. nicht nach dem 9. Jh. n. Chr. entstandene ›Śivamahimnah-stotra‹, e. zu den beliebtesten lyr. Dichtungen der Śaivalit. zählende Hymne auf die Größe Śivas, zugeschrieben wird. Der Legende nach dichtete P. sie, um den wegen des Diebstahls ihm geweihter Blumen erzürnten Gott Śiva zu besänftigen. Für den Versuch, P. mit dem Jaina-Dichter Pupphayanta zu identifizieren, gibt es wenig Anhaltspunkte.
A: A. Avalon ^{4}1963 (engl. ders. ^{4}1963), hg. S. Pavitrananda ^{6}1980.

P'u Sung-ling → Pu Songling

Putík, Jaroslav, tschech. Schriftsteller, * 25. 7. 1923 Most. Während der NS-Okkupation inhaftiert, nach dem Krieg Stud. der Journalistik bis 1949, als Redakteur tätig, nach 1964 freier Schriftsteller, 1970–89 Publikationsverbot in der Tschech. – Schuf zuerst eher publizist. orientierte Prosa, doch seit den 60er Jahren tendiert er zu e. psycholog.-meditativen u. krit. Analyse des Zerfalls der menschl. Werte in der real-sozialist. Gesellschaft.
W: Pod egyptským půlměsícem, Rep. 1957; Svědomí, publizist. N. 1959; Zeď, E. 1962; Pozvání k soudu, En. 1964; Smrtelná neděle, R. 1967; Brána blaženych, R. 1969; Muž s břitvou, R. Köln 1986; Odysea po česku, Tg. 1992; Plyšový pes, R. 1996. – Spisy (W), 1996 ff.

Putinas (eig. Vincas Mykolaitis), litau. Dichter u. Literaturkritiker, 5. 1. 1893 Pilotiškiai, Kr. Marjampolė – 7. 6. 1967 Kačerginė. Gymnas. Marjampolė, 1912–18 Stud. Theol. Priesterseminar Seinai und Theol. Akad. Petersburg, 1918–23 Philos., Lit. und Kunstgesch. Freiburg/Schweiz (Promotion) u. München; 1923–40 Prof. Univ. Kaunas, Freundschaft mit Maironis, Vaižgantas, Sruoga, Karsavin. Seit 1940 Prof. Univ. Vilnius u. Mitgl. der Akad. der Wiss. der LSSR. – Einer der bedeutendsten Dichter der Epoche Maironis'. Lyriker. Zuerst nationaler Romantiker, beeinflußt von Maironis u. Gustaitis, dann 1919 Übergang zum Symbolismus (›Tarp dviejų aušrų‹, ›Pesimismo himnai‹), Verbundenheit mit der Urkraft der Erde, Nachtmotive, Leiden, Rebellion; ab 1926 Realismus (›Keliai ir Kryžkeliai‹, ›Pietų šalies posmai‹). Die Form s. Dichtung ist überall klassisch. S. Roman ›Altorių šešėly‹ schildert die Befreiung des Menschen aus dem Joch der Tradition und Pflicht. Großer Einfluß auf die junge Generation.
W: Raudoni žiedai, G. 1916; Žiedas ir moteris, Dr. 1926; Tarp dviejų aušrų, G. 1927; Vaidilutė, Sp. 1927; Valdovas, Dr. 1930; Altorių šešėly, R. II 1933f. (Im Schatten der Altäre, d. 1987); Keliai ir Kryžkeliai, G. 1936; Krizė, R. 1937; Sveikinu žemę, G. 1950; 1863 metų sukilimas, E. 1956; Sukilėliai, R. 1957; Poezija, G. 1956; Būties Valanda, G. 1963; Langas, G. 1966. – Raštai (W), II 1921, X 1959f.
L: J. Grinius, 1932; J. Lankutis, 1961, 1973, russ. 1967; K. Ambrasas, 1983.

Putman, Willem (Ps. Jean du Parc), fläm. Schriftsteller, 7. 6. 1900 Waregem – 3. 9. 1954 Brügge.

1926–44 Inspekteur der öffentl. Bibliotheken, nach Kriegsende freier Schriftsteller. – Trug mit erfolgr. Bühnenstücken u. Theaterkritiken zur Erneuerung des belg. Theaters bei. Nach dem Krieg unter Pseudonym erfolgreiche Romane meist um melodramat. Frauenschicksale.

W: Vijf eenakters, 1919 (unter Ps. W. Hegeling); Het oordeel van Olga, Dr. 1920; De doode rat, Dr. 1924; Vader en ik, R. 1934 (u.d.T. Appassionata, 1954; d. 1956); Christine Lafontaine, R. 1947 (d. 1952); Mevrouw Pilatus, R. 1949 (d. 1953); De hemel boven het moeras, R. 1951 (d. 1952); Paula van Berkenrode, R. 1952; Mijn tweede leven, R. 1954.

Putrament, Jerzy, poln. Schriftsteller, 14. 11. 1910 Minsk – 23. 6. 1986 Warschau. 1930–34 Stud. Lit. Wilna. Zeitschriften-Mitarbeiter, im 2. Weltkrieg in Rußland, dann polit. Laufbahn: 1945–47 Gesandter in der Schweiz, 1947–50 Botschafter in Frankreich. 1950–53 Generalsekretär des poln. Schriftstellerverbandes. Seit 1957 Chefredakteur der Zs. ›Polityka‹. – Vor dem Krieg Gedichte u. literaturwiss. Studien; nach dem Krieg zunächst Kriegserzählungen, dann im Roman Auseinandersetzung mit dem faschist. Vorkriegspolen. Auch Lyriker und Essayist.

W: Wczoraj powrót, G. 1935; Droga leśna, G. 1937; Wojna i wiosna, G. 1944; Święta kuło, En. 1946; Rzeczywistość, R. 1947 (Wirklichkeit, d. 1953); Wrzesień, R. 1952 (September, d. 1957); Na literackim froncie, Es. 1953; Rozstaje, E. 1954; Wypadek w Krasnymstawie, En. 1957; Kronika obyczajów, Feuill. 1959; Arka Noego, R. 1961; Arkadia, En. 1961 (Der Hochverräter, d. 1968); Pasierbowie, R. 1963 (Die Stiefkinder, d. 1970); Cztery strony świata, Rep. 1963; Odyniec, R. 1964 (Der Keiler, d. 1971); Czarne sosny, En. 1965; Puszcza, R. 1966; Małowierni, R. 1967; Bołdyn, R. 1969 (Der General, d. 1973); Krajobrazy, En. 1969 (An Flüssen und Seen, d. 1975); Szkarłatny krzew, En. 1969; Pół wieku, Mem. IX 1969–87 (Ein halbes Jahrhundert, d. IV 1982–84); Dwudziesty lipca, R. 1973; Akropol, R. 1975 (d. 1977); Piaski, En. 1975; Urbi et orbi, Rep. 1977; Wybrańcy, R. II 1978–83. – Wiersze wybrane 1932–49, 1951; Pisma (SW), XIII 1979–88.

L: M. Wisłowska, 1966.

Putu Wijaya (I Gusti Ngurah P. W.), indones. Schriftsteller, * 11. 4. 1944 Tabanan/Bali. Stud. Rechtswiss. Univ. Gajah Mada/Yogyakarta, dann Stud. an versch. Kunstakademien (Drama, Filmwesen, Malerei); Mitarbeit bei versch. Theatergruppen; Redakteur der Zsn. ›Tempo‹ und ›Zaman‹; Reisen u. Aufenthalte in Japan u. den USA; viele Kunstpreise.

W: Bila Malam Bertambah Malam, Dr. 1965; Lautan Bernyanyi, Dr. 1967; Orang-Orang Mandiri, Dr. 1971; Aduh, Dr. 1973; Telegram, R. 1973; Dag-Dig-Dug, Dr. 1974; Pabrik, R. 1975; Stasiun, R. 1977; Bom, Kgn. 1978 (Die Bombe, d. 1986); Es, Kgn. 1980; Nyali, R. 1983; Pol, R. 1987; Protes, Kgn. 1994, Byar Pet, R. 1995.

Puzo, Mario, amerik. Schriftsteller, 15. 10. 1920 New York – 2. 7. 1999 Bay Shore/NY. Ital. Abstammung; Columbia Univ., Kriegsdienst. – Schildert in s. spannenden Bestsellerromanen das Leben der New Yorker Mafiafamilien, das Ineinander amerik. Geschäftsmoral und sizilian. Blutrachevorstellungen. ›The Godfather‹ wurde ein internationaler Bestseller- u. Filmerfolg.

W: The Dark Arena, R. 1955 (d. 1980); The Fortunate Pilgrim, R. 1965 (Mamma Lucia, d. 1970); The Godfather, R. 1969 (Der Pate, d. 1969); The Godfather Papers and Other Confessions, Ess. 1972 (d. 1972); Inside Las Vegas, Rep. 1977 (d. 1980); Fools Die, R. 1978 (d. 1981); The Sicilian, R. 1984 (d. 1986); The Fourth K, R. 1991 (d. 1991); The Last Don, R. 1996 (Der letzte Pate, d. 1996); Omerta, R. 2000 (d. 2000).

Pym, Barbara (Mary Crampton), engl. Schriftstellerin, 2. 6. 1913 Oswestry/Shropshire – 11. 1. 1980 Oxford. Stud. engl. Lit. St. Hilda's College, Oxford; im 2. Weltkrieg Dienst bei der brit. Marine. – Nach frühen Erfolgen in den 1950er Jahren in Vergessenheit geraten, erst Ende der 1970er Jahre später lit. Ruhm. Ihre Romane beleuchten die kleine, unbedeutende häusl. Welt von alten Jungfern, Pfarrern u. kleinen Angestellten; hintergründiger iron. Humor, empath. Erzählhaltung ohne Sentimentalität.

W: Some Tame Gazelle, R. 1950; Excellent Women, R. 1952; Jane and Prudence, R. 1953; Less Than Angels, R. 1955; A Glass of Blessings, R. 1959 (d. 1995); No Fond Return of Love, R. 1961; The Sweet Dove Died, R. 1978 (d. 1994); A Few Green Leaves, R. 1980; Excellent Women, R. 1980 (d. 1991); An Unsuitable Attachment, R. 1982; A Very Private Eye, Aut. 1985; An Academic Question, R. 1986.

L: D. Benet, 1986; L. Snow, 1987; J. Rossen, 1987 u. 1988; M. Cotsell, 1989; H. Holt, B. 1990; A. Weld, 1992; A. W. Brown, 1992; O. J. Allen, 1994.

Pynchon, Thomas, amerik. Erzähler, * 8. 5. 1937, Glen Cove/NY. Stud. Physik u. engl. Lit. Cornell Univ. Zog sich Anfang der sechziger Jahre gänzlich aus der Öffentlichkeit zurück. – ›V.‹ ist e. stilist. brillante, parodierende u. selbstpersiflierende Spielart des absurden Romans; das Werk selbst ist eine Geste der Verzweiflung angesichts des ständig frustrierten menschl. Bestrebens, hinter dem Labyrinth apokalypt. Ereignisse Sinn u. Bedeutungszusammenhänge aufzudecken. ›Gravity's Rainbow‹ gilt wegen s. komplexen postmodernen Monumentalität als ›Ulysses‹ des späteren 20. Jh. Auch Kurzgeschichten.

W: V., R. 1963 (d. 1968); The Crying of Lot 49, R. 1966 (d. 1973); Gravity's Rainbow, R. 1973 (Die Enden der Parabel, d. 1981); Slow Learner, En. 1984 (Spätzünder, d. 1985); Vineland, R. 1990 (d. 1993); Mason and Dixon, R. 1997 (d. 1999).

L: J. W. Slade, 1974; W. M. Plater, 1978; D. Cowart, 1980; H. Ickstadt, 1981; Th. H. Schaub, 1981; M. Hite,

1983; J. Dugdale, 1990; D. L. Madsen, 1991; A. W. Brownlie, 2000. – *Bibl.:* C. Mead, 1989.

Qā'ānī, Ḥabību'llāh Fārsī, pers. Panegyriker, 20. 10. 1808 Schiras/Südiran – 2. 5. 1854 Teheran. Sohn d. Dichters Gulšan, offenbarte schon im Kindesalter s. dichter. Begabung, fand später e. Gönner im Gouverneur von Chorassan, wurde Hofdichter des Qadjaren Muḥammad Šāh (reg. 1834–48), übersiedelte 1839 nach Teheran. – Bedeutendster pers. Dichter des 19. Jh. Widersprüchliche Persönlichkeit, tastete nach neuen Wegen. S. Diwan von 23 000 Versen ist e. Gipfel melod. Sprachmeisterschaft, geistreich u. witzig. Bekannt ist auch s. ›Kitāb-i parīšān‹ (›Wirrbuch‹), e. Sammlung v. Erzählungen und Anekdoten im Stil v. → Saʿdīs ›Gulistān‹; Q. war auch mit dem Franz. vertraut, aus dem er ein Werk über Botanik ins Pers. übersetzte.

A: Diwan, hg. M. Ġ. Maḥǧūb 1336/1958; Kitāb-i parīšān, hg. I. Ašraf 1338/1959.

L: V. Kubíčková, Prag 1954 (franz.).

Qabbānī, Nizār, syr. Dichter, 1923 Damaskus – April 1998 London. 1942–45 Stud. Jura, 1945–66 syr. Diplomat in Ägypten, dann Botschafter in Großbritannien, Spanien und China. 1966 Emigration nach Beirut, Verlagsgründung. Im Libanon-Krieg Emigration in die Schweiz. – Er brachte formale Neuerungen in die mod. arab. Poesie, indem er auf die traditionelle Form der Qaside verzichtete und e. verständl. Sprache nahe der Alltagssprache benutzte. Inhaltl. brach er mit Tabus: wandte sich gegen jegl. Form von Autorität, schrieb erot. Verse, machte die Sexualität zum Hauptthema s. Dichtung. Er gilt in der arab. Welt als ›Dichter der Liebe und der Frauen‹. Nach dem Sechs-Tage-Krieg 1967 beschäftigte er sich auch mit polit. Themen.

W: Qālat lī as-samrāʾ G. 1944; Ṭufūlat nahd, G. 1948; Anti lī, G. 1950; Qaṣāʾid, G. 1956; Ḥabībatī, G. 1961; ar-Rasm bi-l-kalimāt, G. 1967; Hawāmiš ʿalā daftar an-naksa, G. 1967; Yawmīyāt imraʾa lā mubālīya, G. 1968; Kitāb al-ḥubb, G. 1970; Ašʿār ḫāriǧa ʿalā al-qānūn, G. 1972; Ilā Beirūt al-unṯā maʿ ḥubbī, G. 1976; Kull ʿām wa anti ḥabībatī, G. 1977; Qāmūs al-ʿāšiqīn, 1981; al-Ḥubb lā yaqif ʿalā aḍ-dawʾ al-aḥmar, G. 1983; al-Awrāq as-sirrīya li-ʿāšiq qarmaṭī, G. 1989. – al-Aʿmāl aš-šiʿrīya al-kāmila (Gedicht-GA), IV o. J.; al-Aʿmāl as-sīyāsīya al-kāmila (pol. Werke-GA), II o. J.; al-Aʿmāl an-natrīya al-kāmila (Prosa-GA), II o. J. – *Übs.:* Modern Arabic Poetry, N. Y. 1987; Arabian love poems: full Arabic and English texts, Colorado 1993; The erotic and other poetry of Nizar Qabbani, N. Y. 1996; Selected poems, Lond. 2000; Moderne arabische Lyrik von 1945 bis heute, hg. Kh. al-Maaly, Berlin 2000.

L: M. M. Badawi, Cambr. 1975, S. 221f.; Ḥ. Nağm, Beirut 1983; I. J. Boullata, Lond. 1998.

Qābūs-Nāma → Kaikāʾūs ibn Iskandar

Qazbegi (Kasbeg), Alekʾsandre, georg. Autor; 20. 1. 1848 Stepʾancminda – 22. 12. 1893 T'bilisi (Tiflis). Sohn e. Gutsbesitzers u. Generals; 1867–70 Stud. Landwirtschaft Moskau; 1871–78 Hirte im Kaukasus (›Erinnerung eines Hirten‹, 1883). Schauspieler u. Übersetzer in T'bilisi, Autor von 25 originalen und übersetzten Stücken; nach Schließung des Theaters Journalist der Zs. ›Droeba‹. Erkrankte 1886 schwer u. starb in psychiatr. Klinik. – Eigentl. Schaffenszeit 1879–85 in T'bilisi als Ernte s. Hirtenjahre: tiefe, trag. Charakterzeichnung, Virtuose der dramat. Komposition, meisterhafte Schilderung der Natur. 1. Erzählung 1880 gedruckt; große Erfolge mit Romanen sowie Erzählungen, in denen er das georg. Volk der Feudalaristokratie u. den Beamten des russ. zarist. Staates gegenüberstellte. 1884 Konfiszierung einer Buchausgabe. Ethnograph. Artikel, Kinderlit., Übs. ins Georgische.

W: Cʾicʾka, E. 1880; Elguja, R. 1881; Eliso, E. 1882; Zʾiko, E. 1883; Xevisberi goča, E. 1884. – GW, IV 1891; V 1948–50; T'xuzulebani (W), II 1955, 1985. – *Übs.:* russ.: Rasskazy, 1936; Izbrannoe (AW), 1949; Izbrannye proizvedenija (AW), II 1957.

L: D. Benašvili, 1939; G. Kikoje, 1946; G. Natrošvili, 1949; T. Cʾavleišvili, 1985; V. Šaduri, 1985; V. Davitʾašvili, J̌. Apʾcʾiauri 1993. – *Bibl.:* V. Šaduri/J̌. Nucubije, 1987.

Qian Zhongshu, chines. Literaturwissenschaftler und Schriftsteller, 11. 11. 1910 Wuxi – 19. 12. 1998 Peking. Fremdsprachenstud. in Peking, 1935 ∞ der Übs. u. Schriftstellerin Yang Jiang (›Ganxiao liu ji‹, Erinn. 1981, Six Chapters from my life downunder, Seattle 1984); 1935–37 Stud. in Oxford und Paris, anschließend Lehre Univ. Kunming und Shanghai; Publikation von geistreichen Essays und Erzählungen sowie e. Romans; nach 1949 erlahmt die lit. Produktivität; als respektierter Gelehrter beschäftigt sich Q. mit philolog. und lit.wiss. Forschungen, präsentiert u. a. in dem Monumentalwerk ›Guanzhui bian‹ (Mit Bambusrohr und Ahle). – Der satir. Roman ›Wei cheng‹ beschreibt der Wechselfälle und Liebesabenteuer im Leben des jungen ehem. Auslandsstudenten Fang Hongjian die Probleme und Konflikte e. entwurzelten Elite im Shanghai der Kriegszeit und der chines. Provinz. Der Roman gilt wegen s. Witzes, s. Anspielungsreichtums und der souveränen Beherrschung mod. Erzähltechnik als bester satir. Roman der mod. chines. Lit.

W: Xie zai rensheng biansheng, Ess. 1941 (d. Hefte für Ostasiat. Lit. 2000, 29); Ren, shou, gui, En. 1946 (Das Andenken, d. 1986); Wei cheng, R. 1947 (n. 1980, Die umzingelte Festung, d. 1988); Tanyilu, Abh. 1948; Guanzhui bian, Abh. IV 1979 (Limited Views, En. Ausw. Cambr./MA, Lond. 1998).

L: Th. Huters, 1982; M. Motsch, 1994.

Qorqud Ata → Dede Korkut

Quarantotti-Gambini, Pier Antonio, ital. Schriftsteller u. Journalist, 23. 2. 1910 Pisino d'Istria/Pola – 22. 4. 1965 Venedig. Stud. Jura Triest, Promotion in Turin, Mitarbeiter zahlr. Zeitungen u. Zsn., Direktor der ›Biblioteca Civica‹ in Triest. – Hauptthema s. neorealist. Romane u. Erzählungen sind die komplexen Probleme der Adoleszenz u. die Landschaft Istriens.

W: I nostri simili, En. 1932; La rosa rossa, R. 1937; L'onda dell'incrociatore, R. 1947 (Hafenballade, d. 1962); Amor militare, E. 1955; La calda vita, R. 1958 (Heiße Jugend, d. 1963); I giuochi di Norma, R. 1964; Racconto d'amore, G. 1965; Le redini bianche, 1967; Al sole e al vento, G. 1970; Poeta innamorato, Erinn. 1984.

L: R. Scrivano, 1976; P. Barucco, Les yeux interdites, Paris 1978.

Quarles, Francis, engl. Dichter, 8. 5. 1592 Romford/Essex – 8. 9. 1644 London. Stud. Cambridge und Lincoln's Inn. Freund von Drayton, Benlowes und Phineas Fletcher. Königstreuer Anglikaner mit puritan. Tendenzen. S. Streitschrift zur Verteidigung von Charles I. führte zu Beschlagnahme s. Besitzes u. Zerstörung s. Manuskripte. 1613–20 im Ausland, 1626–29 Sekretär des Erzbischofs Ussher in Irland, 1640 Chronist der Stadt London. – Begann mit ep. Verserzählungen, in denen er dem Volk die Bibel durch Erläuterungen u. Paraphrasen nahebringen will: e. Metaphysiker für die breite Menge, schreibt allgemeinverständlich. S. bekanntesten Dichtungen sind relig. Andachtslyrik. Großer Zeiterfolg; von Einfluß auf die zeitgenöss. Dichtung. Die Emblembände bringen gereimte Meditationen über Bibelstellen u. allegor. Versausdeutungen, denen Abbildungen beigefügt sind. Metaphernreiche Sprache.

W: A Feast for Worm(e)s, 1620; Hadassa, 1621; Job Militant, 1624; Divine Fancies, 1632 (hg. W. Liston 1992); Emblems, 1635; Hieroglyphikes of the Life of Man, G. 1638; Enchyridion, 1640; Threnodes, 1641; Divine Poems, 1647 (beide aus. n. J. Horden 1960). – Complete Works, hg. Grosart III 1880f.

L: G. S. Haight, 1936; M. Hasan, 1966; C. F. McGinnis, 1967; K. J. Höltgen, 1978. – *Bibl.:* J. Horden, 1953.

Quart, Pere (eig. Joan Oliver), katalan. Schriftsteller, 29. 11. 1899 Sabadell – 19. 6. 1986 Barcelona. Großbürgerl. Herkunft; Stud. Jura; 1939–48 Exil Frankreich und Chile. – Populärer Lyriker, Dramatiker, Erzähler, Journalist u. Übs. (Molière, Brecht u. a.). Vertreter e. realist.-engagierten Lit., satir. Angriffe auf Bürgertum.

W: Una tragèdia a Lil-liput, En. 1928; Les decapitacions, G. 1934; Allò que tal vegada s'esdevingué, Dr. 1936; Oda a Barcelona, G. 1936; Bestiari, G. 1937; Terra de naufragis, G. 1956; Ball robat, K. 1958; Vacances pagades, G. 1961; Circumstàncies, G. 1968. – Obres completes, IV 1975–99.

L: A. Turull, 1984; M. M. Gibert, 1998.

Quasimodo, Salvatore, ital. Lyriker, 20. 8. 1901 Modica/Ragusa – 14. 6. 1968 Neapel. Zunächst Ingenieur, lernte bei Rampolla del Tindaro Lat. u. Griech. 1940 Dozent für ital. Lit. an der Musikhochschule in Mailand; daneben Theaterkritiker u. Mitarbeiter zahlr. Zsn. Als Übs. durch s. ausgezeichneten Übertragungen lat. u. griech. Dichtung bekannt geworden. Nobelpreisträger 1959. – Als Lyriker stoffl. bestimmt durch die Landschaft s. sizilian. Heimat und s. humanist. Bildung, formal bes. durch die röm. Elegiker und e. wortmag. Stil. In s. frühen Dichtungen dem ›ermetismo‹ verpflichtet, von dem er sich jedoch nach 1945 distanzierte, indem er für e. wirklichkeitsnahe, unmittelbare u. formal einfache Dichtung eintritt, die er als ›poesia sociale‹ bezeichnet. So sind die Themen s. späteren Gedichte aus dem Leben des mod. Menschen in s. Bindungen an die Gesellschaft genommen. Auch lit. Studien, Libretti (u. a. ›Billy Budd‹ nach Melville, 1949) u. zahlr. Übsn. (griech. u. lat. Klassiker, ›Anthologia Palatina‹, Shakespeare, Ruskin, E. E. Cummings, P. Neruda, Molière, Éluard u. a.).

W: Acque e terre, G. 1930; Oboe sommerso, G. 1932; Odore di Eucalyptus, G. 1933; Erato e Appollion, G. 1936; Poesie, 1938; Ed è subito sera, G. 1942; Petrarca e il sentimento della solitudine, Es. 1945; Con il piede straniero sopra il cuore, 1946; Giorno dopo giorno, G. 1947 (d. 1950); La vita non è sogno, G. 1949 (d. 1960); Il falso e vero verde, G. 1953; La terra impareggiabile, G. 1958; Il poeta e il politico e altri saggi, 1960; Scritti sul teatro, 1961; Dare e avere, G., 1966; Leonida di Taranto, Es. 1968. – Tutte le poesie, 1960; Le opere, hg. G. Di Pino 1979. – *Übs.:* Ein offener Bogen, G. 1964; Insel des Odysseus, G. 1967.

L: M. Stefanile, 1943; B. Pento, 1956; N. Tedesco, 1959; G. Salvetti, 1964; B. Pento, 1966; P. Mazzamuto, 1967; G. Zagarrio, 1969; M. Tondo, 1970; G. Finzi, 1972, [5]1992; G. Munafò, 1980.

Quatre filz Aimon → Haimonskinder

Queen, Ellery, Pseudonym (und Hauptfigur ihrer Romane), unter dem die Cousins Frederic Dannay (eig. Daniel Nathan), 20. 10. 1905 New York – 3. 9. 1982 White Plains/NY, und Manfred B. Lee (eig. Manford Lepalsky), 11. 1. 1905 New York – 3. 4. 1971 Roxbury/CT, von 1931–71 zahlr. erfolgr. Detektivromane geschrieben haben; sie benutzten auch das Pseudonym Barnaby Ross; seit 1941 erscheint ›E. Q.'s Mystery Magazine‹ (d. 1961–92).

W: The Roman Hat Mystery, R. 1929; The French Powder Mystery, R. 1931 (Das Geheimnis des Lippenstifts, d. 1932); The Spanish Cape Mystery, R. 1935 (Frauen um John Marco, d. 1936); The Four of Hearts,

R. 1938 (Das goldene Hufeisen, d. 1939); The Devil to Pay, R. 1938 (d. 1948); A Challenge to the Reader, Anth. 1938; Calamity Town, R. 1942; Ten Days Wonder, R. 1948; The Glass Village, R. 1954; E. Q.s Minimysteries, Ausw. 1969; Golden Thirteen, Ausw. 1970; Circumstantial Evidence, Kgn. II 1980 u. 1987; Death at the Rodeo, R. 1986; E. Q.s Other Faces of Mystery, Kgn. 1994. – Das Beste aus E. Q.s Kriminal-Anthologie, hg. R. Stout 1972.

L: A. Boucher, 1951; F. M. Nevins Jr., 1973., R. Stanich, 1983.

Queffélec, Henri François Adolphe, franz. Schriftsteller, 29. 1. 1910 Brest – 13. 1. 1992 Maisons-Lafitte. 1935–39 Lektor in Uppsala, Lehrer in Marseille, später freier Schriftsteller. – Romancier und Erzähler von relig. Grundhaltung. ›Un recteur de l'île de Sein‹ ist Zeugnis des Göttlichen in e. mehr abergläub. als gläubigen Umgebung. Schauplatz ist vorwiegend die Bretagne.

W: Le journal d'un salaud, R. 1944; La fin d'un manoir, R. 1944; Un recteur de l'île de Sein, R. 1945 (Gott braucht die Menschen, d. 1951); Les chemins de terre, R. 1948 (Unter leerem Himmel, d. 1953); Au bout du monde, R. 1949; Saint-Antoine du désert, Es. 1949 (d. 1954); Un homme d'Ouessant, R. 1953 (Und sah, daß es gut war, d. 1955); Un feu s'allume sur la mer, R. 1956; Un royaume sous la mer, 1957 (d. 1958); Frères de la brume, 1960 (Männer im Nebel, d. 1963); Tempête sur la ville d'Ys, R. 1962; Solitudes, R. 1963 (Die Fischer von Fécamp, d. 1965); La voile tendue, R. 1967; La faute de Monseigneur, R. 1968; Celui qui n'était pas appelé, 1972; Le phase, R. 1975; Un Breton bien tranquille, 1978; De part les sept mers, 1982; A quoi rêvent les navires, 1983; Ce sont voiliers que vent emporte, R. 1984.

Queffélec, Yann, franz. Schriftsteller breton. Herkunft, * 4. 9. 1949 Paris. Debütierte mit e. Arbeit über Béla Bartók. – Vf. zahlr. Romane, in denen er anhand von Biographien die innersten und brutalsten menschl. Wesenszüge darstellt und die Auswirkungen kindl. und frühjugendl. Erlebnisse auf die menschl. Entwicklung analysiert.

W: Béla Bartók, Abh. 1981; Le charme noir, R. 1983; Les noces barbares, R. 1985; Le maître des chimères, R. 1990; Noir animal ou la menace, R. 1993; Force d'aimer, R. 1996; Boris après l'amour, R. 2002.

Queirós, Dinah Silveira de (D. S. de Castro Alves), brasilian. Schriftstellerin, 9. 11. 1911 São Paulo – 27. 11. 1982 ebda. Aus alter paulistaner (Schriftsteller-)Familie; Journalistin; Beiträge für Zeitungen und Rundfunk, Lit.kritikerin; Mitglied versch. lit. Akadn. und Vereinigungen, auch der ›Academia Brasileira de Letras‹. – Vielseitige, seit ihrem Debüt erfolgr. und bekannte Schriftstellerin; als Vf. von Romanen und Erzählungen Vorläuferin des brasilian. Regionalismus; daneben hist., relig., phantast. und Science-fiction Romane; ›A Muralha‹ gilt als erster großer hist. Roman Brasiliens. Verfaßte viele Jahre ›Crônicas‹ für die Tageszeitung ›A Manhã‹; daneben auch Kinderbücher und Biographien.

W: Floradas na serra, R. 1939 (n. 1995; verfilmt 1954); A sereia verde, N. u. En. 1941; Margarida la Rocque (A ilha dos demônios), R. 1949 (^{3}1969; franz. 1952); A muralha, R. 1954 (n. 1983; Adaptationen für TV und Radio; engl. The Women of Brasil, 1978); O oitavo dia, Dr. 1956; As noites do morro do encanto, En. 1957; Êles herdarão a terra, R. 1960; Os invasores, R. 1965; Café da Manhã, Crônicas 1969; Comba malina, R. 1969; Eu, venho – Memorial do Cristo I, R. 1974 (engl. Christ's Memorial, 1978); Eu, Jesus – Memorial do Cristo II, R. 1977; Baía de espume, Kdb. 1979; Guida, caríssima Guida, R. 1981; O desfrute, R. 1981; Os dez melhores contos de D. S. de Q., En. 1981. – Seleta, hg. B. Jozef 1974.

L: M. Silverman, Diversity in the prose fiction of D. S. de Q., 1980; N. Dantas, hg. Campinas 1982.

Queirós, José Maria Eça de, portugies. Romanschriftsteller, 25. 11. 1845 Póvoa de Varzim – 16. 8. 1900 Paris. Dem gebildeten Bürgertum entstammend, Stud. Jura Coimbra, im Kreis um A. de Quental u. T. Braga, Rechtsanwalt in Lissabon, Redakteur in Évora, Orientreise, Beamter in Leiria, Konsul: 1872 Havanna, 1874 London, 1888 Paris; Mitarbeiter an Zsn. u. Zeitungen, Gründer der ›Revista de Portugal‹ (1889–92); zusammen mit Ramalho Ortigão Hrsg. der lit. Monatsschrift ›As Farpas‹. – Bedeutendster portugies. Erzähler des 19. Jh.; anfangs provozierend neue Sprache. Q. hat wesentl. Anteil an der Ausformung des mod. Portugiesisch; noch romant. Haltung bei gleichzeitiger Vorwegnahme symbolist. Tendenzen, über den Naturalismus u. die Rezeption der großen franz. Vorbilder Vorstoß zum realist. Gesellschaftsroman mit ständig sich verfeinernder Beobachtung der als ›kom. Wahrheit‹ empfundenen Realität, kunstvoll-vielstrahlig gebrochen im Prisma der Ironie, dabei lyr.-suggestiv u. höchst artist.; mündet häufig in Karikatur u. Satire. Ambivalenz der Gefühle in Q.' Verhältnis zu s. Land (ständiger Auslandsaufenthalt förderte iron. Distanz); im Grunde nur künstler. Verlautbarung geheimer Verehrung und leidenschaftl. Bessernwollens.

W: O Mistério da Estrada de Sintra, R. 1870 (m. Ramalho Ortigão); Singularidades duma Rapariga Loira, E. 1874; O Crime do Padre Amaro, R. 1875 (d. ^{7}1960); O Primo Basílio, R. 1878 (d. 1959); O Mandarim, R. 1880 (d. 1919); A Relíquia, R. 1887 (d. 1958); Os Maias, R. 1888 (d. 1987); A Illustre Casa de Ramires, R. 1900 (d. 1964); A Correspondência de Fradique Mendes, 1900; A Cidade e as Serras, R. 1901 (Stadt und Gebirge, d. 1963); Contos, En. 1902 (daraus: Der Gehenkte, José Matias, d. 1961; Prosas Bárbaras, Ess. 1905; Últimas Paginas, En. 1912; A Capital, R. 1925 (Die Hauptstadt, d. 1959); Folhas Soltas, 1965; Páginas Esquecidas, V 1965f. – Obras, XV 1946–48. – *Übs.:* AW, VIII 1958ff.

Queiroz

L: M. Sacramento, 1945; A. Coleman, N. Y. 1980; J. Medina, 1980; C. Reis, 1989; O. Grossegesse, 1991; Queirosiana, 1991; C. Reis, 1999.

Queiroz, Dinah Silveira de → Queirós, Dinah Silveira de

Queiroz, Raquel de, brasilian. Schriftstellerin, * 17. 11. 1910 Fortaleza/Ceará – 2. 11. 2003 Rio de Janeiro. Zog nach Rio, KP-Mitglied, Journalistin (Cruzeiro); erstes weibl. Mitglied der Academia Brasileira de Letras (1977). – Einzige weibl. Vertreterin des Nordostromans, schafft mit ›O Quinze‹ e. weibl. Heldin, die den neuen Typus ›Frau‹ repräsentiert, die sich als Lehrerin in den Dienst der Nation stellt. ›Memorial de Maria Moura‹ ist e hist. Roman über die erste Cangaçeira im 17. Jh.

W: História de um Nome, R. 1927; O Quinze, R. 1930 (d. 1978); João Miguel, R. 1932; Caminho de Pedras, R. 1937; O Cruzeiro, R. 1939; As três Marias, R. 1939 (d. 1994); A Donzela e a Moura Torta, Prosa 1948; O Galo de Ouro, R. 1950; Lampião, Dr. 1953; A Beata Maria do Egito, Dr. 1958; 100 Crônicas Escolhidas, En. 1958; O Brasileiro Perplexo, Prosa 1963; O Caçador de Tatu, Chronik 1967; O menino mágico, Kdb. 1969; Dôra, Doralina, R. 1975; As menininhas e outras crônicas, Chronik 1976; Memorial de Maria Moura, R. 1992 (d. 1998); Um alpendre, uma rede, uma açude, Chronik 1993; Cenas brasileiras, Chronik 1995; Contos que te conto, En. 1999; Interviews 2002.

L: H. Bruno, 1977; M. Carelli, 1980; M. L. de Queiroz, 1998.

Queneau, Raymond, franz. Schriftsteller, 21. 2. 1903 Le Havre – 25. 10. 1976 Paris. Zuerst Bankbeamter, Handelsvertreter. Militärjahre in Algier und Marokko. Gehörte 1924–29 der surrealist. Schule an, brach dann mit Breton, trat in den Verlag Gallimard ein, seit 1936 dessen Generalsekretär. 1951 Mitgl. der Académie Goncourt. – Repräsentativer avantgardist. Schriftsteller des gegenwärtigen Frankreich von beschränktem, aber intensivem Einfluß. S. Romane und Gedichte sind e. fortgesetzte Stilübung. Die Sprache selbst ist s. zentraler Gegenstand; sie ist grotesk und voller Schwung, verbindet ungezwungen Elemente des Argot und der Umgangssprache, parodiert die feierl. und kunstvolle Rhetorik. Q. verwandelt die Sprache in schöpfer. Spiel, sucht dadurch ihre Erneuerung zu erreichen. Schauplatz (oft ödes Vorstadtmilieu) und Personen s. Romane offenbaren die Leere und Sinnlosigkeit des menschl. Lebens. Q. verzaubert sie durch poet. Träumerei, Humor und Ironie.

W: Le Chiendent, R. 1933 (d. 1972); Gueule de pierre, R. 1934; Les derniers jours, R. 1936; Odile, R. 1937 (d. 1973); Chêne et chien, Vers-R. 1937; Les enfants du limon, R. 1938; Un rude hiver, R. 1939 (Ein Winter in Le Havre, d. 1975); Les temps mêlés, R. 1941; Pierrot, mon ami, R. 1942 (d. 1950); Les ziaux, G. 1943; Loin de Rueil, R. 1944 (Die Haut der Träume, d. 1964); Bucoliques, G. 1947; Introduction à la lecture de Hegel, Es. 1947; Introduction à Bouvard et Pécuchet, Es. 1947; A la limite de la forêt, Es. 1947; Exercices de style, Prosa 1947 (d. 1961); Saint Glinglin, R. 1948 (Heiliger Bimbam, d. 1965); L'instant fatal, G. 1948; Petite cosmogonie portative, G. 1950 (d. 1963); Bâtons, chiffres et lettres, Es. 1950; Si tu t'imagines, G. 1951; Le dimanche de la vie, R. 1952 (d. 1968); Le chien à la mandoline, G. 1958; Zazie dans le métro, R. 1959 (d. 1960); Cent mille milliards de poèmes, G. 1961 (d. 1984); Les œuvres complètes de Sally Mara, R. 1962 (Teil 1: Intimes Tagebuch der S. M., d. 1963; 2: Man ist immer zu gut zu den Frauen, 1967); Bords, Es. 1963 (Mathematik von morgen, d. 1967); Les fleurs bleues, R. 1966 (d. 1966), hg. B. Wright 1971 (d. 1985); Une histoire modèle, Es. 1966 (d. 1970); Courir les rues, G. 1967; Battre la campagne, G. 1968; Le vol d'Icare, R. 1968 (d. 1969); Fendre les flots, G. 1969; Le voyage en Grèce, Ess. 1973; Journal 1939–40, hg. A. I. Queneau, J.-J. Marchand 1986; Journaux, 1914–1966, 1996. – Œuvres Complètes, II 2002.

L: J. Quéval, 1956 u. 1960; J. Bens, 1962; C. Simmonet, 1962; A. J. Bergens, 1963; J. Guicharnaud, 1965, ²1975; ›L'Arc‹, Sondernummer R. Q., 1966; P. Gayot, 1967; R. Cobb, Oxf. 1976; A. Thiher, 1985; A. Blavier, 1993; A. Clancier, 1995; G. Poli, 1995; A. Pasquino, 1996; D. Delbrey, 2000; A. Ferraro, 2001; N. Bastin, 2002; M. Leureur, 2002. – *Bibl.:* W. Hillen, 1981.

Quental, Antero Tarquínio de, portugies. Lyriker u. Schriftsteller, 18. 4. 1842 Ponta Delgada/São Miguel (Azoren) – 11. 9. 1893 ebda. durch Selbstmord (unheilbares Nervenleiden). 1858 Stud. Jura Coimbra, mit Oliveira Martins Mitbegründer der ›Revista Ocidental‹. Parisaufenthalt als Buchdrucker; Amerikareise im Segelboot, zumeist in Lissabon dichter. u. krit.-polem. tätig. Ab 1891 auf s. Heimatinsel. – Haupt der sog. Generation von 1870 im Sinne der die geistige Erneuerung der portugies. Lit. anstrebenden Schule von Coimbra, Antiromantiker, utop. Sozialist, zeitweilig in der Arbeiterbewegung. Einfluß von E. v. Hartmann, Hegel, Proudhon, Comte, Michelet, Hugo, Heine, Schopenhauer; Jugendgedichte (›Primaveras Românticas‹, 1860–65 entstanden) vom Vf. selbst als mäßige Heine-Nachfolge eingeschätzt, die Oden u. Sonette (letztere versuchen s. geistigen Weg darzustellen) von mitunter starker Suggestivkraft enthen sich nicht als Kunstwerke bewußt den polit.-sozialkrit. u. philos. Anliegen unter. Dennoch e. der Höhepunkte portugies. Lyrik im 19. Jh.

W: Sonetos, 1861; Beatrice, G. 1863; Fiat Lux, G. 1863; Odes Modernas, G. 1865; Primaveras Românticas, G. 1872; Sonetos Completos, hg. J. P. Oliveira Martins 1886 (d. Ausw. W. Storck 1887); A. Sérgio 1943 (1962); Raios de Extinta Luz, G. 1892; Poesias Lúgubres, Cartas, G. u. Br., hg. E. do Canto 1915. – Prosas, III 1923–31; Obras, hg. A. Sérgio 1943 (1962).

L: J. de Carvalho, 1929 u. 1955; F. de Figueiredo, 1941; L. Teixeira, 1942; J. T. de Sousa, 1942; R. Ramos de Almeida, II 1943; L. Coimbra, 1944; J. B. Carreiro, II

1948; Sant'Anna Dionísio, 1949; A. Veloso, 1950; L. C. da Silva, 1959; H. Cidade, 1962; J. G. Simões, 1962; K. Rumbucher, 1968; F. Catroga, 1981, A. Carvalho Homem, L. Ribeiro dos Santos, 1989; A. A. Borregana, 1998; E. Lourenço, 2000; J. Medina, 2001.

Querido, Israël, niederländ. Schriftsteller, 1. 10. 1872 Amsterdam – 5. 8. 1932 ebda. Aus portugies.-jüd. Familie, Bruder des Gründers des Querido-Verlags. Geigenvirtuose, Diamantschleifer u. dann Journalist (Lit.- u. Musikkritiker). 1897 Mitgl. der sozialdemokrat. Partei. Mitbegründer der sozialist. Zs. ›Nu‹ (1927 f.). – Romancier, Essayist, Nachfolger u. Bekämpfer des Achtziger-Bewegung vom Naturalismus Zolas mitgeformt. S. Stoffgebiete sind die Volksviertel Amsterdams, das Alte Testament u. das Persien des Altertums.

W: Levensgang, R. 1901; Menschenwee, R. II 1903; Over literatuur, Es. 1904; Zegepraal, R. 1905; Kunstenaarsleven, R. 1906; De Jordaan, R. IV 1912–25; Letterkundig leven, Schr. III 1916–23; De Oude waereld, R.-Tril. 1918–21; Simson, R. II 1927, 1929; Het volk Gods, R. II 1931 f.

L: J. Boender, 1927; K. de Wind, 1933; A. M. de Jong, 1933.

Quevedo y Villegas, Francisco Gómez de, span. Schriftsteller, 25. 9. 1580 Madrid – 8. 9. 1645 Villanueva de los Infantes. Vater Sekretär der Prinzessin María, Tochter Karls V., Mutter Hofdame der Königin; früh verwaist, humanist. Bildung bei den Jesuiten in Madrid. 1596–1600 Stud. Philos. u. klass. Sprachen in Alcalá de Henares; ging 1601 mit dem Hof nach Valladolid, dort 1601–04 Theol.-Stud. Gewann Einblick in Korruption u. Intrigen des Hoflebens u. gab erste Proben s. Dichtertalents; Briefwechsel mit dem Humanisten Justus Lipsius, Freundschaft mit berühmten Künstlern u. Schriftstellern s. Zeit (u.a. Cervantes, Lope de Vega, Vélez de Guevara), heftig angefeindet von Góngora. 1606 Rückkehr nach Madrid, befreundet mit dem Herzog von Osuna, dem er 1613 nach dessen Ernennung zum Vizekönig von Neapel als Ratgeber nach Italien folgte. Gefährl. diplomat. Missionen in Nizza, Venedig u. Neapel, oft unter Einsatz des eigenen Lebens; Rückkehr nach Spanien; 1618 Ritter des Santiago-Ordens; nach Sturz des Osuna Verbannung auf s. Landgut in Torre de Juan Abad (1620); nach Tod Philipps III. erneut in Gunst, Protektion des Herzogs von Olivares, 1632 Sekretär des Königs; 1634 unglückl. Ehe mit Doña Esperanza de Aragón. 1639 Verhaftung aufgrund e. Pamphlets gegen Philipp IV., 4 Jahre Kerkerhaft im Sankt-Markus-Kloster von León, Befreiung nach Sturz des Olivares (1643), todkrank nach Torre de Juan Abad. – E. der größten span. Schriftsteller aller Zeiten, vielseitige Persönlichkeit von umfassender Bildung, hervorragend auf allen lit. Gebieten, v.a. als Satiriker; Meister des Konzeptionismus; Stil voller Wortspiele, Allegorien, Antithesen, Neologismen; verfaßte unzählige Gedichte aller Art: zahlr. Gelegenheitsverse, Liebesgedichte von großer Gefühlstiefe, philos. Dichtungen, von Seneca beeinflußt, grausame Satiren gegen die Korruption des Hofes u. die Dekadenz des span. Volkes; stark pessimist. Grundton. In Prosa zahlr. polit., asket., moralphilos. u. krit. Schriften; reifstes Werk ›Sueños‹, 6 satir.-moral. Phantasien in brillanter barocker Prosasprache, Karikaturen der Menschen u. Sitten s. Zeit. Meisterwerk der Schelmenroman ›Buscón‹, Ähnlichkeit mit ›Lazarillo‹, aber Neigung zum Grotesken, Verzerrten; geschickte Erzählung, straffe Handlungsführung, große Beobachtungsgabe, plast. Sittenschilderungen, scharfe Satire gegen Laster der Gesellschaft, vollendeter Stil. Quellen: Dante u. Lukian. Übsn. u. Kommentare von Werken Dantes, Petrarcas, Martials, Du Bellays u.a.

W: Cartas del caballero de la Tenaza, Sat. 1621; La Historia de la vida del Buscón, auch u.d.T. Historia del Gran Tacaño, R. 1626 (n. A. Castro [2]1926, F. Lázaro Carreter 1965; d. 1665, 1826, 1904, 1913, 1963 u. 1980); Política de Dios, gobierno de Cristo y tiranía de Satanas, Es. 1626 (n. J. O. Crosby, Urbana/IL 1967); Los Sueños, Sat. 1627 (n. J. Bergua 1958; d. 1919, 1925 u. 1966); La cuna y la sepultura, Abh. 1635 (n. L. López Grigera 1969); Providencia de Dios, Aufs. 1641; La vida de Marco Bruto, Abh. 1644; Vida de San Pablo, B. 1644; El Parnaso español, Dicht. 1648; Las tres últimas musas castellanas, Dicht. 1670; Grandes anales de quince días, Abh. 1788; Mundo caduco y desvaríos de la edad, Abh. 1852; Lince de Italia y zahorí español, Abh. 1852; Sonetos (hg. L. Rodríguez Alcalde 1961). – Obras completas, hg. A. Fernández-Guerra III 1897–1907, L. Astrana Marín II [3]1943–45; Poesías completas, hg. J. M. Blecua III 1963–71; Poesía varia, hg. I. O. Crosby 1981; Epistolario completo, hg. L. Astrana Marín 1946. – *Übs.:* Gedichte, 1982.

L: J. Juderías, 1923; R. L. Bouvier, Paris 1929 u. 1951; L. Astrana Marín, 1945 u. 1953; A. Porras, 1945; C. Campoamor, 1945; A. Papell, 1947; E. Carilla, 1949; R. Gómez de la Serna, 1953; F. Ynduráin, 1954; A. Martinengo, 1967; J. O. Crosby, 1967; I. Nolting-Hauff, 1968; J. López Rubio, 1971; H. Ettinghausen, 1972; J. A. Vizcaíno, 1985; R. Quérillacq, Nantes 1987; M. Chevalier, 1992; M. A. González, 1993; W. Ghia, Pisa 1994; A. Rey, 1995; D. Villanueva, 1995; M. Cánovas, 1996; F. F. Martínez Conde, 1996; M. A. Candelas Colodrón, 1997; F. Plata Parga, 1997; P. Jouralde Pou, 1998; E. L. Rivers, 1998; S. Fernández Mosquera, 1999; V. Roncero López, 2000; I. Arellano, 2001. – *Bibl.:* J. O. Crosby, Lond. 1976.

Quignard, Pascal, franz. Schriftsteller, * 1948 Verneuil sur Aure/Eure. Kindheit in Le Havre, aus Lehrerfamilie, frühe intensive Beziehung zu sprachl. Phänomenen, existentielle Beurteilung des Lesens; Linguist und Romanschriftsteller; gründet mit Mitterrand die ›Opéra et le théâtre baroque de Versailles‹. – S. Werke sind von sprachl. Dichte, in meist paratakt. Satzmustern spielt er mit Allusionen und verfolgt unter Verzicht auf die Symbolebene Analogien. Mit dem Leser sucht er nach ganzheitl. Lit., die die traditionellen Gattungsgrenzen überwindet.

W: Le lecteur, Abh. 1976; Le salon de Wurtemberg, R. 1986; Les escaliers de Chambord, R. 1989; La haine de la musique, Abh. 1996; Rhétorique spéculative, Abh. 1997; Vie secrète, 1997–1999; Les ombres errantes, R. 2003.

Quiller-Couch, Sir Arthur Thomas (Ps. Q), engl. Romanschriftsteller, Gelehrter und Kritiker, 21. 11. 1863 Bodmin/Cornwall – 12. 5. 1944 Fowey. Stud. Oxford, 1886/87 Dozent ebda., dann bis 1899 Mitarbeiter des ›Speaker‹ in London. 1910 geadelt. Ab 1912 Prof. für engl. Lit. in Cambridge. Brillanter Kritiker und Interpret. Bedeutend v. a. als Hrsg. bedeutender Anthologien wie ›Oxford Book of English Verse‹. – Vf. von hist. Abenteuerromanen, deren erste er unter Pseudonym veröffentlichte.

W: Dead Man's Rock, R. 1887; The Astonishing History of Troy Town, R. 1888; The Splendid Spur, R. 1889; The Blue Pavilions, R. 1892; Green Bays: Verses and Parodies, 1893; The Delectable Duchy, Kgn. 1893; Poems and Ballads, G. 1896; Adventures in Criticism, St. 1896; A Ship of Stars, R. 1899; Hetty Wesley, R. 1903; Fort Amity, R. 1904; The Mayor of Troy, R. 1906; The Vigil of Venus, G. 1912; Nicky-Nan Reservist, R. 1915; On the Art of Writing, St. 1916; Studies in Literature, St. III 1918–29; Shakespeare's Workmanship, St. 1918; On the Art of Reading, St. 1920; Ch. Dickens and other Victorians, St. 1925; The Age of Chaucer, St. 1926; The Poet as Citizen, St. 1934. – Tales and Romances, XXX 1928–30; Memoirs and Opinions, hg. S. C. Roberts 1944.

L: F. Brittain, 1947; B. Willy, 1947.

Quinault, Philippe, franz. Dramatiker, 3. 6. 1635 Paris – 26. 11. 1688 ebda. Bescheidener Herkunft. Sehr jung Liebling der preziösen Gesellschaft. 1670 Mitglied der Académie Française, 1671 Rechnungsrat. – Schrieb Komödien, Tragödien, Tragikomödien und (ab 1671 ausschließl.) Opernlibretti für Lully, von zarten Empfindungen überströmende Stücke mit komplizierter Handlung, glatten Versen u. verfeinerter Sprache. Wirkte mit s. harmon.-eleganten Darstellung echter Leidenschaften anregend auf Racine. Zog sich aus relig. Gründen 1686 vom Theater zurück.

W: Les rivales, 1653; L'amant indiscret, Lsp. 1654 (d. 1670); La mort de Cyrus, Tr. 1656; Le fantôme amoureux, Tragikom. 1658; Amalasonte, 1658; Stratonice, Tragikom. 1660; Agrippa, 1660; La mère coquette, Lsp. 1665 (hkA E. Gros 1926; d. 1670); Astrate, roi de Tyr, Tr. 1665 (n. 1980); Pausanias, Tr. 1668; Bellérophon, 1671, 1990; Cadmus et Hermione, Libr. 1673; Alceste, Libr. 1674 (d. 1680); Thésée, Libr. 1675; Atys, Libr. 1676; Isis, Libr. 1677; Proserpine, Libr. 1680; Persée et Andromède, Libr. 1682; Phaéton, Libr. 1683; Amadis, Libr. 1684; Roland furieux, Libr. 1685 (d. 1802); Armide, Libr. 1686 (d. 1869). – Théâtre, V 1778; Œuvres choisies, II 1811.

L: F. Lindermann, Die Operntexte Q.s, Diss. Lpz. 1904; E. Gros, Diss. Paris 1926 (n. 1970); J. Buijtendorp, Amst. 1928; D. Schmidt, 2001; D. Lachaux-Lefebure, 2002. – Bibl.: W. Brooks, 1988.

Quincey, Thomas de, engl. Essayist und Kritiker, 15. 8. 1785 Greenhouse/Manchester – 8. 12. 1859 Edinburgh. Sohn e. reichen Kaufmanns. 1803 unsystemat. Stud. Oxford. S. Lit. Laufbahn begann mit der zunächst im ›London Magazine‹ veröffentlichten autobiograph. Skizze ›Confessions of an English Opium-Eater‹, in der er Armut und Elend s. Wanderjahre und die Oxforder Zeit schildert. ∞ 1816 Margaret Simpson. Lebte seit 1809 jahrelang in Grasmere im Seendistrikt in enger Freundschaft mit Wordsworth, Coleridge und Southey, ab 1828 vorwiegend für Blackwood in Edinburgh tätig. Schrieb für ›Encyclopaedia Britannica‹ die Artikel über Goethe, Schiller, Shakespeare. – Romant. Prosaschriftsteller u. Journalist, Feuilletonist u. Essayist, Meister e. nervösen, sensiblen Stils und feiner Beobachtung, vertraut mit alten Überlieferungen. S. berühmtester Essay ›On Murder Considered as One of the Fine Arts‹: e. iron.-exzentr. Scherz mit dem Makabren, ist faszinierend und von geschliffener Schärfe. Die Neigung zur Schauerromantik wirkt sich weniger günstig im Roman ›Klosterheim‹ und der ›Inquiry into the Origin of the Rosicrucians‹ aus. S. Kritik fehlt eigenschöpfer. Note. S. Bericht über die ›lake poets‹ ist unzuverlässig. Einfluß auf die Lit. des Fin de siècle.

W: Confessions of an English Opium Eater (1821; n. R. Garnett 1885, E. Sackville-West 1950, B. Milligan 2003; d. 1888); On Knocking at the Gate in Macbeth, Es. 1823; On Murder Considered as One of the Fine Arts, Es. II (1827–39; d. 1913); Klosterheim, or the Masque, R. 1832; The Logic of Political Economy, Es. 1844; The English Mail-Coach, Es. 1849); Recollections of the Lake Poets (1834–40, hg. E. Sackville-West 1948; J. E. Jordan 1961, 1970); Autobiographical Sketches, II 1853f. – Collected Writings, hg. D. Masson XIV 1889f.; Works, hg. G. Lindop, XXI 2000 ff; Uncollected Writings, hg. J. Hogg 1890; The Posthumous Works, hg. A. H. Japp II 1891–93; Literary Criticism, hg. H. Darbishire 1909; Selected Writings, hg. P. van Doren Stern 1937; New Essays, hg. S. M. Tuve 1966; D. Q. to Wordsworth, Br. hg. J. E. Jordan 1962; The Diary, hg. H. A. Eaton 1928. – Übs.: Bekenntnisse u.a. Schriften, 1962; Essays, 1913.

L: D. Masson, 1881, n. 1969; A. H. Japp, [2]1890; E. Sackville-West, A Flame in Sunlight, 1936; H. A. Eaton, 1936; J. C. Metcalf, 1940; J. E. Jordan, 1952; F. Moreux, Paris 1964; H. S. Davies, [2]1972; A. Goldman, The Mine and the Mint, 1965; J. S. Lyon, 1969; M. Elwin, [2]1972; R. L. Snyder, hg. 1985; A. Hayter, Opium and the Romantic Imagination, ²1988; J. Barrell, 1991; G. Lindop, ²1993; A. Clej, 1995; F. Burwick, 2001. – *Bibl.:* J. A. Green, ²1968.

Quinet, Edgar, franz. Schriftsteller, Historiker und Philosoph, 17. 2. 1803 Bourg-en-Bresse – 27. 3. 1875 Versailles. Reiste in Dtl., Italien und Griechenland. 1839 Prof. in Lyon, 1842 am Collège de France. Befreundet mit Michelet. Führte mit ihm e. heftige Kampagne gegen die Jesuiten. Als extremer Republikaner durch Guizot aus e. Lehramt entlassen, 1848 rehabilitiert. Unter Napoleon III. im Exil in Belgien, kehrte nach dessen Sturz 1870 zurück, nahm an der Verteidigung von Paris teil. Ab 1871 Abgeordneter in der Nationalversammlung. – Beeinflußt von Herder und Michelet. Vf. e. umfangreichen Werkes: Reiseberichte, philos. Gedichte, hist. und geschichtsphilos. Werke. Romantiker im Pathos s. Prophezeiungen und in der heftigen Dynamik s. Lyrik. Symbol. Gedichte ›Ahasvérus‹ und ›Prométhée‹ über den Fortschritt der Menschheit. Geschichtsphilos. Werke im Zeichen s. republikan. Glaubens.

W: Ahasvérus, G. 1833 (n. 1982; d. 1834); Napoléon, G. 1836; Prométhée, G. 1838 (dt. Ausz. E. Geibel, H. Leuthold, 1862); Le Rhin, G. 1841; Le génie des religions, Schr. 1842; Des Jésuites, Streitschr. 1843 (d. 1843); Le christianisme et la Révolution française, Schr. 1845; Les révolutions d'Italie, 1848–52; L'enseignement du peuple, Schr. 1850; Les esclaves, G. 1853; Histoire de la fondation des Provinces-Unies, Schr. 1854; Philosophie de l'histoire de France, 1855; La Révolution religieuse au XIXᵉ siècle, Schr. 1857; Histoire de mes idées, 1858; Merlin l'enchanteur, G. 1860 (n. 1977); L'esprit nouveau, Schr. 1874; La République, Schr. 1881; Lettres à sa mère, 1808–25, II 1995. – Œuvres complètes, XXVI 1857–81, XXX 1864–95; Lettres d'exil, IV 1884–88.

L: R. Heath, Early life and Writings of E. Q., 1881; T. Steeg, 1903; P. Gautier, 1917; A. Valès, 1936; R. H. Powers, Dallas 1957; J. McIlwraith, 1960; G. Vabre Pradal, La dimension historique de l'homme, 1961; G. Santonastaso, Q. e la religione della libertà, 1968; D. Weidenhammer, Prometheus und Merlin, 1982; C. Crossley, 1983; F. Furet, 1986; S. Bernard-Griffiths, 1987; L. Richter, 1999.

Quintana, Manuel José, span. Schriftsteller, 11. 4. 1772 Madrid – 11. 3. 1857 ebda. Stud. in Salamanca als Schüler von Meléndez Valdés, der s. ersten dichter. Versuche entscheidend beeinflußte; befreundet mit Jovellanos, Cienfuegos u. a.; stand 1808 während der franz. Invasion auf seiten der Patrioten, verfaßte feurige Manifeste, 1814 Mitglied der Span. Akad.; unter Ferdinand VII. Festungshaft in Pamplona wegen liberaler Gesinnung (1814–20), 1821–23 Leiter des Erziehungswesens, stand nach dem Tod des Königs (1833) in hohem Ansehen, bekleidete wichtige öffentl. Ämter u. war Erzieher der späteren Isabella II.; 1855 im Senat zum Nationaldichter gekrönt. – Repräsentativste Erscheinung der span. Lit. an der Wende des 18. Jh., starke Persönlichkeit, als Neuklassiker unbeeinflußt von allen lit. Modeströmungen. Bedeutend v. a. als Lyriker; Sänger der Freiheit u. des Fortschritts, Vertreter der Zeitideen (Enzyklopädismus), berühmt bes. durch s. schwungvollen patriot. Oden. S. Prosaschriften, Biographien, literarkrit. u. hist. Studien zeichnen sich durch Brillanz u. e. reiche, elegante Sprache aus; weniger erfolgr. s. klassizist. Tragödien nach Vorbild Alfieris.

W: Poesías, G. 1788; A la invención de la imprenta, Ode 1800; El duque de Viseo, Tr. 1801; Al combate de Trafalgar, Ode 1805; Pelayo, Tr. 1805; El panteón del Escorial, Dicht. 1805; A la expedición española para propagar la vacuna en América, Ode 1806; Vidas de españoles célebres, B. III 1807–33 (d. 1857); Poesías patrióticas, G. 1808. – Obras completas, in: Biblioteca de autores Españoles, Bd. 19, 1852; Obras inéditas, 1872; Obras poéticas completas, 1880; Poesías completas, hg. A. Dérozier 1969; Poesías, 1944.

L: E. Piñeyro, 1892; R. Blanco, 1910; J. Vila Selma, 1961; A. Dérozier, M. J. Q. et la naissance du libéralisme en Espagne, Paris 1968; D. Martínez Torrón, 1995.

Quintero, Serafín, u. Joaquín Álvarez → Álvarez Quintero, Serafín

Quintilianus, Marcus Fabius, röm. Rhetor u. Schriftsteller, um 35 n. Chr. Calagurris/Spanien – um 100 Rom. Q. war unter Kaiser Vespasian der erste staatl. besoldete Rhetorikprof. in Rom, dann Erzieher der Adoptivsöhne Kaiser Domitians. – Q.' Hauptwerk ›Institutio oratoria‹ (Rhetor. Lehrbuch; 12 Bücher) ist die umfassendste antike Darstellung der Redekunst. Aus s. Unterrichtserfahrung heraus stellt Q. nicht nur den Lehrstoff (Grammatik, Rhetorik, Fragen des Stils, Mnemotechnik etc.) dar, sondern legt auch grundsätzl. Überlegungen zu Erziehung (vom Kleinkind an) u. Bildung vor. Q. fordert wie Cicero den allseitig, d. h. u. a. auch in Philos. u. Recht, ausgebildeten Redner, der für ihn das Muster des Gebildeten überhaupt ist; Q. behandelt die erforderl. intellektuellen u. auch die moral. Qualitäten des Redners. Bes. bekannt ist Buch 10, in dem Q. e. Überblick über die griech. u. lat. Autoren gibt, die der (angehende) Redner zur Schulung s. Stils lesen soll. Unter Q.' Namen sind außerdem 2 Sammlungen von Übungs- oder Musterreden zu fingierten Rechtsfällen überliefert, wie sie in der Schule geübt wurden; die e. Sammlung (sog. ›Declamationes maiores‹, größere Reden) enthält vollständige Plädoyers, die andere (›Decl. minores‹, kleinere Reden) Redeskizzen mit Kommentaren e. Lehrers. – In Spätantike u. MA wurde Q. geschätzt, bes. begeistert wurde die ›Institutio‹ von den Humanisten (Erasmus, Melanchthon u. a.) re-

zipiert; Q. wurde neben Cicero zum stilist. u. pädagog. Leitbild. Bis zum Ende des 18. Jh. war die ›Institutio‹ Grundlage des rhet. Schulunterrichts, u. sie ist noch immer e. Klassiker der pädagog. Lit.
A: Inst.: M. Winterbottom, 2 Bde., Oxf. 1970; m. dt. Übs. H. Rahn, 2 Bde., n. 1995; m. engl. Übs. H. E. Butler, 4 Bde., Lond. n. 1996; Decl. mai.: L. Håkanson, 1982; Decl. min.: M. Winterbottom, 1984 (m. Komm.); D. R. Shackleton Bailey, 1989.
L: G. Kennedy, N.Y. 1969; O. Seel, Q. oder Die Kunst des Redens und Schweigens, 1977; J. Dingel, Scholastica materia, 1988; P. V. Cova u. a., Aspetti della ›paideia‹ di Q., Mail. 1990.

Quintus von Smyrna, altgriech. Epiker, 3. Jh. n. Chr.(?). Kaum biograph. Informationen. – S. mytholog. Epos ›Nach-Homerische [sc. Ereignisse]‹ (›Ta met' Homeron‹, lat. ›Posthomerica‹, 14 Bände) stellt als Ersatz für Teile des ep. Kyklos die Ereignisse zwischen dem Ende der Ilias und den ›Heimkehrgeschichten‹ (›Nostoi‹) dar. In homerisierender Koine mischt Q. traditionelle Techniken s. Vorbilder (Homer, Apollonios Rhod.) mit didakt. Exkursen (Astronomie, Medizin etc.) und rhetor. Elementen.
A: F. Vian, III 1963, 1966, 1969; G. Pompella, III 1979, 1987, 1993 (m. ital. Übs.), 2002 (Posthomerica). – *Komm.:* A. James, K. Lee 2000 (zu Posthomerica V); M. Campbell 1981 (zu Buch 12). – *Übs.:* J. Donner 1866f. (Nachdr. 1921, dt.); F. M. Combellack, Oklahoma 1968 (engl.); A. S. Way 1984 (engl.).
L: Fr. Vian, Paris 1959; H. White, Amst. 1987; W. Appel, Toruń 1994; P. Schenk, RhM 140, 1997, 363–385; B. Spinoula, Diss. St. Andrews 2000.

Quintus Smyrnaeus → Quintus von Smyrna

Quinze joyes de mariage, franz. Satire, um 1430 entstanden; von unbekanntem Vf., Antoine de La Sale, jetzt meist Pierre II., Abbé de Samer, zugeschrieben. Das Werk gibt die Warnung e. Junggesellen vor der Ehe wieder, dargestellt in 15 Ehegesprächen zwischen Frau und Mann, die viele weibl. Fehler wie Launenhaftigkeit, Verlogenheit, Unzucht, Bosheit, Sucht nach Streit, Putz und Verschwendung usw. ans Licht bringen. Die Anzahl wurde von den ›15 Freuden der Jungfrau Maria‹ auf die ›Freuden‹, d.h. Leiden der Ehe übertragen. E. der Ehegeschichten übersetzte Goethe in den ›Unterhaltungen deutscher Ausgewanderter‹ u.d.T. ›Der Prokurator‹.
A: hkA J. Rychner 1963; F. Heuckenkamp 1872, 1901; F. Fleuret 1936; J. Crow, Oxf. 1961. – *Übs.:* F. Blei 1906 u.ö.; R. Borch 1918.
L: M. Santucci, 1985.

Quiroga, Elena, span. Schriftstellerin, 1919 Santander – 3. 10. 1995 La Coruña. Tochter e. Grafen; verbrachte einige Jahre in Galicien (Herrensitz der Familie); später in Madrid. 1984–95 Mitglied der Span. Akad. – Anfangs unter dem Einfluß der Gräfin Pardo Bazán; starke Anlehnung an den Realismus des 19. Jh. Ab 1954 Wendung zu aktueller Problematik u. Erneuerung der Technik; tiefe Psychologie u. reiche Phantasie. Ihre Romane behandeln hauptsächl. die Unfähigkeit der echten Kommunikation zwischen den Menschen.
W: La soledad sonora, R. 1949; Viento del Norte, R. 1951 (Herbststürme, d. 1956); La sangre, R. 1952; Algo pasa en la calle, R. 1954 (Eine Stunde der Wahrheit, d. 1963); La enferma, R. 1955; La careta, R. 1955; Plácida la joven, En. 1957; La última corrida, R. 1958; Tristura, R. 1960; Escribo tu nombre, R. 1965; Presencia profundo, R. 1972; Presencia y ausencia de Álavaro Cunqueiro, R. 1984.
L: Ph. Z. Boring, Boston 1977; P. Merrill, 1980; D. R. Winkles, 1985; B. Torres Bitter, 2001.

Quiroga, Horacio, uruguay. Schriftsteller, 31. 12. 1878 Salto – 19. 2. 1937 Buenos Aires (Selbstmord). Sohn e. argentin. Konsuls, Journalist, Fotograf, als Pionier viele Jahre im Urwald, Leben voller Tragik, geprägt von Unfällen u. Selbstmorden in der Familie. – Modernist. Lyriker u. bes. glänzender Erzähler unter Einfluß E. A. Poes (Halluzination, Krankhaftes u. Übersinnliches), Maupassants (Erzähltechnik) u. Kiplings (Bewunderung für den Wald u. s. Tiere) u.a.; Vf. e. Reihe von knappen, geradlinigen Erzählungen aus dem trop. Urwald; in s. letzten Jahren vorwiegend Erzählungen mit patholog. Hintergrund; verfaßte auch Kindergeschichten.
W: Los arrecifes de coral, G. u. Prosa 1901; El crimen del otro, En. 1904; Los perseguidos, N. 1905; Cuentos de amor, de locura y de muerte, En. 1917 (Auswanderer, Menschenschicksale aus dem argentinischen Urwald, d. 1931); Cuentos de la selva, En. 1918; El salvaje, En. 1920; Las sacrificadas, Dr. 1921; Anaconda, En. 1921 (d. 1958); El desierto, En. 1924; La gallina degollada, En. 1925; Los desterrados, En. 1926 (d. 1931); Pasado amor, R. 1929; Más allá, En. 1935; Arte y lenguaje del cine, 1997; Nuevos cuentos de la selva, II 1997. – Cuentos, XIII 1937–45; Cuentos completos, hg. C. D. Martínez II 1997; Obras inéditas y desconocidas, hg. A. Rama VIII 1967–73; Cartas inéditas, Br. II hg. A. S. Visca, R. Ibáñez 1959.
L: P. Orgambide, 1954, 1994; J. E. Etcheverry, 1957, 1959; E. Martínez Estrada, 1957; E. Rodríguez Monegal, 1961, 1967, 1968; N. Jitrik, 1967; A. S. Visca, 1976; A. Flores, hg. 1976; L. G. Correa, 1976; L. Garet, 1978; V. M. Leites, 1978; P. Rocca, 1996; N. Pérez Martín, 1997. – *Bibl.:* M. A. Escalante, 1951; W. Rela, ²1973.

Quis, Ladislav, tschech. Dichter u. Lit.historiker, 7. 2. 1846 Čáslav – 1. 9. 1913 Černošice b. Prag. Langjähr. Rechtsanwalt in Přelouč. – An S. Čech geschult, schrieb Q. patriot. Gedichte u. sentimentale Liebeslyrik, begann dann im Stile Čelakovskýs, den er edierte, die Volksepik nachzudichten, verfaßte e. Reihe guter Balladen u. satir. Epigramme u. übs. die dt. Klassiker. Von lit. Wert sind s. Memoiren.

W: Z ruchu, G. 1872; Hloupý Honza, Ep. 1880; Balady, 1883; 1908; Písničky, 1887; Epigramy, 1897; Kniha vzpomínek, Mem. II 1902. – Vzpomínky ze staré Prahy (Mem.-Ausw.), 1984.

Quita, Domingos dos Reis, portugies. Dichter, 6. 1. 1728 Lissabon – 26. 8. 1770 ebda. Sohn e. kinderreichen Kaufmanns, der sich in Brasilien ruinierte; Perückenmacher, Autodidakt, Stud. der span., franz. u. ital. Sprache, Kenntnis der klass. Autoren, Mitgl. der Arcádia Lusitana als Alcino Micénio, durch den Marquês de Pombal s. Protektors beraubt, nach dem Erdbeben 1755 verarmt u. im Elend, starb an Tbc. – E. der bedeutendsten portugies. Bukoliker in der Tradition von Camões, B. Ribeiro, R. Lobo mit Eklogen, Elegien, Idyllen und Sonetten; Vf. von dramat.-bukol. Szenen (›Licore‹) u. schwachen Tragödien griech. Inspiration (›Astarto‹, ›Mégara‹, ›Hermíone‹). Berühmt s. sehr erfolgr. Version des Inês-de-Castro-Themas (nach dem klass. franz. Tragödienkanon, angeregt durch Vélez de Guevara u. António Ferreira).

A: Obras Poéticas, II 1766, erw. ^{2}1781, ^{3}1831; A Castro, Tr. hg. J. Mendes dos Remédios 1917, F. Cotas Marques 1961 (engl. B. Thompson 1800).

Quoirez, Françoise → Sagan, Françoise

Qu You, chines. Dichter, 1341 od. 1347 Hangzhou – 1428 ebda. Um 1370 Schulkommissar, nach 1400 Lehrer an der Prinzenakad., 1408–25 an die mongol. Grenze verbannt. – Fruchtbarer Autor. Hauptwerk die Novellensammlung ›Jiandeng xinhua‹ (Neue Gespräche beim Putzen der Lampe), in China, Korea und Japan vielfach nachgeahmt. Geschliffene Sprache, viele lyr. Einlagen. Thematik meist Vergeltung im Jenseits, Sozialkritik, Geister- und Liebesgeschichten.

W: Übs.: W. Bauer, H. Franke, Die Goldene Truhe, 1959.

L: H. Franke (Zs. der dt. morgenländ. Gesellschaft 108), 1958.

Qu Yuan, chines. Dichter, um 300 v. Chr. Abkömmling der Königsfamilie des Staates Chu, durch Intrigen amtsenthoben und verbannt, beging Selbstmord. – Ob Dichtungen in den → ›Chuci‹ (Elegien von Chu) auf ihn zurückgehen, ist strittig, am wahrscheinlichsten für das ›Li sao‹ (Trennung von Trübsal). Beschreibt in 187 Versen die Jenseitsreise e. vom Diesseits vielfach enttäuschten Seele, von großer sprachl. Gewalt und exot. Reiz. Viele mytholog. Themen. Die pessimist. Grundstimmung und Weltflucht Q.s haben die spätere Dichtung stark beeinflußt. Q. wurde zum Vorbild des charakterfesten, patriot. Mannes. Drama von → Guo Morno.

Übs.: D. Hawkes, Ch'u-tz'u, Oxf. 1959.

L: F. Tökei, Paris 1967; L. A. Schneider, Berkeley 1980.

Raab, Esther, hebr. Dichterin, 25. 4. 1894 Petach Tiqwa – 4. 9. 1981 ebda. Die erste hebr. Dichterin in Palästina/Eretz Israel stammte aus einer Familie, die bereits am Ende des 19. Jh. nach Israel einwanderte. R. arbeitete als Lehrerin und schrieb Gedichte, die sie ab 1922 veröffentlichte. Es folgten insgesamt fünf Bände. – Ihre Dichtung ist durch eine bildreiche Sprache und Liebe zu der Heimatlandschaft gekennzeichnet.

W: Kimshonim, G. 1930; Shirey E. R., G. 1963; Teflia Acharona, G. 1972; Gan she-charav, En. 1983; Kol Shirey E. R. (GW), 1988. kol ha-Prosa, 2001.

L: R. Shoham, 1973; E. Ben Ezer, 1998.

Rabe, David (William), amerik. Dramatiker, * 10. 3. 1940 Dubuque/IA. Loras College, Villanova Univ.; Vietnamkriegsteilnahme. – R.s schonungslose Dramen kreisen um Krieg, Drogen und Gewalt als Zeichen der Desintegration der amerik. Gesellschaft; lyr. wie obszöne Sprache, schwarzer Humor; bekannt durch s. auf eigenen Erfahrungen basierenden Vietnam-Dramen über die groteske Konstruktion e. maskulinen Soldatenkörpers in ›The Basic Training of Pavlo Hummel‹, über die psycho-soz. Entfremdung des Kriegsheimkehrer (›Sticks and Bones‹) und über e. Army-Camp als Mikrokosmos der amerik. Gesellschaft samt ihrer rassist., sexist. Klassen-Struktur in ›Streamers‹.

W: Two Plays: Sticks and Bones (Knüppel und Menschen, d. 1973), The Basic Training of Pavlo Hummel, 1973; The Orphan, Dr. (1973); Burning, Dr. (1974); In the Boom Boom Room, Dr. 1975; Streamers, Dr. 1977 (Die schreienden Adler, d. 1977); Hurlyburly, Dr. 1985 (d. 1986); Goose and Tomtom, Dr. 1986 (d. 1995); Those the River Keeps, Dr. 1991; The Vietnam Plays, II 1993; Recital of the Dog, R. 1993; Cosmologies, Dr. (1994); The Crossing Guard, R. 1995 (nach S. Penn; d. 1996); A Question of Mercy, Dr. 1998; The Dog Problem, Dr. (2002); Plays, hg. C. Bigsby 2002.

L: T. S. Zinman, hg. 1991. – *Bibl.:* C. P. Kolin, 1988.

Rabéarivelo, Jean-Joseph, madegass. Dichter franz. Sprache, 4. 3. 1903 Tananarive – 22. 6. 1937 ebda. (Selbstmord). Mutter Protestantin, aus vornehmer Kaste. Wuchs in Armut auf, wurde mit 13 von der Schule genommen u. verheiratet. Autodidakt. Trotz allen Bemühens bei der Kolonialverwaltung gelang es R. zeitlebens nicht, e. dauerhafte, ausreichend dotierte Anstellung zu finden; war u.a. Laufjunge, Sekretär, zum Schluß Korrektor in e. Druckerei. – Begründer der mod.

madegass. Lit. Anfängl. unter dem Einfluß der franz. Dichtung, vor allem Baudelaires und der Parnassiens, dann der Surrealisten. Bezog später zunehmend s. Inspiration aus s. madegass. Heimat und Herkunft, die Melodie, Rhythmus und Kolorierung s. Dichtung prägt.

W: La coupe des cendres, G. 1924; Sylves, G. 1927; Volumes, G. 1928; Presque-songes, G. 1934; Traduit de la nuit, G. 1935; Imaitsoanala, fille d'oiseau, G. 1935; Vieilles chansons des pays d'Imerina, G. 1939; Lova, G. 1957; Poèmes, ^{2}1960.

L: R. Boudry, 1960; H. Y. Andriaaromamama, 1991.

Rabelais, François, franz. Dichter, 1494 La Devinière b. Chinon (Touraine) – 9. 4. 1553 Paris. Sohn e. wohlhabenden Advokaten. Um 1511 Novize im Franziskanerorden, 1520 Mönch in Fontenay-le-Comte, gehörte dort zu provinziellem Humanistenkreis, der in Verbindung mit Budaeus stand. 1524 Benediktiner, Chorherr in der Abtei Maillezas; um 1527 Weltgeistlicher, 1528–30 in Paris. Seit 1530 Stud. Medizin Paris und Montpellier. 1532–35 berühmter Spitalarzt in Lyon, veröffentlichte antike medizin. Schriften, nahm e. der ersten Sektionen vor, korrespondierte mit Erasmus und Budaeus; 1536 vergab ihm Papst Paul III. Verstöße gegen Ordensregeln. 1537–40 Arzt in Montpellier, erwarb dort 1537 den Doktorgrad. 1546 Flucht vor kirchl. Verfolgung nach Metz, Stadtarzt ebda. Wiederholte Aufenthalte in Rom: 1534, 1535/36, 1548/49 als Sekretär und Leibarzt s. Gönners Kardinal Jean Du Bellay, 1540–43 als Begleiter von dessen Bruder Guillaume Du Bellay. Ab 1551 durch Du Bellay Kanoniker in Meudon. Erfolg schon zu Lebzeiten. S. Werke wurden von der Sorbonne verboten. – E. der bedeutendsten Gestalten der franz. Frührenaissance. Vom antiken Bildungsgut (Lit., Philos., Naturwiss.) durchdrungener und begeisterter Humanist. Dem Geiste der antik-heidn. Tradition entsprechend von großer Liebe zur Erde, zum natürl.-ird. Dasein und von Lebensfreude erfüllt. Feind von ma. Enge, Scholastik, kathol. Kirche, Papst-, Mönchtum und Askese. Setzt dagegen Freiheit und Verweltlichung, Natürlichkeit und den Glauben an das Gute im Menschen. Kleidet diese zeitkrit. Ideen in den in 5 Teilen erschienenen (für den 5. Teil ist R.' Autorschaft ungesichert) Roman im Anschluß an e. 1532 erschienenes Volksbuch über die Riesen Grandgousier, Gargantua und Pantagruel, über Geburt und Erziehung Pantagruels, über Kriegszüge und Abenteuer, schließl. über die Gründung der utop. Abtei Thélème, in der die Devise ›Tu, was dir gefällt‹ gilt. Einfluß der makkaron. Poesie Folengos, Th. Mores, Pulcis, Homers. Temperamentvolle, durch scharfen Witz gewürzte Satire auf zeitge-

nöss. Ereignisse und Institutionen. Um die Romanhandlung ranken sich in Fülle Anekdoten, Erzählungen und leidenschaftl. theoret. Ausführungen. R.' Phantasie ist derb, bunt, voll grotesker und toller Einfälle. Das in den einzelnen Teilen sehr uneinheitl. Werk von sprudelnder Wortfülle ist einzigartig in s. durch geniale Neuschöpfungen vermehrten reichen Wortschatz, e. typ. Werk des ›esprit gaulois‹.

W: Les horribles et espouvantables aventures de Pantagruel, roy des Dipsodes, 1533 (n. V. L. Saulnier 1946, 1965); Pantagruéline Prognostication pour l'an 1533, Alm. 1533, 1535; Vie inestimable du grand Gargantua, père de Pantagruel, 1534; Le Tiers livre, 1546 (n. M. A. Screech 1964); Le Quart livre, 1548; Le Cinquième livre, 1562. – Œuvres, hg. Ch. Marty-Leveaux VI 1868–1903; A. Lefranc V 1912–31; J. Boulenger, III 1921–34 u. ö. (m. Bibl.); J. Plattard V 1929; P. Grimal, 1939; M. Guilbaud V 1957; P. Jourda, 1962. – *Übs.:* G. Regis III 1832–41 (n. 1948, II 1964); E. Hegaur, Pf. Owlglass ^{4}1964; W. Widmer, K. A. Horst II 1968, 1994.

L: J. Plattard, 1910; ders., État présent des études rabelaisiennes, 1927; ders., 1928; L. Sainéan, La langue de R., II 1922; ders., L'influence et la réputation de R., 1930; H. Hatzfeld, 1923; A. F. Chappell, Lond. 1924; J. Boulenger, R. à travers les âges, 1925; A. J. Nock, C. R. Wilson, Lond. 1929; S. Putnam, 1930; G. Lote, 1938; J. Charpentier, 1941; F. C. Powys, Lond. 1948; A. Lefranc, 1953; ders., 1953; Études rabelaisiennes, 1956ff.; V.-L. Saulnier, 1957; D. B. W. Lewis, N. Y. 1957; R. Lebègue, 1958; M. A. Screech, The Rabelaisian Marriage, Lond. 1958; ders., L'évangélisme de R., 1959; S. G. Eskin, Diss. Columbia Univ. 1959; M. de Grève, 1961; L. Febvre, Le problème de l'incroyance au 16e siècle, ^{2}1962; A. J. Krailsheimer, R. and the Franciscans, Oxf. 1963; ders., 1967; A. C. Keller, The Telling of Tales in R., 1963; W. Kaiser, 1963; M. Tetel, Étude sur le comique de R., Florenz 1964; ders., N. Y. 1967; M. Françon, 1964; A. Glauser, 1966; A. Leonarduzzi, 1966; L. Thuasne, 1969; P. Jourda, Le Gargantua de R., 1969; G. M. Masters, Rabelaisian Dialectic, N. Y. 1969; J. Paris, 1970; M. M. Bakhtine, 1970 (d. 1984); T. M. Greene, Englewood Cliffs/N. J. 1970; D. G. Coleman, Lond. 1971; M. Butor, D. Hollier, 1972; A. Buck, hg. 1973; C. Claude, 1974; H. Heintze, 1974; G.-A. Vachon, Montréal 1977; M. A. Screech, Lond. 1979; M. Lazard, R. et la Renaissance, 1979; V.-L. Saulnier, La sagesse de Gargantua, I 1983; S. Stefani, 1985; F. M. Winberg, Gargantua in a Convex Mirror, N. Y. 1986; M. Schwab, 1990; F. Bon, 1990; J. E. Dixon, Concordance des œuvres de R., 1992; J.-C. Carron, 1995; M. Bideaux, 1997; T. Pech, 1998; A. Scalamandre, 1998; W. Zaercher, 2000; A. F. Berry, 2000; F. Weinberg, 2000; K. Baldinger, Etymologisches Wörterbuch zu R., 2001. – *Bibl.:* D. C. Cabeen, Syracuse 1956; P. P. Plan, n. Nieuwkoop 1965.

Rabemananjara, Jacques, madegass. Dichter franz. Sprache, * Juni 1913 Tananarive. Privatlehrer, später Verwaltungslaufbahn. Kam 1939 nach Paris, Stud. Lit. Sorbonne. Nach der Unabhängigkeitserklärung Madagaskars (1959) mehrmals Minister in versch. Funktionen. – R., ähnl. Rabéarivelo, anfangs ganz unter dem Einfluß der franz.

Lit., insbes. Racines, Giraudoux', der Romantiker, Parnassiens u. Symbolisten, ringt um Originalität u. Authentizität, die er in der Allianz von Poesie und Politik zu verwirklichen sucht. S. bilderreiche, vibrierende Sprache ist Artikulation e. dichter. Selbstverständnisses, das die Realisierung des Traumes von der Wirklichkeit konkret innerhalb des gesellschaftl.-polit. Rahmens vornehmen will.

W: Sur les marchés du soir, G. 1940; Les dieux malgaches, Tr. 1942; Rites millénaires, G. 1955; Antsa, G. 1956; Lamba, G. 1956 (beide zus.: Insel mit Flammensilben, d. 1962); Les boutriers de l'aurore, Tr. 1957; Nationalisme et problèmes malgaches, Abh. 1958; Antidote, G. 1961; Agapes des dieux, Tr. 1962; Les dieux malgaches, Ess. 1964; Trènes devant l'aurore: Madagascar, 1985. – Œuvres complètes, Poésie, 1978.

L: E. Boucquey de Schutter, J. R., 1964; M. Kadima Nzuji, 1981.

Rabie, Jan Sebastian, afrikaanser Schriftsteller; 14. 11. 1920 George/Kapprovinz – 15. 11. 2001 Onrusrivier. Stud. Niederl. u. Afrikaans Univ. Stellenbosch. 1948–55 Reisen durch Europa. 1955 ∞ Malerin Marjorie Wallace. 1955–66 schreibt er engagierte Texte in Kapstadt. 1966–70 Reisen in die USA, nach Europa u. Kreta. Lebt seit 1970 in Onrusrivier/Südafrika. – Grundleger der ›Bewegung der 60er‹ u. der gesellschaftl. engagierten Prosa in Afrikaans. Übs. aus dem Franz. u. Griech.

W: Geen somer, R. 1944; Een-en-twintig, Nn. 1956; Ons, die afgod, R. 1957; Die groen planeet, R. 1961; Eiland voor Afrika, R. 1964; Die groot anders-maak, R. 1964; Waar jy sterwe, R. 1966; 'n Haar vir Elounda, Reiseb. 1971; Die hemelblom, R. 1971; Ark, R. 1977; Versamelverhale, Nn. 1980; Johanna se storie, R. 1981; Buidel, Ess. 1989; Paryse Dagboek, Tg. 1998.

L: A. P. Brink, 1973; J. C. Coetzee, 1979; J. Spies, 1982; H. Pieterse, 1988; D. H. Steenberg, 1999.

Rabīndranāth Tagore → Ṭhākur

Rabinowitsch, Schalom → Scholem Alechem

Racan, Honorat de Bueil, Seigneur de, franz. Dichter, 5. 2. 1589 Champmarin/Touraine – 21. 1. 1670 Paris. Page des Duc de Bellegarde, bis 1639 Soldat. Zog sich danach auf s. Schloß in Touraine zurück. – Lieblingsschüler Malherbes. Verfaßte nach dessen Vorbild Hofgedichte und Übs. von Psalmen. Mit ›Bergeries‹, durch persönl. Naturerleben und frische Landschaftsbilder belebten Hirtengedichten in Dialogform, beeinflußt von Horaz, Tasso, Guarini, löste er sich von Malherbe.

W: Arthénice, Dr. 1619; Les Bergeries, 1625 (d. E. v. Jan, in: Dt. Klassik, 1947); Les plus beaux vers de R. ... et autres, 1626; Psaumes et poésies chrétiennes, 1631, 1652, 1660; Mémoires pour la vie de Malherbe, 1651. –

Œuvres complètes, hg. T. de La Tour II 1857; hg. L. Arnould II 1930–37; Poésies, 1930.

L: L. Arnould, II ²1901, n. 1970; L. Perceau, 1932.

Rachel (Rachel Bluwstein), hebr. Dichterin, 20. 9. 1890 Poltava – 16. 4. 1931 Tel Aviv. Ging 1909 als Pionierin nach Palästina, Stud. in Frankreich, während des 1. Weltkriegs in Rußland, dann Rückkehr nach Palästina.

W: Safiach, G. 1927; Mineged, G. 1930; Nevo, G. 1932; Shirat Rachel, 1935 (hebr.-d. Ausw. R. Ollendorf 1936). – GW, 1961. – *Übs.:* Lieder, 1936; Ausgewählte Lieder, Selected Poems, engl. 1995.

L: Z. Broshi, 1941.

Rachilde (eig. Marguerite Vallette, geb. Eymery; Ps. Jean de Childra), franz. Romanschriftstellerin u. Kritikerin, 11. 2. 1860 Le Cros/Périgueux – 4. 4. 1953 Paris. Tochter e. Offiziers. Ließ sich in spiritist. Sitzungen zu ihren Werken inspirieren. Ihr Roman ›Monsieur Vénus‹ verursachte e. Skandal u. zog ihr e. Verurteilung durch e. belg. Gericht zu. Viele Jahre maßgebende Kritikerin der Zs. ›Mercure de France‹. – Vf. realist. Dramen u. erfolgr. Sensationsromane bes. über Menschen mit abnormer erot. Veranlagung.

W: Monsieur de la Nouveauté, R. 1880; Monsieur Vénus, R. 1884; La virginité de Diane, R. 1886; La Marquise de Sade, R. 1887; Madame Adonis, R. 1888; La voix du sang, Dr. 1890; Madame la Mort, Dr. 1891; L'araignée de Cristal, Dr. 1894; Le démon de l'absurde, R. 1894; La princesse des ténèbres, R. 1896; Les horsnature, R. 1897; L'heure sexuelle, R. 1898; La jongleuse, R. 1900 (d. 1921); La tour d'amour, R. 1904 (d. 1913); Le meneur de louves, R. 1905 (d. 1912); La découverte de l'Amérique, R. 1919; La haine amoureuse, R. 1924; A. Jarry ou le surmâle des lettres, Es. 1928; Mon étrange plaisir, R. 1934; Les accords perdus, G. 1937; Face à la peur, R. 1942; Quand j'étais jeune, Aut. 1948. – Œuvres, I 1929. – *Übs.:* Ausw. 1911, 1918, 1922.

L: E. Gaubert, 1907; M. Coulon, 1921; A. David, ³1924; G. Tegyey, 1955; J. U. Korte-Klimach, 2002; R. Bollhalder Mayer, 2002.

Rachmanowa, Alja (eig. Aleksandra Galina von Hoyer), russ. Schriftstellerin, 27. 6. 1898 im Ural – 11. 2. 1991 Ettenhausen (Kt. Thurgau). Arzttochter; Stud. Psychol. und Lit.gesch. (Dr. Dr.); ∞ 1921 den österr. Kriegsgefangenen Prof. Dr. Arnulf von Hoyer (gest. 1971); lebte ab 1925 in Wien; dann Dozentin für Kinderpsychol. in Salzburg; ging 1945 in die Schweiz u. lebte ab 1949 in Ettenhausen-Aadorf/Kt. Thurgau. – Anschaul. Erzählerin, bekannt durch ihre Tagebücher. Berichtet frühe Erlebnisse an der Grenze zwischen Russen- und Tatarentum und von der Russ. Revolution, die sie als Studentin miterlebte. Später ›biographies romancées‹ um interessante und hervorragende russ. Gestalten und um ihren Sohn Jurka. Psycholog. Liebe Deuterin der Frauen- u.

Kinderseele, so in ihrem Roman von der Ehe Tolstojs ›Tragödie einer Liebe‹. Ihre russ. geschriebenen Werke wurden nur in der Übs. ihres Mannes bekannt.

W: Studenten, Liebe, Tscheka und Tod, Tg. 1931; Ehen im roten Sturm, Tg. 1932; Milchfrau in Ottakring, Tg. 1933 (alle 3 zus. u.d.T. Symphonie des Lebens, 1935, u.d.T. Meine russ. Tagebücher, 1960); Geheimnisse um Tataren und Götzen, R. 1933; Die Fabrik des neuen Menschen, R. 1935; Tragödie einer Liebe, R. 1937 (u.d.T. Ssonja Tolstoj, 1958); Jurka, Tg. 1938; Wera Fedorowna, R. 1939; Einer von vielen, B. II 1947; Das Leben eines großen Sünders, R. II 1947; Ssonja Kowaleski, R. 1950; Jurka erlebt Wien, B. 1951; Die Liebe eines Lebens, R. 1952; Die falsche Zarin, R. 1954; Im Schatten des Zarenhofs, R. 1957; Ein kurzer Tag, B. 1961; Tiere begleiten mein Leben, Erinn. 1963; Die Verbannten, R. 1964; Tschaikowski, B. 1972.

Racin, Kosta (eig. Kočo Apostolov Solev), mazedon. Dichter, 22. 12. 1908 Veles – 13. 6. 1943 in den mazedon. Bergen gefallen. 1931 Kommunist, 4 Jahre Gefängnis, dann Drucker in Belgrad, im 2. Weltkrieg Partisan. – S. lyr. Gedichte, die die Tradition des Volksliedes fortsetzen, besingen vorwiegend den Kampf um e. neue soz. Gerechtigkeit; daneben verfaßte R. Erzählungen, philos., hist. und literarhist. Studien, in denen er die Zweckgebundenheit der Lit. vertrat.

W: Beli mugri, G. 1939 (White downs, engl. 1974); Pesni, 1945; Dragoviskite bogumili, St. 1948; Proza, 1952. – Stihovi i proza (GW), 1954; Proza i publicistika (AW), 1987.

L: Kniga za R., 1963; V. Točanac, 1966; T. Todorovski, hg. 1987.

Racine, Jean Baptiste, franz. Dramatiker, 21. 12. 1639 La Ferté-Milon (Champagne) – 21. 4. (oder 26. 4.) 1699 Paris. Sohn e. Anwalts, mit 3 Jahren Vollwaise. 1652 Collège von Beauvais. 1655–58 bei den Jansenisten in Port-Royal-des-Champs; 1658–61 Stud. Philos. Collège d'Harcourt. Freundschaft mit La Fontaine und zusammen mit ihm Hofhistoriograph Ludwigs XIV.; erste dichter. Versuche; 1661–63 Aufenthalt in Uzès mit der Hoffnung auf Übernahme der geistl. Pfründe s. Onkels; 1663 Rückkehr nach Paris; e. Ode gewann ihm die Freundschaft Boileaus. Vorstellung bei Hofe. Gelegenheitsdichtungen; 1664 Aufführung s. 1. Tragödie ›La Thébaïde ou les Frères ennemis‹ durch Molière u. dessen Schauspielertruppe, 1665 der ›romant.‹ Tragödie ›Alexandre‹; Bruch mit Molière wegen der Schauspielerin Mlle du Parc, die wegen R. Molières Truppe verließ; Liebesverbindung mit der Schauspielerin Champmeslé; Auseinandersetzungen mit Port-Royal; Beginn der eig. bedeutenden dramat. Produktion 1667 mit ›Andromaque‹; bis 1677 erscheinen in rascher Folge sechs Tragödien u. e. Komödie.

1673 Mitglied der Académie Française, 1674 Rentmeister; die Intrige der Herzogin von Bouillon u. des Herzogs von Nevers bei der Aufführung von ›Phèdre‹ – auf ihre Anregung hin hatte Pradon ebenfalls e. ›Phèdre‹ verfaßt, die zu gleicher Zeit aufgeführt wurde u. R. den Erfolg s. Stückes stahl – u. der Bruch mit der Schauspielerin Champmeslé wurden Ursachen e. seel. Krise: R. zog sich 12 Jahre lang, bis 1689, von der Bühne zurück. Das Wiedererwachen relig. Regungen bringt ihn zu e. Annäherung an Port-Royal. 1677 ∞ Catherine de Romanet; 1677 Ernennung zum kgl. Historiographen (zusammen mit Boileau) u. zum kgl. Kammerherrn. Erst auf Betreiben von Mme de Maintenon schrieb R. für das von ihr geleitete Mädchenpensionat Saint-Cyr zwei bibl. Tragödien, ›Esther‹ u. ›Athalie‹, von denen bes. die letztere als R.s Meisterwerk gilt. Danach endgültige Abkehr von der Bühne; verfaßte e. Geschichte Frankreichs, von der nur Bruchstücke erhalten sind. Oden, Epigramme, vier ›Cantiques spirituels‹ für Saint-Cyr; die endgültige Versöhnung mit Port-Royal findet ihren Ausdruck in s. ›Abrégé de l'Histoire de Port-Royal‹. Diese Wendung zum Jansenismus verschlechtert s. Verhältnis zum König u. zu Mme de Maintenon. Starb an e. Leberleiden. – Zusammen mit Corneille Schöpfer der klass. franz. Tragödie; die Themen s. profanen Tragödien entstammen mit e. Ausnahme (›Bajazet‹) aus der griech. u. röm. Geschichte, die Themen der beiden letzten Tragödien aus der Bibel. In allen Stücken strenge Befolgung der Regeln über Einheit von Zeit, Ort u. Handlung. Während Corneille den ›Helden ohne Schwäche‹ darstellt, sind die Gestalten R.s in der Gewalt ihrer Leidenschaften; die Fatalität, die auf dem Umweg über menschl. oder übermenschl. Macht oder unmittelbar in e. Leidenschaft wirksam werden kann, triumphiert über menschl. Schwäche. Ausgangspunkt des trag. Geschehens ist e. Konfliktsituation, die auf e. unvermeidl. Krise zusteuert u. zur Katastrophe führen muß. Der Konflikt selbst ist klar, leicht überschaubar u. unter dem hist. oder mytholog. Gewand von zeitloser Allgemeingültigkeit. R. unterstreicht die Intensität des dramat. Vorgangs durch extreme Einfachheit der Mittel: keine komplizierten, handlungsreichen Verwicklungen, nur die Personen ihre Leidenschaften stehen sich gegenüber; s. Tragödien beziehen ihre innere Spannung allein aus ihrer psycholog. Wirkung, sie fesseln den Zuschauer trotz sparsamster äußerer Handlung u. stehen damit im Gegensatz zu den von der span. ›comedia‹ beeinflußten, intrigen- u. handlungsreichen Stücken Corneilles. R.s Erfolg zeigt deutl. den Wandel des lit. Geschmacks. Als bestes Beispiel s. Technik gilt die Tragödie ›Bérénice‹, die bei e. Minimum an äußerer Handlung ihre anhaltende

Spannung nur aus der Darstellung der Gewissenskonflikte, heroischen Entschlüsse u. des schmerzl. Verzichts dreier Personen bezieht. R.s eigentl. Schöpfung ist die Liebestragödie, die er in stets vertiefter u. verfeinerter Form von ›Andromaque‹ bis zu ›Phèdre‹ wiederholt. E. wirkl. Erneuerung von R.s Inspiration stellen s. 2 bibl. Tragödien, besonders ›Athalie‹, dar, deren Thema aus dem Buch der Könige entnommen ist und die deutlicher als s. anderen Stücke s. Ideal der Tragödie verkörpert. Unter Verzicht auf die Formel der Liebestragödie, die von ihm zur Perfektion entwickelt worden war, steht jetzt die Manifestation der göttl. Allmacht als Hauptfaktor der trag. Erschütterung im Mittelpunkt. Durch e. wahrhaft christl. Tragödie will R. echte relig. Empfindung wachrufen u. verbindet so die Gesetze der griech. Tragödie mit den Forderungen des Christentums. S. Stil ist von bisher unerreichter Reinheit, Musikalität u. Harmonie; s. unfehlbares Gefühl für die eigentl. Bedeutung jedes Wortes gibt s. Sprache e. Präzision, durch die auch alltägl. Wendungen e. neuen u. tiefen Sinn erhalten; R. erreicht so bei e. relativ begrenzten u. abstrakten Wortschatz ungeahnten Nuancenreichtum. Durch strenges Maßhalten vermeidet er jede Emphase; s. Metaphern erhalten dadurch erhöhte Wirkung. Das Versmaß aller Tragödien ist der Alexandriner, außer bei den lyr. Chören bibl. Tragödien, die sich an den hebr. Psalmen inspirieren.

W: La nymphe de la Seine, G. 1659; 7 Odes sur le Paysage de Port-Royal, G. 1660; La Thébaïde, Tr. 1664; Alexandre, Tr. 1665; Lettres imaginaires, 1666; Andromaque, Tr. 1667; Les Plaideurs, K. 1668; Britannicus, Tr. 1669; Bérénice, Tr. 1670; Bajazet, Tr. 1672; Mithridate, Tr. 1673; Iphigénie en Aulide, Tr. 1674; Phèdre, Tr. 1677; Esther, Tr. 1689; Athalie, Tr. 1691; Abrégé de l'histoire de Port-Royal, Abh. 1692; 4 Cantiques spirituels, G. 1694. – Œuvres complètes, hg. P. Mesnard IX 1865–73, ^{2}1912–32, G. Truc V 1929–36, L. Dubech V 1931, D. Mornet 1934, E. Pilon, R. Picard II 1971f. u.ö.; Théâtre complet, hg. J. Morel 1980; Lettres inédites de J. R. et de Louis R., 1862; Lettres à son fils, hg. G. Truc 1922; Lettres d'Uzès, hg. J. Dubu 1963. – *Übs.:* Werke, H. Viehoff IV 1870; Hymnen, P. Ohlmeyer 1946, W. Willige 1948; Dramat. Dichtungen und geistl. Gesänge, W. Willige II 1957.

L: J. Lemaître, 1908, ^{2}1940; G. Truc, 1926; K. Vossler, 1926, ^{2}1948; F. Mauriac, 1928, ^{2}1950; Th. Maulnier, 1936, ^{2}1947; P. Moreau, 1943, ^{2}1967; D. Mornet, 1944; J. Pommier, Le silence de Racine, 1946; ders., 1954; J. G. Cahen, Le vocabulaire de R., 1946; G. Brereton, Lond. 1951, ^{2}1973; E. Vinaver, 1951, ^{2}1961; ders., Lond. 1960; L. Goldmann, Le dieu caché, 1955 (d. 1974); ders., 1970; R. Picard, 1956, ^{2}1961; ders., 1967; Cahiers Raciniens, 1957ff.; R. Jasinski, II 1958; R. Schmid, Der dramat. Stil bei R., 1958; P. F. Butler, Classicisme et baroque dans l'œuvre de R., 1959; H. G. Coenen, Elemente der R.schen Dialogtechnik, 1961; M. Blum, II 1962–65; B. Weinberg, Chicago 1963; R. Barthes, 1963; C. Baudouin, 1963; L. Vaunois, 1964; J. C. Lapp, Toronto ^{2}1964; P. France, 1965; J. Mercanton, 1966; O. de Mourges, Lond. 1967; dies., 1967; G. Spillebout, 1968; K. Biermann, 1969; A. F. B. Clark, N. Y. ^{2}1969; M. Descotes, 1969; R. Elliot, 1969; C. Mauron, 1969; J. de Lacretelle, 1970; M. Delcroix, 1970; M. Gutwirth, Montreal 1970; A. Ambroze, 1970; A. Bonzon, La nouvelle critique et R., 1971; J.-J. Roubine, 1971; M. Edwards, 1972; W. Theile, 1974; Ph. Butler, Lond. 1974; A. Niderst, Les tragédies de R. 1975; C. K. Abraham, Boston 1977; Ph. J. Yarrow, Oxf. 1977; J.-L. Backès, 1981. – Konkordanz: B. C. Freeman, Ithaca II 1968; Lexique de la langue de J. R., Ch. J. Marty-Laveaux 1873, n. 1973; S. Koster, R., une passion française, 1998; Louis Racine, 1999; J.-M. Delacomptée, 1999; D. H. Creusen, 1999; M. Sabanis, 2002; M. Chihaia, 2002. – *Bibl.:* E. E. Williams, Baltimore 1940; A.-J. Guibert, 1969.

Racine, Louis, franz. Dichter, 2. 11. 1692 Paris – 29. 1. 1763 ebda. Jüngster Sohn von Jean R.; Jurastud. am Collège von Beauvais, Advokat; 3 Jahre in geistl. Zurückgezogenheit im Oratoire von Notre-Dame-des-Vertus. 1719 Mitglied der Académie des Belles-Lettres, 1722 Inspecteur général des Fermes, dann Directeur général. 1746 wieder in Paris; 1750 Mitglied der Académie Française. – V.a. relig. Dichter, beeinflußt durch die streng relig., jansenist. Haltung s. Vaters in dessen letzten Lebensjahren. Neben dem Gedicht ›La Grâce‹ verfaßt er e. weiteres relig. Gedicht ›La Religion‹, das von den ›Pensées‹ Pascals angeregt wurde. Daneben Oden, ›Réflexions sur la Poésie‹ u. e. Biographie s. Vaters. Übs. Miltons ›Paradise Lost‹ (1755).

W: La Grâce, G. 1720 (d. F. A. Consbruch 1747); Ode sur l'harmonie, G. 1736; La Religion, G. 1742 (d. F. A. Consbruch 1744); Mémoire sur la vie de Jean Racine, B. 1747 (n. 1999); Réflexions sur la poésie, Abh. 1747; Remarques sur les tragédies de Jean R., 1752. – Œuvres, VI 1808; Lettres inédites de Jean R. et de L. R., 1862.

L: A. de la Roque, 1852; K. Vossler, 1926; D. Mornet, 1944; R. Finch, 1966.

Rada, Jeronim (Girolamo) de, alban. Dichter u. Publizist, 29. 11. 1814 Macchia Albanese/Cosenza – 28. 2. 1903 S. Demetrio Corone/Cosenza. 1822–33 alban. Collegio Sant' Adriano S. Demetrio Corone, wo s. Neigung zur Sammlung italo-alban. Volkslieder geweckt wurde; 1834–36 Stud. Jura u. Lit. Univ. Neapel. R. schloß sich 1837 e. revolutionären Gruppe an, wurde verhaftet u. verbüßte e. Gefängnisstrafe. Danach zeitweilig im Dienst des Herzogs Spiriti in Neapel als Erzieher tätig. 1848 Gründung der – ersten – alban. Zeitung ›L'Albanese d' Italia‹. 1849 Lit.prof. am Collegio Sant' Adriano, 1851 aus polit. Gründen suspendiert; 1868–73 Direktor des ital. Gymnas. Corigliano Calabro. 1873–87 Hrsg. der von ihm begründeten alban. Zeitschrift ›Fiàmuri i Arbërit/La bandiera dell' Albania‹. 1891 als Lit.prof. am Collegio Sant' Adriano wiederernannt, 1893 nach S. Demetrio Corone versetzt. – In s. unter dem Einfluß der Romantik stehenden lit. Werken, abgefaßt in s. italo-alban. Heimatdialekt, suchte R. durch den Rückgriff auf hist. Stoffe die nationale Vergangenheit Albaniens lebendig zu machen u. wirkte damit als Vorkämpfer der Bestrebungen, durch kulturelle u. polit. Tätigkeit die nationale Anerkennung der Albaner u. die Unabhängigkeit Albaniens zu erstreiten.

W: Poesie albanesi del secolo XV, Canti di Milosao, figlio del despota di Scutari, G.zyklus, 1836 (m. ital. Übs. des Vfs.); veränd. 1847/48, erneut veränd. 1873 (n., hg. J. Kastrati, 1956; hg. G. Gradilone, 1965); Canti di Serafina Thopia, Principessa di Zadrina nel secolo XV, Ep., 1843 (m. ital. Übs. des Vfs.) (n. 1964); veränd. u.d.T. Specchio di umano transito, vita di Serafina Thopia, principessa di Ducagino, 1897; Scanderbeccu i pa faan, lyr.-ep. G.zyklus V 1872–84; Autobiologia (ital.), Aut. IV 1898/99; Vepra (GW), (von A. Varfi, Dh. S. Shuteriqi an das Standard-Alban. angepaßte Übs.), hg. R. Brahimi VI 1980–88.

L: M. Marchianò, L' Albania e l' opera di G. de R., 1902 (n. 1979); J. de R., Me rastin e 150–vjetorit të lindjes, hg. A. Kostallari, Dh. S. Shuteriqi, Z. Sako 1965; A. Pipa, Hieronymus de R., 1978; J. Kastrati, J. de R., Jeta dhe veprat, 1979 (n. 1980); K. Kodra, Poezia e de R.-ës, 1988.

Radauskas, Henrikas, litau. Lyriker, 23. 4. 1910 Krakau – 27. 8. 1970 Washington, D.C. Stud. Lit. Kaunas, Beamter, 1944 Flucht nach Dtl., Emigration in die USA. – In s. Gedichten fängt R. die Alltagswelt ein, poetische Transformation der Wirklichkeit auf eine andere Ebene, s. Poesie schafft ihre eigene Realität: ›An die Welt glaube ich nicht, doch an das Märchen.‹ Hohes Formgefühl, Ästhetizismus.

W: Fontanas, 1935; Strėlė danguje, 1950; Žiemos daina, 1955; Eilėraščiai, 1965, 1994, 1999; Žaibai ir vėjai, 1965; Lyrika, 1980; Pasauliu netikiu, o Pasaka tikiu, 1993.

Radcliffe, Ann, geb. Ward, engl. Romanschriftstellerin, 9. 7. 1764 London – 7. 2. 1823 ebda. Tochter e. Kaufmanns; ∞ 1787 William Radcliffe, Jurist und Hrsg. der Zs. ›English Chronicle‹. Zurückgezogenes Leben. – Hauptvertreterin des engl. Schauerromans (›Gothic novel‹) nach Walpoles ›Castle of Otranto‹; verstand es, e. geheimnisvoll drohende Stimmung zu erzeugen, am Schluß klärt sie jedoch alle scheinbar übernatürl. Ereignisse auf natürl. Weise auf. In den zahlr. Grausszenen wird das Opfer jeweils in letzter Minute gerettet. Am bedeutendsten die Romane ›The Mysteries of Udolpho‹, e. Schauerroman, der zugleich noch, dem Zeitgeschmack entsprechend, Züge des empfindsamen Romans zeigt, und ›The Italian‹, der die Inquisition behandelt; beide männl. Hauptfiguren verkörpern erstmals den später als Byrontyp bezeichneten düster leidenschaftl., dämon. Menschen. Eindrucksvolle Landschaftsschilderungen, dramat. Szenerie. Einfluß auf Poe, Byron, Shelley und Ch. Rossetti.

W: The Castles of Athlin and Dunbayne, R. 1789 (n. 1995; d. 1792); The Sicilian Romance, R. II 1790 (n. 1993; d. 1792); The Romance of the Forest, R. II 1791 (n. 1971; d. 1793); The Mysteries of Udolpho, R. IV 1794 (n. B. Dobrée, F. Garber 1970; d. 1795); The Italian, R. III 1797 (n. F. Garber 1971; d. 1797, 1973); The Poems, 1815; Gaston de Blondeville, R. 1826 (d. 1830). – Novels, hg. W. Scott 1824 (n. 1974); Posthumous Works, IV 1826; Poetical Works, II 1834.

L: E. B. Murray, 1972; R. Miles, 1995; R. Norton, 1999. – *Bibl.:* D. B. Rogers.

Raddall, Thomas Head, kanad. Schriftsteller, 13. 11. 1903 Hythe/Kent – 1. 4. 1994 Liverpool/Nova Scotia. Handelsmarine, Arbeiter in Papierfabriken, dann Schriftsteller. – Vf. romant.-hist. Romane mit Schauplatz Nova Scotia.

W: Pied Piper of Dipper Creek, Kgn. 1939; His Majesty's Yankees, R. 1942; Roger Sudden, R. 1944; Pride's Fancy, R. 1946; The Nymph and the Lamp, R. 1950 (d. 1957); At the Tide's Turn, Kgn. 1959; The Governor's Lady, R. 1960; Hangman's Beach, R. 1966; In My Time, Aut. 1976; The Dreamers, Kgn. 1986.

L: J. Barkhouse, 1990; A. R. Young, 1990, 1991.

Radevski, Christo, bulgar. Dichter, * 10. 10. 1903 Beliš b. Loveč. – Vf. klassenkämpfer. u. humorvoller Lyrik, Fabeln, Satiren u. Kinderbücher. Führender kommunist. Dichter, langjähr. Generalsekretär des Schriftstellerverbandes.

W: Kŭm partijata, G. 1932; Puls, G. 1933; Nie sme pravova strana, G. 1933; Uvažaemite, Fabeln 1947; Basni, Fabeln 1950; Te ošte živejat, G. 1959; 100 Basni, Fabeln 1961; Nebeto e blizko, G. 1963. – AW, III 1956–57.

L: M. Vasilev, 1982; T. Žečev, 1983.

Radičević, Branko, serb. Dichter, 27. 3. 1824 Slaw. Brod – 30. 6. 1853 Wien. Vater lit. tätig (Übs. Schillers ›W. Tell‹); Gymnas. Sr. Karlovci und Temesvar, 1843 Stud. Rechte Wien, wo er mit D. Daničić u. Vuk Karadžić verkehrte, für den er Wort- u. Liedmaterial sammelte, 1848/49 in Zemun, 1850 Rückkehr nach Wien, Stud. Medizin; starb an Schwindsucht. – Erfüllt von den Ideen der Romantik, unter Einfluß Heines und Byrons, bricht R. mit der klassizist. Tradition u. besingt im Stile des Volksliedes in schlichten Gedichten die Schönheit der Natur, die Liebe, das lustige Studentenleben; s. Lyrik ist heiter u. unmittelbar, s. Ausdrucksform knapp, s. Vers melod. Die ep. Dichtungen erreichen nicht die künstler. Höhe s. Lyrik. Bediente sich als erster der Orthographie Vuks.

A: Pesme, G. III 1847–62; Celokupne pesme, G. 1881; Pesme, G. 1924; Lirske pesme, Ausw. 1952; Odabrane pesme, 1953; Pesme, G. ^{5}1993; Izabrana dela (AW), 1995; Sabrane pesme, Sammelband 1999. – *Übs.:* Lyr. Dichtungen, 1888.

L: V. Petrović, 1958; M. Dedinac, 1963. – *Bibl.:* J. Veselinov, T. Petrović, 1974; V. Ilić, 1986; D. Živković, 2000.

Radičkov, Jordan, bulgar. Schriftsteller, * 24. 10. 1929 Kalimanica. – Einer der größten zeitgenössischen bulgar. Belletristen u. Dramatiker. S. Werk vereint in sich Plastik u. Groteske der Darstellung, die Archetypen der bulgar. Charakterologie u. die moderne kosmopolit. Weltanschauung. Übsn. in viele Sprachen.
W: Šarena čerga, En. 1964; Svirepo nastroenie, En. 1965; Neosvetenite dvorove, R.-Reiseb. 1966; Nie, vrabcetata, M. 1968; Baruten bukvar, En. 1969; Spomeni za kone, Nn. 1975; Sumatoha. Januari. Lazarica. Opit za letene, Drr. 1979; Nežnata spirala, En. 1983. – AW, III 1989.
L: E. Mutafov, D. Stajkov, 1986; N. Zvezdanov, 1987.

Radiguet, Raymond, franz. Romanschriftsteller, 18. 6. 1903 Saint-Maur-des-Fossés (Seine) – 12. 12. 1923 Paris. In s. Jugend häufig in Paris. Bekanntschaft mit J. Cocteau, der ihn in die Lit. einführte u. s. schriftsteller. Begabung förderte. – Vf. von Romanen u. Gedichten; in s. ersten Gedichtsammlung ›Les joues en feu‹ von G. Apollinaire u. M. Jacob beeinflußt. Bedeutender sind s. beiden Romane, ›Le diable au corps‹ u. ›Le bal du Comte d'Orgel‹ aus der Zeit nach dem 1. Weltkrieg. Ihr zentrales Thema ist die Liebe, einmal als erstes Erlebnis junger Menschen im Hochgefühl völliger Unabhängigkeit von allen konventionellen Normen, dann als Flucht vor der daraus resultierenden Unsicherheit u. Verlorenheit. Die hohe Auffassung der Liebe u. die Feinheit der psycholog. Analyse bes. des 2. Romans erinnern an die ›Princesse de Clèves‹ von Mme de La Fayette. Kennzeichen von R.s Gesamtwerk ist die Verbindung von klass. Form u. originaler Inspiration.
W: Devoirs de vacances, E. 1921; Les Pélicans, Sch. 1921; Le diable au corps, R. 1932 (d. 1925); Le bal du Comte d'Orgel, R. 1924 (d. 1953, u.d.T. Das Fest, 1925); Les joues en feu, G. 1925; Règle du jeu, hg. J. Cocteau 1957; Vers libres et jeux innocents, G. 1988. – Œuvres complètes, II 1959; Gli inediti, hg. G. dello Ponti 1967.
L: H. Massis, 1929; K. J. Goesch, 1955; G. Guisan, 1957; L. D. Noakes, 1968; C. Borgal, 1969; N. Odouard, 1974; D. Zampogna, Neapel 1980; J. P. McNab, Boston 1984; Th. Plaichinger, 1989; C. Borgal, 1991.

Radiščev, Aleksandr Nikolaevič, russ. Schriftsteller, 31. 8. 1749 Moskau(?) – 24. 9. 1802 Petersburg. Vater Gutsbesitzer, 1762–66 im Petersburger Pagenkorps, 1766–71 Stud. Leipzig (u.a. bei Gellert), angeregt bes. von Voltaire, Diderot, Rousseau, begeisterte sich für die franz. radikalen Ideen. Nach der Rückkehr Beamter; hatte mit dem 1790 anonym herausgegebenen Buch ›Putešestvie iz Petersburga v Moskvu‹ großen Erfolg, zog sich aber die Ungunst der Regierung zu; wurde zum Tode verurteilt, zu 10jähriger Verbannung nach Sibirien begnadigt, kehrte 1796 zurück, wurde 1801 Mitglied der Kommission zur Ausarbeitung neuer Gesetze. Tod durch Selbstmord. – Der sentimentale Reiseroman ist die dichter. Form s. von Sternes ›Empfindsamer Reise‹ beeinflußten Hauptwerks; ergeht sich darin über die wirtschaftl. und kulturellen Verhältnisse im zeitgenöss. Rußland, klagt Leibeigenschaft und Autokratie an, spricht atheist. Gedanken aus, wird Vorläufer der russ. radikalen Intelligenz des 19. Jh.; der Stil ist streckenweise bibl. Propheten nachgeahmt.
W: Putešestvie iz Petersburga v Moskvu, 1790 (vollst. 1905; Die Reise von Petersburg nach Moskau, d. 1952); Stichotvorenija, G. 1975. – Polnoe sobranie sočinenij (GW), VI 1807–1811, III 1938–52; Izbrannoe (Ausw.), 1959.
L: V. P. Semennikov, 1923; D. Blagoj, 1949; G. P. Makogonenko, 1949; L. B. Svetlov, 1958; D. M. Lang, 1959; A. Starcev, 1960; A. McConnel, Den Haag 1964; J. V. Clardy, Lond. 1964; G. Štorm, [2]1968; A. G. Tatarincev, 1981.

Radius Zuccari, Anna → Neera

Radnóti, Miklós, ungar. Dichter, 5. 5. 1909 Budapest – zwischen 6. u. 11. 11. 1944 Abda. Dr. phil., Gymnasiallehrer; ab 1940 Arbeitsdienst, Sklavenarbeit in serb. Kupferminen; arbeitsunfähig von der SS erschossen; s. Notizbuch mit letzten Gedichten wurde im Massengrab aufgefunden. – R. verkündet die echte Revolution der Armen, die Schönheit des Lebens, der vorurteilslosen Liebe; erklärt sich solidar. mit den Unterdrückten, Ausgebeuteten. In den Kriegsjahren wendet er sich dem Tod zu; s. Dichtung ist von der konkreten Furcht vor Faschismus, KZ und Genickschuß durchtränkt. Übs. von La Fontaine, Cocteau, Shelley u.a.
W: Pogány köszöntő, G. 1930; Újmódi pásztorok éneke, G. 1931; Lábadozó szél, G. 1933; Járkálj csak, halálraítélt!, G. 1936; Meredek út, G. 1938; Tajtékos ég, G. 1946; Versei, G. 1948; Ikrek hava, 1940; Tanulmányok, cikkek, Ess. 1956; Próza, 1971. – Összes versei és műfordításai (G. u. Übsn.), 1963. – *Übs.:* Ansichtskarten, G. 1967; Gewaltmarsch, G.-Ausw. 1983; Monat der Zwillinge, Ausw. 1993.
L: M. Birnbaum, 1983; E. George, The Poetry of M. R., 1987; B. Pomogáts, 1977, M. Mariann, R. M.-bibliográfia, 1989.

Rådström, Pär (Kristian), schwed. Schriftsteller, 29. 8. 1925 Stockholm – 29. 8. 1963 ebda. Sohn e. Redakteurs. Journalist. – Scharfer, geistr. Beobachter, der unter Verwendung von Jargon u.

Schlagworten iron. leeres Gewohnheitsdenken in der Gesellschaft Stockholms der 50er Jahre sowie im gesamten polit. u. intellektuellen Europa enthüllt. Trotz Satire tiefe innere Anteilnahme; leidenschaftl. Anwalt für Freiheit u. Vernunft angesichts der drohenden Atomgefahr. Hauptmotiv s. späteren Romane ist der Kampf um Identität. Entscheidender Einfluß auf jüngere schwed. Schriftsteller.

W: Men inga blommor vissnade, R. 1946; Tiden väntar inte, R. 1952; Greg Bengtsson & kärleken, R. 1953; Årans portar, R. 1954; Paris. En kärleksroman, 1955; Ballong till månen, R. 1958; Två åsnor, Kabarettexte 1958 (m. L. Forssell); Sommargästerna, R. 1960; Översten, R. 1961; Mordet, R. 1962; Ro utan åror, Nn. 1961. – Werke, 1968f.; P. R. i press och radio, hg. K. Bergengren 1968.

L: J. Werkmäster, 1984.

Raes, Hugo, fläm. Schriftsteller, * 26. 5. 1929 Antwerpen. War Lehrer u. Zeitschriften-Redakteur. – Debütierte mit Lyrik, mit der er zur experimentellen Bewegung der 50er Jahre gehörte. In den Romanen seit den 60er Jahren ist die existentielle Suche inmitten eines absurden Alltags ein zentrales Thema. Der Stil ist experimentell: Montagetechnik bis zur kaleidoskopartigen beliebigen Vertauschbarkeit der Fragmente. Seit den 70er Jahren kommen verstärkt Science-fiction-Elemente dazu.

W: Jagen en gejaagd worden, G. 1954; Links van de helicopterlijn, En. 1957; De vadsige koningen, R. 1961; Hemel en dier, R. 1964; Een faun met kille horentjes, R. 1966 (d. 1968); Bankroet van een charmeur, En. 1967; De lotgevallen, R. 1968 (Club der Versuchspersonen, d. 1969); Reizigers in de anti-tijd, R. 1970; Het smarán, R. 1973; De Vlaamse reus, En. 1974; De verwoesting van Hyperion, R. 1978; De strik, R. 1988; Verhalen, En. 1998.

L: R. Bloem u.a., In gesprek met H. R., 1969; J. Kersten, 1978.

Die Räuber vom Liang Schan Moor → Shui-hu zhuan

Řaffi (eig. Yakob Melik-Yakobean), armen. Romancier; 1835 P⁽ayajowk (Iran) – 25. 4. 1888 Tiflis. Kaufmannssohn, Stud. Tiflis, viele Reisen. Populärer Vf. von Patriot. hist. u. Zeitromanen, von großer Produktivität. Seit 1870er Jahren Zusammenarbeit mit der Zeitung ›Mšak‹; will s. Volk aus der Resignation zu Fortschritt u. Freiheit aufrufen.

A: Erk. žoġ. (GW), X 1955–59; Erk. žoġ. (GW), X 1962–64; Erk. žoġ., IX 1983–87. – *Übs.:* russ.: Chent, 1957; engl.: The Fool: Events from the Last Russo-Turkish War, Princeton (NJ) 2000.

L: A. Avt'andilean, Alexandropol 1904; G. Vanadec'i, 1928; S. Sarinyan, 1957, 1985; E. Petrosyan, 1959; X. Samvelyan, 1987.

Raghuvaṃśa → Kālidāsa

Rahbek, Knud Lyne, dän. Schriftsteller, 18. 12. 1760 Kopenhagen – 22. 4. 1830 Frederiksberg. Dichter, Literaturhistoriker, Zeitschriftenredakteur, Hrsg. der moral. Wochenschrift ›Den danske Tilskuer‹ (1791ff.), Prof. der Ästhetik, ab 1809 Mitdirektor des Kgl. Theaters Kopenhagen; sehr produktive, zeittyp. Gestalt für das Ende des 18. Jh., erlebte (u.a. durch s. Schwager → Oehlenschläger) den romant. Durchbruch, ohne ihn zu verstehen; aber s. Heim ›Bakkehuset‹ b. Kopenhagen wurde, bes. dank s. Frau Kamma R., dennoch Treffpunkt der meisten jungen Dichter zu Anfang des 19. Jh. (Oehlenschläger, Baggesen, Grundtvig, Ingemann, P. M. Møller, J. L. Heiberg u.a. m.). – Lyriker, Kritiker, Dramatiker und Erzähler der Spätaufklärung; Mithrsg. von ma. Balladen.

W: Breve fra en gammel Skuespiller, 1782; Prosaiske Forsøg, VIII 1785–1806; Poetiske Forsøge, II 1794–1802; Samlede Skuespil, III 1809–13; Om L. Holberg som Lystspildigter, Schr. III 1815–17; Erindringer af mit liv, Erinn. V 1824–29. – *Übs.:* Prosaische Versuche, Ausw. 1800; Moralische Erzählungen, II Ausw. 1800f.

L: P. C. Zahle, 1860; H. Kyrre, ²1929; K.-U. Ebmeyer, Theater i. d. empfindsamen Zeit, 1958; A. E. Jensen, 1958 u. 1960; P. L. Møller, ²1984.

ar-Raiḥānī (ar-Rīhānī), Amīn, syr.-arab. Dichter und Schriftsteller, 1876 Qaryat al-Furaika b. Beirut – 13. 9. 1940 ebda. Christl. erzogen; ab 1888 in Nordamerika; Schauspieler, Journalist; 1906 Rückkehr in die Heimat, Reisen in Arabien; 1923 Übertritt zum Islam. – Schrieb in Engl. u. Arab. Gedichte und rhythm. Prosa, (phantast.) Erzählungen und Romane, Reisebücher, Reden und Essays vorwiegend polit. Inhalts, hist. Arbeiten. Glühender syr.-arab. Patriot mit bedeutenden Verdiensten um die Erschließung abendländ. Geistes für den Orient. Übs. arab. Mystiker.

W: ar-Raiḥānīyāt, Ess., Sk. und Dicht. IV 1910–23; Hālid, R. 1911; Hāriğ al-ḥarīm, R. 1915; Zanbaqat al-ġaur, R. 1917; Mulūk al-ʿArab, Reiseb. II 1924; Taʾrīḫ Naǧd, 1927; Maker of Modern Arabia, 1928; Ibn Saʿoud of Arabia, 1928; Around the Coasts of Arabia, 1930; Arabian Peak and Desert, 1930.

L: E. Rossi, 1940; N. Naimy, Beirut 1985.

Raimbaut d'Orange, provenzal. Troubadour, um 1150 – um 1173. Herr von Orange, s. Residenz war Courthezon, b. Orange. Freundschaft mit den Troubadours Peire Rogier u. Giraut de Borneil. Versuchte sich als Mäzen, mußte diese Rolle aus Geldmangel bald wieder aufgeben. – E. der ersten provenzal. Troubadours, wenn auch nicht provenzal. Abstammung. S. Werk umfaßt etwa 40 Lieder, e. Sirventes u. e. Tenson u. ist e. der originellsten u. schwierigsten der Troubadourlyrik. Virtuoser Versbau, kunstvolle Reimtechnik, Wechsel von Prosa u. Vers. Erzielt kom. Wirkung durch plötzl. Stimmungswechsel von verliebtem Flehen zur Persiflage. Überraschende, kühne Bilder u. Vergleiche.

A: K. Mahn, Gedichte der Troubadours, 1856–73; A. Pillet, H. Carstens, Bibliographie der Troubadours, 1935. – *Übs.:* Werke (Ausz.), d. F. Diez 1882.

L: C. Appel, 1928; A. Jeanroy, La poésie lyrique des troubadours, 1934; W. T. Pattison, Minneapolis 1952; F. Donadi, 1976. – *Bibl.:* A. Jeanroy, Bibl. Sommaire des chansonniers provençaux, 1916.

Raimbaut de Vaqueiras, provenzal. Minnesänger, um 1155 Vacqueiras/Vaucluse – um 1205. Sohn e. armen provenzal. Ritters; Knappe, später Waffenbruder u. Vertrauter des Marquis Boniface de Montferrat, der ihn zum Ritter schlug; dessen Begleiter auf dem Feldzug nach Sizilien (1194/95) u. nach Konstantinopel (1202); lebte am Hofe des Marquis von Montferrat u. richtete s. Liebeslieder v. a. an dessen Tochter Beatrice de Montferrat. – S. Werk umfaßt etwa 40 lyr. Gedichte von versch. Form u. Inhalt, darunter 3 polit. Sirventes u. 3 chronikartige Dichtungen in der Form der Chanson de geste über Herrn Boniface; in s. Liebesliedern wird die Natürlichkeit des Empfindens oft von geistreicher Spitzfindigkeit überdeckt.

W: Übs.: F. Diez, Leben und Werke der Troubadours, 1882; R. Borchardt, Die großen Trobadors, 1924; F. Wellner, Die Troubadours, 1942; The poems of R. de V., 1964.

L: Hopf, Bonifaz v. Montferrat und R. v. V., 1873; V. Crescini, 1892, 1901; O. Schultz-Gora, Die Briefe R.s an Bonifaz I., 1893; P. Andraud, 1902; A. Jeanroy, 1910; K. M. Faßbinder, 1929. – *Bibl.:* A. Jeanroy, Bibl. Sommaire des chansonniers provençaux, 1916.

Raimon de Miraval, provenzal. Troubadour, 1180 Miraval – um 1213. Aus verarmtet Adelsfamilie; verlor s. Schloß Miraval 1209 durch die Kreuzfahrer; hoffte vergebl. auf Rückgabe; mit e. Gauklerin verheiratet, die er wegen leichtsinnigen Lebenswandels verstieß; soll s. letzten Lebensjahre in e. Kloster in Lérida verbracht haben. – Von s. Werk sind etwa 45 Gedichte erhalten; s. Liebeslieder von Frische u. Unmittelbarkeit; durch ihre Aufrichtigkeit, die den Autor oft in wenig schmeichelhaftem Licht zeigt, sind sie realistischer als die Mehrzahl der provenzal. Troubadourdichtungen des 12./13. Jh.

A: Du jeu subtil à l'amour fou, 1979. – Les poésies, hg. L. T. Topsfield 1971.

L: P. Andraud, 1902; T. Topsfield, 1968; M. L. Switten, 1986; R. Nelli, 1986.

Raine, Craig, engl. Dichter, * 3.12.1944 Bishop Auckland. Stud. engl. Lit. Oxford, 1971–79 Dozent ebda.; Feuilleton-Redakteur bei mehreren Zeitungen, seit 1991 Fellow am New College, Oxford. – Vf. bildreicher Gedichte mit einer kondensierten, kompakten Sprache und überraschenden und ungewöhnl. Metaphern oft aus techn. Bereichen, die die Leser zwingen, die gewohnte Wahrnehmung der Welt in Frage zu stellen.

W: The Onion, Memory, G. 1978; A Journey to Greece, G. 1979; A Martian sends a Postcard Home, G. 1979; A Free Translation, G. 1981; Rich, G. 1984; The Electrification of the Soviet Union, Dr. 1986; Haydn and the Valve Trumpet, Ess. 1990; History: The Home Movie, G. 1994; Collected Poems 1978–1999, G. 1999; A la recherche du temps perdu, G. 2000; In Defence of T. S. Eliot, Ess. 2000.

L: E. Eckle, 1999.

Raine, Kathleen Jessie, engl. Dichterin, 14. 6. 1908 London – 6. 7. 2003 ebda. Stud. Biologie Cambridge. Mithrsg. von ›New Verse‹, Dozentin am Morley College. – Lyrikerin in der Nachfolge Blakes, der ›Metaphysicals‹ und Yeats' mit kurzen, melod. Gedichten in prägnantem Stil über das Wunder der Schöpfung. Bedeutende Blake-Forscherin.

W: Stone and Flower, G. 1943; Living in Time, G. 1946; The Pythoness, G. 1949; The Year One, G. 1952; Coleridge, Es. 1953; Collected Poems, 1956; Divine Vision, Es. 1957; Blake and England, Vortr. 1960; The Hollow Hill, G. 1964; Defending Ancient Springs, St. 1967; Six Dreams, G. 1968; Ninfa Revisited, G. 1968; Blake and Tradition, St. 1969; The Lost Country, G. 1971; Yeats, the Tarot and the Golden Dawn, St. 1973; Farewell Happy Fields, Mem. 1973; On a Deserted Shore, G. 1973; Unnumbered Pages, G. 1974; Blake and the New Age, Ess. 1979; The Oracle in the Heart, G. 1980; Yeats the Initiate, St. 1986. – Collected Poems 1935–80, 1981; The Inner Journey of the Poet, Slg. 1982; Collected Poems, G. 2000.

L: R. J. Mills, 1967.

Rainis, Jānis (eig. J. Pliekšāns), lett. Dichter, 11. 9. 1865 Rubene, jetzt Dunava b. Līvāni/Lettl. – 12. 9. 1929 Majori/Jūrmala. Sohn e. Nebenpächters, Kindheit an versch. Orten; Pensionat, 1875–79 dt. Schule Daugavgrīva, 1880–84 dt. Gymnas. Riga; 1884–88 Jurastud. St. Petersburg, ab 1886 regelmäßige Korrespondenz mit Zs. ›Dienas Lapa‹; 1889 Vilnius, Gerichtsassessor, Jelgava, Rechtsanwaltsgehilfe; 1891–95 Riga, Hrsg. von ›Dienas Lapa‹; 1893 Zürich, 3. Kongreß der II. Internationale; Stud. der Ideen des Sozialismus, ›Dienas Lapa‹ Organ der ›Jaunā strāva‹, Mitaufbau der Sozialdemokratie in Lettl.; 1895 Jelgava, Mitarbeiter bei Notar; 1896/97 Berlin; 1897 Panevėžys/Lit., Rechtsanw.; Mai 1897 verhaftet, in diversen Gefängnissen in Lettl.; Dez. 1897 ∞ Aspazija, mit ihr in die Verbannung nach Pskov, dann 1899–1903 nach Slobodska/Gouvern. Vjatka; 1904 Jaundubulti/Lettl., 1905 Revolutionsteiln.; 1906-20 Exil in Castagnola/Lugano; 1920 Rückkehr ins unabhängige Lettl.; Verfassungsversammlung, Abgeordneter, Bildungsminister 1927/28; 1920/21 Direktor des Theaters der Schönen Künste, 1921-25 des Nationaltheaters. – Moderner Klassiker; vielseitiger Vielschreiber, hauptsächlich Gedichte, Dramen und Übersetzungen (Goethe, Schiller, Heine, Puškin, Ibsen, Shakespeare); Neoromantiker, Symbolist, sozialist. u. philos. Gedanken; die mit großer Kraft geschaffenen Bühnengestalten stellen oft Symbole des freien Lettl., seine Feinde oder seine Werte dar; zahlreiche Neubildungen u. Archaismen; beeinflußt von den klass. Tragödien u. den lett. Volksliedern.

W: Tālas noskaņas zilā vakarā, G. 1903; Uguns un nakts, Dr. 1907 (Feuer u. Nacht, d. 1922); Klusā grāmata, G. 1909; Zelta zirgs, Dr. 1910 (Das goldene Ross, d. 1922); Gals un sākums, G. 1912; Jāzeps un viņa brāļi, Dr. 1919 (Josef u. s. Brüder, d. 1921); Spēlēju, dancoju, Dr. 1919; Dagdas piecas skiču burtnīcas, Vers-R. 1920-25; Rīgas ragana, Dr. 1928. – Kopoti raksti (GW), XIV 1947-51, XXX 1977-86; Raksti (W), XVII 1952-65.

L: A. Birkerts, R. kā domātājs, 1925; F. Cielēns, R. un Aspazija, 1955; V. Hausmanis, R. un teātris, 1965; A. Ziedonis, The Religious Philosophy of J. R., Waverly/Ia. 1969; Raiņa gadagrāmata, 1975ff.; S. Viese, Jaunais R., 1982; dies., Gājēji uz mēnessdārzu, 1990.

Rais, Karel Václav, tschech. Schriftsteller, 4. 1. 1859 Lázně Bělohrad – 8. 7. 1926 Prag. Lehrer in Hlinsko, 1894 Bürgerschuldirektor in Prag. – Begann mit patriot. Lyrik u. Jugenderzählungen, wandte sich dann dem realist. Roman zu, in dem er, ohne gesellschaftl., wirtschaftl. u. seelische Probleme zu berühren, mit viel Sentimentalität die sittl. u. materielle Not der Bauern u. der Dorfintelligenz im Riesengebirgevorland schildert.

W: Výminkáři, En. 1891; Horské kořeny, En. 1892; Rodiče a děti, En. 1893; Zapadlí vlastenci, R. 1894; Kalibův zločin, R. 1895 (K.s Verbrechen, d. Cl. Běhal 1905); Pantáta Bezoušek, R. 1897; Západ, R. 1899; O ztraceném ševci, R. II 1920-30; Ze vzpomínek, Mem. IV 1922-32. – Sebrané spisy (GW), XXVI 1909-32; Vybrané spisy, Ausw. IX 1959-65.

L: K. V. R., 1959; J. Knob, Dvojí cesta s K. V. R., 1964. – Bibl.: H. Hudíková, 1979.

Rājaśekhara, ind. Dramatiker u. Lyriker, Ende 9. Jh. – Anfang 10. Jh. Lebte am Hof der Könige Mahendrapāla und Mahīpāla von Kanauj; nach eigenen Angaben Lehrer Mahendrapālas (regierte 899-907). – Schrieb 4 Dramen, von denen die ersten beiden in Sanskrit, die beiden anderen in Prakrit abgefaßt sind: 1. das ›Bāla-rāmāyaṇa‹ (Ramayana für Kinder), e. Mahānāṭaka, das den gesamten Inhalt des ›Rāmāyaṇa‹ in zehn Akten wiedergibt; 2. das unvollendete ›Bāla-bhārata‹ (Mahābhārata für Kinder) oder ›Pracaṇḍapāṇḍava‹ ([Drama von den] ergrimmten Pāṇḍavas); 3. die ›Viddhaśālabhañjikā‹ (Die Statue), e. Schauspiel (nāṭakā) in 4 Akten über die heiml. Heirat von König Vidyādhara mit der Prinzessin Mṛgāṅkavatī, die von ihrem Vater als Junge verkleidet zu Vidyādharas Königin geschickt wurde; und 4. s. bedeutendstes und originellstes Werk, das kurze Schauspiel (saṭṭaka) ›Karpūramañjarī‹, e. der besten Lustspiele der ind. Lit., das die heiml. Liebe König Candrapalas zur Prinzessin Karpūramañjarī von Kuntala, die Eifersucht der Königin, die sich daraus ergebenden Schwierigkeiten, die heiml. Zusammenkünfte der Liebenden und endl. ihre Heirat beschreibt. Außerdem Vf. e. wegen s. detaillierten Angaben über Dichter und Könige sehr wertvollen Lehrbuchs der Poetik, der ›Kāvyamīmāṃsā‹ (in Sanskrit). Gedichte von R. wurden in mehreren Anthologien veröffentlicht.

A: Bāla-rāmāyaṇa, hg. in Pandit III 1868, G. S. Rai 1984; Bāla-bhārata, hg. C. Cappeller 1885; Viddhaśālabhañjikā, hg. B. R. Arte 1886, Y. V. Caudhuri 1943 (engl. L. H. Gray 1906); Karpūramañjarī, hg. S. Konow 1901, 1963 (m. engl. Übs.), hg. M. Ghosh 1939, [3]1972 (engl. C. R. Lanman 1901, n. 1963); Kāvyamīmāṃsā, hg. C. D. Dalal, R. Anantakrishna Shastry [3]1934, N. Cakravarti 1960 (m. engl. Übs.; franz. N. Stchoupak, L. Renou 1946).

L: V. S. Apte, Poona 1886; C. S. Venkateswaran, 1969; M. Mitra, Studies on the dramas of R., Kalkutta 1983; J. Chaudhuri, The contribution of women..., Bd. 3, 2001.

Rājataraṅgiṇī → Kalhaṇa

Rajčev, Georgi, bulgar. Schriftsteller, 7. 12. 1882 Zemlen b. Stara Zagora – 18. 2. 1947 Sofia. Erste Veröffentlichungen in Zeitschriften u. Zeitungen seit 1900. – S. psycholog. feinsinnige Darstellungsweise ermöglicht später den reifen Stil für die Behandlung von Problemen des städt. u. dörfl. Alltags. In den 1920er Jahren nähert sich s. Werk dem Diabolismus an. Die 1928 erschienene Versübertragung der Fabeln von → Krylov gehört zu den besten der bulgar. Übs.-Lit.

W: Ljubov v poleto. Veseli razkazi, En. 1918; Můničuk svjat. Beležnik na edin razljuben, E. 1919; Carica Neranza, N. 1920; Razkazi, En. 1923; Pesen na gorata, En. 1928; Elenovo carstvo, Poem 1930; Boži darove, En. 1930; Legenda za parite, En. 1931; Gospodinŭt s momičeto, R. 1937; Neznainijat, En. 1940; Zlatnijat ključ, 1942. – GW, II 1968.

L: E. Konstantinova, 1982.

Rajić, Jovan, serb. Schriftsteller und Historiker, 11. 11. 1726 Sremski Karlovci – 11. 12. 1801 Kloster Kovilj. Stud. Theol. Kiew, Lehrer in Karlovci, Archimandrit im Kloster Kovilj. – Außer r. allegor. Versdichtung, die den Kampf Österreichs u. Rußlands gegen die Türken verherrlicht, schrieb R. e. 4bändige Geschichte aller Südslawen, die wesentl. zur Stärkung des Nationalgefühls beitrug. Vf. zahlr. Predigten in der Volkssprache.

W: Pjesni različnija, G. 1790; Boj zmaja sa orlovi, Ep. 1791; Istorija raznih slavenskih narodov najpače Bolgar, Horvatov i Serbov, Abh. IV 1794; Tragedija sirječ pečalnaja povjest o smerti poslednago carja serbskago Uroša pjatago, Tr. 1798; Stihi po vospominaniju smerti, G. 1814.

L: N. Radojčić, Srpski istoričar J. R., 1952; A. Mladenović, 1964; Frajnd, Vojinović (m. Bibl.), 1997.

Rajnov, Bogomil, bulgar. Schriftsteller u. Kunsthistoriker, * 19. 6. 1919 Sofia. Sohn von Nikolaj R. – Vertreter der sog. Generation der 40er. Zunächst städt. Lyrik, später nur Prosa u. kunstwiss. Essays. Sehr berühmt durch s. Kriminalromane.

W: Stichotvorenija, G. 1941; Ljuboven kalendar, Poem 1942; Estetika, St. 1951; Čovekŭt ot ŭgŭla, En. 1958 (Herr Niemand; Ein Mann aus der Vergangenheit, d. 1966); Duždovna večer, Nn. 1961; Kakto samo nie umirame, N. 1961; Noštni bulevardi, En. 1963; Inspektorŭt i noštta, N. 1964; Eros i Tanatos, Es. 1971; Masovata kultura, St. 1974; Pŭtišta za nikŭde, N. 1976.

Rajnov, Nikolaj, bulgar. Schriftsteller u. Kunsthistoriker, 1. 1. 1889 Kesarevo b. Veliko Turnovo – 2. 5. 1954 Sofia. Trieb urspr. philos. Studien, die ihn zu myst. Interpretationen der Kunstgesch. führten. Bis 1950 Prof. der Kunstakad. Sofia. Reisen im Mittleren Osten u. Afrika. – Größter bulgar. Vertreter des Symbolismus im Bereich der Prosa. Übs. von F. Nietzsches ›Also sprach Zarathustra‹. Bekannt auch als Übs. u. Nacherzähler von Märchen aus aller Welt. Auch Lit.historiker u. Maler.

W: Bogomilski legendi, En. 1912; Očite na Arabija, En. 1918; Slŭnčevi prikazki, M. 1918; Videnija iz drevna Bŭlgaria, E. 1918; Kniga za carete, E. 1918; Meždu pustinjata I života, R. 1919; Iztočno i zapadno izkustvo, St. 1920; Svetilnik na dušata, E. 1921; Večni poemi, St. 1928; Siromah Lazar, 1925; Istorija na plastičnite izkustva, St. XII 1931–39; Sčŭpeni stukla, G. 1939. – Pulno sŭbranie na sŭčinenijata (GW), XV 1938–39; G. 1939; Otdavna, mnogo otdavna, St. 1939; Večnoto v našata literatura, St. IX 1941; Ausw., 1957.

Rakić, Milan, serb. Lyriker, 18. 9. 1876 Belgrad – 30. 6. 1938 Zagreb. Bürgersohn; Stud. bis 1901 Philos. u. Rechte Paris. Ab 1904 diplomat. Dienst in versch. europ. Städten, u. a. als Konsul u. Legationsrat. – Bricht mit der Tradition des Realismus, zeigt sich als erster serb. Lyriker direkt vom franz. Parnaß und Symbolismus beeinflußt. Neben düster-pessimist. Tönen erklingt aus s. aristokrat. verfeinerten, sprachl. und formal meisterhaften Gedichten jedoch auch Freude über den Sieg des Geistes über die Materie. Nur der 1902–05 entstandene Kosovo-Zyklus mit s. patriot.-heroischen Note trägt dem Nationalgefühl Rechnung.

W: Pesme, G. 1903; Nove pesme, G. 1912 (Ausw. franz. 1935). – Pesme, 1924, 1936, 1947, 1952, 1956, 1960, 1981, 1983, 1995, 1998; Sabrane pesme (ges. G.), 2001.

L: Ž. P. Jovanović, Bio-bibliografski podaci o M. R., 1952; V. Djurić, 1956; S. Marković, 1962; I. Sekulić, 1964; V. Pavković, 1984.

Rakovski, Georgi S., bulgar. Schriftsteller, April 1821 Kotel – 21. 10. 1867 Bukarest. Einer der größten Vertreter der bulgar. Literaturrenaissance. Polit. Tätigkeit für die Befreiung Bulgariens, Emigrant, Leiter einer revolutionären Organisation in Belgrad. – S. berühmtestes lyr. Werk ist das Poem ›Gorski pŭtnik‹. Verf. zahlreicher geschichtl., volkskundl. u. linguist. Werke, die sich durch eine romant. Einstellung auszeichnen.

W: Nepovinen bŭlgarin, 1854; Predvestnik gorskago pŭtnika, 1856; Gorski pŭtnik, Poem 1857. – GW IV, 1983–88.

L: V. Petrov, 1910; C. Rakovski, 1910; G. Bakalov, 1934; G. Konstantinov, 1939; M. Arnaudov, 1942; A. Cvetkov, 1949; Archiv na G. S. R., III 1952–66; M. Dimitrov u. a., 1962; G. Stojkov, 1964.

Raleigh (Ralegh), Sir Walter, engl. Dichter, 1552(?) Hayes Barton/Devonshire – 29. 10. 1618 London. 1568/69 Stud. Oxford, nach Essex' Tod Günstling der Königin Elizabeth I. Nach erfolgr. Kämpfen gegen Spanien in den Niederlanden und nach Unterdrückung der ir. Revolte (1580/81) Statthalter von York, 1585 geadelt. Unternahm zahlr. Raub- u. Entdeckungsreisen nach Amerika, 1585/86 in Virginia, 1594/95 Suche nach dem Goldland Eldorado in Guyana, 1596 in Cadiz, kämpft gegen die Armada; unter James I. 1603–16 wegen angebl. Hochverrats im Tower eingekerkert, erhielt 1616 den Befehl zur Leitung e. Goldsuche-Expedition zum Orinoco (span. Gebiet). Nachdem dort Kämpfe mit den Spaniern entbrannten, wurde er verurteilt und auf dem Schafott hingerichtet. – In s. Schriften glänzender Repräsentant s. Epoche. Viele s. Gedichte sind verloren, etwa 30 teils kürzere Dichtungen blieben erhalten, darunter die längere Elegie ›Cynthia, the Lady of the Sea‹ (Huldigung an Königin Elizabeth). Darin versucht er, Elizabeths Gunst wiederzugewinnen, indem er eine ›geheime‹ und innige Verbindung zwischen ihm selbst u. Elizabeth heraufbeschwört (Titel). Auch versch. Prosaschriften. Im Tower verfaßte er den 1. Bd. e. ›History of the World‹, der ägypt. Geschichte, griech. Mythologie sowie griech. u. röm. Geschichte bis 130 v. Chr. behandelt. Sein Reisebericht über Guyana zeigt am Beispiel Raleghs den Expansionsdrang eines männl. engl. Subjekts sowie imperiales Machtstreben und die Kolonisierung der Bevölkerung.

W: The History of the World, 1614 (n. V 1813, Ausw. G. E. Hadow 1917); The Cabinet-Council, 1658; The Discovery ... of Guiana, 1596 (n. V. T. Harlow 1928). – Complete Works, hg. W. Oldys, T. Birch VIII 1829; Selected Prose and Poetry, hg. A. M. C. Latham 1965; The Poems, hg. M. Rudick 1999; The Letters, hg. A. Latham 1999.

L: L. Lemonnier, Paris 1931; J. W. Anthony, 1934; M. Waldmann, 1943; G. Trease, 1949; E. A. Strathmann, 1951; H. R. Williamson, 1951; P. M. Magnus, 1952; W. M. Wallace, 1959; M. Irwin, 1960 (d. 1961); N. L. Williams, 1962; A. M. C. Latham, 1964; H. Buckmaster (i. e. H. Henkle), 1965; P. Lefranc, Paris 1968 (m. Bibl.); J. H. Adamson, H. F. Folland, The Shepherd of the Ocean, 1969; C. Fecher, 1972; R. Lacey, 1973; S. J. Greenblatt, 1973; J. Racin, R. as Historian, 1974; D. N. Durant, R.s Lost Colony, 1981; J. Mills, Sir W. R. A Reference Guide, 1986; S. Coote, 1993; C. Nicholl, 1996; A. Beer, Sir W. R. and his Readers in the 17th Century, 1997; S. Schülting, Wilde Frauen, Fremde Welten, 1997. – *Bibl.:* T. N. Brushfield, 1908.

Ralin, Radoj (eig. Dimitur Stojanov), bulgar. Schriftsteller, * 22. 4. 1923 Sliven. Stud. Jura Sofia. Teilnahme am 2. Weltkrieg. Redakteur bei Lit.zeitungen u. beim Spielfilmstudio Sofia. – S. Werke zeichnen sich aus durch eine Balance zwischen dem Lyr.-Elegischen u. Satirischen. Führt die Neue Sachlichkeit u. Dalčevs Tradition fort. S. satir. Buch ›Ljuti čuški‹ wurde vom kommunist. Regime verboten u. vernichtet.

W: Stichovorenija, G. 1949; Vojniška tetradka, G. 1955; Vtoro raždane, En. 1959; Lirika, G. 1965; Ličen kontakt, G. 1965; Ljuti čuški, Epigramme 1968; Vsičko mi govori, G. 1975; Ausw., II 1984; Samoraslijaci, Aphor. 1989.

Ramalho Ortigão, José Duarte, portugies. Schriftsteller u. Kritiker, 25. 11. 1836 Porto – 27. 9. 1915 Lissabon. Stud. Coimbra, in die ›Questão Coimbrã‹ eingreifend (gegen A. de Quental); zusammen mit Eça de Queirós Hrsg. der ›As Farpas‹ (1871–83); gehörte zum Kreis um Oliveira Martins u. Junqueiro, Mitarbeiter T. Bragas (Camões-Jubiläum), Akad.-Sekretär, Bibliothekar am Ajuda-Palast, Mitglied der Akad. der Wiss.; trat für soz. Reformen ein. – Bedeutender Kritiker u. Journalist, unter Einfluß von Chateaubriand, Lamartine, Comte, Proudhon, Voltaire, Taine, Diderot; später nationalist.-traditionalist. Züge in Nachfolge Garretts. Farbiger u. kraftvoller Stilist.

W: Literatura de Hoje, Streitschr. 1866; Em Paris, Ess. 1868; Contos Cor de Rosa, En. 1870; O Mistério da Estrada de Sintra, R. 1871 (mit Eça de Queirós); Teófilo Braga, B. 1879; A Holanda, Reiseb. 1885; John Bull e a sua Ilha, Ess. 1887; As Farpas, Abhn. u. Ess. XI 1887–91; Últimas Farpas, Ess. 1910–15. – Obras Completas (GW), XV 1943ff.

L: R. Jorge Ricardo, 1915; A. J. de Abranches Bizarro, II 1950; Cruz Malpique, 1957 (m. Bibl.); R. Cavalheiro, 1962; V.-O. da Nóbrega, 1968; A. de C. Homem, 2000.

Ramanoŭski, Mikalaj → Čorny, Koz'ma

Rāmāyaṇa (›Rāmas Lebenslauf‹), neben dem Mahābhārata e. der beiden großen Epen der ind. Sanskrit-Lit. Nach der Tradition das Werk von Vālmīki, des ›ersten Dichters‹ (ādikavi) der Inder; wahrscheinl. im 2. Jh. n. Chr. abgeschlossen, fußt auf älteren mündl. Überlieferungen, die Vālmīki in e. einheitl. poet. Form gebracht haben soll; in s. heutigen Form enthält es spätere Einschübe und durch mündl. Überlieferung bedingte Veränderungen; v. a. das erste und letzte der 7 Bücher gelten als später angefügt; die zwei erhaltenen Rezensionen (nord- und südind.) stimmen überdies nur in etwa zwei Dritteln der insgesamt rund 24 000 Doppelverse (śloka) überein. Das R. behandelt die Erlebnisse des göttl. Helden Rāma, e. Inkarnation (avatāra) des Gottes Viṣṇu, der, von s. Vater, König Dasaratha von Ayodhya, zum Thronfolger bestimmt, auf Betreiben s. Stiefmutter Kaikeyī zusammen mit s. Gattin Sītā und s. Bruder Lakṣmaṇa für 14 Jahre verbannt wird. Von s. von Rāma abgewiesenen Schwester, der Riesin Śūrpaṇakhā, aufgefordert, raubt Rāvaṇa, König von Laṅkā, Sītā aus ihrer Einsiedelei im Daṇḍaka-Wald. Rāma u. Lakṣmaṇa verbinden sich mit dem Affenkönig Sugrīva, dessen Minister Hanumat über den Ozean springt, um Sītās Aufenthaltsort in Laṅkā zu erkunden, jedoch gefangen wird. Das Affenheer gelangt auf e. von ihm gebauten Brükke nach Laṅkā, es kommt zu e. gewaltigen Schlacht, Rāma tötet Rāvaṇa, befreit Sītā, verstößt sie aber, weil Rāvaṇa ihre Unschuld zerstört habe; e. Gottesurteil beweist jedoch Sītās Unschuld. Nach Ayodhya zurückgekehrt, sieht sich Rāma bald gezwungen, Sītā wegen der abfälligen Bemerkungen s. Untertanen an den Rand s. Reiches in die Einsiedelei des Vālmīki zu verbannen. Als dieser nach Jahren mit Sītās beiden Söhnen Kuśa u. Lava zu e. von Rāma veranstalteten Opfer kommt und diese das von Vālmīki gedichtete Rāma-Lied vortragen, läßt Rāma Sītā holen. Sie beteuert erneut feierl. ihre Unschuld u. verschwindet für immer mit der Erdgöttin in der Tiefe. Das Werk enthält zahlr. eingeschobene Episoden u. Legenden, die nur bedingt oder gar nicht mit der Haupthandlung in Verbindung stehen.

A: Nördliche Rezension, hg. G. Gorresio 1843–67; südliche Rezension, hg. K. P. Parab 1888, ²1902, T. R. Krishnacarya II 1905 (n. 1982), R. N. Aiyar 1933, J. M. Mehta u.a. VII 1960–75, S. S. K. Mudholakara VIII 1983. – *Übs.:* dt.: A. Holtzmann 1841, J. Menrad (nur 1 Buch) 1897, C. Schmölders 1981 (n. 1983, ⁶1996); engl.: R. T. H. Griffith V 1870–74 (n. 1963), M. N. Dutt VII ²1892–94, M. L. Sen III 1927 (n. ²1978), R. P. Goldman u.a. V 1984–96, H. P. Shastri III ⁵1992, N. Raghunathan III 1981–82; franz.: H. Fauche IX 1854–58, A. Roussel III 1903–09 (n. 1979), M. Biardeau 1999; ital.: G. Gorresio X 1847–58.

L: A. Weber, 1870; H. Jacobi, 1893, n. 1970, 1976; A. Baumgarten, 1894, n. 1970; H. F. A. Wirtz, Diss. 1894; C. V. Vaidya, 1906; D. C. Sen, 1920; W. Ruben, Studien zur Textgeschichte des R., II 1936; I.-L. Gunsser, Diss. Tüb. 1949; H. v. Glasenapp, 1951; S. Vrat, 1964; B. Khan, 1965; R. Sharma, 1971; H. Gehrts, 1977; R. Söhnen, II 1979 (m. Bibl.); L. A. van Daalen, Vālmīki's Sanskrit, 1980; J. L. Brockington, Righteous Rama, 1984, 2000; S. A. Srinivasan, II 1984; W. L. Smith, Stockh. 1988; R. and R.s, hg. M. Thiel-Horstmann 1991; L. P. Vyas, 1997; K. Garrett, 2000; R. K. Shukla, 2003. – *Bibl.:* N. A. Gose, 1943; H. D. Smith, 1983, 1989; K. Krishnamoorthy, A critical inventory of R. studies, II 1991–93.

Indones. Versionen, ursprüngl. aus dem Ind. übernommen: 1) Altjavan. Fassung des ›R.‹ in 26 Gesängen, gestaltet wahrscheinl. Anfang 10. Jh. durch e. Yogisvara (Meister der ›Dichtung‹) unbekannten Namens, der als Quelle die ind. Version von Bhaṭṭi aus dem 7. Jh. benutzte, vermutl. e. Werk lit. Magie zur Stützung der Kraft des damaligen Königs von Ost-Java, Sindok. 2) Mitteljavan. Fassung nach 1300: ›Kidung Rāmāyana‹. 3) Neujavan. Fassung von Jâsâ di Purâ I., nach 1749, der bereits versch. Redaktionen gefolgt sind. 4) Malaiische Prosafassungen, denen vornehml. javan. Texte zugrunde liegen: ›Hikayat Sĕri Rama‹; ›Hikayat Shah Kobat Lela Indra‹ (= ›Hikayat Shah Kamar‹).

A u. *L:* G. van Wijk, Iets over de verschillende maleische redactien van den ›Sĕri Rama‹, 1891; H. Kern, Zang I–VI van het Oudjavaansche R., 1917; H. H. Juynboll, Vertaling van Sarga VII–XXVI van het Oudjavaansche R., 1922–36; W. Stutterheim, 1925; H. Overbeck, Malaiische Weisheit und Geschichte 1927; A. Zieseniss, 1928; R. M. Ng. Poerbatjaraka, Het oud Javaansche R., 1932; C. Hooykaas, The old-javanese R.-Kakawin, 1955, 1958.

Rāmāyana, wohl ältestes und umfangreichstes kakawin (altjavan. Epos in quantitierenden ind. Versmaßen) e. unbekannten Dichters (Yogīśwara nach balines. Tradition), ambitionierte Bearbeitung e. ind. Vorlage (›Rāvanavadha‹, Tod des Rāvana von Bhatti, 6. oder 7. Jh.). Schildert in zunächst enger u. später freier werdender Anlehnung an s. sprachl. u. stilist. anspruchsvolles ind. Vorbild in 26 Gesängen die Geschichte von Rāmas Kampf gegen das Reich der Dämonen. Alter umstritten, doch wahrscheinl. aufgrund sprachl. Kriterien der mitteljavan. Epoche (bis 930) zuzuordnen. Obwohl das älteste bekannte kakawin Javas, sprachl. u. ästhet. vollkommen.

A: Kern, 1900; Soewito Santoso, 1971 (m. engl. Übs.).
L: W. F. Stutterheim; Rāma-Legenden und Rāma-Reliefs in Indonesien, 1925; A. Zieseniss; Die Rama-Sage bei den Malaien, 1928; P. J. Zoetmulder, Kalangwan, 1974.

Ramée, Maria Louise de la → Ouida

Ramírez, Sergio, nicaraguan. Erzähler, * 5. 8. 1942 Masatepe. Jurastud., Kampf gegen die Diktatur, Exil, DAAD-Stipendiat in Berlin, Prof., nach dem Sturz Somozas Vize-Präsident Nicaraguas. – Spannend, ergreifend, mit nostalg. Blick auf das Vergangene, läßt in brillantem Wechsel von Bildern die Geschichte der berühmtesten u. berüchtigtsten Figuren s. Landes lebendig werden.

W: Tiempo de fulgor, R. 1970 (d. 1973); Viva Sandino, R. 1973 (d. 1976); Charles Atlas también muere, E. 1976; Te dio miedo la sangre?, R. 1977 (d. Die Spur des Caballeros, 1980); Sandino siempre, Ess. 1981; Castigo divino, R. 1988; La marca del zorro, Chronik 1990; Clave de sol, En. 1992; Un baile de máscaras, R. 1995 (d. 1998); Margarita, está linda la mar, R. 1998; Adiós muchachos. Una memoria de la Revolución Sandinista, 1999; Mentiras verdaderas, Ess. 2001; Catalina y Catalina, En. 2001; Sombras nada más, R. 2002. – Cuentos completos, 1997. – *Übs.:* Vom Vergnügen des Präsidenten, En. 1981.

Ramondino, Fabrizia, ital. Schriftstellerin, * 1936 Neapel. Stud. Lit.wiss. und Romanistik. Lehrerin. Seit den 1960er Jahren soz. stark engagiert. – Ihr erzählerisches Werk fängt kaleidoskopartig Eindrücke ihrer Heimatstadt ein u. beschäftigt sich auch mit dem Verschwinden der Kindheit u. dem Prozeß des Älterwerdens.

W: Althénopis, R. 1981 (d. 1989); Storie di patio, En. 1983; Un giorno e mezzo, R. 1988 (d. 1989); Dadapolis. Caleidoscopio napoletano, 1989 (Nicht sehr verläßlich zu Haus …, d. 1992); In viaggio, Reise-En. 1995 (Steh auf und geh. d. 1996); L'isola riflessa, Aut. 1998 (d. 1999).

Ramón Jiménez, Juan → Jiménez, Juan Ramón

Ramos, Graciliano, brasilian. Romanschriftsteller, 27. 10. 1892 Quebrângulo/Alagoas – 20. 3. 1953 Rio de Janeiro. Journalist, Beamter, als Kommunist verfolgt, 1952 Reise in die Tschechoslowakei u. Sowjetunion, unter der Vargas-Diktatur als Kommunist ohne Urteil e. Jahr in Haft. – Herausragender Vertreter des ›Nordostromans‹, liefert dramat. Darstellung der Lebensbedingungen im Sertão bzw. der Misere der Zuwanderer aus dem Hinterland in die Städte; in der Schlüsselszene von ›Vidas sêcas‹, dem 1963 verfilmten Meisterwerk, stehen sich Sertanejo und Soldat gegenüber, es geht um Leben und Tod. R.' Romane werden als sozialkrit. verkannt; e. Frage des Lebensmodus durchzieht s. Texte von ›São Bernardo‹ bis ›Memórias do Cárcere‹, die s. Erfahrungen als polit. Häftling beschreiben: Es geht um e. ums Überleben ringendes Ich. Er führt e. Auseinandersetzung mit den Modernisten, problematisiert das periphere Subjekt, den intellektuellen ›nordestino‹ im Verhältnis zum zentrierten Subjekt, dem Intellektuellen Rios und São Paulos. Auch Übs. von Camus.

W: Caetés, R. 1933; São Bernardo, R. 1934 (d. 1960); Angústia, R. 1936 (d. 1978); Vidas sêcas, R. 1938 (Nach Eden ist es weit, d. 1967, u.d.T. Karges Leben 1981); Histórias de Alixandre, En. 1944; Infância, Mem. 1945; Histórias Incompletas, En. 1946; Insónia, En. 1947; Memórias do Cárcere, Mem. IV 1953; Viagem, Reiseber. 1954; Linhas Tortas e Viventes das Alagoas, En. 1962; Alexandre e Outros Heróis, En. 1962; A terra dos meninos pelados, En. 1975 (d. 1996); Cartas de amor a Heloisa, Br. 1994; Infância, B. 1995. – Obras (GW), X 1947.

L: J. G. Simões, 1942; F. Gonçalves, [2]1947; H. Pereira da Silva, 1954; A. Cândido, Ficção e Confissão, 1956 u. 1961; M. Tati, 1958; R. Morel Pinto, 1962; R. G. Hamilton, Diss. Yale Univ. 1965; H. Feldmann, 1965; W. Martins, 1965; Assis Brasil, 1969; E. Monegal, 1984; A. Cândido, 1992; S. Santiago, 2001.

Ramos, João de Deus → Deus Ramos, João de

Ramos Rosa, António Vítor → Rosa, António Vítor Ramos

Ramsay, Allan, schott. Dichter, 15. 10. 1686 Leadhills/Dumfriesshire – 7. 1. 1758 Edinburgh. Sohn e. Bergwerksangestellten; Dorfschule; 1700 nach Edinburgh, dort 1704 Perückenmacherlehrling, begann Verse zu schreiben, wurde Mitgl. e. lit. Klubs, der s. Gedichte veröffentlichte. ∞ 1712 Christina Ross. Eröffnete 1719 e. Buchhandlung, die bald zum Treffpunkt der Edinburgher Literaten wurde. Richtete 1728 die erste Leihbücherei in Schottland ein, versuchte erfolglos, in Edinburgh e. Theater zu gründen. – Sammler volkstüml. Lieder und Balladen sowie älterer schott. Dichtungen; veröffentlichte sie vermischt mit eigenen Gedichten in ›Tea Table Miscellany‹; damit Wegbereiter von R. Burns. S. bedeutendstes Werk ist ›The Gentle Shepherd‹, e. Schäferspiel, in dem er lebhafte, natürl. Szenen ländl. Lebens zeichnete und versch. Charaktere darstellte, deren natürl. Empfinden e. glückl. Gegensatz zu dem im allg. gekünstelten Genre der Pastoraldichtung bildet. S. Gedichte sind unbedeutend, zeugen aber von Sinn für Humor und Satire. Übs. Oden des Horaz.

W: Christis Kirk on the Green, Dicht. 1716–18; Poems, II 1721; Fables and Tales, 1722; The Fair Assembly, G. 1723; The Evergreen, Slg. 1724; Health, 1724; The Tea-Table Miscellany, IV 1724–32; The Gentle Shepherd, Dr. 1725; Poems, 1728; Thirty Fables, 1730. – Works, hg. B. Martin, J. W. Oliver, A. M. Kinghorn u. A. Law V 1951–70.

L: W. H. O. Smeaton, 1896 u. 1905; A. Gibson, 1927; B. Martin, 1931 (n. 1974); A. Smart, 1952; P. Zenzinger, My Muse is British, 1977. – Bibl.: B. Martin, 1932.

Ramuz, Charles Ferdinand, schweizer. Romanschriftsteller franz. Sprache, 24. 9. 1878 Cully-sur-Lausanne/Vaud – 23. 5. 1947 Lausanne. Aus alter Bauern- u. Winzerfamilie; Stud. Philol. Lausanne, ging 1902 nach Paris; erste schriftsteller. Arbeiten; gründete die Zs. ›Cahiers vaudois‹, deren Ziele er in dem Manifest ›Raison d'être‹ umriß. Kehrte 1914 in s. Heimat zurück. Der 1. Weltkrieg inspirierte ihn zu e. s. großen Romane ›La Guerre dans le Haut-Pays‹. Hrsg. der lit. Zs. ›Aujourd'hui‹ in Lausanne; ab 1930 in freiwilliger Zurückgezogenheit in Cully, wo er auch begraben ist. – Bedeutendster Vertreter der schweizer. Lit. in franz. Sprache, Begründer e. bäuerl. Heimatdichtung, die sich grundlegend von der ›Blut-und-Boden‹-Lit. unterscheidet u. in Frankreich ihre Nachfolger in J. Giono, H. Bosco u. a. findet. Hauptthema s. Romane ist das Leben der Bauern s. waadtländ. Heimat, die enge Verbindung zwischen Mensch u. Natur. Getreue, bis in Einzelheiten genaue Wiedergabe der bäuerl. Sitten u. Sprache, der dumpfen Instinktgebundenheit u. des zähen Festhaltens an einfachen, überzeitl. Wahrheiten. Verzichtet bei s. Menschendarstellung bewußt auf psycholog. Feinheiten. S. holzschnittartigen Bilder des waadtländ. Bauerntums erschöpfen sich jedoch nicht in naturalist. Wiedergabe des Lokalkolorits; das Besondere, Ursprüngl., Elementare wandelt sich zum Allgemeingültigen. In dem Ausgeliefertsein des Bauern an das Wirken e. übermächtigen Natur stellt R. die Not u. Vereinzelung dar. Nach naturalist. beeinflußten Romanen in s. späteren Werken Wendung zum Myth.-Visionären, zu e. Philos. der Erde, die zu e. Rückkehr zum einfachen Leben u. zur allg.-menschl. Kommunikation führen soll. R.' eigenwilliger, wuchtiger, stark vom Dialekt geprägter Stil macht den Zugang zu s. Werk nicht ganz leicht.

W: Le petit village, G. 1903 (Das Dorf in den Bergen, d. 1942); Aline, R. 1905 (d. 1940); Les circonstances de la vie, R. 1907; Jean-Luc persécuté, R. 1909 (d. 1932); Nouvelles et morceaux, En. 1910; Aimé Pache, peintre vaudois, R. 1911 (d. 1941); La vie de Samuel Bélet, R. 1913 (d. 1942); Le règne de l'esprit malin, R. 1914 (n. 1981; d. 1921); Raison d'être, En. 1914; La guerre dans le Haut-pays, R. 1915 (d. 1938); La guérison des maladies, R. 1917 (Die Erlösung von den Übeln, d. 1930, 1944); Le grand printemps, Schr. 1917; Les signes parmi nous, R. 1919 (Es geschehen Zeichen, d. 1921); Histoire du soldat, G. 1920 (Musik von I. Strawinsky, d. 1924); Chant de notre Rhône, G. 1920 (d. 1940); Salutation paysanne, G. 1921; Terre du ciel, 1921; Présence de la mort, R. 1922 (d. 1945); La séparation des races, R. 1922 (d. 1927); Passage du poète, G. 1923 (Ein Dichter kam und ging, d. 1926); L'amour du monde, R. 1925 (d. 1948); La grande peur dans la montagne, R. 1926 (d. 1927); La beauté sur la terre, R. 1927 (d. 1931); Farinet ou la fausse monnaie, R. 1932 (d. 1932); Adam et Eve, R. 1932 (d. 1943); Taille de l'Homme, Es. 1933 (d. 1949); Une main,

Es. 1933 (d. 1934); Derborence, R. 1934 (Der Bergsturz, d. 1935); Questions, Es. 1935; Le garçon savoyard, R. 1936 (d. 1936); Besoin de grandeur, Es. 1937 (d. 1938); Si le soleil ne revenait pas, R. 1937 (d. 1939); Paris, Notes d'un Vaudois, Mem. 1938 (d. 1939); Découverte du monde, Mem. 1940 (d. 1940); La Guerre aux papiers, 1942; Pays de Vaud, 1943; Vues sur le Valais, 1943; Journal 1896–1942, 1943 (d. 1950); Nouvelles, 1944; Les servants, Nn. 1946; Histoires, 1946; Fin de vie, Mem. 1949; Souvenirs sur Igor Strawinsky, Mem. 1952 (d. 1953); Journal 1895–1947, II 1978 (d. 1982). – Œuvres complètes, XXIII 1940–54, hg. G. Roud, D. Simon XX 1967f.: Lettres 1900–1918, 1956; Lettres 1919–1947, 1959; Lettres inédites, 1966. – *Übs.*: Ausw. A. Bauer III ³1934; Vater Antille, Nn. 1948; Pastorale, En. 1963; Werke, VI 1972ff.

L: E. Buenzod, 1928; P. Kohler, L'art de R., 1929; R. de Weck, Opinions sur R., 1929; A. Hartmann, 1937; G. Brandner, Diss. Würzb. 1938; Ch. Guyot, 1946 (m. Bibl.); M. Zermatten, 1947; A. Tissot, 1947; ders., 1948; W. Günther, 1948; M. Dichamp, 1948; R. Marclay, Diss. Lausanne 1950; A. Béguin, Patience de R., 1950; E. Louis, 1953; E. Beaujon, La vision du peintre chez R., 1954; H. Cingria, 1956; G. Guisan, 1958; ders., R., ses amis et son temps, II 1967; G. Cherpillod, 1958; J. M. Dunoyer, 1959; C. R. Parsons, Québec 1964; W. Wagner, Diss. Mchn. 1964; Y. Guers-Villatte, 1966; M. Nicod, 1966; B. Voyenne, ²1967; D. R. Haggis, 1968; G. Buchet, 1969; J. Marquis, 1970; M. Dentan, 1974; F. Olivier, 1975; D. G. Bevan, 1977; A. Béguin, 1978; M. Schmid, 1981; G. Froidevaux, 1982; W. Hebeisen, 1988; D. L. Parris, 1996; J. Neizoz, 1997. – *Bibl.:* Th. Bringolf, 1942; Notes bibl. sur l'œuvre de R. 1942–66, 1967; T. Bringolf, 1975; G. Poulouin, 1985.

Ranaivo, Flavien, madegass. Schriftsteller, * 13. 5. 1914 Arivonimano. Besuch der Militärakad., Mathematik- und Engl.-Stud. – Schildert bes. in s. schmalen dichter. Œuvre in facettenreicher Sprache die landschaftl. und kulturelle Vielfalt s. Landes.

W: L'ombre et le vent, G. 1947; Les Haintenys, Es. 1947; La jalousie ne paye pas, Nn. 1952; Mes chansons de toujours; G. 1955; Le retour au berçail, 1962.

Rand, Ayn (eig. Alice Rosenbaum), russ.-amerik. Schriftstellerin u. Philosophin, 2. 2. 1905 St. Petersburg/Rußland – 6. 3. 1982 New York. Ab 1926 in Amerika; Reiseführerin, Drehbuchautorin, Lehrtätigkeit. – Kontroverse Romane, Entwicklung e. aus den Erfahrungen der Russ. Revolution resultierenden objektivist. Philos. als e. extremen Form des Individualismus, wonach das Glück des Menschen der moral. Zweck s. Lebens ist (›The Fountainhead‹, ›Atlas Shrugged‹); moral. Begründung und Verteidigung des Kapitalismus.

W: Night of January 16th, Dr. 1936; We the Living, R. 1936 (d. 1956); Anthem, R. 1938 (d. 1999); The Fountainhead, R. 1943 (d. 1946), Drb. 1949; Atlas Shrugged, R. 1957 (d. 1959); For the New Intellectual, Philos. 1961; The Virtue of Selfishness, Ess. 1964; Capitalism, Ess. 1966; Introduction to Objectivist Epistemology, Philos. 1967; The Romantic Manifesto, Philos. 1969; Philosophy, hg. L. Peikoff 1971; The New Left, Ess. 1982; The Ayn Rand Lexicon, Philos. 1984; The Early A. R., Kgn. 1984. – The Voice of Reason, Ess. hg. L. Peikoff 1989; The A. R. Letters, 1990; Letters of A. R., hg. M. S. Berliner 1995; Journals of A. R., hg. D. Harriman 1997.

L: W. O'Neill, 1971; J. Tuccille, N. Branden, 1977 u. 1999; D. J. Den Uyl, D. B. Rasmussen, hg. 1984; M. R. Gladstein, 1984; B. Branden, 1986; J. T. Baker, 1987; C. M. Sciabarra, 1995; P. F. Erickson, 1997; M. Paxton, 1998; J. Walker, 1999; M. B. Yang, 2000; T. R. Machan, 2000; L. Torres, 2000; D. Greiner, 2001; F. Seddon, 2003.

Randon de Saint-Amant, Gabriel → Rictus, Jehan

Ranggawarsita, (auch: Ronggowarsito), javan. Dichter, 15. 3. 1802 Surakarta/Java – 24. 12. 1873. Urenkel Yasadipuras I. (1729–1803), mit dem die Renaissance der klass. javan. Lit. begann. Gilt als Vollender dieser hochartifiziellen Poesie. Werke umfassen alle Gattungen der Zeit. Nach s. Tod berühmt v. a. wegen s. prophet. Gedichte, die angeblich das Ende der niederländ. Kolonialherrschaft vorhersagen (z.B. ›Serat Jaka Lodhang‹ u. ›Kalatida‹), und wegen s. unorthodoxen myst., der javan. Tradition verpflichteten Schriften (z.B. ›Serat Suluk Saloka Jiwa‹, ›Suluk Supanalaya‹, ›Serat Pamoring Kawula Gusti‹, ›Serat Wirid Hidayat Jati‹). In ›Pustaka Raja‹ mit dem einleitenden ›Serat Paramayoga‹ bringt er Sagen, Geschichten aus der javan. u. ind. Mythologie in eine selbstentwickelte chronolog. Ordnung. Viele Schriften, v. a. satir. Darstellungen des Hoflebens sind kaum bekannt u. noch unveröffentlicht.

W: Die meisten d. gedruckten Schriften sind vor d. 2. Weltkrieg meist in javan. Schrift in kleinen Auflagen erschienen, wie Pustaka Raja Purwa, 1884–92; Serat Suluk Saloka Jiwa, 1915. Von neueren Ausg. sind zu erwähnen: Kalatida, in: Kamajaya, Zaman Edan, 1964; Serat Cemporet, ⁴1987; Serat Jayengbaya, 1988; Serat Pamoring Kawula-Gusti (Resatenaya), 1938; Serat Paramayoga (Kamajaya), 1992; ›Serat Wirid Hidayat Jati‹ in: Simuh, Mistik Islam Kejawen, 1988.

L: J. A., Day, Meanings of Change in the Poetry of 19th Century Java, 1981; J. J. Errington, To Know Oneself in: Writing on the Tongue, hg. Becker 1989; N. Florida, Javanese Literature in Surakarta Manuscripts, 1993; Kamajaya, Lima Karya Pujangga Ranggawarsita, 1985; Th. G. Th. Pigeaud, Literature of Java I – III, 1967–70.

Ranke-Graves, Robert → Graves, Robert

Rankin, Ian (Ps. Jack Harvey), schott. Krimiautor, * 28. 4. 1960 Fife. Stud. engl. Lit. in Edinburgh. Steuereintreiber, Alkoholforscher, Punkmusiker, Musikjournalist u.a. – Schreibt in der Tradition amerik. ›hardboiled‹ Detektivromane, aber auch schott. Lit. wie Stevensons ›Dr. Jekyll and Mr. Hyde‹. S. Detektiv John Rebus, e. alkoholabhängiger, geschiedener Einzelgänger, bewegt sich oft in e. moral. Grauzone. Äußerst spannende, psycholog. überzeugende Plots.

W: The Flood, 1986; Knots and Crosses, 1987 (Verborgene Muster, d. 2003); Hide and Seek, 1990 (Das zweite Zeichen, d. 2001); Tooth and Nail, 1992 (Wolfsmale, d. 2001); A Good Hanging, Kgn. 1992; Strip Jack, 1992 (Ehrensache, d. 2002); The Black Book, 1993 (Verschlüsselte Wahrheit, d. 2002); Mortal Causes, 1994 (Blutschuld, d. 2003); Let it Bleed, 1995; Black and Blue, 1997; The Hanging Garden, 1998; Dead Souls, 1999; Set in Darkness, 2000 (Der kalte Hauch der Nacht, d. 2002); The Falls, 2001 (Puppenspiel, d. 2002); Resurrection Men, 2001 (Die Tore der Finsternis, d. 2003).

Ranković, Svetolik, serb. Schriftsteller, 19. 12. 1863 Mostanica – 30. 3. 1899 Belgrad. Lehrersohn, Stud. Theol. Belgrad u. Kiew; Religionslehrer in Karagujevac, Niš u. Belgrad. – Geschult am russ. Realismus (Tolstoj, Gogol'), verfaßte R. pessimist. Novellen, in denen er moral. u. Gesellschaftsprobleme behandelt; s. psycholog. vertieften Romane schildern mit großer Nüchternheit den Verfall der patriarchal. Lebensform, zerstören die Legende vom heldenhaften Haiduken, bekämpfen Rückständigkeit u. Bürokratie.

W: Jesenje slike, Nn. 1892; Gorski car, R. 1897; Seoska učteljica, R. 1899; Porušeni ideali, R. 1900; Slike iz života, Nn. 1904. – Celokupna dela (GW), III 1928–29; Sabrana dela (GW), II 1952 (m. Bibl.).

L: J. Skerlić, Pisci i knjige, II 1922; V. Gligorić, Srpski realisti, 1954; M. Jovanović, 1971.

Ransom, John Crowe, amerik. Dichter und Kritiker, 30. 4. 1888 Pulaski/TN – 3. 7. 1974 Gambier/OH. Pfarrerssohn, Stud. Philos. Vanderbilt Univ. und Oxford; Teilnahme am 1. Weltkrieg; Lehrtätigkeit in Nashville (1914–37); Mitglied der ›Southern Agrarians‹; schrieb für die kulturkrit. konservativen, lit. progressiven Zsn. ›American Review‹ u. ›Southern Review‹; 1937–58 Prof. für engl. Lit. am Kenyon College in Gambier/OH und Hrsg. der ›Kenyon Review‹. Gründete unter Mitwirkung von R. P. Warren und A. Tate die Zs. ›The Fugitive‹ (1922–25), die dem Süden unter den intellektuellen Strömungen der USA Geltung verschaffte, e. neues, an der Vergangenheit des Südens orientiertes, traditionalist.-aristokrat. Gesellschaftsbewußtsein auf agrar. Grundlage propagierte und die lit.krit. Richtung des New Criticism wesentl. beeinflußte. – R.s Lyrik beruht auf Ironie, Intellekt und spött. Distanzierung von Sentiment und Rhetorik.

W: Poems About God, 1919; Chills and Fever, G. 1924; Grace After Meat, G. 1924; Two Gentlemen in Bonds, G. 1927; God Without Thunder, Ess. 1930; I'll Take My Stand, by Twelve Southerners, Ess. 1930; The World's Body, Ess. 1938; The New Criticism, Ess. 1941; Selected Poems, 1945, [3]1978; Poems and Essays, 1955; Beating the Bushes, Ess. 1972. – Selected Essays, hg. T. D. Young, J. Hindle 1984; Selected Letters, hg. T. D. Young, G. Core 1985.

L: K. F. Knight, Den Haag 1964; R. Buffington, 1967; T. D. Young, hg. 1968; Th. H. Parsons, 1969; J. E. Magner, Den Haag 1971; M. Williams, 1972; T. D. Young, Gentleman in a Dustcoat, 1976; L. D. Rubin, The Wary Fugitives, 1978; K. Quinlan, 1989, M. Montgomery, 2003. – Bibl.: T. D. Young, 1982; C. S. Abbott, 1999.

Rao, Raja, ind. Schriftsteller engl. Sprache, * 8. 11. 1908 Hassan/Mysore. Stud. Engl. und Geschichte Hyderabad, B. A. 1929, dann Stud. Montpellier und Paris; 1939 Rückkehr nach Indien, schloß sich der Widerstandsbewegung um Mahatma Gandhi an; ab 1948 Aufenthalte in Indien, Europa und USA; 1966–80 Dozent ind. Philos. Austin/TX. – Bedeutender Vertreter der anglo-ind. Lit., schrieb Romane in engl. Sprache sowie Erzählungen, zunächst in s. Muttersprache Kannada, dann in franz. und schließl. in engl. Sprache. Themen sind das ländl. Indien, so in s. ersten Roman ›Kanthapura‹, der den Widerstand des gleichnamigen Dorfes unter Anleitung Gandhis gegen die brit. Kolonialherrschaft zeigt, oder ind. Religion und Philos., wie in ›The serpent and the rope‹.

W: Kanthapura, R. 1938 (d. 2003); The cow of the barricades, En. 1947; The serpent and the rope, R. 1960 (d. 1990); The cat and Shakespeare, R. 1965; Comrade Kirillov, R. 1976; The policeman and the rose, En. 1978; The chessmaster and his moves, R. 1988; On the ganga ghat, En. 1989; The meaning of India, Ess. 1996; The great Indian way. A life of Mahatma Gandhi, B. 1998.

L: M. K. Naik, 1972, n. 1982; Perspectives on R. R., hg. K. Sharma 1980; P. Sharrad, 1987; H. Wunderlich, 1988; E. Dey, 1992; Five contemporary novelists, hg. P. K. Singh 2001.

Raoul de Cambrai, Chanson de, altfranz. Heldenepos des 10. Jh.; gehört in losem Zusammenhang zum Zyklus des Doon de Mayence; besteht aus zwei Teilen, deren erster in Reimen, der zweite in Assonanzen verfaßt ist. Schildert die Fehden von Feudalherren: Raoul u. s. Gefolgsmann Bernier kämpfen um den Besitz von Raouls väterl. Lehen; dabei gerät Bernier in e. Konflikt zwischen Gefolgschaftstreue u. Blutsverwandtschaft; tötet Raoul im Zweikampf.

A: P. Meyer, A. Longnon 1882 (n. 1967). – Übs.: F. Settegast (Archiv für das Studium der neueren Sprachen 70), 1883.

L: R. Goerke, Die Sprache des R. de C., 1887; P. Tuffrau, 1941; F. Neubert, 1948; A. Dessau, Diss. Bln. 1958; P. Matarasso, 1962; W. C. Calin, The Old French Epic of Revolt, 1962; A. Adler, Rückzug in epische Parade, 1963; D. Misonne, 1967; P. S. Y. Lee, Diss. Evanston 1973; W. F. Todd, Diss. T. N. Y. 1973; H. S. Kay,

Diss. Oxf. 1976; F. Denis, 1988; A. Baril, 1999; E. Baumgartner, 1999; Actes du Colloque, 1999.

Raoul de Houdenc (oder Houdan), altfranz. Dichter, 1. Hälfte 13. Jh. – E. der ersten und der beste Nachahmer der Romane Chrestiens de Troyes: ›Méraugis‹ geht auf ›Erec‹ zurück. Außerdem e. der ersten Vf. von allegor. Dichtungen, Vorläufern des Rosenromans. ›Songe d'Enfer‹ schildert e. Traum, in dem der Dichter über allegor. gedeutete Orte (Begierde, Treubruch) zur Hölle gelangt, wo er e. gleichfalls allegor. Höllenmahl einnimmt.

W: Méraugis de Portlesguez, R.; La Vengeance Raguidel, R. (hg. E. E. Wilson 1966; R.s Autorschaft für 2. Teil umstritten); Romanz dez eles de la proëce, G.; Songe d'Enfer, G. (hg. A. Scheler, Trouvères Belges 2, 1879, hg. M. L. Mihm 1984); Le Roman des Eles and the Anonymous Ordene de Chevalerie, G. (hg. K. Busby 1982). SW, hg. M. Friedwagner II 1897–1909.

L: W. Zingerle, Diss. Erl. 1880; O. Boerner, Diss. Lpz. 1884; R. Zenker, 1889; R. Rohde, 1904; B. Bishop, Nottingham 1956; V. Kundert-Forrer, 1960; W. P. Gerritsen, Assen II 1963; E. Delignières, o. J.

Raphaelson, Samson, amerik. Dramatiker, 30. 3. 1896 New York – 16. 7. 1983 ebda. Schule Chicago, Stud. Univ. Illinois, Lehrtätigkeit an versch. Univ. – Vf. heiter-frivoler, leicht moralisierender u. satir. Boulevardstücke. Auch Drehbuchautor.

W: The Jazz Singer, Sch. 1925; Young Love, Sch. 1928; The Wooden Slipper, Sch. 1934; Accent on Youth, Sch. 1935 (Jung muß man sein, d. 1949); Skylark, Sch. 1939; Jason, Sch. 1942; The Perfect Marriage, Sch. 1945; The Human Nature of Playwriting, Ess. 1949; Hilda Crane, Sch. 1951; Three Screen Comedies, 1983.

Rapin, René, franz. Dichter u. Theologe, 1621 Tours – 27. 10. 1687 Paris. Wird 1639 Jesuit, 9 Jahre Prof. für Lit. u. Rhetorik. – Begann 1659 mit lat. Gedichten von großer Stilreinheit (›Elegiae Sacrae‹) u. e. berühmten Dichtung ›Hortorum libri IV‹. Feind des Jansenismus in theolog. Schriften u. s. Memoiren; in der ›Querelle des Anciens et des Modernes‹ auf seiten der ersteren. Heute hauptsächl. als Vf. e. Geschichte des Jansenismus bekannt.

W: Evangelium Jansenistarum, Abh. 1658; Elegiae sacrae, G. 1659; Hortorum libri IV, Dicht. 1665 (n. I. T. McDonald, Worcester/MA 1932, m. engl. Übs.); Réflexions sur la poétique d'Aristote et sur les ouvrages des poètes anciens et modernes, Abh. 1674 (n. E. T. Dubois 1970); Histoire du Jansénisme, Schr. 1861. – Œuvres, III 1709; Correspondance avec Bussy-Rabutin, hg. A.-G. Nizet 1983.

L: C. Dejob, 1881; H. Gillot, La querelle des anciens et des modernes, 1914; E. Dubois, Diss. 1972.

Rapisardi, Mario, ital. Dichter, 25. 2. 1844 Catania – 4. 1. 1912 ebda. Prof. für ital. Lit. an der Univ. Catania. Unglückl. Ehe mit Giselda Foianesi, die sich aus Liebe zu G. Verga von ihm trennte. – In s. relig. Gedichten Dichter der metaphys. Angst und e. kosm. Pessimismus, der sich auch in einigen seiner z. T. skurrilen Epen und s. aggressiven, bombast. Lyrik zeigt. E. heftige Polemik mit Carducci, ausgelöst durch e. satir. Anspielung R.s in s. Epos ›Lucifero‹, die mit s. Niederlage endete, trug dazu bei, das Gefühl der Einsamkeit in R. zu verstärken. Übersetzte u. a. Catull, Horaz u. Lukrez.

W: La Palingenesi, Ep. 1868; Ricordanze, G. 1872; Lucifero, Ep. 1977; Giustizia, G. 1883; Giobbe, Ep. 1884; Poemetti, 1885–87; Poesie religiose, 1887; Epigrammi, 1888. – Opere, VI 1894–97; Poemi, liriche e traduzioni, 1912; Nuove foglie sparse, G. hg. A. Tomaselli 1914; Epistolario, hg. ders. 1922; Prose, poesie e lettere postume, hg. L. Vigo Fazio 1930; Scherzi, versi siciliani, hg. A. Tomaselli 1933.

L: C. Pascal, 1914; G. Samperisi, La poesia di R., 1922; E. Bevilacqua, 1932; A. Tomaselli, Commentario rapisardiano, 1932; M. Borgese, 1938; N. Cappellani, ²1938; L. Vigo-Fazio, 1962. – *Bibl.:* N. D. Evola, 1945; V. Casagrandi, 1991.

Rappoport, Salomo Sanwel → An-Ski, S.

Rasagaṅgādhara → Jagannātha Paṇḍita

Rasavāhinī, buddhist. Legendenwerk Sri Lankas, ursprüngl. in Singhales. abgefaßt, vom Mönch Raṭṭhapāla ins Pali übersetzt und vom Mönch Vedehathera im 13. Jh. in s. heutige Form gebracht. Enthält 103 teils in Indien, teils in Sri Lanka spielende Erzählungen in Prosa und Versen.

A: Saraṇatissa II 1899–1901, P. Sudassi 1951, Kirialle Ñāṇavimala 1961, S. Gandhi 1989; Ausw.: hg. u. d. F. Spiegel 1845, S. Konow 1889, M. u. W. Geiger 1918, S. Bretfeld 2001; hg. u. ital. P. E. Pavolini 1894.

L: J. Matsumura, Diss. Gött. 1990; S. Bretfeld, 2001.

Rašīdu'd-Dīn, gen. Waṭwāṭ (›Fledermaus‹, Spitzname wegen s. kleinen Wuchses u. kahlen Schädels), pers. Dichter, um 1088–1182. Panegyriker u. Geheimsekretär des Choresmschahs Atsyz (1127–1156) in Gurgāṅg, sammelte u. verglich Handschriften u. unterstützte Literaten. – Meister der Prosodie u. Poetik, wie s. an rhetor. Kunstgriffen reicher Diwan (rd. 8500 Verse) u. s. bedeutendes Lehrbuch der Rhetorik u. Poetik ›Ḥadā'iqu's-Siḥr‹ (›Zaubergärten‹) beweisen.

W: Diwan, hg. S. Nafīsī 1339/1960; Ḥadā'iqu's-Siḥr, hg. ʿA. Iqbāl 1308/1929–30.

Rasmussen, Halfdan, dän. Lyriker, 29. 1. 1915 Kopenhagen – 2. 3. 2002 Saunte b. Hornbæk. Aktiver Freiheitskämpfer. – Schrieb ergreifende Gedichte zum Gedenken an gefallene Freunde,

Rasputin

z.B. M. Nielsen. In den 50er Jahren entfaltete sich e. befreiender Humor mit der ihm eigenen Gattung ›Tosserier‹, ähnl. der engl. Nonsense-Dichtung. Seine Kinder- und Abzählreime sind, auch in vertonter Form, heute Klassiker.

W: Digte under besættelsen, 1945; Aftenland, 1950; Forventning, 1951; Digte i udvalg; 1953; I mørket, 1956; Tosserier, Ausw. 1960; Stilheden, 1962; Julekalender for voksne, 1965; Halfdans ABC, 1967 (n. 1994; d. 1970); Og det var det, 1977; Fremtiden er forbi, 1985; Tante Andante, 1985; Onkel Karfunkel, 1988; Regnens harpe, 1990; Mariehønen Evigglad, 1996; Faxerier fra H. R. til Johannes Møllehave, Br. 2002.

L: Hilsen til H., hg. E. Claussen 1965; H. rundt, hg. T. Brostrøm, I. Spang Olsen 1995.

Rasputin, Valentin Grigor'evič, russ. Schriftsteller, * 15. 3. 1937 Ust'-Uda/Geb. Irkutsk. Stud. Univ. Irkutsk 1954–59. – E. der besten russ. Schriftsteller des 20. Jh. S. Romane u. Erzählungen gehören durch ihre Handlungsorte in sibir. Dörfern, eth. Anliegen u. Traditionsbewußtsein zur russ. ›Dorfprosa‹. In ›Poslednij srok‹ gestaltet R. das angstfreie Sterben e. gläubigen alten Frau, die um ihre geistige Existenz nach dem Tode weiß. In ›Živi i pomni‹ schildert R. die trag. Verstrickung e. Ehepaars am Ende des 2. Weltkriegs. ›Proščanie s Matëroj‹ veranschaulicht am Beispiel e. Dorfes die hohen Werte von Tradition, Achtung vor der Natur u. christl. Haltung im Alltag. Selbständigkeit der Teile u. Geschlossenheit des Ganzen zeichnen die Form der Romane R.s aus.

W: Povesti, R. 1976, enth. Poslednij srok (Die letzte Frist, d. 1976); Živi i pomni (In den Wäldern die Zuflucht, d. 1976); Proščanie s Matëroj (Abschied von Matjora, d. 1977); Vek živi – vek ljubi, En. 1982 (Natascha, d. Teilübs. 1986); Požar, E. 1985 (Der Brand, d. 1987). – Izbrannye proizvedenija (AW), II 1984.

L: N. Tenditnik, 1978; R. Schäper, 1985.

Rastell, John, engl. Schriftsteller, um 1470 (1475 (?00)) Coventry – Juni 1536 London. Stud. wohl in Oxford u. Lincoln's Inn, ab 1529 Parlamentsmitglied in Dunheved; war als Anwalt in London tätig, betrieb dort auch eine Druckerei. ∞ Elizabeth More, Schwester von Sir Th. More. Aus relig. Gründen verhaftet, starb wohl im Gefängnis. – Verfaßte v. a. jurist. und philos. Schriften im Stil des Humanismus, so z.B. ›A Dialogue of Sir Thomas More‹ (1529) und eine Schrift, die den kathol. Glauben an das Fegefeuer verteidigte u. erneuerte (1530). Bekannt für seine Chronik Englands (›The Realm of England‹, 1529), die die Geschichte Englands seit ihren Anfängen anschaulich nachzeichnet.

W: The Nature of the IV Elements, Sch. 1520; Expositiones Terminorum Legum Anglorum, Schr. 1523 (engl. 1536); Of Gentylnes and Nobylyte, Schr. 1525; Calisto and Melebea, Sch. 1527; The Chronicles of England, Hist. 1529; A New Book of Purgatory, Schr. 1530.

L: A. Geritz, 1983; J. Devereux, A Bibliography of J. R., 1999.

Ratosh, Yonatan, hebr. Dichter, 1909 Warschau – 24. 3. 1981 Tel Aviv. Wuchs mit der hebr. Sprache auf und wanderte 1919 nach Eretz Israel ein, wo er einige Jahre später s. erstes Gedicht veröffentlichte. R. war Mitglied in einer rechtsgerichteten Untergrundorganisation, die für die Unabhängigkeit kämpfte. Er gründete 1939 die ›kanaanitische Bewegung‹, die für die Wiedererrichtung der hebr. Nation mit einer pluralist. säkularisierten Gesellschaft zwischen Euphrat und Sinai plädierte. Diese kanaanitische Ideologie, die gegen die ›kranke Kultur‹ des Diaspora-Judentums ankämpfte, ist zentrales Thema seines berühmtesten Gedichts ›Die in der Finsternis gehen‹ (1965). Der Dichter gibt sich als Seher und Prophet, verwendet biblische Sprachbilder und steigert sich zu rhetorischen Pathos.

W: Chupa Schechora, G. 1941; Shirey Cheschbon, G. 1963; Yalkut Shirim (GW), III 1974–75.

L: D. Miron, 1966; Y. Shavit, Lond. 1987.

Rattigan, Terence (Mervyn), engl. Dramatiker, 10. 6. 1911 London – 30. 11. 1977 Hamilton/Bermuda. Sohn e. Diplomaten, Harrow School, Stud. Oxford; im 2. Weltkrieg bei der Luftwaffe; für Diplomatenlaufbahn ausgebildet; 1971 geadelt. – Vf. erfolgr. Gesellschaftskomödien, dramat. Studien zwischenmenschl. Beziehungen und zeitnaher Problemstücke. R. ist e. der Hauptvertreter des konventionellen ›wellmade play‹ und Erfinder der ›middle-class, middle-aged‹ Aunt Edna, e. Rollenfigur, die s. Publikum personifiziert. Zur Erklärung der wiedererstarkten Bühnenpräsenz s. Stücke seit den 1980er Jahren wird bisweilen R.s Wiederentdeckung im Rahmen der ›gay studies‹ angeführt. Vf. von 30 Drehbüchern.

W: First Episode, K. (1933); French Without Tears, K. 1937 (d. 1952); After the Dance, K. 1939; Follow My Leader, K. (1940 m. A. Maurice); Flare Path, Tragikom. 1942 (d. Rollbahn bei Nacht); While the Sun Shines, K. 1945; Love in Idleness, K. 1945 (d. 1947, u. d. T. Olivia, d. 1960); The Winslow Boy, Sch. 1946 (Der Fall Winslow, d. 1949); The Browning Version u. Harlequinade, Drn. 1949; Adventure Story, Sch. 1950 (Geschichte eines Abenteurers, d. 1952); Who is Sylvia?, Sch. 1951; The Deep Blue Sea, Sch. 1952 (d. 1953, auch u.d.T. Lockende Tiefe); The Sleeping Prince, Sch. 1954 (d. 1957); Separate Tables, Sch. 1955 (An Einzeltischen, d. 1957); O Mistress Mine, Sch. 1957; The Prince and the Showgirl, K. 1957; Variation on a Theme, 1958; Ross, Sch. 1960; Man and Boy, Sch. 1963; A Bequest to the Nation, Sch. 1970; In Praise of Love, Drn. 1973; Cause Celèbre, Dr. 1978. – Collected Plays, III 1953–64.

L: M. Darlow, G. Hodson, 1979; S. Rusinko, 1983; B. A. Young, 1986; G. Wansell, 1995; M. Darlow, 2000.

Rauch, Men, rätoroman. Dichter, 29. 1. 1888 – 4. 10. 1958 Scuol/Graubünden. Schulen in Scuol, St. Gallen; Polytechnikum in Zürich. Ingenieur, dann Gemeindepräsident von Scuol, Landammann von Suot Tasna/Unterengadin. Gründer und Redakteur der ›Gazetta Ladina‹ (1922–40) und des lit. Wochenblatts ›Il Tramagliunz‹ (1926–40), 1940–58 Mitredakteur des ›Fögl Ladin‹. Als leidenschaftl. Jäger veröffentlichte er e. Reihe spannender und humorvoller Jagdgeschichten. Als ebenso leidenschaftl. Verehrer und Kenner rätoroman. Kultur sammelte er e. erlesene Bibliothek altroman. Lit., gründete mit Freunden das Museum d'Engiadina bassa u. veröffentlichte 2 einzigartige Werke über hervorragende Männer des Engadins u. des Münstertals, die er mit eigenen Holzschnitten versah. S. Hauptverdienst liegt in e. größeren Anzahl humorist., selbst vertonter Gedichte, die er selbst zur Gitarre vortrug u. die größte Verbreitung gefunden haben.

W: Il nar da Falun, E. 1923; Chanzuns umoristicas rumantschas, G. 1925, 1950; L'alba e la s-charbunada, E. 1932; Gian Travers e sia Chanzun da la Guerra dal Chastl da Müsch, Abh. 1934; Homens prominents ed originals dal temp passà d'Engiadina bassa e Val Müstair, Abh. 1935; La chanzun da la sudada rumantscha, G. 1940; Hans Sachs, Übs. 1940; In bocca d'luf, En. 1941; Il battaporta. G. 1944; François Villon, Übs. 1948; Homens prominents ed originals dal temp passà d'Engiadin'ota e Bravuogn, Abh. 1951; La chanzun da la libertà, Fsp. 1952; Il bal da tschaiver nair, G. 1953; Französgnas da Calögnas, En. 1955. – Ouvras (GW), II 1992.

Raudive, Konstantīns, lett. Schriftsteller, 30. 4. 1909 Asūne – 2. 9. 1974 Bad Krozingen. Bauernsohn; Schule Krāslava, geistliches Seminar Riga; 1930–36 Philos.- u. Lit.-Stud. Paris, Madrid, Edinburgh; 1936–38 Italien, Finnland; ab 1939 Riga; 1944 nach Dtl., dann nach Schweden exiliert; ab 1965 Bad Krozingen; ∞ Zenta Mauriņa. – Philosophische Romane, Essays u. Übersetzungen; kathol. Mystizist, beeinflußt von Unamuno u. Ortega y Gasset, Parapsychologe.

W: Personīgais un pārpersonīgais, Ess. 1942; Silvestra Pērkona memuāri, R.-Tril. 1944–46; Der Chaosmensch u. s. Überwindung, Es. 1951; Dieva zīmogs, R. 1953; Neredzamā gaisma, R. 1954 (Das unsichtbare Licht, d. 1955); Unhörbares wird hörbar, Ber. 1968.

Raudsepp, Hugo (Ps. Milli Mallikas), estn. Schriftsteller, 10. 7. 1883 Vaimastvere, Kr. Dorpat – 15. 9. 1952 Straflager bei Irkutsk/Rußland. Journalist, seit 1925 freier Schriftsteller; später vom dt. u. russ. Okkupationsregime für unerwünscht erklärt. – Der erfolgreichste estn. Dramatiker vor dem 2. Weltkrieg, berühmt bes. durch s. Komödien (›Mikumärdi‹); geistr. Behandlung zeitnaher Problematik, kulturkrit. Essayist u. Feuilletonist.

W: Ekspressionism, Ess. 1922; Lääne-Euroopa sentimentalism, Ess. 1923; Demobiliseeritud perekonnaisa, K. 1923; Kohtumõistja Simson, Dr. 1927; Sinimandria, K. 1927; Siinai tähistel, Dr. 1928; Mikumärdi, K. 1929; Mait Metsanurk, Mon. 1929; Põrunud aru õnnistus, K. 1931; Vedelvorst, K. 1932; Salongis ja kongis, K. 1933; Roosad prillid, K. 1934; Viimne eurooplane, R. 1941; Minu esimesed kodud, Mem. 1947; Vaheliku vapustused, K. 2003 (1943, verboten). – Valitud näidendid (ausgew. Drn.), 1974; Jumala vesnid (ausgew. Prosa), 2003.

L: H. R. kannatustee, 1973.

Rāvaṇavaha → Setubandha

Raven, Simon (Arthur Noël), engl. Schriftsteller, 28. 12. 1927 London – 12. 5. 2001 ebda. Stud. Cambridge, 1946–48 u. 1953–57 Militärdienst. – Ravens Werk besticht durch satir. Beschreibungen der engl. Oberklasse des 20. Jh.

W: The Feathers of Death, R. 1959; Brother Cain, R. 1959; Doctors Wear Scarlet, R. 1960; The English Gentleman, Es. 1961; Alms for Oblivion, R.-Zyklus: The Rich Pay Late, 1964; Friends in Low Places, 1965; The Sabre Squadron, 1966; Royal Foundation, FSspe. 1966; Fielding Gray, 1967; The Judas Boy, 1968; Places Where They Sing, 1970; Sound the Retreat, 1971; Come Like Shadows, 1972; Bring Forth the Body, 1974; The Survivors, 1976; The Fortunes of Fingel, Kgn. 1976; The Roses of Picardie, R. 1980; An Inch of Fortune, R. 1980; Shadows on the Grass, Aut. 1982; Morning Star, R. 1984; The Face of the Water, R. 1985; The Old School, Mem. 1986; Before the Cock Crow, R. 1986; Birds of Ill-Omen, Mem. 1989; The Troubadour, R. 1992.

L: M. Barber, 1996.

Ravenhill, Mark, brit. Dramatiker, * Juni 1966 Haywards Heath/West Sussex. Stud. Bristol Univ.; arbeitete u. a. als Lehrer u. Regisseur. – Als ›Skandalautor‹ der 1990er lotet R. das Verhältnis von Marktwirtschaft u. Sexualität aus. Bedient sich versch. Formen u. Ansätze poststrukturalist. Theorien, Intertextualität, Gesellschaftsdrama u. des ep. Theaters mit Songs.

W: Shopping and Fucking, 1996 (in: N. Tabert, d. 1998); Faust Is Dead, 1997; Handbag, 1998; Some Explicit Polaroids, 1999; Mother Clap's Molly House, 2001. – Plays: One, 2001.

L: N. Tabert, 1998; M. Raab, 1999; A. Sierz, 2000.

Ravikovitch, Dahlia, hebr. Dichterin, 27. 11. 1936 Ramat Gan. In einem Kibbuz aufgewachsen, studierte sie an der Hebr. Univ. arbeitete als Lehrerin und Journalistin. – Gehört zu den Erneuerern der dichterischen Sprache in der israel. Gegenwartsliteratur, schreibt persönliche Lyrik wie auch polit. engagierte Gedichte.

W: Ahavat Tapuach ha-zahav, G. 1959; Kalman shel Rami, Kdb. 1964; Kol Mishbarayich ve-Galayich, G. 1972; Mawet ba-Mischpacha, En. 1977; Merov Ahava, G. 1998. – *Übs.*: The Window, engl. 1989.

Rawlings, Marjorie Kinnan, amerik. Romanautorin, 8. 8. 1896 Washington, D. C. – 14. 12. 1953 St. Augustine/FL. Anwaltstochter; Univ. Wisconsin, Journalistin. 1929 ∞ Charles Rawlings, 1941 ∞ Norton S. Baskin; ging 1928 nach Florida, kaufte e. Orangenplantage und schrieb dort ihre Bücher, die auf eigenen Erlebnissen beruhen, das rauhe Dasein in den Wäldern Nordfloridas schildern und zu Bestsellern wurden. ›The Yearling‹ über e. kleinen Jungen und s. zahmes Rehkitz erhielt 1939 den Pulitzerpreis.

W: South Moon Under, R. 1933 (Spur unter Sternen, d. 1965); Golden Apples, R. 1935 (d. 1954, u. d. T. Neue Heimat – Florida, 1940); The Yearling, R. 1938 (Frühling des Lebens, d. 1939); When the Whippoorwill, Kgn. 1940; Cross Creek, Aut. 1942 (Meine Pflanzererlebnisse in Florida, d. 1943); Jacob's Ladder, N. 1950; The Sojourner, R. 1953 (Der ewige Gast, d. 1953); The Secret River, Kdb. 1955 (d. 1956, u. d. T. Calpurnia läßt die Sonne wieder scheinen, 1965). – The M. R. Reader, hg. J. S. Bigham 1956; Short Stories, hg. R. L. Tarr 1994; Poems, hg. ders. 1997; Selected Letters, hg. G. E. Bigelow, L. V. Monti 1983; Max & Marjorie, Br. hg. R. L. Tarr 1999.

L: G. E. Bigelow, Frontier Eden, 1966; S. I. Bellman, 1974; P. N. Acton, 1988; E. Silverthorne, 1988; S. W. Sammons, N. McGuire, 1995. – *Bibl.*: R. L. Tarr, 1996.

Rāy, Dvijendralāl, ind. Dramatiker u. Lyriker, 16. 7. 1863 Krishnagarh/Bengalen – 19. 5. 1913 Kalkutta. Stud. Univ. Kalkutta 1884, ab 1884 2jähriges landwirtschaftl. Stud. in England, danach Verwaltungsbeamter der engl. Regierung in Bengalen. – Schrieb in Bengali zunächst meist humorist. Lieder und Theaterstücke, so die Burleske ›Kalki Avatār‹ (Der letzte Prophet). Nach dem Tod s. Frau (1903) schrieb er e. große Zahl von hist. und soz. Dramen, als deren beste ›Mebārpatan‹, ›Durgādās‹, ›Rāṇā Pratāpsiṃh‹, ›Candragupta‹, ›Śāhjāhān‹ u. ›Nurjāhān‹ gelten. R.s Ruhm gründet sich auf die meist in s. Dramen eingestreuten Gedichte teils humorist., teils lyr.-patriot. Inhalts.

W: Āryagāthā, G. II 1882–93; Ekghare, 1887; Kalki avatār, 1895, ^{2}1925; Biraha, 1897; Āṣādhe, G. 1899, ^{2}1917; Hāsir gān, G. 1900; Tryahaspārśa, 1900; Pāṣāṇī (n. 1900); Mandra, G. 1902; Sītā, 1902, ^{2}1908; Tārābāi, 1903; Rāṇā Pratāpsiṃh, 1905 (n. 1959); Ālekhya, 1907; Sorāb Rustam, 1908; Nurjāhān, 1908, ^{8}1953; Punarjanma, 1911; Candragupta, 1911 (n. 1955); Triveṇī, G. 1912; Ānanda bidāy, 1912; Parapāre, 1912; Bhīṣma, 1914; Gān, G. 1915; Siṃhal-vijay, 1915; Mebād patan (n. 1956; Fall of Mevar, engl. 1946); Durgādās, ^{13}1957. – Dvijendra kathāvalī (GW), III o. J.

L: P. S. Gupta, Music and political consciousness, New Delhi 1988.

Ray, Jean (eig. Jean Raymond Marie de Kremer, Ps. John Flanders), belg. Schriftsteller franz. und fläm. Sprache, 8. 7. 1887 Gent – 17. 9. 1964 ebda. Angestellter in der Gemeindeverwaltung, Journalist, sammelt auf zahlr. Reisen weltweit Eindrücke, Kenntnisse und Ideen für s. schriftsteller. Werk, das er 1925 mit e. Sammlung von Kurzgeschichten beginnt. – Schreibt phantast., teilweise im Science-fiction-Genre angesiedelte Erzählungen im Stil der paralit. Gattungen des 20. Jh. Berühmt geworden v. a. durch die in den 1930er Jahren verfaßte Kriminalserie um Harry Dickson, 105 Erzählungen in 21 Bänden e. Gesamtausgabe.

W: Les contes du whisky, Nn. 1925; La cité de l'indicible peur, R. 1943; Malpertuis, R. 1943; Le livre des fantômes, R. 1947; Les aventures d'Harry Dickson, R. XXI 1980. – Œuvres complètes, Laffont 1963ff.

Raya, D. → Rāy, Dvijendralāl

Raymond, René → Chase, James Hadley

Raynal, Paul, franz. Dramatiker, 25. 7. 1885 Narbonne – 20. 8. 1971 Paris. Verfaßte 1913 s. erstes Bühnenstück, e. Liebes- u. Freundschaftsdrama ›Le maître de son cœur‹; bevor es zur Aufführung kam, wurde R. bei Ausbruch des 1. Weltkriegs eingezogen. Die endgültige Aufführung 1920 wurde zum erfolgr. Beginn s. Dramatikerlaufbahn. S. nächstes Drama ›Le tombeau sous l'Arc de Triomphe‹ wurde mit rd. 9000 Aufführungen das meistgespielte europ. Weltkriegsdrama. – Erfolgr. Dramatiker. Der 1. Weltkrieg inspirierte ihn zu den Themen s. bedeutendsten Bühnenstücke: die Auflehnung der Kämpfenden gegen Gleichgültigkeit u. Unwissenheit der Zivilisten (›Le tombeau sous l'Arc de Triomphe‹), die Marneschlacht u. die nationale Wiedergeburt Frankreichs (›La Francerie‹), die Meutereien an der mazedon. Front 1917 u. der Konflikt zwischen Disziplin u. Menschlichkeit (›Le matériel humain‹). R. sucht nach e. neuen Formel für die mod. Tragödie in Anlehnung an die klass. Tragödie Corneilles u. Racines: Einheit der Zeit, größtmögliche Beschränkung in der Anzahl der Personen, die sich in unerbittl. Auseinandersetzungen gegenüberstehen, Sparsamkeit der darsteller. Mittel, echtes Pathos. S. Schwäche besteht in dem gelegentl. Abgleiten in Emphase u. Deklamation.

W: Le maître de son cœur, Dr. 1920 (d. 1924); Le tombeau sous l'Arc de Triomphe, Tr. 1924 (Das Grabmal des Unbekannten Soldaten, d. 1926); Lettres d'un témoin, 1930; Au soleil de l'instinct, Dr. 1932; La Francerie, Tr. 1933 (Die Marne, d. 1933); Le matériel humain, Tr. 1935 (d. 1946); Napoléon unique, Dr. 1937 (Seine einzige Liebe, d. 1949); A souffert sous Ponce-Pilate, Dr. 1941; Tous les saints du Paradis, Dr. 1946; Le dix-neuvième siècle, Ess. 1951.

L: B. Halda, Points cardinaux, 1936.

Raynouard, François-Juste-Marie, franz. Schriftsteller, 8. 9. 1761 Brignolles/Var – 27. 10. 1836 Passy. Advokat, 1793 als Girondist verhaftet. Ab 1800 Dramatiker in Paris. 1807 Mitglied der Académie Française. – Dramatiker, Philologe u. Historiker; Vf. romant. inspirierter Tragödien; s. eigentl. Verdienst liegt auf dem Gebiet der roman. Sprache, bes. der provenzal. Sprache u. Lit.
W: Caton d'Utique, Tr. 1794; Les Templiers, Tr. 1805 (d. 1806); Les États de Blois, Abh. 1814; Grammaire romane, Abh. 1816; Choix de poésies originales des troubadours, VI 1816–21 (n. VII 1966); Camoëns, G. 1819; Lexique roman, VI 1838–44. – Grammaire Comparée des langues de l'Europe latine dans leur rapport avec la langue des troubadours, hg. 1921.
L: H. Sternbeck, 1967.

Ráž, Roman, tschech. Schriftsteller, * 28. 5. 1935 Prag. Sohn e. Unternehmers (der Opfer kommunist. Justiz wurde), nach dem Abitur (1953) Stud. Kunstgesch. u. Ästhetik an der Univ. Brno, dann Filmakademie in Prag, Dramaturg u. nach 1971 Berufsschriftsteller. – S. Prosawerke u. Dramen (Hör- u. Fernsehspiele) sind v. a. psychol.-ethisch. Problematik gewidmet, begleitet oft von Elementen e. gesellschaftskrit. wie auch analytisch-reflexiven u. absurden Lit.
W: Jediná noc, En. 1962; Učitel ptačího zpěvu, E. 1966; Jednou se ohlédneš, E. 1968; Kdo umlčel Matyáše, E. 1968; Smyčka, Drr. 1968; Smrt v kaštanovém domě, R. 1976; Prodavač humoru, R. 1979; Bludné kameny, R. 1981; Vrabčí hnízdo, R. 1983; Šokmistr, R. 1985; Pokušení na konci léta, R. 1989; In flagranti, R. 1989; Cesta po kolenou, R. 1992.

Razcvetnikov, Asen (eig. A. Kolarov), bulgar. Dichter, 2. 11. 1897 Draganovo – 30. 7. 1951 Moskau. – S. Lyrik zeichnet sich durch philos.-pessimist. Einstellungen aus. Einer der besten bulgar. Kinderautoren. Übs. Homers, Goethes, der Brüder Grimm, S. Zweigs, Molières, O. Wildes u. a.
W: Žertveni kladi, G. 1924; Dvojnik, Poem 1927; Planinski večeri, G. 1934; Stichotvorenija, G. 1942; Podvigŭt, N. 1963. – AW, III 1963.
L: Z. Petrov, 1963; L. Stamatov, 1978; V. Nikolova, 1984; I. Stankov, 1998.

Rázus, Martin, slovak. Dichter, 18. 10. 1888 Vrbica – 8. 8. 1936 Brezno am Hron. Arbeitersohn, Stud. evangel. Theol. Preßburg, Edinburgh; ab 1925 polit. tätig, 1930 Pastor in Brezno. – Nach pessimist. Jugendlyrik im Stile der slovak. Moderne wurde R. Künder der nationalen Sehnsucht u. Not; krit. Reaktion auf alle Erscheinungen des polit., sozialen u. kulturellen Lebens, erlag vor s. Tod wieder pessimist. Meditationen. S. Prosa behandelt soziale, nationale u. gesellschaftl. Themen, später auch hist.; bes. wertvoll sind s. Memoiren.

W: Z tichých a búrnych chvil', G. 1919; C'est la guerre – To je vojna, G. 1919; Hoj, zem drahá, G. 1919; Kameň na medzi, G. 1925; Kresby a hovory, 1926; Šípy duše, G. 1929; Svety, R. IV 1929; Argumenty, Ess. 1932; Maroško, Aut. 1932; Maroško študuje, Aut. 1933; Bača Putera, Ep. 1934; Cestou, G. 1935; Krčmársky kráľ, R. II 1935; Odkaz mŕtvych, R. 1936; Ahasver, Dr. 1936; Bombura, Nn. 1937; Stretnutie, G. 1937. – Zobrané spisy (GW), XX 1940–43.
L: J. Juríček, 1993; M. Gáfrik, 1995, 1998.

Rea, Domenico, ital. Erzähler, * 8. 9. 1921 Nocera Inferiore b. Neapel. Autodidakt, wurde durch das Erlebnis von Krieg und Besatzungszeit zum Schriftsteller, gefördert von F. Flora. – Eigenwilliger, sozialkrit. Erzähler des ›neorealismo‹ mit Stoffen und Themen aus s. neapolitan. Heimat und in e. aus Umgangston und Dialekt bereicherten Sprache. Weniger erfolgr. als Dramatiker.
W: Spaccanapoli, En. 1947; Le formicole rosse, Dr. 1948; Gesù, fate luce, E. 1950; La signora scende a Pompei, E. 1952; Ritratto di maggio, E. 1953; Quel che vide Cummeo, E. 1955; Una vampata di rossore, R. 1959; Il re e il lustrascarpe, Es.-Slg. 1961; I racconti (1945–54), 1965; L'altra faccia, E. 1965; Gabbiani, E. 1966; Questi tredici, En. 1968; Re Mida, K. 1979; Fondaco nudo, En. 1985; Niufa plebea, R. 1993.
L: C. Piancastrelli, 1975; V. Romeo, 1987; L. Onorati, 1999; A. De Consoli, Le due Napoli di D. R., 2002.

Read, Sir Herbert (Edward), engl. Essayist, Kritiker und Dichter, 4. 12. 1893 Kirkbymoorside/ Yorkshire – 12. 6. 1968 Malton. Bauernsohn, Bankangestellter; Stud. in Leeds vorzeitig abgebrochen wegen Teilnahme am 1. Weltkrieg; Hauptmann. ⚭ 1919 Evelyn Roff; 2. Ehe mit Margaret Ludwig. 2 Jahre Tätigkeit im brit. Schatzkanzleramt, dann 1922–31 stellv. Leiter des Victoria and Albert Museum, London. 1931–33 Prof. für Kunstwiss. in Edinburgh, 1935/36 in Liverpool, Prof. für Dichtkunst in Harvard, 1933–39 Hrsg. des ›Burlington Magazine‹. 1953 geadelt. – S. Dichtung wurde durch den Imagismus und die Psychoanalyse beeinflußt, er zeichnet Impressionen, rührt aber zugleich an metaphys. Fragen; z. T. Anklänge an kommunist. Ideen. Bedeutender als Essayist und Kritiker. Harter, sachl. knapper, eleganter Stil, ausgezeichnete Beobachtungsgabe, klare lit.krit. Analysen. Beschäftigte sich vielseitig mit Fragen der Kunst, Lit., Philos., Politik und Erziehung.
W: Naked Warriors, G. 1919; Eclogues, G. 1919; Mutations of the Phoenix, G. 1923; Reason and Romanticism, Es. 1926; English Prose Style, Es. 1928; Phases of English Poetry, Es. 1928; The Sense of Glory, Es. 1929; Wordsworth, Es. 1930; The Meaning of Art, Es. 1931; Form in Modern Poetry, Es. 1932; The End of a War, G. 1933; The Innocent Eye, Aut. 1933; Art and Industry, Es. 1934 (d. 1958); Poems 1914–34, 1935; Art and Society, Es. 1937 (d. 1957); Poetry and Anarchism,

Es. 1938; Essays in Literary Criticism, 1938; Thirty-Five Poems, 1940; Annals of Innocence and Experience, Aut. 1940; A World Within a War, G. 1944; Collected Poems, 1946, 1953, 1966; The Grass Roots of Art, Es. 1946 (Wurzelgrund der Kunst, d. 1953); The Philosophy of Modern Art, Es. 1952; The True Voice of Feeling, Es. 1953; Icon and Idea, Es. 1955 (d. 1960); Moon's Farm, G. 1956; The Tenth Muse, Ess. 1957 (Die Kunst der Kunstkritik, d. 1957); A Concise History of Modern Painting, Schr. 1959 (d. 1959); Kandinsky, B. 1959; Aristotle's Mother, Sch. 1960; The Form of Things Unknown, Ess. 1960; A Letter to a Young Painter, Es. 1962; The Contrary Experience, Aut. 1963; To Hell With Culture, Ess. 1963; Selected Writings: Poetry and Criticism, 1964; The Origins of Form in Art, St. 1965; Henry Moore, B. 1965; Poetry and Experience, Ess. 1966; The Redemption of the Robot, Es. 1966; Arp, St. 1969. – *Übs.:* Worte sagen aus, G. zweisprachig 1962.

L: H. Treece, hg. 1944; F. Berry, 1953; R. Skelton, hg. 1970; G. Woodcock, 1972; W. T. Harder, 1972; J. King, B. 1990; D. Goodway, hg. 1998.

Reade, Charles, engl. Erzähler und Dramatiker, 8. 6. 1814 Ipsden/Oxfordshire – 11. 4. 1884 London. Sohn e. Gutsbesitzers, Stud. Oxford, lehrte ebda., 1851 Vizepräsident des Oxforder Magdalen College. Wurde 1843 zum Advokaten ernannt, übte den Beruf jedoch nie aus. – Begann in London s. lit. Laufbahn mit Dramen, die trotz flüssiger Dialoge wenig bedeutungsvoll waren. Arbeitete e. dieser Dramen ›Peg Woffington‹ zu e. Roman um, der sehr beliebt wurde. Es folgten zahlr. weitere Romane, denen er vielfach dokumentar. Berichte zugrunde legte. Auch bei zeitgenöss. Stoffen trieb er Urkundenstudien und sammelte Einzelbeobachtungen, die er meisterl. in die Erzählungen einflocht. Einzelne der Romane zeigen soziale Mißstände auf, so beleuchtet ›Hard Cash‹ die Zustände in psychiatr. Kliniken. S. berühmtester Roman ›The Cloister and the Hearth‹ gibt e. melodramat., sehr anschaul. Kulturbild des 15. Jh.

W: Peg Woffington, Dr. u. R. 1853; Gold, Dr. 1853; It is Never Too Late to Mend, R. III 1856 (als Dr. n. L. Rives 1940); The Cloister and the Hearth, R. IV 1861 (d. 1901, u. d. T. Die weltl. u. geistl. Abenteuer des jungen Herrn Gerard, 1966); Hard Cash, R. III 1863 (d. 1864); Griffith Gaunt, R. 1866; Foul Play, R. 1869 (d. 1912); Put Yourself in his Place, R. III 1870; A Terrible Temptation, R. III 1871; A Woman Hater, R. III 1877. – The Uniform Library Edition, XVII 1895; Plays, hg. M. Hammet, 1986.

L: C. L. u. C. Reade, II 1887; J. Coleman, 1903; M. Elwin, 1931 (m. Bibl.); A. M. Turner, The Making of the Cloister and the Hearth, 1938; L. Rives, Toulouse 1940; W. Burns, 1961; E. E. Smith, 1976.

Reading, Peter, engl. Lyriker, * 27. 7. 1946 Liverpool. Stud. Liverpool College of Art, Lehrer, Dozent, Writer-in-Residence, auch Techniker in der Agrarindustrie 1970–81 u. seit 1983. – Umstrittener, aber wichtiger Autor. S. Texte unterschiedlichster Länge weisen mit ihren provokativ degoutanten oder grausamen Sujets in Collagen fragmentar. Zitate aus Sensationsmedien u. anderen Diskursen (in teilweise klass. Prosodie) e. in Großbritannien eher seltenen Bezug zu postmodernen Experimenten auf und verraten zugleich den verbitterten Satiriker.

W: For the Municipality's Elderly, 1974; The Prison Cell & Barrel Mystery, 1974; Fiction, 1979; Nothing for Anyone, 1981; Tom o'Bedlam's Beauties, 1981; Diplopic, 1983; C., 1984; Ukulele Music, 1985; Essential Reading, 1986; Stet, 1986; Final Demands, 1988; 3 in 1, 1992; Evagatory, 1992; Perduta Gente, 1994; Last Poems, 1994; Collected Poems, II 1995/96; Work in Regress, 1997; Ob, 1999; Marfan, 2000; [untitled], 2001; Faunal, 2002.

L: I. Martin, 2000.

Réage, Pauline, ungelüftetes Pseudonym des Autors drast. deutl. erot. Romans ›L'histoire d'O‹ über e. junges Mädchen, das von s. Verlobten unvorbereitet e. Männer-Geheimbund ausgeliefert wird, dort sexuelle Erniedrigung u. Versklavung, erzwungene Promiskuität und Prostitution über sich ergehen lassen muß und dieses Schicksal schließl. als die eigentl. Erfüllung der weibl. Sexualrolle erkennen u. lieben lernt. ›Retour à Roissy‹ bringt das ursprüngl. unterdrückte 5. Kapitel des Romans. In die Spekulationen um die wahre Identität des Autors wurde zunächst u. a. J. Paulhan mit einbezogen, der das Vorwort beisteuerte; heute vermutet man hinter dem Pseudonym allg. die franz. Kritikerin u. Übs. Dominique Aury (eig. Anne Declos, * 23. 9. 1907).

W: L'histoire d'O, 1954 (d. 1967); Retour à Roissy, 1969 (d. 1969); On m'a dit, ²1995; Vocation clandestine, 1999.

Reaney, James Crerar, kanad. Dichter, Dramatiker u. Erzähler, * 1. 9. 1926 South Easthope/Ontario. 1960–92 Prof. für Philos. an der Univ. of Western Ontario. – S. spieler. Lyrik verwendet traditionelle lyr. u. ikonograph. Formen; die Dramen sind multimedial, episod. und symbol. Zu s. Themen zählen Imagination, Unschuld u. Erfahrung, das Böse, Bildungsprozesse u. Geschichte. Auch Libretti, Kinderbücher u. -dramen.

W: The Red Heart, G. 1949; A Suit of Nettles, G. 1958; The Kill-Deer, Drr. 1962; The Dance of Death in London, G. 1963; Colours in the Dark, Dr. 1969; Listen to the Wind, Dr. 1972; Masks of Childhood, Drr. 1972; Baldoon, G. 1976; The Dismissal, Dr. 1978; Wacousta!, Dr. 1979; The Donnelly Trilogy, Drn. 1983; Imprecations, G. 1984; Performance Poems, 1990; The Gentle Rain Food Co-op, Dr. 1998.

L: R. G. Woodman, 1971; J. S. Reaney, 1977; S. Dragland, hg. 1983; R. Stingle, 1990; G. D. Parker, 1991.

Rebatet, Lucien, franz. Schriftsteller, 1903 Mons-en-Vaillore/Drôme – 24. 8. 1972. Versch. Berufe, dann Musik- u. Filmkritiker (Ps. François Vineuil). Anhänger von Maurras' ›Action Française‹; 1932–44 Redakteur bei den nationalist. Ztn. ›Je suis partout‹ u. ›La Revue Universelle‹, später bei ›Rivarol‹. Der anglophobe Nationalist u. Antirepublikaner R. wurde 1946 wegen s. Haltung während des Krieges zum Tode verurteilt u. 1947 begnadigt. – Zeichnet mit furiosem Stil, in e. Stakkato von Haß, Bissigkeit u. militanter Schärfe, e. Bild des 2. Weltkriegs aus Vichy-Perspektive, in dem die Gestalten als Sinnbilder e. ungehemmten Aktionismus' fungieren (›Les décombrés‹). Vor hist. Hintergrund schildert er Leben u. Schicksal von Ausnahmemenschen.

W: Mémoires d'un fasciste, II 1938–47; Les décombrés, R. 1943; Les deux étendards, R. 1952 (Weder Gott noch Teufel, d. 1964); Les épis mûrs, R. 1954; Une histoire de la musique, Ess. 1969.

L: B. Gautner, 1999.

Rebell, Hugues (eig. Georges-Joseph Grassal), franz. Romanschriftsteller, 27. 10. 1867 Nantes – 6. 3. 1905 Paris. Kaufmannssohn; Jesuitenkolleg in Jersey; Verbindung zu den Schriftstellern der symbolist. u. roman. Schule. – Vf. von Gedichten, vorzugsweise im ›vers libre‹, lit.krit. Abhandlungen u. Romanen; anfängl. vom Symbolismus beeinflußt, dann Wendung zur roman. Schule mit ihrer Forderung nach Klarheit u. Strenge des Ausdrucks u. ihrem griech.-lat. Traditionalismus. Vf. hist. Romane mit farbiger, phantasievoller Schilderung, beeinflußt von P. Louÿs.

W: Les jeudis saints, G. 1886; Les méprisants, G. 1886; Les Etourdissements, G. 1888; Athlètes et psychologues, St. 1890; Les Chants de la pluie et du soleil, G. 1894; La Nichina, R. 1897; La Câlineuse, R. 1899; L'espionne impériale, R. 1899; La Camorra, R. 1900; La méthode scientifique de l'histoire littéraire, Abh. 1900; Les nuits chaudes du cap français, R. 1901 (d. 1969); Le diable est à table, R. 1905; Gringalette, R. 1905; Chants de la patrie et de l'exil, G. 1930.

L: M. Boisson, 1931; J. Brueckmann, Diss. Bonn 1937; T. Rodange, 1994.

Rebora, Clemente, ital. Lyriker, 6. 1. 1885 Mailand – 1. 11. 1957 Stresa/Novara. Oberschullehrer, Mitarbeiter mehrerer Zsn., u. a. von ›La Voce‹; ging 1931 ins Kloster. – In s. sehr plast. Lyrik, in der sich s. Einsamkeitsgefühl der Welt gegenüber ausdrückt, wird die Sehnsucht nach der Einheit mit der Natur deutl. Hervorragender Kenner der russ. Lit. und der oriental. Mystik, übersetzte Tolstoj, Gogol, u. a.

W: Frammenti lirici, G. 1913; Notte a bandoliera, G. 1914; Canti anonimi, G. 1922; Poesie religiose, G. 1936; Curriculum vitae, G. 1955; Canti dell' infermità, G. 1956; Eco del ciel più grande, G. 1956. – Le poesie 1913– 57, hg. G. Scheiwiller 1961; Lettere 1893–1957, hg. M. Marchione 1976–82.

L: M. Marchione, L'immagine vera, 1960; M. Guglielminetti, 1961; M. DelSerra, 1976; N. Sarale, 1981; D. Valli, Cinque studi per C. R., 1997; G. De Santi, hg. 1999.

Reboux, Paul (eig. P.-Henri Amillet), franz. Romanschriftsteller, 21. 5. 1877 Paris – 14. 2. 1963 Nizza. Journalist, Hrsg. mehrerer Pariser Zeitungen (›Le Journal‹, ›Paris Soir‹ u. a.) u. Mitarbeiter beim Rundfunk. – Neben hist. u. galanten Liebesromanen lit.krit. Schriften sowie humorvoll-belehrende populärwiss. Werke (Medizin, Gastronomie usw.). E. s. bekanntesten Werke, e. Sammlung geistreicher ›Pastiches‹ u. d. T. ›A la manière de ...‹, entstand in Zusammenarbeit mit C. Müller, nach dessen Tod 1914 von R. allein weitergeführt.

W: Maison de danse, R. 1904; Le Phare, R. 1907 (d. 1926); Trio, R. 1924; Colette, Es. 1925; Le nouveau savoir-vivre, Abh. 1930 (d. 1932); Mme du Barry, R. 1932; Les deux amours de Cléopatre, R. 1939; Liszt ou les amours romantiques, R. 1940; Lady Hamilton, R. 1948; Le Calvaire de Marie Stuart, R. 1948; A la manière de ..., Pastiches 1951; Le sixième sens, R. 1953; Mes mémoires, Aut. 1956; La Belle Gabrielle qu'aime Henri IV, R. 1957.

Rebreanu, Liviu, rumän. Schriftsteller, 27. 11. 1885 Târlişiua – 1. 9. 1944 Valea Mare b. Piteşti (Selbstmord). Sohn e. Dorfschullehrers, Stud. Lit. Wien u. Budapest, Theaterdirektor, 1939 Mitgl. der Rumän. Akad. – Gilt als der bedeutendste Romancier, Initiator des psycholog.-realist. Romans in der rumän. Lit. E. großartiger Epiker, schildert ohne Pathos das Leben des siebenbürg. Dorfes; leidenschaftl., von Eros u. Grundbesitzwunsch trunkene Bauern bewegen sich in e. traumhaften Rhythmus, der von Urgefühlen jenseits gewöhnl. eth. Kategorien bestimmt wird. Meisterhaft stellt R. Massenszenen dar. Die Haupthelden werden dabei nicht vernachlässigt; aus dem Tumult der Masse wechselt er geschickt zum Seelenaufruhr des einzelnen über. Eilige Kritiker haben R. zum Naturalisten gestempelt; er ist jedoch e. nüchterner Beobachter, der realistisch die wenigen ewigen Grundprobleme der Menschheit neu entdeckt.

W: Frământări, N. 1912 (Die Einfältigen, d. 1943); Golanii, N. 1916; Mărturisire, N. 1919; Calvarul, N. 1919; Răfuiala, N. 1919; Cadrilul, Dr. 1919; Ion, R. II 1920 (Die Erde, die trunken macht, d. 1941, u. d. T. Mitgift, 1969); Iţic Ştrul dezertor, N. 1921; Norocul, N. 1921; Catastrofa, N. 1921; Pădurea spânzuraţilor, R. 1922 (Der Wald der Gehenkten, d. 1966); Plicul, Dr. 1923; Adam şi Eva, R. 1925 (d. 1952); Apostolii, Dr. 1926; Ciuleandra, R. 1927 (franz. 1929); Crăişorul, R. 1929; Răscoala, R. 1932 (Der Aufstand, d. 1942); Jar, R. 1934; Gorila, II 1938; Amândoi, 1940 (Alle beide, d.

1944). – Opere alese, VI 1958f., II 1962; Opere, XI 1968ff. – *Übs.*: Alltägliche Geschichten, 1960; Die Waage der Gerechtigkeit, Nn. 1963.

L: A. Giambruno, Rom 1937; G. Călinescu, 1939; I. Ichim, 1940; M. Kutelt, Tirana 1944; G. Maurer, Berlin 1953; O. Crohmălniceanu, 1954; Li King, Peking 1959; F. L. Rebreanu, Cu soţul meu, 1963; Al. Piru, 1965; E. Strebingerová, Prag 1965; L. Raicu, 1967; G. Kormos, 1975; A. Săndulescu, 1976; N. Gheran, 1989.

Recai-zade, Mahmud Ekrem, türk. Dichter u. Schriftsteller, 1. 3. 1847 Istanbul – 31. 1. 1914 ebda. Sohn e. bekannten Gelehrten u. Staatsbeamten, mußte die Kriegsschule wegen schwacher Gesundheit verlassen; Verwaltungsbeamter; 1877 Staatsratsmitglied, 1880–88 Literaturlehrer, 1908 vorübergehend Minister, dann Senator. – Lit. vielseitiger Anhänger des L'art-pour-l'art-Prinzips, trug als Kritiker u. Anreger maßgebend zur europ. Orientierung der türk. Lit. um die Jahrhundertwende (Servet-i Fünun-Schule) bei. S. Roman ›Araba Sevdasi‹ gehört zu den Frühwerken des türk. Realismus.

W: Afife Anjelik, Sch. 1870; Nağme-i-Seher, G. 1871; Vuslat, Sch. 1874; Zemzeme, G. III 1883–85; Takdir-i Elhan, Ess. 1886; Araba Sevdasi, R. 1896 (n. 1940, 1963); Çok Bilen Çok Yanilir, Sch. 1914 (n. 1941, 1970).

L: I. H. Ertaylan, 1932; Ş. Kurgan, 1954; I. Parlatir, 1986.

Rechy, John (Francisco), amerik. Schriftsteller, * 10. 3. 1934 El Paso/TX. Mexikan.-amerik. Abstammung; Stud. Texas Western College (B. A.), New School for Social Research; Prof. an der Univ. of Southern California. – Schildert in s. Romanen das Leben Homosexueller, Prostituierter und ethn. Außenseiter bes. in Los Angeles.

W: City of Night, R. 1963 (d. 1965); Numbers, R. 1967 (d. 1968); This Day's Death, R. 1969; Vampires, R. 1971; The Fourth Angel, R. 1972; The Sexual Outlaw, Ber. 1977; Rushes, R. 1979; Bodies & Souls, R. 1983; Marilyn's Daughter, R. 1988; The Miraculous Day of Amalia Gómez, R. 1991; Our Lady of Babylon, R. 1996; The Coming of the Night, R. 1999 (d. 2002); Mysteries and Desire, Multimedia-Aut. 2000; The Life and Adventures of Lyle Clemens, R. 2003.

L: C. Casillo, 2001.

Réda, Jacques, franz. Schriftsteller, * 1929 Lunéville. Jesuitenschüler, Jurastud., Journalist, Chefredakteur der ›Nouvelle Revue Française‹. – Vf. von Gedichten, Romanen, Essays. Konzentriert sich in s. Werken auf die Begegnung mit Landschaften, ländl. Szenerien, auch mit den im Zuge der Urbanisierung veränderten Stadtbildern; im Vordergrund stehen lit. Spaziergänge durch Paris. Verbindet die Lit. mit der Musik, begeisterter Anhänger von Jazz und Blues.

W: All stars, G. 1953; Cendres chaudes, G. 1953; Amen, G. 1968; Récitatif, G. 1970; La Tourne, G. 1975; Les ruines de Paris, G. 1977; Anthologie des musiciens de Jazz, G. 1981; Hors les murs, G. 1982; Beauté suburbaine, G. 1985; Châteaux des courants d'air; La Sauvette, G. 1995; Autobiographie du Jazz, Ess. 2002.

Redgrove, Peter (William), engl. Schriftsteller, * 2. 1. 1932 Kingston-on-Thames/Surrey. Stud. Cambridge, Chemiker, Journalist, Dozent, Laienpsychologe. – Bekannt v. a. als Verf. einer stark bildhaften, visionären, oft überschwengl. und symbolist.-myst. Naturlyrik, die auf der Basis von Naturwissenschaft und Psychoanalyse das Transzendente mit dem Wissenschaftl.-Faktischen zu verschmelzen sucht. Dabei Einsatz von Techniken der Traumdeutung sowie der ›écriture automatique‹. Auch Verf. metaphorischer, bildhafter Romane sowie psychoanalyt. Sachbücher.

W: The Collector, G. 1960; At the White Monument, G. 1963; Love's Journeys, G. 1971; Sons of My Skin, G. 1975; The Wise Wound (m. P. Shuttle), Sb. 1978 (d. 1980); The Beekeepers, R. 1980; The Facilitators, R. 1982; The Man Named East, G. 1985; The Mudlark Poems and Grand Buveur, G. 1986; The Moon Disposes, G. 1987; Dressed as for a Tarot Pack, G. 1990; The Cyclopean Mistress, Kgn. 1993; Sex-Magic-Poetry-Cornwall, G. 1994; Abyssophone, G. 1995.

L: N. Roberts, The Lover, the Dreamer and the World, 1994.

Redi, Francesco, ital. Dichter, 18. 2. 1626 Arezzo – 1. 3. 1698 Pisa. Stud. 1643–47 Medizin u. Philos. in Pisa. Zahlr. Reisen nach Rom, Neapel, Bologna, Venedig u. Padua. ›Primo medico‹ Ferdinands II. u. Cosimos III.; Mitgl. der ›Accademia della Crusca‹, Mitarbeiter an deren Wörterbuch. – Durch s. wiss. Untersuchungen fördert er den Aufschwung der Naturwiss., durch s. philolog. Arbeiten Vorläufer der mod. Dialektforschung u. der roman. Philol. Bes. Verdienste um die Erforschung der Etymologie des toskan. Dialekts. Von s. Oden, Sonetten u. Dithyramben ist am bekanntesten die von Poliziano, Chiabrera u. Marino beeinflußte Dithyrambe ›Bacco in Toscana‹, e. Lobgedicht auf die toskan. Weine.

W: Bacco in Toscana, G. 1685 (n. V. Osimo 1927, m. Lettere e consulti); Opere, VII 1712–28, IX 1809–11; Consulti medici, 1958; Il vocabolario aretino di F. R., hg. A. Nocentini 1989.

L: A. Biagi, 1968; W. Bernardi, 1999; L. Mangani, hg. 1999.

Redliński, Edward, poln. Prosaist und Dramatiker, * 1. 5. 1940 Franopol b. Białystok. Aus Bauernfamilie. Absolvierte in Warschau TU und Journalistikstudium. 1981–91 in New York. – Eingebunden in biograph. Erfahrung, thematisiert sein Werk u. a. den Verlust ländlicher Traditionen, des ›Polentums‹ in der Emigration und soz. Bindungen im beruflich bedingten Aufstieg.

W: Listy z Rabarbaru, En. 1967; Konopielka, R. 1973; Awans, R. 1973 (Aufschwung oder das Paradies, d. 1978); Szczuropolacy, R. 1994; Sarmać, R. 2003.

Redol, António Alves, portugies. Erzähler, 29. 12. 1911 Vila Franca de Xira b. Lissabon – 29. 11. 1969 Lissabon. Aus bescheidenen Verhältnissen; versch. Berufe, Aufenthalt in Angola, Reisen nach Paris u. Polen. – Sozialkrit., regionalist. Neorealist, formal nicht immer ausgereift, mit ungewöhnl. reichem Wortschatz und eindringl. Lokalkolorit.

W: Glória, R. 1938; Gaibéus, R. 1939; Nasci com Passaporte de Turista, Nn. 1940; Mares, R. 1941; Avieiros, R. 1942; Fanga, R. 1943; Espólio, En. 1944; Anúncio, R. 1945; Porto Manso, R. 1946; Forja, Tr. 1948; Port-Wine, R.-Tril.: Horizonte Cerrado, 1949, Os Homens e as Sombras, 1951, Vindima de Sangue, 1953; Cancioneiro do Ribatejo, G. 1950; Os Reis Negros, R. 1952; A Barca dos Sete Lemes, R. 1958; O Romanceiro Geral do Povo Português, G. 1959; Barranco de Cegos, R. 1962; Histórias Afluentes, 1963; Teatro, 1966ff.

L: J. Almeida, 1959; M. F. Mendes, 1992; A. P. Ferreira, 1992; Garcez de Silva, 1994; M. G. Besse, 1997; M. J. Martinho, 2001.

Reed, Ishmael, afroamerik. Schriftsteller, * 22. 2. 1938 Chattanooga/TN. Jugend in Buffalo/NY; dort State Univ., Abbruch 1960; geht nach New York, Gelegenheitsjobs, Kontakt mit Autoren, journalist. Arbeiten (u.a. für Untergrundzeitschrift ›East Village Other‹); 1967 nach Kalifornien; lehrt in Berkeley; gibt zahlreiche Anthologien heraus, gründet 1976 (mit Victor Hernandez Cruz) Before Columbus Foundation (Zus.schluß nichtweißer Autoren). – R. gilt seit s. ersten Roman (1967) als kulturkrit., postmoderner, eigenwillig synkretist. Erzähler, Lyriker u. Essayist, nach 1980 auch als Dramatiker, der schwarze Kultur u. Geschichte als Hefe im Teig e. multikulturellen, grundsätzlich hybriden amerik. Kultur versteht. In s. metafiktionalen, genresprengenden, collageartigen Texten geraten mittels Parodie, Jeremiade, ›slave narrative‹, Travestie u. Pastiche populäre amerik. Erzählformen wie Autobiographie, Western, Detektiv- u. Campusroman sowie ethnozentr. u. feminist. Konzepte im Sinn einer ›cross-cultural fertilization‹ (transkulturellen Befruchtung) in unerwartete, oft humorvolle, immer beunruhigende u. normenkritische Bewegung.

W: The Free-Lance Pallbearers, R. 1967; Yellow Back Radio Broke-Down, R. 1969; catechism of d neo-american hoodoo church, G. 1970; 19 Necromancers from Now, Anth. 1970; Mumbo Jumbo, R. 1972; Conjure, G. 1972; Chattanooga, G. 1973; The Last Days of Louisiana Red, R. 1974; Flight to Canada, R. 1976; Shrovetide in New Orleans, Ess. 1978; The Terrible Twos, R. 1982 (Die Weihnachtsmann-Connection, d. 1993); God Made Alaska for the Indians, Ess. 1982; Writing is Fighting, Ess. 1988; The Terrible Threes, R. 1989; Savage Wilds, Dr. 1990; Japanese by Spring, R. 1993; Airing Dirty Laundry, Ess. 1993; The Preacher and the Rapper, Dr. 1994; Hubba City, Dr. 1996; C. above C. above High C., Dr. 1997; MultiAmerica: Ess. on Cultural Wars and Cultural Peace, 1997; The Reed Reader, 2000.

L: B. A. Dick, The Critical Response, 1999.

Reed, John (Silas), amerik. Journalist u. Dichter, 22. 10. 1887 Portland/OR – 19. 10. 1920 Moskau. Stud. Harvard, Reporter unter L. Steffens' Anleitung; radikale Gesinnung; Hrsg. von ›The Masses‹. – Vf. brillanter Reportagen über die mexikan. Wirren und die bolschewist. Revolution in den von Lenin selbst gebilligten ›Ten Days That Shook the World‹; Idol der revisionist. amerik. Linken.

W: Sangar, G. 1912; Insurgent Mexico, Rep. 1914 (d. 1978); The War in Eastern Europe, Rep. 1916; Tamburlaine, G. 1917; Red Russia, Rep. 1919; Ten Days That Shook the World, Rep. 1919 (d. 1957); Daughter of the Revolution, Nn. 1927. – Collected Works, 1995; The Education of J. R., Ausw. 1955; Complete Poetry, hg. J. A. Robbins 1973; John Reed of the Masses, hg. J. C. Wilson 1987; J. R. and the Russian Revolution, Anth. hg. E. Homberger, J. Biggart 1992.

L: L. Steffens, [2]1922; G. Hicks, J. Stuart, 1936; R. O'Connor, D. L. Walker, The Lost Revolutionary, 1967; B. Gelb, 1973; R. A. Rosenstone, 1975; D. C. Duke, 1987; A. Baskin, 1990; E. Homberger, 1990; D. W. Lehman, 2002.

Reeve, Clara, engl. Romanschriftstellerin, 23. 1. 1729 Ipswich – 3. 12. 1807 ebda. Tochter e. Geistlichen. – ›The Champion of Virtue, a Gothic Story‹ ist e. Nachahmung von Walpoles ›Castle of Otranto‹, in der Charakterzeichnung beeinflußt durch die empfindsamen Romane, bes. durch Richardson. ›The Progress of Romance‹ ist e. Bericht über das Romanschaffen ihrer Zeit.

W: The Champion of Virtue, R. 1777 (u.d.T. The Old English Baron, 1778; n. J. Trainer 1967); The Two Mentors, R. II 1783; The Progress of Romance, Es. 1785 (n. 1930); The Exiles, or Memoirs of the Count de Cronstadt, R. III 1788; The School for Widows, R. III 1791; Memoirs of Sir Roger de Clarendon, R. III 1793.

L: L. Hargrave, 1975.

Refik Halit Karay → Karay, Refik Hallit

Régio, José (eig. José Maria dos Reis Pereira), portugies. Dichter, 17. 9. 1901 Vila do Conde – 23. 12. 1969 ebda. Stud. roman. Philol. Coimbra; Mithrsg. der modernist. ›Presença‹, Gymnasialprof. in Portalegre. – Antikonventionelle Ästhetik u. strenger Formwille. Vf. von Romanen mit satir.-iron. Zügen unter Einfluß Wildes u. Prousts, Novellen, meist relig. getönter Lyrik und teils psycholog., teils satir. Dramen, bes. am Expressionismus inspirierten Mysterienspielen; auch zeitkrit.-satir. Essayist.

W: Poemas de Deus e do Diabo, G. 1929; Biografia, G. 1929; Jogo da Cabra Cega, R. 1934; As Encruzilhadas de Deus, G. 1936; Em Torno da Expressão Artística, Es. 1940; Fado, G. 1941; Jacob e o Anjo, Mysteriensp. 1941; Davam Grandes Passeios aos Domingos, N. 1941; O Príncipe com Orelhas de Burro, R. 1942; Mas Deus é Grande, G. 1945; A Velha Casa, R. V 1945–66; Histórias de Mulheres, Nn. 1946; Benilde, Dr. 1947; El-Rei Sebastião, Mysteriensp. 1949; A Salvação do Mundo, Tragikom. 1954; Três Peças em um Acto, Drn. 1957; Filho do Homem, G. 1961; Há mais Mundos, Ess. 1963. – Obras Completas (GW), 1971ff.

L: O. Lopes, 1956; E. Lisboa, 1957; N. Gotlib, 1970; L. Piva, 1975; J. Gaspar Simões, 1977; E. Lourenço, 1977; L. Mourão, 1983; U. Tavares Rodrigues, 1986; M. Poppe, 1999.

Regnard, Jean-François, franz. Dramatiker, 7. 2. 1655 Paris – 4. 9. 1709 Château de Grillon/Normandie. Vermögender Kaufmannssohn; Reisen in Flandern, Dänemark, Polen, Dtl., Schweden, Lappland, Baltikum; 1678 auf der Rückreise von Italien zur See von alger. Piraten gefangen, bis 1681 Sklave in Algier. Schrieb darüber s. 1. Roman ›La provençale‹. Kaufte sich 1683 das Amt des kgl. Rentmeisters, lebte als Epikureer auf s. Landsitz Grillon in der Normandie. Schrieb zu s. Vergnügen Komödien mit unwahrscheinl. Situationen u. derbe Lokalpossen, anfängl. für die ital. Bühne in Paris, ab 1697 für die ›Comédie Française‹, Molière-Nachfolger. Glänzende Begabung für farcenhafte, leichte Komödien; weniger glückl. mit Charakter- und Sittenkomödien von tiefgründiger Komik. Verzichtet auf psycholog. Motivierung. Verbindet Sinn für kom. Geschehen, burleske Figuren und Situationskomik mit Schwung und Leichtigkeit des Stils, brillanter Verskunst und spritzigem Dialog. Zu s. besten Stücken gehören ›Le joueur‹, ›Le distrait‹, ›Les folies amoureuses‹ und s. Hauptwerk ›Le légataire universel‹.

W: Voyage de Laponie, Reiseber 1681 (d. 1759); Le divorce, K. 1688 (d. K. F. Kretschmann 1762); Arlequin, homme à bonnes fortunes, K. 1690; La coquette ou l'académie des dames, K. 1691; Attendez-moi sous l'orme, K. 1694; Le bourgeois de Falaise, K. 1694; La foire Saint-Germain, K. 1695; Le joueur, K. 1696 (d. 1790); Le distrait, K. 1697 (d. 1761); Le bal, 1699; Le retour imprévu, K. 1700; Démocrite, K. 1700; Les folies amoureuses, K. 1704; Les Ménechmes, K. 1705 (d. 1900); Le légataire universel, K. 1708 (Der Erbschleicher, d. 1904); La provençale, R. 1731 (n. 1920). – Œuvres, VI 1822f.; Œuvres complètes, II 1874; Théâtre, 1889. – Übs.: Ausw., II 1757.

L: F. Mahrenholtz, 1887; J. Guyot, Le poète J. R. dans son château de Grillon, 1907; J. Jamati, La Querelle du Joueur, 1937; A. Calame, 1960; Q. S. Muntz, Diss. Lond. 1963; D. M. Medlin, New Orleans 1966; W. L. King, Diss. Chapel Hill 1968; B. Griffiths, Diss. 1968; P. Orwen, Boston 1982; M. Compaignon de Marcheville, 1995.

Régnier, Henri François Joseph de (Ps. Hugues Vignix), franz. Dichter, 28. 12. 1864 Honfleur/Calvados – 23. 5. 1936 Paris. Aus adliger Familie; für die diplomat. Laufbahn bestimmt, dann Wendung zur Lit. 10 Jahre ausschließl. Lyriker, dann Romancier, Erzähler u. Essayist. 1896 ∞ Maria de Hérédia, Tochter des Dichters. Lebte längere Zeit in Venedig. 1900 Reise nach USA; 1911 Mitglied der Académie Française. Kritiker für versch. Zsn. – Hauptvertreter des Neosymbolismus. In s. Werk spiegeln sich alle lit. Tendenzen s. Zeit. Die ersten Gedichtsammlungen stehen noch ganz unter Einfluß der Romantik. In ›Épisodes‹ taucht das Symbol als Ausdrucksmittel von Seelenzuständen auf; Höhepunkt dieser symbolist. Periode, die ihre Metaphern v. a. aus der griech. Antike bezieht, sind die ›Jeux rustiques et divins‹; durchweg Verwendung des ›vers libre‹. Unter Einfluß von Hérédia u. den Parnassiens. Wendung zu e. plastischeren Poesie u. zu der strengen Form des Sonetts. In den letzten Gedichtsammlungen stärkeres Hervortreten e. spontanen Lyrismus, wenn auch gebändigt durch kunstvolle Technik u. durch das für R. wesensbedingte Nachwirken klass. Traditionen. Sonette in der Tradition der Pléjade. Kultivierter, feinsinniger Erzähler leicht melanchol. Romane.

W: Lexique de la langue de la Rochefoucauld, Abh. 1883; Les Lendemains, G. 1885; Apaisements, G. 1886; Sites, G. 1887; Épisodes, G. 1888; Poèmes anciens et romanesques, G. 1890; Tel qu'en songe, G. 1892; Poèmes 1887–1892, 1895; Les jeux rustiques et divins, G. 1897; La canne de jaspe, E. 1897; Les médailles d'argile, G. 1900; La double maîtresse, E. 1900 (In doppelten Banden, d. 1904, u. d. T. Die zwiefache Liebe des Herrn von Galandot, 1913); Les amants singuliers, E. 1901 (d. 1904); La cité des eaux, G. 1902; Le bon plaisir, R. 1902 (Fürstengunst, d. 1913); Les vacances d'un jeune homme sage, R. 1903; Le mariage de minuit, R. 1903; La sandale ailée, G. 1906; La peur de l'amour, E. 1907; Le miroir des heures, G. 1910; L'amphisbène, R. 1912; La pécheresse, R. 1920; Esquisses vénitiennes, En. 1920; Vestigia flammae, G. 1920; Le divertissement provincial, E. 1925; L'escapade, E. 1926; Flamma tenax, G. 1928; L'Altana ou la vie vénitienne, R. 1928; Faces et Profils, Abh. 1931. – L'Œuvre romanesque, 1929f.; Œuvres, VII 1930f; Poèmes, G.-Ausw. 1981; Lettres à André Gide 1891–1911, Genf 1972. – Übs.: AW, 1932; Verse, 1932.

L: P. Léautaud, 1904; H. Berton, 1910; T. Tesdorpf-Sickenberger, 1912; J. de Gourmont, 1921; R. Honnert, 1923; E. Jaloux, 1941; H. Morier, 1943; J. B. Bouvier-Sunière, 1945; E. Buenzod, 1966; M. Maurin, Montréal 1972.

Régnier, Marie de → Houville, Gérard d'

Régnier, Mathurin, franz. Dichter, 21. 12. 1573 Chartres – 22. 10. 1613 Rouen. Seit 1587 im Dienst des Kardinal de Joyeuse, den er nach Italien begleitete. Führte ab 1605 in Paris e. unbürgerl.-ausschweifendes Leben. Zuletzt Kanoniker von Notre-Dame in Chartres und Pensionär Heinrichs IV. – Lyriker, wurde berühmt durch nach dem Vorbild von Horaz verfaßte Satiren auf s. Zeit und ihre Sitten. Zeichnete soz. Typen s. Zeit, zugleich wesentl. Züge des Menschen überhaupt. Von Boileau als der beste franz. Gestalter von Sitten und Charakteren vor Molière bezeichnet. Gegner Malherbes, dessen Purismus er satir. angriff, verteidigte zugleich s. Onkel Desportes. Aufbau und Stil s. Satiren, ihre schwungvolle, nur der eigenen Laune gehorchende Regellosigkeit, ihre syntakt. Freiheit voller Abschweifungen und Wiederholungen, stehen in direktem Gegensatz zu den Forderungen Malherbes.

W: Satyres, 1608 (in: Les premières œuvres), mehrfach erw. 1609, 1612, 1613; Inscriptions, G. 1610. – Œuvres complètes, hg. J. Plattard 1930 (n. 1965), krit. hg. G. Raibaud 1958; Macette, hg. F. Brunot 1900.
L: A. Stechert, 1887; J. Vianey, 1896 (n. 1969); L. Perceau, 1930; K. F. Reger, Diss. Mchn. 1937; R. Mollan, Diss. Sheffield 1955; S. Schnapauff, Diss. Kiel 1961; M. V. Mitchell, Diss. Univ. of California 1967; R. Aulotte, 1983; P. Debailly, 1993. – *Bibl.:* M. H. Cherrier, 1884.

Régnier, Paule, franz. Romanschriftstellerin, 19. 6. 1890 Fontainebleau – 6. 12. 1950 Paris (Selbstmord). – Hauptthema ihrer Romane, Gedichte und Dramen ist der trag. Widerstreit zwischen Menschen- u. Gottesliebe u. das Ausgeliefertsein des Menschen an Einsamkeit u. Verzweiflung. Ihr erster erfolgr. Roman war ›La vivante paix‹, der ebenso wie ihre weiteren Romane Ausdruck ihres eigenen Erlebens im Ringen um den Glauben u. in der Erfahrung des Schmerzes ist.

W: Octave, Tg. 1913; La vivante paix, R. 1924; L'abbaye d'Evolayne, R. 1934 (Das enterbte Herz, d. 1950); Tentation, R. 1941 (d. 1952); L'aventure d'Hermione Capulet, R. 1946; La face voilée, Es. 1947 (d. in: Am Schmerz gescheitert, 1953); Les filets dans la mer, R. 1948 (d. 1952); Journal, Tg. 1953; Fêtes et nuages, Aut. 1956. – Lettres, 1956.
L: K. A. Götz, 1954.

Rêgo Cavalcanti, José Lins do → Lins do Rêgo

Reguera, Ricardo Fernández de la → Fernández de la Reguera, Ricardo

Reid, Forrest, ir. Romanschriftsteller u. Kritiker, 24. 6. 1875 Belfast – 4. 1. 1947 Warrenpoint/County Down. Aufgewachsen in Belfast, Stud. Cambridge 1905–08. Lebenslange Freundschaft mit E. M. Forster. Wiederkehrendes Thema s. Romane ist die seel. Entwicklung der männl. Jugend, oft im Zeichen intensiver, nach dem Vorbild der altgriech. Philosophie verstandener Freundschaften.

W: The Garden God, R. 1905; The Bracknels, R. 1911; Following Darkness, R. 1912 (u.d.T. Peter Waring, 1937); The Gentle Lover, R. 1913; W. B. Yeats, St. 1915; At the Door of the Gate, R. 1915; The Spring Song, R. 1916; Pirates of the Spring, R. 1919; Pender Among the Residents, R. 1922; Apostate, Aut. 1926; W. de la Mare, St. 1929; Uncle Stephen, R. 1931; The Retreat, R. 1936; Private Road, Aut. 1940; Young Tom, R. 1944.
L: R. Burlingham, 1953; M. Bryan, 1976; B. Taylor, The Green Avenue, 1980.

Reid, Vic(tor) (Stafford), afrokarib. Romancier, 1. 5. 1913 Kingston/Jamaika – 25. 8. 1987 ebda. – Romane über den Kampf um kulturelle Identität u. polit. Freiheit in Jamaika; allein ›The Leopard‹ erörtert behutsam eine Liebe zwischen Schwarz und Weiß im kenianischen Unabhängigkeitskampf.

W: New Day, R. 1948; The Leopard, R. 1958; Sixty-Five, R. 1963; The Young Warriors, R. 1968; Peter of Mount Ephraim, R. 1970; The Jamaicans, R. 1975; Nanny-Town, R. 1983.

Reinaerde, Van den Vos, mittelniederländ. Versepos, vor 1250 (um 1180?) in Ostflandern entstanden; klass. Werk der didakt.-satir. Tiersage; Höhepunkt der mittelniederländ. Lit. Die sozialkrit.-satir. Elemente sind ausgeprägter als in früheren Fassungen des Stoffs. Gliedert sich in 2 Teile, die versch. Verfassern zugeschrieben werden, doch ist die Verfasserfrage umstritten (Willem u. Arnout werden im Text genannt). 1. Teil bearbeitet frei u. geistvoll-humorist. nach e. ›branche‹ (›Le Plaid‹) des franz. → ›Roman de Renart‹, 2. Teil aus eigener Erfindung gestaltet. Das gesamte Epos ›Reinaerde I‹ wurde um 1375 umgearbeitet u. durch gut 4000 Verse ergänzt: ›Reinaert II‹ oder ›Reinaerts Historie‹. Um 1480 moralisierende Bearbeitung durch Hinrek van Alkmar. Ausstrahlung nach England, Schweden u. Deutschland.: niederdt. Übs. → ›Reinke de Vos‹.

A: E. Martin, 1874; J. W. Muller, [3]1944 (m. Bibl.); W. G. Hellinga, 1952; Reynaerts Historie – Reynke de Vos, hg. J. Goossens 1983; Zweisprach. A. (mittelndl. u. neuhochd., A. Berteloot u. H.-L. Worm 1982; Van den Vos Reynaerde, Faks.-A. nach der Comburger Hs., diplomat. Transkr., Komm. u. Bibl., 1991.
L: J. van Mierlo, 1942; W. Foerste, 1960; J. Flinn, 1963; G. H. Arendt, 1964; F. R. Jacoby, 1970; K. Heeroma, 1970; J. Bosch, 1972; L. Wenseleers, De pels van de vos, 1993; R. van Daele, [2]1993.

Reiner, Max → Caldwell, (Janet Miriam) Taylor

Reis, Ricardo → Pessoa, Fernando António Nogueira de Seabra

Reisel, Vladimír, slovak. Dichter, * 19. 1. 1919 Brodzany. – Surrealist. Lyriker u. Kritiker, der später zum sozialist. Realismus übergeht. Auch Übs. und Biograph.

W: Vidím všetky dni a noci, G. 1939; Neskutočné mesto, G. 1943; Zrkadlo a za zrkadlom, G. 1946; Poézia L. Novomeského, St. 1946; Svet bez pánov, G. 1951; Doma, G. 1953; Dobrí vtáci, G. 1954; Spevy sveta, G. 1955; D'akujem ti, G. 1957; More bez odlivu, G. 1960; Básne o sne, G. 1962; Smutné rozkoše, G. 1966; Temná Venuše, G. 1967; Oči a brezy, G. 1972; Moja jediná, G. 1975; U nás, G. 1977; Rozlúčky, G. 1980. – Prvé smutné rozkoše, Ausw. 1969; Premeny milovania, Ausw. 1979; Trpké plánky, G.-Ausw. 1988.

L: B. Kováč, Alchýmia zázračného, 1962. – *Bibl.:* Slovenský nadrealizmus, 1968.

Reisen, Abraham, jidd. Schriftsteller, 1875 Kojdanov (Gouv. Minsk) – 30. 3. 1953 New York. – Wurde bereits früh durch volkstüml. Gedichte und soziale Erzählungen bekannt, dessen Thematik Armut, Liebe, Leid, Nöte u. Hoffnungen der breiten Volksschichten behandelt. Trat sehr aktiv für die Anerkennung des Jidd. als Lit.sprache ein und war e. der Initiatoren der Jidd. Sprachkonferenz von Kattowitz (1908). Hrsg. mehrerer lit. Zeitschriften, u.a. ›Di Europeische literatur‹ (1909) mit Übersetzungen mod. europ. Lit. ins Jidd. Seit 1914 in USA führender jidd. Publizist und Übs., u.a. der Werke Heines und Lenaus.

W: Zaitlieder, G., Warschau 1901; Lider fun leben, G., Krakau 1904f.; Jiddische Motiven, En. 1904; Gesamlte Schriftn, Warschau III 1908f.; Naje Werk, 1910; Ovent-Klangen, G. 1911–14; Derzejlungen N., Kiev 1929; Episoden fun majn Lebn, Mem., Wilna 1929–35; Lider, Derzajlungen, Sichrojnes, 1969. – Ale Werk (GW), N. Y. XXIV 1924.

L: N. B. Minkoff, N. Y. 1936; S. Slutzky, 1956; J. Glatstein, 1956; S. Bickel, 1958.

Reiss-Andersen, Gunnar, norweg. Dichter, 21. 8. 1896 Larvik – 29. 7. 1964 Arendal. Sohn e. Kontorchefs. Malerschule, 1917 Reise nach Kopenhagen, 1919/20 Paris, Journalist und Theaterkritiker. Während der dt. Besatzung Flüchtling in Schweden. – Begann mit stark gedankl. Liebes- und Naturgedichten von formaler Eleganz u. maler. Klangfülle, dann Wendung zu soz. und polit. Themen; schrieb während des 2. Weltkriegs aufrüttelnde Kampflyrik; zuletzt unpathet. und zurückhaltende Lyrik. Auch Vf. feinfühliger lyr. Prosaromane.

W: Indvielsens aar, G. 1921; Mellem Løven og Venus, G. 1923; Solregn, G. 1924; Nyt lvr, R. 1925; Kongesønnens bryllup, G. 1926; Himmelskrift, G. 1928; Lykkens prøve, G. 1931; Spanske farver og annen kulør, R. 1933; Horisont, G. 1934; Vidnesbyrd, G. 1936; Sensommerdagene, G. 1940; Kampdikt fra Norge, G. 1943; Norsk røst, G. 1944; Henrik Wergeland, Sp. 1944; Dikt fra krigstiden, G. 1946; Prinsen av Isola, G. 1949; Usynlige seil, G. 1956; År på en strand, G. 1962. – Samlede dikt, 1946; Dikt i utvalg 1921–62, hg. P. Magnus 1964; Essays (Ausw.), 1991.

L: Det Blomstrer vergeløst –: ti essays om G. R.-A., hg. A. Aarnes 1992.

Rejsner, Larissa Michajlowna, russ. Schriftstellerin, 13. 5. 1895 Lublin – 9. 2. 1926 Moskau. Vater Prof. des Staatsrechts; gab 1915/16 mit ihrem Vater die satir. Zs. ›Rudin‹ heraus, schloß sich den Bolschewiken an, wurde Kommissarin des Generalstabs der Flotte. – Steht in frühen Gedichten teils den Symbolisten, teils den Akmeisten nahe; bevorzugte in ihrer Prosa Formen wie Feuilleton, Skizze, Porträt, Memoiren. Ihr Prosastil ist reich an Metaphern und Vergleichen.

W: Gamburg na barrikadach, Sk. 1924 (Hamburg auf den Barrikaden, d. 1960); Ugol', železo i živye ljudi, Sk. 1925; Afghanistan, Sk. 1925. – Sobranie sočinenij (W), II 1928; Izbrannye proizvedenija (Ausw.), 1958, 1965, 1980.

L: J. Oksënov, 1927; L. R. v. vospominanijach sovremennikov, 1969; E. Solovej, 1985.

Rej z Nagłowic, Mikołaj, poln. Dichter, 4. 2. 1505 Żurawno b. Halicz – 4. 10.(?) 1569 Rejowiec. Aus konservativem Landadel. 1518 Akad. Krakau. 1525 Sekretär des Wojwoden von Sandomir. Vervollkommnete hier s. Ausdrucksfähigkeit in Wort u. Schrift. Zog sich 1530 aufs Land zurück; Heirat. Ergriff Partei für Luther; 1546 Kalvinist. Von König Sigmund dem Alten zum Hofmann, von dessen Sohn Sigmund August zum königl. Sekretär ernannt. Mehrfach Reichstagsabgeordneter. – ›Vater der poln. Nationallit.‹ Erster bedeutender weltl. Schriftsteller Polens. Wendet sich gegen das Latein der Volkssprache zu. S. Ziel ist die Erziehung des poln. Volkes, daher vorwiegend moral.-didakt. Dichtungen oft in Anlehnung an bekannte Vorbilder. Gibt e. sprachl. ausgezeichnetes realist. Bild der poln. Adelsgesellschaft.

W: Krótka rozprawa między trzema osobami, panem, wójtem i plebanem, Sat. 1543 (n. 1953); Żywot Józefa z pokolenia żydowskiego, Sp. 1545 (nach C. Crocus; n. 1889); Psałterz Dawidów, Übs. u. Prosa, 1546 (n. 1901); Kupiec, Dr. 1549 (nach Naogeorg; n. R. Kotula u.a. Brückner 1924); Postylla, Schr. 1557 (n. 1965); Wizerunek własny żywota człowieka poczciwego, G. 1558 (n. 1971); Zwierzyniec, Epigr. 1562 (n. W. Bruchnalski 1895); Zwierciadło, Dicht. 1568 (n. II 1914; daraus: Żywot człowieka poczciwego, n. 1956); Figliki, Dicht. 1574 (n. 1905). – Pisma prozą i wierszem, hg. A. Brückner 1922; Dzieła wszystkie (SW), 1953ff.; Pisma wierszem, 1954; Wybór pism (AW), ²1979; Utwory rubaszne, 1982.

L: H. F. v. Criegern, M. R. als Polemiker, 1900; P. L. Dropiowski, M. R. als Politiker, 1901; B. Chlebowski, 1905; A. Brückner, 1905; ders., M. R., człowiek a dzieło, 1922; W. Bruchnalski 1908; St. Windakiewicz, 1922; M. Janik, 1923; S. Wasylewski, 1934; J. Krzyżanowski, W wieku R. i. Stańczyka, 1958; M. R. w 400–lecie śmierci 1971; M. Adamczyk, ›Żywot Józefa‹ 1971; Z. Szmydtowa, 1972; T. Witczak, Studia nad twórczością M. R., 1975; T. Podgórska, Komizm w twórczości M. R., 1981. – Bibl.: I. Rostkowska, 1970.

Rekola, Mirkka Elina, finn. Dichterin, * 26. 6. 1931 Tampere. Abitur 1954, Stud. Helsinki 1954–57. – Eine der bedeutendsten finn. Lyrikerinnen. Die ersten Sammlungen stehen in der asket. Tradition der Lyrik der 50er Jahre. Doch schon hier genaue Bildhaftigkeit. Im Brennpunkt der Beobachtung stehen Gegensätze wie Nähe – Ferne, Wärme – Kälte, Ich und Du, die unter Ausschöpfung aller sprachl. Möglichkeiten des Finn. in Frage gestellt u. unterlaufen werden zugunsten von Offenheit und Vielfalt der Bedeutungen.

W: Vedessä palaa, G. 1954; Tunnit, G. 1957; Syksy muuttaa linnut, G. 1961; Ilo ja epäsymmetria, G. 1965; Anna päivän olla kaikki, G. 1968; Muistikirja, Aphor. 1969; Minä rakastan sinua, minä sanon sen kaikille, G. 1972; Tuulen viime vuosi, G. 1974; Kohtaamispaikka vuosi, G. 1977; Maailmat lumen vesistöissä, Prosag. 1978; Kuutamourakka, G. 1981; Puun syleilemällä, G. 1983; Silmänkantama, G. 1984; Tuoreessa muistissa kevät, Aphor. 1987; Kuka lukee kanssasi, G. 1990; Taivas päivystää, G. 1996; Maskuja, Aphor. 2002. – Runot 1954–78 (ges. G.), 1979; Virran molemmin puolin (ges. G.), 1997; Muistinavaruus (Ges. Aphor.), 2000. – Übs.: Himmel aus blauem Feuer, 2001.

L: L. Enwald, 1997.

Relković, Matija Antun, kroat. Schriftsteller, 6. 1. 1732 Svinjar – 22. 1. 1798 Vinkovci. Sohn e. Grenzoffiziers, wurde selbst Offizier, geriet im 7jährigen Krieg in preuß. Gefangenschaft nach Frankfurt/Oder, wo er mit der dt. Lit. der Aufklärung vertraut wurde. – Von Moscherosch angeregt, schrieb R. in zehnsilbigen Versen s. didakt. Werk ›Satir iliti divji čovik‹ (1762), in dem er sich zum Volkserzieher s. während der Türkenherrschaft zurückgebliebenen Slawonier machte. Posthum erschien die Sammlung von Äsops Fabeln.

W: Satir iliti divji čovik, Lehr-G. 1762; Nova slavonska i nimačka gramatika, Grammatik 1767; Ovčarnica, Schr. 1776; Satir, ausgew. Ausgabe 1779; Postanak naravne pravice, Schr. 1794; Nek je svašta, En. 1795; Ezopove fabule, 1804. – Djela (W), hg. T. Matić 1916; PSHK 19, 1973 (m. Bibl.); Satir iliti divji čovik, hg. J. Voučina 1988.

L: D. Tadijanović, J. Voučina, 1991.

Remizov, Aleksej Michailovič, russ. Schriftsteller, 6. 7. 1877 Moskau – 26. 11. 1957 Paris. Vater Kaufmann; Handelsschule; Stud. Naturwiss. Moskau, 6 Jahre nach dem nordöst. Rußland verbannt, 1905 nach Petersburg übergesiedelt; s. 1. Buch erschien 1907; 1921 nach Berlin emigriert, ab 1923 in Paris. – Veröffentlichte vor der Revolution 38, danach 45 Bücher; Vf. von Romanen, Erzählungen, Märchen, Legenden, die z. T. poetisierte Volkslegenden, z. T. mit Apokryphen und Volksmärchen verflochten sind; bes. die Stücke aus der Emigrationszeit erschweren die Bestimmung der Gattung; s. arabeskenartige ›ornamentale‹ Prosa, s. Neigung zu Wortspielen und seltsamen Wortbildungen, s. Vorliebe für folklorist. Gut, Sagen, Märchen, Lieder, Legenden, erinnern an Leskov; s. Art, Reales mit Phantast. zu vermischen sowie der ironisierende Ton erinnert an Gogol'; der Bezug auf relig. und moral. Fragen verbindet ihn mit Dostoevskij; e. wesentl. Rolle spielt in s. Werk der Traum. Steht dem Surrealismus nahe; verwebt vorchristl. Denken aus dem alten Rußland in die Erzählung, so in ›Zga‹; läßt den Widerhall alter Urkunden aufklingen (›Rossija v pis'menach‹), klagt über Rußlands Schicksal nach der Revolution (›Ognennaja Rossija‹); wollte e. Verbindung zwischen Kunstprosa und volkstüml. Sprache herstellen; wirkte mit s. Stil auf sowjetruss. Schriftsteller, bes. auf einige der ›Serapionsbrüder‹.

W: Posolon', 1907; Časy, R. 1908 (The Clock, engl. 1942); Prud, R. 1908; Krestovye sëstry, R. 1910 (Die Schwestern im Kreuz, d. 1913); Besovsko dejstvo, Dr. 1919; Ognennaja Rossija, 1921 (Aus dem flammenden Rußland zu den Sternen, d. 1928); Rossija v pis'menach, Es. 1922; V pole blakitnom, E. 1922 (Im blauen Felde, d. 1924); Skazki russkogo naroda, M. 1923; Zga, En. 1925; Vzvichrennaja Rus', 1927; Olja, E. 1927; Zvezda nadvezdnaja, Legn. 1927 (Stella Maria Maris, d. 1929); Pljašuščij demon. 1949; Pod striženymi glazami, Erinn. 1951 (Les yeux tondus, franz. 1955); V rozovom bleske, Aut. 1952; Ogon' veščej, Ess. 1954; Krug sčast'ja, 1957. – Sobranie sočinenij (W), VIII 1910–12 (n. 1971); Izbrannoe, Ausw. 1978.

L: N. Kodrjanskaja, 1959, 1977; K. Geib, 1970; N. V. Reznikova, 1980.

Renan, Joseph Ernest, franz. Schriftsteller und Orientalist, 27. 2. 1823 Tréguier/Bretagne – 2. 10. 1892 Paris. Streng relig. Erziehung; Vorbereitung auf den Priesterberuf; Stud. Religionsphilos. u. hebr. Philol.; relig. Zweifel veranlassen 1845 s. Austritt aus dem Seminar u. Aufgabe der theolog. Ausbildung. Bis 1849 Lehrer am Collège Stanislas u. an der Pension Crouzet. Begeisterung für die Wiss. anstelle der Religion. 1848 Agrégation in Philos.; reiste 1850 im Auftrag der Académie des Inscriptions nach Italien; nach s. Rückkehr Anstellung in der Hsn.-Abteilung der Pariser Nationalbibliothek; 1852 Dr. phil; ∞ 1856 die Tochter des Malers Henry Scheffer; 1860 in wiss. Mission nach Syrien, Libanon u. Palästina. 1862

Prof. für Hebr. am Collège de France. S. Buch ›Vie de Jésus‹ führte zu e. Beschwerde des franz. Episkopats; 1863–71 auf Betreiben der Klerikalen s. Professur enthoben. 1878 Mitglied der Académie Française; 1883 Administrator am Collège de France. – Bedeutend als Religionsphilosoph, Philologe, Historiker u. Lit.kritiker; wechselte von relig. zu wiss. Dogmatismus; s. positivist. Glaube an die Wiss. geht allmähl. in e. pantheist. u. humanist. Philos. über u. wird im Alter zum Skeptizismus. Zeugnis dieser Wandlung sind s. ›Dialogues et fragments philosophiques‹. S. wiss. Arbeiten sind von grundlegender Bedeutung; sie verbinden originelle, kühne Gedanken mit fundiertem Wissen. Großes Aufsehen erregte s. ›Vie de Jésus‹, die Christus s. göttl. Charakters entkleidet u. ihn aus geograph., ethn., kulturellen u. individuell-psycholog. Aspekten erklärt; später durch weitere Bände (›Les Apôtres‹ u. a.) zu e. ›Histoire des origines du christianisme‹ erweitert, die jedoch nur die soz. u. moral. Seite des Christentums in den Vordergrund stellt, ohne die relig. Elemente richtig zu verstehen. Hervorragender Stilist von Klarheit u. Eleganz des Ausdrucks. Auch philos. Dramatiker.

W: Histoire générale et systèmes comparés des langues sémitiques, Abh. 1845; Averroës et l'Averroisme, Abh. 1852; Études d'Histoire religieuse, Abh. II 1852–64; Vie de Jésus, 1863, hg. J. Gaulmier 1974; Histoire des origines du christianisme, VIII 1863–83 (d. 1864); Questions contemporaines, Abh. 1868; Dialogues et fragments philosophiques, Abh. 1876 (d. 1877); Caliban, Dr. 1878; L'Eau de Jouvence, Dr. 1881; Souvenirs d'enfance et de jeunesse, Aut. 1883 (d. 1925); Le Prêtre de Némi, Dr. 1885; L'Abbesse de Jouarre, Dr. 1886; Histoire du peuple d'Israël, Abh. V 1887–93 (d. 1894); L'Avenir de la science, Abh. 1890; Feuilles détachées, Aut. 1892; Ma sœur Henriette, Aut. 1895 (d. 1929). – Œuvres complètes, X 1947–61; Correspondance 1846–92, II 1926–28; Correspondance avec Berthelot, 1898.

L: G. Séailles, 1895; R. Allier, 1895; G. Sorel, 1905; L. F. Mott, N. Y. 1921; W. Küchler, 1921; J. Pommier, 1923; ders., La pensée religieuse de R., 1925; ders., 1933; ders., 1966; J. Boulenger, R. et ses critiques, 1925; P. Laserre, III 1925–32; H. Psichari, 1925 u. 1937; M.-H. Jaspar, Le génie libéral de la France, N. Y. 1942; N. Weiler, 1945; P. v. Tieghem, 1948; A. Cresson, 1949; R. Dussaud, 1951; R. M. Chadbourne, R. as an Essayist, Ithaca 1957; ders., N. Y. 1968; J. B. Tielrooy, 1958; R. M. Galand, L'âme celtique de R., 1959 (m. Bibl.); F. Millepierres, 1961; G. Guisan, 1962; A. Hure, 1962; H. W. Wardmann, Lond. 1964; S. Paganelli, 1966; H. Peyre, 1968; J. Paumier, 1973; H. W. Wardmann, 1979; L. Rétat, 1979; G. Pholien, 1983; P. Barret, 1992; M. Crouzet, 1993; Actes des Colloques, 1993; E. Richard, 1996; D. C. J. Lee, 1996; J. Balcon, hg. Actes du Colloque de Trégier, 2001. – *Bibl.*: H. Girard, H. Moncel, 1923.

Renard, Pierre Jules (Ps. Drauer), franz. Schriftsteller, 22. 2. 1864 Châlons-sur-Mayenne – 22. 5. 1910 Paris. Kindheit in Chitry-les-Mines/Mièvre, Schulbesuch in Nevers, später Paris; wollte zuerst Kaufmann werden, dann Wendung zu lit. Tätigkeit als Journalist. 1889 Mitbegründer des ›Mercure de France‹. Durch die Freundschaft mit E. Rostand u. dem Schauspieler Lucien Guitry Verbindung zum Theater; verfaßt ab 1895 auch Theaterstücke. 1904 Bürgermeister von Chitry; 1907 Mitglied der Académie Goncourt. – Novellist, Romanschriftsteller u. Dramatiker; s. Prosawerk umfaßt naturalist. Erzählungen aus der Normandie in der Nachfolge Maupassants, realist. Schilderungen des bürgerl. u. intellektuellen Lebens in Paris sowie bedeutende naturalist. Dramen. Bemerkenswert sind s. scharfe, nüchterne Beobachtung, die extreme Aufrichtigkeit u. distanzierte Kühle s. Darstellung u. psycholog. Analyse. Strenger Moralist, an der Lektüre von Pascal geschult. S. populärstes Werk ist ›Poil de Carotte‹, Roman e. leidvollen Kindheit; später erfolgr. Bühnenbearbeitung wie bei vielen der Romane R.s.

W: Les Roses, G. 1886; Crime de village, En. 1888; Sourires pincés, En. 1890; L'Ecornifleur, E. 1892 (Der Schmarotzer, d. 1964; als Dr. u. d. T. Monsieur Vernet, 1903); Coquecigrues, R. 1893; La lanterne sourde, R. 1893; Poil de Carotte, R. 1894 (Rotfuchs, d. 1946), Dr. 1900 (Fuchs, d. H. v. Hofmannsthal, in: Die Insel 2, 1901); Le vigneron dans sa vigne, R. 1894; Histoires naturelles, En. 1896 (d. 1898, 1960); Le plaisir de rompre, Sch. 1898; Le pain de ménage, Sch. 1899; Les Philippe, R. 1907; Ragotte, R. 1908. – Œuvres complètes, XVII 1925–27; Œuvres, II 1970f.; Théâtre complet, 1957; Inédits, 1966; Lettres inédites, 1957; Journal et correspondance, V 1933ff.; Journal inédit, 1926; Journal 1887–1910, 1928, vollst. 1935, 1960 (dt. Ausz. E. R. Curtius 1927).

L: H. Bachelin, ²1930; A. Bisi, Florenz 1935; L. Guichard, II 1936; P. Nardin, La langue et le style de J. R., 1942; P. Schneider, 1956; M. Pollitzer, 1956; L. Guichard, 1961; M. Toesca, 1977; M. Autrand, 1978; S. Berczeller, 1986; F. Alavi, 1998.

Renart, Jean, franz. Dichter, frühes 13. Jh., wahrscheinl. Ile-de-France. – E. der fruchtbarsten Vf. von Abenteuerromanen im 13. Jh.; s. Romane zeichnen sich durch Anmut u. Feinheit der Darstellung aus; bemerkenswert die treffende Charakterzeichnung u. die lebendige Schilderung des tägl. Lebens. S. Hauptwerk ›Le roman de la rose ou de Guillaume de Dole‹ behandelt das damals beliebte Thema der Wette um die Tugend e. Frau. S. Verfasserschaft des ›Galeran de Bretagne‹ ist nicht gesichert.

W: L'escoufle, R. um 1200–02 (hg. H. Michelant, P. Meyer 1894); Le roman de la rose ou de Guillaume de Dole, zwischen 1200 u. 1226 (hg. G. Servais 1893, R. Lejeune-Dehousse 1936, F. Lecoy 1962); Le lai de l'ombre, um 1220 (hg. J. Bedier 1913, J. Orr, Edinb. 1948); Galeran de Bretagne, R. (hg. L. Foulet 1925).

L: E. Hinstorff, 1896; R. Lejeune-Dehousse, 1935 (m. Bibl.); C. Cremonesi, 1950; M. Stasse, 1979; M. Zink, 1979; L. Lindvall, 1982; D. Duport, 1982; J. R. Scheidegger, 1989; J. Dufournet, 1993; N. V. Durling, 1997; A. Butterfield, 2002.

Renaud, Jacques, frankokanad. Schriftsteller, * 10. 11. 1943 Montreal. Verläßt frühzeitig s. Familie, Fabrikarbeiter, Tätigkeit in der Gemeindeverwaltung; erhält Zugang zu den Schriftstellerkreisen s. Landes. Journalist, Dichter und Romanautor, Arbeit beim Rundfunk und bei namhaften Zsn., Gründung von Schriftstellerateliers. Aufenthalte in Paris und Indien, die s. lit. Schaffen prägen. – Berührt in s. Werken sowohl die Probleme s. Landes als auch übergreifende allgem. menschl. Fragen.

W: Electropodes, G. 1962; Le fond pur de l'errance Irradie, R. 1975; Le Cassé et autres nouvelles, 1978/1990; La colombe et la brissure éternité, R. 1979; Le cycle du scorpion, R. 1979; Arcane seize, G. 1980; L'espace du diable, Nn. 1989.

Renault, Mary (eig. M. Challans), engl. Romanautorin, 4. 9. 1905 London – 13. 12. 1983 Kapstadt. Ausbildung zur Krankenschwester, lebte ab 1948 mit ihrer Lebensgefährtin in Südafrika. 1964–81 Präsidentin des PEN Südafrika; polit. Engagement gegen Apartheid. – Zentrale Themen sind sexuelle Identität und Körperlichkeit. Größter Erfolg mit detailreichen hist. Romanen über das alte Griechenland als Kulturraum, in dessen Zentrum homosexuelle Beziehungen stehen.

W: Purposes of Love, R. 1939; The Friendly Young Ladies, R. 1944; The Charioteer, R. 1953; The King Must Die, R. 1958 (d. 1959); The Bull from the Sea, R. 1962 (d. 1963); The Lion in the Gateway, R. 1964 (Der Löwe aus Sparta, d. 1966); The Mask of Apollo, R. 1966; Fire from Heaven, R. 1970 (d. 1970); The Persian Boy, R. 1972 (... ein Weltreich zu erobern, d. 1974); The Praise Singer, R. 1978; Funeral Games, R. 1981.
L: P. Wolfe, 1969; B. F. Dick, 1972; D. Sweetman, 1993; C. Zilboorg, 2001.

Renaut de Beaujeu, Vf. des altfranz. Versromans (6266 Verse, Achtsilber) ›Guinglain ou le Bel Inconnu‹, entstanden Ende 12. Jh. (um 1185–1190). Im ›G.‹ fließen Themen, Motive (Verzauberung der Jungfrau in e. Tier) u. Einzelzüge des Ritterromans zusammen. Der von Chretien de Troyes (›Erec‹, ›Perceval‹) u. kelt. Sagengut beeinflußte R. bearbeitete e. Motiv, das sich auch im mittelengl. ›Ly beaus Desconus‹ findet. ›G.‹ diente als Quelle für den ›Wigalois‹ des Wirnt von Grafenberg und den ›Carduino‹ des Antonio Pucci.

A: Le Bel Inconnu ou Guiglian, fils de messire Gauvin et de la fée aux blanches mains, hg. C. Hippeau 1860; Li beaus desconneus, hg. G. P. Williams 1929.

L: A. Mennung, Diss. Halle 1890; W. H. Schofield, Boston 1895; A. Fierz-Monnier, Imitation und Wandlung, 1951; H. R. Jauß, Chanson de geste und höfischer Roman, 1963; P. Walter, 1996; R. Wolf-Bonuin, 1998; J. Eming, 1999.

Renč, Václav, tschech. Schriftsteller, 28. 11. 1911 Vodochody (bei Ústí nad Labem) – 30. 4. 1973 Brno. Nach dem Abitur (1930) stud. er Philosophie u. Linguistik an der Karls-Univ. in Prag (Dr. 1936), Redakteur, 1942–45 Berufsschriftsteller, dann Dramaturg u. Regisseur (bis 1948), 1951 in e. polit. Prozeß zu 25jähr. Haft verurteilt, 1962 entlassen u. erst 1990 rehabilitiert. – Seine s. gesamtes lit. Schaffen prägende christl. Spiritualität zeigt sich deutlich in s. Lyrik, deren Konstanten vom Ideal e. vollkommenen Werkes getragen werden, das die Präsenz Gottes widerspiegeln soll. – Autor von Dramentexten bzw. Dramatisierungen, von Kinder- u. Jugendlit., Übs. aus dem Dt., Franz., Engl., Ital. u. Poln.

W: Jitření, G. 1933; Studánky, G. 1935; Sedmihradská zem, G. 1937; Vinný lis, G. 1938; Julius Zeyer, St. 1941; Marnotratný syn, Dr. 1942; Císařův mim, Dr. 1944; Barbora Celská, Dr. 1944; Královské vraždění, Dr. 1967; Setkání s Minotaurem, G. 1969; Popelka nazaretská, G. 1969; Sluncem oděná, G. Rom 1979; České žalmy, G. Rom 1989. – Skřivaní věž (G.-Ausw.), 1970; Podoben větru (G.-Ausw.), 1994.

Rendell, Ruth (seit 1997 Baroness Rendell of Babergh, Ps. Barbara Vine), engl. Krimiautorin, * 17. 2. 1930 South Woodford. Journalistin. – Neben P. D. James e. der bedeutendsten lebenden brit. Krimischriftstellerinnen. In ihrer Inspektor-Wexford-Serie schildert sie ihren konventionelle Verbrechen. Unter Pseudonym verfaßt R. lit. anspruchsvollere, psycholog. Thriller.

W: From Doon with Death, 1964 (d. 1979); Wolf to the Slaughter, 1967 (d. 1983); A Guilty Thing Surprised, 1970 (d. 1983); A Judgement in Stone, 1977 (d. 1982); An Unkindness of Ravens, 1985 (d. 1986); The Bridesmaid, 1989 (d. 1990); Kissing the Gunner's Daughter, 1992 (d. 1993); Simisola, 1994 (Die Besucherin, d. 1996); Road Rage, 1997 (d. 1998); Harm Done, 1999 (d. 2000). – Als B. V.: A Dark-Adapted Eye, 1986 (Die im Dunkeln sieht man doch, d. 1989); A Fatal Inversion, 1987 (Es scheint die Sonne noch so schön, d. 1989); House of Stairs, 1989 (d. 1990); Gallowglass, 1990 (Liebesbeweise, d. 1991); Asta's Book, 1992 (d. 1994); No Night Is Too Long, 1994 (d. 1995); The Brimstone Wedding, 1996 (d. 1997); The Chimney Sweeper's Boy, 1998 (d. 1999); The Blood Doctor, 2002.

Rendra, (Willebrordus) Surendra, indones. Dichter, * 7. 11. 1935 Solo, Mittel-Java. Bekannter javan. Lyriker mit großer dramat. Begabung. Stud. Dramaturgie in den USA. 1968 Gründung des Theaterworkshops ›Bengkel Teater‹, der als Grundlage s. Aktivitäten bis heute dient. ›Bengkel

Rèpaci

Teater< markiert den Beginn e. neuen Ära in der Gattung des indones. Dramas. Vf. einfallsr. Kurzgeschichten mit psycholog. Hintergrund. Übs. u. a. Hamlet, Ödipus, Antigone, S. Beckett.
W: Ballada Orang-Orang Tertjinta, Ball. 1957; Empat Kumpulan Sadjak, G. 1961; Ia sudah Bertualang, Kgn. 1963; Blues untuk Bonnie, G. 1971; Sajak-sajak Tua, G. 1972; Tentang Bermain Drama, Abh. 1976.

Rèpaci, Leonida, ital. Schriftsteller, 23. 4. 1898 Palmi di Calabria − 1985 Rom. Stud. Jura Turin, 1923−26 Redakteur der kommunist. >Unità< in Mailand, Mitarbeiter u. Hrsg. zahlr. Zsn. − Erzähler soz. Zeitromane und Dramatiker, bekannt durch s. Romanzyklus über die kalabres. Familie Rupe.
W: Poemi della solitudine, G. 1920; L'ultimo cireneo, R. 1923; Il peccatore, Dr. 1927; All'insegna del gabbamondo, En. 1928; Cacciadiavoli, E. 1929; La carne inquieta, R. 1930; Racconti della mia Calabria, En. 1931; I fratelli Rupe, R. 1933; Potenza dei fratelli Rupe, R. 1934; Passione dei fratelli Rupe 1914, R. 1937 (alle 3 überarbeitet u. d. T. Storia dei fratelli Rupe, 1957); Ribalte a lumi spenti, Theaterkrit. II 1939−41; Taccuino segreto, Tg. 1940; Teatro, 1940, 1957; Ricordo di Gramsci, 1948; Giro del mondo di ieri, Rep. 1948; La tenda rossa, R. 1954; Un filo che si svolge in trent'anni (Ges. En.), 1954; L'intervento, R. 1956; Fossa d'Europa, R. 1958; Compagni di strada, Erinn. 1960; Maria del fiume, 1965; Il caso Amari, 1966; Un riccone torna alla terra, R. 1973. − Opere, hg. S. Manelli 2001.
L: A. Altomonte, 1976; S. Manelli, 1985; A. Orlando, Il socialismo sognato di L. R., 1994.

Repše, Gundega, lett. Schriftstellerin, * 13. 1. 1960 Riga. Mutter ehemalige Verbannte; bis 1978 Schulen; ab 1980 journalistische Tätigkeit, bis 1986 Stud. der Kunstgesch.; Literaturredakteurin, Kritikerin für Zeitungen u. Zeitschriften. − Wird den >zornigen jungen Frauen< der 80er Jahre zugerechnet; Freiheitsproblematik.
W: Koncerts maniem draugiem pelnu kastē, En. 1987; Ugunszīme, R. 1990; Septiņi stāsti par mīlu, En. 1992; Šolaiku bestiārijs, En. 1994; Ēnu apokrifs, R. 1996 (Unsichtbare Schatten, d. 1998); Sarkans, R. 1998; Īkstīte, R. 2000.

Reşat Nuri Güntekin → Güntekin, Reşat Nuri

Resende, Garcia de, portugies. Dichter, Chronist, Musiker, Maler u. Zeichner, um 1470 Évora − 3. 2. 1536 ebda. Page, später Sekretär des ihn protegierenden Dom João II., dessen Lebensgeschichte er schrieb, Mitglied der Gesandtschaft Dom Manuels an Leo X. − Vf. einer Biographie, geschichtl. Betrachtungen u. Organisator des >Cancioneiro Geral< (wohl dem 5 Jahre zurückliegenden Vorbild Hernando del Castillos folgend), des ersten monumentalen Sammeldrucks u. wertvollen Schatzes portugies. u. span. Dichtung für Portugal, enthält fast 300 Dichter aus der 2. Hälfte des 15. u. dem Beginn des 16. Jh.
W: Cancioneiro Geral (Cancioneiro de R.), Anth. hg. 1516 (Faks. Huntington 1904, hg. A. J. Goncalves Guimarães V 1910−17, E. H. v. Kausler III ²1961); Vida e Feitos de D. João II, B. 1545 (n. 1902); Miscelânia e Variedade de Histórias, Schr. 1554 (n. 1971).
L: J. Ruggieri, 1931; A. Crabbé Rocha, 1949; J. de Castro Osório, 1963.

Restif de la Bretonne (auch Rétif de la B.), Nicolas Edmé, franz. Schriftsteller, 23. 10. 1734 Sacy b. Auxerre − 3. 2. 1806 Paris. Burgund. Bauernsohn; bewegtes, abenteuerreiches Leben. − Schrieb, nachdem er in der Pariser Gesellschaft entsprechende Erfahrungen gesammelt hatte, viele wegen ihrer fesselnden Darstellung von erot. Skandalen und Sensationen sehr beliebte Sittenromane in über 200 Bänden, die weder ausgewogen noch stilist. bedeutend sind, sich aber durch gute Beobachtung und weitgespannte Darstellung der Realität des Landlebens und Brauchtums der Bourgogne sowie genaue Schilderung der Pariser Atmosphäre auszeichnen und bedeutende Vorläufer der realist. Romane des 19. Jh. sind. R. steht unter dem Einfluß Rousseaus: Die Romane enthalten v. a. das Versagen hervorhebende Selbstenthüllungen, popularisieren Rousseaus sozialreformer. Ideen, so das Thema des sittenverderbenden Einflusses der Großstadt. Mit konkreten sozialreformer. Plänen (Landsiedlung und Heranzüchtung »rass. wertvoller Menschen«) Vorläufer der soz. Bewegung des 19. Jh.
W: Lucile, ou les progrès de la vertu, 1768 (Die Unschuld in Gefahr, d. 1780); Le pornographe ou les idées d'un honnête homme sur le projet de règlement pour les prostituées, 1769 (n. 1879; d. 1918); Le paysan perverti ou Les dangers de la ville, R. 1776 (d. 1800; n. F. Jost 1977); La vie de mon père, R. 1778 (hg. H. d'Alméras 1910, d. 1780); La paysanne pervertie ou Les dangers de la ville, R. 1779 (hg. m. Le paysan perverti, M. Talmeyr 1931; d. 1786); Les contemporaines ou aventures des plus jolies femmes de l'âge présent, XLII 1780−85 (n. III 1875f., d. XI 1871−87, Ausw. 1968); Monsieur Nicolas ou le cœur humain dévoilé, XVI 1794−97 (n. IV 1924f.); Abenteuer im Lande der Liebe, d. III 1927−29, 1961f.); L'Anti-Justine, R. 1798 (d. II 1966−68); Nuits de Paris (d. 1920); La découverte, hg. P. Vernière 1979; La prévention nationale, hg. N. Harifi 1982. − Œuvres complètes, 1772, 1988; L'Œuvre, Ausw. hg. H. Bahelin IX 1930−32.
L: E. Dühren, 1906; F. Funck-Brentano, 1928; A. Tabarant, 1936; A. Bégué, État présent des études sur R. de la B., 1948; J. R. Childs, 1949; M. Chadourne, 1958; M. Thiébaut, 1959; C. A. Porter, New Haven 1967; K. Sasse, 1967; R. Joly, 1969; M. Poster, N. Y. 1971; D. A. Coward, Diss. Lond. 1976; P. Testud, 1980; F. Dirks, 1981; N. Rival, 1982; L. Baccolo, Mail. 1982; F. Bassari, 1993; J. Cellard, 2000. − *Bibl.*: G. Tschich, 1922.

Retté, Adolphe, franz. Dichter, 25. 7. 1863 Paris – 8. 12. 1930 Beaune. Sohn e. Geschichtsprof.; wollte zuerst Kavallerieoffizier werden, ging 1886 nach Paris, widmete sich ganz der Lit., gab zwei symbolist. Zsn. heraus, ›La Vogue‹ u. ›L'Ermitage‹. S. kämpfer.-revolutionäre Haltung gegenüber Tradition u. Gesellschaft wandelte sich zu e. Suchen nach Gott; 1906 Übertritt zum Katholizismus; letzte Lebensjahre in völliger Einsamkeit in dem Dorf Guermantes. – Dichter des Symbolismus, von Rimbaud u. Maeterlinck beeinflußt. Trat in theoret. Schriften für den Symbolismus u. den ›vers libre‹ ein, den er in s. Dichtungen ausschließl. verwendete. Nach 1893 Abkehr vom Symbolismus zum Naturalismus; später Romane relig. Inspiration.

W: Cloches en la nuit, G. 1889; Thule des brumes, E. 1892; Une belle dame passa, G. 1893; Réflexions sur l'anarchie, Abh. 1894; L'Archipel en fleur, G. 1895; La forêt bruissante, G. 1896; Promenades subversives, St. 1896; Aspects, Es. 1897; Treize idylles diaboliques, En. 1898; La seule nuit, R. 1899; Le symbolisme, Ess. 1903; Du diable à Dieu, Aut. 1907 (n. F. d'Auxois 1948, m. Bibl.; d. 1909); Quand l'esprit souffle, Es. 1914; Le soleil intérieur, R. 1922. – Œuvres complètes, II 1898.

L: M. Boisson, 1933; W. K. Cornell, 1948; P. J. A. F. Nuyens, Antwerpen 1955; F. d'Auxois, Du diable à Dieu: R., 1958.

Retz, Jean François Paul de Gondi, Baron de, franz. Chronist, 20. 9. 1613 Montmirail – 24. 8. 1679 Paris. Priester; 1643 Koadjutor des Erzbischofs von Paris; 1648–52 Mitglied Fronde; 1652 Kardinal; 1652–54 Gefangener Mazarins, 1654 Flucht ins Ausland; von Ludwig XIV. begnadigt; 1661 Rückkehr nach Paris, erhielt die Abtei Saint-Denis. – S. hist. nicht immer verläßl., aber in der Darstellung eigener Listen und Intrigen rücksichtslosen Memoiren geben e. interessantes, bewegtes Zeitbild und sind darüber hinaus e. lit. Kunstwerk.

W: La Conjuration du Comte Jean-Louis de Fiesque, 1682 (n. A. Leitzmann 1913, A. Hoog o. J., D. A. Watts 1967); Mémoires, III 1717 (n. G. Mongrédien IV 1935, M. Allem 1950; d. B. Rüttenbauer 1913, H. Schnabel 1913). – Œuvres, ed. A. Feillet u. a. XI 1870–1920.

L: L. Batiffol, 1929; F. A. Buisson, 1953; J. Castelnau, ²1955; P.-G. Lorris, Un agitateur du 17e siècle, 1956; J. T. Letts, 1966; J. H. M. Salmon, 1969; J. Matrat, 1969; B. B. De Mendoza, 1974; A. Bertière, 1978; H. Bouillier, 1979; D. A. Watts, 1980.

Reve, Gerard (eig. und bis in die 70er Jahre: Gerard Kornelis van het R.), niederländ. Schriftsteller, * 14. 12. 1923 Amsterdam. Aus puritan.-marxist. Milieu; Gymnas., Grafik-Schule, Journalist, dann ausschließl. lit. tätig. – S. erster Roman, ›De avonden‹, gilt als e. der wichtigsten Bücher der niederländ. Lit. nach 1945. Das Beklemmende des mitleidlos naturalist. beschriebenen kleinbürgerl. geistigen Klimas mit s. Kontaktlosigkeit wird durch Ironie gemildert. Charakterist. Elemente von R.s Werk sind im Ansatz schon in diesem Buch enthalten: sprachl. Ironie durch Verwendung von archaisierender und bürokrat. Sprache zur Beschreibung von Alltäglichem, Angst vor u. zugleich Verlangen nach dem Tod. In den späteren Werken (ab 1963) rücken diese Elemente stärker in den Mittelpunkt, zusammen mit stärker autobiograph. Zügen, relig. Thematik u. Homosexualität (1966 Übertritt zur kathol. Kirche; Parlamentsdebatten u. Prozeß wegen ›Gotteslästerung‹). Auch später noch gelegentlich Skandale, aber auch höchste Ehrungen. Seit den 70er Jahren wohnt er z. T. in Frankreich.

W: De avonden, R. 1947 (zunächst unter dem Ps. Simon v. h. R., d. 1986); Werther Nieland, E. 1949; Melancholia, E. 1951; Tien vrolijke verhalen, En. 1961; Op weg naar het einde, Br.-R. 1963; Nader tot U, Prosa u. G. 1965 (d. 1970); De taal der liefde, R. 1972; Ik had hem lief, Br.-R. 1975; Een circusjongen, R. 1975; Oud en eenzaam, R. 1980; De vierde man, R. 1981 (d. 1993); Bezorgde ouders, R. 1988; Het boek van violet en dood, R. 1996; Het hijgend hert, R. 1998. – Archief Reve 1931–1960, hg. P. H. Dubois 1981; De Avonden, Faks.-A. von Manuskript u. Typoskript, 2001; Verzameld werk, VI 1998–2001.

L: H. Speliers, 1973; E. Kummer, H. Verhaar 1976; M. Meijer, 1978 (m. Bibl.); S. Hubregtse, 1980; hg. Tussen chaos en orde, hg. S. Hubregtse, 1981, ²1983 (m. Bibl.) Eigenlijk geloof ik niets, hg. V. Hunink 1990; J. Snapper, De spiegel der verlossing...; T. Rooduijn, Revelaties, 2002. – *Bibl.*: G. Heuvelman, P. Willems 1980.

Reverdy, Pierre, franz. Dichter, 13. 9. 1889 Narbonne – 21. 6. 1960 Solesmes. Aus wohlhabender bürgerl. Familie; verließ 1910 die Schule, ging nach Paris. Der Tod s. Vaters (1911) zwang ihn, von s. lit. Tätigkeit zu leben. 1917 Leiter der lit. Zs. ›Nord-Sud‹. Trat 1926 wieder zum Katholizismus über; lebte in freiwilliger Zurückgezogenheit in der Nähe des Benediktinerklosters in Solesmes. – Dichter u. Essayist; mit G. Apollinaire u. B. Cendrars e. der Vorläufer u. Wegbereiter des Surrealismus. Erläutert Methode u. Ziel s. Poesie in dem Essay ›Gant de crin‹: Die Einfachheit der echten Wirklichkeit allein soll Gegenstand der Dichtung sein; aus ihr formt er durch die Technik der Abstraktion, Verdichtung u. Andeutung s. eigene geistige Welt. In s. späteren Gedichten tritt das Element des Myst.-Ekstat. immer stärker in den Vordergrund. S. dichter. Werk beeinflußte nachhaltig die mod. franz. Lyrik.

W: Poèmes en prose, G. 1915; La lucarne ovale, G. 1916; Quelques poèmes, G. 1916; Le voleur de Talan, Prosa 1917; Les jockeys camouflés, G. 1918; Les ardoises du toit, G. 1918; Self-defense, Es. 1919; La guitare endormie, G. 1919; Cœur de chêne, G. 1921; Cravates de chanvre, G. 1922; Les Épaves du ciel, G. 1924; Écumes de la mer, G. 1925; Grande nature, G. 1925; La peau d'homme, Prosa 1926 (erw. 1968); Le gant de crin, Es. 1927; Flaques de verre, G. 1929; Sources du vent, G. 1929; Ferraille, G. 1937; Plupart du temps, G. 1945; Le livre de mon bord, Es. 1948; Une conquête méthodique, Es. 1949; Au soleil du plafond, G. 1955; En vrac, Schr. 1956; Place des angoisses, G. 1959; Main d'œuvre, G. 1960; Risques et périls, En. 1972. – Œuvres complètes, IV 1978, V 1980. – *Übs.:* Die unbekannten Augen, G. u. Es. 1969; Quellen des Windes, G. u. Ess. 1970.

L: F. Guex-Gastambide, 1942; J. Rousselot, M. Manoll, 1951; E. Stojkovic, 1951; P. R. 1889–1960, 1962; M. Guiney, 1967; R. W. Greene, The Poetic Theory of P. R., Berkeley 1968; J. Schroeder, Boston 1981; G. Bocholier, 1984; A. Rothwell, 1989; Y. Leclerc, 1989; J. Dupin, 1990; M. Loubeyre, 1991; J. Chol, 1992; C. Hubner-Bayle, 1993; R. Stajano, 1994.

Revius (eig. Reefsen), Jacobus, niederländ. Lyriker, Nov. 1586 Deventer – 15. 11. 1658 Leiden. Stud. Theol., streng reformierter Prediger. Mitwirkung an der Bibelübersetzung (›Statenbijbel‹) und in der Theologen-Ausbildung. – Sein Hauptwerk, ›Over-Ysselsche sangen en dichten‹, besteht aus geistlichen Gedichten, chronolog. geordnet von der Schöpfung über die Geburt Christi bis zum Jüngsten Gericht, sowie einem ›Anhang‹ mit weltlicher Lyrik: Epigrammen, Hochzeitsgedichten und v.a. nationalhist. Gedichten. Zahlreiche formvollendete Sonette; auch Geschichtsschreibung.

W: Over-Ysselsche sangen en dichten, G. 1630, erw. 1634 (hg. W. A. P. Smit, II 1930–35).

L: W. A. P. Smit, 1928, ²1975; L. Strengholt, 1976 (m. Bibl.).

Revueltas, José, mexikan. Schriftsteller, 20. 11. 1914 Durango – 14. 4. 1976 Mexiko Stadt. Journalist, Mitglied der kommunist. Partei, wegen polit. Aktivitäten mehrmals im Gefängnis. – Beschrieb den gegenseitigen Haß der soz. Klassen, die marxist. Auffassung der Geschichte, das Gefängnis als Parabel der Gesellschaft. Innovativ mit neuen Erzähltechniken.

W: Los muros de agua, R. 1941; El luto humano, R. 1943; Dios en la tierra, En. 1944; Los días terrenales, R. 1949; México, una democracia bárbara, Es. 1958; Dormir en tierra, En. 1960; Los errores, R. 1964; El apando, N. 1969 (d. Eingelocht, in: Die Schwester, die Feindin, 1991). – Obras completas, XXVI 1987; Cartas a María Teresa, 1979. – *Übs.:* Die Schwester, die Feindin, En. 1991; Die schwarze Katze der Verfassung im dunklen Zimmer der mexikanischen Politik, 1997.

L: J. Ruffinelli, 1977; G. Sáinz u.a., 1977; M. Frankenthaler, 1979; E. Escalante, 1979; S. L. Slick, 1983; E. Carballo u.a., 1984; H. A. Sheldon, 1985; V. F. Torres, 1985; A. Rabadán, 1985; J. J. Blanco, 1985; E. Revueltas, 1987; E. Negrín, 1999.

Rexroth, Kenneth, amerik. Lyriker, 22. 12. 1905 South Bend/IN – 6. 6. 1982 Montecito/CA. Abstrakter Maler; Mitglied der San-Francisco-Gruppe, stand der Beat Generation nahe. – In s. Frühwerk Anklänge an den Surrealismus und Imagismus unter Einfluß von W. C. Williams, Freude am Experiment. Später mehr klassizist. Formen von ausgeprägtem Klang- und Rhythmusgefühl für persönl., gedankl.-abstrakte Aussagen. Ausgezeichnete Anthologien von Gedichten aus dem Japan., Chines., Griech., Lat. u.a. Sprachen.

W: In What Hour, 1940; The Phoenix and the Tortoise, 1944; The Art of Worldly Wisdom, 1949; The Signature of all Things, 1950; Beyond the Mountains, Drn. 1951; The Dragon and the Unicorn, G. 1952; In Defense of the Earth, G. 1956; Bird in the Bush, Ess. 1959; Assays, Ess. 1962; Natural Numbers, G. 1963; An Autobiographical Novel, 1966; Classics Revisited, Ess. 1968; Collected Longer Poems, 1968; The Alternative Society, Ess. 1970; With Eye and Ear, Ess. 1970; Sky Sea Birds, G. 1971; American Poetry, Abh. 1971; New Poems, 1974; The Elastic Retort, Ess. 1974; Communalism, Es. 1974; The Morning Star, G. 1979; Excerpts from a Life, Aut. 1981; Flower Wreath Hill, G. 1991; Sacramental Acts, G. hg. S. Hamill, E. L. Kleiner 1997. – World Outside the Window, Ess. hg. B. Morrow 1987; More Classics Revisited, Ess. hg. ders. 1989; Complete Poems, hg. S. Hamill, B. Morrow 2003; K. R. and J. Laughlin, Br. hg. L. Bartlett 1991.

L: G. Gardner, hg. 1980; M. Gibson, 1986; L. Bartlett, 1988; K. Knabb, 1990; L. Hamalian, 1991; D. Gutierrez, 1996.

Reyes, Alfonso, mexikan. Schriftsteller, 17. 5. 1889 Monterrey – 27. 12. 1959 Mexiko Stadt. Umfassende humanist. Bildung; Stud. Jura; Diplomat, Prof. für Philol.; Direktor des Colegio Nacional de México. – Scharfsinniger Kritiker u. Essayist, verfaßte Studien – mehr als 100 Titel – über die bedeutendsten klass. u. mod. Autoren; hielt sich als Lyriker anfangs in der Linie der Parnassiens, folgte später eigenen Wegen unter Einfluß Góngoras u. Mallarmés. Hervorragende Übsn. von Sterne, Chesterton, Stevenson, Čechov u.a.

W: Cuestiones estéticas, Ess. 1911; Visión de Anáhuac, Es. 1917; El plano oblicuo, En. 1920; Simpatías y diferencias, Ess. V 1921/22; Huellas, G. 1922; Ifigenia cruel, Dr. 1924; Pausa, G. 1926; Fuga de Navidad, Es. 1929; Horas de Burgos, Reiseber. 1932; Yerbas del Tarahumara, G. 1934; Las visperas de España, Chronik 1937; Cantata en la tumba de F. García Lorca, G. 1937; La experiencia literaria, Ess. 1942; Ultima Tule, Es. 1942; El deslinde, Ess. 1944; La casa del grillo, E. 1945; Homero en Cuernavaca, G. 1949; Trayectoria de Goethe, Es. 1954; Diario 1911–30, 1969. – Obra poética 1906–1952, 1952; Obras completas, XXVI 1955–89. – *Übs.:* Kleine Miniaturen, 1977.

L: J. B. Trend, Cambr. 1952; L. Garrido, 1954; I. Düring, Göteborg 1955; R. Lazo, 1955; M. García Blanco, 1956; M. Olguín, 1956; C. Cardona Peña, 1956; A. Iduarte, N. Y. 1956; Páginas sobre A. R., II 1957; I. Düring, R. Gutiérrez Girardot, Göteborg 1962; M. Alcala, 1964; J. W. Robb, 1965, 1976, 1981; B. B. Aponte,

1972; P. Patout, Paris 1978; R. Rangel Frías, 1978; J. A. Rendón Hernández, 1980; A. Rangel Guerra, 1989. – *Bibl.:* A. Rangel Guerra, 1955; J. W. Robb, 1974.

Reyles, Carlos, uruguay. Romanschriftsteller, 30. 10. 1868 Montevideo – 24. 7. 1938 ebda. Prof., Rundfunkjournalist, sehr vermögend, widmete sich der Bewirtschaftung s. ausgedehnten Güter u. der Lit.; zahlr. Reisen. – Vertiefte sich, ausgehend vom Naturalismus, mit Vorliebe in die Psychologie anomaler Typen in modernist. Umwelt; wirklichkeitsgetreue Schilderungen des uruguay. Landlebens; erzählt ohne stilist. Feinheiten, dafür treffend u. mit viel Lokalkolorit.
W: Por la vida, 1888; Beba, 1894; Academias, Nn. III 1896–98; La raza de Caín, 1900; La muerte del cisne, Es. 1910; El terruño, 1916 (endgültige Fassg. 1927); El embrujo de Sevilla, 1922; El gaucho Florido, 1932; Incitaciones, Ess. 1936; A batallas de amor ... campos de pluma, 1939; Ego sum, Ess. 1939; Diario, 1970. – Cuentos completos, 1968; Ensayos, III 1965.
L: O. Crispo Acosta, 1918; A. Clulow, 1923; J. Lerena Acevedo de Blixen, 1943; M. I. Ostrin, 1949; L. A. Menafra, 1957; G. Guillot, ²1966; A. Llambías de Azevedo, 1968; G. Saenz, 1970; S. Bollo, 1975; R. Mirza, 1982. – *Bibl.:* W. Rela, 1967.

Reymont (Rejment), Władysław Stanisław, poln. Erzähler, 7. 5. 1867 Kobiele Wielkie (Bez. Radom) – 5. 12. 1925 Warschau. Sohn e. Dorforganisten. Der Schule entlaufen, wechselvolles Leben, Landarbeiter, Eisenbahnarbeiter, Novize in e. Paulaner-Kloster, Eisenbahnbeamter, Mitgl. e. spiritist. Gesellschaft, Schauspieler e. Wandertruppe. 1893 nach Warschau. Später Reisen nach Frankreich, Italien, USA. 1924 Nobelpreis für ›Chłopi‹. – Begann mit naturalist. Novellen. Dann e. Doppelroman aus eigenem Erleben als Schauspieler. Auseinandersetzung mit der städt. Zivilisation. S. Hauptwerk, der an Homer u. Mickiewicz orientierte Bauernroman ›Chłopi‹, ist e. Kolossalgemälde des poln. Dorfes. Breite, plast.-farbige Darstellung, nach den 4 Jahreszeiten gegliedert, mit differenzierten, vielschichtigen Gestalten u. reicher Schilderung der Volksbräuche in e. der bäuerl. Mundart angeglichenen Sprache. Die hist. u. allegor. Spätwerke fallen ab. Das Gesamtwerk gibt e. gewaltiges Bild der poln. Gesellschaft, in dem Feudalherrschaft wie Kapitalismus von e. nationalist. Idealisierung des Bauernstandes aus abgelehnt werden.
W: Pielgrzymka do Jasnej Góry, Schr. 1895; Komedjantka, R. 1896 (Die Komödiantin, d. 1963 u. ö.); Fermenty, R. II 1897 (Die Herrin, d. 1969); Spotkanie, R. 1897; Sprawiedliwie, R. 1899 (Justice, franz. 1925); Lili, E. 1899; Ziemia obiecana, R. 1899 (Das Gelobte Land, d. 1917, auch u. d. T. Lodz); W jesienną noc, R. 1900; Przed świtem, E. 1902; Chłopi, R. 1899–1909 (Die Bauern, d. 1912 u. ö.); Na krawędzi, En. 1907; Burza, En. 1907; Z ziemi chełmskiej, Schr. 1910 (Im Chelmer Land, d. 1918); Marzyciel, R. 1910; Wampir, R. 1911 (d. 1916); Rok 1794, R.-Tril. 1913–18; Przysięga, En. 1917; Za frontem, En. 1919; Osądzona, R. 1923; Legenda, R. 1924; Bunt, R. 1924 (Die Empörung, d. 1926); Krosnowa i świat, Nn. 1928. – Pisma (SW), XXXVI 1930–34, XX 1948–52, hkA. 1968–80; Listy, Br. IV 1967–78. – *Übs.:* Poln. Bauernnovellen, 1919; In der Opiumhöhle, 1989.
L: C. Jankowski; ›Chłopi‹ R.a i krytyka niemiecka, 1914; J. Lorentowicz, 1924; Z. Dębicki, 1925; F. L. Schoell, Les paysans de R., 1925; K. Bukowski, 1927; Z. Falkowski, 1929; J. Krzyżanowski, 1937; M. Rzeuska, ›Chłopi‹ R.a, 1950; L. Budrecki, 1953; S. Lichański, ›Chłopi‹ R., 1969; J. Krzyżanowski, N. Y. 1972; B. Kocówna, 1975; J. Rurawski, 1977; W. Kotowski, Pod wiatr, 1979; K. Wyka, 1979; St. Lichański, 1984.

Réza, Yasmin, franz. Schriftstellerin, * 1. 5. 1957 Paris. Vater russ. Jude, Mutter Ungarin. Beginnt als Schauspielerin, schreibt dann mit großem internationalem Erfolg eigene Stücke, Romane und Drehbücher. – Mit psycholog. Feinsinn spürt sie die innere Zerbrechlichkeit und Einsamkeit ihrer Helden auf.
W: Art, Dr. 1994 (d. 1996); Hammerklavier, R. 1997 (d. 1998); Pique-nique de Lulu Kreutz, Drb. 2000; Trois versions de la vie, Dr. 2000 (d. 2000); Une desolation, R. 2001 (d. 2001).

Řezáč, Václav (eig. V. Voňavka), tschech. Schriftsteller, 5. 5. 1901 Prag – 22. 6. 1956 ebda. Redakteur der Zt. ›Práce‹, Leiter des Schriftstellerverbandes u. des Verlags ›Čs. spisovatel‹. – In teils psycholog., teils sozialen Romanen stellt Ř. im Rahmen der immer mehr zerfallenden alten Gesellschaftsordnung charakterschwache u. unausgeglichene Typen dar u. schildert nach 1945 im Stil des sozialist. Realismus die Besiedlung u. den Aufbau des Grenzgebietes. Vf. von Jugendlit.
W: Větrná setba, R. 1935; Slepá ulička, R. 1939; Černé světlo, R. 1940; Svědek, R. 1942; Rozhraní, R. 1944 (Zwischen Tag und Traum, d. 1960); Stopy v písku, Feuill. 1944; Nástup, R. 1951 (Die ersten Schritte, d. 1955); Bitva, R. 1954; Tváří v tvář, En. 1956. – Dílo (W), XII 1953–61; Spisy (W), III 1986–89.
L: F. Götz, 1957; H. Junková, V. Ř., Literární pozůstalost, 1987.

Ṛgveda → Veda, der

Rhianos von Bene → Rhianos von Kreta

Rhianos von Kreta, altgriech. Dichter u. Philologe, 2. Hälfte 3. Jh. v. Chr. Kaum biograph. Nachrichten. – Nur spärl. Reste der Werke: 10 Epigramme (in → ›Anthologia Palatina‹, v. a. päderast.), Fragmente umfangreicher myth. (›Herakleia‹, Heraklessage) bzw. myth.-lokalhist.-topograph. (›Achaika‹, ›Eliaka‹, ›Messeniaka‹, ›Thessalika‹) Epen sowie e. Homer-Ausgabe. R.

war in der Antike geschätzt, vgl. Sueton sowie Pausanias' 4. Buch (mittelbare Verwendung der ›Messeniaka‹).
A: N. Saal 1831; Suppl. Hell. 715f.; → Anthologia Palatina.
L: J. Kroymann, 1943; M. M. Kokolakis, Athen 1968; W. R. Misgeld, 1968; A. Cameron, Princeton 1995.

Rhys, Ernest (Percival), engl. Schriftsteller, 17. 7. 1859 Islington – 25. 5. 1946 London. Vater Weinhändler; Bergwerksingenieur, ab 1886 freier Schriftsteller in London; ∞ 1891 Grace Little. Begründete mit J. M. Dent 1906 die ›Everyman's Library‹ u. war selbst Hrsg. zahlr. Bände. – Schrieb romant. Gedichte, den Erlebnisroman ›Black Horse Pit‹ u.a. autobiograph. Werke.
W: A London Rose, G. 1894; Welsh Ballads, 1898; Sir Frederic Leighton, Sk. ³1900; Readings in Welsh History, St. 1901; Enid, Sch. 1905; Browning and his Poetry, St. 1914; Rabindranath Tagore, St. 1915; The Leaf Burners, G. 1918; Black Horse Pit, R. 1925; Everyman Remembers, Erinn. II 1931; Rhymes for Everyman, G. 1933; Song of the Sun, G. 1937; Wales England Wed, Aut. 1940.
L: J. K. Roberts, 1983.

Rhys, Jean (eig. Ella Gwendolen Rees Williams), anglo-westind. Erzählerin, 24. 8. 1894 Roseau/ Dominica (Westindien) – 14. 5. 1979 Cheriton Fitz Paine/Devonshire (England). Verließ 1907 die Karibik, zu deren Vitalität u. gewaltsamer Geschichte sie zeitlebens e. ambivalentes Verhältnis hatte. Schauspieler-Ausbildung in London. Lebte u.a. in Wien, Budapest u. Paris. Schildert das ziellose, unbefriedigende Leben weitgehend autobiograph. Protagonistinnen in e. frauenfeindl., lieblosen Welt. Gilt als e. der bedeutendsten Vertreterinnen moderner Frauenlit.
W: The Left Bank, Kgn. 1927; Quartet (auch: Postures), R. 1928 (d. 1978); After Leaving Mr. Mackenzie, R. 1930 (d. 1981); Voyage in the Dark, R. 1934 (d. 2002); Good Morning, Midnight, R. 1939 (d. 1969); Wide Sargasso Sea, R. 1966 (d. 1980); Tigers Are Better-Looking, Kgn. 1968 (Die dicke Fifi, d. 1971); Sleep It Off Lady, Kgn. 1976; Smile Please, Aut. 1979 (d. 1982).
L: L. James, 1978; T. F. Staley, 1980; P. Wolfe, 1981; H. Nebeker, 1981; T. F. O'Connor, 1986; C. Angier, 1990; S. V. Sternlicht, 1997. – *Bibl.:* F. R. Jacobs, 1978; E. W. Mellown, 1984.

Riba Bracons, Carles, katalan. Lyriker u. Kritiker, 23. 9. 1893 Barcelona – 12. 7. 1959 ebda. Stud. Rechte und Lit. Barcelona und Madrid, 1922/23 Stilistik bei Vossler in München; Prof. für Lit. u. Griech., Präsident des Instituts für katalan. Studien; verfaßte zusammen mit Pompeu Fabra das Katalan. Wörterbuch; lebte nach dem Span. Bürgerkrieg in Frankreich (1939–42), bis zu s. Tod in Barcelona. – Ausgehend von Carner u. der ital. u. katalan. Renaissance-Dichtung Entwicklung zur ›poésie pure‹; spiegelt den Kampf zwischen Verstand u. Gefühl, Geist u. Körper, Idee u. Wort; verstandesbetont, aber menschl.; vollkommene Form. Übte entscheidenden Einfluß auf die neue katalan. Dichtergeneration aus. Geistvoller u. scharfsinniger Kritiker, hervorragender Übs., bes. der griech. Klassiker (Homer, Sophokles, Euripides, Plutarch) u. Hölderlins.
W: Estances, G. II 1919–30; Escolis i altres articles, Aufs. 1921; Les aventures d'En Perot Marrasquí, En. 1923; L'ingenu amor, En. 1924; Els Marges, Aufs. 1927; Sis Joans, En. 1928; Tres Suites, G. 1937; Per comprendre, Aufs. 1937; Elegies de Bierville, G. 1943 u. 1949; Del joc i del foc, G. 1947; Salvatge cor, G. 1952; Esbós de teoria oratoris, G. 1957; Més els poemes, Aufs. 1957. – Obres completes, II 1965–67; Obra poética, 1956; Súnion, Anth. 1995; Cartes de C. R., hg. C.-J. Guardida III 1990–93.
L: J. Triadú, 1953; J. Ferraté, 1955, 1993; A. Manent, 1963; M. Boixareu, El jo poètic de C. R. i P. Valéry, 1978; G. Ferrater, 1983; M. Balasch, 1984; J. Medina, 1987; ders., II 1989; M. Boixareu, 1993; J. Triadú, 1993.

Ribeiro, Aquilino, portugies. Schriftsteller, 13. 9. 1885 Carregal da Tabosa b. Sernancelhe – 27. 5. 1963 b. Lissabon. Gymnas. Lamego u. Viseu, Stud. Philos. u. Theol. Lissabon; Exil in Frankreich wegen antimonarch. Tätigkeit (auch später wiederholt inhaftiert u. 1927–34 zum Verlassen Portugals gezwungen, lebte u.a. in Spanien), Fortsetzung der Studien in Lausanne u. Paris, nach der Rückkehr in die Heimat Univ.-Prof., Konservator an der Nationalbibliothek, freier Schriftsteller. – Äußerst vielseitiger Stilist, e. der bedeutendsten u. fruchtbarsten portugies. Erzähler des 20. Jh., von ursprüngl. Sprache und Gestaltungskraft, hervorragender Essayist, Biograph, Kritiker, eindrucksvolle publizist. Tätigkeit. Mit Romanen über das bäuerl. Leben der Beira Initiator des Regionalismus in der portugies. Lit., jedoch auch urbane u. kosmopolit. Züge in großstädt. Gesellschaftsromanen. Schuf mit ›Malhadinhas‹ die prächtigste portugies. Pikareske. Auch Jugendbücher. Übs. Xenophons u. Cervantes'.
W: Jardim das Tormentas, En. 1913; Terras do Demo, R. 1917; A Via Sinuosa, R. 1919; Filhas de Babilónia, Nn. 1920; Estrada de Santiago, En. 1922 (enth. ›Malhadinhas‹); Romance da Raposa, Jgb. 1924; Andam Faunos pelos Bosques, R. 1926; O Homem que Matou o Diabo, R. 1930; Maria Benigna, R. 1931; A Batalha sem Fim, R. 1932; As Tres Mulheres de Samsão, Nn. 1932; É a Guerra, Tg. 1934; Aventura Maravilhosa de D. Sebastião, R. 1936; Mónica, R. 1938; Volfrâmio, R. 1943; Lápides Partidas, R. 1943; O Arcanjo Negro, R. 1946; Luis de Camões, Ess. II 1950; Príncipes de Portugal, Bn. 1952; Quando os Lobos Uivam, R. 1954 (d. 1965); Abóboras no Telhado, Ber. 1955; Casa de Escorpião, En. 1964. – Obras, 1958ff.

L: C. Branco Chaves, 1938; M. Mendes, 1960; F. Duarte, 1964; A. Cruz Malpique, 1964; T. de Vasconcelos, 1965; F. H. Ferreira, J. Oliveira Macedo, 1987; A. Silva Neves, 1993; H. Almeida, 1993; M. C. Albuquerque, 1995; C. Infante do Carmo, 1998.

Ribeiro, Bernardim, portugies. Dichter, um 1480 Torrão/Alentejo –? Lebte am Hofe Manuels I. u. arbeitete als Sekretär unter João III. – Begabtester Lyriker vor Camões, Vf. von 5, die bukol. Dichtung in Portugal einleitenden Eklogen u. einigen kleineren Dichtungen. Beiträge im ›Cancioneiro Geral‹. Höchst gefühlvoll u. feinsinnig, berühmt v. a. als Autor des (textkrit. manches Problem aufwerfenden u. inhaltl. z. T. entsprechend unübersichtl.) ingeniösen, 1554 indizierten Liebesromans ›História de Menina e Moça‹, der sich durch Empfindsamkeit, feine psycholog. Beobachtung sowie ungewöhnl. Natürlichkeit auszeichnet u. europ. Widerhall fand.

W: História de Menina e Moça, R. 1554 (u. d. T. Saudades 1557/58, hg. D. E. Grokenberger 1947); Trovas de Crisfal (hg. D. Guimarães 1908, F. Costa Marques 1943). – Obras Completas (GW), II ^{2}1959; Obras, hg. A. Braamcamp Freire II $^{1-2}$1923–32; Ausw., hg. J. G. C. Herculano de Carvalho ^{2}1966.

L: T. Braga, 1897; D. Guimarães, 1908; M. da Silva Gaio, 1932; A. J. Saraiva, 1938; A. Salgado, 1940; A. Gallego Morelli, 1960 (m. Bibl.); T. Amado, 1984; J. Noronha, 1997.

Ribeiro, Darcy, brasilian. Schriftsteller u. Politiker, 26. 10. 1922 Montes Claros/Minas Gerais – 17. 2. 1997 Brasília. 1939 Stud. Medizin Belo Horizonte, Stud. Sozialwiss. São Paulo, 1946–55 Ethnologe ebda., Feldforschung bei Indianerstämmen in Maranhão u. Pará, Gründungsrektor der Univ. Brasília, 1964–76 Exil, polit. Ämter bis 1994, Mitglied der Academia Brasileira de Letras. – Wichtigster Zivilisationstheoretiker, Anthropologe, Soziologe Brasiliens u. Lateinamerikas. S. Roman ›Maíra‹ führt den Ethnologen als Schriftsteller ein, ist produktive Polemik gegen westl.-christl. Zivilisation u. Hinterfragung der Ethnographie als empir. Wiss.; auch der Roman ›O mulo‹ erzählt Geschichte u. Lebenswelt von Indios auf e. Plantage, indem erzähler. e. Raum für die Stimmen der ›Anderen‹ geöffnet wird.

W: O processo da civilização, Abh. 1968 (d. 1971); As Américas e a civilização, Abh. 1970 (d. 1988); Maíra, R. 1976 (n. 1996; d. 1979); O dilema da América Latina, Abh. 1978; Sobre o óbvio, Abh. 1979; O mulo, R. 1981 (d. 1994); Utopia selvagem, E. 1982 (d. 1986); Como o Brasil deu no que deu, Abh. 1985; O Brasil como problema, Abh. 1995; O povo brasileiro, Abh. 1995; Diários Índios, Tg. (1949–51) 1996; Confissões, Mem. 1997.

L: M. L. Ramos, 1978; E. Spielmann, 1994; A. Candido, 1996; Antonio Houaiss, 1996; A. Bosi, 1996.

Ribeiro, João Ubaldo, brasilian. Erzähler, * 23. 1. 1941 Itaparica/Bahia. Kindheit in Sergipe, Jurastud. Salvador, Magisterexamen in Polit. Wiss. in den USA, später Chefredakteur der Tageszeitung ›Tribuna da Bahia‹ in Salvador, dort auch Univ.-Dozent; lebte bis 1991 auf Itaparica, danach in Rio de Janeiro. – Nach dem Meisterwerk ›Sargento Getúlio‹ (verfilmt), der Konflikte u. Lebenswelt im Nordosten anhand e. hist. Falls in Szene setzt, gelingt ihm Anfang der 1980er Jahre als Beitrag zur Redemokratisierung mit ›Viva o povo brasileiro‹ e. Monument mnemotechn. Erzählkunst, das brasilian. Geschichte als Ganzes faßt; liefert e. Allegorie nationaler Geschichte. Verfaßte auch Kinderbücher u. Zeitungschroniken.

W: Sargento Getúlio, R. 1971 (d. 1984); Vencecavalo e outro povo, En. 1974; Vila Real, R. 1979; Livro de Histórias, En. 1981; Viva o povo brasileiro, R. 1984; (d. 1988); Vida e paixão de Pandonar, o cruel, Kdb. 1984; Sempre aos domingos, Chronik 1988; O sorriso do lagarto, R. 1989 (d. 1994); Um brasileiro em Berlim, Chronik 1995, (d. 1995); O feitiço da ilha do Povão, R. 1997 (d. 1999); Arte e ciência de roubar galinha, Chronik 1998; A casa dos budas ditosos, R. 1999; O conselheiro come, Chronik 2000; Miséria de grandeza do amor de Benedita, R. 2000; Diário do farol, R. 2002.

L: C. de Araújo Medina, 1985; L. F. Valente, 1990; E. Spielmann, 1999.

Ribeiro, Júlio (eig. J. César R. Vaughan), brasilian. Schriftsteller, Journalist und Philologe, 10. 4. 1845 Sabará/Minas Gerais – 1. 11. 1890 Santos/São Paulo. Sohn e. amerik. Zirkusartisten, Mutter Lehrerin; Unterricht zunächst bei s. Mutter, dann auf der Militärschule in Rio de Janeiro; Journalist, Redakteur und Hrsg. versch. Zsn., Lehrer; 1968 Konversion zum Protestantismus, Sozial- und Kirchenkritiker; Philologe, Dozent Univ. São Paulo. – Bekannt insbes. durch s. zweiten Roman ›A carne‹, der aufgrund erot. Szenen bei s. Erscheinen v. Skandal auslöste und auch dadurch erfolgr. war; gilt als wichtiges Werk des brasilian. Naturalismus, doch ist diese Zuordnung v. a. in bezug auf s. Sprache umstritten. R. ist in s. Selbstverständnis Naturalist, beeinflußt von Zola und A. Azevedo.

W: O padre Belchior de Pontes, R. II 1876/77 (1904, 1966); Grammática Portuguesa, 1881; Cartas sertanejas, Br. 1885; Procelárias, Aufs. 1887; A carne, R. 1888 (^{21}1949, n. 2002, m. Bibl.); Uma polêmica célebre, hg. V. Caruso 1934.

L: M. Casassanta, 1946; J. Aleixo Irmão, 1978.

Ribeiro, Tomás (eig. Tomás António Ribeiro Ferreira), portugies. Lyriker, 1. 8. 1831 Parada de Gonta b. Tondela – 6. 2. 1901 Lissabon. Stud. Jura Coimbra, Advokat, Abgeordneter, Minister, Botschafter in Brasilien. – Aus dem Kreis um Castilho stammend, später jedoch Neigung zu e. Realismus mit romant. Einschlag. Relig.-patriot., natur- u. heimatverbundene Lyrik erzählenden Charakters.

W: Dom Jaime, Ep. 1862; A Delfina do Mal, G. 1868; Sons que Passam, G. 1868; Jornadas, Prosa 1873; Vésperas, G. 1880; Dissonâncias, G. 1890; História da Legislação Liberal Portuguesa, Abh. 1891/92.

L: A. da Cunha, 1931.

Ribemont-Dessaignes, Georges, franz. Schriftsteller, 19. 6. 1884 Montpellier − 15. 7. 1975 Saint-Jeannet. Maler und Schriftsteller. Freundschaft mit Fernand Léger und Francis Picabia, über den er in der Pariser Dada-Bewegung an Einfluß gewann.

W: L'Empereur de Chine, G. 1916; Le serein muet, G. 1921; L'autruche aux yeux clos, R. 1924; Man Ray, Ess. 1924; Céleste Ugolin, R. 1926; Ombres, G. 1942; Ecce homo, G. 1945; Déjà jadis ou Du mouvement Dada à l'espace abstrait, Ess. 1958.

Ribeyro, Julio Ramón, peruan. Schriftsteller, 31. 8. 1929 Lima − 4. 12. 1994 ebda. Jura- u. Lit.-Stud.; Stipendium in München, seit 1960 in Paris als Journalist der Agence France Presse, dann peruan. Delegationsmitgl. bei der UNESCO.

W: Los gallinazos sin plumas, En. 1955; Cuentos de circunstancias, En. 1958 (d. 1961); Santiago el pajarero, Dr. 1959; Crónica de San Gabriel, R. 1960 (d. 1964); Las botellas y los hombres, En. 1964; Tres historias sublevantes, En. 1964; Los geniecillos dominicales, R. 1965; El último cliente, Dr. 1966; Teatro, Dr. 1972; Los cautivos, En. 1972; El próximo mes me nivelo, En. 1972; La palabra del mudo, En. II 1973; La juventud en la otra ribera, N. 1973; Prosas apátridas, Ess. 1975, 1978, 1986 (d. 1991); La caza sutil, Ess. 1976; Cambio de guardia, R. 1976; La palabra del mudo, En. III 1977; Atusparia, Dr. 1980; La juventud en la otra orilla, En. 1983; Sólo para fumadores, En. 1987; Silvio en el rosedal, En. 1989; La tentación del fracaso: diario personal 1950–60, 1992; Cambio de guardia, R. 1994. − Cuentos completos, 1994; La tentación del fracaso, Tg. 2003. − *Übs*.: Am Fuße des Acantilado, En. 1970.

L: W. L. Luchting, 1971, 1988.

Ribnikar, Jara, serb. Schriftstellerin, * 23. 8. 1912 Königgrätz. Partisanin im 2. Weltkrieg. Lebt in Belgrad als freie Schriftstellerin. − In Romanen u. Erzählungen behandelt R. Kriegsthemen sowie die Probleme des mod. Stadtmenschen, der sich im Leben nicht zurechtfinden kann. Übs. aus dem Tschech. u. Slowak. Gab 1962 mit D. Maksimović e. Anthologie tschech. Poesie heraus.

W: Devetog dana, En. 1953; Nedovršeni krug, R. 1954; Largo, En. 1957; Bakaruša, R. 1961 (Die Kupferne, d. 1964); Pobeda i poraz, R. 1963 (Duell an der Drina, d. 1969); Ja, ti, mi, En. 1967 (Ich und Du, d. 1969); Jan Nepomucki, R. 1969 (Die Berufung, d. 1972); Medju nama, En. 1974; Život i priča, Erinn. 1981 (Leben und Legende, d. 1982); Moć života i druge priče, En. 1984; Proza i memoari, Erinn. IV 1988; Porodične priče, R. 1995; Ženske ljubavne priče, En. 1997; Roman o T. M., R. 1998; Život bez priče, Prosa 2002.

Ricardo Leite, Cassiano, brasilian. Dichter, 26. 7. 1895 São José dos Campos/São Paulo − 25. 1. 1974 Rio de Janeiro. Jurastud. in São Paulo u. Rio, lebte in Rio Grande do Sul, bekleidete öffentl. Ämter in São Paulo, ab 1937 Mitglied der Academia Brasileira de Letras, Journalist; Vertreter nationalist. Positionen. − Dem ›modernismo‹ zugewandt, später auch der konkreten Poesie; auch Journalist und Lit.kritiker, Vf. hist. Studien.

W: Dentro da Noite, G. 1915; Evangelho de Pã, G. 1917; Barrões de verde e Amarelo, G. 1926; Vamos caçar papagaios, G. 1926; Martim eererê. O Brasil dos meninos, dos poetas e dos heróes, Versdicht. 1928 (endgültige Fassg. 1947); Canções de minha ternura, G. 1930; Marcha para oeste, Abh. 1942; O sangue das horas, G. 1943; A face perdida, G. 1950; O arrancacéu de vidro 1954, G. 1956; Montanha russa, G. 1960; A difícil manhã, G. 1960; Jeremias sem chorar, G. 1964; Os sobreviventes, G. 1971. − Poesias completas, 1957.

L: P. E. da Silva Ramos, 1959; M. Chamié, 1963; N. Novais Coelho, 1972; J. Sologuren, 1979.

Ricci, Julio, uruguay. Erzähler, 20. 6. 1921 Montevideo − 24. 9. 1995 ebda. Prof. für Linguistik, Übs. − R. ist beunruhigend, umstürzlerisch; er verzerrt die Wirklichkeit, damit sie mit der Wahrheit übereinstimmt. S. Antihelden scheitern sogar in ihren eigenen Phantasien; sie sind erbärmliche, eitle, routinierte Gestalten in reifen Jahren, die ständig unvollendete Kraftanstrengungen zu demselben Zweck unternehmen: Sie wollen auf ihre Art glückl. sein.

W: Los maniáticos, 1970; El Grongo, 1976; Ocho modelos de felicidad, 1980; Cuentos civilizados, 1985; Los mareados, 1987; Cuentos de fe y esperanza, 1990; Los perseverantes, 1993.

L: M. Savini, 1989; O. De León, hg. 1990; I. J. Jordan, hg. 1993.

Rice, Anne (eig. Howard Allen O'Brien, legale Namensänderung), amerik. Schriftstellerin, * 4. 10. 1941 New Orleans. − Vf. von erfolgr. Romanen des ›Gothic‹-Genres; Okkultes, Übernatürl., sexuelle Freizügigkeit, Vampirismus (›Vampire Chronicles‹) und Hexerei (›Lives of the Mayfair Witches‹), verknüpft mit hist. Elementen in ornamentaler Sprache und exot. Ambiente; zentral ist die Entfremdung und Identitätssuche des Individuums; auch Erotika unter Pseudonymen A. N. Roquelaure und Anne Rampling.

W: The Feast of All Saints, R. 1980; Cry to Heaven, R. 1982 (Falsetto, d. 1995); The Mummy, R. 1989 (d. 1992); Servant of the Bones, R. 1996 (Engel der Verdammten, d. 1999); Violin, R. 1997; Vampire Chronicles: Interview with the Vampire, 1976 (d. 1989), The Vampire Lestat, 1985 (Der Fürst der Finsternis, d. 1990), The Queen of the Damned, 1988 (d. 1991), The Tale of the Body Thief, 1992 (Nachtmahr, d. 1994), Memnoch the Devil, 1995 (d. 1998), The Vampire Armand, 1998 (d. 2001), Blood and Gold, 2001, Blackwood Farm, 2002, Blood Canticle, 2003; New-Vampire-Serie: Pandora, 1998 (d. 2001), Vittorio the Vampire, 1999 (d. 2002), Merrick, 2000 (d. 2003); Lives-of-the-Mayfair-Witches-Serie: The Witching Hour, 1990 (d. 1993), Lasher, 1993 (Tanz der Hexen, d. 1995), Taltos, 1994 (Die Mayfair-Hexen, d. 1996).

L: J. M. K. Ramsland, 1991, 1993, 1994, 1996, 1997; B. B. Roberts, 1994; J. Dickinson, 1995; G. Beahm, hg. 1996; G. Hoppenstand, R. B. Browne, hg. 1996; M. Riley, 1996; J. Smith, 1996; J. Marcus, 1997; R. Keller, 2000.

Rice, Elmer (eig. E. Leopold Reizenstein), amerik. Dramatiker, 28. 9. 1892 New York – 8. 5. 1967 Southampton/NY. Bis 1912 Stud. Jura New York Law School, entschloß sich aber, Stücke zu schreiben; 1938 neben M. Anderson, S. N. Behrman, S. Howard, R. E. Sherwood Mitbegründer der ›Playwrights' Producing Company‹. Lebte in New York. – Schrieb außer Farcen und Melodramen glänzend gebaute, publikumswirksame soz. Dramen in e. erfolgr. Mischung naturalist., expressionist., film. und psycholog. Elemente, die s. radikalen ökonom. und soz. Ansichten widerspiegeln. ›The Adding Machine‹ ist e. expressionist. Beschreibung der Monotonie des Bürolebens; ›Street Scene‹ (Pulitzerpreis 1929) handelt von den Bewohnern e. New Yorker Wohnblocks; ›Judgment Day‹ hat den Reichstagsbrand-Prozeß zum Inhalt. ›On Trial‹ machte als erstes Drama von der film. Technik der Rückblende Gebrauch. Auch Erzähler.

W: On Trial, Dr. 1919 (d. 1960); The Adding Machine, Dr. 1923 (d. 1946); Street Scene, Dr. 1929 (Musical von K. Weill u. L. Hughes, 1948; d. 1930); Cock Robin, Dr. 1929 (m. P. Barry); The Subway, Dr. 1929; Close Harmony, Dr. 1929 (m. D. Parker); See Naples and Die, Dr. 1930 (d. 1952); A Voyage to Purilia, R. 1930; Counsellor-at-Law, Dr. 1931; We, the People, Dr. 1933; The Home of the Free, Dr. 1934; Judgment Day, Dr. 1934; Imperial City, R. 1937 (Menschen am Broadway, d. 1952); American Landscape, Dr. 1939; Flight to the West, Dr. 1941; A New Life, Dr. 1944; Dream Girl, Dr. 1945 (d. 1949); The Show Must Go On, R. 1949 (Das Spiel geht weiter, d. 1951); Seven Plays, 1950; Not for Children, Dr. 1951; The Grand Tour, Dr. 1952; The Winner, Dr. 1954; Three Plays, 1956; Cue for Passion, Dr. 1959; The Living Theatre, Schr. 1959; Minority Report, Aut. 1963; Love Among the Ruins, Dr. 1963; The Iron Cross, Dr. 1965; Court of Last Resort, Dr. 1985.

L: R. G. Hogan, 1965; F. Durham, 1971; A. F. R. Palmieri, 1980; M. Vanden Heuvel, 1996. – Bibl.: R. G. Hogan (Modern Drama 8), 1966.

Rich, Adrienne (Cécile), amerik. Dichterin, * 16. 5. 1929 Baltimore. Arzttochter, Stud. Radcliffe College, Engl.-Prof. an versch. amerik. Univ., vielfache Preisträgerin. – Bedeutende Dichterin; zunächst formal dem Modernismus verhaftet, dann radikale Auseinandersetzung mit der Situation u. Rolle der Frau in der Gesellschaft, schließl. lesb.-separatist. Position u. Kritik an anhaltendem Rassismus in den USA. Auch wichtige lit.krit. Arbeiten.

W: A Change of World, G. 1951; Snapshots of a Daughter-in Law, G. 1954–62, 1963; Poems 1950–74, 1974; Of Woman Born: Motherhood ..., St. 1976 (d. 1979); The Dream of a Common Language, G. 1974–1977, 1978 (d. 1982); Selected Prose, 1966–78, 1979; On Lies, Secrets and Silence, Ess. 1966–1978, 1979; A Wild Patience ..., G. 1981; The Fact of a Doorframe, G. 1950–84, 1984; Your Native Land, Your Life, G. 1986; Blood, Bread and Poetry, Ess. 1979–1986, 1986; Time's Power, G. 1988; An Atlas of the Difficult World, G. 1991; What Is Found There, Ess. 1993; Dark Fields of the Republic, G. 1995; Midnight Salvage, G. 1999; Fox, G. 2001; Arts of the Possible, Ess. 2001. – Collected Early Poems, 1950–1970, 1993; Selected Poems, 1950–1995, 1996; A. R.'s Poetry and Prose, hg. B. u. A. Gelpi 1975 (n. 1993). – Übs.: Um die Freiheit schreiben, Ess. 1990.

L: A. R.'s Poetry, hg. A. u. B. Gelpi 1975; J. McDaniel, Reconstituting the World, 1979; M. Diaz-Diocaretz, Translating Poetic Discourse, Amst. 1985; C. Keyes, The Aesthetics of Power, 1987; C. H. Werner, 1988; M.-C. Lemardeley-Cunci, 1990; A. Templeton, 1994.

Richard de Fournival, franz. Schriftsteller, 1201–1260. Kanonikus von Amiens von 1240 bis zu s. Tod. – S. Hauptwerk ist das ›Bestiaire d'amour‹, mit dem er unter Aufgebot von Symbolen und Emblemen e. phantast. Tierwelt, mit der er den Text bevölkert, s. Liebe zu s. Dame beteuert. Möglicherweise ist R. de F. auch der Vf. von ›De vetula‹ (bzw. ›De immutatione vitae‹).

A: Lieder R.s de F., hkA P. Zarifopol 1904; L'Œuvre lyrique de R. de F., hkA Y. G. Lepage 1981. – Übs.: mod. franz.: Bestiaires du Moyen Âge, hg. G. Bianciotto 1980 (n. 1992); engl.: Master Richard's Bestiary, hg. J. Beer 1986 (n. 2003).

L: R. Excell, 1986 (Microfiche).

Richards, I(vor) A(rmstrong), engl. Sprach- u. Lit.wissenschaftler, 26. 2. 1893 Sandbach/Cheshire – 7. 9. 1979 Cambridge. Clifton College, Stud. Cambridge, dort ab 1922 Dozent, 1929/30 u. 1936–38 Prof. in China, dazwischen u. 1939–63 Harvard. – Legte den Grundstein mod. Lit. wiss., inbes. des ›New Criticism‹. Entwickelte zusammen mit C. K. Ogden das ›Basic English‹. Abstrakte, agnost. Alterslyrik.

W: The Foundations of Aesthetics, St. 1922 (m. C. K. Ogden u. J. Wood); The Meaning of Meaning, St. 1923 (m. C. K. Ogden); Principles of Literary Criticism, St. 1924 (d. 1974); Science and Poetry, St. 1925; Practical Criticism, St. 1929; Coleridge on Imagination, St. 1934; The Philosophy of Rhetoric, St. 1936; Basic English and

Its Uses, St. 1943; Speculative Instruments, St. 1955; Goodbye Earth, G. 1958; The Screens, G. 1959; Internal Colloquies, G. u. Drn. 1972; Poetries: Their Media and Ends, Ess. hg. T. Eaton 1974; Complementarities, Ess. 1975; New and Selected Poems, 1978.

L: W. H. N. Hotopf, Language, Thought and Comprehension, 1965; D. M. Johnson, 1969; J. P. Schiller, 1969.

Richardson, Dorothy M(iller), engl. Romanschriftstellerin, 17. 5. 1873 Abingdon/Berkshire – 17. 6. 1957 Beckenham/Cornwall. Jugend in London. Zunächst Lehrerin u. kaufm. Angestellte ebda. ∞ 1912 den Künstler Alan Odle, lebte später in Cornwall. – Schrieb 1915–38 e. Serie von 12 Romanen, zus.gefaßt u.d.T.. ›Pilgrimage‹. Brach mit den alten Romanformen, verzichtete auf Handlungsablauf, Verwicklungen, Spannung; beschrieb Impressionen und inneren Monolog ihrer Zentralgestalt, der jungen Lehrerin Miriam Henderson. Mitbegründerin und Wegbereiterin des Bewußtseinsromans, dessen Eigenart und Intentionen in ihrem Werk deutl. veranschaulicht werden. Vorläuferin von J. Joyce und V. Woolf. Von anderen Romanciers hochgeschätzt, aber geringe Popularität. Zeichnete die Geschehnisse aus ausgesprochen weibl. Perspektive. Auch Essays über J. Austen und die Quäkerbewegung.

W: The Quakers, Es. 1914; Pointed Roofs, R. 1915; Backwater, R. 1916; Honeycomb, R. 1917; The Tunnel, R. 1919; Interim, R. 1919; Deadlock, R. 1921; Revolving Lights, R. 1923; The Trap, R. 1925; Oberland, R. 1927; Jane Austen and the Inseparables, Es. 1930; Dawn's Left Hand, R. 1931; Clear Horizon, R. 1935; Dimple Hill, R. 1938. – Collected Works, XII 1938; Women of the New Testament and Other Religious poems, G. 1990; Windows on modernism, Br. 1995.

L: J. C. Powys, 1931; C. R. Blake, 1960; H. Gregory, 1967; G. G. Fromm, 1978; J. Radford, 1991.

Richardson, Henry Handel (eig. Ethel Florence Lindesay R.-Robertson), austral. Erzählerin, 3. 1. 1870 Melbourne – 20. 3. 1946 Hastings. Tochter e. Arztes ir. Abstammung und e. engl. Mutter; erzogen im Presbyterian Ladies' College, Melbourne. Ihre Familie lebte in versch. Gegenden Australiens, nach dem Tod des Vaters übernahm die sehr energ. Mutter die Leitung e. ländl. Postamtes. Stud. 3 Jahre Musik am Konservatorium in Leipzig; gleichzeitig eingehende Lit.-Studien. ∞ 1895 John G. Robertson, Lektor an der Univ. Straßburg, später Prof. für Germanistik in London und Hrsg. der ›Modern Language Review‹. Lebte mit ihm ab 1902 in London und Harrow, fuhr 1912 für e. kurzen Besuch nach Australien, kehrte schon nach 6 Wochen enttäuscht zurück. Nach dem Tod ihres Ehemanns 1933 lebte sie in Sussex. – Gilt als e. der bedeutendsten austral. Schriftstellerinnen. Ihr Frühwerk ist beeinflußt durch die deutsche Romantik, Nietzsche, Freud, Dostoevskij, Stendhal, Flaubert und Björnson. Ihr bedeutendstes Werk ist die Roman-Trilogie ›The Fortunes of Richard Mahony‹, worin sie die Jahre 1854–70 in Australien schildert. Übsn. und Essays über nord. Lit.

W: Maurice Guest, R. 1908; The Getting of Wisdom, R. 1910; The Fortunes of Richard Mahony, R.-Tril.: Australia Felix, 1917, The Way Home, 1925, Ultima Thule, 1929; Two Studies, R. 1931; The End of a Childhood, Kgn. 1934; The Young Cosima, R. 1939; Myself when Young, Aut. 1948.

L: N. Palmer, 1950; E. Gronke, Diss. Bln. 1952; T. I. Moore, 1957; E. Purdie, O. Roncoroni, 1957; V. Buckley, 1961, [2]1970; L. Kramer, 1967; D. Green, Ulysses Bound, 1973; W. D. Elliott, 1975; L. Triebel, 1976; K. Hewitt, 1985; K. McLeod, 1985; A. Clarke, 1990. – Bibl.: G. Howells, 1970.

Richardson, Samuel, engl. Romanschriftsteller, getauft 19. 8. 1689 Mackworth – 4. 7. 1761 London. Sohn e. Tischlers, geringe Schulbildung. 17jährig Druckerlehrling in London, erfolgr. Drucker; druckte u.a. die Berichte des Unterhauses. ∞ 1721 Martha Wilde, 1731 Elizabeth Leake; aus ihren 6 Ehen 4 Kinder. Platon. Freund u. Berater zahlr. Frauen, für die er häufig Liebesbriefe verfaßte. Schrieb 1741 auf Verlangen s. Freunde e. Art Briefsteller für versch. Gelegenheiten, gab darin Ratschläge für das Verhalten in versch. Situationen, verfolgte nicht künstler., sondern moral.-erzieher. Absichten. Daraus erwuchs s. erster Briefroman ›Pamela‹ um e. tugendhaftes Dienstmädchen (innerhalb von 6 Monaten 4 Auflagen!). – Schöpfer des empfindsamen Romans, der ähnlich wie das weinerl. Lustspiel (comédie larmoyante) liebende, leidende und duldende Herzen schilderte und den Zeitgeschmack sehr ansprach. Flocht zahlr. Personen und Episoden in die Handlung ein und ließ versch. Briefschreiber auftreten, um die Ereignisse aus versch. Perspektiven darzustellen und menschl. Empfindungen zu analysieren. Es folgte ›Clarissa‹, e. Liebesroman in Briefform, R.s künstler. bedeutsamstes Werk, tiefgreifende Schilderung e. liebenden Frauenseele. Mit ›Sir Charles Grandison‹ versuchte er, im Gegensatz zu H. Fieldings ›Tom Jones‹, e. tugendhafte männl. Gestalt zu zeichnen, erreichte jedoch nicht die künstler. Höhe der beiden ersten Romane. In s. Romanen herrschen rührselige Stimmung und pietist. Moralpredigt vor. Weitschweifigkeit und Anhäufung allzu vieler Einzelheiten wirken ermüdend, einzelne Stellen jedoch besitzen echte trag. Tiefe. R. wurde in dem von ihm verherrlichten Kleinbürgertum zum Mittelpunkt e. Kreises von Bewunderern. Rousseau ahmte in s. ›Nouvelle Héloïse‹ ›Clarissa‹ nach, Lessing schätzte ihn hoch und formte s. ›Miss Sara

Sampson‹ nach R.s Muster, Gellert nahm R.s Schaffen zum Vorbild für den ersten dt. Familien- und Sittenroman, Klopstock verfaßte e. Ode auf ›Clarissa‹. S. Thema: Tugend, die sich in Not bewährt, forderte aber auch zu zahlr. Parodien heraus, deren bekannteste Fieldings Glossierung der ›Pamela‹ in s. ›Joseph Andrews‹ ist.

W: Pamela or Virtue Rewarded, R. II 1740 (erw. um: Pamela in Her Exalted Position, IV 1741; hg. M. A. Doody 1980; d. 1772); Letters Written to and for Particular Friends, 1741 (u.d.T. Familiar Letters, hg. B. W. Downs, 1928); Clarissa, R. VII 1747f. (hg. G. Sherburn 1962; gekürzt hg. P. Stevick 1971; d. IV 1748f., II 1890; gekürzt 1908); The History of Sir Charles Grandison, R. VII 1753f. (hg. M. Howitt 1873, J. Harris III 1972; d. 1754–59). – Works, hg. L. Stephen XII 1883, hg. W. H. Phelps XIX 1902, 1970; Shakespeare Head Ed., XVIII 1930f.; Correspondence, hg. A. L. Barbauld VI 1804; Selected Letters, hg. J. Carroll 1964; The Richardson-Stinstra Correspondence, hg. W. C. Slattery 1969.

L: I. Watt, The Rise of the Novel, 1957; M. Kinkead-Weekes, 1973; M. A. Doody, A Natural Passion, 1974; C. H. Flynn, 1982; J. Harris, 1987; E. B. Brophy, 1987; T. Keymer, 1992; T. Gwilliam, 1995; Passion and Virtue, hg. D. Blewett 2001; S. Weidinger, 2002. – Bibl.: R. G. Hannaford, 1980; S. W. Smith, 1984.

Richard von St. Victor, lat. Schriftsteller, † 10. 3. 1173 Paris. Wohl angelsächs. Herkunft, Schüler und Nachfolger Hugos von St. Victor; 1159 Subprior und 1162 Prior des Klosters St. Victor in Paris. – Verknüpfte innig Scholastik und Mystik, gab sich ganz der Betrachtung göttl. Geheimnisse hin. Er unterscheidet in s. myst. Lehre mehrere Stufen der Erkenntnis, deren höchste, die ›contemplatio‹, dem Menschen zur Erkenntnis und Anschauung Gottes verhilft. Vf. zahlr. Schriften zur Bibellektüre u. -exegese (v. a. ›Liber exceptionum‹) u. zur Theologie (v. a. ›De Trinitate‹). Großer Einfluß auf s. Nachfolger ging von s. die Theorie der Mystik darlegenden Schriften aus.

A: J. P. Migne, PL 196, 1855; Liber exceptionum, hg. J. Ribaillier 1958; De Trinitate, hg. J. Ribaillier 1958; G. Salet 1959 (m. franz. Übs.); d. H. U. v. Balthasar 1980; Les quatre degrés de la violente charité, hg. G. Dumeige 1955; Beniamin maior, hg. M.-A. Aris 1996; Beniamin minor, hg. J. Châtillon, M. Duchet-Suchaux 1997 (m. franz. Übs.); Sermons et opuscules spirituels inedits, hg. J. Châtillon, u. W.-J. Tulloch 1951 (m. franz. Übs.); Trois opuscules spirituels, hg. J. Châtillon 1986; Opuscules théologiques, hg. J. Ribaillier 1967. – Übs.: Über die Gewalt der Liebe, zweisprachig 1969.

L: G. Dumeige, 1952; S. Chase, Angelic wisdom, 1995; N. Den Bok, Communicating the most high, 1996; P. Cacciapuoti, Deus existentia amoris, 1998; M. D. Melone, Lo spirito santo nel ›De Trinitate‹ di R., 2001.

Richepin, Jean, franz. Dichter, 4. 2. 1849 Médéa/Algerien – 12. 12. 1926 Paris. Sohn e. Arztes; 1868–70 Stud. Lit. École Normale Supérieure Paris; 1870 Francs-tireur, dann Matrose, Schauspieler, Journalist. Abenteuerl. Wanderleben durch Europa. Haupt e. Dichtergruppe ›Les Vivants‹. S. erste Gedichtsammlung in der Tradition Villons, anfangs von der Regierung beschlagnahmt; zog ihm e. Prozeß u. Gefängnisstrafe wegen Verletzung der Sittlichkeit zu. 1908 Mitglied der Académie Française. – Dichter von starker Ausdruckskraft u. virtuoser Rhetorik, verbindet romant. und heroische, derbe u. witzige Elemente; führte den Naturalismus in der Lyrik ein. Später vorwiegend Dramatiker, zusammen mit E. Rostand Erneuerer des romant. Versdramas. In Romanen u. Erzählungen, die z. T. dramatisiert wurden, realist. Darstellung des Grauenhaft-Phantast. u. psycholog. Abartigen nach Vorbild E. A. Poes.

W: La Chanson des Gueux, G. 1876; Les morts bizarres, En. 1876; Les Caresses, G. 1877; La Glu, R. 1881 (Dr. 1910); Quatre petits romans, R. 1882; Nana Sahib, Dr. 1883; Le Pavé, En. 1883; Miarka, R. 1883 (d. 1887); Les Blasphèmes, G. 1884 (Der ewige Jude, d. 1904); Braves gens, R. 1886; La Mer, G. 1886; M. Scapin, K. 1886; Le Flibustier, Dr. 1888; Truandailles, R. 1890; Par le glaive, Dr. 1892; Vers la joie, Dr. 1894; Mes paradis, G. 1894; Flamboche, R. 1895; Le Chemineau, Dr. 1897; La Martyre, Dr. 1898; La clique, R. 1917; Interludes, G. 1922; Le Glas, G. 1923. – Œuvres choisies pour l'adolescence, 1909; Théâtre en Vers, IV 1919–24; Contes sans morale, En. 1922 (Seltsame Geschichten, d. 1899); Poèmes, 1923; Choix de poésies, 1926, 1965.

L: R. Miller, 1887; J.-L. Lecomte, 1950; H. Sutton, 1961.

Richler, Mordecai, kanad. Schriftsteller u. Journalist, 27. 1. 1931 Montreal – 3. 7. 2001 ebda. Lebte 1954–72 in England. – Vf. origineller, humorvoll erzählter Romane, die häufig im jüd. Milieu Montreals spielen; z. T. satir. u. moralist. Gestus. Auch bekannt für s. Kinderbücher.

W: Son of a Smaller Hero, R. 1955 (d. 1963); The Apprenticeship of Duddy Kravitz, R. 1959; Cocksure, R. 1968; Hunting Tigers Under Glass, Ess. 1969; The Street, Mem. 1969; St. Urbain's Horseman, R. 1971 (Der Traum des Jakob Hersch, d. 1980); Jacob Two-Two and the Hooded Fang, Kdb. 1975 (d. 1998); Joshua Then and Now, R. 1980 (d. 1981); Jacob Two-Two and the Dinosaur, Kdb. 1987 (d. 1990); Solomon Gursky Was Here, R. 1989 (d. 1992); Oh Canada! Oh Quebec!, Ess. 1992; Barney's Version, R. 1997 (d. 2000).

L: G. Woodcock, 1970; V. Ramraj, 1983; K. McSweeney, 1984; M. Darling, 1986.

Richter, Conrad (Michael), amerik. Schriftsteller, 13. 10. 1890 Pine Grove/PA – 30. 10. 1968 Pottsville/PA. Aus dt.stämmiger Familie, Gelegenheitsarbeiter, Reporter; lebte seit 1928 in New Mexico, später in s. Geburtsort. – S. Romane u. Kurzgeschichten in knappem, einfachem Stil berichten vom Leben der frühen amerik. Siedler, vornehml. des Südwestens (›Sea of Grass‹) u. des Mittleren Westens (›The Awakening Land‹).

Rictus

W: Brothers of No Kin, En. 1924; Human Vibration, St. 1925; Principles in Bio-Physics, St. 1927; Early Americana, Kgn. 1936 (Rauch über der Prairie, d. 1950); The Sea of Grass, R. 1937; R.-Tril.: The Trees, 1940, The Fields, 1946 (beide als Das Mädchen Sayward, d. 1948), The Town, 1950 (d. 1952), alle 3 zus. u.d.T. The Awakening Land, 1966; Always Young and Fair, R. 1947; The Mountain on the Desert, Abh. 1955; The Lady, R. 1957 (Doña Ellen, d. 1959); The Waters of Kronos, R. 1960; A Simple, Honorable Man, R. 1962; The Grandfathers, R. 1964; The Aristocrat, R. 1968; The Rawhide Knot, En. 1978.

L: E. W. Gaston, 1965; R. J. Barnes, 1968; C. D. Edwards, Haag 1971; M. J. LaHood, 1975; H. Richter, 1988; D. R. Johnson, 2001.

Rictus, Jehan (eig. Gabriel Randon de Saint-Amant), franz. Dichter, 21. 9. 1867 Boulogne-sur-Mer – 7. 11. 1933 Paris. Natürl. Sohn e. engl. Adligen; Kindheit in England; veröffentlichte mit 17 Jahren s. ersten Gedichte; 1889/90 Angestellter der Pariser Stadtverwaltung. Verfaßte ab 1894 Gedichte im Argot der Pariser Vorstadt, die er ab 1896 selbst im ›Chat noir‹ u. im ›Cabaret des Quat'z' Arts‹ vortrug. – Gibt in s. volkstüml. Lyrik schonungslose, oft brutale Darstellung des Elends u. der Armut in der Großstadt Paris. Durch die christl. Ethik s. Dichtung gehört er zur kathol. Renaissance des 20. Jh.

W: Les soliloques du pauvre, G. 1897; Doléances, G. 1900; Cantilènes du malheur, G. 1902; Dimanche et lundi férié, ou le numéro gagnant, K. 1905; Fil de fer, R. 1906; Le cœur populaire, G. 1920.

L: P. Labrousse, De Platon à J. R., 1927; J. Landre, 1931; G. Ferdière, 1935; R. Martineau, Quelques aspects de J. R., 1935; R. Hubert, 1936; G. L. Godeau, 1954; Th. Briant, 1960; G. P. Sozzi, 1971; P. Oriol, 1994.

Ridder, Alfons de → Elsschot, Willem

Riding, Laura (Jackson, eig. L. Reichenthal), amerik. Lyrikerin, 16. 1. 1901 New York – 2. 9. 1991 Sebastian/FL. 1920–25 ∞ Historiker L. Gottschalk, 1941–68 Journalist Schuyler Jackson; 1925–39 als ›expatriate‹ in England und Mallorca, wo sie mit R. Graves zusammen u.a. ›A Survey of Modernist Poetry‹ (1927) verfaßte; ab 1939 wieder in USA. – Bekannt v.a. durch Lyrik von spröder Intellektualität und treffsicherer Diktion, schrieb aber aus Prinzip ab 1940 keine Gedichte mehr; danach sprachphilos. orientierte Lit.kritik und Kurzgeschichten ›Lives of Wives‹ über antike Geschichtshelden als Ehemänner.

W: The Close Chaplet, G. 1926; Contemporaries and Snobs, Ess. 1928; Anarchism is not Enough, Ess. 1928; Love As Love, Death As Death, G. 1928; Poems: A Joking Word, G. 1930; Experts Are Puzzled, Ess. u. Kgn. 1930; Four Unposted Letters to Catharine, Prosa 1930; Laura and Francisca, G. 1931; Poet: A Lying Word, G. 1933; Progress of Stories, Kgn. 1935; A Trojan Ending, R. 1937; Collected Poems, 1938; Lives of Wives, Kgn.

1939; Selected Poems, 1970; The Telling, Ess. 1972. – The Word Woman, hg. E. Friedman, A. J. Clark Ausw. 1993; Selection, hg. R. Nye 1996; Rational Meaning, St. 1997.

L: J. P. Wexler, 1979; B. Adams, 1990; D. Baker, 1993.

Ridruejo, Dionisio, span. Dichter, 12. 10. 1912 Burgo de Osma/Soria – 29. 12. 1975 Madrid. Stud. Jura; Journalist, Universitätsdozent; Mitglied der Falange, Freund Antonio Primo de Riveras, 1938–40 Leiter des Presseamtes unter Franco, kämpfte 1941/42 in der ›Divisón azul‹ auf seiten Deutschlands in der Sowjetunion, danach Rückzug aus der Politik, 1942–47 Exil (Katalonien, Frankreich), ab 1955 Opposition zu Franco, Vorkämpfer der Demokratie u. Mitbegründer der ›Unión Social Demócrata Española‹ (1974). – Vertreter der ›Generation von 1936‹, folgt in Form u. Thematik der Lyrik des Siglo de oro (Garcilaso de la Vega); intime Meditationen über Zeit, Landschaft, Freundschaft, Liebe, Kindheit, Gott.

W: Plural, G. 1935; Primer libro de amor, G. 1939; Poesía en armas, G. 1940; Sonetos a la piedra, G. 1943; Elegías, G. 1948; En once años, G. 1950; Hasta la fecha, G. 1961; Cuaderno catalán, G. 1965; Casi en prosa, G. 1972; Casi unas memorias, Mem. 1976. – Poesías completas, II 1975.

L: H.-P. Schmidt, Bonn 1972; M. Rubio, F. Solana, hg. 1976.

Riemersma, Trinus, westfries. Schriftsteller, * 17. 5. 1938 Ferwerd. Lehrer an Elementarschulen, Stud. Philol. Amsterdam, 1965–68 Redakteur von ›De Tsjerne‹, 1969/70 u. 1973–77 von ›Trotwaer‹; 1984 Promotion. Tätig als Dozent u. Kritiker. Wohnt in Franeker. – S. virtuosen Romane u. Erzählungen sind weitgehend vom modernen Lebensgefühl u. vom experimentellen Umbruch der 60er u. 70er Jahre geprägt.

W: Fabryk, R. 1964 (hg. u. komm. Ph. H. Breuker, 1995); Minskrotten-rotminsken, R. 1966; De hite simmer, R. 1968; Proza van het platteland, Diss. 1984; De reade bwarre, R. 1992; In fearn hûndert ferhalen, En. 1996; Nei de klap, Jgb. 1999; Salang't de beam bloeit, En. 2000.

L: B. A. Gezelle Meerburg, Hwant wy binne it nijs ûnder en boppe de sinne, Diss., 1997.

Rifʿat, Alīfa (auch Rifaat, Alifa), ägypt. Schriftstellerin, * 1930 Kairo. Aus wohlsituierter Familie von Landbesitzern, ab 1974 Veröffentlichung von Kurzgeschichten. – Ihr international viel beachtetes Werk schildert einfühlsam, teils auf tabubrechende und phantast. Weise, weibl. Welten in der ägypt. Gesellschaft und kritisiert deren Beschränkungen.

W: Man yakūnu ar-raǧul, 1981; Ṣalāt al-ḥubb, waqiṣaṣ uḫrā, 1983 (Erste Liebe – letzte Liebe, d. 1989); Fī lail aš–šitā' aṭ-ṭawīl, 1985 (Die zweite Nacht nach tausend Nächten, d. 1991); Ǵauharat Fir'aun, 1991.

Rifat, Oktay, türk. Dichter, 1914 Trabzon – 18. 4. 1988 Istanbul. Schule in Istanbul u. Ankara, Jurastud. Paris. Angestellter im staatl. Presse- u. Rundfunkbüro, Rechtsanwalt. – Gehört mit O. V. Kanik u. M. C. Anday zum ›fremdartigen‹ (›Garip‹-)Dichter-Tripel, das die herkömml. Kriterien ›lyr. Stimmung‹, ›Musikalität‹ und ›metaphor. Reden‹ im türk. Gedicht durch die neuen Kriterien ›Spontaneität‹, ›Einfachheit‹ u. ›iron. Sachlichkeit‹ ersetzte. In den 50er u. 60er Jahren wich R. wieder von dieser Linie ab u. eignete sich versch. andere mod. Formen u. Stilelemente an. Auch Theaterstücke, Aufsätze u. Übsn. aus dem Franz.

W: Garip, G. 1941 (m. O. V. Kanik u. M. C. Anday); Yaşayip Ölmek, Aşk Ve Avarelik Üstüne Şiirler, G. 1945; Güzelleme, G. 1945; Aşaği Yukari, G. 1952; Karga Ile Tilki, G. 1954; Perçemli Sokak, G. 1956; Aşik Merdiveni, G. 1958; Bir Takim İnsanlar, Sch. 1961; Elleri Var Özgürlüğün, G. 1966; Kadinlar Arasinda, Sch. 1966; Siirler, G. 1969; Yeni Şiirler, G. 1973; Cobanil Şiirler, G. 1976; Bir kadinin Penceresinden, R. 1976; Bir Cigara içimi, G. 1979; Elifli, G. 1980; Danaburnu, R. 1980; Denize Doğru Koşma, G. 1982; Bay Lear, G. 1982; Dilsiz Ve Çıplak, G. 1984; Koca Bir Yaz, G. 1987. – Ges. Schr., 1988; Şiir Konuşmasi, Ess. 1992; Ges. G., III 1999–2000.

Rifbjerg, Klaus, dän. Schriftsteller, * 15. 12. 1931 Kopenhagen. Lit.- u. Filmkritiker, 1959–63 Redakteur der Zs. ›Vindrosen‹; Mitgl. der Dän. Akademie 1967. – Der Lyriker R. distanziert sich von der symbolist.-existentiellen dän. Dichtung der Nachkriegszeit, der Erzähler sucht s. Zeit realist. zu gestalten; Vf. von Dramen, Essays, Filmskripten; gewichtige Rolle im Kulturleben s. Landes.

W: Under vejr med mig selv, G. 1956; Den kroniske uskyld, R. 1958, [6]1994 (Der schnelle Tag ist hin, d. 1962, n. u. d. T. Unschuld, 1971); Og andre historier, En. 1964, [3]1994; Operaelskeren, R. 1966 (Der Opernliebhaber, d. 1968); Hvad en mand har brug for, Sch. 1966; Arkivet, R. 1967; Fædrelandssange, G. 1967; Lonni og Karl, R. 1968; Anna (jeg) Anna, R. 1969; Marts 1970; R. 1970; Mytologi, G. 1970; Lena Jørgensen, R. 1971 (d. 1974); Den syende jomfru og andre noveller, Nn. 1972; Brevet til Gerda, R. 1972; R. R., R. 1972; Dilettanterne, R. 1973 (d. 1977); En hugorm i solen, R. 1974; 25 desperate digte, G. 1974; Strande, G. 1976; Drengene, R. 1977; Et bortvendt ansigt, R. 1977 (Ein abgewandtes Gesicht, d. 1981); Falsk forår, R. 1977 (Falsches Frühjahr, d. 1987); De hellige aber, R. 1981; Spansk motiv, G. 1981; Landet Atlantis, G. 1982; Kesses krig, R. 1982 (d. 1990); Harlekin skelet, R. 1985; Som man behager, R. 1986; Septembersang, R. 1988 (d. 1991); Det ville glæde, R. 1989; Rapsodi i blåt, R. 1991; Krigen, G. 1992; Kandestedersuiten, G. 1994; Berlinerdage, Tgb. 1995; Divertimento i moll, R. 1996; Leksikon, G. 1996; Terrains vagues, G. 1998; Billedet, R. 1998; Sådan, Erinn. 1999; Huset, Erinn. 2000; Regnvejr, R. 2001; Tidsmaskinen, Ess. 2002; Nansen og Johansen, R. 2002; Sæsonen slutter, G. 2003. – Rifbjergs digte, hg. T. Brostrøm 2001. – Übs.: Uhrenschlag der aufgelösten Zeit, G. 1991; Privatsache, G. 1992.

L: T. Brostrøm, 1970, II 1991; P. Øhrgaard 1977; J. D. Johansen, Hvalerne venter, 1981; J. Bonde Jensen, 1986; 1989; Husk K., hg. N. Barfoed, P. Seeberg 1991; J. Ch. Jørgensen, Spinatfugl, 1995; H. Juul Jensen, 1996.

Rigas Velestinlis (oder R. Pheräos), griech. Freiheitsdichter, 1757 Velestino/Thessalien – 17. 6. 1798 Belgrad. Schule in Zagora u. Ambelakia; e. Zeitlang in Konstantinopel, 1786–96 im Dienst des Hospodars der Walachei. Wurde nach Vorbild der Franz. Revolution mit einigen Gleichgesinnten zum Kämpfer für die Freiheit Griechenlands von der Türkenherrschaft. Von Österreichern verhaftet, den Türken ausgeliefert und hingerichtet. – Vf. begeisterter, patriot. Freiheitslieder, von denen das bekannteste ›Hōs pote Pallēkaria ...‹ ist, polit. Flugschriften und Übsn.

A: L. Vranussis, R., Ereuna kai meletē, X 1953; ders., in: Ekdoseis ōphelimon bibliōn, 1957; ders., in: Hapanta tōn Neohellēnōn Klassikōn, II 1968; Scholeion tōn elikatōn erastōn, hg. P. Pistas 1971.

L: P. Michalopulos, 1930; K. Amantos, 1930; A. Daskalakis, Paris 1937; ders., 1964; J. Kordatos, Ho R. Ph. kai hē balkanikē homospondia, 1945; N. I. Pantazopulos, Hē hellēnikē peri tu dikaiu idea kai ho R. V., 1964.

Rigaut de Barbezieux oder de Berbezill, provenzal. Troubadour, um 1150 Barbezieux/Saintonge – um 1215 Haro/Biscaya (?). Lebte längere Zeit in Saintonge; die Geschichte s. Liebe zur Tochter Jaufre Rudels wird im ›Novellino‹ erzählt. Lebte später am Hof der Gräfin Marie de Champagne, die er in e. Lied erwähnt, dann bis zu s. Tod in Spanien am Hof von Don Lopez de Haro. – Von s. sehr erfolgr. u. bes. im Languedoc, der Provence u. Italien weit verbreiteten Werk sind etwa 10 Lieder erhalten, die als Kanon höf. Liebe zur klass. Troubadourlyrik gehören.

W: GA, 1915, hg. Pillet-Carstens 1933, A. Varvaro 1960, M. Braccini 1960.

ar-Rīḥānī, Amīn → ar-Raiḥānī

Rijono Pratikto, indones. Schriftsteller, * 27. 8. 1932 Semarang. Stud. TH Bandung. Reisen nach Moskau, Peking, Nord-Korea. – Vf. vielgelesener Kurzgeschichten phantast. okkulten Inhalts. S. Werke zeichnen sich durch die Darstellung des Mysteriösen aus, das in der ruralen javan. Gesellschaft noch immer eine Rolle spielt.

W: Api dan Beberapa Tjerita Pendek Lain, Kgn. 1951; Gua, R.-Fragm. 1951; Si Rangka, dan Beberapa Tjerita Pendek Lain, Kgn. 1958.

Riley, James Whitcomb (Ps. Benj. F. Johnson, of Boone), amerik. Schriftsteller, 7. 10. 1849 Greenfield/IN – 22. 7. 1916 Indianapolis. Anwaltssohn. Durchzog als Maler u. Gelegenheitsarbeiter Indiana; Journalist, 1879–85 beim ›Indianapolis Journal‹. – S. im Dialekt abgefaßten, humorvoll-sentimentalen Gedichte, die die kleine Stadt Indianas schildern, waren e. erfolgr. und originaler Beitrag zur amerik. Lit. Spitzname: ›Hoosier Poet‹.

W: The Old Swimmin' Hole and 'Leven More Poems, 1883; Afterwhiles, G. 1887; R. Child-Rhymes, G. 1899; Home Folks, G. 1900; A Hoosier Romance, 1910. – The Complete Works, VI 1913; The Complete Poetical Works, 1993; Best Loved Poems, 1932; Poems and Prose Sketches, XVI 1897–1914; Best of J. W. R., 1982; R. in Memoriam, 1989; Letters, hg. W. L. Phelps 1930.

L: M. Dickey, II 1919–22; H. Garland, 1922; J. C. Nolan, 1941; M. B. Mitchell, 1942; R. Crowder, Those Innocent Years, 1957; P. Revell, 1971; J. D. Williams, D. W. Hansen, 1990; T. E. Williams, 1997; E. J. Van Allen, 1999. – Bibl.: A. J. u. D. R. Russo, 1944.

Rimbaud, Jean Nicolas Arthur, franz. Dichter, 20. 10. 1854 Charleville – 10. 11. 1891 Marseille. Sohn e. Infanteriehauptmanns; nach Trennung der Eltern bei der aus bäuerl. Familie stammenden, sehr relig. Mutter aufgewachsen, gegen deren strenge Erziehung er sich früh auflehnte; außerordentl. begabter, frühreifer Schüler. Aug. 1870 erster Ausbruch nach Paris; Verhaftung, kurzer Gefängnisaufenthalt in Mazas, Rückkehr nach Charleville; Okt. 1870 neuer Ausbruch nach Belgien; die 3. mißglückte Flucht Anfang 1871 in das Paris der Kommune bleibt umstritten. Um diese Zeit entsteht der Entwurf e. kommunist. Verfassung, der aber verlorenging. Okt. 1871 verließ R. endgültig Charleville u. wohnte in Paris auf dessen Einladung mit Verlaine zusammen, dem er s. ersten Gedichte gesandt hatte. Juli 1872 gemeinsame Reise nach Belgien u. England; kurze Rückkehr zu s. Familie; Juli 1873 traf er sich in Brüssel mit Verlaine, der ihn am 10. 7. im Verlauf e. Streites durch e. Pistolenschuß an der Hand verletzte. Verlaine wurde zu 2 Jahren Gefängnis verurteilt. Nach dem Bruch der Freundschaft (letztes unerfreul. Zusammentreffen 1874 in Stuttgart) unstetes Wanderleben in England, Dtl., Italien. Ab 1874 endgültiger Verzicht auf lit. Aktivität. 1876 Eintritt in die holländ. Armee, Desertion in Sumatra, Rückkehr auf e. engl. Schiff. 1880 Aufenthalt in Wien, Ausweisung; 1880 Aufenthalt in Ägypten, Aufseher auf Zypern, Handelsvertreter in Harrar u. Aden, Waffenhändler; 1891 Krankheit u. Rückkehr nach Frankreich, Amputation e.

Beines. Starb in Marseille auf dem Rückweg nach Afrika, ohne zu wissen, daß Verlaine ihn in den ›Poètes maudits‹ als Dichter bekannt gemacht hatte. – Vorläufer u. Wegbereiter des Symbolismus u. der Dekadenz. Schon frühzeitig erstaunl. Virtuosität in der poet. Technik, anfangs im Gefolge V. Hugos u. Baudelaires. In s. Gedichten, die alle in der Zeit bis 1874 verfaßt wurden, verwandelt sich die Auflehnung des Heranwachsenden gegen s. Umgebung in glühenden Haß gegen den soz. Konformismus der mod. Gesellschaft, gegen die Fesseln der Moral u. Religion. S. Dichtung ist Ausdruck e. sentimentalen u. intellektuellen Nihilismus u. steht formal im Gegensatz zu Romantik u. Parnaß. S. Ablehnung der bestehenden Welt- u. Gesellschaftsordnung u. s. hemmungsloser Freiheitsdrang finden intensivsten Ausdruck in dem berühmten Gedicht ›Le Bateau ivre‹. R.s Ziel ist die Erneuerung der poet. Inspiration u. die Schaffung e. neuen dichter. Sprache als Ausdrucksmöglichkeit e. transzendenten Realität, deren poet. Vision er durch method. ›délire‹ mit Haschisch u. Orgien habhaft werden will. Wie Baudelaire sucht er Verbindungen zwischen den verschiedensten Empfindungen u. Eindrücken zu entdecken u. ausdrucksmäßig (correspondances); als wichtigstes Hilfsmittel Verwendung der Synästhesie. Durch diesen Versuch der Schaffung e. mag. Universums gelingt R. e. revolutionierende Erweiterung u. Bereicherung der poet. Ideen u. Formen. Er verwendet als erster den ›vers libre‹, das später von den Symbolisten verwendete Versmaß, das dann zum Allgemeingut der mod. Dichtung wurde. In den letzten Gedichten ›Illuminations‹, die e. Wendepunkt in der Geschichte der franz. Lyrik bedeuten, Schaffung e. poet. Sprache von bisher unbekannter u. unerhörter Ausdruckskraft, rauschhafte, visionäre Bilder von immanentem Sprachrhythmus, fremdartig prunkvoller Wortschatz. S. Werk wird heute als der entscheidende Durchbruch der Dichtung durch den Ästhetizismus zum Leben angesehen. Außerordentl. Einfluß auf die zeitgenöss. Dichtung (Mallarmé), die mod. Lyrik des Surrealismus (A. Breton), des Existentialismus u. der neu-kathol. Dichtung (P. Claudel).

W: Une saison en enfer, G. 1873 (d. 1970); Les Illuminations, G. 1886 (d. 1967); Le reliquaire, G. 1891; Poèmes, 1891; Poésies complètes, hg. P. Verlaine 1895; Les mains de Jeanne-Marie, G. 1919; Un cœur sous une soutane, G. 1924. – Œuvres complètes, hg. P. Berrichon III 1921, hg. R. de Renéville, J. Monquet 1946, H. de Bouillane de Lacoste 1950; Œuvres, hg. P. Pia 1931; Œuvres, komm. S. Bernard 1961; Poésies, hg. H. de Bouillane de Lacoste III 1939; Lettres, 1899, [6]1931; Lettres de la vie littéraire (1870–75), 1931; Correspondance 1888–91, 1970. – Übs.: K. L. Ammer 1907, [2]1921; A. Wolfenstein 1930; P. Zech 1927, [2]1948, 1963; F. Rexroth 1954; Sämtl. Dichtungen, zweisprachig W. Küchler

⁴1965; Das trunkene Schiff, Paul Celan 1958; Briefe u. Dokumente, C. Ochwadt 1961.

L: M. Coulon, La Vie de R. et son œuvre, 1929; R. de Renéville, R. le voyant, 1929; H. Daniel-Rops, 1936; J. Rivière, ²1938 (d. 1968); E. Delahaye, ²1942; G. Izambard, 1946; C. A. Hackett, R. l'enfant, 1948; ders., Lond. 1957; ders., 1967; P. Zech, ²1948; W. Küchler, 1948; J. M. Carré, La vie aventureuse d'A. R., ²1949; C. E. Magny, 1949; J. Gengoux, La pensée poétique de R., 1950; H. Mondor, ⁶1955; P. Arnoult, ²1955; S. Briet, 1956; F. d'Eaubonne, 1957 (d. 1959); M. Cartier, 1957; A. de Graaf, Assen 1960; C. Chadwick, 1960; Y. Bonnefoy, 1961 (d. 1962); E. Starkie, Lond. ³1961 (d. ²1964); M. le Hardouin, 1962; H. Matarasso, P. Petitfils, 1962; W. M. Frohock, Cambr./Mass. 1963; J. P. Houston, New Haven 1963; M. Matucci, 1963; E. Rickword, 1963; M. Locker, ²1965; A. Dhotel, 1965; W. Fowlie, Chicago 1966; S. Fumet, 1966; R. Etiemble, Y. Gauclère, ³1966; J. Plessen, 1967; Album R., 1967; R. Etiemble, ²1968; R. Montal, 1968; M. A. Ruff, 1968; P. Caddau, 1968; G. Nicoletti, ²1969; J. Chauvel, 1971; P. Gascar, R. et la commune, 1971; P. Petitfils, hg. 1972; M. J. Whitaker, 1972; F. Eigeldinger, A. Gendre, hg. 1974; R. Jacobbi, Mail. 1974; S. Solmi, Turin 1974; A. Kittang, Stockh. 1975; H. Peyre, 1975; H. Miller, 1976; ders., N. Y. 1984; L. Ray, 1976; V. P. Underwood, 1976; J. Rivière, 1977; C. Chadwick, Lond. 1979; M. Cholodenko, 1980; J.-P. Giusto, 1980; X. Grall, 1980; D. Guerdon, 1980; E. Riedel, 1980; ders., 1982; C. A. Hackett, Cambr. 1981; L. Aragon, 1983; P. Brunel, 1983; E. Ahearn, Berkeley/Lond. 1983; G. Marcotte, Montreal 1983; A. Borer, 1984; H. Wetzel, 1985; J. Bourgignon, 1991; A. Guyaux, 1993; G. Bayo, 1995; J. Seon Park, 1998; A. Henry, 1998; J. Marcenaro, 1998; C. Jeancolas, 1999; P. Brund, 2000; U. Harbusch, 2000; G. Robb, 2000; P. Lauxerois, 2001; J.-J. Lefrère, 2001; D. Rauthe, 2002.

Rinderraub von Cooley, Der → Táin Bó Cuailnge

Rinehart, Mary Roberts, amerik. Schriftstellerin, 12. 8. 1876 Pittsburgh – 22. 9. 1958 New York. Fachschulausbildung als Krankenschwester mit Abschluß 1896; 1923 L. H. D. George-Washington-Univ. – Sehr erfolgr. Vertreterin des frühen mod. amerik. Kriminalromans, daneben Vf. von Unterhaltungsromanen, Kurzgeschichten u. Schauspielen. Ihre durch Spannung und makabre Komik ausgezeichneten Kriminalromane gehen von e. Verbrechen aus, das als erstes Glied e. Art Kausalkette andere Verbrechen nach sich zieht. Weniger originell sind R.s Unterhaltungsromane; doch ist ihr hier mit der etwas verschrobenen, furchtlosen Dame Tish e. Gestalt gelungen, die lange Zeit ungemein beliebt war.

W: The Circular Staircase, R. 1908 (d. 1911); The Man in Lower Ten, R. 1909 (d. 1956, u. d. T. Schlafwagenplatz Nr. 10, 1912); When a Man Marries, R. 1909 (The Window in the White Cat, R. 1910 (Im Klub zur weißen Katze, d. um 1928); The Amazing Adventure of Letitia Carrberry, Kgn. 1911; Where There's a Will, R. 1912; The Case of Jenny Brice, R. 1913 (d. 1937); The Afterhouse, R. 1914 (Teufel an Bord, d. 1933, u. d. T. Das Schiff der schlaflosen Männer, 1954); The Street of Seven Stars, R. 1914; ›K‹, R. 1915 (d. 1927); The Amazing Interlude, R. 1918; Tish, Kgn. 1916, Dr. 1919; Bab, a Sub-Deb, R. 1917, Dr. 1920; The Bat, Dr. 1920 (m. A. Hopwood), R. 1926 (Die Nacht des Grauens, d. 1949); Affinities, Kgn. 1920; The Breaking Point, R. 1921, Dr. 1923; More Tish, Kgn. 1921; Sight Unseen and The Confession, R.e. 1921; Temperamental People, Kgn. 1924; The Red Lamp, R. 1925 (d. 1959); Tish Plays the Game, R. 1926; Two Flights Up, R. 1928; The Romantics, Kgn. 1929; The Door, R. 1930 (Der Mann im Spiegel, d. 1932); Book of Tish, Slg. 1931; M. R. R.'s Romance Book, Slg. 1931; My Story, Aut. 1931 (erw. 1948); Miss Pinkerton, R. 1932 (d. 1961, u. d. T. Keine Spur, 1933); M. R. R.'s Crime Book, Slg. 1933; Married People, R. 1937; Tish Marches on, Kgn. 1937; The Wall, R. 1938 (Skandal um Juliette, d. 1954); Writing Is Work, Ess. 1939; Familiar Faces, Kgn. 1941; Haunted Lady, R. 1942 (Die alte Dame, d. 1953); Alibi for Isabel, Kgn. 1944; The Yellow Room, R. 1945 (d. 1952); Episode of the Wandering Knife, Kgn. 1950 (d. 1963); The Swimming Pool, R. 1952 (Der Fall Judith, d. 1955); The Frightened Wife, Kgn. 1953 (d. 1960); The Best of Tish, Slg. 1955; M. R. R.'s Crime Book, Slg. 1957; M. R. R.'s Mystery Book, Slg. ³1959.

L: R. H. Davis, hg. 1924; J. Cohn, 1980; S. Downing, J. V. Barker, 1992; F. H. Bachelder, 1993; C. MacLeod, 1994.

Ringuet (eig. Philippe Panneton), kanad. Schriftsteller, 30. 4. 1895 Trois-Rivières – 1960. Angesehen als Arzt, zudem Tätigkeit als Journalist. – Debütiert 1938 mit dem Roman ›Trente arpents‹, in dem er den Niedergang der bäuerl. Welt darstellt und mit dem er entgegen der offiziellen Meinung großen Anklang findet.

W: Trente arpents, R. 1938; Un monde était leur empire, R. 1943; L'héritage et autres contes, Nn. 1946; Fausse monnaie, R. 1947; Le poids du jour, R. 1949; L'amiral et le facteur ou Comment l'Amérique ne fut pas découverte, Ess. 1954.

Rintala, Paavo, finn. Erzähler, 20. 9. 1930 Viipuri – 8. 8. 1999 Kirkkonummi. Pietist. Elternhaus. Abitur 1951, theol. Stud., Flößer, Bauarbeiter, Dramaturg, seit 1955 freier Schriftsteller. – Der entschiedenste Moralist unter den Nachkriegsautoren, nimmt aus eth. u. relig. Grundhaltung heraus Stellung zu sozialen u. polit. Problemen unserer Zeit, übt Zivilisationskritik. Die naive, naturnahe Erfahrungswelt des Kindes und des ›Volkes‹ stellt er in Gegensatz zum kalten Streben der ›Herren‹ nach materiellen Gütern. R. geht es um das emotionale Erleben u. den Reifungsprozeß des Menschen auch in s. Werken mit hist. Hintergrund, in denen er Dokumente zur Collage reiht (›Leningradin kohtalosinfonia‹) oder sich auf die Spuren hist. Personen begibt (›Sarmatian Orfeus‹).

W: Baalin kuningatar, Dr. 1954; Kuolleiden evankeliumi, R. 1954; Rikas ja köyhä, R. 1955; Lakko, R. 1956; Rouva sotaleski, Dr. 1957; Pojat, R. 1958; Pikkuvirkamiehen kuolema, R. 1959; Jumala on kauneus, R. 1959; Mummoni ja Mannerheim, R. 1960; Mummoni ja Marsalkka, R. 1961; Mummon ja Marskin tarinat, R. 1962; Kunnianosoitus Johann Sebastian Bachille, Dr. 1963; Sissiluutnantti, R. 1963; Palvelijat hevosten selässä, R. 1964 (Diener auf dem Pferderücken, d. 1966); Sotilaiden äänet, R. 1966; Sodan ja rauhan äänet, R. 1967; Leningradin kohtalosinfonia, R. 1968 (Leningrads Schicksalssymphonie, d. 1970); Paasikiven aika, R. 1969; Napapiirin äänet, R. 1969; Kekkosen aika, R. 1970; Vietnamin kurjet, R. 1970; Viapori 1906, R. 1971; Paavalin matkat, R. 1972; Romeo ja Julia häränvuonna, R. 1974; Se toinen Lili Marlen, Dr. 1975; Nahkapeitturien linjalla, R. 1976–79; Eeva Maria Kustaava, Dr. 1977/78; Puolan malja, N. 1982; Maatyömies ja kuu, E. 1983; Eläinten rauhalijke, R. 1984; Porvari punailella torilla, E. 1984; Vänrikin muistod, R. 1985; Carossa ja Anna, En. 1986; St. Petersburgin salakuljetus, R. 1987; Minä, Grünewald, R. 1990; Sarmatian Orfeus, R. 1991; Aika ja uni, R. 1993; Marian rakkaus, R. 1994; Faustus, R. 1996.

L: P. Tarkka, P. R'n saarna ja seurakunta, 1966; K. Ekholm, 1988.

Rinuccini, Ottavio, ital. Dichter, 20. 1. 1562 Florenz – 28. 3. 1621 ebda. Zeitlebens Hofmann, zunächst in Florenz, 1600–03 in Frankreich am Hof Heinrichs IV., danach bei den Gonzaga in Mantua. – Im Zusammenhang mit den Bestrebungen der ›Camerata dei Bardi‹ in Florenz schrieb R. die ersten ital. Melodramen (›Dafne‹, ›Euridice‹ u. ›Arianna‹), die in Musik gesetzt am Beginn der europ. Oper stehen. In s. Gedichten ahmt er Petrarca u. Tasso nach.

W: Rinaldo e il Tasso, Maskerade 1586; Dafne (1594); Euridice (1600); Il ballo delle ingrate, Maskerade 1602; Arianna (1607); Rime, 1622. – Drammi per musica, hkA hg. A. Della Corte 1926.

L: F. Meda, 1894; F. Raccamadoro-Ramelli, 1900; A. Solerti, Gli albori del melodramma, Bd. II, 1904 (n. Hildesheim 1969).

Rioja, Francisco de, span. Dichter, 1583 Sevilla – 1659 Madrid. Theologe, Jurist u. Gelehrter, Freund u. Schützling des Herzogs von Olivares, dem er nach dessen Sturz in die Verbannung folgte; Bibliothekar Philipps IV., Chronist von Kastilien, Kanonikus an der Kathedrale von Sevilla; verkehrte mit Lope, Cervantes u. a., galt als hochmütiger, eingebildeter Mensch. – Folgte mit s. Liebesgedichten der lyr. Tradition Herreras; s. Sonette sind teils gongorist. kompliziert in der Form, teils philos.-moral. Art. Wurde bekannt als Dichter der Blumen, in denen er das Symbol der Vergänglichkeit sah u. die er in zarten Silvas von großem Liebreiz besang. Feine Nuancierung des Ausdrucks durch Verwendung sorgfältig ausgewählter Adjektive; starkes Naturempfinden.

W: Poesías, hg. C. A. de la Barrera 1867; Adiciones a las poesías, hg. ders. 1872; Versos, hg. G. Chiappini, Florenz 1975; Poesía, hg. B. López Bueno 1984 (m. Bibl.).

L: J. Coste, 1970.

Riou, Jakez, breton. Dichter, 1. 5. 1899 Lothey/Chateaulin – 1937 Châteaubriant/Rennes. Zum Geistl. bestimmt, 1911–18 in Fuenterrabia/Spanien, 1918 nach Dtl.; Tbc-krank in Val-de-Grâce, ab 1921 in Rennes. Handelsreisender, Lehrer, ab 1928 Journalist in Brest. – Erzähler harter, pessimist. Romane über menschl. Fehler, auch Dramatiker u. Lyriker.

W: Geotenn ar Werc'hez, R. 1928; Gorsedd Digor, K. 1928; Mona, R. 1929; Gouel ar Sacrament, R. 1929; Leur al looned, R. 1929; Nominoe-ohé, R. 1935.

L: Y. Drezen, 1941.

Riquier, Guiraut → Guiraut Riquier

Ristić, Marko, serb. Dichter u. Essayist, 20. 6. 1902 Belgrad – 12. 7. 1984 ebda. Leiter der Staatl. Verlagsanstalt Belgrad, 1945–51 Botschafter in Paris, Vorsitzender der Kommission für kulturelle Beziehungen mit dem Ausland. – Führender Vertreter der südslaw. Surrealismus. In Essays, Kritiken und Gedichten bricht R. mit der Überlieferung und strebt in der Dichtung die Verschmelzung von Melodie und Sinn an. Wehrt sich gegen jegl. Form des Utilitarismus der Dichtung, dadurch im Konflikt mit den Vertretern des Sozialist. Realismus und den Modernisten.

W: Od sreće i od sna, G. 1925; Bez mere, R. 1928; Nacrt za jednu fenomenologiju iracionalnog, Abh. 1931 (m. K. Popović); Anti-zid, E. 1932 (m. V. Bor); Turpituda, G. 1938; Književna politika, Ess. 1952; Krleža, Es. 1954; Tri mrtva pesnika, Ess. 1954; Ljudi u nevremenu, Ess. 1955; Nox microsmica, G. 1956; Od istog pisca, Ess. 1957; Istorija i poezija, Ess. 1962; Hacer tiempo, Erinn. 1964; Prisustva, Ess. 1966; Svedok ili saučesnik, Ess. 1970. – Objava poezije (Ausw.), 1964; Sabrana dela (GW), X 1985ff.

Ristikivi, Karl, estn. Schriftsteller, 16. 10. 1912 Uue-Varbla/Neu-Werpel, Kr. Wieck – 19. 7. 1977 Stockholm. 1936–41 Stud. Geographie Dorpat, seit 1944 in Schweden; Angestellter. – Frühreifer Epiker, Durchbruch mit Romanen nach Art von Th. Mann, Wendung zum Existentialismus, zur mod. Romantechnik in ›Hingedeöö‹, der die estn. Lit. beeinflußte. Schrieb hist. Romane (MA bis 18. Jh.) mit polyphoner Stimmenstruktur (mehrere Zeitschichten usw.), wo er das Gelingen u. Scheitern großer europ. Ideen behandelt; zur künstler. Vollendung bringt er sein Geschichtsgefühl in ›Rooma päevik‹. Außerdem Kinderbücher, Gedichte, lit.hist. Schriften.

W: Tuli ja raud, R. 1938; Võõras majas, R. 1940 (2. Aufl. u. d. T. Õige mehe koda); Rohtaed, R. 1942; Kõik, mis kunagi oli, R. 1946; Ei juhtunud midagi, R. 1947; Hingede öö, R. 1953; Eesti kirjanduse lugu, Schr. 1954; Põlev lipp, R. 1961; Viimne linn, R. 1962; Surma ratsanikud, R. 1963; Imede saar, R. 1964; Mõrsjalinik, R. 1965; Rõõmulaul, R. 1966; Nõiduse õpilane, R. 1967; Bernard Kangro, Schr. 1967; Sigtuna väravad, En. 1968; Õilsad südamed, R. 1970; Lohe hambad, R. 1970; Kahekordne mäng, R. 1972; Inimese teekond, G. 1972. Eesti kirjandus paguluses (zus. m. A. Mägi u. B. Kangro), Schr. 1973; Rooma päevik, R. 1976; Klaassilmadega Kristus, En. 1980; Mälestusi ja reisikirju, Reiseb. 1993; Viimne vabadus, Ess. 1996. – Kirjad romaanist (Briefw. m. B. Kangro), hg. B. Kangro 1985; Valitud kirjad (ausgew. Br.), hg. R. Hinrikus 2002.

L: A. Mägi, 1962; K. R. (Sammelwerk), II 1988; E. Nirk, Teeline ja tähed, 1991; R. Neithal, 1994. – *Bibl.*: A. Valmas, V. Kelder, 1992.

Ritsos, Jannis, griech. Lyriker, 1. 5. 1909 Monemvasia – 12. 11. 1990 ebda. Verbrachte wegen s. linksgerichteten polit. Überzeugung nach dem 2. Weltkrieg mehrere Jahre in Haft (1948–52). 1967 nach der Machtübernahme durch die Obristen erneut verhaftet und in Lagern festgehalten; 1972 freigelassen. – R., zeit s. Lebens e. ›engagierter‹ Dichter, findet nach s. ersten Schaffensphase, die Einflüsse nachrevolutionärer russ. Lyrik (Majakowskij) aufweist, zu e. weniger ideolog. geprägten Dichtung auf den Spuren von Aragón, Éluard u. Neruda. Verfaßte auch Prosa u. Übsn. aus anderen Sprachen.

W: Trakter, 1934; Pyramides, 1935; Epitaphios, 1936 (dt. Ausw. 1973); To tragudi tēs adelphēs mu, 1937; Earinē symphōnia, 1938; To embatērio tu ōkeanu, 1940; Palia mazurka se rhythmo brochēs, 1943; Dokimasia, 1943; Ho synthropos mas, 1945; Ho anthrōpos me to garyphalo, 1954; Hē agrypnia, 1954; Hē sonata tu selēnophōtos, 1956; To chroniko, 1957; Apochairetismos, 1957; Hydria, 1957; Cheimerinē diaugeia, 1957; Makronēssiōtika, 1957 (u.d.T. Petrinos chronos, 1974); Hoi geitonies tu kosmu, 1957 (d. 1984); Hotan erchetai ho xenos, 1958; Anypotachtē politeia, 1958; Hē architektonikē tōn dentrōn, 1958; Pera ap ton iskio tōn kyparissiōn, epishes Dr. 1958; Hoi gerontisses kai hē thalassa, 1959; Mia gynaika plai stē thalassa, 1959; To parathyro, 1960; Hē gephyra, 1960; Ho mauros hagios, 1961 (d. 1973); Poiēmata, III 1961–64; To nekro spiti, 1962; Katō ap ton iskio tu bunu, 1962; To dentro tēs phylakēs kai hoi gynaikes, 1963; Dōdeka poiēmata gia ton Kabaphē, 1963 (d. 1973); Martyries I und II, 1963–66 (dt. Ausw. 1968); Paichnidia t' uranu kai tu neru, 1964; Philoktētēs, 1965; Rōmiosynē, 1966; Orestēs, 1966; Ostraba, 1967; Petres, epanalēpseis, kinklidōma, 1972 (d. 1980); Helenē, 1972; Cheironomies, 1972; Tetartē diastasē, 1972; Hē epistrophē tēs Iphigeneias, 1972 (d. 1986); Chrysothemis, 1972 (d. 1988); Ismēnē, 1972; Dekaochtō lianotraguda tēs pikrēs patridas, 1972; Diadromos kai skala, 1973; Graganda, 1973 (d. 1980); Ennia poiēmata, 1973; Hēmerologio mias hebdomadas, 1973; Mantatophores, 1974; Ho toichos mesa ston kathrephte, 1974; Chartina, 1974; Hymnos kai thrēnos gia tēn Kypro, 1974; Kōdōnostasio, 1974; Ho aphanismos tēs Mēlu, 1974 (d. 1979); Stichoi apo schismena poiēmata, 1975; To hysterographo tēs doxas, 1975; Hēmerologia exorias, 1975 (d. 1979); Therino phrontistērio, 1975; Ho hodēgos tu asanser, 1975; Ho pharophylakas, 1975; To choriko tōn sphungaradon, 1975; Mikro aphierōma, 1975; Delphi, 1975 (d. 1987); Hē hōra tōn poimenōn, 1975; Thrēnos tu Maē, 1975; Teiresias, 1975; Nyxeis, 1975; Thyrōreio, 1975; Katopsē, 1975; Bolidoskopos, 1975; Phanostates, 1976; Monovasia, 1976; Rogmē, 1976; Graphē typhlu, 1976; Monembassiōtisses, 1976; To makrino, 1977; Loipon?, 1978; To roptro, 1978; Ho toichokollētēs, 1978; Hē pylē, 1978; Phaidra, 1978; To sōma kai to haima, 1978; Ho trochonomos, 1978; To teratōdes aristurgēma, 1978; Hē parodos, 1980; Diaphaneia, 1980; Monochorda, 1980 (d. 1989); Ta erōtika, 1981 (Liebe – Feindin Schwester, d. 1981; u.d.T. Kleine Suite in rotem Dur, 1982); Syntrophika tragudia, 1981; Hypokōpha, 1982; Italiko triptycho. Metangisē, Ho kosmos einai henas, To agalma stē brochē, 1982; Ariostos ho prosektikos, R. 1982 (d. 1984); Ti paraxena prammata, R. 1983 (d. 1983); Me to skuntema tu angōna, R. 1984 (d. 1984); Tanagraies, 1984; Epinikeia, 1984; Isōs na einai ki' etsi, R. 1985; Ho gerontas me tus chartaetus, R. 1985; Stigmographia, 1985; Ochi monacha gia sena, R. 1985; Sphragismena me hena chamogelo, R. 1986; Ligostebun hoi erōtēseis, R. 1986; Ho Ariostos arneitai na ginei hagios, R. 1986; Antapokriseis, 1987; 3 x 111 Monostichoi, 1987 (d. 2001). – *Übs.*: Gedichte, Ausw. 1968; Die Wurzeln der Welt, 1970; Mit dem Maßstab der Freiheit, 1971; Deformationen, 1996; Die Umkehrbilder des Schweigens, 2001.

L: P. Prevelakis, 1981; St. Diaslimas, Eisagōgē stēn poiēsē tu G. R., 1981; Chrysa Prokopaki, Hē poreia pros tēn Graganda ē hoi peripeteies tu hōramatos, 1981; G. Veloudis, G. R., Problēmata meletēs tu ergu tu, 1982; K. Kukulis, Stockh. 1994; G. D. Papantonakis, Eisagōgē stēn paidikē poiēsē tu G. R., 1996. – *Bibl.*: A. Makrinikola, 1993.

Rittner, Tadeusz (Ps. Tomasz Czaszka), österr.-poln. Dramatiker und Erzähler, 31. 5. 1873 Lemberg – 19. 6. 1921 Bad Gastein. Sohn e. Prof. für Kirchenrecht u. späteren österr. Ministers. Theresianum Wien; 1897 Dr. jur. Wien; Sektionsrat im Unterrichtsministerium, schied kurz vor s. Tode als Ministerialrat aus. – Schrieb poln. u. dt. Neuromant. Dramatiker des Fin de siècle, nach Form u. Geist unter Einfluß des Wiener Theaters. Seine skept.-pessimist., lyr. und stark erot. Gesellschaftsstücke von feinsinn. Psychologie flüchten aus der Wirklichkeit in das Zwischenreich der Träume und der Phantasie. Vorübergehend großer internat. Erfolg. Von bes. Wert die Kindheitserinnerungen in s. autobiograph. Roman ›Drzwi zamknięte‹. Auch psycholog.-naturalist. Novellen u. Romane.

W: Dora, N. 1896 (d. 1923); Drei Frühlingstage, Nn. 1900; Sąsiadka, Dr. 1902 (Die von nebenan, d. 1904); W małym domku, Dr. 1907 (Das kleine Heim, d. 1908); Unterwegs. Ein Don Juan, Dr. 1909 (Don Juan, poln. 1916); Der dumme Jakob, K. 1910 (Głupi Jakub, poln. 1930); Sommer, K. 1912 (Lato, poln. 1912); Ich kenne Sie, Nn. 1912; W obcym mieście, Nn. 1912; Der Mann aus dem Souffleurkasten, K. 1912 (Człowiek z budki suflera, poln. 1930); Kinder der Erde, Dr. 1915; Wölfe in der Nacht, Dr. 1914 (Wilki w nocy, poln. 1956); Garten der Jugend, K. 1917; Die Tragödie des Eumenes, K. 1919; Duchy w mieście, R. 1921 (Geister in der Stadt, d. 1921); Die andere Welt, R. 1921 (Między nocą i brzaskiem, poln. 1921); Das Zimmer des Wartens, Aut. 1918 (Drzwi zamknięte, poln. 1922); Most, R. 1923 (Die Brücke, d. 1920); Feinde der Reichen, Dr. 1921. – Dzieła (W), hg. Z. Dębicki III 1931; Dramaty, II 1966; Nowele 1960. – *Übs.*: Vier Einakter, 1921.

L: E. Steiner, Diss. Wien 1932; M. B. Ziemiańska, T. R. Autoversionen, Diss. Wien 1979.

Rivarol, Antoine de (eig. A. Rivaroli), franz. Schriftsteller, 26. 6. 1753 Bagnols/Gard – 13. 4. 1801 Berlin. Gastwirtssohn aus e. verarmten Adelsfamilie aus der Lombardei; ursprüngl. für den Priesterberuf bestimmt; ging 1777 als Schriftsteller nach Paris. Verbindung zu den Kreisen der Aufklärer (Voltaire); 1779–82 journalist. Tätigkeit beim ›Mercure de France‹. Die Revolution machte ihn zum polit. Polemiker für das ›Journal politique national‹, wo er für die Monarchie eintrat. 1792 Emigration nach Brüssel, dann nach Amsterdam u. England (1794). Kam 1795 nach Dtl., lebte zuerst in Hamburg, ab 1800 in Berlin. – Glänzend begabter Schriftsteller u. Journalist, berühmt durch den geistreichen Witz s. Aphorismen u. Bonmots bes. auf die Schöngeister s. Zeit. Verkörpert in sich e. Übergangszeit: S. Bildung verbindet ihn mit den Schriftstellern des 17. Jh.; s. liberaler Geist u. s. soz. Ideen gehören s. Zeit an. Indem er neben den sinnl. Eindruck u. der Vernunft auch dem Gefühl e. Platz einräumt, weist er auf die Romantik voraus. Bedeutend v. a. durch s. Verdienste um die Pflege der franz. Sprache; s. Hauptwerk sollte e. Dictionnaire werden, von dem nur der ›Discours préliminaire‹ existiert. Dante-Übs.

W: Le chou et le navet, Schr. 1782; Discours sur l'universalité de la langue française, Abh. 1784 (n. 1964); Petit almanach de nos grands hommes de 1788, 1788 (m. L. de Champcenetz); Petit dictionnaire des grands hommes de la Révolution, 1790 (m. dems.); Isman, ou le fatalisme, E. 1795; Discours sur l'homme intellectuel et moral, 1797; De l'influence des passions, Es. 1797; L'esprit de R., Aphor. 1802; Pensées inédites, 1808; Essai sur les causes de la révolution française, 1827. – Œuvres complètes, V 1808 (n. 1968, 1852); Œuvres (Ausw.), 1923; Écrits politiques et littéraires, 1956; Maximes, pensées et paradoxes, 1962; Les plus belles pages, 1963; Journal politique national et autres textes, 1964. – *Übs.*: Maximen und Gedanken, 1938.

L: A. Le Breton, 1895; R. Groos, 1927; E. Vadasz, Studie zu R., Diss. Bln. 1933; K.-E. Gaß, Diss. Bonn 1939; G. W. Harris, 1940; E. Jünger, 1956 (m. Übs.); J. Dutourd, 1961; Y. Loiseau, 1961; J. Vercruysse, 1968; B. Fay, R. et la Révolution, 1978; P. Matyaszewski, 1997; M. Cointat, 2001.

Rivas, Duque de (Ángel de Saavedra y Ramírez de Baquedano), span. Lyriker u. Dramatiker, 10. 5. 1791 Córdoba – 22. 6. 1865 Madrid. Aus adligem Geschlecht; Erziehung im Adelsseminar von Madrid, 1807 in der kgl. Leibwache, Teilnahme am Unabhängigkeitskrieg gegen die Franzosen, 1809 schwer verwundet; Mitglied des Generalstabs von Cádiz, freundete sich dort mit Quintana an; wegen liberaler Gesinnung von Ferdinand VII. verfolgt, 1823 Flucht nach London, Aufenthalt in Italien, Malta – wo er J. Hoockam Frere kennenlernte, der ihm Shakespeare, Byron u. Scott nahebrachte – u. Frankreich (Orleans, Paris, Tours); 1834 Rückkehr nach Spanien, hohe Ehren u. Auszeichnungen; Minister, Botschafter in Neapel (1848) u. Paris (1849); 1863 Präsident des Staatsrates, Mitgl. der Span. Akad. – Erster großer Romantiker der span. Lit., vielseitiges, umfangreiches Schaffen; begann mit klassizist. Dichtungen im Stil von Meléndez Valdés u. nach dem Vorbild der großen Dichter der Blütezeit; bekannte sich bald ganz zur romant. Schule, mit der er in England u. Frankreich in Berührung gekommen war. Vf. von Romanzen nach ma. Chroniken, Volkssagen oder hist. Episoden, eig. Miniaturdramen, teils in Dialogform, von starker Phantasie u. Realismus erfüllt. Am bedeutendsten als Dramatiker, wegweisend für das romant. Theater; Komödien u. Tragödien nach klass. Muster, hist. Stücke usw. S. Hauptwerk ›Don Álvaro o la fuerza del sino‹ stellte den Triumph der Romantik auf der span. Bühne dar, Vorlage zu Verdis Oper ›Die Macht des Schicksals‹; Mischung von Prosa u. Versen, kom. u. trag. Elementen; große Vielfalt der Strophenformen, stark gefühlsbetont; die Hauptfigur verkörpert das Ideal des romant. Helden.

W: Poesías, G. 1814; Lanuza, Dr. 1822; Al faro de Malta, G. 1828; El moro expósito, Ep. 1834; Don Álvaro o la fuerza del sino, Dr. 1835 (n. R. Navas Ruiz 1975); Romances históricos, Dicht. 1841; El desengaño en un sueño, Dr. 1842 (n. J. García Templado 1984). – Obras completas, VII 1894–1904, I ^{2}1956, in: ›Biblioteca de Autores Españoles‹, III 1957; Romances, hg. C. Rivas Cherif II 1912.

L: J. Moreno Barranco, 1892; E. A. Peers, Lond. 1923; G. Boussagol, Toulouse 1926; N. González Ruiz, 1943; L. López Anglada, 1972; G. Lovett, Boston 1977; A. Crespo, 1986.

Rive, Richard (Moore), südafrikan. Erzähler, 1. 3. 1931 Kapstadt – 4. 6. 1989 Elfindale (ermordet). Sohn e. amerik. Seemanns und e. farbigen Südafrikanerin. Lehrer. – Hauptthema Protest gegen Ungerechtigkeit und Elend als Resultate der südafrikan. Rassenpolitik.

W: African Songs, Kgn. 1963 (d. 1970); Emergency, R. 1964; Selected Writings, Slg. 1977; Writing Black,

Aut. 1981; ›Buckingham Palace‹, District Six, R. 1986, Dr. 1996; Emergency Continued, R. 1990.

Rivemale, Alexandre, franz. Bühnenschriftsteller, * 12. 11. 1918. Stud. Geschichte, Direktor e. Zeichentrickunternehmens. – S. Lustspiele zeichnen sich aus durch e. leichten, parodist.-heiteren Zug u. bewegl. Phantasie.

W: Moineaux de Paris, Lsp. 1953; Azouk ou l'éléphant dans la maison, Lsp. 1954; Némo, Lsp. 1956; Le mobile, Lsp. 1960; Un homme averti en vaut quatre, Lsp. 1960; Hier à Anderson-Ville, Lsp. 1966 (nach P. Lavitt).

Rivera, José Eustasio, kolumbian. Lyriker und Erzähler, 18. 2. 1888 Neiva/Huila – 28. 11. 1928 New York. Lehrer, Rechtsanwalt, bekleidete öffentl. Ämter, Abgeordneter; als Mitgl. e. Grenzregulierungskommission Reisen im trop. Urwald. Intensives, abenteuerl. Leben; seit 1924 in New York. – Berühmt als Vf. des grandiosen Romans ›La Vorágine‹, e. großartigen realist. Gemäldes vom Kampf des Menschen gegen die Naturgewalten; der Urwald, die ›grüne Hölle‹, verschlingt den Helden; eindrucksvolle Bilder von starker Dramatik; Verbindung von deskriptivem Naturalismus u. romant. Psychologie; auch Vf. von formvollendeten Sonetten im Stil der franz. Parnassiens über die kolumbian. Natur: Tiere, Pflanzen, Flüsse usw.

W: Tierra de promisión, Son. 1921; La vorágine, R. 1924 (Der Strudel, d. 1934); J. E. Rivera, polemista, hg. V. Pérez Silva 1989. – Obras completas, 1962.

L: J. Añez, 1944; E. Neale-Silva, N. Y. 1951, ders., Madison 1960; M. Ferragu, Paris 1954; H. Pereda u.a., 1956; R. Charria Tobar, 1963; L. C. Herrera Molina, 1969; M. Ordóñez Vila, hg. 1987; I. Peña, 1989; B. Salazar, 1994.

Rivière, Jacques, franz. Schriftsteller, 15. 7. 1886 Bordeaux – 14. 2. 1925 Paris. Kam mit 17 Jahren nach Paris, fiel bei der Aufnahmeprüfung zur École Normale Supérieure durch, gab den Plan e. wiss. Laufbahn auf; Freundschaft mit A. Gide u. Alain-Fournier; Mithrsg. u. Sekretär der neugegründeten ›Nouvelle Revue Française‹; ⚭ 1909 die Schwester Alain-Fourniers; 1913 Konversion zur kathol. Kirche; 4 Jahre Kriegsgefangenschaft; Aufenthalt in der Schweiz, kam 1919 nach Paris zurück, nahm s. Tätigkeit an der ›Nouvelle Revue Française‹ wieder auf, 1919–25 deren Direktor. – Romanautor, Lit.kritiker u. Journalist. Vf. von 2 psycholog. Romanen: ›Aimée‹, ›Florence‹, der letztere unvollendet posthum erschienen. Der Hauptakzent s. Schaffens liegt im lit.krit. Bereich. R. war e. der ersten, der die lit. Bedeutung von Proust u. Claudel erkannte. S. relig. Entwicklung stellt er in ›À la trace de Dieu‹ dar.

W: Etudes, St. 1911 (dt. Ausw. 1921); L'Allemand, Schr. 1918; Aimée, R. 1922; À la trace de Dieu, Aut. 1925; Freud et Proust, Abh. 1927; Carnet de guerre, Tg. 1929; Rimbaud, Es. 1930 (d. 1968); Moralisme et littérature, Abh. 1932; Florence, R.-Fragm. 1935; Nouvelles études, 1947; Carnets 1914–1917, hg. I. u. A. Rivière 1974. – Correspondance M. Proust et J. R., 1955; Correspondance (1902–14) avec P. Claudel, 1926 (d. 1928); (1905–14) avec Alain-Fournier, IV 1926–28; (1909–25) avec J. Schlumberger, 1980; (1907–24) avec P. Claudel, 1984; (1909–25) avec A. Gide, 1998. – *Übs.:* (Ausw.) 1954; A. V. Wernsing, 1979.

L: F. Mauriac, Le Tourment de J. R., 1926; A. Gide, 1931; A. Tolzien, Diss. Hbg. 1931; P. Charlot, 1934; A. Jans, La pensée de J. R., 1938; C. Bo, Brescia ^{2}1940; M. Gisi, Diss. Basel 1945; M. Turnell, New Haven 1953; P. Beaulieu, 1955; B. Cook, Oxf. 1958; F.-M. Coquoz, L'évolution religieuse de R., 1963; H. Th. Naughton, Den Haag 1966; M. Suffran, 1967; M. Raymond, 1973; K. D. Levy, Boston 1982; Actes du Colloque, 1997.

Rivoyre, Christine de, franz. Erzählerin, * 29. 11. 1921 Tarbes. Ehemals Lit.chefin der Zs. ›Marie-Claire‹ u. Kritikerin der Zt. ›Le Monde‹; heute freie Schriftstellerin. – Vf. anspruchsvoller Unterhaltungsromane.

W: La mandarine, R. 1957; Les sultans, R. 1964; Boy, R. 1973 (d. 1975); Le voyage à l'envers, R. 1977 (d. 1978); Belle Alliance, R. 1982; Crépuscule, taille unique, R. 1989; Racontez-moi les flamboyants, R. 1995.

L: R. et l'Aquitaine, 1996.

Rizal, José Protasio, philippin. Schriftsteller, 19. 6. 1861 Calamba/Laguna (Philippinen) – 30. 12. 1896 Manila. 1882–85 Stud. Medizin, Philos. u. Lit. Manila u. Madrid, lebte in versch. Ländern Europas, Asiens u. in den USA; 1892 Rückkehr nach Manila, setzte sich für die Unabhängigkeit der Philippinen ein; von den Spaniern hingerichtet. – Vf. zweier in Heidelberg bzw. Gent/Belgien entstandener Thesenromane, die in lebendiger Erzählung die span. Kolonialherrschaft anprangern. Auch Lyrik, e. Melodrama, Essays, Artikel.

W: Junto al Pásig, Dr. 1880; Noli me tangere, R. 1886 (n. 1992, d. 1987); El filibusterismo, R. 1891; Dos diarios de juventud, 1960. – Epistolario, hg. J. M. Kalaw V 1930–38.

L: A. Coates, Oxf. 1968; A. Craig, N. Y. 1977; A. L. Bantug, Manila 1982; M. A. Bernad, Manila 1986; B. Dahm, Gött. 1988.

Roa Bastos, Augusto, paraguay. Schriftsteller, * 13. 6. 1917 Iturbe/Guaría. Soldat im Chaco-Krieg; Stud. der Philol. u. Volkswirtschaft; Journalist, Kriegsberichterstatter in Europa; kurze diplomat. Tätigkeit, 1947–89 im Exil; Lit.-Prof. in Córdoba u. Toulouse, mehrmals ausgezeichneter Drehbuchautor. – E. der größten lateinamerik. Schriftsteller der Gegenwart, Erneuerer der Sprache; sehr ausdrucksvolle Lyrik; realist., aber auch mag.-realist. Erzählungen über soz., polit. u. hist.

Robak'ije

Probleme s. Landes, die Misere des Volkes, deren Überzeugungskraft durch Gebrauch der Sprache u. Mythen der Guarani-Indios u. folklorist. Elemente verstärkt wird.

W: El trueno entre las hojas, En. 1953 (Die Nacht der treibenden Feuer, d. 1964; Der Donner zwischen den Blättern, d. 1976); Mientras llega el día, Dr. 1955; Hijo de hombre, R. 1960, erw. 1982 (d. 1962, 1991); El naranjal ardiente, G. 1960; El baldío, En. 1966; Los pies sobre el agua, En. 1967; Moriencia, En. 1969; Yo, el supremo, R. 1974 (d. 1977); Vigilia del Almirante, R. 1992 (d. 1996); El fiscal, R. 1993; Contravida, R. 1994 (d. 1997); Madama Sui, R. 1995; Metaforismos, Spr. 1996.

L: R. Antunez de Dendia, 1983; L. Schrader, hg. 1984; G. Vila Barnes, 1984; S. Sosnowski, hg. 1986; Semana de autor, 1986; F. Tovar, 1987; F. Burgos, hg. 1988; R. Bareiro Saguier, 1989; R. Aceves u.a., 1990; H. Rodríguez-Alcalá, 1990; Cuadernos Hispanoamericanos, 1991; H. C. Weldt-Basson, 1993; A. J. Bergero, 1994.

Rob, Ján → Poničan, Ján

Robakidse → Robak'ije, Grigol

Robak'ije, Grigol (Robakidse), georg. Autor, 1. 11. 1880 Svitsi – 21. 11. 1962 Genf. Stud. in Russland, Frankreich und Dtl., ab 1931 in Berlin, seit 1945 in der Schweiz. – Mit s. Dramen, Romanen, Novellen, Essays, polit. Büchern, ep. und. lyr. Gedichten sehr vielseitig. In Dtl. wurde er lange Zeit als bedeutendster Vertreter der neuen georg. Literatur angesehen, in der UdSSR wegen s. Emigration u. Hitler- u. Mussoliniverehrung verschwiegen. R.s Hauptwerk ist der 1924 erschienene Roman ›Das Schlangenhemd‹ (dt. 1928) über einen jungen Georgier in Gegenwart u. Vergangenheit zwischen Orient und Okzident, verbunden mit ursprünglichem Mythos u. magischen Urwahrheiten. Die 1932–41 publizierten Werke werden mythisch-politischer. In der Entgötterung der Welt, der Monotonisierung sieht er das Verhängnis der Welt u. hält östl. Bolschewisten (Die gemordete Seele, 1932) u. westl. Vereinheitlichung (Dämon und Mythos, 1935) den Spiegel vor. R.s Vorbilder sind Goethe, Nietzsche, Dostoevkij, Tolstoj; seine schöpferischen Wurzeln sind der babylon.-iran. Orient, die schöpferische Technik bezieht er aus dem Westen. Schrieb georg. u. übersetzte (mit Hilfe) ins Deutsche.

W: Londa, Dr. 1919; Lamara, Dr. 1924. – *Übs.:* Megi, R. 1929; Kaukas. Novellen, 1932, 1979; Der Ruf der Göttin, R. 1934; Hüter des Grals, 1937; Adolf Hitler, von einem georgischen Dichter gesehen, 1939; Mussolini, der Sonnengezeichnete, 1941.

L: E. C'xadaje, 1997; St. Chotiwari-Jünger in: Mitt. blatt d. Berliner Georg. Ges. 29–31 (1994) in u. in: Georgica 18 (1995) u. 25 (2002).

Robazki, Boris → Dekker, Maurits (Rudolph Joël)

Robbe-Grillet, Alain, franz. Romanschriftsteller, * 18. 8. 1922 Brest. Stud. Paris, Ingénieur agronome, Tätigkeit am Institut national de la Statistique, dann am Institut de recherches sur les fruits tropicaux; Reisen nach Marokko, Guinea, Martinique, Guadeloupe; lit. Leiter der Editions de Minuit, Paris. – E. der bedeutendsten Vertreter des ›nouveau roman‹; erstrebt durch das Stilmittel der Wiederholung, Variationen des gleichen Bildes, Auflösung der Zeit in e. objektive Lit., welche das Tragische als Ausdruck der Absurdität der Existenz verneint u. sich nur an das Vorhandensein der Dinge hält. Daher die Bedeutung des Blicks für s. Romane (›Le Voyeur‹, ›La Jalousie‹), der die Dinge u. zugleich die Distanz zu ihnen wahrnimmt. Die anscheinend geometr. meßbare, streng materielle Realität s. Romane verschiebt sich unmerkl. in e. Welt der Alpträume, in der die Dinge jede Beziehung untereinander u. zum Menschen verloren haben. Verzichtet auf Handlung im herkömml. Sinn; der Gang der Erzählung gleicht e. in sich zurücklaufenden Kurve.

W: Les gommes, R. 1953 (Ein Tag zuviel, d. 1954); Le voyeur, R. 1955 (Der Augenzeuge, d. 1957); La jalousie, R. 1957 (d. 1959); Dans le labyrinthe, R. 1959 (Die Niederlage von Reichenfels, d. 1960); L'année dernière à Marienbad, Drb. 1961 (d. 1961); Instantanés, En. 1962 (d. 1963); L'immortelle, Drb. 1963 (d. 1963); Pour un nouveau roman, Ess. 1963 (dt. Ausw. 1965); La maison de rendez-vous, R. 1965 (Die blaue Villa in Hongkong, d. 1966); Trans-Europ-Express, Film 1967 (d. 1967); L'homme qui ment, Film 1968 (d. 1968); L'Eden en après, Film 1970 (d. 1970); La sorcière, Film 1970; Projet pour une révolution à New York, R. 1970 (d. 1971); La belle captive, R. 1975 (d. 1984); Topologie d'une cité fantôme, R. 1975 (d. 1977); Souvenirs du triangle d'or, R. 1978; Djinn, R. 1981 (d. 1983); Le miroir qui revient, Aut. 1985 (d. 1986); Angélique ou l'enchantement, R. 1987; Les derniers jours de Corinthe, R. 1994.

L: R. Barthes, Am Nullpunkt der Literatur, 1959; ders., Das Ich und die Dinge, 1968; ders., Im Augenblick der Gegenwart, 1974; G. Zeltner-Neukomm, Das Wagnis des franz. Gegenwartsromans, 1960; J. Autrousseau, 1960; O. Bernal, 1964; B. Stoltzfus, Carbondale/IL 1964; B. Morrissette, ²1965; J. Miesch, 1965; J. Alter, 1966; J. Leenhardt, 1973; V. Carrabino, The Phenomenological Novel of R., Parma 1974; F. Ferrini, Florenz 1976; J.-C. Vareille, R., l'étrange, 1981; M. Nowak, Die Romane R.s ..., 1982; J. Fletcher, Lond. 1983; I. Leki, Boston 1983; B. Stoltzfus, 1985; K. Alott, 1985; A. Artomi, 1987; B. Kuhn, 1994; A. Lassigui, 1996; D. Nelting, Diss. Bonn 1996; R. M. Allemand, 1997; V. Simon, 1998; J. Waters, 2000; C. Nilat, 2001. – *Bibl.:* D. W. Fraizer, 1953–1972, Metuchen 1973; A. R. Chadwick, 1987.

Robberechts, Daniël, fläm. Schriftsteller, 8. 5. 1937 Etterbeek – 27. 5. 1992 Everbeek. Zeitschriftenredakteur. – Sein Werk hat weitgehend Tagebuchcharakter: Schriftliche Konfrontationen mit der Wirklichkeit.

W: Tegen het personage, E. 1968; De grote schaamlippen, R. 1969; Aankomen in Avignon, Reflexionen 1970; Praag schrijven, Collage 1975.

L: H. Bousset, in: Krit.lit.lex., 1993.

Robbers, Herman (Johan), niederländ. Erzähler, 4. 9. 1868 Rotterdam – 15. 9. 1937 Amsterdam. Verlegerssohn. – Vf. von breitangelegten realist. Romanen und Erzählungen aus dem Milieu zeitgenöss. holländ. Bürgerfamilien.

W: Een kalverliefde, De verloren Zoon, De vreemde plant, Nn. 1895; De roman van Bernard Bandt, R. 1897; De bruidstijd von Annie de Boogh, R. 1901; De roman van een gezin, R. II 1909 f.; Een mannenleven, R. III 1919–27; Litteraire smaak, Ess. 1924; Redding, R. 1933.

Robbins, Harold (eig. H. Rubin, vorher Francis Kane), amerik. Romanautor, 21. 5. 1912 Manhattan – 14. 10. 1997 Palm Springs/CA. Wuchs als Waise in versch. Heimen u. Familien auf; 15jährig machte er sich selbständig u. arbeitete sich zum Selfmademan empor; zuletzt bei der ›Universal Pictures‹-Filmgesellschaft tätig; ab 1957 freier Schriftsteller. – Bestsellerautor. Bereits mit s. ersten Romanen begann s. steiler Aufstieg. ›Never Love a Stranger‹ ist die in ihrer bitteren Realistik erschütternde Entwicklungsgeschichte e. Waisenkindes, während ›A Stone for Danny Fisher‹ die Entwicklung e. sensiblen jüd. Jungen zum Mann nachzeichnet. Beide aus der Lebenserfahrung des Vf. schöpfenden Romane sind lit. überzeugend u. gelten als R.' beste Werke. ›The Dream Merchants‹ interessiert wegen der ungeschminkten Darstellung der Vorder-, Hinter- u. Abgründe des Filmbetriebs in Hollywood. In s. übrigen, den Hollywood-Stoff teilweise fortsetzenden Romanen behandelt R. Probleme u. Erscheinungen im Leben unserer Zeit: Mißbrauch von Macht u. Überlegenheit, Brutalität u. Sex, meist in den oberen Kreisen der amerik. Wirtschafts- u. Finanzwelt angesiedelt.

W: Never Love a Stranger, 1948 (Die Wilden, d. 1968); The Dream Merchants, 1949 (Träume, Frauen und Finanzen, d. 1951, u. d. T. Die Traumfabrik, 1966); A Stone for Danny Fisher, 1952 (d. 1959); Never Leave Me, 1953 (Die Manager, d. 1965); 79 Park Avenue, 1953 (Die Moralisten, d. 1964); Stiletto, 1960 (d. 1967, u. d. T. Die Profis, 1970); The Carpetbaggers, 1961 (Die Unersättlichen, d. 1963); Where Love Has Gone, 1962 (d. 1963); The Adventurers, 1966 (Die Playboys, d. 1967); The Inheritors, 1969 (Die Bosse, d. 1970); The Betsy, 1971 (Der Clan, d. 1972); The Pirate, 1974 (d. 1978); The Lonely Lady, 1976 (Sehnsucht, d. 1977); Dreams Die First, 1977 (Träume, d. 1979); Memories of Another Day, 1979 (Die Aufsteiger, d. 1982); Goodbye, Janette, 1981 (d. 1982); Spellbinder, 1982 (Der Seelenfänger, d. 1983); Descent from Xanadu, 1984 (Die Unsterblichen,

d. 1984); The Storyteller, 1985 (Hollywood, d. 1986); The Piranhas, 1986 (d. 1991); Three Complete Novels, 1994; The Raiders, 1994 (Die Spekulanten, d. 1995); The Stallion, 1996 (Die Begehrlichen, d. 1997); Tycoon, 1997 (Die Macher, d. 1998).

L: R. Robbins, 1999.

Robbins, Tom (eig. Thomas Eugene), amerik. Erzähler, * 22. 7. 1936 Blowing Rock/NC. – Vf. postmod.-innovativer, spieler., metafiktionaler Romane; absurder Humor, philos. Einflüsse des Pantheismus und östl. Religionen; ›Even Cowgirls Get the Blues‹ erzählt vom selbst-transformator. Abenteuer e. mit überdimensionalen Daumen ausgestatteten Tramperin, die auf e. Kosmetikfarm auf feminist. Cowgirls trifft (Verfilmung).

W: Another Roadside, R. 1971 (Ein Platz für Hot Dogs, d. 1987); Even Cowgirls Get the Blues, R. 1976 (d. 1981, u. d. T. Sissy – Schicksalsjahre einer Tramperin, 1983); Still Life with Woodpecker: A Sort of Love Story, R. 1980 (d. 1983); Jitterbug Perfume, R. 1984 (Pan Aroma, d. 1985); Skinny Legs and All, R. 1990 (Salomes siebter Schleier, d. 1992); Half Asleep in Frog Pajamas, R. 1994 (d. 1997); Fierce Invalids Home From Hot Climates, R. 2000 (Völker dieser Welt, relaxt!, d. 2002); Villa Incognito, R. 2003.

L: M. Spiegel, 1980; C. E. Hoyser, 1997.

Robert, Shaaban, tansanischer KiSwahili-Schriftsteller, 1. 1. 1909 Vitambani/Tanganjika – 20. 6. 1962 Dar es Salaam/Tanzania. – R., ein tief gläubiger Moslem und Moralist, schrieb Gedichte, traditionelle Erzählungen und Romane für ›einfache Leute‹ und hat sich um KiSwahili als moderne Sprache verdient gemacht.

W: Pambo la lugha (Beauty of the Language), G. 1948; Maisha yangu (My Life), Aut. 1949; Kusadikika nchi iliyo angani (Kusadikika, a Country of Believers), E. 1951; Wasifu wa Siti Binti Saad, Biog. 1955; Kufidirika (Understanding), R. 1967; Siku ya watenzi wote (The Day of All Workers), R. 1968; Utubora mkulima (Utubora the Farmer), R. 1968. – Diwani ya Shaaban (GW), XIV 1966–72.

L: C. Ndulute, The poetry of S. R., 1994.

Robert de Boron, anglo-normann. Dichter, Ende 12. Jh. wohl Montbéliard/Franche-Comté. Nach anderer Hypothese aus Boron b. Delle/Oberrhein; stand im Dienst von Gautier von Montbéliard, des Herrn von Montfaucon († um 1212). – Vf. dreier zusammengehörender Versromane in achtsilbigen Strophen, ›Joseph d'Arimathie‹ ›Merlin‹ u. ›Perceval‹, die zusammen ›Le Roman de l'Estoire dou Graal‹ bilden. Im einzigen Manuskript sind der ›Joseph‹- u. e. Teil des ›Merlin‹-Romans erhalten, der Rest ist in e. Prosabearbeitung überliefert. Erste Identifikation des Grals mit dem von Jesus dem Joseph von Arimathia übergebenen Abendmahlskelch, Verknüpfung von Evangelium u. dem Artus-Sagenkreis mit der Gestalt des Zauberers Merlin als Bindeglied. Betonung der eucharist. Bedeutung des Grals; asket. u. sakramentale Tendenzen des Werkes. Zusammen mit dem geschriebenen oder geplanten Vers-Perceval sollte die Trilogie durch die Ankunft des Gralsritters im Reich König Artus' die Vollendung des Erlösungsprozesses darstellen, der mit der Übergabe des Grals an Joseph von Arimathia begann.

A: Le Roman de l'Estoire dou Graal, hg. W. Nitze 1927; Didot Perceval, hg. W. Roach 1941; The Prose Version of R. de B.'s Joseph d'Arimathie, hg. R. F. O'Gorman, Diss. Univ. Pennsylvania 1962; Merlin, hg. A. Micha 1979; Le Roman du Graal, hg. B. Cerquiglini 1981. – *Übs.:* Der Prosaroman von Joseph von Arimathia, 1881; Die Geschichte des Hl. Graal, K. Sandkühler 1958 (m. Komm.); Merlin, der Künder des Graals, 1975.

L: A. Birch-Hirschfeld, Die Sage vom Graal, 1877; M. Ziegler, 1895; H. Sommer, 1908; J. D. Bruce, Evolution of Arthurian Romance, ²1928; P. Zumthor, Merlin le prophète, 1943; E. Hoepffner, Lumière du Graal, 1951; Romans du Graal, 1956; F. Bogdanow, The Romance of the Grail, Manchester 1965; R. T. Pickens, Diss. Chapel Hill 1966; A. Micha, Étude sur ›Merlin‹ de R. de B., 1980; F. Zambon, 1984; M. Infuma, 1999; J. Rittey, 2002.

Robert of Gloucester, engl. Historiker, um 1260 – 1300. Wahrscheinl. Mönch der Abtei von Gloucester. – Vf. der einzigen Verschronik des 13. Jh. in engl. Sprache, erhalten in zwei Fassungen (14 Handschriften). 12000 paarweise gereimte Verse (Vierzehnsilber mit Mittelzäsur). Erzählt die Gesch. Britanniens von der Zeit des legendären Brut bis zum Ende der Regierung Heinrichs III. (1272). Zog versch. Quellen heran; für die Zeit ab 1200 greift er auch auf mündl. Überlieferung zurück; Schlußteil bedeutsam, da R. hier als Zeitgenosse berichtet.

W: Chronicle of England (hg. W. A. Wright II 1887).

L: K. Brossmann, 1887; H. Strohmeyer, 1891; A. Gransden, Hist. Writing in England, II 1974–82. – *Bibl.:* Manual ME 8. XII, 1989, Nr. 4–5.

Roberts, Sir Charles George Douglas, kanad. Lyriker u. Erzähler, 10. 1. 1860 Douglas/New Brunswick – 26. 11. 1943 Toronto. Sohn e. Geistlichen, Stud. New Brunswick Univ., 1883 Hrsg. der einflußr. Zs. ›The Week‹, 1885–95 Prof. für engl. Lit. am King's College Windsor/ Nova Scotia, 1895–97 in Toronto, 1897–1907 freier Journalist in New York. 1890 Mitgl. der Royal Society of Canada. 1911–25 England-Aufenthalt. Im 1. Weltkrieg in der Armee; Major. 1935 geadelt. – Als Vf. von Gedichten u. Romanen verlieh R. dem nach der Konföderation von 1867 aufkeimenden kanad. Nationalbewußtsein Ausdruck. Bekannt durch s. anschaul. Tierbücher.

W: Orion, G. 1880; In Divers Tones, G. 1887; Poems of Wild Life, 1888; The Canadian Guide Book, 1892; Songs of the Common Day, G. 1893; Reube Dare's Shad Boat, R. 1895 (u. d. T. The Cruise of the Yacht ›Dido‹, 1906); The Forge in the Forest, R. 1896; Earth's Enigma, Kgn. 1896; A History of Canada, St. 1897; New York Nocturnes, G. 1898; Poems, 1901; The Kindred of the Wild, Kgn. 1902; Barbara Ladd, R. 1902; The Watchers of the Trails, Kgn. 1904; Red Fox, Kgn. 1905; The Heart That Knows, R. 1906; The Haunters of the Silences, Kgn. 1907; The Backwoodsman, R. 1909; Neighbours Unknown, Kgn. 1911; New Poems, 1919; Lovers of Acadia, R. 1924; The Sweet o' the Year, G. 1925; The Vagrant of Time, G. 1927; The Iceberg, G. 1934; Twilight over Shaugamauk, G. 1937. – Selected Poems, hg. D. Pacey 1956; The Last Barrier, Kgn. hg. A. Lucas 1958; King of Beasts, Kgn. hg. J. Gold 1967; Selected Poetry and Critical Prose, hg. W. J. Keith 1974; Collected Poems, hg. D. Pacey 1985.

L: J. Cappon, 1925; L. A. Pierce, Three Fredericton Poets, 1933; E. M. Pomeroy, 1943; W. J. Keith, 1969; J. Polk, Wilderness Writers, 1972; F. Cogswell, 1983; G. Clever, 1984; J. Adams, 1986.

Roberts, Elizabeth Madox, amerik. Erzählerin, 30. 10. 1886 Perrysville/KY – 13. 3. 1941 Orlando/FL. In Colorado aufgewachsen, Univ. Chicago, lange in New York und Kalifornien lebend, aber immer dem Heimatstaat Kentucky eng verbunden. – Ihre dort angesiedelten Romane aus der Welt der Farmer und Bergbauern zeichnen sich durch die getreue Wiedergabe von Sprache und Gebräuchen und das Fehlen romantisierender Klischees aus.

W: The Time of Man, R. 1926 (Seit Menschengedenken, d. 1928); My Heart and My Flesh, R. 1927; The Great Meadow, R. 1930 (d. 1938); A Buried Treasure, R. 1931; The Haunted Mirror, Kgn. 1932; He Sent Forth a Raven, R. 1935; Black is My Truelove's Hair, R. 1938; Song in the Meadow, G. 1940; Not by Strange Gods, Kgn. 1941.

L: G. Wescott, 1930; W. Spears, Diss. Univ. of Kentucky 1953; H. M. Campbell, R. E. Foster, 1956; E. H. Rovit, Herald to Chaos, 1960; F. P. McDowell, 1963; H. Benigni, 1989; G. Sigal, 1997.

Roberts, Kate, walis. Erzählerin, 13. 12. 1891 Rhosgadfan/Caernarvonshire – 4. 4. 1985 Denbigh/North Wales. Stud. Univ. of Wales. ⚭ 1928 Morris T. Williams. Lehrte bis 1928 Walis. im Industriegebiet von Südwales, 1935 Leiterin der Gee Press in Denbigh. – Vf. von Romanen und Kurzgeschichten um den Existenzkampf einfacher Menschen.

W: O Gors y Bryniau, Kgn. 1925; Deian a Loli, R. 1927; Rhigolsu bywyd, Kgn. 1929; Laura Jones, R. 1930; Traed mewn Cyffion, R. 1936; Ffair Gaeaf, Kgn. 1937; Stryd y Glep, R. 1949; Crefft y Stori Fer, E. 1949; Y Byw sy'n Cysgu, R. 1956; Te yn y Grug, R. 1959; Y Lôn Wen, Aut. 1960; Tywyll Iheno, E. 1962; Hyn o Fyd, 1962; Tegwych y Bore, 1967; Prynn Dol, 1970. – *Übs.:* A Summer Day, Kgn. 1946.

Roberts, Kenneth (Lewis), amerik. Schriftsteller, 8. 12. 1885 Kennebunk/ME – 21. 7. 1957 ebda. Stud. Cornell Univ., Journalist, Übs., Redakteur bei ›Boston Post‹, ›Sunday Post‹, ›Life‹, Auslandskorrespondent für ›Saturday Evening Post‹; Militärdienst im 1. Weltkrieg in Sibirien. – Bekannt für s. acht hist. Romane, bes. ›Northwest Passage‹ (blutige, aber romantisierte Beschreibung des franz.-indian. Krieges im 18. Jh., Verfilmungen) und die ›Chronicles of Arundel‹ (Geschichte von Maine); in Essays v. a. Interesse an Landschaft und Kultur (bes. Kochkunst) Floridas und Maines.
W: Sun Hunting, Ess. 1922; Florida Loafing, Ess. 1925; Florida, Ess. 1926; Antiquamania, St. 1928; Chronicles-of-Arundel-Serie: Arundel, 1930 (d. 1936), The Lively Lady, 1931 (d. 1938), Rabble in Arms, 1933 (Volk in Waffen, d. 1956), Captain Caution, 1934 (d. 1950); The Brotherhood of Man, Dr. 1934 (m. R. Garland); For Authors Only, Ess. 1935; Northwest Passage, R. 1937 (d. 1950); Oliver Wisell, R. 1940 (d. 1953); Trending into Maine, Ess. 1944; The K. R. Reader, 1945; Lydia Bailey, R. 1946 (d. 1948); I Wanted to Write, Aut. 1949; Don't Say That about Maine!, Ess. 1951; Good Maine Food, Anekd. u. Kochb. 1951; Henry Gross and His Dowsing Rod, St. 1951; The Seventh Sense, St. 1953; Boon Island, R. 1956 (Die Gnadeninsel, d. 1960); Water Unlimited, St. 1957.
L: J. Harris, 1976; J. Bales, 1989.

Roberts, Michèle, engl. Romanautorin, * 20. 5. 1949 Hertfordshire. Vater engl. Protestant, Mutter franz. Katholikin. Stud. Oxford, Doz. für Creative Writing in Norwich. Lebt in London u. Mayenne/Frankreich. – Vf. komplexer Romane über weibl. Schreiben u. Kreativität, Gender, Sexualität u. Identität, relig. Spiritualität. Werk spiegelt bikulturelle Herkunft. Pointiert-iron. Stil, sinnl. Metaphorik.
W: A Piece of the Night, 1977; The Visitation, 1983; The Wild Girl, 1984; Mirror of Mothers, G. 1986; The Book of Mrs Noah, 1987; In the Red Kitchen, 1990; Psyche and the Hurricane, G. 1991; Daughters of the House, 1992; During Mother's Absence, 1993; Flesh & Blood, 1994; All the Selves I Was, G. 1995; Impossible Saints, 1997; Food, Sex & God, Ess. 1998; Fair Exchange, 1999; The Looking Glass, 2000; Playing Sardines, 2001; The Mistressclass, 2003.

Robertson, Thomas William, engl. Dramatiker, 9. 1. 1829 Newark-on-Trent – 3. 2. 1871 London. Schauspielersohn, ab 1848 in London, zunächst Schauspieler und innovativer Bühnenleiter. – Vf. zahlr. sehr populärer Schauspiele und Komödien um zeitgemäße Themen in frischem, natürl. Ton.
W: David Garrick, Sch. 1864; Society, Sch. 1865; Ours, K. 1866; Caste, Sch. 1867 (n. M. Slater 1951); Play, K. 1868; School, K. 1869; Home, K. 1869; M. P., K. 1870. – Principal Dramatic Works, hg. T. W. S. Robertson II 1889.
L: T. E. Pemberton, 1893; K. Grein, 1911; M. Savin, 1950.

Robinson, Edwin Arlington, amerik. Lyriker, 22. 12. 1869 Head Tide/ME – 6. 4. 1935 New York. Jugend in Gardiner, Maine; Stud. in Harvard unterbrochen wegen Verarmung der Familie; 1897 nach New York, Gelegenheitsarbeiter, armseliges Leben unter der New Yorker Boheme; 1905 Entdeckung und Förderung durch Th. Roosevelt; 1905–09 Zollbeamter; dann freier Schriftsteller; Pulitzerpreis 1921, 1924, 1927. – Bedeutendster amerik. Dichter der Jahrhundertwende. Philos. durchdrungene Lyrik über die trag. Verlassenheit des Menschen in e. dunklen Welt und s. Suche nach dem Deus absconditus; iron. Schweben zwischen intellektuellem Pessimismus und intuitivem Glauben. Ausgesprochen philos. Gedichte, wie ›The Man Against the Sky‹; die bedeutendste Leistung gelingt in psycholog. Charakterbildern aus der fiktiven Tilbury Town. Hervorzuheben sind die Elegien ›Eros Turannos‹ und ›For a Dead Lady‹. In e. dreiteiligen Versepos gibt R. e. psycholog.-realist. Interpretation der Artus-Legende. R.s bevorzugte Formen sind dramat. Monolog, Blankverserzählungen und Sonett. S. Stil vereint umgangssprachl. und gehobene Diktion, sparsame, aber sehr wirksame Metaphorik und bis zum Rätselhaften gehende Kondensation des Ausdrucks.
W: The Torrent and the Night Before, G. 1896; The Children of the Night, G. 1897; Captain Craig, G. 1902; The Town Down the River, G. 1910; Van Zorn, Dr. 1914; The Porcupine, Dr. 1915; The Man Against the Sky, G. 1916; Merlin, Ep. 1917; Lancelot, Ep. 1920; The Three Taverns, G. 1920; Avon's Harvest, G. 1921; Roman Bartholow, G. 1923; The Man Who Died Twice, G. 1924; Dionysus in Doubt, G. 1925; Tristram, Ep. 1927; Sonnets 1889–1927, 1928; Cavender's House, Ep. 1929; The Glory of the Nightingales, G. 1930; Matthias at the Door, Ep. 1931; Nicodemus, G. 1932; Talifer, Ep. 1933; Amaranth, G. 1934; King Jasper, Ep. 1935. – Collected Poems, 1937, 1952; Tilbury Town, Selected Poems, 1953; Selected Poems, hg. M. D. Zabel 1965; Selected Poems, hg. R. Faggen 1997; Uncollected Poems and Prose, hg. R. Cary 1975; Selected Early Poems and Letters (m. Bibl.), hg. Ch. T. Davis 1960; The Essential R., hg. D. Hall 1993; Selected Letters, hg. R. Torrence 1940; Letters, hg. C. J. Weber 1943; Untriangulated Stars, Br. 1947; Letters to E. Brower, 1968.
L: C. Cestre, 1930; H. Hagedorn, 1938; E. Kaplan, 1940; Y. Winters, 1946, [2]1971; E. Neff, 1948; E. Barnard, 1952; ders., hg. 1969; E. S. Fussell, 1954; C. P. Smith, Where the Light Falls, 1965; W. L. Anderson, 1967; W. R. Robinson, 1967; H. C. Franchere, 1968; L. Coxe, 1969; Appreciation of E. A. R., hg. R. Cary 1969; F. Murphy, hg. 1970; R. Cary, 1974; D. H. Burton, 1987. – *Bibl.:* C. B. Hogan, 1936, [2]1969; W. White, 1971; N. C. Joyner, 1978; J. Boswell, 1988.

Robinson, Henry Crabb, engl. Schriftsteller, 13. 3. 1775 Bury St. Edmunds – 5. 2. 1867 London. Gerberssohn, Jurist, Stud. 1800–05 in Dtl., wurde mit zahlr. bedeutenden Persönlichkeiten bekannt. 1807–08 Kriegsberichterstatter der ›Times‹ auf der Iber. Halbinsel, 1813–28 Rechtsanwalt in London, zog sich 1828 ins Privatleben zurück. – Führte ab 1811 tagebuchartige Niederschriften über geistige, bes. lit. Strömungen und persönl. Eindrücke; berichtete über s. Gespräche mit Goethe, Herder, Wordsworth, Coleridge.

W: Diary, Reminiscences, and Correspondence, hg. T. Sadler III 1869, ³1872, 1922, gekürzt D. Hudson I 1967; Correspondence with Wordsworth, hg. E. J. Morley II 1927; C. R. in Germany 1800–05, hg. E. J. Morley 1929; On Books and Writers, hg. E. J. Morley III 1938; H. Marquardt, H. C. R. u. s. dt. Freunde, II 1964–67; The London Theatre 1811–66, hg. E. Brown 1966.

L: E. J. Morley, 1935, n. 1970; J. M. Baker, 1937.

Robinson, Henry Morton, amerik. Schriftsteller, 7. 9. 1898 Boston – 13. 1. 1961 New York. Columbia Univ., Engl.-Lehrer ebda., 1939–48 Redakteur von ›Reader's Digest‹, wurde berühmt mit s. Roman ›The Cardinal‹, e. farbig-sentimentalen Bestseller über die kathol. Kirche in den USA.

W: Children of Morningside, Vers-E. 1924; John Erskine, B. 1928; Buck Fever, G. 1929; Stout Cortez, B. 1931; Science Versus Crime, St. 1935 (auch u.d.T. Science Catches the Criminal); A Skeleton Key to Finnegan's Wake, St. 1944 (m. J. Campbell); The Perfect Round, R. 1945 (d. 1962); The Great Snow, R. 1947 (In den Schnee geschrieben, d. 1957); The Cardinal, R. 1950 (d. 1950); The Enchanted Grindstone, G. 1952; Water of Life, R. 1960 (d. 1961, u.d.T. Der Whisky-König, 1970).

Robinson, (Esmé Stuart) Lennox, ir. Dramatiker, 4. 10. 1886 Douglas/Cork – 14. 10. 1958 Dublin. Sohn e. protestant. Geistlichen, Bandon Grammar School. Ab 1908 Schauspieler, 1910–23 Manager, 1923–35 Direktor des Abbey Theatre, Dublin, für das er zahlr. Bühnenstücke schrieb u. dem er lebenslang verbunden blieb. – Am besten s. Schauspiele aus dem ir. Landleben u. der ir. Geschichte; später satir. Mittelstandskomödien.

W: The Cross-Roads, Sch. 1909; Harvest, Sch. 1910; Patriots, Sch. 1912; The Dreamers, Sch. 1915; The Lost Leader, Sch. 1918; The White-Headed Boy, K. 1920; Crabbed Youth and Age, Sch. 1924; The White Blackbird, Sch. 1925; The Big House, Sch. 1928; The Far-Off Hills, K. 1928; Drama at Inish, Sch. 1933; Church Street, K. 1934; W. B. Yeats, St. 1939; Curtain Up, Aut. 1942; Ireland's Abbey Theatre 1899–1950, St. 1951; I Sometimes Think, Ess. 1956. – Plays, 1928; Selected Plays, hg. C. Murray 1982.

L: K. Spinner, Die alte Dame sagt: Nein!, 1961; M. J. O'Neill, 1964; S. Dorman, 1983.

Roblès, Emmanuel François, franz. Romanschriftsteller und Dramatiker, 4. 5. 1914 Oran/Algerien – 22. 2. 1995 Boulogne (Hauts-de-Seine). Lernte 1937 in Algier A. Camus kennen; gab den Lehrerberuf auf; als Reporter Reisen nach Spanien, Südamerika, Rußland, in den Fernen Osten. Präsident des PEN-Clubs von Nordafrika; Hrsg. der Reihe ›Méditerranée‹ bei den Editions du Seuil. – Gehört mit A. Camus u. J. Roy zu den bedeutendsten Vertretern der neuen nordafrikan. Lit.; Einflüsse von Camus, A. Malraux u. des Existentialismus. S. herb u. packend geschriebenen Romane sind der Ausdruck stoischer Grundhaltung, die jedes Ausweichen in Religion oder polit. Ideologie ablehnt.

W: L'action, R. 1937; La marée des Quatre vents, E. 1942; La vallée du paradis, R. 1943; Travail d'homme, R. 1943; Nuits sur le monde, R. 1946; Montserrat, Dr. 1948 (d. 1949); Les hauteurs de la ville, R. 1948; Garcia Lorca, Es. 1950; La mort en face, E. 1951 (d. 1958); Cela s'appelle l'aurore, R. 1952 (d. 1955); La vérité est morte, Dr. 1952 (d. 1959); Fédérica, R. 1954 (d. 1955); Les couteaux, R. 1956 (d. 1969); L'Horloge, Dr. 1958; L'homme d'avril, R. 1959; Le Vésuve, R. 1961 (d. 1963); La remontée du fleuve, R. 1964; Plaidoyer pour un rebelle, Mer libre, Drn. 1965; La croisière, R. 1968 (d. 1974); Un printemps d'Italie, R. 1970; Saison violente, R. 1974 (d. 1974); Carpuche, R. 1975; Un amour sans fin, G. 1976; Un château en novembre, Dr. 1984; La chasse à la licorne, R. 1985.

L: J. L. Depierris, 1967; F. Landi-Bénos, 1969; M. A. Rozier, Diss. Michigan 1971; M.-H. Chèze, R., témoin de l'homme, Sherbrooke 1979; G. Toso Rodinis, Il teatro di R., Abano Terme 1981; M. E. Rafti, 1981; G.-A. Astre, 1987; G. S. Santangelo, 1990; J. T. Rodinis, 1990; Actes du Colloque de Montpellier, 1997.

Robleto, Hernán, nicaraguan. Romancier, 17. 10. 1894 Camoapa/Boaco – 17. 12. 1969 Mexiko Stadt. Journalist, Unterstaatssekretär im Bildungsministerium, Gründer versch. Zss. – Beschreibt in s. chronikähnl. Werken Menschen, die gegen die amerik. Intervention u. die gewaltige Natur kämpfen.

W: La mascota de Pancho Villa, 1924; Obregón, 1927; Sangre en el trópico, 1930 (Es lebe die Freiheit, d. 1933); Los estrangulados, 1933 (Gabriel Aguilar, d. 1935); Una mujer en la selva, 1936; Cuentos de perros, En. 1943; Don Otto y la niña Margarita, 1944; Almas y rascacielos, En. 1951; Cárcel criolla, 1955; Brújulas fijas, 1962; Y se hizo la luz, 1966.

Rocca, Gino, ital. Schriftsteller, 1891 Mantova – 1941 Mailand. Stud. Jura, begann aber bereits 1914 s. Karriere als Autor von Dramen im venezian. Dialekt. Hrsg. des ›Gazzettino di Venezia‹. – Neben der Theaterproduktion im Dialekt verfaßte er auch Dramen, Romane u. Gedichte in ital. Sprache. S. Werk ist geprägt vom Bedauern über die ungelösten Probleme des Lebens.

W: L'uragano, R. 1919; Riverberi, G. 1920; Le liane, Dr. 1921; Noi, Dr. 1921; Se no i xe mati, no li volemo, Dr. 1926; La scorzeta de limon, Dr. 1928; Sior Tito paron, Dr. 1928; Gli ultimi furono i primi, R. 1930. – Tutto il teatro, V, hg. C. Manfio.

Roche, Denis, franz. Schriftsteller, * 1937 Paris. Journalist, Arbeit im Verlagswesen, jahrelang verantwortl. für die ›Collection Tel Quel‹, vorübergehend Zusammenarbeit mit M. Butor. – Schreibt Romane und widmet sich seit 1978 vorwiegend der Fotografie, die er häufig mit Texten begleitet. Schreibt auch Abhandlungen über Technik und künstler. Möglichkeiten der Fotografie, gestaltet Alben und Ausstellungen; fotograf. Autobiographie.
W: Récits complets, G. 1963; Louve basse, R. 1971; Notre antéfixe, fotograf. Aut. 1978; La disparition des lucioles, Sb./Bb. 1982; Dans la maison du sphinx, Ess. 1992; La poésie est inadmissible, Ess. 1995; Le boîtier de mélancolie, Gesch./Bb. 1999; La question que je pose, Ausstellungskat. 2001.
L: Ch. Pringent, o. J.

Roche, Mazo de la → La Roche, Mazo de

Rochefort, Christiane Renée, franz. Erzählerin, 17. 7. 1917 Paris – 24. 4. 1998 Le Pradet (Toulon). Begann um 1945 ihre schriftsteller. Laufbahn, zunächst als Journalistin, war auch Filmschauspielerin. Lebte in Paris. – Erfolgr., viel diskutierte und umstrittene Romanautorin der ›Neuen Welle‹, gab in ›Le repos du guerrier‹ e. drast. Erzählung von weibl. Liebeshörigkeit und Erniedrigung.
W: Cendres et or, R. 1956; Le repos du guerrier, R. 1958 (Das Ruhekissen, d. 1959); Les petits enfants du siècle, R. 1961 (Kinder unserer Zeit, d. 1962); Les stances à Sophie, R. 1963 (Mein Mann hat immer recht, d. 1965); Une rose pour Morrison, R. 1966 (d. 1967); Printemps au parking, R. 1969 (Frühling für Anfänger, d. 1970); C'est bizarre l'écriture, En. 1970; Archaos ou le jardin étincelant, R. 1972; Encore heureux qu'on va vers l'été, R. 1975 (d. 1977); Ma vie, R. 1978; Le monde est comme deux chevaux, R. 1984 (d. 1986); La porte du fond, R. 1988; Conversations sans paroles, R. 1997.
L: M. A. Hutton, 1996; J. Constant, 1996; P. Fries Paine, 2002.

Rochefoucauld, François la → La Rochefoucauld, François VI., Duc de, Prince de Marcillac

Rochester, John Wilmot, Earl of → Wilmot, John 2nd Earl of Rochester

Rod, Edouard, franz.-schweizer. Romanschriftsteller, 29. 3. 1857 Nyon/Schweiz – 29. 1. 1910 Grasse. Stud. Lausanne u. Berlin; ging 1878 als Schriftsteller nach Paris; 1884 Hrsg. der ›Revue contemporaine‹; 1887–93 als Nachfolger Moniers Prof. für vergleichende Lit. Univ. Genf. Kehrte später nach Paris zurück; Mitarbeiter bei versch. Zsn., Reise in die USA, Vorlesungen in Harvard u. Cambridge. – Romancier u. Dramatiker von großer psycholog. Beobachtungs- u. Darstellungsgabe; in s. ersten Romanen vom Naturalismus, bes. von Zola beeinflußt. Mit ›La course à la mort‹ wendet er sich der psycholog. Analyse zu, vorzugsweise der Schilderung verschlossener, schwer zugängl. Menschentypen. S. Bestes gibt er in der überzeugenden Darstellung von Skrupeln u. Gewissenskonflikten.
W: Palmyre, Veulard, R. 1881; La femme d'Henri Vanneau, R. 1885; La course à la mort, R. 1885; Le sens de la vie, R. 1889; La vie privée de Michel Teissier, R. 1893 (d. 1905); La seconde vie de Michel Teissier, R. 1894; Les roches blanches, R. 1895; Là-haut, R. 1897; Le Réformateur, Sch. 1906; Correspondances inédites avec S. Aleramo u. a., 1980.
L: H. Bordeaux, 1893; F. Roz, 1906; H. Moro, 1912; J. Weil, 1912; E. Tissot, Les années et les œuvres de début d'E. R., 1912; D. L. van Raalte, Leiden 1926; C. Delhorbe, 1938; M. Weidmann, Diss. Zür. 1942; D. L. van Raalte, 1951; C.-R. Delhorbe, Une amitié littéraire: Rod et Nancy Vuille, 1960; M. G. Lerner, 1975.

Rōdakī → Rūdakī, Abū ʿAbdullāh Ǧaʿfar ibn Muḥammad

Rode, Helge, dän. Lyriker, Essayist und Dramatiker, 16. 10. 1870 Kopenhagen – 23. 3. 1937 Frederiksberg. Sohn e. Literaturhistorikers, Jugendjahre in Kristiania (Oslo), wo s. Mutter in 2. Ehe lebte; gehört um 1894 der symbolist. Lyrikergruppe um J. Jørgensen an, selbst stark von dem norweg. Symbolisten Obstfelder beeinflußt; 1903 ∞ die spätere Schriftstellerin Edith Nebelong. In den 20er Jahren energ. Teilnehmer an der dän. ›Weltanschauungsdebatte‹ als Vertreter des ›seel.‹ gegen J. V. Jensens biolog. Standpunkt. – Neuromantiker von pantheist.-myst. Weltgefühl; Gegner des mod. Intellektualismus und des naturwiss.-exakten Denkens; von Nietzsche beeinflußt. Trotz langen Reifeprozesses bleibt e. myst. Erlebnis (1891) der Höhepunkt in R.s Leben und die dadurch erworbene Überzeugung von der Existenz der Seele der rote Faden s. Schaffens; mit allmähl. Verschiebung in christl., aber nicht kirchl. Richtung. ›Det store ja‹. S. ersten Gedichte sind ekstat. Gesänge vom Ich, die späteren, oft leidenschaftl. Versuche, den Tod zu fassen, aber auch andere Elementarerscheinungen des Daseins wie Geburt, Jubel, Weinen, Zusammengehörigkeit, Einsamkeit u. Wunder zu begreifen u. zu veranschaulichen. Lyr. Dichter ist für R. Erkennen. R.s wenig bühnenfähige lyr. Dramen, später realist. Stücke im Ibsen-Stil, geben e. Einblick in die der Lyrik zugrundeliegenden

Gedanken. Das Existentielle in R.s Lyrik hat die dän. Lyriker nach dem 2. Weltkrieg beeinflußt.

W: Hvide blomster, G. 1892; Digte, G. 1896; Kongesønner, Sch. 1896 (Königssöhne, d. 1898); Digte, gamle og nye, G. 1907; Morbus Tellermann, Dr. 1907 (d. 1909); Grev Bonde og hans hus, Sch. 1912; Ariel, G. 1914; Det store Forlis, Dr. 1917; Krig og ånd, Ess. 1917; En mand gik ned fra Jerusalem, Sch. 1920; Moderen, Dr. 1920; Den stille have, G. 1922; Regenerationen i vort åndsliv, Ess. 1923; Pladsen med de grønne træer, Ess. 1924; Det store ja, Ess. 1926; Det sjælelige gennembrud, Ess. 1928; Den vilde rose, G. 1931. – Udvalgte digte (Ausw.), 1945.

L: H. J. Hansen, Dramatikeren H. R., 1948 (m. Bibl.); P. Schmidt, 1971; H. Engberg, 1996.

Rodenbach, Albrecht, fläm. Dichter, 27. 10. 1856 Roeselare – 23. 6. 1880 ebda. Stud. Jura Löwen; Gründer und Leiter der kathol. fläm. Studentenbewegung. – Leidenschaftl. Gedichte u. Kampflieder sowie das Drama ›Gudrun‹ im Stil Wagners.

W: Eerste gedichten, 1878; Gudrun, Dr. 1882 (d. 1918). – Gedichten, II 1930; Verzamelde werken, hg. F. Baur III 1957–60.

L: L. van Puyvelde, ²1909; F. Rodenbach, A. R. en de Blauwvoeterij, II 1909; C. Neutjens, 1956; A. Westerlinck, 1958; M. de Bruyne, L. Gevers 1980.

Rodenbach, Georges (eig. G. Raymond Constantin), belg. Lyriker, 16. 7. 1855 Tournai – 25. 12. 1898 Paris. Vetter von Albrecht R.; Jugend in Brügge; Jurastud. Gent; Freundschaft mit Verhaeren. Bis 1887 Rechtsanwalt in Belgien, dann freier Schriftsteller in Paris. – Vom Symbolismus und Parnasse (bes. Coppée) beeinflußter Lyriker u. Romanschriftsteller, Mitgl. von ›La libre Belgique‹, e. Gruppe junger belg. Dichter. Stand den franz. Dichtern der Dekadenz nahe. Bevorzugte Themen s. Werks sind die nebelverhangenen, düsteren Landschaften der fläm. Provinz u. das eintönige Leben ihrer Menschen in den weltvergessenen Kleinstädten. S. Meisterwerk ist ›Bruges-la-morte‹, der einzige symbolist. Roman von Weltgeltung, den E. W. Korngold 1920 zu s. Oper ›Die tote Stadt‹ verarbeitete. In s. klangvollen, weichen, verhaltenen Versen kehrt neben Landschaftsbildern s. Jugendheimat das Motiv des Todes mit s. melancholl. Schatten u. Geheimnissen wieder.

W: Le foyer et les champs, G. 1877; Tristesses, G. 1879; La mer élégante, G. 1881; L'hiver mondain, G. 1884; La jeunesse blanche, G. 1886; Le règne du silence, G. 1891; Bruges-la-morte, R. 1892 (d. 1903); Le musée des béguines, R. 1894; Le voile, Sch. 1894; La vocation, R. 1895 (d. 1912); Les vies encloses, G. 1896; Le carillonneur, R. 1897; Le miroir du ciel natal, G. 1898; Le mirage, Sch. 1901; Le rouet des brumes, Nn. 1901 (Im Zwielicht, d. ²1913). – Œuvres, II 1923ff.; L'amitié de St. Mallarmé et de G. R. (Briefe), hg. F. Ruchon 1949. – Übs.: Die dramat. Werke, 1913.

L: G. Kahn, 1897; E. Verhaeren, 1899; E. Revoil, 1909; K. Glaser, 1917; J. Mirval, Le poète de silence, G. R., 1940; A. Bodson-Thomas, L'esthétique de G. R., 1942; P. Maes, ²1952; G. Vanwelkenhuyzen, 1959; H. Toyama, Diss. 1981; P. Gorciex, 1992; M. Modenesi, 1996; P. Nosley, 1996; J.-P. Bertrand, 1999. – Bibl.: G. Violato, Bibl. de R. et de A. Saain en Italie, Florenz 1965.

Rodenko, Paul (Thomas Basilius), niederländ. Schriftsteller, 26. 11. 1920 Den Haag – 9. 6. 1976 Warnsveld. – War e. der wichtigsten Wortführer der experimentellen Lyriker der ›Vijftigers‹: Anthologien und Essays.

W: Gedichten, 1951; Nieuwe griffels, schone leien, Anth. 1954; Met twee maten, Es. u. Anth. 1956; Tussen de regels, Ess. 1956; Stilte, woedende trompet, G. 1959; Op het twijgje der indigestie, Ess. 1946–1958, 1976; De tarot, G. 1978. – Verzamelde essays en kritieken, IV 1991f.

L: O. Heynders, 1998; K. Hilberdink, B. 2000.

Rodó, José Enrique, uruguay. Schriftsteller, 15. 7. 1871 Montevideo – 1. 5. 1917 Palermo. Vater Katalane, wohlhabende Familie; 1895 Mitgründer der ›Revista Nacional de Literatura y Ciencias Sociales‹, in der er s. Arbeiten veröffentlichte; 1898 Prof. für Lit. an der Univ. Montevideo, 1900 Direktor der Nationalbibliothek; seit 1901 polit. Tätigkeit, 1902–08 Mitgl. des Kongresses; Reisen durch Spanien u. Italien als Korrespondent e. argentin. Wochenzeitung. – Dichter, meisterhafter Essayist, Kritiker u. Denker; repräsentativer Vertreter der Geisteswelt Lateinamerikas; mit Rubén Darío Führer der modernist. Bewegung. Großer Einfluß der franz. Lit., bes. Renans; Europäer, doch mit starkem Glauben an die Zukunft der lateinamerik. Völker. Gegner des nordam. Utilitarismus, dem er in s. philos.-allegor. ›Ariel‹ e. geistigere Haltung als Ideal gegenüberstellt.

W: La vida nueva I: El que vendrá, la novela nueva, Es. 1897, II: Rubén Darío, Es. 1899, III: Ariel, Es. 1900 (d. 1994); Motivos de Proteo, Ess. 1909; El mirador de Próspero, Ess. 1913; El camino de Paros, Reiseber. 1918; Nuevos motivos de Proteo, Ess. 1927; Los últimos motivos de Proteo, Ess. 1932. – Obras completas, hg. J. P. Segundo, J. A. Zubillaga IV 1945–48, hg. A. J. Vaccaro ²1956, hg. E. Rodríguez Monegal ²1967. – Cartas a J. F. Piquet, hg. W. Penco 1979.

L: Lauxar, ²1945; R. Ibáñez, C. Pereda, 1948; R. Botelho Gonsálvez, 1950; S. Bollo, 1951; G. Albarrán Puente, 1953; A. C. Arias, 1959; F. Escardó, 1962; M. Benedetti, 1966; E. González Maldonado, 1968; A. Ardao, 1970; H. Costábile de Amorín, M. del R. Fernández Alonso, 1973; H. Torrano, 1973; W. Penco, 1978; H. Costábile de Amorín, 1979; C. Reyes de Viana, 1980; W. Lockhart, 1982; M. B. Castro Morales, 1991; N. Bosco de Bullrich, 1993; P. Rocca, 2001.

Rodoreda, Mercè, katalan. Erzählerin, 10. 10. 1908 Barcelona – 13. 4. 1983 Girona. Aus bürgerl. Milieu; wanderte 1939 nach Südfrankreich aus, dann Paris, Limoges u. Bordeaux, lebte seit 1959 in Genf. – In kunstvoll stilisierter Simplizität erzählt R. in der Ich-Form vom Schicksal der Menschen u. bestimmten Erlebnissen, die entscheidend, prägend einwirken.

W: Aloma, R. 1937; La plaça del Diamant, R. 1962 (d. 1979); La meva Cristina, En. 1967 (Der Fluß und das Boot, d. 1986); Mirall trencat, R. 1974 (d. 1982); Tots els contes, En. 1979; El torrent de les Flors, Drn. 1993; El cafè i altres narracions, En. 1999. – Obras completas, III 1976–84; Cartes a l'Anna Muria 1939–56, 1985. – *Übs.:* Reise ins Land der verlorenen Mädchen, katalan./dt. 1981.

L: C. Arnau, 1979, 1990, 1992, 1997, 2000; M. Campillo, 1985; M. Casals, 1991; N. Carbonell, 1994; K. McNerney, N. Vosburg, hg. 1994; M. I. Mencos, 2000.

Rodrigues, Nelson, brasilian. Dramatiker u. Erzähler, 23. 8. 1912 Recife/Pernambuco – 21. 12. 1980 Rio de Janeiro. Sohn e. Journalisten u. Zeitungsverlegers, wuchs in Rio auf, begann s. journalist. Karriere als Polizeireporter. – Erneuert u. schockiert mit ›Vestido de noiva‹ über das Hier und Jetzt Rios. Führt die Erkenntnis der Psychoanalyse, Lacans ›Spiegelstadium‹, der drei Sphären (das Reale, Symbolische u. das Imaginäre) auf der Bühne ein, läßt die Figuren auf den drei Ebenen agieren u. fühlen. Tabuthemen wie Inzest (›Álbum de família‹), Rassismus (›Anjo negro‹), das Leben der Vorstädte der Nordzone, der Schattenseite der geteilten Stadt sind in den Theatern des Zentrums, der Südzone zu sehen. Verfaßte auch Film- und TV-Drehbücher, Romane u. Erzählungen.

W: A mulher sem pecado, Dr. 1941; Vestido de noiva, Dr. 1943 (d. 1995); Álbum de família, Dr. 1945 (1989); Anjo negro, Dr. 1946 (d. 1990); Senhora dos afogados, Dr. 1947 (d. 1990); Doroteia, Dr. (1949); Valsa N° 6, Dr. 1950 (d. 1994); A falecida, Dr. 1953 (d. 1987); Perdoa-me por me traíres, Dr. 1957; Viúva, porém honesta, Dr. 1957; Os sete gatinhos, Dr. 1958; Boca de ouro, Dr. 1959 (d. 1988); Asfalto selvagem, R. 1960; O beijo no asfalto, Dr. 1961 (d. 1987); Otto Lara Resende ou Bonitinha, mas ordinária, Dr. 1961; Toda nudez será castigada, Dr. 1965 (d. 1995); Memórias de Nelson Rodrigues, Chronik 1967; O Anti-Nelson Rodrigues, Dr. 1973; A serpente, Dr. 1980 (d. 1991); O homem proibido, R. 1981; A vida como ela é, En. 1992; A mulher que amou demais, R. 2003. – Teatro completo, hg. S. Magaldi IV 1981–89.

L: R. Lima Lins, 1979; C. Vogt, 1985; S. Rodrigues, 1986; M. Spinu, 1986; S. Magaldi, 1987; D. de Almeida Prado, 1988; M. Scliar, 2003.

Rodrigues, Urbano Tavares, portugies. Schriftsteller, Lit.wissenschaftler u. -kritiker, * 6. 12. 1923. ∞ M. Judite de Carvalho, Dozent Univ. Lissabon u. an versch. ausländ. Univ., Unterbrechung der Lehrtätigkeit wegen s. Engagements gegen die Diktatur unter Salazar. – Erzähler unter dem Einfluß des franz. Existentialismus u. des portugies. Dekadentismus, themat. Schwerpunkte: Liebe (v. a. erot.) und Tod, aber auch soz. und polit. Problematik. In s. letzten Romanen nimmt die Frage der Umweltzerstörung e. wichtigen Platz ein.

W: A Noite Roxa, N. 1955; Uma Pedrada no Charco, N. 1958; Bastardos do Sol, R. 1959 (Bastarde der Sonne, d. 1978); Os Insubmissos, R. 1961; As Máscaras Finais, Nn. 1963; Terra Ocupada, Nn. 1964; Casa de Correcção, Nn. 1968; Dissolução, R. 1974; Desta Água Beberei, R. 1979; A Vaga de Calor, R. 1986 (Die Hitzewelle, d. 1997); Violeta e a Noite, R. 1991; O Ouro e o Sonho, R. 1997.

L: J. Carlos Nascimento, 1999; M. Graciete Besse, 2000.

Rodrigues Lobo, Francisco, portugies. Dichter, 1574(?) Leiria – Nov. 1621 b. Santarém. 1593–1602 Stud. Jura Coimbra; s. Familie wurde, weil wohlhabende Neuchristen, von der Inquisition verfolgt; kümmerte sich erstmals in Portugal sorgsam um die (Re-)Edition eigener u. fremder Werke. – Bedeutender manierist. Lyriker u. Prosaist in der Nachfolge Camões', Vf. von Romanzen (in Portugies. u. Span.), sprach- u. gesellschaftskrit. Dialogen, ep. Gedichten sowie herausragenden Schäferromanen u. Eklogen, nimmt konzeptist. u. gongorist. Stilhaltung vorweg; von Gracián bewundert.

W: Romances, G. 1596; A Primavera, R. 1601–14; Éclogas, G. 1605 (n. J. Pereira Tavares 1928); Elegias ao Santíssimo Sacramento, G. 1614; Corte na Aldeia, Dial. 1619 (n. A. Lopes Vieira 1945); Jornada del-Rey D. Filipe III, G. 1623 (span.); Cartas dos Grandes do Mundo, Br. hg. R. Jorge 1934. – Obras, 1723 u. IV 1774; Poesias, hg. A. Lopes Vieira 1942 u. 1943 (auch Prosa), J. de Almeida Lucas 1957.

L: R. Jorge, 1920; M. de Lourdes Belchior, 1959.

Rodríguez de la Cámara, Juan (auch R. del Padrón), span. Schriftsteller, um 1390 Padrón – 1450 Herbón/Galicien. War wahrscheinl. Page Juans II. von Kastilien u. nahm im Dienst des Kardinals Cervantes am Konzil von Basel teil; beendete nach e. unglückl. Liebesaffäre s. Leben nach 1430 vermutl. als Franziskaner in Herbón (Galicien). – Charakterist. Vertreter der Frührenaissance, bekannt als Vf. des Romans ›El siervo libre de amor‹ ritterl.-sentimentaler Prägung mit autobiograph. Zügen; folgte stilist. noch der provenzal. Tradition, wies aber bereits erste Anzeichen der späteren Schäferromane auf; verfaßte auch Romanzen erot. u. relig. Art nach traditioneller Manier, die im ›Cancionero de Baena‹ enthalten sind. Übs. Teile von Ovids ›Heroides‹.

W: El siervo libre de amor, R. (n. 1943, 1980); El triunfo de las donas, Traktat; Cadira del honīr, Traktat. – Obras completas, hg. C. Hernández Alonso 1982; Obras, hg. A. Paz y Melia 1884.
L: M. López Atocha, 1906; A. López, 1918; C. Samonà, Per una interpretazione del Siervo libre de amor, Rom 1960; M. S. Gilderman, Ann Arbor 1969.

Rodríguez de Montalvo → Amadisroman

Rodríguez del Padrón, Juan → Rodríguez de la Cámara, Juan

Roelants, Maurice, fläm. Dichter, 19. 12. 1895 Gent – 25. 4. 1966 St.-Martens-Lennik. Lehrer, dann Beamter des Erziehungsministeriums; seit 1921 Mitarbeit an mehreren Zeitschriften – Wegbereiter des psycholog. Romans nach franz. Muster in der fläm. Lit. S. scharfsinnig analysierenden Romane in sprachl. gepflegter Form gestalten das innere Leben von Durchschnittsmenschen: Psychol. Elemente kennzeichnen auch s. melanchol. Lyrik. Übs. Molière u. Bernanos.

W: De kom der loutering. G. 1918; Komen en gaan, R. 1927 (d. 1955); De jazzspeler, En. 1928 (d. 1959); Het leven dat wij droomden, R. 1931 (d. 1956, u. d. T. Maria Danneels, 1932); Alles komt terecht, R. 1937 (d. 1957); Gebed om een goed einde, R. 1944 (d. 1955); De lof der liefde, G. 1947; Vuur en dauw, G. 1965 (Glut und Tau, d. 1967).
L: F. Closset, 1946; A. v. d. Veen, 1960; A. Dhoeve, 1976.

Rørdam, Valdemar, dän. Lyriker, 23. 9. 1872 Dalby/Seeland – 14. 7. 1946 Holbæk. Pfarrerssohn aus alter Gelehrtenfamilie; wegen Lungenleiden in der Jugend Aufenthalt im Schwarzwald. Nach der dt. Okkupation wegen s. positiven Einstellung zum Nationalsozialismus geächtet. – Außerordentl. fruchtbarer Lyriker und Versepiker in der Nachfolge Drachmanns von mehr. Virtuosität und Vielfalt und starkem Nationalgefühl, doch Neigung zu rhetor. Emphase. Auch Erzähler und Versdramatiker. Übs. von Kipling, Reymont und Puškin.

W: Sol og Sky, G. 1895; Tre Strenge, G. 1897; Bjovulf, Ep. 1899; Dansk Tunge, G. 1901; Gudrun Dyre, Ep. 1902; Den gamle Kaptajn, E. III 1906f.; Grønlandsfærd, Dr. 1909; Den gamle præstegård, G. 1916; Udvalgte digte II, G.-Ausw. 1918; Købstad-Idyller, G. 1918; Jens Hvas til Ulvborg, Ep. II 1922f.; Sangen om Danmark, G. 1923; Buddha, Dr. 1925; Huset ved volden, G. 1932; Af et barns verden, Erinn. V 1932–43; Danmark i tusind år, G.-Ausw. 1940; Holeby, G. 1940. – Udvalgte digte, hg. A. u. S. Swane 1966.

Roethke, Theodore (Huebner), amerik. Lyriker, 25. 5. 1908 Saginaw/MI – 1. 8. 1963 Bainbridge Island/WA. Dt. Abstammung; Engl.-Prof. versch. amerik. Univ., ab 1947 Univ. of Washington. – Frühe Gedichte stark von s. man. Depression geprägt, Verarbeitung von biograph. Details wie dem frühen Tod des Vaters in ›The Lost Son‹; Natur- u. Pflanzensymbolik in ›Open House‹; später mit Todesmetaphorik durchsetzte, persönl. Liebeslyrik in ›Words for the Wind‹. Pulitzerpreis 1954 für ›The Waking‹.

W: Open House, G. 1941; The Lost Son, G. 1948; Praise to the End!, G. 1951; The Waking, Poems 1933–53, 1954; Words for the Wind, Ges. G. 1957; I Am! Says the Lamb, G. 1961; Party at the Zoo, G. 1963; Sequence, Sometimes Metaphysical, G. 1963; The Far Field, G. 1964; On the Poet and His Craft, Ess. 1965. – Collected Poems, 1966; Straw for the Fire, Ess. 1943–1963, 1972; Selected Letters, 1968.
L: R. J. Mills, 1963; A. Stein, hg. 1965; K. Malkoff, 1966; A. Seager, The Glass House, 1968; W. Heyen, hg. 1971; G. Lane, Concordance, 1972; R. A. Blessing, 1974; J. LaBelle, 1976; R. Sullivan, 1976; H. Williams, 1976; D. Liberthson, Quest for Being, 1977; J. Parini, 1979; G. Wolff, 1981; N. Chaney, 1981; H. Schweizer, 1985; R. Stiffler, 1987; D. Bogen, 1991. – *Bibl.*: J. R. McLeod, 1971; ders. 1973; K. R. Moul, 1977.

Rogers, Samuel, engl. Dichter, 30. 7. 1763 Stoke Newington/London – 18. 12. 1855 London. Sohn e. Bankiers; sorgfältige Privaterziehung. Von Jugend an reges Interesse für Lit. und Kunst, später Gönner und Förderer vieler Künstler. – Spätklassizist. Vf. formvollendeter, geschliffener, aber etwas blutleerer reflexiver Dichtungen, meist Erinnerungsbilder und Beschreibungen in Versen. Nach Wordsworths Tod zum Poet laureate vorgeschlagen, lehnte jedoch ab. Geistvoller Gesprächspartner, scharfzüngig, aber sehr freigebig. War über viele Jahre eine der maßgebl. Figuren des lit. Lebens in London; s. Diners waren berühmt.

W: The Pleasures of Memory, Dicht. 1792 (d. 1836); An Epistle to a Friend, Dicht. 1798; The Voyage of Columbus, Dicht. 1810; Jacqueline, Dicht. 1814; Human Life, Dicht. 1819; Italy, a Poem, G. II 1822–28; Recollections of the Table Talk of S. R., hg. A. Dyce 1856 (n. 1952). – Poetical Works, hg. E. Bell 1875.
L: P. W. Clayden, II 1889; R. E. Roberts, 1910; C. P. Barber, S. R. and W. Gilpin, 1959.

Roggeman, Willem M(aurits), fläm. Schriftsteller, * 9. 7. 1935 Brüssel. Journalist, Zeitschriftenredakteur, Literaturvermittler. – Lyrik zunächst in der Nachfolge der Experimentellen der 50er Jahre, später nüchterner; wichtige Inspirationsquellen sind Jazz u. Malerei. Romane im Stil der europ. Avantgarde.

W: Rhapsody in blue, G. 1958; Baudelaire verliefd, G. 1963; De centauren, R. 1963 (d. 1987); De verbeelding, R. 1966 (Die Phantasie, d. 1999); Een gefilmde droom, G. 1973; Het zwart van Goya, G. 1982. – *Übs.*: Die Arbeit des Dichters, G. 1982; Niets gaat ooit voorbij/Nichts geht je weiter, G. zweisprach. 1991.
L: F. van Campenhout, 1996 (m. Bibl.).

Rohmer, Sax (eig. Arthur Sarsfield Warde), engl. Krimiautor, 15. 2. 1886 Birmingham – 1. 6. 1959 White Plains/NY. – Große Erfolge mit oriental. Krimis um den genial erfinder. Bösewicht Fu Manchu.

W: Dr. Fu Manchu, R. 1913 (d. 1975); Brood of the witch queen, R. 1918 (Die Mumienkäfer, d. 1974); Fire-Tongue, R. 1920 (d. 1981); Yellow Shadows, R. 1925 (d. 1953); The Emperor of America, R. 1929 (d. 1955); The Mask of Fu Manchu, R. 1955.

L: G. Van Ash u. E. S. Rohmer, 1973.

Roidis, Emmanuel, griech. Erzähler u. Essayist, 28. 7. 1836 Syros – 7. 1. 1904 Athen. Lebte vom 6. bis 13. Lebensjahr in Genua, danach in Syros. Von 1855–82 hielt er sich im Ausland auf (Dtl., Ägypten, Rumänien). Seit 1882 in Athen. – Scharfsinniger Kritiker, geißelte die lit. Verhältnisse s. Zeit u. unterstützte den Kampf der Demotikeanhänger. S. realist. Roman ›Papissa Ioanna‹ brachte ihm den Bann der griech. Kirche ein. Er gilt als Begr. der griech. Erzählung. Daneben viele Übsn. aus dem Franz. u. Engl.

W: Papissa Iōanna, 1866 (d. 1979, 2000); Peri synchronu en Helladi kritikēs, Es. 1877; Gennēthētō phōs, Prosa 1879; Parerga, Prosa 1885; Eidōla, Es. 1893; Anekdotoi skepseis, 1932; Thrēskeutikohistorikai meletai, 1935; Hapanta (SW), V 1978.

L: Kl. Paraschos, II 1942–50; A. Georganta, 1993.

Roig, Jaume, katalan. Dichter, um 1401 Valencia – 5. 4. 1478 ebda. Arztsohn; Medizinstud. vermutl. in Lérida u. Barcelona, Aufenthalt in Paris. Stand als Arzt in hohem Ansehen u. erfreute sich großer Gunst am Königshof. – Berühmt als Vf. der didakt. Dichtung ›Spill‹ (Spiegel, um 1457), e. Satire gegen die Frauen mit reicher, ausdrucksvoller Sprache, realist. Umweltschilderungen voller Farbigkeit u. Lebhaftigkeit.

W: Spill, Dicht. 1531, auch u.d.T. Libre de Consells u. Libre de les dones (n. R. Chabas 1905, F. Almela i Vives 1929, R. Miquel y Planas II 1929–50; span. Übs. ders. 1936–42).

L: J. Serrano Cañete, 1883; A. Morel-Fatio, Paris 1885; V. G. Agüera, 1975; J. Almiñana i Vallès, 1990; R. Cantavella, 1992.

Roig, Montserrat, katalan. Schriftstellerin, 13. 6. 1946 Barcelona – 10. 11. 1991 ebda. Tochter des Schriftstellers Tomàs Roig i Llop; Stud. Lit. u. Philos. Barcelona; 1973/74 Span.-Lektorin Bristol. – Engagierte Print- u. TV-Journalistin, bekannt für ihre Reportagen u. Interviews; schildert in ihren erfolgr. Romanen u. Erzählungen weibl. Schicksale insbes. der Franco-Zeit aus feminist. Perspektive. Auch hist. Berichte, zahlr. Essays u. Artikel, e. Drama.

W: Ramona, adéu, R. 1972; Els catalans als camps nazis, Ber. 1977; El temps de les cireres, R. 1978 (d. 1991);

L'hora violeta, R. 1980 (d. 1992); L'òpera quotidiana, R. 1982; L'agulla daurada, Ber. 1985; La veu melodiosa, R. 1987; El cant de la joventut, En. 1989.

L: C. Davies, Oxf. 1994; M. R., hg. P. Aymerich, M. Pessarrodona 1994; C. Dupláa, 1996.

Rojas, Manuel, chilen. Romanschriftsteller, 8. 1. 1896 Buenos Aires – 11. 3. 1973 Santiago de Chile. Vielseitige Tätigkeit als Bauarbeiter, Buchdrucker, Journalist usw., Prof. in Santiago. – Realist von geschickter Erzähltechnik, guter Beobachtungsgabe u. psycholog. Scharfblick, bedeutendstes Werk ›Hijo de ladrón‹.

W: El hombre de los ojos azules, R. 1926; Hombres del Sur, E. 1927; Tonada del transeúnte, G. 1927; El delincuente, R. 1929; Lanchas en la bahía, R. 1932; La ciudad de los Césares, R. 1936; Hijo de ladrón, R. 1951 (d. 1955, 1967); Mejor que el vino, R. 1958; Punta de rieles, R. 1960 (d. 1967); Antología autobiográfica, 1962; Esencias del país chileno, G. 1963; Diario de México, Es. 1963; Sombras contra el muro, 1964; Cuentos del sur, En. 1970; Viaje al país de los profetas, Reiseb. 1970; La oscura vida radiante, R. 1971. – Obras completas, 1961; Cuentos, 1970; Obras, 1973.

L: E. Espinoza, 1976; D. A. Cortés, 1986; B. López Morales, 1987. – Bibl.: R. Rodríguez Reeves, 1976; D. A. Cortés, 1980.

Rojas, Ricardo, argentin. Schriftsteller, 16. 9. 1882 Tucumán – 29. 7. 1957 Buenos Aires. Journalist, Prof. u. Rektor der Univ. Buenos Aires, Gründer des Instituts für argentin. Lit. u. erster Lehrstuhlinhaber. – E. der Hauptvertreter des ›criollismo‹, Verteidiger der Werte der Indios. Bedeutender Kritiker u. Historiker. Als Lyriker, Erzähler u. Dramatiker reflexiver Transzendentalist.

W: La victoria del hombre, G. 1903; El país de la selva, En. 1907; La restauración nacionalista, St. 1909; Los lises del blasón, G. 1913; La literatura argentina, IV 1924/25; VIII 1948–49; Eurindia, Es. 1924; El Cristo invisible, Es. 1928; El santo de la espada, B. 1933; Ollantay, Dr. 1939. – Obras, XIX 1922–29; Obras completas, XXX 1947–53.

L: La obra de R., 1928; J. J. Furt, 1929; M. Straßberger, 1951; A. de la Guardia, 1967; J. O. Pickenhayn, 1982. – Bibl.: H. J. Becco, 1958.

Rojas Villandrando, Agustín de, span. Schriftsteller, Ende Aug. 1572 Madrid – um 1635 Monzón de Campos/Palencia. Bewegtes Leben: Soldat, Seeräuber, Schauspieler. – Vf. des unterhaltsamen Berichts ›El viaje entretenido‹, Dialog zwischen e. Autor u. den Mitgliedern e. Theatertruppe, pikareske u. autobiograph. Elemente. Bedeutsame Informationsquelle für das span. Theaterleben im 16. Jh.

W: El natural desdichado, Sch. (hg. J. W. Cromwell, N. Y. 1939); El viaje entretenido, Ber. 1603 (n. J. Joset 1977); El buen repúblico, Traktat 1611.

Rojas Zorrilla, Francisco de, span. Dramatiker, 4. 10. 1607 Toledo – 23. 1. 1648 Madrid. Stud. Humaniora in Toledo u. Salamanca, lebte in Madrid, befreundet mit zeitgenöss. Schriftstellern, u. a. Calderón, Pérez de Montalbán u. A. Coello; 1643 Ritter des Santiago-Ordens. – Bedeutender Dramatiker in der Nachfolge Calderóns, entscheidend für Entwicklung u. Vervollkommnung des span. Dramas, strebte nach menschlicherer Lösung der Konflikte u. Vermeidung der traditionellen Regeln u. Härten. Neue Konzeption des Ehrenproblems. Verlieh als erster der Frau Handlungsfreiheit auf der Bühne u. legte den Vollzug der Rache häufig in weibl. Hände. S. Hauptanliegen ist Menschlichkeit selbst in den grausamsten Situationen. Meisterhafte Verknüpfung u. Lösung der dramat. Konflikte (bes. um die Ehre), stets log. u. glaubwürdig; Schöpfer der Charakterkomödie mit ausgeprägtem Sinn für Humor u. Situationskomik. In der Anmut u. Frische s. Stücke u. psycholog. Durchdringung der Gestalten Tirso vergleichbar. Meisterwerk ›Del rey abajo, ninguno‹ von großer Ausdruckskraft u. poet. Empfinden, treffende Personenzeichnung, vollendete Technik. Im In- u. Ausland vielfach kopiert u. nachgeahmt, bes. in Frankreich (u. a. von Lesage, Corneille, Scarron, Beaumarchais).

W: Donde hay agravios no hay celos, K. 1640 (Die vertauschten Rollen, d. L. Fulda in: ›Meisterlustspiele der Spanier‹ 2, 1925); Progne y Filomena, Dr. 1640; No hay amigo para amigo, Dr. 1640; Cada cual lo que le toca, Dr. (n. Americo Castro 1917); Entre bobos anda el juego, K. 1645 (n. M. G. Profeti 1998); Abre el ojo, K. 1645 (n. J. M. Caballero Bonald 1979); Lo que son las mujeres, K. 1645; Del rey abajo, ninguno (auch u. d. T. García del Castañar o El labrador más honrado), Dr. 1650 (hg. B. Wittmann 1962, J. Testas 1971; d. 1896); El Caín de Cataluña, Tr. 1651; Los bandos de Verona, Dr. (n. H. Koch 1953); Numancia cercada. Numancia destruida, Tr. (n. R. R. MacCurdy 1977). – Comedias escogidas, hg. R. Mesonero Romanos 1861; Teatro, hg. F. Ruiz Morcuende, R. MacCurdy II 1917–61. – *Übs.:* Ausw. K. A. Dohrn in: ›Span. Dramen‹ 3 u. 4, 1843f.

L: E. Cotarelo y Mori, 1911; R. MacCurdy, Albuquerque 1958, N. Y. 1969; G. Schmidt, Diss. Köln 1959; R. MacCurdy, N. Y. 1968; A. L. Mackenzie, Liverpool 1994; M. T. Julio, Kassel 1996; F. B. Pedraza Jiménez, 2000. – *Bibl.:* R. MacCurdy (Cuadernos Bibliográficos 18, 1965).

Rokha, Pablo de, chilen. Dichter, 22. 3. 1894 Licantén – 10. 9. 1968 Santiago (Selbstmord). Eigentl. Carlos Díaz Loyola, hat den Namen s. Frau angenommen. Mitglied der kommunist. Partei, Feind Nerudas; Prof. – In s. etwa 40 Gedichtbänden überwiegen Übertreibung, Exaltation, apokalypt. Visionen, Wut, Verzweiflung u. Wiederholungen; aber auch Vereinsamung sowie die Darstellung von Archetypen des chilen. Volkes.

W: Heroísmo sin alegría, Es. 1927; Suramérica, 1929; El canto de hoy, 1932; Jesucristo, 1933; Los trece, 1935; Moisés, 1937; Fuego negro, 1953; Genio del pueblo, 1960. – Antología 1916–53, 1954; Nueva antología, 1987.

L: F. Lamberg, 1965; M. Ferrero, 1967.

Roland Holst, Adriaan (Adrianus), niederländ. Dichter, 23. 5. 1888 Amsterdam – 6. 8. 1976 Bergen (Nordholland). 1906 Stud. franz. Lit. Lausanne, 1908–11 engl. Lit. u. kelt. Mythologie Oxford, Reisen nach Irland, Paris, Griechenland, Kreta, Südafrika. Seit 1918 in Bergen. 1920–34 Redakteur der Zs. ›De Gids‹. – Myst.-visionärer Lyriker unter Einfluß von Shelley, Yeats, Verlaine. Erzählungen gestaltet aus dem Stoff kelt. Sagen. Ist bemüht, die Grenzen der sichtbaren Welt zu überschreiten. Übs. Shakespeare und Yeats.

W: Verzen, G. 1911; Voorbij de wegen, G. 1920; Deirdre en de zonen van Usnach, E. 1920; De wilde kim, G. 1925; Het elysisch verlangen, Prosa 1928; De stervende, G. 1929; De vagebond, G. 1930; Tusschen vuur en maan, E. 1932; Voorteekens, Prosa 1936; Voor West-Europa, G. 1939; Tegen de wereld, G. 1945; Van erts tot arend, Prosa 1948; Verzamelde werken, IV 1948–50; Omtrent de grens, G. 1960; Vuur in sneeuw, G. 1968; Met losse teugel, G. 1970; Verzamelde gedichten, 1971.

L: G. Sötemann, 1950; W. H. Stenfert Kroese, 1951, [2]1979; J. Elemans, 1961 u. 1971; M. H. Schenkeveld, Een begin van rekenschap, 1970; J. v. d. Vegt, 1974; W. Ramaker, 1977 (m. Bibl.); L. Mosheuvel, Een roosvenster, Diss. 1980; J. v. d. Vegt, B. 2000. za2ß59.39

Roland Holst, Henriette (geb. Van der Schalk), niederländ. Schriftstellerin, 24. 12. 1869 Noordwijk-Binnen – 21. 11. 1952 Amsterdam. ⚭ 1896 den Maler R. N. Roland Holst. Enttäuscht durch sozialist. u. kommunist. Partei (1921 Rußlandreise). Ab 1927 Anhängerin e. myst.-relig. Sozialismus. – Schrieb Gedichte, Dramen und Essays im Dienst des Kampfes um Verbesserung der sozialen Lage der unteren Schichten. Kraftvolle Prosa in polit.-theoret. Schriften und Biographien.

W: Sonnetten en verzen in terzinen geschreven, G. 1895; De nieuwe geboort, G. 1902; Opwaartsche wegen, G. 1907; De vrouw in het woud, G. 1912; Thomas Moore, Dr. 1912; J. J. Rousseau, B. 1912 (d. 1921); Verzonken grenzen, G. 1918; Arbeid, Dr. 1923; Verworvenheden, G. 1927; Vernieuwingen, G. 1929; Tolstoj, B. 1930; Tusschen tijd en eeuwigheid, G. 1934; Rosa Luxemburg, B. 1935 (d. 1937); Uit de diepte, G. 1946; Ghandhi, B. 1947; Wordingen, G. 1949; Het vuur brandde voort, Erinn. 1949; Romankunst als levensschool, Es. 1950.

L: J. P. van Praag, 1946; R. Antonissen, H. Gorter en H. R. H., 1946 (m. Bibl.); W. J. Simons, 1969; G. Stuiveling, 1970; H. Schaap, Historie en verbeelding..., 1993; E. Etty, B. 1996; C. Hereijgers, 1996, [2]1998.

Rolandslied → Chanson de Roland, Rolandslied

Rolfe, Frederick William (Serafino Austin Lewis Mary) (Ps. Baron Corvo), engl. Schriftsteller, 22. 7. 1860 London – 26. 10. 1913 Venedig. Stud. Oxford, konvertierte 26jährig zur röm.-kathol. Kirche. Ging 1907 nach Venedig, lebte in ärml., unsicheren Verhältnissen. – S. als autobiograph. Phantasien stilisierten Romane und Kurzgeschichten kreisen um das spätma. Italien u. die Renaissance, Homosexualität u. die kathol. Kirche; elaborierter Prosastil e. esoter. Ästhetizismus.
W: Stories Toto Told Me, Kgn. 1898; In His Own Image, Kgn. 1901; Chronicles of the House of Borgia, 1901; Hadrian VII., R. 1904 (d. 1970); Don Tarquinio, R. 1905; The Desire and Pursuit of the Whole, R. 1934; Hubert's Arthur, R. 1935; Nicholas Crabbe, R. 1958; Don Renato, R. 1963. – Letters, X 1959ff.
L: A. J. A. Symons, The Quest for Corvo, 1934; M. Sackville-West, 1961; C. Woolf, B. Sewell, hg. 1961; dies., The Clerk Without a Benefice, 1964; dies., New Quests for Corvo, 1965; D. Weeks, Corvo, 1971; M. J. Benkovitz, 1976. – *Bibl.*: C. Woolf, hg. 1957.

Rolicz-Lieder, Wacław, poln. Lyriker, 27. 9. 1866 Warschau – 25. 4. 1912 ebda. Stud. Orientalistik u. Jura, u. a. in Paris u. Wien. Lebte finanziell unabhängig in Warschau. – S. symbolist. Lyrik wurde von der Kritik abgelehnt, spätere Gedichtbände ließ er deshalb in winziger Auflage u. mit dem Verbot des Zitierens u. Besprechens erscheinen. In Dtl. wurde R.-L. durch s. Freund S. George bekannt gemacht. Auch sprachwiss., insbes. onomast. Arbeiten u. Sammlungen. Übs. von George u. Baudelaire.
W: Poezje, G. II 1889–91; Odezwa do polskiej publicznosci, Schr. 1892; Wiersze, G. III 1895–97; Nowe wiersze, G. 1903; Piesni niepodległe, G. 1906; Krakof i Olof, dwaj bajeczni władcy Wawelu, Schr. 1910. – Wybór poezji (ausgew. G.), 1962, 2003. – *Übs.*: Gedichte zweispr. Ausw. 1968.
L: M. Podraza-Kwiatkowska, 1966.

Rolland, Romain Edme Paul-Émile, franz. Dichter, 29. 1. 1866 Clamecy/Burgund – 30. 12. 1944 Vézelay. Sohn e. Notars aus wohlhabender Familie; schon als Kind für Musik begeistert; s. Wunsch, Musiker zu werden, scheiterte am Widerstand der Familie; ging 1880 nach Paris. Ausbildung am Lycée Louis-le-Grand, 1886–89 Stud. École Normale Supérieure; Freundschaft mit P. Claudel u. A. Suarès; 1889 Agrégation in Geschichte; 1889–91 École Française in Rom. In dieser Zeit zwei tiefgreifende Einflüsse: Bekanntschaft mit dem Werk Tolstojs u. mit M. von Meysenbug, der Vertrauten Nietzsches u. R. Wagners. Sie offenbarte ihm die enge Verbindung zwischen dem geistigen Frankreich u. Dtl. 1891–1912 Prof. für Musikgeschichte an der École Normale Supérieure u. an der Sorbonne in Paris. Begann s. lit. Tätigkeit: s. Dramenzyklen ›Tragédies de la foi‹ u. ›Théâtre de la révolution‹ war nur mäßiger Erfolg beschieden; größeren Widerhall fanden s. Biographien großer Künstler. Freundschaft mit Ch. Péguy, Mitarbeit an den ›Cahiers de la Quinzaine‹, wo er auch 1904–12 den Roman ›Jean-Christophe‹ veröffentlichte. Erhielt 1916 den Nobelpreis für 1915, den er dem Roten Kreuz zur Verfügung stellte. Der Ausbruch des 1. Weltkriegs überraschte ihn in der Schweiz; er stellte sich einige Zeit in den Dienst des Roten Kreuzes; trat in zahlr. Veröffentlichungen für Völkerverständigung u. Pazifismus ein, was ihm viele Anfeindungen von franz. u. dt. Seite eintrug. Sah in der bolschewist. Revolution die Möglichkeit e. Erneuerung Europas vom Osten her; reiste 1935 nach Moskau, Besuch bei M. Gor'kij. Kehrte 1937 nach 26 in der Schweiz verbrachten Jahren nach Frankreich zurück. – R.s Gesamtwerk umfaßt Romane, Dramen u. Biographien. S. erste Schaffensperiode steht im Zeichen e. heroischen Optimismus, wandte sich zuerst dem Theater zu, von dem er sich die unmittelbarste Wirkung versprach. In s. Schrift ›Théâtre du peuple‹ stellt er die Forderung, daß durch e. Theater auf hist. u. moral. Grundlage dem Volk faßl. Kunst nahegebracht werden soll. Nachdem s. Dramen, außer ›Le temps viendra‹, e. Episode aus dem Burenkrieg, kein Erfolg beschieden war, wandte er sich der Lebensdarstellung großer Künstler zu (Beethoven, Michelangelo, Tolstoj), in denen er s. Ideal der moral. Aktion darstellen kann. Der Gegensatz zwischen genialer Individualität u. Gesellschaft wird bei ihm zur Gegenüberstellung von Heroismus u. Reinheit einerseits u. engherzig-materiellem Nützlichkeitsdenken andererseits. Der Höhepunkt s. Schaffens ist die Verwirklichung e. bereits während s. röm. Aufenthalts gefaßten Plans, e. Roman zu schreiben, dessen Held die Verkörperung des heroischen Idealismus sein soll: ›Jean-Christophe‹ ist die fiktive Biographie e. genialen Musikers, der Züge von Beethoven und Wagner mit autobiograph. Elementen vereint. Man hat dieses Werk in Aufbau u. Ausdehnung mit e. Symphonie verglichen; es ist e. Verherrlichung des schöpfer. Genius u. enthält zugleich R.s Glaubensbekenntnis, daß wahre Kunst die Menschen über nationale Schranken hinweg verbindet; dies ist bes. im Hinblick auf das dt.-franz. Verhältnis gesehen, das R. als das Fundament der abendländ. Kultur ansieht und um dessen Festigung er rastlos bemüht war. So ist ›Jean-Christophe‹ zugleich e. Auseinandersetzung des Franzosen mit dt. Geisteskultur. R.s weitere Romane erreichten nicht die tiefe Wirkung u. den Erfolg von ›Jean-Christophe‹; s. 2. Romanzyklus ›L'âme enchantée‹ soll mit s.

Hauptfigur e. weibl. Gegenstück zu dem vorhergehenden Werk bilden. Der künstler. geschlossenste Roman R.s, ›Colas Breugnon‹, schildert das Leben e. Bauern u. Holzschnitzers aus dem Nivernais zur Zeit Ludwigs XIII. ›Clérambault‹ ist die Darstellung innerer Unabhängigkeit u. Gewissensfreiheit im Völkerkonflikt u. enthält R.s Einstellung zum Krieg. R.s Haltung als Vorkämpfer für e. pazifist. u. humanitäres Menschheitsideal, wie sie sich neben s. Romanen auch in s. Schriften zur Völkerverständigung während des 1. Weltkriegs offenbarte, findet ihren Ausdruck auch in den Biographien Gandhis, Ramakrishnas u. Vivekanandas: Materialismus, Heuchelei u. Egoismus in der mod. Gesellschaft sollen durch Reinheit des Herzens überwunden werden. Das dominierende Motiv im Werk R.s ist s. Menschenliebe, s. höchstes Ziel e. übervölk. Gemeinschaft; die Erscheinung dieses Ziels erhofft sich R. nach dem Versagen der europ. Völker aus dem Geist der ind. Philos. u. der bolschewist. Revolution, die er bes. gegen die Angriffe A. Gides nach dessen Rußlandreise energ. verteidigte, von der er sich jedoch in privaten Äußerungen während s. letzten Lebensjahre distanzierte.

W: Les origines du théâtre lyrique moderne, Abh. 1895; Les Tragédies de la foi: (I) Saint Louis, 1897, (II) Aërt, 1898 (d. 1920), (III) Le triomphe de la raison, 1899 (d. 1925); Théâtre de la révolution: (I) Les loups, Dr. 1898 (d. 1914), (II) Danton, Dr. 1899 (d. 1919), (III) Le quatorze juillet, Dr. 1902 (d. 1924); Le temps viendra, Dr. 1903 (d. 1920); Vie de Beethoven, B. 1903 (d. 1918); Théâtre du peuple, Abh. 1903 (d. 1926); Jean-Christophe, R. X 1904–1912 (endgültige Fassung III 1931–33; d. III 1914–17); Michel-Ange, B. 1905 (d. 1919); Musiciens d'autrefois, St. 1908 (d. 1927); Musiciens d'aujourd'hui, St. 1908 (d. 1927); Haendel, B. 1910 (d. 1922); Vie de Tolstoï, B. 1911 (d. 1922); Au-dessus de la mêlée, Schr. 1915 (d. 1946); Les Précurseurs, Schr. 1919 (beide d. u. d. T. Der freie Geist, 1946); Colas Breugnon, R. 1919 (d. 1920); Voyage musical au pays du passé, St. 1919 (d. 1921); Clérambault, R. 1920 (d. 1922); Pierre et Luce, R. 1920 (d. 1921); L'âme enchantée, R. VI 1922–34 (d. VI 1924–36); (I) Anette et Sylvie, 1922, (II) L'été, 1924, (III–IV) Mère et fils, 1927, (V–VI) L'annonciatrice, 1933f.; Mahâtmâ Gandhi, B. 1924 (d. 1924); Le jeu de l'amour et de la mort, Dr. 1925 (d. 1925); Beethoven. Les grandes époques créatrices, B. VII 1928–50; Essai sur la mystique et l'action de l'Inde vivante, Unters. III 1929f. (La vie de Ramakrishna, Id. 1929ff.]; La vie de Vivekananda et l'Évangile universel, II [d. 1930ff.]); Quinze ans de combat (1919–34), Aut. 1935; Compagnons de route, Aut. 1936 (d. 1937); Robespierre, Dr. 1939 (d. 1950); Le voyage intérieur, Aut. 1942 (d. 1949); Ch. Péguy, B. II 1944 (d. 1951); De J. Christophe à C. Breugnon. Pages de Journal, 1912/13, Tg. 1946; Le cloître de la rue d'Ulm, 1886–89, Tg. 1952; Journal des années de guerre, 1914–19, Tg. 1952. – Œuvres complètes, X 1930–34; Pages choisies, 1942 (dt. Lettres à un combattant de la résistance, 1947; Choix de lettres à M. de Meysenbug, 1948 (d. 1932); Correspondance entre L. Gillet et R. R., 1949; R. Strauß et R. R., correspondance, 1951 (d. 1962); Correspondance entre H. Hesse et R. R., 1954 (d. 1954); R. R. et Lugné-Poe (1894–1901), 1955; Chère Sofia, Choix de lettres à S. Bertolini Guerrieri-Gonzaga, II 1959f.; Ces jours lointains (Briefw. m. A. Séché), 1962; Deux hommes se rencontrent (m. J. P. Bloch), 1962; Histoire d'une amitié (m. A. de Châteaubriant), 1962; Fräulein Elsa (Br. an E. Wolff), 1964; Un beau visage à tous sens, Br.-Ausw. 1967; Salut et fraternité (m. Alain), 1969; Gandhi et R., Br. 1970; Je commence à devenir dangereux (an s. Mutter), 1971; Correspondance entre J. Guéhenno et R. R. 1919–44, 1975; J. de Saint Prix et R. R., Lettres 1917–1919, 1983; Correspondance entre R. R. et Alphonse de Châteaubriant 1906–1914, 1983; Correspondance M. Gorki, 1921; Correspondance A. Gide, 1994; Correspondance Ch. Baudouin, 2000.

L: P. Seippel, 1913; E. R. Curtius, Die lit. Wegbereiter des neuen Frankreich, 1920; S. Zweig, 1921; Bonnerot, 1922; M. Descotes, 1948; H. Weiß, 1948; Cahiers R. R., XXII 1948–73; R. Arcos, 1950; W. Ilberg, 1955; J. B. Barrère, 1955; ders., L'âme et l'art, 1960; M. Kramp, 1956; W. T. Starr, Evanston 1956; ders., Den Haag 1971; Bulletin Association des Amis de R. R., 12 (1975), 13 (1958); T. L. Motyleva, 1959; dies.; Moskau 1976 (d. 1981); J. Robichez, 1961; M. Kempf, 1962; R. Pichler, 1962; R. Cheval, 1963; H. Reinhardt, Diss. Mchn. 1967; P. Sipriot, 1968; J. Perus, R. R. et M. Gorki, 1968; D. Sices, 1968; P. Abraham, hg. 1969; D. Nedeljkovic, R. et S. Zweig, 1970; A. Gersbach-Bäschlin, 1970; H. March, N. Y. 1971; W. T. Starr, 1971; T. Lazarevna Motyleva, 1981; S. Duret, 1992; S. Burlot, 1993; Actes du Colloque de Clamecy, 1994; M. Hülle-Keeding, 1997; B. Duchalet, 1997; P. Sipriot, 1997. – *Bibl.:* W. T. Starr, Evanston 1950.

Rolle, Richard (R. R. of Hampole), engl. Mystiker, um 1300 Yorkshire – 29. 9. 1349 Hampole/Yorkshire. Thomas Neville aus Durham ermöglichte ihm das Stud. in Oxford, das R. aber abbrach, um sich als Einsiedler zuletzt beim Kloster Hampole niederzulassen; lebte fern vom akadem., kirchl. u. bürgerl. Leben s. Zeit als geistl. Dichter, Moralprediger u. Asket. – In s. zwei lat. Hauptschriften ›Emendatio vitae‹ u. ›Incendium amoris‹ (The fire of Love) legt R. s. Lehre von der myst. Vereinigung mit Gott dar. S. lit. Bedeutung beruht jedoch auf s. Beitrag zur engl.sprachigen Erbauungslit., der sich hauptsächl. an weibl. Leser wendet, wie die für Margaret Kirby (Kirkeby) verfaßte Schrift ›The Form of (Perfect) Living‹ u. die für die Nonnen von Hampole geschriebenen Regeln ›Ego dormio (et cor meum vigilat)‹ u. ›Commandment (of Love to God)‹. An Stellen der Verzückung mischt sich s. Prosa mit Poesie.

W: The Psalter Translated by R. R., hg. H. R. Bramley 1884; Incendium amoris, hg. M. Deanesly 1915; The Fire of Love, engl. Richard Misyn 1435, hg. R. Harvey 1896; neuengl. C. Wolters 1972. – Minor Works, hg. G. E. Hodgson 1923; Lat. Werke, hg. F. M. M. Comper ²1920; Selected Writings, hg. J. G. Harrell 1963; English Writings, hg. H. E. Allen ²1971; R. R.: Prose and Verse, hg. S. J. Ogilvie-Thomson 1988.

L: E. G. Hodgson, The Sanity of Mysticism, 1926; F. M. M. Comper, ²1969; M. F. Madigan, 1978; N. Watson, 1991. – *Bibl.*: Manual ME 9. XXIII, 1993.

Rolli, Paolo, ital. Lyriker, 13. 6. 1687 Rom – 20. 3. 1765 Todi/Perugia. 1716–44 in London, verkehrte in lit. u. aristokrat. Kreisen u. erregte Interesse für die ital. Lit. und Oper. Kehrte 1744 in s. Heimat zurück. – Zusammen mit Metastasio gehört er zum 2. Abschnitt der ›Arcadia‹, verfaßte eleg. Gedichte, Kanzonetten, Oden u. Endecasillabi in gefälligem catull. Stil, übersetzte Racines ›Athalie‹ u. ›Esther‹, Miltons ›Paradise lost‹ u. Vergil.

W: Le rime, 1717; Canzonette e Cantate, 1727; Poetici componimenti, 1753. – Liriche, hg. Calcaterra 1926.

L: T. Vallese, P. R. in Inghilterra, 1938; G. E. Dorris, P. R. and the Italian Circle in Lond., Den Haag 1967; F. Russo, 1967.

Rollinat, Jean Auguste Maurice, franz. Lyriker, 29. 12. 1846 Châteauroux/Indre – 26. 10. 1903 Ivry. Sohn e. Rechtsanwalts, Patenkind von G. Sand; Lehrzeit bei e. Notar in Orléans; Angestellter der Stadtverwaltung in Paris. Nach s. Heirat lebte er einige Zeit bei s. Schwiegereltern in Lyon; nach unglückl. Ehe verließ ihn s. Frau; R. verbrachte den Rest s. Lebens in s. Heimat Berry. Auch Musiker. – Hauptthema s. Werks ist das ländl. Leben s. Heimatprovinz Berry; daneben Verse von morbider Inspiration zum Thema des Todes.

W: Dizaines réalistes, G. 1876; Dans les brandes, G. 1877; Les névroses, G. 1883; L'abîme, G. 1886; La nature, G. 1892; Les apparitions, G. 1896; Ce que dit la vie, ce que dit la mort, G. 1898; Paysages et paysans, G. 1899; En errant, G. 1903. – Œuvres, I 1971, II hg. R. Miannay 1982; Lettres inédites, 1912.

L: L. Gain, 1896; P. Blanchon, 1912; F. Codvelle, 1917; E. Vinchon, 1921, 1929 u. 1936; R. E. Grinaud, 1931; Les amis de M. R. en hommage au maître, 1953; C. P. Donsky, Diss. Colorado 1970; H. Lapaire, o. J.; R. Miannay, R., poète et musicien du fantastique, 1981.

Romains, Jules (eig. Louis Farigoule), franz. Romanschriftsteller, 26. 8. 1885 Saint-Julien-Chapteuil/Haute-Loire – 14. 8. 1972 Paris. Sohn e. Lehrers; kam früh nach Paris; Lycée Condorcet, ab 1906 École Normale Supérieure; veröffentlichte 1908 s. Gedicht ›La vie unanime‹, in dem er die Doktrin des Unanimismus verkündet. 1909 Agrégation in Philos. Gehörte mit G. Duhamel u. Ch. Vildrac zum ›Groupe de l'Abbaye‹; der Lehrberuf führte ihn nach Brest, Laon, Nizza; nach dem 1. Weltkrieg verließ er die Univ. u. widmete sich ganz der Lit., bes. dem Roman; Exil in den USA; kam 1946 nach Frankreich zurück, wurde Mitgl. der Académie Française; 1936–41 Präsident des franz., später des internationalen PEN-Clubs. Gegen Ende s. Lebens publizist. Tätigkeit für die polit. Rechtspresse. – Das Werk R.' umfaßt Gedichte, Theaterstücke, Erzählungen, v.a. aber Romane; in s. ersten Gedichten verkündet er die Lehre des Unanimismus, e. Weltanschauung, die nicht das Individuum zum Mittelpunkt hat, sondern die Gruppenseele als Bindeglied zwischen dem einzelnen u. der Masse. Das Anliegen der Lit. kann daher nicht die Darstellung der Einzelpersönlichkeit mit ihren individuellen Erlebnissen sein, sondern ihr Gegenstand ist die Schilderung e. Menschengruppe, deren vielfältige Schicksale nebeneinander herlaufen, ohne sich zu verbinden. Diese These verwirklicht R. konsequent in s. Erzählungen u. s. Romanzyklus ›Les hommes de bonne volonté‹. Es handelt sich dabei nicht, wie etwa bei Zola, um e. Folge in sich abgeschlossener Erzählungen, die nur durch das Wiedererscheinen bestimmter Personen oder durch e. Leitidee verbunden sind, noch wie bei R. Rolland um die versch. Abenteuer e. einzigen Helden, sondern um die Darstellung versch. zeitl. paralleler Schicksale ohne gegenseitige Verflechtung, die aber in ihrem Verlauf e. bestimmte Epoche u. Zeitstimmung kennzeichnen. Diese neue Kompositionsmethode verlangt vom Erzähler umfassende Kenntnisse der versch. Sachgebiete sowie genaue Dokumentation, da der Radius der Erzählung viel weiter gespannt ist; so nahmen auch die Vorarbeiten zu diesem monumentalen Roman 10 Jahre in Anspruch. S. Grundidee ist der Glaube an die Menschen guten Willens, von denen die Zukunft der Welt abhängt. Dieser optimist. Humanismus des Anfangs ist mit fortschreitender Vollendung des Werks zu tiefer Enttäuschung geworden, die zu kompromißloser Verurteilung der Gegenwart führt. R.' erste Theaterstücke sind Versuche e. dramat. Darstellung des Unanimismus; danach wendet er sich der satir. Komödie zu, in der er bes. mit ›Knock‹ u. ›Donogoo‹ großen Erfolg errang. Die Dialoge sind glänzend formuliert u. von treffender Komik, die Charaktere genau erfaßt, der Stil knapp u. prägnant. S. übrigen ernsteren Stücke wirken durch Behandlung polit. u. soz. Probleme schwerfälliger. R.' Gedichte zeigen e. ähnl. Entwicklung wie das übrige Werk. Zuerst Ablehnung des ›vers libre‹ u. des Blankverses, Versuch e. Erneuerung der Poesie durch Experimentieren mit der Form (Häufung klangvoller Akkorde ohne Reim); später Rückkehr zu gebundenen Versformen; inhaltl. spiegeln die Gedichte den Wandel von kosm. Existenzgefühl u. der Hoffnung auf Welterneuerung zu Beginn des Jh. zu Unsicherheit, Enttäuschung u. Angst der Jahrhundertmitte.

W: Le bourg régénéré, E. 1906; La vie unanime, G. 1908 (n. 1983); A la foule qui est ici, G. 1909; Premier livre de prières, G. 1909; Manuel de Déification, 1910;

Un être en marche, G. 1910; Mort de quelqu'un, R. 1911 (d. 1932); L'Armée dans la ville, Dr. 1911; Puissances de Paris, Dicht. 1911; Odes et prières, G. 1913; Les copains, E. 1913 (d. 1930); Le vin blanc de la Villette, E. 1914; Europe, G. 1916; Les quatre saisons, G. 1917; Le voyage des amants, G. II 1920; Donogoo-Tonka, Film-E. 1920 (d. 1920); Amour couleur de Paris, G. 1921; Psyché, R. III 1922–29 (d. 1925–31); Monsieur Le Trouhadec saisi par la débauche, Lsp. 1923; Knock, ou le triomphe de la médecine, Lsp. 1923 (d. 1947); Théâtre, VII 1923; Petit traité de versification, Es. 1923; Ode génoise, G. 1925; Cromedeyre-le-Vieil, Sch. 1926; Le Dictateur, Lsp. 1926 (d. 1927); Jean de Maufranc, Dr. 1927; Chants de dix années, G. 1928; Les Hommes de bonne volonté, R. XXVII 1932–46 (Bd. 1–7 d. 1935–38, Zusammenfassung von Bd. 1 u. 16 u.d.T. Quinettes Verbrechen, 1962), XIV 1963–67; Le couple France-Allemagne, Schr. 1934 (d. 1935); L'homme blanc, G. 1937; Sept mystères du destin de l'Europe, Es. 1940; L'an Mil, Sch. 1947 (d. 1949); Le moulin et l'hospice, R. 1949; Violation de frontières, R. 1951; Pierres levées, G. 1957; Maisons, G. 1957; Une femme singulière, R. 1957; Le besoin de voir clair, R. 1958 (beide zus. u.d.T. Eine geheimnisvolle Dame, d. 1959); Mémoires de Mme Chauverel, R. II 1959f. (d. 1960); Un grand honnête homme, R. 1961 (Ein ehrenwerter Herr, d. 1961); Pour raison garder, Es. 1960–67; Ai-je fait ce que j'ai voulu?, Aut. 1964; Lettres à un ami, Feuill. II 1964f.; Lettre ouverte contre une vaste conspiration, Es. 1966 (d. 1970); Poèmes, 1967; Marc-Aurèle, B. 1968; Amitiés et rencontres, Erinn. 1970. – J'entends les portes du lointain, G. u. Prosa 1899–1904, hg. A. Guyon 1981; Correspondance A. Gide – R., hg. C. Martin 1976, J. Copeau – R., hg. O. Rony 1978.

L: Hommage à J. R., 1924; M. Isṛael, 1931; A. Cuisenier, J. R. et l'unanimisme, II 1935–42; ders., 1968; ders., J. R., L'unanimisme et Les hommes de bonne volonté, 1969; Hommage à J. R., 1945 (m. Bibl.); P. Blanchard, 1945; N. Martin-Deslias, 1951; A. Figueras, 1952 (m. Bibl.); P. J. Norrish, The Drama of the Group, Lond. 1958; M. Berry, 1958; dies., 1960; R. Pfeiffer, Les hommes de bonne volonté von J. R., 1958; M. Korol, 1960; W. Widdem, Weltbejahung und Weltflucht im Werke R.', 1960; A. Bourin, 1961; E. Gläßer, Denkform und Gemeinschaft bei J. R., n. 1967; J. Cambier, 1967; G. Romains, 1967; D. Boak, N. Y. 1974; Unanimismo R., Rom 1978; Actes du colloque R., 1979; H. Krischel-Heinezer, 1988; O. Rony, 1993; M. Demirhan, 1994; D. Viart, 1996; D. Degraeve, 1997; F. Stupp, 2001.

Roman de Renart, franz. Tierdichtung des MA, entstanden zwischen 1165 und 1205; Sammlung von 27 ›branches‹ (Tierschwänken) oder ›contes‹ über den Zwist des Fuchses mit den anderen Tieren und s. Sieg über sie, bes. über s. Rivalen, den Wolf. Stammt von versch. Vfn., die der Mundart nach meist aus der Picardie, zum kleineren Teil auch aus Nordfrankreich kommen. Nur 3 der Vf. sind bekannt: Pierre de Saint-Cloud (branche 2), e. Priester von La Croix-en-Brie (9) und der Normanne Richart de Lison (12). Die jüngeren branches neigen zunehmend zur Allegorie, Didaktik und Satire. Der Fuchs, Inbegriff des Mutterwitzes, wird zur Ausgeburt der Verderbtheit. Diese Charakterisierung entfernt ihn von s. ihm gleich den anderen Tieren im Namen zugesprochenen Eigenschaften (R. = der durch s. Schlauheit Unüberwindliche). Die z.T. auf den ›R. de R.‹ zurückgehende fläm. Dichtung Van den Vos → Reinaerde.

A: E. Martin, III 1882–87 (n. 1973); Branche 1–19, hg. M. Roques VI 1948–63; Ausw. H. Breuer 1929, H. Jauß-Meyer 1965 (m. Übs.); R. Naoyuki Fukumoto, Tokyo 1974; neufranz. Übs. V. Busquet 1936; Transcription en français moderne, hg. M. Toesca 1979; Texte établi et traduit par J. Dufournet et A. Méline 1985.

L: L. Sudre, 1892; L. Foulet, 1914; G. Tilander, Lexique de R. de R., 1924; G. Cohen, 1933; A.-M. Schmidt, 1963; J. Flinn, ^{2}1963; A. M. Finoli, 1964; R. Bossuat, ^{2}1967; E. Suomela-Härmä, Helsinki 1981; M. Grosse, 1994; A. Kuyumcuyan, 1994; C. Zemmur, 1995; N. V. Durling, 1997; A. Strubel, 1998; K. Varty, 1998; F. Lecoy, 1999; R. A. Lodge, 2001.

Roman de la Rose, Rosenroman, altfranz. Versroman in 2 ungleichen Teilen, von 2 versch. Vfn. Den 1. Teil, e. allegor.-idealisierenden Liebesroman in 4068 Versen, schrieb Guillaume de Lorris zwischen 1225 u. 1230. Er baute erstmalig e. ganzes Romangeschehen auf der Allegorie auf. S. abstrakte allegor. Fiktion ist mit dichter. Kraft und idealisierend im höf. Sinne verfeinert gestaltet, entsprach dem Geschmack der Zeit u. war sehr beliebt. Fortan beherrschte die Allegorie die franz. Lit. bis ins 16. Jh. Im Traum wird der Erzähler von allegor. Bildern u. Gestalten, Beauté, Jeunesse u.a. zu e. Rose geleitet, die er zu brechen wünscht, woran jedoch Malebouche u. Jalousie den betrübten Liebhaber hindern. Jean Chopinel (nach anderen Hsn. Clopinel) de-Meung-sur-Loire schrieb den realist.-satir., sehr viel umfangreicheren 2. Teil des ›R. de la R.‹ mit 18 000 Versen 40 Jahre nach dem Tod G.s de Lorris (zwischen 1275 u. 1280). Er ist im Gegensatz zu G. de L. e. diesseitiger Realist, zeigt sich als Meister der Dialektik u. prunkt mit ausgedehntem enzyklopäd. Wissen. Die von G. de L. angesponnene Handlung führt er zwar zu Ende, aber sie tritt in den Hintergrund. Die subtilen allegor. Gestalten des 1. Teils läßt er prakt. bürgerl. Lebensweisheit vertreten. Die Frau ist nicht mehr Gegenstand der Verehrung, sondern der Lust. J. de M. wendet sich auch gegen Vorurteile u. Aberglauben, fordert, daß die Wiss. sich nicht auf abstrakte, sondern auf prakt. Ziele richten solle, und verstärkt den lehrhaften Charakter des 1. Teils. S. Werk entspricht der damaligen Tendenz zur Satire.

A: E. Langlois V 1914–24 (n. N. Y./Lond. 1965), F. Lecoy II 1965f.; Ausw. H. Bihler 1966; neufranz. A. Mary ^{3}1963; L'œuvre de J. de M., hg. A. Lanly II 1973. – Übs.: Teil 1: H. Fährmann 1839, J. Gregor ^{2}1922, G. Ineichen ^{2}1967, K. A. Ott 1976/77.

L: K. v. Ettmayer, 1919; E. Winkler, 1922; G. Gros, L'amour dans le R. de la R., 1928; L. Thuasne, 1929; G. Paré, Le R. de la R. et la scolastique courtoise, 1941; ders., Les idées et les lettres au XIIIe siècle, 1947; F. W. Müller, 1947; A. M. F. Gunn, The Mirror of Love, Lubbock/TX ²1952; N. Cohn, The World-Vision of a 13th-Century Parisian Intellectual, Kendal 1961; H. H. Glunz, Die Lit.ästhetik des europ. MA, 1962; E. C. Hicks, Diss. Yale Univ. 1965; J. V. Fleming, Princeton 1969; P. Potansky, Der Streit um den R., 1972; G. Cohen, 1973; D. Poirion, 1973; J. R. Danos, A Concordance of the ›R. de la R.‹ of G. de L., Chapel Hill 1974; J.-Ch. Payen, La Rose et l'utopie, 1976; J. L. Baird, J. R. Kane, ›La Querelle de la Rose‹, Letters and Documents, Chapel Hill 1976; E. C. Hicks, ›Le débat sur le R. de la R.‹, 1977; K. A. Ott, J. de M. und Boethius, 1978; ders., 1980; A. Strubel, 1984; T. Bouché-Picart, 1985; D. F. Hult, 1986; J. M. Hill, 1991; S. Stakel, 1991; E. König, 1992; M. E. Bruel, 1995; R. Duroux, 1997; H. White, 2000; A. J. Minnis, 2001; A. Blamires, 2002. – *Bibl.:* H. M. Arden, 1993.

Romano, Enotrio → Carducci, Giosuè

Romano, Lalla, ital. Schriftstellerin und Malerin, 1909 Demonte/Cuneo – 26. 6. 2001 Mailand. Stud. Turin; Studienrätin ebda. u. Mailand. – Abseits des Neorealismus steht ihre intimist. Prosa. ›La penombra che abbiamo attraversato‹ schildert die Wiedergewinnung der eigenen Vergangenheit vor hist. u. geograph. fernem Hintergrund; ›Le parole tra noi leggere‹ analysiert e. komplexes Mutter-Sohn-Verhältnis.

W: Fiore, G. 1941; Maria, R. 1953; L'autunno, R. 1955; Tetto murato, R. 1957; L'uomo che parlava solo, R. 1961; La penombra che abbiamo attraversato, R. 1964; Le parole tra noi leggere, R. 1969; L'ospite, R. 1973; Giovane è il tempo, G. 1974; La villeggiante, En. 1975; Una giovinezza inventata, R. 1979; Inseparabile, R. 1981; La treccia di Tatiana, R. 1986; Un caso di coscienza, R. 1992; Ho sognato l'ospedale, R. 1995; In vacanza col buon samaritano, R. 1997; Dall'ombra, R. 1999.

L: F. Brizio, 1993.

Romanos Melodos, byzantin. Dichter, Ende 5. Jh. – Mitte 6. Jh. Nur Bruchstücke e. Legende in 4 Variationen aus alten Gesang- u. Legendenbüchern berichten ohne genaue Daten von ihm. Danach war R. M. e. Syrer und Diakon der Hl. Kirche zu Berythos, kam z.Z. des Kaisers Anastasios I. nach Konstantinopel und lebte in der Kirche der Gottesmutter zu Kyros, wo er im Traum die Gabe der Kontakiendichtung erhielt. – Größter Dichter des griech. MA. Von s. rd. 1000 Kontakien sind über 80 erhalten. Natürl. Frische, lyr. Zartheit, Bilderreichtum und Originalität kennzeichnen die Verse dieser gesungenen Poesie. Sie bestehen aus e. Anfangsstrophe (Kubuklion oder Kukulion), die die Vorlage für alle 20–30 folgenden Strophen (oikoi) bildet. Später wurden die Kontakia, die keine reinen Hymnen sind, sondern Elemente e. theolog. Predigt enthalten, von den hymn. ›Kanones‹ verdrängt, doch R. M.' Dichtung blieb auch in den späteren Jahren unerreicht.

A: N. B. Tomadakis IV 1952–61; J. Grosdidier de Matons, Paris IV 1964–67 (m. Komm. u. franz. Übs.); P. Maas, C. A. Trypanis, Oxf./Bln. II 1963–70; R. Maisano, II, Turin 2002 (m. ital. Übs.). – *Übs.:* G. H. Bultmann 1959.

L: K. Mitsakis, 1967.

Romanov, Pantelejmon Sergeevič, russ. Schriftsteller, 5. 8. 1884 Petrovskoe (im ehem. Gouv. Tula) – 8. 4. 1938 Moskau. Vater Gutsbesitzer; Stud. Rechte Moskau, begann 1911 lit. Tätigkeit; wurde mit Romanen und Erzählungen über die nachrevolutionäre Zeit in und außerhalb der SU bekannt, von der sowjet. Kritik mehrmals gerügt. – Der Erfolg e. Teils s. Werke beruht v. a. auf ihrem Stoff: im Roman ›Tovarišč Kisljakov‹ und in den Novellenbänden ›Bez čerëmuchi‹ z.B. ist die Thematik durch die infolge der Revolution geänderten Anschauungen der Jugend über Liebe und Ehe bestimmt; viele s. Skizzen sind stilisierte Gespräche aus dem Alltag; der Roman ›Rus'‹, bis zur Februarrevolution 1917 geführt, sollte e. Bild des russ. Lebens im 20. Jh. geben.

W: Rus', R. V 1926–36; Russkaja duša, 1926; Bez čerëmuchi, N. 1927 (Without Cherry Blossom, engl. 1930); Detstvo, Aut. 1926; Novaja skrižal', R. 1928 (The New Commandment, engl. 1933); Tovarišč Kisljakov, R. 1930 (Drei Paar Seidenstrümpfe, d. 1932); Sobstvennost', R. 1933; Rasskazy, 1935. – Polnoe sobranie sočinenij (GW), XII ²1928f.; Izbrannoe, Ausw. 1939.

Romero, José Rubén, mexikan. Schriftsteller, 25. 9. 1890 Cotija de la Paz, Michoacán – 4. 7. 1952 Mexiko Stadt. Teilnahme an der Revolution; Kaufmann, Journalist, Abgeordneter, Diplomat. – S. Regionalismus, gepaart mit feiner Ironie, beschreibt die Sitten u. die angenehmen Seiten des Provinzlebens. S. bekanntestes Werk ist ›Pito Pérez‹.

W: Hojas marchitas, G. 1912; Cuentos rurales, 1915; Álvaro Obregón, B. 1935; Mi caballo, mi perro y mi rifle, R. 1936; La vida inútil de Pito Pérez, R. 1938 (verfilmt); Rosenda, R. 1946. – Obras completas, 1957; Cuentos y poesías inéditos, 1963.

Romero, Luis, span. Schriftsteller, * 24. 5. 1916 Barcelona. Handelsschule, Angestellter e. Versicherungsfirma; lebte 1951/52 in Buenos Aires, seither in Barcelona. Widmete sich nach Erhalt des Premio Nadal (1951) ganz der Schriftstellerei. – Zeigt u. verteilt in s. Romanen mit tiefer menschl. Anteilnahme die Ungerechtigkeit der Gesellschaft. In s. neuesten Werken beschäftigt er sich mit dem Span. Bürgerkrieg.

Roncoroni

W: Cuerda tensa, G. 1951; La noria, R. 1952 (Die Menschenkette, d. 1955); Carta de ayer, R. 1953; Las viejas voces, R. 1955; Los otros, R. 1956 (d. 1963); Libro de las tabernas de España, Prosa 1956; Esas sombras del trasmundo, En. 1957; Tuda, En. 1957; La noche buena, R. 1960; La corriente, R. 1962; El cacique, R. 1963; Tres días de julio, R. 1967; Desastre en Cartagena, R. 1971; Por qué y cómo murió Calvo Sotelo, Es. 1982.

L: L. T. González del Valle, Boston 1979.

Roncoroni, Jean-Louis, franz. Bühnenautor, * 23. 11. 1926. – S. häufig in ländl. Regionen angesiedelten Stücke konzentrieren sich auf die realist. Darstellung unerfüllter Gegenwart, die die Existenz des Menschen verzehrt. Drehbuchautor.

W: Selon la légende, Dr. 1950; Les hommes du dimanche, Dr. 1957 (d. 1960); Ardèle ou la marguerite, K. 1958 (m. J. Anouilh); Le tir Clara, Dr. 1959 (Clara und ihre Töchter, d. 1960); Le temps des cérises, Dr. 1962 (d. 1960); Doubrowski, Dr. 1962; Axel, Dr. 1962; Rebroussepoil, Dr. 1964; Un bourgeois de Calais, Dr. 1964.

Ronild, Peter, dän. Verf., 25. 9. 1928 Kopenhagen – 2. 6. 2001 ebda. Journalist, Schauspieler, Regisseur. – Zentrale Position in der Literatur der 60er, Verf. formal experimenteller, naturalist. Prosa u. erfolgreicher Fernsehspiele.

W: I morgen kommer paddehatteskyen, En. 1959; Kroppene, R. 1964 (Die Körper, d. 1971); Fodring af slanger i vissent græs, En. 1966; Tal sagte, månen sover, R. 1968; Tag trappen gorilla, FSsp. 1969; Luftpianoet, R. 1972; Den store danser of de andre, En. 1974; Fader min, FSsp. 1975; Boksning for én person, En.-Ausw. 1988.

Ronsard, Pierre de, franz. Dichter, 6. 9. 1524 (oder 1525) Schloß La Possonnière/Vendôme – 27. 12. 1585 Saint-Cosme/Touraine. Aus adliger Familie, Sohn e. Haushofmeisters Franz' I. Zu militär.-diplomat. Laufbahn bestimmt. Page in Schottland, Flandern, Elsaß. 1542 nach schwerer Krankheit halb taub. Schüler von Dorat, 1541–48 Stud. mit Baïf und Du Bellay am Collège Coqueret in Paris; sorgfältige humanist. Bildung. Ab 1560 beherrschender Exponent des lit. und geistigen Lebens in Frankreich. 1560–74 Hofdichter unter Karl IX. Empfing, im Genuß hoher Gunst, bedeutende Geschenke: 1564 Abtei Saint-Cosme-lès-Tours; 1565 Croixvals. Unter Heinrich III. durch Desportes vom Hof verdrängt, lebte er zurückgezogen und krank auf s. Besitzungen. – Bedeutendster Dichter der Pléiade. Brach mit der ma. Tradition und begründete die franz. klassizist. Dichtung. In s. Schaffen vielseitiger, gegenüber den Regeln der neuen Schule treuer als Du Bellay. S. ganzes Werk nur in franz. Nationalsprache im engen Anschluß an Antike; Gedichte in der Tradition d. ital. Lit. von virtuoser Formvollendung, die, z. T. durch mytholog. Elemente überladen, unter sklav. Nachahmung leiden. R. ist e. großer Dichter, wo persönl. Gefühl beteiligt ist, wo mytholog. Elemente und persönl. Gefühlsgehalt einander entsprechen. Begann mit pindar., horaz. und anakreont. Oden. S. Liebesgedichte für die ital. Bankierstochter Cassandra Salviati, petrarkisierende Sonette, und die einfacheren Sonette für Marie Dupin(?), e. Bauernmädchen aus der Touraine, an Catull angelehnt, gehören zu R.s schönsten Werken. ›Les Hymnes‹ sind von Homer, Theokrit und Kallimachos inspirierte, heroischerhabene Gedichte in Alexandrinern und Zehnsilbern, ›Les Discours‹ Alexandrinergedichte mit klarer Parteinahme für König und kathol. Glauben in den Religionskriegen, ›La Franciade‹ e. mißglücktes, an die ›Ilias‹ angelehntes franz. Nationalepos über die Entstehung der franz. Monarchie. Ausdruck s. letzten Liebe zur Ehrendame Katharina von Medicis, Hélène de Surgères, sind die ›Sonnets pour Hélène‹. Großer Einfluß auf die Dichter der 2. Hälfte des 16. Jh.; bewundert in ganz Europa. Im 17. Jh. abgelehnt, durch die Romantik rehabilitiert.

W: Les Bocages, 1550, 1554 (hg. G. Cohen 1937); Quatre premiers livres des odes, 1550; Odes, 5. livre und Les amours de Cassandre, 1552; Les Folastries, 1553; Continuations des amours, 1555f. (Les amours, hg. H. Vagany 1910, P. Laumonier 1924, H. u. C. Weber 1963); Les Hymnes, 1555f.; Discours, 1560–70; Eglogues, 1560–67; Institution pour l'adolescence de Charles IX, 1562; Elégies, Mascarades et Bergeries, 1565; Abbrégé de l'art poétique, 1665; La Franciade, Ep. 1572; Sonnets pour Hélène, 1578 (n. 1970; d. u. franz. I. Kafka 1923); Elégies, 1578–1584. – Œuvres, hg. J. Galland, C. Binet X 1587 (n. u. komm. I. Silver VIII 1966ff.); Œuvres complètes, hg. P. Laumonier XXIII 1914–68, hg. J. Siwer, R. Lebègue, ²1974f., H. Vaganay VII 1923f., G. Cohen II 1938 u. ö.; Poésies choisies, 1969; Discours politiques, ²1996. – Übs.: Sonette der Liebe, franz./dt. F. u. H. Faßbinder 1948.

L: Lexique de R., hg. L. Mellerio 1985, n. 1974; H. Longnon, 1912; P. de Nolhac, R. et l'humanisme, 1921 (n. 1966); P. Laumonnier, Tableau chronologique des œuvres de R., ²1923; ders., ³1931; P. Champion, 1925; M. Raymond, L'influence de R., II 1927, ²1965; D. B. Wyndham, 1944; F. Desonay, III 1952–55; G. Cohen, ²1956; G. Gadoffre, 1960 u. 1980; R. Lebègue, ³1961; D. B. Wilson, Manchester 1961; M. Bishop, Ann Arbor ²1961; A. Berry, 1961; I. Silver, Washington 1961; ders., 1969 u. 1974; D. Stone, R.'s Sonnet Cycles, New Haven 1966; R. A. Katz, R.'s French Critics, 1966; E. Armstrong, Lond. 1968; M. Dassonville, IV 1968–85; A. Gendre, 1970; K. A. Gordon, R. et la rhétorique, 1970; K. R. W. Jones, N. Y. 1970; A. Py, 1973; ders., Imitation et Renaissance dans la poésie de R., Genf 1984; M. Valée, Immortelles amours, 1973; D. Ménager, Genf 1979; M. Quainton, R.'s ordered chaos, Manchester 1979; B. Leslie, R.'s successful epic venture …, Lexington 1979; G. Colletet, 1983; M. Raymond, Baroque et renaissance poétique, 1985; A. Py, 1985; Actes du Colloque de Neuchâtel, 1987; M. Simonin, 1990; Y. Bellenger, 1997; Actes du Colloque de Nice, 1998; R. E. Campo, 1998; C. Jomphe, 2000; D. Duport, 2000; C. O. Mayer, 2001;

C. H. Winn, 2002; A.-P. Poney-Mounou, 2002; J.-E. Girot, 2002. – *Bibl.:* M. Raymond, 1927; A. E. Creore, Leeds 1972.

Ropšin, V. → Savinkov, Boris Viktorovič

Rosa, António Vítor Ramos, portugies. Dichter, * 17. 10. 1924 Faro. Stud. Romanistik, während der 1950er Jahre Hrsg. versch. Lit.zsn. – Umfangreiches, keiner lit. Schule eindeutig zuzuordnendes Werk, 1. Gedichtband 1958, zunächst polit. engagiert, später Einklang mit Bewegung ›Poesia 61‹, seinsbezogene Dichtung, bevorzugt einfache Sprache und unkomplizierte metaphor. Konstruktionen, Tendenz zur Reduzierung des Vokabulars, themat. Schwerpunkte: das Schweigen; Reflexion über die Realität der Dinge, des Lebewesens u. des Gedichtes selbst; Liebe, Erotik u. Begehren.

W: O Grito Claro, 1958; Viagem através Duma Nublosa, 1960; Voz Inicial, 1960; Sobre o Rosto da Terra, 1961; Poesia, Liberdade Livre, Ess. 1962; A Pedra Nua, 1974; Ciclo do Cavalo, 1975; Incêndio dos Aspectos, 1980; Volante Verde, 1986; Incisões Oblíquas, Ess. 1987; O Livro da Ignorância, 1988; A Parede Azul, Ess. 1991; O Aprendiz Secreto, 2001; As Palavras, 2001.

L: J. R. de Sousa, 1998.

Rosa, João Guimarães, brasilian. Erzähler, 27. 6. 1908 Cordisburgo/Minas Gerais – 19. 11. 1967 Rio de Janeiro. Sohn e. Kaufmanns, Gymnasialzeit u. Medizinstud. in Belo Horizonte, als Arzt im archaischen Hinterland von Minas tätig, 1934 diplomat. Laufbahn, 1938–42 als Generalkonsul in Hamburg, ab 1958 im brasilian. Außenministerium. – Erneuerer der brasilian. Prosa, auch Sprachschöpfer; mit dem Erzählzyklus ›Sagarana‹ über den Sertão, das nordöstl. Hinterland Brasiliens, findet R. e. lit. Form für die orale Kultur der Bewohner in Sprichwörtern, Reimen, Umgangssprache. ›Grande Sertão‹ setzt den erzähler.-poet. Diskurs über die mag. Welt der Viehtreiber, Banditen, Bettler, Großgrundbesitzer fort. R. dokumentiert wie e. Anthropologe e. im Moment des Niederschreibens untergegangene Welt samt ihren Protagonisten, Menschen, Pflanzen u. Tieren.

W: Sagarana, En. 1946 (d. 1982); Corpo de Baile, R.-Zyklus 1956 (d. 1966); Grande Sertão: Veredas, R. 1956 (d. 1964); Meu tio inauratê, En. 1961 (d. 1980); Primeiras Estórias, En. 1962 (Das dritte Ufer des Flusses, d. 1968); Tutaméia, En. 1967 (d. 1994); Sagarana emotiva, Br. 1975; O burrinho pedrês, En. 1996. – Ficção completa, II 1994f.

L: M. L. Daniel, 1968; A. Brasil, 1969; J. C. Garbuglio, 1972; W. Bolle, 1974; G. Defina, 1975; W. Santos, 1978; G. Rocha, 1978; G. W. Lorenz, 1979; S. M. Dijck Lima, 1997; Fs., 1998; J. A. Hansen, 2000.

Rosa, Salvator(e), ital. Maler, 21. 6. 1615 Arenella/Neapel – 15. 3. 1673 Rom. 1673 ∞ Lucrezia Paolino. Lebte in Neapel, Viterbo, 1640 in Florenz, seit 1648 Rom. – Verfaßte 7 Satiren; am bekanntesten die ersten drei: über die Musik, die Poesie und die Malerei; die zweite verspottet die Marinisten und deren überspannte Metaphern. S. Oden und Kanzonetten sind von geringer Bedeutung. Sehr bekannt als Schlachten- u. Landschaftsmaler.

W: Satire, 1694. – Poesie e Lettere, hg. G. A. Cesareo II 1892; Lettere inedite a G. B. Ricciardi, hg. A. de Rinaldis 1939; Poesie e lettere inedite, hg. U. Limentani 1950; L'opera completa di Salvator Rosa, hg. L. Salerno 1975.

L: G. I. Lopriore, Le Satire di S. R., 1950; L. Salerno, 1963; J. Scott, New Haven 1995. – *Bibl.:* U. Limentani, 1955.

Rosales Camacho, Luis, span. Lyriker, 31. 5. 1910 Granada – 24. 10. 1992 Madrid. Stud. Granada u. Madrid, seit 1932 ebda. Freund von García Lorca, Mitglied der Gruppe um L. Panero u. L. F. Vivanco; ab 1962 Mitglied der Span. Akad. – Lyrik über die Schönheit der Dinge und relig. Themen mit polit.-soz. konservativer Gesinnung; Vertreter des klassizist. ›neo garcilasismo‹ der Nachkriegsjahre. In s. letzten Werken mehr biograph. Akzente, Blankverse u. Annäherung an den Surrealismus.

W: Abril, G. 1935; La mejor reina de España, Dr. 1939 (m. Vivanco); Retablo sacro del nacimiento del Señor, G. 1940; La casa encendida, G. 1949; Rimas, G. 1951; Cervantes y la libertad, Ess. II 1960; El sentimiento del desengaño en la poesía barroca, St. 1966; El contenido del corazón, lyr. Prosa 1969; Lírica española, Es. 1972; Canciones, G. 1973; Como el corte hace sangre, G. 1974; Diario de una resurrección, G. 1979; La carta entera, Aut. III 1982–84. – Obras completas, VI 1996–98.

L: A. Sánchez Zamarreño, 1986; F. Grande, La columnia, 1987.

Rosa Mendes, Pedro, portugies. Schriftsteller u. Journalist, * 4. 8. 1968 Cernache do Bonjardim (Castelo Branco). Stud. Jura Coimbra, durchquerte in e. dreimonatigen Reise das vom Bürgerkrieg verwüstete Angola, schrieb anschließend ›Baía dos Tigres‹, das in fragmentar. Form Journalismus und Fiktion verbindet. Angeregt wurde s. Reise durch den 1886 entstandenen Reisebericht ›De Angola à Contracosta‹ von H. Capelo u. R. Ivens.

W: O melhor café, En. 1996; Baía dos Tigres, R. 1999 (Tigerbucht, d. 2001); Ilhas de Fogo, En. 2001; Atlântico, R. 2003.

Rosanow, Wassilij → Rozanov, Vasilij Vasil'evič

Rose, Reginald, amerik. Drehbuchautor, 10. 12. 1920 New York – 19. 4. 2002 Norwalk/CT. Stud. City College ebda.; Arbeit für Film u. Fernsehen. – S. erfolgr. Stück ›Twelve Angry Men‹ handelt vom Problem der Wahrheitsfindung im Gerichtssaal, vom Konflikt zwischen persönl. Verantwortung u. dem Machtanspruch des Kollektivs.
  W: Twelve Angry Men, Drb. 1954 (n. 1989; Die zwölf Geschworenen, d. 1962); Six TV Plays, 1957.

Rosenberg, Isaac, engl. Lyriker und Dramtiker, 25. 11. 1890 Bristol – 1. 4. 1918 Frankreich. Jugend in London. Kupferstecherlehrling, gleichzeitig Besuch von Abendklassen für Kunst am Birkbeck College. 1911–14 Slade School of Art. 1915 Eintritt in die Armee, fiel in Frankreich. – Viele s. Gedichte entstanden an der Front; düstere Themen in metaphernreicher, experimentierender Sprache.
  W: Night and Day, G. 1912; Moses, Dr. 1916; Youth, G. 1918; Collected Poems, hg. G. Binyou 1922; Collected Works, hg. G. Bottomley, D. Harding 1937; Collected Poems, hg. dies. 1949. – The Collected Works, hg. I. Parsons 1979.
  L: J. Silkin, 1959; J. Cohen, Journey to the Trenches, 1975; J. M. Wilson, 1975; J. Liddiard, 1975.

Rosendahl, Sven, schwed. Schriftsteller, 7. 4. 1913 Stocksund – 8. 9. 1990. Brach die Schule ab, um in Landwirtschaft zu arbeiten, ein Semester Kunstschule, seit 1938 Journalist. – Inspiriert von der Landschaft in Norrbotten und Värmland schrieb er einfühlsame Natur- und Tierschilderungen sowie Romane und Novellen, in denen menschl. Leidenschaften zwischen explod. Freude und Spielsucht und Verzweiflung u. Fanatismus alternieren.
  W: Skogarnas åbor, E. 1932; Vårsådd, R. 1937; De onda dagorna, R. 1939; Räven från Krackberget, 1941; Frid på jorden, Nn. 1945; Elden och skärorna, R. 1946; Jakten går i bergen, Aut. 1948; Gud fader och tattaren, R. 1951; Varulven, R. 1954; Lövhyddorna, R. 1959; Av hav är du kommen, R. 1962; Från himmelens fåglar, E. 1968; De stora vännerna, E. 1973; Medan ännu göken gal, R. 1978; Uppväxt, R. 1985.

Rosenfeld, Morris (eig. Moshe Jacob Alter), jidd. Dichter, 28. 12. 1862 Bokscha/Polen – 2. 6. 1923 New York. Fischerssohn; Emigration über Holland (1882) und England nach USA (1886). Arbeitete jahrelang unter schweren Bedingungen als Schneidergeselle; trug s. Gedichte, von Stadt zu Stadt reisend, selbst vor; starb in Armut. – Begann mit Gedichten für die jidd. ›Folkszeitung‹, in denen die New Yorker Ausbeuterbetriebe (›sweatshops‹) als neues Ghetto des jüd. Proletariers geschildert werden. Betont das Allg.menschliche vor dem spezifisch Jüd. in der jidd. Lit. Trotz sozialkrit. Tendenzen ist s. Dichtung von hohem künstler. Wert. Auch Biographien (Juda Halevy, H. Heine) und 2 Operetten (1886). Ihm verdankt auch die jidd. Lit. ihre ersten von ausgeprägtem Gefühl für Rhythmus bestimmten Verse.
  W: Di glocke, 1888; Die Blumen-kette, 1890; Dos lider-buch, 1897; Gezamelte lider, 1904; Geklibene lider, 1905; Schriften, VI 1910; Gevelte werk, 1912; Dos buch fun libe, II 1914. – The Works, N. Y. VI 1908–10; Collected Works, III 1955. – *Übs.:* Songs from the Ghetto (Prosaübs. mit lat. Umschrift), engl. 1898; Lieder des Ghetto, 1903.
  L: A. A. Roback, 1940; B. Rivkin, 1947; L. Goldental, 1960.

Rosenroman → Roman de la Rose, Rosenroman

Rosny, Joseph Henri, Pseudonym der franz. Romanschriftsteller-Brüder Joseph Henri Honoré Boëx, 17. 2. 1856 Brüssel – 15. 2. 1940 Paris, und Séraphin Justin François Boëx, 21. 7. 1859 Brüssel – 14. 6. 1948 Ploubazlanec/Côtes-du-Nord; fläm. Abstammung; verfaßten zuerst gemeinsam, ab 1909 getrennt zahlr. Romane. Stiftungsmitglieder der Académie Goncourt. – Schriftsteller der gemäßigten naturalist. Schule, von Zola u. den Brüdern Goncourt beeinflußt. Die Themen ihrer soz., psycholog. u. anarchist. Zeitromane sind mehr aus soziolog. Sicht als vom Individuum her behandelt; trotzdem lebensechte, lebendige Menschendarstellung. Der originellere Teil ihres Werks sind ihre naturwiss. u. prähist. Romane, die meist von dem bedeutenderen der Brüder, Joseph Henri, allein verfaßt wurden.
  W: Nell Horn, R. 1886; Le bilatéral, R. 1886; Le termite, R. 1890; Vamireh, R. 1892; L'indomptée, R. 1895; Le serment, R. 1896 (Dr. 1897); Les âmes perdues, R. 1899; La charpente, R. 1900; Thérèse Degaudy, R. 1902; Le crime du docteur, R. 1903; Le docteur Harambur, R. 1904; Le millionnaire, R. 1905; Sous le fardeau, R. 1906; La guerre du feu, R. 1911. *J.-H. Rosny aîné:* La vague rouge, R. 1910; La mort de la terre, R. 1912; La force mystérieuse, R. 1914 (d. 1922); Les compagnons de l'univers, R. 1934; Choix de textes, 1961. *J.-H. Rosny jeune:* La toile d'araignée, R. 1911; Sépulcres blanchis, R. 1913; La Désirée, R. 1926.
  L: M. C. Poinsot, 1907; G. Casella, 1907; J. Sageret, La révolution philosophique et la science, J. H. Rosny aîné, 1924; G. A. Jaeger, 1996.

Rosow, Viktor → Rozov, Viktor Sergeevič

Ross, Barnaby → Queen, Ellery

Ross, Martin (eig. Violet Florence Martin), ir. Romanschriftstellerin, 11. 6. 1862 Ross House, County Galway – 21. 12. 1915 Cork. Erzogen im Alexandra College, Dublin. Lebte ab 1886 in Drishane Cork zusammen mit ihrer Cousine

Edith Somerville, beide begannen 1889 aus Liebhaberei zu schreiben und veröffentlichten e. Reihe von gemeinsam verfaßten Gesellschaftsromanen.

W: An Irish Cousin, R. 1889; The Real Charlotte, R. III 1894 (d. 1954); Some Experiences of an Irish R. M., R. II 1899 u. 1908; In Mr. Knox's Country, R. 1915. – Selected Letters of Somerville and R., hg. G. Lewis, 1989.

L: M. Collis, Somerville and R. 1968; J. Cronin, Somerville and R., 1972; H. Barrow Robinson, Somerville and R., 1980.

Ross, (James) Sinclair, kanad. Schriftsteller, 22. 1. 1908 Shellbrook/Saskatchewan – 29. 2. 1996 Vancouver. Bankangestellter; lebte 1968–80 in Griechenland u. Spanien. – Besonders aufgrund s. frühen Kurzgeschichten u. s. ersten Romans, der zur Zeit der Weltwirtschaftskrise in e. Kleinstadt im kanad. Westen spielt, gilt R. als e. der wichtigsten kanad. Prärie-Autoren. S. Erzählweise, die dem Realismus verpflichtet ist, zeichnet sich durch hohe Komplexität u. Dichte aus.

W: As for Me and My House, R. 1941; The Well, R. 1958; The Lamp at Noon, Kgn. 1968; Whir of Gold, R. 1970; Sawbones Memorial, E. 1974; The Race, Kgn. 1982.

L: K. Mitchell, 1981; L. MacMullen, 1991; J. Moss, hg. 1992; K. Fraser, 1997.

Rossetti, Christina (Georgina) (Ps. Ellen Alleyne), engl. Lyrikerin, 5. 12. 1830 London – 29. 12. 1894 ebda. Schwester von Dante Gabriel R. Wuchs im Londoner Kreis von Exilitalienern u. engl. Exzentrikern auf. Veröffentlichte schon 1850 Gedichte in der von ihrem Bruder begründeten präraffaelit. Zs. ›The Germ‹. Krankheit und zweimaliger Verzicht auf Erfüllung ihrer Liebe wegen konfessioneller Unterschiede unterstützten die vorhandene Neigung zur Schwermut. – In ihrer sehr verinnerlichten, bewußt schlichten und durchgeistigten Lyrik nimmt die Religion e. zentrale Stelle ein, ihre melod., düster-schwermütigen Verse drücken Sehnsucht nach dem Einssein mit Gott aus. Den metaphys. Dichtern verbunden. Die neukathol. Richtung (F. Thomson, G. K. Chesterton, A. Meynell) führte ihre Tradition weiter. Vorzügl. künstler. Beherrschung der Sonettenform, am bekanntesten ihr Sonettenzyklus ›Monna Innominata‹, in dem sie verhaltene Liebesbekenntnisse in ein ma. Milieu stellt. Auch Erzählungen und Märchen.

W: Goblin Market and other Poems, 1862 (n. A. Rackham 1970); The Prince's Progress, G. 1866; Commonplace, Kgn. 1870; Sing-Song: a Nursery Rhyme Book, 1872 (n. A. Hughes 1968); A Pageant and Other Poems, 1881; Verses, 1893; New Poems, 1896. – Poetical Works, hg. W. M. Rossetti 1904, W. de la Mare 1930, N. Lewis 1959; Complete Poems, hg. R. W. Crump III 1979–90, I 2001; Selected Poems, hg. M. Zaturenska 1970; Family Letters, hg. W. M. Rossetti 1908 (n. 1969); Letters, hg. A. H. Harrison 1997ff. – *Übs.:* Ausgew. Ged. 1960.

L: W. de la Mare, 1926; E. Birkhead, 1930; M. F. Sanders, 1930; R. D. Waller, 1932; M. Zaturenska, 1949; L. M. Packer, 1963; F. Shove, ²1969; M. Bell, ⁴1971; D. M. Stuart, ²1971; R. W. Crump, Ch. R.: A Reference Guide, 1976; S. Weintraub, Four Rossettis, 1977; G. Battiscombe, 1981; D. A. Kent, 1987; F. Thomas, 1992; J. Marsh, 1994; S. Smulders, 1996; A. Chapman, 2002. – *Bibl.:* W. E. Fredeman, Pre-Raphaelitism, 1965; Konkordanz: N. Jimenez, 1979.

Rossetti, Dante Gabriel (eig. Gabriel Charles Dante R.), engl. Dichter und Maler, 12. 5. 1828 London – 9. 4. 1882 Birchington-on-Sea. Sohn des ital. Dichters Gabriele R., der als Freiheitskämpfer nach England fliehen mußte, Mutter halb ital., halb engl. Abstammung. Erzogen in King's College, London, wo s. Vater Prof. für ital. Lit. war. 1842 Kunststud. Cary's Art Academy und Royal Academy Antique School, London. Schüler von F. M. Brown. Begründete 1848 mit H. Hunt, Millais u.a. die ›Pre-Raphaelite Brotherhood‹, in der er führend war. Die Bewegung richtete sich gegen die Auffassung der bestehenden engl. Kunstschulen und wollte as die naive Kunst der Maler vor Raffael (Fra Angelico, Giotto u.a.) anknüpfen. Stellte 1849 s. Gemälde ›Monna Vanna‹ und ›Dante's Dream‹ aus. 1850 erschien die 1. Fassung s. Dichtung ›The Blessed Damozel‹ in der von ihm im selben Jahr gegründeten Zs. ›The Germ‹. ∞ 1860 Elizabeth Siddal, e. arme, sehr schöne Putzmacherin, die immer wieder von den präraffaelit. Malern dargestellt wurde. Seit s. Heirat Wandel in s. Kunstauffassung; während er vorher ima. got. Stil gemalt hatte, neigte er danach zur Auffassung der Renaissance: reichgeschmückte Frauengestalten als Trägerinnen bestimmter Gefühlswerte. S. Frau starb 1862 an e. Überdosis Opiaten. In leidenschaftl. Trauer legte R. s. unveröffentlichten Sonettenzyklus ›The House of Life‹ in ihr Grab, ließ die Gedichte aber 1869 ausgraben und veröffentlichen. – Seine Sinnliches und Mystik vereinende, von romant. Formgefühl getragene, ästhet. Dichtung wurde bes. beeinflußt durch Dante, die Bibel, durch antike Mythologie u. durch s. ausgeprägt visuelle Malerbegabung. R.s Verse sind formvollendet und von großer Melodik, jedoch häufig allzu schmucküberladen. Tendenz zu symbolhafter Bewertung. R. litt unter der unfairen Kritik s. Werks durch R. Buchanan in ›The Fleshly School of Poetry‹, er erwiderte in s. Schrift ›The Stealthy School of Criticism‹.

W: Hand and Soul, E. 1850; The Early Italian Poets, Übs. 1861 (erw. u.d.T. Dante and his Circle, 1873); Poems, 1870; The House of Life, Sonnet Sequence 1870 (hg. P. F. Baum, 1928; d. 1900); Ballads and Sonnets,

1881. – Collected Works, hg. W. M. Rossetti II 1886; The Works, hg. W. M. Rossetti 1911, L. I. Howarth 1950, O. Doughty 1957; Family Letters, hg. W. M. Rossetti II 1895; Letters to William Allingham, hg. G. B. Hill 1897; Preraphaelite Diaries and Letters, hg. W. M. Rossetti 1900; The PRB Journal, hg. W. E. Fredeman 1975; Letters to F. S. Ellis, hg. O. Doughty 1928; Letters, hg. O. Doughty, J. R. Wahl IV 1965–67; R. and J. Morris: their Correspondence, hg. J. Bryson 1976; Correspondence, hg. W. E. Fredeman 2002ff. – *Übs.:* Gedichte u. Balladen, 1960.

L: W. Sharp, 1882; W. M. Rossetti, 1889; E. Wood, 1894; W. Holman Hunt, Preraphaelitism and the Preraphaelite Brotherhood, II 1905; F. Rutter, 1908; Mrs. F. S. Boas, 1914; E. Waugh, 1928; R. L. Mégroz, 1928; R. D. Waller, 1932; K. Preston 1944; H. R. Angeli, 1949; O. Doughty, ²1960; R. G. Grylls, 1964; G. Pedrick, 1964; G. H. Fleming, 1967; D. Sonstroem, 1970; A. C. Benson, 1970; R. J. R. Howard, The Dark Glass, 1972; L. Stevenson, The Pre-Raphaelite Poets, 1973; J. Nicoll, 1975; F. S. Boos, 1976; B. u. J. Dobbs, 1977; S. Weintraub, Four Rossettis, 1977; J. Rees, 1981; A. C. Faxon, 1989; D. G. Riede, 1992; J. Marsh, 1999; J. J. McGann, 2000. – *Bibl.:* W. E. Fredeman, Pre-Raphaelitism, 1965.

Rossetti, Gabriele, ital. Dichter, 28. 2. 1783 Vasto degli Abruzzi – 24. 4. 1854 London. Stud. Musik, Malerei u. Lit. Neapel. – Begann als Stegreifdichter, schrieb Operntextbücher für das Theater von San Carlo in Neapel, nahm 1820 am Aufstand von Neapel teil, ging 1824 in die Verbannung nach London, wo er ab 1831 ital. Lit. im King's College lehrte. Neben patriot. u. relig. Gedichten verfaßte er auch Lit.kritik über die ›Göttliche Komödie‹. S. allegor. u. sektiererische Interpretation erfuhr harsche Kritik, begründete aber e. hartnäckige ›Schule‹, die bis heute existiert.

W: Poesie, G. 1806; Commento analitico della Divina Commedia, Abh. II 1826f.; Iddio e l'uomo, G. 1833; Mistero dell'amore platonico, Abh. 1842; Beatrice di Dante, Abh. 1842; L'Arpa evangelica, G. 1852. – Le poesie, hg. G. Carducci 1879; Opere inedite e rare, hg. D. Ciampoli IV 1929–31.

L: C. L. Adami, 1898; G. Perale, 1906; E. R. P. Vincent, G. R. in England, Oxford 1936; M. Sticco, Gli studi danteschi di G. R., 1942. – *Bibl.:* P. Giannantonio, 1959.

Rosso di San Secondo, Piermaria (eig. Pietro Maria Rosso), ital. Erzähler und Dramatiker, 30. 11. 1887 Caltanissetta – 22. 11. 1956 Lido di Camaiore/Lucca. Stud. Jura Rom; Reisen nach Dtl. und Holland. – Vf. von Erzählungen, Romanen und Bühnenstücken. Bedeutendster Dramatiker nach Pirandello, stellt in gleichfalls gelegentl. grotesken Situationen die Frage nach dem wahren Gesicht des Menschen. In ›Canicola‹ bewegen sich Personen in den heißesten Stunden wie Schatten, fast wie Nachtwandler; sie durchbrechen die Schranken der Konvention und enthüllen ihre verborgensten Gedanken, Wünsche und Leidenschaften. Berühmt wurde er durch s. beste Komödie ›Marionette, che passione!‹. Noch erfolgreicher war ›La bella addormentata‹, das Bühnenstück, das der Autor ›avventura colorata‹ nannte.

W: Ponentino, Nn. 1916; La fuga, R. 1917; Marionette, che passione!, K. 1918 (d. 1925); Per fare l'alba, Dr. 1919; La bella addormentata, K. 1919 (Die Dorfhure, d. 1919); La festa delle rose, R. 1920; Primavera, Dr. 1920; L'ospite desiderato, Dr. 1921; La danza in un piede, Dr. 1922; La roccia e i monumenti, Dr. 1923; Lazzarina tra i coltelli, Dr. 1923; Una cosa di carne, Dr. 1924; L'avventura terrestre, Dr. 1925; La Scala, Dr. 1925; Febbre, Dr. 1926; Tra vestiti che ballano, Dr. 1927; Canicola, Dr. 1927; Lo spirito della morte, Dr. 1931 (d. 1956); Luce del nostro cuore, R. 1932; L'uomo che aspetta il successo, Dr. 1940; Il ratto di Proserpina, K. 1954; Banda municipale, En. 1954; Teatro, hg. L. Ferrante I 1976, II und III hg. R. Jacobbi 1976.

L: L. Ferrante, 1959; A. Barsotti, 1978; M. C. Menghi, R. d. S. S. tra espressionismo e mito, 1996; R. Salsano, 2001.

Rostand, Edmond, franz. Dramatiker, 1. 4. 1868 Marseille – 2. 12. 1918 Paris. Sohn e. Volkswirtschaftlers; aus wohlhabender bürgerl. Familie; École Thedenat, Stud. Philos. u. Geschichte am Collège Stanislas, Paris. Veröffentlichte s. ersten Gedichte 1884 in der Zs. ›Mireille‹. 1889 ∞ Rosemonde Gérard (eig. Louise Rose), Urgroßenkelin von Mme de Genlis. Publizierte 22jährig s. 1. Gedichtsammlung ›Musardises‹, wandte sich dann dem Theater zu. S. Versdrama ›Cyrano de Bergerac‹ machte ihn weltberühmt. 1901 Mitglied der Académie Française. Unterbrach aus Gesundheitsrücksichten zwischen 1900 u. 1910 s. dramat. Schaffen, lebte zurückgezogen auf s. Besitz in Cambo/Pyrenäen. Zum großen Erfolg s. Bühnenwerke trug nicht zuletzt die Darstellungskunst von S. Bernhardt, L. Guitry u. Coquelin bei. Nach dem Mißerfolg s. satir. Dramas ›Chantecler‹, in dem er den Versuch unternahm, Tiere auf der Bühne darzustellen, zog sich R. vom Theater zurück. – Erfolgr. Dramatiker, Vf. mehrerer Gedichtsammlungen. Bedeutendster Vertreter des romant. Versdramas, dessen Wiedergeburt vor ihm schon J. Richepin u. E. Haraucourt vorbereitet hatten. R. geht, was die Themen s. Stücke (romant.-ritterl. Liebe, heroischer Verzicht) wie auch ihre Versform betrifft, auf die klass. franz. Bühnentradition von Corneille u. Molière wie auf das romant. Theater V. Hugos zurück. Der Titel s. Dramas ›La Princesse lointaine‹, das das trag., hist. allerdings nicht belegte Schicksal des Minnesängers Jaufre Rudel zum Thema hat, wurde zum Inbegriff der ritterl. verehrten, unerreichbaren Geliebten. In ›Cyrano de Bergerac‹, s. Meisterwerk, stellt er die romant. verklärte Liebe u. das Leben des gleichnamigen Edelmanns aus dem 17. Jh. dar.

An das franz. Nationalgefühl wendet sich R. mit s. Drama ›L'Aiglon‹, das die Gestalt des Herzogs von Reichstadt behandelt. Alle Dramen R.s zeichnen sich durch virtuose Verstechnik, mitreißenden Schwung u. geschickte Szenenführung aus u. haben ihre Wirkungskraft auch heute noch nicht eingebüßt.

W: Les Musardises, G. 1890; Les Romanesques, Dr. 1894 (d. 1896, n. 1947); La Princesse lointane, Dr. 1895 (Die Prinzessin im Morgenland, d. 1905); La Samaritaine, Dr. 1897 (Das Weib von Samaria, d. 1899); Cyrano de Bergerac, Dr. 1897 (d. 1898); L'Aiglon, Dr. 1900 (Der junge Aar, d. 1925); Chantecler, Dr. 1910; La dernière nuit de Don Juan, Dr. 1921; Le Cantique de l'aile, G. 1922; Le Vol de la Marseillaise, G. 1922; Cyrano de Bergerac, hg. J. Truchet 1983. – Œuvres complètes, 1926; Théâtre, VI 1921–29.

L: Federica Poma, 1911; J. Haraszti, 1913; E. Faguet, 1921; J. Suberville, 1921; A. Lautier, F. Keller, 1924; P. Faure, 20 ans d'intimité avec E. R., 1928; J. W. Grieve, L'œuvre dramatique de R., 1931; M. J. Premsela, Amst. 1933; R. Gérard, 1935; E. Katz, L'esprit français dans le théâtre d' E. R., Diss. Toulouse 1937; P. Faure, 1950; P. de Gorsse, 1951; Ch. Pujos, Le double visage de Cyrano de Bergerac, 1951; O. Lutgen, De père en fils: E. et Jean R., 1965; E. Ripert, 1968; M. Dabadié, 1970; M. Migeo, 1973; A. Della Fazia Amoia, Boston 1978; P. Jerndorff-Jessen, 1984; M. Andry, 1986; C. de Margerie, ²1998.

Rostand, Maurice Alexis Edmond Sylvain, franz. Dramatiker, 26. 5. 1891 Cambo/Pyrenäen – 21. 2. 1968 Ville-d'Avray/Paris. Sohn von E. Rostand u. Rosemonde Gérard. – Vf. zahlr. Dramen, bes. Versdramen, z. T. in Zusammenarbeit mit s. Mutter, daneben Romane u. Gedichte. Schriftsteller von romant. Inspiration u. großer Gewandtheit des Ausdrucks, wenn auch nicht immer kontrolliertem Wortreichtum. Aufsehen erregte s. Schauspiel ›Le procès d'Oscar Wilde‹.

W: Poèmes, G. 1910; Un bon petit diable, Dr. 1912 (m. R. Gerard); Le page de la vie, G. 1913; La Marchande d'allumettes, Dr. 1914 (m. R. Gerard); Le cercueil de cristal, R. 1920; Le Pilori, R. 1921; La Gloire, Dr. 1921; L'homme que j'ai tué, R. 1921, als Dr. 1925 (Der Mann, den sein Gewissen trieb, d. 1930); Le Phénix, Dr. 1923; Le secret de la Sphinx, Dr. 1924; La nuit des amants, Dr. 1926; Napoléon IV, Dr. 1929; Le dernier Tsar, Dr. 1929; Le procès d'Oscar Wilde, Dr. 1934 (d. 1951); Confession d'un demi-siècle, Mem. 1948.

L: L. Laleau, 1927; C. Gury, 1994.

Rostworowski, Karol Hubert, poln. Dramatiker, 3. 11. 1877 Rybna b. Krakau – 4. 2. 1938 Krakau. Aus kathol. Aristokratenfamilie, 1898/99 Stud. Landwirtschaft Halle, 1900–07 Musik, Philos. Leipzig, 1907/08 Berlin. Seit 1914 in Krakau, reger Anteil am öffentl. Leben: Stadtrat, Mitgl. der poln. Lit.-Akad. – Bedeutender poln. Dramatiker, kämpfer. Vertreter der kathol.-traditionalist. Richtung. Erkennt die soz. Wirklichkeit s. Zeit u. versuchte sie in zeitgenöss. oder hist. Gestalten zu verkörpern u. das Handeln s. Helden psycholog.-soziolog. zu erklären. Anfangs naturalist., später psycholog. Ideendramen um das Verhältnis Mensch – Gott, durch gelungene Charakterzeichnung u. dynam. Massenszenen äußerst bühnenwirksam. Erneuerer e. monumentalen Dramas um große Konflikte.

W: Tandeta, G. 1901; Tetralogia poetycka, G. 1907–1909; Pod górę, Dr. 1910; Echo, Dr. 1911; Via crucis, G. 1911; Żeglarze, Dr. 1912; Judasz z Kariothu, Tr. 1913; Kajus Cezar Kaligula, Dr. 1917; Miłosierdzie, Dr. 1920; Straszne dzieci, Dr. 1922; Zmartwychwstanie, Dr. 1923; Antychryst, Dr. 1925; Drn.-Tril.: Niespodzianka, 1929, Przeprowadzka, 1930; Czerwony marsz, 1930; U mety, 1932; Zygzaki, G. 1932. – Pisma (W), II 1937; Dramaty wybrane, ausgew. Drn. II 1967.

L: M. Klepacz, 1938; H. Życzyński, 1938.

Roth, Henry (eig. Philip Milton), amerik. Schriftsteller, 8. 2. 1906 Tysmenitsa/Galizien – 13. 10. 1995 Albuquerque/NM. Ab 1908 in New York, Stud., versch. Berufe; lebte v. a. in Maine. – R.s erster Roman, e. Klassiker jüd.-amerik. Lit., schildert das Schicksal e. poln.-jüd. Einwandererfamilie aus sprachl. intensivster, jugendl. betroffener Perspektive d. Sohnes. Spät veröffentlichte Kurzgeschichten u. e. 3bändiger autobiograph. Roman treten hinter dem Frühwerk zurück.

W: Call It Sleep, R. 1934 (d. 1970); Shifting Landscapes, Kgn. u. Sk. 1987; Mercy of a Rude Stream, R. 1994–96 (d. 1996–97).

L: B. Lyons, 1976; New Essays on Call It Sleep, hg. H. Wirth-Nesher 1996.

Roth, Philip, amerik. Erzähler, * 19. 3. 1933 Newark/NJ. 1955 M. A. der Univ. Chicago, wo er von 1955–57 Englisch lehrte. Ab 1960 an versch. Univ., u. a. State Univ. Iowa, Princeton, State Univ. New York at Stony Brook, Univ. of Pennsylvania. Lebt vorwiegend in New York. – Schon in ›Goodbye, Columbus‹ deuten sich die beiden charakterist. Grundzüge s. Werkes an: die detaillierte Beobachtung des Alltägl.-Vertrauten, bes. des als beklemmend empfundenen jüd. Milieus, u. der Versuch, den determinierenden Faktoren u. Kontrollmächten mittels der Satire zu entkommen. Bestreben, die alle Fiktionen übertreffende amerik. Wirklichkeit in monologartigen, die Psychoanalyse ironisierenden Bekenntnissen in den Griff zu bekommen; dies gelingt v. a. in ›Portnoy's Complaint‹, wo durch das sprachl. gespiegelte Nacherleben emotionaler Exzesse die spezif. jüd. Tabus durchbrochen u. Schuldgefühle in befreiendes Gelächter überführt werden.

W: Goodbye, Columbus, En. 1959 (d. 1962); Portnoy's Complaint, R. 1969 (d. 1970); Our Gang, Nixon-Sat. 1971 (d. 1972); The Breast, R. 1972 (n. 1982; d. 1979); The Great American Novel, R. 1973 (d. 2000); My Life As a Man, R. 1974 (d. 1990); The Ghost Writer,

R. 1979 (d. 1979); Zuckerman Unbound, R. 1981 (d. 1982); The Anatomy Lesson, R. 1983 (d. 1986); The Counterlife, R. 1986 (d. 1988); The Facts, B. 1988 (d. 1991); Deception, R. 1990 (d. 1993); Patrimony, R. 1991 (d. 1992); Operation Shylock, R. 1993 (d. 1994); Sabbath's Theater, R. 1995 (d. 1996); American Pastoral, R. 1997 (d. 1998); I Married a Communist, R. 1998 (d. 1999); The Human Stain, R. 2000 (d. 2002); The Dying Animal, R. 2001 (d. 2003).

L: H. Lee, 1982; S. Pinsker, 1982; A. Z. Milbauer, D. G. Watson, hg. 1988; A. Appelfeld, 1994; A. Cooper, 1996.

Rothenberg, Jerome, amerik. Dichter, * 11. 12. 1931 New York. Journalist, Übs., Lehrtätigkeit an versch. Univ. – Anfängl. Übs. dt. Lyrik; s. eigene Dichtung ist stark experimentell in Syntax, Metaphorik und Formgebung, beeinflußt von G. Stein, J. Joyce, S. Dalí, E. Pound, W. Whitman und dem Dadaismus; Erkundung archaisch-primitiver und visuell-auditiver, auch indian. oraler Dichtungsformen sowie der eigenen jüd. Wurzeln.

W: White Sun, Black Sun, G. 1960; The Gorky Poems, 1966; Between: 1960–1963, G. 1967; Offering Flowers, G. 1968 (m. I. Tyson); Polish Anecdotes, G. 1970; Poems for the Game of Silence, 1960–1970, 1971; A Book of Testimony, G. 1971; Net of Moon, Net of Sun, G. 1971; A Valentine, No, a Valedictory for Gertrude Stein, G. 1972; Shaking the Pumpkin, hg. 1972; Esher K. Comes to America, G. 1973; Poland/1931, 1974; A Seneca Journal, G. 1978; Vienna Blood, G. 1980; Pre-Faces, Ess. 1981; The History of Dada as My Muse, G. 1982; Altar Pieces, G. 1982; That Dada Strain, G. 1983; 15 Flower World Variations, G. 1984 (m. H. Cohen); New Selected Poems, 1970–1985, 1986; Khurbn, G. 1989; The Lorca Variations, G. 1993; Gematria, G. 1994; Poems for the Millennium, II 1995, 1998 (hg. m. P. Joris); Seedings, G. 1996; Delight/Délices & Other Gematria, G. 1998; At the Grave of Nakahara Chuya, G. 1998; The Leonardo Project: 10+2, G. 1998; Paris Elegies, 1998; A Paradise of Poets, G. 1999; The Case for Memory, G. (m. I. Tyson, 2001); A Book of Witness, G. 2002; ›Writing Through‹: Translations and Variations, 2002.

L: G. Selerie, E. Mottram, hg. 1984. – *Bibl.:* H. Polkinhorn, 1988.

Rothmann, Maria Elizabeth (Ps. M. E. R.), afrikaanse Lyrikerin, Prosaautorin und Dramatikerin, 28. 8. 1875 Swellendam – 7. 9. 1975 ebda. Studierte als eine der ersten südafrikanischen Frauen, u. zwar in Kapstadt. Sie war Lehrerin und Journalistin bei der Zeitung ›Die Burger‹. – Zunächst trat R. als Autorin von Erzählungen u. Dramen für die Jugend auf. Ihr Werk zeichnet sich durch eine sehr gelungene Darstellung der südafrikanischen Geschichte aus. Es enthält stilistisch verfeinerte Beschreibungen der kleinsten Besonderheiten von Pflanzen, Tieren u. Menschen.

W: Kinders van die Voortrek, R. 1920; Die mieliedogter, Dr. 1921; Die sondagskind, E. 1922; Die Kammalanders, E. 1928; Jong dae, Aut. 1933; Uit en Tuis, Ess. 1946; Die eindelose waagstuk, R. 1948; Die Drostdy van Swellendam, Sb. 1960; My beskeie deel, Aut. 1972; Familiegesprek, Br./Aut. 1976.

L: M. Nienaber-Luitingh, 1981; J. C. Kannemeyer, 1983; M. Nienaber-Luitingh, 1998.

Rotimi, Ola, nigerian. Dramatiker u. Schauspieler, 13. 4. 1938 Sapele – 18. 8. 2000 Ife. Stud. an d. Boston Univ., Rockefeller Foundation Stipendiat, Yale Univ.; unterrichtete an der Univ. von Ife/Nigeria u. bis 1992 in Port Harcourt/Nigeria. Mitbegründer des Ori Olokun Theatre, Gründer d. African Cradle Theatre. – R.s ›The Gods Are Not to Blame‹ ist eine Yoruba-Adaption von Sophokles' ›Oedipus Rex‹, versetzt in einen vorkolonialen Kontext.

W: Cast the First Stone, Dr. 1966; The Gods Are Not to Blame, Dr. 1971; Kurunmi, Dr. 1971; Our Husband Has Gone Mad Again, Dr. 1974; If, Dr. 1983; Hopes of the Living Dead, Dr. 1988; When the Criminals Become Judges, Dr. 1995.

Rotrou, Jean de, franz. Dramatiker, 21. 8. 1609 Dreux/Eure-et-Loire – 28. 6. 1650 ebda. Aus angesehener Familie; Stud. Jura Dreux u. Paris; erhielt 1630 den Titel e. Advokaten, ohne s. Beruf auszuüben; s. 1. Theaterstück ließ er 1629 im Hôtel de Bourgogne aufführen; verfaßte für dessen Schauspielertruppe e. große Zahl weiterer, heute größtenteils verlorener, außerordentl. erfolgr. Dramen. Mit Corneille befreundet; zu s. Gönnern gehörte Kardinal Richelieu, zu dessen Gruppe der fünf Autoren er gehörte. 1639 verließ er Paris, erwarb das Amt e. Polizeileutnants in Dreux. – Neben Corneille bedeutendster Dramtiker der 1. Hälfte des 17. Jh. Vf. von Tragikomödien, Tragödien u. von Komödien nach Vorbild von Plautus; erster vom span. Theater beeinflußter franz. Bühnenautor. S. Stücke sind voll komplizierter, barocker Verwicklungen, ihr Stil preziös überladen, ohne psycholog. Glaubwürdigkeit; in s. Tragödien ist e. Entwicklung zum Klassizismus festzustellen, Hauptthema s. Stücke ist die bis ins Extrem gesteigerte Liebe. Viele Flüchtigkeiten u. Ungenauigkeiten des Ausdrucks; trotzdem werden die lyr. Partien s. Stücke von keinem zeitgenöss. Autor erreicht.

W: L'Hypocondriaque ou le mort amoureux, K. 1628 (n. 1924); Cléagenor et Doristhée, Tragikom. 1630; Les occasions perdues, K. 1631; L'heureuse constance, K. 1631; L'innocente infidélité, Tragikom. 1635 (n. 1985); Les ménechmes, K. 1636; Hercule mourant, Sch. 1636 (n. 1971); Laure persécutée, Tragikom. 1637; Les sosies, K. 1638 (n. 1985); La belle Alphrède, Tragikom. 1639; Le véritable Saint-Genest, Tr. 1646 (n. Lond. 1954); Don Bertrand de Cabrère, Tragikom. 1647; Venceslas, Tr. 1647 (n. 1956); Le Belissaire, Tragikom. 1644; Cosroès, Tr. 1649 (n. 1950). – Œuvres, V 1820–22 (n. 1967); Théâtre complet, V 2002; Théâtre choisi, II 1882f., I 1928.

L: J. Jarry, 1868 (n. 1970); H. Chardon, 1884; W. Fries, Diss. Würzb. 1933; F. Orlando, Turin 1963; J. van Baelen, 1965; H. C. Knutson, The Ironic Game, Berkeley 1966; J. Moral, 1968; R. J. Nelson, Columbus/Ohio 1969; J. Morello, Boston 1980; C. Scherer, Comédie et société sous Louis XIII, 1993; J.-C. Vuillemin, 1994; M. Vuillemoz, 1996; M. Niklas, 1999.

Roubaud, Jacques, franz. Schriftsteller, * 1932 Caluire-et-Cuire/Provence. Vermischt in s. Werken die Dichtung und die Naturwiss., das Wort und das mathemat. Spiel. Zusammenarbeit mit Queneau und der Gruppe Oulipo. Übs. mod. amerik. und franz. Lyrik.

W: E, G. 1967; Mono no aware, G. 1970, Autobiographie, chapitre X, Aut. 1977; Dors, G. 1981; Quelque chose noir, G. 1986; La belle Hortense, R. III 1987ff. (d. 1989ff.); La pluralité des mondes de Lewis, Ess. 1993.

Roud, Gustave, schweizer. Schriftsteller franz. Sprache, 20. 4. 1897 Saint-Légier/Vaud – 10. 11. 1976 Moudon. Lebte in s. Elternhaus, Journalist und Lyriker. Gründet 1929 die Zs. ›Aujourd'hui‹. – S. Gedichte sind Spaziergänge durch die Alpenidylle, sprechen kontrastiv von Freundschaft und Einsamkeit im Sinne der Romantik. Fühlt sich inmitten e. dualen Welt, in der nur der Dichter die Zeichen der höheren Existenzebene dekodieren kann. In s. letzten Gedichten dominieren Trauer und aussichtslose Verzweiflung wie bei Novalis, dem er sich verbunden weiß. Sprachl. von e. an Mallarmé erinnernden Formstrenge. Übs. von Hölderlin und Rilke.

W: Adieu, G. 1927; Feuillets, G. 1929; Petit traité de la marche en plaine, Prosa-G., 1932; Air de la solitude, G. 1945; Haut-Jorat, G. 1949; Réquiem, G. 1967; Campagne perdue, G. 1972.

Rouget de Lisle, Claude Joseph (Ps. Auguste Hix), franz. Dichter, 10. 5. 1760 Lons-le-Saulnier – 26. 6. 1836 Choisy-le-Roi. Ingenieuroffizier in Straßburg; während des franz.-österr. Krieges, am 25. 4. 1792, dichtete und komponierte er den ›Chant de guerre pour l'armée du Rhin‹, der unter dem Namen ›Marseillaise‹ zur franz. Nationalhymne wurde. – Vf. rhetor.-konventioneller Gedichte u. Hymnen als Ausdruck der patriot. Hochstimmung der Epoche, z. T. mit eigenen Melodien. Außerdem Operntexte sowie einige Romanzen u. Lieder.

W: Bayard en Bresse, Sch. 1791; Chant de guerre pour l'armée du Rhin, G. 1792 (d. 1848); Hymne dithyrambique sur la conjuration de Robespierre, G. 1794; Essais en vers et en prose, 1796; Chant des vengeances, G. 1798; L'école des mères, Libr. 1798; Chant de combat, G. 1800; 50 Chants français, G. 1825; Macbeth, Libr. 1827; Historique et souvenirs de Quiberon, Aut. 1834. –

O. Comettant, Un nid d'autographes. Lettres inédites de R. de Lisle, 1885.

L: A. Lecomte, 1892; A. Lanier, 1907; M. Henry-Rosier, 1937; J. Hugonnot, 1960; E. Boissonnade, 1999; P. Milhoin, 2001.

Rouilliot, Pierre Jacques → Moreau, Hégésippe

Roumanille, Joseph, neuprovenzal. Dichter, 8. 8. 1818 Saint-Rémy/Bouches-du-Rhône – 24. 5. 1891 Avignon. Sohn e. Gärtners; Collège Tarascon; Lehrer in e. Kleinstadt, ab 1847 in Avignon; Korrektor in e. Druckerei, später Buchhändler. ∞ Rose Anaïs Gras. Gründung der provenzal.-regionalist. Bewegung des Félibrige auf dem Schloß Font-Ségugne (1854) zusammen mit den Dichtern F. Mistral, Th. Aubanel, A. Mathieu, J. Brunet, Tavan, P. Siera. R. gab ab 1859 die provenzal. Heimatzs. ›Armana prouvençau‹ sowie Werke des Félibrige heraus. – Bedeutend v. a. als provenzal. Heimatdichter; verwendet als e. der ersten mod. Autoren das Provenzal. als Lit.-Sprache nach dessen Niedergang im 14. u. 15. Jh.; kämpft für die kulturelle u. nationale Wiedergeburt der Provence u. um die Wiederbelebung ihrer lit. Tradition.

W: Li Margarideto, G. 1847; Li Capelan, Schr. 1851; Li Prouvencalo, Anth. 1852; Li Sounjarello, Schr. 1852; La part dou bon Dieu, Dicht. 1853; La Campano mountado, E. 1857; Lis Oubreto en vers, G. 1859; Lis Oubreto in proso, 1860; Li conte prouvencau e li cascareleto, En. 1884. – Œuvres complétes, III 1908, 1978; Œuvres poétiques, hg. F. Mistral 1981. – *Übs.:* Contes provençaux, 1911 (franz.); Contes choisis, 1911 (franz.).

L: J. Monné, 1894; J. de Terris, 1894; L. Cavène, 1902; J. R. Mariéton, 1903; C. Magnan, 1922; E. Ripert, 1946 u. 1948.

Rousseau, Jean Baptiste, franz. Dichter, 6. 4. 1670 Paris – 17. 3. 1741 Genette b. Brüssel. Sohn e. Schuhmachers; begann s. lit. Laufbahn als Satiriker, fühlte sich jedoch zur Bühne berufen. Mit Komödien u. Opern ohne Erfolg; wegen verletzender u. verleumder. Satiren u. geistreicher Epigramme gegen erfolgreichere Autoren 1712 aus Frankreich verbannt; flüchtete in die Schweiz; 1714–17 als Günstling des Prinzen Eugen in Wien, dann in Brüssel. 1721 Aufenthalt in England; lernte 1722 Voltaire kennen, mit dem er sich jedoch bald verfeindete. – Als Autor von Oden, Epigrammen u. als Lyriker von Zeitgenossen außerordentl. gefeiert u. als Nachfolger Malherbes u. Boileaus angesehen; zeigt sich als Neuerer in s. Kantaten. S. Dichtungen bezeugen Gefühl für Harmonie u. geschickte Verstechnik, s. Stil ermüdet durch schwülstige Feierlichkeit u. Rhetorik; keinerlei Unmittelbarkeit des Ausdrucks oder echte persönl. Empfindung.

W: Le café, K. 1694 (d. 1745); Jason ou la toison d'or, Op. 1696; Vénus et Adonis, Op. 1697; Le flatteur, K. 1697; Le capricieux, K. 1697; L'Hypocondre, Sch. o. J.; La dupe de lui-même, K. o. J. (d. 1754); La ceinture magique, Sch. o. J. (d. 1748); Lettres sur différents sujets de littérature, III 1750; Portefeuille de J. B. R., Tg. II 1751; Odes, Cantates, Poésies diverses, G. 1790; Cantates, hg. T. Di Scanno 1984. – Œuvres complètes, IV 1795; Œuvres lyriques, 1876; Lettres, V 1759f.; Correspondance, 1818, II 1911f.
L: A. Durivier, 1820; H. A. Grubbs, Princeton 1941; Z. Lévy, 1979.

Rousseau, Jean-Jacques, franz. Schriftsteller, 28. 6. 1712 Genf – 2. 7. 1778 Ermenonville b. Paris. Sohn e. protestant. Uhrmachers; s. Mutter starb kurz nach der Geburt; Jugend unter Vormundschaft s. Onkels Bernard; 1719–21 in Pension in Bossey, 1721–23 bei s. Onkel; nach erfolgloser Lehrzeit in e. Kanzlei, dann bei e. Graveur, begann R. ab 1728 e. abenteuerl. Wanderleben. Ging nach Annecy, wo Mme Warens sich um die Bekehrung junger Protestanten zum Katholizismus bemühte. Sie schickte ihn nach Turin zum Hospiz San Spirito; dort feierl. Konversion; anschließend vorübergehend Diener; kurzer Aufenthalt im Seminar von Annecy: Der Versuch, ihn zum Geistlichen zu machen, schlug fehl. Weitere Stationen s. Wanderlebens waren Fribourg, Lausanne, Neuchâtel, Paris; schließl. Rückkehr zu Mme de Warens nach Chambéry; sie schickte ihn 1732 nach Besançon zum Musikstud., ohne Erfolg. Vorübergehend Hauslehrer in Lyon, dann Liebhaber der Mme de Warens auf dem Landgut Les Charmettes; Autodidakt. 1741 nach Paris, wo er der Académie des Sciences ohne Erfolg e. neue Methode der Notenschreibung vorlegte; Bekanntschaft mit Fontenelle, Marivaux, Réaumur, Diderot. 1743 Gesandtschaftssekretär beim Grafen Montaigu in Venedig; kehrte 1744 nach Paris zurück. In dieser Zeit Bekanntschaft mit der Arbeiterin Thérèse Levasseur, die er nach 25jährigem Zusammenleben heiratete; ihre 5 Kinder brachte er ins Findelhaus. 1746 Sekretär von Mme Dupin; lernte Mme d'Epinay kennen. Aufnahme in den Kreis der Enzyklopädisten, arbeitete mit Voltaire zusammen an e. Oper. Durch s. in Dijon preisgekrönte Abhandlung ›Discours sur les sciences et les arts‹ über Nacht berühmt. 1754 Reise nach Genf; trat wieder zum Kalvinismus über u. wurde Bürger der Stadt Genf. 1756 bei Mme d'Epinay auf La Chevrette in Montmorency. Doch s. unglückl. Leidenschaft zu Mme d'Houdetot, der Schwägerin von Mme d'Epinay, u. die sich immer mehr vertiefende weltanschaul. Kluft zu den Enzyklopädisten ließen es 1757 mit diesem Kreis zum Bruch kommen. Lebte bis 1759 in Montlouis b. Montmorency, dann beim Marschall von Luxemburg. S. ›Émile‹ wurde öffentl. verbrannt. R. entging dem Gefängnis nur durch die Flucht, zuerst in die Schweiz, nach Yverdon, dann nach Motiers im Val Travers. Dort vertrieben, nahm er 1766 die Einladung des engl. Philosophen Hume nach England an, kehrte aber 1767 nach dem Bruch mit Hume wieder nach Frankreich zurück. Unstetes Wanderleben, bis er sich 1770 in Paris niederließ; lebte in strenger Zurückgezogenheit vom Notenkopieren. S. im Keim vorhandener Verfolgungswahn wurde immer stärker. Zog 1778 zum Marquis de Girardin nach Ermenonville; starb e. plötzl., nach manchen Behauptungen freiwilligen Todes. – Neben Voltaire bedeutendster franz. Schriftsteller u. Philosoph des 18. Jh. S. Romane wie s. philos. u. polit. Schriften gehen von den gleichen Grundgedanken aus: Der Mensch im Naturzustand ist gut, er wird erst durch die Gesellschaft verdorben; daher die Notwendigkeit e. größtmögl. Annäherung an die naturgegebenen Verhältnisse. Im soz. u. polit. Bereich (›Contrat social‹) bedeutet das die Ablehnung jedes Despotismus als der natürl. Freiheit u. Gleichheit aller Menschen widersprechend. Die Herrschaft soll entsprechend der ›Volonté générale‹ aufgrund e. freiwilligen, allg. bindenden Vertrags durch das Volk ausgeübt werden, wobei die bürgerl. Freiheit an die Stelle der natürl. Freiheit des einzelnen tritt. Um Freiheit u. Gleichheit aller Bürger zu garantieren, erscheint R. als wünschenswerteste Regierungsform die Demokratie, als prakt. wirksamste die Wahlaristokratie. Der pädagog. Roman ›Émile‹ bringt die Anwendung von R.s Lehre auf die Erziehung: Der natürl. Mensch wird durch s. Instinkt richtig geleitet; das Kind soll daher keinem Zwang gehorchen, sondern s. geistigen u. körperl. Fähigkeiten frei entwickeln. Im ›Glaubensbekenntnis des savoyard. Vikars‹ (›Emile‹ IV) definiert R. s. relig. Idee: Der Mensch im Naturzustand ist nicht sündig; er kennt keine relig. Dogmen u. Konfessionen; für ihn ist Gott in der Natur gegenwärtig. Diese Haltung verleugnet die Erbsünde wie die Erlösungsbedürftigkeit des Menschen u. damit die christl. Religion. S. Roman ›La nouvelle Héloïse‹ übt durch die gefühlvoll-pathet. Schilderung e. Leidenschaft u. ihrer Läuterung durch Verzicht, durch die Intensität e. neuen Naturgefühls u. durch die Schilderung e. idyll. Landlebens u. Familienglücks als Rückkehr zum einfachen u. natürl. Leben e. ungeheure Wirkung aus; die dichter. Prosa s. Stils macht ihn neben A. Chénier zum größten Dichter des Jh. Durch s. weltanschaul. Position, die in direktem Gegensatz zu den Enzyklopädisten u. Voltaire steht u. als Reaktion auf e. Kultur ohne relig., sittl. u. philos. Basis aufzufassen ist, wirkt R. belebend u. erneuernd auf alle Gebiete des geistigen Lebens, bes. durch s. Opposition gegen die einseitige Verherrlichung der Vernunft durch die

Aufklärung, der er e. neuen Kult des Gefühls entgegensetzt. S. Ruhm u. Einfluß sind schon zu s. Lebzeiten außerordentl.; s. Ideen wirken weiter in der Franz. Revolution; aus s. dichter. Werk entwickelt sich die Lit. der Romantik; die pädagog. Konzeption e. allg. umfassenden Menschenbildung basiert auf s. Thesen.

W: Discours sur les sciences et les arts, Abh. 1750 (komm. G. R. Havens, N. Y. 1946; d. 1752, franz./dt. K. Weigand ²1971); Le devin du village, Sgsp. 1752; Narcisse, K. 1752; Lettres sur la musique française, Schr. 1753; Discours sur l'origine de l'inégalité parmi les hommes, Abh. 1754 (n. B. de Jouvenel 1965; d. 1756, franz./dt. K. Weigand ²1971); Discours sur l'économie politique, Abh. 1755; Lettre à M. d'Alembert sur les spectacles, Abh. 1758; Julie ou La nouvelle Héloïse, R. 1761 (n. D. Mornet IV 1925f., komm R. Pomeau 1965; d. 1763, C. Moreck 1920); Du contrat social, Abh. 1762 (n. G. Beaulavon 1914; d. W. Widmer 1945); Emile, R. 1762 (n. L. Lecercle 1958, F. u. P. Richard 1961; d. 1762, M. Rang 1963); Lettres de la montagne, Schr. 1764; Les Confessions, Aut. 1765–70 (erschienen 1782–89; n. A. v. Bever III 1926, L. Martin-Chauffier 1933, J. Voisine 1964; d. 1786–1790, E. Hardt ⁴1971); Considérations sur le gouvernement de la Pologne, Abh. 1772; Rousseau juge de Jean-Jacques, Dial. 1776 (n. M. Foucault 1962); Rêveries du promeneur solitaire, Dicht. 1782 (n. M. Raymond 1948, J. Spink 1948, H. Roddier 1960; d. 1782, A. Nußbaum 1924, R. J. Humm 1943). – Œuvres complètes, hg. V. D. Musset-Pathay XXV 1823–26, C. Lahure XIII ²1913, B. Gagnebin, M. Raymond IV 1959–69, M. Launay 1967ff.; The Political Writings, hg. C. E. Vaughan, Oxf. II ²1962; Correspondance générale, XX 1924–34; Correspondance complète, hg. R. A. Leigh XXX 1965ff. – Übs.: SW, K. F. Cramer XI 1785–99, K. Grosse XL 1854; Briefe (Ausw.), F. M. Kricheisen 1947; Schriften, hg. H. Ritter 1978.

L: Annales de la Société J. J. R., 1905ff.; D. Mornet, Le Sentiment de la nature de J.-J. R. à Bernardin de Saint-Pierre, 1907; L. Ducros, III 1908–18; E. Faguet, III 1911f.; P. H. Masson, La Religion de R., III 1916; L. J. Courtois, 1924; E. H. Wright, The Meaning of R., 1929; A. Schinz, 1929; ders., 1941; H. Höffding, ⁵1936; H. Guillemin, Un homme, deux ombres, 1943; L. Derathé, Le Rationalisme de R., 1948; J. Guéhenno, III 1948–52, II 1962; J.-J. Chevallier, Les grandes œuvres politiques, II 1948; B. Groethuysen, 1949; D. Mornet, 1950; P. Burgelin, La philosophie de l'existence de J.-J. R., 1952, ²1973; ders., R. et la religion de Genève, 1962; F. C. Green, Lond. 1955; F. Glum, 1958; M. Rang, R.s Lehre vom Menschen, 1959; W. Ritzel, 1959; C. Gad, 1961; G. May, 1961; F. Jost, II 1961; F. Winwar, N. Y. 1961; G. Bretonneau, 1961; J.-J. R. 1712–1962, 1962; M. Eigeldinger, 1962; B. Gagnebin, 1962; M. Raymond, 1963; E. H. Wright, N. Y. ²1963; J. H. Broome, Lond. 1963; O. Voßler, R.s Freiheitslehre, 1963; C. W. Hendel, R. moraliste, ²1963; J.-J. R. et son œuvre: Problèmes et recherches, 1964; M. B. Ellis, Baltimore 1966; H. Röhrs, ²1966; L. Millet, 1966; M. Mead, 1966; C. Dédéyan, ²1966; M. Einaudi, Ithaca/N. Y. 1967; W. H. Blanchard, Lond. 1967; J. Derrida, 1967; M. Launay, 1968; C. Salomon-Bayet, 1968; R. D. Masters, Princeton 1968; I. Fetscher, ²1968; P. C. Mayer-Tasch, Autonomie und Autorität, 1968; R. Grimsley, Lond. ²1969; ders., The Philosophy of R., Lond. 1972; J. L. Lecercle, 1969; L. F. Clayton, hg. Lond. 1969; B. Baczko, 1970, 1974; J. Terrasse, 1970; J. Starobinski, ²1971; R. Trousson, R. et sa fortune littéraire, 1971; J. Roussel, J.-J. R. en France, 1972; G. Holmsten, 1972, ²1975; J. C. Hall, Lond. 1972; L. G. Crocker, N. Y. II 1973; R. Grimsley, Lond./N. Y. 1973; M. A. Airaghi, Florenz 1974; J. Charvet, Cambr. 1974; M. A. Perkins, Lexington 1974; R. Tullio de Rosa, Neapel 1975; A. Illuminati, Florenz 1975; D. Bensoussan, 1977; H. Babel, Genf 1978; M. Eigeldinger, Lausanne 1978; K. Seeberger, 1978; R. Ahrbeck, 1978; A. Tripet, Genf 1979; J. Sgard, M.-T. Bourez, Genf 1980; G. Gentile, Neapel 1980; J. Mounier, 1980; P. Casini, Rom 1981; M. Cranston, Lond. 1983; P. Coleman, Genf 1984; P. E. J. Robinson, N. Y. 1984; B. Mely, 1985; T. Todorov, 1985; K. Christ, 1998; C. Albes, 1999; C. Dartt, 1999; C. W. Norris, 1999; A. Adam, 1999; R. Brandt, 2000; J.-P. Gaul, 2001; R. Wilhelm, 2001; G. Goyard-Fabre, 2001; R. Riley, 2001; B. Méyer-Sickendieh, 2001; L. Mall, 2002; Yo Séité, 2002. – Bibl.: T. Dufour, II 1925; S. Jéquier, 1945; J. Sénelier, 1950; P. P. Plan, Table de la correspondance de J. J. Rousseau, 1953; C. Rosselet, Catalogue de la correspondance de J.-J. R., 1963.

Roussel, Raymond, franz. Erzähler, Lyriker u. Dramatiker, 20. 1. 1877 Paris – 14. 7. 1933 Palermo (Selbstmord). Aufgewachsen in der Obhut e. reichen, hyster. Mutter in der Atmosphäre mondäner Salons u. Badeorte; selber Hysteriker (4 Jahre Therapie bei P. Janet), hatte R. mit 19 e. Erleuchtungserlebnis, unter dessen Eindruck er ›La doublure‹, e. Roman in Alexandrinern, schrieb; widmete sich fortan ganz der Lit. Führte das Leben e. finanziell unabhängigen Exzentrikers u. Dandys, mit vielen Reisen, bes. in s. letzten Jahren. – Bedient sich mit ingeniöser Kombinatorik der sinnstiftenden Kraft des phon. Materials der Sprache zum Entwurf minutiös geschilderter visionärer Traumlandschaften, exzentr. Gestalten u. phantast. techn. ›Erfindungen‹; kehrt die traditionelle Kompositionsweise um, indem er Namen u. Charakteristika s. Figuren sowie Szenerie u. Handlungsabläufe auf assoziativem Weg aus latenten semant. Bezügen zwischen fragmentar. Sprachpartikeln ableitet. Von Proust geschätzt u. von den Surrealisten als Vorläufer reklamiert, blieb er gleichwohl als Schriftsteller zeitlebens unbeachtet; neuerdings sind s. Werke u. bes. s. in ›Comment j'ai écrit certains de mes livres‹ formulierten Gedanken zur Strategie des Schreibens theoret. Bezugspunkt einiger Vertreter des ›nouveau roman‹ (Robbe-Grillet, Butor, C. Simon u. bes. J. Ricardou). Gilt auch als Vorläufer des absurden Theaters.

W: La doublure, Dicht. 1897; La vue, Dicht. 1904; Impressions d'Afrique, R. 1910; Locus solus, R. 1914 (d. 1968), als Sch. 1924; L'étoile au front, Sch. 1925 (d. 1977); La poussière de soleils, Sch. 1927 (d. 1977); Nouvelles impressions d'Afrique, G. 1932 (d. 1980); Comment j'ai écrit certains de mes livres, Schr. 1935 (n. 1977). – GW, 1963ff.; Œuvres, VI 1998.

L: P. Janet, De l'angoisse à l'extase, 1926; J. Ferry, 1953; ders., 1964; M. Foucault, 1963; R. Heppenstall, Lond. 1966; B. Caburet, 1968; F. Caradec, 1972; J. H. Matthews, 1977; C. A. Durham, York 1982; Actes du Colloque de Nice, 1983; G. Adamson, Amst. 1984; E. P. Bazantoy, 1987; A. Lebrun, 1994; L. Busine, 1995; F. Caradec, 1997; M. Ford, 2000; C. E. Welles, 2001.

Rousselot, Jean, franz. Schriftsteller, * 27. 10. 1913 Poitiers. Vater Schmied. École Primaire Supérieure Poitiers. Durch Tod der Eltern gezwungen, s. Lebensunterhalt schon in jungen Jahren selbst zu bestreiten. Bis 1946 in der Verwaltung tätig, dann freier Schriftsteller; Mitarbeiter zahlr. Zsn. – Lyriker, Erzähler, Essayist von außergewöhnl. Produktivität. S. gesamtes Werk ist stark autobiograph. geprägt, insbes. von Kindheitserinnerungen, u. mit philos. Betrachtungen durchsetzt. In s. Lyrik e. Sänger der Unabhängigkeit des Geistes u. des Willens zum Leben trotz krit. existentieller Grenzerfahrungen.

W: Poèmes, G. 1934; Pour ne pas mourir, G. 1934; Emploi du temps, G. 1935; Journal, G. 1937; Le goût du pain, G. 1937; Les ballons, En. 1938; L'homme est au milieu du monde, G. 1940; Instances, G. 1941; Le poète restitué, G. 1941; Refaire la nuit, G. 1943; Arguments, G. 1943; Le sang du ciel, G. 1944; Toujours d'ici, G. 1946; La proie et l'ombre, R. 1945; Pas même la mort, R. 1946; M. Jacob, Es. 1946; La mansarde, G. 1946; Si tu veux voir les étoiles, R. 1948; Odes à quelques-uns, G. 1948; L'homme en proie, G. 1949; Le retour de la joie, En. 1949; O.-V. de L.-Milosz, Es. 1949; Deux poèmes, 1950; Le cœur bronzé, G. 1950; Les moyens d'existence, G. 1950; De quoi vivait Verlaine, Es. 1950; Poèmes choisis, 1951; Tristan Corbière, Es. 1951; P. Reverdy, Es. 1951; Les papiers, R. 1951; Décombres, G. 1952; Panorama critique des nouveaux poètes français, 1952; E. A. Poe, Es. 1953; Le chant du cygne, En. 1953; Le pain se fait la nuit, G. 1954; Il n'y a pas d'exil, G. 1954; Une fleur de sang, R. 1955; B. Cendrars, Es. 1955; Si je n'y puis rien changer, G. 1955; Le temps d'une cuisson d'ortie, G. 1955; Le luxe des pauvres, R. 1956; Diane de Poitiers, Es. 1956; Agrégation du temps, G. 1957; Les heureux de la terre, En. 1957; La Fayette, Es. 1957; Liszt, Es. 1958; Etranges pénitents, G. 1958; M. Fombeure, Es. 1958; A. Joszef, Es. 1958; Gengis Khan, Es. 1959; Orlando Pelayo, Es. 1959; Le premier mot fut le premier éclair, G. 1959; La vie passionnée de Wagner, Es. 1960; Les lâches vivent de l'espoir, R. 1960; Le roman de V. Hugo, Es. 1961; La vie passionnée de Berlioz, Es. 1962; Sicile, Es. 1962; Distances, G. 1963; W. Blake, Es. 1964; Un train en cache un autre, R. 1965; A. d'Aubigné, Es. 1966; V. Hugo, phare d'ébloui, Es. 1966; Chopin, Es. 1968; Mort ou survie du langage, Es. 1969; A qui parle de vie, G. 1972; Les Moyens d'existence, 1977; Déchants, 1985; Pour ne pas oublier d'être, Ess. 1990; Le spectacle continue, G. 1992; M. Jacob au sérieux, Ess. 1994.

L: A. Marissel, 1960.

Roussin, André (Jean Paul), franz. Dramatiker, 22. 1. 1911 Marseille – 3. 11. 1987 Paris. Sohn e. Industriellen; Stud. in Marseille u. Aix-en-Provence; Schauspieler der Truppe ›Rideau gris‹ von L. Ducreux, dort 1934–43 Mitdirektor. Erste Bühnenstücke in Zusammenarbeit mit L. Ducreux während der dt. Besatzung. Wurde durch ›La petite hutte‹ u. ›Les œufs de l'autruche‹ schnell berühmt. 1973 Mitglied der Académie Française. – Meister der leichten, amüsanten, meist erot. Boulevardkomödie von virtuoser Bühnentechnik; glänzende Dialoge überdecken die konventionelle Thematik s. Stücke u. den Mangel an neuen Ideen; unproblemat. Unterhaltungstheater mit erprobten, publikumswirksamen Mitteln, daher s. durchschlagender Erfolg.

W: Am-Stram-Gram, Lsp. 1943; Une grande fille toute simple, Lsp. 1944 (Komödianten kommen, d. 1953); La Sainte Famille, Lsp. 1946; La petite hutte, Lsp. 1947 (d. 1977); Les œufs de l'autruche, Lsp. 1948; Nina, Lsp. 1949 (Eine ungewöhnliche Frau, d. 1953; auch u. d. T. Viola); Bobosse, Lsp. 1950; Lorsque l'enfant paraît, Lsp. 1951; La main de César, Lsp. 1951; Hélène ou la joie de vivre, K. 1952; Patiences et impatiences, Erinn. 1953; Le mari, la femme et la mort, Lsp. 1954 (d. 1958); L'amour fou, Lsp. 1955; La mamma, K. 1956; Le mal court, K. 1957; Une femme qui dit la vérité, K. 1960 (Die Schule der Gatten, d. 1970); Les glorieuses, K. 1961; Un amour qui ne finit pas, K. 1963 (d. 1976); Un contentement raisonnable, Ess. 1965; La locomotive, K. 1967; Comédies du mensonge et de la vérité, 1967; La Boîte à couleurs, Es. 1974; Le rideau rouge, K. 1981; Comédies bourgeoises, Abh. 1982; Treize Comédies en un acte, 1987. – Comédies, VI 1959–64.

Roux, Paul Pierre → Saint-Pol-Roux

Rovani, Giuseppe, ital. Erzähler, 12. 1. 1818 Mailand – 26. 1. 1874 ebda. Stud. und Hauslehrer ebda. 1849 Teilnahme an der Verteidigung der Röm. Republik, mußte anschließend ins Tessin/ Schweiz fliehen. Dort Umgang mit Mazzini, Cattaneo u. a. emigrierten Patrioten. Später in Mailand, Mitbegr. der ›Scapigliatura‹. – Erzähler hist. Romane. S. von Manzoni angeregter Romanzyklus ›I cento anni‹ gibt e. kaleidoskopartiges, anekdot. Kulturbild Italiens von 1749 bis 1849 mit zahlr. kulturhist. Exkursen. Weniger bedeutend als Essayist.

W: Lamberto Malatesta, R. II 1843; Valenzia Candiano, R. 1844; Manfredo Pallavicino, R. IV 1845f.; Storia delle lettere e delle arti in Italia, Schr. IV 1855–58; Cento anni, R. V 1859–64 (erw. II 1868f.; n. B. Gutierrez II 1944; IV 1960); La Libia d'oro, R. 1868 (hg. C. Cordié 1945); La giovinezza di Giulio Cesare, R. 1872 (n. 1937).

L: P. Nardi, La scapigliatura, 1924 (m. Bibl.); C. Dossi, Rovaniana, II ²1946; G. Baldi, 1967; P. Nardi, 1975; S. Tamiozzo Goldmann, 1994.

Rovetta, Gerolamo, ital. Erzähler und Dramatiker, 30. 11. 1851 Brescia – 8. 5. 1910 Mailand. Aus wohlhabendem Bürgertum; lebte in Mailand. – Vertreter des Verismus. Verfaßte etwa 15 Romane und Novellenbücher sowie etwa 20 Dramen mit Stoffen aus dem Alltag der lombard. Gesellschaft nach 1870; gern gelesene, zeitdokumentar. wertvolle Romane in lebendiger, wenn auch mitunter überladener Prosa. Bes. Widerhall fand das hist. Drama ›Romanticismo‹, das noch heute auf den ital. Bühnen erfolgr. aufgeführt wird: Es schildert das Schicksal des Grafen Vitaliano Lamberti, der durch s. große Vaterlandsliebe die Achtung und die Treue s. Gattin wiedererlangt, die im Begriff war, ihn zu betrügen.

W: Ninnoli, En. 1882; Mater dolorosa, R. 1882; I Barbarò o Le lagrime del prossimo, R. II 1888, Dr. 1890; Alla Città di Roma, Dr. 1888; La trilogia di Dorina, Dr. 1890; I disonesti, Dr. 1893; La baraonda, R. 1894, Dr. 1905; La realtà, Dr. 1895; Il Tenente dei lancieri, R. 1896; Novelle, 1898; La signorina, R. 1899; Romanticismo, Dr. 1903; Il re burlone, Dr. 1905; Papà Eccellenza, Dr. 1908. – Teatro, 1905.

L: P. Hazard, Paris 1911; E. Bevilacqua, 1931.

Rowe, Nicholas, engl. Dramatiker, 30. 6. 1674 Little Barford/Bedfordshire – 6. 12. 1718 London. Sohn e. Rechtsanwalts, in Westminster School erzogen. Stud. Jura. E. reiche Erbschaft 1692 ermöglichte es ihm, sich ganz der Lit. zu widmen. ∞ 1698 Antonia Parsons, ∞ 1717 Anne Devenich. Eng befreundet mit Pope, Swift, Addison. Versch. einträgl. Posten, u. a. Unterstaatssekretär. Erster krit. Hrsg. und Biograph Shakespeares (VI 1709). 1715 zum ›poet laureate‹ ernannt. In Westminster Abbey beigesetzt. Epitaph von Pope. – S. wirkungsvollen pathet. Blankversdramen, die durch Darstellung leidender Frauenfiguren an das menschl. Mitgefühl appellieren wollen, nähern sich dem bürgerl. Trauerspiel. Übersetzte Boileaus ›Lutrin‹ (1708) und Lukan (II 1720).

W: The Ambitious Step-mother, Dr. 1701; Tamerlane, Dr. 1702 (n. L. C. Burns 1966); The Fair Penitent, Dr. 1703; The Tragedy of Jane Shore, Dr. 1714 (hg. H. W. Pedicord 1975, Faks. 1973); Tragedy of Lady Jane Gray, Dr. 1715 (n. 1980). – Works, hg. Dr. Johnson II 1792 (n. 1947); Plays, hg. E. Inchbald 1808 (n. 1970); Three Plays, hg. J. R. Sutherland 1929 (n. 1968).

L: J. D. Canfield, R. and Christian Tragedy, 1977; R. Stender, 1992; F. Alvermann-Ronge, 1993.

Rowley, William, engl. Dramatiker, 1585–1642 London(?). Über s. Leben ist wenig bekannt. Vor 1610 Schauspieler in Queen Anne's Company, später unter Henslowe, berühmt für seine Verkörperung komischer Rollen. Vielfach Gemeinschaftsarbeit mit anderen Dramatikern. Erzielte s. besten Leistungen in Zusammenarbeit mit Middleton, v. a. in ›The Changeling‹. – Alleinautor von ›A Shoemaker, A Gentleman‹ sowie ›All's lost by Lust‹, ferner Vf. e. satir. Pamphlet und von Elegien.

W: A Search for Money, Schr. 1609; Fortune by Land and Sea, Sch. (1609; m. Heywood); A Faire Quarrell, Sch. 1617 (m. Middleton); A New Wonder, a Woman never Vext, K. 1632; All's Lost by Lust, Tr. (1619) 1633 (n. C. W. Stork 1910); A Match at Mid-night, K. (1623) 1633 (n. P. Thomson 1964, G. W. Williams 1966); A Shoe-maker a Gentleman, K. (1608) 1638; The Changeling, Tr. (1624) 1653 (m. Middleton; n. C. Leech 1958, N. W. Bawcutt 1970); The Spanish Gipsie, Dr. (1623) 1653 (m. Middleton); The Witch of Edmonton, Tragikom. (1621) 1658 (m. Dekker u. Ford; d. F. Bodenstedt 1860); The Thracian Wonder, K. 1661 (m. Webster oder Middleton, hg. M. Nolan 1997); The Birth of Merlin, Tragikom. 1662 (d. L. Tieck 1823).

L: C. W. Stork, 1910.

Rowling, Joanne K(athleen), engl. Kinderbuchautorin, * 31. 7. 1965 Gloucestershire. Stud. Exeter University, Lehrerin. Auslandsaufenthalte in Frankreich u. Portugal. – Mit ihrem auf sieben Bände angelegten Debütwerk ›Harry Potter‹ gelang R. der internationale Durchbruch. In e. parallel zu unserer Welt bestehenden Zauberwelt müssen die Hauptfigur Harry Potter u. s. Freunde Abenteuer gegen das personifizierte Böse Lord Voldemort bestehen, der ihre Schule Hogwarts u. die ganze Welt bedroht.

W: Harry Potter and the Philosopher's Stone, R. 1997 (auch u. d. T. Harry Potter and the Sorcerer's Stone; d. 1998); Harry Potter and the Chamber of Secrets, R. 1998 (Harry Potter und die Kammer des Schreckens, d. 1999); Harry Potter and the Prisoner of Azkaban, R. 1999 (d. 1999); Harry Potter and the Goblet of Fire, R. 2000 (d. 2000); Harry Potter and the Order of the Phoenix, R. 2003 (d. 2003).

L: M. Shapiro, 2000 (d. 2000); J. Knobloch, 2000; S. Smith, 2002 (d. 2002).

Rowson, Susanna (geb. Haswell), anglo.-amerik. Schriftstellerin, 25. 2. 1762 Portsmouth – 2. 3. 1824 Boston. Lebte in Massachusetts, wo ihr Vater als Marineoffizier stationiert war. – Schauspielerin, Begründerin e. Mädchenschule. Vf. von Romanen, Essays, Bühnenstücken und Gedichten; ›Charlotte‹, e. der ersten in Amerika publizierten Romane, ist e. schwächere Version von Richardsons ›Pamela‹, aber ansprechend durch moral. Aufgeschlossenheit.

W: Victoria, R. 1786; Mary, R. 1787; The Inquisitor, R. III 1788; Poems on Various Subjects, G. 1788; A Trip to Parnassus, G. 1788; Mentoria, R. 1791; Charlotte, A Tale of Truth, R. II 1794 (auch u. d. T.. Charlotte Temple; n. 1970; Die Getäuschte, d. 1815); Rebecca, Aut. 1794; Slaves in Algier, Op. 1794; Trials of the Human Heart, R. 1795; Americans in England, K. 1796; Reuben and Rachel, R. 1798; Miscellaneous Poems, 1804; Sarah,

R. 1813; Charlotte's Daughter, R. 1828 (auch u.d.T. Lucy Temple).

L: E. Nason, 1870; R. W. G. Vail, 1933; D. Weil, In Defense of Women: S. R., 1976; P. L. Parker, 1986.

Roy, Arundhati, ind. Romanautorin, * 24. 11. 1961 Shillong. Mit syr.-christl. Hintergund in Kerala; seit dem Welterfolg von ›The God of Small Things‹, ihrem bisher einzigen Roman, Vf. sozial- u. kulturkrit., ökolog.-reformer. Essays u. engagierte Fürsprecherin der Kastenlosen in Indien. – In ihrem autobiograph. unterlegten Schlüsselroman deckt sie in poet. eindringl. Sprache e. abgründige südind. Welt von Unterdrückung, Brutalität und Erbarmungslosigkeit auf, die ihre Opfer in Frauen, Kindern und Kastenlosen findet.

W: The God of Small Things, R. 1997 (d. 1997); The End of Imagination, Es. 1998 (Das Ende der Illusion, d. 1999); The Greater Common Good, 1999.

L: R. K. Dhawan, hg. 1999; A. P. Sharma, 2000; R. S. Pathak, 2001; J. Mullaney, 2002.

Roy, Claude (eig. C. Orland), franz. Schriftsteller, 28. 8. 1915 Paris – 13. 12. 1997 ebda. Sohn e. Malers; längere Zeit in der Provinz, dann in Paris; Mitarbeit an rechtsextremist. Zeitungen; Kriegsteilnehmer; Gefangenschaft, Flucht, Résistance, zeitweilig Anhänger der KP; bis 1946 Kriegskorrespondent, dann versch. Reisen: Italien, Skandinavien, USA, Nordafrika, China, Korea. – Vielseitiger Schriftsteller u. Essayist; impressionist. Lyriker, Schüler von Aragon. S. Romanen fehlt trotz ausgezeichneter Details die innere Einheit. S. Werk ist der Versuch, totalitäre polit. Ideologie mit Romantik zu verbinden.

W: L'enfance de l'art, G. 1941; La mer à boire, R. 1944; J. Supervielle, Es. 1947; La nuit est le manteau des pauvres, R. 1948; Le poète mineur, G. 1949; Clefs pour l'Amérique, St. 1949; Descriptions critiques, Ess. VI 1949–65; Clefs pour la Chine, St. 1953; Le commerce des classiques, Abh. 1953; Un seul poème, G. 1954; Le soleil sur la terre, R. 1956; L'amour de la peinture, Abh. 1956; Le malheur d'aimer, R. 1958; La main heureuse, Abh. 1958; Le verbe aimer, Ess. 1964; L'amour du théâtre, Es. 1965; Défense de la littérature, Es. 1968; J. Vilar, Es. 1968; Moi, je, Aut. 1969; Poésies, 1970; Les soleils du romantisme, Es. 1974; Somme toute, Mem. 1976; Saistu si nous sommes encore loin de la mer?, G. 1979; La traversée du Pont des Arts, R. 1979; La poésie populaire, G. 1981; Permis de séjour 1977–1982, Tg. 1983; Temps variable avec éclaircies, Es. 1984; À la lisière du temps, G. 1985; Le pas du silence, 1993; Balthus, 1996; Les chemins croises, 1994–1995, 1997; Poèmes à pas de Pomp, 1992–1996, 1997.

L: R. Grenier, 1971; K. Kiddes, 2002.

Roy, Gabrielle, franz.-kanad. Romanschriftstellerin, 22. 3. 1909 St. Boniface/Manitoba – 13. 7. 1983 Quebec. Lehrerinnenausbildung in Winnipeg. 1937–39 Europareise: Paris und London. Seit 1939 in Montreal. ∞ 1947 Marcel Carbotte. Mitarbeiterin versch. Zsn. – Vf. erfolgr. Romane über das Leben in Kanada.

W: Bonheur d'occasion, R. 1945; La petite poule d'eau, R. 1950 (d. 1953); Alexandre Chenevert, R. 1954 (Gott geht weiter als wir Menschen, d. 1956); Rue Deschambault, R. 1957; La route d'Altamont, En. 1966; Les enfants de ma vie, 1973; Fragiles lumières de la terre, 1978; De quoi t'ennuies-tu, Eveline, 1982; La détresse et l'enfantement, 1984.

L: F. Ricard, 1974; A. Micham, 1983; P. Lewis, The Literary Vision of R., 1984; M. G. Hesse, 1984.

Roy, Jules (Desirée), franz. Schriftsteller, 22. 10. 1907 Rovigo/Algerien – 15. 6. 2000 Vézelay. Aus Bauernfamilie, Theol.-Stud. am Seminar in Algier; in der franz. Luftwaffe; Leiter des Informationsdienstes der Luftwaffe; nahm 1953 als Oberst s. Abschied. – Hauptthema s. Romane, Reportagen, Gedichte u. zwei Schauspiele ist das Erlebnis des Fliegens in der Solidarität der Mannschaft, das die Verlorenheit des einzelnen überwindet, im Gegensatz zu den einsamen Piloten s. Vorbildes Saint-Exupéry. S. nüchterner u. strenger Stil hat sich in s. Bühnenstücken u. Reportagen als ausgezeichnetes dramat. Ausdrucksmittel erwiesen.

W: Ciel et terre, R. 1943; Chants et prières pour des pilotes, G. 1946; La vallée heureuse, R. 1946 (d. 1948); Retour de l'enfer, Rep. 1951; Beau sang, Dr. 1952; La bataille dans la rizière, Rep. 1953; Les cyclones, Dr. 1954 (d. 1954); Le navigateur, R. 1954 (Der Überlebende, d. 1956); La femme infidèle, R. 1955 (d. 1957); Les flammes de l'été, R. 1956; Nico à la découverte du ciel, R. 1956; Le métier des armes, R. 1957; L'homme à l'épée, Es. 1957; Le fleuve rouge, Dr. 1957; Les belles croisades, R. 1959; La guerre d'Algérie, 1960 (d. 1961); La bataille de Dien-Bien-Phu, Ber. 1963 (d. 1964); Passion et mort de Saint-Exupéry, Es. 1964 (d. 1965); Le voyage en Chine, Ber. 1965; Le grand naufrage: chronique du procès Pétain, St. 1966; Les chevaux du soleil, R. VI 1968–72; Sa Majesté Monsieur Constantin, Dr. 1970; Danse du ventre au-dessus des canons, R. 1976; Le désert de Retz, R. 1978; Les chercheurs de dieux, E. 1981; Une affaire d'honneur, E. 1983; J. Hayat, 2000; G. Calmettes, 2001.

Roy, Vladimír, slovak. Dichter, 17. 4. 1885 Kochanovce – 6. 2. 1936 Nový Smokovec. Stud. evangel. Theol. in England, Redakteur versch. Zss. – Angeregt bes. von der europ. Neuromantik u. der schule. Moderne, begann R. mit pessimist. Betrachtungen über den Sinn des Seins, verfiel in quälende Analyse, kehrte jedoch immer wieder zur nationalen Realität zurück. Meisterhafter Übs.

W: Rosou a tŕním, G. 1921; Keď miznú hmly, G. 1921; Cez závoj, G. 1927; Peruťou sudba máva, G. 1927; In memoriam, G. 1934. – Básne, Ausw. 1963; Temné l'alie, Ausw. 1980.

L: J. Brezina, Básnik V. R., 1961.

Royová, Kristina, slovak. Schriftstellerin, 18. 8. 1860 Stará Turá – 27. 12. 1936 ebda. Redakteurin, ihr ganzes Leben verbrachte sie im Geburtsort. – Schrieb romantisierend-sentimentale Prosa mit stark relig. u. didakt. Akzenten. Zahlreiche Publ. auch im Ausland.

W: Bez Boha na svete, R. 1893; Splnená túžba, N. 1900; Bludári, R. 1901; Šťastie, R. 1903; Divné milosrdenstvo, N. 1904; Ako kvapôčka putovala, M. 1909; Ako prišly lašťovičky domov, M. 1910; Ako zomrel slávičok, M. 1910; Za presvedčenie, R. 1912; Opilcovo dieťa, R. 1921; Štyri rozprávočky pre veľké i malé deti, M.-Ausw. 1921. – Výber zo spisov (Ausw.), V 1990/91.

Rožanc, Marjan, slowen. Autor u. Essayist, 21. 11. 1930 Ljubljana – 18. 9. 1990 ebda. Graphikschule, freier Schriftsteller. Mehrfach in Haft wegen angebl. feindl. Propaganda. – Gehört der Generation an, die sich vom Sozialist. Realismus ab- u. e. mod., gesellschaftskrit. Prosa zuwendet.

W: Mrtvi in vsi ostali, Nn. 1959; Demon Iva Daneva, Ess. 1969; Zračna puška, Nn. 1971; Vstajenje mesa, Nn. 1980; Metulj, R. 1981; Evropa, Ess. 1987; Labodova pesem, En. 1988; Svoboda in narod, Aut. 1988; Umor, R. 1990; Brevir, Ess. 1991.

L: J. Mihelač, 1994.

Rozanov, Vasilij Vasil'evič, russ. Schriftsteller und Kritiker, 2. 5. 1856 Vetluga (ehem. Gouv. Kostroma) – 5. 2. 1919 Sergiev Posad. Stud. Geschichte u. Geographie Moskau, Lehrer in der Provinz, übersiedelte 1883 nach Petersburg, später Mitarbeiter konservativer u. auch liberaler Ztn.; wurde erst durch s. Buch über Dostoevskij bekannt. – Bemerkenswert durch lit. Begabung, unnachahml. Stil u. Eigenständigkeit s. Denkens; in der philos. Abhandlung ›Über das Verstehen‹ (O ponimanii) ist Hegels Einwirkung erkennbar; bringt in s. religionsphilos. Werken kühne, widerspruchsvolle, teils heidn., teils alttestamentl. Gedanken zum Ausdruck; übte mit s. Schriften zur Ehe- und Familienfrage mildernden Einfluß auf die russ. Gesetzgebung bezügl. unehel. Kinder aus; die Besonderheit s. Stils ist v. a. in der Sammlung paradoxer Aphorismen ›Abgefallene Blätter‹ (Opavšie list'ja) wahrzunehmen.

W: O ponimanii, Abh. 1886; Legenda o velikom inkvizitore F. M. Dostoevskogo, Abh. 1894 (n. 1970; d. 1924); Literaturnye očerki, Sk. 1899; Religija i kul'tura, Aufs. 1899; V mire nejasnogo i nerešennogo, Abh. 1901; Semejnyj vopros v Rossii, Abh. II 1903; Okolo cerkovnych sten, Abh. 1906; Tëmnyj lik, Abh. 1911; Ljudi lunnogo sveta, Abh. 1911; Opavšie list'ja, Sk. II 1913–15; Uedinënnoe, Sk. 1915; Apokalipsis našego vremeni, Aufs. 1917. – Sočinenija, 1990.– *Übs.:* Solitaria (ausgew. Schrn.), 1963.

L: E. Gollerbach, 1918; V. Šklovskij, 1921; M. Spasovskij, 1921; P. Leskovec, Rom 1958; R. Poggioli, Lond. 1962; A. Aronson, 1973; A. L. Crone, 1978; A. Sinjavskij, 1982.

Roždestvenskij, Robert Ivanovič, russ. Dichter, 20. 6. 1932 Kosicha (Altaigebiet) – 18. 8. 1994 Peredelkino, Geb. Moskau. Stud. Moskau im Institut f. Lit. – Schrieb Gedichte großenteils publizist. Charakters ohne Tiefgang, die im Deklamator. Einwirkung Majakovskijs zeigen. Nach Stalins Tod kurzfristig liberal, paßte er sich bald der Parteilinie und ihrer Propagierung an.

W: Neobitaemye ostrova, G. 1962; Za dvadcat' let, G. 1973; Golos goroda, G. 1977; Semidesjatye, G. 1980. – Izbrannye proizvedenija (AW), II 1979.

Rozenberga- Pliekšāne, Elza → Aspazija

Różewicz, Tadeusz, poln. Lyriker, Dramatiker u. Erzähler, * 9. 10. 1921 Radomsko. Sohn eines Gerichtsangestellten. Bis 1938 Besuch des Gymnasiums. Nach Kriegsausbruch Gelegenheitsarbeiter. 1942 konspirativer Offizierslehrgang. Bis Nov. 1944 ein Jahr als Unteroffizier in e. Partisaneneinheit der Untergrundarmee (AK). Stud. Kunstgeschichte Krakau. Meidet die richtungweisenden Literaturzentren: Läßt sich 1949 in Gleiwitz nieder, lebt seit 1968 in Breslau. – Das umfangreiche u. überaus vielseitige Werk nimmt e. Schlüsselstellung in der poln. Nachkriegslit. ein. R. gilt schon seit Jahren als der ›jüngste Klassiker‹. Begriffe wie ›R-Schule‹, ›R-Poetik‹, ›R.-Stil‹ sind zum Instrument lit.wiss. Analyse geworden. Seine Debüts in der Lyrik (1947) u. im Drama (1960) brachen radikal traditionelle Normen u. installierten neue poetische Muster. Die Schreckensvisionen des Krieges determinierten s. Poetik. Aus dem tiefen Mißtrauen dem Wort gegenüber entstand e. Sprache, die einfach u. schmucklos, knapp u. auf Sachlichkeit bedacht ist, sie meidet die Metapher, scheut weder Mißtöne noch e. gewisse Brutalität. Eine Tendenz zu epischer Sachlichkeit und dialogischer Strukturierung zeichnet die Lyrik aus. Es waren zunächst die materiellen u. geistigen Zerstörungen des Krieges, die R.s Entsetzen u. Protest hervorriefen, später richtet sich sein Nein gegen den Verfall humanist. Werte u. die Krisenerscheinungen der Konsumgesellschaft. Im Spätwerk wird die Tragik weniger im Kontext gesellschaftl. u. histor. Einwirkungen gesehen, sondern mehr und mehr als Folge biolog. bedingter und auf das Ende, auf das Sterben weisender Zwänge. Eigenwillig u. innovatorisch auch das Dramenverständnis, das sich kompromißlos gegen das traditionelle, von Held u. Handlung determinierte Theater stellt. Zur zentralen Ausdrucksform wird die atmosphärische Gestimmtheit, das zwischen den Worten stehende Schweigen, das Nichtgesagte, die Bewegungslosigkeit. Das Historische ist nur Anlaß zur Aktualisierung existentieller Verhaltensweisen, die in biolog. u. psych. Zwänge eingebunden sind. Das gesamte lit. Werk ist geprägt vom Gattungssynkretismus u. moralist. Grundhaltung, es ist keiner lit. Mode unterworfen.

W: Echa leśne; Mem., G. (1944) gedr. 1985; Niepokój G. 1947; Czerwona rękawiczka, G. 1948; Srebrny kłos, G. 1955; Uśmiechy, G. 1955; Poemat otwarty, G. 1956; Formy, G. 1958; Przerwany egzamin, En. 1960; Rozmowa z księciem, G. 1960; Kartoteka, Dr. 1960; Zielona róża, G. 1961; Głos anonima, G. 1961; Nic w płaszczu Prospera, G. u. Dr. 1962; Twarz, G. 1964; Wycieczka do muzeum, En. 1966; Twarz trzecia, G. 1968; Regio, G. 1969; Śmierć w starych dekoracjach, E. 1970 (Der Tod in der alten Dekoration, d. 1973); Przygotowanie do wieczoru autorskiego, Mem., Dr. 1971, ²1977 (Vorbereitung zur Dichterlesung, d. 1979); Białe małżeństwo, Dr. 1975; Pułapka, Dr. 1982; Na powierzchni poematu i w środku, G. 1983; Języki teatru, Dial. 1989 (m. K. Braun); Płaskorzeźba, G. 1991; Kartoteka rozrzucona, Dr. 1994; Zawsze fragment, G. 1996; Recycling, G. 1998; Matka odchodzi, Mem., G. 1999; Nożyk profesora, G. 2001; Szara strefa, G. 2002. – Poezje zebrane (sämtl. G.), 1957, 1971, 1976, II 1988; Utwory dramatyczne, Drn.-Ausw. 1966, 1994; Sztuki teatralne, Drn.-Ausw. 1972; Teatry (G., Drn.), II 1988; Proza (sämtl. Prosa), 1973, II 1990. – Übs.: Formen der Unruhe, G. 1965; Der unterbrochene Akt, Drn. 1966; Offene Gedichte, 1969; Stücke, 1974; Schattenspiele, G. 1979; Gedichte. Stücke, 1983; Überblendungen, G. 1987; Das unterbrochene Gespräch., G. poln./dt. 1992; Letztendlich ist die verständliche Lyrik unverständlich, G. 1996; Niepokój. Formen der Unruhe, G. poln./dt. 1999; Zweite ernste Verwarnung, G. 2000.

L: H. Vogler, 1972; S. Gębala, Teatr R., 1978; S. Burkot, 1987; T. Drewnowski, Walka o oddech. O pisarstwie T. R., 1990; H. Filipowicz, A Laboratory of Impure Forms. The Plays of T. R., 1991 (poln. 2001); Świat integralny. Pół wieku twórczości T. R., 1994; Z. Majchrowski, 2002.

Rozītis, Pāvils, lett. Schriftsteller, 1. 12. 1889 Liepa – 20. 2. 1937 Riga. Hofbesitzerfamilie; früh Halbwaise u. besitzlos; örtliche Schule, 1901–07 Schulen Valmiera; 1908/09 Propädeutikum St. Petersburg; 1910–14 Volksuniv. Moskau; 1914/15 Redakteur; 1915–18 Baku, Ölkonzern; ab 1918 Valka, dann Riga; Schriftsteller, Journalist, Beamter im Bildungsministerium; 1921–26 Redakteur der Zs. ›Ritums‹, VWL- u. Jura-Stud.; diverse öffentliche u. kulturelle Ämter. – Nach romant.-symbolist. Lyrik später Vorliebe für strenge Formen; oft soz. Themen, breites Spektrum an Genres; Übs. (Longos).

W: Kaijas, G. 1910; Zīļu rota, G. 1918; Granātu ziedi, En. 1920; Zobens un lilija, G. 1920; Portrejas, En. 1922; Mans korāns, G. 1923; Krāces, En. 1925; Ceplis, R. 1928; Skaidas, En. 1935; Valmieras puikas, R. 1936; Sarunas, G. 1936. – Kopoti raksti (GW), X 1937–39; Raksti (W), V 1961–62.

Rozov, Viktor Sergeevič, russ. Dramatiker, * 21. 8. 1913 Jaroslavl'. Bis 1941 Schauspieler u. Regisseur, Mitte der 1950er Jahre e. der bedeutendsten russ. Dramatiker, lebt in Moskau. – Stellt menschl.-eth. Probleme in der jeweiligen aktuellen Gegenwart dar, hebt dabei den Familienkreis ins Typ. In ›Zatejnik‹ veranschaulicht er an e. trag. Liebe den Mißbrauch der Macht unter Stalin u. s. Auswirkungen im privaten Bereich, in ›Gnezdo glucharja‹ greift er den Erfolgstyp des Opportunisten u. Zynikers in der Sowjetgesellschaft an. In ›Kabančik‹ analysiert er das Problem, Sohn e. wegen Wirtschaftsverbrechen verurteilten hohen sowjet. Funktionärs zu sein.

W: V dobryj čas, 1954; Večno živye, 1956; V doroge, 1962; Pered užinom, 1962; Zatejnik, 1966 (dt./russ. 1977); Tradicionnyj sbor, 1967; Gnezdo glucharja, 1978; Kabančik, 1986. – V poiskach radosti (W), 1959; Moi šestidesjatye... (W), 1969; V dobryj čas (W), 1973; Izbrannye, Ausw. 1983. – Übs.: Auf der Suche nach Freude, Stücke 1975; Stücke, 1982.

L: A. Anastas'ev, 1966.

Ṛtusaṃhāra → Kālidāsa

Ruan Ji, chines. Dichter, 210–263. R. lebte in polit. unruhigen Zeiten; den Herrschern des Reiches Wei nahestehend, erlebte er dessen Niedergang. Als e. der ›Sieben Weisen vom Bambushain‹ zieht sich R. enttäuscht in Rausch und daoist. Mystik zurück. – In s. 82 pentametr. Gedichten wird allegor. die Suche nach Reinheit und Erlösung von den Unwägbarkeiten des Daseins beschrieben; Kritik in verhüllter Form an polit. und soz. Mißständen. Andere Themen sind Fragen der daoist. Philos. R.s bekanntester Prosatext ›Biographie von Meister Großmann‹ zeichnet e. utop. Existenz, die frei von soz. Zwängen ist.

W: Ruan Ji ji, GW 1978.

L: D. Holzman, Poetry and Politics, Cambr. 1976 (m. Übs.).

Ruark, Robert (Chester), amerik. Schriftsteller, 29. 12. 1915 Wilmington/NC – 1. 7. 1965 London. Journalist, Korrespondent. – Nach Vorbild Hemingways modellierte Romane: ›Horn of the Hunter‹ erzählt von Safari in Afrika, ›Something of Value‹ vom Mau-Mau-Aufstand in Kenia mit blutigen Detailbeschreibungen; ›Old Man‹-Romane als fiktionalisierte Autobiographie über Verhältnis zum Großvater.

W: Grenadine Etching, R. 1947; I Didn't Know It Was Loaded, 1948; One for the Road, 1949; Grenadine's Spawn, 1952; Horn of the Hunter, R. 1953; Something of Value, R. 1955 (Die schwarze Haut, d. 1955); The Old Man and the Boy, autobiograph. R. 1957; Poor No More, autobiograph. R. 1959 (Nie mehr arm, d. 1967); The Old Man's Boy Grows Older, autobiograph. R. 1961; Uhuru, A Novel of Africa, 1962 (d. 1962); The Honey Badger, 1965 (d. 1965); Use Enough Gun, St. 1966 (Safari, d. 1968); Women, 1967; Robert Ruark's Africa, Slg. 1991.

L: M. Renouard, 1987/1990; H. W. Foster, 1992; T. Wieland, 2000.

Ru'ba ibn al-'Ağğāğ, arab. Dichter, um 685—762. Längerer Aufenthalt in der Wüste; mit muslim. Heeren in Ostpersien; bemühte sich später durch Lobgedichte um die Gunst der Abbasiden. – Bediente sich nach dem Vorbild s. Vaters in s. Dichtung des Rağaz-Metrums, das zuvor hauptsächl. auf die volkstüml. Improvisation beschränkt war. Vorliebe für etymolog. Klangfiguren und seltene, manchmal wohl auch erfundene Wörter haben den Dichter bei den einheim. Philologen interessant gemacht und s. Werk e. ersten Platz im lexikal. Belegmaterial gesichert.

W: Dīwān, hg. W. Ahlwardt (Sammlung alter arab. Dichter 3, 1903; d. ders. 1904).
L: R. Geyer, 1910.

Rubeš, František Jaromír, tschech. Schriftsteller, 16. 1. 1814 Čížkov b. Pelhřimov – 10. 8. 1853 Skuteč. Sohn e. Brauers, Stud. Theologie, dann Jura, ab 1842 Gerichtsadjunkt; Redakteur des humorist. Zs. ›Paleček‹. – In launigen Gedichten u. Schwänken beschreibt R. mit scharfsinn. Humor die menschl. Schwächen, parodiert hist. Sagen u. Mythen, persifliert bekannte Dichter u. trägt damit dem wenig wähler. Geschmack des tschech. Biedermeiers Rechnung. Von lit. Wert sind s. humorist. Erzählungen u. Genrebilder, die R. als scharfen Beobachter u. guten Charakterdarsteller kennzeichnen.

W: Deklamovánky a písně, G. VI 1837–44; Pan amanuensis na venku aneb Putování za novelou, N. 1841; Ostří hoši, N. 1843; Harfenice, N. 1844; Povídky, obrazy ze života, národní pověsti a báchorky, En., Sagen u. M. 1847. – Spisy (W), IV 1861/62; II 1887/88, 1906 (m. Bibl.); Humoresky, 1894 u.ö.
L: J. L. Turnovský, 1895; F. Sekanina, 1906; D. Donath, Die humorist. Novelle im Vormärz, 1914; F. Strejček; Humorem k zdraví a síle národa, 1936; T. Zapletal, 1936; V. Preclík, 1948; J. Skalička, K. Rubešovým parodiím, 1959.

Rubião, Murilo, brasilian. Erzähler, 1. 7. 1916 Silvestre Ferraz/Minas Gerais – 5. 8. 1991 Belo Horizonte. Jurastud. in Belo Horizonte, Journalist, leitete Radiosender, Kabinettsmitglied, diplomat. Dienst, gründete 1966 wichtige Lit.beilage zur Zeitung ›Minas Gerais‹. – Ende der 1940er Jahre schreibt er mit 2 phantast. Erzählungen (u. a. ›O ex-mágico‹) neben Bioy Casares und J. L. Borges e. für Lateinamerika neues Genre. S. Anerkennung in Brasilien kam erst 1978 nach s. internationalen Erfolg.

W: O ex-mágico, 1947; A estrela vermelha, 1953; Os dragões e outros contos, 1965 (d. 1981); O pirotécnico Zacarias, 1974 (d. 1981); O convidado, 1974; A casa do Girassol vermelho, 1978.

L: A. Eulálio, 1965; J. Schwartz, 1981; D. Arrigucci Jr., 1987.

Rubin, Harold → Robbins, Harold

Rubió i Ors, Joaquim, katalan. Schriftsteller, 31. 7. 1818 Barcelona – 7. 4. 1899 ebda. Sohn e. Buchdruckers u. Verlegers, Stud. Rechte u. Philos., 1846 Doktorexamen; veröffentlichte Dichtungen im ›Diario de Barcelona‹ u. setzte sich für die Wiederbelebung des Katalan. als Lit.sprache ein; 1847 Prof. für Lit. u. Geschichte Univ. Valladolid, ab 1885 Barcelona, 8 Tage vor s. Tod Rektor ebda. – Umfangreiches, vielseitiges Schaffen als Lyriker, Historiker, Publizist usw.; s. Gedichte tragen romant. Gepräge, zeugen aber auch von s. klass. Bildung. Einfluß Lamartines, Zorrillas u. V. Hugos. Vf. auch hist. apologet. u. lit.krit. Schriften. Übs. von Tassos ›Gerusalemme liberata‹.

W: Poesías, 1839; Lo gayter del Llobregat, G. 1841 u. IV 1888–92; Roudor de Llobregat, 1842; El libro de las niñas, G. 1845; Lo Dr. Francesc García, rector de Vallfogona, B. 1863; Guttemberg, Dr. 1880; Ausiàs March y su época, Aufs. 1882; Luter, Dr. 1888. – Obres, hg. A. Rubió i Lluch 1902.
L: J. Verdaguer, 1902; A. Rubió i Lluch, 1902; J. Jordán de Urríes, 1912; F. Pi i Margall, 1913; C. Parpal y Marqués, 1919; L. C. Viada i Lluch, 1924.

Rucellai, Giovanni, ital. Dichter und Humanist, 20. 10. 1475 Florenz – 3. 4. 1525 Rom. Neffe Lorenzo de'Medicis; lebte in Venedig und Frankreich; wirkte im Dienste der Päpste Leo X. und Clemens VII. Freund des Philologen Trissino, der s. Dialog über e. Regelung der ital. Sprache zu Ehren von R. den Titel ›Il Castellano‹ gab (R. war von Clemens VII. zum Kastellan der Engelsburg ernannt worden). – Vf. von 2 Tragödien ›Rosmunda‹ und ›Oreste‹, mittelmäßigen Nachahmungen der griech. Tragödie. S. Hauptwerk ›Le Api‹ ist e. erweiterte Umarbeitung des IV. Buches der ›Georgica‹ Vergils in über 1000 freien Elfsilbern, erstes Beispiel e. didakt. Werkes in der Volkssprache.

A: Opere, hg. G. Mazzoni 1887; G. R. e il suo ›Zibaldone‹, I, Ausw. A. Perosa, Lond. 1960.
L: F. Neri, La tragedia italiana nel Cinquecento, 1904; G. Pecci, Le api in Virgilio e nel R., 1937; F. W. Kent, Lond. 1981.

Rūdakī, Abū 'Abdullāh Ğa'far ibn Muḥammad, pers. Dichter, geb. in Rūdak b. Samarkand – 941 ebda. Gelehrter, früh als Hofpoet des Samanidenkönigs Naṣr II. (reg. 914–43) in Buchara zu Ruhm u. sprichwörtl. Reichtum gelangt, beim Sturz des bedeutenden Großwesirs Bal'amī 938 vom Hof Buchara verbannt, kehrte in s. Heimatdorf zurück, starb dort altersschwach (erblindet?) in Not. –

Erster großer Klassiker Irans, obwohl von s. einst außerordentl. umfängl. Diwan (Qasiden u. Ghaselen) nur bescheidene Reste erhalten; im Stil schlicht, rein, stark, von großer dichter. Klangschönheit, auch als Musiker (Laute, Harfe) gerühmt; unvergängl. s. auf Wunsch der Emire verfaßtes Gedicht über die Schönheit Bucharas, das den König Hals über Kopf dorthin heimreiten ließ aus Herat/Afghanistan, wo die Armee nicht überwintern wollte. Von der Romanze ›Sindbād-Nāma‹ (›Buch des Sindbad‹) und e. metr. Bearbeitung der Fabelsammlung ›Kalīla wa Dimna‹ sind nur wenige Verse überliefert.

A: Diwan, hg. S. Nafīsī 1319/1940, hg. A. Mirzojev 1958.
L: S. Nafīsī, III 1309–19/1930–40.

Rudd, Steele (eig. Arthur Hoey Davis), austral. Schriftsteller, 1868 Drayton/Queensland – 11. 10. 1935 Brisbane. – Vf. e. locker verknüpften Reihe von Skizzen über das Leben austral. Farmer in breitem, humorvollem Realismus.

W: Stocking Our Selection, Sk. 1899; Me an' th' Son, Sk. 1922.
L: E. D. Davis, 1976; R. Fotheringham, 1995.

Rudel → Jaufré Rudel, Seigneur de Blaya

Rudnicki, Adolf, poln. Erzähler, 19. 2. 1912 Warschau – 14. 11. 1990 Żabno. Bis 1931 Handelsschule Krakau. Bankangestellter in Warschau. – Dichter des poln. Gettos in Warschau u. s. Todeskampfes, von eindringl. Gestaltung.

W: Szczury, R. 1932; Żołnierze, R. 1933; Niekochana, R. 1937 (Die Ungeliebte u. a. En., d. 1964); Lato, R. 1938 (n. 1959); Szekspir, En. 1948; Ucieczka z Jasnej Polany, Nn. 1949; Żywe i martwe morze, Nn. 1952 (Das lebende und das tote Meer, d. 1960); Złote okna, En. 1954 (Goldene Fenster, d. 1959); Niebieskie kartki, En. 1956; Krowa, En. 1959; Obraz z kotem i psem, En. 1962; Kupiec łódzki, En. 1963; Pył miłosny, En. 1964; Weiss wpada do morza, En. 1965; Teksty małe i mniejsze, Prosa 1971; Kartki sportowe, Feuill. 1977; Noc będzie chłodna, niebo w purpurze, R. 1977; Zabawa ludowa. Niebieskie kartki, Ess. 1979; Sto jeden, En. III 1988; Krakowskie Przedmieście pełne deserów, En. 1986.

Ruffini, Giovanni, ital. Schriftsteller, 20. 9. 1807 Genua – 3. 11. 1881 Taggia/Liguria. Patriot, Anhänger Mazzinis, 1833 Exil in England; 1842 in Paris, 1848 Rückkehr in die Heimat. – Vf. einiger Romane, ursprüngl. in engl. Sprache. ›Lorenzo Benoni‹ zeigt autobiograph. Züge. Schrieb den Text für ›Don Pasquale‹ von Donizetti.

W: Lorenzo Benoni, R. 1853 (n. 1950; ital. 1854 u. ö., komm. 1967; d. IV 1854); Doctor Antonio, R. 1855 (n. 1945; ital. 1856, 1954; d. 1862); The Paragreens on a Visit to Paris, E. 1856 (n. 1930; ital. 1883); Lavinia, R. III 1860 (ital. 1865); Vincenzo, R. III 1863 (ital. 1864).

L: L. Polline, 1942; A. C. Christensen, The novels of G. R., Amst. 1996; M. Marazzi, Il romanzo risorgimentale di G. R., 1999.

Rufo, Juan (eig. J. Gutiérrez), span. Dichter, 1547 (?) Córdoba – nach 1620 ebda. Abenteuerl., galantes Leben, nahm am Moriskenkrieg (1568) u. an der Schlacht von Lepanto teil. – S. Epos ›La Austriada‹ geht auf die ›Guerra de Granada‹ von Hurtado de Mendoza zurück; s. ungemein lustige Sammlung von Anekdoten, Witzworten u. Kurzgeschichten (›apotegmas‹) ist e. der ersten dieser Art in Spanien u. zeichnet sich durch geistreiche wie boshafte Treffsicherheit aus.

W: La Austriada, Ep. 1584 (n. in: ›Biblioteca de Autores Españoles‹, Bd. 29, 1854); Las seyscientas apotegmas, 1596 (n. A. González de Amezúa 1924, A. Blecua 1972; Spanischer Pfeffer. Apophthegmen, d. 1951).
L: R. Ramírez de Arellano, 1912.

Rúfus, Milan, slovak. Dichter, * 10. 12. 1928 Závažná Poruba. Stud. Philos., Prof. für slovak. Lit. Preßburg. – R.s gedankenreiche, oft ins Episch abschweifende Poesie reagiert empfindl. auf die Probleme der Nachkriegszeit. Später Betonung des Ästhet., Verarbeitung folklorist. Motive, auch Essays u. Übs.

W: Až dozrieme, G. 1956; Chlapec, G. 1966; Zvony, G. 1968; Člověk, čas a tvorba, Ess. 1968; L'udia v horách, G. 1969; Štyri epištoly k l'ud'om, Ess. 1969; Stôl chudobných, G. 1972; Kolíska, G. 1972; Kniha rozprávok, G. 1975; Hudba tvarov, G. 1977; Sobotné večery, G. 1979; Michelangelo, G. 1984. – Triptych, Ausw. 1969; Básne (GW), 1972.
L: St. Šmatlák, Pozvanie do básne, 1971; V. Marčok, 1985; Život a dielo M. R., hg. A. Červeňák 1997.

Ruisbroek, Jan van → Ruusbroec, Jan

Ruiz, José Martínez → Azorín

Ruiz, Juan → Arcipreste de Hita

Ruiz de Alarcón y Mendoza, Juan, span. Dramatiker, 1581(?) Tasco/Mexiko – 4. 8. 1639 Madrid. Stammt aus e. nach Mexiko emigrierten Adelsfamilie, Stud. Rechte Mexiko, ging 1600 nach Spanien, Fortsetzung des Stud. in Salamanca, 1604–06 Rechtsanwalt in Sevilla, 1608 wieder in Mexiko, seit 1614 in Madrid, mit Tirso de Molina befreundet, erhielt 1626 e. Posten im Indienrat; wegen s. verunstalteten Figur (er hatte doppelten Buckel) u. s. maßlosen Stolzes von sämtl. Schriftstellern s. Zeit grausam verspottet, die Verbitterung darüber färbte auch auf s. Werk ab. – Vf. gehaltvoller, anmutiger comedias, konnte sich gegen s. Zeitgenossen Lope u. Tirso beim Publikum nicht durchsetzen; führte im Gegensatz zu dem rein unterhaltenden Charakter der comedia Lopes

e. moralisierende Tendenz ein; s. Stücke gewinnen dadurch an Modernität u. Allgemeingültigkeit, die Personen an echter Menschlichkeit. S. Gesamtwerk ist gering an Umfang (nur ca. 20 Stücke), aber sorgfältig ausgefeilt u. psycholog. durchgearbeitet. Korrekte Sprache. Legte mehr Wert auf eth. Gehalt u. Wahrheit als auf schwungvolle Handlung u. Intrigenknüpfung; fand Würdigung u. starken Widerhall bei ausländ. Dramatikern (u.a. Corneille, Goldoni).

W: Ganar perdiendo, K.; Las paredes oyen, K.; Mudarse por mejorarse, K.; El semejante a sí mismo, K.; El desdichado en fingir, K.; La cueva de Salamanca, K.; La crueldad por el honor, Dr.; Examen de maridos, K. (d. L. Fulda in: ›Meister-Lustspiele der Spanier‹ 1, 1925); El tejedor de Segovia, Sch. (hg. A. E. Ebersole 1974; d. A. F. v. Schack, Span. Theater, 1845); Ganar amigos, K. (d. 1904); La verdad sospechosa, K. (d. K. A. Dohrn, Span. Dramen 4, 1844); M. Rapp, Span. Theater 7, 1870); El Anticristo, K.; La prueba de las promesas, K.; Los favores del mundo, K. (d. A. F. v. Schack, Span. Theater, 1845); Los pechos privilegiados, K.; No hay mal que por bien no venga, K. 1653. – Obras completas, hg. A. Millares Carlo III 1957–68, A. V. Ebersole II 1966; Teatro completo, hg. E. Abreu Gómez 1951; Comedias, II 1628–34, hg. J. E. Hartzenbusch in: ›Biblioteca de Autores Españoles‹, Bd. 20, A. Reyes in: ›Clásicos Castellanos‹, ⁴1948. – *Übs.:* Komödien, K. Thurmann 1967; Mantel u. Degen, 9 Kn., ders. 1969; Von Liebe und Ehe, 8 Kn., ders. 1988.

L: F. Rodríguez Marín, 1912; P. Henríquez Ureña, 1914; J. Jiménez Rueda, 1939; M. V. Melvin, Ann Arbor 1942; A. Castro Leal, 1943; G. Mancini, 1953; J. Granados, 1953 u. 1954; A. E. Ebersole, 1959; C. Olga Brenes, 1960; E. Claydon, 1970; W. Poesse, N. Y. 1972; C. E. Perry, Ann Arbor 1975; W. F. King, México 1989; M. Peña, 2000. – *Bibl.:* N. Rangel, ²1937; W. Poesse, 1964 u. 1966.

Ruiz Iriarte, Víctor, span. Dramatiker, 24. 4. 1912 Madrid – 1982 ebda. – Vertreter des oberflächl., doch amüsanten u. techn. perfekten Theaters; geistreiche, brillante Dialoge in leichten, geschickt aufgebauten Komödien, die Humor u. Grazie, Rührung u. Satire mischen.

W: Un día en la gloria, K. 1943; El puente de los suicidas, K. 1944; Los pájaros ciegos, Dr. 1948; El landó de seis caballos, K. 1950; El gran minué, K. 1951; Juego de niños, K. 1951; La soltera rebelde, K. 1952; La cena de los tres reyes, K. 1954; La guerra empieza en Cuba, K. 1955; La vida privada de mamá, Kì 1956; Esta noche es la víspera, Dr. 1959; Tengo un millón, K. 1961; El carrusel, K. 1965; Un paraguas bajo la lluvia, K. 1966; La señora recibe una carta, K. 1967; La muchacha del sombrerito rosa, K. 1967; Primavera en la plaza de París, K. 1968; Historia de un adulterio, K. 1969; Buenas noches, Sabrina, K. 1975.

L: E. Lendínez-Gallego, 1973; V. García Ruiz, 1987.

Ruiz de Santayana, Jorge → Santayana, George

Rukeyser, Muriel, amerik. Dichterin, 15. 12. 1913 New York – 12. 2. 1980 ebda. Stud. Vassar und Columbia, Lehrtätigkeit am Sarah Lawrence College, Bronxville, New York; Vizepräsidentin des House of Photography. – R. schöpfte ihre Themen aus den Bildern des mod. Lebens (Technologie, Biologie, Architektur, Anthropologie, Physik, Psychologie, Religion); ›Theory of Flight‹ expliziter Eliot-Bezug; stilist. ellipt. und metaphys. Dichtung mit starkem soz. Engagement (Frauenrechte, Antisemitismus, Umweltschutz, Bürgerrechts- und Antikriegsbewegung), so in ›The Soul and Body of John Brown‹, sowie weibl. (lesb.) Sexualität und Mutterschaft; zunehmend formales Experimentieren mit cinematograph. Montagetechnik.

W: Theory of Flight, G. 1935; Mediterranean, G. 1938; U.S. One, G. 1938; A Turning Wind, G. 1939; The Soul and Body of John Brown, G. 1940; Wake Island, G. 1942; Beast in View, G. 1944; The Green Wave, G. 1948; Orpheus, G. 1949; Elegies, 1949; The Life of Poetry, 1949; Selected Poems, 1951; Body of Waking, G. 1958; Waterlily Fire, Poems 1935–1962, 1962; The Orgy, Tg. 1965; The Outer Banks, G. 1967; The Speed of Darkness, G. 1968; Mazes, G. 1970; Twenty-nine Poems, 1972; Breaking Open, G. 1973; The Gates, G. 1976; A M. R. Reader, 1994; Houdini, Musical 2002. – The Collected Poems, 1978; Out of Silence, Selected Poems, hg. K. Daniels 1992.

L: L. Kertesz, 1979; A. F. Herzog, hg. 1999; T. Dayton, 2003.

Rulfo, Juan, mexikan. Erzähler, 16. 5. 1918 Sayula/Jalisco – 7. 1. 1986 Mexiko Stadt. Versch. Gelegenheitsarbeiten, Beamter, Fotograf, Drehbuchautor. – Realist in der Tradition des ›criollismo‹, aber mit Faulknerschen Akzenten u. sehr persönl. Färbung, zugleich auch dem Mag. Realismus verpflichtet. Bei ihm ist die myth. Dimension, die relig. Erfahrung u. die Reflexion über den Tod präsent. Beschreibt die Ausnahmesituationen des Alltags, das wiederholte Scheitern s. Helden, meistens leidende u. schweigende Bauern, die als Schachfiguren in den Händen des Schicksals erscheinen. Mit zwei schmalen Werken von insgesamt 250 Seiten gilt R. als e. der größten Erzähler Lateinamerikas.

W: El llano en llamas, En. 1953 (d. 1964); Pedro Páramo, R. 1955 (verfilmt; d. 1958); El gallo de oro, Drb. 1980 (d. 1984); Aire de las colinas. Cartas a Clara, 2000.

L: D. K. Gordon, 1976; N. Gutiérrez Marrone, 1978; R. Rivadeneira Prada, 1980; I. H. Verdugo, 1982; L. Leal, 1983; N. E. Álvarez, 1983; J. C. González Boixo, ²1984; M. Portal, 1984; Cuadernos Hispanoamericanos, 1985; J. Riveiro Espasadín, 1985; S. Lorente-Murphy, 1988; T. J. Peavler, 1988; D. Medina, hg. 1989; Y. Jiménez de Báez, 1990; C. Fiallega, 1990; F. Antolín, 1991; R. Roffé, 1992; G. Fares, 1994, 1998; L. Martínez Carrizales, 1998. – *Bibl.:* O. Juzyn, 1981; J. C. González Boixo, 1986.

Rūmī, Ǧalālu'd-Dīn, Maulānā (›Meister‹), in Iran kurz Maulawī genannt, pers. myst. Dichter, 30. 9. 1207 Balch/Afghanistan – 17. 12. 1273 Konya/Anatolien (= Rum, daher sein Beiname Rūmī ›der Anatolier‹). Sohn des gelehrten Sufi-Predigers Bahā'ud-Dīn Muhammad Walad, der 1217 vor dem Einfall der Mongolen auswanderte; in Nischapur Begegnung mit → 'Attār, Mekka-Pilgerfahrt, über Damaskus nach Kleinasien: Malatya (4 J.), Larinda (7 J., ∞ Ǧauhar, Tochter des Lālā Šarafu'd-Dīn Samarqandī, 1226 Geburt s. Sohnes Sultān Walad), 1228 endgültiger Umzug nach Konya, wo s. Vater 1231 starb. Als dessen Nachfolger Prediger geworden, genoß R. die Gunst des Seldschukensultans Kai-Qubād I.; e. zugereister Freund des Vaters, Burhānu'd-Dīn Muhaqqiq aus Termez/Turkestan, weihte ihn in die islam. Mystik (Sufik) ein; wurde bei dessen Tod 1240 selbst Scheich mit rasch anwachsender Jüngerschaft. Als 1244 der Wanderderwisch Šamsu'd-Dīn aus Tabris in Konya eintraf, entbrannte R. in myst.-erot. Leidenschaft zu diesem; Groll der vernachlässigten Jünger, Šamsu'd-Dīn floh 1246 nach Damaskus, durch Flehen R.s zurückgeholt, wurde 1247 von Jüngern R.s ermordet u. beseitigt. Sehnsucht nach dem Verschollenen inspirierte R. zu Tausenden von Ghaselen, verfaßt unter dessen Namen, indem er sich myst. mit ihm identifizierte. Dessen Stelle nahm 1249 der ungebildete Goldschmied Salāhu'd-Dīn Zarkūb ein; erneute Krise in R.s Anhängerschaft. Als Zarkūb 1258 starb, übertrug der Meister s. myst.-erot. Zuneigung auf den Lieblingsjünger Čalabī Husāmu'd-Dīn Hasan, der ihm 1273 als Scheich nachfolgte. R. wurde neben s. Vater beigesetzt, s. Grab ist noch heute Wallfahrtsstätte; Sultān Walad, s. Sohn, begründete den myst. Orden der Maulawī-(türk. Mevlevi-) Derwische. – Größter Mystiker und ekstat. Dichter Persiens, dessen heiligmäßiges, verinnerlichtes Dasein die Versbiographie s. Sohnes, das ›Walad-Nāma‹, verdeutlicht. S. Dichtungen waren nur Nebenprodukt s. leidenschaftl. Strebens nach Vereinigung mit Gott in myst. Verzückung, sozusagen Trance-Äußerungen. S. Hauptwerk, das ›Matnwī-yi ma'nawī‹ oder ›Geistige Lehrgedicht‹, sechs Bücher zu 26 600 Doppelversen, 10 Jahre hindurch dem Husāmu'd-Dīn, der Anstoß und Eingebung dazu vermittelte, in die Feder diktiert, e. ›Koran auf persisch‹, die ›Bibel des Sufitums‹ mit zahlreichen eingestreuten Erzählungen, ist für die esoter. Philos. und Ethik des islam. Orients grundlegend. Im Grunde e. poet. Riesenvortragszyklus für s. Jünger in drei sich überschneidenden Stilarten: erzählend, gnost.-moralisierend und ekstat., bis auf den heutigen Tag hochgeschätzt.

A: Matnawī-yi ma'nawī, hg. u. engl. R. A. Nicholson VIII 1924–40 (d. Ausw. G. Rosen ²1913); Dīwān-i Šams-i Tabrīz, G., hg. B. Furūzānfar 1336/1957 (d. Ausw. V. v. Rosenzweig-Schwannau 1838, C. Bürgel 1974, A. Schimmel 1993, 1996).
L: G. Richter, 1933; R. A. Nicholson, 1950; E. Vitray-Meyerovitch, 1968; A. Schimmel, The Triumphal Sun, 1978; W. L. Chittick, 1983; J. Renard, 1994; A. Iqbal, 1999; F. Lewis, 2001; A. Schimmel, Rumi, 2001.

Rummo, Paul-Eerik, estn. Dichter und Dramatiker, * 19. 1. 1942 Tallinn. 1959–65 Stud. estn. Philol. Tartu, 1992–94 Minister für Kultur und Bildung, seit 1995 Parlamentsabgeordneter, 2003 Minister für Bevölkerung und Nationalitäten. – Wichtigster Erneuerer der estn. Lyrik in den 60er Jahren mit freier Form und unkonventionellen Themen. S. Theaterstück ›Tuhkatriinumäng‹ markierte den Beginn des absurden Theaters in Estland.

W: Ankruhiivaja, G. 1962; Tule ikka mu rõõmude juurde, G. 1964; Tuhkatriinumäng, Dr. 1969 (Das Spiel vom Aschenputtel, d. 1993); Saatja aadress ja teised luuletused 1968–1972, G. 1989; Luuletused, G. 1999.

Runeberg, Johan Ludvig, finnl.-schwed. Dichter, 5. 2. 1804 Jakobstad – 6. 5. 1877 Borgå. Ab 1822 Stud. klass. Sprachen in Åbo, 1827 Magister, ∞ 1831 Fredrika Tengström, ab 1832 ›Helsingfors Morgonbladet‹, 1837–57 Gymnasiallehrer in Borgå, 1858 großer Staatspreis. – Nationaldichter Finnlands. In s. Werk verschmelzen Einflüsse aus schwed. Romantik, dt. Klassik u. Antike mit persönl. Erleben. Es ist nicht denkbar ohne die finn. Geschichte u. Natur; entstanden in e. Zeit der neuen geist. Erhebung, die den Grund zur Ausbildung e. eigenständ. finn. Lit. legte. Erste Gedichte im Zeichen der Idylle. Die an der Antike geschulten großen Epen (›Hanna‹, ›Julqvällen‹, ›Nadeschda‹, ›Kung Fjalar‹) zeigen mit ihren anschaul. Personen- u. Milieuschilderungen e. realist. Einschuß im idealist. Gewebe. Den höchsten Gipfel erreichte R. in ›Fänrik Ståls Sägner‹, e. Balladen- u. Liederzyklus um den Freiheitskampf gegen Rußland 1808/09, dessen Eingang ›Vårt land‹ zur finn. Nationalhymne wurde u. der e. wahre Apotheose des finn. Heldengeistes ist. R. überwand das romant. Pathos u. fand, durch Herder u. Kenntnis finn. u. serb. Volkslieder inspiriert, zum einfachen, überzeugenden Ton. In der stark idealisierenden Darstellung bricht immer wieder e. realist. Wirklichkeitsschau durch, die der realist.-humorist. Volksdarstellung e. späteren Zeit den Weg weist. Andererseits legt R. den Grund für die spätere patriot. Dichtung. S. hohe Formkultur wurde verpflichtendes Vorbild für die kommenden Lyriker. Die Übsn. s. Dichtungen ins Finn. verfeinerten u. nuancierten diese Sprache.

W: Midsommarfesten, G. 1827; Idyll och epigram, G. 1830; Dikter, G. III 1830–43; Grafven i Perho, G. 1831

(d. 1845); Elgskyttarne, Ep. 1832; Hanna, Ep. 1836 (d. 1850); Julqvällen, Ep. 1841 (Weihnachtsabend, d. 1836, u.d.T. Der Heilige Abend, dt. 1968); Nadeschda, Ep. 1841 (d. 1852); Kung Fjalar, Ep. 1844 (König Fjalar, d. 1877); Fänrik Ståls Sägner, ep. G. II 1848–60 (Des Fähnrichs Stohl Sagen, d. 1855); Smärre berättelser, Dicht. 1854 (Kleine Erzählungen, d. 1856); Kungarne på Salamis, Dr. 1863 (Könige auf Salamis, d. 1869). Efterlemnade Skrifter, III 1878 f. – Samlade arbeten, VIII 1899–1902; Samlade Skrifter, hg. G. Castren u. M. Lamm 1933–35; Skrifter i urval, IV 1960; Samlade skrivter (GS), XVIII 1933–86. – Übs.: Ges. Dichtungen, H. Wachenhusen II 1852; Nordische Blüten, A. Kluge 1873; Ausgew. Gedichte, M. Vogel 1878; Ep. Dichtungen, W. Eigenbrodt 1891, 1916.

L: E. Peschier, 1881; R. Hedvall, R.s poetiska stil, 1915; ders., ²1941; S. Belfrage, J. L. R. i sin religiösa utveckling, 1917; I. A. Heikel, II 1926; W. Söderhjelm, II ²1929; J. E. Strömberg, IV ²1927–31; Y. Hirn, 1935 u. 1942; G. Tideström, R. som estetiker, 1941; L. Viljanen, II 1944–48; G. Castren, ²1962; J. Wrede, 1988.

Rung, Otto (Christian Henrik), dän. Schriftsteller, 16. 6. 1874 Kopenhagen – 19. 10. 1945 ebda. Sohn e. Hauptmanns, Jurist, ab 1901 Angestellter am Polizei- u. Strafgericht Kopenhagen, ab 1914 Gerichtsschreiber am dän. höchsten Gericht. – Dramatiker, Novellist u. bes. Romancier. Stellte in wohlkonstruierten Novellen Typen aus der Unterwelt mit Sympathie und Humor dar; s. Begegnung mit e. ›großen‹ Verbrecher, dem dän. Justizminister Alberti, kurierte ihn von s. Neigungen zu Nietzsches Herrenmoral; s. 50jährige Freundschaft mit M. Andersen Nexø stärkt s. Sympathie für den ›kleinen Mann‹ zum bewußt sozialen Standpunkt seiner späteren Bücher; s. Hauptwerk ist das Erinnerungswerk ›Fra min klunketid‹.

W: Det uafvendelige, R. 1902 (Das Unabwendbare, d. 1909); Sidste kamp, R. 1904 (Der letzte Kampf, d. 1906); Desertøren, N. 1908; Den hvide yacht, R. 1906 (Die weiße Yacht, d. 1911); Skyggernes tog, N. 1909; Broen, Sch. 1910; Lønkammeret, R. 1912 (Die Geheimkammer, d. 1913); Den lange nat, R. 1913; Den store karavane, R. 1914 (Die große Karavane, d. 1918); Fanevagt, Sch. 1918; Syndere og skalke, R. 1918 (Sünder und Schelme, d. 1919); Paradisfuglen, R. 1918 (Der Paradiesvogel, d. 1922); Dr. 1923, Da vandene sank, R. 1922 (Als die Wasser fielen, d. 1923); Englen med Æselørerne, R. 1924 (Der Engel mit den Eselsohren, d. 1925); Lykkens omnibus, R. 1926; Tyve og røvere, Nn. 1927; Skælme og skurke, Nn. 1934; En pige i to spejle, R. 1936; Fra min klunketid, Erinn. 1942; Retfærdighedens kiosk, Nn. 1944; Smitsons mærkelige forvandling, Nn. 1946 (d. 1915). – Noveller, XX 1927f.

L: C. Rimestad, 1924.

Runnel, Hando, estn. Dichter, * 24. 11. 1938 Liutsalu. 1957–62 Stud. Agrarwiss. Tartu, 1966–71 Literaturredakteur, danach freiberuflich, 1992/93 Prof. für freie Künste in Tartu. – S. ethische und patriotische Lyrik erfüllte eine wichtige Funktion während der sowjet. Okkupation und bei der Wiedererlangung der Unabhängigkeit 1991.

W: Maa lapsed, 1965; Lauluraamat ehk Mõõganeelaja ehk Kurbade kaitseks, 1972; Punaste õhtute purpur, 1982; Laulud eestiaegsetele meestele, 1988; Üle alpide, 1997; Omad, 2002.

Runyon, (Alfred) Damon, amerik. Kurzgeschichtenautor, 4. 10. 1884 Manhattan/KS – 10. 12. 1946 New York. Buchdruckersohn, Jugend in Pueblo/CO, mit 14 Jahren Teilnehmer am span.-amerik. Krieg, im Weltkrieg Kriegskorrespondent, Journalist in New York. – Vf. humorist.-satir. Kurzgeschichten in e. von unverfälschtem Slang durchsetzten Umgangssprache über die New Yorker Unterwelt, in denen Gangster von ihrer menschl. Seite gezeigt werden, sowie über Cowboys u. Berufssportler.

W: Tents of Trouble, G. 1911; Rhymes of the Firing Line, G. 1912; Guys and Dolls, Kgn. 1931 (In Mindys Restaurant, d. 1953, auch u.d.T. Schwere Jungen, leichte Mädchen, Musical von A. Burrows u. F. Loesser, 1950); Blue Plate Special, Kgn. 1934; Money from Home, Kgn. 1935 (beide zus. u.d.T. Stories vom Broadway, d. 1957); A Slight Case of Murder, Dr. 1935 (m. H. Lindsay); Take It Easy, Kgn. 1938; My Old Man, Ess. 1939; My Wife Ethel, Kgn. 1939; Runyon à la Carte, Kgn. 1944; In Our Town, Kgn. 1946; Short Takes, Kgn. 1946. – The Best of R., hg. E. C. Bentley 1938; The D. R. Omnibus, Ausw. 1939. – Übs.: Nun schlägt's dreizehn, Kgn.-Ausw. 1967.

L: E. H. Weiner, 1948; C. Kinnaird, 1954; D. Runyon Jr. 1954; E. P. Hoyt, A Gentleman of Broadway, 1964; J. Wagner, 1965; J. Breslin, 1991.

al-Ruṣāfī, Maʿrūf, irak. Dichter, 1875 Bagdad – 1945 ebda. Aus kurd. Familie, Lehrer für Arab. an versch. höheren Schulen in Bagdad, Jerusalem und Istanbul, 1908 irak. Abgeordneter in Istanbul. – Herausragender Vertreter der Neoklassik im Irak. Entwickelte e. einfache poet. Sprache in traditioneller Form. Themat. kritisiert s. Poesie soz. und polit. Mißstände im Irak und ruft auf zu Unabhängigkeit, Emanzipation der Frau, Demokratie und Fortschritt.

W: Diwan Maʿrūf Al-Ruṣāfī, Beirut 1972.

L: S. K. Al-Jayyusi, Leiden 1977.

Rushdie, Salman (eig. Ahmed), brit.-ind. Erzähler, * 19. 6. 1947 Bombay. Sohn e. wohlhabenden Moslemfamilie. 1961 Public School in Rugby/England. Ab 1965 Geschichtsstud. u. Theaterunterricht am King's College Cambridge. Arbeitete am Theater in London u. als freier Journalist. Lebt in London. Mehrere Reisen nach Indien u. Pakistan. Wegen angebl. Blasphemie der ›Satanic Verses‹ seit 1989 von e. Mordaufruf des iran. Ayatollah Khomeini bedroht. – Sprachgewaltiger u. stilist. brillanter Erzähler, in dessen von trockenem

Humor geprägten Romanen sich Mythisches u. Märchenhaftes mit hist. u. polit. Realitäten verbinde.

W: Grimus, R. 1975 (d. 1998); Midnight's Children, R. 1981 (d. 1983); Shame, R. 1983 (Scham und Schande, d. 1985); The Jaguar Smile, Reiseber. 1987 (d. 1987); The Satanic Verses, R. 1988 (d. 1989); Haroun and the Sea of Stories, R. 1990 (d. 1991); Imaginary Homelands: Essays and Criticism 1981–91, 1991 (Heimatländer der Phantasie, d. 1992); The R. Letters, hg. S. MacDonogh 1993; East, West, Kgn. 1994 (d. 1995); The Moor's Last Sigh, R. 1996 (d. 1996); The Ground Beneath Her Feet, R. 1999 (d. 1999); Conversations with S. R., 2000; Fury, R. 2001 (Wut, d. 2002); Step Across This Line: Collected Nonfiction 1992–2002, 2002.

L: L. Appignanesi, S. Maitland, hg. 1989; T. Brennan, 1989; P. Priskil, 1990; M. Ruthven, 1991; P. N. Waage, Wenn Kulturen kollidieren. Islam und Europa, 1991; J. Harrison, 1992; S. Barrett, Islam, Blasphemie und freie Meinungsäußerung, 1994; C. Cundie, 1996; D. C. R. A. Goonetilleke, 1998; K. Booker, hg. 1999; D. Grant, 1999; S. Steinig, 2000; Interviews, hg. P. S. Chaudan 2001; A. Blake, 2001; J. C. Sanga, 2001; S. Hassumani, 2002; D. Smale, 2002; M. Reynolds, J. Noakes, 2003; N. ten Kortenaar, 2003; D. A. Greenberg, H. Bloom, hg. 2003; D. Pipes, K. Elst, 2003.

Rusiñol i Prats, Santiago, katalan. Schriftsteller, 25. 2. 1861 Barcelona – 13. 6. 1931 Aranjuez. Industriellensohn; 1887 Ausbildung zum Maler in Paris, befreundet mit Utrillo, Zuloaga u. a., 1894 Rückkehr nach Spanien, wo er sich als Maler e. Namen machte, bekannt v. a. durch s. berühmten Gartenbilder. – Begann s. schriftsteller. Laufbahn mit Artikeln in ›La Vanguardia‹, schrieb anfangs span., später katalan.; wandte sich nach der Aufführung s. Monologs ›L'home de l'orga‹ (1890) dem Theater zu; bildet mit A. Guimerà u. I. Iglesias e. ruhmreiches Triumvirat im katalan. Bühnenschaffen, das er um die fehlende kosmopolit. Note bereicherte. ›L'auca del senyor Esteve‹ ist e. der beliebtesten katalan. Theaterstücke; viele s. über 60 Werke wurden von Benavente u. Martínez Sierra ins Span. übersetzt.

W: Anant pel món, Reiseb. 1896; Oracions, G. 1897; Fulls de la vida, Reiseb. 1898; L'alegria que passa, K. 1898; El poble gris, R. 1902; El mistic, Dr. 1904; El catalá de la Manxa, R. 1905; L'auca del senyor Esteve, R. 1906 (K. 1917); La mare, Dr. 1907; El Pepet de Sant Celoni, R. 1917; L'illa de la calma, Reiseb. 1920; Màximes i mals pensaments, Prosa 1927. – Obres completes, hg. C. Soldevila 1947, 1956; Teatre selecte, II 1949–52.

L: G. Martínez Sierra, II 1920; J. Ochoa, 1929; J. Passarell, A. Escó, 1935; P. Bertrana, 1937; J. Pla, 1943; J. Francés, 1945; M. Rusiñol, 1950; J. Estarelles, 1957; J. M. Poblet, 1966; J. de C. Laplana, 1995; M. Casacuberta, 1997.

Ruskin, John, engl. Schriftsteller u. Kunstkritiker, 8. 2. 1819 London – 20. 1. 1900 Brantwood/Lancashire. Sohn e. reichen schott. Weinhändlers. Privaterziehung in streng evangelikaler Atmosphäre. 1836–40 Stud. Oxford, zahlreiche längere Auslandsaufenthalte, bes. Schweiz und Italien, beschäftigte sich dort mit Kunststud. 1854–58 Zeichenlehrer an der Arbeiterakademie London; hielt Vorträge. 1867 Lektor in Cambridge, 1870–84 Prof. für schöne Künste Oxford. Lebte ab 1884 auf s. Landsitz Brantwood. ∞ 1848 Euphemia Chalmers Gray, o|o 1854. Starb in geist. Umnachtung. Wurde schon als Student bekannt durch s. Bände ›Modern Painters‹, in denen er vor allem das Verständnis für die Landschaftsmalerei Turners zu wecken suchte. Trat später auch für die präraffaelit. Malerei ein, persönl. befreundet mit D. G. Rossetti und B. Jones. – Behandelte in s. Schriften Fragen der Kunst, des sozialen Lebens und der Politik. Vertreter des Idealismus in der Nachfolge Carlyles, mit dem er eng befreundet war. Schönheit ist für ihn äußerer Ausdruck sittl. Reinheit, Fragen der Ästhetik sind für ihn stets mit moral. Maßstäben verknüpft. Wandte sich in späteren Jahren mehr und mehr von ästhet. Fragen ab, um in der Rolle e. Propheten mit pädagog. Eifer sozialpolit. Fragen zu diskutieren. Kämpfte gegen das Maschinenzeitalter, wertete Kunst und Schönheit als Gradmesser für die Größe e. Volkes. Forderte e. Veredelung des materialist. Lebens e. Zeit. S. Ansichten wurden heftig bekämpft, dennoch übte R. starken Einfluß auf das engl. Leben des 19. Jh. aus (Gartenstädte, Arbeiterhochschulen).

W: Modern Painters, St. V 1843–60; The Seven Lamps of Architecture, St. 1849; Pre-Raphaelitism, 1851; The King of the Golden River, E. 1851 (n. A. B. Allen 1946; d. 1973); The Stones of Venice, III 1851–53; Lectures on Architecture and Painting, 1854; The Political Economy of Art, 1857 (später u. d. T. A Joy for Ever); Unto this Last, Ess. 1862 (n. P. M. Yorker 1970); Sesame and Lilies, Ess. 1865; The Crown of the Wild Olive, Ess. 1866; Time and Tyde by Weare and Tyne, 1867 (n. P. Kaufmann 1928); Fors Clavigera, IX 1871–87; Munera Pulveris, Es. 1872; The Two Paths, 1878; Lectures on Art, ²1887; Praeterita, Aut. III 1885–89; Poems, hg. J. O. Wright 1894; Giotto, St. 1900. – The Works, hg. E. T. Cook, A. Wedderburn, XXXIX 1903–12; Selected Writings, hg. P. Quennell 1952; Selected Prose, hg. M. Hodgart 1972; Selected from His Writings, hg. J. D. Rosenberg 1980; The Art Criticism of J. R., hg. R. L. Herbert 1964; The Lit. Criticism of J. R., hg. H. Bloom 1969; Letters to Lord and Lady Mount-Temple, hg. J. Lewis 1964; The Winnington Letters, hg. V. A. Burd 1969; Letters to P. Trevelyan, hg. V. Surtees 1979; Letters to His Parents 1845, hg. I. H. Shapiro 1982; Letters from the Continent 1858, hg. J. Hayman 1982; Correspondence of Th. Carlyle and R., hg. G. A. Cate 1982, of J. R. and Ch. E. Norton, hg. J. Bradley, I. Ousby 1987; Diaries, hg. J. Evans, J. H. Whitehouse III 1956–1959; The Brantwood Diary, hg. H. G. Viljoen 1971. – *Übs.:* AW XV 1900–06; Wege zur Kunst, Ausw. IV 1898–1902; Menschen untereinander, Ausw. hg. M. Kühn 1904.

L: W. M. Rossetti, R., Rossetti and Pre-Raphaelitism, 1899; G. B. Shaw, R.'s Politics, 1921; R. G. Collingwood, R.s Philosophy, 1922; W. Thomas, 1925; R. W. Livingstone, 1945; P. C. Quennell, 1949; D. Leon, 1949; J. Evans, 1954; J. D. Rosenberg, The Darkening Glass, 1961; L. J. Herrmann, R. and Turner, 1968; F. W. Roe, The Social Philosophy of Carlyle and R., 1970; J. Evans, 1970; F. Harrison, 1971; J. L. Bradley, 1971; G. P. Landow, 1971; F. T. Cook, 1972; J. Fellows, The Failing Distance, 1975; R. Hewison, 1976; R.s Venice, hg. A. Whittick 1976; Qu. Bell, ²1978; P. Conner, Savage R., 1979; D. A. Downes, R.s Landscape of Beatitude, 1980; J. Fellows, R.s Maze, 1981; R. Hewison, hg. 1981; R. E. Fitch, The Poison Sky, 1982; J. D. Hunt, The Wider Sea, 1982; W. Kemp, 1983; The Critical Heritage, hg. J. L. Bradley 1984; F. Kirchhoff, 1984; J. L. Spear, Dreams of Engl. Eden, 1984; T. Hilton, 1985; P. D. Anthony, 1983; G. Wihl, 1985; D. Birch, 1988; T. Hilton, II 1985–2000; G. Cianci, P. Nicolls, hg. 2000; J. Batchelor, 2000. – *Bibl.:* T. J. Wise, J. P. Smart, II 1893, n. 1964; K. H. Beetz, 1976.

Russ, Joanna, amerik. Schriftstellerin, * 22. 2. 1937 New York. Stud. Cornell und Yale Univ., Engl.-Prof. Univ. of Washington, Seattle. – R. verbindet Science-fiction mit feminist. Perspektive, in ›The Female Man‹ repräsentieren vier Protagonistinnen vier versch. Möglichkeiten für die Frau in der Gesellschaft mittels multipler Perspektiven und narrativer Formen (Drama, Fabel, Essay, Epos); ›We Who Are About To‹ als weibl. Science-fiction-Robinsonade; auch Lit.kritik.
W: Picnic on Paradise, R. 1968; And Chaos Died, R. 1970 (d. 1974); The Female Man, R. 1975 (Planet der Frauen, d. 1979, u.d.T. Eine Weile entfernt, 2000); Alyx, 1976 (d. 1983); We Who Are About To. . . , R. 1977 (Wir, die wir geweiht sind, d. 1984); The Two of Them, R. 1978 (Die Frauenstehlerin, d. 1982); Kittatinny, R. 1978; On Strike against God: A Lesbian Love Story, 1979 (Aufstand gegen Gott, d. 1983); How to Suppress Women's Writing, St. 1983; The Zanzibar Cat, R. 1983; Extra (Ordinary) People, Kgn. 1984; Magic Mommas, Trembling Sisters, Puritans and Perverts, Ess. 1985; The Hidden Side of the Moon, Kgn. 1988; Houston, Houston, Do Your Read? u. Souls, 1989; To Write Like a Woman, Ess. 1995; What Are We Fighting For?, Ess. 1998.
L: J. Cortiel, 1999.

Russell, Elizabeth (Mary Annette), geb. Beauchamp (Ps. Elizabeth), engl. Romanautorin, 31. 8. 1866 Kirrimbilli Point/New South Wales – 9. 2. 1941 Charleston/USA. Cousine von K. Mansfield. ⚭ 1890 Graf von Arnim, mit dem sie in Pommern lebte. Nach Insolvenz 1910 Rückkehr nach England, wo er starb. ⚭ 1916 J. F. S. Russell, den Bruder von Bertrand R., o|o 1919. – Autobiographien u. Romane, die sich durch Humor, Menschenkenntnis u. unsentimentale Tierliebe auszeichnen.

W: Elizabeth and her German Garden, Sk. 1898 (d. 1911); The Solitary Summer, R. 1899 (d. 1928); The Caravanners, R. 1909; The Enchanted April, R. 1922 (d. 1992); All the Dogs of My Life, Aut. 1936 (d. 1937); Mr. Skeffington, R. 1940 (Die 7 Spiegel der Lady Frances, d. 1955).
L: K. Usborne, 1994; K. Jüngling, B. Roßbeck, 1996.

Russell, George William (Ps. AE, auch Æ), ir. Dichter und Essayist, 10. 4. 1867 Lurgan/Armagh – 17. 7. 1935 Bournemouth. Ab 1878 in Dublin. An der Metropolitan School of Art begegnete er Yeats. Zeitweilig Maler, Angestellter in e. Brauerei, e. Lagerhaus und e. Leinengeschäft. Zentrale Figur der ir. lit. Renaissance. E. der Begründer des Abbey Theatre. Hrsg. der Zsn. ›Irish Homestead‹ (1905–23) u. ›Irish Statesman‹ (1923–30). Mitgl. und Sprachrohr der Dubliner Theosoph. Gesellschaft. – Vf. von myst. Gedichten und Essays. S. Lyrik schildert mit Glut und Verzükkung eigene Visionen. Sichtbares und Unsichtbares bilden für ihn e. Einheit, er sieht den Menschen umgeben von übernatürl. Wesen.

W: Homeward: Songs by the Way, G. 1894; The Earth Breath, G. 1897; The Divine Vision, G. 1903; By Still Waters, G. 1906; Some Irish Essays, 1906; Deirdre, Dr. 1907; The Renewal of Youth, Es. 1911; Imaginations and Reveries, Ess. 1915; Gods of War, G. 1915; The National Being, Es. 1916; Thoughts on Irish Polity, St. 1917; The Candle of Vision, G. 1918; The Interpreters, Ess. 1920; Voices of the Stones, G. 1925; Midsummer Eve, G. 1928; Dark Weeping, G. 1929; Enchantment, G. 1930; Vale, G. 1931; Song and Its Fountains, Es. 1932; The Avatars: A Futurist Fantasy, Es. 1933; The House of the Titans, G. 1934. – Selected Poems, 1935; The Living Torch, Ess., hg. M. Gibbon 1937; Letters, hg. A. Denson 1961.
L: D. Figgis, 1916; H. Höpfl, 1935; W. K. Magee, 1937; M. Plass, Diss. Würzb. 1940; H. Summerfield, That Myriad Minded Man, 1975; R. M. Kain, J. O'Brien, 1976; R. B. Davis, 1977. – *Bibl.:* A. Denson, 1961.

Russo, Alecu, rumän. Schriftsteller, 17. 3. 1819 Străjeni/Lăpușna – 5. 2. 1859 Jassy. Kindheit in der Schweiz, Stud. Jura Paris u. Dtl.; Richter in Piatra Neamț, nahm aktiv an der Revolution von 1848 teil, wurde verbannt, ruinierte s. Gesundheit in e. ungar. Gefängnis; nach Rückkehr in die Heimat Rechtsanwalt, starb wenige Tage nach Erfüllung s. Lebenstraums, der Wiedervereinigung. – S. glutvolles Prosapoem ›Cântarea României‹, das an Lamennais' ›Paroles d'un croyant‹ erinnert, ist e. der schönsten der rumän. Lit. (wurde in den letzten Jahrzehnten Objekt lebhafter Kontroversen bezügl. der Autorschaft).

W: Băcălia Ambițioasă, Dr. 1843; Jicnicerul Vadră, Dr. 1843; Cântarea României, Dicht. 1850. – Scrieri, hg. P. V. Hanes 1908; Scrieri alese, hg. E. Boldan 1956; Piatra-Teiului, hg. G. Șerban 1963.

Rust'aveli

L: P. V. Haneş, ²1930; A. Dima, 1957; T. Vârgolici, 1964.

Rust'aveli, Šot'a (Rustaweli, Schota), georg. Dichter, 12./13. Jh., schrieb während der Regierungszeit der Königin T'amar (1184–1213) ›Vep'xis Tqaosani‹ (Panther(Tiger)fellträger), das einzige von ihm erhaltene Werk, georg. Nationalepos. In 1637 Strophen mit je 16füßigen Endreimversen beschreibt er mit Phantastik u. Farbigkeit Abenteuer von Arabien bis Indien, über Liebe, Freundschaft zwischen Menschen, Religionen u. Völkern, über Vernunft u. Weisheit, Schicksal u. Gottesmacht. Das Epos ist Höhepunkt der georg. ritterl. Dichtung im goldenen Zeitalter des Landes; neben der Bibel war es Mitgift für jede Georgierin zur Hochzeit: Es gab Antworten auf Lebensfragen und behandelte Themen wie Mut, Güte u. Bosheit, Lüge, Freigebigkeit u. Geiz, Treue, Gerechtigkeit u. Ungerechtigkeit. Die Entdeckung des frühen Renaissancewerkes im dt. Sprachraum erfolgte sehr spät. 1. Versuche der Übertragung von B. v. Suttner u. A.Leist 1889, später wörtl. oder Prosaübs., Aufbereitung für Kinder. Die lyr.-adäquateste Nachdichtung stammt von H. Huppert (›Der Recke im Tigerfell‹).

A: T'bilisi 1712. – Übs.: Der Mann im (mit dem) Tigerfell(e), 1889, 1890, 1903, 1931,1974; Der Mann im Pantherfell, 1976; Der Ritter im Pantherfell, 1975; Der Recke im Tigerfell, 1976, 1979, 1983, 1988, 1991; Rustawelis Aphorismen, 1970, 1974, 1991 (dt./russ./georg.).

L: D. Dandurov, 1937; V. Gol'cev, 1936, 1940, 1952, 1956; R. Bleichsteiner, in: Asienberichte 5 (1940); Š. Nucubije, R. i vostočnyj renesans, 1950, 1967; I. Megrelije, 1960; G. Pätsch, in: Mitteil. d. Inst. f. Orientforsch. 12 (1960)–14 (1968); N. Marr, 1964; I. Abašili, 1966; A. Baramij(dz)e, 1966; N. Gurgenije, 1966; N. Natadse, S. Zaischwili, 1966; G. Ceret'eli, 1973; L. Menabde, IV 1976–88; I. Gigineišvili, 1995.' Bibl.: N. Akkerman, 1966; A. Babajan, 1975.

Rustebuef → Rutebeuf

Rut, Buch R. des AT, eine Novelle des 5. Jh. v. Chr., das sich gegen die gleichzeitige Frauen- und Fremdenfeindlichkeit (wie in Neh 13,23–28) eines Teils der ›Orthodoxie‹ wendet: Die Moabiterin R. verläßt aus Freundschaft zu ihrer jüd. Schwiegermutter ihre Heimat für eine prekäre Existenz als ›Klientin‹ in Juda und wird die Urgroßmutter → Davids. In der hebr. Bibel ist das Buch R. Teil der Megillot (Festrollen) und wird zu Schevuot (Wochen-Fest, ursprüngl. ein Fest der Gereideernte) verlesen, im christl. AT steht es zwischen Richter und Samuel.

L: Kommentare: E. Zenger, ²1992; I. Fischer, 2001.

Rutebeuf (auch Rustebeuf, Rustebuef), franz. Dichter, vor 1250 – um 1285. Von niedriger Herkunft, wandernder Spielmann (ménestrel) u. verbummeltes Genie. S. Gönner waren die Brüder Ludwigs IX. – Bedeutendster Lyriker franz. Sprache vor F. Villon, befreite sich von den starren Konventionen der Troubadours, drückte realist. individuelles Erleben aus. Lebendig s. persönl. Gedicht (Complainte, Repentance R.) und die Lyrik, in der er gegen soz. Mißstände und für die vom Leben Benachteiligten eintritt. Die meisten s. Gedichte polit.-satir. Inhalts. Mit scharfer Kritik nahm er Anteil am Zeitgeschehen, verteidigte die Univ.-Lehrer im Kampf gegen die Bettelmönche, die die Lehrstühle der Sorbonne für sich beanspruchten. R.s aggressives Temperament äußert sich auch in s. Fabliaux. Schrieb aber auch relig. Gedichte, Kreuzzugslieder, Heiligenlegenden, Totenklagen und gestaltete in ›Le Miracle de Théophile‹ e. der Faustlegende verwandten Stoff, in dem sich e. Kleriker aus Ehrgeiz dem Teufel verschreibt, von Maria aber errettet wird.

A: Onze poèmes concernant la croisade, hg. J. Bastin, E. Faral 1946; Poèmes concernant l'Université de Paris, hg. H. H. Lucas, Manchester 1953; Le Miracle de Théophile, hg. G. Frank ²1949 (d. M. Gsteiger 1955); La vie de Sainte Marie l'Egyptienne, hg. B. A. Bujila, Ann Arbor 1949; Les Neuf joies Nostre Dame, hg. T. F. Mustanoja, Helsinki 1952. – Œuvres complètes, hg. E. Faral, J. Bastin II 1959f.; R.s Gedichte, hg. A. Kressner 1885.

L: E. von Mojsisovics, Metrik und Sprache R.s, 1906; L. Cledat, 1909; U. Leo, Studien zu R., 1922; C. Dehm, Diss. Würzb. 1935; H. Lucas, Les poésies personnelles de R., diss. Straßburg 1938; E. B. Ham, R. and Louis IX, Chapel Hill 1963; G. Lafeuille, 1966; A. Serper, 1969; ders., Neapel 1972; N. F. Regalado, Poetic Patterns in R., New Haven 1970.

Rutherford, Mark → White, William Hale

Ruusbroec, Jan (Johannes) van (auch Ruisbroeck, Rusbroek u.a.), fläm. Mystiker, 1293 Ruisbroeck b. Brüssel – 2. 12. 1381 Groenendal b. Brüssel. 1317 Priesterweihe, 1354 Prior des von ihm gegr. Augustinerstiftes Groenendal. Kontemplativ zurückgezogenes Leben. – Vf. von 12 Traktaten in mittelniederländ. Prosa, die den Mönchen e. Weg zur myst. Vereinigung mit Gott zeigen. Von Ekkehart beeinflußt, verwirft er dessen System und stellt das empir. Element in den Vordergrund der Klage über den Verfall der mönch. Zucht in manchen Klöstern, Forderung nach Reform des Klosterlebens. Urwüchsige, volksnahe Sprache mit treffenden Vergleichen und suggestiven Bildern. Die von ihm ausgehende Erweckungsbewegung (Devotio Moderna) beeinflußt die Mystik in Dtl., Frankreich, Spanien und Italien (Übs. s. Werke ins Lat.) entscheidend, bes. Tauler, G. Groote und Thomas von Kempen.

W: Dat boec van den rike der ghelieven, Prosa u. G. (Das Reich der Geliebten, d. 1924); Die chierheit der gheesteliker brulocht, Prosa (Die Zierde der geistl. Hochzeit, d. 1919); Van seven trappen, Prosa u. G. (d. 1927); Het boec vanden twaelf beghinen, Prosa u. G. (Das Buch von den 12 Beghinen, d. 1917). – Werken, hg. L. Reypens IV ^{2}1944–48; Ruusbroec hertaald, hg. L. Moereels IX 1976–80 (m. Übs.); Opera omnia, hg. G. de Baere, X 1981ff. – *Übs.:* Schriften, IV 1701; Werke, W. Verkade III 1923 f.; Ausw. F. A. Lambert 1901, F. M. Huebner 1924, J. Kuckhoff 1938.

L: L. Reypens, 1926; G. Dolezich, Die Mystik J. v. R.s, 1926 (m. Bibl.); A. Ampe, IV 1950–57; B. Fraling, Diss. Innsbr. 1962; W. Eichler, J. v. R. Brulocht in oberdt. Überlieferung, 1969; J. v. R., Ausstellungs-Kat. Brüssel (m. Bibl.), II 1981; H. van Cranenburg, De gestelijke tabernakel, 1992; K. E. Bras, Mint de minne, 1993 (Diss. m. dt. Zus.fass.); C.-H. Rocquet, 1998 (franz.); G. Warnar, 2003.

Ruyra i Oms, Joaquim, katalan. Dichter u. Romanschriftsteller, 27. 9. 1858 Girona – 15. 5. 1939 Barcelona. Stud. Rechte Barcelona; zog sich nach Beendigung des Stud. nach Blanes zurück u. widmete sich ganz der Lit., Mitarbeiter bedeutender Zsn.; wegen Herzleidens lange auf den Kanar. Inseln. Schrieb anfangs span., seit 1890 katalan. – Meister der Prosasprache von außerordentl. harmon. Aufbau. S. Verse sind e. Art Ergänzung s. Prosa. Bevorzugte das Sonett, voller Harmonie, Musik u. Emotion. Romane u. Erzählungen von gesundem, heiterem Realismus, menschl. Hintergrund. Verherrlichung des Landlebens. Übs. Komödien von Scribe, Gedichte von Horaz, Dante, Verlaine, Racine.

W: Jacobé, N. 1902; Marines i boscatges, En. 1903; El país del pler, G. 1906; La parada, En. 1919; Fulles ventises, G. 1919; Pinya de rosa, En. 1920; El malcontent, N. 1924; La bona nova, Dr. 1927; La cobla, G. 1931; Entre flames, En. 1931 (n. 1988). – Obres completes, hg. M. de Montoliu 1949, 1964 (m. Bibl.); J. R., inèdit, hg. L. Julià 1991.

L: L. Amigó, 1950; O. Cardona, 1966; L. Julià, 1995, 1996.

Ruysbroek, Jan van → Ruusbroec, Jan

Ruyslinck, Ward (eig. Raymond Charles Marie de Belser), fläm. Schriftsteller, * 17. 6. 1929 Berchem/Antwerpen. 1954–84 Bibliothekar am Plantijn-Moretus-Museum in Antwerpen. – Zeitkritische Romane u. Erzählungen.

W: De ontaarde slapers, N. 1957; Wierook en tranen, R. 1958; De madonna met de buil, En. 1959; Het dal van Hinnom, R. 1961 (d. 1964); Het reservaat, R. 1964 (d. 1966); Golden Ophelia, R. 1966 (d. 1980); Het ledikant von Lady Cant, R. 1968; De heksenkring, R. 1972; Wurgtechnieken, R. 1980; De boze droom het medeleven, R. 1982; Open beeldboek, Ess. 1983; De claim van de duivel, R. 1993; De traumachai, R. 1999. – *Übs.:* Die Rabenschläfer, Nn. 1961.

L: T. Schalken, 1966, ^{2}1972; L. Scheer, 1972; M. Janssens, 1977; D. Cartens, hg. 1982; J. Gerits u.a., Profiel W. R., 1992 (m. Bibl.).

Ruzzante (eig. Angelo Beolco), ital. Dramatiker, 1502 Padua – 17. 3. 1542 ebda. Unehel. Sohn e. Arztes; Schauspieler in Venedig u.a. S. Name ›Ruzzante‹ (der Scherzende) nach e. lustigen, faulen und herausfordernden Bauerntyp, dessen Rolle er bei der Aufführung s. eigenen Lustspiele mit Vorliebe selbst spielte. – In s. zahlr. realist. Komödien und Farcen, die zu den schönsten des Cinquecento gehören, stellte er das einfache ländl. Leben dar und läßt die Bauern im allg. in ihrer paduan. Mundart sprechen.

W: La Piovana, K. (1533) 1548; La Moschetta, K. (1528) 1551 (n. L. Zorzi 1963); L'Anconetana, K. 1551 (n. G. A. Cibotto 1958); Fiorina, K. 1561 (n. ders. 1958); La Betía, K. hg. L. Zorzi 1975; La pastoral, La prima oratione, Una lettera giocosa, hg. G. Padoan 1978; I dialoghi, La seconda oratione. I prologhi alla Moschetta, hg. ders. 1981. – Tutte le opere, 1584, 1598; Opere, 1951 ff.; Teatro completo, hg. L. Zorzi 1967. – *Übs.:* franz. A. Mortier, Un dramaturge populaire, II 1926f. (m. Komm.).

L: G. Padoan, 1968; F. Mastropasqua, C. Molinari, 1970; G. Calendoli, 1985; L. L. Caroll, Boston 1990; R. Ferguson, The theatre of A. B., 2000.

Rybakov, Anatolij (eig. Anatolij Naumovič Aranov), russ. Prosaist, 14. 1. 1911 Černigov – 23. 12. 1998 New York. Arbeitete 1934–46 als Ingenieur, wandte sich dann der Lit. zu. – Beginn mit soz.-realist. Produktionsromanen, ab 1960 Jugendbuchautor. In ›Tjažëlyj pesok‹ stellt er als erster in der Sowjetlit. das Schicksal e. jüd. Familie möglichst vielseitig – über viele Jahrzehnte, im In- und Ausland – dar.

W: Voditeli, R. 1950 (Menschen am Steuer, d. 1951); Kortik, E. 1948 (Der Marinedolch, d. 1953); Priključenija Kroša, R. 1960 (Ein Autowrack u. 100 Streiche, d. 1962); Kanikuly Kroša, R. 1966; Neizvestnyj soldat, R. 1971 (Das zerrissene Foto, d. 1973); Tjažëlyj pesok, R. 1979 (Schwerer Sand, d. 1980). – Sobranie sočinenij (GW), IV 1981–82; Izbrannye proizvedenii Gag, III 1991–95.

L: E. Starikova, 1977.

Rydberg, (Abraham) Viktor, schwed. Dichter, 18. 12. 1828 Jönköping – 21. 9. 1895 Djursholm. Sohn e. Schloßwachtmeisters; 1845–47 Gymnas. Växjö, Journalist in Jönköping u. Göteborg, 1851 Abitur in Lund, Stud. Jura wegen fehlender Mittel abgebrochen, 1852–55 Hauslehrer, 1855–76 Kulturredakteur an ›Göteborgs Handels- och Sjöfartstidning‹, 1870–72 Reichstagsabgeordneter, 1874 Italienreise, 1876–84 Dozent der Göteborger Unterrichtsverwaltung, 1884–89 Prof. für Kulturgesch. Stockholm, 1889–95 Prof. für Gesch. u. Theorie der bildenden Künste. 1877 Dr. h.c. Uppsala, 1877 Mitglied der Schwed. Akad. 1879 ∞ Susen Emilia Hasselblad. – Begann als Journalist mit Fortsetzungsromanen, Schauerromantik von geringem lit. Wert. ›Den siste Athenaren‹ propagiert e. Synthese zwischen antikem Humanismus u. wahrem christl. Glauben (Platonismus). S. bibelkrit. Gedanken, u.a. Ablehnung der Göttlichkeit Christi, faßte Rydberg zusammen in ›Bibelns lära om Kristus‹. S. erste Lyrik ist teilweise von Stagnelius beeinflußt; Freiheitspathos steht neben der Sehnsucht nach kindl. Frieden u. Unschuld. Die Lyrik nach der Italienreise suchte s. relig. Grundanschauung mit den Erkenntnissen mod. Naturwiss. zu verbinden. Die polit. u. soziale Unruhe und das Bewußtsein, daß der Glaube an den Fortschritt sich nicht erfüllt, führen zum Pessimismus, der manchmal in heroischen Optimismus umschlägt. R. kämpft in ›Vapensmeden‹ gegen Fanatismus u. Intoleranz, auch des irrelig. Naturalismus; er begrüßte anfangs den Naturalismus, verhielt sich dann aber reserviert. In den 80er Jahren v.a. Studien über die german. Mythologie, die er als s. eigenen theolog. Auffassung entsprechend ansah. In gewissem Maß kehrte er zum Christentum zurück, das ihm auch zur Lösung sozialer Probleme berufen schien, während er den Marxismus ablehnte. Letzter optimist. Idealist, vermittelte die romant. Tradition an die Neuromantik der Jahrhundertwende. S. Ziel ist die moral. Entwicklung der Menschheit. Zugleich Traditionalist u. Revolutionär, war er sehr einflußreich.

W: Positivspelarne, R. 1851; De vandrande djäknarne, R. 1856; Singoalla, R. 1857 (n. 1959, d. 1885); Fribytaren på Östersjön, R. 1857 (Der Korsar, d. IV 1924); Den siste Athenaren, R. 1859 (Der letzte Athener, d. 1857); Bibelns lära om Kristus, 1862; Strandvrak, G. 1863; Bilder ur Faust, Ess. 1867; Romerska sägner om apostlarne Paulus och Petrus, St. 1874 (d. 1876); Faust och Fauststudier, 1876f.; Prometeus och Ahasverus, G. 1877; Romerska dagar, St. 1877; Romerska kejsare i marmor, St. 1877 (Ausw. d. 1907); Dikter, G. 1882; Undersökningar i germanisk mytologi, II 1886–89; Fädernas gudasaga, 1887 (Die Göttersage der Väter, d. 1911); Dikter, G. 1891; Vapensmeden, R. 1891 (Der Waffenschmied, d. 1908). – Samlade skrifter, hg. K. Warburg XIV 1896–99; Filosofiska föreläsningar, IV 1900f.; Kulturhistoriska föreläsningar, VI 1903–06; Skrifter, XII 1945f.; Brev, hg. E. Haverman III 1923–26. – Übs.: Vorlesungen über Leibniz und Schopenhauer, 1903; Die Venus von Milo, Antinous, Abhn. 1911.

L: K. Warburg, II 1900 u. 1913; P. Holm, 1918; V. Svanberg, 1923, 1928, 1937; K. Hagberg, 1927; H. Büssow, R.s hist. Romane, 1929; P. Gemer, 1931; O. Holmberg, 1935; I. Krook, 1935; Ö. Lindberger, II 1938; G. Löwendahl, 1954, 1960; T. Hegerfors, V. R.s utveckling till religiös reformator, 1960; H. Granlid, 1974; T. Hall, 1981; R. Lindborg, 1985.

Rydel, Lucjan, poln. Dichter, 17. 5. 1870 Krakau – 8. 4. 1918 ebda. Sohn e. Univ.-Prof.; 1894 Dr. jur. Krakau, dann Stud. Lit. u. Philos. Berlin u. Paris. Gymnasiallehrer. S. Heirat 1900 mit e. Bauernmädchen regte Wyspianski zu s. Drama ›Wesele‹ an. – Vereinigt Akademismus, Anregung durch fremde Vorbilder, raffinierte Ausdruckskunst nicht immer glückl. mit Streben nach Wahrung nationaler Tradition u. Volkstümlichkeit. S. beste Leistung volkstüml. romant.-poet. Dramen und Märchenspiele. Übs. Homer u. Apulejus.

W: Matka, Dr. 1893; Dies irae, Dr. 1893; Z dobrego serca, Dr. 1897; Poezje, G. 1899; Zaczarowane koło, Dr. 1900; Mojej żonie, G. 1902; Betlejem polskie, Dr. 1905 (n. 1983); Bodenhain, Dr. 1906; Ferenike i Pejsidoros, E. 1909; Z greckiego świata, Reiseb. 1910; Tril.: Zygmunt August, Dr. 1913. – Utwory dramatyczne, II 1902; Poezje, 1909; Wybór poezji (G.-Ausw.), 1977; Wybór dramatów (Drn.-Ausw.), 1983.

L: J. Dużyk, Droga do Bronowic, ²1972.

Ryga, George, kanad. Dramatiker u. Romanautor, 27. 7. 1932 Deep Creek/Alberta – 18. 11. 1987 Summerland/British Columbia. Ukrain. Abstammung, Autodidakt. – Thematisiert sozialu. obrigkeitskrit. Engagement. Verbindet in s. Dramen lyr. u. tänzer. mit realist. Elementen, die Romane sind spannungsvoll u. evokativ erzählt.

W: Indian, Dr. 1962; Hungry Hills, R. 1963, 1977; Ballad of a Stonepicker, R. 1966; The Ecstasy of Rita Joe, Dr. 1970; Grass and Wild Strawberries, Dr. 1971; Captives of the Faceless Drummer, Dr. 1971; Sunrise on Sarah, Dr. 1973; Paracelsus, Dr. 1974; Night Desk, R. 1976; Ploughmen of the Glacier, Dr. 1977; Seven Hours to Sundown, R. 1977; Beyond the Crimson Morning; Portrait of Angelica, Dr. 1984; A Letter to My Son, Dr. 1984; In the Shadow of the Vulture, R. 1985.

L: C. D. Innes, 1985; J. Hoffman, 1995.

Ryleev, Kondratij Fëdorovič, russ. Dichter, 29. 9. 1795 Batovo (im ehem. Gouv. Petersburg) – 25. 7. 1826 Petersburg. Vater Offizier; 1814–18 selbst Offizier, 1821–24 im Justizdienst; wurde 1820 durch die gegen den mächtigen Staatsmann Graf Arakčeev gerichtete Satire ›K vremenščiku‹ bekannt. Wegen aktiver Beteiligung an Vorbereitung des Dekabristenaufstands von 1825 hingerichtet. – S. Dichtung ist großenteils durch revolutionär-patriot. Thematik bestimmt. Stellt in den ›Dumy‹ nach Vorbild Niemcewicz' bekannte Gestalten aus der russ. Geschichte dar, bekundet sich in die Tendenz, erzieherisch, vorbildhaft auf den Leser zu wirken. S. polit. Gedichte zeigen propagandist. und agitator. Zielsetzung; bemerkenswert das Poem ›Vojnarovskij‹; läßt Beziehung zu Derzavin u. Byron erkennen, gebraucht noch die Kunstmittel der franz. Rhetorik.

W: Dumy, G. 1825; Vojnarovskij, Poem 1825 (d. 1893). – Polnoe sobranie sočinenij (GW), 1934, n. Den

Haag 1967; Polnoe sobranie stichotvorenij (ges. G.), 1971.
L: N. A. Kotljarevskij, 1908; B. Nejman, 1946; K. V. Pigarëv, 1947; N. A. Bestužev, 1951; A. G. Cejtlin, 1955.

Ryl's'kyj, Maksym, ukrain. Dichter, 19. 3. 1895 Kiev – 24. 7. 1964 ebda. Vater Gutsbesitzer aus poln. Adel; 1915 Stud. in Kiev; 1919–29 Lehrer an höheren Schulen, durch s. Gedichtband ›Synja dalečin‹ (1922) weiteren Kreisen bekannt. – Bedeutender Dichter der neuen ukrain. Lit., innerhalb deren er zu den Neoklassikern zählt; verfaßte 1918–29 ca. ein Dutzend Bändchen großenteils unpolit. Verse, darunter zarte lyr. Gedichte und lyr.-ep. Poeme, bisweilen Ausdruck der Erwartung e. Erneuerung des Volkslebens in der Ukraine. Angriffe der sowjet. Kritik auf die neoklass. Richtung ließen ihn 1929 für einige Jahre verstummen. Mehrere spätere Dichtungen sind seit s. kurzen Haft 1932 tendenziös-sowjetpatriot.; nach 1956 Initiator mehrerer Rehabilitierungen; schuf hervorragende Übs. einzelner Werke von Shakespeare, Goethe, Molière, Corneille, Racine, Mickiewicz, Puškin, des Igorlieds, der serb. ep. Lieder.
W: Pid osinnimy zorjamy, G. 1918; Synja dalečin', G. 1922; Sino, Poem 1923; Trynadcjata vesna, G. 1926; De schodjat'sja dorohy, G. 1929; Maryna, Poem 1933; Pisnja pro Stalina, G. 1933; Ljubov, Poem 1940; Trojandy i vynohrod, G. 1957; Daleki neboschyly, G. 1959; Tvory (W) X, 1960–62; XX, 1986–90; Virši ta poemy, 1990.
L: F. M. Neborjačok, 1955; B. M. Kalmanovs'kyj, 1959; S. Kryžanivs'kyj, ²1962; S. Bysykalo, ²1962; H. Kolesnyk, 1965; H. Verves, 1972; L. Novyčenko, 1980.

Rymaruk, Ihor, ukrain. Dichter und Literaturkritiker, * 4. 7. 1958 M'akoty/Gebiet Chmel'nyc'kyj. Aus Lehrerfamilie. Journalist. Stud. Univ. Kiev. Verlagsredakteur. Seit 1984 eine Reihe von Lyrikbänden und lit.krit. Beiträgen. – Er hat sich in s. Lyrik von Anfang an Themen zugewandt wie Anprangerung der gesellschaftspolit. Anpassung und des oberflächlichen sowjet. Lebensstils. R. beklagt das verlorengegangene Geschichtsbewußtsein seiner Landsleute, er verlangt vom Menschen, sich der Realität zu stellen, sich zwischen Gut und Böse zu entscheiden. Seine zuweilen apokryphen, allegorischen Zeilen spiegeln in bildhaften Andeutungen wichtige Gewissensfragen der ukrain. Gesellschaft.
W: Vysoka voda, 1984; Uprodovž snihopadu, 1988; Visimdes'atnyky, 1981; Nični holosy, 1991; Diva Obyda, 1998. – *Übs*.: Goldener Regen, 1996.
L: V. Dončyk, 1998.

Ryûtei Tanehiko (eig. Minamoto Tomohisa), jap. Schriftsteller, 1783 Edo – 13. 7. 1842 ebda. Früh auf versch. Gebieten talentiert, wandte er sich dem lit. Schaffen zu, ohne dabei das haikai, das satir. senryu oder die Malerei zu vernachlässigen. Er versuchte sich an hist.-didakt. ebenso wie an humorist.-satir. Stoffen. – Von s. Werken brachte ihm das von Gotobei Kunisada (1787–1865) ausgezeichnet bebilderte, in Folgen erscheinende ›Nise-Murasaki Inaka-Genji‹ (1829–42) Anerkennung; das Werk, e. Nachahmung des ›Genji-monogatari‹, aber das Leben am Shôgun-Hofe schildernd, blieb infolge e. Verbotes unvollendet. Daneben schuf er zahlr. andere Werke, deren Stil, beeinflußt vom Drama u. dessen Dialog, bei aller Farbigkeit auffallend nüchtern bleibt.
W: Moji-tesuri-mukashi-ningyô, E. 1813 (engl. 17/18, 1927f.); Shôhonjitate, E. 1815–31; Ukiyogata-rokumai-byôbu, E. 1821 (Sechs Wandschirme in Gestalten der vergängl. Welt, d. 1847; P. Kühnel in Asobi: Altjapan. Nn., 1923); Kantan-shokoku-monogatari, E. 1834–41; Yôshabaku, Ess. 1841.
L: A. L. Marcus, The willow in autumn: R. T., Cambridge/MA 1992.

Rzewuski, Henryk Graf (Ps. Jarosz Bejła), poln. Erzähler, 3. 5. 1791 Sławuta/Wolhynien – 28. 2. 1866 Cudnów. Aus mächtiger Adelsfamilie. Karmeliter-Konvikt in Berdyczów, dann Privatschule in Petersburg u. dt. Hauslehrer. Heeresdienst, Offizier Napoleons im Feldzug 1809, dann Abschied. 1817–24 Reisen: Dtl., Italien, Frankreich, Schweiz, Balkan. In Paris Stud. schöne Künste, Philos., Jura. Nach kurzem Polenaufenthalt wieder 3 Jahre Italien. In Rom 1830 Begegnung mit Mickiewicz, erster Impuls für schriftsteller. Tätigkeit. Ab 1850 russ. Beamter in Warschau. – Verherrlichte in s. Erzählungen die poln. Vergangenheit, lehnte Gegenwart u. Zukunft ab. Führt die Adelserzählung ›Gawęda‹ in die poln. Lit. ein. S. Spätwerke lassen an Bedeutung nach. Anstoß für die Renaissance des Sarmatismus. Trotz vieler Anfeindungen lit. anerkannt.
W: Pamiątki Pana Seweryna Soplicy, R. IV 1839–41 (n. 1961; Denkwürdigkeiten des Herrn S. S., d. 1876, 1986); Mieszaniny obyczajowe …, Sk. II 1841–43; Zamek krakowski, R. III 1847 f. (Das Schloß von Krakau, d. 1875?); Listopad, R. III 1845 f. (n. 1923; Der Fürst, Mein Liebchen u. seine Parteigänger, d. 1856); Adam Śmigielski, R. II 1851 (Kerkerwonne, d. 1859); Zaporożec, R. IV 1854. – Pisma zbiorowe, VII 1851; Dzieła, VI 1877–84.
L: M. Grabowski, 1858; S. Tarnowski, 1887; Z. Szweykowski, Powieści historyczne H. R., 1922; J. Łytkowski, J. de Maistre i H. R., 1925; J. Urbaniak, Konserwatyzm w poglądach społeczno-filozoficznych H. R., 1979; A. Ślisz, 1986.

el Saadawi, Nawal (as-Sa'dāwī, Nawāl), prominenteste ägypt. Erzählerin. Frauenrechtlerin, * 1931 bei Kairo. Dr. med. Kairo. – Autorin postmoderner feminist. Romane, Sachbücher über Psyche, Sexualität u. rechtl. Status der arab. Frau. Erlitt Gefängnis u. Berufsverbot, bedroht von radikalen Islamisten.

W: Firdaus. Women at Point Zero, 1984 (Eine Frau am Punkt Null, d. 1993); The Fall of the Imam, 1991 (Der Sturz des Imam, d. 1994); The Innocence of the Devil, Berkeley 1998; A Daughter of Isis, Aut. N.Y. 1999.

L: F. Malti-Douglas: Men, Women and God(s): Nawal El Saadawi and Arab Feminist Poetics, Berkeley 1995.

Saadi → Sa'dī, Šaiḫ Abū ʿAbdullāh Mušarrifu'd-Dīn ibn Muṣliḥ

Saarikoski, Pentti (Ilmari), finn. Dichter, 2. 3. 1937 Impilahti – 24. 8. 1983 Joensuu. Stud. klass. Sprachen, Journalist; lebte viele Jahre in Schweden. – Verbindet in s. Lyrik heterogenes Material zu bewegl. dialekt. Gebilden; ist dank s. unverwechselbaren Tons u. s. öffentl. Auftritten zur Ikone geworden. Hat die Wege zur polit. engagierten Dichtung geöffnet u. wurde damit zum Idol der Jugend. Begann als Wunderkind der unpolit. Schule der 50er Jahre mit Versen voller Anmut u. Geschmeidigkeit. Auf der Suche nach neuen Autoritäten wird er bei Marx u. E. Pound fündig (›Maailmasta‹, ›Mitä tapahtuu todella?‹) u. weist damit der Dichtung der 60er Jahre die Richtung. S. sozialist. Weltschau bleibt jedoch immer von individuellem Fühlen durchdrungen, bis hin zu ganz persönl. Liebeslyrik; selbst in ideolog. Verkündigungsdichtung krit. Grundeinstellung. Seine Sprache, bewußt im Alltag angesiedelt, will nur effektiv Wirkliches mitteilen, wirkt dennoch spontan, dynam., in der Prosa freil. auch manieriert. Übsn. antiker Lit. sowie von J. Joyce, H. D. Miller, J. D. Salinger u.v.a.

W: Runoja, G. 1958; Toisia runoja, G. 1958; Runot ja Hipponaksin runot, G. 1959; Nenän pakinoita, Feuill. 1960; Maailmasta, G. 1961; Mitä tapahtuu todella?, G. 1962; Ovat muistojemme lehdet kuolleet, R. 1964; Kuljen missä kuljen, G. 1965; Punaiset liput, Aufs. 1966; Ääneen, G. 1966; Laulu laululta pois, G. 1966; Aika Prahassa, R. 1967; En soisi sen päättyvän, G. 1968; Kirje vaimolleni, E. 1968; Katselen Stalinin pään yli ulos, G. 1969; Onnen aika, G. 1971; Alue, G. 1973; Eino Leino, legenda jo eläessään, B. 1974; Ihmisen ääni, Ess. 1976; Tanssilattia vuorella, G. 1977; Asia tai ei, R. 1980; Tanssiinkutsu, G. 1980; Euroopan reuna, Prosa 1982; Hämärän tanssit, G. 1983. – Tähänastiset runot, G.-Ausw. 1977; Nouruuden runot (ges. G.), 1994; Tiarnia-sarja ja muut ruotsinkauden runot (ges. G),. 1996; Nuoruuden päiväkirjat (ges. Tg.), 1984. – *Übs.:* Ich rede, G.-Ausw. 1965; Aufforderung zum Tanz, G. 2002.

L: H. Salama, P. S., Legenda jo eläessään, 1975; H. Riikonen, Töitä ja päiviä, 1992; P. Tarkka, P. S., 1996.

Saavedra Fajardo, Diego de (Ps. Claudio Antonio de Cabrera), span. Schriftsteller, 6. 5. 1584 Algezares/Murcia – 24. 8. 1648 Madrid. Adliger Abstammung, Stud. Rechte Salamanca, glänzende diplomat. Laufbahn, zahlr. ehrenvolle Ämter im In- u. Ausland, u.a. Botschafter in Rom (1631) u. Neapel, Gesandter in Regensburg (1636), 1637 in München; 1640 Ritter des Santiago-Ordens, 1643 Mitgl. des Indien-Rates u. Vertreter Spaniens bei den Verhandlungen in Münster, zog sich gegen s. Lebensende in e. Kloster von Madrid zurück. – Vf. bes. polit. Schriften als Spiegel s. Erfahrungen u. s. kosmopolit. Geisteshaltung; verkörpert innerhalb der span. Barocklit. e. europ. Richtung; Hauptwerke: ›Empresas políticas‹, e. Replik auf Machiavellis ›Principe‹, u. ›República literaria‹, krit. Übersicht in allegor. Form über Kunst, Lit. u. Wiss. des 17. Jh. in Spanien.

W: Idea de un príncipe político-cristiano, Traktat 1640 (auch u.d.T. Empresas políticas; n. V. García de Diego IV 1942–46, F. J. Díez de Revenga, 1998, S. López Poza 1999; d. 1655); Corona gótica, Traktat 1645; República literaria, Traktat 1655 (n. V. García de Diego 1942, 2002); Juicio de artes y sciencias, Sat. 1655 (n. ders. ²1956). – Obras completas, hg. A. González Palencia 1946.

L: J. M. Ibáñez García, 1884; Conde de la Roche, J. P. Tejera, 1884; F. Cortinas, 1907; F. Ayala, 1941; M. Fraga Iribarne, 1955; J. Pastor Dómine, 1956; A. Domínguez Ortiz, 1956; F. Murillo Ferriol, 1957; J. C. Dowling, 1957, Boston 1977; J. M. González de Zárate, S. F. y la literatura emblemática, 1985; F. J. Díez de Revenga 1988; Q. Aldea Vaquero, 1988.

Saavedra y Ramírez de Baquedano, Ángel de → Rivas, Duque de

Sabā, Fatḥ ʿAlī Ḫān Kāšānī, pers. Dichter aus Hofbeamtenfamilie, 1765 Kāšān – 1823 Teheran. Zunächst Panegyriker für den Zand-Herrscher Luṭf ʿAlī Ḫān, dann für Fatḥ ʿAlī Šāh Qāğār. Zeitweilig Gouverneur der Provinzen Qom u. Kāšān. Meister der Qaside. Nach dem iran.-russ. Krieg erhielt er den Auftrag zu s. Epos ›Šāhenšāhnāme‹ über Fatḥ ʿAlī Šāh's Regierungszeit, im gleichen Metrum wie s. klass. Vorbild, Ferdowsīs ›Šāhnāme‹. In 3 Jahren verfaßte er 40 000 Verse, mit denen er nach Meinung s. Zeitgenossen gar Ferdowsīs Meisterwerk übertrumpfte. Vorbild für viele pers. Dichter des 19. Jh.

W: Šāhenšāhnāme; Ḫodāwandnāme; Golšān-e Ṣabā.

Saba, Umberto (eig. U. Poli), ital. Lyriker, 9. 3. 1883 Triest – 25. 8. 1957 Gorizia. Unehel. Kind e. jüd. Mutter; s. ital. Vater lernt er erst mit 20 Jahren kennen. Kaufmänn. Ausbildung; Inhaber e. kleinen Buchantiquariats in Triest, Treffpunkt vieler Schriftsteller und Künstler. In der Jugend Mitarbeiter an Zeitungen u. lit. Zsn. Im 2. Weltkrieg verbarg er sich vor der Verfolgung zeitweise in Paris, dann in Rom, nach Kriegsende Rückkehr nach Triest. Zahlr. Ehrungen u. Lit.preise. – Suchte in der lyr. Überhöhung des Kleinen u. Familiären Rettung vor s. tiefen seel. Problemen u. Verletzungen. Autobiographie u. Traditionsbindung (Leopardi, Petrarca) kennzeichnen alle Werke dieses großen einsamen, feinfühligen Lyrikers, der einiges mit Pascoli gemeinsam hat. Auch Erzähler.

W: Poesie, 1911; Coi miei occhi, G. 1912; Cose leggere e vaganti, G. 1920; Il Canzoniere, G. 1921; Preludio e canzonette, G. 1922; Autobiografia, 1924; Figure e canti, G. 1928; Tre composizioni, G. 1933; Parole, G. 1935; Ultime cose, G. 1944; Mediterranee, G. 1946; Storia e cronistoria del Canzoniere, Prosa 1948; Uccelli, G. 1950; Ricordiracconti, Prosa 1956; Epigrafe, Ultime Prose, 1959; Ernesto, R. 1975 (d. 1985). – Tutte le opere, XV 1949–56; Tutte le poesie, hg. A. Stara 1988; Scorciatoie e raccontini, 1946; Prose, 1964; Prose scelte, hg. G. Giudici 1976; S., Svevo, Comisso: Lettere inedite, 1969; La spada d'amore. Lettere scelte 1902–1957, hg. A. Marcovecchio 1983. – Übs.: Triest und eine Frau, G. 1962.

L: C. Milanini, 1981; E. Favretti, La prosa di U. S., 1982; T. Ferri, Poetica e stile di U. S., 1984; F. Venaille, Paris 1989; B. Maier, 1991; G. Morelli, 1999 (m. Bibl.).

Sabahattin Ali, türk. Schriftsteller, 25. 2. 1906 Gümülcine – 2. 4. 1948 Kirklareli. Lehrerseminar Balikesir u. Istanbul; 1928–30 Stud. in Dtl., Deutschlehrer in Aydin, Konya u. Ankara; 1932/33 e. Jahr Gefängnis wegen Verächtlichmachung von Staatsführern in e. satir. Gedicht; seit 1938 Lehrer am Konservatorium in Ankara, 1944 entlassen, dann publizist. Tätigkeit in Istanbul. Als Hrsg. der satir. Zs. ›Marko Paşa‹ erneut zu Gefängnis verurteilt, versuchte er nach Verbüßung der Strafe nach Bulgarien zu fliehen u. wurde an der Grenze von einem Agenten ermordet. – S. A., der mit Lyrik begann, hat als Schüler des dt. Naturalismus u. russ. Autoren, bes. Gor'kijs, die türk. realist. Erzählung zu hoher künstler. Form entwickelt. Seine meist dem Landleben entnommenen Stoffe sind mit viel Sinn für trag. Höhepunkte lakon. knapp gestaltet (lit. Holzschnitttechnik) u. enthalten oft bittere Sozialkritik. Die künstler. Verdichtung ist ihm in s. Romanen nur unvollkommen gelungen. Übs. aus dem Dt. (E. T. A. Hoffmann, ›Erzählungen‹, 1943, Lessings ›Minna von Barnhelm‹, 1942, u. Hebbels ›Gyges und sein Ring‹, 1944).

W: Dağlar ve Rüzgâr, G. 1934; Değirmen, En. 1935; Kağni, En. 1936; Kuyucakli Yusuf, R. 1937; Ses, En. 1937; Içimizdeki Şeytan, R. 1940; Yeni Dünya, En. 1943; Kürk Mantolu Madonna, R. 1943; Sirca Kösk, En. 1947; GW, 1965f., 1997; Markopaşa Yazilari, Sat. hg. H. Altinkaynak 1987. – Übs.: Anatol. Geschichten, 1953.

L: R. Fiš, Moskau 1959; K. Sülker, 1968; A. Bezirci, 1974; K. Bayram, 1978; F. A. Laslou, A. Özkirimli, 1979; R. M. Ertüzün, 1985; F. Ali, 1998. – Bibl.: S. A., Bio-bibliografičeskij ukazatel', Moskau 1957.

Sabat Ercasty, Carlos, uruguay. Lyriker, 4. 11. 1887 Montevideo – 4. 8. 1982 ebda. Journalist, Prof. für Lit. – Modernist. Lyriker von pantheist. Naturgefühl mit Nähe zu W. Whitman; spürt in sensiblen, metaphernreichen ›Poemas del hombre‹ in freien Rhythmen den Mysterien von Natur und Universum und deren Beziehungen zum Menschen nach.

W: Pantheos, 1917; Poemas del hombre, VII 1922–58; Vidas, 1923; El vuelo de la noche, 1925; Los adioses, Son. 1929; El demonio de Don Juan, Dr. 1934; Prometeo, Dr. 1951; Dramática de la introspección, Es. 1960; Canto secular a Rubén Darío, 1967; Sonetos de las agonías y los éxtasis, 1977; Parábolas, 1978. – Antología, hg. D. I. Russell II 1982.

L: G. L. Haws, 1968; L. Hierro Gambardella, 1977; R. Bula Píriz, 1979.

Sabatier, Robert, franz. Dichter, Romancier u. Lit.kritiker, * 17. 8. 1923 Paris. Vater Kaufmann; Privatstud.; während des 2. Weltkriegs in der Widerstandsbewegung; ∞ Malerin Christiane S.; 1947–50 Direktor der lit. Zs. ›La Cassette‹; Mitarbeiter zahlr. Zsn. – S.s Dichtung, beeinflußt von Lubicz-Milosz, Alain-Fournier, den Surrealisten und Valéry, thematisiert in klangvollen Versen mit zuweilen hermet. Charakter existentielle Grundbefindlichkeiten und die Flucht in e. Reich von Träumen, die zum Leben erwachen. Seine realist., von leichter Melancholie geprägte Prosa kreist um das Schicksal von Einzelgängern, benachteiligten und vereinsamten Individuen; sie zeichnet sich durch subtile Schilderung psych. Deformationen und akrib. Detaildarstellung aus.

W: Les fêtes solaires, G. 1952; Alain et le nègre, R. 1953 (Montmartre und das kleine Glück, d. 1956); Le marchand de sable, R. 1954; Le goût de la cendre, R. 1955; Boulevard, R. 1957 (Lichter von Paris, d. 1962); Canard au sang, R. 1958; Dédicace d'un navire, G. 1959; La sainte farce, R. 1960; L'état princier, Ess. 1961; La mort du figuier, R. 1962 (d. 1963); Dessin sur un trottoir, R. 1964; Les poisons délectables, G. 1965; Le chinois d'Afrique, R. 1966 (Ein Mann in Paris, d. 1969); Les châteaux de millions d'années, G. 1969; Les allumettes suédoises, R. 1969 (d. 1970); Trois sucettes à la menthe, R. 1972; Les noisettes sauvages, R. 1974; Histoire de la poésie française, VI 1975f.; Les enfants de l'été, R. 1978 (d. 1981); David et Olivier, R. 1986; La souris veste, R. 1990; Le cygne noir, R. 1995; Le sourire aux lèvres, R. 2000.

L: A. Bosquet, 1978; J.-M. Tixier, 1989.

Sábato, Ernesto, argentin. Schriftsteller, * 24. 6. 1911 Rojas/Buenos Aires. Stud. Mathematik u. Physik, Stipendium nach Paris, 1939 Lehrstuhl für Atomphysik, 1944 Zuwendung zur Lit., Antiperonist, 1984 Präsident des offiziellen Ausschusses für die Untersuchung der Menschenrechtsverletzungen. – Mit stilist.-method. Aufwand stellt S. das Problem der ›Argentinität‹ dar, die Schutz- u.

Sabbe

Hilflosigkeit des Menschen, der im Mittelpunkt der apokalypt. Welt steht (›Abbadón‹). Welterfolg durch ›Sobre héroes‹ über Schuld u. Sühne, das Erforschen der Instinkte u. den Sinn des Lebens. Auch Essays über soziopolit. u. kulturelle Themen.

W: Uno y el universo, Es. 1945; El túnel, R. 1948 (verfilmt; d. 1959, 1976); Hombres y engranajes, Es. 1951; Heterodoxia, Es. 1953; El otro rostro del peronismo, Es. 1956; Sobre héroes y tumbas, R. 1961 (d. 1967); El escritor y sus fantasmas, Es. 1963 (d. 1991); Obras de ficción, 1966; Tres aproximaciones a la literatura de nuestro tiempo: Robbe-Grillet, Borges, Sartre, 1968 (d. 1974); Itinerario, Ess. 1969; Obras, ensayos, 1970; Abbadón, el exterminador, R. 1974 (d. 1980); Apologías y rechazos, Ess. 1979; Nunca más, hg. Ber. 1985; Antes del fin, Aut. 1999; La resistencia, Aut. 2000. – Obras. Ensayos, 1970; Obra completa, 1997; Narrativa completa, 1982. – *Übs.:* Die unbesiegten Furien, Ess. 1991.

L: L. B. de Lombardi, 1978; F. H. Uzal, 1980; E. Polakovic, 1981; J. R. Predmore, 1981; S. M. Reyes, 1982; T. Barrera López, 1982; J. I. Jimenes Grullón, 1982; Cuadernos Hispanoamericanos, 1983; L. Balkenende, 1983; G. Maturo, 1983; M. Paoletti, hg. 1984; G. N. Ricci della Grisa, 1985; B. Chiesi u. a., 1985; F. Tokos, 1985; M. Mayer, 1986; M. D. Petrea, 1986; C. Catania, 1987 (d. 1998); A. F. Seguí, 1988; L. Montiel, 1989; N. Urbina, 1992; M. Soriano, 1994; M. R. Lojo, 1997; J. Constenla, 1997; ders., hg. 2000. – *Bibl.:* N. Urbina, 1988.

Sabbe, Maurits, fläm. Schriftsteller, 9. 2. 1873 Brügge – 12. 2. 1938 Antwerpen. 1923–37 Prof. für niederländ. Lit. Univ. Brüssel. – Spätromant. Erzähler mit humorvollen Romanen u. Novellen aus dem Volksleben Brügges. Auch Essays und Dramen.

W: Een Mei van vroomheid, E. 1903; De filosoof van't Sashuis, R. 1907; De nood der Bariseele's, R. II 1912; Vrouwenhart, Dr. 1917; 't Pastorken van Schaerdycke, R. 1919; 't Kwartet der Jacobijnen, R. 1920; Brabant in't verweer, Es. 1933; Peilingen, Ess. 1935. – Omnibus, Ausw. 1971.

L: R. Roemans, 1933 (m. Bibl.); L. Monteyne, 1934; H. J. Sabbe, 1971.

Sabina, Karel, tschech. Dichter u. Journalist, 29. 12. 1813 Prag – 9. 11. 1877 ebda. Arbeitersohn. Jurastud. ohne Abschluß; 1849 als Führer der radikalen Demokraten zum Tode verurteilt, 8 Jahre inhaftiert; 1857 begnadigt; 1859–72 Wiener Geheimagent; starb geächtet in großer Not. – Im Geiste Byrons schrieb S. lyr. Gedichte, romant.-hist. Novellen u. Romane oft mit sozialen Motiven. Von bleibendem Wert sind s. Libretti für die Opern Smetanas (›Die verkaufte Braut‹), Fibichs u. Blodeks. Als Kritiker u. Lit.historiker schrieb S. zahlr. Charakterbilder, theoret. Artikel u. e. Lit. geschichte.

W: Básně, G. 1841; Hrobník, E. 1844; Karlstein, E. 1844; Povídky, pověsti, obrazy a novelly, II 1845; Blouznění, R. 1857; Jaroslava, E. 1859; Duchovný komunismus, Es. 1861; Hyacint, E. 1862; Na pouští, R. 1863; Oživené hroby, Aut. 1870; Morana, R. 1874. – Soubor spisů (GW), III 1910/11; Vybrané spisy (Ausw.), III 1911–16.

L: V. K. Blahník, 1911; J. Thon, 1947; J. Purš, 1959; M. Brod, Die verkaufte Braut, Mchn. 1962.

Sabino, Fernando Tavares, brasilian. Schriftsteller, * 12. 10. 1923 Belo Horizonte. Schulzeit und Jurastud. ebda., zog 1944 nach Rio de Janeiro, Beamter, arbeitete zwei Jahre in brasilian. Handelsvertretung in New York, 1964–66 Kulturattaché in London, Verleger, Journalist in Rio. – Als e. der bekanntesten brasilian. Chronisten schreibt S. Chroniken seit der Schulzeit; auch Romane und Kurzgeschichten. Durchbruch mit ›O encontro marcado‹, e. Darstellung der Probleme des Künstlers in der als banal empfundenen gesellschaftl. Normalität; enthält ebenso wie ›O grande mente capto‹ autobiograph. Elemente.

W: Os grilos não contam mais, En. 1941; A marca, R. 1944; O encontro marcado, R. 1956; O homem nu, Chronik 1960; A companheira de viagem, Chronik 1965; Gente, Chronik 1975; O grande mente capto, R. 1979; O gato sou eu, Chronik 1983; As melhores crônicas, Chroniken 1986; A cabeça para baixo, Chronik 1989; O bom ladrão, Chronik 1992; Os restos mortais, Chronik 1994; Com a graça de deus, Ess. 1994; A nudez da verdade, Chronik 1994; No fim dá certo, Chronik 1998; O gato músico, En. 1998; Amor de Capitú, Ess. 1998; A chave do enigma, Chronik 1999; Livro aberto, Chronik ²2001; Cartas na mesa, Br. 2002. – Obra reunida, III 1996.

L: A. Candido, o. J.; A. Filho, 1958; F. Lucas, 1965; F. C. Bender, hg. 1980; C. de Araújo Medina, 1985.

Šabistarī, Šaiḫ Maḥmūd, pers. myst. Schriftsteller aus Šabistar b. Tabris/Nordwestiran, † um 1320 ebda. Heiligmäßiges Leben. – Weithin bekannt durch s. Gedicht ›Gulšan-i Rāz‹ (›Rosengarten der Geheimnisse‹, 1317), e. ›summa theologica‹ des Sufitums in Gestalt 15 versifizierter Fragen u. Antworten, verfaßt auf Anregung des Sufi-Scheichs Mīr Ḥusainī Sādāt in Herat/Afghanistan, e. knappe (rd. 1000 Verse) u. klare Zusammenstellung der sufisch-symbol. Terminologie, beeinflußt von der pantheist. Mystik Ibn al-ʿArabīs; sehr beliebt u. oft kommentiert.

A: Gulšan-i Rāz, hg. P. ʿAbbāsī Dākānī 1376/1997; Rosenflor des Geheimnisses, hg. u. dt. J. Freiherr v. Hammer-Purgstall 1838; The Mystic Rose Garden, hg. u. engl. E. H. Whinfield, London 1880.

L: L. Lewisohn, Richmond 1995.

Sâbit, Alâeddin, türk. Dichter, um 1650 Užice/ Bosnien – 5. 9. 1712 Istanbul. Vermutl. südslav. Abkunft, Stud. Theol.; Kadi in versch. Gebieten des Reiches. – Zeichnet sich unter den osman. Dichtern durch bes. ausgeprägte Individualität u.

überquellende Ausdruckskraft aus. E. kunstvolle Filigrantechnik im Versbau, die häufige Verwendung volkstüml. Sprichwörter u. Wortspiele wie auch manche sprachl. Eigenheiten machen s. Werke verhältnismäßig schwer zugänglich.
A: Zafer-nâme, G. 1882; Edhem ü Hümea, G. 1882; Hg. u. komm. von J. Rypka in Zsn.-Beiträgen (u.a. ›Ramazaniyye‹, Islamica 3, 1927).
L: J. Rypka, Prag 1924.

Sabolozki, N. A. → Zabolockij, Nikolaj Alekseevič

Sá-Carneiro, Mário de, portugies. Dichter, 19. 5. 1890 Lissabon – 26. 4. 1916 Paris (Freitod). Stud. Jura ohne Abschluß; gehörte zur Gruppe um die modernist. Zs. ›Orpheu‹, Freundschaft mit Pessoa, Einfluß von Pessanha, Wilde. – Bedeutendster portugies. Symbolist; Lyriker, Novellist und Dramatiker. Von der Dekadenz-Dichtung ausgehend Vorstoß zu äußerster Subjektivität. Hermetismus, ästhetizist. u. immoralist. Züge, Vorliebe für extreme Bewußtseinslagen u. Stimmungen (Wahnsinn, Selbstmord, Perversionen), überraschende Bilderwelt u. Symbolik, synästhet. Virtuosität, Durchbrechen der vordergründigen Realität (Über-Wirklichkeit, Neben-Ich).
W: Princípio, Nn. 1912; Amizade, Dr. 1912 (m. T. Cabreira jr.); Dispersão, G. 1914; A Confissão de Lúcio, E. 1914; Céu em Fogo, Nn. 1915; Indícios de Oiro, G. 1937. – Poesias Completas, 1946; Cartas a F. Pessoa, Br. II 1958f.
L: M. da Graça Carpinteiro, 1960; M. A. Galhoz, 1963; D. Woll, 1968; P. Bacarisse, 1983; C. Crabbé Rocha, 1985; J. Dine, M. S. Fernandes, 2000.

Sacchetti, Franco, ital. Dichter, um 1330 Florenz oder Ragusa – 1. 9. 1400 Florenz. Aus adliger florentin. Familie; ∞ 1354 Maria Felice Strozzi, ∞ 1387 Ghita Ghirardini, ∞ 1396 Giovanna Bruni; als Kaufmann u. später als Politiker reiste S. viel in Italien u. Europa, lernte dabei Sitten u. Gebräuche fremder Länder kennen. – Berühmt durch s. ›Trecentonovelle‹ im Stil Boccaccios, von denen nur 223, z.T. fragmentar., erhalten sind. S. erzählt ohne Rahmenerzählung in lebendiger u. zwangloser Form kom. u. witzige Begebenheiten sowie hist. Anekdoten mit moral. Abschluß. Außerdem verfaßte S. Balladen, Madrigale, Caccen (Jagdgedichte) u.a. in flüssigem, elegantem u. gepflegtem Stil. Zu den kleineren Werken gehören s. relig. u. moral. Sermoni ›Sposizioni dei Vangeli‹, die ihn als frommen Bürger zeigen, sowie s. Briefe. In Erinnerung an s. erste Frau schrieb er 4 Gesänge ›La battaglia delle giovani belle con le vecchie‹.
A: Le novelle (Il Trecentonovelle), hg. O. Gigli II 1857–60, hkA V. Pernicone 1946, A. Lanza 1984 (d. H. Floerke III 1907); Il libro delle rime, hg. A. Chiari 1936, F. Brambilla Ageno 1990; La battaglia delle belle donne, Le sposizione dei Vangeli, Le lettere, hg. ders. 1938; Opere, hg. A. Borlenghi 1957; Resa dei conti, 1976; Lettera agli antipodi, 1981; Il libro dei labirinti. Storia di un mito e di un simbolo, 1984.
L: di Francia, 1902; F. Pieper, 1939; E. Li Gotti, 1940; V. Pernicone, 1942; Lanfranco, 1951; L. Caretti, 1951; B. Curato, 1966.

Sachs, Maurice (eig. M. Ettinghausen), franz. Schriftsteller, 16. 9. 1906 Paris – 14. 4. 1945 Hamburg. Von Maritain zum Katholizismus bekehrt; Priesterseminar; Kunsthändler in New York, Vortragsreisen in USA; Lektor bei der ›Nouvelle Revue Française‹; im Krieg zeitweise Gestapo-Spitzel; 1943–45 im KZ; wahrscheinl. in e. Gefängnis in Hamburg gestorben (ermordet?). – Vf. zeitkrit. Chroniken und lit. Essays; glänzende Sittenschilderung mit pikaresken Zügen, ausgezeichnete lit. Porträts; packende Darstellung der Existenz e. von der Gesellschaft Ausgestoßenen in ›La chasse à courre‹.
W: Alias, R. 1935; A. Gide, Es. 1936; M. Thorez, Es. 1936; Au temps du bœuf sur le toit, Es. 1939; Le Sabbat, E. 1946 (d. 1967, u.d.T. Mein Leben ist ein Ärgernis, 1950); Chronique joyeuse et scandaleuse, 1948; La chasse à courre, E. 1949; La décade de l'illusion, Es. 1951; Derrière cinq barreaux, E. 1952; Abracadabra, E. 1953; Tableau des mœurs de ce temps, 1954; Histoire de John Cooper d'Albany, E. 1955; Le voile de Véronique, R. 1959. – Lettres, 1968.
L: P. Monceau, A. du Dognon, 1950 u. 1979; J.-M. Belle, 1979; C. Schmitt, Lausanne 1979; H. Raczymow, 1988; B. Acinas Lope, 1997.

Sachturis, Miltos, griech. Lyriker, * 1919 Athen. – Seine Dichtung bewegt sich in e. eigenen Universum und trägt iron., zuweilen alptraumhafte Züge. Verwandtschaft mit dem Surrealismus.
W: Hē lēsmomenē, G. 1945; Paralogais, G. 1948; Me ton prosōpo ston toicho, G. 1952; Hotan sas milō, G. 1956; Ta phasmata, G. 1958; Ho peripatos, G. 1960; Ta stigmata, G. 1962; Sphragida, G. 1964; To skeuos, G. 1971; Chrōmotraumata, G. 1980; Ektoplasmata, G. 1986; Katabythisē, G. 1990; Ektote, G. 1996; Anapoda gyrisan ta rologia, G. 1998. – *Übs.:* Gedichte, 1990.

Sackville, Thomas, Earl of Dorset, engl. Dichter u. Politiker, zwischen 1527 u. 1536 Buckhurst Sussex – 19. 4. 1608 London. Dichtete nur in s. Jugend, später wandte er sich ganz der Politik zu, als Diplomat mehrfach zu Verhandlungen in Frankreich 1591 Kanzler der Univ. Oxford, 1599 Schatzkanzler. – Schrieb 1562 gemeinsam mit Norton die 1. engl. Blankverstragödie nach e. Drama Senecas: ›Gorboduc or Ferrex and Porrex‹, e. didakt. Lehrstück vom Thronstreit zweier feindl. Brüder, das die Gefahren einer schwachen Regierung als polit. Aussage herausstellt. Gab ferner die Anregung zu Baldwins → ›Myrroure for

Sackville-West

Magistrates‹ (1563), e. Gemeinschaftswerk versch. Dichter, zu dem er ›Complaint of Henry Stafford, Duke of Buckingham‹ beitrug. S.s ›Induction‹ zu s. eigenen Beitrag wurde später als Einleitung zum Gesamtwerk aufgefaßt u. S. auch die Gesamtautorschaft zugeschrieben. S. gibt in Anlehnung an Vergil e. Reise in die Unterwelt wieder, bei der berühmte Persönlichkeiten, die ihrem Ehrgeiz zum Opfer fielen, berichten. Die Gesch. enthüllt e. Höchstmaß an menschl. Leidensmöglichkeiten, das themat. an Dantes Inferno denken läßt.

W: Gorboduc, Tr. 1565 (n. J. B. Cauthen 1970). – The Works, hg. R. W. Sackville-West 1859.

L: J. Swart, Groningen 1949; P. Bacquet, Genf 1966; N. Berlin, 1974.

Sackville-West, (Victoria Mary), gen. Vita, engl. Lyrikerin und Erzählerin, 9. 3. 1892 Knole Castle/Kent – 2. 6. 1962 Sissinghurst Castle/Kent. Tochter des 3. Barons Sackville, auf Schloß Knole aufgewachsen, das ihrer Familie durch Elizabeth I. verliehen wurde und das den Schauplatz vieler ihrer Romane bildet. ∞ 1913 den Schriftsteller u. Diplomaten Sir Harold Nicolson, mit dem sie den berühmten Garten von Sissinghurst anlegte. Enge Freundin u. Geliebte von V. Woolf, gilt als Vorbild der Zentralgestalt von deren ›Orlando‹. – Vf. von Gesellschaftsromanen, Reisebeschreibungen, hist. Essays und bewußt konventionellen Naturgedichten mit feinem Gefühl für Stimmungen und Zwischentöne und ausgezeichneten Charakterstudien.

W: Heritage, R. 1918; Orchard and Vineyard, G. 1921; The Heir, Kgn. 1922 (d. 1948); Knole and the Sackvilles, St. 1922; Challenge, R. 1923; Passenger to Teheran, Reiseb. 1926; The Land, G. 1926; Aphra Behn, St. 1927; King's Daughter, G. 1930; The Edwardians, R. 1930 (Schloß Chevron, d. 1931); All Passion Spent, R. 1931 (Erloschenes Feuer, d. 1948); Family History, R. 1932 (Eine Frau von vierzig Jahren, d. 1950); Thirty Clocks Strike the Hour, Kgn. 1932 (d. 1947); Andrew Marvell, St. 1933; The Dark Island, R. 1934; St. Joan of Arc, B. 1936 (d. 1937); Some Flowers, G. 1937; Pepita, R. 1937 (Die Tänzerin und die Lady, d. 1938); Solitude, G. 1938; Grand Canyon, R. 1942; The Eagle and the Dove, St. 1943 (d. 1947); The Garden, G. 1946; The Easter Party, R. 1953 (d. 1953); Daughter of France, B. 1959 (d. 1960); No Signposts in the Sea, R. 1960 (Weg ohne Weiser, d. 1963); Challenge, R. 1974. – The Letters of V. S.-W. to V. Woolf, hg. L. De Salvo, M. A. Leaska 1985. – *Übs*.: Aus meinem Garten, 1962.

L: M. Stevens, 1972; S. R. Watson, 1972; N. Nicolson, Portrait of a Marriage, 1973 (d. 1974); V. Glendinning, 1983 (d. 1990); N. Nicolson, Vita and Harold, 1992; S. Raitt, Vita and Virginia, 1993. – *Bibl*.: J. M. Wines, 1958.

Sade, Donatien-Alphonse-François, Marquis de, franz. Romanschriftsteller, 2. 6. 1740 Paris – 2. 12. 1814 Charenton. Kavallerieoffizier im 7jährigen Krieg, Generalleutnant von Bresse-Bugey. Bekannt durch s. ausschweifendes Leben; ∞ 1763 gegen s. Neigung Mlle de Montreul, deren jüngere Schwester er liebte; 1763 zum 1. Mal zu Gefängnis verurteilt, 1768 abermals Haft; unter der Anklage des Giftmords 1772 zum Tode verurteilt; Flucht nach Italien; 1777 Rückkehr nach Frankreich; abermalige Verhaftung; bis 1790 Gefangenschaft in Vincennes, Charenton und in der Bastille; 1801 wegen polit. Delikts erneut verhaftet, von Napoleon bis zu s. Tode in der psychiatr. Anstalt von Charenton interniert. – Schrieb s. Romane fast ausschließl. während der 27 Jahre im Gefängnis; es sind ungeheuerl. Träume von krankhafter Obszönität, in ihnen verbindet sich überhitzte Sinnlichkeit mit der Lust an der Grausamkeit, die von unnatürl. Freude an aktiver Gewalttätigkeit bis zu Lustmord reicht. Danach ›Sadismus‹ als Bezeichnung dieser abnormen Geschlechtsempfindung. S.s Werk errang e. Skandalerfolg; es ist weniger von lit. als von patholog. Interesse. S. wurde aber mit s. Atheismus, s. Egoismus, s. Lehre von der absoluten Freiheit des Menschen und der Schlechtigkeit der menschl. Natur, mit s. Ablehnung jeder Gefühlsregung und s. Konsequenz in der Darstellung des Bösen zum einflußreichen Anreger mod. franz. Lit. seit Baudelaire.

W: Les 120 journées de Sodome ou l'école du libertinage, R. 1785 (n. III 1931–35; d. 1908); Justine ou les malheurs de la vertu, R. 1791 (d. 1904); Aline et Valcour ou le roman philosophique, R. 1793; La Philosophie dans le boudoir, Dial. 1795 (d. 1907, 1973); Juliette, R. 1797; La nouvelle Justine, R. 1797 (d. 1904); Les crimes de l'amour ou le délire des passions, Nn. 1800 (d. 1803); La Marquise de Ganges, R. 1813 (d. 1967); Dialogue entre un prêtre et un moribond, IV 1926. – Œuvres complètes, hg. G. Bataille XXX ^{2}1954ff., hg. G. Lely XIV 1961f., VIII 1966ff.; Œuvres, 1909, 1953; Correspondance, 1929; Cahiers personnels, hg. G. Lely 1953; Journal inédit, hg. G. Daumas 1970. – *Übs*.: AW, III 1962–65, I 1965, VI 1972; SW, XII 1968ff.; Der Greis in Charenton, Letzte Aufzeichnungen, 1972; Briefe, hg. G. Lely 1972.

L: E. Dühren, 1901; H. d'Almeras, 1906; C. P. Dawes, 1927; O. Flake, 1930; P. Klossowski, 1947; M. Blanchot, 1949; M. Heine, ^{5}1950; G. Lely, II 1952–57 u. ö. (d. ^{4}1964); ders., 1967, erw. 1982; G. Gorer, 1953 (d. 1959); S. de Beauvoir, 1961; A. M. Rabenalt, Theatrum Sadicum, 1963; N. Gear, 1964; J. J. Brochier, 1966; W. Lennig, 1967; P. Favre, 1967; Le Marquis de S., Slg. 1968; G. Endore, 1968; Das Denken von S., hg. Tel Quel 1969; I. Bloch, 1970; L. Bàccolo, 1970; R. Barthes, S. – Fourier – Loyola, 1971 (d. 1974); M. Siegert, 1971; A. Drach, 1974; R. Lacombe, 1974; A. M. Laborde, 1974; F. Ribadeau-Dumas, 1974; S. Bourbon, 1976; B. Didier, 1976; Ph. Roger, 1976; D. S. Thomas, 1977; M. Hénaff, 1978; Ch. Thomas, 1978; R. Hayman, 1978; A. Carter, 1979 (d. 1981); W. Lennig, 1980; D. Hoffmann, 1984; L. W. Lynch, 1985; P. Jammer, 1997; J.-J. Pauvert,

1999; J. Wiegand, 1999; N. Schaeffer, 1999; H. A. Glaser, 2000; C. Warman, 2002; F. Tinas, 2003.

Ṣādeq Hedāyat → Hedāyat, Ṣādeq

Saʿdī, Šaiḫ Abū ʿAbdullāh Mušarrifuʾd-Dīn ibn Musliḥ, pers. Dichter, zw. 1213 u. 1219 Schiras/ Südiran – 9. 12. 1292 ebda. Aus gebildeter Familie, verlor früh den Vater, begann Stud. in Schiras, wegen unruhiger Zeitläufte (Kriege des Choresmschahs, Mongolensturm Tschingis Chans) Hochschulausbildung an der berühmten Niẓāmiyya-Medrese (→ Niẓāmuʾl-Mulk) in Bagdad. Unstetes, aber erfahrungsträcht. Wanderleben durch Irak, Anatolien, Syrien, Ägypten u. zur Wallfahrt nach Mekka. (Die von ihm berichteten Reisen nach Kaschgar und Indien sowie s. angebliche Zwangsarbeit als Gefangener der Kreuzfahrer in Tripoli sind poet. Erfindungen.) 1256 Rückkehr nach Schiras in den Hofkreis des Salghuriden-Herrschers Abū Bakr ibn Saʿd ibn Zangī; kam dort schlagartig zu Ruhm durch Abfassung des ›Būstān‹ (›Nutzgarten‹) 1257 und des ›Gulistān‹ (›Rosenhag‹) 1258, dieser dem Prinzen Saʿd gewidmet, nach dem er s. Dichternamen (taḫalluṣ) Saʿdī wählte. Den Rest s. Lebens verbrachte er berühmt u. hochgeehrt als Sufi, starb fast 80jährig in s. Schiraser Klause, an deren Stelle 1952 e. große Grabanlage errichtet wurde, beliebtes Ausflugsziel. – Nach → Ḥāfiẓ, mit dem er sich freilich an Eleganz nicht messen kann, noch heute geschätztester pers. Dichter; vorwiegend Lyriker, teils panegyr. (Qasiden), teils erot.-myst. (Ghaselen, letztere damals noch ziemlich neue Dichtart, von Sachkennern gerühmt). Während der ›Būstān‹ ganz aus Versen besteht, bietet der ›Gulistān‹ Anekdoten mit eingestreuten Gedichten; beiden zeigen den Vf. als Meister der Ethik u. Didaktik, der den ›gesunden Menschenverstand‹ und e. Allerweltsmoral unübertreffl. pointenreich in Poesie u. dichter. Prosa ummünzte. Beide Werke bilden noch immer e. pers. Zitatenschatz für alle Lebenslagen. Ihr bes. Reiz ist e. so kunstvolle Schlichtheit, daß sie natürl. erscheint. S. arab. Qasiden werden als mittelmäßig bewertet.

A: Kulliyyāt (Ges.-Ausg.), hg. Furūġī 1337/1958. – *Übs.:* Būstān, K. H. Graf II 1850, O. M. v. Schlechta-Wssehrd 1852, F. Rückert 1882; Gulistān, A. Olearius 1654 (n. 1970), K. H. Graf 1846, D. Bellmann ³1998, Ausw. R. Gelpke 1967; Aphorismen u. Sinngedichte, W. Bacher 1879; Diwan, F. Rückert 1893.

L: H. Massé, Paris 1919; J. D. Yohannan, New York 1987.

Ṣādiq Hidāyat → Hedāyat, Ṣādeq

Sadji, Abdoulaye, senegales. Schriftsteller, 1910 Rufisque – 25. 12. 1961 ebda. Erziehung in Koranschule, Stud. in Frankreich, Lehrer im Senegal. – Beschreibt in s. Romanen v. a. das urbane Leben als Zeugnis der kulturellen Überfremdung durch die europ. Kultur, verurteilt falsche Assimilationsprozesse, von denen er v. a. die senegales. Frau betroffen sieht. In s. z. T. manichäisch-pessimist. Darstellungen kritisiert er nicht so sehr die Kolonisatoren als vielmehr den bis zur Identitätsaufgabe passiven Umgang s. Landsleute mit dem fremden und eigenen Kulturerbe.

W: Tounka, une légende de la mer, Nn. 1955; Maïmouina, R. 1958; Modou Fatim, Nn. 1960; Éducation africaine et civilisation, Ess. 1964; Nini, mulâtresse du Sénégal, R. 1965.

Sadoveanu, Ion Marin (eig. Iancu Leonte Marinescu), rumän. Schriftsteller, 15. 6. 1893 Bukarest – 2. 2. 1964 ebda. Sohn e. Chirurgen, Stud. Philol. u. Jura Bukarest, Dr. jur. Paris; ∞ 1919 Schauspielerin M. Sadova. Ab 1923 Beamtenlaufbahn. – Nach lyr. u. dramat. Werken überraschte S. 1944 mit e. Roman, der zum Besten der rumän. Lit. zählt: Geschichte e. Emporkömmlings, minuziöse Analyse s. Erfolgs u. der Konflikte mit der etablierten Kaste. Meisterl. Beschreibung der rumän. Hauptstadt in der Götterdämmerung des ›Fin de siècle‹. Auch Übs. für die Bühne.

W: Anno Domini, Dr. 1927; Cântece de rob, G. 1930; Molima, Dr. 1930; Sfârșit de veac în București, R. 1944; Ion Sântu, R. 1957; Taurul mării, R. 1962. – Scrieri, AW 1969.

L: C. Regman, 1967.

Sadoveanu, Mihail (Ps. M. S. Cobuz), rumän. Erzähler, 5. 11. 1880 Pașcani – 19. 10. 1961 Bukarest; unehel. Sohn e. Rechtsanwalts, Gymnas. Fălticeni u. Jassy; Zsn.-Hrsg., 1900–10 Direktor des Nationaltheaters in Jassy; 1926 Abgeordneter, Senator, 1931 Senatspräsident. 1921 Mitgl. der Rumän. Akad.; nach 1945 zahlr. kommunist. Auszeichnungen. Bis 1960 stellvertretender Staatspräsident.– E. der größten rumän. Erzähler, fasziniert durch meisterl. Naturbeschreibungen u. lebendige Schilderungen der Vergangenheit. Tendenz zum Naturalismus durch kraftlose soz. Ader geschwächt. Schrieb über 120 Romane u. Novellen. Umsonst erwarten anspruchsvolle Leser dramat. Geschehnisse u. psycholog. Finessen; S. ist zu sehr am äußeren Effekt interessiert, um in die Tiefe gehen zu können; e. gewisse Verwandtschaft mit Leskov ist nicht zu bestreiten, doch fehlt ihm dessen Glaubenskraft. Seine lyr. Epik erreicht Höhepunkte in ›Hanul Ancuței‹, ›Baltagul‹ u. ›Zodia Cancerului‹. E. seltsame Parodie auf diese Werke ist der Roman ›Mitrea Cocor‹, der – ironischerweise – am häufigsten übersetzt wurde. Sein Poem für die ›Freisassen u. Bojaren aus Bessarabien‹ ist e. Kleinod sprachl. Kunst.

Saʿedī

W: Povestiri, En. 1904; Dureri înăbușite, Kgn. 1904; Șoimii, R. 1904; Povestiri din război, Nn. 1905; Crâșma lui Moș Precu, Nn. 1905; Amintirile căprarului Gheorghiță, Nn. 1906; Mormântul unui copil, Nn. 1906; La noi în Viișoara, Nn. 1907; Vremuri de bejenie, R. 1907; O istorie de demult, Nn. 1908; Duduia Margareta, R. 1908; Oameni și locuri, Nn. 1908; Apa morților, R. 1911; Neamul Șoimăreștilor, R. 1915 (Das Geschlecht der Șoimaru, d. 1963, u.d.T. Das Geschlecht der Falken, 1969); Drumuri basarabene, Reiseb. 1922; Venea o moară pe Siret, R. 1925 (Eine Mühle kam den Sereth herab, d. 1970); Țara de dincolo de negură, E. 1926; Împărăția apelor, En. 1928; Hanul Ancuței, R. 1928 (Ankutzas Herberge, d. 1954); Zodia Cancerului, R. 1929 (Im Zeichen des Krebses, d. 1968); Baltagul, R. 1930 (Nechifor Lipans Weib, d. 1936); Măria Sa, puiul padurii, R. 1931; Nunta Domniței Ruxanda, R. 1932 (Die Hochzeit der Prinzessin R., d. 1970); Creanga de aur, R. 1933 (Der letzte Magier, d. 1973); Viața lui Ștefan cel Mare, R. 1934 (Das Leben Stefans des Großen, d. 1958); Nopțile de Sânziene, R. 1934 (Die Nächte um Johanni, d. 1944); Frații Jderi, R. III 1935–42; Ochi de urs, R. 1938; Divanul persian, R. 1940; Vechime, En. 1940; Ostrovul lupilor, R. 1941 (Die Wolfsinsel, d. 1958); Mitrea Cocor, R. 1949 (Die Heimkehr M. C.s, d. 1952); Nicoară Potcoavă, R. 1952 (Reiter in der Nacht, d. 1971). – Opere, XXII 1953ff.; Daim, G. hg. C. Mitru 1980. – Übs.: Das Liebeslied, En. um 1908; Sommersonnenwende, E. 1943; Kriegserzählungen, 1953; Bojarensünde u.a. Erzählungen, 1958; Novellen und Erzählungen, 1958; Ankutzas Herberge u.a. Erzählungen, 1962; Geschichten am Lagerfeuer, 1964.

L: M. Friedwagner, 1912; M. Toneghin, 1941; O. Papadima, 1943; D. Micu, 1955; P. Sadoveanu, 1957; S. Bratu, 1963; C. Ciopraga, 1966 (engl. 1966); N. Manolescu, 1976; P. Marcea, 1976; C. Mitru, 1977; A. Paleologu, 1978.

Saʿedī, Golām Hoseyn, e. der bekanntesten pers. Dramatiker, 1935 Tabriz – 1985 Paris. Eigentl. Psychiater. – Unter dem Dichternamen Gouhar-e Murād veröffentlichte er 15 Dramen, 2 Sammlungen von Einaktern, 1 Sammlung von Pantomimen sowie Kurzgeschichten u. Drehbücher mit sozialkrit., satir. bis sarkast. Zügen. Deswegen mehrfach in Haft. Seine pessimist. Porträts der pers. Gesellschaft zwischen Tradition u. Moderne verbinden Elemente des absurden westl. Theaters mit genuin pers.

W: ʿAzādārān-e Bayal, En. 1964; Čūb be dasthā-ye Warāzil, 1965; Ā-ye bi kolāh, ā-ye bā kolāh, 1967; Māh-e ʿasal, 1978. – Übs.: Die auf der Asche leben, 1996; Klein u, groß A, 1997.

Saer, Juan José, argentin. Schriftsteller, * 28. 6. 1937 Serodino/Santa Fe. Prof. am Instituto de Cinematografía; 1968 mit Stipendium in Frankreich, Prof. für Lit. an der Univ. Rennes. Lebt in Paris. – Am Ort des Geschehens Handlungsplatz in der Provinz Santa Fe spielen sich in zyklischem Ablauf u. mit wiederkehrenden Figuren imaginäre hist. Begebenheiten u. familiäre Dramen ab, auch Nichthandlungen, die trotzdem Spannung erzeugen. Sehr bedacht auf die Ausdrucksformen; vernichtet den Begriff von Realität u. unterstreicht, daß die Lit. nur Suche, Erfindung, Experiment u. sprachliches Konstrukt sei.

W: En la zona, En. 1960; Responso, R. 1964; Cicatrices, R. 1969; La mayor, En. 1976; El arte de narrar, G. 1977; El limonero real, R. 1974; Nadie nada nunca, R. 1980; Glosa, R. 1986; El entenado, R. 1983 (d. 1993); La ocasión, R. 1986 (d. 1992); Lo imborrable, R. 1992; La pesquisa, R. 1994; La selva espesa, R. 1994; Las nubes, R. 1997; El concepto de ficción, Es. 1997; Lugar, En. 2000; Cuentos completos (1957–2000), ²2002. – Übs.: The witness, R. 1990; Nobody nothing never, R. 1993; Event, R. 1995; The investigation, R. 1999.

L: G. Montaldo, 1986; J. Premat, 2003.

Safa, Peyami (Ps. Server Bedi), türk. Schriftsteller, 1899 Istanbul – 15. 6. 1961 ebda. Sohn des Dichters Ismail S., Autodidakt; seit s. 18. Lebensjahr Journalist u. Übs.; Vielschreiber aus materieller Not (rund 200 Bücher, davon eine Reihe Unterhaltungsromane unter Ps.) – Durch s. publizist. Wirksamkeit e. der geistigen Wortführer der republikan. Türkei; gab in einigen s. anspruchsvolleren Romane bemerkenswerte soziolog. u. psychoanalyt. Studien.

W: Sözde Kizlar, R. 1923; Şimşek, R. 1923; Mahşer, R. 1924; Dokuzuncu Hariciye Koğuşu, R. 1930 (Saal 9 für Äußere Krankheiten, d. 1947); Fatīh-Harbiye, R. 1931 (Zwischen Ost und West, d. 1943); Bir Tereddüdün Romani, R. 1933; Yalniziz, R. 1951; Biz Insanlar, R. 1959; Sanat, Edebiyat, Tenkit, Ess. hg. E. Göze 1970; Din, Inkilâp, Irtica, Aufs. 1971; Yazarlar, Sanatçilar, Meşhurlar, Aufs. 1976; Hikâyeler, En. 1980.

L: C. S. Taranci, 1940; Y. Hacaloğlu, 1962.

Šafařík, Pavel Josef, slovak. Gelehrter, 13. 5. 1795 Kobeliarovo/Slovakei – 26. 6. 1861 Prag. Stud. evangel. Theol. Jena (Promotion), 1819–33 Direktor am serb. Gymnas. Neusatz; als Berufung an die Univ. Berlin scheiterte, Rückkehr nach Prag, 1842 Bibliothekar der Univ. – Begann mit klassizist. Gedichten u. Balladen im Stile Klopstocks u. Bürgers, verteidigt mit Palacký das antike Versmaß, sammelt gleichzeitig unter Einfluß Herders slowak. Volkslieder. Š.s Ruhm begründeten jedoch s. grundlegenden lit.hist. u. philolog. Arbeiten sowie die trotz romant. Geschichtsauffassung krit. Darstellung der slav. Altertums- u. Volkskunde.

W: Tatranská múza s lýrou slovanskou, G. 1814; Počátkové českého básnictví, obzvláště prozodie, St. 1818; Písně světské lidu slovenského v Uhřích, Volkslieder II 1823–27; Gesch. der slaw. Sprache u. Lit. nach allen Mundarten, 1826; Slovanské starožitnosti, Abh. II 1837 (Slaw. Altertümer, d. II 1843f.); Slovanský národopis, 1842; Über den Ursprung u. die Heimat des Glagolitismus, St. 1858; Gesch. der südslav. Lit., Abh. II 1864 f. – Sebrané spisy (GW), III 1862–65; I 1938; Briefe, hg. V. A. Francev II 1927/28.

L: J. Hanuš, 1895; J. Vlček, 1896; K. Paul, 1961; K. Rosenbaum, 1961; Sborník Šafárikovský, 1963; J. Novotný, 1971; J. Tibenský, 1975.

Šafī'ī Kadkanī, Mohammad Režā, pers. Dichter und geachteter Lit.wissenschaftler, * 1939 Mašhad. Dichtername Sereŝk (Träne). Studierte zunächst islam. Theol. und Philos., promovierte dann in Teheran über pers. Lit., erwarb dadurch intime Kenntnis der Poesie der koran. Sprache und pers. lit. Tradition. Unterrichtete pers. Lit. an den Univ. Teheran, Oxford und Princeton. – Veröffentlichte mehrere Gedichtbände sowie zwei Standardwerke über die Bildsprache und die Musik der pers. Poesie.

W: Dar kūče bāġ-hā-ye Nešābūr, 1971; Suwwar-e ḫayāl dar še'r-e fārsī, 1979; Mūsīqī-ye še'r (erw. Neuaufl. 1989).

Sagan, Françoise (eig. Françoise Quoirez), franz. Romanschriftstellerin, * 21. 6. 1935 Cajarc/Lot. Tochter e. Industriellen; 1935–39 in Paris, während der dt. Besetzung in Lyon; kehrte 1944 nach Paris zurück; unregelmäßiger Schulbesuch; Abitur 1951/52. Fiel Juli 1953 an der Sorbonne nach e. Jahr Propädeutik durch, schrieb anschließend in 3 Wochen ihren 1. Roman ›Bonjour tristesse‹, dessen Titel P. Eluard entlehnt ist u. für den S. im Juni 1954 den Kritikerpreis erhielt. Zwei Reisen nach den USA; 1957 Autounfall. ∞ Guy Schoeller, Verleger, 1960 o|o, 1962 ∞ Bob Westhof, Bildhauer, o|o. – Schrieb außer Romanen auch Theaterstücke und Ballette. Das melanchol. Grundthema ihres Werks ist das alles beherrschende Gefühl der Langeweile und Sinnlosigkeit des Daseins, das ihre Helden verfolgt und alle Gefühle entwertet und auflöst. Die Erfahrung der absoluten Einsamkeit, die die Beziehungslosigkeit des einzelnen zu s. Umwelt bis zur Verzweiflung steigert, macht ihre Romane zu Beispielen e. assimilierten Existentialismus. S.s Aussage ist nicht neu, aber durch Sparsamkeit der Mittel und durch unpathet. Aufrichtigkeit der Darstellung unmittelbar packend.

W: Bonjour tristesse, R. 1954 (d. 1955); Un certain sourire, R. 1956 (d. 1956); Dans un mois dans un an, R. 1957 (d. 1958); Blanche et Ophelie, Dr. 1957; Le rendezvous manqué, Ballett-Libr. 1958; Aimez-vous Brahms?, R. 1959 (d. 1959); Château en Suède, K. 1960 (d. 1961); Les merveilleux nuages, R. 1961 (d. 1961); Les violons, parfois, Dr. 1962; La robe mauve de Valentine, K. 1963 (d. 1964); Landru, Dial. 1963 (m. C. Chabrol; d. 1964); Bonheur, impair et passe, Dr. 1964 (Russisches Dreieck, d. 1965); Toxique, Tg. 1964 (d. 1966); La chamade, K. 1965 (d. 1966); L'échange d'un regard, Ballett-Libr. 1966; Le cheval évanoui, K. 1966 (d. 1969); L'écharde, Dr. 1966; La garde du cœur, R. 1968 (d. 1969); Un peu de soleil dans l'eau froide, R. 1969 (d. 1970); Un piano dans l'herbe, K. 1970 (d. 1972); Des bleus à l'âme, R. 1972 (d. 1973); Un profil perdu, R. 1974 (d. 1975); Réponses 1954–1974, 1975; Des yeux de soie, N. 1976; Le lit défait, R. 1977; Le chien couchant, R. 1980; La femme fardée, R. 1981 (Willkommen Zärtlichkeit, d. 1983); Musiques de scènes, N. 1981; Un orage immobile, 1983 (Stehendes Gewitter, d. 1986); Avec mon meilleur souvenir, Mem. 1984 (Das Lächeln der Vergangenheit, d. 1985).

L: Liguière, 1957; G. Hourdin, Le cas Sagan, 1958; G. Mourgue, ²1959; P. Vandromme, 1977; B. Poirot-Delpech, 1984; J. G. Miller, 1988; N. Morello, 2000; A. Vircondelet, 2002.

Sagarra i Castellarnau, Josep Maria de, katalan. Dichter, 5. 3. 1894 Barcelona – 27. 9. 1961 ebda. Stud. Rechte Barcelona, diplomat. Laufbahn, zeitweise Korrespondent in Berlin. – Lyriker u. Dramatiker von großer Fruchtbarkeit; s. Verse verraten aufrichtiges Gefühl u. Neigung zu quellender Fülle, große Vielseitigkeit, ep. u. satir., heiter-erot. u. iron.-pessimist.; anfangs Einfluß Goethes u. Uhlands (›Set balades‹). Pflegte mit großem Erfolg die erzählende Dichtung über katalan. Traditionen; als Dramatiker stärkste Persönlichkeit im katalan. Bühnenschaffen seit dem Bürgerkrieg, entwickelte über die Vorbilder D'Annunzio u. Ibsen e. persönl. Stil mit iron. Note, Übs. von Dante u. Shakespeare.

W: Primer llibre de poemes, G. 1914; El mal caçador, Ep. 1916; Rondalla d'Esparvers, Dr. 1918; Dijous Sant, Dr. 1919; L'estudiant i la pubilla, Dr. 1921; El jardinet d'amor, K. 1922; Cançons de taverna i oblit, G. 1922; Les veus de la terra, Dr. 1923; El matrimoni secret, K. 1923; Cançons de totes les hores, G. 1925; Marçal Prior, Dr. 1926; El comte Arnau, Ep. 1928; Judit, Tr. 1929; Poema de Nadal, Ep. 1930; La filla del Carmesí, Sch. 1930; L'hostal de la Glòria, Sch. 1931; Desitjada, Sch. 1932; Vida privada, R. 1932; El cafè de la marina, Sch. 1934; La rosa de cristall, G. 1935; El prestigi dels morts, Dr. 1946; La fortuna de Silvia, Sch. 1947; Ocells i llops, Dr. 1948; L'amor viu a dispesa, K. 1952; La ferida lluminosa, Dr. 1954; Memòries, Mem. 1954; El poema de Montserrat, G. 1956. – Obres completes, IV 1948–64, II 1967; Obra poètica, 1947; Poesia, 1985; Teatre, 1985.

L: J. M. Espinàs, 1962; J. Carbonell, 1964; O. Saltor, 1967; D. Guansé, 1967; L. Permanyer, 1991.

Šaginjan, Mariėtta Sergeevna (Ps. Jim Dollar), russ. Schriftstellerin, 2. 4. 1888 Moskau – 21. 3. 1982 ebda. Vater (armen. Nationalität) Privatdozent der Univ. Moskau; beendete 1913 ebda. Stud. Naturwiss. Schrieb nach der Revolution vorwiegend Prosawerke, in den 1940er und 50er Jahren für die ›Pravda‹ u.a. Zeitungen; Vf. von Erzählungen, Romanen, Reportagen, philolog. Abhandlungen. – Š. begann 1903 mit symbolist. Lyrik, erwarb sich nach dem bolschewist. Umsturz einen Namen mit sowjet. Kriminalromanen wie ›Mess-Mend, ili Janki v Petrograde‹, verband in ›KiK‹ polit. Agitation mit erzähltechn. Experimenten und paßte sich danach ganz dem soz. Realismus an. Auf den Roman ›Gidrocentral‹ ‹ folgten publizist. Prosa und Romane zur Verherrlichung Lenins.

W: Pervye vstreči, G. 1909; Orientalia, G. 1913; Peremena, R. 1924; Priključenije damy iz obščestva, R. 1923 (Abenteuer einer Dame, d. 1924); Mess-Mend ili Janki v Petrograde, R. 1924; KiK, R. 1929; Gidrocentral', R. II 1931 (Das Wasserkraftwerk, d. 1934); Ural v oborone, Sk. 1944; Taras Ševčenko, Abh. 1946; Gëte, Abh. 1950 (Goethe, d. 1954); Putešestvie po Sovetskoj Armenii, Sk. 1950 (Eine Reise durch Sowjetarmenien, d. 1953); Sem'ja Ul'janovych, R. 1959 (Die Familie Uljanov, d. 1959); Pervaja Vserossijskaja, R. 1965; Očerki raznych let, Ess. 1977. – Sobranie sočinenij (W), VI 1956–58, IX 1971–75.

L: Z. Udonova, 1960; L. Skorino, 1975.

Sahani, Bhisma → Sāhnī, Bhīṣma

Sahgal, Nayantārā, geb. Pandit, ind. Schriftstellerin engl. Sprache, * 10. 5. 1927 Allahabad/Uttar Pradesh. Tochter der ind. Politikerin Vijayalaksmī und Nichte Pandit Javaharlāl Nehrus; Stud. Wellesley College, B. A. 1947; 1978 bei der UN in der ind. Delegation; freie Schriftstellerin in New Delhi; Mitarbeiterin versch. Ztn. und Zsn. – Vf. von hist. und sozialkrit. Romanen, Werken zu polit. und hist. Themen, Essays und Herausgebertätigkeit. Zählt zu den bedeutendsten jüngeren Vertretern der engl.sprachigen Lit. Indiens.

W: Prison and Chocolate Cake, Erinn. 1954; A Time to Be Happy, R. 1958; From Fear Set Free, Erinn. 1962; This Time of Morning, R. 1965; Storm in Chandigarh, R. 1969; The Day in Shadow, R. 1971; A Situation in New Delhi, R. 1977; Indira Gandhi, B. 1982; Plans for Departure, R. 1985; Rich like us, R. 1985 (Die Memsahib, d. 1989); Mistaken identity, R. 1988; Point of view, Ess. 1997; Lesser breeds, R. 2003.

L: A. V. Krishna Rao, 1976; J. Jain, 1978, n. 1994; H. Pontes, 1985; R. A. Singh, 1994; M. K. Bhatnagar, 1996; N. S.'s India, hg. R. J. Crane 1998; L. Sinha, 1999; B. P. Sinha, 2001; A. Chonbey, 2002.

Sāhnī, Bhīsma, ind. Schriftsteller, 8. 8. 1915 Rawalpindi (Pakistan) – 11. 7. 2003. Stud. Lahore und Punjab, Dr. phil.; lebte nach der Teilung des Subkontinents ab 1947 in Indien; Dozent Lit. Delhi; 1957–63 als Übs. russ. Lit. in Moskau; danach wieder in Indien; Herausgebertätigkeit; 1984 und 2002 auch Filmschauspieler. – Vf. von Romanen, zahlr. Erzählungen und vier Dramen in Hindi, am bekanntesten ist wohl s. zweiter Roman ›Tamas‹ über Auseinandersetzungen zwischen Hindus und Muslims im Jahr 1947.

W: Bhagya Rekha, En. 1953; Jharokhe, R. 1967; Tamas, R. 1973 (Film 1988; engl. 1988; d. 1994); Hanusa, Dr. 1977; Basanti, R. 1978 (d. 1984); Wang chu, En. 1983; Madhavi, Dr. 1984 (engl. 2002); Mayyadas ki madi, R. 1988 (engl. The mansion, 1998); Muavaje, Dr. 1993; Kunto, R. 1994; Nilu Nilima Nilophara, R. 2000;

Aaj ke ateet, Aut. 2003. – Übs.: engl. Ausw.: Middle India, En. 2001.

L: I. Fornell, 1992, 1997 u. 1998.

Sahyan, Hamo (eig. Hmayak Grigoryan), armen. Dichter; 14. 4. 1914 Lor (Marz Syownik) – 17. 7. 1993 Erevan. Stud. Philol. Baku; 1965–67 Chefredakteur der Zs. ›Grakan Tert‹ (Organ des Schriftstellerverbandes). 1946 1. Lyrikband ›Orotani ezerkʿinʿ (Am Ufer des Worotan). S. wurde bekannt durch die Sammelbände ›Barjrownkʿi vray‹ (Auf der Höhe, 1955), ›Nairyan dalar bardi‹ (Die grünschlanke Pappel von Nairi, 1958), ›Sezam bacʿrir‹ (Sesam, öffne dich!, 1972), ›Iriknahacʿ‹ (Abendbrot, 1977), ›Kanačʿ‹ karmir ašownʿ (Grünroter Herbst, 1980) u. ›Daġji Cagik‹ (Minzeblume, 1986). In seiner Gedanken- und Naturlyrik setzt sich S. mit den ewigen Erscheinungen der Natur sowie mit seinen Zeitgenossen auseinander.

W: Banasteġcowtʿyownner (GW), II 1967–69; Tohmi kančʿe, 1981; Erk. žoġ. (GW), II 1975/76; 1984. – Übs.: franz. in: Poésie arménienne, Paris 1973.

L: A. Hayrapetyan, 1977; L. Mkrtčʿyan, 1984; D. Gasparyan, 1987, 1990; ›Xosowm ē Hamo Sahyaneʿ, hg. H. Hovnatʿan 1992.

Saib → Ṣāʾib Tabrīzī, Mīrzā Muḥammad ʿAlī

Ṣāʾib Tabrīzī, Mīrzā Muḥammad ʿAlī, pers. Dichter, um 1601 Isfahan – zw. 1669 u. 1678 ebda. Vater aus Tabris dorthin übergesiedelt; Ṣ. fand im Iran keine Anerkennung, wanderte um 1624/25 nach Indien aus, hatte Erfolg am Hofe des Moghulkaisers Šāh Ġahān (reg. 1628–58), 1632 auf Wunsch des Vaters heimgekehrt, gewann er die Gunst des Safawidenschahs ʿAbbās II. (1642–66), wurde dessen Hofdichter. – Ungeheuer produktiver Poet, Hauptvertreter des rhetor.-artifiziellen sog. ind. Stils, Meister e. raffinierten Wortkunst u. Gedankenspielerei, übte auf die pers.-ind. u. osman. Dichter großen Einfluß aus; in Iran nicht bes. hoch geschätzt. Panegyr. Qasiden; lyr. Ghaselen; beschreibendes Gedicht (Matnawī) ›Qandahār-Nāma‹ (›Buch des Kandahar[-Feldzugs]‹); begabter Kalligraph.

A: Kulliyyāt (Ges.-Ausg.), hg. M. ʿAbbāsī [3]1364/1985.

Saʿid, Ali Ahmad → Adūnīs (eig. ʿAlī Aḥmad Saʿīd Esber)

Saigyô Hôshi (eig. Satô Norikiyo), jap. Dichter, 1118 – 16. 2. 1190. Offizier der kaiserl. Garde, entsagte dem höf. Leben u. wurde 1140 Mönch. S. Wanderfahrten führten ihn durch ganz Japan. – Naturerleben verbunden mit innerer Frömmigkeit findet in s. Gedichten Ausdruck in der Einheit von Gegenstand u. Selbst. Neben s. Privatsammlung ›Sankawakashû‹ (um 1190; hg. 1674, n. 1961) enthalten die offiziellen Anthologien ›Senzai-, Shinkokinwakashû‹ u. ›Gyokuyôshû‹ zahlr. s. Gedichte.

Übs.: W. Gundert, in: Lyrik des Ostens, ⁵1965; W. R. Lafleur, Mirror for the Moon, Ausw. 1978; B. Watson, Poems of a Mountain Home, 1991; S.-mongatari, (The Tale of S.), engl. M. McKinney 1998.

L: K. Hartwieg-Hiratsuka, S.-Rezeption, 1984; L. W. Allen, S. as Recluse (JJS), 1995.

Saikaku → Ihara Saikaku

Saint-Amant, Marc-Antoine de Gérard, Sieur de (eig. Antoine Gīrard), franz. Lyriker, getauft 30. 9. 1594 Quevilly b. Rouen – 29. 12. 1661 Paris. Sohn e. Seemanns. Seereisen; große Auslandsreisen als Begleiter s. Gönner, Herzog von Retz und Graf von Harcourt. – 1. burlesker Dichter Frankreichs. Vorläufer der Romantiker. Als Gegner Malherbes verteidigte er die Freiheit der dichter. Inspiration, ihre Unabhängigkeit von Vorbildern. Gibt mit realist. Genauigkeit die Eindrücke der Außenwelt wieder. Zeichnet genau, bisweilen grotesk und grausam Genrebilder von menschl. Typen. Phantast. Züge zeigt im Gedicht ›La solitude‹ s. Gestaltung von Einsamkeit in e. von Halluzination, Alptraum und Gespenstern erfüllten Nacht. Verwendet gewählte neben vulgären Wörtern, archaische Wörter neben Neologismen.

W: Les visions, G. 1628; Le passage de Gibraltar, G. 1640; Albion, G. 1644; Moijse sauve, G. 1653; La solitude G. 1654; Dernier recueil de poésies, 1658. – Œuvres complètes, hg. C. L. Livet II 1855; Œuvres choisies, hg. R. de Gourmont 1907; Œuvres poétiques, hg. L. Vérané 1930 (mit Bibl.); Œuvres, V 1629–79, hg. J. Lagny III 1967–69, hg. ders., J. Bailbé V 1979.

L: P. Schönherr, Diss. Lpz. 1888; J. Buls, Diss. Rost. 1913; P. Varenne, 1917; R. Audibert, R. Bouvier, 1946; M. Fombeure, 1947; F. Gourier, 1961; J. Lagny, 1964; S. L. Borton, 1966; J. Balbie, 1968; C. Wentzlaff-Eggebert, 1970; C. D. Rolfe, Lond. 1972; R. T. Corum jr., Lexington 1978; E. M. Duval, Rock Hill 1981; J. D. Lyons, Lexington 1982. – *Bibl.:* J. Lagny, 1960; G. Peureux, 2002.

Sainte-Beuve, Charles Augustin, franz. Kritiker u. Schriftsteller, 23. 12. 1804 Boulogne-sur-Mer – 13. 10. 1869 Paris. Einsame Jugend; 1823 für Medizinstud. in Paris, widmete sich 1824 der Lit.; Journalist am ›Globe‹; Freundschaft mit V. Hugo, Aufnahme in den ›Cénacle‹. Nach wenig erfolgr. Versuchen als Dichter und Romanschriftsteller endgültige Hinwendung zur Lit.kritik. Seine Liebe zu der Frau V. Hugos führte zum Bruch mit dem Dichter. 1837/38 Vorlesungen in Lausanne, aus denen die bedeutende ›Histoire de Port-Royal‹ hervorging. 1854 Mitgl. der Académie Française; 1840–48 Bibliothekar an der Mazarine, mußte diesen Posten nach der Revolution von 1848 aufgeben. 1848/49 Prof. in Liège; Mitarbeit an versch. Zsn. 1857–61 Prof. für franz. Lit. an der Ecole Normale Supérieure, 1865 Prof. für lat. Dichtung am Collège de France und kaiserl. Senator. 1867 Bruch mit dem 2. Kaiserreich durch Eintreten für Renan und wegen s. Forderung nach Pressefreiheit. 1868 in der Redaktion der ›Temps‹; verließ die offizielle Presse. – Romant. Lyriker und Romanschriftsteller, bes. aber bedeutender Lit.kritiker. In s. 1. lit. Werk ›Vie, poésies et pensées de Joseph Delorme‹, e. kaum verhüllte Selbstdarstellung und Lebensbeichte, Ausdruck e. Gefühls ständiger Unzulänglichkeit und Unterlegenheit. Wendung zu myst. Idealismus in der von der Lake-School beeinflußten Gedichtsammlung ›Consolations‹. Aus Vorlesungen in Lausanne, Bern und Liège entstehen s. beiden Hauptwerke ›Histoire de Port-Royal‹ und ›Chateaubriand et son groupe littéraire‹. Mit der Rechtfertigung der Romantik als Rückwendung zu der lit. Tradition des 16. Jh. beginnend, wird er vom Dogmatiker e. lit. Schule zum Kritiker und Interpreten zeitgenöss. und klass. lit. Werke. Anwendung mod. naturwiss. Methoden sowie umfassender Dokumentation zur objektiven Erforschung von Dichterpersönlichkeit und lit. Kunstwerk, s. Entwicklung und Entstehungsbedingungen. Seine Kritik wird zur Erklärung, ihre Form die des lit. Porträts. Neben großem Einfühlungsvermögen und Sicherheit im Erkennen neuer lit. Strömungen ungerecht-parteiische Urteile über Zeitgenossen. Seine Vorliebe für die Romantik wandelt sich im Alter zu e. Vorliebe für die großen klass. Autoren der franz. Lit. Klarer, ausgewogener Stil und eindrucksvolle Metaphern machen s. krit. Schriften zu lit. Kunstwerken.

W: Tableau historique et critique de la poésie française au XVIe siècle, Abh. II 1828 (erw. 1843); Vie, poésies et pensées de Joseph Delorme, Dicht. 1829; Les Consolations, G. 1830; Volupté, R. II 1834 (n. 1955, 1969); Pensées d'août, G. 1837; Histoire de Port-Royal, Schr. V 1840–59 (n. R.-L. Doyon, C. Marchesne 1926–32, J. Pommier 1937); Portraits littéraires, Ess. II 1844 (d. S. Zweig 1925, Ausw. 1947, R. Müller, K. Scheinfuß 1958); Portraits de femmes, Ess. 1844 (d. II 1914); Portraits contemporains, Schr. II 1846 (M. Desbordes-Valmore, d. 1920); Causeries du Lundi, Aufse. XV 1851–62 (Menschen des XVIII. Jh., dt. Ausz. 1880); Chateaubriand et son groupe littéraire, Schr. 1860 (n. M. Allem II 1948, B. Lalande 1954); Nouveaux Lundis, Aufs. XIII 1861–69; Souvenirs et indiscrétions, Mem. 1872. – Œuvres, hg. M. Leroy IV 1949–55; La Littérature française des origines à 1870, X 1923 (Ausw. aus den ›Causeries du Lundi‹); Mes poisons, Tg. hg. V. Giraud 1926 (n. 1965); Cahiers, hg. R. Molho 1973; Lettres à la Princesse, 1875; Correspondance, II 1877/78; Nouvelle Correspondance, 1880; Correspondance littéraire, 1929; Correspondance générale, XIX 1935–83.

Saint-Évremond

L: L. Séché, Etudes d'histoire romantique S.-B. II, ²1920; G. Michaut, 1921; A. Bellessort, 1927; R. Bray, 1937; M. Leroy, 1940 u. 1948; H. Deiters, 1947; A. Billy, II 1952; M. Allem, 1954; H. Nicolson, Lond. 1957; J. Bonnerot, Un demi-siècle d'études sur S.-B., 1957; M. Regard, 1959; A. G. Lehman, Oxf. 1962; M. Peter, 1963; P. Moreau, La critique selon S.-B., 1964; R. E. Mulhauser, Cleveland 1969; R. Fayolle, 1970; R. Chadbourne, 1978; J. Cabanis, 1987; H. Dufour, 1994; W. Lepenies, 1997; M. R. Verona, 1999; M. Crépu, 2001. – *Bibl.:* J. Bonnerot, II 1937, III 1937–52.

Saint-Évremond, Charles de Marguetel de Saint-Denis, Seigneur de, franz. Schriftsteller, 1. 4. 1610 Saint-Denis-le-Guast/Cotentin – 29. 9. 1703 London. Jesuitenschule; Soldat im Kampf gegen die Fronde, 1652 Generalmajor. Führte als hochgeschätzter Besucher der Pariser Salons e. weltmänn. Leben. Mußte wegen e. Parodie auf Mazarin 1661 fliehen. Lebte, von Aufenthalt in Holland (1665–70) abgesehen, ständig am Hof Karls II. in London, wo er großes Ansehen genoß. Verkehrte im Salon der Hortense Mancini, Herzogin von Mazarin. – Essayist und Satiriker. Skept., mondänder und als begeisterter Anhänger Epikurs genußfroher Freigeist. Schrieb über Geschichte, Moral und Lit. Seine von herkömml. Vorurteilen befreite Geschichtsbetrachtung macht ihn zum Vorläufer Montesquieus und Voltaires. Intelligenter, in elegantem Salonstil schreibender Lit.kritiker; e. der wenigen Kritiker des 17. Jh., der die ›Querelle des anciens et modernes‹ als Emanzipation der mod. Lit. deutete. Erkannte die Abhängigkeit der Lit. von ihren soz. Bedingungen.

W: La comédie des Académistes, K. 1650 (n. P. Carile 1976; Die Gelehrtenrepublik, d. 1870); Réflexions sur les divers génies du peuple romain, 1663; Conversation du maréchal d'Hocquincourt avec le père Carnaye, 1665; Dissertation sur l'Alexandre de Racine, 1666; De quelques pièces de Corneille, 1667; Dissertation sur la tragédie ancienne et moderne, 1679; Discours sur Epicure, 1684; Sur les poèmes des anciens, 1685. – Œuvres, hg. R. de Planhol III 1927; Œuvres en prose, hg. R. Ternois IV 1962–69; Œuvres mêlées, hg. L. de Nardis 1966; Correspondance (m. Ninon de Lenclos), 1752; The Letters, 1930; Lettres, hg. R. Ternois II 1967f. – *Übs.:* Schriften und Briefe, K. Federn II 1912.

L: W. Melville Daniels, S.-É. en Angleterre, 1907 (m. Bibl.); M. Wilmotte, 1921; A. M. Schmidt, ²1942; L. Büschges, S.-É.s krit. Werk in s. Vordeutung auf das 18. Jh., Diss. Marb. 1944; M.-P. Lafargue, 1945; H. T. Barnwell, 1957; Q. M. Hope, The honnête homme as Critic, Bloomington 1962; L. de Nardis, Il cortegiano e l'eroe, Florenz 1964; P. Carile, 1969; R. T. Corum jr., 1978; C. Taittinger, 1990; D. Dimakis, 1991; P. Andrivet, 1998; Q. M. Hope, 1999; M. Barwig, 2002; M. Jaspers, 2002.

Saint-Exupéry, Antoine-Marie-Roger de, franz. Romanschriftsteller, 29. 6. 1900 Lyon – 31. 7. 1944 bei Korsika. Aus adliger Familie des Limousin; verlor mit 4 Jahren den Vater; von s. Mutter auf Schloß de La Mole erzogen. 1909–14 Schüler des Jesuitenkollegs Le Mans; 1917 Baccalauréat; 2 Jahre Architekturstud. in Paris, 1921 Militärdienst bei der Luftwaffe. Handelsvertreter. Trat in die franz. Luftfahrtgesellschaft Société Latécoère ein; flog die Linie Toulouse – Casablanca – Dakar. 1927–29 Direktor des Flugplatzes Cap Juby/Rio de Oro; 1929 Direktor der Aeroposta Argentina in Buenos Aires. 1931 ∞ Mme Gomez Carillo. 1934 Eintritt in die Air France. Längeres Krankenlager nach e. schweren Flugzeugunfall in Guatemala; Sept. 1939 Pilot in e. Aufklärungsstaffel; Herbst 1940 nach New York; 1943 in Nordafrika; seit 31. 7. 1944 vermißt, wahrscheinl. von dt. Jägern auf der Höhe von Korsika abgeschossen. – Hauptthema s. Romane und Erzählungen ist das Abenteuer des Fliegens, daher auch bes. s. späteren Werke zunächst einmal erlebte Reportagen. Doch das Flugzeug ist nicht allein Maschine, sondern Mittel zur Analyse des mod. Lebens. Die falsche Realität der mechanisierten Zivilisation hält der Prüfung in der kosm. Einsamkeit des Fliegens nicht stand. Die wahre Realität offenbart sich in der Hingabe an e. Aufgabe, die kein Ausweichen zuläßt. In der Tätigkeit für die menschl. Gemeinschaft findet die individuelle Existenz ihre Erfüllung. Gehört mit A. Malraux und H. de Montherlant zu den Verfechtern des Ideals e. heroischen Lebens, dessen Ziel nicht das Abenteuer, sondern die Aktion u. das Opfer ist. Sein Leitmotiv ist die ›solitude fraternelle‹ des Menschen; s. unmittelbare Wirkung erhält es durch die absolute Aufrichtigkeit von Denken und Darstellung. Ablehnung des atheist. Intellektualismus der zeitgenöss. Philos. sowie jeder Form von Ideologie. In ›Citadelle‹ proklamiert er das aristokrat. Ideal von der Herrschaft der Besten.

W: L'Aviateur, N. 1926; Courrier Sud, R. 1929 (d. 1949); Vol de nuit, R. 1931 (d. 1932); Terre des hommes, R. 1939 (Wind, Sand u. Sterne, d. 1939); Pilote de guerre, Tg. 1942 (Flug nach Arras, d. 1942); Le petit Prince, M. 1943 (d. 1950); Lettre à un otage, Schr. 1944 (d. 1948); Citadelle, R. 1948 (Die Stadt in der Wüste, d. 1951); Carnets, Tg. 1953 (d. 1958); Un sens à la vie, Schr. 1956 (d. 1957). – Œuvres complètes, 1950; Œuvres, 1953; Lettres de jeunesse, 1923–31, 1953 (Briefe an Rinette, d. 1955); Lettres à sa mère, 1955 (d. 1958, erw. 1984); Lettres aux Américains, 1960; Ecrits de guerre 1939–1944, 1982. – *Übs.:* GS, III 1959; Briefe an L.-M. Decour, 1963.

L: D. Anet, 1946 (m. Bibl.); L. Werth, 1948; R. Zeller, 1948; P. Chevrier, ³²1949; K. Rauch, ²1951; J. Roy, Passion de S., 1951; A. Gide, 1951; G. Pélissier, Les cinq visages de S., 1951; J. Bruce, 1953; L. Estang, 1956 (d. 1958); H. Eitzenberger, 1958; P. Nayrac, L'angoisse de S., 1959; P. Chevrier, 1958; M. Migeo, 1958 (d. 1960); L. Galantière, 1960; C. Angelet, 1960; R. M. Albérès, 1961; M. Mandl, 1963; P. Page, 1963; C. Borgal, 1964;

M. Quesnel, 1964; J. Smetana, 1964; J. Roy, 1965; J. Ancy, 1965; A. A. Devaux, 1965; S. Losic, L'idéal humain de S., 1965; R. Tavernier, S. en procès, 1967; J.-L. Major, 1968; J. Theisen, 1969; P. Chevrier, M. Quesnel, 1971; R. Ouellet, 1971; F. Visconti, 1972; C. Cate, 1973; V. Gianolio, 1975; M.-A. Barbéris, 1976; Y. Monin, 1976; E. Deschodt, 1980; A. Bukovskaja, 1983; J. M. Robinson, 1984; R. Braunburg, 1984; Ch. L. VanDenBerghe, 1985; C. Wiseler, 1988; A. Webster, 1994; N. Gural, 1996; H.-R. Nedjat, De l'imaginaire dans l'œuvre de S.-E., 1998; J. R. Harris, 1999; F. Gerber, 2000; G. Le Hir, 2002.

Saint-Gelais, Mellin de, franz. Dichter, 3. 11. (?) 1491 Angoulême – Okt. 1558 Paris. Unehel. Sohn oder Neffe des Dichters O. de Saint-Gelais; in s. Jugend längerer Aufenthalt in Bologna und Padua, der ihn entscheidend beeinflußt. Geistl. am franz. Hof, später Bibliothekar des Königs; anerkannter Hofdichter unter Franz I., Rivale von Marot und Ronsard. Günstling Heinrichs II. – Nachahmer der griech. und röm. Dichtung sowie zeitgenöss. ital. Werke. Seine Übs. der ›Sophonisbe‹ von Trissino war die 2. Tragödie, die in Frankreich aufgeführt wurde. E. der ersten, der den Italianismus und das Sonett in Frankreich einführte. Sein Werk umfaßt hauptsächl. kleine Gelegenheitsdichtungen, Epigramme, Lieder und Sonette von manieriert-sentimentaler Galanterie. Das Aufkommen der Pléiade schmälerte s. Einfluß und Erfolg beträchtl.

W: Sofonisbe, Tr. 1559. – Œuvres, 1547; Œuvres poétiques, 1574, ²1995; Œuvres complètes, hg. J.-B.-P. Blanchemain III 1873.

L: H.-J. Molinier, 1910 (n. 1968); P. A. Becker, 1924; D. Stone jr., S. and literary history, Lexington 1983.

Saint-Georges de Bouhélier (eig. Stéphane-Georges de B. Lepelletier), franz. Dramatiker, 19. 5. 1876 Rueil/Seine-et-Oise – 20. 12. 1947 Montreux/Schweiz. – Vf. von Dramen, Gedichten, Romanen, Essays; Mitbegründer des Naturalismus; Ablehnung der kühlen Virtuosität des Parnasse sowie der Subtilitäten des Neosymbolismus, Inspiration an den großen, einfachen Themen Liebe, Natur, Heroismus. Wendet sich in s. Gedichten gegen soz. Ungerechtigkeit, feiert das Ideal e. Menschheitsverbrüderung; sucht als Dramatiker nach e. Formel des Trag. außerhalb der herkömml. Form der Tragödie; s. bedeutendstes Schauspiel ›Le carnaval des enfants‹ ist e. Mischung von Gesellschaftssatire und relig. Symbolismus.

W: La résurrection des dieux, Es. 1895; Eglé ou les concerts champêtres, G. 1897; La victoire, Dr. 1898; Les éléments d'une renaissance française, Es. 1899; La route noire, R. 1900; Histoire de Lucie, fille perdue et criminelle, R. 1902; Les chants de la vie ardente, G. 1902; Le roi sans couronne, Dr. 1906; Le carnaval des enfants, Dr. 1910; Romance de l'homme, G. 1912; La vie d'une femme, Dr. 1919; Œdipe, roi de Thèbes, Dr. 1919; La tragédie de Tristan et Iseult, Dr. 1923; La célèbre histoire, Dr. 1928; Le sang de Danton, Dr. 1931; Napoléon, Dr. 1933; Jeanne d'Arc, Dr. 1934; Le Roi-Soleil, Dr. 1938; La grande pitié, 1945.

L: P. Blanchart, 1929; G. Lanson, 1934; L. Lemonnier, 1938; G. Reuillard, 1943; P. L. Day, 2001.

Saint-Hélier, Monique (eig. Betty Briod, geb. Eymann), schweizer. Romanschriftstellerin franz. Sprache, 2. 9. 1895 La Chaux-de-Fonds – 9. 3. 1955 Chambines Pacy-sur-Eure. Schulbesuch in La Chaux-de-Fonds, Bern, Genf und Paris; durch schweres Leiden 28 Jahre ans Bett gefesselt, wo sie fast ihr ganzes lit. Werk schrieb. – Ihre Romane zeigen den Einfluß Rilkes und der engl. Romanciers, Nähe zu Proust; sie stellen in 2 lose zusammenhängenden Zyklen die Geschichte zweier Familien aus dem Vorland des Schweizer Jura dar.

W: La cage aux rêves: I, Boris mort, R. 1934 (d. 1938), II, Le cavalier de paille, R. 1936 (d. 1939); La chronique du martin-pêcheur: I, Le martin-pêcheur, R. 1953 (Der Eisvogel, d. 1954), II, L'arrosoir rouge, R. 1955 (d. 1956); Quick, E. 1954 (d. 1955). – Correspondance, J. Paulhan 1995.

L: E. Schmidt, Diss. Zür. 1943; Hommage à M. S.-H., 1960; M. Dentan, P. Piolino, Le jeu de la vie et de la mort dans l'œuvre de S.-H., 1978; A. Mooser, 1996.

Saint-John Perse (eig. Marie-René-Alexis Saint-Léger), franz. Dichter, 31. 5. 1887 Saint-Léger-les-Feuilles b. Guadeloupe – 20. 9. 1975 Giens. Aus alter Juristenfamilie; Jugend auf den Antillen; kam 1898 nach Frankreich; Lycée in Pau. Freundschaft mit V. Larbaud und F. Jammes. Stud. Jura u. polit. Wiss. Bordeaux. Seit 1914 im diplomat. Dienst. 1916–21 Legationssekretär in Peking; Reisen nach Korea, Japan, der Mongolei und Zentralasien. Kam nach dem 1. Weltkrieg nach Paris zurück, wurde enger Mitarbeiter von A. Briand, nahm an allen wichtigen diplomat. Konferenzen der Zeit teil. 1929 Directeur des Affaires politiques im Außenministerium, 1933 Botschafter, 1933–40 Generalsekretär des Außenministeriums; von P. Reynaud 1940 abberufen; verließ auf eigenen Wunsch den diplomat. Dienst; reiste 1940 nach England, dann in die USA. Bibliotheksrat an der Library of Congress. Lebte in Georgia; Reisen zu den Karib. Inseln und Neu-Mexiko. Kehrte 1959 nach Frankreich zurück. 1960 Nobelpreis für Lit. – Lyriker von hoher Kultur und erlesenem Geschmack. Hauptthema s. Dichtung ist die grandiose Kosmogonie e. neuen poet. Welt, die sich aus den Elementen der versch. Kulturen zusammensetzt. Der Mittelpunkt dieser Welt ist der Gestalt des Dichter-Propheten, der das hymn. Lob alles Bestehenden singt. S.-J. P. setzt sich bewußt in Gegensatz zur zeitgenöss. Dichtung: gehobener, feierl. Stil, Preziosität des

Ausdrucks, Vorliebe für fremdartige, prunkvolle Bilder und Metaphern sowie für archaische Wendungen.

W: Eloges, G. 1911 (enth.: Images à Crusoé, 1909; Pour fêter une enfance, 1910; Récitation à l'éloge d'une reine, 1910; Éloges, 1910), ²1925 (erw. um: Amitié du prince, 1924; Chanson du présomptif, 1924), ³1948 (erw. um Berceuse, 1945); Anabase, G. 1924 (d. 1950); Exil, G. 1942; Poème à l'étrangère, G. 1943; Pluies, G. 1943; Neiges, G. 1944 (alle vier u.d.T. Exil, d. 1949); Vents, G. 1946 (d. 1964); Amers, G. 1957 (See-Marken, d. 1959); Chronique, G. 1960 (d. 1960); Poésie, Rd. 1961 (d. 1961); Oiseaux, G. 1963 (d. 1964); Pour Dante, Rd. 1965; Chant pour un équinoxe, G. 1975. – Œuvres complètes, 1972; Œuvre poétique, 1953, II 1960; Correspondance 1942–1975, 1996. – *Ubs.:* Dichtungen (zweisprachig), 1957; Das dichter. Werk, hg. F. Kemp 1978.

L: M. Saillet, 1952; P. Guerre, ⁴1955; M. Parent, 1960; C. Murciaux, 1961; J. Charpier, 1962; A. Loranquin, 1963; Honneur à S.-J. P., 1965; A. J. Knodel, Edinb. 1966; A. Bosquet, ³1967; E. Yoyo, 1971; R. M. Galan, N. Y. 1972; R. Caillois, ⁴1972; R. Little, Lond. 1973; P. M. van Rutten, 1975; Hommage à S.-J. P., 1976; E. Caduc, 1977; H. Levillain, 1977; J. Robichez, 1977; Cahier S.-J. P., 1978ff.; M. Frédéric, Diss. 1980; G. Vidal-Dessort, 1980; A. Henry, 1981; P. Guerre, 1990; M. Sacotte, 1991; G. Aigrisse, 1992; D. Racine, 1992; R. L. Sterling, 1994; R. Ventresque, 1995; J. Delort, 1996; C. Camelin, 1998; M. Gallagher, 1998; E. Dupland, 1999; C. Mayaux, 2001; C. Camelin, 2002. – *Bibl.:* R. Little, Lond. 1971 u. 1982.

Saint-Lambert, Jean-François, Marquis de, franz. Schriftsteller, 26. 12. 1716 Nancy – 9. 2. 1803 Paris. Jesuitenkolleg Pont-à-Mousson; militär. Laufbahn; 1737 im Dienst des Königs Stanislas Leszczynski, dessen Hofdichter in Lunéville; 1748 Freundschaft mit Mme du Châtelet, die mit Voltaire in Lunéville Zuflucht suchte und bei der Geburt e. Kindes von S.-L. starb. Lebte in Paris; Freund von Mme d'Houdetot, der unglückl. Liebe von J.-J. Rousseau. 1756/57 Oberst im Feldzug von Hannover. Rückkehr nach Paris, widmete sich ganz der Lit.; 1766 Mitglied der Académie Française. Lebte seit 1790 mit Mme d'Houdetot in Eaux-Bonnes. – Vielseitiger Autor, schöngeistiger und philos. Schriftsteller. Seine gewandte, elegante Verskunst ohne innere Wärme; in s. Gedicht ›Les Saisons‹ Versuch e. Naturbeschreibung ohne echtes Naturgefühl.

W: Ode sur l'eucharistie, G. 1732; Recueil de poésies fugitives, G. 1759; Le matin et le soir, Dicht. 1764; Les saisons, Dicht. 1766 (d. 1771); Contes, En. 1769f.; Fables orientales, G. 1772 (d. 1776); Les principes des mœurs chez toutes les nations ou catéchisme universel, Schr. 1798 (d. 1798f.). – Œuvres philosophiques, V 1798.

Saint-Laurent → Laurent, Jacques

Sainte-More, Benoît de → Benoît

Saint-Pierre, Jacques Henri Bernardin de, franz. Schriftsteller, 19. 1. 1737 Le Havre – 21. 1. 1814 Eragny-sur-Oise. Ingenieur. Sozialreformer. Träume vom idealen Staat Arkadien führten ihn schon früh auf Reisen nach Malta, Rußland, Polen, 1768–71 auf Mauritius. Seit 1772 Freund und Schüler von J.-J. Rousseau, der ihn zu s. Hauptwerk ›Etudes de la nature‹ anregte, das ihn weltberühmt machte. ∞ 1792 Félicité Didot, nach deren Tod 1800 Désirée de Pelloporc. Direktor des Jardin des Plantes, Prof. an der Ecole Normale. – Schrieb Reiseberichte, Studien, Erzählungen. Verdankte s. Ruhm bei den Zeitgenossen v. a. der als Band 4 der ›Etudes de la nature‹ erschienenen Idylle ›Paul et Virginie‹, e. sentimentalen Liebesgeschichte von zwei in trop. Wildnis aufgewachsenen Naturkindern, e. Illustration des von Rousseau nur als Mythos konzipierten Glaubens, daß der Mensch gut und glückl. nur außerhalb der Zivilisation sein könne. Neu und eigenartig darin die farbigen und suggestiv-sinnenhaften Beschreibungen e. exot., dem franz. Publikum unbekannten Landschaft. Die ersten 3 Kapitel des nur schriftsteller. bedeutenden Werkes sind das theoret. Gegenstück zur Idylle, der Versuch zu beweisen, daß das Wesen des Universums moral. und den Bedürfnissen des Menschen zugeordnet sei; darin entspricht er den Auffassungen des 18. Jh., Vorläufer der Romantik.

W: Voyage à l'Isle de France, Reiseber. II 1773; La vie et les ouvrages de J.-J. Rousseau, 1781 (n. M. Souriau 1906); Etudes de la nature, III 1784ff. (II d. 1795), IV: Paul et Virginie, 1787 (hg. M. Souriau 1930, P. Trahard 1958, 1967, 1975; d. 1794); L'Arcadie, E. 1788 (Amasis, d. 1800); La chaumière indienne, E. 1790 (d. 1791); Le café de Surate, E. 1790; Harmonies de la nature, Prosa III 1815. – Œuvres complètes, hg. L. Aimé-Martin XII 1818–20; Œuvres posthumes, II 1833–36; Œuvres choisies, 1864; Correspondance, hg. L. Aimé-Martin IV 1826. – *Ubs.:* Erzählungen, 1829.

L: F. Maury, 1892; M. Souriau, 1905; A. Barine, ⁴1922; H. d'Alméras, Paul et Virginie, 1937; G. Michaut, Paul et Virginie, 1942; S. Baridon, Le Harmonie … di B. de S.-P., Mail. II 1958; D. Menhennet, Oxf. 1959; Y. Le Hir, 1965; J. J. Simon, 1967; M. T. Veyrenc, 1975; H. Hudde, 1975; F. Cheval, 1995; A. Guyot, 1995; L. Ngendahimana, 1999. – *Bibl.:* zu ›P. et V.‹: P. Toiret, 1963.

Saint-Pierre, Michel de Grosourdy, Marquis de, franz. Romanschriftsteller, 12. 2. 1916 Blois – 19. 8. 1987 Schloß Saint-Pierre du Val. Landadeliger, Sohn e. Historikers, Vetter von Montherlant; unregelmäßige Studien; 1934 Werftarbeiter Saint-Nazaire; Matrose bei der franz. Marine; 1942 Rückkehr nach Paris; Résistance-Kämpfer; später Handelsvertreter. – Vf. von Romanen, Erzählungen, Biographien und e. Theaterstück; Schriftsteller von außerordentl. Vitalität; s. Romane sind unmittelbare Darstellung des Lebens in s. Komplexität, ohne sich im Naturalismus zu erschöpfen.

W: Vagabondage, R. 1938; Contes pour les sceptiques, 1945; Le monde ancien, R. 1948; La mer à boire, R. 1952; Les aristocrates, R. 1954 (d. 1955); Dieu vous garde des femmes, Nn. 1956; Sainte Bernadette, B. 1956 (d. 1958); Les écrivains, R. 1957 (Die Goldmaske, d. 1959); Les murmures de Satan, R. 1959; Le curé d'Ars, B. 1959 (d. 1975); Les nouveaux aristocrates, R. 1960; La nouvelle race, R. 1961; Les nouveaux prêtres, R. 1964; Sainte colère, Ess. 1965; Le drame des Romanov, 1967–69; Le milliardaire, R. 1970 (d. 1973).

Saint-Pol-Roux (eig. Paul Pierre Roux), franz. Dichter, 15. 1. 1861 Saint-Henry b. Marseille – 18. 10. 1940 Brest. Mitarbeiter an der ›Pléiade‹, wo er 1886 s. ersten Gedichte veröffentlichte; Mitbegründer der Académie Mallarmé; lebte ab 1898 zurückgezogen in der Bretagne; von dt. Soldaten getötet. – Dichter und Dramatiker des Symbolismus; strebt nach einer Darstellung der ideellen Wirklichkeit, die er als ›Ideorealismus‹ bezeichnet. Sein oft dunkler Stil weist in s. Überfülle an bildhaften Metaphern auf den Surrealismus hin.

W: Lazare, G. 1886; Le bouc émissaire, G. 1889; Les reposoirs de la procession, G. 1893 (n. II 1980); L'âme noire du prieur blanc, Dr. 1893; Epilogue des saisons humaines, Dr. 1893; Les personnages de l'individu, Dr. 1894; La Dame à la faulx, Dr. 1899; La rose et les épines du chemin, G. 1901; Anciennetés, G. 1903; De la colombe au corbeau par le paon, G. 1904; Les féeries intérieures, G. 1907; La mort du berger, G. 1938; La supplique du Christ, G. 1939; Bretagne est univers, G. 1941; L'Ancienne à la coiffe innombrable, G. 1946; Ausw.: Les plus belles pages, 1966; Le trésor de l'homme, 1970. – Œuvres choisies, 1952. – *Übs.:* WA, I–XVI 1986f.

L: T. Briant, [4]1989 (m. Bibl.); P. Fabre, 1995.

Saint-Simon, Louis de Rouvroy, Duc de, franz. Schriftsteller, 16. 1. 1675 Versailles – 2. 3. 1755 Paris. 1695 ∞ Marie-Gabrielle Durfort; Offizier, verließ, durch Nichtbeförderung im Ehrgeiz gekränkt, 1702 das Heer. Unter Ludwig XIV. unzufriedener Höfling in Versailles, seit 1715 unter dem Duc d'Orléans im Regentschaftsrat und 1721 Botschafter in Madrid. 1723 nach Tod des Regenten verbitterter Rückzug vom Hofleben. – Seinen Ruhm dankt er den Memoiren, parteiischen und subjektiven Dokumenten erster Hand über das Hofleben in den letzten Jahren Ludwigs XIV. und in der Régence, gestützt auf eigene Beobachtungen und Erkundigungen, auf Urkunden und frühere Memoiren. Meisterhaft durch Schärfe und Tiefe der psycholog. Einsicht in die Hintergründe des Hoflebens. Galerie ausdrucksstarker Porträts, oft mit grotesken Details, und szen. Bilder mit mehreren Personen, die bes. Beobachtungen psycholog. verräter. Bewegungen geben. Verächter von Grammatik, Rhetorik und der lit. geltenden klass. Konvention, schreibt er, nur um kraftvolle, adäquate Wiedergabe von Stoff und Gedanken bemüht, e. Prosa, die von den Romantikern hochgeschätzt wurde.

W: Mémoires sur le siècle de Louis XIV et la Régence, XXI 1829f. (n. A. de Boislisle XLIII 1879–1930, G. Truc VII 1947–61, A. Chéruel, E. Bédollière X 1965f., Y. Coirault 1983ff.; d. III 1913–17, Ausw. 1969, d. 1985; Ecrits inédits, hg. P. Faugère VIII 1881–93; Œuvres complètes, hg. R. Dupuis u.a. 1964ff. – *Übs.:* Die Memoiren des Herzogs von Saint-Simon, IV 1977.

L: G. Boissier, [2]1899; A. le Breton, 1914; R. Doumic, 1920; J. de la Varende, 1955; F.-R. Bastide, 1957; J. Roujon, 1958; E. d'Astier, 1962; Y. Coirault, 1965; R. Judrin, 1970; C. E. Ruas, Diss. 1970; G. Poisson, 1973; J. Cabanis, 1975; D. Van Elden, 1975; H. de Ley, 1975; Y. Coirault, 1979; C. Pujol, 1979; L. Spitzer, J. Brody, 1980; A. de Waelhens, 1981; D. van der Cruisse, 1981; J. de LaVarende, 1983; Y. Coirault, 1988; J. Charron, 1995; E. LeRoy Ladurie, 1998; F. Raviez, 2000. – *Bibl.:* R. A. Picken, 1980.

Sainte-Soline, Claire (eig. Nelly Eva Marguerite Fouillet), franz. Romanschriftstellerin, 18. 9. 1899 Melleran – 14. 10. 1967 Paris. Stud. Lit.-wiss., Studienrätin in Paris. – Vf. psycholog. Romane und Erzählungen, deren zentrales Problem die Liebe ist; lyr.-stimmungshaftes Einbeziehen der Landschaft in die Darstellung idyll. und bewegter Variationen des Gefühls.

W: Journée, R. 1934 (Zwischen Morgen und Abend, d. 1939); D'une haleine, R. 1935; Antigone ou l'idylle en Crète, R. 1936 (d. 1938); Les sentieres détournés, R. 1937; Le Haut-du-seuil, R. 1938; La montagne des alouettes, R. 1940 (d. 1946); Irène Maurenas, R. 1942 (d. 1946); Belle, R. 1947 (d. 1949); Le mal venu, R. 1949 (Die Spinne im Netz, d. 1952); Le Dimanche des Rameaux, R. 1952 (Monsieur hat immer recht, d. 1953); Reflux, R. 1953; Mademoiselle Olga, R. 1954; D'Amour et d'Anarchie, R. 1955; La mort de Benjamin, R. 1957; Castor et Pollux, R. 1959; Si j'étais hirondelle, R. 1964; Les années fraîches, Aut. 1966.

Saint-Sorlin, Jean → Desmarets de Saint-Sorlin, Jean

Sait Faik Abasiyanik → Abasiyanik, Sait Faik

Saitzew, Boris → Zajcev, Boris Konstantinovič

Sakaguchi, Ango (eig. S. Heigo), jap. Schriftsteller u. Essayist, 20. 10. 1906 Niigata – 17. 2. 1955 Tokyo. Sohn e. wohlhabenden Familie, tritt er in Niigata als aufmüpfiger Schüler auf, wird nach Tokyo versetzt; Schulabschluß 1925, später Stud. (Fremdsprachen u. Religion) daselbst. – Debütiert mit buddhist. inspirierter Kurzprosa, erlangt Anerkennung mit rebell., antiautoritären Thesen, in satir. Erzählungen u. Essays. Zählt zu den beliebtesten Nachkriegsautoren.

W: Hakuchi, E. 1946 (engl. 1962/1994); Sakura no mori no mankai no shita, E. 1947 (engl. 1997). – Teihon S. A. zenshû (GW), XIII 1976.

L: T. Okuno, S. A., 1972; J. Dorsey, Culture, Nationalism and S. A., 2001 (JJS); A. Wolfe, S. A. and the Humanity of Decadence, 2001.

Saki (eig. Hector Hugh Munro), engl. Schriftsteller, 18. 12. 1870 Akyab/Burma – 13. 11. 1916 Beaumont-Hamel. Sohn des brit. Polizeichefs von Burma. Bereiste 1887–93 mit s. Vater Frankreich, Dtl. und die Schweiz. E. Jahr in Burma im Polizeidienst tätig, Rückkehr nach England aus Gesundheitsgründen. Journalist der ›Westminster Gazette‹, 1902–08 Korrespondent der ›Morning Post‹ auf dem Balkan, in Polen u. Rußland. Fiel als Freiwilliger im 1. Weltkrieg. – Vf. von witzig-satir. Kurzgeschichten und Romanen; epigrammat.-pointierter Erzählstil, zyn. Weltsicht. Teilweise phantast. bizarre Kurzgeschichten über Tiere u. übernatürl. Phänomene.

W: The Rise of the Russian Empire, St. 1900; Not-So Stories, Kgn. 1902; Reginald, Kgn. 1904; Reginald in Russia, Kg. 1910; The Chronicles of Clovis, Kgn. 1911; The Unbearable Bassington, R. 1912 (d. 1986); Beasts and Super-Beasts, Kgn. 1914; When William Came, R. 1914; The Square Egg and Other Sketches, Kgn. 1924. – The Bodley Head S. (GW), 1963; Collected Stories, 1930; Novels and Plays, 1933. – *Übs.:* Ausgew. Erzählungen, 1973.

L: C. H. Gillen, 1969; A. J. Langguth, 1982.

Śakuntalā → Kālidāsa

Salacrou, Armand Camille, franz. Dramatiker, 9. 8. 1899 Rouen – 23. 11. 1989 Le Havre. Schule ebda.; mit 17 Jahren nach Paris, gab Medizinstud. nach 2 Jahren auf, wandte sich der Lit. zu. Licence in Philos., Diplom d'Etudes Supérieures; Freundschaft mit R. Queneau, G. Limbour u. Dubuffet; Sekretär von Ch. Dullin am Théâtre de l'Atelier, Leiter e. Reklameunternehmens. Zeitweilig Mitgl. der KP; Journalist bei der ›Humanité‹ und ›Internationale‹; 1949 Mitgl. der Académie Goncourt. – Dramatiker von ungleichmäßiger Produktion; anfangs vom Surrealismus beeinflußt, dann Übergang zu naturalist. Komödien und bürgerl. Milieuschilderung; mit ›La Terre est ronde‹ Wendung zum Lyr.-Parodist. Faßt s. Theater als dramat. Meditation über die ›condition humaine‹ auf, in der bereits Anklänge an den Existentialismus vorhanden sind. Seine Helden sind Träumer und Visionäre; sie suchen nach e. Wahrheit, die das Geheimnis der Existenz erhellen soll, da ihnen der Glaube an Gott versagt bleibt. Als geschickter Bühnentechniker bedient sich S. zuweilen der Mittel des Films und des Boulevard-Theaters; s. Dialoge sind treffend und prägnant, der Aufbau s. Stücke spannend und gekonnt.

W: Le Casseur d'assiettes, Dr. 1924; Tour à terre, Dr. 1925; Le pont de l'Europe, Dr. 1927; Patchouli, Dr. 1930; Atlas-Hôtel, Dr. 1931; La vie en rose, Dr. 1931; Une femme libre, Dr. 1934 (Ich will nicht dein Eigentum sein, d. 1947); Les frénétiques, Dr. 1934; L'inconnue d'Arras, Dr. 1935 (Die unerbittliche Sekunde, d. 1947); Un homme comme les autres, Dr. 1936; La terre est ronde, Dr. 1938 (d. 1947); Histoire de rire, Dr. 1939 (Die große Liebe, d. 1946); Les nuits de la colère, Dr. 1946 (d. 1948); L'archipel Lenoir, Dr. 1947; Les fiancés du Havre, Dr. 1948 (Vertauschte Welten, d. 1948); La beauté du diable, Drb. (1949; m. R. Clair); Poof, Dr. 1950 (d. 1955); Dieu le savait, Dr. 1951; Pourquoi pas moi?, Dr. 1951; Une femme trop honnête, Dr. 1955 (Tugend um jeden Preis, d. 1957); Les idées de la nuit, Mem. 1960; Boulevard Durand, Dr. 1961; La rue noire, Dr. 1967; Dans la salle des pas-perdus, Mem. 1974ff. – Théâtre, VIII 1943–66.

L: J. van den Esch, 1947; I. Chiesa, Mail. 1949; S. Radine, Anouilh, Lenormand, S., 1951; P.-L. Mignon, 1960; ders., Impromptu délibéré, Entretiens avec A. S., 1966; F. Di Franco, 1970; A. Ubersfeld, 1970; Ph. Bébon, 1971; E. Barańska, 1985; D. Looseley, 1985; M. Delavalse, 1990; W. S. Kadhim, 1990.

Salama, Hannu Sulo, finn. Schriftsteller, * 6. 10. 1936 Kouvola. 4 Jahre Oberschule, Fortbildungsschule, Elektrotechniker, Landarbeiter, seit 1961 freier Schriftsteller in Helsinki. – Begann mit Sillanpää u. Hemingway nahestehender Prosa. Gelangte zu unfreiwilligem Ruhm durch e. Prozeß wegen Gotteslästerung aufgrund e. Predigt-Travestie in ›Juhannustanssit‹, e. beklemmend realist. Roman um das sexuelle u. vom Alkohol bestimmte Massenerlebnis e. Horde Großstadtjugendl. am Johannisfeuer. Die weitere Produktion gibt e. immer unbarmherzigeres Menschenbild, vom Haß gegen Scheinheiligkeit u. Verachtung der Gesellschaft diktiert, ehrlich bis zum Zynismus. Gewalt, Haß, Hinterlist, Mißgunst prägen die Beziehungen zwischen S.s Figuren, s. Sprache ist die s. Figuren.

W: Se tavallinen tarina, R. 1961; Lomapäivä, En. 1962; Puu balladin haudalla, G. 1963; Juhannustanssit, R. 1964 (Mittsommertanz, d. 1966, u. d. T.. Johannistanz, 1967); Minä, Olli ja Orvokki, R. 1967; Kenttäläinen käy talossa, Nn. 1967; Joulukuun kuudes, R. 1968; Tapausten kulku, R. 1969; Kesäleski, Nn. 1969; Lokakuun päiviä, R. 1971; Villanpehmee, taskunlämmin, G. 1971; Siinä näkijä missä tekijä, R. 1972; Pentti Saarikoski, legenda jo eläessään, B. 1975; Kosti Herhiläisen perunkirjoitus, R. 1976; Kolera on raju bändi, R. 1977; Kolme sukupolvea, Nn. 1978; Itäväylä, G. 1980; Pasi Harvalan tarina, R. 1981/83; Kaivo kellarissa, R. 1983; Puna juova, G. 1985; Amos ja saarelaiset, N. 1987; Näkymä kuivaushuoneen ikkunasta, En. 1988; Ottopoika, R. 1991; Hyväveli, En. 1992; Pieni menestystarina, R. 1993; Elämän opetuslapsia, R. III 1997, 1999, 2002. – Se tavallinen tarina (Ausw.), 1980; Runot (ausgew. G.), 1980; Novellit (ges. En.), 1984; Romaanit (ges. R.), IV 1986.

L: P. Tarkka, 1973; T. Harakka, 1986.

Šalamov, Varlam Tichonovič, russ. Prosaiker und Lyriker, 1. 7. 1907 Vologda – 17. 1. 1982 Moskau. Vater Geistlicher, Stud. Jura Moskau 1926–29, durch 1. Haft (1929–32) unterbrochen, dann vereinzelte Lyrik- und Prosapublikationen, 1937–54 im GULag (Kolyma), nach der Rehabilitierung wieder schriftstellerisch tätig, bekannt geworden v. a. durch die im Untergrund kursierende Darstellung des GULag (›Kolymskie rasskazy‹), lebte in Moskau. – S.s Lyrik befaßt sich mit der eigenen, bitteren Lebenserfahrung, die Prosa stellt in unmittelbaren und erschütternden Erzählungen anhand von Einzelepisoden das Grauen der Lagerhaft dar.

W: Ognivo, G. 1961; Šelest list'ev, G. 1964; Kolymskie rasskazy, En. London 1978 (Geschichten aus Kolyma, d. 1983). – Sobranie sočinenij (GW), IV 1998.

L: S. Prieß, 2002; N. Golden, Amst. 2004.

Salarrué, (eig. Salvador Salazar Arrué), salvadorian. Schriftsteller, 22. 10. 1899 Sonsonate – 27. 11. 1975 San Salvador. Journalist, Maler, priesterl. Offiziant hindustan. Rituale. – Seine Themen sind das Elend der Indios, die Vorstellungswelt der Kinder, die Geschichte e. Heiligen, dargestellt in e. Mischung aus Realismus u. esoter. Spekulationen.

W: Cuentos de barro, En. 1933; El cristo negro, R. 1936; Cuentos de cipotes, En. 1945; El señor de La Burbuja, R. 1956; Catleya Luna, R. 1974; Mundo nomasito, G. 1975. – Obras escogidas, II 1970.

Salas Barbadillo, Alonso Jerónimo de, span. Schriftsteller, (getauft 30. 7.) 1581 Madrid – Juli 1635 ebda. Stud. in Madrid, Alcalá de Henares u. Valladolid, in zahlr. Streitigkeiten u. Prozesse verwickelt; Leben in großer Armut. – Bekannt v. a. als Vf. e. Schelmenromans mit weibl. Hauptfigur (›La hija de Celestina‹), e. unterhaltsamen, vergnügl. Werkes mit interessanten Sittenschilderungen; ferner Novellen mit satir.-pikar. Einschlag über Typen u. Milieus der niederen Volksschichten von Madrid.

W: Patrona de Madrid restituída, R. 1609; La hija de Celestina, R. 1612 (d. 1968; n. J. López Barbadillo II 1907, F. Holle 1912, F. Gutiérrez 1946); El caballero puntual, R. 1614; El sutil cordobés Pedro de Urdemalas, R. 1620; El sagaz Estacio, R. 1620; Don Diego de noche, R. 1623; La estafeta del ocho Momo, R. 1627; Peregrinación sabia, Prosa fabel, hg. F. A. de Icaza 1924. – Obras, hg. E. Cotarelo y Mori II 1907–09.

L: M. A. Peyton, N. Y. 1973; L. Brownstein, 1974; F. A. Cauz, Santa Fé 1977; C. A. Pauley, Ann Arbor 1985.

Salazar Arrué → Salarrué

Salazar Bondy, Sebastián, peruan. Schriftsteller, 4. 2. 1924 Lima – 4. 4. 1965 ebda. Journalist, sehr vielseitige kulturelle u. polit. Aktivität. – Die hist. Begebenheiten werden auf das Heute projiziert; im Mittelpunkt s. Werkes stehen Identitätssuche, das trag. Schicksal Limas, Perus u. Lateinamerikas.

W: Voces de la vigilia, G. 1944; Amor, gran laberinto, Dr. 1947; Rodil, Dr. 1952; Náufragos y sobrevivientes, En. 1954; Pobre gente de París, En. 1958; Flora Tristán, Dr. 1959; Lima, la horrible, Es. 1964; El rabdomante, Dr. 1965; El tacto de araña, G. 1965. – Obras completas, III 1967.

L: J. Caballero, 1975.

Šalda, František Xaver, tschech. Kritiker u. Schriftsteller, 22. 12. 1867 Liberec – 4. 4. 1937 Prag. Beamtensohn, Jurastud. Prag, Mitarbeiter versch. Zss., 1919 Prof. für mod. Lit. in Prag; ab 1928 Hrsg. der Zs. ›Šaldův zápisník‹. – Geschult an franz. u. dt. Vorbildern, begabt mit künstler. Geschmack, sicherer Urteilskraft u. feinem Stilgefühl, setzt sich Š. mit den lit. Strömungen der Vergangenheit u. Gegenwart auseinander, wobei er den eth. Gehalt e. Werkes dem ästhet. Formalismus entgegenhält; Š. klassifiziert die tschech. Nachkriegsdichtung, schreibt lit. Essays. S. Lyrik, Prosa u. dramat. Versuche erreichen nicht die künstler. Höhe s. Kritiken.

W: Boje o zítřek, Es. 1905; Život ironický, En. 1912; Duše a dílo, Es. 1913; Loutky a dělníci boží, R. 1917; A. Sova, St. 1924; Juvenile, Kritik 1925; Pokušení Pascalovo, E. 1928; O nejmladší poesii české, St. 1928; Mladé zápasy, Kritik 1934; Dřevoryty staré i nové, N. 1935; Časové a nadčasové, krit. Schr. 1936; Studie literárně hist. a kritic., St. 1937; Kritic. glosy k nové poesii české, St. 1939; Medailony, St. 1941. – Spisy (W), V 1912–17; Dílo (W), XIII 1925–41; Soubor díla (GW), XXII 1947–63; Briefwechsel: m. A. Sova, 1967; m. R. Svobodová, 1969; Z období Zápisníku, II 1987.

L: O. Fischer, 1936; F. Götz, 1937; Z. Nejedlý, 1937; L. Svoboda, 1947; F. X. Š. 1867–1937–1967, 1968; F. Buriánek, Kritik F. X. Š., 1987. – *Bibl.:* J. Pistorius, 1948; S. Bielfeldt, 1975.

Sale, Antoine de la → Antoine de la Sale

Sales, François de → François de Sales

Salgari, Emilio, ital. Romanautor, 1862 Verona – 1911 Madonna del Pilone/Turin. Ausbildung zum Hochseekapitän, übte diesen Beruf jedoch nie aus. – S. Abenteuerromane zählen zu den meistverkauften Büchern s. Zeit. Die Qualität der teilweise in Fortsetzungen erschienenen 215 Romane ist unterschiedlich.

W: La schimitarra di Budda, R. 1890; I pescatori di balene, R. 1891; I misteri della jungla nera, 1895 (d. 1905); I pescatori di Trepang, R. 1896; I pirati della Malesia, R. 1907 (d. 1910); Il corsaro nero, R. 1899 (d. 1921). – Tutti i racconti e le novelle di avventure, 1977.

L: G. Arpino, 1991; F. Pozzo, 2000; A. L. Lucas, La ricerca dell'ignoto, 2000.

Ṣāliḥ, aṭ-Ṭayyib (auch: al-Taiyib Salih oder Tajjeb Salech), sudanes. Romanautor, * 1929 im Marwa-Distrikt/Sudan. Stud. Khartum, Lehrer, Stud. internationale Beziehungen London, beschäftigt in der arab. Abteilung der BBC London, versch. Tätigkeiten für die Unesco, Generaldirektor des Informationsministeriums in Qatar. Bedeutendster mod. Autor aus dem Sudan. – Zentrales Thema s. Werks ist die Überschreitung kultureller Grenzen zwischen traditioneller sudanes. und westl. Kultur, besonders in s. berühmtesten Werk ›Mausim al-Hiǧra ilā al-šimāl‹ (Zeit der Nordwanderung).

W: Naḫla ʿalā l-ġadwal, 1953; ʿUrs al-Zain, 1967 (Die Hochzeit des Zain, d. 1983); Mausim al-Hiǧra ilā al-šimāl, 1967 (Zeit der Nordwanderung, d. ²1998); Bandar Šāh: Ḍaw al-Bait, 1971; Bandar Šāh: Maryūd, 1977 (Bandarschâh, d. 2001;). – *Übs.*: Eine Handvoll Datteln: Erzählungen aus dem Sudan, 2000.
L: M. T. Amyuni, Beirut 1985; M. Šāhīn, Beirut 1993.

Salinas, Pedro, span. Schriftsteller, 27. 11. 1891 Madrid – 4. 12. 1951 Boston. Stud. Rechte, Philos. u. Lit. Madrid, 1914–17 Lektor für Span. an der Sorbonne, 1917 Doktorexamen, 1918 Prof. für span. Lit. in Sevilla, später in Murcia, 1922/23 Lektor in Cambridge; Reisen durch Europa, Amerika u. Nordafrika; lebte ab 1936 in USA, Prof. in Puerto Rico u. Baltimore. – Bedeutender zeitgenöss. Lyriker, Dramatiker u. Kritiker; s. dichter. Gesamtwerk ist von großer Einheitlichkeit hinsichtl. Thematik u. Ausdrucksmitteln. Begann mit intim-menschl. Tönen (›Presagios‹); es folgte s. Phase enthumanisierter Poesie mit Gedichten, die auf die Errungenschaften der Technik (Telefon, Schreibmaschine, Heizung usw.) u. Liebeslyrik, in der die Liebenden der realen Welt entzogen u. auf e. idealisierte poet. Ebene gehoben werden. Nach den Dichtungen unter dem Eindruck der Emigration u. des 2. Weltkriegs knüpft s. letzter Band ›Confianza‹ wieder an die menschl. Welt des Anfangs an. Auch lit.-wiss. Studien über Jorge Manrique (1947), Rubén Darío (1948) u. a. Übs. von Proust u. Montherlant.

W: Presagios, G. 1923; Víspera del gozo, Nn. 1926; Seguro azar, G. 1929; Fábula y signo, G. 1931; Amor en vilo, G. 1931; La voz a ti debida, G. 1933; Razón de amor, G. 1936; Error de cálculo, G. 1938; Poesía junta, G. 1942; El contemplado, G. 1946; El defensor, Es. 1948; Literatura española Siglo XX, Ess. 1949; Todo más claro y otros poemas, G. 1949; La bomba increíble, R. 1950 (d. 1959); El desnudo impecable y otras narraciones, Nn. 1951; Confianza, G. 1955; La responsabilidad del escritor, Ess. 1961. – Poesías, teatro y narraciones completas, 1961; Poesías completas, hg. J. Marichal 1955, J. Guillén 1971; Teatro completo, 1957, 1992; Ensayos completos, 1984; Correspondencia (1923–51), 1992. – *Übs.*: Verteidigung des Briefes, Es. 1978; Gedichte, 1990.

L: H. Baader, 1956; P. Darmangeat, 1956; D. Ramírez de Arellano, 1956; E. Dehenin, Gent 1957; C. Feal Deibe, 1965; J. Palley, Mexiko 1966 (m. Bibl.); O. Costa Viva, 1969; A. de Zubizarreta, 1969; J. Vila Selma, 1972; J. Crispín, N. Y. 1974; D. L. Stixrude, Princeton 1975; A. P. Debicki, hg. 1976 (m. Bibl.); J. Marichalar, 1976; F. Guazzelli, 1978; P. Moraleda, El teatro de P. S., 1985; M. C. García Tejeda, 1988; J. M. Barrera López, 1993; S. Rotger Salas, 1994; L. Shaughnessy, Lewiston 1995; C. Feal Deibe, 2000; R. Katz Crispin, Anstruther 2001.

Salinger, J(erome) D(avid), amerik. Erzähler, * 1. 1. 1919 New York. Aus jüd.-ir. Milieu. 1936 Diplom der Valley Forge Military Academy; Eintritt in das väterl. Exportgeschäft, Aufenthalt in Wien u. Polen; Stud. New York Univ., Ursinus College u. Columbia Univ. jeweils abgebrochen; 1942–46 Militärdienst, aktive Kriegsteilnahme in Europa; ∞ Claire Douglas 1955, olo 1967; lebt seit 1948 von der Schriftstellerei, seit 1953, um den Auswirkungen s. eigenen Popularität zu entgehen, völlig isoliert von der Außenwelt in Cornish/NH. – Zum lit. Seelenspiegel e. gesamten jungen Generation wurde der Kurzroman ›The Catcher in the Rye‹, e. Pathos u. Humor vereinigende, eindringl. Studie über die Erfahrungen, psych. Schwierigkeiten u. die Einsamkeit e. Jugendlichen in New York, der s. Geschichte selbst erzählt. Erfolgr. Kurzgeschichten (zunächst im ›New Yorker‹ abgedruckt) über Kommunikationsschwierigkeiten von Jugendlichen u. Kindern. In den späteren Novellen voll einfacher u. zugleich hermet. Lebensweisheit rücken mehr u. mehr die Mitglieder der exzentr.-genialen ›Glass Family‹ in den Mittelpunkt. 1974 erschien e. Raubdruck s. ›Uncollected Short Stories‹. S. letztes Werk, das er veröffentlichte, war die 1965 erscheinende letzte Novelle des ›Glass Family‹-Zyklus, ›Hapworth 16, 1924‹, im ›New Yorker‹.

W: The Catcher in the Rye, R. 1951 (d. 1954); Nine Stories (For Esmé, With Love and Squalor), 1953 (dt. Ausw. 1959, vollst. 1966); Franny and Zooey, Nn. 1961 (d. 1963); Raise High the Roof Beam, Carpenters and Seymour: An Introduction, Nn. 1963 (d. 1965); Complete Uncollected Stories, (unautorisiert) II 1974. – *Übs.*: Kurz vor dem Krieg gegen die Eskimos, En. 1961.

L: F. L. Gwynn, J. L. Blotner, 1958; H. A. Grunwald, hg. 1962; W. F. Belcher, J. W. Lee, hg. 1962; M. Laser, N. Fruman, hg. 1963; M. M. Marsden, hg. 1963; W. French, 1963, ²1976; H. P. Simonson, P. E. Hager, hg. 1963; J. E. Miller, 1965; R. Stepf, 1975; J. Lundquist, 1979; K. Ortseifen, 1979; K. Rose-Werle, Harlekinade, 1979; E. Alsen, 1983; I. Hamilton, 1986; H. Bloom, hg. 1987; W. French, 1988; I. Hamilton, 1988; J. P. Wenke, 1991; J. Salzman, hg. 1992; R. S. Holzman, G. L. Perkins, 1995; S. Engel, 1998; J. Maynard, 1998; M. A. Salinger, 2000; K. Kotzen, hg. 2001; E. Alsen, 2002; C. Kubica, hg. 2002. – *Bibl.*: J. R. Sublette, 1984; B. E. Weaver, 2002.

Salkey, (Felix) Andrew (Alexander), jamaikan. Romancier u. Lyriker, 30. 1. 1928, Colón/Panama – 28. 4. 1995 Amherst/MA. Europ. u. afrikan. Vorfahren. Stud. in Jamaika u. London; seit 1979 Professor in Amherst. – Das Gesamtwerk S.' zeichnet ein Panorama Jamaikas u. der jamaikan. Diaspora; S.' typischer Held steht in einer prekären Position zwischen schwarzer Unterschicht u. weißer Elite, afrik. Traditionen/Mythen u. westl. Moderne, Kreol u. Standardenglisch. Kurzgeschichten in der Tradition der ›trickster tales‹. Auch lyr. Arbeiten u. Kinderbücher.

W: A Quality of Violence, R. 1959; Escape to an Autumn Pavement, R. 1960; Hurricane, Kdb. 1964; The Late Emancipation of Jerry Stover, R. 1968; The Adventures of Catullus Kelly, R. 1969; Anancy's Score, Kgn. 1973; Jamaica, G. 1973; Come Home, Malcolm Heartland, R. 1979; Away, G. 1980; Anancy, Traveller, Kgn. 1988; In the Border Country and Other Stories, 1995.

Sallenave, Danièle, franz. Schriftstellerin, * 1940 Angers. Unternimmt zahlr. Reisen, die in weltweit orientierten Tagebüchern Niederschlag finden. – Wendet sich in Romanen und Essays gegen den Formalismus der 1950er und 60er Jahre; gründet ihr Romanwerk auf die Themen von Erinnerung, Musik und Zeit, die sie kontrastiv in existentielle und hist., weibl. und männl. Zeit ausdifferenziert. Versucht in techn. und stilist. dem Nouveau Roman verwandten Formen e. Symbiose von Sprache, Sozialkritik und Psychoanalyse, distanziert sich jedoch von Julia Kristeva; feminist. Engagement. Koproduktion mit Pennac und Sepúlveda.

W: A quoi sert la littérature, Ess. 1997; L'Amazone du grand Dieu, R. 1997; Carnets de route en Palestine, Tg. 1998; Viol, R. 1999.

Salluste, Guillaume de → Du Bartas, Guillaume de Salluste, Seigneur

Sallustius Crispus, Gaius, röm. Historiker, 86 v. Chr. Amiternum (Sabinerberge) – 34 v. Chr. Aus begüterter Familie des Munizipaladels, bildete sich in Rom. Um 65 Anhänger der Popularen, 55/54 Quästor, 52 Volkstribun, Caesaranhänger. 50 wegen ›unwürdigen Lebenswandels‹, wahrscheinl. aber aus polit. Gründen, aus dem Senat ausgeschlossen, 48 aber durch Caesar wieder aufgenommen. Nach militär. Betätigung 47 wurde S. 46 Prokonsul der Provinz Africa Nova, wo er sich bereicherte. Nach dem Tode Caesars an den Iden des März 44 wandte sich S. vom aktiven polit. Leben ab. Im letzten Lebensjahrzehnt schrieb er s. hist. Werke. – Seine zunehmend pessimist. Geschichtsauffassung formt sich unter dem Eindruck des Bürgerkrieges. Als Patriot u. ehemaliger Popularenanhänger schreibt er die Pathologie röm. Geschichte nicht objektiv, sondern zensor.-moralisierend. Seine hist. Werke über die Verschwörung des Catilina und den Krieg gegen Jugurtha mit philos. Einleitungen, in denen er den Supremat des Geistes betont, beruhen nicht auf intensiver Quellenforschung. Mit eklekt. zusammengestellten Zeugnissen (z.B. direkten Reden u. echten Briefen) bemüht sich S. um e. lebendiges, psycholog. wahres Geschichtsbild. In der sittl. Verdorbenheit von Adel u. Volk sieht er die Ursache für den Verfall der Republik. Sein Stil ist herb, knapp u. gewichtig; bewußte Asymmetrie, archaisierende Sprache, kühne Wortbildungen, Alliterationen, sentenzartige Antithesen zeichnen ihn aus. Seine Werke schließen sich an Sisenna u. Poseidonios an; stilist. Vorbilder sind ihm Thukydides u. Cato. Zunächst kritisiert (Livius), fand er bald Bewunderer (Tacitus) u. Nachahmer. Die kaiserzeitl. Grammatiker u. Rhetoren schätzen s. eigentüml. Wortschatz u. Stil.

W: Invectiva in M. T. Ciceronem, 54? (Urheberschaft fragl.; hg. A. Kurfess [4]1970; komm. E. Pasoli 1989); Epistulae ad Caesarem senem (ebenso fragl., hg. ders. [6]1970); De coniuratione Catilinae, komm. K. Vretska 1976, P. MacGushin 1977, J. T. Ramsey 1984, G. Garbugino 1998; Bellum Jugurthinum, komm. E. Koestermann 1971, G. M. Paul 1984; Historiae (daraus nur Briefe u. Reden erhalten), zwischen 44 u. 35, komm. P. MacGushin II 1992–94, R. Funari II 1996; d. O. Leggewie 1975. – GA A. Ernout [2]1967 (m. franz. Übs.); L. D. Reynolds 1991; Invektive und Epistein, hg., übs. u. komm. K. Vretska II 1961; komm. P. Cugusi 1968. – *Übs.:* K. Büchner 1967–71; A. Lambert 1978; W. Eisenhut, J. Lindauer [2]1994.

L: P. Perrochat, Les modèles grecs de S., 1949; E. Skard, S. und seine Vorgänger, 1956; W. Steidle, S.s hist. Monographien, 1958; D. C. Earl, The Political Thought of S., 1961; R. Syme, 1964, d. 1975; A. La Penna, 1968; E. Tiffou, Essai sur la pensée morale de S., 1974; J. Malitz 1975; T. F. Scanlon, The Influence of Thucydides on S., 1980; V. Pöschl, hg. [2]1981; K. Büchner, [2]1982; T. F. Scanlon, Spes frustrata, 1987; K. Heldmann, S. über die römische Weltherrschaft, 1993; A. Fuchs, Das Zeugma bei S., 1994; G. Ledworuski, Historiograph. Widersprüche in der Monographie S.s zur catilinar. Verschwörung, 1994; A. T. Wilkins, Villain or hero, 1994; A. Drummond, Law, politics and power, 1995; R. Oniga, S. e l'etnografia, 1995; Présence de S., hg. R. Poignault 1997; S. Schmal, 2001. – *Bibl.:* A. D. Leeman, [2]1965.

Salmān Sāwaǧī, Ǧamālu'd-Dīn, pers. Panegyriker, um 1309 Sāwa/Westiran – 1376. Erzieher u. später Hofdichter des Ǧalā'iriden Sultan Uwais (reg. 1356–74) in Bagdad u. Tabris. – Schrieb 1369 auf Anregung von Sultan Uwais die Romanze ›Firāq-Nāma‹ (›Buch der Trennung [von der Geliebten]‹); weiterhin verfaßte er die romant. Epos ›Ǧamšīd u Ḫwaršīd‹ (1362) und zahlr. Qaṣīden (Lobgedichte) auf Uwais u. dessen Eltern, Ḥasan Buzurg u. Dilšād Ḫātūn.

A: Kulliyyāt (Ges.-Ausg.), hg. ʿA. ʿA. Wafāʾī 1376/1997; Ǧamšīd u Ḫwaršīd, hg. J. Asmussen 1348/1969.

Salminen, Sally Alina Ingeborg, finnl.-schwed. Erzählerin, 25. 4. 1906 Vårdö/Åland – 18. 7. 1976 Kopenhagen. 1922–30 kaufmänn. Angestellte in Åland u. Schweden, 1930–36 in USA; seit 1940 in Dänemark. – Anfang u. Gipfel ihres erzähler. Werks ist der Roman ›Katrina‹. Ohne künstler. Manieriertheit, ohne Pathos erzählt sie die Geschichte e. ostbottn. Bauerntochter, die den Prahlereien e. armen åländ. Seemanns Glauben schenkt, ihm als s. Frau in s. armselige Hütte folgt u. dort e. schweres, aber rechtschaffenes Leben führt. Die folgenden Romane, die alle autobiograph. Züge tragen, sind sprachl. u. erzähler. weniger bedeutsam.

W: Katrina, R. 1936 (d. E. Schaper 1937); Den långa våren, R. 1939; På lös sand, R. 1941; Lars Laurila, R. 1943 (d. 1952); Nya land, R. 1945; Barndomens land, R. 1948; Små världar, R. 1949; Klyftan och stjärnan, R. 1951; Prins Efflam, R. 1953 (d. 1954); Spår på jorden, R. 1961; Vid havet, R. 1963.

L: Sallys saga, hg. A. Bondestam 1986.

Salmon, André, franz. Lyriker und Erzähler, 4. 10. 1881 Paris – 12. 3. 1969 Sanary-sur-Mer. Sohn e. Malers; Jugend in Rußland, kam 1903 nach Paris. Lebt am Montmartre; Verbindung zu Malerkreisen und zu den Schriftstellern des Surrealismus; Freundschaft mit A. Jarry, G. Apollinaire, M. Jacob, P. Picasso. – Lyriker, Roman- und Dramenautor, Kunstkritiker, anfangs vom Surrealismus beeinflußt. Die Hauptthemen s. lyr. und erzähler. Werks sind Rußland und der Montmartre. In s. Romanen schildert er die Welt der Pariser Künstler und die Pariser Halb- und Unterwelt, der auch 2 Gedichtbände gewidmet sind. Seine Essays über mod. Malerei entstammen s. persönl. Begegnung mit den Künstlern und ihrem Werk.

W: Poèmes, 1905; Les féeries, G. 1907; Le calumet, G. 1910; Tendres canailles, R. 1912; Monstres choisis, R. 1912–18; Prikaz, G. 1919; Le livre or la bouteille, G. 1920; Peindre, G. 1921; L'âge de l'humanité, G. 1921; L'entrepreneur d'illuminations, R. 1921; Une orgie à St. Petersburg, R. 1923; Propos d'atelier, Es. 1923; Cézanne, Es. 1923; Derain, Es. 1923; Tout l'or du monde, G. 1927; Henri Rousseau, Es. 1943; Odeur de poésie, G. 1944; Les étoiles dans l'encrier, G. 1952; Souvenirs sans fin, Aut. III 1955–60; Sylvère, R. 1956; La vie passionnée de Modigliani, B. 1957 (Montmartre-Montparnasse, d. 1958); La terreur noire, Es. 1959.

L: P. Berger, 1956 (m. Bibl.); P.-M. Adéma, 1987; M. Pronesti, 1996; M. Dario, 2001.

Salomo ben Jehuda ibn Gabirol → Gabirol, Salomo ben Jehuda ibn

Saltykov, Michail Evgrafovič (Ps. N. Ščedrin), russ. Schriftsteller, 27. 1. 1826 Spas-Ugol (im ehem. Gouv. Tver') – 10. 5. 1889 Petersburg. Vater Gutsbesitzer; bis 1844 Lyzeum in Carskoe selo; Dienst im Kriegsministerium; 1845–47 im Kreis Petraševskijs, wo er Zugang zur Gedankenwelt der utop. Sozialisten fand. Wegen sozialisatir. Züge in der Novelle ›Zaputannoe delo‹ 1848 nach Vjatka strafversetzt, kehrte 1856 nach Petersburg zurück, 1858 Vizegouverneur in Rjazan', 1860–62 in Tver', wurde durch ›Gubernskie očerki‹ weit bekannt; ab 1860 ständiger Mitarbeiter des ›Sovremennik‹; schied 1868 aus dem Dienst, um mit Nekrasov die Zs. ›Otečestvennye zapiski‹ (bis 1884) herauszugeben und sich ganz journalist. und lit. Tätigkeit zu widmen; stand den ›Volksfreunden‹ (Narodniki) nahe. – Bedeutender Satiriker, dessen Werk z. T. hohe künstler. Qualitäten aufweist, z. T. nur Publizistik ist. Geht von den Grundsätzen der ›Natürl. Schule‹ der 1840er Jahre aus, nimmt den als Begründer des Naturalismus gesehenen Gogol' zum Vorbild; prangert zunächst in ›Gubernskie očerki‹ Mißstände in der Beamtenschaft der Provinz in skizzenhaften naturalist. Sittenschilderungen an, geißelt dann üble Erscheinungen auch in anderen Schichten. Verwendet in Anbetracht der Zensur e. mehr oder minder verrätselte, ›äsopische‹ Sprache, so in ›Istorija odnogo goroda‹, e. scharfen Satire auf die Herrscher Rußlands und ihre Umgebung in den Jahren 1751–1825; versch. Stilschichten sind hier in parodist. Form kunstvoll zur Einheit des Dichtwerks verbunden. Seine späten satir. getönten Märchen sind meist auf allg.-menschl. Verhältnisse bezogen; mehrere s. Novellen sind von dichter. Rang. Die Personendarstellung in s. einzigen Roman ›Gospoda Golovlëvy‹ läßt Beziehung zu Dostoevskij erkennen, dessen Romanen diese in düsteren Farben gehaltene Chronik vom Niedergang e. Familie n. künstler. Vollendung nicht nachsteht; letztl. gründet S.s Satire auf e. von der christl. Lehre bestimmten Denkweise.

W: Protivorečija, E. 1847; Zaputannoe delo, N. 1848; Gubernskie očerki, Sk. 1856f.; Smert' Pazuchina, K. 1857; Nevinnye rasskazy, En. 1857–59; Satiry v proze, Sk. u. Nn. 1859–62; Naša obščestvennaja žizn', Chronik 1863f.; Pompadury i pompaduršy, Sk. 1863–74 (Pompadour und Pompadourin, d. um 1953); Gospoda taškentcy, Sk. 1869–72 (Die Herren Taschkenter, d. 1954); Istorija odnogo goroda, Satire, 1869f. (Die Gesch. e. Stadt, d. 1946); Dnevnik provinciala v Peterburge, Tg. 1872; Blagonamerennye reči, 1872–76; Gospoda Golovlëvy, R. 1880 (Die Herren Golowliow, d. 1914); Za rubežom, Sat. 1880 (Reise nach Paris, d. 1958); Skazki, M. 1880–85 (Geschichten u. Märchen, d. 1924, Märchen, 1954, Satir. Märchen, 1958, Die Tugenden u. die Laster, 1966); Pošechonskie rasskazy, En. 1883f.; Meloči žizni, Sk. 1886f. (Des Lebens Kleinigkeiten, d. 1888); Pošechonskaja starina, Sk. 1887–89 (P.s alte Zeit, d. 1954). –

Polnoe sobranie sočinenij (GW), XII 1891–93; Sobranie sočinenij (GW), XXII 1965–77. – *Übs.:* AW, 1954; Satiren, 1920; Ausw. 1953.

L: Ivanov-Razumnik, 1930; K. Sanine, Paris 1955; V. J. Kirpotin, 1955; H.-G. Kupferschmidt, 1958; A. S. Bušman, 1959, 1960; D. Zolotnickij, 1961; E. Pokusaev, 1963; A. M. Turkov, ²1965; I. Trofimov, 1967; A. S. Bušmin, 1970; S. Makašin, 1972; E. Pokusaev, 1975; K. Tjun'kin, 1989; E. A. Draitser, 1994.

Salustri, Carlo Alberto → Trilussa

Salutati, Lino Coluccio di Piero dei, ital. Humanist, 16. 2. 1331 Stignano/Val di Nievole – 4. 5. 1406 Florenz. 1357 Ratssekretär in Todi, 1370/71 in Lucca u. 1375–1406 Kanzler der florentin. Signoria. – Humanist, Entdecker von Ciceros Briefen ›Ad familiares‹, Bewunderer u. Anhänger Petrarcas, sorgte für die Erhaltung u. Veröffentlichung von dessen Werk ›Africa‹. Verfaßte Verse in lat. Sprache sowie lat. Abhandlungen (›De fato et fortuna et casu‹ u. a.) u. e. ›Epistolario‹, das als Muster für alle Humanisten galt.

A: Epistolario, hg. F. Novati IV 1891–1911, I–III n. 1966; De nobilitate legum et medicinae, 1399, hg. E. Garin 1944; De tyranno, 1400, hg. A. v. Martin 1913, F. Ercole 1914; I trattati morali, hg. E. Garin 1944; De laboribus Herculis, hg. B. L. Ullman II 1951.

L: A. von Martin, C. S. und d. humanist. Lebensideal, 1916; G. M. Sciacca, 1954; M. Iannizzotto, 1959; B. L. Ullman, 1963; E. Kessler, 1968; A. Petrucci, 1972; R. G. Witt, Durham 1983; V. Fera, Antichi editori e lettori dell'›Africa‹, 1984.

Salvat-Papasseit, Joan (Ps. Gorkiano), katalan. Dichter, 16. 5. 1894 Barcelona – 7. 8. 1924 ebda. Arbeiterkind; starb an Tuberkulose. – Neben J.-V. Foix bedeutendster Vertreter der lit. Avantgarde Barcelonas; Vf. des ersten katalan. futurist. Manifests; Lyrik zwischen Experiment u. Verherrlichung des Alltags.

W: Poemes en ondes hertzianas, G. 1919; L'irradiador del port i les gavines, G. 1921; Les conspiracions, G. 1922; El poema de la Rosa als llavis, G. 1923; Óssa menor, G. 1925. – Poesies completes, 1988.

L: T. Garcés, 1972; J. Bilbeny, 1991.

Salygin, Sergej → Zalygin, Sergej Pavlovič

Samain, Albert, franz. Lyriker, 3. 4. 1858 Lille – 18. 8. 1900 Magny-les-Hameaux. Wuchs in ärml. Verhältnissen auf; der Tod des Vaters zwang ihn, mit 13 Jahren s. Stud. abzubrechen. Ab 1882 bescheidene Existenz als Angestellter der Pariser Präfektur. Verkehrte in den Kreisen dekadenter Dichter; Freundschaft mit F. Jammes; Mitbegründer der Zs. ›Mercure de France‹. Der Tod s. Mutter und längere Krankheit trübten s. letzten Lebensjahre. Starb an Schwindsucht. – Zusammen mit H. de Régnier Vertreter des Neosymbolismus; beeinflußt von Baudelaire, Verlaine, Chénier, Hérédia. Musikal. Poesie von zarter Melancholie; klass.-reine Form und Vorliebe für die Klarheit griech. Mythen unterscheiden sie vom eigentl. Symbolismus. Sehr persönl. Akzent s. Lyrik, in der sich e. fast feminine Empfindsamkeit mit maler. Inspiration verbindet. Die Bilder und Vergleiche s. Stils sind von der griech. Antike bestimmt.

W: Au jardin de l'Infante, G. 1893; Aux flancs du vase, G. 1898; Le chariot d'or, G. 1901; Polyphème, Sch. 1901; Contes, En. 1902. – Œuvres complètes, IV 1911f., III 1924; Œuvres, 1977; Des Lettres 1887–1900, 1933; Carnets intimes, 1939. – *Übs.:* Gedichte, 1911.

L: A. Jarry, 1907; F. Gohin, 1919; A. de Bersancourt, 1925; G. Bonneau, 1925 (m. Bibl.); H. Temborius, Diss. Bonn 1926; F. Russel, 1928; L. Bocquet, 1933; ders., ²1938; J. Gravereau, 1946; C. Cordié, Mail. 1951. – *Bibl.:* G. Violato, 1965.

Samaniego, Félix María de, span. Schriftsteller, 12. 10. 1745 La Guardia/Rioja – 11. 8. 1801 ebda. Aus angesehener, wohlhabender Familie; Stud. Rechte Valladolid, machte sich auf Reisen durch Frankreich mit enzyklopädist. Ideen u. franz. Kultur vertraut, lebte mehrere Jahre in Bilbao, war an vielen Polemiken beteiligt. – Bedeutendster span. Fabeldichter neben s. Zeitgenossen Iriarte; folgte der Tradition Äsops, Phädrus' u. La Fontaines, von denen er auch die Themen entlehnte. Seine Verdienste sind e. natürl. Sprache und anmutige Dialoge; bevorzugte als Versmaße Dezimen u. Silven.

W: Fábulas morales, II 1781–82 (n. E. Jareño 1969; ›Biblioteca de Autores Españoles‹, Bd. 61). – Obras completas, hg. E. Palacios Fernández 2001; Obras inéditas, hg. M. Fernández de Navarrete 1866.

L: E. Palacios Fernández, 1975.

Samarakis, Antonis, griech. Erzähler, 16. 8. 1919 Athen – 7. 8. 2003. Stud. Jura ebda., viele Jahre Beamter des Arbeitsministeriums. – In hekt., abgehacktem Stil schildert S. die Not des den Zwängen der Gesellschaft ausgelieferten, eingeschüchterten Menschen.

W: Zēteitai elpis, En. 1954 (d. 1962); Sema kindynu, R. 1959 (d. 1981); Arnumai, En. 1961; To lathos, R. 1965 (d. 1969); Zungla, En. 1967; To diabatērio, En. 1972 (d. 1980).

L: K. Pappas, 1988; M. A. Mastrodimitris, 1994.

Sāmaveda → Veda, der

Samba → Shikitei Samba

Śambhu, ind. Dichter, Ende 11. Jh. – Anfang 12. Jh. n. Chr. Lebte am Hof des kaschmir. Königs Harṣadeva (regierte 1089–1101 n. Chr.). – Vf. der ›Anyoktimuktālatā‹ (Perlenkette der Allegorie), e.

Sanskrit-Dichtung (Śataka) von 108 sich der Allegorie (anyokti) bedienenden Strophen moral. Inhalts. Schrieb außerdem das Gedicht ›Rājendrakarṇapūra‹ (Blumenohrenschmuck des höchsten Herrn), e. Verherrlichung s. Mäzens.

A: Anyoktimuktālatā, hg. in: Kāvyamālā 2 (1886, 1988); Rājendrakarṇapūra, hg. in: Kāvyamālā 1 (1886, 1987), hg. V. Kumārī 1973.

Šamilov, Arab (Pseud. Arabe Šamo), kurd.-kaukas. Autor, 23. 1. 1897 Susuz – 29. 6. 1978 Jerevan. Teilnahme am Bürgerkrieg; einer der Begründer der sowjet.-kurd. Lit. Schuf 1929 zusammen mit I. Morgulov e. kurd. Alphabet auf lat. Grundlage. – 1. Werke: Drama ›Der falsche Prophet‹, die Novelle ›Der kurdische Hirte‹ (1931) sowie ›Die Kurden von Alaganz‹ (1936). Nach unrechtmäßigen Repressalien und Rehabilitierung wurden die Romane ›Die Dämmerung‹ (1958), ›Glückliches Leben‹ (1959) veröffentlicht. Š.s Werke erzählen vom Leben der Kurden vor der Oktoberrevolution u. den Schwierigkeiten des Aufbaus in den kurd. Dörfern Sowjetarmeniens. Autor des 1. kurd. hist. Romans ›Dymdym‹ (1966); Hrsg. kurd. Folklore.

Übs.: russ.: Kurdskij pastuch, Nn. 1935; Dym-dym, R. 1969. Doroga k ščast'û, 1972; dt.: Die drei Glatzköpfe, kurd. Märchen, hg. 1967.

L: M. Rašid, in: Literaturnaâ Armeniâ 5 (1966).

Sá de Miranda, Francisco de → Miranda, Francisco de Sá de

Samjatin, Je. → Zamjatin, Evgenij Ivanovič

Šāmlū, Aḥmad, bekanntester und innovativster zeitgenöss. pers. Dichter, 1927 – 1999 Teheran. Dichtername Bāmdād (Morgendämmerung). Zeitweilig Mitgl. der kommunist. Tude-Partei. Nach dem Staatsstreich von 1952 inhaftiert. 1977 Emigration in die USA, dann London, 1979 Rückkehr. – Zunächst beeinflußt von europ. zeitgenöss. Dichtung, später Stud. der eigenen Tradition. Zahlr. lexikal. Neuschöpfungen, kongenialer Übs. von F. García Lorca, L. Hughes, Pasternak u.a. Hrsg. e. Enzyklopädie der pers. Umgangssprache. Beeinflußt bis heute viele jüngere Dichter.

W: Maǧmū-e-ye ašʿār, II 1988; Hamčūn Kūčeʾī bī entehā, 1995; Ketāb-e Kūče, 2000. – Übs.: Hymnes d'amour et d'espoir, 1994.

as-Sammān, Ġāda, syr. Schriftstellerin und Poetin, * 1942 Šāmīya b. Damaskus. Stud. engl. Lit. ebda., 1964 M. A. Beirut Amerikan. Univ. 1966–69 in Europa, ab 1969 in Beirut, gründet dort 1977 eigenen Verlag. 1984 Emigration nach Paris. – Begann als Journalistin, ihr Œuvre umfaßt zahlr. Essays, Erzählungen, Romane u. Gedichte. Lehnt jegl. Art fesselnder Traditionen heftig ab. Anfangs rebell. Feministin, richtete sie später ihr Augenmerk auf die soz. und polit. Probleme der arab. Welt, um auf die materiellen und geistigen Bedürfnisse der Menschen aufmerksam zu machen und die menschl. Freiheit zu verteidigen.

W: ʿAināk qadarī, Kgn. 1962; Lail al-ġurabāʾ, Kgn. 1966; Ḥubb, Ess. 1973; Beirūt 75, R. 1975; Aʾlantu ʿalaika al-ḥubb, G. 1976; Kawābīs Beirūt, R. 1976; Iʿtiqāl laḥza ḥāriba, Ess. 1978; Zaman al-ḥubb al-ʾāḫar, Kgn. 1978; ar-Raġīf yanbuḍ kal-qalb, Ess. 1980; al-Qabīla tastaġwib al-qatīla, Ess. 1981; Lailat al-miliār, R. 1986; at-Tiryāq, G. 1991; ar-Rīwāya al-mustaḥīla: Fusaifisāʾ dimašqīya, R. 1997. – Übs.: Street Walker, Kairo 1968; The sexual revolution and the total revolution, Austin/TX 1978; Widow of the Wedding, Kairo 1985; Alptraum in Beirut, 1990; Mit dem Taxi nach Beirut, 1990; Beirut '75, Fayetteville/AR 1995; The square moon: supernatural tales, Fayetteville 1998; Beirut Nightmares, Fayetteville 1998.

L: Ġ. Sukri, Beirut 1977; E. Accad, 1978; H. Awwad, 1983; M. Cooke, Cambr. 1988; I. J. Boullata, Albany 1990; J. T. Zeidan, Albany 1995; U. Kleineidam, 1996; I. J. Boullata, Lond. 1998.

Samojlov (eig. Kaufmann), David Samuilovič, russ. Lyriker, 1. 6. 1920 Moskau – 23. 2. 1990 Pjarnu (Estland). 1938–41 Stud. Phil., dann Soldat. Lebte in Moskau. – S., der erst spät mit Gedichten aus dem Kriegserleben bekannt wurde, gestaltet in hist. u. aktuellen, oft in Dialogform gehaltenen Gedichten den Drang des Menschen nach persönl. Freiheit. Formale Einfachheit ist mit mehrschichtiger Aussage e. trag. Weltempfindens verbunden. Sein Überblick ›Kniga o russkoj rifme‹ zeigt ihn als ausgezeichneten Kenner der russ. Verstechnik.

W: Bližnie strany, G. 1958; Vtoroj pereval, G. 1963; Dni, G. 1970; Kniga o russkoj rifme, Abh. 1973; Volna i kamen', G. 1974; Vest', G. 1978; Zuliv, G. 1981; Vremena, G. 1983. – Izbrannoe, Ausw. 1980.

Samonà, Carmelo, ital. Schriftsteller, 1926 Palermo – März 1990 Rom. Renommierter Hispanist, unterrichtete span. Lit. in Rom. – E. wiederkehrendes Motiv in s. Romanen ist das Leben mit Geisteskrankheiten.

W: Fratelli, R. 1978 (d. 1980); Il custode, R. 1983; Casa Landau, R. 1990.

Sanāʾī, Abu'l-Maǧd Maǧdūd ibn Ādam, pers. Dichter, * in Ghasna/Afghanistan, † um 1131 ebda. Erst Panegyriker versch. Würdenträger in s. Heimatstadt. E. innere Wandlung ließ ihn nach Balch, dann in andere Städte Chorassans gehen; kehrte um 1126 nach Ghasna zurück. – Erster bedeutender pers. Dichter des Sufitums (islam. Mystik), von entscheidendem Einfluß auf die weitere Entwicklung pers. Poesie, führte erstmalig asket.

Weltanschauung in das Matnawī (Lehrgedicht) ein. S. Hauptwerk ist e. rd. 10 000 Verse umfassendes Matnawī: ›Hadīqatu'l-Haqīqa‹ (›Garten der Wahrheit‹), dem Sultan Bahrām Šāh von Ghasna (reg. 1118–52) gewidmet, vielfach nachgeahmt. Von weiteren Matnawīs ist bedeutsam ›Sairu'l-ʿIbād ila'l-Maʿād‹ (›Reise der Frommen an die Stätte des Wiederkommens‹), themat. mit der ›Divina Commedia‹ verwandt (Jenseitsreise). Lyrik u. Panegyrik in e. umfangreichen Diwan.
A: Hadīqatu'l-Haqīqa, hg. M. Ražawī 1329/1950 (Buch I engl. J. Stephenson 1911); Sairu'l-ʿIbād, hg. S. Nafīsī 1316/1937; Diwan, hg. M. Musaffā 1336/1957.
L: J. T. P. De Bruijn, Of Piety and Poetry, 1983; F. D. Lewis, Reading, Writing and Recitation, 1996.

Sánchez, Clara, span. Erzählerin, * 1955 Guadalajara. Stud. Hispanistik Madrid; Kinoexpertin. – Erfolgr. Vf. poet.-realist. Romane über das mod. Alltagsleben.
W: Piedras preciosas, R. 1989; No es distinta la noche, R. 1990; El palacio varado, R. 1993; Desde el mirador, R. 1996; El Misterio de todos los días, R. 1999 (Der Sommer mit Elena, d. 2000); Últimas noticias del paraíso, R. 2000 (d. 2001).

Sánchez, Florencio, uruguay. Dramatiker, 17. 1. 1875 Montevideo – 7. 11. 1910 Mailand. Autodidakt, Journalist, polit. Tätigkeit, anarchist. Tendenz; kämpfte für die Arbeiter; ab 1892 oft in Argentinien, zeitweise Bohèmeleben; 1909/10 in offizieller Mission in Italien, starb an Tuberkulose. – Vf. von naturalist. Dramen aus dem La-Plata-Gebiet, unter Herausstellung des Kontrastes zwischen Stadt u. Dorf, Dekadenz der Landleute, Kritik an den bestehenden Gesellschaftsformen (Einfluß Ibsens); gut gezeichnete Typen u. Details, starke dramat. Intuition.
W: M'hijo el dotor, K. 1903; La gringa, Dr. 1904 (d. 1925); Barranca abajo, Dr. 1905; En familia, K. 1905; Los muertos, Dr. 1905; Los derechos de la salud, K. 1907; Nuestros hijos, K. 1907; Moneda falsa, K. 1907; Marta Gruni, Dr. 1908. – Teatro completo, 1951; Teatro completo, hg. D. Cúneo ³1964; Teatro, hg. W. Rela II ²1975.
L: R. Rojas, 1911; M. V. Martínez, 1918; R. F. Giusti, 1920; J. J. Soiza Reilly, 1920; A. Vázquez Cey, 1929; R. Richardson, N. Y. 1933; R. González Pacheco, 1935; D. Corti, 1937; E. F. García, 1939; T. Sorenson, 1948; J. Imbert, 1954; M. Rossi, 1954; W. Jiménez, 1955; T. J. Freire, 1959, 1961, 1966; J. Cruz, 1966; M. Rein, 1975; A. Rosell, 1975; J. Pignataro C., 1979; W. Rela, 1981; W. Lockhart, 1985. – *Bibl.:* W. Rela, 1967, 1973.

Sánchez, Luis Rafael, puertorican. Schriftsteller, * 17. 11. 1936 Humaco. Journalist, Lit.-Prof., Theaterpraxis. – Berühmt durch s. Roman ›La guaracha‹. Beschreibt in dieser Parodie, auch Sozialchronik oder Zeugnislit. genannt, mit musikal. Sprache u. übertriebenem Humor die Welt der Massenmedien u. der Werbung, die die Kommunikation vereitelt u. die Wirklichkeit versteckt, während alle nur das Lied ›Das Leben ist e. phantastische Sache‹ hören u. singen. Deutl. Kritik des Machismo.
W: La farsa del amor compadrito, Dr. 1960; En cuerpo de camisa, En. 1966; La pasión según Antígona Pérez, Dr. 1968; La guaracha del Macho Camacho, R. 1976; Quíntuples, Dr. 1984; La importancia de llamarse Daniel Santos, Es. 1988. – Teatro I 1976.
L: E. Barradas, 1981; E. R. Colón Zayas, 1985; A. J. Figueroa, 1989. – *Bibl.:* N. Hernández Vargas, D. Caraballo Abréu, hg. 1985.

Sánchez, Ramón Díaz → Díaz Sánchez, Ramón

Sánchez Ferlosio, Rafael, span. Schriftsteller, * 4. 12. 1927 Rom. Sohn e. Spaniers u. e. Italienerin. Aufenthalte in Frankreich u. Marokko, lebt in Madrid. – ›Abenteuer u. Wanderungen des Alfanhui‹ ist e. märchenhafter, skurriler Schelmenroman in der alten span. Tradition. Der handlungsarme Roman ›El Jarama‹ schildert das Alltagsleben der span. Jugend in scharf beobachteten Szenen e. hintergründigen, symbolhaften Geschehens.
W: Industrias y andanzas de Alfanhuí, R. 1951 (d. 1959); El Jarama, R. 1956 (d. 1960); Alfanhuí y otros cuentos, En. 1961; El huéspced de las nieves, E. 1963; Las semanas del jardín, En. 1974; La homilía del ratón, Artikelslg. 1986; Mientras no cambien los dioses, nada ha cambiado, Ess. 1986; El testimonio de Yarfoz, R. 1986; El alma y la vergüenza, Ess. 2000. – Ensayos y artículos, II 1992.
L: E. Darío Villanueva, El Jarama de S. F., 1973; A. Gil, H. Scherer, Kassel 1984; A. Albónico, Mail. 1988; I. d'Ors, Kassel 1995; J. S. Squires, Lewiston 1998.

Sand, George (eig. Amandine-Lucie-Aurore Dupin), franz. Romanschriftstellerin, 1. 7. 1804 Paris – 8. 6. 1876 Nohant/Indre. Tochter e. Offiziers u. e. Modistin; durch ihren Vater Urenkelin des franz. Marschalls Moritz von Sachsen. Verlor früh den Vater; litt unter der soz. Spannung zwischen Mutter und Großmutter väterlicherseits. Erziehung im Couvent des Anglaises in Paris; 1820 Übersiedlung nach Nohant zu ihrer Großmutter. 1821 nach dem Tod der Großmutter persönl. und finanzielle Unabhängigkeit. ∞ 10. 9. 1822 François-Casimir, Baron Dudevant; 2 Kinder. Verließ 1831 ihren Mann, ging mit dem Schriftsteller J. Sandeau nach Paris. In Zusammenarbeit mit ihm entstanden mehrere Romane unter dem Pseudonym J. Sand. Nach dem Bruch mit Sandeau Tätigkeit als Journalistin, unterstützt von H. de Latouche, dem Direktor des ›Figaro‹. Weitere Romane in rascher Folge unter dem

Sandburg

Pseudonym George Sand. 1833/34 Freundschaft mit A. de Musset, gemeinsame Italienreise; Bruch in Venedig. 1836 endgültige Trennung ihrer Ehe. Bekanntschaft mit Liszt, Chopin, Berlioz, Delacroix, Balzac. 1838 Freundschaft mit Chopin; gemeinsamer Aufenthalt in Valdemosa auf Mallorca. Nach dem Ende dieser Beziehung (1846) Wendung zu polit.-soz. Ideen. Während der Revolution von 1848 trat sie zusammen mit Ledru-Rollin, L. Blanc, Barbès für die Sache des Volks und die Verbrüderung aller Klassen ein. Enttäuscht über den Ausgang der Revolution, siedelte sie nach Nohant über; nach der Wahl von L. Napoléon zum Präsidenten der Republik zog sie sich in Vorausschau des Kommenden ganz von der Politik zurück, lebte seit 1850 auf ihrem Schloß Nohant, das Treffpunkt e. Kreises von Schriftstellern und Künstlern wurde. – Begann ihre schriftsteller. Laufbahn mit romant.-sentimentalen Liebesromanen, die stark von Rousseau beeinflußt sind und das Recht der Frau auf freie Gefühlsentscheidung proklamieren. In der 2. Epoche ihres Schaffens treten humanitäre und soz. Strömungen in den Vordergrund, bes. die Ideen von P. Leroux, die ihre Romane nachhaltig beeinflussen. Unter dem Eindruck ihrer Enttäuschung über die polit. Entwicklung wendet sich S. schließlich der poet.-idealisierenden Schilderung des Landlebens zu, das der eigentl. Höhepunkt ihres schriftsteller. Schaffens wird und v. a. ihre Heimatprovinz Berry darstellt. Neben ihrem heute verblaßten erzähler. Werk treten ihre dramat. Versuche, z. T. Dramatisierungen eigener Romane, an Bedeutung zurück.

W: Rose et Blanche, R. 1831; Indiana, R. II 1832; Valentine, R. 1832; Lélia, R. 1833 (d. 1981); Jacques, R. 1834; Mauprat, R. 1837 (Dr. 1853); Spiridion, R. 1839; Le compagnon du tour de France, R. II 1840; Consuelo, R. 1842; Jeanne, R. VIII 1844; La Comtesse de Rudolstadt, R. IX 1843–45; Le meunier d'Angibault, R. III 1845; La Mare au diable, R. II 1846; Le péché de Monsieur Antoine, R. 1847; La petite Fadette, R. II 1849; Françoise le Champi, R. 1850 (K. 1849); Les maîtres sonneurs, R. 1853; Histoire de ma vie, Aut. XX 1854f.; Les beaux messieurs de Boisdoré, R. 1858 (Dr. 1862); Elle et Lui, Aut. 1859 (d. 1982); Le Marquis de Villemer, R. 1860 (Dr. 1861); Jean de la Roche, R. 1860; La Confession d'une jeune fille, R. 1865; Mlle de Merquem, R. 1868 (n. 1881). – Œuvres complètes, CIX 1862–83; Théâtre complet, IV 1866f.; Œuvres autobiographiques, 1970ff.; Correspondance, VI 1882–84, VII 1967–72, VI–XVII 1961–83; Lettres à A. de Musset, 1897 (d. [6]1924); Lettres à Flaubert, 1904; Correspondance G. S. et Marie Dorval, 1953; Lettres à Sainte-Beuve, 1964; Correspondance G. S. et G. Flaubert 1863–76, 1981; Journal intime, 1926. – *Übs.:* SW, LXXXV 1843–46, XXXV 1847–56; Die vielgeliebte Frau, Br. 1922.

L: E. Seillière, 1920; R. Doumic, 1922; J. Langlade, 1925; W. Karénine, 1927; M. L. Pailleron, III[1–4] 1938–53; M. Paz, 1947; F. Winwar, 1947; J. Larnac, 1948; M. Toesca, 1949, 1965 u. [3]1980; J. Vivent, 1949; A. Blanc, 1950; E. Dolléans, Féminisme et mouvement ouvrier: G. S., 1951; A. Maurois, Lélia ou la vie de G. S., 1952 (Dunkle Sehnsucht, d. 1953); P. Salomon, 1953; J. de Varilhe, 1956; E. Amezaga, 1964; J. Pommier, 1966; L. Cellier, hg. 1969; J. Galzy, 1970; C. Carrère, 1970; L. Dussault, 1970; H. Guillemin, La liaison Musset-S., 1972; N. B. Gerson, Lond. 1972–73; A. Alquier, 1973; C. Chonez, 1973; C. Cate, Lond. 1975; A. Poli, 1975; M. L. Bonsirven-Fontana, 1976; R. Jordan, Lond. 1976; F. Mallet, 1976; J. A. Barry, N. Y. 1977; T. Hovey, N. Y. 1977; P. Thomson, Lond. 1977; J. Dunilac, 1978; R. Winegarben, The double life of S., N. Y. 1978; H. Bourdet-Guilleraut, 1979; W. G. Atwood, N. Y. 1980; R. Wiggershaus, 1982; G. Steinwachs, 1983; C. Pulver, 1987; D. A. Powell, 1998; L. M. Blair, 1999; P. Brunel, 1999; G. Genevray, 2000; G. Seybert, 2000; H. Dufour, 2002; K. Wiedemann, 2003; L. M. Lewis, 2003. – *Bibl.:* S. de Lovenjoul, 1914; G. Colin, 1965.

Sandburg, Carl (August), amerik. Lyriker, 6. 1. 1878 Galesburg/IL – 22. 7. 1967 Flat Rock/NC. Sohn e. schwed. Handwerkers; unvollständige Schulbildung, Wanderarbeiter im Mittelwesten, Freiwilliger im span.-amerik. Krieg in Puerto Rico; nach 1902 Journalist, 1910–12 polit. Organisator für die Socialist Party in Milwaukee, ab 1912 in Chicago; 1945–67 freier Schriftsteller und Farmer in Flat Rock/NC; vielfacher Preisträger und Ehrendoktor. – Setzt Whitmans Tradition als Sänger der Demokratie fort, wie V. Lindsay und E. L. Masters Dichter des Mittelwestens. Verbindet robuste Vitalität mit impressionist. Beobachtung, präzisen, manchmal brutalen Realismus mit romant. Schönheitssinn. Freie, reimlose, von starkem Rhythmus durchpulste Verse, farbige umgangssprachl. Diktion; Hymnen auf Amerika, s. Großstädte (Chicago), s. Weite (Prärie) und den ›common man‹; Feier des Alltägl. und Verherrlichung der Technik. Soz. Mitleid gesteigert zum relig.-myst. Glauben an die Massen. Sammler und öffentl. Rezitator und Sänger von Folklore; bedeutender Lincoln-Biograph; populist.-proletar. Ethos.

W: Chicago Poems, 1916; Cornhuskers, G. 1918; The Chicago Race Riots, Rep. 1919 (n. 1969); Smoke and Steel, G. 1920; Slabs of the Sunburnt West, G. 1922; Selected Poems, 1926; Abraham Lincoln, B. VI 1926–39 (Ausw. d. 1958, n. 1984); The American Songbag, Slg. hg. 1927; Good Morning America, G. 1928 (d. 1948); The People, Yes, G. 1936 (d. 1964); Remembrance Rock, R. 1948; Always the Young Strangers, Aut. 1952; Honey and Salt, G. 1963; Breathing Tokens, G. 1978; Ever the Winds of Chance, Aut. 1983. – Complete Poems, 1950; Harvest Poems: 1910–1960, 1960; Poetry for Young People, 1995; Selected Poems, hg. G. u. W. Hendrick 1996; Letters, hg. H. Mitgang 1968.

L: K. W. Detzer, 1941; H. Golden, 1961; R. Crowder, 1964; M. Van Doren, 1969; N. Callahan, 1970; G. W. Allen, 1972; Vision of This Land, hg. J. E. Hallwas,

D. Reader 1976; H. Sandburg, Great and Glorious Romance, 1978; C. S. Remembered, hg. W. A. Sutton 1978; C. S. at the Movies, hg. D. Fetherling 1985; N. Callahan, 1987; P. Niven, 1991; P. R. Yanella, 1996. – *Bibl.:* J. S. C. Crane, 1975.

Sandeau, (Léonard Sylvain) Julien, gen. Jules (Ps. Jules Sand), franz. Romanschriftsteller, 19. 2. 1811 Aubusson/Creuse – 24. 4. 1883 Paris. Jurastud. in Paris. Freundschaft mit G. Sand. Schrieb mit ihr gemeinsam die Romane ›Prima Donna‹, ›Rose et Blanche‹. Nach dem Bruch mit G. Sand veröffentlichte S. allein weitere Romane, Dramen und Novellen. Mitarbeiter der ›Revue des deux mondes‹. Nach 1853 Bibliothekar an der Mazarine, dann 1859–70 von St. Cloud. 1858 Mitgl. der Académie Française. – Schilderer der zeitgenöss. bürgerl. Gesellschaft, zeichnet sich durch scharfe Beobachtung und geistvolle Sittenschilderung aus. In Zusammenarbeit mit E. Augier entstehen Dramen sowie Bühnenfassungen versch. s. Romane und Novellen; bes. ›Jean de Thommeraye‹ war wegen Behandlung polit. Tagesfragen außerordentl. erfolgr.

W: Prima Donna, R. 1831 (m. G. Sand); Rose et Blanche, R. 1831 (m. G. Sand); Madame de Sommerville, R. 1834 (d. 1838); Marianna, R. 1839 (d. 1839); Le Docteur Herbeau, R. II 1841; Mlle de Kérouare, R. 1842; Mlle de la Seiglière, R. 1848 (d. 1852); Sacs et parchemins, R. 1851; La pierre de touche, Dr. 1853 (m. E. Augier); Le gendre de M. Poirier, Dr. 1854 (m. E. Augier); La maison de Penarvan, R. 1858; Un début dans la magistrature, R. 1862; La roche aux mouettes, R. 1871 (d. 1923); Jean de Thommeraye, R. 1873 (Dr. 1874). – Lettres, 1897.

L: J. Claretie, 1883; F. Brunetière, 1887; M. Silver, 1936.

Sandel, Cora (eig. Sara Fabricius), norweg. Erzählerin, 20. 12. 1880 Oslo – 3. 4. 1974 Uppsala. Stud. Malerei Oslo und Paris; Malerin. Lebte seit 1922 in Schweden, erhielt seit 1941 e. norweg. Dichterpension. – Vf. unsentimentaler realist.-psycholog. Frauenromane (Alberte-Serie) und Novellen unter Einfluß C. Colletts mit emanzipator. Tendenz und gelungenen Milieuschilderungen. Zentrale Themen ihrer Werke sind die Anprangerung kleinbürgerl. Verhältnisse sowie die Künstlerproblematik, dargestellt an Künstlerinnen, die zwischen bürgerl. Leben u. Selbstverwirklichung in der Kunst hin und her gerissen sind.

W: Alberte og Jakob, R. 1926 (d. 1961); En blå sofa, Nn. 1927; Alberte og friheten, R. 1931 (d. 1962); Carmen og Maja, Nn. 1932; Mange takk, doktor, N. 1935; Bare Alberte, R. 1939 (A. und das Leben, d. 1963); Dyr jeg har kjent, En. 1945; Kranes konditori, R. 1945; Figurer på mørk bunn, Nn. 1949; Kjøp ikke Dondi, R. 1958 (Kein Weg zu Dondi, d. 1964). – Samlede verker, VI 1950 f.; Fortellinger i utvalg, 2000.

L: O. Solumsmoen, 1957; Å. H. Lervik, 1977; K. Bale, Friheten som utopi, 1989; R. Essex, N. Y. 1995; J. Øverland, 1995.

Sandemose, Aksel, dän.-norweg. Erzähler, 19. 3. 1899 Nykøbing/Jütland – 6. 8. 1965 Kopenhagen. Sohn e. Schmieds. Lehrer, dann Kontorist; fuhr als Seemann nach Amerika, Kanada, Indien. Seit 1929 in Norwegen. Während der dt. Besatzung in Schweden. Schrieb erst in dän., ab 1931 in norweg. Sprache. – S. psycholog.-realist. Romane, oft als Kriminalgeschichten angelegt, kreisen immer wieder um ›das Böse‹ in der menschl. Gesellschaft; hierfür sucht S. individuelle u. sozialpsycholog. Erklärungen. Als Hauptwerk steht ›En flyktning krysser sitt spor‹ über die Stadt Jante (d. i. Nykøbing Mors) und ihre ungeschriebenen Gesetze, ›Janteloven‹.

W: Fortællinger fra Labrador, E. 1923 (n. 1978); Ungdomssynd, E. 1924; Klabautermanden, R. 1927 (Der Klabautermann, d. 1928); Ross Dane, R. 1928; En sjømann går i land, R. 1931; En flyktning krysser sitt spor, R. 1933 (n. 1999; Ein Flüchtling kreuzt seine Spur, d. 1973); Vi pynter oss med horn, R. 1936 (n. 1996); Der stod en benk i haven, R. 1937; Brudulje, R. 1938; Fortællinger fra andre tider, En. 1940; Tjærehandleren, R. 1945 (n. 1993); Det svundne er en drøm, R. 1946 (n. 1995); Alice Atkinson og hennes elskere, R. 1949; Eventyret fra Kong Rhascall den syttendes tid om en palmegrønn øy, R. 1950; Årstidene, Zs. 1951–55; Varulven, R. 1958 (n. 1997; Der Werwolf, d. ca. 1980); Felicias bryllup, R. 1961 (n. 1997); Mytteriet på barken Zuiderzee, R. 1963; Dans, dans, Roselill, En. 1965; Dikteren og temaet, Es.-Ausw. 1973; Epistler og moralske tanker, Ausw. 1973; Bakom står hin onde og hoster så smått, Ess. 1976. – Verker i utvalg, VIII 1965f.

L: J. Vogt, 1973; J. Væth, 1975; II 1999f.; J. Hareide, Høyt på en vinget hest, 1976, 1999; E. Eggen, 1981; E. Haavardsholm, Mannen fra Jante, 1988; O. Storm, Janteloven, 1989; K. Gørvell, En emigrant krysser sine ord, 1990; Fra Canada til Kjørkelvik, hg. B. Dupont, H. Dalgaard Sejersen 1991; J. Andersen, Vildmanden 1998; A. S. 1899–1999, hg. S. Kappel Schmidt 2000 (CD-ROM); Ch. Frank Brandt, 2000. – *Bibl.:* F. Johansen, J. Væth, 1963, 1970.

Sanders, Lawrence, amerik. Kriminalautor, 1920 Brooklyn – 7. 2. 1998 Pompano Beach/FL. Zunächst Journalist, später freier Schriftsteller in Florida. – S. gelingt durch spannende Beschreibungs- u. Verknüpfungskünste e. Einheit intensiver Milieuschilderung u. treffender Charakterisierungen.

W: The Anderson Tapes, R. 1970 (23 Uhr York Avenue, d. 1971); The First Deadly Sin, R. 1973 (d. 1975); The Tomorrow File, R. 1975; The Second Deadly Sin, R. 1977 (d. 1980); The Tenth Commandment, R. 1980 (d. 1983); The Third Deadly Sin, R. 1981 (d. 1987); The Seduction of Peter S., R. 1983; The Fourth Deadly Sin, R. 1985 (d. 1986); The Timothy Files, R. 1987 (Blutzins, d. 1990); McNally' Secret, 1992 (d. 1994); Three

Sandgren

Complete Novels, II 1994, 1996; Guilty Pleasures, R. 1998.

Sandgren, Gustav Emil, schwed. Schriftsteller, 20. 8. 1904 Västra Stenby/Östergötland – 11. 8. 1983. Sohn e. Landwirts. Industriearbeiter, Volkshochschule. 1929 Mitgl. der lit. Gruppe ›Fem Unga‹. – Befürwortet in s. zahlr. Werken den Lebensrausch, die einfachen, glückbringenden Werte im Leben, u. a. die Sexualität.
W: Du bittra bröd, R. 1935; Skymningssagor, En. II 1936–46; Att leva på vinden, R. 1941; David blir människa, R. 1943; Svensk amour, N. 1943; Partisan, G. 1944; Skall detta ske på nytt?, R. 1945; Förebud, G. 1945; Svensk ensamhet, N. 1946; Röst, G. 1947; Det stora myrkriget, Jgb. 1948 (Der große Ameisenkrieg, d. 1950); Liv, ge oss svar!, R. 1949; Kajsa Rutlapp, Kdb. 1951 (Ich bin ein Hase u. heiße Paul, d. 1967); Katten Jaum, Kdb. 1953 (Kater Jaum u. seine Freunde, d. 1970); Tre dagar i solen, R. 1953 (Drei Tage in der Sonne, d. 1956); Lyckliga människor, R. 1958; Flöjter ur fjärran, G. 1959; Jag längtar till Italien, Reiseb. 1959; Glashusen, R. 1962; Livsresa, Aut. 1965; ... som havets nakna vind, R. 1965 (Wie der nackte Wind des Meeres, d. 1966); Plötsligt en dag ..., R. 1967; Johannes och huldran och andra noveller 1939–67, 1983.

Sandoz, Maurice-Yves, schweizer. Schriftsteller franz. Sprache, 2. 4. 1892 – 5. 6. 1958. Naturwissenschaftler und Musiker, Komponist im Stil der Romantik; Mäzen und Kunstsammler, weit gereist. – Vf. von Dramen, Gedichten und v. a. phantast. Erzählungen im Stile von E. T. A. Hoffmann und Poe, in denen er die Realität und e. imaginäre surreale Phantasiewelt fortwährend vermischt; z. T. von Dalí illustriert.
W: Souvenirs fantastiques et nouveaux souvenirs, R. 1937; Trois histoires bizarres, Nn. 1939; Labyrinthe, R. 1941; La maison sans fenêtres, R. 1943; La limite, R. 1949.

Sandu-Aldea, Constantin, rumän. Erzähler, 14. 11. 1874 Tichileşti/Brăila – 21. 3. 1927 Herestrău. Stud. Landwirtschaft in Bukarest, Montpellier, Berlin, dort Dr. rer. agr.; Univ.-Prof., Direktor der Landwirtschaftl. Hochschule Herestrău b. Bukarest. Publizist, Mitgl. der Rumän. Akad. – Traditionalist, beschreibt mit Humor u. e. gewissen Romantik das Leben der Bauern in der Donauniederung u. der Baragan-Ebene. Bedeutender Übs.
W: Drum şi popas, N. 1904; În urma plugului, N. 1905; Două neamuri, R. 1906; Pe drumul Bărăganului, N. 1908; Ape mari, N. 1910; Călugărenii, N. 1920.
L: D. Chiţoiu, 1970.

Sandys, George, engl. Dichter und Übersetzer, 2. 3. 1578 Bishopthorpe/Yorkshire – 1644 Boxley. Stud. Oxford, bereiste 1610 Europa und den Nahen Osten, lebte 1621–31 in Amerika, Schatzmeister der Virginia-Kolonie. – S. lit. Ruf beruht auf s. Versübs. der ›Metamorphosen‹ Ovids (1626) sowie auf dem Reisebericht ›A Relation of a Journey‹, schrieb ferner Versübsn. der Psalmen (1636) und des Hohenliedes, e. engl. Version der lat. Tragödie ›Christ's Passion‹ von Grotius u. Reiseberichte. Wichtiges Glied in der Entwicklung des ›heroic couplet‹.
W: A Relation of a Journey Begun An. Dom. 1615 (ab ⁵1652 u. d. T. Sandys Travailes; d. 1669); Christ's Passion, Tr. 1640 (nach Grotius). – Poetical Works, hg. R. Hooper II 1872.
L: R. B. Davis, 1955; C. Schmutzler, 1955; D. Rubin, Ovid's Metamorphoses Englished: G. S. as Translator and Mythographer, 1985; J. Haynes, The Humanist as Traveler, 1986; J. Elison, G. S. Travel, Colonialism and Tolerance in the 17th Century, 2002.

aš-Šanfarā, vorislam. Dichter südarab. Abkunft, der sich wahrscheinl. im 6. Jh. in Nordarabien aufhielt. Kam wegen e. Mädchens mit dem Stamm Salamān in Konflikt und unternahm, zeitweise in Begleitung des Dichters Ta'abbaṭa Šarran, abenteuerl. und mörder. Züge gegen diesen Stamm. Endete durch gewaltsamen Tod. – Von den Gedichten ist nur wenig erhalten. Bekannt ist e. Qaṣīde, die den Tod e. Gegners fordert, wegen der reizvollen erot. Einleitung (Nasīb) und v. a. der mehrfach in europ. Sprachen übersetzten ›Lāmīya‹ (d. h. auf l reimend), die in kunstvoller Sprache und mit deutl. Zügen dichter. Individualität Leiden und Stolz des Wüstenfahrers schildert.
W: Shi'r, hg. 'A. al-Maimanī, aṭ-Ṭarā'if al-adabīya 1937; Lāmīya (d. G. Jacob II 1914f., ders. 1915, 1923).

Sân-Giorgiu, Ion, rumän. Schriftsteller, 20. 11. 1893 Botoşani – 25. 3. 1950 Uedem/Niederrhein. Stud. Philol. München, Basel, Leipzig, Prof. für Germanistik in Bukarest; Redakteur, Theaterdirektor. Während des 2. Weltkriegs im Gefängnis, nach 1944 im Ausland; Mitgl. e. Exilregierung. – Vf. erfolgr. Theaterstücke, v. a. unter dem Einfluß des dt. Expressionismus; schwermütige Exillyrik, zahlr. Übsn. aus dem Dt.
W: Masca, Dr. 1923; Femeia cu două suflete, Dr. 1925; Arcul lui Cupidon, G. 1932; Duduia Sevastiţa, Dr. 1936.
L: Dana Dumitriu, 1980; M. Iorgulescu, 1980.

Sanguineti, Edoardo, ital. Schriftsteller und Lit. wissenschaftler, * 9. 12. 1930 Genua. Stud. an der Philos. Fakultät Univ. Turin, Habilitation u. Privatdozent für ital. Lit. ebda.; zahlr. wiss. Publikationen, insbes. über Dante u. Lyrik des 20. Jh. Zeitweilig Hrsg. der Zsn. ›Il Verri‹ u. ›Marcatrè‹, für die er Berichte u. Marginalien über jüngste Kunst u. Lit. schreibt. Prof. für mod. u. zeitgenöss. ital. Lit. am Istituto Universitario in Salerno, lehrt heute in Genua. – Mit Lyrik, Prosa, Bühnenwerken u. theoret. Arbeiten e. der profiliertesten Vertreter der ›Neuen Avantgarde‹. ›Poeta doctus‹ von enzyklopäd. Bildung, die sich in s. experimentellen Werk niederschlägt; bes. von Marxismus, Psychoanalyse u. Strukturalismus beeinflußt (Nähe zur franz. Gruppe ›Tel Quel‹). Enger Kontakt zu den Autoren der Anthologie ›I novissimi‹ u. des ›Gruppo 63‹, die im Gegenzug zum lit. Establishment der Lit. gesellschaftl. Relevanz und Wirksamkeit geben wollten.

W: Laborintus, G. 1956; Opus metricum, G. 1960; K. e altre cose, Ess. 1962; Capriccio italiano, R. 1963 (d. 1964); Passaggio, Libr. 1963; Triperuno, G. 1964 (Purgatorio dell'Inferno, d. Ausz. H. M. Enzensberger in: Kursbuch 5, 1966); Ideologia e linguaggio, Ess. 1965 (Über die Avantgarde, d. Ausz. in: Akzente 14, 1967); Il giuoco dell'oca, R. 1967 (d. 1969); Teatro, Dr. 1969; Storie naturali, Dr. 1971; Wirrwarr, G. 1972 (Reisebilder, d. Ausz. 1972); Catamerone, G. 1972; Postkarten, G. 1978; Stracciafoglio, G. 1980; Segnalibro, G. 1982; Il chierico organico. Scritture e intellettuali, Ess. 2000; Il gatto lupesco, G. 2002.

L: A. Pietropaoli, 1991; E. Baccarani, La poesia nel labirinto, 2002.

Sanguo zhi yanyi (Erweiterte Geschichte der Drei Reiche), chines. Roman, angebl. von → Luo Guanzhong (14. Jh.). Mehrere Versionen, älteste 1494. Geht zurück auf ›Sanguo zhi pinghua‹ (1321–23). Schildert in 120 Kapiteln die Geschichte des 3. Jh., bes. die Hegemoniekämpfe der 3 Reiche Wei, Wu und Shu. Lehnt sich an die offiziellen Geschichtsquellen für diese Zeit, hauptsächl. das ›Sanguo zhi‹ des Chen Shou (233–297), an, jedoch unter romanhafter Ausschmükkung. Stilist. uneinheitl.; Gemisch von Schrift- und Umgangssprache, eingestreute Gedichte. Wegen Thematik (Krieg, Intrigen, Loyalität) außerordentl. populär; dramatisierte Episoden sind auf Bühne und Bildschirm immer noch sehr beliebt. Für westl. Leser oft von störender Breite; freskenartig bunt. Wichtige kulturhist. Quelle.

Übs.: F. Kuhn ²1981 (gekürzte Fassg. der ersten 38 Kap.); C. H. Brewitt-Taylor, Tokyo ²1959 (gekürzt); franz. N. Toan, L. Ricaud, Saigon III 1960–63; M. Roberts, engl. Berkeley u. a. III 1991.

L: Chao I-ching, II 1935; R. Ruhlmann, in: The Confucian Persuasion, Stanford/CA 1960; A. H. Plaks, Princeton 1987.

Śaṅkadhara (Kavirāja), ind. Dichter, lebte im 12. Jh. n. Chr., stammte aus Kanauj. – Schrieb in Sanskrit, wahrscheinl. zwischen 1113 und 1143 n. Chr., zur Unterhaltung s. Mäzens, des Königs Govindacandra von Kanauj, die Posse ›Latakamelaka‹ (Lumpengesellschaft), die das Treiben in e. Bordell und die Streitigkeiten zwischen den versch. Liebhabern darstellt.

A: in: Kāvyamālā 20 (1889, ³1923).

Śaṅkara (Śaṅkarācārya), ind. Philosoph, um 788 n. Chr. Malabar – 820 n. Chr. Kedarnath. Nach der Legende aus südind. Brahmanenfamilie (Nambūtiri); Schüler von Gauḍapādas Schüler Govinda. E. der bedeutendsten ind. Sektengründer und Reformer des Hinduismus. Ihm werden zahlr. Sanskrit-Werke zugeschrieben, authent. sind wohl nur die theolog.-philos. Kommentare und das selbständige Werk ›Upadeśasahasrī‹. – Vf. von Traktaten, die s. Lehre von der Einheit von All- und Einzelseele (Advaita-Vedānta) darlegen und deren berühmteste s. Kommentare (bhāṣya) zu den ›Brahma-sūtras‹ (Śārīrakamīmāṃsābhāṣya), zur ›Bhagavadgītā‹ und den ›Upaniṣaden‹, die ›Upadeśasahasrī‹ (1000 Sprüche der Unterweisung) sind; ihm werden zugeschrieben: der ›Ātmabodha‹ (Selbst-Erkenntnis), der ›Vivekaūḍāmaṇi‹ (Scheiteljuwel der Unterscheidung) und der ›Mohamudgara‹ (Hammer der Torheit) sowie außerdem e. große Zahl von Hymnen an Śiva, Viṣṇu und bes. an Devī, so das ›Devyaparādhakṣamāpana‹ (Bitte an Devī um Verzeihung der Sünden), das ›Bhavānyaṣṭaka‹ (8 Strophen an Bhavānī) und die ›Ānandalaharī‹ (Woge der Wonne) oder ›Saundaryalaharī‹ (Woge der Schönheit).

A: Śrī-Śaṅkara-granthāvaliḥ (GW), hg. Śrī-Vanivilāsamudrāyantrālayaḥ XX 1910, hg. V. Sadanand X 1980–83. – *Übs.:* Śārīrakamīmāṃsā-bhāṣya, d. P. Deussen 1887 (n. 1966, 1982), engl. G. Thibaut II 1890–1904 (n. 1962), V. H. Date II 1954–59, V. M. Apte 1960; Gītā-bhāṣya, engl. A. Mahādeva Śāstrī 1897, d. 1989; Upaniṣad-bhāṣya, engl. S. Sitaram Shastri, G. Jha 1898–1901; Upadeśasahasrī, engl. Swāmi Jagadānanda 1943, d. (Prosateil) P. Hacker 1949, engl. S. Mayeda 1979, 1992; Ātmabodha, H. v. Glasenapp 1919; Vivekacūḍāmaṇi, engl. Swāmi Mādhavānanda, 1952, d. U. v. Mangoldt 1957, 1981; Mohamudgara, P. v. Bohlen 1830, B. Hirzel 1834; Devyaparādhakṣamāpaṇa, engl. A. u. E. Avalon ²1952, d. O. v. Glasenapp 1925; Bhavānyaṣṭaka, A. Hoefer 1849; Ānandaleharī, engl. A. u. E. Avalon ²1952; Saundarya-laharī, engl. R. Anantakṛṣṇa Śāstri, K. R. Gāru 1957, W. N. Brown 1958. – dt. Ausw. E. Meyer 2002.

L: C. J. H. Windischmann, Diss. 1932; N. Ramesam, 1959; P. Martin-Dubost, Paris 1973; T. Vetter, 1979; A. J. Alston, Lond. III 1980–81; T. Puttanil, 1990; G. C. Pande, Life and thought of S., 1994; R. Bauer, Die Heilslehre des S. Bhagavatpada, 1996; New perspectives on advaita vedānta, Fs. hg. B. Malkowsky 2000.

Sankt Victor, Hugo von → Hugo von St. Victor

Sankt Victor, Richard von → Richard von St. Victor

San-kuo chih yen-i → Sanguo zhi yanyi

Sannazaro, Jacopo, ital. Dichter, 28. 7. 1456 Neapel – 24. 4. 1530 ebda. Aus adliger Familie in S. Piacentino (Salerno). 1475 in Neapel. Schüler von G. Maggio, Freundschaft mit Pontano, Bembo, Giovio. Mitgl. der Pontan. Akad. unter dem Namen Actius Sincerus u. Hofdichter. 1499 schenkte ihm Friedrich von Neapel das Dorf Mergellina. 1501 folgte S. dem König ins Exil nach Frankreich. Nach dem Tode s. Herrn 1504 Rückkehr nach Mergellina, zurückgezogenes, der Dichtung gewidmetes Leben. – Begr. der neuen Hirtendichtung. Im Schäferroman ›Arcadia‹ Wechsel von 12 Prosastücken mit 12 Eklogen: Unglückl. Liebe bringt den Dichter von Neapel in das idyll. Arkadien, wo er das unschuldige, verfeinerte, heitere u. glückl. Leben der Hirten führt. Stilisierte u. frühlingshafte Landschaft. Altgriech. u. röm. Hirten werden mit petrark. Gefühlen, die Natur mit den Augen der Klassiker geschildert. Erst in dem später hinzugekommenen allegorisierenden Teil Andeutung von polit. u. persönl. Verhältnissen. Vorbilder waren Theokrit, Vergil, Ovid, Dante, Petrarca u. Boccaccios ›Ameto‹. Nachahmer in ganz Europa: Tasso, Cervantes, Montemayor, Lope de Vega, Belleau, Spenser, Sidney. An dem lat. relig. Gedicht über die Verkündigung u. Geburt Jesu Christi ›De partu Virginis‹ arbeitete S. 40 Jahre. Wie bei vielen Humanisten Nebeneinander von Profanem u. Heiligem. Lyrik in lat. Sprache unter Einfluß Petrarcas. Jugendl. Liebeslieder für die angebetete Carmosina Bonifacio; schrieb auch Fischereklogen, Farcen u. ›Glommari‹ für die Hoffeste, ferner polit. Gedichte über die Ereignisse in Neapel während der Herrschaft der Aragonesen bis 1501.

W: El trionfo della fama, Farce 1492; Arcadia, R. 1504 (nicht autorisierter, unvollst. Erstdruck 1502; hg. F. Erspamer 1990 [m. Bibl.]); De partu Virginis, Ep. 1526 (hg. Ch. Fantazzi 1988, hg. S. Prandi 2001; d. F. L. Becher 1826); Eclogae piscatoriae, 1526 (hg. S. Martini 1995); Rime, 1530; Sonetti e canzoni, 1530. – Opere volgari, 1723, hg. A. Mauro 1961; Opera latine scripta, 1719, 1728; Opere, hg. G. Castello 1928, E. Carrara 1952; Egloghe, Elegie, Odi, Epigrammi, hg. G. Castelli 1928.

L: F. A. Torraca, 1879 u. 1888; G. de Lisa, L'Arcadia del S., 1930; E. Percopo, 1931; E. Carrara, 1932; A. Altamura, 1951; G. Toffanin, L'Arcadia, ³1958; M. Ricciardelli, 1968; W. J. Kennedy, Hannover 1983; R. Fanara, 2000; M. Riccucci, 2001.

San Pedro, Diego Fernández de, span. Schriftsteller, 2. Hälfte 15. Jh. Vermutl. jüd. Abstammung, um 1459 im Dienst des Großmeisters von Calatrava, Juan Téllez Girón, 1466 Kommandant der Festung Peñafiel; bewegtes, abenteuerl. Leben. – Bekannt als Vf. der bedeutendsten ›novela sentimental‹ des 15. Jh., ›Cárcel de amor‹, von der Liebe Laureolas u. Lerianos. Großer Erfolg auch im Ausland; stilist. gewandt, ausdrucksvoll u. leidenschaftl., allegor. Züge, teilweise in Briefform, Anlehnung an Boccaccios ›Fiammetta‹, Dante u. die Gralssage. Einfluß auf die ›Celestina‹.

W: Tratado de los amores de Arnalte y Lucenda, R. 1491 (n. R. Foulché-Delbosc 1911); Cárcel de amor, R. 1492 (n. ders. 1904, J. Rubió Balaguer 1941, I. A. Cortis 1985; d. 1625). – Obras completas, hg. K. Whinnom III 1971–79; Obras, hg. S. Gili Gaya 1950.

L: R. Langbehn-Rohland, 1970; K. Whinnom, N. Y. 1974.

San Secondo, Rosso di → Rosso di San Secondo, Piermaria

Sansom, William, engl. Erzähler, * 18. 1. 1912 Dulwich. – Zahlr. niveauvolle, formbewußte Romane u. Kurzgeschichten. Präziser Beobachter des Alltagslebens mit kameraähnl. Auge für Details u. gelegentl. kafkaesken Elementen.

W: Fireman Flower, Kgn. 1944 (Der verbotene Leuchtturm, d. 1975); The Body, R. 1949; A Bed of Roses, R. 1954; Among the Dahlias, Kgn. 1957 (d. 1960); The Last Hours of Sandra Lee, R. 1961 (Das Betriebsfest, d. 1967); The Stories, 1963; Hans Feet in Love, R. 1971; The Birth of a Story, St. 1972; The Marmalade Bird, Kgn. 1973; Proust and His World, St. 1973; A Young Wife's Tale, R. 1974. – Übs.: Das Gesicht am Fenster, En. 1964.

Sánta, Ferenc, ungar. Schriftsteller, * 4. 9. 1927 Brassó/Braşov (Rumänien). – S.s Stärke liegt in der Schilderung der erniedrigenden Armut und Rechtlosigkeit von kleinen Leuten und ihrer moral. Haltung inmitten großer hist. Ereignisse.

W: Téli virágzás, Nn. 1956; Az ötödik pecsét, R. 1963 (Das fünfte Siegel, d. 1985); Húsz óra, R. 1964 (Zwanzig Stunden, d. 1971); Az áruló, R. 1966; Isten a szekéren, Nn.-Ausw. 1970. – S. F. művei, 1986–88.

L: G. Vasy, 1975.

Santareno, Bernardo (António Martinho do Rosário), portugies. Dramatiker, 19. 11. 1924 Santarém – 30. 8. 1980 Carnaxide. Stud. Medizin, e. der wichtigsten Dramatiker des 20. Jh. in Portugal. Viele s. Theaterstücke fielen in der Zeit der Diktatur der Zensur zum Opfer; Einfluß der realist. Dramaturgie nach Ibsen und des ep. Theaters Brechts mit s. Interventionismus u. Betonung der Wiederholbarkeit der Geschichte. Sein Stück ›O Judeu‹ über den 1739 von der Inquisition hingerichteten portugies. Dramatiker António José da Silva gehört zu den Meilensteinen des portugies. Theaters des 20. Jh.

W: A Promessa, 1957; O Duelo, 1961; O Pecado de João Agonia, 1961; Irmã Natividade, 1961; Anunciação, 1962; Português, escritor, 45 anos de idade, 1974.

L: J. Oliveira Barata, 1983; J. António Camelo, M. Helena Pecante, 1988.

Santa Rita Durão, Frei José de → Durão, Frei José de Santa Rita

Santayana, George (eig. Jorge Agustín Nicolas Ruiz de S.), amerik. Dichter u. Philosoph span. Nationalität, 16. 12. 1863 Madrid – 26. 9. 1952 Rom. Vater Beamter auf den Philippinen; ab 1872 in Boston; Boston Latin School, Harvard, Stud. in Berlin (1886–88), später Cambridge, England. Lehrte 1889–1912 Philos. in Harvard neben W. James u. J. Royce; legte s. Professur 1912 nieder u. kehrte endgültig nach Europa zurück (Oxford, Paris, letzte Jahrzehnte Rom, im Kloster Santo Stefano Rotondo). – Von hohem Formgefühl u. skept.-naturalist. Einstellung, sucht S. das antike Vorbild für weises Leben in unerschrockener Hinnahme des Kreatürl. u. Umgang mit unideolog. geistiger Welt, Naturalismus u. Idealismus in hochpersönl. Synthese zwingend. Durch s. Ästhetik (›The Sense of Beauty‹) u. Kulturkritik von großem Einfluß auf Jüngere, zumal die später Expatriierten. Zu s. Schülern zählen C. Aiken, T. S. Eliot, W. Lippmann, G. Stein. Der iron. Entwicklungsroman ›The Last Puritan‹ wurde e. Breitenerfolg.

W: Sonnets and Other Verses, G. 1894; The Sense of Beauty, Abh. 1896; Lucifer: A Theological Tragedy, Sch. 1899; Interpretations of Poetry and Religion, Abh. 1900; A Hermit of Carmel, G. 1901; The Life of Reason, Abh. V 1905f.; Three Philosophical Poets: Lucretius, Dante, and Goethe, Abh. 1910; Winds of Doctrine, Ess. 1913; Egotism in German Philosophy, Abh. 1915; Character and Opinion in the United States, Abh. 1920; Soliloquies in England, Abh. 1922; Scepticism and Animal Faith, Abh. 1923; Dialogues in Limbo, Abh. 1925; Platonism and the Spiritual Life, Abh. 1927; The Realms of Being, Abh. IV 1927–40; The Last Puritan, R. 1935 (d. 1936); Persons and Places, Aut. 1944–53 (The Background of My Life, 1944; The Middle Span, 1945; [zus. als Die Spanne meines Lebens, d. 1950]; My Host the World, 1953); The Idea of Christ in the Gospels, Abh. 1946 (d. 1951); Dominations and Powers: Reflections on Liberty, Society, and Government, Abh. 1951; Essays in Literary Criticism, hg. I. Singer 1956; The Idler, Ess. hg. D. Cory 1957; The Genteel Tradition, Ess. hg. D. L. Wilson 1967; G. S.'s America, Ess. hg. J. Ballowe 1967; Selected Critical Writings, hg. N. Henfrey II 1968. – The Works, XV 1936–40; Complete Poems, hg. W. G. Holzberger 1979; Letters, hg. D. Cory 1955.

L: G. W. Howgate, 1938; M. Munitz, 1939; J. Duron, Paris 1950; P. A. Schilpp, ²1951 (m. Bibl.); R. Butler, 1956; I. Singer, 1957; M. M. Kirkwood, 1961; D. Cory, 1963; J. Ashmore, 1966; L. Hudgson, 1977; K. M. Price, hg. 1991; V. Christoph, 1992; H. S. Levinson, 1992; T. L. Sprigge, 1993; H. T. Kirby-Smith, 1997; I. Singer, 2000; J. McCormick, 2003. – *Bibl.*: C. Santos Escudero, Comillas 1965; H. J. Saatkamp Jr., J. Jones, 1982.

Santeuil, Jean Baptiste, franz. Dichter, 12. 5. 1630 Paris – 5. 8. 1697 Dijon. Domherr von Saint-Victor in Paris; Lehrer des Herzogs von Bourbon; bewegtes Leben. Ch. Perrault war s. Gönner; Freundschaft mit Ménage, Fénelon, Bossuet u. a. – Offizieller Hymnendichter der gallikan. Kirche; von ihm stammen etwa 100 Hymnen des Breviers von Cluny. Ausgezeichneter Humanist und begabter Dichter; neulat. Dichtungen, bedeutend v. a. die ›Hymni sacri‹; glänzender lat. Stilist. Gilt als der eigentl. Begründer der christl. Dichtung. Von ihm stammen außerdem zahlr. lat. Inschriften.

W: Recueil de nouvelles odes sacrées, G. – Opera omnia, III 1729.

L: L. A. Montalant-Bougleux, 1855; J. A. Vissac, De la poésie latine en France au siècle de Louis XIV, 1862; A. Gazier, Diss. Paris 1875.

Šantić, Aleksa, serb. Dichter, 27. 5. 1868 Mostar – 2. 2. 1924 ebda. Kaufmannssohn, besuchte Handelsschulen in Triest u. Laibach. 1883 Kaufmann im väterl. Geschäft, dann Kulturarbeit. – Begann mit wenig originellen Gedichten im Geiste J. Jovanović-Zmajs u. V. Ilić', die von der Kritik negativ aufgenommen wurden. Auf der Suche nach neuen Ausdrucks- u. Gestaltungsformen unterlag Š. nicht dem Einfluß westl. lit. Strömungen, sondern kehrte zur patriot. Dichtung zurück, für die er Motive aus dem patriarchal. Leben u. Milieu s. bosn.-herzegowin. Heimat wählte. Seine dem Volkslied verbundene Lyrik zeichnet sich durch Unmittelbarkeit u. Gefühlswärme aus; behandelt erot. Motive oder ist melanchol.-reflexiv. Die 4 hinterlassenen Versdramen sind nicht bühnenwirksam. Übs. dt. Lyrik, bes. Heine u. Schillers ›Wilhelm Tell‹ (1922).

W: Lirski intermeco, Heine-Übs. 1897/98; Pod maglom, Dr. 1907; Iz nemačke lirike, Übs. 1910; Pjesme, G. 1911; Hasan-Aginica, Dr. 1911; Andjelija, Dr. 1911; Na starim ognjištima, G. 1913; Nemanja, Dr. 1927. – Sabrana dela (GW), III 1930–34, 1957; Pjesme, G. VI 1891–1913; Pjesme A. Š., Ausw. 1950; Izabrana djela (AW), V 1972; Pesme, Ausw. 1984, 1989; Izabrane pesme, Ausw. 1988; Pesme, Ausw. 2001, 2002.

L: P. Popović, 1920; M. V. Knežević, 1924; S. Papjerkowski, 1933; P. Slijepčević, 1956; N. Grozdenović, hg. 1968/69; R. Vučković, hg. 2000.

Śāntideva, ind. Dichter, lebte Ende des 7. Jh. n. Chr. in Saurāstra/Gujarat. Buddhist. Lehrer der Mādhyamika-Schule. – Vf. zweier Werke in Sanskrit, 1. des ›Śikṣāsamuccaya‹ (Summe der Lehre), e. Handbuchs, das in 7 ›Kārikās‹ (Merkversen) mit S.s eigenem, sehr umfangreichem Kommentar die Ethik des Mahāyāna-Buddhismus behandelt und durch s. vielen Zitate aus anderen Werken bes. wertvoll ist, sowie 2. des ›Bodhicaryāvatāra‹ (Eintritt in den zur Erleuchtung führenden Lebenswandel), e. Darstellung der Metaphysik des Mahāyāna von z. T. großer dichter. Schönheit.

A: Śikṣāsamuccaya, hg. C. Bendall, Petersburg 1902 (engl. ders., W. H. D. Rouse 1922); Bodhicaryāvatāra, hg. I. P. Minayeff 1889, V. Battacharya 1960, P. L. Vaidya 1960, P. Sharma 1990, 1997 (m. engl. Übs.; franz. L. de La Vallée Poussin 1907, L. Finot 1920; engl. L. D. Barnett 1909, n. 1959, M. L. Matics 1970, S. Batchelor 1979, K. Crosby 1996; d. R. Schmidt 1923, E. Steinkellner 1981, ³1997; ital. G. Tucci 1925).

L: A. Pezzali, Florenz 1968; J. Hedinger, 1984; F. Brassard, Albany/NY 2000.

Santillana, Íñigo López de Mendoza, Marqués de, span. Dichter, 19. 8. 1398 Carrión de los Condes/Palencia – 25. 3. 1458 Guadalajara. Sohn des Admirals Don Diego Hurtado de Mendoza, Neffe des Historiographen F. Perez de Guzmán; Erziehung am Hof Juans II.; 1416 ∞ Doña Catalina de Figueroa. Griff in die Intrigen am kastil. Hof ein, zeichnete sich im Kampf gegen die Mauren aus, u. a. in der Schlacht von Olmedo (1445). Erbitterter Feind Don Álvaros de Luna; lebte zuletzt zurückgezogen u. s. Studien gewidmet in s. Palast in Guadalajara. – Großer Dichter des 15. Jh. in Spanien, typ. Vertreter der Kultur s. Zeit zwischen ausgehendem MA u. Frührenaissance: ausgesprochener Aristokrat von umfassender Bildung, strebte nach Bereicherung der Sprache u. der Poesie durch neue, aus dem Ausland übernommene Formen (bes. Sonett), aufgeschlossen für alle neuen Einflüsse bes. der ital. Lit. (Petrarca), die er in s. längeren Dichtungen (u. a. ›Comedieta de Ponza‹) u. Sonetten nachahmt. Erster Versuch, den 11-silbigen Vers in die kastil. Dichtung einzuführen; am erfolgreichsten in den kleinen Formen der Canciones, Decires u. bes. ›Serranillas‹, kurzen Gedichten über provenzal. Liebesthemen von ausgesuchter Eleganz der Sprache, erlesener Form u. feinem höf. Geschmack; schrieb auch Prosaschriften, die von s. umfassendenten lit. Bildung zeugen. Ließ Übsn. der ›Aeneis‹, der ›Ilias‹, der Tragödien Senecas u. a. lat. Werke anfertigen.

W: Comedieta de Ponza, Dicht. 1444 (n. J. M. Azáceta 1957, M. P. Kerkhof 1987); Carta proemio al Condestable de Portugal, Abh. 1449 (n. J. B. Trend 1940); Doctrinal de privados, Sat. 1452; Dialogo de Bías contra Fortuna, Dicht. hg. A. M. Huntington 1902 (n. M. P. Kerkhof 1982); Sonetos, hg. A. Vegue y Goldoni 1911; Canciones y decires, hg. V. García de Diego 1913; Refranes que dicen las viejas tras el fuego, Sprichwörterslg. hg. U. Cronan 1921, G. M. Bertini 1955; Cancionero, hg. R. Foulché-Delbosc 1922 (n. J. Rodríguez-Puértolas 1968); Poesías, serranillas y sonetos, hg. M. Segalá 1941; Proverbios de gloriosa doctrina e fructuosa enseñanza, G. hg. A. Pérez Gómez 1965, hg. J. Amador de los Ríos III 1852; Obras completas, hg. Á. Gómez Moreno 2002; Obras, hg. A. Cortina ²1956; Poesías completas, hg. M. Durán II 1975/80.

L: W. Schiff, La Bibliothèque du M. de S., 1908; M. Pérez y Curtis, 1916; R. Lapesa, La obra literaria del M. de S., 1957; A. Castillo de Lucas, 1962; J. Delgado, B. Aires, 1968; D. W. Foster, N. Y. 1971; L. Rubio García, hg. 1983; Á. Gómez Moreno, 1990.

Santô Kyôden (eig. Iwase Denzô), jap. Schriftsteller, 15. 8. 1761 Edo – 7. 9. 1816 ebda. Kaufmannssohn; vielgestaltig in s. Neigungen, fühlte sich S. K. schon frühzeitig zur Lit. hingezogen. Bereits s. Werk ›Gozonji no shôbaimono‹ machte ihn berühmt. Es spielt in der Welt der Freudenhäuser. Als die erot. Lit. verboten wurde, erschienen s. Werke als didakt. Lesebücher getarnt. 1791 wurde er deshalb bestraft; nunmehr wandte er sich ganz den hist.-didakt. Erzählungen (yomihon) zu, die ihm als ausgezeichnetem Stilisten Erfolg brachten. ›Das Gute fördern, das Böse bestrafen‹, ist die moral. Richtsschnur für das vor e. hist. Hintergrund ablaufende Geschehen. – Die Themen sind keinesfalls original, aber an ihrer Bearbeitung kann der Vf. s. ganzes Können und s. weite Gelehrsamkeit beweisen, indem er aus dem Gegebenen etwas Neues schuf, das in Komposition u. stilist. Durchführung organ. e. Ganzes werden mußte.

W: Gozonji no shôbaimono, E. 1782; Musukobeya, E. 1785; Edo-umare-waki no kawayaki, E. 1785; Udongemonogatari, E. 1805 (engl. 18/20, 1914f.); Sakurahimesenden Akebonozôshi, E. 1806 (Das Weib des Yoshiharu, d. 1957, u. d. T. Die Geschichte der schönen Sakurahime, 1993); Mukashigatari Inazumabyoshi, E. 1806.

L: W. Schamoni, Die Sharebon S. K.s, 1970; P. F. Kornicki, Nishiki no Ura (MN), 1977; J. N. Martin, S. K. and His Sharebon, Michigan 1979; M. Schönbein, Das Kibyôshi ›Happyakumanryô-koganeno-kamibana‹, Wiesbaden 1987; A. L. Kern, Blowing Smoke, Harvard 1997.

Santos Chocano, José → Chocano, José Santos

Santucci, Luigi, ital. Schriftsteller, * 11. 11. 1918 Mailand. Stud. Gesch. und Lit. Prof. für Sprachwiss. Univ. Mailand. – Seine z. T. leicht iron. Erzählungen schildern mit gütigem Humor u. surrealen Effekten meist das Leben von Geistlichen u. Mönchen.

W: In Austria con mio nonno, R. 1947; Lo zio prete, En. 1951 (Esel, Weinkrug und Sandalen, d. 1956); L'imperfetta letizia, En. 1955 (Die Kelter der Freude, d. 1957, Ausw. u. d. T. Lob der Freude, d. 1960); L'angelo di Caino, R. 1956; La letteratura infantile, St. 1958 (Das Kind, s. Mythos u. s. Märchen, d. 1964); Il libro dell'amicizia, R. 1959; Il velocifero, R. 1963 (Die seltsamen Heiligen von Nr. 5, d. 1967); L'arca di Noè, K. 1964; Orfeo in paradiso, R. 1967; Cantico delle cose di Papa Giovanni, 1968; Volete andarvene anche voi?, R. 1969 (d. 1981); Non sparate sui narcisi, R. 1971; Poesie, G. 1972; Come se, R. 1973; Il mandragolo, R. 1979; La donna con la bocca aperta, R. 1980; Brianza e altri amori, R. 1981; Il bambino della strega, R. 1981; L'almanacco di Adamo, 1985. – Briefw. mit P. Mazzolari 1942–59, hg. A. Chiodi 2001.

L: G. Cristini, 1976.

Sanusi Pané, indones. Dichter und Schriftsteller, 14. 11. 1905 Muara Sipongi/Sumatra – 2. 1. 1968 Jakarta. Erst Schüler, dann Lehrer an der Lehrerausbildungsanstalt in Jakarta, später in Bandung, 1923 Studienreise nach Indien und Zusammentreffen mit R. Tagore, nach s. Rückkehr Gründung der Zs. ›Timbul‹, 1934 Direktor der Schule für Volkserziehung (Perguruan Rakjat) in Bandung und Redakteur der Tageszeitung ›Kebangunan‹, später Hauptredakteur beim Balai-Pustaka-Verlag, während der japan. Besetzung Vorsitzender des Büros für kulturelle Angelegenheiten in Jakarta. – Gehörte zur Pudjangga-Baru-Gruppe. In s. Arbeiten zeigen sich auch westl. Tendenzen, vorherrschend sind aber ind. und altjavan. Elemente, letztere bes. in s. Dramen. Gibt der alten malaiischen Pantun-Form neue Akzente. Schrieb auch in Niederländ.

W: Pantjaran Tjinta, En. 1926; Puspa Mega, G. 1927; Airlangga, Sch. 1928; Madah Kelana, G. 1931; Kertadjaja, Schr. 1932; Eenzame Garudavlucht, Sch. 1932; Sandhyakala ning Madjapahit, Sch. 1933; Manusia baru, Sch. 1940; Bunga Rampai dari Hikajat lama, En. 1948; Indonesia sepandjang Masa, 1952; Sedjarah Indonesia, II 1952.

Sapgir, Genrich Veniaminovič, russ. Dichter, 20. 11. 1928 Bijsk/Altai – 7. 10. 1999 Moskau. Vater Schuster; lebte in Moskau als Autor von Kinderbüchern u. -filmen, stand in den 60er Jahren an der Spitze der inoffiziellen, avantgardist. Lyrikergruppe ›Konkret‹, veröffentlichte s. eigentl. Lyrik seit 1975 im Westen, seit 1989 auch in Rußland. – E. im Geistigen beheimateter Dichter mit reichen Gestaltungsmöglichkeiten. Kühne Bildsprache u. formale Experimente prägen s. Verse.

W: Sonety na rubaškach, G. 1978; Moskovskie mify, G. 1989. – Sobranie sočinenij (GW), III 1998; IV N.Y. 1999ff.

Sappho, altgriech. lyr. Dichterin, um 600 v. Chr., geb. auf Mytilene oder in Eresos (Lesbos). Aus vornehmer Familie, Mittelpunkt e. Kreises junger adliger Mädchen; wegen polit. Konflikte vermutl. 603/602, 596/595 im Exil auf Sizilien. – Die alexandrin. Ausgabe umfaßte 8 Bücher (nach Metren geordnet), aus dem letzten entstand e. Sammlung ihrer Epithalamia (›Hochzeitslieder‹), aus der wahrscheinl. das einzige heute vollständig erhaltene Gedicht stammt, dazu teilweise umfängl. Zitate und Fragmente v. a. auch auf Papyrus (die 3 ihr in der → ›Anthologia Palatina‹ zugeschriebenen Epigramme sind wohl erst hellenist.). S.s Gedichte sind in aiol. Dialekt und Metren verfaßt (e. best. Strophenform trägt traditionell S.s Namen); umstritten ist die Aufführungsform (Einzelchor oder Mädchenchöre?). In den erhaltenen Gedicht(-Fragment)en dominieren erot. Themen, sowohl in traditionellen mytholog. Motiven als auch mit Bezug auf den Mädchenkreis um S. Vielleicht am berühmtesten (neben dem ›Aphroditehymnos‹) ist das Fragment 31 (›Jener scheint mir göttergleich …‹), in dem S. e. körperl. Pathologie erot. Sehnsucht liefert.

A: E. Lobel 1925; E. Lobel, D. Page 1955 (corr. 1963, Nachdr.); Th. Reinach, A. Puech 1937 (m. franz. Übs. u. Komm.); M. Treu ^{8}1991 (m. dt. Übs. u. Komm.); E.-M. Voigt 1971; Z. Franyó 1976 (m. dt. Übs. u. Komm.); D. A. Campbell 1982; E.-M. Hamm ^{2}1958; St. Preiswerk-ZumStein 1990 (neue dt. Übs.). – *Komm.:* O. G. Hutchinson 2001 (Ausw.).

L: U. v. Wilamowitz-Moellendorff, 1913 (Nachdr. 1966); O. Immisch, 1933; D. L. Page, Oxf. 1955 (Nachdr. 1987); A. M. Bowie, N. Y. 1981; P. Stotz, 1982 (lat. MA); A. P. Burnett, Cambr./MA 1982; R. Jenkyns, Lond. 1982; D. Meyerhoff, 1984; A. Carson, Princeton 1986; E. Cavalli, Ferrara 1986; J. E. De Jean, Chicago u. a. 1989; Th. Fithian, New York 1993; M. Williamson, Cambr./MA 1995; A. Broger, 1996; E. Greene, Berkeley u. a. 1996, Berkeley u. a. 1996 (Rezeption); E. Tzamali, 1996; L. H. Wilson, Lond. 1996; J. Dehler, 1999 (mod. Rezeption); Y. Prins, Princeton 1999; M. Reynolds, hg. Lond. 2000; G. Tsomis, 2001; M. Reynolds, hg. Basingsoke 2003.

Saramago, José, portugies. Schriftsteller, * 16. 11. 1922 Azinhaga (Ribatejo). Sohn e. Landarbeiters, keine akadem. Ausbildung, war Schlosser, techn. Zeichner u. a., dann freier Schriftsteller, polit. aktiv nach der Revolution; Nobelpreis 1998. – Wurde bekannt durch s. Romane; mit ›Hoffnung im Alentejo‹, e. Nachzeichnung der Geschichte der Landarbeiter, gewann S. internationale Anerkennung. Hier werden bereits wichtige Merkmale des Werks erkennbar: Infragestellung der kanon. Geschichte nach marxist. Muster, Einbau phantast. Elemente u. Rückgriff auf die Mündlichkeit. Polemik mit ›Evangelium nach Jesus Christus‹, vor der sozialdemokrat. Regierung 1992 als Kandidat für den europ. Lit.preis wegen Beleidigung der relig. Glaubens der Portugiesen abgelehnt. Nach ›Stadt der Blinden‹, e. Studie über die postmod. conditio humana, in der alle Figuren bis auf e. Frau an e. Blindheit erkranken, schafft S. in s. Romanen e. allegor. Welt durch den Verzicht auf genauere örtl. und zeitl. Referenzen u. e. universelle Ebene.

W: Os Poemas Possíveis, G. 1966; Provavelmente Alegria, G. 1970; Deste Mundo e do Outro, Rep. 1971; A Bagagem do Viajante, Rep. 1973; O Ano de 1993, G. 1975; Manual de Pintura e Caligrafia, R. 1977 (Handbuch der Malerei und Kalligrafie, d. 1990); Levantado do Chão, R. 1980 (Hoffnung im Alentejo, d. 1985/87); Memorial do Convento, R. 1982 (Das Kloster zu Mafra, d. 1986/Das Memorial, d. 1986); O Ano da Morte de Ricardo Reis, R. 1984 (Das Todesjahr des Ricardo Reis, d. 1988); A Jangada de Pedra, R. 1986 (Das steinerne Floß, d. 1990); História do Cerco de Lisboa, R. 1989

Sarasin

(Geschichte der Belagerung von Lissabon, d. 1992); O Evangelho segundo Jesus Cristo, R. 1991 (Das Evangelium nach Jesus Christus, d. 1993); Ensaio sobre a Cegueira, R. 1996 (Stadt der Blinden, d. 1997); Todos os Nomes, R. 1997 (Alle Namen, d. 1999); A Caverna, R. 2000 (Das Zentrum, d. 2002); O Homem Duplicado, R. 2002.

L: M. A. Seixo, 1987.

Sarasin, Jean-François, franz. Dichter u. Historiker, 25. 12. 1614 Caen – 5. 12. 1654 Pézenas/Hérault. Sohn e. Schatzmeisters; Stud. Univ. Caen; ging nach Paris, wo ihn Mlle Paulet in die preziöse Gesellschaft einführte. Rivale von Voiture; Sekretär beim Fürsten von Conti; starb auf e. Reise ins Languedoc. – Vf. geistreicher Sonette, Madrigale und Episteln über amüsante Nichtigkeiten in preziösem Stil.

W: Discours de la tragédie, Abh. 1639; Bellum parasiticum, Schr. 1644; Histoire du siège de Dunkerque, Sch. 1649; Conspiration de Walstein, Sch. 1651. – Œuvres, 1656, 1694, II 1926; Nouvelles Œuvres, II 1679; Poésies, 1877. – *Übs.:* Zwei Sonette, 1946f.

L: A. Mennung, 1902–04.

Sarbiewski (Sarbievius), Maciej Kazimierz, poln. neulat. Dichter, 24. 2. 1595 Gut Sarbiewo/Masowien – 2. 4. 1640 Warschau. Ab 1612 Jesuit; Lehrer am Jesuitenkolleg in Wilna; ging 1623 nach Rom, wurde dort von Papst Urban VIII. zum Dichter gekrönt und beauftragt, Hymnen zur Verbesserung des Breviers zu schreiben; nach s. Rückkehr 1635 Hofprediger Wladislaws IV. von Polen und Prof. im Kolleg des Jesuitenordens. – E. der bedeutendsten Lyriker des 17. Jh.; Theoretiker und Praktiker der Barockdichtung in ›De acuto et arguto‹. Vf. zahlr. Predigten und e. (nicht vollständig gedruckten) Poetik. Veröffentlichte in den ›Lyricorum libri‹ auch mehrere Oden, die ihm den Namen e. ›poln. Horaz‹ (Horatius Sarmaticus) eintrugen, daneben Epoden, Dithyramben u. a. formvollendete klass. Gedichte. Die früher S. zugeschriebenen ›Silviludia‹ stammen nicht von ihm.

W: De acuto et arguto, Schr. 1619 f. (n. 1958); De perfecta poesi, Schr. 1626 (n. 1954); Lyricorum libri IV, Köln 1629; Antwerpen 1632 (n. Los Angeles 1953); Praecepta poetica, Schr. hg. 1958; Dii gentium, Schr. 1972. – Poemata omnia, hg. T. Walla 1892 (m. Bibl.); Liryki, G.-Ausw. zweispr. 1980. – *Übs.:* A. J. Rathsmann, ⁴1820; Ph. J. Rechfeld, 1831.

L: F. M. Müller, Diss. Mchn. 1917; T. Sinko, Poetyka S., 1918; J. Oko, 1923; J. Sparrow in Oxf. Slav. Papers, 1958; J. Warszawski, Mickiewicz uczniem S., Rom 1964; ders., ›Dramat Rzymski‹ M. K. S., Rom 1984; K. Stawecka, 1989; Z. Grochal, Chrześcijański Horacy, 1994.

Sarcomoros → Despériers, Bonaventure

Sardinha, António Maria de Sousa, portugies. Dichter, 9. 9. 1888 Monforte/Provinz Alentejo – 10. 1. 1925 Elvas. Bäuerl. Abstammung, Stud. Jura Coimbra, kathol.-monarchist. Politiker. Zusammen mit Lopes Vieira Mitbegründer der nationalist. Bewegung ›Integralismo Lusitano‹ (1914), von der ›Action Française‹ inspiriert; 1912–22 Exil in Spanien. – Heimatverbundener u. traditionalist. Lyriker, Essayist u. Dramatiker mit Zügen der lit. Bewegung ›Saudosismo‹.

W: Tronco Reverdecido, G. 1910 (unter dem Ps. Antonio de Monforte); A Epopeia da Planície, G. 1915; O Valor da Raça, Abh. 1915; Quando as Nascentes Despertam, G. 1921; Na Corte de Saudade, Son. 1922; Chuva da Tarde, Son. 1923; Ao Princípio Era o Verbo, Aufs. 1924; À Sombra dos Pórticos, Ess. 1927; Glossário dos Tempos, Aufs. 1942; À Lareira de Castela, Aufs. 1943.

L: G. Auler, 1943.

Sardou, Victorien (Ps. Jules Pélissier), franz. Dramatiker, 5. 9. 1831 Paris – 8. 11. 1908 Marly. Stud. zuerst Medizin, dann Lit. und Geschichte; ∞ Schauspielerin Mlle de Brécourt; durch sie Freundschaft mit der berühmten Schauspielerin Déjazet, die ihm ihr Theater zur Verfügung stellte und in s. Stücken die Hauptrollen spielte. Damit war S.s Erfolg gesichert. Schrieb ab 1860 für versch. Pariser Theater e. große Anzahl von Komödien und Dramen, einige auch in Zusammenarbeit mit anderen Autoren wie R. Deslandes (›Belle-Maman‹) und E. de Najac (›Divorçons‹); daneben auch Libretti für Opern und Operetten von Saint-Saëns, Offenbach u. a. 1877 Mitglied der Académie Française. – Erfolgr. Dramatiker, führender Theaterdichter des 2. Kaiserreichs; s. außerordentl. umfangreiches Gesamtwerk umfaßt hist., polit. und Sittenkomödien, Dramen, Vaudevilles, Operntexte, auch einige Romane. Seine überaus bühnenwirksamen Stücke sind geschickt aufgebaut, der Dialog ist treffend und geistreich; großen Wert legt S. auf hist. Treue der szen. Ausstattung. Die Charaktere jedoch sind oberflächl. gezeichnet, das Kompositionsschema ist bei fast allen Stücken gleich, so daß sie trotz brillanter Technik und unleugbarer dramat. Spannung oberflächl. Unterhaltungstheater ohne eigentl. dichter. Wert bleiben.

W: La taverne des étudiants, Dr. 1851; Les premières armes de Figaro, K. 1859; Les pattes de mouche, K. 1860 (Der letzte Liebesbrief, d. 1861); Nos intimes, K. 1860 (Die falschen guten Freunde, d. 1862); Monsieur Garat, K. 1860; Les Ganaches, K. 1862 (Marguerite, d. 1885); La famille Benoiton, K. 1865 (d. 1875); Nos bons villageois, K. 1866 (d. 1880); Séraphine, K. 1869; Patrie, Dr. 1869 (d. 1880); Rabagas, K. 1872; La haine, Dr. 1875; Divorçons, K. 1880 (Cyprienne, d. 1889); Fédora, Sch. 1882 (d. 1891); Théodora, Sch. 1884 (d. 1889); La Tosca, Dr. 1887; Thermidor, Dr. 1891; Madame Sans-Gêne, K. 1893 (d. 1895); Robespierre, Dr. 1899; Dante, Dr. 1903;

L'affaire des poisons, Dr. 1907. – Théâtre complet, XV 1934–61; Correspondance (Les papiers de V. S.), 1934.
L: H. Rebell, 1903; J. A. Hart, Philadelphia 1913; G. Mouly, 1931; D. Walker, Diss. Paris 1961; G. Mikula, Diss. Graz 1967; A. Steinmetz, 1984; M. Zhong, 2002.

Sarduy, Severo, kuban. Schriftsteller, 25. 2. 1937 Camagüey – 8. 6. 1993 Paris. Stud. Kunstgesch. Havanna, ab 1960 Paris; Maler. Bekanntschaft mit der Lit.theorie von Roland Barthes (die sich in s. Werk niederschlägt). Lektor für lateinamerik. Lit. des Verlags ›Le Seuil‹ in Paris; Mitarbeiter von ›Quinzaine Litteraire‹ u. ›Tel Quel‹. – Vf. von Romanen und Hörspielen, die nicht autonome Wirklichkeit, sondern die Eigenwelt semiot. Formen u. Systeme zum Gegenstand haben; vorgefundenes u. vorstrukturiertes semiot. Material verschiedenster Zeitebenen u. Sinnbereiche wird durch Montage u. Collage neuen Strukturen unterworfen. Nähe zum ›semant. Materialismus‹ der Gruppe ›Tel Quel‹.
W: Gestos, R. 1963 (Bewegungen, d. 1968); De donde son los cantantes, R. 1967 (d. 1993); Escrito sobre un cuerpo, Ess. 1969; Cobra, R. 1972; Big Bang, G. 1974; Barroco, Ess. 1974; Maitreya, R. 1978; Para la voz, Dr. 1978; Daiquiri, G. 1980; La simulación, Ess. 1982; Colibrí, R. 1984 (d. 1991); Ensayos generales sobre el barroco, 1987; Cocuyo, R. 1990; Pájaros en la playa, R. 1993; Un testigo perenne y delatado, G. 1993. – Obra completa, hg. G. Guerrero II 2000; Cartas, hg. M. Díaz Martínez 1996.
L: A. M. Barrenechea, 1971; J. Ríos, hg. 1976; J. Aguilar Mora, 1976; A. Méndez Ródenas, 1983; J. Sánchez Boudy, 1985; R. González Echevarría, 1987; A. Sarra, 1987; O. Montero, 1988; F. Cabanillas, 1995. – *Bibl.:* R. González Echevarría, 1973.

Sarfatti, Margherita, ital. Schriftstellerin, 8. 4. 1883 Venedig – 30. 10. 1961 Cavallasca/Como. Jüd. Abstammung. Bis 1915 Sozialistin u. Feministin; später Anhängerin des Faschismus; Mitarbeiterin versch. Zeitungen für Lit. und Kunst, wegen der Rassengesetze Auswanderung nach Argentinien. – Lyrikerin, Erzählerin und Essayistin. Bekannt durch die Mussolini-Biographie ›Dux‹; ›Acqua passata‹ sind Erinnerungen aus ihrer Jugendzeit.
W: Alfredo Panzini, Es. 1918; I vivi e l'ombra, G. 1921; Gobineau, B. 1923; Segni colori e luci, Es. 1925; Dux, B. 1926 (d. 1926); Storia della pittura moderna, Es. 1930; Acqua passata, Erinn. 1955.
L: P. Cannistraro: L'altra donna del Duce, 1991.

Sargeson, Frank (eig. Norris Frank Davey), neuseeländ. Erzähler, 23. 3. 1903 Hamilton/Neuseeland – 1. 3. 1982 Auckland. Stud. Jura, lebte ab 1931 als Schriftsteller in Takapuna. – E. der Begründer der mod. neuseeländ. Lit. Präsentiert oft durch umgangssprachl. geprägte Erzähler niedriger soz. Herkunft u. begrenzter Perspektive e. sozialkrit. Bild Neuseelands.
W: Conversations with My Uncle, Kgn. 1936; A Man and His Wife, Kgn. 1940; That Summer, Kgn. 1946; I Saw in My Dream, Kgn. 1949; Collected Stories, 1965 (Damals im Sommer, d. 1968); Memoirs of a Peon, R. 1965; Joy of the Worm, R. 1969; Man of England Now, Nn. 1972; Once Is Enough, Aut. 1972; More Than Enough, Aut. 1975; Sunset Village, R. 1976; Never Enough, Aut. 1977; En Route, R. 1979.
L: H. Shaw, hg. 1955; H. W. Rhodes, 1969; D. McEldowney, 1976; R. A. Copland, 1976; M. King, 1995.

Sarkia (urspüngl. Sulin), Kaarlo, finn. Lyriker, 11. 5. 1902 Kiikka – 16. 11. 1945 Sysmä. Abitur 1923, Hauslehrer, 1926 Stud. Lit. Helsinki und Turku, 1937/38 Schweiz u. Italien. – E. der bedeutendsten finn. Lyriker. In s. Anfängen von Koskenniemis intellektueller u. reflektierender Dichtung beeinflußt. Dieser führte ihn zur franz. Lyrik (Baudelaire, Rimbaud); durch sie gewann S.s Lyrik Farben- u. Bilderreichtum u. Musikalität. Zwei Motivgruppen beherrschen die vorwiegend träumer. Phantasien: Tod als Traumzustand u. Schönheit u. Liebe als Lockerungen des Lebens. Höhepunkt s. Schaffens ist die Sammlung ›Unen kaivo‹ (Traumbrunnen), deren Erscheinen e. lit. Ereignis darstellte. Übs. franz. u. ital. Lyrik.
W: Kahlittu, G. 1929; Velka elämälle, G. 1931; Unen kaivo, G. 1936; Kohtalon vaaka, G. 1943. – Runot (ges. G),. 1991.
L: M. Björkenheim, 1952; A. Hiisku, 1972.

Sarma, Jānis (eig. J. Kalniņš), lett. Schriftsteller, 21. 2. 1884 Vecsaule – 24. 5. 1983 Melbourne. Hofbesitzerfamilie; bis 1916 Kunststud. Riga, Moskau, Penza; bis 1928 Philol.-Stud. Riga; 1919–40 Gymnasiallehrer Bauska, Daugavpils, 1944 nach Dtl. exiliert, 1949 nach Australien; Lehrer. – Hist. Romane vom gesellschaftlichen Leben in den lett. Städten.
W: Rūsa, R. 1954; Negantnieks, R. 1956; Dandara lieta, En. u. Nn. 1960; Kalnakūļu Vikta, R. 1960; Upuris, Nn. 1964; Veido nubes, Sch. (1966); Sālemas ķēniņš, R. 1966. – Raksti (W), V 1964–68.
L: Ķikures un Sarmas vēstules, 1980.

Sarment, Jean Gaston Bellemère, franz. Dramatiker, 13. 1. 1897 Nantes – 29. 3. 1976 Boulogne-Billancourt. Schauspielerausbildung und Schauspieler in Paris. Nach erfolgr. Aufführung s. mit 19 Jahren geschriebenen Stücks ›Couronne de Carton‹ mit ihm in der Hauptrolle v. a. als Bühnenautor tätig. – Vf. romant. Komödien, in denen Einflüsse von Shakespeare, Musset und J. Laforgue spürbar sind, e. Gedichtsammlung und e. teilweise autobiograph. Romans. Der Erfolg s. Stükke liegt in ihrer Mischung von iron. Nonchalance und innerer Spannung, in e. Lyrik der Halbtöne und Nuancen von starker Suggestionskraft. Hauptthema s. Stücke ist die Liebe; s. Helden gehen alle auf den Typus des empfindsamen, willensschwachen und stets enttäuschten Träumers zurück.

W: La Couronne de carton, K. 1920; Le pêcheur d'ombres, K. 1921; Cœur d'enfance, G. 1922; Jean-Jacques de Nantes, R. 1922; Je suis trop grand pour moi, K. 1924; Les plus beaux yeux du monde, K. 1926; Léopold le Bien-Aimé, K. 1927; Sur mon beau navire, K. 1928; Le Plancher des vaches, K. 1931; Peau d'Espagne, K. 1933; Madame Quinze, K. 1935; Le voyage à Biarritz, 1936; Les deux pigeons, K. 1945; Nous étions trois, K. 1951.

L: L. Dubech, Le Théâtre de S., in: Revue Universelle 17, 1924; L. Delpit, Théâtre contemporain 2, 1925–38; E. Magyar, 1936; J. M. Bellioud, Les Chrétiens d'Orient en France, 1997.

Sarmiento, Domingo Faustino, argentin. Schriftsteller, 15. 2. 1811 San Juan – 11. 9. 1888 Asunción/Paraguay. Rege polit., journalist. u. pädagog. Tätigkeit; zwangsweise verschied. Aufenthalte in Chile, wirkte an 15 Zeitungen mit; Reformer der Orthographie; Reisen durch Europa u. USA; nach dem Sturz des Diktators Rosas (1852) Rückkehr nach Buenos Aires; glänzende polit. Laufbahn: 1862 Gouverneur von San Juan, 1865 Botschafter in den USA, 1868–74 Präsident der Republik, danach Innenminister u. Superintendant des nationalen Erziehungswesens. – Umfangreiches lit. Schaffen in dem Bestreben, s. Vaterland zu belehren u. zu erziehen, besonders bedeutend als Essayist. Sein Hauptwerk ›Facundo‹ enthält neben der Biographie e. Gauchos e. Überblick über die argentin. Bürgerkriege u. Studien über argentin. Sitten.

W: Mi defensa, Aut. 1843; Civilización y barbarie: Vida de Juan Facundo Quiroga, R. 1845 (d. 1911); Viajes en Europa, Africa y América, 1849; Argirópolis, Es. 1850; Recuerdos de provincia, Aut. 1850; Campaña en el Ejército Grande, Prosa 1852; Conflictos y armonías de las razas en América, St. 1883; Memorias militares, Aut. 1884; Vida de Dominguito, Aut. 1886. – Obras, hg. Gob. argent. LIII 1885–1903; Textos fundamentales, II 1969; Epistolario, hg. B. González Arrili 1963; Epistolario. Cartas familiares, 2001.

L: F. Weinberg, 1963, 1988; P. Verdevoye, Paris 1963, 1988; E. Anderson Imbert, 1967; N. Jitrik, 1968; E. Martínez Estrada, 1968; L. Franco, 1968; D. Viñas, 1970; F. G. Crowley, 1972; L. A. Murray, 1974; J. S. Campobassi, II 1975; A. Orrego Mate, 1977; N. Salomon, 1984; W. H. Katra, 1985; J. V. Ferreira Soaje, 1985; D. E. Salazar, 1986; E. Correas, 1986; C. Lacay, 1986; E. U. Bischoff, 1988; N. T. Auza, 1988; Cuadernos Hispanoamericanos, 1989; E. Ríos Vicente, 1989; J. P. Esteve, 1991; T. Halperín Donghi u. a., hg. 1994; F. Jeanmaire, 1997; F. Luna, 1997. – *Bibl.:* A. Amaral, 1938; R. Rojas, 1945; D. W. Foster, 1982.

Sarnelli, Pompeo, ital. Schriftsteller, 16. 1. 1649 Polignano/Bari – 7. 7. 1724 Bisceglie/Bari. Stud. Jura und Theol. in Cesena u. Rom, dort Sekretär des Kardinals Orsini, 1692 Bischof von Bisceglie. – Sein umfangreiches Werk umfaßt erbaul. Schriften, e. Novellensammlung u. Reiseführer von Neapel u. Pozzuoli.

W: Guida de' forestieri per la città di Napoli, 1688; Memorie chronologiche de' vescovi ed archivescovi della S. chiesa di Benevento, 1691, Faks. 1976; Memorie de' vescovidi Risceglie, 1693, Faks. 1983; La Posilecheata, hg. E. Malato 1963.

Saro-Wiwa, Ken (eig. Kenule Benson Tsaro-Wiwa), nigerian. Publizist u. Politiker, 10. 10. 1941 Bori/Nigeria – 10. 11. 1995 Port Harcourt. Angehöriger des Ogoni-Volkes, studierte Theaterwiss. Univ. Ibadan. Wegen Bürgerrechtsaktivitäten hingerichtet. – Der ganz in – wie der Untertitel formuliert – ›rotten English‹ geschriebene Biafrakriegsroman ›Sozaboy‹ (Nigerian Pidgin für ›soldier boy‹) schildert in alptraumatischen Szenen die Kriegsängste e. Ogoni-Jungen.

W: The Transistor Radio, H. 1968; Songs in a Time of War, G. 1985; Sozaboy, R. 1985 (d. 1997); A Forest of Flowers, En. 1986 (Die Sterne dort unten, d. 1997); Prisoners of Jebs, R. 1988; Adaku, Kgn. 1989; On a Darkling Plain: Account of the Nigerian Civil War, 1989; The Singing Anthill: Ogoni Folk Tales, Slg. 1990; Pita Dumbrok's Prison, R. 1991; A Month and a Day: A Detention Diary, Aut. 1995 (Flammen der Hölle. Nigeria u. Shell: Der schmutzige Krieg gegen die Ogoni, d. 1996); Lemona's Tale, R. 1996 (d. 1999).

L: C. Nnolim, hg. 1992; H. Ehling u. a., Zum Beispiel Ken Saro-Wiwa, 1996; A. R. Na'allah, 1998; O. Okome, 1999; C. W. McLuckie, A. McPhail, hg. 1999.

Saroyan, William, amerik. Schriftsteller, 31. 8. 1908 Fresno/CA – 18. 5. 1981 ebda. Armen. Abstammung, nach frühem Tod des Vaters in ärml. Verhältnissen aufgewachsen, Zeitungsverkäufer, Gelegenheitsarbeiter, Journalist, 1920 freier Schriftsteller. Reisen nach Europa (Besuche bei Shaw und Sibelius) und UdSSR; ›My Name is Aram‹ schildert in fiktiver Form s. problemat. Jugend. – Mit gütigem Humor, basierend auf e. tiefoptimist. Lebensphilos., schildert er das Poet. und Idyll. im pulsierenden Leben des amerik. Alltags, auch Originale in psych. Grenzsituationen; der Stil s. nur scheinbar formlosen Kurzgeschichten ist impressionist. Von s. erfolgr., ebenfalls leicht romant. sentimentalen Dramen und z. T. exzentr. Traumspielen erhielt ›The Time of Your Life‹, über Menschen in e. Bar, 1940 den Pulitzerpreis, den er jedoch nicht annahm. Auch Drehbuch- u. Fernsehautor.

W: The Daring Young Man on the Flying Trapeze, Kgn. 1934 (d. 1948); Inhale and Exhale, Kgn. 1936; Three Times Three, Kgn. 1936; Little Children, Kgn. 1937; A Native American, Kgn. 1938; The Trouble with

Tigers, Kgn. 1938; My Heart's in the Highlands, Dr. 1939 (d. 1942); The Time of Your Life, K. 1939 (d. 1948); Three Plays, 1940; My Name is Aram, Kgn. 1940 (d. 1946); Love's Old Sweet Song, Dr. 1941; Saroyans Fables, Kgn. 1941; Razzle Dazzle, 16 Drn. 1942; The Human Comedy, R. 1943 (d. 1943); Get Away, Old Man, Dr. 1943; Dear Baby, Kgn. 1944; The Adventures of Wesley Jackson, R. 1946 (d. 1947); Jim Dandy, Dr. 1947; The Saroyan Special, Kgn. 1948 (Fußtritt aus Liebe, d. 1951); Don't Go Away Mad, 3 Drn. 1949; The Assyrian, Kgn. 1950 (Unkalifornische Geschichten, d. 1965); Twin Adventures, R. 1950; Tracy's Tiger, R. 1951 (d. 1953); Rock Wagram, R. 1951 (Wir Lügner, d. 1952); The Bicycle Rider in Beverly Hills, Aut. 1952; The Slaughter of the Innocents, Dr. 1952 (d. 1955); The Laughing Matter, R. 1953 (Es endet in Gelächter, d. 1957); Mama, I Love You, R. 1956 (d. 1957); Papa, You're Crazy, R. 1957 (... sagte mein Vater, d. 1959); The Whole Voyald and other Stories, Kgn. 1957 (Die ganze Welt und der Himmel selbst, d. 1959); The Cave Dwellers, Dr. 1958 (d. 1958); The William Saroyan Reader, 1958; Sam, the Highest Jumper of Them All, Dr. 1961; Here Comes, There Goes, You Know Who, Aut. 1962 (Ihr wißt schon, wer, d. 1964); Boys and Girls Together, R. 1963; Not Dying, Aut. 1963; One Day in the Afternoon of the World, R. 1964; Short Drive, Sweet Chariot, Erinn. 1964; After Thirty Years, Kgn. 1964; Days of Life and Death and Escape to the Moon, Aut. 1970; Places Where I've Done Time, Aut. 1972; Sons Come and Go, Mothers Hang In Forever, Aut. 1976 (d. 1977); Chance Meetings, Aut. 1978 (Freunde und andere Leute, d. 1979); Obituaries, Ess. 1979; The New S. Reader, hg. B. Derwent 1984; Madness in the Family, Kgn. 1988; Warsaw Visitor, Kgn. 1990; Fresno Stories, 1994.

L: W. Petricek, S. als Dramatiker, Diss. Wien 1949; H. R. Floan, 1965; L. Lee, B. Gifford, 1984; E. H. Foster, 1991; J. Whitmore, 1994; H. Keyishian, 1995; N. Balakian, 1997; L. Lawrence, B. Gifford, 1998; J. Leggett, 2002. – *Bibl.*: D. Kheridan, 1966.

Sarraute, Nathalie, franz. Romanschriftstellerin, 18. 7. 1900 Ivanovo-Voznesensk/Rußland – 19. 10. 1999 Paris. Verließ mit 2 Jahren Rußland; Stud. Jura und Lit. in Frankreich, 1jähriger Aufenthalt in Oxford; bis 1939 Rechtsanwältin in Paris; widmete sich nach ihrer Heirat ihrer Familie (drei Töchter) und der Lit. – Wegbereiterin des ›nouveau roman‹ und neben A. Robbe-Grillet und M. Butor s. bedeutendste Vertreterin; in ihrem Stil ist der Einfluß von Proust, Joyce und V. Woolf spürbar. Ihr Werk ›Portrait d'un inconnu‹ (vorbereitet in den Prosaskizzen von ›Tropismes‹) ist das 1. Beispiel des ›Anti-Romans‹ ohne zusammenhängende Fabel und ohne die Fiktion e. allwissenden Erzählers, in dem sie den Regungen des Unterbewußten, die sie ›tropismes‹ nennt, unter der Oberfläche des alltägl. menschl. Verhaltens von absichtl. anonym gehaltenen Durchschnittsmenschen nachspürt.

W: Tropismes, Prosa 1939 (d. 1959); Portrait d'un inconnu, R. 1948 (d. 1962); Martereau, R. 1953 (d. 1959); L'ère du soupçon, Ess. 1956 (d. 1963); Le planétarium, R. 1959 (d. 1960); Les fruits d'or, R. 1963 (d. 1964); Le silence, Le mensonge, He. 1967 (d. 1969); Entre la vie et la mort, R. 1968 (d. 1969); Isma, H. 1970; Vous les entendez?, R. 1972 (d. 1973); ›Disent les imbéciles‹, R. 1976 (d. 1978); Théâtre, Dr. 1978; L'usage de la parole, R. 1980 (d. 1984); Pour un oui ou pour un non, Dr. 1982; Enfance, Erinn. 1983 (d. 1984); Paul Valéry et l'enfant d'éléphant – Flaubert le précurseur, Ess. 1986. – Œuvres, 1996f.

L: R. Abirached, 1960; M. Cranaki, Y. Belaval, 1965; R. Micha, 1966; J.-L. Jaccard, 1967; J. Roudaut, 1967; R. Z. Temple, N. Y. 1968; C. B. Wunderlin-Müller, 1970; M. Tison-Braun, 1971; R. Boué, 1997; M. Schmutz, 1999; S. Benmussa, 1999; E. O'Beirne, 1999; P. Verdrager, 2001; E. M. Angelini, 2002.

Sarrazin, Albertine, franz. Schriftstellerin, 17. 9. 1937 Algier – 10. 7. 1967 Montpellier. Eltern unbekannt. Wurde im Alter von 4 Jahren adoptiert und kam nach Frankreich, wo sie zeitweise in Erziehungsheimen lebte. Nach e. gelungenen Ausbruchsversuch ging sie nach Paris, wurde dort straffällig und 1955 zu 7 Jahren Gefängnis verurteilt. Im Gefängnis ∞ Julien Sarrazin. Sie starb nach e. Nierensteinoperation an den Folgen e. ärztl. Kunstfehlers. – S. verarbeitet in Romanen mit stilist. Ungezwungenheit ihr persönl. Schicksal; ihre Frauengestalten beggenen ihrer Situation voller Aktivität.

W: L'astragale, R. 1965 (d. 1966); La cavale, R. 1965 (Kassiber, d. 1967); La traversière, R. 1966 (Stufen, d. 1970). – Œuvres: Roman, lettres et poèmes, 1968; Lettres inédites, hg. J. Duranteau 1974; Journal de prison, 1959, 1973; Le passe-peine 1949–1967, Cahiers, Carnets, 1976; Biftons de prison, 1977; Journal de Fresnes, Le passe-peine 1949–1959, 1983.

L: U. Meyer, 1984.

Sarton, May (eig. Eleanore Marie), amerik. Schriftstellerin, 3. 5. 1912 Wondelgem/Belgien – 16. 7. 1995 New York. 1916 nach Amerika emigriert; versch. Lehrtätigkeiten. – Vf. zahlr. Dichtungen, Romane und Tagebücher; themat. um Liebe, Freundschaft, Sexualität, Selbsterkenntnis und Erfüllung kreisend, verfolgen S.s Texte auch soz. und polit. Anliegen; ›Coming into Eighty‹ über Schwierigkeiten des Alterns; ›The Bridge of Years‹ über e. belg. Familie im Widerstand gegen Faschismus; ›Faithful Are the Wounds‹ über e. liberalen Akademiker, der am repressiven gesellschaftl. Klima s. Zeit zugrunde geht; ›Mrs. Stevens Hears the Mermaids Singing‹ über Inspirationen e. lesb. Dichterin.

W: Encounter in April, G. 1937; The Single Hound, R. 1938; Inner Landscape, G. 1939; The Bridge of Years, R. 1946 (d. 1951); The Land of Silence, G. 1953; Faithful Are the Wounds, R. 1955; I Knew a Phoenix, Aut. 1959; Cloud, Stone, Suit, Vine, G. 1961; Mrs. Stevens Hears the Mermaids Singing, R. 1965 (d. 1980); A Private Mythology, G. 1966; Plant Dreaming Deep, Mem.

1968; Kinds of Love, R. 1970; A Reckoning, R. 1978 (d. 1985); Anger, R. 1982; Letters from Maine, G. 1984; At Seventy, Tg. 1984; The Magnificent Spinster, R. 1985; After the Stroke, Tg. 1988; The Silence Now, G. 1988; The Education of Harriet Hatfield, R. 1989; Endgame, Tg. 1992; Encore, Tg. 1993; M. S., Slg. hg. S. Sherman 1993; Coming into Eighty, G. 1994; From M. S.'s Well, Slg. 1994; At Eighty-Two, Tg. 1996. – Collected Poems: 1930–1973, 1974; Selected Poems, 1978; Sarton Selected, Anth. hg. B. D. Daziel 1992; Collected Poems: 1930–1993, 1993; Dear Juliette, Br. hg. S. Sherman 1999; M. S. Selected Letters, II 1997, 2002.

L: A. Silbey, 1972; C. Hunting, hg. 1982; S. Swartzlander, 1992; M. Kallet, hg. 1993; M. Peters, 1997; M. K. Fulk, 2001. – *Bibl.:* L. Blouin, 1978.

Sartre, Jean-Paul (eig. J.-P. Charles Aymard), franz. Schriftsteller, 21. 6. 1905 Paris – 15. 4. 1980 ebda. Aus gutbürgerl. Familie des Périgord, Vetter von A. Schweitzer. Vater († 1907) Polytechniker; lebte bei den Großeltern, nach Wiederverheiratung s. Mutter (1916) einige Jahre in La Rochelle; besuchte in Paris das Lycée Henri IV, dann das Lycée Louis-le-Grand, 1924–28 Stud. an der Ecole Normale Supérieure; 1929 Agrégation in Philos.; anschließend an der Sorbonne. 1931–33 Prof. in Le Havre; 1933/34 am Institut Français in Berlin, Stud. der dt. Philos., bes. Heideggers und Husserls. 1934–36 Lehrer für Philos. in Le Havre, e. Jahr in Laon, 1937–39 am Lycée Pasteur in Paris. Mitarbeit an versch. Zsn. 1939 Einberufung zum Militär als Krankenträger; Juni 1940 Kriegsgefangenschaft in Trier; am 1. 4. 1941 befreit. Nahm s. Lehrtätigkeit wieder auf, zuerst am Lycée Pasteur, dann am Lycée Condorcet. Aktive Teilnahme an der Résistance-Bewegung. Gab 1945 den Lehrberuf auf und wurde Direktor der Zs. ›Les Temps modernes‹. Reise nach den USA (1945). Der Versuch der Gründung e. neuen Partei, des ›Rassemblement Démocratique Révolutionnaire‹, schlug fehl. 1952–56 Anlehnung an die KP. Austritt nach der von S. heftig kritisierten sowjet. Intervention in Ungarn. Reisen in die UdSSR, nach China, Kuba, Jugoslawien, Brasilien, in die ČSSR, nach Griechenland und Japan. In der zweiten Hälfte der 1960er und Anfang der 70er Jahre zunehmende polit. Aktivität als intellektueller Agitator gegen reaktionäre Tendenzen im eigenen Land, für revolutionäre Bewegungen und anti-imperialist. Kampf bes. in der Dritten Welt; von orthodox-kommunist. Seite gleichwohl mit Mißtrauen beobachtet. 1964 lehnte S. den Nobelpreis für Lit. ab. – Bedeutender Philosoph, Dramatiker, Essayist und Romancier, Begründer des Existentialismus, einer Philos.- und Lit.-Bewegung, die auf den Ideen von Kierkegaard, Husserl, Heidegger und Jaspers basiert und ihren Namen aus der Vorstellung ableitet, daß die Existenz der Essenz vorausgehe. S.s philos. und lit. Gesamtwerk geht von der Grundidee e. militanten Atheismus aus. Der Mensch steht e. an sich sinnlosen Welt des bloß Fakt. gegenüber, die zwar existent ist, aber nur insofern Bedeutung hat, als der menschl. Geist in ihr nach e. Essenz strebt, die ihm fehlt, die Dingwelt aber besitzt. Die menschl. Existenz kann sich dabei auf keine Vergangenheit stützen, sondern sich nur als e. beständiges Sich-Entwerfen in die Zukunft begreifen. Diese ›Intentionalität‹ gibt auch der menschl. Freiheit ihren bes. Charakter: Sie manifestiert sich erst als existentielles Verhalten in e. bestimmten Situation. Der für S. zentrale Begriff der Freiheit hat im Laufe s. Schaffens e. Wandlung von der ›leeren‹ Freiheit des Orest in ›Les mouches‹ zur ›engagierten‹ Freiheit des Mathieu in ›Les chemins de la liberté‹ erfahren, die ihren Sinn erst durch den Einsatz für e. bestimmtes Ziel erhält. Das Leugnen aller absoluten, außerhalb des Menschen bestehenden Werte bestimmt auch den Moralbegriff S.s. Aus den fundamentalen Erfahrungen der menschl. Freiheit und Selbstverantwortlichkeit, der Moral als aktiver Haltung, der Absurdität der bloßen Existenz sowie aus dem Verzicht auf alles Transzendente sucht S. nach dem Weg zu e. neuen, illusionslosen Humanismus. Die Lit. darf sich nicht in rein Darstellen. und Erzählen. erschöpfen. So sind S.s Dramen, der bekanntere und bedeutendere Teil s. lit. Werks, wie s. Romane Aufzeichnungen menschl. Schicksale auf ihrem mühevollen und oft mißglückten Weg zu existentieller Befreiung. Seine Ideen zur Lit. und zur Technik des Romans, in versch. Essays niedergelegt, haben alle Versuche der mod. Lit. zur Erneuerung des Romans mehr oder weniger deutl. beeinflußt. Nach ›Les chemins de la liberté‹ veröffentlichte S. keinen Roman mehr, widmete sich dem Ausbau s. philos. Theorie; der Marxismus wird ihm zur einzig mögl. Philos., bedarf jedoch aus s. Sicht einiger Korrekturen und Ergänzungen s. theoret. Grundlagen (›Critique de la raison dialectique‹). Zunehmende Öffnung für die anfängl. bekämpfte Psychoanalyse, obgleich der zentrale Begriff des ›Unbewußten‹ immer noch abgelehnt wird. In s. monumentalen Flaubert-Biographie präzisiert S. s. frühen Entwurf e. ›existentiellen Psychoanalyse‹ und gleichzeitig s. Begriff der ›littérature engagée‹.

W: L'imagination, Es. 1936; La transcendence de l'Ego, Es. 1936f.; La nausée, R. 1938 (d. 1949); Esquisse d'une théorie des émotions, Es. 1939 (alle 3 d. u. d. T. Die Transzendenz des Ego, 1964); Le mur, Nn. 1939 (d. 1950, u. d. T. Gesammelte Erzählungen, 1970); L'imaginaire, Es. 1940 (d. 1971); L'être et le néant, Abh. 1943 (d. 1952, unvollst.; vollst. 1962); Les chemins de la liberté: I, L'âge de raison, R. 1945 (d. 1949), II, Le sursis, R. 1945 (d. 1950), III, La mort dans l'âme, R. 1949 (Der Pfahl im Fleische, d. 1951; Fragmente Bd. IV: La dernière chance, in: Œuvres romanesques 1982; d. 1986); L'existentialisme est un humanisme, Es. 1946 (d. 1947);

La putain respectueuse, Dr. 1946 (d. 1952; n. 1984); Réflexions sur la question juive, Es. 1946 (d. 1948); Baudelaire, Es. 1947 (d. 1953; n. 1970); Qu'est-ce que la littérature, Ess. 1947 (d. 1950); Théâtre I: Les mouches, Huis clos, Morts sans sépulture, 1947 (d. 1949; n. 1984); Situations, Ess. IX 1947–72 (dt. Ausw.: 1956; Porträts u. Perspektiven, 1968; Kolonialismus u. Neokolonialismus, 1968; Das Vietnam Tribunal, I–II 1969; Mai 68 und die Folgen, II 1974/75); Les jeux sont faits, Drehbuch 1947 (d. 1952); Les mains sales, Dr. 1948 (d. 1948); L'engrenage, Drb. 1948 (Im Räderwerk, d. 1954); Le diable et le bon Dieu, Dr. 1951 (dt. 1951); Saint-Genet, St. 1952 (d. Ausz. 1955, vollst. 1982); Mallarmé, Es. 1953 (d. 1967, vollst. 1983); Kean, Dr. 1954 (d. 1954); Nekrassov, Dr. 1956 (d. 1956); Les séquestrés d'Altona, Dr. 1960 (d. 1960); Critique de la raison dialectique I, Schr. 1960 (Marxismus und Existentialismus, d. Ausz. 1964, vollst. 1966), II 1985; Les mots, Aut. 1964 (d. 1965); Les Troyennes, Dr. 1965 (nach Euripides; d. 1966); Bariona, Dr. 1970 (entst. 1940; d. 1972); L'idiot de la famille, Flaubert-B. III 1971ff. (d. V 1977–79); Situations X, Aut. 1975 (Ausz.: Sartre über Sartre, d. 1977); Cahiers pour une morale, Schr. 1983; Les carnets de la drôle de guerre, novembre 1936–mars 1940, 1983 (d. 1984). – Théâtre, 1962 (d. 1970); L'œuvre romanesque, 1965ff.; Œuvres romanesques, hg. M. Contat, M. Rybalka 1982; Lettres au Castor et à quelques autres, hg. S. de Beauvoir 1983 (d. I 1984, II 1985); Ecrits posthumes, 2001. – *Übs.:* Der Intellektuelle und die Revolution, Ess. 1971; GW, 1978ff.

L: R. Campbell, 1945; D. Troisfontaines, Le choix de J.-P. S., 1945; M. Beigbeder, 1947; F. Jeanson, Le problème moral et la pensée de S., 1947; ders., S. devant Dieu, 1966; ders., S., 1966; ders., S. par lui-même, ²1967; ders., S. dans sa vie, 1974; G. Varet, L'ontologie de S., 1948; L. Richter, 1949; I. Murdoch, New Haven 1953; R. M. Albérès, 1954; A. Stern, 1955; M. Cranston, Lond. 1961; L. Richter, 1961; F. Jameson, Yale 1961; W. Biemel, 1964 (m. Bibl.); G. A. Zehm, 1965; C. Audry, 1966; W. F. Haug, 1966; A. Manser, Lond. 1966; K. Hartmann, 1966, n. ²1983; G. J. Prince, 1968; H. Krauß, 1970; J. H. MacMahon, Human Being, Chicago 1971; G. Seel, 1971; P. Thody, Lond. 1971; B. Lederer, Diss. Wien 1972; H. E. Barnes, 1974; Ph. Gavi, P. Victor, On a raison de se révolter, 1974; P. Kampits, Ich und der Andere, 1974; M. Grene, N. Y. 1974; A. Astruc, M. Contat, Film, S. par lui-même, 1976; C. Howells, Lond. 1979; P. Caws, Lond. 1979; S. de Beauvoir, La cérémonie des adieux, 1981 (d. 1981; R. Champigny, Birmingham 1982; Chr. Miething, 1983; C. S. Brosman, Boston 1983; R. Goldthorne, Cambr. 1984; G. Rubino, Florenz 1984; A. Cohen-Solal, 1985; J. Colombel, 1985; R. Rouger, 1986; A. Buisine, 1986; R. Hayman, 1986; Ph. Petit, 2000; E. Goebel, 2001; J. Galster, 2001; T. Schönwälder-Kunze, 2001; M. Suhr, 2001; A. Dandyk, 2002; N. F. Fox, 2003; D. Wildenburg, 2003. – *Bibl.:* M. Contat, M. Rybalka, 1970; S. and His Critics (1938–1980), Ohio 1981; M. Scriven, Lond. 1984.

Sarvig, Ole, dän. Schriftsteller, 27. 11. 1921 Kopenhagen – 4. 12. 1981 ebda. Stud. Philos. u. Kunstgesch.; Verlagslektor; 1950–54 Kunstkritiker in Presse und Rundfunk, lebte 1954–62 in Spanien. Europareisen. In s. abstrakten Lyrik sind die Dinge nur Sinnbilder seel. Zustände, Lieblingsbild ist das Haus für das Ich; Angst vor Isolation ist e. Leitmotiv mehrerer Gedichtsammlungen. In späteren Jahren kafkaeske Romane mit raffinierter Verwendung der Technik des Kriminalromans.

W: Grønne digte, G. 1943; Jeghuset, G. 1944; Mangfoldighed, G. 1945; Legende, G. 1946; Menneske, G. 1948; E. Munchs grafik, Es. 1948 (d. 1965); Midtvejs i det tyvende århundrede, Ess. 1950; Min kærlighed, G. 1952; Udvalgte digte fra en digtkreds, G. 1952; Stenrosen, R. 1955 (Steinrosen, d. 1962); I forstaden, G. 1956; De sovende, R. 1958 (Die Schlafenden, d. 1960); Havet under mit vindue, R. 1960 (Das Meer unter meinem Fenster, d. 1961); Den sene dag, G.-Ausw. 1962 (Der späte Tag, d. 1964); Limbo, R. 1963; Efterskrift, G. 1966; Stedet som ikke er, Ess. 1966; Rekviem, G. 1968; Stemmer. I mørket, H. 1970; Prosadigte, G. 1971; Glem ikke, R. 1972; Forstadsdigte, G. 1974; I lampen, N. 1974; Jydske essays, Ess. 1976; De rejsende, Ess. 1978; Jeg synger til jer, G. 1982; Hør jordens råb, G. 1982; Kunstkritik, Ess. hg. J. Kodal 1993; Menneske til menneske, G.-Ausw. 1993. – *Übs.:* Blick in die Zeit, Ess. 1962.

L: P. Skovgaard Andersen, 1979; I. Holk, Tidstegn, 1982; N. Kjær, Den grønne kristus, 1983. – *Bibl.:* B. Kerber, J. Jensen, 1987.

Sa-skya Pandita Kun-dga'-rgyal-mtshan, tibet. Hierarch und buddhist. Schriftsteller, 1182—1251. Herrschte als erster Großlama auch weltl. über weite Teile Tibets. Leitete 1246 bei e. Besuch des Prinzen Godan die Bekehrung der Mongolen zum Buddhismus ein. – Fruchtbarer Schriftsteller auf vielen Gebieten der lamaist. Lit., bes. auf dem der myst. und Zauberlit. Noch heute populär ist s. Sammlung von 4zeiligen Sprüchen ›Sa-skya legs-bśad‹ (Schöne Aussprüche des Sa-skya), die weltl. Lebensmaximen im Anschluß an die ind. Fabellit. in geschliffener Sprache formulieren.

A: The Complete Works, Tokyo 1968; Sa-skya'i legs-bśad-kyi rtsa 'grel, Zi-liṅ 1995. – *Übs.:* engl. J. E. Bosson, 1969.

Sasna C̀rer (auch: Sasna diwcʻaznner, ›Recken von Sassun‹), armen. Volksepos; erstmals 1873 im Dorf Arnist bei Muš (Südarmenien; heute Türkei) aufgezeichnet. Schauplatz ist das südarmen. Bergland Sassun südwestl. des Van-Sees. Die 4 Zyklen des Epos spiegeln hist. Erfahrungen aus 4 Epochen (›Generationen‹) wider: 1. Die Brüder Sanasar u. Baġdasar errichten in Sassun ihre Herrschaft u. besiegen den Kalifen von Bagdad (Eroberung Armeniens durch Araber, drei Jh. Unterdrückung u. Verfolgung durch einen andersgläubigen Feind); 2. Mec Mher, der große Mher, kämpft gegen Msra Melik, den Herrscher Ägyptens (Zerstörung des armen. Reiches in Kilikien durch türkstämmige Mameluken, gefolgt von Jahrhunderten türk. Unterdrückung bis zum Völkermord); 3. Mhers Sohn Davitʿ soll die gefährdete Heimat befreien u. das Volk retten; 4. Sein Sohn, der jüngere Mher, übt Rache für den Tod des Vaters, zieht ruhelos durch die Welt u. wird schließlich in einen schwarzen Felsen am Van-See entrückt, aus dem er erst wieder hervortreten wird, wenn die Welt gerechter geworden ist. Das Epos erhielt seine endgültige Form durch anonyme Barden (›vipasanner‹) des 7. bis 13. Jh.

A: M. Abeġyan, K. Ohanjanyan, hg. 1961; Sasowncʿi Davitʿ, 1989; Nairi Zaryan, 1966. – *Übs.:* engl.: A. Tolegian, 1961; L. Surmelian, 1966; Mischa Kudian, hg. London 1970; franz.: F. Feydit, 1964; russ.: Nairi Zarjan, Moskau 1972.

L: A. Abeghian, 1940; H. Orbeli, 1956; G. Grigoryan, 1960; S. Harowtʿyownyan (Bearb.), 1977.

Sassoon, Siegfried Lorraine (Ps. Sherston), engl. Dichter, 8. 9. 1886 Brenchley/Kent – 1. 9. 1967 Heytesbury/Wiltshire. In Marlborough erzogen, Stud. Cambridge. Freiwilliger des 1. Weltkriegs, s. Erlebnisse führten zu e. heft. Aufbegehren gegen falsche Kriegsromantik und machten ihn zum Pazifisten. 1919 lit. Chefredakteur des ›Daily Herald‹. – Vf. zahlr. Gedichtbände sowie stark autobiograph. Romane. Stark beeinflußt durch Wilfred Owen. In s. Dichtung zeigen sich die Erschütterung durch das Kriegserlebnis und s. Sehnsucht nach der verlorenen Kultur der Vorkriegszeit. Immer wieder kämpft er mit dem Mittel der Satire gegen verlogenen Idealismus. Spätere Gedichte sind stark geprägt vom Katholizismus, zu dem er 1957 konvertierte.

W: Twelve Sonnets, G. 1911; Melodies, G. 1912; Hyacinth, G. 1915; The Old Huntsman, G. 1917; Counter-Attack, G. 1918; Satirical Poems, G. 1926; Memoirs of a Fox-Hunting Man, R. 1928 (Glück im Sattel, d. 1949); The Heart's Journey, G. 1928; Memoirs of an Infantry Officer, R. 1930; Sherston's Progress, R. 1936; Complete Memoirs of George Sherston, R. III 1937; The Old Century and Seven More Years, Aut. 1938; Rhymed Ruminations, G. 1940; The Weald of Youth, Aut. 1942; Siegfried's Journey 1916–20, Aut. 1945 (Vom Krieg zum Frieden, d. 1947); Meredith, St. 1948; Sequences, G. 1956. – Collected Poems 1908–56, 1961; A Poet's Pilgrimage, Slg. hg. F. Corrigan 1973; The War Poems, hg. ders. 1983; Letters to Max Beerbhm, hg. R. Hart-Davis 1986; Diaries 1920–22, hg. R. Hart-Davis 1981, Diaries 1915–1918, hg. ders. 1983; Diaries 1923–25, hg. ders. 1985.

L: M. Thorpe, Leiden 1966; J. M. Wilson, 1998; P. Campbell, 1998; J. S. Roberts, 1999; M. Egmont, 2002. – *Bibl.:* G. Keynes, 1962.

Sassun, Helden von → Sasna Cṙer

Sastre, Alfonso, span. Schriftsteller, * 20. 2. 1926 Madrid. Essayist, Kritiker u. Dramatiker. – Nach e. avantgardist. Etappe kommt er mit ›Prólogo patético‹ zum ›großen Thema der revolutionären Umwandlung der Welt‹; pflegt v. a. das Problemtheater soz. Tendenz, sucht Anschluß an die Entwicklung des Dramas in den übrigen europ. Ländern.

W: Uranio 235, Dr. 1946; Cargamento de sueños, Dr. 1948; El cubo de la basura, Dr. 1951; Prólogo patético, Dr. 1953; Escuadra hacia la muerte, Dr. 1953; La mordaza, Dr. 1954; El pan de todos, Dr. 1955; Ana Kleiber, Dr. 1955; La sangre de Dios, Dr. 1955; Drama y sociedad, Es. 1956; El cuervo, Dr. 1957; La cornada, Dr. 1959 (Der Tod des Toreros, zus. mit En la red, in: Im Netz, d. 1968); Guillermo Tell tiene los ojos tristes, Dr. 1960; Atenas, Dr. 1960; Muerte en el barrio, Dr. 1961; En la red, Dr. 1961; Anatomía del realismo, Ess. 1965; El banquete, Dr. 1965; La taberna fantástica, Dr. 1966; Oficio de tinieblas, Dr. 1967; Crónicas romanas, Dr. 1968; Revolución y crítica de la cultura, Es. 1970; M. S. V. (La sangre y la ceniza), Dr. 1976; Ahola no es de leil, Dr. 1979; Teatro político, 1979; Ejercicios de terror, Dr. 1981; Aventura en Euskadi, Dr. 1982; Prolegómenos a un teatro del porvenir, Schr. 1992; Drama y sociedad, Es. 1994. – Obras completas I: Teatro, 1967.

L: J. Manleón, hg. 1964; F. Anderson, N. Y. 1971; A. C. van der Naald, A. S. dramaturgo de la revolución, N. Y. 1973; M. Ruggeri, Marchetti, Il teatro di A. S., Rom 1976; M. Pallottini, Mail. 1983; E. Forest, hg. 1997.

Sastrowardoyo, Subagio indones. Dichter, 1. 2. 1924 Madiun/Ost-Java – 18. 7. 1995 Jakarta. Stud. der Lit. an der Universität Gajah Mada in Yogyakarta. M.A. an der Universität Yale. Lehre der Lit. u. a. in Bandung/Java und Salisbury/ Australien. Im Gegensatz zu Jassin und Alisjahbana fragt er in s. Lyrik nicht, wie man leben soll, sondern was Leben bedeutet. Häufig verwendete Motive in s. Gedichten sind die Einsamkeit (kesepian), physische Liebe (cinta jasmaniah) und die Unsicherheit des Schicksals (nasib yang tak menentu). Entwickelt in s. Lyrik eine subtile Symbolik.

W: Simphoni, G. 1957, Kedjantanan di Sumbing, Kgn. 1965; Daerah Perbatasan, G. 1970; Keroncong Motinggo, G. 1975; Buku Harian, 1979; Pengarang Modern sebagai Manusia Perbatasan, 1989; Dan Kematian Makin Akrab, G. 1995.

Sata, Ineko, jap. Romanautorin, 1. 6. 1904 Nagasaki – 12. 10. 1998 Tokyo. Nach harter Kindheit (Gelegenheitsarbeiten), e. kurzen Ehe 1925 u. e. Selbstmordversuch findet sie Anschluß zu linksgerichteten Kreisen (Bewegung für e. Proletarische Literatur), wo sie ihren zweiten Mann kennenlernt (zwei Kinder, Ehe 1945 geschieden). – Ihre Lebenserfahrungen (Armut, polit. Verfolgung, das wechselhafte, gespannte Verhältnis zur kommunist. Partei u. zur linksgerichteten Szene) bestimmen die Thematik ihrer gesellschaftskrit. angelegten Romane u. Erzählungen.

A: S. I. zenshû (GW), XVIII 1977–79. – *Übs.:* Ihr eigenes Herz, E. d. H. Gössmann 1990; Elegy, E. engl. L. Rogers 2002.
L: H. Gössmann, The Quest for Emancipation, 1995.

Śatapatha-Brāhmaṇa → Brāhmaṇas

Satchell, William, neuseeländ. Schriftsteller, 1859 London – 21. 10. 1942 Auckland. Seit 1866 in Neuseeland, u.a. Journalist. – Setzt sich in s. hist. Romanen mit der Landschaft Neuseelands u. insbes. in ›The Greenstone Door‹ mit der Kultur der Maoris auseinander.
W: The Land of the Lost, R. 1902; The Toll of the Bush, R. 1905; The Elixir of Life, R. 1907; The Greenstone Door, R. 1914.
L: P. Wilson, The Maorilander, 1961; ders., 1968.

Sateli, Siranna, griech. Autorin, * 1951 Athen. Lebt zwischen Griechenland, Frankreich u. Portugal. – In faszinierend flüssigem Stil vermittelt sie dem Leser die myst. Seite alltägl. Situationen.
W: Persinē arraboniastikia, En. 1984; Stēn erēmia me chari, En. 1986; Kai me to phōs tu lyku epanerchontai, R. 1993 (d. 1997).

Satô, Haruo, jap. Schriftsteller, 9. 4. 1892 Shingu (Wakayama) – 6. 5. 1964 Tokyo. Abgebrochenes Stud. der jap. Lit. – Als Erzähler (Denen no yûutsu) ebenso wie als Lyriker (Junjô shishû, 1921) und insbes. Literaturkritiker (Taikutsu dokuhon, 1926) einer der einflußreichsten Autoren der 20er Jahre. In der Folge Hinwendung zum Ultranationalismus, nach dem Krieg zunächst verstummt, später insbes. Essays.
W: Denen no yûutsu, R. 1919 (The sick rose, engl. 1993). – Teihon S. H. zenshû (SW), XXXVIII 1998–2001. – *Übs.:* Beautiful town: stories and essays, engl. 1996.
L: N. M. Ochner, Secrets in my heart, in: MN 44, 3 (1989).

Satomi Ton (eig. Yamanouchi Hideo), jap. Schriftsteller, 14. 7. 1888 Yokohama – 21. 1. 1983 Kamakura. Bruder von Arishima Takeo u. dem Maler Arishima Ikuma. 1910 Anhänger der Sirakaba-Schule, die er später verließ. – S. erstrebt in s. Werken die Vereinigung e. individualist.-gefühlsbetonten und e. moralist.-idealist. Strömung, indem er wahrhafte Gefühle (magokoro) für moral. erklärt. S. Stil verrät brillante Technik u. psycholog. Akribie. Auch Dramatiker.
Übs.: E. Seidensticker, The Camelia, ²1968; L. Dunlop, Flash Storm, 1994; T. Goosen, Blowfish, 1997.

Šatrijos Ragana (eig. Marija Pečkauskaitė), litau. Dichterin, 8. 3. 1877 Medingėnai, Kr. Telšiai – 24. 7. 1930 Židikai. Bojarentochter; Jugend auf dem väterl. Gut Labūnava; Gymnas. Petersburg; Freundschaft mit P. Višinskis u. Žemaitė; durch diese Erwachen des litau. Nationalbewußtseins. 1905–08 Stud. Päd. Zürich, dann Freiburg. Lehrerin, dann Direktorin des Gymnas. in Marjampolė; 1928 Dr. h.c. der Univ. Kaunas. – In dem autobiograph. Roman in Tagebuchform ›Viktutė‹ schildert Š. R. das Gutsbesitzertum in Litauen im 19. Jh., patriot. Tendenzen, viel Lyrismus wie auch im Gesamtwerk. Ihr Hauptwerk ist ›Sename Dvare‹, von Mykolaitis das ›Schwanenlied des litau. Bojarentums‹ genannt, eine Darstellung des litau. Gutshofs mit all s. Fehlern, aber auch mit s. ganzen Verträumtheit u. Schönheit.
W: Viktutė, R. 1903; Vincas Stonis, E. 1906; Sename Dvare, R. 1922. – Raštai (GW), VI 1928–32, II 1969.
L: V. Mykolaitis-Putinas, 1936, 1937; P. Česnulevičiūtė, 1969; K. Gulbinas, Diss. Mchn. 1971; J. Žėkaitė, 1984; V. Daujotytė, 1997.

Šatrov, Michail Filippovič (eig. Maršak), russ. Dramatiker, * 3. 4. 1932 Moskau. Seit 1955 als Dramatiker tätig, lebt in Moskau. – Begann mit Stücken über aktuelle Jugendproblematik u. wählte ab Mitte der 1960er Jahre mehrfach Lenin u. das Revolutionsgeschehen zum Thema. ›Diktatura sovesti‹ gehörte 1986 zu den vielbeachteten, für demokrat. Ehrlichkeit kämpfenden Stücken.
W: 18–j god, Drn. 1974. – Izbrannoe, Ausw. 1982.

Satta, Salvatore, ital. Erzähler, 9. 8. 1902 Nuoro/Sardinien – 1975 Rom. Angesehener Zivilrechtsprof., berühmt durch s. unvollendeten Roman ›Il giorno del giudizio‹. – Mit tiefer lyr. Einfühlung zeichnet S. s. archaische, weltabgeschiedene sard. Heimatstadt Nuoro mit ihrem verschlungenen soz. Geflecht, die parabol. u. metaphys. Züge erhält.
W: La veranda, R. 1925, ersch. 1981; Il giorno del giudizio, R. 1979 (d. 1980).
L: B. Bigi, Per una nuova lettura di S. S., 1994; V. Gazzola Stacchini, Vita di S. S., 2002.

Sāttanār (Kula Vanigam Sattanar), südind. Dichter, lebte wahrscheinl. vor dem 5. Jh. n. Chr. in Madurai. Kornhändler; der Tradition nach e. der bedeutendsten Kritiker der Madurai-Akad. – Vf. des ›Maṇimēk(h)alai‹, e. der 5 großen Romane der Tamillit., der in 30 Kapiteln die Geschichte der Maṇimēk(h)alai, Tochter des Kaufmanns Kōvalan und s. Geliebten, der Tänzerin Mādhavi (Mātavi), behandelt. Der Roman trägt starke buddhist. Züge. Obwohl vor dem ›Silappatigāram‹ des → Ilaṅgovadīgal verfaßt, schließt sich das ›Maṇimēk(h)alai‹ diesem inhaltl. an.
A: U. V. Swāmināthayya ⁴1949. – *Übs.:* engl. R. B. S. Krishnaswami Aiyangar 1928; A. Daniélou 1989, ²1993, S. K. R. Guruswamy 1994; franz. A. Daniélou 1987.

Satyros

L: S. Krishnaswami Aiyangar, Manimekhalai in its historical setting, Lond. 1928; V. Kanagasabhai (d.i. Kanakapai Pillai), 1956; R. Natarjan, 1990; P. Schalk, A Buddhist woman's path to enlightenment, 1997.

Sattasaī → Hāla Sātavāhana

Satyros aus Kallatis, altgriech. Schriftsteller, um 200 v. Chr. – Die nur fragmentar. erhaltenen anekdot.-populären ›Lebensbeschreibungen berühmter Männer‹ machen S. zu e. der berühmtesten Vf. von Biographien; die Epitomierung im 2. Jh. v. Chr. (Herakleides Lembos) bezeugt dies. Die Zuweisung weiterer Schriften ist umstritten.
A: FHistGr 3, 159–166; C. F. Kumaniecki 1929. – POxy 1176; G. Arrighetti 1964 (Euripides-Vita).
L: M. Lefkowitz, Lond. 1981; G. Arrighetti, Pisa 1987; K. Döring, 1987; St. Schorn, in: K. Geus u.a., hg. Fs. W. Huß, Leuven u.a., 2001.

Satyros ›der Peripatetiker‹ → Satyros aus Kallatis

Saulietis, Augusts (eig. A. Plikausis), lett. Schriftsteller, 22. 12. 1869 Graši, jetzt Cesvaine Land – 27. 1. 1933 ebda. Hofbesitzerfamilie; örtliche Schulen, Lehrerseminar; 1890–1900 Lehrer; 1895 Tbc-erkrankt; 1900/01 Georgien; ab 1902 Riga, Lehrer, Hrsg., Redakteur; 1915 St. Petersburg, Flüchtling; 1919–24 Cesvaine, Lehrer. – Realismus, später um impressionistische u. symbolistische Elemente erweitert; Dichter der Schattenseiten des Lebens.
W: Klusas dienas, G. 1904; Dzimtene, G. 1909; Varavīksne, R. 1910; Līgo, Dr. 1922; Audžu berni, Sch. 1928; Lakstīgalu pereklis, Dr. 1932. – Kopoti raksti (GW), En. III 1904–09; Raksti (W), XV 1924–27.

Saunders, James, engl. Bühnenautor, * 8. 1. 1925 Islington. Chemielehrer, freier Bühnenautor. 1974 Mitdirektor des Greenwich Theatre. – Behandelt experimentierfreudig Probleme der zwischenmenschl. Kommunikation, der Identität, Hilflosigkeit u. Verantwortlichkeit des Menschen, so in dem eloquent-phantast. ›Next Time I'll Sing to You‹ anhand des auch von Livings u. Bond benutzten Stoffes von Leben u. Tod des Einsiedlers A. J. Mason u. in dem zarten, poet. ›A Scent of Flowers‹, in dem e. junges Mädchen nach s. Selbsttötung auf s. isoliertes Leben zurückblickt.
W: The Ark, Sch. (1959); Alas, Poor Fred, Sch. 1960; A Slight Accident, Sch. 1961 (Ein unglücklicher Zufall, d. 1967); Who Was Hilary Maconochie?, Sch. (1963, d. 1967); Next Time I'll Sing to You, Sch. 1963 (Ein Eremit wird entdeckt, d. in ›Theater heute‹, 1963); A Scent of Flowers, Sch. 1965 (d. 1967); Neighbours and Other Plays, 1968 (d. 1967); The Borage Pigeon Affair, Sch. 1970; Games, Sch. (1971, d. 1971); Hans Kohlhaas, (Theaterms. 1972); Bodies, Sch. 1979; Bye Bye Blues and Other Plays, 1980; Savoury Meringue and Other Plays, 1980; Fall, Sch. 1984; Making it Better, Sch. 1992; Retreat, Sch. 1995.

Šauqī, Ahmad, ägypt. Dichter, Novellist und Dramatiker, 1868 Kairo – 14. 10. 1932. Aus türk.-arab.-griech.-kairin. Mittelklassefamilie, mit dem Königshaus verwandt. Jurastud. in Paris, Abschluß 1893. Beginn der Dichterkarriere als Hofpoet des Khediven. Während des 1. Weltkriegs nach Barcelona exiliert, wird er nach der Rückkehr zum ägypt. ›Dichterfürsten‹ gekürt. – Als herausragender Vertreter der Neoklassik imitiert er den Stil abbasid. Dichtung, s. Poesie ist von ausführl. Bildhaftigkeit und rhythm. Sensibilität geprägt, nimmt sich in s. umfangreichen Œuvre nationalist. und gesellschaftl. Themen an. Auch Vf. von Versdramen und hist. Novellen.
W: Dīwan Shauqī, Kairo 1980.
L: S. K. Al-Jayyusi, 1977; H. N. Kadhim, 1997.

Sauser-Hall, Frédéric → Cendrars, Blaise

Savage, Richard, engl. Dichter und Dramatiker, um 1697 London – 1. 8. 1743 Bristol. Gab sich als der unehel. Sohn des 4. Grafen of Rivers mit Lady Macclesfield aus, die jedoch S. nicht als ihren Sohn anerkannte. Mit s. Gedicht ›The Bastard‹ setzte S. seine ›Familie‹ unter Druck u. erreichte monatl. Geldzuweisungen; Dr. Johnson zeichnete 1744 nach S.s Bericht s. Lebensgeschichte auf. Zügelloses Leben, erhielt zeitweise e. Pension durch Queen Caroline für e. an sie gerichtete Geburtstagsode. In s. letzten Jahren in großer Armut, starb im Gefängnis. – Vf. e. Komödie u. e. Tragödie. Am besten s. satir. Skandalchronik ›The Author to be Let‹.
W: Love in a Veil, K. 1718; Sir Thomas Overbury, Tr. 1723; Miscellaneous Poems, 1726; The Bastard, G. 1728; The Wanderer, G. 1729; Works, II 1775. – Poetical Works, hg. C. Tracy 1962.
L: S. V. Makover, 1909; C. Tracy, The Artificial Bastard, 1953; S. Johnson, Life of S., hg. C. Tracy 1971; R. Holmes, Dr. Johnson and Mister S., 1993.

Savard, Félix Antoine, kanad. Schriftsteller franz. Sprache, 31. 8. 1896 Québec – 24. 8. 1982 ebda. Geistlicher in hohen Würden. – In s. poet. Erzählungen und Romanen schildert er in anschaul. pittoresker Sprache das Leben der einfachen Leute auf dem Lande. Offiziell anerkannt als bedeutender Kulturträger s. Landes.
W: Menaud, maître draveur, R. 1937; La Minuit, R. 1941; Abatis, R. 1943.
L: R. Monil, 1996.

Savarin → Brillat-Savarin, Jean Anthelme

Savary, Jérôme, franz. Schriftsteller, * 27. 6. 1942 Argentinien. Aus franz.-amerik. Mischehe; Stud. Musik Frankreich und New York, 1986 Rückkehr nach Frankreich, Direktor des ›Carrefour du Théâtre‹.

W: Le grand magic circus et ses animaux tristes, Sb. 1974; La vie privée d'un magicien ordinaire, Aut. 1985; Ma vie commence à vingt heures trente, Aut. 1991; Magic Circus, Bb. 1966–96; Habana Blues, R. 2000.

Saviane, Giorgio, ital. Autor, 1916 Castelfranco Veneto/Treviso – 18. 12. 2000 Florenz. Kämpfer der Resistenza, ließ sich nach dem Krieg als Rechtsanwalt in Florenz nieder. – Autor zahlr. erfolgr. Romane. Charakteristisch ist e. Mischung moral., psycholog. u. kirchl. Motive.

W: Le due folle, R. 1957; L'inquisito, R. 1961; Il Papa, R. 1963; Il passo lungo, R. 1965; Il mare verticale, R. 1973; Eutanasia di un amore, R. 1976; Getsemani, R. 1980; Il Mosca e l'agnello, R. 1984; Il terzo aspetto, R. 1987; Diario intimo di un cattivo, Aut. 1989; In attesa di lei, En. 1992.

L: E. Lauretta, 1990.

Savinio, Alberto (eig. Andrea de Chirico), ital. Schriftsteller, 25. 8. 1891 Athen – 6. 5. 1952 Rom. Bruder des Malers Giorgio de Chirico; humanist. Bildung, Stud. Musik Athen und München; ab 1910 Paris, Freundschaft mit Apollinaire, M. Jacob, Cendrars u. Marinetti. Vor Beginn des 1. Weltkrieges Rückkehr in die Heimat; Mitarbeiter zahlr. Zeitungen und Zsn. (›La Voce‹, ›Lacerba‹, ›La Ronda‹). Guter Musiker, bekannter Maler. – Vielseitiger surrealist. Schriftsteller von großer Originalität; verfaßte phantasiereiche Erzählungen, Romane und Dramen aus e. mag.-skurrilen Welt in geistreicher Prosa.

W: Ermaphrodito, Prosa 1918; La casa ispirata, R. 1925; Angelica o la notte di maggio, R. 1927; Capitano Ulisse, Dr. 1934; Achille innamorato, En. 1938; Dico a te, Clio, Tg. 1940; Infanzia di Nivasio Dolcemare, R. 1941; Casa ›La Vita‹, R. 1943; Tutta la vita, En. 1945; Alcesti di Samuele, Dr. 1949; Emma B., vedova Giocasta, Dr. 1949; L'angolino, R. 1950; Orfeo vedovo, Op. 1950; Scatola sonora, R. 1955; Nuova enciclopedia, Ess. 1977 (d. 1983); Pittura e letteratura, hg. G. Briganti u.a. 1979; Il sogno meccanico, Ess. zum Kino, hg. V. Scheiwiller 1981; Palchetti romani, Ess. zum Theater, hg. A. Tinterri 1982. – Übs.: Unsere Seele – Signor Münster, En. 1983.

L: U. Piscopo, 1973; M. Carlino, 1979; S. Cirillo, 1997 (m. Bibl.); M. E. Guitiérrez, 2000.

Savinkov, Boris Viktorovič (Ps. V. Ropšin), russ. Schriftsteller, 31. 1. 1879 Char'kov – 7. 5. 1925 Moskau. Führendes Mitglied der Partei der Sozial-Revolutionäre, Terrorist, an den polit. Attentaten der Jahre 1903–05 aktiv beteiligt. 1918 auf Seiten der Konterrevolutionäre, dann emigriert, nach Rückkehr verhaftet. – Trat 1909 unter Pseudonym mit dem Roman ›Kon' blednyj‹ hervor, der den Weg e. Terroristen schildert; der Roman ›To, čego ne bylo‹ ist von der Enttäuschung über die gescheiterte Revolution von 1905 durchdrungen.

W: Kon' blednyj, R. 1909 (Das fahle Pferd, d. 1909); To, čego ne bylo, R. 1911 (Als wär's nie gewesen, d. 1913); Kon' voronoj, R. 1924; Vospominanija terrorista, 1926 (Erinnerungen e. Terroristen, d. 1929, erg. 1985).

L: D. Prozeß geg. S., hg. K. Radek 1924; R. Gul, II 1930; F. Stepun, 1950.

Savoir, Alfred (eig. A. Poznański), franz. Dramatiker poln. Herkunft, 23. 1. 1883 Lodz – 26. 6. 1934 Paris. Wanderte jung nach Frankreich ein; Jurastud. in Montpellier; wurde durch s. Komödie ›Le troisième couvert‹ bekannt; schrieb zusammen mit F. Nozière 2 weitere Komödien; nach dem 1. Weltkrieg setzte er s. erfolgr. Laufbahn als Dramatiker allein fort; lebte bis auf e. kurzen Aufenthalt in Hollywood ständig in Paris. – Schuf den neuen Typus der symbol. Farce; s. Stücke zeichnen sich durch originale Inspiration, genaue psycholog. Analyse und geistreichen Dialog aus, bleiben im ganzen jedoch oberflächl.-iron. und gekünstelt.

W: Le troisième couvert, K. 1906; Le baptême, K. 1907 (m. F. Nozière); La sonate à Kreutzer, K. 1910 (m. F. Nozière); La huitième femme de Barbe-Bleue, K. 1921; Banco, K. 1922; La couturière de Lunéville, K. 1923; La Grande-Duchesse et le garçon d'étage, K. 1924; Le dompteur, K. 1925; Lui, Dr. 1930; Le Figurant de la Gaîté, K. 1926; Passy 08–45, K. 1928; La voie lactée, Dr. 1933.

Savonarola, Girolamo, ital. Prediger und Politiker, 21. 9. 1452 Ferrara – 23. 5. 1498 Florenz. Aus paduan. Familie; schon in der Jugend strenge Gemütsart u. tiefe Religiosität. Humanist., philos. u. medizin. Stud. 1474 Eintritt in den Dominikanerorden in Bologna. 1484 in Florenz, predigte gegen den Unglauben u. den Sittenverfall. Strenge u. unerbittl. mönch.-asket. Lebensanschauung. 1491 Prior von S. Marco. Angriffe auf Lorenzo de'Medici. Richtete 1494 nach der Vertreibung der Medici e. theokrat. Regime ein. Verbrennung von zu weltl. u. lasziver Lit. Konflikt mit Papst Alexander VI. nach heftiger Kritik an Klerus u. Mißständen in der Kurie. 1495 Predigtverbot, das S. nicht einhielt. 1497 wegen Ungehorsams u. angebl. Häresie exkommuniziert. In e. form- u. rechtlosen Verfahren wurde S. wegen Schisma, Häresie u. Verachtung der kirchl. Gewalt zum Tode verurteilt. – Bedeutendster Bußprediger Italiens. Verfaßte in s. Jugend petrarkisierende Liebeslieder. Die apologet. Schriften zeigen asket. Fanatismus, tiefe Gläubigkeit u. große Originalität. In s. Lauden benützt S. zur besseren Verbreitung im Volk auch die Melodien weltl. u. populärer Lieder.

W: Trattato divoto e utile della umiltà, 1491; Trattato dello amore di Jesu Cristo, 1492; Della semplicità della vita cristiana, 1495 (hg. C. Seltmann 1925); Il salmo Miserere, 1498 (hg. ders. 1901; d. 1958); Trattato circa il reggimento e governo della città di Firence, hg. A. de Rians 1847. – Opere (Ed. nazionale), 1955ff.; Le poesie, hg. V. Piccoli 1926; Prediche e scritti, hg. M. Ferrara 1930, II 1952 (d. 1957); Prediche, hg. F. Cognasso, R. Palmarocchi III 1930–35; Lettere, hg. R. Ridolfi 1933; Alessandro VI e S. Brevi e lettere, 1950; Il trionfo della croce, hg. E. D. Giovanni 1939 (d. 1898); Edizione nazionale delle opere, VIII 1955–62; Poesie, hg. M. Martelli, 1968. – Übs.: Erweckliche Schriften, 1839; Ausgew. Schriften u. Predigten, hg. J. Schnitzer 1928; Über das Gewissen, 1936; Ausw., hg. G. Gieraths 1961.

L: J. Schnitzer, II 1924; P. Villari, II [4]1926; R. Roeder, 1936; A. Teichmann, S. in der dt. Dichtung, 1937; M. Ferrara, II 1952 (m. Bibl.); R. Ridolfi, N. Y. [3]1959; P. van Paassen, A Crown of Fire, Lond. 1961; H. Bauer, 1976; W. Rothholz, 1976; H. Herrmann, 1977; E. Piper, 1979; E. Gualazzi, 1982; F. Cordero, 1987; A. Scaltriti, 1987; T. Centi, 1988; R. Erlanger, N. Y. 1988; P. Antonetti, 1991; C. Ceccuti, 1995; S. e la politica, hg. G. C. Garfagnini 1997; A. Drigani, 1998; A. D'Amato, 1998; R. Klein, 1998; S. Democrazia, tirannide, profezia, hg. G. C. Garfagnini 1998; S. rivisitato, hg. M. G. Rosito 1998; G. S. e la mistica, hg. G. C. Garfagnini 1999; Verso S., hg. ders. 1999; G. Uzzani, 1999; The world of S., hg. S. Fletcher-Aldershot, Ashgate 2000. – Bibl.: P. P. Ginosi-Conti, 1939; M. Ferrara (1800–1958), 1958; ders., 1981.

Saxo Grammatikus (Sakse), dän. Geschichtsschreiber, um 1140 bis um 1220. Wahrscheinl. Geistlicher aus Kriegerfamilie. – Wurde vermutl. von Erzbischof Absalon damit beauftragt, eine lat. Geschichte Dänemarks zu schreiben, um die nationale Identität zu stärken. Verfaßte wohl nach 1200 die ›Gesta Danorum‹, die in 16 Büchern von der mythischen Vorzeit bis ca. 1185 reichen. Als Quellen dienten ihm altnord. Heldenlieder und -sagen (teilw. mündl. überliefert), island. Sagas, die Erzählungen Absalons, Adam v. Bremen sowie Legenden. Interessant wegen der sonst unbekannten Sagenstoffe und einzelner Heldenlieder (vgl. die isl. Eddalieder), die sich aus der lat. Übersetzung rekonstruieren lassen, z. B. ›Bjarkamál‹. S.s Tendenz ist unkirchl. und nationalist., s. Latein wortreich und blumig; s. Werk bekam große Bedeutung als Stoff- und Inspirationsquelle für Shakespeare (Hamlet-Stoff) sowie Grundtvig, Ewald, Oehlenschläger u. a. dän. Romantiker.

A: J. Olrik, H. Ræder II 1931–57. – Übs.: dt.: H. Jantzen, I – IX 1899f.; P. Herrmann, II 1901–22 (I – IX; m. Komm.); G. Sieveking, III – IV 1947; dän.: A. S. Vedel, 1575; N. F. S. Grundtvig, XIII 1818–24 (n. 1985f.); F. Winkel Horn, 1898 (n. [3]2001; J. Olrik, IV 1908–12, III 1970; P. Zeeberg, 2000.

L: A. Olrik, II 1892–94; E. Kroman, 1971; A. Teilgård Laugesen, 1972; K. Johannesson, 1978; K. Friis-Jensen, Rom 1987; I. Skovgaard-Petersen, Da tidernes herre var nær, 1987; A. Leegaard Knudsen, 1996; S. Kværndrup, 1999.

Sayat' Nova (eig. Arowt'in oder Yarowt'iwn), armen. Volkssänger (Gowsan); um 1712, 1717 oder 1722 Tiflis – 12. 9. 1795 ebda. 1768 als Mönch Kloster von Haġpat (Armenien); Geistlicher in Tiflis. – Seine auf georgisch, armenisch u. türkisch verfaßten Lieder (›xaġer‹) verwenden orientalische Reim- u. Versformen, sind aber inhaltl. auch der armen. Dichtkunst verhaftet. Am bekanntesten wurden seine Liebeslieder. Der Großteil seiner Dichtung ging verloren.

A: G. Axverdean, hg. Moskau 1852; Hayeren xaġeri žoġ. (GW), 1931; Erger, erażštakan žoġ. (GW), hg. M. Aġayan, Š. Talyan 1946; Hayeren, vrac'eren, adrbejaneren xaġeri žoġ. (GW), 1963; Xaġer, 1963; H. Baxč'inyan (Bearb.), 1984; ders., 1987. – Übs.: in: Die Berge beweinen die Nacht meines Leides, Berlin 1983; franz.: Chant 10, 29, 53, in: Poésie arménienne, Paris 1973.

L: G. Asatowr, Vaġaršapat, 1921/22; H. T'owmanyan, in: Teġekagir HXSH GA 10–11 (1963); P. Sevak, 1969; H. Baxč'inyan, 1988.

Sayers, Dorothy Leigh, engl. Erzählerin u. Dramatikerin, 13. 6. 1893 Oxford – 17. 12. 1957 Witham/Essex. Vater Schulleiter u. Pfarrer, Stud. Romanistik Oxford; legte 1915 als e. der ersten Frauen dort Examina ab. ∞ 1926 Captain A. Fleming. – Vf. von psycholog. Detektivgeschichten, in denen sie das Verbrechen relig. vom Standpunkt von Schuld u. Sühne her beleuchtet, mit ausgezeichneten Charakterstudien. Ihre Detektivromane über den Amateurdetektiv Lord Peter Wimsey besitzen lit. Wert. Wurde wegen ihrer Verdienste um die Kriminallit. zum Ehrendoktor von Durham ernannt. Wandte sich später unter Einfluß T. S. Eliots dem relig. Versdrama zu, veröffentlichte auch relig.-philos. Schriften. Übs. Dante.

W: Opus I, G. 1916; Catholic Tales, En. 1919; Whose Body?, R. 1923 (Der Tote in der Badewanne, d. 1936; u. d. T. Ein Toter zu wenig, 1971); Clouds of Witness, R. 1926 (Lord Peters schwerster Fall, d. 1954); Unnatural Death, R. 1927 (Eines natürlichen Todes, d. 1936); The Unpleasantness at the Bellona Club, R. 1928 (d. 1939); Lord Peter Views the Body, R. 1928 (Des Rätsels Lösung, d. 1959; u. d. T. Die Katze im Sack, 1959); Strong Poison, R. 1930 (Weißes Gift, d. 1939, u. d. T. Geheimnisvolles Gift, 1968); The Documents in the Case, R. 1930 (m. R. Eustache; Der Fall Harrison, d. 1965); Five Red Herrings, R. 1931 (Falsche Spuren, d. 1937; u. d. T. Fünf Falsche Fährten, 2003); Have His Carcase, R. 1932 (Mein Hobby: Mord, d. 1964; u. d. T. Der Fund in den Teufelsklippen, 1974); Murder Must Advertise, R. 1933 (d. 1950); The Nine Tailors, R. 1934 (Glocken in der Neujahrsnacht, d. 1947; u. d. T. Die neun Schneider, 1958); Gaudy Night, R. 1935 (Aufruhr in Oxford, d. 1937); Busman's Honeymoon, R. 1937

(Lord Peters abenteuerliche Hochzeitsfahrt, d. 1938); The Zeal of Thy House, Sch. 1937; The Devil to Pay, Sch. 1939; In the Teeth of Evidence, Kgn. 1939 (Feuerwerk, d. 1963); The Mind of the Maker, Es. 1941 (Homo creator, d. 1953); The Man Born to Be King, Sch. 1943 (d. 1949); Just Vengeance, Sch. 1946; Unpopular Opinions, Es. 1946; Creed or Chaos, Ess. 1947 (Das größte Drama aller Zeiten, Ausw. d. 1959); The Emperor Constantine, Sch. 1951; Introductory Papers on Dante, Ess. 1954; The Poetry of Search and the Poetry of Statement, Ess. 1963; The Lord Peter Omnibus, Kgn. 1964. – Übs.: Rendez-vous zum Mord, 1965; Kriminalgeschichten, 1966; Drei schöne Leichen, Re. 1971; Alle Lord Peter Stories, 1973.

L: L. Zimmermann, Diss. 1948; F. Wölcken, Der literarische Mord, 1953; L. Pohl, Diss. 1957; A. G. Drachmann, 1959; J. Hitchman, Such a Strange Lady, 1975; J. Brabazon, 1981; D. Gaillard, 1981; B. Reynolds, The Passionate Intellect, 1989; C. Kenney, 1990. – *Bibl.:* C. B. Gilbert, hg. 1979.

al-Sayyāb, Badr Šākir, einer der größten u. einflußreichsten arab. Dichter des 20. Jh. 1926 Ğaikūr/Irak – 1964. Anfangs Kommunist, zunehmende Abkehr vom lit. Engagement. Initiierte mit Nāzik al-Malā'ika Ende der 1940er Jahre die Bewegung der ›freien Dichtung‹. Bewirkte den lit. Durchbruch der Mythologie als Matrix polit. u. soz. Themen in der postkolonialen arab. Welt. Das epochale Gedicht ›Regenhymne‹ (1954) interpretiert menschl. Leid und Hoffnung im vorrevolutionären Irak in Anlehnung an den Auferstehungsmythos des altoriental. Gottes Tammuz. S. starb nach qualvoller neurolog. Erkrankung in Armut.

W: Unšūdat al-Maṭar, Beirut 1960. – Dīwān Badr Šākir as-Sayyāb (SW), Beirut 1971.

L: L. Tramontini, Badr Šākir as-Sayyāb, 1991; Die Farbe der Ferne. Moderne arabische Dichtung, hg. S. Weidner 2000.

Sbarbaro, Camillo, ital. Dichter, 12. 1. 1888 S. Margherita Ligure – 31. 10. 1967 Savona. Zunächst Angestellter in der Stahlindustrie in Genua, nach 1920 Lehrer und Übs. aus dem Griech. u. Franz.; als Hobby-Botaniker international bekannt. Lebte seit 1951 zurückgezogen in Spotorno (Savona). – Zunächst im Kreis um die Zs. ›La Voce‹, erneuerte er die Dichtungssprache v. a. durch e. nüchterne, naturwiss. geprägte Bildlichkeit, die auch auf E. Montale einwirkte. Philos. dem illusionslosen Skeptizismus G. Leopardis und dem Weltschmerz Ch. Baudelaires nahestehend, spiegelt s. Dichtung das Leiden der menschl. Existenz in der Einsamkeit der kargen ligur. Landschaft, die jedoch auch zum einzigen, prekären Zufluchtsort wird.

W: Pianissimo, G. 1914; Trucioli, 1920; Liquidazione, 1928; Rimanenze, G. 1955; Fuochi fatui, 1956; Primizie, G. 1958; Poesie, G. 1961, ²1971; Gocce, 1963; Contagocce, 1965; Bolle di sapone, 1966; Vedute di Genova, 1967; Quisquilie, 1967; L'opera in versi e in prosa, hg. G. Lagorio 1985.

L: G. Barberi Squarotti, 1971; G. Lagorio, 1981; A. Padovani Soldini, Ho bisogno d'infelicità, 1997. – *Bibl.:* C. Angeleri, 1986.

Scaliger, Julius Caesar (eig. Bordone della Scala), ital. Dichter u. Humanist, 23. 4. 1484 Riva – 21. 10. 1558 Agen/Frankreich. Ursprüngl. Franziskanermönch, dann bis 1529 Soldat; kämpfte auf franz. Seite in den Kriegen um Piemont. Folgte dem Bischof von Agen als Arzt in dessen Residenz und ließ sich in Frankreich nieder. 1529 ∞ Andiette de Roques-Lobejac; 15 Kinder. Kontroversen mit den Humanisten s. Zeit, bes. mit Erasmus und Rabelais. – Bedeutender Humanist, Anhänger Ciceros. Hrsg., Übs. und Kommentator von Werken des Theophrast und Aristoteles, Vf. e. Abhandlung über die lat. Sprache. Sein bedeutendstes Werk ist die Poetik, in der er, sich auf Aristoteles und das Beispiel Senecas stützend, die klass. Regeln der Dichtkunst festlegte. Bes. s. Regeln für die Tragödie (Wechsel von dramat. Szenen und lyr. Chören, Verwendung moral. Maximen und Kommentare, Einheit von Zeit und Handlung, Beschränkung der Darstellung auf die bedeutenden Geschicke hochgestellter Personen) waren von großem Einfluß auf die Form der klass. franz. Tragödie des 17. Jh. und nehmen Ideen Boileaus vorweg.

W: Dratio pro Tullio Cicerone (1531), 1999; De causis linguae latinae, Abh. 1540; Poetices libri septem, Abh. 1561 (n. A. Buck 1964); Poemata, 1574; Historia animalium, Aristoteles-Übs. 1619.

L: A. Magen, 1873; E. Lintilhac, 1887; E. Brinkschulte, 1914; R. Bray, Formation de la doctrine classique en France, 1927; S. Rolfes, 2001.

Scarpetta, Eduardo, ital. Dramatiker u. Schauspieler, 13. 3. 1853 Neapel – 29. 11. 1925 ebda. War mit 15 Jahren schon Schauspieler, brachte die kom. Figur ›Felice Sciosciammocca‹ zum Erfolg. – S. Komödien, inspiriert von den franz. ›pochades‹, sind e. Weiterentwicklung des traditionellen neapolitan. Theaters mit ausgearbeiteten Dialogen u. wirkten schulbildend.

W: (Auswahl) Li nepute de lu sinneco, K. 1885; Miseria e nobiltà, K. 1888; 'A nanassa, K. 1889; 'O balcone 'e Rusinella, K. 1892; Il figlio di Iorio, K. 1904; 'O miedeco de 'e pazze, 1908; Cinquant'anni di palcoscenico, Aut. 1922. – Quattro commedie, hg. E. De Filippo 1974.

Scarron, Paul, franz. Dichter, 4. 7. 1610 Paris – 7. 10. 1660 ebda. Vater Gerichtsrat; nach stürm. verbrachter Jugend ab 1640 durch rheumat. Krankheit gelähmt. Trotzdem heiter und witzig, in der Pariser Gesellschaft sehr beliebt. ∞ 1652 die 15jährige Françoise d'Aubigné, spätere Mme de

Ščerbina

Maintenon. – Bedeutendster Vertreter der burlesken Erzählung. Schrieb von span. Vorbildern beeinflußte Komödien, die groteske Elemente in e. komplizierte Handlung stellen, Parodien auf die ›Aeneis‹ u. a. antiheroische Gedichte. Sein bestes erzählendes Werk und s. bedeutendste Leistung ist der unvollendete ›Roman comique‹, der beste der wenigen realist. Romane s. Zeit: S. stellt das Leben e. in Maine herumziehenden Schauspielertruppe (Provinztheater zu Beginn der Karriere Molières), gleichzeitig die Welt des kleinen Provinzbürgers dar. Bes. lebensvoll die burlesken Gestalten. Die Charaktere, Einzelheiten von Sprache und Milieu sind gut beobachtet und anschaul. dargestellt.

W: Les œuvres burlesques, G. 1643–51; Typhon ou la gigantomachie, G. 1644 (d. 1856); Jodelet ou le maître valet, K. 1645; Dom Japhet d'Arménie, Dr. 1653 (n. R. Carapon 1967); Le Virgile travesti, Ep. 1648–53 (hg. V. Fournel, 1858); Mazarinade, Sat. 1651; Le roman comique, II 1651–57 (n. R. Garapon 1980; d. 1782, 1887, n. 1964, F. Blei 1908, H. Coenen 1983); L'écolier de Salamanque ou les généreux ennemis, Dr. 1654; Le marquis ridicule, Dr. 1655; Nouvelles tragicomiques, IV 1655–57 (d. 1909); La fausse apparence, Dr. 1657; Epîtres chagrines, G. 1659. – Œuvres complètes, X 1737, VII 1786, hg. Ch. Beaumont II 1877; Poésies diverses, hg. N. Gauchie 1948, II 1960f.

L: P. Morillot, 1888; J. Janicki, Posen 1907; E. Magne, ²1924; G. Jéramec, 1929; N. F. Phelps, The Queen's invalid, Baltimore 1951; Ch. Dédéyan, 1959; F. A. Armas, 1972; G. Mariani, 1973; L. S. Koritz, 1977; B. L. Merry, 1991; L. Piroux, 1998; A.-P. Lecca, 1999. – *Bibl.*: E. Magne, 1924.

Ščedrin, N. → Saltykov, Michail Evgrafovič

Ščerbina, Nikolaj Fedorovič, russ. Dichter, 14. 12. 1821 Gruzko-Elaninskoe b. Taganrog – 22. 4. 1869 Petersburg. Vater Gutsbesitzer, Stud. Char'kov ohne Abschluß; Lehrer; 1854 Beamter in Petersburg. – Stand unter der Wirkung des Philhellenismus; s. Dichtung ist vorwiegend der Antike zugewandt, Ausdruck s. Verehrung des klass. Griechenland, der Effekt des Maler. kommt darin zu starker Geltung. In späten Gedichten slawophile Tendenz.

W: Grečeskie stichotvorenija, G. 1850. – Polnoe sobranie sočinenij (GW), 1873; Stichotvorenija, G. 1937; Izbrannye proizvedenija, Ausw. 1970.

Scève, Maurice, franz. Dichter, um 1503 Lyon – um 1560 ebda. Sohn e. Schöffen, Stud. Rechte Avignon, glaubte dort das Grab von Petracas Geliebter Laura entdeckt zu haben, wurde dadurch in dem geistig und künstler. aufgeschlossenen Lyon, dem damaligen Sitz vieler florentin. Kaufleute, sehr bekannt, war vielseitig begabt (Maler, Architekt, Astronom, Musikexperte, Gelehrter), v. a. aber Dichter und führendes Mitglied der Lyoner Dichterschule. Machte durch Übsn. und Nachdichtungen die ital. Dichtung des 14. und 15. Jh. s. Landsleuten zugängl. In s. Hauptwerk ›Delie‹ (Anagramm zu l'Idée) ahmt er Petrarcas Liebeserleben nach. Gegenstand s. unerfüllten Sehnsucht scheint die früh verstorbene Lyoner Bürgerin und unbedeutende Dichterin Pernette du Guillet gewesen zu sein. Der Inhalt ist unklar und rätselhaft, trotz metaphys.-platon. Tendenzen (Einfluß von Ficino) erdgebunden und ohne die Traumseligkeit der Laura-Gedichte des späten Petrarcas. Der oft italianisierende Stil ist vielfach steif und ohne Anmut. Dagegen handhabt er mit ausgeprägtem musikal. Empfinden den 10silbigen Vers und die von Petrarca übernommene zahlensymbol. Anordnung der Verse. Außerdem schrieb er e. Ekloge und e. Gedicht philos.-hist. Inhalts (Stoff aus der Genesis). Der Petrarkist S. gehört zu den Vorläufern der Pléiade, steht jedoch in ihrem Schatten.

W: Délie, objet de la plus haute vertu, Dicht. 1544 (hg. E. Parturier 1916; komm. I. D. McFarlane, Lond. 1966, n. F. Charpentier 1984; dt. Ausw. 1962); La Saulsaye, Églogue de la vie solitaire, 1547 (d. 1930); Microcosme, G. 1562 (n. E. Giudici 1976). – Œuvres poétiques complètes, hg. P. Guégan 1927, H. Staub 1970f., P. Quignard 1974; Opere poetiche minori, hg. E. Giudici 1965.

L: A. Baur, 1906; H. Weber, Florenz 1948; V. L. Saulnier, II 1948f.; W. Niedermann, Diss. Zür. 1950; P. Boutang, 1953; E. Giudici, Parma 1958; ders., Neapel 1962; ders., Rom II 1965–70; ders., 1978; J.-P. Attal, 1963; A. Falbe, Diss. Bln. 1963; H. Staub, Le curieux désir, 1967; L. von Brabant, 1967; J. Risset, L'anagramme du désir, 1971; P. Quignard, La parole de la Délie, 1974; P. Ardouin, 1975; ders., 1982; D. G. Coleman 1975; R. Mulhauser, 1977; D. Fenoaltea, 1982; M. Tetel, 1983; J. Dellaneva, 1983; F. Charpentier, 1987; A. S. Armani, 1988; J. C. Nash, 1991; C. Skenazi, 1992; P. Martin, 1999; J. Helgeson, 2001.

Schack, Hans Egede, dän. Erzähler, 2. 2. 1820 Sengeløse – 20. 7. 1859 Schlangenbad b. Wiesbaden. Stud. Jura Kopenhagen; e. Zeitlang Politiker. – Erzähler auf der Schwelle zwischen Spätromantik u. Naturalismus. S. epochemachender Roman ›Phantasterne‹, e. Analyse übersteigerter Tagträumereien mit satir. Unterton, leitet die antiromant. Tendenz in der dän. Lit. ein.

W: Phantasterne, R. 1857 (hg. J. K. Andersen ²1993); Sandhed med modifikation, R.-Fragm., hg. C. Dumreicher 1954; hg. H. Hertel 1963. – Breve (Br.-Ausw.), 1959.

L: R. Varberg, 1859; C. Roos, Homo sum, 1946; J. Mathiassen, 1978; J. K. Andersen, 1978.

Schack von Staffeldt, Adolph Wilhelm → Staffeldt, Adolph Wilhelm Schack von

Schade, Jens August, dän. Lyriker, 10. 1. 1903 Skive/Jütland – 20. 11. 1978 Kopenhagen. Lebte als Bohemien in Kopenhagen, betrachtet s. Mitbürger u. s. kleinbürgerl. Vaterland mit milder Ironie, aber schockiert dessen Bürger mit genauen, suggestiven Darstellungen erot. Situationen (›Kællingedigte‹), hinter denen sich e. kosm., panerot. Religiosität verbirgt. Romantiker der alten Schule, aber in mod., surrealist. Form. Auch Vf. von Dramen u. Prosawerken.

W: Den levende Violin, G. 1926; Sjov i Danmark, G. 1928 (n. 1986); Kommodetyven, R. 1939 (n. 2003); Verdenshistorier, En. 1940; Kællingedigte eller lykkelig kærlighed, G. 1944 (n. 1984); Mennesker mødes, R. 1944 (⁶1992; Sie treffen sich, sie lieben sich, und ihr Herz ist voll süßer Musik, d. 1968, n. u. d. T. Menschen begegnen sich u. ihr Herz ist voll süßer Musik, 1985); Det evige liv, G. 1948; Schades højsang, G. 1958; Udvalgte digte, G.-Ausw. 1962; Schadebogen, G. 1963; Schadesymfonier, G. 1963; Schades erotiske univers, G. 1967; Den ukendte J. A. S., G. u. Ess. 1967; Overjordiske, G. 1973; Digte til dig, G. 1983; Digte, hg. A. Schnack 1987; S.s digte, hg. T. Brostrøm 1999. – J. A. S.s Jubilæumsværk, X 1974f.

L: V. Schade, 1963, 1978; P. Houe, 1972; F. S. Larsen, 1973.

Schalamow, Warlam → Šalamov, Varlam Tichonovič

Schalom, Schin → Shalom, Shin

Schamilow → Šamilov, Arab

Schandorph, Sophus (Christian Frederik), dän. Erzähler, 8. 5. 1836 Ringsted – 1. 1. 1901 Frederiksberg. Lehrer in Kopenhagen. – Tendenziöser, naturalist. Erzähler unter Einfluß von G. Brandes, Schack, Turgenev u. Zola; am besten in anspruchslosen und humorist. Schilderungen aus dem Leben der Kleinbürger und in s. Zeit- u. Entwicklungsroman aus den 1860er Jahren ›Thomas Friis' historie‹.

W: Uden midtpunkt, R. 1878 (Ohne inneren Halt, d. 1881); Fortællinger, En. II 1901; Romaner, R. VI 1904f.; Oplevelser, E. II 1889–98. – Übs.: Ausgewählte Novellen u. Skizzen, 1905.

Schapira, Schalem Joseph → Shalom, Shin

Scharten, Carel (Theodorus), niederländ. Schriftsteller, 14. 3. 1878 Middelburg – 31. 10. 1950 Florenz. – S. begann als Lyriker; war Lit.kritiker u. verfaßte in Zusammenarbeit mit s. Frau Margo → Scharten-Antink realist. Romane.

W: (die mit s. Frau verfaßten siehe unter → Scharten-Antink) Voor-hal, G. 1902; Kroniek der Nederlandsche letteren, Abh. III 1917–23; De bloedkoralen doekspeld, E. 1920; Verborgen schoonheid van Toscane en Umbrie, Prosa 1948.

Scharten-Antink, Margo (Sybranda Everdina), niederländ. Schriftstellerin, 7. 9. 1869 Zutphen – 27. 11. 1957 Florenz. Lehrerin. 1902 ∞ Carel → Scharten, mit dem sie ab 1924 in Florenz lebt. – Realist. Romantrilogie ›Sprotje‹ über e. Mädchen aus dem Volk. Schrieb ab 1908 in Zusammenarbeit mit Carl S. Romane oft über ital. Themen.

W: Catherine, E. 1899; Sprotje, R. III 1906–09; Een huis vol menschen, R. 1908; De vreemde heerschers, R. 1911; 't Geluk hangt als een druiventros, R. 1919 (Das Glück des Hauses Sassetti, d. 1935); Het leven van Francesco Campana, R. III 1924 f.; De nar uit de Maremmen, III 1927–29 (d. 1935); Het wonder der liefde, R. 1931; Carnaval, R. 1933; Gij en ik, 1941.

Schéhadé, Georges, franz. Dichter, 2. 11. 1910 Alexandria/Ägypten – 17. 1. 1988. Aus alter libanes. Familie von franz. Kultur; franz. Schule; Jurastud. Paris; Licence in Jura; lebte in Beirut, war Generalsekretär der ›Ecole Supérieure des Lettres‹. – Surrealist. Lyriker und Dramatiker von starker poet. Ausdruckskraft. In s. Gedichten wandelt er e. beschränkten Themenkreis poet. Bilder in immer neuer Variation ab. Seine Theaterstücke sind weniger dramat. als märchenhaft-poet. Seine Gestalten bewegen sich wie Marionetten in e. traumhaft-überwirkl. Realität. S.s Werk ist nicht allein in der Themenwahl, sondern auch im Wechsel von burlesker Phantasie zu poet. Zartheit und in s. skurrilen Humor von ganz persönl. Eigenart.

W: Etincelles, G. 1928; Poésies I, 1938; Rodogune Sinne, R. 1947; Poésies, II 1948; Poésies, III 1949; Poésies Zéro ou L'écolier Sultan, G. 1950; Si tu rencontres un ramier, G. 1951; Monsieur Bob'le, Dr. 1951 (d. 1957); Les poésies 1952 (erw. 1969); La soirée des proverbes, Dr. 1954; L'histoire de Vasco, Dr. 1956 (d. 1958); Les violettes, Dr. 1960 (d. 1960); Le voyage, Dr. 1961; L'émigré de Brisbane, Dr. 1965; L'habit fait le prince, Dr. 1973; Anthologie du vers unique, G. 1977. – Les Poésies, 1969.

L: Zs. ›Cahiers de la Compagnie Renaud-Barrault‹, Sondernummern G. S., 1954, 1956, 1961; J. Schondorff 1961; M. Merlot, 1993.

Scheller, A. → Šeller, Aleksander Konstantinovič

Scheltema → Adama van Scheltema, Carel Steven

Schendel, Arthur (François Emile) van, niederländ. Schriftsteller, 5. 3. 1874 Batavia – 11. 9. 1946 Amsterdam. 1879 Übersiedlung in die Niederlande, 1891–93 Schauspielschule, 1897 bis 1900 in England; Stud. Anglistik; Lehrer. Bis 1920 Schriftsteller in Ede, ab 1921 mit s. Familie in Italien. 1945 Rückkehr in die Niederlande. – S. entwickelte sich vom Neuromantiker über e. schicksalhaften Realismus zum Skeptiker. In der 1. Entwicklungsstufe (1896–1929) romant. Erzählungen um Liebe, Natur, Traumwelt, die meist im MA spielen. Die 2. Stufe bilden die ›holländischen Romane‹, sachlichere Werke aus Alltag u. Gesellschaft des 19. Jh., meist orthodox-protestant. Kreise; zentral steht die Prädestination im kalvinist. u. altgriech.-trag. Sinn. In der 3., 1938 einsetzenden Stufe tritt wieder das romant. Element in den Vordergrund; Phantasiedichtungen mit dem Unterton e. abgeklärten Weisheit. S.s feiner Humor offenbart sich bes. in kürzeren Erzählungen.

W: Drogon, R. 1896; Een zwerver verliefd, R. 1904; Een zwerver verdwaald, R. 1907 (beide zus.: Ein Wanderer, d. 1924); De schoone jacht, N. 1908 (d. 1920); Shakespeare, B. 1910; De berg van droomen, M. 1913 (d. 1927); Der liefde bloesems, R. 1921; Merona, een edelman, 1927; Fratilamur, N. 1928; Florentijnsche verhalen, En. 1929; Het fregatschip Johanna Maria, R. 1930 (d. 1933); Een eiland in de Zuidzee, Reiseb. 1931 (d. 1959); Jan Compagnie, R. 1932; De Waterman, R. 1933; Herinneringen van een dommen jongen, En. 1934; Een Hollandsch drama, R. 1935; De rijke man, R. 1936; De grauwe vogels, R. 1937; De wereld een dansfeest, Skn. 1938; Mijnheer Oberon en mevrouw, N. 1940; Het oude huis, R. 1946; Voorbijgaande schaduwen, R. 1948. – Verzameld werk, VIII 1976–78, ²1983.

L: J. Greshoff, 1934; R. Pulinckx, 1944; G. H.'s-Gravesande 1949 (m. Bibl.); F. W. van Heerikhuizen, 1961; S. Vanderlinden, De dansende burger, 1980; Ch. Vergeer, 1983.

Schenûte von Atripe, ca. 361/62–465/66, kopt. Schriftsteller und Mönch. Seit 385 Abt des ›Weißen Klosters‹ bei Sohag, das er zu einem kulturellen u. wirtschaftlichen Zentrum Oberägyptens machte. 431 begleitete er Kyrill I zum Konzil nach Ephesos. – Mitbegründer der kopt. Lit. Bedeutend sind s. Briefe, Predigten u. Katechesen. Heftige Angriffe auf Heidentum und Nestorianer. S. verlangte als erster von s. Mönchen eine schriftl. Profeßurkunde. Kopt. Heiliger. Biographie durch s. Schüler Besa.

A: E. Amélineau, Œuvres de Schenoudi I/II, 1907–1914; J. Leipoldt, W. E. Crum, Sinuthii archimandritae vita et opera omnia I., CSCO 41/Copt. 1, 1906; III., CSCO 42/Copt. 2, 1908 (Nachdr. 1955) u. IV., CSCO 73/Copt. 5, 1913.

L: J. Leipoldt, Schenute v. Atripe u. d. Entstehung d. national ägypt. Christentums, 1903; H. Behlmer, Schenute v. Atripe. De Iudicio, 1996, S. LV – LX (biograph. Daten).

Scherfig, Hans, dän. Schriftsteller, 8. 4. 1905 Kopenhagen – 28. 1. 1979 Hillerød. Kunstmaler, ab 1945 Mitarbeiter der kommunist. Zeitung ›Land og folk‹. – Vf. von als Detektivgeschichten eingekleideten satir. Romanen u. Novellen über die Gebrechen der kapitalist. Gesellschaft: die autoritäre Erziehung (›Det forsømte forår‹), die Bürokratie (›Den forsvundne fuldmægtig‹), die Heuchelei (›Idealister‹) u. den Künstlersektiererismus (›Den døde mand‹). Auch Reise- und Kinderbücher.

W: Den døde mand, R. 1937 (Der tote Mann, d. 1958, n. 1992); Den forsvundne fuldmægtig, R. 1938 (Der verschwundne Kanzleirat, d. 1949, n. 1988); Det forsømte forår, R. 1940, ⁷1996 (Der versäumte Frühling, d. 1949, n. 1989); Idealister, R. 1945, ⁶2001 (d. 1950); Skorpionen, R. 1953 (n. 1984; d. 1954); Frydenholm, R. 1962, ⁵1994 (Schloß F., d. 1967, n. 1990); Den fortabte abe, R. 1964; Hos kirgiserne, Reiseb. 1965; Den fattige mands liv, Ess. 1971; Morgenrødens land, Ess. 1971; Butleren og andre historier, En. 1973; Udvalgte essays, Ess. II 1974, III 1975; Den lange dag, Reiseb. 1979.

L: J. Moestrup, 1977; N. Frederiksen, J. Poulsen 1985; H. S. 1905–1979, hg. C. E. Bay 1989; B. Reker Holm 1992. – Bibl.: N. Frederiksen, 1977.

Schewtschenko, Taras → Ševčenko, Taras

Schierbeek, Bert (Lambertus Roelof), niederländ. Schriftsteller, 28. 6. 1918 Glanerbrug – 9. 6. 1996 Amsterdam. Verlagsarbeit. – Experimentelle Prosa, die auch Elemente der Lyrik enthält u. in der typograph. Mittel e. bedeutende Rolle spielen. Einfluß von Joyce u. Zen-Buddhismus; später stärkeres soziales Engagement.

W: Terreur tegen terreur, R. 1945; Het boek ik, R. 1951; De andere namen, R. 1952; De derde persoon, R. 1955; De gestalte der stem, R. 1957; Het dier heeft een mens getekend, R. 1960; Een grote dorst, R. 1968; Inspraak, R. 1970; De deur, G. 1972; Weerwerk, Prosa u. G. 1978; Binnenwerk, Prosa 1982; Formentera, G. 1984; De zichtbare ruimte, G. 1993; Vlucht van de vogel, G. 1996.

L: ›Bzzlletin‹ 58, 1978; J. Stassen, 1979; K. Evers, 1993; Bert en het Beeld, hg. K. Evers 2000.

Schildt, Ernst Runar, finnl.-schwed. Schriftsteller, 26. 10. 1888 Helsingfors – 29. 9. 1925 ebda. Nach Stud. Bibliotheksbeamter, Verlagsleiter. – E. der besten finnl.-schwed. Erzähler, geschult an Söderberg, Maupassant u. A. France. Sichere Sprache, konziser Stil, geistreiche und glatte Eleganz heben ihn über die Flaneurprosa s. Generation hinaus. S. Prosa durchzieht das Problem des Triumphs der Robusten über die Schutz- u. Haltlosigkeit des Lebensuntüchtigen. S. Dramen kreisen um das Motiv des gescheiterten Lebens, das auch die antipod. Frauengestalt, Repräsentantin hingebungsvoller Liebe, nicht aus dem Bannkreis des Todes reißen kann. S. Freitod ist letzte Konsequenz dieser geist. Situation.

W: Den segrande Eros, Nn. 1912; Asmodeus och de tretton själarna, N. 1915; Regnbågen, E. 1916; Rönnbruden, E. 1917; Pröfningensdag, E. 1917; Perdita, Nn. 1918; Raketen, N. 1918; Hemkomsten, Nn. 1919; Armas Fager, E. 1920; Häxskogen, Nn. 1920; Galgmannen, Dr. 1922; Den stora rollen, Dr. 1923; Lyckoriddaren, Dr. 1923. – Samlade skrifter (GW), VI 1926; No-

veller, II 1955; Från Regenbågen till Gelgmannen (AW), II 1998. – *Übs.*: Zoja und andere Erzählungen, 2001.
L: C. G. Laurin, 1921; G. Castrén, 1927; A.-M. Londen, 1989.

Schimmel, Hendrik Jan, niederländ. Schriftsteller, 30. 6. 1823 's-Graveland – 15. 11. 1906 Bussum. Büroangestellter, 1863–78 Direktor der ›Nederlandsche Credietvereniging‹. Mit-Hrsg. der Zs. ›De Gids‹, 1875 Gründer von ›Het Nederlandsch Tooneel‹. – Vf. hist.-romant. Gedichte, Romane u. Dramen. ›Mary Hollis‹ schildert das abenteuerl. Leben e. puritan. Mädchens z. Z. Karls II., ›Mylady Carlisle‹ den Kampf Karls I. mit s. Parlament. Von s. hist. Dramen gelten ›Struensee‹ u. ›De kat van de Tower‹ als die besten. In ›Napoleon Bonaparte‹ führt S. erstmals den Blankvers in das niederländ. Drama ein.
W: Twee Tudors, Dr. 1847; Joan Woutersz, Dr. 1847; Oranje en Nederland, Dr. 1849; Napoleon Bonaparte, Dr. 1851; Nieuwe gedichten, G. 1854; Mary Hollis, R. II 1860; Mylady Carlisle, R. II 1864; Struensee, Dr. 1868; Sinjeur Semeyns, R. III 1875; De kat van de Tower, Dr. 1880; De Kaptein van de lijfgarde, R. 1888. – Dramatische werken, III 1884 f.; Volledige romantische werken, XVIII ²1892–96.
L: B. Hunninger, Het dramatisch werk van Sch., 1931; C. C. M. de Beaufort, De hist. romans en novellen van Sch., 1945.

Schinasi, Ibrahim → Şinasi, Ibrahim

Schinkuba, Bargat → Š°iyn,kuba

Schisgal, Murray, amerik. Dramatiker, * 25. 11. 1926 New York. Kriegsdienst bei der Marine, Jazzmusiker und Gelegenheitsarbeiter, Stud. Jura Brooklyn Law School New York, bis 1959 Anwalt. – Karikiert in erfolgr. Boulevardkomödien zeittyp. Neurosen mit den virtuos kom. gehandhabten, parodist. überzogenen Mitteln des absurden Theaters.
W: A Simple Kind of Love (1960); Ducks and Lovers (1961); Knit One, Purl Two (1963); The Typists, 1963; The Tiger, 1963 (Erstfassung u. d. T. The Postman, 1959); Luv, 1965 (d. 1965); Fragments, Windows and Other Plays, 1965; The Old Jew (1966); Reverberations (1966); Basement (1967); Way of Life (1968); Jimmy Shine, 1969; The Chinese (1970); Dr. Fish (1970); An American Millionaire, Dr. 1974; The Downstairs Boys, Dr. 1980; Days and Nights of a French Horn Player, E. 1980; Twice Around the Park, Drn. (West Side, East Side) 1983; Closet, Madness and Other Plays, 1984; Popkins, Dr. 1984; Closet Madness and Other Plays, Drn. 1984; Jealousy, and There Are No Sacher Tortes in Our Society!, Dr. 1985; Old Wine in a New Bottle, Dr. 1987; Road Show, Dr. 1987; Man Dangling, Drn. 1988; 74 Georgia Avenue, Dr. 1988; Oatmeal and Kisses, Dr. 1990; Extensions, Dr. 1991; The Cowboy, the Indian and the Fervent Feminist, Dr. 1993; Sexaholics and Other Plays, Drn. 1994.

Schlonsky, Abraham, hebr. Dichter, 6. 3. 1900 Krakov b. Poltava (Ukraine) – 18. 5. 1973 Tel Aviv. Schüler des ersten hebr. Gymnas. in Tel Aviv, Stud. an der Sorbonne, 1921–26 Arbeiter in Palästina, Hrsg. versch. hebr. Lit.zss. und Gründer des Arbeiterschrifttumsverlags ›Sifriat Hapoalim‹. – Repräsentant der neuen, am Marxismus orientierten Lyrik mit starken gesellschaftskrit. Akzenten; gibt der bäuerl. Arbeit rituelle Bedeutung. Übs. Shakespeare, Molière, Gogol', Puškin, De Coster u. a.
W: Dewaj, 1924; Gilbōā, 1927; Bagalgal, 1927; Leabba Imma, 1927; Beele hajamim, 1929; Schirej hamappolet wehapijus, 1938; Schirej hajamim, 1946; Al Milleit, 1947; Shirim, 1954; Awnei gewil, 1960; Millet, R. 1979; Pirqe joman, Tg. 1981.
L: Z. Yavin, Innovation, 1980. – *Bibl.:* S. Lachower 1951.

Schlumberger, Jean, franz. Schriftsteller, 26. 5. 1877 Gebweiler/Elsaß – 25. 10. 1968 Paris. Aus reicher protestant. Industriellenfamilie schwäb.-österr. Herkunft, verließ 15jährig das Elsaß, um die franz. Staatsbürgerschaft nicht zu verlieren. Besuchte das Lycée Condorcet in Paris. Neben A. Gide und J. Rivière 1909 Mitbegründer der ›Nouvelle Revue Française‹; 1913 Administrateur des Theaters Vieux-Colombier. Lebte zurückgezogen im Viertel Montparnasse. – Vf. von Romanen, Essays, Novellen, Dramen. Sein erzähler. Schaffen setzt die Tradition des psycholog. Romans fort. Vertreter e. eth. Individualismus. Darstellung von Generationskonflikten. In s. Roman ›L'inquiète paternité‹ kündigt sich die Lit. des heroischen Abenteuers (A. Malraux und Saint-Exupéry) an. Angelpunkt s. Weltanschauung ist die Überwindung der kreatürl. Instinktgebundenheit durch Askese und das Primat des Willens vor der Intelligenz. Aus dieser Haltung erwuchs S.s tiefes Verständnis für Corneille, das ihn befähigte, als e. der ersten zu dessen lit. Rehabilitierung beizutragen, ebenso wie er frühzeitig die Bedeutung Claudels erkannte. S.s klarer, maßvoller Stil vermag alles auszudrücken, ohne s. Reinheit zu verlieren.
W: L'inquiète paternité, R. 1913 (d. 1968); Un homme heureux, R. 1920 (d. 1947); La mort de Sparte, Dr. 1921; Le camarade infidèle, R. 1922 (d. 1948); Le lion devenu vieux, R. 1924 (Kardinal Retz, d. 1955); Dialogue avec le corps endormi, Es. 1927; Les yeux de dix-huit ans, R. 1928 (d. 1930); Saint-Saturnin, R. 1931 (d. 1946); Sur les frontières religieuses, Ess. 1934; Histoire de quatre potiers, R. 1935; Plaisir à Corneille, Es. 1936; Essais et dialogues, Ess. 1937; Stéphane le glorieux, R. 1940; Jalons, Es. 1941; Nouveaux jalons, Ess. 1943; Théâtre, 1943; Eveils, Es. 1949; Madeleine et André Gide, B. 1956 (d. 1957); Passion, En. 1956; Rencontres, Tg. 1968. – Œuvres complètes, VII 1958–62.

Schmidt

L: M. Delcourt, 1945; J. D. Hosbach, 1962; J.-P. Cap, Genf 1971; H. Schlumberger, 1971; J. Rivière, 1980.

Schmeljow, Ivan → Šmelëv, Ivan Sergeevič

Schmidt, Annie M. G. (eig. Anna Maria Geertruida van Duyn-Schmidt), niederländ. Schriftstellerin, 20. 5. 1911 Kapelle – 21. 5. 1995 Amsterdam. Bibliothekarin. Im Krieg Mitarbeit an der damals illegalen Tageszeitung ›Het Parool‹, wo ihr lit. Talent entdeckt wurde. – Sehr erfolgr. mit humorvollen Kindergeschichten u. -gedichten, Kabarett-Texten, Hör- und Fernsehspielen, Musicals. Ihre Texte geben Aufgeblasenheit u. andere menschl. Schwächen dem Lachen preis.

W: Het fluitketeltje, Kdb. 1950; Cabaretliedjes, 1951; De familie Doorsnee, H.-Serie 1954; Jip en Janneke, Kdb. 1953 (m. 4 Forts.); Wiplala, Kdb. 1956 (m. Forts.; d. 1972); Ja zuster, nee zuster, FS-Serie 1966–68, Box m. Text, Noten, 3 CD u. a., 1999; Minoes, Kdb. 1970 (d. 1971, ²1990); En nu naar bed, Musical 1971; Er valt een traan op de tompoes, Dr. 1979; Otje, Kdb. 1980 (d. 1983); Madam, Musical 1981; Los zand, Dr. 1989; Wart ik nog weet, aut. En. 1992.

L: H. Vogel, H. v. d. Bergh, 2000; A. v. d. Zijl, 2002. – Bibl.: M. Raadgeep, 1999.

Schmidt, Wilhelmina Angela → Corsari, Willy

Schmitt, Eric-Emmanuel, franz. Schriftsteller, * 28. 3. 1960 Saint-Foy-lès-Lyon. Stud. Klavier und Philos.; Univ.-Dozent. – Seit 1990 Vf. von Romanen, Dramen, Drehbüchern. Stellt mit s. Werken den Leser vor häufig hist.-polit., aber auch allg. menschl. Probleme, auf die er im Zuge von philos.-psycholog. Meditationen mögliche Antworten geben will.

W: La nuit de Valognes, Dr. 1991; Le visiteur, Dr. 1993; Le libertin, Dr. 1997 (d. 1997); Diderot ou la philosophie de la séduction, Ess. 1997; Frédérick ou le boulevard du crime, Dr. 1998; Monsieur Ibrahim et les fleurs du Coran, R. 1999 (d. 1999); La part de l'autre, Dr. 2001; Lorsque j'étais une œuvre d'art, R. 2002; Les enfants de Noé, R. 2004.

Schmitz, Ettore → Svevo, Italo

Schneck, Stephen, amerik. Schriftsteller, 2. 1. 1933 New York – 26. 11. 1996 Palm Springs/CA. Stud. Militärakad. und Carnegie Institute of Technology; lebte lange in Mexiko, Mittelamerika, Kuba, dann in San Francisco. – ›The Nightclerk‹ handelt von der Frustration und den sexuellen Wachträumen e. dickleibigen Nachtportiers in San Francisco.

W: The Nightclerk, R. 1965 (d. 1966); Nocturnal Vaudeville, R. 1971.

Schneur, Salman, hebr.-jidd. Lyriker u. Romancier, 11. 2. 1887 Schklov/Weißrußland – 20. 2. 1959 Israel (New York?). Sproß e. chassid. Familie; Studium in Warschau, Wilna u. ab 1924 in Paris Medizin; seit 1908 lebte er in der Schweiz u. Frankreich, 1941 Flucht nach USA u. 1951 Einwanderung nach Israel. – S. Gedichte, Erzählungen u. Romane zeugen von elementarer Gestaltungskraft. Mit großer Sprachgewalt ruft er in einigen Gedichten zur Rückkehr zur heidn. bibl. Urzeit auf. Nicht selten begegnen in s. Lyrik schönheitstrunkene Naturschilderungen. Das zentrale Thema seines Schaffens blieb jedoch die Sorge um sein Volk, die sich etwa in den schicksalhaften Ereignissen im Ghetto s. Heimatstadt Schklov in dem Roman ›Noah Pandre‹ ausdrückt.

W: Maase bereschit, G. u. Hamawet, E. 1905; im schekijat hachama, G. 1906; Gescharim, G./chesjonot, G./bamezar, En., III GW, 1923; Noah Pandre, R. 1953; Ansche schklow, E. 1944, Luchot genusim, G. 1950; Hagaon weharaw, R. 1953.

Schoeman, Karel, afrikaanser Prosaschriftsteller, * 26. 10. 1939 Trompsburg/Oranje Vrystaat. Stud. an der Univ. in Bloemfontein, danach in Pretoria katholische Theologie, war ab 1961 Priester in Irland. Von 1968 an als Bibliothekar in Amsterdam tätig, danach an der südafrikanischen Nationalbibliothek in Kapstadt. – S.s Romane verzichten auf weitgehende technische Experimente. Sie stellen den südafrikanischen Menschen in s. Einsamkeit und in s. zerbrechlichen Beziehungen zu anderen Menschen äußerst subtil u. mit großer sprachlicher und stilistischer Kunst dar. Die Niederlande spielen als Land des Kontrastes u. der Herkunft eine besondere Rolle in s. Werk.

W: Veldslag, Nn. 1965; Berig uit die vreemde, Tg. 1966; By fakkellig, R. 1966; Van 'n verre eiland, Tg. 1968; Spiraal, R. 1968; Lig in die donker, R. 1969; Op 'n eiland, R. 1971; Na die geliefde land, R. 1972; Eroica, R. 1973; Die noorderlig, R. 1975; Om te sterwe, R. 1976; Afrika: 'n Roman, R. 1977; Die hemeltuin, R. 1979; Bloemfontein: Die ontstaan van 'n stad (1846–1946), Sb. 1980; Olive Schreiner. 'n Lewe in Suid-Afrika 1855–1881, Sb. 1989; Hierdie lewe, R. 1993; Die uur van die engel, R. 1995; Verkenning, R. 1996; Verliesfontein, R. 1998; Die laaste Afrikaanse boek, Aut. 2002.

Lit: J. C. Kannemeyer, 1988; G. A. Jooste, 1999; W. Burger, H. van Vuuren, 2002.

Scholem Alechem (= Friede mit euch, eig. Schalom Rabinowitsch), jidd. Schriftsteller, 2. 3. 1859 Perejaslav/Ukraine – 13. 5. 1916 New York. Jugend in Voronkov. Bereits mit 21 Jahren Rabbiner in Poltava. 1888/89 Hrsg. des Jahrbuchs ›Di jiddische folksbibliotek‹ in Kiev, in dem er Werke der bedeutendsten jidd. Autoren s. Zeit veröffentlichte. 1905 wanderte er nach Amerika aus. Wie s. zwei großen Zeitgenossen formte auch

S. A. an der jidd. Sprache, verfeinerte sie u. verlieh ihr die subtile Note, die zum Vertrauten der jidd. Eigenart macht. Mit psycholog. Einfühlungsvermögen schuf er in s. Erzählungen, Geschichten, Monologen u. Theaterstücken, die Weltruhm erlangten, Typen aus allen Schichten des ostjidd. Volkslebens, ein wenig karikierend, aber humorvoll unterhaltend u. belehrend. Es ist jenes befreiende u. lebenskluge Lächeln, das den Menschen in überlegener Weise alle Unbilden des Lebens bewältigen läßt u. S. A.s Ruhm als größten Humoristen der jidd. Lit. begründete. In s. größten Werken, in denen er die Episodenform, das Gespräch u. die Korrespondenz zwischen zwei Partnern bevorzugt, erhob S. A. manche s. Gestalten wie z. B. Tewje den Milchmann, den mod. jidd. Hiob u. Weisen aus dem Volke, zu symbol. Höhen u. zu unvergeßl. Figuren der Weltliteratur. S. Kinder- u. Tiergeschichten waren sehr beliebt.

W: Shomar's Mishpet, 1881; Menachem Mendel, R. um 1882, 1976 (d. 1921); A bintel blumen, 1888; Stempeniu, E. 1888 (d. 1922); Tsvei bilder, 1890; Tewje der Milchiger, R. 1894 (Die Geschichte T.s des Milchhändlers, d. 1921, 2000, später u. d. T. Tewje der Milchmann; amerik. Musical u. d. T. The Fiddler on the Roof, d. Anatevka); Yakenhoos, 1894; Yossele Solovoy, 1899; A Maasse on an ek, 1901; Lazar Brodsky als mentch un klal toer, 1905; Der Freilecher Seder – a zamlung humoreskes, lider un funken, 1913; Fun'm jarid, 1916; In Amerika, 1918; Motl pejssi dem chassans, R. um 1920 (Mottl, der Kantorssohn, d. 1965); Hayye Adam, Aut. III 1920; Klajne mentschelech mit klajne hassuges, 1948; Felietonen, 1976; Ojf wus bedarfen Jidn a Land, 1978; Asoj hot gesugt, 1991. – S. A.s Werk, XIV 1908–14; SW, XXVIII 1917–25, XXVIII 1923–25, XV 1952–59. – Übs.: Aus dem nahen Osten, En. 1914; Die erste jüdische Republik, Nn. 1919; Verstreut und versprengt, sowie Schwer zu sein a Jud, 1923; Eine Hochzeit ohne Musikanten, En. 1961; Geschichten aus Anatevka, 1972; Marienbad, R. 1977; Das bessere Jenseits, En. 1984; Die verlorene Schlacht, En. 1984.

L: S. Gorelik, 1920; I. O. Berkovitz, hg. N. Y. 1926; S. Niger, N. Y. 1928; W. Rabinowitsch, N. Y. 1939; M. Samuel, 1943, n. 1965; V. Finkiel, Warschau 1959; G. Kressel, Tel Aviv 1959; M. Waife-Goldberg, N. Y. 1968.

Scholochov, M. → Šolochov, Michail Aleksandrovič

Schopfer, Jean → Anet, Claude

Schreiner, Olive Emilie Albertine (Ps. Ralph Iron), südafrikan. Schriftstellerin, 24. 3. 1855 Wittebergen/Basutoland – 11. 12. 1920 Cradoch/Kapstadt. Tochter e. dt. Methodisten-Missionars; autodidakt. Bildung. Wurde 15jährig Erzieherin in e. Burenfamilie am Rande der Karroo-Wüste. 1881–89 in England, wo ihr Roman ›Story of an African Farm‹ durch Vermittlung von George Meredith reges Interesse weckte und ihr zahlr. Freunde gewann, v. a. lebenslängl. Freundschaft mit Havelock Ellis. ∞ 1894 Samuel Cronwright, e. südafrikan. Politiker. Polit. Auseinandersetzungen mit Cecil Rhodes führten zu ihrer Internierung während des Burenkriegs. – Vf. von Romanen, Kurzgeschichten und Essays über aktuelle polit., soz. und kulturelle Probleme ihrer Heimat sowie e. sozialpolit. Abhandlung über Frauenarbeitsprobleme. O. S. ist typ. für die selbstbewußte Frau, die gegen den viktorian. Rassismus, Imperialismus und Militarismus rebelliert.

W: The Story of an African Farm, R. II 1883 (d. 1964, u. d. T.. Lyndall, II 1892); Dreams, Kgn. 1891 (d. 1894); Dream Life and Real Life, Kgn. 1893; The Political Situation of the Cape Colony, Es. 1896; Trooper Peter Halket of Mashonaland, R. 1897 (d. 1898); Closer Union, Es. 1909; Woman and Labour, Es. 1911 (d. 1914); Stories, Dreams and Allegories, Kgn. 1923; Thoughts on South Africa, Es. 1923; Letters, 1924; From Man to Man, R. 1926; Undine, R. 1928.

L: S. C. Cronwright-Schreiner, 1924; M. V. Friedmann, 1954; D. L. Hobman, 1955; L. Gregg, 1957; W. Walsh, A Manifold Voice, 1970; J. A. Berkman, O. S.: Feminism on the Frontier, 1979; R. First, A. Scott, 1980; C. Clayton, hg. 1983; M. vanWyk Smith, D. MacLennan, hg. 1983; J. A. Berkman, The Healing Imagination of O. S., 1989; K. Schoeman, 1991. – *Bibl.*: R. Beeton, 1974.

Schudraka → Śūdraka

Schukowskij, W. → Žukovskij, Vasilij Andreevič

Schulberg, Budd, amerik. Schriftsteller, * 27. 3. 1914 New York. Sohn e. Hollywood-Produzenten; Stud. Dartmouth College (B. A. 1936); 1943–46 Dienst in der Marine (sammelte u. a. Material für die Nürnberger Prozesse); seit 1936 abwechselnd als Drehbuchautor in Hollywood oder als freier Schriftsteller tätig. – Das stilist. und erzähltechn. unausgeglichene Werk S.s zeichnet sich aus durch klares gesellschaftskrit. Engagement sowie durch ein sicheres Gespür für effektvolle Stoffe, von der Hollywood-Satire bis hin zu Cassius Clay.

W: What Makes Sammy Run?, R. 1941 (d. 1993); The Harder They Fall, R. 1947 (Schmutziger Lorbeer, d. 1956); The Disenchanted, R. 1950 (d. 1954); Some Faces in the Crowd, Kgn. 1953 (d. 1962); Waterfront, R. 1955 (Die Faust im Nacken, d. 1959); Sanctuary V, R. 1969 (Asyl Hölle, d. 1971); Loser and Still Champion: Muhamed Ali, 1972; The Four Seasons of Success, Ess. 1972; Everything That Moves, R. 1980; Moving Pictures, Aut. 1981; Love, Action, Laughter, and Other Sad Tales, 1989; Sparring with Hemingway: And Other Legends of the Fight Game, 1995.

L: N. Beck, 2001.

Schulz, Bruno, poln. Schriftsteller, 12. 7. 1892 Drohobycz/Galizien – 19. 11. 1942 ebda. Wollte Maler werden; Zeichenlehrer in e. galizischen Kleinstadt; im Ghetto von Dt. erschossen. – S. von Kafka beeinflußten autobiograph. Erzählungen mischen Erinnerungen mit phantast.-absurden, mag.-patholog. Visionen; barocke Bilder- u. Farbenflut, Wortmalerei u. melod. Sprache. Übs. Kafkas.

W: Sklepy cynamonowe, En. 1934; Sanatorium pod klepsydrą, En. 1937 (beide d. u.d.T. Die Zimtläden, 1961); Druga jesień, E. 1973; Listy, Fragmenty, Br., Schr. 1984; Z ›Traktatu o manekinach‹, Graphik 1984; Księga listów, Br. 1975. – *Übs.:* Vater geht unter die Feuerwehrmänner, En. 1964; Die Zimtläden u. alle and. En., 1965; Die Republik der Träume, versch. Schrn. 1967; Die Mannequins, En. 1987; GW, II 1992 u. 2000.

L: J. Ficowski, Regiony wielkiej herezji, 1975; J. Speina, Bankructwo realności, 1974; E. Goślicka-Baur, Die Prosa B. S., 1975; Studia o prozie B. S., 1976; W. Wyskiel, Inna twarz Hioba, 1980; L. Steinhoff, Rückkehr zur Kindheit, 1984; J. Ficowski, Okolice sklepów cynamonowych, 1986; J. Jastrzębski, 1999.

Schurer, Fedde, westfries. Dichter, 25. 7. 1898 Drachten – 19. 3. 1968 Heerenveen. Lehrer in Lemmer und Amsterdam, seit 1946 Hauptredakteur des ›Heerenveense (Friese) Koerier‹ zu Heerenveen. 1956 Mitgl. der Zweiten Kammer für die Partij van de Arbeid; Mitgl. des ›Kristlik Frysk Selskip‹; 1927–35 Hrsg. von ›Frisia‹, 1925–36 ›Yn ús eigen Tael‹, 1944 der illegalen ›Rattelwacht‹ und 1946–64 der legalen Fortsetzung ›De Tsjerne‹. – Stand anfangs unter jungfries. Einfluß, fand aber später s. eigenen Ton. S. Schaffen ist durch stark relig. und pazifist. Züge gekennzeichnet. Vorwiegend Lyriker, auch als Dramatiker bedeutend. Übs. H. Heines u. seit 1934 relig. Dichtungen, die er über ›Bikende psalmen en gesangen‹ (1936) und ›Boek fen de psalmen‹ (1947) 1955 mit dem ›Frysk Psalm- en Gesangboek‹, e. Übs. des Gesangbuchs der Ned. Hervormde Kerk, abschloß.

W: Fersen, G. 1925; Utflecht, G. 1930; Heinrich Heine, G.-Übs. 1931; Op alle winen, G. 1936; Fen twa wallen, G. 1940; Simson, Dr. 1945; Vox Humana, G. 1949; Bonifatius, Dr. 1954; Fingerprinten, G. 1955; Efter it nijs, G. 1966; Opheind en trochjown, G.-Übs. R. M. Rilke u. a. 1966; De gitaer by it boek, G. II 1966–69; De bisleine spegel, Aut. 1969; Samle Fersen, G. 1974; Ik bin jim sjonger, Lieder 1998; It dûbeld paradys, G. 1998.

L: M. v. Amerongen, Fedde Schurer as politikus, beweger, dichter, 1998.

Schuyler, James Marcus, amerik. Schriftsteller, 9. 11. 1923 Chicago – 12. 4. 1991 New York. Stud. Bethany College und Florenz; Kunstkritiker, Tätigkeit am Museum of Modern Art. – Zählt zur Gruppe der ›New York School‹ (J. Ashbery, F. O'Hara, K. Koch); Interesse an graph. Kunst und genauer Beobachter von Details des alltägl. Lebens; Dichtung zelebriert die Oberfläche und das Objekt mit persönl. Stimme; ›A Nest of Ninnies‹ über die Ereignislosigkeit im Leben zweier Familien in der Suburbia; ›What's for Dinner?‹ über alkoholkranke Ehefrau und ihr familiäres Umfeld; auch Einakter.

W: Alfred and Guinevere, R. 1958; Salute, G. 1960; The Wednesday Club, G. 1964 (m. K. Elmslie); May 24th or So, G. 1966; Freely Espousing, G. 1969; A Nest of Ninnies, R. 1969 (m. J. Ashbery; d. 1990); The Crystal Lithium, G. 1972; A Sun Cab, G. 1972; Hymn to Life, G. 1974; Song, G. 1976; The Home Book, 1951–1970, 1977; What's for Dinner?, R. 1978; The Morning of the Poem, 1980; Early in '71, R. 1982; A Few Days, G. 1985. – Selected Poems, 1988 (Hymne an das Leben, d. 1991); Collected Poems, 1993; Diary, hg. N. Kernan 1997; Just the Thing, Selected Letters, 2004.

L: D. Revell, hg. 1990.

Schwartz, Delmore (David), amerik. Dichter und Kritiker, 8. 12. 1913 New York – 11. 7. 1966 ebda. Stud. Philos. Univ. of Wisconsin, Harvard und New York; 1940–47 Prof. Harvard, danach an versch. anderen Univ., Mithrsg. der ›Partisan Review‹ (1943–55) und der ›New Republic‹ (1955–57). – Seine Dichtung handelt von der strömenden Zeit und dem Streben des Individuums nach Behauptung s. Identität, vom Schmerz der Bewußtheit. In ›Genesis‹ ringt e. amerik. Jude um Selbstbewahrung gegen die mod. Welt. Übs. von Rimbauds ›Saison en enfer‹ (1939).

W: In Dreams Begin Responsibilities, G. 1938 (Der Traum vom Leben, d. 2002); Shenandoah, Dr. 1941; The Imitation of Life, Ess. 1942; Genesis, Dicht. 1943; The World is a Wedding, Kgn. 1948; Vaudeville for a Princess, G. 1950; Summer Knowledge, G.-Ausw. 1959; Successful Love, Kgn. 1961; Selected Essays, 1970; Last and Lost Poems, 1979; The Ego Is Always at the Wheel, G. 1986; Portrait of Delmore, Tg. 1939–59 hg. E. Pollet 1986; The Ego Is Always at the Wheel: Bagatelles, Kgn. 1986. – Letters, hg. R. Phillips 1984; New Selected Letters, D. S. u. James Laughlin, hg. R. Phillips 1993.

L: R. McDougall, 1974; J. Atlas, 1977; D. Bismuth (frz.) 1991.

Schwarz, Jewgenij → Švarc, Evgenij L'vovič

Schwarz-Bart, André, franz. Romanschriftsteller, * 1928 Metz. Aus poln.-jüd., 1924 nach Frankreich eingewanderter Familie; Sohn e. Straßenhändlers; unregelmäßiger Schulbesuch; ab 1943 aktive Teilnahme an der Résistance; Gefangenschaft, Flucht; Soldat im Feldzug 1944/45; Monteur, dann durch e. Stipendium Stud. an der Sorbonne. Lebte in Paris, jetzt in der Schweiz. – Sein erster Roman ›Le dernier des justes‹ (in 17 Sprachen übersetzt) gibt in naturalist., oft geradezu film. Technik e. Darstellung der Judenverfolgungen, vermischt mit autobiograph. Elementen. ›Un plat de porc aux bananes vertes‹ ist der erste e. auf 7 Teile angelegten Romanzyklus ›La mulâtresse Solitude‹ über die Leiden und Geschikke der Schwarzen in Afrika, Europa und Amerika.

W: Le dernier des justes, R. 1959 (d. 1960); Un plat de porc aux bananes vertes, R. 1967 (m. Simone S.-B.); Histoire d'un livre: La mulâtresse Solitude, Es. 1968 (d. 1976).

Schwob, Marcel, franz. Erzähler, 23. 8. 1867 Chaville/Seine-et-Oise – 12. 2. 1905 Paris. Vater Journalist. 1882 nach Paris zu s. Onkel. Fiel 1887 bei der Aufnahmeprüfung zur Ecole Normale Supérieure durch. Stud. an der Sorbonne; seit 1890 journalist. Tätigkeit, bes. am ›Echo de Paris‹. 1895 schwere Krankheit; verfiel dem Morphium. Reise nach Samoa. – Essayist, Erzähler, Journalist und Philologe. Freund von O. Wilde, der ihm ›Salome‹ widmete. Sein vielseitiges Schaffen umfaßt Romane mit hist. Hintergrund, Zukunftsromane, Legenden, psycholog. Essays und Novellen. S. vermittelt s. umfangreiches Wissen auf hist., linguist. und wiss. Gebiet unaufdringl. in einfachem, klarem Stil. In s. ›Vies imaginaires‹ gibt er Porträts von Berühmtheiten, nicht von ihrem wirkl. Leben, sondern von ihrem Mythos aus. Übs. von Shakespeare und Defoe.

W: Villon et les compagnons de la Coquille, Abh. 1890; Cœur double, E. 1891; Le roi au masque d'or, E. 1892; Le livre de Monelle, E. 1894 (d. 1904); Spicilège, St. 1896; Les vies imaginaires, B. 1896 (Roman der 22 Lebensläufe, d. 1925); La croisade des enfants, 1896 (d. 1947); La lampe de Psyché, E. 1903. – Œuvres complètes, XII 1927–30 (m. Bibl.); Correspondance inédite, hg. J. A. Green 1985. – *Übs.:* Gabe an die Unterwelt, Ausw. 1960.

L: P. Champion, 1927; M. Moreno, Souvenirs de ma vie, 1948; R. Goddard, 1950; G. Trembley, 1969; M. Jutrin-Klener, 1982; G. Krämer, 1999; S. Goudemare, 2000; A. Lhermite, 2002.

Sciascia, Leonardo, ital. Schriftsteller, 8. 1. 1921 Recalmuto/Agrigent – 20. 11. 1989 Palermo. 1935–42 Lehrerbildungsanstalt Caltanissetta, erste intellektuelle Anregungen durch s. Lehrer Vitaliano Brancati, Luigi Monaco u. a.; 1943 Angestellter der Behörde für Getreidespeicherung, erste Kenntnisse der bäuerl. Lebenswelt; nach der Befreiung bis 1957 Volksschullehrer. In s. Geburtsstadt später freier Schriftsteller u. Verlagsberater in Palermo. 1975 Stadtrat in Palermo auf der Liste des PCI; 1979–83 Abgeordneter des Partito Radicale im röm. Parlament. – Vf. von e. Gedichtband, Erzählungen, (Kriminal-)Romanen, Dramen sowie hist. u. lit. Essays. Mit soz. Engagement verfolgt S. in s. meisten Büchern in der Nachfolge von Verga u. Pirandello das Ziel, die hist. Wurzeln der polit. u. moral. Misere der sizilian. Gesellschaft aufzudecken; kombiniert freie Erfindung mit dem Bericht hist. Begebenheiten; S. verstand sich stets als Autor im Geist der Aufklärung. Im Zentrum s. Werks steht s. Kampf gegen die Mafia u. die sie unterstützenden polit. Kräfte.

W: Le favole della dittatura, En. 1950; La Sicilia, il suo cuore, G. 1952; Pirandello e il pirandellismo, Es. 1953; Le parrocchie di Regalpetra, En. 1956; Gli zii di Sicilia, En. 1958 (erw. 1961; d. 1980); Pirandello e la Sicilia, Es. 1961; Il giorno della civetta, R. 1961 (d. 1964); Il consiglio d'Egitto, E. 1963 (Der Abbé als Fälscher, d. 1967); Morte dell' inquisitore, E. 1964; Feste religiose in Sicilia, Es. 1965; L'onorevole, Dr. 1965; A ciascuno il suo, R. 1966 (Tote auf Bestellung, d. 1968); Recitazione della controversia liparitana dedicata ad A. D., Dr. 1969; La corda pazza, Ess. 1970; Atti relativi alla morte di R. Roussel, Prosa 1971; Il contesto, R. 1971 (Tote Richter reden nicht, d. 1974); Il mare colore di vino, En. 1973 (d. 1975); Todo modo, R. 1974 (d. 1977); La scomparsa di Majorana, R. 1975 (d. 1978); I pugnalatori, R. 1976; Candido, R. 1977 (d. 1979); L'affaire Moro, Es. 1978 (d. 1979); Il teatro della memoria, Prosa 1981 (Aufzug der Erinnerung, d. 1984); Occhio di capra, Es. 1984; 1912 + 1, R. 1986; Porte aperte, 1987; Il cavaliere e la morte, 1988; Una storia semplice, 1989; Alfabeto pirandelliano, 1989; Fatti diversi di storia letteraria e civile, 1989. – Opere, III, hg. C. Ambroise 1987–91.

L: W. Mauro, 1971; L. Cattanei, 1979; M. Padovani, La Sicilia come metafora, 1979; C. Ambroise, [4]1983; A. Motta, hg. 1985.

Ščipačëv, Stepan Petrovič, russ. Dichter, 7. 1. 1899 Ščipaci/Sverdlov – 2. 1. 1980 Moskau. Ab 1919 Mitglied der KP. – Mäßig begabter, offiziell geförderter sowjet. Lyriker, der gängige polit. Thematik mit Motiven der Liebe u. Natur verbindet u. dadurch in der Stalinzeit auch bei lit. Interessierten Anerkennung fand.

W: Stroki ljubvi, G. 1945; Stichotvorenija, G. 1948; Pavlik Morozov, Poem 1950; Berezovyj sok, Aut. 1956; Tol'ko izbrannoe, G. 1962; Dumy, G. 1962; Ladon', G. 1964; Krasnye list'ja, G. 1967; Sineva Rossii, G. 1976. – Sobranie socinenij (GW), III 1976f.; Izbrannye proizvedenija (AW), II 1965, II 1970. – *Übs.:* Es gibt ein Buch der Liebe, G. 1962.

Scliar, Moacyr, brasilian. Schriftsteller, * 23. 3. 1937 Porto Alegre. Familie russ.-jüd. Immigranten, aufgewachsen in jüd. Gemeinde Bom Fim, Medizinstud. Porto Alegre, Erzähler, arbeitet als Arzt ebda. – Erzähler humorvoller, teils phantast. Geschichten vorwiegend mit jüd. Kulturhintergrund. Mit ›O centauro no jardim‹ gelingt der internationale Durchbruch.

W: Histórias de médico em formação, En. 1962; O carnaval dos animais, En. 1968; A guerra no Bonfim, N. 1972; O exército de um homem só, N. 1973; Os mistérios de Porto Alegre, Chronik 1973; A balada do falso Messias, En. 1976; O ciclo das águas, En. 1976; Mês de cães danados, R. 1978; O anão do televisor, En. 1979; O centauro no jardim, R. 1980 (d. 1985); A estranha nação de Rafael Mendes, N. 1983 (d. 1989); Sonhos tropicais, R. 1992; Judaísmo, Abh. 1994; Dicionario do viajante insólito, Chronik 1995; Oswaldo Cruz, B. 1996; A majestade do Xingu, R. 1997; O leopardo de Kafka, R. 2000; O imaginário cotidiano, Chronik 2001; Eden-Brasil, R. 2002.

L: H. M. Frazer, 1980; J. Tolman, 1981; C. Araújo de Medina, 1985; F. L. Chaves, 1985; A. v. Brunn, 1990.

'Scodz·enc,hyk,hu, H·ed·em (Šogencukov oder Šodžencykus, Ali oder Adam), kabard. Dichter, 18. 10. 1900 Kučmazukino – 29. 11. 1941 in dt. KZ. Vater Kleinbauer; 1914 Geistl. Seminar Baksan. Päd.-Stud. auf der Krim, ab 1917 Konstantinopel. Lehrer in der Heimat. Ab 1935 freier Schriftsteller, 1937 Vorsitzender des kabard.-balkar. Schriftstellerverbandes. – Wird seit 1917 gedruckt. In seinen Erzählungen, Epen u. Gedichten von Puškin, Lermontov, Nekrasov, Gor'kij u. Majakovskij beeinflußt. Stoffe aus dem → Narten-Epos. Schuf eindrucksvolle Bilder vom Leben in Kabarda in Vergangenheit u. Gegenwart. Das Poem ›Madina‹ (1928–33) erzählt von e. Frau der vorrevolutionären Zeit, das Poem ›Die gestrigen Tage Tembots‹ (1934–36) schildert den Bauernaufstand 1913, der hist. Versroman ›Kambot und Laza‹ (1938) den Feudalstaat; Erzählungen über das mod. Leben. Übs. ins Karbard.: Puškin, Lermontov, Ševčenko, Gor'kij, Chetägkaty.

W: Thygq·eh·er (W), II 1961. – *Übs.*: russ.: Poèmy 1949; Poèmy i stichi 1950; Izbrannoe (W), 1948, 1957, 1981; dt.: Gedichte in: Sowjetliteratur 1 (1972) u. 8 (1977).

L: A. Šortän, 1950, Ch. Teunov, 1950; A. Chakuaščev, 1958; Xäkuašä, 1961; M. Sakova, 1994.

Scorza, Manuel, peruan. Schriftsteller, 9. 9. 1928 Lima – 27. 11. 1983 Madrid (Flugzeugunglück). Stud. Lit.; Verleger, Prof.; wegen polit. Aktivitäten im Gefängnis, oft im Exil, vorwiegend in Buenos Aires u. Paris; Mitgl. des linksgerichteten ›Frente Obrero, Campesino, Estudiantil y Popular‹, setzte sich uneingeschränkt für die Unterdrückten, speziell für die Indios ein. – Schrieb am Anfang lyr. u. galante Gedichte u. wechselte später zum Roman über. Der in grausam einfacher, aber vollkommen poet. Prosa aus der Sicht der Indios geschriebene Romanzyklus ›La guerra silenciosa‹ ist e. Aufschrei der Entrechteten, e. mag.-realist. Darstellung von Mythen u. tatsächl. Begebenheiten.

W: Canto a los mineros de Bolivia, G. 1954; La guerra silenciosa, R.-Zyklus: Redoble por Rancas, 1970 (d. 1975), Garabombo, el invisible, 1972 (d. 1977), El jinete insomne, 1976–77 (d. 1981), Cantar de Agapito Robles, 1976–77 (d. 1984), La tumba del relámpago, 1978; La danza inmóvil, R. 1983. – Poesía, 1986; Poesía incompleta, 1976.

Scott, Duncan Campbell, kanad. Dichter u. Erzähler, 2. 8. 1862 Ottawa – 19. 12. 1947 ebda. Sohn e. methodist. Geistlichen; 1879–1932 Staatsbeamter im Ministerium für indian. Angelegenheiten; journalist. u. editor. Tätigkeit. – S. teilt mit den Confederation Poets e. krit. Sicht auf das Verhältnis von europ. Tradition u. kanad. Lebensumständen; dies kommt v. a. in s. ›indian.‹ Gedichten zum Ausdruck.

W: The Magic House, G. 1893; In the Village of Viger, Kgn. 1896; Labor and the Angel, G. 1898; New World Lyrics and Ballads, 1905; Via Borealis, G. 1906; Beauty and Life, G. 1921; The Witching of Elspie, Kgn. 1923; The Poems, 1926; The Green Cloister, G. 1935; The Circle of Affection, Kgn./G. 1947; At the Mermaid Inn, Ess. 1979; Untitled Novel, 1979.

L: S. Dragland, 1974; K. P. Stich, 1980; G. Johnston, 1983.

Scott, F(rancis) R(eginald), kanad. Lyriker, 1. 8. 1899 Quebec – 30. 1. 1985 Montreal. Lehrer, Anwalt, Jura-Dozent in Montreal u. Quebec. – Seit über 30 Jahren einer der richtungsweisenden kanad. Lyriker: polit. u. gesellschaftl. Satire, einfache bis metaphysisch komplexe Liebesgedichte sowie Naturlyrik von schlichtem Imagismus bis zu reicher Assoziationsfülle.

W: Overture, 1945; Events and Signals, 1954; The Eye of the Needle: Satires, Sorties, Sundries, 1957; Signature, 1964; Selected Poems, 1966; The Dance Is One, 1973. – The Collected Poems, 1981.

L: S. Djwa, R. St. J. MacDonald, hg. 1983; S. Djwa, 1987.

Scott, Gabriel (eig. Holst Jensen), norweg. Schriftsteller, 8. 3. 1874 Leith/Schottland – 9. 7. 1958 Stockholm. Sohn e. Schiffsgeistlichen. 1881 nach Høvåg/Sørlandet; bis 1894 Mechanikerfachschule. – Begann als Lyriker und Vf. idyll. Märchen, schrieb dann heitere Romane und Komödien; nach dem 1. Weltkrieg hist., teils myst.-relig. Romane von moral. Grundhaltung aus dem Leben der einfachen Bauern und Arbeiter mit legendären und naturmyst. Zügen. Auch Jugendbuchautor.

W: Digte, G. 1894; Aftenrøde, Arkitekt Helmes optegnelser, G. 1896; Jagtjournalen, Nn. 1901; Tripp, trapp, træsko, Jgb. 1902 (Die kleine Terz, d. 1930); Siv, G. 1903; Tante Pose, R. 1904; Himmeluret, R. 1905; Broder Lystig, R. 1909; Babels taarn, K. 1910; Sverdliljer, G. 1912; Kari Kveldsmat, Jgb. 1913 (Kari, d. 1933); Jernbyrden, R. 1915 (Das eiserne Geschlecht, d. 1929, u. d. T. Die Feuerprobe, d. 1943); Enok Rubens levnedsløp, R. 1917; Kilden eller brevet om fiskeren Markus, R. 1918 (Die Quelle des Glücks, d. 1925); Det gyldne evangelium, R. 1921; Stien eller Kristofer med kvisten, R. 1925 (Kristofer mit dem Zweig, d. 1929); Sven Morgendug, R. 1926 (Und Gott?, d. 1927); Hyrden, R. 1927; Fant, R. 1928 (d. 1934); Josefa, R. 1930; Alkejægeren, R. 1933; Skipper Terkelsens levnedsløp, R. 1935; Helgenen, R. 1936 (Er kam vom Meer, d. 1940); Ferdinand, R. 1937; De vergeløse, R. 1938; En drøm om en drøm, R.-Tril. 1940–47; Ferge-mannen, R. 1952. – Romaner i utvalg, XII 1945 f.; Utvalgte romaner, VIII 1962; Fortellinger i utvalg, 2000.

L: A. Beisland, 1949; I. Terland, G. S. en bibliografi, 1987; T. E. Dahl, 1998.

Scott, Hugh Stowell → Merriman, Henry Seton

Scott, Paul, engl. Romancier, 25. 3. 1920 London – 1. 3. 1978 ebda. 1946–50 Verlagsangestellter, 1950–60 Direktor e. lit. Agentur, Gastdozent in Indien u. USA. – Bes. bekannt für die Tetralogie ›The Raj Quartet‹ über die letzten Jahre der brit. Herrschaft in Indien (1984 als ›The Jewel in the Crown‹ für das Fernsehen adaptiert).

W: Johnnie Sahib, R. 1952; The Alien Sky, R. 1953; The Chinese Love Pavilion, R. 1960 (d. 1962); The Bender, R. 1963 (Tee und Gin, d. 1964); The Corrida at San Felíu, R. 1964 (d. 1967); The Jewel in the Crown, R. 1966 (d. 1985); The Day of the Scorpion, R. 1968 (d. 1968); The Towers of Silence, R. 1971 (d. 1987); A Division of the Spoils, R. 1975 (die vier Re. u.d.T. The Raj Quartet, 1976); Staying On, R. 1977; After the Funeral, Kg. 1979.

L: P. Swinden, 1980; P. Childs, 1998; J. Banerjee, 1999.

Scott, Sir Walter, Baronet, schott. Romanschriftsteller u. Dichter, 15. 8. 1771 Edinburgh – 21. 9. 1832 Schloß Abbotsford/Schottland. Sohn e. Anwalts aus altem schott. Geschlecht; Kindheit auf dem Landgut s. Großvaters b. Kelso. Von Jugend an e. Bein gelähmt. Schule u. Stud. Edinburgh. Ab 1792 Gerichtssekretär ebda., ab 1799 Sheriff von Selkirk. ∞ 1797 Charlotte Carpentier († 1826), Tochter e. franz. Emigranten. Nahm von Jugend an lebhaften Anteil an den traditionellen Liedern und Balladen s. Heimat, des schott. Grenzlands, an Volksdichtung und schott. Sagenwelt. Übersetzte Bürgers ›Lenore‹ (1796) und den ›Wilden Jäger‹ sowie Goethes ›Götz von Berlichingen‹ (1799) und ›Erlkönig‹. Angeregt durch Percys ›Reliques‹ sammelte er als junger Advokat engl. und schott. Grenzballaden in ›Minstrelsy of the Scottish Border‹ (1802/03); er strebte dabei nicht philolog. originalgetreue Wiedergaben der alten Tradition an, sondern wollte den Dichtungen künstler. Form geben, bearbeitete daher frei, fügte auch eigene Dichtungen ein, die der Volksdichtung nachempfunden waren. Nachdem ihm der engere Rahmen der Volksdichtung nicht mehr genügte, schrieb er ep. Versromanzen, die die Szenerie und Atmosphäre der Grenzballaden mit ma. Ritterromantik vereinten. So entstanden ›The Lay of the Last Minstrel‹, ›Marmion‹, ›The Lady of the Lake‹ u. a. Versromane, die außerordentl. großen Erfolg hatten. 1809 Partner im James-Ballantyne-Verlag. Den Titel des Poet laureate lehnte er zugunsten Southeys ab. Von s. großen Einkünften erbaute er

1812–14 das got. Schloß Abbotsford, wo er lebte und schrieb. – Nachdem Byrons ep. Dichtungen s. Versromanzen in den Schatten stellten, wandte S. sich der Prosa zu und wurde zum eig. Begründer des hist. Romans. S. 1. Prosaroman ›Waverley‹ erschien anonym, da er es für nicht vereinbar mit der Würde e. Landedelmannes hielt, Romane zu schreiben. Nach dem großen Erfolg von ›Waverley‹ erschienen in rascher Folge weitere Romane, die er ›vom Verfasser von Waverley‹ zeichnete. 10 Jahre hindurch gelang es ihm, s. Verfasserschaft geheimzuhalten. S. hatte jahrelang eingehende hist. Studien getrieben, sich bes. intensiv mit der Gesch. des MA beschäftigt, so gelang es ihm, überzeugende geschichtl. Zeitbilder zu geben, die er mit reicher Phantasie anschaul. romant. ausschmückte. Als Helden wählte er fiktive Gestalten, die großen geschichtl. Persönlichkeiten bildeten den Hintergrund. Mit Akribie zeichnete er auch geringe Nebenumstände, um die jeweilige Zeit möglichst getreu zu verlebendigen. S.s großer Erzählergabe gelang es, fünf Jh. engl. und schott. Geschichte (1200–1700) zu gestalten, insgesamt erschienen 27 ›Waverley‹-Romane. Während s. Hauptgestalten vielfach etwas oberflächl. und blaß gezeichnet waren, gab er außerordentl. anschaul. Nebengestalten nach lebenden Vorbildern des ihm eng vertrauten Grenzlandes. Auf der Höhe s. Ruhmes wurde er 1820 zum Baronet ernannt. Nach Bankrott (1826) des Verlags Ballantyne fühlte S. sich moral. verpflichtet, für den Schaden in Höhe von 126 000 Pfund aufzukommen, und arbeitete unter Aufopferung s. Gesundheit unermüdlich, selbst nach Nachlassen s. künstler. Kräfte. 1830 erlitt er e. Schlaganfall, e. Italienreise brachte nicht die ersehnte Wiederherstellung der Gesundheit. 1832 wurde er in sehr geschwächtem Zustand heimgebracht und starb bald danach; in Drybury Abbey beigesetzt. S.s Romanwerk umfaßte auch abenteuerl.-romant. Romane und solche aus dem Alltagsleben. S. Einfluß reichte weit über die Grenzen Großbritanniens, er beeinflußte u. a. A. Dumas, V. Hugo, Balzac, Alexis, Hauff, v. Scheffel u. Manzoni. Hrsg. Drydens u. Swifts.

W: The Eve of St. John, G. 1800; Minstrelsy of the Scottish Border, III 1802f. (hg. T. F. Henderson IV ²1968); The Lay of the Last Minstrel, Dicht. 1805 (d. 1820); Ballads and Lyrical Pieces, 1806; Marmion, Dicht. 1808; The Lady of the Lake, Dicht. 1810 (d. 1819); Rokeby, Dicht. 1813; The Bridal of Triermain, Dicht. 1813; Waverley, R. III 1814 (n. A. Hook 1972; d. 1822); Border Antiquities of England and Scotland, 1814, 1822; The Lord of the Isles, Dicht. 1815 (d. 1822); Guy Mannering, R. III 1815 (d. 1817); Old Mortality, R. 1816; The Antiquary, R. III 1816 (n. N. J. Watson 2002); Harold, the Dauntless, Dicht. 1817; Rob Roy, R. III 1817 (d. 1819); The Heart of Midlothian, R. 1818; A Legend of Montrose, R. 1819; The Bride of Lammermoor, R.

Scribe

1819; Ivanhoe, R. 1819 (n. G. Leeming 1970; d. 1820); The Monastery, R. 1820; The Abbot, R. 1820; The Pirate, R. 1821; Kenilworth, R. 1821 (n. D. Daiches 1969); The Fortunes of Nigel, R. 1822; Quentin Durward, R. 1823; Peveril of the Peak, R. 1823; St. Ronan's Well, R. 1823; Redgauntlet, R. 1824; The Betrothed, R. 1825; Lives of the Novelists, B. IX 1825; The Talisman, R. 1825; Woodstock, R. 1826; Chronicles of the Canongate, En. 1827; Life of Napoleon, B. II 1827; Miscellaneous Prose, 1827; The Fair Maid of Perth, R. 1828; Tales of a Grandfather, En. IV 1828; Anne of Geierstein, R. 1829; Letters on Demonology and Witchcraft, 1830 (n. R. L. Brown 1968); History of Scotland, II 1830; Essays on Ballad Poetry, 1830; Count Robert of Paris, R. 1832; Castle Dangerous, R. 1832. – Waverley Novels, Edinburgh Ed. XLVIII 1830–34 u. hg. D. Hewitt, 1993ff.; Standard Ed. hg. A. Lang XXV 1895–97, Oxford Ed. XXIV 1912; Miscellaneous Prose, hg. J. G. Lockhart XXX 1834–71; Poetical Works, hg. ders. XII 1833f., hg. W. M. Rossetti 1870, hg. J. L. Robertson 1894; Letters, hg. H. J. C. Grierson XII 1932–37; The Journal, hg. D. Douglas II 1890 (n. 1970), hg. J. G. Tait III 1939–46, I 1950. – *Übs.*: SW, CLXXIV 1826–33; Poet. Werke, IV 1854–57; Romane, XII 1876f.; XXXIV 1904–09.

L: J. G. Lockhart, VII 1837f.; M. Ball, 1907 (n. 1973); D. Cecil, 1933; E. Muir, Scott and Scotland, 1936; F. R. Hart, 1966; J. T. Hillhouse, The Waverley Novels, 1968; H. J. Grierson ²1969; J. O. Hayden, hg. 1970; A. N. Jeffares, hg. 1970; E. Johnson, II 1970; D. Daiches, 1971; D. D. Devlin, The Author of Waverley, 1971; A. Frazer, hg. 1971; H. Tippkötter, 1971; C. Oman, 1972; K. Gamerschlag, 1978; Th. Crawford, 1982; S. and His Influence, hg. J. H. Alexander, D. Hewitt 1983; H. E. Shaw, 1983; J. Millgate, 1984; H. Pearson, ²1987; J. Wilt, 1985; J. Lauber, 1989; J. Sutherland, 1995. – *Bibl.*: W. Ruff, 1938; G. Dyson, 1960.

Scott Fitzgerald, Francis → Fitzgerald, F(rancis) Scott

Scribe, (Augustin-)Eugène, franz. Dramatiker, 24. 12. 1791 Paris – 20. 2. 1861 ebda. Stud. Rechte; nach Aufführung s. bereits 1810 geschriebenen Theaterstücks ›Le prétendu sans le savoir‹ am Théâtre des Variétés widmete er sich ganz der Bühnenschriftstellerei; nach einigen Mißerfolgen hatte er mit ›Une nuit de la Garde Nationale‹, das in Zusammenarbeit mit Delestre-Poirson verfaßt wurde, Erfolg und wurde Hausdichter am Théâtre des Variétés sowie am neugegründeten ›Gymnase‹. Lieferte im Zeitraum zwischen 1816–30 etwa 150 Stücke, die er zusammen mit zahlr. ständigen und außerordentl. Mitarbeitern verfaßte. Zu s. Werkstatt gehörten C. Delavigne, Mélesville, H. Dupin u. a. Nach der Revolution von 1830 verlegte sich S. auf die polit.-satir. Komödie, mit der er am ›Théâtre français‹ ebenfalls sehr erfolgr. war. In dieser Epoche gehören s. berühmtesten Lustspiele und Dramen. Außerdem verfaßte S. Libretti für über 50 Opern. Neben dieser umfangreichen Bühnenproduktion treten s. Romane und Novellen an Zahl und Bedeutung zurück. Ab 1834 Mitglied der Académie Française. – Ungemein fruchtbarer Theaterdichter; schrieb zusammen mit s. Mitarbeitern insgesamt mehr als 400 Stücke von großer Bühnenwirksamkeit; sie bleiben allerdings trotz gelungener Typisierung ohne feinere psycholog. Durchzeichnung der Charaktere, der Dialog ist witzig, aber nicht originell. Bewundernswert ist S.s Geschick in Aufbau und Durchführung der Intrige. Sein Werk gehört trotz gekonnter Technik zum lit. anspruchslosen, leichten Boulevardtheater.

W: Le prétendu sans le savoir, K. 1810; Une nuit de la Garde Nationale, Sch. 1815; Le secrétaire et le cuisinier, Sch. 1821; La dame blanche, Libr. 1825; Le mariage de raison, Sch. 1826; La muette de Portici, Libr. 1828; Fra Diavolo, Libr. 1830; Robert le Diable, Libr. 1831; Bertrand et Raton, Sch. 1833; La Juive, Libr. 1835; Les Huguenots, Libr. 1836; Le verre d'eau, K. 1840 (d. 1841); Une chaîne, K. 1842; Adrienne Lecouvreur, K. 1849; Le prophète, Libr. 1849; Les contes de la reine de Navarre, K. 1850; Bataille des dames, K. 1851. – Œuvres complètes, LXXVI 1874–85; Théâtre, V 1856–59; Théâtre choisi, 1911. – *Übs.*: Theater, IV 1842–44, VI 1842f.; Romane, V 1846–48; Novellen, 1847.

L: E. Legouvé, 1874; M. Kaufmann, 1911; J. Rolland, Les comédies politiques de S., 1912; N. C. Arvin, Cambridge/Mass. 1924; H. G. Ruprecht, Diss. Saarbrücken 1965; ders., 1976; E. Aschengree, 1969; H. Koon, R. Switzer, 1979; K. Pendle, 1979; A. Steinmetz, 1984; M. Jahrmärker, 1999; D.-F.-E. Aubert, 2001; N. Iki, 2001.

Scudéry, Georges de, franz. Dichter, (getauft) 22. 8. 1601 Le Havre – 14. 5. 1667 Paris. Vater Kapitän der kgl. Marine; zuerst Offizierslaufbahn; ließ sich 1639 mit s. Schwester Madeleine de S. in Paris nieder; Gast der preziösen Salons; Mitgl. der Académie Française; als Dramatiker Rivale von Corneille; s. ›Observations sur le Cid‹ lösten die berühmte ›querelle du Cid‹ aus; 1644–47 Gouverneur des Forts von Notre-Dame-de-La-Garde in Marseille; kehrte nach Paris zurück und verfaßte in Zusammenarbeit mit s. Schwester preziöse, außerordentl. erfolgr. Romane (Verfasserschaft strittig); suchte nach der Fronde in der Normandie Zuflucht; ⚭ Marie Françoise de Martinvast; kehrte später nach Paris zurück. – Vf. zahlr. sehr erfolgr. Theaterstücke im Zeitgeschmack, preziöser Gedichte sowie e. Epos. Sein Werk zeugt von reicher Phantasie, Anmut und Harmonie, verfällt aber leicht in Geziertheit, fade Galanterie und schwülstige Beschreibungen; s. Bühnenstücken fehlen klarer Handlungsablauf und psycholog. Durchzeichnung der Charaktere.

W: Ligdamon et Lidias, Tragikom. 1629; Le trompeur puny, Tragikom. 1631; Le vassal généreux, Tragikom. 1633; Le fils supposé, K. 1634; Le prince déguisé, Tragikom. 1634; La mort de César, Tr. 1635; Didon, Tr. 1636; Observations sur le Cid, Abh. 1637; L'amant libéral, Tragikom. 1637; L'amour tyrannique, Tragikom.

1638; Eudoxe, Tragikom. 1639; Apologie du théâtre, Abh. 1639; Andromire, Tragikom. 1640; Ibrahim ou l'illustre Bassa, Tragikom. 1641; Axiane, Tragikom. 1643; Arminius, Tragikom. 1643; Poésies diverses, 1649; Alaric ou Rome vaincue, Ep. 1654. – Œuvres, 1912; Poésies diverses, hg. R. G. Pellegrini II 1983f.

L: A. Batereau, 1902; E. Perrier, 1908; C. Clerc, Un matamore de lettres, 1929; J. W. Schweitzer, 1939; D. Moncond'huy, 1987; P. G. Klaus, 1989; M. Vuillermoz, 1996.

Scudéry, Madeleine de, franz. Romanschriftstellerin, 15. 10. 1607 Le Havre – 2. 6. 1701 Paris. Seit 1630 in Paris Haushälterin ihres Bruders Georges de S. Seit 1650 (nach Mme de Rambouillet) Mittelpunkt des führenden Salons der Preziösen in Paris. – Vf. umfangreicher, von D'Urfés ›Astrée‹ beeinflußter Romane, wahrscheinl. in Zusammenarbeit mit ihrem Bruder. In pseudohist. Maskierung porträtiert sie Zeitgenossen und zeichnet die Sitten der zeitgenöss. Gesellschaft. Sie verbindet galante Geschichten mit feiner psycholog. Analyse. In ihren Werken fanden die Preziösen Vorbilder für das von ihnen angestrebte verfeinerte gesellschaftl. Verhalten.

W: Ibrahim ou l'illustre Bassa, R. IV 1641 (d. Ph. v. Zesen 1654); Artamène ou le Grand Cyrus, R. X 1649–53; Les femmes illustres, 1654f.; Clélie, histoire romaine, R. X 1654–60 (d. 1664); Almahide, R. VIII 1660–63 (d. 1682–96); Mathilde d'Aquilar, R. 1665; Conversations et entretiens, X 1680–92 (daraus Conversations morales, 1686, d. 1753); Isabelle Grimaldi, hg. E. Seillière 1923; Lettres choisies, hg. E. Runschke 1926.

L: R. H. de la Montagne, 1914; C. Aragonnès, 1934; D. MacDougall, Lond. 1938; G. Mongredien, 1946; A. Niederst, 1976; N. Aronson, 1978; R. Godenne, 1983; R. Kroll, 1996; Ch. M. Chatalat, 1997; D. Denis, 1997; Ch. Schamel, 1999; K. Krause, 2002.

Sebastian, Mihail (eig. Josef M. Hechter), rumän. Schriftsteller, 18. 10. 1907 Brăila – 29. 5. 1945 Bukarest. Aus jüd. Familie. Stud. Jura Bukarest u. Paris, Redakteur an ›Cuvântul‹. – Schrieb Essays, Romane u. Theaterstücke von bestechender Intelligenz, feinem Humor u. durchdringender Analyse. Im Zuge der Veröffentlichung des Tagebuchs (50 Jahre nach s. Entstehung) u. der Neuauflage des Romans ›Seit zweitausend Jahren‹ wurde die Problematik der Zwischenkriegszeit mit Antisemitismus und der Nationalitätenfrage erneut aufgeworfen, was S. zu starker Beachtung verhalf.

W: De două mii de ani, R. 1934 (Seit zweitausend Jahren, d. 1997); Orașul cu salcâmi, R. 1935; Accidentul, R. 1940; Steaua fără nume, K. 1942 (Stern ohne Namen, d. 1961); Ultima oră, K. 1944 (Letzte Nachrichten, d. 1954); Jurnal, Mem. 1997. – Opere alese, II 1963.

L: Cornelia Ștefănescu, 1968.

Seber, Cemal Süreya → Cemal Süreya

Secundus, Johannes → Johannes

Sedaine, Michel-Jean, franz. Dramatiker, 4. 7. 1719 Paris – 17. 5. 1797 ebda. Sohn e. Architekten; nach frühem Tod des Vaters ärml. Jugend; unterbrach s. Stud. am Collège des Quatre-Nations, arbeitete als Maurer, um zum Lebensunterhalt der Familie beizutragen; e. Gönner ermöglichte ihm die ausschließl. Beschäftigung mit der Lit.; durch die ›Epître à son habit‹ schnell berühmt; verkehrte im Kreis der Aufklärer, Freundschaft mit Diderot, D'Alembert, Favart; ständiger Sekretär der Akad. für Architektur; 1786 Mitglied der Académie Française. – Erfolgr. Vf. von Komödien, Dramen, Opernlibretti; beeinflußt von Diderot; s. Stücke sind geschickt aufgebaut und beziehen ihre Wirkung durch den Einsatz von Bühneneffekten und durch Appell an die Sentimentalität des Publikums; s. Drama ›Le philosophe sans le savoir‹ legte den Typus des ›genre sérieux‹ fest. Librettist für die ersten kom. Opern von Monsigny und Grétry; S.s übriges Werk bleibt konventionell.

W: Recueil de pièces fugitives, G. 1750; Le diable à quatre, Libr. 1756; Blaise le savetier, Libr. 1759 (Der Dorfbalbier, d. 1771); Rose et Colas, Libr. 1763; Le philosophe sans le savoir, K. 1765 (n. T. E. Oliver, Urbana 1913; E. Feuillâtre 1936; d. 1767, u. d. T. Der Weise in der Thal, d. 1786); Les sabots, Libr. 1768; La gageure imprévue, K. 1768 (n. E. Niklaus 1971; d. 1781); Le Déserteur, Libr. 1769; Raymond V, comte de Toulouse, Dr. o. J.; Aucassin et Nicolette, Libr. 1780; Richard Cœur de Lion, Libr. 1784. – Œuvres dramatiques, V 1800; Théâtre, 1877.

L: M. Gisi, 1883; L. Günther, 1908; M. A. Rayner, Diss. Lond. 1960; M. Ledbury, 2000.

Sedaris, David, amerik. Schriftsteller, * 26. 12. 1959 Raleigh/NC. Gelegenheitsjobs, Radiokommentator, Lehrer. – Bekannt für s. humorist.-satir. und autobiograph. Skizzen in Form von Tagebucheinträgen (›Naked‹); schonungslos enthüllende Einblicke in eigenes Privatleben und das s. familiären und soz. Umfeldes.

W: Origins of the Underclass, Kgn. 1992; Barrel Fever, Kgn. u. Ess. 1994 (d. 2002); The SantaLand Diaries, Dr. (1996); Naked, autobiograph. Ess. 1997 (d. 1999); Little Freida Mysteries, Dr. (1997, m. A. Sedaris); Holidays on Ice, Kgn. 1997 (d. 1999); Me Talk Pretty One Day, autobiograph. Ess. 2000 (d. 2001).

Sedges, John → Buck, Pearl S(ydenstricker)

Sedgwick, Catharine Maria, amerik. Schriftstellerin, 28. 12. 1789 Stockbridge/MA – 31. 7. 1867 West Roxbury/MA. Aus konservativ-calvinist. ›Federalist‹-Familie stammend, entwickelte sie selbst egalitäre, demokrat. Positionen, autodidakt. Bildung, Reisen (daraus Reisebücher), befreundet mit W. C. Bryant. – Vorbildfunktion durch weibl. Entwicklungsroman ›A New England Tale‹, Regionalroman ›Redwood‹, Gesellschaftsroman ›Clarence‹ und hist. Roman ›Hope Leslie‹ nach dem Vorbild W. Scotts über die Auseinandersetzungen zwischen Puritanern und Indianern; Biographien; Erziehungslit.

W: A New England Tale, R. 1822; Redwood, R. II 1824 (d. 1837); Hope Leslie, R. II 1827 (d. 1836); Clarence, R. II 1830; The Linwoods, R. II 1835; Tales and Sketches, 1835; Home, E. 1935; The Poor Rich Man and the Rich Poor Man, E. 1836 (Arm und Reich, d. 1865); Live and Let Live, E. 1837; Means and Ends; or, Self-Training, E. 1839; Letters from Abroad to Kindred at Home, II 1841; Tales and Sketches, Second Series 1844; Married or Single?, R. 1857 (d. 1857); Memoir of Joseph Curtis, a Model Man, 1858. – Life and Letters, hg. M. E. Dewey 1871; The Power of Her Sympathy, Aut. hg. M. Kelley 1993.

L: E. H. Foster, 1974; P. L. Kalayjian, 1991.

Sedley, Sir Charles, engl. Dichter, März 1639 Aylesford/Kent – 20. 8. 1701 Hampstead. Stud. Oxford. Am Hofe Charles' II. bekannt als weltmänn. geistvolle Persönlichkeit, aber auch als mod.-leichtfertiger Lebemann; Freundschaft mit Dryden u. Shadwell. – Vf. dramat. Versuche, von denen nur zwei nach Vorbild von Terenz und Molière geschriebene Komödien (›Bellamira‹ und ›The Mulberry Garden‹) lit. bedeutsam sind. Seine Lyrik, anmutig verspielte liedhafte Rokokokunst, zeigt ausgezeichnete Beherrschung metr. Formen. Am bekanntesten das Lied ›Phyllis Is My Only Joy‹.

W: The Mulberry Garden, K. 1668; Antony and Cleopatra, Dr. 1677; Bellamira, K. 1687; The Grumbler, Dr. 1719. – Poetical and Dramatic Works, hg. V. de Sola Pinto II 1928.

L: V. de Sola Pinto, 1927, n. 1965; M. Hudnall, Moral Design in the Plays of Sir C. S., 1984.

Sedulius, lat. christl. Dicher, 5. Jh. n. Chr. – Hauptwerke sind das ›Carmen Paschale‹ (Ostergedicht) in 5 Büchern, das die Wunder Gottes im AT u. die Wunder Jesu nach den Evangelien darstellt, u. die spätere Prosafassung desselben Stoffes (›Opus Paschale‹), in der die Exegese mehr Raum einnimmt. Die Werke richteten sich zunächst wohl an heidn. gebildete Leser. – S. wurde im MA viel gelesen.

A: J. Huemer, Corp. Script. Eccl. Lat. 10, 1885.

L: C. P. E. Springer, The Gospel as Epic ..., Leiden 1988; M. Mazzega, S., Carm., Buch III, Basel 1996.

Sedulius Scottus, mittellat. Schriftsteller und Gelehrter, Mitte 9. Jh. n. Chr. Ir. Abstammung; kam von Irland auf den Kontinent; lebte u. a. in Lüttich und Köln; Gründer der ir. Kolonie in Lüttich; später e. Art Hofpoet Lothars II. und Karls des Kahlen. – Vf. grammat. Schriften aufgrund s. reichen Kenntnisse der griech. Sprache, auch mehrerer kommentierender theolog. Werke, e. Fürstenspiegels ›Liber de rectoribus Christianis‹ für Karl den Kahlen und e. Anzahl formvollendeter Gedichte.

A: Carmina: L. Traube, Mon. Germ. Hist., Poetae 3, 1886; S. Hellmann 1906; J. Meyers 1991. *Komm.:* In Donati artem maiorem, hg. D. Brearley 1975; B. Löfstedt 1977; In Donati artem minorem, in Priscianum, in Eutychen, hg. ders. 1977; Zum Evangelium nach Matthäus, hg. ders. II 1989–91; In apostolum, hg. H. J. Frede, H. Stanjek II 1996–97; Collectaneum miscellaneum, hg. D. Simpson 1988, Suppl. 1990; On christian rulers, engl. E. G. Doyle 1983. – *Übs.:* R. Düchting 1968.

L: S. Hellmann, 1906; J. Meyers, L'art de l'emprunt dans la poésie de S., 1986; ders., Le classicisme lexical dans la poésie de S., 1994.

Seeberg, Peter, dän. Erzähler, 22. 6. 1925 Skrydstrup – 8. 1. 1999 Humlebæk. Sohn e. Lehrers, 1950 M.A. in Lit.wiss.; Teilnehmer an mehreren archäolog. Unternehmen, 1960–93 Museumsdirektor in Viborg. – Vf. phantast. u. realist.-symbol. Prosa, sowie von Kinder- und Erinnerungsbüchern.

W: Bipersonerne, R. 1956; Fugls føde, R. 1957 (Der Wurf, d. 1972); Eftersøgningen, En. 1962, [4]1997 (Die Nachforschung, d. 1968); Hyrder, R. 1970 (n. 1991, Ein Grund zum Bleiben, d. 1972); Ved havet, R. 1978 (Am Meer, d. 1981); Hovedrengøring, Erinn. 1979; Om fjorten dage, En. 1981; Værkfører Thomsens endelige hengivelse, En. 1986; Rejsen til Ribe, En. 1990; Erindringer fra 100 år, En. Oslo 1992 (n. u. d. T. Udvalgte noveller, hg. J. Riis 1994); Vingeslag, En. 1995; Halvdelen af natten, En. 1997; Tre tidlige fortællinger, En. 2000; En enkelt afbrydelse, En. 2001. – *Übs.:* Die Frau im Fluß, En. 1983.

L: Mytesyn, hg. I. Holk; En hilsen til P. S., hg. M. Bro-Jørgensen 1993; M. Juhl, 1999; P. Vejrum, 2000.

Seeberg, Staffan, schwed. Erzähler, * 4. 8. 1938 Stockholm. Dr. med. 1975, Bakteriologe. ∞ Ann-Mari Seeberg. – Durchbruch mit ›Vägen genom Vasaparken‹, private Tagebuchaufzeichnungen, typograph. Experiment mit linguist. Elementen, fragmentar. Gedanken.

W: Vägen genom Vasaparken, R. 1970; Lungfisken, R. 1971 (Der Lungenfisch, d. 1973); Cancerkandidaterna, R. 1975; Holobukk, R. 1977; Grönlandsskogen, R. 1980 (Der Wald von Grönland, d. 1981); Där havet börjar, R. 1982; Stellas frihet, R. 1985; Därför, R. 1990; Aprilfloden, R. 1995; Lauras ansikte, R. 1999; Ariadnes spår, R. 2000.

Seferis, Giorgos (eig. Georgios Seferiades), griech. Lyriker, 19. 2. 1900 Smyrna – 20. 9. 1971 Athen. Stud. Jura Athen u. Paris, Diplomat, Botschafter in London. 1963 Nobelpreis. – Führender

Vertreter der Moderne in Griechenland, zuerst im Bann der poésie pure und des reinen Symbolismus, dann aber souveräner Gestalter e. neuen, von der Tradition gelösten Dichtung, als deren Vorbild auch T. S. Eliots Dichtung gilt. Dennoch schlug S. eigene Wege ein und setzte den Grundstein der Moderne in Griechenland.

W: Strophē, G. 1931; Hē sterna, G. 1932; Mythistorēma, G. 1935; Gymnopädia, G. 1936; Tetradio gymnasmaton, G. 1940; Hēmerologio katastrōmatos A (bzw. B), G. II 1940–44 (d. 1981); Dokimes, Ess. 1944; Teleutaios stathmos, G. 1947; Kichlē, G. 1947; Poiēmata, G. 1950; Kypron hu m'ethespisen, G. 1956; Discours de Stockholm, Rd. 1964; Hē glōssa stēn poiese mas, Es. 1965; Tria krypha poiēmata, G. 1966 (d. 1985); Cheirographo Sep. '41, B. 1972; Meres tu 1945–51, Tg. 1973 (u. d. T. Meres E, 1977); Meres A, B, C, Tg. 1925–1940, 1975–1977; Hoi hōres tēs kyrias Ersēs, Prosa 1973; Dokimes, I, II, III, Ess. 1974 (Versuche, d. 1981); Hexi nychtes stēn Akropolē, R. 1974 (d. 1984, 1995); Henas dialogos gia tēn poiēsē, 1975; Tetradio gymnasmatōn B, G. 1976; Meres D, Tg. 1941–1944, 1977; Politiko hēmerologio A, Tg. 1935–1944, 1979; B, Tg. 1945–1949, 1949; Meres F, Tg. 1986. – Übs.: Delphi, Es. 1962; Poesie, 1962; Sechzehn Haikus, 1968; Ausw. 1988; Alles voller Götter, Ess. 1989.

L: T. Malanos, 1965; F. M. Pontani, hg. Padua 1970; P. Levi, Ho tonos tēs phōnēs tu S., 1970; M. Vitti, Phthora kai logos, 1978; X. A. Kokkolis, Sepherika II, 1982–85; T. Sinopulos, Tessera meletēmata gia ton S., 1984; D. Maronitis, Hē poiēsē tu G. S., 1984; R. Beaton, 1991; S. Karajannis, 1997.

Sefrioui, Ahmed, alger. Schriftsteller franz. Sprache, *1915 Fès. Beamter im Kulturbereich, Arbeit im Tourismussektor, Journalist. – Konzentriert sich in s. Romanen auf Geschichten s. Landes, bes. auf Szenen und Episoden aus der Stadt Fès.

W: Le chapelet d'ambre, R. 1949; La boîte à merveille, R. 1954; La maison de servitude, R. 1973; Le jardin des sortilèges ou le parfum des légendes, E. 1989.

Segal, Erich (Wolf), amerik. Schriftsteller, * 16. 6. 1937 New York. Sohn e. Rabbiners, Prof. für vergleichende Lit.wiss. und klass. Philol., lehrte in Yale, Princeton, München, Tel Aviv und Oxford; 1972 Fernsehkommentator der Olymp. Spiele, in s. Freizeit Marathonläufer, lebt im US-Staat New Hampshire. – Bestselleerautor der Triviallit. Berühmt durch ›Love Story‹. Auch V. mehrerer Drehbücher, u. a. zum Beatles-Film ›The Yellow Submarine‹.

W: Love Story, R. 1970 (d. 1971); Odyssee, Dr. 1974; Oliver's Story, R. 1977 (d. 1977); Man, Woman and Child, R. 1980 (d. 1980); The Class, R. 1985 (. . . und sie wollten die Welt verändern, d. 1986); Doctors, R. 1987 (Die das Leben lieben, d. 2002); Acts of Faith, R. 1992 (Die Gottesmänner, d. 1994); Prizes, R. 1995 (Der Preis des Lebens, d. 1997); Only Love, R. 1997 (d. 1999); The Death of Comedy, St. 2001.

L: L. C. Pelzer, 1997.

Ségalen, Victor(-Ambroise-Désiré) (Ps. Max Anély), franz. Schriftsteller, 14. 1. 1878 Brest – 21. 5. 1919 Huelgoat/Bretagne. Stud. Medizin; Schiffsarzt, viele Reisen in den Fernen Osten und auf die austral. Inseln, bes. Tahiti; bestimmend wurde für S. das Erlebnis der chines. Kultur, die er auf zwei Reisen durch China (1908 u. 1914) kennenlernte. – Vf. von symbolist. beeinflußten Romanen und Gedichten, deren Exotismus sich nicht in fremdartigem Dekor erschöpft, sondern e. Suche nach neuem Lebensgefühl ausdrückt; daher bes. in s. Prosagedichten Verwandtschaft zu Claudel und Saint-John Perse.

W: Les immémoriaux, R. 1907 (d. 1986); Stèles, G. 1912 (komm. H. Bouillier 1963); Peintures, G. 1916; Orphée-Roi, Libr. 1921; René Leys, R. 1922 (d. 1982); Odes, 1926; Equipée, de Pékin aux marches thibétaines, 1929; Thibet, G. 1958; Lettres de Chine, 1967; Imaginaires, Nn. 1972; Siddharta, Dr. hg. G. Germain 1974; Le fils du ciel, R. hg. H. Bouillier 1975 (d. 1983). – Ausw. J.-L. Bédouin 1963 (m. Bibl.); Correspondance, S. u. H. Manceron 1907–18, 1985–86.

L: J. Loize, De Tahiti au Thibet, 1944; A. Joly-Ségalen, 1950; H. Bouillier, 1961; V.-P. Bol, Lecture de Stèles, 1972; J.-L. Bédouin, 1973; K. White, 1979; Colloque Segalen, 1979; G. Germain, 1982; J. Jamin, 1982; L. Zecchi, 1982; M. Taylor, 1983; C. Courtot, 1984.

Šegedin, Petar, kroat. Schriftsteller, 8. 7. 1909 Žrnovo/Korčula – 1. 9. 1998 Zagreb. Stud. Philol. Zagreb, freier Schriftsteller ebda.; Akad.-Mitglied. – Vf. lit. Essays, die sich mit dem sozialist. Realismus u. dem Strukturalismus auseinandersetzen, sowie geistreicher Reiseberichte. In Romanen u. Erzählungen behandelt Š. die gegenwärtigen Probleme des einfachen Menschen in Dalmatien oder beschreibt das trag. Dilemma der Intelligenzija. Š. führt die existentialist. u. psychoanalyt. Prosa in die kroat. Lit. ein.

W: Djeca božja, R. 1946 (Kinder Gottes, d. 1962); Osamljenici, R. 1947; Mrtvo more, En. 1953; Na putu, Reiseb. 1953; Eseji, 1956; Susreti, Reiseb. 1962; Na istom putu, En. 1963; Orfej u maloj bašti, En. 1964; Crni smiješak, En. 1969; Svi smo odgovorni?, Ess. 1971; Getsemanski vrtovi, N. 1981; Getsemanski vrtovi, 1981; Tišina, En. 1982; Vjetar, R. 1986; Licem u lice, En. 1987; Krug što skamenjuje, R. 1988; Frankfurtski dnevnik, Tg. 1993; Izdajnik, R. 1993; Svijetle noći, Erinn. 1993; Novele, 1996. – Izabrana djela (AW), 1966; PSHK 128/1, 2, 1977 (m. Bibl.).

L: Ž. Jeličić, 1953; J. Frangeš, 1992.

Seghers, Pierre Paul Charles Gustave, franz. Lyriker, 6. 1. 1906 Paris – 4. 11. 1987 ebda. Leiter e. bekannten Verlagshauses ebda., fördert als Hrsg. junge Talente. Schüler von P. Eluard und Desnos. Seine metaphys. Lyrik wird weniger vom Erlebnis des Menschen als von abstrakten Leitideen bestimmt. Anfangs auch Kriegslyrik. 1940 bis 1948 Hrsg. der Zs. ›Poésie‹.

Segrais

W: Bonne espérance, G. 1938; Le chien de pique, G. 1943; Le domaine public, G. 1945; Le futur antérieur, G. 1947; Jeune fille, G. 1948; Six poèmes pour Véronique, G. 1950; Poèmes choisis 1939–52, 1952; Le cœur-volant, G. 1954; Les poèmes de l'amour, 1955; Racines, G. 1956; Pierres, G. 1958; Chansons et complaintes, G. 1959; Piranèse, G. 1961; Dialogues, G. 1966; Ausw. 1967.

L: C. Seghers, 1981; F. Venaille, 1992; P. Joffroy, ²1992; J.-P. Milovanoff, 2001.

Segrais, Jean Regnault de, franz. Schriftsteller, 22. 8. 1624 Caen – 25. 3. 1701 ebda. Jesuitenkolleg in Caen. 1648–72 im Dienst von Mlle de Montpensier, begleitete sie z.Z. der Fronde ins Exil nach Saint-Fargeau; 1662 Mitglied der Académie Française; Sekretär, Freund und Ratgeber von Mme de La Fayette, die den 1. Teil ihrer ›Zaïde‹ unter s. Namen veröffentlichte. 1679 Rückkehr nach Caen; zurückgezogenes, bürgerl. Leben; Mittelpunkt der ›Académie de Caen‹. – Vf. leichter, geistreicher Dichtungen; am bedeutendsten s. von A. Chénier nachgeahmten ›Eglogues‹ und s. Oden. Sein Gedicht ›Athys‹, insgesamt recht schwach, zeigt e. zu s. Zeit ungewöhnl. Heimat- und Landschaftsgefühl. Übs. Vergils (1668, 1712).

W: Bérénice, R. IV 1648–51; Athys, G. 1653; Nouvelles françaises ou les divertissements de la Princesse Aurélie, Nn. 1656f. (n. 1983); Floridon, N. 1657; Poésies diverses, G. 1658; Segraisiana, Anekd. 1722; L'amour guéri par le temps, Tr. 1722; Eglogues, G. 1723. – Œuvres diverses, 1723.

L: L. Brédif, 1863; A. Gasté, 1887; W. M. Tipping, Diss. Paris 1933.

Ségur, Sophie Rostopčina, Comtesse de, franz. Schriftstellerin, 19. 7. 1799 Petersburg – 31. 1. 1874 Paris. Tochter des Grafen Rostopčin; ∞ Graf Eugen de S. – Vf. zahlr. Kinderbücher, die durch ihre Mischung von unbeschwerter Fröhlichkeit und unaufdringl. pädagog. Belehrung außerordentl. erfolgr. waren.

W: Nouveaux contes de fée pour les petits enfants, M. 1857; Les petites filles modèles, E. 1858; Les vacances, E. 1859; Les mémoires d'un âne, E. 1860 (d. 1947); Les deux nigauds, E. 1862; Les malheurs de Sophie, E. 1864 (d. 1864); L'auberge de l'Ange-gardien, E. 1864 (d. 1885); Le général Dourakine, E. 1864; François le bossu, E. 1864; Jean qui grogne et Jean qui rit, E. 1865; Un bon petit diable, E. 1865. – Correspondance, 1993. – Œuvres, XX 1930–32, XVIII 1973ff.

L: A. de Maricourt, 1910; R. Gobillot, 1924; J. Chennevière, 1932; A. de Pitray, 1939; M. de Hédouville, 1953; P. Bleton, 1963; P. Guérande, 1964; A. Adler, Möblierte Erziehung, 1970; M.-L. Audiberti, 1981; L. Fillol, 1981; L. Kreyder, 1987; L. Luton, 1999; G. de Diesbach, 1999.

Seifert, Jaroslav, tschech. Dichter, 23. 9. 1901 Prag – 10. 1. 1986 ebda. Mitarbeiter u. Redakteur versch. linksorientierter Ztt. u. Zss.; mehrmaliger Aufenthalt in der UdSSR u. Paris; 1929 aus der kommunist. Partei ausgeschlossen. Fiel nach 1969 in Ungnade wegen der Unterschrift des ›Manifests der 2000 Worte‹ u. der Unterstützung der ›Charta 77‹. 1984 Nobelpreis. – Begann mit sozialist.-proletar. Tendenzen, wendete sich jedoch früh von ihnen ab u. besang hedonist. Lebensfreuden (›Samá láska‹) u. die Errungenschaften der Zivilisation (›Na vlnách TSF‹) im Sinne der ›Poetismus‹-Dichtung. Während u. nach dem 2. Weltkrieg zarte, oft melanchol. Stimmungslyrik. Außerdem Satiren, Jugendlit., Reportagen, Feuilletons u. Übs. aus dem Russ. u. Franz.

W: Město v slzách, G. 1920; Samá láska, G. 1923; Na vlnách TSF, G. 1925 (Auf den Wellen von TSF, d. 1985); Slavík zpívá špatně, G. 1926; Poštovní holub, G. 1929; Jablko z klína, G. 1933; Ruce Venušiny, G. 1936; Zpíváno do rotačky, Sat. 1936; Jaro, sbohem, G. 1937; Kamenný most, G. 1944; Přilba hlíny, G. 1945; Šel malíř chudě do světa, G. 1949; Píseň o Viktorce, G. 1950; Maminka, G. 1954 (Was einmal Liebe war, d. 1982); Chlapec a hvězdy, G. 1956; Odlévání zvonů, G. 1967; Halleyova kometa, G. 1967 (Der Halleysche Komet, d. 1986); Zpěvy o Praze, G. 1968; Milostná rondeaux, G. 1969; Eliščin most, G. 1970; Morový sloup, G. 1977 (Die Pestsäule, d. 1985); Deštník z Piccadilly, G. 1979 (Der Regenschirm vom Piccadilly, d. 1986); Všecky krásy světa, Erinn. Toronto 1981 (Alle Schönheit dieser Welt, d. 1985; Ein Himmel voller Raben, d. II 1986); Býti básníkem, G. 1983 (Gewitter der Welt, d. 1984); Co všechno zaval sníh, G. 1991. – Dílo (W), VII 1953–70. – Übs.: Im Spiegel hat er das Dunkel, G.-Ausw. 1982; Erdlast, G.-Ausw. 1985.

L: V. Černý, 1954; F. X. Šalda, 1961; Nobel Prize – Nobelpreis, FfM. 1984; Att vara poet, hg. F. Janouch, M. Slavíčková Stockholm 1986; L. Řezníček, D. Massimi, hg. Rom/Oslo 1986; J. Šimůnek, Malá knížka o Mamince, 1987; Z. Pešat, 1991.

Seiler, Andreas → Zejleŕ, Handrij

Šeinius (eig. Ignas Jurkūnas), litau. Dichter, 2. 4. 1889 Širvintai – 15. 1. 1959 Stockholm. Gymnas. Vilnius, Stud. Philos. und Kunstgesch. Moskau und Stockholm. Während litau. Unabhängigkeit diplomat. Dienst in Skandinavien und Finnland, litau. Gesandter in Schweden, wo er später im Exil lebte. – Vertreter des Impressionismus, stark beeinflußt durch K. Hamsun; später Wendung zum Realismus. S. erster dichter. Versuch ›Enduko sapnas‹ erschien in ›Aušrinė‹. Später Mitarbeiter der Zsn. ›Vaivorykštė‹ u. ›Baras‹.

W: Kuprelis, E. 1913; Nakties žiburiai, E. 1914; Vasaros vaišės, E. 1914; Siegried Immerselbe atsijaunina, R. 1934; Aš dar kartą grįžtu, En. 1937; Randonasis tvanas, Erinn. 1941; Vyskupas ir velnias, En. 1959. – Raštai (W), II 1989.

Sei Shônagon, jap. Dichterin, 10. Jh. n. Chr. Tochter des Kiyowara no Motosuke (908–990), lit. u. wiss. hochbegabte Familie; stand ihrer Zeitgenossin Murasaki Shikibu an Bildung nicht nach. Trat um 990 in den Dienst der Kaiserin Sadako, die ihr sehr zugetan war. Nach deren Tod im Jahre 1000 verließ S. S. den Hof; ihr weiteres Leben liegt im dunkeln. – Große Intelligenz paarte sich bei S. S. mit scharfem Witz u. freimütiger Schlagfertigkeit, was sie oft unbeliebt machte u. ihr den Ruf der Überheblichkeit einbrachte. Mit ›Makura no sôshi‹, dem ›Kopfkissenbuch‹ (um 1000), schuf sie e. neue Art der Lit., die ›dem Pinsel folgend (zuihitsu)‹ all das aufzeichnete, was dem Augenblick bemerkenswert erschien. Es gibt in s. bunten Vielfalt ausgezeichnet Einblick in das höf. Leben u. Denken der Zeit.

W: Makura no sôshi (Das Kopfkissenbuch, d. 1944, 1948, 1952, 1975, 1992; franz. 1934; engl. 1967.)

L: A. Beaujard, Paris 1934; I. Morris, 1967; M. Morris, S. S.'s Poetic Catalogues (HJAS 40), 1980; R. L. Copeland, The Father-Daughter Plot, 2001.

Sějarah Melayu (oder Sulalat-us Salatin), hist. bedeutende malai. Chronik, Anfang des 17. Jh. Erzählt die Genealogie der Herrscher von Malakka bis zum Beginn der Kolonisation durch die Portugiesen im 16. Jh. Zentrales Anliegen ist ihre Legitimation durch Schilderung ihres myth. Ursprungs (u. a. Iskandar Dzulkarnain, Alexander der Große als Eroberer und Missionar des Islam) und ihrer übernatürlichen Kräfte. Vf. vermutlich Tun Muhammad Johor Lama mit dem Titel Tun Sěri Lanang u. s. Sohn. Andere Chroniken aus dem Archipel unter den Titeln Sějarah, Silsilah (Genealogie) oder Hikayat (Erzählung).

A: Abdullah bin Abdulkadir al-Munshi, 1831 (versch. Neu-A.); W. G. Shellabear 1896 (versch. Neu-A.) u.a.; H. Overbeck, Malaiische Weisheit u. Geschichte, 1927.

L: L. F. Brakel, in: Hdb. d. Orientalistik 3. Abt., Bd. 3, Abschnitt 1, S. 127f.

Sejfullina, Lidija Nikolaevna, russ. Erzählerin, 3. 4. 1889 Varlamovo (im ehem. Gouv. Orenburg) – 25. 4. 1954 Moskau. Vater Geistlicher tatar. Abstammung; Schauspielerin, 1906 Lehrerin, ab 1917 im Bereich der Volksbildung im Ural und in Sibirien tätig; ab 1923 in Moskau. – Schrieb in den 1920er Jahren Erzählungen über das Dorfleben in der Bürgerkriegszeit, schildert z.B. in der seinerzeit vielbeachteten Novelle ›Peregnoj‹ in der überkommenen realist. Art positive Wirkungen der Revolution auf Kreise der Bauernschaft; diese und die Novelle ›Virineja‹ hatten auch als Bühnenstücke Erfolg.

W: Pravonarušiteli, E. 1922 (Der Ausreißer, d. 1925); Peregnoj, N. 1923; Virineja, N. 1925 (d. 1925). – Sobranie sočinenij (W), VI 1929–31, IV 1968f.; Chudožestvennye proizvedenija, vospominanija, stat'i (W, Erinn. u. Aufs.), 1959; Sočinenija (W), II 1980. – *Übs.:* Das Herz auf der Zunge, En. 1959.

L: S. v vospominanijach sovremennikov, 1961; N. N. Janovskij, ²1972; V. Kardin, 1976.

Sekine, Hiroshi, jap. Lyriker, * 31. 1. 1920 Tokyo. Nach Abschluß der Grundschule verschiedene Jobs in der Industrie, daneben erste Gedichte. Ab 1940 als Journalist tätig. 1953 erster Gedichtband, seit 1958 freier Schriftsteller. – Als Lyriker führendes Mitglied der Dichtergruppen ›Rettô‹ u. ›Gendaishi‹, die die jap. Nachkriegslyrik nachdrücklich beeinflußten, daneben Veröffentlichung von Reportagen und literatur- und gesellschaftskritischen Aufsätzen.

W: E no shukudai, G. 1953; Abe Sada, G. 1971. – *Übs.:* Cinderellas: the selected poetry of S. H., engl. 1995, d. in: Mensch auf der Brücke, hg. E. Klopfenstein, W. Ouwehand 1989.

Sekulić, Isidora, serb. Autorin u. Essayistin, 16. 2. 1877 – 5. 4. 1958 Belgrad. Stud. Pädagogik Sombor u. Budapest, Lehrerin. – Lit. Tätigkeit erst ab 30, ihre meditativen u. assoziativen Texte bilden den Anfang der mod. serb. Prosa.

W: Iz prošlosti, En. 1919; Đakon bogorodične crkve, R. 1920; Analitički trenuci i teme I–III, Ess. 1940; Zapisi o mom narodu, En. 1948; Mir i nemir, Ess. 1957; Ogledi, Ess. 1959. – Sabrana dela (GW), XII 1961–66, V 2001; Moj krug kredom, Aut. 1984.

L: S. Leovac, 1986; M. Milošević, 2002.

Selander, (N.) Sten (E.), schwed. Lyriker u. Essayist, 1. 7. 1891 Stockholm – 8. 4. 1957 ebda. Arztsohn. 1920–22 Reisen u.a. in Holland, Frankreich, Italien; Stud. Philol.; 1950 Dr. phil.; Botaniker, 1951 Dozent in Uppsala, lit. Mitarbeiter u. Kritiker u.a. an ›Svenska Dagbladet‹ u. ›Dagens Nyheter‹, 1953 Mitgl. der Schwed. Akad. – Vf. von Gedichten aus dem Stadtleben in traditionell. Form; 5füßige Jamben bevorzugt. Nähe zu A. Österling. Vertret. des idyll. Realismus vermischt mit bürgerl. Reflexion u. Angst vor dem Maschinenzeitalter. S. verteidigt d. bestehenden humanen Werte, befürwortet Toleranz, Mitgefühl u. Maßhalten. Ergreifende Naturlyrik, musikal. u. weich, mit Anklängen an Naturmystik. Als Wissenschaftler Erforscher der Flora in unerschlossenen Gegenden des Hochgebirges in Lappland; verschmolz in s. Essays Humanismus u. Naturkenntnis. Übs. engl. u. amerik. Schriftsteller.

W: Vers och visor, G. 1916; Vår Herres hage, G. 1923; Staden, G. 1926; En dag, G. 1931; Svensk mark, Ess. 1934; Sommarnatten, G. 1941; Lappland, några sommarströvtåg, Ess. 1948; Det levande landskapet i Sverige,

Ess. 1955; Avsked, G. 1957; Linnélärjungar i främmande länder, 1960.

L: O. Hedberg, 1957.

Selby, Hubert Jr., amerik. Schriftsteller, 23. 7. 1928 New York – 26. 4. 2004 Los Angeles. In Brooklyn aufgewachsen, fuhr zur See, langer Krankenhausaufenthalt, dadurch freier Schriftsteller. – ›Last Exit to Brooklyn‹ wurde 1967 in e. aufsehenerregenden Prozeß in Großbritannien als obszön verboten; trotzdem gilt S. als Moralist, der in s. konsequent naturalist. Alltagschronik aus den Slums von Brooklyn mit ihrer Gewalttätigkeit, Drogensucht und sexuellen Perversion e. ›amerikanische Hölle‹ und die Verzweiflung mod. Existenz gestaltete.

W: Last Exit to Brooklyn, R. 1964 (d. 1968); The Room, R. 1971 (Mauern, d. 1972); The Demon, R. 1976 (d. 1980); Requiem for a Dream, R. 1978 (d. 1981); Song of the Silent Snow, Kgn. 1986; The Willow Tree, R. 1998; Waiting Period, R. 2002.

L: J. R. Giles, 1998.

Selçuk, Füruzan → Füruzan

Self, Will, engl. Erzähler, * 26. 9. 1961 London. In seiner Kindheit als schizophren diagnostiziert u. medikamentös behandelt, später Drogenabhängigkeit. – S.s berüchtigter Drogenkonsum spiegelt sich in Motiven u. Themen seiner Romane und Kurzgeschichten, sie sind für ihn jedoch nur Ausgangspunkt umfassender satir. Darstellung der Gesellschaft voll schwarzem Humor u. schockierender Deutlichkeit. Seine kompromißlosen Texte erkunden den Grenzbereich zwischen Psychose u. Neurose als gesellschaftl. Phänomen u. lit. Problem.

W: The Quantity Theory of Insanity, Kgn. 1991 (d. 1999); My Idea of Fun, R. 1993 (d. 1997); Grey Area, Kgn. 1994 (d. 1999); Great Apes, R. 1997 (d. 1998); Tough, Tough Toys for Tough, Tough Boys, Kgn. 1999; How the Dead Live, R. 2000 (d. 2002); Dorian, R. 2002.

Selimović, Meša, serb. u. bosn. Schriftsteller, 26. 4. 1910 Tuzla – 11. 7. 1982 Belgrad. Stud. Philos. Belgrad, nach dem Krieg Prof. der Höheren Pädagog. Lehranstalt u. Dozent der Univ. Sarajevo. Redakteur des Verlags ›Svjetlost‹. – S.' Erzählungen u. frühe Romane behandeln vorwiegend Kriegsmotive u. Jugenderinnerungen. Die in den Romanen ›Derviš i smrt‹ u. ›Tvrdjava‹ aufgeworfenen menschl. Probleme u. Situationen im muslim. Bosnien des 17. u. 18. Jh. haben universale Gültigkeit. Vf. von Essays.

W: Uvrijedjeni čovjek, E. 1947; Prva četa, En. 1950; Tišine, R. 1961; Derviš i smrt, R. 1966 (d. 1980); Eseji i ogledi, Ess. 1966; Za i protiv Vuka, Ess. 1967; Tvrdjava, R. 1970 (d. 1977); Pisci, mišljenja, razgovori, Ess. 1970;

Ostrva, R. 1974 (The Island, engl. 1983); Sjećanja, Erinn. 1976. – Sabrana dela (GW), IV 1979, X 1990.

L: Kritičari o M. S., 1973; S. Leovac, Književno djelo M. S., hg. 1990; M. Skakić, 1992; D. Andrejević, 1996; M. Egerić, 2000.

Šeller, Aleksander Konstantinovič (Ps. A. Michajlov), russ. Schriftsteller, 11. 8. 1838 Petersburg – 4. 12. 1900 ebda. Vater gebürtiger Este; Stud. Petersburg ohne Abschluß, begann 1859 lit. Tätigkeit. – Seine zahlr., seinerzeit vielgelesenen Romane haben v. a. Strömungen in der zeitgenöss. russ. Intelligenz zum Gegenstand.

W: Gnilye bolota, R. 1864; Žizn' Šupova, R. 1865; Gospoda Obnoskovy, R. 1868; Očerki iz istorii rabočego soslovija vo Francii, Aufs. 1868; Chleba i zrelišč, R. 1876. – Polnoe sobranie sočinenij (GW), XVI 1904–05.

L: A. I. Faresov, 1901.

Sel'vinskij, Il'ja (Karl) L'vovič, russ. Dichter, 24. 10. 1899 Simferopol – 22. 3. 1968 Moskau. Vater Pelzhändler, nahm am Bürgerkrieg teil, Stud. Rechte Moskau bis 1923; häufiger Berufswechsel; ab 1915 lit. tätig, erster Gedichtband 1926; 1926–30 führend in der Dichtergruppe der Konstruktivisten; Offizier im 2. Weltkrieg. – Versucht die Prinzipien des Konstruktivismus im lit. Werk zu verwirklichen. S. Dichtung der 1920er Jahre bezeugt s. Streben nach neuen Formen, er greift bisweilen zu kühnem Experiment, in Wortschatz, Syntax und Metrum ist u. a. Majakovskij für ihn beispielhaft. Vf. langer Verserzählungen, wie ›Uljalaevščina‹, e. auf den Bürgerkrieg in Ostrußland bezogenes Poem; die versifizierten ›Zapiski poèta‹ parodieren sowjet. Dichter; s. Versroman ›Puštorg‹ und s. Versdrama ›Pao-Pao‹ sind typ. für s. Suchen nach e. neuen Stil. Schrieb ep. Erzählungen, patriot. Dramen auf hist. Themen, den durch Mischung von Vers und Prosa gekennzeichneten Roman ›Arktika‹.

W: Rekordy, G. 1926; Uljalaevščina, Vers-E. 1927; Zapiski poèta, 1928; Pustorg, R. 1929; Komandarm 2, Dr. 1930; Pao-Pao, Dr. 1932; Rycar' Ioann, Tr. 1937 (Der Bauernarzt, d. 1946); Lirika i drama, 1947; Tragedii, 1952. – Sobranie sočinenij (GW), VI 1971–74; Izbrannye proizvedenija, Ausw. I 1953, II 1960, I 1972.

L: L. Szymak, 1965; O. Reznik, ²1972; R. Grübel, 1981; O Sel'vinskom. Vospominanija, 1982.

Selvon, Sam(uel) (Dickinson), trinidad. Schriftsteller, 20. 5. 1923 Süd-Trinidad – 16. 4. 1994 Port of Spain/Trinidad. Ind. u. schott. Vorfahren. Schriftsteller, Journalist; Übersiedlung nach London 1950; 1950–53 Beamter der ind. Botschaft. – S. Geschichten u. Romane bewegen sich – im Spiegel der Biographie des Autors – zwischen Trinidad u. London. Sie thematisieren unter lyr. Verwendung trinidad. Dialekts in einfühlsamen, oft tragikom. Charakterstudien die Lebensverhältnisse u. ethn. Spannungen zwischen Farbigen u. Weißen, aber auch der ind. u. afrikan. Bevölkerung Trinidads. Vielzahl von Hörspielen.

W: A Brighter Sun, R. 1952; An Island is a World, R. 1955; The Lonely Londoners, R. 1956; Ways of Sunlight, Kgn. 1957; Turn again Tiger, R. 1958; I Hear Thunder, R. 1962; The Housing Lark, R. 1965; The Plains of Caroni, R. 1970; Those who Eat the Cascadura, R. 1972; Moses Ascending, R. 1975; Moses Migrating, R. 1983; Foreday Morning, Kgn. 1989.
L: S. Nasta, 1988; A. Clarke, 1994; M. Looker, 1996.

Semadeni, Jon, rätoroman. Schriftsteller, 30. 5. 1910 Vnà/Graubünden – 24. 2. 1981 Samedan/ Graubünden. Schulen ebda., Lehrerseminar Chur, Univ. Zürich. Sekundarlehrer in Scuol, seit 1961 in Samedan; gründete 1941 die Theatergruppe ›La culissa‹, die s. u. andere Dramen in den Dörfern des Engadins u. anderswo aufführt, desgleichen mit Men Rauch u. Cla Biert 1953 die satir. Kabaretttruppe ›La panaglia‹. – Erneuerer des rätoroman. Dramas, beginnend mit den neorealist. Stücken ›La famiglia Rubar‹ (1941), ›Chispar Rentsch‹ (1946), dem von allem zeit- u. ortsbedingten Beiwerk befreiten hist. Drama ›Il pövel cumanda‹ (1950) u. dem Meisterwerk ›La s-chürdüm dal sulai‹ (1953), das in kühner Synthese den dramat. Kampf um die Glaubensfreiheit im 16. Jh. mit dem Kampf gegen das autoritäre Regime unserer Tage verschmilzt. Kühne surrealist. Erzählung ›La jürada‹ (1962, m. dt. Übs. 1967). An Pirandello u. Dürrenmatt erinnernde Komödie ›Ün quader chi nu quadra‹ (1959). Einschmelzung von Folkloremotiven in e. wirkl. Drama ›Il bal da la schocca cotschna‹ (1960) u. zahlr. z. T. sehr gelungene Hörspiele, außerdem e. originelles bibl. Drama ›L'uman derschader‹ (1962).

W: Ouvras dramaticas, 1980; Il giat cotschen, E. 1980, ²1998 (m. dt. Übs.).

Sembène, Ousmane, → Ousmane, Sembène

Semenko, Mychajlo Kassyl'ovyč, ukrain. Dichter, 31. 12. 1892 Kybynci/Poltava – 24. 10. 1937 (7. 12. 1938 ?) in e. KZ; um 1935 als ›Nationalist‹ verbannt, nach 1956 rehabilitiert. – Bedeutender Vertreter u. Organisator des ukrain. Futurismus, gründete mehrere futurist. Gruppen, wie ›Nova Generacija‹ (1927–31); Gegenstand s. Dichtung nicht die traditionelle ukrain. dörfl. Thematik, sondern die mod. Stadt; wirkte mit s. experimentellen Formen anregend in der zeitgenöss. ukrain. Lit.

W: Pjero zadajet'sja, G. 1918; Pjero kochaje, G. 1918; Devjat', Poem 1918; Pjero mertvopetljuje, G. 1919; Kobzar, G. 1924; Sučasni virši, G. 1931. – Povna zbirka tvoriv (SW), III 1929–31.

L: A. M. Lejtes, M. F. Jašek, Des'at rokiv ukrain. literatury (1917–27), 1928 (n. Mchn. 1986); Istorija ukrain. literatury, Knyha perša, 1998.

Semënov, Sergej Aleksandrovič, russ. Schriftsteller, 19. 10. 1893 Naumovo-Počinek/Gouv. Kostroma – 12. 1. 1942 Leningrad. Vater Arbeiter. Übte 1921–39 kulturpolit. Funktionen u. a. als Verlagsleiter aus. Seit s. Tod wird er in der SU nicht mehr beachtet. Nach 1930 verschollen. – Im Roman ›Golod‹, naturalist. Darstellung der Hungersnot in Petrograd von 1919, s. Roman ›Natal'ja Tarpova‹ versucht e. lit. Gestaltung von Problemen des polit. und persönl. Lebens der kommunist. Oberschicht zu Beginn der Sowjetepoche.

W: Golod, R. 1922 (La Faim, franz. 1927); Edinica v millione, En. 1922; Da, vinoven!, En. 1925; Natal'ja Tarpova, R. II 1929–30. – Sobranie sočinenij (GW), IV 1928–30.

Semonides aus Amorgos, altgriech. lyr. Dichter, 7. Jh. v. Chr. – Vf. von Iamben und e. ›Frühgeschichte [sc. von Samos]‹; von S.' Elegien nichts, von s. Iamben teilweise längere Fragmente erhalten, am bekanntesten Fragment 7 (sog. ›Weiberiambos‹), in dem in 118 jamb. Versen in bitterer Satire versch. Typen von Ehefrauen durch Gleichsetzung mit Tieren (Schwein, Fuchs, Affe, Esel etc., einzig positiv: die ›fleißige‹ Biene) charakterisiert werden. Ähnl. düster sind auch die Weisheitssprüche anderer Fragmente.

A: M. L. West ²1992; D. E. Gerber 1999 (m. engl. Übs.); G. Pellizer, G. Tedeschi 1990 (ital. Übs. u. Komm.). – *Komm.:* H. Lloyd-Jones 1975 (Fragm. 7, m. engl. Übs.). – *Übs.:* Fr. Zoltan ²1981.
L: E. L. Bowie, JHS 106, 1986, 13–35; M. Steinbrück, Rom 1994 (zu Fragm. 7); K. Hubbard, Arethusa 29, 1996, 255–262; R. Osborne, PCPhS 47, 2001, 47–64. – *Bibl.:* D. E. Gerber, Lustrum 33, 1991, 98–108 (1921–89).

Semper, Johannes, estn. Schriftsteller, 22. 3. 1892 Tuhalaane, Kr. Fellin – 21. 2. 1970 Reval. 1910–14 Stud. Philos. Petersburg, 1921–25 Berlin; 1930–40 Redakteur der Zs. ›Looming‹; 1940 Kulturminister, 1946–50 Vorsitzender des estn. Schriftstellerverbandes; viele Auslandsreisen. – Der markanteste Verkünder u. Vertreter des ›franz. Geistes‹ auf estn. Boden, intellektuell veranlagt, sinnlich orientiert, essayist. begabt. Viele Übsn. vornehmlich aus den roman. Sprachen.

W: Pierrot, G. 1917; Hiina kett, Nn. 1918; Näokatted, Ess. 1919; Jäljed liival, G. 1920; Maa ja mereveersed rytmid, G. 1922; Viis meelt, G. 1926; Ellinor, Nn. 1927; Sillatalad, Nn. 1927; Meie kirjanduse teed, Ess. 1927; Päike rentslis, G. 1930; Prantsuse vaim, Ess. 1934; Armukadedus, R. 1934; Risti-rästi läbi Euroopa, Reiseb. 1935; Tuuleratas, G. 1936; Lõuna Risti all, Reiseb. 1937; Kivi kivi pääle, R. 1939; Punased nelgid, R. 1955 (Rote

Nelken, d. 1960); Matk minevikku I, Mem. 1969. – Teosed (W), XII 1962–78.

L: J. S. elus ja kirjanduses (Sammelwerk, m. Bibl.), 1967; E. Siirak, 1969.

Semprun y Maura, Jorge, franz. Schriftsteller span. Herkunft, * 10. 12. 1923 Madrid. Vater Prof. der Rechte, Diplomat und Gouverneur von Toledo. Lebt seit dem Span. Bürgerkrieg in Frankreich. Besuchte das Lycée Henri IV, Saint-Louis und die philos. Fakultät in Paris. In der Résistance aktiv, 1943 nach Buchenwald deportiert. 1946–50 bei der Unesco tätig. – Seine teilweise autobiograph. gefärbten Romane zeichnen sich aus durch Charakter- und Bewußtseinsschilderungen von psycholog. Tiefe. S., der Einflüsse des Nouveau roman (Claude Simon) aufnimmt, beschreibt vornehml. Ausnahmesituationen menschl. Existenz, realisiert in der Darstellung der Leiden von Gefangenen, der Résistance, der Deportation, vor deren Hintergrund sich Haß, Mitleid, Mut und Freundschaft konturieren. Vf. mehrerer Filmdrehbücher (A. Resnais' ›La guerre est finie‹, Costa-Gavras' ›Z‹ und ›L'Aveu‹ u.a.). Bearbeitete Hochhuths ›Stellvertreter‹.

W: Le grand voyage, R. 1963 (d. 1964); La guerre est finie, R. (u. Drb.), 1966; L'évanouissement, R. 1967; La deuxième mort de Ramón Mercader, R. 1969 (d. 1974); Autobiographie de Federico Sánchez, 1978 (d. 1978); Quel beau dimanche, R. 1980 (d. 1982); L'Algarabie, R. 1981 (d. 1985); Montand, La vie continue, 1983 (d. 1984); La montagne blanche, 1986 (d. 1987).

L: F. Nicoladze, 1997; F. H. Schrage, 1999.

Sena, Jorge de, portugies. Schriftsteller, 2. 11. 1919 Lissabon – 4. 6. 1978 Santa Barbara/Kalifornien. Ingenieur-Stud. Porto, bis 1959 im Straßenbauamt tätig, dann Professur in Brasilien u. ab 1965 in den USA. – Geschichte u. Mythos, Gelehrsamkeit u. Phantasie verbinden sich in s. Werk zu e. komplexen, streng durchkomponierten poet. Kosmos.

W: Exorcismos, G. 1972; Conheço o Sal e outros Poemas, G. 1974; Os Grão-Capitães, En. 1976; O Físico Prodigioso, R. 1977; Sinais de Fogo, R. 1979.

L: H. Sharrer, F. Williams, 1981; E. Lisboa, 1984; F. Fagundes, J. Ornelas, 1992.

Sénac, Jean, alger. Schriftsteller, 1926 Beni Saf – 30. 8. 1973 Algier. Lebt während des Algerienkrieges in Frankreich im Umkreis von R. Char und A. Camus, mit dem er später bricht. Kehrt nach der Unabhängigkeit in s. Land zurück. Vielseitiges Engagement für die Förderung der alger. Lit. Nach dem Staatsstreich 1965 fällt er in Ungnade; ermordet. – Vf. zahlr. lit. Essays und Gedichte von hoher poet. Sensibilität, die in s. Land aber nicht den zu erwartenden Zuspruch finden.

W: Poèmes, G. 1954; Le soleil sous les armes, G. 1957; Matinale de mon peuple, G. 1961; Citoyens de beauté, G. 1967; Les désordres, G. 1972; Visages d'Algérie, Abh. 2002. – Œuvres complètes, 1999.

Senancour, Etienne-Pivert (eig. E. Jean-Baptiste Pierre Ignace P.) de, franz. Schriftsteller, Nov. 1770 Paris – 10. 1. 1846 Saint-Cloud. 1789 Emigration in die Schweiz, 1790 unglückl. Ehe. 1802 endgültige Trennung; vergebl. Liebe zur Frau s. Freundes. 1794 nach Robespierres Sturz obskurer Publizist in Paris. 1795 im Valois. Nach Jugend im Reichtum durch die Revolution verarmt. 1799 Hauslehrer bei Maréchal de Beauvau in Paris. Lähmung durch e. Unfall. Erbitterter Gegner des Christentums, stand den Illuminaten nahe. Im Schatten Chateaubriands, den er haßte, glückloses Leben, von den späten Romantikern aber neu entdeckt und geschätzt. – Sein Hauptwerk ist ›Oberman‹, e. der bedeutendsten Werke der Frühromantik. Gestaltet als geistiges Erbe der Philos. des 18. Jh. e. im Vergleich zu Chateaubriands ›René‹ intellektuellere Variante des ›mal du siècle‹: Briefroman, Spiegel der inneren Erfahrungen und Enttäuschungen s. Jugendjahre, s. Traums von unerreichbarem ird. Glück in der Liebe, sowie s. leidenschaftl. Zuwendung zu philos. Jenseitslehren in den späteren Jahren. Handlungsloser Roman e. übersensiblen, durch Selbstanalyse und -bespiegelung zum Handeln Unfähigen und darunter Leidenden. Der Held Oberman hat sich in die Einsamkeit zurückgezogen, um sich dort vergebl. zu bemühen, den Sinn des Seins rational zu ergründen. Betäubt sich durch Reizmittel und Sensationen. Die Natur ist Spiegel s. seel. Verfassung. Von Sehnsucht nach Glauben erfüllt, aber unfähig, ihn auszuüben. Endet in totaler Resignation. Die an Rousseau anschließenden ›Rêveries sur la nature primitive de l'homme‹ sind kulturpessimist. Betrachtungen über die zerfallende Moral der Menschheit und über die für sie aus der Industrialisierung erwachsenden Gefahren.

W: Rêveries sur la nature primitive de l'homme, 1799 (n. J. Merlant 1910); Oberman, R. 1804 (n. G. Michaut II 1912f., [2]1931, B. Didier 1984); O. u. Journal intime d'O., hg. A. Monglond III 1947, E. Bourgeaud 1965; d. II 1844, 1982; De l'amour, 1805; Observations sur le ›Génie du christianisme‹, 1816; Libres méditations d'un solitaire inconnu sur le détachement du monde, 1819 (n. B. Le Gall 1966); Isabelle, R. 1833 (n. 1980). – Aldomen, Es. hg. 1925; Sur les générations actuelles, Es. hg. M. Raymond 1963; Valombré, K. n. Genf 1972.

L: J. Levallois, Un précurseur S., 1897; J. Merlant, 1907; G. Michaut, 1909; W. Haedicke, Diss. Greifsw. 1936; A. Finot, Essais de clinique romantique, 1947; Brooks van Wyck, The Malady of the Ideal, Philadelphia 1947; M. Raymond, Sensations et révélations, 1965; B. Le Gall, L'imaginaire chez S., II 1966; J. Grenier, 1968; J. Faure-Cousin, 1973; Z. Lévy, 1979. – *Bibl.:* J. Merlant, 1905; J. Senelier, 1971.

Sender, Ramón José, span. Schriftsteller, 3. 2. 1902 Chalamera de Cinca/Huesca – 15. 1. 1982 San Diego/CA. Stud. Geisteswiss. Saragossa u. Madrid; schrieb den ersten Roman über s. Eindrücke während des Wehrdienstes in Marokko 1922/23, seitdem ausschließl. lit. u. journalist. Tätigkeit, Redakteur der Zeitung ›Sol‹ in Madrid. 1933 Reisen nach Paris, Berlin, Wien u. Moskau. Republikaner, lebte seit dem Span. Bürgerkrieg im Exil in Mexiko und 1942 in den USA, gelangte dort schnell zu Ruhm. Seit 1947 Prof. für span. Lit. an der Univ. Albuquerque/NM. – E. der bedeutendsten Romanciers der Gegenwart; unbeugsamer Individualist, aggressiv; verurteilt Ungerechtigkeit u. Ausbeutung; erzähler. Stil zwischen Roman u. Reportage mit nüchternem, präzisem, kraftvollem Realismus, aber auch Vorliebe für Träumereien u. Phantasie, für ideolog. Konzeptismus, den er mit ausgefallenen Symbolen zum Ausdruck bringt. Einige s. Werke sind in versch. Ebenen strukturiert, jede mit anderer Technik ausgearbeitet: mag. Realismus, Entfaltung der Phantasie, die manchmal alles beherrscht. S.s lit. Schaffen dreht sich um drei wichtige Punkte: 1. die neuen Milieus, die er in s. Exilleben kennengelernt hat: Guatemala, Mexiko; 2. den Span. Bürgerkrieg u. s. Konsequenzen; 3. sehnsüchtige Erinnerung an Kindheit u. Jugend.

W: Imán, R. 1930 (d. 1931); O. P. (= Orden Público), 1931; Siete domingos rojos, R. 1932; Madrid-Moscú, notas de viaje, Reiseb. 1933; Viaje a la aldea del crimen, Rep. 1934; La noche de las cien cabezas, R. 1934; Mr. Witt en el Cantón, R. 1935; Contraataque, R. 1938; Proverbio de la muerte, R. 1939 (überarb. u. d. T. La esfera, 1947 u. 1968); El lugar de un hombre, R. 1939 (Der Verschollene, d. 1961); Viento en la Moncloa, Ess. 1940; Mexicayotl, En. 1940; Epitalamio del prieto Trinidad, R. 1942 (d. 1964); Crónica del alba, 1942; El rey y la reina, R. 1947 (d. 1962); El verdugo afable, R. 1952; Mosén Millán, E. 1953 (u. d. T. Réquiem por un campesino español, 1961, d. 1964); Los cinco libros de Ariadna, R. 1957 (d. 1966); Before Noon, R. (engl.) 1959; La llave, En. 1960; Unamuno, Valle-Inclán y Santayana, Ess. 1960; Examen de ingenios: los noventayochos, Ess. 1961; La luna de los perros, R. 1962; Carolus rex, R. 1963; La aventura equinoccial de Lope de Aguirre, R. 1964; Crónica del alba, III 1965–66; Tres novelas teresianas, 1967 (Die Heilige und die Sünder, d. 1971); Las criaturas saturnianas, R. 1968; En la vida de Ignacio Morel, R. 1969; Tánit, R. 1970; Nocturno de los 14, R. 1971; La antesala, R. 1972; El fugitivo, R. 1972; Páginas escogidas, Anth. 1972; Las tres Sorores, R. 1974; Album de radiografías secretas, Es. 1982; Los cinco libros de Nancy, R. 1984. – Obras completas, III 1976–81ff.; Primeros escritos, 1993.

L: J. Rivas, El escritor y su senda, 1967; F. Carrasquer, La verdad de R. J. S., Leiden 1968 (m. Bibl.); ders., Imán y la novela de R. J. S., 1968; M. C. Peñuelas, 1971; M. Nonoyama, El anarquismo en las obras de R. J. S., 1979; In memoriam. Antología crítica, hg. J. C. Mainer 1983; E. Weitzdörfer, Ffm. 1983; L. Castillo-Puche, 1985; F. Carrasquer, 1994, 2001; El lugar de Sender, hg. A. Torralba, J. Carlos 1997; F. Lough, La revolución imposible, 2002. – *Bibl.:* Ch. L. King, 1928–1974, Metuchen 1976.

Seneca, Lucius Annaeus (d. Ä.; sog. ›S. Rhetor‹), röm. Schriftsteller, um 55 v. Chr. Corduba/Spanien – um 39 n. Chr. Angehöriger des Ritterstandes; Vater S.s d. J. – S. hatte in Rom die berühmtesten Redner u. Deklamatoren gehört u. verfaßte anhand s. Erinnerungen s. Werk ›Oratorum et rhetorum sententiae, divisiones, colores‹. Es besteht aus 10 Büchern ›Controversiae‹ (Reden in Streitfällen) u. 1 Buch ›Suasoriae‹ (Beratungsreden), d. h. Reden über fiktive Fälle u. Fragen, wie sie in der Schule geübt u. von Könnern vor Publikum zur Unterhaltung vorgetragen wurden. Zu jedem Fall gibt S. 1. ›Sententiae‹, Auffassungen versch. Redner zum Pro u. Contra, 2. ›Divisiones‹, Teilungen des Falles in versch. Fragen, 3. ›Colores‹, Möglichkeiten, den Fall aus unerwarteten Perspektiven zu beleuchten. – S.s Werk wurde zu Unterrichtszwecken viel benutzt u. exzerpiert. Spuren der phantast. Stoffe zeigen z. B. die ›Gesta Romanorum‹ u. Boccaccios ›Decamerone‹. S. ist e. wichtige Quelle für das Schul- u. Deklamationswesen.

A: m. engl. Übs. M. Winterbottom, 2 Bde., Lond. 1974; L. Håkanson, 1989.

L: S. F. Bonner, Roman Declamation, 1949; L. A. Sussman, The Elder S., Leiden 1978; J. Fairweather, S. the Elder, Camb. 1981.

Seneca, Lucius Annaeus (d. J., sog. ›S. der Philosoph‹), röm. Politiker u. Schriftsteller, um 4 v. Chr. Corduba/Spanien – 65 n. Chr. Rom. Sohn S.s d. Ä.; Angehöriger des Ritterstandes; rhetor. Ausbildung, philos. Studien; Anwaltstätigkeit; S. wurde in e. Intrige verwickelt, die im Jahr 41 zu s. Verbannung nach Korsika führte; im Jahr 49 wurde er zurückgerufen u. zum Lehrer des Thronfolgers Nero bestimmt; in den ersten Regierungsjahren Neros lenkte S. gemeinsam mit dem Gardepräfekten Burrus die Geschicke des Reiches; ab 62 zog sich S. mehr u. mehr zurück; nach der Aufdeckung der Pison. Verschwörung wurde S. zum Selbstmord gezwungen. – Von S.s reichem Werk sind philos. Schriften, Tragödien, e. Satire u. einige Epigramme erhalten. Die philos. Schriften behandeln überwiegend die Ethik; S. bekennt sich zur Philos. der Stoa, wobei er Gedanken versch. maßgebender Stoiker aufnimmt oder auch verwirft. Die philos. Schriften umfassen: 10 (wegen des Stils sog.) Dialoge: ›De providentia‹ (Über die Vorsehung), ›De constantia sapientis‹ (Über die Standhaftigkeit des Weisen) über den Weisen, der von Affekten wie Furcht u. Hoffnung frei ist; ›De ira‹ (Über den Zorn), mit dem Ziel der Bekämpfung der Affekte; ›De vita beata‹ (Vom glückl. Leben), u.a. über die Einstellung des Philosophen zum Reichtum; ›De tranquillitate animi‹ (Von der Seelenruhe) u. ›De otio‹ (Über die Ruhe) über die Frage, inwieweit ein Philosoph sich polit. betätigen muß; ›De brevitate vitae‹ (Über die Kürze des Lebens) über die richtige Nutzung der Zeit; 3 Trostschriften (›Consolationes‹), e. aus S.s Exil an s. Mutter Helvia, e. an Marcia nach dem Verlust ihres Sohnes, e. an Polybius, der s. Bruder verloren hatte. ›De clementia‹ (Über die Milde) ist e. Fürstenspiegel an Nero über die Möglichkeiten von Gerechtigkeit. In ›De beneficiis‹ (Über die Wohltaten) behandelt S. die Gewährung von Hilfe u. Vorteilen nach dem in der Antike herrschenden Prinzip ›Gabe u. Gegengabe‹. Die ›Epistulae morales ad Lucilium‹ (Briefe über Ethik an L.) bieten Reflexionen über die richtige Lebensführung, über Philos. als Prozeß der Selbsterziehung, das Ringen um innere Unabhängigkeit. In den ›Naturales quaestiones‹ behandelt S. naturwissenschaftl. Fragen aus Meteorologie (z.B. Regenbogen), Geographie (Nil) u. Astronomie (Kometen); auch diese Schrift hat e. eth. Ziel, da nämlich die Kenntnis der Natur von Furcht befreien soll. Die Satire ›Apocolocyntosis‹ (etwa: ›Verkürbissung‹ statt Apotheose, ›Vergöttlichung‹) rechnet nach dem Tod des Kaisers Claudius hart mit diesem ab. S.s Tragödien sind die einzigen erhaltenen lat. Tragödien: ›Hercules furens‹ (Der rasende H.), ›Troades‹ (Die Troerinnen), ›Medea‹, ›Phaedra‹, ›Oedipus‹, ›Phoenissae‹ (die Phönizierinnen), ›Thyestes‹, ›Agamemnon‹; die Tragödie ›Hercules Oetaeus‹ (H. auf dem Berg Oeta) stammt wahrscheinl. nicht von S., ebenfalls nicht die unter S.s Namen überlieferte Tragödie ›Octavia‹. – S.s Werke wurden stark rezipiert, wobei die Urteile über s. Stil schwankten. Christl. Autoren schätzen den Moralisten S., so daß e. fingierter Briefwechsel zwischen S. u. dem Apostel Paulus bis in die Renaissance hinein für authentisch gehalten werden konnte. Die Tragödien haben bes. in Renaissance u. Barock starke Impulse für die Gattung gegeben. In neuerer Zeit gilt das Interesse bes. der ›Philosophie als Lebenskunst‹.

A: Apoc.: mit Einl. u. Komm. O. Schönberger, 1990; m. dt. Übs. u. Komm. A. A. Lund, 1994; Philos. Schriften m. dt. Übs. M. Rosenbach, 5 Bde., n. 1987ff.; Dial., Benef., Clem. m. engl. Übs. J. W. Basore, 3 Bde., Lond. n. 1994; Benef.: m. franz. Übs. F. Préchac, 2 Bde., Paris 1926f.; Clem.: m. Komm. (ital.) E. Malaspina, Alessandria 2001; Dial.: L. D. Reynolds, Oxf. 1977; m. dt. Übs. G. Fink, 2 Bde., 1992; Epist.: L. D. Reynolds, 2 Bde., Oxf. 1965; Nat.: m. engl. Übs. T. H. Corcoran, 2 Bde., Lond. 1971f.; m. dt. Übs. M. F. A. Brok, 1995; H. M. Hine, 1996; Trag.: O. Zwierlein, Oxf. n. 1991; mit dt. Übs. Th. Thomann, 2 Bde., 1961 u. 1969; Briefw. m. Paulus: m. ital. Übs. L. Bocciolini Palagi, Florenz 1985.

L: S.s Tragödien, hg. E. Lefèvre 1972; P. Grimal, S. Macht und Ohnmacht des Geistes, d. 1978; V. Sørensen, S. Ein Humanist an Neros Hof, n. 1985; G. Maurach, 1991; M. Fuhrmann, S. und Kaiser Nero, 1997.

Senghor, Léopold Sédar, senegales. Lyriker franz. Sprache, 9. 10. 1906 Joal-la-Portugaise/Senegal – 20. 12. 2001 Paris. Stud. Dakar und Paris, Agrégation in Lit.wiss.; Prof. für Griech. und Latein in Tours, dann in Paris; 1944 Prof. an der Ecole Nationale de la France d'Outremer, 1946 Abgeordneter, 1955 Staatssekretär für wiss. Forschungen im franz. Kabinett; 1959 Parlamentspräsident der Föderation Mali, 1960 Staatspräsident der Republik Senegal. – In s. Werk, das in der Djali-Dichtung s. Heimat wurzelt, ist der Einfluß Claudels, Saint-John Perses und der Troubadours spürbar; Hauptthemen sind s. afrikan. Heimat und die Auflehnung gegen die Weißen. Er sieht die Poesie als vernehmbar gewordene Stimme der unterdrückten Schwarzafrikaner; vollständige Abkehr von den lat. und christl. Traditionen Europas, feierl. Beschwörung e. pantheist. empfundenen, kreatürl. Afrika (Négritude). S. proklamiert e. neue Menschenliebe, die die feindl. Gruppen versöhnen soll.

W: Chants d'ombre, G. 1945; Hosties noires, G. 1948; Chants pour Naëtt, G. 1949; Éthiopiques, G. 1956; Nocturnes, G. 1961; Liberté I: Négritude et humanisme, Ess. 1964 (d. 1967); Poèmes, 1964 u. 1984; Élégies majeures, suivies de Dialogue sur la poésie francophone, 1979; La poésie de l'action, 1980. – *Übs.:* Tam-Tam schwarz, Ausw. 1955; Botschaft und Anruf, sämtl. G. zweisprachig 1963.

L: A. Guibert, 1962; H. de Leusse, 1967; J. Rous, 1967; S. O. Mezu, 1968; ders., Lond. 1973; G. Bonn, 1968; I. Hanf, 1968; I. L. Markovitz, N. Y. 1969; J. L. Hymans, Edinb. 1969; M. Towa, 1971; S. O. Mezu, Lond. 1973; S. W. Bâ, Princeton 1973; Hommage à S., 1976; L. Angioletti, Mail. 1978; D. Garrot, S. critique littéraire, 1978; D. Delas, 1982; G. Benelli, Ravenna 1982; S. son œuvre, Luxembourg 1983; S. de Ganay, 1987; D. Delas, 1989; R. Dziri, 1996; A. A. Adjambao, 1996; L. Arsac, 1997; J. G. Dioh, 1998; Y. D. Venev, 1999; A. Irele, 2002.

Šenoa, August, kroat. Schriftsteller, 14. 11. 1838 Agram – 13. 12. 1881 ebda. Gymnas. Pečuh u. Agram. Stud. Rechte Agram, Prag, Wien, 1865 Journalist u. Theaterkritiker ebda., Redakteur mehrerer lit. Zsn. 1868–73 Direktor u. Dramaturg des Nationaltheaters Agram, 1873 Stadtrat. 1874 Chefredakteur der Zs. ›Vijenac‹. Vizepräsident des lit. Vereins ›Matica hrvatska‹. – An der Grenze zwischen Romantik und Realismus stehend, schrieb Š. neben lyr. und ep. Gedichten, hist. Balladen und ausgezeichneten lit. Kritiken sowie geistreichen Feuilletons v.a. zahlr. lokal gebundene Erz. Romane aus dem 14.–18. Jh. mit soz. Tendenz und Novellen, für die er gründl. Quellenstudien betrieb; mit weniger Erfolg versuchte er sich im Drama.

W: Postolar i vrag, Ep. 1863; Ljubica, K. 1866; Kameni svatovi, Ep. 1869; Kugina kuća, Ep. 1869; Zlatarovo zlato, R. 1871 (Das Goldkind, d. 1874); Prohladna noć, Ep. 1876; Seljačka buna, R. 1876; Smrt Petra Svačića, Ep. 1877; Diogenes, R. 1878 (d. 1880); Karamfil sa pjesnikova groba, En. 1878; Pruski kralj, En. 1878 (Der König von Preußen, d. 1896); Prosjak Luka, R. 1879; Kletva, R. 1881; Branka, R. 1881. – Izabrane pjesme (Ausw.), 1882; Sabrane pripovijesti, Ges. En. VIII 1883–1900; Sabrana Djela (W), XX 1931–35, XII 1964; Djela (W), XII 1932–35, IV 1951; Članci i kritike, 1935; PSHK 39–42, 1962–64 (m. Bibl.); Sabrana djela, II 1983; Zlatni grad, Ausw. 1992.

L: M. Ogrizović, 1922; A. Barac, 1926 u. 1952; O. Vašek, 1955; S. Ježić, 1964; D. Jelčić, 1966; G. Dippe, 1972; D. Jelčić, 1984; J. Frangeš, 1992; K. Nemec, 1994.

Seno Gumira Ajidarma, indones. Schriftsteller, * 19. 6. 1958 Boston/USA. Schule in Yogyakarta. Ausbildung am ›Institut Kesenian Jakarta‹ im Bereich Film. Redakteur bei der Zs. ›Jakarta-Jakarta‹. In seinen z. T. satir. Kgn. thematisiert er häufig polit. Konfikte. Insbes. widmet er sich den Krisenregionen Osttimor und Aceh. Gewalt gegen Frauen bildet einen weiteren Themenkomplex. In s. Werken verwendet er Stilmittel, die durch s. Beruf als Journalist inspiriert sind. Mehrere lit. Auszeichnungen.

W: Penembak Misterius, Kgn. 1993; Saksi Mata, Kgn. 1994; Dilarang menyanyi di Kamar Mandi, Kgn. 1995; Peristiwa 27 Juli, Ess. 1997; Atas Nama Malam, Kgn. 1999; Hujan Kristal, Kgn. 1999; Iblis tidak Pernah Mati, Kgn. 1999; Jakarta, 14 Februari 2039, Kgn. 1999.

Senryû → Karai Senryû

Sepamla, (Sydney) Sipho, südafrikan. Lyriker u. Romancier, * 22. 9. 1932 Krugersdorp/Transvaal. Lehrer, Mitarbeiter der Personalabteilung e. Fabrik. 1975–77 Hrsg. der Zsn. ›New Classic‹ und ›S'ketsh‹. 1978 Mitbegründer und seitdem Direktor der Federated Union of Black Artists in Johannesburg. – S.s Romane und formenreiche Lyrik, die u. a. auf den Township-Slang von Soweto zurückgreift, dokumentieren das Leben schwarzer Südafrikaner während der Apartheid.

W: Hurry Up To It!, G. 1975; The Blues Is You In Me, G. 1976; The Soweto I Love, G. 1977 (d. 1978); The Root Is One, R. 1979; A Ride on the Whirlwind, R. 1981; Children of the Earth, G. 1983; Selected Poems, 1984; Third Generation, R. 1986; From Goré to Soweto, G. 1988; A Scattered Survival, R. 1989; Rainbow Journey, R. 1996.

Sepehrī, Sohrāb, pers. Maler u. Dichter, 1928 – 1980 Kāšān. Von Naturmystik u. asiat. Philos. beeinflußt, doch auch mit der europ. Lit. vertraut. Reisen nach Europa, Indien, Japan, USA. – Benutzt den vers libre, Montagetechnik, poet. Sprachverfremdung, syntakt. Parallelismus. Kein explizites polit. Engagement. In den 1980er und 90er Jahren unter der jungen Generation populär und viel imitiert.

W: Hašt ketāb (Acht Bücher). – *Übs.*: Oasis d'émeraude, 1982; Der Puls unserer Buchstaben, 1998.

Seppänen, Unto Kalervo, finn. Erzähler, 15. 5. 1904 Helsinki – 22. 5. 1955 ebda. Journalist, Lit.kritiker. – Originell fabulierender, humorvoller Schilderer der karel. Landenge u. ihrer kleinbäuerl. Bevölkerung auf dem Hintergrund der kosmopolit. Petersburger Sommervillenzeit. Über Finnland hinaus bekannt durch s. autobiograph. Trilogie ›Markku und sein Geschlecht‹ u. den Roman ›Brände im Schnee‹.

W: Taakankantajat, N. 1927; Iloisten ukkojen kylä, R. 1927; Juhla meren rannalla, R. 1928; He janosivat elämää, R. 1929; Pyörivä seurakunta, R. 1930; Markku ja hänen sukunsa, R.-Tril. 1931–34 (M. u. sein Geschlecht, d. 1938); Särkynyt nimikilpi, R. 1935; Synnin miilu, R. 1941 (Brände im Schnee, d. 1950); Myllytuvan tarinoita, Nn. 1945; Myllykylän juhlaa, Nn. 1946; Huoleton on hevoseton poika, R. 1947; Vieraan kylän tyttö, E. 1949; Satukaupunki, R. 1952; Punajuupeli rakkaus, R. 1953; Evakko, R. 1954. – Valitut teokset (GW), 1955.

L: U. Kupiainen, 1947; E. Paavolainen, 1957; H. Sihvo, 1968.

Sęp-Szarzyński, Mikołaj → Szarzyński Sęp, Mikołaj

Septuaginta → Aristeas-Brief

Sepúlveda, Luis, chilen. Erzähler, * 4. 10. 1949 Ovalle. Journalist; während der Diktatur im Gefängnis, durch Amnesty International freigelassen, lebt in Europa, davon viele Jahre in Dtl. Aktiver Umweltschützer. – Seine Reise- u. Abenteuerromane haben die Vielfalt der Kulturen Lateinamerikas, den Walfang, s. Gefängnisjahre, die Verfolgung von Utopien zum Gegenstand.

W: Crónicas de Pedro Nadie, En. 1969; Un viejo que leía novelas de amor, R. 1989 (verfilmt, d. 1991); Mundo del fin del mundo, R. 1994 (d. 1992); Patagonia Express, R. 1995 (d. 1998); Historia de una gaviota, R. 1996 (d. 1997); Desencuentros, En. 1997 (d. 2002); Diario de un killer sentimental, 1998 (d. 1999); Historias marginales, Chronik 2000; Hot line, R. 2002. – *Übs.*: Die Spur nach Feuerland, 1997.

Serafimovič, Aleksandr (eig. Aleksandr Serafimovič Popov), russ. Schriftsteller, 19. 1. 1863 Nižne-Kurmojarskaja (im Donbezirk) – 19. 1. 1949 Moskau. Realist.-tendenziöser Autor, der ab 1889 publizierte. Schloß sich den Bolschewiken an und genoß wegen s. Romans ›Železnyj potok‹ über die Masse im Revolutionsgeschehen offizielle Anerkennung.

Serao

W: Gorod v stepi, R. 1910 (Stadt in der Steppe, d. 1953); Železnyj potok, R. 1924 (Der eiserne Strom, d. 1930). – Sobranie sočinenij (GW), VII 1959–60.
L: W. Beitz, 1961; A. Volkov, 1969.

Serao, Matilde (Ps. Tuffolina, Gibus), ital. Erzählerin, 7. 3. 1856 Patras/Griechenland – 25. 7. 1927 Neapel. Tochter e. Griechin u. e. Neapolitaners. 1860–82 in Neapel; Lehrerbildungsseminar, Tätigkeit im Telegraphenamt. Beginn ihrer lit. Laufbahn als Mitarbeiterin neapolitan. Zeitungen; 1882 Übersiedlung nach Rom, Mitarbeiterin an der Zeitung ›Capitan Fracassa‹ mit G. Carducci, G. D'Annunzio u. E. Scarfoglio; ∞ 1884 E. Scarfoglio, 1884 Übersiedlung nach Neapel. Mit ihrem Mann Hrsg. des ›Corriere di Napoli‹ u. des ›Mattino‹. 1904 Trennung von ihrem Ehemann, Gründung ihrer eigenen Zeitung ›Il Giorno‹. – Vf. zahlr. realist. Romane u. Novellen, insgesamt etwa 40 Bände. Gutes Darstellungsvermögen, psycholog. Analyse u. scharfe Beobachtungsgabe kennzeichnen ihre Erzählkunst, die das Leben des einfachen Volkes u. der kleinbürgerl. Welt Neapels um die Jh.wende mit Feingefühl u. Verständnis für alle Alltagsprobleme, mit Vorliebe die der jungen Mädchen an der Schwelle des Lebens, schildert.

W: Opale, N. 1878; Fantasia, R. 1883; Piccole anime, R. 1883; La virtù di Checchina, R. 1884 (n. 1974); Il romanzo della fanciulla, R. 1886; Vita e avventure di Riccardo Joanna, R. 1887 (d. 1901); Fior di passione, N. 1888 (d. 1890); O Giovannino o la morte, R. 1889 (d. 1893); All'erta sentinella, N. 1889 (d. 1890); Il paese di cuccagna, R. 1890 (Schlaraffenland, d. 1904; n. 1977); La ballerina, R. II 1899; Suor Giovanna della croce, R. 1901; Dopo il perdono, Dr. 1906 (d. 1908); Evviva la vita, R. 1909 (d. 1910); Ella non rispose, R. 1914; La vita è così lunga, R. 1918; Mors tua, R. 1926. – Übs.: Santa Lucia, En. 1912.

L: A. Banti, 1965; C. Carabba, 1976; M. Jeuland-Meynaud, 1986; V. Pascale, 1989.

Serat Centhini (auch Suluk Tambanglaras), in mehreren Versionen überliefertes enzyklopädisches javan. Lehrgedicht. Die Hs. der umfangreichsten und bekanntesten Version, um 1820 von den Hofdichtern R. Ng. Ranggasutrasna, R. Ng. Yasadipura II und R. Ng. Sastradipura unter der Aufsicht des Kronprinzen u. späteren Susuhunan (Fürst) Pakubuwana V. in Surakarta geschaffen, umfaßt 12 Bände mit ca. 6000 Seiten. In die Erzählung der abenteuerl. Wanderungen junger Studenten durch Java sind Lehren über alle javan. Wiss. eingebettet, wie Topographie der Altertümer u. heiligen Plätze, Geschichte, Tanz, Musik, Theater, Wahrsagung u. Magie. Im Zentrum stehen erot. Lehren, die sich myst. deuten lassen. Themat. verwandt sind die Epen ›Jatiswara‹ und ›Cabolang‹.

A: Batavia (Jakarta), 1912–15 (nur Bd. 5–9); Yogyakarta, 1985–91.
L: Th. G. Th. Pigeaud, Literature of Java I – III, 1967–70; Sumahatmaka, Ringkasan Centhini, 1981; T. Day, W. Derks, Ann Kumar, in: Bijdragen Koninklijk Institut 155,3, 1999.

Sereni, Vittorio, ital. Lyriker, 27. 7. 1913 Luino/Varese – 10. 2. 1983 Mailand. Stud. Lit. Mailand; Mitarbeiter lit. Zsn.; 1943–45 in franz. Kriegsgefangenschaft in Algerien und Marokko; bis 1925 Gymnasialprof. für Lit. u. Lat., später lit. Verlagsdirektor. – Verarbeitet in ›Poesie‹ und ›Diario d'Algeria‹ s. Kriegserfahrungen in der Darstellung der existenziellen Nöte des einzelnen in e. hist. Katastrophe. S.s Gedanken über den tieferen Sinn u. die Werte des Lebens sowie über die Trostlosigkeit des mod. Menschen beseelen s. Gedichte.

W: Frontiera, G. 1941; Poesie, 1942; Diario d'Algeria 1947; Frammenti di una sconfitta, 1957; Gli immediati dintorni, G. 1962; L'opzione, G. 1964 (Kleines schwarzes Messebuch, d. 1966); Gli strumenti umani, G. 1965; Sei Poesie (e sei disegni), 1973 (m. F. Francese); Un posto di vacanza, 1973; Poesia: per chi?, 1975; Tre poesie per Niccolò Gallo, G. 1977; Il sabato tedesco, 1980; Stella variabile, G. 1981; Il musicante di Saint-Merry, 1981; Il lavoro del poeta, 1982. – Tutte le poesie, hg. M. T. Sereni 1986.

L: F. P. Memmo, 1973; R. Schuerch, V. S. e i messaggi sentimentali, 1985; F. D'Alessandro, L'opera poetica di V. S., 2001.

Sergeev-Censkij, Sergej Nikolaevič (eig. S. N. Sergeev), russ. Schriftsteller, 30. 9. 1875 Preobraženskoe (ehem. Gouv. Tambov) – 3. 12. 1958 Alušta/Krim. Vater Offizier und später Lehrer, wurde selbst Lehrer. – Seine frühen Novellen in expressionist. Stil zeigen ihn als Schüler L. Andreevs, dem er auch in der Thematik, Ausgeliefertsein des Menschen an die dunklen Mächte des Lebens, nahesteht. Wurde weit bekannt durch den in e. Provinzgarnison spielenden Roman ›Babaev‹, e. Zyklus von Novellen mit gemeinsamer Hauptfigur. Sein Roman ›Valja‹, in psycholog. Realismus gehalten, ist der erste der 12 Romane und weitere Texte umfassenden Serie ›Preobraženie Rossii‹ über Rußland vom Vorabend des 1. Weltkriegs an. Stellt im Roman ›Sevastopol'skaja strada‹ in Parallele zu L. Tolstojs ›Krieg und Frieden‹ vor breiten hist. Hintergrund den Krimkrieg von 1854/55 und Episoden des Friedens im zeitgenöss. Rußland und Westeuropa dar.

W: Dumy i grëzy, G. 1901; Sad, E. 1906 (Der Obstgarten, d. 1955); Babaev, R. 1909 (d. 1908); Preobraženie Rossii, R.-Serie 1914–57; Sevastopol'skaja strada, R. III 1939–40 (Die heißen Tage von Sevastopol, d. II 1953). – Sobranie sočinenij (GW), X 1955f., XII 1967; Izbrannye proizvedenija (AW), II 1975.

L: G. S. Makarenko, 1957; F. Ševcov, ²1976; Ju. Anipkin, 1974.

Sérgio, António, portugies. Essayist, 3. 9. 1883 Damão/Portugies. Indien – 24. 1. 1969 Lissabon. Militärakad. Lissabon, Seeoffizier, Republikaner, Reisen (u. a. Brasilien, England, Schweiz), wiederholt aus polit. Gründen im Exil u. mit Publikationsverbot belegt. – Erstrebte e. Erneuerung der portugies. Kultur u. Gesellschaft, kämpfte gegen die Diktatur, trat ein für demokrat. Freiheit u. Selbstverantwortung. Einfluß auf A. de Quental. – Bemerkenswerter Stilist mit weitgespannten Interessen (Abhandlungen u. Essays zu Politik, Wirtschaft, Kultur, Geschichte, Pädagogik), übersetzte u. a. Descartes, Leibniz, Russell, Rousseau, Sainte-Beuve.

W: Notas sobre os Sonetos e as Tendências Gerais da Philosophia de Antero de Quental, Abh. 1908; Ensaios, Abhn. u. Ess. VI 1920–46; Bosquejo da História de Portugal, Schr. 1923 (d. 1924ff.); História de Portugal, Schr. 1929; Cartesianismo Ideal e Cartesianismo Real, Abh. 1937; Em Torno do Problema da ›Língua Brasileira‹, Abh. 1937.
L: V. de Magalhães Vilhena, 1960 u. 1865; J. Serrão, 1967; Zs. ›O Tempo e o Modo‹, Sondernummer A. S., 1969; A. C. Matos, 1971; V. M. Vilhena, 1975; J. M. Carvalho, 1979; V. de Sá, 1979; F. F. da Costa, 1983; J. de O. Branco, 1986; S. C. Matos, 1999; C. A. de M. G. Mota, 2000; C. Morais, 2001.

Serguine, Jacques (eig. Jean-J. Gouzerth), franz. Schriftsteller, * 1934 Neuilly-sur-Seine. – Seine Romane zeichnen sich durch stilist. gewandte Menschendarstellung von eindringl. Sensibilität aus. Hervorstechend die subtile Schilderung des Menschen in s. Verhältnis zu den Elementen wie auch zu Vergangenheit und Gegenwart.

W: Les fils des rois, R. 1959 (Frühe Feste, d. 1962); Le petit hussard, R. 1960; Les saints innocents, R. 1961; Mano l'archange, R. 1962 (d. 1965); Les falaises d'or, R. 1963; Manuel et Gentille, R. 1967; Les jours, R. 1968 (Ein liebenswerter Mann, d. 1970); La mort confuse, R. 1970; Les jeunes Parques, R. 1970; Les abois, R. 1971; Les Russes et les Bretons, 1975; Le Lac, R. 1978.

Serner, Martin Gunnar (Ps. Frank Heller), schwed. Schriftsteller, 20. 7. 1886 Lösen/Blekinge – 14. 10. 1947 Malmö. Pfarrerssohn; Gymnas., Stud. Anglistik Lund, Dr. phil. 1910; wegen Kreditschwindels Flucht nach Hamburg, London, Monte Carlo (Spieler), Paris, ab 1914 Dänemark, ab 1919 abwechselnd Bornholm u. Mentone. ⚭ Annie Kragh; wurde aus finanzieller Not Schriftsteller. – Schrieb fast ausschließl. phantasie- u. humorvolle, iron. verspielte Abenteuerromane. Umfassende Bildung, eleganter klarer Stil. Auch hist. Romane u. Reiseschilderungen. Bestes Werk ist das rücksichtslos aufrichtige, autobiograph. Buch ›På dess tidens smala näs‹.

W: Hr Collins affärer i London, R. 1914 (H. C. Abenteuer, d. 1917); Storhertigens finanser, R. 1915 (Die Finanzen des Großherzogs, d. 1917); Kejsarens gamla kläder, R. 1918 (Des Kaisers alte Kleider, d. 1923); Doktor Z., R. 1926 (Die Diagnosen des Dr. Z., d. 1928); Marco Polos millioner, R. 1927 (d. 1929); Stölden av Eiffeltornet, R. 1931 (Der gestohlene Eiffelturm, d. 1934); Tre mördare inträda, R. 1939 (Drei Mörder treten ein, d. 1941); På detta tidens smala näs, Mem. 1940; Europas mest hatade man, R. 1945 (Der meistgehaßte Mann Europas, d. 1946). – F. H.s äventyrsromaner, XII 1922f.; F. H.s bästa, XII 1948f.
L: B. Malmberg, Ett författarliv, 1952; D. Hedman, 1981, Diss. 1985.

Serote, Mongane Wally, südafrikan. Schriftsteller, * 8. 5. 1944 Sophiatown/Johannesburg. Schulausbildung in Soweto, freier Journalist. Wegen polit. Aktivitäten 1969 ohne gerichtl. Verurteilung neun Monate in Einzelhaft. 1974–77 Stud. Columbia University, New York. Acht Jahre in Gaborone/Botswana. 1986–90 Mitarbeiter des ANC in London. 1990 Rückkehr nach Südafrika, Leiter des Department of Arts and Culture des ANC in Johannesburg. – Vf. polit. Lyrik im Kontext der Black-Consciousness-Bewegung. Das lange ep. Gedicht ›No Baby Must Weep‹ zeigt die Entwicklung e. schwarzen Kindes zu polit. Bewußtsein.

W: Yakhal'inkomo, G. 1972; Tsetlo, G. 1974; No Baby Must Weep, G. 1975; Behold Mama, Flowers, G. 1978; To Every Birth Its Blood, R. 1981 (Neues Leben im Blut geboren, d. 1992); The Night Keeps Winking, G. 1982; Selected Poems, 1982; A Tough Tale, G. 1987; On the Horizon, Ess. 1990; Third World Express, G. 1992; Come and Hope with Me, G. 1994; Freedom Lament and Song, G. 1997; Gods of Our Time, R. 1999.

Serra, Renato, ital. Kritiker, 15. 12. 1884 Cesena – 20. 7. 1915 Podgora. Schüler Acris u. Carduccis, 1908 Lehrer in Cesena, ab 1909 Bibliotheksdirektor. Sehr zurückgezogen, schloß sich keinem lit. Zirkel an. Mitarbeiter zahlr. Zsn., u. a. an ›La Voce‹. Fiel als Infanterieleutnant. – E. der bedeutendsten neueren ital. Lit.kritiker, von sicherem ästhet. Urteil. Sein dichter. Werk beschäftigt sich vorwiegend mit dem Problem des Krieges u. greift D'Annunzio an.

W: Saggi critici, 1910; Le lettere, 1914, hg. M. Biondi 1974; Esame di coscienza d'un letterato, mit Ultime lettere dal campo, hg. G. De Robertis, L. Ambrosini 1915, hg. C. Bo 1973. – Opere, IV 1919–23; Epistolario, hg. L. Ambrosini, G. De Robertis, A. Grilli 1934; Scritti, hg. I. Ciani 1997.
L: S. Briosi, 1968; A. Acciani, 1976; P. Lucchi, 1985; E. Raimondi, Un europeo di provincia, 1993; V. Talentoni, 1996.

Serreau, Coline, franz. Schriftstellerin, * 1947 Paris. Musikstud., vielseitige Künstlerin, Schauspielerin, schreibt Drehbücher für Kino und Fernsehen, Romane, Dramen. – Ihre Werke tragen teilweise komödienhafte Züge, bemühen das

Science-fiction-Milieu und behandeln Problemfragen zur Rolle der Frau und interkulturellen Toleranz.

W: Grand-mères de l'Islam, Drb. 1979; Qu'est-ce qu'on attend pour être heureux, Drb. 1982; Trois hommes et un couffi, Drb. 1985; Romuald et Juliette, 1989; Chaos, Drb. 2001.

Seršenevič, Vadim Gabriėlevič, russ. Dichter, 6. 2. 1893 Kazan' – 18. 5. 1942 Barnaul. 1919–24 in der Gruppe der Imaginisten, deren maßgebl. Theoretiker er wurde. – Seine ersten Gedichte zeigen engere Beziehungen zum russ. Symbolismus; die Bild-Metaphern e. Gedichts brauchen nach s. Ansicht nicht durch die Einheit des poet. Grundgedankens verbunden zu sein. Schuf nach 1917 Übs. von Stücken Shakespeares und Corneilles, übersetzte ferner Baudelaire und Parny. Seine Lyrikbände wurden ab 1923 nicht mehr veröffentlicht.

W: Romantičeskaja pudra, G. 1913; Carmina, G. 1913; Lošad' kak lošad', G. 1920; 2 x 2 = 5, Ess. 1920.

Serumaga, Robert, ugand. Schauspieler, Regisseur u. Dramatiker, 1939 Masaka District/Uganda – 1980 Nairobi/Kenia. Stud. Wirtschaft am Trinity College/Dublin; angeklagt wegen Umsturzversuchs an Idi Amin, starb unter ungeklärten Umständen. – Gründete 1969 die Theatergruppe ›Theatre Limited‹, später umbenannt in ›Abafumi Players‹, befaßte sich kritisch mit polit. Veränderungen unter Amin und deren Auswirkungen auf Staat und Individuum.

W: A Play, Dr. 1968; Return to the Shadows, R. 1969; The Elephants, 1971; Renga

Service, Robert William, kanad. Dichter u. Schriftsteller, 16. 1. 1874 Preston – 11. 9. 1958 Lancieux/Frankreich. Stud. Glasgow, wanderte 21jährig nach Kanada aus, Gelegenheitsarbeiten, Bankangestellter, Kriegskorrespondent im Balkankrieg, lebte 1904–12 im Yukon, Rot-Kreuz-Tätigkeit im 1. Weltkrieg, danach an der franz. Riviera. – Vf. populärer Balladen, in denen er den Goldsuchern des Yukon ein Denkmal setzte. Seine Romane umspannen ein weites geograph. Territorium sowie versch. Genres. Starker Einfluß R. Kiplings.

W: Songs of a Sourdough, G. 1907; Rhymes of a Rolling Stone, G. 1912; The Pretender, R. 1914; Ballads of a Bohemian, G. 1920; The Roughneck, R. 1923; The House of Fear, R. 1927; Ploughman of the Moon, Aut. 1945; Harper of Heaven, Aut. 1948; Songs of a Sun Lover, G. 1949; Lyrics of a Lowbrow, 1951. – Collected Verse, ³1953. – Übs.: Der Zauber des hohen Nordens, G. 1983.

L: C. F. Klinck, 1976; G. W. Lockhart, 1991; J. A. Mackay, 1995.

Seth, Vikram, ind. Schriftsteller, * 20. 6. 1952 Kalkutta. Stud. Oxford, Stanford und Nanjing. – Nach lyr. Impressionen aus Indien schrieb S. mit ›The Golden Gate‹ e. ebenso sensiblen wie virtuosen Versroman über Kalifornien. Der umfängl. Familienroman ›A Suitable Boy‹ verfolgt die Entwicklung e. jugendl. Protagonisten im komplexen, weltweit gesponnenen soz. Netz von vier ind. Familien. Der Künstlerroman ›An Equal Music‹ bietet eindringl. Charakter- und Milieustudien.

W: From Heaven Lake: Travels through Sinkiang and Tibet, Reiseb. 1983; The Humble Administrator's Garden, G. 1985; The Golden Gate, Versroman 1986; A Suitable Boy, R. 1993 (Eine gute Partie, d. 1995); An Equal Music, R. 1999 (Verwandte Stimmen, d. 2000).

L: S. A. Agarwala, 1995.

Seton, Anya, amerik. Erzählerin, 23. 1. 1906 (oder 1904) New York – 8. 11. 1990 Greenwich/CT. Privaterziehung in England, Stud. Oxford; Militärdienst als Krankenschwester 1. Weltkrieg. – Gründl. recherchierte hist. Romane unterschiedl. Epochen als Mischung aus Fakten und Fiktion, so in ›The Winthrop Woman‹ über die skandalumwitterte Nichte des puritan. Gouverneurs der Massachusetts Bay Colony; auch Kinderbücher.

W: My Theodosia, R. 1941; Dragonwyck, R. 1944 (Schloß Drachenfels, d. ²1968); The Turquoise, R. 1946; The Hearth and the Eagle, R. 1948 (Das alte Haus am Meer, d. 1953); Foxfire, R. 1951; Katherine, R. 1954 (d. 1955); The Winthrop Woman, R. 1958 (Zu den Höhen des Glücks, d. 1960); Devil Water, R. 1962 (d. 1963); Avalon, R. 1965; Green Darkness, R. 1973.

Seton, Ernest Thompson, kanad. Schriftsteller, 14. 8. 1860 South Shields/England – 23. 10. 1946 Santa Fe/NM. Wanderte 1866 mit s. Eltern nach Kanada aus. Erzogen in Toronto, Ontario College of Art. Kunststud. in Paris u. New York, Naturschutzbeauftragter in Manitoba, Begründer des Seton Institute in Santa Fe. Für die Smithsonian Institution in Washington schrieb er ›The Birds of Manitoba‹. Begründer der Pfadfinderbewegung in Amerika. Eng vertraut mit der Tierwelt der Wälder und Ebenen, ausgezeichneter Naturbeobachter. – Vf. zahlr. beliebter Tier- u. Indianerromane, der er selbst illustrierte.

W: Wild Animals I Have Known, 1898 (Lobo u. andere Tiergeschichten, d. 1900); The Biography of a Grizzly, R. 1900 (d. 1922); Lives of the Hunted, R. 1902 (Jochen Bär, d. 1909); Two little Savages, R. 1903 (Jan u. Sam im Walde, d. 1921); Animal Heroes, R. 1905 (d. 1909); The Biography of a Silver Fox, R. 1909 (Domino Reinhard, d. 1921); Scouting for Boys, 1910; A Book of American Woodcraft, St. 1911; Rolf in the Woods, 1911 (d. 1920); The Arctic Prairies, 1912; The Book of Woodcraft and Indian Lore, 1912; Wild Animals at Home, 1913 (d. 1922); Wild Animals Ways, 1916 (Tiere der Wildnis, d. 1921); Woodland Tales, Kgn. 1921; Bannertail, R. 1923; Lives of Game Animals, IV 1925–28; The Trail of an Artist-Naturalist, Aut. 1937; By a Thousand Fires, Es. hg. J. Moss Seaton 1967; King of the Grizzlies, Kgn. 1972. – *Übs.:* Die schönsten Tiergeschichten, 1960.

L: H. E. I. v. Kieseritzky, Engl. Tierdichtung, 1935; H. Reichling, Diss. Bonn 1937; K. Reindorf, Diss. Wien 1939; D. S. u. W. E. Garst, 1959; W. Blassingame, 1971; J. Polk, Wilderness Writers, 1972; J. G. Samson, hg. 1976; J. H. Wadland, 1978; M. Redekop, 1979; B. Keller, 1984; A. Anderson, 1986.

Setubandha (Der Brückenbau) oder ›Rāvaṇavaha‹ (Die Tötung Rāvaṇas), e. in Maharastri-Prakrit abgefaßtes ind. Kunstepos, das in äußerst manieriertem Stil den Bau e. Brücke nach Sri Lanka und den Tod Rāvaṇas schildert (→ Rāmāyaṇa). Nach e. ind. Tradition soll das Epos von Kālidāsa zusammen mit dem Vākaṭaka-König Pravarasena verfaßt worden sein, was im Hinblick auf den Stil des Werkes höchst zweifelhaft ist. Wahrscheinlicher ist e. andere Tradition, die es dem in Kalhaṇas ›Rājataraṅgiṇī‹ erwähnten König Pravarasena II. von Kaschmir (6. Jh. n. Chr.) oder e. seiner Hofdichter zuschreibt.

A: S. Goldschmidt 1880–84 (m. dt. Übs.); P. Sivadatta, K. P. Parab (Kāvyamālā 47) 1895, ²1935; R. Basak 1959 (m. engl. Übs.). – *Übs.:* engl. K. K. Handiqui 1976 (m. Einl.).

L: S. Roy, Reconstructed grammar of the S., Kalkutta 1998.

Ševčenko, Taras (Grigor'evič), ukrain. Dichter, 9. 3. 1814 Morynci (im ehem. Gouv. Kiev) – 10. 3. 1861 Petersburg. Vater leibeigener Bauer, 1838 von ukrain. und russ. Kunstfreunden aus der Leibeigenschaft losgekauft, 1838–43 Stud. Malerei Kunstakad. Petersburg. E. 1. Ausgabe von Liedern, Balladen u. ep. Dichtungen ›Kobzar‹ (1840) machte ihn berühmt; 1846 im geheimen slavophilen Kreis der Kyrillo-Method-Bruderschaft in Kiev, 1847 aus polit. Gründen verbannt, 11 Jahre Soldat im Ural, 1857 freigelassen, durfte nicht in die Ukraine zurückkehren, blieb in Petersburg. – Bedeutendster Dichter der neueren ukrain. Lit., deren romant. Epoche er angehört; schrieb neben intim lyr. Gedichten (darunter zarteste Frauenlieder) polit.-soziale und hist. Balladen, lyr.-ep. Poeme und einige Dramen; ging unter dem Eindruck eigenen Erlebens zur polit. Dichtung über, setzte sich unter heftigem Protest gegen nationale und soziale Bedrückung für Freiheit und Recht, für s. Ideal der ›Wahrheit‹ im eth. und polit. Bereich ein. Es ist s. Verdienst, das Ukrain., seinerzeit e. verachtetes, nur von Bauern gesprochenes Idiom, zur Höhe der dichter. Sprache gehoben zu haben. Š. schöpfte aus der Bibel, aus alter und neuerer ukrain. Volkspoesie, empfing starke Anregungen von dem ukrain. Philosophen Hr. Skovoroda, von der Lit. der Antike und der europ. zeitgenöss. Dichtung. Schrieb ab 1851 auch Erzählungen in russ. Sprache, die im Stil der russ. Prosa der ›Natürl. Schule‹ der 1840er Jahre nahestehen. Stärkste Wirkung auf spätere ukrain. Dichter.

W: Kateryna, G. 1840; Kobzar, G. 1840 (d. II 1952); Hajdamaky, G. 1841 (d. 1951); Hamalija, G. 1842; Nazar stodolja, Sch. 1843f.; Son, Dicht. 1844; Velykyj Ljoch, G. 1845; Zapovit, G. 1845; Muzykant, En. 1855; Chudožnik, Aut. 1856 (d. 1912); Mala knyžečka, Faks. 1963; Bil'ša knykyžka, Faks. 1963, Try lita, Faks. 1966. – Povne zibrannja tvoriv (GW), X 1939–57; XIV 1934–39 (Chicago ²1959–63); XII 1989–93; III 2001; Mystec'ka spadšč́yna (W), IV 1961; Try lita, 1994; Vybrani Tvory (AW), ukrain.-dt., 1999. – *Übs.:* Ausgew. Ged., II 1904–06; Gedichte, 1911; Ausw. in H. Koch, Die ukrain. Lyrik, 1840–1940, 1955; R. Göbner, Meine Lieder meine Träume, Kiev-Berlin 1987.

L: A. Jensen, 1916; S. Smal' – Stoc'kyj, 1925, 1934; F. Kolessa, 1939; S. Borščahivs'kyj, M. Josepenko 1941; M. Šaginjan, ²1946; P. Zajcev, 1955; M. I. Marčenko, 1957; I. D. Nazarenko, 1957, 1964; O. Bilec'kyj, U. Dejč 1958; A. I. Kostenko, 1958, 1965; V. Anisov, J. Sereda 1959, 1976; J. O. Ivakin, 1959, 1961, 1964; L. Chinkulov, ²1960; V. Barka, N. Y. 1961; M. S. Hrudnyc'ka u.a., 1961; V. J. Šubravs'kyj, ²1961; L. F. Kodac'ka, 1962, 1968, 1972; V. Mijakovs'kyj, hg. 1962; J. Šabliovs'kyj, 1962, 1964; V. S. Borodin, 1964, 1969, 1971, 1980; L. Luciv, N. Y. 1964; J. P. Kyryljuk, 1964, 1968, 1975, 1977; L. A. Viktorov u.a., 1964; J. Bojko, En. Koschmieder 1965; V. O. Sudak u.a., 1968; P. Zur, 1970, 1972; 1979; L. Bol'sakov, 1971, 1977; L. F. Kodac'ka, 1972; M. P. Komysancenko, 1972; N. P. Čamata, 1974; H. I. Marachov, 1976; V. L. Smiljans'ka, 1981, 1990; G. G. Grabowicz, Cambr. 1982. – *Bibl.:* V. Dorošenko, 1939; I. Z. Bjzko, II 1963; F. K. Sarana 1960–64, 1968; T. Š., Žytt'a i tvorčist' u dokumentach, 1991; Dol'a, 1993; P. V. Odarčenko, 1994; H. Hrabovyč, 1998; Slovo pro Š., 1998.

Ševčuk, Valerij, ukrain. Prosaist und Kulturhistoriker, * 20. 8. 1939 Žytomyr. Stud. Gesch.; lebt in Kiev. – Als Angehöriger der ›Sechziger‹ beschritt er als Erzähler ganz neue Wege, indem er sich zunächst dem ›kleinen‹ Menschen zuwandte. Zus. mit anderen Autoren seiner Generation, die den Kanon der Sowjetliteratur mißachteten, wurde er mit langjährigem Druckverbot belegt. Ab 1983 konnte er eine ganze Reihe von Prosawerken veröffentlichen. Seine Romangestalten sind zumeist kulturschaffende Repräsentanten verschiedener Zeitepochen, die sich im Einflußbereich der geistigen und religiösen Strömungen bewegen, die seine ukrain. Heimat im Verlauf der Jahrhunderte durchzogen und ihre Spuren hinterlassen haben. Sein leicht ironischer, zuweilen humorvoller Stil, der auf langjährigen Studien von Archiv- und alten Gerichtsakten gestützte Erzählstoff hat ihn zu einem der beliebtesten Prosaautoren der Ukraine werden lassen.

W: Sered Tyžn'a, 1967; Seredochrest'a, 1968; Nabereżna 12, 1968; Na poli smyrennomy, 1982; Try lystky za viknom, R. III 1986; Myslenne derevo, R. 1986; Dzygar odvičnyj, R. 1987; Stežka v travi (Žytomyrs'ka saha), II 1994; Sribne moloko, R. 2002.
L: Istorija ukrain. literatury XX. stolitt'a, knyha druha, 1998; I. Horn'atko-Šumelovyč, 1999; L. Tarnašyns'ka, 2002.

Sevela, Efraim Evelevič, russ. Schriftsteller, * 8. 3. 1928 Bobrujsk/Weißrußland. Bis 1956 Journalist in Wilna, danach in Moskau als Drehbuchautor u. Regisseur. 1971 Ausreise nach Israel; lebt seit 1976 in den USA. – Gestaltet trag. u. kom. jüd. Schicksale des 20. Jh. u. entlarvt satir. das kommunist. System in s. totalitären u. unmenschl. Charakter.
W: Ostanovite samolet – ja slezu!, R. 1977; Monja Cackes – znamenosec, R. 1978 (Moische, geh du voran, d. 1979); Mužskoj razgovor v russkoj banje, R. 1980 (Männergespräche in e. russ. Sauna, d. 1981); Počemu net raja na zemle?, R. 1981 (Warum es keine Himmel auf Erden gibt, d. 1981); Zub mudrosti, R. 1981 (Der Weisheitszahn, d. 1984); Popugaj, govorjaščij na idiš, En. 1982 (Der Papagei, der Jiddisch konnte, d. 1982); Tojota-Korolla, R. 1984.

Severjanin, Igor' (eig. Igor Vasil'evič Lotarev), russ. Dichter, 16. 5. 1887 Petersburg – 20. 12. 1941 Reval. Hatte mit der Gedichtsammlung ›Gromokipjaščij kubok‹ (1913) großen Erfolg, trug s. Verse selbst öffentl. vor; emigrierte nach der Oktoberrevolution nach Estland. – Wollte in Abgrenzung zu den Futuristen, mit denen er wenig gemein hat, als Ego-Futurist gelten; in ›Gromokipjaščij kubok‹ überraschen eigenartige Reime, e. manierierte, mit kühnen Neologismen durchsetzte Sprache, der Ausdruck des Wunschtraums vom mod. Leben. Das modernist. Provokative verliert sich in den nächsten Bänden, findet sich nicht mehr in s. Gedichten der Emigrationszeit.
W: Gromokipjaščij kubok, G. 1913; Zlatolira, G. 1914; Ananasy v šampanskom, G. 1915; Victoria regia, G. 1916; Crème de violettes, G. 1919; Klassičeskie rozy, G. 1931; Medal'ony, G. 1934.
L: Kritika o tvorčestve I. S., 1915; E. Boronowski, Diss. Münster 1978; S. Vykoupil, 1997.

Sévigné, Marie de Rabutin-Chantal, Marquise de, franz. Schriftstellerin, 5. 2. 1626 Paris – 18. 4. 1696 Schloß Grignan/Drôme. 7jährig Waise, sorgfältig erzogen durch ihren Onkel Abbé Christophe de Coulanges, ⚭ 1644 Henri Marquis de S., der schon 1651 im Duell fiel; widmete sich der Erziehung ihrer 2 Kinder, erst in Les Rochers/Bretagne, seit 1654 ständig in Paris im Hôtel Carnavalet, besuchte die Salons. – Bekannt durch ihre zahlr. (etwa 1500) Briefe, die, schon zu ihren Lebzeiten handschriftl. verbreitet, nach ihrem Tode veröffentlicht, zur klass. Lit. des 17. Jh. gehören. Vorwiegend in zärtl. Liebe an ihre in der Provence verheiratete Tochter, Mme de Grignan, gerichtet, geben sie über das Persönl. hinaus e. unmittelbaren Eindruck der großen polit., kulturellen (über Theater, lit. Neuerscheinungen, sehr persönl. Urteile über Schriftsteller) und gesellschaftl. Ereignisse des Hofes. Ihre warme Spontaneität, e. gleichzeitig verfeinerter und ursprüngl. frischer Geist spiegeln sich in ihrem vielfach bildhaften, durch eigenwillige Kühnheiten belebten Stil.
A: Krit. Ausg. hg. G. Gailly III 1953–57; Lettres, II 1726, hg. Monmerqué-Régnier XIV 1862–68, ²1887ff.; Lettres inédites, hg. C. Chapmas II 1876; Correspondance I–III, hg. R. Duchêne 1972ff. – *Übs.:* Ausw. F. Lotheißen 1883, ²1925, T. Von der Mühll 1966, 1979.
L: J. Aldis, Lond. 1907; G. Boissier, ⁵1919 (d. 1890); A. Hallays, 1921; H. Celarié, 1925; J. Lemoine, 1926; C. Gazier, 1934; A. M. M. L. Saint, René Taillandier, ⁵1938; dies., 1947; A. Bailly, 1955; H. R. Allentuch, Baltimore 1963; J. Cordelier, 1967; R. Duchêne, 1968, 1982 u. 1998; E. Gérard-Gailly, 1971; F. Nies, 1972; C. G. Williams, Boston 1981; C. R. M. Howard, 1982; F. Mossiker, 1983; E. Magnien, 1993; G. Kantzá, 1999; Ch. Solte-Gresser, 2000; F. Nies, 2001.

Sewak, Parowyr (Parujr Sewak; eig. Ġazaryan), armen. Dichter; 26. 1. 1924 Č'anaxč'i (Sovetašen) – 17. 6. 1971 bei einem Autounfall. Stud. Philol. Univ. Erevan, 1956 Stud. Gorkij-Literaturinstitut; seit 1963 Forschungstätigkeit am Literaturinstitut der Akad. der Wiss. Armeniens. 1966–71 Sekretär des armen. Schriftstellerverbandes. – Sein 1. Lyrikband ›Anmahnere hramayowm en‹ (Die Unsterblichen befehlen) erschien 1948. Sein Hauptwerk, das lyr.-philos. Poem ›Anlŕeli zangakatown‹ (Nie verstummender Glockenturm, 1959; überarb. 1966) ist dem Dichter → H. T'owmanyan sowie dem geistlichen Komponisten Komitas, im weiteren der Vernichtung und Vertreibung der Westarmenier 1915 gewidmet. S. verband die traditionelle armen. Dichtung mit Elementen der europ. u. nordamerik. Poesie. Einen Großteil seines Werkes bilden literaturwiss. u. -krit. Abhandlungen zur armen. Lit. Sein Geburtsort trägt heute den Namen seines bedeutendsten Poems, Zangakatown.
A: Erk. žoġ. (GW), VI 1972–76; Erker (AW), III 1983; Erg ergoc' (G), armen. u. russ., 1982; Eġic'i lowys, (G) 1992. – *Übs.:* franz. in: Poésie arménienne, Paris 1973; Que la lumière soit!, Marseille 1988; d.: Hohelied (Poem), München 1983; Der Schmerz, der weitertreibt (G), Berlin 1987; span.: El arbol solitario, Buenos Aires 1995.
L: N. Hovsepyan (Bio-Bibliographie), 1968; A. M. Papoyan, 1970; A. Aristakesyan, 1974.

Sewall, Samuel, amerik. Schriftsteller, 28. 3. 1652 Bishopstoke/England – 1. 1. 1730 Boston.

Harvard College, 1692 Richter der Salemer Hexen, 1697 öffentl. Bekenntnis des Justizirrtums. Hohe Richterämter. – Vf. der 1. Schrift gegen Sklaverei in den nordamerik. Kolonien und e. die Jahre 1674–76, 1686–1729 umfassenden Tagebuchs von höchstem Quellenwert und lit. Charme.

W: The Selling of Joseph, Abh. 1700 (n. S. Kaplan 1969); Proposals Touching the Accomplishment of Prophecies, 1713; Diary, 1878–82 (Ausw. hg. M. Van Doren 1927, H. Wish 1967).
L: N. H. Chamberlain, 1897; O. E. Winslow, 1964; T. B. Strandness, 1967.

Sewer → Maciejowski, Ignacy

Sexton, Anne, amerik. Dichterin, 9. 11. 1928 Newton/MA – 4. 10. 1974 Weston/MA (Freitod). – Vf. bekenntnishafter Gedichte, in denen sie intime psych. Bereiche des leidenden lyr. Ich analysiert (confessional poetry).
W: Complete Poems, G. 1981.
L: A. S.: The Artist and Her Critics, hg. J. D. McClatchy 1978; D. H. George, 1987.

Seyfeddin, Ömer → Ömer Seyfettin

Şeyh Galib → Galib Dede

Şeyhî, Yūsuf Sināneddīn (Germiyani), türk. Dichter, um 1371 Kütahya – um 1431 ebda. Umfassende Bildung, stand als Arzt u. Dichter bei versch. Höfen in Ansehen. – Ş., der zur Mystik neigte, setzte das lyr. Werk von Nezāmī u. Ahmedī fort, übertraf letzteren jedoch durch die Eleganz s. an Hāfez erinnernden Formkunst. Sein ›Kharnāme‹ (Eselsbuch) gehört zu den frühen satir. Meisterwerken der türk. Lit.
W: Khosrou ve Šīrīn, Dicht. (Mesnevi, uned. zum kleineren Teil Nachdicht. des gleichnamigen Werkes von Nezāmī); Divan, hg. A. N. Tarlan 1942; Kharnāme, G. hg. F. K. Demirtaş (Türk Dili ve Edeb. Dergisi) 1949 (d. O. Rescher in: Beiträge zur Arab. Poesie, Istanbul 1952).
L: A. N. Tarlan, 1934–36; F. K. Timurtaş, 1949, 1963, 1968, 1971.

Seymour, Alan, austral. Dramatiker u. Romanautor, * 6. 6. 1927 Perth. Lebte als freier Mitarbeiter der BBC von 1966–95 in London und der Türkei. – Kontroverser Kritiker aktueller und zukünftiger Gesellschaftsentwicklungen u. Generationsprobleme.
W: Swamp Creatures, Dr. (1958); The One Day of the Year, Dr. 1962, R. 1967; The Coming Self-Destruction of the USA, R. 1969.

Shabistarī → Šabistarī, Šaiḫ Maḥmūd

Shabtai, Yaakov, hebr. Erzähler und Dramatiker, 8. 3. 1934 Tel Aviv – 5. 8. 1981 ebda. Begann seine schriftstellerische Karriere, als er nach seiner Dienstzeit in der Armee im Kibbuz lebte. Später wohnte er in Tel Aviv und war als Verfasser von Romanen, Erzählungen, Theaterstücken bekannt. – S. bettet seine persönliche Erfahrung in die Geschichte der israel. Gesellschaft und zeichnet dabei ein nüchternes, krit. Bild der jüngeren israel. Generation, die zwar von den Vätern die Heimat und die Mythen geerbt hat, nicht aber deren Integrität und Überzeugung. Seine Prosa zeichnet sich durch einen unnachahmlichen epischen Stil, vor allem aber durch eine komplexe Syntax und musikal. Qualität aus.
W: Ha-Masa ha-mufla shel ha-Karpada, Kdb. 1964 (Die wundersame Reise des kleinen Kröterichs, d. 1998); Hadod Peretz mamri, En. 1985 (Onkel Peretz fliegt, d. 1997); Zichron Dvarim, R. 1994 (Erinnerungen an Goldmann, d. 1990); Sof Davar, R. 1984 (Vollendete Vergangenheit, d. 1997); Namer Chavarburot, Dr. 1985; Keter ba-Rosh, Dr. 1995.

Shacham, Nathan, hebr. Erzähler, * 29. 1. 1925 Tel Aviv. Seit 1945 Kibbuzmitglied, begann S. 1944 zu veröffentlichen, war zudem israel. Kulturattaché in New York sowie Verlagsleiter. Sein Œuvre umfaßt Romane, Erzählungen und Theaterstücke und setzt sich im realist. Stil mit dem israel. Alltag in der Kibbuz- und in der urbanen Gesellschaft auseinander. Bekannt wurde er im Ausland vor allem durch seinen Roman ›Rosendorf Quartett‹ über die Einwanderung der dt. Juden nach Palästina.
W: Dagan ve-Oferet, R. 1948; Kra li Siomka, Dr. 1950; Guf rishon rabim, R. 1968; Kirot Etz dakim, Nn. 1978; Etzem el Atzmo, R. 1981 (Bone to the Bone, engl. 1993); Reviiyat Rosendorf, R. 1987 (Rosendorf Quartett, d. 1990, 1994, 2001); Hem yagiu machar, Dr. 1989 (They'll be here Tomorrow, engl. 1957); Lev Tel Aviv, R. 1996; Tzilo shel Rosendorf, R. 2001. – *Übs.:* Israel und die Welt nach dem Krieg, Ess. hg. 1991.

Shadbolt, Maurice (Francis Richard), neuseeländ. Erzähler, * 4. 6. 1932 Auckland. Journalist, Filmregisseur. – Beschreibt vor dem Hintergrund der Geschichte und Zeitgeschichte s. Heimat die psycholog. Eigenarten u. Beziehungen ihrer Bewohner, häufig unter der Thematik des verlorenen Paradieses.
W: The New Zealanders, Kgn. 1959 (Mädchen, Fluß u. Zwiebel, d. 1965); Summer Fires and Winter Country, Kgn. 1963; Among the Cinders, R. 1965 (Und er nahm mich bei der Hand, d. 1970); The Presence of Music, 3 Nn. 1967; This Summer's Dolphin, R. 1969 (d. 1973); An Ear of the Dragon, R. 1971; The Lovelock Version, R. 1971; Strangers and Journeys, R. 1972; A Touch of Clay, R. 1974; Danger Zone, R. 1975; Figures

in Light, Kgn. 1979; Once on Chunuk Bair, Dr. 1982; Season of the Jew, R. 1987; Monday's Warriors, R. 1990.
L: P. Holland, 1981; R. J. Crane, hg. 1995.

Shadwell, Thomas, engl. Dramatiker, um 1642 Santon/Norfolk – 19. 11. 1692 London. Stud. Cambridge und Middle Temple (1658), ausgedehnte Reisen, lebte danach in London, verkehrte in höf. und lit. Kreisen der Restaurationsgesellschaft (Etherege, Rochester, Sedley u.a.), deren Schwächen und charakterl. Mängel er in s. Stükken lächerl. machte.- Übs. Molière, schrieb Opernlibretti (Adaption von Shakespeares ›The Tempest‹ in ›The enchanted Island‹) und Komödien in der Tradition Ben Jonsons, dessen ›comedy of humours‹ er fortführte, jedoch verbunden mit Sittenschilderung und höf. Liebesverwicklungen, wie sie in den ›comedy of manners‹ übl. waren. S. Erfolg beruhte z. T. darauf, daß die herrschende Gesellschaft sich in den Gestalten erkannte. Aufgrund lit. Differenzen bittere Fehde mit Dryden, beide griffen einander mehrfach mit scharfer Satire an, Dryden in ›Absalom and Achitophel‹, ›The Medal‹ und ›MacFlecknoe‹ (in dem S. als ›Og‹ figuriert), S. antwortete mit der Satire ›The Medal of John Baynes‹.

W: The Sullen Lovers, K. 1668; Royal Shepherdess, K. 1668; The Humorists, K. 1671 (hg. R. Perkin 1975); Epsom-Wells, K. 1673 (n. D. Walmsley 1930); The Miser, K. 1672; The Virtuoso, K. 1676 (n. M. H. Nicholson, D. S. Rhodes 1966); A True Widow, K. 1679; The Lancashire Witches, K. 1682; The Squire of Alsatia, K. 1688; Bury Fair, K. 1689 (hg. J. Ross 1995). – Complete Works, hg. M. Summers V 1927.
L: A. S. Borgman, 1928; M. W. Alssid, 1967; J. M. Armistead, Four Restoration Playwrights: A Reference Guide, 1984; C. Wheatley, Without God or Reason. The Plays of T. S. and Secular Ethics in the Restoration, 1993.

Shaffer, Peter (Levin), engl. Bühnen-, Film- u. TV-Autor, * 15. 5. 1926 Liverpool. Stud. Cambridge, Bibliothekar, Lit.- u. Musikkritiker. – ›Five Finger Exercise‹ ist – in der Form e. traditionellen realist. Dramas – e. vernichtende Kritik der Selbstsucht, Kommunikationslosigkeit u. Grausamkeit e. Familie der engl. Mittelschicht. Das ehrgeizige, spektakuläre ›The Royal Hunt of the Sun‹ handelt von der Eroberung des Inkareichs durch Pizarro. ›Equus‹ entfaltet das packende Psychogramm e. jungen Pferdeverehrers u. s. Psychiaters. ›Amadeus‹ zeigt die trag. Selbstzerstörung des Durchschnittsmenschen Salieri angesichts der Konfrontation mit Mozarts unreifer Persönlichkeit u. musikal. Genie. Das Stück wurde 1984 von M. Forman verfilmt, 1985 erhielt S. e. Oscar für das Drehbuch.

W: Five Finger Exercise, Dr. 1958; The Salt Land and Balance of Terror, TV-Drn. 1958; The Private Ear and The Public Eye, Drn. 1962 (Hören Sie zu!, d. 1963; Geben Sie acht!, d. 1963); The Royal Hunt of the Sun, Dr. 1965 (d. 1965); Black Comedy, K. 1967 (Komödie im Dunkeln, d. 1966); The White Lies, Dr. 1967 (Fromme Lügen, d. 1968); The Battle of Shrivings, Dr. (1970) (Exerzitien, d. 1970); Equus, Dr. 1973 (d. 1974, 1985); Amadeus, Dr. 1980 (d. ⁵1985); Yonadab, Dr. (1985) (d. 1988); Lettice and Lovage, K. (1987) 1990 (Laura und Lotte, d. 1989); Whom Do I Have the Honour of Addressing?, H. 1990 (Mit wem habe ich das Vergnügen?, d. 1990); The Gift of the Gorgon, Dr. 1993. – Collected Plays, 1984.
L: J. R. Taylor, 1974; D. A. Klein, 1979; V. Cooke, 1987; G. A. Plunka, 1988; Casebook, hg. C. J. Gianakaris 1991. – *Bibl.:* T. Eberle, 1991.

Shaftesbury, Anthony Ashley Cooper, 3rd Earl of, engl. Dichterphilosoph, 26. 2. 1671 London – 15. 2. 1713 Neapel. Aus altem Adelsgeschlecht, Großvater bedeutender Whig-Staatsmann, mit J. Locke befreundet, dem er die Leitung der Privaterziehung s. Enkels übertrug. Stud. Winchester College, 1686–89 ausgedehnte Reisen auf den Kontinent. 1695 Mitgl. des Parlaments, 1699 des Oberhauses, durch schlechte Gesundheit eingeschränkt. ∞ 1709 Jane Ewer. Seit 1711 in Italien, wo er vergebl. Genesung suchte. – Bedeutender Moralist u. Essayist der Aufklärung. Sucht in s. Briefen, Dialogen u. Reflexionen in Anlehnung an Platon die Ethik und Ästhetik metaphys. zu unterbauen, führt Schönheit und Ordnung der Welt auf die Wirksamkeit e. göttl. Prinzips zurück. Erneuert so die antike Ethik, indem er Tugend und Glückseligkeit gleichsetzt. Er betont das menschl. Unterscheidungsvermögen für Gut und Böse, in dem das Moralgefühl letztl. begründet ist. Durch s. Forderung nach Einfühlung in das Schöne Begründer der mod. Ästhetik. Sein Bildungsziel ist die Entfaltung zur harmon. Persönlichkeit. Wendet sich gegen Hobbes' determinist. Weltbild. Starker Einfluß auf die engl. Vorromantik, die franz. Rationalisten (Diderot, Voltaire), Wieland und den dt. Sturm und Drang (Herder, Schiller).

W: An Inquiry concerning Virtue, 1699 (hg. D. Walford 1977; d. 1905); The Sociable Enthusiast, 1705 (u.d.T.. The Moralist, 1709; d. 1909); Sensus Communis, 1709; Soliloquy, or Advice to an Author, 1710; Characteristicks of Men, Manners, Opinions, Times, III 1711 (hg. J. M. Robertson II 1900); Life, Letters (hg. B. Rand 1900). – Complete Works, hg. G. Hemmerich, W. Benda 1981ff. – *Übs.:* Der gesellige Enthusiast, hg. K. H. Schwabe 1990.
L: E. Cassirer, Die Platon. Renaissance in England, 1932; F. A. Uehlein, Kosmos und Subjektivität, 1976; R. Voitle, 1984; L. E. Klein, 1994; B. Schmidt-Haberkamp, Diskurs der Kritik, 2000; A. Baum, Selbstgefühl, 2001.

Shahar, David, hebr. Erzähler, 17. 6. 1926 Jerusalem – 2. 4. 1997 Paris. Nach Stud. an der Hebr. Univ. Jerusalem Vorsitzender des hebr. Schriftstellerverbands. – Mit s. Romanen, von denen viele in Jerusalem spielen, machte er sich im In- und Ausland, besonders in Frankreich, einen Namen.

W: Al ha-Chalomot, En. 1956; Yareach ha-Dwash ve-Hachalav, R. 1959 (Lune de miel et d'or, franz. 1991); Heichal ha-Kelim ha-shwurim, R. 1969 (The Palace of Shattered Vessels, engl. 1975; franz. 1978) Kayitz be-Rechov ha-Neviyim, R. 1969 (Ein Sommer in der Prophetenstraße, d. 1984); Masa le-Ur Kasdim, R. 1971 (Die Reise nach Ur in Chaldäa, d. 1985); Yom ha-Rozenet, R. 1976 (Le Jour de la comtesse, franz. 1989); Sochen Hod Malchuto, R. 1979 (Agent seiner Majestät, d. 1984); Ningal, R. 1983 (Nin-Gal, franz. 1985); Lejlot Lutetzia, R. 1991 (Les nuits de Lutèce, franz. 1992). – *Übs.:* Selected Stories, engl. 1974; Les petits péchés: nouvelles, franz. 1994.

Shaikhī, Yūsuf Sināneddīn → Şeyhî, Yūsuf Sināneddīn

Shakespeare, Nicholas, engl. Schriftsteller, * 1957 Worcester. Aufgewachsen im Fernen Osten u. in Lateinamerika, Vater Diplomat. Stud. Lit. in Cambridge, Journalist; von 1988–91 Leiter des Lit.ressorts des Daily Telegraph und des Sunday Telegraph. – Seine Südamerika-Kenntnisse kommen s. hist. Romanen zugute, in denen er mit stilist. Eleganz e. einfühlsames u. genau beobachtetes Bild von Diktatur, Terrorismus u. Revolution liefert. ›The Dancer Upstairs‹ wurde 2002 erfolgr. von John Malkovich verfilmt. In der Biographie des enigmat. Reiseschriftstellers B. Chatwin setzte er aus vielen Mosaiksteinchen e. facettenreiches Persönlichkeitsbild zusammen.

W: The Man Who Would Be King: A Look at Royalty in Exile, 1984; Londoners, 1986; The Vision of Elena Silves, R. 1989; Guzman, B. 1991; The High Flyer, R. 1993 (Die Säulen des Herakles, d. 1994); The Dancer Upstairs, R. 1995 (Der Obrist und die Tänzerin, d. 1998); Bruce Chatwin, B. 1999 (d. 2000).

Shakespeare, William, engl. Dichter u. Dramatiker, 26. 4. 1564 (getauft) Stratford-upon-Avon – 23. 4. 1616 ebda. Ältester Sohn des Handschuhmachers u. Gewerbetreibenden John S. und s. dem Landadel entstammenden Frau Mary, geb. Arden. Aufgrund der gesellschaftlichen Position s. Vaters, der 1568/69 das Amt des Bürgermeisters u. Friedensrichters innehatte, ab 1577 allerdings in finanzielle Schwierigkeiten geriet, dürfte William die Lateinschule in Stratford besucht haben. Am 30. 11. 1582 heiratete der 18jährige die acht Jahre ältere Anne Hathaway, Tochter e. Grundbesitzers im benachbarten Shottery. 1583 Geburt der Tochter Susanna, 1585 der Zwillinge Judith und Hamnet (der mit elf Jahren starb). Für den Zeitraum bis zur ersten Erwähnung von S.s Bühnentätigkeit in London 1592 fehlen verläßliche Informationen. Viel Beachtung findet neuerdings die Hypothese, daß er in Diensten des katholischen Großgrundbesitzers Alexander Hoghton in Lancashire Zugang zu geheimen Kreisen der Gegenreformation sowie zur Schauspieltruppe des Lord Strange gefunden habe. Sie beruht auf der (noch) unbewiesenen Annahme, daß der in Hoghtons Testament erwähnte William Shakeshafte mit W. S. identisch sei. Derselbe muß 1592 nach London gelangt sein, wo er in Theaterkreisen Aufsehen erregte (neidvolle Anspielung des Dramatikers Robert Greene). 1593 u. 1594 erschienen s. Versepen ›Venus and Adonis‹ u. ›The Rape of Lucrece‹ mit Widmung an Henry Wriothesley, 3rd Earl of Southampton, in dem Biographen oft auch den Adressaten der Sonette an den schönen Jüngling vermuten, die den größten Teil des 1609 unautorisiert publizierten Sonettzyklus ausmachen. Indizien für S.s beruflichen Erfolg sind 1595 s. Nennung als Mitglied der bei Hof führenden Truppen der Lord Chamberlain's Men (1603 nach Thronbesteigung James I. in King's Men umbenannt), 1596 die Lizenz, ein Familienwappen zu führen, 1597 der Kauf des zweitgrößten Hauses in Stratford sowie ab 1598 die offensichtliche Werbewirkung seines Namens auf den 22 Quartoausgaben von 20 s. Stücke, die zu s. Lebzeiten gedruckt wurden. 1599 Mitinhaber des neuerrichteten Globe-Theaters, später auch Aktionär an dem 1608 von s. Truppe erworbenen Blackfriars-Theater. Um 1613 Verkauf s. Anteile an beiden Theatern und Rückkehr als begüterter Mann an s. Heimatort, zu dem die Verbindung nie abriß (und dank Hauserwerbungen, Geldgeschäften, Investitionen in Landbesitz gut dokumentiert ist). S.s am 25. 3. 1616 unterzeichnetes Testament bedenkt Schauspielerkollegen u. Stratforder Freunde. Beisetzung in der Trinity Church in Stratford; die Gedächtnisbüste (von G. Jannssen) und der Kupferstich (von M. Droeshout) in der ersten Folioausgabe 1623 sind die einzigen authentischen Bildnisse. Die von s. Schauspielerkollegen Heminge und Condell veröffentlichte Gesamtausgabe enthält von 17 Stücken den einzig vorhandenen Text. Die Chronologie der Werke im Lit.verzeichnis berücksichtigt jüngste Ergebnisse, kann jedoch nur Annäherungswerte liefern. – In die frühe Schaffensphase (bis 1595) fällt die Auseinandersetzung mit den engl. Rosenkriegen, die als polit. Lehrstücke der Tudormonarchie huldigen (York-Tetralogie mit den drei Teilen von ›Henry VI‹ u. ›Richard III‹), die blutrünstige Rachetragödie in der Nachfolge Senecas ›Titus Andronicus‹, romaneske Liebeskomödien, die den von John Lyly initiierten Typ der Hofkomödie variieren (›The Two Gentlemen of Verona‹, ›Love's Labour's Lost‹) bzw. sich an Plautus' farcenhafte Verwechslungssituationen anlehnen (›The Comedy of Errors‹). In der zweiten Periode (bis 1599) entsteht die Lancaster-Tetralogie, die den Zeitraum der engl. Geschichte dramatisiert, der chronologisch dem ersten Historienzyklus vorausgeht (›Richard II‹, die zwei Teile von ›Henry IV‹ u. ›Henry V‹) und anhand kontrastiver Königsgestalten die Legitimation von Herrschaft hinterfragt. Zu den populärsten Werken dieser Phase zählen die lyrische Liebestragödie ›Romeo and Juliet‹, deren sprachliche Register petrarkistische Lyrik ebenso umfaßt wie obszöne Wortspiele, u. die phantast. Komödie ›A Midsummer Night's Dream‹, die mit den kontrastierenden Schauplätzen des Athener Hofs und des verzauberten Feenwaldes ein von S. mehrfach verwandtes Strukturmodell bietet. Die Intrigen der Gesellschaftskomödie ›Much Ado About Nothing‹ modifizieren Motive des Geschlechterkampfes der farcenhaften ›Taming of the Shrew‹-Handlung. Subversives Potential enthält ›The Merchant of Venice‹ mit dem jüdischen Wucherer Shylock u. s. venezianischen Gegenspielern. Die in der 3. Periode (1599–1609) entstandenen Komödien ›As You Like It‹ und ›Twelfth Night‹ zeichnen sich durch ein bes. reiches Spektrum der Figurenperspektiven und das Motiv der Heldin in Männerkleidung aus, deren ›cross-dressing‹ die Grenzen der tradierten Geschlechterdifferenzen auslotet. Gegen 1601 artikuliert sich in S.s Œuvre jedoch ein zunehmend pessimistisches Weltbild, das die Komödie zur Tragödie und Satire öffnet. In den Problemstücken ›Troilus and Cressida‹, ›Measure for Measure‹ und ›All's Well That Ends Well‹ werden gesellschaftl. Institutionen, moralische Wertsetzungen u. intellektuelle Normen kontrovers diskutiert. ›Hamlet‹, wohl S.s berühmtestes, dabei aber vielleicht rätselhaftestes Drama, hat die größte Vielfalt divergierender Deutungen erfahren. Die 3 Römertragödien, ›Julius Caesar‹, ›Antony and Cleopatra‹ und ›Coriolanus‹, entwickeln thematische Schwerpunkte der Historien am Stoff von Plutarchs Quellenvorlagen weiter und vertiefen häufig noch die Widersprüche der Charaktere in ihrem Konflikt zwischen öffentlicher u. privater Rolle. In den späten Tragödien ›Othello‹ und ›Macbeth‹ wird der tragische Protagonist getäuscht u. in Versuchung geführt; s. Scheitern ist jedoch in s. individuellen Veranlagung begründet. Auch die Leiden des ›King Lear‹, die ihn in den Wahnsinn treiben, sind letztlich selbstverschuldet. Das schonungslos tragische Ende, mit der Cordelias Tod an der Existenz einer transzendentalen Ordnung zweifelt, wurde von Nahum Tate 1681 umgeschrieben und erst im 19. Jh. wieder in ursprünglicher Form aufgeführt. Im Spätwerk (bis 1613/14) nähert sich S. in der thematisch u. strukturell eng verwandten Gruppe der Romanzen (›Pericles‹, ›The Winter's Tale‹, ›Cymbeline‹, ›The Tempest‹) dem Handlungsverlauf der Tragikomödie an, mit dessen Hauptvertreter John Fletcher er auch bei ›Henry VIII‹ u. ›The Two Noble Kinsmen‹ zusammenarbeitete. Mit Märchenmotiven u. sensationellen Plot-Elementen wird eine Atmosphäre des Wunderbaren geschaffen; spektakuläre Überraschungseffekte erinnern an das höfische Maskenspiel. S.s kulturelle Präsenz im engl. Sprachraum hat sich dank der Filmindustrie in den letzten Jahrzehnten zu globaler Breitenwirkung ausgeweitet. In Deutschland, wo die Übersetzung s. Werke im 18. Jh. maßgeblich die Herausbildung einer nationalen Dichtersprache beförderte, ist er der meistgespielte Dramatiker.

W: The Two Gentlemen of Verona, K. 1590/91; The Taming of the Shrew, K. 1590/91; King Henry VI (2. u. 3. Teil), Dr. 1591; King Henry VI (1. Teil), Dr. 1592; Titus Andronicus, Tr. 1592; Richard III, Dr. 1592/93; Venus and Adonis, Vers-Ep. 1593; The Rape of Lucrece, Vers-Ep. 1594; The Comedy of Errors, K. 1594; Love's Labour's Lost, K. 1594–95; King Richard II, Dr. 1595; Romeo and Juliet, Tr. 1595; A Midsummer Night's Dream, K. 1595; King John, Dr. 1596; The Merchant of Venice, K. 1596/97; King Henry IV (1. Teil), Dr. 1596/97; The Merry Wives of Windsor, K. 1597/98; King Henry IV (2. Teil), Dr. 1597/98; Much Ado About Nothing, K. 1598; King Henry V, Dr. 1598/99; Julius Caesar, Dr. 1599; As you like it, K. 1599/1600; Hamlet, Tr. 1600/01; Twelfth Night, K. 1601; Troilus and Cressida, Dr. 1602; Measure for Measure, K. 1603; Othello, Tr. 1603/04; All's Well That Ends Well, K. 1604/05; Timon of Athens, Tr. 1605; King Lear, Tr. 1605/06; Macbeth, Tr. 1606; Antony and Cleopatra, Dr. 1606; Pericles, K. 1607; Coriolanus, Dr. 1608; The Winter's Tale, K. 1609; Cymbeline, K. 1610; The Tempest, K. 1611; King Henry VIII (mit John Fletcher), Dr. 1613; The Two Noble Kinsmen (mit John Fletcher), Dr. 1613/14. – Sonnets, hg. Th. Thorpe 1609; Quarto Facsimiles (16 Drn.), hg. W. W. Greg 1939ff.; Mr. W.S.s Comedies, Histories and Tragedies Published According to the True Original Copies, hg. J. Heminge, H. Condell 1623 (First Folio-Ausgabe), ^{2}1632, ^{3}1663f., ^{4}1685; The First Folio of S.: The Norton Facsimile, hg. C. J. K. Hinman 1968; Works, hg. N. Rowe 1709; A. Pope, hg. 1723–25; L. Theobald, hg. 1733; S. Johnson, hg. 1765; G. Steevens, hg. 1773; E. Malone, hg. 1790; A. Dyce, hg. 1857; W. G. Clark, J. Glover, W. A. Wright, hg. 9 Bde., Cambridge 1863–66, ^{2}1891–93; H. H. Furness, hg. 1871ff. (New Variorum Edition); W. J. Craig, R. H. Case, hg. 1899–1944 (The Arden S.); W. G. Clark, W. A. Wright, hg. 1911 (Globe Edition); A. Quiller-Couch, J. D. Wilson, hg. 1921–62 (New S.); H. Craig hg., 1951; P. Alexander, hg. 1951; U. M. Ellis-Fermor, hg. 1951–58 (The New Arden S.); A. Harbage, hg. 1956–67 (Pelican Shakespeare), S. Orgel, hg. ^{2}2002 (New Pelican S.); T. J. B. Spencer, S. Wells, hg. 1967–82 (New Penguin S.); G. B. Evans, 1974, ^{2}1994 (The Riverside S.); D. Bevington, 1980, ^{4}1992; S. Wells, G. Taylor, hg. 1982ff. (The Oxford S.); R. Proudfoot, A. Thompson, D. Scott-Kastan, hg. 1983ff. (The Arden S. Third Series); P.

Brockbank, B. Gibbons, hg. 1984ff. (The New Cambridge S.); S. Greenblatt, hg. 1998 (The Norton S.). – *Übs.*: Ch. M. Wieland 1762–66; J. J. Eschenburg 1775–77; A. W. Schlegel, D. Tieck, W. Baudissin, hg. L. Tieck, IX 1825–33, XII 1839–40; J. H. Voss d. J. u. A. Voss, IX 1829; F. Gundolf 1908–23; L. L. Schücking 1912–35; H. Rothe 1922–64; R. Flatter 1952–55; R. Schaller 1952–81; R. A. Schröder 1963; E. Fried 1962–89; F. Günther 1976ff.

L: Jb. d. dt. S.-Gesellsch., 1865ff.; G. G. Gervinus, II ⁴1872, E. Dowden, 1875, S. Lee, 1898; A. C. Bradley, 1904; F. Gundolf, S. u. d. dt. Geist, 1911; C. T. Onions, S. Glossary, 1911, ²1986; L. Kellner, S.-Wörterbuch, 1922; F. Gundolf, II 1928; H. Granville-Barker, II 1930; E. K. Chambers, II 1930; G. W. Knight, Imperial Theme, 1931; A. Ralli, History of S. Criticism, II 1932; H. Granville-Barker, G. B. Harrison, Companion to S. Studies, 1934; W. Clemen, S.s Bilder, 1936, übs. ²1977; R. Pascal, 1937; W. Franz, S.-Grammatik, 1939; G. B. Harrison, Introducing S., 1939, ³1966; A. Schmidt, S.-Lexikon, II ⁴1939; A. Harbage, S.'s Audience, 1941; E. M. W. Tillyard, Elizabethan World Picture, 1943; E. H. Partridge, S.'s Bawdy, 1947, erw. 1968; S. Survey, 1948ff.; S. Quarterly, 1950ff.; P. Alexander, 1951; H. Kökeritz, S.'s Pronunciation, 1953; W. W. Greg, The S. First Folio, 1955; Narrative and Other Dramatic Sources, hg. G. Bullough, VIII 1957–75; K. Muir, 1957, ²1977; M. Lüthi, S.s Dramen, 1957; M. Merchant, S. and the Artist, 1959; P. Alexander, S.'s Life and Art, 1961; A. P. Rossiter, 1961; J. Kott, S. heute, 1964; F. E. Halliday, S. Companion, 1564–1964, 1964; S. Studies, 1965ff.; S. Encyclopedia, hg. O. J. Campbell, E. G. Quinn 1966; R. M. Frye, 1967; R. Weimann, S. u. d. Trad. d. Volkstheaters, 1967, engl. 1978; G. L. Evans, V 1969–73; Wege d. S.-Forschung, hg. K. L. Klein 1971; New Companion to S., hg. K. Muir, S. Schoenbaum 1971; S.-Handbuch, hg. I. Schabert 1972, erw. 4. Aufg. 2000; R. v. Ledebur, Dt. S.-Rezeption seit 1945, 1974; The Critical Heritage, hg. B. Vickers, VI 1974ff.; S. Schoenbaum, W. S. Documentary Life, 1975, d. 1981; J. L. Styan, The S. Revolution, 1977; G. Müller-Schwefe, 1978; W. Weiß, Drama d. S.-Zeit, 1979; S. Greenblatt, Renaissance Self-Fashioning, 1980; The Woman's Part, hg. C. R. S. Lenz u. a. 1980; Political S., hg. J. Dollimore, A. Sinfield 1985; E. A. J. Honigmann, S. The Lost Years, 1985, ²1998; Alternative S.s, hg. J. Drakakis 1985; W. S., hg. J. F. Andrews, III 1985; S. Greenblatt, S.an Negotiations, 1988; U. Suerbaum, Das elisabethanische Zeitalter, 1989; G. Taylor, Reinventing S., 1989; R. McDonald, Bedford Companion to S., 1996, ²2001; U. Suerbaum, S.s Dramen, 1996; J. Bate, Genius of S., 1997; P. Honan, 1998; W. Hortmann, S. on the German Stage, 1998, d. 2001; Companion to S., hg. D. S. Kastan 1999; Cambridge Companion to S., hg. M. de Grazia, S. Wells 2001; U. Suerbaum, S.-Führer, 2001; S.-Companion to S. on Stage, hg. S. Wells, Stanton 2002; S. An Oxford Guide, hg. S. Wells, L. C. Orlin 2003, H. Hammerschmidt-Hummel, W. S., 2003; M. Wood, In Search of S., 2003. – *Konkordanzen*: M. Spevack, IX 1968–80; Oxford S. Concordances, hg. T. H. Howard-Hill 1969ff.; M. Spevack, Harvard Concordance to S., 1973. – *Bibl.*: W. Ebisch, L. L. Schücking, 1931–37; G. R. Smith, 1963; J. W. Velz, 1968; W. R. N. Payne, Birmingham S. Library, VII 1971; J. G. McManaway, J. A. Roberts, 1975; W. R. Elton, S.'s World, 1966–1971, 1979; S. A Bibliographical Guide, hg. S. Wells 1990; A S. Music Catalogue, hg. B. Gooch, D. Thatcher V 1991; S. Index, hg. B. T. Sajdak II 1992; H. Blinn, Der dt. S., 1993; D. M. Bergeron, G. L. de Sousa, ³1995; S. and the Classical Tradition, hg. L. Walker 2002; H. Blinn, W. G. Schmidt, S.-deutsch, 2003.

Shalev, Meir, hebr. Erzähler, * 29. 7. 1948 Nahalal/Israel. Sohn des Dichters Itzhak Shalev, wuchs in der landwirtschaftl. Genossenschaft in Nahalal auf, bevor er nach Jerusalem übersiedelte, um Psychologie an der Hebr. Univ. zu studieren. Er arbeitete viele Jahre als Journalist und Fernsehmoderator und ist als Bestsellerautor von Romanen und Kinderbüchern im In- und Ausland bekannt. – S. bevorzugt das große Familienepos, in dem biblische Episoden und Mythen mit Geschichten aus der israel. Pionierzeit und der Gegenwart verflochten sind.

W: Hayeled Chayim veha-Mifletzet mi-Yerushalaim, Kdb. 1982; Tanach Achshav, Sb. 1985 (Der Sündenfall – ein Glücksfall?, d. 1997, 1999); Gumot ha-Chen shel Zohara, Kdb. 1987 (Hannahs Grübchen, d. 1995); Aba ose Bushot, Kdb. 1988 (Papa nervt, d. 1994); Roman Russi, R. 1988 (Ein russischer Roman, d. 1991); Ha-Kina Nechama, Kdb. 1990 (Luzie, die Laus, d. 1996); Esav, R. 1991 (Esaus Kuß, d. 1994); Keyamim Achadim, R. 1994 (Judiths Liebe, d. 1995, 1998); Be-Beyto ba-Midbar, R. 1998 (Im Haus der großen Frau, d. 2000); Ha-Traktor be-Argaz ha-Chol, Kdb. 1998. – *Übs.*: Wie der Neandertaler den Kebab erfand, 1997.

Shalev, Zeruya, hebr. Erzählerin, * 13. 4. 1959 Kinneret /Israel. Im Kibbuz Kinneret am Ufer des See Genezareth aufgewachsen, absolvierte ein Magisterstudium in Bibelwiss. an der Hebr. Univ. in Jerusalem und war als Verlagslektorin tätig. – Mit ihrem Roman ›Liebesleben‹, der im In- und Ausland zum Bestseller wurde, gelang ihr der künstlerische Durchbruch. Ihre Prosa thematisiert die Liebe vor dem Hintergrund des israel. Alltags.

W: Rakadeti, amadeti, R. 1993; Chayey Ahava, R. 1997 (Liebesleben, d. 2000); Ba'al ve-Isha, R. 2000 (Mann und Frau, d. 2001); Yeled shel Ima, Kdb. 2000.

Shalom, Shin (eig. Shalom Joseph Shapira), hebr. Dichter, * 28. 12. 1904 Parzew/Polen – 2. 3. 1990 Haifa. Begann in Wien, wohin s. Familie im 1. Weltkrieg geflohen war, 13jähr. in dt. Sprache zu schreiben. Schloß sich 1922 e. relig. Siedlergruppe in Palästina an, kehrte aber 1930/31 studienhalber nach Dtl. zurück; Lehrer der hebr. Sprache in Nürnberg und Erlangen. Lebte in Haifa. 1968 Vorsitzender des Hebr. Schriftstellerverbandes in Israel. – Symbolist. Lyriker, Erzähler, Dramatiker und Kritiker. 1941 erhielt er für ›Hanêr lo kavâh‹, das e. Renaissance der jüd. Mystik in der hebr. Poesie einleitete, den Bialik-Preis.

W: Belew haolam, G. 1927; Sefer haschirim wehasonetot, G. 1940; On ben pele, G. 1940; Panim el panim,

Shamir

G. 1940 f.; Hajad haschenijah, G. 1941 f.; Olam belehavoth, G. 1943 f.; Ilan bachur, G. 1946. – GW, XXIV 1979–90. – *Übs.*: Galiläisches Tagebuch, 1954, 1990; On ben Pele, hebr. u. engl. 1963; Dichtungen, hebr. u. d. 1986; Storm over Galilee, engl. 1984.

L: S. Avneri, 1981.

Shambhu → Śambhu

Shamir, Moshe, hebr. Schriftsteller, * 15. 9. 1921 Safed/Israel. 1948 gründete und leitete er die Wochenzeitung der israel. Armee ›Bamachane‹, war zwischen 1977 und 1981 Abgeordneter im israel. Parlament. – Mit s. Romanen und Theaterstücken begleitete S. die Entstehungsphase des israel. Staates, thematisierte den Kampf um die Heimat, die Hoffnung auf einen Neubeginn wie auch die Konflikte zwischen der individuellen und der kollektiven Stimme.

W: Hu halach ba-Sadot, R. und Dr. 1948 (He Walked through the Fields, engl. 1959); Tachat ha-Schemesch, R. 1950; Bemo yadav, R. 1951 (With his Own Hands, engl. 1970); Melech Basar va-Dam, R. 1954 (The King of Flesh and Blood, engl. 1958); Kivsat ha-Rash, R. 1956; Milchemet beny Or, Dr. 1956; Ki Erom Ata, R. 1959; Ha-Galgal ha-Chamischi, Jgb. (Fahrt mit Umwegen, d. 1964); Chayey Yishmael, polit. R. 1968 (My Life with Ishmael, engl. 1970); Hinumat ha-Kala, R. 1985; Ha-Yoresh, Dr. 1989; Kim'at, G. 1991; Yair, R. 2001.

L: D. Miron, 1962.

Shange, Ntozake (eig. Paulette Williams), afroamerik. Autorin, * 18. 10. 1948 Trenton/NJ. Aus gut mittelständ. Familie; M.A. an der UCLA; nach Scheidung persönl. Krise, 1971 Namensänderung; Univ.-Lehre u. Theaterarbeit in Kalifornien. – S. setzte mit ihrem ersten ›choreopoem‹ 1974 e. neue Ästhetik von Sprache, Musik u. Tanz zur Darstellung der Lage schwarzer Frauen ein u. gilt seither als originelle postmoderne Stimme, mit starker Affinität zur afroamerik. mündl. Tradition u. Skepsis gegenüber Hochsprache u. Herrschaftsstrukturen. Neben Dramen schrieb S. ebenso frauenzentrierte Gedichte u. Romane.

W: for colored girls who have considered suicide// when the rainbow is enuf, Dr. 1974/1976; Sassafrass, N. 1977; Nappy Edges, G. 1978; A Photograph: Lovers in Motion, Dr. 1979; Boogie Woogie Landscapes, Dr. 1979; Spell #7, Dr. 1979; sassafrass, cypress, and indigo, R. 1982 (Schwarze Schwestern, d. 1984); I See No Evil: Prefaces, Essays and Accounts, 1976–1983, 1984; Betsy Brown, R. 1985; Ridin' the Moon in Texas: Word Paintings, G. 1987; The Love Space Demands, Dr. 1991; Liliane: Resurrection of the Daughter, R. 1994.

L: H. Keyssar, Feminist Theater, 1984; N. A. Lester, 1995.

Shankara → Śaṅkara

Shankhadhara → Śaṅkadhara

Shāntideva → Śāntideva

Shapcott, Jo, engl. Lyrikerin, * 24. 3. 1958 London. Stud. in Dublin, Oxford u. Harvard, Dozentin für Englisch in Exmouth, anschließend bei versch. Institutionen im Bildungswesen tätig. Freie Autorin, Mitarbeit bei versch. musikal. Projekten. – Lebhafte, leidenschaftliche, detailbetonte, teilweise hintergründige Lyrik mit einem Hang zum Extremen, Bizarren u. Absonderlichen, durchdrungen von erot. Energie. Aufdecken des Unerwarteten im Alltäglichen, spielerischer Umgang mit gesellschaftlichen, politischen, geschichtlichen u. mythologischen Themen. Auch Hrsg. versch. Anthologien moderner Lyrik sowie einer Essay-Sammlung.

W: Electroplating the Baby, 1988; Phrase Book, 1992; A Journey to the Inner Eye, 1996; Motherland, 1996; My Life Asleep, 1998; Her Book: Poems 1988–1998, 2000; Tender Taxes, 2002; The Transformers, Ess. 2002.

Shapira, Shalom Joseph → Shalom, Shin

Shapiro, Karl (Jay), amerik. Dichter u. Kritiker, 10. 11. 1913 Baltimore – 14. 5. 2000 New York. Stud. Johns Hopkins Univ., 1941–45 Soldat im Pazifik, 1950–55 Hrsg. der Zs. ›Poetry‹ in Chicago, Lehrtätigkeit an versch. Univ. – Schrieb intellektuell kontrollierte Lyrik in flüssiger und zugleich präziser Diktion; Kriegsgedichte, Themen u. Gegenstände aus der mod. Massengesellschaft; Psychogramme e. jüd. Bewußtseins, Einfluß von Freud und W. Reich. In dem Vers-›Essay on Rime‹ und in krit. Essays wendet sich S. gegen die mythisierende, symbolist. Technik und das kulturphilos. Anliegen der mod. Dichtung; Polemik gegen die Yeats-Eliot-Tradition, gegen e. ›Diktatur der Kritik‹ und für die ›Anarchie der Erfahrung‹, für weniger esoter. Dichtung.

W: Person, Place and Thing, G. 1942; The Place of Love, G. 1942; V-Letter, G. 1944; Essay on Rime, 1945; Trial of a Poet, G. 1947; Beyond Criticism, Ess. 1953; Poems 1940–53, 1953; Poems of a Jew, 1958; In Defense of Ignorance, Ess. 1960; Prose Keys to Modern Poetry, Ess. 1962; The Bourgeois Poet, G. 1964; A Prosody Handbook, 1965 (m. R. Beum); White-Haired Lover, G. 1968; To Abolish Children, Ess. 1968; Selected Poems, 1968; Edsel, R. 1971; The Poetry Wreck, Ess. 1975; Adult Bookstore, G. 1976; Love and War, Art and God, G. 1984; Adam and Eve, G. hg. J. Wheatcroft 1986; The Younger Son: Poet, Aut. 1988; The Youth and War Years of a Distinguished American Poet, Aut. 1988; Reports of My Death, Aut. 1990; The Wild Card, G. hg. S. Kunitz u. D. Ignatow 1998. – Collected Poems 1940–1978, 1978; New and Selected Poems, 1940–1986, 1987.

L: J. Reino, 1981. – *Bibl.*: L. Bartlett, 1979.

Sharp, Alan, engl. Schriftsteller, * 12. 1. 1934 Alyth b. Dundee/Schottland. Bei Adoptiveltern in Greenock aufgewachsen; 14jähr. Arbeiter auf e. Schiffswerft; nach Militärdienst Stud. Univ. Glasgow als Stipendiat; ging dann nach London. – Begann nach e. Hör- u. e. Fernsehspiel 1958 mit der Arbeit an e. Romantrilogie (›Greenock Trilogy‹, von der bislang 2 Teile erschienen sind; sie zeigen in reichinstrumentierter ep. Prosa junge Menschen auf der Suche nach lebendiger Erfahrung, Freiheit u. Selbstverwirklichung.

W: A Green Tree in Gedde, R. 1965 (Tief unten in Demerara, d. 1965); The Wind Shifts, R. 1968; Night Moves, R. 1975 (Wer sich in Gefahr begibt, d. 1977).

Sharp, William → Macleod, Fiona

Shaw, George Bernard (auch Bernard Shaw od. G. Bernard Shaw, Ps. Corno di Bassetto), ir. Dramatiker, 26. 7. 1856 Dublin – 2. 11. 1950 Ayot St. Lawrence/Hertfordshire. Vater Kornhändler, dem Alkohol zugetan, Mutter begabte Musikerin, verließ ihren Mann, gab in London Musikunterricht. In der Wesleyan School, Dublin, erzogen, ab 1871 kaufmänn. Angestellter bei e. Dubliner Landagenten. Zog 1876 nach London zur Mutter. Schrieb zunächst 5 Romane, die in Zeitschriften erschienen, jedoch wenig Widerhall fanden. Ab 1885 Musik-, später Theaterkritiker, Pionier der Wagner-Interpretation. In London erwachte s. Interesse für soziale Fragen, er beschäftigte sich viel mit Marx, trat 1884 als sozialist. Fabian Society bei, in der er führend wurde. An ihrer Spitze stand S. Webb, ihr gehörten u. a. H. G. Wells und die Theosophin Annie Besant an. S. nahm an zahlr. Debatten teil. 1895–98 Theaterkritiker der ›Saturday Review‹; ∞ 1898 Charlotte Payne-Townshend. Legte s. lit. Programm erstmalig in dem Essay ›The Quintessence of Ibsenism‹ (1891) dar. Erhielt 1925 den Nobelpreis für Literatur, 1934 Medaille der Irish Academy of Letters. Vertrat neben sozialist. zeitweise auch faschist. Ideen. Den Order of Merit und das Angebot, geadelt zu werden, lehnte er ab. 1928 bereiste er Rußland und 1931 Amerika. Eng befreundet mit den Webbs und Lady Astor. Letzte Lebensjahre in Ayot St. Lawrence. – Bedeutender, geistvollwitziger, iron.-satir. Dramatiker mit rd. 70 Stükken. Seine 3 ersten Schauspiele faßt er zusammen als ›Plays Unpleasant‹, da er in ihnen der Öffentlichkeit unbequeme Probleme behandelte. Besonders ›Mrs. Warren's Profession‹, dessen Titelfigur e. Kette von Bordellen leitet, geriet in Konflikt mit der Zensur. Er stellt ihnen dann 4 ›Plays Pleasant‹ gegenüber, denen s. ›Plays for Puritans‹ folgen. Steht zunächst ganz in der lit. Nachfolge Ibsens, will die Gesellschaft demaskieren u. Konventionen abschaffen, vertritt später, v. a. in ›Man and Superman‹, e. positive Philos. des Willens mit s. Idee der biolog. Urkraft. Obschon alle s. Schauspiele eigentl. Lehrstücke sind und e. Doktrin enthalten, sind sie bühnenwirksam und amüsant durch s. witzig-spieler. Haltung, den Reichtum an paradoxen Gedankengängen und Extravaganzen. Großer finanzieller Erfolg mit ›Pygmalion‹ (auch Vorlage für ›My Fair Lady‹), am bedeutendsten ›Major Barbara‹, ›Heartbreak House‹ u. ›St. Joan‹, für das er den Nobelpreis erhielt. In s. letzten Stükken herrscht z. T. groteske Komik vor. Geistvolle Dialoge beleuchten jeweils die versch. Aspekte e. Problems. Den Stücken gibt er ausführliche Vorworte bei, in denen er s. eigene Ansicht über das behandelte Problem darlegt, diese ›prefaces‹ sind glänzende Essays, in denen er sich als meisterl. Beherrscher der Antithese erweist. Erstrebte e. Reform der engl. Orthographie.

W: An Unsocial Socialist, R. 1884; Cashel Byron's Profession, R. 1886 (d. 1958); The Irrational Knot, R. 1885–87; Love among the Artists, R. 1887f. (d. 1952); The Quintessence of Ibsenism, Es. 1891; The Perfect Wagnerite, Es. 1898 (d. 1976); Plays Pleasant (Arms and the Man, Candida, The Man of Destiny, You Never Can Tell) and Unpleasant (Widowers Houses, The Philanderer, Mrs. Warren's Profession), Drn. 1898; Three Plays for Puritans, Drn. 1900 (The Devil's Disciple, Caesar and Cleopatra, Captain Brassbound's Conversion); Man and Superman, Sch. 1903 (d. 1984); John Bull's Other Island, Sch. 1904; Major Barbara, Sch. 1905; The Doctor's Dilemma, Sch. 1906; Dramatic Opinions and Essays, 1907; The Shewing-up of Blanco Posnet, Sch. 1909; Fanny's First Play, Sch. 1911; Androcles and the Lion, Sch. 1912; Overruled, Sch. 1912; Pygmalion, K. 1912 (d. 1913); Heartbreak House, Sch. 1919; Back to Methuselah, Sch. 1921; Saint Joan, Sch. 1923 (d. 1976); The Intelligent Woman's Guide to Socialism, Es. 1928 (d. 1981); The Apple Cart, Sch. 1929 (Der Kaiser von Amerika, d. 1930); Immaturity, R. 1930; The Adventures of the Black Girl in her Search for God, Kgn. 1932; Too True to Be Good, Sch. 1934; On the Rocks, Sch. 1934; Short Stories, Scraps and Shavings, 1934; Geneva, Sch. 1938; In Good King Charles's Golden Days, Sch. 1939; Everybody's Political What's What, Es. 1944; Buoyant Billions, Sch. 1948; Sixteen Self Sketches, Aut. 1949. – Works, Standard Ed., XXXVII 1931–49; Complete Plays, 1931; Prefaces, 1934; Selected Prose, 1953; Complete Plays with Prefaces, VI 1962; Religious Speeches, hg. W. S. Smith 1963; S. on Shakespeare, hg. E. Wilson 1969; S., An Autobiography, sel. from his Writings by S. Weintraub II 1969f.; Complete Musical Criticism, hg. D. H. Laurence III 1981; Coll. Letters, hg. D. H. Laurence 1965–85; The Drama Observed, hg. B. F. Dukore 1994. – *Übs.:* Ges. dramat. Werke, XII 1946–48; Romane, IV 1924; Essays, 1933; Vorreden, II 1951–52; Briefw. m. s. Freundin S. P. Campbell, 1960, m. Lord A. Douglas, 1986.

L: H. L. Mencken, 1905; H. Jackson, 1907; G. K. Chesterton, 1909; R. M. Deacon, 1910; A. Henderson, 1911; P. P. Howe, 1915; H. Skimpole, 1918; D. A. Lord, 1921; J. S. Collis, 1926; J. Bab, ²1926; A. Henderson,

1956; X. Heydet, 1936; S. C. S. Grysta, 1936; H. Pearson, 1942 (n. 1952); S. Trebitsch, 1946; G. K. Chesterton, 1947; L. L. Schücking, 1948; W. Clarke, 1948; W. Irvine, 1949; C. E. M. Joad, 1949; M. Colbourne, 1949; E. Fuller, 1950; E. Strauss, 1950; R. F. Rattray, 1951; D. McCarthy, 1951; P. Fechter, 1951; T. Lutter, 1952; H. Pearson, ²1952; S. J. Ervine, 1956; B. Schindler, 1956; E. Bentley, 1957; J. B. Kaye, 1958; A. C. Ward, ²1960; H. Stresau, 1961; R. M. Ohmann, 1962; A. Perdeck, 1962; M. G. Benedek, 1963; A. Williamson, 1963; H. E. Woodbridge, 1963; R. M. Roy, 1964; B. R. Mullik, ²1964; H. Pearson, 1964; I. Brown, 1965; J. J. C. Brown, 1965; J. P. Smith, The Unrepentant Pilgrim, 1965; E. Hugh, 1966; H. Fromm, 1967; A. M. Gibbs, 1969; C. Wilson, 1969; H. Jackson, 1970; G. E. Brown, 1970; E. Wagenknecht, 1971; A. Chappelow, 1971; L. Hugo, 1971; M. M. Morgan, The Shavian Background, 1972; B. F. Dukore, 1973; C. A. Berst, 1973; K.-H. Schoeps, B. Brecht u. B. S., 1974; H. Pearson, 1975; The Critical Heritage, hg. T. F. Evans 1976; R. Weintraub, 1977; E. C. Hill, 1978; M. Peters, 1980; A. Silver, 1982; W. S. Smith, 1982; S. Weintraub, 1982; A. M. Gibbs, 1983; N. Grene, 1984; M. Holroyd, V 1988–92; J. B. Bertolini, 1991; G. Griffith, 1993; T. Davis, 1994; S. Peters, 1995; H. Leon, 1998; Konkordanz: E. D. Bevan, X 1971. – *Bibl.:* G. H. Wells, 1929; D. H. Laurence, II 1982; J. P. Wearing u. a., IV 1986–87; S. Weintraub, 1992.

Shaw, Irwin, amerik. Schriftsteller, 27. 2. 1913 Brooklyn – 16. 5. 1984 Davos. Brooklyn College, Gelegenheitsarbeiter; Funk- und Filmautor. Im 2. Weltkrieg in Europa, lebte 1951–76 in Paris, danach in New York und der Schweiz. – Vf. gesellschafts- und sozialkrit., oft reißer. effektvoller Kurzgeschichten und themat. eigenwilliger Dramen meist über aktuelle und soziolog. Probleme mit liberalist. Tendenz. Der antimilitarist. Kriegsroman ›The Young Lions‹ schildert die Schicksale zweier Amerikaner und e. Deutschen auf den Kriegsschauplätzen zwischen 1938 und 1945. Im Spätwerk v. a. Romane, mit Hang zur Trivialisierung.

W: Bury the Dead, Dr. 1939 (d. 1970); The Gentle People, Dr. 1939 (d. 1977); Sailor off the Bremen, Kgn. 1939; Welcome to the City, Kgn. 1942; Sons and Soldiers, Dr. 1944; Act of Faith, Kgn. 1946; The Assassin, Dr. 1946; The Young Lions, R. 1948 (d. 1948); Mixed Company, Kgn. 1950 (Das Bekenntnis, d. 1960); The Troubled Air, R. 1951; Lucy Crown, R. 1956 (d. 1956); Tip on a Dead Jockey, Kgn. 1957; Two Weeks in Another Town, R. 1960 (d. 1961); Children from Their Games, Dr. 1962; Voices of a Summer Day, R. 1965 (d. 1966); Love on a Dark Street, Kgn. 1965 (d. 1968); Rich Man, Poor Man, R. 1970 (Aller Reichtum dieser Welt, d. 1972); God Was Here But He Left Early, En. 1973 (d. 1980); Evening in Byzantium, R. 1973 (d. 1975); Nightwork, R. 1975 (Den Seinen gibt's der Herr im Schlaf, d. 1977); Beggarman, Thief, R. 1977 (Ende in Antibes, d. 1979); Short Stories: Five Decades, 1978 (d. IV unter versch. Titeln, 1981–85); The Top of the Hill, R. 1979 (Auf Leben und Tod, d. 1984); Bread Upon the Waters, R. 1981 (Der Wohltäter, d. 1982); Acceptable Losses, R. 1982 (Griff nach den Sternen, d. 1983).

L: J. R. Giles, 1983; M. Shnayderson, 1989; J. R. Giles, 1991.

Shaw, Robert, engl. Romanautor, 9. 8. 1927 Westhoughton/Lancashire – 28. 8. 1978 Tourmakeady/Irland. Schauspieler. – Studien äußerst extro- oder introvertierter Menschen, z. T. mit absurden, masochist. Versuchen, die Identität zu wechseln.

W: The Hiding Place, R. 1959; The Sun Doctor, R. 1961; The Flag, R. 1965; The Man in the Glass Booth, R. 1967, Sch. 1967 (d. 1968); A Card from Morocco, R. 1969; Cato Street, Dr. 1972; Causes, G. 1973.

al-Shaykh, Hanan (aš-Šaih, Ḥanān), libanes. Autorin von Romanen, Kurzgeschichten u. Theaterstücken; eine der bedeutendsten feminist. Autorinnen der arab. Welt, * 1945 Südlibanon. Aufgewachsen in Beirut, verließ ihr Land im Bürgerkrieg, lebt seit 1982 in London. – Multiperspektivische Romane, oft in Ich-Form, über Leid u. Leidenschaft von Frauen in partriarchal. Systemen, Krieg u. Exil.

W: Sahras Geschichte (1980), 1989; Beirut Blues (1992), New York 1995; Zwei Frauen am Meer (2001), 2002.

L: M. Cooke: War's Other Voices: Women Writers on the Lebanese Civil War, Cambr. 1987.

Sheldon, Charles Monroe, amerik. Schriftsteller, 26. 2. 1857 Wellsville/NY – 24. 2. 1946 Topeka/KS. Stud. Theol. Phillips Academy in Andover/MA und Brown Univ., 1886 Pfarrer in Waterbury, Vermont, später in Topeka. 1920–25 Hrsg. des ›Christian Herald‹. – Sein relig. Roman ›In His Steps‹ vom Versuch e. mod. Nachfolge Christi ist e. der erfolgreichsten Bücher in Amerika.

W: His Brother's Keeper, R. 1896 (d. 1906); In His Steps, R. 1896 (d. 1899); The Heart of the World, Es. 1905; Charles M. Sh.: His Life Story, Aut. 1925; Let's Talk It Over, R. 1929; He Is Here, R. 1931.

Sheldon, Edward (Brewster), amerik. Dramatiker, 4. 2. 1886 Chicago – 1. 4. 1946 New York. Stud. Harvard bei Prof. G. P. Baker, lebte in New York, stark durch e. Arthritis behindert, im Alter fast erblindet. – Vf. erfolgr. romant.-sentimentaler Stücke, deren bestes, ›Romance‹, in Rückblendetechnik die jugendl. Liebesaffäre e. alten Mannes schildert.

W: Salvation Nell, Dr. 1908; The Nigger, Dr. 1909; The Boss, Dr. 1911; Romance, Dr. 1913; The Song of Songs, Dr. 1914 (nach Sudermann); Bewitched, Dr. 1924 (m. S. Howard); Lulu Belle, Dr. 1926 (m. C. MacArthur); Dishonored Lady, Dr. 1930 (m. M. A. Barnes).

Shelley, Mary Wollstonecraft, geb. Godwin, engl. Romanschriftstellerin, 30. 8. 1797 London –

1. 2. 1851 London. Einziges Kind von William Godwin und dessen 1. Frau, Mary Wollstonecraft, e. Vorkämpferin für Frauenrechte. Floh 1814 mit Percy Bysshe S. auf den Kontinent, lebte dort mit ihm zusammen, ∞ ihn 1816 nach dem Tod s. 1. Frau. Gemeinsame Schweizreise der Shelleys mit Byron. Während e. verregneten Sommers in Byrons Villa am Genfer See trug man sich gegenseitig Geistergeschichten vor, M. S. schrieb als eigenen Beitrag den Schauerroman ›Frankenstein‹, in dem e. naturwiss. Adept e. überdimensionales menschl. Wesen schafft, das ob s. Häßlichkeit nirgends Kontakt findet und schließl. haßerfüllt s. Schöpfer vernichtet. Nach P. B. Shelleys Tod (1822) kehrte sie nach London zurück und widmete sich ganz der Hrsg. der Werke ihres Mannes.

W: Frankenstein, or the Modern Prometheus, R. III 1818 (n. M. K. Joseph 1971, M. Butler 1992; d. 1968); Valperga, R. III 1823; The Last Man, R. III 1826 (n. H. J. Luke 1965); The Fortunes of Perkin Warbeck, R. III 1830; Lodore, R. 1835; Falkner, R. III 1837; Tales and Stories, hg. R. Garnett 1891; Literary Lives, hg. N. Crook, IV 2002. – Collected Tales and Stories, hg. E. Ch. Robinson 1976; Novels and Selected Works, hg. N. Crook, VIII 1996; Letters, hg. H. H. Harper 1918, F. L. Jones II 1944–46, B. T. Bennett 1980ff.; Journal, hg. F. L. Jones 1947; The Frankenstein Diaries, hg. H. Kenables 1980; Journals, hg. P. R. Feldman, D. Scott-Kilvert II 1986.

L: F. A. Marshall, II 1889, n. 1970; L. M. Rossetti, 1890; M. Vohl, 1913; R. Church, 1928; M. Spark, Child of Light, 1951 (n. als M. S. 1987); E. Bigland, 1959; R. G. Grylls, 1969; E. Nitchie, ²1970; J. Dunn, Moon in Eclipse, 1978; M. Poovey, The Proper Lady and the Woman Writer, 1984; H. Bloom, hg. 1985; W. R. Veeder, 1986; E. W. Sunstein, 1989; J. M. Smith, 1996; M. Lowe-Evans, 1998; M. Seymour, 2000; K. Priester, 2001. – *Bibl*.: W. H. Lyles, 1975.

Shelley, Percy Bysshe, engl. Dichter, 4. 8. 1792 Field Place b. Horsham/Sussex – 8. 7. 1822 Golf von La Spezia. Sohn eines vermögenden Parlamentariers. In Eton erzogen, dessen klösterl. Strenge ihn bedrückte und revolutionäre Gefühle in ihm weckte. Stud. Oxford, von dort mit s. Freund Th. J. Hogg wegen e. Flugschrift ›The Necessity of Atheism‹ relegiert. Zog nach London; brannte von dort mit Harriet Westbrook, der 16jähr. Tochter e. Kaffeehauswirtin, durch. Unstetes Wanderleben in Irland, Wales und dem Seendistrikt, teils unter großen finanziellen Schwierigkeiten. 1813 Rückkehr nach London, Geburt e. Tochter Ianthe. S. lernte in London den Sozialrevolutionär und Verkünder Rousseauscher Lehren W. Godwin kennen; mit dessen hochbegabter Tochter Mary (aus G.s 1. Ehe mit Mary Wollstonecraft) und ihrer Stiefschwester Claire Clairmont, der späteren Geliebten Byrons, 1814 Flucht in die Schweiz. 1816 ∞ Mary Godwin, nachdem Harriet Selbstmord begangen hatte. In Genf Bekanntschaft mit Byron. Seit 1817 nach e. vergebl. Versuch, die 2 Kinder aus 1. Ehe zu sich zu nehmen, ständig in der Schweiz und Italien, wo s. größten Dichtungen entstanden. Erste Anzeichen von Tbc. Nach Aufenthalten in Rom, Pisa und Venedig ab 1820 in La Spezia. Begeisterter Segelsportler, kaufte mit s. Freund E. Williams e. Jacht ›Ariel‹. Bei der Rückfahrt von Livorno, wo S. s. Freund L. Hunt in Italien begrüßt hatte, kenterte die Jacht in e. Sturm; S. u. Williams ertranken im Golf von La Spezia. Byron ließ die Leiche verbrennen. Die Asche wurde in Rom neben der Pyramide des Cestius beigesetzt. – E. der größten engl. Lyriker, Philosoph unter den Dichtern der Romantik, Revolutionär u. leidenschaftl. Gegner jeder Unterdrückung. Im Frühwerk Hoffnung auf gesellschaftl. u. kulturellen Umsturz der gegebenen Zustände, später die kommende Verbrüderung aller Menschen als Traum; Sehnsucht nach Freiheit, Suchen nach Harmonie, Einssein mit der Natur als zentrales Thema, trotz Wissen um Unerreichbarkeit vollkommener Harmonie: Dem Menschen sind nur ›moments of delight‹ vergönnt, sie allein geben s. Leben Wert und Sinn (›Alastor‹). Atheist; aus der Philos. der Antike, bes. Plato, und der Vernunftreligion der Aufklärung erwuchs s. eigene Form e. idealist. Pantheismus. In der Dichtung sieht er die produzierende Kraft, den eigentl. Lebensgrund. Trotz s. Auflehnung gegen das Christentum von feinem Gefühl für das Numinose. S. Einssein mit der Natur findet überzeugenden Ausdruck in s. großen Oden (›To the Westwind‹, ›To a Skylark‹, ›To a Cloud‹). Unsubstantielle Bildsprache: Wind, Wasser, Gestirne, Farben und Töne als Sinnbilder des unbenennbar Grenzenlosen; Tendenz zur Mystik. S. von Melancholie überschatteten Verse sind von großer lyr. Schönheit. Einfacher Stil. S. großes lyr. Lesedrama ›Prometheus Unbound‹ mit Wechselgesängen von Geisterstimmen stellt s. metaphys. Ideen handelnd dar mit dem Grundgedanken der Vollendung des Menschen aus eigener Kraft, das Böse wird durch die alles verzeihende Macht der Liebe überwunden. Das lyr. Drama ›Hellas‹ knüpft an Aischylos an. Im Drama ›The Cenci‹ strenge Formbeherrschung im Sinne des engl. Renaissancedramas. S.s Totenklage um Keats, ›Adonais‹, gibt in der Schlußstrophe die poet. Zusammenfassung der Gedanken s. Prosaschrift ›Defence of Poetry‹.

W: Zastrozzi, R. 1810; Victor and Cazire, E. 1810; St. Irvine the Rosicrucian, E. 1811; The Necessity of Atheism, Es. 1811; Queen Mab, a Philosophical Poem, 1813 (Feenkönigin, d. 1878); Alastor, or the Spirit of Solitude, Dicht. 1816 (d. 1909); Hymn to Intellectual Beauty, Dicht. 1816; Laon and Cythna, Ep. (u. d. T. The Revolt of Islam) 1818; The Cenci, Tr. 1819 (L. J. Zillman 1968; d. 1876); Prometheus Unbound, Versdr. 1820 (hg. L. J. Zillman, 1959, R. A. Duerksen 1970; d. 1887); Epipsychidion, 1821; A Defence of Poetry, Es. 1840 (hg. M. O'Neill 1994); Adonais, Elegie 1821; Hellas, Versdr. 1822; Posthumous Poems, hg. Mary Shelley 1824; The Triumph of Life, Dicht. 1824; The Mask of Anarchy, Dicht. 1832; Peter Bell The Third, Dicht. 1839. – Works, hg. M. Shelley II 1847 u. 1854; Prose Works, hg. H. B. Forman IV 1880, D. L. Clark 1954; Complete Works, hg. R. Ingpen, W. E. Peck X 1826–30 (n. 1965); Poetical Works, hg. T. Hutchinson 1904; A. H. Koszul II 1934/53; Complete Poetical Works, 1802–17, hg. N. Rogers II 1972–75; Complete Poetry, hg. N. Fraistat, D. H. Reiman, 2000ff.; Poems, hg. G. Matthews, K. Everest, 1989 ff.; Poems and Prose, hg. G. M. Matthews 1964; Poetry and Prose, hg. D. H. Reiman 1977; Letters, hg. R. Ingpen II 1914; S.'s Correspondence in the Bodleian Library, 1926; Lost Letters to Harriet, hg. L. Hotson 1930; Letters, hg. F. L. Jones II 1964; Sh. and his Circle, Br. hg. K. N. Cameron VIII 1960ff. (Bd. VI 1973). – *Übs.*: Poet. Werke, J. Seybt 1840–44; GS, L. Herrig, F. Prössel 1840; Auswahl, A. Wolfenstein 1922; A. Hess, 1946; U. Clement, 1949; A. v. Bernus u.a., 1958; W. Koeppen, 1958.

L: T. J. Hogg, II 1858; E. J. Trelawney, Recollections of the last days of S. and Byron, 1858 (hg. E. Dowden 1906); J. A. Symonds, 1878, n. 1969; E. Dowden, II 1886; A. C. Swinburne, 1903; R. Ackermann, 1906; F. Thompson, 1908 (d. 1925); A. H. Koszul, 1910; H. N. Brailsford, S., Godwin and their Circle, 1913, n. 1969; O. Elton, 1924; W. E. Peck, II 1927, n. 1969; N. I. White, The Unextinguished Hearth, 1938; ders. II 1940; E. Blunden, 1946; W. Clemen, 1948; J. A. Notopoulos, The Platonism of S., 1949; R. H. Fogle, The Imagery of Keats and S., 1949; K. N. Cameron, 1950; C. Baker, ²1961; N. Rogers, ²1967; J. Rieger, The Mutiny Within, 1967; S. Reiter, 1967; G. McNiece, 1969; H. Bloom, S.s Mythmaking, ²1969; D. H. Reiman, 1969; J. W. Wright, S.s Myth of Metaphor, 1970; D. King-Hele, ²1971; H. Viebrock, Wer ist Demogorgon?, 1971; W. M. Rossetti, A Memoir of S., 1971; E. R. Wasserman, 1971; R. Holmes, 1974; The Critical Heritage, hg. J. E. Barcus 1975; O. J. Allsup, The Magic Circle, 1976; T. Webb, 1976 u. 1977; A. Young, S. and Nonviolence, 1977; L. Abbey, Destroyer and Preserver, 1979; P. M. S. Dawson, The Unacknowledged Legislator, 1980; P. Foot, Red S., 1980; J. Hall, The Transforming Image, 1980; C. Tomalin, 1980; R. Cronin, S.s Poetic Thoughts, 1981; M. H. Scrivener, 1982; A. Leighton, S. and the Sublime, 1984; R. Tetreault, The Poetry of Life, 1987; J. E. Hogle, 1988; W. A. Ulmer, Shelleyan Eros, 1990; B. Gelpi, 1992; B. Shelley, 1994; T. Morton, 1994; J. E. Hogle, hg. 1996; M. Simpson, 1996; S. Peterfreund, 2002. – *Bibl.:* D. B. Green, D. E. G. Wilson, 1964; C. Dunbar, 1976; R. A. Hartley, 1978.

Shen Congwen, chines. Erzähler, 29. 11. 1902 Fenghuan (Hunan) – 10. 5. 1988 Peking. Offiziersfamilie, selbst zunächst ab 1917 Soldat, studierte ab 1922 in Peking, dort mit → Hu Shi und → Xu Zhimo befreundet. 1931–33 Prof. in Qingdao, 1933–37 Prof. für chines. Lit. in Peking. Während des chines.-japan. Kriegs in Yünnan. Seit der kommunist. Machtübernahme verstummt; Selbstmordversuch. 1950 Angestellter im Pekinger Palast-Museum. Durch Soldatenleben und Wanderjahre in s. Jugend weit herumgekommen, breite Kenntnis von Land und Leuten. Wendet sich gegen polit. Instrumentalisierung der Lit. ebenso wie gegen Marktorientierung. Nach 1956 Forschungen über die materielle Kultur Chinas und s. Nationalitäten. – Sein reichhaltiges, kaum übersehbares Werk von etwa 60 Romanen und Novellen steht bewußt abseits von lit. Cliquen und Moden. Romantisierung der Natur, des einfachen Lebens, bes. der Einwohner Südwestchinas. Taoist. Neigungen. Stilist. vielschichtig, daher schwer zu übersetzen.

W: Yazi, Kgn. 1926; Shenwu zhi ai, R. 1929 (Die Liebe des Schamanen, d. 1992); Congwen zizhuan, Aut. 1934 (Türme über der Stadt, d. 1994); Biancheng, R. 1936 (Die Grenzstadt, d. 1985); Xiangxing sanji, Ess. 1936 (Recollections of West Hunan, engl. Peking 1982); Changhe, R. 1948; Zhongguo gudai fushi yanjiu, St. 1981. – Quanji (SW), XXXI 2002. – *Übs.:* The Chinese Earth, En. engl. Lond. 1947; Erzählungen, d. 1985; Imperfect Paradise, En. engl. Honolulu 1995.

L: J. Kinkley, Stanford 1987; D. Wang, Fictional Realism, N. Y. 1992; F. Stahl, 1997.

Shenstone, William, engl. Dichter, 18. 11. 1714 Leasowes/Shropshire – 11. 2. 1763 ebda. Stud. in Oxford gleichzeitig mit S. Johnson. Zog nach Tod s. Vaters den ererbten Landbesitz. – Seine 1. Dichtung ›The Schoolmistress‹ schildert humorvoll in Spenserstrophen Kindheitserinnerungen. Schrieb außerdem Essays, eleg. Verserzählungen und zahlr. Gedichte (Oden, Elegien und Lieder), melod., leichtflüssig, jedoch allzu gekünstelt; Erneuerer der Ballade, Mithrsg. von Percys ›Reliques‹; in vielem Vorläufer der Romantik.

W: Poems upon Various Occasions, 1737; The Schoolmistress, Dicht. 1742; A Pastoral Ballad, 1755. – Works in Verse and Prose, II 1764; Works, III, hg. Dodsley 1791; Poetical Works, hg. Gilfillan 1854 (n. 1973); Miscellany 1759–63, hg. I. A. Gordon 1952; Letters, hg. M. Williams 1939.

L: H. S. Grazebrook, 1890; M. Müller, 1909; A. A. Hazeltine, 1918; E. M. Purkis, 1931; M. Williams, 1935; A. R. Humphreys, 1937.

Shen Ts'ung-wen → Shen Congwen

Shen Yanbing → Mao Dun

Shepard, Sam (eig. Samuel S. Rogers), amerik. Dramatiker, * 5. 11. 1943 Fort Sheridan/IL. Schauspieler, Kellner, Stallbursche, freier Schriftsteller; lebt in New York, z. Z. in London. – Als Vf. zahlr. avantgardist. Off-Off-Broadway-Stükke Galionsfigur des New Theatre Movement; verarbeitet mit lebhafter dramaturg. Phantasie

Elemente der Massen- und Popkultur (Western, Rockmusik, Science Fiction) zu komplexen, ritualisierten und brutalist. Bühnenmetaphern. Mitarbeiter am Drehbuch von Antonionis ›Zabriskie Point‹.

W: Five Plays (Chicago, Icarus' Mother, Red Cross, Fourteen Hundred Thousand, Melodrama Play), 1967; Operation Sidewinder, Dr. 1970; Unseen Hand and Other Plays (The Holy Ghostly, Back Bog Beast Bait, Forensic and the Navigators), 1971; Mad Dog Blues and Other Plays (Cowboy Mouth, Rock Garden, Cowboys Nr. 2), 1972; The Tooth of Crime, Dr. (1972); Geography of a Horse Dreamer (1974); Seven Plays (Buried Child, Curse of the Starving Class, The Tooth of the Crime, La Turist, True West, Tongues, Savage/Love), 1981; Paris, Texas, Film 1984; A Lie of the Mind, Dr. 1987; Hawk Moon, Dr. 1989; States of Shock, Dr. 1991; Simpatico, Dr. 1995; Cruising Paradise: Tales, 1996; Eyes for Consuela, Dr. 1999; The Late Henry Moss, Dr. 2001; Great Dream of Heaven, En. 2002. – Letters and Texts Joseph Chaikin – S. S. 1972–1984, hg. B. V. Daniels 1989.

L: D. Auerbach, 1982; R. Mottram, 1984; L. Hart, 1987; F. J. Perry, 1992; C. Benet, 1993; J. MacGhee, 1993; L. J. Graham, 1995; L. A. Wade, 1997; S. J. Bottoms, 1998; M. Taav, 2000.

Sheridan, Richard Brinsley, anglo-ir. Dramatiker, getauft 4. 11. 1751 Dublin – 7. 7. 1816 London. Vater Schauspieler. In Dublin und Harrow erzogen. Lebte jahrelang in Bath, konnte dort eingehend die Lebensweise der eleganten Welt beobachten, die er später in s. Komödien schilderte. Jurastud. in London, lernte dort die berühmte Sängerin Elizabeth Linley kennen, ∞ sie 1773. Zog 1774 nach London. Begann, von s. Frau angeregt, Bühnenstücke zu schreiben; 1776–1809 als Nachfolger Garricks Direktor des Drury Lane Theatre. Trat als Parlamentsmitglied (ab 1780) durch rhetor. Brillanz hervor, bekleidete hohe polit. Ämter und pflegte Kontakte zum Hof. ∞ 1795 Hester Jane Ogle. Nach Pitts Tod, 1806, Schatzmeister für Seewesen und Obereinnehmer von Cornwall. In späteren Lebensjahren durch s. luxuriöse Lebensführung in finanziellen Schwierigkeiten, die sich 1809 durch den Brand des Drury Lane Theatre noch verstärkten. – Erfolgreichster engl. Komödiendichter zwischen Klassizismus und Empfindsamkeit nach Vorbild der Restaurationskomödie. Vf. e. Lit.-Satire ›The Critic‹, e. Kotzebue-Bearbeitung ›Pizarro‹, e. ausgezeichneten kom. Oper sowie einiger Komödien, die v. a. s. lit. Ruf begründeten. Seine ›School for Scandal‹ und ›The Rivals‹ gehören zu den klass., noch heute bühnenwirksamen Stücken der engl. Bühne. Wendete sich in brillanten Komödien gegen die moralisierende Rührseligkeit der sentimentalen Komödie, s. geistreichen Dialoge und die rasche, leichte Handlungsführung erinnern an die ›comedy of manners‹, zugleich zeichnete er unvergeßl. Charaktere, deren ›telling names‹ schon ihre jeweilige Wesensart andeuten, und greift auf Ben Jonsons ›Comedy of humours‹ zurück, machte dabei jedoch nicht die einzelnen Charaktere lächerl., sondern das Komische im Gebaren der Menschen im allg., Lüge und Heuchelei in der Gesellschaft.

W: St. Patrick's Day, K. 1775; The Rivals, K. 1775 (A. N. Jeffares 1967, C. J. L. Price 1968; d. 1874); The Duenna, Op. 1775; The School for Scandal, K. 1777 (hg. J. H. Wilson 1963, A. N. Jeffares 1967; d. 1864); The Critic, K. 1779; Pizarro, Melodram 1799. – Dramatic Works, hg. T. Moore 1821, R. C. Rhodes III 1928, C. J. L. Price II 1973; Complete Plays, hg. T. Guthrie 1954; Speeches, III 1842; Letters, hg. C. J. L. Price III 1966.

L: J. Loftis, 1976; J. Morwood, 1986; S. Studies, hg. J. Morwood, D. Crane 1995; F. O'Toole, 1997; L. Kelly, 1997. – Bibl.: J. D. Durant, 1981.

Sherriff, R(obert) C(edric), engl. Dramatiker und Romanschriftsteller, 6. 6. 1896 Hampton Wick – 13. 11. 1975 London. Kingston Grammar School; Versicherungsangestellter. Im 1. Weltkrieg b. Ypern schwer verletzt. – In s. ersten, bedeutendsten und international erfolgr. Stück ›Journey's End‹ verarbeitet Sh. s. eigenen Kriegserfahrungen und gibt e. realist., erschütterndes und krit. Bild der Frontwirklichkeit ohne romant. Verklärung. Nach 2 Jahren Stud. in Oxford schrieb Sh. in Hollywood die Filmversionen zu Remarques ›Der Weg zurück‹, H. G. Wells' ›The Invisible Man‹, Galsworthys ›One More River‹ u. a. Vf. von Unterhaltungsromanen u. weiteren Schauspielen.

W: Journey's End, Sch. 1929, R. 1930 (Die andere Seite, d. 1929); Badger's Green, K. 1930; The Fortnight in September, R. 1931 (Badereise im September, d. 1933, u. d. T. Septemberglück, 1959); Windfall, Sch. (1933); Greengates, R. 1936 (d. 1936, u. d. T. Das neue Leben, 1961); The Hopkins Manuscript, R. 1939 (u. d. T. The Cataclysm, 1958; Der Mond fällt auf Europa, d. 1955); Chedworth, R. 1944; Another Year, R. 1948 (d. 1949); Miss Mabel, Sch. 1949 (d. 1950); Home at Seven, Sch. 1950 (d. 1951); The White Carnation, Sch. 1953 (d. 1954); King John's Treasure, R. 1954; The Long Sunset, Dr. 1956; The Telescope, Dr. 1957, u. d. T. Johnny the Priest, Libr. 1961; A Shred of Evidence, Dr. 1961; The Wells of Saint Mary's, R. 1962; No Leading Lady, Aut. 1968; The Siege of Swayne Castle, 1973.

Sherwood, Robert (Emmet), amerik. Dramatiker, 4. 4. 1896 New Rochelle/NY – 14. 11. 1955 New York. Stud. Harvard, Teilnahme am 1. Weltkrieg, Journalist (e. der ersten Filmkritiker), 1924–28 Redakteur der Zs. ›Life‹. – Dramen- und Drehbuchautor. Anfängl. Komödien ohne bes. Stoffe, später ernstere Stücke von großer Tiefe und Aussagekraft. – Typ. für s. Mischung von Melodrama, Komödie und ernster Aussage ist ›The Petrified Forest‹ über Menschen, die in e.

einsamen Raststätte in der Wüste Arizona von e. Gangsterbande gefangengehalten werden.

W: The Road to Rome, Dr. 1927; The Love Nest, Dr. 1927 (nach R. Lardner); The Queen's Husband, Dr. 1928; Waterloo Bridge, Dr. 1930 (d. 1931); This Is New York, Dr. 1930; Reunion in Vienna, Dr. 1932; The Petrified Forest, Dr. 1935 (d. 1955); Idiot's Delight, K. 1936; Abe Lincoln in Illinois, Dr. 1939; There Shall Be No Night, Dr. 1940; Roosevelt and Hopkins, B. 1948 (d. 1950); Small War On Murray Hill, Dr. 1959.

L: R. B. Shuman, 1964; J. M. Brown, 1965; W. J. Meserve, 1970.

Shields, Carol, kanad. Schriftstellerin, 1935 Oak Park/Chicago – 16. 7. 2003 Victoria/British Columbia. M.A. Univ. Ottawa. Lebt ab 1950 in Kanada, ∞ 1957 D. H. Shields, s. 1971 eingebürgert. Seit 1996 an Univ. Winnipeg. – S.' Werk zeigt e. breites Spektrum detailliert wahrnehmender Erzählungen durchschnittl. wirkender Menschen, die sich durch einen Mangel an innerfamiliärer Kommunikation auszeichnen. Bes. Erfolg ›The Stone Diaries‹.

W: Small Ceremonies, R. 1976; Happenstance, R. 1980 (Sie und Er, Er und Sie, d. 1994); Swann, R. 1987; The Orange Fish, Kg. 1989; Thirteen Hands, Dr. 1993; The Stone Diaries, R. 1993 (Tagebuch der D. Goodwill, d. 1995); Larry's Party, R. 1997 (d. 1999); Dressing up for Carnival, Kgn. 2000; Unless, R. 2002.

L: L. McMullen, 1990; M. Pearlman, 1993.

Shiga, Naoya, jap. Schriftsteller, 20. 2. 1883 Ishinomaki/Miyagi-Präfektur – 21. 10. 1971 Atami. Stud. engl. Lit. Tokyo; 1910 mit Mushanokôji Saneatsu Gründer der Shirakaba-Schule. Nach langer Pause 1916 Rückkehr zur Lit. – Empfindsames psycholog. Einfühlungsvermögen u. bedingungslose Wahrheitsliebe weisen ihn als Anhänger des Realismus aus, der jedoch durch e. für die Shirakaba-Schule charakterist. Idealismus gemildert wird. Bevorzugt die Form der Ich-Erzählung. ›An'ya kôro‹ gilt als das lit. Meisterwerk der Taishô-Zeit (1912–26).

W: Abashiri made, N. 1908; Nigotta atama, R. 1909; Kamisori, N. 1910 (engl. 1957); Rôjin, E. 1911 (engl. 1943); Han no hanzai, N. 1913 (Das Verbrechen des Han, in: Der Flaschenkürbis, d. 1960); Wakai, R. 1917; Kinosaki nite, N. 1917 (in: Eine Glocke in Fukagawa, d. 1969); An'ya kôro, R. 1921–37 (engl. 1976); Seibei to hyôtan, E.1923 (Der Flaschenkürbis, d. 1960); Yamashina no kioku, E. 1926; Kuniko, N. 1927 (in: Flüchtiges Leben, d. 1948); Haiiro no tsuki, E. 1946 (engl.). – Sh. N. zenshû (GW), 1983–84. – *Übs.:* Der Flaschenkürbis (Nn.-Ausw.) 1960; Le Samouraï (Nn.-Ausw.), 1970; Erinnerung an Yamashina (En.-Ausw.), 1986.

L: S. W. Kohl, 1974; F. Mathy, 1974; T. Suzuki, Narrating the Self, Stanford 1996; R. Starrs, An Artless Art, Richmond 1998.

Shih-ching → Shijing

Shijing (Buch der Lieder), chines. Liedersammlung, 8. – 6. Jh. v. Chr.(?). E. der 5. kanon. Bücher der Konfuzianer. 305 Lieder, meist in Versen je 4 Worte. Das S. umfaßt 4 Abteilungen: 1. ›Guofeng‹ (Weisen der Lehnsstaaten). Volkstüml. Themen, Liebe, Jahreszeiten, Scherz, Satire, ländl. Arbeitsleben. Wohl z.T. Tanzweisen, auch mim. Darstellung, Wechselgesang. 2. und 3. ›Xiaoya‹ und ›Daya‹ (Kleine und große Oden). Mehr aristokrat. Charakters, feudale Umwelt: Jagden, Bankette, Kriegszüge, Opfergesänge, z.t. wohl mit Orchesterbegleitung zu denken. 4. ›Song‹ (Hymnen), relig. Lieder, namentl. aus den Staaten Lu und Song. Majestät. in Sprache, Anrufung von Göttern und Ahnen, liturg. Sprachlich schwierig durch Archaismen, doch inhaltl. klar, lebensnah, ausdrucksvoll, von starkem menschl. Gehalt. Von Konfuzius als e. der Grundlagen der Bildung betrachtet, seitdem von klass. Geltung. Seit der Han-Zeit (2. Jh. v. Chr.) allegor. Auffassung, Hineindeutung polit. Motive u. staatseth. Gedanken. Zahllose Kommentarwerke.

Übs.: engl. A. Waley, Lond. 1937, B. Karlgren, Stockh. 1950; franz. S. Couvreur ^{2}1896 (^{3}1950 → Shujing); d. F. Rückert 1833, V. v. Strauß 1880, n. 1969, G. Debon 1957 (Ausw.), P. Weber-Schäfer 1967 (Ausw.).

L: M. Granet, Fêtes et chansons, Paris ^{2}1929; B. Karlgren (BMFEA 14, 16, 18), Stockh. 1942–46; W. A. C. H. Dobson, The language of the Book of Songs, Toronto 1968.

Shikibu → Murasaki Shikibu

Shikitei Samba (eig. Kikuchi Hisanori auch Kikuchi Taisuke), jap. Schriftsteller, 1776 Edo – 6. 1. 1822 ebda. Sohn e. Holzschneiders, anfangs Buchhändler, später Schriftsteller, heiratete in die Buchhandlung Rankôdô ein; nach dem Tode s. 1. Frau ∞ er die Tochter e. Buchhändlers. Zwischendurch vertrieb er auch Arzneien u. Kosmetika, die er in s. Werken anpries. Die meisten s. Werke entstanden 1803–13, darunter alle Gattungen der zeitgenöss. Unterhaltungslit. (kibyôshi, gokan, sharebon, yomihon); s. größten Erfolge errang er mit s. humorist. Erzählungen (kokkeibon), von denen das ›Ukiyoburo‹ u. ›Ukiyodoko‹ Meisterwerke sind. S. Gesamtwerk umfaßt über 130 Titel. – S. beiden Hauptwerke sind Muster des S.schen Realismus; genaue Charakterisierung der Handelnden u. ihrer Sprache, ihre Prägung zu Typen, wobei die diesen innewohnende Komik Hilfsmittel für die angestrebte Publikumswirkung wird. Stilist. werden alle Mittel (Wort- u. Gedankenwitz, Situationskomik u.a.) ausgeschöpft. S. Sprache ist die Edoer Umgangssprache, vermischt mit Dialekten aus den Provinzen, aber in wirklichkeitsgetreuer Wiedergabe, Ziel ist Aufklärung des Lesers durch ›Belehrung‹, indem dieser mit den Realitäten des Lebens bekannt gemacht wird, wobei er den zeitbeherrschenden Grundsatz ›Belobigung des Guten, Bestrafung des Schlechten‹ nur der idealist. Form entkleidet.

W: Tendô-ukiyodezukai, E. 1794; Tatsumi-fugen, E. 1798; Kyan-Teihei-kimukô-hachimaki, E. 1799; Ikazuchitarô-gôakumonogatari, E. 1806; Sendô-shinwa, E. 1806; Sendôbeya, E. 1807?; Ukiyoburo, E. 1809–13 (d. in: Stud. z. Japanologie 5, 1963); Akogi-monogatari, E. 1810; Ukiyodoko, E. 1812f.

L: M. Donath-Wiegand (Stud. z. Japanologie 5), 1963 (m. Bibl.); J. Raz, S. S.'s Kyakusha Hyôbanki (MN), 1980; R. W. Leutner, Sh. S. and the Comic Tradition in Edo Fiction, 1985.

Shilhana → Śilhaṇa

Shimazaki, Tôson (eig. Shimazaki Haruki), jap. Lyriker und Schriftsteller, 17. 2. 1872 Magome/ Nagano-Präfektur – 22. 8. 1943 Ôiso. 1887 Eintritt in die Meiji-gakuin. Mit Kitamura Tôkoku u. a. Gründer des lit. Magazins ›Bungakkai‹, in dem er Gedichte veröffentlichte. 1896 Lehrtätigkeit an der Tôhoku-gakuin in Sendai, 1899 in Komoro in der Nagano-Präfektur. Um 1902 Hinwendung zur Prosa, Vorbilder waren ›Madame Bovary‹ u. ›Anna Karenina‹. 1913–16 Frankreichreise, Parisaufenthalt. – S. folgte in s. Stil zunächst der romant. Richtung u. erlangte nach der Überwindung des Naturalismus als Vertreter des Realismus Bedeutung. Vf. zahlr. Essays u. Gedichte.

W: Tôson-shishû, G. 1904; Hakai, R. 1906 (engl. 1974; Ausgestoßen, d. 1989); Haru, R. 1908; Ie, Sk. 1910 (engl. 1976); Chikumagawa no suketchi, R. 1912; Shinsei, R. 1918f.; Furansukikô, Ess. 1920; Arashi, N. 1926; Yoake mae, R. 1929–35 (Vor Tagesanbruch, in: Nippon 2, d. 1936, engl. 1987). – T. zenshû (GW), 1966.

L: E. McClellan, Two Jap. Novelists, 1969; J. R. Morita, 1970; J. Kuehnast, Das Epische im Frühwerk des S. T., 1973; J. A. Walker, The Jap. Novel of the Meiji Period, 1979; M. K. Bourdaghs, S. T.'s Hakai and Its Bodies, 1997.

Shimose, Pedro, bolivian. Dichter, * 30. 3. 1940 Riberalta. Von japan. Herkunft; Journalist, Hrsg., Maler, Musiker, der eigene u. fremde G. vertonte. Viele Reisen, lebt seit den 1970er Jahren in Madrid. – Seine Themen reichen von Zorn u. Experimentierfreudigkeit bis zu Zweifel und Ruhe, durchweht von dem proteischen Wind des revolutionären Eifers, des Todes von ›Che‹ Guevara in Bolivien, der Sprachcollage aus Quechua u. Englisch, des Exils u. der ›Bolivianisierung‹ von Machiavelli.

W: Triludio en el exilio, 1961; Sardonia, 1967; Poemas para un pueblo, 1968; Quiero escribir, pero no me sale espuma, 1969; Reflexiones maquiavélicas, 1980; Diccionario de autores iberoamericanos, 1982; Bolero de caballería, 1985 (d. 1994); Poemas, 1988; Cómo dominar la literatura latinoamericana, Es. 1989.

L: C. Chávez Taborga, 1974.

Shinkei, jap. renga-Dichter, 1406 – 12. 4. 1475. Zenmönch wie s. Lehrer Shôtetsu (1381–1459), bei ihm Stud. der waka-Dichtung, lebte sehr zurückgezogen u. wandte sich später ganz dem Kettengedicht (renga) zu, das er unter Gusai (14. Jh.) erlernte. Galt als bedeutender Meister u. beeinflußte mit s. Poetikschriften diese Kunst sehr stark. – Der buddhist. Vergänglichkeitsgedanke (mujô), die Begriffe der Wahrheit u. Stille im Zen-Sinne beherrschen s. Gedichte, die sich durch kühle Schlichtheit des Ausdrucks (yûgen) u. starkes verinnerlichtes Gefühl auszeichnen.

W: Sazamegoto, Poetik 1463; Hitorigoto, Poetik 1468; Oi no kurigoto, Poetik-Tg. um 1472. – Sh. shû (GW), 1948.

L: O. Benl (Zs. d. Dt. Morgenl. Ges. 104), 1954; W. Naumann (Stud. z. Japanologie 8), 1967; E. Ramirez-Christensen, Heart's Flower, Stanford 1994.

Shinkokinwakashû (kurz Shinkokinshû, ›Neue Sammlung von Liedern aus alter u. neuer Zeit‹), jap. Anthologie in 20 Bänden, auf Befehl des Tsuchimikado Tennô im Jahre 1205 kompiliert von Fujiwara no Sadaie, F. no Ietaka, F. no Ariie, F. no Masatsune (1170–1221) u. Minamoto no Michitomo (1161–1227). Es enthält in ähnl. Aufteilung wie das Kokinwakashû an die 1980 waka. Neben den Kompilatoren seien von den darin aufgenommenen Dichtern die Mönche Saigyô, Ji'en (1155–1225), Jakuren (?–1202?), dann F. no Yoshitsune (1169–1206), F. no Toshinari, die Prinzessin Shikishi (?–1201?) u. Gotoba Tennô (1180–1239) genannt. – Bei den Gedichten fällt die Technik des Aufgreifens von sog. Vorbildgedichten (honkadori), die Zäsur nach der dritten Verszeile (sankugiri) u. der Abschluß auf e. Substantiv oder e. substantiv. Form (taigendome) auf; sie haben formal ihre letzte Durchgestaltung erhalten. Vom Gehalt her herrschen die Begriffe des Nachklanges (yojô) u. der kühl-geheimnisvollen Tiefe (yûgen, sabi) vor. Das Sh. ist die letzte offizielle Anthologie der sog. Hachidaishû (Kokin-, Gosen-, Shûi-, Goshûi-, Kinyô-, Shika-, Senzai- u. Shinkokinwakashû).

Übs.: W. Gundert, in: Lyrik d. Ostens, 1952; H. Hammitzsch, L. Brüll 1964 (Ausw.); engl. H. H. Honda 1970.

L: O. Benl, Die Entwicklung der jap. Poetik bis zum 16. Jh., 1951; R. H. Brower, E. Miner, Jap. Court Poetry, 1961; H. Hammitzsch, L. Brüll, 1964; R. N. Huey, The Making of Sh., Cambridge 2002.

Shirley, James, engl. Dramatiker und Lyriker, 18. 9. 1596 London – 29. 10. 1666 ebda. Ab 1612 Stud. Oxford, 1615–17 Cambridge; zunächst

Geistlicher der Kirche von England in Hertfordshire, konvertierte dann zur röm.-kathol. Kirche; wurde 1621 Lehrer, lebte ab 1625 in London, nach Massingers Tod Haupt-Vf. der Schauspiele für ›The King's Men‹, genoß hohes Ansehen am königlichen Hof. Kämpfte im Bürgerkrieg als Royalist. 1636–40 in Dublin, dann erneut in London. Starb an der Schockwirkung, als er beim Londoner Großbrand mit s. Familie obdachlos wurde. – Letzter engl. Renaissancedramatiker mit über 40 Bühnenstücken. Sein Maskenspiel ›The Triumph of Peace‹ wurde 1633 vor dem Königspaar mit Szenenbild von Inigo Jones u. Musik von W. Lawes u. S. Ives aufgeführt. ›The Cardinal‹ war das letzte große Trauerspiel der Epoche. Seine frühen Stücke orientieren sich eher an den realist. Komödien im Stil B. Jonsons; spätere Stücke sind romant. Komödien und Tragikomödien, die die Tradition Beaumonts und Fletchers fortführen. Diese werden meist als dramat. Grundstein der Restaurationsdramen, insbes. der ›comedy of manners‹ gewertet; sie führen zudem anschaulich Bilder und Zerrbilder der zeitgenöss. Gesellschaft vor. Die Tragödien dieser Zeit sind von intensiv inszenierten Momenten des Greuels und Schreckens geprägt und bringen häufig spektakuläre Verbrechen auf die Bühne. Unter s. Gedichten ist am bekanntesten der Grabgesang ›The glories of our blood and state ...‹.

W: The Gratefull Servant, K. 1630; The Triumph of Peace, Maskensp. 1633; The Wittie Faire One, K. 1633; The Traytor, Tr. 1635 (komm. J. S. Carter 1965); The Young Admirall, K. 1637; Hide Park, K. 1637; The Gamester, K. 1637; The Lady of Pleasure, K. 1637; The Royall Master, K. 1638; The Maides Revenge, Tr. 1639; Loves Cruelty, Tr. 1640; The Opportunity, K. 1640; The Cardinall, Tr. 1652 (komm. C. R. Forker 1957); The Contention of Ajax and Ulysses, Dicht. 1659. – Dramatic Works and Poems, hg. A. Dyce VI 1833 (n. 1966); Plays, hg. E. Gosse 1887.

L: P. Nissen, 1901; J. Schipper, 1911; R. S. Forsythe, 1914, n. 1966; R. Gerber, 1952; A. H. Nason, ²1967; A. M. Crinò, Verona 1968; R. K. Zimmer, S.: A Reference Guide, 1980; B. Lucow, 1981; S. Burner, J. S. A Study of Literary Coteries and Patronage in Seventeenth-Century England, 1988; J. Sanders, Caroline Drama: The Plays of Massinger, Ford, S. and Brome, 1999.

Shôtetsu (auch Seigen S.), jap. waka-Dichter, 1381 Provinz Bitchû – 9. 5. 1459. Sohn e. Burgherrn, um 1406 zunächst wegen e. Spottgedichts verbannt, wurde er nach s. Begnadigung Mönch der Rinzai-Schule u. später Sekretär des Tôfuku-Tempels. Stud. des waka unter Reizei Tametada (1361–1417) u. Imagawa Ryôshun (1320–1420), bekannt mit vielen bedeutenden Zeitgenossen. Leidenschaftl. Verehrer von Fujiwara Sadaie und dessen yûgen-Ideal, das die Anmut u. Zartheit der Stimmung im Herzen zu geheimnisvoll-innerl. Schönheit werden läßt. – In s. Gedichten zeigt sich e. Naturerleben im Zen-Geiste.

W: Nagusamegusa, Poetik 1418; Shôtetsu-monogatari (enth. Tesshoki-monogatari u. Seigen-sawa), Poetik um 1430; Sôkonshû, G. um 1459. – *Übs.*: R. H. Brower, Conversation with S., 1992; S. D. Carter, Unforgotten Dreams, N. Y. 1996; J. Arokay, Gedanken zur Dichtung, 1999.

L: O. Benl, Die Entwicklung der jap. Poetik bis zum 16. Jh., 1951; L. H. Chance, S. and the Way of Poetry, 1989.

Shrīharsha → Śrīharṣa

Shu-ching → Shujing

Shudraka → Śūdraka

Shui-hu chuan → Shuihu zhuan

Shuihu zhuan (Geschichte vom Wasserufer), chines. Roman, entstanden wohl nach 1368 in Hangzhou, Vf. angebl. Shi Naian u. → Luo Guanzhong. Mehrere Fassungen, auch unter anderen Titeln. Heutige Gestalt erst im 16. Jh. in 2 Versionen (100 und 120 Kapitel). Im 17. u. 18. Jh. als umstürzlerisch proskribiert. Abenteuerroman mit hist. Hintergrund, schildert den Aufstand des Song Jiang Anfang 12. Jh. und schließl. die Unterwerfung der Räuber (1121). Lockere Struktur, episod.; äußerst lebendige Dialoge, spannende Aktionen.

Übs.: engl. J. H. Jackson, Water Margin, Shanghai II 1937, P. S. Buck, All Men are Brothers, N. Y. II 1937, S. Shapiro, Outlaws of the Marsh, Peking III 1980; d. F. Kuhn, Die Räuber vom Liang Schan-Moor, ²1978 (gekürzt), J. Herzfeldt, Die Räuber vom Liangschan, II 1968.

L: R. G. Irwin, The Evolution of a Chinese Novel, Cambridge/MA 1953; P. Demiéville (T'oung Pao 44), 1956; A. H. Plaks, Princeton 1975.

Shujing (Buch der Schriften), chines. Werk des 11. – 6. (?) Jh. v. Chr. Eines der 5 kanon. Bücher der Konfuzianer. Von 58 Abschnitten des heutigen Textes sind 30 erst im 4. Jh. n. Chr. in altem Stil und mit teilweiser Verwendung alter Fragmente entstanden. Echte Teile geben vor, Ansprachen oder Dokumente von chines. Herrschern der Vorzeit zu sein (teils des 2. Jt. v. Chr.), endgültige Textfassung jedoch nicht vor Mitte 1. Jt. v. Chr. Inhalt noch stark relig. gebunden, doch schon Spuren rationalist. Umdeutung. Feierl., oft rhythm. Sprache, archaisch steif. Das S. enthält die Grundlage vieler späterer polit. und soz. Lehren des Konfuzianismus. Als kanon. Buch immer wieder zitiert und kommentiert.

Übs.: engl. B. Karlgren, Stockh. 1950; franz. S. Couvreur, Paris ³1950.
L: B. Karlgren (BMFEA 14, 16, 18), Stockh. 1942–46.

Shukasaptati → Śukasaptati, die

Shukowskij, W. A. → Žukovskij, Vasilij Andreevič

Shunzei → Fujiwara

Shute, Nevil (eig. Nevil Shute Norway), engl. Romanschriftsteller, 17. 1. 1899 Shrewsbury – 12. 1. 1960 Melbourne. Sohn e. Postbeamten, in Shrewsbury erzogen, Stud. Oxford. Teilnahme am 1. Weltkrieg, während des 2. Weltkriegs Mitgl. des engl. Generalstabs. Ingenieur e. Luftfahrtgesellschaft, baute mit an dem Luftschiff R 100, flog damit 1930 nach Kanada und zurück. Wandte sich nach der Katastrophe des R 101 dem Flugzeugbau zu. Zog aus Protest gegen den Welfare State nach Australien, das der Schauplatz s. späteren Romane ist. – Vf. e. Reihe erfolgr. Flieger- u. Kriegsromane mit exakt geschildertem techn. Hintergrund u. spannend-aktuellen Zeitbildern.
W: Marazan, R. 1926 (d. 1958); So Disdained, R. 1928 (In fremdem Auftrag, d. 1954); Lonely Road, R. 1932 (d. 1963); Ruined City, R. 1938 (Henry Warrens Wandlung, d. 1956); What Happened to the Corbetts, R. 1939; An Old Captivity, R. 1940 (Ketten die nicht reißen, d. 1956); Landfall, R. 1940 (Mit hellem Mut, d. 1963); Pied Piper, R. 1942 (Mr. Howard und die Kinder, d. 1945); Pastoral, R. 1944 (d. 1945); Most Secret, R. 1945 (d. 1946); The Chequer Board, R. 1947 (Schach dem Schicksal, d. 1948); No Highway, R. 1948 (Der Straße fern, d. 1950); A Town Like Alice, R. 1950 (d. 1950); Round the Bend, R. 1951 (El Amin der Prophet, d. 1952); The Far Country, R. 1952 (d. 1952); In the Wet, R. 1953 (Der Pilot der Königin, d. 1953); Slide Rule, Aut. 1954 (Im Gleitflug des Lebens, d. 1955); The Breaking Wave, R. 1955; Requiem for a Wren, R. 1955 (Schmerzliche Melodie, d. 1956); Beyond the Black Stump, R. 1956 (Das Mädchen aus der Steppe, d. 1957); On the Beach, R. 1957 (Das letzte Ufer, d. 1958); The Rainbow and the Rose, R. 1958 (d. 1959); The Trustee from the Toolroom, R. 1960 (Diamanten im Meer, d. 1961); Stephen Morris, R. 1961. – Collected Works (Uniform Ed.), XVII 1963.

Shu Ting, chines. Lyrikerin, * 30. 5. 1952 Xiamen. Im Elternhaus früh mit klass. chines. und westl. Lit. vertraut; Landverschickung 1969–72, dann Arbeiterin; 1979 Kontakte zur Gruppe der ›hermet. Lyrik‹ um Bei Dao; zunächst wegen modernist. Tendenzen kritisiert, später offizielle Publikationen. – In den Gedichten Suche nach e. individuellen Sprache; Ausdruck persönl. Gefühle und der Erfahrungen der von der ›Kulturrevolution‹ geprägten Generation. Nach 1984 wendet sich Sh. in ihrem Werk den Dingen und Erfahrungen des alltägl. Lebens zu.
W: Shu Ting, Gu Cheng shuqing shixuan, 1982; Shuangwei chuan, 1982; Hui changge de yuanweihua, 1986; Shizuniao, 1992 (Archaeopterix, d. 1996). – *Übs.*: Zwischen Wänden, G. d. 1984.

Siamant‘o (eig. Atom Earčanean), armen. Lyriker, 15. 8. 1878 Akn (Westarmenien; heute Türkei) – August 1915 als Opfer des Genozids an der armen. Bevölkerung des Osmanischen Reiches. Seit 1897 Studium in Genf u. Paris. Sein 1. u. bekanntester Lyrikband ›Mahvan Tesilk‘‹ (Todesvision, 1898) schildert unter dem Eindruck der Symbolismus die Massaker in Westarmenien 1894–96. Wie kaum ein anderer moderner Dichter konfrontiert S. seine Leser mit sadist. Gewalt, Zerstörung u. der Erniedrigung des Menschen durch den Menschen. Publizist. Zus.arbeit mit versch. Zeitschriften. 1902 erschien der Sammelband ›Diwc‘aznōrēn‹ (Heroenhaft), in dem S. die Größen der myth.-heroischen Vergangenheit Armeniens beschwört, um seine Leser zu nationalem Selbstbewußtsein und Stärke aufzurufen.
A: Ent. erk. (GW), 1957; Amboǧjakan gorcę (GW), Kairo 1960; Erk. (AW), 1979; Amboǧjakan Erker (GW), Antelias/Beirut 1989. – *Übs.*: engl.: Atom Yarjanian (Siamanto), Boston 1917; P. Balakian, Wayne State University Press, 1996; franz. in: Poésie arménienne, Paris 1973.
L: A. E. (Siamant‘o), Grakan asowlisner, Buch VI, Konstantinopel 1913; H. T‘amrazyan, 1964; H. Řstowni, 1970.

Sibyllini libri → Sibyllinische Weissagungen

Sibyllinische Weissagungen (›Oracula Sibyllina‹), Sammlung von Prophezeiungen, zeitl. wie inhaltl. heterogener (hellenist.-paganer, jüd., christl.) Herkunft bzw. Überarbeitung (4200 Hexameter in 14 Bänden, 9 und 12 verloren); aus dem 2. vorchristl. bis 2. nachchristl. Jh., wohl im 5. Jh. n. Chr. zusammengestellt. Die fiktive Zuweisung an die Sibyllen (gottinspirierte Seherinnen) sowie der Bezug auf die ›Sibyllinischen Bücher‹ (s. u.) soll den Prophezeiungen Autorität verleihen. Die in Rom von e. Priesterkollegium betreuten ›Sibyllinischen Bücher‹ (›Sibyllini libri‹) sind verloren.
A: J. Geffcken 1902 (GCS 8); D. S. Potter 1990 (13). – *Komm.*: H. Merkel 1998 (Bücher 3–5); J. D. Gauger ²2002 (griech./dt.: Bücher 1–8 [10], 11; zur Nachwirkung 230–329, 461–478); R. Buitenwerf 2003 (Buch 3). – *Übs.*: R. Clemens ²1985.
L: J. Geffcken, 1967; H. W. Parke, Lond. u. a. 1988 (Nachdr. 1992); J.-M. Mieto Ibánez, Amst. 1992; I. Chirassi Colombo, hg. Pisa 1999; J. J. Collins, Boston 2001.

Siddharṣi, ind. Dichter, lebte Ende 9./Anfang 10. Jh., stammte aus Bhinmal im nördl. Gujarat. E. der berühmtesten Dichter der Jainas. – Schrieb die ›Upamitibhavaprapañcā-kathā‹ (Die Seelenwanderung, erzählt als Allegorie, 906), e. Erzählung (kathā) in Prosa mit eingestreuten Verspartien in Sanskrit, die das gesamte menschl. Leben allegor. aus der Sicht der Jaina-Religion darstellt.

A: P. Peterson, H. Jacobi 1899–1914 (m. engl. Inhaltsangabe). – *Übs.:* d. W. Kirfel 1924 (1.–3. Buch); ital. A. Ballini in: Giornale Soc. Asiat. Ital. 17–19 (1904–06) u. 21–24 (1908–11).

Sidhwa, Bapsi, pakistan. Erzählerin, * 11. 8. 1938 Karachi. – Kritisierte zunächst als Frauenrechtlerin die öffentl. u. private Gewalt in Südasien, wie sie in Glaubenskriegen oder Geschlechterkonflikten zum Ausbruch kommt. Der große Erfolg des Romans ›The Ice-Candy-Man‹ (in Amerika ›Cracking India‹, u. d. T. ›Earth‹ verfilmt) ebnete ihr den Weg in die USA, wo sie sich mit humorist. Distanz der pakistan. Diaspora annimmt.

W: The Crow Eaters, R. 1978; The Bride, R. 1983; The Ice-Candy-Man, R. 1988 (d. 1990); An American Brat, R. 1993.

L: R. K. Dhawan, N. Kapadia, hg. 1996.

Sidney, Sir Philip, engl. Dichter, 30. 11. 1554 Penshurst/Kent – 17. 10. 1586 Arnhem/Holland. 1568–71 Stud. Oxford, Heidelberg, Straßburg, Wien, Prag, bereiste 1572–75 Frankreich und Italien, vertraut mit klass. Dichtung, Lit. und Kunst Italiens. Günstling von Queen Elizabeth I. und von Sir Cecil Lord Burghley, mit diplomat. Missionen beauftragt. 1577 als Gesandter bei Rudolf II. Ab 1578 auf dem Landsitz s. Schwagers, Lord Pembroke, widmete sich ganz der Dichtung, kehrte 1582 wieder an den Hof zurück, wurde 1583 in den Ritterstand erhoben. 1585 wollte S. Drake auf s. Expedition begleiten, wurde aber in die Niederlande abgeordnet, Gouverneur von Vlissingen, starb an e. Verwundung aus der Schlacht bei Zütphen. Typ des vollendeten Gentleman der Renaissance, ritterl. und kultiviert, verband das höf. Ideal des MA mit den neuen humanist. Ansprüchen. – S. Sonettzyklus ›Apostrophel and Stella‹, beeinflußt durch s. Liebe zu Penelope Devereux, ist, mit T. Watsons, der erste in England, der im Stil Petrarcas das Sonett als Form der (männl.) Liebeswerbung und -klage konstruiert und es zum Schauplatz der Konstitution eines männl. Subjekts in der poet. Imagination einer unerreichbaren Geliebten macht. Der für seine Schwester geschriebene und von dieser (verändert) herausgegebene pastorale Roman ›Arcadia‹ besingt Stoffe aus der antiken Dichtung und aus dem span. Amadisroman, dabei wird die unschuldige Welt der Pastorale mit e. härteren Welt voller Verbrechen und Anfeindungen verknüpft, durch die der Held hindurchschreiten muß; die äußere Form wurde beeinflußt durch Malorys ›Morthe d'Arthur‹, Boccaccio und die ›Diana‹ Montemayors. Sein Essay ›Defence of Poesie‹, e. vom Wesen des Dichter. ausgehende philos.-krit. Studie, verbindet im Sinne der Renaissance platon. Gedankengut mit aristotel. Ästhetik und spricht der Dichtung einen erzieherisch-bildenden Mehrwert zu, der eine Kultur entscheidend prägt und gestaltet.

W: Arcadia, R. 1590 (u. d. T. The Countess of Pembroke's Arcadia, hg. C. Dennis 1971, J. Robertson 1973, M. Evans 1977; d. M. Opitz unter Ps. V. T. v. Hirschberg 1629, überarb. 1638, n. 1972); Apostrophel and Stella, Son. 1591 (hg. A. W. Pollard 1888, M. Poirier 1957, M. Putzel 1967); Defence of Poesie, Es. 1595 (hg. J. A. Van Dorsten ²1971, F. G. Robinson 1970). – Complete Poems, hg. A. B. Grosart II 1873 (n. 1970); Miscellaneous Prose, hg. K. Duncan-Jones 1973; The Correspondence of S. and H. Languet, hg. S. A. Pears 1845, W. A. Bradley 1912. – *Übs.:* Gedichte, F. Freiligrath 1846.

L: F. Greville, 1625, hg. N. Smith 1907; M. W. Wallace, 1915; M. S. Goldman, 1934; K. O. Myrick, 1935; B. Siebeck, 1939; M. Wilson, ²1950; K. A. Muir, 1960; E. J. M. Buxton, ²1964; J. F. Danby, Poets on Fortune's Hill, ²1966; R. W. Zandvoort, 1968; M. Rose, Heroic Love, 1968; J. A. Symonds, 1969; R. L. Montgomery, Summetry and Sense 1969; J. S. Lowry, 1972; J. Osborne, Young S., 1972; M. A. Washington, 1972; J. G. Nichols, The Poetry of S., 1974; A. K. Amos, Time, Space, and Value, 1977; D. Connell, 1977; A. C. Hamilton, 1977; A. D. Weiner, S. and the Poetics of Protestantism, 1979; R. L. McCoy, 1979; G. Waller, hg. 1984; K. Duncan-Jones, 1991; M. Doherty, The Mistress-Knowledge: Sir P. S.'s Defence of Poesie and Literary Architectures in the English Renaissance 1991; K. Roberts, Fair Ladies: Sir P. S.'s Female Characters, 1993; E. Berry, The Making of Sir P. S., 1998. – *Bibl.:* M. Poirier, 1948; D. Stump, 1994; Konkordanz: H. S. Donow, 1975.

Sidonius Apollinaris, Gaius Sollius, lat. Dichter und Epistolograph, 430/431 Lyon – 480/490 Clermont. Angehöriger der gall. Aristokratie; 468 Stadtpräfekt in Rom, wenige Jahre später Bischof der Auvergne. – Aus der Zeit der polit. Karriere stammen 24 Gedichte, u. a. Lobgedichte auf die Kaiser Avitus (S. A.' Schwiegervater), Maiorian u. Anthemius, Hochzeitsgedichte, Epigramme. Als Bischof veröffentlichte S. A. e. Sammlung von kunstvollen Briefen, die e. Bild des aristokrat., lit. u. christl. Lebens u. der polit. Lage während des Verfalls des Westl. Reiches vermitteln. Seine Werke zeigen hohe lit. Kenntnisse, das traditionelle röm. Bildungsgut u. sprachl. Kunst.

A: m. engl. Übs. W. B. Anderson, 2 Bde., Lond. n. 1980; m. franz. Übs. A. Loyen, 3 Bde., Paris 1960 u. 1970; Epist. I m. dt. Übs. u. Komm. H. Köhler, 1995.

L: C. E. Stevens, Oxf. 1933; J. Harries, S. A. and the Fall of Rome, Oxf. 1994; F.-M. Kaufmann, Studien zu

S. A., 1995; D. Amherdt, S. A., Le quatrième livre de la correspondance, Bern 2001.

Siebzig Erzählungen des Papageien → Šukasaptati, die

Sienkiewicz, Henryk (Ps. Litwos), poln. Erzähler, 5. 5. 1846 Wola Okrzejska – 15. 11. 1916 Vevey/Schweiz. Aus adliger Gutsbesitzerfamilie, Jugend in Warschau, Stud. an der Szkoła Główna. Journalist an ›Przegląd Tygodniowy‹ u. ›Niwa‹. Reisen nach Dtl., Belgien, Paris (1874), USA (1876–78), Italien, Griechenland, Türkei, Spanien u. Ostafrika (1892). S. erste Frau starb frühzeitig, 2. Ehe bald geschieden; 1904 3. Ehe. Erhielt 1900 für ›Rodzina Połanieckich‹ vom Volk als Geschenk e. Gut. 1905 Nobelpreis für ›Quo vadis?‹. Bei Ausbruch des 1. Weltkriegs 1914 nach der Schweiz, dort Organisator e. Hilfskomitees zur Unterstützung der poln. Kriegsopfer. 1924 wurden s. sterbl. Überreste nach Polen überführt. – Bedeutender realist.-patriot. Romancier; begann als Satiriker u. Feuilletonist. Anfangs Positivist, schilderte aggressiv zugespitzt in krit. Lebensbildern Not u. Rückständigkeit der niederen Gesellschaftsschichten u. problemat., von inneren Widersprüchen zerrüttete Intellektuelle, die die bestehenden gesellschaftl. Verhältnisse ändern möchten. In ›Latarnik‹ beginnt der Einfluß der Romantik. S. Werk wird patriot. gestimmt, spannend u. abenteuerl. 1880 unerwartete Wendung zum hist. Roman, von der Kritik geteilt aufgenommen. S. Trilog. aus der poln. Gesch. des 17. Jh., von scharfer Beobachtung und plast. Darstellung, ›zur Stärkung der Herzen‹ geschrieben, wurde zum nationalen Epos. Danach wieder Gegenwartsstoffe, in deren Gestaltung der konservative Charaker S.s deutl. wird. Erneut hist. Stoff in ›Quo vadis?‹, e. Roman aus der Zeit der Christenverfolgung in Rom durch Kaiser Nero, Welterfolg. Von bleibendem Wert s. realist. Erzählungen u. Reiseberichte u. s. lebendigen, maler. u. von warmer Vaterlandsliebe getragenen Schilderungen aus der poln. Gesch.

W: Stary sługa, N. 1875 (D. alte Diener, d. 1909); Hania, N. 1876 (d. 1946); Selim Mirza, N. 1876 (d. 1908); Listy z podróży do Ameryki, Feuill. 1876–78 (Briefe aus Amerika, d. [3]1980); Szkice węglem, N. 1877 (Kohleskizzen, d. 1903); Janko muzykant, E. 1880 (J. der Musikant, d. 1903 u.ö.); Za chlebem, N. 1880 (Ums liebe Brot, d. 1902); Na jedną kartę, Dr. 1881; Bartek zwycięzca, E. 1882 (Bartel, der Sieger, d. 1934); Latarnik, E. 1882 (Der Leuchtturmwärter, d. 1949 u.ö.); Tril.: Ogniem i mieczem, R. 1884 (Mit Feuer u. Schwert, d. IV 1888, 1999); Potop, R. VI 1886 (Sintflut, d. 1927); Pan Wołodyjowski, R. III 1887 (d. 1902); Bez dogmatu, R. 1891 (Ohne Dogma, d. II 1892); Listy z Afryki, Feuill. 1892 (Reisebriefe aus Afrika, d. 1902); Quo vadis?, R. III 1896 (d. II 1898); Krzyżacy, R. IV 1897–1900 (Die Kreuzritter, d. [5]1901); Na polu chwały, R. 1907 (Auf dem Felde der Ehre, d. 1921); Wiry, R. II 1910 (Strudel, d. 1910); W pustyni i puszczy, R. II 1911 (In Wüste u. Wildnis, d. 1978); Legiony, R. 1918 (Legionen, d. 1918). – Dzieła, hg. J. Krzyżanowski LX 1948–55 (m. Bibl.) Listy, Br. II 1977. – *Übs.:* Ges. Romane, X 1901 f.; GW, XI 1904–08; Werke, XII 1906–27; Meistererzählungen, 1986.

L: P. Chmielowski, 1901; T. Pini, 1901; M. Kolbrynerówna, Paris 1902; Szkoła Główna S-owi, 1917; T. Zieliński, Idea Polski w dziełach S., 1920; S. Papée, S. jako humorysta, 1922; S. Lam, 1924; M. M. Gardner, London 1926; K. Czachowski, 1931; I. Chrzanowski, 1933; K. Wojciechowski, [3]1935; J. Krzyżanowski, [2]1956, 1966; 1970, 1973, 1980; Z. Falkowski, Przede wszystkiem S., 1959; A. Nofer, [5]1971; A. Stawar, 1960; S. Odczyty, 1960, W. Lednicki, Den Haag 1960; M. Kosko, Un bestseller de 1900, Paris 1961; J. Kulczycka-Saloni, 1966; S. żywy, Lond. 1967; H. S. Twórczość i recepcja światowa, 1968; T. Jodełka, 1968; M. Giergielewicz, N. Y. 1968; Z. Szweykowski, Trylogia S., 1973; St. Majchrowski, 1975; T. Żabski, Poglądy estetyczno-literackie H. S., 1979; T. Bujnicki, S. i historia, 1981; D. Pływgako, S. w Szwajcarji, 1986; T. Żabski, 1998.

Sieroszewski, Wacław (Ps. Sirko, K. Bagrynowski), poln. Erzähler, 24. 8. 1858 Wółka Kozłowska/Masowien – 20. 4. 1945 Piaseczno. Aus Landadel; Gymnas. Warschau, Schlosserlehre, dann Techniker, Mitgl. revolutionärer Zirkel, 1878 verhaftet u. nach Sibirien verbannt. Dort 12 Jahre unter primitivsten Bedingungen bei Jakuten, schrieb dort e. erste wiss.-ethnograph. Arbeit über die Jakuten, dafür 1896 Preis der Petersburger Geograph. Gesellschaft. Nach Rückkehr erneute revolutionäre Tätigkeit. 1902/03 Forschungsreise nach Korea, Sachalin u. Japan. 1905 Teilnahme an der Revolution, Anhänger Piłsudskis; bei Ausbruch des 1. Weltkriegs Eintritt in Piłsudskis poln. Legion; Propagandaminister unter Moraczewski in Lublin, 1920/21 Teilnahme am poln.-sowjet. Krieg. Kulturpolitiker, Präsident des poln. Schriftstellerverbandes, PEN-Club-Delegierter, 1933 erster Präsident der Poln. Literaturakad. – S. Werke sind anfangs noch teilweise naturalist., realist. exot. Reiseschilderungen, die hohes schriftsteller. Ausdrucksvermögen mit genauer Milieukenntnis verbinden. Später auch hist. Romane u. Märchen.

W: Na kresach lasów, R. 1894; Jakuty, Schr. 1896; W matni, R. 1897; Risztau, Nn. 1899; Powieści chińskie, En. 1903; Ucieczka, R. 1904; Ol-Soni-Kisań, R. 1906 (d. 1907); Zamorski diabeł, R. 1909 (Die Teufel von jenseits des Meeres, d. 1927); Z fali na falę, En. 1910; Ze świata, E. 1910; Bajki, En. 1910; Bajka o Żelaznym Wilku, E. 1912; Zacisze, E. 1913; Beniowski, R. II 1916; Ocean, R. 1917; W szponach, E. 1918; Łańcuchy, 1919; Topiel, R. 1919; Bolszewicy, Dr. 1922; Dalaj Lama, R. II 1927 (d. 1928); Miłość Samuraja, R. 1928 (L'amour du Samourai, franz. 1930); Pan Twardost Twardowski, R. II 1929; Pamiętniki, Mem. 1959. – Pisma, XIV 1922–26; Dzieła zbiorowe, XXV 1931–35; Dzieła, XX 1958–63. – *Übs.:* Sibir. Erzählungen, 1903.

L: Z.-L. Zaleski, Paris 1930; K. Czachowski, 1933; ders., 1938; H. M. Małgowska, S. i Syberia, 1973; J. Panasewicz, 1976; Z. Kempf, Orientalizm S., 1982.

Sierra, Gregorio Martínez → Martínez Sierra, Gregorio

Sigebert von Gembloux, lat. Schriftsteller, um 1026 – 5. 10. 1112 Kloster Gembloux. Mönch im Kloster Gembloux/Belgien, etwa 1050 bis 1070 Lehrer der Klosterschule in Metz, dann wieder in Gembloux. – Vf. e. breit angelegten Weltchronik der Jahre 381–1111, e. Geschichte des Klosters von Gembloux, zahlr. hagiograph. Schriften, von Streitschriften gegen die Gregorianer sowie ›De viris illustribus‹, e. Biographiensammlung als Fortsetzung zu Hieronymus und Gennadius.

A: J. P. Migne, PL 160, 1854; Chronicon (Mon. Germ. Hist., Script. 6, 1844); Gesta abbatum Gemblacensium (Mon. Germ. Hist., Script. 8, 1848); Catalogus de viris illustribus, hg. R. Witte 1974; Streitschriften (Mon. Germ. Hist., Libelli de lite 2, 1892); Liber decennalis, hg. J. Wiesenbach 1986.

L: J. Schumacher, L'œuvre de S. de G., 1975; J. Beumann, S. v. G. und der Traktat De investitura episcoporum, 1976; M. Chazan, L'Empire et l'histoire universelle, 1999.

Sigfússon, Hannes, isländ. Dichter, 2. 3. 1922 Reykjavík – 13. 8. 1997 ebda. Nach der Realschule Arbeit in verschiedenen Berufen, u.a. als Leuchtturmwärter; später Bibliothekar in Reykjavík. 1953 ∞ Norwegerin Synnøve Jensen, 1963 Umzug nach Norwegen (Bibliothekar in Stavanger). Nach dem Tod s. Frau 1988 Rückkehr nach Island. Starb an einem Krebsleiden. – Einer der wichtigsten Wegbereiter des Modernismus in Island. Sein Hauptwerk sind acht Gedichtbände, von denen bes. die beiden ersten in hermet. Sprache u. surrealist. Bildern Zweifel, Angst u. Sinnverlust in der Zeit des Kalten Krieges widerspiegeln. In s. Alterslyrik fand S. zu einfacheren Formen. Die Sprache war für ihn ein Schlüssel zur Welt u. häufig selbst Gegenstand der Dichtung. Bemerkenswert sind auch die Romane und Memoiren. Zahlreiche Übsn., u.a. von skandinav. Lyrik u. Romanen von Jorge Amado, Miguel Asturias, Jean Giono, García Lorca, Hamsun, Herbjörg Wassmo u. Torgny Lindgren.

W: Dymbilvaka, G. 1949; Imbrudagar, G. 1951; Strandið, R. 1955; Sprek á eldinn, G. 1961; Jarteikn, G. 1966; Örvamælir, G. 1978; Flökkulíf, Erinn. 1981; Ljóðasafn, ges. G. 1982; Ljósin blakta, R. 1985; Framhald förumanns, Erinn. 1985; Lágt muldur þrumunnar, G. 1988; Jarðmunir, G. 1991; Kyrjálaeiði, G. 1995.

Sighvatr Þórðarson, isländ. Skalde, um 970 – um 1040. Einer der bedeutendsten isländ. Skalden, kam um 990 nach Norwegen, Hofskalde des norweg. Königs Ólaf Haraldsson u. von dessen Sohn Magnús Ólafsson. Diplomat. u. Handelsreisen nach Schweden (1017), Frankreich u. England (1025–28). Pilgerfahrt nach Rom. – Dichtete zunächst in unpersönl.-konventioneller Form der Hofpoesie Preisstrophen (›Víkingavísur‹ u.a.). S. Gabe zu lebendiger, frischer Darstellung bricht durch in ›Austrfararvísur‹, wo auch erlebte Stimmungen anschaul. gemacht werden. In ›Erlingsflokkr‹ und einer drápa auf König Ólaf ist die feierl.-strenge Strophenform von tiefem Gefühl durchdrungen, so daß diese Gedichte erstaunl. mod. wirken. In den ›Bersǫglisvísur‹ schließl. sagt der erfahrene Skalde s. König Magnús offen auch unangenehme Wahrheiten.

A: F. Jónsson, in: Skjaldedigtning A. 1. 223–247, B. 1, 213–31; E. A. Kock, in: Den norsk isländska skaldediktningen 1, 1946, 111–131.

L: F. Jónsson, 1901; S. Aa. Petersen, Vikinger og Vikingeaand, 1946. – *Bibl.:* L. M. Hollander, 1958.

Sigurðardóttir, Jakobína, isländ. Autorin, 8. 7. 1918 Hælavík (NW-Island) – 29. 1. 1994 Garður (Mývatnssveit). Ältestes von 13 Kindern eines armen Bauern, weitgehend auf autodidakt. Studien angewiesen, ging in jungen Jahren nach Reykjavík, übte verschiedene Tätigkeiten aus, bis sie den Bauern u. Gelegenheitsdichter Þorgrímur Starri Björgvinsson heiratete u. mit ihm auf den Hof Garðar nach Nordisland zog, wo sie bis zu ihrem Tod lebte. – S. ist eine Pionierin des Modernismus in der isländ. Lit. Ihre Werke sind gekennzeichnet durch treffsichere psycholog. Schilderungen u. starkes Engagement für die Schwachen der Gesellschaft, wobei immer wieder das Dilemma zwischen traditioneller Frauenrolle u. Suche nach Identität thematisiert wird. In den Romanen verbindet sie realist. Ansätze mit formalen Experimenten: ›Dægurvísa‹ ist der erste isländ. Kollektivroman, ›Snaran‹ hat die Form eines Monologs, ›Lifandi vatnið‹ ist in seiner fragmentar. Form multiperspektiv. angelegt, und ›Í sama klefa‹ verknüpft zwei Frauenschicksale miteinander.

W: Sagan af Snæbjörtu Eldsdóttur og Ketilríði Kotungsdóttur, Kdb. 1959; Kvæði, G. 1960; Púnktur á skökkum stað, En. 1964; Dægurvísa. Saga úr Reykjavíkur lífinu, R. 1965; Snaran, R. 1968; Sjö vindur gráar, En. 1970; Lifandi vatnið, R. 1974; Í sama klefa, R. 1980; Kvæði, G. 1983; Vegurinn upp á fjallið, En. 1990; Í barndómi, Erinn. 1994.

Sigurðardóttir, Steinunn, isländ. Schriftstellerin, * 26. 8. 1950 Reykjavík. Zweites von vier Kindern eines Fuhrunternehmers u. einer Krankenschwester, Stud. Philos. u. Psychol. Univ. Dublin, dort B.A.-Examen 1972. 1968–69 Journalistin beim ›Alþýðublaðið‹, 1970–80 Reporterin beim staatl. Rundfunk, 1980–82 Korrespondentin in

Stockholm, daneben bei Rundfunk, Fernsehen, Zeitungen und Zeitschriften freie Mitarbeit. Seit 1980 hauptberufl. Schriftstellerin. Zahlreiche, auch längere Auslandsaufenthalte, u. a. in Deutschland u. Japan. Olo, eine erwachsene Tochter, lebt teils in Island, teils in Frankreich. – S. gehört zu den vielseitigsten, interessantesten u. erfolgreichsten Autorinnen ihres Landes u. hat sich auch im Ausland große Bekanntheit u. Reputation erworben. Sie veröffentlichte ihren ersten Lyrikband mit 19 Jahren, auch die weiteren 5 Bände mit Lyrik sind gekennzeichnet durch intelligentes Spiel mit Sprache, (teilweise schwarzen) Humor u. Ironie, durch eine intensive Suche nach einer Verortung des Menschen in Raum u. Zeit. Ähnliches gilt für die Romane, die das ganze Spektrum zwischen teilweise skurriler Komik u. menschl. Tragik umspannen. In ›Tímaþjófurinn‹ (Der Zeitdieb), einem Roman, der Lyrik u. Prosa untrennbar mischt, geht es um die zerstörende Kraft der Liebe, ›Hjartastaður‹ (Herzort) schildert im Rahmen einer Reise nach Ostisland die Suche dreier Frauen nach ihrer Identität, in ›Jöklaleikhúsið‹ (Das Gletschertheater) will ein dörfl. Amateurtheater Čechovs ›Kirschgarten‹ aufführen, u. ›Hundrað dyr í golunni‹ (Hundert Türen im Sturm) ist eine Liebesgeschichte, die in Paris spielt. Übs.: T. Stoppard, I. Murdoch u. a.

W: Sífellur, G. 1969; Þar og þá, G. 1971; Verksummerki, G. 1979; Sögur til næsta bæjar, E. 1981; Líkamlegt samband í norðurbænum, Fernsehfilm 1982; Skáldsögur, E. 1983; Bleikar slaufur, Fernsehfilm 1985; Tímaþjófurinn, R. 1986 (Der Zeitdieb, d. 1997); Kartöfluprinsessan, G. 1987; Síðasta orðið, R. 1990; Kúaskítur og norðurljós, G. 1991; Ástin fiskanna, R. 1993; Hjartastaður, R. 1995 (Herzort, d. 2001); Hanami, R. 1997; Hugástir, G. 1999; Jöklaleikhúsið, R. 2001 (Gletschertheater, d. 2003); Hundrað dyr í golunni, R. 2002.

L: G. Kreutzer, Jahre wie Pfeilschüsse ins Nichts. St. S. als Lyrikerin, 2002.

Sigurðsson, Ólafur Jóhann, isländ. Schriftsteller, * 26. 9. 1918 Hlíð í Garðahverfi. Aus kleinbäuerl. Verhältnissen. Autodidakt; 1943/44 Literaturkurs an Columbia Univ. New York; 1934 erster Durchbruch als Kinderbuchautor; freier Schriftsteller. – Themen s. erzähler. Werkes sind der Stadt-Land-Gegensatz u. die Ursachen der Landflucht in Island. Kritik an moderner Massen- u. Anspruchsgesellschaft bei Hochschätzung der Werte der alten bäuerl. Lebensform. Allgemein bekannt durch ›Úr fórum blaðamanns‹, e. Folge von autobiograph. gefärbten Romanen. S.s Lyrik beeindruckt durch poet. Dichte u. Fülle. Übs. Llewellyn, Steinbeck.

W: Skuggarnir af bænum, R. 1936; Liggur vegurinn þangað?, R. 1940; Fjallið og draumurinn, R. 1944; Litbrigði jarðarinnar, E. 1947 (Farbenspiel der Erde, d. 1978); Vorköld jörð, R. 1951; Á vegamótum, En. 1955;

Gangvirkið (Úr fórum blaðamanns, 1) R. 1955 (Das Uhrwerk, d. 1982); Leynt og ljóst, En. 1965; Að laufferjum, G. 1972; Hreiðrið, R. 1972; Að brunnum, G. 1974; Seiður og hélog (Úr fórum blaðamanns, 2) R. 1977 (Zauber und Irrlichter, d. 1987); Drekar og smáfuglar (Úr fórum blaðamanns, 3) R. 1983 (Drachen und Zaunkönige, d. 1989); Kvæði, G. 1995.

L: G. Kreutzer, 1978.

Sigurðsson frá Hvítadal, Stefán, isländ. Lyriker, 11. 10. 1887 Hólmavík – 7. 3. 1933 Bessatunga. Sohn eines Handwerkers, verließ mit 18 das Elternhaus, mußte eine Buchdruckerlehre wegen eines Unfalls abbrechen; arbeitete ab 1912 beim Schiffbau in Norwegen, kehrte 1915 wegen einer Tbc-Erkrankung nach Island zurück, heiratete u. lebte als Kleinbauer in der Nähe seines Heimatortes. Trat zum Katholizismus über. – Seine neuromant. Gedichte, von denen viele vertont wurden, zeichnen sich durch Formwillen, stilist. Meisterschaft u. Gefühlstiefe aus u. kreisen themat. meist um Liebe u. Schmerz, die isländ. Landschaft u. die Religion.

W: Söngvar förumannsins, G. 1918; Óður einyrkjans, G. 1921; Heilög kirkja, G. 1924; Helsingjar, G. 1927; Anno domini 1930, G. 1933. – Ljóðmæli (ges. G.), 1945, 1952, 1970.

Sigurjónsson, Jóhann, isländ. Dramatiker und Lyriker, 19. 6. 1880 Laxamýri – 31. 8. 1919 Kopenhagen. 1896–99 höhere Schule Reykjavík, begann 1899 veterinärmedizin. Stud. in Kopenhagen, wandte sich jedoch bald der Lit. zu. Einfluß Nietzsches u. Brandes'. – Hochbegabter Dramatiker, der die Stoffe s. Stücke zumeist der isländ. Folklore u. Volksdichtung entnimmt. Mit ›Bjærg-Ejvind‹ gelingt es ihm, dem isländ. Drama europ. Geltung zu verschaffen. In diesem in Struktur u. Sprache meisterhaften Stück beeindruckt bes. die in ihrer düsteren Seelengröße an die Frauengestalten der Sagas gemahnende Heldin. In ›Ønsket‹ verwendet S. e. faustähnl. Motiv, um den ›Willen zur Macht‹ dramat. zu gestalten. E. Art Neuschöpfung der → Njáls saga glückte ihm in ›Løgneren‹. Wie schon in dem Frühwerk ›Dr. Rung‹ ist der Held auch hier von ehrgeizigem Streben nach hochgesteckten Zielen erfüllt. Neu für die isländ. Lit. ist in S.s Werk die Darstellung leidenschaftl. Gefühle u. der symbolist. u. lyr. Stil; schrieb auch in dän. Sprache.

W: Dr. Rung, Dr. 1905; Bóndinn á Hrauni, Dr. 1908; Bjærg-Ejvind og hans Hustru, Dr. 1911 (Berg-Eyvind und sein Weib, d. 1913); Ønsket, Dr. 1915 (Loftur, engl. 1939); Løgneren, 1917 (Lügner, d. 1917); Smaadigte, G. 1920; Ljóðabók, G. 1994. – Rit (GW), III ²1980; Bréf til bróður, Br. hg. Kr. Jóhannesson 1968.

L: Á. Pálsson, 1920; H. Toldberg, 1965.

Sík, Sándor, ungar. Schriftsteller, 20. 1. 1889 Budapest – 28. 9. 1963 ebda. Führend in der ungar. Pfadfinderbewegung. Geistlicher; Stud. Lit.; Lehrer in Vác und Budapest; 1924 in Italien, 1930 Prof. für mod. ungar. Lit. in Szeged, 1946 in Budapest. Mitarbeiter der Zs. ›Élet‹, Hrsg. der Zs. ›Vigilia‹. – Volkstüml., relig. Lyriker, Dramatiker mit hist. Tragödien und Mysterienspielen; auch Erzählungen, Essays über ungar. Dichter und Übs. der Psalmen.

W: Szembe a nappal, G. 1910; A belülvalók mécse, G. 1912; Szt. Alexius, 1918; Zrínyi, Dr. 1923; A boldog ember inge, Dr. 1930; Fekete kenyér, G. 1931; Szent István király, Dr. 1933; Esztétika, 1942; Őszi fecske, Dr. 1959; A zsoltárok könyve, Psalmen-Übs. 1961. – Összes versei, 1941.

L: D. Baróti, 1988.

Sikelianos, Angelos, griech. Lyriker u. Tragiker, 28. 3. 1884 Leukas – 19. 6. 1951 Athen. Zahlr. Reisen u. a. nach Paris und in die Vereinigten Staaten begünstigen vielfältige kulturelle Einflüsse in s. Werk. Begr. der Delph. Festspiele (1926–32). Enge Verbindungen zu Kazantzakis. – Für S. besteht die Aufgabe des Dichters im Dienste e. fast relig. Auffassung von Dichtung, die e. Vorstellung von Einheit der Kultur beinhaltet, in der die Rückbindung an den Mythos e. ganzheitl. Menschenbild hervorbringen soll.

W: Alaphroiskiōtos, G. 1909; Ho prologos stē zōē, G. IV 1915–17; Mētēr theu, G. 1918; Pascha tōn Hellēnōn, G. 1918; Ho teleutaios orphikos Dithyrambos hē ho Dithyrambos tu rhodu, G. 1926–32; Ho Daidalos stēn Krētē, Tr. 1943; Hē Sybilla, Tr. 1944; Ho Christos stē Rōmē, Tr. 1946; Ho thanatos tu Digenē, Tr. 1947. – Lyrikos bios, III 1946f., ²VII 1965ff.; Thymelē, II 1950, ²III 1971ff.; Pezos logos, IV 1978ff.

L: M. Avgeris, 1952; G. Kazantzaki, Anthrōpoi kai hyperanthrōpoi, 1958; G. Tsantilis, A. S., 1960; Th. Xydis, Hē physiolatreia kai ho mystikismos tu S., 1961; Str. Papaioannu, Ho S. kai hē PEEA, 1962; N. Loverdos, 1962; E. G. Kapsomenos, Eisagōgē stē lyrikē tu S., 1969; T. Dimopulos, 1971; P. Prevelakis, 1984; A. Filaktos, 1994.

Sikelides → Asklepiades von Samos

Šiktanc, Karel, tschech. Dichter, * 10. 7. 1928 Hřebeč bei Kladno. Absolv. das Lehrerinst. (1947) u. Stud. an der Pädagog. Hochschule in Prag; Redakteur, wegen s. Aktivitäten während des Prager Frühlings durfte er in den 70er u. 80er Jahren offiziell nicht publizieren, nach 1989 führender Funktionär in der Schriftstellergemeinde. – Nach s. Anfängen, die vom Schematismus der sozialist. ›Aufbau‹-Lit. beeinflußt wurden, profilierte er sich als Autor gesellschaftl. engagierter u. philos. orientierter Poesie, in der es v. a. um die Fragen nach den Grundlagen u. dem Sinn der menschl. Existenz geht. – Autor von Liedertexten; Übs.

W: Tobě, živote!, G. 1951; Pochodeň jara, G. 1954; Vlnobití, G. 1956; Žízeň, G. 1959; Heinovské noci, G. 1960; Patetická, G. 1961; Nebožka smrt, G. 1963; Artéská studna, G. 1964; Zaříkávání živých, G. 1966; Město jménem Praha, G. 1966; Adam a Eva, G. 1968; Slepá láska, G. 1968; Horoskopy, G. 1969; Mariášky, G. 1970; Český orloj 1, 2, G. Mchn. 1980, 1981; Jak se trhá srdce, G. Mchn. 1983; Ostrov Štvanice, G. 1991; Utopenejch voči, G. 1991; Tanec smrti aneb Ještě Pánbu neumřel, G. 1992; Muž a žena, G. 1992; Královské pohádky, M. 1994; Hrad Kost, G. 1995. – Paměť (G.-Ausw.), 1964; Jak se trhá srdce (G.-Ausw.), 1991.

Šikula, Vincent, slowak. Schriftsteller, 19. 10. 1936 Dubová – 16. 6. 2001 Bratislava. Stud. Musik Preßburg, 1969–73 Dramaturg beim slowak. Film, seit 1973 Redakteur des Verlags Slovenský spisovateľ. – Š.s stark assoziative u. subjektive Prosa behandelt die Freuden u. Leiden des einfachen Mannes auf dem Lande u. in der Kleinstadt, zeigt s. Einstellung zum Leben u. den hist. Ereignissen s. Zeit. Vf. von Jugendlit.

W: Na koncertoch sa netlieska, En. 1964; Možno si postavím bungalow, En. 1964; S Rozarkou, N. 1966; Nebýva sa na každom vŕšku hostinec, En. 1966; Povetrie, En. 1968; R.-Tril.: Majstri, 1976 – Muškát, 1977 – Vilma, 1979; Liesky, Erinn. 1980. – Povetrie a iné prózy, Ausw. 1986.

L: J. Noge, Hľadanie epickej syntézy, 1980.

Silappatigāram → Ilaṅgōvadigal

Siles, Jaime, span. Dichter, * 16. 4. 1951 Valencia. Stud. klass. Sprachen Salamanca, Tübingen, Köln. Prof. für Altphilol., Lyriker, Essayist, Übs. (u. a. Celan, Arno Schmidt). – Poeta doctus, schöpft s. Motive aus der antiken u. barocken Lit.; Vertreter der ›poesía pura‹, große sprachl. Schönheit, formale Virtuosität u. Musikalität.

W: Génesis de la luz, G. 1969; Biografia sola, G. 1971; Canon, G. 1973; Alegoría, G. 1977; Poesía 1969–80, 1982; Música de la agua, G. 1983; Columnae, G. 1987; Semáforos, semáforos, G. 1990; Poesía 1969–1990, 1992. – Poesía completa, 1992. – *Übs.:* Musik des Schweigens, Ausw. 1986.

L: A. Díaz Arenas, 2000; F. Morcillo, Paris 2002.

Silfverstolpe, (Oscar) Gunnar Mascoll, schwed. Lyriker, 21. 1. 1893 Rytterne/Västmanland – 26. 6. 1942 Stockholm. Offizierssohn, Stud. Lit.- u. Kunstgesch. Uppsala, Lic. 1919; 1920 Direktor des Zeughauses u. der königl. Kunstslg., 1936 Hauptdirektor, seit 1926 Kunst- u. Lit.kritiker von ›Stockholms-Tidningen‹, 1941 Mitgl. der Schwed. Akad. – S.s von B. Bergman, A. Österling u. der georgian. engl. Dichtung beeinflußten formvollendeten Verse handeln teils von dem Konflikt zwischen Traum u. Tat, von der Lebensangst nach dem 1. Weltkrieg u. dem Vertrauen auf die stillen Werte des friedl. Alltags, teils sind es wehmütige Kindheitserinnerungen an die Idylle des väterl. Herrenhofes. Richtete sich gegen polit. Brutalisierung der Zwischenkriegsdichtung; Traditionalist. Später starkes Humanitätspathos, Mitgefühl mit Kriegsopfern u. polit. Flüchtlingen. Prägnante, wohllautende Sprache, beherrscht, aber zuweilen Bekenntnis von Einsamkeit u. Unsicherheit. Gab mit K. Asplund Übsn. engl., amerik. u. franz. Lyrik heraus (>Vers från väster<, II 1922–24).

W: Arvet, G. 1919; Dagsljus, G. 1923; Vardag, G. 1926; Efteråt, G. 1932; Hemland, G. 1940. – Samlade dikter, 1942.

L: G. Hellström, 1942; S. Kjersén, 1943; Å. Leander, 1944.

Śilhaṇa (Silhana, Cilhaṇa), ind. Dichter, lebte vor 1205 n. Chr., wahrscheinl. zeitweise in Bengalen. – Vf. des in versch., stark voneinander abweichenden Hsn. erhaltenen >Śānti-śataka< (Zenturie des Seelenfriedens), das in Sanskrit Nichtigkeit des Lebens, Wert der Weltentsagung und Asketentum behandelt. Die Anlehnung an Bhartṛharis >Vairāgya-śataka< ist unverkennbar.

A: K. Schönfeld 1910 (m. dt. Übs.).

Silius Italicus, Tiberius Catius Asconius, röm. Epiker; um 26 n. Chr. – um 102. Konsul im Jahr 68, Prokonsul in Asia 77. – S. verfaßte das hexametr. Epos >Punica< (17 Bücher) über den Zweiten Punischen Krieg (218–202 v. Chr.), vom Eid des jungen Hannibal, die Römer zu hassen, über Hannibals Alpenüberquerung, die röm. Niederlagen (bes. am Trasimenischen See u. bei Cannae) bis zum röm. Sieg in der Schlacht bei Zama unter Scipio. Anders im hist. Epos des Lukan spielt der Götterkosmos wieder e. wichtige Rolle, u. die geschichtl. Abläufe sind mytholog. motiviert u. gedeutet. Anstelle e. röm. Haupthelden werden versch. Persönlichkeiten als Verkörperungen bestimmter röm. Tugenden präsentiert. Am bekanntesten sind die Szenen über Bacchus' Geschenk des Weines an die Menschen (Buch 7) u. über Scipio am Scheideweg vor der Entscheidung zwischen Tugend und Lust (Buch 15). – Bes. direkt nach der Wiederentdeckung des Textes im 15. Jh. wurde er relativ viel gelesen u. nachgeahmt.

A: m. engl. Übs. J. D. Duff, 2 Bde., Lond. n. 1968; J. Delz, 1987; m. dt. Übs. H. Rupprecht, 2 Bde., 1991.

L: M. v. Albrecht, 1964; E. Burck, Historische u. epische Trad. bei S., 1984; C. Santini, S. and his View of the Past, Amst. 1991.

Silkin, Jon, engl. Lyriker, Philologe und Hrsg., 2. 12. 1930 London – 25. 11. 1997 Newcastle upon Tyne. Aus jüd. Familie; zunächst einige Jahre Arbeiter, 1952 Gründung der lit. Zs. >Stand<; später Stud. Leeds, Lehrer, Univ.-Dozent; Hrsg. von Anthologien, Vf. lit.wiss. Arbeiten und Beiträge für versch. Zeitungen; lebte seit Mitte der 1960er Jahre in Newcastle upon Tyne, doch zahlr. Auslandsaufenthalte. – Gilt mit s. Lyrik als Vertreter des >Imagism<, doch nicht ausschließl. darauf zu beschränken; bekannt v. a. durch >The Peaceable Kingdom<; Aufenthalte in Israel und Amerika fanden Niederschlag in >Amanda Grass<.

W: The Portrait and Other Poems, 1950; The Peaceable Kingdom, 1954; The Two Freedoms, 1958; Re-Ordering of the Stones, 1961; Flower Poems, 1964, ²1978; Nature With Man, 1965; Poems New and Selected, 1966; Amanda Grass, 1971; The Principle of Water, 1974; The Little Time-Keeper, 1976; Selected Poems, 1980 (n. ²1988, 1993); The Psalms With Their Spoils, 1980; Autobiographical Stanzas, 1984; Guerney, Versdr. 1985; The Ship's Pasture, 1986; The Lens-Breakers, 1992; Watersmeet, 1994; Testament without Breath, 1998; Making a Republic, 2002.

Silko, Leslie Marmon, indian.-amerik. Erzählerin, * 5. 3. 1948 Albuquerque/NM. Aus indian.-weißmexikan. Familie, wächst im Laguna Pueblo auf; B.A. in Engl. Univ. of New Mexico; Jurastudium, 1971 abgebrochen; 1978 Prof. für Engl. Univ. of Arizona, Tucson. – Nach verstreuten Kurzgeschichten ab 1969 wurde S. mit ihrem ersten Roman >Ceremony< zu e. der maßgebl. Stimmen e. neuen indian. Erzähllit. Die Geschichte der Heilung des jungen, vom Kriegserlebnis in Japan u. vom amerik. Materialismus geschädigten Tayo durch Gemeinschaft, Landschaft, Mythen u. schließlich e. traditionelle Zeremonie verband auf großartige Weise mündl. indian. Tradition (rituelle Gesänge, Spinnenfrau-Mythos, göttl. Erscheinungen in Natur u. Personen) mit der realist. Verankerung u. psycholog. Sondierung des modernen Romans. Neben Gedichten, Essays. u. e. Autobiographie (die das Erzählen als Kernkonzept indian. Kultur ausweist) behandelt S. in e. panoramischen zweiten Roman (1991) polit., gesellschaftskrit. u. ökolog. Konflikte e. mexik.-amerik. Kultur- u. Geisteslandschaft u. öffnet diese in >Gardens in the Dunes< ins Globale.

W: The Man to Send Rain Clouds, En. K. Rosen, hg. 1969; Laguna Woman, G. 1974; Ceremony, R. 1977 (Gestohlenes Land wird ihre Herzen fressen, d. 1981; Indianische Beschwörung, d. 1981); Storyteller, Aut. 1981; Almanac of the Dead, R. 1991 (d. 1991); Yellow Woman and the Beauty of the Spirit: Ess. on Native Amerik. Life Today, 1996; Gardens in the Dunes, R. 1999 (d. 2000).

L: P. Seyersted, 1980; >Yellow Woman<: L. M. S., M. Graulich 1993; L. K. Barnett, J. L. Thorson, hg. 1999; de Ramirez, 1999; E. L. Arnold, Conversations with L. M. S., 2000.

Sillanpää, Frans Eemil (eig. Henriksson), finn. Dichter, 16. 9. 1888 Hämeenkyrö – 3. 6. 1964

Helsinki. Kleinbauernsohn; naturwiss. Stud. Helsinki, Lit.kritiker, Journalist, freier Schriftsteller, 1939 Nobelpreis. – E. der hervorragendsten mod. Erzähler, dessen phrasenlose Prosa in der ländl. Heimat wurzelt, aus deren engerem Kreis er s. Stoffe schöpft. S. Personen, Kätner, Mägde u. Knechte, sind passive Instinktmenschen, die sich leidend, ohne intellektuelle Einsicht, ihrem Schicksal ausliefern, äußerl. oft schwerfällige, rohe Gestalten, deren innerste Regungen er unsentimental mitempfindend, häufig umständl., leidenschaftslos u. undramat., immer wieder kühl referierend, an den inspiriertesten Stellen aber lyr. warm darstellt u. in e. von der Natur gerahmtes Stimmungsbild faßt. Er sieht Leben u. Leiden nicht psycholog. oder metaphys., sondern in der biolog. Verkettung mit der heiml. Gemeinschaft alles Kreatürlichen u. wächst damit über alle realist. Dichtung hinaus. S.s Originalität resultiert aus der Verbindung rustikaler Ursprünglichkeit mit e. raffinierten Gefühlsgetränktheit, welche die Wirklichkeit mit e. Hell-Dunkel lyr. Ekstase umgibt. Breite Aufnahme fand der Roman ›Hurskas kurjuus‹, e. ergreifende Darstellung des Bürgerkriegs 1917/18 aus sozialpsycholog. Sicht. Größte Popularität errang er jedoch mit ›Nuorena nukkunut‹, dessen Hauptgestalt, die Magd Silja, e. reine u. strahlende Offenbarung inmitten werktägl. Wirklichkeit ist.

W: Elämä ja aurinko, R. 1916 (Sonne des Lebens, d. 1951); Ihmislapsia elämän saatossa, En. 1917; Hurskas kurjuus, R. 1919 (Das fromme Elend, d. 1948, u.d.T.. Sterben u. Auferstehen, 1956); Rakas isänmaani, En. 1919; Hiltu ja Ragnar, D. 1923; Enkelten suojatit, En. 1923 (Ausz.: Die kleine Tellervo, d. 1938); Maan tasalta, N. 1924; Töllinmäki, En. 1925; Rippi, N. 1928; Kiitos hetkistä, Herra ..., N. 1929; Nuorena nukkunut, R. 1931 (Silja, die Magd, d. 1932); Miehen tie, R. 1932 (Eines Mannes Weg, d. 1933); Virran pohjalta, N. 1933; Ihmiset suviyössä, R. 1934 (Menschen in der Sommernacht, d. 1936); Viidestoista, N. 1936; Elokuu, R. 1941; Ihmiselon ihanuus ja kurjuus, R. 1945 (Schönheit und Elend des Lebens, d. 1947); Erään elämän satoa, E. 1947; Poika eli elämänsä, Mem. 1953; Päivä korkeimmillaan, Mem. 1957. – Kootut teokset (GW), VIII 1988–91.

L: T. Vaaskivi, 1937; E. J. H. Linkomies, 1948; R. Koskimies, 1948; P. Katara, hg. 1948; A. Laurila, 1958; A. Ojala, 1959; L. Koskela, 1988; P. Rajala, 1993.

Sillitoe, Alan, engl. Erzähler u. Lyriker, * 4. 3. 1928 Nottingham. Arbeitersohn; 1942–46 Fabrikarbeiter in Nottingham, 2 Jahre Militärdienst in Malaya, Tbc, Invalidenrente, 1952–58 in Frankreich, Italien u. Spanien, jetzt in London. – Bedeutendster, engagierter Chronist der zeitgenöss. engl. Arbeiterwelt. Hauptthema s. realist., meist in nordengl. Fabrikhallen, Arbeitervierteln, Kneipen u. Erziehungsanstalten spielenden Romane u. Erzählungen (am bekanntesten: ›Saturday Night and Sunday Morning‹ u. ›The Loneliness of the Long-Distance Runner‹) ist der Versuch jugendl. Arbeiter u. Krimineller, gegen die repressive etablierte Obrigkeit u. die unerfreul. Routine e. proletar. Alltags zu rebellieren. ›Travels in Nihilon‹, satir. Reisen in das Land des absoluten Nihilismus, demonstrieren S.s Pessimismus in bezug auf rechte wie linke polit. Systeme, Habgier u. Unvernunft.

W: Without Beer or Bread, G. 1957; Saturday Night and Sunday Morning, R. 1958 (d. 1961); The Loneliness of the Long-Distance Runner, En. 1959 (d. 1967); The Rats, G. 1960; The General, R. 1960 (u.d.T.. Counterpoint, 1967); Key to the Door, R. 1961 (d. 1966); The Ragman's Daughter, Kgn. 1963 (d. 1973); A Falling Out of Love, G. 1964; Road to Volgograd, Reiseber. 1964; The Death of William Posters, R. 1965 (d. 1969); A Tree on Fire, R. 1967 (d. 1982); Love in the Environs of Voronezh, G. 1968; Guzman Go Home, Kgn. 1968 (d. 1970); A Start in Life, R. 1970 (d. 1971); Travels in Nihilon, R. 1971 (d. 1973); Raw Material, Mem. 1972; Men, Women and Children, Kgn. 1973 (d. 1981); Barbarians, G. 1974; Storm, G. 1974; The Flame of Life, R. 1974 (d. 1982); Mountains and Caverns, Ess. 1975; The Widower's Son, R. 1976 (d. 1981); Three Plays: The Slot-Machine, The Interview, Pit Strike, 1978; The Storyteller, R. 1979 (d. 1983); Snow on the North Side of Lucifer, G. 1979; The Second Chance, Kgn. 1981 (n. 1982); Her Victory, R. 1982 (Die Frau auf der Brücke, d. 1989); Sun Before Departure, G. 1984; Life Goes on, R. 1985; Tides and Stone Walls, G. 1986; The Lost Flying Boat, R. 1986 (Verschollen, d. 1987); Every Day of the Week, Slg. 1987; Out of the Whirlpool, R. 1987 (Insel im Nebel, d. 1987); The Open Door, R. 1988; The Far Side of the Street, Kgn. 1998; Last Loves, R. 1990; Leonard's War, 1990; The Mentality of the Picaresque Hero, St. 1993; Snowstop, R. 1993; Collected Poems, 1993; Life Without Armour, Aut. 1995; Collected Stories, 1995; Alligator Playground, Kgn. 1997; The Broken Chariot, R. 1998; The German Numbers Woman, R. 2000; Birthday, R. 2001; A Flight of Arrows, Ess. 2003; A Man of his Time, R. 2003.– Übs.: Gesammelte Erzählungen, V 1981 ff.

L: A. R. Penner, 1972; J. Holeczek, Diss. 1973; S. S. Atherton, 1979; I. von Rosenberg, 1984; M. Vergnes, Diss. 1986; D. u. M. von Ziegesar, 1986; P. Hitchcock, 1989; J. Sawkins, 1992; G. M. Hanson, 1999.

Silone, Ignazio (eig. Secondo Tranquilli), ital. Schriftsteller, 1. 5. 1900 Pescina dei Marsi – 22. 8. 1978 Genf. Aus abruzz. Bauernfamilie, verlor 1915 durch e. Erdbeben die Mutter u. 5 Brüder. Stud. Seminar von Pescina, dann Gymnas. in Reggio Calabria. 1921 nahm er als Vertreter der sozialist. Jugend an der Gründung der KP teil. Redakteur der Tageszeitung ›Il Lavoratore‹ in Triest. In Parteikommission Reise nach Moskau, Spanien u. Frankreich. 1930 Abkehr vom Kommunismus, Sozialist. Von den Faschisten verfolgt. 1927–44 im Exil in der Schweiz. 1944 Rückkehr nach Rom, Mitgl. der sozialist. Partei. Direktor der Tageszeitung ›Avanti!‹. Im Ausland lange Zeit mehr geschätzt als in Italien. Einige s. Werke erschienen zuerst in dt. und engl. Sprache. – Vf. realist. Romane mit polit. u. sozialkrit. Charakter. Sein 1. Roman ›Fontamara‹ wurde s. größter Erfolg. Im Kampf für Freiheit u. Gerechtigkeit schildert er das Leben des Landproletariats in e. Abruzzendorf unter der faschist. Herrschaft. Den ›Cafoni‹ (verschuldete Kleinbauern, Landarbeiter u. Taglöhner) bleibt nur die Unterstützung der Untergrundbewegung. E. Aufruhr folgt die grausame Vergeltung. In ›Pane e vino‹ lebt der von der Polizei verfolgte Sozialistenführer als verkleideter Priester unter den Cafoni. S. versucht Christentum u. Marxismus zu vereinen. In allen s. Romanen zeigt sich der Antifaschist, der für den ›entwürdigten u. entstellten‹ Menschen gegen Diktatur u. soz. Ungerechtigkeit kämpft.

W: Fontamara, R. 1934 (Paris)(d. 1933 Zürich, 1961, 1962); Der Faschismus, Abh. 1934; Un viaggio a Parigi, Nn. 1934 (d. 1934); Bread and Wine, R. 1936 (d. 1936; u.d.T. Vino e pane, ital. 1955, d. 1974); Die Schule der Diktatoren, Abh. 1938; Der Samen unterm Schnee, R. 1942 (ital. 1961); Ed egli si nascose, Dr. 1944 (d. 1945); Der Fuchs, G. 1947; Una manciata di more, R. 1952 (d. 1952); Il segreto di Luca, R. 1956 (d. 1957); La volpe e le camelie, R. 1960 (d. 1960); Uscita di sicurezza, autobiograph. Ess. 1965 (d. 1966); L'avventura d'un povero Cristiano, Sch. 1968 (d. 1969).

L: M. L. Cassata, 1967; F. Virdia, 1970, ²1979; L. D'Eramo, 1972 (m. Bibl.); C. Annoni, 1974; V. Arnone, 1980; G. Rigobello, 1981; F. Atzoni, 1991; V. Esposito, 1993; D. Ploetz, 2000.

Silva, António Dinis da Cruz e, portugies. Dichter, 4. 7. 1731 Lissabon – 5. 10. 1799 Rio de Janeiro. Aus bescheidenen Verhältnissen, Ausbildung bei den Oratorianern, Stud. Jura Coimbra, Richter 1759 in Castelo de Vide u. 1764 Elvas, Anhänger Pombals, 1776–87 Obertribunalsrat in Rio, Porto, 1787 Lissabon, 1790 wieder in Brasilien zur Überprüfung des Minas-Aufstandes, an dem auch mit S. befreundete Dichter beteiligt waren. – Zunächst von Neoklassizismus u. Aufklärung bestimmt; später schuf das Brasilienerlebnis seiner Dichtung neue Inhalte. Gehörte 1756 zu den Begründern der ›Arcádia Lusitana‹. Reichhaltiges lyr. Schaffen, jedoch zu Lebzeiten nur wenig publiziert. Ansprechendste Leistung das heroischkom. Epos ›O Hissope‹ 1802 (Paris, Vorbild: Boileaus ›Lutrin‹), elegante iron.-sarkast. Satire auf die Vertreter des dekadenten Feudalismus. Manches noch unveröffentlicht.

W: Odes Pindáricas, posth. G. 1802; Poesias, G. VI 1807–17 (enth. auch die Komödie ›O Falso Heroísmo‹; O Hissope, 1802 (hg. Ramos Coelho 1879; franz. 1828; Ausz. d. u. engl. 1896).

L: Cecília Meireles, 1953.

Silva, António José da (gen. O Judeu), portugies. Bühnendichter brasilian. Herkunft, 8. 5. 1705 Rio de Janeiro – 18. 10. 1739 Lissabon. Stud. Jura Coimbra; Advokat in Lissabon, während s. kurzen Lebens ebenso wie s. Angehörigen erbitterten Judenverfolgungen ausgesetzt. 1726 freigesprochen. 1737 wieder vorgeladen. Starb nach 2jähriger Gefangenschaft auf dem Scheiterhaufen der Inquisition. – Bemerkenswerter Komödienautor (Marionetten-Singspiele) unter Einfluß ital. u. span. Autoren, mit Sinn für lustige Effekte; satir. Talent, scharfe Beobachtungsgabe, jedoch nicht immer dramaturg. geschickt.

W: Vida de D. Quixote de la Mancha, K. 1733 (n. J. Mendes dos Remédios 1905); Esopaida, K. 1734; Os Encantos de Medeia, K. 1735; O Anfitrião, K. 1736; O Labirinto de Creta, K. 1737; Guerras de Alecrim e Mangerona, K. 1737 (n. J. Mendes dos Remédios 1905); As Variedades de Proteu, K. 1737; O Precipício de Faetonte, K. 1738; El Prodigio de Amarante, hg. C.-H. Frèches 1967. – Obras Completas (GW), hg. J. Pereira Tavares IV 1957f.; Teatro Cómico Português, II 1744, IV 1787–92; Teatro, hg. J. Ribeiro IV 1911.

L: F. Wolf, 1860; E. David, Paris 1880; Th. Braga, O Poeta Judeu e a Inquisição, 1901; C. Jucá Filho, 1940; R. Magalhães, 1958; C. Frèches, 1982; J. O. Barata, 1998.

Silva, José Asunción, kolumbian. Dichter, 27. 11. 1865 Bogotá – 24. 5. 1896 ebda. Aus begüterter Familie; kein abgeschlossenes Stud.; 1883–86 Reisen durch Frankreich, England, Schweiz; übernahm 1887 die Firma s. Vaters; Botschaftssekretär in Venezuela; nach s. Rückkehr (1895) Zusammenbruch der Geschäfte, Selbstmord. E. Teil s. Werke 1895 bei e. Schiffbruch vernichtet. – Romantiker mit modernist. Anklängen; gelangte wegen s. frühen Todes nicht zur Reife; Dichter des Zweifels (Einfluß Campoamors), der Schwermut (in Anlehnung an Bécquer), der Traurigkeit u. der Nacht. Sein berühmtestes Gedicht ›Nocturno‹ fand weite Verbreitung, bes. unter der Jugend.

W: Poesías, 1886, 1908; De sobremesa 1887–96, R. 1925; Intimidades, hg. H. H. Orjuela 1977. – Obra completa, prosa y verso, hg. Ministerio de Educación Nacional 1956; Obras completas, hg. A. Miramón, C. de Brigard Silva 1965; Obra completa, hg. E. Camacho Guizado, G. Mejia 1977; Obra completa, hg. H. H. Orjuela ²1996; Poesías completas y sus mejores páginas de prosa, hg. A. Capdevila 1944; Poesías completas seguidas de prosas selectas, hg. C. de Brigard Silva 1963.

L: J. C. Ghiano, 1967; E. Camacho Guizado, 1968; B. T. Osiek, 1968, 1978; H. H. Orjuela, 1976, 1991; M. I. Smith, 1981; H. Alvarado Tenorio, 1982; F. Charry Lara, hg. 1985; ders., 1989; J. G. Cobo Borda, hg. 1988, II 1994; R. Cano Gaviria, 1992; E. Santos Molano, 1992; Revista Casa Silva, 1997.

Silva Gaio, Manuel da → Gaio, Manuel da Silva

Sílvio Dinarte → Taunay, Alfredo d'Escragnolle

Sima Qian, chines. Historiker, um 135 v. Chr. Longmen – um 87 v. Chr. Bereiste Mittel- und Ostchina, 104 an der Kalenderreform beteiligt. 108 Nachfolger s. Vaters als Hofastrologe, 98 wegen angebl. polit. Vergehen kastriert; später oberster Palastsekretär. – Setzte das von s. Vater begonnene Geschichtswerk ›Shiji‹ (Aufzeichnungen des Historikers) fort, e. Kompilation aus älteren Quellen in 130 Kapiteln. Die Einteilung des ›Shiji‹ blieb über 2000 Jahre maßgebend für offizielle Dynastiegeschichten. 1. Ji (annalist.-chronolog. Aufzeichnungen); 2. Biao (synchronist. Tabellen); 3. Shu (Monographien über versch. Sachbereiche wie Astronomie, Riten, Musik, Geographie, Staatswirtschaft); 4. Shijia (Geschichte der erbl. Fürstenhäuser, darunter auch Konfuzius aufgenommen); 5. Liezhuan (Biographien, auch Monographien über Völkerschaften usw.). Stoff ist Chinas Geschichte vom Uranfang bis um 90 v. Chr., der Text selbst meist aus älteren Quellen fast wörtl. übernommen, aber am Ende jedes Kapitels persönl. Stellungnahme des Vf. Im Inhalt oft, wie mod. Forschung zeigte, legendär; manche Biographien sind als hist. Romane aufzufassen; die Grundhaltung S.s ist bereits vollständig rationalistisch.

Übs.: franz. E. Chavannes, Paris VI 1895–1905, 1969 (Kap. 1–52); engl. B. Watson, N. Y. u. Lond. II 1961 (Ausz.); W. H. Nienhauser, Bloomington III 1994–2002.

L: Chavannes, s. o.; F. Jäger (Asia Major), 1933; B. Watson, N. Y. 1958.

Sima Xiangru, chines. Dichter, um 170 Chengdu (Sichuan) – 117 v. Chr. Maoling. Im Dienst von Prinzen des Kaiserhauses, mehrere hohe Ämter, wegen angebl. Bestechung entlassen, bald rehabilitiert. Bekannt durch s. Liebesaffäre mit e. jungen Witwe; lebte mit ihr nach Entführung als Weinwirt. – Vf. prunkvoller Kunstprosa, philos. und ritueller Werke. Von s. sehr einflußreichen 29 fu-Gedichten sind nur 6 erhalten.

Übs.: E. v. Zach, Die chines. Anthologie, Cambr./MA 1958.

L: Y. Hervouet, Paris 1964.

Simenon, Georges (eig. G. Joseph Christian, Ps. G. Sim), belg. Romanschriftsteller, 12. 2. 1903 Liège – 4. 9. 1989 Lausanne. 1919 Journalist an der ›Gazette de Liège‹; begann 1921 s. lit. Laufbahn mit volkstüml. Romanen. 1923 nach Paris. 1930 begann er mit der Publikation von 19 Kriminalromanen der ›Maigret‹-Serie, die ihn schnell berühmt machten. Versch. Reisen, 1935 Weltreise. 1945–55 in Kanada und den USA, dann an der Riviera, ab 1957 in der Schweiz. – Erfolgr. Autor von mehr als 200 Kriminalromanen, davon über 100 über den Kommissar Maigret; s. lit. Bedeutung wurde lange durch s. großen Publikumserfolg überdeckt. S. geht bei der Motivation vom Instinkt aus: Kommissar Maigret spürt die Schuldigen auf, indem er sich mit ihnen identifiziert und ihre Affekte nachempfindet, ohne sie zu verurteilen. So bleiben S.s Romane ohne moral. Stellungnahme. Die unverwechselbare Atmosphäre s. Werks vermittelt e. Gefühl der Fremdheit und Verlorenheit mitten im Alltägl.-Vertrauten, das auf die Darstellung des Absurden in der Lit. vorausweist. S.s Betrachtungsweise stellt die sichtbare moral. und psycholog. Fassade des Menschen in Zweifel; damit rückt s. Werk in die Sphäre des experimentellen mod. Romans. Die meisten Bücher S.s sind ins Dt. und in zahlr. Weltsprachen übersetzt.

W: Au pont des Arches, R. 1921; La tête d'un homme, R. 1931; L'ombre chinoise, R. 1932; Liberty Bar, R. 1932; L'affaire Saint-Fiacre, R. 1932; Chez les Flamands, R. 1932; Le coup de lune, R. 1933; La maison du canal, R. 1933; Maigret, R. 1934; Les Pitard, R. 1935; Les demoiselles de Concarneau, R. 1936 (d. 1987); Le testament Donadieu, R. 1937; Long cours, R. 1937; L'homme qui regardait passer les trains, R. 1938 (d. 1981); Le bourgmestre de Furnes, R. 1939 (d. 1984); Les nouvelles enquêtes de Maigret, R. 1944; L'aînée des Ferchaux, R. 1945; Lettre à mon juge, R. 1947; La neige était sale, R. 1948; Pedigree, R. 1948 (d. 1982); Les volets verts, R. 1950; Antoine et Julie, R. 1953 (d. 1983); L'horloger d'Everton, R. 1954; En cas de malheur, R. 1956; Le président, R. 1958; Le roman de l'homme, Es. 1959; L'ours en peluche, R. 1960; Le train, R. 1961; Entretiens avec R. Stéphane, 1963; Les anneaux de Bicêtre, R. 1963 (d. 1976); La mort d'Auguste, R. 1966; Il pleut bergère, R. 1966; La chambre bleue, R. 1967; Le chat, R. 1967; La prison, R. 1968; Le riche homme, R. 1970 (d. 1976); Je me souviens, Mem. 1970; Quand j'étais vieux, Mem. 1970 (d. 1977); Lettre à ma mère, Aut. 1975 (d. 1978); Un homme comme un autre, Mem. 1975 (d. 1978); Les petits hommes, 1976; A l'abri de notre arbre, Mem. 1977; La main dans la main, R. 1978; Je suis resté un enfant de chœur, 1979; Le prix d'un homme, 1980; Quand vient le froid, 1980; Les libertés qu'il nous reste, 1981; La femme endormie, 1981; Jour et nuit, 1981; Mémoires intimes, suivies du livre de Marie-Jo, Mem. 1981 (d. 1982); Sur le cinéma, 2000. – *Übs.:* Briefwechsel S. – A. Gide, 1977.

L: T. Narcejac, 1950; A. Parinaud, 1957; L. Thoorens, 1959; B. de Fallois, 1961; Q. Ritzen, 1961; P. Vandromme, 1962; R. Stéphane, 1963; A. Richter, 1964; J. Raymond, 1968; F. Franck, Le Paris de S., 1969; B. de Fallois, Lausanne 1975; L. Becker, Boston 1977; G. Henry, 1977; E. L. Šrajber, Leningrad 1977; P. H. Dubois, 's Gravenhage 1978; D. Tillinac, 1980; J. Fabre, 1981; H. Veldman, La tentation de l'inaccessible, 1981; F. Bresler, The mystery of S., Lond. 1983; H. C. Tauxe, 1983; A. Marquart, 1984; S. Cesario, 1996; E. Wouters, 1998; L. F. Becker, 1999; C. Gailot, 1999; M. Lemoine, 2000; J. Quack, 2000; C. Brulls, 2001. – *Bibl.:* A. Grisay, 1964.

Simeon Polockij (eig. Samuil Emel'janovič Sitnianovič-Petrovskij), russ. Schriftsteller, 1629 Polock – 25. 8. 1680 Moskau. Weißruthen. Abstammung, Stud. Mohyla-Kollegium Kiew, 1656 Mönch, Lehrer an der Bruderschaftsschule in Polock, 1664 in Moskau, Lehrer der 2 Söhne des Zaren Aleksej Michajlovič. – Verfaßte im Bereich der Theologie dogmat. Werke, 2 Predigtbände, Übs. des Psalters; schrieb als erster in der russ. Lit. Verse in großer Zahl, gesammelt in den Bänden ›Rifmologion‹ und ›Vertograd mnogocvetnyj‹, z. T. panegyr., nach den Regeln des lit. Barocks gestaltete Gelegenheitsdichtung; setzte die Tradition der ukrain. und weißruthen. barocken Versdichtung (Emblematik) fort, bürgerte im Vers e. den Betonungsgesetzen des Russ. nicht gemäße Art der Sprachgestaltung ein, die sich (Tradition der ›Syllabisten‹) mehrere Jahrzehnte hielt, s. 2 Schuldramen (›Komedija o Navchodonosore care‹ und ›Komedija pritči o bludnom syne‹) gehören zu den frühesten russ. Bühnenstücken.

A: Izbrannye sočinenija (AW), 1953; Vertograd mnogocvetnyi, III Köln 1996–2000.

L: A. Hippisley, 1985.

Simhāsanadvātriṃśikā (32 Geschichten vom Löwenthron), ind. Sammlung von 32 Erzählungen in Sanskrit, die zum Legendenkreis um König Vikramāditya gehören. Sie werden auch ›S.-dvātrim śatputtalīkāvārttā‹ oder ›-putrikāvārttā‹, ›Vikrama-carita‹ genannt; entstanden wohl erst nach dem 11. Jh. n. Chr. Es erzählen die 32 Statuen an Vikramādityas Thron dem König Bhoja von Dhara (Malava) von dessen Mut und Freigebigkeit. In mehreren ind. Rezensionen und in der nepales. Rezension ›Batīsa-putrikākathā‹ erhalten.

A: Āśubodha Vidyābhūṣaṇa, Nityabodha Vidyāratna ²1916; B. K. Chatterjee 1917; F. Edgerton (4 Rezensionen) II 1926 (m. engl. Übs.); Batīsa-putirkākathā, hg. H. Jørgensen 1939 (m. engl. Übs.). – *Übs.:* d. R. Beer 1983, M. Hesse 1985; engl. S. Lohia 1968.

L: L. Sternbach, Delhi II 1971–74; J. H. Röll, Der Vikramacarita, 1989.

Sim(m)ias aus Rhodos, altgriech. Dichter u. Grammatiker, um 300 v. Chr. – Von S.' Werk, u. a. ›Glossen‹ (3 Bücher, philolog.), e. Gedichtsammlung (4 Bücher), e. Epos ›Apollon‹ (hexametr., phantast. Reise zu sagenhaften Völkern), sind nur wenige Fragmente erhalten. Er gilt als Erfinder des Figurengedichts (Schriftbild ergibt Flügel, Ei, Beil, in → ›Anthologia Palatina‹ erhalten) und mehrerer lyr. Versmaße.

A: H. Fränkel 1915; Suppl. Hell. 906; → Anthologia Palatina.

L: U. Ernst, 2001; S. Strodel, 2002.

Šimić, Antun Branko, kroat. Lyriker und Kritiker, 18. 11. 1898 Drinovci – 2. 5. 1925 Zagreb. Stud. ohne Abschluß, dann Journalist und Schriftsteller. – Seine klaren, gefühlsbetonten Gedichte zeigen Interesse für die Jugend und für soz. Fragen. Vf. krit. Essays über mod. kroat. Autoren. Š. wendet sich gegen Traditionalismen u. führt den expressionist. Stil in die kroat. Dichtung ein.

W: Preobraženja, G. 1925; Pjesme, G. 1950. – Sabrana djela (GW), III 1960; II 1988; Izabrane pjesme, G.-Ausw. 1933; PSHK 99, 1964 (m. Bibl.); Opomene, G. 1995.

L: R. Vučković, 1969; J. Kaštelan, Približavanje, 1970; Sto godina A. B. Šimića, 1988.

Simic, Charles, serb.-amerik. Dichter, * 9. 5. 1948 Belgrad. 1954 nach Amerika emigriert, 1971 naturalisiert; Engl.-Prof. Univ. New Hampshire, Durham. – Beziehet Erfahrungen aus dem kriegsversehrten Belgrad in s. zwischen realist. und surrealer Bildlichkeit oszillierende Dichtung als Ausdruck der phys. und spirituellen Armut mod. Lebens ein.

W: What the Grass Says, G. 1967; Somewhere Among Us a Stone Is Taking Notes, G. 1969; Dismantling the Silence, G. 1971; White, G. 1972; Return to a Place Lit by a Glass of Milk, G. 1974; Biography and a Lament, G. 1976; Charon's Cosmology, G. 1977; Brooms, G.-Ausw. 1978; School for Dark Thoughts, G. 1978; Classic Ballroom Dances, G. 1980; Austerities, G. 1982; Weather Forecast for Utopia and Vicinity, G. 1983; Selected Poems 1963–1983, 1985; The Uncertain Certainty, Ess. 1985; Unending Blues, G. 1986; Nine Poems, G. 1989; The World Doesn't End, G. 1989; The Book of Gods and Devils, G. 1990 (d. 1993); Hotel Insomnia, G. 1992; A Wedding in Hell, G. 1994; The Unemployed Fortune-Teller, Ess. 1994; Frightening Toys, G. 1995; Walking the Black Cat, G. 1996; Orphan Factory, Ess. 1997; Jackstraws, G. 1999; Selected Early Poems, 2000; A Fly in the Soup, Mem. 2000 (d. 1997); Night Picnic, G. 2001; The Voice at 3:00 a. m., G.-Ausw. 2003. – Grübelei im Rinnstein, Ausw. 2000.

L: B. Weigl, hg. 1996; G. Mijuk, 2002; M. Hulse, hg. 2002.

Simms, William Gilmore, amerik. Schriftsteller, 17. 4. 1806 Charleston/SC – 11. 6. 1870 ebda. Aus verarmter Familie, Apothekerlehre, besuchte s. Vater an der ›frontier‹, kurze Zeit Anwalt, Journalist in Charleston, Reisen nach New York (Freund Bryants u. a. New Yorker Literaten), durch 2. Heirat (1836) mit der Pflanzerstochter Chevillette Roach wirtschaftl. unabhängig, kurze polit. Karriere, 1845 Hrsg. von ›Simms Magazine‹, weiterhin Journalist für viele Zsn., Mittelpunkt des lit. Charleston (Russell's Bookstore Group). Polit. Verteidiger der Sklaverei und der Sezession, glühender Patriot, durch den verlorenen Bürgerkrieg völlig gebrochen, starb an Überarbeitung. – Ungemein vielseitiger Literat: Journalist, Kritiker, Biograph, Historiker, Lyriker, Dramatiker, vor allem aber Epiker. Seine Romane sind e. Mischung von Melodrama, spannendem (oft blutrünstigem) Abenteuer, hist. Fakten und wahrheitsgetreuer Schilderung soz. Zustände; im Gegensatz zu den aristokrat. Charakteren sind s. einfachen Menschen (Pfadfinder, arme Weiße, der Falstaff-ähnliche Captain Porgy) überzeugend wahr und lebensecht. Seine hist. Romane (mit Cooper vergleichbar, von Scott beeinflußt), behandeln die span. Eroberungen in Amerika und die Kolonial- sowie Revolutionsgeschichte South Carolinas; in s. Grenzromanen kommt das realist. Element (sonst von der Konvention oft überdeckt) besonders deutl. zum Vorschein; psychologisierende Schauerromane bilden die 3. Gruppe s. Romanschaffens. Meist verband er alle drei Genres miteinander, wie in ›The Yemassee‹ und s. Behandlung der Kentucky-Tragödie (›Charlemont‹, ›Beauchampe‹) oder in s. besten Werk, ›Woodcraft‹, das zugleich e. Gesellschaftssatire ersten Ranges ist.

W: Guy Rivers, R. 1834 (d. 1858); The Partisan, R. 1835 (Der Parteigänger, d. 1863); The Yemassee, R. 1835 (n. A. Cowie 1937, C. H. Holman 1961; d. 1847); Richard Hurdis, R. 1838 (d. 1857); Border Beagles, 1840 (Die Grenzjagd, d. 1858); Beauchampe, R. 1842; Views and Reviews, Ess. 1845 (n. C. H. Holman 1962); The Wigwam and the Cabin, En. 1845 (d. 1846); The Life of Captain John Smith, B. 1846; Woodcraft, R. 1853 (n. 1961, komm. R. C. Beatty; d. 1854); Eutaw, R. 1856; Charlemont, R. 1856; Sack and Destruction of the City of Columbia, S. C., Ber. 1856 (n. A. S. Salley 1937); The Cassique of Kiawah, R. 1859 (d. 1862). – Works, XX 1853–66, XVII 1890; The Letters, hg. M. C. Simms Oliphant u. a., komm. D. Davidson, A. S. Salley V 1952–56; Cavalier of Old South Carolina – W. G. S.' Captain Porgy, Ausw. hg. H. W. Hetherington 1966; Centennial Edition, XV 1969ff.; Selected Poems, hg. J. E. Kibler 1990; Poetry and the Practical, hg. J. E. Kibler 1996; The Simms Reader, hg. J. C. Guilds 2001.

L: W. P. Trent, 1892; E. W. Parks, 1961; J. V. Ridgely, 1962; K.-J. Popp, Diss. Tüb. 1965; J. E. Kibler, 1979; K. Butterworth, 1980; M. A. Wimsatt, 1989; C. S. Watson, 1993. – Bibl.: O. Wegelin, ³1941; A. S. Salley, 1943.

Simon, Claude Eugène Henry, franz. Romancier, * 10. 10. 1913 Tananarive/Madagaskar. Offizierssohn; kam 1914 nach Frankreich, Kindheit in Salces b. Perpignan, Schule in Paris, Stud. ebda., Oxford und Cambridge; zeitweilig Malschüler; Kriegsteilnehmer als Rittmeister, 1940 dt. Gefangenschaft und Flucht. Lebt auf s. Weingütern in Salces. Nobelpreis 1985. – E. der bedeutendsten Romanciers der Gegenwart auch durch s. Poetik, niedergelegt in der kleinen Schrift ›Orion aveugle‹ (1970). Den themat. Kern s. Werkes bilden die zerstörer. Macht der Zeit und die darauf beruhende Unmöglichkeit e. von Menschen machbaren Geschichte, ja auch nur vom einzelnen als log. oder kausal zusammenhängend erlebbaren Individualgeschichte. Das Proustsche Thema der eigenmächtigen Erinnerung radikalisierend, sucht S. mit e. jegl. Chronologie und Kausalität umgehenden, in (Sprach-)Assoziationen, Sinnschüben, wuchernden Beschreibungen sich realisierenden Erzählweise den in der Realität nicht gegebenen Zustand absoluter Stasis in der romanhaften Totalität herzustellen; außergewöhnl. Fähigkeit zu sinnl. Vergegenwärtigung.

W: Le tricheur, R. 1945; La corde raide, E. 1947 (d. 1964); Gulliver, R. 1952; Le sacre du printemps, R. 1954; Le vent, R. 1957 (d. 1959); L'herbe, R. 1958 (d. 1970); La route des Flandres, R. 1960 (d. 1961); Le palace, R. 1962 (d. 1964); La séparation, Dr. 1963; Histoire, R. 1967; La bataille de Pharsale, R. 1969 (d. 1972); Les corps conducteurs, R. 1971 (d. 1972); Le triptyque, R. 1973 (d. 1986); Leçon de choses, R. 1975 (d. 1986); Les géorgiques, 1981.

L: L. Janvier, Lit. als Herausforderung, 1967; G. Zeltner-Neukomm, Im Augenblick der Gegenwart, 1974; J. Fletcher, 1975; S. Jimenez-Fajardo, 1975; J. A. E. Loubère, 1975; K. L. Gould, 1979; St. Sykes, 1979; D. Carroll, 1982; B. Bonhomme, 1998; J. H. Duffy, 1998; J. Kaempfer, 1998; M. Zupanic, 2001; J. Albers, 2002.

Simon, Neil (eig. Marvin), amerik. Bühnenautor, * 4. 7. 1927 New York. – Vf. e. Reihe witziger Boulevard-Komödien, sämtl. außergewöhnl. Broadway-Erfolge. Mit ›Last of the Red Hot Lovers‹ (1969) Wendung zu e. auf sozialpsycholog. Beobachtung basierenden Tragikomik, hinter der sich tiefer Pessimismus zeigt. Auch Musicals und zahlr. TV-Shows.

W: Come Blow Your Horn, K. 1961; Little Me, Musical (1962); Barefoot in the Park, K. 1964; Sweet Charity, Mus. 1966; The Odd Couple, K. 1966; The Star-Spangled Girl, K. 1967; Promises, Promises, Musical 1969; Plaza Suite, Sch. 1969; Last of the Red Hot Lovers, Sch. 1970; The Gingerbread Lady, Sch. 1971; The Prisoner of Second Avenue, Sch. 1972; Sunshine Boys, Sch. 1973; The Good Doctor, Sch. 1974; I Ought to Be in Pictures, K. 1981; Brighton Beach Memoirs, Dr. (1982); The Odd Couple, K. (1984); Broadway Bound, Sch. 1987; Rumors, Dr. 1990; Lost in Yonkers, Dr. 1991; Jake's Women, Dr. 1993; Laughter on the 23rd Floor, Dr. 1995; London Suite, Dr. 1996; Komödien I – III 1994–1996; The Play goes on, Mem. 1999. – Collected Plays, II 1979, III 1992.

L: E. M. MacGovern, 1978; R. K. Johnson, 1983; S. Koprince, 2002.

Simon, Pierre Henri, franz. Schriftsteller, 16. 1. 1903 Saint-Fort-sur-Gironde/Charente Maritime – 20. 9. 1972 Paris. Stud. Lit., Hochschullehrer, Journalist für ›Esprit‹, ›Temps Présent‹, ›Le Monde‹. Widersetzt sich im Algerienkrieg den Methoden der franz. Armee gegenüber den Algeriern. Vf. von Essays und Romanen.

W: 1931 Le Valentin, R. 1931; Les Catholiques, la politique et l'argent, Ess. 1936; Contre la torture, Ess. 1957.

Simonaitytė, Ieva, litau. Dichterin, 23. 1. 1897 Vanagai/Memel – 27. 8. 1978 Vilnius. Kindheit u. Bildung durch Erkrankung an Knochentuberkulose gezeichnet. 1922 Handelskurse in Memel, dann Arbeit in e. Druckerei, daneben schriftsteller. Tätigkeit. Kuraufenthalte in der Tschechoslowakei und der Schweiz. 1939 Übersiedlung nach Kaunas. 1959 Reisen in den Kaukasus und nach Armenien. Seit 1963 in Vilnius. – Dichterin Kleinlitauens, dessen Problematik und landschaftl. Kolorit sich in ihren familienchronikartigen Romanen widerspiegeln. Thema ist das trag. Los der Litauer im Memelgebiet, ihre Abwehr gegen die Germanisierung. Die Handlung umfaßt jeweils mehrere Generationen. Expressiver Stil durch eigenen Wortschatz und eigene Syntax: bemerkenswerter Beitrag zur Entwicklung der litau. Lit.-Sprache.

W: Aukštųjų Šimonių Likimas, R. 1935; Pavasarių audroj, R. 1938; Vilius Karalius, R. II 1939–56; Be tėvo, R. 1941; Apysakos, En. 1948; Pikčiurnienė, R. 1953; Raštai (W), VI 1957/58; Autobiografinė trilogija: ... o buvo taip, 1960, Ne ta pastogė, 1962, Nebaigta knyga, 1965; Gretimos istorijėlės, Erinn. 1968; Paskutinė Kūnelio Kelionė, R. 1971.

L: R. Dambrauskaitė, 1968; V. Kubilius, 1987.

Símonarson, Ólafur Haukur, isländ. Schriftsteller, Dramatiker und Liedermacher, * 24. 8. 1947 Reykjavík. Wuchs in Reykjavík auf, studierte 1965–74 Innenarchitektur, Literatur u. Theaterwissenschaft in Kopenhagen u. Straßburg. Arbeitete in verschiedenen Berufen, u. a. 1974–76 als Fernsehredakteur, Dokumentarfilmer u. Theaterdirektor. Seit 1976 freier Schriftsteller u. Übersetzer. Er ist verheiratet u. hat 3 Kinder. – S. ist einer der vielseitigsten u. produktivsten Autoren seiner Generation: Er verfaßte eine große Zahl von z.T auch international erfolgreichen Stücken für Bühne u. Fernsehen u. brachte auf Tonträgern zahllose Lieder heraus, v. a. für ein junges Publikum. S. übersetzte Bücher, Schauspiele u. Filme u. bekleidete zahlreiche Funktionen in kulturellen Einrichtungen u. Verbänden, u. a. bei der Bonner Theater-Biennale. Die meisten seiner Werke beleuchten in satir. oder tragikom. Weise gesellschaftl. Erscheinungen im heutigen Island.

W: Unglingarnir í eldofninum, G. 1970; Má ég eiga við þig orð, G. 1973 u. 1976; Svarta og rauða bókin, G. 1974; Dæmalaus ævintýri, E. 1973; Vélarbilun í næturgalanum, E. 1977; Vatn á myllu kölska, R. 1978; Blómarósir, Dr. 1978; Galeiðan, R. 1980; Vík milli vina, R. 1983; Milli skinns og hörunds, 3 T., Dr. 1984 (Unter die Haut, T. 1–2 d. als H. WDR 1984]; Líkið í rauða bílnum, R. 1986; Bílaverkstæði Badda, Dr. 1987; Gauragangur, R. 1988; Sögur úr sarpinum, ges. E. 1988; Kjöt, Dr. 1990; Meiri gauragangur, R., 1991; Hafið, Dr. 1992 (Das Meer, d. 2003); Stormur strýkur vanga, B. 1992; Söngvarinn, De. 1994 (Der Sänger, d. als WDR-H. 1994); Þrek og tár, Dr. 1995; Rigning með köflum, R. 1996; Kennarar óskast, Dr. 1996; Bjallan, Dr. 1999; Vitleysingarnir, Dr. 2000, Fólkið í blokkinni, E. 2001; Boðorðin 9, Dr. 2002; Victoría og Georg, Dr. 2002; Gaggalagú, Dr. 2003.

Simonides, altgriech. lyr. Dichter (Chorlyrik), 556/553 v. Chr. Iulis (Keos) – 468/465 v. Chr. Akragas (Sizilien)? Neffe des → Bakchylides, vermutl. unter Hipparchos in Athen, dann auf Sizilien (Hieron). In der antiken Tradition gilt S. als 1. Dichter, der für Honorar schrieb. – S. soll Klagelieder, Enkomien, Epinikien, Epigramme u. a. verfaßt haben, von den äußerst erfolgr. Tragödien oder Dithyramben ist nichts erhalten, von längeren Gedichten Zitate und Fragmente (auch auf Papyrus), Epigramme (teilweise unecht) finden sich in der → ›Anthologia Palatina‹. Seine lyr. Dichtung ist in dor. Dialekt verfaßt. Längere Passagen zeigen sowohl myth. als auch zeitgenöss. Themen, daneben stehen oft pessimist., allg. Betrachtungen über den Menschen an sich. In der Neuzeit wurde v. a. S.' von Cicero und Schiller nachgedichtetes Epigramm auf die Gefallenen der Schlacht von Thermopylai (›Wanderer, kommst du nach Sparta ...‹) bekannt sowie der von ihm tradierte Ausspruch, daß Malerei stumme Dichtung und Dichtung sprechende Malerei sei (vgl. Lessings ›Laokoon‹).

A: D. L. Page 1962; D. A. Campbell 1991 (m. engl. Übs.); M. L. West 1993; Br. Gentili, C. Prato ²2002. – *Komm.:* O. G. Hutchinson Oxf. 2001 (Ausw.); → Anthologia Palatina.

L: U. v. Wilamowitz-Moellendorff, 1913 (Nachdr. 1966); W. J. Oates, Princeton 1932 (Nachdr. 1971); E. L. Bowie, JHS 102, 1986, 13–35; R. A. Felsenthal (Diss. 1980), Ann Arbor 1986; J. H. Molyneux, Wauconda 1992; A. Barchiesi, ClAnt 15, 1996, 5–47; C. O. Pavese, Pisa 1997; O. Poltera, Bern 1997; H. Erbse, RhM 141, 1998, 213–230; A. Carson, Princeton 1999; M. Baumbach, Poetica 32, 2000, 1–22 (Rezeption Thermopylenepigr.); D. Sider, D. Boedecker, hg. Oxf. 2001.

Simonides → Semonides aus Amorgos

Simonides, Simon → Szymonowic, Szymon

Simonov, Konstantin Michajlovič, russ. Schriftsteller, 28. 11. 1915 Petrograd – 28. 8. 1979 Moskau. Ab 1930 Dreher, 1935–38 Stud. Lit.inst. Moskau. Im 2. Weltkrieg e. der bekanntesten, parteigemäß schreibenden Autoren. Nach Stalins Tod durch mehrere Romane aus dem Kriegserleben international bekannt. – Begabter Schriftsteller u. Lit.funktionär, der in den Grenzen des polit. Konformen, auf eigenes Wohlergehen bedacht, Aufrichtigkeit und Liberalität nicht ganz aus den Augen verlor. ›Russkij vopros‹ ist e. billiges antiamerik. Theaterstück, ›Živye i mërtvye‹ der erste sowjet. Roman, der die Niederlage der

Roten Armee 1941 behandelt, ›Poslednee leto‹ ein Kriegsroman, der Stalin wieder positiv gestaltet.

W: Russkie ljudi, Sch. 1942 (The Russians, engl. 1944); Dni i noči, R. 1944 (Tage u. Nächte, d. 1947); Russkij vopros, Dr. 1946 (Die russ. Frage, d. 1947); Druz'ja i vragi, G. 1948 (Freunde u. Feinde, d. 1950); Čužaja ten', Dr. 1949 (Der fremde Schatten, d. 1950); Tovarišči po oružiju, R. 1952 (Waffengefährten, d. 1966); Dym otečestva, R. 1956; Živye i mërtvye, R. 1960 (Die Lebenden u. die Toten, d. 1960); Četvërtyj, Dr. 1961; Soldatami ne roždajutsja, R. 1964 (Soldaten werden nicht geboren, d. 1965); Poslednee leto, R. 1971 (Der letzte Sommer, d. 1972); Japonija 46, Tg. u. En. 1977). – Sobranie sočinenij (GW), VI 1966–70, X 1979–85.

L: L. Lazarev, 1952, 1974; I. Višnevskaja, 1966; S. Fradkina, 1968; L. Fink, 1979.

Simpson, Louis (Aston Marantz), jamaikan.-amerik. Dichter, * 27. 3. 1923 Kingston/Jamaika. Stud. Columbia Univ., versch. Lehrtätigkeiten, ab 1967 State Univ. New York, Stony Brook. – Scheinbar einfache Dichtung mit hintergründigen Bedeutungsschichten, zunächst traditionelle, später zunehmend experimentelle Formen und Strukturen, zeitgenöss. aktuelle, auch alltägl. Themen; auch Autobiographie über Kindheit in Jamaika und Lit.kritik.

W: The Arrivistes, G. 1949; Good News of Death, G. 1955; A Dream of Governors, G. 1959; Riverside Drive, R. 1962; James Hogg, St. 1962; At the End of the Open Road, G. 1963; Selected Poems, 1965; Adventures of the Letter I, G. 1971; North of Jamaica, Aut. 1972; Searching for the Ox, G. 1976; Armidale, G. 1979; Out of Season, G. 1979; Caviare at the Funeral, G. 1980; The Best Hour of the Night, G. 1983; People Live Here, Selected Poems 1949–1983, 1983; Collected Poems, 1988; Selected Poems, 1988; Wei Wei and Other Friends, G. 1990; In the Room We Share, G. 1990; Jamaica Poems, 1993; Ships Going into the Blue, Ess. 1994; The King My Father's Wreck, Mem. 1995; There You Are, G. 1995; The Owner of the House, G. 2003.

L: R. Moran, 1972; W. H. Roberson, 1980; H. Lazer, hg. 1988.

Simpson, N(orman) F(rederick), engl. Dramatiker, * 29. 1. 1919 London. Schule u. Univ. in London. Bis 1962 Lehrer, dann freier Schriftsteller. – Vf. von Gesellschaftsstücken von in s. Skurrilität typ. engl. Humor, bizarren Wortspielen und e. Neigung zum Absurden, die aus der log. Fortentwicklung von unlog. Ausgangssituationen resultiert; Nähe zu Ionesco. Daneben zeitkrit.-satir. Seitenhiebe auf die Phantasie- und Kontaktlosigkeit, Intoleranz u. Borniertheit des Menschen.

W: A Resounding Tinkle, Dr. 1958; The Hole, Dr. 1958; One Way Pendulum, Dr. 1960 (Die Welt der Groomkirbys, d. 1960); The Form, Dr. 1961; Gladly Otherwise, Dr. 1964; Oh, Dr. 1964; One Blast and Have Done, Dr. 1964; The Cresta Run, Dr. 1966; Some Tall Tinkles, Drn. 1968; Was He Anyone?, Dr. 1973; Harry Bleachbaker, R. 1976.

Šimunović, Dinko, kroat. Schriftsteller, 1. 9. 1873 Knin – 3. 8. 1933 Zagreb. Lehrerssohn, selbst Lehrer in versch. Orten Dalmatiens, ab 1909 an der Kunstgewerbeschule in Split. Seit 1929 Ruhestand in Zagreb. – Bester Erzähler der kroat. Moderne. In s. Novellen u. Romanen schildert Š. die Armut u. wirtschaftl. u. kulturelle Rückständigkeit des dalmatin. Hinterlandes, begeistert sich für die Schönheit der Natur, die patriarchal. Lebensform der Bauern, die dem Menschen Kraft u. Mut verleiht u. ihn vor Dekadenz bewahrt. Hervorragende psycholog. Schilderung von Frauengestalten.

W: Mrkodol, N. 1905 (erw. 1909); Tudjinac, R. 1911; Djerdan, Nn. 1914; Mladi dani, R. 1919; Mladost, R. 1920; Porodica Vinčić, R. 1923; Čudo, Dr. 1926; Momak i djevojka, Dr. 1926; Sa Krke i sa Cetine, Nn. 1930 (An den Tränken der Cetina, d. 1944); Posmrtne novele, En. 1936. – Sabrana dela (GW), II 1930; Odabrane pripovetke (AW), 1951; Djela, II 1952 (m. Bibl.); PSHK 70, 1965 (m. Bibl.); Izabrana djela (AW), 1996.

L: V. Zaninović, 1936 (m. Bibl.); T. Čolak, 1968; T. Detoni-Dujneić, 1991.

Şinasi, Ibrahim, türk. Dichter, 1826 Istanbul – 13. 9. 1871 ebda. Offizierssohn; Verwaltungsbeamter, 1849–55 Stud. Finanzwiss. auf Staatskosten in Paris, gründete die Zsn. ›Tercüman-i Ahval‹ (1860, mit Agâh Efendi) und ›Tasvir-i-Efkâr‹ (1862), in denen er sich für e. europ.-fortschrittl. Orientierung einsetzte. 1865–69 erneuter, durch Verfolgung erzwungener Parisaufenthalt. – Mit Ş. und dem Jahr 1859/60 setzt die mod. Phase der türk. Lit. ein (›Şair Evlenmesi‹, erste türk. Originalkomödie; erste Proben von türk. Übsn. franz. Klassiker). In s. Lyrik brachte er neue Gedankengänge in der herkömml. poet. Form zum Ausdruck; s. Prosa stellt in der Zurückdrängung der Zierkonstruktionen zugunsten des gedankl. Inhalts e. erste Vorstufe der späteren Bestrebungen zur Sprachvereinfachung dar.

W: Şair Evlenmesi, K. 1860 (n. M. N. Özön 1940, C. K. Solok 1959; Dichterheirat, d. H. Vambéry in: Sittenbilder aus dem Morgenlande, 1876); Müntahabat-i Eşar, G. 1287 (1871/72, n. M. Anil 1945); Durub-i Emsal-i Osmaniyye, Sprichw.-Slg. 1863; Makaleler, Aufs. hg. F. A. Tansel 1960.

L: A. Rasim, 1926; H. Dizdaroğlu, 1954; H. Seçmen, 1972.

Sinclair, Andrew (Annandale), engl. Schriftsteller, * 21. 1. 1935 Oxford. Dozent für amerik. Geschichte, Verlagsdirektor. – Amüsante, anekdot., z. T. makabre Erstlingswerke. ›Gog‹ ist e. extravagant-phantast. ›ep.‹ Roman voll dunkler Mythen u. Visionen, ›Magog‹ das pikaresk-satir. Gegenstück. Auch zahlr. Biographien.

W: The Breaking of Bumbo, R. 1959 (Das Bärenfell, d. 1960); The Hallelujah Bum, R. 1963; The Raker, R. 1964; Gog, R. 1967; Magog, R. 1972; Dylan Thomas, B. 1975; The Savage, St. 1977; Jack, B. 1977 (d. 1982); A Patriot for Hire, R. 1978; The Other Victoria, B. 1982 (d. 1984); Beau Bumbo, R. 1985; The far Corners of the Earth, R. 1991; The Strength of the Hills, R. 1992; Francis Bacon, B. 1993; In Love and Anger, Mem. 1994; Death by Fame. A Life of Elizabeth, B. 1998 (d. 1998).

Sinclair, May, engl. Schriftstellerin, 17. 8. 1870 Rock Ferry/Cheshire – 14. 11. 1946 b. Aylesbury. 1881 Cheltenham Ladies' College. Während des 1. Weltkriegs beim Roten Kreuz in Belgien. Eingehende philos. u. psycholog. Studien. – Vf. von Romanen u. Kurzgeschichten, Verserzählungen u. philos. Essays. Wendet in ihren von D. Richardson beeinflußten Romanen mehrfach die Bewußtseinsstrom-Technik an. Der Roman ›The Divine Fire‹, die romant. Geschichte e. Leidenschaft, hatte in Amerika großen Erfolg. V. a. ihr Spätwerk zeigt gute Beobachtungsgabe u. subtile psycholog. Charakterzeichnung bes. von Frauengestalten.

W: Essays in Verse, Dicht. 1892; Audrey Craven, R. 1896; The Divine Fire, R. 1904; The Helpmate, R. 1907; The Three Brontes, St. 1912; The Three Sisters, R. 1914; A Defence of Idealism, Es. 1917; The Tree of Heaven, R. 1917; Mary Olivier, R. 1919; Mr. Waddington of Wyck, R. 1921; The New Idealism, Es. 1922; Anne Severn and the Fieldings, R. 1922; The Life and Death of Harriet Frean, R. 1922; Uncanny Stories, Kgn. 1923; A Cure of Souls, 1924; The Dark Night, Vers-E. 1924; The History of Anthony Waring, R. 1927; The Allinghams, R. 1927; Fame, R. 1929; The Intercessor, Kgn. 1931.

L: Th. E. M. Boll, 1973; S. Raitt, 2000.

Sinclair, Upton (Beall), amerik. Schriftsteller, 20. 9. 1878 Baltimore – 25. 11. 1968 Bound Brook/NJ. Aus verarmter Familie des Südens, verdiente sich sein Stud. (College of the City of New York, Columbia Univ.) u. a. durch Schreiben von Groschenromanen. Früher Kontakt mit dem Sozialismus (J. London); zeitlebens an vielfachen polit. und soz. Aktionen beteiligt, so 1906 (mit S. Lewis) an der sozialist. Siedlung Helicon Home in New Jersey (die er finanziell unterstützte – typ. für s. humanitären Idealismus); mehrmals Kandidatur für polit. Posten, so 1906 und 1920 fürs Repräsentantenhaus, 1922 für den Senat, 1934 Gouverneurskandidat der Demokraten in Kalifornien. ∞ 1900 Meta Fuller, 1910 o|o; ∞ 1913 Mary Kimbrough († 1961); ∞ 1961 Mary Elizabeth Willis. Lebte seit 1915 in Pasadena/CA, dann in Buckeye/AZ. – Als Autor ständig an der Aufdeckung soz. Mißstände interessiert; s. Bücher sind daher meist Propagandaschriften, er selber war ein großer Journalist und Sozialreformer. Anerkennung wurde ihm vor allem in Europa zuteil; in den USA mußte er s. Romane, Kinderbücher, Pamphlete, Dramen und polit.-soziolog. Untersuchungen z. T. selbst verlegen. Hervorzuheben sind ›The Jungle‹, e. großer materieller Erfolg, der zur Milderung einiger der angeprangerten Mißstände in den Schlachthöfen Chicagos führte, und ›Dragon's Teeth‹, der 3. Roman e. 11bändigen Serie, die den Helden Lanny Budd durch die abenteuerl.-kosmopolit. Zeitgeschichte von 1913 bis 1949 führt.

W: Springtime and Harvest, R. 1901 (König Midas, d. 1922); The Journal of Arthur Stirling, R. 1903; A Captain of Industry, R. 1906 (d. 1906); The Jungle, R. 1906 (Der Sumpf, d. 1906); The Industrial Republic, St. 1907 (In 10 Jahren, d. 1907); The Metropolis, R. 1908 (d. 1908); The Moneychangers, R. 1908 (Die Börsenspieler, d. 1909); Samuel, the Seeker, R. 1909 (d. 1911); Love's Pilgrimage, R. 1911 (d. 1922); The Cry for Justice, hg. 1915; King Coal, R. 1917 (d. 1918); The Profits of Religion, Es. 1918 (d. 1922); Jimmy Higgins, R. 1919 (d. 1919); The Brass Check, St. 1919 (Der Sündenlohn, d. 1923); 100%: The Story of a Patriot, R. 1920 (d. 1921); The Book of Life, Mind, and Body, St. 1921 (II. Teil u. d. T. Love and Society, 1922, d. 1922); They Call me Carpenter, R. 1922 (d. 1922); The Goosestep, St. 1923 (d. 1924); The Goslings, St. 1924 (Der Rekrut, d. 1925); Singing Jailbirds, Dr. 1924 (d. 1927); Mammonart, An Essay in Economic Interpretation, 1925 (Die goldene Kette, d. 1927); Money Writes, St. 1927 (d. 1930); Oil!, R. 1927 (Petroleum, d. 1927); Boston, R. 1928 (d. 1929); Mountain City, R. 1930 (So macht man Dollars, d. 1931); Roman Holiday, R. 1931 (d. 1932); The Wet Parade, R. 1931 (Alkohol, d. 1932); American Outpost, Aut. 1932 (d. 1932); U. S. Presents William Fox, St. 1933 (d. 1937); The Book of Love, St. 1934; Co-op, R. 1936 (d. 1948); The Flivver King, R. 1937 (Das Fließband, d. 1948); No Pasarán!, R. 1937 (Der Freiwillige, d. 1937); Our Lady, R. 1938 (d. 1958); World's End, R. 1940 (d. 1942); Between Two Worlds, R. 1941 (d. 1945); Dragon's Teeth, R. 1942 (d. 1946); Wide is the Gate, R. 1943 (d. 1947); The Presidential Agent, R. 1944 (d. 1948); Dragon Harvest, R. 1945 (Teufelsernte, d. 1949); A World to Win, R. 1946 (Schicksal im Osten, d. 1950); Presidential Mission, R. 1947 (d. 1951); A Giant's strength, Dr. 1947 (d. 1948); U. S. Anthology, hg. J. Stone, L. Browne 1947; One Clear Call, R. 1948 (Die elfte Stunde, d. 1952); O Shepherd, speak!, R. 1949 (d. 1953); Another Pamela, R. 1950 (d. 1951); A Personal Jesus, St. 1952 (Jesus, wie ich ihn fand und sah, d. 1957); The Return of L. Budd, R. 1953 (d. 1953); What Didymus Did, R. 1954 (Die Wundertaten des Didymus, d. 1955); It Happened to Didymus, R. 1958; My Lifetime in Letters, Aut. 1960; Affectionately, Eve, R. 1961 (Eva entdeckt das Paradies, d. 1962); Autobiography, 1962. – *Übs.:* Ges. Romane, X 1924ff.; GW, XIII 1927–32; Romanwerk, XI [1-5] 1948–53.

L: F. Dell, 1927; L. Harris, 1975; W. A. Bloodworth, 1977; D. Herms, 1978; R. N. Mookerjee, 1988; G. Mitchell, 1992; I. Scott, 1997. – *Bibl.:* J. Gaer, 1935; U. Sinclair, 1938.

Sinervo, Elvi, finn. Autorin u. Übersetzerin, 4. 5. 1912 Helsinki – 28. 8. 1986 Andersby. 1941–44 polit. Häftling. – Verbindet soziales u. polit. Bewußtsein mit Empathie. Der Roman ›Viljami Vaihdokas‹ schildert die Entwicklung e. armen Jungen zum Kommunisten. Gedichte über ihre Haft.

W: Runo Sööränäisistä, En. 1937; Palavankylän seppä, R. 1939; Pilvet, G. 1944; Viljami Vaihdokas, R. 1946; Vuorelle nousu, En. 1948. – Runot 1931–56 (ges. G.), 1977; Novellit (ges. En.), 1978; Maailma on vasta nuori (ges. Drn.), 1980. – Übs.: Der Fallschirmjäger, 1954; Der Wechselbalg, 1957; Das verschwundene Porträt, 1969.
L: K. Kalemaa, 1989.

Singarev, Gennadij → Chazanov, Boris

Singer, Isaac Bashevis (Ps. Isaac Warshofsky), jidd. Erzähler, 14. 7. 1904 Radzymin/Polen – 24. 7. 1991 Surfside/FL. Aus alter Rabbinerfamilie, Bruder von Israel Joshua S.; Rabbinerseminar Warschau, Stud. Univ. ebda.; Journalist. Emigrierte 1935 in die USA, 1943 eingebürgert. Nobelpreis 1978. – Schrieb zunächst hebr., dann jidd., s. Bücher erschienen jedoch meist in engl. Übs. und, wenn überhaupt, erst später jidd. Wohl der bedeutendste, jedenfalls der bekannteste jidd. Erzähler der Gegenwart. Unter Rückgriff auf die jüd. Kultur- und Geistesgeschichte, aber auch auf heidn.-folklorist. Überlieferung gestaltete S. in einfachem Fabulierstil (›myst. Realismus‹), bei oft komplexem Handlungsaufbau, anhand menschl. Einzelschicksale die leidvollen Erfahrungen des Judentums zu Gleichnissen von universaler Gültigkeit; s. oft im Polen vergangener Jhe. angesiedelten Werke zeichnen sich aus durch tiefe Weisheit und Kenntnis der menschl. Natur sowie spezif. mod. Ironie. Auch Übs. und Kinderbücher.

W: The Family Moskat, R. 1950; Satan in Goray, R. 1955 (jidd. Warschau 1935; d. 1969); Gimpel the Fool, Kgn. 1957; The Magician of Lublin, R. 1960 (d. 1967); The Spinoza of Market Street, Kgn. 1961; The Slave, R. 1962 (Jakob der Knecht, d. 1965); Short Friday, Kgn. 1964; In My Father's Court, Aut. 1966 (Mein Vater, der Rabbi, d. 1971); Zlateh the Goat, Kdb. 1966 (d. 1968); The Fearsome Inn, Kdb. 1967; The Manor, R. 1967; Mazel and Shlimazel, or The Milk of a Lioness, Kdb. 1967 (d. 1969); When Shlemiel Went to Warsaw, Kdb. 1968 (d. 1970); The Séance, Kgn. 1968; The Estate, R. 1969; A Day of Pleasure, Kdb. 1969; A Friend of Kafka, Kgn. 1970; Enemies, R. 1970 (d. 1974); A Crown of Feathers, En. 1974; Passions, Kgn. 1975; Shosha, R. 1978 (d. 1978); The Penitent, R. 1983; Love and Exile, Mem. 1984; The Image, and Other Stories, 1985; Gifts, Kgn. 1985; The Death of Methuselah, and Other Stories, 1988; The King of the Fields, R. 1988; Scum, R. 1991; The Certificate, R. 1992; Meshugah, R. 1994; Shrewd Todie and Lyzer the Miser and Other Children's Stories, 1994; Shadows on the Hudson, R. 1998; More Stories from My Father's Court, Aut. 2000. – Collected Stories, Kgn. 1982. – Übs.: Verloren in Amerika. Vom Schtetl in die neue Welt, 1983; Old Love, Geschn. 1985; Wahnsinns Geschichten, 1986.

L: I. Buchen, 1968; B. Siegel, 1969; M. Allentuck, hg. 1969; I. Malin, 1969; E. Alexander, 1980 u. 1990; L. S. Friedman, 1988; G. Farrell, 1992; L. Goran, 1994; F. V. Gibbons, 1995; I. Zamir, 1995; A. Alison, 1996; J. Hadda, 1997; G. F. Lee, 1997; D. Telushkin, 1997; A. Tszýnska, 1998; S. L. Wolitz, 2002. – Bibl.: D. N. Miller, 1924–1949, 1984.

Singer, Israel Joschua, jidd. Schriftsteller, 30. 11. 1893 Bilgorai/Lublin (Polen) – 10. 2. 1944 Los Angeles. Aus alter Rabbinerfamilie, Bruder von Isaac Bashevis S. Lebte in Kiev, Moskau, ab 1928 Warschau. Wanderte 1934 nach USA aus, wo s. noch in Polen entstandener u. als Theaterstück bearbeiteter Roman ›Josche Kalb‹ mit großem Erfolg 1932 aufgeführt wurde; e. Stück von Liebe u. Schuld, elementarer Diesseitigkeit u. chassid. Mystik. In s. später ebenfalls für die Bühne verarbeiteten Roman ›Di brider Aschkenasi‹, zeigte er sich als starkes Talent, das die Tragik des jüd. Proletariats in den Textilfabriken von Lodz innerhalb e. feindl. Umwelt schildert, aber bei aller revolutionären Tendenz immer zum großen Lachen der Erschütterung und Läuterung strebt.

W: Erd-Vei, R. 1922; Perl un andere dertselungen, R. 1922; Leym-groobn, R. 1922; Oif Nayer erd, 1923; Josche Kalb, R. 1932 (d. 1967); Dr. 1932; Di brider Aschkenasi, R. 1936 (d. 1986); The River Breaks Up, R. 1938 (engl. 1976); East of Eden, R. 1939 (engl. 1976); The Family Carnovsky, R. 1943 (d. 1997); Fun a Welt, wuss is nischtu mer, 1946; Derzajlungen, 1949; Steel and Iron, R. 1969.

L: A. Zeitlin, 1946; B. Rivkin, 1951; I. Howe, E. Greenberg, 1954.

Singh, Khushwant, ind. Schriftsteller, * 1915 Hadali. Stud. in Lahore, Cambridge u. London. Presse-Attaché, Parlamentarier, Hrsg. ind. Tageszeitungen u. Wochenschriften. – Sein Roman ›Train to Pakistan‹ schildert die Eskalation der Gewalt infolge der indo-pakistan. Teilung. ›I Shall Not Hear the Nightingale‹ beleuchtet krit. den ind. Terrorismus in den Jahren vor der Unabhängigkeit. In ›Delhi‹ wird die konfliktbeladene Hauptstadt selbst zur zwielichtigen Protagonistin. Unter den vielen Sachbüchern, Übsn. und Textsammlungen ist s. Geschichte der Sikhs bes. verdienstvoll.

W: Train to Pakistan, R. 1956; I Shall Not Hear the Nightingale, R. 1959; A History of the Sikhs 1469–1964, II 1963–66; Delhi, R. 1989 (d. 1995); Truth, Love and a Little Malice, Aut. 2002.
L: V. A. Shahane, 1962; R. Singh, The Legacy of an Icon, 2001.

Siniac, Pierre, franz. Schriftsteller, 15. 6. 1928 Paris – 21. 5. 2002 ebda. Beginnt mit zehn Jahren zu schreiben, keine Ausbildung, wechselhafte berufl. Tätigkeit. Mit ungezügeltem Ideenreichtum kreiert er in s. Romanen groteske, später phantast. Helden.

W: Illégitime défense, R. 1958; Monsieur Cauchemar, R. 1960; Charenton non stop, R. 1983; Carton blême, R. 1985.

Sinisgalli, Leonardo, ital. Dichter, 9. 3. 1908 Montemurro/Potenza – 31. 1. 1981 Rom. 1926–31 Stud. Ingenieurwiss. Rom; Mitarbeiter an Zeitungen u. lit. Zsn.; 1931 Übersiedlung nach Mailand, arbeitete als Industriedesigner und Journalist für techn. Zsn. Freundschaft mit G. Ungaretti. Teilnahme am Weltkrieg, bis 1943 in Sardinien. – Seine Gedichte sind von epigrammat. Kürze und versuchen Augenblicke der Erleuchtung sprachl. zu fixieren. Nähe zum Surrealismus verbindet sich mit der nostalg. Evokation s. lukan. Heimat. Auch Vf. von Prosawerken.

W: 18 Poesie, 1936; Quaderno di geometria, Prosa 1936; Campi Elisi, G. 1939; Vidi le Muse, G. 1943; Furor mathematicus, Ess. 1944, ^{2}1992; Fiori pari, fiori dispari, Prosa 1945; Belliboschi, Prosa 1948; La vigna vecchia, G. 1952; Banchetti, G. 1956; Tu sarai poeta, G. 1957; La musa decrepita, G. u. Prosa 1959; L'immobilità dello scriba, Prosa 1960; Cineraccio, G. 1961; Poesie di ieri 1931–56, 1967; L'ellisse, G. 1974; Mosche in bottiglia, G. 1975; Dimenticatoio 1975–78, G. 1978; Ritratti di macchine, 1982; Ventiquattro prose d'arte, 1983; Sinigalliana, 1984.

L: G. Borri, 1990; G. Lupo, 1996; S. Zuliani, 1997; A. De Rosa, 1999.

Sinjavskij, Andrej → Terc, Abram

Sinkó, Ervin, ungar. Schriftsteller, 5. 10. 1898 Apatin – 26. 3. 1967 Zagreb (Kroatien).' Führende Persönlichkeit der ungar. Lit. in Jugoslawien; bekannt durch e. autobiograph. Roman, der die Geschichte der ungar. Räterepublik 1919, u. e. Tagebuch, das anhand der Geschichte s. Romanmanuskripts die Jahre der Moskauer Schauprozesse um 1938 schildert.

W: Optimisták, R. (1931–34) 1943–55; Egy regény regénye, Tg. 1961 (Roman eines Romans. Moskauer Tagebuch, d. 1962).

L: I. Bori, 1981; F. József, L. Illés, S. E.-bibliográfia, 1990.

Sinopulos, Takis, griech. Lyriker, 1917 Agulinitsa/Elis – 1981 Athen. Arzt. – Die traumat. Erfahrung des Bürgerkriegs (in dem er selbst mitgekämpft hatte), der Schmerz über den Zerfall der Nachkriegswelt, die Trauer um den Mangel an echter zwischenmenschl. Kommunikation und die Sorge um die Zukunft der Dichtung finden Ausdruck in s. vom Surrealismus u. Seferis beeinflußten Lyrik.

W: Metaichmio, G. 1951; To asma tēs Iōannas kai tu Kōnstantinu, G. 1961; Hē poiēsē tēs poiēsēs, G. 1964; Nekrodeipnos, G. 1971; To chroniko, G. 1975. – Syllogē, II 1976, 1981.

L: M. Stefanopulu, 1992.

Sinuhe, (fiktiver) Verfasser und Held einer in der 1. Person erzählten Geschichte, die nach der Häufigkeit der erhaltenen Belege zu den beliebtesten Texten der altägyptischen Literatur gehört haben muß. Als Entstehungszeit ist die 12. Dynastie (19.–20. Jh. v. Chr.) sicher. Sinuhe, ein hoher Harîms-Beamter unter Amenemhet I. (1976–47 v. Chr.), flieht, obwohl selbst unschuldig, nach der in Harîmkreisen geplanten Ermordung dieses Königs nach Palästina. Er gelangt dort als Scheich eines Beduinenstammes zu Erfolg und Ansehen und besiegt und tötet schließlich einen anderen Stammesfürsten im Zweikampf. Gegen Ende seines Lebens wird er von Sesostris I. (1947–11 v. Chr.) zurückgerufen. Er erhält wieder sein hohes Amt, ein Haus und vor allem ein Grab, dessen Ausstattung er ausführlich schildert. Die Frage nach dem Sinn des Textes wird noch intensiv und kontrovers diskutiert (Einstufung etwa als Autobiographie, Roman oder lehrhafter Text). Wahrscheinlich ist, daß tatsächliche hist. Geschehnisse verarbeitet wurden, aber nicht Zweck der Abfassung waren und in jedem Fall mit fiktiven Elementen vermischt sind. Sprachliche und dichterische Form stehen auf einem hohen Niveau.

A: A. H. Gardiner, Die Erzählung des Sinuhe und die Hirtengeschichte, 1909; R. Koch, Die Erzählung des Sinuhe, 1990.

L: A. H. Gardiner, Notes on the Story of Sinuhe, 1916; H. Grapow, Der stilistische Bau der Geschichte des Sinuhe, 1952.

Širaz, Hovhannes (Schiras; eig. Ōnik Karapetyan), armen. Dichter; 26. 4. 1914 Alexandropol (heute Gyowmri) – 14. 3. 1984 Erevan. 1937–41 Stud. Philol., 1952–56 am Gor'kij-Literaturinstitut, Moskau. – 1935 1. Sammelbd. ›Garnanamowt‹ (Frühlingsanfang) u. Poem ›Siamant'o ew Xčezare‹ (Siamanto und Chtschesare). Durchbruch mit Sammelwerk ›K'nar Hayastani‹ (Armeniens Lyra, III 1958, 1964, 1974). Š.s Dichtung schöpft motiv. u. stilist. aus der Volksdichtung sowie mittelalterl. Dichtung, bes. den Liedern der ›gowsanner‹. Populär wurden seine patriot. Gedichte über die Vergangenheit u. Wiedergeburt des Landes, das Schicksal der Diaspora sowie die Befreiung der hist. Heimat.

W: K'nar Hayastani, III 1958–74; Howšarjan Mayrikis, G. 1968 (1980); Hayoc' Dant'eakanę, Poem 1965 (n. 1980); Xaġaġowt'yown amenec'own, Poem Beirut 1982. – Erker (AW), IV 1981–86. Hamamardkayin (W), 1975.

L: H. Š. masin, 1974; L. Batikyan, 1976; M. Atabekyan, 1979; D. Gasparyan, 1990; Bibl. 1989.

Sir Gawain and the Green Knight → Gawain and the Green Knight

Sirge, Rudolf, estn. Erzähler, 30. 12. 1904 Tartu – 24. 8. 1970 bei Tallinn. Schule 1914–24, Reporter, zahlreiche Reisen, nach dem Krieg Lit.redakteur. – S. anfangs naturalistische und expressionist. Prosa blieb dem krit. Realismus verpflichtet, bes. sein Hauptwerk ›Maa ja rahvas‹ (›Land und Volk‹) ist eine differenzierte Betrachtung der sozialist. Realität.
W: Rahu! Leiba! Maad!, R. 1929; Must suvi, R. 1936; Häbi südames, R. 1938; Maa ja rahvas, R. 1956; Tulukesed luhal, R. 1961.

Sirin, Vladimir → Nabokov, Vladimir Vladimirovič

Širjaev, Boris Nikolaevič, russ. Schriftsteller, 7. 11. 1889 Moskau – 17. 4. 1959 San Remo/Italien. Vater Großgrundbesitzer; Stud. Philol. Moskau, Militärakademie, Offizier, 1922–35 GULAG (KZ u. Verbannung), 1942 Redakteur e. russ. Zt. im besetzten Gebiet, ab 1945 in Italien. – E. der wichtigsten Autoren der 2. russ. Emigrationswelle. S.s Erzählungen ›Neugasimaja lampada‹ veranschaulichen das selbsterlebte Märtyrertum der von der Russ. Orthodoxen Kirche im Ausland 1981 heilig gesprochenen Geistlichkeit im KZ Solovki, der Roman ›Kudejarov dub‹ gibt e. wahrhaftes Bild vom Kriegsgeschehen 1941/42 und von der inneren Problematik e. Zusammenarbeit mit den Deutschen.
W: Di-Pi v Italii, En. 1952; Ja čelovek russkij!, En. 1953; Svetil'niki Russkoj Zemli, En. 1953; Neugasimaja lampada, En. 1954; Kudejarov dub, R. 1958; Religioznye motivy v russkoj poèzii, Abh. 1960.

Širvanzade (Schirwansade; eig. Alek'sander Movsisean), armen. Schriftsteller u. Dramaturg, 7. 4. 1858 Šamaxi (Aserbeidschan) – 7. 8. 1935 Kislowodsk (Rußland). Lebte seit 1883 in Tiflis; setzte Realismus als Hauptstil im ostarmen. Roman durch. – Zahlreiche gesellschaftskrit. Romane, Erzählungen u. Bühnenstücke. Am bekanntesten wurden das Stück ›Patvi hamar‹ (Der Ehre wegen, 1904) u., als wichtigster armen. Beitrag zum krit. Realismus, der Roman ›K'aos‹ (Chaos, 1898), dessen Handlung im Milieu armen. Industrieller in Baku spielt. Š. spielte eine herausragende Rolle in der Geschichte der armen. Dramaturgie u. des Theaterwesens.
A: Erk. žoġ. (W), IV Tiflis 1903–12; Erk. liakt. žoġ. (GW), VIII 1929–34; Erk. liakt. žoġ. (GW), IX 1950–55; Erk. žoġ. (GW), X 1958–62. – *Übs.:* Izbrannoe (AW), russ. Moskau 1947; Evil Spirit: A Play, 1980; For the sake of honour, 1976 u. in: Modern Armenian drama, Columbia University Press, 2001.

L: S. Hakobyan, Tiflis 1911; H. T'amrazyan, 1954, 1978; G. Tamrazjan, Moskau 1967. – *Bibl.:* Erevan 1959.

Šiškov, Vjačeslav Jakovlevič, russ. Erzähler, 3. 10. 1873 Bezeck (im ehem. Gouv. Tver') – 6. 3. 1945 Moskau. Vater Kaufmann, 1895–1915 Ingenieur in Sibirien, das Schauplatz in vielen s. früheren Werke ist. Ab 1915 in Petersburg, ab 1917 freier Schriftsteller. – Gibt im Novellenzyklus ›Čujskie byli‹ e. sozialkrit. Darstellung des Lebens einheim. Bewohner und russ. Bauern im Altai. Sein Roman ›Vataga‹ spielt im Sibirien der Bürgerkriegszeit. Wandte sich dem hist. Roman zu; s. Hauptwerk ›Emel'jan Pugačev‹ hat den Bauernaufstand 1773–75 zum Gegenstand u. ist bedeutend in der Zeichnung der Charaktere und in der farbenfrohen Schilderung des sozialen Milieus.
W: Čujskie byli, N. 1918 (d. 1932); Vataga, R. 1925; Pejpus-ozero, R. 1925 (Der Peipussee, d. 1949); Stranniki, R. 1931 (Vagabunden, d. 1964); Ugrjum-reka, R. II 1933 (Der dunkle Strom, d. II 1949); Emel'jan Pugačev, R. III 1946–47. – Polnoe sobranie sočinenij (GW), XII 1926–29; Sobranie sočinenij (GW), VIII 1960–62, X 1974.
L: M. G. Maizel', 1935; I. Izotov, 1956; V. Čalmaev, 1969; N. Eselev, 1973; N. Janovskij, 1984.

Šišmanov, Dimitŭr, bulgar. Schriftsteller, 19. 11. 1889 Sofia – 1. 2. 1945 ebda. Diplomat, 1935 Gesandter in Athen, 1943/44 bulgar. Außenminister. – S. Erzählungen u. Romane schildern das Leben der städt. Intelligenz u. die polit. Probleme der höheren Gesellschaftskreise unter dem Gesichtspunkt rechter polit. Ideen betrachtet. Auch Reisebücher u. Dramen.
W: Deputatŭt Stoyanov, N. 1919; Buntovnik, R. 1920; Stranni hora, En. 1924. – AW, II 1965.

Sitor Situmorang, indones. Schriftsteller und Dichter, * 2. 10. 1924 auf Samosir/Toba-See, Nord-Sumatra. Journalist in Medan, später Jakarta. Aufenthalte in den Niederlanden u. Pakistan. Weitere Reisen in die USA u. nach Paris, wo er den Existentialismus kennenlernte. Gehörte der Dichter-Generationsgruppe von 1945 (Angkatan '45) an. – In s. Gedichten u. Kurzgeschichten zeigt sich die Verbundenheit mit s. engeren Heimat am Toba-See.
W: Surat Kertas Hidjau, 1955; Djalan Tak Bernama, Sch. 1955; Dalam Sadjak, G. 1955; Pertempuran dan Saldju di Paris, Kgn. 1956; Zaman Baru, G. 1962; Pangeran, Kgn. 1963; Dinding Waktu, G. 1976; Peta Perjalanan G. 1977; Angin Danau, G. 1982.
L: J. V. Nasution, S. S. sebagai Penyair dan Pengarang Cerita Pendek, 1963; Subagio Sastrowardoyo, Manusia Terasing di Balik Simbolisme S., 1976.

Sitwell, Edith, engl. Dichterin, 7. 9. 1887 Scarborough – 9. 12. 1964 London. Aus altem Adelsgeschlecht, Schwester von Osbert und Sacheverell S. Veröffentlichte 1917–21 jährl. radikale Anthologien ›The Wheels‹, in denen zeitgenöss. dichter. Moden heftig angegriffen wurden. 1932–38 in Paris, wo sie im künstler. Kreis um Natalie Barney verkehrte. 1954 zur ›Dame of the Order of the British Empire‹ ernannt. Ehrendoktor von Oxford, Durham und Leeds. Konvertierte 1955 zur röm.-kathol. Kirche. – Bedeutendste engl. Lyrikerin ihrer Zeit, auch Vf. einiger Romane sowie e. Reihe biograph. und krit. Essays von eigenwilliger, herausfordernder Schärfe. Die 1., ästhetisch-abstrakte Phase ihrer Dichtung ist bizarr, verspielt, exzentr., experimentiert mit Rhythmus (Tanzrhythmen) und Klang, gesuchten Gedankenverbindungen, überraschenden Bildern und kühnen Neuprägungen; später bricht die ernste Wirklichkeit in die heitere Phantasiewelt ihrer Dichtung ein. Ihr Spätwerk zeigt unter dem Eindruck des Kriegs ihr Mitgefühl mit der leidenden Kreatur und das Grundgefühl trag. Ausweglosigkeit. Brillante, farbige Bildsprache, dichter. Visionen. In der Spätdichtung zahlr. traditionelle christl. und antike Symbole.

W: The Mother, G. 1915; Clowns' Houses, G. 1918; The Wooden Pegasus, G. 1920; Façade, Dicht. 1922; Bucolic Comedies, G. 1923; The Sleeping Beauty, G. 1924; Troy Park, G. 1925; Poetry and Criticism, Es. 1925; Elegy on Dead Fashion, G. 1926; Rustic Elegies, G. 1927; Gold Coast Customs, G. 1929; Popular Song, G. 1929; Alexander Pope, B. 1930; The English Eccentrics, Es. 1933 (d. 1987); Aspects of Modern Poetry, Es. 1934; Victoria of England, B. 1936 (d. 1936); I Live Under a Black Sun, R. 1937 (d. 1950); Street Songs, G. 1942; A Poet's Notebook, Es. 1943; Green Song, G. 1944; Fanfare for Elizabeth, R. 1946 (d. 1947); The Shadow of Cain, G. 1947; A Notebook on Shakespeare, Es. 1948; The Canticle of the Rose, G. 1949; Gardeners and Astronomers, G. 1953; The Outcasts, G. 1962; The Queens and the Hive, B. 1962; Taken Care Of, Aut. 1965. – Selected Poems, 1936, 1965; Collected Poems, 1957; Fire of the Mind, Aut. hg. E. Salter, A. Harper 1976; Early Unpublished Poems, hg. K. P. Helgeson 1994; Selected Letters 1919–64, hg. J. Lehmann, D. Parker 1970; Selected Letters, hg. R. Greene 1997. – *Übs.:* Gedichte engl.-d. 1964.

L: R. L. Mégroz, The Three Sitwells, 1927; C. M. Bowra, 1947; A Celebration for E. S., hg. J. G. Villa 1948 (n. 1972); J. Lehmann, 1952; E. Salter, A. Harper, 1956; G. Singleton, 1960; R. J. Mills, 1966; Y. Husain, 1966; E. Salter, The Last Years of a Rebel, 1967; J. Lehmann, 1968; J. D. Brophy, 1968; J. Pearson, Façades, 1978; M. Cusin, 1979; G. Elborn, 1981; V. Glendenning, 1981; G. A. Cevasco, 1987; M. Horder, 1994; D. T. Bennett, 1996; J. Skipwith, The Sitwells and the Arts of the 1920s and 1930s, 1996; W. Steiner, 1996. – *Bibl.:* R. A. Fifoot, ²1971.

Sitwell, Sir Osbert, engl. Dichter, 6. 12. 1892 London – 4. 5. 1969 Florenz. Vater exzentr. Landedelmann, entstammt altem Adelsgeschlecht, Bruder von Edith und Sacheverell S. In Eton erzogen, Stud. Oxford. 1912–19 Offizier, 1914–16 Kriegsdienst. Seinem Kreis standen E. Pound, T. S. Eliot, H. Read und W. Lewis nahe. Ausgedehnte Reisen. Lebte ab 1965 in Italien. – Seine Lyrik wendet sich wie seine gesellschaftskrit. Romane mit scharfer Satire gegen Kriegsverherrlichung, sie verspottet ferner die geistige Leere e. Oberschicht, die sich vorwiegend nur mit Sport und Politik beschäftigt, umfaßt aber auch außerordentl. poet. Lieder. Gewann starken Einfluß auf die junge Dichtergeneration zwischen beiden Weltkriegen. Außerdem biograph. Porträts, Romane und Kurzgeschichten. Die 5bändige Autobiographie gibt eindrucksvolle Zeitbilder und schildert anschaul. Menschen und Schauplätze s. Lebens. Glänzender Beobachter, mit Witz und dickensschem Humor.

W: Argonaut and Juggernaut, G. 1919; The Winstonbury Line, G. 1919; Who Killed Cock Robin?, Es. 1921; Out of the Flame, G. 1923; Winter, the Huntsman, G. 1924; Triple Fugue, Kgn. 1924; Before the Bombardment, R. 1926; England Reclaimed, G. 1927; The Man Who Lost Himself, R. 1929; Dickens, Es. 1932; Miracle on Sinai, R. 1933; Open the Door!, Kgn. 1941; Sing High, Sing Low, Ess. 1944; Left Hand! Right Hand!, Aut. 1944 (d. 1948); The Scarlet Tree, Aut. 1946; Great Morning!, Aut. 1947; Death of a God, Kgn. 1949; Laughter in the Next Room, Aut. 1948; Noble Essences, Aut. 1950; On the Continent, G. 1958; Fee Fi Fo Fum!, R. 1959; A Place of One's Own, Kgn. 1961; Tales My Father Taught Me, Mem. 1962; Pound Wise, Ess. 1963; Poems About People, G. 1965; Queen Mary and Others, Ess. 1974. – Collected Stories, 1953, 1974; Selected Poems, 1943; Collected Satires and Poems, 1931.

L: R. L. Mégroz, The Three Sitwells, 1927; R. Fulford, 1951; J. Lehmann, 1968; J. Pearson, Façades, 1978; G. A. Cevasco, 1987; J. Skipwith, The Sitwells and the Arts of the 1920s and 1930s, 1994; P. Ziegler, 1998. – *Bibl.:* Th. Balston, 1928; R. A. Fifoot, ²1971.

Śivadāsa → Vetāla-pañcaviṃśati(kā), die

Siwertz, (Per) Sigfrid, schwed. Erzähler und Lyriker, 24. 1. 1882 Stockholm – 26. 11. 1970 ebda. Sohn e. Bankdirektors. 1901–04 Stud. Philos. Uppsala, 1932 Mitgl. der Schwed. Akad., 1947 Dr. phil. h. c. Stockholm, ∞ 1929 Margit Strömberg. – Anfangs beeinflußt vom franz. Symbolismus und von A. Schopenhauer. 1907 Parisreise u. nachhaltiger Eindruck von H. Bergsons philos. Vorlesungen. Tritt nach anfängl. Periode des Pessimismus für Willen u. Energie ein. In überreicher Produktion analysiert S. mod. Menschen, angeregt durch aktuelle Ereignisse u. für den Eingeweihten leicht erkennbare Vorbilder, bes. aus Theater- u. Künstlerkreisen sowie aus der Zeitungsu. Geschäftswelt. Bevorzugt als Milieu für s. Romane Stockholm u. die Schären, da selber leidenschaftl. Segler. Mit der ihm eigenen Schärfe des Blicks vermittelt er e. genaues Bild oft mit lyr. Anklängen. Souveräne Technik, klare, geistreiche Sprache, intellektuelle Schärfe. Wesentl. Motiv in s. späteren Werken ist das Verhältnis zwischen Illusion u. Wirklichkeit. Dies gilt auch für s. Schauspiele, Memoiren u. Reiseschilderungen.

W: Gatans drömmar, G. 1904; Margot, N. 1906; Cirkeln, N. 1907; Indiansommer, Sch. 1908; De gamla, N. 1909 (Die Alten, d. 1912); Mälarpirater, Jgb. 1911 (Mälarpiraten, d. 1927); Visdomständerna, Sch. 1911; Ämbetsmän på äventyr, N. 1912; En flanör, R. 1914; Eldens återsken, R. 1916; Noveller, N. 1918; Vindros, G. 1919; Selambs, R. 1920 (d. 1925); En handfull dun, N. 1922; Hem från Babylon, R. 1923 (Zurück aus Babylon, d. 1927); Det stora varuhuset, R. 1926 (Das große Warenhaus, d. 1928); Jonas och draken, R. 1928 (Jonas und der Drache, d. 1929); Reskamraterna, N. 1929 (Sam, Beth und das Auto, d. 1930); Trions bröllop, Sch. 1930; Ekotemplet, G. 1930; Saltsjöpirater, E. 1931; Jag har varit en tjuv, Sch. 1931; Lågan, R. 1932; Två tidsdramer, Sch. 1933; Sista äventyret, N. 1935; Minnas, G. 1937; Jag fattig syndig, Nn. 1939; Sex fribiljetter, R. 1943; Spegeln med amorinerna, R. 1947 (Der Rokokospiegel, d. 1948); Att vara ung, Mem. 1949; Pagoden, R. 1954; Den goda trätan, Es. 1956; Fåfäng gå..., Es. 1959; Det skedde i Liechtenstein, R. 1961. Minnets kapriser, Nn. 1963; Trappan och Eurydike, Nn. 1966; Episodernas hus, R. 1968. – Samlade dikter, 1944.

L: S. Stolpe, 1933; N. Svanberg, Studier i S.' prosa, 1941; S. Linnér, 1954.

Š°iyn,kuba (Schinkuba), Bagrat, abchas. Autor, * 12. 5. 1917 Člou. Bauernsohn, 1943–53 wiss. Mitarbeiter des Abchas. Inst. für Sprache, Lit. und Geschichte. – Wird seit 1935 gedruckt; 1. Gedichtband ›Erste Lieder‹ (1938). Während des Krieges Poeme, Gedichte, Balladen über abchas. Helden, verbunden mit Volkspoesie. 1. abchas. Versromane. Ab 1965 Erzählungen, Novellen u. Romane; hist. Roman ›Ucynçáarah‹ über das Schicksal der Ubychen, die in den 1860er Jahren in die Türkei vertrieben wurden. Folklorist: ›Abchas. Volkspoesie‹ (1959) u. Herausgeber der abchas. → Narten-Sagen (1962). Übs. ins Abchas. von georg., russ., ukrain., ungar., engl. u. dt. Werken (Goethe).

W: Ucynçáarah, R. 1974 (Im Zeichen des Halbmondes, d. 1981); Ialkaau iwym,t,kua, Ausw. II 1968. – *Übs.*: russ.: Rassecennyj kamen', R. 1986; Moë derevo, R. 1987; Poslednij iz ušedšich, R. u. N. 1994.

L: V. Cvinaria, 1970; N. Bajramukova, 1981.

Sjöberg, Birger, schwed. Dichter, 6. 12. 1885 Vänersborg – 30. 4. 1929 Växjö. Kaufmannssohn, bis 1899 Schule, 1902–06 Eisenhandlungsgehilfe, dann Journalist in Stockholm u. (1907–24) Helsingborg, 1909 Redakteur, gab die Zeitungsarbeit 1926 auf u. lebte sehr zurückgezogen. In s. letzten Jahren körperl. u. geistig krank (schleichende Schizophrenie). Unternahm 1923 Tourneen und trug s. eigenen Gedichte vor, zu denen er, die Bellman-Tradition aufnehmend, auch die Melodien schrieb und sich selbst geschickt auf der Gitarre begleitete. – ›Fridas bok‹ ist idyll. Kleinstadtpoesie, dabei sehr stilsiron. wie auch der Kleinstadtroman ›Kvartetten som sprängdes‹. Dahinter steht nicht nur die wirtschaftl. Krise 1920/21, sondern auch für den Dichter persönl. e. zerrissene Welt. Das tritt offen zutage in ›Kriser och kransar‹, dem auffallendsten lit. Zeugnis Schwedens für die Sprengung des bürgerl. Idylls u. beispielhaft gewordenen Durchbruch der mod. schwed. Lyrik. Bruch mit überkommenen Formen u. rücksichtslose Stilmischungen bezeichnen äußerl. die seel. Zerrissenheit und Angst vor der Ungewißheit des Daseins u. vor dem Bösen im Leben. S. eigentl. Bedeutung wurde erst später voll erkannt.

W: Fridas bok, G. 1922; Kvartetten som sprängdes, R. III 1924 (dramatisiert von G. Sjöberg 1935; Das gesprengte Quartett, d. 1925); Kriser och kransar, G. 1926; Fridas andra bok, G. 1929; Minnen från jorden, G. 1940; Syntaxupproret, G. 1955; Fridas tredje bok; G. 1956. – Samlade Skrifter, V 1929; Samlade dikter, 1946; Dikter, G. 1985.

L: R. Malm, 1930; G. A. Nilsson, 1943; A. Peterson 1944; G. Helen 1946; G. Axberger, Lilla Paris' undergång, 1960; Synpunkter på B. S., hg. L. H. Tunving 1966; G. Sjöberg, Brormin och hundra andra, 1967; S. Delblanc, 1980; S. Hammar, 1982; E. Haettner Olafsson, 1985; L. H. Tunving, 1985; ders., I. Wizelius, 1986; Zs. d. B. S.-Gesellschaft, 1962 ff. (m. Bibl.).

Sjöstrand, Östen, schwed. Dichter, * 16. 6. 1925 Göteborg. Mitarbeiter an Zeitungen u. Zeitschriften 1980–94 Vorsitzender Assoc. Franco-Nordique d'Échanges Littéraires, Offizier der franz. Ehrenlegion 1984, Dr. h.c. Sofia 1998. – Streng u. schön in der Form s. Gedichte, sucht er die Kluft zwischen Glauben u. Wissen zu überbrücken, ohne sichere Glaubensgewißheit vertritt er die geistl. Werte gegen die materiellen. Auch Hörspiele u. Essays. Hrsg. franz. Prosa u. Lyrik, Übs. engl., franz. u. ital. Lyrik.

W: Främmande mörker, främmande ljus, 1955; Världen skapas varje dag, 1960; I Vattumannens tecken, 1967; Ensamma stjärnor – en gemensam horisont, 1970; Strömöverföring, 1977; Strax ovanför vattenlinjen, 1984; Sprickorna i stenen, 1994. – Samlade dikter 1949–1979, 1981.

Sjöwall, Maj, schwed. Romanautorin, * 25. 9. 1935 Stockholm. Stud. Journalismus u. Graphik, tätig für mehrere Zeitschriften u. e. Buchverlag; ∞ 1962 Per → Wahlöö. – Verfaßte gemeinsam mit ihm 1965–75 10 Kriminalromane.

W bis 1975: → Wahlöö, Per. – Kvinnan som liknade Greta Garbo (zus. m. Th. Ross), R. 1990 (Eine Frau wie Greta Garbo, d. 1991).

Skácel, Jan, tschech. Dichter, 2. 2. 1922 Vnorovy b. Strážnice – 7. 11. 1989 Brünn. Stud. Univ. Brno; Journalist, 1954–63 Redakteur beim Rundfunk in Brno, 1963–69 der Zs. ›Host do domu‹. – In schlichter, vorwiegend subjektiver Lyrik besingt S. s. mährische Heimat, analysiert die Realität des Lebens u. sucht, dem im gesellschaftl. u. techn. Kampf entwurzelten Menschen neue Kraft zu verleihen. Vf. von Jugendlit.

W: Kolik příležitostí ma růže, G. 1957; Co zbylo z anděla, G. 1960; Hodina mezi psem a vlkem, G. 1962; Jedenáctý bílý kůň, En. 1964 (erw. 1966; Das elfte weiße Pferd, d. 1993); Smuténka, G. 1965; Vítr jménem Jaromír, G. Ausw. 1966 (Ein Wind mit Namen Jaromír, d. 1991); Metlička, G. 1968; Chyba broskví, G. Toronto 1978; Dávné proso, G. 1981; Naděje s bukovými křídly, G. 1983; Odlévám do ztraceného vosku, G. 1984; A znoun láska, G. 1991; Třináctý černý kůň, En., Ess. 1993 (Das dreizehnte schwarze Pferd, d. 1995). – Básně, G.-Ausw. 1920–78, 1982; Básně (G.), III 1995/96. – *Übs.:* Fährgeld für Charon (Ausw.), d. R. Kunze 1967.

L: Bílá žízen, 1993; Z. Kožmíw, 1994.

Skalbe, Kārlis, lett. Dichter, 7. 11. 1879 Vecpiebalga – 15. 4. 1945 Stockholm. Vater Schmied; 1887–93 örtliche Schulen; 1895–1901 u.a. Ērgļi, Landarbeiter, Rechnungsgehilfe, Autodidakt, Lehrerexamen; 1901–04 Ērgļi, Lehrer; 1904 Gibka b. Roja; 1905 Redakteur, Sympathisant der Revolution, 1906 Manifest der ›Dekadenten‹ unterschrieben; bis 1909 flüchtig in der Schweiz, Finnland, Norwegen, u.a. Folkloreforschungen; ab 1909 Riga, Redakteur; 1911 verhaftet, 1913 freigelassen; 1914 Korrespondent in Polen; 1915 Moskau, lett. Kulturbüro; dann Valka, ab 1916 Riga, Redakteur bei verschiedenen Zeitungen, Schreiber bei ›Lett. Schützen‹, Mitglied des Nationalrates; bis 1934 im polit. u. gesellschaftl. Leben aktiv, u.a. ab 1922 Abgeordneter; 1940 Rentner; 1942–44 Redakteur; 1944 nach Schweden emigriert. – Moderner Klassiker; Übersetzungen (Puškin, Wilde); Meister des Kunstmärchens, arbeitet mit folklorist. oder stilisierten Elementen lett. u. ausländ. Märchenguts; romantisch-bildhaft, eigentüml. Märchenwelt in schlichter Schönheit u. Menschlichkeit.

W: Kad ābeles zied, G. 1904; Kā es braucu Ziemeļmeitas lūkoties, M. 1904; Veļu laikā, G. 1906; Emigranta dziesmas, G. 1909; Ziemas pasakas, M. 1913 (Wintermärchen, d. 1921); Vakara ugunis, G. 1927; Mātes legenda, M. 1928; Zāles dvaša, G. 1931; Garā pupa, M. 1937; Klusuma meldijas, G. 1941. – Kopoti raksti (GW), V 1922/23, X 1938/39; Raksti (W), VI 1952–55.

L: I. Skalbe-Legzdiņa, 1979; A. Janelsiņa-Priedīte, Als die Bäume sprechen konnten, Stockholm 1987.

Skallagrímsson, Egill → Egill Skallagrímsson

Skarga, Piotr, poln. Schriftsteller, Febr. 1536 Grójec – 27. 9. 1612 Krakau. Stud. in Krakau, Bakkalaurus. 1564 Eintritt in geistl. Stand, erhielt 2 Propsteien in Galizien. 1568 in Rom, 1569 Eintritt in den Jesuitenorden. 1579 Rektor u. Vertreter des Provinzials der Jesuiten-Kollegien Wilna, Plock, Riga. 1588 Hofprediger Sigmunds III.; großer Einfluß auf den König. – Bedeutender poln. Kanzelredner, einflußr. relig. Schriftsteller. Fanat. Vertreter der Gegenreformation, auch Erbauungsschriften u. Heiligenlegenden. Glühender Patriot, bes. wirksam s. ›Reichstagsreden‹ nach Bellarmin, von großer Sprachgewalt u. tiefem eth. Gehalt.

W: Żywoty świętych, 1579 (n. 1933–36); Kazania na niedziele i święta, Pred. 1595 (n. 1938; Sonn-, Festtagsu. Gelegenheitspredigten, d. 1871); Kazania sejmowe, Pred. 1597 (n. 1972; Les Sermons politiques, franz. 1916). – Pisma wszystkie (W), IV 1923–26.

L: M. A. Stel'mašenko, 1906; J. Tretiak, 1912; T. Grabowski 1913; A. Berga, Paris 1916; T. Mitana, 1922; S. Windakiewicz, 1925; J. Tazbir, 1962, 1978, 1983; M. Korolko, 1971.

Skármeta, Antonio, chilen. Schriftsteller, * 7. 11. 1940 Antofagasta. Prof. für Lit. in versch. Ländern; Exil; zwischen 1975 u. 1989 freier Schriftsteller in West-Berlin, Prof. an der Filmakad., preisgekrönter Drehbuchautor u. Filmregisseur (›Mit brennender Geduld‹). Seit 2000 chilen. Botschafter in Berlin. – Sein Thema ist der Kampf zwischen dem Kleinen u. Großen, dem Privaten u. Öffentlichen, dem Politischen u. Sentimentalen. Beschreibt in poet. Sprache die Alltagssituationen idealist. junger Leute, deren ursprüngl. Sehnsüchte an der harten Realität scheitern; einsichtig geworden, siegen s. Helden jedoch am Ende.

W: El entusiasmo, En. 1967; Desnudo en el tejado, En. 1969; Tiro libre, En. 1973; El ciclista de San Cristóbal, En. 1973 (verfilmt; d. 1986); Soñé que la nieve ardía, R. 1975 (d. 1978); Novios y solitarios, En. 1975; Joven narrativa chilena después del golpe, Es. 1976; No pasó nada, R. 1980 (d. 1978); La insurrección, R. 1982 (verfilmt; d. 1981); Ardiente paciencia, R. 1985 (auch als Sch.; verfilmt; d.1985); Match Ball, R. 1989 (d. 1992); La sombra del poeta, R. 1995; Uno a uno, En. 1996; La boda del poeta, R. 1999 (d. 2000); La chica del trombón, R. 2001 (d. 2002); El baile de la victoria, R. 2003. – *Übs.:* Heimkehr auf Widerruf. Chile im Umbruch, 1989.

L: G. Rojo, 1976; R. Silva Cáceres, hg. 1983; C. Lira, 1985; D. Shaw, 1994.

Skelton, John, engl. Dichter, um 1460 Norfolk – 21. 6. 1529 Westminster. Stud. Oxford u. Cambridge; 1498 Geistlicher, 1497–1502 Prinzenzieher des späteren Henry VIII. Vom Hof trotz s. freimütigen, teils scharfen Kritik begünstigt, von Oxford, Löwen und Cambridge zum ›poet laureate‹ ernannt (damals noch e. akadem. Auszeichnung). Besang diese Dichterkrönung in e. Selbstverherrlichung ›A Goodly Garland‹. 1504 Pfarrer in Diss/Norfolk. – Origineller, äußerst vielseitiger spätma. Dichter. Viele s. Schriften sind verloren. Schrieb teils noch in der Chaucertradition, teils in selbsterfundenen Knittelversen (Skeltonic), die z. T. an lat. Vagantenverse erinnern. Seine beißenden Satiren übten scharfe Zeitkritik. ›The Bowge of Court‹ (1499–1503) richtet sich in Form e. allegor. Satire gegen den Hof; ›Colyn Clout‹ (ca. 1519) tadelt Mißstände, für die er die Geistlichkeit verantwortl. macht; die Dichtungen ›Speke Parrot‹ (1519–25) und ›Why come ye nat to Courte‹ (1522/23) greifen Kardinal Wolsey scharf an. ›Phyllip Sparrowe‹ (1503–07) ist e. an e. Dame gerichtetes Kleinepos, das Catulls Thema vom Tod des Sperlings witzig ausgestaltet. S. schrieb auch e. Moralitätenspiel ›Magnyfycence‹ (1516, gedr. 1533) und e. Nachdichtung von S. Brants ›Narrenschiff‹.

A: Poetical Works, hg. A. Dyce II 1843, hg. Ph. Henderson [2]1948; Selected Poems, hg. R. S. Kinsman 1969, G. Hammond 1980; The Complete English Poems, hg. J. Scattergood 1983.

L: A. Kölbing, 1904; B. A. Thuemmel, 1905; E. Bischoffsberger, 1914; J. Lloyd, 1938; J. A. Gordon, 1943; H. L. R. Edwards, 1949; P. M. Green, 1960; A. R. Heisermann, S. and Satire, 1961; E. Schulte, 1961 (m. Bibl.); M. Pollett, 1962/1971; E. S. Fisch, J. S.'s Poetry, 1965, W. O. Harris, Magnyfycence, 1965; N. C. Carpenter, 1967; H. L. R. Edwards, 1971; The Critical Heritage, hg. A. S. G. Edwards 1981; A. F. Kinney, 1987. – *Bibl.*: Manual ME 5. XIII, 1975; R. S. Kinsman, 1979.

Šķipsna, Ilze, lett. Schriftstellerin, 17. 2. 1928 Riga – 24. 1. 1981 Fort Worth/TX. Vater Beamter, Mutter Übersetzerin; Gymnas. Riga; 1944 nach Dtl. emigriert; bis 1947 Gymnas. Fischbach; Stud. Germanistik Erlangen; 1949 nach Texas übergesiedelt; bis 1951 bibliothekswissenschaftliches Stud. Fort Worth; Bibliotheksmitarbeiterin; bis 1967 Stud. der Anthropologie New York; ab 1967 leitende Position im Kimball Museum of Art, Fort Worth; konvertierte Protestantin; Lungenkrebs. – Im Zentrum von Š.s Schaffen stehen der modernistische Roman ›Neapsolītās zemes‹ (1970) u. die Sammlung ihrer Erzählungen ›Vidējā īstenība‹ (1974); mit dem Aufgreifen des uralten Bildes vom Lebensbaum gelingt Š. die Einbindung der lett. Kultur in e. großen Weltkontext durch die Revitalisierung e. mächtigen Symbol des Lebens selbst, das ubiquitär verständl. ist.

W: Vēja stabules, En. 1961; Aiz septītā tilta, R. 1965.
L: Ilzes pasaulē, 1984; S. Kessler, Regensb. 1995.

Skitalec, Stepan Gavrilovič (eig. S. G. Petrov), russ. Erzähler, 9. 11. 1869 im ehem. Gouv. Samara – 25. 6. 1941 Moskau. Vater Bauer; versch. Berufe; 1900 von Gor'kij in den lit. Kreis ›Sreda‹ eingeführt. – S. Erzählungen vor 1917 kreisen um Gestalten aus unteren soz. Schichten. Schrieb Gedichte mit revolutionärer Tendenz; 1921–34 in Charbin (Mandschurei) in der Emigration, schrieb dort den Roman ›Dom Černovych‹ um den Niedergang des russ. Bürgertums; brachte 1937 Erinnerungen u. a. über L. Tolstoj u. Gor'kij heraus.

W: Polevoj sud, E. 1905; Dom Černovych, R. 1935. – Polnoe sobranie sočinenij (GW), VI 1916–19; Povesti i rasskazy. Vospominanija (Nn., En. u. Erinn.), 1960; Izbrannoe, Ausw. 1977.
L: L. Korol'kova, 1964.

Skjoldborg, Johan (Martinus), dän. Erzähler, 27. 4. 1861 Øsløs/Nordjütland–22. 2. 1936 Aalborg. Sohn e. Häuslers; Dienstknecht, Handelslehrling, 1875 Lehrerausbildung, Lehrer, seit 1902 freier Schriftsteller, s. 1915 in e. von dän. Häuslern gestifteten Ehrenwohnung in Løgstør. – Realist. Bauern- u. Heimatdichter mit optimist. Ton und zugleich sozialagitator. Tendenz. Schildert das Leben der dän. Landarbeiter und Häusler in knapper, klarer Sprache mit poet. Naturbildern. Später Wendung gegen Materialismus und Industrialisierung. Vertritt als Typ die fruchtbringende dän. Vereinigung von Grundtvigianismus u. Sozialismus; s. Held ist der zähe, heitere Urbarmacher der Heide, der zuletzt den Lohn für s. Mühe erhält.

W: En Stridsmand, R. 1896 (n. 1982); Kragehuset, R. 1899 (n. 1982); Gyldholm, R. 1902 (n. 1985; d. 1913); Bjærregaarden, R. 1904 (n. 1981); Sara, E. 1906 (n. 1988, d. 1913); Per Holt, R. 1912 (n. 1984); Udmarksfolkene, Es. 1912; Spillemandens Hjemkomst, R. 1914; Dynæs-Digte, G. 1915; Nye Mænd, R. 1917 (Das neue Geschlecht, d. 1919); Jens Jacobs Sønner, R. 1920; Arbejdets Personlighedsværdi, Es. 1920; Præsten i Løgum, R. 1921f.; Udvalgte Fortællinger, En. II 1921; Romaner og Fortællinger, IV 1921; Skyer og Solglimt, En. 1923; Brydningstider, Es. 1934; Min Mindebog, Erinn. II 1934f. – Udv. fortællinger (En.-Ausw.), II 1984; S. Husmand og fortæller, hg. S. O. Carlsen, S. Piper, 1986.
L: J. Gleerup, 1980; H. Mathiesen, 1984; K. Sørensen, Op over den lave jord, 1990; E. Thiesen, 2000. – *Bibl.*: T. Hedegaard Larsen, P. Højer Mølbæk, B. Ørum Pedersen, 1982.

Šklovskij, Viktor Borisovič, russ. Schriftsteller, 12./24. 1. 1893 St. Petersburg – 5. 12. 1984 Moskau. Vater Mathematiklehrer; Stud. Lit. Petersburg, Mitbegründer des den Futuristen nahestehenden ›Opojaz‹ (Obščestvo po izučeniju poetičeskogo jazyka, Gesellschaft zur Erforschung der poet. Sprache, 1914–23) in Petrograd, führend in der Formalen Schule, deren Methoden er vor allem in ›Iskusstvo kak priëm‹ und ›O teorii prozy‹ darlegt. Emigrierte 1922 nach Finnland, kehrte 1923 aus Berlin in die SU zurück. – Trat als Schriftsteller 1923 mit dem Buch ›Sentimental'noe putešestvie‹ hervor, eine iron. Anspielung auf L. Sterne, das als Bericht über die Jahre 1917–

23 von zeitgeschichtl. Wert ist; ›Zoo, ili pis'ma ne o ljubvi‹ zeichnet als Briefroman geistreich und paradox die Berliner Emigrantenwelt von 1922/ 23. Š. schrieb einige essayist. gehaltene Bände z. T. treffl. Essays über Lit. und Kunst; wandte sich, da die ›formale Methode‹ nach 1929 als mit der kommunist. Doktrin nicht übereinstimmend verurteilt wurde, den Bereichen der Lit.geschichte (z. B. mit ›Čulkov i Lëvšin‹), Theater- und Filmkritik zu, verfaßte hist. Novellen.

W: Voskresenie slova, Abh. 1914; Iskusstvo kak priëm, Abh. 1917; Sentimental'noe putešestvie, Erinn. 1923 (Sentimentale Reise, d. 1964); Zoo, ili pis'ma ne o ljubvi, Prosa 1923 (Zoo oder Briefe nicht über die Liebe, d. 1965); O teorii prozy, Abh. 1925 (Theorie der Prosa, dt. Ausz. 1966); Tret'ja fabrika, Ess. 1926; Gamburgskij sčët, Ess. 1928; Čulkov i Lëvšin, Abh. 1933; Minin i Požarskij, N. 1940; O Majakovskom, Erinn. 1940 (Erinnerungen an Majakowskij, d. 1966); Za i protiv. Zametki o Dostoevskom, Abh. 1957; Chudožestvennaja proza, Abh. 1959; Lev Tolstoj, Abh. 1963 (Leo Tolstoi, d. 1981); Žili-byli, Erinn., Nn. 1964 (Kindheit und Jugend, d. 1968); Povesti o proze, II 1966; Tetiva. O neschodstve schodnogo, Abh. 1970 (Von der Ungleichheit des Ähnlichen in der Kunst, d. 1973); Èjzenštejn, B. 1973 (d. 1977). – Sobranie Sočinenij (GW), III 1973f.; Izbrannye Sočinenija (AW), II 1983. – *Übs.:* Schriften zum Film, 1966.

L: Bibl.: R. Sheldon, 1977; A. A. Hansen-Löve, 1978.

Skobcova, Elizaveta Ju. → Marija, Mat'

Sköld, Bo (Sture), schwed. Dramatiker, * 1. 11. 1924 Höör. Liz. phil. 1961. ∞ 1952 Birgitta Sjöberg. Eigener Literaturverlag. – Geistr. realist. Gegenwartsdramen, auch Fernseh- und Kinderspiele aus schwed. Vorort- u. Kleinstadtmilieu verraten in Analyse u. Dialog neben Naturtalent den Kenner sozialer Strukturen. Übs. dt., engl. u. franz. Texte.

W: Att och att icke, Sch. 1960; Min kära är en ros, Sch. 1962; Att fiska i en tunna, H. 1964; Adam och Vera i Blackeberg, Sch. 1965; Den söndag då ingenting hände, FSsp. 1967; Kalle Perssons första krig, Sch. 1968; En episod under boxaupproret i Kina år 1900, FSsp. 1969; Hej alla barn, snurra min kvarn, Sch. 1970; Plötsligt såg jag livet som det war, Sch. 1977; Dagarna genom kattens öga, Sch. 1978; En mördares memoarer, R. 1980; Detta de kaller kärlek, R. 1986; I love Napoleon, Jugendmusical 1990; Sonetter, G. 1999; Ett hus fullt av hjältar, Sch. 2001.

Skou-Hansen, Tage, dän. Schriftsteller, * 12. 2. 1925 Fredericia. Stud. Literaturgeschichte Århus, Mitglied der Widerstandsbewegung; 1952/53 Redakteur der Zs. ›Vindrosen‹, exponierte Figur im dän. Kulturleben. – Mit seinem Debüt ›De nøgne træer‹ beginnt S.-H. 1957 s. Serie über den Widerstandskämpfer Holger Mikkelsen, dessen Observationen der dän. Gesellschaft und des Geschlechterverhältnisses über fünf Romane bis ins Jahr 2000 reichen. Verf. weiterer, psycholog.-realist. Romane.

W: De nøgne træer, R. 1957, [3]1991 (Leidenschaften, d. 1964); Dagstjernen, R. 1962; På den anden side, R. 1965; Hjemkomst, R. 1969; Tredje halvleg, R. 1971; Det midlertidige fællesskab, Es.-Ausw. 1972; Medløberen, R. 1973; Den hårde frugt, R. 1977; Nedtælling, Dr. 1978; Over stregen, R. 1980 (Über den Strich, d. 1984); Nedenom og hjem, Dr. 1982; Springet, R. 1986; Krukken og stenen, R. 1987; Det andet slag, R. 1989; Sidste sommer, R. 1991 (alle vier u. d. T. Historien om Aksel, 2001); Den forbandede utopi, Es.-Ausw. 1995; På sidelinjen, R. 1996; Frit løb, R. 2000.

L: E. Søholm, 1979; O. Ravn, 1979;

Skram, (Berthe) Amalie (geb. Alver), norweg. Schriftstellerin, 22. 8. 1846 Bergen – 15. 3. 1905 Kopenhagen. Kaufmannstochter. ∞ 1864 Schiffskapitän Müller, mit ihm häufige Weltreisen, o/o 1882; ∞ 1884 den dän. Dichter Erik S., lebte seither in Dänemark, o/o 1900. – S. gilt als konsequenteste Naturalistin des mod. Durchbruchs. Individuelles Glücksstreben bes. ihrer Frauenfiguren scheitert an gesellschaftl. Gegebenheiten. Die Vf. kritisiert die Situation der Frau in der bürgerl. Ehe, ihre erzwungene Passivität u. anerzogene Unwissenheit. Ihre psycholog. interessanten Schilderungen aus Psychiatr. Anstalten (›Professor Hieronymus‹, ›Paa St. Jørgen‹) geißeln die damaligen Methoden der Behandlung Geisteskranker in Dänemark u. zeigen den Konflikt der Malerin Else Kant zwischen Künstler- u. Mutterrolle, der sie zu zerstören droht.

W: Constance Ring, R. 1885 (n. 1897); Knud Tandberg, R. 1886 (d. 1892); Lucie, R. 1888 (d. 1898); Hellemyrsfolket, R.-Zyklus IV 1887–98 (I/II: Die Leute vom Felsenmoor, d. 1898, IV: Nachwuchs, d. 1901); Fru Inés, R. 1891; Forraadt, N. 1892 (Verraten, d. 1897); Agnete, Dr. 1893 (d. 1895); Professor Hieronymus, R. 1895 (d. 1895); Memento mori, N. 1895; Paa St. Jørgen, R. 1895; Glæde, N. 1896; Sommer, N. 1898; Julehelg, R. 1900 (Ein Liebling der Götter, d. 1902). – Samlede værker, IX 1905 ff., VI 1943, VII [6]1993; Mellom slagene, Br. hg. E. Kielland 1955.

L: A. Tiberg, 1910; B. Krane, 1951, 1961; I. A. Gløersen, 1965; I. Engelstad, 1978, 1981; dies., Sammenbrudd og gjennombrudd, 1984; L. Køltzow, Den unge A. S., 1992; I. Engelstad, L. Køltzow, G. Staalesen, A. S.s verden, hg. 1996; I. E. Haavet, E. Aasen, hg. 1998; Y. Bøe, 2002; C. Hamm, Medlidenhet og melodrama, 2002.

Skurko, Jaŭhen → Tank, Maksim

Škvorecký, Josef, tschech. Schriftsteller, * 27. 9. 1924 Náchod. Stud. engl. Philol. Prag, Promotion 1951; Redakteur, freier Schriftsteller, seit 1969 im Ausland; ließ sich in Kanada nieder; Prof. in Toronto u. Mitarbeiter des Verlags Sixty-Eight Publishers. Mehrmals ausgezeichnet. – Das starre

Sládek

Klischee des sozialist. Realismus durchbrechend, bekennt sich Š. offen zu s. Sympathien u. Antipathien, hebt die negativen Erscheinungen der Kriegs- u. Nachkriegszeit hervor, ironisiert Opportunismus, Unaufrichtigkeit, falsches Heldentum. Vf. zahlr. Drehbücher; Übs. aus dem Engl.

W: Zbabělci, R. 1958 (Feiglinge, d. 1968); Legenda Emöke, E. 1963 (d. 1966); Sedmiramenný svícen, En. 1964; Smutek poručíka Borůvky, E. 1966 (engl. 1972); Babylonský příběh a jiné povídky, En. 1967; Konec nylonového věku, R. 1967; Hořkej svět, En. 1969; Lvíče, R. 1969 (Junge Löwin, d. 1971); All the Bright Young Men and Women, Sb. 1972; Tankový prapor, R. 1971 (franz. 1969); Mirákl, R. 1972; Hříchy pro pátera Knoxe, En. 1973; Konec poručíka Borůvky, E. 1975; Příběh inženýra lidských duší, Prosa 1977; The New Men and Women, H. 1977; Nezoufejte, G. Mchn. 1980; Velká povídka o Americe, Reiseb. 1980; Bůh do domu, Dicht. 1980; Dívka z Chicaga, G. Mchn. 1980; Návrat poručíka Borůvky, E. 1981; Scherzo capriccioso, R. Toronto 1984; Ze života české společnostri, En. Toronto 1985; Franz Kafka, jazz a jiné marginálie, Ess. Toronto 1988; Čítanka J. Š., Ess. 1990; Nevěsta z Texasu, R. Toronto 1992; Povídky z Rajského údolí, En. 1995; Dvě vraždy v mém dvojím životě, R. 1996. – Spisy (W), XI 1994–98.

L: S. Solecki, Prague Blues, Toronto 1990; P. Trensky, The Fictin of S. Š., N.Y./London 1991; P. Blažíček, Š. ›Zbabělci‹, 1992, M. Jungmann, O S. Š., 1993.

Sládek, Josef Václav, tschech. Lyriker, 25. 10. 1845 Zbiroh – 28. 6. 1912 ebda. Bauernsohn, Stud. Philos. u. Naturwiss. Prag, floh vor dem polit. Zwang 1868–70 nach Amerika. Nach Rückkehr Mitarbeiter der Zt. ›Národní listy‹, Englischlehrer der Handelsakad. Prag, 1877–98 Redakteur der Zs. ›Lumír‹. – Zwischen der national orientierten Gruppe ›Ruch‹ u. der kosmopolit. Schule Vrchlickýs mit ihrem ästhet. Formalismus stehend, schrieb S. intime, schlichte, stimmungsvolle Liebeslyrik, Idyllen u. Kinderzyklen, pflegte patriot. u. sozialpolit. Dichtung im Stile Čechs u. inspirierte man am Volkslied, das er wie s. Vorbild Čelakovský meisterhaft nachahmte. Der Aufenthalt in Amerika fand s. Niederschlag vor allem in zahlr. Feuilletons. Übs. aus dem Engl. (bes. Shakespeare).

W: Básně, G. 1875; Jiskry na moři, G. 1879; Světlou stopou, G. 1881; Ze života, G. 1884; Sluncem a stínem, G. 1887; Zlatý máj, G. 1887 Skřivánčí písně, G. 1888; Selské písně a české znělky, G. 1889; Starosvětské písmičky, G. 1891; Směska, G. 1892; Zvony o zvonky, G. 1894; V zimním slunci, G. 1887; Písně smuteční, G. 1901; Nové selské písně, G. 1909; Léthé a jiné básně, G. 1909; Dvě knihy veršů, G. 1909; Americké obrázky, Feuill. II 1914; České melodie, G. 1926. – Spisy (W), II 1907–09, ²1926; Básnické dílo (W), V 1945/46; Korresp. S. – Zeyer, 1957.

L: J. Polák, 1945; ders., 1962; E. Chalupný, ²1948; F. Strejček, ²1948; M. Jankovič, 1963.

Sládkovič, Andrej (eig. Ondrej Braxatoris), slovak. Dichter, 30. 3. 1820 Krupina – 20. 4. 1872 Radvaň nad Hronom. Lehrerssohn; Stud. evangel. Theol. Preßburg, Halle; Erzieher in Rybáry, 1847 Pfarrer in Hrochot', 1848 in Radvaň. Schrieb zuerst in tschech., dann in slovak. Sprache. – Führender Romantiker der Schule Štúrs, deren engen themat. Rahmen er mit dem lyr.-meditativen Gedicht ›Marína‹, das s. unglückl. Liebe besingt, sprengt. Außer subjektiver, patriot. u. relig. Lyrik schrieb S. ep. Gedichte, die den Einfluß Hegels verraten. Das Epos ›Detvan‹ verherrlicht den slovak. Menschen u. zählt zu den besten Schöpfungen der slovak. Romantik.

W: Marína, Ep. 1846; Detvan, Ep. 1853; Milica, Ep. 1858; Svätomartiniáda, Ep. 1861; Gróf Mikuláš Šubić Zrinsky na Sihoti, Ep. 1866. – Spisy básnické (W), 1861; Zobrané básne, ges. G. 1939; Dielo (W), II 1961; Poézia, Ausw. 1972; Korešpondencija, hg. C. Kraus 1970.

L: F. Kleinschnitzová, 1928; C. Kraus, 1968 (erw. 1972); A. Matuška, Štúrovci, ²1970.

Slataper, Scipio, ital. Schriftsteller, 14. 7. 1888 Triest – 3. 12. 1915 Monte Podgora/Goriza. Sohn e. Italienerin und e. Slowenen. Stud. Lit. Florenz; Mitarbeiter der Zs. ›La Voce‹. Guter Kenner der nord. Lit.; Lektor für Ital. im Kolonialinstitut von Hamburg; Freiwilliger im 1. Weltkrieg, an der Front gefallen. – Sein warmes Pathos beseelt alle s. Werke, bes. s. Autobiographie ›Il mio Carso‹ in kurzen Prosakapiteln in lyr. oder tagebuchartigem Stil. Seine starke Persönlichkeit spiegelt sich in s. Briefen. Übs. F. Hebbels und Vf. e. vorzügl. Monographie über Ibsen.

W: Il mio Carso, Aut. 1912 (d. 1988); Ibsen, Diss. 1918. – Scritti letterari e critici, hg. G. Stuparich 1920; Scritti politici, hg. ders. 1925; Epistolario, hg. ders. III 1931; Scritti politici 1914–1915, hg. G. Baroni, R. Damiani 1977.

L: G. Stuparich, 1953; W. Rossani, Il dramma di S. S., 1961; A. M. Mutterle, 1965; G. Chiarelli, S. S. scrittore e giornalista, 1989.

Slatowratski, Nikolai → Zlatovratskij, Nikolaj Nikolaevič

Slauerhoff, Jan Jacob, niederländ. Dichter, 15. 9. 1898 Leeuwarden – 5. 10. 1936 Hilversum. Stud. Medizin Amsterdam, Schiffsarzt (Weltreisen), vorübergehend Arzt in Marokko. Hatte führenden Anteil an ›De Vrije Bladen‹. – Vitalist. Lyriker u. Erzähler. Litt am Leben, lehnte die enge bürgerl. Ordnung ab, war in steter Unruhe auf der Glückssuche, voller Heimweh nach dem Land der Seligen. Erkannte das Auseinanderfallen von Genuß u. Glück. Die See ist Symbol s. Wünsche nach Freiheit u. Weite. Auch Übersetzungen.

W: Archipel, G. 1923; Oost-Azië, G. 1928 (unter Ps. John Ravenswood); Schuim en asch, Nn. 1930 (Larrios,

Ausz. d. 1930); Het lente-eiland, N. 1930; Het verboden rijk, R. 1932 (d. 1986); Solearés, G. 1933; Het leven op aarde, N. 1934; Een eerlijk zeemansgraf, G. 1936; De opstand van Guadalajara, E. 1937. – Verzamelde werken, VIII 1941–58; Verzamelde gedichten, 1963; Verzameld proza, II 1975; Brieven van S., hg. A. Lehning 1955; Dagboek, hg. K. Lekkerkerker 1957.

L: C. J. Kelk, 1959, ^{2}1981; L. J. E. Fessard, Paris 1964; H. Povee, 1978, 1980; W. J. van der Paardt, 1982; W. Hazeu, B. 1995, ^{3}1998.

Slavejkov, Penčo, bulgar. Dichter, 27. 4. 1866 Trjavna – 28. 5. 1912 Brunate/Italien. Sohn von Petko S. 1892–98 Stud. Philos. u. Lit. Leipzig bei W. Wundt u. J. Volkelt. Freundschaft mit A. → Konstantinov. Gymnasiallehrer, 1908/09 Leiter des Nationaltheaters in Sofia, 1909/11 Direktor der Nationalbibliothek. Ausgedehnte Reisen nach Moskau (1909), Istanbul, Athen, Rom, Neapel u. der Schweiz. – Mitglied u. Leiter des Lit.kreises ›Misul‹, der vom Ende des 19. bis zum ersten Jahrzehnt des 20. Jh. im lit. Leben Bulgariens eine dominierende Stellung hatte. S. Lyrik zeichnet sich durch Vielfalt aus, er schrieb Gedichte, lyr. Miniaturen und Poeme. S. Werk vereinigt in sich Gestalten aus der bulgar. Folklore u. dem bulgar. Volksleben mit weltumfassenden Beispielen des romant. Titanismus. Verf. des großen Versepos Versen ›Kŭrvava pesen‹, in dem er nach dem metaphys. Aspekt des nationalen Schicksals sucht. Stark von der Philosophie Nietzsches beeinflußt, bes. in ›Sjankata na Svrŭhčoveka‹ (›Der Schatten des Übermenschen‹). Auch Übsn. u. Charakteristiken dt. Dichter (Goethe, Heine, Lenau u.a.). Einzigartiger Lit.kritiker.

W: Momini sŭlzi, G. 1888; Epičeski pesni, G. I 1996; Bljanove. Epičeski pesni, G. II 1898; Sun za štastie, G. 1906; Na ostrova na blaženite, 1910; Nemski poeti, Anth. 1911; Kŭrvava pesen, Poem 1811–13. – Sŭbrani sŭčinenija (GW), VII 1921–25; VIII 1958–59; II 1966. – *Übs.:* Bulgar. Volkslieder, 1919.

L: J. Marinopolski, 1910; K. Krŭstev, 1917; M. Nikolov, 1940; E. Teodoroff, 1941; G. Konstantinov, 1961; S. Karolev, 1988.

Slavejkov, Petko Račev, bulgar. Schriftsteller, 17. 11. 1827 Tŭrnovo – 1. 7. 1895 Sofia. Lehrer. Er widmete sich seit 1854 dem Kampf um Autonomie der bulgar. Kirche, redigierte Zeitschriften u. Zeitungen im Geiste der nationalen Aufklärung. 1880 Leiter der bulgar. Nationalbibliothek, 1880/81 Unterrichts- und Innenminister. – Führender Dichter der bulgar. Literaturrenaissance, intime u. bürgerliche Thematik. Einer der größten Publizisten s. Zeit. Vereinigte den polit. Kampf mit einem umfassenden aufklärer. Projekt. Besorgte eine Bibelübersetzung, die wichtig für die Entwicklung des lit. Neubulgarischen war.

Sleecks

W: Pesnopojka ili različni pesni, satiri i gatanki na bulgarskij jazik za uveselenie na mladite, G. 1852; Smesena kitka, G. 1852; Veseluška za razveselenie na mladite, G. 1854; Slaveiče ili sŭbranie na različni pesni na bulgarski i turski za raztuha na mladite, G. 1864; Bulgarski pritči ili poslovici i harakterni dumi, 1892–97. – Izbrani sŭčinenija, II 1901–03, III 1927–39; Sŭbrani sŭčinenija (GW), X 1963–65.

L: B. Penev, 1919; K. Konstantinov, 1927; Zv. Minkov, 1941; K. Topalov, 1979; S. Baeva, 1980.

Slavici, Ioan, rumän. Schriftsteller, 18. 1. 1848 Şiria b. Arad – 17. 8. 1925 Panciu. Stud. Jura u. Philos. Budapest u. Wien, dort Beginn der Freundschaft mit Eminescu; 1874–84 Journalist in Jassy u. Bukarest, dann in Siebenbürgen, wo er 1888 wegen prorumän. Haltung ins Gefängnis mußte. Gab (1894–96) in Bukarest mit Coşbuc u. Caragiale die Zs. ›Vatra‹ heraus. Nach dem 1. Weltkrieg erneut 11 Monate im Gefängnis wegen propagandist. Tätigkeit für die Mittelmächte. Starb zurückgezogen in e. Kloster. – Sein Werk umfaßt Lustspiele, Novellen, Erzählungen, Romane, Dramen, Erinnerungen sowie philolog. u. pädagog. Arbeiten. Trotz s. Abneigung gegen psycholog. Analyse, s. derben siebenbürg. Sprache u. der allzu klar durchscheinenden Absicht zu moralisieren, ist S. doch e. bedeutender rumän. Erzähler. Er inventarisierte mit der Gewissenhaftigkeit e. Archivars Geschehnisse aus dem siebenbürg. Dorf u. schuf e. lit. Monographie des volkskundl. Lebens.

W: Soll şi Haben, 1878; O sută de ani, 1878; Moara cu noroc, N. 1881 (Die Glücksmühle, d. 1886); Pădureanca, N. 1884; Istoria universală, II 1891; Românii din regatul ungar şi politica maghiară, 1892; Ardealul, 1893; Familia lui Mihai Viteazul, 1894; Tribuna şi tribuniştii, 1896; Din bătrâni (Luca), 1902; Din bătrâni (Manea), 1905; Mara, R. 1906 (d. 1960); Zbuciumări politice la Românii din Ungaria, 1911; Politica naţională română, 1915; Din două lumi, 1920; Nuvele, VI 1921ff.; Cel din urmă Armaş, 1923; Poveşti, II 1923; Amintiri, 1924; Lumea prin care am trecut, Mem. 1930. – Teatru, 1963. – *Übs.:* Novellen, 1955; Geschichten, 1957; Novellen aus dem Volk, 1961.

L: P. Marcea, ^{2}1968; D. Vatamaniuc, 1968, 1970; M. Popescu, 1977; C. Ungureanu, 2002.

Sleecks, (Jan Lambrecht) Domien, fläm. Schriftsteller, 2. 2. 1818 Antwerpen – 13. 10. 1901 Lüttich. Journalist u. Lehrer. – Nach romant. Anfängen Hinwendung zum Realismus: Romane u. Theaterstücke aus dem Dorf- und Kleinstadtmilieu sowie aus der Welt von Schiffern u. Seeleuten; gelungene Tiergeschichten.

W: De kraenkinders, Dr. 1852; Miss Arabella Knox, Tier-E. 1855 (d. 1862); In 't schipperskwartier, R. II 1861; Tybaerts en Cie, R. 1867; De plannen van Peerjan, R. 1868; De vissers van Blankenberg, Dr. 1870. – Volledige werken, XVII 1877–83.

L: P. Fredericq, 1903; L. Baekelmans, in: Vier Vlaamsche prozaschrijvers, 1931.

Slepcov, Vasilij Alekseevič, russ. Erzähler, 31. 7. 1836 Voronež – 4. 4. 1878 Serdobsk. Aus altem Adel; stand ab 1861 der Redaktion des ›Sovremennik‹ nahe. – Vf. mit feinem Humor gewürzter Skizzen und Erzählungen über das Leben der Bauern; Vorzüge im Dialog gründen auf s. während vieler Wanderungen durch Mittelrußland erworbenen Kenntnis der Bauernsprache.
A: Sočinenija (W), II 1932f., II 1957; Izbrannye proizvedenija, Ausw. 1970; Izbrannoe, Ausw. 1979.
L: M. Semanova, 1974.

Slesar, Henry, amerik. Kriminal- u. Drehbuchautor, 17. 6. 1927 New York – 2. 4. 2002 ebda. – Vf. routiniert erzählter, schwarzhumoriger Kriminalgeschichten und Fernsehserien. S.s Kunstgriff ist die Romantisierung des Verbrechers durch Ironie.
W: The Grey Flannel Shroud, R. 1958 (d. 1974); Enter Murderers, R. 1960 (Vorhang auf, wir spielen Mord, d. 1975); The Bridge of Lions, R. 1970 (d. 1974); The Thing at the Door, R. 1974 (d. 1978); Death on Television: The Best of Henry Slesar's Alfred Hitchcock Stories, hg. F. Nevins, M. Greenberg 1989; Murder at Heartbreak Hospital, R. 1998. – *Übs.:* Ruby Martinson, En. 1976; Fiese Geschichten für fixe Leser, Slg. 1982; Die besten Geschichten, En. 1984.

Slessor, Kenneth, austral. Lyriker, 27. 3. 1901 Orange/Neusüdwales – 30. 7. 1971 Sydney. Journalist. – Brillanter, experimentierfreudiger, eklektizist. Lyriker. Erste Gedichte sensualist., ästhetisierend, später mehr satir., trocken, intellektuell.
W: Earth Visitors, 1926; Darlinghurst Nights, 1931; Cuckooz Contrey, 1932; Darlinghurst Nights, 1932; Five Bells, 1939; 100 Poems, 1944; Poems, 1957; Bread and Wine: Selected Prose, 1970; War Diaries, Aut. 1985; War Dispatches, Rep. 1987.
L: M. Harris, 1963; C. Semmler, 1966; A. K. Thomson, hg. 1968; H. G. Jaffa, 1971; G. Burns, 1975; D. A. Stewart, 1977; G. Dutton, 1991; A. Caesar, 1995; P. Mead, hg. 1997.

Słonimski, Antoni (Ps. Pro-rok), poln. Dichter, 15. 11. 1895 Warschau – 4. 7. 1976 ebda. Aus jüd. Familie. Mittelschule, dann Stud. Malerei Warschau u. München. Nach dem 1. Weltkrieg mit J. Tuwim Gründer der Zs. ›Skamander‹. Vf. satir. Wochenchroniken in der Zt. ›Wiadomości literackie‹. Gegen Piłsudski. 1939 Emigration nach England, 1951 Rückkehr nach Polen. – Intellektueller Dichtertyp mit Nähe zu Heine, Meister der Form, von Mickiewicz u. Słowacki beeinflußt. Begann mit e. Band Sonette, in denen er gegen das Bürgertum rebelliert. Dann auch Komödien, Satiren, utop. Romane u. lit. Feuilletons. In s. Aufbegehren meist allein. Pessimismus klingt an, weil er am Sinn u. Erfolg s. Dichtung zweifelt. Nach 1945 Vertreter e. liberalen Haltung, 1956–59 Präsident des Schriftstellerverbandes.
W: Sonety, G. 1918; Facecje republikańskie, G. 1919; Czarna wiosna, G. 1919 (konfisziert); Harmonia, G. 1919; Parada, G. 1920; Teatr w więzieniu, R. 1922; Dialog o Miłości ojczyzny, G. 1923; Droga na Wschód, G. 1924; Z dalekiej podróży, G. 1926; Oko w oko, G. 1928; Moja podróż do Rosji, 1932 (Misère et grandeur de la Russie rouge, franz. 1935); Rodzina, K. 1934; Heretyk na ambonie, Feuill. 1934; Okno bez krat, G. 1935; Dwa końce świata, R. 1937 (Zweimal Weltuntergang, d. 1986); Alarm, G. 1940; Popiół i wiatr, G. 1941. (n. 1962); Wiek klęski, G. 1945; Kroniki tygodniowe, Feuill. 1956; Wspomnienia warszawskie, Mem. 1957; W oparach absurdu, Humoreske 1958 (gem. m. J. Tuwim); Artykuły pierwszej potrzeby, Schr. 1959; Rozmowa z gwiazdą, G. 1961; Nowe wiersze, G. 1959; Załatwione odmownie, Schr. 1962; Wiersze 1958–63, G. 1963; Jawa i mrzonka, Sk. 1969; Jedna strona medalu, Schr. 1970; Obecność, Feuill. 1973; Alfabet wspomnień, Mem. 1975; Ciekawość, Feuill. 1981; Gwałt na Melpomenie, Feuill. 1982. – Wiersze zebrane (W), 1929; Poezje zebrane (AG), 1970.
L: A. Kowalczykowa, 1967 u. 1977; A. Rudnicki, Rogaty Warszawiak, 1981.

Slonimskij, Michail Leonidovič, russ. Schriftsteller, 1. 8. 1897 St. Petersburg – 8. 10. 1972 Leningrad. Vater Literat. Stud. Phil. Petrograd. E. der ersten Mitgl. des lit. Kreises der ›Serapionsbrüder‹, ab 1922 lit. Publikationen. – Bekannt durch lebendige, impressionist. Erzählungen. S. Roman ›Lavrovy‹ behandelt das 1926 aktuelle Thema der Stellung der Intelligenz zum bolschewist. Umsturz, er paßte ihn 1949 der Parteilinie an. Gegen Ende s. Lebens veröffentlichte S. Erinnerungen.
W: Šestoj strelkovyj, En. 1922; Lavrovy, R. 1926; Foma Klešněv, R. 1931; Pograničniki, En. 1937; Inženery, R. 1950; Druz'ja, R. 1954; Sem' let spust'ja, R. 1963; Kniga vospominanij, Erinn. 1966. – Sobranie sočinenij (GW), IV 1969f.; Sočinenija (W), IV 1928f.; Izbrannoe (Ausw.), 1955; Izbrannye proizvedenija (Ausw.), II 1958; Izbrannoe (Ausw.), II 1980.
L: N. Lugovcov, 1966.

Słowacki, Juljusz, poln. Dichter, 4. 9. 1809 Krzemieniec – 3. 4. 1849 Paris. Vater Prof. für Ästhetik. Von der Mutter erzogen. Stud. Jura Univ. Wilna bis 1828. Unglückl. Liebe zu Ludwika Śniadecka, Freundschaft mit Ludwig Spitznagel, beeinflußt von myst. Schriften Swedenborgs. Seit 1829 Beamter in Warschau. Unter Einfluß von Byron, Shakespeare, Lamartine entstanden erste romant. Dichtungen. 1831 nach Zusammenbruch der Revolution Emigration über Dresden, London nach Paris, von dort nach Genf, Beschäftigung mit Rousseau u. Byron. 1837/38 große Orientreise: Italien, Griechenland, Ägypten, Palästina. Nach Rückkehr 1838 in Florenz. Ab 1839 ständig in Paris. Ständige weltanschaul. u. künstler. Auseinandersetzung mit Mickiewicz. Abermals unerfüllte Liebe zu Frau Bobrowa. Zeitweise von Towiański beeindruckt. Starb an Tbc; auf dem Montmartre begraben. 1927 in die poln. Königsgruft überführt. – Neben Mickiewicz und Krasiński der 3. große Dichter der poln. Romantik. S. Jugenddichtung steht noch ganz unter dem Einfluß der westeurop. Romantik. Schildert Gestalten, die aus ihrer Gesellschaft ausbrechen, aber den Weg zu e. neuen nicht finden. S. 2. Entwicklungsphase wird eingeleitet durch das Drama ›Kordian‹, das gegen die Vermischung von nationalem poln. Anliegen mit betont kathol. relig. Elementen in Mickiewiczs ›Dziady‹ u. gegen die unentschlossene Haltung s. Generation zur Revolution 1831 Stellung nimmt. In der Schweiz entstehen ausgewogene, klass. anmutende Naturgedichte. In den allegor. Gedichten schildert er die Leiden der poln. Emigranten. Unter Einfluß Towiańskis Hinwendung zur Mystik. Übs. Calderón. Das Werk des stets einsamen, oft unverstandenen Dichters zeichnet sich durch s. Inspiration durch andere Literaturwerke, überaus reale, konstruktive Phantasie, geringen Kontakt mit der Wirklichkeit, hohe formale Meisterschaft u. sprachl. Schönheit aus.

W: Szanfary, G. 1828; Hugo, Powieść krzyżacka, G. 1830; Mindowe, król litewski, Dr. 1830; Mnich, powieść wschodnia, G. 1830; Jan Bielecki, G. 1830; Arab, G. 1830; Marja Stuart, Dr. 1830 (d. 1879); Żmija, G. 1831 f.; Poezje, G. III 1832 f.; Lambro, G. 1833; Godzina myśli, G. 1833; Genezis z Ducha, Schr. 1834 (Genesis from the Spirit, engl. 1966); Kordian, Dr. 1834 (d. 1887); Balladyna, Dr. 1834 (d. 1882); Horsztyński, Dr. 1835; Anhelli, Leg. 1838 (Der Engel, d. 1922); Beatryx Cenci, Dr. 1839; W Szwajcarii, G. 1839 (In der Schweiz, d. 1924); Podróż do Ziemi Świętej z Neapolu, G. 1839; Poema Piasta Dantyszka, G. 1839; Ojciec zadżumionych, G. 1839 (Die Pest in El Arisch, d. 1896); Wacław, G. 1839; Grób Agamemnona, G. 1840; Lilla Weneda, Tr. 1840 (d. 1881); Mazepa, Dr. 1840; Fantazy, K. 1841; Beniowski, Ep. 1840–46 (d. 1999); Ksiądz Marek, Dr. 1843 (Le père M., franz. 1907 f.); Sen srebrny Salomei, Dr. 1844 (Le songe d'argent de Salomée, franz. 1911); Samuel Zborowski, Dr. 1845; Król-Duch, Ep. 1845–49 (unvollendet; König Geist, d. 1999); Do autora ›Trzech psalmów‹, G. 1848. – Dzieła (W), hg. J. Kleiner XVI 1924ff., ^{2}1952 ff., XVII 1952–75; Dzieła, hg. J. Krzyżanowski XIV ^{3}1959; Pamiętnik, Mem. hg. H. Biegeleisen 1901; Listy, Br. hg. L. Piwiński III ^{2}1931f., II 1963. – *Übs.*: Gedichte, 1888, 1959; Briefe an die Mutter, 1984; Des Dichters größter Ruhm, G. Ausw. 1997.

L: M. Kridl, Antagonizm wieszczów, 1925; J. Kleiner, IV 1927, ^{6}2003; M. Janik, ^{2}1927; W. Lednicki, 1927; K. Krejčí, 1949; P. Hertz, 1949; A. Boleski, Słownictwo J. S., 1950 f.; J. S., Centenary Volume, 1951; A. Ważyk, 1955; M. Kridl, The Lyric Poems of J. S., Haag 1958; S. Treugutt, 1959; A. Boleski, 1960; P. Hertz, 1961; Kalendarz życia i twórczości J. S., 1961; J. Bourrilly, La jeunesse de J. S., Paris 1960; E. Csató, 1960; Sądy współczesnych o S., 1963; E. Sawrymowicz, ^{4}1973; St. Makowski, ›Kordian‹ J. S. 1973; J. Maciejewski, Florenckie poematy J. S., 1974; M. Dernalowicz, 1976; Z. Sudolski, 1978; M. Cieśla, Mistyczna struktura wyobraźni S., 1979; S. Makowski, 1980; S. Świrko, S.-poeta Warszawy, 1980; Cz. Zgorzelski, Liryka w pełni romantyczna, 1981; R. Przybylski, Podróż J. S. na Wschód, 1982; J. M. Rymkiewicz, J. S. pyta o godzinę, 1982; J. Tomkowski, J. S. i tradycje mistyki europejskiej, 1984; A. Kowalczykowa, 1994, ^{2}1999; Z. Sudolski, 1996, S. współczesny, hg. M. Troszyński 1999.

Sluckij, Boris Abramovič, russ. Dichter, 7. 5. 1919 Slavjansk/Donbass – 23. 2. 1986 Moskau. Mitglied der KPdSU. – S.s publizierte Lyrik war lange Zeit vom Kriegserleben bestimmt, das er in s. schweren Wahrheit erfaßt, später überwiegen poetolog. Gedichte und Künstlerporträts. Daneben schrieb S. polit., systemkrit. Dichtung, die dank verbreiteter Abschriften inoffiziell hohe Anerkennung genoß.

W: Pamjat', G. 1957; Vremja, G. 1959; Rabota, G. 1964; Dobrota dnja, G. 1973; Sroki, G. 1984. – Izbrannoe, Ausw. 1980.

Sluckis, Mykolas, litau. Erzähler, * 20. 10. 1928 Panevėžys. Stud. Univ. Vilnius bis 1951; 1952–55 im litau. Schriftstellerverband; 1954–59 Sekretär ebda. – Führte moderne Erzählformen, u. a. den inneren Monolog, in die litau. Lit. ein unter Wahrung der lyr.-romant. Stiltraditionen. Schildert die Klassenkampfprobleme der Nachkriegszeit, später greift er die Thematik der heutigen litau. Intelligenz auf.

W: Aš vėl matau vėliavą, E. 1948; Apšviestas langas, E. 1949; Būsimasis kapitonas, E. 1950; Adomėlis sargybinis, E. 1953; Kaip sudužo saulė, E. 1957; Geri namai, R. 1955; Vėju pagairėje, E. 1958; Geriau mums nesusitikti, E. 1961; Laiptai į dangų, R. 1963; Išdaigos ir likimai, E. 1964; Žingsniai, E. 1965; Merginų sekmadienis, E. 1971; Adomo obuolis, R. 1966 (Der Adamsapfel, d. 1975); Uostas mano neramus, R. 1968 (Mein Hafen ist unruhig, d. 1980); Svetimos aistros, R. 1970 (Fremde Leidenschaften, d. 1973); Saulė vakarop, R. 1976 (Wenn der Tag sich neigt, d. 1979); Kelionė į kalnus ir atgal, R. 1981. – Raštai (W), X 1976–84, VI 1988/89.

L: L. Terakopian, 1976; A. Bučys, 1979; P. Bražėnas, 1983.

Smalaūsys, Jurkšas → Baranauskas

Small, Adam, afrikaanser Lyriker und Dramatiker, 21. 12. 1936 Wellington (Kap). Stud. in Kapstadt, London u. Oxford, Prof. für Philos. an der Univ. Wes-Kaapland, gab s. Amt aus Protest gegen die Regierungspolitik auf, kehrte nach einer Tätigkeit in der Sozialarbeit an die Univ. zurück und leitete dort das Institut für Sozialarbeit. – In s.

Werk tritt S. als begabter Anwalt der ›Farbigen‹ der Kapprovinz auf. Sein Werk hat großen Einfluß auf die kulturellen Entwicklungen in Südafrika ausgeübt u. wesentlich zur Emanzipation der ›Farbigen‹ beigetragen.

W: Verse van die liefde, G. 1957; Die eerste steen?, Ess. 1957; Kitaar my kruis, G. 1961; Sê sjibbolet, G. 1963; Kanna hy kô hystoe, Dr. 1965; A brown Afrikaner speaks, Ess. 1971; Oos wes tuis bes: Distrik Ses, G. 1973; Joannie Galant-hulle, Dr. 1978; Heidesee, R. 1979; Krismis van Map Jacobs, Dr. 1983.
L: J. C. Kannemeyer, 1983; S. Van Wyk, 1997; F. Olivier, 1999.

S. Mani → Mauni

Smart, Christopher, engl. Dichter, 11. 4. 1722 Shipbourne/Kent – 21. 5. 1771 King's Bench/ London. Vater Verwalter e. Adelssitzes. Erzogen in Durham. Stud. Cambridge, Journalist und Hrsg. von Zsn. in London. ∞ 1752 Anna Maria Carnan. Nach 1756 zeitweise im in psychiatr. Anstalt (dort entstand s. bedeutendstes Gedicht ›Song to David‹). Starb im Schuldgefängnis. – Vf. von relig. Gedichten, Oratorientexten, e. satir. Dichtung auf John Hill, e. bekannten Quacksalber der Zeit, sowie von Gelegenheitsgedichten. Seine relig. Dichtung ›Rejoice in the Lamb‹ wurde erst 1954 veröffentlicht. Übs. von Horaz.

W: Poems on Several Occasions, 1752; The Hilliad, Sat. 1753; A Song to David, Dicht. 1763 (n. E. Blunden 1924, J. B. Broadbent 1960); Poems, II 1791; Rejoice in the Lamb (Jubilate Agno), Dicht. hg. W. H. Bond 1954. – Collected Poems, hg. N. Callan II 1949; The Poetical Works, hg. K. Williamson VI 1980–96.
L: P. M. Spacks, Poetry of Vision, 1967; H. Guest, 1989; C. S. and the Enlightenment, hg. C. Hawes 1999; C. Mounsey, 2001. – *Bibl.:* R. Mahony, B. W. Rizzo, 1984.

Šmelëv, Ivan Sergeevič, russ. Erzähler, 3. 10. 1873 Moskau – 24. 6. 1950 Paris. Vater Kaufmann; Stud. Moskau, Lehrer, Erstlingswerk 1895. 1919–22 auf der Krim, emigrierte 1922 nach Paris. – Die Art der Milieuschilderung im von Dostoevskij beeinflußten Roman ›Čelovek iz restorana‹ brachte ihm 1910 den ersten großen Erfolg; wurde dann e. der beliebtesten Autoren der russ. Emigration; in den 1920er Jahren sind die Themen vorwiegend auf das Leben in der SU und bei den Russen im Ausland bezogen, später vor allem auf die Vergangenheit Rußlands; verwendet von früh an gerne den von Leskov überkommenen Kunstgriff des ›skaz‹, der stilisierten mündl. Rede; gibt in Erzählungen und im Roman ›Solnce mërtvych‹ Bilder der Schrecken der Bürgerkriegsperiode. Vom Blickpunkt der lit. Wertung aus verdienen neben ›Pro odnu staruchu‹ und ›Neupivaemaja čaša‹ bes. die Skizzen der Bände ›Leto Gospodne‹ und ›Bogomol'e‹ Erwähnung, in denen die Welt des alten gläub., in der Tradition beharrenden Rußland eindringl. und überzeugend dargestellt ist, im 1. Band mit der Schilderung der orthodoxen Feiertage des Jahres. Wie in e. Teil s. gesamten Werks finden sich auch in den im Ausland bes. populären Romanen ›Njanja iz Moskvy‹ und ›Puti nebesnye‹ Partien, deren Wirkung durch rhetor. Emphase und lyr. Tönung gekennzeichnet ist.

W: Pod Gorami, 1910 (Liebe in der Krim, d. 1930); Čelovek iz restorana, R. 1911 (Der Kellner, d. 1927); Neupivaemaja čaša, E. 1921 (Der nie geleerte Kelch, d. 1926); Ėto bylo, E. 1923; Solnce mërtvych, Aut. 1926 (Die Sonne der Toten, d. 1925); Pro odnu staruchu, E. 1927 (Die Wallfahrt nach Brot, d. 1948); Svet razuma, En. 1928 (Das Licht des Geistes u. Des Teufels Schaubude, d. 1955); Istorija ljubovnaja, R. 1929 (Vorfrühling, d. 1931); Leto Gospodne, R. 1933 (Wanja im heiligen Moskau, d. 1958); Bogomol'e, Aut. 1935 (Die Straße der Freude, d. 1952); Njanja iz Moskvy, R. 1936 (Die Kinderfrau, d. 1936); Puti nebesnye, R. II 1937–48 (Dunkel ist unser Glück, dt. Ausz. 1965); Svet večnyj, En. 1968. – Rasskazy (En.), VIII 1910–16; Povesti i rasskazy, Nn. u. En. 1960, 1966, 1983.
L: M. Aschenbrenner, 1937; Pamjati I. S. Š. Sbornik, 1956; Ju. A. Kutyrina, 1960. – *Bibl.:* D. Schakhovskoy, 1980; W. Schriek, 1986.

Smilansky, Moshe (Ps. Hawaja Mussa), hebr. Novellist und Publizist, 1874 Ukraine – 1953 Rechowot/Israel. Ging 1890 nach Palästina. E. der Gründer der Kolonie Hadera (heute Stadt), Bauer, Lehrer, Journalist und Wortführer des bäuerl. Mittelstandes, dessen Pionierrolle er verherrlichte. Seine Einmaligkeit jedoch liegt in der lit. Darstellung des arab. Landarbeiters.

W: Beshadmot Ukraina, Bejn Karmej Jehuda, Bahar uwagaj, En. 1929–49. – *Übs.:* Selcted Stories, engl. 1935.

Smiley, Jane (Graves), amerik. Erzählerin, * 26. 9. 1949 Los Angeles. Stud. Vassar College u. Univ. Iowa, seit 1981 Engl.-Prof. Iowa State Univ. – Familienzentrierte Romane des Mittleren Westens, so in der feminist. ›King Lear‹-Neuerzählung ›A Thousand Acres‹ über Kindesmißbrauch, Inzest und ehel. Gewalt; auch Lit.kritik. Kriminalromane (›Duplicate Keys‹) u. hist. Romane (›The Greenlanders‹).

W: Barn Blind, R. 1980 (d. 1996); At Paradise Gate, R. 1981 (d. 1996); Duplicate Keys, R. 1984 (Dschungel Manhattan, d. 1986); The Age of Grief, Kgn. 1987 (d. 1987); Catskill Crafts, St. 1988; The Greenlanders, R. 1988 (d. 1990); Ordinary Love & Good Will, Nn. 1989 (d. 1993); The Life of the Body, Kgn. 1990; A Thousand Acres, R. 1991 (d. 1992); Moo, R. 1995 (d. 1995); The All-True Travels and Adventures of Lidie Newton, R. 1998 (d. 1999); Horse Heaven, R. 2000 (Feuerpferd, d. 2002); Charles Dickens, St. 2002 (d. 2003); A Year at the Races, Ess. 2004.
L: J.-M. Zeck, 1995; N. Nakadate, 1999.

Smiljanić, Radomir, serb. Schriftsteller, * 20. 4. 1934 Svetozarevo. Stud. Phil. Belgrad, Mitarbeiter des Belgrader Rundfunks. – S. behandelt in e. zeit- u. raumlosen Symbolik vereinsamte Menschen, deren seel. Chaos absurde Situationen erzeugt.

W: Alkarski dan, En. 1964; Martinov izlazak, R. 1965; Vojnikov put, R. 1966; Mirno doba, R. 1969; Neko je oklevetao Hegela, R. 1973 (Verleumdet Hegel nicht, d. 1975); U Andima Hegelovo telo, R. 1975; Bekstvo na Helgoland, R. 1977 (Hegels Flucht nach Helgoland, d. 1979); Ljubavne ispovesti Sofije Malovrazić, R. 1978; Ljubavni slučaj šampiona, R. 1980; Lepa Lena, R. 1984; Ubistvo na Dedinju, R. 1986; Karađorđe, R. 1993; Sva Borina žal, R. 1999; Reč zaveštanja, R. 2002.

Smirnenski, Christo (eig. Chr. Izmirliev), bulgar. Dichter, 29. 9. 1898 Kukuš/Mazedonien – 18. 6. 1923 Sofia. Stud. Polytechnikum u. Militärakad. Sofia. – Meister des Verses. Begann mit humorist. u. satir. Gedichten. Am bedeutendsten ist s. revolutionäre Dichtung, die eine originelle Vereinigung der symbolist. u. der polit. radikalen Poetik unter dem Einfluß der linken Ideen zeigt. Einzigartiger Feuilletonist.

W: Raznokalibreni vŭzdiški v stichove i proza, 1918; Da bŭde den!, G. 1922; Decata na grada, 1922; Zimni večeri, G. 1924. – Sŭčinenija, III 1932–33; Izbrani sŭčinenija, II 1951–52.

L: M. Nikolov, 1958; L. Georgiev, 1962; Z. Čolakov, 1988.

Smit, Bartholomeus Jacobus, afrikaanser Dramatiker und Übersetzer, 15. 7. 1924 Klerkskraal – 31. 12. 1986 Johannesburg. Stud. in Pretoria, Paris u. München; danach Kunstredakteur in Johannesburg. – S. übersetzte dt., franz., schwed. u. russ. Literatur in Afrikaans u. trug durch s. Bühnenwerke wesentlich zur Erneuerung der afrikaanssprachigen Literatur während der Zeit nach 1960 bei.

W: Meisies van vervloë dae, Dr. 1952; Moeder Hanna, Dr. 1955; Don Juan onder die boere, Dr. 1960; Die verminktes, Dr. 1960; Putsonderwater, Dr. 1962; Die man met 'n lyk om sy nek, Dr. 1967; Christine, Dr. 1971; Bachus in die Boland, Dr. 1974.

L: A. P. Brink, 1974; J. C. Kannemeyer, 1983; B. Smit, 1984; M. Hosten, J. Visser, 1999.

Smit, Gabriël (Wijnand), niederländ. Dichter, 25. 2. 1910 Utrecht – 23. 5. 1981 Laren. Feuilletonredakteur von ›De Volkskrant‹. Altkathol., 1933 Übertritt zur röm.-kathol. Kirche, von der er sich 1968 wieder löst. Gehörte zur Gruppe der protestant. Dichter ›Opwaartsche Wegen‹. – Verfasser relig. Lyrik; Gereimte Psalmenübersetzung.

W: Voorspel, G. 1931; Het laatste gezicht, G. 1934; Maria-lof, G. 1939; Sonetten, G. 1944; Spiegelbeeld, G. 1946; Fragment, G. 1948; Ternauwernood, G. 1951; De Psalmen, 1952; Variaties van liefde, G. 1966; Gedichten, 1975; Evenbeeld, G. 1981.

Smith, A(rthur) J(ames) M(arshall), kanad. Dichter u. Lit.kritiker, 8. 11. 1902 Montreal – 21. 11. 1980 East Lansing/Michigan. Sohn engl. Einwanderer. 1931 Dr. phil. Univ. Edinburgh; Hrsg. lit. Magazine u. Anthologien; bis 1972 Dozent an der Michigan State Univ. – S. zählt mit F. R. Scott, A. M. Klein u. L. Kennedy zur Montreal Group u. gilt als e. der einflußreichsten kanad. Literaten; in Lyrik u. Essays hinterfragt er kritisch Kanadas kolonialen Status u. trug maßgebl. dazu bei, die kanad. Lit. von ihrem Provinzialismus zu befreien u. neu zu definieren. Seine Lyrik, die eine große stilist. Bandbreite bietet, beschreibt S. als ›fröhlichfeierlich u. rituell‹. E. lebenslange Faszination für die Metaphysical Poets prägt s. lyr. Schaffen.

W: Book of Canadian Poetry, Anth. 1943, ²1948, ³1957; News of the Phoenix, G. 1943; A Sort of Ecstasy, G. 1954; The Oxford Book of Canadian Verse, Anth. 1960; Collected Poems, 1962; Masks of Poetry, Anth. 1962; Poems New and Collected, 1967; Modern Canadian Verse, Anth. 1967; Towards a View of Canadian Letters, Ess. 1973; The Canadian Experience, Anth. 1974; On Poetry and Poets, Ess. 1977; The Classic Shade, G. 1978.

L: J. Ferns, 1979; M. E. Darling, 1991; A. Compton, 1994. – *Bibl.:* M. E. Darling, 1981.

Smith, Betty, geb. Wehner, amerik. Schriftstellerin, 15. 12. 1906 New York – 17. 1. 1972 Shelton/CT. Stud. Univ. Michigan, Yale (Dramatik bei Prof. Baker), lehrte an der Univ. of North Carolina. – Schrieb nach etwa 70 Einaktern ungeschminkte, aber lebensbejahende Romane über das Leben in Brooklyns Slums.

W: A Tree Grows in Brooklyn, R. 1943 (d. 1947); Musical 1951 (m. G. Abbott); Tomorrow Will Be Better, R. 1948 (d. 1955); Maggie-Now, R. 1958 (Verwehte Träume, d. 1959); Joy in the Morning, R. 1963 (Morgen der Liebe, d. 1963).

Smith, Charlotte, geb. Turner, engl. Dichterin, 4. 5. 1749 London – 28. 10. 1806 Tilford/Surrey. ∞ 1765 Benjamin Smith, e. Kaufmann, der 1783 ins Schuldgefängnis kam. Nach Trennung von ihrem Mann erhielt sie sich und die Familie durch ihre schriftsteller. Arbeit. – Vf. von Sonetten, Essays und Romanen mit Schreckensszenen. Führt die romant. Szenerie neu in den Roman ein. Übs. (Manon Lescaut, 1785).

W: Elegiac Sonnets, 1784; Emmeline, the Orphan of the Castle, R. IV 1788 (n. A. H. Ehrenpreis 1971); Ethelinde, or the Recluse of the Lake, R. V 1790; Celestina, R. IV 1791; The Old Manor House, R. IV 1793 (n. A. H. Ehrenpreis 1969); The Wanderings of Warwick, R. 1794; Conversations introducing Poetry, Ess. II 1804. – Poems, hg. S. Curran 1993.

L: C. L. Fry, 1996; L. Fletcher, 1998.

Smith, Dave (eig. David), amerik. Dichter, * 9. 12. 1942 Portsmouth/VA. Sprachen- und Sportlehrer, versch. Lehrtätigkeiten an Univ., Luftwaffe Vietnamkrieg. – Dichtung in romant. Tradition der Transzendentalisten H. D. Thoreau und R. W. Emerson; Erkundungen der Traditionen der Südstaaten; regionales Ambiente mit teils grotesken Bildern.

W: Bull Island, G. 1970; Mean Rufus Throw Down, G. 1973; The Fisherman's Whore, G. 1974; Drunks, G. 1974; Cumberland Station, G. 1976; In Dark, Sudden with Light, G. 1977; Goshawk, Antelope, G. 1979; Homage to Edgar Allan Poe, G. 1981; Apparitions, G. 1981; Blue Spruce, G. 1981; Dream Flights, G. 1981; Onliness, R. 1981; In the House of the Judge, G. 1983; Gray Soldiers, G. 1983; Southern Delights, G. u. Kgn. 1984; Local Assays, Ess. 1985; The Roundhouse Voices, G.-Ausw. 1985; Three Poems, G. 1988; Cuba Night, G. 1990; Night Pleasures, G.-Ausw. 1992; Fate's Kite, Poems 1991–1995, 1995; Tremble, G. 1996; Floating on Solitude, G.-Slg. 1996; The Wick of Memory, New and Selected Poems, 1970–2000, 2000.

L: B. Weigl, hg. 1982.

Smith, Florence Margret → Smith, Stevie

Smith, Horace (getauft Horatio), engl. Dichter, 31. 12. 1779 London – 12. 7. 1849 Tunbridge Wells. Erzogen in Chigwell. Bankbeamter, Börsenmakler. Ab 1820 freier Schriftsteller. Befreundet mit Shelley, Keats und L. Hunt. – Vf. von Romanen und e. Schäferdramas. Veröffentlichte außerdem e. sehr erfolgr. Band Parodien auf zeitgenöss. Dichter (W. Scott und Th. Moore). E. Jahr später folgte e. wesentl. schwächerer 2. Band. S. besten Leistungen sind s. ernst-kom. Verse. Der Roman ›Brambletye House‹, e. Nachahmung der hist. Romane Scotts, spielt in der Zeit Cromwells und Charles' II.

W: The Runaway, R. IV 1800; Trevanion, R. IV 1802; Horatio, R. 1807; Rejected Addresses, Parod. 1812 (m. James S.; Faks., hg. D. H. Reiman 1977); Horace in London, Parod. 1813 (m. James S.; Faks., hg. D. H. Reiman 1977); Amarynthus, Dr. 1821 (Faks., hg. D. H. Reiman 1977); Gaieties and Gravities, G. 1825; Brambletye House, R. 1826; Zillah, E. 1828; The New Forest, R. III 1829; Festivals, Games and Amusements, Ess. 1831. – Poetical Works, II 1846, hg. E. Sargent 1857.

L: A. H. Beavan, James and H. S., 1899.

Smith, Iain Crichton, schott. Schriftsteller, 1. 1. 1928 Glasgow – Okt. 1998 Taynuilt/Argyll. Verbrachte Kindheit u. Jugend in relativer Armut auf gälischspr. Hebriden-Insel Lewis, Stud. Philol. in Aberdeen, Tätigkeit als Lehrer, u.a. in Oban. – Seine in Gälisch u. Engl. verfaßten Werke (Gedichte, Erzählungen, Romane) sind von seiner Zweisprachigkeit u. der Sorge um die bedrohte gäl.-kelt. (Highland-)Kultur geprägt. Psycholog. einfühlsam u. oft mit feiner Ironie widmet er sich dem Spannungsfeld zw. Tradition u. Fortschritt, strikter Religiosität u. persönl. Freiheit, Individuum u. Gesellschaft.

W: The Long River, G. 1955; The Law and the Grace, G. 1965; Consider the Lilies, R. 1968; Towards the Human, Ess. 1986; Selected Stories, 1990; Collected Poems, 1992; Critical Essays, hg. C. Nicholson 1992.

L: C. Gow, Mirror and Marble: The Poetry of I. C. S., 1992.

Smith, John, engl. Schriftsteller, 1579/1580(?) Willoughby/Lincolnshire – 21. 6. 1631 Plymouth/MA. Kaufmannslehre. Abenteuerl. Leben als Soldat in den Niederlanden und ab 1602 im österr. Feldzug gegen die Türken. Organisierte für die Virginia Company Siedlergruppen und segelte 1606 nach Jamestown/VA, von Indianern gefangengenommen, von der Häuptlingstochter Pocahontas offenbar gerettet (hist. allerdings nicht zweifelsfrei nachgewiesen). 1608 Präsident der Kolonie Virginia. Erforschte die Küste von Chesapeake, hatte große Verdienste um die Kolonisation. – Schrieb mehrere Bücher, in denen er sein abenteuerl. Leben schildert; lieferte damit kulturhist. interessante Zeugnisse engl. Kolonialstrebens. Verfertigte zudem wertvolle Karten der Ostküste Amerikas.

W: A True Relation of ... Virginia, 1608; A Description of New England, 1616 (d. 1628); New England Trials, 1620; The Generall Historie of Virginia, New-England and the Summer Isles, 1624 (Faks. 1966, Ausw. D. F. Hawke 1970; Unter den Indianern Virginiens, Ausz. d. 1926); The True Travels, Adventures and Observations of Captaine J. S., 1630 (d. 1782); Advertisments for the Unexperienced Planters of New England, 1631. – Complete Works, hg. P. Barber III 1986; Works, hg. E. Arbter 1878; Captain J. S.s America, Ausw. J. Lankford 1967.

L: E. K. Chesterton, 1927; B. Smith, 1953; P. Barbour, The Three Worlds of Captain J. S., 1964; C. P. Graves, 1966; J. Ashton, 1969; W. G. Simms, [7]1970; E. H. Emerson, 1971; K. Hayes, 1991; J. Lemay, The American Dream of J. S., 1991; A. Vaughan, American Genesis: Captain J. S. and the Founding of Virginia, 1999; D. Price, Love and Hate in Jamestown, 2003.

Smith, Stevie (eig. Florence Margret S.), engl. Schriftstellerin und Dichterin, 20. 9. 1902 Hull – 7. 3. 1971 Plymouth. Ab 1906 in London; in einem Verlagsbüro tätig. Selbstmordversuch 1953. – Bekannt als Vf. scheinbar naiv-harmloser Gedichte, die sich als vernichtende Kritik an gesellschaftl. Heuchelei herausstellen. Eigene Illustrationen stehen in spannungsreichem Bezug zu den Gedichten. Prägnanter Stil.

W: Novel on Yellow Paper, R. 1936; Tender Only to One, G. 1938; Over the Frontier, R. 1938; Mother, What Is Man?, G. 1942; The Holiday, R. 1949; Harold's Leap, G. 1950; Not Waving But Drowning, G. 1957; The Frog Prince, G. 1966; The Best Beast, G. 1969; Two in One, G. 1971; Scorpion, G. 1972; Me Again, Slg. 1981; A Selection, hg. H. Lee 1983. – Selected Poems, 1962; The Collected Poems, 1975.

L: K. Dick, Ivy and Stevie, 1971; A. C. Rankin, 1985; J. Barbera, W. McBrien, 1985; J. Barbera, 1987; F. Spalding, 1988 (n. 2002), 1991; C. A. Civello, Patterns of Ambivalence, 1997; L. Severin, 1997; D. Frerichs, 2000. – Bibl.: J. Barbera, W. McBrien, H. Bajan 1986.

Smith, Sydney, engl. Schriftsteller, 3. 6. 1771 Woodford, Essex – 22. 2. 1845 London. Schule Winchester, Stud. Theol. Oxford. 1794 Kurator in Nether Avon bei Amesbury, dann Erzieher in Edinburgh. Wurde dort in die Kreise junger Politiker der Whigs eingeführt. Mitbegründer u. bis 1802 Hrsg. u. Chefredakteur der ›Edinburgh Review‹. Dann Geistlicher in London und Dozent für Moralphilos. am Royal Institute, ab 1831 Kanonikus in St. Paul's. – Geistlicher, witziger Schriftsteller, außerordentl. beliebt. Großer Einfluß auf die Politik s. Zeit. S. starke Argumentationsgabe zeigt sich v.a. in s. Streitschriften über polit. Themen, bes. in s. ›Letters of Peter Plymley‹, die er zugunsten der Katholikenemanzipation schrieb.

W: Six Sermons, 1801; The Letters of Peter Plymley, 1807f. (hg. H. Morley 1886, G. C. Heseltine 1929); Elementary Sketches of Moral Philosophy, 1804f. – Works, IV 1839f.; Selected Writings, hg. W. H. Auden 1956; Letters, hg. N. C. Smith II 1953; Selected Letters, hg. ders. 1956.

L: S. J. Reid, 1894; H. Pearson, The S. of S.s, 1934; W. H. Auden, Portrait of a Whig, 1952; S. Halpern, 1967; G. W. E. Russell, [2]1971; A. Bell, 1980; P. Virgin, 1994.

Smith, Wilbur (Addison), südafrikan. Romancier, * 9. 1. 1933 Broken Hill/Nordrhodesien. Schulbildung in Natal. Stud. Rhodes University/Südafrika. – Vf. populärer hist. Romane und zeitgenöss. Thriller, die in versch. afrikan. Milieus angesiedelt sind und in der Tradition der kolonialen Abenteuerromane Rider Haggards stehen. Bereits der erste Roman, ›When the Lion Feeds‹, erlangte Bestseller-Status.

W: When the Lion Feeds, R. 1964 (d. 1965); Goldmine, R. 1970 (d. 1972); Eye of the Tiger, R. 1975 (Geheimnis der Morgenröte, d. 1977); Delta Decision, R. 1981 (d. 1981); The Leopard Hunts in Darkness, R. 1984 (d. 1986); The Burning Shore, R. 1985 (Glühender Himmel, d. 1987); The Power of the Sword, R. 1986 (Wer aber Gewalt sät, d. 1988); Elephant Song, R. 1991 (d. 1992); Warlock, R. 2001 (Die Söhne des Nils, d. 2001).

Smith, Zadie, engl. Schriftstellerin, * 27. 10. 1975 London. Vater Brite, Mutter Jamaikanerin. Stud. engl. Lit. Cambridge. – Mit ihrem Debüt-Roman ›White Teeth‹ gelang S. in der Geschichte der Assimilation zweier Familien über e. Zeitraum von 25 Jahren e. pralles, vielfarbiges und kom. Bild e. neuen multi-ethn. und multi-kulturellen Britanniens. Stilist. eindrucksvolle Mischung von Hip-Hop, Straßenslang und lit. Eleganz u. Poesie.

W: White Teeth, R. 2000 (Zähne zeigen, d. 2001); The Autograph Man, R. 2002 (d. 2003).

Smole, Dominik, slowen. Schriftsteller u. Dramatiker, 24. 8. 1929 Ljubljana – 29. 7. 1992 ebda. Journalist, ab 1953 freiberufl., seit 1972 Theaterdirektor. – S.s satir., oft ans Groteske grenzenden Erzählungen u. Dramen, in denen Wirklichkeit u. Überwirklichkeit sich überschneiden, behandeln die brennenden Probleme der slowen. Nachkriegszeit.

W: Mostovi, Dr. 1948; Popotovanje v Koromandijo, Dr. 1956; Igrice, Dr. 1957; Črni dnevi in beli dan, R. 1958; Antigona, Dr. 1961 (d. 1966); Veseloigra v temnem, Dr. 1966 (Lustspiel im Dunklen, d. 1966); Krst pri Savici, Dr. 1969; Cvetje zla, Dr. 1976; Nekaj malega o veverikah in življenju, Dr. 1977; Igre in igrice, Drn. 1986.

L: A. Inkret, 1968; M. Zupančič, 1972; T. Kermauner, 1994.

Smolenskij, Vladimir Alekseevič, russ. Dichter, 6. 8. 1901 Lugansk/Gouv. Ekaterinoslav – 8. 11. 1961 Paris. Vater Gutsbesitzer. S. kämpfte gegen die Bolschewiken und emigrierte 1920 nach Paris. Stud. Wirtschaftswiss. – Die Dichtung S.s gehört im Geistigen und Sprachl. zum Bedeutendsten, was in der russ. Emigration von 1918/1920 geschaffen wurde. Sie steht auf festem relig. Glauben, gestaltet visionäre Erlebnisse, vermittelt Wissen über die geistige Welt, in die der Mensch mit s. Tod zurückkehrt.

W: Zakat, G. 1931; Naedine, G. 1938; Stichi, G. 1963. – Sobr. stichotvorenij, G. 1957.

Smolenskin, Perez, hebr. Schriftsteller, 25. 2. 1842 Monastyrchina/Rußland – 1. 2. 1885 Meran. Entbehrungsreiche Jugend- und Studienjahre in Odessa, wo er mit beißenden Satiren gegen die jüd. Orthodoxie und das Assimilantentum hervortrat. 1868 ging er nach Dtl. und Österreich. Drucker und Korrektor in Wien, gab die für die jüd.-nationale Idee epochemachende Zs. ›Haschachar‹ (Die Morgenröte) heraus, wodurch er beispielgebend für den hebr. Journalismus wurde. 1874 im Auftrag der Alliance Israélite Universelle in Rumänien, um für die Verbesserungen der Lebensbedingungen der dortigen Juden zu wirken. 1880 Mitarbeiter des engl. Diplomaten Sir Laurence Oliphant an e. Kolonisationsprojekt in Palästina, das scheiterte. 1882 gründete er in Wien die 1. jüd.-nationale Studentenverbindung ›Kadima‹. – Vf. umfangr. Romane, die das damalige jüd. Milieu im Stile von Dickens' ›David Copperfield‹ schildern.

W: Hagmul, R. 1867; Hatoe bedarke hachajim, R. III 1868–70; Gmul jescharim, R. 1876; Hajeruscha, R. 1878–84. – Sifre (W), hg. L. Rosenthal 1887 ff.; Kol sifre, VI 1905–10.
L: R. Brainin, II 1896; J. Klausner, 1952; C. H. Freundlich, N. Y. 1965.

Smollett, Tobias (George), schott. Romanschriftsteller, (getauft) 19. 3. 1721 Dalquhurn/ Dumbartonshire – 17. 9. 1771 Monte Negro b. Livorno. Dumbarton Grammar School, bis 1739 Medizinstud. Glasgow, Apothekerlehrling. Ging 1739 nach London, brachte dort die Tragödie ›The Regicide‹ heraus, die durchfiel. 1741 Schiffsarzt auf der ›Chichester‹, die nach Westindien fuhr. Erlebte den Angriff auf Cartagena. Länger in Jamaika. Nach s. Rückkehr 1743 zunächst Arzt in London mit wenig Erfolg; wandte sich bald ganz dem Schriftstellerberuf zu. ∞ 1743 Anne Lassells. Mitarbeiter versch. Zss., schrieb Romane, halbwiss. Werke und Reisebeschreibungen. Früher Typus e. Berufsliteraten. Übs. 1748 Lesages ›Gil Blas‹, 1755 Cervantes' ›Don Quichote‹, 1761–74 Voltaires Werke (XXXVIII). 1756 Hrsg. der ›Critical Review‹, 1762 der Zs. ›The Briton‹. Mehrfach in heftige Kontroversen verwickelt. 1759 wegen verleumder. Äußerungen in ›The Critical Review‹ im Gefängnis. 1763–65 wegen s. schlechten Gesundheitszustandes im Ausland. 1766 Reise nach Schottland und Bath. Durch persönl. Enttäuschungen verbittert, verließ er England 1769 für immer. – Romanschriftsteller in der Tradition des ›Gil Blas‹ und des ›Don Quichote‹, Meister des pikaresken Romans. S. Leben in London und als Schiffsarzt gab ihm reiche Anregungen für e. Vielfalt von Szenen und Charakteren. Baut s. Romane nicht systemat. auf, sondern reiht e. Fülle rasch hingeworfener, oft possenhafter Skizzen aneinander. Mit Vorliebe zeichnet er groteske Gestalten von Originalen, Exzentrikern, Schurken und Narren. S. pessimist. Realismus deckt gern die gemeinen Seiten des Lebens auf. Witzige, schlagfertige Dialoge, bissiger, satir. Humor, karikierende Charakterdarstellung, unerschöpfl. Einfälle, glänzende Situationskomik meist an der bunten Oberfläche des Lebens. ›Humphry Clinker‹, s. witzigstes und reifstes Werk, experimentiert als Briefroman mit versch. Perspektiven.
W: The Regicide, Tr. 1739; The Adventures of Roderick Random, R. II 1748 (d. II 1790, hg. P. G. Boucé 1979); The Adventures of Peregrine Pickle, R. IV 1751 (n. J. L. Clifford 1964; d. 1785, n. 1914, 1967); The Adventures of Ferdinand Count Fathom, R. 1753 (d. 1799; hg. D. Grant 1978); The Reprisal, Posse 1757; A Complete History of England, IV 1757 f.; The Adventures of Sir Launcelot Greaves, R. 1762 (hg. D. Evans 1973); Travels through France and Italy, II 1766 (hg. F. Felsenstein 1979); The History and Adventures of an Atom, Sat. 1769; The Expedition of Humphry Clinker, R. III 1771 (hg. V. S. Pritchett 1954, A. Parreaux 1968; d. III 1772, III ²1848, 1959). – Collected Works, hg. G. Saintsbury XII 1895, W. E. Henley u. T. Seccombe XII 1899–1901, G. H. Maynadier XII 1902; Novels, Shakespeare Head Ed. XI 1925 f.; J. C. Beasley XII 1988f.; Letters, hg. E. S. Noyes 1926, L. M. Knapp 1970. – Übs.: Romane, XV 1839–41.
L: H. S. Buck, 1925 u. 1927; L. Melville, 1926; L. L. Martz, 1942; G. M. Kahrl, 1945; F. W. Boege, 1947 (m. Bibl.); L. Brander, 1951; L. M. Knapp 1963; D. Bruce, Radical Doctor S., 1964; R. L. Giddings, 1967; R. D. Spector, 1968; A. Parreaux, 1970; D. Hannay, 1971; Bicentennial Ess., hg. P. G. Boucé, 1971; D. Grant, 1977. – Bibl.: F. Cordasco, 1979; R. D. Spector, 1989.

Smrek, Ján (eig. Ján Čietek), slovak. Lyriker u. Kritiker, 16. 12. 1898 Zemianske Lieskové – 8. 12. 1982 Bratislava. Stud. Theol., Journalist, 1930 Redakteur der Zs. ›Elán‹, Hrsg. mod. slovak. Dichtung. – Nach Überwindung der Nachklänge des Symbolismus u. der Dekadenz besingt S. erot. Abenteuer u. die Freuden des Lebens, von denen er später in die Stille des Dorfes entflieht. Zahlr. Übs., Gedichte für Kinder.
W: Odsúdený k večitej žízni, G. 1922; Cválajúce dni, G. 1925; Božské uzly, G. 1929; Iba oči, G. 1933; Básnik a žena, G. 1934; Zrno, G. 1935; Hostina, G. 1944; Studňa, G. 1945; Obraz sveta, G. 1958; Struny, G. 1962; Nerušte moje kruhy, G. 1965; Poézija moja láska, Mem. 1968. – Súborné dielo (GW), IV 1963–68.
L: B. Kováč, 1962; J. Felix, Harlekýn sklonený nad vodou, 1965; M. Kocák, hg. 1988.

Smuul, Juhan, estn. Schriftsteller, 18. 2. 1922 Koguva – 13. 4. 1971 Tallinn. 1941–44 Kriegsdienst, 1944–46 Redakteur, 1953–71 Vors. des Schriftstellerverbandes. – Nach panegyrischen Stalin-Gedichten vor allem hervorgetreten mit humorist.-satir. Theaterstücken und Reisebüchern.
W: Karm noorus, G. 1946; Kirjad Sõgedate külast, En. 1955; Jäine raamat, Reiseb. 1959 (Das Eisbuch, d. 1962); Kihnu Jõnn ehk Metskapten, Dr. 1965 (Der wilde Kapitän, d. 1967); Muhu monoloogid. Polkovniku lesk, En. 1968 (Die Witwe und andere komische Monologe, d. 1972).
L: J. S. Kirjanduse nimestik, II 1974, 1982.

Šnajder, Slobodan, kroat. Dramatiker u. Essayist, * 8. 7. 1948 Zagreb. Stud Philos. u. Anglistik ebda. Redakteur der Zs. ›Prolog‹, ab 1991 freier Schriftsteller, rege Tätigkeit für dt. Theater. – Betreibt polit. engagiertes Theater nach Brecht-Vorbild. Problematisiert in s. Dramen das Verhältnis von Kunst u. Politik, Individuum u. Totalitarismus, entlehnt oft Motive aus Mysterien und Moritaten des MA.
W: Kamov, Dr. 1978; Držićev san, Dr. 1980; Hrvatski Faust, Dr. 1981 (d. 1987); Confiteor, Dr. 1983; Gamllet,

Dr. 1987; Radosna apokalipsa, Ess. 1988; Hruštevi, En. 1990; Utjeha sjevernih mora, Dr. 1992 (Trost der nördlichen Meere, d. 1995); Zmijin svlak, Dr. 1994 (Die Schlangenhaut, d. 1997); Knjiga o sitnom, Prosa 1996; Kardinalna greška, Dr. 1999.

L: M. Gotovac, 1984; L. Végel, 1987; B. Senker, 1996; S. Petlevski, 1997.

Snoilsky, Carl (Johan Gustaf), Graf (Ps. Sven Tröst), schwed. Lyriker, 8. 9. 1841 Stockholm – 19. 5. 1903 ebda. Aus altem Adelsgeschlecht, verlor früh den Vater. 1860–64 Stud. Uppsala. Höhepunkt s. Lebens war e. Reise nach Italien u. Spanien 1864/65, in Rom Freundschaft mit Ibsen, der ihm in ›Rosmersholm‹ e. Denkmal setzte. 1865/66 Diplomat in Paris, nach Rückkehr im Staatsdienst. ⚭ 1867 Hedvig Charlotta Amalia Piper. 1876 Mitgl. der Schwed. Akad. 1878 Kanzleirat. Wenig Befriedigung in Amt und Ehe, 1879 Scheidung u. Bruch mit allem Bisherigen, 1880 zweite Ehe mit Gräfin Ebba Piper, geb. Ruuth, Reise nach Italien u. Afrika, dann bis 1890 Aufenthalt in Dresden. 1890 Leiter der Königl. Bibliothek in Stockholm. Inspekteur des Schauspielhauses. 1893 Dr. phil. h.c. Uppsala. – S. Jugendgedichte sind Nachbildungen nach Goethe, Heine, Hugo, Byron, Tegnér u. a. Als polit. Dichter Vertreter des Liberalismus der 1860er Jahre, jugendl. Begeisterung in übermütigen Rhythmen. 1. Italienreise bedeutet poet. Durchbruch zu Gedichten voller Liebesglück u. Freiheitsschwärmerei. Seine Sonette über Spanien sind seit Stagnelius die ersten schwed. Meisterwerke dieser Form. 2. große Schaffensperiode während des freiwilligen Exils u. der neuen Ehe; neuer Lebensmut, rebell. Stimmung, vertritt das Recht der Leidenschaft gegen Konventionen. Aus Heimweh entstehen ›Svenska bilder‹, e. Slg. patriot.-hist. Gedichte um die dichter. ergiebigsten Ereignisse u. Gestalten in plast., konkreten Bildern und vollendeter Form. Furcht vor sozialer Umschichtung, Verwirrung u. Ratlosigkeit ließen ihn als Dichter nach Rückkehr in die Heimat verstummen.

W: Orchidéer, G. 1862; Italienska bilder, G. 1864f.; España, G. 1865f.; Dikter, 1869; Sonetter, 1871; Nya dikter, 1881; Firenze och Sorrento, G. 1880–82; Dikter, 1883; Svenska bilder, G. 1886, 1895; Dikter, 1897. – Samlade dikter, V 1903f.; C. Snoilsky och hans vänner, Br. hg. R. G. Berg, II 1917f. – *Übs.:* Ausgew. Gedichte, 1892.

L: K. Warburg, 1905; P. Hallström, 1933; H. Olsson, 1941; H. Olsson, 1981.

Snorri Sturluson, isländ. Gelehrter u. Dichter, um 1178 Hof Hvammur (Westisland) – 22. 9. 1241 Gut Reykholt (ermordet). Bis 1201 Schule in Oddi, wo er Grundlagen für spätere wiss. Arbeit erhielt. Durch s. Heirat mit Herdís Bessadóttir 1199 einer der reichsten u. mächtigsten Männer Islands. Zweimal Gesetzessprecher. 1201–06 in Borg, ab 1206 Reykholt, das durch ihn zum geistigen Zentrum des Landes wurde, 1218–20 erster Aufenthalt in Norwegen mit Reise nach Götland, widmete sich hier u. a. hist. Studien u. Materialsammlungen zu e. größeren Geschichtswerk. – Bedeutendste Gestalt der isländ. Geistesgesch.; Meister der hist. Prosa. Verfaßte um 1220 seine ›Edda‹ (nach d. Verf. ›Snorra-Edda‹ genannt) u. um 1230 die ›Heimskringla‹. Letzteres ist e. auf versch. Quellen beruhende Gesch. der norweg. Könige von der myth. Urgeschichte bis 1177. Die ›Snorra-Edda‹, überliefert in den Cod. Regius, Upsaliensis u. Wormianus, ist e. Hand- u. Lehrbuch für Skalden in 3 Teilen: 1. ›Gylfaginning‹, Abhandlung der heidn. Götterlehre, aus der viele unverständl. gewordene poet. Umschreibungen stammen; 2. ›Skáldskaparmál‹, Übersicht über Kenningar, zeigt die sachl. Veranlassung ihrer Bildung auf; 3. ›Háttatal‹, e. Preislied auf s. Freunde König Hákon und Jarl Skúli, in dem sämtl. in der altnord. Dichtung mögl. Strophenformen verwendet, vorgeführt u. kommentiert werden. Wirkt dichter. infolge s. starren Systematik wenig lebendig u. frisch.

A: Heimskringla: F. Jónsson III 1893–1901; B. Aðalbjarnarson III 1941–51; St. Pálsson, II 1944; P. E. Ólason III 1946–48. – *Übs.:* G. Mohnike 1835–37; F. Niedner III 1922f., n. 1965. – Edda: P. J. Resenius, M. Ólafsson v. Laufás, Koph. 1665; J. Göransson (Cod. Upsal.), Uppsala 1746; R. K. Rask, Stockh. 1818; Sv. Egilsson 1848; J. Sigurðsson u. a. (›Arnamagnäan. Ausg.‹), Koph. III 1848–87, n. 1966; Þ. Jónsson, Koph. 1875; E. Wilken, H 1877–83, ²1913; F. Jónsson, Koph. 1900, ²1926, 1924 (Cod. Worm.), 1931, 1907; G. Jónsson 1935, 1949; M. Finnbogason 1952; A. Holtsmark, J. Helgason, Oslo 1971; A. Björnsson, 1975; Faks., eingel. S. Nordal (Cod. Worm.), Koph. 1931; E. Wessén, Koph. 1940; A. Grape (Cod. Upsal.), Uppsala 1962. – *Übs.:* G. Neckel 1925 (n. 1966).

L: Bibl. u. Überlieferung zur 1. Heimskringla: H. Hermannsson, Ithaca 1910; S. Nordal, 1920; G. Cederschiöld, 1922; H. Neumann, 1943; F. Paasche, ²1948; K. Schier, Sagalit., 1970; 2. Edda: H. Hermannsson, Ithaca 1920, Suppl. J. S. Hannesson, ebda. 1956; Ciklamini, Bost. 1978.

Snow, C(harles) P(ercy) (seit 1957 Sir), engl. Romanautor, 15. 10. 1905 Leicester – 1. 7. 1980 London. Sohn e. wenig erfolgr. Kaufmanns. Stud. Naturwiss. in Leicester u. Cambridge. 1930–50 Physik-Dozent in Cambridge. Im 2. Weltkrieg Chef des wiss. Personals im Arbeitsministerium, 1945–60 als hoher Beamter mit der Ausbildungsüberwachung an den engl. Hochschulen betraut. ⚭ 1950 die Schriftstellerin P. H. Johnson. 1964–66 Staatssekretär im Ministerium für Wiss. u. Technologie mit Sitz im Oberhaus. – Sein Hauptwerk ist der 11bändige Romanzyklus ›Strangers and Brothers‹, e. Chronik der Zeit von 1914–68. Die Cambridge-Vorlesung ›The Two Cultures and the Scientific Revolution‹, in der S. die Kluft zwischen der traditionellen geisteswiss. Kultur u. der vom naturwiss.-technolog. Umbruch geprägten Zeit beklagt, rief e. lebhafte, jahrelange Diskussion hervor.

W: Death Under Sail, R. 1932 (d. 1971); The Search, R. 1934; Strangers and Brothers, R.-Zykl. XI: Strangers and Brothers, 1940 (d. 1964), The Light and the Dark, 1947 (d. 1947), Time of Hope, 1949 (d. 1951), The Masters, 1951 (d. 1952), The New Men, 1954 (Entscheidung in Barford, d. 1970), Homecomings, 1956 (Wege nach Haus, d. 1962), The Conscience of the Rich, 1958 (d. 1961), The Affair, 1960 (Dr. 1962; d. 1963), Corridors of Power, 1964 (d. 1967); The Sleep of Reason, 1968; Last Things, 1970; View Over the Park, Sch. 1950; The Two Cultures and the Scientific Revolution, Vortr. 1959 (d. 1967); Science and Government, Vortr. 1961 (Politik hinter verschlossenen Türen, d. 1961); The Two Cultures and a Second Look, Es. 1964; The Malcontents, R. 1972; In Their Wisdom, R. 1974; Trollope, B. 1975; The Realists, St. 1978; A Coat of Varnish, R. 1979.

L: W. Cooper, 1959; R. Graecen, 1962; F. R. Leavis, Two Cultures?, 1962; F. R. Karl, 1963; Cultures in Conflict, hg. D. K. Cornelius, E. Saint Vincent 1964; J. Thale, 1964; R. G. Davis, 1965; Literatur und naturwissenschaftliche Intelligenz, hg. H. Kreuzer 1969; N. C. Graves, 1972; G. Nold, Diss. 1973; D. Shusterman, 1975; S. Ramanathan, 1978.

Snyder, Gary (eig. G. Sherman), amerik. Lyriker, * 8. 5. 1930 San Francisco. Stud. Anthropologie Reed College (B. A. 1951), 1953–56 Japanologie und Sinologie in Berkeley; lebte bis 1964 vorwiegend in Japan, seither abwechselnd in Japan und den USA. 1964/65 Dozent in Berkeley. – Aus dem Kreis der Beat-Lyriker kommend, ist S. stark von indian. und buddhist. Gedanken beeinflußt; er schreibt pastorale Gedichte mit ökolog. Motivation, verbindet Primitivismus und Kalkül; es geht ihm um e. neue Einheit von Mensch und kosm. Rhythmen.

W: Riprap, 1959; Myths and Texts, 1960; Cold Mountain Poems, 1965; Six Sections from Mountains and Rivers Without End, 1965, erw. 1970; A Range of Poems, 1966; The Back Country, 1967; Earth House Hold, Tg. u. Ess. 1969; Regarding Wave, 1970; Turtle Island, 1974 (d. 1979); The Old Ways, Ess. 1977; He Who Hunts Birds in His Father's Village: The Dimensions of a Haida Myth, St. 1979; The Real Work: Interviews, 1980 (Landschaften des Bewußtseins, d. 1984); Passage Through India, Aut. 1983; Left Out in the Rain, G. 1947–1986, 1986; The Practice of the Wild, Ess. 1990; No Nature, G. 1992; A Place in Space: Ethics, Aesthetics, and Watersheds, Prosa 1995; Mountains and Rivers without End, G. 1996; The Gary Snyder Reader: Prose, Poetry, and Translations, 1952–1998, 1999; A Place for Wayfaring: The Poetry and Prose of Gary Snyder, hg. P. D. Murphy 2000. – *Übs.:* Maya, 1972.

L: B. Steuding, 1976; Ch. Molesworth, 1983; Ch. Grewe-Volpp, 1983; H. P. Rodenberg, Subversive Phantasy, 1983; T. Dean, 1991; P. D. Murphy, 1992;

S. Bock, 1993; R. Schuler, 1994. – *Bibl.:* K. McNeil, 1983.

Sobol', Andrej Michajlovič, russ. Erzähler, 25. 5. 1888 Saratov – 12. 5. 1926 Moskau (Selbstmord). Wegen Teilnahme an revolutionären Aktionen 1905/06 zu 4 Jahren Zwangsarbeit in Sibirien verurteilt, floh ins Ausland, kehrte 1915 zurück. – Stellt in s. z. T. in phantast. Realismus gehaltenen Erzählungen meist durch die Revolution enttäuschte und gebrochene Personen aus den Kreisen der Intelligenz dar. Seit 1928 in der SU kaum beachtet.

W: Pyl', R. 1916; Oblomki, En. 1923. – Sobranie sočinenij (GW), IV 1926f., III 1928.

Sobol, Yehoshua, hebr. Theaterautor und Erzähler, * 24. 8. 1939 Tel Mond/Israel. In einer landwirtschaftlichen Siedlung im vorstaatlichen Israel aufgewachsen, wurde S. später Mitglied eines Kibbuz, bevor er an der Sorbonne in Paris Philos. studierte. Seit Anfang der 70er Jahre ist er als Bühnenschriftsteller, Regisseur wie auch als Theaterleiter tätig, unterrichtet Dramaturgie an mehreren akademischen Institutionen. – Mit seinem Stück ›Ghetto‹ über eine jüd. Theatertruppe im Ghetto Wilna während des Holocausts gelang S. der internationale Durchbruch, nicht zuletzt in der Bundesrepublik Dtl. (Regie: Peter Zadek), wo es 1985 zum besten ausländischen Theaterstück der Saison gekürt wurde. In s. Dramen setzt sich S. kritisch mit der jüd. Geschichte, mit der zionist. Ideologie wie auch mit dem israel.-arab. Konflikt auseinander. Die Stücke fußen oft auf hist. Material und wagen sich an Tabus heran, was dem Autor im eigenen Land den Ruf eines Provokateurs oder Nestbeschmutzers einbrachte. Nach etwa 30 Stücken auf hebräisch verfaßte S. auch einige Dramen in jidd. Sprache. Er veröffentlichte 2000 s. ersten Roman ›Schetika‹, der stark autobiograph. Züge trägt.

W: Leil ha-Esrim, Dr. 1976; 1990 (The Night of the Twentieth, engl. 1978); Nefesh Yehudi, Dr. 1982 (Weiningers Nacht, d. 1986, 1988); Ghetto, Dr. 1984 (d. 1984); Ha-Palestinait, Dr. 1985 (Die Palästinenserin, d. 1988); Sindrom Yerushalayim, Dr. 1987 (Das Jerusalem Syndrom, d. 1991); Adam, Dr. 1989 (d. 1989); Solo, Dr. 1991 (bilinguale Ausgabe, engl.-franz. 1994); Kfar, Dr. 1996; Alma, Dr. 1999 (d. 1999); Schetika, R. 2000 (Schweigen, d. 2001).

L: M. Morgenstern, Theater und zionist. Mythos, 2002.

Socé Diop, Ousmane, senegales. Schriftsteller, 31. 10. 1911 Rufisque – 28. 10. 1973 ebda. Als e. der ersten Afrikaner Veterinärstud. in Frankreich, vorübergehend an der Ecole de Cavalerie in Saumur tätig. Intensive polit. Tätigkeit im Senegal. – Bekannt v. a. durch s. Romane, in denen sich Realismus und Exotismus mischen, schildert das afrikan. Leben vorwiegend aus der Perspektive der Europäer, läßt wenig Raum für die autochthonen senegales. Strukturen, verfolgt vielmehr die musikal. und künstler. Beeinflussung der europ. Kultur der 1. Hälfte des 20. Jh. durch diese, definiert Kubismus und Rumba als Synkope beider Kulturwelten.

W: Karim, R. 1935; Mirages de Paris, 1937; Contes et légendes d'Afrique Noire, Nn. 1948; Rythmes du Khalam, G. 1956.

Söderberg, Hjalmar (Emil Fredrik), schwed. Dichter, 2. 7. 1869 Stockholm – 14. 10. 1941 Kopenhagen. Sohn e. Notars, 1888 Abitur, bis 1896 Zollbeamter, seit 1891 journalist. Tätigkeit, ab 1897 bei ›Svenska Dagbladet‹. ∞ 1899 Märtha Abenius. Ab 1906 zeitweise in Kopenhagen, ab 1917 endgültig dort. 2. Ehe mit Emide Vos. Seitdem wenig lit. tätig, dafür Übsn. u. bibelkrit. Forschungen. – Von Impressionismus und Décadence (Bang, Jacobsen) beeinflußter Erzähler, gilt als e. der besten Stilisten s. Zeit, bes. in Novellen; außerdem Romane mit autobiograph. Hintergrund (›Martin Bircks ungdom‹), Schauspiele (›Aftonstjärnan‹: Fin-de-siècle-Stimmung), wenig Lyrik, religionsgeschichtl. Werke; bedeutsam als Kritiker. Knapper, intellektuell durchformter Stil, Farbenreichtum u. hohe Stimmungskunst bes. in Romanen, die das Stockholm der Jh.wende schildern. Skept. Resignation, illusionsloser Rationalist auch in erot. Fragen (›Gertrud‹, ›Den allvarsamma leken‹). Zentrale Stellung in Kulturkritik, auch polit. leidenschaftl. Rationalist. Scharfe Ironie als Mittel gegen Brutalität u. Sinnlosigkeit des Daseins. Griff die Vernunftfeindlichkeit u. Menschenverachtung der Dreyfusaffäre an (›Historietter‹), wandte sich gegen die Willensphilos. (›Hjärtats oro‹) und schrieb e. Reihe von Artikeln gegen den Nationalsozialismus (›Sista boken‹). Obwohl von der Unausrottbarkeit der Unvernunft überzeugt, bekämpfte er sie unermüdl. Übs. Heine, Maupassant, A. France.

W: Förvillelser, R. 1895 (Irrungen, d. 1914); Historietter, N. u. Sk. 1898 (d. 1905); Martin Bircks ungdom, R. 1901 (M. B.s Jugend, d. 1904); Främlingarna, N. 1903; Doktor Glas, R. 1905 (d. 1907, 1966); Gertrud, Sch. 1906 (d. 1981); Det mörknar över vägen, N. 1907; Hjärtats oro, Aphor. 1909; Aftonstjärnan, Sch. 1912; Den allvarsamma leken, R. 1912 (Das ernste Spiel, d. 1927); Den talangfulla draken, Nn. 1913; Jahves eld, Es. 1918; Ödestimmen, Sch. 1922; Jesus Barabbas, Es. 1928; Resan till Rom, Nn. 1929; Den förvandlade Messias, Es. 1932; Sista boken, Es. 1942; Makten, visheten och kvinnan, Aphor. 1946. – Samlade verk, X, hg. T. Söderberg u. H. Friedländer 1943f. (unvollst.); Skrifter, X 1919–21; Vänner emellan, Br. 1948 (m. C. G. Laurin); Kära Hjalle, Kära Bo, Br. 1969 (m. B. Bergman).

L: S. Stolpe, 1934; B. Bergman, 1951; S. Rein, 1962; B. Holmbäck, 1969; S. Lagerstedt, 1982. – *Bibl.:* H. Friedländer, 1944; R. Ekner, 1967.

Söderbergh, Bengt, schwed. Schriftsteller, * 30. 6. 1925 Stockholm. Journalist, lebt in Frankreich. – Seine Romane sind mit ihrer konzentrierten Prosa realist., oft von lächelnder Ironie begleitete Lebensschilderungen von Menschen auf der Suche nach individueller Identität. Vermittler der franz. Literatur in Schweden.

W: Den förstenade, R. 1948; De lyckliga öarna, R. 1950; Herr Selows resa till synden, R. 1954; Om tjänarens liv, R. 1957; Vid flockens strand, R. 1959; Stigbygeln, R. 1961; Våren, R. 1964; Teresa, R. 1969 (Rondo für Teresa, d. 1985); La culture et l'état, Es. 1971; En livslång kärlek, R. 1977; De gåtfulla barrikaderna, R. 1983; Ur sommarnattens famn, R. 1991.

Södergran, Edith Irene, finnl.-schwed. Lyrikerin, 4. 2. 1892 St. Petersburg – 24. 6. 1923 Raivola/Karelien. Dt. Schule in St. Petersburg, 16jähr. lungenkrank, lebte nach der russ. Revolution in Armut. – Mit S. hält der europ. lyr. Expressionismus Einzug in Finnland. Durch freie Rhythmen, bilderr., leidenschaftl. Sprache u. enormen Stilwillen übte Sie starken Einfluß auf die mod. finn. Lyrik aus. Ringt um e. Gedanken in e. Folge schneller Assoziationen. Nach der 1. Sammlung glückträumer. Gedichte, die auf Ablehnung stieß, überwindet sie Depression u. Siechtum im Zeichen Nietzsches durch ekstat. geist. Aufschwung über das eigene Dasein, Schönheitskult u. glühenden Glauben an die Auserwähltheit (›Septemberlyran‹). Erst in folgenden Sammlungen findet sie wieder zu intimerer Menschlichkeit, verliert aber nie den sicheren Ton des Sieges und jubelnden Glücksgefühls, das manchmal stark erot. Färbung trägt u. letzte Mobilisierung ihrer schwindenden Lebenskraft ist.

W: Dikter, G. 1916 (Ausw., in: Museum der modernen Poesie, d. 1960); Septemberlyran, G. 1918; Rosenaltaret, G. 1919; Brokiga iakttagelser, Aphor. 1919; Framtidens skugga, G. 1920; Landet, som icke är, G. 1925 (Ausw., in: Von Welle und Granit, d. 1947); Min lyra, G. 1929; Triumf att finnas till, G. 1948; Ediths brev, Br. 1955. – Dikter (ges. G.), 1940; Samlade dikter (ges. G.), 1949, 1962; Ungdomsdikterna, 1961; Samlade dikter, 1997. – *Übs.:* Feindliche Sterne, 1977; Klauenspur, 1990; Der Schlüssel zu allen Geheimnissen, 2002.

L: O. Enckell, Esteticism och nietzscheanism i E. S. lyrik, 1949; G. Tideström, ^{2}1960; I. Suchsland, 1990; E. Brunner, 1992.

Søiberg, Harry, dän. Erzähler, 13. 6. 1880 Ringkøbing – 2. 1. 1954 Kopenhagen. Sohn e. Kürschners, Buchbinderlehrling in Århus, sozialer Agitator, e. Zeitlang Wanderleben in Jütland, 1906 Durchbruch mit den Heimatromanen ›Øde egne‹; hat größten Erfolg mit den Trilogien

Sønderby

›De levendes land‹ u. ›Søkongen‹; viele lange Auslandsreisen, 1939–46 Vorsitzender, 1948 Ehrenmitgl. des dän. Schriftstellerverbandes. – S. ist nur dem Stoff nach Heimatdichter, Natur u. Menschentypen (Bauern u. Fischer) Westjütlands wirken in s. Büchern wie Sinnbilder psych. Phänomene u. dunkler Mächte, bes. in ›De levendes land‹. ›Søkongen‹ ist – wie die meisten Erzählungen – realistischer, aber ebenfalls von visionärem Gepräge. ›En kvindes kamp‹, ›En børneflok vokser op‹ und ›På vej mod tiden‹ sind Teile e. unvollendet gebliebenen autobiograph. Werkes.

W: Øde Egne, En. 1906; Under Kampen, R. II 1907f.; Folket ved Havet, R. 1908; Af jordens slægt, Nn. 1910; Lykkebarnet, R. II 1911f.; Af Nyskovens saga, R. 1912; Hjemling jord, R. 1914; Foran livets port, R. 1916, Lyset, R. 1918, De levendes land, R. 1920 (alle 3 u.d.T. De levendes land, II 1920, n. 1982; Das Land der Lebenden, d. 1929); Savn, Nn. 1921; Meta, R. 1923; Søkongen, R. 1926 (n. 1981; Der Seekönig, d. 1929), Søkongens datter, R. 1928 (n. 1981; Die Tochter des Seekönigs, d. 1930), Søkongens sidste rejse, R. 1930 (n. 1981; Der letzte Weg, d. 1931); En kvindes kamp, R. II 1938 (n. 1979; Der Kampf einer Frau, d. 1940); Fra Hjertets Krinkelkroge, En. 1932; Mange slags folk, Nn. 1943; Af jordens slægt, Ges. En. 1945; En børneflok vokser op, R. 1949 (n. 1980); På vej mod tiden, R. 1952 (n. 1980).

L: R. Gandrup, 1953.

Sønderby, Knud, dän. Erzähler, 10. 7. 1909 Esbjerg – 8. 8. 1966 Kopenhagen. 1935 cand. jur., Journalist bei versch. Zeitungen. – Erzähler in e. eigenart. Verbindung von Sachlichkeit, Wehmut u. Ironie, ähnl. Hemingway. Hatte großen Erfolg mit ›Midt i en jazztid‹ über die scheinbar antisentimentale Jugend der 1920er Jahre; schilderte im nächsten Roman den unüberschreitbaren Milieuunterschied von zwei Liebenden u. gab im Schauspiel ›En kvinde er overflødig‹ e. effektvolles Bild von der unübersteigbaren Generationsschranke. Stilist. vorzügl. Skizzen u. Essays, in denen er die mod. Alltagssprache zu e. sehr empfindl. seel. Instrument macht.

W: Midt i en Jazztid, R. 1931 (n. 2002); To mennesker mødes, R. 1932; En kvinde er overflødig, R. 1935, [5]1979 (Dr. 1942); Du kolde flammer, R. 1940 (Kalte Flammen, d. 1946); Grønlandsk Sommer, Sk. 1941; Den usynlige Hær, R. 1945; Forsvundne Somre, Ess. 1946 (n. 1980); Krista, Dr. 1947; Hjertets renhed, Dr. 1949; Hvidtjørnen, Ess. 1950; De blå glimt, Ess. 1964; Stumper af et spejl, Ausw. 1964; Danmarkskortet, Ess. 1970. – Den sorte svane (Es.-Ausw.), hg. O. Knudsen 1987.

L: O. Risak, 1973; P. Gadman, 1976; P. Bager, Fylde og tomhed, 1984.

Sørensen, Villy, dän. Schriftsteller, * 13. 1. 1929 Frederiksberg. Stud. Philos. u. Psychol. an dän., dt. u. schweizer. Univ. 1959–63 Mitredakteur der maßgebl. lit. Zs. ›Vindrosen‹. Mitglied der Dän. Akademie seit 1965. Wichtige Rolle im dän. Kulturleben. – Dän. Hauptvertreter der tiefenpsycholog. Ästhetik, gab beträchtl. Resultate von neuen Volksliedauslegungen wie von Umwertungen, z.B. von Kierkegaard, H. C. Andersen u. Th. Mann, u. führte Hermann Broch in Dänemark ein. – Vf. iron.-bizarrer Erzählungen mit Nähe zu Kafka.

W: Sære historier, En. 1953, [6]2001; Ufarlige historier, En. 1955, [4]1991 (Ausw. aus beiden: Tiger in der Küche, d. 1959, n. 1985); Digtere og dæmoner, Ess. 1959; Friedrich Nietzsche, Es. 1963, [4]1999; Formynderfortællinger, En. 1964, [5]1999 (Vormundserzählungen, d. 1968); Kafkas digtning, Es. 1968, [3]1992; Schopenhauer, Es. 1969 (n. 1995); Seneca, Ess. 1976, [3]1999 (d. 1984); Vejrdage, Ess. u. G. 1980 (n. 2002); Ragnarok, Ess. 1982 (d. 1984); De mange og de enkelte, En. 1986 (Die Vielen und die Einzelnen, d. 1990); Tilløb, Tg. 1988; Apollons oprør, R. 1989 (d. 1991); Forløb, Tg. 1990; Jesus og Kristus, Ess. 1992 (Den frie vilje, Ess. 1992; Perioder, Tg. 1993; På egne veje, Erinn. u. Ess. 2000.

L: J. Bonde Jensen, 1978; M. Strøm Hansen, Antitesens knude, 2000; C. S. Pedersen, 2000; Både frem og tilbage, hg. M. Barlyng, J. Bonde Jensen, 2002. – Bibl.: F. Hauberg Mortensen, 2003.

Soeroto, Noto → Noto Suroto, Raden Mas

Soffici, Ardengo, ital. Schriftsteller, Maler und Kunstkritiker, 7. 4. 1879 Rignano sull'Arno – 19. 8. 1964 Forte dei Marmi. Schulbildung bei den Skolopianern in Florenz; 1900–07 in Paris, Freundschaft mit Apollinaire, nach s. Rückkehr in die Heimat Mitarbeit an der Zs. ›La Voce‹ u. Mitbegr. von ›Lacerba‹ mit G. Papini; Eintreten für den franz. Kubismus sowie den Futurismus; selbst Maler; Teilnahme am 1. Weltkrieg. Später entscheidender Propagandist des faschist. Regimes u. Vertreter e. formalen Klassizismus. – Sein Name ist mit dem lit. Aufbruch des beginnenden 20. Jh. verknüpft als der e. Verkünders e. neuen, antitraditionellen futurist. Kunst. Seine zahlr. impressionist. Skizzen, Beschreibungen und Tagebücher spiegeln den inneren Weg des Dichters getreu wider. Sie haben, mit wenigen Ausnahmen, fragmentar. Charakter. Auch futurist. orientierte Lyrik u. autobiograph. Romane.

W: Il caso Rosso e l'impressionismo, Ess. 1909; Arthur Rimbaud, Ess. 1911; Lemmonio Boreo, Prosa 1912; Cubismo e futurismo, Ess. 1914; Arlecchino, Prosa 1914; Chimismi lirici, G. 1915; Bif § ZF + 18, G. 1915; Giornale di bordo, Tg. 1915; La giostra dei sensi, 1919; Kobilek, Tg. 1918; Estetica futurista, Ess. 1920; Primi principi di una estetica futurista, Ess. 1926; Ricordi di una vita artistica e letteraria, Ess. 1931; Marsia e Apollo, G. 1938; Salti nel tempo, Ess. 1940; Autoritratto d'artista italiano, nel quadro del suo tempo (L'uva e la croce, Passi tra le rovine, Il salto vitale, Fine di un mondo), Aut. IV 1951–55. – Opere, hg. G. Prezzolini 1959. – Übs.: Gedanken zur Kunst, 1950.

L: G. Papini, 1933; U. Fasolo, 1951; M. Richter, La formazione francese di A. S., 1969; C. L. Ragghianti, 1976; G. Marchetti, 1979; L. Cavallo, 1987; E. Bellini, 1988; Atti del Convegno Firenze, hg. M. Biondi 1990.

Sofronov, Anatolij Vladimirovič, russ. Dramatiker, * 19. 1. 1911 Minsk. Schrieb seit 1947 etwa 40 z. T. viel gespielte Stücke. Stalinist., konservativer Lit.funktionär. 1953–86 Chefredakteur der jegl. liberalen Tendenzen feindl. Zs. ›Ogonëk‹. – Routinierter Dramatiker, der sich mit parteigemäßen Propagandastücken e. gute Position verschaffte u. mit trivialen Unterhaltungskomödien Zuschauermassen lockt.

W: Sočinenija (W), VI 1984f.; Izbrannye proizvedenija, Ausw. II 1955.

L: N. Tolčenova, 1972; Ju. Zubkov, 1985.

Šogencukov, Šodžencykus, Ali (Adam) → 'Scodz·enc‚hyk‚hu, H·ed·em

Sôgi (eig. Iio S.), jap. renga-Dichter, 1421 – 30. 7. 1502. Frühzeitig Mönch, Stud. Zen im Sôgoku-Tempel, wandte sich mit 30 Jahren ganz dem Kettengedicht (renga) zu. S. Lehrer waren Sôzei u. Shinkei; daneben Stud. der klass. Lit. u. des Shintô. Wanderleben. 1488 erhielt er den höchsten renga-Meistertitel (Hana no moto) u. kompilierte auf Befehl des Ichijô Kaneyoshi die renga-Sammlung ›Shinsen-Tsukuba-Shû‹. – Er schuf für Regeln u. Poetik des renga Grundlegendes u. darf als wichtigster Vertreter dieser Kunst betrachtet werden. E. der Mitdichter des ›Minasesangin-hyakuin‹ neben Shôhaku (1443–1527) u. Sôchô (1448–1532).

W: Azuma-mondô, Poetik 1470; Chikurinshô, renga-Slg. 1476; Oi no susami, Poetik 1479; Minase-sangin, renga-Slg. 1488 (engl. 1956); Shinsen-Tsukabashû, renga-Slg. 1495.

L: O. Benl (Zs. d. Dt. Morgenl. Ges. 104), 1954; S. D. Carter, Three Poets at Yuyama, 1978; E. Kato, Pilgrimage to Dazaifu, 1979; S. D. Carter, Three Poets at Yuyama, Berkeley 1983; ders. The Road to Komatsubara, Cambridge 1987.

Sôkan → Yamazaki Sôkan

Sokolov, Saša (eig. Aleksandr Vsevolodovič), russ. Schriftsteller, * 6. 11. 1943 Ottawa. Vater Diplomat, wuchs in Moskau auf. Nach Stud. Journalist. Emigration 1975, lebt in Kanada u. USA. – Hochbegabter Prosaiker, der sich in s. Schaffen weit vom Realismus gelöst hat. ›Škola dlja durakov‹, in mehrere Sprachen übersetzt, ist ein durchgeistigtes Sprachkunstwerk ohne durchgehende Fabel mit wechselnder Identität von Figuren, zahlr. Sprachschichten u. Korrelationen. ›Palisandrija‹ ist e. vielschichtige, iron., gelegentl. groteske fiktive Biographie voller Allusionen.

W: Škola dlja durakov, R. 1976 (Die Schule der Dummen, d. 1977); Meždu sobakoj i volkom, R. 1980; Palisandrija, R. 1985.

L: G. Klitte, 1989.

Solarte, Tristán, panamaischer Schriftsteller, * 1. 6. 1924 Bocas del Toro. Bakteriologe, Diplomat. – Durchdachte Komplotte mit überraschendem Ausgang; gelungene Naturbeschreibungen u. psycholog. fein nuancierte Zeichnung der Figuren.

W: Voces y paisajes de vida y muerte, G. 1950; El ahogado, R. 1957; El guitarrista, R. 1961; Confesiones de un magistrado, R. 1968; Aproximación poética a la muerte, G. 1973.

L: V. Fernández Cañizález, 1974.

Soldati, Mario, ital. Erzähler, 17. 11. 1906 Turin – 19. 6. 1999 Tellaro/La Spezia. Ausbildung bei den Jesuiten, Stud. Philos. u. Kunstgeschichte Turin u. Rom; 1929–31 in New York als ›fellow‹ an der Columbia Univ., Mitarbeiter versch. Zeitungen u. lit. Zsn. Reisen nach Frankreich u. England, wohnte in Rom. – Seine formal traditionelle Erzählweise ist klar, anmutig u. gelassen; feinfühlige psycholog. Analyse; ausgeprägtes Interesse für moral. Probleme. In ›Lettere da Capri‹ untersucht S. die Komplexe e. amerik. Ehepaares bei Liebeserlebnissen auf e. Italienreise mittels der Psychoanalyse. Der Einfluß s. Tätigkeit als Filmregisseur ist in s. Büchern deutl.

W: Fuga in Francia, E. 1929; Salmace, En. 1929; America, primo amore, 1935; L'amico gesuita, 1943; Fuga in Italia, 1947; A cena col commendatore, En. 1950 (Die geheimen Gründe, d. 1954); Lettere da Capri, R. 1954 (d. 1955); La confessione, 1955; Il vero Silvestri, R. 1957; La messa dei villeggianti, E. 1959; Le due città, R. 1964; La busta arancione, R. 1966; I racconti del Maresciallo, En. 1967 (d. 1970); L'attore, R. 1970 (d. 1972); 55 novelle per l'inverno, En. 1971; Un prato di papaveri, Tg. 1974; Lo smeraldo, En. 1974; Lo specchio inclinato, Diario 1965–1971, Tg. 1975; La sposa americana, R. 1978 (d. 1979); Addio diletta Amelia, R. 1979; 44 novelle per l'estate, En. 1979; L'incendio, R. 1981; La casa del perché, 1982; Nuovi racconti del maresciallo, En. 1984; L'architetto, R. 1985; El paseo di Gracia, R. 1987; Rami secchi, Erinn. 1989. – Opere, X 1959–66.

L: M. Grillardi, 1979; W. Mauro, 1981.

Soler i Hubert, Frederic (Ps. Serafí Pitarra), katalan. Bühnenautor, 9. 10. 1839 Barcelona – 4. 7. 1895 ebda. Bescheidener Herkunft; Uhrmacher, Schauspieler. – Vf. von über 150 Theaterstücken, satir. Komödien u. effektvollen Dramen; geschickt u. einfallsreich, korrekte Sprache; außerordentl. populär. Schrieb auch Gedichte.

W: L'esquella de la Torratxa, K. 1864; Les joies de la Roser, Dr. 1866; Cuentos de l'avi, G. 1867; Les eures del mas, Dr. 1869; Lo rector de Vallfogona, Dr. 1871; L'àngel de la guarda, Dr. 1872; L'any 35, R. 1874; El ferrer de

Solís y Rivadeneyra

tall, Dr. 1874; Narracions, En. 1875; Poesíes catalanes, G. 1876; La campana de Sant Llop, K. 1878; El lliri d'aigua, Dr. 1886; Nits de lluna, G. 1886; Batalla de reines, Dr. 1888; Judas de Keiroth, Dr. 1889; Les claus de Girona, Dr. 1893; Jesús, Dr. 1894. – Teatre, 1991.
L: A. Roure, 1946; J. M. Poblet, 1967; C. Arnau, 1981; J. M. Galofré, 1985; C. Morell, 1995.

Solís y Rivadeneyra, Antonio de, span. Geschichtsschreiber u. Dramatiker, 18. 7. 1610 Alcalá de Henares – 19. 4. 1686 Madrid. Stud. Rechte Salamanca, Sekretär des Vizekönigs von Valencia, kgl. Chronist für Amerika, 1667 Priesterweihe. – Verdankt s. Ruf der ›Historia de la conquista de México‹, bekannt u. d. T. ›Nueva España‹, e. vielgelesenen, beispielhaften Geschichtswerk von hist. Treue, eleganter, klarer, sehr ausgefeilter Sprache. Dramatiker in der Nachfolge Calderóns, mit dem er befreundet war. Verfaßte auch Gedichte unter Einfluß Góngoras.
W: Historia de la conquista de México, 1685 (n. C. Rosell in: ›Biblioteca de Autores Españoles‹, Bd. 28, 1853, ²1948; d. II 1751, 1838); Amor y obligación, Dr. (hg. W. Fischer, R. Ruppert 1929, E. Juliá Martínez 1930); Poesías sagradas y profanas, G. hg. J. Goyeneche 1692 (n. M. Sánchez Regueira 1968); Cartas, Br. hg. E. de Ochoa in: ›Biblioteca de Autores Españoles‹, Bd. 13; Comedias (n. in: ›Biblioteca de Autores Españoles‹, Bd. 47); Comedias, hg. M. Sánchez Regueira II 1984; Obra dramática menor, hg. ders. 1986.
L: D. E. Martell, Philadelphia 1913; L. A. Arocena, 1963; F. Serralta, Toulouse 1987.

Šoljan, Antun, kroat. Schriftsteller, 1. 12. 1932 Belgrad – 9. 7. 1993 Zagreb. Stud. Philol. Zagreb; freier Schriftsteller. – In s. formal vielseitigen lit. Werk behandelt Š. mit kühner Offenheit u. Schwung die Probleme des mod. Menschen. Auch lit. Essays u. Übsn. aus der Weltlit. Der wichtigste Autor aus dem Kreis um die Zs. ›Krugovi‹.
W: Na rubu svijeta, G. 1956; Specijalni izaslanici, En. 1957; Izvan fokusa, G. 1957; Izdajice, R. 1961; Kratki izlet, R. 1965 (Der kurze Ausflug, d. 1966); Deset kratkih priča za moju generaciju, En. 1966; Devet drama, Drn. 1970; Gazela i druge pjesme, G. 1970; Zanovijetanje iz zamke, Feuill. 1972; Luka, R. 1974; Obiteljska večera i druge priče, En. 1975; Drugi ljudi na mjesecu, E. 1978 (The other people on the moon, engl. 1994); Bavd, 1985. – Izabrane pjesme, G.-Ausw. 1976; Izabrana djela (AW), II 1987, IV 1991; Izabrana proza, Ausw. 1997.
L: D. Cvitan, 1971; A. Flaker, 1976; B. Donat, 1992.

Sollers, Philippe (Ps. P. Joyaux), franz. Schriftsteller und Lit.theoretiker, * 28. 11. 1936 Talence/Var. Schulausbildung bei den Jesuiten in Versailles, später Schüler der Ecole Supérieure de Sciences Economiques et Commerciales. 1960 Mitbegründer der Zs. ›Tel Quel‹. – Nach Verlassen der klass. Erzählform (›Une curieuse solitude‹) entwickelte S. sich zu e. Vertreter des Nouveau Roman (›Le parc‹), später zum Wortführer der Gruppe ›Tel Quel‹ und der von ihr propagierten Theorie und Praxis des Schreibens. Assoziatives Verknüpfen von Realität und Vorstellung, Perspektivenwechsel (›il‹, ›je‹), Reflexion des schriftsteller. Schaffensprozesses (im Schreiben erscheint die Entstehung des Schreibens zur Darlegung des Aktionsraums der Sprache) bestimmen fortan gleichzeitig und gleichwertig S.' Praxis und theoret. Besinnung, die ihrerseits wiederum e. Form der Praxis sein will. Traum und Tod und Eros, Wachen und Schlaf, die Freilegung des ›Eigentlichen‹ ermöglichen den Umsturz herkömml., traditionell akzeptierter Strukturen. Dabei wird auf Sade, Lautréamont, Mallarmé zurückgegriffen ebenso wie auf Derrida, Foucault, Lacan, Althusser und Chomsky, also auf beansprüchte lit. Vorläufer, auf Philos., Psychoanalyse, dialekt. Materialismus und Linguistik. Veränderung von schriftsteller. Theorie und Praxis ist unlösbar mit dem Willen zur Veränderung der gesellschaftl. und kulturellen Gegenwart verknüpft. Die ›écriture textuelle‹ ist als Absage an das überkommene, an die nach dem Prinzip der kapitalist. Warenproduktion gefertigten Kulturprodukte, allererste Voraussetzung der revolutionären Intention und zugleich Ort der Vermittlung von Theorie und Praxis des Schreibens. Organ dieser Konzeption von Lit. ist die Zs. ›Tel Quel‹, deren Name Gruppenetikett geworden ist.
W: Le défi, E. 1957; Une curieuse solitude, R. 1958 (d. 1960); Le parc, R. 1961 (d. 1963); L'intermédiaire, Ess. 1963; F. Ponge ou la raison à plus haut prix, Es. 1963; Drame, R. 1965 (d. 1968); Nombres, R. 1968; Logiques, Ess. 1968; Entretiens avec F. Ponge, 1970; Le matérialisme dialectique de Lénine, Es. 1972; Lois, R. 1972; H, R. 1973; Sur le matérialisme, Es. 1974; Paradis, R. 1980; Femmes, R. 1983; Portrait du joueur, R. 1984; Théories des exceptions, Es. 1985; Le Lys d'or, R. 1989; Le Secret, R. 1993; Studio, R. 1997; Nombres, 2000; L'étoile des amants, 2002.
L: R. Barthes, 1979; P. Forest, 1992; P. Louvrier, 1996.

Sollogub, Vladimir Aleksandrovič, Graf, russ. Schriftsteller, 20. 8. 1813 Petersburg – 17. 6. 1882 Hamburg. Stud. Dorpat bis 1834; Beamter, unterhielt e. lit. Salon, ab 1856 Hofhistoriograph. – Beginn s. lit. Tätigkeit 1837 mit den Erzählungen ›Dva studenta‹ und ›Tri ženicha‹, schildert mit leichtem Spott das Milieu der russ. Oberschicht; ironisiert in der Hauptfigur des Romans ›Tarantas‹, der für die Entwicklung der russ. Kurzgeschichte Bedeutung hat, die Gedanken der Slawophilen, bes. I. Kireevskijs; trat 1845–55 mit Vaudevilles hervor, rief 1856 mit der Komödie ›Činovnik‹ die linke Kritik auf den Plan.

W: Tarantas, R. 1845 (engl. 1850); Beda ot nežnogo serdca, Sgsp. 1848. – Sočinenija (W), 1855f.; Vospominanija (Erinn.), 1931; Vodevili, Sch. 1937; Povesti i rasskazy, Nn. u. En. 1962.

Šolochov, Michail Aleksandrovič, russ. Schriftsteller 24. 5. 1905 Kružilino/Dongebiet – 21. 1. 1984 Vešenskaja/Dongebiet. 1932 Aufnahme in die Kommunist. Partei, ab 1934 lit. u. polit. Funktionär. – Berühmt durch den Roman ›Tichij Don‹, der 1928–40 mit großen Unterbrechungen erschien. Š.s Autorschaft wurde aber von Anfang an aus biograph., polit. und stilist. Gründen angezweifelt. Zwei andere Romane fanden wenig Beachtung. 1965 Nobelpreis. – Š. hat ›Tichij Don‹, eine Mischung von Kosakenepos während der Revolution u. Familienepos, entsprechend der sich wandelnden Parteilinie mehrfach umgeschrieben. Wirkungsvollen Einzelszenen aus dem Kosakenmilieu stehen kompositor. Mängel entgegen. ›Podnjataja celina‹ ist ein von Partei u. Staat gefördertes, lit. schwaches Werk über die Zwangskollektivierung in der UdSSR, ›Oni sražalis‹ za Rodinu‹ besteht aus Szenen zur Verherrlichung der Roten Armee im 2. Weltkrieg, ohne Romanform erlangt zu haben.

W: Tichij Don, R. IV 1928–40 (Der stille Don, d. IV 1929f.); Podnjataja celina, R. II 1932–60 (Neuland unterm Pflug, d. 1934, vollst. 1960, u. d. T. Ernte am Don, 1966); Oni sražalis' za rodinu, R. 1943f., überarbeitet 1959 (Sie kämpften für die Heimat, d. 1960); Sud'ba čeloveka, E. 1957 (Ein Menschenschicksal, d. 1957). – Sobranie sočinenij (W), VIII 1956–60, VIII 1980. – Übs.: GW, VIII 1965ff.

L: J. Lukin, 1952; V. V. Gura, 1955, 1980; L. Jakimenko, 1964, ²1970 (engl. 1973); D. H. Stewart, 1967; Stremija ›Tichogo Dona‹, 1974.

Sologub, Fëdor (eig. Fëdor Kuz'mič Teternikov), russ. Dichter, 1. 3. 1863 Petersburg – 5. 12. 1927 ebda. Vater Schneider, bis 1882 Stud. am Lehrerinstitut, 25 Jahre Lehrer, zuerst in Provinzstädten, dann in Petersburg, wo er später Inspektor für das Volksschulwesen wurde; blieb nach 1917 abseits von der Politik; veröffentlichte in den letzten 5 Jahren nur wenige Gedichte. – E. der bedeutendsten russ. Symbolisten; läßt in s. Gedichten, deren beste im Band ›Plamennyj krug‹ enthalten sind, e. phantast. Welt erstehen: Dem bösen Dämon Sonne preisgegeben, läßt sie das Menschen als rettende Zuflucht aus den ›Gefängnissen des Lebens‹ e. Schönheit und Geborgenheit verheißendes Reich des Todes, aus dem er, der Mensch als schaffender Künstler, zu neuem Werk und Spiel der Phantasie sich erhebt. Die Sprache ist einfach und klar, berücken im Klang der Vokale, nicht selten beschwörend wie e. Zauberruf. Der Gedanke der Todessehnsucht, des freiwill. oder schicksalhaften Todes, durchzieht den Novellenband ›Žalo smerti‹ und liegt einigen, größtenteils auf Sagen- und Märchenstoffen aufgebauten Dramen zugrunde, während das Motiv des Wahnsinns für den Band ›Teni‹ kennzeichnend ist. Sein bekanntestes Werk, der Roman ›Melkij bes‹, ist bedeutsam in der höchst wirkungsvollen Darstellung der bedrückenden Atmosphäre russ. Provinz, in der vollendeten Zeichnung des Charakters der solches Milieu schaffenden zentralen Figur. ›Tvorimaja legenda‹, für S. selbst s. Hauptwerk, verbindet realist. Schilderung von Milieu und Stimmung des von revolutionärer Bewegung erfaßten Rußland mit phantast. Bildern e. Geisterwelt. Der S.s realist. Weltanschauung gemäße themat. Gehalt s. früheren Lyrik und Prosa wird hier in e. konkreten Umwelt realisiert; bezeichnend für die Sprache dieses typ. und innerhalb der russ. Lit. namhaftesten symbolist. Romans sind u. a. eigentüml. Symbole und erstaunl. Feinheiten der Schattierung im Ausdruck von Sinnesempfindungen. Übs. Rimbaud, Verlaine, H. v. Kleist.

W: Teni, En. 1896 (Schatten, d. 1912); Stichi, G. 1896; Tjažëlye sny, R. 1896; Žalo smerti, Nn. 1904; Melkij bes, R. 1907 (n. Letchworth 1966; Der kleine Dämon, d. 1909); Pobeda smerti, Dr. 1907; Plamennyj krug, G. 1908; Tvorimaja legenda, R. III 1914 (n. Mchn. 1972; Totenzauber, d. II 1913); Slašče jada, R. 1908 (Süßer als Gift, d. 1922); Nebo goluboe, G. 1921; Zaklinatel'nica zmej, R. 1921; Čarodejnaja čaša, R. 1922. – Sobranie sočinenij (W), XX 1913–14, VI 2000–02. – Übs.: Märchen, 1908; Fabeln u. Märchen, 1917; Der Kuß der Ungeborenen, En. 1918; Das Buch der Märchen, 1948; Meisternovellen, 1960; Der flammende Kreis, G.1983.

L: J. Holthusen, 1960; G. Hansson, 1975; A. Leitner 1976; S. Rabinowitz, 1980; F.S. 1884–1984, hg. B. Lauer 1984.

Sologuren, Javier, peruan. Dichter, * 19. 1. 1921 Lima. Prof., Verleger, viel gereist. – Seine klaren, perfekten Schöpfungen handeln von der Wirklichkeit s. Landes; Gedichte mit surrealist. Anklängen u. mit eigenartigem synkopiertem Takt.

W.: El morador, 1944; Detenimientos, 1947; Dédalo dormido, 1949; Bajo los ojos del amor, 1950; Otoño, 1959; Vida continua 1944–64, 1966; Surcando el aire oscuro, 1970; Folios de El enamorado y la Muerte, 1980.

Solomos, Dionysios, griech. Dichter, zwischen 15. 3. u. 15. 4. 1798 Zante – 9. 2. 1857 Korfu. Kam 10jährig nach Italien, wurde dort erzogen und studierte Jura. Kehrte 1818 nach Zante zurück, philos. sehr interessiert, tief beeinflußt von Schelling und Hegel, Anhänger des Idealismus. – Begründete durch s. Lyrik e. Tradition, auf die sich nach langen Irrwegen die neugriech. Dichtung stützen konnte. S., der die ital. Dichtung s. Zeit sehr gut kannte und auch die Dichtung des übrigen Europa las, fand nach s. Rückkehr zur Heimatsprache und zur griech. Atmosphäre zurück und schrieb zuerst zarte, einfache lyr. Gedichte, deren geistige Substanz und Formschönheit bis heute in der neugriech. Dichtung unvergleichl. bleiben. Er erlebte aus der Ferne den Befreiungskampf Griechenlands mit: Es entstehen die groß angelegten Gesänge ›Hymnos eis tēn Eleutherian‹ (1823), ›Eis to thanato tu Lord Byron‹ (1824), ›Lampros‹ (1823–34), ›Eleutheroi poliorkēmenoi‹ (1826–44), ›Krētikos‹ (1833/34) und ›Porphyras‹ (1849). Aufgrund dieser Dichtungen wird S. als Nationaldichter und als größter Lyriker Griechenlands gefeiert.

W: Ta heuriskomena, 1859; Hapanta tu S., 1880; Hapanta ta heuriskomena, 1901 u. 1921; Anekdota erga, 1927; Hapanta, hg. L. Politis II u. Parartēma 1948–60; N. B. Tomadakis, 1954, ²1969; Autographa erga, hg. M. Siguros u.a. 1957, hg. L. Politis II 1964.
L: J. Apostolakis, Hē poiēsē stē zōē mas, 1923; K. Varnalis: Ho Solōmos chōris metaphysikē, 1925; Ph. Michalopulos, 1931; K. Palamas, 1933; N. B. Tomadakis, Ekdoseis kai cheirographa tu poiētu D. S., 1935; ders., Ho S. kai hoi Archaioi, 1943; R. Jenkins, Cambr. 1940; P. A. Lascaris, Chartres 1946; P. S. Spandonidis, 1947; G. Themelis, Ho Hymnos eis tēn eleutherian, 1948; E. Kriaras, 1957, ²1969; T. Simopulos, 1957; G. Zoras, 1957; N. B. Tomadakis, Ho D. S. kai hē epanastasis, 1957; L. Politis, 1958; K. Varnalis, Solōmika, 1958; M. K. Chatzijakumis, Neohellēnikai pēgai tu S., 1968; ders., Synchrona Solōmika problēmata, 1969; V. Rotolo, Il dialogo sulla lingua di S., Palermo 1970; M. B. Raizis, N. Y. 1972; Z. Lorentzatos, Gia to S., 1974; D. Maronitis, D. 1972 kai to epoches tu Krētiku, 1975; G. Veludis, D. S., Romantikē poiēsē kai politikē, 1989; S. Kapsalakis, Hē ideologikē kai politikē diamorphōsis tu D. S., 1991; S. Alexiu, Solōmika, 1995; ders., S. kai Solōmistes, 1997; E. Kapsamenos, Ho S. kai hē ellēnikē politismikē paradosē, 1998.

Solon, griech. Staatsmann u. lyr. Dichter, um 640 v. Chr. – um 560 v. Chr. Athen. Aus Athener Familie der Medontiden, e. der bedeutendsten griech. Gesetzgeber archaischer Zeit, in der Antike unter die ›7 Weisen‹ gezählt: 594/593 als ›diallaktes‹ (›Versöhner‹) durch umfassende soz., wirtschaftl., rechtl. Reformen Beilegung der innenpolit. Spannungen. Danach verliert sich s. Biographie in Legenden. – Vf. von fast nur fragmentar. erhaltenen Elegien und Iamboi, die neben allg. Lebensweisheit, Erotik und Reiseeindrücken v. a. polit. Themen beinhalten. Vermutl. vollständig erhalten ist die sog. ›Musenelegie‹ (76 Verse; wäre dann längste erhaltene Elegie der archaischen Zeit), einigermaßen kenntl. auch die sog. ›Eunomiaelegie‹.

A: E. Ruschenbusch 1966; M. L. West ²1992; Gentili/ Prato I, ²1988; D. E. Gerber 1999 (m. engl. Übs.); E. Preime 1940 (m. dt. Übs.); M. Noussia 2001 (m. ital. Übs. u. Komm.); Chr. Mülke 2002 (m. dt. Übs. u. Komm.).

L: H. Färber, 1954; A. Masaracchia, Florenz 1958; O. Vox, Florenz 1984; O. Pavel, 1988; Th. Fatheuer, 1988; E. K. Anhalt, Lanham 1993; W.-A. Maharam, 1994; L.-M. L'Homme Wéry, Genf 1996; Ph. V. Stanley, St. Katharinen 1999; J. A. Almeida, Leiden u.a. 2003. – Bibl.: D. E. Gerber, Lustrum 33, 1991, 163–185.

Solouchin, Vladimir Alekseevič, russ. Lyriker u. Erzähler, 14. 6. 1924 Alepino, Geb. Vladimir – 4. 4. 1997 (beerdigt ebda). Bäuerl. Herkunft. – Zunächst naturnaher Lyriker, fand 1957 zu Prosa, die humorvolle Dorferlebnisse, kunsthist. Betrachtungen (Ikonen), russ.-nationale Gedanken u. zeitnahe wirtschaftl. Probleme verbindet, u. in der die Handlung gegenüber der Stimmung zurücktritt. Mit ›Pis'ma iz Russkogo muzeja‹ u.a. Werken gab er e. Bekenntnis zur Tradition des alten Rußlands, s. Christentum, s. Geschichte u. Kunst ab, das zwar angegriffen, aber – im Rahmen der sowjet. Dorfprosa – allmähl. richtunggebend wurde.

W: Dožd' v stepi, G. 1953; Svidanie v Vjaznikach, En. 1964 (Das Wiedersehen in Wjasniki, d. 1971); Mat'mačecha, R. 1966 (Lerne bei ihnen, bei der Birke u. der Eiche, d. 1972); Pis'ma iz Russkogo muzeja, 1967 (Briefe aus dem Russ. Museum, d. 1972); Olepinskie prudy, En. 1973; Sedina, G. 1977; Kameški na ladoni, Ess. 1977; Vremja sobirat' kamni, Ess. 1980; Stichotvorenija, G. 1982. – Sobranie sočinenij (GW), IV 1983f.; Izbrannye proizvedenija, Ausw. II 1974. – Übs.: Schwarze Ikonen, 1969.

Solov'ëv, Vladimir Sergeevič, russ. Philosoph u. Dichter, 28. 1. 1853 Moskau – 13. 8. 1900 Uzkoe b. Moskau. Sohn des Historikers Sergej Michajlovič S. (1820–79). 1869–73 Stud. Naturwiss. u. Philos. Moskau. 1873 Bekanntschaft, später Freundschaft mit Dostoevskij; 1874 Privatdozent, 1877–81 Dozent in Petersburg und Moskau, 1881 wurde ihm wegen Eintretens für Amnestierung der Mörder Alexanders II. nahegelegt, keine öffentl. Vorträge zu halten. Bedeutsam für ihn waren die in den 1880er Jahren geknüpften Beziehungen zu K. Leont'ev, N. Fëdorov und A. Fet. Stand ab 1883 der Unierten Kirche nahe. – E. der bedeutendsten russ. Denker; hat die Wiederbelebung des relig. Bewußtseins der philos. Denkens, die ›russ. Renaissance‹ des endenden 19. und beginnenden 20. Jh. vorbereitet; weniger s. philos. Gedanken als s. myst. Dichtung u. ästhet. Theorien haben auf die Entwicklung des russ. Symbolismus, der ›Theurgie‹ V. Ivanovs, auf Belyj und Blok bestimmend gewirkt; s. Denken kreist um die Erfüllung der Forderung nach Verwirklichung des Reiches Gottes im Leben der menschl. Gesellschaft; wesentl. für s. religions-philos. Gedankengänge war ihr Entstehen aus der ursprüngl. myst. Intuition; s. Poesie, die den Einfluß Fets erkennen läßt, ist letztl. als philos. Lyrik zu betrachten und erschließt sich, als solche gesehen, in ihrem eig. Wert (Močul'skij). Seine Liebesgedichte greifen in den Bereich des Myst. Im Poem ›Tri svidanija‹ mit Darstellung des dreimal. entscheidenden visionären Erlebnisses überrascht e. scherzhafter Ton, erklärl. aus dem Unvermögen S.s, über s. tiefstes Geheimnis in anderer Weise auszusagen. Scherzgedichte, Wortspiel, Parodie (z. B. im Dreiakter ›Belaja lilija‹) finden sich in s. Dichtung von Anfang an neben myst. Versen; e. Prosawerk von stilist. Rang ist ›Tri razgovora‹ mit treffl. Charakterisierung der 3 jeweils ihre Meinung über das Böse in der Welt vortragenden Personen, abgeschlossen mit der ›Erzählung vom Antichrist‹.

W: Krizis zapadnoj filosofii, Abh. 1874; Kritika otvlečënnych načal, Abh. 1880; Duchovne osnovy žizni, Abh. 1882–84; Opravdanie dobra, Abh. 1897; Teoretičeskie osnovy filosofii, Abh. 1897–99; Tri svidanija, Poem 1898; Tri razgovora, 1899. – Polnoe sobranie sočinenij, XX 2000ff.; Sobranie sočinenij (W), X ²1911–14, n. Brüssel XII 1966–70; Stichotvorenija (G), ⁷1921; Stichotvorenija i šutočnye p'esy (G. u. Scherzdrn.), 1922, n. Mchn. 1968; Pis'ma, Br. IV 1908–23. – *Übs.:* SW, VIII 1953–1980; AW, IV ¹⁻²1914–22; S.s Leben in Briefen und Gedichten, hg. L. Müller u. I. Wille 1977.

L: H. Prager, 1925; W. Szyłkarski, ²1932; D. Strémooukhoff, Paris 1935; F. Muckermann, 1945; K. Močul'skij, Paris 1951; L. Müller, 1955; K. H. Schiel, 1958; E. Klum, 1965; H. H. Gäntzel, 1968; H. Dahm, 1971; J. Sternkopf, 1973; A. Knigge, 1973; S. D. Cioran, 1977; D. Belkin, Diss. Tüb. 2000; P. Valliere, 2000.

Solstad, Dag, norweg. Schriftsteller, * 16. 6. 1941 Oslo. Bedeutender Vertreter des norweg. Sozialrealismus, der s. ästhet. Positionen jedoch ständig wechselt. S. zählt zu den Autoren um die lit. Zs. ›Profil‹, die in den 1970er Jahren polit. engagierte Lit. schrieben. Er genießt in s. Heimatland höchstes Ansehen. – Thematisch kreisen s. Romane um desillusionierte Männer, die ihre Zeit als fortschreitenden kulturellen Verfall wahrnehmen u. deshalb Mühe haben, ihr Dasein als sinnvoll begreifen zu können.

W: Spiraler, Nn. 1965; Svingstol, Nn. 1967; Arild Asnes 1970, R. 1971; 25. september-plassen, R. 1974; Gymnaslærer Pedersens beretning om den store vekkelsen som har hjemsøkt vårt land, R. 1982; Roman 1987, R. 1987; 14 artikler på 12 år, Ess. 1993; Genanse og verdighet, R. 1994; Professor Andersens natt, R. 1996; T. Singer, R. 1999; 16. 07. 41, R. 2002.

L: Narrativt begjær. Om D. S. forfatterskap, hg. T. Kvithyld 2000.

Solženicyn, Aleksandr Isaevič, russ. Schriftsteller, * 11. 12. 1918 Kislovodsk. Stud. Math. u. Philol. in Rostov u. Moskau; den Hauptmann 1945 verhaftet, 1953 Straf- u. Sonderlager, bis 1956 Verbannung in Mittelasien, Beginn lit. Schreibens; nach Rehabilitierung 1956 Lehrer in Rjazan' (Mittelrußland). 1962 veröffentlichte die Zs. ›Novyj Mir‹ s. Roman ›Odin den' Ivana Denisoviča‹, der ihn weltweit bekannt machte. In der SU erschienen nur noch einige Erzählungen, die beiden vorher geschriebenen Romane ›V kruge pervom‹ u. ›Rakovyj korpus‹ konnten 1968 nur im Ausland veröffentlicht werden. Durch mutigen Einsatz für die Freiheit der Lit. u. für die Wahrung der Menschenrechte errang S. weltweite Beachtung. 1969 aus dem Schriftstellerverband der UdSSR ausgeschlossen, 1970 Nobelpreis. Nach Aufspürung des von ihm geheimgehaltenen Werks ›Archipel GULAG‹, e. lit.-dokumentar. Darstellung des sowjet. KZ-Systems seit Lenin, gab er es zur Publikation in Paris frei. Im Februar 1974 verhaftet u. exiliert. Von Zürich aus publizierte er ›Pis'mo voždjam Sovetskogo Sojuza‹, e. Brief an die sowjet. Führung mit polit. u. ökolog. zukunftsgerichteten Mahnungen u. ›Bodalsja telënok s dubom‹, e. lit.-dokumentar. Darstellung der sowjet. Lit.politik 1961–74. In Cavendish/VT, USA, wo er ab 1976 lebte, überarbeitete er s. großen Romane ›V kruge pervom‹ u. ›Avgust četyrnadcatogo‹, warnte gelegentl. in polit. Reden u. Schriften vor dem kommunist. Imperialismus u. setzte s. Romanwerk ›Krasnoe koleso‹ fort. – Eth. Grundanliegen des Schaffens S.s ist die lit. Wiederherstellung u. Bewahrung der Wahrheit über die russ. Geschichte im 20. Jh. Mit ›Odin den' Ivana Denisoviča‹ veröffentlichte er den 1. sowjet. Lagerroman, in ›V kruge pervom‹ gab er e. differenziertes Bild von Lagerhaft u. Unfreiheit außerhalb des GULAG. ›Krasnoe koleso‹ entwikkelt von der Schlacht bei Tannenberg 1914 an breit ausladend den Weg Rußlands vom Zarenreich zum Bolschewismus. ›Rakovyj korpus‹ veranschaulicht aus eigenem Erleben als Krebskranker die Haltung zu Leid u. Tod, verbunden mit zeitkrit. Sicht des sozialist. Systems. ›Matrënin dvor‹, s. beste Erzählung, ist von s. christl. Glauben geprägt u. legte den Grundstock zur russ. eth. ›Dorflit.‹. S. geht in s. realist. erzählten Romanen von e. wenige Tage umfassenden Zeitraum aus, gestaltet diese dialogreich vielfältig u. erweitert durch zahlr. Rückgriffe. Die Kapitel, die e. hohen Grad an Selbständigkeit erhalten, sind durch die Handlungslinien der Hauptfiguren verbunden.

W: Odin den' Ivana Denisoviča, R. 1963 (Ein Tag im Leben des Iwan Denissowitsch, d. 1963); V kruge pervom, R. 1968 (Der erste Kreis der Hölle, d. 1968), erw. Fassg. 1978 (Im ersten Kreis, d. 1982); Rakovyj korpus, R. 1968 (Krebsstation, d. II 1968); Sveča na vetru, Dr. 1968; Avgust četyrnadcatogo, R. 1971 (August Vierzehn, d. 1972; erw. Fassg. 1983); Archipelag GULAG, III 1973–75 (Der Archipel GULAG, d. III 1974–76); Pis'mo voždjam Sovetskogo Sojuza, 1974 (Offener Brief an die sowjetische Führung, d. 1974); Bodalsja telënok s dubom, Aut. u. Dok. 1975 (Die Eiche und das Kalb, d. 1975); Lenin v Cjuriche, R.-Kapitel 1975 (Lenin in Zü-

Somadeva

rich, d. 1977); Oktjabr' šestnadcatogo, R. 1984 (November Sechzehn, d. 1986); Mart semnadcatogo, R. bisher VIII 1995. – Sobranie sočinenij (GW), VI 1969–71; XVI 1978–86. – *Übs.*: Von der Verantwortung des Schriftstellers, hg. F. P. Ingold II 1969f. (m. Dokumenten); Gegen die Zensur, Komm. und Br. 1970; Nemow und das Flittchen, Dr. 1971; Nobelpreis-Rede, 1974; Die großen Erzählungen, 1978.
L: G. Lukács, 1970; R. Pletnev, 1970; B. Nielsen-Stokkeby, hg. 1970; Bestraft mit Weltruhm, hg. E. Guttenberger 1970; E. Markstein u. F. P. Ingold, hg. 1973; P. Daix, Paris 1973; R. Neumann-Hoditz, 1974; S. Medwedew, 1974; G. Nivat, 1980; M. Scammel, 1985; S. in Exile, hg. J. B. Dunlop 1985.

Somadeva, ind. Dichter, lebte um die Mitte des 11. Jh., stammte aus Kaschmir. Schrieb zwischen 1063 u. 1081 für Sūryamatī, die Großmutter des Königs Harṣa von Kaschmir, in Sanskrit den ›Kathāsaritsāgara‹ (Ozean der Märchenströme), der nach Angaben des Dichters auf Guṇāḍhyas ›Bṛhatkathā‹ aufbaut und zu den berühmtesten Werken der klass. ind. Erzählungslit. zählt. Die Haupterzählung von Naravāhanadatta bildet den Rahmen für e. Vielzahl ineinander verwobener, in 124 ›Taraṅga‹ (Welle) genannten Abschnitten vereinigter Geschichten. S.s Sprache ist kunstvoll, aber nicht gekünstelt, sparsam in der Verwendung von Wortspielen und Vergleichen; die Darstellung stellt e. gelungene Verbindung von Volks- und Kunstdichtung dar, ist reich an Bildern von ausgesuchter Schönheit und Weisheit.
A: H. Brockhaus III 1839–66 (n. 1966, 1975); Paṇḍit Durgāprasād ⁴1930. – *Übs.*: engl. C. H. Tawney II 1880–84, ²1968 (hg. N. M. Penzar X ²1924–28, n. 1968, 2001); d. (nur Ausw.) H. Brockhaus II 1843; Indische Märchen, F. v. d. Leyen 1898; Bunte Geschichten vom Himalaya, J. Hertel 1903; A. Wesselski (nur 1. Band) 1914; H. Schacht 1918; Zwei Indische Narrenbücher, J. Hertel 1922; A. Wagner V 1987–92, ⁵1990; J. Mehlig II 1991; franz. F. Lacôte 1924 (Ausw.); N. Balbir 1997.
L: G. S. Speyer 1908, n. 1968; N. Trikha, 1991; A. Chattopadhyay, 1993.

Somers, Armonía, (eig. A. Etchepare de Henestrosa), uruguay. Erzählerin, 7. 10. 1914 Pando – 1. 3. 1994 Montevideo. Lehrerin, Direktorin des Pädagog. Museums. – In ihrer Welt, bevölkert von Tieren u. Monstern. Unter anderem in der Horror, Perversionen u. Sexualität herrschen, findet manchmal der Mann, meistens die Frau, den einzigen Ausweg im Tod.
W: La mujer desnuda, R. 1950 (endgültige Fassg. 1967); El derrumbamiento, En. 1953; La calle del viento norte, En. 1963; De miedo en miedo, R. 1965; Un retrato para Dickens, R. 1969; Muerte por alacrán, En. 1979; Tríptico darwiniano, En. 1982; Sólo los elefantes encuentran mandrágora, R. 1986. – Todos los cuentos, 1953–67, II 1967.
L: L. Barlocco, 1984; A. M. Rodríguez-Villamil, 1990.

Somerville, Edith Anna Oenone (Ps. Geilles Herring), anglo-ir. Schriftstellerin, 2. 5. 1858 Korfu – 8. 10. 1949 Castlehaven, Cork. Vater Offizier. Kunststud. in Paris, Düsseldorf und London, illustrierte später selbst ihre Bücher. – Schrieb seit 1886 in Zusammenarbeit mit ihrer Cousine Violet Martin-Ross Romane, unter dem Ps. Somerville and Ross veröffentlicht; auch Reisebeschreibungen.
W: An Irish Cousin, R. 1889; Naboth's Vineyard, R. 1891; Through Connemara in a Governess Cart, Reiseber. 1893; The Real Charlotte, R. III 1894 (d. 1954); The Silver Fox, R. 1897; Some Experiences of an Irish R. M., R. 1899; Some Irish Yesterdays, Reisesk. 1906; Further Experiences of an Irish R. M., R. 1908. – Selected Letters of S. and Ross, hg. G. Lewis 1989.
L: G. Cummins, 1952 (m. Bibl.); M. S. Collis, 1968; V. G. Powell, The Irish Cousins, 1970; J. Cronin, 1972; H. Robinson, 1980.

Someśvaradeva oder Somésvaradatta, ind. Dichter, lebte um 1200. Nach eigenen Angaben Hauptpriester der Könige von Gujarat. – Vf. der ›Kīrtikaumudī‹ (Mondschein des Ruhmes), e. in Sanskrit abgefaßten biograph. Lobrede auf den Jaina Vastupāla, Minister zweier Vāghelā-Könige. Schrieb außerdem das romant. Epos ›Surathotsava‹, das in 15 Gesängen e. Märchenstoff mit möglicherweise hist. Hintergrund behandelt und im letzten Gesang die Familiengeschichte des Dichters erzählt.
A: Kīrtikaumudī, hg. A. V. Kāthavaṭe 1883, M. Punyavijaya 1961 (d. A. Haack 1892); Surathotsava, hg. M. Shivadatta, K. P. Parab, in: Kāvyamālā 73 (1902).

Song Yu, chines. Dichter, um 320 – 260 v. Chr. Angebl. Schüler des → Qu Yuan. Vf. (?) die ›Jinbian‹ (9 Erörterungen), erhalten in → ›Chuci‹, ferner Kunstprosa, erhalten im ›Wenxuan‹, e. Anthologie des 6. Jh. Farbige Sprache, Prunkstil; mytholog. Themen.
Übs.: E. v. Zach, Die chines. Anthol., Cambr./MA 1958; weitere Nachweise: M. Davidson, A List of Published Translations from Chinese, New Haven/CT 1957.

Sonnevi, S. Göran M., schwed. Lyriker, * 3. 10. 1939 Jakobsberg. Stud. Chemie u. Jazzmusik, Bibliothekar. – Seine Gedichte, von Wissenschaft u. Musik mitgeformt, behandeln knapp u. prägnant Beziehungen u. Konflikte zwischen dem Innern des Menschen u. s. äußeren Umgebung, zw. Gut u. Böse; polit. engagiert (Gegner des Vietnam-Krieges), soziale u. moral. Probleme werden konfrontiert; auch reine Liebeslyrik, später christl. Mystik. – Übs. u. a. E. Pound, H. M. Enzensberger.
W: Outförd, G. 1961; Abstrakta dikter, G. 1963; Om kriget i Vietnam, G. 1965; Ingrepp – modeller, G. 1965;

Och nu!, G. 1967; Det måste gå, G. 1970; Det oavslutate språket, Es. 1972; Det omöjliga, G. 1975; Språk; Verktyg; Eld, G. 1979; Dikter 1959–1979, G. 1981; Små klanger; en röst, Son. 1981; Dikter utan ordning, G. 1983; Oavslutade dikter, G. 1987; Trädet, G. 1991; Mozarts tredje hjärna, G. 1996; Klangernas bok, G. 1998. – Framför ordens väggar. Dikter i översättning 1959–1992, Anth. ausländ. Lyrik 1992.

Sono, Ayako (eig. Miura Chizuko), jap. Schriftstellerin, * 17. 9. 1931 Tokyo. Streng katholisch erzogen, Anglistikstudium. 1954 Durchbruch mit dem Roman ›Enrai no kyakutachi‹. – S. thematisiert in ihren erfolgreichen Romanen, die Anregungen aus der Erfahrung der Nachkriegszeit oder S.s zahlreichen Auslandsreisen verarbeiten, menschliche Grundfragen aus christl. Perspektive.

W: Dare no tame ni aisuruka?, Ess. 1970; Kami no yogoreta te, R. 1980 (Watcher from the shore, engl. 1990). – S. A. sakuhin senshû (AW), XII 1985–1986.

Sontag, Susan, amerik. Schriftstellerin u. Kritikerin, * 16. 1. 1933 New York. Jugend in Arizona und Kalifornien, Stud. Univ. Chicago und Harvard, England- und Frankreichaufenthalte, lebt in New York und Paris; Lehrtätigkeit, freie Schriftstellerin, neuerdings auch Filmregie. – Trendbewußte Angehörige der linksintellektuellen ›Radical Chic‹-Gruppe um die ›New York Review of Books‹; bedeutende Lit.- und Kulturkritik (über den ›Camp‹-Begriff, die ›new sensibility‹ und die pornograph. Phantasie); stark vom franz. Nouveau Roman beeinflußte Romane über pikaresk-perverse Träumer.

W: The Benefactor, R. 1963 (d. 1966); Against Interpretation, Ess. 1966 (Kunst und Antikunst, d. Ausw. 1968); Death Kit, R. 1967 (Todesstation, d. 1985); Trip to Hanoi, Ber. 1969 (d. 1969); Styles of Radical Will, Ess. 1969; On Photography, Es. 1977 (d. 1978); Illness as Metaphor, Es. 1978 (d. 1978); I, etcetera, Kgn. 1978 (d. 1979); Under the Sign of Saturn, Ess. 1980 (d. 1981); AIDS and Its Metaphors, St. 1989; Cage-Cunningham-Johns: Dancers on a Plane, St. 1990; The Way We Live Now, Kgn. 1991; The Volcano Lover, R. 1992; Alice in Bed, Dr. 1993; Homo Poeticus, Ess. 1995; Why Are We in Kosovo?, Ess. 1999; In America, R. 2000; Where the Stress Falls, Ess. 2001. – A Susan Sontag Reader, 1982.

L: S. Sayres, 1982; L. A. Poague, 1995; L. Kennedy, 1995; C. E. Rollyson, L. Paddock, 2000; C. E. Rollyson, 2001. – *Bibl.*: L. Poague, K. A. Parsons, 2000.

Sony, Labou Tansi → Labou Tansi, Sony

Sophokles, griech. Tragiker, 497/496 v. Chr. Athen – 406 v. Chr. Angebl. 480 bei Siegesfeier für Salamis im Chor, 470 erste Aufführung, 468 erster Sieg (von ca. 20); polit. Ämter (u. a. 443 Verwaltung der Finanzen, 441/440 zusammen mit Perikles Stratege, 428, 423/422(?), 413–411 Probule); Priester des Heros Halon; Zeitgenosse von Aischylos und Euripides. – Nach antiken Nachrichten hat S. auch Elegien und Paiane gedichtet (nicht erhalten), doch liegt s. Hauptbedeutung auf dem Gebiet der Tragödie: Er soll den 3. Schauspieler und die Bühnenmalerei eingeführt und den Chor von 12 auf 15 Personen vergrößert haben. Von S.' weit über 100 Stücken sind nur 7 Tragödien vollständig erhalten: 1) ›Aias‹ (Mitte 5. Jh., vermutl. 449); 2) ›Antigone‹ (wohl 440); 3) ›Die Frauen von Trachis‹ (wohl zwischen 438 und 433, umstritten); 4) ›König Ödipus‹ (wahrscheinl. 433, evtl. 429?, 427?); 5) ›Elektra‹ (zwischen 422 und 413); 6) ›Philoktet‹ (409); 7) ›Ödipus auf Kolonos‹ (posthum 401 aufgeführt). Fragmentar. erhalten ist das Satyrspiel ›Ichneutai‹ (›Spurensucher‹, ca. 450 Verse), dazu zahlr. weitere Fragmente aus anderen Stücken. Schon die Zeitgenossen schätzen an S. v. a. die ›Ausgeglichenheit‹ s. Tragödien, für Aristoteles ist der ›König Ödipus‹ die vollendete Tragödie schlechthin, noch Seneca wird den Stoff adaptieren. Das 20. Jh. assoziiert mit ›Ödipus‹ v. a. den (gemessen an S.' Tragödie leicht irreführend) nach ihm benannten ›Ödipus-Komplex‹. Vermutl. nicht zuletzt deswegen ist diese Tragödie zusammen mit der ›Antigone‹ am meisten auf der Bühne der Gegenwart präsent.

A: H. Lloyd-Jones, G. Wilson 1990. – *Fragm.*: TrGF, Bd. 4, 1977; H. Lloyd-Jones 1996. – *Einzelausg.*: Aias: A. F. Garvie 1998; *Ant.*: G. Müller 1967, H. Rohdich 1980 (ohne Trachis), M. Griffith 1999; *Trach.*: P. E. Easterling 1982, M. Davies 1991; *Oed. rex*: R. D. Dawe 1982, J. Bollack 1990–91; *El.*: G. Kaibel ^{2}1911, J. March 2001; *Philoct.*: Th. B. Webster 1979; *Ichn.*: R. Krumeich, N. Pechstein, B. Seidensticker, hg. 1999 (Text, Übs. u. Erklärungen). – *Komm.*: R. Jebb 1883–86, F. W. Schneidewin, A. Nauck 1909–14, C. Kamerbeek 1953–84. – *Übs.*: H. Flashar, hg. Übs. von W. Schadewaldt: Aias 1994 (Ant. ^{5}1984.), Trach. 2000, El. 1994, Philoct. 1999, Oed. Col. 1996.

L: T. v. Wilamowitz-Moellendorff, 1917; K. Reinhardt, 1933; T. B. L. Webster, Oxf. 1936, ^{2}1969; C. W. Bowra, Oxf. 1944; A. J. A. Waldock, Cambr. 1951; H. D. F. Kitto, Lond. 1958; G. M. Kirkwood, Ithaka/NY 1958; B. M. W. Knox, Berkeley 1964; H. Diller, hg. 1967; S. Melchinger, 1969; R. P. Winnington-Ingram, Cambr. 1980; Ch. P. Segal, Cambr./MA 1981; J. de Romilly, hg. Vandoeuvres 1982; D. Seale, Chicago 1982; R. G. A. Buxton, Oxf. 1984; R. Scodel, Boston 1984; M. W. Blundell, Cambr. 1989; W. Nicolai, Zu S.' Wirkungsabsichten, 1992; M. Coray, Wissen und Erkennen bei S., 1993; E. Flaig, Ödipus, 1998; B. Goward, Telling tragedy, Lond. 1999; J. Griffin, hg. Fs. H. Lloyd-Jones, Oxf. 1999; Ch. Segal, Tragedy and Civilization, Norman 1999; F. Budelmann, The language of S., Cambr. 2000; F. Hellmut, 2000; E. Ugolini, Rom 2000; A. Markantonatos, Berlin u. a. 2002.

Šopov, Aco, mazedon. Dichter, 20. 12. 1923 Štip – 20. 4. 1982 Skopje. Stud. Philos. Skopje; Redakteur mehrerer Lit.-Zsn., zuletzt Botschafter. – Der erste mazedon. Dichter der Nachkriegszeit, der e. subjektivere Lyrik entdeckt. In meditativen Versen stellt Š. der Unbeständigkeit das Künstlertum gegenüber.

W: Pesni, G. 1944; Pruga na mladosta, G. 1947; So naši race, G. 1950; Stihovi za makata i radosta, G. 1952; Jus-univerzum, G. 1968; Gledač vo pepelta, G. 1970; Drvo na ridot, G. 1981. – Šopov vo svetot, Šopov od svetot (GW), II 1993; Izbor od poezijata (AW), 1987; Poezija (AW), 1993.

L: Fs., 1983 (m. Bibl.); V. Smilevski, 1993.

Sordello di Goito, ital. Troubadour, um 1200 Goito b. Mantua – um 1270 Provence (?). Ritterl. Herkunft; s. Name erschien erstmals 1220 bei e. Wirtshausrauferei in Florenz. Lebte am Hofe Richards von Bonifazio in Verona; entführte 1226 dessen Frau Cunizza mit dem Einverständnis ihres Bruders Ezzelino da Romano. Daraufhin Flucht nach Treviso zu der Familie Da Romano. Zog weiter nach Spanien und Portugal, ließ sich schließl. (um 1229) am provenzal. Hof nieder. Die Herren Blacatz und Barral von Baux wurden s. Gönner. Trat in den Dienst von Karl von Anjou, begleitete ihn 1265 auf dessen Feldzug nach Neapel; 1266 Gefangener in Neapel. Karl von Anjou gab ihm e. Lehen in den Abruzzen. – Berühmtester ital. Troubadour, Vf. von rund 40 Liedern, davon 8 Sirventes, zu denen die berühmte Klage über den Tod s. Gönners Blacatz (1237) gehört; außerdem Vf. e. didakt. Gedichts ›L'ensenhamen d'onor‹ (um 1250). In der ›Göttlichen Komödie‹ erscheint S. als Verkörperung patriot. Stolzes.

A: Le poesie, hg. M. Boni 1954.

L: C. Merkel, 1890; C. De Lollis, 1896; M. Boni, 1970; E. Faccioli, 1994; Actes Colloque, 1997.

Sorel, Charles, Sieur de Souvigny, franz. Romanschriftsteller, um 1602 Paris – 7. 3. 1674 ebda. Stud. wahrscheinl. am Collège de Lisieux, 1621 Sekretär des Grafen von Cramail, 1622 beim Grafen Marcilly, später beim Grafen de Baradat. Erwarb das Amt des ersten Historiographen von Frankreich; verlor 1663 die Einkünfte daraus, während er den Titel beibehielt. Beschränkte finanzielle Verhältnisse. – Seine bedeutenderen Romane sind Reaktionen auf lit. Modeströmungen s. Zeit. S.s realist. Schelmenroman ›La vraie histoire comique de Francion‹ wendet sich gegen den Schäferroman und die preziöse Lit. und gibt neben ausgezeichneter Charakterdarstellung e. umfassendes Bild der Epoche Ludwigs XIII. ›L'anti-roman ou le berger extravagant‹ ist e. Parodie auf den Schäferroman. Der oft übertrieben derbe Realismus dieser Werke stellt sich in bewußten Gegensatz zu der gekünstelten Überfeinerung u. bezieht daraus s. kom. Wirkung. S. gilt als der Schöpfer des burlesk-parodist. Romans, der von Scarron und Furetière weiter gepflegt wird.

W: Histoire amoureuse de Cléagénor et Doristée, R. 1621; Nouvelles françoises, En. 1623; La vraie histoire comique de Francion, R. 1623 (hg. Y. Giraud 1979; d. 1967); Le berger extravagant, R. 1627f.; La science universelle, Abh. III 1641; Polyandre, R. 1650; La bibliothèque françoise, Schr. 1664 (hg. M. L. Kocher 1965).

L: E. Roy, 1891 (n. 1970); T. de Larroque, 1893; A. Lefranc, Le berger extravagant, Francion et Polyandre de C. S., 1906; P. Loch, 1934; K. Letsch, Diss. Münster 1936; P. Battista, Rom 1964; G. Goebel, Diss. Bln. 1965; F.-E. Sutcliffe, Le réalisme de S., 1965; S. Thiessen, 1977; H. D. Béchade, Genf 1981; A. G. Suozzo jr., Lexington 1982; G. Verdier, 1984; D. Riou, 1993; J. Morgante, 1996; R. Howels, 1998; M. Debaisieux, 2000; L. Hinds, 2002.

Sorescu, Marin, rumän. Schriftsteller, 19. 2. 1936 Bulzeşti/Dolj – 6. 12. 1996 Bukarest. Stud. Philol. Jassy, Publizist, Filmfunktionär, 1979 Redakteur der Zs. ›Ramuri‹. – E. skept. Schelm, der in mehreren vieldiskutierten Gedichtbänden unter dem Schutz der Narrenkappe zwar keine Lösung für die Probleme der mod. Zivilisation anbietet, doch mit der Schärfe s. Ironie die Mauern menschl. Unzulänglichkeiten auflöst, Schwächen erbarmungslos entblößt u. alle Formen der Unfreiheit entdeckt. Eine Überraschung war s. Drama ›Iona‹, e. mod. Mysterium, das jedoch als bloße Anspielung auf die Gegenwart mißverstanden wurde. Übs. Pasternaks.

W: Singur printre poeţi, G. 1964; Poeme, 1966; Moartea ceasului, G. 1966; Tinereţea lui Don Quijote, G. 1968; Iona, Dr. 1968 (Jonas, d. 1969); Paraclisierul, Dr. 1969; Tuşiţi, 1970; O aripă şi-un picior, G. 1970; La Lilieci, III 1973–95; Descântoteca, G. 1976; Matca, Dr. 1976; Trei dinţi din faţă, R. 1977; Teatru, 1980; Poezii alese de cenzurǎ, G. 1991; Puntea. Ultimele, G. 1997. –
Übs.: Aberglauben, G. 1974; Noah, ich will dir was sagen, G. 1975; Abendrot Nr. 15, G. 1985.

L: M. Andreescu, 1983; M. Popescu, 1986.

Soriano, Osvaldo, argentin. Schriftsteller, 6. 1. 1943 Mar del Plata – 29. 1. 1997 Buenos Aires. Journalist, Drehbuchautor; langjähriges Exil in Brüssel u. Paris. – Mit spannendem u. humorvollem, leicht lesbarem, trockenem, an Hemingway erinnerndem Stil huldigt S. in funkelnden Dialogen u. schnellen Handlungsabläufen dem Filmkomiker Stan Laurel u. der Romanfigur von Chandler, dem Detektiv Philip Marlowe (›Triste‹); beschreibt Themen wie den Fanatismus u. s. trag. Konsequenzen (›No habrá‹) oder den Kampf um die Ehre, die Treue u. die Gerechtigkeit (›Cuarteles‹).

W: Triste, solitario y final, R. 1974 (d. 1978); No habrá ni penas ni olvido, R. 1980; Cuarteles de invierno, R. 1982 (verfilmt; d. 1984); A sus plantas rendido un león, R. 1986 (d. 1990); Una sombra ya pronto serás, R. 1990; El ojo de la patria, R. 1992; Cuentos de los años felices, 1993; La hora sin sombra, Chronik 1996; Piratas, fantasmas y dinosaurios, Chronik 1996.

Sorin, Leonid → Zorin, Leonid Genrichovič

Sorokin, Vladimir Georgievič, russ. Schriftsteller, * 7. 10. 1955 Bykovo/Gebiet Moskau. Stud. Moskauer Inst. f. Erdöl- und Gaswirtschaft, früh lit. tätig, konnte wegen krit. u. regimefeindl. Haltung nicht in der SU publizieren, die meisten Werke erschienen zuerst als Übs. im Ausland. – S. schreibt provokative, auf das Brechen von Tabus und die Zerstörung von gesellschaftl. Normen ausgerichtete Romane und Kurzdramen, die sich v. a. der Fäkalsprache bedienen und menschl. Abnormitäten zeigen.

W: Očered', R. Paris 1985 (Die Schlange, d. 1990); Serdca cetyrëch, R. 1998 (Die Herzen der vier, d. 1993); Norma, R. 1994 (d. 1999); Roman, R. 1994 (d. 1995); Tridcataja ljubov' Mariny, R. 1995 (Marinas dreißigste Liebe, d. 1991); Goluboe salo, R. 1999 (Der himmelblaue Speck, d. 2000); Lëd, R. 2002 (Das Eis, d. 2003); Utro snajpera, R. 2002. – Sobranie sočinenij (GW), II 1998, III 2002.

L: Poetik der Metadiskursivität, hg. D. Burkhart 1999.

Soromenho, Fernando Monteiro de Castro, angolan. Schriftsteller, Journalist, 31. 1. 1910 Chinde (Mosambik) – 19. 6. 1968 São Paulo (Brasilien). Sohn portugies. Einwanderer. Erster Intellektueller, der sich als angolan. Schriftsteller definierte, kehrte 1937 nach Lissabon zurück und arbeitete bei versch. Zeitungen, Leiter zweier Verlage, aus polit. Gründen Emigration nach Paris u. Brasilien. – In s. ersten Romanen ethno-hist. Themen, später Auseinandersetzung mit Gewalt, Unterdrückung und dem leidvollen Schicksal des angolan. Volkes.

W: Nhári – O Drama da Gente Negra, E. 1938; Imagens da Cidade de São Paulo de Luanda, Ess. 1939; Homens sem Caminho, R. 1941; Calenga, Kgn. 1945; Terra Morta, R. 1949; Histórias da Terra Negra, Prosa 1960; A Chaga, R. 1970.

L: R. Bastide, 1959; C. Beirante, 1989.

Sorrentino, Gilbert, amerik. Schriftsteller, * 27. 4. 1929 Brooklyn. Stud. Brooklyn College; Gelegenheitsarbeiter, Journalist, Hrsg., versch. Lehrtätigkeiten, seit 1982 Engl.-Prof. Stanford Univ. – Formalist, s. Lyrik bes. über Brooklyn und s. Bewohner mit klarer, harter Diktion und Umgangssprache; s. Romane zitatenreich, multiperspektiv., parodist., achronolog., impressionist. (›Mulligan Stew‹, ›Under the Shadow‹, ›Little Casino‹), auch konventionellere Reise-Romane (›The Sky Changes‹, ›Blue Pastoral‹).

W: The Darkness Surrounds Us, G. 1960; Black and White, G. 1964; The Sky Changes, R. 1966; The Perfect Fiction, G. 1968; Steelwork, R. 1970 (d. 1990); Imaginative Qualities of Actual Things, R. 1971 (d. 1993); Corrosive Sublimate, G. 1971; Splendide-Hôtel, R. 1973; A Dozen Oranges, G. 1976; White Sail, G. 1977; The Orangery, G. 1978; Mulligan Stew, R. 1979 (d. 1997); Aberration of Starlight, R. 1980 (d. 1991); Selected Poems, 1958–1980, 1981; Crystal Vision, R. 1981; Blue Pastoral, R. 1983; Odd Number, R. 1985; Rose Theatre, R. 1987; Misterioso, R. 1989; Under the Shadow, R. 1991; Red the Fiend, R. 1995; Pack of Lies, R.-Slg. 1997; Gold Fools, R. 2001; Something Said, Ess. ²2001; Little Casino, R. 2002.

L: L. Mackey, 1997. – *Bibl.:* W. McPheron, 1991.

Sosa, Roberto, honduran. Lyriker, * 18. 4. 1930 Yoro. Stud. der Lit.wiss., Leiter des Univ.-Verlages, Hrsg. e. Lit.-Zs. Mehrere Auszeichnungen; der bekannteste Lyriker Honduras. – Bruch mit früheren Themen u. Formen, leitete die dichter. Kürze ein; beseelt er für e. Zukunft, die nicht nur e. Minderheit Verbesserungen bringt. Propaganda ist, kämpft er für e. Zukunft, die nicht nur e. Minderheit Verbesserungen bringt.

W: Caligramas, 1959; Muros, 1966; Los pobres, 1969; Un mundo para todos dividido, 1971; Secreto militar, 1984; El llanto de las cosas, 1984. – Obras completas, 1990; Antología personal, 1995.

Soschtschenko od. **Sostschenko, Michail Michajlowitsch** → Zoščenko, Michail Michajlovič

Sosiphanes aus Syrakus, altgriech. Tragödiendichter, † 336/333 oder 324/321 v. Chr. – Mit angebl. 73 Stücken und Siegen produktiver und erfolgr. Vf. von Tragödien. Ein anderer S. (* 306/305) wird zur sog. trag. ›Pleias‹ (›Siebengestirn‹) gezählt. Von beider Werk ist außer Fragmenten nichts erhalten.

A: TrGF I 92 u. 103.

Sositheos aus Alexandreia (Troas), altgriech. Dichter; 1. Hälfte 3. Jh. v. Chr. – Der antiken Tradition galt S. v. a. als Neuerer des Satyrspiels (vgl. e. Grabepigramm auf S. in der → ›Anthologia Graeca‹). Von s. Schaffen, zu dem neben dramat. Werken auch Gedichte und Prosa gehört haben sollen, sind nur 24 Verse aus ›Daphnis und Lityerses‹ erhalten.

A: TrGFr I 99.

L: R. Krumeich, 1999.

Sos'ura, Volodymyr, ukrain. Dichter, 6. 1. 1898 Debal'ceve – 8. 1. 1965 Kiev. Sohn e. Berggrubenarbeiters; Jugend im Donez-Becken; im Bürgerkrieg zuerst auf nationaler, später auf bolschewist. Seite. – Neuromant. Arbeiterdichter, trotz s. Linientreue zum sozialist. Realismus wegen Hervorhebung nationaler Elemente u. Motive von der Sowjetkritik mehrfach abgelehnt und angegriffen.

W: Červona zyma, G. 1922; Jun', G. 1927; Mynule, G. 1931; Lenin, G. 1932; Červoni trojandy, G. 1932; Ljubit' Ukrainu, G. 1944; Ščob sady šumily, G. 1947;

Hniv narodu, G. 1949; Tret'a rota, R. 1997 (russ. 1990); Rozstril'ane bezsmert'a. Virši ta poemy, 2001; Mazepa. Poema, liryka, 2001. – Poeziji, G. 1887; G. III 1929/30; Vybrane, Poeziji ta proza, 1889; Tvory (W), IV, 1886f.; III 1957/58, X 1970–72; Vybrani tvory, II 2000.
L: M. Dolengo, 1931; O. Kudin, 1958; J. Burljaj, 1959; J. Radčenko, 1967; V. Moronec', 1990; J. Burl'aj, in: Kyjiv 1/2, 1998.

Sotades von Maroneia (Thrakien), altgriech. Dichter, 3. Jh. v. Chr. – Berühmt v.a. für s. in ihrer schonungslosen Bissigkeit und ihrer teilweise derben Obszönität an die Tradition der ion. Iambographie anknüpfenden Spottgedichte und das in ihnen verwendete, nach S. benannte Versmaß, sog. ›Sotadeus‹ (da in obszöner Dichtung verwendet, auch: ›Kinädenmaß‹). Schon bald schrieb man S. (wohl fälschl.) auch harmlosbanale allg. Lebensweisheiten zu, so daß in den Folgejahrhunderten das Versmaß sowohl in aggressiv-polem. als auch in allg. belehrender Dichtung verwendet werden konnte.
A: I. H. M. Hendriks u.a., ZPE 41, 1981, 71–83.
L: F. Podhorsky, 1895; R. Pretagostini, Rom 1984; ders., in: G. Cerri, Neapel 2000.

Sotelo, Joaquín Calvo → Calvo Sotelo, Joaquín

Sotiriu, Dido, griech. Romanautorin und Journalistin, * 1911 Aindinos. Seit 1922 lebt sie in Athen, Stud. in Paris. – Ihre Themen sind die Vertreibung der Griechen aus Kleinasien und die Schrecken des Bürgerkriegs. In ihrem Werk spiegeln sich tiefe Emotionalität und polit. Ideen, wobei sie zuweilen zur Vereinfachung tendiert.
W: Hoi nekroi perimenun, R. 1959; Elektra, R. 1961; Matōmena chōmata, R. 1962 (Grüß' mir die Erde, die uns beide geboren hat, d. 1985); Entolē, R. 1976 (d. 1992); Mesa stis phloges, R. 1978; Episkeptes, R. 1979; Katedaphizometha, R. 1982.

Šotola, Jiří, tschech. Dichter, 28. 5. 1924 Smidary (bei Hradec Králové) – 8. 5. 1989 Prag. 1964–67 Vorsitzender des Schriftstellerverbands u. 1964 stellv. Chefredakteur von ›Literární noviny‹. – Š.s Lyrik besingt in schlichter Form u. ohne Pathos den Alltag des einfachen Menschen; verbindet intime Gefühlserlebnisse mit Motiven aus der gesellschaftl. u. polit. Realität. In hist. Romanen u. Dramen aus der Zeit der Gegenreformation u. der Napoleon. Feldzüge sucht Š., die Identität s. Volks aus der Gesch. zu erhellen.
W: Čas dovršený, G. 1946; Za život, G. 1955; Červený květ, G. 1955; Svět náš vezdejší, G. 1957; Venuše z Mélu, G. 1959; Bylo to v Evropě, G. 1960; Hvězda Ypsilon, G. 1962; Psí hodinky, G. (Ausw. 1961–67), 1968; Podzimníček, G. 1967; Tovaryšstvo Ježíšovo, R. 1969 (Grüß den Engel, d. 1971); Kuře na rožni, R. (Vaganten, Puppen und Soldaten, d. 1973); Svatý na mostě, R. 1978; Cesta Karla IV. do Francie a zpět, R. 1979; Bitva u Kres-

čaku, R. 1982; Osmnáct Jeruzalémů, R. 1986; Waterloo, Dr. 1987.

Soulès, Jean → Abellio, Raymond

Soulié, (Melchior) Frédéric, franz. Romanschriftsteller u. Dramatiker, 24. 12. 1800 Foix – 23. 9. 1847 Bièvres. Nach Mißerfolg s. ersten lit. Versuche Leiter e. Schreinerei. Durch ›Les mémoires du diable‹ mit e. Schlag berühmt. Höhepunkt s. weiteren erfolgr. lit. Schaffens wurde s. Drama ›La closerie des genêts‹. – Vf. volkstüml. Romane und Dramen; e. der ersten Autoren von Feuilleton-Romanen; Melodramen in Zusammenarbeit mit Dumas père; blieb trotz unzweifelhafter Begabung mangels konzentrierter und gewissenhafterer Arbeit im Bereich des Konventionell-Unterhaltenden.
W: Les deux cadavres, R. 1832 (d. 1838); Le Comte de Toulouse, R. 1834 (d. 1835); Le Vicomte de Béziers, R. 1834 (n. 1838); Les mémoires du diable, R. IV 1837f. (d. 1838–40); Le Lion amoureux, E. 1839; La Confession générale, R. 1840 (d. 1841); La closerie des genêts, Dr. 1846; Le Comtesse de Monrion, R. 1846; La Lionne, R. 1846f.; Hortense de Blengy, Dr. 1848 (Die zwölfte Stunde, d. 1851).
L: H. March, New Haven 1931; H. Reinholdt, Diss. Münster 1935; M. Champion, 1947; M. Tanguy-Baum, 1980; A. Pieper-Branch, 1988.

Soumet, Alexandre, franz. Dramatiker, 8. 2. 1788 Castelnaudary – 30. 3. 1845 Paris. 1808 Auditeur im Staatsrat; nach dem Zusammenbruch des Kaiserreichs einige Zeit in Toulouse. Wandte sich 1822 dem Theater zu. 1822 Bibliothekar von Saint-Cloud, 1824 von Rambouillet, 1830 von Compiègne. 1824 Mitgl. der Académie Française. – Dichter romant. Inspiration, später in s. großen Gedicht ›La divine épopée‹ nachhaltig von Klopstock beeinflußt. Seine hist. Dramen waren überaus erfolgr., ebenso Elegien, deren bekannteste ›La pauvre fille‹ ist. Kunstvolle Form, hist. Treue und echte Empfindung.
W: L'incrédulité, G. 1810; La pauvre fille, G. 1814; Clytemnestre, Tr. 1822; Saül, Tr. 1822; Cléopâtre, Dr. 1824; Jeanne d'Arc, Dr. 1825; Elisabeth de France, Dr. 1828; Une fête de Néron, Dr. 1830 (m. Belmontet); Norma, Dr. 1831; Le gladiateur, Dr. 1841; La divine épopée, Dicht. 1841; Jeanne Grey, Dr. 1845.
L: Th. Gautier, La divine épopée d'A. S., 1841; A. Equey, La divine épopée, 1906.

Soupault, Philippe, franz. Dichter u. Schriftsteller, 2. 8. 1897 Chaville/Seine-et-Oise – 11. 3. 1990 Paris. Jugend ebda.; mit A. Breton im Kreis der Surrealisten; 1919 Mitbegründer der Zs. ›Littérature‹; Journalist, ging nach Nordafrika und gründete 1938 in Tunis e. Rundfunksender; 1942 von der Regierung Pétain eingekerkert. Nach s.

Befreiung 2jähriger Aufenthalt in den USA. 1945 Leiter des Auslandsdienstes des franz. Rundfunks. Reisen in Europa, Afrika und dem Orient als Beauftragter der Unesco. – Lyriker, Romanschriftsteller und Essayist; s. Vorbilder sind Rimbaud, Lautréamont und G. Apollinaire. In s. Anfängen vom Surrealismus und Dadaismus beeinflußt. Schrieb zusammen mit A. Breton die erste bedeutende surrealist. Gedichtsammlung ›Les Champs magnétiques‹. Abkehr vom Surrealismus; Wendung zum Roman als Darstellung e. traumhaftüberwirkl. Welt; s. Helden sind ewig Suchende und Gehetzte. Seine letzten Gedichte nähern sich wieder dem Surrealismus.

W: Aquarium, G. 1917; Rose des Vents, G. 1920; Les Champs magnétiques, G. 1920 (m. A. Breton) (d. 1982); Westwego, G. 1922; Le bon Apôtre, R. 1923; A la dérive, R. 1923; Wang-Wang, G. 1924; Les frères Durandeau, R. 1924; Georgia, G. 1925; En joue!, R. 1925; Le nègre, R. 1927 (d. 1928, 1967); Histoire d'un blanc, Aut. 1927; H. Rousseau, Es. 1927; G. Apollinaire, Es. 1928; W. Blake, Es. 1928; Le grand homme, R. 1929; P. Uccello, Es. 1929; Lautréamont, Es. 1929; Charlot, Es. 1931 (d. 1931); Baudelaire, Es. 1931; Debussy, Es. 1932; Souvenirs de J. Joyce, Es. 1943; Odes, G. 1946; Journal d'un fantôme, Aut. 1946; La biche, Es. 1946; Chansons, G. 1949; Cinquante-deux contes de tous les pays, En. 1953; Profils perdus, 1963; Labiche, sa vie, son œuvre, Es. 1964; Le vrai Breton, Es. 1966; Ecrits de cinéma, Es. 1979; Mémoires de l'oubli 1914–1925, 1981. – Poésies complètes, 1937; Poèmes et poésies 1917–73, 1973 (enth. Crépuscules, 1960–71); Georgia, Epitaphes, Chansons et autres poèmes, 1984. – Übs.: Frühe Gedichte 1917–1930, 1983; Begegnungen mit Dichtern und Malern, 1986.

L: H. J. Dupuy, 1958; S. Cassayre, 1994; M. V. Schwarz, 1996; M. Berne, 1997; S. Cassayre, 1997; L. Lachenal, 1997; K. Aspley, 2001.

Sousa, António Sérgio de → Sérgio, António

Sousa, Frei Luís de (eig. Manuel de Sousa Coutinho), portugies. Geschichtsschreiber, um 1555 Santarém – 5. 5. 1632 Benfica b. Lissabon. Adliger Abkunft, bewegtes Leben: Gefangenschaft in Nordafrika u. dort Bekanntschaft mit Cervantes, Reisen nach Ostasien, ∞ um 1585 Madalena de Vilhena, Witwe des in Marokko verschollenen Dom João von Portugal; 1613 trat das Ehepaar in e. Dominikanerkloster ein, wohl aus innerem Antrieb u. nicht aufgrund e. Gerüchts von der Rückkehr des totgeglaubten Ehemannes. – E. der Klassiker portugies. Prosa. Geschmeidiger, anschaul. u. ausdrucksvoller Stil, lebendige Schilderung der Gestalten u. Vorgänge meist hagiograph. u. ordensgeschichtl. Charakters. Übernahme u. Ausbau des von Luís de Cácegas hinterlassenen Materials. Förderte die Legendenbildung u. wurde in der Folgezeit entsprechend oft lit. behandelt (Drama von Almeida Garrett, 1844).

W: Vida de D. Frei Bartolomeu dos Mártires, B. 1619 (hg. A. Reis Machado III 1946–48); História de S. Domingos particular do Reino e Conquistas de Portugal, Abh. III 1623–78; Anais de D. João III, Chronik (hg. A. Herculano 1844, M. Rodrigues Lapa II 1938).

Sousa, João da Cruz e → Cruz e Sousa, João da

Souster, Raymond (Holmes), kanad. Dichter u. Hrsg., * 15. 1. 1921 Toronto. Bankangestellter, gründete mehrere lit. Magazine. – Seine Lyrik ist vom Imagismus u. früher modernist. Dichtung beeinflußt u. beschäftigt sich v. a. mit Toronto, dem Alltäglichen u. Verfallserscheinungen.

W: When We Are Young, G. 1946; Go to Sleep, World, G. 1947; Selected Poems, 1956; A Local Pride, G. 1962; Place of Meeting, G. 1962; The Colour of the Times, G. 1964; Twelve New Poems, 1964; Jubilee of Death, G. 1984. – Collected Poems, 1980–99.

L: F. Davey, 1980; B. Whiteman, 1984.

Soutar, William, schott. Lyriker, 28. 4. 1898 Perth – 15. 10. 1943 ebda. 1916–18 Marine; Stud. Medizin u. Engl. Edinburgh. Letzte 14 Lebensjahre völlig gelähmt. Anhänger des Scottish Renaissance Mouvement. – Meist balladeske Lyrik in Engl. und Schottisch mit minuziöser Beschreibung der Schönheit auch einfachster Naturdinge; auch Kinderreime, Rätsel (vertont u. a. B. Britten 1972, R. Stevenson 1996), Tagebuch.

W: Conflict, G. 1931; Brief Words, One Hundred Epigrams, 1935; Riddles in Scots, 1937; Buth the Earth Abideth, Dicht. 1943; Seeds in the Wind. Poems in Scots for children, G. 1943 (d. 1998); The Expectant Silences, G. 1944; Collected Poems, hg. H. MacDiarmid 1948; Diaries of a Dying Man, Aut. hg. A. Scott 1954; Poems in Scots and English, hg. W. R. Aitken 1975; Poems, A New Selection, hg. ders. 1988; Selected Poems, hg. C. McDougall, D. Gifford 2000.

L: A. Scott, Still Life, 1958; H. Prüger, 1998; ders., 2001; G. Bruce, 2000.

Southern, Terry, amerik. Schriftsteller, 1. 5. 1926 Alvarado/TX – 29. 10. 1995 New York. Stud. Univ. Southern Methodist, Chicago und Northwestern. – Erfolgr., auch lit. anspruchsvolle Drehbücher (›Dr. Strangelove‹, mit S. Kubrick, 1963; ›The Loved One‹, mit C. Isherwood, 1964; ›Barbarella‹, 1967; ›Easy Rider‹, 1968). Sein Erfolgsroman ›Candy‹, ursprüngl. im ›underground‹ erschienen, soll in Anlehnung an Voltaire (Titel!) e. groteske Satire auf die Sexwelle und die Asienmode der zeitgenöss. Hippie-Kultur sein.

W: Flash and Filigree, R. 1958; Candy, R. 1958 (m. M. Hoffenberg, d. 1967); The Magic Christian, R. 1959; Writers in Revolt, Anth. 1960 (m. A. Trocchi); Red-Dirt Marijuana and Other Tastes, Kgn. 1967; Blue Movie, R. 1970 (Der Super-Porno, d. 1971); Texas Sum-

mer, R. 1992; Now Dig This: The Unspeakable Writings of T. S., hg. N. Southern, J. A. Friedman 2001.
L: L. Hill, 2001.

Southerne, Thomas, ir. Dramatiker, 1660 Oxmantown b. Dublin – 26. 5. 1746 London. Stud. Dublin und London; Jurist, dann in der Armee, später erfolgr. Bühnenschriftsteller und Theaterunternehmer in London, erwarb dabei e. Vermögen. Befreundet mit Dryden. – Vertreter der heroischen Tragödie. Seine Dramen waren damals außerordentl. erfolgr. trotz mancher dramat. Mängel (Rührseligkeit, Melodramatik, Übersteigerung von Schauerszenen). Am bekanntesten das den Sklavenhandel thematisierende Bühnenstück ›Oroonoko‹.

W: The Loyal Brother, or the Persian Prince, Sch. 1682 (n. P. Hamelius 1911); The Disappointment, Sch. 1684; Sir Anthony Love, or the Rambling Lady, Sch. 1690; The Wives' Excuse, Sch. 1692; The Fatal Marriage, or the Innocent Adultery, Dr. 1694 (d. 1792); Oroonoko, Dr. 1696 (n. M. E. Novak 1976); The Spartan Dame, Dr. 1719. – Collected Works, II 1713; Works, hg. R. Jordan, H. Love II 1988.
L: J. W. Dodds, 1933, n. 1970.

Southey, Robert, engl. Dichter, 12. 8. 1774 Bristol – 21. 3. 1843 Keswick. Sohn e. Tuchhändlers; Westminster School, 1792 Stud. Oxford, 1794 enge Verbindung mit S. T. Coleridge, faßte mit ihm und Lovell den utop. Plan der Gründung e. bäuerl.-egalit. ›Pantisokratie‹ in Amerika. ∞ 1795 Edith Fricker. Ausgedehnte Reisen nach Spanien und 1780 Portugal, erwarb dort gründl. Kenntnisse der Gesch. und Lit. der Halbinsel. Nach s. Rückkehr 1796 erkannte S. die Unausführbarkeit des pantisokrat. Plans. Stud. vorübergehend Jura, ließ sich ab 1803 in Greta Hall Keswick im Cumberlander Seengebiet in der Nachbarschaft von Wordsworth und Coleridge nieder (Lake School), arbeitete dort unermüdl. Mitarbeiter der konservativen ›Quarterly Review‹. 1813 Poet laureate. Erhielt in s. letzten Jahren e. Staatspension. ∞ 1839 in 2. Ehe als körperl. und geistig Kranker Caroline Anne Bowles, mit der er über 20 Jahre in treuer Freundschaft verbunden war. – Vorläufer u. Wegbereiter der engl. Romantik aus dem Dreigestirn der Lake School. Im Frühwerk beeinflußt von den Ereignissen der Franz. Revolution; Titelhelden als Sprachrohre s. Zukunftspläne (›Joan of Arc‹, ›Wat Tyler‹) mit jugendl. Begeisterung. Von dichter. Ursprünglichkeit zeugen auch s. volkstüml. Balladen mit Tendenz zum Grotesken, die S.s höchste dichter. Leistung darstellen (›The Devil's Walk‹, 1799). S. großen Epen fehlt trotz gelungener Darstellung fremdländ. Lebens, einfachen Stils und wagemutiger metr. Experimente das große Können z. B. Scotts. S. langen Versdichtungen werden kaum noch gelesen. Klarer Stil beherrscht auch s. reizvolle Prosa: hist. Abhandlungen, Biographien, satir. Zeitkritik u. polit. Flugschriften. In s. Briefen erscheint er als der gütige, humorvolle, pflichttreue Mensch u. hilfsbereite Freund. Übs. aus dem Span. (›Amadis of Gaul‹, 1803; ›Chronicle of the Cid‹, 1808).

W: Joan of Arc, Ep. 1793; The Fall of Robespierre, Sch. 1794 (m. S. T. Coleridge); On the French Revolution by Mr Necker, Übs. 1797; Thalaba the Destroyer, Dicht. II 1801 (d. 1837); Madoc, Dicht. 1805; Chronicle of the Cid, Übs. 1808 (hg. V. S. Pritchett 1958); The Curse of Kehama, Dicht. 1810; The Life of Nelson, St. II 1813 (hg. C. Oman 1962); Roderick: The last of the Goths, Dicht. 1814; The Lay of the Laureate: Carmen Nuptiale, 1816; Wat Tyler, Dr. 1817; The Life of Wesley, St. II 1820 (d. 1828); A Vision of Judgement, Dicht. 1821; History of the Peninsular War, St. 1823–32; The Book of the Church, St. II 1824; A Tale of Paraguay, St. 1825; The History of Brazil, 1828 (n. 1969); Life of Bunyan, St. 1830; The Doctor, St. VII 1834–38. – Poetical Works, X 1837f.; Poems, hg. M. H. Fitzgerald 1909; Commonplace Book, hg. J. W. Warter IV 1849f.; Life and Correspondence, hg. C. C. Southey VI 1849f. (n. 1970); The Correspondence of R. S. with Caroline Bowles ... with Shelley, hg. E. Dowden 1881; Letters, Ausw. hg. ders. 1912; New Letters, hg. K. Curry II 1965; Journals of a Residence in Portugal and a Visit to France, hg. A. Cabral 1960.
L: E. Dowden, 1874, n. 1968; W. Haller, 1917, n. 1967; J. Simmons, 1945, n. 1968; J. Raimond, Paris 1968; J. Cottle, 1847, n. 1970; G. Carnall, ²1971; The Critical Heritage, hg. L. Madden 1972; K. Curry, 1975; M. Storey, 1997; C. J. P. Smith, 1997.

Southwell, Robert, engl. Dichter, um 1561 Horsham St. Faith's b. Norwich – 21. 2. 1595 Tyburn. In Douai und Rom erzogen, trat 1578 in den Jesuitenorden ein, 1584/85 zum Priester geweiht, 1586 nach England. 1589 Hauskaplan der Gräfin Arundel. 1594 als Verräter festgenommen, mehrfach gefoltert, 3 Jahre eingekerkert und schließl. hingerichtet. Seine Dichtungen der Weltentsagung u. Jenseitshoffnung entstanden vorwiegend im Gefängnis. – Sein Hauptwerk ›St. Peter's Complaint‹, ist e. lang ausgeführte Erzählung des bitter bereuenden Petrus über die letzten Erdentage Jesu. Das Werk zeigt manierist. Züge, es ist im Stil Tansillos geschrieben, überreich an Metaphern, Paradoxa und Antithesen und von intensiv transzendentalem Begehren geprägt. Außerdem Vf. kürzerer geistl. Dichtungen, die 1595 unter dem Titel ›Maeoniae‹ gesammelt erschienen und deren Ton bereits auf die ›metaphysical poets‹ vorausweist.

W: Mariae Magdalene's Funerall Teares, Prosa 1594; The Triumphs Over Death, Prosa 1595; An Humble Supplication to Her Majestie, Prosa 1595 (hg. R. C. Bold 1953); Saint Peter's Complaint, G. 1595; Maeoniae, G. 1595; A Short Rule of Good Life, Prosa 1598; An Epistle of Comfort, Prosa 1604 (hg. M. Waugh 1966); A Four-Fould Meditation of the Foure Last Things, G. 1606. –

Prose Works, hg. W. J. Walter 1828; Poetical Works, hg. W. B. Turnbull 1856; Complete Poems, hg. A. B. Grosart 1872; Poems, hg. J. H. McDonald, N. P. Brown 1967; The Book of R. S., hg. C. M. Hood 1926.

L: R. A. Morton, 1929; M. Bodkin, 1930; M. Bastian, 1931; P. Janelle, 1935; C. Devlin, 1956; ders., 1969; F. Brownlow, 1996. – *Bibl.:* J. M. McDonald, 1937.

Souvestre, Emile, franz. Romanschriftsteller, 15. 4. 1806 Morlaix/Finistère – 5. 7. 1854 Paris. Büroangestellter, dann Lehrer und Journalist, ab 1854 Prof. an e. Verwaltungsakad. 1851 Preis der Académie Française für s. Roman ›Un philosophe sous les toits‹. – Vf. von Romanen und Dramen; Hauptthema s. erzähler. Werks sind Landschaft und Menschen s. breton. Heimat, deren Folklore er in lebendigen und farbigen Bildern schildert. In Dramen und späteren Romanen Auseinandersetzung mit soz. Problemen.

W: Les derniers Bretons, R. 1835–37; Pierre et Jean, R. 1842; Le foyer breton, R. 1844 (Die Steine von Plouhinec, Ausz. d. 1848); Les réprouvés et les élus, R. IV 1845 (d. 1846); Un philosophe sous les toits, R. 1851 (d. 1854); Au coin du feu, R. 1851 (d. 1868); Confession d'un ouvrier, R. 1851 (d. 1857). – *Übs.:* Ausgew. Schriften, II 1857.

L: Th. Botrel, 1915; E. Rimella, Diss. Gött. 1928.

Souvestre, Pierre (eig. Wilhelm Daniel), franz. Schriftsteller, 1. 6. 1874 Schloß Keraval/Finistère – 26. 2. 1914 Paris. Stud. Jura, Richter, Journalist, vorübergehend Englandaufenthalt, wo er als Automechaniker arbeitet. – Zurück, beginnt er zu schreiben, zunächst 24 Fortsetzungsromane, veröffentlicht in der Zs. ›Auto‹. Kreiert mit Marcel Allain die Gestalt des Fantômas, Held zahlr. phantast., teilweise dem Surrealismus naher Abenteuer- und Kriminalgeschichten.

W: Fantômas, R. 1911–1913; Naz en l'air, R. 1912–14.

Souza, Márcio, brasilian. Schriftsteller, * 4. 3. 1946 Manaus. Stud. Sozialwiss. São Paulo, erste Erfolge als Theaterautor in Manaus, lebt heute als Autor u. Verleger in Rio de Janeiro. – International bekannt durch s. parodist.-humoresken Roman ›Galvez, Imperador do Acre‹. Nutzt das konjunkturelle Interesse an Amazonas-Themen, um weitere hist. Romane u. auch sozialwiss. Abhandlungen zu schreiben.

W: Galvez, Imperador do Acre, R. 1976 (d. 1983); A Expressão Amazonense: do colonialismo ao neocolonialismo, Ess. 1978; Operação silêncio, R. 1979; Mad Maria, R. 1980 (d. 1984); A Resistivel Ascensão do Boto Tucuxi, R. 1982; A ordem do dia, R. 1983; A condolência, R. 1984; O brasileiro voador, R. 1986 (d. 1990); A caligrafia de Deus, R. 1994; Breve história da Amazônia, abh. 1994; Crônicas do Grão-Pará e Rio Negro, R. ³1997.

L: R. Zilbermann, 1983; C. Araújo de Medina, 1985.

Sova, Antonín, tschech. Dichter, 26. 2. 1864 Pacov – 16. 8. 1928 ebda. Lehrerssohn, Gymnas. Pelhřimov, Tábor u. Písek, Stud. Jura Prag, verbrachte s. ganzes Leben als Bibliothekar in Prag; Ehrendoktor der Univ. 1920 wegen e. Rückenmarkleidens pensioniert. – Führender tschech. Impressionist. Beginnt mit meditativer Lyrik kosm. u. aktuellgesellschaftl. Prägung, wendet sich dann im Geiste Coppées dem sentimentalrealist. Genrebild zu, wobei er s. Zeitgenossen durch künstler. Diktion, s. sinnenfrohes Verhältnis zur Natur u. intensivere Darstellungskraft weit überragt (›Realistické sloky‹; ›Květy intimních nálad‹; ›Z mého kraje‹). Den Höhepunkt dieser Phase bildet die Sammlung ›Soucit i vzdor‹, e. Protest gegen die bestehende Gesellschaftsordnung. Ab 1896 beginnt S. in erhöhtem Maße die Realität durch Symbole zu ersetzen (›Zlomená duše‹, ›Vybouřené smutky‹, ›Ještě jednou se vrátíme‹) u. wird zum prophet. Künder e. gerechteren Zukunft. S.s intime Lyrik spiegelt bes. nach dem Verrat s. Frau die seel. Depressionen des Dichters wider, doch gewinnt er später das innere Gleichgewicht zurück. Als Epiker schrieb S. meisterhafte Balladen, als Psychoaiker psycholog. durchdrungene Erzählungen u. Romane mit sozialer Thematik.

W: Realistické sloky, G. 1890; Květy intimních nálad, G. 1891; Z mého kraje, G. 1893; Soucit i vzdor, G. 1894; Zlomená duše, G. 1896; Vybouřené smutky, G. 1897; Ještě jednou se vrátíme, g. 1900; Ivův román, R. 1902; Výpravy chudých, R. 1903; Dobrodružství odvahy, G. 1906; Lyrika lásky a života, G. 1907; O milkování, lásce a zradě, Ern. 1909; Tóma Bojar, R. 1910; Zápasy a osudy, G. 1910; Žně, G. 1913; Kniha baladická, Ball. 1915; Pankrác Budecius kantor, N. 1916; Zpěvy domova, G. 1918; Básníkovo jaro, G. 1921; Drsná láska, G. 1927; Hovory věcí, R. 1929. – Sebrané spisy (GW), XIII 1910–20; Dílo (W), XXII 1922–30; Spisy (W), XX 1936–38; Korresp. S. – Šalda, 1967. – *Übs.:* Gedichte, Ausw. 1922.

L: L. N. Zvěřina, 1919; F. X. Šalda, 1924; A. Novák, 1934; J. Zika, 1948; ders., J. Brabec, 1953; A. Sovovi kytka polního kvítí z Pacova, 1958.

Soya, (Carl Erik Martin) (eig. Soya-Jensen), dän. Dramatiker u. Erzähler, 30. 10. 1896 Kopenhagen – 10. 11. 1983 Rudkøbing. Sohn e. Kunstmalers; freier Schriftsteller. – Produktiver Autor mit großem Bühnenerfolg, der oft Sensationen u. Skandale erregte, obwohl er hinter der oft obszönen Maske e. fanat. Moralist ist. Nach ›Parasitterne‹, der realist.-symbolist. Darstellung e. sozialen Schmarotzers, schrieb er psychoanalyt. Dramen. 1940–48 e. Tetralogie, worin er in rückläufiger Bewegung zu veranschaulichen versucht, wie die Geschehnisse im menschl. Dasein von der Nemesis beherrscht sind; 1941 schrieb er e. satir. Novelle über die Besatzungsmacht ›En gæst‹, wurde verhaftet und mußte später nach Schweden fliehen; nach dem Krieg versuchte er im Stück ›Efter‹ mit eindringl. Psychologie den Mitläufern Gerechtigkeit widerfahren zu lassen. S. hat viele launenhafte Novellen u. Novelletten geschrieben u. hat im pseudoautobiograph. Roman ›Min farmors hus‹ e. vorzügl. Bild der Zeit um die Jh.wende mit scharfer Beleuchtung der sozialen Ungeheuerlichkeiten gegeben.

W: Parasitterne, Sch. 1929, ^{5}1996; Ganske almindelige mennesker, Nn. 1930; Jeg kunne nemt ta' 100 kr., N. 1931; Hvem er jeg?, Sch. 1932; Lord Nelson lægger figenbladet, Sch. 1934; Den leende Jomfru, Sch. 1934; Umbabumba, Sch. 1935; Chas, Sch. 1938; Målet, troen og synspunkt: Det nye spil om enhver, Sch. 1938; Min høje hat, Sch. 1939; Tetralogie: Brudstykker af et mønster, Dr. 1940, To tråde, Dr. 1943, 30 års henstand, Dr. 1944, Frit valg, Dr. 1948; Smaa venlige smaafisk, En. 1940; En gæst, E. 1941; Min farmors hus, R. 1943, ^{7}1996; Smil så!, En. 1944; Efter, Sch. 1947; Løve med korset, Sch. 1950; Hvis tilværelsen keder Dem, En. 1952; Sytten, R. II 1953f. (n. I 1985; 17 – Roman e. Pubertät, d. 1963); I den lyse nat, Sch. 1956; Blindebuk, Sch. 1956; Fra mit spejlkabinet, En. 1956; Petersen i dødsriget, Sch. 1957; Don Juan som ægtemand, Sch. 1957; De sidste. 661 indfald og udfald, Aphor. 1960; En tilskuer i Spanien, Reiseb. 1963; Familien Danmark, Drn. 1964; Brevet – et levnedsløb, Sch. 1966; Lutter øre, H. 1968; Ærlighed koster mest, Erinn. 1975; Min facitbog, Ess. 1978; Usynlige tråde, En. 1981; Gemmesteder, En.-Ausw. 1996. – Udvalgte værker, VI 1956.

L: O. Lundbo, 1944; Fs. til S., 1946; N. B. Wamberg, 1966; E. Gress, 1975; E. Bræmme, 1981; M. Garde, hg. 2002. – *Bibl.:* C. M. Woel, 1946.

Soyinka, Wole (eig. Oluwole Akinwande), nigerian. Schriftsteller engl. Sprache, * 13. 7. 1934 Abeokuta. Engl.-Dozent in Nigeria u. USA. Polit. sehr engagiert, 1967–69 durch nigerian. Regierung inhaftiert. 1986 Nobelpreis. 1994–98 Exil in den USA. – S. ist das vielseitigste Talent in der afrikan. Lit. Er ist als Dramatiker, Romanautor, Lyriker, Lit.- u. Kulturkritiker, Autobiograph, Regisseur, Schauspieler und Politiker hervorgetreten u. bezeichnet sich selbst als ›a writer, mythmaker, and critic‹. Sein Kernthema ist die Rolle des Individuums in der soz. u. polit. Situation der zeitgenöss. afrikan. Gesellschaften. Er ist tief verwurzelt in der Kosmologie der Yoruba-Kultur; traditionelle Mythologien, Rituale, Zeremonien und Festivitäten sowie überlieferte Wertvorstellungen fließen wie selbstverständl. in s. Werke mit ein u. werden in dynam. Bezug gesetzt zur Lebenswirklichkeit, zur Bibel, zu Mythologie, Lit. und Philos. Europas als integralen Bestandteilen e. weltoffenen afrikan. Erfahrung. ›The Lion and the Jewel‹, ›The Trials of Brother Jero‹, ›The Interpreters‹, ›Opera Wonyosi‹, ›The Beatification of Area Boy‹ und ›Requiem for a Futurologist‹ bieten frische, sprachgewaltige, satir.-witzige Darstellungen des nigerian. Lebens; ›Kongi's Harvest‹, ›Madmen and Specialists‹, ›The Man Died‹ und ›Season of Anomy‹ sind geprägt vom Entsetzen ob der entmenschlichenden, brutalisierenden Wirkung von Macht, Korruption u. Krieg u. zugleich von e. verstärkten Sendungsbewußtsein im Kampf um e. bessere Welt.

W: A Dance of the Forests, Dr. 1963 (d. 1974); The Lion and the Jewel, K. 1963 (d. 1973); Three Plays (The Swamp Dwellers, The Trials of Brother Jero, The Strong Breed), 1963; Five Plays (The Swamp Dwellers, The Trials of Brother Jero, The Strong Breed, A Dance of the Forests, The Lion and the Jewel, 1964; The Road, Dr. 1965 (d. 1988); The Interpreters, R. 1965 (Die Ausleger, d. 1983); Kongi's Harvest, Dr. 1967; Idanre and Other Poems, 1967; Poems from Prison, G. 1969; Madmen and Specialists, Dr. 1971 (d. 1987); A Shuttle in the Crypt, G. 1972; The Man Died: Prison Notes, 1972 (d. 1987); Camwood on the Leaves, G. 1973; Season of Anomy, R. 1973 (Die Plage der tollwütigen Hunde, d. 1979, u. d. T. Zeit der Gesetzlosigkeit, 1981); The Bacchae of Euripides. A Communion Rite, Dr. 1973 (d. 1987); Death and the King's Horseman, Dr. 1975; Ogun Abibiman, G. 1976; Myth, Literature and the African World, Ess. 1976; Opera Wonyosi, Dr. 1981; Aké: The Years of Childhood, Aut. 1981 (d. 1986); A Play of Giants, Dr. 1984; Six Plays (The Trials of Brother Jero, Jero's Metamorphosis, Camwood on the Leaves, Death and the King's Horseman, Madmen and Specialists, Opera Wonyosi), 1984; Requiem for a Futurologist, Dr. 1985 (d. 1987); Art, Dialogue & Outrage. Essays on Literature and Culture, 1988; Ìsarà: A Voyage around Essay, Mem. 1990 (d. 1991); Credo of Being and Nothingness, Es. 1991; Aké. Ìsarà. Memoirs of a Nigerian Childhood, 1994 (d. 1996); Ibadan: The Penkelemes Years. A Memoir 1946–65, 1994 (Streunerjahre, d. 1998); The Beatification of Area Boy. A Lagosian Kaleidoscope, Dr. 1995; The Open Sore of a Continent. A Personal Narrative of the Nigerian Crisis, Abh. 1996; Early Poems, 1998; The Burden of Memory, the Muse of Forgiveness, Abh. 1999 (d. 2001); King Baabu, Dr. 2002; Samarkand and Other Markets I Have known, G. 2003. – Collected Plays, II 1973 f.; Selected Poems, 2002.

L: G. Moore, 1971; L. E. Amadi, Historical and Cultural Elements, 1971; E. D. Jones, 1973; O. Ogbuna, 1975; K. L. Morell, hg. 1975; R. Böttcher-Wöbcke, 1976; J. A. Peters, A Dance of Masks, 1978; J. Gibbs, hg. 1980, n. 1986; L. Adams, The Prison and Post-Prison Writing (1967–73), 1980; M. Banham, 1981; S. Larsen, A Writer and His Gods: A Study of the Importance of Yoruba Myths and Religious Ideals, 1983; H. L. Gates' In the House of Oshugbo, hg. 1985; W. Sotto, The Rounded Rite, 1985; K. H. Katrak, 1986; O. Maduakor, 1986; Before Our Very Eyes, hg. D. Adelugba 1987; E. B. Sullivan, The Forged Iron: Modes and Countermodes in the Plays of W. S. and Edward Bond, 1987; G. M. K. Coger comp., Index of Subjects, Proverbs and Themes, 1988; D. Kacou-Kone, Shakespeare et S., 1988; A. Richard, 1988; M. Lurdos, Côté cour, côté savane: Le Théâtre de W. S., 1990; A. Maja-Pearce, Who's Afraid of W. S.? Essays On Censorship, 1991; D. Wright, 1993; A. Maja-Pearce, W. S.: An Appraisal, 1994; A. P. Nganang, Interkulturalität und Bearbeitung, 1998; M.-H. Msiska, 1999; B. Jeyifo, 2001; K.-H. Stoll, 2003.

Soysal, Sevgi, türk. Schriftstellerin, 1936 Istanbul – 22. 11. 1976 ebda. Stud. klass. Philol. Ankara; Archäologie und Theaterwiss. Göttingen (1957/58); Produzentin bei Radio Ankara; früher Krebstod. – In ihren Erzählungen beschreibt sie Menschen, insbes. Frauen, die gegen polit. und gesellschaftl. Zwänge und Traditionen aufbegehren. In ›Tante Rose‹ führt sie den Leser in eine bayerische Kleinstadt (Heimat ihrer dt. Mutter?), wo Tante Rose gegen traditionelle Konventionen verstößt und dafür ausgestoßen wird.
  W: Tutkulu Perçem, En. 1962; Tante Rose, En. 1968 (d. 1981); Yürümek, R. 1970; Yenişehir'de Bir Öğle Vakti, R. 1973; Şafak, R. 1975; Barış Adlı Çocuk, En. 1976 (Titelgeschichte in: Geschichten aus der Geschichte der Türkei, d. 1990); Yıldırım Bölge Kadınlar Koğuşu, Erinn. 1976; Bakmak, Aufs. 1977; Hoşgeldin Ölüm, R. 1980. – GW, 2001ff.
  L: M. Idil, 1990.

Spagnoli, Battista (gen. Il Carmelita oder Il Mantovano), neulat. Dichter, 17. 4. 1448 Mantua – 1516 ebda. Stud. in Padua, trat in den Karmeliter-Orden in Bologna ein, kehrte dann nach Mantua zurück. 1513 Ordensgeneral. Berühmt für s. Frömmigkeit, 1885 seliggesprochen. – Vf. zahlr. relig. Werke in lat. Sprache, wodurch er zu e. der bekanntesten neulat. Dichter wurde. Bezeichnend für s. christl. Latinität ist die Gestaltung bibl. Stoffe im Stile Vergils.
  A: Opera omnia, IV 1502, 1576; Egloghe, 1498 (komm. W. P. Mustard 1911); La partenice Mariana, hg. E. Bolisani 1957; Opere, hg. E. Coccia 1960; Vita e testi inediti di B. S., in: Carmelo 21 (1974), 36–98.
  L: V. Zabughin, Un beato poeta, 1917; L. Pescasio, 1994.

Spark, Muriel (Sarah), geb. Camberg, engl. Schriftstellerin, * 1. 2. 1918 Edinburgh. Einige Jahre in Zentralafrika, 1939–45 im engl. Außenministerium, 1947–49 Hrsg. des ›Poetry Review‹. 1954 Konversion zum Katholizismus. – Ihre Romane sind moral. u. relig. Fabeln im Rahmen geschlossener Kleinwelten voll verschrobener Charaktere. Sie verbinden elegante Brillanz, grotesk-skurrilen schwarzen Humor u. satir. Darstellung trivialer Torheiten u. Schwächen mit ernsten Fragen nach der Identität des Menschen, Darstellungen von übernatürl. Erlebnissen, Visionen u. Zwangsvorstellungen, Enthüllungen kommunikationsloser privater Scheinwelten u. e. profunden Sinn für metaphys. Signifikanz humaner u. intellektueller Qualitäten. ›The Comforters‹ ist e. Roman über die paranoide Abgeschlossenheit e. Romanautorin re. imaginative Realität; ›The Mandelbaum Gate‹ schildert die Identitätssuche e. halbjüd., sehr kathol. Engländerin im geteilten Jerusalem.
  W: Child of Light: A Reassessment of M. Wollstonecraft Shelley, 1951; The Fanfarlo, G. 1952; E. Brontë, St. 1953 (m. D. Stanford); J. Masefield, St. 1953; The Comforters, R. 1957 (d. 1963); Robinson, R. 1958 (d. 1962); The Go-Away Bird, Kgn. 1958 (Der Seraph u. der Sambesi, d. 1963); Memento Mori, R. 1959 (d. 1960), Sch. 1964; The Ballad of Peckham Rye, R. 1960 (d. 1961); The Bachelors, R. 1960 (d. 1961); Voices at Play, Kgn. 1961; The Prime of Miss Jean Brodie, R. 1961 (Die Lehrerin, d. 1961, u.d.T.. Die Blütezeit der M. J. B., 1983), Dr. 1966; The Girls of Slender Means, R. 1963 (d. 1964); Doctors of Philosophy, K. 1963; The Mandelbaum Gate, R. 1965 (d. 1967); Collected Stories 1, 1967; Collected Poems 1, 1967; The Public Image, R. 1968 (In den Augen der Öffentlichkeit, d. 1969); The Very Fine Clock, Kdb. 1968 (d. 1971); The Driver's Seat, N. 1970 (Töte mich!, d. 1990); Not to Disturb, R. 1971 (d. 1990); The Hothouse by the East River, R. 1973 (d. 1994); The Abbess of Crewe, R. 1974 (d. 1977); The Takeover, R. 1976 (d. 1983); Territorial Rights, R. 1979 (Zu gleichen Teilen, d. 1980, Hoheitsrechte, 1988); Loitering with Intent, R. 1981 (d. 1982); Bangbang You're Dead, Kgn. 1982 (d. 1987); The Only Problem, R. 1984 (d. 1985); Mary Shelley, St. 1987 (d. 1999); A Far Cry from Kensington, R. 1988 (Ich bin Mrs. Hawkins, d. 1989); Symposium, R. 1990 (d. 1995); Curriculum Vitae, Aut. 1992 (d. 1994); The Essence of the Brontes, B. 1993 (In sturmzerzauster Welt, d. 2003) Reality and Dreams, R. 1997 (d. 1998); Aiding & Abetting, R. 2001 (Frau Dr. Wolfs Methode, d. 2001); The Finishing School, R. 2004. – The Novels, II, 1995; The Complete Short Stories, 2002. – *Übs.:* Meistererzählungen, 1996; Hundertundelf Jahre ohne Chauffeur, Kgn. 2002.
  L: D. Stanford, 1963 (m. Bibl.); K. Malkoff, 1968; P. Stubbs, 1973; P. Kemp, 1974; A. Massie, 1979; R. Whittaker, 1982; V. R. Richmond, 1983; A. Bold, hg. 1984; ders., 1986; A. N. Bold, 1986; J. Hynes, 1988; D. Walker, 1988; R. E. Edgecombe, 1990; N. Page, 1990; J. L. Randisi, 1991; J. Hynes, hg. 1992; B. Cheyette, 2000; Ph. u. F. E. Apostolou, 2001; M. McQuillan, hg. 2002.

Spasse, Sterjo, alban. Romancier, 14. 8. 1914 Gollomboç (Südostalbanien) – 12. 9. 1989 Tiranë. Normalschule Elbasan, zunächst als Lehrer tätig, seit 1932 in Südalbanien, seit 1939 Tiranë. Hauptthema s. lit. beachtlichen frühen Romane ist die bisweilen düster gezeichnete Welt der in Armut, Rückständigkeit u. Unwissenheit lebenden südalban. Bauern. Die unter dem kommunist. Regime entstandenen Romane fügen sich dessen Ideologie u. dem sozialist. Realismus; Staatspreis 1953. Übs. aus dem Franz. (u.a. V. Hugo), Bulg. (u.a. I. Vazov), Russ. (u.a. M. Gor'kij). Vf. lit. wiss. Arbeiten u. lit.kundl. Schulbücher.
  W: Nga jeta në jetë, Pse!?, R. 1935 (n. 1968 u.ö.); Afërdita, R. 1944 (n. 1956); Ata nuk ishin vetëm, R. 1952 (n. 1968 u.ö.), (d. 1980, zuvor nach franz. Übs. 1960); Afërdita përsëri në fshat, R. 1955 (n. 1968); Buzë liqenit, R. 1961; Zjarre, R. 1972; Zgjimi, R. 1974; Pishtarë, R. 1975; Ja vdekje, ja liri, R. 1978; Kryengritësit, R. 1983. – GW, VIII 1968 Vepra letrare, IX 1980–85.
  L: I. Spasse, Im atë Sterjo, Përmes arkivit vetiak, 1995.

Spencer

Spencer, Colin, engl. Romanautor, * 17. 7. 1933 Thornton Heath. – Anspruchsvolle, leidenschaftl. Studien psycholog. Konflikte zwischen verschiedenart. Charakteren von z. T. morbider, neurot. Besessenheit. Auch Dramatiker u. Maler.

W: An Absurd Affair, R. 1961; Anarchists in Love, R. 1963; Poppy, Mandragora and the New Sex, R. 1966; Asylum, R. 1966; The Ballad of the False Barman, Dr. 1966; The Tyranny of Love, R. 1967; Spitting Image, Dr. 1968; Lovers in War, R. 1970; Panic, R. 1971; The Trial of St. George, Dr. (1972, d. 1974); How the Greeks Kidnapped Mrs. Nixon, R. 1974; The Victims of Love, R. 1978.

Spender, Stephen, engl. Dichter, 28. 2. 1909 London – 16. 7. 1995. Sohn e. bekannten Schriftstellers und Redners und e. Mutter dt. Abstammung, Stud. Oxford, dort eng verbunden mit W. H. Auden, C. Day Lewis und MacNeice, bildete mit ihnen in den 1930er Jahren e. Gruppe poet. Propagandisten des Marxismus. Schloß sich der kommunist. Partei an, die er jedoch bald enttäuscht wieder verließ, nachdem der den Span. Bürgerkrieg auf republikan. Seite miterlebt hatte, u. begründete später in dem mit Koestler, Silone, Gide u.a. veröffentlichten Sammelwerk ›The God That Failed‹ (1950, d. 1950) s. Abkehr vom Kommunismus. ∞ 1936 Agnes Marie Inez Pearn, ∞ 1941 die Pianistin Natasha Litvin. 1939–41 Mithrsg. des ›Horizon‹, einige Zeit Mitgl. der UNESCO, 1948–77 Dozent an versch. Univ. in den USA und London. 1953–67 Mithrsg. des ›Encounter‹ in London. Ausgedehnte Reisen auf dem Kontinent und in den USA, z. T. gemeinsam mit Ch. Isherwood. – Stark kontemplativer, intellektueller Lyriker nach Vorbild von Yeats, Eliot, Pound und Rilke, erstrebt e. Verbindung von Individualismus und sozialist. Gemeinschaftsdenken des Maschinenzeitalters. Nach radikal-sozialen Anfängen zunehmend humanitäre u. individuelle Züge. Waches soz. Gewissen, Fürsprecher aller Unterdrückten. Auch Versdramen, Kurzgeschichten, Romane und krit. Essays zur Kulturkrise der Gegenwart. – Übs. Toller, Rilke, García Lorca, Schillers ›Maria Stuart‹ ins Engl., schrieb e. Einführung zur engl. Ausgabe von W. Borcherts Werken.

W: Nine Entertainments, G. 1928; Twenty Poems, 1930; Poems, 1933; The Destructive Element, Ess. 1935; The Burning Cactus, Kgn. 1936; Forward from Liberalism, St. 1937; Trial of a Judge, Tr. 1938; The Still Centre, G. 1939; Poems for Spain, 1939; The Backward Son, R. 1940; Life and the Poet, St. 1942; Ruins and Visions, G. 1942; Poems of Dedication, 1946; European Witness, Ber. 1946; Poetry Since 1939, St. 1946; The Edge of Being, G. 1949; To the Island, Dr. 1951; World Within World, Aut. 1951 (d. 1952); Learning Laughter, Reiseber. 1952 (d. 1953); The Creative Element, St. 1953; The Making of a Poem, Ess. 1955; Engaged in Writing, E. 1958; The Fool and the Princess, E. 1958; The Struggle of the Modern, St. 1963; Selected Poems, 1964; The Year of the Young Rebels, St. 1969 (d. 1969); The Generous Day, G. 1971; English and American Sensibilities, Ess. 1972; The Autobiography, 1972; Love-Hate Relations, St. 1974; The Thirties and After, Slg. 1978; The Oedipus Trilogy, Drn. 1985. – Collected Poems 1928–1953, 1955; Collected Poems 1928–1985, 1985; Journals 1939–1983, 1985.

L: H. B. Kulkarni, 1970; A. K. Weatherhead, 1975; S. N. Pandey, 1982; H. David, 1992. – *Bibl.:* H. B. Kulkarni, 1976.

Spenser, Edmund, engl. Dichter, um 1552 London – 16. 1. 1599 ebda. 1571–76 Stud. in Cambridge. 1578 Anstellung beim Bischof von Rochester, 1580 beim Grafen Leicester; wurde mit Leicesters Neffen, Sir Ph. Sidney, bekannt, mit dem ihn e. enge Freundschaft verband. Ihm widmet S. ›The Shepheardes Calender‹, e. Idylle in 12 Eklogen nach dem Muster Vergils mit Klagen e. Liebenden und polit. u. relig. Dialogen; die Sprache ist vielfach archaisch. Den frühen Tod s. Freundes Sidney beklagt S. in ›Astrophel‹ (1586), e. Pastoralelegie. 1580 Anstellung beim Deputierten Englands in Irland, blieb bis kurz vor s. Tode in Irland; versch. Ämter ebda.; ließ sich 1588 im Schloß Kilcolman nieder; befreundet mit Sir W. Raleigh. 1590 wurden die 3 ersten Bücher der ›Faerie Queene‹ gedruckt, und die Königin, der das Werk gewidmet war, setzte dem Dichter e. Jahrespension aus; S. hatte auf ein Hofamt gehofft. Seine enttäuschte Rückkehr spiegelt sich im ›Colin Clouts come home againe‹. Die Hochzeit mit Elizabeth Boyle 1594 inspirierte S. zu e. Reihe von 88 Liebessonetten, ›Amoretti‹, und zur Dichtung ›Epithalamion‹. 1596 erschienen auch die 3 folgenden Bücher der ›Faerie Queene‹. Etwa gleichzeitig veröffentl. S. e. polit. Schrift ›View of the Present State of Ireland‹, die ir. Verhältnisse in ungünstigem Licht zeigte und ihm den Haß der Bevölkerung eintrug. Während des ir. Aufstandes 1598 wurde s. Schloß niedergebrannt, wahrscheinl. gingen dabei auch Teile der ›Faerie Queene‹ verloren; S. flüchtete nach London, wo er e. Monat später starb. In Westminster Abbey beigesetzt. – Nach Chaucer erster Dichter von höchstem Rang in der frühengl. Lit. Erfand e. eigene Strophe, nach ihm Spenserian Stanza genannt. Sein Hauptwerk ›Faerie Queene‹ ist e. großangelegtes Epos, das mit Blick auf die Selbstdarstellung S.s am Hof und auf die zu erwartende Gunst Elizabeths konstruiert ist und in allegor. Form, im Stil ma. Romane und in der ep. Tradition der Antike, diese als idealisierte Feenkönigin Gloriana verherrlicht. Die 6 Bücher stellen jeweils ein hohe menschliche Tugend dar (Heiligkeit, Mäßigung, Keuschheit, Freundschaft, Gerechtigkeit und höf. Dekorum), die als allegorisch-abstrakte Repräsentation Elizabeths konzipiert ist. In S.s

›Amoretti‹ wird erstmals die Möglichkeit einer gleichberechtigten Partnerschaft von Mann und Frau in Aussicht gestellt. Das ›Epithalamion‹ als Hochzeitslied löst die dichter. Version einer solchen Verbindung schließlich auch ein.

W: The Shepheardes Calender, G. 1579 (hg. C. H. Herford 1895, W. L. Renwick 1930, n. 1968); Three Proper, and wittie, familiar Letters, 1580; The Faerie Queene, Ep. 1590 (Buch 1–3); II 1596 (Buch 1–6, hg. J. Hayward II 1953, A. C. Hamilton 1977, P. T. Roche 1978; Ausw. d. 1854); Complaints, G. 1591 (hg. W. L. Renwick 1970); Daphnaida, G. 1591; Amoretti und Epithalamion, G. 1595 (hg. W. L. Renwick 1929, E. E. Welsford 1967; d. 1846); Colin Clouts come home againe, G. 1595 (hg. W. L. Renwick 1929); Minor Poems, hg. E. de Selincourt 1910; Fowre Hymnes, 1596; Prothalamion, 1596; Veue of the Present State of Ireland, Prosa 1598, gedr. 1633 (hg. W. L. Renwick 1934). – The Complete Works, hg. A. B. Grosart IX 1882–84; Poetical Works, hg. J. C. Smith, E. de Selincourt III 1909f., ³1970; Works, hg. W. L. Renwick IV 1930–32; Variorum Ed., hg. E. Greenlaw XI ²1966; Selected Poetry, hg. A. C. Hamilton 1966. – *Übs.:* Sonette, ²1816.

L: E. Legouis, Paris 1923; W. L. Renwick, 1925; H. S. V. Jones, S.-Handbook, ²1947; G. G. Hough, 1962; A. C. Judson, ³1966; C. S. Lewis, 1967; E. A. Greenlaw, 1967; W. B. C. Watkins, ²1967; E. B. Fowler, S. and the System of Courtly Love, 1968; M. Rose, Heroic Love, 1968; P. J. Alpers, hg. 1969; R. Freeman, ³1970; A. J. S. Fletcher, The Prophetic Moment, 1970; R. M. Cummings, 1971; J. B. Bender, 1972; K. J. Atchity, Eterne and Mutability, 1972; P. Cullen, Infernal Triad, 1974; Contemporary Thoughts on S., hg. R. C. Frushell, B. J. Vondersmith 1975; A. B. Giamatti, Play of Double Senses, 1975; S. and the Middle Ages, hg. J. S. Dees u.a. 1976; I. G. MacCaffrey, S.s Allegory, 1976; M. O'Connell, Mirror and Veil, 1977; J. A. Wittreich, Visionary Poetics, 1979; J. Goldberg, Endlesse Worke, 1981; H. Shire, A Preface to S., 1981; A. Hume, 1984; J. Dundas, The Spider and the Bee, 1985; G. Waller, 1994; C. Burrow, 1996; D. Quinn, E. S.'s Faerie Queene, 2000; J. Morrison, 2000; J. Owens, Enabling Engagements: E. S. and the Poetics of Patronage, 2002. – *Bibl.:* F. R. Johnson, ²1967; F. I. A. Carpenter, 1969; W. F. McNeir, ²1975; Konkordanz: C. G. Osgood, 1915.

Speroni, Sperone, ital. Kritiker, 1500 Padua – 1588 ebda. Stud. Philos. u. Medizin Padua u. Bologna; Prof. für Philos. in Padua. – Vf. zahlr. ›Dialoghi‹ moral. u. lit. Inhalts. In s. bekanntem Dialog ›Delle lingue‹ vertrat er die Ansichten von P. Bembo hinsichtl. der Bedeutung der ›lingua volgare‹. Seine Tragödie, ›Canace‹, e. Nachahmung der ›Orbecche‹ von Giraldi, ist von geringer Bedeutung.

W: I dialoghi, 1542; Canace, Tr. 1546; Dialoghi delle lingue e della invenzione (hg. C. De Robertis 1912). – Opere, V 1740, n. 1989; Canàce e scritti in sua difesa, hg. C. Roaf 1982.

L: F. Bruni, 1967; J.-L. Fournet, Les dialogues de S. S., Marburg 1990 (m. Bibl.).

Spewack, Samuel, amerik. Dramatiker, 16. 9. 1899 New York – 14. 10. 1971 ebda. 1918–26 Reporter und Korrespondent der New Yorker ›World‹, dabei 4 Jahre in Berlin und Moskau. – Film- und Bühnenautor, schreibt stets in Zusammenarbeit mit s. Frau Bella (Cohen) Spewack (* 25. 3. 1899 New York; ∞ 1923 in Berlin) frische, unterhaltende Lustspiele wie ›Boy Meets Girl‹, e. Satire auf Hollywood, und Musicals.

W: Clear All Wires!, K. 1932; Boy Meets Girl, K. 1936 (Glück in Windeln, d. 1947); Leave It To Me, K. 1938 (m. C. Porter); Kiss me Kate, Musical 1956 (m. C. Porter).

Spiegel (Spieghel), Hendrik Laurenszoon, niederländ. Dichter, 11. 3. 1549 Amsterdam – 4. 1. 1612 Alkmaar. Aus angesehener Bürgerfamilie. Blieb nach Übergang des Magistrats zum Kalvinismus 1578 kathol. – Lyriker, Dramatiker und Prosaist der niederländ. Renaissance. Führendes Mitglied der Rederijkerskamer ›De Eglantier‹; setzt sich in ›Twe-spraack van de Nederduitsche letterkunst‹, der ersten niederländ. Grammatik, für den Gebrauch der Landessprache, Sprachreinheit und einheitl. Rechtschreibung ein. Im ›Hart-Spieghel‹ führt Befolgung der Vernunftentscheidungen zum inneren Aufstieg. Durch Neubildungen und gedrängten Satzbau ist S.s Sprache schwer verständlich.

W: Twe-spraack van de Nederduitsche letterkunst, Es. 1584 (n. K. Kooiman 1913); Ruygh-bewerp vande Redenkaveling. Es. 1587; Numa ofte Ambtsweygheringe, Sp. (1580–90; hg. 1902 in: Tijdschrift voor Ned. Taal en Letterkunde u. in Noordnederl. Rederijkerspelen 1941); Hart-Spieghel, Lehr-G. 1614 (n. A. C. de Jong 1930).

L: A. Verwey, 1919; J. P. Buisman, 1935.

Spiess, Henri, schweizer. Dichter franz. Sprache, 12. 6. 1876 Genf – 27. 1. 1940 ebda. Mitarbeiter versch. Genfer lit. Zsn. – Gilt als der bedeutendste Genfer Dichter. Seine formvollendete, melod. Lyrik unter Einfluß der Parnassiens und Symbolisten ist Ausdruck e. iron.-skept. Grundhaltung.

W: Rimes d'audience, G. 1903; Le silence des heures, G. 1904; Rodolphe, E. 1906; Silhouettes genevoises, En. 1906; Chansons captives, G. 1910; L'amour offensé, G. 1917; Saison divine, G. 1920; Attendre, G. 1920; Simplement, G. 1922; Chambre haute, G. 1928. – *Übs.:* Drei Gedichte, 1917f.

Spillane, Mickey (eig. Frank Morrison S.), amerik. Krimi-Autor, * 9. 3. 1918 New York. Jurastud. abgebrochen, versch. Tätigkeiten, u.a. zeitweilig Trampolinartist bei Ringling Bros., Barnum & Bailey, von früh an schriftsteller. tätig für Crime- und Comics-Magazine; Schauspieler in Kriminalfilmen (auch als Mike Hammer), seit 1969 Mitinhaber e. Filmproduktion. Lebt in South Carolina. – Vertreter e. auf zyn. Herausstellung von Sex und Sadismus heruntergekommenen tough guy-Stils in Detektivgeschichten, vornehml. um private eye Mike Hammer. Nach Auflagenhöhe neben E. S. Gardner erfolgreichster Krimi-Autor (auch in Dtl.).

W: I, the Jury, 1947 (d. 1953, u.d.T. Das Todeskarussell, 1966); Vengeance Is Mine, 1950 (d. 1953, u.d.T. Späte Gäste, 1965); My Gun Is Quick, 1950 (d. 1953, u.d.T. Das Wespennest, 1965); The Big Kill, 1951 (d. 1953, u.d.T. Die schwarzen Nächte von Manhattan, 1965); One Lonely Night, 1951 (dt. 1953, u.d.T. Menschenjagd in Manhattan, 1967); The Long Wait, 1951 (d. 1954, u.d.T. Comeback eines Mörders, 1964); Kiss Me, Deadly, 1952 (d. 1953, u.d.T. Rhapsodie in Blei, 1966); The Deep, 1961 (Der Panther kehrt zurück, d. 1963); The Girl Hunters, 1962 (d. 1963); Day of the Guns, 1964 (Der Tiger ist los, d. 1966); The Snake, 1964 (d. 1965); The Flier, En. 1964 (Eine Kugel kommt selten allein, d. 1966); Bloody Sunrise, 1965 (d. 1966); The Death Dealers, 1965 (Unter drei Augen, d. 1966); Killer Mine, En. 1965 (Ein Loch zuviel im Kopf, d. 1966); The Twisted Thing, R. 1966 (Das Unding, d. 1967); The By-Pass Control, R. 1967 (Der Ein-Mann-Krieg, d. 1967); The Body Lovers, R. 1967 (Geliebte Leiche, d. 1967); The Delta Factor, R. 1967 (d. 1967); Me, Hood, En. 1969 (Gangster, d. 1969, 1984); The Tough Guys, En. 1969 (Wo Aas ist, d. 1969); Survival ... Zero!, R. 1970 (Flucht ist sinnlos, d. 1979); The Erection Set, R. 1972 (Sexbomber, d. 1972); The Last Cop Out, R. 1973 (Todesschwadron, d. 1974); Tomorrow I Die, Kgn. 1984; The Killing Man, R. 1989; Black Alley, R. 1996.

L: J. K. Van Dover, Murder in the Millions, 1984; M. A. Collins, J. L. Taylor, One Lonely Knight, 1984 (m. Bibl.).

Spire, André (eig. Henri Paul A.), franz. Dichter, 28. 7. 1868 Nancy – 29. 7. 1966 Paris. Jurastud., Doktorexamen, Auditeur im Staatsrat, 1898–1902 Spezialist für Arbeitsprobleme im ›Office du Travail‹, 1903–14 Generalinspekteur im Landwirtschaftsministerium; bedeutender Förderer mod. jüd. Lit.; Gründer der Zs. ›La Palestine‹, Mitbegründer der Volkshochschule; nahm als entschiedener Verfechter des Zionismus an den Friedenskonferenzen nach dem 1. Weltkrieg teil. Dann in der Sozialarbeit tätig; emigrierte 1941 nach Amerika, kehrte nach der Befreiung nach Frankreich zurück. – Sein dichter. und erzähler. Werk ist Ausdruck s. Beschäftigung mit soz. Problemen und unanimist. Tendenzen. Suchte e. wiss. Basis für den Rhythmus des ›vers libre‹, den er in s. Dichtung ausschließl. verwendet. Krit.-iron. Kämpfer gegen Denkschablonen und Vorurteile. Seine eigentl. dichter. Leistung liegt in s. subjektiven Lyrik, die s. Entwicklung von der Enttäuschung des Sozialreformers zu heiter-resignierter Gelassenheit spiegelt und von ausgeprägter Originalität ist.

W: Le Mouvement sioniste, St. 1894–1918; La cité présente, G. 1903; Et vous riez, G. 1905; Versets, G. 1906; Israël Zangwill, R. 1909; Vers les routes absurdes,
G. 1911; Instants, G. 1916; Les juifs et la guerre, Abh. 1917; Le Secret, G. 1919 (d. 1929); Tentations, G. 1920; Fournisseurs, G. 1923; Quelques juifs et demi-juifs, St. II 1928; Poèmes de Loire, G. 1929; Poèmes d'ici et de làbas, 1944; Plaisir poétique et plaisir musculaire, St. 1949; Poèmes d'hier et d'aujourd'hui, 1953; Souvenirs à bâtons-rompus, 1962. – Poèmes juifs, Slg. 1959; Briefw. m. C. Péguy, 1967, m. Valéry Larbaud, hg. 1992.

L: F. Lefèvre, Une heure avec ..., 1933; S. Burnshaw, 1933; Hommage à A. S., 1939; P. Jamati, 1962; P. Moldaver, Diss. 1966; Le Centenaire de S. (›Europe‹, Sondernr.), 1968.

Spoelstra, Cornelis Johannes George → Doolaard, A. den

Špoljar, Krsto, kroat. Schriftsteller, 1. 9. 1930 Bjelovar – 28. 11. 1977 Zagreb. Stud. Zagreb, Redakteur mehrerer Lit.-Zsn. – Seine Gedichte schreibt er im Prosa-Stil, gegen e. sentimentale Lyrik, neo-naturalist. Themen.

W: Ja svakidašnji, G. 1954; Porodica harlekina, G. 1956; Mirno podneblje, R. 1960; Terasa anđela čuvara, En. 1961; Raj, G. 1962; Tuđina, Nn. 1966; Vjenčanje u Parizu, R. 1980. – Izabrana djela (AW), 1983 (m. Bibl.).

Sponde, Jean de, franz. Dichter, 1557 Mauléon/Basses-Pyrénées – 18. 3. 1595 Bordeaux. Bask. Hugenotte, trat 1593 zum kathol. Glauben über. Gräzist in Basel und Genf. Hrsg. von Aristoteles und Hesiod, Übs. von Homer (ins Lat.). – Sein lyr. Werk, nach langer Vergessenheit wiederentdeckt von A. Boase, ist wenig umfangreich: Liebes- und Todessonette, relig. Gedichte. E. abgehackter, willkürl. Rhythmus und starke Antithetik drükken Gewissensqual und Unruhe s. Seele aus. Formal noch ital. Vorbildern verbunden, deutet aber schon auf preziöse Verfeinerung des 17. Jh. und Sprache der barocken Dichter hin.

W: Stances et sonnets sur la mort, 1588 (n. A. Boase 1982). – Poésies, hg. F. Ruchon, A. Boase 1949 u. 1964; Méditations sur les psaumes, hg. A. Boase 1954; Poems of Love and Death, Edinb. 1964 (m. engl. Übs.); Œuvres littéraires, hg. A. Boase Genf 1978.

L: M. Arland, 1943; M. Richter, 1973; A. Boase, 1977; J. Rieu, 1988; Ch. Deloince-Louette, 1994; S. Lardon, 1998.

Spota, Luis, mexikan. Romanschriftsteller, 13. 7. 1925 Mexiko Stadt – 20. 1. 1985 ebda. Sohn e. ital. Immigranten u. e. span. Adeligen, versch. Berufe, Journalist, 1956 Chefredakteur der Zeitung ›Excelsior‹. – Realist. Beschreibungen von versteckten Aspekten der Stierkämpfe, der Gewerkschaftsbewegungen, der bürgerl. Welt u. der in der Politik herrschenden Intrigen, Korruption u. Gewalt.

W: De la noche al día, En. 1944; Murieron a mitad del río, 1948; Dos obras de teatro, Dr. 1949; Más cornadas da el hambre, 1950 (Die Wunden des Hungers, d. 1960);

Casi el paraíso, 1956 (Der Verführer, d. 1961); Las horas violentas, 1958; La sangre enemiga, 1959 (d. 1962); La carcajada del gato, 1964 (d. 1967); Los sueños del insomnio, 1966 (d. 1968); Días de poder, 1985.
L: S. Sefchovich, 1985.

Šrámek, Fráňa, tschech. Schriftsteller, 19. 1. 1877 Sobotka – 1. 7. 1952 Prag. – Führender tschech. Impressionist. S. Zugehörigkeit zur Gruppe der Anarchisten offenbart sich in der Ablehnung jegl. Konvention, in s. sozialrevolutionären Ideen, in der Verspottung des Bürgertums u. der Vorliebe für das wilde Abenteuer. In s. Lyrik, Epik u. Prosa (Romane, Erzählungen u. Dramen) ist Š. Künder e. triebhaften Lebenslust u. übersteigerten Sexualität, wobei er vor den unscheinbarsten Dingen verweilt u. tiefes Mitleid mit der leidenden Kreatur empfindet.

W: Sláva života, E. 1903 (Triumph des Lebens, d. in: Tschech. Erzähler, 1958); Života bído, přec tě mám rád, G. 1905; Stříbrný vítr, R. 1910 (Der silberne Wind, d. 1920, 1953); Křižovatky, R. 1913 (Erwachen, d. 1913); Léto, K. 1915 (Sommer, d. 1921); Splav, G. 1916; Tělo, R. 1919; Hagenbek, Dr. 1920; Měsíc nad řekou, Dr. 1922 (Der Mond über dem Fluß, d. 1971); Žasnoucí voják, En. 1924; Ostrov veliké lásky, Dr. 1926; Básně, G. 1926; Nové básně, G. 1928; Past, R. 1931; Ještě zní, G. 1933; Rány, růže, G. 1945; Poslední básně, G. 1953. – Sebrané spisy (GW), XIII 1926–49; Spisy (W), X 1951–60. – *Übs.:* Wanderer im Frühling, Ausw. 1927.
L: Knížka o Š., 1927; A. M. Píša, Směry a cíle, 1927; J. Knap, 1937; B. Polan, 1947; F. Buriánek, 1960; ders., 1981.

Srbljanović, Biljana, serb. Dramatikerin, * 1970 Belgrad. Stud. Theaterwiss., prominenteste Gegnerin d. Milošević-Regimes, erste ausländische Trägerin des Ernst Toller-Preises (1999). – In ihren Dramen zeichnet sie die polit. Entwicklung als groteskes Familiendrama nach.

W: Beogradska trilogija, Drn. 1995 (d. 1999); Porodične priče, Drn. 1998 (d. 1999); Pad, 1999; Supermarket, 2001. – *Übs.:* Warum ich nicht ich bin, Rd. 1999.

Sremac, Stevan, serb. Schriftsteller, 11. 11. 1855 Senta (Bačka) – 13. 8. 1906 Sokobanja. Handwerkersohn; Stud. Philos. Belgrad; 1876–78 Freiwilliger im Türkenkrieg; Geschichtslehrer an den Gymnasien Niš (bis 1892) u. Belgrad; Mitglied der serb. Akad. der Wiss. – Aufgewachsen in der romant. Tradition, schrieb der konservative S. Erzählungen u. Romane, in denen er mit viel Pathos die nationale Vergangenheit idealisierte, ohne auf soz. Probleme einzugehen; s. humorist. Erzählungen, Romane u. Komödien, die das Kleinbürgertum zu e. Zeitpunkt erfassen, in dem sich der Wandel vom patriarchal. Leben zur neuen Gesellschaftsform vollzieht, zeugen von e. scharfen Beobachtungsgabe u. tragen bereits realist. Züge. Zählt zu den meistgelesenen serb. Erzählern; s. Komödien erfreuen sich noch heute großer Beliebtheit.

W: Ivkova slava, K. 1895; Limunacija na selu, E. 1896; Pop Ćira i pop Spira, R. 1898 (Popen sind auch nur Menschen, d. 1955); Božićna pečenica, E. 1898; Čiča Jordan, E. 1903; Vukadin, R. 1903; Iz knjiga starostavnih, En. VI 1903–09; Tri pripovetke, En. 1904; Skice, E. 1905; Zona Zamfirova, R. 1907; Kir Geras, N. 1908. – Pripovetke, En. IV 1931–35; Celokupna dela (SW), VII 1935; Sabrana dela (GW), VI 1972, 1983.
L: J. Skerlić, in: ›Pisci i knjige‹ IV, 1920; M. Pavlović, 1938; B. Kovačević, 1949; B. Novaković, S. S. i Niš, 1959; A. Radin, 1986; M. Stojanović, hg. 1997.

Śrīharṣa, ind. Dichter, lebte im 12. Jh. n. Chr. wahrscheinl. am Hof der Könige Vijayacandra und Jayacandra von Kanauj. – Schrieb das ›Naisadhacarita‹ (›Naiṣadhīya‹), das in 22 Gesängen die dem ›Mahābhārata‹ entstammende Episode von Nala und Damayantī behandelt. Die Erzählung tritt allerdings völlig gegenüber der Beschreibung von Einzelszenen zurück, die Ś.s virtuose Beherrschung von Metrik und Sprache unter Beweis stellen sollen. Das Werk gilt als Höhepunkt der nachklass. Kunstdichtung in Sanskrit. Ś. ist außerdem Vf. des zur Lit. der Vedānta-Philos. gehörenden ›Khaṇḍana-khaṇḍa-khādya‹ (Leckerbissen der Kritik), e. Kritik der dem Vedānta widersprechenden Lehren.

A: Naiṣadha-carita, hg. Paṇḍita Śivadatta 1894, K. K. Handiqui 1934, ³1965 (m. engl. Übs.); Khaṇḍana-khaṇḍa-khādya, hg. in: ›Pandit‹ (New Series), 1884–91 (engl. G. Thibaut, Gaṅgānātha Jhā, 1907–13).
L: A. N. Jani, 1957; ders., 1996; P. Bandyopadhyaya, 1966; G. C. Jahla, 1972; P. E. Granoff, Philosophy and argument in late Vedanta, 1978.

Sruoga, Balys, litau. Dichter, Dramaturg; 2. 2. 1896 Baibokai, Kr. Panevėžys – 16. 10. 1947 Vilnius. Gymnas. Panevėžys, Stud. Moskau, 1918 zurück nach Litauen. Arbeit an der Zs. ›Lietuva‹, 1921–24 Stud. München, 1924 Prof. für russ. Lit. u. Theaterwiss. in Kaunas, seit 1940 in Vilnius. 1942–45 im KZ Stutthof bei Danzig. – Vertreter des myst. Symbolismus. Seine reimlosen, außerordentl. musikal. Gedichte in freien Rhythmen sind e. Mischung zwischen Erleben und Reflexion; in s. Versdramen (mit Massenszenen) aus der litau. Geschichte kehrt er zur klass. Form zurück. Übs. Novalis (›Hymnen an die Nacht‹).

W: Saulė ir smiltys, G. 1920; Deivė iš ežero, Ball. 1922; Dievų takais, G. 1923; Milžino paunksmė, Dr. 1930; Baisioji naktis, Dr. 1935; Radvila Perkūnas, Dr. 1936; Rusų literatūros istorija, Abh. II 1936–38; Algirdas Izborske, Dr. 1938; Kazimieras Sapiega, Dr. 1947. – Raštai (W), VI 1957; Dievų miškas, 1960; Bangų viršūnės, G. 1966; Į mėlynus tolius, G. 1981; Raštai (W), VII 1996–2000.
L: Bibl.: A. Samulionis, 1968; ders., 1970, 1986.

Ssu-ma Ch'ien → Sima Qian

Ssu-ma Hsiang-ju → Sima Xiangru

Staël, Anne Louise Germaine, Baronne de S.-Holstein, franz. Schriftstellerin, 22. 4. 1766 Paris – 14. 7. 1817 ebda. Tochter des Finanzministers Ludwigs XVI. und Bankiers Jacques Necker, seit 11. Lebensjahr im Salon ihrer Mutter erzogen, dessen Gäste u. a. Grimm und Buffon waren. 1789 ∞ Baron de Staël, schwed. Gesandter in Paris (nur 3jährige Verbindung). Nur anfangs für die Revolution begeistert, 1792 Flucht nach Coppet/Genfer See, wo die Freundschaft mit B. Constant begann. 1795 Rückkehr nach Paris, eröffnete e. Salon. Erneut Flucht, bis 1797 in Coppet. Zu Beginn napoleonfreundl., doch Gegnerin s. Despotismus. 1802 Mittelpunkt des führenden Pariser Salons, zu dem Mme de Récamier, B. Constant, C. Jourdan, Fauriel u. a. gehörten. 1803/04 von Napoleon gezwungen, Paris zu verlassen, Reise nach Dtl., 1807 erneut nach Dtl., wo sie Goethe, Schiller, Wieland, Fichte und den Brüdern Schlegel begegnete. 1804/05 und 1816 Italienreisen. Seit 1804 Freundschaft mit A. W. Schlegel, der als ihr lit. Berater (Einfluß auf ›De l'Allemagne‹) und Erzieher ihrer beiden Kinder in Coppet lebte, wo das geistige Europa ihr Gast war. Mußte 1810 auf Befehl Napoleons Frankreich verlassen (interniert und überwacht in Coppet), 1812 Flucht nach Petersburg, Schweden und England. ∞ 1811 heiml. den Offizier de Rocca († 1818). Nach der Restauration in Paris. – Mit ihren Ideen und als Vermittlerin fremden Geistes e. entscheidende geistige Wegbereiterin der franz. Romantik. Schrieb e. enthusiast. Anfangswerk über Rousseau. Bedeutender ist ›De la littérature‹, worin sie, an die hist. Methode Montesquieus anknüpfend, die Theorie von der Relativität des lit. Geschmacks entwickelt, den Gedanken der Abhängigkeit der Lit. von Klima, Land, Boden, Regierungsform und Epoche. Fordert die Schaffung e. neuen, der fortschrittl. Epoche entsprechenden Lit., Lösung von den antiken Vorbildern und den veralteten klass. Regeln, setzt anstelle von Mythologie Leidenschaft, Philos. und e. die Sensibilität ansprechende lyr. Struktur und betont die geistig-schöpfer. Aufgabe der Frau. Mit ihrem Hauptwerk ›De l'Allemagne‹ schuf sie das für die kommenden Jahrzehnte in Frankreich verbindl. Dtl.-Bild e. verträumten, unpolit. Landes der Philosophen und Dichter. Erweitert das lit. Gesichtsfeld der Franzosen, indem sie das Geistesleben des dt. Idealismus vorstellt. Stellt der franz. klass. Dichtung die romant. dt., hist. Vergangenheit und Christentum verbindende, den menschl. Fortschritt fördernde Dichtung gegenüber. Betrachtet die Beeinflussung der franz. Lit. durch die ausländ., vor allem die dt., als Grundlage e. Erneuerung. Verherrlicht das Gefühl für das Unendliche und die Begeisterung. ›Corinne‹ und ›Delphine‹, teilweise autobiograph. Romane von großem Erfolg, protestieren gegen die soz. Benachteiligung der Frau, vertreten ihr Recht auf Liebe außerhalb der Ehe sowie ihren Anspruch auf geistige Ebenbürtigkeit.

W: Lettres sur les écrits et le caractère de J.-J. Rousseau, 1788 (d. 1789); De l'influence des passions sur le bonheur des individus et des nations, Abh. 1796 (d. 1797); De la littérature considérée dans ses rapports avec les institutions sociales, Abh. 1800 (d. 1804); Delphine, R. IV 1802 (hg. C. A. Sainte-Beuve 1869, d. 1847); Corinne ou l'Italie, R. II 1807 (hg. 1931, d. 1807f.); De l'Allemagne, Abh. 1810 (von Napoleon unterdrückt, ın. Lond. 1813, hg. M. L. Pailleron 1928, S. Balayé IV 1958– 60; d. 1913, n. 1948); Considérations sur les principaux événements de la Révolution française, Abh. III 1818 (n. J. Godechot 1983, d. VI 1818); Dix années d'exil, Mem. 1821 (hg. P. Gautier 1904, d. 1822). – Œuvres complètes, XVII 1820f.; Œuvres complètes et œuvres posthumes, III 1836; Correspondance générale, hg. B. W. Jasinski 1960ff.; Briefe an Goethe, 1844 u. 1887 (in Goethe-Jb.); Lettres inédites de Mme de S. à H. Meister, 1903; Lettres à B. Constant, 1907 u. 1928; Briefe an W. Schlegel, 1938; Lettres à Mme de Récamier, hg. E. Beau de Loménie, 1952; Lettres à Narbonne, 1960; Lettres à Ribbing, 1960; Correspondence of Mme de S. and F. S. du Pont de Nemours, Wisconsin 1968. – *Übs.*: Die schönsten Stücke, 1921; Memoiren, hg. G. Kircheisen 1912; Gedanken, Briefe, Memoiren, Ausw. hg. M. Morf 1951; Kein Herz, das mehr geliebt hat, Br. 1971.

L: C. Blennerhassett, III 1887–89; P. Gautier, Mme de S. et Napoléon, 1903 (n. 1933); D. G. Larg, II 1926–28; M. Turquan, 1926; R. Mac Nair-Wilson, N. Y. 1931 (m. Bibl.); P. de Pange, A. W. Schlegel und Frau v. S., 1940; L. Zahn, Eine Frau kämpft gegen Napoleon, ¹³1942; A. Lang, 1958; H. Guillemin, 1959 u. 1966; J. C. Herold, 1960; B. d'Andlau, 1960; dies., La jeunesse de Mme de S., 1960; Cahiers S.iens, 1962ff.; W. Andrews, N. Y. 1963; S. Balayé, 1964, hg. 1971; F. d'Eaubonne, Une femme témoin de son siècle, 1966; P. Cordey, 1966 u. 1967; J. A. Machado, 1967; R. de Luppé, 1969; H. B. Postgate, N. Y. 1969; C. Pellegrini, Bologna 1974; M. Gutwirth, Urbana 1978; S. Balayé, 1979; P. Cordey, Genf 1979; C. Pulver, 1980; C. Herold, 1982; G. Diesbach, 1983; R. Winegarten, Berg 1985; L. Omacini, 1992; N. King, 1997; S. Balayé; 2001; C. Garry-Boussel, 2002; B. Wehinger, 2002; L. M. Lewis, 2003; U. Schöning, 2003. – *Bibl.*: P. E. Schazmann, 1938; F.-C. Lonchamp, 1949; P. H. Dubé, 1998.

Staff, Leopold, poln. Lyriker u. Dramatiker, 14. 11. 1878 Lemberg – 31. 5. 1957 Skarżysko-Kamienna. Tschech. Abstammung, Vater Konditor; Stud. Romanistik Lemberg. Reisen nach Italien, Frankreich, Dtl. 1915–18 deportiert nach Charkov (Rußland). Nach dem Krieg sehr zurückgezogenes Leben in Warschau, Vizepräsident der Poln. Literaturakad. – Begann als Vertreter des ›Jungen Polen‹, von Nietzsche u. Przybyszewski beeinflußt. Einfluß Nietzsches von der franz. Moderne u. später von christl. Mystik abgelöst. Im 1. Weltkrieg Gedichte gegen den Krieg, nach dem Krieg erwachender Optimismus, Reife des realist. Könnens. Gab in der Lyrik e. Bild des poln. Dorfes. Vorbilder Kochanowski, Mickiewicz. Nach dem 2. Weltkrieg feiert er den Aufbau des neuen Polen. S. stark reflexiven, pantheist.-romant. Gedichte zeichnen sich durch virtuose Form- und Versbehandlung aus. Auch symbolist. Lesedramen u. Übs. von Nietzsche, Goethe, D'Annunzio, Michelangelo, Rolland u.a.

W: Sny o potędze, G. 1901; Skarb, Dr. 1904; Ptakom niebieskim, G. 1905; Uśmiechy godzin, G. 1910; Wawrzyny, Dr. 1912; Łabędź i Lira, G. 1914; Tęcza łez i krwi, G. 1918, Ścieżki polne, G. 1919; Południca, Dr. 1920; Szumiąca muszla, G. 1921; Żywiąc się w locie, G. 1922; Ucho igielne, G. 1927; Wysokie drzewa, G. 1932; Barwa miodu, G. 1936; Martwa pogoda, G. 1946; Wiklina, G. 1954; Dziewięć muz, G. 1958; W kręgu literackich przyjaźni, Br. 1966. – Pisma (W), XIX 1931–34; Wiersze zebrane, V 1955, III 1967, II 1980.

L: Księga pamiątkowa ku czci L. S., hg. J. W. Gomulicki, J. Tuwim 1949; J. Kwiatkowska, U podstaw liryki L. S., 1966; L. Pośpiechowa, Dramaty L. S., 1966; J. Bulachovśka, Kiev 1970; I. Maciejewska, Wiersze L. S., 1977, 1987; M. Wyka, 1985.

Staffeldt, (Adolph Wilhelm) Schack von, dän. Lyriker, 28. 3. 1769 Gartz auf Rügen – 26. 12. 1826 Schleswig. Sohn e. dän. Offiziers; Militärakad., versch. Ämter, ab 1813 Regierungspräsident in Gottorp u. ab 1814 auch Oberdirektor der Stadt Schleswig. – S. ist früher als Oehlenschläger über die ›neuere Schule‹ orientiert und versteht sie auch tiefer, aber gelangt erst e. Jahr nach Oehlenschlägers Durchbruch zur Veröffentlichung s. romant. ›Digte‹ (1804) u. verspätet sich auch mit der folgenden Sammlung, was den dichterisch ambitiösen Autor s. ganzes Leben lang verbittert. S. von Novalis beeinflußten Gedichte sind gefühlvoll u. gedankenr., aber abstrakt bleich gegenüber Oehlenschlägers gegenständl. u. farbenr. Gedichten. Erster dän. Sonettendichter.

W: Digte, 1804; Nye Digte, 1808. – Samlede Digte, hg. F. L. Liebenberg IV 1843–51, hg. H. Blicher III 2001.

L: H. Stangerup, 1940; L. Kristensen, Fantasiens ridder, 1993.

Stafford, Jean (eig. Mrs. Oliver Jensen), amerik. Erzählerin, 1. 7. 1915 Covina/CA – 26. 3. 1979 White Plains/NY. Stud. Kunstgesch. und Philol. Univ. of Colorado und 1936 Heidelberg. Lehrerin am Stephens College, anschließend in Missouri, Louisiana, Maine, New York City; ∞ 1940–48 Robert Lowell, ∞ Oliver Jensen 1950–1953, ∞ 1959–63 A. J. Liebling. – Vf. erfolgr. Romane und Kurzgeschichten über Zeitprobleme zwischen Kindheit und Pubertät, bes. über die Schwierigkeit junger Menschen im Kampf um Reife und gegen die Einsamkeit aus psycholog. Sicht; akkurat erzählte melodramat. Trivialität des Alltags.

W: Boston Adventure, R. 1944; The Mountain Lion, E. 1947 (Die Geschwister, d. 1958); The Catharine Wheel, R. 1952 (d. 1959); Children are Bored on Sunday, Kgn. 1953 (Klapperschlangenzeit, d. 1966): A Winter's Tale, E. 1954 (d. 1960); Bad Characters, Kgn. 1964; A Mother in History, Ber. 1966; Elephi, the Cat with the High IQ, Kdb. 1966. – Collected Stories, 1969.

L: M. Ryan, 1987; C. M. Goodman, 1990; A. Hulbert, 1992; M. A. Wilson, 1996. – *Bibl.:* W. Avila, 1983.

Stafford, William (Edgar), amerik. Dichter, 17. 1. 1914 Hutchinson/KS – 28. 8. 1993 Lake Oswego/OR. Arbeit auf Farmen und in Ölraffinerien, Kirchentätigkeiten, Engl.-Prof. ab 1948 am Lewis and Clark College, Portland/OR. – Pazifist., relig. inspirierte, unprätentiöse und regionale Dichtung des (Mittleren) Westens, naturnah und bevölkert mit Nachbarn und Familie; teilweise mystizist. Anklänge.

W: Down in My Heart, Aut. 1947; West of Your City, G. 1960; Traveling through the Dark, G. 1962; Allegiances, G. 1970; Late, Passing Prairie Farm, G. 1976; Stories That Could Be True, G.-Slg. 1977; Passing a Creche, G. 1978; Writing the Australian Crawl, Ess. hg. D. Hall 1978; A Glass Face in the Rain, G. 1982; Roving Across Fields, Uncollected Poems 1942–1982, hg. T. Tammaro 1983; Kansas Poems, 1990; Learning to Live in the World: Earth Poems, 1994; Crossing Unmarked Snow, Ess. hg. P. Merchant, V. Wixon 1997; The Way It Is, G.-Slg. 1998.

L: J. Holden, 1976; D. A. Carpenter, 1986; J. Kitchen, 1989; T. Andrews, 1994; K. R. Stafford, 2002.

Stagnelius, Erik Johan, schwed. Dichter, 14. 10. 1793 Gärdslösa/Öland – 3. 4. 1823 Stockholm. Sohn e. Pfarrers und späteren Bischofs, 1811 Stud. Theol. Lund, 1812–14 Stud. Jura Uppsala, 1814 Examen; Kanzlist im Kultusministerium. Unregelmäßiges Einsiedlerleben; Herzkrankheit (seit 1814) und der Mißbrauch von Alkohol u. Opium führten zu s. frühen Tod. Starb nahezu unbekannt, erst nach Hrsg. s. Werke durch L. Hammarsköld schnell populär. – Sein umfangr. Schaffen, das sich auf Epik, Lyrik u. Dramatik erstreckt, wächst zunächst organ. aus dem Spätklassizismus, dessen Formen S. völlig beherrscht, daher immer klar und verständl., auch dann, als er allmähl. die Stilformen der Romantik übernimmt, die er vollendet handhabt. In s. polit. Anschauungen von G. de Staël und A. W. Schlegel beeinflußt; philos. vom dt. Idealismus, bes. von Schelling, abhängig. Verbindet romant. Schwärmerei für die nord. Vorzeit mit klass. Bewunderung der Antike. Im Mittelpunkt s. Jugendlyrik steht Liebesdichtung mit sensualist. Bildern in leuchtenden Farben. Um 1820 relig. Wendung; Askese, relig. Ekstase,

Schilderung himml. Freuden mit sensualist. ird. Glut. Dann wieder Rückkehr zu realistischerer, nüchterner Dichtung über die Diskrepanz zwischen Ideal und Wirklichkeit. Romantiker außerhalb jeder Schule, unberührt von der lit. Polemik. Sein vollendeter Schönheitssinn und die sprachl. Meisterschaft machen ihn zum größten Künstler der schwed. Romantik mit stärkster Nachwirkung.

W: Gunlög, Ep. 1814; Sigurd Ring, Tr. 1814; Wladimir den store, Ep. 1817 (d. 1828); Wisbur, Dr. 1818; Liljor i Saron, G. 1821; Martyrerna, Dr. 1821 (Die Märtyrer, d. 1853); Bacchanterna, Sch. 1822 (Faks. komm. S. Bergsten 1962); Albert och Julia, Sch. 1824; Blenda, Vers-E. 1824–26 (d. 1875). – Samlade skrifter, hkA, hg. F. Böök V 1911–19, n. 1957; Samlade skrifter, hg. L. Hammarsköld III 1824–26. – *Übs.:* GW, VI 1851; Blenda, Dicht. 1875.

L: F. Böök, 1919, 1942, 1954 u. 1957; S. Cederblad, 1923 u. 1936; F. Vetterlund, 1936; O. Holmberg, 1941, 1966; D. Andreae, 1955; S. Malmström, 1961; S. Bergsten, Erotikern S., 1966. – *Bibl.:* ders., 1965.

Stalpart van der Wiele, Joannes, niederländ. Dichter, 22. 11. 1579 Den Haag – 29. 12. 1630 Delft. Adliger Herkunft, Sohn des Advokaten am Hof von Holland. Zunächst Jurist, dann Stud. Theol. Löwen, 1606 Priester in Paris, Promotion in Rom. Ab 1612 Pfarrer in Delft. – S. Gedichtwerke unterstützen s. seelsorger. Tätigkeit, bekämpfen in gemäßigtem Ton die Reformation. Lieder in ungekünsteltem Volkston.

W: 't Hemelryck, G. 1621; 't Gulden jaer ons Heere Jesu Christi, 1628 (erw. u. d. T. Gulden jaers feestdaghen of den schat der geestelycke lofsangen, 1635).

L: G. J. Hoogewerff, 1920; C. Michels, 1931; B. A. Mensink, 1958; Ch. van Leeuwen, 2001.

Stal'skij, Suleiman → Suleiman aus Stal

Stamatov, Georgi, bulgar. Schriftsteller, 25. 5. 1869 Tiraspol – 9. 11. 1942 Sofia. Seit 1882 in Bulgarien. Zunächst Offizier, ab 1893 Stud. Jura in Sofia u. Genf. Langjährige Richterlaufbahn in Bulgarien. – Führender Vertreter der bulgar. städt. Prosa. Schildert die Stadt, indem er vom sozialen u. privat-psycholog. Gesichtspunkt ausgeht. Zu s. Hauptthemen gehören Einsamkeit, Entfremdung u. Liebe.

W: Izbrani očerki i razkazi, En. 1905; Skici, En. 1915; Razkazi, En. II 1929–30; Prašinki, En. 1934; Ribari, R. 1942. – GW, II 1961.

L: I. Mešekov, 1936.

Stamatu, Horia, rumän. Dichter, 9. 9. 1912 Vălenii de Munte – 7. 7. 1989 Freiburg. Stud. Jura u. Philos. Bukarest u. Freiburg, 1942–44 KZ Buchenwald; Lektor in Freiburg, Spanien- u. Frankreichaufenthalte; seit 1961 wieder in Freiburg. –

Essays, Kritiken, existentielle Dichtung; innerer Rhythmus triumphiert über den mechan.; neue, von der byzantin. Kunst beeinflußte poet. Ästhetik, in der Rilke, Rimbaud u. Barbu zu erkennen sind. Reiche, ausdrucksvolle Sprache, Vorliebe für das Esoterische.

W: Memnon, G. 1934; Imnuri, G. 1937; Recitativ, G. 1963; Punta Europea, G. 1970; Kairos, G. 1974; Jurnal, G. 1975; Timp și literatură, Es. 1976; Imperiu, G. 1981; Carmina, G. 1986. – *Übs.:* Dialoge, G. 1969 (zweispr.).

Stampa, Gaspara, ital. Lyrikerin, 1523 Padua – 23. 4. 1554 Venedig. Tochter e. Juweliers, aus gebildeter bürgerl. Familie. Nach dem Tod ihres Vaters (1531) übersiedelte ihre Mutter nach Venedig. Dort sorgfältige Erziehung, Stud. klass. Sprachen, pflegte Gesang u. Musik. Unter dem Namen Anassilla Mitgl. der Accademia dei Pellegrini, gründete e. lit. Salon. Mit 26 Jahren verliebte sie sich in den Grafen Collaltino di Collalto. An dieser leidenschaftl., jedoch unglückl. Liebe reifte sie zur Künstlerin heran. Ihr ausdrucksstarker und gefühlsechter, gelegentl. petrarkisierender ›Canzoniere‹, bestehend aus 145 ›Rime d'amore‹ und 66 ›Rime varie‹, ist die Geschichte und das sentimentale Tagebuch dieser glühenden Leidenschaft. Im Jahr ihres frühzeitigen Todes wurden ihre ›Rime‹ von ihrer Schwester Cassandra gesammelt und mit e. Widmung an Monsignor Giovanni della Casa zum erstenmal veröffentlicht.

W: Rime, 1554 (hg. A. Salza 1913, G. B. Ceriello 1954, M. Bellonci 1976; Liebessonette, d. 1922, Ausw. d. L. Graf Lanckoroński 1947). – Ausw., hg. G. Toffanin 1935, F. Flora 1962.

L: G. A. Cesareo, 1920; Fiora A. Bassanese, Boston 1982.

Stancu, Zaharia, rumän. Schriftsteller, 5. 10. 1902 Salcia/Teleorman – 5. 12. 1974 Bukarest. Aus armer Bauernfamilie, besuchte erst 20jährig das Gymnas., Stud. Lit. Bukarest, Journalist und Publizist; Präsident des Schriftstellerverbandes, Mitgl. des ZK der KP. – Debüt mit anmutigen Versen und gekonnten Nachdichtungen von Esenin; guter Pamphletist. Entwickelt in sozialist.-realist. Romanen e. pathet. primitiven Stil und schildert in e. Zyklus mit stark autobiograph. Hintergrund die rumän. Geschichte im 20. Jh. Hinterließ unzählige Schriften, in denen er, um dem kommunist. Regime zu huldigen, auf ästhet. Feinheiten verzichtete.

W: Poeme simple, G. 1927 (erw. 1957); Antologia poeților tineri, G. 1934; Tălmăciri din Esenin, Übs. 1934; Albe, G. 1937; Taifunul, R. 1937; Oameni cu joben, R. 1937; Clopotul de Aur, G. 1940; Iarba fiarelor, G. 1941; Anii de lup, G. 1944; Desculţ, R. 1948 (Neubearb. u. d. T. Clopote și struguri, Printre stele, Carul de foc, III 1961; Barfuß, d. 1951 u. 1969); Dulăii, R. 1952

(Hunde, d. 1954, u. d. T. Rumän. Ballade, 1957); Florile pământului, E. 1954 (Die Blumen der Erde, d. 1955); Rădăcinele sunt amare, R. V 1958f. (Frühlingsgewitter, d. Ausz. 1962); Jocul cu moartea, R. 1962 (Spiel mit dem Tode, d. 1963); Pădurea nebună, R. 1962 (Die Tochter des Tartaren, d. 1964); Ce mult te-am iubit, R. 1968 (Wie sehr hab ich dich geliebt, d. 1970); Şatra, R. 1968 (Solange das Feuer brennt, d. 1971); Povestiri de dragoste, En. 1970; Cântec şoptit, G. 1970; Sabia timpului, G. 1972. – *Übs.:* Glocken und Trauben, Nn. 1962.

L: O. Ghidirmic, 1977.

Stănescu, Nichita, rumän. Dichter, 31. 3. 1933 Ploieşti – 13. 12. 1983 Bukarest. Stud. Philol. Bukarest, Publizist. – Experimenteller Lyriker, überraschte in jedem neuen Gedichtband durch die Tiefe u. Beharrlichkeit s. Fragens.

W: Sensul iubirii, G. 1960; O viziune a sentimentelor, G. 1964; 11 elegii, G. 1966; Alfa, G. 1967; Oul şi sfera, G. 1967; Laus Ptolemaei, G. 1968; Necuvintele, G. 1969; În dulcele stil clasic, G. 1970; Cartea de recitire, Es. 1972; Măreţia frigului, G. 1972; Clar de inima, G. 1973; Epica magna, G. 1978; Operele imperfecte, G. 1979; Noduri şi semne, G. 1982.

L: Ioana Em. Petrescu, 1981; Al. Ştefănescu, 1986; N. Manolescu, 1986.

Stanev, Emilijan (eig. Nikola S.), bulgar. Schriftsteller, 28. 2. 1907 Tŭrnovo – 15. 3. 1979 Sofia. Führender zeitgenössischer Tierschriftsteller, meisterhafte plast. Darstellung. Im Mittelpunkt s. Werke, die das städt. Leben schildern, steht die Problematik der Persönlichkeit während einer gesellschaftl. Krise. S. hist. Romane sind ein Versuch zur Darstellung des universellen Dramas des Menschlichen.

W: Sami, En. 1940; Vŭlči nošti, En. 1943 (Wolfsnächte, d. 1968); Januarsko gnezdo, En. 1953; Mečtatel, En. 1939; Delnici i praznici, En. 1945; Diva patica, En. 1946; Kradezŭt na praskovi, N. 1948 (Der Pfirsichdieb, d. 1963); Kogato skrežŭt se topi, N. 1950; Ivan Kondarev, R. 1958–64 (Heißer Sommer, d. 1963). – Razkazi i povesti, En. u. Nn. 1968; Legenda za Sibin, preslavskija knjaz, N. 1968; Antichrist, R. 1970. – *Übs.:* Nächtliche Lichter, En. 1969.

Stanjukovič, Konstantin Michajlovič, russ. Schriftsteller, 30. 3. 1843 Sevastopol' – 20. 5. 1903 Neapel. Vater Admiral; 1860–63 Weltumseglung als Seeoffizier, verließ 1863 den Militärdienst; ab 1872 Mitarbeiter bei der radikalen Zs. ›Delo‹. – Vf. tendenziöser Romane u. a. gegen die in Rußland aufkommenden Kapitalismus; noch heute beliebt sind s. ›Seegeschichten‹, lit. anspruchsvolle Erzählungen über das Leben zur See.

W: Omut, R. 1881; Morskie rasskazy, En. 1886–1902; Žrecy, R. 1897; Ravnodušnye, R. 1899. – Polnoe sobranie sočinenij (GW), XII [2]1906f.; Sobranie sočinenij (GW), VI 1958f., X 1970.

L: V. P. Vil'činskij, 1963; V. Petruškov, 1968.

Stanković, Borisav, serb. Schriftsteller, 31. 3. 1875 Vranje – 22. 10. 1927 Belgrad. Früh verwaist; harte Jugend, Stud. Rechte Belgrad, Paris; Beamter im Finanzministerium. – Außer Gedichten, veröffentlicht in versch. Zsn., und e. Drama, das von P. Konjović vertont wurde, schrieb S. Novellen u. Romane, in denen er trotz s. Aufenthalts in Paris nicht den neuen lit. Strömungen erliegt, sondern die Tradition des psycholog. Realismus fortsetzt. Die Themen zu s. oft auto- u. biograph. Werken schöpft S. aus s. Heimatstadt Vranje u. ihrer Umgebung, wobei er den Zerfall der alten feudalen Gesellschaftsordnung, das Einsickern der neuen Ideen von der Freiheit der Persönlichkeit u. der Gleichberechtigung der Geschlechter sowie das Aufeinanderprallen oriental. u. westeurop. Weltanschauung in den Vordergrund rückt.

W: Iz starog jevandjelja, En. 1899; Božji ljudi, En. 1902; Stari dani, E. 1902; Koštana, Dr. 1902; Tašana, Dr. 1910; Nečista krv, R. 1911 (Unreines Blut, d. 1922, u. d. T. Hadschi Gajka verheiratet sein Mädchen, 1935); Njegova Belka, E. 1921 (Seine Belka, d. 1940); Tetka zlata, E. 1922; Gazda Mladen, R. 1928; Pod okupacijom, E. 1929. – Sabrana dela (GW), II 1956, VI 1970, VI 1991; Dela (GW), VIII 1983; Dela (W), VIII 1928–30; Izabrana dela (AW), III 2002.

L: V. Gligorić, 1936; P. Kostić, 1956; R. Simonović, 1968; V. Jovičić, 1972; D. Jančar, 1977.

Stapledon, (William) Olaf, engl. Schriftsteller, 10. 5. 1886 West Kirby, Merseyside/Cheshire – 6. 9. 1950 Caldy/Merseyside. Sanitätsdienst im 1. Weltkrieg, 1925 Dr. der Philos. Univ. Liverpool, zahlr. wiss. Veröffentlichungen und tätig in Erwachsenenbildung. – Völlig unabhängig von der zeitgenöss. Science-fiction entwickelte er seine ›fantastic fiction of a semi-philosophical kind‹. Beeinflußt von sozialist. Philos. thematisieren s. Romane die Suche nach der vollkommenen Gesellschaft in kosm. Maßstäben.

W: Last and First Man, 1930 (d. 1983); Last Men in London, 1932; Odd John, 1935 (Insel d. Mutanten, d. 1970); Starmaker, 1937 (d. 1966); Sirius, 1944 (d. 1975); Youth and Tomorrow, 1946; The Flames, 1947; A Man divided, 1950; Nebula Maker, 1976.

L: L. Fiedler, 1982; R. Crossley, 1994.

Staring, Antony Christiaan Winand, niederländ. Dichter, 24. 1. 1767 Gendringen – 18. 8. 1840 Landgut Wildenborch b. Lochem. Stud. Jura Univ. Harderwijk, Physik u. Chemie in Göttingen, um sich auf die Verwaltung des väterl. Rittergutes De Wildenborch vorzubereiten. – S. Vorliebe für das pointierte Gedicht läßt ihn als Schüler C. Huygens' erkennen. Potgieter nennt ihn e. echt humorist. Dichter. Behandelt Stoffe aus altnord. Poesie und dem MA ohne romant. Wehmut und verbirgt s. stark empfängl. Gemüt zurückhaltend unter kühler Form. Das Epigramm ist die von ihm bevorzugt gepflegte Dichtform.

W: Dichtoefening, G. 1791; Schetsen, Prosa 1816; Gedichten, II 1820; Nieuwe gedichten, G. 1827; Gedichten, IV 1836 f.; Kleine verhalen, Prosa 1837. – Gedichten, hg. J. de Vries 1941; Brieven, hg. G. E. Opstelten 1916.
L: B. H. Lulofs, 1843; C. S. Jolmers, Diss. Leiden 1918; J. C. Boogman, hg. 1990.

Starter, Jan Janszoon, niederländ. Dichter, 1594 Amsterdam – 1626 an der dt.-ungar. Grenze. Sohn e. aus London eingewanderten Webers, 1607–14 in Amsterdam, 1613 Buchhändler u. Verleger in Leeuwarden, stand e. kurzlebigen fries. Rederijkerskamer vor. 1620–22 Stud. Jura in Franeker, begleitete als Historiograph den Grafen von Mansfeld nach Ungarn. – Vf. von Tragikomödien mit possenhaften Zwischenspielen und realist. Possen. S. sangbare Liebeslyrik von überwiegend verstandesmäßigem Charakter, z. T. engl. Vorbilder, verrät Formtalent.

W: Timbre de Cardone, Tragikom. 1618 (n. 1864); Klucht van een advocaet en een boer, Posse 1618; Daraïde, Tragikom. 1618; De Friesche lusthof, G. 1621; Klucht van Jan Soetekauw, Posse 1621; Melis Thijssen, Posse 1735.
L: J. H. Brouwer, 1939 (m. Bibl.). – *Bibl.:* M. M. Kleerkooper, 1911.

Staryc'kyj, Mychajlo, ukrain. Schriftsteller; 14. 12. 1840 Kliščynci/Poltava – 27. 4. 1904 Kiev. Sohn e. Grundbesitzers; Stud. Kiev und Charkov. – Vf. pathet., z. T. hist. Dramen von sozialer Thematik anfangs unter Einfluß Gogol's; Neigung zum Melodramat. Auch sozialer Lyriker, Erzähler und Übs. Shakespeares, Byrons u. a.

W: Rizdvjana nič, Dr. 1872; Ne sudylos', Dr. 1883; Za dvoma zajcjamy, K. 1883; U temrjavi, Dr. 1892; Talan, Dr. 1893; Bohdan Chmel'nyc'kyj, Dr. 1897; Marusja Bohuslavka, Dr. 1897; Oborona Buši, Dr. 1899; Ostannja nič, Dr. 1899; Krest žyzn', Dr. 1901; Ostanni orly, R. 1968; Obloha Buši, Ist. pov., 1982; Ostanni orly: Ist. pov. iz časiv hajdamaččyny, 1990; Bohdan Chmel'nyc'kyi, III 1991; Ruina. Obloha Buši, R. 1996 (russ. 2001). – Poezii, G. 1908; Vybrani tvory (AW), 1954; Tvory (W), VIII 1964/65; Poetyčni tvory. Dratatyčni tvory, 1989f.; Tvory (W) VI, 1989f.
L: M. P. Komyšančenko, 1958; J. M. Kurylenko, 1960; L. H. Sokyrko, 1960; N. V. Levčyk, 1990; P. Chropko, in: Dyvoslovo 11 (1997).

Stašek, Antal (eig. Antonín Zeman), tschech. Erzähler, 22. 7. 1843 Stanový u Vysokého nad Sizerou – 9. 10. 1931 Prag. Bauernsohn; Stud. Krakau u. Prag. Advokat. Vater des Schriftstellers I. Olbracht. 1878–1913 Rechtsanwalt in Semily, polit. tätig, Freund T. G. Masaryks. – Begann mit patriot. Gedichten u. romant. Verserzählungen, wandte sich dann dem realist. Roman u. der psy-

cholog. Novelle zu, in denen er den nationalen, sozialen u. relig. Kampf der urwüchs. Riesengebirgsbauern schildert, wobei es ihm nicht immer gelingt, die Fülle des Stoffes zu bewältigen.

W: Blouznivci našich hor, Nn. II 1895; V temných vírech, R. III 1900; Na rozhraní, R. II 1908; Bohatství, R. 1918; Když hlad a válka zuřily, Nn. 1924; Stíny minulosti, R. 1924; Zápasy, R. 1924; Bratři, R. 1925; Vzpomínky, Aut. 1925; O ševci Matoušovi a jeho přátelích, R. 1932 (Schuster M. u. seine Freunde, d. 1952). – Sebrané spisy (GW), XVIII 1925–28; Vybrané spisy (AW), X 1955–64.
L: M. Hýsek, 1933; K. Polák, 1951; B. Václavek, Lit. studie a podobizny, 1962.

Stasiuk, Andrzej, poln. Erzähler u. Lyriker, * 25. 9. 1960 Warschau. Autodidakt mit Grundschulabschluß. Gelegenheitsarbeiter. Wegen Wehrdienstverweigerung 1980 für 1½ Jahre ins Gefängnis. Verließ 1987 Warschau. Wohnt im Grenzgebiet zur Slowakei und Ukraine, im Dorf Czarne. – Der zum Kultautor avancierte Nonkonformist leuchtet primär marginale Existenzen und soz. Peripherien aus. Naturverbundenheit und übernationales Denken markieren sein Weltbild.

W: Mury Hebronu, En. 1992 (Die Mauern von H., d. 2003); Wiersze miłosne i nie, G. 1994; Biały kruk, R. 1995; Dukla, R. 1997 (Die Welt hinter Dukla, d. 2001, 2003); Jak zostałem pisarzem, Aut. 1998 (Wie ich Schriftsteller wurde, d. 2001); Dziewięć, R. 1999 (Neun, d. 2002).

Staszic, Stanisław, poln. Gelehrter u. Schriftsteller, Nov. 1755 Schneidemühl – 20. 1. 1826 Warschau. Aus großbürgerl. Familie, Vater Bürgermeister s. Geburtsstadt. Stud. Leipzig, Göttingen, Paris. Auf Wunsch der Mutter Wahl des geistl. Standes. Stud. Geognosie u. Geologie. Wanderungen durch Alpen, Apenninen, Karpaten. In Frankreich Begegnung mit den Enzyklopädisten u. den Lehren J.-J. Rousseaus. In Polen Erzieher bei der Familie Zamoyski. Dr. jur. an der Zamoyski-Akad., 1794–97 in Wien, dann Staatsreferendar im Herzogtum Warschau, Minister im Königreich Polen. Später Vorsitzender der ›Gesellschaft der Freunde der Wiss.‹. – Vorwiegend wirkungsvoller, polit. Schriftsteller, überträgt Ideen der franz. Aufklärung auf poln. Verhältnisse. Beschäftigung mit schöner Lit. als Zeitmode: Vf. e. didakt.-geschichtsphilos. Epos in 18 Büchern nach antikem Vorbild, voll von Gelehrsamkeit. Erste Ansätze zum Messianismus. Sprachl. bewegt, von wuchtiger Rhetorik.

W: Uwagi nad życiem Jana Zamoyskiego, Schr. 1787, (n. 1952); Przestrogi dla Polski, Schr. 1790 (n. 1926); Warnungen für Polen, d. 1794; O ziemiorodztwie Karpatów, Schr. 1815; Ród ludzki, Ep. 1819/20 (krit. hg. 1959); Dziennik podróży, Tg. 1931. – Dzieła, IX 1816–

20; Pisma filozoficzne i społeczne, II 1954; Pisma i wypowiedzi pedagogiczne, 1956.
L: Cz. Leśniewski, 1926; B. Szacka, 1962; J. Sikora, 1974; Z. Chyra-Rolicz, 1980.

Statius, Publius Papinius, röm. Epiker, um 45/ 50 n. Chr. Neapel – um 96 n. Chr. ebda. Sein Vater, Dichter u. Lehrer, führte ihn in die griech. Lit. ein u. förderte s. Talent. Betätigte sich als professioneller Dichter v. a. panegyr. Werke u. siegte mehrfach in Dichterwettkämpfen. – Neben Silius Italicus u. Valerius Flaccus bedeutendster Ependichter der flav. Zeit. Sein Hauptwerk ›Thebaïs‹ (entstanden ca. 78–90) schildert in enger Anlehnung an Vergil u. nach Antimachos' Vorbild in 12 Büchern den Kampf der Sieben gegen Theben: Buch 1–6 den Zug gegen Theben, Buch 7–12 den eigentl. Kampf. Technik (Göttermaschinerie) u. ep. Sprache atmen Vergils Geist, in den Greuelszenen ist Senecas Einfluß spürbar. Mit dem unvollendeten Epos ›Achilleïs‹ (2 Bücher) über die Jugendgeschichte Achills wollte S. Homers ›Ilias‹ übertrumpfen. Die ›Silvae‹, 32 Gelegenheitsgedichte in 5 Büchern (Buch 1–4 wurde 92–95 veröffentlicht, Buch 5 posthum), zeigen s. Begabung am besten. Er dichtet sie in versch. lit. Formen (Elegien, poet. Briefe, Trostgedichte) u. Metren (Hexameter, Phalaeceen, sapph. u. alkäische Strophe). Seine rhetor. Schulung verleugnet S. nie, zeigt aber poet. Empfinden u. feines Stilgefühl. Mit ihm ging das röm. Epos bis zu Claudian bzw. (auf christl. Seite) Juvencus u. Prudentius zu Ende. Im MA wurden die ›Thebaïs‹ u. die ›Achilleïs‹ viel gelesen; Dante u. Chaucer schätzten sie hoch.

A: Opera, hg. A. Traglia, G. Aricò 1980; Silvae, hg. u. komm. F. Vollmer 1898 (n. 1971); H. Frère [2]1961 (m. franz. Übs. von H. J. Izaac); A. Marastoni [2]1970; E. Courtney 1990; Buch 2, komm. H.-J. van Dam 1984; Buch 3, hg. G. Laguna 1992 (m. Komm. u. span. Übs.); Buch 4, hg. K. M. Coleman 1988 (m. Komm. u. engl. Übs.); Achilleis, hg. A. Klotz, T. C. Klinnert [2]1973; O. A. W. Dilke 1954; J. Méheust 1971 (m. franz. Übs.); Thebais, hg. R. Lesueur III 1990–94 (m. franz. Übs.); D. E. Hill [2]1996; komm. H. Heuvel 1932 (1. Buch); H. M. Mulder 1954 (2. Buch); H. Snijder 1968 (3. Buch); H. W. Fortgens 1934 (6. Buch); J. J. L. Smolenaars 1994 (Buch 7); M. Dewar 1991 (Buch 9); R. D. Williams 1972 (Buch 10); P. Venini 1970 (Buch 11); The Medieval Achilleid, hg. P. M. Clogan 1968. – *Übs.:* engl. J. H. Mozley II 1928; Thebais, d. O. Schönberger 1998, H. Rupprecht 2000; Achilleis, d. ders. 1984; Silvae, d. H. Wissmüller 1990.
L: W. Schetter, Unters. zur ep. Kunst des S., 1960; B. Kytzler, 1960; H. Cancik, Unters. zur lyr. Kunst des S., 1965; D. Vessey, S. and the Thebaid, 1973; S. T. Newmyer, 1979; A. Hardie, 1983; W. J. Dominik, Speech and rhetoric in S.'s Thebaid, 1994; ders., The mythic voice of S., 1994. Konkordanz: R. J. Deferrari, C. Eagan, 1943, n. 1966.

St. Aubin de Terán, Lisa, engl. Schriftstellerin, * 2. 10. 1953 London. Entscheidung für schriftsteller. Karriere mit 16 Jahren. Betrieb mit 1. Ehemann e. Farm in Venezuela, lebt seit der Scheidung in Italien und England. – Der Krieg, bes. der 2. Weltkrieg, bildet den Hintergrund ihrer Romane, vor dem sich das menschl. Dasein zwischen Leid und Leidenschaft, Trauer und Glück abspielt. So setzt in ›Nocturne‹ die Jedermannfigur Alessandro Mezzanotte dem Kriegsgeschehen s. persönl. Liebesglück entgegen, das sich jedoch in der Perspektivenvielfalt der postmodernist. Erzählweise als Fiktion erweist.

W: The Streak, R. 1980; Keepers of the House, R. 1982; The Tiger, R. 1984; The High Place, R. 1985; The Bay of Silence, R. 1986; Black Idol, R. 1987; The Marble Mountain and other Stories, Kgn. 1989; Joanna, R. 1990; Nocturne, R. 1992; Venice, Mon. 1992; A Valley in Italy, Mon. 1994; The Hacienda, Aut. 1997 (Gefangen in der Fremde, d. 2001); The Palace, R. 1997; Memory Maps, Aut. 2002.

Stead, C(hristian) K(arl), neuseeländ. Dichter u. Schriftsteller, * 17. 10. 1932 Auckland. Stud. engl. Lit. Auckland u. Bristol. Prof. Univ. Auckland. – Autobiograph. geprägte, postmod. Romane, die um Beziehungskrisen u. künstler. Schaffen u. Versagen kreisen.

W: Whether the Will is Free: Poems 1954–62, G. 1964; Smith's Dream, R. 1971; Crossing the Bar, R. 1972; Quesada: Poems 1972–74, G. 1975; Poems of a Decade, G. 1983; Paris: a Poem, G. 1984; All Visitors Ashore, R. 1984; The Death of the Body, R. 1986 (Der Tod des Körpers, d. 1994); Sister Hollywood, R. 1989 (d. 1998); Voices, R. 1990; Villa Vittoria, R. 1997; Straw into Gold, G. 1997; The Blind Blonde with Candles in Her Hair, Kgn. 1998; The Secret History of Modernism, R. 2001; Dog, R. 2002.
L: J. Geraetz, 1982; D. Hill, 1984; L. Jones, 1989; M. Williams, 1990; A. R. Phillipson, 1998.

Stead, Christina (Ellen), austral. Erzählerin, 17. 7. 1902 Rockdale/New South Wales – 31. 3. 1983 Sydney. Stud. Psychol. Sydney. Industrie- u. Bankangestellte, ab 1928 in London u. Paris, 1937 Drehbuchautorin in den USA. ∞ 1952 Bankier und Autor W. Blake, 1969–80 Dozentin Univ. Canberra. – Ihre Romane u. Erzählungen zeichnen sich durch intime Einblicke in Finanzintrigen u. psycholog. Studien emotionaler Verranntheit u. Selbsttäuschung aus.

W: The Salzburg Tales, En. 1934; Seven Poor Men of Sydney, R. 1934; The House of All Nations, R. 1938; The Man Who Loved Children, R. 1940; For Love Alone, R. 1944; A Little Tea, a Little Chat, R. 1948; The People with the Dogs, R. 1952; Dark Places of the Heart, R. 1966 (u. d. T. Cotter's England, 1966); The Puzzleheaded Girl, Nn. 1967; The Little Hotel, R. 1973; Miss Herbert, R. 1976 (d. 1984). – A C. S. Reader, hg. J. B. Read 1979; The Uncollected Stories, 1986; I'm Dying Laughing, R. hg. G. Geering 1986.

L: R. G. Geering, 1969; D. Brydon, 1987; S. Sheridan, 1988; H. Rowley, 1993; J. Gribble, 1994.

Stecchetti, Lorenzo → Guerrini, Olindo

Stefánsson, Davíð, isländ. Dichter, 21. 1. 1895 Fagriskógur (Eyjafjörður) – 1. 3. 1964 Akureyri. Bis 1919 durch schwere Krankheit unterbrochene Schulbildung in Akureyri u. Reykjavík, 1925–52 Bibliothekar in Akureyri; ausgedehnte Reisen (Italien, Rußland). – Führender Neuromantiker der 20er u. 30er Jahre mit nachhalt. lit. Wirkung. Dem Volkslied verpflichtet, wandte er sich von den Formen der vielfach noch in skald. Traditionen ruhenden neueren isländ. Lyrik ab u. sprach sich in unkompliziert-flüssigen, rhythm. leicht beschwingten Versen u. e. kunstvoll-einfachen, volksläufig-schlichten Diktion aus. S. in ihrer Unmittelbarkeit ungemein echt wirkenden u. formal durch immer neue Erfindungen überraschenden Gedichte leiteten e. neue Strömung in der isländ. Lyrik ein. Von volkskundl. Motiven ausgehend, weitete sich s. Lyrik zum Kristallisationspunkt e. großen Vielfalt von Stimmungen, Gefühlen u. Gedanken. Unter s. Dramen mit Stoffen aus isländ. Gesch. ragt ›Gullna hliðið‹ hervor. S. realist. Landstreicherroman vom größenwahnsinnigen, philosophierenden Vagabunden (›Sólon Islandus‹) ist e. Gegenstück zu Ibsens ›Peer Gynt‹.

W: Svartar fjaðrir, G. 1919; Kvæði, G. 1922; Kveðjur, G. 1924; Munkarnir á Möðruvöllum, Dr. 1926; Ný kvæði, G. 1929; Í byggðum, G. 1933; Að norðan, G. 1936; Sólon Islandus, R. II 1940; Gullna hliðið, Dr. 1941; Vopn guðanna, Dr. 1944; Ný kvæðabók, G. 1947; Landið gleymda, Dr. 1956; Ljóð frá liðnu sumri, G. 1956; Tvær greinar, Aufs. 1959; Í dögun, G. 1960; Mælt mál, Rdn. u. Aufs. 1963; Síðustu ljóð, G. 1966. – Kvæðasafn (ges. G.), III 1943; Að norðan. Ljóðasafn (ges. G.), 1952, IV [3]1976; Leikrit (ges. Drn.), 1952, [2]1965.
L: Skáldið frá Fagraskógi, hg. Á. Kristjánsson, Á. Björnsson 1965. – *Bibl.:* Ó. Pálmason, 1977.

Stefánsson, Jón (Ps. Þorgils Gjallandi), isländ. Schriftsteller, 2. 6. 1851 Skútustaðir (Mývatnsveit) – 23. 6. 1915 Litla Strönd (Mývatn). Bauernsohn, Autodidakt. – Begann mit gesellschaftskrit. Erzählungen, um später die gegen die feindl. Natur heroisch ankämpfende Gestalt, Mensch oder Tier, zum Mittelpunkt s. Erzählens zu machen. Wurde richtungweisend in der psycholog. fein einfühlenden Darstellung der Liebe als Naturgewalt.

W: Ofan úr sveitum, En. 1892; Upp við fossa, N. 1902; Dýrasögur, En. 1910. – Ritsafn (GW), hg. A. Sigurjónsson IV 1945, hg. J. Hauksdóttir, Þ. Helgason I 1982ff.; Sögur (AW), hg. Þ. Helgason 1976. – *Übs.:* Nordische Novellen, [2]1896.
L: S. Einarsson, 1936; A. Sigurjónsson, 1945.

Stefanyk, Vasyl, ukrain. Novellist, * 14. 5. 1871 Rusiv/Westukraine. Aus Bauernfamilie; Gymnas. Kolomyja, Drohobyč, Stud. Med. Krakau. Geriet dort in den Bann der lit. Bewegung ›Junges Polen‹, freundete sich mit S. Przebyszewski und S. Orkan an, worauf er mit einem intensiven Literaturstudium begann. – Sein 1. Novellenband erschien 1899, die ukrain. Kritik nahm seine Prosa begeistert auf. Bereits um die Jahrhundertwende übers. ins Poln., Dt. und Russ. Als ›Dichter der bäuerlichen Verzweiflung‹ apostrophiert, hat S. in sehr knappen Bildern das Elend seiner engeren Heimat Galizien eingefangen. Sein lit. Einfluß ist in der ukrain. Literatur bis heute ungebrochen.

W: Syn'a knyžecka, Nn. 1899; Zeml'a, 1923; Tvory, 1933; Novely, Nn. 1987; Klenovi lystky, opov., 1987; Moje slovo: Novely ta opovidann'a, 1991, 2000.
L: O. Černenko, Edmonton 1989; O. Hnidan, Ivano-Frankivs'k 1991; V. S. chudožnyk slova, 1996; J. Stefanyk, 1999; F. Pohrebennyk, 2000; ›Pokuts'ka trijc'a‹, 2001.

Steffens, Lincoln, amerik. Publizist, 6. 4. 1866 San Francisco – 9. 8. 1936 Carmel/CA. Stud. Philos. Univ. of California und in Europa; als Chefredakteur von ›McClure's Magazine‹ (1902–1906) Haupt der progressiven ›muckrakers‹, die die Korruption in der öffentl. Verwaltung der Städte und im Großunternehmertum aufdeckten. – Die bedeutende ›Autobiography‹ gibt e. intimen Überblick über die radikalen und liberalen Strömungen der Zeit, mit denen S. sympathisierte.

W: The Shame of the Cities, St. 1904; The Struggle for Self-Government, St. 1906; Upbuilders, St. 1909; Autobiography, 1931 (d. 1948 u. 1974); Lincoln Steffens Speaking, Rdn. 1936. – The World of L. S., 1962; The Letters, 1938.
L: E. Winter, And Not To Yield, 1963; Ch. Lasch, The New Radicalism in America, 1965; W. Brandes, Diss. Mchn. 1967; L. Filler, The Muckrakers, [2]1976.

Stegner, Wallace (Earle), amerik. Erzähler, 18. 2. 1909 Lake Mills/IA – 13. 4. 1993 Santa Fe/NM. Reiste in s. Jugend mit s. Vater in Nordamerika und Kanada; Prof. für Anglistik der Univ. Stanford. – Vf. realist. Romane und Kurzgeschichten aus dem Erfahrungsschatz s. weiten Reisen.

W: Remembering Laughter, R. 1937 (Das Lachen eines Sommers, d. 1951); The Potter's House, R. 1938; On a Darkling Plain, R. 1940 (Keiner bleibt allein, d. 1949); Fire and Ice, R. 1941; The Big Rock Candy Mountain, R. 1943 (Der Berg meiner Träume, d. 1952); The Women on the Wall, Kgn. 1948; The Preacher and the Slave, R. 1950; Writer in America, Vortrag 1953; The City of the Living, En. 1956; A Shooting Star, R. 1961 (Jeder Stern auf seiner Bahn, d. 1962); Wolf Willow, Abh. 1962; The Gathering of Zion, St. 1964; The American Novel, Abh. 1965; All the Little Live Things, R. 1967 (Tage wie Honig, d. 1970); Joe Hill, R. 1969;

The Sound of Mountain Water, R. 1969; The Angle of Repose, R. 1971; The Uneasy Chair, B. 1974; The Spectator Bird, R. 1976; Recapitulation, R. 1979; Joe Hill, R. 1980; One Way to Spell Man, Ess. 1982; Crossing to Safety, R. 1987; Where the Bluebird Sings to the Lemonade Springs, Kgn. u. Ess. 1992. – Collected Stories, 1994.

L: R. W. Etulain, 1983; J. J. Benson, 1998; J. R. Hepworth, 1998.

Stehlík, Miloslav, tschech. Dramatiker, 2. 4. 1916 Milovice nad Labem – 15. 8. 1994 Benešov. Schauspieler, Dramaturg des Nationaltheaters, Regisseur. – S. Dramen, die zeitl. in der Gegenwart verankert sind u. vorwiegend die moral. Konflikte der sich wandelnden ländl. Gesellschaft behandeln, wobei sie das Kollektiv dem Individuum entgegenstellen, zeichnen sich durch kernigen Humor u. gute Charakterdarstellung aus.

W: Vesnice Mladá, 1947; Lod' dobré naděje, 1948; Mordová rokle, 1949; Jarní hromobití, 1952; Nositelé řádu, 1953; Vysoké letní nebe, 1955; Selská láska, Tragikom. 1955; Tygří kožich, 1960; O korunu a lásku, 1962; Grandlehárna, 1966.

L: J. Hájek, Čas dramatu, 1957.

Stein, Gertrude, amerik. Schriftstellerin, 3. 2. 1874 Allegheny/PA – 27. 7. 1946 Paris. Aus dt.-jüd. Familie. Kindheit in Wien und Paris, Jugend in Oakland und San Francisco. 1893 Stud. unter dem Psychologen W. James am Radcliffe College, Cambridge/MA, dann Anatomie an der Johns Hopkins Univ. Baltimore. Seit 1902 im Ausland, bes. Paris, wo ihr Salon Treffpunkt avantgardist. Künstler (Picasso, Matisse, Braque), später der amerik. ›expatriates‹ wurde. 1 Jahr in London, 1935 Vortragsreise durch USA, sonst bis zum Tod in Paris. – Noch vor dem 1. Weltkrieg entstanden die experimentellen Werke ›Three Lives‹, an Flaubert erinnernde Frauenporträts, und ›The Making of Americans‹ (geschrieben 1906–08), ein autobiograph. gefärbter Familienroman. Diesen Werken liegt eine revolutionierende, an W. James, Bergson und am Film geschulte Ästhetik des Prosastils zugrunde, die durch Wiederholung von Satzteilen, Verzicht auf Interpunktion, Bevorzugung der Verba und assoziative statt log. Verknüpfung e. fließenden Prosarhythmus schafft, der das Erlebnis der von Augenblick zu Augenblick dynam. bewegten lebendigen Bewußtseinswirklichkeit sprachl. vermitteln soll. Mit dieser in ›Lectures in America‹ niedergelegten psychologisierenden Stiltheorie beeinflußt sie S. Anderson, Dos Passos und E. Hemingway. Ihre Prosa-Gedichte in ›Tender Buttons‹ wollen dagegen das Statische der dingl. Wirklichkeit betonen, sprachl. gespiegelt in e. auf Logik und Grammatik verzichtenden Nominalstil.

W: Three Lives, En. 1909 (d. 1960); Tender Buttons, G. 1914 (d. 1972); Geography and Plays, Ess. u. Drn. 1922 (Portraits und Stücke I, d. 1986, II 1987); The Making of Americans, R. 1925; Composition as Explanation, Es. 1926; Lucy Church Amiably, R. 1930; How to Write, Es. 1931; Operas and Plays, 1932; The Autobiography of Alice B. Toklas, Aut. 1933 (d. 1956); Four Saints in Three Acts, Op. 1934; Narration, Es. 1935 (d. 1971); Lectures in America, Krit. 1935 (Was ist engl. Lit., d. 1965); The Geographical History of America, Abh. 1936; Everybody's Autobiography, 1937 (d. 1985); Picasso, St. 1938 (d. 1958); The World is Round, Kdb. 1939; Paris, France, Es. 1940; Ida, R. 1941; Wars I Have Seen, Rep. 1945; Brewsie and Willie, Rep. 1946; Four in America, St. 1947; Blood on the Dining Room Floor, R. 1948 (Keine, keiner, d. 1985); Last Operas and Plays, 1949; Things As They Are, R. 1950. – Selected Writings, hg. C. van Vechten 1946; Yale Edition of the Unpublished Writings, VIII 1951–58; Writings and Lectures 1909–1945, 1967; Selected Operas and Plays, hg. J. M. Brinnin 1970; Letters Written to G. S., hg. D. Gallup 1953; Sherwood Anderson – G. S., Br. hg. R. L. White 1972; Dear Sammy, Br. 1977; G. S. – C. Van Vechten, Br. 1913–46, hg. E. Burns 1986; Mirrors of Friendship, Br. G. S. – Thornton Wilder, hg. E. M. Burns u.a. 1996; A History of Having a Great Many Times Not Continued to Be Friends, Br. Mabel Dodge – G. S., 1911–1934, hg. P. R. Everett 1996; Writings, 1903–1932, 1998; Writings, 1932–1946, 1998; Operas and Plays, 1998; Baby Precious Always Shines: Selected Love Notes, hg. K. Turner 1999; Correspondance René Crevel – G. S., hg. J.-M. Devésa 2000. – *Übs.:* Steinstücken, Drn. 1985.

L: D. Sutherland, 1951; J. M. Brinnin, The Third Rose, 1959 (d. 1960); F. J. Hoffman, 1961; A. B. Toklas, What Is Remembered, 1963; E. Hemingway, A Moveable Feast, 1964; M. J. Hoffman, Development of Abstractionism, 1965; A. Stewart, 1967; R. Bridgman, 1970; B. F. Kawin, Telling It Again and Again, 1972; A. B. Toklas, Staying On Alone, Br. hg. E. Burns 1973; G. S.: A Composite Portrait, hg. L. Simon 1974; J. R. Mellow, The Charmed Circle, 1974; C. F. Copeland, 1975; J. Hobhouse, Everybody Who Was Anybody, 1975; M. J. Hoffman, 1976; W. Steiner, Exact Resemblance, 1978; S. C. Neuman, 1979; M. DeKoven, A Different Language, 1983; R. Dubnick, Structure of Obscurity, 1984; J. L. Walker, 1984; V. Maubrey-Rose, Anti-Representational Response, 1985; H. Bloom, hg. 1986; M. J. Hoffman, hg. 1986; J. L. Doane, 1986; J. M. Brinnin, 1987; B. Kellner, 1988; H. S. Chessman, 1989; R. Stendhal, 1989; B. L. Knapp, 1990; L. Ruddick, 1990; J. P. Bowers, 1991 u. 1993; E. Fifer, 1992; E. E. Berry, 1992; A. Kramer, 1993; D. Buchwald, 1995; S. Sabin, 1996; G. Schiller, 1996; F. Gygax, 1998; C. Franken, 2000.

Stein, Sol, amerik. Romancier, * 13. 10. 1926 Chicago. Mitarbeiter zahlr. Zsn., Verleger, Bühnenautor. – S.s Romane mit Substanz und gedankl. Anspruch behandeln das Alternativproblem Liebe oder Leistung, schildern den Einbruch des Bösen in e. bürgerl. kleine Welt.

W: The Magician, R. 1971 (d. 1973); Living Room, R. 1974 (d. 1975); The Childkeeper, R. 1975 (Aus heiterem Himmel, d. 1976); Other People, R. 1979 (Tür an Tür, d. 1979); The Resort, R. 1980; The Touch of Treason, R. 1985; A Feast for Lawyers: Inside Chapter 11 – an Expose, R. 1989; A Deniable Man, R. 1989; The Best Revenge: A Novel of Broadway, 1991; Stein on Writing, Sb. 1995; How to Grow a Novel: The Most Common Mistakes Writers Make and How to Overcome Them, Sb. 1999; Bankruptcy: A Feast for Lawyers, R. 1999.

Steinarr, Steinn (eig. Aðalsteinn Kristmundsson), isländ. Dichter, 13. 8. 1908 Nauteyrarhreppur/ Laugaland – 25. 5. 1958 Reykjavík. Lebte in Reykjavík, nach 1945 Reisen in Skandinavien, England u. Frankreich. Kam während der Weltwirtschaftskrise nach Reykjavík, wo er als Arbeitsloser u. Gelegenheitsarbeiter mit Schreiben begann. – Seine ersten Gedichte, von revolutionärem Geist getragen, geißelten die herrschende Gesellschaftsordnung. Sein späteres Werk ist vorwiegend philos. u. metaphys., erfüllt von tiefem Pessimismus, Zweifel u. Frustration. Unter Einfluß von C. Sandburg, A. Lundkvist, A. McLeish u.a. entwickelte er sich mit kurzen, äußerst prägnanten, meist reimlosen Versen zu e. Meister der Formkunst. In s. Spätwerk machte er sich Formelemente der abstrakten Malerei zunutze. Gilt als Vater der jungen isländ. Dichtergeneration, der sog. Atomskalden.

W: Rauður loginn brann, G. 1934; Ljóð, G. 1937; Spor í sandi, G. 1940; Ferð án fyrirheits, G. 1942; Tíminn og vatnið, G. 1948 (Die Zeit und das Wasser, d. 1987). – 100 kvæði (AW), hg. S. Hjartarson 1949; Ferð án fyrirheits. Ljóð 1934–54 (sämtl. G.), 1956; Kvæðasafn og greinar (SW), hg. Kr. Karlsson 1964; Ljóðasafn, hg. V. Benediktsdóttir ⁴2000.

L: G. Gröndal, Steinn Steinarr I – II, 2000/01.

Steinbeck, John Ernst, amerik. Romanschriftsteller, 27. 2. 1902 Pacific Grove b. Salinas/CA – 20. 12. 1968 New York. Dt.-ir. Abstammung, Sohn e. Schatzmeisters und e. Lehrerin, wuchs in Kalifornien auf, 1918–24 Stud. Naturwiss. Stanford Univ., Gelegenheitsarbeiter (1925 kurz als Reporter in New York). Im 2. Weltkrieg Berichterstatter, lebte seit 1936 in Los Gatos b. Monterey/CA. Gegen Ende s. Lebens patriot. bis zur Intoleranz. Nobelpreis 1962. – Sein sehr vielseitiges Romanschaffen kreist um soz. Tragik und verbindet e. manchmal ins Grausame ausartenden determinist. Naturalismus (s. Charaktere können ihren biolog. und Umweltbedingungen nicht entrinnen) mit Romantik und e. myst. relig. Überzeugung; e. heidn. Fruchtbarkeitsverehrung mit rein wirtschaftl.-soziolog. Gesichtspunkten; Sentimentalität mit unklarem Symbolismus; klare Bilder, sardon. Humor mit kraftvollem, psychologisierendem, teils drast., teils lyr. Stil. Sein Schauplatz sind ländl. Gegenden Kaliforniens, s. Figuren meist die Besitzlosen, Umhergetriebenen, von Schicksal, Natur und Gesellschaft Benachteiligten in ihrem einfachen, urwüchsigen, z. T. unverhüllt triebhaften Leben, geschildert mit Menschenliebe und e. tendenzlosen Glauben an das Gute im Menschen. Sein Schelmenroman ›Tortilla Flat‹, das die Form des Romans mit der des Dramas verbindende ›Of Mice and Men‹, die soz. Anklage ›The Grapes of Wrath‹ (über arbeitsuchende wandernde Farmarbeiter) und die Familiensaga ›East of Eden‹ begründeten bes. S.s Ruhm.

W: Cup of Gold, R. 1929 (Eine Handvoll Gold, d. 1953); The Pastures of Heaven, Kgn. 1932 (d. 1954); To a God Unknown, R. 1933 (d. 1954); Tortilla Flat, R. 1935 (d. 1943); In Dubious Battle, R. 1936 (Stürmische Ernte, d. 1955); Saint Katy, the Virgin, Kgn. 1936; Of Mice and Men, R. u. Dr. 1937 (d. 1940); The Red Pony, Kgn. 1937 (d. 1945); Their Blood is Strong, St. 1938; The Long Valley, Kgn. 1938; The Grapes of Wrath, R. 1939 (d. 1940); The Sea of Cortez, Reiseb. 1941 (Logbuch des Lebens, d. 1953); The Forgotten Village, R. 1941; The Moon is Down, R. 1942, Dr. 1943 (d. 1944); Thirteen Great Short Stories from the Long Valley, Kgn. 1943; The Portable S., Kgn. hg. P. Covici 1943; Cannery Row, R. 1945 (Die Straße der Ölsardinen, d. 1946); Gabilan, Kgn. 1946 (d. 1946); The Wayward Bus, 1947 (d. 1948); The Pearl, R. 1947 (d. 1949); A Russian Journal, 1948 (m. R. Capa); Burning Bright, Kgn. 1950 (Die wilde Flamme, d. 1952); East of Eden, R. 1952 (d. 1953); The Short Novels, hg. u. komm. J. H. Jackson 1953; Sweet Thursday, R. 1954 (d. 1955); The Short Reign of Pippin IV, R. 1956 (Laßt uns König spielen, d. 1958); The Winter of Our Discontent, R. 1961 (Geld bringt Geld, d. 1961); Travels with Charley, Reiseb. 1962 (d. 1963); America and Americans, Schr. 1966 (d. 1966); Journal of a Novel, Ber. 1969 (über East of Eden; d. 1970); The Acts of King Arthur and His Noble Knights, E. 1976 (d. 1987); Letters to Elizabeth, 1978; Working Days: The Journals of the Grapes of Wrath, hg. R. DeMott 1989; Novels and Stories, 1932–1937, 1994; America and Americans and Selected Nonfiction, 2002.

L: H. T. Moore, 1939, n. 1968; L. Gannett, 1939; G. Maresch, Diss. Wien 1950; E. W. Tedlock, Jr., C. V. Wicker, 1957; P. Lisca, 1958; H. Schumann, Zum Problem des krit. Realismus bei S., 1958; H. R. Rauter, Diss. Köln 1960; W. French, 1961; F. W. Watt, 1962; W. Rahn, 1962; J. Fontenrose, 1967; R. O'Connor, 1970; J. C. Pratt, 1970; J. Gray, 1971; T. Kiernau, 1979; T. Fensch, 1979; P. MacCarthy, 1980; J. J. Benson, 1984; R. J. DeMott, 1984; J. J. Benson, 1984; L. Owen, 1985; K. Ferrell, 1986; J. H. Timmerman, 1986; R. S. Hughes, 1989; D. V. Coers, 1991; W. French 1994 u. 1996; R. S. Simmonds, 1996 u. 2000; A. Pehmt, 1998; J. Ditsky, 2000; N. Steinbeck, 2001; S. K. George, 2002. – *Bibl.:* T. Hayashi, 1967; R. B. Harmon, 1986.

Štejn, Aleksandr Petrovič, russ. Dramatiker, 28. 9. 1906 Samarkand – 5. 10. 1993 Moskau. Stud. Leningrad, ab 1930 Mitglied der KPdSU, ab 1929 Dramatiker. – S. paßt sich in vielen Stücken dem Parteigeist an. ›Zakon česti‹ entspricht der Politik gegen den Kosmopolitismus vor 1948,

›Personal'noe delo‹ ist e. behutsamer Beitrag zum Antistalinismus, ›Meždu livnjami‹ e. Leninstück. Mehrere Stücke S.s kreisen um die Schicksale von Schriftstellern u. das Leben auf See.

W: Zakon česti, Dr. 1948; Flag admirala, Dr. 1950; Personal'noe delo, Dr. 1954 (Eine persönl. Angelegenheit, d. 1956); Prolog, Dr. 1955; Gostinica ›Astorija‹, Dr. 1956; Meždu livnjami, Dr. 1966; Naedine so zritelem, Erinn. 1982. – P'esy, Dr. 1953, 1972, II 1978; Kinoscenarii, 1953; Izbrannoe, Moskau II 1988.

Stel'mach, Mychajlo, ukrain. Prosaist und Lyriker, * 2. 4. 1912 Diakivci/Podolien. Wuchs im Odessagebiet auf, wo sein Vater Hafenarbeiter war. Stud. Päd. Vinnyc'a, zunächst als Lehrer tätig. – Geprägt von den Kriegsjahren an Front und Lazaretten schrieb er Gedichte. 1943 erschien sein 1. Erzählband ›Berezovyj sik‹, danach sein 1. Roman ›Na našij zemli‹, dem 1949 ›Velyki perelohy‹ folgte. Diese Werke festigten seinen Platz in der sowjetukrain. Literatur der Nachkriegsjahre. Im Geiste des stalinistischen Kulturprogramms schrieb er, an die jeweils herrschenden Parteilinien angepaßt, Werke über das Leben der Bauern im zaristischen Rußland, während der Revolution, der Kollektivierung und nach dem 2. Weltkrieg. Das gleiche Material, das Dorfleben und seine Menschen, hat er auch in dramatischen Werken verarbeitet. Man kann in ihm einen klassischen Autor des sowjetischen sozialist. Realismus sehen. Kritik erfuhr er von den ›Sechzigern‹. Sein heroisch-romantischer Stil ist an die Volksdichtung angelehnt.

W: Berezovyj sik, Nn. 1944; Na našij zemli, R. 1949; Velyki perelohy, R. 1951; Krov l'uds'ka ne vodyc'a, R. 1957; Chlib i sil'..., 1959; Pravda i kryvda, 1961; Duma pro tebe, 1962; Čotyry brody, 1979.
L: Istorija ukrain. literatury XX stolitt'a, knyha druha, 1995.

Stendhal (eig. Marie-Henri Beyle), franz. Romanschriftsteller, 23. 1. 1783 Grenoble – 23. 3. 1842 Paris. Wählte s. Pseudonym nach der Geburtsstadt Winckelmanns, den er verehrte. Sohn e. Advokaten; früher Tod der Mutter, Erziehung durch s. Vater und e. Tante, die er haßte. Erklärte sich aus Auflehnung zum Atheisten und Jakobiner. 1796–99 Ecole Centrale Grenoble; wegen mathemat. und zeichner. Begabung Vorbereitung auf die Ecole Polytechnique in Paris; zog jedoch e. ungebundenes Leben vor. Durch Protektion s. Vetters Anstellung im Kriegsministerium; 1799 nach Italien entsandt. 1800 Eintritt in die Armee; Unterleutnant bei den Dragonern im Italienfeldzug. Beginn s. leidenschaftl. Liebe zu Italien, bes. zu Mailand. Bekanntschaft mit der Mailänder Stoffhändlerstochter Angela Pietragrua. Verließ 1802 die Armee; 3 Jahre Müßiggang in Paris. Lernte die Welt des Theaters kennen. Folgte der Schauspielerin Mélanie Guilbert 1805 nach Marseille, dort Kaufmannsgehilfe. 1806 nahm er s. Dienst in der Intendanz des Kriegsministeriums wieder auf; mehrere Jahre in Dtl. und Österr., 1810 Auditeur des Staatsrats, 1813 Intendant; folgte der Armee im Rußlandfeldzug. Nach dem Sturz Napoleons erfolgloses Warten in Paris auf Wiederverwendung unter den Bourbonen. 1814 Übersiedlung nach Mailand. Große unglückl. Liebe zu Mathilde Dembowski. Bekanntschaft mit Byron, Mme de Staël, S. Pellico und Manzoni. 1821 Rückkehr nach Paris; Freundschaft mit Mérimée. Reisen nach England (1821 und 1826) und Italien; veröffentlichte die psycholog. Studie ›De l'Amour‹, dann das Pamphlet ›Racine et Shakespeare‹, in dem er für die Romantik eintritt, das Theater von den 3 Einheiten befreien will und e. nationale Tragödie fordert. Das ›Journal de Paris‹ übertrug ihm die Kunst- und Theaterkritik. Sein erster Roman ›Armance‹ blieb unbeachtet. Vergebl. Bemühung um e. Anstellung an der kgl. Bibliothek. 1830 Konsul in Triest; die österr. Regierung verweigerte s. Anerkennung; schließl. April 1831 Konsul in Civitavecchia. 1836 3jährige Beurlaubung. Aufenthalt in Paris, Reisen durch Frankreich mit Mérimée. Verfaßte in 52 Tagen die ›Chartreuse de Parme‹. Mußte auf s. Posten in Civitavecchia zurückkehren; wegen schwerer Gichtanfälle erneute Beurlaubung; 1841 Rückkehr nach Paris; Tod durch Schlaganfall auf der Straße. – Vf. von Romanen, Novellen, Reiseberichten, kunst- und musikgeschichtl. Werken. Zeitkrit. Romane von ausgeprägt psycholog. Tendenz. Ihre Charaktere gehören zu den bedeutendsten lit. Schöpfungen des 19. Jh. In ›Le Rouge et le Noir‹ Schilderung der versch. Gesellschaftsschichten Frankreichs unter der Restauration. Der Held ist der Typ des ehrgeizigen Willensmenschen, der an der Gesellschaft scheitert. Der unvollendete Roman ›Lucien Leuwen‹ enthält viele autobiograph. Züge und ist e. scharfe Satire auf das materialist. Nützlichkeitsdenken der franz. Gesellschaft unter der Julimonarchie. Die ›Chartreuse de Parme‹ gibt e. Bild Italiens unter der napoleon. Besatzung, das als Heimat der ›énergie‹, der starken Leidenschaften, des Heroismus und der Freiheitsliebe erscheint. In dem aristokrat. Anarchismus des Helden drückt sich S.s Haß gegen Konvention und Durchschnitt und s. extremer Individualismus aus, den er in s. System des Egotismus zu e. Lebensphilos. des Ich-Kults erhebt. Sein Streben nach Klarheit und Einfachheit, ja Nüchternheit des Stils, s. Vorliebe für die exakte, objektive Schilderung, die scharfe psycholog. Analyse machen ihn zu e. Vorläufer des Realismus.

W: Vie de Mozart, B. 1814; Rome, Naples et Florence, En. 1817; Histoire de la Peinture en Italie, Abh. 1817; Vie de Haydn, de Mozart et de Métastase, B.

1817; Vie de Napoléon, B. 1817; De l'Amour, St. 1822; Racine et Shakespeare, Es. 1823; Vie de Rossini, B. 1823; D'un nouveau complot contre les industriels, Schr. 1825; Armance, R. 1827; Promenades dans Rome, En. 1829; Le Rouge et le Noir, R. 1830; L'Abbesse de Castro, N. 1832; Mémoires d'un touriste, En. II 1838; La Chartreuse de Parme, R. 1839; Chroniques italiennes, Nn. 1855; Journal, Aut. 1888; Vie de Henri Brulard, Aut. 1890; Le philtre, N. 1892; Souvenirs d'égotisme, Aut. 1892; Lucien Leuwen, R.-Fragm. 1894; Journal d'Italie, Aut. 1911; Voyages en Italie, hg. V. del Litto 1973. – Œuvres complètes, XXXVII 1912–48, LXXIX 1927–38 (n. 1966); Théâtre, II 1931; Œuvres, III 1952–56, XVIII 1961f.; Œuvres intimes, hg. V. del Litto II 1981f.; Correspondance, X 1933–35, 1962ff.; Journal, 1955. – Übs.: GW, VIII 1920–28, XV 1921–23, X 1921–24, XII $^{1-5}$1959–68; Briefe, Ausw. ^{2}1923; Novellen, 1948.

L: E. Rod, 1892; A. Chuquet, 1902; P. Arbelet, La jeunesse de S., 1914; A. Schurig, ^{2}1924; P. Hazard, 1927 (d. 1950); R. Kayser, 1928; P. Martino, 1931; P. Martino, ^{2}1934; M. Bardèche, 1947; H. Friedrich, Drei Klassiker des franz. Romans, ^{2}1950; A. Caraccio, 1951; H. Clewes, Lond. 1952; H. Martineau, L'Œuvre de S., II 1952f.; G. Blin, 1954; ders., II 1958–60; R. M. Adams, N. Y. 1959; V. Del Litto, La vie intellectuelle de S., 1959; R. N. Coe, Lond. 1961; V. Brombert, hg. N. Y. 1962; ders., N. Y. 1968; J. Atherton, Lond. 1964; F. Michel, S. Fichier, Boston 1964; M. Gerlach-Nielsen, 1965; A. Strauss, 1966; C. Cordié, Neapel 1967; J. Prévost, ^{3}1967, 1975; R. Grün, 1967; W. Fowlie, N. Y. 1969; J.-P. Weber, 1969; F. Marill-Albérès, ^{2}1970; F. Michel, ^{2}1972; J. Théodoridès, S. du côté de la science, 1973; D. Wakefield, S. and the Arts, 1973; J. Richardson, 1974; B. G. Reizow, S. philosophie de l'histoire, Leningrad 1974; R. Soupault, 1975; R. André, 1977; M. Bardèche, 1977; G. May, N. Y. 1977; G. Tomasi di Lampedusa, Palermo 1977; W. Krömer, 1978; J. Decottignier, 1979; S. Jameson, Lond. 1979; L. Magnani, Turin 1980; O. Matteini, 1981; M. Crouzet, 1982; M. Guérin, 1982; F. Landry, 1982; S. et l'Allemagne, hg. V. del Litto, H. Harder 1983; P. Barbéris, 1983; D. Bideau, 1983; M. Crouzet, 1983; B. Didier, 1983; H. C. Jacobs, 1983; F. Rude, ^{2}1983; R. André, 1997; G. Lessard, II 1998; D. Sangsue, 1999; J.-J. Hamm, 2000; Ph. Bertier, 2001; M. Naumann, 2001; B. Diaz, 2003. – Bibl.: H. Cordier, 1914; L. Royer, 1933ff.; V. del Litto, IV 1945–58, ^{3}1964.

Stenius, Göran Erik, finnl.-schwed. Erzähler, 9. 7. 1909 Viborg – 21. 6. 2000 Helsingfors. Sohn e. Juristen, Stud. Helsingfors, 1935 Magister der Philos., 1942–51 Attaché det finn. Botschaft beim Vatikan (Konversion zum Katholizismus), ab 1951 Referent im finn. Außenministerium. – Rom wurde dem aus christl. Anliegen heraus schaffenden Erzähler v. a. zum relig. Erlebnis. Unter diesem Eindruck stehen das ep. Werk, die Lyrik u. das einzige Drama. Immer geht es um die Versuche des Menschen, durch die Vielfalt des Lebens zum Wesentlichen durchzustoßen. Mit s. Roman ›Klockorna i Rom‹ erreichte er Weltgeltung. In der Trilogie ›Brödet och stenarna‹ gelingt auf hist. Grund (finn. Unabhängigkeitsbewegung) die Entfaltung e. Fülle menschl. Charaktere. In Stil u. Komposition der Tradition verpflichtet.

W: Det okända helgonets kloster, R. 1934; Femte akten, Ess. 1937; Fiskens tecken, G. 1940; Hungergropen, R. 1944; Fästningen, R. 1945; Vatikanen, Ess. 1947; Brödet och stenarna, R. 1959 (die letzten 3 zus. u. d. T.. Brot und Steine, d. 1960); Klockorna i Rom, R. 1955 (Die Glocken von Rom, d. 1957); Avhoppare, Dr. 1957; Från Rom till Rom, Abh. 1963 (d. 1964); Den romerska komedin: En bok om G. G. Belli och hans verk, B. 1967; Bronspojken från Ostia, R. 1974 (Der Bronzeknabe von Ostia, d. 1976).

Stenvall, Aleksis → Kivi, Aleksis

Stephansson, Stephan G. (eig. Stefán Guðmundur Guðmundarson), isländ.-kanad. Dichter, 3. 10. 1853 Kirkjuhóll (Skagafjörður) – 10. 8. 1927 Markerville (Kanada). Bauernsohn, Autodidakt, 1873 Auswanderung nach Kanada, wo er an versch. Orten Pionierarbeit leistete u. sich 1889 bei Markerville (Alberta) als Farmer niederließ. – S. wird noch heute in Island wie in Kanada als e. der bedeutendsten Dichter geschätzt. S. Werk steht, unbeeinflußt von der anglo-amerik. Dichtung, ganz in der isländ. Tradition von Sagas, Edda und Rímur. Von diesem Standpunkt aus gelingen ihm großartige Schilderungen kanad. Landschaft ebenso wie e. Anzahl von Gedächtnisliedern u. Huldigungsgedichten an Island. In s. bedeutenden gesellschaftskrit. u. weltanschaul. Lyrik bezog er Stellung gegen Kapitalismus u. Klerikalismus; im 1. Weltkrieg kompromißloser Kriegsgegner.

W: Úti á víðavangi, G. 1894; Á ferð og flugi, G. 1900; Andvökur, G. VI 1909–38 (hg. Þ. Jóhannsson IV 1953–58, hg. S. Nordal ^{2}1980); Kolbeinslag, G. 1914; Heimleiðis, G. 1917; Vígslóði, G. 1920. – Úrvalsljóð (AW), hg. U. B. Bjarklind 1945; Bréf og ritgerðir, Br. u. Aufs. hg. Þ. Jóhannesson IV 1938–48; Bréf til St. St., hg. F. Guðmundsson III 1971–75.

L: S. Nordal, 1959; F. Guðmundsson, 1982.

Stephens, James, ir. Lyriker und Erzähler, 2. 2. 1882 (9.2.1880 ?) Dublin – 26. 12. 1950 London. Soziale Herkunft ungeklärt, im Waisenhaus aufgewachsen. 1896–1912 Gehilfe in Anwaltsbüros, 1915–24 in der Verwaltung der ir. Nationalgalerie. Von G. W. Russell gefördert. Nach 1925 in London und Paris. Vortragsreisen durch die USA. 1927 Begegnung mit J. Joyce, der in ihm eine Art Alter ego und den Vollender von ›Finnegans Wake‹ sah, falls er selbst vorher sterben sollte. – S. Gedichte und Erzählungen sind reich an grotesken, myst. und phantasievoll märchenhaften Elementen, die sich in die Realistik mischen.

W: Insurrections, G. 1909; The Charwoman's Daughter, R. 1912; The Crock of Gold, R. 1912 (Götter, Menschen, Kobolde, d. 1947); The Hill of Vision, G. 1912; Here Are Ladies, Kgn. 1913; The Demi-Gods, R. 1914

(d. 1949); Songs from the Clay, G. 1915; The Adventures of Seumas Beg, G. 1915; The Rocky Road to Dublin, G. 1915; Green Branches, G. 1916; Reincarnations, G. 1918; Irish Fairy Tales, 1920; Deirdre, R. 1923 (d. 1985); In the Land of Youth, En. 1924; Etched in Moonlight, Kgn. 1928; On Prose and Verse, Ess. 1928; The Wooing of Julia Elizabeth, Sch. 1929; Outcast, G. 1929; Theme and Variations, G. 1930; Kings and the Moon, G. 1938. – Collected Poems, ²1954; A J. S. Reader, hg. L. Frankenberg 1962; Unpublished Writings, hg. ders. 1964; Letters, hg. R. J. Finneran 1974.
L: H. Pyle, 1965; A. Martin, 1977; P. McFate, 1979; W. Huber, 1982.

Stepnjak, Sergej → Kravčinskij, Sergej Michajlovič

Stere, Constantin, rumän. Schriftsteller, 15. 11. 1865 Cerepcău/Bessarabien – 26. 6. 1936 Bucov/ Prahova. Trat nach dem Gymnas. in Chişină 1886 revolutionären Kreisen in Odessa bei, wurde verhaftet u. für 5 Jahre nach Sibirien deportiert, floh 1892 nach Rumänien. Stud. Jura Jassy, Prof. ebda., Gründer der Zs. ›Viaţa Românească‹ 1906, Initiator der lit. Bewegung ›Poporanismus‹, nach Muster der russ. ›Narodniki‹. – Schrieb Kritiken u. Essays; s. Hauptwerk ist e. auf 9 Bände geplanter Roman ›În preajma revoluţiei‹ (Im Angesicht der Revolution), von denen 8 erschienen sind. Die russ. Meister sind nicht zu verkennen, doch bewahrt S. s. Originalität, stellenweise e. beweglicherer u. konziserer Tolstoj.
W: Poporul în artă şi literatură, St. 1893; În voia valurilr, En. 1916; În literatură, Ess. 1921; În preajma revoluţiei, R. VIII 1932ff.
L: L. Leoneanu, 1935; V. Muşat, 1978.

Sterija, Jovan → Popović, Jovan Sterija

Stern, Anatol, poln. Dichter u. Literaturkrit., 24. 10. 1899 Warschau – 19. 10. 1968 ebda. Stud. Polonistik. 1939 Flucht nach Lemberg. 1940 in sowjet. Haft. 1942 mit der poln. Anders-Armee nach Palästina. 1948 Rückkehr nach Warschau. – Mitbegründer des poln. Futurismus. Biologismus, Optimismus, Spontaneität und dadaistische Spielerei zeichnen die frühe Lyrik aus. Auf die Enttäuschung von der modernen Zivilisation folgt anarchische Auflehnung gegen soziales Elend und staatliche Gewalt. Das Spätwerk reflektiert die moralischen Dimensionen des Seins: Tod und Vergänglichkeit sind Determinanten menschl. Existenz.
W: Ziemia na lewo, Schr. 1924 (m. B. Jasieński); Anielski cham, G. 1924; Bieg do bieguna, G. 1927; Namiętny pielgrzym, R. 1933; Bruno Jasieński, Mon. 1969; Alarm nocny, G. 1970. – Wiersze zebrane (ges. G), II 1985f.

Stern, Daniel → Agoult, Marie Catherine Sophie, Gräfin d'A., geb. de Flavigny

Stern, Richard (Gustave), amerik. Schriftsteller, * 25. 2. 1928 New York. Stud. Univ. North Carolina, Harvard, Univ. of Iowa, Lehrtätigkeit u. a. in Frankreich, Dtl., Italien, ab 1956 Engl.-Prof. in Chicago. – Konzise, dichte Texte, ökonom. Sprachgebrauch; oft ungleiche Liebespaare, Familienprobleme, Generationenkonflikte, denen S. bei aller Ernsthaftigkeit immer auch kom. Aspekte abgewinnen kann, so in dem Campus-Roman ›Other Men's Daughters‹ und in ›Natural Shocks‹ über die Liebe e. älteren Mannes zu e. krebskranken jungen Frau.
W: Golk, R. 1960; Europe, R. 1961; In Any Case, R. 1963; Stitch, R. 1965; 1968, Slg. 1970; The Books in Fred Hampton's Apartment, Ess. 1973; Other Men's Daughters, R. 1973; Natural Shocks, R. 1978; Packages, Kgn. 1980; The Invention of the Real, Ess u. G. 1982; A Father's Words, R. 1985; The Position of the Body, 1986; Noble Rot, Stories, 1949–1988, 1988; Shares and Other Fictions, 1992; One Person and Another, Ess. 1993; A Sistermony, Mem. 1995; Pacific Tremors, R. 2001.
L: J. Schiffer, 1993; D. G. Izzo, 2002.

Sterne, Laurence, engl. Erzähler, 24. 11. 1713 Clonmel/Irland – 18. 3. 1768 London. Aus angesehener, begüterter Yorkshire-Familie. Vater Offizier, die Familie folgte der Truppe von e. Garnisonstadt zur anderen. S. verbrachte e. Teil s. Kinderjahre in Irland, kam 10jährig zur Familie s. Onkels, der ihn in Halifax zur Schule schickte und in Cambridge Theol. studieren ließ. 1738 Ordinierung. Erhielt durch Protektion e. Pfarrstelle in Sutton-on-the-Forest. ∞ 1741 Elizabeth Lumley, die Tochter e. Geistlichen, durch dessen Protektion S. zusätzl. Pfründe in York erhielt. Führte jahrelang e. beschaul. Leben, eifrige Lektüre, bes. Rabelais und Cervantes. Nach 20jähriger Pfarrtätigkeit veröffentlichte er die 2 ersten Teile des ›Tristram Shandy‹, die ihn über Nacht berühmt machten. Er ging nach London und wurde in den dortigen Salons als Held des Tages gefeiert. Im gleichen Jahr erschien s. Predigtsammlung, und er erhielt die ständige Pfarrverweserstelle von Coxwold/Yorkshire. Aus Gesundheitsgründen viel in Südfrankreich. In der ›Sentimental Journey‹ bilden Berichte über s. tatsächl. Reisen nach Frankreich und Italien den Hintergrund, zahlr. fiktive, teils heitere, teils gefühlvolle Abenteuer wurden eingestreut. Seine Betonung des Sentiments war die Reaktion auf den herrschenden Intellektualismus. S. führte das für die Empfindsamkeit charakterist. ›Lächeln unter Tränen‹ in die Lit. ein. – Bedeutendster engl. Schriftsteller zwischen Aufklärung und Empfindsamkeit, Meister der Phantasie und der Charakterschilderung in s. in Ichform gehaltenen derbkom. Romanen, beobachtete feinste Nuancen des Seelenlebens. Humorvolle Darstellung menschl. Absonderlichkeiten und Exzentrizitäten. Alle Handlung wurde in Dialoge verlegt, durch sie enthüllt sich nach und nach das geistige Bild der Gestalten, von denen jede e. ›ruling passion‹, e. Steckenpferd, verfolgt. Individuell geprägter Stil. Der Gang der Erzählungen ist frei von jeder Zeitsequenz; das Hauptgewicht liegt auf den zahlr. Abschweifungen; darin Vorläufer mod. ep. Versuche (J. Joyce, V. Woolf). Starke Selbstironie.

W: The Life and Opinions of Tristram Shandy, R. IX 1760–67 (hg. M. New III 1978–84; d. 1774–76, M. Walter IX 1984–91); Sermons of Mr. Yorick, Pred. VII 1760–69 (d. 1770); A Sentimental Journey through France and Italy, II 1768 (hg. G. D. Stout 1967; d. 1768, 1945); History of a Watch-Coat, 1769. – Complete Works, hg. G. Saintsbury VI 1894, VII 1926–29; Collected Works, hg. W. L. Cross XII 1904; Letters from Yorick to Eliza, hg. E. Draper 1775 (d. 1927); Letters to His Friends, 1775; Letters to his most Intimate Friends, 1775 (d. 1776); Original Letters, 1844; Unpublished Letters, hg. J. Murray 1856; Letters, hg. L. P. Curtis 1935, hg. V. Woolf 1928. – *Übs.:* Werke, 1768, n. IV 1920; Briefe, 1927.

L: The Critical Heritage, hg. A. B. Howes 1974; H. Moglen, The Philosophical Irony of S., 1975; G. Rohmann, hg. 1980; I. Christensen, The Meaning of Metafiction, 1981; M. Loveridge, 1982; W. Iser, 1987; M. Pfister, 2001; I. C. Ross, 2001. – *Bibl.:* F. Cordasco, 1948; L. Hartley, 1968.

Stērste, Elza, lett. Dichterin, 18. 3. 1885 Vecpiebalga – 19. 4. 1976 Riga. Vater Jurist, Literat; Schulen Jelgava; 1906–10 Konservatorium St. Petersburg, Klavier; 1911–13 Stud. Kunstgesch. Paris; bis 1920 Musiklehrerin in Jelgava, später Riga; 1920 ∞ Dichter E. Virza; widmete sich dann der Literatur; ab 1945 Dramaturgin am Puppentheater; 1951 nach Sibirien deportiert, 1955 freigelassen u. Rückkehr nach Lettl. – Stand unter Einfluß d. antiken u. französischen ›klassischen‹ Lyrik.

W: Prelūdijas, G. 1913; Zaļa gredzenā, G. 1928; Mezgloti pavedieni, G. 1934; Andreja Zīles dzīve, R. 1937; Saulītei ir tāda vara, G. f. Kinder 1972.

Stesichoros, altgriech. lyr. Dichter, 6. Jh. v. Chr., * Himera (Sizilien) oder Matauros (Süditalien), † Katane. Berühmte biograph. Legende, nach der S. als Strafe für s. Gedicht ›Helena‹ mit Blindheit geschlagen wurde und erst nach e. Gedicht ›Widerruf‹ (›Palinodia‹) das Augenlicht wiedererlangt habe. – Von der antiken Werkausgabe nur Titel und Fragmente erhalten (das größte, 33 Verse, auf Papyrus). S. verarbeitet in s. in chorlyr. Sprache verfaßten, triad. gebauten Gedichten traditionelle myth. Stoffe, wie z.B. Herakles, Troja etc. Seine ›Oresteia‹ scheint inhaltl. auf die Tragödie vorauszudeuten; ähnl. gilt für S.' Vorliebe für dialog. Passagen. S. wurde die gesamte Antike hindurch v.a. für s. Adaptation ep. Stoffe in der Lyrik geschätzt, noch Pseudo-Longin preist ihn als ›homerischsten‹ Dichter, ähnl. Quintilian.

A: M. Davies 1991; M. L. West 1993; D. A. Campbell 1991 (m. engl. Übs.); J. Vürtheim 1919. – G. Schade, Leiden u.a. 2003 (Papyrus-Fragm.).

L: P. Brize, 1980; P. Lerza, Genua 1982 (m. ital. Übs.); Fr. D'Alfonso, Rom 1990; N. Austin, Ithaca/NY 1994; C. O. Pavese, Hermes 125, 1997, 259–268; W. Burkert, in: D. L. Cairns, hg. Oxf. 2001, 92–116.

Stevens, Wallace, amerik. Lyriker, 2. 10. 1879 Reading/PA – 2. 8. 1955 Hartford/CT. Stud. Jura Harvard und New York; seit 1904 Anwalt ebda. 1916 Rechtsberater, zuletzt seit 1934 Vizepräsident e. Versicherungsfirma in Hartford. Mit T. S. Eliot, W. C. Williams, Pound und Cummings bedeutendster modernist. Dichter Amerikas; Hauptwirkung in den 20er Jahren und nach 1950. – Seine die ›reine Poesie‹ anstrebende frühe Lyrik besteht aus evokativen impressionist. Klang- und Farbmustern, alog.-spieler. Wort- und Klangphantasien, die nicht den dramat. Gehalt, sondern ästhet. Reize suchen und e. rein artist. Welt errichten. Später philos.-erkenntnistheoret. fundierte Gedankenlyrik, die die Beziehung zwischen Sprache und Wirklichkeit, die Dialektik von Fiktion (Imagination, Bewußtsein) und ›Realität‹ thematisiert. ›The Man With the Blue Guitar‹ verzichtet auf Impressionsmosaiken und handelt von der Rolle des Künstlers und von der Kunst als e. das chaot. Leben ordnenden Wirklichkeit.

W: Harmonium, G. 1923; Ideas of Order, G. 1935; Owl's Clover, G. 1936; The Man with the Blue Guitar, G. 1937; Parts of a World, G. 1942; Notes toward a Supreme Fiction, G. 1942; Esthétique du Mal, G. 1945; Transport to Summer, G. 1947; The Auroras of Autumn, G. 1950; The Necessary Angel, Ess. 1951. – Collected Poems, 1954; Opus Posthumous, G., Ess. u. Drn., 1957; Letters, 1966; The Palm at the End of the Mind, Ausw. 1971; Collected Poetry and Prose, 1997. – *Übs.:* Der Planet auf dem Tisch, G. 1961, 1983.

L: W. V. O'Connor, The Shaping Spirit, 1950; R. Pack, 1958; F. Kermode, 1960; A. Brown, R. S. Haller, hg. 1962, ²1973; M. Borroff, hg. 1963; D. Fuchs, 1963; Th. F. Walsh, 1963; J. J. Enck, 1964; H. W. Wells, 1964; R. H. Pearce, J. H. Miller, hg. 1965; J. N. Riddel, 1965; E. N. Nassar, 1965; F. Doggett, 1966; H. J. Stern, 1966; R. Sukenick, 1967; R. Buttel, 1967; J. Baird, 1968; W. A. Burney, 1968; H. H. Vendler, 1969; R. A. Blessing, 1970; S. F. Morse, 1970; M. E. Brown, 1970; E. Kessler, 1972; M. Benamou, 1972; W. Litz, Introspective Voyager, 1972; L. Beckett, 1974; A. K. Morris, 1974; A. Perlis, 1976; H. Stevens, Souvenirs and Prophecies, 1977; A. F. Willard, 1978; F. Doggett, 1980; ders., R. Buttel, 1980; B. A. Coyle, 1983; P. Brazeau, Parts of a World, 1983; D. M. LaGuardia, Advance on Chaos, 1983; M. Peterson, 1983; L. Woodman, 1983; H. Vendler, 1984; D. Walker, Transparent Lyric, 1984; C. H. Berger, Forms of Farewell, 1985; R. S. Patke, 1985; A. Gelpi, hg.

1985; M. J. Bates, 1985; H. Bloom, hg. 1985; Ch. Doyle, hg. 1985; G. S. Lensing, 1986 u. 2001; B. J. Legget, W. S. and Poetic Theory, 1987; C. Joseph, 1987; R. N. Sawaya, 1987; V. R. Prasad, 1987; W. W. Bevis, 1988; R. Rehder, 1988; J. S. Leonard, C. E. Wharton, 1988; M. Schaum, 1988; E. Cook, 1988; M. Draxlbauer, 1990; B. M. Fisher, 1990; B. Holmes, 1990; W. E. MacMahon, 1990; T. C. Grey, 1991; J. Longenbach, 1991; K. Penso, 1991; A. Filreis, 1991 u. 1994; J. T. Newcomb, 1992; G. G. MacLeod, 1993; D. R. Schwarz, 1993; D. R. Jarraway, 1993; J. MacCann, 1995; A. Rosu, 1995; F. Lombardi, 1996; G. Voros, 1996; A. Whiting, 1996; C. M. Murphy, 1997; B. Maeder, 1999; L. M. Jenkins, 2000; T. Sharpe, 2000; B. Eeckhout, 2002. – *Bibl.*: S. F. Morse, J. R. Bryer, J. N. Riddel, 1963; M. Edelstein, 1973; J. N. Serio, 1994.

Stevenson, Robert Louis, schott. Romanschriftsteller u. Dichter, 13. 11. 1850 Edinburgh – 3. 12. 1894 Vailima/Samoa. In Edinburgh Academy erzogen. Vater Leuchtturmingenieur; S. plante denselben Beruf, stud. zunächst Ing.-Wiss., 1871–75 Stud. Jura Edinburgh, 1875 Rechtsanwalt, übte den Beruf jedoch nie aus. Zunächst Mitarbeiter versch. Zeitschriften, dann freier Schriftsteller. Begann mit Schilderungen s. ungewöhnl. Reisen: 1876 Kanureise auf Flüssen Frankreichs und Belgiens, abenteuerl. Ritt auf e. Esel durch die Cevennen. Liebe zu Fanny Osbourne, e. 10 Jahre älteren Amerikanerin, die von ihrem Mann getrennt lebte. Nach deren Scheidung begab sich S. 1879 auf e. abenteuerl. Brautfahrt nach Kalifornien, ∞ 1880 Fanny Osbourne. Rückkehr nach Schottland. Der große Erfolg von ›Treasure Island‹ brachte e. Wendepunkt in s. Leben, ermöglichte e. längeren Aufenthalt an der Riviera, wo er Heilung s. Lungenleidens erhoffte. 1887 reiste S. nach Amerika, immer auf der Suche nach e. ihm zusagenden Klima, ließ sich schließl. 1890 auf der Samoa-Insel Upolo in der Südsee nieder, wo er bis zu s. Tod durch Gehirnblutung in s. Haus ›Vailima‹ blieb. – Neuromant.-exot. Erzähler. S. abenteuerl., frei erfundenen Erzählungen sind e. Flucht s. Geistes aus der Enge der Krankenstube. Schildert mit impressionist. Leuchtkraft u. reicher Phantasie die bunte Vielfalt des Lebens. Klarer, bewußt einfacher Stil, feine, psycholog. fundierte Charakterskizzen. Fängt Stimmungselemente geschickt ein, besitzt Sinn für das Pittoreske ebenso wie für das Gespenstische, Unheiml. in der Nachfolge E. A. Poes. S. Abenteuergeschichten setzen die Tradition Smolletts auf künstler. höherer Ebene fort, bes. s. kürzeren Erzählungen und Novellen. Schrieb neben Romanen, Novellen und Abenteuergeschichten auch Gedichte sowie eigenwillige Essays.

W: An Inland Voyage, Reiseb. 1878; Travels with a Donkey in the Cévennes, Reiseb. 1879; Virginibus Puerisque, Ess. 1881; Familiar Studies of Men and Books, Ess. 1882; New Arabian Nights, E. II 1882 (d. 1896); Treasure Island, E. 1883 (hg. M. R. Ridley 1977; d. 1897); The Silverado Squatters, E. 1883; A Child's Garden of Verses, G. 1885; Strange Case of Dr. Jekyll and Mr. Hyde, E. 1886 (d. 1887); Kidnapped, R. 1886 (d. 1889; hg. M. R. Ridley 1977, J. Calder, 1980); Underwoods, G. 1887; The Merry Men, Nn. 1887; Memoirs and Portraits, Ess. 1887; The Black Arrow, E. 1888 (d. 1922); The Wrong Box, E. 1889 (m. L. Osborne); The Master of Ballantrae, R. 1889 (d. 1911); Ballads, 1890; Across the Plains, Ess. 1892; The Wrecker, E. 1892 (m. Osborne); Three Plays, 1892; Island Nights' Entertainments, Kgn. (darunter The Bottle Imp) 1893 (d. 1926); Catriona, E. 1893 (d. 1926; hg. J. Calder 1980); Vailima Letters, 1895; In the South Seas, En. 1896 (d. 1948); Songs of Travel, G. 1896; The Weir of Hermiston, R.-Fragm. 1896; St. Ives, R.-Fragm. 1897 (beendet von A. T. Quiller-Couch). – Collected Works, Pentland Ed., XX 1906f.; Vailima Ed., XXVI 1922f.; Tusitala Ed., XXXV 1923f.; Centenary Ed. 1995ff.; The Complete Short Stories, hg. C. Neider 1969; Selected Essays, 1926; Collected Poems, hg. J. A. Smith ³1971; Letters, hg. S. Colvin II 1899, IV 1911, hg. B. A. Booth, E. Mehew VIII 1994f. – *Übs.*: GW, XII 1924–27; AW, VI 1927; Die schönsten Kurzgeschichten, V 1926; Aus Nord und Süd, Ausw. 1935; Meistererzählungen, 1958; Erzählungen, 1960; Romane, 1962.

L: G. Balfour, II 1901; S. Colvin, 1924; J. A. Steuart, II 1924; G. K. Chesterton, 1927; D. Daiches, 1946 u. 1951; R. Kiely, 1964; E. M. Eigner, 1966; H. F. Watson, Coasts of the Treasure Island, 1969; C. Mackenzie, 1969; R. Ricklefs, hg. 1969; R. O. Masson, ²1970; J. Pope-Hennessy, 1974; J. S. Soposnik, 1974; J. Calder, 1980; R. G. Swearingen, Prose Writings, 1980; R. L. S. and Victorian England, hg. J. Calder 1981; J. C. Furnas, Voyage to Windward, ²1980; I. Bell, 1992; F. McLynn, 1993; A. Sandison, 1996; P. Callow, 2001. – *Bibl.*: G. L. McKay, VI 1951–64.

Stewart, Douglas (Alexander), austral. Schriftsteller, 6. 5. 1913 Eltham/Neuseeland – 14. 2. 1985 Sydney. Lebte seit 1938 in Australien. – Autor von Kurzgeschichten, Lit.kritik, Versdramen u. 13 Bände liebenswerter, experimentierfreudiger Lyrik (insbes. Naturgedichte u. Gedichte über den heldenhaften Forschungsdrang des Menschen).

W: Ned Kelly, Versdr. 1943; The Golden Lover and The Fire on the Snow, Versdrn. 1944; A Girl with Red Hair, Kgn. 1944; Four Plays, 1958; The Seven Rivers, Ess. 1966; Collected Poems 1936–67, 1967; Selected Poems, 1973; Springtime in Taranaki, Aut. 1983.

L: N. Keesing, 1965; C. Semmler, 1975. – *Bibl.*: S. Ballyn, G. Doyle, 1996.

Stewart, Mary (Florence Elinor), geb. Rainbow, engl. Romanautorin, * 17. 9. 1916 Sunderland/Co. Durham. 1941–56 Engl.-Dozentin Univ. Durham. ∞ 1945 Geologieprof. F. H. Stewart. – Populäre Romane, meist über abenteuerl. u. romanzenhafte Ferienerlebnisse junger Engländerinnen; ferner Artusromane.

Stiernhielm

W: Madam, Will You Talk?, 1954 (Reise in die Gefahr, d. 1969); Nine Coaches Waiting, 1958 (Das Jahr auf Valmy, d. 1964); My Brother Michael, 1959 (Die Höhle Apolls, d. 1963, u. d. T. Begegnung in Delphi, 1966, Tot im Schatten Apolls, 1970); The Ivy Tree, 1961 (d. 1962); The Moonspinners, 1962 (Nacht ohne Mond, d. 1966, u. d. T. Die Bucht der Delphine, 1968); This Rough Magic, 1964 (Delphin über schwarzem Grund, d. 1968); Airs Above the Ground, 1965 (Lauter Kapriolen, d. 1967); The Gabriel Hounds, 1967 (d. 1969); The Wind off the Small Isles, 1968 (d. 1970); The Crystal Cave, 1970 (Flammender Kristall, d. 1971); The Hollow Hills, 1973 (Der Erbe, d. 1974); The Last Enchantment, 1979 (d. 1985); The Wicked Day, 1983 (Tag des Unheils, d. 1985); Merlin Trilogy, R. 1980; Frost on the Window, G. 1990. – Selected Works, 1978.

Stiernhielm, Georg (eig. Jöran Olofsson, dann J. Lilia), schwed. Dichter, 7. 8. 1598 Vika/Dalarne – 22. 4. 1672 Stockholm. Aus altem Bergmannsgeschlecht, Stud. Greifswald, Reisen in Dtl., Holland, Frankreich. Inhaber versch. Staatsämter. 1628 Sekretär der schwed. Armee in Preußen, 1630 Hofgerichtsassessor in Dorpat, ∞ Cecilia Bureå, 1631 geadelt (seitdem Name S.), 1642–45 als Mitgl. der Gesetzeskommission an der Rechtsreform beteiligt, 1648 Reichsantiquar und Archivar, 1661 Kriegsrat, 1667 Vorsitzender des Antiquitätskollegiums, 1669 Mitgl. der Royal Society London. Schließlich verarmt. – Zentralgestalt des schwed. Barock u. am Hofe Christinas. Außerordentl. vielseitig. Hauptinteressen relig.-philos., versuchte Glauben und Wissen zu vereinen. Schwärmerische Überzeugung von der früheren Bedeutung Schwedens u. das Bestreben, der Sprache durch Rückkehr zu alten Worten u. Formen ihren Glanz wiederzugeben, führten ihn zur Dichtung. 1643 Beginn e. schwed. Wörterbuches. Debütierte mit Balletten u. Gratulationsgedichten nach Opitz' Vorbild, führte das Betonungsprinzip ein. Sein bedeutendstes Werk ist ›Herkules‹, e. moral. Lehrgedicht in Hexametern: Tugend als Mannesmut u. Festigkeit gegenüber dem Schicksal. Detailreiche, realist. Sittenschilderung der Zeit in kraftvollen Bildern, von großem kulturhist. Wert, verstechn. bedeutendes Vorbild. ›Vater der schwed. Dichtkunst‹ (Atterbom).

W: Bröllopsbeswärs ihugkommelse, G. (Autorschaft umstritten); Heroisch Fägne-Sång, G. 1643; Heroisch Jubel-Sång, G. 1644; Fredsafl, G. 1649; Virtutes repertae, Ballette 1650; Den fängne Cupido, Dicht. 1649; Parnassus triumphans, 1651; Herkules, Dicht. 1658 (hg. E. Noreen 1936, O. Lagercrantz 1946; d. 1793); Musae Suethizantes, ges. G. II 1668. – Samlade skrifter, hkA. hg. J. Nordström u. P. Wieselgren VIII 1924–51.

L: B. Swartling, 1909; H. Lindroth, 1913; J. Nordström, II 1924; A. Friberg, 1945; P. Wieselgren, 1948; B. Olsson, 1974.

Stiernstedt, Marika, schwed. Erzählerin, 12. 1. 1875 Stockholm – 25. 10. 1954 Tyringe. Vater General, Mutter aus poln. Adel mit franz. Verbindungen. Jugend in Uppsala, kathol. erzogen, 1900–06 ∞ Baron Carl Cederström, 1909–38 ∞ Schriftsteller Ludvig Nordström. – Bedeutend durch psycholog. Schilderungen versch. Frauentypen, meist aus gehobenem u. aristokrat. Milieu; ungewöhnl. in schwed. Lit. die Behandlung des Problems kathol. Frömmigkeit; sympathisierte längere Zeit mit dem Kommunismus u. griff polit. Fragen auch in ihrem Werk auf. Fabulierfreude u. sichere Hand in der Zeichnung innerer Konflikte.

W: Sven Vingedal, R. 1894; Janinas hjärta, R. 1905; Alma Wittfogels rykte, R. 1913; Världen och stjärnorna, R. 1920; Ullabella, R. 1922 (d. 1930); Von Sneckenströms, R. 1924 (d. 1926); Fröken Liwin, R. 1925 (d. 1925); Resning i målet, R. 1927; Spegling i en skärva, R. 1936; Attentat i Paris, R. 1942 (d. 1944); Kring ett äktenskap, Mem. 1953. – Samlade romaner, XII 1934f.

L: S. Ahlgren, Orfeus i folkhemmet, 1938; U. Wittrock, 1959.

Stigen, Terje, norweg. Schriftsteller, * 28. 6. 1922 Honningsvåg. Vf. zahlr. Romane, z. T. verankert im nordnorweg. Milieu, aus dem er selbst stammt. – Anfängl. beeinflußt von Hamsun, kreisen s. Erzählungen um die Liebes- u. Kunstproblematik, wie im Roman ›Min Marion‹, dessen Thema die Liebe zweier Behinderter ist, oder im Roman ›Peter Johannes Lookhas‹, in dem e. Schriftsteller in e. Diktatur geschildert wird, der trotz Berufsverbot unter großem Risiko an s. Schreiben festhält.

W: To døgn, R. 1950; Skygger på mitt hjerte, R. 1952; Før solnedgang, R. 1954; Vindstille underveis, R. 1956; Stjernøy, R. 1959; Det flyktige hjerte, R. 1967; Min Marion, R. 1972; Peter Johannes Lookhas, R. 1974; Katedralen, R. 1987; Fyrholmen, R. 1991; Allegretto, R. 1995; Alt er slik det er, R. 1996.

Stobaios, Ioannes, altgriech. Schriftsteller, aus Stoboi (Makedonien), 5. Jh. n. Chr. – Vf. e. seinem Sohn Septimius gewidmeten, themat. angelegten ›Anthologie‹ (4 Bücher: 1: Physik, 2a: Logik/Erkenntnistheorie, 2b: Ethik, 3: Ethik, 4: Politik, Wirtschaft), in der in 206 Kapiteln unterschiedl. lange Exzerpte zu/aus Rhetorik, Geschichte, Medizin, v. a. aber Philos. aus über 500 griech. Autoren von Homer bis ins 4. Jh. n. Chr. (Themistios) versammelt sind. Das MA teilte die Sammlung in der Mitte (Bücher 1–2: ›Eclogae physicae et ethicae‹, 3–4: ›Florilegium‹ bzw. ›Sermones‹) und bewahrte nur den 2. Teil wegen s. eth. Ausrichtung einigermaßen intakt, im 1. Teil sind empfindl. Lücken. S.' ›Anthologie‹ ist e. der wichtigsten sekundären Überlieferungsträger der antiken Lit.

A: C. Wachsmuth 1884 (Anth. Buch 1–2); O. Hense 1884–1923, ²1958 (Nachdr. 1974).
L: W. Bühler, 1989; R. M. Piccione, Eikasmos 5, 1994, 281–317, RFIC 122, 1994, 175–218, in: I. Gallo, hg. Neapel 1998, RFIC 127, 1999, 139–175; J. Mansfeld, D. T. Runia, Leiden u.a. 1997.

Stockenström, Wilhelmina Johanna, afrikaanse Lyrikerin, Prosaautorin, Dramatikerin und Schauspielerin, * 7. 8. 1933 Napier. Stud. in Stellenbosch, danach Bühnen-, Film- und Fernsehschauspielerin. – S. ist eine höchst eigensinnige, originelle Dichterin, die, ihrem eigenen poetischen Gesetz folgend, sehr kreativ mit Sprache umgeht. Die Blüte der Lyrik in Afrikaans nach 2000 ist im wesentlichen ihren Impulsen zu verdanken.
W: Vir die bysiende leser, G. 1970; Spieël van water, G. 1973; Van vergetelheid en van Glans, G. 1976; Uitdraai, R. 1976; Laaste middagmaal, Dr. 1978; Eers Linkie dan Johanna, R. 1979; Die kremetartekspedisie, R. 1981; Monsterverse, G. 1984; Kaapse rekwiesiete, R. 1987; Die Heenganrefrein, G. 1988, Abjater wat so lag, N. 1992; Aan die Kaap geskryf, G. 1994; Spesmase, G. 1999.
L: J. C. Kannemeyer, 1983; P. H. Foster, 1989; P. H. John, 1989; T. T. Cloete, 1999.

Stockton, Frank R(ichard), amerik. Schriftsteller, 5. 4. 1834 Philadelphia – 20. 4. 1902 Washington. Anfangs Ausbildung als Holzschnitzer, ab 1866 Journalist und Schriftsteller in New York. – Seine Romane wiesen ihn als führenden Humoristen der 1880er Jahre aus, bleibenden Ruhm aber erlangte er mit der Kurzgeschichte ›The Lady or the Tiger?‹.
W: Rudder Grange, R. 1879 (Ruderheim, d. 1886); The Lady or the Tiger?, Kgn. 1884; The Casting Away of Mrs. Lecks and Mrs. Aleshine, R. 1886. – The Novels and Stories, XXIII 1899–1904. – *Übs.:* Ausgew. humorist. Schriften, III 1898.
L: T. C. Stockton, 1911; E. De Camp, 1913; M. I. J. Griffin, 1939.

Stoddard, Richard Henry, amerik. Lyriker und Kritiker, 2. 7. 1825 Hingham/MA – 12. 5. 1903 New York. Aus ärml. Verhältnissen, mit 18 Jahren Eisengießer; 1853–70 durch Hawthorne Zollbeamter in New York, gleichzeitig 1860–80 Kritiker der New Yorker ›World‹, 1880–1903 Literaturredakteur der New Yorker ›Mail and Express‹. Sein Salon war Mittelpunkt des lit. Lebens: B. Taylor, E. C. Stedman u. Melville. – Seine Lyrik wirkt heute künstl., sentimental und kraftlos.
W: Songs of Summer, G. 1857; The Life, Travels and Books of Alexander von Humboldt, B. 1859; The Book of the East, G. 1871; The Poems, 1880; The Life of Washington Irving, B. 1886; Recollections, Personal and Literary, Aut. 1903.

Stodola, Ivan, slovak. Dramatiker, 10. 3. 1888 Liptovský Mikuláš – 26. 3. 1977 Piešt'any. Arzt in Preßburg, Beamter im Gesundheitsministerium, Redakteur u. Mitarbeiter medizin. Zss. – In realist., szen. gut aufgebauten Dramen u. Gesellschaftssatiren berührt S. moral., seel. u. soziale Probleme, geißelt Bestechlichkeit, Habgier u. falsche Humanität sowie den Gegensatz zwischen Wirklichkeit u. Illusion. Bearbeitete vereinzelt auch hist. Themen. Verstummt 1951 aus polit. Gründen, dann rehabilitiert u. 1967 als ›nationaler Künstler‹ ausgezeichnet.
W: Náš pán minister, Dr. 1927; Bačova žena, Dr. 1928; Čaj u pána senátora, Dr. 1929; Jožko Púčik a jeho kariéra, Dr. 1931; Kráľ Svätopluk, Dr. 1931; Keď jubilant plače, Dr. 1941; Marína Havranová, Dr. 1943; Básnik a smrť, Dr. 1946; Ján Pankrác, Dr. 1958; Jánošíkova družina, Dr. 1960; Bolo ako bolo, Erinn. 1965; Smutné časy, smutný dom, Erinn. 1969; Zahučaly hory, Dr. 1974. – Divadelné hry, III 1956–58.

Stoev, Genčo, bulgar. Schriftsteller, * 5. 2. 1925 Harmanli. Stud. Philos. Sofia. Redakteur. – Legt einen besonderen Akzent auf Probleme der Gegenwart, aber s. bedeutendstes Werk ist der Roman ›Cenata na zlatoto‹, der eine neue synthet. u. dramat. Sinngebung der nationalen Idee zeigt.
W: Istinski hora, Aufrisse, 1953; Loš den, R. 1965; Cenata na zlatoto, R. 1965; Ciklopŭt, R. 1973; Zavruštane, R. 1976; Dosietata, R. 1990. – AW, II 1985.

Stojanov, Ljudmil (eig. Georgi St. Zlatarev), bulgar. Schriftsteller, 6. 2. 1886 Kovačevica – 11. 4. 1973 Sofia. – Begann mit Lyrik über symbolist. u. hist.-patriot. Motive. Seine Romane u. Erzählungen tragen realist. Züge der sozialen Wirklichkeit, gemildert durch die feine lyr. Sprache. Obwohl urspr. von romant. u. symbolist. Ansätzen ausgehend, glaubte S., s. Weg nach der kommunist. Machtergreifung im radikalen sozialist. Realismus gefunden zu haben. Ferner Dramen in Versen, Biographien u. Essays, ebenfalls um soziale u. polit. Themen sowie Übsn. aus dem Russ.
W: Videnija na krŭstoput. Elegii, pesni, poslanija, G. 1914; Meč i slovo. Geroični pesni za Bŭlgarija, G. 1915–16; Pramajka, G. 1922–25; Apolon i Midas, Dr. 1923; Gibelta na Rakovica, Dr. 1924; Antigona, Dr. 1926; Ženski duši, En. 1929; Vŭlcite pazjat stadoto, Dr. 1936; Benkovski. Edin fantastičen život, R. 1930; Holera, E. 1935 (d. 1957); Zemen život, G. 1939; Zazorjavane, R. 1945. – Izbrani tvorbi (AW), V 1964–73.
L: K. Zidarov, 1948.

Stojanov, Zachari (eig. Džendo St. Džedev), bulgar. Aufklärer u. Publizist, 1850 Medven b. Kotel – 2. 9. 1889 Paris. Teilnehmer an den Befreiungskämpfen 1876. – S. Memoiren ›Zapiski po bŭlgarskite vŭstanija‹ stellen einen Meilenstein in der Entwicklung dieser Gattung in Bulgarien dar.

Über s. Biographien der größten bulgar. Revolutionäre Levski u. Botev wird heute noch debattiert.

W: Vasil Levski (Djakonŭt). Čerti iz života mu., B. 1883; Zapiski po bŭlgarskite vŭstanija. Razkazi na očevidci. 1870–76, Mem. III 1884–92; Četite v Bulgarija na Filip Totja, Hadži Dimitŭr i Stefan Karadžata. 1867–68, 1885; Čardafon veliki, B. 1887; Hristo Botjov. Opit za biografija, B. 1888 – Neizdadeni sŭčinenija, 1943; AW, III 1965–66.

L: E. Karanfilov, 1976; N. Georgiev, 1980.

Stoker, Bram (Abraham), ir.-engl. Schriftsteller, 8. 11. 1847 Clontarf b. Dublin – 20. 4. 1912 London. Während s. Kindheit schwer krank, als Student der Mathematik in Dublin jedoch hervorragender Sportler. 10 Jahre Beamter, dann Theaterkritiker. 1878 Sekretär des Schauspielers H. Irving, den S. nach USA begleitete. Nach Irvings Tod 1905 Journalist u. Impresario in London. – S. Romane u. Kurzgeschichten, in denen er die vor s. Zeit lit. wie sublit. weiter verbreitete Tradition des Phantast.-Unheiml. u. Übernatürl.-Geheimnisvollen fortsetzt, sind fast völlig vergessen, bis auf den international erfolgr. ›Dracula‹, die in Tagebuchaufzeichnungen u. Briefen wiedergegebene Geschichte des legendären Vampir-Grafen von Transsilvanien. Wirkungsgeschichte durch zahlr. Verfilmungen geprägt.

W: The Snake's Pass, R. 1891; Dracula, R. 1897 (hg. L. Wolf 1975, N. Auerbach 1997; d. 1967); The Mystery of the Sea, R. 1902; The Jewel of the Seven Stars, R. 1904; Personal Reminiscences of H. Irving, B. II 1906; The Lady of the Shroud, R. 1909; Famous Impostors, B. 1910; The Lair of the White Worm, R. 1911; Dracula's Guest, En. 1914 (d. 1968).

L: D. Scarborough, The Supernatural in Modern Engl. Fiction, 1917; H. Ludlam, A Biography of Dracula, 1962; D. Farson, The Man Who Wrote ›Dracula‹, 1975; B. Belford, 1996; W. Hughes, A. Smith, hg. 1998; W. Hughes, 2000; J. P. Riquelme, hg. 2002.

Stolpe, Sven (Johan), schwed. Schriftsteller, 24. 8. 1905 Stockholm – 26. 8. 1996. Sohn e. Eisenbahnbeamten. Philos. Lizentiat Stockholm 1930, Stud. Sorbonne, Dr. phil. Uppsala 1959; 1936 Anschluß an die Oxford-Gruppenbewegung als Prediger u. Propagandist, konvertierte 1947 zum Katholizismus. 1945–61 Lit.kritiker an ›Aftonbladet‹. Oberstudienrat. – Sein erster Roman entstand unter dem Eindruck schwerer Krankheit. Einsatz v. a. auf relig. Gebiet. Kämpft trotz aller Pose mit Schärfe, Intensität u. großem Ernst; verachtet ›Ästhetizismus‹ u. Form, deshalb Vorliebe für journalist. Stil. Verwendet häufig Superlative, oft subjektiv. Der typ. ›Held‹ s. Romane ist e. unbefriedigter, hekt. Mensch mit Drang nach Klarheit u. überird. Erlösung. Leidenskult u. ständiger relig. Aufbruch, wobei alle ird. Werte u. zuletzt die Mystik selbst, die S. so gern zum Gegenstand s. Betrachtungen macht, zum Gaukelbild der Eigenliebe werden können. Entfachte mit s. Werken über Königin Christine e. heftige Debatte. Studien u. Übs. mod. franz. (kathol.) Autoren.

W: I dödens väntrum, R. 1930 (Im Wartezimmer des Todes, d. 1958); Kopparsmeden Alexander, R. 1936; Döbeln, R. 1941; Midsommarnatten, R. 1945 (d. 1957); Lätt, snabb och öm, R. 1947 (Leicht, schnell und zart, d. 1954); Sakrament, R. 1948; Jeanne d'Arc, B. 1949 (Das Mädchen von Orleans, d. 1954); Spel i kulisser, R. 1952 (Spiel in den Kulissen, d. 1953); Fru Birgitta ler, R. 1955 (Frau Birgitta lächelt, d. 1955); Ungdom, Mem. 1957; Student–23, Mem. 1958; Från stoicism till mystik. Studier i drottning Kristinas maximer, Diss. 1959; Kristinastudier, Ess. 1959; Drottning Kristinas maximer, 1960; Drottning Kristina. Den svenska tiden, B. 1960 (Königin Christine von Schweden, d. 1962); Drottning Kristina. Efter tronavsägelsen, B. 1961; Klara, Sch. 1962; I dödens skugga, Mem. 1962 (Ich blicke zurück – ich blicke voraus, d. 1965); Låt mig berätta, Anekdoten 1970, 1971; Svenska folkets litteraturhistoria, VIII 1972ff.; Memoarer, Mem. 1974ff.; O. Lagercrantz, Mon. 1980; Äventyr i Paris och annorstädes, Ess. 1934–74, 1984; Birgitta i Sverige och i Rom, B. 1985.

L: B. Christoffersson, 1956; En vänbok till S. S., 1965; J. Taels, 1984; H. Åkerberg, 1985.

Stone, Irving (eig. I. Tannenbaum), amerik. Schriftsteller, 14. 7. 1903 San Francisco – 26. 8. 1989 Los Angeles. Stud. Univ. California; 1925/26 Dozent für Volkswirtschaft ebda.; dramat. Versuche in New York; Europaaufenthalte. – Bekannt durch s. hist. richtigen, aber in dramat. Handlung fiktionalisierten Biographien von Goghs (›Lust for Life‹) und J. Londons (›Sailor on Horseback‹) sowie weiterer hist. Berühmtheiten.

W: Pageant of Youth, R. 1933; Lust for Life, B. 1934 (Vincent van Gogh, d. 1936); Sailor on Horseback, B. 1938 (d. 1948); False Witness, R. 1940; Clarence Darrow, B. 1941; They Also Ran, B. 1943; Immortal Wife, B. 1944 (d. 1946); Adversary in the House, B. 1947 (d. 1950); Earl Warren, B. 1948; Passionate Journey, B. 1949; Love is Eternal, B. 1954 (über Lincoln; d. 1955); The Agony and the Ecstasy, B. 1961 (Michelangelo, d. 1961); Those Who Love, R. 1965 (Das Leben gehört den Liebenden, d. 1967); There Was Light, Ber. 1970; The Passions of the Mind, R. 1971 (über S. Freud; Der Seele dunkle Pfade, d. 1971); The Greek Treasure, R. 1975 (d. 1975); The Origin, R. 1980; Depths of Glory: A Biographical Novel of Camille Pissarro, 1985; The Science, and the Art, of Biography, Vortr. 1986; The Composition and Distribution of British Investment in Latin America, 1865–1913, St. 1987; Keeping Spirit, Tg. 1987. – *Übs.:* Die Tiefen des Ruhms, R. 1986.

Stone, Robert (Anthony), amerik. Erzähler u. Drehbuchautor, * 21. 8. 1937 New York. Stud. New York Univ., Stanford; Gelegenheitsarbeiten, auch im Ausland (London, Süd-Vietnam), Lehrtätigkeiten an versch. Univ.; Bekanntschaft mit J. Kerouac u. K. Kesey. – Polit. ambitionierte, brutale, mit Komik versetzte Romane über gesellschaftl. Außenseiter als Allegorien auf Amerika, in ›Dog Soldiers‹ auf den Drogenhandel im Vietnam-Krieg, in ›A Flag for Sunrise‹ auf die korrupte US-Außenpolitik in Zentralamerika, in ›Children of Light‹ auf die schizoide Hollywood-Industrie Bezug nehmend.

W: A Hall of Mirrors, R. 1967 (Zerrspiegel, d. 1976); Dog Soldiers, R. 1974 (d. 1977, u. d. T. Unter Teufeln d. 1988); A Flag for Sunrise, R. 1981 (Das Geschrei deiner Feinde, d. 1986); Children of Light, R. 1986 (d. 1990); Outerbridge Reach, R. 1989 (Das zweite Logbuch, d. 1995); Bear and His Daughter, Kgn. 1997; Damascus Gate, R. 1998 (Das Jerusalem-Syndrom, 2000); Bay of Souls, R. 2003.
L: R. Solotaroff, 1994, G. Stephenson, 2002. – *Bibl.*: K. Lopez, B. Chaney, 1992.

Stoppard, Tom, engl. Dramatiker, * 3. 7. 1937 Zlin/Tschechoslowakei. Sohn des jüd. Arztes E. Straussler, der 1938 nach Singapur emigrierte. Adoptivkind des brit. Majors Stoppard. – Der Welterfolg ›Rosencrantz and Guildenstern Are Dead‹ behandelt mit absurder Komik das nichtige, ziel- u. formlose Privatleben der Randfiguren aus ›Hamlet‹. ›Jumpers‹ ist e. brillantes Stück über das Thema der Relativität der Wahrheit. In ›Travesties‹ diskutieren Joyce, Tzara u. Lenin das Verhältnis von Kunst u. Wirklichkeit.

W: Lord Malquist and Mr. Moon, R. 1966; Rosencrantz and Guildenstern Are Dead, Sch. 1967 (d. 1967); The Real Inspector Hound, Sch. 1968; Enter a Free Man, K. 1968; Albert's Bridge and If You're Glad I'll Be Frank, 2 He. 1969; After Magritte, Sch. 1971; Jumpers, Sch. 1972 (Akrobaten, d. 1973); Artist Descending a Staircase and Where Are They Now?, He. 1973; Travesties, Sch. 1975 (d. 1976); Dirty Linen, and New-Found-Land, Sch. 1976 (d. 1977); The Fifteen Minute Hamlet, Sch. 1976 (d. 1980); Every Good Boy Deserves Favour, and Professional Foul, Sche. 1978; Night and Day, Sch. 1978; Dogg's Hamlet, Cahoot's Macbeth, 2 Sche. 1980; The Real Thing, Sch. 1982 (Das einzig Wahre, d. 1984); The Dog It Was That Died, Drn. 1983; Rough Crossing, Sch. 1985; Dalliance and Undiscovered Country, 2 Sche. 1987; Hapgood, Sch. 1988; Night and Day, Sch. 1989; In the Native State, Sch. 1991; Arcadia, Sch. 1993; The Television Plays: 1965–84, 1994; Indian Ink, Sch. 1995; The Invention of Love, Sch. 1998; Shakespeare in Love, Filmskript 1999 (d. 1999); Plays, V 1996–2000; The Coast of Utopia – Salvage – Voyage – Shipwreck, 3 Sche. 2002; The Plays for Radio 1964–1991, 1994.
L: C. W. E. Bigsby, 1976; R. Hayman, 1977; V. L. Cahn, 1979; F. H. Londre, 1981; J. F. Dean, 1981; J. Hunter, 1982; J. Calder, 1982; H. E. Weikert, 1982; T. R. Whitaker, 1983; R. Corballis, 1984; T. Brassell, 1985; H. Bloom, hg. 1986; B. Neumeier, 1986; M. Page, 1986; S. Rusinko, 1986; A. Jenkins, 1987; M. Billington, 1987; J. Harty, hg. 1988; N. Sammells, 1988; S. Hu, 1989; P. Delaney, 1990; K. E. Kelly, 1991; B. Blüggel, 1992; M. Gussow, 1996; J. Fleming, 2001; K. E. Kelly, hg. 2001; T. Hodgson, hg. 2001; I. Nadel, 2002.

Storey, David Malcolm, engl. Schriftsteller, * 13. 7. 1933 Wakefield/Yorkshire. Stud. Kunst an der Slade School of Fine Art, Rugby-Profi, Kunsterzieher, Regisseur, TV-Autor, Kunst- u. Lit.kritiker. – Hauptthemen s. Werke sind die Arbeitswelt u. Familie. Zeigt Probleme der Identitätssuche u. des Leistungsdrucks in e. dekadenten, klassen- u. geldorientierten Industriegesellschaft, die Berufssportler u. Arbeiter ohne Rücksicht auf Gesundheit oder menschl. Würde als Ware kauft u. verkauft.

W: This Sporting Life, R. 1960; Flight into Camden, R. 1960; Radcliffe, R. 1963 (d. 1965); The Restoration of Arnold Middleton, Dr. 1967; In Celebration, Dr. 1969 (Zur Feier des Tages, d. 1972); The Contractor, Dr. 1970 (Das Festzelt, d. 1970); Home, Dr. 1970 (d. 1971); The Changing Room, Dr. 1972; Pasmore, R. 1972; The Farm, Dr. 1973; Cromwell, Dr. 1973; A Temporary Life, R. 1973; Life Class, Dr. 1975; Saville, R. 1976; Mother's Day, Dr. 1977; Early days, Dr. 1980; A Prodigal Child, R. 1982; Present Times, R. 1984; Phoenix, Dr. 1985; The March on Russia, Dr. 1989; Stages, Dr. 1992; Storey's Lives: Poems 1951–1991, G. 1992; A Serious Man, R. 1998; As it happened, R. 2002.
L: J. R. Taylor, 1974; W. Hutchings, 1988; H. Liebman, 1996.

Storni, Alfonsina, argentin. Dichterin, 29. 5. 1892 Sala Capriasca/ital. Schweiz – 25. 10. 1938 Mar del Plata. Kam als vierjähriges Kind nach Argentinien; Näherin, Schauspielerin, Lehrerin, Büroangestellte, Journalistin; 1930 u. 1932 Europareise; Selbstmord wegen unheilbarer Krankheit. Bedeutendste argentin. Lyrikerin. – Aus ihrer Lyrik spricht Kampf, Rebellion, Aufbäumen gegen die Gesellschaftsordnung, die Vulgarität u. die Versklavung der Frau; manchmal sehr pessimist., später resigniert u. auch iron.; behandelt erot. Themen mit großem Freimut.

W: La inquietud del rosal, 1916; El dulce daño, 1918; Irremediablemente, 1919; Languidez, 1920; Ocre, 1925; Poemas de amor, Prosa 1926; El amo del mundo, Dr. 1927; Mundo de siete pozos, 1935; Mascarilla y trébol, Son. 1938; Nosotras ... y la piel, Chronik 1998. – Obra poética completa, 1952; Obras completas, VIII 1964. – *Übs.*: Verwandle die Füße, Ausw. 1959.
L: M. A. Cichero de Pellegrino, 1950; Z. Núñez, 1953; M. de los A. Gironella, 1958; C. Fernández Moreno, 1959; F. Estrella Gutiérrez, 1961; C. A. Andreola, 1963, 1964, 1976; J. Gómez Paz, 1966; C. Nalé Roxlo, M. Mármol, ²1966; I. Cuchí Coll, 1973; L. Pérez Blanco, 1975; R. Phillips, Lond. 1975; C. A. Andreola, 1976; M. Figueras, M. T. Martínez, 1979; S. Jones, 1979; M. I. Smith-Soto, 1986; J. Delgado, 1990, 2001. – *Bibl.*: M. Baralis, 1963.

Storosta, Vilius → Vydūnas

Stout, Rex Todhunter, amerik. Romanautor, 1. 12. 1886 Noblesville/IN – 27. 10. 1975 Danbury/CT. Eltern Quäker; Jugend in Kansas, 1904–

06 bei der Marine; wollte Rechtsanwalt werden, schließl. freier Schriftsteller. – Verfaßte zuerst psycholog. Romane, wandte sich 1934 dem Kriminalroman zu; der in fast allen s. Romanen auftretende orchideenzüchtende Detektiv Nero Wolfe, ein dickleibiger Gourmet, wurde weltbekannt.

W: Fer-de-Lance, 1934 (Ein dicker Mann trinkt Bier, d. 1938, u.d.T. Die Lanzenschlange, 1956); The President Vanishes, 1934; The League of Frightened Men, 1935; The Hand in the Glove, 1937 (Die geheimnisvolle Melone, d. 1959); Too Many Cooks, 1938 (d. 1957); Some Buried Caesar, 1939 (Der rote Bulle, d. 1955); Double for Death, 1939 (Mord im Bungalow, d. 1960); Over my Dead Body, 1940 (d. 1960); Black Orchids, 1942; Not Quite Dead Enough, 1944; The Silent Speaker, 1946 (Der Mord im Waldorf-Astoria, d. 1952); Too Many Women, 1947 (d. 1958); Trouble in Triplicate, 1949 (Sie werden danach sterben, d. 1952); Even in the Best Families, 1950 (Der Hund kannte den Täter, d. 1952); Murder by the Book, 1951 (Orchideen für 16 Mädchen, d. 1954); Prisoner's Base, 1952 (Gast im dritten Stock, d. 1954); The Golden Spiders, 1953 (d. 1955); The Black Mountain, 1954; Champagne for One, 1958 (Die Champagner-Party, d. 1960); Murder in Style, 1960; Too many clients, 1960; The Homicide Trinity, Ausw. 1962; A Trio for Blunt Instruments, Ausw. 1964; The Royal Flush, Ausw. 1965; Kings Full of Aces, Ausw. 1969; A Family Affair, R. 1975; Justice Ends at Home, Kgn. hg. J. McAleer 1977; Death Times Three, Kgn. 1985.

L: W. S. Baring-Gould, 1969; J. McAleer, 1977; D. R. Anderson, 1984.

Stow, (Julian) Randolph, austral. Romanautor u. Lyriker, * 28. 11. 1935 Geraldton. Engl.-Dozent in Australien, England und Kanada; zeitweise Anthropologe in Neuguinea, lebt seit 1966 in England. – Seine frühen Romane befassen sich mit dem Überleben europ. Siedler in Westaustralien. In s. späteren Werken ist er zunächst auf der Suche nach tragfähigen asiat. und austral. Mythen, bevor er sich in England verstärkt an europ. Prätexten orientiert.

W: A Haunted Land, R. 1956 (Wir sind erst 18, doch alt wie Berge, d. 1957); Act One, G. 1957; The Bystander, R. 1957; To the Islands, R. 1958 (d. 1959); Outrider, G. 1962; Tourmaline, R. 1963; The Merry-Go-Round in the Sea, R. 1965; A Counterfeit Silence, G. 1969; Visitants, R. 1979; The Girl Green as Elderflower, R. 1980; The Suburbs of Hell, R. 1984.

L: E. Noall, 1971; R. Willbanks, 1978; A. J. Hassall, 1986 u. 1990. – Bibl.: P. A. O'Brien, 1968.

Stowe, Harriet Beecher, amerik. Schriftstellerin, 14. 6. 1811 Litchfield/CT – 1. 7. 1896 Hartford/CT. Tochter u. Schwester von charismat. Geistlichen (Lyman u. Henry Ward Beecher). Streng puritan. aufgewachsen, ging sie 1832 mit Familie nach Cincinnati; Lehrerin; ergreift Partei gegen Sklaverei; 1850 mit ihrem Mann (dem Theologieprof. Calvin Stowe) nach New England (Bowdoin College, Andover Seminary). Erfolg ihres ersten Romans ermöglichten Europareisen und großen humanitären Einfluß. Nach dem Bürgerkrieg lebte sie in Florida und in Hartford; Mutter von sieben Kindern; unermüdl. Kampf für die Emanzipation der Sklaven und der Frauen. – Der Roman ›Uncle Tom's Cabin‹ wurde zur Hauptwaffe der Abolitionisten gegen den Süden. Er war e. der größten Bestseller des 19. Jh., wurde in 42 Sprachen übersetzt u. auch als Drama sehr populär. S.s spätere Romane sind regional-eindringlich, religiös-didaktisch u. bisweilen sentimental-idyllisierend. Zahlreiche Gegenentwürfe zu ›Uncle Tom's Cabin‹ versuchten die Sklaverei zu rechtfertigen; der Nachhall seiner wichtigsten Figuren hält bis heute an.

W: Uncle Tom's Cabin, or, Life Among the Lowly, R. 1852 (n. K. S. Lynn 1962, J. A. Woods 1965, H. M. Jones 1969; d. 1852); A Key to Uncle Tom's Cabin, Ess. 1853 (d. 1853); Dred, A Tale of the Great Dismal Swamp, R. 1856 (d. 1856); The Minister's Wooing, R. 1859 (d. 1860); The Pearl of Orr's Island, R. 1862; Oldtown Folks, R. 1869 (n. H. F. May 1966; d. 1870); Lady Byron Vindicated, St. 1870; My Wife and I, Ess. 1871. – The Writings, XVI 1896; Regional Sketches, hg. J. R. Adams 1971; We and Our Neighbors, R. 1875 (d. 1876).

L: C. E. Stowe, 1889 (d. 1892); A. A. Fields, 1897; C. E. u. L. B. Stowe, 1911; C. Gilbertson, 1937; F. Wilson, 1941; H. Birdoff, The World's Greatest Hit: Uncle Tom's Cabin, 1947; M. C. Widdemer, 1949; C. H. Foster, 1954; J. R. Adams, 1963; J. Johnston, Runaway to Heaven, 1963; E. C. Wagenknecht, 1965; W. E. Wise, 1965; J. Rouverol, 1968; A. C. Crozier, 1969; E. B. Kirkham, 1977; E. Ammons, hg. 1980; T. Gossett, ›Uncle Tom's Cabin‹ and American Culture, 1985; J. Hedrick, 1994.

Strabon, altgriech. Historiker u. Geograph, um die Zeitenwende († zwischen 23/24 und 25 n. Chr.). Aus Amaseia (Pontos). Stud. Rhetorik, Grammatik, Philos.; lebte u.a. in Rom, vermutl. 25/24–20 v. Chr. in Alexandreia; Reisen. – S.s Geschichtswerk (›Historika hypomnemata‹, über 40 Bücher, in Fortsetzung des Polybios: von 145/144 bis 27 v. Chr.) ist bis auf wenige Fragmente verloren. Seine Beschreibung der gesamten damals bekannten Welt (›Geographika‹) liegt fast vollständig vor (17 Bücher): geschrieben für ein gebildetes Publikum, dem S. ohne Intoleranz die griech.-röm. Kultur als Gipfelpunkt zivilisator. Leistung präsentiert. Erwähnt werden die ›Geographika‹ nicht vor dem 2. Jh. n. Chr., im 15. Jh. macht sie e. lat. Übs. bekannt; noch Napoleon initiiert e. franz. Übs. (1805–19).

A: Hist.: FGrH 91; Geogr.: G. Kramer 1844–52; A. Meineke 1952–53; H. L. Jones 1917–32 (m. engl. Übs.); S. Radt 2002ff. (m. dt. Übs. u. Komm.). – F. Sbordone 1963, 1970 (Bücher 1–6); W. Aly 1968, 1972 (Bücher 1–6); F. Lasserre, u.a. 1969–96 (Bücher 1–12; m. franz. Übs.); D. Ambaglio 1990 (m. ital. Übs. u. Komm.).

L: G. Aujac, Paris 1966; R. Baladié, Paris 1980; G. Nägele, Diss. 1982; P. Thollard, Paris 1987; N. Beffi, Genua 1988; I. Weiss, 1991; R. Syme, Oxf. 1995; J. Engels, 1999; D. Dueck, Lond. u.a. 2000; K. Clarke, Oxf. 2002. − *Bibl.:* M. Biraschi u.a. 1981 (1469−1981).

Strachey, (Giles) Lytton, engl. Schriftsteller, 1. 3. 1880 London − 21. 1. 1932 Inkpen/Berkshire. Sohn e. Generals, Stud. in Liverpool und Cambridge. Freier Schriftsteller in London, Mitarbeiter des ›Spectator‹. Mittelpunkt der sog. ›Bloomsbury Group‹, der u.a. E. M. Forster, R. Fry und V. Woolf angehörten. Guter Kenner der franz. Lit. − Vf. von biograph. Romanen und Essays. Entwickelte die ›biographie romancée‹ zum Kunstwerk, zeigte bekannte hist. Persönlichkeiten in völlig neuem Blickwinkel, indem er sie nicht, wie bislang übl. heroisierte, sondern sie ironisierend und desillusionierend darstellte; s. Methode fand zahlr. Nachahmer. Am bekanntesten die Essays ›Eminent Victorians‹, in denen er u.a. Charakteranalysen von Florence Nightingale, Cardinal Manning und Dr. Arnold gibt, und der biograph. Roman ›Queen Victoria‹, der die Königin in den versch. Phasen ihres Lebens zeigt.

W: Landmarks in French Literature, St. 1912; Eminent Victorians, St. 1918 (Macht und Frömmigkeit, Ausz. d. 1936); Queen Victoria, R. 1921 (d. 1925); Books and Characters, French and English, Ess. 1922; Pope, St. 1925; Elizabeth and Essex, R. 1928 (d. 1929); Portraits in Miniature, Ess. 1931; Characters and Commentaries, Ess. 1933; Briefw. m. V. Woolf, 1956. − Collected Works, VI 1948; Literary Essays, 1949; Biographical Essays, 1949; Spectatorial Essays, 1964; L. S. by Himself, Aut. hg. M. Holroyd 1971. − *Übs.:* Geist und Abenteuer, Ess. 1932.

L: G. Boas, 1933; C. Beecher-Shore, 1933; C. Clemen, 1942; M. Beerbohm, 1943; R. A. Scott-James, 1955; C. R. Sanders, 1957; M. Kallich, 1961; G. Merle, 1980; M. Holroyd, 1995; J. A. Taddeo, 2002.

Strandberg, Carl Vilhelm August (Ps. Talis Qualis), schwed. Dichter, 16. 1. 1818 Stigtomta/Södermanland − 5. 2. 1877 Stockholm. 1837 Stud. Uppsala, ab 1838 Lund. 1846 Examen, dann Journalist u. Schriftsteller, später Redakteur. 1862 Mitgl. der Schwed. Akad., Dr. h. c. Lund 1868. − Veröffentlichte zunächst Studentendichtung, klangvolle Verse nach Vorbild von Tegnér, Heine, Herwegh, voller Freiheitsideale u. polit. Radikalismus, Haß gegen Rußland u. Schwärmerei für die Einheit Skandinaviens. Später patriot. Historienbilder, weniger rhetor., dafür realistischer u. menschl. vertieft, und moralisierende Idyllen. S. größte dichter. Leistung ist die Übs. von Byrons Epen.

W: Sånger i pansar, G. 1845; Vilda rosor, G. 1848; Dikter 1854, 1861. − Samlade vitterhetsarbeten, hg. G. Ljunggren V 1877f.; R. G. Berg, VI 1917−20.

L: P. Hallström, 1913; B. Tarschys, 1949 (m. Bibl.).

Straparola, Gianfrancesco, ital. Novellist, um 1480 Caravaggio b. Cremona − um 1557 ebda. (?). Von s. Leben ist fast nichts bekannt. − Vf. e. 2teiligen Sammlung von insgesamt 75 Novellen u. Märchen teils oriental. Ursprungs ›Piacevoli notti‹. Als mittelmäßiger Nachahmer des ›Decamerone‹ läßt S. junge Leute in e. prächtigen Villa auf der Insel Murano die letzten 13 Karnevalsnächte bei Tanz u. Vergnügen verbringen. Dabei werden Novellen u. Märchen erzählt, die teilweise später episodenweise von Perrault u. Basile übernommen wurden.

W: Canzoniere, 1508; Le piacevoli notti, II 1550−53 (hg. G. Rua II 1927; d. II 1791, 1908; hg. M. Pastore Stocchi I 1975, II 1979; d. 1980).

L: G. Rua, 1898; R. B. Bottigheimer, Philadelphia 2002 (m. Bibl.).

Strašimirov, Anton, bulgar. Schriftsteller u. Publizist, 15. 6. 1872 Warna − 7. 12. 1937 Wien. 1895/96 Stud. Lit. u. Geographie Bern; später polit. tätig als Parlamentarier u. aktiver Teilnehmer der mazedon. Freiheitsbewegung. Soldat im Balkankrieg; 1915−17 Kriegskorrespondent. Redakteur zahlr. Zeitschriften u. Zeitungen für Lit. u. aktuelle polit. Fragen. − Verf. zahlr. Romane u. Erzählungen über das patriarchale Leben u. den angestrengten Zustand der Persönlichkeit unter den Umständen einer hist. Krise. Am bedeutensten ist s. Roman ›Horo‹, das wichtigste bulgar. Prosawerk des Expressionismus. Charakterist. für s. Schaffen ist die angestrengte Verschmelzung versch. stilist. Linien. Auch philos. u. hist. Studien, ethnograph. u. folklorist. Forschungen u. Dramen.

W: Smjah i sŭlzi, En. 1897; Smutno vreme, R. 1898; Vampir, Dr. 1902; Esenni dni, R. 1902; Krŭstopŭt, N. u. En. 1904; Srešta, R. 1904; Svekŭrva, K. 1906; Zmej, N. 1919; Visjašt most (²Bez pŭt), R. 1919; Bena, R. 1921; Vihŭr, R. 1922; Horo, R. 1926; Robi, R. 1930. − Sŭbrani sŭčinenija (GW), V 1947−48; Sučinenija (W), VII 1962−63.

Štrasser, Ján, slovak. Schriftsteller, * 25. 2. 1946 Košice. Stud. Philos. Univ. Bratislava, dann Redakteur. − S. Gedichte konzentrieren sich auf oft aphorist. Reflexionen des alltägl. Lebens, die jedoch in komplexen bzw. existentiellen Zusammenhängen betrachtet werden. Bekannt auch als Autor von Liedertexten u. publizist. Glossen zur kulturellen u. polit. Realität. Übers. aus dem Russ. u. Dt.

W: Odriekanie, G. 1968; Podmet, G. 1980; Denne, G. 1981; Priamy prenos, G. 1986; Práca na ceste, G. 1989; Pančuchové blues, Liedertexte 1989; Myš dobrej nádeje, G. 1992; Ples nŭl, Liedertexte 1994; Babky demokratky, Liedertexte 1995; Dobrý den z Bratislavy, Feuill. 1997; Očné pozadie, G. 1999; Dvojhlavá karta, Feuill. 1999.

Straton von Sardeis, griech. Epigrammatiker, wohl 2. Jh. n. Chr. – Vf. der Epigrammsammlung ›Mousa paidike‹ (›Paiderotische Muse‹), von der ca. 100 Gedichte, fast alle in der → ›Anthologia Graeca‹, erhalten sind. S. thematisiert fast ausschließl. die Knabenliebe, oft in für griech. Epigramme sehr freizügiger Form; er verbindet höchste formale Präzision mit bisweilen überraschenden Variationen der traditionellen Topoi des Genres.

A: M. González Rincón 1996 (mit span. Übs. u. Komm.); vgl. auch → Anthologia Graeca.

L: A. Cameron, The Greek Anthology, Oxf. u.a. 1993; W. Steinbichler, Die Epigramme des Dichters S. v. S., 1998; K. J. Gutzwiller, Berkeley u.a. 1998.

Strazdas, Antanas (poln. Drozdowski), litau. Lyriker, 9. 3. 1760 Astravas – 23. 4. 1833 Kamajai. Schulen in Daugpilis, Polozk, Vilnius, 1789 Abschluß des Priesterseminars Varniai. 1790–1814 Priester in Kupiškis, Subačius, Pandelis. 1814 suspendiert. Lebt in Kamajai als Pächter. Sein ›Giesmės svietiškos ir šventos‹ (1814) besteht aus 9 weltlichen Gedichten u. 2 Kirchenliedern. 1824 erscheint seine Ode in poln. Sprache ›Kant su pochwalę miasta Rygi‹. Seine größere vorbereitete Gedichtsammlung fiel der Zensur zum Opfer. S. übersetzte den Katechismus von R. Bellarmin ›Pamokslas krikščioniškas‹ ins Litau. (1818). Fast alle s. Gedichte wurden zu Volksliedern. In ihnen vertrat S. Ideen der Aufklärung und rousseausche Ansichten. S. poetisierte die Natur als Quelle, die den Menschen bereichert (Selianka aušra). Sein Kirchenlied ›Pulkim ant kelių‹ wird noch heute in den litau. Kirchen gesungen. S. bildet den Anfang der geschriebenen litau. Lyrik.

W: Giesmies svietiszkas ir szwintas sudietas par kuniga Untana Drazdawska, 1814; Giesmė apie siratas, 1974; Giesmės svietiškos ir šventos, 1991. – Raštai (W), 1957.

L: V. Vanagas, 1968; P. Vitkauskienė, V. Žukas, 1969.

Strēlerte, Veronika (eig. Rudīte S.), lett. Lyrikerin, 10. 10. 1912 Dobele – 6. 5. 1995 Stockholm. Tochter e. Schriftführers; Flüchtling in Russl.; Schulen Jelgava, Auce, Riga; bis 1941 Stud. Philol. u. Geschichte Riga; bis 1945 Redakteurin bei ›Mana Māja‹ Riga, ›Daugavas Vanagi‹ Berlin; 1945 erst nach Kurzeme zurückgekehrt, dann nach Schweden emigriert; diverse Jobs, dann im Verlag Daugava Korrektorin; Dozentin an der Univ. Stockholm. – Großartige, facettenreiche lett. Lyrikerin; Frühwerk an klass. Formen orientiert, später imaginistisch; bis ins letzte durchgeformte Verse in wohlklingender Rhythmik bringen allgemeinmenschl. Wahrheiten, subtil Hintergründiges oder expressive Dramatik; Übs. (E. T. A. Hoffmann, Voltaire, Dumas, Petrarca, Goethe).

W: Vienkārši vārdi, G. 1937; Lietus lāse, G. 1940; Mēness upe, G. 1945; Gaismas tuksneši, G. 1951; Bruņu kalps, Ball. 1953; Žēlastības gadi, G. 1961; Pusvārdiem, G. 1982. – Sudraba ūdeņi (AW), 1949; Mans laiks (AW), 1992.

L: M. Gūtmane, hg. 1982.

Streuvels, Stijn (eig. Frank Lateur), fläm. Erzähler, 3. 10. 1871 Heule b. Kortrijk – 15. 8. 1969 Ingooigem. Neffe G. Gezelles. Bis 1905 Bäcker, bezog nach s. Heirat s. Haus Lijsternest in Ingooigem, um sich ganz s. schriftsteller. Tätigkeit zu widmen. Autodidakt, erlernte d., Engl., Dän. und etwas Russ. – Fläm. Regionalist unter Einfluß des russ. u. skandinav. Naturalismus. S. Prosawerk gestaltet den Kampf der fläm. Bauern unter sich und mit der als kosm. Ordnungsmacht verstandenen Natur in der südwestfläm. Landschaft u. mit psycholog. Einfühlung das Seelenleben des Kindes; es zeigt e. lebendiges Verhältnis zur Natur und e. durch reich nuancierten Wortschatz und westfläm. gefärbte Sprache hohes Ausdrucksvermögen. Übergang von breiten Stimmungsbildern und Naturbeschreibungen zu psycholog. Themen. Am bedeutsamsten sind ›De vlaschaard‹ und ›De oogst‹. Nach Timmermans derjenige fläm. Schriftsteller, der in Dtl. die größte Breitenwirkung erreichte.

W: Lenteleven, Nn. 1889 (Frühling, d. 1908); Zomerland, N. 1900 (Sommerland, d. 1906); Zonnetij, Nn. 1900 (darin: De oogst; Sonnenzeit, d. 1903, u.d. T. Die Ernte, d. 1917); Langs de wegen, R. 1902 (Knecht Jan, d. 1927); Minnehandel, R. II 1904 (d. II 1904; u.d. T. Liebesspiel in Flandern, d. 1936); Dorpsgeheimen, Nn. II 1904 (daraus Kinderseelchen, d. 1937); De vlaschaard, R. 1907 (Der Flachsacker, d. 1937); Het Kerstekind, N. 1911 (Das Christkind, d. 1933); De werkman, N. 1913 (Der Arbeiter, d. 1917); Dorpslucht, R. II 1914f.; In oorlogstijd, Tg. 1915 f.; Prutske, R. 1922 (d. 1935); Werkmenschen, N. 1926 (darin: Het leven en de dood in den Ast; Die Männer im feurigen Ofen, d. 1936); De teleurgang van den Waterhoek, R. 1927 (Die große Brücke, d. 1938); De drie koningen aan de kust, N. 1927 (Die hl. drei Könige an der Küste, d. 1927); Kerstwake, N. 1929 (Letzte Nacht, d. 1933); Alma met de vlasschen haren, R. 1930 (Alma, d. 1931); Levensbloesem, R. 1937 (Des Lebens Blütezeit, d. 1949); De maanden, 1941 (Die zwölf Monde, d. 1945); Beroering over het dorp, R. 1948 (Diebe in des Nachbars Garten, d. 1953); Ingoyghem, Aut. II 1951–57; Kroniek van de familie Gezelle, 1960. – Werken, XVII 1919–21; Volledige werken, XII 1952–57; Volledig werk, IV 1971–73. – *Übs.:* Werke, 1936, AW, II [4]1951.

L: Das S.-Buch, hg. A. Spemann 1941 (m. Bibl.); F. de Pillecijn, [3]1958; R. van de Linde, 1958; G. Knuvelder, 1964; H. Spelier, 1968; A. Demedts, [3]1971; L. Schepens, 1971; A. Demedts, 1977; Album St. St., hg. H. Speliers 1984 u. 1994 (B. m. Bibl.).

Stribling, T(homas) S(igismund), amerik. Romanautor, 4. 3. 1881 Clifton/TN – 8. 7. 1965

Florence/AL. Jugend z.T. in Alabama, Stud. Univ. Alabama. Erfolgr. moralisierende Kurzgeschichten in billigen Magazinen ermöglichten ihm Reisen nach Europa und Südamerika. Erst 1922 begann S. ernsthafte Romane zu schreiben. Am bekanntesten wurde seine Trilogie ›The Forge‹, ›The Store‹ und ›Unfinished Cathedral‹, die die Geschichte e. ländl. Stadt in Alabama anhand des Schicksals e. ihrer Einwohner mit realist. Beschreibungen des Stadtlebens erzählt.

W: Birthright, R. 1922; Fombombo, R. 1923 (d. 1959); Teeftallow, R. 1926; R.-Tril.: The Forge, 1931, The Store, 1932 (Colonel Vaiden, d. 1937), The Unfinished Cathedral, 1934; The Round Wagon, R. 1935 (Kongreßmann Caridius, d. 1953); Laughing Stock: The Posthumous Autobiography of T. S. Stribling, hg. R. K. Cross, J. T. McMillan 1982.

L: E. J. Piacentino, 1988.

Strindberg, (Johan) August, schwed. Dichter, 22. 1. 1849 Stockholm – 14. 5. 1912 ebda. Sohn e. verarmten Dampfbootkommissionärs und dessen ehemaliger Magd; schwierige Kindheit, erschwert durch die 2. Ehe des Vaters. Versch. Schulen, Lyzeum, 1867 Abitur u. 1 Semester Medizinstud. Uppsala, dann Lehrer, Hauslehrer, 1869 Schauspielschüler, 1870–72 Stud. Philos. Uppsala ohne Abschluß, danach Journalist u. Schriftsteller in Stockholm, 1873/74 Kunstkritiker von ›Dagens Nyheter‹; Übs. aus dem Franz., Engl., Dt. u. Dän., 1874–82 Amanuens an der Kgl. Bibliothek. Kulturhist. Studien, 1877–91 1. Ehe mit Schauspielerin Siri von Essen, 1883–89 1. freiw. Exil, 1883–86 abwechselnd in Frankreich (Begegnung mit Bjørnson u. Lie) u. der Schweiz (Begegnung mit Heidenstam), 1887 in Dtl., 1888 Dänemark, 1892–96 2. freiw. Exil, 1892 in Berlin, naturwiss. (alchemist.) Stud. u. Anschluß an Ola Hansson; Reise durch Europa, 1893–97 2. Ehe mit Frida Uhl; 1894 in Paris; große wirtschaftl. Not, lebte von Sammlungen, die u.a. Hamsun u. Lie für ihn veranstalteten; Verfolgungswahn; ›Inferno‹-Krise, ab 1896 abwechselnd in Lund u. Paris, seit 1899 endgültig in Stockholm, 1901–04 3. Ehe mit Harriet Bosse. 1907 Gründung von ›Intima teatern‹. Starb an Krebs. Auch bedeutender Maler. – Bedeutendster schwed. Dramatiker mit starkem Sinn für das Dramat. u. glänzender Beherrschung von Dramentechnik und Dialog; außerordentl. vielseitiger Anreger auf sprachl., stilist., dramat. u. ideellem Gebiet; Initiator des schwed. Naturalismus und zugleich Vorläufer u. Wegbereiter des Expressionismus. Nach kleinen Erfolgen mit Einaktern während der Studienjahre blieb s. 1. bedeutendes Werk ›Mäster Olof‹ lange ungespielt. In der Gestalt des Olaus Petri behandelt es den Zusammenstoß zwischen Idee u. Wirklichkeit mit revolutionärem u. reformator. Enthusiasmus, aber auch mod. Skeptizismus: Die Wirklichkeit siegt über den Idealismus. Das Werk wurde erst 1881 aufgeführt, als S. mit s. Prosa bekannt geworden war, zunächst mit humorist. u. realist. Novellen aus der Studentenwelt, bes. aber mit dem Gegenwartsroman ›Röda rummet‹, e. aufrühner., skept. Gesellschaftssatire. Mit dem flotten, bewegl. Stil, der unerhört ausdrucksvollen, anschaul. u. an den Umgangston anknüpfenden Sprache sowie der Intensität der Wirklichkeitsdarstellung wurde S. zum Schöpfer der mod. schwed. Prosa. Nach diesem Erfolg schrieb S. hist. Schauspiele u. Märchenspiele. Kulturhist. Arbeiten führten zur ersten Polemik, die ihn in e. radikaldemokrat., republikan., utilitarist. u. schließl. sozialist. Tendenz trieb u. s. 1. freiw. Exil veranlaßte. Neben Satiren stehen weiche Stimmungen, bes. in der Lyrik. ›Utopier‹ und ›Giftas‹ I sind s. harmonischsten Erzählungssammlungen unter Einfluß von Zola, in denen S. s. Sympathien für den utop. Sozialismus zeigt und, selbst immer patriarchal. Auffassung, die Frauenemanzipation verhöhnt. 1885 wurde S. Atheist u. gab s. demokrat. Überzeugung auf zugunsten e. pessimist. u. intelligenzaristokrat. Anschauung (Schopenhauer, Nietzsche); gleichzeitig lit. Berührung mit den franz. Naturalisten. Die Auffassung, daß die Frau dem Manne intellektuell u. moral. unterlegen, an Raffinesse aber überlegen sei, erscheint patholog. und führt zur Ehekrise mit dem Beginn lange währender paranoider Wahnvorstellungen; sie findet ihren lit. Niederschlag in ›Giftas‹ II und den 3 naturalist. Dramen ›Fadren‹, ›Fröken Julie‹ u. ›Fordringsägare‹ um den Machtkampf der Geschlechter u. ihre Haßliebe, wobei der Edlere u. Schwächere untergeht. Mit ihrem neuartigen konzisen Stil waren sie außerordentl. wirksam. Über s. innere Entwicklung gibt S. rückhaltlos Auskunft in s. Selbstbiographie ›Tjänstekvinnans son‹, in ihrer Aufrichtigkeit ohne Pendant. Die Gesch. s. 1. Ehe, ›Le plaidoyer d'un fou‹, ursprüngl. nicht zur Veröffentlichung bestimmt u. zunächst nur in Frankreich erschienen, zeigt in unsinnigen Anklagen die enttäuschte Liebessehnsucht. Von Heimatliebe u. Heimweh zeugen die im Ausland entstandenen Erzählungen über die Schären ›Hemsöborna‹ und ›Skärkarlsliv‹, warmen. gutmüt. Realismus in natürl. Stil. In ›I havsbandet‹ gibt S. der atheist.-aristokrat. Anschauung Ausdruck, aber zugleich bedeutet der Untergang des Individuums das Ende s. Individualismus. Isolierung, Not u. Verfolgungswahn machen s. 2. Flucht ins Ausland zu e. Irrfahrt, die mit der ›Inferno‹-Krise endet. In diesem patholog. Prozeß der Selbstprüfung u. Buße suchte S. Erlösung vom Leiden des ird. Lebens. S. gelangt zu e. idealist.-symbolist. Auffassung u. zu unklarer, aber intensiver Religiosität, in der sich alttestamentar., swedenborgian., buddhist. u. okkultist. Elemente

Strindberg

finden: Nur durch Unterwerfung unter die Forderung der unbekannten ›Mächte‹ kann der Mensch Verzeihung für alles Böse erlangen. Aus dieser Krise, die er in ›Inferno‹ beschrieb, geht S. geläutert u. demütig hervor. Die nun wieder einsetzende Dichtung ist reicher u. tiefer als zuvor, schwerer verständl., aber S.s eig. Vollendung. ›Till Damaskus‹ bedeutet mit der Parallele zwischen Leben, Traum u. Dichtung e. radikale Erneuerung der dramat. Form; die innere Wirklichkeit wird in der stilisierten, scheinbar bedeutungslosen äußeren Handlung mittels suggestiver Symbole dargestellt. In ›Ett drömspel‹ vereint sich lichter Traum mit dunkler Wirklichkeit. Daneben entstehen sehr erfolgr. hist. Dramen. Von geringerer Energie, aber lyr. ausdrucksvoll sind s. späteren Novellen mit Verwendung des inneren Monologs. Bedeutsam ist die meisterhafte Lyrik s. letzten Jahrzehnts, reich an Gedanken, Bildern, Stimmungen u. Visionen und trotz düsterer Elemente mild u. versöhnl. Die Rückkehr zur Gegenwartssatire (›Götiska rummen‹, ›Svarta fanor‹) bedeutete e. neuen Bruch mit der Öffentlichkeit. Um s. Stücke überhaupt spielen zu können, gründete S. mit A. Falck ›Intima teatern‹; die hierfür geschriebenen suggestiven Kammerspiele mit dem genialen Wurf ›Spöksonaten‹ enthalten viel bittere Menschenverachtung. Seine letzte Abrechnung mit der herrschenden Neuromantik führte zur großen ›Strindbergfehde‹, in der sich die konservativen Kräfte gegen den Aufrührer sammelten. Von der Arbeiterschaft unterstützt, wurde S. halb gegen s. Willen zum Anschluß an die Sozialdemokratie gebracht, blieb dennoch einsam u. unverstanden.

W: I Rom, Sch. 1870; Fritänkaren, Sch. 1870; Den fredlöse, Sch. 1871; Hermione, Sch. 1871; Ån Bogsveigs saga, N. 1872; Mäster Olof, Sch. (1872); Från Fjärdingen och Svartbäcken, N. 1877; Röda rummet, R. 1879; Gillets hemlighet, Sch. 1880; Herr Bengts hustru, Sch. 1882; Lycko-Pers resa, Msp. 1882; Svenska folket, St. 1882; Det nya riket, N. 1882; Svenska öden och äventyr, Nn. II 1882–91; Dikter på vers och prosa, G. 1883; Sömngångarnätter på vakna dagar, G. 1884; Giftas, N. II 1884f.; Utopier i verkligheten, N. 1885; Tjänstekvinnans son, Mem. 1886; Marodörer, Sch. 1886; Hemsöborna, R. 1887; Le plaidoyer d'un fou, Mem. 1887f. (gekürztes Orig.: Beichte eines Thoren, d. 1893; franz. 1895; En dåres försvarstal, schwed. 1914); Fadren, Sch. 1887; Fröken Julie, Sch. 1888; Fordringsägare, Sch. 1888; Skärkarlsliv, N. 1888; Tschandala, N. 1888; Kamraterna, Sch. 1888; Paria, Sch. 1889; Bland franska bönder, Reiseb. 1889; Blomstermålningar och djurstycken, Es. 1890; I havsbandet, R. 1890; Himmelrikets nycklar, Sch. 1892; Bandet, Sch. 1892; Författaren, Aut. 1892; Inferno, Mem. 1897; Legender, Mem. 1898; Till Damaskus, Sch. III 1898–1904; Advent, Sch. 1899; Folkungasagan, Sch. 1899; Gustav Vasa, Sch. 1899; Erik XIV, Sch. 1899; Brott och brott, Sch. 1899; Gustav Adolf, Sch. 1900; Carl XII, Sch. 1901; Påsk, Sch. 1901; Midsommar, Sch. 1901; Dödsdansen, Sch. II 1901; Engelbrekt, Sch. 1901; Kronbruden, Sch. 1902; Svanevit, Sch. 1902; Ett drömspel, Sch. 1902; Fagervik och Skamsund, N. 1902; Sagor, 1903; Ensam, Mem. 1903; Näktergalen i Wittenberg, Sch. 1903; Kristina, Sch. 1903; Gustav III, Sch. 1903; Götiska rummen, R. 1904; Ordalek och småkonst, G. 1905; Historiska miniatyrer, N. II 1905; Svenska miniatyrer, Nn. 1905; Hövdingaminnen, N. 1906; Taklagsöl, N. 1906; Syndabocken, N. 1906; Svarta fanor, R. 1907; Kammarspel, Sch. IV 1907 (Oväder, Brända tomten, Spöksonaten, Pelikanen); En blå bok, Mem. IV 1907–12; Bjälbojarlen, Sch. 1909; Riksföreståndaren, Sch. 1908; Öppna brev till Intima teatern, 1909; Stora landsvägen, Sch. 1909; Tal till svenska nationen, Rdn. 1911f.; Klostret, Aut. 1966 (d. 1967). – Samlade skrifter, hg. J. Landquist LV 1912–20; Skrifter, hg. G. Brandell XIV 1946; Samlade otryckta skrifter, V 1918–21; S.s ungdomsjournalistik, 1946; Dramer, III 1962–64; Från Fjärdingen till Blå tornet, Briefauswahl, hg. T. Eklund 1946 (d. 1964); Brev, hg. Strindbergssällskapet 1948ff.; Brev till min dotter Kerstin, hg. T. Eklund 1961 (d. 1963); Ockulta dagboken, hg. T. Eklund, 1963 (d. 1964). – *Übs.:* GW, E. Schering, XLVI 1902–30; Ausgew. Romane u. Drn., E. v. Hollander, X 1919; Bühnenwerke, H. Goebel, XII 1919; Ausw., W. Reich, IX 1955–59; Über Drama u. Theater, M. Kesting u. V. Arpe, 1966; Bekenntnisse an e. Schauspielerin, Bre. an H. Bosse, 1943; Meistererzählungen, 1987.

L: V. Hellström, S. och musiken, 1917; C. D. Marcus, A. S.s Dramatik, 1918; H. Eßwein, [8]1919; N. Erdmann, II 1920 (d. 1924); K. Strecker, Nietzsche u. S., 1921; A. Storch, 1921; E. v. Aster, Ibsen u. S., 1921; A. Paul, S.-Erinn. u. Briefe, [2]1921; F. W. Schmidt, 1922; L. Marcuse, 1922; K. Möhlig, S.s Weltanschauung, 1923; O. Anwand, 1924; G. Lindblad, S. som berättare, 1924; M. Lamm, S.s dramer II 1924–26; A. Liebert, [3]1925; E. Hedén, [2]1926; E. Peukert, S.s relig. Dramatik, Diss. Hbg. 1930; C. E. W. L. Dahlström, S.s Dramatic Expressionism, Ann Arbor, Mich. 1930; A. Jolivet, Le Théâtre de S., 1931; A. Falck, 1935; M. Lamm, S. och makterna, 1936; F. Strindberg-Uhl, Lieb, Leid u. Zeit, [3]1941; S. Linder, 1942; V. Børge, S. mystiska Teater, 1942 (m. Bibl.); H. Taub, S. als Traumdichter, 1945; E. Diem, [2]1946; W. A. Berendsohn, 1946; M. Lamm, II [2]1948; T. Eklund, Tjänstekvinnans son, 1948; E. Sprigge, 1949; K. Jaspers, S. u. van Gogh, 1949; C. L. Schleich, Erinn. an S., 1949; B. M. E. Mortensen u. B. W. Downs, Lond. 1949; G. Brandell, S.s infernokris, 1950; ders., hg. 1964; A. Hagsten, Den unge S., II 1951; N. Norman, Den unge S. och väckelserörelsen, 1953; E. Poulenard, A. S. romancier et nouvelliste, Paris 1959; S. Ahlström, 1960 u. 1968; G. Ollén, S.s dramatik, [2]1962; S. Hedenberg, 1962; A. Wirtanen, 1962; K.-Å. Kärnell, 1962; B. G. Madsen, Wash. 1962; S. im Zeugnis der Zeitgenossen, hg. S. Ahlström 1963; H. Lunin, 1963; J. C. Hortenbach, Freiheitsstreben u. Destruktivität, 1965; B. M. E. Mortenson u. B. W. Downs, N. Y. 1965; H. Järv, hg. 1968; K.-Å. Kärnell, S.-Lexikon, 1969; G. Stockenström, 1972; G. Söderström, 1972; T. M. Schmidt, hg. 1972; G. Vogelweith, Paris 1973; W. A. Berendsohn, 1974; V. A. Börge, 1975; B. Liljestrand, 1976, 1980; O. Lagercrantz, 1979, d. 1980; H. G. Carlson, 1979; J. Myrdal, 1981; E. Törnqvist, 1982; G. Brandell, 1983; J. Landquist, 1984; M. Kylhammar, 1985; M. Meyer, 1985; B. Ståhle Sjönell, 1986; P. Schütze, 1990; J. Cullberg, 1992; K. Dahlbäck, 1994; H. G. Carlson, 1995; U. Olsson, 1996; J. Myrdal, 2000. – *Bibl.:* R. Zetterlund, 1913. Schriftenreihe der Strindbergssällskapet, 1945ff.

Strindberg, (Bengt) Axel (Emanuel), schwed. Schriftsteller, 17. 2. 1910 Stockholm – 10. 11. 2000 ebda. Neffe von August Strindberg, 1928 Abitur, 1933 Staatsexamen. ∞ 1931 Karen Harms. Theaterkritiker. – Anfangs polit. Kampf gegen die totalitären Diktaturen, entmythologisiert als Marxist den ideolog. Überbau der schwed. Großmachtzeit. Als Dramatiker Hinwendung zu Spätwerken s. Onkels August S. u. zu psycholog. Problemen.

W: Arbetare och radikaler i 1700–talets Sverige, Ess. 1935; Bondenöd och stormaktsdröm. En historia om klasskamp i Sverige 1630–1718, 1937; Berättare och förkunnare 1719–1941, 1942 (m. J. Edfelt); Neutrala klubben, Sch. 1945; Kalifens son, Sch. 1946; Stick och ståndpunkter, Feuill. II 1947–52; Vänta så vackert, Sch. 1948; Par om par, Sch. 1950; Festen är snart förbi, Sch. 1950; Molonne, Sch. 1959; I detta vita tält, Sch. 1959; Chopin, B. 1966; Spela min källa, Drn. 1970; Mästarna kring Kungen, Ess. 1973; Röda eldar, svarta år, Chr. 1975; Det stora Hakkorståget, Chr. 1976; Rent Spel, Drn. 1983; Spår längs vägen, Ess. 1985; Arvet från Strinne: ett familjeöde, B. 1986; Strindbergare i Vasatan, B. 1987; Tid i otakt. Minnet av ett kaotisk 30–tal, Aut. 1994; Örnars flykt, Sch. 1998.

Stritar, Josip, slowen. Schriftsteller u. Kritiker, 6. 3. 1836 Podsmreka – 25. 11. 1923 Rogaška Slatina. Bauernsohn, Stud. Philol. Wien, Hauslehrer, 1875–1901 Gymnasiallehrer ebda.; Hrsg. der Zs. ›Zvon‹ (1870, 1875–80), weite Reisen; nach dem 1. Weltkrieg Rückkehr in die Heimat. – Als Romantiker u. Idealist bekämpft S. in s. formvollendeten, doch wenig gefühlstiefen Lyrik das Alltägliche u. Gewöhnliche, meditiert in pessimist. Tönen über den Sinn des Lebens u. verfällt in stille Melancholie (Weltschmerz). In bissigen Satiren greift er s. Gegner an. In Romanen u. Novellen behandelt S. z. T. europ. Motive. Als Kritiker stand er den jungen slowen. Dichtern bei u. würdigte als erster die Bedeutung F. Prešerens in der Einleitung zu Levstiks Ausgabe.

W: Prešernove poezije, Ess. 1866; Kritična pisma, Ess. 1867; Pesmi, G. 1869; Zorin, R. 1870; Literarni pogovori, Ess. 1870; Dunajski soneti, Son. 1872; Prešernova pisma ie Elizije, G. 1872; Gospod Mirodolski, R. 1876; B. Mirans Gedichte, 1877; Zorko, Dr. 1877; Rosana, R. 1877; Sodnikovi, R. 1878; Dunajska pisma, Ess. 1884; Etwas von Peter Einsam, G. 1894; Logarjevi, Dr. 1895; Levstik, St. 1889; Strunam slovo, G. 1922. – Zbrani spisi, VII 1887–99; Zbrano delo (GW), X 1955–57; Izbrano delo (AW), 1969.

L: I. Tominšek, 1906; J. Pogačnik, 1963; ders., 1978, 1981, 1985 u. 1986.

Strömholm, Stig, schwed. Jurist u. Schriftsteller, * 16. 9. 1931 Boden. Vater Major. Stud. Philol. Uppsala, anschl. Stud. Jura, Dr. jur. München 1964 u. Uppsala 1966, Professor 1969, Prorektor der Univ. Uppsala seit 1978. Ständiger Mitarbeiter an ›Svenska Dagbladet‹. – Neben zahlr. jurist. Fachbeiträgen Verfasser von Romanfolgen mit geschichtl. Thematik. Kunstvolle Umsetzung hist. Materials in klarem Stil, sprachl. Präzision u. einfühlsame Gestaltung von Perioden des Übergangs.

W: Dalen, R. 1975 (Das Tal, d. 1980); Folk, En. 1976; Fälten, R. 1977 (Die Felder, d. 1986); Den hösten, R. 1978; Miniatyrporträtt, Ess. 1978; Skogen, R. 1980 (Der Wald, d. 1987); Tidvarv, R. 1982; Ajax, R. 1984; Sändebudet, R. 1986; Läst, Ess. 1986; Makt och rätt. En principdiskussion i nuläget, Es. 1987; Livstid: I Arvids dagar, R. 1990; Dödstid: Ryttmästaren Friherre Bengt Karcks efterlämnade anteckningar, R. 1991; Fältkamrern, R. 1998; Guvernören eller inbillningskraften, R. 2001.

Stroupežnický, Ladislav, tschech. Dramatiker, 6. 1. 1850 Cerhonice – 11. 8. 1892 Prag. 1883–92 Dramaturg des Nationaltheaters. – Begann mit romant.-hist. Tragödien, schuf dann e. Reihe realist. Lustspiele mit hist. Stoffen u. Volksstücke mit urwüchsigen Typen u. sattem Milieukolorit, um sich schließl. dem psycholog. Gesellschaftsdrama zuzuwenden.

W: Zvíkovský rarášek, Lsp. 1883 (vertont V. Novák); Paní mincmistrová, Lsp. 1885; V panském čeledníku, Lsp. 1886; Naši furianti, Lsp. 1887; Vojtěch Žák, výtečník, Dr. 1890; Z Prahy a z venkova, En. 1891; Na Valdštejnské šachtě, Dr. 1893. – Dramatické dílo, X 1887–94.

L: Od Klicpery k Stroupežnickému, 1942; F. Hampl, 1950.

Strozzi, Giovan Battista il Vercchio, ital. Dichter, 1505 Florenz – 1571 ebda. Stud. in Padua, danach wieder in Florenz, wo er aktiv am lit. Leben der Stadt teilnahm. Konsul der Florentiner Akad. – Stilbildend waren s. Vorbilder Petrarca und Bembo, er ließ sie jedoch zugunsten antiker Modelle hinter sich. Seine Madrigale zeichnet e. grazile Musikalität aus.

W: Madrigali inediti, hg. M. Ariani 1975.

Strozzi, Tito Vespasiano, lat. Dichter, 1425 Ferrara – 30. 8. 1505 ebda. Stammte aus vornehmer, aus Florenz zugewanderter Familie. Verlor früh beide Eltern, wurde von dem Humanisten Guarino Guarini aus Verona erzogen u. wurde bald Mitglied des Humanistenkreises am Hof Leonellos d'Este, Hofdichter s. Nachfolgers Borso d'Este. Bekleidete auch hohe Ämter in Militär u. Verwaltung. – Sein Hauptwerk ist die ›Borsias‹, e. panegyr. Epos auf Borso d'Este in 10 Büchern, 1460 begonnen u. in den 1490er Jahren unvollendet abgebrochen. Schrieb außerdem 3 Bücher >Erotica<, zwei Epyllien mit ferrares. Lokalätiologien, Bucolica, Gelegenheitsdichtung u. Epigramme. Sein Sohn Ercole wurde ebenfalls Dichter, die Erstedition von 1514 vereint die Werke beider.

A: Borsias, hg. W. Ludwig 1977; 20 Gedichte, hg. S. Prete, Studies in Latin Poets of the Quattrocento, 1978 (m. engl. Übs.).
L: R. Albrecht, 1891; A. Della Guardia, 1916.

Štrpka, Ivan, slovak. Schriftsteller, * 30. 6. 1944 Hlohovec. Nach dem Abitur arbeitete e. in der geolog. Forschung, 1963–69 Stud. Philos. Univ. Bratislava, dann Fernsehdramaturg u. Redakteur. – S. Poesie betont die aktuell erlebte Realität u. akzentuiert das Ethos der menschl. Tatkraft, gleichzeitig experimentiert sie mit den Möglichkeiten der Imagination. Zahlreiche Essays zur polit. u. gesell. Situation. Bekannt auch als Autor v. Liedertexten (Zusammenarb. mit dem Beatmusiker Dežo Ursiny).

W: Krátke detstvo kopijníkov, G. 1969; Tristan tára, G. 1971; Teraz a iné ostrovy, G. 1981; Pred premenou, G. 1982; Správy z jablka, G. 1985; Modrý vrch, Liedertexte 1988; Všetko je v škrupine, G. 1989; Krásny nahý svet, G. 1990; Rovinsko, juhozápad. Smrť matky, G. 1995; Kŕč roztvorenej dlane a iné eseje, Ess. 1995; Medzihry. Bábky kratšie o hlavu, G. 1997; Rukojemník, R. 1999.
L: M. Kasarda, Osamelí bežci, 1996.

Strug, Andrzej (eig. Tadeusz Gałecki), poln. Erzähler, * 28. 11. 1871 Lublin – 9. 12. 1937 Warschau. Aus Landadel. Frühe Begegnung mit der sozialist. Bewegung. Stud. Landwirtschaft in Puławy. 1895 von der russ. Regierung verhaftet, Verbannung nach Archangelsk; nach s. Rückkehr Teilnahme an der Revolution 1905/06, nach deren Scheitern Emigration nach Frankreich, im 1. Weltkrieg in Legionen Piłsudskis. 1926 nach Umsturz Opposition gegen Piłsudski. – Als Erzähler bedeutendster Nachfolger von Żeromski. S. Frühwerk, Darstellung der sozial-revolutionären Bewegung, erschloß Neuland für die poln. Lit. Nach dem 1. Weltkrieg krit. Auseinandersetzung mit dem Schicksal der poln. bürgerl. Intelligenz u. dem mod. Kapitalismus. Später sensationelle Stoffe aus Kriminalistik u. Kriegsspionage.

W: Ludzie podziemni, En. III 1908f.; Jutro, R. 1908; Dzieje jednego pocisku, R. 1910 (Die Geschichte einer Bombe, d. 1912); Ojcowie nasi, En. 1911; Portret, R. 1913; Chimera, R. 1918; Odznaka za wierną służbę, Tg. 1920; Pieniądz, R. 1921; Mogiła nieznanego żołnierza, R. 1922; Pokolenie Marka Świdy, R. 1925; Fortuna kasjera Śpiewankiewicza, R. 1928; Klucz otchłani, R. 1929; Żółty krzyż, R.-Tril.: Tajemnica Renu, Bogowie Germanii, Ostanie film Evy Evard, 1932f.; Miliardy, R.-Fragm. 1937f. – Pisma, XX 1930f.; Ostatnie listy, Br. 1986.

L: S. Sandler, 1959; M. Ruszczyc, 1962; Wspomnienia o. A. S., 1965; Proza A. S., hg. T. Bujnicki 1981; B. Pięczka, Proza narracyjna A. S., 1987.

Strugackij, Arkadij Natanovič u. Boris Natanovič, russ. Schriftsteller. – A. S.: 28. 8. 1925 Batumi – 12. 10. 1991 (Ort unbekannt, die Asche wurde im Winde zerstreut!). Stud. Japanologie, lebte in Moskau. – B. S.: * 15. 4. 1933 Leningrad. Stud. Astronomie, lebt in Leningrad. – Die gemeinsam publizierenden Brüder S. wurden in den 1960er Jahren zu den beliebtesten Autoren phantast. Prosa der SU, nachdem sie von wiss. Utopien zu surrealist. Gestaltung von Gegenwartsproblemen übergingen. Verbot einzelner Kurzromane zeigt an, daß die verschlüsselte Zeitkritik sich gelegentlich gegen das sowjet. System richtet. Utop. Ideal der Phantastik ist meist techn. u. biolog. Vervollkommnung.

W: Strana bagrovych tuč, R. 1959 (Atomvulkan Golkonda, d. 1962); Trudno byt' bogom, R. 1964 (Es ist nicht leicht, ein Gott zu sein, d. 1971); Ponedel'nik načinatsja v subbotu, R. 1965 (Montag beginnt am Samstag, d. 1974); Ulitka na sklone. Skazka na trojke, R. 1972; Gadkie lebedi, 1972 (Die häßlichen Schwäne, d. 1982); Nenaznačennye vstreči, R. 1980; Otel' u pogibšego al'pinista, R. 1982; Žuk v muravejnike, R. 1983 (Ein Käfer im Ameisenhaufen, d. 1983). – *Übs.:* Die zweite Invasion der Marsianer, R. 1973; Das Märchen von der Trojka, 1973; Der ferne Regenbogen, R. 1976; Die Schnecke am Hang, R. 1978; Milliarden Jahre vor dem Weltuntergang, R. 1981; Picknick am Wegesrand, R. 1981; Die gierigen Dinge des Jahrhunderts, R. 1982.

L: M. Amusin, Bret'ja Strugackie. Očert tvorčestva. Jenesalene 1996.

Stryjkowski (eig. J. Stark), Julian, poln. Schriftsteller, * 27. 4. 1905 Stryj. Stud. Polonistik Lemberg (1932 Dr. phil.). Mitgl. der westukrain. KP, 1935/36 in Haft, während des Krieges in der UdSSR, 1949–52 Korrespondent in Rom. – In s. Prosa schildert S. u.a. den Kampf der ital. Bauern u. das Leben der galiz. Juden.

W: Bieg do Fragala, R. 1951 (Der Lauf nach Fragalla, d. 1953); Pożegnanie z Italią, Rep. 1954; Głosy w ciemności, R. 1956 (Stimmen in der Finsternis, d. 1963); Imię własne, En. 1961; Czarna róża, R. 1962; Sodoma, Dr. 1963; Austeria, R. 1966 (d. 1968, neu 1989); Na wierzbach ... nasze skrzypce, En. 1974; Sen Azrila, R. 1975 (Asrils Traum, d. 1981, 1995); Przybysz z Narbony, R. 1978 (Der Fremde aus Narbonne, d. 1983); Wielki strach, R. 1980; Tommaso del Cavalliere, En. 1982 (d. 1988); Martwa fala, R. 1983; Król Dawid żyje!, R. 1985 (König David lebt, d. 1990); Syriusz, En. 1984; Juda Makabi, R. 1986.

L: W. Chołodowski, 1982; J. Pacławski, 1986.

Sttau Monteiro, Luís de → Monteiro, Luís de Sttau

Stuart, Ian → Maclean, Alistair

Stub, Ambrosius, dän. Dichter, 17. 5. 1705 Gummerup/Fünen – 15. 7. 1758 Ribe. Sohn e. Schneiders; erheiratete 1736 e. Hof; Schreiber auf Fünen, nach Tod s. Frau auf Valdemarsslot auf der Insel Tåsinge, auch Arrangeur von Rokoko-Belustigungen, mußte aus unbekannten Ursachen 1752 fliehen; Rest s. Lebens armer Privatlehrer in Ribe. – Einziger dän. Dichter der graziösen Rokokokultur in der von Holberg u. Brorson beherrschten Zeit. – Vf. relig., moralisierender u. naturbetrachtender Gelegenheitsdichtungen.

W: Arier og andre poetiske stykker, G. 1771; Anhang, G. 1782; Samlede digte, 1852, 1961; Udvalgte digte, 1912; Digte i udvalg, 1918, 1941, 1943; Digte, hg. A. Schnack 1987.

L: H. Brix, 1961; E. Kromann, 1967; P. A. Jørgensen, 1994.

Stuckenberg, Viggo, dän. Lyriker, 17. 9. 1863 Vridsløselille b. Kopenhagen – 6. 12. 1905 ebda. Sohn e. Gefängnislehrers, Sprachstud. Univ. Kopenhagen, Gymnasiallehrer, ∞ 1887 Ingeborg Pamperin, die Muse der 1890er Lyriker, deren Gruppe (J. Jørgensen, S. Claussen u. H. Rode) er angehört; S.s u. Ingeborgs Heim war Versammlungsort der Gruppe. Schlechte ökonom. Verhältnisse; viele Krisen in der Ehe, 1904 mit Ingeborgs Wegreise nach Neuseeland u. Freitod endend. – S. bleibt dem Realismus treuer als s. Genossen, ändert aber dessen nach außen gewandten Individualismus zu e. Ich-Kultus, mit Glauben an das Göttliche in der eigenen Seele u. stoischer Resignation allen anderen, vermeintl. eskapist. Lebensanschauungen gegenüber; daneben stehen Vagabundentum und Ehe als zentrale Themen. S. ist bedeutend als Lyriker, wo er das Einfache u. das Kunstvolle, das Realistische u. das Seelische in innigem Gefühl u. vollendeter Form vereinigt; auch Naturdichter.

W: Digte, 1886; I gennembrud, E. 1888; Messias, E. 1889; Den vilde Jæger, G. 1894; Fagre Ord, R. 1895 (Der holden Worte süßer Klang, d. 1901); Valravn, E. 1896; Sol, E. 1897; Flyvende Sommer, G. 1898; Hjemfalden, E. 1898; Asmadæus, E. 1899; Sne, G. 1901; Årsens Tid, G. 1905; Sidste Digte, 1906. – Samlede værker (GW), III 1910f.; Udvalgte digte (G.-Ausw.), 1954; V. S. – Sophus Claussen, Br. 1963.

L: C. Rimestad, 1922; C. C. Lassen, 1923; J. Andersen, 1934 u. II 1944; M. Rehr, 2001.

Studites, Theodoros → Theodoros Studites

Stúñiga, Lope de (auch Estúñiga), span. Dichter, 1415(?) – 1465. Aus vornehmer Familie, sorgfältige Erziehung; beteiligte sich an den Kämpfen gegen den Günstling Álvaro de Luna, ging im Gefolge König Alfons' V. nach Italien. – Vf. zarter Liebesgedichte nach provenzal. u. ital. Manier sowie satir. u. philos.-moral. Verse; figuriert als erster Dichter in dem nach ihm benannten ›Cancionero‹.

A: Cancionero de L. de S., hg. F. del Valle, S. Rayón 1872, R. Foulché-Delbosc in: ›Nueva Biblioteca de Autores Españoles‹, Bd. 22; Poesías, hg. J. Battesti-Pelegrin, Aix-en-Provence 1982; Poesie, hg. L. Vozzo Mendia, Neapel 1989.

L: N. Salvador Miguel, 1977; J. Battesti-Pelegrin, Aix-en-Provence 1978.

Stuparich, Giani, ital. Schriftsteller, 4. 4. 1891 Triest – 7. 4. 1961 Rom. Gymnas. Triest; Stud. Prag, Berlin und Florenz; promovierte 1915 in Florenz in Philos. und Lit., kam in Berührung mit der ›Voce‹-Gruppe (Papini, Prezzolini u. a.); Freiwilliger im 1. Weltkrieg. 1916–18 österr. Kriegsgefangener; 1919–42 Gymnasiallehrer für ital. Lit. und klass. Sprachen in Triest. – Begann s. lit. Laufbahn mit dem Buch ›Colloqui con mio fratello‹, Erinnerungen an s. gefallenen Bruder, den Schriftsteller Carlos; es folgten mehrere Werke, teils autobiograph. Charakters. Die Brüder S. sind herausragende Vertreter der ital.-patriot. eingestellten Intellektuellen Triests vor dem 1. Weltkrieg.

W: Colloqui con mio fratello, 1925; Racconti, 1929; Guerra del '15, Tg. 1931; Nuovi racconti, 1933; Ritorneranno, R. 1941; Notte sul porto, En. 1942 (Nacht über dem Hafen, d. 1948); L'isola, E. 1942 (Die Insel, d. 1946); Pietà del sole, E. 1942; Ginestre, E. 1946; Trieste nei miei ricordi, 1948; Simone, R. 1953; Poesie, 1955; Il ritorno del padre (AW), 1961.

L: A. Spaini, 1961; R. Bertacchini, 1968; R. Damiani, 1992; F. Todero, 1997; B. Vasari, 1999. – *Bibl.*: A. Thoraval, 1995.

Štúr, L'udovít, slovak. Dichter, Pädagoge und Philologe, Ästhetiker, 29. 10. 1815 Uhrovec – 12. 1. 1856 Modra. Lehrerssohn, Stud. Gesch., Philos. u. Philol. Preßburg, 1838–40 Halle; 1840–45 Dozent der tschech. Sprache u. Lit. in Preßburg; 1845 Hrsg. der Zs. ›Slovenskje národňje noviny‹ mit lit. Beilage ›Orol tatránski‹; 1847 Landtagsabgeordneter, 1848 Führer des slovak. Aufstandes. Auf der Jagd verunglückt. – Š.s lit. u. polit. Schaffen ist geprägt von der Philos. Hegels, dessen Ideen er in zahlr. krit. u. theoret. Schriften auf die slovak. Verhältnisse übertrug. In s. lyr. u. ep. Gedichten ist Š. romant. Eklektiker, der den Byronismus ablehnt u. an die Volksdichtung anknüpft. Um das sprachl. Chaos in der Slovakei zu beseitigen, legte er 1843 mit J. M. Hurban u. M. M. Hodža das Mittelslovak. als Schriftsprache fest u. verteidigte s. Schritt in programmat. Schriften.

W: Zaloby a ponosy Slovakov, Schr. 1843 (Die Klagen u. Beschwerden der Slawen in Ungarn über die gesetzwidrigen Übergriffe der Magyaren, d. 1843); Nárečja

slovenskuo a potreba písaňja v tomto nárečí, Schr. 1846; Nauka reči slovenskej, St. 1846; O národních pověstech a písních plemen slovanských, St. 1853; Spevy a piesne, G. 1853 (n. 1929–32); Slovanstvo a svět budoucnosti, St. 1867 (hg. J. Jirásek 1931; Das Slawentum u. die Welt der Zukunft, d. 1931); Starý a nový věk Slováků, St. (hg. J. Jirásek 1935). – Dielo (W), V 1954–57; Listy (Br.), III 1954–60.
A: Das 19. Jahrhundert u. der Magyarismus. Schr. 1845: Der Magyarismus in Ungarn, Schr. 1848.
L: Š. Osuský, Filozofia štúrovcov I, Š. filozofia, 1926; D. Tschižewskij, 1941; A. Mráz, 1948; J. Linhart, 1952; V. Kochol, 1955; L'. S. Život a dielo, 1956; K. Goláň, 1956; V. Matula, 1956; J. Ambruš, 1965; A. Matuška, ²1970; J. Juríček, 1971; J. Hučko, Život a dielo L'. Š., 1984; V. Forst, 1986. – *Bibl.:* J. Ormis, 1958.

Sturla Þórðarson, island. Historiograph und Skalde, 29. 7. 1214 – 30. 7. 1284 Fagurey. Sohn des mächtigen Þórðr Sturluson, des Sohnes von Hvamm-Sturla, des Begründers des Sturlungengeschlechts, u. Neffe u. Schüler von → Snorri Sturluson. Obwohl friedliebend, wird S. in die blutigen Kämpfe der Sturlungenzeit verwickelt. Seit 1238 Gode, 1241 ∞ Helga Narfadóttir, mit der er vier Kinder hat, schließt sich 1244 Þórðr kakali an, ist 1251 Gesetzessprecher, 1259 Lehnsmann des Jarls Gizzur, muß 1263 Island verlassen, versöhnt sich nach dem Tod König Hakons mit dessen Sohn u. Nachfolger Magnus lagabœtir u. bringt dessen Gesetzbuch ›Járnsíða‹ 1271 nach Island, wo er 1272–82 Richter (lögmaðr) ist. In s. letzten Lebensjahren zieht er sich aus dem öffentl. Leben zurück u. widmet sich ganz dem Schreiben. – S. war die führende lit. Persönlichkeit des späten 13. Jh., ein letzter Meister der Skaldenkunst, Biograph von zwei norweg. Königen, Autor der frühesten erhaltenen Version der ›Landnámabok‹ u. nicht zuletzt des ›Íslendinga saga‹, des Kernteils der ›Sturlunga saga‹, die auch Quelle für seine Biographie ist. Von S. sind Gedichte (bzw. Fragmente) über die Könige Hakon den Alten, Magnus lagabœtir u. Þorgils skarði erhalten.
A: Sturlunga saga I – II, hg. J. Jóhannesson u. a. 1946; Hákonar saga Hákonarsonar, hg. A. Kjær, L. Holm-Olsen 1947; Landnámabók, hg. J. Benediktsson 1969; Magnúss saga lagabœtis (bis auf 2 Pergamentbl. verloren), hg. 1835; Hákonarkviða, Hákonarflokkr u.a. Ged., hg. F. Jónsson, Skjaldedigtning B 2, 1915.
L: F. Jónsson, Litt. hist. 2, ²1923; G. Benediktsson, Sagnameistarinn Sturla, 1961; R. Simek, H. Pálsson, Lex. d. altnord. Lit., 1987.

Sturlunga saga, island. Kompilationswerk, um 1300, vereint ursprünglich eigenständige Sagas zeitgeschichtl. Inhaltes, die Ereignisse u. Denkwürdigkeiten über Personen in den polit. Wirren der Sturlungenzeit (zw. 1117 u. 1264) behandeln. Mittelstück der Kompilation ist die ›Íslendinga saga‹ des → Sturla Þórðarson.

A: P. E. Kålund II 1906–11; B. Bjarnarson u. B. Sveinsson IV 1908–15; J. Jóhannesson, M. Finnbogason, K. Eldjarn II 1946; G. Jónsson III 1948, ²1952. – *Übs.:* W. Baetke 1930 (Ausz.).
L: E. O. Sveinsson, The Age of the Sturlungs, Ithaca 1954; S. N. Tranter, 1987; Bibl. u. Überlief.: K. Schier, Sagalit., 1970; R. Simek, H. Pálsson, Lex. d. altnord. Lit., 1987; G. Nordal, Ethics and action in thirteenth century Iceland, 1998.

Sturluson, Snorri → Snorri Sturluson

Sturzen-Becker, Oscar Patric (Ps. Orvar Odd), schwed. Dichter und Kritiker, 28. 11. 1811 Stockholm – 16. 2. 1869 Hälsingborg. 1826 Stud. Uppsala, 1833 Magister. Beamter, dann Schriftsteller u. Journalist, 1834 am liberalen ›Aftonbladet‹, 1838/39 in Paris, 1844–47 und 1854–63 in Kopenhagen, 1847–54 Redakteur in Hälsingborg, wo er nach 1863 lebte. – Als Journalist Verfechter des Skandinavismus, bes. während s. dän. Zeit, hielt 1844 in Kopenhagen Vorlesungen über schwed. Lit. u. Pressewesen. Als Dichter u. Kritiker führender Gegner der Romantik und jedes hohlen Pathos, erster u. bester schwed. Feuilletonist s. Zeit, hier wie in der Lyrik von Heine und den Franzosen beeinflußt, in der Epik von Byron. Schrieb realist. Gedichte mit polit. u. sozialer Begeisterung, geistvolle u. iron. Plaudereien in Vers u. Prosa, elegante Skizzen des Lebens in Stockholm, Reiseberichte.
W: Med en bit krita, Skn. 1841; Med en bit blyerts, N. 1842; Ur Stockholmslifvet, 1844; Min fattiga sångmö, G. 1844, Hinsidan Sundet, Prosa 1846; Grupper och personnager från i går, St. 1861; Grefvinnan Gruffiakin, G. 1861; Brunt och rosenrött, 1861; Samlade ax, G. 1868. – Samlade arbeten III 1861–68. Valda skrifter, hg. G. Ljunggren III 1880–82.
L: R. Sturzen-Becker, II 1911f., O. Sylwan 1919. – *Bibl.:* O. Sylwan, 1918.

Stus, Vasyl', ukrain. Dichter, 8. 1. 1938 Rachnivka bei Hajsyn/Podolien – 4. 9. 1985 KZ Kučino (Perm). Bauernsohn; Stud. Philol. Donec'k (Stalin), Lehrer, danach am Institut für ukrain. Lit. in Kiev. Wegen s. Beteiligung am Samizdat arbeitslos (1965). 1972 verhaftet u. zu 8 Jahren strenger Haft u. Verbannung verurteilt. Schwere Erkrankung u. Rückkehr nach Kiev (1979). Beitritt zur ›Helsinki-Gruppe‹, erneut zu 15 Jahren Haft (im Polargebiet Perm) verurteilt. – S. Lyrik läßt sich in drei Schaffensperioden einteilen: intime Lyrik, KZ-Lyrik mit Todesmotiv u. satir. gefärbte Schilderung der stupiden Unterdrückungsapparats sowie der polit. Passivität s. Nation (Anklänge an Ševčenko). Ca. 600 s. Gedichte wurden ihm in der Haft weggenommen u. vermutlich vernichtet.
W: Zymovi dereva, G. Brüssel 1970; Svíča v svíčadi, G. N. Y. 1977; Palimpsesty, G. N. Y. 1986; Veselyj

cvyntar, G. Warschau 1990; Doroha bol'u, 1990; Pid t'aharem chrysta, G. 1991; Vikna v pozaprostir, 1992; Zolotokosa krasun'a, 1992; I kraj mene počuje, 1992. – Tvory (W), VI 1994–99. – *Übs.*: Angst, ich bin dich losgeworden, 1983; Ein Dichter im Widerstand, Tg. 1983; Sorokas Rosenstrauch, 1984.

L: M. Chejfec, Ukrajins'ki syljuety, N. Y. 1984; L. V. Stus, Baltimore/Toronto 1987; D. W. Stus, 1992; Stus jak tekst, Melbourne 1992; V. K. Ovsijenko, 1996. – *Bibl.:* Vinnyc'a 1994.

Styron, William, amerik. Schriftsteller, * 11. 6. 1925 Newport News/VA. Im Krieg im Marine-Corps; Stud. Duke Univ., Redakteur in New York, Reisen nach Paris und Rom, lebt in Roxbury/CT. – Vf. breit angelegter Romane, oft in film. Rückblendetechnik, mit e. an Th. Wolfe erinnernden Thematik: Erinnerung an Jugend im amerik. Süden, verbunden mit ep. Liebesgeschichte (›Lie Down in Darkness‹). ›Set This House on Fire‹ spielt unter Amerikanern in Italien (verwickelte, aber banale Kolportage-Handlung). ›Nat Turner‹ ist die fiktionalisierte Rekonstruktion e. Sklavenaufstands im 19. Jh.

W: Lie Down in Darkness, R. 1951 (Geborgen im Schoße der Nacht, d. 1957); The Long March, E. 1953 (d. 1962); Set This House on Fire, R. 1960 (d. 1961); The Confessions of Nat Turner, R. 1967 (d. 1968); In the Clap Shack, Dr. 1972; Sophie's Choice, R. 1979 (d. 1980); The Quiet Dust, Ess. 1982; Conversations with W. S., 1985; Darkness Visible: A Memoir of Madness, 1990; A Tidewater Morning: Three Tales from Youth, 1993.

L: J. H. Clarke, hg. 1968; R. Fossum, 1968; C. R. Mackin, 1969; M. J. Friedman, I. Malin, 1970; R. Pearce, 1971; J. Bryer, 1978; A. D. Casciato, 1982; J. K. Crane, 1984; J. L. W. West, 1985; J. Ruderman, 1987; S. Coale, 1991; G. Cologne-Brookes, 1995; E. Herion-Sarafidis, 1995; D. Hadaller, 1996. – *Bibl.:* P. W. Leon, 1978.

Suassuna, Ariano Vilar, brasilian. Dramatiker, * 16. 6. 1927 João Pessoa/Paraíba. Jurastud., Prof. der Ästhetik an der Univ. Recife. – Überträgt die Volkskultur des Nordostens, relig. Feste, ma. Reminiszenzen, Rituale der Alltagskultur, mag.-relig., synkretist. Glauben der caboclos, Themen u. Figuren der literatura de cordel direkt auf die Bühne, Rückgriff auf das Welttheater, schafft Pastiche der dramat. Gattungen u. der Stile. Auch Theater-, Lit.- u. Kunstkritiker.

W: Auto da Compadecida, Dr. 1959 (Das Testament des Hundes, d. 1962); O Castigo da Soberba, Dr. 1960; O Casamento Suspeitoso, Dr. 1961; Uma Mulher vestida de Sol, Dr. 1964; O Santo e a Porca, Dr. 1964; Nove romance sertanejo, Ess. 1968; A pena e o lar, Dr. 1971; Iniciação a estética, Ess. ²1979; Poemas, G. 1999; Farsa de boa preguiça, Dr. 2002. – *Übs.:* Der Stein des Reiches, R. H 1979.

L: S. Magaldi, 1962; J. Pontes, 1965; S. de Oliveira, 1979; R.-G. Mertin, 1980; M. T. Didier, 1999.

Subandhu, ind. Dichter, lebte um 600 n. Chr. – Gilt als Vf. der wahrscheinl. aus dem 7. Jh. stammenden ›Vasavadatta‹, e. märchenhaften Kunstromans in Sanskrit, der die Liebe der Vasavadatta, Tochter des Königs von Kusumapura, zu dem Prinzen Kandarpaketu, Sohn des Königs Cintāmani, in e. eher überladenen Stil der klass. ind. Kunstpoesie schildert. Nach e. ind. Tradition soll S. e. Zeitgenosse des Königs Bindusāra (3. Jh. v. Chr.) gewesen sein; das vorliegende Werk ist daher möglicherweise e. Neubearbeitung aus der Hand e. jüngeren Dichters.

A: F. Hall 1859 (n. 1980), H. De 1994 (m. engl. Übs.), G. Rai 1999. – *Übs.:* engl. L. H. Gray 1913 (n. 1965, 1999 [m. Einl.]).

Subhata, ind. Dramatiker, lebte im 13. Jh. n. Chr. Schrieb im Auftrag des Cālukya-Königs Tribhuvanapāla von Gujarat das am 7. März 1263 erstmals aufgeführte Schattenspiel (chāyānāṭaka) ›Dūtāṅgada‹ (Aṅgadas Botschaft), das e. Episode des ›Rāmāyaṇa‹, die dem Krieg gegen Rāvaṇa vorausgehende Botschaft Aṅgadas, zur Grundlage hat. Frühes Beispiel ind. Schattenspiels.

A: Durgāprasād, K. P. Parab, in: Kāvyamālā 28 (1891), ⁵1935. – *Übs.:* d. G. Jacob, in: ders., Jensen, Losch, Das ind. Schattentheater, 1931; engl. L. H. Gray, in: Journal of the American Oriental Soc. 32 (1912).

L: G. Jacob, Dutangada [Inhaltsangabe u. Einl.], 1930 u. 1931.

Subotić, Jovan, serb. Schriftsteller u. Publizist, 11. 2. 1817 Dobrinci – 28. 1. 1886 Zemun. Pfarrerssohn, Stud. Jur. u. Philol. Budapest, Dr. jur. u. Dr. phil.; Rechtsanwalt, Zensor für serb. Bücher, nahm aktiv an der Revolution 1848/49 teil; Kassationsrichter, Abgeordneter, Hrsg. der Zs. ›Letopis‹ des Kulturvereins ›Matica Srpska‹. – Obwohl Zeitgenosse der Romantiker, blieb S. in s. ganzen Schaffen Klassizist, nur vereinzelt Einfluß des Volksliedes. Schrieb außer lyr., ep. u. didakt. Gedichten u. Balladen zahlr. hist. Dramen, ferner Erzählungen u. Romane, lit. Kritiken u. ästhet. Abhandlungen sowie e. Anzahl philolog. Arbeiten, u. a. e. Verslehre, u. im Auftrage des Wiener Ministeriums serb. Lehrbücher für die Mittelschulen.

W: Lira, G. 1837; Bosilje, G. 1843; Nauka o srbskom stihotvorstvu, Schr. 1845; Kralj Dečanski, Ep. 1846; Herceg Vladislav, Dr. 1862; Nemanja, Dr. 1863; Zvonimir, Dr. 1868; Miloš Obilić, Tr. 1869; Kraljica Jakinta, Tr. 1871; Kaludjer, R. 1881; Život Dr. J. Subotića, Aut. V 1901–10. – Dela (W), VIII 1858–73.

L: Z. Nestorović, 2000; T. Jovićević, 2003.

Suchovo-Kobylin, Aleksandr Vasil'evič, russ. Dramatiker, 29. 9. 1817 im ehem. Gouv. Moskau – 24. 3. 1903 Beaulieu (Frankreich). Aus altem Adelsgeschlecht, Jugendfreund A. Herzens,

1834–38 Stud. Moskau, dann Philos. und Rechte in Dtl. Verehrer Hegels; 1850 unter Verdacht des Mordes an s. Geliebten verhaftet, 1857 freigesprochen; der jahrelange Kriminalprozeß gab ihm Einsicht in die prakt. Rechtspflege jener Zeit und schuf damit die Grundlage e. dramat. Trilogie, die S.-K. als hervorragenden Bühnendichter ausweist: ›Svad'ba Krečinskogo‹ bes. erfolgr., ›Delo‹ und ›Smert' Tarelkina‹. – Die erste der drei Komödien, Dramatisierung e. seinerzeit in der Moskauer Gesellschaft umgehenden Anekdote, ist e. bürgerl. Lustspiel mit Geld- und Eheintrige, e. der bühnenwirksamsten Stücke des russ. Dramenrepertoires. Neben dem Stil der franz. polit. Komödie (E. Scribe) kommt in der satir. Tönung des ›Delo‹ bes. die Gogol'sche Tradition zur Geltung, während das 3. Stück, worin sich wie in ›Delo‹ vor allem die im Prozeß gewonnenen Eindrücke niedergeschlagen haben, Züge der Groteske, der volkstüml. Farce, verbunden mit dem Element des publizist. Pamphlets und der polit. Satire, vorherrschen.

W: Svad'ba Krečinskogo 1855 (mit Delo u. Smert' Tarelkina u.d.T. Kartiny prošedšego 1869, u.d.T. Trilogija, ²1927, n. 1955, 1959, 1966).

L: V. Grossman, 1936; L. P. Grossman, 1940; K. Rudnickij, 1957; I. Klejner, 1961, 1969; M. Bessarab, 1981.

Suchtelen, Nico(laas Johannes) van, niederländ. Schriftsteller, 25. 10. 1878 Amsterdam – 27. 8. 1949 Ermelo. Fabrikantensohn; Stud. Naturwiss., Soziologie, Volkswirtschaft, Philos. u.a. 1899 kurz in F. van Eedens sozialist. Versuchssiedlung Walden; ab 1913 Mitarbeiter des Verlags ›Wereldbibliotheek‹, 1925 bis 1948 als Direktor. – Erzähler, Dramatiker u. philos. Essayist. Spinozist. Seinen Erlebnissen in der Siedlung Walden gibt er iron. Gestalt in dem Roman ›Quia absurdum‹. Der pazifist. Briefroman ›De stille lach‹ (1916) gehörte damals zu den meistgelesenen Büchern. Einfühlsamer Übs.: Goethe, Hebbel, Heine, Kleist, Dante, Shakespeare, Erasmus, Spinoza u.a.

W: Primavera, Dr. 1903; Verzen, G. 1905; Quia absurdum, R. 1906; Liefde's dool, Son. 1913; De stille lach, R. 1916 (m. Annie Salomons); Demonen, R. 1920; Eva's jeugd, R. 1925. Tot het al-eene, philos. Es. 1927; Droomspel des levens, 1930; Tat twam asi, E. 1933; Fontie, E. 1935; Oorlog, Es. 1936; Het spiegeltje van Venus, Es. 1939. – Verzamelde werken, XII 1948–56.

L: V. E. van Vriesland, hg. 1948; E. Blom, 1999.

Suchý, Jiří, tschech. Bühnenautor, Dichter u. Liedermacher, *1. 10. 1931 Plzeň. Sohn. e. Amateurmarionettenkünstlers, arbeitete einige Zeit als Graphiker. – S. Schaffen ist mit der Entwicklung der sog. kleinen Bühnenformen verbunden, die im tschech. Kontext seit der 2. Hälfte der 50er Jahre nonkonform. Theater repräsentieren. 1959 gründete er in Prag das Theater ›Semafor‹ (›Der Signalmast‹; auch Abkürz. f. ›sieben kleine Formen‹: Musik, Kabarett, Poesie, Puppentheater, bildende Kunst, Pantomime, Film), das in (u. seit) den 60er Jahren zum Zentrum avantgardist. Kultur wurde. Gemeinsam mit s. Bühnenpartner u. Musikkomponisten Jiří Šlitr profilierte er ›Semafor‹ zu e. Musik- u. Revuetheater. Er schuf ca. 1000 Liedertexte, die, gemeinsam mit s. Prosa und s. dramat. Kompositionen, e. lit. Œuvre darstellen, das von einer für die tschech. Gegenwartskultur repräsentiven Bedeutung ist.

W: Kdyby tisíc klarinetů, Dr. (M. Ivan Vyskočil) 1958; Klokočí, Liedertexte 1964; Semafor, Drr., Libr. 1994; Motýl, Liedertexte 1965; Sto povídek aneb Nesplněný plán, En. 1966; Pro kočku, Liedertexte 1968; Vyvěste fangle, Texte 1968; Med ve vlasech, G., En. 1970; Praha, město věží, Texte 1970; Růže růžová, Liedertexte 1971; Kytice, Dr. 1972; Orchestrion z ráje I, II, Liedertexte 1981, 1982; Malý lexikon pro zamilované, Texte 1982; Knížka aneb Co mne jen tak napadlo, G., En., Texte 1986; Kolik očí má den, G., Texte, Libr. 1987; Vzpomínání, Erinn. 1991; Jonáš & dr. Matrace a jiné hry ze Semaforu, Drr., Libr. 1994; Jonáš dejme tomu v úterý a jiné hry ze Semaforu, Drr., Libr. 1995; Tak nějak to bylo, Erinn. 1997; Ty, co už neznáte, Liedertexte 1997. – Písničky, Liedertexte-Ausw. 1970; To nejlepší z J. S. (AW), 1990.

L: P. Taussig, Filmový smích J. S. a Jiřího Šlitra, 1988; J. Kolář, Jak to bylo v Semaforu, 1991; J. S., 1991.

Suckert, Kurt Erich → Malaparte, Curzio

Suckling, Sir John, engl. Lyriker und Dramatiker, (getauft) 10. 2. 1609 Whitton/Middlesex – 1642 Paris. Stud. Cambridge und Gray's Inn. Bereiste 1628–30 den Kontinent, begleitete 1631 den Marquis von Hamilton als Freiwilliger bei Breitenfeld in der Armee Gustav Adolfs, kämpfte in der Schlacht, bei s. Rückkehr geadelt. Mußte wegen e. mißglückten Versuchs, Stafford aus dem Tower zu befreien, 1641 auf den Kontinent fliehen, beging wahrscheinlich Selbstmord. – Vf. von Liedern, Balladen und Schauspielen, die v.a. wegen ihrer Liedeinlagen berühmt wurden. Seine liedhafte Lyrik ist stark vom Stil der ›Cavalier Poets‹ geprägt und kreist um Themen wie die Flüchtigkeit der Liebe, die Verherrlichung und der Verlust des Königtums. ›A Ballad upon a Wedding‹ spiegelt in Stil u. Metrum die Straßenballade der Zeit wider.

W: Account of Religion by Reason, Es. 1637; Aglaura, Tr. 1638; The Goblins, K. 1638; Bremoralt, Sch. 1646. – The Poems, Plays and other Remains, hg. W. C. Hazlitt II 1892 (n. 1969); The Works, hg. A. H. Thompson 1910 (n. 1964); Poems and Letters, hg. H. Berry 1960.

L: Ch. L. Squier, 1978.

Suckow, Ruth, amerik. Schriftstellerin, 6. 8. 1892 Hawarden/IA – 23. 1. 1960 Claremont/ CA. Aus dt. Pastorenfamilie, Jugend in Iowa; Grinnell College, Denver Univ.; 6 Jahre Imkerin, dann freie Schriftstellerin. – Schrieb über dt. Einwandererfamilien und ihren Existenzkampf im Mittleren Westen, bes. in Iowa.

W: Country People, R. 1924; The Odyssey of a Nice Girl, R. 1925; Iowa Interiors, Kgn. 1926; The Folks, R. 1934; Some Others and Myself, Kgn. u. Aut. 1952; The John Wood Case, R. 1959; A R. S. Omnibus, hg. C. A. Andrews 1988.

L: L. M. Kissane, 1969; M. S. Omrcamin, 1972.

Śūdraka, ind. Dichter, sagenhafter König, der in s. 100. Lebensjahr, nachdem er s. Sohn die Regierung übertragen hatte, Selbstmord begangen haben soll. – Gilt als Vf. des vielleicht aus dem 3. Jh. n. Chr. stammenden Sanskrit-Dramas (prakaraṇa) ›Mṛcchakaṭika‹ (Tonwägelchen), das in 10 Akten die Liebe zwischen dem durch s. übergroße Freigebigkeit verarmten brahman. Kaufmann Cārudatta u. der schönen Hetäre Vasantasenā behandelt. Mehr als jedes andere weicht dieses Drama von der übl. Schablone ab. Es ist reich an äußerst lebendigen u. wirklichkeitsnahen Szenen aus dem Volksleben, s. Charaktere sind überzeugend gezeichnet. Die ersten vier Akte lassen den Schluß zu, daß dieses Drama e. geniale Um- und Neubearbeitung, möglicherweise auch Fortsetzung von Bhāsas Fragment ›Daridracārudatta‹ ist; u. d. T. dem Titel ›Vasantasenā‹ oft auf europ. Bühnen aufgeführt.

A: A. F. Stenzler II 1846/47, N. B. Godabole 1896, P. H. M. Sanna Śāstrī, K. P. Parab ³1909, M. R. Kale 1924 (n. 1994 [m. engl. Übs.]). – *Übs.:* d. O. Böhtlingk, Petersburg 1877, L. Fritze 1879, H. C. Kellner 1894, ³1922; engl. H. H. Wilson 1901, A. W. Ryder 1905, A. Symons 1919, R. P. Oliver 1938 (n. 1975), S. K. Basu 1939, J. A. B. van Buitenen 1968, J. C. Miśra 1985, A. Sharma 1994; franz. P. Regnaud IV 1876/77; d. mit Bearb. für die Bühne L. Feuchtwanger 1916, H. u. K. Martens 1947.

L: A. Gawronski, Diss. Lpz. 1908; G. Morgenstierne, Diss. Lpz. 1920; G. V. Devasthali, 1951; C. Kellner 1972; N. Chattopadhyaya, 1984; P. Chakrabarti, 1999.

Sue, Eugène (eig. Marie-Joseph E. S.), franz. Romanschriftsteller, 26. 1. 1804 Paris – 3. 8. 1857 Annecy. Sohn e. bekannten Arztes, Patenkind der Kaiserin Josephine; Medizinstud., nahm als Marinearzt an der Schlacht von Navarin teil. Das väterl. Erbe machte ihn finanziell unabhängig; widmete sich ab 1829 ganz s. lit. Tätigkeit. 1842 errang s. Roman ›Les Mystères de Paris‹, der als 1. franz. Roman im Feuilleton e. Tageszeitung erschien, e. ungeheuren Erfolg. S. wurde in die Nationalversammlung gewählt und vertrat dort 1848 humanitäre und revolutionäre Ideen, beeinflußt durch die Theorien von Fourier und Proudhon. Als Republikaner 1851 verbannt; zog sich nach Savoyen zurück. – Volkstüml. Romanschriftsteller; verfaßte zuerst Piraten- und Abenteuerromane und führte den Seefahrerroman in Frankreich ein, dann von Byron beeinflußte Gesellschaftsromane; schließl. Wendung zum sozialist. gefärbten Sittenroman, der ihn berühmt machte. Sein Roman ›Les Mystères de Paris‹ wurde in zahllosen Nachahmungen kopiert. S.s großer Publikumserfolg beruht auf s. reichen Phantasie, der geschickten Mischung von Wahrheit und Erfindung und s. echten soz. Mitgefühl. Die farbige Schilderung der versch. Milieus vermag jedoch nicht den Mangel an psycholog. Durchzeichnung s. in primitiver Schwarz-weißmalerei dargestellten Menschen zu verdecken. Sein flüchtiger schlechter Stil verrät Mangel an Sorgfalt. Ausgesprochen naiv sind s. weltanschaul. Exkurse über humanitäre und sozialist. Ideen.

W: Kernock le pirate, R. 1830; Plick et Plock, R. 1831; Atar-Gull, R. 1831; La Salamandre, R. 1832; La Vigie de Koat-Ven, R. 1833; Histoire de la marine française, V 1835–37; Lautréaumont, R. 1837; Arthur, R. 1838; Les Fanatiques des Cévennes, R. 1840; Mathilde ou les Mémoires d'une jeune femme, R. 1841; Thérèse Dunoyer, R. 1842; Les Mystères de Paris, R. X 1842F.; Le Juif errant, R. X 1844f.; Martin, l'enfant trouvé, R. 1847; Les sept péchés capitaux, R. 1847–49; Les Mystères du peuple, R. XVI 1849–57. – *Übs.:* SW, CXIV ²1847–55.

L: N. Atkinson, 1929; E. Edler, Diss. Bln. 1932; P. Ginisty, ²1936; J. Moody, Les idées sociales d'E. S., 1938; P. Chaunu, 1948; J. L. Bory, 1962; E. Wodnanska, Diss. Wien 1964; H. Grubitzsch, 1977; M. Tanguy-Baum 1979; W. Hülk, 1985; B. Rollka, 1987; B. Garay, 1992; J.-P. Galvan, Les mystères de Paris, II 1998.

Süleyman Çelebi, türk. Dichter, 15. Jh. († 1422 (?)). Über s. Leben weiß man wenig, er war Imam (Moschee- u. Gebetsvorsteher) in der berühmten Ulu Cami in Bursa. – Dichtete das meistgelesene relig. Werk neben dem Koran: ›Vesiletü'n Necât‹, volkstüml. ›Mevlid-i Şerif‹ genannt (1409). Das aus 800 Zweizeilern bestehende große Gedicht in Formen der Divan-Poesie ist e. einzigart. Lobgesang auf die Größe u. Herrlichkeit des Propheten Mohammed. Es zog in den folgenden Jh. Hunderte von Epigonen nach sich, keiner erreichte jedoch die Originalität u. dichter. Qualität von Ç.s ›Mevlid‹. Noch heute vergeht in der Türkei kaum e. Tag, an dem nicht ›Mevlid‹ zu versch. Anlässen (Geburt, Beschneidung, Heirat, Tod) im Gesang u. mit großer Andacht rezitiert wird.

A: A. Ateş 1954 (hkA); F. K. Timurtaş 1970. – *Übs.:* engl. F. L. MacCallum 1943.

L: I. Engelke, Diss. Halle 1926 (m. Übs.); A. Aymutlu, 1958; E. Demirer, 1964.

Sütő, András, ungar. Schriftsteller, * 17. 6. 1927 Pusztakamarás/Camarasu (Rumänien). Entstammt armer Bauernfamilie. Gymnas. im Kolleg ›Bethlen‹ in Nagyenyed/Aiud. 1948 Mitarbeiter der Zs. ›Falvak Népe‹, 1950–54 Chefredakteur derselben Zs. Ab 1958 Redakteur, 1971–89 Chefredakteur der Zs. ›Új Élet‹. 1979 Herder-Preis. – In frühen Erzählungen authent. Schilderung der Bauernwelt in Siebenbürgen. Thematisiert in späteren Werken den Konflikt zwischen Persönlichkeit u. Macht mit komplexer, metaphys. Darstellungsweise u. intelligenten Reflexionen. Schrieb in den 1970er Jahren hist. Dramen. Seine Dramaturgie alludiert auf Szekler Volksstücke. Exzellenter Sprachkünstler, engagiert sich für Sprachpflege.

W: Hajnali győzelem, En. 1949 (Sieg im Morgengrauen, d. 1957); Emberek indulnak, En. 1953; Októberi cseresznye, En. 1955; Pompás Gedeon, Sch. 1968; Anyám könnyű álmot ígér, Tg. 1970 (Mutter verspricht guten Schlaf, d. 1976); Egy lócsiszár virágvasárnapja, Dr. 1973; Csillag a máglyán, Dr. 1974 (Stern auf dem Scheiterhaufen, d. 1976); Káin és Ábel, Dr. 1977; Engedjétek hozzám jönni a szavakat, R. 1977; Nagyenyedi fügevirág, Ess. 1978; Szuzai menyegző, Dr. 1981; Advent a Hargitán, Dr. 1985; Álomkommandó, Dr. 1987; Omló egek alatt, St. 1990; Fülesek és fejszések között, Tg. 1999; Erdélyi változatlanságok, Ess. 2001.

L: A. Görömbei, 1986; L. Ablonczy, Nehéz álom. S. A. 70 éve, 1997.

Suetonius Tranquillus, Gaius, röm. Biograph u. Antiquar, um 70 n. Chr. – 140 (?). Angehöriger des Ritterstandes; versch. Ämter in der kaiserl. Verwaltung, z.B. 118–122 Leiter des kaiserl. Sekretariats; Privatgelehrter. – Bekannt ist S. v.a. durch s. Werk ›De vita Caesarum‹, e. Sammlung von 12 Biographien der röm. Kaiser von Caesar bis Domitian. S. befolgt e. Aufbauschema, das e. grobe chronolog. Ordnung (Abkunft, Kindheit u. Erziehung, Amtsantritt bis hin zu Tod u. Trauerfeier) kombiniert mit Sachrubriken (Charakter, Privatleben, Freunde, lit. Interessen, Leistungen auf zivilem, polit., militär. Gebiet, Ehrungen etc.), die bes. den Bericht über die Regierungszeit gliedern u. dort auch die Chronologie durchbrechen; aufgezählt werden Stärken u. Schwächen der Kaiser. Aufgrund der vielen Anekdoten, Zitate (bes. letzter Worte vor dem Tod) u. Details über das Privatleben (z.B. Eß-, Kleidungs- u. sexuelle Gewohnheiten) wurde das Werk lange einerseits als Unterhaltungslit. gern gelesen, andererseits als Klatsch über Äußerlichkeiten abgetan. Zunehmend jedoch werden die Einblicke in versch. Bereiche des polit. u. gesellschaftl. Lebens geschätzt. Außerdem sind von S.' zahlr. Werken über zumeist kulturhist. u. sprachl. Themen Teile der Schriften ›De grammaticis et rhetoribus‹ (über Leben u. Wirken von Grammatikern u. Rhetoren) u. ›De poetis‹ (über Dichter) erhalten. – Die Kaiserviten haben weit gewirkt, z.B. auf Einharts ›Leben Karls des Großen‹.

A: Vitae: M. Ihm, n. 1964; Poet.: A. Rostagni, Turin 1956; Gramm.: m. engl. Übs. u. Komm. R. A. Kaster, Oxf. 1995; Poet. A. Lambert, n. 1977; m. dt. Übs. H. Martinet, 1997.

L: W. Steidle, S. und die antike Biographie, n. 1963; B. Baldwin, Amst. 1983; A. Wallace-Hadrill, Lond. 1983; R. C. Lounsbury, The Arts of S., N.Y. 1987.

Sugawara (no) Michizane, jap. Dichter und Gelehrter, 845 – 25. 2. 903. Sohn des Koreyoshi, wandte sich früh der Wiss. zu, zeichnete sich durch s. chines. u. jap. Gedichte aus. Um 885 Statthalter von Sanuki, 893 kaiserl. Rat, 897 Kanzler zur Linken; geriet durch falsche Anschuldigungen in Ungnade, 901 nach Kyûshû verbannt. Posthum rehabilitiert, später als Gottheit der Kalligraphie im Kitano-Schrein von Kyoto verehrt. Neben s. Gedichten kompilierte er wichtige hist. Werke (›Ruijû-kokushi‹, 892; Mitarbeit am ›Sandaijitsuroku‹, 901).

W: Kanke-bunsô (auch M. shû), G. 900; Kankekôsô, G. 900.

L: R. Borgen, S. n. M. and the Early Heian Court, Cambridge 1986.

Suhair, ibn abī Sulmā → Zuhair ibn abī Sulmā

Suits, Gustav, estn. Dichter u. Lit.historiker, 30. 11. 1883 Võnnu/Wendau, Kr. Dorpat – 23. 5. 1956 Stockholm. 1904 Stud. Philos. Dorpat, 1905–10 Helsingfors; 1911–17 Bibliothekar u. Lehrer ebda., 1919–44 Prof. in Dorpat; ab 1944 in Stockholm. – Führende Persönlichkeit der Bewegung Jung-Estland (Noor-Eesti, redigierte das gleichnamige Sammelwerk, V 1905–15, u. die gleichnamige Zs. 1910–11), die die Überwindung des deutschbalt. Provinzialismus und die ›Europäisierung‹ der estn. Kultur bes. durch roman. und skand. Einflüsse anstrebte. – Der erste mod. Lyriker der estn. Lit.; romant.-symbolist. Jugendwerk von programmat. Bedeutung; später intellekt. Opposition. Grundlegende lit.hist. Publikationen u. Studien, Übs. von Lyrik-Anth.

W: Elu tuli, G. 1905; Sihid ja vaated, Ess. 1906; Tuulemaa, G. 1913; Ohvrisuits, G. 1920; Lapse sünd, Ball. 1920; Kõik on kokku unenägu, G. 1922; Noor-Eesti nõlvakult, Ess. 1931; Tuli ja tuul, G. 1950; Eesti kirjanduslugu I, Abh. 1953; Noor Kreutzwald, B. ^{2}1984; Eesti kirjanduslugu, Abh. u. Ess. 1998; Vabaduse väraval, Ess. 2002. – Kogutud luuletused (ges. G.), 1938, 1963; Luule (ges. G.), 1992; Briefw. m. B. Kangro, hg. E. Annuk 2001. – *Übs.:* Flames on the Wind, G. 1953; Acht estnische Dichter, 1964.

L: A. Thauvón-Suits, 1964; H. Suits-Kangro, 1987. – *Bibl.:* K. Tamkivi, T. Koiva, 1998.

Śukasaptati, die (70 Erzählungen des Papageien), e. der berühmtesten Erzählwerke der ind. Lit., Entstehungszeit unbekannt, geschrieben in Sanskrit; in mehreren, stark voneinander abweichenden Rezensionen erhalten. Den Rahmen für die zumeist von listigen Gattinnen handelnden Erzählungen bildet die Geschichte von e. Papageien, der durch s. spannenden Erzählungen e. Kaufmannsfrau daran hindert, sich während der Abwesenheit ihres Mannes mit ihrem Liebhaber zu treffen. Das Werk, dessen Urfassung verloren ist, ist häufig in ind. Volkssprachen übersetzt und auch in außerind. Sprachen übersetzt und bearbeitet worden, z.B. Nachshabīs pers. ›Tūtī-Nāmé‹ (14. Jh. n. Chr.), Candīcarans bengāl. ›Totā Itihās‹ (1805), Haidarīs ›Toṭā-kahānī‹ in Urdu (Anfang 19. Jh. n. Chr.) sowie e. tibet. Version (hg. u. dt. S. Herrmann 1983).

A: Textus simplicior, hg. R. Schmidt 1893, R. Tripathi 1966 (d. R. Schmidt 1894); Textus ornatior, hg. R. Schmidt 1898 (d. ders. 1899). – *Übs.:* R. Schmidt 1913, W. Morgenroth 1969 (n. 1986); engl. A. N. D. Haksar 2000.

Sukenick, Ronald, amerik. Schriftsteller, * 14. 7. 1932 New York. Arbeitermilieu, Stud. Cornell und Brandeis Univ.; Lehrtätigkeit Irvine und Boulder, Eigenverlage, 1977 Gründung ›American Book Review‹. – Künstler. Impulse aus der Subkultur von Greenwich Village, J. Kerouac, J. Pollock, auch R. W. Emerson. – Autobiograph. motiviertes Schreiben als endloser, energet. Transformationsprozeß und ästhet. Selbstbefreiung, Widerstand gegen etablierte Kultur, postmod. Textinnovationen.

W: Wallace Stevens, St. 1967; Up, R. 1968; The Death of the Novel, Kgn. 1969; Out, R. 1973; 98.6, R. 1975; In Form, St. 1985; The Endless Short Story, Kgn. 1986; Blown Away, R. 1987; Down and In: Life in the Underground, Aut. 1987; Doggy Bag, Kgn. 1994; Mosaic Man, Kgn. 1999; Narralogues, St. 2000; Cows, e-book, 2001.

L: P. Baumann, 1987; M. Roberson, 2003.

Šukšin, Vasilij Makarovič, russ. Erzähler, 25. 7. 1929 Srostki/Altaj – 2. 10. 1974 Stanica Kletskaja/Geb. Volgograd. Kolchosarbeiter, Fabrikarbeiter, Marinesoldat, 1954–60 Stud. Inst. für Filmwesen (Regisseur), ab 1957 Filmschauspieler, ab 1958 Veröffentlichung von Kurzgeschichten, volle Anerkennung erst nach dem frühen Tod. – S. gestaltet in s. Kurzgeschichten ungewöhnl. Lebenssituationen, bevorzugt kauzige, impulsive Menschen, hat Sinn für Tragik u. Komik.

W: Sel'skie žiteli, En. 1963; Ljubaviny, R. 1965; Ja prišël, dat' vam volju, R. 1974 (Rebell gegen den Zaren, d. 1980); Nravstrennost' est' pravda, En. 1979; Voprosy samomu sebe, Ess. 1981. – Sobranie sočinenij, VI 1992ff.; Izbrannye proizvedenija, Ausw. II 1975. – *Übs.:*

Bruderherz, En. 1978; Gespräche bei hellem Mondschein, En. II 1979; Stiefelchen, En. 1980.

L: O Šukšine, 1979; V. Apuchtina, 1981; Vl. I. Korobov, 1988.

Suleiman aus Stal (Stal'skij, eig. Gasanbek[ov]), lesgisch-dagestan. Autor, 18. 5. 1869 Ašaǧa-Stal – 23. 11. 1937 ebda. Armer Bauernsohn, Knecht, Baumwoll-, Erdölarbeiter in Samarkand, Syr-Darja, Baku. 1900 Rückkehr in die Heimat. 1917–20 Teilnahme an Oktoberrevolution u. Bürgerkrieg. Teilnahme am sowjet. Schriftstellerkongreß 1934. – Begann sich aus ökonom. Gründen erst 31jährig der Literatur zuzuwenden: Gedicht ›Die Nachtigall‹ (1900); 1. Gedichtband 1934. Zunächst Volkssänger und Lyriker der sozialen Anklage unter Form- und Motiveinfluß der Aschugendichtung. Dann in s. lit. Ausdruck vielfältiger u. satirischer. Kenner der Werke Puškins, Lermontovs, Hafis', Nizamis u.a. In Aufsätzen, Gesprächen u. Gedichten nahm S. zu theoret. Problemen der Dichtkunst Stellung. Manche Verse wurden zu Sprichworten, Volksliedern u. gingen in Schulbücher ein. Über S. schrieb 1940 der lakisch-dagestan. Autor → E. Kapiev das Werk ›Suleiman, der Dichter‹ (Der Dichter, d. 1952).

W: Šiirar va poėmijar, G. u. Poesie 1947; Jaratmišunar, II 1958–59. – *Übs.:* russ.: Sočinenija (W), 1948, 1961 (vernichtet), 1964, 2000; Izbannoe (AW), 1952, 1969; Stichotvorenija i pesni, G. 1936, 1937, 1938, 1953.

L: S. S. K 10–letiû so dnja smerti, 1948; K. Sultanov, 1949; V. Sidel'nikov, 1953; A. Agaev, 1963; G. Korabel'nikov, 1979; K. Musaev, 1991; N. Samurskij (M. Ėfendiev), Der Volksdichter Daghestans, 1947. – *Bibl.:* N. Ganzurova, L. Sedova, 1969.

Sullivan, Vernon → Vian, Boris

Sully Prudhomme (eig. René François Armand P.), franz. Lyriker, 16. 3. 1839 Paris – 7. 9. 1907 Schloß Chatenay b. Paris. Ausbildung am Lycée Bonaparte; mußte wegen schwerer Augenentzündung s. Stud. unterbrechen. Arbeitete einige Zeit in den Schneider-Creuzot-Werken, dann Stud. Jura und Philos.; Tätigkeit in e. Notariat in Paris. Verbindung zu den Schriftstellern des Parnasse; widmete sich ganz der Lit. 1870 im Anschluß an s. Kriegsdienst schwere Krankheit. 1881 Mitgl. der Académie Française. Hinwendung zur Philos. 1901 Nobelpreis für Lit. Zog sich nach Chatenay zurück; letzte Lebensjahre durch Krankheit getrübt. – Philos. Dichter; steht als Lyriker dem Parnasse nahe, von dem er sich jedoch durch die melanchol. Grundstimmung unterscheidet. S. P.s sehr persönl. Dichtung voll verhüllter Selbstbekenntnisse zeugt von überaus starker Empfindsamkeit. Vorliebe für moral. Analyse sowie wiss., philos. und soz. Fragen. Abstrakte, oft dunkle Sprache. Heute erscheint s. Werk von s. Zeitge-

Sulpicia

nossen in vielem überschätzt; trotzdem sind einige s. Dichtungen durch ihren zarten melanchol. Zauber noch von starker Wirkung, so s. berühmtestes Gedicht ›Le Vase brisé‹ in ›Stances et poèmes‹.

W: Stances et poèmes, G. 1865; Les épreuves, G. 1866; Les solitudes, G. 1869; Les destins, G. 1872; Croquis italiens, En. 1872; La révolte des fleurs, G. 1874; La France, G. 1874; Le zénith, G. 1875; Les vaines tendresses, G. 1875; La justice, G. 1878; Le prisme, G. 1886; Le bonheur, G. 1888; Réflexions sur l'art des vers, Abh. 1892; Testament poétique, Aut. 1901; Epaves, G. 1908; Journal intime, Tg. 1922. – Œuvres, VIII 1888–1908. – *Übs.:* Gedichte, 1903.

L: E. Champion, Entretiens avec S. P., 1900; C. Hémon, La philos. de S. P., 1907; E. Zyromski, 1907; H. Morice, 1920; E. Estève, 1925; P. Flottes, 1930; G. Ahlström, 1967; G. d'Aubarède, 1967.

Sulpicia, röm. Elegikerin, 1. Jh. v./1. Jh. n. Chr. Nichte des Messalla u. Mitgl. s. Kreises. – Schrieb 6 epigrammat. Kurzelegien über ihre Liebe zu Cerinthus, von Tibull beeinflußt, zusammen mit 5 Elegien e. unbekannten Dichters über ihre Liebesgeschichte ins Corpus Tibullianum aufgenommen. Ursprüngl., ungekünstelter Stil, naives, mädchenhaftes Empfinden. Einzige erhaltene Frauendichtung in der röm. Lit.

A: Corpus Tib. Buch III, 13–18 (→ Tibull); Appendix Tibulliana, hg. H. Tränkle 1990 (m. Komm.).

L: E. Bréguet, Le roman de S., 1946; M. Skoie, Reading S., 2002.

Su Manshu, chines. Schriftsteller, 28. 9. 1884 Yokohama – 2. 5. 1918 Shanghai. Der exzentr. Revolutionär bekannte sich 1903 zum Buddhismus, blieb aber weltl. Genüssen zugewandt. – S. trat zunächst mit Gedichten in klass. Stil und traditioneller Thematik hervor (Landschaftsschilderungen, Gedichte auf Kurtisanen); Übs. von Lyrik d. engl. Romantik. Sensationellen Erfolg hatten s. sentimentalen, autobiograph. geprägten En., die Motive wie unglückliche Liebe, Dreiecksverhältnisse und den Konflikt zwischen Liebe und Entsagung behandeln; im Gegensatz zu vielen Zeitgenossen, die die mod. Schriftsprache verwenden, schreibt S. in e. eleganten klass. Stil.

W: Duanhong lingyan ji, E. 1912 (Der wunde Schwan, d. 1947). – Manshu quanji, GW 1928. – *Übs.:* Les larmes rouges du bout de monde, R. Paris 1989.

L: H. McAleavy, Lond. 1960; W. Liu, N. Y. 1972.

Sumarokov, Aleksandr Petrovič, russ. Dramatiker und Dichter, 25. 11. 1718 b. Wilmanstrand/Finnland – 12. 10. 1777 Moskau. Aus altem Adelsgeschlecht; 1732–40 im Kadettenkorps, wurde 1736 durch eine Ode bekannt; Offizier, später Adjutant des Grafen Razumovskij; 1756–61 Direktor des 1. öffentl. Theaters, lebte dann in Moskau; 1759 Hrsg. der 1. russ. lit. Zs. ›Trudoljubivaja pčela‹; galt zu Lebzeiten als bester russ. Dramatiker. – Bedeutender Repräsentant des russ. Klassizismus; empfing entscheidende Anregungen durch franz. Sprache und Lit.; stellt gegen die poet. Grundsätze Lomonosovs die Forderung nach Klarheit und Einfachheit der Sprache und Verzicht auf Schmuck mit Redefiguren; beachtet in s. 9 Tragödien streng die klassizist. Regeln: Die Zahl der Personen ist gering, die Thematik eng begrenzt; Konflikt zwischen Pflicht und Liebe, in dem erstere siegt, Kampf zwischen Gut und Böse. Die vielen lyr. Monologe bringen in s. Tragödien e. lyr. Einschlag. Brachte mit s. nach franz. Vorlage verfaßten ›Gamlet‹ (Hamlet) Shakespeare auf die russ. Bühne. Die Sprache s. satir. gefärbten Komödien, für die auch Intermedien und russ. Schelmenkomödien Muster waren, ist mehr der Umgangssprache angenähert. Pflegte die meisten seinerzeit bekannten lit. Gattungen wie Ekloge, Liebeslied, Epistel, Elegie, Ode, Heroide, Sonett; s. Fabeln, kleine, in volkstüml. Sprache gefaßte versifizierte Erzählungen, standen bei s. Zeitgenossen in hoher Geltung.

W: Polnoe sobranie sočinenij (GW), X ²1787; Izbrannye dramatičeskie proizvedenija, Drn.-Ausw. 1893; Stichotvorenija, G. 1935; Izbrannye proizvedenija (AW), 1957.

L: V. J. Stojunin, 1856; P. N. Berkov, 1949; V. Pokrovskij, hg. 1975; B. Osterwald, 1982.

Sumbatov, Aleksandr Ivanovič (Ps. A. I. Južin), russ. Dramatiker, 16. 9. 1857 Muravlevka/Gouv. Tula – 18. 9. 1927 Nizza. Vater georg. Fürst; Stud. Rechte Petersburg, von 1882 bis zum Tod e. der maßgebenden Schauspieler, ab 1909 auch Direktor am Moskauer ›Kleinen Theater‹. – Seit 1881 als Dramatiker tätig, bes. erfolgr. 1885–1900, schrieb 16 Stücke vorwiegend über zeitgenöss. Themen. Nach Vorbild A. Ostrovskijs wendet S. s. Aufmerksamkeit weniger dem wesentl. dramat. Element, der Struktur, als vielmehr Personendarstellung und Dialogführung zu.

W: Car' Ioann IV, Dicht. 1884/85; Sokoly i vorony, Dr. 1885; Staryj zakal, Dr. 1895 (Im Dienst, d. 1898); Zakat, Dr. 1899 (Die Macht der Frau, d. 1911); Izmena, Leg. 1903. – Polnoe sobranie sočinenij (SW), IV 1900–09; P'esy (Drr.), 1961.

Sundman, Per Olof, schwed. Schriftsteller, 4. 9. 1922 Vaxholm – 9. 10. 1992. Sohn e. Großkaufmanns, Gymnas. Stockholm, Soldat, versch. Berufe, 1949–63 Hotelwirt in Jormlien/Jämtland, Kommunalpolitiker, 1963 Rückkehr nach Stockholm, 1969–80 Reichstagsabgeordneter, 1975 Mitgl. der Schwed. Akad. – Schon S.s 1. Buch enthält alle Motive u. Merkmale auch des späteren Œuvres: Vorliebe für Einzelgänger, die oft genial veranlagt, aber zum Scheitern bestimmt sind; Inspiration durch soziale Verhältnisse, Umweltfragen u. die Landschaft Nordschwedens; betont sachl., nur auf Beobachtung der Verhaltensweise ausgerichtete Schilderung ohne Stellungnahme oder Schlußfolgerung; Kombination der Beobachtungstechnik mit Demaskierung des Beobachters. S. stellt bewußt jede Wahrheit der Aussage oder Gewißheit der Beobachtung in Frage.

W: Jägarna, Nn. 1957; Undersökningen, R. 1958 (Die Untersuchung, d. 1971); Skytten, R. 1960; Expeditionen, R. 1962 (Die Expedition, d. 1965); Sökarna, En. 1963; Två dagar, två nätter, R. 1965 (Zwei Tage, zwei Nächte, d. 1967); Människor vid hav, Rep. 1966; Ingenjör Andrées luftfärd, R. 1967 (d. 1969); Ingen fruktan, intet hopp, Prosa 1968; Ett år, Tg. 1967; Lofoten, sommar, Rep. 1973; Berättelsen om Såm, R. 1977 (Bericht über Sámur, d. 1977); Ishav, Ber. 1982; Norrlands-berättelser, En. 1984. – *Übs.:* Der Hahn, En. 1972.

L: N. G. Åsling 1970; L. G. Warme, 1985.

Sunesen, Anders (a. Sunesøn), dän. Dichter, 1164 – 24. 6. 1228 Ivø. Studienreisen nach Oxford, Bologna u. Paris; e. Zeitlang theolog. Lehrer ebda., um 1194 Dompropst in Roskilde, 1209 Erzbischof in Lund, 1222 dän. Erzbischof. – S. Hauptwerk ist das lat. Schöpfungsgedicht u. geistl. Lehrbuch ›Hexaëmeron‹ in 12 Kapiteln mit ca. 8000 Hexametern. Auf die Schöpfungsgeschichte der Kap. 1–3 folgt eine scholast.-didakt. Auseinandersetzung.

A: M. C. Gertz 1892 (m. Komm.); S. Ebbesen, L. Boje Mortensen II 1985–88. – *Übs.:* H. D. Schepelern 1985.

L: A. S., hg. S. Ebbesen 1985; Torben K. Nielsen, Cølibat og kirketugt, 1993, 1998.

Sung Yü → Song Yu

Supervielle, Jules, franz. Lyriker, 16. 1. 1884 Montevideo – 17. 5. 1960 Paris. Aus franz.-bask. Familie, verlor früh die Eltern. Ausbildung am Lycée Janson de Sailly in Paris; Stud. Rechte und Staatswiss. Lebte abwechselnd in Frankreich und Südamerika. Frühjahr 1960 zum ›Prince des poètes‹ gewählt. – Bedeutender Lyriker, verfaßte daneben auch handlungsarme, zauberhaft poet. Romane und Märchenspiele; anfängl. von der Romantik und vom Parnasse beeinflußt. Distanzierte sich vom Surrealismus, doch ist e. gewisse Verwandtschaft zu der Dichtung P. Eluards spürbar. Vereint in s. Gedichten originale Inspiration mit überkommener klass. Form. Neben Themen, die durch Landschaft und Menschen s. Geburtslandes Uruguay bestimmt sind, meisterhafte Darstellung zarter, verhaltener Emotionen durch die Kunst des Andeutens und gedämpfter Nuancen. Seine pantheist. Weltsicht findet ihren Ausdruck in e. kosm. Existenzgefühl, das Mensch, Tier und Pflanze unter dem gleichen Vorzeichen e. allumfassenden ›élan vital‹ sieht.

W: Brumes du passé, G. 1900; Comme de voiliers, G. 1910; Les poèmes de l'humour triste, G. 1919; Débarcadères, G. 1922; L'homme de la pampa, R. 1923; Gravitations, G. 1925 (erw. 1932); Le voleur d'enfants, R. 1926 (d. 1949), K. 1949; Le survivant, R. 1928; Saisis, G. 1928; Uruguay, G. 1928; Le forçat innocent, G. 1930; L'enfant de la haute mer, En. 1931 (d. 1930); La belle au bois, K. 1932 (Ritter Blaubarts letzte Liebe, d. 1951); Boire à la source, Aut. 1933; Les amis inconnus, G. 1934; Bolivar, Dr. 1936 (1950 von D. Milhaud als Oper vertont); Première Famille, K. 1936; L'arche de Noé, En. 1938 (d. 1951); La fable du monde, G. 1938; Poèmes de la France malheureuse, G. 1942; Le petit bois, G. 1942; Orphée, G. 1946 (d. 1948); Choix de poèmes, 1947; Dix-huit poèmes, G. 1947; Oublieuse mémoire, G. 1949; Robinson, K. 1949; Schéhérazade, K. 1949; L'Escalier, G. 1956; Le corps tragique, G. 1959; Les Suites d'une course, Dr. 1959. – Correspondance J. S. – R. Etiemble 1936–59, 1969. – *Übs.:* Gedichte, 1938f., 1946, 1947, 1968; Gedichte und Legenden, 1961.

L: C. Sénéchal, 1939; L. Specker, Diss. Zür. 1942; C. Roy, 1949; T. J. W. Greene, 1958; D. S. Blair, Lond. 1960; R. Etiemble, 1960; Hommages à J. S., 1960; J. A. Hiddleston, 1965; R. Vivier, 1971; P. Viallaneix, 1972; L. E. Jones, 1973; Y.-A. Favre, 1981; Ch. Garé, 1987; J.-M. Monnier, 1994; S. Dewulf, 2001.

Sūrdās, ind. Dichter, 1483 b. Delhi – 1563(?) Parsoli b. Mathura. Schüler des Brahmanen Vallabhācārya (Begründer e. krishnait. Sekte), der ihn 1519(?) zum Oberpriester des Srīnāth-Tempels auf dem Berg Gobhardan b. Mathura ernannte. – E. der bedeutendsten und fruchtbarsten Hindi-Dichter; schrieb zahlr. Gedichte, vornehml. über die Liebe zwischen Kr̥ṣṇa und Rādhā.

A: Dr̥ṣṭikūṭ, G. hg. C. Dvivedi ⁵1929; Bhramargītāsār, G. R. C. Sukla ⁴1942; Sūr-sāgar, G. hg. N. D. Vājapeyī II ³1958, D. D. Gupta 1963; Srīkr̥ṣṇa-mādhurī, G. hg. S. Simha 1957. – *Übs.:* d. N. M. Sazanova 1978 (Ausw.); engl. U. Nielson 1982 (Surdas); franz. Ch. Vaudeville 1971 (Pastorales).

L: J. Misra, 1935; R. C. Śukla, 1943; P. D. Barathvāl, 1950; N. D. Vājapeyī, 1952; V. I. Varma, ³1959; K. E. Bryant, 1978; P. D. Mital, 1983; J. S. Hawley, Sūr Dās, 1984.

Surkov, Aleksej Aleksandrovič, russ. Dichter, 13. 10. 1899 Serednevo/Gouv. Jaroslavl' – 14. 6. 1983 Moskau. Vater Bauer; wurde durch Liedtexte bekannt. Ab 1928 e. der führenden sowjet. Lit.-funktionäre, z. Z. des ›Tauwetters‹ 1. Sekretär des Schriftstellerverbandes der UdSSR (1953–59), 1962–75 Chefred. der ›Kratkaja lit. enciklopedija‹. – S.s lit. Schaffen hebt sich nur in s. Kriegslyrik, die gelegentl. e. natürl. Eingängigkeit aufweist, von gereimter Parteipropaganda ab.

W: Zapev, G. 1930; Miru – mir!, G. 1950 (Der Welt den Frieden, d. 1951); Vostok i zapad, G. 1957; Posle vojny, G. 1972. – Sočinenija (W), IV 1965/66, IV 1978–80.

L: O. S. Reznik, ³1979.

Surrey, Earl of → Howard, Henry, Earl of Surrey

Surtees, Robert Smith, engl. Romanschriftsteller, 17. 5. 1803 The Riding, Northumberland – 16. 3. 1864 Brighton. Anwalt, Friedensrichter und Sheriff. – Begründete 1831 das ›New Sporting Magazine‹, schuf dafür die zugleich absurde und gutmütige kom. Figur John Jorrocks, e. sporttreibenden Gemüsehändlers aus London, dessen kom. Erlebnisse großen Erfolg hatten, u. a. Dickens zu den ›Sketches‹ und den ›Pickwick Papers‹ inspirierten. Mehrere Romane aus dem Sportleben folgten, für die S. allerlei seltsame Typen schuf. Die Erzählungen sind reich an kom. Dialogen und an Situationskomik, bringen wirkungsvolle Kleinmalerei, erreichen jedoch nicht die künstler. Höhe von Dickens' ›Sketches‹.

W: Jorrocks's Jaunts and Jollities, Sk. 1838; Handley Cross, E. 1843, Hillingdon Hall, or the Cockney Squire, R. 1845; Hawbuck Grange, R. 1847; Mr. Sponge's Sporting Tour, R. 1853 (hg. V. Blain 1981); Ask Mamma, R. 1858; Plain or Ringlets?, R. 1860; Mr. Facey Romford's Hounds, R. 1865. – Novels, X 1929f.

L: E. D. Cuming, 1924; H. C. Surtees, H. R. Leighton, 1925; A. Steel, Jorrocks' England, 1932; E. G. French, 1947; L. Cooper, 1952; R. L. Collison, A. Jorrocks Handbook, 1964; J. Welcome, The Sporting World of S., 1982; F. Watson, ²1991; N. Gash, 1993.

Susann, Jacqueline, amerik. Schriftstellerin, 20. 8. 1921 Philadephia – 21. 9. 1974 New York. Nach mäßig erfolgr. Tätigkeit als Schauspielerin erreichte S. mit ihren Schlüsselromanen, die gleichsam als extensive Klatschspalten Einblicke in die Welt des amerik. Showbusiness geben, den wohl größten Verkaufserfolg trivialer Unterhaltungslit. der 60er Jahre.

W: Every Night, Josephine!, R. 1963 (Geliebte Josephine, d. 1966); Valley of the Dolls, R. 1966 (d. 1967); The Love Machine, R. 1969 (d. 1969); Once is not Enough, R. 1973 (d. 1974); Dolores, R. 1976; Yargo, R. 1978 (d. 1982). – *Übs.:* Diese eine Liebe, 1978.

L: J. Ventura, 1975; B. Seaman, 1987.

Su Shi, lit. Name Dongpo, chines. Dichter, 19. 12. 1036 Meishan (Sichuan) – 28. 7. 1101 Zhanghou (Jiangsu). Aus Literaten- und Beamtenfamilie; auch s. Vater Su Xun (1009–66) und s. Bruder Su Zhe (1039–1112) sind als Autoren hervorgetreten. 1057 Staatsprüfung, 1061–64 stellv. Landrat von Fengxing (Shensi), 1071–74 stellv. Präfekt von Hangzhou, 1074–76 Präfekt von Mizhou (Shantung), 1077–79 Präfekt von Suzhou, wegen Gegnerschaft zur Regierungspolitik vorübergehend in Haft, 1079–84 Landwirt in Huangzhou (Hubei), 1086–89 Staatsrat in der Hauptstadt, 1089–91 Gouverneur der Prov. Zhejiang, 1091 Beamtenminister, 1092 Kriegsminister, dann Ritenminister, 1093/94 Gouverneur der Prov. Hebei, 1094–97 aus polit. Gründen verbannt nach Huizhou (Kanton), 1097–1100 verbannt auf die Insel Hainan. Anhänger der konservativen Partei, Freund von Sima Guang und Ouyang Xiu, Gegner → Wang Anshis, daher wiederholt polit. verfolgt. Trotzdem Lebenskünstler, stets aufnahmebereit ohne Vorurteile, mit Konfuzianern, Buddhisten, Taoisten gleichermaßen befreundet. Gesunder Menschenverstand, Sinn für Humor, witzig als Gesprächspartner wie als Autor. – Außerordentl. fruchtbarer Schriftsteller und Dichter, als Künstlerpersönlichkeit tonangebend. Hervorragender Kalligraph, bedeutend als Maler und Kunsttheoretiker.

W: Yizhuan; Shuzhuan; Lunyu shuo; Klassikerkommentare; Dongpo zhilin, Mem.; Su Wenzhong gong quanji (GW, n. II 1964). – *Übs.:* engl. C. D. Le Gros Clark, Lond. 1931; ders., The Prose Poetry of S., Shanghai 1935; B. Watson, N. Y. 1965.

L: Lin Yutang, The Gay Genius, Lond. 1948.

Su Tong (eig. Tong Zhonggui), chines. Schriftsteller, * 23. 1. 1963 Suzhou. Nach Stud. in Peking 1980–84 unterrichtet S. an der Kunstakad. Nanking, seit 1985 Redakteur e. Lit.zs. und hauptberufl. Schriftsteller. – In Romanen und Erzählungen entwirft S. e. Bild des Lebens und der zwischenmenschl. Beziehungen in den Dörfern und Kleinstädten am Unterlauf des Yangtse, wobei Sexualität und Gewalt als zentrale Motive fungieren; die südl. Metropole Nanking ist e. weiterer Schauplatz s. Werke. Poetisch imaginiert, manchmal auch schockierend explizit werden Kindheits- und Jugenderlebnisse und fiktionale Familiengeschichten mit den großen hist. Entwicklungen verwoben. S. zählt zu den produktivsten und populärsten zeitgenöss. chines. Autoren.

W: Mi, R. 1992 (Rice, N. Y. 1995; d. 1998); Shaonian xue, En. 1993; Modai aiqing, En. 1994; Hudie yu qi, En. 1996. – *Übs.:* Rote Laterne, E. 1992 (aus dem Franz.); Frauenleben, 1993; Die Opiumfamilie, R. 1998 (aus dem Engl.).

L: S. Baumann, 1996; C. Treter, 1999.

Sutsos, Panagiotis, griech. Dichter, 1806 Konstantinopel – 1868 Athen. Während des Stud. in Paris Kontakt zum Kreis um Korais. In Athen Mitgl. der Regierung Kapodistrias'. – Sein Werk ist von franz. Romantik sowie griech. Nationalismus mit antikisierender Tendenz geprägt. Vertreter der Reinsprache.

W: (Ausw.) Asmata polemistēria, G. 1827; Odes d'un jeun grec suivies de six chants de guerre, G. griech./franz., Paris 1828; Ho Leandros, R. 1833; Ho Odoiporos, Dr. 1831, überarb. Fs. 1842; Hē kithara, G. 1835; Hē charitinē, R. 1864;

L: G. Lefas, 1983, ²1991 (m. Bibl.).

Sutta-piṭaka → Tipiṭaka, das

Su Tung-p'o → Su Shi, lit. Name Dongpo

Sutzkewer, Abraham, jidd. Dichter, * 15. 7. 1913 Smargon/Litauen. Sproß bekannter rabb.-chassid. Familien. Lit.-Stud. Univ. Wilna. Mitglied der Dichtergruppe ›Jung Wilna‹. Partisanenkämpfer in Wilna. 1946 Zeuge im ›Nürnberger Prozeß‹. Seit 1948 Hrsg. der Lit.-Zs. ›Di Goldene Keit‹. Empfänger mehrerer Lit.preise. Seit 1947 in Israel. – Von der amerik.-jidd. Gruppe der ›Insichisten‹ beeinflußt, deren Gedichte jegl. geograph., ethn. u. relig. Rahmen sprengten, zeichnet sich S.s Werk durch Erprobung neuer Ausdrucksformen, Inhalte u. musikal. Rhythmen, großer Bildhaftigkeit und Sachnähe aus. Selbst Ghettokämpfer u. Zeuge der jüd. Tragödie, vermag S. das erlebte Leid in der Dichtung in poet. Gesang zu verwandeln.

W: Lider, 1937; Valdiks, 1940; Di Festung, 1945; Fun vilner Geto, 1946; Jidd. Gass, 1948; Geheimschtot, 1948; In Feier Woggn, 1952; Sibir, 1952; Fin Drei Weltn, 1953; Ode zu der Toib, 1955; In Midbar Sinai, 1957; Oasis, 1960; Geistige Erd, 1961; Kol Nidrei, 1961; Poetische Werk, 1963; Firkantige Oissies Umoifsim, 1968; Lider fun Jam Hamowes, 1968; Zajtige Penemer, 1970; A Tog Buch, 1974; Griner Akwarium (grünes Aquarium), jidd.-dt. Umschrift, 1996.

L: J. Glatstein, In Tokh Genumen, I 1947, II 1956; S. Bickel, 1958; A. Lis, Heym un Doyer, 1960; Z. Shazar, 1963; J. Leftwich, 1971.

Švābe, Arveds, lett. Historiker, 25. 5. 1888 Lielstraupe b. Līgatne – 20. 8. 1959 Stockholm. Sohn e. Gutsaufsehers; bis 1911 diverse Schulen, Lehrer; 1911–15 Stud. Geschichte Moskau; ab 1916 im Fernen Osten; 1921–25 Jurastud. Riga; ab 1932 Prof. für Rechtsgeschichte, ab 1936 für lett. Geschichte; 1941–44 Archivdirektor; 1944 nach Stockholm emigriert; Archivar bei der Univ. – Hrsg. von Enzyklopädien, wiss. Aufsätzen u. Monographien zur lett. Geschichte; Verfasser des 1958 erschienenen Bandes ›1800–1914‹ der fulminanten ›Latvijas vēsture‹ des Verlags Daugava.

W: Klusie ciemi, G. 1920; Darbs, R. 1922; Likteņu saistības, En. 1926; Piebalgas audēji, Dr. 1930; Ceļa zu Purgatoriju, N. 1953.

Švantner, František, slovak. Schriftsteller, 29. 1. 1912 Bystrá – 13. 10. 1950 Prag. Lehrer. – Š.s stark lyrisierte expressive Prosa schildert in psycholog. Kleinmalerei leidenschaftl., dämonische Menschen inmitten e. fast myst. Gebirgslandschaft, in der Wirklichkeit u. Vorstellung verschmelzen.

W: Malka, Nn. 1942; Nevesta hôl', R. 1946; Život bez konca, R. 1956; Dáma, Nn. 1966. – Dielo (W), II 1958–62; Horiaci vrch (Ausw.), 1971; Vybrané spisy (AW), II 1974.

L: A. Matuška, Od včerajška k dnešku, 1959; J. Števček, Baladická próza; F. Š., 1962; F. Š., Život a dielo 1912–1950, 1972.

Švarc, Evgenij L'vovič, russ. Schriftsteller, 21. 10. 1896 Kazan' – 15. 1. 1958 Leningrad. Schauspieler, Journalist u.a. Berufe, seit 1924 lit. tätig. – Wurde sehr bekannt durch s. für die Jugendbühne bestimmten Märchenstücke, die z.T., wie ›Snežnaja koroleva‹, auf Motiven H. Chr. Andersens beruhen; unaufdringl. tritt hinter feinem Humor und mildem Spott die Moral des Märchens hervor; in s. wichtigsten, lange in der SU unterdrückten Stücken wie ›Drakon‹ und ›Ten'‹ dient das Märchenhafte nur als äsop. Sprachmaske polit. Kritik an der Diktatur und der Anpassung der Bevölkerung an die Macht.

W: Ten' i drugie p'esy, Drr. 1956; P'esy, Drr. 1960, 1962, 1972; Izbrannoe, Ausw. 1973; Memuary, Erinn. 1982. – *Übs.:* Das gewöhnliche Wunder, Sch. 1967; Stücke 1972; Märchenkomödien, 1972; Der Schatten, Sch. 1982.

L: S. L. Cimbal, 1961; Je. Sch., Mensch u. Schatten, hg. L. Debüser 1972, A. J. Metcalf, Birmingham 1979.

Švejda, Jiří, tschech. Schriftsteller, * 29. 8. 1949 Litvínov. Nach dem Abitur (1968) Stud. an der Chem.-Technolog. Hochschule, 1976–81 an der Filmakademie in Prag, dann Dramaturg u. Verlagsleiter. – S. Prosa widmet er v.a. der sozialethischen Analyse des menschlich. Egoismus u. Karrierismus. Dank der sonst fehlenden gesellschaftskrit. Aspekte in den regimetreuen tschech. Lit. der 70er u. 80er Jahre gehörte er zu den erfolgreichen Autoren.

W: Havárie, R. 1975; Kdybych zemřel, R. 1978; Dva tisíce světelných let, R. 1978; Požáry a spáleniště, R. 1979; Moloch, I, II, III, R. 1983, 1985, 1996; Ve vrcholu pyramidy, En. 1986; Krasohled, R. 1989; Přejezd, N. 1991.

Svensson, Jon (eig. Jón Stefán Sveinsson), isländ. Schriftsteller, 16. 11. 1857 Möðruvellir (Hörgárdalur) – 16. 10. 1944 Köln. Beamtensohn, 1870/ 71 kathol. Schule Kopenhagen, konvertierte 1871; 1871–78 Jesuitenkolleg Amiens, 1878–83 Stud. Theol. Frankreich, Belgien, Holland, 1883–87 Lehrer in Ordrup, 1888–92 Stud. Theol. England, 1892–1912 Lehrer u. Priester in Dänemark, 1914–22 Feldkirch, 1922–36 Paris, 1930 Islandreise, 1936–38 Weltreise, ab 1938 im Rheinland (Köln). – Bedeutender kathol. Schriftsteller, der vorwiegend dt. schrieb. S. meist auf eigenen Erlebnissen u. Beobachtungen beruhenden weltberühmten u. ungewöhnl. populär gewordenen Nonni-Geschichten gehören zum Besten der Jugendlit. Durch s. in viele Sprachen übersetzten

Erzählungen vermittelt er wie kein anderer der Jugend in aller Welt e. äußerst lebendiges Bild von Island.

W: Islandsblomster, 1906 (Aus Islands alten Schätzen, d. 1909f.); Et Ridt gennem Island, 1908 (Zwischen Feuer und Eis, d. 1911); Nonni. Erlebnisse eines jungen Isländers, 1913; Nonni og Manni, 1914 (d. 1914); Sonnentage, 1915; Aus Island, 1918; Die Stadt am Meer, 1922; Abenteuer auf den Inseln, 1927; Auf Skipalón, 1928; Die Geschichte des kleinen Guido, 1930; Die Feuerinsel am Nordmeer, 1933; Wie Nonni das Glück fand, 1934; Nonni erzählt, 1936; Nonnis Reise um die Welt, II 1947f. – Volksausgabe, III 1961 u.ö., Ritsafn (SW), XII 1948–56.

L: H. A. Krose, 1949.

Svenstedt, Carl Henrik, schwed. Schriftsteller, * 29. 3. 1937 Motala. Pastorensohn 1961 Staatsexamen Uppsala, Lit.- u. Filmkritiker. 1963–69 Redakteur, 1989–94 Dir. Centre Culturel Suédois in Paris, 1996 Kulturberater des Nord. Ministerrates, seit 1998 an der Hochsch. für Kunst u. Kommunikation Malmö. ∞ 1961–70 Elisabet Engellan, 1974–86 Stefania Lopez, seit 1993 Elisabeth Mörch Secher. – Sein Vorbild ist der franz. Ciné-roman, in dem der Autor die Rolle der Filmkamera übernimmt. Erzählprosa von visionärer Schärfe, surrealist. Stilisierung u. mit satir. Absichten: Der zum Selbstzweck gewordene Krieg bedeutet zugleich totalen Zusammenbruch des menschl. Gewissens (›Kriget‹). Oft wird Geschautes u. Gehörtes nur registriert, grenzenlose Neutralität wird zur Gleichgültigkeit.

W: Kriget, E. 1965 (Anweisungen für einen Liebhaber des Krieges, d. 1970); Invasionen, R. 1966; Sverje – ett förhållande, stilist. Collage 1967; Fängelse en månad, Tg. 1971; I provinsens ljus, Ess. 1984; Bandet från berget, Dr. 1984; O'noma, G. 1986; Inre tjänst, G. 1989; Berättelser för Tina, En. 1991; I Frankrikets hjärta, Ess. 1994; Berättelser från mitt hörnbord, En. 1998; Passe simple, N. 2000.

Sverdrup, Harald, norweg. Lyriker, 29. 5. 1923 Vestvågøy/Lofoten – 26. 6. 1992 Tønsberg. Stud. in Oxford; 1953–60 journalist. Tätigkeit für die Zeitung ›Arbeiderbladet‹. – Greift in s. Lyrik die Umweltzerstörung auf in e. bilderreichen, sinnl. Sprache, die geprägt ist von Humor u. Ironie, aber auch von Innerlichkeit. Übs. von Dylan Thomas u.a.

W: Syngende natt, G. 1955; Sankt Elms ild, G. 1958; Isbjørnfantasi, G. 1961; Farlig vind, G. 1969; Gamle Louis og andre dikt, G. 1976; Slips i tretoppen: barndomserindringer, Erinn. 1987. – Samlede dikt, G. 2000.

L: T. Lotherington, Med solen ytterst i nebbet, 1998.

Śvetāśvatara-Upaniṣad → Upaniṣad, die

Světlá, Karolina (eig. Johanna Mužáková, geb. Rottová), tschech. Schriftstellerin, 24. 2. 1830 Prag – 7. 9. 1899 ebda. Reiche Kaufmannstochter; verbrachte viele Jahre im Jeschkengebirge, der Heimat ihres Mannes; 1862 trag. Freundschaft mit J. Neruda. Lebte seit 1886 in Prag. – Begann unter Einfluß des ›Jungen Dtl.‹ mit Gesellschaftsnovellen, in denen sie soziale, relig., nationale u. moral. Probleme berührt, u. hist. Romanen aus der Zeit der nationalen Wiedergeburt; ihren künstler. Höhepunkt erreicht sie jedoch in den urwüchs. Dorfgeschichten u. -romanen aus dem Jeschkengebirge, die mit Vorliebe den Sieg der eth. Kräfte über Leidenschaft u. Egoismus sowie die Emanzipation der Frau behandeln.

W: První Češka, R. 1861; Vesnický román, R. 1867 (Sylva, d. 1900); Kříž u potoka, R. 1868; Kantůrčice, R. 1869; Frantina, R. 1870; Poslední paní Hlohovská, R. 1870; Černý Petříček, E. 1871; Nemodlenec, R. 1873; Lesní panna, E. 1878; Kresby z Ještědí, En. 1880 (darin: Hubička, Vorlage der Oper v. B. Smetana, 1876; Der Kuß, d. in: Tschech. Erzähler, 1958); Z literárního soukromí, Erinn. 1880. – Sebrané spisy (GW), XXX 1899–1904, ²1929–32; Vybrané spisy (Ausw.), VIII 1954–59; Z literárního soukromí, Erinn. u. Korresp., II 1959.

L: T. Nováková, 1890; L. Čech, ²1907; V. Martínek, 1910; A. Lauermannová-Votočková, 1937; L. Páleníček, 1949; J. Špičák, 1962 (m. Bibl.).

Svetlov, Michail Arkad'evič, russ. Dichter u. Dramatiker, 17. 6. 1903 Ekaterinoslav (heute Dnepropetrovsk) – 28. 9. 1964 Moskau. Schrieb romant. getönte Gedichte zum Thema des Bürgerkriegs, in den 30er Jahren Gedichte mit Liedcharakter; weit bekannt ›Grenada‹ (vertont als Romanze: e. Rotarmist träumt von der Befreiung Spaniens); mildert das Pathos s. Lyrik durch Ironie; s. ab 1935 entstandenen, das Persönl. betonenden Schauspiele über das Leben in der SU wurden offiziös angegriffen, er behielt aber e. begrenzte Stellung in der Sowjetlit. Erst posthum erfuhr er volle Anerkennung.

W: Izbrannye proizvedenija (AW), II 1965; Stichotvorenija i poėmy, G. u. Poeme 1966; P'esy, Drr. 1970; Sobranie sočinenij (GW), III 1974 f.

L: Z. S. Papernyj, 1967; F. G. Svetov, 1967.

Svevo, Italo (eig. Ettore Schmitz), ital. Erzähler, 19. 12. 1861 Triest – 13. 9. 1928 Motta di Livenza. Aus jüd. Familie, Vater aus dem Rheinland, fühlte sich ganz als Italiener. 1873–78 in e. jüd. Internat (Segnitz b. Würzburg). Kaufmänn. Ausbildung. 1879 am Istituto Commerciale Superiore in Triest. Nach finanziellem Ruin s. Vaters bis 1897 Bankangestellter in Triest, danach selbständiger Industrieunternehmer. 1904 Freundschaft mit J. Joyce. Auch Kritiker der Zeitung ›L'Indipendente‹. Seine beiden ersten Romane hatten keinen Erfolg, daher widmete er sich ganz dem

Geschäftsleben. Erst durch Joyce u. Larbaud entdeckt u. berühmt. Kam bei e. Autounfall ums Leben. – Bedeutendster Vertreter des Romans der klass. Moderne in Italien mit genauester Analyse des Innenlebens, rational u. von starker Ironie. Frühe Kenntnis des Werks von S. Freud. Seine naturalist. Darstellungen erinnern an franz. Vorbilder. Lebendige Milieuschilderungen aus Triest. Bes. genaue Beobachtung komplexer psych. Vorgänge. ›Una vita‹ ist die Geschichte e. lebensuntüchtigen, sensiblen jungen Mannes, der zugrunde geht. ›Senilità‹ analysiert die Liebesleidenschaft e. alternden Provinzintellektuellen. Den Erfolg bringt s. 3. Roman ›La coscienza di Zeno‹ mit autobiograph. Zügen: E. wohlhabender Bürger erzählt in iron. Hommage an s. Analytiker Episoden s. Lebens, die den scheinbar Schwachen als wahren Sieger im Lebenskampf hervortreten lassen.

W: Una vita, R. 1892 (d. 1962); Senilità, R. 1898 (n. 1927; Ein Mann wird älter, d. 1960); La coscienza di Zeno, R. 1923 (Zeno Cosini, d. 1928, 1959 u. 1974); Vino generoso, N. 1927; Una burla riuscita, Nn. 1928 (Ein gelungener Scherz, d. 1932); La novella del buon vecchio e della bella fanciulla, hg. E. Montale 1929 (d. 1967); Corto viaggio sentimentale, Nn. hg. U. Apollonio 1949 (zus. m. Fragmenten aus dem Nachlaß, d. 1967); Saggi e pagine sparse, hg. ders. 1954; Commedie, hg. ders. 1960. – Opere, hg. B. Maier 1954, 1962; Opera omnia, hg. ders. IV 1966–69; Epistolario, hg. ders. 1966; Opere, hg. ders. IV 1985–87; Scritti su Joyce, hg. G. Mazzacurati 1986. – Übs.: Die Erzählungen, I 1983, II 1984; Schauspiele, 1984; Autobiographisches Profil, 1986.

L: F. Sternberg, 1928; M. Punter, 1936; B. Maier, 1951, 1956 u. ⁴1975; A. Leone de Castris, 1959; G. Luti, 1961; K. Wais, 1965; P. N. Furbank, Lond. 1966; R. Fasciati, 1969; N. Jonard, Paris 1969; M. Lunetta, 1972; S. Maxia, 1975; L. Veneziani-Svevo, Vita di mio marito, ³1976 (d. 1994); E. Gioanola, 1979; E. Ghidetti, 1980; G. A. Camerino, 1981; M. Fusco, 1984; M. Jeuland-Meynaud, 1985; J. Gatt-Rutter, 1988; R. Behrens, R. Schwaderer, hg. 1990; E. Ghidetti, 1992 (d. 2001); F. Bondy, 1995; N. Cacciaglia, I. S. scrittore europeo, hg. 1995; B. Moloney, 1998; A. Cavaglion, 2000.

Svidzyns'kyj, Volodymyr, ukrain. Dichter, 9. 10. 1885 Majaniv (Geb. Vinnyc'a) – 18. 10. 1941 bei Charkiv (als sowjet. Häftling). Pfarrerssohn; Priesterseminar, Stud. Betriebswirtschaft. Seit 1925 Redakteur in Charkover Staatsverlag. – Während in seiner frühen Lyrik der Symbolismus vorherrscht, wendet er sich in den 20er Jahren surrealistischen Motiven in klassischen Gedichtformen zu. Svidzyns'kyj übersetzte franz., dt., poln., russ. Lyriker sowie lat. und griech. Autoren ins Ukrain. Gerne verarbeitete er in seiner Lyrik ukrain. und exot. Märchenmotive. Seit dem Beginn der 30er Jahre wurde seine Lyrik heftiger Kritik unterworfen, erst 1975 erschien in der Sowjetukraine ein neuer Lyrikband, wonach er als rehabilitiert galt.

W: Liryčni poeziji, 1922; Veresen', 1927; Poeziji, 1940; Poeziji, 1975; Medobir, 1975; Poeziji, 1975, 1986; Čudesna trostka, kazka, 1990.
L: I. Bondar-Tereščenko, 1996; E. Solovej, 1996; V. Jaremenko, 1996.

Svoboda, František Xaver, tschech. Schriftsteller, 25. 10. 1860 Mníšek b. Prag – 25. 5. 1943 Prag. Bauernsohn, Sparkassenbeamter. – Begann mit stimmungsvoller Liebes- u. meditativer Naturlyrik sowie moralisierenden Verserzählungen, schrieb dann realist., psycholog. durchdrungene Erzählungen, Romane u. Dramen, in denen er gesellschaftl. u. moraleth. Probleme behandelt. Den Höhepunkt s. Schaffens bildet die Familienchronik ›Rozkvět‹.

W: Básně, G. 1883; Nálady z minulých let, G. 1890; Směry života, Sch. 1892; Rozklad, Sch. 1893; Noví vesničané, Ep. 1895; Rozkvět, R. VI 1898; Řeka, R. IV 1908; Vlna za vlnou se valí, R. 1915; Kašpárek, R. 1917; Skok do tmy, R. 1929; Černý plamen, R. 1932; Pokušení, R. 1936; Velká láska, R. 1938; Dukátek v blátě, En. 1944. – Sebrané spisy (GW), IC 1908–38; Dramatická díla, VI 1900–06.
L: V. Dresler, 1911; M. Fričová, Básník domova, 1930; V. Martínek, 1944 (m. Bibl.).

Svobodová, Růžena, geb. Čápová, tschech. Schriftstellerin, 10. 7. 1868 Mikulovice u Znojma – 1. 1. 1920 Prag. Gutsverwalterstochter; lebte seit frühester Jugend in Prag, Gattin des Schriftstellers F. X. S.; befreundet mit F. X. Šalda, weitgereist. – An der Grenze zwischen Naturalismus u. Impressionismus stehend, begnügt sich S. nicht mehr mit der bloßen Darstellung der kränkelnden Gesellschaftsverhältnisse u. des Milieus, sondern übt Kritik an den sozialen Zuständen u. läßt in psycholog. durchdrungenen Romanen u. Novellen ihre Heldinnen aus dem Kampf gegen das Vorurteil der Umwelt u. den Egoismus des Mannes geläutert hervorgehen. Vf. von Jugendlit.

W: Ztroskotáno, R. 1896 (u.d.T. Jíva 1917); Přetížený klas, N. 1896; Zamotaná vlákna, R. 1898 (u.d.T. Přítelkyně 1918); Milenky, R. 1902 (neubearb. 1914/15); Marné lásky, En. 1907; Černí myslivci, Nn. 1908 (daraus: Die schwarzen Jäger, als Drb. d. 1944); Po svatební hostině, En. 1916; Zahrada ivémská, R. 1921. – Sebrané spisy (GW), XXI 1915–24; XIII 1940/41; Briefw. m. F. X. Šalda, 1969.
L: F. X. Šalda, 1921; R. Schwarcová, 1940; B. Václavek, Lit. studie a podobizny, 1962.

Swaanswijk, Lubertus Jacobus → Lucebert

Swarth, (Stéphanie) Hélène, niederländ. Lyrikerin, 25. 10. 1859 Amsterdam – 20. 6. 1941 Velp. 1865 mit den Eltern nach Brüssel. Schule in Amsterdam. ∞ 1894 den Journalisten Frits Lapidoth. –

Frühe Gedichte in franz. Sprache unter Einfluß der franz. Romantik. Dann Einwirkung Heines, Lenaus, Novalis' u. bes. J. Perks. Liebes- u. Naturgedichte, z. T. von schwermütigem Charakter.

W: Eenzame bloemen, G. 1883; Blauwe bloemen, G. 1884; Rouwviolen, G. 1889; Gedichten, G. 1902; Avondwolken, G. 1911; Morgenrood, G. 1929; Wijding, G. 1936. – Het zingende hart, G.-Anth. 1952.

Swedenborg (eig. Swedberg), Emanuel, schwed. Mystiker und Theosoph, 29. 1. 1688 Stockholm – 29. 3. 1772 London. Sohn des Hofpredigers, Choraldichters u. späteren Bischofs Jesper Swedberg (1653–1735), Stud. Mathematik, Mechanik, Geologie, Astronomie u. Geographie Uppsala u. 1710–14 London u. Paris. 1717 Assessor im Oberbergamt, 1719 geadelt. 1741 Mitgl. der schwed. Akad. der Wiss. Lebte sehr zurückgezogen, viel im Ausland. E. relig. Krise führte 1745 in London zu visionären Erlebnissen (Aufzeichnungen darüber in ›Drömboken‹, hg. 1859). 1747 Abschied vom Staatsdienst. Publizierte zum größten Teil in lat. Sprache im Ausland; erst später Übs. – In den ersten wiss. u. philos. Werken rationalist., fast mechanist.-materialist. Weltanschauung, die aber allmähl. e. organ.-myst. Naturphilos. weicht: das körperl. Dasein ist nur Symbol des geist.; das Weltall ist Ausströmung des Göttl.; der Mensch (Mikrokosmos) ist der Mittelpunkt des Weltorganismus (Makrokosmos). Damit schroffer Gegensatz zum mechanist. Weltbild der Aufklärung. Die Grenzen zwischen Gott, Mensch und Natur werden ebenso ausgelöscht wie die zwischen Erde, Himmel u. Hölle. Der Mensch kann zu Gott aufsteigen durch sittl. Selbsterziehung; Luthers Versöhnungslehre wird verworfen, der Glaube muß sich in Taten zeigen. Im Vertrauen auf s. göttl. Eingebungen legt S. die Bibel aus u. schildert das Leben nach dem Tode. Dabei sind die Schilderungen von den Freuden des Himmels nüchtern verstandesmäßig u. ird. konkret, ohne trivial zu werden, die Schrecken der Hölle oft seltsam grotesk u. erschütternd grausam, wobei die Objekte s. Widerwillens, wie bei Dante, bes. Plagen ausgesetzt sind. Das Paradies erfüllt sich bei ihm nicht im seligen Schauen Gottes, sondern in prakt. Wirksamkeit nach s. Willen, wie es dem Nützlichkeitsdenken der Zeit entsprach. Obwohl S. die Phantasie u. den Schönheitssinn e. Dichters besaß, sind s. Gestalten wenig greifbar u. wirkl. dichter. Stellen selten in dem umständl. und meist prosaisch räsonierenden Werk. Die poetischsten Bilder findet er, selbst unverheiratet, für Liebe und Ehe, die zu den himml. Freuden gehören. Zu Lebzeiten hatte er wenig Anhänger; erst später erregten s. Visionen größte Aufmerksamkeit. Mitten in der Aufklärung wurde er Vorgänger u. Inspirationsquelle des Symbolismus. Seine Lehre hat sich bes. in angelsächs. Ländern weit verbreitet.

W: Opera philosophica et mineralia, III 1734; Principia rerum naturalium, 1734; Oeconomia regni animalis, III 1740–41; Regnum animale, III 1744f.; De cultu et amore Dei, 1745; Diarium spirituale (1747–63; hg. J. F. I. Tafel, Lond. VII 1843–46); Arcana coelestia, VIII 1749–56 (d. XVI 1842–70); De coelo et eius mirabilibus et de inferno, 1758 (d. 1772 u.ö.); De nova Hierosolyma, 1758 (d. 1939); De commercio animae et corporis, 1765 (d. 1772 u.ö.); Apocalypsis revelata, 1769; Delitiae sapientiae de amore conjugiali, 1768 (d. 1848); Vera christiana religio, 1771 (d. 1873). – Werke, lat. u. dt., hg. J. F. I. Tafel XXI 1823–42; Autographa, XVIII 1901–16. – *Übs.*: Auserlesene Schriften, V 1776f.; Theolog. Schriften, 1904; Ausgew. relig. Schriften, 1949; Die durchsichtige Welt – Ein. S.-Brevier, 1953.

L: J. F. I. Tafel, III 1839–42; F. Sewall, Lond. 1910; C. Byse, V 1911–13; M. Lamm, 1915 (d. 1922); E. Kleen, II 1917–20; R. Lagerborg 1924; A. von Winterstein, 1936; H. de Geymüller u. H. Driesch, 1936; E. Benz, S. in Dtl., 1947; ders., 1948; S. Toksvig, Lond. 1948; E. O. Siegstedt, N. Y. 1952; F. Horn, Schelling u. S., 1954; I. Jonsson, 1961, 1969 u. 1972. – *Bibl.*: R. L. Tafel, III 1875–77; J. Hyde, 1906; A. H. Stroh, G. Ekelöf, 1910; A. Holmberg, 1937.

Świętochowski, Aleksander (Ps. Władysław Okoński), poln. Schriftsteller und Dramatiker, 18. 1. 1849 Stoczek – 25. 4. 1938 Gołotczyzna b. Warschau. Absolvent der ›Szkoła Główna‹, Stud. Philos. Warschau u. Leipzig. 1876 Promotion. Publizist. Tätigkeit zunächst an ›Przegląd Tygodniowy‹, 1881 Gründung der Wochenzs. ›Prawda‹. Bis 1901 Schriftleiter. Starb vereinsamt u. vergessen. – Konnte in s. eigenen Entwicklung den Positivismus, dessen poln. Hauptvertreter er war, nicht überwinden. S. publizist. Tätigkeit ist gekennzeichnet von schwungvollem, polem. Eintreten für fortschrittl., demokrat. Ideen, mod. Wiss., gegen relig., nationale u. gesellschaftl. Vorurteile. S. dramat. Werke zeigen ihn als Individualisten, s. symbolist.-historiosoph. Drama ›Duchy‹ versucht, e. Querschnitt durch die Gesch. der Menschheit zu geben.

W: Praca u podstaw, Schr. 1873; Niewinni, Dr. 1876; Nieśmiertelne dusze, Dr.-Tril. 1876–99 (Ojciec Makary, Aureli Wiszar, Regina); Ein Versuch, die Entstehung d. Moralgesetze zu erklären, Diss. 1876; Piękna, Dr. 1878; Helvia, Dr. 1879; O życie, Nn. 1879; Chawa Rubin, N. 1879; Karl Krug, N. 1879; Damian Capenko, N. 1879; Siedem grzechów głównych, Dr. 1882; Aspazja, Dr. 1885 (d. 1912); Duchy, Dr.-Zykl. VI 1895–1909; Drygałowie, R. 1914; Hultaj, K. 1923; Historia chłopów polskich, Schr. II 1925–28; Nałęcze, R. 1928; Twinko, R. 1928; Genealogia teraźniejszości, Schr. 1936. – Pisma, VIII 1908 f.; Pisma wybrane (Ausw.), III 1951; Nowele i opowiadania, 1965; Wspomnienia, Mem. 1966; Wybór pism krytycznoliterackich, ausgew. Ess. 1973; Liberum veto, Schr. II 1976; Aforyzmy, 1979. – *Übs.*: Erzählungen aus dem Volksleben, 1884; Poln. Novellenbuch (Ausw.), 1906.

L: F. Zbroja, 1939; S. Sandler, 1957; J. Rudzki, 1962 u. 1968; M. Brykalska, 1974.

Swift, Graham (Colin), engl. Romancier, * 4. 5. 1949 London. 1974–83 Dozent an Londoner Colleges. – Seine häufig multiperspektiv. erzählten Romane kennzeichnet der Versuch, persönl. und universelle Geschichte durch Erinnerungen, aber auch anhand von Dokumenten wie Polizeiakten, Fotos, Aufzeichnungen, zu rekonstruieren, um psych. Beschädigungen und Hoffnungslosigkeit in e. trostlosen Gegenwart zu erklären. Doch wird dadurch Geschichte stets nur konstruiert, bleibt die Suche nach Wahrheit und Sinn vergebl. Fortschritt ist nicht erkennbar, doch müssen die Menschen weiter Geschichte(n) erzählen.
W: The Sweet Shop Owner, R. 1980 (Ein ernstes Leben, D. 1986); Shuttlecock, R. 1981 (Alias Federball, d. 1983); Learning to Swim, En. 1982; Waterland, R. 1983 (Wasserland, d. 1984); Out of this World, R. 1988; Ever After, R. 1991 (Von jenem Tag an, d. 1995); Last Orders, R. 1996 (Letzte Runde, d. 1997); The Light of Day, R. 2003 (Das helle Licht des Tages, d. 2003).
L: S. Mecklenburg, 2000.

Swift, Jonathan, anglo-ir. Dichter und Schriftsteller, 30. 11. 1667 Dublin – 19. 10. 1745 ebda. Nach dem Tod s. Vaters geboren. Erzogen in Kilkenny Grammar School, Klassengefährte Congreves. Stud. Theol. Dublin. 1689–94 Sekretär des Schriftstellers Sir William Temple, dessen Bibliothek S. weitgehend nutzte. Begegnung mit Esther Johnson (der ›Stella‹ der Tagebücher), e. illegitimen Tochter Temples. Enttäuscht über mancherlei Demütigungen und ungenügende Förderung durch Temple Rückkehr nach Irland, ab 1695 anglikan. Geistlicher in Kilroot b. Belfast. Erste Satiren: ›Tale of a Tub‹ gegen Korruption in Religion und Wiss. und ›The Battle of the Books‹, Auseinandersetzung zwischen Antike und Moderne. 1698 auf Bitten Temples Rückkehr in dessen Haus, gab nach dem Tod s. Gönners dessen Werke heraus, danach Rückkehr nach Irland, dort anglikan. Geistlicher in versch. Pfarrstellen, 1713–45 Dekan von St. Patrick's. Häufige Besuche in London, befreundet mit Addison, Steele, Gay, Congreve. Vf. zahlr. Flugschriften über polit. und kirchl. Themen. Kämpfte zunächst auf seiten der Whigs, ging 1710 zu den Tories über (schrieb regelmäßig für den Tory-freundl. ›Examiner‹), gewann unter deren Führung großen polit. Einfluß, der jedoch nach ihrem Sturz endete. Setzte sich dann ausschließl. für ir. Fragen ein. Sein Verhältnis zu Stella ist nie ganz geklärt worden, er liebte sie, sträubte sich aber gegen e. Heirat; lange Korrespondenzen mit Vanessa Vanhomrigh, die ihn liebte und der er sich nicht ganz entziehen konnte (›Cadenus and Vanessa‹). Nach dem Tod Stellas 1728 verdüstertes Leben. Menschenhaß u. Furcht vor Geisteskrankheit. Während der letzten Lebensjahre blind und taub, starb in geistiger Umnachtung. – Bedeutendster engl. Satiriker von beißender Ironie. Auch s. bekanntestes Werk ›Gulliver's Travels‹ enthält e. klare, schneidende Satire auf die Menschheit, trotzdem wurden die zwei noch in etwas gemäßigterem Ton abgefaßten ersten der 4 Bücher, in denen Phantasie und Wirklichkeit in höchst origineller Art verwoben sind, in gekürzter, entschärfter Form zu e. der beliebtesten Kinderbücher der Welt.
W: The Battle of the Books, Sat. 1704; A Tale of a Tub, Sat. 1704; The Conduct of the Allies, polit. Pamphlet 1712; Drapier's Letters, polit. Pamphlet 1724; Cadenus and Vanessa, G. 1726; Travels into Several Remote Nations of the World by Lemuel Gulliver, 1726 (n. P. Dixon, J. Chalter 1967, P. Turner 1971, C. McKelvie 1976; d. 1984); Miscellanies (m. Pope, Arbuthnot, Gay), 1727; Verses on the Death of Dr. Swift, 1731; Rhapsody on Poetry, 1733; Journal to Stella, 1766 (n. H. Williams II 1948). – The Works, hg. H. Falkner XX 1772, W. Scott XIX 1814–24; Prose Works, hg. H. Davis XVI 1939–74; Satires and Personal Writings, hg. W. A. Eddy 1932; Poems, hg. H. Williams III ²1958; Selected Poems, hg. J. Reeves 1970, C. H. Sisson 1977; Correspondence, H. Williams V 1963–65; Vanessa and her Correspondence, hg. A. M. Freeman 1921. – *Übs.:* Satirische und ernsthafte Schriften, VIII 1756–66; Prosaschriften, IV 1909f.; AW, hg. H. A. Schlösser III 1967.
L: T. Sheridan, 1784; W. Scott, 1814; L. Stephen, 1882 u. 1925; J. Ehrenpreis, 1958 u. III 1962–67; K. Schuhmann, 1981; J. A. Downie, 1985; E. Wawers, 1989; W. Weiß, 1992; I. Higgins, S.s Politics, 1994; F. Boyle, 2000. – *Bibl.:* H. Teerink, ³1963; D. M. Vieth, 1982; R. H. Rodino, 1984; D. Nokes, 1985.

Swinburne, Algernon Charles, engl. Dichter, 5. 4. 1837 London – 10. 4. 1909 Putney (London). Sohn e. Admirals; Kindheit auf der Isle of Wight und in Frankreich. In Eton erzogen, 1856–59 Stud. Lat., Griech., Franz. und Ital. Oxford. Wohlhabend, konnte zeitlebens ganz s. Neigungen leben. Schloß sich 1860 dem Kreis der Präraffaeliten an, lebte zeitweise mit Rossetti und Meredith zusammen in Chelsea, eng befreundet mit W. Morris. Veröffentlichte zunächst etwas pathet., neuromant. überhöhte Schauspiele mit geringem Erfolg. 1861 Reise nach Italien, lernte dort W. S. Landor kennen. S. große lyr. Dichtung ›Atalanta in Calydon‹ erweckte hohe Erwartungen, die kurz danach veröffentlichten ›Poems and Ballads‹ riefen jedoch wegen der Verherrlichung wilder Erotik im viktorian. England e. Sturm der Entrüstung hervor und führten zu zahlr. Kontroversen. S. antwortete s. Angreifern durch ›Notes on Poems and Reviews‹. Begeistert für Mazzinis freiheitl.-republikan. Ideale, schrieb er s. ›Songs of Sunrise‹. 1879 Zusammenbruch infolge Alkohol-

Symeon Metaphrastes

mißbrauchs; verbrachte die letzten 30 Jahre s. Lebens unter treuer Fürsorge s. Freundes T. Watts-Dunton in Putney, zuletzt taub. – In s. frühen Epoche angeregt durch Keats, die Präraffaeliten und das elisabethan. Drama, steht S. zunächst unter romant. und klass. Einfluß, später kommt die Einwirkung Gautiers und Baudelaires, mit dem er persönl. befreundet war, hinzu. Zeitlebens fasziniert vom Meer und vom griech. Drama; in s. größten Dichtung ›Atalanta in Calydon‹ vermischt er das griech. Thema mit romant. Lyrik, hier gelingt ihm e. Werk von einzigartiger Versschönheit und Wortmelodik, auch in ›Erechtheus‹ behandelt er noch einmal das griech. Thema mit glänzender metr. Gewandtheit. S. großen Spätdichtungen ›Tristram of Lyonesse‹ und die eng an Malory angelehnte ›Tale of Balen‹ sind nicht lyr., sondern ep. Dichtungen. Die Prosaschriften erreichen nicht die künstler. Höhe s. Dichtungen, in ihnen wird der Mangel an Gedankentiefe im Vergleich mit der glänzenden Form bewußt. S.s Dramen sind der Antike nachgeahmt, behandeln meist Stoffe der engl. Geschichte, am besten der 1. Teil der Maria-Stuart-Trilogie ›Chastelard‹. Die Essays über Dichter der elisabethan. Zeit geben lyr. beschwingte Paraphrasen.

W: The Queen-Mother. Rosamond, Drr. 1860; Atalanta in Calydon, Tr. 1865 (n. J. H. Blackie 1930; d. 1878); Mary Stuart Trilogy: Chastelard (d. 1873), Bothwell, Mary Stuart, Drr. 1865–81; Poems and Ballads, G. III 1866–89 (hg. K. Haynes, 2000; d. Ausw. S. George 1905, R. Borchard 1919, E. Jaime 1948); A Song of Italy, 1867; W. Blake, St. 1868; Songs Before Sunrise, 1871 (d. 1911); Under the Microscope, Es. 1872; George Chapman, Es. 1875; Essays and Studies, 1875; Erechtheus, Dicht. 1876; A Year's Letters, R. 1877 (u.d.T. Love's Cross Currents, 1905, hg. E. Wilson 1962, M. Zaturenka, 1964); Poems and Ballads, II 1878; A Study of Shakespeare, Es. 1880; Songs of the Springtides, 1880; Tristram of Lyonesse, Dicht. 1882; A Midsummer Holiday, Dicht. 1884; Marino Faliero, Dr. 1885; A Study of Victor Hugo, Es. 1886; Locrine, Dr. 1887; A Study of Ben Jonson, Es. 1889; The Sisters, Dr. 1892; Astrophel, 1894; The Tale of Balen, Dicht. 1896; The Duke of Gandia, Dr. 1908; Autobiographical Notes, 1920; Shelley, G. (hg. J. S. Mayfield 1973). – Complete Works, hg. E. Gosse, T. J. Wise XX 1925–27 (m. Bibl.); Collected Poetical Works, II 1924; Selected Poems, hg. L. M. Finlay 1982; Hyperion, hg. G. Lafourcade 1927; New Writings, hg. C. Y. Lang 1964; Letters, hg. E. Gosse, T. J. Wise II 1918; Letters, hg. C. Y. Lang VI 1959–62.

L: E. Thomas, 1912; J. Drinkwater, 1913; E. Gosse, 1917; H. Nicolson, ²1930; W. R. Rutland, 1931; T. E. Connolly, 1964; R. L. Peters, The Crowns of Apollo, 1965; J. O. Fuller, 1968; T. E. Welby, ²1968; C. Enzensberger, Viktorian. Lyrik, 1969; M. B. Raymond, S.'s Poetics, Den Haag 1971; J. J. McGann, 1972; I. Fletcher, 1973; P. Henderson, 1974; D. G. Riede, 1978, K. McSweeney, Tennyson and S. as Romantic Naturalists, 1981; R. Rooksby, N. Shrimpton, hg. 1993; R. Rooksby, 1997; D. Thomas, ²1999. – *Bibl.:* T. J. Wise, II

1919f.; ders., 1925; J. Carter, G. Pollard, 1934; K. H. Beetz, 1982.

Sydney, Sir Philip → Sidney, Sir Philip

Symeon Metaphrastes, byzantin. Hagiograph und Dichter, 1. Hälfte 10. Jh. – Ende 10. Jh. Konstantinopel. Bekleidete hohe Ämter am Hofe (Logothetes und Magister) und soll im Alter Mönch geworden sein. Sein Hauptwerk, dem er s. Beinamen verdankt, bestand in der Umarbeitung alter Legenden des Kalenderjahres für e. neues Menologion. Er übersetzte sie in e. gelehrtere, stilist. gepflegte Form. Nicht alle Texte s. aus 10 Bänden bestehenden Menologions hat S. M. stilist. umgeändert. Einige hat er in ihrer ursprüngl. Form übernommen, einige neu geschrieben und die älteren Legenden stilist. umgearbeitet. Außer dem Menologion hinterließ S. M. mehrere Dichtungen (Kanones, Stichera, e. Legende in Versen über die Kreuzigung Christi), Sammlungen von Auszügen aus den Werken des Hl. Basileios des Großen, Makarios und Chrysostomos, e. Sammlung von 131 kephalaia gnostika, Reden, etwa 25 Briefe und e. Chronik unter dem Namen S. Magistros und Logothetes.

A: J. P. Migne, Patrol. Graeca 32, 34, 114–116 u. 133.
L: C. Høgel, Koph. 2002.

Symeon der neue Theologe (S. der Jüngere), byzantin. Asket, Mystiker und Dichter, 949 Galatai/Paphlagonien – 1022 Chrysopolis. Kam als Kind nach Konstantinopel, um bei s. einflußreichen Onkel erzogen zu werden, entschied sich aber für das Mönchsleben und trat ins Kloster ein. Großen Einfluß auf die Entwicklung s. Persönlichkeit und s. Lebens übte s. geistl. Vater Symeon Studites (Eulabēs) aus, den S. wie e. Heiligen verehrte. Von s. Werken sind die myst. Gedichte ›Érōtes theíōn hýmnōn‹ sehr bekannt, die zu den wichtigsten Zeugnissen der myst. Lit. der byzantin. Zeit zählen. Innige, inbrünstige Hingabe zu Gott, visionäre Leuchtkraft und impulsreiche Sprache kennzeichnen diese ›Hymnen göttlicher Liebe‹. Andere Werke S.s sind Reden, Katechesen, prakt. und theolog. Kapitel (Lógoi, Katēchéseis, kephálaia praktika kai theologika).

A: Orationes, hg. J. M. Hussey, B. Krivochéine 1954 (m. engl. Übs.); Chapitres théologiques gnostiques et pratiques, hg. J. Darrouzès (Sources Chrétiennes 51) 1958; Traités théologiques et éthiques, hg. ders. (ebd. 122 u. 129) 1966f.; Katechèses, hg. B. Krivochéine, J. Paramelle (ebd. 96, 104 u. 113) 1963–65; Hymnes 1, hg. J. Koder, J. Paramelle (ebd. 156) 1969, Hymnes 2, hg. J. Koder, L. Bevrand (ebd. 174) 1971; Hymnen, hg. A. Kambylis (Suppl. byz. 3) 1976. – *Übs.:* Licht vom Licht, Hymnen ²1951.

L: H. M. Biedermann, Das Menschenbild bei S., 1949; W. Völker, Praxis und Theoria bei S., 1974; J. H. M. Turner, Leiden 1990.

Symmachus, Quintus Aurelius, bedeutender röm. Redner, etwa 345 – 402 n. Chr. Angehöriger der Senatsaristokratie; 384/85 Stadtpräfekt, 391 Konsul. – S.' Werke sind e. wichtige Quelle für die polit., soz., kulturelle Geschichte. Erhalten sind Fragmente von 8 Reden, u. a. von Lobreden auf Kaiser Valentinian I., u. 951 kunstvoll stilisierte Briefe. 902 Briefe an Verwandte, Freunde (u. a. an Ausonius) und Amtsträger geben Einblick in die Umgangsformen der Oberschicht; Themen sind u. a.: Freundschaft, Gesundheit, lit. Interessen, Empfehlungen, Karriere, Reisen. 49 amtl. Schreiben (›Relationes‹) an den Kaiser zeigen S. im Amt des Stadtpräfekten. In der Moderne bes. beachtet wird s. Eingabe (3. Relatio) an Valentinian II., die den (am Ende an Bischof Ambrosius scheiternden) Einsatz der heidn. Senatoren für den Erhalt des Victoria-Altars dokumentiert.

A: O. Seeck, Mon. Germ. Hist., auct. ant., Bd. 6,1, 1883; Epist.: m. franz. Übs. J. P. Callu, Paris 1972ff.; Rel.: m. engl. Übs. R. H. Barrow, Oxf. 1973; Reden: m. dt. Übs. u. Komm. A. Pabst, 1989.

L: F. Paschoud, hg. Paris 1986.

Symonds, John Addington, engl. Dichter und Kritiker, 5. 10. 1840 Bristol – 19. 4. 1893 Rom. Sohn e. Arztes, in Harrow und Oxford erzogen, lehrte ebda. am Magdalen College. Wegen schwacher Gesundheit zahlr. Auslandsreisen, längere Aufenthalte in Italien, sammelte dort Material für s. Gesch. der ital. Renaissance, die weniger e. fortlaufende Behandlung gibt als Aneinanderreihung zahlr. wertvoller Einzelskizzen. Schrieb philos. Aufsätze für versch. Zeitschriften, Pionier der Homosexualitätsforschung. – Vf. von melanchol. Gedichten, kunst- u. lit.wiss. Studien sowie Dichterbiographien. Am besten als Übs. Cellinis, Gozzis und Michelangelos.

W: Renaissance in Italy, VII 1875–86; Many Moods, G. 1878; New and Old, G. 1880; Introduction to the Study of Dante, St. 1872; Studies of the Greek Poets, St. II 1873–76; Animi Figura, G. 1882; Shakspere's Predecessors in the Engl. Drama, 1884; Our Life in the Swiss Highlands, Aut. 1892 (m. s. Tochter); In the Key of Blue, Es. 1893; Essays, II 1890; Sketches and Studies in Italy and Greece, hg. H. F. Brown III 1898. – Letters and Papers, hg. H. F. Brown 1932; The Letters, hg. H. M. Schueller, R. L. Peters III 1967–69; Memoirs, hg. P. Grosskurth, 1984.

L: H. F. Brown, II 1895, I 1903; M. Symonds, 1906; V. Wyck Brooks, 1914; E. M. Braem, Die ital. Renaissance, Diss. Zürich 1932; P. M. Grosskurth, 1964; J. Pemble, hg. 2000. – *Bibl.:* P. L. Babington, 1925.

Symonenko, Vasyl', ukrain. Dichter, 8. 1. 1935 Bijivci/Poltavagebiet – 13. 12. 1963 Čerkasy. Ohne Vater aufgewachsen. Stud. Journalistik Univ. Kiev, Journalist in der ukrain. Provinz. – S. war ein bedeutender Vertreter der ukrain. ›Sechziger‹-Generation, die nach dem Tauwetter eine Erneuerung des gesellschaftlichen und kulturellen Lebens in der Ukraine anstrebte. Seine gesellschaftskrit., teilweise satir. Lyrik wurde von der studentischen Jugend begeistert aufgenommen und als Samizdat verbreitet. Darin geißelte er die Übermacht des Funktionärsstaates, die unterprivilegierte, schwere Lage der Landmenschen, vor allem der Kriegerwitwen. Seine sozial- und nationalkrit. Gedichte stützen sich auf Taras Ševčenko.

W: Zemne t'ažinn'a, 1964; Vyno z trojand, Prosa 1965; Bereh čekan', 1965, 1973; Poezija. Prosa, 1989; Virši ta kazky, 1990; Opovidann'a, ščodennyk, 1992; Zbirnyk, 1994; Virši, sonety, poemy, 2001; Bereh čekan', 2001.

L: O. Tkačenko, 1990; Zbirnyk materialiv, 1990.

Symons, Arthur, engl. Dichter und Kritiker, 21. 2. 1865 Milford Heaven/Wales – 22. 1. 1945 Wittersham/Kent. Früh schriftsteller. tätig. Bereiste Frankreich und Italien. Beeinflußt durch W. Pater und die franz. Symbolisten. Während der 1890er Jahre Mitarbeiter des ›Athenäum‹, der ›Saturday Review‹, des ›Yellow Book‹. ∞ 1901 Rhoda Bowser. Mitgl. des ›Rhymers' Club‹, 1896 Hrsg. der Zs. ›The Savoy‹, Wortführer des engl. Symbolismus. 1908 Nervenzusammenbruch, 2 Jahre in Heilanstalten. – S. frühen subjektiven und impressionist. Gedichte sind vielversprechend, die späteren enttäuschen. Am bedeutendsten s. krit. Werke. Auch Übs. aus dem Franz. und Hrsg. von Anthologien.

W: An Introduction to the Study of Browning, St. 1886; Days and Nights, G. 1889; Silhouettes, G. 1892; London Nights, G. 1895; Studies in Two Literatures, St. 1897; Images of Good and Evil, G. 1899; The Symbolist Movement in Literature, St. 1899; Collected Poems, 1901; Poems, II 1902; Studies in Prose and Verse, St. 1904; The Fool of the World, G. 1906; W. Blake, St. 1907; The Romantic Movement in Engl. Poetry, St. 1909; Knave of Hearts, G. 1913; Tragedies, 1916; Tristan and Iseult, Versdr. 1917; Studies in the Elizabethan Drama, St. 1920; Ch. Baudelaire, St. 1920; Love's Cruelty, G. 1923; Th. Hardy, St. 1927; O. Wilde, St. 1930; Confessions: a Study in Pathology, Aut. 1930; A Study of W. Pater, St. 1932. – Collected Works, XVI 1924f.; Selected Writings, hg. R. Holdsworth 1973; Poetry and Prose, hg. ders. 1974; Selected Letters: 1880–1935, hg. K. Beckson, J. M. Munro, 1989.

L: W. G. Barn, 1907; W. G. Blaikie-Murdoch, 1916; T. E. Welby, 1925 (m. Bibl.); M. Wildi, 1929; R. Lhombréaud, 1962 u. 1963; J. M. Munro, 1969; A. S.: A bibliography, hg. K. Beckson 1990; K. Beckson: A. S.: a life, 1987.

Synesios, altgriech. Schriftsteller, um 370 Kyrene (Libyen) – um 413 n. Chr. Unklar, ob aus christl. Familie, Stud. in Alexandreia, 399–402 (397–400?) Gesandter in Konstantinopel, Rückzug auf Gut bei Kyrene, ab 411 (412?) Metropolit der Kyrenaïka. – In S.' Werk dominiert s. inhaltl. und sprachl. Orientierung an den Autoren der klass. Zeit (damit mittelbar auch an denen der sog. ›2. Sophistik‹) sowie s. Neuplatonismus. Außer 2 öffentl. Ansprachen, 2 fragmentar. erhaltenen Osterpredigten sowie einzelnen Briefen (insgesamt 156) bietet s. Werk vergleichsweise wenig spezif. Christliches: Die 9 ›Hymnen‹ präsentieren S.' Christologie in traditionellen antiken Versmaßen und dor. Dialekt in Amalgamierung mit neuplaton. Philos. Die übrigen Werke zeigen eher e. Autor, der an umfassende lit.-philos. Bildung ›glaubt‹ (vgl. v. a. seinen ›Dion‹). S.' Stärke liegt in s. lit. Fähigkeiten, für die er auch in den Folgejahrhunderten bes. geschätzt wurde.

A: A. Garzya 1979 (Briefe), 1989 (GA, m. ital. Übs.); A. Fitzgerald 1926 (Briefe, m. engl. Übs.); K. Treu 1959 (Dion, m. dt. Übs.); J. Gruber, H. Strohm 1991 (Hymnen, m. dt. Übs.); D. Susanetti 1994 (Träume).

L: C. Lacombrade, Paris 1951; A. J. Bregman, Berkeley u. a. 1982; G. Albert, 1984; J. Vogt, 1985 (Slg. älterer Beiträge); S. Vollenweider, 1985; D. Roques, Paris 1987, Brüssel 1989; W. Liebeschütz, Oxf. 1990; B.-A. Roos, Lund 1991; A. Cameron u. a., Berkeley 1993; H. Seng, 1996; W. Hagl, 1997; T. Schmitt, 2001; A. Kehl, in: M. Hutter u. a., hg. Fs. K. Hoheisel 2002 (m. dt. Übs. der Hypatia-Briefe).

Synge, John Millington, ir. Dichter, 16. 4. 1871 Rathfarnham b. Dublin – 24. 3. 1909 Dublin. Sohn e. Anwalts anglo-ir. Abstammung. Bis 1892 Stud. Trinity College, Dublin; zunächst interessiert an Naturwiss. und Musik. Wollte Musiker werden. Bereiste Dtl. und Italien, Stud. franz. Lit. Paris, lebte als Bohemien ebda. u. lernte dort Yeats kennen, der ihn für die Bühne gewann. Auf Yeats' Rat besuchte er 1899 die einsamen Aran-Inseln u. studierte die kraftvolle, bilderreiche Sprache der Fischer mit ihren gäl. und ir.-engl. Elementen; sie gab s. Werken neben der dramat. Wucht und der Stärke s. schöpfer. Phantasie ihre bes. Note. S. Schauspiele wurden 1903–10 im Abbey Theatre aufgeführt, dessen Direktor er seit 1904 war. Er verlobte sich mit Maire O'Neill, s. frühzeitiger Tod an Krebs verhinderte jedoch die Heirat. – Führender Dramatiker der kelt. Renaissance mit s. aus krassem Realismus und romant. Verklärung gemischten Porträts aus dem harten Leben der ir. Bauern und Fischer. S. Werk ist nur klein an Umfang, zeigt jedoch Ansätze zur großen Tragödie. In ihm verketten sich menschl. Geschicke und übersinnl., legendäre und myth. Mächte, das Meer wird zur großen Schicksalsmacht, die entscheidend in die menschl. Geschicke eingreift. S.s Bühnenstücke reichen von der Tragödie bis zur großen Komödie des ›Playboy of the Western World‹ mit ihrem realist. Humor. S. letztes großes Bühnenwerk, die Bearbeitung der ir. Legende von Deirdre, blieb Fragment. Auch s. Prosaschriften schildern in dichter. Sprache die herbe Daseinswelt der Fischer auf den Inseln von Aran, Wicklow und Kerry. Übs. Petrarca ins Ir.-Engl.

W: In the Shadow of the Glen, Tr. 1904 (d. 1918); Riders to the Sea, Tr. 1904 (d. 1935); The Well of the Saints, K. 1905 (d. 1906); The Aran Islands, Es. 1907 (d. 1962); The Playboy of the Western World, K. 1907 (Der Held des Westerlands, d. 1912, auch u. d. T. Der Playboy, Ein wahrer Held, Der Gaukler von Mayo, Der Held der westl. Welt); The Tinker's Wedding, K. 1908 (d. 1964); In Wicklow and West Kerry, Es. 1908; Deirdre of the Sorrows, Sch. 1910. – Collected Works, IV 1910, hg. R. Skelton IV 1962–68; Poems and Translations, 1909; Translations, hg. R. Skelton, 1961; Plays, 1933; The Plays and Poems, hg. T. R. Henn 1963; Autobiography, hg. A. Price 1965; The Collected Letters, hg. A. Saddlemyer I 1871–1907, 1983, II 1907–1909, 1984; Letters to Molly, hg. dies. 1971.

L: W. B. Yeats, 1911; P. P. Howe, 1912; M. Bourgeois, 1913; J. Masefield, 1915; D. Corkery, [2]1947; D. Greene, E. M. Stephens, 1959; T. R. Henn, 1963; D. Gerstenberger, 1964; D. Johnston, 1965; A. Saddlemyer, 1969; R. Skelton, The Writings of J. M. S., 1971; ders., J. M. S. and His World, 1971; S. Cornier, 1971; Sunshine and the Moon's Delight, hg. S. B. Bushrui 1972; Centenary Papers, hg. M. Harmon 1972; E. M. Stephens, hg. A. Carpenter 1974; G. J. Watson, Irish Identity and the Literary Revival, 1979; T. O'Brien Johnson, 1982; D. Kiberd, S. and the Irish Language, [2]1993; D. M. Kiely, 1994; A. G. Gonzalez, 1996; W. J. McCormack, The Fool of the Family, 2000. – *Bibl.:* M. J. Mac-Manus, 1930; P. Levitt, 1974.

Syr Menvig Grynswth → Hughes, John

Syrokomla, Władysław (eig. Ludwik Kondratowicz), poln. Dichter, 29. 9. 1823 Smolhovo/ Weißrußland – 15. 9. 1862 Wilna. Kleinadelsfamilie, Vater Landvermesser beim Fürsten Radziwiłł; keine abgeschlossene Schulbildung, seit 1840 Kanzlist. 1844 ∞. Schwierige wirtschaftl. Lage. Lebte auf s. kleinen Gut b. Wilna. Materielle Not zwingt ihn zur Vielschreiberei. – Von Mickiewicz beeindruckt, ›Dichter des litau. Dorfes‹. Steht im Schatten der großen Romantiker. In s. Werk deutl. Eintreten für die Unterdrückten. Historisierende Verserzählungen aus dem Adelsmilieu. Ausgezeichnete Übsn. der poln.-lat. Dichter.

W: Gawędy i rymy ulotne, Dicht. VI 1853–60 (n. 1925); Urodzony Jan Dęboróg, Dicht. 1854; Kęs chleba, Dicht. 1855; Margier. Poemat z dziejów Litwy, Dicht. 1855; Chatka w lesie, Dr. 1855 f.; Zgon Acerna, Dicht. 1856; Janko Cmentarnik, Dicht. 1856 (Hans vom Friedhof, d. 1897); Ułas, Dicht. 1858; Szkolne czasy Dęboroga, Dicht. 1859; Poezje ostatniej godziny, Dicht. 1862. – Poezje, X 1872; Wybór poezji, V 1890, VII 1922, 1957, 1961, 1974.

W: S. Cywiński, 1923; M. Zdziechowski, 1924; I. Trypućko, Język W. S., II 1957; F. Fornalczyk, Hardy lirnik wioskowy, 1972; S. w. 150 rocznicę urodzin, 1974.

Syrus, Publilius → Publilius Syrus

Sytstra, Harmen Sytses, westfries. Dichter, 14. 1. 1817 Midlum – 4. 4. 1862 Baard. Früh verwaist; wuchs bei s. Großmutter in Achlum auf e. kleinen Bauernhof auf. Nach ihrem Tode Bäckerlehre bei s. Onkel, dann Lehrer in Franeker, Bergum und Baard. 1844 Mitgründer des ›Frysk Selskip‹, 1845–61 Hrsg. von ›Iduna‹ (zum größten Teil mit eigenen Beiträgen), 1856/57 von ›Blau-Mandeiskrante‹. ∞ 1852. Bemühte sich um e. neue Rechtschreibung des Westfries. S. ›Friesche Spraakkunst‹ (1854–62) wollte die Einheit des Fries. in Raum und Zeit aufzeigen. – Wie hier auch als Dichter Romantiker (u.a. Wiederbelebungsversuch des german. Stabreims). S. Ziel war e. Großfriesland. S. Gedichte sind volkstüml. Bes. Vorliebe für Fabeln und Satiren.

W: Tsien tuwsen uwt de lottery, G. u. En. 1841; It boask fen de kasteleins dochter, Lsp. 1842; Hwet habba da Fryske scriüers yn acht to nimen, Aufs. 1845; Blomlēzing út 'e gedichten, G. 1894; Striid en dream, Aufs. u. G. 1948.

L: D. Kalma, H. S., in Frysk lieder, 1930; ders., 1962; J. H. Brouwer u. J. J. Kalma, Winst út forlies, 1962; B. A. Gezelle Meerburg, Innich Fryksinnich, 2001.

Szabó, Dezső, ungar. Schriftsteller, 10. 6. 1879 Kolozsvár/Cluj (Rumänien) – 13. 1. 1945 Budapest. Stud. Philos. u. Philol. Budapest. Mitgl. des Eötvös-Kollegs. Stipendiat in Paris; bis 1919 Studienrat. – In den 20er Jahren wirkte S. mit zeitkrit.-satir. Romanen, kämpfer.-polit. Schriften und Reden von scharfem, spött. Humor und expressionist. Stil, die er im Kampf der Nationalitäten in den Dienst des ungar. Nationalismus stellte. Für s. Stil ist der Kultus der Kraft und e. ausgeprägte Dynamik charakterist. Seine Bilder u. Gleichnisse sind von erhabenem Pathos erfüllt.

W: Nincs menekvés, R. 1917; Mesék a kacagó emberről, Nn. 1919; Az elsodort falu, R. 1919; Egyenes úton, St. 1920; Csodálatos élet, R. 1921; Ölj!, Nn. 1921; Jaj!, Nn. 1923; Segítség!, R. 1925; Tenger és temető, Nn. 1926; A magyar protestantizmus problémái, St. 1926; Feltámadás Makucskán, Nn. 1932; Karácsony Kolozsvárt, R. 1932; A kötél legendája, N. 1934; Miért?, R. 1939; Az egész láthatár, St. II 1939. – Összegyűjtött munkái (GW), XVI 1926; Művei, III 1930.

L: P. Nagy, ²1979; Gy. Gombos, ³1989.

Szabó, Lőrinc, ungar. Lyriker, 31. 3. 1900 Miskolc – 3. 10. 1957 Budapest. – Sensibler Lyriker. Begann mit revolutionären, expressionist. Gedichten von z.T. übersteigerter Erotik. Nach 1930 Beruhigung zu individualist. pessimist. Stimmungslyrik von aristokrat. Esoterik und e. an Proust gemahnenden Bewußtseinskunst und Selbstanalyse. Hervorragender Übs. von Baudelaire, Coleridge, Goethe, Kleist, Shakespeare, Verlaine u.a.

W: Föld, erdő, Isten, G. 1922; Kalibán, G. 1923; Fény, fény, fény, G. 1925; A Sátán műremekei, G. 1926; Te meg a világ, G. 1932; Különbéke, G. 1935; Reggeltől estig, G. 1937; Örök barátaink, Übsn. II 1941–48; Tücsökzene, G. 1947; A huszonhatodik év, G. 1957; Összegyűjtött versei (ges. G.), 1960. – Übs.: Das sechsundzwanzigste Jahr, G. 1982.

L: L. Kabdebó, 1974; M. Csűrös, Harc az ünnepért, 1997.

Szabó, Magda, ungar. Schriftstellerin, * 5. 10. 1917 Debrecen, aus Gelehrtenfamilie, Stud. lat. Philol. (Dr. phil.) ebda., Gymnasiallehrerin, seit 1959 freie Schriftstellerin; 1945–50 im Ministerium für Kultur u. Unterricht tätig. – Debütierte mit formvollendeten Gedichten (1947, 1949) um die innere Einsamkeit des Individuums, wandte sich dann ganz der Erzählprosa zu; analysiert in künstler. hochstehenden Romanen vornehml. mit Hilfe des inneren Monologs die Psychologie leidenschaftl. getriebener einzelner u. verworrener Familien- und Generationsbeziehungen, berücksichtigt gesellschaftl. Einflüsse in undoktrinärer Weise. Daneben Dramen, Hörspiele, Kinderbücher, Jugendromane.

W: Freskó, R. 1958 (Das Fresko, d. 1960); Mondják meg Zsófikának, R. 1958 (Erika, d. 1961); Az őz, R. 1959 (Die andere Esther, d. 1960); Sziget-kék, Jgb. 1959 (Inselblau, d. 1965); Disznótor, R. 1960 (Das Schlachtfest, d. 1963); Álarcosbál, Jgb. 1961 (Maskenball, d. 1963); Születésnap, Jgb. 1962 (Geburtstag, d. 1966); Pilátus, R. 1963 (... und wusch ihre Hände in Unschuld, d. 1965); A Danaida, R. 1964 (Die Danaide, d. 1965); Mózes egy huszonkettő, R. 1967 (1. Moses 22, d. 1967); Alvók futása, En. 1967 (Lauf der Schlafenden, d. 1969); Katalin utca, R. 1969 (Katharinenstraße, d. 1971); Abigél, Jgb. 1970 (Abigail, d. 1978); Ókút, R. 1970; Zeusz küszöbén, Reiseb. 1968; Régimódi történet, R. 1977 (Eine altmodische Geschichte, d. 1987); Erőnk szerint, Dr. 1980; Az ajtó, R. 1987 (Die Tür, d. 1990, u.d.T. Hinter der Tür, 1992); Mézescsók Cerberusnak, En. 1999; Für Elise, R. 2002.

Szabó, Pál, ungar. Erzähler, 5. 4. 1893 Biharugra – 31. 10. 1970 Budapest. Bauer; Teilnehmer am 1. Weltkrieg, dann Maurer. Präsident des ungar. Schriftstellerverbandes. – Vf. realist. Romane mit stark autobiograph. Zügen und polit., soz. Themen, so bes. über die Schwierigkeiten der Bauern s. Heimat durch die Kollektivierung.

W: Emberek, R. 1930; Szakadék, R. 1939; Lakodalom, Keresztelő, Bölcső, 1942–43 (u.d.T. Talpalatnyi föld, R. 1949; u.d.T. Um einen Fußbreit Land, d. 1951); Őszi vetés, R. 1940 (Herbstsaat, d. 1948); Őszi szántás, Nn. 1945; Isten malmai, R. 1949 (Befreites Land, d.

1952); Tavaszi szél, R. 1950; Új föld, R. 1953 (Neues Land, d. 1956); Nyugtalan élet I, R. 1954; Ahogy lehet, R. 1962.
L: M. Czine, 1971.

Szaniawski, Jerzy, poln. Dramatiker u. Erzähler, 10. 2. 1886 Zegrzynek – 16. 3. 1970 Warschau. Stud. Kunstgesch. u. Agronomie. Wandte sich 1914 dem Schriftstellerberuf zu. 1933 Mitgl. der Poln. Akad. – Meisterhafter Beherrscher der Dramentechnik in kammerspielartigen Komödien voll echter Poesie um die Auseinandersetzung des Individuums mit den Massenidealen. Im Grunde Realist, doch Neigungen zum Symbolismus und experimentellen Psychologismus.

W: Murzyn, K. 1917; Papierowy kochanek, Dr. 1920; Ewa, Dr. 1921; Lekkoduch, Dr. 1923; Ptak, Dr. 1923; Miłość i rzeczy poważne, R. 1924; Żeglarz, Dr. 1925 (Der Seefahrer, d. 1967); Łgarze pod Złotą Kotwicą, Nn. 1928; Adwokat i róże, Dr. 1929; Fortepian, Dr. 1932; Most, Dr. 1933; Dwa teatry, K. 1946 (Theater im Spiegel, d. 1968); Professor Tutka i inne opowiadania, Sat. 1954 (Professor Tutkas Geschichten, d. 1969, 1975); W pobliżu teatru, Ess. 1956. – Dramaty zebrane, III 1958.

L: W. Natanson, 1970, 1971, 1976; K. Nastulanka, 1973; J. Jakubowska, 1980.

Szarzyński Sęp, Mikołaj, poln. Lyriker, um 1550 b. Lemberg – 1581 Wolica. Adliger Herkunft. Stud. im Ausland, lebt dann auf s. Gut. Über s. Leben ist wenig bekannt. Folgt dem Vorbild J. Kochanowskis, bes. in der formalen Gestaltung s. erot., patriot. und philos. Gedichte von zarter Melancholie. Die geistl. Gedichte folgen J. Kochanowskis ›Psalmen‹. Ital. Einfluß in der verwendeten Sonettform.

A: Rytmy albo Wiersze polskie, G. 1601 (n. 1973, 1978).

L: C. Backvis, Brüssel 1966; J. Błoński, 1967; R. Sokoloski, The Poetry of M. S. Sz., 1990.

Szczepański, Jan Józef, poln. Schriftsteller, * 12. 1. 1919 Warschau. Stud. Orientalistik. Teilnahme am Partisanenkampf (AK). Zahlr. Reisen (Indien, Afrika, Süd- und Nordamerika). 1980–1983 Präsident des poln. Schriftstellerverbandes. – Anfangs Kriegsthemen im Geist der Ethik J. Conrads, später Hinwendung zur Kritik der Zivilisation mit ihrem Verlust metaphys. Werte. Übs. aus dem Engl.

W: Portki Odyssa, R. 1954; Polska jesień, R. 1955 (Der polnische Herbst, d. ²1984); Buty, En. 1956; Dzień bohatera, En. 1959; Motyl, En. 1962; Czarne i białe, Rep. 1965; Ikar, R. 1966 (Ikarus, d. 1980, 1988); Za przełęczą, En. 1967; Wyspa, R. 1968 (Die Insel, d. 1980, 1988); Świat wielu czasów, Rep. 1969; Rafa, En. 1974; Przed nieznanym trybunałem, Sk. 1975 (Vor dem unbekannten Tribunal, d. 1979); Autograf, En. 1979; Trzy czerwone róże, En. 1982; Nasze nie nasze, Rep. 1983; Kapitan, R. 1985; Ultima Thule, En. 1986. – *Übs.:* Japanische Blumen, Ausg. En. 1988.

L: K. Dybciak, 1982.

Szczypiorski, Andrzej (Ps. Maurice S. Andrews), poln. Prosaist und Publizist, 3. 2. 1928 Warschau – 16. 5. 2000 ebda. Sohn eines hohen Funktionärs der Poln. Sozialist. Partei (PPS). 1944 Teilnahme am Warschauer Aufstand in kommunistischer Einheit (AL). Häftling im KZ Sachsenhausen. 1946/47 Studium Politologie Warschau. 1956–58 Kulturattaché der poln. Botschaft in Kopenhagen. Nach1968 zunehmend in Opposition zum Regime. 1977 Druckverbot. Dezember 1981 Internierungslager. 1989–92 für die Solidarność im Senat der Rep. Polen. – In den 1980er u. 90er Jahren wurde er zur moralisch-polit. Autorität: in Deutschland als geistiger Botschafter Polens, in Polen als Anwalt Deutschlands. Ansehen u. Weltruhm brachte ihm der 1988 ins Deutsche übers. Roman ›Początek‹ (dt. Der Anfang), der das Überleben im besetzten Warschau thematisiert und die gängigen Stereotype über Deutsche, Polen u. Juden in Frage stellt. Höher als den Bestseller in Dtl. stuft die poln. Literaturkritik den parabolischen Roman ›Eine Messe für die Stadt Arras‹ ein. Die dt.-poln. Problematik sowie die moralischen und polit. Konflikte der Nachkriegszeit im Umgang mit der Macht stehen im Zentrum seines lit. und publizist. Interesses.

W: Ojcowie epoki, En. 1958; Msza za miasto Arras, R. 1971 (Eine Messe für die Stadt Arras, d. 1979); I omineli Emaus, R. 1974 (Der Teufel im Graben, d. 1976); Z notatnika stanu wojennego, Mem. London 1983 (Notizen zum Stand der Dinge, d. 1990); Początek, R. Paris 1986; Warschau 1986 (im Untergrundverlag), Warschau 1990 (Die schöne Frau Seidenman, d. 1988); Noc, dzień i noc, R. Neutrino 1987 (Nacht, Tag und Nacht, d. 1991); Autoportret z kobietą, R. 1994 (Selbstporträt mit Frau, d. 1994); Gra z ogniem, R. 1999 (Feuerspiele, d. 2000). – *Übs.:* Europa ist unterwegs, Ess. u. Rdn. 1966.

L: Początek raz jeszcze. Z A. Sz. rozmawia T. Kraśko, 1991, 1993; E. Jażdżewska-Goldsteinowa, »Początek« A. Sz., 1995; E. K. Kalinowa, Nie pytaj mnie o jutro, 1998.

Székely-Lulofs, Magdalena (Madelon) Hermina, niederländ. Schriftstellerin, 24. 6. 1899 Surabaja/Java – 22. 5. 1958 Amsterdam. Tochter e. Verwaltungsbeamten, ∞ den ungar. Plantagenbesitzer Lászlo Székely. Ab 1930 in Budapest, ab 1938 in den Niederlanden. – Vf. von psycholog.-realist. Romanen aus dem Leben in den Tropen u. in Ungarn. Mit dem Schlüsselroman ›Rubber‹ erwarb sie e. breiten Leserkreis.

W: Rubber, R. 1931 (Gummi, d. 1934); Koelie, R. 1932 (Kuli, d. 1935); Emigranten, En. 1933 (Kolonisten, d. 1937); De andere wereld, R. 1934 (d. 1936); De hongertocht van 1911, R. 1936 (Hungerpatrouille, d. 1937); Het laatste bedrijf, R. 1937 (n. bearb. u. d. T. Weerzien in Boedapest, 1950); De kleine strijd, R. 1941; Tjoet Nja Din, E. 1948.

Szelburg-Zarembina (auch Szelburg-Ostrowska), Ewa, poln. Schriftstellerin, 10. 4. 1899 Bronowice b. Puławy – 28. 9. 1986 Warschau. Lebte seit 1928 in Warschau. – Begann mit Kinderbüchern, die ihren Stil bestimmten. Verbindet Realismus mit Phantastik u. kommt damit der Vorstellungswelt des Kindes entgegen. Mit der Vereinfachung des Volksmärchens vermenschlicht sie die Personen u. Geschehnisse u. erzielt so e. großen Erfolg, vor allem als Gegengewicht gegen die absurde Phantastik der Zeitgenossen. Überträgt den Stil der Kinderbücher auch reizvoll auf symbolist. u. psycholog.-realist. Romane für Erwachsene um metaphys. Themen.
W: Ta, której nie było, R. 1925; Chusta św. Weroniki, R. 1930; Ecce homo, Dr. 1932; Sygnały, Dr. 1933; Krzyże z papieru, En. 1934; Wędrówka Joanny, R. 1935 (Johannas Wanderung, d. 1937); Dzieci miasta, G. 1945; Dom młodości, En. 1951; Spotkania, En. 1951; W cieniu kolumny, En. 1954; Miasteczko aniołów, R. 1959; Matka i syn, G. 1961; Samotność, En. 1961; Zakochany w miłości, R. 1961; Iskry na wiatr, R. 1963; Imię jej Klara, R. 1964; Spotkanie przy drodze, Mem. 1976; Nie tylko słowa, Schr. 1977; Zawiłości prostej drogi, Mem. 1979. – Rzeka kłamstwa, Ausgew. R. V 1968; Dzieła (GW), XII 1971–72.
L: K. Kuliczkowska, 1965; A. Klimowicz, 1966.

Szentkuthy, Miklós, ungar. Schriftsteller, Essayist, 2. 6. 1908 Budapest – 18. 7. 1988 ebda. Stud. Anglistik und Romanistik in Budapest, Dr. phil., Gymnasiallehrer. Seit 1958 beschäftigte er sich nur noch mit der Lit. u. machte Reisen in Europa. – Schrieb von umfangr. philos. u. kulturhist. Gelehrsamkeit zeugende Romane unter Einfluß der frühen Renaissance (Rabelais), des Barock u. der mod. Prosa (Joyce).
W: Prae, R. 1934; Az egyetlen metafora felé, R. 1935; Fejezet a szerelemről, R. 1936; Divertimento, R. 1957; Burgundi krónika, hist. R. 1959; Doktor Haydn, R. 1959; Arc és álarc, R. 1962; A megszabadított Jeruzsálem, hist. R. 1965; Saturnus fia, R. 1966; Händel, R. 1967; Iniciálék és ámenek, En. 1987; Szent Orpheus breviáriuma, R. V 1994.
L: Gy. Rugási, Szent Orpheus arcképe, 1992.

Szerb, Antal, ungar. Schriftsteller, Lit.historiker und Kritiker, 1. 5. 1901 Budapest – 27. 1. 1945 Balf. – Meister der Essayform; s. geistreichen Romane sind durch e. seltsame Mischung von Abenteuer u. Kulturgesch. geprägt.
W: A Pendragon-legenda, R. 1934 (Die Pendragon-Legende, d. 1966); Utas és holdvilág, R. 1937 (Der Wanderer und der Mond, d. 1974, u.d.T. Reise im Mondlicht, 2003); A királyné nyaklánca, R. 1943 (Marie Antoinette oder die unbewegliche Schuld, d. 1966); Madelon, az eb, Nn. 1947; Szerelem a palackban, Nn. 1963.
L: Gy. Poszler, 1973.

Szigligeti, Ede, ungar. Dramatiker, 8. 3. 1814 Nagyvárad/Oradea (Rumänien) – 19. 1. 1878 Budapest. Ab 1834 Schauspieler in Buda u. Pest. 1835 Gründungsmitgl. des Pester Dramatikerverbandes (Pesti Drámaíró Egyesület). 1840–78 div. Funktionen am Nationaltheater. 1873–78 Direktor desselben Theaters. 1840 korrespondierendes Mitgl. der Ungar. Akad. der Wiss. 1846 Mitgl. der Kisfaludy-Gesellschaft. – Schrieb 1834–75 114 Theaterstücke, zahlr. Librettos, parabelhafte hist. Dramen. Schuf unter Einfluß des franz. Melodrams u. des Wiener Volksstückes das ungar. Volksstück. Gewann mit mehreren Lustspielen Preise der Akad.
W: Rózsa, Lsp. 1840; Szökött katona, Vst. 1843; Csikós, Vst. 1847; II. Rákóczi Ferenc fogsága, hist. Dr. 1848; Liliomfi, Lsp. 1849; Cigány, Vst. 1853; Fenn az ernyő, nincsen kas, Lsp. 1957 (Rauschgold, d. 1879); A lelenc, Dr. 1863; A fény árnyai, Dr. 1865, Trónkereső, hist. Dr. 1868 – Öszves színművei (SW), VI 1846–48; Színművek, 1960.
L: L. Osváth, 1955.

Szomory, Dezső, ungar. Dramatiker, 2. 6. 1869 Pest – 30. 11. 1944 ebda. 20 Jahre Berichterstatter ungar. Tageszeitungen in Paris; kehrte 1910 nach Ungarn zurück. – Vf. erfolgr., großangelegter hist. u. sozialkrit. Dramen unter Einfluß des franz. Naturalismus u. Symbolismus.
W: Elbukottak, Nn. 1892; Péntek este, Dr. 1896; A rajongó Bolzay-lány, Sch. 1911; Bella, Sch. 1913; II. József császár, Tr. 1918; II. Lajos király, Dr. 1922; A párizsi regény, R. 1929; Takáts Alice, Sch. 1930; Kamarazene, Nn. 1937; Az Irgalom hegyén, Nn. 1964.
L: P. Réz, 1971.

Szujski, József, poln. Schriftsteller, 16. 6. 1835 Tarnów – 7. 2. 1883 Krakau. Stud. Philos. u. Jura Krakau u. Wien. Seit 1859 auf e. Landgut bei Krakau. Veröffentlichte s. ersten lyr. Gedichte u. Dramen im ›Lemberger Tageblatt‹. Seit 1869 Prof. für Gesch. an der Univ. Krakau, Sekretär d. Akad. der Wiss. Mitvf. der ›Teka Stańczyka‹, Manifest des Krakauer Konservativismus. 1879 Mitgl. des österr. Herrenhauses. – Gibt in s. Dramen meist nach hist. Stoffen farbige Schilderungen des poln. Lebens. Vf. e. Darstellung der poln. Gesch., auch als Handbuch für die Jugend. Übs. Aischylos, Aristophanes, Shakespeare, Calderón.
W: Halszka z Ostroga, Dr. 1859; Królowa Jadwiga, Dr. 1860; Wallas, Dr. 1860; Zborowscy, Dr. 1869; Dzieje Polski, Schr. IV 1862–66; Kopernik, Dr. 1873; Maryna Mniszchówna, Dr. 1876; Długosz i Kallimach, Dr. 1880; Historii polskiej treściwie opowiedzianej ksiąg XII, Schr. 1880; Odrodzenie i reformacja w Polsce, Schr. 1881; Die Polen und Ruthenen in Galizien, Schr. 1882. – Dzieła (W), XX 1885–96.
L: St. Smolka, 1883.

Szymborska, Wisława, poln. Lyrikerin u. Essayistin, * 2. 7. 1923 Kórnik Bnin b. Posen.Tochter e. Gutsverwalters. Seit 1931 in Krakau. Stud. Polonistik u. Soziologie ebda. 1953–81 Mitarbeiterin der Zt. ›Życie Literackie‹. Mit der Verhängung des Kriegsrechts trat sie als Redaktionsmitglied zurück. Seitdem, insbes. aber seit dem Tode ihres Lebensgefährten, des Prosaisten K. Filipowicz (1989), lebt sie betont zurückgezogen. – Sie schreibt wenig. Knapp 300 Gedichte, oder ca. 6 pro Jahr, bilden das Gesamtwerk, doch nahezu alle gelten als Meisterwerke. Der Nobelpreis 1996 war für die einen e. Überraschung, für Kenner kam er viel zu spät. Sie gilt als die Grande Dame nicht nur der poln. Nachkriegslyrik. Nach der Verführung durch den sozialist. Realismus (bis 1956) stellte sie ihre Dichtung nie wieder in den Dienst einer Ideologie. Gleichermaßen distanziert sie sich von großen hist. Ereignissen, philos. Konzeptionen, existentiellen Problemen oder Fragen zum Dichterverständnis. Ihre Lyrik ist frei von poetischen Trends u. Experimenten, sie ist universell u. kommunikativ. Intellektuell kontrollierte Strenge und geistige Distanz verbinden sich mit weiser Zurückhaltung, philos. Scherz u. Sprachvirtuosität.

W: Dlatego żyjemy, G. 1952; Pytania zadawane sobie, G. 1954; Wołanie do Yeti, G. 1957; Sól, G. 1962; Sto pociech, G. 1967; Wszelki wypadek, G. 1972; Lektury nadobowiązkowe, Ess. IV 1973–96; Tarsjusz i inne wiersze, G. 1976; Wielka liczba, G. 1976; Ludzie na moście, G. 1986; Koniec i początek, G. 1993; Chwila, G. 2002; Rymowanki dla dużych dzieci, G. 2003. – Poezje wybrane (G.-Ausw.), II 1983; Widok z ziarnkiem piasku, G.- Ausw. 1996. – *Übs*.: Salz, G.-Ausw. 1973; Deshalb leben wir, G.-Ausw. 1980; Hundert Freuden, G.-Ausw. 1986; Hundert Freuden – Hundert Gedichte, G.-Ausw. ²2002.

L: Radość czytania Sz. Wybór tekstów krytycznych (1953–96), 1996; S. Balbus, Świat ze wszystkich stron świata, 1996; A. Legeżyńska, 1996; A. Wiatr, Syzyf w piekle poezji, 1996; D. Wojda, Milczenie słowa, 1996; T. Nyczek, 22× Sz., 1997.

Szymonowic, Szymon (Simon Simonides), poln. u. neulat. Dichter, 24. 10. 1558 Lemberg – 5. 5. 1629 Czernięcin. Bürgerl. Herkunft. Stud. Akad. Krakau. Freund, später Sekretär des Kanzlers Johann Zamoyski. Erzieher der Kinder Zamoyskis. 1590 von Sigmund III. geadelt. 1593 von Papst Clemens VIII. zum Dichter gekrönt. Organisator der Akad. in Zamość. Begann mit e. Christianisierung des Phädra-Stoffes nach Euripides. Panegyr. Dichtung für Zamoyski, dann anknüpfend an J. Kochanowski ›Sielanki‹ in poln. Sprache. Diese erot. Idyllen sind von bleibender Bedeutung für die Entwicklung der poln. Lit. Verwendet frei Stoffe nach Theokrit u. Vergil. Schafft e. Welt antiker Schäferszenen, doch ab u. zu bricht das Bild wirkl. Lebens durch. Epigrammat. Dichtungen in Anlehnung an Rejs Tierfabeln mit satir. Pointen.

W: Castus Joseph, Dr. 1587 (poln. 1597, n. 1973); Joel Propheta, G. 1593; Lutnia rokoszańska, G. 1607 (n. 1863); Sielanki, Idyllen 1614 (n. J. Pelc 1964); Pentesilea, Dr. 1618 (n. W. Hahn 1895); Poematia aurea, 1619; Opera, hg. A. M. Durini 1772.

L: K. J. Heck, III 1901–03; J. Królińska, 1929; Z. Łempicki, hg. 1929.

Ta'abbaṭa Šarran, Ṯābit ibn Ǧābir al-Fahmī, vorislam. arab. Dichter, dessen Mutter vielleicht e. Afrikanerin war. Stand zeitlebens in Fehde und führte, z. T. in Begleitung von aš-Šanfarā, e. abenteuerl. Leben in der Wüste. – S. Gedichte sind nur in Fragmenten und in Anthologien verstreut erhalten. Bemerkenswert sind e. Trauergedicht auf aš-Šanfarā und e. auf e. gefallenen Verwandten, das Goethe zu e. Nachdichtung veranlaßte.

L u. Übs.: G. Baur, 1856 (engl. 1918).

Tabidse, Galaktion → Tabije

Tabije (Tabidse), Galaktion, georg. Dichter, 17. oder 18. 11. 1891 Čqviši – 17. 3. 1959 T'bilisi (Tiflis). Ab 1900 Gymnas. Kutaisi, ab 1908 Geistl. Seminar T'bilisi. 1910/11 Lehrer. Längere Aufenthalte Moskau, Petrograd, ab 1919 Hrsg. u. Mitbegründer verschied. Zsn., u.a. ›Mnatobi‹; 1940er Jahre – 1954 Schriftstellerverband Georgiens. T. schöpfte aus der Tradition der georg. Klassik u. der Dichtung des Volkes u. führte die georg. Lyrik zu neuer Größe. Bedeutendster georg. Lyriker des 20. Jh. – 1. Gedichtband 1914, von Verzweiflung geprägt, romantisch und revolutionär, rhythmisch und eingehend. T. begrüßte die Oktoberrevolution u. beteiligte s. dichterisch am Aufbau der neuen Heimat: ›Fahnen schneller‹ (1917) und ›Wir Dichter Georgiens‹ (1925), ›Epoche‹ (1928). Ab den 1930er Jahren beginnt in den Werken ein gründl. Durchdenken des Erreichten, ab den 1940er Jahren werden Stimmungen der Einsamkeit u. verschlossener Individualität fühlbar, durch den 2. Weltkrieg (patriot. Gedichte) zeitweise unterbrochen. Freitod 1959. T.s Gedichte sind stark mit Georgien, Geschichte u. Gegenwart verbunden, er schrieb eindrucksvolle Gedichte über die Liebe (›Meri‹), zauberte Naturbilder (z. B. ›Wind, er weht‹, 1924). T.s Werke gelten wegen ihrer Musikalität, der klaren metr. u. rhythm. Struktur, des originellen Reimes u. der Bilder als nur annähernd übersetzbar.

W: Lek'sebi 1927; T'xzulebani (W), VIII 1937–57; XII 1966–75; V 1993 f. – *Übs*.: russ.: Izbrannoe (AW), 1933, 1940, 1956; Stichi, 1935, 1967, 1983; Poezija- prežde vsego, 1993; dt.: 14 Ged. in: Poet's Corner 6 (1991); Gedichte, T'bilisi 2000.

L: S. Čilaia, 1951, 1958; B. Žgenti, 1953; Lort'k'ip'anije, I 1968, II 1973–75, 1988; D. Benašvili, 1972; T'. Č'xenkeli, 1972; M. Kveselava, 1977; G. Asat'iani, 1983; R. T'varaje, 1979, 2001; N. Tabije, 1982, 1993, 1997, 2000. – *Bibl.:* I. Lort'k'ip'anije, 1986.

Tabito → Ôtomo(no) Tabito

Tablada, José Juan, mexikan. Dichter, 3. 4. 1871 Mexiko Stadt – 2. 8. 1945 New York. Journalist, Diplomat, verbrachte viele Jahre im Exil. – Modernist, Verteidiger der Avantgarde; Begründer der Haikus in span. Sprache.

W: Florilegio, 1899, 1904; Li-Po y otros poemas, 1920; La feria, 1928. – Obras, III 1971.

L: A. Tanabe, 1981.

Tabori, George, amerik. Dramatiker ungar. Herkunft, * 24. 5. 1914 Budapest. Vater Journalist (in Auschwitz umgekommen); emigrierte Ende der 1930er Jahre nach London, erwarb die engl. Staatsangehörigkeit; übersiedelte nach Kriegsende (Teilnahme auf brit. Seite) in die USA, lebt als Dramaturg in New York, seit 1970 als Regisseur in der Bundesrepublik Dtl. Gründer u. Leiter des ›Bremer Theater Labors‹ (1975–79). – Schrieb zunächst zeitkrit. Romane; dann, angeregt durch Bekanntschaft mit Brecht (1947), Bühnenstücke: Die bekanntesten erforschen mit den Mitteln e. Ritual u. Revue verknüpfenden mod. Dramaturgie zeittyp. Entmenschungsprozesse, ›Cannibals‹ am Beispiel e. Falls von Kannibalismus in e. KZ, ›Pinkville‹ anhand des My-Lai-Massakers.

W: Beneath the Stone, R. 1945 (Das Opfer, d. 1996); Companions of the Left Hand, R. 1946; Original Sin, R. 1947; The Caravan Passes, R. 1951 (Tod in Port Aarif, d. 1994); The Emperor's Clothes, Drn. 1953; The Journey: A Confession, R. 1958; Niggerlovers, Dr. (1967); Pinkville, Dr. (1970); Clowns, Dr. (1972); Cannibals, Dr. 1973; Talk Show, Dr. (1976); Changes, Dr. (1976); Ich wollte, meine Tochter läge tot zu meinen Füßen und hätte die Juwelen in den Ohren, Dok. 1979; My Mother's Courage, Dr. (1979); Non-sense oder Der letzte Akt, Gespräche 1983; Peepshow, Mem. 1984; Meine Kämpfe, Dr. 1986; Mein Kampf, Dr. 1987; Weisman and Copperface, Dr. (1991); Requiem for a Spy, Dr. (1993); A Mass Murderer and Her Friends, Dr. 1995. – *Übs.:* Meine Kämpfe, Prosa 1986; Spiele, Slg. 1988; Theaterstücke, II 1994.

L: G. Ohngemach, 1989; J. W. Gronius, W. Kässens, hg. 1989; A. Welker, hg. 1994; H.-P. Bayerdörfer, J. Schönert, hg. 1997; T. Rothschild, hg. 1997; B. Haas, 2000; S. Scholz, 2002; A. Fainberg, 2003.

Tabucchi, Antonio, ital. Schriftsteller, * 24. 9. 1943 Pisa. Stud. portugies. Lit., die er seit 1973 an den Univ. Bologna, Genua und Siena unterrichtet. Hrsg. und Übs. von F. Pessoa, Mitarbeiter versch. Zeitungen – Als Autor richtet sich s. Aufmerksamkeit auf die seel. Veränderungen s. Figuren. Lyr. und zugleich realist. tendiert er dazu, den ursprüngl. Erzählstrang aufzugeben, um dann e. neue Geschichte innerhalb der erzählten zu finden. S. bisher größter Erfolg bei Kritikern und Publikum war der Roman ›Sostiene Pereira‹, der verfilmt wurde.

W: Piazza d'Italia, R. 1975 (d. 1998); Il piccolo naviglio, R. 1978; Il gioco del rovescio, En. 1981 (d. 2000); Donna di Porto Pim, En. 1983 (d. 1993); Notturno indiano, R. 1984 (d. 1994); Piccoli equivoci senza importanza, En. 1985 (d. 1986); Il filo dell'orizzonte, R. 1986 (d. 1988); I volatili del Beato Angelico, En. 1987; I dialoghi mancati, Drr. 1988 (d. 1991); L'angelo nero, R. 1991 (d. 1996); Requiem, R. 1992 (d. 1994); Sostiene Pereira, R. 1994 (d. 1995); La testa perduta di Damasceno Monteiro, R. 1997 (d. 1997); Sta facendo sempre più tardi, R. 2001 (d. 2002).

L: C. Pezzin, 2000; F. Brizio-Skov, 2002.

Tacitus, Publius (?) Cornelius, röm. Geschichtsschreiber, um 55 n. Chr. – um 120. Im Jahr 88 Praetor, 97 Konsul, um 112 Prokonsul der Provinz Asia. – Das Gesamtwerk teilt sich in die 3 kleineren u. 2 großen Schriften. Zunächst zu den kleineren: ›De vita et moribus Iulii Agricolae‹ (Leben u. Charakter des I. A.; auch ›Agricola‹) ist e. biograph.-hist. Monographie über T.' Schwiegervater A., bes. über dessen Erfolge bei der Eroberung Britanniens (mit geograph. u. ethnograph. Exkursen); an A. wird exemplarisch gezeigt, daß auch unter böswilligen Kaisern wie Domitian dem Staatswesen mit Anstand u. Kompetenz gedient werden konnte. Die geograph.-ethnograph. Schrift ›De origine et situ Germanorum‹ (Ursprung und Lebensraum der Germanen; auch ›Germania‹) schildert Vielfalt, Stärke u. Unberechenbarkeit der german. Völker, wobei u.a. der Vergleich mit Rom naheliegt u. die Bedrohung für Rom deutlich gemacht wird. Der ›Dialogus de oratoribus‹ (Dialog über die Redner) ist e. in ciceronian. Stil verfaßtes Gespräch über das Verhältnis zwischen Redekunst u. Dichtung, hauptsächlich über den Zustand der Beredsamkeit in der Kaiserzeit; diskutiert werden die in Erziehung u. rhetor. Ausbildung oder polit. Situation gesehenen Ursachen von Veränderung bzw. Verfall. T.' Hauptwerke, die ›Historiae‹ u. die sog. ›Annales‹, sind beide nur in Teilen erhalten. Die ›Historiae‹ umfaßten ursprüngl. die Zeit von 69 bis zum Tod Domitians im Jahr 96; erhalten sind die vom Anfang bis zum jüd. Aufstand im Jahr 70; die Annalen setzen mit dem Tod des Augustus im Jahr 14 ein (daher der eigentl. Titel ›Ab excessu divi Augusti libri‹); erhalten sind die Teile über die Jahre 14–37 u. 47–66. Der Ton ist insgesamt pessimist., da T. sowohl die Unumgänglichkeit der Monarchie erkennt als auch ihre negative Wirkung auf das Verhalten der Menschen. Bes. hervorgehoben wird das positive oder negative Verhalten der Akteure,

Tadijanović

die als moral. u. polit. Vorbilder bzw. abschreckende Beispiele (wie z.B. Denunzianten, Kriecher, Heuchler) fungieren. – Bes. bekannt ist T.' Schrift ›Germania‹; seit der frühen Neuzeit wurde sie vielfach, bes. schlimm im Nationalsozialismus, zu nationalist. Zwecken mißbraucht, wobei man die geschilderten Germanen u. die jeweiligen zeitgenöss. Deutschen gleichsetzte.

A: Op. min.: M. Winterbottom, R. M. Ogilvie, Oxf. 1975; J. Delz, 1983; Agr., Germ.: m. dt. Übs. A. Städele, n. 2001; Agr.: M. Winterbottom, R. M. Ogilvie, Oxf. 1975; J. Delz, 1983; Germ.: m. dt. Übs. M. Fuhrmann, 1972; Dial.: m. dt. Übs. H. Volkmer, n. 1998; Ann.: H. Heubner, 1983; m. dt. Übs. E. Heller, n. 1992; Hist.: H. Heubner, 1978; K. Wellesley, 1986; m. dt. Übs. J. Borst, n. 1979.

L: R. Syme, 2 Bde., Oxf. 1958; V. Pöschl, hg., n. 1986; M. Vielberg, Werte, Pflichten, Ideale ..., 1987; R. Martin, Lond. n. 1989; P. Grimal, Paris 1990; R. Mellor, N.Y. 1993; D. Timpe, Romano – Germanica, 1995; A. A. Lund, Germanenideologie im Nationalsozialismus, 1995; J.-W. Beck, Germania-Agricola, 1998.

Tadijanović, Dragutin, kroat. Lyriker, * 4. 11. 1905 Rastušje/Slavonien. Stud. Lit. Zagreb; seit 1953 Direktor des Instituts für Lit. der JAZU. – In formvollendeten, mitunter melanchol. Gedichten besingt T. das Leben s. slawon. Heimat. S. Sprache ist melodisch u. reich an Symbolen. Übs. Goethe, Hölderlin, Heine, Novalis u. a.

W: Lirika, 1931; Sunce nad oranicama, 1933; Pepeo srca, 1936; Dani djetinjstva, 1937; Tuga zemlje, 1942; Pjesme, 1951; Srebrne svirale, 1960; Prsten, 1963; Poezija, 1973; Vezan za zemlju, 1974; San, 1976; Svetiljka ljubavi, 1984; More u meni, 1987; Dom tajnovitosti, 1993; Čarolije, 1994. – Sabrana djela (GW), V 1988; Djela (AW), 1995; Sabrane pjesme, Ges. G. 1975; Pet stoljeća hrvat. književ. 120, 1969 (m. Bibl.).

L: Lj. Matutinović, Pjesnička riječ D. T., 1970; Zbornik radova, 1980; Zbornik o D. T., 1991; V. Pavletić, 1991.

Tätte, Jaan, estn. Dramatiker, Schauspieler und Dichter, * 24. 3. 1964 Viljandi. 1978–82 Gymnas. Viljandi, 1982/83 Stud. Biologie Tartu, 1986–90 Stud. Regie Tallinn, seit 1990 Schauspieler am Stadttheater Tallinn. – Vielseitiges Talent, schreibt, inszeniert und spielt Theaterstücke, die das Wertesystem der modernen Welt karikieren. ›Bungee-Jumping oder Die Geschichte vom goldenen Fischlein‹ wurde seit 2000 auf ca. 20 deutschen Bühnen inszeniert.

W: Laulud, G. 2002; Näidendid, Drr. 2002.

Tafdrup, Pia, dän. Lyrikerin, * 29. 5. 1952 Kopenhagen. Teil der ›80er-Generation‹. Arbeitet mit strengen Kompositionen u. e. sinnlichen Bildsprache.

W: Når der går hul på en engel, 1981; Intetfang, 1982; Den inderste zone, 1983; Springflod, 1985; Hvid feber, 1986; Sekundernes bro, 1988; Over vandet går jeg, Es. 1991; Krystalskoven, 1992; Territorialsang, 1994; Dronningeporten, 1998; Tusindfødt, 1999; Krystalskoven. Digte 1989–98, Ausw. 2001; Hvalerne i Paris, 2002.

L: K. Lohmann, Natur og menneske, 2001.

Tagore, Rabīndranāth → Ṭhākur, Rabīndranāth

Ṭāhā Husain, ägypt.-arab. Gelehrter und Schriftsteller, 14. 11. 1889 b. Maġāġa, Oberägypten – 28. 10. 1973 Kairo. Früh erblindet. Stud. Orientalistik u. Lit.wiss. Kairo und Montpellier; ab 1925 versch. Professuren in Kairo, 1942 Rektor in Alexandrien; 1950 ägypt. Unterrichtsminister. – Vf. von an europ. Methoden geschulten wiss. Arbeiten über die Antike und die Geistesgeschichte des Westens, Übsn. aus dem Griech., Studien über die ältere und jüngere arab. Lit.geschichte, krit. Stellungnahmen zum ägypt. Unterrichtswesen und Erzählungen, darunter e. beachtenswerte Autobiographie s. Kindheit und Jugend.

W: al-Aiyām, Aut. II 1929–39 (Kindheitstage, d. 1985; Jugendjahre in Kairo, d. 1986; Weltbürger zwischen Kairo und Paris, d. 1989); ʿAlā hāmiš aṣ-sīra, 1933; Fī ṣ-Ṣaif, Reiseber. 1933; Duʿā al-karawān, R. 1934 (franz. G. Wiet 1949, engl. A. B. as-Safi 1980); al-Adīb, E. 1935 (franz. 1960); Musṭaqbal aṯ-ṯaqāfa fī Miṣr, II 1938 (engl. S. Glazer 1954).

L: K. Schonnover, 1955; P. Cachia, 1956; F. Malti-Douglas, 1988.

Tahir, Baba → Bābā Ṭāhir mit dem Beinamen ʿUryān

Tahir, Kemal → Kemal Tahir

Taiheiki, japanische Kriegshistorie (gunkimono), wohl nach 1370 entstanden, behandelt in 40 Bänden die Kämpfe zwischen Hof u. Shôgunat in der Zeit von 1318–67. Inhaltl. in 3 Abschnitte aufgeteilt: Sturz der Hôjô-Sippe, Ashikaga Takauji u. die Spaltung des Tennô-Hauses in e. Nord- u. Südlinie u. schließl. die Festigung der Macht des Takauji. Stilist. im chines.-jap. Mischstil geschrieben, atmet das Werk den Geist des Konfuzianismus, Zen u. Bushidô u. spiegelt den stark auf das Gemeinschaftsgefühl der ritterl. Gesellschaft ausgerichteten Gedanken der Zeit. Ob man es dem Mönch Kojima († 13. 6. 1374) als Vf. zuschreiben darf, ist zweifelhaft; Ergänzungen späterer Zeit sind wahrscheinl. Es wurde von wandernden Rezitatoren (Taiheikiyomi) vorgetragen u. übte nachhaltigen Einfluß auf die Lit. späterer Zeiten.

Übs.: dt.: Ausz. K. Koike, J. Roggendorf, 1941; engl.: H. C. McCullough, 1959 (Kap. 1–12); P. G. O'Neill, A Michiyuki Passage of the T., Richmond 2001.

Taimūr, Mahmud, ägypt.-arab. Schriftsteller, 16. 6. 1894 Kairo – 25. 8. 1973 Lausanne. Jüngerer Bruder des früh verstorbenen Schriftstellers Muḥammad T. Stud. Landwirtschaft; Tätigkeit als Literat; 1950 Mitgl. der Fu'ād-Akad. Kairo. – Schrieb rd. 200 Novellen, legendäre Erzählungen und satir. Kurzgeschichten mit ausgeprägt realist. Note aus dem Leben des Mittelstandes und der Fellachen sowie Schauspiele. Sprachl. Anlehnung an die Umgangssprache der Gebildeten mit dem Ziel, e. dem Volk gemäße Erzählkunst zu schaffen. Beeinflußt von Maupassant, Čechov und Bourget.

W: 'Amm Mitwallī wa-qiṣaṣ uḫrā, 1925; al-Atlāl, En. 1934 (Les amours de Sami, franz. 1938); Bint aš-Šaitān, En. 1942 (La fille du Diable, franz. 1942); Salwā fī mahabb ar-riḥ, E. 1947; al-Aiyām al-mi'a, Feuill. 1968. – *Übs.:* Johnson-Davies, Tales from Egyptian Life, 1947 u. ö.; Le courtier et la mort, En. 1950; La belle aux lèvres charnues, En. 1952; Bonne fête, En. 1952; La fleur au cabaret, En. 1953; Der gute Scheich, En. 1961.

L: R. Wieland, 1983.

Táin Bó Cuailnge (Der Rinderraub von Cooley), bedeutendste der altir. Heldensagen des Ulster-Zyklus. Sie schildert, wie König Ailill und Königin Medb von Connacht mit einem Heer nach Cuailnge in Ulster ziehen, um den berühmten Stier Donn Cuailnge zu rauben. Da die Krieger Ulsters gerade an einer Schwäche leiden, kämpft nur der Knabe Cú Chulainn gegen die Eindringlinge, die er so lange aufhält, bis die Krieger Ulsters wieder den Kampf aufnehmen können. Sie erringen den Sieg, ohne jedoch den Raub des Stieres verhindern zu können. In Connacht kämpft der Stier Ulsters mit Findbennach, dem berühmtesten Stier Connachts, so lange, bis beide den Tod finden. Die älteste erhaltene Fassung, die auf mündlicher Überlieferung des 9. Jh. beruht, findet sich im ›Buch der dunklen Kuh‹, im ›Gelben Buch von Lecan‹ und in 2 Handschriften aus dem 16. Jh. Eine jüngere Fassung enthält das ›Buch von Leinster‹. Die Sage enthält viele Motive, die auch in der Ilias oder in den Nibelungensage u. a. Epen vorkommen. Gilt als Nationalepos der Kelten.

A: E. Windisch 1905 (n. Buch v. Leinster, m. dt. Übs.); J. Strachan, J. G. O'Keeffe 1912 (n. Gelbem Buch von Lecan m. Varianten v. Buch d. dunklen Kuh); C. O'Rahilly, The Stowe Version of T. B. C., 1961 (mit engl. Übs.).

L: R. Thurneysen, Die ir. Helden- u. Königssage, 1921; K. H. Jackson, The Oldest Irish Tradition, 1964.

Taine, Hippolyte-Adolphe, franz. Kritiker u. Historiker, 21. 4. 1828 Vouziers/Ardennen – 5. 3. 1893 Paris. Verlor mit 12 Jahren den Vater; Stud. am Collège Bourbon, Paris, ab 1848 an der Ecole Normale Supérieure; Lehrer in Toulon, dann in Nevers. 1853 Doktorexamen; freier Schriftsteller. Mitarbeit an versch. Zsn.: ›Revue de l'instruction publique‹, ›Revue des deux mondes‹; seit 1857 ständiger Mitarbeiter des ›Journal des débats‹; 1864 Prof. für Kunstgeschichte an der Ecole des Beaux-Arts. Reisen nach Italien und England; ∞ 1868 Mlle Denuelle. Nach der franz. Niederlage von 1870 wandte er sich polit. Problemen zu. In s. unvollendeten Geschichtswerk ›Les origines de la France contemporaine‹ machte er die Ideen der Schriftsteller des 18. Jh. und die franz. Revolution für die nationale Katastrophe verantwortl. T. lehnte die demokrat. Staatsform ab; s. Ideal ist die parlamentar. Monarchie nach engl. Vorbild. Trat mit Boutny für die Gründung der Akad. der polit. Wiss. ein. 1878 Mitglied der Académie Française. – T. ist s. Berufung nach v. a. Philosoph; s. Hinwendung zur Geschichte, Lit.- und Kunstkritik ist e. Konsequenz s. Mißerfolgs in der Univ.-Laufbahn. Er überträgt die Gedanken Hegels und Comtes auf die Geschichtsschreibung und Lit.kritik. Aufgrund s. positivist. und determinist. orientierten Ideen will er die Kritik als streng objektive, an den Naturwiss. ausgerichtete Wiss. aufbauen. Er bestimmt das Kunstwerk als mechan. Zusammenwirken von drei Faktoren: Rasse, Milieu, Moment und die individuelle Genialität e. Künstlers durch das Vorherrschen e. Haupteigenschaft. Er geht dabei von s. frühen Studien zur experimentellen Psychol. aus, in denen er die Lehre Spinozas auf die Psychol. anwenden wollte, um zu beweisen, daß der menschl. Geist den gleichen Gesetzen unterworfen ist wie die materielle Welt. Allgemeingültige Gesetze und Typen sollen e. exakte und umfassende Erklärung des Kunstwerks wie auch – in s. hist. Werken – des Geschichtsablaufs geben. T. entwickelt auf dieser Grundlage ein streng log. aufgebautes, mit vielen Beispielen untermauertes System, über dessen enge Grenzen er jedoch in s. eigenen Werk weit hinausgeht. Der Einfluß s. Lehre wurde bestimmend für den Naturalismus, bes. für Zola. S. glänzender Stil, s. großartigen Zeitgemälde und hist. Porträts machen T. zu e. der bedeutendsten Schriftsteller des 19. Jh.

W: La Fontaine et ses fables, Abh. 1853; Voyage aux eaux des Pyrénées, 1855 (d. 1878); Essai sur Tite-Live, Es. 1856; Les philosophes français du XIXe siècle, Abh. 1856; Essais de critique et d'histoire, III 1858–94 (d. 1898); Etienne Mayran, R. 1861; Le positivisme anglais, Abh. 1864; Histoire de la littérature anglaise, Abh. V 1864 (d. 1877–80); La philosophie de l'art, Abh. IV 1865–69 (d. 1906, II 1902f.); Voyage en Italie, Reiseber. 1866 (d. 1906); De l'intelligence, Abh. 1870 (d. 1880); Notes sur l'Angleterre, Reiseber. 1872 (d. 1906); Les origines de la France contemporaine, Schr. 1876–94 (d. III 1877–1925). – T., sa vie et sa correspondance, IV 1903–07 (d. II 1911).

Takahama

L: V. Giraud, 1901; J. Zeitler, 1901; P. Lacombe, 1909; M. Barrès, T. et Renan, 1922; V. Giraud, 1928; A. Chevrillon, 1932; M. Leroy, 1933; H. Gmelin, Franz. Geistesform in Sainte-Beuve, Renan und T., 1934; K. de Shaepdryver, 1938; A. Cresson, 1951; S. J. Kahn, Science and Aesthetic Judgment, N. Y. 1953; A. Chevrillon, 1958; C. Mongardini, 1965; S. Jeune, 1969; L. Weinstein, N. Y. 1972; T. H. Goetz, Madrid 1973; C. Evans, 1975; F. Léger, 1980; D. Hoeges, 1980; H. Codazzi, 1985; N. Weschenbach, 1992; P. Seys, 1999. – Bibl.: V. Giraud, 1902.

Taittirīya → Brāhmaṇas

Taittirīya → Upaniṣad, die

Takahama, Kyoshi, jap. Schriftsteller und haiku-Dichter, 22. 2. 1874 Matsuyama/Ehime-Präfektur – 8. 4. 1959 Kamakura. – Anhänger der Schule des Masaoka Shiki, dessen Zs. ›Hototogisu‹ er weiterführte. Er wahrte Form u. Grundregeln des haiku, gab ihm aber neuen Inhalt. Die Art der Lebensbetrachtung, wie sie sich in s. haiku zeigt, wird auch in s. Prosastil (shaseibun) deutlich. Sie weist ihn als Vertreter der Neoromantik aus. Verfaßte auch Dramen, Essays u. Poetikschriften.

W: Keitô, En. 1908; Zoku-Haikaishi, R. 1909; Kaki futatsu, R. 1915 (The Two Persimmons, engl. G. S. Brickley, in: The Writing of Idiomatic Engl., 1951); K. kushû, haiku-Slg. 1928; Ku-nikki, G. 1930; Gohyakku, G. 1937; Niji, E. 1947; Kyoshishûku, G. 1952. – T. K. zenshû (GW), 1974–75. – Übs.: Im Tempelschatten (Story 10), 1948; Ikaruga-monogatari, in: Die Liebe der kleinen Midori, 1968; Anthology of Mod. Jap. Poetry, 1972; Mod. Jap. Haiku. An Anth., ²1978; T. Tezuka, Neuzeitliche Haiku-Gedichte von K., 1990.

Takahashi, Shinkichi, jap. Lyriker, 28. 1. 1901 Ehime-Präfektur – 5. 6. 1987 Tokyo. Dichter u. Theoretiker des Dadaismus, aber gleichzeitig auch buddhist. Gelehrter: Kunstauffassung u. Weltanschauung verschmelzen in s. Werk zu eigenartiger Einheit. Auch Vf. von Erzählungen u. Essays.

W: Dadaisuto Shinkichi no shi, G. 1923; Dada, E. 1924; Gigenshû, G. 1934; Kirishima, G. 1942; T. Sh. no shishû, G. 1949; Dôtai, G. 1956; Kyomu, Ess. 1957. – T. S. zenshû (GW), 1982. – Übs.: The Penguin Book of Jap. Verse, 1964; L. Stryk, Afterimages: Zen Poems of S. T., 1971; Anthology of Mod. Jap. Poetry, 1972; L. Stryk, Triumph of the Sparrow, 1986.

L: S. W. Ko, Buddhist Elements in Dada, N. Y. 1977; Th. Hackner, Dada und Futurismus in Japan, Mchn. 2001.

Takamura, Kôtarô (eig. Mitsutarô), jap. shi- u. waka-Dichter, 13. 3. 1883 Tokyo – 1. 4. 1956 ebda. Bildhauerfamilie. Zunächst von der Romantik beeinflußt, versuchte sich T. am waka, das ihn formal nicht befriedigte. Wurde Mitgl. der Shinshisha-Dichtergruppe, die nach neuen Formen strebte. 1906–10 Reise nach New York, London u. Paris, arbeitete e. Zeitlang unter Rodin. ∞ 1914 Naganuma Chieko. Wieder in Japan, versuchte er sich in freien Versen in der Form der damals herrschenden hedonist.-ästhetisierenden Richtung der Subaru-Gruppe, pflegte Beziehungen zum Shirakaba-Kreis, von dessen eth. Idealismus er sich aber wieder abwandte. Fand schließl. zu e. fast relig. Naturmystik.

W: Dôtei, G. 1914; Chieko-shô, G. 1941; Tenkei, G. 1950. – Übs.: engl. Ausw. in The Penguin Book of Jap. Verse, 1964; S. Furuta, Chieko's Sky, 1978; H. Sato, Chieko and Other Poems of T. K., 1980; ders., A Brief History of Imbecility, 1992.

L: A. Piper (NOAG 79/80), 1956.

Takdir Alisjahbana, Sutan, indones. Dichter u. Schriftsteller, 11. 2. 1908 Natal/Nord-Sumatra – 17. 7. 1994 Jakarta. Urspr. Lehrer, 1930 Hauptredakteur der ›Pandji Pustaka‹, 1933 Gründer der Zs. ›Pudjangga Baru‹, e. der wichtigsten mod. indones. Zsn., 1946–48 Prof. für indones. Sprache, Geschichte und Kultur an der Universitas Indonesia in Jakarta. – Gilt als e. der markantesten Vorkämpfer für die indones. Einheitssprache (Bahasa Indonesia), die von der Pudjangga-Baru-Gruppe angestrebt wurde, zu der auch Armijn u. Sanusi Pané sowie Amir Hamzah gehörten. Interessiert an Philos. u. Rechtswiss., die er später auch studierte. Zum Teil westlich orientiert.

W: Tak putus dirundung malang, 1929; Melawan ketanah Sriwidjadja, 1931 f.; Dian jang tak kundjung padam, 1932; Anak perawan disarang penjamun, 1932; Bahasa Indonesia, 1932; Tebaran Mega, G. 1935; Lajar terkembang, R. 1936; Pembimbing ke Filsafat (Metafisika), philos. Schr. 1947; Puisi baru, G. 1947; Tatabahasa baru Bahasa Indonesia, indones. Gram. II 1949 f.; Puisi lama, G. 1950; Soal Kebudajaan Indonesia ditengah-tengah Dunia, 1950; Tumbuhnja Bahasa Indonesia dan Soalsoalnja; Kamus Istilah I dan II; Dari Perdjuangan dan Pertumbuhan Bahasa Indonesia, Es.; Krisis Achlak Pemuda Indonesia, Es.; Values as Integrating Forces in Personality, Society and Culture, Es.; The Indonesian Language and Literature, Es. 1962; Kegagalan Ilmu Bahasa Modern dalam menghadapi soal, 2: Ilmu Bahasa Abad Kedua Puluh, Es. 1965; Revolusi Masyarakat Dan Kebudayaan Di Indonesia, 1966; Grotta Azzura, R. III 1970; Kalah dan Menang, R. 1978.

Takeda, Taijun, jap. Schriftsteller, Kritiker und Sinologe, 12. 2. 1912 Tokyo – 5. 10. 1976 ebda. Sohn e. buddhist. Priesters. Stud. chines. Lit., wurde 1931 wegen ›subversiver Tätigkeit‹ verhaftet. 1937–39 Kriegsdienst in China. 1944 Mitarbeiter der Zs. ›Hihyô‹; erlebte das Kriegsende in Shanghai. Später Reisen in die Sowjetunion, nach Frankreich u. Spanien. – Hauptthema s. Werke ist die (negative) Reaktion der menschl. Psyche unter extremen Belastungen (bes. Krieg).

W: Shibasen (Sze-ma Ts'ien), B. 1943; Saishi kajin, E. 1946; Mamushi no sue, E. 1947 (engl. 1967); Ai no katachi, E. 1948; Hikari goke, E. 1954 (engl. 1967); Mori to mizuumi no matsuri, R. 1958; Fuji, R. 1971. – T. T. zenshû (GW), 1978–80.

L: S. Guex, T. T. et la guerre sino-japonaise 1997; D. J. Hughey, Confronting Japan's War in China, 1998.

Takeda Izumo, jap. Dramatiker, 1691 Osaka – 21. 10. 1756 ebda. Schüler des Chikamatsu Monzaemon. – Vf. von Texten für das Puppenspiel (Jôruri), viele gemeinsam mit Namiki Senryû (1695–1751), Miyoshi Shôraku (1696–1772?) u. Matsuda Bunkôdô. – Als Leiter des Puppentheaters Takemotoza, das von Takemoto Gidayû (1651–1714) gegründet u. von Izumos Vater Kiyokazu weitergeführt worden war, trug er auch durch s. Dramen wesentl. zur Weiterentwicklung des Theaters u. des Puppenspiels überhaupt bei. S. an die 30 Dramen waren v. a. hist. (jidaimono) u. werden auch heute noch gern aufgeführt. Sprachl. jenen des Chikamatsu unterlegen, zeichnen sie sich aber durch e. wohldurchdachte Szenentechnik aus.

W: Otô no miya asahi no yoroi, Dr. 1723; Ashiyadôman-ôuchikagami, Dr. 1734; Sugawara-denju tenaraikagami, Dr. 1746 (Die Dorfschule, d. in: Jap. Dramen, 1900, in: Das jap. Theater, 1937; engl. 1985); Yoshitsune sembonzakura, Dr. 1747 (engl. 1971; Tausend Kirschbäume Yoshitsune, d. 1982); Kanadehon Chûshingura, Dr. 1748 (engl. 1940; Die 47 Getreuen, d. in: Jap. Dramen, 1926); Futatsu-chôchôkuruwa-nikki, Dr. 1749. – *Übs.:* M. Johnson, The Skylight Hikimado, in: J. R. Brandon, S. L. Leiter, Kabuki Plays on Stage, Honolulu 2002.

L: E. Klopfenstein, 1982; J. R. Brandon, Chûshingura, Honolulu 1982; M. Béjard, The Kabuki, 1986.

Taketori-monogatari (›Die Erzählung vom Bambussammler‹), jap. Erzählung e. unbekannten Vf., um 901 geschrieben, e. auf alter Volksüberlieferung u. buddhist.-chines. Material aufbauende Liebesgeschichte. E. alter kinderloser Bambussammler findet in e. Bambus e. kleines Mädchen, das rasch zu e. Schönheit heranwächst, um die sich v. a. 5 adlige Freier bewerben, denen sie unlösbare Aufgaben stellt. Auch der Tennô hält um sie an, aber sie folgt den Boten, die sie zum Mond zurückholen. Das T. weist bereits e. hoch durchgebildete Technik meisterhafter Erzählkunst auf, mit feinem Humor u. Skeptizismus; großer Einfluß auf spätere Erzählwerke.

Übs.: engl. D. Keene, 1956; franz. R. Sieffert (Bull. de la Maison Franco-Japonaise, N. S. 2), 1952; d. F. Kühnel, in: Asobi, 1923; H. Matsubara, 1968.

L: H. Matsubara, Diesseitigkeit und Transzendenz im T. M., 1970; T. Kristeva, The Pattern of Signification in T. M., 1990; J. Dube, Shamanistic Elements in the T. M. (Asian Review), 1997.

Takizawa (Kyokutei) Bakin, jap. Schriftsteller und Gelehrter, 9. 6. 1767 Edo – 6. 11. 1848 ebda. Sohn e. niederen Samurai. Stud. Kalligraphie, chines. u. jap. Klassiker; 1790 Schüler des Santô Kyôden. S. erstes Erzählwerk ›Tsukai-hatashite-nibukyôgen‹ blieb ohne Anerkennung. ∞ 1793 e. Kaufmannstochter. Wandte sich 1795 didakt.-hist. Erzählungen (yomihon) zu u. wurde auf diesem Gebiet bald anerkannter Meister; schrieb an die 260 Werke, unter denen die umfangr. Romane ›Nansô-Satomi-hakkenden‹ u. ›Chinsetsuyumiharizuki‹ am bekanntesten sind. In s. späteren Lebensjahren, nach dem Tode s. Frau und s. Sohnes, arbeitete T. unter großen Schwierigkeiten u. Entbehrungen, fast erblindet. – In s. Romanen, in harmon. u. brillantem Stil, wenn auch manchmal mit Mangel an krit. Sinn u. Beobachtung, stehen Gedanken konfuzian. u. buddhist. Prägung im Vordergrund. Allegorie u. Symbolismus schmükken die Handlung aus, die in ihrem Aufbau weitläufig angelegt ist u. sich auf chines. u. jap. Quellenmaterial stützt. Die konfuzian. Grundtugenden u. der Gedanke von Ursache u. Wirkung werden betont herausgearbeitet. Schrieb auch Essays, krit. Schriften u. Tagebücher.

W: Tsukai-hatashite-nibu-kyôgen, R. 1791; Shimpen Suikogaden, R. 1806–28; Chinsetsu Yumiharizuki, R. 1805–27; Sumidagawa-bairyûshinsho, R. 1807; Nansô Satomi-hakkenden, R. 1814–42; Asahinajuntôki, R. 1815–27; Kinseisetsubishônenroku, R. 1829–47; Kinseimono ho hon Edo-sakushaburui, Ess. 1834. – *Übs.:* In Liebesbanden, H. Werner ²1894; A Captive of Love, E. Greey 1912; Two Wives Exchange Spirits and Other Tales, A. L. Gowan 1930.

L: Essad Bey (D. Lit. Welt 4), 1928; C. Valenziani (Rendiconti dei Lincei 5), 1892; Witte (Zs. f. Missionskunde 39), 1914; L. M. Zolbrod, N. Y. 1967; S. Bartels-Wu, Mitatemono und Kibyôshi, 1994; G. Woldering, Kommunikative und expressive Graphie bei T. B., 1998.

Talev, Dimitŭr (eig. D. T. Petrov-Palislamov), bulgar. Schriftsteller, 1. 9. 1898 Prilep/Mazedonien – 20. 10. 1966 Sofia. Stud. slav. Philol. Sofia, ein Semester Medizin Zagreb u. Philos. Wien. – E. der profiliertesten bulgar. Autoren, dem die Einbeziehung hist. Motive der Freiheitskämpfe, auch aus Mazedonien, meisterhaft gelingt, bes. in dem kurz vor s. Tode vollendeten großen Zyklus.

W: Sŭlzite na mama, M. 1925; Usilni godini, R. III 1928–30; Pod mračno nebe, Dr. 1932; Zlatnijat ključ, En. 1935; Velikijat Car, En. 1937; Starata kŭšta, En. 1938; R.-Zyklus: Železnijat svetilnik, 1952 (Der eiserne Leuchter, d. 1957), Ilinden, 1953 (Der Eliastag, d. 1963), Prespanskite kambani, 1954 (Die Glocken von Prespa, d. 1959), Glasovete vi čuvam, 1966; Samuil, R. III 1958–60; Hilendarskijat monach, R. 1962 (Der Mönch von Chilendar, d. 1968); Bratjata ot Struga, N. 1962.

L: B. Ničev, 1961; G. Konstantinov, 1962.

Taliesin, einer der ersten namentlich bekannten Dichter der britann. Kelten, der in der 2. Hälfte des 6. Jh. in Nordengland gelebt haben soll. Seine Sprache war vielleicht das wenig bekannte Kumbrisch. Seine zahlreichen Gedichte sind angeblich in ma. Kymrisch im ›Buch Taliesins‹ (ca. 1275) überliefert, aber nur 12 davon können ihm zugeschrieben werden. Zahlreiche Sagen ranken sich um seine Gestalt.

A: The Poems of T., hg. I. u. J. E. C. Williams 1968, 1975 (m. engl. Übs.); Ystoria T., hg. P. K. Ford 1992.

L: A. O. Barman, The Cynfeirdd, 1981.

Talis Qualis → Strandberg, Carl Vilhelm August

Tallemant des Réaux, Gédéon, franz. Schriftsteller, 2. 10. 1619 La Rochelle – 10. 11. 1692 Paris. Aus reicher protestant. Bankiersfamilie; Studien in Bordeaux; Teilhaber der väterl. Firma, ab 1634 in Paris; Freundschaft mit dem späteren Kardinal de Retz, gemeinsame Reise nach Italien; Bekanntschaft mit Voiture; Zutritt zu lit. Salons. ∞ 1646 Elisabeth de Rambouillet. Der Bankrott der väterl. Bank ruinierte ihn; s. Frau trennte sich von ihm. Konvertierte 1685. – Schrieb Gedichte, e. Tragödienentwurf (›Oedipe‹), bes. aber Memoiren, die erst 1834 veröffentlicht wurden. Gibt e. getreues Bild der Gesellschaft s. Zeit durch geistreich erzählte, oft zyn. Anekdoten und realist. Porträts berühmter Zeitgenossen, die er in den preziösen Salons kennenlernte. Bei Erscheinen des Werks glaubte man an e. Mystifikation; inzwischen sind s. Glaubwürdigkeit, Exaktheit und unparteiische Haltung bewiesen. Lebendige, farbige Darstellung, ungezwungener, natürl. Stil.

W: Historiettes (hg. M. Monmerqué, H. de Chateaugiron, J. A. Taschereau VI 1834f., hg. A. Adam, G. Delassault II 1960f.; d. II 1913, Ausw. 1963).

L: E. Magne, II 1921f.; E. Gosse, Oxf. 1925; W. V. Wortley, Den Haag 1969; Actes d'Athens, 1993.

Tally, Ted, amerik. Dramatiker u. Drehbuchautor, * 9. 4. 1952 Winston-Salem/NC. Stud. Yale, dort seit 1977 Lehrtätigkeit. – Als Dramatiker bekannt für das psycholog. packende Drama ›Terra Nova‹ über die trag. Reise und den quälenden Hungertod des Antarktis-Forschers R. F. Scott; Ruhm als Drehbuchautor und Oscar-Preisträger für Drehbuch zu ›The Silence of the Lambs‹.

W: Hooters, K. 1978; Terra Nova, Dr. 1981; Coming Attractions, K. 1982; Silver Linings, K. 1983; Little Footsteps, K. 1986; The Silence of the Lambs, Drb. 1990; All the Pretty Horses, Drb. 2000; Red Dragon, Drb. 2002.

Talmud (hebr. ›Studium‹, ›Belehrung‹), nächst der hebr. Bibel Hauptwerk des Judentums, aus mündl. Überlieferung sinaitischen Ursprungs in 2 Redaktionen entstanden, dem kürzeren palästinens. T. (pT) u. dem umfassenderen babylon. T. (bT), der allein Kanon ist (Abschluß 5. Jh., Niederschrift 6. Jh. n. Chr.). Der T. ist Sammelbegriff für ›Mischna‹ (hebr. kanon. Gesetzessammlung) u. ›Gemara‹ (hebr. u. aram. weitschichtiger Kommentar zur ›Mischna‹). Die ›Mischna‹ (um 200 n. Chr.) umfaßt 6 Ordnungen, die in 63 Traktate unterteilt sind. Der Stoff des T. gliedert sich in den weit größeren Teil der ›Halacha‹ (Gesetze, direkt oder vermittels hermeneut. Regeln aus der Bibel abgeleitet u. Diskussionen über die Mischna) u. der ›Aggada‹ (Geschichte, Sagen, eth. Belehrung, Erbauung, Astronomie, Medizin). Beide Gattungen gehen häufig unvermittelt ineinander über, wodurch sich inhaltl. Reichtum ergibt, aber auch Unübersichtlichkeit. Während ›Mischna‹ Kodex ist, trägt der T. als Ganzes enzyklopäd. Charakter u. gibt Auskunft über alle Lebensäußerungen des Judentums im Laufe e. Jahrtausends. Das Studium v. a. des babylon. T. verbreitete sich über Nordafrika, Süd- u. Westeuropa bis nach Polen hin, wo er seit dem 16. Jh. mit großer Liebe u. Hingabe gepflegt wurde. Durch Jahrhunderte erfuhr der T. relig. Polemik, Konfiskation, Verbrennung u. kirchl. Zensur der Handschriften u. Drucke. Seit dem Humanismus (Reuchlin) u. mod. Wissenschaft (Strack), allmählich gerechtere u. objektive Beurteilung des T. Älteste Handschrift des babylon. T. ist der Cod. hebr. 95 (1369) der Bayr. Staatsbibliothek. Erste vollständ. Druckausgabe Venedig 1520/23. Die wohl beste Ausgabe mit zahlreichen Kommentaren u. Glossen Wilna 1886.

A: Aug. Wünsche, der bT. in s. aggad. Bestandteilen, 1886–89; bT komment., übersetzt u. punktiert durch Rabbi Steinsalz, 1973, Jerusalem. – pT: Venedig 1423/24; Krotoshin 1856/66; Wilna VII 1922; Jerusalem VIII 1985. – *Übs.:* M. Schwab, XI 1871–89, VI [3]1972 (franz.); J. Neusner, 1982ff. (engl.); M. Hengel u.a., hg. 1975ff. (dt.). – bT: Venedig 1520–23; L. Goldschmidt, XII 1926–36 (m. dt. Übs.); I. Epstein, hg. XVIII 1935–52 (engl.).

L: J. Frommer, Der Talmud, 1920, Bln. – H. L. Strack, G. Stemberger, Einl. in T. u. Midrasch, [7]1982; G. Stemberger, 1982; The Formation of the Babylonian T., hg. J. Neururer 1971.

Talvik, Heiti, estn. Dichter, 9. 11. 1904 Tartu — 18. 7. 1947 Gebiet Tjumen. 1920–23 Gymnasium Tartu, 1923–26 Arbeiter in Kohtla-Järve, 1926–34 Stud. estn. Spr. und Lit. Tartu ohne Abschluß, danach freiberuflich, ∞ mit B. Alver. – S. Dichtung war in den 20er Jahren vom dt. u. franz. Symbolismus und Expressionismus beeinflußt, in den 30er Jahren warnte er frühzeitig vor rechtsextremist. Bewegungen in Estland und Europa.

W: Palavik, 1934; Kohtupäev 1937; Kogutud luuletused, 1957.

Talvio, Maila (eig. Maria Mikkola, geb. Winter), finn. Schriftstellerin, 17. 10. 1871 Hartola – 6. 1. 1952 Helsinki. Pfarrerstochter; einflußr. Kulturpersönlichkeit. – Die reiche Produktion der romant. idealisierenden Erzählerin war anfangs bestimmt von enthusiast. Hingabe an das Landleben. Frische Unmittelbarkeit, reiche Phantasie u. zunehmend krit. Blick für soziale u. moral. Mängel zeichnen die Romane der mittleren Schaffenszeit aus. Mehr u. mehr weicht das Land- dem Stadtmilieu. In den letzten Romanen greift sie zur hist. Schilderung, setzt e. Vielzahl von Personen in Aktion, Repräsentanten versch. Stände u. Geschlechter, bunte Menschenschicksale in schnell wechselnden Situationen. Die Dramen treten gegenüber dem erzähler. Werk an Bedeutung zurück.

W: Pimeänpirtin hävitys, R. 1901 (Der Untergang von Pimeänpirtti, d. 1943); Juha Joutsia, R. 1903; Hämähäkki, Nn. 1912; Yölintu, R. 1913 (d. 1941); Huhtikuun-Manta, K. 1914 (Die April-Anna, d. 1937, u. d. T. Der Zeitgeist, 1951); Elämän kasvot, R. 1916; Silmä yössä, R. 1917; Kurjet, R. 1919 (Die Kraniche, d. 1925 u. 1937); Kihlasormus, R. 1921 (Der Verlobungsring, d. 1942); Kirkonkello, R. 1922 (Die Glocke, d. 1927); Itämeren tytär, R.-Tril. 1929–36 (Die Tochter der Ostsee, d. 1939); Linnoituksen iloiset rouvat, R. 1941 (Die fröhlichen Frauen der Festung, d. 1948); Rukkaset ja kukkaset, Mem. 1947; Lokakuun morsian, E. 1948; Rackauden riemut ja tuskat, E. 1949. – Kootut teokset (GW), XIII 1951.

L: M. Römer (Nord. Rundschau 3), 1930; V. A. Koskenniemi, 1946; T. Tuulio, II 1963 f.

Tamási, Áron, ungar. Schriftsteller, 20. 9. 1897 Farkaslaka – 26. 5. 1966 Budapest. Aus kathol. Bauernfamilie. Gymnas. Székelyudvarhely, Handelsakademie Kolozsvár. Lebte einige Zeit in den USA. Seit 1925 freier Schriftsteller, dann Direktor des Nationaltheaters in Budapest. – Als regionalist. Erzähler und Dramatiker von urwüchsiger, z. T. mundartl. Sprache aufs engste mit s. siebenbürg. Heimat und mit der Volksdichtung verbunden. S. Gestalten u. Schilderungen stammen aus dem tägl. Leben der Szekler.

W: Lélekindulás, Nn. 1925; Szűzmáriás királyfi, R. 1928 (Der Königssohn der hl. Jungfrau, d. 1928, u. d. T. Ein Königssohn der Szekler, 1941); Erdélyi csillagok, Nn. 1929; Hajnali madár, E. 1930 (Vogel in der Morgendämmerung, d. 1930); Címeresek, R. 1931; Helytelen világ, Nn. 1931 (Unrichtige Welt, d. 1931); Ábel a rengetegben, R. 1932 (Abel in der Wildnis, d. 1958); Ábel az országban, R. 1933; Ábel Amerikában, R. 1934 (alle 3: Die Abel-Trilog., d. III 1932–34); Énekes madár, Sch. 1934; Jégtörő Mátyás, R. 1936 (M., der Eisbrecher, d. 1936); Rügyek és reménység, Nn. 1936; Tündöklő Jeromos, Sch. 1936; Ragyog egy csillag, R. 1938; Virágveszedelem, Nn. 1939; Vitéz lélek, Sch. 1941; Magyari rózsafa, R. 1941; Téli verőfény, En. 1942; Hazai tükör, Jgb. 1953; Bölcső és bagoly, E. 1953; Szegénység származnyai, E. 1954; Szirom és Boly, R. 1960; Játszi remény, Nn. 1961. – T. Á. összes novellái (Sämtl. Nn.), II ²2003.

L: G. Féja, 1970.

Tamayo, Franz, bolivian. Dichter, 28. 2. 1879 La Paz – 29. 7. 1956 ebda. Präsident der Nationalversammlung, Außenminister, 1935 Staatspräsident, jedoch an der Amtsübernahme gehindert. – Neben R. Jaimes Freyre repräsentativster Dichter Boliviens. An klass. u. mod. Lit. geschulter Lyriker u. Dramatiker mit Themen aus hellenist. Welt u. modernist. Formgebung. Passionierter Verteidiger des ›indigenismo‹. Übs. von Anakreon u. Horaz.

W: Odas, G. 1898; Proverbios, Spr. 1905; Creación de la pedagogía nacional, Es. 1910; Nuevos proverbios, 1922; La Prometheida o Las Oceánidas, Tr. 1927; Los nuevos Rubayat, Tr. 1927; Scherzos, G. 1932; Scopas, Tr. 1939; Tetralogía, Tr. 1944. – Obra escogida, hg. M. B. Gumucio, 1979.

L: F. Díez de Medina, 1944; N. Fernández Naranjo, 1966; J. Díaz A., 1967; D. Gómez de Fernández, 1968; J. Albarracín Millán, 1981; R. Condarco Morales, 1989.

Tamayo y Baus, Manuel, span. Dramatiker, 15. 9. 1829 Madrid – 20. 6. 1898 ebda. Als Sohn e. Schauspielerfamilie von Kind an mit dem Theater vertraut, übersetzte mit 11 Jahren e. franz. Theaterstück, das s. Eltern zur Aufführung brachten; 1849 ∞ Emilia Máiquez, Nichte des großen Tragöden; bekleidete bescheidenen Posten im Staatsdienst; 1858 Mitglied u. ständiger Sekretär der Span. Akad.; zog sich 1870 wegen Polemiken um s. Werke u. Machenschaften s. Feinde vom Theater zurück. 1884 Direktor der Staatsbibliothek. – Bedeutendster Vertreter des span. realist. Dramas; neben López de Ayala Schöpfer der ›alta comedia‹ mit Betonung der moralisierenden Absicht; große Sorgfalt in Anlage u. Aufbau s. Dramen u. Perfektion der Bühnentechnik. Knüpfte an die großen Klassiker der Blütezeit an, bevorzugte hist. Themen in mod. Gewand, beschäftigte sich aber auch mit Problemen der Gesellschaft s. Zeit. S. Meisterwerk ›Un drama nuevo‹ spielt im England Shakespeares (der als Nebenfigur auftritt), genial in szen. Aufbau u. Charakterzeichnung, log. Verknüpfung der Handlung u. Analyse der Leidenschaften. Bearbeitete Schillers ›Kabale u. Liebe‹ u. ›Die Jungfrau von Orleans‹.

W: El 5 de agosto, Dr. 1849; Virginia, Tr. 1853; La ricahembra, Dr. 1854; La locura de amor, Dr. 1855; La bola de nieve, K. 1856; Lo positivo, K. 1861; Lances de honor, K. 1863; Un drama nuevo, Dr. 1867 (n. 1979, 1982, 2002); Los hombres de bien, K. 1870. – Obras completas, IV 1898–1900, I 1947.

L: B. de Tannenberg, 1898; N. Siscars y Salvadó, 1906; N. H. Tayler, 1959; R. Esquer Torres, 1965; G. Flynn, N. Y. 1973.

Tamenaga Shunsui (eig. Sasaki Sadataka), jap. Schriftsteller, 1790 Edo – 22. 12. 1843 ebda. Leihbüchereibesitzer u. Buchhändler, zeitweise Schüler von Shikitei Samba. – Versuchte sich in allen Formen der Prosaerzählung, fand aber schließl. s. Stärke in den sog. Liebesgeschichten (ninjôbon) rührseligen Inhalts, die e. rasch voranschreitende Romanhandlung teils straff, teils verweilend erzählen. T. ist Meister dieser Lit.gattung, s. Werke wurden in ihrer Zeit begeistert aufgenommen, jedoch 1842 als Pornographie verboten, T. wurde bestraft und in Ketten gelegt.

W: Shunshoku-umegoyomi, R. 1832f.; Shunshoku Tatsumi no sono, R. 1833–35; Iroha bunko, R. 1836–41 (engl. 1880; Treu bis in den Tod, d. 1895); Harutsugetori, R. 1837; Shunshoku Eitai-dango, R. 1838.

L: A. S. Woodhull, Romantic Edo Fiction, Stanford 1978.

Tamer, Ülkü, türk. Dichter, * 1937 Gaziantep. Robert College in Istanbul, Stud. Journalistik abgebrochen, Schauspieler, Übersetzer, Lektor und Redakteur bei Zeitungen, Zeitschriften und Verlagen. – Der sog. ›Zweiten Neuen‹ in der türk. Lyrik zugehörig, zeichnen sich seine Gedichte durch überraschende Bilder aus.

W: Soğuk Otların Altında, G. 1959; Gök Onları Yanıltmaz, G. 1960; Ezra İle Gary, G. 1962; Virgülün Başından Geçenler, G. 1965; İçime Çektiğim Hava Değil Gökyüzüdür, G. 1966; Sıragöller, G. 1974; Ne Biliyorum, G. 1979; Yanardağın Üstündeki Kuş (ges. G.), 1986; Alleben Öyküleri, En. 1991; Alleben Anıları, Erinn. 1997; Yaşamak Hatırlamaktır, Erinn. 1998.

Tāmir, Zakarīyā, syr. Schriftsteller, * 1931 Damaskus. Verläßt mit 13 Jahren die Schule, arbeitet als Schmied, 1960–81 im Kultur- und Informationsministerium, Mitbegr. des arab. Schriftstellerverbands und Chefredakteur mehrerer Lit.zsn. Seit 1981 in Großbritannien. – E. der bedeutendsten Vf. von Kurzgeschichten in der arab. Welt und einer der wenigen arab. Autoren von Kindergeschichten. S. Stil ist expressionist., poet.-symbol. Indem er die Brutalität der Realität offen darlegt, versucht er, den Menschen von zerstörer. Kräften wie Entfremdung, sexueller Frustration und polit. Unterdrückung zu befreien.

W: Ṣahīl al-ǧawād al-abyaḍ, Kgn. 1960; Rabīʿ fī arramād, Kgn. 1960; ar-Raʿd, Kgn. 1970; Dimašq al-ḥarāʾiq, Kgn. 1973; an-Numūr fī al-yawm al-ʿāšir, Kgn. 1978; Nidāʾ Nūḥ, Kgn. 1994; Sanadhak, Kgn. 1998; Taksīr rukab, Kgn. 2002. – *Übs.:* El dia que no es hoy: selección de cuentos, Madrid 1978; Racconti, Rom 1979; Printemps de cendre: nouvelles choisies, Paris, 1982; Tigers on the Tenth Day & Other Stories, Lond. 1985; Frühling in der Asche, Basel 1987; The neigh of the white horse: collected short stories, Lond. 1994; El trueno (al-rad) de Zakariya Tamir, Cadiz 1995.

L: R. Allen, New York 1987; ʿAbd ar-Razzāq Īd, Beirut 1989; M. Barakat, 2000.

Tammām, Ḥabīb ibn Aus → Abū Tammām, Ḥabīb ibn Aus

Tamminga, Douwe Annes, westfries. Dichter, 22. 11. 1909 Winsum – 5. 4. 2002 Leeuwarden. Lehrer und Journalist. Leitete zeitweilig Arbeitslosenlager; 1943–68 Lehrer in Sneek, dann bis 1974 Assistent an der Fryske Akademy u. Redakteur für das Neuwestfries. Wörterbuch. Lebte in Ysbrechtum. Von 1946–68 Redakteur von ›De Tsjerne‹ und 1946–56 von ›Frysk en Frij‹. – Lyriker und Balladendichter; s. Gedichte zeichnen sich durch ihre vollendete Form aus; auch Vf. von Theaterstücken, Arbeit für Kabarett und Rundfunk. Übs. Poe, Andersen, Liliencron, J. J. Slauerhoff, Trakl u. D. Thomas.

W: Brandaris, G. 1938; Balladen en lieten, G. 1942; It griene jier, G. 1943; Nije gedichten, G. 1945; Trelit op 'e Miedpleats, Dr. 1947; De Hogerhuis-saek, Dr. 1950; Ball., G. 1956; Floedmerk, G. 1965; In Memoriam, G. 1975; Stapstiennen, G. 1979; Frjemdfolk op Barrahiem, R. 1978; De boumaster fan de Aldehou, R. 1985; De citadel (g. G.), 1999; Trochpaden, Erinn. 1999.

L: J. J. Kalma u. a., Nôt oan skeaven, 1969 (m. Bibl.); T. Mulder, Hwer hast it wei?, 1971.

Tammsaare, Anton Hansen (eig. Anton Hansen), estn. Schriftsteller, 30. 1. 1878 Albu/Alp, Kr. Jerwen – 1. 3. 1940 Reval. Landwirtssohn; Journalist, 1907–11 Stud. Jura Dorpat, wegen Tbc abgebrochen, 1912/13 zur Genesung im Kaukasus, seit 1919 freier Schriftsteller in Reval. – Der bedeutendste estn. Romanschriftsteller aus der 1. Hälfte des 20. Jh., s. Hauptwerk ›Tõde ja õigus‹ (Wahrheit und Recht), das sowohl die alttestamentar. Lebensphilosophie der konservativen Bauerngesellschaft als auch das neue Ethos des Stadtlebens im Rahmen der Bildungsgeschichte zu originärer philolos. Darstellung bringt, ist der estn. Roman par excellence geworden. T. behandelt u. a. die Problematik des dt.-estn. Zusammenlebens und Themen aus der Bibel; eigenartiger, auf Wiederholungen u. Gedankenparallelismen basierender langatmiger Sprachrhythmus; beständige Zentriertheit auf die letzten Dinge (Liebe, Gott, Seligkeit); skeptische Selbständigkeit mit der Neigung zum Außenseitertum. T. ist einer der größten Psychologen der estn. Literatur.

W: Vanad ja noored, E. 1903; Raha-auk, E. 1907; Uurimisel, E. 1907; Pikad sammud, E. 1908; Noored hinged, E. 1909; Üle piiri, E. 1910; Poiss ja liblik, Miniaturen 1915; Keelest ja luulest, Es. 1915; Kärbes, E. 1917; Varjundid, E. 1917; Sõjamõtted, Ess. 1919; Juudit, Dr. 1921; Kõrboja peremees, R. 1922 (Der Bauer von K., d. 1958); Pöialpoiss, Nn. 1923 (Der Däumling, d. 1936); Sic transit, Ess. 1924; Tõde ja õigus, R. V. 1926–33 (Wargamäe, Indrek; Karins Liebe; Rückkehr nach Wargamäe, d. IV 1938–41; Neuübs.: Wargamäe, Indrek, Wenn der Sturm schweigt; Karins Liebe, Rückkehr nach Wargamäe, d. V 1970–89); Elu ja armastus, R. 1934; Ma

armastasin sakslast, R. 1936 (Ich liebte eine Deutsche, d. 1977); Kuningal on külm, Sch. 1936; Pörgupõhja uus Vanapagan, R. 1939 (Satan mit gefälschtem Paß, d. 1959, 1960). – Kogutud teosed (GW), XVIII 1978–93; Teosed (W), XIII 1952–68. – *Übs.*: Die lebenden Puppen (Ausw.), 1979.
L: F. Tuglas, 1919; M. Sillaots, 1927; K. Mihkla, 1938; H. Siimisker, 1962; H. Puhvel, 1966; H. Siimisker, A. Palm, 1978 (Album); Mälestusi A. H. T., 1978; E. Siirak, T. in Estonian Literature, 1978; E. Annus, R. Undusk, Klassika ja narratiivsus, 1997; L. Trett, 1998. – *Bibl.:* V. Kabur, K. Veel, 1977.

Tan, Amy, chinesisch-amerik. Erzählerin, * 19. 2. 1952 Oakland/CA. M.A. in Linguistik, San Jose State Univ.; lebt in Kalifornien – T. hat in mehreren Romanen eindringende Psychogramme u. Sozialstudien von Amerikanern chines. Abstammung in alltägl., familiären od. geselligen Situationen präsentiert, mit deutl. Betonung von Frauen (in Mutter-Tochter- oder Partnerschaftsbeziehungen), ihrer Erinnerung u. Geschichte u. von Problemen, die aus dem Zusammenprall unterschiedl. kultureller u. geschlechtsspezif. Normen resultieren. Neben M. H. Kingston die renommierteste Autorin ihrer ethn. Gruppe, hat T. von der leichteren Zugänglichkeit ihrer Texte profitiert (Verfilmung).
W: The Joy Luck Club, R. 1989 (Töchter des Himmels, d. 1990, Verfilmung W. Wang, 1999); The Kitchen God's Wife, R. 1991 (Die Frau des Feuergotts, d. 1993); The Hundred Secret Senses, R. 1995; The Bonesetter's Daughter, R. 2001 (Tuschezeichen, d. 2003).
L: Memory, Narrative, Identity, hg. A. Singh u.a. 1994; The Ethnic Canon, hg. D. Palumbo-Liu 1995.

Tan Da (eig. Nguyên Khac Hiêu), vietnames. Dichter, 1888 Son Tây – 1930 Hanoi. Beeinflußt von chines. Reformismus u. vietnames. Nationalismus. Vergebl. Mandarinprüfung. Veröff. seit 1905 Gedichte u. Prosatexte, lebte ab 1916 als freier Autor, Übersetzer aus dem Chines. und Herausgeber. Befreite die Genres der alten Lit., v.a. die Lyrik, von starren Konventionen und legte damit die Grundlagen für die mod. vietnames. Lit.
W: Toàn Tâp, V 2002.

Tandori, Dezső (Ps. Nat Roid, Tradoni, D'Tirano), ungar. Schriftsteller, Übersetzer, * 8. 12. 1938 Budapest. Stud. Hungarologie u. Germanistik in Budapest. 1964 Hochschullehrer. Seit 1971 freier Schriftsteller. – In mehreren Kunstarten präsent. S. visuellen Gedichte u. intermedialen Graphiken wurden in vielen Ausstellungen präsentiert. Experimenteller Künstler, schuf erste postmod. Gedichte in Ungarn.
W: Töredék Hamletnek, G. 1968; Egy talált tárgy megtisztítása, G. 1973; A mennyezet és a padló, G. 1976; Miért élnél örökké?, R. 1977; A zsalu sarokvasa, Es. 1979; Valamivel több, R. 1980; Ne lőj az ülő madárra!, R. 1982; Döblingi befutó, R. 1992; Az evidenciatörténetek, R. 1996 (Langer Sarg in aller Kürze, d. 1997); Vér és virághab, R. 1998; Főmű, G. 1999; Nem lóverseny, R. 1999; A járóbeteg, G. 2001; Sohamár. De minek?, R. 2001; Az Oceánban, G. 2002; Zabkeselyű, R. 2003;›Hol élsz te?‹, Ess. 2003. – *Übs.*: Stafette, G. (Ausw.) 1994; Startlampe ohne Bahn, Ess. (Ausw.) 1994.

Taner, Haldun, türk. Schriftsteller u. Dramatiker, 16. 3. 1915 Istanbul – 7. 5. 1986 ebda. Stud. Wirtschaftswiss. Heidelberg, dt. Philol. Istanbul, Abschluß 1950. Assistent an der Univ. Istanbul, Lehrtätigkeit, Zeitungskolumnist. – In s. Erzählungen reflektieren T. den türk. Großstadtalltag aus humorvoll iron. Perspektive durch Annahme e. tierischen Optik; in s. publikumswirksamen Theaterstücken orientiert er sich an europ. Formen (ep. Theater, Kabarett).
W: Yaşasin Demokrasi, En. 1949; Tuş, En. 1951; Şişhaneye Yağmur Yagiyordu, En. 1953; Günün Adami, Sch. 1953; Ayişiğinda ›Çalişkur‹, En. 1954; On İkiye Bir Var, En. 1954; Sancho'nun Sabah Yürüyüşü, En. 1969; Sersem Kocanin Kurnaz Karisi, Sch. 1971; Keşanli Ali Destani, Sch. 1979 (d. 1985); Yalida Sabah, En. 1983; Berlin Mektuplari, E. 1984. – *Übs.*: Lachend sterben, En. 1985; Die Ballade von Ali aus Keşan, Sch. 1985.
L: A. Yüksel, 1986.

Tanfucio, Neri → Fucini, Renato

T'ang Hsien-tsu → Tang Xianzu

Tang Xianzu, chines. Bühnenautor, 1550 Linchuan (Jiangxi) – 1617. 1583 Staatsprüfung, 1585 Sekretär im Ritenministerium. 1591 wegen e. gegen die Regierung gerichteten Denkschrift degradiert und nach Xuwen (Kanton) verbannt; 1595–98 Landrat von Suichang (Zhejiang), 1600 wegen angebl. schlechter Amtsführung entlassen. – Vor allem durch s. ›Mudan ting‹ (Päonienpavillon) berühmt, auch ›Huanhun ji‹ (Rückkehr der Seele) genannt, e. lyr.-romant. Drama in 55 Szenen, auf e. alten Novellenmotiv aufgebaut: E. Mädchen, das im Traum e. jungen Mann geschaut hat, verliebt sich in die Traumgestalt, stirbt aus Sehnsucht und wird wiederbelebt, als der betreffende an ihrem Grab vorüberkommt. Originalmelodien zu Arien erhalten; da schwer zu singen, später durch andere Musik ersetzt; auch Eingriffe in den Text. Übersinnl. Begebenheiten auch in anderen erhaltenen Dramen T.s vorherrschend, Verwendung von Tang-Novellen. T. schrieb auch Gedichte, Lieder, Essays u.a.m.
W: Mudan ting, Dr. 1588 (Die Rückkehr der Seele, d. V. Hundhausen III 1937; C. Birch, Peony Pavillon, engl. Bloomington 1980); Nanke ji, Zichai ji, Handen ji, Drn.; Yuchu zhi, Nn.; Yinfu jing jie, Komm. zu taoist. Werk. – Yuming tang ji, GW (außer Drn.).

Tanikawa

L: C. T. Hsia, in: Self and Society, hg. W. Th. de Bary, N. Y. 1970; L. T. Shang, 1974.

Taniguchi Yosa Buson → Buson

Tanikawa, Shuntarô, jap. Lyriker, * 15. 12. 1931 Tokyo. – In s. Essay ›Dichter und Kosmos‹ (1955) erklärt T. das Konzept s. Dichtung: ›Im Augenblick, in dem der Dichter sein Gedicht verfaßt, wird er eins mit dem Kosmos.‹ Auch Drehbücher, Dramen u. Hörspiele.

W: Nijû okukônen no kodoku, G. 1952; Rokujûni no sonetto, G. 1955 (engl. 1992); Ai ni tsuite, G. 1956; Rakushu kyûjûkyû, G. 1964. – *Übs.* (Ausw.): The Penguin Book of Jap. Verse, 1964; Japan: Beharrung u. Wagnis, 1971; Three Contemporary Jap. Poets, 1972; H. Wright, The Selected Poems of S. T., 1983; E. Klopfenstein, Picknick auf der Erdkugel, 1990; H. Wright, Map of Days, 1996; W. I. Elliott, K. Kawamura, Naked Poems, 1996.

Tanizaki, Jun'ichirô, jap. Schriftsteller; 24. 7. 1886 Tokyo – 30. 7. 1965 Yugawara/Kanagawa. Sohn e. Kaufmanns, 1908–10 Stud. jap. Lit. Tokyo, vorzeitig abgebrochen, 1910 Mithrsg. der Zs. ›Shin-Shichô‹. ∞ 1915 Ishikawa Chiyoko, später Trennung u. 1931 neue Ehe, die ebenfalls gelöst wurde. 1918 Reise nach China, 1919 Berater der Filmgesellschaft Taishô, 1926 Reise nach Shanghai, 1937 Mitgl. der Akad. der Künste. – Von Wilde, Baudelaire u. Poe beeinflußt, begann T. seine lit. Karriere in Auflehnung gegen die damals herrschende naturalist. Schule. Bis 1923 Außenseiter im lit. Leben. Nach dem Erdbeben (1923) verließ er Tokyo und zog nach Kansai, der traditionsreichen Gegend um Kyoto und Osaka. Von nun an stetig wachsender Ruhm: zum einen bewirkte der Kontakt mit den klass. Stätten Kansais, daß T. die Schönheit jap. Art wiederentdeckte u. s. übersteigerte Ausrichtung nach dem Westen aufgab; zum anderen hatte sich die lit. Szene verändert, man trat nun allgemein dafür ein, daß e. Erzählung ein ›plot‹ haben müsse. T. zeigt mit Vorliebe u. großer psycholog. Einfühlungsgabe die Affinität von Sinnlichkeit u. Grausamkeit, Sensibilität u. Brutalität. Als Hintergrund der Handlung bevorzugt T. das städt. Milieu. In den 30er Jahren, als man seine Publikationen zu zensieren begann, übertrug T. das ›Genji-monogatari‹ (11. Jh.) in musterhaftes modernes Japanisch. Ähnl. wie bei Nagai Kafû u. Kawabata Yasunari durchzieht T.s Werk e. Sehnsucht nach dem alten Japan, s. Schönheit u. s. Lebensart. E. der wichtigsten jap. Autoren der Moderne; auch Dramen u. zahlr. Essays.

W: Irezumi (auch Shisei), E. 1911 (Tätowierung, d. in: Japan erzählt, d. 1969) Otsuya goroshi, R. 1915 (engl. 1927); Itansha no kanashimi, E. 1917; Haha no kouru ki, R. 1919; Aisureba koso, Dr. 1921 (franz. 1925); Okuni to Gohei, Dr. 1922; Ai naki hitobito, Dr. 1923; Mumyô to Aizen, Dr. 1924 (franz. 1927); Chijin no ai, R. 1925 (Naomi, d. 1970); Tade kuu mushi, R. 1929 (engl. 1955; Insel der Puppen, d. 1957); Bushu no hiwa, E. 1931/32 (Die geheime Geschichte des Fürsten Musashi, d. 1994); Mômoku monogatari, E. 1932 (engl. 1963); Ashikari, E. 1933 (engl. 1936); Shunkin-shô, N. 1933 (d. in: Die Fünfstöckige Pagode, 1961); In'ei raisan, Es. 1933–34 (engl. 1955; Lob des Schattens, d. 1988); Sasame yuki, R. 1946–48 (engl. 1957; Die Schwestern Makioka, d. S. Yatsushiro 1964); Shôshô Shigemoto no haha, R. 1950 (engl. 1956); Kagi, R. 1956 (Der Schlüssel, d. 1961); Yume no ukihashi, E. 1959 (engl. 1963); Fûten rojin nikki, R. 1962 (engl. 1965, Tagebuch e. alten Narren, d. 1966). – T. J. zenshû (GW), 1981–83. – *Übs.:* Die Traumbrücke, En. 1979; A. H. Chambers, The Reed Cutter a. o., En. 1994; A. Boscaro, Yoshino, Venedig 1998.

L: A. H. Chambers, Tradition in the Works of T. J. (DAI 35:7295 A); L. C. Merken, The Evolution of T. J. as a Narrative Artist (DAI 40:5870 A); V. C. Gessel, Three modern Novelists, 1993; M. Hoop, Doppelspiel der Narration, Wiesbaden 1994; A. Boscaro, A. Chambers, A. T. Feast, Ann Arbor 1998; J. K. W. Lau, Multiple Modernities, Philadelphia 2003.

Tank, Maksim (eig. Jaŭhen Ivanavič Skurko), weißruss. Dichter, 17. 9. 1912 Pil'kaŭščyna – 7. 8. 1995 Minsk. Lebte bis 1939 im poln. Teil Weißrußlands, dort wegen illegaler Tätigkeit für die Kommunisten mehrmals im Gefängnis. Seit 1966 hoher Lit.funktionär. – Verse überwiegend von patriot.-polit. Thematik geprägt.

W: Na ètapach, G. 1936; Vastryce zbroju, G. 1945; Hlytik vady, G. 1964. – Zbor tvoraŭ (GW), II 1958, VI 1978 ff.

Tannenbaum, Irving → Stone, Irving

Tanpinar, Ahmet Hamdi, türk. Dichter, 23. 6. 1901 Istanbul – 24. 1. 1962 ebda. Stud. Lit.wiss., 1923 in Istanbul abgeschlossen, Türk.-Lehrer in versch. Städten Anatoliens u. an der Kunstakad. Istanbul, 1939 Prof. für Neuere Türk. Philol. an der Univ. Istanbul, 1942–46 Abgeordneter, dann wieder Lehrtätigkeit. – Symbolist. Gedichte, metaphernreich u. betont musikal.-poet. Thematisierung des Zeit-Abstraktums. Daneben Romane u. Erzählungen, die sich vornehmlich um das Motiv Zeit drehen.

W: Abdullah Efendinin Rüyalari, En. 1943; Beş Şehir, Ess. 1946; Huzur, R. 1949; Yaz Yağmuru, En. 1955; XIX. Asir Türk Edebiyati Tarihi, Lit.geschichte 1949. Şiirler, G. 1961 (erw. 1976); Saatleri Ayarlama Enstitüsü, R. 1962; Yahya Kemal, Mon. 1962; Edebiyat Üzerine Makaleler, Aufs. 1969; Yaşadiğim Gibi, Ess. 1970; A. H. Tanpinarin Mektuplari, Br. hg. Z. Kerman 1974, 1992; Seçmeler, Ausw. hg. E. Batur 1992. – *Übs.:* Sommerregen, En. 2001.

L: M. Kaplan, 1964.

Tansillo, Luigi, ital. Dichter, 1510 Venosa/Potenza – 1. 12. 1568 Teano/Caserta. Aus adliger, jedoch nicht reicher Familie; treuer Anhänger der span. Herrschaft; e. Zeitlang in Diensten des Vizekönigs von Neapel, Don Pietro di Toledo; nahm am Feldzug gegen die Türken teil; später Capitano di Giustizia von Gaeta. – Lyriker am Übergang vom Klassizismus des Cinquecento zum ›Secentismo‹. S. Gedichte schildern auf ansprechende Weise s. Gefühle, die heitere u. gelassene Schönheit der Natur u. Landschaft. Viele s. ›Rime‹ kündigen e. neue Periode der ital. Lyrik an. Ferner Lehrgedichte und e. unvollendetes barockes Epos ›Le lagrime di San Pietro‹ (1585), 1. christl.-relig. Epos in Italien. Hatte großen Einfluß auf die Dichtung Spaniens im 16. u. 17. Jh.

W: Le lagrime di San Pietro, Ep. 1585. – Capitoli giocosi e satirici, hg. S. Volpicella 1882; Poesie liriche, hg. F. Fiorentino 1882; L'egloga e i poemetti, hg. F. Flamini 1893; Il Canzoniere, hg. E. Percopo 1926; Il vendemmiatore, hg. G. Raya 1928; Poemetti, hg. C. Cappuccio 1954.

L: C. Rubino, Tansilliana, 1996 (m. Bibl.).

Tantrākhyāyika → Pañcatantra, das

Tʻao Chʻien → Tao Qian

Tao Qian, auch Tao Yuanming, chines. Dichter, 365(?) Chaisang (Jiangxi) – 427(?) ebda. Aus hoher Beamtenfamilie, Urgroßvater Tao Kan, Marschall der Dynastie Jin; Vater jedoch nicht mehr Beamter. War zunächst Bezirksopferer, nahm bald s. Abschied; später Verwaltungsbeamter in Jiangling (Hubei), dann in Pengze (Jiangxi). Trat nach Untergang der Dynastie von allen Ämtern zurück. Als Persönlichkeit ebenso hoch geschätzt wie als Dichter. Verkörpert aufs reinste den Typ des polit. nicht engagierten Dichters, daher großer Einfluß auf Li Bo. Abneigung gegen Amtsdienst, geregelte Arbeit; Unabhängigkeit, Freimut, Liebe zu Wein und Freundesgespräch, nachdenkl. Wesen. – S. Werk ist an Umfang gering (rd. 125 Gedichte, einige Briefe, Opferreden, Biographien), aber in späteren Jahrhunderten viel gelesen und zitiert. Anekdoten aus s. Leben wurden auch oft in bildender Kunst dargestellt. Sprache von höchster Einfachheit, Meister der 5– und 7–Silben-Verse. Reflexionen über Vergänglichkeit des Lebens, Lob des Weins, bukol.-idyll. Grundeinstellung zum Leben, taoist. Einflüsse. S. Gespräch zwischen Körper, Schatten und Seele ist e. der wenigen personifizierenden Dichtungen in China, s. Prosaerzählung ›Pfirsichblütenquelle‹ Prototyp der Suche nach e. jenseitigen Land der Vollkommenheit. Aufschlußreich s. Selbstporträt ›Meister der 5 Weidenbäume‹.

A: Tao Yuanming ji. – *Übs.:* A. Bernhardi (Mitteilungen des Seminars für Oriental. Sprachen Bd. 15, 1912, Bd. 18 1915), Ausw. V. Hundhausen 1928; engl. W. Acker, Lond. 1952, J. R. Hightower, Oxf. 1970, A. R. Davis, Cambr. 1983; K. H. Pohl, Der Pfirsichblütenquell, d. 1985.

L: S. o.; Wong Wen-po, Diss. Paris 1934.

Tʻao Yüan ming → Tao Qian

Tapio, Marko (eig. Marko Vihtori Tapper), finn. Schriftsteller, 15. 8. 1924 Saarijärvi – 14. 6. 1973 ebda. Realschule, Kapitänspatent, Bauarbeiter, Zimmermann, Flößermeister, Redakteur. – Gehört zur Gruppe der von Sillanpää ausgehenden Schilderer des Volkslebens. Höhepunkt ist die 4teilig konzipierte, unvollendete Romanfolge ›Arktinen hysteria‹, e. Schilderung sozialhyster. Zustände bei e. Dammbruch u. e. Arbeitskampf.

W: Lasinen pyykkilauta, R. 1952; Novelleja, Nn. 1954; Aapo Heiskasen viikatetanssi, R. 1956; Korttipelisatu, R. 1958; Keltainen lippu, Dr. 1959; Terassi, R. 1962; Enkeli lensi ohi, R. 1963; Kolmetoista mehiläistä, R. 1964; Se kesä on mennyt, R. 1964; Hattuni repustan naulalles, Dr. 1965; Arktinen hysteria. 1. Vuoden 1939 ensilumi. 2. Sano todella rakastatko minua, R. 1967; Mummokulta, R. 1969.

L: A. Fried, 1975; A. Makkonen, 1991.

Tarafa ibn ʻAbdalbakrī, altarab. Dichter, Mitte 6. Jh. Kam in Konflikt mit dem Laḥmidenkönig ʻAmr ibn Hind, den er mit Spottversen belegte. – Gilt der arab. Lit.kritik als e. der größten Dichter der Heidenzeit. Hochberühmt ist die Kamelschilderung in s. sog. Muʻallaqa, die ihresgleichen sucht.

W: Dīwān, hg. W. Ahlwardt, in: The Diwans of the Six Ancient Arabic poets, Lond. 1870; hg. M. Seligsohn 1901 (m. franz. Übs.).

Tāraknāth Gāṅguli → Gāṅguli, Tāraknāth

Tāranātha Kun-dga'-sñiṅ-po, tibet. Autor, * 1575. Anhänger der vom 5. Dalai Lama unterdrückten Schule der Jo-naṅ-pa. T., der bes. an myst.-mag. Lehren der buddhist. Tantras interessiert war, hatte enge persönl. Beziehungen zu ind. Meistern dieser Lehren. S. bekanntestes Werk ist der ›rGya-gar chos-'byuṅ‹ (1606, Geschichte des Buddhismus in Indien), der die in Tibet verfügbaren Traditionen über die Entwicklung des Buddhismus in s. Entstehungsland zusammenfaßt.

A: The Collected Works, I 1982 ff. – *Übs.:* T.'s History of Buddhism in India, D. Chattopadhyaya, Simla 1970.

Taranci, Cahit Sitki, türk. Dichter, 4. 10. 1910 Diyarbakir – 13. 10. 1956 Wien. Franz. Gymnas.,

Galatasaray-Gymnas. u. Verwaltungshochschule Istanbul; 1939/40 Stud. Staatswiss. Paris; 1941–43 Militärdienst; Übersetzer bei Behörden in Ankara. – Sehr formbewußter Lyriker, pries in s. aus der lebendigen Sprache gespeisten Gedichten Natur u. Dasein. E. der Wegbereiter der heutigen ›Neuen Dichtung‹ (›Yeni Şiir‹).

W: Ömrümde Sükût, G. 1933; Otuz Beş Yaş, G. 1946; Düşten Güzel, G. 1952; Sonrasi, G. 1957; Ziya'ya Mektuplar, Br. 1957; C. S. Taranci'nen Hikayeleri, En. hg. S. Önerli, 1976; Yazilar, Aufs. hg. H. Sazyek 1995. – Bütün Şiirleri (ges. G.), hg. A. Bezirci 1983.
L: M. Uyguner, 1960; ders., 1966. – *Bibl.:* C. S. Taranci, 1971.

Tarasov-Rodionov, Aleksandr Ignat'evič, russ. Schriftsteller, 7. 10. 1885 Astrachan' – 3. 9. 1938 (in Haft). 1919–24 hoher Offizier der Roten Armee, Untersuchungsrichter beim Obersten Gerichtshof; wichtiger kommunist. Lit.funktionär; 1938 Opfer der Willkürjustiz, nach 1956 rehabilitiert. – Bekannt 1922 durch den Roman ›Šokolad‹, der sowjet. ›Recht‹-Sprechung nach Volksempfinden u. Zweckmäßigkeit verherrlicht. Auch späteres, ebenfalls ins Deutsche übersetztes Schaffen betrifft die Revolution u. ist lit. primitiv.

W: Šokolad, R., in: Molodaja gvardija 1922 (Schokolade, d. 1924); Fevral', R. 1927 (Februar, d. 1928); Ijul', R. 1930 (Juli, d. 1932).

Tarchetti, Iginio Ugo, ital. Dichter, 29. 6. 1841 San Salvatore di Monferrato – 25. 3. 1869 Mailand. 1859–65 Militärdienst mit Einsatz in Süditalien bei der sog. Banditenbekämpfung. Mitgl. der Scapigliatura in Mailand. – Vielseitiger, phantasievoller, an der Grenze von Spätromantik u. psycholog. Realismus stehender Erzähler. In s. phantast. Erzählungen und Romanen zeigen sich Einflüsse von E. T. A. Hoffmann und E. A. Poe, die er besonders schätzte.

W: Paolina, E. 1866; Una nobile follia, En. II 1867; La storia di un ideale, E. 1868; Racconti fantastici, En. 1869; Amore nell'arte, En. 1869; Storia di una gamba, E. 1869; Fosca, R. 1869; Racconti umoristici, En. 1869; Disiecta, G. 1879. – Tutte le opere, hg. E. Ghidetti 1967.
L: P. Nardi, 1921. – *Bibl.:* R. Scaglia, 1926; E. Ghidetti, 1968; I. U. T. e la Scapigliatura. Atti del convegno S. Salvatore Monferrato, 1977; A. M. Mangini, 2000.

Tardieu, Jean (Ps. Daniel Trevoux), franz. Lyriker u. Dramatiker, 1. 11. 1903 Saint-Germain-de-Joux/Ain – 27. 1. 1995 Créteil. Jugend in Lyon und Paris, Stud. ebda., Verlagsangestellter; veröffentlichte s. Gedichte während der Résistance unter Pseudonym; Produzent beim franz. Rundfunk. – Vollzog in s. Dichtungen den Wandel von maßvoll-klass. Nüchternheit zum Surrealismus, um schließl. unter Einfluß von R. Queneau und J. Prévert zu e. Haltung des Mißtrauens gegenüber herkömml. dichter. Ausdrucksmöglichkeiten zu finden. Thema s. letzten Gedichte und Dramen ist die sarkast. antilyr. Darstellung des Absurden. Übs. Goethe und Hölderlin.

W: Le fleuve caché, G. 1933; Accents, G. 1939; Le témoin invisible, G. 1943; Poèmes, G. 1944; Figures, G. 1944; Les dieux étouffés, G. 1946; Jours pétrifiés, G. 1948; Monsieur, Monsieur, Dicht. 1951; Un mot pour un autre, Dicht. 1951 (Professor Froeppel, d. 1966); Théâtre de chambre I, Drn. 1955 (erw. ²1967); L'espace et la flûte, Dicht. 1958 (d. 1959); De la peinture que l'on dit abstraite, Dicht. 1960; Théâtre II: Poèmes à jouer, Drn. 1960; Choix de poèmes, 1961; Histoires obscures, G. 1961; Villon, Es. 1961; H. Hartung, Es. 1961; Pages d'écriture, Prosa 1967; Le fleuve caché: Poésies 1938–61, 1968; Les portes de toiles, G. u. Prosa 1969; Le part de l'ombre, suivi de ›La première personne du singulier‹ et de ›Retour sans fin‹, Proses 1937–67, 1972; Obscurité du jour, 1974; Théâtre III, Drn. 1974, IV 1984. – *Übs.:* Kammertheater, Drn. 1960; Mein imaginäres Museum, G. u. Prosa 1965.
L: E. Noulet, 1964 (m. Bibl.); E. Kinds, 1973; P. Vernois, 1981; J. Onimus, 1985; S. Zoppi, 1990; C. Tacou, 1991; L. Flieder, 1993; F. Martin-Scherrer, 1994; F. Week-Bertrand, 1997.

Tardiveau, René → Boylesve, René

Tarhan, Abdülhak Hamid → Abd al-Ḥaqq

Tarkington (Newton), Booth, amerik. Erzähler, 29. 7. 1869 Indianapolis – 19. 5. 1946 ebda. Stud. Univ. Purdue und Princeton; unabhängiges Leben, meist in Indiana, im Sommer in Maine; weite Reisen, auch in Europa; um 1930 zeitweise fast völlig erblindet. – In Romanen und Kurzgeschichten konservativer Nachfolger des franz. Realismus und W. D. Howells', wollte ›Farbe, Ton und Eindruck‹ des Lebens so getreu und lebendig wie mögl. wiedergeben, schildert in s. Romanen detailliert das Leben des Mittelwestens dennoch mit romant. u. sentimentalen Zügen. Zweimal Pulitzerpreis: 1919 für ›The Magnificent Ambersons‹, die drei Generationen umfassende Chronik e. Familie aus Indiana, 1922 für ›Alice Adams‹, die Geschichte e. unerfüllten Liebe e. einfachen Mädchens zu e. höherstehenden Mann. ›Penrod‹ ist e. Jugendbuch. Auch Dramatiker und Essayist.

W: The Gentleman from Indiana, R. 1899; Monsieur Beaucaire, R. 1900 (d. 1929); The Conquest of Canaan, R. 1905; Penrod, R. 1914; Growth, R.-Tril.: 1. The Turmoil, 1915, 2. The Magnificent Ambersons, 1918 (d. 1945), 3. The Midlander, 1923; Penrod and Sam, R. 1916; Alice Adams, R. 1921; The Plutocrat, R. 1927 (Der Mann mit den Dollars, d. 1929); The World Does Move, Aut. 1928; Penrod Jashber, R. 1929; Little Orvie, R. 1934 (d. 1948); The Heritage of Hatcher Ide, R. 1941; The Image of Josephine, R. 1945; Stories, 1984. – The Works, XXVII 1922–32; On Plays, Playwrights and

Playgoers, Ess. hg. A. S. Downer 1959; Your Amiable Uncle: Letters to His Nephew, 1949.
L: A. D. Dickinson, 1926; A. D. van Nostrand, 1951; J. L. Woodress, 1955; K. J. Fennimore, 1974; S. Mayberry, 1983. – *Bibl.:* B. Currie, 1932; D. R. Russo, T. L. Sullivan, 1949.

Tarkovskij, Arsenij Aleksandrovič, russ. Lyriker, 25. 6. 1907 Elizavetgrad – 27. 5. 1989 Moskau. 1925–29 Höhere staatl. lit. Kurse. Seitdem Übersetzer, insbes. oriental. Klassiker, veröffentlichte erst seit 1962 eigenes lyr. Schaffen. – T.s philos. Lyrik gehört zum Besten s. Zeit. Klass. in der Form, bildreich in der Tradition Achmatovas, Pasternaks u. Cvetaevas, sucht sie nach Erfassung des Weltgeschehens in e. Verschmelzung vergangener Kulturen mit der Gegenwart, der Primat des Geistigen über das Materielle ist ihr Selbstverständlichkeit, der Tod nie Abschluß. S. Gedichte sind wortbewußt und sparsam im Ausdruck, die Klarheit der geistigen Erfassung prägt ihre Form.
W: Pered snegom, G. 1962; Zemle zemnoe, G. 1966; Vestnik, G. 1969; Stichotvorenija, G. 1974; Volšebnye gory. Poëzija Gruzii, G. 1978; Zimnij den', G. 1980; Stichi raznych let, G. 1983. – Sobranie sočinenij (GW), III 1991–93. – *Übs.:* Auf den anderen Seite des Spiegels (russ./d.), G. 1990; Wir stehn am Meeresrand schon lange Zeit, G. 2001.

Tarn, Pauline M. → **Vivien, Renée**

Tarsis, Valerij Jakovlevič (Ps. Ivan Valerij), russ. Schriftsteller, 23. 9. 1906 Kiev – 3. 3. 1983 Bern. Stud. Gesch. u. Philol. Rostov, als Verlagsredakteur u. Übs. Spezialist für ausländ. Lit.; ab 1937 eigene erzähler. Arbeiten; im Weltkrieg Frontberichterstatter; ab 1960 öffentl. Systemkritik; ließ s. Arbeiten, da sie als treffende Satiren in der SU nicht gedruckt wurden, im Ausland erscheinen, wurde daraufhin in e. sowjet. gerichtspsychiatr. Anstalt verbracht, nach internationalen Protesten 1963 entlassen, legte s. Eindrücke in der Erzählung ›Palata Nr. 7‹ (›Krankensaal Nr. 7‹) nieder; 1966 während e. Vortragsreise in England ausgebürgert, wurde damit zum ersten Schriftsteller der dritten Emigrationswelle, lebte als ständiger Mitarbeiter der Zs. ›ZeitBild‹ in der Schweiz. – T. ist Autor von über 10 Romanen, die das Alltagsleben in der SU enzyklopäd. zu erfassen suchen. Das meiste ist ungedruckt.
W: Skazanie o sinej muche. Krasnoe i černoe, En. 1963 (Die blaue Fliege. Rot u. Schwarz, d. 1965); Palata Nr. 7, E. 1966 (Botschaft aus dem Irrenhaus, d. 1965); Kombinat naslaždenij, R. 1967; Sedaja junost', Anth. 1968; Riskovannaja žizn' Valentina Almazova, R. 1970; Nedaleko iz Moskvy, R. 1981. – Sobranie sočinenij (GW), XII 1966–70 (ersch. Bde. 1, 4, 11, 12).

Tasso, Bernardo, ital. Dichter, 11. 11. 1493 Venedig – 5. 9. 1569 Ostiglia/Mantua. ⚭ 1536 Porzia de' Rossi. Vater von Torquato T. Abwechslungsreiches u. beschwerl. Leben; zeitweise in Diensten des Fürsten Ferrante Sanseverino von Salerno, folgte diesem 1552 nach Rom in die Verbannung; ferner am Hofe von Guidobaldo II., Herzog von Urbino, von Guglielmo Gonzaga, Herzog von Mantua, wurde von diesem zum Statthalter von Ostiglia ernannt. – Zu s. kleineren Werken gehört s. ›Epistolario‹, e. 2bändige Sammlung von Briefen hist. u. biograph. Charakters. In s. zahlr. Gedichten, Oden, Sonetten, Elegien u. Eklogen erweist sich T. als e. von Horaz u. Ovid inspirierter Petrarkist. S. ›Amadigi‹ in 100 Gesängen ist e. Bearbeitung des Amadisromans nach Vorbild Ariosts in bombast. Stil; ›Floridante‹, Erweiterung e. Episode aus ›Amadigi‹, blieb unvollendet u. wurde von s. Sohn Torquato T. zu Ende geführt u. veröffentlicht.
W: Amadigi de Gaula, Ep. 1560; Floridante, Ep. hg. Torquato T. 1587 (n. M. Catalano 1931); Le rime, hg. P. A. Serassi II 1749; Lettere, hg. A. F. Seghezzi, P. A. Serassi III 1733–51; Lettere inedite, hg. A. Portioli 1871.
L: E. Williamson, 1951; G. Cerboni Baiardi, La lirica di B. T., 1966; S. Barbieri, 1972.

Tasso, Torquato, ital. Dichter, 11. 3. 1544 Sorrent – 25. 4. 1595 Rom. Sohn von Bernardo T. und der Porzia de' Rossi. 1550 Jesuitenschüler in Neapel. Durch die Verbannung des inquisitionsfeindl. Fürsten Ferrante Sanseverino 1552 in Rom. 1554 in s. Diensten. Nach e. kurzen Aufenthalt in Bergamo u. Pesaro 1556 mit dem Vater beim Fürsten Guidobaldo della Rovere in Urbino. Dort vornehmste Erziehung zusammen mit dem Prinzen. 1559/60 in Venedig. 1560 Stud. Rechte Padua, widmete sich aber mehr der Lit. u. Philos. Besuchte die lit. Zirkel des Speroni, Sigonio u. F. Piccolomini. 1562 mit Hilfe e. Stipendiums von 50 Scudi des Herzogs von Urbino an der Univ. Bologna. Widmete 1562 s. Versroman ›Rinaldo‹ dem Kardinal Luigi d'Este. Mußte 1564 wegen e. Satire auf Studenten u. Professoren aus Bologna flüchten. Rückkehr nach Padua, auf Intervention des Scipione Gonzaga Aufnahme in die Akad. der ›Etereï‹. Las dort s. Liebesgedichte vor Lucrezia Bendidio und s. Laura Peperara vor. 1565 Abschluß s. philos. Stud. Kardinal Luigi d'Este nahm den bereits gefeierten Dichter in s. Hofstaat in Ferrara auf. 1570 Reise nach Frankreich. 1572 beim Herzog Alfons II. von Ferrara. 1575 Historiograph des Hauses Este. Trotz großer lit. u. gesellschaftl. Erfolge machten sich bei T. Verfolgungswahn, übergroße Sensibilität u. relig. Wahnvorstellungen bemerkbar. 1576 verschlimmerte e. Racheakt des Ercole Fucci s. Leiden. 1577 Selbstanklage bei der Inquisition. Als er sich am 17. 6. 1577 von e. Diener belauscht fühlte, warf er ihm e. Messer nach. Man brachte ihn in das Kloster S. Francesco, von wo er am 27. 7. 1577 entfliehen konnte. S. Schwester Cornelia pflegte ihn in Sorrent gesund. 1578 am Hofe in Ferrara wieder in Gnaden aufgenommen. Flüchtete von dort nach 3 Monaten ohne Grund u. zog ruhelos umher (Padua, Venedig, Urbino, Turin). 1579 wieder in Ferrara. Als er dort wegen der bevorstehenden Hochzeit des Herzogs mit Margherita Gonzaga kühl empfangen wurde, bekam er e. Tobsuchtsanfall u. brach in Schmähungen gegen den Herzog aus. Man brachte ihn in die psychiatr. Klinik S. Anna, wo er 7 Jahre festgehalten wurde. Nach vielen Interventionen für s. Freigabe konnte ihn Vincenzo Gonzaga 1586 an s. Hof nach Mantua mitnehmen. Dort vorübergehende Besserung s. Gesundheitszustandes. 1587 wieder Flucht u. ruheloses Umherirren (Rom, Neapel, Florenz). Von versch. Fürsten großzügig unterstützt; auch Papst Clemens VIII. war s. Protektor. Am Kapitol in Rom sollte er zum Dichter gekrönt werden. Er starb jedoch am Tag zuvor im Kloster S. Onofrio. – S. Hauptwerk ist das Epos ›Gerusalemme liberata‹, e. Verbindung des Ritterromans mit dem klass. Epos. Freiheit der Handlung nach dem Modell von Ariost. Mehrere Helden (Gottfried von Bouillon, Rinaldo, Tancred, Aladin, Soliman, Argante), versch. Liebesepisoden (Olindo u. Sophronia, Tancred u. Erminia, Rinaldo u. Armida). Hist. u. relig. Stoff ist der 1. Kreuzzug, Sieg der Christen über die Heiden; die Kreuzzugs-Chroniken, Chansons de geste, franz. u. ital. Ritterromane als Vorbilder. Übernatürl. u. wunderbare Vorkommnisse. Der heroisch-relig. u. ernste Charakter wird erhellt von der schöpfer. Phantasie u. der ursprüngl. Inspiration des Dichters. Zwiespalt zwischen dem himml. Jerusalem u. der heidn. Schönheit; T. schuf e. lyr.-sentimentale Welt, Idyllen von Anmut u. Empfindsamkeit. Nach der gegen s. Willen erfolgten Veröffentlichung unter dem Titel ›Goffredo‹ 1581 1. vollständige Ausgabe unter dem Titel ›Gerusalemme liberata‹; später änderte T. s. Epos in e. ›Gerusalemme conquistata‹ um (1593): hist. Wahrheit, klass. Einheit der Handlung, Zurückdrängung der erot. Motive. Diesem Versepos fehlt aber dadurch das künstler. u. schöpfer. Element. Das Jugendwerk ›Rinaldo‹ ist e. Versroman im Stile des Ariost. In der Manier der Renaissance bes. Betonung des formal Schönen. Rolands Vetter Rinaldo vollbringt aus Liebe zu der schönen Clarice s. Heldentaten. T.s Hirtendrama ›Aminta‹ ist das schönste Werk der pastoralen Dichtung. Verherrlichung des Hirtenlebens u. der Liebe. Die Jägerin Silvia weist die reine Liebe des Hirten Aminta zurück. Erst als er sie vor e. Satyr rettet u. sich in der Meinung, sie wäre von Wölfen zerrissen worden, von e. Felsen in die Tiefe stürzt, wird sie bekehrt. Erstaufführung 1573 auf der Poinsel Belvedere für die Hofgesellschaft Ferraras. Der ›Re Torrismondo‹ ist e. Tragödie nach dem Vorbild Sophokles' u. Senecas. Liebeslyrik in der Art des Petrarca. T. verfaßte auch viele enkomiast. Gedichte auf gefeierte Persönlichkeiten s. Zeit. Auch polit. u. relig. Lyrik. S. ›Dialoghi‹ behandeln philos., moral., lit. u. ästhet. Probleme. Er hinterließ etwa 1700 Briefe.

W: Rinaldo, Ep. 1562 (hg. L. Bonfigli 1936); Discorsi dell'arte poetica ed in particolare sopra il poema eroico 1564 (u.d.T. Discorsi del poema eroico, 1594; hg. F. Flora 1935, L. Poma 1964); Aminta, Dr. 1580 (hg. B. T. Sozzi 1957, C. Varese 1985; d. 1742 u.ö., O. v. Taube 1962, 1968, H. Studniczka 1966); Gerusalemme liberata, Ep. 1581 (hkA A. Solerti III 1895f., L. Bonfigli 1934, L. Caretti 1957; d. 1626 u.ö., J. Gries [2]1920); Il padre di famiglia, Dial. 1583 (d. K. Streckfuß 1840); Malpiglio o vero de la Corte, Dial. 1586; Il re Torrismondo, Tr. 1587; La Molza o vero de l'amore, Dial. 1587; Apologia della Gerusalemme liberata, 1588; Gerusalemme conquistata, Ep. 1593 (hg. L. Bonfigli II 1934, F. Flora 1952); Il mondo creato, Ep. 1594 (hkA E. Petrocchi 1951); Teatro, hg. M. Guglielminetti 1983. – Opere, hg. G. Rossini XXXIII 1821–32, B. T. Sozzi II 1955f., B. Maier V 1963–65; Opere minori in versi, hg. A. Solerti III 1891–95 (d. K. Förster, II 1821); Poesie, hg. F. II 1934f., 1952; I dialoghi, hg. C. Guasti 1858f., E. Raimondo IV 1958; Le rime, hg. E. Falqui III 1949; Tutte le poesie, hg. L. Caretti 1957ff.; Lettere, hg. C. Guasti V 1852–55. – Übs.: Werke und Briefe, 1978; Sonette an Lucrezia Bendidio, P. Graf Thun-Hohenstein 1941; Minturno oder von der Schönheit, K. P. Hasse 1923.

L: P. L. Cecchi, 1880; A. Solerti, III 1895 (m. Bibl.); A. Sainati, La lirica del T., 1912–15; G. B. Cervellini, II 1918–20; A. Marenduzzi, [2]1926; L. Tonelli, 1935; C. Previterra, 1936; G. Firetto, T. e la controriforma, 1939; G. Toffanin, T. e l'età che fu sua, 1945; M. Vailati, Il tormento artistico del T., 1950; A. di Pietro, Il ›Gerusalemme‹ nella storia della poesia tassiana, 1951; G. Getto, Interpretazione del T., 1951, [2]1979; U. Leo, T. Studie z. Vorgesch. d. Secentismo, 1951; Studi tassiani, 1951ff.; G. Lazzetta, 1952; B. T. Sozzi, 1954 u. 1963; U. Leo, Ritterepos – Gottesepos, 1958; E. Donadoni, [5]1963; L. Caretti, Ariosto e T., [2]1967; F. Bruni, 1969; S. Zatti, 1983; B. Basile, 1984. – Bibl.: A. Tortoreto, J. G. Fucilla (1896–1930), 1935; L. Locatelli, 1971.

Tassoni, Alessandro, ital. Dichter, 28. 9. 1565 Modena – 25. 4. 1635 ebda. Aus adliger Familie. Stud. Bologna und Ferrara, 1589 Mitgl. der Accademia della Crusca; 1597 Übersiedlung nach Rom; 1599–1603 in Diensten des Kardinals Ascanio Colonna, begleitete diesen 1600 nach Spanien; 1618 in Diensten des Kardinals Mauritius von Savoyen, anschließend erster Sekretär des Herzogs Carlo Emanuele I. von Savoyen in Turin; Gegner der span. Herrschaft; verließ 1622 den Hof von Savoyen, als der Herzog die Freundschaft Spaniens suchte; seit 1632 am Hofe Francescos I. d'Este in Modena. – Vf. des ersten und größten ital. heroisch-kom. Stanzenepos ›La secchia rapita‹ in 12 Gesängen; behandelt auf humorvolle Weise den Bürgerkrieg zwischen Modena und Bologna, der 1325 wegen e. von den Modenesen in Bologna geraubten Holzeimers ausgebrochen war. S. Werk wurde durch versch. Übsn. auch jenseits der Grenzen Italiens bekannt. Erwähnenswert sind auch s. kleineren Werke. In ›Pensieri diversi‹, e. Sammlung von wiss., lit. und philos. Essays, setzte sich T. u.a. für die mod. Poesie gegen die antike ein. In ›Considerazioni sopra le Rime del Petrarca‹ kritisierte er heftig die Petrarkisten.

W: Considerazioni sopra le Rime del Petrarca, 1609; Pensieri diversi, 1610; Filippiche contro gli Spagnoli, 1613 (n. F. Bianchi 1935); La secchia rapita, 1622 (hg. G. Rossi II 1930; d. P. L. Kritz 1842); Rime, 1711. – Opere, 1942; Opere minori, hg. G. Nascimbeni, G. Rossi III 1926; Opere, hg. L. Fassò 1942; Prose politiche e morali, hg. G. Rossi II 1930, P. Puliatti II 1978; Scritti inediti, hg. ders. 1975; Lettere, hg. G. Rossi II 1901–10, P. Puliatti II 1978; Lettere e minute inedite, hg. F. Sacchiero Parri 1997.

L: V. Santi, La storia nella Secchia rapita, II 1906–09; G. Russo, La secchia rapita del T., 1937; C. Mussini, 1939; C. Jannaco, 1961; E. Loos, T.s ›La secchia rapita‹ u. d. Problem d. hero.-kom. Epos, 1967. – Bibl.: G. Rossi 1908; P. Puliatti, II 1969.

Tatarka, Dominik, slowak. Schriftsteller, 14. 3. 1913 Drienové – 10. 5. 1989 Bratislava. Stud. Philos. Prag u. Paris; Gymnasiallehrer, 1944 Teilnahme am Slowak. Nationalaufstand, nach 1945 Redakteur, nach 1968 Publikationsverbot wegen seiner Regimekritik. – Nach Überwindung surrealist. Anfänge wandte sich T. nach dem Krieg gesellschaftl. Problemen zu, behandelte Freiheitskampf u. Wiederaufbau, übte nach 1960 Kritik am neuen System. In seinem Werk variiert T. das Thema der Vereinsamung und deren Überwindung durch Liebe, Teilnahme und Verständnis.

W: V úzkosti hl'adania, En. 1942 (erw. u. d. T. Rozhovory bez. konca, 1959); Panna zázračnica, E. 1945; Farská republika, R. 1948 (Die Pfaffenrepublik, d. 1960); Prvý a druhý úder, R. 1950; Radostník, R. 1954; Družné letá, R. 1955; Človek na cestách, Es. 1957; Démon súhlasu, E. 1963; Prútene kreslá, En. 1963; Sám proti noci, R. 1984; Písačky, R. 1984; Listy do večnosti, R. 1988; Navrávačky, R. 1988; Hovory o kultúre a obcovaní, Ess. 1995; Kultúra ako obcovanie, Ess. 1996. – Vybrané spisy (AW), 1971.

L: Ešte s vami pobudnúť, 1994.

Tate, (John Orley) Allen, amerik. Dichter und Kritiker, 19. 11. 1899 Winchester/KY – 9. 2. 1979 Nashville/TN. Stud. Vanderbilt Univ., Nashville; gründete 1922 mit J. C. Ransom ›The Fugitive‹; 1924 ∞ Caroline Gordon, ebd. 1959, 1928–30 in Paris; Lehrtätigkeit an versch. Univ., ab 1951 in Minnesota. 1950 Konversion. 1944–46 Hrsg. der ›Sewanee Review‹. – Von Eliot ausgehender einflußreicher Lit.- u. Kulturkritiker und Essayist, zur Gruppe der New Critics gehörig. S. Geschichtsauffassung ist bestimmt vom Bild der agrar. aristokrat. Pflanzerkultur des alten Südens u. von der Kritik an der kapitalist.-kommerziellen Industriegesellschaft und prägt sich aus in Biographien und dem Roman ›The Fathers‹ (1938, d. 1967). Bedeutende, zerebral konstruierte Lyrik über das Problem von Zeit u. Erinnerung.

W: Mr. Pope, G. 1928; Stonewall Jackson, B. 1928; Jefferson Davis, B. 1929; I'll Take My Stand, by Twelve Southerners, Ess. 1930; Poems: 1928–1931, 1932; The Mediterranean, G. 1936; Reactionary Essays on Poetry and Ideas, 1936; Who Owns America?, Ess. hg. 1936; Selected Poems, 1937; Reason in Madness, Ess. 1941; The Winter Sea, G. 1944; Poems, 1922–1947, 1948; On the Limits of Poetry, Ess. 1948; The Hovering Fly, Ess. 1948; The Forlorn Demon, Ess. 1953; The Man of Letters in the Modern World, Ess.-Ausw. 1955; Collected Essays, 1959; Poems, 1960; Essays of Four Decades, 1968; The Swimmers, G.-Ausw. 1970; Poetry Reviews 1924–1944, Ess. hg. A. Brown, F. N. Cheney 1983. – Memoirs and Opinions, 1926–74, 1975; Collected Poems, 1916–1976, 1977; Literary Correspondence D. Davidson – A. T., hg. J. T. Fain, T. D. Young 1974; The Republic of Letters in America, Briefe J. P. Bishop – A. T., hg. T. D. Young, J. J. Hindle 1981; The Lytle/Tate Letters, hg. T. D. Young, E. Sarcone 1987; C. Brooks – A. T., Br. hg. A. Vinh 1998.

L: R. K. Meiners, 1963; F. Bishop, 1967; R. Squires, 1971; ders., hg. 1972; J. C. Schöpp, 1975; R. S. Dupree, 1983; J. L. Allums, 1984; R. H. Brinkmeyer, Three Catholic Writers, 1985 (m. Bibl.); W. Allen, 1988; W. Sullivan, 1988; P. A. Huff, 1996; T. A. Underwood, 2001. – Bibl.: M. Fallwell, 1969.

Tate, Nahum, ir.-engl. Dichter u. Dramatiker, 1652 Dublin – Juli/August 1715 London. Stud. Trinity College Dublin bis 1672; veröffentl. 1677 seinen ersten Gedichtband, begann dann regelmäßig Stücke zu schreiben. – Nach selbstverfaßten Stücken, oft angelehnt an klass. Stoffe, schrieb T. v.a. Adaptionen elisabethan. Stücke für die Restaurationsbühne. Zu den bekanntesten gehört eine Version von Shakespeares ›King Lear‹, die während der Restauration bedeutender war als das Original und die durch ein Happy-End entschärft u. entproblematisiert wird. Cordelia hat darin nicht die aktive Rolle einer kriegerisch versierten Frau, die polit. agiert, sondern wird vielmehr vom polit. Gegner mit Vergewaltigung bedroht, damit quasi domestiziert und schließlich mit Edgar verheiratet. T. adaptierte zudem Stücke von Fletcher, Webster u. Marston in ähnlicher Weise. Wurde 1692 Poet laureate.

W: Poems, G. 1677; Brutus of Alba, T. 1678 (hg. R. Craven 1987); The Loyal General, Sch. 1680; The Sicilian Usurper, Sch. 1681; King Lear, T. 1687; The Ingratitude of a Commonwealth, T. 1682; The Island Princess, T. 1687; The Cuckold's Haven, Sch. 1685; New Versions of the Psalms of David, G. 1696.

Taube

L: J. Ayres, Shakespeare in the Restoration, 1964; C. Spencer, 1972; R. MacGugan, N. T. and the Coriolanus Tradition in English Drama, 1989.

Tatius → Achilleus Tatios

Taube, Evert (Axel), schwed. Dichter, 12. 3. 1890 Vinga – 31. 1. 1976 Saltsjöbaden. Sohn e. Kapitäns aus balt. Adelsgeschlecht. Kunststud., Journalist; Jugend vorwiegend auf See u. im Ausland, zeitweise in den roman. Ländern ansässig; Reisen nach Australien, Südamerika; ∞ 1925 Bildhauerin Astri Bergman. – T. wurde spät in die offizielle Lit. aufgenommen, obwohl schon früh bekannt u. beliebt als ›Troubadour‹. S. von Bellman angeregten Gedichte im freien Ton der Umgangssprache sind vorwiegend zum Vortrag bestimmt; Motive aus Seemannsleben u. der Natur, bes. den Schären. T. beherrscht sämtl. Ausdrucksformen vom Volkslied bis zum gemäßigten Modernismus, vom Hexameter bis zur Kanzone.

W: F. Anderssons visbok, G. 1929; Ultramarin, G. 1936; Himlajord, G. 1938; Sjösalaboken, G. 1942; Ballader i Bohuslän, G. 1943; Septentrion, G. 1958; Många hundra gröna mil, Aut. 1951; Jag kommer av ett brusand' hav, Aut. 1952; Förlustelse och frid, G. 1957; Vallfart till Trubadurien och Toscana, Reiseb. 1957; Berättelser under ett fikonträd, Aut. 1960; Vid tiden för Astri och Apollon, Aut. 1964. – Samlade visor, XI 1945–51; Dikter 1955; Samlade berättelser, VIII 1966f.

L: I. Jakobsson, 1973; G. Svensson, 1976, 1977; B. Åberg, 1978; G. Svensson, D. Dahlberg, III 1985; E. Matz, 1986.

Taufīq al-Ḥakīm, ägypt.-arab. Erzähler und Dramatiker, 1898(?) Damanhur – 26. 7. 1987 Kairo. Aus wohlhabender Familie. Anschluß an den Kreis Zaġluls, Inhaftierung; Stud. in Kairo und Paris; seit 1929 im ägypt. Verwaltungsdienst und in Ministerien tätig; Direktor der ägypt. Nationalbibliothek. – Vf. von Erzählungen, Romanen und Dramen mit z. T. stark symbolist. Einschlag, krit. Arbeiten zu Kulturgeschichte, Soziol., Lit. und Ästhetik.

W: ʿAudat ar-rūḥ, R. II 1933 (franz. 1937); Ahl al-kahf, Dr. 1933 (franz. 1939; ital. 1959); Yaumīyāt nāʾib fī l-aryāf, Schr. 1937 (Staatsanwalt unter Fellachen, d. 1961); Masraḥīyāt, Dr. II 1937.

L: U. Rizzitano, 1943; K. Schoonover, 1955; R. Long, Lond. 1979; P. Starkey, Lond. 1995; J. Oliverius, 1997.

Taunay, Alfredo d'Escragnolle (Pse. Sílvio Dinarte u. Heitor Malheiros), Visconde de, brasilian. Schriftsteller, 22. 2. 1843 Rio de Janeiro – 25. 1. 1899 ebda. Franz. Abkunft, Physik- u. Mathematikstud., Ingenieur, Militärakad., Teilnahme am Feldzug gegen Paraguay 1865–70, Provinzgouverneur von Santa Catarina, später Paraná, Senator, förderte die dt. Einwanderung. Auch Journalist, Kritiker, Geschichtsschreiber, Musiker. – Bildet als Erzähler den Übergang von der Romantik zum Realismus. Schrieb Reiseberichte (Mato Grosso), verfaßte e. Biographie über Pedro II. Berühmt durch die Liebeschronik des Hirtenromans ›Inocência‹, stellt aufkommendes Spekulationsfieber zu Beginn der Republik dar.

W: Scenas de Viagem, Reiseber. 1868; Viagem de Regresso de Mato Grosso à Côrte, Reiseber. 1869; La retraite de la Lagune, Ber. 1871 (franz.); A Mocidade de Trajano, Abh. 1871; Inocência, R. 1872 (d. A. Philipp 1899, K. Schüler 1902); Histórias Brasileiras, Abh. 1874; Ouro sobre Azul, R. II 1874; Casamento civil, Abh. ^{2}1886; O Encilhamento, R. II 1894 (n. 1923, 1971); Reminiscencias, Mem. 1895; O declínio, R. 1899; Dias de guerra e de sertão, Mem. 1920.

L: A. Bezerra, 1937; Ph. Serpa, 1952.

Tausendundeine Nacht (Alf laila wa-laila), bekannteste oriental. Märchensammlung mit Erzählstoffen aus dem ganzen Vorderen Orient, v. a. aus Indien, Iran und dem arab.-islam. Kulturbereich. Vielfältige lit. Gattungen: Rahmenerzählungen ind. Ursprungs, romanhafte Geschichten, Liebes-, Schelmen- und Seefahrergeschichten, Sagen und Legenden, Fabeln, Parabeln und didakt. Geschichten, Anekdoten und humorist. Erzählungen. Über 1000 eingestreute Gedichte und Verse. Der Ursprung der Sammlung, die nicht das Werk e. einzelnen darstellt, hängt zusammen mit e. Übs. der pers. Märchensammlung ›Hazār Afsāna‹ (Tausend Erzählungen) im 8. Jh. Daran anknüpfend erweiterte und bearbeitete islam. Sammlungen mit Stoffen aus dem Irak und Ägypten. Titelwandel über ›Tausend Nächte‹ zu ›Tausendundeine Nacht‹ bis zum 12. Jh. Abschließende Gestalt wahrscheinl. im frühen 16. Jh. Einflüsse im Abendland schon im 14. Jh. in der ital. Lit. Erste Übs. des Gesamtwerks ins Franz. durch A. Galland (XII 1704–17). Später viele andere Übsn. in europ. Sprachen, darunter maßgebl. die von E. Littmann nach der ergänzten Calcuttaer Ausgabe von Macnaghten.

A: Būlāq II 1835; W. H. Macnaghten, hg. IV 1839–42; M. Habicht, H. L. Fleischer XII 1825–43; Muhsin Mahdi 1994. – Übs.: G. Weil IV ^{3}1865 (n. 1978), M. Henning XXIV 1900, E. Littmann VI 1921–28 u. ö.; Neue Erzählungen aus T. N., F. Tauer 1966; Neue Liebesgeschichten, R. Gelpke 1969; Urtext: C. Ott 2004.

L: N. Elisséeff, 1949; M. I. Gerhardt, Leiden 1963; H. u. S. Grotzfeld, 1984; W. Walther, 1987; M. Mahdi, 1995; R. G. Hovannisian, G. Sabagh, 1997.

Tausendundein Tag (pers. ›Hazār u yak rūz‹), Sammlung oriental. Erzählungen, als Gegenstück zu ›Tausendundeine Nacht‹ wahrscheinl. im ind. Moghulreich des 16. Jh. konzipiert, aber dem Vorbild nicht gleichwertig, in türk. Handschriften am Hofe der Safawiden zu Isfahan überliefert, vom Derwisch Moclès (= Muḫlis), dem Oberhaupt des dortigen Sufi-Ordens, pers. bearbeitet, der s. Manuskript 1675 in Isfahan dem Orientalisten Pétis de la Croix aushändigte, der es in Paris ins Franz. übersetzte. Von Le Sage bearbeitet, erschien das Werk als ›Les mille et un jour‹ (Paris 1710–12, d. F. P. Greve II 1925). Lit.geschichtl. bedeutsam wurde die Erzählung (63. Tag u. ff.) von Prinzessin Tūrānduḫt, durch die der Turandot-Stoff (Gozzi, Schiller) in Europa berühmt wurde. Da das pers. Originalmanuskript nicht mehr auffindbar war, wurde Pétis de la Croix, wohl zu Unrecht, der Erfindung (oder Fälschung) des Stoffes bezichtigt.

L: F. Meier, Turandot in Persien, 1941.

Tavares Rodrigues, Urbano → Rodrigues, Urbano Tavares

Tavaststjerna, Karl August, finnl.-schwed. Dichter, 13. 5. 1860 Annila b. St. Michel – 20. 3. 1898 Björneborg. Stud. Architektur, viele Auslandsaufenthalte, lange in Berlin; in Paris 1883 Bekanntschaft mit Bjørnson u. Lie, in Kopenhagen 1886/87 mit G. Brandes; schließl. Journalist in Hangö und Björneborg. – Nahm um 1880/90 e. führende lit. Position ein. Trat für realist. u. gegen romant. idealisierende Darstellung des finn. Volkes (Runeberg, Topelius) ein. Begann mit individualist.-impressionist. Lyrik. Der Roman ›Hårda tider‹ gehört zum Besten des nord. Realismus. Die Erzählwerke nach 1895 zeigen, daß der Gipfel des Realismus überschritten u. T. erst jetzt frei ist für die Entfaltung s. ganzen Gefühls- u. Erlebnisskala.

W: För morgonbris, G. 1883; Nya vers, G. 1885; Barndoms minnen, R. 1886; En inföding, R. 1887 (Ein Sonderling, d. 1897); Förbindelser, Nn. 1888 (d. Ausz.: Flegeljahre, 1894); Dikter i väntan, G. 1890; Unga år, Nn. 1892; Hårda tider, R. 1891 (Harte Zeiten, d. 1948); Kvinnorregiment, R. 1894; Finska vikens hemlighet, R. 1895 (Das Geheimnis des Finn. Meerbusens, d. 1914); En patriot utan fosterland, R. 1896; Lille Karl, R. 1897 (Der kleine Karl, d. 1898); Laureatus, Ep. 1897. – Samlade skrifter (GW), X 1924. – *Übs.:* Gedichte, F. Tilgmann 1905; Ausw., in: Aus der Versdichtung Finnlands, 1918.

L: W. Söderhjelm, ³1924; E. Kihlmann, 1926; E. Ekelund, 1950.

Tavčar, Ivan, slowen. Schriftsteller, 28. 8. 1851 Poljana b. Škofja Loka – 19. 2. 1923 Laibach. Bauernsohn, 1871–75 Stud. Rechte Wien, 1884 Rechtsanwalt, Politiker, 10 Jahre Bürgermeister von Laibach. Führer der national-liberalen jungslowen. Bewegung, Redakteur der Zs. ›Slovenski narod‹. – Nach Novellen mit komplizierten erot. Fabeln u. ungewöhnl. Situationen, meist aus dem Leben des Adels, schrieb T. zahlr. Erzählungen u. Romane, in denen er den Kampf des Protestantismus mit dem Katholizismus, die Zeit des Laibacher Kongresses u. das Leben der Bauern in s. Heimat schildert.

W: Antonio Gledjević, N. 1873; Ivan Slavelj, E. 1876; Med gorami, Nn. 1876; Tiberius Pannonicus, N. 1882; Mrtva srca, R. 1884; Janez Solnce, N. 1885; 4000, R. 1891; Izza kongresa, R. 1906/07; Cvetje v jeseni, N. 1917 (Herbstblüte, d. 1953); Visoška kronika, R. 1919 (d. 1997). – Zbrani spisi (GW), hg. I. Prijatelj VI 1921–32, 1932–38; Zbrano delo (GW), hg. M. Boršnik VIII 1952–59; Izbrano delo (AW), III 1968, hg. I. Iztok II 1998. – *Übs.:* G. Glonar, Slowen. Erzähler, Ausw. 1933.

L: B. Berčič, 1971 (m. Bibl.); M. Boršnik, 1973, 1975; D. Smodiš, 2002.

Távora, Joaquim Franklin da Silveira (Ps. Semprónio), brasilian. Romanschriftsteller, 13. 1. 1842 Baturité/Ceará – 18. 8. 1888 Rio de Janeiro. Rechtsanwalt, Journalist in Recife, Hofbeamter in Rio, gründete 1879 ›Revista Brasileira‹, Polemik mit José de Alencar. – Vertreter des regionalist. Separatismus des Nordens, hist. Romane, an W. Scott orientiert, berührt ökolog. Fragen im Zusammenhang mit sozio-ökonom. Fragen, bleibt Konventionen der Romantik verhaftet. ›O Cabeleira‹ setzt Schwerpunkt auf lokales Banditentum (Cangaçeiro).

W: Um Casamento no Arrabalde, R. 1869; Cartas de Semprónio a Cincinato, Streitschr. 1870; O Cabeleira, R. 1876; O Matuto, R. 1878; Lourenço, R. 1881; O sacrificio, R. 1869.

L: M. Cavalcanti Proença, 1966; H. L. Alves, 1969.

Tawara, Machi, jap. Lyrikerin, * 31. 12. 1962 Kadoma (Osaka). Nach dem Studium der jap. Literatur ab 1985 als Lehrerin tätig. – Ihr erster Gedichtband ›Sarada kinenbi‹ wird 1987 sofort ein Bestseller. Ihr Stil, der Erfahrungen und Vokabular des modernen Alltags mit der Ästhetik und Form des klass. jap. Kurzgedichts (tanka) verbindet, fand in der Kritik ein geteiltes Echo, erschloß T. aber ein großes Publikum. Neben Gedichten Übertragungen von klass. jap. Lit. in die mod. Gegenwartssprache sowie zahlreiche Essays.

W: Sarada kinenbi, 1987 (Salad anniversary, engl. 1989).

L: C. Mitomi, Gedichte für Millionen, in: Japan: ein Lesebuch, hg. P. Pörtner II 1990.

Tayama, Katai (eig. T. Rokuya), jap. Schriftsteller, 13. 12. 1871 Tatebayashi/Gumma-Präfektur – 13. 5. 1930 Tokyo. Wegen früher Verwaisung u. großer Armut kein Schulbesuch; Autodidakt; gewann 1896 Shimazaki Toson u. Kunikida Doppo als Gönner; erschließt sich die franz. Lit., bes. Zola, Flaubert u. Maupassant. – Etablierte mit ›Futon‹ das ichbezogene, naturalist. Erzählen in

Japan. Er selbst schätzte s. ›Inakakyôshi‹ sehr hoch. Es folgte e. Periode innerer Zerrissenheit u. Verzweiflung, die s. leidenschaftl., vitaler Charakter begünstigte. Dieser Zeit entstammt ›Kami‹. Danach Hinwendung zum Buddhismus u. relig. Färbung s. Werke. Schrieb auch Essays, Kritiken u. Gedichte.

W: Jûemon no saigo, E. 1902; Futon, N. 1907 (d. in: Flüchtiges Leben, 1948); Ippeisotsu, E. 1908 (Ein Soldat, d. in: Träume aus zehn Nächten, ²1980); Inakakyôshi, R. 1909; En., R. 1910; Kami, N. 1911; Toki wa sugiyuki, R. 1916; Ippeisotsu no jûsatsu, E. 1917; Tokyo no sanjûnen, Es. 1917 (engl. 1987); Momoyo, R. 1927. – K. zenshû (GW), 1973–74. – Übs.: K. Henshall, The Quilt, En. 1981; ders., Country Teacher, 1984.

L: T. Arima, The Failure of Freedom, 1969; F. Richter, Analysis of Works by T. K., Indiana 1972; J. Hijiya-Kirschnereit, Selbstentblößungsrituale, 1981.

Taylor, Bayard, amerik. Schriftsteller, 11. 1. 1825 Kennett Square/PA – 19. 12. 1878 Berlin. Aus Quäkerfamilie z. T. dt. Herkunft; Druckerlehre, berichtete für New Yorker Zeitungen nacheinander von e. Fußwanderung durch Europa (1844–46 Dtl. u. Italien), vom kaliforn. Goldrausch, aus dem Nahen und Fernen Osten (1853), von Admiral Perrys Pazifikexpedition sowie vom Bürgerkrieg und erwarb sich so den Ruf e. abenteuernden Helden; 1857 ∞ Marie Hansen, e. Dt.; 1870–77 Dt.-Prof. Cornell Univ., 1878 Botschafter in Dtl. – Berühmt durch s. versgetreue ›Faust‹-Übs. (1870f.); auch s. Reiseberichte waren sehr populär. Er galt als ›Laureatus‹ des ›Gilded Age‹ Amerikas.

W: Views Afoot, Sk. 1846; Eldorado, Sk. II 1850 (n. R. G. Cleland 1949); A Visit to India, China and Japan, Reiseber. 1855; Poems of the Orient, G. 1855; Hannah Thurston, R. 1863 (d. 1864); The Story of Kennett, R. 1866 (d. 1867); The Prophet, Dr. 1874; Prince Deukalion, Dr. 1878. – The Dramatic Works, 1880; The Poetical Works, 1880; The Political Works, 1970; The Unpublished Letters in the Huntington Library, hg. J. R. Schultz 1937; Selected Letters, hg. P. C. Wermuth 1997; The Correspondence of B. T. and Paul Hamilton Hayne, hg. C. Duffy 1945.

L: M. Hansen-Taylor, H. E. Scudder, 1884; A. H. Smyth, 1896; J. C. S. Haskell, 1908; R. C. Beatty, 1936; R. Cary, 1952; J. T. Krumpelmann, 1959; P. C. Wermuth, 1973.

Taylor, Edward, amerik. Dichter, um 1642 Sketchley/Leicestershire – 24. 6. 1729 Westfield/MA. Wanderte 1668 nach Nordamerika aus; 1668–71 Stud. Theol. Harvard, puritan. Pastor und Arzt in e. Grenzsiedlung. – Bedeutendster Vertreter der puritan. relig. Dichtung des kolonialen Neuengland in der Tradition engl. Barocklyrik von Donne und Herbert; hielt s. Gedichte aus relig. Bedenken gegen lit. Tätigkeit unveröffentlicht; erste Ausgabe 1939. E. Zyklus von Meditationen über Sündhaftigkeit und Erlösungssehnsucht, Verdammnis und Erwählung, Dichtertum und Gnade. Stark allegorisierende Gedanklichkeit verbunden mit konkreten Beobachtungen aus der Alltagswelt und der farbig-exot. Bildersprache der Psalmen führt zu kühnen Prägungen (›concetti‹).

A: The Poems, hkA hg. D. E. Stanford 1960; The Poetical Works, hg. Th. H. Johnson 1939; Christographia, Pred. 1962; E. T.s Metrical History of Christianity, hg. D. E. Stanford 1962; Treatise Concerning the Lord's Supper, Pred. hg. N. Grabo 1966; Unpublished Writings, hg. T. M. u. V. L. Davis, III 1981; Upon the Types of the Old Testament, hg. C. W. Mignon II 1989; God's Determination and Preparatory Meditations, hkA hg. D. Patterson 2003; Diary, hg. F. Murphy 1964.

L: N. S. Grabo, 1961, n. 1988; D. E. Stanford, 1965; P. Nicolaisen, 1966; P. Spinucci, 1972; G. Russell, 1973; W. J. Scheick, 1974; K. Keller, 1975; K. Weiss, 1984; K. E. Rowe, 1985; J. Gatta, 1989; T. M. Davis, 1992; J. A. Hammond, 1993; D. G. Miller, 1995; R. F. Guruswamy, 2003. – *Bibl.*: C. J. Gefvert, 1971.

Taylor, Elizabeth, geb. Coles, engl. Erzählerin, 3. 7. 1912 Reading/Berkshire – 19. 11. 1975 Penn/Buckinghamshire. – Zarte, empfindsame Werke von geringer Handlungsfülle, subtiler Charakterdarstellung u. äußerster sprachl. Präzision.

W: At Mrs. Lippincote's, R. 1945; A View of the Harbour, R. 1947 (Kleiner Wellenschlag, d. 1950); A Wreath of Roses, R. 1949; Hester Lilly, Kgn. 1954; Angel, R. 1957; In a Summer Season, R. 1961 (Einen Sommer lang, d. 1962); The Soul of Kindness, R. 1964; Mrs. Palfrey at the Claremont, R. 1971; The Devastating Boys, Kgn. 1972; Blaming, R. 1976.

L: R. Liddell, Elizabeth and Ivy, 1986.

Taylor, Jane, engl. Lyrikerin und Essayistin, 23. 9. 1783 London – 13. 4. 1824 Ongar. Tochter e. Kupferstechers. – Veröffentlichte zunächst gemeinsam mit ihrer Schwester Ann mehrere Bände mit Kinderversen, die sehr beliebt waren und die Bewegung zur Schaffung kindertüml. Jugendlit. einleiteten. Von ihr stammt auch das bekannte Lied ›Twinkle, twinkle, little star‹.

W: Original Poems for Infant Minds II 1804f. (m. Ann T.); Rhymes for the Nursery, 1806 (m. Ann T.); Country Scenes, 1806; Hymns for Infant Minds, 1808 (m. Ann T.); Signor Topsy Turvy's Wonderful Magic Lantern: or, the World Turned Upside Down, 1810; Essays in Rhyme, or Morals and Manners, 1816; Contributions of Q. Q., II 1824. – Poetical Works by A. and J. T., 1877; Prose and Poetry, Ausw. hg. F. V. Barry 1925.

L: I. Taylor, 1825; H. C. Knight, 1880; L. B. Walford, Four Biographies, 1888.

Taylor, Jeremy, engl. Geistlicher und Schriftsteller, 15. 8. 1613 Cambridge – 13. 8. 1667 Lisburn/Irland. Stud. in Cambridge. Kaplan Bischof Lauds, Dozent in Oxford, Kaplan Charles' I., 1638 Rektor von Uppingham und ∞ Phoebe Longsdale. Nach der royalist. Niederlage 1645 zunächst vor Cardigan Castle gefangengenommen, zog sich nach Wales zurück, eröffnete mit Freunden e. Schule in Carmarthenshire, verfaßte dort die meisten s. relig. Schriften. Nach der Restauration Bischof von Down, Connor und schließl. Dromore. – Kirchenpolit. vermittelnde Persönlichkeit, rief in ›Liberty of Prophesying‹ zur Toleranz auf. Berühmt vor allem wegen seiner stilist. und rhetor. ausgefeilten Predigten; dadurch gilt er als einer der großen relig. Schriftsteller Englands.

W: Theologia Eklektike. A Discourse of the Liberty of Prophesying, Es. 1646; The Rule and Exercises of Holy Living, 1650 (n. A. R. Waller 1900); The Rule and Exercises of Holy Dying, 1651; Eniautos, Pred. 1653–55; The Golden Grove, Gebetslg. 1655 (n. L. P. Smith 1930); Ductor Dubitantium, or the Rule of Conscience in all her General Measures, II 1660; The Worthy Communicant, 1660. – The Whole Works, hg. R. Heber XV 1822, C. P. Eden X 1847–54; Poems and Translations, hg. A. B. Grosart 1870.

L: E. W. Gosse, 1903; G. Worley, 1904; W. J. Brown, 1925; M. S. Antonie, The Rhetoric of J. T.'s Prose, 1946; M. B. Cropper, Flame Touches Flame, 1949; C. J. Stranks, 1952; H. R. Williamson, 1952; H. T. Hughes, 1960; M. Greifenhagen, 1967; H. B. Porter, 1979; R. Askew, Muskets and Altars: J. T. and the Last of the Anglicans, 1997. – Bibl.: R. Gathorne-Hardy, W. P. Williams, 1971.

Taylor, John, ›the Water Poet‹, engl. Dichter u. Publizist, 24. 8. 1578 Gloucester – Dez. 1653 London. Erzogen in Gloucester Grammar School. Lehrling e. Themseschiffers, dann in der Marine; bei der Blockade von Cadiz 1596 u. der Schlacht bei Flores 1597 beteiligt. Bootsführer auf der Themse, leitete die Wasser-Schauspiele bei öffentl. Festveranstaltungen. Während der Pestzeit Gastwirt in Oxford; Vf. royalist. Flugblätter, im Alter Gastwirt in London. – Unterhielt durch übermütige und kom. Reimereien Hof und Stadt, erfreute sich der Gönnerschaft Ben Jonsons u. a. bedeutender Persönlichkeiten. Veröffentlichte kom. Beschreibungen s. Reiseerlebnisse in Europa. Bekannt als ›Water Poet‹, berühmt vor allem für seine volksnahe und lebendige Komik der Lyrik.

W: The Pennylesse Pilgrimage of J. T., 1618; A Very Merry Wherry-Ferry Voyage, 1622; All the Workes (›Folio Ed.‹), 1630 (n. III 1868f., I 1973). – Works Not Comprised in the Folio Volume, V 1870–78.

L: W. Notestein, Four Worthies, 1956; B. Capp, The World of J. T. the Water Poet, 1994.

Taylor, Peter (Hillsman), amerik. Schriftsteller, 8. 1. 1917 Trenton/TN – 2. 1. 1994 Charlottesville/VA. Stud. Vanderbilt, Southwestern u. Memphis, und Kenyon College; Engl.-Prof. Univ. of Virginia, Charlottesville 1967–94; Militärdienst 1941–45. – Obwohl Pulitzer-Preis für ›A Summons to Memphis‹, ist T. bekannt für s. Kurzgeschichten, in denen er vom kulturellen Abstieg des amerik. Südens erzählt; beeinflußt von A. Tate und A. Lytle, befreundet mit den ›Southern Agrarians‹, ließ T. das Lokalkolorit der nostalg.-eleganten Erzähltradition der Südstaaten neu aufleben.

W: A Long Fourth, Kgn. 1948; A Woman of Means, R. 1950; The Widows of Thornton, Kgn. 1954; Happy Families Are All Alike, Kgn. 1959; Tennessee Day in St. Louis, Dr. 1959; Miss Leonora When Last Seen, Kgn. 1963; The Collected Stories, 1969; Presences, Drn. 1973; In the Miro District, Kgn. 1977; The Old Forest, Kgn. 1985 (Aussicht auf Regen, d. 1989); A Summons to Memphis, R. 1986 (d. 1988); The Oracle at Stoneleigh Court, Kgn. 1993; In the Tennessee Country, R. 1994.

L: H. H. McAlexander, 1987, 1993 u. 2001; J. C. Robinson, 1988; A. Griffith, ²1993; C. C. Graham, 1993; R. Stephens, L. B. Salamon, hg. 1995; D. M. Robinson, 1998; L. K. Kuehl, hg. 2000. – Bibl.: S. T. Wright, 1988.

Taylor, Tom, engl. Dramatiker, 19. 10. 1817 Sunderland – 12. 7. 1880 Lavender Sweep/Wandsworth. Stud. u. Professur für engl. Lit.; Anwalt; seit 1850 in leitender Position im Gesundheitswesen tätig; Journalist, ab 1874 auch Hrsg. des satir. Magazins ›Punch‹; Kunstkritiker; Biograph. – Verf. e. Vielzahl populärer Komödien, Farcen u. Melodramen, z. T. aus dem Franz.

W: To Parents and Guardians, 1846; Masks and Faces, 1852 (m. C. Reade); Benjamin Haydon, B. III 1853; Our American Cousin, 1858; Still Waters Run Deep, 1855; Victims, 1857; The Contested Election, 1859; A Tale of Two Cities, 1860; The Overland Route, 1860; The Ticket-of-Leave Man, 1863; Historical Dramas, 1877. – Plays, hg. M. Banham 1985.

L: W. Tolles, 1966.

Ťažký, Ladislav, slovak. Schriftsteller, * 19. 9. 1924 Čierny Balog. Während des 2. Weltkriegs Soldat der slovak. Armee an der Ostfront, 1 Jahr in deutscher Gefangenschaft, 1948–52 Stud. der Hochschule für polit. u. ökonom. Wissenschaften in Prag, dann in versch. Funktionen beim Zentralkomitee der kommunist. Partei, auch Redakteur, nach 1968 ausgeschlossen aus der kommunist. Partei, seit 1979 nur als freier Schriftsteller tätig, nach 1989 mehrere führende Funktionen in der Kultur. – S. realist. Prosa verwendet assoziative Methoden oder auch Elemente der Volksballade, u. ist v. a. in bezug auf hist. Themen (2. Weltkrieg) kritisch-analytisch orientiert.

W: Vojenský zbeh, En. 1962; Dunajské hroby, N. 1964; Samí dobrí vojaci, R. 1964; Kŕdeľ divých Adamov, Nn. 1965; Hriešnica žaluje tmu, Dr. 1966; Pivnica plná vlkov, R. 1969; Pochoval som nahého, En. 1970; Evanjelium čatára Matúša, R. 1979; Jánošíkova slza, R. 1983; Márie a Magdalény, En. 1983; Hosť majstra Čerta, R. 1985; Aj v nebi je lúka, R. 1986; Pred potopou, R. 1988;

Smrť obchádza štadióny, En. 1990; Kto zabil Ábela?, R. 1991; Dvanásť zlatých monarchov, R. 1992; Maršalova dcéra, R. 1993; Testament svedomia, Interviews, Erinn. 1996; Literárne vrásky, Ess. 1977; Zastavte palbu! Prosím..., Ess. 1997; Útek z Neresnice, R. 1999.

L: K. Krnová, Próza L. Ť. V kontexte modernej slovenskej literatúry, 1993; Život a dielo L. Ť. 1994.

Tchicaya U Tam'si, Gérald-Félix (eig. Gérald-Félix Tchicaya), kongoles. Schriftsteller, 1931 Mpili/Belg. Kongo –1988 Oise. Jugend in Frankreich, Gelegenheitsarbeiter, findet Zugang zu den lit. Kreisen im Pariser Café ›Radar‹, Journalist, nach der Unabhängigkeit des Kongo in Léopoldville, Leiter der Zs. ›Congo‹. – Debütiert als Lyriker, sucht nach neuen Formen per poet. Imagination, kraft derer er, meist in hermet. Darstellungen, die kulturellen Besonderheiten und die trag. Geschicke s. Landes auf e. neue Ebene der Surrealität rückt. Schreibt ab 1980 auch Dramen, Novellen und Romane in e. bewußt der gesprochenen Sprache nahen Ausdrucksweise. S. Helden führen e. hohles, armseliges Leben, sind Opfer e. Welt, die sich aus der Ferne besehen schillernd und faszinierend zeigt, bei Berührung jedoch verwirrt und sich als gefährl. darstellt. Diese Figuren bezeugen die deprimierende Welt der afrikan. Bevölkerung und symbolisieren zugleich die existentielle Armut der Menschheit.

W: Le mauvais sang, G. 1955; A triche-coeur, G. 1960; Epitomé, G. 1962; Le ventre, G. 1964; Légendes africaines, G. 1969; Art musical, G. 1970; Le Zulu, Dr. 1977; Les Cancrelats, R. 1980; La main sèche, Nn. 1980; Les Méduses ou les orties de mer, R. 1982; Les phalènes, R. 1984.

Teasdale, Sara, amerik. Lyrikerin, 8. 8. 1884 St. Louis/MO – 29. 1. 1933 New York (Selbstmord). Tochter reicher Geschäftsleute, Reisen in Europa und im Nahen Osten; wohnte in Chicago und ab 1916 in New York; befreundet mit V. Lindsay, beeinflußt von C. Rossetti. – Schrieb liedhafte Gedichte in schlichten Formen von sparsamer Metaphorik und eleg. Ton; wenige, ihrer introspektiven Natur entsprechende Themen; Entwicklung von bekenntnishafter Liebeslyrik zu unerbittl. Analyse der persönl. Empfindung.

W: Sonnets to Duse, 1907; Helen of Troy, G. 1911 (erw. 1922); Rivers to the Sea, G. 1915; Love Songs, G. 1917; Flame and Shadow, G. 1920 (erw. 1924); Dark of the Moon, G. 1926; Strange Victory, G. 1933; Collected Poems, 1937, [2]1945; Mirror of the Heart, G. hg. W. D. Drake 1984.

L: R. Sprague, 1969; M. H. Carpenter, 1977; W. D. Drake, 1979; C. B. Schoen, 1986.

Tebaldeo, Antonio (eig. Tebaldi), ital. Dichter, 4. 11. 1463 Ferrara – 1537 Rom. Haushelrer von Isabella d'Este, 1504–06 Sekretär von Lucrezia Borgia; in Rom von Papst Leo X. protegiert, Freund von Bembo, Castiglione u. Raffael; während des ›Sacco di Roma‹ 1527 verlor T. s. ganzes Eigentum; letzte Lebensjahre in Armut. – Vf. gekünstelter Liebesgedichte u. patriot. Verse auch in lat. Sprache. Bearbeitete u. erweiterte den ›Orfeo‹ von Poliziano; teils Nachahmer von Petrarca, teils e. Vorbote des ›secentismo‹.

W: L'opere d'amore, 1500; Nuove rime volgari, hg. U. Renda 1910; Rime, hg. T. Basile 1989.

L: G. de Lisa, Un rimatore cortigiano del Quattrocento: A. T., 1928.

Tecchi, Bonaventura, ital. Erzähler und Kritiker, 11. 2. 1896 Bagnoregio/Viterbo – 30. 3. 1968 Rom. Im 1. Weltkrieg Kriegsgefangener in Dtl. (Celle) mit U. Betti und C. E. Gadda; Stud. Philol. Rom; 1933–37 Lektor für Ital. in Brünn und Breslau; Ordinarius für dt. Lit. Univ. Rom, Direktor des Ital. Instituts für germanist. Studien in der röm. Villa Sciarra-Wurts. – Vf. von Romanen und Erzählungen in gepflegter Prosa. Größter Erfolg mit s. Roman ›Gli egoisti‹, der das schon in früheren Werken aufgegriffene Thema der ›Gegenwart des Bösen‹, hier des ›Egoismus‹, behandelt. ›Egoisten‹ sind die männl. Hauptpersonen, Intellektuelle, neben sinnl. und schwachen Frauen in der kleinstädt.-akadem. Atmosphäre von Pavia. Psycholog. Einfühlungsvermögen, menschl. Wärme und Verständnis für alle Lebenssituationen kennzeichnen s. Erzählkunst. Auch krit. Schriften über dt. Lit. und Monographien. Übs. u. a. ›Herzensergießungen eines kunstliebenden Klosterbruders‹ von Wackenroder und ›Eine Kindheit‹ von Carossa.

W: Il nome sulla sabbia, Aut. 1924; Wackenroder, St. 1927 (d. 1962); Il vento tra le case, En. 1928; Tre storie d'amore. En. 1931; I Villatauri, R. 1935 (d. 1939); La signora Ernestina, En. 1936; Idilli moravi, lyr. Prosa 1939; Giovani amici, R. 1940 (d. 1963); La vedova timida, R. 1942 (d. 1960); L'isola appassionata, Nn. 1945 (d. 1965); Creature sole, En. 1950; Valentina Velier, R. 1950 (d. 1952); Luna ponente, R. 1955; Storie di bestie, 1958 (Tiere, meine Freunde, d. 1960); Gli egoisti, R. 1959 (d. 1960); Baracca 15 c, Mem. 1961; Storie d'alberi e di fiori, 1963; Svevia terra di poeti, Ess. 1964 (d. 1972); Gli onesti, R. 1965 (d. 1967); Il senso degli altri, R. 1968; La terra abbandonata, R. 1970. – Opere, hg. A. Bocelli 1971.

L: G. Pischedda, [2]1969; P. de Tommaso, 1971; G. Amoroso, 1976; F. Bernardini, hg. 1996.

Teffi (eig. Nadežda Aleksandrovna Bučinskaja, geb. Lochvickaja), russ. Erzählerin u. Lyrikerin, 21. 5. 1872 Wolhynien – 6. 10. 1952 Paris. Tochter e. Petersburger Juristen. Wurde vor 1917 durch satir. Kurzgeschichten bekannt, emigrierte 1919 nach der Revolution nach Westeuropa, wo ihre Erzählungen und Feuilletons bei ihren Landsleuten zeitweise ungewöhnl. beliebt waren. Sie verbirgt hinter humorvoller Darstellung oft die Bitterkeit e. Alltagstragödie; gibt gern iron. gefärbte Bilder aus dem Leben russ. Emigranten in Paris; in ihrer Neigung zu Kürze, zu Verhaltenheit ist u. a. die Schule Čechovs zu erkennen.

W: Sem' ognej, G. 1910; Jumorističeskie rasskazy, En. II 1910 f.; Neživoj zver', En. 1916; Tichaja zavod', En. 1921; Passiflora, G. 1923; Večernyj den', En. 1924; Gorodok, En. 1927 (n. 1982); Vospominanija, Mem. 1932 (n. 1980); Avantjurnyj roman, R. 1932; Ved'ma, En. 1936; O nežnosti, En. 1938; Zigzag, En. 1939; Zemnaja raduga, En. 1952; Rasskazy, En. 1971. – Izbrannye sočinenija (AW), VII 1998–2001.

L: E. Ch. Haber, Harvard 1971; O. N. Michajlov, hg. 1999.

Tegnér, Esaias, schwed. Dichter, 13. 11. 1782 Kyrkerud/Värmland – 2. 11. 1846 Östrabo b. Växjö. Pfarrerssohn, früh verwaist, von e. älteren Bruder ausgebildet, dann selbst Hauslehrer, auch noch während des Stud. Entscheidend s. Aufenthalt im Hause des Bergwerksbesitzers Myhrman, der ihm Gelegenheit zur Lektüre der klass. u. europ. Lit. gab u. s. liberale polit. Einstellung bestimmte. 1799 Stud. Lund, 1802 Magister, mit 21 Jahren Dozent für Ästhetik. 1804 erste Begegnung u. Freundschaft mit E. G. Geijer. ∞ 1806 Anna Myhrman. 1810 Prof. für Ästhetik, 1812 für Gräzistik. 1818 Mitgl. der Schwed. Akad. 1824 Bischof von Växjö; bemühte sich bes. um Verbesserung der Schulverhältnisse. 1833 Reise nach Karlsbad. 1840 Schlaganfall mit folgender Geisteskrankheit; genas in e. Anstalt in Schleswig so weit, daß er s. Tätigkeit als Bischof 1841 z. T. wiederaufnehmen konnte. – Für s. Dichtung wurde s. Bekanntschaft mit der Antike, der dt. Klassik u. dem Idealismus entscheidend, bes. Schiller hat ihn in Form u. Inhalt nachhaltig beeinflußt. Höhepunkt s. klassizist. Dichtung u. zugleich Wendung zur Romantik ist das patriot. Gedicht ›Svea‹ (1811). Hier nimmt er die nord. Mythologie u. die Begeisterung für den Kampf ums Vaterland auf, die gleichzeitig von ›Götiska förbundet‹ um Geijer gepflegt wurden, dem er sich 1811 offiziell anschloß. Als einziger romant. Dichter Schwedens verbindet er Inspiration u. Phantasie, Heldenmut u. Enthusiasmus mit iron. Eleganz, dem sensualist. Geist u. der klaren Form des Klassizismus. Daher stets verständl., errang er größten öffentl. Erfolg u. wurde als erster der neuen Dichtergeneration in die Akademie aufgenommen. Die ›dunkle‹ dt. u. schwed. Romantik bekämpft er als reaktionär, als relig. u. polit. Obskurantismus. Oehlenschläger u. die schwed. Romantiker führen ihn zu erneuter Beschäftigung mit der nord. Vorzeit, aus der s. umfangreichstes u. populärstes Werk entsteht, ›Frithiofs saga‹, das ihn für lange Zeit zum Nationaldichter machte, jedoch uneinheitl. im künstler.

Wert ist. Um 1825 plötzl. Umschlag zu Pessimismus u. Misanthropie, Weltverachtung u. Todessehnsucht. Von da an nur noch wenige, aber gute Gedichte. Obwohl er nach dem geist. Zusammenbruch u. s. Genesung wieder als Dichter u. Redner hervortrat, erreichte er frühere Größe u. Glanz nicht mehr. In s. letzten Jahren übersetzte er Lessings ›Nathan der Weise‹. Für die Nachwelt von größter Bedeutung ist der geistreiche, realist. Briefschreiber.

W: Svea, G. 1811; Hjelten, G. 1813; Nattvardsbarnen, G. 1820; Axel, G. 1822; Frithiofs Saga, G. 1825 (d. 1826 u. ö.); Smärre samlade dikter, 1828; Tal vid särskilda tillfällen, Rdn. 1831–42; Kronbruden, G. 1842. – Samlade skrifter, L. F. Böttiger VII 1847–51 u. 1882–85, hkA, hg. F. Böök, E. Wrangel X 1918–25; Filosofiska och estetiska skrifter, hg. A. Nilsson, B. Möller 1913; Samlade dikter, hg. F. Böök, Å. K. G. Lundquist 1964ff.; Brev, Br. hg. N. Palmborg, XI 1953–74. – *Übs.:* Dichterische Werke, P. J. Willatzen II 1885; Ausgew. poet. Werke, II ²1922; Lyr. Gedichte, G. v. Leinburg 1893; Kleinere ep. Gedichte, ders. ²1885; Schulreden, G. Mohnike III ²1882.

L: G. Brandes, 1878; J. Christensen, ³1890; A. Schultz, 1905; G. Rudberg, 1930; E. Wrangel, 1932; A. Werin, 1934; G. Hedin, 1935; M. Gravier, 1943; F. Böök, II 1946f.; Å. Eliaeson, B. Olsson, 1949; A. Werin, II 1974, 1976; E. T.s tal, hg. U. Törnqvist, B. Olsson 1982; U. Törnqvist, 1986.

Teika → Fujiwara

Teirlinck, Herman (Louis Cesar), fläm. Schriftsteller, 24. 2. 1879 Sint-Jans-Molenbeek (Brüssel) – 4. 2. 1967 Beersel-Lot. Unterschiedlichste beruf. Tätigkeiten; Mitarbeit an versch. lit. Zeitschriften. Gründer des belg. Nationalen Theater-Studios. – Erzähler u. Dramatiker mit anfangs naturalist. Bauern- u. Dorfgeschichten; darauf Hinwendung zur Schilderung des fläm. Großstadtmilieus (›Het ivoren Aapje‹, erster fläm. Großstadtroman) und seit 1940 Vf. phantasievoller vitalistisch-psycholog. Romane., Als Dramatiker unter Einfluß des ma. Mysterienspiels, M. Maeterlincks u. der mod. Filmtechnik. Erneuerer des fläm. Theaters mit expressionist. Prägung.

W: De wonderbare wereld, En. 1902; 't Bedrijf van het kwade, R. 1904; Zon, En. 1907; Mijnheer Serjanszoon, R. 1908; Het ivoren aapje, R. 1909 (Das Elfenbeinäffchen, d. 1927); Johan Doxa, E. 1917 (d. 1917); De nieuwe Uilenspiegel, R. 1920; De vertraagde film, Dr. 1922; Ik dien, Dr. 1924; De man zonder lijf, Dr. 1925; Ave, Dr. 1928; Elckerlyc, Dr. 1937; De ekster op de galg, Dr. 1937; Maria Speermalie, R. 1940; Het gevecht met de engel, R. 1952; Zelfportret of het galgemaal, R. 1955; Versmoorde goden, Dr. 1961; Ode aan mijn land, Es. 1962. – Verzameld werk, IX 1955–73.

L: Van en over H. T., 1954; P. Brachin, Paris 1958; P. Minderaa, 1959; Th. Oegema van der Wal, 1965; H. Bousset, 1968 (m. Bibl.); F. Vanhemelryck u. a., hg. 1979; G. Farner, 1984.

Teixeira de Pascoaes, Joaquim Pereira → Pascoaes, Teixeira de

Teixeira de Queirós, Francisco (Ps. Bento Moreno), portugies. Schriftsteller, 3. 5. 1849 Arcos de Valdevez – 22. 7. 1919 Lissabon. Stud. Medizin Coimbra; Abgeordneter, vorübergehend Außenminister, Präsident der Akad. der Wiss. in Lissabon. – Neben Eça de Queirós, der ihn nächst Balzac u. Camilo Castelo Branco beeinflußte, bemerkenswertester portugies. Erzähler des 19. Jh. Realist mit naturalist. Einschlag, heimatverbunden (Region Entre-Douro-e-Minho), mitunter iron. getönt, soziolog.-physiolog. interessiert; minutiöse Beschreibung (Sekundenstil). Versucht in 2 Serien Romanen u. Erzählungen (Comédia Burguesa, Comédia do Campo) e. Abbild der Gesellschaft s. Zeit zu entwerfen, auch Dramatiker.

W: Os Meus Primeiros Contos, En. 1876; Amor Divino, R. 1877; Os Noivos, R. 1879; António Fogueira, E. 1882; Salustio Nogueira, R. 1883; Novos Contos, En. 1887; Arvoredos, En. 1895.

L: F. Costa, 1919; J. de Barros, 1946.

Teixeira de Vasconcelos, Joaquim Pereira → Pascoaes, Teixeira de

Tekin, Lâtife, türk. Schriftstellerin, * 1957 Karacefenk/Kayseri. Nach dem Gymnas. arbeitete sie kurze Zeit bei der Telefongesellschaft in Istanbul, freie Autorin. – Durch märchenhafte Darstellung einer nach Istanbul umgesiedelten ländl. Familie ließ sie mit ihrem ersten Roman aufhorchen. Das Interesse an ihren weiteren Werken hielt auch dadurch an, daß sie in ihnen nicht zuletzt mit den sektierer. polit. Gruppen, zu denen sie in den 70ern gestoßen war, ins Gericht ging.

W: Sevgili Arsız Ölüm, R. 1983; Berci Kristin Çöp Masalları, R. 1984 (Der Honigberg, d. 1987); Bir Yudum Sevgi, Drb. (gedreht 1984); Gece Dersleri, R. 1986; Buzdan Kılıçlar, R. 1989; Aşk İşaretleri, R. 1995; Gümüşlük Akademisi, Ber. 1997; Ormanda Ölüm Yokmuş, R. 2002.

Teles, altgriech. Philosoph (Kynismus), Mitte 3. Jh. v. Chr. Lehrte kyn. Philos. in Athen und Megara. – Von T.' popularphilos. Moralpredigten sind bei Stobaios 8 Auszüge erhalten, die kyn. Individualethik vermitteln. Diese Auszüge sind die ältesten Belege für die sog. stoisch-kyn. Diatribe. Diese lit. Form bleibt erfolgr. bis in die Kaiserzeit und über christl. Adaptationen darüber hinaus.

A: O. Hense ²1909 (Nachdr. 1969); E. N. O. O'Neil 1977 (m. engl. Übs.); P. P. Fuentes González 1998 (m. franz. Übs. u. Komm.). – *Übs.:* R. Nickel 1994 (griech./dt.); A. J. Festugière 1978 (franz.).

L: E. N. O'Neil, Missoula/MT 1977.

Telesilla, altgriech. Dichterin, um 451/50 v. Chr. Argos. Hat angebl. als Anführerin der Frauen von Argos den Sieg des Spartanerkönigs Kleomenes verhindert. – Wenige Fragmente mit myth. Themen (Apollo, Artemis, Hochzeit von Zeus und Hera), teilw. für Mädchenchor. Der akephale Glyconeus wurde nach T. ›Telesilleion‹ genannt.

A: D. L. Page 1962; D. A. Campbell 1992 (m. engl. Übs.).

L: J. M. Snyder, Bristol 1989 (Nachdr. 1990).

Telipinu-Mythos, hethit. Mythos vom verschwundenen Gott (2. Jt. v. Chr.). Durch die Abwesenheit des zornigen Telipinu (Sohn des Wettergottes) wegen Verfehlungen im Königshaus leiden Land und Versorgung der Götter. Man sendet erst Adler, dann Biene und kann den vom Bienenstich Geweckten mit einem Ritual besänftigt zur Rückkehr bewegen. Ähnl. Mythen auch über andere Götter. – In einer weiteren Dichtung wirbt Telipinu um eine Tochter des Meeres; sein Vater zahlt den Brautpreis.

A: H. Otten, (Mitt. d. Vorderasiat.-Aegypt. Ges. 46), 1942. – *Übs.:* H. Hoffner, Hittite Myths, 1990; A. Ünal, (TUAT III/4), 1994.

L: A. Goetze, Kleinasien, ²1957; E. v. Schuler (RlA 7/1–2), 1987.

Téllez, Fray Gabriel → Tirso de Molina

Temple, Sir William, engl. Essayist und Diplomat, 6. 4. 1628 London – 27. 1. 1699 Moor Park. Stud. ab 1645 Cambridge. Ab 1661 Mitgl. des ir. Parlaments, dann versch. diplomat. Missionen: brachte als Gesandter in den Span. Niederlanden/Brüssel 1668 die Allianz England – Niederlande – Schweden gegen die Expansion Frankreichs zustande, führte 1676 Friedensverhandlungen in Nimwegen; reorganisierte den Privy Council. Zog sich 1681 nach Moor Park zurück, wo zeitweilig Swift s. Sekretär war. ∞ 24. 12. 1654 Dorothy Osborne, deren Briefe T. berühmt machten. – Schrieb polit. Abhandlungen, Briefe, Essays u. e. Roman ›The Disastrous Chances of Love and Fortune‹. Am bedeutendsten der Essay ›Of Ancient and Modern Learning‹ in ›Miscellanea‹ 2 (1692), der die engl. ›Querelle des Anciens et des Modernes‹ vorwegnahm und mit s. entschiedenen Parteinahme für die Traditionalisten die ›battle of the books‹ anfachte, in die dann Swift zu T.s Verteidigung mit s. Satire eingriff. Essayistischer Stil von Montaigne beeinflußt.

W: Poems, 1670; An Essay on the Advancement of Trade in Ireland, 1673; An Essay on the Original Nature of Government, 1680 (hg. R. C. Steensma 1964); Miscellanea, Ess. III 1680–1701. – The Works, hg. J. Swift II 1720–31, IV 1814; Essays on Ancient and Modern Learning, hg. J. E. Spingarn 1909; Early Essays and Romances, hg. G. C. Moore Smith 1930; Five Miscellaneous Essays, hg. S. Monk 1963.

L: E. S. Lyttel, 1908; C. Marburg, 1932; H. E. Woodbridge, 1940; R. C. Steensma, 1970; K. Haley, An English Diplomate in the Low Countries, 1986.

Tencin, Claudine-Alexandrine Guérin de, franz. Romanschriftstellerin, 27. 4. 1682 Grenoble – 4. 12. 1749 Paris. Vater Justizbeamter; 1698 Kloster Montfleury b. Grenoble, Äbtissin, verließ später auf versch. Abenteuer hin das Kloster, wurde 1715 von ihrem Gelübde entbunden; ließ sich in Paris nieder. Berühmt und berüchtigt durch ihre Liebesaffären und ihre Intrigen für die Karriere ihres Bruders; bekannt ihre Liaison mit dem Chevalier Destouches, aus der D'Alembert hervorging, den sie 1717 aussetzte. 1726 wegen Mordverdachts an ihrem Geliebten La Fresnaye eingekerkert, später freigelassen. Eröffnete e. glänzenden lit. Salon, der die bedeutendsten Geister ihrer Zeit versammelte: Fontenelle, Marivaux, Montesquieu, Helvétius, Duclos, Marmontel, Piron, Abbé Prévost u. a. – Vf. von vier anonymen Romanen, die heute gekünstelt und fade wirken und mit ihren sentimentalen Szenen und komplizierten Verwicklungen dem Zeitgeschmack entsprachen; bemerkenswert ist ihre Korrespondenz mit lebendigem, farbigem Stil und klarem krit. Urteilsvermögen.

W: Mémoires du comte de Comminge, R. 1735 (n. J. Decottignies 1969; d. 1746); Le siège de Calais, R. 1739 (n. 1983); Les malheurs de l'amour, R. 1747; Anecdotes sur la cour d'Edouard, R. II 1776. – Œuvres, R. IV 1812; Correspondance du Cardinal de Tencin et de Mme de T., II 1790; Lettres au duc de Richelieu, 1806.

L: R. du Beauplan, 1908; M. Nicolaus, Diss. Lpz. 1908; M. Masson, ²1910; J. Sareil, 1970; R. Vaillot, 1974. – *Bibl.:* Ch. de Coynart: Les Guérin de Tencin, 1910; R. Trousson, 1996.

Tendrjakov, Vladimir Fëdorovič, russ. Prosaiker, 5. 12. 1923 Makarovskaja/Gebiet Vologda – 3. 8. 1984 Moskau. Vater Volksrichter; 1946–51 Stud. Lit.-Inst. Moskau, ab 1954 bekannter, anerkannter u. regelmäßig ins Dt. übersetzter Verfasser von kürzeren Romanen u. Erzählungen. Lebte in Moskau. – Begann mit der Darstellung echter Probleme in Kolchozen u. bezog in s. Romane, die später mehr in Städten spielen, vor allem Konflikte aus den Bereichen Pädagogik, Religion u. Strafverfolgung ein. ›Noč' posle vypuska‹ ist e. Doppelroman, der das nicht zu Selbständigkeit erziehende sowjet. Schulwesen angreift, ›Zatmenie‹ veranschaulicht, wie sich spirituelles Suchen über materielle Sicherheit erhebt, ›Rasplata‹ zeigt die Unentwirrbarkeit wahrer Schuld in e. jurist. klaren Fall; ›60 svečej‹ analysiert retrospektiv, wie parteikonformes Verhalten gegen eth. Grundregeln verstößt u. in Beruf u. Privatleben zerstörer. wirkt.

W: Čudotvornaja, R. 1958 (Der wundertätige Nikolaus, d. 1959); Svidanie s Nefertiti, R. 1965 (Fjodor sucht die Wahrheit, d. 1966). – Sobranie sočinenij (GW), IV 1978–80; V 1987–89. – *Übs.:* Drei, Sieben, As, E. 1964; Die Nacht nach der Entlassung, R. 1975; Mondfinsternis, R. 1978; Die Abrechnung, R. 1980; Sechzig Kerzen, R. 1984.

L: L. H. Wangler, Ann Arbor 1982; K. Holtmeier, 1986; J. Sende, 1992. – *Bibl.:* E. A. Volkova, 1993.

Tennant, Emma, engl. Schriftstellerin, * 20. 10. 1937 London. Entstammt der schott. Aristokratie. Stud. Kunstgeschichte in Paris, drei Ehen. Arbeitete auch als Journalistin u. Lit.kritikerin. – Vf. stilist. eleganter und teilweise phantast. Romane, die sich mit weibl. Rollenmustern auseinandersetzen. Berühmt v. a. für ihre satir. und intelligenten Re-Interpretationen archetyp. Mythen aus weibl. Perspektive sowie die feminist. krit. Folgeromane u. Neubearbeitungen engl. Klassiker.

W: The Colour of Rain, R. 1964; The Time of the Crack, R. 1973; The Last of the Country House Murders, R. 1974; Hotel de Dream, R. 1976; The Bad Sister, R. 1978; Wild Nights, R. 1979; Alice Fell, R. 1980; Queen of Stones, R. 1982; Woman Beware Woman, R. 1983; Black Marina, R. 1985; The Adventures of Robina, R. 1986; The House of Hospitalities, R. 1987 (Mädchen im Herrenhaus, d. 1996); A Wedding of Cousins, R. 1988; The Magic Drum, R. 1989; Two Women of London, R. 1989; Sisters and Strangers, R. 1990; Faustine, R. 1991; Tess, R. 1993; Pemberley, R. 1993 (Heiratsfieber, d. 1997); An Unequal Marriage, R. 1994 (Die Erben von Pemberley, d. 1997); Elinor and Marianne, R. 1996; Emma in Love, R. 1996; Strangers: A Family Romance, R. 1999; Girlitude, Aut. 1999; Burnt Diaries, Aut. 1999.

L: M. Malzahn, Aspects of Identity, 1984.

Tennant, Kylie, austral. Romanautorin, 12. 3. 1912 Manly/Sydney – 29. 2. 1988 Sydney. Journalistin. – Vf. sozialkrit., engagierter, unsentimentaler, oft satir. Darstellungen aus dem Leben soz. Benachteiligter.

W: Tiburon, R. 1935; Foveaux, R. 1939; The Battlers, R. 1941; Ride on Stranger, R. 1943; Time Enough Later, R. 1943; Lost Haven, R. 1945; The Joyful Condemned, R. 1953; All the Proud Tribesmen, R. 1959 (Die Vulkaninsel, d. 1963); Evatt, B. 1970; The Man on the Headland, B. 1971; Tantavallon, G. 1983; The Missing Heir, Aut. 1986.

L: M. Dick, 1966.

Tennyson of Aldworth and Farringford, Alfred Lord, engl. Dichter, 6. 8. 1809 Somersby/Lincolnshire – 6. 10. 1892 Aldworth/Sussex. Vater Geistlicher. In Louth Grammar School erzogen, 1828–30 Stud. in Cambridge. 1830 Spanienreise. Der frühe Tod (1833) s. besten Freundes und späteren Schwagers Arthur Hallam inspirierte ihn zu

e. seiner schönsten Dichtungen, der Elegie ›In Memoriam‹, an der T. 17 Jahre lang arbeitete. Sie besteht aus e. Folge einzelner, teils sonettartiger Gesänge und spiegelt zugleich die Glaubenskonflikte des Viktorian. Zeitalters. S. ersten Gedichtveröffentlichungen fanden wenig Interesse, nach e. unfreundl. Kritik (1833) schwieg er 9 Jahre hindurch. 1836 Verlobung mit Emily Sellwood, konnte sie jedoch wegen ungünstiger wirtschaftl. Verhältnisse erst 1850 heiraten. 1842 erschien eine 2bändige Gedichtausgabe, die u. a. ›Locksley Hall‹ und ›Ulysses‹ enthielt und ihm volle Anerkennung als Dichter brachte. Seither triumphaler Aufstieg. 1850, nach Wordsworths Tod, Poet laureate. 1853–69 in Farringford/Isle of Wight; 1869 baute er e. Haus in Aldworth b. Haslemere, in dem er bis zu s. Tode zurückgezogen lebte, da er keinen Wert auf Geselligkeit legte. 1884 geadelt. 1886 nach Tod s. jüngeren Sohnes geschwächter Gesundheitszustand. In Westminster Abbey beigesetzt. – Spätromant. Lyriker mit der optimist. patriot.-moral. Grundhaltung des Viktorian. Zeitalters mit Neigung zum Exotischen. T.s Ruf beruht in erster Linie auf s. Lyrik. Er trat das dichter. Erbe der Romantik an. S. ausgeprägter Sinn für Rhythmus, für Wort- und Klangschönheit brachten ihm hohes Ansehen bei s. Zeitgenossen; von der Nachwelt wurde s. Leistung etwas herabgewertet, da viele der Verse nur virtuos, aber unpersönl. und allzuglatt sind. In einzelnen Gedichten zeigt sich jedoch tieferes Empfinden. T. beherrschte wie nur wenige das ›mot propre‹ und das knappe, bildhaft-prägnante Wort für die Summe zahlr. Eindrücke. An der Spitze s. klass. Themen stehen die dramat. Monologe (›Lotos Eaters‹, ›Oenone‹, ›Ulysses‹) und die Huldigung ›To Virgil‹ (1862). Die ›Idylls of the King‹ um König Artus im Blankvers fußen auf Malory; die endgültige Fassung enthält 12 Bücher, die in gleichnishafter Sprache ma. Bilder zeichnen. S. Dramen sind trotz sprachl. Meisterschaft nicht klar und bühnenwirksam aufgebaut.

W: Poems by Two Brothers, 1827 (m. Frederick u. Charles T.); Poems chiefly lyrical, 1830; Poems, 1832; Poems, II 1842 (n. A. M. D. Hughes 1914); The Princess, Dicht. 1847; In Memoriam A. H. H., G. 1850 (n. S. Shatto, M. Shaw 1982; komm. A. C. Bradley 1901; d. 1870); Ode on the Death of the Duke of Wellington, 1852; The Charge of the Light Brigade, G. 1854; Maud and other Poems, 1855 (d. ³1893); Idylls of the King, 1859–85 (n. J. Pfordresher 1973; d. 1871); Enoch Arden, 1864 (n. W. T. Webb 1909; d. 1868, 1924); Queen Mary, Dr. 1875; Harold, Dr. 1876; The Falcon, Dr. 1879; Ballads and other Poems, 1880; The Cup, Dr. 1881; The Promise of May, Dr. 1882; Becket, Dr. 1884; Tiresias and other Poems, 1885; Locksley Hall, Sixty Years after, G. 1886; Demeter and other Poems, 1889; The Foresters: Robin Hood and Maid Marion, Dr. 1891; The Death of Oenone, 1892; The Early Poems, hg. J. C. Collins 1900; The Suppressed Poems, hg. J. C. Thomson 1904; Unpublished Early Poems, hg. Ch. Tennyson 1931. – Collected Works, hg. H. Tennyson IX 1907f.; The Poetical Works, Including the Plays, 1953; Poems, hg. C. Ricks III ²1987; Letters, hg. C. Y. Lang, E. F. Shannon III 1982–90; The Letters of Emily, hg. ders. 1974; Lady T.s Journal, hg. J. O. Hoge 1981. – Übs.: Ausgew. Dichtungen, A. Strodtmann 1867; Gedichte, F. Freiligrath 1877; Ausw. J. Friedemann 1905.
L: H. Tennyson, IV 1897 u. 1911; H. Nicolson, ²1925; C. H. O. Scaife, 1930; A. Noyes, 1932; P. F. Baum, 1948; Ch. Tennyson, 1949 u. 1954; J. H. Buckley, 1960; F. L. Lucas, 1957; V. Pitt, 1962; J. Richardson, The Pre-eminent Victorian, 1962; G. O. Marshall, A T. Handbook, 1963; E. E. Smith, The Two Voices, 1964; G. W. Whiting, The Artist and T., 1964; J. D. Jump, hg. 1967; C. Enzensberger, Viktorian. Lyrik, 1969; A. C. Benson, ⁴1970; A. Lang, ²1970; S. A. Brooke, 1970; E. H. Sneath, 1970; J. P. Smith, 1971; J. C. Walters, 1971; C. Ricks, 1972; H. Walker, The Age of T., 1972; D. J. Palmer u. a. 1974; Sir Ch. T., H. Dyson, The T.s, 1974; J. R. Kincaid, T.s Major Poems, 1975; W. D. Shaw, T.s Style, 1976; P. Turner, 1976; A. D. Culler, The Poetry of T., 1977; Ph. Henderson, 1978; H. Kozicki, T. and Clio, 1979; E. A. Francis, hg. 1980; R. B. Martin, 1980, 1983; D. S. Hair, Domestic and Heroic in T.s Poetry 1981; A Wheatcroft, The T. Album, 1981; N. Page, hg. 1985; A. Sinfield, 1986; H. F. Tucker, 1988; G. Joseph, 1992; P. Levi, 1993; W. D. Shaw, 1996. – Bibl.: T. J. Wise, II 1908; R. H. Shepherd, 1970; K. H. Beetz, hg. 1984. Konkordanz: D. B. Brightwell, 1970.

Teodoreanu, Al. O. (gen. Păstorel), rumän. Schriftsteller, 30. 7. 1894 Dorohoi – 15. 3. 1964 Bukarest. Stud. Jura Jassy, kurze Zeit Richter, dann freier Schriftsteller; nach 1945 wiederholt inhaftiert. – Epigrammatiker, Humorist von scharfem Esprit, Satiriker von einmaliger Finesse u. Treffsicherheit, in der rumän. Lit. Inbegriff e. ›belle époque‹ des freien Geistes; erst spät nach der Wende vom Publikum entdeckt.
W: Hronicul Mǎscǎriciului Vǎlǎtuc, 1928; Tǎmâie şi otravǎ II, G. 1934f.; Bercu Leibovici, Nn. 1935; Caiet, G. 1938.
L: M. Handoca, 1975.

Teodoreanu, Ionel, rumän. Schriftsteller, 6. 1. 1897 Jassy – 3. 2. 1954 Bukarest. Aus alter Juristenfamilie, Bruder des Păstorel T. Stud. Jura Jassy, Theaterdirektor ebda., e. der größten Strafverteidiger Rumäniens. – Sehr erfolgr. Romancier; s. Bücher zeichnen sich durch wohltuende jugendl. Frische aus. Begabter Prosalyriker, beherrscht meisterl. die Kunst der Metapher u. des Leitmotivs; subtiler Analytiker der beginnenden Gefühle. Moldauische Schwermut u. wohltönende, bildstarke Sprache.
W: Uliţa copilǎriei, N. 1923 (Die Kindheitsgasse, d. 1938); La Medeleni, R. III 1925–27; Turnul Milenei, R. 1928; Bal Mascat, R. 1929; Fata din Zlataust, R. II 1929; Golia, R. II 1933; Lorelei, R. 1935; Arca lui Noe, R. 1936; Fundacul Varlamului, R. 1938; Tudor Ceaur Al-

caz, R. IV 1940f.; Hai diridam, R. 1945. – Opere alese, V 1968–76.
L: N. Ciobanu, 1969; S. Tomuş, 1980.

Teodorescu, Ştefan, rumän. Schriftsteller, 27. 8. 1906 Viperești/Buzău – 22. 8. 1982 Stuttgart. Priesterseminar, Gymnas. Bukarest. Stud. klass. Philol. u. Philos. Bukarest, Berlin, Göttingen, Freiburg, München, 1935 Dr. phil.; Diplomat, freier Publizist; nach dem Krieg im Exil in Dtl. – Erzähler, Essayist und Philosoph von europ. Breite, schöpferischer Unruhe. Deuter der mod. Welt.
W: Spre un nou umanism, Ess. 1937; Eminescu als Kulturvermittler, E. 1975. – Übs.: Das Drama der östlichen Intelligenz, Es. 1958.

Terapiano, Jurij Konstantinovič, russ. Dichter, 21. 10. 1892 Kerč' – 3. 7. 1980 Gagny/Frankreich. Stud. Jura in Kiev, 1920 Emigration nach Paris, dort 1925 Vorsitzender des ›Verbandes junger Lyriker‹, regelmäßige Lit.kritiken in russ. Ztn., 1945–55 in ›Novoe russkoe slovo‹ (New York), danach in ›Russkaja mysl'‹ (Paris), Hrsg. der Lyrik-Anthologie ›Muza Diaspory‹ (1960). – T., der sich intensiv mit den Religionen u. Philosophien der Welt befaßt hat, schrieb e. tief im Geistigen verankerte Dichtung. Vorherrschend sind Themen der Einordnung des ird. Geschehens in den göttl. Plan. Der Form nach ist sie klass.-akmeist. streng. S. kurzer Roman ›Putešestvie v neizvestnyj kraj‹ versetzt surrealist. in vorgeschichtl. Zustände der Einheit kosm. u. ird. Waltens. T.s Erinnerungsband ›Vstreči‹ vermittelt die Kultur der Pariser Emigration 1925–39 u. Porträts bedeutender russ. Schriftsteller.
W: Lučšij zvuk, G. 1926; Bessonica, G. 1936; Putešestvie v neizvestnyj kraj, E. 1946; Vstreči, Erinn. 1953; Parusa, G. 1965. – Izbrannye stichi, Ausw. 1963; Literaturnaja žizn' russkogo Pariža ..., Ess. Paris 1987.

Terayama, Shûji, jap. Schriftsteller u. Regisseur, 10. 12. 1935 Ômisawa – 4. 5. 1983 Tokyo. Früher Tod des Vaters (1945) u. amerik. Besetzung Japans hinterlassen nachhaltigen Eindruck. Gefühl der Einsamkeit führt zur Beschäftigung mit Lit. u. Theater. 1954 vorübergehend Stud. Waseda-Univ. – Stete Auseinandersetzung mit dem Westen, mit s. Lit. (u. a. Brecht), Musik (Jazz), Sport (Boxen, Pferderennen). Neben Gedichten, erzählender Prosa u. Theaterstücken Hörspiele, Fernsehdramen, Essays, Dokumentationen, Filme. Gründet 1967 in Tokyo das erfolgr. Experimentiertheater ›Tenjôsajiki‹. Verbindet traditionelle jap. Bühnentechniken mit neuen Denkmodellen. Gastspiele in Europa u. USA.
W: Chi wa tatta mama nemutte iru, Dr. 1960; Den'en ni shisu, G. 1964; Aa kôya, R. 1966 (... vor meinen Augen ... eine Wildnis, d. 1971); Aomori-ken no semushi otoko, Dr. 1967; Kegawa no Marie, Dr. 1967; Sho wo sutete machi e deyô, Dr. 1968; Inu-gami, Dr. 1969 (engl. 1994); Jigokuhen, G. 1970; Kôfukuron, Ess. 1970; Shigai-geki: Jinryoku hikôki Soromon, Straßentheater 1971; T. S. no gikyoku, ges. Dr. 1969–71; T. S. zenkashû, G. 1982. – Übs.: Theater contra Ideologie (Ausw.), 1972; M. Hubricht, Das Verbrechen des Professors Garigari, 1977; R. T. Rolf, J. K. Gillespie, Alternative Japanese Drama (Ausw.), Honolulu 1992; D. A. Schmidt, A Selection of Miscellaneous Poems, 1998.
L: C. J. Sorgenfrei, S. T.: Avantgarde Dramatist of Japan, Santa Barbara 1978; R. Rolf, in: R. Rolf, J. K. Gillespie, 1992.

Terc, Abram (eig. Sinjavskij, Andrej Donatovič), russ. Schriftsteller, 8. 10. 1925 Moskau – 25. 2. 1997 Paris. Vater Parteifunktionär. Stud. Philol. Univ. Moskau, dort 1952–65 Dozent f. Sowjetlit. Ab 1955 systemkrit. Prosa, die S. ab 1959 unter dem Ps. Abram Terc im Westen veröffentlichen ließ, deshalb 1966 zu 7 Jahren Gulag-Haft verurteilt. 1973 Ausreise nach Paris, wo er seitdem als Univ.-Prof. u. Schriftsteller tätig war. – S.s ›Fantastičeskie povesti‹ sind grotesk-satir. Anklagen gegen die sowjet. Wirklichkeit. In ›Golos iz chora‹ verbindet S. Alltagsbeobachtungen im Lager mit allg. menschl. Reflexion. S.s Bücher über Gogol' u. Puškin sind von Provokation, Selbstdarstellung u. sprachl. Gestaltungslust bestimmt. In ›Spokojnoj noči‹ gestaltet er Tiefpunkte des eigenen Lebens. S. Abhandlung über den sozialist. Realismus behält bleibende Gültigkeit.
W: Fantastičeskie povesti. Sud. idět. Ljubimov. Čto takoe socialističeskij realizm (Phantastische Geschichten, d. 1967; Der Prozeß beginnt u. andere Prosa d. 1966); Golos iz chora, Ess. 1973 (Eine Stimme im Chor, d. 1974); V teni Gogolja, Ess. 1975 (Im Schatten Gogols, d. 1979); Progulki s Puškinym, Ess. 1975 (Promenaden mit Puškin, d. 1977); Kroška Cores, E. 1980 (Klein Zores, d. 1982); Spokojnoj noči, aut. R. 1984 (Gute Nacht, d. 1985). – Sobranie sočinenij (AW), II 1992.
L: Weißbuch in Sachen Sinjawski–Daniel, 1967; M. Dalton, 1973; R. Lourie, 1975; C. T. Nepomnyashchy, New Haven 1995.

Terentius Afer, Publius, röm. Komödiendichter, 195 (?) v. Chr. Karthago – wohl 159 v. Chr., auf e. Reise in Griechenland verschollen. Kam jung als Sklave nach Rom. S. Herrn Terentius Lucanus verdankt er Freiheit, Namen, Bildung und Freundschaft mit Scipio, Laelius u. a. hochstehenden Personen. Führte 166–160 v. Chr. 6 Stücke auf. T. ist der einzige Dichter der archaischen Zeit, dessen Werk vollständig erhalten ist. Lit. Gegner warfen ihm Kontamination, fremde Hilfe und Nachahmung des Plautus vor. Trotzdem waren alle Stücke (außer ›Hecyra‹) schon bei der 1. Aufführung erfolgr. – T. arbeitet mit griech. Vorlagen der neueren Komödie, die er weniger als Plautus verändert. Der Prolog der griech. Originale fällt weg, die eigenen Prologe dienen der

Darlegung s. künstler. Absichten und der Auseinandersetzung mit lit. Gegnern. S. Stücke bereichert er durch Übernahme einzelner Stellen, manchmal ganzer Szenen, aus anderen griech. Komödien (Kontamination), ohne daß sich die Nahtstellen heute genau nachweisen lassen. T. bietet weniger lyr. Einlagen, metr. Vielfalt, treffsicheren Wortwitz u. derbe Situationskomik als Plautus, dafür verfeinerte Sprache, geschlosseneren Aufbau der Handlung und psycholog. schärfere Charakterzeichnung. Den Inhalt s. Stücke bilden Liebesaffären, verbunden mit Wiedererkennung und Heirat. Der prahlende Soldat, gerissene Sklave, betrogene Herr, der Parasit u. die Dirne sind feststehende Typen. T. ist Dichter der Humanität u. Wegbereiter des Hellenismus in Rom. Wiederaufführungen noch über 100 Jahre nach s. Tod. In MA und Neuzeit Vorbild vieler Lustspieldichter (Hrotsvith von Gandersheim, H. Sachs, Molière, Holberg, Lessing).

W: Andria, 166 v. Chr. (nach Menander; hg. A. Thierfelder ^{3}1972; M. R. Posari 1990; komm. O. Bianco 1970); Hecyra, 165 (nach Apollodor; komm. S. Stella 1952; F. T. Carney 1963; S. Ireland 1990); Heautontimorumenos, 163 (nach Menander; komm. A. J. Brothers 1988); Eunuchus, 161 (nach Menander; komm. J. Barsby 1999; A. J. Brothers 2000); Phormio, 161 (nach Apollodor; hg. K. Dziatzko, E. Hauler ^{4}1913, n. 1967; R. H. Martin 1959; E. M. Coury 1982; J. Barsby 1991); Adelphoe, 160 (nach Menander; hg. K. Dziatzko, R. Knauer ^{2}1921, n. 1964; O. Bianco 1966; R. H. Martin 1976; A. S. Gratwick 1987; J. Barsby 1991). – Ges.-Ausgaben: R. Kauer, W. M. Lindsay ^{2}1926 (n. 1959); J. Marouzeau, Paris III ^{2}1947–62 (m. Komm. u. franz. Übs.); S. Prete 1954; O. Bianco 1993. – Übs.: V. v. Marnitz 1960; D. Ebener 1988.

L: G. Coppola, Teatro di T., 1942; A. Barbieri, La vis comica in T., 1951; J. Straus, T. und Menander, 1955; O. Bianco, 1962; H.-J. Glücklich, Aussparung und Antithese, 1966; H. Haffter, 1967; K. Büchner, Das Theater des T., 1974; W. E. Forehand, 1985; S. M. Goldberg, Understanding T., 1986; A. Minarini, Studi terenziani, 1987; S. Prete, Capitoli su T., 1990; G. Cupaiuolo, 1991; R. Müller, Sprechen und Sprache, 1997. – Lexikon: P. McGlynn, II 1936–67. – Bibl.: G. Cupaiuolo 1984.

Teresa de Avila → Teresa de Jesús, Santa

Teresa de Jesús, Santa (eig. Teresa de Cepeda y Ahumada), span. Mystikerin, 28. 3. 1515 Ávila – 4. 10. 1582 Alba de Tormes. Adliger Abstammung; geriet als Kind durch Lektüre von Heiligenleben in relig. Schwärmerei, entfloh 7jährig zusammen mit ihrem Bruder aus dem Elternhaus, um unter den Heiden den Märtyrertod zu sterben; Begeisterung für Ritterbücher, begann selbst e. solches zu schreiben; nach dem Tod der Mutter Erziehung in e. Kloster von Ávila. 1534 Eintritt in das Karmeliterinnenkloster de la Encarnación. 1555 erste Visionen. Reformierte unter großen Schwierigkeiten ihren Orden; 1562 Gründung des ersten reformierten Klosters San José in Ávila, im ganzen 17 Neugründungen. Unermüdl. Tätigkeit trotz heftiger Anfeindung; ihre ›Vida‹ wurde bei der Inquisition denunziert. 1578 Verbannung nach Toledo; 1614 seliggesprochen, 1622 Kanonisation. – Bedeutendste span. Mystikerin neben San Juan de la Cruz; starke Persönlichkeit, weltgewandte Frau; verband relig. Inbrunst u. entsagungsvolle reformator. Tätigkeit mit e. glühenden Temperament, gesundem Menschenverstand u. prakt. Sinn; verfaßte ihre Werke auf Veranlassung ihrer Beichtväter u. Ordensvorgesetzten; schlichte, natürl. Sprache, große Menschlichkeit; gibt im ›Libro de su vida‹ e. Schilderung ihrer Erleuchtungen u. Kämpfe um Vollkommenheit. Hauptwerk ›Las Moradas‹, Darstellung ihres myst. Strebens, Analyse der einzelnen Gebetsstufen; die Seele schreitet durch sieben Wohnungen (moradas) zur Vereinigung mit Gott, zur geistl. Vermählung; grundlegend für die christl. Mystik durch sachl. u. genaue Darlegung u. klare Sprache; auch lit. wertvoll. Ihre umfangreiche Korrespondenz (mehr als 400 Briefe erhalten) ist aufschlußreich durch biograph. Hinweise u. in anmutigem Stil verfaßt.

W: Camino de perfección, 1583 (n. J. M. Aguado 1929); El Castillo interior o Las Moradas, 1588 (n. F. C. Sáinz de Robles 1945; d. 1966); Libro de su vida, 1588 (n. I. de San José 1963, 1989; Gott hat mich überwältigt, d. 1981, 2001); Conceptos del amor de Dios, 1612; El libro de las fundaciones, 1612 (n. J. M. Aguado II 1940); Avisos espirituales, 1641; Siete meditaciones sobre la oración del Padrenuestro, 1656. – Obras completas, hg. P. Silverio de Santa Teresa IX 1915–24, hg. In: ›Biblioteca de Autores Cristianos‹ III 1951–59; Epistolario, hg. I. de San José 1963. – Übs.: SS, VI 1933–41, VI $^{1-3}$1952–60; Gedichte, 1959.

L: M. Mir, II 1917; E. Juliá Martínez, 1922; A. Risco, 1925; J. Domínguez Berrueta, 1930; S. de Santa Teresa, V 1935–37; R. Hoornaert, Paris 1951; F. M. Castro, 1953; E. A. Peers, Lond. 1954; H. Waach, ^{2}1955; E. Schering, Mystik und Tat, 1959; W. T. Walsh, ^{3}1960; G. Papàsogli, ^{2}1961; O. Leroy, Paris 1962; S. V. Ramge, Chicago 1963; E. W. T. Dicken, The Crucible of Love, Lond. 1963; P. Jobit, Paris 1965; M. Auclair, ^{4}1965; E. de la Madre de Dios, O. Steggink, 1968; W. Herbstrieth, 1971; V. García de la Concha, El arte literario de Sta. T., 1978; E. Lorenz, T. von Avila Licht und Schatten, 1982; E. Lorenz, Nicht alle Nonnen dürfen das, 1983; R. Rossi, 1984; J. Pérez Remón, Misticismo oriental y misticismo cristiano, 1985; E. T. Howe, N. Y. 1988; M. M. Carrión, 1994. – Bibl.: M. Jiménez Salas, 1962.

Terian, Vahan → Teryan

Terlecki, Władysław Lech, poln. Schriftsteller und Dramatiker, 18. 5. 1933 Tschenstochau – 3. 5. 1999 Pruszków. 1951–54 Polonistikstud. Breslau. Seit 1956 in Warschau. Mitarbeiter in Zeitschriftenredaktionen und Rundfunk. – Die

Verfahren des histor. und des psycholog. Romans, aber auch des Kriminalromans verbinden sich in der Prosa von T. zu einer eigenwilligen und überaus wirkungsvollen Formation. Der sehr charakterist. Stil und die überaus originelle Problematik zeichnen sein Werk aus. Besondere Anerkennung brachten ihm s. histor. Romane. Sie betreffen relativ enge Themenkreise aus der poln. Geschichte seit dem 18. Jh., insbes. aber den Januaraufstand 1863. Helden und Ereignisse dienen primär dazu, Bezugspunkte zur Gegenwart herzustellen, universelle Wahrheiten und Geheimnisse der menschlichen Psyche auszuloten.

W: Podróż na wierzchołku nocy, En. 1958; Spisek, R. 1966; Myśliwi, D. 1966; Gwiazda Piołun, R. 1968; Dwie głowy ptaka, R. 1970 (Die zwei Köpfe des Adlers, d. 1990); Powrót z Carskiego Sioła, N. 1973; Czarny romans, R. 1974; Odpocznij po biegu, R. 1975 (Ruh aus nach dem Lauf, d. 1984); Cień karła, cień olbrzyma, R. 1983; Drabina Jakubowa albo Podróż, R. 1988; Cierń i laur, R. 1989; Mateczka, D. 1996. – Twarze 1863 (AW), 1979; Maski (ges. En.), 1983.

L: D. Dobrowolska, Proza beletrystyczna W. T., 1998.

Terpandros, altgriech. Dichter u. Musiker, frühes 7. Jh. v. Chr., Lesbos oder Kyme. – Siegt 676/673 bei mus. Agon in Sparta, 4 Siege bei Pythien. Die unter T.' Namen erhaltenen wenigen Fragmente gelten als unecht. Mit s. angebl. ›Erfindung‹ der Leier mit 7 Saiten, der Festlegung des Aufbaus des Sologesanges zur Leier (sog. ›kitharod. Nomoi‹), der Musik der Spottdichtung, der Erweiterung der Septime zur Oktave etc. gilt T. als 1. faßbare Gestalt der europ. Musikgeschichte. Die ›Nomoi‹ galten als feste Form bis Timotheos, noch in der Kaiserzeit nennt man T. als deren Schöpfer.

A: D. L. Page 1962; D. A. Campbell 1988 (m. engl. Übs.); A. Gostoli 1990 (m. ital. Übs. u. Komm.); vgl. auch → Anthologia Palatina.

L: M. West, Oxf. 1992.

Tertullianus, Quintus Septimius Florens, erster lat. christl. Schriftsteller, in Karthago, wohl um 160 bis nach 220. Vor 197 wurde T. Christ, vor 207 wandte er sich der radikalen christl. Sekte der Montanisten zu. – E. Teil der 31 erhaltenen Schriften richtet sich an Heiden, um die Vorwürfe gegen das Christentum zu entkräften bzw. um für letzteres zu werben (bes. bekannt das ›Apologeticum‹). Für Christen schreibt T. sowohl über dogmat. Themen (bes. in Auseinandersetzung mit versch. häret. Gruppen) als auch über prakt.-eth. Fragen (u.a.: Anleitung zum Beten in ›De oratione‹, Zuspruch für gefangene Christen in ›Ad martyras‹; kulturgeschichtl. bes. interessant ›De spectaculis‹ (Über das Theater). – Stil u. Argumentation sind ausgefeilt; charakterist. sind Ironie u. Polemik; die Sprache zeigt gegenüber dem klass. Latein viel Neues.

A: GW.: Corp. Script. Eccl. Lat. 20; 47; 69f.; 76; dt. Übs. K. Kellner, 2 Bde., 1882; (Auswahl:) Apol.: m. dt. Übs. C. Becker, n. 1992; Anim.: d. J. H. Waszink, 1980; Exhort. cast.: m. franz. Übs. C. Moreschini, J.-C. Frédouille, 1985; Carn. Christ.: m. franz. Übs. J.-P. Mahé, 1975; Idol.: m. engl. Übs. J. H. Waszink, J. C. M. van Winden, Leiden 1987; Adv. Marc.: m. engl. Übs. E. Evans, 2 Bde., 1972; Paen.: m. franz. Übs. Ch. Munier, 2 Bde., 1984; Resurr.: m. engl. Übs. E. Evans, Lond. 1960; Spect.: m. franz. Übs. M. Turcan, Paris 1986.

L: C. Becker, T.' Apologeticum, 1954; T. D. Barnes, T., A Historical and Literary Study, n. 1985; E. I. Kouri, T. u. die römische Antike, Helsinki 1982; H. Steiner, Das Verhältnis T.' zur antiken Paideia, St. Ottilien 1989; G. Eckert, Orator christianus, 1993; D. Rankin, T. and the Church, Cambr. 1995; L. E. Osborn, T., First Theologian of the West, Cambr. 1997; M. Wellstein, Nova verba..., 1999.

Teryan (eig. Ter-Grigoryan), Vahan, armen. Lyriker, 9. 2. 1885 Ganja (Georgien) – 7. 1. 1920 Orenburg (Rußland). Stammt aus Familie eines Geistlichen; 1899–1906 Stud. Philol. Moskau u. Petersburg. – Sein 1. Lyrikband ›Mtnašagi anowrjner‹ (Träume der Dämmerung, Tiflis 1908) machte ihn umgehend zu einer der bedeutendsten Persönlichkeiten d. armen. Lit., auf die T. trotz seines frühen Todes nachhaltigen Einfluß ausübte. T.s überwiegend in melanchol. Stimmung gehaltenen Gedichte besingen in klangvoller u. bildreicher Sprache die unerfüllte Liebe u. die Leiden des von Vernichtung bedrohten armen. Volkes, begrüßten aber auch die bolschewist. Revolution als vermeintliche Zeitenwende.

A: Erk. žoġ. (GW), IV Konstantinopel u. Erevan 1923–25; Erk. žoġ. (GW), IV 1972–79; Banasteġcowt'yownner, G. 1985. – Übs.: franz. in: Poésie arménienne, Paris 1973; Leningrad, hg. S. Sarinjan, N. Terjan 1973, 1980.

L: A. Terterean, Tiflis 1910; S. Hakobyan, Berlin 1923; S. Alixanyan, 1956; S. Sowk'iasyan, 1959; V. T. žamanakakic'neri howšerowm, 1964; V. Partizowni, 1968, 1984; P. Makinc'yan, 1980; Ē. Jrbašyan, 1982; K. Grigoryan, 1983.

Terz, Abram → Terc, Abram

Terzakis, Angelos, griech. Dichter, 16. 12. 1907 Nauplia – 3. 8. 1979 Athen. – Führender neugriech. Dramatiker und Erzähler, Chefdramaturg im Athener Nationaltheater. Plast. Sprache, lebendige Darstellung der Charaktere und Konflikte und gelungene Komposition großangelegter Romane bes. aus byzantin. Geschichte charakterisieren s. Werk.

W: Ho xechasmenos, En. 1925; Phtinopōrinē symphōnia, En. 1929; Hoi Desmōtes, R. 1932; Hē parakmē tōn sklērōn, R. 1933; Autokratōr Michaēl, Tr. 1936; Gamēlio Embatērio, Sch. 1937; Hē menexedenia politeia, R. 1937; Ho stavros kai to spathi, Sch. 1939; Heilōtes, Sch. 1939; Ho exusiastēs, Sch. 1942; Tu erōta kai tu thanatu, En. 1943; Hē storgē, N. 1944; To megalo paichnidi, Sch. 1944; Pringēpessa Isabeau, R. 1945 (d. 2001); Taxidi me ton Hespero, R. 1946; Aprilēs, En. 1946; Dichos Theo, R. 1951; Theophanō, Tr. 1956; Mystikē zōē, R. 1957; Nychta ste Mesogeio, Sch. 1958; Ta lytra tēs eutychias, Sch. 1959; Thomas ho dipsychos, Dr. 1962; Hē kyria me t'aspra gantia, Sch. 1962; To mystērio tu Jagu, Es. 1964; Aphierōma stēn tragikē musa, Es. 1970; Ho progonos, Th. 1970; Pontoporoi, Ess. 1975; Prin tēn aulaia, Es. 1989.

Těsnohlídek, Rudolf, tschech. Schriftsteller, 7. 6. 1882 Čáslav – 12. 1. 1928 (Selbstmord) Brünn. Nach dem Abitur (1901) Stud. Philos. u. Philol. Karls-Univ. in Prag, dann Journalist. – S. ursprüngl. v. Symbolismus beeinflußtes Schaffen entwickelte sich zu e. detailorientiert., realist.-naturalist. Deskription, oft mit tragikomisch. Pointen. Berühmt durch die Erzählung ›Liška Bystrouška‹ (›Das schlaue Füchslein‹; vertont von Leoš Janáček), e. Schilderung der Schicksale von Menschen u. Tieren, die in e. Apotheose der Freiheit mündet. Autor von Dramen u. Kinderlit.

W: Nénie, En. 1902; Dva mezi ostatními, En. 1906; Květy v jíní, En. 1908; Liška Bystrouška, E. 1920; Kolonia Kutejsík, R. 1922; Den, G. 1923; Vrba zelená, E. 1925; Rolnička, G. 1926; Rozbitý stůl, G. 1935; O zakleté Lúčance, E. 1937.

L: Na paměť R. T., 1928; J. Dvořák, Dva mezi námi, 1940; ders., Čtení o Mahenovi a T., 1941; B. Golombek, 1946.

Tessier, Ernest-Maurice → Dekobra, Maurice

Testi, Fulvio, ital. Lyriker, 23. 8. 1593 Ferrara – 28. 8. 1646 Modena. Bekleidete hohe Ämter im Dienste der Herzöge d'Este; 1640–42 Gouverneur der Garfagnana; 1646 aus polit. Gründen verhaftet, starb in der Festung von Modena. – S. ›Rime‹ (Sonette, Kanzonen, Oden, Epigramme) bezeugen e. Vorliebe für die Klassiker, bes. Pindar u. Horaz, weisen jedoch bes. in den von Marino beeinflußten Anfängen Züge des Secentismo auf, den er bekämpfen wollte. Glühender Patriot; widmete die Dichtung ›Pianto d'Italia‹ in 43 Oktaven Carlo Emanuele I. von Savoyen. Auch Epiker und Dramatiker.

W: Rime, 1613; Il pianto d'Italia, 1617; Poesie liriche, III 1627–48; Raccolta generale delle poesie, 1653. – Opere scelte, II 1817; Ausw.: I lirici del Seicento e della Arcadia, hg. C. Calcaterra 1936; Lettere, hg. M. L. Doglio III 1967.

L: D. Ferrero, 1865; G. De Castro, 1875; G. Caprera, 1922; A. Zamboni, 1939 (m. Bibl.).

Testori, Giovanni, ital. Dramatiker, Erzähler und Maler, 12. 5. 1923 Novate Milanese – 16. 3. 1993 Mailand. Stud. Lit. Mailand. – In s. Romanen, z. T. in mailänd. Dialekt, im inneren Monolog von J. Joyce beeinflußt, schildert er brennende Probleme des Vorstadtlebens. Soz. Anklage sind auch s. Dramen u. Filmdrehbücher (›Rocco u. seine Brüder‹).

W: Il dio di Roserio, R. 1954; Il ponte della Ghisolfa, En. 1958; La Gilda del Mac Mahon, En. 1959; La Maria Brasca, K. 1960; L'Arialda, K. 1961 (d. in: Theater im S. Fischer Verlag 1, 1962); Il fabbricone, R. 1961 (Stadtrand, d. 1961); I trionfi, G. 1965; Crocifissione, G. 1966; La monaca di Monza, Dr. 1967; L'amore, G. 1969; Erodiade, Dr. 1969; Per sempre, G. 1970; L'Ambleto, Dr. 1970; Nel tuo sangue, G. 1973; Macbetto, Dr. 1974; La cattedrale, R. 1974; Edipus, Dr. 1977; Conversazioni con la morte, Dr. 1978; Ossa mea, G. 1983; I ›promessi sposi‹ alla prova, Dr. 1984; Confiteor, Dr. 1985; Diademata, G. 1986; In exitu, R. 1988; I tre lai, Dr. 1994. – Opere, hg. F. Panzeri 1996.

L: G. Cappello, 1983; G. Santini, G. T. nel ventre del teatro, 1996; G. Taffon, G. T. e il teatro, 1997.

Teternikov, Fëdor Kuz'mič → Sologub, Fëdor

Tetmajer, Kazimierz Przerwa, poln. Dichter, 12. 2. 1865 Ludźmierz/Podhale – 18. 1. 1940 Warschau. Aus höherem Adel. Stud. in Krakau u. Heidelberg. Freier Schriftsteller. Seit 1920 fast erblindet. Letzte Jahre zurückgezogen in e. Warschauer Hotelzimmer; daraus im Winter 1939 von Deutschen vertrieben und erfroren. – Impressionist.-symbolist. Lyriker des ›Jungen Polen‹ mit zunehmend dekadenten Zügen des Fin de siècle. Begeisterter Sänger der Tatra. S. Schwermut u. das vollblüt. Leben des Landes vereinigen sich in s. sensiblen, musikal. Gedichten, Natur- u. Liebeslyrik voll glühender Erotik. Aufgehen im Nirwana als pessimist. Zug; in s. Novellen aus dem Leben der Goralen u. der Tatra wieder überwunden. Durch Übernahme des Goralendialekts Erneuerung der Literatursprache. Neben Gedichten, Erzählungen u. Romanen auch Dramen.

W: Rekrut, N. 1886; Illa, G. 1886; Poezje, Dicht. VIII 1891–1924; Książdz Piotr, N. 1894 (Der hochwürdige Herr Kanonikus, d. 1953); Anioł śmierci, R. II 1898 (Der Todesengel, d. 1899); Melancholia, N. 1899 (Melancholie, d. 1906); Na skalnym Podhalu, En. VII 1903–12 (Aus der Tatra, d. Ausw. 1903; engl. 1941); Erotyki, G. 1905; Rewolucja, Dr. 1906 (Die Revolution, d. 1907); Król Andrzej, R. 1908 (König Andreas, d. 1914); Legenda Tatr, E. II 1912; Romans panny Opolskiej, R. 1912; Koniec epopei, R. III 1913–17; Cienie, G. 1916; Notatki literackie, Schr. 1916; W czas wojny, Nn. 1916; Triumf, Nn. 1916; Judasz, Dr. 1917; Aforyzmy, 1918. – Wybór poezji, 1936, 1949; Poezje, IV 1923; Ausw. 1958, 1968 u. 1979.

L: A. M. Mazanowski, 1911; K. Jabłońska, 1969 u. 1972.

Tevfik Fikret, türk. Dichter, 24. 12. 1867 Istanbul – 19. 8. 1915 ebda. Galatasaray-Gymnas. bis 1888; Beamter, Lehrer (u. a. am Robert College), seit 1896 Hrsg. der Zs. ›Servet-i Fünun‹. – Größter Lyriker der ›Servet-i Fünun‹-Schule u. e. der Wegbereiter der türk. Moderne, im impressionist. Bilderreichtum s. Sprache von der franz. Lyrik (Baudelaire, Sully Prudhomme) beeinflußt. In s. 2. Schaffensperiode (ab 1901) wandte er sich auch Zeitproblemen u. sozialer Thematik zu. S. Grundeinstellung wandelte sich allmähl. vom Pessimismus zu e. Zukunftsglauben, in den er die gesamte Menschheit einschloß.

W: Rubâb-i Şikeste, G. 1900; Halûk'un Defteri, G. 1911; Şermin, G. 1914; Son Şiirler, hg. C. K. Solok 1956. – Ges. G., hg. A. Bezirci III 1984.
L: I. Alaeddin, 1927; M. Kaplan, 1946; K. Akyüz, 1947; M. Uraz, 1959 (m. unveröffentl. G.).

Thabaud de Latouche, H.-J.-A. → Latouche, Henri de

Thackeray, William Makepeace (Ps. M. A. Titmarsh, G. S. Fitz Boodle), engl. Erzähler, 18. 7. 1811 Calcutta – 24. 12. 1863 London. Vater Regierungsbeamter in Indien, starb, als T. 4 Jahre alt war. Nach Wiederverheiratung der Mutter (1818) in der renommierten engl. Internatsschule Charterhouse in London erzogen (1822–28). 1829/30 Stud. Cambridge; schloß dort versch. Freundschaften für Lebensdauer, u. a. mit Tennyson und Fitzgerald. 1831 Kontinentreise; länger in Dtl., besuchte Goethe. Nach Rückkehr Jurastud. im Middle-Temple, Anwalt; wandte sich aber bald dem Journalismus zu. Gab 2 Zeitschriften heraus, die fehlschlugen. Verlor dadurch und beim Kartenspiel 1833 s. ererbtes großes Vermögen und mußte s. Lebensunterhalt verdienen. Kunststud. in Paris und Rom, lernte das Pariser Bohemeleben kennen. ∞ 1836 Isabella Shawe, Tochter e. ir. Offiziers. Nach Geburt des 3. Kindes erkrankte s. Frau an Melancholie und mußte lebenslängl. in e. psychiatr. Anstalt untergebracht werden. 1837 Rückkehr nach England. Mitarbeiter von ›Fraser's Magazine‹, in dem er u. a. die parodist. ›Yellowplush‹-Skizzen sowie einige Erzählungen veröffentlichte. Ab 1842 Mitarbeiter des ›Punch‹. Erste Veröffentlichungen unter Decknamen. Im ›Punch‹ erschienen s. Charakterskizzen ›Snobs of England‹, die ihn zuerst weiteren Kreisen bekannt machten. 1840–48 herzl. Verbundenheit mit s. großen Rivalen Dickens, beider Töchter verkehrten freundschaftlich miteinander. Später wurde dies Verhältnis getrübt, nachdem T. durch s. großen Roman ›Vanity Fair‹ e. ernsthafter Rivale von Dickens wurde. 1849 Erkrankung an Cholera, seither ständig leidend. S. Romane erschienen wie damals üblich zunächst in monatl. Lieferungen, die hohe Auflageziffern erreichten und ihm große Erfolge brachten, bes. in intellektuellen Kreisen. 1851 hielt er Vorlesungen über die engl. Humoristen des 18. Jh. und 1855 über die ›Four Georges‹. Ab 1860 Hrsg. des ›Cornhill Magazine‹, in dem auch s. ›Roundabout Papers‹ zuerst erschienen, die zu den besten Essays in engl. Sprache gehören. Mehrere Jahre hindurch gab T. Weihnachtsbücher heraus; das bekannteste ist das reizende Nonsense-Märchen ›The Rose and the Ring‹. Starb an e. Herzanfall. – Neben Dickens bedeutendster Romanschriftsteller der Viktorian. Zeit; gab iron., illusionslos-realist. Darstellungen des Lebens der gehobenen engl. Mittelklasse. S. bedeutendstes Werk ›Vanity Fair‹, von ihm ausdrücklich als ›Roman ohne Held‹ bezeichnet, setzt die Reihe der großen pikaresken engl. Romane fort mit Becky Sharp, e. skrupellosen, ewigweibl. Abenteurerin großen Stils und ihrer Gegenspielerin, der hilflos unschuldigen Amelia. T. wollte die Verlogenheit der Welt durch s. Satire entlarven. S. Romane besitzen ep. Fülle und geben e. Gesamtbild der engl. Gesellschaft. In ›Henry Esmond‹ schuf er e. großen hist. Roman, der im England der Queen Anne spielt, s. Fortsetzung ›The Virginians‹ erreichte nicht die gleiche künstler. Höhe. In s. Romanen und Erzählungen tritt T. meist selbst als der ›allwissende Autor‹ auf und diskutiert die Gestalten mit dem Leser; er ist immer der überlegene Skeptiker, wußte aber auch um eigene Schwächen.

W: The Yellowplush Papers, Sat. 1838 (d. 1958; Ausw. W. E. Süskind 1961); The Paris Sketch Book, Sk. 1840; History of Samuel Titmarsh, E. 1841; The Irish Sketch Book, Sk. 1843; The Luck of Barry Lyndon, R. 1844 (n. 1962; d. 1953); Notes of a Journey from Cornhill to Grand Cairo, 1846; The Book of Snobs, Sk. 1848 (hg. J. Sutherland 1978, d. 1953); Vanity Fair, R. III 1847f. (hg. G. u. K. Tillotson 1963, P. L. Shillingsburg 1989; d. H. Röhl II 1958, Th. Mutzenbecher 1958, E. Schnack 1959); The History of Pendennis, R. 1848–50 (d. 1958); Rebecca and Rowena, 1850 (d. 1957); The English Humourists of the 18th Century, Ess. 1851; History of Henry Esmond, R. II 1852 (d. E. v. Schorn, ²1962); The Newcomes, R. 1854f. (d. 1953); The Rose and the Ring, M. 1855 (d. 1957); The Four Georges, 1855; The Virginians, R. 1858f. (d. 1953); Lovel the Widower, R. 1860; Poems and Essays, hg. W. C. Roscoe 1860; Roundabout Papers, Ess. 1860–63; Denis Duval. R.–Fragm. 1863. – Collected Ed., XXII 1867–69; hg. L. Melville XXV ²1910f.; hg. G. Saintsbury XVII 1908, XX 1912; Letters and Private Papers, hg. G. N. Ray IV 1945f., weitergeführt E. F. Harden, II 1994. – *Übs.:* GW, H. Conrad IX 1909–14 (unvollst.).

L: A. A. Jack, 1895; C. Whibley, 1903; L. Melville, II 1910–28 (m. Bibl.); G. Saintsbury, 1931; M. Elwin, 1932; R. Las Vergnas, Paris 1932; G. U. Ellis, 1933, 1971; H. N. Wethered, 1938; J. W. Dodds, 1941; L. Stevenson, 1947; J. Y. T. Greig, 1950; L. Ennis, 1950; G. Tillotson, 1954; G. N. Ray, II 1955–58; U. Broich, Ironie im Prosawerk W. T.s, 1958; J. Loofbourow, 1964; I. M. Williams, 1968; J. H. Wheatley, 1969; J. McMaster, 1971; B. Hardy, The Exposure of Luxury, 1972; J. P. Rawlins, Th.s Novels, 1974; J. A. Sutherland, 1974; J.

Carey, 1977; M. Forster, 1978; ›Vanity Fair‹: A Casebook, hg. A. Pollard 1978; R. A. Colby, Th.s Canvass of Humanity, 1979; E. F. Harden, The Emergence of Th.s Serial Fiction, 1979; A. Monsarrat, 1980; I. Ferris, 1983; C. Peters, Th.s Universe, 1987; E. F. Harden, II 1990 u. 1998; P. L. Shillingsburg, 1992; M. M. Clarke, 1995. – *Bibl.:* H. S. Van Duzer, 1919; D. Flamm, 1967; J. Ch. Olmsted, 1977.

Ṭhākur (Tagore), Rabīndranāth, ind. Schriftsteller, Philosoph, Maler und Komponist, 6. 5. 1861 Kalkutta – 7. 8. 1941 Santiniketan/Westbengalen. Aus wohlhabender bengal. Brahmanenfamilie; Ausbildung großteils durch s. Vater; 1878–83 England, Stud. engl. Lit.; verwaltete 1891–97 das Familiengut Silaidah/Nadia; entwickelte dort s. vom damaligen engl. orientierten Erziehungssystem bewußt abweichende Pädagogik, die er 1901 mit der Gründung e. Schule in Santiniketan in die Praxis umsetzte. Zwischen 1912 und 1930 weite Reisen in versch. Länder, auch nach Dtl. Widmete s. letzten Jahre der Malerei und Dichtung sowie dem Ausbau s. 1921 zur ›Viśva-Bhāratī-Univ.‹ erweiterten Bildungsanstalt in Santiniketan (seit 1951 staatl. Univ.). Nahm regen Anteil am Freiheitskampf Indiens; Nobelpreis 1913. – Den Hauptteil s. umfangreichen Werkes in Bengali-Sprache bildet die Lyrik; e. kleiner Teil hiervon ist, meist von T. selbst, ins Engl. übertragen worden; viele sind in T.s eigener Vertonung zu bengal. Volksgut geworden. S. meist lyr.-romant. Dramen bieten e. Reihe von Bildern symbol. Inhalts; bes. die späteren enthalten entweder getanzte Partien oder sind reine Tanzdramen zu T.s eigener Musik und Choreographie, in denen er auch selbst auftrat. S. zahlr. kleinen Erzählungen und Romane geben Einblick bes. in das bengal. Leben s. Zeit und in die polit. und soz. Strömungen im Indien der 1. Hälfte des 20. Jh. T. verfaßte außerdem zahlr. Essays über polit., pädagog., philos. u. linguist. Themen. Er gilt als der eigentl. Schöpfer des mod. Bengali, das er durch s. Werk vom bloßen Kommunikationsmittel zu e. der reichsten Lit.-Sprachen Indiens erhoben hat.
W: Gītāñjali, G. 1910 (engl. 1912; d. 1914, n. 1986); Chelebelā, Mem. 1940 (My boyhood days, engl. 1940). – GW, d. hg. H. Meyer-Benfey, H. Meyer-Frank VIII 1921; Collected Poems and Plays (GW), 1936; Rabindraracanāvalī (SW), 1953–58; Selected writings on literature and language, 2001; Selected writings for children, 2002; Selected letters of R. T., hg. K. Dutla, A. Robinson 1997.
L: E. Engelhardt, R. T., als Mensch und Philosoph, Bln. 1921; K. Kripalani, R. T., A biography, N. Y. 1961; H. Mode, R. T., Auf den Spuren des Dichters und Denkers, 1976; M. Kämpchen, 1992, ³2003; B. Chakraverty, T., The dramatist, IV 2000; K. S. Gupta, The philosophy of R. T., 2004. – *Bibl.:* K. Henn, 1985; M. Kämpchen, R. T. and Germany, 1997.

Thaon, Philippe de → Philippe de Thaon

Tharaud, Jérôme (eig. Ernest T.), franz. Romanschriftsteller, 18. 3. 1874 Saint-Junien/Haute-Vienne – 28. 1. 1953 Varengeville-sur-Mer. Sohn e. Notars; Besuch des Lycée von Angoulême, ab 1888 Lycée Louis-le-Grand Paris; ab 1895 Stud. an der Ecole Normale Supérieure; 1899–1903 Lehrer für Franz. in Budapest; Reisen auf dem Balkan, nach Rußland und Dtl. 1903–11 Sekretär von M. Barrès; Freundschaft mit Ch. Péguy. Begann gemeinsam mit s. Bruder Jean Romane zu schreiben. Im Balkankrieg Reporter in Cattaro; Weltkriegsteilnehmer; ging 1917 nach Marokko; Reporter im kommunist. Ungarn, im Spanien des Bürgerkriegs und im nationalsozialist. Dtl. 1938. Mitgl. Académie Française. – Als Romanschriftsteller erheben die Brüder T. die Reportage zu e. lit. Kunstwerk; in ihrem Werk von M. Barrès beeinflußt. Sachl., intelligente Behandlung von Zeitfragen (engl. Imperialismus, Balkanfrage, Kolonisation Nordafrikas, Frage der Juden Osteuropas). Auch ihre psycholog. Romane entspringen den Erfahrungen ihrer Reportertätigkeit.
W: Le coltineur débile, R. 1899; Dingley, l'illustre écrivain, R. 1902 (d. 1907); La maîtresse servante, R. 1911; La fête arabe, R. 1912; La bataille à Scutari, R. 1913; L'ombre de la croix, R. 1917 (d. 1922); Rabat ou les heures marocaines, R. 1918; Marrakech ou les seigneurs de l'Atlas, R. 1920; Un royaume de Dieu, R. 1920; Quand Israël est roi, R. 1920 (d. 1927); Le chemin de Damas, R. 1923; Notre cher Péguy, B. II 1926; Mes années chez Barrès, Aut. 1926 (Jérôme allein); La rose de Sâron, R. 1927; Petite histoire des juifs, St. 1928; L'oiseau d'or, R. 1931; La jument errante, R. 1933; Les mille et un jours de l'Islam, En. IV 1935–50; Cruelle Espagne, Rep. 1938; La double confidence, Aut. 1951. – Œuvres, IV 1929f.
L: J. Bonnerot, 1927; D. Halévy, Eloge de J. T., 1954; Y. Foubert-Daudet, 1982; M. Leymarie, 1994.

Tharoor, Sashi, ind. Schriftsteller, * 9. 9. 1956 London. Wuchs in Indien auf, Stud. USA. – Sein ›Großer Indischer Roman‹ präsentiert die jüngere Geschichte Indiens aus der Perspektive e. alternden Politikers. Dabei umspielen in postmoderner Manier alte u. neue mytholog. Horizonte e. orientierungslose Gegenwart. Auch s. jüngsten Romane u. Essays widmen sich krit. u. satir. den relig., soz. u. regionalen Konflikten sowie den imaginativen Träumen im postkolonialen Indien.
W: The Great Indian Novel, R. 1989 (d. 1995); Show Business, R. 1991; India: From Midnight to Millenium, Ess. 1997 (Indien, d. 2000); Riot, R. 2001 (Aufruhr, d. 2001).

Theer, Otakar, tschech. Dichter u. Kritiker, 16. 2. 1880 Tschernowitz/Bukowina – 21. 12. 1917 Prag. Stud. Philos. ebda.; Beamter der

Univ.-Bibliothek. Als Schüler u. Nachfolger Březinas lehnte T. den impressionist. Naturalismus ab u. wandte sich nach e. Phase ungehemmter Sensualität der Lösung metaphys. Fragen zu, wobei er stets nach sittl. Vollkommenheit strebte. Als Kritiker referierte T. über in- u. ausländ. Neuerscheinungen und schrieb lit.hist. Monographien. Übs. aus dem Franz.

W: Výpravy k já, G. 1900; Pod stromy lásky, En. 1903; Úzkosti a naděje, G. 1911; Všemu na vzdory, G. 1916; Faëthón, Dr. 1918. – Dílo (W), III 1930/31.

L: A. M. Píša, II 1928–33 (m. Bibl.); A Novák, Duch a národ, 1936.

Themelis, Giorgos, griech. Dichter, 23. 8. 1900 Samos – 17. 4. 1976 Thessaloniki. Gründete die avantgardist. Zsn. ›Makedonikes Hēmeres‹ und ›Kochlias‹. Philologe. – Anhänger der poésie pure und des Surrealismus.

W: Gymno parathyro, G. 1945; Anthrōpoi kai pulia, G. 1947; Ho gyrismos, G. 1948; Akoluthia, G. 1950; Synhomilies, G. 1953; Dendrokēpos, G. II 1955–73; To prosōpo kai to eidōlo, G. 1959; To kleidi, Es. 1960; Phōtoskiaseis, G. 1961; Hē Mona paizei, G. 1961; Angeliko kai mauro phōs, Es. 1961; Hē eschatē krisis, Es. 1964; To dichty tōn psychōn, G. 1965; Peristrophē, G. 1973; Ta biblika, G. 1975; Ho chreōstēs, Dr. 1991. – *Übs.:* Choix de poèmes, Paris 1972.

L: K. Sterjopulos, Apo to symbolismo stē nea poiēsē, 1967; Ho poiētēs G. Th., Fs. 1970; Ch. Malevitsis, Hē martyria tu poiētē, G. Th., 1971; Kitsopulu II, 1987.

Themistios, altgriech. Politiker, Philosoph u. Redner, um 317 – um 385 n. Chr. 345–355 Leiter e. Philos.schule in Konstantinopel, dann trotz paganen Glaubens am kaiserl. Hof, Reisen (u. a. Rom). – Vf. von Paraphrasen zu Aristoteles (bes. wichtig: zu ›De anima‹). Erhalten sind ferner über 30 meist epideikt. ›Reden‹, v. a. vor den Kaisern (und) zu polit. Anlässen sowie zu eth. und philos. Themen. T.' Aristoteles-Paraphrasen sind e. wichtiges Bindeglied zwischen früher Kaiserzeit und neuplaton.-christl. Aristoteles-Kommentaren, sie werden vielfach übersetzt, in lat. Übs. lesen sie noch Thomas von Aquin und die frühe Neuzeit. T.' ›Reden‹ wurden erst später v. a. als hist. Quellen rezipiert, ihren lit.-rhetor. Wert entdeckte man erst im letzten Jahrhundert neu.

A: W. Dindorf 1832 (Nachdr. 1974); G. Downey 1832, F. Norman 1965–74. – *Übs./Komm.:* H. Leppin 1998 (Staatsreden); R. J. Penella 2000 (private Reden); P. Heather 2001 (Reden, Ausw.); R. B. Todd 1996 (Paraphrasen zu De anima, engl.); J. G. Smeal 1987 (or. 32); H. Schneider 1966 (or. 34).

L: B. Colpi, 1987; J. Vanderspoel, Ann Arbor 1995; R. M. Errington, Chiron 30, 2000, 861–904.

Theodorescu, Ion N. → Arghezi, Tudor

Theodoros Prodromos, byzantin. Dichter, 1. Hälfte 12. Jh. Konstantinopel. Verkehrte am Hofe der Komnenen und bezeichnete sich als Mann der Wiss. und der Lit., um derentwillen er in bitterer Armut lebe. – S. Dichtung ist e. Mischung von schwülstigem Wortschwall und naivem, herzl., teils geschmacklosem Erzählen. Die Vielfalt s. Themen veranlaßte zu der Annahme, daß nicht alle unter s. Namen überlieferten Gedichte, auch e. Versroman ›Ta kata Rodánthēn kai Dosikléa‹ und e. Dramenparodie ›Katomyomachia‹, e. einzigen Dichter zuzuschreiben sind. T. P., der mehrere s. Werke in e. gemäßigten Gelehrtensprache schrieb, bediente sich bei s. Bettelgedichten der griech. Volkssprache. Er gilt daher auch innerhalb der Gesch. des griech. Sprachproblems in der Lit. als e. der interessantesten dichter. Gestalten der byzantin. Zeit.

A: D. C. Hesseling, A. Pernot, Poèmes prodromiques en grec vulgaire, Amst. 1910; Katomyomachia, hg. H. Hunger 1968 (m. Übs.); Hist. Gedichte, hg. W. Itòrander, Wien 1974; Tetrasticha, hg. G. Papagiannis, Wiesbaden 1997.

L: C. Diehl, Figures Byzantines, 1908; M. Kyriakis, Diss. Paris 1952.

Theodoros Studites, byzantin. Kirchendichter, 759 Konstantinopel – 11. 11. 826 Prinzeninsel b. Konstantinopel. Sohn hochgestellter Eltern, sorgfältige Erziehung und Ausbildung. Die Familie war sehr gläubig und trat unter Einfluß des Bruders s. Mutter, der Abt im Kloster Sakkudion war, 781 geschlossen ins Kloster ein. 794 übernahm T. S. die Leitung des Klosters Sakkudion und später des Klosters Studion in Konstantinopel. Seine Tätigkeit als Abt war hervorragend; wiederholt wegen s. bilderfreundl. Einstellung verfolgt und verbannt, starb er fern von s. Kloster. – Vf. von Werken katechet., kanonist. u. polem. Natur (gegen Bilderfeinde und Moichianer), auch vieler Predigten, Epigramme und mehrerer bedeutender Kirchenlieder, die ihm e. bes. Stellung unter den kirchl. Dichtern der byzantin. Zeit sichern. Heiliggesprochen.

A: J. P. Migne, Patrol. Graeca 99, 1862; Kleine Katechese, hg. E. Auvray, Paris 1891; Große Katechese, hg. A. Papadopulos-Kerameus, Petersburg 1904; Trembelas, Eklogē hellēnikēs orthodóxu hymnographīas, 1949; Sermo de S. Bartholomeo apostolo, hg. U. Westerbergh, Stockh. 1963; Jamben auf versch. Gegenstände, hg. P. Speck, Bln. 1968 (m. Übs. u. Komm.); Briefe, II, hg. G. Fatouros, Bln. 1992.

L: C. Thomas, 1892; G. A. Schneider, 1900; A. Gardner, 1905; E. Marin, 1906; I. Hausherr, 1926 (m. Bibl.); Max Herzog zu Sachsen, 1929; T. Pratsch, Ffm. 1998.

Theodosios Diakonos, byzantin. Dichter, Mitte 10. Jh. Konstantinopel. – Vf. des Lobgedichtes über die Einnahme Kretas (›Hálōsis tēs Krḗtēs‹) durch Nikephoros Phokas.

Theodotos

A: J. P. Migne, Patrol. Graeca 113, 1857.
L: N. M. Panagiotakis, 1960.

Theodotos, Iulius Th., griech. Sophist, * um 120 n. Chr. Demos Melite. Schüler u. a. des Herodes Atticus. 174–176 hatte Th., von Marcus Aurelius berufen, als erster den kaiserl. Lehrstuhl für Rhetorik in Athen inne. – Von s. Werk ist nichts erhalten, Nachrichten über s. Bedeutung verdanken sich v. a. den ›Sophistenviten‹ Philostrats.
A: PIR I 599; I. Avotins, HSPh 79, 1975, 315f.; G. W. Bowersock, Greek Sophists, Oxf. 1969, 97.

Theodulf von Orléans, franz. Autor, um 760 Nordspanien – 821 Angers oder Le Mans. Aus adliger Familie got. Herkunft, früh aus s. Heimat vertrieben; wurde Abt der Klöster Fleury-sur-Loire und St. Aignan, die er zu Mittelpunkten des geistigen Lebens machte. 781 Bischof von Orléans; vertrat die Verwaltungs- und Erziehungsprinzipien Karls d. Gr., errichtete Schulen, in denen unentgeltl. Unterricht erteilt wurde. Gehörte zum Kreis der Gelehrten des karoling. Hofs, wurde 798 zum ›missus dominicus‹ ernannt. Nach dem Tod Alcuins theolog. Berater Karls d. Gr. Nach dessen Tod Anklage wegen angebl. Teilnahme an der Verschwörung Bernards von Italien. 818 in e. Kloster in Angers eingekerkert. – Größtes poet. Talent der Karolingerzeit. S. in Gefangenschaft gedichtete Hymne ›Gloria, laus et honor‹ wird heute noch in kathol. Kirchen am Palmsonntag gesungen. Neben Hymnen verfaßte er ›Capitularien‹ von geringem kulturgeschichtl. Interesse und theolog. Abhandlungen wie ›De spiritu sancto‹ und ›De ordine baptismi‹.
A: J. P. Migne, Patrol. lat. 105; Gedichte, hg. E. Dümmler, in: Mon Germ. Hist. Poetae Lat. I–II, 1881–84; Libri Carolini, 1998.
L: C. Cuissard, 1892; E. Dahlhaus-Berg, 1975; P. Speck, 1998.

Theodulus, vielleicht Pseudonym, Vf. e. wahrscheinl. im 10. Jh. entstandenen lat. Gedichts ›Ecloga Theoduli‹, e. in Hexametern abgefaßten Wettgesangs zwischen dem christl. Schäfermädchen Alithia und dem heidn. Schäfer Pseustis, d. h. zwischen Wahrheit und Lüge. Als Richterin tritt dabei Phronesis, die Einsicht, auf. Griech. Mythologie und AT werden einander gegenübergestellt. Anlehnungen an Ovid, Vergil und Martianus Capella. Im MA als Schullektüre viel gelesen u. kommentiert.
A: J. Osternacher 1902 u. 1907; F. Mosetti Casaretto 1997 (m. Komm. u. ital. Übs.), Teilübs. in: H. Schnur, R. Kössiling, Die Hirtenflöte, 1978.
L: J. Frey, 1904; R. B. C. Huygens, Bernard d'Utrecht. Commentum in Theodolum, 1977.

Theognidea → Theognis

Theognis, altgriech. Dichter, Mitte 6. Jh. v. Chr. Megara. Gilt schon früh als polit. Ratgeber, mußte angebl. als Aristokrat nach Sieg der Demokraten ins Exil, Reisen. – Von T.' eleg. Dichtung finden sich teilweise umfangreiche Reste (neben Zitaten, → Anthologia Palatina, Papyrus) v. a. im sog. ›Corpus Theognideum‹ (auch: ›Theognidea‹), e. 2 Bücher umfassenden Sammlung griech. Lyrik. Die von T. erhaltenen Distichen verteidigen in Form der Belehrung e. geliebten Knaben in nahezu katalogartiger Spruchweisheit aristokrat. Ansprüche gegen demokrat. Bestrebungen und fordern e. Rückbesinnung auf adliges Standesbewußtsein; dabei äußert T. offen Kritik und Polemik gegen konkrete Personen, jedoch ohne Namensnennung; die Schilderung der soz. Zustände ist vom Vorbild Solons geprägt. T. wird bei antiken Autoren aufgrund s. griffigen Gnomen bes. häufig zitiert.
A: F. Welcker 1826; T. Hudson-Williams 1910 (m. Komm.); A. Garzya 1955 (m. ital. Übs.); B. A. van Groningen 1966 (Buch 1, m. franz. Übs.); M. M. Carost, E. L. Majlis 1968 (m. span. Übs.); D. Young ²1971 (Nachdr. 1998); J. Carrière 1975 (m. franz. Übs.); Th. Hudson-Williams 1979; M. Vetta 1980 (Buch 2); M. West ²1989. – *Komm.:* M. L. West 1974.
L: F. Hasler, 1959; V. Steffen, Wrocław 1968; M. L. West, Berlin u. a. 1974; G. Karageorgos, 1979; J. Figuera, G. Nagy, hg. Baltimore u. a. 1985; Th. J. Figueira, Baltimore u. a. 1986; E. Lowell, in: ders. u. a. (Hg.), Baltimore u. a. 1997; R. L. Fox, in: R. Brock u. a., hg. Oxf. 2000.

Theokritos, altgriech. Dichter, Ende 4./1. Hälfte 3. Jh. v. Chr., vermutl. aus Syrakus. Lebte v. a. auf Kos und in Alexandreia, stand in Patronatsverhältnis zu Hieron II. von Syrakus und Ptolemaios II. Philadelphos. – Unter T.' Namen sind vollständig 30 sog. ›Eidyllien‹ (kleine, überwiegend hexametr. Gedichte), das Figurengedicht ›Syrinx‹, 25 Epigramme sowie Fragmente von 2 weiteren Gedichten erhalten. In den ›Eidyllien‹ adaptiert T. versch. lit. Formen, berühmt sind v. a. 8 dieser ›Eidyllien‹: Sie sind in dor. Dialekt verfaßt, in ländl. Ambiente angesiedelt und gelten mit ihrem Gestus e. lit. Umsetzung volkstüml. Lieder sowie ihren oft erot. Themen als Begründer der Bukolik. Dabei stellt T. s. Hirten teilweise in höchst artifizieller Sprache dar, blickt auf ihre durchaus realist. gezeigten alltägl. Nöte oder ihre Naivität. Die bukol. Wertewelt ist v. a. auch e. literarische, die in expliziter Konkurrenz zur ep. steht; in s. Abkehr vom ›großen‹ Werk gleicht T. Kallimachos (neben Apollonios Rhodios größter Einfluß auf T.). Die bukol. Gedichte fanden schon im Hellenismus Nachahmer (Moschos, Bion), für Vergil waren sie wichtigste Anregung für s. ›Eklogen‹. Die in ihnen entworfene Welt lebt über den griech. Roman der Kaiserzeit (Longos) u. das spätantike Epos (Nonnos) bis ins byzantin. MA und die Neuzeit fort.

A: K. Latte 1948; A. S. F. Gow 1952, 1958; H. Beckby 1975; C. Gallavotti ³1993. – *Ausw.:* P. Monteil 1968; K. J. Dover 1971; R. Hunter 1999 (1.3.4.6.7.10.11.13); Ch. Cusset 2001 (Id. 26). – *Übs.:* A. Verity 2002 (engl.).
L: A. Köhnken, 1965; T. G. Rosenmeyer, 1969 (Nachdr. 1973); B. Effe, 1977, 1986; ders., G. Binder, 1989; F. Griffiths, Lugduni 1979; C. Segal, Princeton 1981; D. M. Halperin, New Haven u.a. 1983; E. Schmidt, 1987; G. Zanker, Lond. u.a. 1987; K. J. Gutzwiller, Madison u.a. 1991; Fr.-J. Simon, 1991; J. Burton, Berkeley u.a. 1995; K.-H. Stanzel, 1995; M. A. Harder u.a., hg. Groningen 1996; R. Hunter, Cambr. u.a. 1996, Berkeley u.a. 2002; M. A. Seiler, 1997; A. Sens, 1997; G. Ramires, hg. Milazzo 1999 (Rezeption); L. Rossi, Leuven u.a. 2001.

Theophanes Graptos, byzantin. Kirchendichter, 775 Moabiterberge – 11. 10. 845 Nikäa. Trat sehr jung ins Saba-Kloster ein. Begeisterter Anhänger des Bilderkults, wurde während e. Aufenthalts in Konstantinopel von Kaiser Theophilos durch Einbrennen jamb. Verse auf die Stirn gestraft u. trägt daher s. Beinamen. Später Metropolit in Nikäa. – T. G. hinterließ e. große Anzahl liturg. Dichtungen. Über 150 Kanones und etwa 20 Idiomela werden ihm zugeschrieben. S. würdevolle dichter. Darstellungsweise fand Anklang. Das Melos für s. Gedichte entlehnte er älteren Melodien.

A: J. B. Pitra, Analecta sacra spicilegio solemnesi parata 1, Paris 1876; W. Christ, M. Paranikas, Anthologia graeca carminum christianorum, 1871; P. Trembelas, Eklogē hellēnikēs hymnographías, 1949.

Theophrastos, altgriech. Philosoph (Peripatos), um 317/310 v. Chr. Eresos (Lesbos) – 287/286 v. Chr. Athen. Schüler des Aristoteles, ab 322/1 dessen Nachfolger als Schulhaupt des athen. Peripatos. – T. steht dem Schulgründer am nächsten, erstrebte aber größere method. Einheitlichkeit und e. Zurücktreten des spekulativen Moments. T.' antikes Schriftenverzeichnis nennt über 200 Titel, von den erhaltenen Schriften sind die 2 botan. (›Historiae plantarum‹, ›De causis plantarum‹) mit dem Versuch e. Klassifizierung bzw. e. Ätiologie pflanzl. Lebens die umfangreichsten. Von den kleineren naturwiss. Monographien sind die über Feuer, Steine, Wind, Gerüche, Schweiß vollständig erhalten, dazu Fragmente über physiolog. Themen und Wahrnehmungslehre. Von T.' weiteren Werken sind v.a. die ›Charaktere‹ berühmt, e. Sammlung von (heute) 30 kurzen Skizzen, die ›Typen‹ seel. Fehlhaltung auf teilweise durchaus amüsante Weise darstellen.

A: F. Wimmer 1866; R. G. Usher 1960 (Charakt., m. Komm.); P. Steinmetz 1960–62 (Charakt., m. Komm.); J. Rusten 1993 (Charakt., m. engl. Übs.); W. Pötscher 1964 (De piet., m. dt. Übs.); D. E. Eichholz 1965 (De lapid.); A. Graeser 1973 (Fragm. zur Logik); B. Einarson, G. K. K. Link 1976–90 (Caus. plant., m. engl. Übs.); S. Amigues 1988–89 (Hist. plant., m. franz. Übs.); A. Laks, G. W. Most 1993 (Metaph., m. Komm. u. engl. Übs.); M. van Raalte 1993 (Metaph., m. Komm. u. engl. Übs.); G. Stratton 1917 (Über Sinneswahrnehmungen). – *Kleinere naturwiss. Werke:* W. Fortenbough 2002 (Über den Schweiß, m. engl. Übs.); M. Sollenberger 2002 (Über Müdigkeit, m. engl. Übs.); R. Sharples 2001 (Über Schwindelanfälle); Ü. Eigler, G. Wöhrle 1993 (Über Gerüche, m. Komm. u. Übs.); V. Coutant 1971 (Über Feuer, m. Komm. u. engl. Übs.); ders., V. Eichenlaub 1975 (Über Winde, m. Komm. u. engl. Übs.); D. Eichholz 1965 (Über Steine, m. Komm. u. engl. Übs.); zu ›Über Fische‹ u. ›Meteorologie‹ vgl. auch Rutgers University Studies in Classical Humanities 5, 1992. – W. W. Fortenbough u. a., hg.Leiden u. a. II 1992 (rev. Nachdr. 1993).
L: J. M. Bocheński, Fribourg 1947; G. Senn, 1956; W. Pötscher, 1964; P. Steinmetz, 1964; G. Reale, Brescia 1964; L. Repici, Bologna 1977; A. Szegedy-Masak, N. Y. 1981 (Nachdr. 1987); F. Wehrli, in: H. Flashar, hg. 1983; W. W. Fortenbough, Amst. 1984; K. Gaiser, 1985; G. Wöhrle, 1985; M. Stein, 1992; H. Baltussen, Leiden 2000.

Theopompos von Chios, altgriech. Geschichtsschreiber, 387/377 v. Chr. – nach 320 v. Chr. Stud. bei Isokrates, angebl. 2mal aus Chios verbannt, dann Reisen, u.a. nach Ägypten. – Neben Reden, polit. Flugschriften und Invektiven (nur Titel erhalten) Vf. v.a. hist. Werke: 1) ›Griech. Geschichte‹ (›Hellenika‹, nur 19 spärl. Fragmente), als Fortsetzung des Thukydides ab 411–394; 2) ›Geschichte Philipps [sc. II. von Makedonien]‹ (über 220 Fragmente): Universalhist. Darstellung der griech. Welt mit Philipp als Ausgangspunkt für Schilderung polit., militär. Ereignisse, Ethnographie, Geographie, Kulturgeschichte, Teratologisches, Mythologie etc., geprägt von insgesamt stark moralisierender, aristokrat.-konservativer Haltung. Zusammen mit Ephoros gilt T. als wichtigster Vertreter der sog. ›rhetor.‹ Geschichtsschreibung. Sein Werk kennzeichnet neben der Einarbeitung versch. lit. Materials e. differenzierte Charakterzeichnung sowie sorgfältige rhetor. Stilisierung. Im Hellenismus und in Rom war Th. e. der meistgelesenen griech. Historiker; noch Pompeius Trogus wird s. Werk nach T.' benennen.

A: FGrH 115.
L: W. R. Connor, Washington 1968; K. Reed, Univ. of California 1976; P. Pédech, Paris 1989; G. S. Shrimpton, Montreal u.a. 1991; M. A. Flower, Oxf. u.a. 1994 (Nachdr. 1997).

Theotokas, Giorgos, griech. Dramatiker, Erzähler und Essayist, 27. 8. 1906 Konstantinopel –

30. 10. 1966 Athen. Seit 1922 in Athen; Stud. Jura ebda., Paris u. London. Anwalt in Athen. Nach 1945 zeitweilig Direktor des Nationaltheaters ebda. – Beschäftigte sich bes. mit dem soziolog. Problem der bürgerl. Schicht, deren Charakter er in feiner psycholog. Analyse u. rational klarer Sprache darstellt.

W: To eleuthero pneuma, Ess. 1929; Hōres Argeias, En. 1931; Argō, R. 1933 (2. Fassg 1936; engl. 1951); Euripides Pentozales, En. 1937; To Daimonio, R. 1938; Leōnis, R. 1940; Poiēmata, G. 1944; Sto katōphli tōn neōn kairōn, Ess. 1945; Theatro, Drn. II 1944–47; Hiera hodos, R. 1950; Problēmata tōn kairōn mas, Ess. 1956; Pneumatikē poreia, Ess. 1961; Astheneis kai hodoiporoi, R. 1964 (Und ewig lebt Antigone, d. 1970); Hoi kampanes, E. 1970.

L: Th. Doulis, Boston 1975. – Bibl.: E. I. Moschonas, 1978.

Theotokis, Konstantinos (Kostas), griech. Erzähler, Mai 1872 Korfu – 1. 7. 1923 ebda. Langjähriges Stud. in Paris, Graz u. München. Lebte auf Korfu. Gründete zusammen mit Kostas Chatzopulos die sozialist. Bewegung in Griechenland. – Schrieb engagierte Prosa über die soz. Verhältnisse der Gesellschaft in Korfu, oft in der Sprache des Landes.

W: Hē timē kai to chrēma, N. 1914; Ho katadikos, R. 1919; Hē zoē kai ho thanatos tu Karabela, R. 1920; Hoi sklaboi sta desma tus, R. 1922; Korphiatikes histories, 1935; Apellēs, R. 1973; Agapē paranomē, E. 1977; To Pathos, E. 1980; Anekdota diēgēmata, En. 1981; To bio tēs kyrias Kerkyras, E. 1982; Ho papa Iordanēs Pasicharos kai hē enoria tu, E. 1999.

L: Ae. Churmusios, 1946; G. Paganos, He neohellēnikē pezographia K. Th., 1983; A. Benatsis, 1995.

Theragāthā und Therīgāthā (Lieder der Mönche u. Nonnen), zwei zum Khuddaka-nikāya des Sutta-piṭaka (→ Tipiṭaka) gehörende Sammlungen von geistl. Dichtungen in Pali-Sprache. Zwar werden als Vf. verschiedene Mönche (thera) und Nonnen (therī) namentl. genannt, jedoch ist die Zuordnung dieser Namen zu hist. Personen problemat. – Die beiden Sammlungen, deren erste 1279, die zweite 522 Strophen (gāthā) umfaßt, zählen zu den besten Werken ind. relig. Lyrik.

A: H. Oldenberg, R. Pischel 1883 (n. 1966). – Übs.: dt.: K. E. Neumann 1899, ³1957, E. Saß, D. Kantowsky 2000; engl. C. A. F. Rhys Davids II 1909–13 (n. 1990), K. R. Norman II 1969–71.

L: Bibl.: U. Hüsken, in: Wiener Zs. für die Kunde Südasiens 46 (2002/2003).

Theresia von Avila → Teresa de Jesús, Santa

Thérive, André (eig. Roger Puthoste), franz. Romanschriftsteller, 19. 6. 1891 Limoges – 4. 6. 1967 Paris. Stud. Lit.; als Nachfolger von P. Souday Lit.kritiker der Zs. ›Temps‹; während der dt. Besetzung Mitarbeit an der ›Pariser Zeitung‹. – Romanautor und Lit.kritiker; gehört mit L. Lemonnier zu den Begründern des Populismus, dessen Ziele T. in zwei Manifesten definiert: wirklichkeitsgetreue Darstellung des Lebens kleiner Leute ohne die Übertreibungen des Naturalismus. Wendet sich später vom Populismus ab; in ›Comme un voleur‹ gelingt ihm e. überzeugend unmittelbare Darstellung der Vorkriegszeit. In s. krit.-philolog. Arbeiten bemüht um Reinerhaltung der franz. Sprache.

W: L'expatrié, R. 1921; Le voyage de M. Renan, R. 1922; Le Français, langue morte?, Es. 1923; Le plus grand péché, R. 1924; La revanche, R. 1925; Les souffrances perdues, R. 1927; Sans âme, R. 1928; Le charbon ardent, R. 1929; Noir et or, R. 1930; Querelles de langage, Abh. III 1931–40; Anna, R. 1932; Fils du jour, R. 1936; Tendre Paris, En. 1944; Comme un voleur, R. 1947; Clotilde de Vaux ou la déesse morte, B. 1957; Procès de langage, Es. 1962; L'homme fidèle, R. 1963; La foire littéraire, Ess. 1963; Le baron de paille, R. 1965; Procès de littérature, Ess. 1970.

L: Benoît Le Roux, 1987.

Théroulde → Turoldus

Theroux, Paul (Edward), amerik. Romancier, * 10. 4. 1941 Medford/MA. Stud. Philol.; 1963– 68 Aufenthalt in Afrika, 1968–71 in Singapur. Lebt in England. – In s. Romanen stattet T. postkoloniale Erfahrungen e. sich ökonom. und soz. im Abstieg befindenden Großbritannien mit exot. Lokalkolorit aus. Ebenso bekannt für s. schillernden Reiseberichte.

W: Waldo, R. 1967; Saint Jack, R. 1973 (d. 1981); The Great Railway Bazaar, Reiseb. 1975 (Abenteuer Eisenbahn, d. 1981); Picture Palace, R. 1978 (Orlando oder die Liebe zur Fotografie, d. 1980); The Old Patagonian Express, Reiseb. 1979 (d. 1995); The Mosquito Coast, R. 1982 (d. 1983); The London Embassy, E. 1982 (d. 1984); Dr. Slaughter, E. 1984 (d. 1985); Sunrise with Seamonsters, Reiseb. 1985; O-Zone, R. 1986 (d. 1986); My Secret History, R. 1989 (d. 1995); Chicago Loop, R. 1991 (d. 1994); The Happy Isles of Oceania, Reiseb. 1992 (d. 1993); Millroy the Magician, R. 1994; The Pillars of Hercules, Reiseb. 1995; My Other Life, R. 1996 (d. 2000); Kowloon Tong, R. 1997 (d. 1997); Fresh Air Fiend, Reiseb. 2000; Hotel Honolulu, E. 2001; Dark Star Safari, Reiseb. 2003. – Collected Stories, E. 1997; The Collected Short Novels, 1999.

L: S. Coale, 1987.

Thespis, aus Ikaria, altgriech. Tragödiendichter, 6. Jh. v. Chr. – Teilen der antiken Tradition gilt T. als ›Erfinder‹ der Tragödie (durch Hinzufügung von Prolog und ›Rhesis‹ macht er aus Chorgesang e. ›Drama‹) sowie der Schauspielermaske. 535/ 534 und 532/531 soll er die ersten Tragödien an den Großen Dionysien in Athen aufgeführt haben. Sprichwörtl. wurde der sog. ›T.-Karren‹ (vgl.

Horatius, ›Ars poetica‹), mit dem T. und s. Truppe über Land gefahren sein sollen. Die unter s. Namen erhaltenen Fragmente wurden schon in der Antike angezweifelt und stammen wohl kaum von ihm.
A: TrGF I 1 und I 93.
L: H. Lloyd-Jones, Oxf. u. a. 1990.

Theuriet, Claude Adhémar André, franz. Schriftsteller, 8. 10. 1833 Marly-le-Roi/Seine-et-Oise – 23. 4. 1907 Bourg-la-Reine b. Paris. Jurastud. in Paris, 1857 Licence; trat ins Finanzministerium ein; 1896 Mitglied der Académie Française. – Romanautor, Dichter und Dramatiker; schildert in s. Romanen die Wälder und das ländl. Leben s. Heimat, des Barrois. Lebhafte, farbige Darstellung in gut beobachteten Bildern von kultiviertem Geschmack, ohne große Originalität.
W: Le chemin des bois, G. 1867; Nouvelles intimes, Nn. 1870; Le bleu et le noir, G. 1873; Le mariage de Gérard, R. 1875 (d. 1884); Raymonde, R. 1877 (d. 1885); Le filleul d'un marquis, R. 1878 (d. 1903); La maison des deux Barbeaux, R. 1879 (d. 1903); Les nids, G. 1879; Sauveageonne, R. 1881; Le livre de la payse, G. 1882; Eusèbe Lombard, R. 1885; Contes de la forêt, En. 1888; Reine des bois, Dicht. 1890; Charme dangereux, R. 1891; La ronde des saisons et des bois, G. 1892; La Chermeresse, R. 1893; Les Maugars, Sch. 1901; La sœur de lait, R. 1902.
L: E. Chardin, 1880; Plançon, 1889/90; E. Besson, 1890; A. Catherinet, 1998.

Thévenin, Denis → Duhamel, Georges

Thiard, Pontus de → Tyard

Thibaudeau, Jean, franz. Schriftsteller u. Kritiker, 7. 3. 1935 La Roche-sur-Yon/Vendée. Gehört zur Gruppe ›Tel Quel‹. S. von theoret. Reflexion mitbestimmte Erzählweise vermittelt den Eindruck ständiger Bewegung, gleichsam organ. Pulsierens; Vermischung von Realität und Imagination, Traum und Denken.
W: Une cérémonie royale, R. 1960 (Königsparade, d. 1962); Ouverture I, R. 1966; F. Ponge, Es. 1967; Imaginez la nuit (Ouverture II), R. 1968; Mai 68 en France, Es. 1970; Socialisme, avant-garde, littérature, Ess. 1972; Voilà les morts, R. 1974; Roman noir, R. 1974; L'Amérique, R. 1979; Alexandre Dumas, 1983. – Correspondance, hg. F. Ponge 1999.

Thibault, Jacques-Anatole → France, Anatole

Thibaut IV. de Champagne, König von Navarra, franz. Dichter, 30. 5. 1201 Troyes – 7. 7. 1253 Pamplona. Sohn Thibauts III. von Champagne und Blanches von Navarra; s. Vater starb vor s. Geburt; s. Mutter führte bis zu s. Großjährigkeit die Regierungsgeschäfte. Wahrscheinl. Bekanntschaft mit Chrétien de Troyes und Dichtern am Hof von Champagne. Nahm 1226 am Kreuzzug gegen die Albigenser teil; plante e. Verbindung mit dem südfranz. Adel gegen den König; nach Aufgabe dieses Plans wurde er von den im Stich gelassenen Bundesgenossen in e. Krieg verwickelt. 1234 König von Navarra. Nahm 1239/40 an e. Kreuzzug nach Palästina teil. War abwechselnd Gegner und Verbündeter von Blanche von Kastilien, der Gemahlin Louis VIII. von Frankreich, während der Minderjährigkeit Ludwigs IX. Nach der Legende soll sie ihn zu s. Liedern inspiriert haben. – Populärster Minnesänger des 13. Jh., gilt heute als der bedeutendste franz. Lyriker des MA. S. erhaltenes Werk umfaßt etwa 60 Lieder, darunter 36 Liebeslieder und 9 jeuxparties; s. Verse gehören der höf. Dichtung an, zeigen aber persönl. Akzent.
A: P. Tarbé 1851; A. Wallensköld 1925; G. Lavis, M. Stasse, Les Chansons de Th. de Ch., 1981.
L: F. David, 1885.

Thiery, Herman → Daisne, Johan

Thijm → Alberdingk Thijm, Josephus Albertus

Thijssen, Theo(dorus Johannes), niederländ. Schriftsteller, 16. 6. 1879 Amsterdam – 23. 12. 1943 ebda. Lehrer; sozialist. Politiker. – Romane u. Nn. meist aus Schulwelt u. kleinbürgerl. Milieu; einfühlsame Schilderung. Fand erst spät lit. Anerkennung. Am bekanntesten ›Kees de jongen‹.
W: Barend Wels, R. 1908; Kees de jongen, R. 1923 (d. 1935); Schoolland, R. 1925; Het grijze kind, R. 1927; Het taaie ongerief, R. 1932; Een bonte bundel, Erinn. 1935; In de ochtend van het leven, Erinn. 1941. – Verzameld werk, 1993ff.
L: R. Grootendorst, 1981; W. 't Hoen, 1996.

Þiðreks saga, Sagensammlung, um die Mitte des 13. Jh. in Norwegen (Bergen) verfaßt, in e. Hs. vom Ende des 13. Jh. überliefert, die auch e. isländ. Bearbeitung erfuhr (Hs. des 17. Jh.). Sie beruht auf niederdt., aus Soest stammenden u. von dort durch Hansekaufleute nach Norwegen gebrachten Quellen. Im Rahmen der Lebensgesch. Dietrichs von Bern werden in ihr mehrere, z. T. verlorene dt. Sagen erzählt. Die Niflunga saga gibt bes. die Vorgesch. der Nibelungensage, die Vilkina saga hängt mit der mhd. Spielmannsdichtung ›König Rother‹ zusammen, während die Gesch. von Apollonius u. Iron e. Ritterroman ist.
A: C. R. Unger, Kristiania 1853; H. Bertelsen, Kopenh. II 1905–11. – *Übs.:* F. Erichsen 1924 (n. 1967).
L: F. Holthausen, 1884; H. Paul, Die T. u. d. Nibelungenlied, 1900; R. C. Boer, D. Sagen v. Ermanarich u. Dietrich v. Bern, 1910; H. Friese, Th. und Dietrichsepos, 1914; D. v. Kralik, 1931; E. Studer, 1931; W. J.

Paff, Cambr./MA 1959; R. Wisniewski, 1961; M. Curschmann, An Interpretation of Þ. s., 1986; Hansische Literaturbeziehungen, hg. S. Kramarz-Bein 1996.

Thomas, Audrey (eig. A. Grace Callaghan), kanad. Romanautorin u. Erzählerin, * 17. 11. 1935 Binghampton/NY. Stud. Smith College/MA u. St. Andrews Univ., Schottland; 1958 ∞ Ian Thomas, emigrierte 1959 nach Kanada; 1963 M. A. Univ. British Columbia; 1964–66 in Ghana, lebt in British Columbia. – In ihrem stilist. experimentellen Werk beschäftigt sich T. stark mit (weibl.) Erfahrungen von Entfremdung u. Fragmentierung. Diese Gefühle werden häufig mit Metaphern belegt, die der eigenen Erfahrung in Afrika entstammen. Ihre Prosa zeichnet sich durch emotionale Intensität u. atmosphär. Evokationskraft aus.

W: Ten Green Bottles, Kgn. 1967; Mrs. Blood, R. 1970; Munchmeyer and Prospero on the Island, En. 1971; Songs My Mother Taught Me, R. 1973; Blown Figures, R. 1974; Ladies and Escorts, Kgn. 1977; Latakia, R. 1979; Two in the Bush, Kgn. 1981; Real Mothers, Kgn. 1981; Intertidal Life, R. 1985; Goodbye Harold, Good Luck, Kgn. 1986; Wild Blue Yonder, Kgn. 1991; Graven Images, R. 1993; Coming Down from Wa, R. 1995; Isobell Gunn, R. 1999.

L: B. Godard, 1990.

Thomas, Augustus, amerik. Dramatiker, 8. 1. 1857 St. Louis – 16. 8. 1934. Dramaturg, nach dem Erfolg s. Erstlings ›Alabama‹ freier Schriftsteller. – Ungemein produktiver Vf. zeitgemäßer Unterhaltungsstücke, für die Entwicklung des amerik. Theaters bedeutsam, weil er erstmals ausschließl. amerik. Themen, Lebens- u. Denkweisen, Land, Leute u. Geschichte der USA behandelt.

W: Alabama, 1891; In Mizzoura, 1893; Arizona, 1899; Colorado, 1901; The Witching Hour, 1907; Rio Grande, 1916; The Copperhead, 1918; The Print of My Remembrance, Erinn. 1922.

L: R. J. Davis, 1984.

Thomas, Brandon, engl. Schauspieler und Dramatiker, 1849 Liverpool – 19. 6. 1914 London. Privat erzogen. 1879 Beginn als Komödienautor. Sehr populär ›Charley's Aunt‹.

W: Charley's Aunt, K. 1892 (hg. E. R. Wood 1969); A Highland Legacy, Sch. 1899; The Lancashire Sailor, K. 1899; The Colour-Sergeant, K. 1905.

L: J. B. Thomas, Charley's Aunt's Father, 1955.

Thomas, D(onald) M(ichael), engl. Dichter u. Erzähler, * 27. 1. 1935 Redruth/Cornwall. Stud. Oxford, Dozent an engl. u. amerik. Univ. – Vielseitiger Autor phantast., psychoanalyt., erot. u. satir. Lit., der durch Experimentieren mit Metaphorik u. Erzähltechnik komplexe Seelenzustände enthüllt. – Welterfolg mit dem formal innovativen Roman ›The White Hotel‹, der teilweise in Gedichtform geschrieben ist.

W: Two Voices, G. 1968; The Lover's Horoscope, G. 1970; The Shaft, G. 1973; Love and Other Deaths, G. 1975; The Honeymoon Voyage, Slg. 1978; The Flute Player, R. 1979; The White Hotel, R. 1981 (d. 1983); Dreaming in Bronze, G. 1981; Birthstone, R. 1982; Selected Poems, 1983; Ararat, R. 1983 (d. 1984); Swallow, R. 1984; Summit, R. 1987; Lying Together, R. 1990; Flying into Love, R. 1992; The Puberty Tree, G. 1992; Pictures at an Exhibition, R. 1993; Eating Pavlova, R. 1994; Lady with a Laptop, R. 1996; Alexander Solzhenitsyn, B. 1998.

Thomas, Dylan (Marlais), engl. Dichter, 27. 10. 1914 Swansea/Wales – 9. 11. 1953 New York. Sohn e. Lehrers, erzogen in Grammar School Swansea; lehnte Stud. an e. Univ. ab. Gewann 19jährig in e. Lyrik-Preisausschreiben. Zunächst Reporter der ›South Wales Evening Post‹. S. erstes Buch ›Eighteen Poems‹ enthält surrealist. Verse, deren Schönheit E. Sitwell erkannte und lobte. S. 2. Gedichtband gewann den Preis der Chicagoer Zs. ›Poetry‹. Führte lange das Leben e. Bohemiens. ∞ 1936 Caitlin Macnamara. Während des 2. Weltkriegs Dokumentarfilm-Autor für das brit. Informationsministerium. Lebte zuletzt mit s. Familie in dem walis. Fischerdorf Laugharne, dazwischen Reisen in die ihm verhaßte Großstadt London. Starb auf e. Vortragsreise in den USA. – E. der bedeutendsten engl. Dichter s. Zeit neben T. S. Eliot und Auden, sprachgewaltiger Neuromantiker von überschäumender kelt. Phantasie. S. besten Dichtungen zeigen Verwandtschaft mit Hopkins und Blake. S. Hauptthemen sind Natur, Liebe u. Tod. Geniale Meisterung von Sprache und Rhythmus, ungewöhnl., leidenschaftl. beschwörende, farbige Bildsprache von starker poet. Wirkung unter Einfluß der Mystik und des Alten Testaments. Verfaßte neben Gedichten auch Kurzgeschichten, Skizzen, Essays und Hörspiele. E. geplantes Opernlibretto für Strawinsky blieb wegen s. frühen Todes ungeschrieben.

W: Eighteen Poems, 1934; Twenty-Five Poems, 1936; The Map of Love, Kg. u. G. 1939; Portrait of the Artist as a Young Dog, Kg. 1940 (d. 1978, 1994); Deaths and Entrances, G. 1946 (Tode und Tore, d. 1952); In Country Sleep, G. 1952; Collected Poems, 1952; The Doctor and the Devils, Drb. 1953 (d. 1959); Quite Early one Morning, Ess. 1954 (d. 1957); Under Milk Wood, H. u. Sch. 1954 (d. 1954, 1984); Adventures in the Skin Trade, R.-Fragm. 1955 (d. 1971); A Prospect of the Sea, Prosa, hg. D. Jones 1955 (d. 1960). – Letters to V. Watkins, hg. V. Watkins 1957; The Beach of Falesá, Kg. 1963; Miscellany, 1963; Selected Letters, hg. C. FitzGibbon 1966; The Notebooks, hg. R. Maud 1967; Twelve More Letters, 1970; The Poems, hg. D. Jones 1971; The Death of the King's Canary, R. 1976 (m. J. Davenport); The Collected Stories, 1983; The Collected Letters, hg. P. Ferris 1985; Collected Poems, hg. W. Davis, R. Maud

1988; The Prose Writings, hg. L. Peach 1988; The Notebook Poems, hg. R. Maud 1989; The Broadcasts, hg. ders. 1992; The Complete Screenplays, hg. J. Ackerman 1995; The Love Letters, 2002. – *Übs.:* Eines Kindes Weihnacht in Wales, E. engl./dt. 1964; Ausgew. Ged., engl./dt. 1967; Im Wetter des Herzens. Gedichte, 1988; Windabgeworfenes Licht. Gedichte, 1992; Ausgewählte Gedichte. Deutsch und Englisch, 1992; Die Befragung des Echos. Frühe Erzählungen und Aufsätze, 1995.

L: E. Olson, 1954; D. Stanford, 1954; J. M. Brinnin, D. T. in America, 1955 (d. 1962); H. Treece, ²1957; C. S. Fraser, 1957; D. T., hg. E. W. Tedlock 1960; R. Kappus, Diss. 1961; W. Y. Tindall, 1962; C. Emery, 1962; T. H. Jones, 1963; J. Ackerman, 1964; A. T. Davies, 1964; B. Read, 1964 (d. 2000); R. N. Maud, 1964; C. Fitz-Gibbon, 1965; C. B. Cox, hg. 1966; W. T. Moynihan, 1966; A. M. Reddington, 1968; A. Pratt, 1970; P. West, 1970; R. Burdette, 1971; W. Karrer, 1971; D. Holbrook, The Code of Night, 1972; G. S. Fraser, 1972; W. Davies, hg. 1972; A. Sinclair, 1975; D. Jones, 1977; P. Ferris, 1977; C. Thomas, G. Tremlett 1968 (d. 1992); G. M. A. Gaston, 1987; L. Peach, 1988; C. Thomas, 1988 (d. 1992); E. Reckwitz, 1989; W. Davies, 1990; A. Bold, hg. 1990; G. Jones, 1992; G. Tremlett, 1993; A. E. Mayer, 1995; J. Fryer, 1996; D. Perkins, 1996; J. A. Davies, 1998; H. Laurie, K. de Witt, 1999; A. Sinclair, 2000; D. N. Thomas, 2000; B. Hardy, 2000; J. Goodby, Ch. Wigginton, hg. 2001. – *Bibl.:* J. A. Rolph, 1956.

Thomas, (Philip) Edward (Ps. Edward Eastaway), engl. Dichter, Kritiker und Essayist, 3. 3. 1878 Lambeth/London – 9. 4. 1917 Arras. Sohn e. Beamten walis. Herkunft. Stud. Gesch. Oxford. ∞ 1899 Helen Noble, lebte in großer Armut in Kent, versuchte durch schriftsteller. u. journalist. Arbeit s. Lebensunterhalt zu verdienen. Freiwilliger des 1. Weltkriegs, fiel als Offizier. – Vf. lit.krit. Studien und Essays über die heimatl. Landschaften, die ebenso wie s. von den ›Georgian Poets‹ und bes. Th. Hardy beeinflußten Gedichte s. große Naturverbundenheit zeigen.

W: The Woodland Life, Es. 1897; The South Country, Es. 1909; The Life of Richard Jefferies, B. 1909; Maeterlinck, St. 1911; Swinburne, St. 1912; W. Pater, St. 1913; The Happy-Go-Lucky Morgans, R. 1913; The Duke of Marlborough, St. 1915; Keats, St. 1916; Six Poems, 1916; A Literary Pilgrim in England, Es. 1917; Last Poems, 1918; Essays, 1926; The Childhood of E.T., Aut. 1938; Prose, hg. R. Gant 1948; A Language Not to Be Betrayed, Slg. hg. E. Longley 1981. – Collected Poems 1917, hg. R. G. Thomas 1978; Letters to J. Berridge, hg. A. Berridge 1983.

L: J. J. Guthrie, 1937; J. C. Moore, 1939; H. Coombes, 1956; E. Farjeon, Memoirs I, 1958; V. Scannell, 1963; J. Marsh, 1978; R. G. Thomas, 1985; M. Kirkham, The Imagination of E.T., 1986. – *Bibl.:* W. Cooke, 1970.

Thomas, Fredrik → Thorén, Fritz William Frans

Thomas, Henri Joseph Marie (Ps. Simon Herta), franz. Romanschriftsteller, 7. 12. 1912 Anglemont/Vogesen – 3. 11. 1993 Paris. Zeitweilig Lektor der Univ. Boston. – Intellektueller Erzähler von etwas gewollter Originalität. Übs. von Goethe, Hölderlin, E. Jünger, Shakespeare, Melville und Puškin.

W: Travaux d'aveugle, R. 1941; La dernière année, R. 1960; John Perkins, R. 1960 (d. 1961); Le promontoire, R. 1961 (Das Kap, d. 1963); La chasse aux trésors, Ess. 1961; Sous le lien du temps, G. u. Prosa 1963; Le parjure, R. 1964; Hölderlin en Amérique, 1964; La relique, R. 1969; Poésies, 1970; Sainte Jeunesse, Nn. 1972; Tristan le dépossédé, Es. 1972; Les Tours de Notre Dame, Nn. 1977; Le Seau à Charbon, R. 1979; A quoi tu penses, 1980; Joueur surpris, 1982; Le migrateur, R. 1983; Le croc des chiffonniers, R. 1985.

Thomas, R(onald) S(tuart), walis. Lyriker, 29. 3. 1913 Cardiff/Wales – 25. 9. 2000 Pentrefelin/Wales. Sohn eines Seemanns, Stud. Bangor, anglikan. Pfarrer in walis. Dorfgemeinden. – Einer der bedeutendsten walis. Lyriker des 20. Jh., beeinflußt von W. B. Yeats, E. Thomas u. F. Macleod. Seine stilist. u. sprachl. simplen, schmucklosen, oft harschen u. ernsten Gedichte spiegeln die unwirtliche walis. Landschaft. Thema ist das harte Leben walis. Bauern in realist., erbarmungsloser Schilderung, doch mit religiösen Untertönen u. erweitert zu allgemeinmenschlicher Dimension, häufig anhand des archetypischen walis. Bauern Iago Prytherch. Im späteren Werk zunehmende Technik- u. Fortschrittsfeindlichkeit sowie genereller Kulturskeptizismus.

W: Song at the Year's Turning, 1955; Poetry for Supper, 1961; The Bread of Truth, 1963; Selected Poems 1946–1968, 1973; What Is a Welshman, 1974; Between Here and Now, 1981; Later Poems 1972–1982, 1983; Counterpoint, 1990; Mass for Hard Times, 1992; No Truce with the Furies, 1995. – Collected Poems 1945–1990, 1993. – *Übs.:* Laubbaum Sprache, Ausw. 1998; Die Vogelscheuche Nächstenliebe, Ausw. 2003.

L: W. M. Merchant, 1979; D. Phillips, 1986; J. P. Ward, 1987; E. Shepherd, 1996; J. Wintle, Furious Interiors, 1996.

Thomas, William (Ps. Islwyn), walis. Dichter, 3. 4. 1832 Ynys-ddu/Monmouthshire – 20. 11. 1878 Ynys-ddu. Sollte Priester werden; Seminar in Swansea. Erfolgr. methodist. Prediger, aber ohne Gemeinde. – Der plötzl. Tod seiner Braut 1853 inspirierte T. zu seinen besten Gedichten. Verfaßte auch dunkle relig. u. Natur-Gedichte mit romant. Zügen.

W: Barddoniaeth, G. 1854; Caniadau, G. 1867. – Gwaith Barddonol Islwyn, hg. O. M. Edwards 1897; Gwaith Islwyn, hg. ders. 1903; Selection, hg. T. H. Parry-Williams 1948.

L: W. J. Gruffydd, 1942; H. Bevan, 1965; M. Walters, 1983.

Thomas d'Angleterre, franz. Dichter, 12. Jh. Wohl in England am Hof Heinrichs II. Schrieb um 1180 (vom ›Lai du Chievrefeuil‹ der Marie de France abgesehen) die älteste überlieferte Tristandichtung, in anglonormann. Mundart. Nur der Schlußteil s. Werkes (beginnend bei Tristans Heirat mit Isolt Weisshand) ist in 9 Bruchstücken aus 5 Hss. erhalten, doch der Gesamtinhalt kann mit Hilfe späterer Bearbeitungen erschlossen werden. Der Stoff des Romans war durch den verlorenen Urtristan (1. Hälfte des 12. Jh.) und kelt., aus dem nördl. Britannien stammende Sagen bereits vorgegeben. T. d'A. gestaltet e. Tragödie der Liebesleidenschaft, die über das Triebhafte hinausgeht. Tristan und Isolde werden unschuldig schuldig und büßen mit dem Tode. Die Abenteuer Tristans interessieren T. weniger als die psycholog. Vorgänge. Erlebt nach und schildert v. a. den Widerstreit der Empfindungen, in den die Helden verstrickt werden. Neben der Tristandichtung besitzt die altfranz. Dichtung nur wenige ausgesprochen trag. Stoffe.

A: Roman de Tristan, hg. J. Bédier II 1902–05 (m. Rekonstruktion des verlorenen Teils), B. H. Wind ²1960; Tristano e Isotta, hg. F. Troncarelli, Milano 1979; Tristan-Fragmente, hg. G. Bonath 1984. – *Übs.:* engl. P. Schach, 1974.

L: B. Mergell, Tristan und Isolde, 1949; G. Schindele, Tristan, 1971; W. Haug, 1999; D. A. Wilson, 2001; P. Corbin, 2002.

Thomas von Celano → Tommaso da Celano

Thompson, Ernest Seton → Seton, Ernest Thompson

Thompson, Francis, engl. Dichter u. Essayist, 18. 12. 1859 Preston/Lancashire – 13. 11. 1907 London. Sohn e. Homöopathen. Röm.-kathol. erzogen, lebte bis 1885 in der Nähe von Manchester, Stud. zunächst kathol. Theologie im Ushaw College; wegen s. neurot. Temperaments als ungeeignet für den Priesterberuf befunden, dann Stud. Medizin im Owens College, Manchester, zog nach dreimaligem Versagen im Examen nach London, lebte dort ab Nov. 1885 in großer Armut als Zeitungs- und Streichholzverkäufer. Verfiel dem Opiumgenuß. Schickte einige Gedichte an den Hrsg. der Zs. ›Merry England‹, W. Meynell, der sich seiner annahm. S. Gesundheit wurde in e. Kloster in Sussex wiederhergestellt, hier entstand s. berühmteste Dichtung ›The Hound of Heaven‹, die in leidenschaftl. Bildersprache von der den Menschen überall aufspürenden Gnade Gottes berichtet. Die von Gott verfolgte Seele wird ihm zum Sinnbild der geistigen Ruhelosigkeit s. Jh. T. verbrachte den Rest s. Lebens in Meynells Familie, von Alice Meynell mütterl. betreut. Starb an Tbc. – Bedeutendster mod. kathol. Lyriker Englands, Mystiker und Symbolist von hochgespannter Wortkunst, von Crashaw u. Shelley beeinflußt. Suchte Gott in der Natur; beherrschte die Skala der Gefühle von der Askese bis zu schwelger. Sinnenfreude. Auch Essays und krit. Studien.

W: Poems, 1893 (daraus: Ein Korymbus f. d. Herbst, Der Jagdhund d. Himmels, d. 1925); Sister Songs, G. 1895; New Poems, 1897; Health and Holiness, Es. 1905; Essay on Shelley, 1909 (d. 1925); Life of Ignatius Loyola, St. 1909 (hg. J. H. Pollen 1963); The Life and Labours of John Baptist de la Salle, St. 1911. – Works, hg. W. Meynell III 1913; Collected Works, 1947; III 1970; The Poems, ²1955, hg. B. Boardman 2001; Literary Criticism, hg. T. L. Connolly 1948; New Poems and Plays, 1957. – *Übs.:* Kultur u. Christentum, Ess. 1948.

L: R. Megroz, 1927, 1970; E. Meynell, ⁶1931; A de la Gorce, 1932; F. Olivero, Turin 1939; K. W. Kraemer, Münster 1956; J. C. Reid, 1959; P. Dandin, 1959; P. van K. Thomson, 1961; J. E. Walsh, Strange Harp, Strange Symphony, 1968; B. Taylor, 1987; B. Boardman, 1988. – *Bibl.:* M. P. Pope, 1959.

Thomsen, Grímur Þorgrímsson, isländ. Dichter, 15. 5. 1820 Bessastaðir – 27. 11. 1896 ebda. Juwelierssohn, private Schulerziehung, 1837–45 Philos.- u. Ästhetik-Stud., 1845 Dr. phil. Kopenhagen, 1846/47 Reisen in England, Frankreich, Italien, 1847–66 im diplomat. Dienst in Kopenhagen, 1867–96 Gutsherr in Bessastaðir. – Spät zur Geltung gekommener Romantiker, der in der Form der neueren Ballade (Goethe, Schiller, Uhland) Schicksale von Personen, bes. aus der isländ. Geschichte, zeichnete (›Rímur af Búa Andríðssyni og Fríði Dofradóttur‹, 1906), wobei er auch das Wirken von übernatürl. Mächten, Geistern u. Spukgestalten, eindrucksvoll darstellte (›Glámur‹). In s. Naturlyrik besingt er das Großartig-Erhabene der island. Landschaft u. gibt s. Liebe zum Tier warmen Ausdruck (›Rakki‹). Meister des Stiles u. der Diktion, weniger der Versform. Fruchtbarer Übs. klass. u. zeitgenöss. Lyrik. Literaturkrit. Arbeiten über Byron, H. Chr. Andersen, Runeberg u. Bjarni Thorarensen.

W: Om Lord Byron, Diss. 1845; Ljóðmæli, G. 1880, erw. ²1906; Ljóðmæli, G. 1895. – Ljóðmæli (sämtl. G.), hg. S. Jónsson II 1934; Ljóðmæli (ges. G.), 1954, hg. S. Nordal 1969; Ljóðmæli (ausgew. G.), hg. Á Björnsson 1946; Sonur gullsmiðsins á Bessastöðum. Bréf til G. Th. og varðandi hann 1838–58, hg. F. Sigmundsson 1947.

L: Þóra Friðriksson, 1944.

Thomsen, Søren Ulrik, dän. Lyriker, * 8. 5. 1956 Kalundborg. Mit s. drei ersten Gedichtbänden nimmt Th. eine zentrale Position innerhalb der ›80er-Generation‹ dän. Lyriker ein, die er auch theoret. fundiert. In s. weiteren Werk entwickelt Th. eine unverwechselbare reflexive Bild- und Formsprache, eine lakonische unmittelbare Diktion, die ihn zu einem der meistgelesenen Dichter der Gegenwart macht.

W: City Slang, G. 1981; Ukendt under den samme måne, G. 1982; Mit lys brænder, Ess. 1985; Nye digte, G. 1987; Hjemfalden, G. 1991 (Anheimgefallen, d. 1993); En dans på gloser, Ess. 1996; Det skabtes vaklen, G. 1996; Det værste og det bedste, G. 2002. – Skriftlige arbejder (GW), VII 2001.
L: C. Westh, 1994; N. Ashley Conrad, Skønheden er en gåde, 2002.

Thomson, James, schott. Lyriker und Dramatiker, 11. 9. 1700 Ednam/Roxburghshire – 27. 8. 1748 Richmond. Vater Geistlicher. Kindheit in Southdean. Erzogen in Jedburgh; Theol.-Stud. Edinburgh. Ging 1725 nach London, wurde Erzieher im Hause des Earl of Haddington, lernte hier Pope, Arbuthnot, Gay u.a. kennen. Später Hofmeister von Charles Talbot, Sohn des Lordkanzlers, begleitete ihn 1731 auf e. Kontinentreise. Hatte bis zu Talbots Tod 1738 e. Sinekure inne. Tragödie ›Agamemnon‹ übte offene Kritik an Verhältnissen am Hof Georgs II., so daß weitere Schriften zensiert wurden. Zeitweilig sogar im Schuldgefängnis, 1744 jedoch zum Verwalter der Inseln unter dem Winde ernannt, wo er sich vertreten lassen konnte. Angenehmes, geselliges Leben e. wohlhabenden Junggesellen in e. Villa b. Richmond. Zahlr. Freunde. – S. erste große Dichtung, ›The Seasons‹ (4000 Verse), erschien zunächst in einzelnen Teilen, die jeweils im Blankvers e. Jahreszeit besingen (Winter 1726, Summer 1727, Spring 1728, Gesamtveröffentlichung mit Haydn (1801) vertont. Vieles entspricht hier noch herkömml. klassizist. Brauch, doch gibt T. erstmalig Naturbeschreibungen, die von feinem Empfinden für Naturschönheiten zeugen und Stimmungen spiegeln, damit wurde er zum Wegbereiter e. neuen Naturgefühls; Wirkung auf Geßner u. A. v. Haller. S. allegor. Kleinepos ›The Castle of Indolence‹ in der Nachfolge Spensers ist ganz Dichtung im klassizist. Stil; enthält auch e. Selbstporträt des Dichters. Schöpfer der 2. brit. Nationalhymne ›Rule Britannia‹. S. dramat. Versuche sind schwach, aber die Sprache s. Dichtung zeugt von musikal. Feingefühl.

W: The Seasons, 1730 (rev. Ausg. 1744; n. O. Zippel 1908, J. Beresford 1927, J. Sambrook 1981; Faks. 1970; d. B. H. Brockes 1745); Sophonisba, Tr. 1729; Liberty, G. II 1735f.; Agamemnon, Dr. 1738; Edward and Eleonora, Dr. 1739 (d. 1764); Alfred, 1740 (m. Mallet; enth. ›Rule Britannia‹); Tancred and Sigismunda, Dr. 1745 (d. 1764); Coriolanus, Dr. 1749; The Castle of Indolence, Dicht. 1748 (n. A. D. McKillop 1961); Poems on several Occasions, 1750. – Complete Poetical Works, hg. J. L. Robertson 1908, ²1951; Letters and Documents, hg. A. D. McKillop 1958; Liberty, The Castle of Indolence, and Other Poems, hg. J. Sambrook 1986; Plays 1700–1748, II hg. J. C. Greene 1987. – *Übs.*: Gedichte, J. Tobler 1764; Tragödien, J. H. Schlegel 1758–64.
L: L. Morel, Paris 1895; G. C. Macauley, 1908; A. D. McKillop, The Background of T.s ›Seasons‹, 1942; D. Grant, 1951; P. M. Spracks, The Varied God, 1959; ders., The Poetry of Vision, 1967; R. Cohen, The Art of Discrimination, 1964; ders., The unfolding of The Seasons, 1970; R. R. Agrawal, Tradition and Experiment, 1981; J. Sambrook, 1991; J. T. Essays for the Tercentenary, hg. R. Terry 2000. – *Bibl.*: H. H. Campbell, 1976.

Thomson, James (Ps. B. V.), schott. Dichter u. Essayist, 23. 11. 1834 Port Glasgow – 3. 6. 1882 London. Jugend in großer Armut, Mutter verstorben, Vater seit 1840 gelähmt. Erzogen im Royal Caledonium Asylum und Military Asylum, Chelsea. Lehrer in Ballingcoleg b. Cork, hier Liebe zu Matilda Weller, deren frühen Tod (1853) er nie ganz überwand. Später Lehrer an versch. Militärschulen, 1862 wegen e. Disziplinarvergehens entlassen. Unstetes Leben, zeitweise in Amerika, dann in London, wo er sich durch schriftsteller. Arbeit s. Lebensunterhalt erwarb. Zerrissene, hemmungslose Natur. Starb im Londoner University College Hospital als Opfer von Trunksucht und Melancholie. – Schrieb unter dem Pseudonym B. V. = Byssshe Vanolis, e. Kombination von Shelleys 2. Namen und e. Anagramm von Novalis. Errang 1874 lit. Ruhm durch s. bekanntestes Gedicht ›The City of Dreadful Night‹, das ebenso wie ›Insomnia‹ dichterisch großartige Ausbrüche tiefer Verzweiflung, doch auch einzelne heitere Züge zeigt.

W: The City of Dreadful Night, G. 1880 (hg. B. Dobell 1910, E. Blunden 1932); Poems, 1881; Vane's Story, 1881; Essays and Phantasies, 1881; A Voice from the Nile, 1884; Satires and Profanities, hg. G. W. Foote 1884. – Poetical Works, hg. B. Dobell II 1895; Poems, hg. G. H. Gerould 1927; Biographical and Critical Studies, 1896; The Speedy Extinction of Evil and Misery, Ausw. 1967.
L: B. Dobell, 1910; H. S. Salt, ²1914; I. B. Walker, 1950 (m. Bibl.); C. Vachot, 1964; K. H. Byron, 1965; W. D. Schaefer, 1965; T. Leonard, 1992; S. Newman, Temper of Mockery, Diss. 2002.

Thorarensen, Bjarni Vigfússon, isländ. Lyriker, 30. 12. 1786 Brautarholt – 24. 8. 1841 Möðruvellir. Wohlhabendes Elternhaus, private Schulerziehung, 1802–07 Jurastud. Kopenhagen, 1807–11 im Regierungsdienst, 1811–33 Richter am Obersten Gericht in Reykjavík, 1833–41 Gouverneur von Nord- u. Ostisland in Möðruvellir. Einflüsse: altisländ. Dichtung, Oehlenschläger, Schiller. – Bedeutender Wegbereiter der Romantik in Island, der den Ideen der Menschheitsverbrüderung der Aufklärung u. des Liberalismus s. eigenen Zeit e. konservativen Nationalismus entgegensetzte. S. nicht sehr umfangreiches, sprachl. u. formal jedoch hervorragendes lyr. Werk ist bewegt von der Großartigkeit u. dem Heroischen in der Natur u. den Menschen Islands (›Eldgamla Ísafold‹). Er preist die harten Lebensbedingungen auf Island, die harte Geschlechter erzeugen, u. wendet sich gegen verweichlichende Zivilisationseinflüsse (›Þú nafnkunna landið‹). S. Naturlyrik atmet e. entsprechenden Geist (›Vetur‹), ebenso s. künstler. unübertroffenen Gedichte zum Gedächtnis Verstorbener.

W: Kvæði (ges. G.), 1847 (n. 1945); Ljóðmæli (sämtl. G.), hg. J. Helgason II 1935; Ljóðmæli (G.-Ausw.), hg. Þ. Hauksson 1976; Bréf, Br. hg. J. Helgason 1943 (erw. II, 1986).

L: Þ. Hauksson, 1968; P. Bjarnason, 1969.

Thoreau, Henry David, amerik. Schriftsteller, 12. 7. 1817 Concord/MA − 6. 5. 1862 ebda. Stud. Harvard 1833–37; 1837–41 Lehrer; 1841–43 u. 1847/48 in Emersons Familie, 1845–47 in Hütte am Waldensee; verweigerte 1846 aus polit. Gründen Kopfsteuer: e. Nacht im Gefängnis; Vortrag ›On Civil Disobedience‹ 1848 (gedruckt 1849); ab 1849 Feldvermesser; ab 1839 Reisen nach New Hampshire, Maine, Kanada, New York (Treffen mit Whitman 1856) u. Minnesota (1861). − Ausgehend von W. E. Channings d. Ä. ›self-culture‹ und Emersons Transzendentalismus, praktizierte T. die Idee e. ökonom. selbständigen, von bürgerl. Besitzkultur freien, dem der Natur inhärenten ›höheren Gesetz‹ gewidmeten Existenz. Nach Mitarbeit am ›Dial‹ erstes, erfolgloses Buch ›A Week‹, in dem empir. Naturbeobachtung, Kontemplation, Sehnsucht nach der Wildnis, Streben nach Freundschaft u. spirituelles Pioniertum Hauptmotive bilden. S. Meisterwerk ›Walden‹, Essay, Autobiographie u. symbolist. Dichtung, poet., aber auch didakt. u. iron. gegen das ›Leben voller Verzweiflung‹ s. im Produktionsprozeß gefangenen, unemanzipierten Zeitgenossen, zunächst Rechenschaftsbericht über s. zweijähriges Lebensexperiment, reifte über 7 Fassungen u. 8 Jahre. Dem monumentalen Tagebuch (1834–62) entnahm T. Ideen für Essays wie ›Walking‹ u. ›Life Without Principle‹; s. polit. Entwicklung zu militanterem Abolitionismus markieren ›Slavery in Massachusetts‹ (1854) u. ›A Plea for Captain John Brown‹ (1859). Nach s. frühen Tod erfolgen postume Veröffentlichungen über Jahrzehnte, doch wird T. zunächst entweder zum Naturschriftsteller verharmlost oder als Exzentriker beiseite geschoben. Mit späterer weltweiter Wirkung, so auf Tolstoi u. Gandhi, auf Naturschutzbewegung und individualist.-anarchist. Reform, steht T. auch als Stilist ebenbürtig neben Emerson, Melville u. Whitman.

W: A Week on the Concord and Merrimack Rivers, 1849; Walden, or Life in the Woods, 1854 (d. 1897 u. ö.); The Journals, hg. B. Torrey, F. H. Allen XIV ^{2}1949 (n. 1981ff.); Consciousness in Concord: The Hitherto Lost Journal, hg. P. Miller 1958. − Collected Poems, hg. C. Bode ^{2}1964; Writings, X 1893, XX 1906, ca. XXV 1971ff.; Political Writings, hg. N. L. Rosenblum 1996; The Correspondence, hg. W. Harding, C. Bode 1958. − *Übs.:* Über die Pflicht zum Ungehorsam gegen den Staat u. a. Ess., 1973; Leben ohne Grundsätze, Ausw. 1979; Ausgewählte Texte, 1987.

L: H. S. Salt, ^{2}1896; W. E. Channing, ^{2}1902; M. Van Doren, 1916; F. B. Sanborn, ^{2}1917; H. S. Canby, 1939; J. W. Krutch, 1948; R. L. Cook, 1949, 1966; E. Seybold, 1951; J. L. Shanley, 1957; L. Stoller, 1957; Sh. Paul, 1958; W. Harding, 1959 u. 1965; J. A. Christie, 1965; J. Porte, 1966; C. R. Anderson, 1968; W. Glick, hg. 1969; St. Cavell, 1972, ^{2}1981; F. Garber, 1977; M. Meyer, 1977; R. Lebeaux, 1977; T. Stoehr, 1979; W. Harding, M. Meyer, 1980; E. Wagenknecht, 1981; S. Cameron, 1985; R. D. Richardson, 1986; L. C. Johnson, 1986 (n. 1987); R. R. Borst, 1987 u. 1992; L. N. Neufeldt, 1989; H. D. Peck, 1990; D. W. Howe, 1990; R. Dillman, 1993; W. Harding, 1993; H. S. Salt, 1993; G. Scharnhorst, 1993; M. Granger, hg. 1994; J. Myerson, hg. 1995; L. D. Walls, 1995; L. Buell, 1995; R. K. McGregor, 1997; W. E. Cain, 2000; A. I. Tauber, 2001. − Thoreau Society Bulletin 1941f. − *Bibl.:* F. H. Allen, 1908, n. 1968; C. A. Hildenbrand, 1967; R. R. Borst, 1983; G. Scharnhorst, 1992.

Thorén, Fritz William Frans (Ps. Fredrik Thomas), schwed. Erzähler, 13. 3. 1899 Stockholm − 14. 2. 1950 ebda. Sohn e. Angestellten; Abitur 1918; Stud. Chemie Stockholm, 1930 Dr., 1933–37 Lehrer in Solbacka, danach bis 1944 am Volksschullehrerseminar Umeå, anschließend freier Schriftsteller. ∞ 1924 Anna Jensen. − Vf. psycholog. geschickter Romane aus der bürgerl. Welt über den Widerspruch zwischen Lebensaufgabe u. Persönlichkeit; gute Milieuschilderungen. Pessimismus weicht zuletzt myst. Religiosität. Künstler. ungleich im Stil.

W: En son, R. 1936; Du vinge utav bly, R. 1937 (Süße Schwere des Lebens, d. 1948); Jag är eld och luft, R. 1939 (Aus Feuer und Luft bin ich, d. 1951); Ericus rex, R. 1941; Herre med portfölj, R. 1942; Att vinna hela världen, R. 1943; Kärlek, R. 1945; Jag orimlige, R. 1947; Äktenskap, R. 1948 (Der Sprung im Glas, d. 1952); Svart madonna, R. 1950.

Þorgils Gjallandi → Stefánsson, Jón

Þorgilsson, Ari → Ari Þorgilsson

Thorild (eig. Thorén), Thomas, schwed. Dichter, 18. 4. 1759 Svarteborg/Bohuslän − 1. 10. 1808 Greifswald. Bauernsohn, Vollwaise, Stud. Jura Lund u. (1787/88) Uppsala, 1781–86 Hauslehrer, 1781 in Stockholm. Reichte 1781 der lit. Gesellschaft Utile Dulci s. Gedicht ›Passionerna‹ ein, in dem er e. schwerverständliche idealist. Philos. u. die Unabhängigkeit des Genies von allen Regeln vertritt. Nach Ablehnung langjähr. lit.

Streit mit den Vertretern des Klassizismus Kellgren u. Leopold. 1788–90 Englandreise. S. anfängl. Begeisterung für die Franz. Revolution veranlaßte s. Schrift ›Ärligheten‹; verhaftet u. wegen polit. Radikalismus für 4 Jahre des Landes verwiesen. Schrieb im Gefängnis ›Sånger i götiskt lynne‹ 1792/93. Lebte erst in Kopenhagen u. Lübeck, dann Greifswald; Bibliothekar und 1795 Prof. für schwed. Literatur ebda. ∞ 1797 Gustava von Kowsky. Leicht verwundbar, aber von s. Sendung als Prophet der Wahrheit u. Gerechtigkeit überzeugt, stritt er sich mit allen, wurde als Aufrührer angesehen u. wenig später als Vorkämpfer des Neuen verehrt. Die meisten s. Schriften betreffen ästhet. u. polit. Fragen. Verwarf die Tradition des franz. Klassizismus, sah Ossian, Shakespeare, Milton, Rousseau, Klopstock, Goethe als Vorbilder an und setzte ekstat. Gefühl u. dynam. Kraft über Vernunft u. klass. Maß; e. Sturm-und-Drang-Gestalt, auch mit der fragmentar. u. oft rätselhaften Form s. Schriften, aber optimist., philos. von e. pantheist. Grundstimmung allseitiger Harmonie u. Lebensbejahung getragen. In s. Dichtung u. Prosa gibt es nur wenig wirkl. poet. Stellen.

W: Passionerna, G. 1781; Memorial: Om det allmänna förståndets frihet, 1786 (erw. u. d. T. Ärligheten, 1792); The Sermon of Sermons, 1789; True Heavenly Religion Restored, 1790; En Critik öfver Critiker, 1791f.; Mildheten, 1792; Om Qwinnokönets naturliga höghet, 1793; Rätt eller alla samhällens eviga lag, 1794; Maximum seu Archimetria, 1799; Orpheus, sive Panharmonium, 1801; Ingenia maxima sapientiae humanae, 1804; Götha-Manna Sånger eller Dahlvisor, 1805. – hkA, hg. S. Arvidson XVI 1932ff.; Samlade skrifter, hg. E. G. Geijer 1819–35 (unvollst.); Valda skrifter, 1908; Bref, hg. L. Weibull, A. Karitz 1899ff.

L: L. Weibull, 1896; A. Karitz, 1913; A. Nilsson, 1915; S. Arvidson, 1931 u. 1938; R. Fridholm, 1940; E. Cassirer, 1941; O. Herrlin, 1947; A. Nyman, 1956.

Thoroddsen, Jón Þórðarson, isländ. Dichter, 5. 10. 1819 Reykhólar – 8. 3. 1868 Leirá. Bauernsohn, 1841–50 Jurastud. Kopenhagen, 1855–62 Landrat in Hagi, 1862–68 in Leirá. – Bedeutender prärealist. Dichter, in der Manier mit Scott u. Dickens vergleichbar. Schilderte das Leben der isländ. Landbevölkerung, von der er in bis in Einzelheiten von Haltung u. Sprechweise witzigtreffender Art die kom.-originellen Typen mit bes. Liebe zeichnete. S. Gedichte sind parodistisch.

W: Piltur og stúlka, R. 1850 (Jüngling und Mädchen, d. 1887); Þjóðólfur Jónsson og faðir hans, E. 1864; Veiðiför, gamanríma, G. 1865; Kvæði, ges. G. 1871; Maður og kona, R. 1876 (unvollendet). – Skáldsögur (sämtl. R. u. En.), hg. S. J. Þorsteinsson II 1942; Ljóð og sögur, Ausw. hg. S. J. Þorsteinsson 1950; Úrvalsljóð (ausgew. G.), hg. U. B. Bjarklind 1946.

L: S. J. Þorsteinsson, II 1943.

Thorpe, Adam, engl. Schriftsteller, Dichter und Dramatiker, * 1956 Paris. Aufgewachsen in Beirut, Kamerun u. Kalkutta, Stud. Lit. Oxford; gründete nach dem Stud. e. Theatertruppe, lebt in Südfrankreich. – Vielseitiger Schriftsteller, dem kein unverwechselbarer Stil zuzuschreiben ist. Erfolgr. v. a. mit dem Roman ›Ulverton‹, e. hist., stilist. experimentellen Roman, in dem die Geschichte des fiktiven Dorfs Ulverton über drei Jahrhunderte erzählt wird. Brillante Collage zeittyp. Textgenres – Predigt, Tagebuch, Brief etc.; sprachl. Reichweite von üppig barockem Vokabular bis zu mod. Slang.

W: Mornings in the Baltic, G. 1988; Meeting Montaigne, G. 1990; The Fen Story, Dr. 1991; Ulverton, R. 1992 (d. 1994); Offa's Daughter, Dr. 1993; Still, R. 1995; Couch Grass Ribbon, Dr. 1996; Pieces of Light, R. 1998; From the Neanderthal, G. 1999; Nineteen Twenty-One, R. 2001; No Telling, R. 2003.

Thorpe, Thomas Bangs (geb. Thorp), amerik. Schriftsteller, 1. 3. 1815 Westfield/MA – 20. 8. 1878 New York. Zeitungshrsg., Porträtmaler, Politiker. – Bekannt für s. humoreske ›tall tale‹ ›The Big Bear of Arkansas‹, e. Geschichte über das Wechselspiel zwischen der Wildnis des Alten Südwestens und der Zivilisation der amerik. Ostküste, die gleichzeitig vom beliebten Sport der Tierjagd zeugt.

W: The Big Bear of Arkansas, Sk. 1845; The Mysteries of the Backwoods; or Sketches of the Southwest, 1846; Our Army on the Rio Grande, St. 1846; Our Army at Monterey, St. 1847; The Taylor Anecdote Book, 1848; The Hive of ›The Bee-Hunter‹, Sk. 1854; The Master's House, R. 1854; A New Collection of T. B. T.'s Sketches of the Old Southwest, hg. D. C. Estes 1989.

L: M. Rickels, 1962.

Þorsteinsson, Indriði G(uðmundur), isländ. Autor und Journalist, 18. 4. 1926 Gilhagi (Skagafjörður) – 4. 9. 2000 Reykjavík. Bauernsohn, arbeitete u. a. als Handlungsgehilfe u. Taxifahrer, ab 1951 als Chefredakteur u. Kolumnist bei der Tageszeitung ›Tíminn‹. – Von seinen vielen, realist. erzählten Romanen sind die ersten wohl am bedeutendsten. Sie schildern eindringlich die polit., sozialen u. moral. Folgen des 2. Weltkriegs u. der Auflösung der traditionellen Lebensformen der isländ. Agrargesellschaft. Neben Romanen u. journalist. Arbeiten sind v. a. zahlreiche Erzählungen, Biographien u. das Drehbuch zu dem auf der ›Gísla Saga‹ basierenden Film ›Útlaginn‹ zu erwähnen. Sein Sohn Arnaldur Indriðason ist ein höchst erfolgr. Autor von Kriminalromanen.

W: Sæluvika, En. 1951; 79 af stöðinni, R. 1955; Þeir sem göðnir elska, Kgn. 1957; Land og synir, R. 1963 (Herbst über Deutschland, d. 1966); Manning, En. 1965; Þjófur í paradís, R. 1967; Norðan við stríð, R. 1971; Dagbók um veginn, G. 1973 (erw. Ausg. 1982); Áfram veginn. Sagan um Stefán Íslandi, B. 1975; Unglingsvetur, R. 1979; Útlaginn, Drb. 1981; Fimmtán gírar áfram, B. 1981; Finnur Jónsson, B. 1983; Vafurlogar, En. 1984; Jóhannes Sveinsson Kjarval I – II, B. 1985, Átján sögur úr álfheimum, En. 1986; Keimur af sumri, R. 1987; Húðir svignaskarðs, Dr. 1988; Skýrt og skorinort, B. 1989; Fyrstu sögur, En. 1992; Seinni sögur, En. 1992; Að enduðum löngum degi, En. 1994; Söngur lýðveldis um félagsskap við menn, Erinn. 1997. – Ritsafn Indriða G. Þorsteinssonar (GW), IX 1987–92.

Thorsteinsson, Steingrímur, isländ. Dichter, 19. 5. 1831 Arnarstapi (Snæfellsnessýsla) – 21. 8. 1913 Reykjavík. Beamtensohn; 1846–51 höhere Schule Reykjavík, 1851–63 Stud. Jura u. klass. Philol. Kopenhagen; Lehrer u. Schriftsteller ebda., 1912/13 Lehrer in Reykjavík. – Romantiker, der bes. durch s. vielseitiges, infolge e. sicheren lit. Geschmacks kongeniales übersetzerisches Werk wichtige Teile der Weltlit. in Island heimisch machte. In s. eigenen Lyrik besingt er die milden, ländl. Reize Islands u. das Meer. Zum Kampf s. Landes um Unabhängigkeit trug er durch einige glühende patriot. Lieder bei. Bes. selbständig sind s. formal meisterhaften, scharf satir. Epigramme. – Übs. Shakespeare, Byron, Tegnér, H. Chr. Andersen, Goethe, Schiller, Heine, ›1001 Nacht‹ u. a.

W: Gilsbakkaljóð, G. 1877; Ljóðmæli, ges. G. 1881 (erw. 2–41893–1925); Redd-Hannesarríma, G. 1924; Ljóðaþýðingar I, ges. Übs. 1924; Ritsafn, ges. Übs. (II) 1929. – Ljoðmæli (sämtl. G.), hg. J. Jónsson, A. Thorsteinsson 1958; Ljóðmæli (ges. G.), hg. H. Pétursson 1973.

L: J. C. Poestion, 1912; H. Pétursson, 1964.

Þórðarson, Sighvatr → Sighvatr Þórðarson

Þórðarson, Þórbergur, isländ. Dichter, 12. 3. 1888 Breiðabólsstaður (Suðursveit) – 11. 12. 1974 Reykjavík. Bauernsohn, Seemann; 1913–18 Philol.-Stud. in Reykjavík, ab 1919 Lehrer, wegen s. radikalen u. satir. Haltung 1924 entlassen, freier Schriftsteller ebda.; Reisen in Europa, 1934 Sowjetunion. – Anfangs von ind. Weisheitslehren beeinflußt, fand Þ. bald zu e. radikalen Sozialismus u. Internationalismus. Provozierend-aggressive lit.- u. gesellschaftskrit. Essays (›Bréf til Láru‹), autobiograph. Schriften von ungewöhnl. Aufrichtigkeit u. Erzählungen. Wegweisend für mod. isländ. Prosa durch Anknüpfung an Stileigenarten des 17. Jh. Futurist. Gedichte als Parodien auf isländ. Neuromantik. Wegbereiter der neuesten isländ. Lit.

W: Hálfir skósólar, G. 1915; Spaks manns spjarir, G. 1917; Ljós ur austri, Ess. 1919; Hvítir hrafnar, G. 1922; Bréf til Láru, Ess. 1924; Pistillinn skrifaði, Br. 1933; Rauða hættan, Ber. 1935; Íslenzkur aðall, R. 1938 (Unterwegs zu meiner Geliebten, d. 1960); Ofvitinn, Aut. II 1940f.; Æfisaga Árna Þórarinssonar, R. VI 1945–50; Sálmurinn um blómið, En. II 1954f.; Steinarnir tala, Aut.

1956; Um lönd og lýði, Mem. 1957; Rökkuróperan, Mem. 1958; Ritgerðir 1924–59, Aufs. u. Abh., hg. S. Daðason II 1960; Einar ríki, R. III 1967–71; Einum kennt – öðrum bent, Aufs. u. Br. 1925–70, 1971; Frásagnir, En. 1972; Edda Þórbergs Þórðarsonar, G. ²1975; Í suðursveit, Erinn. 1975; Ólikar persónur, Aufs. 1912–16, 1976; Ýmislegur ritgerðir, Ess. II 1977. – Bréfin til L. Heggu og Biddu systur, Br. hg. Hj. Pálsson 1982; Bréf til Sólu, Br. 1983.

L: S. Einarsson, 1939; M. Johannessen, Í kompaníi við allífið, 1959; ders., Í kompaníi við Þórberg, 1989.

Thorup, Kirsten, dän. Schriftstellerin, * 9. 2. 1942 Gelsted/Fünen. Debüt zunächst als Lyrikerin, Publikumserfolg mit den Romanen ›Lille Jonna‹ und ›Den lange sommer‹ über den Wechsel von der Provinz in ein intellektuelles Milieu. Entfremdung zieht sich durch Th.s ges. Werk und kulminiert in relig. Wahn in ›Elskede ukendte‹. Der autobiograph. Roman ›Bonsai‹ beschreibt die Beziehung zu Regisseur Ib T. bis zu s. Tod.

W: Indeni – udenfor, G. 1967; Love from Trieste, G. 1969; Idag er det Daisy, G. 1971; Baby, R. 1973; Lille Jonna, R. 1977; Den lange sommer, R. 1979; Himmel og helvede, R. II 1982 (Himmel und Hölle, d. 1986), Den yderste grænse, R. II 1987; Sidste nat før kærligheden, En. u. Dr. 1989; Elskede ukendte, R. 1994; Projekt Paradis, Drn.-Tril. 1997; Bonsai, R. 2000; Digte 1967–71, G.-Ausw. 2000.

Thoursie, Ragnar, schwed. Lyriker, * 30. 9. 1919 Katrineholm. 1945–84 bei Reichsversicherungsanstalt und Arbeitsmarktverwaltung; 1983–85 bei OECD Paris. – Leuchtende Bildersprache, anfangs noch von Kriegseindrücken geprägt, dann voll ruhiger Zuversicht u. mit treffender Ironie, sehr persönl. Diktion. Auch Literaturkritiker.

W: Emaljögat, G. 1945; Nya sidor och dagsljus, G. 1952; Mod att leva, G. 1957; Kråkorna skrattar, G. 1989. – Den nya människan. Samlade dikter, G. 1987.

Thukydides, altgriech. Historiker, um 460 v. Chr. Athen – nach 397 v. Chr.(?). Aus reicher Familie, um 425 Stratege, unterliegt 424/423 vor Amphipolis, deshalb Flucht oder Verbannung, Reisen, weiterer Aufenthalt unklar. – Neben e. umstrittenen Epigramm v. a. Vf. von ›Der Krieg der Peloponnesier und der Athener‹, e. Geschichtswerk über den peloponnesischen Krieg (431–404 v. Chr., 8 Bücher); Vollständigkeit umstritten, da nach der Schilderung des ›Archidam. Krieges‹ (431–423), des an den Nikiasfrieden (421) anschließenden ›faulen‹ Friedens (Bücher 1–5), nach der ›Sizil. Expedition‹ (415–413: Buch 6/7) und dem ›Dekeleischen‹ bzw. ›Ionischen‹ Krieg (Buch 8) im Sommer 411 abruptes Textende (fortgesetzt von Xenophon). T. lehnt jeden momentanen Unterhaltungsaspekt für s. Werk ab (›Besitz für immer‹: Polemik v. a. gegen Herodot); es soll ›nützl.‹ sein, da ›gemäß dem Menschlichen‹

auch in Zukunft mit ähnl. Geschehensverläufen zu rechnen sei. Entsprechend vertritt T. den Anspruch hist. Genauigkeit (u. a. Zählung der Kriegsjahre kombiniert mit Jahreszeiten-Datierung) und reflektiert im sog. ›Methodenkapitel‹ u. a. über den Authentizitätsanspruch der Reden, die in gliedernder und erklärender Funktion ca. e. Viertel des Werkes ausmachen. Bes. berühmt sind die sog. ›Archäologie‹ (Vorgeschichte des Krieges seit den Perserkriegen, Buch 1), die Rede des Perikles auf die Gefallenen des 1. Kriegsjahres (sog. ›Epitaphios‹), die Schilderung der durch die Pest verursachten moral. Depravation (beides Buch 2) sowie die Entlarvung des brutalen Vorgehens Athens gegenüber der Insel Melos (sog. ›Melierdialog‹, Buch 5). T. wird von Zeitgenossen nicht erwähnt, in Rom folgen T. v. a. Sallust und Tacitus. Im lat. Westen rezipiert man T. erst wieder verstärkt in der lat. (Valla, Melanchthon) bzw. volkssprachl. (engl. von Th. Hobbes) Übs. der frühen Neuzeit.

A: C. Hude 1913–25, 1920–28, ders. rev. O. Luschnat ²1960 bzw. rev. G. B. Alberti 1972–92; H. S. Jones, rev. J. E. Powell 1942. – *Komm.:* J. Classen, J. Steup 1920–22 (Nachdr. 1967–82); A. W. Gomme, K. J. Dover, A. Andrewes 1945–81; S. Hornblower 1991–96. – *Übs.:* A. Horneffer, G. Strasburger 1984; G. P. Landmann 1991.
L: E. Schwartz, ²1929; H. Patzer, 1937; H.-P. Stahl, 1966; H. Herter, 1968; O. Luschnat, in: RE 12, 1970, 1085–1354 (Sonderausg. 1971); C. Schneider, 1974; K. Gaiser, 1975; H. Drexler, 1976; W. R. Connor, Princeton 1984; S. Hornblower, Lond. 1987; L. Canfora, Rom 1988, 1990; H. Erbse, 1989; G. Rechenauer, 1991; A. Tsakmakes, 1995; C. Orwin, Princeton 1995; W. K. Pritchett, Amst. 1995; E. Heitsch, 1996; G. Cawkwell, Lond. 1997; Th. Miller, 1997; F. L. Müller, 1997; Cl. Orwin, N. Y. u. a. 1997; T. Rood, Oxf. 1998; H. Leppin, 1999; W. Hennis, 2003.

Thurber, James (Grover), amerik. Satiriker, 8. 12. 1894 Columbus/OH – 2. 11. 1961 New York. Stud. 1913–19 Ohio State Univ., Journalist in Columbus, Paris, New York; Schriftsteller und Illustrator, 1926 Redakteur und ab 1933 regelmäßiger Mitarbeiter von ›The New Yorker‹; zweimal verheiratet, schließl. nahezu erblindet. – S. satir., oft ans Absurde grenzenden Skizzen, Fabeln und Geschichten, die er selber illustrierte, sind Kritik e. Moralisten an Zeiterscheinungen (Sex, Psychologie, Angst, Krieg), bes. am Großstadtleben, und zeichnen phantast. Menschen u. Tiere als Produkte e. übelwollenden Schicksals in absurden Situationen.

W: Is Sex Necessary?, 1929 (m. E. B. White; Warum denn Liebe?, d. 1953); The Owl in the Attic and Other Perplexities, 1931; The Seal in the Bedroom, 1932; My Life and Hard Times, Aut. 1933 (Man hat's nicht leicht, d. 1949); The Middle Aged Man on the Flying Trapeze, 1935; The Last Flower, 1939 (d. 1953); Fables for Our Time, 1940 (Achtung Selbstschüsse, d. 1950); The Male Animal, Dr. 1940 (m. E. Nugent); Men, Women, and Dogs, 1943 (d. 1944); Many Moons, Dr. 1943 (Die Prinzessin und der Mond, d. 1949, u. d. T. Ein Mond für Leonore, 1973); The White Deer, M. 1945 (d. 1968); The Thurber Carnival (darin: The Secret Life of Walter Mitty), 1945 (Rette sich, wer kann!, d. 1948); The Thirteen Clocks, Kdb. 1950 (d. 1967); The Thurber Album, 1952; Thurber Country, 1953; Thurber's Dogs, 1955 (So spricht der Hund, d. 1958); A Thurber Garland, 1955; Further Fables for Our Time, 1956 (75 Fabeln für Zeitgenossen, d. 1967); Years with Ross, B. 1959; Lanterns and Lances, Ess. 1961; Credos and Curios, Kgn. 1962; Thurber and Company, 1966. – Collecting Himself, Ausw. 1990; Writings and Drawings, 1996; Selected Letters, 1981; Conversations, hg. T. French 1989; Thurber Letters, 2003. – *Übs.:* T.s Gästebuch, 1956; Das kleine Fabelbuch, 1959; Lachen mit Th., 1964; Kleine Liebesschule, 1966; Das geheimnisvolle O, 1966; Gesammelte Erzählungen, 1971; Der Hund, der die Leute biß, 1972; Zehn goldene Regeln für das Zusammenleben mit 100 warnenden Beispielen, 1976.
L: R. E. Morsberger, 1964; S. A. Black, 1970; Ch. S. Holmes, 1972; ders., hg. 1974; B. Bernstein, 1976; C. M. Kenney, 1984; R. E. Long, 1988; R. A. Tibbetts, 1989; N. Grauer, 1994; H. Kinney, 1995. – *Bibl.:* E. T. Bowden, 1968; S. E. Toombs, 1987.

Tian Han (eig. Tian Shouchang), chines. Dramatiker, 12. 3. 1898 Changsha – 1968 Peking. 1916–22 Stud. in Japan; 1922 Mitglied der ›Schöpfungsgesellschaft‹, 1927 Direktor, Kunsthochschule Shanghai; 1932 Mitglied der KP, Engagement in linken Lit.kreisen sowie im Widerstand gegen Japan; nach 1949 versch. adminstr. und polit. Ämter, nach 1966 kritisiert, Tod im Gefängnis. – In s. frühen Werken präsentiert sich T. als romant. Erneuerer des chines. Sprechtheaters, Vorbild Ibsen; spätere Werke sind sozialrevolutionär und patriotisch orientiert. T. plädiert für Einbeziehung traditioneller und populärer Elemente in das neue Sprechtheater. Erfolgr. auch als Drehbuchautor.

W: Kafeidian zhi yi ye, Dr. (1920); Huo hu zhi ye, Dr. (1922); Nangui, Dr. (1929); Liren xing, Dr. (1945); Guan Hanqing, Dr. (1958). – Wenji (GW), XIV 1983. – *Übs.:* B. Eberstein, hg. 1980.

Tibullus, Albius, röm. Elegiker, zwischen 60 u. 50 v. Chr. – 19 v. Chr(?). Ritter, sehr wohlhabend, befreundet mit Horaz u. Ovid, Mitgl. des Messallakreises, nahm wahrscheinl. 30 v. Chr. an Feldzügen nach Nordspanien u. Aquitanien teil. – Neben Properz bedeutendster röm. Elegiendichter. Die Elegie T.' ist erot.-subjektiv, spontan u. rasch wechselnd in den Gefühlsäußerungen, dagegen metr. sehr straff u. ausgefeilt. T. steht nicht wie Horaz über s. Gefühlen. Er ist der Bukoliker unter den röm. Elegikern. S. Motive sind Liebe u. Sehnsucht nach idyll. Landleben, goldenes Zeitalter, Abscheu vor dem Kriege. Im Altertum viel gelesen u. nachgebildet, im MA nicht mehr so stark tradiert, da man Ovid bevorzugte. In der Neuzeit wurden fremde Bestandteile des Corpus Tibullianum aussortiert: Buch III, 1–6 stammt von Lygdamus (Mitglied des Messallakreises u. Nachahmer Ovids u. T.'), III, 8–18 von Sulpicia u. e. unbekannten Dichter. E. Panegyricus auf Messalla (III, 7) stammt nicht von T. Die Sammlung wurde nach s. Tod von e. Grammatiker zusammengestellt und herausgegeben.

A: F. W. Lenz, G. K. Galinsky [3]1971; G. Lee [2]1982; G. Luck 1988; komm. K. F. Smith 1913 (n. 1985); M. C. J. Putnam 1973; F. Della Corte 1980; P. Murgatroyd II 1980–94. – *Übs.:* R. Helm [6]1986; J. Lilienweiß u.a. 2001; H.-C. Günther 2002.

L: B. Riposati, Introduzione allo studio di T., [2]1967; W. Wimmel, 1968; ders., T. und Delia, II 1976–83; D. F. Bright, 1978; F. Cairns, 1979; M. Henniges, Utopie und Gesellschaftskritik bei T., 1979; B. Moßbrucker, T. und Messalla, 1983; F.-H. Mutschler, Die poetische Kunst T.s, 1985; C. Neumeister, 1986; P. Lee-Stecum, Powerplay in T., 1998. – *Bibl.:* H. Harrauer, 1971.

Tichonov, Nikolaj Semënovič, russ. Dichter u. Prosaiker, 4. 12. 1896 Petersburg – 8. 2. 1979 Moskau. Handelsschule, 1918–21 Rote Armee, 1922 Mitgl. der lit. Gruppe der Serapionsbrüder, erlangte Popularität durch Revolutionsballaden, danach ständige Tätigkeit als hoher Lit.funktionär, Staatsämter. – T.s Revolutionslyrik ist vom Akmeismus beeinflußt u. entsprach durch ihr Pathos des Held. u. Außergewöhnl. dem Geist der Zeit. Späteres Schaffen sinkt oft zur Propagandalyrik des sozialist. Realismus ab u. gewinnt etwas in deskriptiver Reisedichtung.

W: Braga, G. 1922; Kirov s nami, V. E. 1941; Leningradskie rasskazy, En. 1942. – Sobranie sočinenij (GW), VII 1985/86.

L: B. Solov'ev, 1958; I. L. Grinberg, [2]1972; V. Šošin, 1981. – *Bibl.:* V. Šošin, 1975.

Tikkanen, Georg Henrik, finnl.-schwed. Schriftsteller, 9. 9. 1924 Helsingfors – 19. 5. 1984 Espoo. Vater Architekt, Abitur 1943, Zeichner u. Feuilletonist. – Veröffentlichte seit den 40er Jahren in rascher Folge Zeichnungen, Reisebücher, Feuilletons, Zeitungsgeschichten, Schauspiele, Schwänke u. Hörspiele. Grundzüge: schlagkräftiger, schonungslos zupackender Stil, offene Gegnerschaft gegen Krieg, Gewalt, Scheinheiligkeit u. Intoleranz.

W: Mr. Gogo kommer till Europa, R. 1946; Kär i Stockholm, En. 1955; Ett sommarbarn, Dr. 1957; De fega, Dr. 1958; Bedragen, Dr. 1958; Texas, Reiseb. 1960; Till sista droppen, Dr. 1960; Hjältorna är döda, R. 1961; Bröllopsdagen, Dr. 1962; Henrik tiger inte, Feuill. 1962; Kring ett frånfälle, Dr. 1964; Ödlorna, R. 1965; På jakt efter etrusker, Reiseb. 1967; Fyllhunden, Dr. 1968; Min älskade skärgård, Bb. 1968; I Sovjet, Reiseb. 1969; Tankstreck, Feuill. 1970; Mitt Helsingfors, Bb. 1972; Dödens Venedig, Reiseb. 1973; Unohdettu sotilas, R. 1974; 30-åriga kriget, Sat. 1977; Mariegatan 26, Kronohagen, R. 1977; Ihmisen ääni, Ess. 1978; Fjärilsvingar, Dr. 1978; Efter hjältedöden, Sat. 1979; TTT, R. 1979; Georgsgatan, R. 1980; Med ett leende i Toscana, Reiseb. 1981; Henriksgatan, R. 1982; Renault, mon amour, Atu. 1983. – Ansikten och åsikter (AW), II 1980/81.

L: M. Envall, H. T. Master of Satire, I 1981; M. Tickanen, Henrik, hg. 1986.

Tikkanen, Märta Eleonora (geb. Cavonius), finnl.-schwed. Schriftstellerin, * 3. 4. 1935 Helsingfors. – Wurde bekannt durch ihr Hauptwerk, ›Århundradets kärlekssaga‹, e. Folge von Gedichten über die widersprüchlichen Gefühle e. Frau, die mit einem Alkoholiker verheiratet ist. T. schreibt leidenschaftl. und konsequent, z.T. mit drastischer Sprache, aus feminist. Perspektive. Ihre autobiograph. geprägten Werke verallgemeinern das Private zum Politischen. V. a. in den jüngeren Werken dominiert e. fragmentarischer Stil. Die Grenze zw. Prosa und Lyrik verschwimmt.

W: Nu imorron, R. 1970; ingenmansland, R. 1972; Män kan inte våldtas, R. 1976; Århundradets kärlekssaga, G. 1978; Våldsam Kärlek, Dr. 1980; Mörkret som ger glädjen djup, G. 1981; Sofias egen bok, R. 1982; Rödluvan, R. 1986; Önskans träd, R. 1987; Storfängaren, R. 1989; Arnaía kastad i havet, G. 1992; Persönliga angelägenheter, R. 1996. – *Übs.:* Wie vergewaltige ich einen Mann?, 1980; Die Liebesgeschichte des Jahrhunderts, 1981; Aifos heißt Sofia, 1983; Der Schatten, unter dem du lebst, 1985; Ein Traum von Männern, nein, von Wölfen, 1987; Der große Fänger, 1990; Arnaía – ins Meer geworfen, 1993; Persönliche Fragen, 1997.

L: T. Tikkanen, 2002.

Tilburg Clark, Walter Van → Clark, Walter Van Tilburg

Tillier, Claude, franz. Romanschriftsteller, 10. 4. 1801 Clamecy – 18. 10. 1844 Nevers. 1821–27 Soldat, dann Lehrer in Clamecy; wurde wegen extrem liberaler Artikel in der Zeitung ›L'Indépendant‹ in Clamecy s. Stelle enthoben und zu Gefängnis verurteilt. Nach s. Haftentlassung Journalist. – Vf. von Romanen und Pamphleten von beißender Ironie und glänzendem Stil. Am bekanntesten s. humorist.-satir. Sittenroman aus der Provinz ›Mon oncle Benjamin‹, der als Meisterwerk gilt und in der zeitgenöss. franz. Lit. einzig dasteht, in Dtl. und England aber höher geschätzt wird als in Frankreich. In geistreichen journalist. Arbeiten wendet sich T. v.a. gegen Korruption und Mißbräuche der Politik.

W: Comment le capitaine eut peur, E. 1840–44; Belle-Plante et Cornélius. E. 1841 (d. 1948); Mon oncle Benjamin, R. 1843 (hg. A. Massé II 1930; d. 1866 u.ö.). – Œuvres complètes, hg. F. Pyat IV 1846, R. Martin, Genf 1985; Pamphlets, hg. M. Gérin 1906.

L: M. Gérin, 1905; M. Cornicelius, 1910; L. Marx, Diss. Hdlbg. 1915; F. P. O'Hara, Diss. Paris 1939; H. L.

Maple, 1957; M. B. Yoken, Boston 1976. – *Bibl.*: R.-L. Doyon, 1943.

Tilschová, Anna Marie, tschech. Schriftstellerin, 11. 11. 1873 Prag – 18. 6. 1957 Dobříš. Rechtsanwaltstochter. – In impressionist.-naturalist. Romanen u. Erzählungen schildert T. den Verfall des Prager Bürgertums in allen s. Schichten, wobei die handelnden Personen oft in der Milieudarstellung untergehen. Auf der Suche nach e. neuen sozialen Gesellschaftsschicht gelangt T. zu den Kumpeln ins Ostrauer Kohlenbecken, denen der Roman ›Haldy‹ gewidmet ist.

W: Stará rodina, R. 1916; Synové, R. 1918; Vykoupení, R. 1923; Haldy, R. 1927; Gita Turaja, R. 1931; Alma mater, R. 1934; Matky a dcery, R. 1935; Tři kříže, R. 1940; Orlí hnízdo, R. 1941; Návrat, R. 1945. – Sebrané spisy (GW), XI 1927–48; Dílo (W), VIII 1953 ff.

L: K. Krejčí, 1959.

Timmermans, Felix, fläm. Erzähler, 5. 7. 1886 Lier – 24. 1. 1947 ebda. Realschule, Malerakad. Lier. Er illustrierte s. Werke zum größten Teil selbst. Von R. A. Schröder u. A. Kippenberg entdeckt u. gefördert. – In der Zeit zwischen den beiden Weltkriegen war er in Dtl. der populärste niederländ.sprachige Autor. Mit S. Streuvels wichtigster Vertreter der fläm. Heimatkunst. Fabulierfreudiger Erzähler mit teils idealisierenden, teils derb-realist. Schilderungen des Land- u. Kleinstadtlebens (Lier); s. urwüchs. Realistik verbindet sich oft mit gesundem Humor u. Lebensfreude, aber auch mit relig. Elementen; Liebe zur Natur, unkomplizierte Religiosität kennzeichnen s. Welt der Bauern, Kleinstädter, Pfarrer u. Beginen in bilderreicher, regional gefärbter Sprache; Figuren der bibl. Geschichte u. der christl. Legende werden im fläm. Alltagsleben lebendig, ›Pallieter‹ ist die symbol. Gestalt fläm. Lebenshaltung. Auch Gedichte u. biograph. Romane (Bruegel, Brouwer).

W: Schemeringen van den dood, Sk. 1910; Begijnhofsproken, En. 1911 (m. A. Thiry; Die Elfenbeinflöte, d. 1933); Pallieter, R. 1916 (d. 1921); Het kindeken Jezus in Vlaanderen, En. 1917 (d. 1919); De zeer schoone uren von Juffrouw Symforosa, begijntjen, E. 1918 (d. 1920); De vier Heemskinderen, E. 1922; Uit mijn rommelkas, Aut. 1922; Driekoningen tryptiek, E. 1923 (d. 1924); De pastoor uit den bloeyenden wijngaerdt, E. 1923 (d. 1927); Het keerseken in de lanteern, Sk. 1924 (d. 1926); Schoon Lier, Prosa 1925 (d. 1929); Pieter Bruegel, B. 1928 (d. 1928); De harp van Sint Franciscus, E. 1932 (Franziskus, d. 1932); Bij de krabbekoker, N. 1934 (d. 1934); Boerenpsalm, R. 1935 (d. 1936); Ik zag Cecilia komen, N. 1938 (d. 1938); De familie Hernat, R. 1941 (d. 1943); Minneke poes, Prosa 1942 (d. 1950); Adagio, G. 1947 (d. 1949); Adriaan Brouwer, B. 1948 (d. 1950). – *Übs.*: St. Nikolaus in Not, 1926; Das Schweinchen u.a. Tiergeschichten, 1927; Die bunte Schüssel, En. 1933; Kleine Leute in Flandern, 1935; T. erzählt, 1935; Gustav aus der ›Roten Katze‹, En. 1947; Der Tag der Tiere, En. 1950; Die unsichtbare Hand, 1952; Der Heilige der kleinen Dinge, Ausw. 1974.

L: K. Jacobs, (dt.) 1949; R. Veremans, 1950; L. Timmermans, Mijn vader, 1951 (d. 1952); B. Verbist, 1953; L. Vercammen, 50 jaar Pallieter, 1966; L. Vercammen, 1971 (m. Bibl.); J. van Remoortere, 1972; J. de Ceulaer, 1978; A. Keersmaekers, 1990.

Timon, altgriech. Philosoph, Dichter u. Prosaschriftsteller, 320/315 v. Chr. – 230/225 v. Chr., aus Phleius(?), Stud. in Megara und Elis, Reisen, Vortragstätigkeit, Philos.-Lehrer in Athen. – T.s Schriftenverzeichnis führt Dichtung (Epen, Tragödien, Satyrspiele, Spottverse) und Prosa (u.a. ›Gegen die Naturphilos.‹, ›Totenmahl für Arkesilaos‹) auf. S. berühmtestes und in Fragmenten einigermaßen kenntl. Werk sind die ›Silloi‹ (›Spottgedichte‹), e. polem. Parodie auf alle Philosophen bzw. -schulen außer Pyrrhon, der als Vorbild des vollkommenen Philosophen gefeiert wird (Darstellung der eigenen skept. Position, Dialog mit Xenophanes, T.s lit. Vorbild, über ältere und zeitgenöss. Philosophen, mündend in e. Hadesfahrt).

A: H. Diels 1901; Suppl. Hell. 775–848; C. Wachsmuth 1885 (m. Komm.); W. Nestle 1923 (m. dt. Übs.); M. di Marco 1989 (Silloi, m. Komm. u. ital. Übs.).

L: A. A. Long, PCPhS 24, 1978, 68–91; W. Ax, Hermes 119, 1991, 177–193.

Timoneda, Juan de, span. Schriftsteller, 1518 Valencia – 1583 ebda. Gerber, Buchhändler, Drucker u. Schauspieler ebda.; vielseitige Tätigkeit als Dramatiker, Dichter, Erzähler u. Hrsg. von Werken befreundeter Schriftsteller (u.a. Lope de Rueda); bedeutend als Sammler von Erzählungen u. Romanzen. S. Hauptwerk ›Sobremesa y alivio de caminantes‹ ist e. Sammlung von witzigen Geschichten voller Einfallskraft, z.T. zur Erklärung volkstüml. Sprichwörter u. Wendungen, ›El Patrañuelo‹, die erste Sammlung von Novellen nach ital. Vorbild, gewinnt trotz genau nachweisbarer Quellen (Boccaccio, Ariost, Bandello u.a.) echt span. Charakter durch geschickte Bearbeitung u. schlichte Sprache. S. Bühnenwerke meist Übsn. u. Bearbeitungen.

W: Anfitrión, K. 1559; Los Menemnos, K. 1559; Cornelia, K. 1559; Sobremesa y alivio de caminantes, En. 1563 (n. 1917); Buen aviso y portacuentos, En. 1564 (n. R. Schevill 1911, M. P. Cuartero Sáncho 1990); Turiana, Drn. 1565; El Patrañuelo, Nn. 1567 (n. F. Ruiz Morcuende 1929, A. Sánchez 1948, R. Ferreres 1971); Rosa de romances, G. 1573; La oveja perdida, Dr. – Obras completas, hg. M. Menéndez y Pelayo 1911; Obras, hg. E. Juliá Martínez III 1947f.

L: E. Cerulli (Atti della Accademia dei Lincei), 1955; J. Reynolds, Boston 1975; J. W. Childers, Motif-index of the Cuentos of J. T., N. Y. 1980.

Timotheos, altgriech. Dichter; 5./4. Jh. v. Chr., aus Milet. Vermutlich Teilnahme an Kitharodenwettbewerb in Athen, angebl. Zusammenarbeit mit Euripides. – T. galt in der Antike v.a. als Vf. von Dithyramben und Vertreter der sog. ›Neuen Musik‹ (angebl. ›Erfinder‹ der Leier mit 11 Saiten). Bis auf wenige Fragmente und Titel (u. a. ›Der rasende Aias‹, ›Elpenor‹, ›Skylla‹) v.a. ca. 250 Verse der ›Perser‹ (kitharod., polymetr. Nomos: Schlacht bei Salamis aus pers. Perspektive) auf Papyrus (ältestes erhaltenes griech. Buch: 4. Jh. v. Chr., 1902 gefunden) erhalten.

A: PMG; D. A. Campbell, Greek Lyric 5, 1993 (m. engl. Übs.); J. Hordern 2002. – *Komm.:* T. H. Janssen 1984 (Perser).

L: U. v. Wilamowitz-Moellendorff, 1903; M. L. West, Oxf. 1992; B. Zimmermann, 1992; A. Bélis, REG 111, 1998, 74–100.

Timrava (eig. Božena Slančíková), slovak. Schriftstellerin, 2. 10. 1867 Polichno – 27. 11. 1951 Lučenec. Vater Landpfarrer. – T.s realist. Erzählungen, meist in der Zs. ›Živena‹, zeigen den Gegensatz von Illusion u. Realität im Leben der Bauern u. der Dorfintelligenz, berühren soziale, moral. u. nationale Probleme. Dramen wenig bühnenwirksam.

A: Zobrané spisy (GW), XII 1921–45; VII 1955–59.

L: Timrava v kritike a spomienkach, 1958; I. Kusý, 1967; B. S.-T.-Koloman Banšell, hg. M. Kocák 1990; M. Mikulová, Próza T. medzi realizom a modernou, 1993; Korrespondenz, hg. I. Kusý 1952.

Timrod, Henry, amerik. Lyriker, 8. 12. 1828 Charleston/SC – 7. 10. 1867 Columbia/SC. In ärml. Verhältnissen aufgewachsen; Franklin College; kurz Anwalt, dann Lehrer und Tutor; in Charleston Mitglied von ›Russell's Bookstore Group‹, Freunde P. H. Hayne und Simms; während des Bürgerkriegs Journalist; starb in Armut an Tbc. – Galt s. patriot. Gedichte wegen als der ›Poet Laureate of the Confederacy‹; s. Lyrik ist sentimental und didakt. zugleich und zeigt den Einfluß der Klassik.

W: Poems, 1860; The Poems, hg. P. H. Hayne 1873; Katie, 1884; Poems, 1899; The Uncollected Poems, hg. G. A. Cardwell Jr., 1942; The Essays, hg. E. W. Parks 1942. – Collected Poems, hg. E. W. Parks, A. W. Parks 1965.

L: G. A. Wauchope, 1915; H. T. Thompson, 1928; J. B. Hubbell, 1941; E. W. Parks, 1943.

Tipiṭaka, das (Dreikorb), der in Pali (Mittelind.) abgefaßte Kanon der heiligen Schriften der Theravadins (Anhänger der Lehre der ältesten Mönche) des Hīnayāna-Buddhismus, es erhebt den Anspruch, die echte Lehre Buddhas wiederzugeben, wie sie nach s. Tod niedergeschrieben wurde; entstanden zwischen dem 4. und 1. Jh. v. Chr., erschienen 1893/94; e. Sanskrit-Fassung u.d.T. ›Tripiṭaka‹ ist nur in Fragmenten erhalten. Das T. gliedert sich in 3 Gruppen von Werken: 1. das ›Vinaya-piṭaka‹ (Korb der Ordenszucht), 2. das ›Sutta-piṭaka‹ (Korb der Lehrreden) und 3. das ›Abhidhammapiṭaka‹ (Korb der Lehrbegriffe, d. h. der scholast. Metaphysik). – 1. Das ›Vinaya-piṭaka‹ umfaßt den ›Suttavibhaṅga‹, die Erklärung des aus 227 Artikeln bestehenden Beichtformulars, die ›Khandakas‹, Vorschriften für das Leben der Mönche und Nonnen sowie den ›Parivāra‹, e. wahrscheinl. aus späterer Zeit stammende Sammlung von Katechismen, Inhaltsangaben u. a. – 2. Das ›Sutta-piṭaka‹ enthält die 5 Sammlungen (nikāya) der Lehrreden des Buddha: den ›Dīgha-nikāya‹ mit den 34 langen, den ›Majjhima-nikāya‹ mit der 152 mittleren Lehrreden, den ›Saṃyutta-nikāya‹ mit 2889 inhaltl. in 56 Gruppen (saṃyutta) zusammengefaßten, den ›Aṅguttara-nikāya‹ mit 2308 in 11 Abschnitte (nipāta) geteilten Lehrreden und den ›Khuddaka-nikāya‹, e. Sammlung von 15 Stücken versch. Art. Es sind dies das aus 9 Texten bestehende Andachtsbuch ›Khuddaka-pātha‹; das → ›Dhammapada‹; das ›Udāna‹, ›feierl. Aussprüche‹ des Buddha; das ›Itivuttaka‹, Aussprüche in 112 Stücken; der ›Sutta-nipāta‹, 54 kürzere und e. längere Dichtung; das ›Vimanavatthu‹, 83 Erzählungen von guten Taten; das ›Petavatthu‹, 57 Erzählungen von schlechten Taten; die → ›Theragāthās‹ und ›Therīgāthās‹; das → ›Jātaka‹; der ›Niddesa‹, e. von Sāriputta zu e. Teil des ›Sutta-nipāta‹ verfaßter Kommentar; der ›Patisambhidāmagga‹, der die intuitiven Kräfte der Erkenntnis der Heiligen behandelt; das ›Apadāna‹, Heiligenlegenden in metr. Form; der ›Buddhavaṃsa‹, die Geschichte des Buddha und s. 24 Vorläufer; außerdem das ›Cariyā-piṭaka‹, 25 Jātaka-Legenden in poet. Form. – 3. Das ›Abhidhamma-piṭaka‹ schließl. umfaßt 7 dogmat. Werke: den ›Dhammasaṅgani‹, e. Aufzählung der Geisteszustände; den ›Vibhaṅga‹, e. Ergänzung hierzu; das ›Kathāvatthu‹, e. angebl. von Tissa Moggaliputta (3. Jh. v. Chr.) verfaßte Widerlegung von 252 Irrlehren; die ›Puggala-paññatti‹, e. Charakterisierung der Individuen; die ›Dhātukathā‹, e. Darlegung der Elemente der versch. Erscheinungen; das ›Yamaka‹, e. ›Buch der Doppelfragen‹, worin Fragen in versch. Sichtweise gestellt werden; und das ›Mahāpatthāna‹ (auch Patthānappakarana oder Mahāpakarana), das das Kausalitätsproblem behandelt. E. Anhang zum T. bildet das ›Paritta‹, 28 Texte für mag. Zwecke. – Das T. besteht zum großen Teil aus eher trockenen, an Aufzählungen und Wiederholungen reichen dogmat. Abhandlungen. Daneben finden sich jedoch, bes. im ›Sutta-piṭaka‹, Texte, die zu den bedeutendsten Dichtungen der ind. Lit. zählen, so das ›Dhammapada‹, die ›Thera- und Therīgāthās‹. Das ›Sutta-piṭaka‹ gibt zudem wichtige Hinweise zu Person und Lehre Buddhas. Wahrscheinl. aus e. verlorenen Magadhi-Original übersetzt, ist das T., der Kanon der Buddhisten Sri Lankas, Myanmars (Burmas) und des ehemaligen Siam, der einzige vollständig überlieferte Kanon e. alten Sekte.

A: Vinaya-piṭaka, hg. H. Oldenberg V 1879–83 (n. 1964–82; engl. T. W. Rhys Davids, H. Oldenberg III 1881–85, n. 1974–75, I. B. Horner VI 1938–66); Suttapiṭaka: Dīgha-nikāya, hg. T. W. Rhys Davids, J. E. Carpenter III 1889–1910 (n. 1966–82; engl. T. W. u. C. A. F. Rhys Davids III 1899–1921, n. 1977, 2000; 1–13 d. K. E. Neumann ²1957, dt. Ausw. R. O. Franke 1913); Majjhima-nikāya, hg. V. Trenckner, R. Chalmers, C. A. F. Rhys Davids IV 1887–1925 (n. 1964–77; engl. I. B. Horner III 1954–59, n. 1975–77; d. K. E. Neumann III ⁴1956, K. Schmidt 1978); Saṃyutta-nikāya, hg. M. Léon Feer V 1884–98 (n. 1970–80; engl. F. L. Woodward, C. A. F. Rhys Davids V 1917–30, n. 1975–82, B. Bodhi 2000; dt. Ausz. W. Geiger II 1925–30); Aṅguttara-nikāya, hg. R. Morris, E. Hardy, M. Hunt VI 1885–1910 (n. 1958–76; engl. F. L. Woodward, E. M. Hare V 1932–36, n. 1960–73; d. Bhikkhu Nyāṇatiloka ⁴1984); Khuddhaka-nikāya: Khuddhaka-pāṭha, hg. R. C. Childers 1870, H. Smith 1915 (n. 1978; engl. R. C. Childers 1870, Bhikkhu Nanamoli 1961, n. 1978; d. K. Seidenstücker 1910); Udana, hg. P. Steinthal 1885 (n. 1982; engl. D. M. Strong 1902, F. L. Woodward 1935; d. K. Seidenstücker 1920); Itivuttaka, hg. E. Windisch 1890 (n. 1975; engl. J. H. Moore 1908, n. 1981, F. L. Woodward 1935, P. Masefield 1994, 2000; d. K. Seidenstücker 1922); Sutta-nipāta, hg. V. Fausbøll 1885, 1893, D. Andersen, H. Smith 1913 (n. 1984), H. Smith III 1916–19 (n. 1966–72), R. Chalmers 1933, W. B. Bollée 1980 (engl. V. Fausbøll 1881, E. M. Hare 1948; d. A. Pfungst 1889, K. E. Neumann ³1957, Bhikkhu Nyāṇatiloka 1955, ²1977); Vimānavatthu, hg. E. R. Gooneratne 1886, N. A. Jayawickrama 1977 (engl. J. Kennedy, H. S. Gehman 1942); Petavatthu, hg. J. Minayeff 1888, N. A. Jayawickrama 1977 (engl. J. Kennedy, H. S. Gehman 1942; 1–2 d. W. Stede 1914); Paṭisambhidāmagga, hg. A. C. Taylor II 1905–07 (n. 1979; engl. Bhikkhu Nanamoli 1982); Apadāna, Ausw. hg. E. Müller 1892; Buddhavaṃsa u. Cariyā-piṭaka, hg. R. Morris 1882 (n. N. A. Jayawickrama 1974); Abhidhamma-piṭaka: Dhammasaṅgani, hg. E. Müller 1885 (n. 1978; engl. C. A. F. Rhys Davids ³1974); Vibhaṅga, hg. C. A. F. Rhys Davids 1904 (n. 1978; engl. P. A. Thittila 1969); Kathāvatthu, hg. A. C. Taylor II 1894–97 (n. 1979; engl. S. Z. Aung, C. A. F. Rhys Davids 1915, n. 1979; B. C. Law 1941); Puggalapaññatti, hg. R. Morris 1885–1914 (n. 1972; engl. B. C. Law 1922, n. 1979; d. Bhikkhu Nyāṇatiloka 1910); Dhātukathā, hg. E. R. Gooneratne 1892 (n. 1963; engl. U. Narada, T. Nyon 1962); Yamaka, hg. C. Rhys Davids 1911, 1913; Mahāpaṭṭhāna, Ausz. hg. C. A. F. Rhys Davids 1906. → Dhammapada, → Jātakas, → Theragāthā und Therīgāthā. – *Übs.:* engl.: Sacred books of the Buddhists, 1895ff.; Pali text society, Translation series 1909ff.; Some sayings of the Buddha, hg. F. L. Woodward 1925; The vedantic Buddhism, hg. J. G. Jennings 1974; d.: K. E. Neumanns Übertragungen aus dem Pāli-Kanon, III n. 1956–57; Reden des Buddha, hg. I.-L. Gunsser 1957, 1990; Die Lehre des Erhabenen, hg. u. übs. P. Dahlke 1960, ³1979; Buddha, Die vier edlen Wahrheiten, hg. u. übs. K. Mylius 1983, ⁵1994.

L: F. L. Woodward, Pali T. concordance, 1952–84; H. Hecker, Der Pālikanon. Ein Wegweiser durch Aufbau und die Übsn., 1965, n. ²1991; An analysis of the Pali canon, hg. R. Webb 1975; S. U Ko Lay, Guide to T., 1986 (Nachdr. 1990, 2002); R. Fernhout, Canonical texts, 1994; Indexes to the Dhammapada, hg. M. Yamazaki u. a. 1995, 1997; Yashpal, A cultural study of early Pali T.s, II 1999; T. Oberlies, Pāli: a grammar of the language of the Theravāda T., 2001. – *Bibl.:* G. Grönbold, Der buddhist. Kanon, 1984.

Tirso de Molina (eig. Fray Gabriel Téllez), span. Schriftsteller, 9. 3. 1584 (1581?) Madrid – 12. 3. 1648 Soria. Stud. in Alcalá de Henares; 1601 Eintritt in den Mercedarierorden in Guadalajara; 1613/14 Aufenthalt in Toledo, 1616–18 in Ordensangelegenheiten auf Santo Domingo (Haiti), 1619 in Toledo, 1620 in Madrid; 1622 Teilnahme an der Kanonisationsfeier des hl. Isidor; 1626 in Salamanca; 1627 Veröffentlichung des 1. Teils der comedias; 1632–39 in Barcelona; 1632 Ernennung zum Chronisten s. Ordens, ab 1638 nur noch chronist. Tätigkeit, 1645 Prior des Klosters in Soria. – Großer span. Dramatiker, auch bedeutender Erzähler u. Prosaist; schrieb mehr als 300 comedias, nur 50 erhalten; großer Bewunderer Lope de Vegas, dessen Bühnentechnik er nachahmte; Meister der Charakterzeichnung u. psycholog. Analyse, v. a. s. Frauengestalten; ausgeprägtes Gefühl für Situationskomik, spritziger Dialog, insbes. in den Intrigen- u. Verwicklungsstücken, in denen meist weibl. List über Gutmütigkeit oder Tölpelhaftigkeit der Männer triumphiert; am bekanntesten ›Don Gil de las calzas verdes‹. Werke relig. Charakters, v. a. ›El condenado por desconfiado‹ (Verfasserschaft angezweifelt) um das Problem der Prädestination u. freien Willensentscheidung des Menschen, ›La mejor espigadera‹ nach der bibl. Geschichte von Ruth, ›La venganza de Tamar‹, Geschichte Absaloms u. a.; hist. Motive u. a. in ›La prudencia en la mujer‹ (Regentschaft María de Molinas während der Minderjährigkeit Ferdinands IV.). S. letztes Werk ›Las Quinas de Portugal‹ ist der portugies. Geschichte gewidmet. Erste Dramatisierung des Don-Juan-Stoffes in ›El Burlador de Sevilla‹, greift auf zwei span. Sagen zurück, Nebeneinander von Mantel- u. Degenstück u. relig. Drama. ›Los cigarrales de Toledo‹, e. Mischung von Novellen, Versen u. Theaterstücken, enthält u. a. die comedia ›El vergonzoso en palacio‹ u. die Novelle ›Los tres maridos burlados‹; ähnl. Struktur, aber relig. Thematik ›Deleitar aprovechando‹.

W: Los cigarrales de Toledo, 1624 (n. V. Said Armesto 1914); El vergonzoso en palacio, K. 1624 (n. F. Ayala 1971); La villana de Vallecas, K. 1627 (n. S. Eiroa 2001); El Burlador de Sevilla y convidado de piedra, Dr. 1630

(n. J. E. Varey, N. D. Shergold 1954; d. 1896, 1961); La prudencia en la mujer, Dr. 1634 (n. C. Samoná 1967); La mejor espigadera, Dr. 1634; La venganza de Tamar, Dr. 1634 (n. A. K. G. Paterson 1969); El condenado por desconfiado, Dr. 1635 (n. C. Morón, R. Adorno [6]1984; Ohne Gottvertrauen kein Heil, d. 1900); Don Gil de las calzas verdes, K. 1635 (n. E. W. Hesse, C. J. Moolick 1972; d. 1918, 1956); Deleitar aprovechando, 1635; Marta la piadosa, K. 1636 (n. E. E. García 1978); Historia de la Orden de la Merced, Prosa 1639. – Obras III, in: ›Biblioteca de Autores Españoles‹, 1970; Obras dramáticas completas, hg. B. de los Ríos III 1946–58. – *Übs.:* Ausw. in: ›Span. Dramen‹ 1, K. A. Dohrn 1841, in: ›Span. Theater‹ 5, M. Rapp 1870, In: ›Span. Theater‹ 3, H. Schlegel 1964; Drei Dramen, K. Vossler 1953.

L: P. Muñoz Peña, 1889; E. Cotarelo y Mori, 1893; B. de los Ríos, 1928; I. L. McClelland, Liverpool 1948; Studi tirsiani, hg. G. Mancini u.a., Mail. 1958; M. Penna, Turin 1958; A. Nougué, L'œuvre en prose de T., Toulouse 1962; K. Vossler, 1965; S. Maurel, Poitiers 1971; M. Wilson, N. Y. 1977; H. W. Sullivan, T. de M. and the Drama of the Counter Reformation, Amst. 1981; R. L. Kennedy, 1983; M. Santomauro, El gracioso en el teatro de T. de M., 1984; M. F. Trubiano, Libertad, gracia y destino en el teatro de T. de M., 1985; F. Florit, 1986; X. A. Fernández, Kassel III 1990f.; C. Andrés, 1991; El ingenio cómico de T. de M., hg. J. Arellano 1998; R. Spada Suárez, 1998; R. A. Galoppe, 2001; R. Restrepo-Gautier, 2001. – *Bibl.:* W. Poesse, Columbia/MO 1979.

Tirukkural → Tiruvalluvar

Tiruvalluvar (Valluvar), ind. Spruchdichter, lebte im 6. Jh. (?) n. Chr., der Überlieferung nach Sohn des Brahmanen Validatta und e. Paria-Frau aus Mayilapur/Madras oder Madurai. – Vf. des ›Tirukkural‹, des bekanntesten und beliebtesten unter den als ›Kilkkanakku‹ (lehrhaftes Werk) bezeichneten Spruchsammlungen der Tamil-Lit. Es besteht aus drei Büchern, von denen das erste die Tugend (aram), das zweite den Besitz (porul), das dritte die Liebe (inbam) behandelt; das verwendete Versmaß ist der zweizeilige Kural, der auch dem Werk den Namen gab.

A: K. Graul 1865; G. U. Pope 1886 (n. 1980; m. engl. Übs.); T. M. Scott 1889; V. R. Ramachandra Dikshitar 1949, [2]1994 (m. engl. Übs.); A. Chakravarti 1953 (m. engl. Übs.). – *Übs.:* dt.: Ind. Sinnpflanzen und Blumen, K. Graul 1865, A. Frenz 1977, 1999; engl. Three Series of Verses, F. H. Ellis 1812; H. A. Popley 1931; K. Sreenivasan 1969.

L: K. Graul, 1856; S. Maharajan, [2]1982; K. N. Cupramanyan, 1987; Studies in Tirukkural, hg. R. Mahapatra 1996. – *Bibl.:* R. Rajagopalan, 2001.

Tišma, Aleksandar, serb. Erzähler, 16. 1. 1924 Horgoš – 16. 2. 2003 Novi Sad. Stud. Phil. Belgrad; 1969–74 Hauptredakteur der Zs. ›Letopis Matice Srpske‹, ab 1991 Mitglied SANU, 2002 Aufnahme in die Berliner Akad. der Künste. – Begann mit Gedichten, schrieb jedoch ab 1961 vorwiegend Erzählungen u. Romane, in denen er mit psycholog. Durchdringung menschl. Schicksale in der Vojvodina während u. nach dem Krieg darstellt. Übs. aus dem Dt. u. Ungar., wurde selbst in 29 Sprachen übersetzt. Gehört zu den großen europ. Romanciers der Gegenwart.

W: Naseljeni svet, G. 1956; Krčma, G. 1961; Krivice, En. 1961; Za crnom devojkom, R. 1969; Drugde, Reiseb. 1969; Knjiga o Blamu, R. 1972 (d. 1995); Mrtvi ugao, En. 1973, Upotreba čoveka, R. 1976 (Der Gebrauch des Menschen, d. 1991); Povratak miru, En. 1977; Škola bezbožništva, En. 1978 (d. 1993); Vere i zavere, R. 1983 (Treue u. Verrat, d. 1999); Kapo, R. 1987 (d. 1997); Koje volimo, R. 1989 (d. 1996); Iskušenje ljubavi, R. 1995.

Titinius, röm. Komödiendichter, 2. Jh. v. Chr. Begründer und e. der Hauptvertreter der Togata (Komödie im röm. Gewand). Erhalten sind 15 Titel u. etwa 180 Verse. Diese Fragmente zeigen starke Anlehnung an Plautus. Die meisten Titel sind Frauennamen, u. ein großer Teil der Fragmente verspottet weibl. Luxus.

A: O. Ribbeck, Scaenicae Rom. poesis fragm. 2, n. 1962; A. Daviault, Comoedia togata, 1981 (m. franz. Übs.); T. Guardí, Fabula togata, 1984 (m. ital. Übs.).

Tjutčev, Fëdor Ivanovič, russ. Dichter, 5. 12. 1803 Gut Ovstug/Gouv. Orël – 27. 7. 1873 Carskoe Selo. Aus altem Adelsgeschlecht, bis 1821 Stud. Moskau, 1822–44 im Ausland, bis 1837 in München und 1837–39 in Turin im diplomat. Dienst, 1839–44 als Privatmann in München, mit Heine befreundet, Bekanntschaft mit Schelling; nach Rückkehr 1844 im Außenministerium, 1848 Zensor, 1858 Vorsitzender des Komitees für ausländ. Zensur in Petersburg; 1854 machte ihn die Herausgabe s. dichter. Werks durch I. Turgenev weiteren Kreisen bekannt, aber erst mit dem Aufsatz V. Solov'ëvs ›Poèzija F. I. Tjutčeva‹ (1895) begann s. Ruhm in Rußland. – E. der bedeutendsten russ. Lyriker. Nur e. schmaler Band s. Gedichte ist erhalten, Gedanken- und Liebeslyrik, ihr Kennzeichen ist die Verbindung e. lebhaften, bezwingenden Rhythmus, e. ungemein reichen lyr.-musikal. Stils mit e. philos. Weltanschauung, die sich mit der dt. romant. Dichtung und Philos. berührt. Wesentl. für s. Thematik sind Gedanken Schellings; es geht ihm darum, zu den Grundlagen des objektiven Seins vorzustoßen, das Wesen des Seins intuitiv, in prophet., die Vernunft übersteigender Erleuchtung zu erfassen. Daß die in der menschl. Seele sich ewig bekämpfenden Elemente des Lichts und der Finsternis im Gegensatz von Kosmos und Chaos sich widerspiegeln, ist im ständig wiederkehrenden Parallelismus inneren Erlebens des Menschen und elementarer Erscheinungen der Natur ausgedrückt; in seiner Dichtung finden sich Züge des Pantheismus und Panpsychismus. Trat auch mit polit. Publizistik hervor, die ihn als der Slavophilie nahestehend zeigt. S. polit. Gedichte stehen in ihrem künstler. Wert hinter s. übrigen Dichtung zurück. Übs. aus Goethe, Schiller, Heine.

A: Polnoe sobranie stichotvorenij, G. II 1933 f., I 1957, 1987; Lirika, II 1965; Političeskie stat'i, Ess. 1976; Sočinenija (W), II 1980; Polnoe sobranie sočinenij i pis'ma (SW u. Br.), VI 2002ff. – *Übs.:* N. Noé, 1861; F. Fiedler, 1905; R. D. Hiller von Gaertringen, 1934; Ach, wie so tödlich wir doch lieben, G. 1992; L. Müller, 2001.

L: R. A. Gregg, 1965; A. Schulze, 1968; E. Toddes, 1974; B. Bilokur, Concordance to the Russian Poetry of F. I. T., 1975; S. Pratt, 1983; U. Kahlenborn, 1985; Literaturnoe nasledstvo, II 1988/89. – *Bibl.:* I. A. Koroleva, A. A. Nikolaev, 1978; R. C. Lane, Nottingham 1987.

Tobilevyč, Ivan → Karpenko-Karyj, Ivan

Tobino, Mario, ital. Schriftsteller, 16. 1. 1910 Viareggio – 11. 12. 1991 Agrigento. Apothekerssohn; Stud. Medizin Bologna. Psychiater, Direktor der psychiatr. Klinik Lucca. – In sachl. Tagebüchern aus dem Nordafrikafeldzug (›Il deserto della Libia‹) objektive Schilderung des Krieges u. zugleich Studie über die Araber; Mitleid mit den Leidenden auch in anderen Werken aus s. Erlebnissen als Psychiater u. antifaschist. Widerstandskämpfer.

W: Il figlio del farmacista, R. 1942; La gelosia del marinaio, R. 1942; '44–'48, Poesie, 1949; Bandiera nera, R. 1950 (d. 1981); L'angelo del Liponard, R. 1951; Il deserto della Libia, Prosa 1952 (d. 1994); Le libere donne di Magliano, R. 1953 (d. 1955); Due italiani a Parigi, Prosa 1955; L'asso di picche, Dicht. 1955; La brace dei Biassoli, R. 1956 (Signora Maria, d. 1957); Passione per l'Italia, Prosa 1958; Il clandestino, R. 1962; L'Alberta di Montenero, 1965; Sulla spiaggia e di là dal molo, Prosa 1966; Una giornata con Dufenne, Prosa 1967; Il perduto amore, R. 1974 (d. 1980); La bella degli specchi, R. 1976 (d. 1978); La ladra, R. 1984; La verità viene a galla, K. 1987; Tre amici, 1988; Vacanza romana, Aut. 1992.

L: M. Grillandi, 1975.

Tobit (Luther u.a. Tobias), Buch T. unter den Apokryphen des AT, wie → Ester eine Diasporanovelle aus dem 3. Jh. v. Chr., in der es um die Bewährung und das endliche Glück einer thorafrommen Familie im ›assyrisch‹-persischen Exil geht. T. wurde durch seine elaborierte Angelologie (und Dämonologie) theologiegeschichtl. wichtig. Vollständig nur griech. und lat. überliefert, fanden sich Fragmente des aramäischen und hebr. Textes in Qumran.

L: Kommentare: H. Groß, 1987; C. A. Moore, 1996. – P. Deselaers, Das Buch T., 1982.

Tocher, En. W. → Johnston

Todorov, Petko, bulgar. Schriftsteller u. Dramatiker, 26. 9. 1879 Elena – 14. 2. 1916 Château-d'Œx b. Lausanne. 1898–1904 Stud. Jura in Bern u. Lit. in Berlin u. Leipzig. – Zusammen mit P. → Javorov, Penčo → Slavejkov u. Dr. Krŭstev Mitglied des Lit.kreises ›Misul‹. S. Erzählungen u. Dramen stellen einen bemerkenswerten Versuch dar, die Konzeptionen des modernen Individualismus in den mytholog. Vorbildern der Folklore zu entdecken.

W: Stichove na skučnata lira, G. 1895; Idilii, En. 1908 (Skizzen und Idyllen, d. 1919); Drami, Drn. I 1910; Pisma, Br. 1966. – Sŭčinenija (W), II 1922–23; GW, III 1957–58, IV 1979–81, Ausw. 1930, 1948, 1968.

L: I. Kirilov, 1921; L. Georgiev, 1963.

Toepffer, Rodolphe, Schweizer Schriftsteller u. Maler, 31. 1. 1799 Genf – 8. 6. 1846 ebda. Sohn des Schweizer Malers Wolfgang Adam T.; Prof. an der Genfer Akad.; ab 1842 Hrsg. des ›Courrier de Genève‹. – Romanschriftsteller und Erzähler; humorvolle und liebenswürdig-iron. Darstellung des Lebens s. engeren Heimat sowie allg.-menschl. Fehler und Schwächen; amüsante Reiseberichte von Wanderungen in der Schweiz, Savoyen und Italien; bekannt durch s. ›Nouvelles genevoises‹ und ›Voyages en zigzag‹ sowie durch s. humorist. Bildergeschichten, geistvollen Karikaturen und Genrezeichnungen.

W: La bibliothèque de mon oncle, En. 1832 (d. 1847); Le presbytère, R. II 1839 (d. 1847); Voyages et aventures du docteur Festus, R. 1840; Nouvelles genevoises, II 1841 (d. 1846, 1973); Voyages en zigzag, En. II 1843–53 (d. 1912); Rose et Gertrude, R. 1845 (d. 1865); Réflexions et menus propos d'un peintre genevois, Schr. 1848. – Œuvres complètes, V 1852–61; Nouvelles, romans, albums et inédits, hg. A. Skira 1943; Journal intime, hg. J. u. M. Droin-Bridel 1968; Théâtre, hg. J. Buenzod 1981. – Correspondances complètes, 2002. – *Übs.:* SW, 1847; GS, VII 1847–52; Kom. Bilderromane, II 1967f.; Essay zur Physiognomie, 1982.

L: Blondel et Mirabaud, 1887 (m. Bibl.); H. Woltersdorff, 1895; P. Relave, 1899; E. Schur, 1912; P. Chaponnière, 1930; M. Gagnebin, 1948; E. Gallati, 1974; E. Gallati, T. und die deutschsprachige Kultur, 1976; L. Gautier, 1977; D. Buyssens, 1998; J. Meizoz, 1998.

Toer, Pramoedya Ananta → Pramudya Ananta Tur

Tör, Vedat Nedim, türk. Schriftsteller, 1897 Istanbul – 9. 4. 1985 ebda. Galatasaray-Gymnas., Stud. Berlin, 1921 Promotion in Volkswirtschaft; Staatsbeamter, u.a. Direktor von Radio Ankara. – E. der fruchtbarsten türk. Bühnenautoren. S. Stücke ›Kör‹ u. ›Siyah-Beyaz‹ wurden auch in Frankreich u. Dtl. gespielt. Hg. der Zsn. ›Kadro‹ u. ›Hep Bu Topraktan‹.

W: Kör, Sch. 1935; Üç Kişi Arasinda, Sch. 1937; Değişen Adam, Sch. 1941; Imrali'nin Insanlari, Sch. 1942; Resim Öğretmeni, R. 1943; Siyah-Beyaz, Sch. (1952); Yillar Böyle Geçti, Mem. 1976; Sahte Kahramanlar, Sch.

1977; Kemalizmin Dramı, Ess. 1980; Atatürk Olmasaydi, Ess. 1982.

Török, Sándor, ungar. Schriftsteller, 25. 2. 1904 Homoróddaróc – 30. 4. 1985 Budapest. – S. Helden führen e. Existenzkampf am Rande der Großstadt oder des Dorfes; mit stillem Humor wird ihr abwechslungsreiches, doch kleinkariertes Leben aus dem Gesichtspunkt des wohlwollenden Außenseiters beschrieben. Auch als Jugendbuchautor bedeutend.

W: Vidéken volt primadonna, R. 1934; Valaki kopog, R. 1937; Tolvajok, R. 1943; Csilicsala csodái, Jgb. 1956 (Ein Zauberer geht durch die Stadt, d. 1968); Test és lélek, Aut. 1970; Egy kis kertet szerettem volna, Aut. 1979; Ez mind én voltam egykor, Aut. 1980.

Toesca, Maurice, franz. Romanschriftsteller, 25. 5. 1904 Confolens/Charente – 27. 1. 1998 Paris. Stud. Lycée Henri IV.; Schüler von Alain; Docteur ès lettres; bis 1946 Verwaltungslaufbahn, dann freier Schriftsteller. – Vf. von Novellen, Romanen und Essays, bes. über die Problematik der Beziehungen zwischen Mann und Frau. Fast klass. Perfektion des Stils; hinter der humorvollen Leichtigkeit s. Darstellung verbirgt sich e. Philos. der Desillusion.

W: Jeux de vie, jeux de vilains, Nn. 1945; Le soleil noir, R. 1946; Les scorpionnes, R. 1947; Le singe bleu, R. 1948; Le scandale, R. 1950; Simone ou le bonheur conjugal, R. 1952; L'expérience amoureuse, R. 1954; Paris, un jour d'avril, R. 1956; Les cœurs mal placés, Ess. 1959; Les fonctionnaires, R. 1959; La valse du sous-préfet, R. 1960; J'aime les bêtes, R. 1961 (d. 1963); Le bruit lointain du temps, R. 1962; Le plus grand amour de G. Sand, 1965; Vie de Musset, 1970; Simone ou le bonheur de la vie conjugale, R. 1974; Le libraire amoureux, R. 1975; Jules Renard, B. 1977; Un héros de notre temps, R. 1978; Histoires surnaturelles, R. 1979; Le prix de la douleur, R. 1981; Poésies pour Simone, G. 1982; Rêveries d'un pêcheur solitaire, o. J.

Tôge, Sankichi (eig. T. Mitsuyoshi), jap. Lyriker, 19. 2. 1917 Osaka – 10. 3. 1953 Hiroshima. Aufgewachsen in Hiroshima. Nach der Handelsschule in der Industrie tätig. Ab 1935 erste Gedichte. T. überlebte den Atombombenabwurf schwer gesundheitlich geschädigt, vertrat nach dem Krieg in seinen Gedichten u. Aktivitäten einen engagierten Pazifismus.

W: Genbaku shishû, G. 1951 (in: Hiroshima: three witnesses, hg. R. H. Minear, engl. 1990). – T. S. sakuhin shû (GW), II 1975.

Tóibín, Colm, ir. Schriftsteller, * 30. 5. 1955 Enniscorthy/Wexford. Erzogen St. Peter's College/Wexford, Stud. Univ. College Dublin. 1975–79 als Englischlehrer in Barcelona. Lebt in Dublin. – Auseinandersetzung mit dem Erbe von Nationalismus u. Katholizismus, Homosexualität als individuelles, lit. u. gesellschaftl. Problem zwischen traditioneller Ausgrenzung u. zeitgenöss. Bedrohung durch Aids.

W: Homage to Barcelona, Reiseb. 1990 (d. 1992); The South, R. 1990 (d. 1992); The Heather Blazing, R. 1992 (Flammende Heide, d. 1996); The Sign of the Cross, Reiseb. 1994; The Story of the Night, R. 1996 (Die Geschichte der Nacht, d. 1999); The Blackwater Lightship, R. 1999 (d. 2001); Love in a Dark Time, St. 2002; Lady Gregory's Toothbrush, biograph. Sk. 2002.

Toit, Jacob Daniel du → Totius

Tokarczuk, Olga Nawoja, poln. Schriftstellerin, * 29. 1. 1962 Sulechów b. Zielona Góra. Studium Psychol. Warschau. Seit 1986 in Wałbrzych bzw. b. Wałbrzych an der dt.-tschech. Grenze in Krajanów. – T. gilt als begabteste Erzählerin der jungen Generation. Philos. Tiefe und beeindruckende Erzählkunst markieren die angestrebte Einheit von Phantasie, Mythos und Realität. Faszinierend ist die Verknüpfung von Chaos und Ordnung in einem durchaus histor., regional begrenzten Raum.

W: Podróż ludzi księgi, R. 1993; E. E., R. 1995; Prawiek i inne czasy, R. 1996 (Ur und andere Zeiten, d. 2000, 2002); Szafa, En. 1997 (Der Schrank, d. 2000, 2001); Dom dzienny, dom nocny, R. 1998 (Taghaus, Nachthaus, d. 2001); Gra na wielu bębenkach, En. 2001.

Tokareva, Viktorija Samojlovna, russ. Prosaikerin, * 20. 11. 1937 Leningrad. Absolvierte nach der Musikhochschule (Klavier) ebda. (1958) das Inst. für Filmkunst (VGIK) in Moskau (1969), lehrte dann an einer Musikschule; schreibt überwiegend Erzählungen (1. Band 1969 ›O tom, čego ne bylo‹), die zuweilen zu Novellen anwachsen, ist zudem bes. als Drehbuchautorin bekannt (›Džentl'meny udači‹ 1971, ›Osennij marafon‹, 1979). – T. befaßt sich vorwiegend mit dem sowjet. bzw. russ. Alltag und schildert in einfacher Sprache die Nöte, Sorgen, Ängste und Enttäuschungen ihrer Figuren unmittelbar und ohne weitergehende Reflexionen.

W: Kogda stalo nemnožko teplee, R. u. En. 1972; Ničego osobennogo, En. 1983; Skazat' – ne skazat', N. u. En. 1991; Chėppi ėnd, N. u. En. 1995; Telochranitel', En. 1997; Ėtot lučšij iz mirov, En. 1998; Pervaja popytka, En. 2001. – Povesti i rasskazy (Nn. u. En.), III 1996.

Tokuda, Shûsei (eig. T. Matsuo), jap. Schriftsteller, 23. 12. 1871 Kanazawa (Ishikawa) – 18. 11. 1943 Tokyo. Nach dem Tod des Vaters mußte T. seine Ausbildung abbrechen, arbeitete als Lokaljournalist. Ab 1895 Mitglied des Kenyûsha-Kreises. Um 1905 Hinwendung zum Naturalismus, zu dessen bedeutendsten Vertretern T. insbes. durch seine autobiograph. Werke gehört.

W: Arakure, R. (Rough living, engl. 2001); T. S. zenshû (SW), XXXXIII 1997–2004.

L: R. Torrance, The fiction of T. S. and the Emergence of Japan's New Middle Class, 1994.

Tokutomi, Roka (eig. T. Kenjirô), jap. Schriftsteller, 25. 10. 1868 Minamata/Kyûshû – 18. 9. 1927 Ikao. Aus vornehmer Samurai-Familie, besuchte das christl. Doshisha-College in Kyoto, wurde Christ. 1888 Lehrer in Kumamoto, dann Tätigkeit in e. Verlagshaus in Tokyo. Reisen nach Ägypten, Palästina und Europa (besuchte Tolstoj), auch in die USA. – Christentum, Romantik u. Naturliebe prägten s. Werke, die heute Zeitdokumente der Meiji-Ära sind.

W: Hototogisu, R. 1897 (Ein Lebensschicksal aus den Tagen der Gegenwart, d. 1905); Shizen to jinsei, Sk. 1900 (engl. 1913); Omoide no ki, R. 1901 (engl. 1970); Kokuchô, R. 1903; Shinshun, Ess. 1918; Fuji, Aut. 1925–28. – R. zenshû (GW), 1928–30.

L: L. Kominz, T. R. Junrei Kikô, 1986; L. Gromkovskaya, Leo Tolstoy and T. R., 1988; K. Ito, The Family and Nation in T. R.'s Hototogisu 2000.

Tolentino de Almeida, Nicolau → Almeida, Nicolau Tolentino de

Tolkien, J(ohn) R(onald) R(euel), engl. Schriftsteller, Sprach- u. Lit.wissenschaftler, 3. 1. 1892 Bloemfontein/Südafrika – 2. 9. 1973 Bournemouth. Ab 1896 in England. Stud. Oxford, 1915–18 Kriegsdienst, 1920–25 Dozent für engl. Sprache Leeds, 1925–59 Prof. für german. Philol. Oxford. – S. sehr populäres Prosaepos ›The Lord of the Rings‹ erschafft e. phantast. kelt.-german. Mythenwelt mit dem Grundthema des Kampfes zwischen Gut u. Böse.

W: Chaucer as a Philologist, St. 1934; Beowulf, the Monsters and the Critics, St. 1936; The Hobbit, R. 1937 (d. 1957, 1974); Farmer Giles of Ham, E. 1949 (engl./dt. 1970); The Lord of the Rings, R.-Tril.: The Fellowship of the Ring, 1954 (d. 1969), The Two Towers, 1954 (d. 1970), The Return of the King, 1955 (d. 1970); The Homecoming of Beorhtnoth, St. 1955; The Adventures of Tom Bombadil, G. 1962; The T. Reader, 1966; Smith of Wooton Manor, R. 1967; The Road Goes Ever On, G. 1967; The Silmarillion, R. 1977 (d. ^{5}1984); Unfinished Tales, hg. Ch. Tolkien 1980; The Monsters and the Critics, Ess. hg. ders. 1983 (d. 1987); The Book of Lost Tales, hg. ders. I 1983 (d. 1986), II 1984 (d. 1987); The Shaping of Middle-Earth, R. hg. ders. 1983 (d. 1983); The Lays of Beleriand, G. hg. ders. 1985; Roverandom, E. hg. Ch. Scull, W. G. Hammond 1998 (d. 1999). – The History of the Lord of the Rings, VIII hg. Ch. Tolkien 2000; The History of Middle-Earth, XII hg. ders. 1984–97; The Complete History of Middle-Earth, III hg. ders. 2003; Letters, hg. H. Charpenter 1981 (d. 1991).

L: N. D. Isaacs, R. A. Zimbardo, hg. 1968; C. R. Stimpson, 1969; W. Ready, 1969; R. Foster, The Complete Guide to Middle-Earth, 1971, n. 1978; R. Evans, 1972; P. H. Kocher, 1973; R. Helms, 1974; D. Grotta, 1976; C. S. Kilby, 1976; H. Carpenter, 1977 (d. 1990); D. Petzold, Fantasy Literature als Wunscherfüllung und Weltdeutung, 1980; H. Pesch, hg. 1984; R. L. Purtill, 1984; T. Little, 1984; F. Hetmann, Die Freuden der Fantasy, 1984; D. Harvey, 1985; R. E. Morse, 1986; A. M. Pienciak, 1986; K. W. Crabbe, 1987; R. E. Blackwelder, 1990; C. Duriez, 1992; D. R. Collins, W. Heagy, 1992; John Carratello u.a., Literatur-Kartei. Der kleine Hobbit, 1993; W. H. Green, 1994; H. W. Pesch, Das Licht von Mittelerde, 1994; J. E. A. Tyler, K. Reilly, 1995; G. Zahnweh, Heldenfiguren bei Tolkien, 1995; A. Neimark, B. Weinman, 1996; W. G. Hammond, Ch. Scull, J. R. R. Tolkien. Der Künstler, 1996; D. Grotta, 1996; V. Flieger, 1997; P. Curry, 1997; J. Pearce, 1999; B. Sibley, John Howe, 1999; T. Honegger u.a., 1999; D. Bischoff, 2000; H. Bloom, hg. 2000; K. de Koster, 2000; G. Clark, D. Timmons, hg. 2000; M. Martinez, 2000; M. White, 2001 (d. 2002); R. Foster, 2001; J. Pearce, 2001; J. Chance, 2001; M. Coren, 2001 (d. 2001); C. Duriez, 2001; K. Haber, J. Howe, 2001; T. Shippey, 2001 (d. 2002); V. Flieger, 2001; D. Grotta, The Brothers Hildebrant, 2001; G. Hildebrant Jr., Greg and Tim Hildebrandt, 2001 (d. 2001); Mellie Uyldert, Die Entdeckung von Mittelerde, 2001; F. Schneidewind, Das große Tolkien-Lexikon, 2001; S. Servos, A. Kasprzak, 2001; M. Nagula, Tolkiens Welt, 2001; T. Pratchett u.a., Tolkiens Erbe, 2001; B. Sibley, 2001 (d. 2001); J. E. A. Tyler, The Complete T. Companion, 2002; D. Day, 2002; M. White, 2002; B. J. Birzer, 2002; G. Repun, 2002; A. Blake, 2002; J. Lodbell, hg. 2002; T. Shippey, 2002; A. C. Petty, 2002; R. S. Ellwood, 2002; M. E. Smith, 2002 (d. 2002); O. D. Bidlo, 2002; V. Akron, 2002; S. Servos, A. Arendt, 2002; R. F. Lübbe, Das große Mittelerde-Lexikon, 2002; G. Russell, 2002; L. Carter, Tolkiens Universum, 2002; L. E. Jones, 2003; S. Tolkien, Final Witness, 2003. – *Bibl.:* I. Carter, 1969; R. C. West, 1970; G. Kranz, Die Inklings-Bibliothek, 1992; J. H. Gillam, Treasures from the Misty Mountains, 2001.

Tollens, Hendrik (eig. Henricus Franciscus Caroluszoon T.), niederländ. Dichter, 24. 9. 1780 Rotterdam – 21. 10. 1856 Rijswijk. 1800–46 Händler mit Farbstoffen. – Schrieb nach sentimentalen Dramen u. Gedichten in der Nachfolge Feiths Lyrik in einfacher, gereimter Sprache um die Ideen der Menschenliebe und des Optimismus und wußte durch s. schlichte Denkweise e. breites Publikum zufriedenen Bürgertums anzusprechen. Versuchte daneben Leistungen vaterländ. Heldenmuts durch Übertragung in bürgerl. Lebens- und Denkformen dem Auffassungsvermögen s. Zeit anzupassen. Vf. des vaterländ. Volksliedes ›Wien Neêrlandsch bloed‹.

W: Sentimenteele gedichten en geschriften, 1799; Proeve van minnezangen en idyllen, III 1800–05; Gedichten, III 1808–15; Tafereel da de overwintering der Hollanders op Nova Zembla, Ep. 1819 (d. 1850). – Gezamenlijke dichtwerken, XII 1855–57, ^{2}1876.

L: G. D. J. Schotel, 1860; H. H. Knippenberg, 1936; G. W. Huygens, 1972 (m. Bibl.); H. Hardenberg, 1980.

Tolson, Melvin B(eaunorus), afroamerik. Lyriker, 6. 2. 1898 Moberley/MO – 29. 8. 1966 Dallas. Jugend in Kleinstädten Missouris u. Iowas; Studium Lincoln Univ., Pennsylvania; lehrte zeitlebens an schwarzen Colleges in Texas u. Oklahoma; Magisterarbeit über ›Harlem Writers‹ für die Columbia Univ. führt ihn an Personen u. Kultur von Harlem heran. – T.s erster Gedichtband, ›A Gallery of Harlem Portraits‹, fand in den 30er Jahren keinen Verleger, greift Form u. Sprache des Blues auf (vgl. L. Hughes) u. betont marxistisch Klasse vor Rasse. Im dritten Gedichtband (e. Auftragsarbeit für Liberia, dessen Poeta laureatus T. 1947 wurde) dringt e. radikaler Stilwandel zu bildlich komplexer, modernist. verdichteter Sprache (in Anlehnung an H. Crane, E. Pound u. T. S. Eliot) durch, der auch ›Harlem Gallery‹ prägt. Das Abrücken von mündl.-proletarischer zu modernist. Ästhetik (nicht Thematik) führte zu sehr kontroversen Beurteilungen von T.s eigenwillig kodierter Dichtung aus etabliert weißer u. militant schwarzer literarkrit. Perspektive.

W: Rendezvous with America, G. 1944; Libretto for the Republic of Liberia, G. 1953; Harlem Gallery: Book I, The Curator, G. 1965; A Gallery of Harlem Portraits, G. 1979; Harlem Gallery and Other Poems (WA), hg. R. Nelson 1999.

L: J. Flash, 1972; R. M. Farnsworth, 1984; M. Bérabé, Marginal Forces/Cultural Centers: Tolson, Pynchon, and the Politics of Canon, 1990.

Tolstaja, Tat'jana Nikitična, russ. Prosaikerin, * 3. 5. 1951 Leningrad. Enkelin von A. N. Tolstoj. Stud. klass. Philol. Univ. Leningrad, nach Abschluß 1974 Heirat und Umzug nach Moskau, erste Erzählungen erschienen in den Zsn. ›Avrora‹ (1983) und ›Novyj mir‹ (1986), von 1990–2000 überwiegend in den USA als Lektorin (Skidmore College in Saratoga Springs/NY) tätig, lebt in Moskau. – T. beschreibt in lebendiger, unverblümter Umgangssprache im Stil des mündl. Berichts den russ. Alltag, wobei sie ihren Blick vorwiegend auf dessen Schattenseiten richtet und mit e. oft komplizierten Bedeutungsaufbau vielschichtige Aussagen erreicht; die Themen sind soziale Inkompetenz, Verzweiflung, Grausamkeit, Trauer und von einem Mangel an Liebe geprägte Auflehnung, das Auseinanderklaffen von Wunsch und Wirklichkeit.

W: Na zolotom kryl'ce sideli..., En. 1987; Ljubiš'– ne ljubiš', En. 1997; Kys', R. 2000 (d. 2003); Noč', En. 2001; Den', En. 2001; Izjum, En. 2002; Krug, En. 2003 (Der Kreis, d. 2004).

L: S. Wisniewska, Ann Arbor 1994; H. Goscilo, N. Y. 1997.

Tolstoj, Aleksej Konstantinovič, Graf, russ. Dichter, 5. 9. 1817 Petersburg – 10. 10. 1875 Krasnyj Rog/Gouv. Černigov. Aus altem Adelsgeschlecht, Vetter von Lev N. T., Jugendfreund Alexanders II., 1834 im Moskauer Archiv des Außenministeriums, 1837 bei der russ. Mission in Frankfurt/M., hatte dann Ämter am kaiserl. Hof inne, verließ den Dienst 1861. – Stand den Tendenzen der radikal.-polit. und soziolog. orientierten Kritik fern, vertrat den Grundsatz der ›reinen Kunst‹. S. Lyrik, bisweilen im Ton des Volkslieds gehalten, zeichnet sich durch scharf geprägten Vers, Bildhaftigkeit der Sprache, kunstvolle Darstellung landschaftl. Szenerien, seel. Stimmungen in ihrem Wechsel aus, u. a. haben Čajkovskij, Rimskij-Korsakov, Borodin manche s. Gedichte vertont. Schrieb formvollendete Verserzählungen wie ›Ioann Damaskin‹, mit dem Thema der dichter. Mission. S. ›Knjaz' Serebrjanyj‹ zählt zu den besten aus jenen russ. hist. Romanen, in deren Struktur und Stil e. auf W. Scott zurückgehende Tradition sichtbar wird. Bes. Vorzüge in der Zeichnung der hist. und folklorist. Details aus dem 16. Jh. Aus s. dramat. Tril. ragt ›Car' Fëdor Ioannovič‹ mit der eigenwillig gestalteten Titelfigur hervor. Begründete die nationalhist. Ballade mit heroischer Thematik, berühmt ›Vasilij Šibanov‹ mit e. Stoff aus Geschichte des 16. Jh.; s. in untadel. Verse gefaßten parodist. Balladen, z. B. ›Istorija gosudarstva Rossijskogo ot Gostomysla...‹, gehört zu den vergnüglichsten Dichtungen der russ. Lit. E. der Vf. der ›Werke‹ des fingierten Koz'ma Prutkov.

A: Polnoe sobranie sočinenij (GW), IV 1913; Polnoe sobranie stichotvorenij, G. II 1937–39; Sobranie sočinenij (GW), IV 1963f., IV 1980, II 1984. – Übs.: Gedichte, 1881, 1895; Iwan der Schreckliche, Dr. 1977; Fürst Serebriany, R. 1985.

L: M. Dalton, 1972; S. D. Graham, Amst. 1985; F. Göbler, 1992.

Tolstoj, Aleksej Nikolaevič, russ. Erzähler, 10. 1. 1883 Nikolaevsk (heute Pugačëv/Gouv. Samara) – 23. 2. 1945 Moskau. Aus alter Adelsfamilie, Vater Gutsbesitzer; bis 1908 Stud. am Technolog. Institut Petersburg, ohne Abschluß; erste Versuche im Vers 1905, schrieb ab 1908 Erzählungen und Romane mit eindrucksvoller realist. Darstellung des Verfalls von Landadelsgeschlechtern; während des 1. Weltkriegs Kriegsberichterstatter, schloß sich 1917 den Weißen an, emigrierte 1918 nach Paris, wo u. a. ›Detstvo Nikity‹, z. T. autobiograph., sowie der 1. Teil der Romantril. ›Choždenie po mukam‹ erschienen; 1921 in Berlin in der Gruppe der ›Smenovechovcy‹, kehrte 1923 nach Moskau zurück, paßte sich dort voll der jeweiligen Parteilinie an und war als ›roter Graf‹ und Millionär bekannt. – E. überaus fruchtbarer, geistig nicht sehr tiefer, flüssig schreibender Schriftsteller und polit. Opportunist. Schrieb zunächst, in der Weise des ihm befreundeten H. G.

Wells, phantast. und naturwiss.-utop. Romane, ›Aėlita‹ und ›Giperboloid inženera Garina‹, ferner satir. Romane über die Emigranten, vollendete 1941 die Romantrilogie. ›Choždenie po mukam‹, worin e. Fassung des 1. Teils von 1921 im Sinn der kommunist. Doktrin revidiert ist, stellt in der Tril. die Phase von 1914 bis in die Bürgerkriegsperiode in der Geschichte der russ. Intelligenz dar, veranschaulicht bes. eindringl. im 1. Teil den unter dem Eindruck der Ereignisse sich vollziehenden Wandel in den Auffassungen der Intelligenzschicht; im 2. und 3. Teil gewinnt geschichtl. Material die Oberhand über die Romanhandlung. S. Hauptwerk, d. Roman ›Pëtr Pervyj‹, ist e. auf Quellenstudien beruhende, lit. Biographie Peters d. Gr. bis 1701, mit eindrucksvoller Charakterisierung des Zaren, farbenreicher Schilderung des Milieus und parteigemäßer Fälschung des relig. Lebens; stellt in dem polit. Auftragsstück ›Ivan Groznyj‹ die Rolle Ivans des Schrecklichen positiv dar, um dem Terror und der Annexion der balt. Staaten histor. Legitimation zu verleihen.

W: Lirika, G. 1907; Za sinimi rekami, G. 1911; Chromoj barin, R. 1915; Detstvo Nikity, E. 1922 (Nikitas Kindheit, d. 1955); Choždenie po mukam, R. III 1922–41 (Der Leidensweg, d. 1947); Aėlita, R. 1923 (d. 1924); Pëtr Pervyj, R. III 1930–45 (Peter d. Gr., d. 1949); Chleb, R. 1937 (Brot, d. 1939). – Polnoe sobranieسočinenij (GW), XV 1946–53; Sobranie sočinenij (GW), X 1958–61, VIII 1982–86. – Übs.: Im Nebel, 1919; Rasputin, R. 1926; Bund der fünf, En. 1953; I. Sudariows Erzählungen, En. 1953; GW in Einzelbänden, Bd. 1 1985.

L: H. Jünger, 1969; Vospominanija ob A. N. T., 1973, 1982; S. Borovikov, 1984; V. V. Petelin, hg. 1995; N. S. Terras, Lewiston 2002.

Tolstoj, Lev Nikolaevič, Graf, russ. Dichter, 9. 9. 1828 Jasnaja Poljana/Gouv. Tula – 20. 11. 1910 Astapovo/im ehem. Gouv. Tambov. Aus altem Adelsgeschlecht, Vater Gutsbesitzer; 1830 Tod der Mutter, 1837 des Vaters, 1841 in Kazan' in der Obhut e. Tante, dort Stud. 1844–47 ohne Abschluß, dann in der Verwaltung des Guts Jasnaja Poljana tätig, 1851–56 Militärdienst im Kaukasus, an der Donaufront, in Sevastopol'; s. Erstlingswerk, die autobiograph. Skizze ›Detstvo‹, 1852 im ›Sovremennik‹ Nekrasovs gedruckt, hatte großen Erfolg; 1857 erste Auslandsreise, vereint 1860/61, Begegnung mit B. Auerbach in Dresden, A. Herzen in London, Proudhon in Brüssel; 1862 ∞ Sof'ja Andreevna Bers (Behrs), Tochter e. Moskauer Arztes, lebte dann ständig auf dem Gut Jasnaja Poljana, wo er auch als Pädagoge, prakt. im Unterricht von Bauernkindern, und theoret. wirkte; 1901 Trennung von der Orthodoxen Kirche bestätigt; starb, nachdem er sich heimlich von s. Familie entfernt hatte. – E. der größten Schriftsteller der Weltlit.; fand über das Tagebuch den inneren Zugang zum lit. Schaffen; Neigung zu unabläss. Introspektion, ungewöhnl. Begabung zur Analyse des seel. Lebens ließen ihn zum Kunstmittel des ›inneren Monologs‹ greifen, der s. Art der Darstellung seel. Zustände und Vorgänge geprägt hat; gelangte zu Meisterschaft in der Schilderung des Traumlebens, der Stadien zwischen Wachzustand und dämmerndem, erlöschendem Bewußtsein, des Vorgangs des Sterbens, der mehrmals, wie in der lit. vollendeten Sterbegeschichte ›Smert' Ivana Il'iča‹, zentrales Motiv ist. Wesentl. Merkmal s. stilist. Methode ist der Kunstgriff der ›Verfremdung‹ (ostranenie), als solche erscheint z. B. die Wiedergabe e. Begebenheit nach dem Erlebnis der oder jener dichter. Figur (Sicht von der Seite her). Bezeichnend für s. gesamtes lit. Werk ist e. moral. Pathos, das nicht zuletzt von dem ihm verehrten Rousseau bestimmt ist, es äußert sich in e. Drang nach Wahrheit, macht sich in gewissem Maß in T.s Abkehr von jegl. lit. Schablone geltend; so sind die frühen Erzählungen aus dem Kaukasus bis in das Kriegsbild hinein eindeutig gegen die traditionelle romant. Schilderung gerichtet; das moral.-didakt. Element gewinnt im Frühwerk bes. Stärke in der Novelle ›Ljucern‹, ist in den künstler. ausgeglichenen größeren und kleineren Einzelwerken, wie in der meisterhaften Tiergeschichte ›Cholstomer‹, eng mit den künstler. Ausdrucksmitteln verflochten. S. Hauptwerk ›Vojna i mir‹, e. der bedeutendsten Romane der Weltlit., ist weniger aus der russ., von W. Scott beeinflußten hist. Belletristik als vielmehr aus der biograph., hist. und Memoirenlit. heraus entstanden; der urspr. Plan erfuhr während der Niederschrift gewichtige Änderungen, die Handlung spielt vor dem Hintergrund der Napoleon. Kriege teils in Rußland, teils im Ausland. Ist mit den erdichteten Figuren aus einigen Adelsfamilien und mit hist. Persönlichkeiten verbunden. Bewunderswürdig die Gestaltung der Charaktere. In Andrej Bolkonskij und Pierre Bezuchov, die e. hohen Grad geist. Erkenntnis erlangen, entfaltet sich das für T. charakterist. Motiv des Suchens nach dem Sinn des Lebens bes. eindringl.; kunstreich die Struktur des Romans mit dem Geflecht von Hauptstrang und Nebensträngen der Fabel. Mit der gleichen Gestaltungskraft ist ›Anna Karenina‹ geschaffen, doch klingt darin nicht mehr die optimist. Grundton an und ist das Milieu der russ. Oberschicht weniger in s. feudalwirtschaftl. Erscheinungsform wie in ›Vojna i mir‹ als in s. Prägung durch kommerziellen, liberalen und städt. Geist gezeigt. Gegenstand des Werks ist e. Ehebruchtragödie, die Struktur gekennzeichnet von 2 Handlungssträngen, deren einer um Levin die Entfaltung der eigenen menschl. Problematik T.s schildert; die in dem Werk beschlossenen eth. Gedankengänge sind in den Romanpersonen und ihren Lebensschicksalen verkörpert, Nebenfabeln mit der Fabel in kunstvoller ›Instrumentation‹ zusammengefügt, wesentl. Züge des T.schen Spätwerks zeichnen sich hier bereits ab. T. versinnbildlicht in der in der stilist. Formung einzigartigen ›Ispoved'‹ die schwere seel. Krise, in die er nach Beendigung von ›Anna Karenina‹ geraten ist, wendet sich e. rigoros christl. bestimmten, bes. auf die Lehren der Bergpredigt hin gerichteten Leben und Denken zu, erfährt dann in steigendem Maß infolge s. die Verwirklichung e. urchristl. Haltung erstrebenden Wirkens Verehrung und Bewunderung der Zeitgenossen. Verwirft die Kunst, soweit sie nicht moral. Zwecken dient, wird durch e. erschütterndes Erlebnis angesichts des Elends des Großstadtproletariats zur Konzeption e. sozialrevolutionären Lehre veranlaßt, greift die östl. Kirche, schließl. das gesamte kirchl. Christentum an; beeindruckt mit s. Losung vom Nichtwiderstehen gegenüber dem Übel, mit s. Predigt der Gewaltlosigkeit auch Gandhi. S. schriftsteller. Kraft verströmt in Bänden theolog.-polem., didakt., sozial-revolutionärer, kunsttheoret. Abhandlungen, doch gelingen ihm noch Werke von hohem lit. Rang, in denen e. strenger Moralismus nicht die Oberhand über den Drang zu dichter. Gestaltung erlangt: Die Volkserzählungen der 80er Jahre mit der harmon. Verschmelzung des Künstler. mit dem Religiösen, die Erzählung ›Otec Sergij‹ nach Art der Heiligenleben mit der Figur des zur Vollkommenheit strebenden Menschen, ›Chozjain i rabotnik‹ wie das Drama ›Živoj trup‹ mit dem Motiv der tätigen Nächstenliebe bis zur letzten Folgerung, ›Chadži-Murat‹ mit e. ausgesprochen heroischen Thema, der Roman ›Voskresenie‹ mit dem e. Gebot der Bergpredigt entnommenen Grundgedanken. Schuf als Dramatiker s. Bestes in dem naturalist. bühnenwirksamen Bauerndrama ›Vlast' t'my‹, veranschaulicht darin Probleme der Monogamie als sittl. Gesetzes; übte als Prosadichter (auf die slav. und westeurop. Literaturen), als Kulturkritiker und relig. Denker stärksten Einfluß aus.

W: Detstvo, Aut. 1852; Nabeg, E. 1853; Otročestvo, Aut. 1854; Zapiski markera, E. 1855; Sevastopol' v dekabre, Sk. 1855, S. v mae, Sk. 1856, S. v avguste, Sk. 1856; Rubka lesa, E. 1855; Dva gusara, E. 1856; Junost', Aut. 1857 (zus. m. Detstvo u. Otročestvo; u.d.T. Aus meinem Leben, d. 1890); Ljucern, N. 1857; Al'bert, N. 1858 (d. 1888); Tri smerti, N. 1858; Semejnoe sčast'e, R. 1859; Polikuška, E. 1863 (d. 1888); Kazaki, N. 1863 (Die Kosaken, d. 1885); Zaražёnnoe semejstvo, K. 1863; Vojna i mir, R. IV 1864–69 (Krieg u. Frieden, d. W. Bergengruen 1953); Anna Karenina, R. 1873–76 (d. III 1885); Ispoved', 1882; V čёm moja vera?, Abh. 1883/84; Kritika dogmatičeskogo bogoslovija, Abh. 1884; Tak čto že nam delat'?, E. 1886; Smert' Ivana Il'iča, E. 1886 (Der Tod des I. I., d. 1913); Vlast' t'my, Dr. 1886 (Die Macht der Finsternis, d. 1890); Krejcerova sonata, E. 1889 (Die Kreutzersonate, d. 1890); D'javol, E. 1889; Plody prosveščenija, K. 1890; Otec Sergij, E. 1891; Carstvo Božie vnutri vas, Abh. 1895; Chozjain i rabotnik, E. 1895; Živoj trup, Dr. 1900 (Der lebende Leichnam, d. 1911); Voskresenie, R. London 1899 (Auferstehung, d. 1899); Chadži-Murat, E. 1901 (d. 1912); I svet vo t'me svetit, Sch. 1902 (Und das Licht leuchtet in der Finsternis, d. 1912). – Polnoe sobranie sočinenij (SW, Jubiläumsausg.), XC 1928–60, C 2000f. – Übs.: GW, XXXV 1901–11, XVI 1924–28, XII 1964, XX 1966 ff.; Das erzähler. Gesamtwerk, XII 1967, XXII 1978–80.

L: R. Rolland, 1911 (d. 1922, n. 1967); P. Birjukov (B.), IV [2]1922/23 (d. II 1906–09); D. Mereschkowskij, T. u. Dostojewskij, [3]1924; M.J. Markovich, Rousseau et T., 1928; B. Ėjchenbaum, III 1928–60; ders., Der junge T., n. 1968; F. Porché, Portrait psychologique de T., 1935 (d. 1954); E. Simmons, Lond. 1946; N. N. Gusev, Letopis' žizni i tvorčestva L. N. T., II 1958–60; J. Lavrin, 1961; E. Wedel, 1961; N. N. Ardens, 1962; K. Hamburger, [2]1963; W. Lednicki, Den Haag 1965; H. Troyat, Paris 1965 (d. 1966); E. N. Kuprejanova, 1966; Ė. E. Zajdenšnur, 1966; R. E. Matlaw, hg. N. Y. 1967; M. Doerne, T. u. Dostojewski, 1969; E. Crankshaw, London 1974; A. Maude, 1987; E. Dieckmann, Polemik um e. Klassiker, 1987; L. Šestov, 1994; G. Kjetsaa, 2001; Cambridge Companion to T., hg. D. T. Orwin, 2002. – Bibl.: Ė. E. Zajdenšnur u.a., 1955; Bibl. d. dt. Übs., 1959; N. N. Seljapina, IV 1960–78; E. G. Babaev, II 1990–99.

Toman, Josef, tschech. Schriftsteller, 6. 4. 1899 Prag – 27. 1. 1977 ebda. 1923–45 Sekretär des Künstlervereins ›Mánes‹, dann Ministerialbeamter. – T.s vielseitiges Werk, das Lyrik, Dramen, Drehbücher u. Romane umfaßt, behandelt hist.-romant. u. gesellschaftl. Themen.

W: Černé slunce, Dr. 1929; Člověk odnikud, R. 1933; Svět bez oken, Dr. 1933; Přítelkyně, K. 1936 (m. Miroslava T.); Vosí hnízdo, R. 1938 (1956 als Dům z karet); Lidé pod horami, R. 1940; Vinice, Dr. 1941; Don Juan, R. 1944 (d. 1957); Zkáza Titanicu, H. 1948; Slovanské nebe, Dr. 1949; Kde lišky dávají dobrou noc, R. 1957 (Wo sich die Füchse gute Nacht sagen, d. 1963); Po nás potopa, R. 1963 (Nach uns die Sintflut, d. 1968). – Vybrané spisy (AW), V 1958–62.

L: J. T., 1969 (m. Bibl.); J. Polák, 1978.

Toman, Karel (eig. Antonín Bernášek), tschech. Dichter, 25. 2. 1877 Kokovice u Slaného – 12. 6. 1946 Prag. Archivbeamter des Parlaments. – Vom düsteren Pessimismus der Dekadenz u. Anarchismus findet der Weltenbummler T. zurück zur gefühlsbetonten Erlebnislyrik, die statt berauschender Sinneslust das Familienglück u. die Verbundenheit mit der Heimat, statt sozialer Rebellion echte Humanität besingt.

W: Torso života, G. 1902; Melancholická pout', G. 1906; Sluneční hodiny, G. 1913; Básně, G. 1918; Měsíce, G. 1918; Stoletý kalendář, G. 1926. – Soubor veršů, ges. G. VI 1928–37; Dílo (W), 1956/57; Básně, G.-Ausw. 1977.

L: J. Hora, 1935; F. X. Šalda, Časové a nadčasové, 1936; B. Polan, 1957; F. Buriánek, 1963.

Tomasi di Lampedusa, Giuseppe, ital. Schriftsteller, 23. 12. 1896 Palermo – 23. 7. 1957 Rom. Aus sizilian. Fürstengeschlecht. Zunächst Offizier, während des Faschismus häufig im Ausland. – In dem erst kurz vor s. Tode entstandenen und postum veröffentlichten hist. Roman ›Il Gattopardo‹ schildert T. d. L. in meisterhafter Sprachbeherrschung und voll feiner Ironie als Ausdruck e. pessimist. Geschichtsbildes das Schicksal e. aristokrat. Familie im Sizilien der Zeit Garibaldis. Auch in s. Erzählungen bildet die Landschaft s. Heimat den Hintergrund.

W: Il Gattopardo, R. 1958 (n. 1969; Der Leopard, d. 1959); Racconti, 1961 (Die Sirene, d. 1961); Lezioni su Stendhal, Ess. 1977; Invito alle lettere francesi del Cinquecento, Ess. 1979. – Opere, hg. G. Lanza Tomasi 1995.

L: F. Orlando, 1963; A. Vitello, I Gattopardi di Donnafugata, 1963; G. Buzzi, 1972; S. Zotti, 1973; S. Salvestroni, 1973; G. P. Samon, 1974; N. Zago, I Gattopardi e le iene. Il messaggio inattuale di T. d. L., 1983; A. Vitello, 1988; M. Bertone, 1995.

Tomeo, Javier, span. Erzähler, * 9. 9. 1932 Quicena/Aragón. Stud. Jura u. Kriminologie Saragossa u. Barcelona; Angestellter in großem internationalen Unternehmen. – E. der meistübersetzten span. Autoren der Gegenwart; Durchbruch erst 1985. Vf. e. Fülle eigenwilliger, gattungsmäßig schwer einzuordnender Prosastücke zwischen Erzählung u. Kurzroman; verfremdet banal-triste Alltagssituationen ins Skurrile, Absurde u. Phantast.; oft als Parabeln über die postfranquist. Gesellschaft gedeutet; pessimist. Weltsicht; vereint Sprachskepsis u. Fabulierlust; bevorzugt Monolog u. Dialog als Erzählformen; versch. Bühnen- u. Hörspielbearbeitungen.

W: El cazador, 1967; El unicornio, 1971; Los enemigos, 1974 (n. 1991); Diálogo en re mayor, 1976 (d. 1995); El castillo de la carta cifrada, 1979 (Der Marquis schreibt einen unerhörten Brief, d. 1984); Amado monstruo, 1985 (Mütter und Söhne, d. 1986); El cazador de leones, 1987 (d. 1988); Historias mínimas, 1988; La ciudad de las palomas, 1988 (d. 1991); El discutido testamento de Gastón de Puyparlier, 1990 (d. 1992); El gallitigre, 1990; Zoopatías y zoofilias, 1992; El crimen del cine oriente, 1995 (d. 1996); La máquina voladora, 1996; El canto de las tortugas, 1998 (d. 1999); Napoleón VII, 1999 (d. 2000); La mirada de la muñeca hinchable, 2003. – *Übs.:* Der Mensch von innen und andere Katastrophen, Ausw. 1988.

Tomizza, Fulvio, ital. Erzähler, 26. 1. 1935 Materada di Umago/Istrien – 21. 5. 1999 Triest. Journalist bei der RAI im Studio Triest, wo er auch lebte. – Schildert Fiktion u. hist. Dokumentation verbindend Begebenheiten aus dem Grenzbereich zwischen ital. und slowen. bzwischen kroat. Kultur. Versuchte mit s. Romanen zur Überwindung des Mißtrauens und des Hasses zwischen den genannten Völkern beizutragen.

W: Materada, R. 1960; La ragazza di Petrovia, R. 1962; La quinta stagione, R. 1965 (Die fünfte Jahreszeit, d. 1997); Il bosco di acacie, R. 1966 (Der Akazienwald, d. 1989); L'albero dei sogni, R. 1969; La torre capovolta, R. 1971 (Der umgestürzte Turm, d. 1990); La miglior vita, R. 1977 (Eine bessere Welt, d. 1979); L'amicizia, R. 1980 (Triestiner Freundschaft, d. 1981); La finzione di Maria, R. 1981 (d. 1985); Il male viene dal Nord, R. 1984 (d. 1987); Gli sposi di via Rossetti, R. 1986 (Das Leben aus der Via Rosetti, d. 1989); L'ereditiera veneziana, R. 1989 (Die venezianische Erbin, d. 1991); I rapporti colpevoli, R. 1992; Franziska, R. 1998; Nel chiaro della notte, En. 1999; La Visitatrice, R. 2000; La casa col mandorlo, En. hg. A. Paolini 2000.

L: M. Neirotti, 1979; C. Alberti, 2001.

Tomlinson, Charles, engl. Lyriker, * 8. 1. 1927 Stoke-on-Trent. Engl.-Dozent Univ. Albuquerque, Hamilton/N. Y. u. Bristol. – E. der bedeutendsten neueren engl. Lyriker. Exquisit ausgeführte Gedichte mit mikroskop. klarer, frischer Detailbeobachtung, vom franz. Symbolismus, von W. C. Williams, M. Moore u. W. Stevens beeinflußt. Übs. von Machado u. Tjutcev.

W: Relations and Contraries, G. 1951; The Necklace, G. 1955 (d. 1968); Seeing Is Believing, G. 1958; A Peopled Landscape, G. 1963; American Scenes, G. 1966; The Matachines, G. 1968; The Way of a World, G. 1969; Written on Water, G. 1972; The Shaft, G. 1978; Selected Poems 1951–74, 1978; Translations, G. 1983; Notes From New York, G. 1984; Eden: Graphics and Poetry, 1985; The Return, G. 1987; Annunciations, G. 1989; The Door in the Wall, G. 1992; Jubilation, G. 1995; Selected Poems 1955–97, 1997; Vineyard Above the Sea, G. 1999; American Essays, 2001. – Collected Poems, 1985, erw. 1987. – *Übs.:* Gedichte, engl./dt. 1982; Gedichte, 1997.

L: H. Weber, 1983; K. O'Gormann, hg. 1988; B. John, 1989; M. Meyer, Struktur, Funktion und Vermittlung der Wahrnehmung, 1990; S. Wewetzer, Ästhetische Strukturen und dichtungstheoretische Konzepte, 1995; T. Clark, 1999.

Tommaseo, Niccolò, ital. Schriftsteller, 9. 10. 1802 Sebenico/Dalmatien – 1. 5. 1874 Florenz. Aus alter vornehmer Familie; bis 1822 Stud. Jura Padua, 1827 Übersiedlung nach Florenz; bis 1832 Mitarbeiter der lit. Zs. ›Antologia‹ von G. P. Vieussseux, ging 1832 ins Exil nach Paris; 1838/39 Korsika, 1840 Rückkehr in die Heimat; 1848 wegen s. patriot. Schriften und Reden zusammen mit Daniele Manin von der österr. Regierung in Venedig inhaftiert; nach dem Volksaufstand von 1848 Unterrichtsminister der provisor. Regierung der Republik Venedig; 1849 Flucht nach Korfu, wo er bis 1854 blieb; fast blind; 1854–65 in Turin, anschließend bis zu s. Tod in Florenz. – Vf. von

Tommaso da Celano

relig. u. patriot. Gedichten, Novellen, hist. Romanen, Schriften über Religion, Moral, Pädagogik, Gesch., Politik, Philos., lit. Kritik u. Philol., Hrsg. e. ›Commento alla Divina Commedia‹, sammelte toskan., slaw., griech. und kors. Volkslieder. Als Philologe hinterließ T. e. ›Nuovo Dizionario dei sinonimi‹ und e. ›Dizionario della lingua italiana‹.

W: Nuovo Dizionario dei sinonimi, 1830; Della Italia, Schr. 1835 (hg. G. Balsamo-Crivelli 1920); Il Duca d'Atene, R. 1837; Commento alla Divina Commedia, 1837; Una serva, N. 1837; Fede e bellezza, R. 1840 (d. 1845); Dizionario estetico, 1840; Il supplizio d'un italiano in Corfù, Aut. 1855; Colloqui col Manzoni, 1855 (hg. T. Lodi 1929); Dizionario della lingua italiana, 1858–79 (m. B. Bellini; n. 1977); Poesie, 1872 (hg. G. Manni 1902). – Opere, Edizione Nazionale, 1943ff.; Opere, Ausw. A. Borlenghi 1958; Opere, hg. M. Puppo II 1968; Poesie e prose, hg. P. P. Trompeo, P. Ciureanu II 1959; Le memorie poetiche, hg. G. Salvadori 1917; Carteggio inedito, hg. P. Prunas 1923, V. Missori 1981; Venezia negli anni 1848 e 1849, hg. P. Prunas, G. Gambarin II 1931–50; Diario intimo, hg. R. Ciampini ³1946; Carteggio Tommaseo – Vieusseux, 2002.

L: G. Salvadori, La giovinezza di N. T., 1908; M. Lazzari, L'animo e l'ingegno di N. T., 1911; P. Pieri, 1912; A. Vesin, 1914; A. Baroni, 1932; J. Mollame, Il pensiero e l'azione politica di N. T., 1939; N. T., hg. A. Gustarelli 1939; R. Ciampini, 1944 u. 1945; M. Puppo, 1948 u. 1950 (m. Bibl.); A. Borlenghi, 1953; ders., N. T. e il romanticismo italiano, 1957; M. L. Astaldi, 1966; G. Debenedetti, 1973; G. Bezzola, T. a Milano, 1978; H. Grote, 2000. – Bibl.: P. Tecchio, 1974.

Tommaso da Celano, mittellat. Hagiograph, um 1190 Celano dei Marsi – etwa 1260 Tagliacozzo/Abruzzen. 1215 Franziskaner; 1221 Reise nach Dtl. mit Caesarius von Speyer, 1223 Kustos der Rhein. Provinz. – Verfaßte im Auftrag von Papst Gregor IX. als 1. Biograph des hl. Franziskus zwischen 1228 u. 1230 die ›Legenda prima‹ und 1246/47 die ›Legenda secunda‹ der ›Sancti Francisci Assisiensis vita et miracula‹ sowie e. ›Tractatus de miraculis S. Francisci‹ (1250–53). Vielleicht auch Sequenzendichter u. Autor der Hymne (Sequenz) ›Dies irae‹, e. vom Schrecken durchdrungenen Darstellung des Jüngsten Gerichts.

A: Vita S. Francisci, hg. E. Alencon 1906; Analecta Franciscana ¹⁰1926–41. – Übs.: E. Grau ⁴1988.

L: S. Spirito, Il francescanesimo di fra T. da C., 1963; T. da C. e la sua opera di biografo di s. Francesco, 1985; R. Paciocco, F. Accrocca, La leggenda di un santo di nome Francesco, 1999; D. Schiopetto, Interpretazione e attualizzazione della ›Norma vitae‹ nel ›Memoriale in desiderio animae‹ di T. da C., 2000.

Tompa, Mihály, ungar. Dichter, 28. 9. 1817 Rimaszombat – 30. 7. 1868 Hanva. Stud. Philol., Jura u. Theol. in Sárospatak. Erster Erfolg 1841 mit dem Gedicht ›Alkonyatkor‹ in der Zs. ›Athenaeum‹. 1846 erschien s. erfolgr. Volkssagensammlung. 1847 Mitgl. d. Kisfaludy-Gesellschaft. 1849 ∞ Emília Soldos. 1851 ref. Pastor in Hanva. 1858 Mitgl. der Ungar. Akad. der Wiss. – Seine Lyrik wurde von der Volksdichtung beeinflußt. Nach der Niederlage des Freiheitskampfes artikulierte er die Hoffnung s. Volkes in großen allegorischen Gedichten. Mit s. volkstüml.-klassizist. Lyrik wurde er neben Petőfi u. Arany als drittes Mitgl. des volkstüml. Triumvirats bezeichnet.

W: Népregék, népmondák, Sagen 1846; Virágregék, G. 1854 (Blumen-Märchen, d. 1905); Versei, G., VI 1863; Válogatott versei, G. 1994.

L: E. Császár, 1923.

Tondelli, Pier Vittorio, ital. Schriftsteller, 1955 Correggio/Reggio Emilia – Dez. 1991 ebda. Stud. in Bologna, Mitarbeit bei ›L'Espresso‹ als Lit. kritiker. – In ›Rimini‹, e. Roman über das mondäne Leben im Urlaubsparadies, formen versch. Erzählerstimmen e. harmon. Ganzes.

W: Altri libertini, R. 1980 (d. 1990); Pao Pao, R. 1982 (d. 1989); Rimini, R. 1985 (d. 1988); Camere separate, R. 1989 (d. 1993); L'abbandono, En. hg. F. Panzeri 1993. – Opere, II, hg. ders. 2000f.

L: E. Buia, Verso casa. Viaggio nella narrativa di P. V. T., 1999; A. Spadaro, 2002.

Tonegaru, Constant, rumän. Dichter, 26. 2. 1919 Galaţi – 10. 2. 1952 Bukarest. Sohn e. Marineoffiziers; abenteuerl. Leben, das ihm Elend, Hunger u. Gefängnishaft einbrachte. – E. Esenin der Stadt aus der Schule Bacovias u. Apollinaires. Dichter der absoluten Freiheit; distanzierte Ironie u. Galgenhumor verbergen starke Sensibilität. In meist exot. Landschaften, bis zur Neige erträumt, wirkt s. ständige Herausforderung des Todes beklemmend trag. und unsagbar schön.

W: Plantaţii, G. 1945; Steaua Venerii, G. hg. B. Cioculescu 1969.

Tony → Bergmann, Anton

Toole, John Kennedy, amerik. Erzähler, 1937 New Orleans – 26. 3. 1969 Biloxi/MS. Stud. Tulane und Columbia Univ., Lehrtätigkeit an versch. Univ., Selbstmord. – Posthumer Ruhm für s. Roman ›A Confederacy of Dunces‹ über e. skurrile Außenseiterfigur aus New Orleans; pikareske Darstellung, grotesk-karikierendes Figurenarsenal.

W: A Confederacy of Dunces, R. 1980 (Ignaz oder die Verschwörung der Idioten, d. 1982); The Neon Bible, R. 1989 (d. 1991).

L: F. Arrabal, 1985; R. P. Nevils, 2001.

Toomer, Jean, afroamerik. Schriftsteller, 26. 12. 1894 Washington D.C. – 30. 3. 1967 Doylestown/PA. Stud. Wisconsin, Chicago u. New

York. – Neben z.T erst posthum veröffentlichten, verstreuten, modernistisch geprägten Kurzgeschichten, Gedichten, Dramen u. Essays verfaßte T. mit ›Cane‹ 1923 e. der zentralen Texte der sog. ›Harlem Renaissance‹ – e. technisch brillantes Kompendium experimenteller Kurzgeschichten u. Prosastücke (eines davon fast Drama) mit eingelagerten Gedichten (darunter einige der klangvollsten der afroamerik. Lyrik) mit teils südstaatl. ländl. (Georgia), teils urbanen Schauplätzen (Chicago u. Washington, D.C.). ›Cane‹ blieb die Hauptfrucht einer Vertiefung von T. in die afroamerik. Kultur seines gemischten Erbes, das er bald für sich selbst mehr als polyethnisch oder nur ›amerikanisch‹ verstand.

W: Cane, R. 1923; Essentials, Aphor. 1931. – The Wayward and the Seeking (AW), 1980; Collected Poems, hg. R. B. Jones, M. T. Letimer 1988.

L: D. T. Turner, 1971; N. Y. McKay, 1984; C. E. Kerman, R. Eldridge, 1987; R. P. Byrd, 1990; R. B. Jones, 1993.

Topelius, Zachris, finnl.-schwed. Dichter, 14. 1. 1818 Kuddnäs – 12. 3. 1898 Helsingfors. Vater Arzt u. Sammler von Volksdichtungen; Stud. in Helsingfors, 1842–60 Redakteur, ab 1854 ao., 1863 o. Prof. für finn. Gesch. Univ. Helsingfors, 1875–78 Rektor. – Spätromantiker, dessen patriot. Dichtung große Bedeutung für die Erstarkung des finn. Nationalbewußtseins erlangte. Begründer des hist. Romans in Finnland. S. lit. Vorbilder sind W. Scott u. V. Hugo. Enthüllt in s. hist. Novellen u. Sagen das Spiel der Schicksalsmächte; im schließl. Ausgang offenbart sich der optimist. Glaube an die Versöhnung aller Gegensätze. Als Lyriker reiner Idylliker. Der relig. Zug s. Dichtung nahm immer stärker dogmat. Formen an. Gegen Ende s. Lebens Kindererzähler; S. zahlr. Sagen, Erzählungen u. Märchen mit ihren wohlgemeinten Lehren brachten ihm wahre Triumphe ein.

W: Ljungblommor, G. III 1845–54; Sagor, En. IV 1847–52; Hertiginnan af Finnland, E. 1850 (Die Herzogin von Finnland, d. 1885, 1925); Fältskärns berättelser, En. V 1854–66 (Erzählungen u. Abenteuer e. alten finnländ. Feldscherers, d. III 1855; d. Ausz. 1880, 1926); Regina von Emmeritz, Dr. 1854; Läsning för barn, En. VIII 1865–96 (Ausz. der Märchen u. Erzählungen für Kinder, d. L. Fehr 1885, A. Schnell 1899, F. Rosenbach 1901, E. Potthoff 1911, E. Weller 1912, J. Meyer-Lüne 1917, 1948); Nya blad, G. 1870; Vinterqvällar, En. III 1880–97 (Ausz. Aus hohem Norden, d. O. Gleiss VI 1886/87, Aus Finnland, d. E. Longé II 1888); Ljung, G. 1889; Stjärnornas kungobarn, E. 1889; Ljungars saga, R. 1896. – Samlade skrifter (GW), XXXIV 1899–1907, ²1920–22; Dagböcker, IV 1918–25; 120 dikter (ausgew. G.), 1970; Under rönn och syren (ausgew. G.), 1989. – *Übs.*: Gedichte in: Finnland i. Bilde s. Dichtung, d. E. Brausewetter 1899; Aus der Versdichtung Finnlands 1918; Gedichte aus Finnland, d. F. Israel 1920; Neue finnländ. Märchen, 1923; Das Wichtelmännchen im Åboer Schloß, 1977; Walters Abenteuer, 1988; Kleiner Lappe Sampo, 1994.

L: V. Vasenius, VI 1912–30; A. J. Sarlin, 1917; S. Lagerlöf, 1920, d. 1921; E. N. Tigerstedt, 1943; M. Graner, 1946; K. Laurent, 1948; P. B. Nyberg, 1949; A. Arjatsalo, 1988; A. Tiitta, 1994.

Topîrceanu, George, rumän. Dichter, 21. 3. 1886 Bukarest – 7. 5. 1937 Jassy. Gymnas.; Angestellter in Bukarest, Publizist; Stud. Philos. Jassy; kriegsgefangen in Bulgarien, Theaterdirektor in Jassy u. Chişinău, freier Schriftsteller. – Begabter Lyriker mit sehr flüssigen Versen, humorvoll, geistreich, sentimental mit verborgener, tiefer Melancholie u. gelungenen Parodien.

W: Parodii originale, G. 1916; Balade vesele şi triste, G. 1920; Migdale amare, G. 1928. – Opere alese (AW), hg. A. Săndulescu II 1960. – *Übs.*: Ballade von der kleinen Grille, 1963; Lyrisches, Satirisches, 1970.

L: A. Săndulescu, 1958; C. Ciopraga, 1966; V. Ene, 1969.

Topol, Josef, tschech. Schriftsteller, * 1. 4. 1935 Poříčí nad Sázavou. Stud. Dramaturgie Prag, 1967–72 Regisseur, dann Arbeiter nach Unterschrift des ›Manifests der 2000 Worte‹ u. der ›Charta 77‹. – Nach e. hist. Verstragödie wandte sich T. der gesellschaftl. Problematik zu. Behandelt moral. Konflikte der mod. Jugend, ihre Ablehnung des konventionellen Sozialismus, ihre Suche nach Wahrheit u. Harmonie.

L: Půlnoční vítr, Tr. 1955; Jejich den, Dr. 1962; Konec masopustu, Dr. 1963 (Fastnachtsende, d. 1965); Kočka na kolejích, Dr. 1966 (Die Katze auf dem Gleis, d. 1966); Slavík k večeři, Dr. 1967; Hodina lásky, Dr. 1968 (d. 1969); Dvě noci s dívkou aneb Jak okrást zloděje, Dr. 1972; Sbohem, Sokrate, Dr. 1976, 1990; Hlasy ptáků, Dr. 1989; Sedm dní s J. T., G. 1995, Básne, G. 1997. – J. t.a Divadlo za branou, Drn.-Ausw. 1993.

Topor, Roland, franz. Karikaturist u. Schriftsteller, 7. 1. 1938 Paris – 16. 4. 1997 ebda. Aus poln.-jüd. Einwandererfamilie; Stud. der schönen Künste, 1958 Veröffentlichung der ersten Zeichnungen in der Zs. ›Bizarre‹, tätig in versch. künstler. Bereichen, auch Drehbücher. – Merkmal s. lit. Arbeiten ist e. üppig wuchernde, suggestive Phantasie. ›Mémoires d'un vieux con‹ sind e. intelligente Parodie auf den Kunst- und Lit.-Betrieb sowie den Memoirenkult. Mit s. Zeichnungen setzt T. die schwarzhumorige Tradition der Surrealisten fort.

W: Le locataire chimérique, R. 1964 (d. 1976); Le bébé de Monsieur Laurent, Dr. 1972 (d. 1986); Mémoires d'un vieux con, R. 1975 (d. 1977); Vinci avait raison, K. (1976); Portrait en pied de Suzanne, Tr. 1978 (d. 1985). – *Übs.*: Der schönste Busen der Welt, En. 1987.

L: G. Kehayoft, 1985.

Topsøe, Vilhelm, dän. Erzähler, 5. 10. 1840 Skelskør/Seeland – 11. 7. 1881 Skodsborg. Cand. jur. 1865; seit 1872 Redakteur der gemäßigtkonservativen Kopenhagener Zt. ›Dagbladet‹. – Wegen s. konservativen Standpunkts von G. Brandes nicht zu den ›Männern des mod. Durchbruchs‹ gerechnet, aber von H. Bang mit Recht als realist. Schriftsteller betrachtet. Beschreibt in ›Jason med det gyldne skind‹ mit eindringl. Psychologie das Scheitern der romant. Träume s. Helden u. s. Entwicklung zu e. wirklichkeitsoffenen u. eth. reifen Mann u. gibt in ›Nutidsbilleder‹ e. Satire über das unreife polit. Leben der 1870er Jahre in Dänemark. Die Novellen u. Skizzen in ›Fra studiebogen‹ sind feine psycholog. Studien.

W: Jason med det gyldne skind, R. 1875 (n. 1982); Nutidsbilleder, R. 1878; Fra Studiebogen, En. 1879; Slagne Folk, R. 1892. – Samlede fortællinger (GW), III 1891; Udvalgte skrifter (Ausw.), II 1923.

L: V. Andersen, 1922.

Torelli, Achille, ital. Dramatiker, 5. 5. 1841 Neapel – 31. 1. 1922 ebda. Sohn e. Redakteurs und e. Adligen; Stud. am franz. Institut in Neapel, Gymnasiallehrer; seit 1888 Bibliothekar, anschließend bis 1916 Bibliotheksdirektor in Neapel. – Vf. von etwa 20 Lustspielen, auch im neapolitan. Dialekt, im echten ital. Familienmilieu. Anfangs naturalist., später mehr psycholog. Züge; Hauptthema ist die alles überwindende Liebe. Bekannt bes. ›I mariti‹, e. Lustspiel in 5 Akten in gemäßigtem Realismus. Während s. Tätigkeit in der ›Biblioteca Nazionale‹ in Neapel auch Vf. bibliograph. und lit. Studien.

W: Dopo morto, Dr. 1858; La moglie, Dr. 1869; La verità, Dr. 1875; I mariti, Lsp. 1876; Gli onesti, Dr. 1877; Schegge, G. 1878; L'Israelita, Dr. 1883; L'amore che dura, R. 1884; Scrollina, Dr. 1885; La moglie, Dr. 1885; Triste realtà, Dr. 1886; Donne antiche e donne moderne, Dr. 1888; Sul Cantico dei Cantici: completare, Es. 1892; Sulla scienza dell'arte, Es. 1896; L'arte e la morale, Es. 1902. – Teatro scelto e inedito, n. E. Grassi 1961; Teatro napoletano, 1974.

Torelli, Pomponio, ital. Dichter, 1539 Montechiarugolo/Parma – 1606 ebda. Stud. in Padua u. Frankreich. Erhält wichtige Ämter am Hof der Farnese und unternimmt für sie diplomat. Reisen u. a. nach Spanien. 1606 Vorsitz der Accademia degli innominati in Parma. – Neben Liebesgedichten und e. Kommentar zur ›Poetik‹ des Aristoteles verfaßt er insbes. Tragödien im klass. Stil, die sich an den Theorien von Trissino und Speroni orientieren.

W: Tancredi, Dr. hg. L. Cappelletti 1968; Vittoria, Dr. hkA F. Manca, Ann Arbor 1981; Movimenti dell'animo. Romanzo filosofico, hg. L. Vignali 1983; Il Polidoro, Dr. hg. V. Guercio 1990; La Merope, Dr. hkA hg. ders. 1999.

L: P. Vernazza, Poetica e poesia di P. T., 1964.

Torga, Miguel (eig. Adolfo Correia da Rocha), portugies. Dichter, 12. 8. 1907 S. Martinho de Anta/Trás-os-Montes – 17. 1. 1995 Coimbra. Jugend in Nordportugal u. Brasilien, Stud. Medizin Coimbra, Arzt ebda. Gehörte zur Gruppe um die modernist. Zs. ›Presença‹. – Äußerst vielseitiger Autor (Lyrik, Drama, Roman, Erzählung, Tagebuch) von aufbegehrender expressionist. Gebärde, von Unamuno u. García Lorca beeinflußt; neben ekstat.-hymn. u. pathet. Stilhaltung jedoch auch konzis-nüchterne Sprache (bes. im späteren Werk); leidenschaftl. Streben nach künstler. Authentizität u. knappem Ausdruck. Führte Tagebuch u. Tiergeschichten als lit. Formen in Portugal ein.

W: A Terceira Voz, En. 1931; Abismo, G. 1932; O Outro Livro de Job, G. 1936; A. Criação do Mundo, R. IV 1937–39; Bichos, En. 1940; Diários, Tg. VIII 1941–59; Terra Firme, Dr. 1941; Mar, Dr. 1941; Montanha, En. 1941; Lamentação, G. 1942; Rua, En. 1942; O Senhor Ventura, R. 1943; Novos Contos da Montanha, En. 1944; Vindima, R. 1945 (Weinlese, d. 1965); Odes, G. 1946; Sinfonia, Dr. 1947; O Paraíso, Sat. 1949; Alguns Poemas Ibéricos, G. 1952; Penas do Purgatório, G. 1954; Orfeu Rebelde, G. 1958. – *Übs.:* Panorama moderner Lyrik, Anth. 1960; Ich kann die Liebe nicht vertragen, Anth. 1960.

L: E. Lourenço, 1955; F. de Moura, 1959; J. de Melo, 1960; Z. de Oliveira, O problema religioso em M. T., 1960; A. Augusto, 1960; M. Münchschwander, Diss. Köln 1966; T. R. Lopes, 1984; C. Carranca, 2000.

Torre, Guillermo de, span. Schriftsteller, 27. 8. 1900 Madrid – 14. 1. 1971 Buenos Aires. Stud. Rechte ebda., Reisen durch ganz Europa, Mitarbeit an zahlr. Zeitungen u. Zsn., gründete 1927 mit E. Gimenez Caballero die ›Gaceta Literaria‹. Rege kulturelle u. lit. Tätigkeit im In- u. Ausland, ab 1927 längerer Aufenthalt in Argentinien; ∞ Norah Borges, Schwester Jorge Luis Borges'. – Kritiker, Journalist, Lyriker u. Übs.; Haupt der ultraist. Bewegung, die um 1919 aufkam u. nach Erneuerung der Dichtkunst u. Lösung von Rhetorik u. Sentimentalität strebte u. deren Manifest er verfaßte; s. Gedichtsammlung ›Hélices‹ ist e. der charakterist. Werke dieser Strömung. Machte sich später v. a. als Kritiker e. Namen. Hrsg. García Lorcas u. A. Machados.

W: Manifiesto vertical ultraísta, 1920; Hélices, G. 1923; Literaturas europeas de vanguardia, Es. 1925; Examen de conciencia, Es. 1928; Itinerario de la nueva pintura española, Es. 1931; Vida y arte de Picasso, B. 1936; Menéndez Pelayo y las dos Españas, Es. 1943; La aventura y el orden, Ess. 1943; Problemática de la literatura, Ess. 1951; Qué es el superrealismo, Es. 1955; Las metamorfosis de Proteo, Ess. 1956; La aventura estética de nuestro tiempo, Ess. 1961; El fiel de la balanza, Ess. 1961; La aventura estética de nuestra edad, Es. 1962; Tres conceptos de la literatura hispanoamericana, Es. 1963; Minorías y masas en la cultura y el arte contemporáneos, Es. 1963; Historia de las literaturas de vanguardia, Es. 1965;

Del 98 al Barroco, Ess. 1969; Vigencia de Rubén Darío y otras páginas, Ess. 1969; Nuevas tendencias de la crítica literaria, Ess. 1970; Doctrina y estética literaria, Es. 1970.

L: E. de Zuleta, 1962.

Torrente Ballester, Gonzalo, span. Schriftsteller, 13. 6. 1910 Serantes (Ferrol/Coruña) – 27. 1. 1999 Salamanca. Stud. Geisteswiss. u. Jura Santiago de Compostela u. Madrid, Oberstudienrat, 1936–42 Dozent an der Univ. Santiago. – Sehr beachtet als Lit.- u. Theaterkritiker von umfassender Bildung. Spät entdeckter Romancier, dessen Werke zu dem Interessantesten u. Fundiertesten im zeitgenöss. Romanschaffen zählen.

W: Viaje del joven Tobías, Sch. 1938; El casamiento engañoso, Auto sacramental 1941; Lope de Aguirre, Sch. 1941; Javier Mariño, R. 1942; El retorno de Ulises, Sch. 1945; El golpe de Estado de Guadalupe Limón, R. 1946; Ifigenia, E. 1950; Teatro español contemporáneo, St. 1957; Los gozos y las sombras, R.-Tril. (d. 1991): El señor llega, 1957, Donde da la vuelta el aire, 1960, La pascua triste, 1962; Panorama de la literatura española contemporánea, St. 1961; Don Juan, R. 1963 (d. 1993); Off-side, R. 1969; La saga-fuga de J. B., R. 1972; Cuadernos de La Romana, Es. 1975; Fragmentos de Apocalipsis, R. 1977; Nuevos cuadernos de La Romana, Es. 1978; La isla de los jacintos cortados, R. 1981 (d. 1995); Los cuadernos de un vate vago, Prosa 1982; La Princesa Durmiente va a la escuela, R. 1983; Quizá nos lleve el viento al infinito, R. 1984; La rosa de los vientos, R. 1985; Yo no soy yo evidentemente, R. 1987; Filomeno, a mi pesar, R. 1988; Las islas extraordinarias, R. 1991; Los años indecisos, R. 1997. – Teatro, II 1982.

L: A. Giménez, 1981; C. Becerra, 1982; F. H. Blackwell, The Game of Literature, 1985; A. G. Loureiro, 1990; G. Torrente Malvido, 1990; S. Ruiz Baños, 1992; J. A. Ponte Far, 1994; L. Suardíaz Espejo, 1996; A. J. Gil González, Teoría y crítica de la metaficción en la novela española contemporánea, 2001.

Torres, Antônio, brasilian. Schriftsteller, * 13. 9. 1940 Junco/Bahia. Kindheit und Jugend im Dorf, Reporter in der Großstadt Sao Paulo, 3 Jahre in Portugal, lebt heute in Rio de Janeiro. – S. Romane beschreiben das Hier und Jetzt der Megalopolen, das Leben der Migranten (›Essa Terra‹) aus dem agrar. Nordosten in den Großstädten im Zuge der beschleunigten Modernisierung; mit ›Meu querido canibal‹ u. ›O nobre sequestrador‹ liefert er entscheidende Beiträge zum neuen hist. Roman, der facts u. fiction mischt und so zur Neubewertung von Vergangenheit und Gegenwart kommt.

W: Um cão uivando para a lua, R. 1972; Os homens dos pés redondos, R. 1973; Essa Terra, R. 1976 (d. 1986); Carta ao bispo, En. 1979; Adeus velho, R. 1981; Balada da infância perdida, R. 1986 (engl. 1989); Um táxi para Viena d'Austria, R. 1991; O cachorro e o lôbo, R. 1997 (franz. 2000); Meu querido canibal, R. 2000; O nobre sequestrador, R. 2003. – A. T., uma antologia, 2000.

L: S. Santiago, 1988.

Torres Bodet, Jaime, mexikan. Schriftsteller, 17. 4. 1902 Mexiko Stadt – 13. 5. 1974 ebda. Lit.- Prof., Außen- u. Erziehungsminister, Diplomat, Generaldirektor der UNESCO. Freitod, vermutl. wegen schwerer Krankheit. – In persönl. Abwandlung des Surrealismus, auch unter Einfluß des ›modernismo‹ iron. Stil u. überraschende Metaphern. Vf. neuartiger Romane in kraftvoller Sprache.

W: Fervor, G. 1918; El corazón delirante, G. 1922; Canciones, G. 1922; Margarita de Niebla, R. 1927; La educación sentimental, R. 1929; Proserpina rescatada, R. 1931; Cripta, G. 1937; Nacimiento de Venus, En. 1941; Tres inventores de realidad, Ess. 1955; Tiempo de arena, Aut. 1955. – Obras escogidas, 1961; Obra poética, II 1967; Memorias, V 1970–74.

L: J. T. B. Voz viva de México, 1960; M. R. Gómez u. a., 1965; B. F. Cowart, 1966; E. Carballo, 1968; S. Karsen, N. Y. 1971; B. K. Miller, 1974; B. Miller, hg. 1976.

Torres Naharro, Bartolomé de, span. Dramatiker, um 1485 La Torre de Miguel Sexmero/Badajoz – um 1540 Badajoz(?). War vermutl. Soldat, geriet nach e. Schiffbruch in alger. Gefangenschaft, wurde nach s. Auslösung Priester u. lebte in Rom u. Neapel. Von glühender Frömmigkeit erfüllt, geriet durch Berührung mit Korruption u. Lasterhaftigkeit am päpstl. Hof in schwere innere Konflikte; kehrte anscheinend gegen Ende s. Lebens nach Spanien zurück. – Dramatiker u. Lyriker, entscheidend für die Entwicklung der span. comedia, bedeutendster Vorläufer Lope de Vegas neben Gil Vicente. S. Stücke haben satir. Schlagkraft, zeugen von realist. Beobachtungsgabe u. sind regelmäßig gebaut; sie weisen mit Vorherrschen der Handlung gegenüber der Charakterzeichnung bereits typ. Tendenzen des späteren span. Theaters auf. Erste Ansätze des Ehrenproblems der späteren Mantel- u. Degenstücke in ›Himenea‹, inspiriert von der ›Celestina‹. S. Hauptwerk ist ›Propalladia‹, e. Sammlung von Satiren, Episteln, Romanzen u. 7 comedias, Vorwort bedeutend als erste dramaturg. Abhandlung der span. Lit. Hielt sich in s. Lyrik an die traditionellen kurzen Metren der kastil. Dichtung; Anklänge an J. Manrique.

W: La Propalladia, Lyrik u. Dr. 1517 (n. H. Cañete, M. Menéndez y Pelayo II 1880–1900, J. E. Gillet, Bryn Mawr IV 1943–61 [m. Komm., St. u. Bibl.]). – Comedias, hg. D. W. McPheeters 1973; Tres comedias, hg. H. López Morales 1965.

L: P. Mazzei, 1922; A. R. Rodríguez Moniño, 1937 (Rev. Filol. Esp.); J. E. Gillet, Philadelphia 1961; S. Zimic, II 1977f.; J. Lihani, Boston 1979.

Torres Villarroel, Diego de, span. Schriftsteller, 1693 Salamanca – 19. 6. 1770 ebda. Sohn e. Buchhändlers, abenteuerl., bewegtes Leben, 1713

Soldat, Einsiedler, Tänzer u. Stierkämpfer in Portugal, 1726 Mathematikprof. in Salamanca, 1745 Priesterweihe. – Interessanteste Gestalt der span. Lit. in der ersten Hälfte des 18. Jh.; geistig dem 17. Jh. verhaftet. Vorbild Quevedo, den er in einigen Satiren imitiert. S. Hauptwerk, e. autobiograph. Roman, schließt an die Tradition der Schelmenromane an, e. unterhaltsames Buch von ungezwungener Fröhlichkeit. Verfaßte auch astrolog. Almanache u. gelehrte Schriften, in denen er sich für den Fortschritt der Wiss. einsetzte.

W: La barca de Aqueronte, 1731 (n. G. Mercadier 1969); Vida de Sor Gregoria de Santa Teresa, B. 1738; Vida ... de T. V., R. 1743 (n. F. de Onís 1912, G. Mercadier 1972, M. M. Pérez López 1990); Sueños morales, Sat. 1743 (n. 1960); El Ermitaño y Torres, Abh. 1752; Visiones y visitas de Torres con Quevedo por Madrid, Sat. o. J. (n. R. P. Sebold 1966); Historia de historias, Sat. o. J. – Obras completas, XV 1794–99.

L: A. García Boiza, 1911, 1918 u. 1948; R. Monner Sans, 1915; A. Berenguer Carisomo, 1965; R. P. Sebold, 1966; G. Mercadier, 1969; S. Kleinhaus, Meisenheim am Glan 1975; R. P. Sebold, Novela y autobiografía en la ›Vida‹ de T. V., 1975; E. Suárez Galbán, 1975; E. Martínez Mata, 1990; Revisión de T. V., hg. M. M. Pérez López 1998.

Tosa-nikki → Ki

Tosuner, Necati, türk. Schriftsteller, * 18. 6. 1944 Ankara. Gymnas. in Istanbul, nach Studienaufenthalt in Köln 1973–75 gründete er den Verlag Derinlik, 1977–83, Werbetexter, seit 1996 freier Schriftsteller. – Selbst als Kind durch Unfall buckelig, ist ihm der andere, der als gleichwertig akzeptiert werden will, in frühen Erzählungen und in dem in Köln angesiedelten Roman ›Sancı...‹ Hauptmotiv; in späteren Büchern große Sensibilisierung für Sprache und zwischenmenschl. Beziehungen im Alltag der türk. Großstadt; die letzten Romane zeichnen das Panorama einer Gesellschaft im Umbruch.

W: Özgürlük Masalı, En. 1965; Çıkmazda, En. 1969; Kambur, En. 1972; Sisli, En. 1977; Sancı... Sancı..., R. 1977; Necati Tosuner Sokağı, En. 1983; Çılgınsı, En. 1990; Ges. En. 1994, 1996; Bir Tutkunun Dile Getirilme Biçimi, En. 1997; Güneş Giderken, En. 1998; Yalnızlıktan Devren Kiralık, R. 2000; Bana Sen Söyle, R. 2002.

Totenbuch, Sammlung altägyptischer Jenseitstexte, die seit dem Neuen Reich (ca. 16. Jh. v. Chr.) meist auf Papyrus, aber auch auf Särgen, Leichentüchern, Lederrollen oder an den Grabwänden den Verstorbenen mit ins Grab gegeben wurden. Ihr ägyptischer Titel lautet ›Buch vom Herauskommen bei Tage‹. Diese Spruchsammlung sollte dem Toten helfen, die Gefahren im Jenseits zu überwinden und frei beweglich zu sein. Letzterem Ziel dienten vor allem die »Verwandlungssprüche«, die den Toten in verschiedene Lebewesen, etwa Vögel oder Insekten, verwandeln sollten. Zu den bekanntesten und wichtigsten der insgesamt etwa 200 einzelnen Sprüche, die häufig mit Vignetten versehen sind, gehören etwa Spruch 110 (»Gefilde der Seligen«) und vor allem Spruch 125 mit dem »negativen Sündenbekenntnis« und der Wägeszene des Totengerichts, in der das Herz des Verstorbenen vor dem Gott Osiris gegen das Symbol der Maat, der Wahrheit und gerechten Weltordnung, gewogen wird. Ein Teil der Sprüche geht auf älteres Textgut zurück, auf die ›Sargtexte‹ und sogar auf die ›Pyramidentexte‹ des Alten Reiches.

A: R. Lepsius, Das Todtenbuch der Aegypter nach dem hieroglyphischen Papyrus in Turin, 1842; E. Naville, Das Aegyptische Todtenbuch der XVIII. bis XX. Dynastie, 1886; E. Hornung, Das ägyptische Totenbuch, 1979.

Tóth, Árpád, ungar. Dichter, 14. 4. 1886 Arad – 7. 11. 1928 Budapest. Schule in Debrecen, Stud. Lit. Budapest. Redakteur, lungenkrank. – In e. Zeit lit. Experimente zeichnet sich T. bes. durch einfachen Stil u. klare Form s. Werks aus. In lyr. Gedichten ebenso wie in s. bekannten Übsn. e. Meister der Sprache.

W: Hajnali szerenád, G. 1913; Lélektől lélekig, G. 1928. – Összes versei, hg. L. Szabó 1935, 1953. – *Übs.*: Abendlicher Strahlenkranz, G.-Ausw. 1987.

L: L. Kardos, ²1965; G. Makay, 1967.

Totius (eig. Jacob Daniel du Toit), afrikaanser Lyriker, 21. 2. 1877 Paarl – 1. 7. 1953 Pretoria. Sohn S. J. du Toits, dem Führer der 1. Afrikaans-Bewegung; Schule in Paarl u. Pretoria; Stud. Theol. in Burgersdorp u. ab 1900 in Amsterdam; Pfarrer in Nylstroom; 1911 Prof. der evangel. Theol. in Potchefstroom; 1949 Ruhestand. – Denker u. Dichter von strenger kalvinist. Weltanschauung. In Natur, Geschichte u. persönl. Leben sieht er die Hand Gottes, aus der er Liebe, Freude u. Schmerz empfängt. In ganz gewöhnl. Dingen sieht er Symbole s. christl. Glaubens. Motive s. schlichten Lyrik in einfacher Sprache sind das persönl. Leben und das Leiden des Volkes, bes. der Frau. Prophet s. Volkes im Rahmen der christl. Lehre. Psalmendichter u. Bibelübersetzer.

W: By die Monument, 1908; Verse van Potgietersrek, 1909; Wilgerboombogies, 1912; Rachel, 1913; Trekkerswee, 1915; Kinderverse, 1920; Passieblomme, 1934; Uit donker Afrika, 1936; Skemering, 1948. – Versamelde Werke, 1977; Versamelde Gedigte, 1988.

L: J. du Plessis, 1924; C. M. van den Heever, 1932; G. Dekker, 1938; P. J. Nienaber, 1948; C. J. M. Nienaber, 1962; T.T. Cloete, 1970; F. I. J. van Rensburg, 1977; T. T. Cloete, 1999.

Toulet, Paul-Jean, franz. Dichter, 5. 6. 1867 Pau – 6. 9. 1920 Guéthary/Basses-Pyrénées. Kreol.

Eltern; Jugend auf Mauritius, in Algier und Südfrankreich; kam 1898 nach Paris. Verbindung zu lit. Kreisen; geistreicher Unterhalter. Mitarbeiter versch. Zsn. Lebte ab 1912 aus Gesundheitsrücksichten im Baskenland. – Lyriker und Romanschriftsteller von großer Originalität der Form, nicht ganz frei von Preziosität. Dichter der Gruppe der ›fantaisistes‹, die durch die Stilmittel der Ironie oder Verhaltenheit zu e. aufrichtigen dichter. Aussage zu gelangen suchten. T.s geistreiche, stilist. virtuose ›Contrerimes‹ gelten in ihrem grotesken Humor und dem freien Spiel der Phantasie als Meisterwerk dieser Schule. Vf. von Maximen in der Tradition von La Rochefoucauld.

W: Monsieur de Paur, homme public, R. 1898; Le mariage de Don Quichotte, R. 1902; Les tendres ménages, En. 1904; Mon amie Nane, R. 1905; Comme une fantaisie, E. 1918; La jeune fille verte, E. 1920; Les contes de Béhanzigue, En. 1920; Les contrerimes, G. 1921 (n. 1979); Les trois impostures, Maximen, hg. Rémy de Gourmont 1922; Les demoiselles La Mortagne, R. 1922; Correspondance avec un ami pendant la guerre, 1922; Notes d'art, Es. 1924; Notes de littérature, Es. 1926; Journal et voyages, 1934. – Œuvres Complètes, 1986.

L: H. Martineau, 1921; T. Derème, En rêvant à P.-J. T., 1927; J. Drussard, L'Aventure de P.-J. T., 1928; F. Carco, Amitié avec P.-J. T., 1934; P. O. Walzer, 1949; R. Georlette, 1955; H. Martineau, V 1957–59; J. Goasguen, G. Anthony, 1967; G. Toso-Rudinis, Florenz 1967; D. Aranjo, I 1980, II 1981; M. Bulteau, hg. 1985; P.-O. Walzer, 1987; M. Bulteau, 1987; X. Mu, 1996; J. Dubacq, 1996.

Tour du Pin, Patrice de la → La Tour du Pin, Patrice de

Tourgée, Albion Winegar, amerik. Schriftsteller, 2. 5. 1838 Williamsfield/OH – 21. 5. 1905 Bordeaux. Stud. Jura Univ. Rochester, Teilnahme am Bürgerkrieg, 1865 Anwalt in Greensboro, North Carolina, wo er sich auch als Politiker betätigte und unbeliebt machte, 1879 Journalist in New York, 1898–1905 Konsul in Bordeaux. – Behandelte in s. Romanen die Zeit der ›Reconstruction‹ im Süden und vertrat dabei den Standpunkt der radikalen polit. Erneuerungskräfte des Nordens.

W: Toinette, R. 1874; A Fool's Errand, R. 1879 (n. J. H. Franklin 1961); Bricks Without Straw, R. 1880; Hot Plowshares, R. 1883; The Invisible Empire, R. 1883. – Novels, VII 1989.

L: R. F. Dibble, 1921; T. L. Gross, 1963; O. H. Olson, Carpetbagger's Crusade, 1965.

Tourneur, Cyril, engl. Lyriker und Dramatiker, 1575(?) – 28. 6. 1626 Kinsale/Irland. Über s. Leben ist wenig bekannt. Militärdienst in den Niederlanden; Sekretär Sir Edward Cecils auf der erfolglosen Cadiz-Expedition 1625. Wegen Erkrankung auf der Rückfahrt in Irland an Land gesetzt. – Vf. e. satir.-allegor. Dichtung ›The Transformed Metamorphosis‹, e. Klage über polit. Verhältnisse, über Korruption in der kathol. Kirche und über die Zustände in Irland. Seine Dramen stehen in der Nachfolge Marstons. Die ›Revenger's Tragedy‹ ist e. Schreckens- und Rachetragödie mit starken Visionen des Bösen. Neben dem zentralen Motiv der Rache verhandelt das Stück bühnenwirksam Spannungen von sexuellem Begehren, patriarchalischer Macht u. moralischem Verfall. Auch die T. zugeschriebene Tragödie ›The Atheist‹ zeigt eine dunkle Weltschau, hatte aber zur Zeit T.s deutlich weniger Erfolg als die von spektakulären Szenen geprägte ›Revenger's Tragedy‹.

W: The Transformed Metamorphosis, Dicht. 1600; The Revenger's Tragedy, 1607 (hg. G. B. Harrison 1934, R. A. Foakes 1966); A Funeral Poem, 1609; The Atheist's Tragedy, 1611 (hg. I. Ribner 1964, B. Morris 1976); A Grief on the Death of Prince Henry, G. 1613. – Complete Works, hg. A. Nicoll 1930; Plays and Poems, hg. J. C. Collins II 1878; The Plays, hg. G. Parfitt 1978.

L: P. B. Murray, 1964; J. Ph. Ayres, 1977; S. Schuman, 1977; R. A. Foakes, Marston and T., 1978. – Bibl.: K. Tucker, 1977.

Tournier, Michel (Edouard), franz. Schriftsteller, * 19. 12. 1924 Paris. Aus wohlsituiertem Elternhaus. Schulbesuch in Saint-Germain-en-Laye. Stud. an der Jurist. und Philos. Fakultät in Paris und Tübingen (Licencié en lettres et en droit). 1949–54 beim O.R.T.F. tätig, bis 1958 Presseattaché bei Radio Europe I, 1964–68 Lektor bei Plon. Mitarbeiter der ›Nouvelles Littéraires‹, Mitgl. der Académie Goncourt. – Verwendet in s. Romanen Mythen (Robinson) und Barbarismen (Menschenfresserei) mit Ironie und Humor. Die Spannweite von äußerster Primitivität bis zur höchsten zivilisator. Verfeinerung schildert er mit reicher und klarer Sprache. Übs. E. M. Remarques.

W: Vendredi ou les limbes du Pacifique, R. 1967 (Freitag oder im Schoß des Pazifik, d. 1968); Le roi des aulnes, R. 1970 (d. 1972); Vendredi ou la vie sauvage, R. 1971 (Freitag und Robinson im Bann der wilden Insel, d. 1973); Les météores, R. 1975 (Zwillingssterne, d. 1977); Le vent paraclet, Ess. 1977 (d. 1979); Le coq de bruyère, En. 1978 (Die Familie Adam, d. 1981); Des clefs et des serrures, Ess. 1979 (d. 1980); Gaspard, Melchior et Balthazar, R. 1980 (d. 1983); Gilles & Jeanne, E. 1984 (d. 1985); La goutte d'or, R. 1986 (d. 1987); Eléazar ou la source et le buisson, 1996.

L: D. Gascoigne, 1996; C. Klettke, 1996; Ch. Anderson, 1998; J.-B. Vray, 1999; R. Edwards, 1999; D. Platten, 1999; B. Schmitz, 2003.

Toussaint, Anna Louisa → Bosboom-Toussaint, Anna Louisa Geertruyda

Toussaint, Jean-Philippe, belg. Schriftsteller franz. Sprache, * 9. 11. 1957 Brüssel. – Drehbuchautor und Filmemacher, Romanautor; beurteilt die Lit. als bewahrende Kunstgattung, den Film eher als flüchtiges Erlebnis. Die Inhalte s. Produktionen berühren bisweilen den Kitsch von oberflächl. Liebesgeschichten.

W: La salle de bain, R. 1985; L'appareil photo, R. 1988; Monsieur, R. 1989; La Sévillane, R. 1989; La réticence, R. 1991; Autoportrait, R. 2000.
L: M. F. Schmidt, 2003.

Toussaint van Boelaere, F. V. (eig. Fernand Victor T.), fläm. Schriftsteller, 19. 2. 1875 Anderlecht – 30. 4. 1947 Brüssel. Beamter im Justizministerium. – Vf. psycholog. Erzählungen, beeinflußt vom Modernismus; stark intellektuelle Themen aus Stadt- u. Landleben u. e. Traumwelt mit z.T. grotesken, surrealist. oder mag.-realist. Zügen. Strenge, kultivierte Prosa. Schrieb auch Gedichte u. lit.krit. Essays.

W: Landelijk minnespel, N. 1910; De bloeiende verwachting, E. 1913; Petrusken's einde, E. 1917; Het gesprek in Tractoria, E. 1923; De Peruviaansche reis, E. 1925; Turren, E. 1935; De doode die zich niet verhing, E. 1937; Litterair scheepsjournal, Ess. III 1938–46; Het Barceloneesche avontuur, E. 1944; De gouden oogst, G. 1944; Mallorca en de nymfen, E. 1946; Zwart en goud, E. 1948.
L: R. Roemans, 1935 u. 1936; Album Amicorum, 1946.

Tʿowmanyan, Hovhannes, armen. Nationaldichter; 19. 2. 1869 Dseġ – 23. 3. 1923 Moskau. Sohn eines Dorfgeistlichen, 1883–87 Stud. Tbilissi; Abbruch der Ausbildung nach Tod des Vaters. Schreiber; wegen seiner Schlichtungsversuche bei den von der russ. Verwaltung im Transkaukasus provozierten Zusammenstößen zwischen Armeniern u. Aserbaidschanern zweifach in Haft; engagierte sich für die Überlebenden des Völkermordes (1915), insbes. für Waisenkinder. Begründer der Literaturgruppe ›Vernatown‹ (1899). – 1890 erster Gedichtband. Schildert in seinen Poemen u. Balladen ›Haračʿank‹ (Seufzer), ›Lorecʿi Sakʿo‹ (Sakʿo aus Lori), ›Maro‹ u. ›Anowš‹ (Anusch; 1912 als Oper vertont) traditionelle dörfliche Sitten u. Vorstellungen. Seine 10 großen Dichtungen schöpfen ihre Motive u. Themen aus der armen. Volksdichtung, wie dies dem Volksepos → Sasna Crer nachempfundene Poem ›Sasownc'i Davit'‹ (Dawid aus Sassun, 1902), aus armen. u. orient. Volksüberlieferungen u. Legenden wie die Poeme ›Axtʿamar‹ (Achtamar, 1892) und ›Pʿarvana‹ (Parwana, 1903) oder aus dem mittelalterl. Dichtung wie das auf einer Fabel beruhende satir. Versmärchen ›Mi katʿil meġr‹ (Ein Tropfen Honig, 1909). Bearbeitete zahlreiche armen. u. fremdsprachige Volksmärchen. Übsn. u. Nachdichtungen aus dem Russ., Deutschen, Italien., Indischen u.a.

A: Erk. žoġ. (AW), VI 1940–59; Erk. žoġ. (AW), IV 1969, Erk. liakt. žoġ. (GW), IV 1988–91; Owsowmnasirowtʿyownner ew hraparakowmner, IV 1964–65. – Übs.: d.: Das Taubenkloster, Berlin 1972; Ein Tropfen Honig, 1979; Volksmärchen, Erevan 2002; russ.: Izbrannye sočinenija (AW), 1956; Izbrannye proizvedenija, III 1969; Lirika, 1969; Stichotvorenija i poėmy, 1969; russ. u. armen.: Stichi i legendy, 1981; engl.: The Bard of Loree (AW), Lond. 1970; The Dog and the Cat, Erevan 1982; Fables, Yerevan 2002; Tales, Erevan 2002; franz.: Le Fleur du Paradis, 2002.
L: A.Terteryan, Vaġaršapat 1911; N. Tʿowmanyan, 1939; L. Haxverdyan, 1966; A. Inčikyan, 1969; M. Mkryan, 1981; Ē. Jrbašyan, 1986, 1988. – Bibl.: H. T., matenagitowtʿyown, 1961.

Towneley Plays, Sammlung engl. Mysterienspiele, neben den ›Chester Plays‹, den → ›York Plays‹ und dem sog. ›Ludus Coventriae‹ e. der vier erhaltenen Sammlungen (Zyklen) von engl. Mysterienspielen (Mirakelspielen), d.h. Spielen bibl. Inhalts, aus dem 14./15. Jh. Die T. umfassen 32 Spiele von der Schöpfung bis zum Jüngsten Gericht. Benannt nach e. Besitzer der Handschrift; entstanden wohl in Wakefield. Lit. bes. wichtig innerhalb der T. sind die sechs Spiele des sog. Wakefield Master, darunter das Hirtenspiel ›Secunda Pastorum‹ über den Schafdieb Mak mit Szenen von possenhafter Komik.

A: G. England, A. W. Pollard 1897 (EETS ES 71); A. C. Cawley 1958 (oft nachgedr.); M. Rose 1969; A. C. Cawley, M. Stevens II 1994 (EETS SS 12–13). – Übs.: mod. engl. Ausw. D. Hamley 1962.
L: M. C. Lyle, 1919; M. Carey, 1930; S. Kinghorn, Medieval Drama, 1968; W. E. Myers, 1969; R. Woolf, The English Mystery Plays, 1972; J. Gardner, 1974; M. Stevens, Four Middle English Mystery Cycles, 1987. – Bibl.: Manual ME 5. XII, 1975.

Townsend, Sue (Lilian), engl. Schriftstellerin, * 2. 4. 1946 Leicester. Kein Schulabschluß, alleinerziehende Mutter, erst 1982 kommerzieller Erfolg und Anerkennung, inzwischen erblindet. – Vf. sehr populärer, kom., zunehmend satir. Romane, bes. erfolgr. die fiktiven Tagebücher des phantasiebegabten, aber chron. erfolglosen Außenseiters Adrian Mole; erzählt pointenreich und voller Sprachwitz; in ›The Queen and I‹ muß die königl. Familie nach ihrer Abdankung das Leben von Sozialhilfeempfängern führen; in den Komödien scharfe Sozialkritik, auch ernste Romane und Hörspiele.

W: The Secret Diary of Adrian Mole, aged $13^{3/4}$, R. 1982 (Das geheime Tagebuch des Adrian Mole, $13^{3/4}$ Jahre alt, d. 1984); The Growing Pains of Adrian Mole, R. 1984; The Queen and I, R. 1992 (d. 1993); Adrian Mole – The Wilderness Years, R. 1993; Plays, Drn. 1996; Ghost Children, R. 1997; The Cappuccino Years, R. 1999 (d. 2000); Number Ten, R. 2002.

Tozzi, Federigo, ital. Schriftsteller, 1. 1. 1883 Siena – 21. 3. 1920 Rom. Kindheit in der väterl. Gastwirtschaft und e. kleinen Landgut, oft kränkl.; techn. Schulbildung, lit. Autodidakt; Eisenbahnbeamter in Pontedera u. Florenz; 1913 Mitbegr. der kathol. Zs. ›La Torre‹, ab 1914 Journalist in Rom. – Erzähler von starker Eindringlichkeit; verfaßte zwei Gedichtbände unter Einfluß D'Annunzios sowie psycholog.-realist. Romane und Novellen. S. ersten Erzählwerke sind autobiograph.; s. letzter Roman ist ›Tre croci‹: e. objektive Schilderung des Schicksals dreier Brüder und ihrer Existenzkämpfe. T.s Erzählkunst gemahnt hier bes. an Dostoevskij, während s. frühe Prosa an F. Kafka erinnert.

W: La zampogna verde, G. 1911; La città della vergine, G. 1913; Bestie, En. 1917 (d. 1988); Gli egoisti, 1918; Con gli occhi chiusi, R. 1919 (d. 1988); L'amore, 1919; Giovani, Nn. 1920; Tre croci, R. 1920 (d. 1986); Il podere, R. 1921 (d. 1984); Novale, Br. 1925; Ricordi di un impiegato, E. 1927 (d. 1975); Nuovi racconti, 1960. – Opere, hg. G. Tozzi III 1961–63; Opere, hg. M. Marchi 1987.

L: E. de Michelis, 1936; F. Ulivi, 1946, 1962; N. F. Cimmino, 1966; C. Carabba, 1972; G. Tellini, 1972; L. Reina, 1975; G. Savoca, 1977; P. Voza, T. tra provincia ed Europa, 1983; Per T., hg. L. Baldacci 1985; C. Toscani, 1985; M. Jeuland-Meynaud, 1992; L. Baldacci, 1993; M. Marchi, 1993; R. Luperini, 1995; Il rabdomante consapevole, Ricerche su T., hg. M. Marchi 2000.

Traat, Mats, estn. Schriftsteller, * 23. 11. 1936 Meema. Verschiedene technische Ausbildungen und Anstellungen, 1959–64 Gor'kij-Institut Moskau, 1965–68 Redakteur am Tallinner Filmstudio, seit 1970 freiberuflich, 1985 Mitglied der World Literary Academy, Cambridge. – S. Dichtung ist geprägt von humanist. Idealen und dem Streben nach Glück. S. Prosa behandelt in epischer Breite das Landleben und Reifen Estlands zur Nation im 19. Jh.

W: Kandilised laulud, G. 1962; Koputa kollasele aknale, En. 1966; Tants aurukatla ümber, R. 1971; Maastik õunapuu ja meiereikorstnaga, R. 1973; Pommeri aed, R. 1973; Inger, R. 1975 (Inger oder Das Kind auf der Insel, d. 1976); Harala elulood, G. 1976; Puud olid puud old hellad velled, R. 1979; Karukell, kurvameelsuse rohi, R. 1982; Üksi rändan, R. 1985; Sügislootus, G. 1986; Minge üles mägedele, R. IX 1987–2000; Uued Harala elulood, G. 2002; Islandi suvi, Nn. 2003.

Traherne, Thomas, engl. Dichter, 1. 3. 1637 (oder 28. 2. 1639) Hereford – 27. 9. 1674 Teddington. Stud. Oxford. Ab 1657 Geistlicher in Credenhill, ab 1669 Kaplan von Sir O. Bridgeman, Teddington. – Der Mystik zugewandter relig. Dichter. Neuplatoniker in Prosa und Versdichtung. Anders als s. Zeitgenossen, die Metaphysicals, schlichte Sprache, damit näher an Wordsworth. T. ist überzeugt von der Güte Gottes und s. Schöpfung, romantisiert die Kindheit als ursprüngl. Zustand e. Zusammenhangs mit der göttl. Welt. Erst 1903 entdeckte E. Dobell die ›Poetical Works‹ u. ›Centuries of Meditations‹.

W: Roman Forgeries, 1673; Christian Ethicks, 1675; A Serious and Pathetical Contemplation of the Mercies of God, 1699. – Poems, 1903; Centuries of Meditations, Prosa 1908, hg. B. Dobell ^{3}1950; Poems of Felicity, hg. H. J. Bell 1910; Felicities, hg. A. Quiller-Couch 1934; Poetical Works, hg. B. Dobell 1903, G. I. Wade 1965; Centuries, Poems, and Thanksgivings, hg. H. M. Margoliouth II 1958; Selected Writings, hg. D. Davies 1980.

L: G. E. Willett, 1919; J. B. Leishman, Metaphysical Poets, 1934; G. I. Wade, ^{2}1946; M. Willy, 1961; L. L. Martz, The Paradise Within, 1964; K. W. Salter, 1964; A. L. Clements, 1969; A. J. Sherrington, Mystical Symbolism, 1970; S. N. Stewart, The Expanded Voice, 1970; R. D. Jordan, The Temple of Eternity, 1972; F. K. Wöhrer, 1982; A. Allchin, Profitable Wonders: Aspects of Thomas Traherne, 1989; G. Dowell, Enjoying the World: The Rediscovery of T. T., 1990; Konkordanz: G. R. Guffey, 1974.

Trajanov, Teodor, bulgar. Lyriker, 30. 1. 1882 Pazardžik – 15. 1. 1945 Sofia. Stud. mathem.-naturwiss. Fächer Sofia u. Polytechnikum Wien, zuletzt Mitglied der bulgar. Gesandtschaft ebda. Beziehungen zu H. v. Hofmannsthal, R. M. Rilke, G. Duhamel, St. George u.a. westeurop. Dichtern. – Führender bulgar. Symbolist. Redakteur u. Mitarbeiter der Zs. ›Hyperion‹, die zum konsequenten Organ des Symbolismus wurde. S. Lyrik zeichnet sich durch eine rationalist. Ideographie, ein kompliziertes System von Symbolen u. prophet. Rhetorik aus. Die nationale Idee, die bes. für die Kriegsperiode 1912–18 charakterist. ist, spiegelt sich, unter dem Gesichtspunkt des Universellen betrachtet, in s. Werk wider. Übs. von Shakespeare, Schiller, H. v. Kleist u.a.

W: Regina mortua, G. 1909; Himni i baladi, G. 1912; Bŭlgarski baladi, G. 1921; Pesen na pesnite, G. 1923; Romantični pesni, G. 1926; Osvobodenijat čovek. 1905–11, G. 1929; Pantheon, G. 1934; Ausw., 1981. – *Übs.*: Ausw. in ›Bulgar. Gesänge‹, 1958.

L: M. Benaroja, 1926; N. Rainov, 1941; St. Iliev, 1983.

Trancoso, Gonçalo Fernandes, portugies. Schriftsteller, um 1520 Trancoso – vor 1596 Lissabon. – E. der meistgelesenen Autoren s. Zeit, verfaßte die ersten Novellen in portugies. Sprache (neben ital. Vorbildern v. a. mündl. Überlieferung als Quelle). S. außerordentl. beliebten ›Contos e Histórias‹ schrieb er, um e. Zustand tiefer Melancholie zu entrinnen, in den ihn die große Pest 1569 versetzt hatte, die s. Frau u. Kinder dahinraffte. Erzählt mitunter recht lebhaft, meist jedoch weitschweifig, volkstüml.-moralisierend, formal unausgereift.

Třanovský

W: Regra geral para aprender a tirar pela mão as festas mudáveis que vem no ano, a qual ainda que é antiga, está por termos mui claros novamente escrita, Abh. 1570; Contos e Histórias de Proveito e Exemplo, En. I – II 1575 (?), ²1585, III 1596 (vollst. 1624; n. A. de Campos 1923).

Třanovský, Jur, gen. Tranoscius, tschech. Dichter, 9. 4. 1592 Teschen – 29. 5. 1637 Liptovský Sv. Mikuláš. Lange evangel. Pfarrer in der Slovakei, wo er 1636 in Levoča das berühmte Gesangbuch der Protestanten ›Cithara sanctorum‹ herausgab, das außer Übs. aus dem Lat. u. Dt. u. älteren Liedern der Utraquisten u. der Brüderunität auch T.s eigene Dichtungen enthält.

W: Cithara sanctorum. Písně duchovní staré i nové, G. 1636.

L: J. T. Sborník, 1936; J. Ďurovič, 1942.

Tranquilli, Secondo → Silone, Ignazio

Tranströmer, Tomas, schwed. Lyriker, * 15. 4. 1931 Stockholm. Vater Redakteur. Stud. Psychol. Stockholm, tätig als Psychologe, seit 1980 am Arbeitsmarktinst. 1990 Gehirnschlag, seitdem halb gelähmt u. ohne Sprache. ∞ 1958 Monica Blach. – Vorliebe für Motive aus der Natur, für Träume u. das Erwachen zur Wirklichkeit; exakte, deutl. Metaphorik; enge Beziehung zur Musik. Auch Übersetzer.

W: 17 dikter, 1954; Hemligheter på vägen, 1958; Den halvfärdiga himlen, 1962; Klanger och spår, 1968; Mörkerseende, 1970; Östersjöar, 1974; Sanningsbarriären, 1978; Det vilda torget, 1983 (Der wilde Marktplatz, d. 1985); För levande och döda, 1989 (Für Lebende und Tote, d. 1993); Minnena ser mig, 1993; Sorgegondolen, 1996; Dikter 1954–1989, 1997. – Übs.: Gedichte, 1969, 1981; Formeln der Reise, 1983.

L: Kj. Espmark, 1983; L. Karlström, 1990; A. Johnsson, 1997.

Trapassi, Pietro → Metastasio, Pietro

Trausti, Jón → Magnússon, Guðmundur

Travers, Ben, Dramatiker, 12. 11. 1886 London – 12. 12. 1980 ebda. Nach erfolgreicher Schulkarriere bekannt durch s. Farcen, die er zwischen 1920 und 1930 für das Londoner Aldwych-Ensemble verfaßte, meist auch verfilmt. – T.' Farcen stehen in der Tradition der genretypischen Körperbetontheit, hohe Improvisationsanteile, derbe Komik. T.' Einfluß auf die Gegenwart reicht bis zu Autoren wie Michael Frayn, Alan Ayckbourn, Joe Orton.

W: A Cuckoo in the Nest, Dr. 1925; Rookery Nook, Dr. 1926; Thark Dr. 1927; Dirty Work, Dr. 1932; A Bit of A Test, Dr. 1933; Vale Of Laughter, Aut. 1957.

Travers, Pamela Lyndon (eig. Helen Lyndon Goff), austral. Erzählerin, 9. 8. 1899 Maryborough/Queensland – 23. 4. 1996 London. Journalistin, lebte ab 1924 abwechselnd in den USA u. England. – Ursprüngl. spezialisiert auf alte Mythen u. Traditionen, wurde sie mit ›Mary Poppins‹ berühmt.

W: Mary Poppins, R. 1934; Mary Poppins Comes Back, R. 1935; Mary Poppins Opens the Door, R. 1944; Mary Poppins in the Park, R. 1952; Mary Poppins in Cherry Tree Lane, R. 1982; Mary Poppins and the House Next Door, R. 1988.

L: S. Bergsten, 1978; P. Demers, 1991; R. Austin, 1999; E. D. Draper, J. Koralek, hg. 1999.

Traz, Robert de, franz. Romanschriftsteller, 14. 5. 1884 Paris – 9. 1. 1951 Nizza. Jurastud. in Paris; lebte später in England und Italien, bis er sich endgültig in Genf niederließ. Gründete 1920 die Zs. ›La Revue de Genève‹. Wurde durch s. Roman ›Au temps de la jeunesse‹ bekannt. Viele Reisen. – Vf. von Romanen, Novellen, Essays und Reisebildern. Hauptthema s. erzähler. Werks ist die Liebe; daneben später soz. Probleme, die mit feinem Verständnis und echtem Mitempfinden dargestellt sind.

W: Au temps de la jeunesse, R. 1908; Vivre, R. 1910; Les désirs du cœur, R. 1912; L'homme dans le rang, En. 1913 (Im Dienst der Waffen, d. 1916); La puritaine et l'amour, R. 1917; Fiançailles, R. 1922 (Brautzeit, d. 1925); Complices, R. 1924; Autour de Molière, Es. 1925; Essais et analyses, 1926; L'écorché, R. 1927; A la poursuite du vent, R. 1932; Les heures de silence, N. 1934; La famille Brontë, 1939 (d. 1941); L'ombre et le soleil, R. 1942 (d. 1943); La blessure secrète, R. 1944 (d. 1946); Témoin, Ess. 1952.

Třebízský, Václav Beneš → Beneš Třebízský, Václav

Trediakovskij, Vasilij Kirillovič, russ. Dichter u. Lit.theoretiker, 5. 3. 1703 Astrachan' – 17. 8. 1768 Petersburg. Vater Geistlicher; Stud. 1723–27 an der Slav.-griech.-lat. (geistl.) Akademie Moskau, 1727–30 in Westeuropa, u. a. an der Sorbonne in Paris; 1732 Übersetzer, 1749–59 Prof. der Rhetorik an der Akad. der Wiss.; universal gebildet, kannte er e. der ersten Russen die franz. Lit.; e. der produktivsten russ. Wortschöpfer s. Jh.; bedeutsam s. Schriften über die Theorie der Dichtkunst und s. prakt. lit. Versuche; legte 1735, von der russ. Volksdichtung und M. Opitz angeregt, in ›Novyj i kratkij sposob ...‹ die Grundzüge des russ. Versbaues dar; damit wurde an Stelle der syllab. Metrik der ›wägende Vers‹, die ton. Metrik, für die Buchdichtung bestimmend; brachte die Poetik des franz. Klassizismus nach Rußland, gab der russ. Lit. als erster e. systemat. Grundlage klassizist. Prägung; führte nach antiken Mustern den Hexameter als ersten russ. Buchvers aus dem Bereich der freien Füllung ein. Der lit. Wert s. eigenen Dichtung ist gering, sie ist wichtig als Exemplifizierung s. theoret. Forderungen; weist e. Reihe von Elementen des lit. Barock auf. Übs. des galanten Romans ›Voyage à l'Isle d'Amour‹ P. Tallements und, in Hexametern, des ›Télémaque‹ Fénelons (›Tilemachida‹) sowie der ›Art poétique‹ Boileaus.

W: Ezda v ostrov ljubvi, Übs. 1730; Novyj i kratkij sposob k složeniju rossijskich stichov, Abh. 1735; Argenis, Übs. 1751 (n. 2001). – Sočinenija (W), III 1849 (n. 2003); Stichotvorenija, G. 1935; Izbrannye proizvedenija (Ausw.), 1963.

L: A. Adamczyk, Diss. Breslau 1940; W. Breitschuh, 1979; C. Carrier, 1991.

Trefulka, Jan, tschech. Schriftsteller, * 15. 5. 1929 Brno-Královo Pole. Nach dem Abitur (1948) stud. er Lit.wiss. u. Ästhetik an der Karls-Univ. in Prag, später Lit.wiss. u. Bohemistik an der Univ. in Brno, dann Redakteur, in den 70er u. 80er Jahren durfte er in der Tschech. offiziell nicht publizieren, nach 1989 Vorsitzender der Gemeinde mähr.-schles. Schriftsteller. – S. oft autobiograph. gekennzeichnete Prosa reflektiert v. a. die Widersprüche der Gesellschaft u. analysiert die Spannung zwischen Konformität u. Revolte in der Alltagsrealität. Autor von zahlr. Kritiken u. Polemiken zur tschech. Lit. u. Kultur.

W: Přšelo jim štěstí, En. 1962; Třiatřicet stříbrných křepelek, E. 1964; Výmysly, En. 1966; Nálezy pana Minuse, En. 1966; Tajemství tajemníka Růdamora, Jgb. 1969; O blázneň jen dobré, E. Toronto 1978; Zločin pozdvižení, R. Köln 1978; Veliká stavba, R. Köln 1982; Svedený a opuštěný, R. Toronto 1988; Vraždy bez rukavic, En. 1992.

L: Chvála bláznovství, hg. J. Müller 1979 (Samizdat).

Tremain, Rose, engl. Romanautorin, * 2. 8. 1943 London. Stud. Paris u. Norwich, 1988–95 Engl.-Dozentin ebda. ∞ Biograph Richard Holmes; lebt in Norfolk u. London. – Bekannt durch erzählerisch komplexe, detailreiche hist. Romane ›Restoration‹ u. ›Music & Silence‹. Themen sind Gender u. Identität, Altern u. Tod, Sinnlichkeit des Essens. Auch preisgekrönte Kurzgeschichten, Radio- und Fernsehspiele.

W: Sadler's Birthday, R. 1976; Letter to Sister Benedicta, R. 1978; The Cupboard, R. 1981; The Colonel's Daughter, Kgn. 1984; Journey to the Volcano, Kdb. 1985; The Swimming Pool Season, R. 1985; The Garden of Villa Mollini, Kgn. 1987; Restoration, R. 1989 (d. 2003); Sacred Country, R. 1992 (d. 2003); Evangelista's Fan, Kgn. 1994; The Way I Found Her, R. 1997; Music & Silence, R. 1999 (d. 2002); The Colour, R. 2003. – Collected Short Stories, 1996.

Trembecki, Stanisław, poln. Dichter, Mai 1739 Jastrzębniki b. Sandomierz – 12. 12. 1812 Tulczyn/Ukraine. Aus niederem Adel. Stud. Akad. Krakau. Europareise. 1. Parisaufenthalt. Leben in der mondänen Gesellschaft, 2. Aufenthalt in Paris u. Italien bis 1768; Beschäftigung mit franz. Kultur, Philos., Lit. und den Enzyklopädisten. 1769 Freundschaft mit dem poln. König, Kammerherr Stanisław Augusts. Mit ihm 1797 nach Petersburg. Nach dessen Tod zurück auf den Landsitz der Czartoryski u. später zu Graf Feliks Potocki nach Tulczyn. – Sehr begabter pseudoklassizist. Dichter, verzettelte s. dichter. Potenz in panegyr. Kleinigkeiten. S. Dichtung diente der Politik des Königs. Übs. Voltaires. Fabeln in Anlehnung an La Fontaine und zyn. Epigramme. Bereits Verwendung der Umgangssprache.

W: Syn marnotrawny, K. 1779 (nach Voltaire; n. 1953); List do posłów powracających z Grodna, Schr. 1793; Sofiówka, Ep. 1806 (n. W. Jankowski 1925; franz. 1815). – Poezje, III 1819 f.; 1978; Pisma, II 1883; SW, II 1953 (krit.); Listy, Br. II 1954.

L: H. Biegeleisen, Charakteristik T.s, 1882; C. Backvis, 1937; E. Rabowicz, 1965.

Tremblay, Michel, frankokanad. Schriftsteller, * 25. 6. 1942. Übs., Regisseur, Vf. zahlr. Dramen, Drehbücher und Romane mit internationaler Resonanz.

W: Le train, Dr. 1959; Les belles-sœurs, Dr. 1965; A toi, pour toujours, ta Marie-Lou, Dr. 1970; Demain matin, Montréal m'attend, Dr. 1970–72; Hosanna, Dr. 1971/72.

Trenet, Charles, franz. Schriftsteller, 18. 5. 1913 Narbonne – 19. 2. 2001. Brillanter Chansonnier und Liedermacher, kreierte in über sechs Jahrzehnten 1000 Chansons, die er, ›le Fou chantant‹ genannt, mit ungezügeltem Brio und Temperament vortrug.

A: Complète C. T., 1941–1943, 2000; Intégrale, V 1939–1951, 2002; Morceaux choisis, 2004.

Trenëv, Konstantin Andreevič, russ. Dramatiker, 2. 6. 1876 Romašovo/Gouv. Char'kov – 19. 5. 1945 Moskau. Bauernsohn; bis 1903 Stud. am Archäolog. Institut Petersburg und an der Geistl. Akademie ebda., lange Lehrer. Beendete 1921 Stud. Agronomie. – T. begann 1898 mit Erzählungen über das Bauernleben, wurde allein wegen des Stücks ›Ljubov' Jarovaja‹ in der sowjet. Lit.-Geschichtsschreibung beachtet, das die Denunziation des Ehemannes als edle Tat ausgibt. Lit. unbedeutend.

W: Na jarmarke, E. 1913; Mokraja balka, E. 1915; Ljubov' Jarovaja, Sch. 1927 (n. Fassg. 1937); P'esy, Drr. 1935; Na beregu Nevy, Sch. 1937 (Am Ufer d. Newa, d. 1970). – Zabytye rasskazy, En. 1959; Izbrannye proizvedenija, Ausw. II 1955; P'esy, stat'i, reči, Drr., Ess. 1980.

Tresić-Pavičić, Ante, kroat. Schriftsteller, 10. 7. 1867 Vrbanj, Insel Hvar – 27. 10. 1949 Split. Kaufmannssohn; Stud. Philos. Wien; ausgedehnte Reisen nach Italien, Frankreich, Dtl., Dänemark u. Amerika; 1920–27 Gesandter in Madrid u. Washington. – Begann noch als Romantiker, wandte sich dann jedoch unter Ablehnung der Moderne dem Klassizismus zu, den er in Form, Metrik u. Sprache nachahmte. Außer Gedichten, Novellen u. Romanen schrieb T.-P. hist. Dramen mit polit. Tendenz und e. Tetralogie über den Untergang des Röm. Reiches.

W: Glasovi s mora jadranskoga, G. 1891; Nove pjesme, G. 1894; Izgubljeni ljudi, R. 1894; Ljutovit Posavski, Dr. 1894; Simeon Veliki, Dr. 1897; Katarina Zrinjska, Dr. 1899; Gjuli i Sumbuli, G. 1900; Moć ljepote, R. 1901; Finis reipublicae, Dr. 1902; Valovi misli i čuvstva, G. 1903; Sutonski Soneti, G. 1904; Preko Atlantika do Pacifika, Reiseber. 1907; Katon Utički, Dr. 1911; Plavo cvijeće, G. 1928; Izgon Mongola iz Hrvatske, St. 1942. – Pet stoljeća hrvat. književ. 61, 1964 (m. Bibl.); Izabrane pjesme (AW), 1995.

L: N. Batušić, 1986; Zbornik radova, 1995.

Tret'jakov, Sergej Michajlovič, russ. Dichter, 20. 6. 1892 Goldingen/Kurland – 9. 8. 1939 (in Haft). Vater Lehrer; Stud. Rechte Moskau 1919 1. Gedichtband; 1919–22 in Vladivostok Mitarbeiter bei Zss. und Mitgl. der sibir. futurist. Gruppe ›Tvorčestvo‹, nach Rückkehr Mitarbeiter der futurist. Zs. ›Lef‹ in Moskau; 1927 in der Gruppe ›Novyj Lef‹, die sich für Verdrängung des nach überkommenen Normen verfaßten künstler. Schrifttums zugunsten e. bes. auf die Formung der Gesellschaft bezogenen ›Tatsachenlit.‹ einsetzte. 1937 verhaftet, Tod im Gulag. – S. Gedichte, Skizzen und Schauspiele zeigen agitator. Tendenz; ›Ryči, Kitaj‹ spielt in China, mit scharfer Spitze gegen Engländer und Amerikaner gerichtet, zählt zu den wenigen formal beachtl. unter den vielen sowjet. Agitationsstücken.

W: Železnaja pauza, G. 1919; Ryči, Kitaj, Sch. 1930 (Brülle, China!, d. 1929); Dien Ši-chua 1930 (d. 1932, 1974); Tysjača i odin trudoden', 1934 (1001 Arbeitstag, d. 1935). – *Übs.:* Lyrik, Dramatik, Prosa, 1972; Die Arbeit des Schriftstellers, Aufss., Rep., Porträts, 1972.

L: L. Az'muko, 1972; F. Mierau, 1976.

Trevisan, Dalton, brasilian. Schriftsteller, * 14. 6. 1925 Curitiba. Stud. Jura ebda. Herausragender Erzähler, abseits des Kulturbetriebs, Meister der minimalist. Form, Alltagsgeschichten über Ehe (›A guerra conjugal‹, verfilmt) u. Familie; banale Ereignisse dienen als Folie, um den Wandel der Lebenswelt, des Habitus im Zuge der Modernisierung zu fassen; schwarzer Humor kennzeichnet s. Novellen ›O vampiro de Curitiba‹; die 1990er Jahre bringen e. Verkürzung der Erzählungen zu Aphorismen: ›Ah é?‹.

W: Sonata ao luar, En. 1945; Sete anos de pastor, En. 1948; Guia histórico de Curitiba, Chronik 1954; Novelas nada exemplares, En. 1959; Morte na praça, En. 1964; Cemitério de elefantes, R. 1964; O vampiro de Curitiba, R. 1965; A guerra conjugal, En. 1969 (d. 1980); A faca no coração, En. [3]1975; Crimes de paixão, En. 1978; Licha tarado, En. 1980; Meu querido assassino, En. 1983; Contos eróticos, En. 1984; Pão e sangue, En. 1988; A busca de Curitiba perdida, Chronik 1992; Dinorá, En. (illustriert) 1994; Ah é?, Aphor. (illustriert) 1994; 247, Aphor. 1996; Capitú sou eu, En. 2003.

L: A. Bosi, 1975; A. Candido, 1981.

Trevor, William (eig. W. T. Cox), ir. Erzähler, * 24. 5. 1928 Mitchelstown/Cork. Lebt in England. – Hauptthema s. makabren, einfühlenden u. erschütternden Werke ist die Enthüllung der Brüchigkeit etablierter Respektabilität, in den neueren Romanen u. Kurzgeschichten einfühlsame Darstellung ir. Schicksale. Von Joyce beeinflußt. Mehrfach mit dem Whitbread Prize ausgezeichnet.

W: The Old Boys, R. 1964 (Altherrentag, d. 1965); Mrs. Eckdorf in O'Neill's Hotel, R. 1969; Elizabeth Alone, R. 1973; Marriages, R. 1974; Angels at the Ritz, Kgn. 1975; The Children of Dynmouth, R. 1976 (d. 1997); Fools of Fortune, R. 1983 (d. 1985); The Stories, 1983; The Silence in the Garden, R. 1988; Collected Stories, 1992; Excursions into the Real World, Aut. 1993; Felicia's Journey, R. 1994 (d. 1995); The Hill Bachelors, Kgn. 2000; The Story of Lucy Gault, R. 2002 (d. 2003).

L: G. Schirmer, 1990; K. Morrison, 1993; S. Morrow Paulson, 1993; D. MacKenna, 1999.

Trevoux, Daniel → Tardieu, Jean

Triana, José, kuban. Dramatiker, * 14. 1. 1931 Sibanicú, Camagüey. Schauspieler, Regieassistent. Lebt seit 1980 in Paris. – Theater des Absurden u. der Grausamkeit; fließende Dialoge mit psycholog. Scharfsinn. Nach dem Welterfolg von ›La noche ...‹ hat er kein Theaterstück mehr veröffentlicht.

W: El incidente cotidiano, 1956; La madera del sueño, G. 1957; Medea en el espejo, 1960; El parque de la fraternidad, 1962; El exilio, 1962; La muerte del ñeque, 1963; La noche de los asesinos, 1965 (d. 1969); Cuaderno de familia, G. 1989; Cruzando el puente, 1993 (d. 1999).

L: R. de la Campa, 1979; K. F. Nigro, hg. 1994; R. Fernández-Fernández, 1995.

Trier Mørch, Dea → Mørch, Dea Trier

Trifković, Kosta, serb. Dramatiker, 20. 10. 1843 Novi Sad – 19. 2. 1875 ebda. Aus romant. Abenteuerlust 2 Jahre Matrose; Stud. Rechte Preßburg, Notar, Rechtsanwalt. – In s. beliebten Intrigenkomödien stellt T. mit viel Humor u. frischem Dialog die Laster u. Leidenschaften der Kleinbürger s. Heimatstadt dar, ohne jedoch die künstler. Höhe J. S. Popović' zu erreichen. Erfreute sich großer Popularität.

W: Čestitam, K. 1871; Školski nadzornik, K. 1871; Francusko-pruski rat, K. 1872; Izbiračica, K. 1872; Ljubavno pismo, K. 1873. – Zbornik pozorišnih dela, 1873–91; Dramatski spisi, II 1892–94; Izabrane drame, Drn.-Ausw. 1948; Komedije i dramoleti, Drn. 1987.

L: V. Milinčević, 1968; Jubilej K. T. (Sammelbd.), 1994.

Trifonov, Jurij Valentinovič, russ. Erzähler, 28. 8. 1925 Moskau – 28. 3. 1981 ebda. Vater als Parteifunktionär 1937 hingerichtet; 1944–49 Stud. Lit.institut Moskau. Wurde in den 70er Jahren zu e. der bekanntesten sowjet. Prosaiker im In- u. Ausland. – T.s Romane behandeln Krisen in russ. Großfamilien der städt. Intelligenz. In verflochtener Rückblicktechnik bietet er z. B. in den ›Moskauer Novellen‹, ›Obmen‹, ›Predvaritel'nye itogi‹ oder ›Drugaja zizn'‹ Einblicke in system- u. charakterbedingte Probleme s. Zeit. ›Dom na bereznoj‹ legt den Sowjetstaat in mehreren Zeitschnitten ab 1937 als Klassenstaat bloß. ›Starik‹ behandelt erstmals die Willkürverfolgung der Kosaken durch die Bolschewiken u. die Entfremdung der Jugend von den Revolutionsidealen der Großväter. ›Vremja i mesto‹ bringt e. Fülle von Einzelheiten aus dem Leben e. sowjet. Schriftstellers.

W: Otblesk kostra, R. 1965 (Im Widerschein des Feuers, d. 1979); Obmen, R. 1969 (Der Tausch, d. 1974); Dolgoe proščanie, R. 1971 (Langer Abschied, d. 1976); Neterpenie, R. 1973 (Die Zeit der Ungeduld, d. 1975); Drugaja zizn', R. 1975 (Das andere Leben, d. 1976); Dom na bereznoj, R. 1976 (Das Haus an der Moskva, d. 1977); Vremja i mesto, R. 1981 (Zeit und Ort, d. 1982). – Sobranie sočinenij (GW), IV 1985–87.

L: T. Patera, Ann Arbor 1983; N. Ivanova, 1984; C. Partridge, Lewiston 1990; L. Scheffler, 1998.

Trigo, Felipe, span. Romanschriftsteller, 13. 2. 1864 Villanueva de la Serena/Badajoz – 2. 9. 1916 Madrid. Abitur in Badajoz, Medizinstud. in Madrid, Militärarzt in Sevilla, dort Beginn schriftsteller. Tätigkeit; Aufenthalt auf den Philippinen, Teilnahme an den dortigen Unabhängigkeitskämpfen. Starb durch Selbstmord. – Erfolgr. Vf. stark erot. gefärbter Romane; unausgeglichen trotz guter Erzähltechnik u. eigenwilligem Stil; heftig umstritten, vielfach imitiert.

W: Cuatro generales, R. 1897; Las ingenuas, R. 1901; La sed de amar, R. 1902; El alma en los labios, R. 1902; La bruta, R. 1904; Del frío al fuego, R. 1905; Sor Demonio, R. 1905; En la carrera, R. 1906 (n. 1988); El amor en la vida y en los libros, Es. 1907; La clave, R. 1907; Las Evas del Paraíso, R. 1910; El médico rural, R. 1912 (n. 1975); Jarrapel lejos, R. 1914 (n. 1988); Sí, sé por qué, R. 1916; En camisa rosa, R. 1916; En mi castillo de luz, R. 1917; Murió de un beso, R. 1925.

L: M. Abril, 1917; J. P. Ton, Diss. Amst. 1952; A. Watkins, N. Y. 1954; A. Martínez San Martín, La narrativa de F. T., 1983; J. M. Fernández Gutiérrez, 1989; D. Manera, Rom 1994.

Trilling, Lionel, amerik. Schriftsteller, 4. 7. 1905 New York – 5. 11. 1975 ebda. Stud. Columbia Univ.; ab 1931 Prof. für engl. Lit. ebda.; 1929 ∞ Diana Rubin. – Kulturkritiker im Stil M. Arnolds, als Erzähler E. M. Forster verpflichtet. Schrieb mit ›The Middle of the Journey‹ e. Roman der Desillusionierung über die progressive Politik der ›New Deal‹-Jahre. Schmales Kurzgeschichtenwerk, aber mit ›The Other Margaret‹ und ›Of This Time, of That Place‹ Ruhm als Vf. problemreich-subtiler Charakterisierungskunst. Verbindet in s. Essays moralphilos. mit soziolog. u. tiefenpsycholog. Aspekten, das mod. Individuum in s. Beziehungen zur Gesellschaft in den Mittelpunkt stellend. Durch zahlr. Ehrungen ausgezeichneter, international bekannter Lit.kritiker.

W: M. Arnold, St. 1939; E. M. Forster, St. 1943; The Middle of the Journey, R. 1947; The Liberal Imagination, Ess. 1950; The Opposing Self, Ess. 1955; Freud and the Crisis of Our Culture, Abh. 1955; Beyond Culture, Ess. 1965; Sincerity and Authenticity, Ess. 1972 (d. 1981); Mind in the Modern World, Es. 1973; The Last Decade, Ess. hg. D. Trilling 1975. – Works, IX 1977–80; Of This Time, of That Place, En. hg. D. Trilling 1979; The Moral Obligation to Be Intelligent, Ess. hg. L. Wieseltier 2000. – Übs.: Das Ende der Aufrichtigkeit, Ess. 1980; Kunst, Wille und Notwendigkeit, Ess. 1990.

L: N. A. Scott, 1973; R. Boyers, 1977; W. M. Chace, 1980; M. Krupnick, 1986; D. T. O'Hara, 1988; S. L. Tanner, 1988; D. Trilling, 1993; J. Rodden, hg. 1999. – Bibl.: T. M. Leitch, 1993.

Trilussa (eig. Carlo Alberto Salustri), ital. Dichter, 26. 10. 1871 Rom – 21. 12. 1950 ebda. Journalist, Mitarbeiter am ›Messaggero‹, ›Don Chisciotte‹ u. a., schließl. Bohemien in Rom. – Begann mit ital. Sonetten u. wandte sich dann ganz der Dialektdichtung in der röm. Mundart zu, zu deren bedeutendsten neueren Vertretern er zählt. In der Form der äsop. Fabel, der Satire und des Epigramms schildert er als verstehender Moralsatiriker das Leben Roms an der Wende zum 20. Jh. in s. versch. Aspekten u. lieferte damit e. satir. Chronik des Zeitgeschehens u. e. indirekte, aber wirkungsvolle Kritik des Faschismus.

W: Favole romanesche, 1900; Ommini e bestie, 1908; Lupi e agnelli, 1919; I sonetti, 1922; Le favole, 1922; Le cose, 1922; La gente, 1922; Le storie, 1923; Lo specchio e altre poesie, 1938; Acqua e vino, 1944. – Tutte le poesie, hg. P. Pancrazi 1946 u. ö.; Poesie scelte, Ausw. hg. P. Gibellini 1969. – Übs.: Die bekehrte Schlange und 27 andere Fabeln, 1952, u. d. T. Der erste Haifisch, 1962.

L: G. D'Arrigo, Il tempo, i luoghi, l'opera, 1968; G. Mariani, T. storia di un poeta, 1974; A. C. Faitrop, T. Doppio volto di un uomo e di un'opera, 1979; F. Frapiselli, T. con noi, 2001.

Trindade Coelho, José Francisco de → Coelho, José Francisco de Trindade

Triolet, Elsa (eig. Ella Kagan), franz. Romanschriftstellerin russ. Abstammung, 25. 9. 1896 Moskau – 16. 6. 1970 Saint-Armoul-les-Yvelines b. Paris. Schülerin von M. Gor'kij; erste Schriften in russ. Sprache; lernte 1928 nach der Rückkehr von e. Reise nach Tahiti L. Aragon kennen, dessen Lebensgefährtin sie wurde. Im 2. Weltkrieg Mitglied der Résistance; überzeugte Kommunistin. – Vertreterin des sozialist. Realismus; behandelt in ihren Romanen, Novellen und Essays polit. und soz. Probleme der Nachkriegszeit in orthodox-kommunist. Sicht.

W: Bonsoir Thérèse, N. 1938; Maïakovski, Es. 1939; Mille regrets, R. 1942; Le cheval blanc, N. 1943; Les amants d'Avignon, R. 1943 (d. 1950); Ce n'était qu'un passage de ligne, Es. 1945; Qui est cet étranger qui n'est pas d'ici?, R. 1945; Le premier accroc coûte deux cents francs, R. 1946; L'inspecteur des ruines, R. 1948; Le cheval roux, R. 1953 (d. 1957); Le rendez-vous des étrangers, R. 1956; Le monument, R. 1957; L'âge de nylon, R. III 1959; 1. Roses à crédit (d. 1962), 2. Luna Park, 3. L'âme, R. 1963; Les manigances, Journal d'une égoïste, R. 1962; Le grand jamais, R. 1965 (d. 1971); Ecoutez-voir, R. 1968; Le rossignol se tait à l'aube, R. 1970. – Œuvres romanesques croisées, XVIII 1964–71 (m. L. Aragon).

L: R. Ricatte, La genèse de ›la fille Elisa‹, 1960; L. Aragon, 1960 (Ausw. m. Bibl.); J. Madaule, Ce que dit Elsa, 1961; Zs. ›Europe‹, Sondernr. E. T., 1971; D. Desanti, 1983; L. Marcou, 1994; D. Rezvani Khorasani, 1995; M. Apel-Muller, 1998; M. Gaudric-Delranc, 2000; H. Bourchadeau, 2000.

Tripāṭhī, Govardhanrām Mādhavrām, ind. Schriftsteller und Dichter, 1855–1907. Stud. Jura Bombay, Anwalt in Gujarat; gibt 43jährig s. Beruf auf und wird Mönch und Schriftsteller. – Vf. e. der berühmtesten Romanwerke der Gujaratilit., des vierbändigen ›Sarasvatīcandra‹ (1887–1901), dessen Titelheld, der mod. erzogene, e. Besserung der soz. Zustände anstrebende junge Mann, mit Vertretern der Orthodoxie konfrontiert wird. Das Werk, wegen s. philos. Passagen und der Vielzahl s. Episoden oft mit dem ›Mahābhārata‹ verglichen, bietet e. Darstellung vom Leben und Denken dreier Generationen zwischen 1820 und 1900. T. schrieb außerdem Essays, Gedichte und Biographien.

W: Sarasvatīcandra, R. IV 1887–1901; Satī Cunī, E. 1903; Navalrām Lakṣmīrām-nī jīvankathā, B. 1904; Dayarām-nō akṣardēh, Es. 1908; Līlāvatī jīvankalā, B. 1909; Sākṣar-jīvan, Es. 1919; Snehmudrā, G. [4]1924.

L: K. C. Paṇḍyā, 1910; R. I. Patel, 1955; R. Joṣī, 1963.

Triphiodoros, altgriech. Epiker u. Grammatiker, 2. Hälfte 3. Jh. n. Chr., vermutlich Ägypter. – Von s. ep. Werken ist nur das Kurzepos (691 Hexameter) ›Die Einnahme Ilions‹ erhalten, in dem in stark manieriertem Stil nach e. Beschreibung des hölzernen Pferdes in dramat. Einzelszenen die letzten 3 Tage Trojas geschildert werden. Nachgeahmt wurde T. v. a. von Nonnos.

A: E. Livrea 1982; B. Gerlaud 1982 (m. franz. Übs.); U. Dubielzig 1996 (m. d. Übs., Komm.); A. W. Mair 1987 (m. engl. Übs.).

Tripiṭaka → Tipiṭaka, das

Trissino, Giangiorgio, ital. Dichter, Humanist und Philologe, 8. 7. 1478 Vicenza – 8. 12. 1550 Rom. Aus Patrizierfamilie, lebte lange in Rom, genoß das Wohlwollen der Päpste Leo X., Clemens VII. u. Paulus III. Lebte später in s. Villa b. Vicenza. Freundschaft mit Palladio. – T. verfaßte e. ›Arte poetica‹ im Sinne Aristoteles' u. die Tragödie ›Sofonisba‹, die als erste reguläre Tragödie der mod. Lit. gilt. In der Komödie ›Simillimi‹ ahmt T. die ›Menaechmi‹ von Plautus nach. S. größter Ehrgeiz zielte auf e. ital. Epos; s. ›L'Italia liberata dai Goti‹ in 27 Gesängen, in reimlosen Elfsilbern, bleibt jedoch erfolglos: hist. sehr genau, in der Form jedoch zu trocken. Er führte als erster den reimlosen Elfsilber in die ital. Lit. ein; beschäftigte sich auch mit e. Reform der ital. Orthographie; in s. Dialog ›Il Castellano‹ nahm er Stellung zur Regelung der ital. Sprache; übersetzte das ›De vulgari eloquentia‹ Dantes in die Volkssprache.

W: Sofonisba, Tr. 1524 (hg. F. Paglierani 1884; d. P. Feit 1888); Sei divisioni della Poetica 1529 (n. 1969); Il Castellano, Dial. 1529 (hg. G. Daelli 1864); L'Italia liberata dai Goti, Ep. III 1547f.; I Simillimi, K. 1548. – Tutte le opere, III 1729; Scritti scelti, hg. A. Scarpa 1950 (m. Bibl.); Rime (1529), hg. A. Quondam 1981; Scritti linguistici, hg. A. Castelvecchi 1986.

L: B. Morsolin, [2]1894; N. Pozza, hg. 1980.

Tristan → Lindström, Sigfrid

Tristan L'Hermite (eig. François L'Hermite, Sieur du Solier, franz. Schriftsteller, um 1601 Schloß Solier/Marche – 7. 9. 1655 Paris. Stammt vorgebl. von Pierre L'H., dem Initiator des 1. Kreuzzugs, ab. In s. Jugend abenteuerl. Wanderleben, berichtete darüber im realist. Roman ›Le page disgracié‹. – Dramatiker und Lyriker; s. Dramen deuten bisweilen auf Racine voraus. Die Tragödie ›Mariane‹ war ebenso erfolgr. wie der zeitgenöss. ›Cid‹ Corneilles. S. Stanzen, Oden, Chansons, Epigramme, Sonette und Madrigale sind gelegentl. burlesk, oft preziös, zeugen von echtem Naturgefühl.

W: Les plaintes d'Acante, G. 1633; Panthée, Dr. 1637f.; La Mariane, Dr. 1637 (n. J. Madelaine 1917, P. A. Jannini 1969); Les amours, G. 1638; La Lyre, G. 1641 (n.

J. P. Chauveau 1977); La folie du sage, Dr. 1642 (n. J. Madelaine 1936); Le page disgracié, R. 1643 (n. A. Dietrich 1898, J. Savarin 1924, A. Carriat 1960, Serroy 1980); La mort de Sénèque, Dr. 1643 (n. J. Madelaine 1919); La mort de Chrispe, Dr. 1644; Osman, Dr. 1646; Vers héroïques, G. 1648 (n. C. M. Grisé 1967); Le parasite, Dr. 1653 (n. J. Madelaine 1934). – Œuvres complètes, VI 2002; Théâtre complet, hg. C. K. Abraham, Alabama 1975; Théâtre, hg. E. Girard VIII 1900–07; Ausgew. Gedichte, hg. J. Madelaine 1909, P. Camo 1925, P. A. Wadsworth 1962; The Religious poetry, hg. R. A. Gjelsteen 1977–78; Lettres meslés, hg. C. Grisé 1972.

L: N. M. Bernardin, Un précurseur de Racine, 1895; A. Carriat, 1955; D. Dalla Valle, Turin 1964; C. K. Abraham, The Strangers, Gainesville/FL 1966; Cahiers T., 1979ff.; C. K. Abraham, Boston 1980; C. Maubon, 1981; St. Boulet, 1987; B. Belcher, 1987. – *Bibl.:* A. Carriat, 1955.

Troelstra, Pieter Jelles, westfries. Lyriker u. Politiker, 20. 4. 1860 Leeuwarden – 12. 5. 1930 Den Haag. Sohn e. Steuerbeamten. Bedeutender sozialist. Politiker und Staatsmann, weltanschaul. bes. durch Büchners ›Kraft und Stoff‹ beeinflußt. Stud. Rechtswiss. Groningen (Promotion 1888), wo er u. a. mit T. E. Halbertsma und O. H. Sytstra in Berührung kam und für das Fries. gewonnen wurde. Mithrsg. versch. fries. Anthologien. Durch s. Mitarbeit am ›Friesch Volksblad‹ Mitglied der Friesische Volkspartij. 1888 Advokat in Leeuwarden. 1888–90 Redakteur der Zs. ›For hûs en hiem‹. Da viele Leser an s. relig. und polit. Einstellung Anstoß nahmen, legte er die Schriftleitung nieder und widmete sich fortan ganz der Politik (1897–1925 Mitgl. der 2. Kammer). Auf Betreiben von J. B. Schepers kehrte er 1909 noch einmal kurz zur Dichtung zurück. S. fries. Heimat nützte er, indem er sich als Politiker für den Unterricht in fries. Sprache einsetzte. S. dichter. Werk umfaßt Bilder aus dem Volksleben, Liebeslyrik, Weltanschauungsfragen und polit. Kampflieder sowie einige Erzählungen in Zsn.

W: Rispinge, G. 1909; Fen liet en libben, Aut. 1910; Wylde hierren en oar proaza, En. 1966; Samle Fersen, G. 1981.

L: E. V. Hueting, 1981; P. Terpstra, P. J. T., Het leven van een strijder, 1985.

Trogus, Pompeius, röm. Historiker, 1. Jh. v./n. Chr. Außer s. gall. Abstammung ist von ihm nichts bekannt. Schrieb nach/um Chr. Geburt e. Universalgeschichte ›Historiae Philippicae‹ von den Assyrern bis Augustus in 44 Büchern. Erhalten ist nur e. Auszug des Werkes, der von → Iustinus (3. oder 4. Jh. n. Chr.) stammt. – T.' Ziel war es, in der Nachfolge der griech. Universalhistoriker die nichtröm. Geschichte darzustellen, als Ergänzung zur einseitig auf Rom ausgerichteten annalist. Geschichtsschreibung. Die Fragmente lassen noch die dramat. Komposition u. die Neigung zu moral. Betrachtungen erkennen. S. Darstellung aufeinanderfolgender Weltreiche wurde wichtig für die ma. Vorstellung der ›Translatio imperii‹.

A: Fragmente, hg. O. Seel 1956; Epitome des Justinus, hg. ders. 1935 (d. ders. 1972).

L: O. Seel, Eine römische Weltgeschichte, 1972; H.-D. Richter, Untersuchungen zur hellenistischen Historiographie, 1987; J. M. Alonso-Nuñez, La Historia universal de P. T., 1992; B. R. van Wickevoort Crommelin, Die Universalgeschichte des P. T., 1993.

Trollope, Anthony, engl. Romanschriftsteller, 24. 4. 1815 London – 6. 12. 1882 Hartin/Sussex. Sohn e. Anwalts u. Frances Milton T.s. Erzogen in Winchester und Harrow. Schwierige Jugend, wirtschaftl. Ruin der Familie durch Fehlspekulation des Vaters; Auswanderung nach Amerika. Nach Tod des Vaters kehrte die Mutter mit ihren Kindern nach England zurück. Ab 1834 Postbeamter, 1841–59 in Irland, 1859–66 in England. ∞ 1844 Rose Heseltine. Trotz starker Beanspruchung im Beruf schrieb T. in recht mechan. Arbeit 40 Romane sowie zahlr. Kurzgeschichten, Reisebücher, Essays u. a. S. Werke brachten ihm e. großes Vermögen ein, und er ließ sich 1867 in Waltham Cross, später in London nieder. In s. posthum veröffentl. Autobiographie gab er kompromißlos zu, zwar auch Befriedigung aus der schriftsteller. Tätigkeit geschöpft, v. a. aber um des Geldes willen geschrieben zu haben. – Vielgelesener Romancier der viktorian. Mittelklasse, die er nach genauer Beobachtung schildert. S. ersten, in Irland z. Z. der Hungersnot 1846/47 spielenden Romane wurden wenig beachtet. Dann schuf er die Serie der 6 Barchester-Romane, die in e. Kathedralstadt spielen und die s. lit. Ruf begründeten. Setzte damit Thackerays Realismus fort, schildert nüchtern, mit humorvoller Ironie, ohne Pathos und ohne poet. Ausschmückungen das ereignislose Leben der anglikan. Geistlichkeit u. des Bürgertums in e. Kleinstadt Südenglands. Es folgten e. Serie polit. Romane sowie zahlr. Einzelwerke. S. Werke wurden fast vergessen, die Barchester Novels erlebten jedoch um 1930 e. neuen Aufschwung.

W: The Macdermots of Ballycloran, R. 1847; The Kellys and the O'Kellys, R. 1848; La Vendée, R. 1850; The Warden, R. 1855 (n. 1980); Barchester Towers, R. 1857 (n. 1980); Doctor Thorne, R. 1858 (n. 1980, d. 1954); Framley Parsonage, R. 1861 (d. 1864); The Small House at Allington, R. 1864 (hg. J. R. Kincaid 1981); The Last Chronicle of Barset, R. 1867 (hg. K. Tillotson 1978); Phineas Finn, R. 1869 (hg. J. Berthoud 1982); The Eustace Diamonds, R. 1873; Phineas Redux, R. 1874; The Prime Minister, R. 1876; The Duke's Children, R. 1880; Ayala's Angel, R. 1881 (hg. M. Sadleir 1947); An Autobiography, 1883 (hg. Ch. Morgan 1946, B. A. Booth 1978). – The Barsetshire Novels, hg. F.

Trollope

Harrison VIII 1906; The Shakespeare Head Edition, hg. M. Sadleir XIV 1929; Complete Novels, hg. D. Skilton, XLVIII 2000; Complete Short Stories, hg. B. Breyer, V ²1991–94; Letters, hg. B. A. Booth 1951. *L:* M. Sadleir, ²1945; ders., 1961; L. P. u. R. P. Stebbins, 1946; A. O. J. Cockshut, 1955; B. A. Booth, 1958; H. S. Davies, 1960; P. D. Edwards, 1968; R. M. Polhemus, The Changing World of A. T., 1968; The Critical Heritage, hg. D. A. Smalley 1969; R. apRoberts, 1971; J. Pope-Hennessy, 1971; M. Hardwick, A Guide to T., 1974; J. W. Clark, The Language and Style of T., 1975; C. P. Snow, 1975; P. D. Edwards, 1977; J. Halperin, T. and Politics, 1977; J. R. Kincaid, The Novels of T., 1977; R. C. Terry, 1977; J. McMaster, 1978; A. Pollard, 1978; R. Tracy, T.s Later Novels, 1978; T. Bareham, hg. 1980; N. J. Hall, T. and His Illustrators, 1980; G. Harvey, 1980; W. M. Kendrick, The Novel-Machine, 1980; The T. Critics, hg. N. J. Hall 1981; C. Lansbury, The Reasonable Man, 1981; Sh. R. Letwin, The Gentleman in T., 1982; B. Overton, The Unofficial T., 1982; A. Wright, 1983; M. Hamer, Writing by Numbers, 1987; S. P. MacDonald, 1987; L. J. Swingle. 1990; R. Mullen, 1990; N. J. Hall, 1991; V. Glendinning, 1992; R. Mullen, J. Mason, hg. 1996; D. Skilton, ²1996; R. C. Terry, hg. 1999. – *Bibl.:* M. Sadleir, ²1964; J. Ch. Olmsted, J. E. Welch, 1978.

Trollope, Frances, geb. Milton, engl. Schriftstellerin, 10. 3. 1780 Stapleton/Bristol – 6. 10. 1863 Florenz. Tochter e. Geistlichen, ∞ 1809 Thomas Anthony T., e. Rechtsanwalt, der nach s. Bankrott nach Amerika ging. Mutter von Anthony T. Kehrte nach ihres Mannes Tod nach England zurück, begann 52jährig e. schriftsteller. Laufbahn mit 115 Romanen und Reisebüchern. Ab 1843 in Florenz.

W: Domestic Manners of the Americans, 1832 (hg. M. Sadleir 1927; d. 1835); Belgium and Western Germany in 1833, Reiseb. II 1833f. (d. 1834); Paris and the Parisians, Reiseb. II 1835f. (d. 1836); The Vicar of Wrexhill, R. III 1837 (d. 1837); The Widow Barnaby, R. III 1838; Fashionable Life, R. III 1856. – *Übs.:* Briefe aus der Kaiserstadt, 1966.
L: F. E. Trollope, II 1895; U. Pope-Hennessy, Three Engl. Women in America, 1929; E. Bigland, 1953; M. P. Frazee, 1969; J. Johnston, 1978; J. Heineman, 1979; B. Ayres, 2002.

Trotzig, Birgitta, geb. Kjellén, schwed. Schriftstellerin, * 11. 9. 1929 Göteborg. Tochter e. Oberstudienrats; 1948 Abitur, Stud. ebda.; ∞ 1949 bild. Künstler Ulf T. – Bekannte sich als Konvertitin zum Katholizismus, das Verhältnis Mensch – Gott wurde zum Problem u. Grund ihres dichter. Werkes: es kreist um Bosheit u. Hilflosigkeit des Menschen, s. seel. Absterben u. s. Versteinerung durch Lieblosigkeit u. Verrat in e. Welt, geprägt durch die Abwesenheit Gottes.

W: Ur de älskandes liv, Nn. 1951; Bilder, G. 1954; De utsatta, R. 1957 (Die Ausgesetzten, d. 1967); Ett landskap, Prosa 1959; En berättelse från kusten, Leg. 1961; Levande och döda, En. 1964; Sveket, R. 1966; Ordgränser, G. 1968; Sjukdomen, R. 1972; I kejsarens tid, M. 1975; Jaget och världen, Ess. 1977; Berättelser, 1977; Dykungens dotter, R. 1985; Porträtt. Ur tidshistorien, Ess. 1993; Dubbelheten. Tre sagor, En. 1998.
L: R. Boyer, 1978.

Troyat, Henry (eig. Lev Tarassov), franz. Romanschriftsteller russ. Herkunft, * 1. 11. 1911 Moskau. Kam 1920 als Emigrant nach Paris; Jurastud. an der Sorbonne; Staatsexamen, Verwaltungslaufbahn; ›rédacteur‹ an der Préfecture de la Seine, 1941 freier Schriftsteller. 1959 Mitglied der Académie Française. – Verfaßte neben s. Romanwerk Biographien russ. Schriftsteller sowie Theaterstücke; steht anfängl. der Schule der Populisten nahe, später in der Schilderung patholog.-sensibler Charaktere von Dostoevskij beeinflußt. S. Romanzyklen schildern neben s. russ. Heimat in ebenso überzeugender Weise auch das Leben der franz. Provinz. Bes. Erfolg hat s. meisterhafte Romantrilogie ›Tant que la terre durera‹, welche die letzten Jahre des kaiserl. Rußland und den Beginn der Revolution schildert und viel Autobiographien enthält. Spätere Romane zumeist konventionell.

W: Faux jour, R. 1935; Grandeur nature, R. 1936; L'Araignée, R. 1938 (Die Giftspinne, d. 1950); Dostoïevski, Ess. 1940; Le mort saisit le vif, R. 1942 (d. 1949); Du philanthrope à la rouquine, R. 1944 (Ein Geschäft mit Pilatus, d. 1960); Le signe du taureau, R. 1945; Les vivants, Dr. 1946 (d. 1960); Pouchkine, B. 1946 (d. 1959); R.-Tril.: 1. Tant que la terre durera, 1947 (d. 1952), 2. Le sac et la cendre, 1948, 3. Etrangers sur la terre, 1950 (d. 1953, m. dem vorigen); La case de l'oncle Sam, Reiseber. 1948 (d. 1951); Sébastien, Dr. 1949; La tête sur les épaules, R. 1951; Le vivier, R. 1952; La neige en deuil, R. 1952 (Der Berg der Versuchung, d. 1955); Mme d'Arches a dit peut-être, Dr. 1952; L'étrange destin de Lermontov, B. 1952; R.-Zyklus: 1. Les semailles et les moissons, 1953 (Vor dem Sturm, d. 1955), 2. Amélie, 1955 (d. 1956), 3. La grive, 1956, 4. Tendre et violente Elisabeth (d. 1960), 5. La rencontre, 1958 (d. 1962); De gratte-ciel au cocotier, Reiseber. 1955 (Macumba, d. 1958); La lumière des justes, R.-Zyklus: 1. Les compagnons du coquelicot, 1959 (d. 1960), 2. La Barynia, 1960 (Die Herrin von Kaschtanowka, d. 1961), 3. La gloire des vaincus, 1961 (d. 1962), 4. Les dames de Sibérie, 1962 (d. 1963), 5. Sophie ou la fin des combats, 1963; La vie quotidienne en Russie, Schr. 1959 (d. 1960); Une extrême amitié, R. 1963 (d. 1967); Le geste d'Eva, En. 1964 (Der Apfel Evas, d. 1967); Tolstoï, B. 1965 (d. 1966); R.-Tril.: 1. Les Eygletière, 1965 (Und bauten den Kindern kein Haus, d. 1966), 2. La faim des Lionceaux, 1966 (Auf ihren eigenen Wegen, d. 1967), 3. La malandre, 1967 (Wie Spreu im Wind, d. 1968); Les héritiers de l'avenir, R.-Tril. (d. 1972): 1. Le cahier, 1968, 2. Cent un coups de canon, 1969, 3. L'éléphant blanc, 1970; Gogol, B. 1971; Les feux du matin, R. 1975; Le front dans les nuages, R. 1977; Catherine la Grande, B. 1977; Pierre le Grand, B. 1979 (d. 1981); Le Prisonnier n° 1, R. 1978; Viou, R. 1980; Le pain de l'étranger, R. 1981; La dérision, R. 1983; Tchekhov, B. 1984 (d. 1987); Tourgueniev, B.

1985; Gorki, B. 1986; Alexandre II, B. 1987. – Les ailes du diable, Ges. En. 1967.
L: N. Hewitt, Boston 1984.

Troyes, Chrestien de → Chrestien de Troyes

Trubar, Primož, slowen. Schriftsteller, um 9. 6. 1508 Raščica – 28. 6. 1586 Derendingen/Württ. Begründer der slowen. Lit. u. zusammen mit J. Dalmatin u. A. Bohorič Schöpfer der slowen. Schriftsprache. Stud. Humaniora u. Theol. Rijeka, Salzburg, Wien u. Triest, wo er unter den Einfluß des mit dem Protestantismus sympathisierenden Bischofs Bonomo geriet. Nach kurzer Tätigkeit in Laibach mußte er im Zuge der Gegenreformation s. Heimat verlassen u. wirkte ab 1548 mit nur 3jähr. Unterbrechung als protestant. Prediger in Dtl. (Nürnberg, Rothenburg o. d. T., Kempten, Urach, Derendingen). Ab 1561 Direktor der südslaw. Bibelanstalt u. Druckerei in Urach. – 1550 erscheint T.s Katechismus, das erste Buch in slowen. Sprache, dem e. ganze Reihe für die Kirchenreform der Südslawen wichtiger protestant. Werke folgte. S. Hauptwerk ist die Übs. des N. T. (1557–77, 1582).
W: Abecedarium, 1550; Ta evangeli sv. Matevža, 1555; Slovenska cerkovna ordninga, 1564; Ta celi psalter Davidov, 1566; Hišna postila, 1595. – Zbrana dela (GW), 2002.
L: M. Rupel, 1965 (m. Bibl.); J. Riegel, 1968; D. Šega, 1975; J. Javoršek, 1977; J. Rajhman, 1977; J. Humar, 1980; J. Javoršek, 1986; W. Dötling, 1986; R.-D. Kluge, 1995.

Trueba y de la Quintana, Antonio de, span. Lyriker u. Erzähler, 24. 12. 1819 Montellano/Vizcaya – 10. 3. 1889 Bilbao. Gebürtiger Baske bescheidener Herkunft. – Besang in schlichten, volkstüml. Versen s. Heimat u. die Seele des Volkes; Erzählungen in der Art der Sittenbilder Fernán Caballeros.
W: Libro de los cantares, G. 1851; Cuentos populares, En. 1853; Cuentos de color de rosa, En. 1854; Cuentos campesinos, En. 1860; Libro de las montañas, G. 1867. – Obras, hg. M. Rubiños II 1905–24.
L: A. González-Blanco, 1914.

Trumbull, John, amerik. Schriftsteller, 24. 4. 1750 Westbury/CT – 11. 5. 1831 Detroit. Aus prominenter Familie Connecticuts; Stud. Yale Univ.; 1774–1825 prominenter Anwalt und Richter in New Haven und Hartford, zur Gruppe der ›Connecticut Wits‹ gehörend. – Gefeiertster amerik. Lyriker des 18. Jh., bes. wegen s. Spottepos ›M'Fingal‹, e. Satire auf die Haltung der Briten im amerik. Unabhängigkeitskampf. Essays im Stile Addisons.
W: The Progress of Dulness, Vers-Sat. III 1772f.; M'Fingal, Vers-Sat. 1776 (n. B. J. Lossing 1864). – The Poetical Works, II 1820 (n. 1969); The Satiric Poems, hg. E. T. Bowden 1962.
L: A. Cowie, 1936; T. Sizer, 1956; V. E. Gimmestad, 1974; H. A. Cooper, 1982.

Tryphiodor → Triphiodoros

Ts'ao Chan → Cao Zhan

Tsʻao Chih → Cao Zhi

Ts'ao Hsüeh-chʻin → Cao Zhan

Tsʻao Pʻi → Cao Pi

Tscha... → C

Tschanakja → Cāṇakya

Tscharenz, Jerische → Čʻarencʻ, Eġiše

Tschattopadhjaja → Caṭṭopādhyāya

Tschawtschawadse, Aleksander → Čavčavaje, Alek'sandre, Fürst

Tschawtschawadse, Ilia (Elias) → Čavčavaje, Ilia, Fürst

Tsche... → C

Tschechow, A. → Čechov, Anton Pavlovič

Tschernichowsky, Saul, hebr. Dichter, 28. 8. 1875 Michajlovka/Ukraine – 14. 10. 1943 Jerusalem. 1888 Ausbildung in Odessa; 1899–1903 Stud. Medizin Heidelberg; 1904 in die Schweiz; 1907 Promotion in Lausanne; Rückkehr nach Rußland; im 1. Weltkrieg Militärarzt in Minsk; später in Odessa, in den 20er Jahren in Berlin, USA und nach 1930 in Tel Aviv. – Lyriker, Erzähler und Übs. mit Neigung zur Klassik, anfangs von Heine und Lermontov beeinflußt.
W: Chesionòth umanginòth, Dicht. II 1898–1901; Schirím Chadashím, G. 1924; Kitvè, Slg. X 1929–34; Kol schirè Černihovskij, G. 1937; Scheloshím Uschlosha sippurím, En. 1942; Schirím, II 1966; Kochevè schamàim rechokím, G. 1945; Poemot ve-Idilyot, G. 1990; Shirot ve-Shirim, G. 1995; Kol kitve Sh. T. (GW), 1990–98. – *Übs.:* Selected Poems, engl. 1944.
L: Y. Klausner, 1947; Y. Lichtenboim, 1953; B. Kurzweil, Bialik and T. 1960, 1963, 1972; Y. Haefrati, Saul Tchernichowsky, 1976; A. Shaanan, S. T., Mon. 1984; H. Barzel, The Poetry of S. T., 1992; Y. Mazor, 1992; B. Arpali, S.T. – Studies and Documents, 1994; Innocence and Experience – Essays on T.'s Idylls, hg. B. Arpali, Z. Shamir, U. Shavit, 1998; Eisig Silberschlag, S.T. Poet of Revolt, 1998.

Tschinag

Tschernyschewskij, N. → Černyševskij, Nikolaj Gavrilovič

Tschikowani, Simon → Č'ik'ovani, Simon

Tschiladse, Otar → Čilaje, Otar

Tschinag, Galsan (eig. Irgit Schynykbajoglu Dshurukuwaa), mongol. Schriftsteller, * 1944 Mongolei. Entstammt einer tuwinischen Nomadenfamilie, 1962–66 Stud. Germanistik in Leipzig, lehrt an der Univ. Ulan-Bator, lebt seit 1991 ebda. und bei seinem Stamm. – T.s überwiegend deutsch geschriebene Werke verknüpfen mythisches Erzählen mit eigenem Erleben und mongol. Schamanentum, beschwören in einfachen Sätzen und blumigen Worten die Einheit der Natur.

W: Der blaue Himmel, R. 1994; Zwanzig und ein Tag, R. 1995; Die Karawane, Tg. 1997; Die graue Erde, R. 1999, Der weiße Berg, R. 2000.

Tschirikow, Jewgenij Nikolajewitsch → Čirikov, Evgenij Nikolaevič

Tschu... → C

Tschuang-tse → Zhuangzi

T'Serstevens, Albert, belg. Romanschriftsteller, 1885 Uccle b. Brüssel – 1974. Fläm. Vater und franz. Mutter; Jurastud.; Reisen durch Europa, bes. Italien. – Vf. von Reise- und Abenteuerromanen, Novellen, Gedichten und Essays. Reiche Phantasie und farbiger, lebendiger Stil.

W: Poèmes en prose, G. 1911; Les sept parmi les hommes, G. 1919; Un apostolat, R. 1919; Petites trilogies, G. 1921; Le vagabond sentimental, R. 1923; Les corsaires du roi, R. 1930; Taïa, R. 1930; Gens de province, R. 1931; L'or du Cristobal, R. 1936; Ceux de la mer, R. 1937; Joies de plein air, Aut. 1949; Tahiti et sa couronne, Aut. 1950; Intimité de Venise, 1969.

L: J. P. Martinet, Lausanne 1975.

Tsirkas, Stratis, griech. Dichter, Erzähler u. Kritiker, 10. 7. 1911 Kairo – 27. 1. 1980 Athen. Lebte in Ägypten, befreundet mit Kavafis, seit 1963 in Athen. Von der franz. Kritik als ›Maugham grec‹ bezeichnet.

W: Phellachoi, G. 1937; Lyriko taxidi, G. 1938; Allokotoi anthrōpoi, En. 1944; Proteleutaios apochairetismos, G. 1946; Ho Apriles einai pio sklēros, En. 1947; Ho Hypnos tu theristē, En. 1954; Nuredin Bomba, En. 1957; Mia apopsē, Es. 1961; Akybernētes politeies, R.- Tril. 1961–65 (Cités à la dérive, franz. 1971); Hē nychterida, R. 1965; Ston kabo, En. 1966; Ta hēmerologia tēs trilogias ›Akybernētes politeies‹, R. 1973; Hē chamenē anoixē, R. 1976.

Tso-chuan → Chunqiu

Tsoṅ-kha-pa Blo-bzaṅ-grags-pa, bedeutender tibet. Autor, 1357–1419. Stammte aus Nordosttibet, widmete s. Jugend vielseitigen scholast. Studien bei den berühmtesten Meistern s. Zeit. – Reformator des Lamaismus und Begründer der ›Gelben Kirche‹ Tibets. Schuf e. Gesamtschau des Buddhismus, welche das Studium von Buddhas Lehrreden, der Ordenszucht und Magie in e. ausgewogenes Verhältnis brachte. Auf s. Geistigkeit beruhend hat sich die Kirche der Dalai Lamas entwickelt. S. Hauptwerk ›Byaṅ-chub lam-rim‹ (Stufenweg zur Erleuchtung) behandelt den Aufstieg des Menschen vom einfachen Zufluchtnehmen bei Buddha bis zu höchster geistiger Vollkommenheit.

A: The Collected Works, New Delhi XXVII 1975– 79, XVIII 1978–79; Byaṅ-chub lam-rim che-ba, Hsining ²1992.

Tsubota, Joji, jap. Schriftsteller, 3. 6. 1890 Okayama-Präfektur – 7. 7. 1982 Tokyo. Stud. engl. Lit. Waseda-Univ. – Fast ausschließl. Erzählungen für Kinder, in denen T. auf ihre Psyche eingeht u. die Welt aus ihrer Sicht u. an ihren Maßstäben gemessen schildert.

W: Shôta no uma, E. 1926; Kappa no hanashi, En. 1927; Momotarô, E. 1934 (d. in: Nippon 4, 1935); Obake no sekai, E. 1935; Kaze no naka no kodomo, R. 1936 (engl. 1991); Haru no yume, aki no yume, R. 1949. – T. J. zenshû (GW), 1977–78. – *Übs.*: Der alte Jinshichi, in: Eine Glocke in Fukagawa, ²1969.

Tsubouchi, Shôyô (eig. T. Yûzô), jap. Schriftsteller, 22. 5. 1859 Ôta/Gifu-Präfektur – 28. 2. 1935 Atami/Shizuoka-Präfektur. Nach Abschluß des Stud. Dozent für europ. Gesch. u. engl. Lit. an der Waseda-Univ. Bedeutender Shakespeare-Übs. – Von Motoori Norinaga u. Ernest Fenollosa beeinflußt, war T. bestrebt, jap. Tradition u. westl. Auffassung zu vereinen, u. wurde zum Begründer der neueren jap. Lit. im Zeichen des Naturalismus u. Realismus. Schrieb auch Kritiken, Essays u. Gedichte.

W: Shôsetsu-shinzui, Ess. 1885f.; Tôsei-shosei-katagi, R. 1885f.; Kiri-hitoha, Dr. 1894f.; Bungaku sono oriori, Ess. 1896; Shinkyoku-Urashima, Dr. 1904 (engl. 1936); En no gyôja, Dr. 1916 (franz. 1920); Kaki no heta, Ess. 1934. – S. senshû (AW), 1926f.

L: M. G. Ryan, The Development of Realism in the Fiction of T. S., 1975; P. F. Kornicki, The Reform of Fiction, 1982; T. Kaneda, Fenollosa and T. S., 2001.

Tsurayuki → Ki

Tsurezuregusa → Yoshida Kenkô

Tsuruya Namboku IV (eig. Ebiya Genzô), jap. Dramatiker, 1755 Edo – 1829 ebda. Sohn e. Tuchfärbers; aufgewachsen im Nihonbashi-Viertel in der Nähe der Kabuki-Bühnen, wo er mit ca. 20 bei Stückeschreibern in die Lehre geht. Nach s. Heirat nimmt er u. a. Pseudonymen den Namen s. Schwiegervaters (T. N. III) an. – Äußerst produktiver Autor (über 120 Stücke), etabliert er sich mit ›naturalistischen‹ Dramen avant la lettre, die soziale Konflikte in marginalen Milieus aufgreifen u. den allg. Verfall der Gesellschaft in düsteren, z. T. grotesken Tönen zeichnen.

W: Tôkaidô Yotsuya kaidan, Sch. 1825 (franz. 1979). – Dai Namboku zenshû (GW), XVII 1925–28. – *Übs.:* Yotsuya Ghost Stories, act 2, engl. M. Oshima; Ehon gappô ga tsuji, a Kabuki Drama of Unfettered Evil, engl. P. B. Kennelly (ATJ), 2000.

Tsushima, Yûko, jap. Schriftstellerin u. Romanautorin, * 30. 3. 1947 Tokyo. Tochter von → O. Dazai. Studiert engl. Lit. an der Meiji-Univ. in Tokyo, arbeitet zeitweise im Medienbereich. ∞ 1970, o/o 1976; zwei Kinder (Sohn mit 8 Jahren verstorben). Debütiert 1966, Durchbruch mit e. autobiograph. inspirierten Erzählung 1969, zahlreiche Literaturpreise. – Identitätssuche u. Emanzipierung der Frau, Sexualität und Mutterschaft stehen im Zentrum ihrer Erzählungen u. Romane, die eindringlich familiäre Konflikte und deren psych. Folgen schildern.

W: Shanikusai, En. 1971; Ikimono, R. 1973; Waga chichitachi, En. 1975 (Unsere Väter, üst 1987); Chôji, R. 1978 (engl. 1983; franz. 1985); Hikari no ryôbun, R. 1979 (franz. 1986); Ôi naru yume no hikari yo, R. 1991.

L: M. Mizutani, Renaissance of Women's Literature (LJ), 1986; L. Monnet, Mord, Inzest u. Schwachsinn. Die (weibliche) Mythologie T.Y.s (NOAG 111), 1988; H. Gössmann, Chôji (KNL), 1996; L. Monnet, Connaissance délicieuse, or the science of jealousy, 1996.

Tucci, Niccolò, 1. 5. 1908 Lugano – 10. 12. 1999 New York. Sohn e. ital. Vaters u. e. russ. Mutter, wuchs in der Toskana auf, Stud. polit. Wiss. Florenz, 1 Jahr Stipendiat in den USA, Promotion in Florenz; verließ 1936 aus polit. Gründen das faschist. Italien u. lebte seitdem in den USA. Mitarbeiter versch. Zsn., u.a. des ›New Yorker‹. – S. erfolgr. Roman ›Before My Time‹ trägt familiengeschichtl. Züge u. schildert die Lebensform des Moskauer Großbürgertums der Jh.wende, die von e. alten, herrschsüchtigen Dame auf ihren zahlr. Reisen durch die ganze Welt aufrechterhalten und gegen fremde Einflüsse hermet. abgeschirmt wird.

W: Before My Time, R. 1962 (Die Despotin, d. 1966); Unfinished Funeral, R. 1964; Gli atlantici, R. 1968; Confessioni involontarie, R. 1975; The sun and the moon, R. 1977.

Tuckerman, Frederick Goddard, amerik. Dichter, 4. 2. 1821 Boston – 9. 3. 1873 Greenfield. Vater wohlhabender Händler; Harvard-Studium, kurzfristig Rechtsanwalt, zog sich ins ländl. Greenfield zurück. – T.s Lyrik weist ihn als Kenner und Beobachter der Botanik und der Astronomie aus; fünf Sonett-Kränze, z. T. erst posthum entdeckt und veröffentlicht, zunächst s. Trauer über den Verlust der Ehefrau reflektierend, später sich in Erinnerungen sowie göttl. und erot. Visionen ergehend; auch die indian. Besiedelung Greenfields wird thematisiert.

W: Poems, 1860. – Sonnets, hg. W. Bynner 1931; Complete Poems, hg. N. S. Momaday 1965.

L: S. A. Golden, 1952, 1966; E. England, 1991.

Tudoran, Radu, rumän. Schriftsteller, 8. 3. 1910 Blejoi/Prahova – 19. 11. 1992 Bukarest. Flieger, dann freier Schriftsteller. – Vf. unterhaltender Gesellschaftsromane u. Erzählungen ohne sozialkrit. Absichten, in denen er v. a. Frauenschicksale schildert. Der Umbruch von 1989 befreite ihn vom Zwang, banale Kinder- u. Jugendbücher schreiben zu müssen.

W: Oraşul cu fete sărace, En. 1940; Un port la Răsărit, R. 1941 (Ein Hafen im Osten, d. 1947, u. d. T. Nadja, 1955); Întoarcerea fiului risipitor, R. 1943 (Schicksal aus deiner Hand, d. 1952); Anotimpuri, R. 1943 (Jahreszeiten des Herzens, d. 1954); Flăcări, R. 1945 (Tal der Flammen, d. 1957); Ultima poveste, R. 1956 (Die letzte Verbindung, d. 1959); Toate pânzele sus!, R. ⁶1967; Maria şi marea, R. 1973; La nord de noi înşine, R. 1979.

Tudur Aled, walis.-kymr. Dichter, um 1480 Llansannan/Denbighshire – 1526 Carmarthen. Adliger Herkunft. Neffe und Schüler von Dafydd ab Edmwnd. Führende Gestalt beim Caerwys Eisteddfod 1523. – Vf. von Preisliedern, Elegien, Oden. Meisterhafte Beherrschung schwierigster Gedicht- u. Strophenformen. Sein Werk stellt den Höhepunkt der ma. walis. Dichtungstradition dar.

W: Gwaith T. A., hg. T. Gwynn Jones 1926.

Tudžarov, Christo → Jasenov, Christo

Tu Fu → Du Fu

Tuglas, Friedebert (bis 1923 F. Mihkelson), estn. Schriftsteller, 2. 3. 1886 Ahja (Aya), Kr. Dorpat – 14. 4. 1971 Reval. Neben Suits führend in der Jung-Estland-Bewegung; 1905 aktive Beteiligung an der Revolution, bis 1917 in polit. Emigration, bes. in Finnland u. Paris; gründete 1917 die Siuru-Gruppe u. redigierte das gleichnamige Sammelwerk (III 1917–19); redigierte in den 20er Jahren versch. lit. Zsn. (bes. ›Looming‹) u. war in mehreren kulturellen Organisationen führend tätig. – Wichtigster Prosaist neuromant. u. symbolist. Prägung; bewußt kultivierte Stilkultur; formstrenge Novellistik u. Kürzestprosa. Mit der umfangr. essayist. Produktion von T. beginnt die estn. Kritik im europ. Sinne; grundlegende Forschungen zur lit. Sozialgesch.; künstler. niveauvolle Übsn., v. a. aus dem Finn.

W: Hingemaa, N. 1906; Kahekesi, Nn. 1908; Liivakell, Kurzprosa 1913; Felix Ormusson, R. 1915; Saatus, Nn. 1917; Teekond Hispaania, Reiseber. 1918; Raskuse vaim, Nn. 1920; Marginaalia, Ess. 1921 (n. 1966); Hingede rändamine, Nn. 1925; Juhan Lüv, Es. 1927; Teekond Põhja-Afrika, Reiseber. III 1928–30; Lühike eesti kirjanduslugu, Abh. 1934; Väike Illimar, R. II 1937 (Illimar, d. 1959); Ühe Norra reisi kroonika, Reiseber. 1939; Noorusmälestused, Mem. 1940; Unelmate maa, Kurzprosa 1942; Rahutu rada, Aut. 1973. – Kogutud teosed (GW, hkA), bisher VIII 1986–2001; Teosed (W), VIII 1957–62; Kogutud novellid ja väikepalad (ges. Nn.), III 1939f.; Kogutud novellid (ges. Nn.), II 1971; Kuldne rõngas (ausgew. Nn.), 1936; Kriitika (ges. Ess.), VIII 1935f.; Kriitika (Ess.), III 1919–26; Muutlik vikerkaar (Miniaturen), 1968; Meie tee viib edasi (Rdn.), 1986; Valik kirju (ausgew. Br.), hg. A. Eelmäe 1986; Briefw. m. J. Aavik, hg. H. Vihma 1990; Briefw. m. s. Frau, hg. A. Eelmäe 2001. – Übs.: Am Rande der Welt, N. 1935; Des Menschen Schatten, Nn. 1935; Der goldene Reifen, Nn. 1961; Wo einst Karthago stand, Reiseb. 1968; Die himmlischen Reiter, Nn. 1982.

L: P. Viires, 1937; F. T. sõnas ja pildis (Sammelwerk), 1966; N. Andresen, 1968; J. Undusk, 1986; A. Oras, 1997. – Bibl.: A. Heinapuu, R. Hillermaa, 1993.

Tukaram, ind. Dichter und Mystiker, 1608 Dehu b. Puna – 24. 2. 1649. Gehörte der Śudra-Kaste der Getreidehändler an, entsagte 1629 weltl. Leben. Der Überlieferung nach entschwand er 1649 am Ufer der Indrayani den Blicken s. Anhänger und kehrte nie zurück. – Bedeutendster relig. Dichter der Marathen; hinterließ mehrere tausend ›Abhaṅgs‹ (kurze Lieder mit innerem Reim), die die Verehrung Viṭhobas (Viṣṇus) und den Glauben an ihn als Erlösungsweg zum Gegenstand haben. Obwohl von den Brahmanen stark bekämpft, waren s. ›Kirtans‹ (Predigten mit Hymnengesang) sehr beliebt.

W: A Complete Collection of the Poems of T., hg. V. P. Shastri Pandit III 1869. – Übs.: The Poems, J. N. Fraser, K. B. Marathe III 1909–15 (Nachdr. 1991); engl. Ausw. J. S. Hoyland 1934; Psaumes du pèlerin, franz. G. A. Deleury 1956; Worte des T., d. D. Chitre 1999.

L: G. R. Navalkar, 1908; J. N. Fraser, J. F. Edwards, 1922; A. Lokhande, Tukārāma, 1976; T. Dabre, 1987; B. Nemade, 1991; T. and the western orientalists, hg. J. Noyce 1994.

Tukultī-Ninurta-Epos, fragmentar. mittelassyr. Königs-Epos über einen Krieg Assyriens mit Babylonien um Handelsrechte. Der fromme Assyrer Tukultī-Ninurta I. (1243–1207 v. Chr.) zeigt s. Gegner Kaštiliaš IV. (1232–1225) treulos, eidesbrüchig, feindselig, aufsässig und böse und nimmt das Feindschaftsklischee der Sargoniden des 1. Jt. vorweg. Das Epos schildert lebhaft und anschaul. Kämpfe und Taktik, u. a. brennende Schilfsümpfe (so noch im 20. Jh. n. Chr. im Iraq-Iran-Krieg) und Überflutungen, ferner den Krieg der Worte, beschreibt das auf seinen König vertrauende assyr. Heer und seine Unterstützung im Kampf durch die Götter. Im eroberten Babylon erbeutete Reichtümer und Literatur weiht der Assyrer den Göttern von Assur.

A: P. Machinist, The Epic of Tukulti-Ninurta, Diss. Yale 1978.

L: W. G. Lambert (AfO 18), 1957/58; P. Machinist, (Catholic Biblical Quaterly 38), 1976; C. Wilcke, (Feindschaft, hg. M. Brehl, K. Platt), 2003.

Tullin, Christian Braunmann, dän.-norweg. Dichter, 6. 9. 1728 Kristiania – 21. 1. 1765 ebda. Bis 1748 Stud. Theol. Kopenhagen, erst Geistlicher, dann Fabrikbesitzer auf Lysaker/Norwegen, Stadtrat u. Zoodirektor in Kristiania (Oslo). – Bekannt durch s. naturbeschreibendes Gedicht ›En Maji-Dag‹ (Ein Maitag, 1758), das erste dän.-norweg. Beispiel dieser Gattung, Voraussetzung für J. Ewalds Meistergedicht ›Rungsteds lyksaligheder‹. Auch Vf. von Lehrgedichten im Stil der Zeit.

A: Samlede værker (GW), III 1770–73; Samtlige skrifter, III 1972–75; Udvalgte digte (Ausw.), 1799; Breve, 1861. – Übs.: Die Schönheit der Schöpfung, G. 1765.

L: H. Noreng, 1951; F. Gaunaa, 1984.

Tulsīdās (eig. Rāmbolā), ind. Dichter, 1532 Rajapur/Banda – 24. 7. 1623 Banaras. Brahmane; der Überlieferung nach wegen ungünstiger Konstellation bei s. Geburt nach dem frühen Tod s. Mutter zuerst von e. Dienerin, dann von dem Sādhu Narahari aufgezogen; ∞ Ratnāvalī; wurde später Asket und lebte in Ayodhya (Audh) und Banaras; Anhänger der Rāmānandī-Sekte, die die ›Rāma-bhakti‹, d. h. die Liebe zu Rāma (e. Inkarnation Viṣṇus), als Weg zur Erlösung lehrt. – Größter Hindi-Dichter, dem 37 in Avadhi (Ost-Hindi) verfaßte Werke zugeschrieben werden, von denen 12 als authent. gelten. S. berühmtestes und bis heute in ganz Nordindien verbreitetes Werk ist der nicht nur auf → Vālmīkis ›Rāmāyaṇa‹, sondern auch auf anderen Rāma-Dichtungen fußende, aus 7 Kāṇḍs (Gesängen) mit zus. 9900 Versen bestehende ›Rām-carit-mānas‹ (See der Taten Rāmas) oder kurz ›Tulsīdās-Rāmāyaṇa‹. Auch die übrigen Werke haben die Geschichte Rāmas zum Thema.

W: Gītāvalī, Ep. 1571; Kṛṣṇa-gītāvalī, Ep. 1571; Rāmcarit-mānas, Ep. 1574 (engl. F. S. Growse 1877–83, n. 1978, W. D. P. Hill 1952, A. G. Atkins 1954; d. P. Gaeffke 1975); Rām-latā-nahachū, Ep. 1582; Jānakī-maṅgal, Ep. 1586; Pārvatī-maṅgal, Ep. 1586; Rāmājñā-rāmāyaṇa, Ep. 1598; Vairāgyasandīpinī, G. 1582–1612; Vi-

naya-patrikā, G. 1609 (engl. F. R. Allchin 1966); Kavitta-vali, Ep. 1612 (engl. F. R. Allchin 1964); Baraverāmāyana, Ep. 1612; Dohāvalī, G. 1623. – Tulsī-granthāvalī (GW), 1923. – *Übs.*: Complete Works of Goswami T., hg. S. P. Bahadur VI 1978–80, 1994–98.
L: J. M. Macfie, Edinb. 1930; Ch. Vaudeville, Paris 1955; C. K. Handoo, 1964; V. Miltner, 1967; P. Lutgendorf, The life of a text, Berkeley 1991.

Tumanjan, Howhannes → T'owmanyan, Hovhannes

Tumas, Juozas → Vaižgantas

Tu Mu → Du Mu

Tuṅgācārya → Mānatuṅga

Tunström, Göran, schwed. Dichter, 14. 5. 1937 Karlstad – 5. 2. 2000 Stockholm. Früh verwaist, Kindh. u. Jugend in Sunne/Värmland. Ab 1957 weite Reisen i. alle Erdteile. ∞ 1964 Malerin u. Graphikerin Lena Cronqvist. Schrieb regelm. für Zs. ›Metallarbetaren‹. Lebte zeitweilig in New York. – Großer Erzähler u. Lyriker, geprägt von s. värmländ. Heimat, von Erinnerungen u. Visionen, oft phantasievolle Mischung von Tragik u. Komik.
W: Inringning, G. 1958; Karantän, R. 1961; Maskrosbollen, R. 1962; Familjeliv, R. 1964; Om förtröstan, G. 1965; En dag i Robert Schumanns liv, N. 1970; De heliga geograferna, R. 1973; Svartsjukans sånger, G. 1975; Prästungen, R. 1976; Dikter till Lena, G. 1978; Juloratoriet, R. 1983 (Solveigs Vermächtnis, d. 1989); Tjuven, R. 1986 (Der Dieb, d. 1991); Chang Eng, Sch. 1987; Det sanna livet, Nn. 1991; Under tiden, Ess. 1993; Skimmer, R. 1996 (Der Mondtrinker, d. 1998); Försök till ett århundrade, R. 2002.

Tuohy, Frank (John Francis), engl. Erzähler, * 2. 5. 1925 Uckfield. Engl.-Prof. São Paulo, Krakau, Tokio u. Purdue/Indiana. – Südamerika, Polen u. England sind detailliert u. anschaul. dargestellter Hintergrund sardon. Werke über die emotionale u. soziale Hilflosigkeit des mod. Menschen.
W: The Warm Nights of January, R. 1960; The Admiral and the Nuns, Kgn. 1962; The Ice Saints, R. 1964; Fingers in the Door, Kgn. 1970; Yeats, B. 1976; Live Bait, Kgn. 1978. – Collected Stories, 1984.

Tuor, Leo, rätoroman. Schriftsteller, * 29. 5. 1959 Disentis/Graubünden. Stud. Univ. Fribourg u. Zürich. Sekundarlehrer und Schafhirt. Lebt mit Ehefrau und Sohn isoliert in e. Seitental des Vorderrheintals. – Eigenwilligster Autor der rätoroman. Lit. der Gegenwart. S. Reflexionen über den Bauernstand u. die traditionellen Werte e. konservativen Gesellschaft verbinden sich mit e. scharfsinnigen Analyse der gesellschaftspolit. Veränderungen im Alpenraum. Die Fiktion des Erzählens versteckt sich hinter e. protokollierenden Verschriftlichung, die von inhaltl. und sprachl. Ironie geprägt ist. Auch Hrsg. (Muoth).
W: Giacumbert Nau, E. 1988, [2]1989 (d. 1994); Onna Maria Tumera ni Ils antenats, 2002 (d. 2004).

Tupý, Karel Eugen → Jablonský, Boleslav

Turéll, Dan, dän. Schriftsteller, 19. 3. 1946 Vangede – 15. 10. 1993 Kopenhagen. Großstadtpoet, schillernde Persönlichkeit, Verf. rhythmischer Sprachspiele und experimenteller Prosa. Durchbruch mit s. Kindheitserinnerungen ›Vangede billeder‹ und nicht zuletzt mit s. Kriminalromanen.
W: Karma Cowboy, G. 1974, [3]1994; Vangede billeder, R. 1975 (n. 2000); Storby-Blues, G. 1977; Dan Turéll i byen, Ess. 1979; Mord i mørket, R. 1981 (Mord im Dunkeln, d. 1991, n. 2003); Mord i Rodby, R. 1981 (Mord in Rodby, d. 1996); Det dogo, da ..., R. 1992. – D.T. i byen – for sidste gang, Ess. 1994; D. T. (Ausw.), hg. A. Schnack 1994 (n. u.d.T. All time greatest hits, 2000).
L: P. Bundgaard, Superdan, 1995, [2]2002; N. Ehrlich, 1999; M. Møller Eriksen, 2000; A. Schnack, Jeg tror nok jeg kan tåle mere kærlighed end de fleste, 2001.

Turgenev, Ivan Sergeevič, russ. Erzähler, 9. 11. 1818 Orël – 3. 9. 1883 Bougival b. Paris. Aus altem Adelsgeschlecht, Vater Offizier; 1827 in Moskauer Pensionat, Stud. Lit. 1833/34 Moskau und 1834–37 Petersburg, 1838–41 im Ausland, in Berlin Stud. bes. der Philos. Hegels, Begegnung mit N. V. Stankevič und M. A. Bakunin. 1838 erster Druck einiger Gedichte; lebte nach 2jähr. Tätigkeit im Staatsdienst als freier Schriftsteller; 1844 als Erstlingswerk in erzählender Prosa die Novelle ›Andrej Kolosov‹; ab 1855 mit kurzen Unterbrechungen im Ausland, bes. Dtl. und Frankreich. War mit Flaubert, Mérimée, B. Auerbach, P. Heyse, G. Freytag, Th. Storm befreundet. – E. der bedeutendsten Vertreter des russ. Realismus, von großer Wirkung auf den westl. ›melanchol. Impressionismus‹. Pflegte bis 1847 Lyrik, 1843 Versnovelle ›Paráša‹; schrieb bis 1855 Dramen und Komödien, worin das äußerl. dramat. Element wenig entwickelt, e. wesentl. Zug des Čechovschen Dramas bereits vorweggenommen ist. In s. Prosa schwingt e. lyr. Grundton mit, der bes. in der Naturbeschreibung und in gefühlsgesättigten Digressionen an Stärke gewinnt. Ging von der Sprache Puškins aus, vervollkommnete sie im Hinblick auf Ausdrucksfähigkeit und harmon. Ordnung, wußte die Satzmelodie als künstler. Mittel zu verwenden. Meister der Landschaftsschilderung, unübertroffen in der Zeichnung der Charaktere, deren Gestalt und Milieu er aus vielen bezeichnenden, oft kaum wahrnehmbaren Einzelheiten erstehen läßt. Gattungsmäßig gesondert vom übrigen Werk sind ›Zapiski ochotnika‹, seinerzeit von vielen als Anprangerung des Leibeigenschaftssystems und somit als soziale Anklage empfunden, im Mittelpunkt stehen bäuerl. Figuren von ausgeprägter Individualität; wichtig für das Verständnis grundlegender Gedanken in s. Werk ist s. Aufsatz ›Gamlet i Don-Kichot‹. In s. 6 Romanen Darlegung des persönl. Schicksals des bzw. der Helden mit Schilderung sozialer, polit., ideeller Strömungen im Rußland der 50er–70er Jahre verbunden. Durch Vorzüge der Struktur heben sich ›Dvorjanskoe gnezdo‹ mit unnachahml. Darstellung e. die Handlung umgebenden Fluidums von Melancholie und ›Otcy i deti‹, e. auf Zeiterscheinungen beruhende bedeutende Gestaltung des Themas vom Gegensatz der Generationen heraus. In ›Dym‹ und ›Nov‹ macht sich T.s Neigung, Polemik und Satire über aktuelle Probleme und Richtungen mit der Romanhandlung zu verflechten, in verstärktem Maß geltend. Zählt zu den großen europ. Novellendichtern, s. Novellistik, deren charakterist. Zug Vielfalt in der Beschreibung ist, bedeutet e. Höhepunkt dieser Gattung in der russ. Lit. Bevorzugt ist die Rahmenerzählung, wie in der Briefnovelle ›Faust‹; das Motiv der Liebe erscheint in vielen Abwandlungen, denen mit vollendeter Kunst der Charakterisierung gezeichnete weibl. Figuren e. bes. Gepräge geben (›Asja‹, ›Dva prijatelja‹, ›Pervaja ljubov'‹, ›Vešnie vody‹). Bezog in späteren Jahren das Übernatürl., Geheimnisvolle in Erzählungen ein; ›phantast. Novellen‹ sind u.a. ›Klara Milič‹ mit dem Motiv der Liebe über den Tod hinaus, ›Son‹, ›Časy‹, ›Rasskaz otca Alekseja‹. Gibt in ›Pesn' toržestvujuščej ljubvi‹, angeregt von Boccaccio, e. Stilisierung e. ital. Renaissancenovelle. Läßt nicht selten Beziehung zu Goethe, bes. zu ›Faust‹ I erkennen, z.B. im Sujet der Novelle ›Faust‹. Aus dem Bändchen der ›Stichotvorenija v proze‹ (mit dem Untertitel ›Senilia‹) spricht e. gewisse Wirkung Baudelaires und Leopardis, es sind kleine Meisterwerke russ. Kunstprosa, die mit ihrem gedankl. Gehalt den Einfluß Schopenhauers auf den alternden Dichter verraten.

W: Paraša, Vers-N. 1843; Nachlebnik, Sch. 1848; Mesjac v derevne, K. 1855; Postojalyj dvor, N. 1852; Zapiski ochotnika, En. 1852 (Aufzeichnungen e. Jägers, d. 1854); Mumu, N. 1854 (d. 1864); Faust, N. 1856; Rudin, R. 1856 (d. 1869); Asja, N. 1858 (d. 1869); Dvorjanskoe gnezdo, R. 1859 (Ein Adelsnest, d. 1862); Nakanune, R. 1860 (Am Vorabend, d. 1871); Pervaja ljubov', 1860 (Erste Liebe, d. 1864); Gamlet i Don-Kichot, Aufs. 1860 (Hamlet u. Don Quichote, d. 1891); Otcy i deti, R. 1862 (Väter u. Söhne, d. 1869); Dym, R. 1868 (Dunst, d. 1868); Vešnie vody, N. 1872 (Frühlingswogen, d. 1872); Nov', R. 1878 (Neuland, d. 1877); Pesn' toržestvujuščej ljubvi, N. 1881 (Das Lied der triumphierenden Liebe, d. 1884); Stichotvorenija v proze, Sk. 1882 (Gedichte in Prosa, d. 1883); Klara Milič, N.

1882. – Polnoe sobranie sočinenij i pisem (SW u. Br.), XXVIII 1960–68, XXX 1978–2000. – *Übs.*: Über Goethes Faust u. andere Aufsätze, 1891; SW, XII 1910–32; GW, X 1994.

L: M. K. Kleman, Letopis' žizni i tvorčestva I. S. T. 1934; K. Wiegand, 1939; R. Trautmann, 1942; D. Magarshak, London 1954; A. Yarmolinsky, N. Y. ²1959; R. H. Freeborn, Oxford 1960, ²1963; Turgenevskij sbornik, V 1964–69; G. Ziegengeist, hg. 1965; M. Nierle, 1969; M. Ledkovsky, 1973; P. Brang, 1977; J. Holthusen, hg. 1977; L. Šestov, Ann Arbor 1979; L. Heligoren, 1980; H. Troyat, 1986; W. Koschmal, Amst. 1984; R.-D. Kluge, 1992; P. Thiergen, hg. 1995; C. Dolny, 1996; A. Rothkoegel, 1998. – *Bibl.*: N. G. Zekulin, Calgary 1985.

Turner, Cyril → Tourneur, Cyril

Turner, Walter James (Redfern), anglo-austral. Lyriker und Erzähler, 13. 10. 1889 Melbourne – 18. 11. 1946 London. Stud. Melbourne, München und Wien. Teilnahme am 1. Weltkrieg. 1915–46 Musikkritiker des ›New Statesman‹, Theaterkritiker des ›London Mercury‹. Ab 1942 lit. Schriftleiter des ›Spectator‹ u. ›Daily Herald‹. – Mitgl. der ›Bloomsbury Group‹, Vf. satir.-allegor. Romane und Gedichte sowie von Musikerbiographien.

W: The Hunter, G. 1916; The Dark Fire, G. 1918; Paris and Helen, G. 1921; The Man Who Ate the Popomack, R. 1922; Landscape of Cytheria, G. 1923; The Seven Days of the Sun, G. 1925; The Aesthetes, R. 1927; Beethoven, B. 1927; New Poems, G. 1928; Pursuit of Psyche, G. 1931; Wagner, B. 1933; Jack and Jill, G. 1934; Blow for Balloons, R. 1935; Songs and Incantations, G. 1936; Mozart, B. 1938; The Duchess of Popocatepetl, R. 1939; Fables, Parables and Plots, G. 1943; Fossils of a Future Time, G. 1946.

L: W. McKenna, 1990.

Turoldus, vermutl. Vf. der ältesten, um 1100 entstandenen Oxforder Hs. der → ›Chanson de Roland‹; der Name ist in der letzten Zeile des Manuskripts erwähnt, kann aber, da s. Verfasserschaft wiss. nicht gesichert ist, auch der Name e. Autors sein, den der Dichter als Quelle benutzte, weniger wahrscheinl. der e. Schreibers. Häufiger normann. Name im 12. Jh., daher genaue Identifikation unmögl.

L: A. Burger, T. Poète de la fidélité, 1977; J. M. Paquette, 1979.

Turovskij, Kirill → Kirill Turovskij

Turow, Scott, amerik. Schriftsteller, * 22. 4. 1949 Chicago. Rechtsanwalt in Chicago. – T.s kriminalist. Romane thematisieren Rechtsprobleme, bes. die Frage der Todesstrafe; ›One L‹ gibt e. Insiderblick in das Jura-Stud., ›Ultimate Punishment‹ reflektiert Erfahrungen aus der eigenen Rechtspraxis.

W: One L, Mem. 1977; Presumed Innocent, R. 1988 (Aus Mangel an Beweisen, d. 1988); The Burden of Proof, R. 1990 (d. 1991); Pleading Guilty, R. 1993 (So wahr mir Geld helfe, d. 1994); The Laws of Our Fathers, R. 1996 (d. 1996); Personal Injuries, R. 1999 (Die Gierigen und die Gerechten, d. 2000); Reversible Errors, R. 2002 (Das Gift der Gewißheit, d. 2003); Ultimate Punishment, St. 2003.
L: D. Lundy 1995.

Turtiainen, Arvo, finn. Dichter, 16. 9. 1904 Helsinki – 8. 10. 1980 ebda. – Repräsentant der finn. Arbeiterdichtung. Klassenkämpferischen Versen folgen Gedichte über s. Erfahrung im Krieg u. als Deserteur im Gefängnis. Polit. Schärfe läßt im Spätwerk nach.

W: Muutos, G. 1936; Rautakourat, N. 1938; Tie pilven alta, G. 1939; Palasin kotiin, G. 1944; Laulu kiven ja raudan ympyrässä, G. 1945; Laulu puolueelle, G. 1946; Minä rakastan, G. 1955; Syyskevät, G. 1959; Minä paljasjalkainen, G. 1962; Puhetta Porthaninrinteellä, G. 1968; Leivän kotimaa, G. 1974. – Runoja 1934–68 (ausgew. G.), 1974; Minun maailmaani (Schr.), 1978.

Turunen, Heikki Antero, finn. Schriftsteller, * 9. 12. 1945 Pielisjärvi. Bauerssohn; Volksschule, Redakteur Karjalan Maa 1966–73. Freier Schriftsteller seit 1973. – Grundthematik der Romane ist der Gegensatz zwischen Stadt u. Land im Wandel der Gesellschaft. Den Verfallserscheinungen u. der Entwurzelung setzt er rätselhafte, überdimensionale Sagengestalten entgegen. S. farbenreiche Sprache scheut nicht Pathos u. große Visionen; doch behält s. Erzählstil realist. Bezug zur Wirklichkeit.

W: Simpauttaja, R. 1973; Joensuun Elli, R. 1974; Kivipyörittäjän kyla, R. 1976; Hupeli, R. 1978; Soakkunoita, En. 1979; Kolmen hevosen mies, R. 1981; Punahongan hehku, R. 1982; Musta rinnan lapset, R. 1985; Maan veri, R. 1987; Maalainen, R. 1994; Hojo, hojo, Feuill. 1995; Seitsemän kurvin suora, R. 1998; Kaikkitietävän tasavalla, R. 2000; Jumalan piika, R. 2002.

Tusquets, Esther, span. Erzählerin, * 30. 8. 1936 Barcelona. Dt. Schule; Stud. Philos., Geschichte u. Lit. Barcelona u. Madrid. Leitete 1960–2000 den Verlag ›Lumen‹. – Vf. erfolgr. Romane u. Erzählungen, die von weibl. Identitätsfindung im Rahmen problemat. Familien-, Partner- u. Freundesbeziehungen handeln. Auch Journalistin u. Kinderbuchautorin.

W: El mismo mar de todos los veranos, R. 1978 (d. 1981); El amor es un juego solitario, R. 1979 (d. 1982); Varada tras el último naufragio, R. 1980; Siete miradas en un mismo paisaje, En. 1981; Con la miel en los labios, R. 1997; Correspondencia privada, R. 2001 (Abschied von Don Juan, d. 2003).

Ṭūṭī-nāma → Naḫšabī, Šaiḫ Żiyā'ud-Dīn

Tutuola, Amos, nigerian. Erzähler, 5. 5. 1920 Abeokuta – 8. 6. 1997 Ibadan. Angehöriger des Yoruba-Volkes, 14jährig in e. Schule der Heilsarmee, höhere Schule in Lagos nach 3 Jahren wegen Tod des Vaters abgebrochen; Kupferschmied, während des 2. Weltkriegs in der brit. Luftwaffe, Angestellter des Arbeitsamtes, später beim nigerian. Rundfunk in Ibadan. – Vf. märchenartigphantast. Romane in ›Yoruba-Englisch‹ mit Stoffen aus der Folklore Afrikas.

W: The Palm-Wine Drinkard, M. 1952 (d. 1955); My Life in the Bush of Ghosts, E. 1954 (d. 1991); Simbi and the Satyr of the Dark Jungle, E. 1955; The Brave African Huntress, E. 1958; Feather Woman of the Jungle, R. 1962; Ajaiyi and His Inherited Poverty, R. 1967; The Witch-Herbalist of the Remote Town, R. 1981; Pauper, Brawler and Slanderer, R. 1987; The Village Witch Doctor & Other Stories, 1990.
L: H. R. Collins, N. Y. 1969; K.-H. Böttcher, Tradition und Modernität bei A. T., 1974; B. Lindfors, hg. 1975; A. Imfeld, Vision und Waffe, 1981; A. Quayson, Strategic Transformations in Nigerian Writing, 1997; O. Owomoyela, 1998.

Tuuri, Antti Elias, finn. Schriftsteller, * 1. 10. 1944 Kauhava. Abitur 1963, Dipl.-Ing. 1972. – Anfangs lakon., genaue u. karge Prosa, jedoch unterschwellig lebhafte psych. u. metaphys. Dynamik, z.T. über ganz unvermutete Situationskomik. Später weitläufige histor. Romanzyklen über s. ostbottn. Heimat.

W: Asioiden suhteet, R. 1971; Lauantaina illalla, Nn. 1971; Seitsemän kertomusta, Nn. 1972; Marraskuun loppu, R. 1973; Vuosi elämästä, Nn. 1975; Joki virtaa läpi kaupungin, R. 1977; Perhokalastuksen alkeet, En. 1978; Vuodenajat maaseutukaupungissa, R. 1979; Maailman kivisin paikka, Nn. 1980; Kertomus järvestä, E. 1981; Pohjanmaa, R. 1982; Sammuttajat, Nn. 1983; Talvisota, R. 1984; Viisitoista metriä vasempaan, R. 1985; Ameriikan raitti, R. 1986; Uusi Jerusalem, R. 1988; Maan avaruus, R. 1989; Pieni suuri maa, Reiseb. 1993; Miehiä naisten kanssa, R. 1993; Sotaan syylliset, R. 1994; Neljännen valtakunnan vieraana, Ess. 1995; Lakeuden kutsu, R. 1997; Elämä sikin maalle, R. 1998; Aukko taivaassa, R. 2000; Eerikinpojat, R. 2001; Ullan kirja, R. 2002. – Novellit (ges. Nn.), 1983; Maakunnan miehiä (ges. En.), 1983–96, 2001. – *Übs.*: Der steinigste Ort, En. 1984; Großes kleines Land, 1988; Winterkrieg, 1992; Fünfzehn Meter nach links, 2002.

Tuwhare, Hone, neuseeländ. Lyriker, * 21. 10. 1922 Kaikohe/Northland. Vom Maori-Stamm der Ngapuhi, lernte er Kesselschmied, war als Gewerkschafter aktiv, wurde von → R. A. K. Mason zum Schreiben ermuntert. – S. erster Gedichtband hatte 1964 viel Erfolg, mit Einladungen nach Dtl. u. China. Auch in s. Kurzgesch. und Kurzdramen entwickelte er e. vielstimmigen, synkretist. Stil. Darin verbinden sich sprachl. Verwurzelung in

der Maori-Kultur, iron. Vertrautheit mit s. Landsleuten u. integratives soz. und polit. Engagement.
W: No Ordinary Sun, G. 1964; Making a Fist of It: Poems and Short Stories, G. u. En. 1978; Year of the Dog: Poems New and Selected, G. 1982; Mihi: Collected Poems, G. 1987; Short Back & Sideways, G. u. En. 1992; Deep River Talk, G. 1993; Shape-Shifter, G. u. En. 1997; Piggy Back Moon, G. 2001.
L: J. Hunt, 1998.

Tuwim, Julian, poln. Dichter, 13. 9. 1894 Łódź – 27. 12. 1953 Zakopane. Sohn e. jüd. Beamten. Stud. Jura Warschau. Einfluß von L. Staff. Zwischen den Weltkriegen erfolgr. Schriftsteller in Warschau. Mitgründer der Skamander-Gruppe. 1939 Emigration nach Frankreich u. USA. 1946 Rückkehr, Direktor des Musikal. Theaters in Warschau. Mitarbeit an populärwiss. Zeitschriften. – Futurist. beeinflußter Lyriker, entdeckt die Schönheit der Großstadt, besingt den Großstadtmenschen und die Industriegesellschaft in z. T. lyr., z. T. iron., doch stets melod.-harmon. Sprache mit kühnen Neologismen. Bringt formal u. sprachl. neue Züge in die poln. Lyrik. Auch scharfer Satiriker, Kinderbuchautor, Hrsg. von Anthologien u. Übs.: Igorlied, Puškin, Majakovskij, Aristophanes, Gogol', Nestroy.
W: Czyhanie na Boga, G. 1918; Sokrates tańczący, G. 1920; Siódma jesień, G. 1922; Słowa we krwi, G. 1926; Rzecz czarnoleska, G. 1929; Biblia cygańska, G. 1933; Jarmark rymów, Sat. 1934; Treść gorejąca, G. 1936; Bal w operze, G. 1936; Lokomotywa, Kdb. 1938 (d. 1957); Kwiaty polskie, Ep. 1949, ³2003; Pegaz dęba, Anth. 1950; Cztery wieki fraszki polskiej, ²1957; Cicer cum caule, Anth. III 1958–63; Polski słownik pijacki, ²1959; Czary i czarty polskie, Anth. ²1960. – Dzieła, V 1955–64; Wiersze zebrane (ges. G.), II ³1975; Listy do przyjaciół-pisarzy, Br. 1979; Tam zostałem, Aut. 2003. – Übs.: Die verbummelte Nachtigall, Kdb. ²1979.
L: M. Głowiński, 1962; M. Živov, Moskau 1963 (russ.); R. Sinielnikoff 1968; J. Sawicka, ›Filozofia słowa‹ J. T. 1974; dies., 1986; M. Warneńska, Warsztat Czarodzieja, 1975; B. Łazarczyk, Sztuka translatorska J. T., 1979; Studia o poezji J. T., 1984. – Bibl.: J. Stradecki, 1959.

Tvardovskij, Aleksandr Trifonovič, russ. Dichter, 21. 6. 1910 Zagor'e b. Smolensk – 18. 12. 1971 Krasnaja Pachra b. Moskau. Vater Bauer u. Schmied; 1930 Journalist, 2 Jahre Stud. am Pädagog. Institut Smolensk, dann bis 1939 am Institut für Philos., Lit. u. Geschichte Moskau; Kriegsberichterstatter, erlangte im Krieg große Bekanntheit durch die Verserzählung ›Vasilij Tërkin‹; Chefredakteur der Zs. ›Novyj mir‹ 1950–54 u. 1958–70. – Von den Verserzählungen propagiert ›Strana Muravija‹ noch die Kollektivierung, schildert ›Vasilij Tërkin‹ humorvoll Freud u. Leid des typ. einfachen Soldaten, erfaßt ›Dom u dorogi‹ Kriegsgeschehen in s. Tragik, entlarvt die vielüberarbeitete ›Za dal'ju dal'‹ u. a. Stalinkult u. Opportunismus, setzt ›Tërkin na tom svete‹ s. Kriegsdichtung aus neuer polit. Sicht als Travestie fort. T.s Dichtung zeigt in Sprache, Versform u. Kunstgriffen Berührungen mit der Volksdichtung.
W: Strana Muravija, Vers-E. 1936 (Wunderland Muravia, d. 1954); Vasilij Tërkin, Vers-E. 1945 (d. 1966); Dom u dorogi, Vers-E. 1946; Za dal'ju dal', Vers-E. 1953 (d. z. T. u. d. T. Die Jungvermählten, 1958); Tërkin na tom svete, Vers-E. 1963. – Stichotvorenija i poëmy, G. u. Vers-En. II ²1957; Sobranie sočinenij (GW), V 1966–71, VI 1976–83.
L: A. M. Turkov, 1960; Allein der Wahrheit verpflichtet, hg. R. Hotz u. K. Farner 1972; A. Kondratovič, 1978, 1984; L. Checkin, Ann Arbor 1996.

Twain, Mark → Mark Twain

Twaite, Anthony (Simon), engl. Lyriker, * 23. 6. 1930 Chester. Während des Krieges in den USA, danach Militärdienst in Libyen, Stud. Oxford, Dozent für Anglistik in Japan (1955–57), Libyen (1965–67) u. Kuwait (1974). – T.s Gedichte lassen – etwa in den Spuren früherer Invasoren in Libyen – den Niedergang des brit. Imperiums u. die Vergänglichkeit des Menschen im allg. aufscheinen. Räuml. verlagert sich s. Interesse ab Mitte der 1970er Jahre zurück nach Großbritannien, mit ähnl. Themen. Stilist. verbindet er das modernist. Tragen von Masken früherer lit. Persönlichkeiten mit der distanzierten Situationsbezogenheit Larkins. Auch Hrsg. (P. Larkin).
W: Home Truths, 1953; The Owl in the Tree, 1963; The Stones of Emptiness, 1967; The Desert of the Hesperides, Aut. 1968; Inscriptions, 1973; New Confessions, 1974; A Portion for Foxes, 1977; Victorian Voices, 1980; Letter from Tokyo, 1987; Poems 1943–88, 1989; The Dust of the World, 1994; Selected Poems, 1997; A Different Country, 2000.
L: H. Osterwalder, 1991.

Twardowski, A. → Tvardovskij, Aleksandr Trifonovič

Twardowski, Jan, poln. Lyriker, * 1. 6. 1915 Warschau. 1937–39 Polonistikstud. 1944 im Warschauer Aufstand. 1948 kathol. Priester. Seit 1959 Rektor der Visitten-Kirche in Warschau. – Die religiös geprägte Lyrik ist eine vom Poetischen getragene Glaubensvermittlung. Der Sinn für das Alltägliche, Gewöhnliche mit dem Hang zur kolloquialen, aber auch aphorist. Sprache kennzeichnen sein positives, optimist. Welt- und Menschenbild. Starke Affinität zum Franziskanismus. Sein umfangreiches Werk erfreut sich einer außergewöhnlichen Popularität
W: Znaki ufności, G. 1970 (Ich bitte um Prosa, d. 1973); Śpieszmy się kochać ludzi, G. 1994. – Miłość mi-

łości nie szuka (GA), II 1999; Utwory zebrane (GW), XII 2002f. – *Übs.*: Geheimnis des Lächelns (GA), 1981; Wenn Du betest atmet Gott in Dir (GA), 1996.
L: W. Smaszcz, 1991; A. Sulikowski, Świat poetycki księdza J. T., 1995.

Twardowski, Samuel ze Skrzypny, poln. Dichter, um 1600 Lutynia b. Jarocin – Juni 1661 Zalesie b. Krotoszyn. Aus niederem Adel. Jugend am Hofe Zbaraskis. 1621 Reise in die Türkei. Begleiter des Prinzen Władysław Wasa auf Europareisen. Später auf s. Landgut. – Schrieb lange, trokkene Versschilderungen des Feldzuges König Władysławs IV. nach Moskau, der Kriege mit Kosaken, Tataren u.a. u. der Reise in die Türkei, dazu Romane in Versen nach fremden, meist span. Vorbildern, auch panegyr. Oden ohne bes. Wert. Verbindet Sinnlichkeit u. Askese, Naturalismus u. Allegorie, anachronist. wirkende antike Götter u. christl. Lehre. Sehr charakterist. für s. Zeit.
W: Daphnis, Dicht. 1638 (n. 1976); Wojna domowa, Ep. 1651–60; Nadobna Pasqualina, Vers-R. 1655 (n. 1980). – Poezje, 1861 (unvollst.).
L: K. Thieberger, Diss. Breslau 1898; S. Turowski, 1909; R. Fiszerówna, 1931; S. Stalmann, Diss. Bonn 1971; M. Kaczmarek, 1972.

Tyard (Thiard), Pontus de, franz. Dichter, 1521 Bissy-sur-Fley – 23. 9. 1605 Bragny-sur-Saône. Aus adliger Familie; geistl. Studien in Paris, widmete sich ab 1543 der Dichtkunst; lebte 1558–68 auf s. Schloß in Bissy ganz der Kunst und Wiss. Befreundet mit M. Scève. Kam um 1568 nach Paris. 1578 Bischof von Chalon-sur-Saône. Vertrat 1587 und 1588 den Klerus von Burgund bei den Generalstaaten. – In s. 1. Gedichtsammlung ist der Einfluß des Neuplatonismus und Neopetrarkismus M. Scèves spürbar. Später Annäherung an die Pléiade, deren Ziele er übernimmt. Alterswerk weist unter neopetrarkist. Einfluß. S. ›Discours philosophiques‹, nach platon. Ideen, ist s. Versdichtungen überlegen.
W: Les erreurs amoureuses, G. III 1549–53 (n. A. McClelland 1967); Continuation, G. 1551; Chant en faveur de quelques excellens poètes de son temps, G. 1551; Odes, G. 1552; Solitaire, Dial. II 1552 (Teil 1 n. S. F. Baridon 1950); Discours philosophiques, Abh. 1587 (daraus: L'Univers, n. J. C. Lapp, Ithaca 1350). – Œuvres poétiques, 1573, neufranz. C. Marty-Laveaux 1875; Œuvres poétiques complètes, hg. J. C. Lapp 1966.
L: A. Jeandet, 1860; F. Flamini, Du rôle de P. de T. dans le Pétrarquisme français, 1901; P. de Nolhac, 1921; S. F. Baridon, Mail. 1950; K. M. Hall, Oxf. 1963; J.-Cl. Carron, 1986; H. Marek, 1999; E. Kushner, 2001. – *Bibl.*: H. Sonneville, 1549–1978, in: Zs. für franz. Sprache u. Lit., XC 1980; S. Bokdam, 1997.

Tyčyna, Pavlo, ukrain. Dichter, 27. 1. 1891 Pisky/Černihiv – 16. 9. 1967 Kiev. Bauernsohn; 1907–13 Seminar in Černihiv. – Während der Revolutionszeit Vf. origineller polit. Gedichte mit pantheist. Naturgefühl, die durch Motivwahl u. Melodik an alte Volkslieder erinnern. Nach längerer Pause u. heftiger Parteikritik linientreuere Gedichte. Schrieb auch lit.krit. Aufsätze. Übs. slav., georg. u. armen. Dichter.
W: Zolotyj homin, Poem 1917; Sonjašni klarnety, G. 1918; Pluh, G. 1920; Zamist' sonetiv i oktav, G. 1920; Viter z. Ukrajiny, G. 1924; Partija vede, G. 1934; Čuttja jedynoji rodyny, G. 1938; Stal' i nižnist', G. 1940; I rosty i dijaty, G. 1949; V serci mojim, G. 1970; Kvitny, movo naša ridna, Ess. 1973; Pro mystectvo i literaturu, Ess. 1981; Iz ščodennykovych zapysiv, Tg. 1981; Poeziji, 1991; Viter z Ukrajiny, G. 1993; Ranni zbirky, 2000. – Vybrani tvory, III 1946/47, 1957, II 1971; Vybrani poeziji, 1951; Tvory (W), VI 1961–63, XII 1981f.; Zibrann'a tvoriv, XII 1983–90; Vybrani poeziji (AW), 1987.
L: I. Z. Bojko, 1951; A. Išcuk, 1954; O. Hubar, 1961, 1981; Z. Hruzman, 1961, 1975; S. Šachovs'kyj, 1968; L. Novyčenko, ³1968, 1979; I. I. Soboljev, ²1973; B. L. Korsuns'ka, 1977; J. K. Bulachovs'ka, 1989; S. A. Hal'čenko, 1990; S. V. Tel'n'uk, 1990; T. Šestopalova, 2001.

Tyl, Josef Kajetán, tschech. Dramatiker, 4. 2. 1808 Kutná Hora – 11. 7. 1856 Plzeň. Schneiderssohn, Schüler Klicperas in Königgrätz, Stud. Philos. Prag ohne Abschluß; Redakteur der Zss. ›Jindy a nyní‹ u. ›Květy‹, um die sich e. Gruppe junger Dichter scharte; bis 1851 Dramaturg des Ständetheaters, griff 1848 in das polit. Geschehen ein, verbrachte den Rest s. Lebens als Schauspieler. – Außer zahlr. Übs. schrieb T. im Geiste der Romantik pathet.-hist. Ritterspiele, patriot. Rührstücke u. Possen mit kernigen Typen. Von bleibendem Wert sind s. Märchenspiele, in denen Realität u. Illusion eng verschmelzen. Zur Unsterblichkeit verhalf ihm das Lied ›Kde domov můj‹ aus der Posse ›Fidlovačka‹, das, von F. Škroup vertont, Nationalhymne wurde. S. sentimentalpatriot. u. hist. Erzählungen waren wiederholt Gegenstand krit. Auseinandersetzungen mit Havlíček Borovský.
W: Fidlovačka, Posse 1834; Rozina Ruthardová, E. 1838 (d. 1957); Dekret kutnohorský, E. 1841; Poslední Čech, R. 1844; Pražský flamendr, Posse 1846; Strakonický dudák, Msp. 1847; Braniboři v Čechách, E. 1847; Krvavý soud, Tr. 1848; Jan Hus, Tr. 1848; Žižka z Trocnova, Tr. 1849; Jiřikovo vidění, Msp. 1849; Tvrdohlavá žena, Msp. 1849. – Spisy (W), XV 1888–92; XXV 1952ff.; Národní zábavník 1833–45, 1981.
L: J. L. Turnovský, 1892; M. Kačer, M. Otruba, 1959, 1961; J. Kopecký, 1959. – *Bibl.*: M. Laiske, 1956, 1957.

Tyler, Anne, amerik. Romanautorin, * 25. 10. 1941 Minneapolis/MN. Tochter e. Chemikers und e. Sozialarbeiterin, aufgewachsen in diversen Quäkergemeinden im Mittleren Westen u. in den Südstaaten; ∞ T. Modarressi (iran. Schriftsteller u. Kinderpsychologe) 1963–97; Stud. Duke Univ. u. Columbia Univ., Univ.-Bibliothekarin, lebt in Baltimore, wo auch meist ihre Romane spielen. – Familienzentrierte, in schlichter Sprache, aber multiperspektiv. gehaltene, teils humorvolle, teils trag. Romane, die vom alltägl. Leben erzählen: Generationenkonflikte, Eheprobleme, Tagträumereien u. Fluchtverhalten, Wohlstandsverweigerer, Reisende. Pluralist. Geisteshaltung, Vermeidung von ideolog. Anspruch (Quäkertradition). Einfluß von ›Southern Gothic‹-Autoren W. Faulkner, F. O'Connor u. E. Welty, bes. in der Darstellung von Familienchroniken und exzentr., soz. Außenseitern.

W: If Morning Ever Comes, R. 1964 (d. 1996); The Tin Can Tree, R. 1965 (d. 1996); A Slipping-Down Life, R. 1970 (Leben gehen, d. 1997); The Clock Winder, R. 1972 (Mrs. Emersons Hausmeisterin, d. 1997); Celestial Navigation, R. 1974 (d. 1990); Searching for Caleb, R. 1976 (d. 1979); Earthly Possessions, R. 1977 (Nur nicht stehenbleiben, d. 1979); Morgan's Passing, R. 1980 (d. 1994); Dinner at the Homesick Restaurant, R. 1982 (d. 1985); The Accidental Tourist, R. 1985 (Die Reisen des Mr. Leary, d. 1989); Breathing Lessons, R. 1988 (d. 1989); Saint Maybe, R. 1991 (d. 1992); Ladder of Years, R. 1995 (Kleine Abschiede, d. 1995); A Patchwork Planet, R. 1998 (Engel gesucht, d. 1998); Back When We Were Grownups, R. 2001 (d. 2003).

L: J. C. Voelcker, 1989; K. Linton, 1989; G. Strake-Behrendt, 1990; R. C. Stephens, hg. 1990; A. H. Petry, hg. 1992; E. Evans, 1993; D. Salwak, hg. 1994; R. W. Croft, 1998. – *Bibl.*: ders., 1995.

Tyler, Royall (eig. William Clark T.), amerik. Erzähler und Dramatiker, 18. 7. 1757 Boston – 26. 8. 1826 Brattleboro/VT. Stud. Jura Harvard, 1780 Rechtsanwalt. – S. Komödie ›The Contrast‹ ist die erste von e. Amerikaner geschriebene u. von e. Berufsschauspielertruppe aufgeführte Komödie (nach Vorbild von Sheridans ›School for Scandal‹); sie verwendet amerik. Mundart als kom. Mittel. Vf. von satir.-farcenhaften Komödien, satir. Gedichten u. Essays u. e. pikaresken Abenteuerromans. S. Werke geben Einblick in das Dorfleben des damaligen Amerika.

W: The Contrast, K. 1790 (n. 1970); The Algerine Captive, R. II 1797 (n. 1967); The Yankey in London, R. 1809; The Chestnut Tree, G. 1931. – Four Plays, hg. H. T. Brown u.a. 1941; The Verse of R. T., hg. M. B. Péladeau 1968; The Prose of R. T., hg. ders. 1972.

L: M. P. Tyler, 1925; G. Th. Tanselle, 1967; A. L. u. H. L. Carson, 1979 (m. Bibl.).

Tynan, Katherine, ir. Lyrikerin und Erzählerin, 23. 1. 1861 Clondalkin/Dublin – 2. 4. 1931 Wimbledon.Erzogen im Kloster Siena/Drogheda. Populäre Schriftstellerin, Jugendfreundschaft mit W. B. Yeats. – Begann als vielversprechende Lyrikerin der kelt. Renaissance. Wandte sich um die Jh.wende zunehmend dem Journalismus u. v.a. der Fiktion zu, wo sie vorrangig feminist. u. relig. Anliegen behandelte. Ihre Memoiren enthalten interessante Erinnerungen an e. Vielzahl lit. Zeitgenossen.

W: Louise de la Vallière, G. 1885; Ballads and Lyrics, G. 1891; The Way of a Maid, R. 1895; The Wind in the Trees, G. 1898; Innocencies, G. 1905; Twenty One Poems, hg. W. B. Yeats 1907; New Poems, G. 1911; Irish Poems, G. 1913; Twenty-five Years, Aut. 1913; A Midsummer Rose, R. 1914; The Middle Years, Aut. 1916; The Years of the Shadow, Aut. 1919; The Second Wife, R. 1920; The Wandering Years, Aut. 1922; Memories, Aut. 1924; The House in the Forest, R. 1928. – The Poems, hg. M. Gibbon 1963; W. B. Yeats' Letters to K. T., hg. R. McHugh 1953.

L: M. G. Rose, 1973.

Tynjanov, Jurij Nikolaevič, russ. Schriftsteller und Literaturhistoriker, 18. 10. 1894 Režica/Vitebsk – 20. 12. 1943 Moskau. Vater Arzt; bis 1918 Stud. an der hist.-philol. Fakultät Petrograd, 1921–30 Dozent am Kunstinstitut Leningrad; Mitgl. der Gruppe ›Opojaz‹. Namhafter Vertreter der ›formalen Methode‹ in der sowjet. Lit.-Wiss., Vf. bedeutender Abhandlungen über Stilfragen. Wandte sich bes. dem literarhist. Roman zu; bringt in ›Kjuchlja‹ e. mit reicher dichter. Erfindung gestaltete Biographie des romant. Dichters W. Küchelbecker. Formale Neuerungen, und zwar Aufeinanderfolge der Episoden ohne e. durch erzählende Übergänge bewirkten engeren Zusammenhang, geben dem Roman ›Smert' Vazir-Muchtara‹ e. bes. Note; Einwirkung der Filmtechnik, aber auch Beziehung zu der von der Zs. ›Novyj Lef‹ vertretenen Losung der Tatsachenlit. Im Mittelpunkt der Handlung steht der Dramatiker A. Griboedov. ›Podporučik Kiže‹, die beste s. 3 hist. Nn. von vorzügl. Stilisierung, spielt in den Jahren der Regierung Pauls I., ist e. groteske Satire.

W: Problema stichotvornogo jazyka, Abh. 1924 (n. 1965); Kjuchlja, R. 1925 (Wilhelm Küchelbecker, d. 1929); Archaisty i novatory, Ess. 1929 (n. 1967); Smert' Vazir-Muchtara, R. 1929; Podporučik Kiže, N. 1930 (Sekondelieutenant Sjedoch, d. 1963); Puškin, R. III 1936–43 (d. 1963). – Izbrannye proizvedenija (Ausw.), 1956; Sočinenija (W), III 1959, II 1985. – *Übs.*: Die lit. Kunstmittel u. die Evolution in der Lit., 1967; Hist. Novellen, 1970.

L: A. V. Belinkov, [2]1965; Ju. T. Pisatel' i učenyj, hg. V. Kaverin 1966; E. Korpala-Kirszak, 1974; K.-H. Ehlers, 1992.

Tynni, Aale (Maria), finn. Dichterin, * 3. 10. 1913 Kolppana/Ingermanland. 1932–36 Stud. Helsinki, Lehrerin u. Übs. schwed., engl., franz. u. norweg. Lyrik u. Epik, 1960 ∞ Folkloristen u.

Dichter M. Haavio. – Zeigte von Anfang an reife Formbeherrschung u. Sicherheit des Stils. Gefühl u. Intellekt wirken bei ihr zusammen. Die optimist. Lebenshaltung u. lyr. Sangbarkeit der ersten Sammlungen wich später düsteren u. grübler. reimlosen Versen voll Klarheit u. Plastizität des Ausdrucks.

W: Kynttilänsydän, G. 1938; Vesilintu, G. 1940; Lähde ja matkamies, G. 1943; Lehtimaja, G. 1946; Soiva metsä, G. 1947; Ylitse vuoren lasisen, G. 1949; Tuntematon puu, G. 1952; Torni virrassa, G. 1954; Vieraana vihreällä saarella, Reiseb. 1954; Yhdeksän kaupunkia, G. 1958; Maailmanteatteri, G. 1961; Muuttohaukat, Dr. 1965; Balladeja ja romansseja, G. 1967; Pidä rastaan laulusta kiinni, G. 1969; Tarinain lähde, G. 1974; Vihreys, G. 1979. – Kootut runot (ges. G.), 1955. – *Übs.*: Meine schöne Schwester, 1990.

L: Tanssilaulu, hg. H. Sala 1993.

Tyrmand, Leopold, poln. Schriftsteller, 16. 5. 1920 Warschau – 19. 3. 1985 Fort Myers/FL. Stud. Architektur Paris, während des 2. Weltkriegs Zwangsarbeit in Dtl., 1946 Rückkehr nach Polen, 1966 Emigration. Seit 1967 in USA. – In s. Romanen e. Meister der Charakterdarstellung; Einfluß amerik. Erzähler. Am bekanntesten ›Der Böse‹, über das Warschau der 50er Jahre.

W: Zły, R. 1955 (Der Böse, d. 1958); Filip, R. 1961; Siedem dalekich rejsów, R. 1975 (Ein Hotel in Darlowo, d. 1962); Życie towarzyskie i uczuciowe, R. Paris 1967; Notebooks of a Dilettante, Tg. 1970; Cywilizacja komunizmu, Schr. Lond. 1972; Tu w Ameryce, Schr. 1976; Dziennik 1954, Tg. II Lond. 1980.

Tyrtaios, altgriech. lyr. Dichter, um 640 v. Chr. Sparta. Kaum biograph. Nachrichten. – Die antike (vermutl. hellenist.) Ausgabe s. Gedichte enthielt in 5 Büchern: Elegien (Fragmente erhalten), die ›Eunomia‹ (›gute Verfassung‹, Unterwerfung Messeniens durch Theopomp, spärl. Fragmente erhalten) u. Kriegslieder (verloren). Aus den Fragmenten sind v. a. vermutl. auf Symposien vorgetragene Elegien, viele mit paränet. Inhalt (Aufruf zur Tapferkeit vor dem Feind, ehrenhafter Sieg und/oder Tod sind Niederlage und Schmach vorzuziehen) kenntl. In der Antike blieb T. bis in die hohe Kaiserzeit hinein präsent; in Neuzeit und jüngster Vergangenheit gerieten s. Verse durch e. anachronist. Instrumentalisierung s. in das spartan. Umfeld der Archaik hineingesprochenen aristokrat. Kriegerethik zu Unrecht in Mißkredit.

A: B. Gentili, C. Prato 1979; M. L. West ²1992; D. E. Gerber 1999 (m. engl. Übs.). – *Komm.*: T. Hudson-Williams 1926; C. Prato 1968.

L: E. Schwartz, 1899; W. Jaeger, 1932; Br. Snell, 1969; J. Latacz: Kampfparänese, Kampfdarstellung, 1977; E.-R. Schwinge, 1997; D. E. Gerber, in: ders., hg. Leiden u. a. 1997; M. Maier: Aristokraten und Damoden, 1998. – *Bibl.*: D. E. Gerber, in: Lustrum 33 (1991).

Tzara, Tristan (eig. Sami Rosenstock), franz. Lyriker, 4. 4. 1896 Moineşti/Rumänien – 25. 12. 1963 Paris. Lebte zuerst in der Schweiz, Mitbegründer des Dadaismus 1916 in Zürich und Hrsg. der lit. Zs. ›Dada‹. Ging 1919 nach Paris; freundschaftl. Verbindung zu den Schriftstellern des Surrealismus. – Neben H. Arp, R. Huelsenbeck und H. Ball Hauptvertreter des Dadaismus. In s. chaot. Lyrik als Ausdruck kompromißloser Ablehnung bestehender gesellschaftl. und moral. Normen sucht er die Gesetze von Logik und Sprache aufzulösen. Später Wendung zum Surrealismus (›L'homme approximatif‹). Nach dem 2. Weltkrieg formal und inhaltl. ausgeglichener; wird von der Vorahnung e. Weltkatastrophe beherrscht.

W: La première aventure céleste de M. Antipyrine, G. 1916; Vingt-cinq poèmes, G. 1918 (erw. 1946 u. d. T. Vingt-cinq et un poèmes); Cinéma calendrier du cœur abstrait, G. 1920; Le cœur à gaz, Dr. 1922; Faites vos jeux, Feuill. 1923f.; De nos oiseaux, G. 1923; Sept manifestes Dada, 1924 (erw. um Lampisteries [Prosa 1917–22], 1963); Mouchoir de nuages, Dr. 1925; L'homme approximatif, G. 1930; Où boivent les loups, G. 1932; L'antitête, Es. 1933; Le cœur à gaz, G. 1938; Terre sur terre, G. 1946; Le signe de vie, G. 1946; La fuite, Dr. 1947; Le Surréalisme et l'après-guerre, Es. 1947; Phases, G. 1949; Parler seul, G. 1950; De mémoire d'homme, G. 1951; Le poids du monde, G. 1951; La face intérieure, G. 1953; A haute flamme, G. 1955; Le fruit permis, G. 1956; La rose et le chien, G. 1958; La coupe aux lèvres, G. 1961; Juste présent, G. 1961; Vigies, G. 1963; Les premiers poèmes, suivi de cinq poèmes oubliés, 1965. – Œuvres complètes, hg. H. Behar 1975ff. – *Übs.*: (Ausw.:) Die Geburt des Dada, hg. P. Schifferli 1957.

L: R. Lacote, 1952 (m. Ausw.); M. Sanouillet, Dada à Paris, 1965; E. Peterson, New Brunswick/NJ 1971; R. Lacôte, 1973; M. Tison-Braun, 1977; Ko Won, N. Y. 1977; G. F. Browning, 1979; K. Papachristos, 1999. – *Bibl.*: Paris 1951.

Tzetzes, Johannes → Johannes

ʿUbaid-i Zākānī (eig. Ḥwāǧa Niẓāmu'd-Dīn ʿUbaidu'llāh), pers. satir. Dichter, um 1305 Dorf Zākān b. Qazwin/Nordwestiran – 1371 Schiras/Südiran. Aus angesehener arab. Familie, lebte meist (gleichzeitig mit → Ḥāfiẓ) in Schiras, stud. dort z. Zt. des Mongolen-Vasallen Abū Isḥāq Īnǧū (reg. in Fars 1343–53), dessen Ermordung 1357 er in e. Elegie betrauert, scheint unter den Muzaffariden hoher Staatsbeamter gewesen zu sein, meist aber in bedrängten Verhältnissen u. Schulden. – Persiens bedeutendster Satiriker u. Parodist, ›pers. Aretino‹, geistreich u. witzig, oft derbunanständig. S. Schrift ›Aḫlāqu'l-Ašrāf‹ (›Sitten der Vornehmen‹) ist e. ätzend-bissige Sozialkritik, zeitlos aktuell; ferner ›ʿUššāq-Nāma‹ (›Buch der Liebenden‹), 1350 Abū Isḥāq Īnǧū gewidmet, lyr. Maṯnawī (ohne Spott); am bekanntesten, noch heute weitverbreitet, ist das satir.-kom. Miniaturepos ›Mūš u gurba‹ (›Maus und Katze‹), Kritik der Heuchelei des damaligen muslim. Klerus, in e. Kindergeschichte gekleidet.

A: Kulliyyāt, hg. ʿA. Iqbāl 1331/1953 (daraus: Mūš u gurba, d. H. W. Duda 1947).
L: A. Christensen, Ein pers. Satiriker, Koph. 1924; P. Sprachman, Suppressed Persian, Costa Mesa 1995.

Uberti, Fazio degli → Degli Uberti, Fazio

Udall (Woodall, Uvedale), Nicholas, engl. Dramatiker, 1505 Hampshire – 23. 1. 1556 London. Erzogen in Winchester, Stud. Oxford. Setzte sich als e. der ersten Oxforder Gelehrten für die protestant. Bewegung ein. 1534–41 Schulleiter von Eton, veröffentlichte dort e. Auswahl aus Terenz mit engl. Übs. ›Flowers for Latin Speaking‹. 1541 wegen e. groben Verstoßes entlassen u. inhaftiert, vorübergehend auf die Insel Whight ausgewichen. 1555 Leiter der Westminster School. – Schuf um 1553 mit ›Ralph Roister Doister‹ die 1. engl. Komödie, die das klass. Aktschema und die Typen der röm. Komödie von Plautus und Terenz engl. Verhältnissen anpaßt: ein selbstgefälliger Liebhaber macht sich lächerlich. Die Figur des Ralph ist dabei an Plautus' Miles Gloriosus angelehnt, die Handlung jedoch speist sich gänzlich aus den zeitgenöss. engl. Verhältnissen. Übs. Erasmus von Rotterdam.

W: Paraphrases of the Gospels, Übs. 1552; Ralph Roister Doister, K. 1567 (hg. W. W. Greg 1935; G. Scheurweghs, Löwen 1939); Respublica, An Interlude for Christmas 1553, hg. W. W. Greg 1952.
L: W. L. Edgerton, 1965.

Udānavarga → Dhammapada, der

Udovič, Jože, slowen. Dichter, 17. 10. 1912 Cerknica – 5. 11. 1986 Ljubljana. Stud. Slawistik ebda., ab 1945 freier Schriftsteller. – Unter Einfluß von Expressionismus und Symbolismus pflegte U. e. verfeinerte und kultivierte Lyrik. U. gehört zu den besten slowen. Übersetzern.

W: Ogledalo sanj, G. 1961; Darovi, G. 1975; Oko in senca, 1982; Pesmi, G. 1988; Spremembe, 1991; Zapisi v tišino, G. 1992; Brazda na vodi, 1993.
L: A. Berger (Bibl.), 1997.

Ueda Akinari, jap. Schriftsteller u. Gelehrter, 1734 Naniwa (Osaka) – 27. 6. 1809 Kyoto. Sohn e. Freudenmädchens, mit 14 Jahren von e. Kaufmannsfamilie adoptiert. S. unehel. Herkunft u. dauernde Krankheit trugen zur Prägung s. unleidl. Charakters bei. Der Lit. und Wiss. gegenüber sehr aufgeschlossen, beschäftigte er sich ab 1756 intensiv mit waka, haikai, klass. Lit. u. Sprache, Chines. u. ab 1771 Medizin. Er schrieb auf fast allen Gebieten bemerkenswerte Werke. S. Lehrer waren Tsuga Teishô für Chines. u. Medizin, Takai Kikei (1687–1760) für renga u. haikai, Katô Umaki (1721–77) für klass. Lit. u. Sprache. Wissenschaftlich setzte er sich v. a. auf philolog. Gebiet mit Motoori Norinaga auseinander. Im Alter erblindet, daher machte ihm die Arbeit große Schwierigkeiten. – Unter s. Erzählwerken sind ›Ugetsu monogatari‹ und ›Harusame monogatari‹ bes. zu nennen. Konfuzian. u. buddhist. Gedanken, die Welt der Verstorbenen u. Geister füllen s. in meisterhaft beherrschter Prosa geschriebenen Werke. Ausgezeichnete Kenntnisse der jap. u. chines. Lit. u. Einflüsse von ›Manyôshû‹, ›Genji-monogatari‹ u. ›Hôgen-monogatari‹ verraten sich im Inhalt.

W: Shodô-kikimimi-sekenzaru, E. 1766; Sekentekakekatagi, E. 1766; Ugetsu-monogatari, E. (1768) 1776 (franz. 1956; engl. 1974; Unter dem Regenmond, d. 1982); Harusamemonogatari, E. (engl. 1975; Erzählungen beim Frühlingsregen, d. 1990); Tsuzurabumi, G. u. Tg. 1806. – Übs.: Unter dem Regenbogen – Phantast. Gesch., 1980.
L: P. Humbertclaude (Bull. de la Maison Franco-Japonaise 7), 1936; ders. (MN 3–5), 1940–42; H. Wormit, Stud. zu U. A. Ugetsu-Monogatari, 1975; M. Y. Blake, U. A., Vancouver 1982; N. T. Reider, Tales of the Supernatural in Early Modern Japan, N. Y. 2002.

Ugarit-Texte, in einem Keilschriftalphabet geschriebene Epen in ugarit. Sprache aus Rās Šamrā-Ugarit (syr. Küstenstadt) über Götter Syriens und Palästinas, u. a. El, Yamm (Meer), Baal und Mot (›Tod‹), die Göttinnen Aširat und Anat, den Kinderwunsch von König Kirta, den Danilu spät geschenkten Sohn Aqhat. Wichtige Quellen für die Mythologie des Raumes im 14. Jh. v. Chr. Die Dichter gebrauchen im alten Orient und AT übliche poet. Mittel (z. B. Parallelismus membrorum).

A: C. H. Gordon, Ugaritic Textbook, 1965; A. Herdner, Corpus des tablettes en cunéiformes alphabétiques, 1963. – Übs.: A. Caquot u. a., Textes ougaritiques, 1974ff.; J. Gibson, Canaanite Myths and Legends, ²1978; P. Xella (ital.), 1981; M. Dietrich, O. Loretz, (TUAT III/4), 1997.
L: Ras Shamra Paralleles, hg. L. R. Fisher 1972ff.; F. M. Cross, Canaanite Myth, 1973; Ugarit in Retrospect, hg. G. D. Young 1979; D. Kinet, 1982. – Bibl.: 1928–66: M. Dietrich, O. Loretz u. a., 1973.

Ugetsu-monogatari → Ueda Akinari

Ugrešić, Dubravka, kroat. Autorin u. Essayistin, * 27. 3. 1949 Kutina. Stud. Russistik, Lit.wiss. Zagreb, ab 1993 lebt sie im freiwilligen Exil in den Niederlanden. – Metalit. u. intertextuell schreibt U. im Geist der Postmoderne. Vf. zahlr. gesellschaftskrit. Essays.

W: Nova ruska proza, Ess. 1980; Pojmovnik ruske avangarde (m. A. Flaker), Ess. 1984; Forsiranje romana reke, R. 1988 (d. 1993); Američki fikcionar, En. 1993 (d.

1994); Kultura laži, En. 1996 (d. 1995); Muzej bezuvjetne predaje, R. 2002 (d. 1998); Zabranjeno čitanje, Ess. 2002 (Lesen verboten, d. 2002). – Sabrana djela (GW), VIII 2002; Izabrana djela (AW), VI 1999.
L: V. Dekić, 1995.

Uhde, Milan, tschech. Schriftsteller u. Dramatiker, * 28. 7. 1936 Brünn. Stammt aus e. Juristenfam., nach dem Abitur (1953) stud. er Philol. an der Univ. in Brno, dann Redakteur und Dozent, in den 70er u. 80er Jahren freier Schriftsteller, durfte jedoch in der Tschech. offiziell nicht publizieren, nach 1989 Redakteur u. Dozent für tschech. Lit., 1990–92 Kulturminister, seit 1992 in führenden polit. Funktionen. – S. oft ältere Stoffe paraphrasierenden Modell-Dramen reflektieren die gesellschaftl. Atmosphäre des totalitär. Regimes u. akzentuieren die Ethik des individuellen menschl. Handelns. Autor zahlr. Dramatisierungen u. publizist. Beiträge zur tschech. Kultur u. Politik.
W: Lidé z přízemí, G. 1962; Hrách na stěnu, En. 1964; Král-Vávra, Dr. 1965; Ošetřovna, E. 1966; Děvka z města Théby, Dr. 1967; Zvěstování aneb Bedřichu, jsi anděl, Dr. 1990; Velice tiché Ave, Dr. 1990; Modrý anděl, Dr. 1991; Česká republiko, dobrý den, Ess. 1995.

Uibopuu, Valev, estn. Schriftsteller, 19. 10. 1913 Alt-Anzen (Vana-Antsla), Kr. Werro – 18. 3. 1997 Lund. Seit 1936 Journalist, 1943 in Finnland, 1944 in Schweden; Stud. Philos. Helsinki und Lund; 1954–70 Angestellter im estn. Schriftstellerverlag Lund; Dr. phil. Lund 1970, Dozent ebda; 1944–64 ∞ finn. Dichterin Tuuli Reijonen. – Realist. Prosaiker, in dessen Werk das Thema des Menschen als einer ›Monade ohne Fenster‹ u. der menschl. Kontakt(un)fähigkeit im Vordergrund steht.
W: Väravate all, E. 1936; Viljatu puu, Nn. 1940; Linnud puuris, Nn. 1946; Keegi ei kuule meid, R. 1948 (Keiner hört uns, d. 1993); Kahju läinud aegadest, En. 1949; Neli tuld, R. 1951; Igavene küla, Nn. 1954; Janu, R. 1957; Markuse muutumised, R. 1961; Mosaiik, En. 1962; Lademed, R. 1970; Toselli serenaad, En. 1982; Meie ja meie hõimud, Abh. 1984; Ajavoolu võrendikest, Ess. 1987; Kaks inimelu ajapöördeis, R. II, 1990f. – Muutunud maailm (ausgew. Nn.), 1997.

Ujejski, Kornel, poln. Lyriker, 12. 9. 1823 Beremiany/Podolien – 19. 9. 1897 Pawłów b. Lemberg. Aus Kleinadel. Mittelschule Lemberg; 1847 Stud. Sorbonne, 1849 ∞, danach Gutsbesitzer. 1877/78 Mitgl. des österr. Reichsrats. – Übernahm als Lyriker von den Romantikern die Verbindung nationaler u. relig. Motive, formal von der Bibel inspiriert. In ›Skargi Jeremiego‹ Reaktion auf die Unterdrückung des poln. Volkes u. das ›galiz. Gemetzel‹ von 1846, im Pathos an Mikkiewicz erinnernd.

W: Maraton, Dicht. 1844 (n. 1906; d. 1908); Skargi Jeremiego, G. Paris 1847; Kwiaty bez woni, G. 1848; Zwiędłe liście, G. 1849; Melodje biblijne, G. 1852 (Bibl. Melodien, d. 1890); Tłumaczenia Szopena, G. 1857–60 (Worte zu Chopin, d. 1889); Listy spod Lwowa, Schr. 1860; Dla Moskali, G. 1862; Żywe słowa Jeremiego, Schr. 1877; Smok siarczysty, Dr. 1880; Tłumaczenia Beethovena, G. 1893. – Poezje, 1898; Ausw. 1909, 1921, II 1955, 1958, 1975. – Übs.: Gedichte, A. Zipper 1888.
L: A. Bądzkiewicz, 1893; I. Tretiak, 1893; A. Mazanowski, 1897; M. Wysłouchowa, 1899; K. Wróblewski, 1902; W. Studencki, 1984; Z. Sudolski, Jeremi, 1986.

Ujević, Tin (Augustin), kroat. Lyriker und Essayist, 5. 7. 1891 Vrgorac – 12. 11. 1955 Zagreb. Lehrerssohn, Stud. Philos. Zagreb u. Paris ohne Abschluß; lebte 1913–19 in Paris, später als freier Schriftsteller in Belgrad (1920–29), Sarajevo (1930–37), Split u. ab 1940 in Zagreb. – In gefühlsbetonter u. subjektiver Lyrik von starker Bildkraft reagiert der sensible U. auf alle polit. u. sozialen Ereignisse, ergeht sich in metaphys. Betrachtungen, wobei er sämtl. lit. Strömungen der letzten 5 Jahrzehnte verarbeitet, ohne an Originalität einzubüßen. Anfangs geschlossene Formen, später meist freie Verse. Grundstimmung ist Resignation und Trauer. Vf. lit. und kulturkrit. Essays u. Übs. aus dem Franz., Engl., Ital. u. Dt.
W: Lelek sebra, G. 1920; Kolajna, G. 1926; Auto na korzu, G. 1932; Ojadjeno zvono, G. 1933; Skalpel kaosa, Ess. 1938; Ljudi za vratima gostionice, Ess. 1938; Rukovet pjesama, G. 1950; Žedan kamen na studencu, G. 1954. – Sabrana djela (GW), XVII 1963–67; Pet stoljeća hrvat. književ. 87, 88, 1970 (m. Bibl.); Poezija, Ausw. 1964; Proza, Ausw. 1964; Izabrana djela (AW), VIII 1986; Izabrane pjesme (AW), 1996.
L: V. Gligorić, Matoš-Dis-U., 1929; A. Stamać, 1972; Vl. Pavletić, 1978; J. Frangeš, 1986; D. Gojević, 1988; Z. Kravar, 1993.

Ukrajinka, Les'a (eig. Larysa Kosač, verh. Kvitka), ukrain. Dichterin, 25. 2. 1871 Novohrad-Volyns'kij – 1. 8. 1913 Suram/Kaukasien. Erwarb umfassende Bildung, Stud. in Kiev, unternahm zum Zweck der Heilung von schwerer Krankheit zahlr. Auslandsreisen. – Schrieb Gedichte, ep. Poeme, Novellen, dramat. Dichtungen, folklorist. Studien; wandte sich nationaler, milieubedingter Thematik allg. menschl., hist. und psycholog. Themen zu und geht von etwa 1900 an gegen sklav. Haltung vor, die auf nationale Unterdrückung gerichtet ist. Beginnt mit Lyrik, bereichert sie mit Motiven aus der Weltlit.; die aktuellen Umstände kleidet sie in hist. Gewänder: den Karrierismus im Drama ›Bojarynja‹ ins Moskau des 17. Jh., den sozialen Kampf in die altchristl. Welt (›V katakombach‹, ›Advokat Martijan‹), den polit. Ruin verlegt sie in die althebr. Zeit ›Na rujinach‹. Von lyr.-ep., von Ševčenko beeinflußten Poemen geht sie zu neuromant. über; wählt bes. gern die Form des dramat. Poems, entnimmt den Stoff versch. Epochen der Geschichte einzelner Völker, z. B. ist im Drama ›Kaminnyj Hospodar‹ e. eigenständ. Entfaltung des Don-Juan-Motivs enthalten; im Drama ›Orgija‹ ist im Kampf altgriech. Patrioten gegen die röm. Bedrücker der Gedanke der Weltherrschaft und ihrer Wirkung symbolisiert; ›Lisova pisnja‹ (1911, Das Waldlied, d. 1947) beruht auf e. Stoff aus der ukrain. Folklore.

A: Tvory (W), hg. B. Jakubs'kyj XII 1927–30; V 1951–56; X 1963–65; II 1970; Publikaciji i materialy, Ess. III 1954–60; Tvory, II 1986f.; Liryka, Dramy, 1986; Poeziji, Poemy, 1989; Dramatyčni tvory, 1989; Lisova pisnja: Drama Feerija, 1989, 2000; Vybrani tvory, 1990; Zbirnik tvoriv, dokumentiv, spohadiv, 1993; Na krylach pisen', 1994; Poezija, Dramatyčni tvory, 1999, 2000, Tvory, 2000; Orhija. Dramattyčni poemy, 2001.

L: M. Zerov, 1924; A. Muzyčka, 1925; M. Draj-Chmara, 1926; A. Hozenpud, 1947; A. Iščuk, 1950; A. Dejč, ²1954; I. J. Žuravs'ka, V. Kurašova, 1955; O. K. Babyškin, hg. 1956; A. A. Kaspruk, 1958; J. M. Kulikov, 1962; H. H. Avrachov, 1964; K. Kuchalašvili, 1965; R. Zadesnjans'kyj, 1966; M. P. Kulins'ka, 1967, 1971, 1976; L. H. Kysel'ov, 1968; V. Kostjučenko, 1968; I. F. Osljak, 1969; O. Kosač-Kryvynjuk, N. Y. 1970; O. Stavyc'kyj, 1970; O. Babyškin, 1971; A. Kostenko, 1971; S. Šachovs'kyj, 1971; L. I. Miščenko, 1974; L. Jarosevyč, 1978; V. F. Svjatovec', 1981; M. Žulyns'kyi, 1991; O. Rysak, 1992; M. K. Moroz, 1992; P. K. Odarčenko, 1994; Zbirnyk nauk. prac', 1997; Ostrih, 1998; L. Mirošnyčenko, 2001, V. Ahejeva, 2001. – Bibl.: M. V. Bulavic'ka, 1956.

Ulfeldt, Leonora Christina → Leonora, Christina

Ulickaja, Ljudmila Evgen'evna, russ. Prosaikerin, * 21. 2. 1943 Davlekanovo (Baschkirien). Aufgewachsen in Moskau, Stud. Biologie Univ. Moskau, arbeitete als Genetikerin an der Akad. der Wiss. ebda. (1968–70), dann als künstl. Leiterin des hebräischen Kammermusiktheaters (1979–82), lebt seitdem als freie Schriftstellerin in Moskau. – Mit der Erzählung ›Sonečka‹ gelang ihr 1992 der internat. Durchbruch. U.s Texte kombinieren in traditionellem Erzählstil Alltagsfragen mit philosoph., künstler. u.a. Problemen, suchen nach der Bedeutung und Umsetzbarkeit von Mythen in der Gegenwart.

W: Medea i eë deti, N. 1996 (Medea u. ihre Kinder, d. 1997); Veselye pochorony, En. 1998 (Ein fröhliches Begräbnis, d. 1998); Skvoznaja linija, En. 2003 (Die Lügen der Frauen, d. 2003).

Ullikummi-Lied → Kumarbi-Mythen

Ulven, Tor, norweg. Lyriker, 14. 11. 1953 Oslo – 18. 5. 1995 (Freitod). – Nach surrealist. inspirierten Anfängen entwickelte sich Ulven zu e. eigenständigen Lyriker mit e. ausgeprägten Todesthematik, die sich in e. Archäologisierung des Lebens (Knochen, Fossilien, Totenköpfe, Ruinen usw. als wiederkehrende Motive) niederschlug.

W: Skyggen av urfuglen, G. 1977; Etter oss, tegn, G. 1980; Forsvinningspunkt, G. 1981; Det tålmodige, G. 1987; Gravgaver, En 1988; Søppelsolen, G. 1989; Fortæring, En. 1991; Stein og speil, En. 1995; Etterlatte dikt, G. 1996; Essays, 1997. – Samlede dikt, 2000; Prosa i samling, 2001.

L: T. Borge, H. Hagerup, Skjelett og hjerte: En bok om T. U., 1999.

ʿUmar Ḥaiyām, Abū Ḥafṣ, pers. Epigrammatiker u. Gelehrter, um 1048 Nischapur/Nordostiran – um 1123 ebda. Vater Ibrāhīm vielleicht Zeltmacher (ḫaiyām); 1074 berief ihn der Seldschukensultan Malikšāh (reg. 1072–92) in e. Astronomen-Kommission zur Gründung eines Observatoriums, später zur Kalenderreform; berechnete das Sonnenjahr genauer als selbst der Gregorian. Kalender von 1582; neue (sog. Ǧalālī-)Āra eröffnet 15. 3. 1079, großer Erfolg, der s. Ruhm mitbegründete. S. gelehrte Arbeit am Seldschukenhof endete 1092 nach dem Tode Malikšāhs; theolog. Zänkereien ließen ihn 1095 s. Lehrtätigkeit in Nischapur abbrechen; Wallfahrt nach Mekka, nach Rückkehr erneut an der Medrese daheim tätig. Der Zeitgenosse Niẓāmī-i ʿArūẓī berichtet 1112, ʿUmar habe damals in Balch/Afghanistan prophezeit, s. Grab werde alljährl. von Blütenblättern übersät sein, was eintraf. Auch habe er im Winter 1114/15 in Marw/Turkestan auf Ersuchen e. Königs e. niederschlagsfreie Jagdzeit ermittelt, obwohl er kein Freund der Astrologie war. ʿUmars Grab steht noch heute in Nischapur (neben dem des Heiligen Muḥammad Maḫrūq). – Vielseitig gebildeter, schon zu Lebzeiten hochgerühmter Gelehrter, Kenner der griech. Philos., beeinflußt durch Avicenna, wirkte vornehml. als Prof. der Mathematik, Physik, Astronomie, Metaphysik, Philos., verfaßte mehrere kleinere wiss. Abhandlungen auf arab., dichtete sozusagen nur beiläufig. In Iran erst vom 13. Jh. an als Vierzeilerdichter bekannt; s. Rubāʿiyyāt (›Vierzeiler‹) lösten durch die engl. Umdichtung E. Fitzgeralds 1859 in Europa, bes. den angelsächs. Ländern, e. Begeisterungssturm aus, der auch auf Iran zurückwirkte (weniger als die Hälfte der 101 Vierzeiler F.s haben direkte Entsprechungen im Pers.!). Immerhin waren s. Epigramme im pers. MA beliebt, die Handschriften führen je später, desto zahlreichere Vierzeiler von ihm auf, was die Frage nach dem urspr. Bestand äußerst erschwert, es wurden sog. ›wandernde Vierzeiler‹ in ʿUmar-Sammlungen entdeckt, die mehr als 60 verschied. Dichtern zuzuweisen sind;

auch das von Fitzgerald benutzte Oxforder Manuskript von 1460 enthält viele untergeschobene. Zeitweise wurde in Europa ʿUmars dichter. Vermächtnis überhaupt angezweifelt, was aber zu weit geht. S. Vierzeiler fanden im Abendland so ungeheuren Beifall wegen ihrer ›modernen‹ Lebensanschauung: skept. Rationalismus, Melancholie, innere Auflehnung gegen sinnlos waltendes Schicksal, Widerwille gegen Dogmen mit e. Anflug von Atheismus, Flucht in Lebensgenuß, scherzhaft verbrämte Menschenverachtung. Es ist ʿUmar gelungen, den urspr. anakreont. gedachten Vierzeiler philos. zu bereichern, ihn mehrthematisch zu machen, wodurch manche s. Epigramme zu kleinen Kunstwerken von schwebendem Tiefsinn wurden. Zwar ist der Themenkreis begrenzt, das Zusammenwirken von Form und Inhalt erweist sich jedoch oft als vollkommen.

A: Rubāʿiyyāt, hg. M. M. Fūlādwand 1348/1969, hg. u. engl. A. J. Arberry 1949, hg. u. franz. P. Pascal 1958 (d. C. Rempis 1935, F. Rosen ²1912, M. Sommer 1974, B. Alavi 1983).

L: A. Christensen, Koph. 1927; C. Rempis, Beitr. z. Ḥayyāmforschung, 1937; Aḥmad Ḥāmid aṣ-Ṣarrāf, Bagdad 1949; A. J. Arberry, The Romance of the Rubáiyát, London 1959; A. P. Juškevič, B. A. Rosenfeld, Moskau 1965; ʿAlī Daštī, 1966. – *Bibl.:* A. G. Potter, London 1929.

ʿUmar ibn Abī Rabīʿa, arab. Dichter, um 643 – um 719. Sohn e. reichen, als Statthalter im Jemen tätigen Mekkaners und e. südarab. Kriegsgefangenen. Führte in Medina und Mekka e. unabhängiges, amourös-geselliges Leben und soll gegen Ende s. Lebens wegen s. poet. Huldigungen, die er der Liebe erwies, mit e. Verbot zu dichten belegt worden sein; Reisen nach Südarabien, Syrien und Mesopotamien. – Widmete sich ganz der Liebesdichtung, die er zu hoher Vollkommenheit führte. Bezeichnend ist die Lösung von der konventionellen erot. Einleitung der Qaṣīden (Nasīb) und deren stereotyper melanchol. Haltung zugunsten e. Darstellung eigenen Erlebens in anmutigen Bildern und Dialogen. Bevorzugung beigsamer metr. Formen und Verwendung e. natürl., einfachen Sprache; daher trotz Hochschätzung bei den Zeitgenossen und den Späteren nur geringe Beachtung bei den Lexikographen.

W: Dīwān, hg. P. Schwarz II 1901–09.
L: P. Schwarz, Diss. Lpz. 1893; ders., Dīwān II 1909.

ʿUmar ibn al-Fāriḍ → Ibn al-Fāriḍ, ʿUmar

Umezaki, Haruo, jap. Schriftsteller, 25. 2. 1915 Fukuoka – 19. 7. 1965 Tokyo. Stud. jap. Lit. Univ. Tokyo, 1940 Abschluß. 1944 eingezogen: Der Krieg wurde zum entscheidenden Erlebnis für s. Werke, die Nihilismus wie u. Leitmotiv durchzieht. Daneben humorvolle Erzählungen u. krit. Essays.

W: Sakurajima, E. 1947 (d. in: Eine Glocke in Fukagawa, ²1969); Hi no hate, R. 1948; Boroya no shunju, E. 1955 (engl. 1968); Kurui dako, R. 1963; Genka, R. 1965. – U. H. zenshû (GW), 1984f. – *Übs.:* The Secret Birth Mark on S's Back, Kgn. 1970.
L: E. R. Lofgren, Re-configurations of the Self, Stanford 1998.

Unamuno y Jugo, Miguel de, span. Schriftsteller, 29. 9. 1864 Bilbao – 31. 12. 1936 Salamanca. Kindheit u. Jugend in Bilbao, 1880–84 Stud. Philos. u. Lit. Madrid; vergebl. Bemühen um e. Lehrstuhl (Philos., Lat.); 1891 Prof. für Griech. an der Univ. Salamanca, 1901–14 Rektor der Univ.; 1924 von Primo de Rivera nach Fuerteventura (Kanar. Inseln) verbannt, im gleichen Jahr amnestiert, freiwilliges Exil in Paris u. Hendaye, 1930 Rückkehr nach Spanien; 1931–34 Prof. für span. Sprachgeschichte in Salamanca, bis 1936 erneut Rektor; häufige Reisen u. Wanderungen durch Spanien u. Portugal. – E. der bedeutendsten Köpfe der neueren span. Lit., Essayist, Lyriker, Dramatiker u. Romancier; Vertreter der sog. ›Generation von 1898‹; Persönlichkeit von universeller Bildung. Starker Einfluß, lit. u. pol., auf das span. Leben; um geistige Erneuerung Spaniens bemüht. Grundfragen u. Hauptanliegen: Weiterleben nach dem Tode u. persönl. Unsterblichkeit. Bevorzugte als Stilmittel Paradoxa u. Wortspiele. Bedeutende Essays über relig. Probleme u. aktuelle kulturelle Fragen; sieht in Don Quijote die Verkörperung span. Geistes im Gegensatz zum europ. Rationalismus; hält das span. Volk für das religiöseste Europas, daher s. Idee der ›Hispanisierung Europas‹. Die Essays ›Del sentimiento trágico de la vida‹ u. ›La agonía del Cristianismo‹ sind Ausdruck des Konfliktes zwischen Vernunft u. Glauben, Intellekt u. Gefühl sowie s. eigenen relig. Zweifel, die zum Verlust des Glaubens führten; Einfluß Kierkegaards u. der dt. protestant. Theologen (Schleiermacher u. a.). Grundthema aller s. Werke ist der Mensch. Verzichtet in s. Romanen auf deskriptive Elemente, Bedeutung hat allein das Drama der Persönlichkeit, der seel. Konflikt. S. Lyrik fand erst spät Anerkennung; gilt heute neben A. Machado als bester span. Lyriker des 20. Jh.; vorwiegend Ideendichtung, Ablehnung der modernist. Überbewertung der Form; ähnl. Thematik wie in den Essays (relig. Probleme, Schicksal u. Wesen Spaniens u. a.), v. a. im ›Cancionero‹, s. letzten Werk; lyr. Meisterwerk ›El Cristo de Velázquez‹, menschl. Deutung der Christusgestalt des großen Malers.

W: En torno al casticismo, Ess. 1895; Paz en la guerra, R. 1897 (d. 1929); Amor y pedagogía, R. 1902; Paisajes, Es. 1902; Vida de Don Quijote y Sancho, Es. 1905 (d. 1926); Poesías, G. 1907; Por tierras de Portugal y España,

Reiseber. 1911; Rosario de sonetos líricos, G. 1911; Del sentimiento trágico de la vida, Es. 1913 (d. 1925); El espejo de la muerte, En. 1913 (Ausw. d. 1925); Niebla, R. 1914 (d. 1926); Abel Sanchez, R. 1917 (d. 1925); El Cristo de Velázquez, Dicht. 1920; Tres novelas ejemplares y un prólogo, Nn. 1920 (d. 1925); La tía Tula, R. 1921 (d. 1927); Raquel, Dr. 1921; Fedra, Dr. 1921; Andanzas y visiones españolas, Reiseber. 1922; Teresa, G. 1923; De Fuerteventura a París, G. 1925; La agonía del Cristianismo, Es. 1925 (d. 1928); Cómo se hace una novela, Es. 1927; Romancero del destierro, G. 1928; Sombras de sueño, Dr. 1930; El otro, Dr. 1932, San Manuel Bueno, mártir, R. 1933 (d. 1961); El hermano Juan o el mundo es teatro, Dr. 1934; Cancionero, G. 1953; Cartas a Pedro Jiménez Ilundáin, Br. (d. 1955). – Obras completas, XV 1950–63, V 1995ff.; Ensayos completos, ges. Ess. II 1941–43; Ensayos, VII 1916–18; Teatro completo, 1959; Epistolario a Clarín, Br. hg. A. Alas 1941; Correspondencia inédita, 1998; Diario íntimo, 1970. – Übs.: GW, VII 1925–28, IV 1933.

L: M. Romera-Navarro, 1928; E. Kohler, 1937; A. Mills, 1938; H. R. Romero Flores, 1941; J. Marías, 1943; M. Oromí, 1943; J. Ferrater Mora, 1944; A. Esclasans, 1947; N. González Caminero, 1948; H. Benítez, 1949; R. M. Albérès, 1952; A. Barea, 1952; C. Clavería, 1953; S. Serrano Poncela, 1953; M. Ramis Alonso, 1953; M. García Blanco, 1954; B. Carrión, 1954; R. Schneider Graziosi, Umanesimo ed Esistenzialismo di M. de U., Milano 1956; L. S. Granjel, 1957 (d. 1962); B. Villarrazo, 1959; A. de Hoyos Ruiz, 1959; F. Schürr, 1962; I. M. Zavala, 1963; M. T. Rudd, Austin 1963; R. Gullón, 1964; E. Salcedo, 1964; F. Fernández Turienzo, 1966; M. García Blanco, 1967; P. Ilie, Madison 1967; J. R. Barcia, M. A. Zeitlin, hg. Berkeley 1967; A. Lacy, Den Haag 1967; V. de Tomasso, 1967; J. Marías, 1968; C. París, 1968; E. Díaz, Revisión de U., 1968; D. Baskedis, 1969; A. Regalado García, 1970; M. Villalón, 1970; P. Turiel, 1970; M. Nozick, N. Y. 1971; C. Feal Deibe, 1976; L. Lunardi, 1976; R. García Mateo, 1978; J. L. Mosquera Villar, 1979; R. F. Martínez Cruzado, 1982; M. A. Lafuente, 1983; J. Rivera de Ventosa, U. y Dios, 1985; L. G. Egido, 1986, 1997; J. M. Lasagabaster, 1987; I. M. Zavala, 1991; M. G. Blanco, 1994; J. G. Maestro, 1994; P. Cerezo Galán, 1996; T. Imízcoz Beunza, 1996; U. Klotz, Hbg. 1998; A. Martínez, 1998. – Bibl.: P. H. Fernández, 1888–1975, 1976.

Under, Marie, estn. Lyrikerin, 27. 3. 1883 Reval – 25. 9. 1980 Stockholm. Lehrerstochter; dt. Töchterschule Reval, 1902–06 Moskau, dann Reval; ∞ 1902–23 Carl Hacker, ∞ 1924 Dichter Artur Adson († 1977); seit 1944 als Flüchtling in Schweden. – Wurde im Zusammenhang mit der Dichtergruppe Siuru (1917) bekannt; ihr Werk ist für die estn. Lyrik der 1. Hälfte des 20. Jh.s repräsentativ: zuerst weibl. Erotik, dann expressionist. Zeitgedichte, Gedankenlyrik; Balladendichtung, Naturlyrik, Gestaltung der Erlebnisse der Kriegsjahre, des polit. Protests; Balance von soz.-Sorge u. naturhafter Freiheit; großer Formwille. Übsn. von dt. expressionist. Lyrik u. symbolist. Dramen.

W: Sonetid, G. 1917; Eelõitseng, G. 1918; Sinine puri, G. 1918; Verivalla, G. 1920; Pärisosa, G. 1923; Hääl varjust, G. 1927; Rõõm ühest ilusast päevast, G. 1928; Õnnevarjutus, Ball. 1929; Lageda taeva all, G. 1930; Kivi südamelt, G. 1935; Mureliku suuga, G. 1942; Sädemed tuhas, G. 1954; Ääremail, G. u. Übs. 1963. – Ja liha sai sõnaks, Ausw. 1936. – Kogutud teosed (GW), III 1940; Sõnasild (Ausw.), 1945; Südamik (Ausw.), 1957; Kogutud luuletused (ges. G.), 1958; Valitud luuletused (ausgew. G.), 1958; Mu süda laulab (Ausw.), 1981; Luuletused (Ausw.), 1987; Mureliku suuga (Ausw.), 1998. – Übs.: Stimme aus dem Schatten, G. 1949; Child of a Man, G. 1955; Acht estnische Dichter, 1964.

L: A. Oras, 1963; M. U. eluraamat, II 1974 (Sammelwerk); A. Oras, M.U. and Est. Poetry, 1975; R. Hinrikus, J. Kronberg, S. Olesk, T. Tepandi, 2003 (Album). – Bibl.: A. Valmas, V. Kelder, 1994.

Undset, Sigrid, norweg. Schriftstellerin, 20. 5. 1882 Kalundborg/Dänemark – 10. 6. 1949 Lillehammer. Tochter e. Archäologen, Jugend in Oslo; mußte nach frühem Tod des Vaters ihrem Wunsch, Malerin zu werden, entsagen. Handelsschule, 1898 Kontoristin. Aufgrund ihrer ersten Veröffentlichungen 1909 Stipendium, das sie für e. Romreise verwandte; konnte sich seither ganz dem lit. Schaffen widmen. 1912 ∞ Maler Anders Svarstad, o∕o 1925, lebte ab 1919 in Lillehammer. 1922 staatl. Dichterpension, 1928 Nobelpreis. 1925 zur kathol. Kirche übergetreten, wies schon bald nach 1933 auf die Gefährlichkeit der nationalsozialist. Ideen hin; floh 1940 bei der dt. Besetzung Norwegens nach Schweden u. über Rußland u. Japan in die USA, warb dort in Schrift u. Wort für die Ausmerzung des Nationalsozialismus u. kehrte 1945 in ihre Heimat zurück. E. ihrer Söhne fiel als Widerstandskämpfer in Norwegen. – Das Hauptproblem, das U. in immer neuen Variationen behandelte, ist die Aufgabe u. Stellung der Frau im tägl. Leben u. ihre Suche nach Lebensglück. Beobachtungen u. Erfahrungen aus ihrem 8jährigen Angestelltendasein verwertend, begann sie mit Schilderungen aus dem Milieu des großstädt. Kleinbürgertums, dessen junge Mädchen u. Frauen sich aus der Enge ihrer Umwelt u. der Härte des Berufslebens hinaussehnen nach dem sog. Leben, e. auch erot. ungebundenen, nur der eigenen Verantwortung unterworfenen Dasein, bei dessen Verwirklichung sie jedoch in seel. Konflikte geraten oder zugrunde gehen. Den Höhepunkt u. Abschluß dieser ersten Schaffensperiode bildet der Künstlerroman ›Jenny‹, die Geschichte e. zugleich lebenshungrigen u. von hohen Idealen beseelten jungen Malerin, die an ihrem Liebeserlebnis mit e. wesentl. älteren Mann zerbricht. Nachdem U. bereits in der Novelle ›Viga Ljot og Vigdis‹ ihr Interesse für ma. Stoffe bekundet hatte, wandte sie sich in der Romantrilogie ›Kristin Lavransdatter‹, ihrem Hauptwerk, ganz dem norweg. MA zu. Diese bedeutende hist. Dichtung der norweg. Lit. schildert die in der 1. Hälfte des 14. Jh. spielende Lebensgeschichte e. warmherzigen Frau, die nach harten Prüfungen, u. a. durch die Ehe mit e. ungeliebten u. treulosen Mann, schließl. im Kloster die ihr gemäße Betätigung ihres christl. Glaubens findet. Die hier bereits spürbare Katholizität der Vf. tritt in den beiden gleichfalls im MA spielenden, aber schwächeren Romanen um ›Olav Audunssøn‹ noch deutlicher hervor u. bleibt auch für die Gegenwartsromane ihrer letzten Schaffensperiode bestimmend, so v. a. in ›Gymnadenia‹ u. ›Den brændende busk‹.

W: Fru Marta Oulie, R. 1907; Den lykkelige alder, En. 1908; Viga Ljot og Vigdis, N. 1909 (d. 1931); Ungdom, G. 1910; Jenny, R. 1911 (d. 1921); Fattige skjæbner, E. 1912; Vaaren, R. 1914 (Frühling, d. 1926); Fortællinger om Kong Artur, En. 1915; Fru Hjelde, R. 1917 (Frau Hjelde, d. 1930); Fru Waage, R. 1917 (Harriet Waage, d. 1931); Splinten av troldspeilet, R. 1917 (Splitter und Zauberspiegel, d. 1917); Tre søstre, Es. 1917; Hellig Olav, E. 1917; De kloke jomfruer, Nn. 1918; Varskyer, Nn. 1918; Et kvindesynspunkt, Ess. 1919; Kristin Lavransdatter (Kransen, Husfrue, Korset), R.-Tril. 1920–22 (Kristin Lavranstochter, d. 1926 f.); Olav Audunssøn i Hestviken, R. 1925, Olav Audunssøn og hans barn, R. 1927 (zus. Olav Audunssøn, d. IV 1928 f.); Katolsk Propaganda, Schr. 1927 (in: Begegnungen und Trennungen, d. 1931); Etapper, Aut. II 1929–33; Gymnadenia, R. 1929 (d. 1930); Den brændende busk, R. 1930 (Der brennende Busch, d. 1931); Østenfor sol og vestenfor måne, Msp. 1930 (Östlich der Sonne und westlich vom Mond, d. 1930); Ida Elisabeth, R. 1932 (d. 1934); Den hellige Angela Merici, Es. 1933 (Die heilige Angela Merici, d. 1933); Elleve aar, Ber. 1934; Den trofaste hustru, R. 1936 (Das getreue Eheweib, d. 1938); Norske helgener, En. 1937 (Nordische Heilige, d. 1964); Selvportretter og landskapsbilleder, Ess. 1938; Madame Dorthea, R. 1939 (d. 1948); Return to the Future, Ber. 1942 (Wieder in die Zukunft, d. 1944); Happy Days in Norway, Ber. 1943 (Glückliche Zeiten, d. 1957); Caterina av Siena, Mon. 1951 (Katharina Benincasa, d. 1953); Artikler og taler fra krigstiden, Ess. 1952. – Middelalderromaner, X 1932; Romaner og fortellinger fra nutiden, X ³1949. – Übs.: Begegnungen und Trennungen, Ess. 1931; Ein Fremder, En. 1936.

L: J. Bing, 1924; C. Flaskamp, 1934; N. Roll Anker, Min venn S. U., 1946; K. Jaspers, Die Antwort an S. U., 1947; A. H. Winsnes, 1949; A. Baldus, 1951; N. C. Brøgger, 1952; A. M. F. de Vos, 1953; N. Deschamps, Montreal 1966; C. F. Bayerschmidt, N. Y. 1970; B. Krane, 1970; F. Thorn, 1975; H. Aarup, 1979; H. Rieber-Mohn, 1982; E. Aasen, 1982. – Bibl.: H. J. Horn Haffner, 1932; I. Packness, 1963; L. Bliksrud, Natur og normer hos S. U., 1988; G. Anderson, 1991; T. Ørjasæter, 1993; A. L. Amadou, Å gå kjærligheten et språk, 1994; R. A. Birkefeldt, 2001.

Ungaretti, Giuseppe, ital. Lyriker, 8. 2. 1888 Alexandria/Ägypten – 1. 1. 1970 Mailand. S. Eltern stammten aus Lucca. Schule in Ägypten, 1912–15 Stud. an der Sorbonne, Paris; hier Freundschaft mit bedeutenden Künstlern von Apollinaire bis Picasso; 1915 Rückkehr nach Italien, freiwillige Teilnahme als einfacher Soldat am 1. Weltkrieg; Mitarbeiter lit. Zsn., ab 1921 im ital. Außenministerium; 1936–42 Prof. für ital. Lit. Univ. São Paulo, Brasilien, ab 1942 Prof. für mod. ital. Lit. Univ. Rom. 1962 Präsident der europ. Schriftsteller-Gemeinschaft Florenz. – Bedeutender Vertreter der sog. ›poesia ermetica‹; wichtigster Vertreter der ital. Moderne. Die existentielle Erschütterung durch s. Fronterlebnisse verarbeitet er in auf das Wesentl. reduzierten, von der futurist. Poetik beeinflußten Gedichten (›Allegria di nonfragi‹). Vom Symbolismus beeinflußte Hinwendung zu neuen Ausdrucksformen führt zur ›hermetischen Schule‹ mit Dichtungen in schwer zugängl., ausdrucksstarker Sprache voll rätselhaftdunkler, oft vieldeutiger, umstrittener Bilder. Durch Aneinanderreihung sorgfältig gewählter Worte Betonung der Wesentlichkeit des Wortes u. des Verses. Auch im lyr. Spätwerk, in dem er sich stark von Leopardi beeinflußt zeigt, von hoher Musikalität und formstrengem Aufbau; autobiograph. Züge. U. verfaßte auch Prosaschriften und Kritiken; übersetzte u. a. 40 Sonette von Shakespeare u. Racines ›Phèdre‹.

W: Il porto sepolto, G. 1916; La guerra, G. 1919; Allegria di naufragi, G. 1919; Allegria, G. 1914–19, 1931; Sentimento del tempo, G. 1919–32, 1933; Traduzioni di poesie straniere, 1936; Poesie disperse, 1945; 40 sonetti di Shakespeare, 1946; Il dolore, G. 1937–46, 1947; Il povero nella città, Prosa 1949 (erw. u. d. T. Il deserto e dopo, 1961); La terra promessa, G. 1950 (d. P. Celan 1968); Gridasti soffoco, G. 1950; Un grido e paesaggi, G. 1952; Il taccuino del vecchio, G. 1960 (d. P. Celan 1968); Il dialogo, G. 1968; Innocence et mémoire, Theorie 1969. – Vita d'un uomo (GW), X 1942ff.; Tutte le poesie, 1969; Lettere dal fronte a G. Marone 1916–18, hg. A. Marone 1978; Lettere a Soffici 1917–1930, hg. P. Montefoschi, L. Piccioni 1981; Carteggio 1931–1962, hg. D. De Robertis 1984. – Übs.: Träume und Akkorde, 1960; Gedichte, 1961; Reisebilder, 1963; Die späten Gedichte, 1974.

L: F. Portinari, 1967; L. Rebay, 1969; L. Piccioni, 1970; C. Ossola, 1975; G. Cambon, 1976; M. Del Serra, 1977; G. Luti, 1977; Atti del convegno internazionale Urbino, hg. C. Bo 1979; G. Baroni, 1980; P. Montefoschi, 1988; G. Guglielmi, 1989; W. Mauro, 1990; A. Baader, 1997; A. Cortelessa, 2000.

Unico Aretino → Accolti, Bernardo

Uno, Chiyo, jap. Schriftstellerin u. Romanautorin, 28. 11. 1897 Iwakuni/Yamaguchi-Präfektur – 10. 6. 1996 Tokyo. Geboren in der Familie eines Sakebrauers; Mittelschule in Iwakuni; zeitweise Lehrerin in e. Privatschule, die sie nach einer Liebesaffäre mit e. Kollegen verlassen muß; weitläufige Reisen, dann Umzug nach Tokyo

1917, verschiedene Gelegenheitsarbeiten. Drei Ehen, etliche Liebesaffären u. gesellschaftliche Auftritte in Schriftsteller- u. Künstlerkreisen liefern reiches Material für ihre Erzählungen u. Romane, die ihr lit. Preise u. e. breite Anerkennung brachten.

W: Iro zange, R. 1935 (engl. 1989); Ohan, E. 1957 (engl. 1961); Kaze no oto, 1967; Sasu, E., 1963–66 (engl. 1982); Kôfuku, E. 1977 (Glück, d., o. J.). – U. Ch. zenshû (GW), XII 1977–78.

L: D. Keene, U. Ch., in: Dawn to the West, 1984; R. L. Copeland, U. Ch. The Woman and the Writer, 1986.

ʿUnṣurī, Abuʾl-Qāsim Ḥasan ibn Aḥmad, pers.

Panegyriker aus Balch/Afghanistan, † nach 1031. Wurde Hofdichter u. Oberhaupt der Dichter des Ghasnewiden Sultan Maḥmūd (reg. 999–1030). – War als brillanter Rhetoriker unbestrittener Meister der Qaside (des Fürstenlobes), dadurch geschickter Propagandist s. Mäzen-Sultans; e. Auswahl seiner Gedichte enthält der Diwan; von s. romant. Epos ›Wāmiq u ʿAdrā‹ sind Reste erhalten, die übrigen sind verschollen. Nachhaltiger Einfluß.

W: Diwan, hg. Y. Qarīb 1323/1944.

Unsworth, Barry, engl. Romanautor, * 1930 Co.

Durham. Stud. Manchester. Dozenturen in Frankreich, Türkei, Griechenland, jetzt als freier Schriftsteller in Italien. – Vf. v. a. hist. Romane. Booker Prize für ›Sacred Hunger‹.

W: The Partnership, 1966; The Greeks Have a Word For It, 1967; The Hide, 1970; Mooncranker's Gift, 1973; The Big Day, 1976; Pascali's Island, 1980 (d. 1988); The Rage of the Vulture, 1982; Stone Virgin, 1985 (d. 1986); Sugar and Rum, 1988 (d. 1994); Sacred Hunger, 1992; Morality Play, 1995 (d. 1997); After Hannibal, 1996 (d. 1999); Losing Nelson, 1999 (d. 2002); The Songs of the Kings, 2002.

Unt, Mati, estn. Prosaist, Essayist, Dramatiker und

Dramaturg, * 1. 1. 1944 Linnamäe. 1958–62 Gymn. Tartu, Stud. 1966–67 Journalistik Tartu, 1966–72 lit. Leiter des Theaters in Tartu, 1974–81 in Tallinn, seit 1981 Regisseur am Stadttheater in Tallinn. – S. Prosa thematisiert den Alltag in der damaligen SU und enthüllt mit unkonventionellen Mitteln die Absurdität der sowjet. Gesellschaft. S. späteres Werk markiert durch Verwendung von Collagentechnik und Textmischung den Durchbruch der Postmoderne in Estland.

W: Elu võimalikkusest kosmoses, R. 1967; Hüvasti, kollane kass. Võlg, En. 1967; Mattias ja Kristiina, E. 1974; Sügisball, R. 1979 (Der Herbstball, d. 1987); Rääigavad ja vaikivad, En. 1986 (Reden und Schweigen, d. 1992); Öös on asju, R. 1990; Doonori meelespea, R. 1990; Argimütoloogia sõnastik 1983–1993, Ess. 1993; Brecht ilmub öösel, R. 1997; Huntluts, Dr. 1999.

Upaniṣad, die (vertraul. Sitzung, später Geheim-

lehre), zum großen Teil ab ca. 800 v. Chr. entstandene und erst später zu e. Gruppe vereinigte altind. (natur)philos.-theolog./myst. Traktate in ved. Sanskrit. Sie werden in ihrer Gesamtheit als ›Vedānta‹ (am Ende des Veda stehend) bezeichnet, ihre Zahl ist unbestimmt, da bis in jüngste Zeit neue Texte hinzugefügt worden sind und frühere nicht allg. als authent. gelten. In den U.en vollzieht sich allmähl. der Übergang von der reinen Opfermystik der → Brāhmaṇas, die als vorbereitende, niedrigere Wiss. angesehen wird, zu e. höheren Wiss., der Erkenntnis der Identität von Einzelseele und Allseele, die mit neuen eschatolog., eth., psycholog. und kosmogon. Vorstellungen verknüpft wird. Von Denkern versch. Zeiten und unterschiedl. Ranges verfaßt, bilden die U.en jedoch kein systemat. darstellbares, zusammenhängendes Ganzes. Bei den U.en können mehrere Gruppen unterschieden werden, die ältesten U.en (Bṛhadāraṇyaka-, Chāndogya-, Taittirīya-, Aitareya-, Kauṣītaki- u. Kena-U.), in Prosa mit nur wenigen eingestreuten Versen, bilden, den → Āraṇyakas eingefügt oder angehängt, Teile der Brāhmaṇas, denen sie in Sprache und Stil, jedoch nicht im Inhalt gleichen. E. zweite Gruppe ist nicht nur im Inhalt, sondern auch in der Form weitgehend losgelöst von den Brāhmaṇas, sie ist gänzl. in Versen abgefaßt (Kāṭhaka-, Īśāvāsya-, Śvetāśvatara-, Muṇḍaka- u. Mahānārāyaṇa-U.); e. dritte Gruppe (Praśna-, Maitrāyaṇa- u. Māṇḍūkeya-U.), wiederum in allerdings wesentl. jüngerer Prosa abgefaßt, zeigt inhaltl. Angleichung an philos.-theolog. Richtungen der nachved. Zeit. Die übrigen U.en werden sämtl. zum ›Atharvaveda‹ (→ Veda) gerechnet. Es sind dies die ›Sannyāsa-U.en‹, die die Weltentsagung (sannyāsa) als Mittel zur Erkenntnis des ›Brahman‹ (Allseele) vertreten; die ›Yoga-U.en‹, die Meditation und Konzentration als Weg zur Erlösung behandeln; die ›Sāmānya-Vedānta-U.en‹ (U.en des gewöhnl. Vedānta), die die Lehren der 14 die ersten drei Gruppen bildenden U.en fortsetzen; und die sektar. U.en (Vaiṣṇava-, Śaiva- u. Śākta-U.en), die z. T. in monist.-pantheist. Sinn e. bestimmten Gott mit dem ›Brahman‹ identifizieren, zum Teil ledigl. Lobpreis auf e. Gott oder e. Göttin sind.

A: Atharvaveda-U.s (Yoga-, Sāmānya-, Vedānta-, Vaiṣṇava-, Śaiva-, Sannyāsa-, Śākta-U.), hg. A. M. Śāstrī, Madras 1920ff.; Saṃnyāsopaniṣadaḥ, hg. F. O. Schrader 1912, T. R. Chintamani Dikshit 1929; Daśopaniṣadaḥ, hg. C. K. Rajas II 1935f.; Upaniṣat-saṃgrahaḥ, hg. J. L. Skastri II ²1980; Eighteen principal U.s, hg. V. P. Limaye, R. D. Vadekar 1958; Thirteen principal U.s, hg. J. H. Dave II 1988–90; Die drei kleinen U.en, hg. E. Wolz-Gottwald 1994 (dt./Sanskrit m. Komm.); The principal U.s, hg. S. L. Seru 1997 (engl./Sanskrit); The early U.s, hg. P. Olivelle 1998 (m. Komm. u. engl. Übs.); Aprakāśitā upaniṣadaḥ (unveröffentlichte U.en), hg. C.

K. Raja u. a. 1933; Unpublished U.s 1938. – *Übs.:* 60 Upanishad's des Veda, d. P. Deussen 1897 (n. 1980), Ausw. O. Böhtlingk 1889, S. C. Vasu u. a. X 1909–26 (Nachdr. 1974), J. Hertel 1921, A. Hillebrandt 1921 (Nachdr. 1971, ²1958, n. 1977), P. Thieme 1966, 1994, 2002, B. Bäumer 1986, H.-G. Türstig 1996, B. Bäumer 1997, K. Rump 2003; engl. F. M. Müller II 1884–1900 (n. 1975), L. D. Barnett 1905, R. E. Hume ²1931 (n. 1998), Swami Nikhilananda 1957–59, S. Radhakrishnan 1953, E. Roer, R. Mitra, E. B. Cowell III 1978–79, P. Olivelle 1996, S. Tattavabhusana 2003; franz. L. Renou u. a. 1943–59.

L: P. Deussen, Die Philosophie der U.s, 1899, ⁴1920; H. Oldenberg, Die Lehre der U.en und die Anfänge des Buddhismus, 1915, ²1923; H. Jacobi, Entwicklung der Gottesidee bei den Indern, 1923; F. Heiler, Die Mystik in den U.en, 1925; R. D. Ranade, A Constructive survey of Upanishadic philosophy, 1926, ³1986; S. C. Chakravarti, The philosophy of the U.s, 1935; W. Ruben, Die Philosophie der U.en, 1947; A. Keith, The religion and philosophy of the Veda and U., II 1970–76, 1998; E. Hanefeld, Philosophische Haupttexte der älteren U.en, 1976; S. P. Singh, Upaniṣadic Symbolism, 1981; N. S. Subrahmanian, Encyclopedia of the U.s, New Delhi 1985; R. N. Sharma, A commentary on U.s, 1988; S. G. Deodikar, 1992; R. Puligandla, Reality and mysticism, 1997.

Updike, John (Hoyer), amerik. Erzähler * 18. 3. 1932 Shillington/PA. Stud. in Harvard u. Oxford; Mitglied. der American Academy of Arts and Sciences; lebt in Beverly Farms/MA. – Wichtiger Autor aus dem Kreis um die Zs. ›New Yorker‹ (vgl. J. Cheever), wo er früh mit Kurzgeschichten debütierte. Charakterdarstellung u. Gesellschaftskritik in satir. Romanen über den amerik. Mittelstand von ›Suburbia‹; Ennui, Partyleben, Liebessehnsucht, Sex; Einsamkeit u. Verlorenheit des Individuums in e. nachchristl. Welt: humanist.-moral. Grundhaltung des Autors. Klare, geschliffene Sprache; traditionelle Formen; die Kurzgeschichten u. Romane verbinden sich z. T. zu Zyklen. Auch Gedichte, Essays u. Dramen.

W: The Carpentered Hen, G. 1958; The Same Door, En. 1959; The Poorhouse Fair, R. 1959 (Das Fest am Abend, d. 1961); Rabbit Run, R. 1960 (Hasenherz, d. 1962); Pigeon Feathers, Kgn. 1962; The Centaur, R. 1963 (d. 1966); Telephone Poles, G. 1963; Olinger Stories, Kgn. 1964; Assorted Prose, 1965; Of the Farm, R. 1965 (d. 1969); The Music School, Kgn. 1966; Couples, R. 1968 (d. 1969); Midpoint, G. 1969; Bech: A Book, Kgn. 1970; Rabbit Redux, R. 1971 (Unter dem Astronautenmond, d. 1973); Museums and Women, Kgn. 1972; Buchanan Dying, Dr. 1974; A Month of Sundays, R. 1975 (d. 1976); Picked-Up Pieces, Ess. 1975; Marry Me, R. 1976 (d. 1978); Tossing and Turning, G. 1977; The Coup, R. 1978 (d. 1981); Too Far to Go, Kgn. 1979 (Der weite Weg zu zweit, d. 1982); Problems, Kgn. 1979; Rabbit Is Rich, R. 1981 (Bessere Verhältnisse, d. 1983); Bech Is Back, Kgn. 1982 (Henry Bech, d. 1984); Hugging the Shore, Ess. 1983 (Amerikaner und andere Menschen, d. 1987); The Witches of Eastwick, R. 1984 (d. 1985); Facing Nature, G. 1985; Roger's Version, R. 1986 (d. 1988); Trust Me, Kgn. 1987 (Spring doch!, d. 1990); Self-Consciousness, Mem. 1989 (d. 1990); Rabbit at Rest, R. 1990 (d. 1992); Odd Jobs, Ess. 1991 (Vermischtes, d. 1995); Memories of the Ford Administration, R. 1992 (d. 1994); Brazil, R. 1994 (d. 1996); The Afterlife, Kgn. 1994 (Der Mann, der ins Sopranfach wechselte, d. 1997); In the Beauty of Lilies, R. 1996 (Gott und die Wilmots, d. 1998); Golf Dreams, Ess. 1996 (d. 1999); Toward the End of Time, R. 1997 (d. 2000); More Matter, Ess. 1999 (Wenn ich schon gefragt werde, d. 2001); Gertrude and Claudius, R. 2000 (d. 2001); Americana, G. 2001; The Complete Henry Bech, Kgn. 2001; Seek My Face, R. 2002. – Collected Poems, 1993; Early Stories, 1953–1975, 2003. – *Übs.:* Werben um die eigene Frau, Ges. En. 1971; Der verwaiste Swimmingpool, En. 1987.

L: R. C. Burchard, 1971; R. Detweiler, 1972, ²1984; S. H. Uphaus, 1980; G. W. Hunt, 1980; D. Thorburn, H. Eiland, hg. 1982; D. J. Greiner, 1984; H. Bloom, hg. 1987; J. Newman, 1988; J. A. Schiff, 1992 u. 1998; S. Trachtenberg, hg. 1993; R. M. Luscher, 1993; J. Plath, hg. 1994; L. R. Broer, hg. 1998; D. I. Ristoff, 1998; J. Yerkes, hg. 1999; M. Boswell, 2000; D. Q. Miller, 2001. – *Bibl.:* C. C. Taylor, 1968; M. Olivas, 1975; J. De Bellis, 1994 u. 2000.

Upītis, Andrejs, lett. Schriftsteller, 4. 12. 1877 Skrīveri – 17. 11. 1970 Riga. Sohn e. Hofpächters; 1902–08 Riga, Lehrer; 1908–15 Skrīveri, freier Schriftsteller, Autodidakt; kommunist. Aktivist, 1919 Abteilungsleiter; 1924–30 u. a. Redakteur bei Zs. ›Domas‹; 1940 Aktivist, 1941–44 Kirov/Russl.; ab 1944 Riga, Univ.karriere, sozialist. Schriftsteller. – Frühwerk soz. Themen, kommunistische Tendenz; Spätwerk hist. Romane, Theoretiker des sozialist. Realismus, Autorität.

W: Sieviete, R. 1910; Nemiers, Nn. 1912; Saule un tvaiks, Dr. 1918; Zelts, R. 1921; Pa varavīksnas tiltu, R. 1926; Laikmetu griežos, R.-Zyklus 1937–40; Zaļā zeme, R. 1945; Plaisa mākoņos, R. 1951. – Kopoti raksti (GW), XXII 1946–54.

Uppdal, Kristofer Oliver, norweg. Schriftsteller, 19. 2. 1878 Beitstad/Nord-Trøndelag – 26. 12. 1961 Oppdal. Sohn e. Kleinbauern. Verlor früh die Mutter. Arbeiter. 1895 Volkshochschule Namdalens, Gruben- und Fabrikarbeiter; dann Journalist. 1907 in Dänemark; ∞ 1913 Bergljot Magnussen. Schloß sich der Arbeiterbewegung an. – Arbeiterdichter in Landsmål. Begann mit Naturlyrik, später Gedankenlyrik. Wandte sich dann zum soz. Roman, bes. über die Arbeiterbewegung. Schildert in großangelegten Roman-Zyklen von kräftiger Sprache u. scharfer Charakteristik das Leben der von ihren heimatl. Höfen losgerissenen Bauernsöhne u. ihre Probleme bei der Eingliederung in die mod. Industriewelt. Auch Essayist.

W: Kvæde, G. 1905; Ung sorg, G. 1905; Villfuglar, G. 1909; Ved Akerselva, R. 1910; Dansen gjenom skuggeheimen, R.-Zyklus X 1911–24 (Dansen gjenom skug-

geheimen, 1911, Trolldom i lufta, 1912, Bas-Ola Storbas og laget hans, 1913, Røysingfolket, 1914, Stigeren, 1919, Kongen, 1920, Domkyrkjebyggjaren, 1921, I skiftet, 1922, Vandringa, 1923, Herdsla, 1924); Snørim, G. 1915; Uversskyer, Ess. 1917; Solbløding, G. 1918; Andedrag, Ess. 1918; Altarelden, G. 1920; Fjellskjeringa, R. 1924; Kulten, G. III 1947. – Dikt i utvalg, 1960, 1963; Om diktning og diktarar, Ess. hg. L. Mæhle 1965; Blodtrope-trall og rakarsong, G.-Ausw. hg. ders. 1968.
L: K. U. Helsing på 60-årsdagen, 1938; J. Pedersen, 1949; O. Solumsmoen, 1959, 1978; V. Ystad, 1974, 1978; K. U., ei bok til 100-års jubileet, 1978.

Urban, Milo, slowak. Erzähler, 24. 8. 1904 Rabčice – 10. 3. 1982 Bratislava. Beamter, Politiker, Redakteur der Zss. ›Slovák‹ u. ›Slovenský národ‹. – S. Novellen u. Romane schildern die sittl. u. materiellen Krisen u. Nöte der erdgebundenen Dorfbevölkerung u. ihren Kampf um e. gerechte soziale Lösung.
W: Jašek Kutliak spod Bučinky, N. 1922; Za vyšným mlýnom, N. 1926; R.-Tril.: Živý bič, 1927 (Die lebende Peitsche, d. 1931); Hmly na úsvite, 1930, V osídlach, 1940; Výkriky bez ozveny, En. 1928; Novely, Nn. 1943; Zhasnuté svetlá, R. 1958; Kto seje vietor, R. 1964; Zelená krv, Mem. 1970.
L: J. K. Šmálov, Život v slove, 1939; S. Rakús, Poetika prozaického textu, 1995.

Ureche, Grigore, rumän. Chronist, 1590 – 15. 4. oder 3. 5. 1647. Aus alter Adelsfamilie. Humanist. Stud. in Polen, 1617 Rückkehr in die Moldau, hoher Würdenträger ebda.; 1633 mit e. Gesandtschaft in Konstantinopel; beteiligt am Sturz des Wojwoden Ilias und Stellvertreter von dessen Nachfolger. – Schrieb nach der Mode s. Zeit Chroniken in flüssiger Sprache u. erlesenem Stil, in denen er nach klass. Vorbildern die Vergangenheit rühmte.
W: Letopisețul Țării Moldovei, 1642–47 (hg. P. P. Panaitescu ²1958; Chronique de Moldavie, franz. 1878).
L: I. Sbiera, 1884; G. Pascu, 1920; C. Giurescu, 1934.

Urfé, Honoré d', franz. Schriftsteller, 11. 2. 1567 Marseille – 1. 6. 1625 Villefranche-sur-Mer. Kämpfte in den Religionskriegen auf seiten der Ligapartei. Nach dem Sieg der kgl. Partei lange Zeit am Hof des Herzogs von Savoyen. 1600 ∞ s. Schwägerin Diane de Châteaumorand. – Hirtengedichte und ›Epîtres morales‹, wurde berühmt durch den Schäferroman ›Astrée‹, dessen letzten Teil wohl s. Sekretär Baro nach dem Tod U.s schrieb, e. Nachahmung span. und ital. Vorbilder: ›Amadís‹, Montemayors ›Diana‹, Guarinis ›Pastor Fido‹. Im Unterschied zu den Vorbildern spielt ›Astrée‹ nicht am imaginären Ort Arkadien, sondern in der Landschaft Forez zu gall. Frühzeit, e. Hirten-, Liebes- und Ritterroman, der auch dem höf. Roman verpflichtet ist. Der Ablauf der einfachen Haupthandlung (die Geschichte der spröden Hirtin Astrée und ihres schmachtenden Liebhabers Céladon, die schließl. vereinigt werden) wird kompliziert durch zahlr. Nebenhandlungen. E. große Rolle spielen ausgedehnte Erörterungen von Liebesfragen. Die Liebe (honnête amitié) und die Liebenden erscheinen idealisiert. Der Roman entsprach völlig dem Geist der Gesellschaft des 17. Jh.: Er war außerordentl. beliebt, prägte den Lebensstil und übte starken Einfluß auf die Lit. aus. Dramatiker und Romanciers schöpften aus dem umfangreichen Werk, unter ihnen Corneille, Racine und Mme de Sévigné.
W: Epîtres morales, G. 1598; Départ de Sireine, G. 1599; L'Astrée, V 1607–27 (hg. A. Vaganay 1925–28); Ausw. M. Magendie 1928; d. IV 1619–32); La triomphante entrée de très illustre Dame Magdeleine de la Rochefoucauld, hg. M. Gaume 1976.
L: O. C. Reure, 1910; E. Werner, Diss. Würzb. 1920; E. Rostand, Deux romanciers de la Provence, 1921; M. Magendie, 1927 u. 1929; E. Winkler, Diss. Bresl. 1930; M. L. Goudard, Etude sur les Epîtres morales, Washington, D. C. 1933; J. Ehrmann, Un paradis désespéré, 1963; Colloque commémoratif ... H. d'U., 1970; G. Giorgi, Florenz 1974; J. Bonnet, 1981; S. Kevorkian, 1991; A. Sancier-Chateau, 1995; E. Henein, 1999; L. Hinds, 2002.

'Urfī, Muḥammad, pers. Panegyriker, 1556 Schiras/Südiran – Aug. 1591 Lahore/Indien. Wanderte nach Stud. ins ind. Mogulreich aus, fand Gunst in Hofkreisen u. bei Kaiser Akbar (reg. 1556–1605) selbst, wurde von Zeitgenossen wegen s. anmaßenden Art angefeindet, starb verhältnismäßig jung. – Meister der pompösen Qaside (Lobgedicht) mit großem Wortprunk u. Metaphernreichtum, begeistert Indien u. die Türkei; geringeren Anklang fanden 2 in Anlehnung an → Niẓāmī verfaßte Epen u. e. myst. Traktat. Im Iran weniger geschätzt.
A: Diwan, hg. Ġ. Ḥ. Ğawāhirī Waġdī 1339/1960.

Uris, Leon (eig. L. Marcus), amerik. Schriftsteller, 3. 8. 1924 Baltimore/MD – 21. 6. 2003 Shelter Island/NY. Sohn e. poln. Einwanderers, im 2. Weltkrieg Marinesoldat. – E. Welterfolg wurde U.' Roman ›Exodus‹ über die Entstehung des Staates Israel. Polit-Romane zur zeitgenöss. Geschichte.
W: Battle Cry, R. 1953 (Urlaub bis zum Wecken, d. 1955); The Angry Hills, R. 1955 (Die Berge standen auf, d. 1963); Exodus, R. 1957 (d. 1959); Exodus Revisited, Sb. 1959 (Auf den Spuren von Exodus, d. 1962); Mila 18, R. 1960 (d. 1961); Armageddon, R. 1964 (Entscheidung in Berlin, d. 1965); Topaz, R. 1967 (d. 1967); QB VII, R. 1970 (d. 1971); Ireland, A Terrible Beauty, Sb. 1975 (d. 1980); Trinity, R. 1976 (d. 1977); Jerusalem: Song of Songs, Sb. 1981 (d. 1981); The Hay, 1984 (d. 1984); Mitla Pass, R. 1988 (d. 1989); Redemption, R.

1995 (Insel der Freiheit, d. 1995); A God in Ruins, R. 1999; O'Hara's Choice, R. 2003.
L: K. S. Cain, 1998.

Ur-Klagen, 2 besondere Klagelieder singen vom Fall des mächtigen Reiches von Ur und der Eroberung seiner Hauptstadt 2004 v. Chr. Wie in anderen Kultliedern weisen Rubriken auf kult. Performanz: »Es ist die n-te Verbeugung«; »Es ist die Antiphone dazu«. Aber neben üblichen Litaneien schildern narrative Passagen ausführl. mit Zitaten wörtl. Reden konkrete Ereignisse und beschreiben höchst anschaul. ihre Folgen. Im Zentrum der ›Klage um die Zerstörung von Ur‹ (436 Verse) steht die Stadtgöttin Ningal, in der ›Klage um Ur und Sumer‹ (519 Verse) ist es ihr Gemahl, der Stadt- und Mondgott Nanna(-Su'en). Beide Lieder stellen die Katastrophe landesweit dar und konzentrieren sich dann auf Ur; beide greifen das das Unheil auslösende Götterurteil hart an; in beiden intervenieren Ningal oder Nanna vergeblich bei den Götterherrschern An und Enlil; beide öffnen den Blick in eine bessere Zukunft. Inhaltl. und stilist. sind sie aber höchst verschieden: Die ›Klage um Ur und Sumer‹ erzählt ausführl. in zeitl. Folge. Das ›Ningal-Lied‹ spricht ungenannte Zuhörer an, ruft die Stadt zur Klage auf und berichtet vom Verhalten von Stadt und Göttin, spricht diese wiederholt an, läßt sie ihr eigenes Klagen vortragen und ihren Versuch, die Rücknahme des Urteils der Götterversammlung zu erwirken, selbst berichten. Es wendet sich zum Schluß an den Mondgott und läßt den namenlosen Beter s. eigenes Anliegen vortragen, ihm »die Schuld« zu lösen – obgleich zuvor von menschl. Schuld keine Rede war. Sehr verschieden gehen sie auch mit der schreckl. Erfahrung um. Das ›Nanna-Lied‹ schildert den eigenen heroischen Kampf, spricht weniger vom Schicksal der Menschen als dem der Heiligtümer, vom Erliegen von Kult und königl. Rechtspflege. Das ›Ningal-Lied‹ betont stärker die psych. Wirkung, überspringt das eigentl. Geschehen, malt eine »nature morte« seiner entsetzl. Folgen, und beschreibt die Auflösung der sozialen Ordnung, Schändung und Plünderung der Tempel und ihre Wirkung auf Volk und Göttin. Im Gefolge der U. im 2. Jt. v. Chr. entstandene Klagen um zerstörte Städte sind (noch) nicht auf konkrete hist. Ereignisse zu beziehen.

A: S. N. Kramer, Lamentation over the Destruction of Ur, 1940; P. Michalowski, The Lamentation over the Destruction of Ur and Sumer, 1989; http://7785www-etcsl.orient.ox.ac.uk/edition2/etcslbycat.html. – *Übs.:* A. Falkenstein, W. von Soden, Sumer. u. akkad. Hymnen u. Gebete, 1953; S. N. Kramer, (ANET), ³1969; Th. Jacobsen, The Harps that Once …, 1987.
L: St. Tinney, The Nippur lament, 1996; C. Wilcke, (Loccumer Protokolle 22/00, hg. D. Hoffmann), 2000.

Urmuz (eig. Demetru Demetrescu-Buzău), rumän. Dichter, 17. 3. 1883 Curtea de Argeş – 23. 11. 1923 Bukarest. War Friedensrichter in Provinzstädten, zuletzt Gerichtsschreiber in Bukarest. Führte bis zu s. Selbstmord e. geordnetes u. asket. Leben als Staatsbeamter u. Junggeselle. – Schrieb seit 1913 (1907/08?) zunächst nur wenigen Freunden bekannte, 1921/22 dann in Auswahl in e. Zs. veröffentlichte Prosadichtungen, mit denen er sich als genialer Vorläufer von Dadaismus, Surrealismus u. der Lit. des Absurden erwies. U.' jegl. Alltagslogik sich verweigernde Phantasie begegnet der als Bedrohung empfundenen Normalität mit Bizarrerie, lustvoll-zerstörerischer Satire, befreiend kom. Karikatur. Direkter Einfluß auf T. Tzara, S. Pană, Ciprian, Voronca, Sebastian, E. Ionesco u.a.

W: Pagini bizare, 1921/22; Algazy et Grummer, hg. S. Pană 1930; Ausw. in: G. Ciprian, Scrieri 2, 1968. – Werke, 1976.
L: E. Ionesco (Akzente XIV/6), 1967 (m. Textproben); N. Balotă, 1970; N. Manolescu, 1983; J. Pop, 1983.

Uşakizade, Halid Ziya → Uşakligil, Halit Ziya

Uşakligil, Halit Ziya, türk. Schriftsteller, 1866 Istanbul – 27. 3. 1945 ebda. Militärmittelschule Istanbul u. armen. Schule der Mechitaristen in Izmir, Hrsg. e. Zeitung, Bankbeamter, Lehrer u. Univ.-Dozent, 1909–12 Oberhofsekretär bei Sultan Mehmed V. Reşad; unternahm berufl. Reisen nach Frankreich (1913) u. Dtl. (1915). – U., der seit 1896 dem ›Servet-i Fünun‹-Kreis angehörte, wurde durch s. vollendete, am franz. Naturalismus u. Realismus geschulte Erzähltechnik zum bedeutendsten u. erfolgreichsten Romancier dieser Schule. Während s. Romanstoffe vorwiegend dem Leben der Intelligenzkreise entnommen sind, hat er in zahlr., auch sprachl. volkstümlicheren Erzählungen den Alltag der einfacheren Schichten geschildert.

W: Nemide, R. 1889; Bir Ölünün Defteri, R. 1889 (Tagebuch eines Toten, d. 1893); Mai ve Siyah, R. 1897; Aşk-i Memnu, R. 1900; Solgun Demet, En. 1901; Sepette Bulunmuş, En. 1920; Kirik Hayatlar, R. 1924; Hepsinden Aci, En. 1934; Onu Beklerken, En. 1935; Kirk Yil, Mem. V 1936, VI 1969; Saray Ve ötesi, Mem III 1940–42; sprachl. aktualisierte Ausg. der R. u. En. von N. Kizilcan, 1973.
L: L. S. Akalin, 1953; L. O. Al'aeva, Moskau 1956; C. Yener, 1959; O. Önertoy, 1965.

Usigli, Rodolfo, mexikan. Schriftsteller, 17. 11. 1905 Mexiko Stadt – 18. 6. 1979 ebda. Stud. Yale Univ.; Prof. für Theaterwiss., Diplomat. – Vf. wirkungsvoller, geistreicher Dramen, bes. sozialkrit. Lustspiele, beeinflußt von Shaw, Pirandello u. T. S. Eliot; die drei ›Corona‹-Titel beschreiben die Mythentrilogie, die dem Leben der Mexikaner als Vorbild dienen: Charlotte, die Frau von Kaiser Maximilian (Corona de sombra), Cuauhtemoc (fuego) u. die Jungfrau von Guadalupe (luz). S. bekanntestes Werk, ›El gesticulador‹, kritisiert die Maskerade mexikan. Politiker. Vf. vieler Übsn.

W: Medio tono, K. 1937; Conversación desesperada, G. 1939; La mujer no hace milagros, K. 1939; Itinerario del autor dramático, Ess. 1941; Ensayo de un crimen, R. 1944; El gesticulador, Dr. 1944; Corona de sombra, Dr. 1947; Jano es una muchacha, Dr. 1952; Corona de fuego, Dr. 1960; Corona de luz, Dr. 1965. – Teatro completo, IV 1963–96.
L: F. C. Vevia Romero, 1990; P. Beardsell, 1992.

Uslar Pietri, Arturo, venezolan. Schriftsteller, * 16. 5. 1906 Caracas. Sohn e. deutschstämmigen Generals, Promotion in Polit. Wiss., Prof., Diplomat, Senator, Minister. – S. berühmtesten Werke sind hist. Romane, in denen der Vf. die Psychologie der Venezolaner aufzeichnet, die aus Krieg u. Barbarei u. durch Gewalt die eigene Identität suchten u. e. Nation bildeten. Schrieb viele kulturhist. Essays über Lateinamerika.

W: Barrabás y otros relatos, En. 1928; Las lanzas coloradas, R. 1931 (d. 1932); Red, En. 1936; El camino de El Dorado, R. 1947 (Rauch über El Dorado, d. 1966); Valores humanos, Ess. III 1953–58; El dios invisible, Dr. 1957; Manoa, G. 1972; La otra América, Es. 1974; Oficio de difuntos, R. 1976; La isla de Róbinson, R. 1981; Veinticinco ensayos, 1982; Bolívar hoy, Es. 1983; El hombre que voy siendo, G. 1986; La visita en el tiempo, R. 1990; Medio milenio de Venezuela, Dok. 1991. – Obras selectas, ³1967; Teatro, 1958; Cuentos completos, II 2000. – Bibl.: M. Pérez Vila, hg. 1989.
L: D. Miliani, 1969; A. Peña, 1978; T. Polanco Alcántara, hg. 1984. – Bibl.: M. Z. Lange de Cabrera u. a., 1973; J. M. Arcelus, 1977; M. Eskenazi, 1988.

Uspenskij, Gleb Ivanovič, russ. Schriftsteller, 25. 10. 1843 Tula – 6. 4. 1902 Strel'na b. Petersburg. Vater Beamter; Stud. Rechte Petersburg und Moskau ohne Abschluß; 1. Erzählung 1862 gedruckt. Auslandsreisen zwischen 1872 und 1875, u. a. nach Paris. 1889 geist. Krankheit, der er nach Aufenthalten in Heilanstalten (1892–1902) erlag. – Stand den ›Volksfreunden‹ (narodniki) nahe; in s. Gesamtwerk nimmt die Lit. im strengen Sinn geringen Raum neben volkswirtschaftl. und sozialen Studien, angebl. oder wirkl. Tagebuchaufzeichnungen ein. Gibt vom Ende der 70er Jahre an meist auf genauer Beobachtung beruhende, satir. gehaltene Schilderungen von den Verhältnissen im zeitgenöss. Bauerntum, schenkt der formalen Gestaltung wenig Beachtung, erweist sich im Aufbau einzelner Szenen und in der Darstellung mancher Figuren als begabter Prosaiker. Lit. Bedeutung kommt den humorvoll erzählten Episoden der ›Nravy Rastaerjaevoj ulicy‹ zu, die das Leben städt. und provinzieller mittl. und unterer Schichten beleuchten. Bemerkenswert die Erzählung ›Knižka čekov‹. Drückt in ›Vlast' zemli‹ die Enttäuschung über die russ. Bauernschaft in der 2. Jh.-Hälfte aus, wertvolles Material über die Lage des Bauerntums nach der Reform.

W: Nravy Rasterjaevoj ulicy, Sk. 1866 f.; Razoren'e, Sk. 1869 (Der Ruin, d. 1953); Novye vremena, novye zaboty, Sk. 1873–78 (Neue Zeiten, neue Sorgen, d. 1953); Knižka čekov, E. 1876; Iz derevenskogo dnevnika, Sk. 1877 ff.; Vlast' zemli, Sk. 1882. – Sočinenija (W), VIII 1883–86; Polnoe sobranie sočinenij (GW), XIV 1940–54; Sobranie sočinenij, IX 1955–57. – Übs.: Nn. 1904.
L: A. S. Glinka-Volžskij, 1935 u. 1939; N. I. Pruckov, 1955, 1971; J. Lothe, 1963; N. I. Sokolov, 1968, Ju. A. Bel'čikov, 1979.

Ustinov, Peter (Alexander) (seit 1990 Sir), engl. Bühnen- u. Drehbuchautor, 16. 4. 1921 London – 28. 3. 2004 Genf. Russ. Vater, franz. Mutter. Bedeutender Schauspieler u. Regisseur. 1968 Ehrenrektor der Univ. Dundç. – Vf. unterhaltsamer, experimentierfreud. Bühnenstücke mit geistreichen, satir. Dialogen, märchenhaften u. oft wild wuchernden clownesken Zügen, zugl. Betrachtung der Probleme des mod. Lebens mit nachdenkl. Ernst u. nüchternem Common sense. Hauptfiguren sind oft pfiffige u. kauzige Greise, zentrale Themen Generationskonflikt, Flucht in Erinnerungen u. Illusionen. U.s großer Spürsinn für aktuelle Themen machte s. Stücke (insbes. ›The Love of Four Colonels‹, ›Romanoff and Juliet‹, ›Photo Finish‹ u. ›Halfway up the Tree‹) äußerst erfolgr., aber auch zeitbedingt u. -begrenzt.

W: House of Regrets, Sch. 1943; The Banbury Nose, K. 1945; Plays About People, 1950; The Love of Four Colonels, K. 1951 (d. 1969); Romanoff and Juliet, K. 1957; Add a Dash of Pity, Kgn. 1959; The Loser, R. 1961 (d. 1961); Photo Finish, K. 1962; Five Plays, 1965; God and the State Railways, Kgn. 1966 (d. 1969); The Frontiers of the Sea, Kgn. 1966; The Unknown Soldier and His Wife, K. 1967; Halfway up the Tree, K. 1968 (d. 1978); Krumnagel, R. 1971 (d. 1971); Who's Who in Hell, K. 1974; Dear Me, Aut. 1977 (d. 1977). – Übs.: Komödien (Die Liebe der vier Obersten, Endspurt, Der unbekannte Soldat u. s. Frau, Halb auf dem Baum), 1968.
L: G. Williams, 1958; H. Bühler, Diss. Wien 1965; T. Thomas, 1971; N. B. Ustinov, Klop and the U. Family, 1973; C. Warwick, 1990.

Utami, Ayu, indones. Schriftstellerin, * 21. 11. 1968 Bogor/Java. Stud. russ. Lit. an der Universitas Indonesia in Jakarta. Ehemals Redakteurin für die Zsn. ›Mantra‹, ›Forum Keadilan‹ und ›D&R‹, z. Z. für das Kulturjournal ›Kalam‹. Mitbegründerin der ›Aliansi Jurnalis Independen‹, die sich gegen Zensur wendet. – Mit ihrem provokanten Romanfragment ›Saman‹, in dem sie Formen polit. Gewalt kritisch reflektiert u. weibl. Sexualität als zentrales Thema behandelt, setzt sie neue Maßstäbe in der indones. Lit.

W: Bredel, Ess. 1994; Membantah Mantra, Membantah Subjek, Ess. 1998; Saman: Fragmen dari Novel Laila tak mampir di New York, Fragm. 1998; Larung, R. 2001.

Uvedale, Nicholas → Udall

Uys, Pieter Dirk, afrikaans- u. englischsprachiger Schauspieler, Kabarettist und Dramatiker, * 2. 10. 1945 Kapstadt. Mütterlicherseits jüd. Herkunft u. väterlicherseits Afrikaans, entwickelte sich U. zum Vermittler zwischen getrennten Kulturen in Südafrika. Vom Studententheater in Kapstadt kam er zu den großen Bühnen Südafrikas. – U. wurde zum besten u. schärfsten Satiriker s. Landes. Mit enormer Sprachvirtuosität und großem mimischem Talent gab U. die Machthaber dem Gelächter preis. S. Dramen u. Kabarettvorstellungen sind weltweit bekannt geworden. Seit 2000 setzt sich U. für sexuelle Aufklärung zur Bekämpfung von Aids mit Hilfe des Kabaretts ein.

W: Paradise is closing down, Dr. 1978; Die van Aardes van Grootoor, Dr. 1981; Adapt or Dye, Dr. 1981; P. W. Botha in his own words, Sat. 1987; A kiss on your koeksister, Dr. 1990; An audience with Evita Bezuidenhout, Dr. 1990; A life apart, R. 1990; One man, one volt, Dr. 1994; Boerassic Park, Dr. 1998; Foreign Aids, Dr. 2002.

L: J. C. Kannemeyer, 1983.

Vaa, Aslaug, norweg. Lyrikerin, 25. 8. 1889 Rauland – 28. 11. 1965 Oslo. Vf. von Natur- u. Liebeslyrik, inspiriert von der Volksdichtung, in freien Versen u. einfacher Bildwahl.

W: Nord i leite, G. 1934; Skuggen og strendan, G. 1935; Villarkonn, G. 1936; Steinguden, Sch. 1938; På vegakanten, G. 1939; Tjugendagen, Sch. 1947; Munkeklokka, Sch. 1966. – Dikt i utval 1966; Dikt i samling, 1989.

L: L. Mæhle, Fann eg dei stigar, 2001.

Vaara, Elina (eig. Kerttu Elin Vehmas, geb. Sirén), finn. Dichterin, 29. 5. 1903 Tampere – 26. 12. 1980 Helsinki. – V. schrieb zunächst romantisch ausgreifende Gedichte in freien Versen mit Bildern voller exotischem Glanz. Später strengere, teils klass. Formen, u.a. Balladen. Ihr Ausdruck ist durchweg musikalisch motiviert. V.s Dichtung zeigt Impulse aus der finn. Volkstradition, aber auch Berührungspunkte mit Italien u. der Antike.

W: Kallio ja meri, G. 1924; Satu sydämestä ja auringosta, G. 1925; Hopeavirlu, G. 1928; Pilven varjo, G. 1930; Kohtalon viulu, G. 1933; Loitus, G. 1942; Elämän armo, G. 1946; Salaisuuksien talo, G. 1955; Lokikirja, G. 1960; Suru, G. 1980; Radanvarran fuuga, G. 1981. – Valitut runot (ausgew. G.), 1979.

L: K. Saarenheimo, 2001.

Vaarandi, Debora, estn. Lyrikerin, * 1. 10. 1916 Võru. 1930–35 Gymn. Kuressaare, 1936–40 Stud. Sprachen und Lit. Tartu ohne Abschluß, 1941–44 in Rußland, 1944–46 Redakteurin in Tallinn, danach freiberuflich. – V.s Dichtung war anfangs gekennzeichnet von Begeisterung für den Kommunismus, wandte sich später deutlich hiervon ab und betonte die Bedeutung humanist. Grundwerte. In den 60er Jahren war sie eine wichtige Erneuerin der estn. Liebes- und Naturlyrik. Auch Übs. deutscher, finnischer und russischer Lyrik.

W: Põleva laotuse all, 1945; Kohav rand, 1948; Selgel hommikul, 1950; Unistaja aknal, 1959; Rannalageda leib, 1965; Tuule valgel, 1977; See kauge hääl, 2000.

L: D.V. Kirjanduse nimestik, 1977.

Văcărescu, Elena, rumän. Schriftstellerin, 3. 10. 1864 Bukarest – 17. 2. 1947 Paris. Berühmte Adelsfamilie, aus der sieben Schriftsteller hervorgegangen sind. Erlesene Erziehung in Paris; Hofdame am rumän. Hof; wurde von Königin Elisabeth bestimmt, Kronprinz Ferdinand zu heiraten. Mußte wegen des Widerstandes des Kronrats Rumänien verlassen, lebte dann im Exil, meist in Paris. – Schrieb zarte Lyrik, franz. u. rumän. Romane, Märchen, Erzählungen u. Erinnerungen.

W: Chants d'aurore, G. 1886; Lueurs et flammes, G. 1903; Amor vincit, R. 1909; Les chants et légendes du Cobzar, Dicht. 1916 (m. P. J. Milliet); Dans l'or du soir, 1929.

L: I. Stăvăruș, 1974; C. Delavrancea, 1987.

Văcărescu, Ienăchiță, rumän. Dichter, 1740 (?) – 12. 7. 1797 Bukarest. Humanist. Bildung in Konstantinopel u. Bukarest, hohe Staatsfunktionen unter mehreren walach. Fürsten, Reisen im diplomat. Dienst. – Gilt als Vater der rumän. Poesie; schrieb rührende Verse, von der Volksdichtung inspiriert. Vf. e. rumän. Grammatik.

W: Observații ... asupra regulelor ... gramaticii românești, 1787; Istorie a prea puternicilor împărați otomani, 1863.

L: N. Iorga, 1913; N. A. Gheorghiu, 1939; A. Piru, 1967; C. Cîrstoiu, 1974.

Vachek, Emil, tschech. Schriftsteller und Journalist, 2. 2. 1889 Hradec Králové – 1. 5. 1964 Prag. – In naturalist.-realist. Romanen, Erzählungen u. Dramen, deren Helden oft Außenseiter der Gesellschaft sind, behandelt der produktive V. utop., kriminalist. u. humorist. Stoffe, bes. Zeitprobleme, wobei nach 1923 das eth. Moment in den Vordergrund rückt.

W: Kovadlina, R. 1923; Pán světa, R. 1925; Chám Dynybyl, R.-Tril. (Červená zahrada; Svatá; Dvanácti hlasy ano) 1926–31; Bidýlko, R. 1927 (Die Hühnersteige, d. 1935); Čtyřicetiletý, R. 1930 (Der Mann an der Grenze, d. 1947); Krev nevolá o pomstu, R. 1934; Život na splátky, R. 1936; Žil jsem s cizinkou, R. 1938; Až se

Vācietis

ucho utrhne, R. 1940 (Der Krug geht solange zum Brunnen ..., d. 1948); Hnízdo, R. 1943; Ztracený úsměv, R. 1945; Německá válka, Ber. VIII 1945–47; Severní záře, R. 1956; Život jde dál, En. 1956; Konec a začátek, R. 1958; Černá hvězda, R. 1959; Aféra, Sch. 1959 (Ich bin unschuldig, d. 1963); Vzpomínky na starý Hradec, Erinn. 1960. – Dílo (W), XV 1930–36; Knily (W), XX 1940–48; Dílo (W), 1959.
L: E. V., hg. M. Vinaiová 1970.

Vācietis, Ojārs, lett. Lyriker, 13. 11. 1933 Trapene – 28. 11. 1983 Riga. Knechtsfamilie; 1952–57 Philol.-Stud. Riga; Redakteur bei verschiedenen Zeitschriften. – Locker gefügte Verse mit bilderreicher, z.T. burschikoser Sprache u. polit. verschieden deutbaren Gedanken.

W: Ugunīs, 1958; Elpa, 1966; Dzegušlaiks, 1968; Melnās ogas, 1971; Antracīts, 1978; Si minor, 1982. – Kopoti raksti (GW), X 1989–2002. – Übs.: Stilleben mit Schlange, Baum und Kind, 1979.
L: V. Ķikāns, Tevī kapj mīļums ..., 1989.

Vaculík, Ludvík, tschech. Schriftsteller, * 23. 7. 1926 Brumov/Mähren. Lehrling im Schuhkonzern Bať a u. Absolvent von dessen Fachschule für Außenhandel; 1946–48 Stud. Hochschule für Polit. u. Soziale Wiss. Prag, Journalist, Redakteur beim Prager Jugendfunk, 1965–67 der lit. Zsn. ›Literární noviny‹, 1968/69 ›Literární listy‹. Nach s. Auftreten auf dem Schriftstellerkongreß 1967 aus der KPČ ausgeschlossen, 1968 rehabilitiert, Hauptautor des innenpolit. bedeutsamen u. international beachteten Manifests ›2000 slov‹ (2000 Worte), im Zuge des ›Konsolidierung‹ 1969 gemaßregelt u. abermals aus der Partei ausgeschlossen; Publikationsverbot, 1973 Mitbegr. der Samizdat-Edit. ›Petlice‹, e. der ersten Signatare der ›Charta 77‹, nach 1989 Rückkehr in das öffentl. lit. Leben. – Schwerpunkte s. lit. Schaffens: gesellschaftl. und polit. orientierte Feuilletonistik, in der regimekrit. wie konstruktiv eth. Aspekte betont werden, und z.T. autobiograph. Prosa, in der sich persönl. Erlebnisse mit Fiktion vermischen, wobei die Authentizität sowohl das Reale wie auch dessen Reflexino umfaßt und dadurch eigentl. zumThema wird. – Vf. von parodist. Liedertexten.

W: Rušný dům, R. 1963; Sekyra, R. 1966 (Das Beil, d. 1971); Morčata, R. Toronto 1977 (Die Meerschweinchen, d. 1971); Český snář, R. Toronto 1982 (Tagträume, d. 1981); Jaro je tady, Feuill. 1988; Srpnový rok, Feuill. 1990; Nové vlastenecké písně Karla Havlíčka Borovského, Liedertexte 1990; Stará dáma se baví, Feuill. 1991; Jak se dělá chlapec, R. 1993; Milí spolužáci!, Tg., Korresp. 1986, 1995; Nad jezerem škaredě hrát, Feuill. 1996; Nepaměti, Mem. 1998.

Väring, Astrid, geb. Glas, schwed. Erzählerin, 15. 12. 1892 Umeå – 22. 3. 1978 Bromma. Lehrerstochter, bis 1913 Lehrerinnenseminar; 1913–16 Privatlehrerin, ab 1916 Journalistin, Vorleserin. 1919 ∞ Eugen V., 1947 ∞ Martin Öhman. – Ihre teils realist., teils romantisierenden Romane behandeln meist ihre arme, karge Heimat Västerbotten mit aktueller sozialer Kritik; künstler. bedeutend u. mit reichem kulturhist. Material. Daneben Schilderungen der Industrialisierung Norrlands im 19. Jh. Der Romanzyklus ›Släkten‹ ist e. breitangelegte Familienchronik mit einfacher Technik. Später Motive aus Krankenpflege, Strafverfolgung u. dem finn.-russ. Krieg 1808/09.

W: Frosten, R. 1926 (Harte Jahre, d. 1929); Vintermyren, R. 1927 (Das Wintermoor, d. 1929); Marja, R. 1928 (d. 1930); Vådeld, N. 1930; Manuel, R. II 1931–33; Skeppet Viktoria, N. 1932; Utanför, G. 1933; Släkten, R.-Tetralogie (Släkten, Ett skepp kommer lastat, Känner du väl det land, Härmfågeln) 1934–39; Längtan heter vår arvedel, R. 1941; Katinka, R. 1942; I som här inträden ..., R. 1944; Du skall icke dräpa, R. 1946; Föranleder ingen åtgärd, R. 1947; Trollkona, R. 1956.

Värnlund, Rudolf, schwed. Erzähler u. Dramatiker, 6. 2. 1900 Stockholm – 16. 2. 1945 Österskär. Verlor früh den Vater; Mutter Fabrikarbeiterin, mußte selbst mit 11 Jahren in e. Kartonagenfabrik, danach in e. Druckerei arbeiten, später e. Zeitlang Seemann. E. Aufenthalt in Spanien schärfte s. radikale Einstellung. Kontakt mit R. Holmström u. E. Johnson, mit diesem 1923 in Berlin, hier Beschäftigung mit Psychoanalyse. – S. Romane u. Dramen spielen in der Welt der Proletarier u. behandeln die Probleme der Arbeiterjugend, u.a. die Versuchung, die das Verbrechen für die desorientierten jungen Großstadtarbeiter darstellt. Viel autobiograph. Material wird neben guten sozialen u. psycholog. Beobachtungen verarbeitet, etwas eintönig in s. themat. Wiederkehr. In den Romanen gelingt es ihm nicht, ep. Breite mit s. expressiven Stil zu verbinden; die Dramen sind wirkungsvoll, aber infolge ihres Schematismus bisweilen trocken. Am besten sind s. Novellen. Schrieb außerdem über 40 Hörspiele.

W: Döda människor, N. 1924; Ja och nej, R. 1926; Vandrare till intet, R. 1926; Upproret, R. 1927; Förbrytare, R. 1928; Det druckna kvarteret, R. 1929; De frias bojor, R. 1931; Den heliga familjen, Sch. 1932; Den underbara resan, Sch. 1934; Ledaren, Dr. 1935; Vägen till Kanaan, Dr. 1935; Hedningarna som icke hava lagen, Aut. 1936; Robespierre, Sch. 1937; Man bygger ett hus, R. 1938; U 39, Sch. 1939; Modern och stjärnan, Sch. 1940; Vår väg mot framtiden, Sch. 1942; Rus, Sch. 1943; Skådespelaren, Sch. 1944; Den befriade glädjen, R. 1946. – Skrifter i urval, hg. S. Carlson VI 1956.
L: T. Blom, 1946; D. Nordmark, Diss. 1978.

Vaičiulaitis, Antanas, litau. Dichter, 23. 6. 1906 Didieji Šelviai b. Vilkaviškis – 22. 7. 1992 Washington. 1927–32 Stud. Lit.wiss. Kaunas, Grenoble, Paris, New York; 1936–38 Dozent der Univ. Kaunas, 1939 Kulturattaché beim Vatikan,

1941 Emigration in die USA. Lektor für franz. Sprache u. Lit. an der Univ. Scranton. – Vertreter des ästhet. Realismus. Die myst. Zusammengehörigkeit des Menschen mit der Natur durchzieht alle s. Werke; s. Bilder sind voll ewiger Sehnsucht, wirklichkeitstreu, ästhet. Jede kleine Begebenheit birgt in sich e. tiefen Sinn und wird im Lichte der ewigen Schönheit gesehen. V.' Menschen tragen sowohl allg.-menschl. als auch spezif. litauische Züge. S. Erzählungen haben viele lyr. Stellen, doch bei aller Ästhetik bleibt er bei klass. Einfachheit und Klarheit. Übs. von O. Milosz, Mauriac, Maurios, Whitman.

W: Vakaras sargo namely, En. 1932; Vidudienis kaimo smuklėj, En. 1933; Valentina, R. 1936; Mūsų mažoji sesuo, E. 1936; Pelkių takas, En. 1939; Kur bakūžė samanota, E. u. M. 1942; Pasakojimai, N. 1955; Auksinė Kurpelė, M. 1957; Gluosnių daina, E. 1966; Ir atlėkė volungė, G. 1980; Tavo veido šwiesa, E. 1989; Vidurnaktis prie Šeimenos, E. 1986.

L: A. Zalatorius, 1989; V. Kubilius, 1993.

Vaičiūnaitė, Judita, litau. Lyrikerin, 12. 7. 1937 Kaunas – 11. 2. 2001 Vilnius. 1959 Abschluß d. Univ. Vilnius (Lituanistik), zugleich Besuch der Musikschule Vilnius. Arbeitete in den Redaktionen ›Literatūra ir menas‹, ›Kalba‹, ›Naujasis Dienovidis‹ in Vilnius. – V. ist eine der ersten litau. Dichter, die nicht das litau. Landleben, sondern die litau. Stadt und ihre Alltäglichkeit mit allen ihren Details besingt, die Gefühle und Gedanken, die diese in ihr weckt. Oft haben ihre Gedichte die Form von Musikstücken (Kanonas Barborai Radvilaitei, Trys Fugos). In ihrem Wortgewebe verband sie Architektur, Musik, Bild, Kunst, Geschichte und Mythologie, wobei sie alle, samt ihren Bäumen u. Blumen, zu neuem Leben erstehen. Vertreterin des litau. Impressionismus. Ihr war sowohl die klassische wie auch die moderne Form der Poesie vertraut. Ihre Gedichte wurden ins Engl. (1996), Norweg. (1994) u. Russ. übersetzt.

W: Pavasario akvarelės, 1960; Kaip žalias vynas, 1962; Per saulėta gaublį, 1964; Vėtrungės, 1966; Po šiaurės herbais, 1968; Pakartojimai, 1971; Klajoklė saulė, 1974; Neužmirstuolių mėnesį, 1977; Šaligatvio pienės, 1980; Smuikas, 1984; Žiemos lietus, 1987; Nemigos aitvaras, 1987; Kai skleidžiasi papirusas, 1997; Seno paveikslo šviesa, 1998; Debesų arka, 2001.

L: V. Daujotytė, 1989; V. Kubilius, 1990; K. Nastopka, 1991; R. Šilbajoris, 1992.

Vailland, Roger (François), franz. Schriftsteller, 16. 10. 1907 Acy-en-Multien – 12. 5. 1965 Meillonas/Ain. Aus savoy. Bauerngeschlecht. Stud. Reims und Ecole Normale. Stand anfangs den Surrealisten nahe, 1927 Mitgründer der Gruppe ›Le grand jeu‹. Journalist, 1944 Kriegskorrespondent, bereiste den Balkan, den Nahen und Fernen Osten, Abessinien und Amerika. Widerstandskämpfer. Ab 1952 Mitglied der KP. – Realist. Erzähler in e. von Hemingway beeinflußten distanzierten Prosa vor dem Hintergrund marxist. Weltanschauung. Wurde bekannt durch den Roman ›Drôle de jeu‹, in dem er das aktuelle Thema der Résistance in nüchtern-iron., fast zyn. Ton behandelt. Der immoral. Roman ›La loi‹ behandelt die Herrschaft der Starken über die Schwachen in der Gesellschaft, ›Mauvais coups‹ ist e. erot. Libertinage, die in polit. Engagement endet. Auch Dramen und Essays.

W: Drôle de jeu, R. 1945 (d. 1964); Esquisse pour un portrait du vrai libertin, Es. 1946; Héloïse et Abélard, Dr. 1947; Les mauvais coups, R. 1948; Bon pied, bon œil, R. 1950; Un jeune homme seul, R. 1952; Le colonel Foster plaidera coupable, Dr. 1952; Laclos par lui-même, Es. 1953; Beau masque, R. 1954 (Die junge Frau Amable, d. 1958); 325 000 francs, R. 1955 (d. 1957); Eloge du Cardinal de Bernis, Es. 1956; La loi, R. 1957 (Hart auf hart, d. 1958); Monsieur Jean, R. 1959, K. 1959; La fête, R. 1960 (Das Liebesfest, d. 1961); Le regard froid, Ess. u. Sk. 1963; La truite, R. 1964; Ecrits intimes, Tg. u. Br. 1969; 325 000 francs, hg. D. O. Nott, Lond. 1975; Chronique des années folles à la Libération, 1928–1945, 1984; Chronique d'Hiroshima à Goldfinger, 1945 à 1965, hg. R. Bellet 1984. – Œuvres complètes, 1967ff.

L: F. Bott, 1969; J.-J. Brochier, 1969; M. Chaleil, hg. 1970; J. Recanati, 1971; M. Picard, 1972; J. E. Flower, Lond. 1975; E. Vailland, P. Garbit, Drôle de vie, 1984; P. D. Tame, 1998; Ch. Petr, 1998.

Vaižgantas (eig. Juozas Tumas), litau. Schriftsteller u. Kulturpolitiker, 20. 9. 1869 Maleišiai, Kr. Rokiškis – 29. 4. 1933 Kaunas. Gymnas. Daugpilis, Priesterseminar Kaunas; Kampf um das Litauertum; Vikar in Mintauja, Mosėdys, Kuliai. Gründer der Zs. ›Tėvynės Sargas‹; 1905 Landtagsmitgl. 1906 in Vilnius, weitere kulturpolit. Tätigkeit. Mitarbeit an ›Vilniaus Žinios‹ u. ›Viltis‹. 1920 in Kaunas, 1922–27 Dozent der Univ. Kaunas; Reisen in Europa und den USA. – S. Bilder, Fragmente, ›Bilder des Kampfes um die Kultur‹ bilden e. Art Rahmenerzählung, die den litau. Kulturkampf schildert. Nur ›Dėdės ir dėdienės‹ haben e. Fabel; s. größtes und schönstes Werk ›Pragiedruliai‹ ist e. Reihe flüchtiger Fragmente in sehr farbiger, bildhafter Sprache. Beeinflußt vom Realismus Turgenevs u. Tolstojs u. zugleich von der Romantik Mickiewiczs u. Kraszewskis, schwankt V. zwischen diesen beiden Richtungen.

W: Rimai ir Nerimai, E. 1915; Pragiedruliai, R. II 1918–20; Dėdės ir dėdienės, E. 1920f.; Šeimos vėžiai, R. 1929; Ar jau medžiai sprogsta?, E. 1925; Išgama, E. 1929; Nebylys, E. 1930; Kaip Tylutis užmušė Žmogu, E. 1931; Mūsų bėrasai, E. 1931; Žemaičių Robinsonas, E. 1932/33. – Raštai (GW), XX 1923–38, XI 1994–99.

L: A. Merkelis, 1934; J. Ambrazevičius, 1936; A. Vaitiekūnienė, 1982; A. Radzevičius, 1987.

Vajanský, Svetozár → Hurban-Vajanský, Svetozár

Vajda, János, ungar. Dichter, Publizist, 7. 5. 1827 Pest – 17.1. 1897 Budapest. Sohn e. Försters, Kindheit im idyll. Ort Vál. Gymnas. in Székesfehérvár u. Pest. 1848/49 Teilnahme am Freiheitskampf. 1853 journalist. Tätigkeit in Buda, hier lernte er s. große hoffnungslose Liebe kennen, die zur Muse des ›Gina-Zyklus‹ werden sollte. 1857–64 Redakteur der Zs. ›Nővilág‹. 1864/65 Journalist in Wien. Wegen s. krit. Ansichten stieß er auf scharfe Kritik der polit. und lit. Öffentlichkeit s. Zeit. 1880 ∞ Róza Bartos, 1884 о|о. Lebte in armen Verhältnissen u. starb nach langer Krankheit. – Hinterließ e. vielseitiges, lyr. Lebenswerk. Vf. idyll.-philos. Landschaftsgedichte u. erot. Liebeslyrik. Verwendet typ. Stilmittel der Romantik, s. souveräne Sprache u. s. Bilder weisen Züge des Symbolismus auf.
W: Költemények, G. 1858; Összes költeményei, G. II 1881. – V. J. összes művei (SW), XI 1969–82. – *Übs.:* Gedichte (Ausw.), 1926.
L: L. Bóka, 1941; A. Komlós, 1984.

Vakıf, Molla-Penah, aserbaidschan. Dichter, 1717 Salahlı/Kazak – 1797 Schuscha. Prominenter Dichter und Minister für Außenangelegenheiten in Karabagh, gefallen bei der Verteidigung Schuschas gegen die pers. Invasion, dabei wurde sein Haus geplündert und viele Werke gingen verloren. – Begründer einer neuen, weltlich ausgerichteten, krit.-realist. Epoche in der aserbaidschan. Poesie; durch frische Sprache in der Volkstradition vom Koşma bis heute insbes. als Liedtexte aktuell.
W: Mirza Yusuf Nersesov, hg. 1857; Adolph Berge, M. F. Akhundov, hg. Leipzig 1867; Seçilmiş Eserleri, Ausw. hg. H. Muhammedzade 1968.

Vākpati(rāja), ind. Dichter, lebte im 8. Jh. n. Chr. Hofdichter des Königs Yaśovarman von Kanauj. – Schrieb das umfangreiche, in Maharastri-Prakrit abgefaßte hist. Gedicht ›Gaüdavaha‹ über die Kriegstaten s. Mäzens. E. breiten Raum nehmen dabei Naturschilderungen, Beschreibungen der Jahreszeiten und zahlr. myth. Erzählungen ein.
A: Shankar P. Pandit 1887, [2]1927; N. B. Utgikar 1927; N. G. Suru 1975 (m. engl. Übs.).
L: N. Bhowmik, V.'s Gaudavaho, 2004.

Valaoritis, Aristotelis, griech. Dichter, 21. 9. 1824 Leukas – 24. 7. 1879 Maduri/Leukas. Stud. in Leukas, Korfu, Genf, Paris. 1848 Dr. jur. der Univ. Pisa. 1847 gab er s. ersten Gedichte heraus. Bis 1853 im Ausland. V. widmete sich der Dichtung u. der Politik, Anhänger der Vereinigung der Ionischen Inseln mit Griechenland.
W: Mnēmosyna, G. 1859; Kyra Phrosynē, dramat. G. 1859; Athanassios Diakos, dramat. G. 1867. – Poiētika hapanta, II 1891; Bios kai erga, III 1908; Poiēmata anekdota, 1937; Erga, II 1938; Hapanta, II 1981.
L: K. Palamas, 1924; J. Apostolakis, 1936; G. Zoras, A. V. kai Tommaseo, 1961.

Valbuena, Bernardo de → Balbuena

Valdelomar, Abraham, peruan. Schriftsteller, 16. 4. 1888 Ica – 3. 11. 1919 Ayacucho. Journalist, Maler, Diplomat. – Spätmodernist, beschrieb die Inkazeit u. die eigene Kindheit, in der die Natur vorherrschend ist.
W: La Mariscala, B. 1914; El caballero Carmelo, En. 1918; Los hijos del sol, En. 1921; La ciudad de los tísicos, N. 1958. – Obra poética, 1958; Cuentos, 1969; Obras. Textos y dibujos, 1979; Las conferencias, 1985.
L: C. A. Ángeles Caballero, 1964; A. Zubizarreta, 1968; L. A. Sánchez, 1969; H. Scheben, 1980.

Valdés, Alfonso de, span. Schriftsteller u. Humanist, um 1490 Cuenca – 3. (6.?) 10. 1532 Wien. Bruder von Juan de V.; adliger Abstammung; seit 1520 im Dienst Karls V., 1526 Sekretär des Kaisers; begeisterter Anhänger des Erasmus, mit dem er seit 1525 in Briefwechsel stand; Haupt der erasm. Bewegung in Spanien; 1529 im Gefolge Karls V. in Dtl. u. Italien; starb an der Pest. – Gelehrter von hoher Bildung u. scharfem Geist, schrieb den besten Prosastil des 16. Jh. neben Boscáns Übs. des ›Cortegiano‹; s. beiden ›Diálogos‹ sind e. Verteidigung der kaiserl. Politik, der erste zugleich Ausdruck s. eigenwilligen relig. Ansichten, der zweite verbunden mit e. Satire nach Art der ma. Totentänze.
W: Diálogo de Lactancio y un arcediano, 1528 (n. L. Usoz 1850, J. F. Montesinos 1928, [2]1969); Diálogo de Mercurio y Carón, 1528 (n. J. F. Montesinos 1929, R. Navarro Durán 1987; Discours über Kayser Carolen ... Schlacht vor Pavien, d. 1609).
L: F. Caballero, 1875; M. Carrasco, A. et J. de V., Genf 1880; W. Schlatter, Die Brüder A. u. J. de V., Basel 1901; G. Bagnatori, 1954; H. Schmitt, Ffm. 1965; D. Donald, E. Lázaro, 1983; A. Rallo Gruss, Rom 1989.

Valdes, Armando → Palacio Valdés, Armando

Valdés, Juan → Meléndez Valdés, Juan

Valdés, Juan de, span. Schriftsteller u. Humanist, um 1509 Cuenca – 1542 Neapel. Bruder von Alfonso de V.; Stud. in Alcalá de Henares, beherrschte das Lat., Griech. u. Hebr.; verkehrte mit berühmten Humanisten, stand in Briefwechsel mit Erasmus; ging 1531 nach Rom; Vorkämpfer der Reformation, trat zum Protestantismus über, lebte bis zu s. Tod in Neapel. – Verfaßte neben relig. Schriften unter Einfluß der dt. Mystiker den berühmten ›Diálogo de la lengua‹, e. Abhandlung in Form e. Dialogs zwischen zwei Italienern u. zwei Spaniern über den Ursprung der span. Sprache mit Kritik berühmter Autoren u. Werke der span. Lit. Zeugt von sicherem Urteil, gibt Richtlinien für guten Stil, verlangt sorgfältige Wortwahl, schlichte Sprache ohne Geziertheit. Gilt heute als grundlegendes Werk in der Geschichte der span. Philol., in brillanter, lebendiger Prosa verfaßt.

W: Diálogo de doctrina cristiana, Abh. 1529 (n. M. Bataillon 1925); Diálogo de la lengua, Abh. (1535; n. G. Mayans y Siscar 1737, J. F. Montesinos 1928, [2]1964, R. Lapesa [4]1960, C. Barbolani [3]1987); Alfabeto cristiano, 1546 (n. B. Croce 1938); Ciento y diez consideraciones divinas, 1550 (n. J. Tellechea Idígoras 1975; d. 1870). – Cartas inéditas de J. de V. al Cardenal Gonzaga, hg. J. F. Montesinos 1931.

L: B. Wiffen, 1865; F. Caballero, 1875; H. Heep, 1909 (m. Bibl.); J. E. Longhurst, Erasmus and the Spanish Inquisition, 1950; D. de Santa Teresa, Rom 1957; D. Ricart, 1958; N. Caserta, 1959; J. N. B. van den Brink, Amst. 1962; E. Cione, Neapel [2]1963; J. C. Nieto, 1970; P. López, Il movimento valdesiano a Napoli, 1976; B. Voigt, Bonn 1980; W. Otto, Ffm. 1989.

Valdés, Zoé, kuban. Schriftstellerin, * 2. 5. 1959 La Habana. Arbeitete als kuban. Funktionärin in Paris, dann war sie Drehbuchautorin u. Journalistin. Seit 1994 in Paris, verfeindet mit der Regierung in Kuba. – In ihrem realist. Werk, das von Frauenschicksalen in Kuba u. in Paris handelt u. starke erot. Szenen enthält, übt sie scharfe Kritik an den kuban. Verhältnissen. ›La nada cotidiana‹ wurde ein Welterfolg.

W: Respuestas para vivir, G. 1986; Sangre azul, R. 1993; La nada cotidiana, R. 1995 (d. 1996); Te di la vida entera, R. 1996 (d. 1997); Café Nostalgia, R. 1997 (d. 2003); Traficantes de belleza, En. 1998; Querido primer novio, R. 1999 (d. 2001); Milagro en Miami, R. 2001; El pie de mi padre, R. 2002; Lobas de mar, R. 2003; Les Mystères de La Havane, R. 2003; Café Cuba, R. 2003 (d. 2004).

Válek, Miroslav, slovak. Dichter, 17. 7. 1927 Trnava – 27. 1. 1991 Bratislava. Redakteur der lit. Zsn. ›Mladá tvorba‹ u. ›Romboid‹. Vorsitzender des Schriftstellerverbandes, Kulturminister, Abgeordneter. – Die ideolog. Rhetorik des sozialist. Realismus ablehnend, schöpft V. aus den Erfahrungen des Symbolismus u. Surrealismus u. verbindet diese mit s. intuitiven Erlebnis der Welt. Existentielle Unruhe u. Suche nach neuen Werten sind Hauptmotive s. Dichtung. Übs. u. Gedichte für Kinder.

W: Dotyky, G. 1959 (erw. 1971); Príťažlivosť, G. 1961; Nepokoj, G. 1963; Milovanie v husej koži, G. 1965; Slovo, G. 1976; Z vody, G. 1977 (erw. 1978). –
Štyri knihy nepokoja, Ausw. 1971 (erw. 1973); Zakázaná láska, Ausw. 1977; Pieseň o lese, Ausw. 1980. – Übs.: Gedichte, 1969.

L: S. Šmatlák, Pozvanie do básne, 1971.

Valencia, Guillermo, kolumbian. Lyriker, 20. 10. 1873 Popayán – 8. 7. 1943 ebda. Längerer Aufenthalt in Frankreich u. Dtl. Verbindung mit franz. Dichtern, O. Wilde u. Nietzsche. – Beeinflußt vom Modernismus u. den franz. Parnassiens. S. symbolist.-romantisierenden Gedichte behandeln in vollendeter Form philos. Gegenstände, exot. u. maler. Themen. Auch Übs.

W: Ritos, G. 1899, erw. 1914; Discursos, Prosa 1915; Poemas, G. 1917; Panegíricos, discursos y artículos, 1923; Catay, Übs. 1929. – Obras poéticas completas, 1948, [3]1955; Poesías y discursos, hg. C. García 1959.

L: A. Duarte French, 1941; M. Serrano Blanco, 1945; S. Karsen, N. Y. 1951; B. Acosta Polo, 1965; H. Torres, hg. 1976; G. Espinosa, 1989.

Valente, José Ángel, span. Dichter, 25. 4. 1929 Orense/Galicien – 18. 7. 2000 Genf. Stud. Jura Santiago de Compostela, Romanistik Madrid; 1955–58 Span.-Lektor Oxford; 1958–75 Übs. bei der UNO in Genf, 1982–85 bei der Unesco in Paris; lebte in Almería, Genf u. Paris. – E. der bedeutendsten span. Lyriker der 2. Hälfte des 20. Jh.; keiner Strömung zuzuordnen; große sprachl. Strenge, anfangs eth. u. soz. Thematik, später Rückzug ins Meditativ-Myst. Auch Essays, Übs. (Kavafis, Montale, Celan, Hopkins).

W: A modo de esperanza, G. 1955; Poemas a Lázaro, G. 1960; Sobre el lugar del canto, G. 1963; La memoria y los signos, G. 1966; Siete representaciones, G. 1967; Breve son, G. 1968; El inocente, G. 1970; Punto cero, G. 1972 (erw. 1980); El fin de la edad de plata, Prosa 1973; Interior con figuras, G. 1976; Material memoria, G. 1978; Tres lecciones de tinieblas, G. 1980; Estancias, G. 1981; El fulgor, G. 1984; Al dios del lugar, G. 1989; No amanece el cantor, G. 1992. – Obra poética, 1999.

L: E. Valcárcel, 1989; A. López Castro, 1992; M. Á. Lacalle Ciordia, 2000.

Valenzuela, Luisa, argentin. Erzählerin, * 26. 11. 1938 Buenos Aires. Tochter der Schriftstellerin Luisa Mercedes Levinson; Journalistin, oft im Ausland, im Exil oder mit Stipendien. – Mit Ironie u. mit den neuesten Erzähltechniken behandelt sie die Diktatur, den phys. und psych. Terror, das Exil, die Probleme des Schreibens, oft gesehen aus der Perspektive der Frauen, die unterdrückt werden, sich aber zu behaupten beginnen.

W: Hay que sonreír, R. 1966; Los heréticos, En. 1967; El gato eficaz, R. 1972; Aquí pasan cosas raras, En. 1975; Como en la guerra, R. 1977; Cambio de armas, En. 1982; Cola de lagartija, R. 1983; Novela negra con argentinos, R. 1990; Simetrías, En. 1993; Peligrosas palabras, Ess. 2001; La travesía, R. 2001. – Cuentos completos y uno más, 1999; El placer rebelde, Anth. hg. G. Saavedra

Valera y Alcalá Galiano

2003. – *Übs.*: Offene Tore. Geschichten aus Lateinamerika, 1996.
L: World Literature Today, 1995.

Valera y Alcalá Galiano, Juan, span. Schriftsteller, 18. 10. 1824 Cabra/Córdoba – 18. 4. 1905 Madrid. Sohn e. Marineoffiziers u. der Marquesa de la Paniega; erster Unterricht in Sevilla u. Málaga, bes. Philos., alte u. neue Sprachen; Rechtsstud. in Granada u. Madrid. Starke Neigung zur Lit., veröffentlichte 20jährig s. 1. Gedichtband; ab 1846 glänzende diplomat. Laufbahn; ehrenvolle Auslandsmissionen. 1847 mit dem Herzog von Rivas in Neapel, 1850 Portugal, 1851 Brasilien, 1854 Dresden, 1857 als Sekretär des Herzogs von Osuna in Rußland; 1858 Abgeordneter in den Cortes; 1861 Mitglied der Span. Akad.; 1862 Generaldirektor der Landwirtschaft. Gründete 1867 die ›Revista de España‹; 1868 Leiter des Unterrichtswesens; 1861 Paris, 1865/66 als Gesandter in Frankfurt, 1881 Lissabon; 1883 Washington; 1886 Brüssel, 1893–95 Botschafter in Wien; Senator auf Lebenszeit; erblindete gegen s. Lebensende. – Sehr vielseitiger, hochgebildeter Lit.kritiker, Essayist u. Romancier, ausgezeichneter Stilist, schrieb die beste span. Prosa des 19. Jh., flüssige, elegante Sprache von klass. Reinheit. Aristokrat. Gesinnung u. optimist., epikureische Lebenseinstellung prägt s. Werke, darum Gefahr der Oberflächlichkeit. Europ. eingestellt, blieb aber auch s. andalus. Heimat verbunden, die Schauplatz einiger Romane ist (u.a. ›Pepita Jiménez‹, ›Juanita la Larga‹). Als Kritiker bedeutend wegen s. scharfen Intellekts u. genauer Analyse. Verfaßte hübsche Märchen in Anlehnung an Perrault u. die Brüder Grimm (›El pajaro verde‹, ›La muñequita‹, ›Garuda o la cigüeña blanca‹ u.a.). S. größter Romanerfolg war ›Pepita Jiménez‹, über den Konflikt zwischen relig. Berufung u. menschl. Liebe. Kein Erfolg auf lyr. u. dramat. Gebiet, das s. verstandesbetonten Naturell nicht entsprach; Mangel an Herzenswärme u. Leidenschaft. Übs. klass. u. mod. Autoren (u.a. ›Daphnis u. Chloë‹ von Longus, Goethes ›Faust‹ u. nordamerik. Schriftsteller).

W: Estudios críticos sobre literatura, política y costumbres, Ess. 1864; Pepita Jiménez, R. 1874 (d. 1882, 1884, 1950); Las ilusiones del doctor Faustino, R. 1875 (d. 1885); El comendador Mendoza, R. 1877; Doña Luz, R. 1879; Apuntes sobre un nuevo arte de escribir novelas, Es. 1887; Juanita la Larga, R. 1895 (d. 1898 u. 1961); Genio y figura, R. 1897; Morsamor, R. 1899. – Obras completas, II 1900–25, III 1943, [4]1958, II 1995/2001; Obras desconocidas, hg. C. C. De Coster 1965; Correspondencia, hg. ders. 1956.

L: Conde de las Navas, 1905; Marqués de Villaurrutia, 1925; E. Fishtine, Don J. V. the Critic, Bryn Mawr 1933; L. González López, Las mujeres de D. J. V., 1934; B. Ruiz Cano, 1935; G. Engel, Diss. Bln. 1935; P. Romero Mendoza, 1940; J. Krynen, L'esthétisme de J. V., 1946;

A. Jiménez, Oxf. 1956; J. F. Montesinos, 1957; C. Bravo-Villasante, 1959; S. Montoto, 1962; A. Zamora Romera, 1966; M. Bermejo Marcos, 1968; P. C. Smith, Buenos Aires 1969; B. de Pantorba, 1969; R. F. Lott, Language and Psychology in ›Pepita J.‹, Urbana 1970; M. Azaña, 1971; A. Jiménez Fraud, 1971; L. Jiménez Martos, 1973; L. López Jiménez, 1977; E. Rubio Cremades, hg. 1990; R. G. Trimble, 1998; M. Cantos Casenave, 1999. – *Bibl.*: C. Coster, 1970; L. Jiménez Martos, 1973.

Valeri, Diego, ital. Lyriker und Kritiker, 25. 1. 1887 Piove di Sacco/Padua – 27. 11. 1976 Rom. Gymnasialprof. für Griech. und Lat.; Univ.-Prof. für franz. Lit. in Padua. – Empfindsamer und feinfühliger Lyriker, beeinflußt von den ›poeti crepuscolari‹ und von Verlaine. Schrieb Verse von großer Musikalität, besang mit Vorliebe die Schönheit s. farbenreichen Lieblingsstadt Venedig sowie die venezian. Lagune und die Frauenseele mit melancholl. Unterton. Entzückend sind die Gedichte für Kinder in ›Campanellino‹. In s. Prosawerk ›Fantasie veneziane‹ beschreibt er Venedig im Alltag, im Winter. Geschätzt auch als Kritiker der franz. Lit. und als hervorragender Übs. von Flauberts ›Madame Bovary‹ und Mistrals ›Mirèio‹. Übs. franz. u. dt. Lyrik.

W: Umana, G. 1915; Il campanellino, G. 1928; Poesie vecchie e nuove, 1930; Fantasie veneziane, Prosa 1934; Scherzo e finale, G. 1937; Saggi e note di letteratura francese moderna, St. 1941; Tempo che muore, G. 1942; Terzo tempo, G. 1950; Il flauto a due canne, G. 1958; Conversazioni italiane, Ess. 1968; Verità di uno, G. 1971. – Poesie 1910–60, 1962; Quindici poesie, 1973; Trentatre poesie, 1974; Foglietti di poesie, 1975; Calle del vento, 1975 (d. 1975); Una lettera e due poesie, hg. V. Adda 1978.

L: V. Zambon, 1968; G. Manghetti, 1994.

Valerius, Adrianus (Adriaen), niederländ. Dichter u. Komponist, um 1575 Middelburg – 27. 1. 1625 Veere. Notar, Schöffe u. Gemeinderat in Veere. Seit 1598 Mitgl., später 1. Dekan der Rederijkerskamer ›Missus scholierem‹. – S. ›Nederlandtsche gedenck-clanck‹ enthält e. Darstellung des Aufstandes bis 1625, Gedichte auf die bedeutendsten Ereignisse u. Lieder, die heute noch lebendig sind.

W: Nederlandtsche gedenck-clanck, 1626 (n. 1942, Faks. 1968).
L: M. J. Leendertse, 1930; B. Kempers, De liederen ..., [2]1941.

Valerius Cato, Publius, lat. Dichter u. Grammatiker, 1. Jh. v. Chr. Stammte aus Norditalien, verlor s. Vermögen im Sullan. Bürgerkrieg u. war bis ins hohe Alter sehr arm. Wirkte als Lit.kritiker, v. a. als Lehrer u. Mentor der Neoteriker; mehrere Gedichte jüngerer Dichter an ihn sind erhalten. S. Werke sind vollständig verloren; an Titeln sind bekannt: das Epyllion ›Diana‹ oder ›Dictynna‹;

›Lydia‹, e. Sammlung erot. Gedichte; ›Indignatio‹, e. satir. Abrechnung mit s. Schicksal.

A: Fragmente, in: Gramaticae Romanae fragmenta, hg. H. Funaioli 1907; Testimonien, in: Fragmenta Poetarum Latinorum, hg. J. Blänsdorf ³1995.

Valerius Flaccus, Gaius V. F. Setinus Balbus, röm. Epiker, 1. Jh. n. Chr. – Vf. des lat. Epos ›Argonautica‹ (8 Bücher) über die Argonautensage, d. h. über die myth. griech. Helden (u. a. Orpheus, Herkules) um den Anführer Jason, deren Schiff den Namen Argo trägt. Sie haben das Ziel, in Kolchis das von e. Drachen bewachte Goldene Vlies zu erobern. Nach vielen Abenteuern (u. a. bei den Amazonen) erlangen sie dank der Hilfe der kolch. Königstochter Medea, die Jason liebt u. dafür ihren Vater verrät, das Vlies. V. gelingt es, den vielbehandelten Stoff (zuvor u. a. bei Apollonios Rhodios u. Ovid, Metamorphosen im 7. Buch) neu zu gestalten, u. a. durch explizite u. assoziative Bezüge zu zeitgenöss. Ereignissen u. Entwicklungen.

A: m. engl. Übs. J. H. Mozley, Lond. n. 1972; E. Courtney, 1970; W.-W. Ehlers, 1980; m. dt. Übs. u. Komm. P. Dräger, 2003; Buch 1–4 m. franz. Übs. G. Liberman, Paris 1997.

L: Ratis omnia vincet. Neue Untersuchungen zu den Argonautica des V., hg. U. Eigler, E. Lèfevre, 1998; D. Hershkowitz, Oxf. 1998; Th. Baier, Komm. VI 2001.

Valerius Maximus, röm. Schriftsteller, 1. Hälfte des 1. Jh. n. Chr. Stand mit Sextus Pompeius, dem Konsul des Jahres 14 n. Chr., in freundschaftl. Beziehungen und begleitete ihn, als er um 27 n. Chr. die Provinz Asien verwaltete. – Veröffentlichte 31 n. Chr. e. Werk über denkwürdige Taten und Aussprüche, das Kaiser Tiberius gewidmet ist und in 9 Büchern unter 95 meist moral. Rubriken Exempla zuerst aus röm., dann aus ausländ. Geschichte enthält, gedacht als Beispielsammlung für Rhetoren u. Rednerschulen. S. Auswahl ist nicht systemat., sondern zufällig, s. Stil rhetor. effektreich, oft gewollt pointiert. Hist. nicht genau. Als Quellen benutzte er Varro, Cicero, Livius sowie ähnl. Sammlungen.

A: Factorum et dictorum memorabilium libri novem, hg. C. Kempf ²1888 (n. 1966); R. Faranda 1971 (m. ital. Übs.); R. Combès II 1995–97 (m. franz. Übs.); J. Briscoe II 1998; D. R. Shackleton Bailey II 2000 (m. engl. Übs.); Buch 1 komm. D. Wardle 1998. – *Übs.:* U. Blank-Sagmeister 1991 (Ausw.).

L: C. Bosch, Die Quellen des V. M., 1929; A. Klotz, Studien zu V. M., 1942; G. Comes, 1950; R. Guerrini, Studi su V. M., 1981; W. M. Bloomer, 1992; C. Skidmore, Practical ethics for Roman gentlemen, 1996; A. Weileder, 1998.

Valéry, Paul Ambroise (eig. A. P. Toussaint Jules), franz. Dichter, 30. 10. 1871 Sète – 20. 7.

1945 Paris. Vater Korse; Beamter, Mutter Italienerin aus großbürgerl. Genueser Familie. Kindheit und höhere Schule in Sète. Seit 1884 in Montpellier, dort Gymnas. Stud. Rechte und Beginn der Freundschaft mit P. Louÿs; lernte durch ihn Gide und 1891 Mallarmé kennen, nahm, seit 1894 ständig in Paris, an den Dienstagsempfängen teil. Frühe symbolist. Lyrik; dann 1897–1917 Schweigen. 1896 in e. Londoner Pressebüro; 1897–1900 Beamter im Kriegsministerium in Paris, 1900 ∞ Jeannie Gobillard, seitdem Sekretär der Agence Havas. Veröffentlichte, von Freunden angeregt, 1917 das Gedicht ›La jeune Parque‹, das ihm ersten Ruhm eintrug. 1925 Mitglied der Académie Française, 1937 Prof. für Poetik am Collège de France. – Bedeutendster franz. Lyriker des 20. Jh., Nachfolger und Schüler Mallarmés; hochbedeutender Essayist, der Subtilität mit klass. Klarheit verbindet, Dichter und Denker zugleich. Esoter., nur für kleinen Kreis zugängl., aus rein intellektueller und streng handwerkl. Tätigkeit entstandene Lyrik. Lehnt Inspirations- und Gefühlslyrik, Spontaneität und Stofflichkeit ab, sucht mit der Präzision e. Mathematikers nach der einzigen notwendigen Kombination von Bedeutung und Klangwirkung des Wortes. Für V., Nihilist der Erkenntnis, ist Dichtung e. Projektion ins Nichts; daraus erhellt ihre Sinnfreiheit, Vieldeutigkeit, ihr irrealer, traumhafter Charakter, doch ist sie als zu reiner Idealität sublimierte Wirklichkeit der zufälligen und beliebigen Realität überlegen. V.s Hauptthema ist der dichter. Schaffensprozeß selbst. V. bedient sich der klass. Formen wie Ode, Sonett und Vierzeiler. Der Geist wird sich nach V., indem er das Gleichgewicht zwischen sinnl. und geistiger Sprachform, den Vers, herstellt, seiner selbst bewußt. Der Vers, an dem aller Schmuck der Sprache und der Musik teilhat, soll e. Fest des Intellekts sein, den Leser bezaubern. Begann nach symbolist. und parnass. Lyrik mit den Prosaschriften über Leonardo da Vinci und die fiktive Gestalt des M. Teste, beide Inbegriff s. intellektualist. Ideals, des Versuchs, mittels Denkmethode zur Freiheit jenseits der Zufälligkeiten zu gelangen. Höhepunkt s. nach jahrelangem Schweigen entstandenen Lyrik sind in ›Charmes‹ gesammelten Gedichte. Wandte sich später bes. der Prosa zu, schrieb über ästhet. Fragen, Künstler, Dichter und Denker, verfaßte ausgezeichnete Aphorismen, ›Rhumbs‹ und ›Autres Rhumbs‹ über Lit. und Kunst, beschäftigte sich auch mit soz., polit. und kulturpolit. Problemen, mit der geistigen Krise Europas. Das späte Drama ›Mon Faust‹ ist e. Selbstdarstellung, in der Faust, jede Transzendenz leugnend, s. Selbstvollendung in totaler Autonomie des Geistes sucht.

W: Introduction à la méthode de Léonard de Vinci, Es. 1895 (erw. 1919; d. 1960); La soirée avec M. Teste, E.

1896 (d. ³1974); La Jeune Parque, G. 1917 (d. P. Celan 1960); Palme, G. 1919; Album de vers anciens, 1920; Le cimetière marin, G. 1920; Ebauche d'un serpent, G. 1922; Charmes, G. 1922; Eupalinos ou l'architecte, Prosa 1923 (d. R. M. Rilke 1927); Cahier B 1910, Aphor. 1924 (Gedanken, d. 1962); Variété, Prosa V 1924-44 (Die Krise des Geistes, dt. Ausw. 1956); Une conquête méthodique, Prosa 1925 (d. 1946); Propos sur l'intelligence, Prosa 1926; Rhumbs, Aphor. 1926; Autres Rhumbs, Aphor. 1927; Discours de réception, Rd. 1927 (d. 1928); Essai sur Stendhal, 1927 (d. 1929); Poésies, 1929; Littérature, Aphor. 1929; Choses tues, Aphor. 1930; Regards sur le monde actuel, Prosa 1931 (d. 1961); Discours en l'honneur de Goethe, Rd. 1932 (d. 1947); Moralités, Aphor. 1932; La politique de l'esprit, Rd. 1932 (d. 1937); De la diction des vers, Prosa 1933; L'idée fixe ou deux hommes à la mer, Prosa 1933 (d. 1965); Pièces sur l'art, Prosa 1934 (d. 1959); Analecta, Prosa 1935; Degas, danse, dessin, Prosa 1938 (d. 1951); Introduction à la poétique, Vortr. 1938; Mélange, Prosa 1941; Tel quel, Aphor. II 1941-43 (Windstriche, dt. Ausw. 1959); Mauvaises pensées et autres, Prosa 1941 (d. 1961); Regards sur le monde actuel et autres essais, 1945; Souvenirs poétiques, 1946; Essais et témoignages, 1946; Mon Faust, Dr. 1946 (d. 1948); Vues, Prosa 1948; Histoires brisées, Prosa 1950; Cahiers, Aphor. u. Aufz. XXXII 1957ff. (Faks.), hg. J. Robinson II 1973ff. - Œuvres, XII 1931ff., II 1957ff.; Lettres à quelques-uns, 1952 (d. 1954); A. Gide/ P. V., Correspondance 1890-1942, 1955 (d. 1958). – *Übs.:* Gedichte, R. M. Rilke 1925, 1949, 1953; Zur Theorie der Dichtkunst, Aufs. u. Rd. 1962.

L: A. Thibaudet, 1923; F. Lefèvre, ⁴1926; J. Prévost, 1926; E. Porché, 1926; P. Souday, 1927; F. Rauhut, 1930; V. Larbaud, 1931; A. Maurois, Introduction à la méthode P. V., 1933; H. Fabureau, 1937; E. Noulet, 1938; M. Eiseldinger, hg. 1945; J. Pommier, 1946; M. Raymond, Neuchâtel 1946 (d. 1947); A. Gide, 1947; E. W. Eschmann, 1948; M. Bémol, 1949 u. 1950; E. Sewell, New Haven 1952; J. Soulairol, 1952; J. Hytier, La poétique de V., 1953; R. Lang, 1953; K. Maurer, 1954; N. Suckling, Lond. 1954; F. Scarfe, Lond. 1954; P. O. Walzer, Genf 1955; J. Charpier, 1956 (m. Bibl.); A. Berne-Joffroy, 1960; C. Whiting, New Haven 1960; A. Fehr, 1960; A. E. Mackay, The Universal Self, Toronto 1961; W. N. Ince, The Poetic Theory of V., Leicester 1961; J. de Bourbon-Busset, 1964; G. Aigrisse, Psychanalyse de V., 1964; J. Duchesne-Guillemin, 1964; F. Pire, 1964; P. Roulin, 1964; E. de la Rochefoucauld, En lisant les Cahiers de V., III 1964-67; A. R. Valéry, 1965; A. W. Thomson, 1965; E. Noulet-Carner, hg. 1968; J. Hytier, La poétique de P. V., ²1970; K. Löwith, 1971; J. Bellemin-Noël, 1971; D. Moutote, hg. 1972; H. Harth, L. Pollmann, 1972; C. Crow, Cambr. 1972; W. N. Ince, Southampton 1973; J. R. Lawlwer, Lond. u.a. 1974; C. Mackworth, English Interludes, Lond. 1974; H. Laurenti, 1975; R. Virtanen, 1975; J. Bucher, 1976; H. Köhler, 1976; K. Weinberg, Princeton 1976; I. Gheorge, 1977; A. Lazaridès, Montreal 1977; S. Yescua, 1977; A. Livni, Montreal 1977; J. Schmidt-Radefeldt, hg. 1978; C. G. Whiting, Lond. 1978; D. Oster, 1981; R. Pietra, 1981; C. Crow, Cambr. 1982; R. Pickering, 1983; B. Stimpson, Cambr. 1984; K. Tsunekawa, 1998; P. Gifford, 1998; N. Bastet, 1999; W. Kluback, 1999; J. Twardella, 2000; P. Krebs, 2000; H. Thomann, 2001; H. M. Julien, Retour à la Méditerranée, 2002; L. De Nardis, 2002; Actes du Colloque, 2003. – *Bibl.:* R. Davies, R. Simonson, 1926; G. Karaiskakis, F. Chapon, 1889-1965, 1976.

Valla, Lorenzo (eig. Della Valle), ital. Humanist, um 1405 Rom – 1. 8. 1457 ebda. Schüler von L. Bruni; 1431 Prof. für Rhetorik in Pavia; mußte 1433 Pavia wegen s. ›Epistola de insigniis et armis‹ gegen die zu s. Zeit geltende jurist. Methode von Bartolo da Sassoferrato verlassen. Nach kurzen Aufenthalten in Mailand, Genua und Florenz 1437-47 im Dienste des Königs von Neapel; 1448 nach Rom; 1448 von Papst Nikolaus V. zum apostol. Scriptor und 1455 von Calixtus III. zum apostol. Sekretär ernannt. – Krit. Geist; Erneuerer der philolog., philos. und hist. Methoden. In s. Werk ›Dialecticae disputationes‹ griff er Aristoteles an. Er erwies die Konstantin. Schenkung als Fälschung. S. Hauptwerk, dem er sich am meisten widmete, ›Elegantiarum latinae linguae libri‹, bemüht sich um die Wiederbelebung der lat. Sprache; es rief heftige Kritiken seitens Poggio Bracciolinis hervor, der es als wertlos hinstellte. Daraus entstand e. Polemik, die sogar nach dem Tod V.s fortgesetzt wurde und an der mehrere Humanisten teilnahmen. In s. philos. Werken ›De voluptate ac vero bono‹ und ›De libero arbitrio‹ griff er den Stoizismus an und bekannte sich zu e. Art christl. Epikureismus. Übs. Homers, Äsops, Herodots und Thukydides'.

W: Adnotationes in Novum Testamentum, Schr. 1433; De voluptate ac De vero bono, Schr. um 1433; De professione religiosorum, Schr. nach 1442; Elegantiarum latinae linguae libri, Schr. 1444; De libero arbitrio, Schr. 1482 (n. M. Anfossi 1934; d. 1979); Dialectica, Schr. 1499; Collatio Novi Testamenti 1505, krit. hg. A. Perosa 1969; Historiarum Ferdinandi regis Aragoniae libri, Schr. 1521; De falso credita et ementia Constantini donatione, Schr. (1440) 1570 (krit. hg. C. B. Coleman 1922, W. Schwahn 1928, W. Sett 1976). – Opera, hg. H. Petrus, Basel 1540 u. 1543; Opuscula tria, hg. J. Vahlen 1869; Opera Omnia, hg. E. Garin II 1962.

L: F. Gaeta, 1955; G. Pompeo, 1972; S. I. Camporeale, Umanesimo e teologia, 1972; H.-B. Gerl, Rhetorik als Philosophie, 1975; M. Regoliosi, Laurentii Valle Antidotum in Facium, 1981; M. De Panizza Lorch, L. V.'s theory of Pleasure, Mchn. 1985; G. Antoniazzi, 1985; M. Laffranchi, Dialettica e filosofia in L. V., 1999; S. I. Camporeale, 2002.

Vallatol, Nārāyana Menon, südind. Dichter und Journalist, 16. 10. 1878 Chennara/Malabar – 13. 3. 1958 Ernakulam. Stud. Medizin; Hrsg. mehrerer Zsn. u. Verlagsleiter in Trichur; engagiertes Eintreten für Kunst und Theater, Gründung e. Kulturzentrums in Kerala. – Vf. von rd. 70 meist lyr. Werken in Malayalam; Übs. des ›Rāmāyana‹ (1905) u. des ›Rgveda‹ (1954) ins Malayalam. Gilt als bedeutendster mod. Lyriker in Malayalam.

W: Ṛtu vilāsam, E. 1899; Badhira vilāpam, 1909; Bandhanasthanāya aniruddhan, 1913; Auṣadhāharaṇam, 1915; Citrayōgam, ³1935; Bhadrāvatāram, ²1940; Bāppuji, 1941; Viṣukkani, ³1941; Śaraṇamayyappā, 1942; Divāsvapnam, 1944; Eṉṟe gurunātham, 1944; Padmadaḷam, ⁴1948; Vilāsa latika, ⁸1948; Kōmalaśiśukal, 1949; Indiayuṭe karaccil, ³1950; Ōṇapputava, ³1950; Oru kattu, ⁹1950; Acchanum makaḷum, ⁶1951; Bhagavat stōtramāla, 1951; Śisyanum makanum, ¹³1951; Strī, ²1951; Gaṇapati, ⁹1952; Grāma saubhāgyam, 1952; Koccu Sīta, ⁹1952; Magdalana Mariyam, ²⁰1952 (engl. 1952); Paralōkam, 1959; Vīraśṛṅkhala, o. J. – Sāhitya-mañjarī, Ges. G. VIII ¹⁻⁹1917–54. – *Übs.:* Selected poems, hg. K. M. Tharakan, A. Panicker 1978.
L: K. Kiṭṭuṉṉi Nāyar, 1953; B. Hrdayakumari, 1974, ²1982; V., a centenary perspective, hg. S. Sarma 1978; Poetry and national awakening, hg. K. M. P. Variar 1978.

Valle Inclán, Ramón María del → Del Valle-Inclán, Ramón María

Vallejo, Antonio Buero → Buero Vallejo, Antonio

Vallejo, César, peruan. Schriftsteller, 16. 3. 1892 Santiago de Chuco/La Libertad – 15. 4. 1938 Paris. Aus bescheidenen Verhältnissen; Stud. Jura u. Philos.; Lehrer, Journalist; ab 1923 in Europa, hauptsächl. in Paris; in ständiger materieller Not; 1928 u. 1931 Rußlandreisen; wurde Kommunist. – E. der größten Dichter Lateinamerikas. S. Grundthema ist radikale Verzweiflung, Enttäuschung u. Auflehnung gegen soz. Unterdrückung u. kapitalist. Ausbeutung, schließl. die Hoffnung auf e. bessere Zukunft. V. stellt sich gegen Rhetorik, alles Vorgegebene u. Vorgeschriebene; er ist immer authent., gefühlsbetont, ›menschlich‹ u. will die ursprüngl., kindl. Einfachheit des Verses, den nackten Schauder erreichen.
W: Los heraldos negros, G. 1918; Trilce, G. 1922; Escalas melografiadas, En. 1923; Fabla salvaje, R. 1923; El tungsteno, R. 1931 (d. 1961); Rusia en 1931, Reiseber. 1931; Poemas en prosa, 1939; Poemas humanos, G. 1939; España, aparta de mí este cáliz, G. 1939; Paco Yunque, E. 1951; Artículos olvidados, 1960. – Obras completas, hg. G. de Vallejo IX 1976; Obra poética completas, hg. G. de Vallejo 1968; Obra poética completa, hg. E. Ballón Aguirre 1979; Obra poética completa, ²2002; Poesía completa, hg. J. Larrea 1978; Poesía completa, hg. R. Hernández Novás 1988; Poesía completa, hg. A. Merino 1997; Obra poética, hg. A. Ferrari 1988; Novelas y cuentos completos, ²1970; Teatro completo, hg. E. Ballón Aguirre II 1979; Epistolario general, hg. J. M. Castañón 1982; Cartas a Pablo Abril, hg. J. Mejía Baca 1975; Desde Europa. Crónicas y artículos (1923–38), hg. J. Puccinelli ²1987 – *Übs.:* Funken wie Weizenkörner, G. 1971; Gedichte, ³1976; Gedichte, 1979; Werke, hg. A. Pérez-Amador III 1998.
L: E. Escobar, 1973; J. Ortega, hg. 1974; E. Ballón Aguirre, 1974, 1985; E. Neale-Silva, 1975, 1987; F. Martínez García, 1976; J. Franco, 1976; G. de Vallejo, 1978; G. Beutler, A. Losada, hg. 1981; R. Paoli, 1981; V. Fuentes, 1981; J. Pascual Buxó, 1982; J. Vélez, A. Merino, II 1984; G. Podestá, 1985; J. Ortega, 1986; R. González Vigil, 1986; S. Hart, 1987; Cuad. Hisp., 1988; A. Merino, hg. 1988; E. More, 1988; L. A. Ponzo, 1989; L. Hernán Ramírez, ²1989; J. Guzmán, 1991; R. Banchero Ariztia, 1998. – *Bibl.:* A. Flores, hg. 1982.

Vallejo, Fernando, kolumbian. Romanschriftsteller, * 24. 10. 1942 Medellín. Pianist, Filmemacher, lebte in Rom u. New York, seit 1971 in Mexiko-Stadt. Er wurde berühmt durch ›La Virgen de los sicarios‹. – Der polit. nicht korrekte u. selbstkrit. Vf., der als der kolumbian. Th. Bernhard gilt u. immer in Ich-Form schreibt, in erster Linie über Gewalt, ist ein Störenfried: Mit Wut u. Ressentiment schmäht er Gott, den Papst, Bolívar u. jede Autorität, aber auch die Guerillas, die Drogenhändler, die Frauen u. die Armen. Die Virulenz richtet sich gegen die Sinnlosigkeit von allem. Sein Stil ist poetisch, greift häufig zu Abschweifungen u. Wiederholungen.
W: Logoi, una gramática del lenguaje literario, Es. 1982; Barba Jacob. El mensajero, B. 1984; El fuego secreto, 1986; Los días azules, 1987; Los caminos de Roma, 1988; Años de indulgencia, 1989; Entre fantasmas, 1992; La Virgen de los sicarios, 1994 (verfilmt; d. 2000); Chapolas negras, B. 1995; El desbarrancadero, 2001; La Rambla paralela, 2002; La tautología darwinista, Es. 2002.

Valle Rossi, Adriano del → Del Valle Rossi, Adriano

Vallès, Jules (eig. Louis J.), franz. Romancier, 11. 6. 1832 Le Puy-en-Velay – 14. 2. 1885 Paris. Lehrerssohn, harte Jugend auf dem Lande. 1849 Stud. Paris; versch. Berufe: Sekretär, Lehrer, Expeditionsbeamter. 1858–68 Mitarbeiter des ›Figaro‹, seit 1867 Redakteur der Wochenschrift ›La Rue‹. Wegen scharfer Angriffe gegen Napoleon III. mehrfach Gefängnis- und Geldstrafen. Schloß sich nach 1870 der Internationale an, leitete den ›Cri du Peuple‹, Mitgl. der Kommune; 1872 zum Tode verurteilt; Exil in England. Nach s. Rückkehr 1880 noch schärferer Polemiker. – Anarchist, in ständiger Revolte gegen Familie, Bürgertum und Gesellschaft. ›Les réfractaires‹ ist e. Reihe von Studien über die Bohemiens und gesellschaftl. Deklassierten in Paris. Stellt s. abenteuerl. Leben vor dem Hintergrund der Pariser Kommune in der Romantrilogie ›Jacques Vingtras‹ dar, e. von wildem Haß und bitterem Humor erfüllten, scharfsinnigen Werk in bisweilen kraß realist. Stil. Vorläufer des Naturalismus.
W: L'argent, Streitschr. 1857; Les réfractaires, Porträts 1865 (d. 1946); La rue, Schr. 1866; Les enfants du peuple, 1879; Jacques Vingtras, R.-Tril. (d. 1895, 1951, 1964): L'enfant, 1879, Le bachelier, 1881, L'insurgé, 1886; Les chroniques de l'homme masqué, 1882; La rue à Londres,

Vallotton

Es. 1883; Les blouses, 1919; Souvenirs, 1932; Le tableau de Paris, Slg. 1932; Le proscrit, R. 1950. – Les Œuvres, hg. L. Scheler, M. C. Brancquart 1950ff., hg. R. Bellet 1975; Correspondance avec H. Malot, 1968.
L: G. Flink, 1932; A. Zévaès, 1932; U. Rouchon, II 1932–38; F. Raynal, 1938; G. Gille, II 1941; M. L. Hirsch, 1948; Zs. ›Europe‹, Sondernr. J. V., 1957; M. C. Brancquart, 1971 (m. Bibl.); A. Münster, Das Thema der Revolte im Werk von J. V., 1973; R. Bellet, 1977; J. Richepin, 1993; R. Bellet, 1995; S. Desegni, 1996; F. Almi, 1996; F. Marotin, 1997; L. Bouvier, 1998; D. Zimmermann, 1999; R. Langford, 1999. – *Bibl.:* G. C. Coajanni, Palermo 1981; G. Frigot, 1985.

Vallette, Marguerite → Rachilde

Vallotton, Benjamin, franz.-schweizer. Romancier, 10. 1. 1877 Gryon/Waadt – 19. 5. 1962 Sanary-sur-Mer. Zeichnet realist. und mit Humor das Leben in s. Heimatkanton. Zu s. volkstüml. Typen gehört der Commissaire Potterat. Wandte sich unter dem Eindruck des 1. Weltkrieges vom humorist. Genre ab.
W: Portes entr'ouvertes, R. 1905; Monsieur Potterat se marie, R. 1906; La famille Profit, R. 1909 (d. 1916); Leurs œuvres les suivent, R. 1912; Ce qu'en pense Potterat, R. 1915 (d. 1920); Ceux de Barivier, R. 1919; Achille et Cie, R. 1921; Sur le roc, R. 1923; Suspects, R. 1930; La foudre sur la maison, R. 1943 (d. 1947); Tu y viendras, R. 1944; Sous le même toit, R. 1952; Comme volent les années, Erinn. 1960; Rude étape, Erinn. 1961; A la rencontre des hommes, Erinn. 1962.

Vālmīki, ind. Dichter, 1. Jt. v. Chr. Aus s. Leben ist nur Legendenhaftes bekannt: Brahmane, der als Räuber lebte, von frommen Sehern bekehrt, jahrtausendelang unbewegl. an e. Ort sitzend meditierte, so daß er von e. Ameisenhaufen völlig bedeckt wurde (daher ›Vālmīki‹, d. h. Ameise); durch s. Frömmigkeit soll er selbst zum Seher geworden sein. – Gilt als Vf. des → ›Rāmāyaṇa‹ und als Erfinder des Śloka, des ep. Versmaßes, in dem sowohl das ›Rāmāyaṇa‹ als auch der größte Teil des ›Mahābhārata‹ verfaßt sind; wird von der Tradition als erster Kunstdichter (ādikavi) der ind. Lit. angesehen; dürfte jedoch nicht der alleinige Vf. des ›Rāmāyaṇa‹ sein.
A u. *L:* → Rāmāyaṇa.
L: I. Panduranga Rao, 1994; J. Leslie, 2003.

Valmore, Marceline Desbordes → Desbordes-Valmore, Marceline-Félicité-Josèphe, dame Lanchantin

Valtinos, Thanassis, griech. Schriftsteller, * 16. 12. 1932 Karatula Kinurias. Lebt in Athen, arbeitet auch für Theater und Kino (verfaßte Drehbücher für Theo Angelopoulos). – Auffällig s. eigenwilliger Gebrauch von (mündl. oder schriftl.) Zeugenberichten, die als Ausdrucksmittel e. komplexen, kaum beschreibbaren Realität verwendet werden.
W: Hē Kathodos tōn ennea, R. 1963 (d. 1976); Synaxari tu Antrea Kordopatē, R. I Amerikē 1972 (d. 1982); II Balkanikoi 2000; Tria hellēnika monoprakta, R. 1978; Mple bathy schedon mauro, R. 1985; Stoicheia gia tēn dekaetia tu '60, R. 1989; Tha breite ta osta mu hypo brochēn, En. 1992; Phtera Mpekatsas, En. 1993; Orthokōsta, R. 1994.

Valton, Arvo, estn. Schriftsteller, * 14. 12. 1935 Märjamaa. 1949–54 verbannt in Sibirien, 1954–59 Stud. Forstwiss. Tallinn, 1961–67 verschiedene Anstellungen und gleichzeitig Fernstudium als Filmdramaturg, seit 1968 freiberuflich, 1992–95 Parlamentsabgeordneter. – Vom umfangreichen Prosawerk erlangten neben z. T. phantastischen Romanen s. Kurzgeschichten die größte Bedeutung. In ihnen entlarvt er mit einfachen Mitteln die Absurdität des sowjet. Alltags und überhöht diesen zur treffenden Satire.
W: Veider soov, En. 1963; Kaheksa jaapanlannat, En. 1968; Õukondlik mäng, En. 1972; Mustamäe armastus, En. 1978; Tee lõpmatuse teise otsa, R. 1978; Võõras linnas, En. 1980; Üksildased ajas 1, En. 1983; Arvid Silberi maailmareis, R. 1984 (Arvid Silbers Weltreise, d. 1995); Rännak giidi saatel, En. 1988; Väike ilus vangimaja, En. 1996. – *Übs.:* Zugluft. Kurzprosa, 1983; Juku, der Dorftrottel, 1992.
L: A. V. Personaalnimestik, 1986.

Vāmanabhaṭṭabāṇa (auch: Abhinavabhaṭṭabāṇa – ›Der neue Bāṇa‹), ind. Dichter des 14. oder 15. Jh. n. Chr. Hofdichter des Fürsten Vema von Kondavidu, dem zu Ehren er den hist. Roman ›Vemabhūpālacarita‹ (Das Leben des Fürsten Vema) schrieb; schrieb in Sanskrit. – Vf. des Epos ›Nalābhyudaya‹ (Nalas Aufstieg), das in 8 Gesängen die im → ›Mahābhārata‹ enthaltene Episode von Nala und Damayantī behandelt. Schrieb außerdem das ›Śṛṅgārabhūṣaṇa‹ (Zierde des Liebesgottes), e. Bhāṇa (einaktiges Monologdrama) erot. Inhalts. Möglicherweise auch Vf. des dem Bāṇa zu Unrecht zugeschriebenen ›Pārvatīpariṇaya‹, e. sich stark an Kālidāsas ›Kumārasambhava‹ anlehnenden Dramas über die Hochzeit von Śiva und Pārvatī.
A: Vemabhūpālacarita, hg. Balasubrahmanyam 1910; Nalābhyudaya, z. T. hg. T. Gaṇapati Śāstrī 1913; Śṛṅgārabhūṣaṇa, hg. in: Kāvyamālā 58 (1896), ³1927; Pārvatīpariṇaya, hg. R. Schmidt 1917 (Nachdr. 1966), hg. R. Miśra 1984 (Pārvatī's Hochzeit, d. K. Glaser 1886).
L: D. S. Babu, Diss. Gött. 1975.

Vámoš, Gejza, slovak. Schriftsteller, 22. 12. 1901 Dévabánya/Ungarn – 18. 3. 1956 Muriaé-Minas/Brasilien. Stud. Philol. u. Medizin; Arzt; emigrierte während des Krieges. – In Erzählungen

u. Romanen zeigt V. individualist. Helden im Konflikt mit der Wirklichkeit, behandelt pathelog. Zustände, karikiert Militär u. jüd. Kleinbürgertum, protestiert gegen soziales Unrecht.

W: Editino očko, En. 1925; Atómy boha, R. 1928; Jazdecká legenda, R. 1932; Odlomená haluz, R. 1934.

L: D. Okáli, 1971.

Vampilov, Aleksandr Valentinovič, russ. Dramatiker, 19. 8. 1937 Kutulik/Gebiet Irkutsk – 17. 8. 1972 im Bajkalsee. Nach Univ.-Stud. 1960 zunächst Journalist. Erreichte nationale u. internationale Berühmtheit erst nach dem Tode. – V.s Stücke wie ›Utinaja ochota‹ geben e. erschreckendes Bild von der moral. Verkommenheit in der sowjet. Provinz. Er stellt Gleichgültigkeit, Egoismus u. Beschränkung auf das Materielle bloß. In ›Staršij syn‹ entwickelt V. aus e. Täuschungsfarce das Drama geistiger Sohnesschaft. In ›Prošlym letom v Čulimske‹ kontrastiert V. deutlicher als früher Flucht aus dem Alltag u. rücksichtslosen Kampf um Machtposition, er zeigt den Weg zur Wandlung durch Leid.

A: Izbrannoe (enth. u.a.: Proščanie v ijune. Staršij syn. Utinaja ochota. Provincial'nye anekdoty. Prošlym letom v Čulimske), Ausw. 1999.

L: A. Germ-Wilkiewicz, 1986; V. Farber, N.Y. 2001.

Vanbrugh, Sir John, engl. Dramatiker und Architekt, 20. (?) 1. 1664 London – 26. 3. 1726 ebda. Vater fläm. Emigrant, 1683–85 Architekturstud. Paris, anschließend Militärdienst. 1690–92 Gefangenschaft in Frankreich wegen des Vorwurfs der Spionage. Wandte sich nach Rückkehr in England zunächst der Bühne zu, schrieb Komödien. 1699 Architekt, Nachfolger Sir Chr. Wrens, schuf u.a. Haymarket Theatre, Castle Howard und Blenheim Palace. 1714 von George I. geadelt. – V.s ›comedies of manner‹, z.T. nach franz. Vorlagen, sind reich an witzigen Dialogen, Situationskomik und guten Charakterkarikaturen im Stil der Restaurationskomödie; setzte sich in späteren Stücken jedoch auch krit. mit genretyp. Konventionen der Restauration auseinander, so z.B. mit der Figur des ›rake‹ in ›The Provok'd Wife‹. Seine erste Komödie ›The Relapse‹ wurde später von Sheridan zu e. zugkräftigen Bühnenstück ›A Trip to Scarborough‹ verwendet.

W: The Relapse, or Virtue in Danger, K. 1697; Aesop, 1697; The Provok'd Wife, K. 1697 (hg. A. Coleman 1982); The False Friend, K. 1702; The Country House, K. 1703; The Confederacy, K. 1705 (hg. T. Lowderbaugh 1987). – The Complete Works, hg. B. Dobree, G. Webb IV 1927f.

L: M. Dametz, 1898; G. H. Lovegrove, 1902; C. Barman, 1924; H. A. Tipping, Ch. Hussey, 1928; L. Whistler, 1938; ders., 1953; B. Harris, 1967; M. Bingham, Masks and Facades, 1974; A. R. Huseboe, 1976; K. Downes, 1977; G. M. Berkowitz, V. and the End of Rest. Comedy, 1981; K. Downes, 1987; F. MacCormick, 1991; C. Ridgway, 2000.

Vančura, Vladislav, tschech. Erzähler und Dramatiker, 23. 6. 1891 Háj u Opavy – 1. 6. 1942 Prag. Arzt in Zbraslav, während der dt. Okkupation hingerichtet. – Vom Expressionismus ausgehend, lehnt V. Metaphysik und psycholog. Durchdringung der Gesellschaftsprobleme sowie die Suche nach immer neuen Motiven ab und betont, oft auf Kosten der Handlung, Sprache (auch Einbeziehung veralteten und vulgären Sprachguts) u. künstler. Diktion. S. Novellen u. Romane in metaphernreichem, z.T. archaisierendem und barock-exzentr. Stil erhalten dadurch e. zeitlosen Charakter, gleichgültig, ob sie das Thema des Gottessuchers oder dem mit dem Gesetz in Konflikt geratenen Menschen abwandeln (›Pekař Jan Marhoul‹; ›Poslední soud‹; ›Hrdelní pře‹), die Sinnlosigkeit des Krieges vor Augen führen (›Pole orná a válečná‹) oder zur Räuberromantik u. Münchhausiade greifen (›Markéta Lazarová‹; ›Konec starých časů‹). E. Sonderstellung nimmt ›Obrazy z dějin národa českého‹ (unvollendet), V.s hist. Prosa, ein.

W: Pekař Jan Marhoul, R. 1924 (Der Bäcker J. M., d. 1936, 1959); Pole orná a válečná, R. 1925; Poslední soud, R. 1929; Hrdelní pře, R. 1930; Markéta Lazarová, R. 1931 (Die Räuberbraut M. L., d. 1937, u.d.T. Räuberballade, 1962, Marketa u. Miklas, 1966); Útěk do Budína, R. 1932; Konec starých časů, R. 1934 (Das Ende der alten Zeiten, d. 1935, 1966); Tři řeky, R. 1936; Rodina Horvatova, R. 1938; Obrazy z dějin národa českého, III 1939–48; Josefina, Sch. 1941. – Dílo (W), 1946–50; Spisy, XVI 1951–61, 1984–94.

L: J. Mukařovský, 1946; M. Kundera, Umění románu, ²1960; Z. Kožmín, Styl V. prózy, 1968; V. V. mezi dramatem a filmem, hg. V. Pfeffer 1973 (m. Bibl.); O. M. Malevič, Leningrad 1973; M. Blahynka, 1978; J. Holý, Práce a básnivost, 1990.

Vandeloo, Jos, fläm. Schriftsteller, * 5. 9. 1925 Zonhoven. Chemiker; Journalist bis 1983; Verlagsarbeit. – Erzählungen u. Romane über menschl. Probleme unserer Zeit; auch Lyrik, Dramen u. Drehbücher.

W: De muur, N. 1958; Het gevaar, N. 1960 (d. 1961); De vijand, En. 1962; De croton en andere verhalen, En. 1962; De wonderlijke avonturen van Hokus en Pokus, Kdb. 1963 (d. 1966); De coladrinkers, R. 1968; De tien minuten van Stanislao Olo, E. 1969; De muggen, R. 1973; Schilfers hebben scherpe kanten, G. 1974 (d. 1974); Sarah, R. 1983; De vogelvrouw, R. 1993; De man die niet van deurwaarders hield, En. 1995.

L: W. Hazeu, ²1977 (m. Bibl.).

Vane, Sutton, engl. Dramatiker, 2. 11. 1888 England – 15. 6. 1963 Hastings. Schauspieler wie s. Vater, später freier Bühnenautor. – Großer Erfolg mit dem phantasievollen, jedoch nicht tiefschürfenden Schauspiel ›Outward Bound‹, e. symbol. Studie des Lebens nach dem Tode: E. Schiff führt die Seelen vom Lande der Lebenden zum Zollhaus des Todes, wo das Gericht sie erwartet.

W: Outward Bound, Dr. 1924; Time, Gentlemen, Please, Dr. 1935; Marine Parade, Dr. 1935.

Vangeon, Henri-Léon → Ghéon, Henri

Vansittart, Peter, engl. Romanschriftsteller, * 27. 8. 1920 Bedford. Stud. Oxford; Lehrer, Hrsg.; lebt in London und Suffolk. – Vf. zahlr., oft experimenteller, hist. Romane in kunstvollem Stil und ausgeprägter Bildsprache zu Themen von der Antike bis zur Gegenwart oder zu Sagenkreisen, etwa um Artus und Robin Hood; auch Vf. hist. und autobiograph. Werke sowie von Jugendbüchern.

W: I Am the World, 1942; Enemies, 1942; The Tournament, 1959; The Friends of God, 1963; Pastimes of a Red Summer, 1969; Green Knights, Black Angels, Jgb. 1969; Landlord, 1970; Quintet, 1976; Lancelot, 1978; The Death of Robin Hood, 1981; Three Six Seven, 1983; Paths from a White Horse, Aut. 1985; Aspects of Feeling, 1986; Parcifal, 1988; The Wall, 1990; A Choice of Murder, 1992; A Safe Conduct, 1995; In Memory of England. A Novelist's View of History, Aut. 1998; Survival Tactics. A Literary Life, Aut. 1999; Hermes in Paris, 2000.

Vansová, Terézia, geb. Medvecká, slovak. Schriftstellerin, 18. 4. 1857 Zvolenská Slatina – 10. 10. 1942 Banská Bystrica. Pfarrerstochter, 1898 Hrsg. der ersten Zs. für Frauen ›Dennica‹. – Schrieb Gesellschaftsnovellen u. -romane, in denen sie sentimental-moralisierend die kulturelle u. nationale Gleichgültigkeit der Frauen auf dem Lande u. in der Kleinstadt geißelt; realist. sind ihre Skizzen aus dem Leben der Dorfintelligenz.

W: Snilka, E. 1884; Čo si rozprávali klobúky, E. 1885; Humoreska, E. 1885; Sirota Podhradských, R. 1889; V salóne speváčky, Dr. 1889; Chovanica, N. 1891; Svedomie, Dr. 1897; Paľko Šuška, R. 1903; Danko a Janko, R. 1905; Z fary a zo školy, En. 1905; Môj Jožko, Dr. 1906; Vlčia tma, N. 1919; Z našej dediny, N. 1922; Kliatba, R. 1928; Sestry, R. 1930; Ján Vansa, Erinn. 1938. – Zobrané spisy (GW), VIII 1941–47.
L: M. Václavíková-Matulayová, Život T. V., 1937; A. Mráz, 1937, 1953.

Vapcarov, Nikola, bulgar. Dichter, 7. 12. 1909 Bansko – 23. 7. 1942 Sofia. 1926–32 Marineschule Varna; Arbeiter, Seemann, Techniker. Als Mitglied der KP mehrfach in Haft; während der dt. Besetzung erschossen. – Führender proletar. Dichter. S. Werk ist eine Vereinigung von revolutionärem Pathos u. alltäglicher Sprache. Schafft eine trag. u. zugleich utop. Welt.

W: Motorni pesni, G. 1940. – Izbrani stichotvorenija (ausgew. G.), 1946; Subrani sŭčinenija (GW), 1959. – Übs.: Gedichte, 1952.
L: P. Pondev, 1956; M. Šiškova, 1988; B. Ničev, 1989.

Varchi, Benedetto, ital. Humanist, 19. 3. 1503 Florenz – 18. 12. 1565 ebda. 1521 Stud. Jura in Pisa, Notar; zog jedoch Lit.stud. vor. Gegner der Medici. Nach der Belagerung von Florenz (1530) mußte er Florenz verlassen; 1543 von Cosimo de' Medici zurückgerufen; erhielt 1547 von ihm mehrere Aufträge, auch den, die ›Storia fiorentina‹ von 1527–38 zu schreiben, e. sehr sorgfältige geschichtl. Abhandlung in 16 Büchern, voll Schmeicheleien für Cosimo de'Medici. In s. 2. Hauptwerk ›L'Ercolano‹ setzte sich V. für die Volkssprache ein, überzeugt von ihrer lebendigen Kraft. Schrieb u. a. Hirtengedichte, Sonette, Karnevalslieder und die Komödie ›Suocera‹, e. Nachahmung der ›Hecyra‹ von Terentius. Übs. Boethius.

W: Sonetti, 1555–57; L'Ercolano, Dial. 1570 (n. 1880, 1979, hg. L. Castelvetro 1999); Lezioni su Dante e Prose varie, hg. Aiazzi, Arbib 1841; Storia fiorentina, hg. G. Milanesi III 1857f., II 1937, n. 1963; Opere, II 1858f.; Carmina, hg. A. Greco 1969.
L: S. Debenedetti, 1902; G. Manacorda, 1903, n. 1974; U. Pirotti, 1971.

Varè, Daniele, ital. Erzähler, 12. 1. 1880 Rom – 27. 2. 1956 ebda. Stand im diplomat. Dienst in einigen europ. Hauptstädten (Wien, Genf, London, Kopenhagen) und in Peking. – Vf. amüsant und unterhaltend geschilderter Erlebnisse und Begegnungen während s. Diplomatenzeit bes. in China. Beliebt und geschätzt aufgrund s. anregenden und humorvollen Stils. Schrieb auch in engl. Sprache.

W: Novelle di Jen-Cing, E. 1921; Storia d'Inghilterra, 1923; The Doge's Ring, R. 1924 (d. 1949); Last of the Empresses, R. 1935 (Die letzte Kaiserin, d. 1936); The Maker of Heavenly Trousers, R. 1936 (d. 1936); The Gate of Happy Sparrows, R. 1938 (d. 1938); Laughing Diplomat, 1938 (d. 1938); The Temple of Costly Experience, R. 1940 (d. 1940); Gaia melodia, R. 1944 (d. 1948); Twilight of the Kings, 1948 (Abschied von Königen, d. 1950); Two Impostors, 1949 (Daniele in der Diplomatengrube, d. 1955); Il romanzo di un cane, R. 1951 (Freund der Tiere, d. 1953); Ghosts of the Rialto, R. 1956 (d. 1956); Palma, R. 1956 (d. 1956).

Varende, Jean de la → La Varende, Jean-Balthasar-Marie Mallard Vicomte de

Varenne, Albéric → Laurent, Jacques

Vargas Llosa, Mario, peruan. Schriftsteller, * 28. 3. 1936 Arequipa. Stud. Lit. Lima u. Madrid; Sprachlehrer, Journalist u. Dozent in Paris, London u. Barcelona; oft in Dtl. 1977 Präsident des Internationalen PEN-Zentrums. 1990 Präsidentschaftskandidat s. Landes. 1993 Annahme der span. Staatsbürgerschaft; Mitgl. der Span. Sprachenakad. Viele Auszeichnungen. – E. der wichtigsten Autoren der lateinamerik. Gegenwartslit. S. Themen sind die moral. Korruption u. Gewalt. Beherrschung neuer Techniken, analyt. Präzision der Milieubeschreibung; krasser, an Grausamkeit grenzender Realismus kontrastiert mit lyr. Stil; glänzende Charakterzeichnung; krit. Stellungnahme, mit gelungenem Humor, zur heutigen Gesellschaft.

W: Los jefes, En. 1959 (d. 1993); La ciudad y los perros, R. 1962 (verfilmt; d. 1966); La casa verde, R. 1965 (d. ³1980); Los cachorros, R. 1967 (d. 1975); Conversación en La Catedral, R. II 1969 (d. 1984); Historia secreta de una novela, Es. 1971; Gabriel García Márquez, Es. 1971; Pantaleón y las visitadoras, R. 1973 (mehrmals verfilmt; d. 1974); La orgía perpetua. Flaubert y ›Madame Bovary‹, Es. 1975 (d. 1980); La tía Julia y el escribidor, R. 1977 (verfilmt; d. 1979); La señorita de Tacna, Dr. 1981; La guerra del fin del mundo, R. 1981 (d. 1982); Entre Sartre y Camus, Ess. 1981; Kathie y el hipopótamo, Dr. 1983; Contra viento y marea 1962–82, Ess. 1983; Historia de Mayta, R. 1984 (d. 1986); ¿Quién mató a Palomino Molero?, R. 1986 (d. 1988); La Chunga, Dr. 1986 (d. 1989); El hablador, R. 1987 (d. 1990); Elogio de la madrastra, R. 1988 (d. 1989); Contra viento y marea, Ess. III 1983–90; El loco de los balcones, H. 1990 (d. 1990); La verdad de las mentiras, Ess. 1990; El pez en el agua, Aut. 1993 (d. 1995); Lituma en los Andes, R. 1993; La utopía arcaica. José María Arguedas y las ficciones del indigenismo, Es. 1996; Ojos bonitos, cuadros feos, Dr. 1996; Los cuadernos de Don Rigoberto, R. 1997 (d. 1997); Cartas a un joven novelista, 1997; La fiesta del chivo, R. 2000; El paraíso en la otra esquina, 2003. – Obras escogidas, 1973; Biblioteca Mario Vargas Llosa, 1999ff.; Obra reunida. Teatro, 2002. – *Übs.:* Die Wahrheit der Lügen. Essays zur Lit., 1994.

L: R. A. Setti, 1986; J. M. Oviedo, hg. ²1986; R. L. Williams, 1986; I. Enkvist, 1987; S. Castro-Klaren, 1988; E. Snauwaert, 1990; R. A. Kerr, 1990; T. Scheerer, 1991; J. J. Armas Marcelo, 1991, 2002; A. Vargas Llosa, 1992; O. Rivera-Rodas, 1992; R. Gnutzmann, 1992; J. Daeschner, 1993; A. M. Hernández de López, hg. 1994; C. Reverte Bernal, 1994; S. Köllmann, 1996; N. Lentzen, 1996; H. Establier Pérez, 1998; J. Morales Saravia, hg. 2000; J. Roldán, 2000.

Vargas Vila, José María, kolumbian. Romancier, 23. 7. 1860 Bogotá – 23. 5. 1933 Barcelona. Erziehung in Paris, lebte die letzten 48 Jahre im Ausland; gründete versch. Zsn.; wegen s. Ideen verfolgt; furioser Atheist, kämpfte gegen den Einfluß Washingtons u. die Diktaturen. – S. zahlr. Romane sind uneben, auf Wohlklang u. Pathos bedacht, ausschweifend, von erot. u. antiklerikalem Inhalt; auch polit. u. hist. Schriften.

W: Pasionaria, G. 1886; Aura o las violetas, R. 1886; Flor de fango, R. 1895; Las rosas de la tarde, R. 1900; Ibis, R. 1900; Laureles rojos, R. 1906; Archipiélago sonoro, G. 1913; El huerto del místico, Dr. 1917; El minotauro, R. 1919; Diario secreto, 1989. – Obras completas, L 1915–30; Obras inéditas, 1927 ff.

L: A. Andrade Coello, 1912; F. L. Besseiro, 1924; A. Giordano, 1961; M. Deas, 1985.

Varius Rufus, Lucius, röm. Dichter, ca. 70 – 15 v. Chr. Stand Maecenas nahe, Freund von Horaz und Vergil, dessen ›Aeneis‹ er posthum herausgab. Vf. e. epikureisch beeinflußten Lehrgedichts ›Über den Tod‹, e. Tragödie ›Thyestes‹ (aufgeführt 29 v. Chr. zur Feier des Sieges bei Actium), die noch von Tacitus und Quintilian gelobt wurde, und e. Panegyricus auf Augustus, von Horaz zitiert. Hochgeschätzter Dichter, doch nur wenige Fragmente erhalten.

A: W. Morel, Fragm. poetarum lat., ³1995, hg. J. Blänsdorf; E. Courtney, Fragmentary Latin poets, 1993; O. Ribbeck, Scaenicae Rom. poesis fragm. 1 (n. 1953); H. Funaioli, Grammaticae Romanae fragm., 1907.

L: W. Wimmel, 1981; P. V. Cova, 1989.

Varnalis, Kostas, griech. Lyriker u. Kritiker, 14. 2. 1884 Pyrgos/Bulgarien – 16. 12. 1974. Stud. Philol. Athen u. an der Sorbonne, viele Jahre im Schuldienst an höheren Schulen u. der Pädagog. Akad. – Lyriker von starker Aussagekraft, scharfsinniger Kritiker u. Essayist, Anhänger des hist. Materialismus. V. gilt als der Nestor der linksengagierten Lit. in Griechenland.

W: Kerēthres, G. 1905; Ho proskynētēs, G. 1919; To phōs pu kaiei, G. 1922; Laos tōn munuchōn, Prosa 1923; Sklaboi poliorkēmenoi, G. 1927; Hē alēthinē apologia tu Sokratē, Es. 1931; To hēmerologio tēs Pēnelopēs, Prosa 1946 (d. 1975); Anthrōpoi (zōntanoi a.-alēthinoi a.), Prosa 1947; Eklogē, 1954; Diktatores, Prosa 1956; Poi-etika, G. 1956; Peza, Prosa 1956; Aisthētika-Kritika, II 1958; Eleutheros kosmos, G. 1965; Attalos III., Dr. 1972; Orgē lau, G. 1975.

L: M. M. Papaioannu, 1958; M. Stathis, 1986; Zarojannis, Hē prōimē poiēsē tu B. kai no Salōmos, 1997.

Varona, Enrique José (Ps. Luis del Valle), kuban. Schriftsteller, 13. 4. 1849 Puerto Príncipe (heute Camagüey) – 19. 11. 1933 La Habana. Gründer der ›Revista Cubana‹, Chefredakteur von ›Patria‹; organisierte das kuban. Schulsystem; 1912–16 Vizepräsident der Republik. – Vf. von philos. u. lit.-krit. Essays von hoher Bildung u. gesetztem, durchsichtigem Stil; Ablehnung der Modeströmungen; auch Lyriker.

W: Odas anacreónticas, G. 1868; Poesías, G. 1878; Paisajes cubanos, G. 1879; Conferencias filosóficas, Ess. III 1880–88; Artículos y discursos, Ess. 1891; Desde mi belvedere, Ess. 1907; Mirando en torno, Es. 1910; Violetas y ortigas, Ess. 1917; Poemitas en prosa, 1921; Con el eslabón, Aphor. 1927. – Obras, IV 1936–38; Trabajos sobre educación y enseñanza, Ess. 1961; Textos escogidos, hg. R. Lazo ²1974.

L: R. Agramonte y Pichardo, 1936; J. Varela Zequeira, 1937; La lección de V., 1945; V., el filósofo del escepticismo creador, 1949; M. Vitier, ²1949; Homenaje a E. J. V., II 1951; L. A. Arce, 1954; J. Ferrer Canales, 1964; E. Entralgo, 1965; E. Alba-Buffill, 1976, 1979; P. M. Guadarrama González, 1980. – *Bibl.:* F. Peraza Sarausa, 1932.

Varowžan, Daniêl (eig. Čʿpowgkʿarean), armen. Lyriker, 20. 4. 1884 Brgnik (Sebaste, Westarmenien; heute Türkei) – 26. 8. 1915 als Opfer des Genozids des Osmanischen Reiches an der armen. Bevölkerung. 1905–09 Stud. Venedig u. Gent (Belgien); anschließend Lehrer an armen. Schulen im Osman. Sultanat; publizist. Tätigkeit als Verleger des Almanachs ›Navasard‹ sowie Mitarbeiter der Zs. ›Mehyan‹ (1914). – Neben → Mecarencʿ u. → Siamantʿo bedeutendster Vertreter der westarmen. Lyrik. Seine Gedichtsammlung ›Cʿeǧin sirte‹ (Das Herz der Rasse, 1909) behandelt die Leiden der unterdrückten u. verfolgten Armenier in Vergangenheit u. Gegenwart, während der folgende Zyklus ›Hetʿanos erger‹ (Heidnische Lieder, 1912) mit der Verherrlichung der Schönheit, Stärke, Sinnlichkeit u. Lebensbejahung den wichtigsten Beitrag zur ›heidnischen‹, den christlichen Werten der Leidensfähigkeit entgegengesetzten Strömung in der armen. Literatur des frühen 20. Jh. darstellt.

W: Trtownjkʿ, Sebastia 1911. – Erker (W), 1946; Banasteǵcowtʿyownner, E. Grjng. 1955; Erker (W), 1969. – *Übs.:* franz. in: Poésie arménienne, Paris 1973; Poèmes, Beirut 1975; d. in: Verschlossen mit silbernem Schlüssel, 2000.

L: Grakan asowlisner, Konstantinopel 1913; L. Ēsačanean, Bukarest 1940; G. Sargsyan, 1947; D. Čišmečean, Kairo 1955; Yowšamatean D. V., Paris 1988; H. Rštowni, 1961; A. Patrik, Beirut 1968; V. Gabrielyan, 1978; P. Sevak, 1976.

Varro, Marcus Terentius, röm. Schriftsteller und Gelehrter, 116 v. Chr. Reate/Sabinerland oder Rom – 27 v. Chr. Streng und einfach erzogen. Nach Studienaufenthalt in Athen Ämterlaufbahn bis zur Prätur. 78/77 Legat in Dalmatien, Anhänger der Optimaten, Bekanntschaft mit Pompeius; dessen Legat im Sertoriuskrieg (75) und im Seeräuberkrieg (67), 49 Legat in Spanien. Im Bürgerkrieg auf seiten des Pompeius, nach dessen Tod mit Caesar ausgesöhnt. Gründete e. öffentl. Bibliothek in Rom (46). Enge Freundschaft mit Cicero. Nach Caesars Tod entkam V. der Ächtung, während e. Teil s. Werke bei der Plünderung s. Villa 43 vernichtet wurde, und lebte seither ganz s. wiss. Arbeit. – S. Gesamtwerk, etwa 64 Titel in 620 Büchern, umfaßt mit der Geschichtsforschung, Sprachwiss., Lit.- und Kunstkritik, Jurisprudenz, Philos. und Dichtung alle Gebiete der antiken Forschung und Gelehrsamkeit. V. knüpft an die Wiss. der Griechen an und macht die Römer mit ihr vertraut. Alle Späteren bauen auf s. Werk auf: Plinius, Sueton, Gellius, Tertullian, Laktanz, Augustin. In s. verlorenen Hauptwerk ›Antiquitates rerum humanarum et divinarum‹ (hg. A. G. Condemi 1965), e. Enzyklopädie von 41 Büchern, war die ganze Fülle der röm. Altertümer ethn., polit. und relig. Art zusammengefaßt. Es bildete e. wichtige Grundlage für die augusteischen Reformen. Sein aus 9 Büchern bestehendes Werk ›Disciplinae‹ entwickelte für Rom das System der 9 freien Künste. Von s. 150 Büchern mit Satiren sind nur Fragmente erhalten.

W: Opera, hg. F. Semi IV 1965; A. Traglia 1974 (m. ital. Übs.); Fragmente, hg. M. Salvadore 1999; De lingua Latina (hg. G. Goetz, R. Schoell 1910, n. 1964; hg. u. engl. R. G. Kent II 1927; Buch V, hg., komm. u. franz. J. Collart 1954; Buch VI, hg. u. komm. E. Riganti 1978; P. Flobert 1985; Buch VIII, hg., komm. u. dt. H. Dahlmann 1940; Buch X, hg. u. komm. A. Traglia 1967, D. J. Taylor, 1996); Rerum rusticarum libri (hg. G. Goetz ²1929; J. Heurgon, C. Guiraud III 1985–97 m. franz. Übs.; komm. u. dt. D. Flach III 1996–2002); Saturae Menippeae (hg. F. Buecheler, W. Heraeus, ›Petronii Saturae‹, ⁶1922; R. Astbury 1985; komm. J.-P. Cèbe XIII 1972–99; komm. u. dt. W. A. Krenkel IV 2002); Antiquitates rerum humanarum, hg. P. Mirsch 1882; Antiquitates rerum divinarum, hg. B. Cardauns II 1976; De vita populi Romani (hg. B. Riposati ²1972); Hist. Bruchstücke in: Historicorum Rom. reliquiae 2, hg. H. Peter 1906 (n. 1967); Grammat. Bruchstücke in: Grammaticae Romanae fragm. 1, hg. G. Funaioli 1907 (n. 1969).

L: P. Fraccaro, Studi varroniani, 1907; H. Dahlmann, 1932, n. 1964; J. E. Skydsgaard 1968; F. della Corte, ²1970; D. J. Taylor, Declinatio, 1975; F. Cavazza, Studio su V. etimologo e grammatico, 1981; W. Pfaffel, Quartus gradus etymologiae, 1981; B. Zucchelli, V. logisticorus, 1981; T. Baier, Werk und Wirkung V.s im Spiegel seiner Zeitgenossen, 1997; Y. Lehmann, V. théologien et philosophe romain, 1997; G. Piras, V. e i ›poetica verba‹, 1998; C. Rösch-Binde, Vom deinos aner zum diligentissimus investigator antiquitatis, 1998; W. A. Krenkel, 2000; B. Cardauns, 2001.

Varro Atacinus, Publius Terentius, röm. Dichter, * 82 v. Chr. Narbo. – Steht auf der Grenze zwischen der alten röm. Lit. und der hellenist. beeinflußten der Neoteriker und Elegiker. Schrieb in versch. Dichtungsgattungen: e. Epos ›Argonautae‹, Übs. nach Apollonios Rhodios, ferner e. panegyr. Epos ›Bellum Sequanicum‹ über Caesars Gall. Krieg und Satiren nach Art des Lucilius, von Horaz getadelt. Bearbeitete auch e. Chorographie (Landbeschreibung) als Lehrgedicht in 3 Büchern, nach Erdteilen getrennt. Von s. Liebesdichtung an e. Leucadia ist nichts erhalten, auch sonst nur wenige Fragmente. Großer Einfluß auf Ovid, Plinius, Valerius Flaccus u. a.

A: W. Morel, Fragm. poetarum Lat., 1927 (n. 1963), ³1995 (hg. J. Blänsdorf); E. Courtney, Fragmentary Latin poets, 1993.

Vartio, Marja-Liisa, finn. Schriftstellerin, 9. 9. 1924 Sääminki – 17. 6. 1966 Savonlinna. Abitur

1944, M. A. 1950; freie Schriftstellerin; ∞ Paavo Haavikko. – Debütierte mit wild bewegten, visionär-phantast. Gedichten. Der psycholog. Realismus ihrer Romane von gewollter stilist. Schlichtheit im Sinne e. mod. Relativismus bewährt sich bes. in der Analyse der weibl. Seele. Von Werk zu Werk wird das Menschenbild erbarmungsloser, gewinnen Komik u. Groteske an Raum u. werfen schonungsloses Licht auf e. in Habsucht u. Besitzgier erstarrende Welt.

W: Häät, G. 1952; Seppele, G. 1955; Maan ja veden välillä, N. 1955; Se on sitten kevät, R. 1957; Mies kuin mies, tyttö kuin tyttö, R. 1958; Kaikki naiset näkevät unia, R. 1960; Tunteet, R. 1962; Hänen olivat linnut, R. 1967. – Runot ja proosarunot (ges. G.), 1966, 1979; Valitut teokset (AW), 1969; Nuoruuden kolmas näytös, Tg. 1995; Lyhyet vuodet, Tg. 1996.

L: P. Alhoniemi, ›Hänen olivat linnut‹, Romaani ja tulkinta, 1973; S.-L-Särkilahti, M.-L. V-n kertomataide, 1973.

Varuschan (Varužan) → Varowžan, Daniêl

Vas, István, ungar. Dichter, 24. 9. 1910 Budapest – 16. 12. 1991 ebda. Abseits der mod. poet. Richtungen drücken s. Gedichte in klass. Formvollendung Liebe, Einsamkeit, Protest gegen Diktaturen aus. Auch als Übs. (Villon, Shakespeare, Molière) bedeutend.

W: A teremtett világ, G.-Ausw. 1956; Öregkori líra, G. 1960; Összegyűjtött versei, G. 1963; Mért vijjog a saskeselyű?, Aut. 1974–80; Ráérünk, G. 1983; Mégis, G. 1985; Válogatott versek (G.-Ausw.), 1991; Azután, Mem. II 2003.

L: I. Fenyő, 1976; Z. Sumonyi, 1982.

Vasalis, M. (eig. Margaretha Droogleyer Fortuyn-Leenmans), niederländ. Dichterin, 13. 2. 1909 Den Haag – 16. 10. 1998 Roden. Fachärztin für Psychiatrie in Amsterdam, ab 1951 für Kinderpsychiatrie in Groningen. – Ihre Lyrik gestaltet Eindrücke aus der Begegnung mit der Wirklichkeit des Alltags in ungekünstelter, wohllautender Sprache und fand, trotz des geringen Umfangs des Werks, großen Nachhall.

W: Parken en woestijnen, G. 1940; Onweer, N. 1940; De vogel Phoenix, G. 1947; Vergezichten en gezichten, G. 1954; Kunstenaar en verzet, Es. 1958.

L: R. van de Perre, 1980; Ik heb mezelf nog …, hg. D. Kroon 1983.

Vasantasenā → Śūdraka

Vasconcelos, Jorge Ferreira de, portugies. Komödiendichter, 1515(?) – 1585(?) Lissabon? Schreiber des kgl. Schatzmeisters u. der Casa da Índia. – S. Werke folgen nicht dem übl. Kanon, sind eher Terenz u. der ›Celestina‹ des F. de Rojas verpflichtete Lesedramen, auch Einwirkung des ›Filodemo‹ von Camões; prächtiger Einblick in das zeitgenöss. Coimbra, die Sitten des Lissaboner Bürgertums und Hoflebens. Die Komik entspringt dem Niedergang der höf. Idealität. Auch Vf. eines Ritterromans, pädagog.-moralisierende Artus-Fortsetzung, für die Erziehung der Prinzen bestimmt; Einfluß der lat. Historiographie.

W: Eufrosina, K. 1555 (hg. A. Bell 1918, E. Asensio 1951); Ulisippo, K. ²1618 (Erstausg. verschollen); Aulegrafia, K. 1619 (hg. A. A. Machado de Vilhena 1969); Memorial das Proezas da Segunda Távola Redonda, R. 1567 (n. 1867).

L: T. Braga, 1870; A. C. Piper 1954.

Vasconcelos, Mário Cesariny de, portugies. Schriftsteller u. Maler, * 9. 8. 1923 Lissabon. Bedeutendster Vertreter des portugies. lit. Surrealismus, trifft 1947 André Breton in Paris, Anschluß an den Kreis der franz. Surrealisten, gründete in Lissabon die Gruppe ›Grupo Surrealista Dissidente‹ u. blieb bis heute dieser Bewegung treu.

W: Corpo Visível, G. 1950; Discurso sobre a Reabilitação do Real Quotidiano, G. 1952; Louvor e Simplificação de Álvaro de Campos, G. 1953; Manual de Prestidigitação, G. 1956; Pena Capital, G. 1957; Planisfério e Outros Poemas, G. 1961; A Cidade Queimada, G. 1965; As Mãos na Água a Cabeça no Ar, G. 1972; Burlescas, Teóricas e Sentimentais, G. 1972; Primavera Autónoma das Estradas, G. 1980; Vieira da Silva, Arpad Szenes ou O Castelo Surrealista, G. 1984; Titânia, G. 1994.

L: M. de Fátima Marinho, 1987.

Vasconcelos Pascoaes, Joaquim Pereira Teixeira de → Pascoaes, Teixeira de

Vašek, Vladimir → Bezruč, Petr

Vasilev, Orlin (eig. Christo V.), bulgar. Schriftsteller, 20. 11. 1904 Vranjak – 2. 4. 1977 Sofia. Ursprüngl. Arbeiter, danach Volkschullehrer. Seit 1926 in Sofia, wo er mit Erzählungen u. dem Roman ›Bjalata pǔteka‹ hervortrat. Seit der kommunist. Machtergreifung 1944 wieder als sozialist. Dichter u. Kulturpolitiker aufgetreten, bes. als Rundfunkintendant in Sofia. 1963/64 Leiter der bulgar. Nationalbibliothek. Auch Dramatiker u. Essayist.

W: Bjalata pǔteka, R. 1929; Tor, R. 1932; Ognenijat obrǔč 1923, R. 1935; Divata gora, N. 1935; Hajdutin majka ne hrani, R. 1937; Gorčiv hljab, En. 1939; Ostrovǔt na prokaženite, Dr. 1939; Zǔb za zǔb, R. 1944; Trevoga, Dr. 1948; Ljubov, Dr. 1952; Zaroveno slǔunce, Dr. 1959. – AW, V 1956–58.

Vasil'ev, Pavel Nikolaevič, russ. Lyriker, 25. 12. 1910 Zajsan/Nordostkasachstan – 15. 7. 1937 (in Haft). Nachfahre sibir. Kosaken, Vater Dozent; bis 1929 unstetes Wanderleben in Sibirien, danach in Moskau. Von dogmat. Lit.funktionären als

Kulakenfreund verfolgt, 1937 Opfer staatl. Gewalt, um 1956 rehabilitiert. – Schrieb Versepen aus dem Kosakenleben vor und während des Bürgerkrieges, in denen sich hist. abstrakte Ereignisse mit Märchenelementen zu urwüchsigen Bildern vereinen.

A: Stichotvorenija i poėmy, G. u. Versepen 1968 u. 1989; Stichotvorenija, G. 1975.
L: A. Michajlov, 1971; P. Vychodcev, 1972.

Vassalli, Sebastiano, ital. Schriftsteller, * 1941 Genua. Stud. der ital. Lit., Journalist u. freier Autor, lebt in Novara. – S. Werk stand zunächst im Zeichen des experimentellen Erzählens der ital. ›neo-avanguardia‹; später wandte er sich in scharfer satir., aber auch dokumentar. Form brennenden gesellschaftl.-polit. Problemen aus Gegenwart und Vergangenheit s. Landes zu.

W: Narciso, R. 1968; Tempo di massacro, Es. 1970; Il millennio che muore, R. 1972; L'arrivo della lozione, R. 1976; Abitare il vento, R. 1980; Mareblu, R. 1982; La notte della cometa. Il romanzo di Dino Campana, B. 1984; L'oro del mondo, R. 1987 (d. 1994); La chimera, R. 1990 (Die Hexe aus Novara, d. 1993); Il cigno, R. 1993 (d. 1996); 3012. L'anno del profeta, R. 1995; Cuore di pietra, R. 1996; La notte del lupo, R. 1998; Archeologia del presente, R. 2001; Dux, R. 2002.

Vassilikos, Vassilis, griech. Schriftsteller, * 18. 11. 1933 Kavala. Stud. Jura in Saloniki u. Regie in New York. Unruhiges Leben zwischen Athen, New York, Rom und Paris; nach 1967 7 Jahre Exil; seit 1996 Ehrenbotschafter Griechenlands bei der UNESCO; Kolumnist e. Tageszeitung; lebt in Paris. – Moderner, eigenwilliger, engagierter Schriftsteller, außerordentl. produktiv in allen Gattungen; die Qualität s. Werke (ca. 100 Bücher) ist unterschiedl., zeugt jedoch von großer Originalität und Phantasie.

W: Hē diēgēsē tu Jasōna, E. 1953; Stē phylakē tōn Philippōn, Sch. 1953; Psēphides, 1955; To phyllo, To pēgadi, T'angeliasma, R. 1961 (d. 1966); Hoi Phōtographies, R. 1964 (d. 1971); Z, R. 1966 (d. 1968); Laka-Suli, G. 1967; Ta psarotuphēko, En. 1971; Hē doloktonia, R. 1971; To magnetophōno, En. II 1971f.; 20:20', En. 1971; Fifty-fifty, En. 1972; Ho monarchēs, R. 1973; Hē kathodos, En. 1973; To hēmerologio tu Z, Aut. 1974; Glaukos Twrassakis, R. I 1974, II: Hē epistrophē, 1975, III: Berliner Ensemble, 1976; To limani tēs agōnias, En. 1975; Ho chordistēs, Dr. 1975; Anamnēseis apo ton Cheirōna, En. 1975; Ho iatrodikastēs, R. 1976; Krupp Hellas, En. 1976; To nero, R. 1977; Hoi Rembetes, En. 1977; Ta kamakia, R. 1978; To teleutaio antio, En. 1978; Hē phloga tēs agapēs, R. 1978; Ho tromeros mēnas Augustos, Tg. 1980; Hoi lōtophagoi, R. 1981; Hoi Prosōkratikoi, R. 1985; K, II, R. 1992; Magia, En. 1993; Hē ateleiōtē epostolē, R. 1995; Hyparchun oneira, R. 1995; Ta phrygana tu erōta, En. 1996; Den metaniōnō ta dakrya pu echysa gia sena, R. 1996; Aisthēmatōn nomismata, R. 1997; Ta dōra tēs agapēs, R. 1998; Esy kai egō, R. 1999; Hē mnēmē epistrepei me lastichenia pedila, Aut. 1999.

Vasyl'čenko, Stepan (eig. S. Panasenko), ukrain. Schriftsteller, 8. 1. 1879 Ičnja – 11. 8. 1932 Kiev. Bauernsohn, 1906 Dorflehrer, seit 1918 Lehrer in Kiev. – Für s. über 100 Erzählungen und Novellen ist e. von e. zarten Lyrismus geprägter impressionist. Stil kennzeichnend, der aus der Volksdichtung entnommene Elemente aufweist. Thematisch vorwiegend auf das dörfl. Leben, auf das Milieu der ländl. Schule bezogen; ausgesprochen polit.-soziale Motive sind selten und lassen keine scharfen Töne anklingen. Der kaum in e. s. Werke fehlende Humor wird nicht zur Satire. Am populärsten sind s. Erzählungen ›Roman‹, ›Mužyc'ka arychmetyka‹ (1911), ›Božestvenna Halja‹, von s. Schauspielen der Einakter ›Na perši huli‹.

A: Povna zbirka tvoriv (W), IV 1928–30; Tvory, IV 1959/60, III 1974; Opovidann'a i povisti, 1986; Opovidann'a, povisti, dramatyčni tvory, 1988; V bur'anach, pov. 1990; Opovidann'a, Povist', 1991.
L: V. Kostjučenko, 1961, 1968, 1978; Z. M. Nester, 1962; V. P. Olijnyk, 1979; N. Šumylo, 1986; O. Stavyc'kyi, 1990; B. Antonenko-Davydovyč, in: Dyvoslovo 7, 1995; O. Turhan, 2000.

Vaszary, Gábor von, ungar. Erzähler, 7. 6. 1897 Budapest – 22. 5. 1985 Lugano. Journalist, Illustrator, Maler; dann freier Schriftsteller, seit 1929 meist in Paris. – Vf. leichter, zugkräftiger Unterhaltungsromane von heiterer Unbekümmertheit, leichter Ironie und frivolen wie sentimentalmelanchol. und trag. Zügen bes. um Liebe und Leben ungar. Emigranten in Paris.

W: Monpti, R. 1934 (d. 1936); Ő, R. 1935 (Sie, d. 1938); Csak te!, R. 1936; Vigyázz, ha jön a nő, R. 1936; Ketten Párizs ellen, R. 1938 (Zwei gegen Paris, d. 1937); Hárman egymás ellen, R. 1938 (Drei gegen Marseille, d. 1949); Szegény fiatalok, R. 1938; A szőkékkel mindig baj van, R. 1939; Kislány a láthatáron, R. 1939 (Sommerliches Intermezzo, d. 1954); A nő a pokolban is úr, R. 1940 (Wenn man Freunde hat, d. 1942); Az ördög nem alszik, Lsp. 1940; Tavaszi erő, R. 1941; Boldoggá teszlek, Lsp. 1941; Káin, Nn. 1942; Udvarolni fölösleges, Lsp. 1943; Alszik az Isten, R. 1943 (Mit 17 beginnt das Leben, d. 1955); Heirate mich, Chéri, R. 1956; Adieu, mon amour, R. 1959 (d. 1983); Die Sterne erbleichen, R. 1957; Kuki, R. 1963.

Vatsarāja, ind. Dramatiker, lebte um 1200 n. Chr. Minister des Königs Paramardideva (1162–1203 n. Chr.). – Vf. von sechs Sanskrit-Dramen versch. Gattungen: 1. ›Kirātārjunīya‹, e. Vyāyoga, der denselben Stoff wie → Bhāravis Epos behandelt; 2. ›Rukmiṇīharaṇa‹, e. Īhāmṛga über Rukmiṇīs Entführung durch Kṛṣṇa; 3. ›Tripurādāha‹, e. Ḍima über die Verbrennung der Stadt Tripurāsuras durch Śiva; 4. ›Samudramathana‹, e. Samavakāra, der die Quirlung des Ozeans durch die

Götter und die Heirat Viṣṇu und Lakṣmīs zum Thema hat; 5. ›Karpūracarita‹, e. Bhāṇa (Lustspiel), und 6. ›Hāsyacūḍamaṇi‹, e. Prahasana (Posse).

A: Karpūracarita, hg. S. S. Janaki 1989 (m. engl. Übs. u. Lit.). – GA, hg. C. D. Dalal (Gaekwad's Oriental Series 8) 1918.

L: S. S. Janaki, 1989; P. S. Niranjan, 1999.

Vaugelas, Claude Favre, Sieur de, Baron de Péroges, franz. Sprachgelehrter, 6. 1. 1585 Meximieux/Savoyen – 26. 2. 1650 Paris. Kammerherr des Herzogs Gaston von Orléans. Entwarf 1635 den Plan für das Wörterbuch der Académie Française. S. ›Remarques sur la langue françoise‹ waren lange der Maßstab für einwandfreies Franz. Als vorbildl. galten V. die Sprache des Hofes sowie die der besten älteren und zeitgenöss. Schriftsteller. An s. Übs. der Alexandergeschichte des Curtius Rufus (hg. J. Chapelain 1651), mit der er e. Beispiel vollkommenen Stils geben wollte, arbeitete er 30 Jahre.

W: Remarques sur la langue françoise, 1647 (Ausz.; vollst. III 1738, II 1880; Faks. J. Streicher 1934).

L: J. Streicher, hg. II 1936 (n. 1970); K.-A. Ott, Diss. Hdlbg. 1947; W. Zeiler, 1965; A. Benoist, 1968; E. Moncourt, 1971; W. Ayres Bennet, 1996; A. Combaz, 2000.

Vaughan, Henry, anglo-walis. Dichter, 17. 4. 1622 Newton-by-Usk – 23. 4. 1695 ebda. Stud. Oxford, ab 1640 Jura London. Im Bürgerkrieg auf seiten der Royalisten. 1646 Rückkehr nach Wales, ∞ Catherine Wise. Läßt sich kurz danach als Arzt nieder. ∞ nach Tod Catherines 1655 deren Schwester Elizabeth. Lebte am Fluß Usk in einer Gegend, die laut Tacitus von den Silures bewohnt war, und nannte sich deshalb auf Titelblättern und dem Grabstein ›Silurist‹. – Die frühen Gedichte der Sammlung ›Olor Iscanus‹ (Der Schwan von Usk) zeigen ihn als ›cavalier poet‹ in der Tradition Jonsons und Herricks. Die wesentlich bedeutenderen Gedichte der Sammlung ›Silex Scintillans‹ (1650; Der funkensprühende Flintstein) stehen ganz unter dem Einfluß von George Herbert. Anders als dessen Dichtung ist V.s relig. Lyrik neuplaton.-myst. geprägt, was auf den Einfluß seines Zwillingsbruders Thomas, ein Geistlicher und Autor hermet. und alchemist. Schriften, deutet. Kennzeichnend für V.s Lyrik ist die Verbindung von genauer Naturbeobachtung mit myst. und meditativer Versenkung. V. verfaßte auch meditative Prosa und übersetzte relig. und medizin. Schriften.

W: Poems, with the tenth Satyre of Juvenal Englished, 1646 (hg. Bettany 1905); Olor Iscanus, G. u. Übs. 1651; Silex Scintillans, G. 1650; The Mount of Olives, Es. 1652 (hg. Guiney 1902); Flores Solitudinis, Es. 1654; Hermetical Physick, Übs. 1655; The Chymists Key, Übs. 1657; Thalia Rediviva: The Pass-Times and Diversions of a Country-Muse, G. u. Übs. 1678 (m. Thomas V.). – The Works, hg. L. C. Martin [2]1957; Complete Poetry, hg. F. Fogle 1969; The complete Poems, hg. A. Rudrum 1976.

L: R. Garner, 1959; E. C. Pettet, 1960; E. Holmes, [2]1967; F. E. Hutchinson, 1971; Th. O. Calhoun, 1981; J. F. S. Post, 1982; N. K. Thomas, 1986; St. Davis, 1995; Konkordanz: I. Tuttle, 1961.

Vauquelin de la Fresnaye, Jean, franz. Dichter, 1536 Fresnaye-au-Sauvage/Calvados – 1606 Caen. Verwandter Du Bellays; 1575 kgl. Statthalter in Caen, 1588 Abgeordneter der Generalstände in Blois, Präsident in Caen, zog sich freiwillig vom Amt zurück. Befreundet mit Dichtern der Pléiade. – Schrieb, von Heinrich III. beauftragt, 1574–1605 e. ›Art poétique‹ nach den Grundsätzen der Pléiade, doch ohne deren Übertreibungen und Intoleranz. S. Lyrik ist intim und familiär. Anfangs bukol. ›Foresteries‹ (1555; hg. M. Bensimon 1956); am besten die ›Idiles‹ über ehel. Liebe und die ›Satyres françoises‹.

W: Art poétique, 1605 (hg. G. Pellissier 1885); Poésies complètes, 1612 (hg. J. Travers 1869). – Œuvres diverses, hg. ders. 1872; Les foresteries, hg. 1956.

L: A. P. Lemercier, 1887; A. Michalski, o. J.

Vauthier, Jean, franz. Dramatiker und Hörspielautor, 20. 9. 1910 Bordeaux – 5. 5. 1992 Paris. Sohn franz. Eltern aus Bordeaux, aufgewachsen in Portugal. Von J. L. Barrault entdeckt. – Avantgardist. Dramatiker mit Neigung zum Absurden. Stellt in s. Antidramen von pathet.-theatral. Sprache den dichter. Schöpfungsprozeß als myst. Kampf gegen die Leere dar und schildert den Dichter selbst als Hysteriker in e. banalen Umwelt. ›Le rêveur‹ ist zugleich e. Satire auf die Kommerzialisierung der Kunst.

W: L'impromptu d'Arras, Dr. 1951; Capitaine Bada, Dr. 1952; La nouvelle Mandragore, Dr. 1953; Le tramway, Dr. 1954; Fortissimo ou le personnage combattant, Dr. 1955; Les miracles, Dr. 1957; Les prodiges, Dr. 1958; Le rêveur, Dr. 1960; Chemises de nuit, Dr. 1962; Les abysses, Drb. 1963; Badadesques, Dr. 1964; Le sang, Dr. 1970; La nouvelle mandragore, 1985; Les prodiges, Dr. 1986. – *Übs.:* Theaterstücke, 1961.

L: R. Abirached, 1973; L. Lovichi, 1988.

Vautrin, Jean (eig. Jean Hermann), franz. Romanschriftsteller, * 1933 Pagny-sur-Moselle. Lit.-Stud. Debütiert als Filmregisseur, Drehbuchautor und Filmkritiker, konzentriert sich in der Folge auf die Abfassung von meist humorist., volksnahen Romanen mit ausgeprägtem Ideenreichtum und unerwarteten Höhepunkten, dargestellt in e. gezielt unterhaltsamen Sprache.

W: A bulletins rouges, 1973; Billy-ze-kick, 1974; Bloody Mary, la vie ripolin, 1979; Baby boom, 1979;

Vauvenargues

Canicule, 1982; Un grand pas vers le grand Dieu, 1991; Mademoiselle Chat, 1998; Le cri du peuple, 1999.

Vauvenargues, Luc de Clapiers, Marquis de, franz. Moralist, 6. 8. 1715 Aix-en-Provence – 28. 5. 1747 Paris. 18jährig Offizier, strebte nach militär. Größe, kämpfte um 1734 in Italien, 1742 in Böhmen, mußte sich aber 1744 aus gesundheitl. Gründen vom Soldatenleben zurückziehen. Autodidakt. Freund Voltaires. – Bedeutender Aphoristiker. Eigenständiger, metaphys. Fragen abgewandter, stoischer Denker. Von Mißtrauen gegenüber Verstand und Vernunft, von Vertrauen in die menschl. Natur erfüllt, empfiehlt er, den das Handeln auslösenden Impulsen von Herz, Instinkt und Leidenschaft zu folgen. Verherrlicht das Handeln als eigentl. Lebensgesetz. In s. lit.krit. Gedanken zu Schriftstellern des 17. Jh. erkennt er mit instinktiver Sicherheit die spezif. Eigenart e. jeden. Gibt Urteile mit feinem Geschmack und psycholog. Verständnis, schreibt einfach, klar, nüchtern und konzis mit lebendiger, von moral. oder psycholog. Reflexion gezügelter Einbildungskraft. S. ästhet. Geschmack entspricht den Vorstellungen des 17. Jh. Als Gegner von Skepsis und Ironie, als Anwalt von Instinkt und Leidenschaft ist V. bereits Vorläufer Rousseaus.

W: Introduction à la connaissance de l'esprit humain (hg. J. R. Charbonnel 1934, d. 1815; n. J. Dagen 1981) und Reflexions et maximes, 1746 (hg. J. R. Charbonnel 1934, S. S. de Sacy 1971; d. 1906, 1938); Discours de la liberté; Conseils à un jeune homme; Traité sur le libre arbitre. – Œuvres complètes, hg. H. Bonnier II 1968; Œuvres, hg. Gilbert II 1857, P. Varillon III 1929; Œuvres choisies, hg. H. Gaillard de Champris 1942. – *Übs.:* Ausw. W. Küchler 1948, H. Meister 1949, W. Kraus 1954, E. Brock 1955.

L: A. Borel, 1913; M. Wallas, Cambr. 1928; G. Lanson, ²1930 (n. 1970); H. Rabow, 1932 (n. 1967); S. Rocheblave, 1934; F. Vial, 1938; G. Cavallucci, 1939; P. Souchon, 1947 u. 1954; W. Baier, Diss. Mainz 1969; B. Durand, 1970; Y. Lainey, 1975; L. de Clapiers, 1981; Ch. Fieurgant-Brocherioux, 2000.

Važa-P'šavela (eig. Luka Razikašvili), georg. Autor, 26. 7. 1861 Č'argali –10. 7. 1915 T'bilisi (Tiflis). Geistl. Seminar in Telavi. Lehrerausbildung in Gori, T'bilisi. Jurastud. St. Petersburg 1883/84. Lehrer; lebte von 1888 bis zum Lebensende im Heimatdorf als Bauer, Hirte u. Schriftsteller. Gilt als einer der größten Realisten der georg. Lit. – Autor von Erzählungen, Dramen, Poemen und Gedichten, in denen er v.a. die Lebenswelt der Bergbewohner beschreibt. V.s Weltsicht ist geprägt von konfliktbeladenen Polen: Vergangenheit u. Gegenwart, Natur u. Mensch, Mensch u. Gesellschaft, Heimat u. Fremde, Heldentum u. Menschlichkeit. Bes. Bedeutung besitzen soziale u. philos.-psych. Probleme, die zwischen dem selbstbestimmten Menschen u. den Interessen der Gemeinschaft entstehen, z.B. ›Aluda Ketelauri‹, ›Der Schlangenesser‹ (1901; dt. in: Georgica 17/ 1994). Neben dem packenden Sujet und dem Humor (der stark zur Charakterbildung der Georgier beitrug) beeindrucken V.s Wortfülle, anspruchsvolle Sprache, das Bild der Natur (die spricht, denkt, fühlt), die künstlerische Bearbeitung von Volkserzählungen, die ethnograph. Darstellungen.

W: Aluda Ketelauri, G. 1888 (d. in: Georg. Poesie aus 8.Jh., 1971); T'xzulebani (GW), VIII 1930–56; X 1964. – *Übs.:* russ.: Sočinenija, II 1958; dt.: Ein Rehlein erzählt, 1955; Die Bergquelle, Tb. 1974; Die Hochzeit der Eichelhäher, Tb. 1987.

L: E. Lundberg u. E. Gogoberije, 1948, 1969; M. Zandukeli, 1953; G. Kiknaje, 1957, 1966; S. Qubaneišvili, 1961, 1970; D. Benašvili, 1961; B. Doboržginije, 1962, 1981; I. Boscvaje, 1965; I. Imnaišvili, 1968; A. Maxaraje, 1970; L. Tetruašvili, 1982; D. Cockolauri, 1982, 1985; K. Sixarulije, 1991; A. Abuašvili, Moskau 2000. – *Bibl.:* T'. Nakašije, 1987.

Vazov, Ivan, bulgar. Schriftsteller, 27. 4. 1850 Sopot – 22. 9. 1921 Sofia. Kaufmannssohn; 1865 in Kalofer beim Vater Chr. → Botevs; 1867 Plovdiv; 1870 in Rumänien; Begegnung mit L. Karavelov u. der Emigrantengruppe um Chr. Botev; 1872 Lehrer u. Dolmetscher; wegen polit. Betätigung bei der Befreiung Bulgariens Emigration. 1878 Rückkehr, Beamter in Svištov u. Russe; 1879 Gerichtsvorstand in Berkovica, später Deputierter in der Bezirksverwaltung von Plovdiv; 1881 Präsident der lit. Gesellschaft in Plovdiv u. mit K. → Veličkov Redakteur der Zs. ›Nauka‹. 1884 Reise nach Italien, 1887–89 Exil in Odessa, Stud. der russ. Klassiker. Nach s. Rückkehr Freundschaft mit I. Šišmanov, 1897/98 Unterrichtsminister; danach ausschließl. lit. tätig. – Populärster bulgar. Dichter aller Zeiten, genannt ›Patriarch der bulgar. Lit.‹ u. ›Volksdichter‹. Als erster beherrscht er alle Gattungen. Nachhaltiger Einfluß russ. u. franz. Vorbilder. In den 1870er u. 80er Jahren ist der nationale Kampf s. Hauptthema, schafft klass. Werke. Nach der Befreiung Bulgariens schildert er das Mißverhältnis zwischen der nationalen Idee u. der polit. Korruption der Gegenwart. Das nationale Ideal wird nochmals zum Thema in s. Gedichten über die Kriege 1912–19. S. hist. Dramen in der Tradition der romant. dramat. Form gehören zu den populärsten ihrer Zeit. Ein anderes Hauptthema ist die Natur, die er den sozialen Mißständen gegenüberstellt.

W: Prjaporez i gusla, G. 1876; Tŭgite na Bulgarija, G. 1877; Izbavlenie, G. 1878; Gramada, Poem 1884; Gusla, G. 1881; Mitrofan, N. 1882; Zagorka, Poem 1883; Nemili-nedragi, N. 1883; Ruska, Poem 1883; Polja i gori, G. 1884; Italija, G. 1884; Čičovci, N. 1885; Slivnica, G.

1886; Velikata Rilska pustinja, Reisebeschr. 1892; V nedrata na Rodopite, Reisebeschr. 1892 (Im Schoß der Rodopen, d. 1982); Zvukove, G. 1893; Pod igoto, R. 1894 (Unter dem Joch, d. 1918); Hůšove, Dr. 1894; Draski i šarki, En. 1895; Nova zemja, R. 1896; Skitniški pesni, G. 1899; Pod našeto nebe, G. 1900; Videno i čuto, En. u. Reisebeschr., 1901; Půstůr svjat, En. u. Reisebeschr. 1902; Kazalarskata carica, R. 1903; Službogonci, K. 1903; Utro v Bankja, En. 1905; Ivan Aleksandůr, N. 1907; Svetoslav Terter, R. 1907 (d. 1953); Legendi pri Carevec, G. 1910; Borislav, Dr. 1909 (d. 1912); Kům propast, Dr. 1910; Ivajlo, Dr. 1913; Pod grůma na pobedite, G. 1914; Pesni za Makedonija, G. 1916; Novi ekove, G. 1917; Ljuleka mi zamirisa, G. 1919; Ne šte zagine!, G. 1920; Nepublikuvani pisma, Br. 1955. – GW, XXVIII 1921–22, XII 1942–50, XX 1955–57; AW, XII 1938–39. – *Übs.*: Erzählungen und Novellen, 1917; Gedichte, Buenos Aires 1977.

L: G. Bakalov, 1911; P. Hristoforov, 1938; M. Arnaudov, 1939; G. Konstantinov, 1950; I. Panova, 1967; V. Vůlčev, 1968; M. Caneva, 1976; I. Peleva, 1984.

Vázquez-Montalbán, Manuel, span. Schriftsteller, 14. 6. 1939 Barcelona – 18. 10. 2003 Bangkok. Stud. Philos., Lit. u. Journalismus ebda.; ab 1961 Mitglied der katalan. KP. E. der produktivsten u. international bekanntesten span. Schriftsteller u. Intellektuellen der Gegenwart; skept. Aufklärer u. Chronist s. Zeit. – Vf. e. Serie sozialkrit. Kriminalromane um den Privatdetektiv Pepe Carvalho; mehrere große polit. Romane über die Notwendigkeit der hist. Erinnerung. Bedeutender Lyriker. Zahlr. Bücher zu Politik, Zeitgeschichte, Popularkultur, Massenkommunikation u. Gastronomie. Insgesamt über 100 Veröffentlichungen in allen Genres.

W: Los mares del sur, R. 1979 (d. 1985); El asesinato en el Comité Central, R. 1981 (d. 1985); El pianista, R. 1985 (d. 1987); Los alegres muchachos de Atzavara, R. 1987 (d. 1990); Galíndez, R. 1990 (Das Spiel der Macht, d. 1990); Autobiografía del general Franco, R. 1992; Memoria y deseo (G. 1963–90), 1996.

L: M. Blanco Chivite, 1992; Á. Díaz Arenas, Kassel 1995; J. F. Colmeiro, Coral Gables/FL 1996; M. P. Balibrea Enríquez, 1999; S. Bayó Belenguer, Lewiston 2001; M. Rico, 2001.

Vechten, Carl Van, amerik. Schriftsteller, 17. 6. 1880 Cedar Rapids/IA – 21. 12. 1964 New York. Stud. Univ. Chicago, 1906–20 Theater- und Musikkritiker in New York, 1920–32 ausschließl. Romanautor, gab 1932 das Schreiben zugunsten des Fotografierens auf. – S. Romane geben e. Bild der künstler. Boheme u. der bürgerl. Dekadenz s. Zeit; ›Nigger Heaven‹ (über das afroamerik. Harlem) verstärkte das modische Interesse der weißen Leser an der afroamerik. Kultur u. weckte gezielte Echos unter afroamerik. Autoren (McKay, Hughes, Larsen). V. förderte so, auch durch seine Fotos u. lit. Salons, Kontakte zw. Weiß u. Schwarz.

W: Peter Whiffle, R. 1922; The Blind Bow-Boy, R. 1923; Excavations, Ess. 1926; Nigger Heaven, R. 1926; Parties, R. 1930; Sacred and Profane Memories, Aut. 1932. – The Letters of G. Stein and C. V. V., hg. E. Burns 1986.

L: E. Lueders, 1955 u. 1964; B. Kellner, 1968. – *Bibl.:* S. Cunningham, 1924; K. W. Jonas, 1955.

Veda, der (das [heilige] Wissen), das als göttl. Offenbarung geltende heilige Schrifttum des Brahmanismus, das älteste bekannte Sprachdenkmal der ar. Inder, dessen älteste Teile, in e. sich vom späteren klass. Sanskrit wesentl. unterscheidenden altind. Sprachform abgefaßt, möglicherweise bis in die 2. Hälfte des 2. Jt. v. Chr. zurückreichen, dessen jüngste Teile wahrscheinl. aus dem 4. Jh. v. Chr. stammen, von späteren, bis in die Neuzeit hereinreichenden apokryphen Texten abgesehen. Der gesamte V. besteht aus 4 Teilen (Rgveda, Sāmaveda, Yajurveda, Atharvaveda): Der ›Rgveda‹ umfaßt die Hymnen (rc), mit denen die Götter herbeigerufen wurden; die Gesänge (sāman) des ›Sāmaveda‹ begleiteten Zubereitung und Darbringung des Opfers; mit den Opfersprüchen (yajus) des ›Yajurveda‹ wurde das Opfer vollzogen; die Zaubersprüche (atharvan) des ›Atharvaveda‹ sollten durch etwa vorgekommene Fehler entstehendes Unheil abwenden. Diese 4 großen Teile des V. sind in sich jeweils in weitere Textgruppen gegliedert: die ›Mantras‹ (heilige Worte), d.h. Lieder, Gesänge, Opferformeln und Zaubersprüche, die in 4 ›Samhitās‹ (Sammlungen) vereint die Handbücher der 4 bei der heiligen Handlung mitwirkenden Priester darstellen. Zu jeder dieser 4 ›Samhitās‹ gehören erklärende und ergänzende Texte ritualist. und spekulativen Inhalts, die als → ›Brāhmanas‹, → ›Āranyakas‹ und → ›Upanisaden‹ bezeichnet werden, außerdem die ›Sūtras‹: Leitfäden für die großen Opfer (Śrauta-sūtra), die häusl. Opfer (Grhya-sutra), die Herrichtung des Opferplatzes (Śulva-sūtra) und das Rechtswesen im weitesten Sinn (Dharma-sūtra). – Der ›Rgveda‹ umfaßt 1028 Hymnen, die sich auf 10 als ›Mandala‹ (Kreis) bezeichnete Bücher verteilen; die Bücher 1–7 sollen jeweils in e. bestimmten Dichterfamilie entstanden sein; Bücher 1 und 8 gelten als e. erste Erweiterung der Sammlung; Buch 9 enthält nur Hymnen an den ›Soma‹ (Opfertrank); Buch 10 scheint e. wesentl. späteren Zeit zu entstammen, wenngleich es auch offensichtl. alte Hymnen enthält. Die Hymnen des ›Sāmaveda‹, in die 3 Abschnitte ›Pūrvārcika‹ (1. Sammlung), ›Uttarārcika‹ (2. Sammlung) und ›Āranyaka‹ (Waldsammlung) aufgeteilt, entstammen zumeist dem ›Rgveda‹, der Rest anderen, teils unbekannten Ritualwerken. Der ›Yajurveda‹ liegt in 2 Fassungen vor, von denen der ›weiße‹ (śukla) Y.‹ die Opfersprüche allein, der ›schwarze‹

(kṛṣṇa) Y.‹ mit dem ›Mantra‹ zusammen zugleich das ›Brāhmaṇa‹ enthält. Der ›Atharvaveda‹, ebenso wie der ›Yajurveda‹ teils in Versen, teils in Prosa abgefaßt, enthält 731 Hymnen, von denen etwa e. Fünftel dem ›Ṛgveda‹ entnommen sind; von den 20 Büchern, in die das Werk aufgeteilt ist, sind die beiden letzten offenbar später hinzugefügt worden. – Die einzelnen Veden sind von mehreren in ihrer ursprüngl. Zahl nicht mehr zu bestimmenden Priesterschulen in nur leicht voneinander abweichenden Texten mündl. weiterüberliefert und mit bes. Erklärungsschriften versehen worden.

A: Ṛgveda, hg. F. M. Müller VI 1849–74, IV [2]1890–92 (m. Komm. des Sāyaṇa), 1896 (m. Übs.), T. Aufrecht II 1877, [3]1955 (n. 1968; d. H. Grassmann II 1876f., A. Ludwig VI 1876–88, K. F. Geldner II 1876, IV 1951–57, n. I–III 1971); hkA M. Bloomfield 1916, N. S. Sontakke u.a. V 1933–51 (m. Komm. des Sāyaṇa), [4]1995, V. Bandhu VIII 1963–66; dt. Ausw. A. Hillebrandt 1913, H. Lommel 1955; engl. R. T. H. Griffith II [4]1963 (n. 1987, 1999). – Sāmaveda, hg. J. Stevenson 1843, T. Benfey II 1848 (n. 1978, m. dt. Übs.), S. S. S. Bhattacharyya V 1871–78, Raghu Vira 1938 (engl. J. Stevenson 1842, R. T. H. Griffith 1893 n. 1963, [5]1976, D. Chand [2]1982; d. T. Benfey 1848, 1969) – Yajurveda: Vājasaneyi-saṃhitā (weißer Y.), hg. A. Weber 1852 (engl. R. T. H. Griffith [2]1916). – Kāṭhaka (schwarzer Y.), hg. L. v. Schroeder III 1909–12 (n. 1970–72), S. D. Satvalekar [4]1983. – Kapisthala-kaṭha-saṃhitā (schwarzer Y.), hg. Raghu Vira 1932, 1968. – Maitrāyaṇī-saṃhitā (schwarzer Y.), hg. L. v. Schroeder IV 1881–86 (n. 1970–72), S. D. Satvalekar [4]1983. – Taittirīya-saṃhitā (schwarzer Y.), hg. A. Weber II 1871–72, N. S. Sontakke, T. N. Dharmadhikari 1970ff. (engl. A. B. Keith II 1914, n. 1967). – Atharvaveda, hg. R. Roth, W. D. Whitney 1855 (n. [3]1966), Shankar Pandurang Pandit IV 1895–98 (engl. R. T. H. Griffith II 1894, n. 1968, W. D. Whitney, C. R. Lanman II 1905, n. 1984, V. Bandhu V 1960–64, S. D. Satvalekar [4]1983); Ausw. A. Ludwig 1878, J. Grill [2]1888, 1971, C. A. Florenz, Diss. Gött. 1887.

L: A. Bergaigne, La religion védique, IV 1878–97; A. Kaegi, Der Ṛgveda, [2]1881; H. W. Wallis, Cosmology of the Ṛgveda, 1887; R. Pischel, K. F. Geldner, Ved. Stud., 1889–1901; A. Hillebrandt, Ved. Mythologie, III 1891–1902, n. II 1927–29; H. Oldenberg, Religion des V., 1894, 1983; M. Bloomfield, The Atharvaveda, 1899; L. v. Schroeder, Mysterium und Mimus im Rigveda, 1908; A. C. Clayton, Rigveda and vedic religion, 1913; A. B. Keith, Religion and Philosophy of the V. and the Upanishads, II 1925, 1989; W. Wüst, Stilgeschichte und Chronologie des Ṛgveda, 1928, 1966; M. Bloomfield u.a., The Vedic Variants, Lond. III 1930–34; L. Renou, Les écoles Védiques, 1937; R. C. Majumdar, Q. D. Pusalker, The Vedic Age, Lond. 1951; J. Gonda, V. und älterer Hinduismus, 1960; V. G. Rahurkar, The seers of the Ṛgveda, 1964; J. Gonda, The Geography of Ṛgvedic India, 1964; J. Gonda, Vedic literature, 1975; Satya Shrava, A comprehensive history of Vedic literature, 1977; Sūryakanta, A practical Vedic dictionary, hg. 1981; K. L. Sharma, A critical and comprehensive history of Vedic literature, II 1983–85; A. K. Pateria, Modern commentators of V., 1985; N. Jayashanmugam, V. and Vedanta, 1998; K. Kazzazi, 2001. – *Bibl.:* L. Renou, 1931; R. N. Dandekar, V 1946–93; W. Howard, 1977; K. Parameswara Aithal, 1991.

Veen, Adriaan van der, niederländ. Romanschriftsteller, * 16. 12. 1916 Venray. Lit.redakteur. – Romane um die Problematik der menschl. Freiheit u. zwischenmenschl. Kontakte; viele autobiograph. Elemente.

W: Geld speelt de grote rol, Sk. 1938; Wij hebben vleugels, R. 1946; Jacht in de diepte, E. 1946; Het wilde feest, R. 1952; De man met de zilveren hoed, E. 1957; Doen alsof, R. 1960; Een idealist, R. 1965; Kom mij niet te na, R. 1968; De vriendelijke vreemdeling, R. 1969; Blijf niet zitten waar je zit, R. 1972; In liefdesnaam, R. 1975; Niet meer bang zijn, R. 1980; Zwijgen of spreken, R. 1983.

L: M. Mooij, 1965.

Vega, Garcilaso de la → Garcilaso de la Vega

Vega, Ventura de la, span. Schriftsteller, 14. 7. 1807 Buenos Aires – 29. 11. 1865 Madrid. Kam 1818 nach dem Tod s. Vaters nach Spanien, Erziehung im San-Mateo-Kolleg in Madrid, Schüler Alberto Listas, der s. lit. Neigungen entscheidend beeinflußte; Mitschüler Esproncedas, mit dem er dem Geheimbund der ›Numantiner‹ beitrat. Sekretär u. Lehrer Isabellas II.; ab 1842 Mitglied der Span. Akad.; ∞ die Sängerin Manuela de Lema. – Klassizist. Dramatiker, Antiromantiker. Begann als 18jähriger mit Übsn. franz. Theaterstücke, folgte dann Moratíns Manier, Vorläufer der ›alta comedia‹ López de Ayalas u. Benaventes; bevorzugte das realist. Genre mit moral. Tendenz, Salonkomödien, Singspiele. Meisterwerk ›El hombre de mundo‹, hervorragende Bühnentechnik, glänzende Verse, feine Sitten- u. Charakterzeichnung. Als Lyriker geschmackvoll u. elegant in der Form.

W: D. Quijote de la Mancha en Sierra Morena, K. 1832; El hombre de mundo, K. 1845 (n. 1969, 2001); Don Fernando de Antequera, Dr. 1847; La muerte de César, Tr. 1865; La Agitación, G. o. J.; Orillas del Pusa, G. o. J. – Obras poéticas, 1866; Obras escogidas, 1874, 1894, 2002; Teatro, 1995.

L: J. K. Leslie, Princeton 1940; J. Montero Alonso, 1951.

Vega Carpio, Lope Félix de, span. Dichter, 25. 11. 1562 Madrid – 27. 8. 1635 ebda. Stammte aus bescheidenen Verhältnissen, Vater Sticker; Unterricht in e. Theatinerkolleg. Fiel durch große Begabung u. Frühreife auf; mit 12 Jahren heiml. Flucht mit e. Freund nach Segovia, trat in die Dienste des Bischofs von Ávila, Don Jerónimo Manrique; wenig später Stud. in Alcalá de Henares, erste Proben dichter. Fähigkeiten mit Übs. von Claudianus' ›De raptu Proserpinae‹ u. Abfassung einiger Theaterstücke; 1580/81 Stud. in Salamanca; 1588 wegen e. skandalösen Liebesverhältnisses mit Elena Osorio (die Filis s. Verse) 8 Jahre aus Madrid u. 2 Jahre aus Kastilien verbannt; 1588 Entführung der Doña Isabel de Urbina (Belisa), Heirat, kurz nach der Hochzeit Teilnahme an der unglückl. Expedition der Armada, die er als offizieller Dichter begleitete; 1589 ruhiges Leben in Valencia, der Abfassung von comedias gewidmet; 1590 als Sekretär des Herzogs von Alba in Toledo u. Alba de Tormes; 1595 Tod Isabels, 1596 Prozeß wegen Konkubinats mit der Schauspielerin Micaela de Lujan (Camila Lucinda), mit der er in Toledo u. Sevilla lebte u. 7 Kinder hatte; Sekretär des Grafen von Lemos; 1598 ∞ Juana de Guardo, Tochter e. reichen Kaufmanns; 1610 Übersiedlung nach Madrid; Tod s. Sohnes Carlos Félix und s. Frau Juana (1613); Liebe zu Jerónima de Burgos (Gerarda); 1614 Priesterweihe, trotzdem noch zahlr. Liebesabenteuer; 1616 heftige Leidenschaft zu der verheirateten Marta de Nevares Santoyo (Amarilis); Sekretär des Herzogs von Sessa; 1627 Ritter des Johanniterordens; Erblindung Doña Martas, die er bis zu ihrem Tod (1632) hingebungsvoll pflegte. Der Schmerz über die Entführung s. geliebten Tochter Antonia Clara durch e. Kammerherrn des Königs (1634), wirtschaftl. Schwierigkeiten u. die Reue über s. wenig vorbildl. Leben beschleunigten s. Ende; eindrucksvolle Trauerfeier, an der ganz Madrid Anteil nahm. – Fruchtbarster u. genialster Schriftsteller der span. Lit. aller Zeiten, v. a. Dramatiker u. Lyriker; trug die Beinamen ›Monstruo de la Naturaleza‹ u. ›Fénix de los Ingenios‹; Schöpfer des span. Nationaltheaters, durchgreifende Reform der span. Bühne, Echo noch in den Theorien V. Hugos u. Lessings. Erneuerer der ›comedia‹, der er ihr endgültiges Gepräge gab: Zahl der Akte auf 3 beschränkt, freie Verwendung der Versmaße, Gestaltung der ›Gracioso‹-Figur, der als Diener u. Vertrauter s. Herrn parodiert und e. wirksamen Kontrast bildet, Einführung der sog. Ehrenstücke, in denen der Vater oder Bruder die verletzte Ehre der unverheirateten Frau zu rächen hat (Übersteigerung des Ehrgefühls bei Calderón); schrieb nach eigenen Aussagen über 1500 comedias, davon etwa 500 erhalten; außerdem zahlr. autos, entremeses, loas u. a. über Themen v. a. aus der Nationalgeschichte (insbes. aus der ›Crónica general‹ in der Ausgabe von Florián de Ocampo), der Volkslyrik, alten Sagen u. Legenden u. a.; daneben relig. u. mytholog., Schäfer-, Ritter-, Verwicklungs-, Mantel- u. Degenstücke; zahlr. Romanzen, Sonette, Letrillas usw. in die Stücke eingestreut. Verquickung von Tragödie u. Komödie, Gelehrtem u. Volkstüml. Schuf in s. comedias das beste Bild der span. Gesellschaft des 17. Jh. Enge Verbindung mit dem Volk, mit dem er sich identifizierte; daher die große Beliebtheit s. Stücke;

Respekt gegenüber der kgl. Autorität, Vertrauen auf Gerechtigkeit des Königs gegenüber s. Untertanen (›Fuenteovejuna‹, ›Peribáñez‹, ›Estrella de Sevilla‹ u. a.). Unglaubl. Leichtigkeit im Dichten, große Improvisationsgabe, frei von Geziertheit u. starrem Formalismus, volkstüml.-schlichte Art; wiederholt sich themat. häufig; am interessantesten u. besten ist die Exposition s. Stücke, der Rest läuft nach e. bestimmten Schema fast automat. ab, der Schwerpunkt liegt auf Entwicklung der Handlung, weniger auf psycholog. Durchdringung u. Charakterzeichnung. Auch als Lyriker überragend; Virtuose der Verskunst, fast alle Gedichte enthalten autobiograph. Züge, alle Gefühle, Erlebnisse, Leidenschaften fanden Niederschlag in Versen, daher spontan, lebendig u. menschl. S. Gedichte wirken z. T. wie e. Kommentar zu s. Leben, durchströmt von Aufrichtigkeit u. echtem Erleben; große Wirklichkeitsnähe; am erfolgreichsten mit volkstüml. Liedern; s. Sonette (v. a. Liebesgedichte) gehören zu den schönsten der span. Lit. u. sind denen Garcilasos u. Góngoras ebenbürtig. Weniger überzeugend in den erzählenden Dichtungen über hist. u. mytholog. Themen nach der Mode s. Zeit und ohne Unmittelbarkeit. Wichtigste Prosawerke sind der Dialogroman ›La Dorotea‹ mit Erinnerungen an s. Liebe zu Elena Osorio u. an s. Jugend, ›El peregrino en su patria‹, e. Abenteuerroman in Anlehnung an byzantin. Vorbilder, ›El arte nuevo de hacer comedias‹, interessant für die Kenntnis s. Ideen über das Theater, und ›El laurel de Apolo‹, e. krit. Überblick über die Schriftsteller s. Zeit.

W: La Arcadia, Schäferr. 1598; La Dragontea, Ep. 1598 (n. 1935); San Isidro labrador, Dicht. 1599; Rimas humanas, G. 1602; La hermosura de Angélica, Ep. 1602; El peregrino en su patria, R. 1604; La Jerusalén conquistada, Ep. 1609 (n. J. de Entrambasaguas III 1951–54); El arte nuevo de hacer comedias, Dicht. 1609 (n. J. de Jose Prades 1971); Los pastores de Belén, Schäferr. 1612 (d. 1986); Rimas sacras, G. 1614; Triunfos divinos, G. 1625; La corona trágica, Dicht. 1630; La Dorotea, R. 1632 (n. J. M. Blecua 1955; E. S. Morby 1958); Rimas humanas y divinas del licenciado Tomé de Burguillos, G. 1634; La Gatomaquia, Dicht. 1634 (n. F. Rodríguez Marín 1935). Comedias: El testimonio vengado; El mejor alcalde, el Rey, Los Tellos de Meneses; La noche de San Juan; La moza del cántaro; La estrella de Sevilla; Peribáñez y el Comendador de Ocaña; Fuenteovejuna; La desdichada Estefanía; La dama boba; El caballero de Olmedo; El castigo sin venganza; Los comendadores de Córdoba. – Obras completas, hg. J. de Entrambasaguas 1965ff.; Comedias, XXV 1604–47, hg. A. Blecua VII 1997–2002; Obras sueltas, XXI 1776ff.; Obras dramáticas, hg. M. Menéndez Pelayo XV 1890–1913; Poesía lírica, hg. J. F. Montesinos II 1926f., L. Guarner II 1935; Obras escogidas, hg. F. C. Sainz de Robles III 1945; Obras no dramáticas, hg. C. Rosell 1956; Epistolario, hg. A. González de Amezúa IV 1935–43 (n. 1989); Cartas completas, A. Rosenblat II 1948. – Übs.: Ausw. J. Graf v. Soden II 1827; M. Rapp in: ›Span. Theater‹, 1868ff.; W. v. Wurzbach, VI 1918ff.; AW, H. Schlegel VI 1960–63; Romane u. Novellen, C. Richard IX 1826–28; Lieder u. Romanzen, W. E. Palm 1958.

L: I. Sánchez Esteban, 1923; M. V. Depta, 1927; M. Carayon, 1929; A. Flores, N. Y. 1930; L. Astrana Marín, ²1941; J. de Entrambasaguas, 1942, III 1946–58, 1947; K. Vossler, ²1947; M. Menéndez y Pelayo, VI ²1949; J. F. Montesinos, 1951; J. Baeza, ²1953; R. Gómez de la Serna, 1954; G. Laplane, Paris 1963; J. H. Parker, A. M. Fox, hg. Toronto 1964; N. Salomon, 1965; F. Lázaro Carreter, 1966; J. F. Montesinos, 1967; H. A. Rennert, A. Castro, ²1968 (m. Bibl.); A. Zamora Vicente, ²1969; D. Alonso, 1972; C. Rico Avello, 1973; E. Müller-Bochat, 1975; D. R. Larson, The Honor Plays of L. de V., Cambr. 1976; F. R. Fries, 1979; D. M. Gitzlitz, La estructura lírica de la comedia de L. de V., 1980; L. de V. y los orígenes del teatro español, hg. M. Criado de Val 1981; L. de V.: el teatro, hg. A. Sánchez Romeralo II 1989; J. Küpper, Tüb. 1990; M. Aranda, 1995; J. Cañas Murillo, 1995; R. Osuna, 1996; M. A. Penas, 1996; J. M. Alín, 1997; D. Ostlund, N. Y. 1997; A. Eglseder, Ffm. 1998; T. J. Kirschner, Lond. 1998; R. Romojaro, 1998; E. García Santo-Tomás, 2000; J. Gómez, 2000. – *Bibl.:* L. Guarner, 1935; J. Simón Díaz, J. de José Prades, 1955; J. H. Parker, A. M. Fox, hg. Toronto 1964.

Vegio, Maffeo (Mapheus Vegius), ital. Humanist, 1407 Lodi/Mailand – 1458 Rom. 1423 Stud. Rechte Pavia; widmete sich jedoch mit Vorliebe lit. Stud. Prof. der Dichtkunst, dann der Rechte ebda., später Kanonikus von St. Peter in Rom. – Vf. von e. ›Supplementum‹ zum XII. Buch der ›Aeneis‹, von mytholog. Dichtungen, von Epigrammata und von Rusticalia, auch von Werken über Geschichte und Pädagogik. Als s. bestes Werk gilt ›De educatione liberorum‹ in 6 Büchern, in dem er die Lektüre klass. Autoren empfiehlt.

W: Supplementum ad XII. librum Aeneidos, 1427 (hg. B. Schneider 1985); Astyanax, 1430; Velleris aurei libri IV, 1431; Antoniados, 1437; De perseverantia religionis, 1448; De educatione liberorum et eorum claris moribus, 1491 (n. M. W. Fanning, Sullivan, Washington II 1933–36; d. 1856, 1889). – Opera, 1613.

L: A. Franzoni, L'opera pedagogica di M. V., 1907; G. A. Consonni, Un umanista agiografo, 1909; C. Picci, M. V. epigrammista, 1911; S. Corvi, hg. 1959.

Veidenbaums, Eduards, lett. Lyriker, 3. 10. 1867 Priekule – 24. 5. 1892 Mūrmuiža jetzt Liepa. Hofbesitzerfamilie; Schulen Cēsis, Riga; 1887–91 Stud. Jura Tartu; an Tbc erkrankt. – Bedeutender Dichter trotz geringer u. schwer zugängl. Produktion; Gedichte mit krit. u. radikalen Zügen, lehnt sich gegen Schicksal u. Ungerechtigkeit auf.

W: Raksti (W), 1926; Kopoti raksti (GW), II 1961; Izlase (AW), 1978.

Velde, Anton (Gerard Jozef) van de, fläm. Dramatiker, 8. 7. 1895 Antwerpen – 21. 6. 1983 Schoten. Regisseur u. Theaterdichter. – Erneuerer des fläm. Theaters in expressionist. Geist mit relig. und nationalpolit. Tendenz. S. größter Erfolg ist e. relig. u. nationalfläm. Drama ›Tijl‹. Daneben stark rhetor. Romane; auch Kinderbücher.

W: De zonderlinge gast, Dr. 1924; Christoffel, Dr. 1924; Tijl, Dr. 1925, Tijl II, Dr. 1930; Faust junior, Tr. 1932; Radijs, Dr. 1933; Het hart vecht, R. 1936 (d. 1938); Antwerpen de stoute, Ess. 1942 (d. 1942); Schep vreugde in het leven, R. 1942 (Fünf Musiker – ein Liebespaar, d. 1943); Bukske de mol, E. 1943 (d. 1953); God en de wormen, R. 1947 (d. 1951); Met permissie, R. 1950 (Der Tag hat 24 Stunden, d. 1953).

L: K. Elebaers u. a., 1944.

Vélez de Guevara, Luis, span. Schriftsteller, Ende Juli 1579 Écija/Sevilla – 10. 11. 1644 Madrid. 1596 Stud. Osuna; Page im Dienst des Erzbischofs von Sevilla; 1600–03 Soldat in Italien und Afrika; 1603 am Hofe von Valladolid; 1605 Rückkehr nach Madrid; viermal verheiratet, ständig in Geldnot; bekleidete bescheidenen Posten am Königshof. – Als Dramatiker bedeutendster Nachfolger Lope de Vegas; umfangreiches Schaffen (über 400 Werke, davon rund 80 erhalten), am erfolgreichsten in der Bearbeitung von Themen aus der span. Nationalgeschichte (bes. ›Reinar después de morir‹ über Inés de Castro), sehr geschickt in der Verwendung volkstüml. Elemente, streute wie Lope Volkslieder, Romanzen u. a. in s. Stücke ein; großes dramat. Talent, ausgesprochenes Gefühl für trag. Situationen, feine psycholog. Nuancierung der Charaktere. Vf. des Schelmenromans ›El diablo cojuelo‹, geistreiche Satire auf die Sitten der Zeit nach dem Vorbild von Quevedos ›Sueños‹; von Lesage u. d. T. ›Le diable boiteux‹ bearbeitet.

W: El diablo cojuelo, R. 1641 (n. A. Bonilla y San Martín 1910, F. Rodríguez Marín 1941, E. Miralles 1986, A. R. Fernández, I. Arellano 1988); Comedias: Reinar después de morir, El diablo está en Cantillana (beide hg. M. Muñoz Cortés 1948); La niña de Gómez Arias; Virtudes vencen señales (hg. M. G. Profeti 1965); Los hijos de la Barbuda (hg. ders., Pisa 1970); La serrana de la Vera (hg. R. Menendez Pidal 1916, E. Rodríguez Cepeda 1967, P. Bolaños Donoso 2001); El águila del agua; La luna de la sierra; El ollero de Ocaña; El conde Don Sancho Niño (hg. R. J. Bininger, R. L. Landeiro 1970); Comedia famosa del Rey Don Sebastián (hg. W. Herzog 1972). – Obras, Ausw. in: ›Biblioteca de Autores Españoles‹, Bd. 14, 20, 33, 45 u. 54; hg. A. Paz y Meliá 1904.

L: F. E. Spencer, R. Schevill, Berkeley 1937; E. Nagy, 1979; Antigüedad y actualidad de L. V. de G., hg. C. G. Peale, Amst. 1982. – *Bibl.:* M. G. Hauer, 1975.

Veli, Orhan → Kanik, Orhan Veli

Veličkov, Konstantin (eig. K. V. Petkov), bulgar. Schriftsteller, 1855 Pazardžik – 3. 11. 1907 Grenoble. Schon vor s. Stud. am franz. Lyzeum in Istanbul (1868–74) erste dichter. Versuche u. Übsn. aus dem Russ. u. Franz., später Dante-, Shakespeare- u. Moliere-Übs. Ursprünglich Lehrer, u.a. am bulgar. Gymnas. in Saloniki, 1886 Parlamentsabgeordneter, danach aus polit. Gründen Emigration nach Italien, wo er Kunststudien betrieb u. selber malte. Gründer der bulgar. Kunstakad. Längere Aufenthalte in Belgrad, Istanbul u. Frankreich. Zusammen mit I. Vazov, der ihn als Unterrichtsminister (1894–97) ablöste, gab er die inzwischen klass. gewordene bulgar. Hristomatie heraus. – Romant.-sensibler Lyriker, auch Essayist u. Reiseschriftsteller.

W: Vseobšta istorija na literaturata, Schr. 1891; Pisma ot Rim, Ess. 1895; Carigradski soneti, G. 1899; V tŭmnica, Erinn. 1899 (Im Kerker, d. K. Gutschmidt in: Bulgaren der alten Zeit, 1967). – GW, IX 1911–15; Ausw., 1955.

Velikić, Dragan, serb. Erzähler, * 1953 Belgrad. Stud. Vergleichende Lit.wiss. Belgrad. 1991–96 Kolumnist der oppositionellen Zs. ›Vreme‹, 1996–99 Chefredakteur von Radio 92 Belgrad; Exil in Budapest. – V. gehört zu d. Exponenten des ›anderen Serbien‹, Mitglied der ›Gruppe 99‹. Seine Romane greifen das Thema Emigration im zerfallenden Jugoslawien auf.

W: Pogrešan pokret, E. 1983; Via Pula, R. 1988 (d. 1991); Astragan, R. 1991 (d. 1992); Hamsin 51, R. 1993 (d. 1994); Yu-tlantida, Ess. 1993; Danteov trg, R. 1997 (d. 1999); Stanje stvari, Ess. 1998; Slučaj Bremen, R. 2001 (d. 2002).

Velkov, Krum, bulgar. Schriftsteller, 16. 12. 1902 Pernik – 18. 4. 1960 Belovo. Schon als Schüler Arbeiter. Nimmt sozialist. Ideen auf. Nach 1944 Bürgermeister von Belovo u. Parlamentarier. – Erste Veröffentlichungen von Erzählungen 1924 in der Zt. ›Nov put‹. S. ganzes Schaffen – die drei Romane u. das Poem ›Septemvriec Nikodim‹ – ist von der Teilnahme am Bürgerkrieg in Bulgarien im September 1923 bestimmt.

W: Selo Borovo, R. 1932; Voditel, R. 1942; Životŭt na Petŭr Dašev, R. 1946.

Velleius Paterculus, röm. Historiker, Anfang 1. Jh. n. Chr. Aus Capua, Reiteroberst oder Legat unter Tiberius, Teilnehmer an dessen german. u. pannon. Feldzügen. 15 n. Chr. zusammen mit s. Bruder Prätor in Rom. – S. ›Historia Romana‹ (geschrieben 29 n. Chr.) in 2 unvollständig erhaltenen Büchern führt im 1. Buch bis zur Zerstörung von Karthago u. Korinth, im 2. Buch bis zum Konsulat des Vinicius (30 n. Chr.), für den das Werk e. lit. Ehrengabe sein soll. Es stellt e. rasch hingeworfene Dilettantenarbeit dar, die auch Lit.- u. allg. Kulturgeschichte miteinbezieht u. große Persönlichkeiten (Orientalen, Griechen, Römer, bes. Caesar, Augustus u. Tiberius) in den Vordergrund stellt. Entwirft als hoher Beamter e. positives Bild der ersten Kaiser als Tacitus.

A: J. Hellegouarc'h II 1982 (m. franz. Übs.); W. S. Watt 1988; M. Elefante 1997; Teilausg. m. Komm. A. J. Woodman II 1977–83. – Übs.: M. Giebel 1989.
L: C. Kuntze, Zur Darstellung des Kaisers Tiberius und seiner Zeit bei V. P., 1985; M. Kober, Die politischen Anfänge Octavians in der Darstellung des V. P., 2000; U. Schmitzer, 2000.

Vel'tman, Aleksandr Fomič, russ. Romanschriftsteller, 20. 7. 1800 Petersburg – 23. 1. 1870 Moskau. Offizierssohn, diente 1816–31 in der Armee, wurde um 1831 durch lit. Tätigkeit bekannt, ab 1852 Direktor der Rüstkammer Moskau. – S. Romane waren in den 30er Jahren und beginnenden 40er Jahren sehr beliebt, gerieten dann in Vergessenheit. Heute als bedeutsam für die Gesch. der russ. Lit. erachtet; Nähe zu Sterne und Jean Paul. S. sprachl. System läßt Beziehung zu Gogol', Dal' und Leskov erkennen; s. Spielen m. Struktur- und Stilelementen bes. im Roman ›Strannik‹ weist auf das Vorbild Sternes; die Eigenart s. Kompositionstechnik, s. Groteske, die Verflechtung von Phantast. und Realem, namentl. im Romanzyklus ›Priključenija, počerpnutye iz morja žitejskogo‹, erinnern an Dostoevskij.

W: Strannik, 1831 f.; Koščej bessmertnyj, 1833; Aleksandr Filippovič Makedonskij, 1836; Povesti, En. 1836 u. 1843; Priključenija, počerpnutye iz morja žitejskogo, IV 1848–64 (n. 1933).

L: H. Meyer, 1995.

Ven, Ton → Bordewijk, Ferdinand

Venantius Fortunatus, Honorius Clementianus, lat. Dichter, zwischen 530 u. 540 n. Chr. Treviso/Venetien – um 600 b. Poitiers. Stud. Grammatik und Rhetorik Ravenna; ab 565 Reisen in Gallien und Germanien, lebte dann als Hofpoet der merowing. Könige in Metz und Reims. 567 Eintritt in e. Kloster in Poitiers. Gehörte zum Klerus und wurde 599 Bischof von Poitiers. – Bedeutendster Lyriker s. Zeit. 11 Bücher mit mehr als 200 Gedichten erhalten. Die meisten sind für bestimmte Anlässe geschrieben und geben e. lebendiges und vielseitiges Bild der Zeit. Außerdem Vf. von Prosastücken über Glaubenslehre und Heilige; Epos über St. Martin. S. Sprache ist v. a. in der Lyrik ausdrucksvoll. V. F.' Stoffe reichen von Tafelsprüchen bis zu Kreuzeshymnen. S. häufigstes Versmaß ist das eleg. Distichon. Anklänge an Vergil, Horaz und Ovid. Große Nachwirkung im ganzen MA.

A: F. Leo, B. Krusch 1881ff. (Mon. Germ. Hist., Auct. antiq. 4); S. Di Brazzano 2001 (m. ital. Übs.); M. Reydellet II 1994–98 (Gedichte m. franz. Übs.); Epitaphium

Venevitinov

Vilithutae, hg. P. Santorelli 1994 (m. Komm. u. ital. Übs.); 2 Heiligenleben, hg. W. Levison, B. Krusch 1919f. (Mon. Germ. Hist., Script. rer. Merov. 7, 1); Vita s. Martini, hg. S. Tamburri 1991; Hymnen, hg. W. Bulst, Hymni Latini antiquissimi LXXV, 1956. – *Übs.:* F. Wolters, Hymnen und Sequenzen, 1914.
L: W. Meyer, 1901; R. Koebner, 1915; D. Tardi, 1927; J. W. George, 1992.

Venen, Paul van der → Hemeldonck, Emiel

Venevitinov, Dmitrij Vladimirovič, russ. Lyriker, 26. 9. 1805 Moskau – 27. 3. 1827 Petersburg. Aus alter Adelsfamilie; leitete in Moskau den ›Kreis der Weisheitsfreunde‹ (Ljubomudry), der sich der dt. Philosophie und Romantik widmete und 1823–25 bestand; 1826 im Dichterkreis um Puškin; 1825 im Archiv für auswärtige Angelegenheiten, Moskau; 1827 Versetzung nach Petersburg. – Begründer der philos. Dichtung in Rußland, erster russ. Theoretiker der philos. Romantik; baut auf der Philos. Schellings auf. Themen s. wenigen Gedichte sind Poesie und Dichter, Freundschaft u. Liebe. Sucht in Aufsätzen Schellingsche Gedanken in dichter. Sprache zu erklären; große lit. und philos. Begabung.
A: Polnoe sobranie sočinenij (GW), 1862, 1934; Izbrannoe (Ausw.), 1956; Stichotvorenija, Proza, Ausw. 1980.
L: G. Wytrzens, 1962.

Venezis, Elias (eig. Elias Mellos), griech. Erzähler, 4. 3. 1904 Aivali/Anatolien – 3. 8. 1973 Athen. Kindheit in Kleinasien und auf Lesbos; 1922 von den Türken verhaftet und in e. Arbeitslager interniert; nach 14 Monaten Flucht. Lebte seitdem zuerst als Bankangestellter in Mytilene, dann in Athen; 1957 Mitgl. der Akad. der Wiss. – V. schildert Gefangenschaft und das Dasein als Flüchtling aus eigener Erfahrung; durch die nüchterne Darstellung der Fakten wird die Frage nach der Ethik und der Würde des Menschen neu gestellt. Dennoch charakterisiert e. lebensbejahender Optimismus s. Werke.
W: Manōlēs Lekas, En. 1928; To No. 31328, R. 1931 (d. 1969); Galēnē, R. 1939 (Friede in attischer Bucht, d. 1963); Aegaio, En. 1941; Aeolikē Gē, E. 1943 (d. 1969); Anemoi, En. 1944; Block C, Dr. 1945; Hōra polemu, En. 1946; Nikēmenoi, En. 1954; Ōkeanos, R. 1956; Argonaūtes, En. 1962; Archipelagos, En. 1969; Ephtalu, En. 1972. – *Übs.:* Die Boten der Versöhnung, En. 1958.
L: A. u. K. Karanikas, 1969.

Vennberg, Karl (Gunnar), schwed. Lyriker, 11. 4. 1910 Blädinge/Småland – 12. 5. 1995. Landwirtssohn; Stud. Philol., Journalist, Redakteur u. Kritiker. – Neben E. Lindegren Vorbild schwed. Lyriker der 40er Jahre; nach dem 2. Weltkrieg beherrscht von bitterer Skepsis gegenüber jegl. Glaubensformen u. Lösungen des Daseinsproblems. Alle Phrasen werden paralysiert, das Zurschaustellen persönl. Kümmernisse verpönt u. die Dinge überzeugend auf den Nullpunkt gerückt. Schlagkräftige, fast trockene Diktion, die sich als unnachahm. erwiesen hat. Später wird die Schärfe gemildert, Hohn bricht seltener durch, u. Anzeichen von persönl. u. polit. Resignation werden sichtbar. Übs. Kafka u. T. S. Eliot.
W: Hymn och hunger, G. 1937; Halmfackla, G. 1944; Tideräkning, G. 1945; Fiskefärd, G. 1949; Gatukorsning, G. 1952; Vårövning, G. 1953; Synfält, G. 1954; Vid det röda trädet, G. 1955; Tillskrift, G. 1960; Sju ord på tunnelbanan, G. 1971; Vägen till Spånga Folkan, G. 1976; Visa solen ditt ansikte, G. 1978; Från ö till ö, G. 1979; Längtan till Egypten, G. 1987; I väntan på pendeltåget, G. 1990. – Dikter 1944–60, 1962; Bilder I – XXVI, G. 1981; Dikter kring noll, G. 1983; På mitt samvete (ges. Krit.), 1987; Dikter II, 1993. – *Übs.:* Poesie, zweispr. Ausw. N. Sachs, H. M. Enzensberger 1965; Ein Gedicht ohne Gesellschaft, Ausw. 1986.
L: K. E. Lagerlöf, 1967; M. L. Ramnefalk, 1974.

Ventadorn, Bernart von → Bernart de Ventadour

Venter, F(rançois) A(lwyn), afrikaanser Schriftsteller, 27. 11. 1916 Hopetown/Kapland – 8. 7. 1997 Somerset West/Kap. Stud. Philos. Univ. Stellenbosch. 1946 Redakteur der Zt. ›Suidwes-Afrikaner‹ in Windhoek; Großbauer auf den väterl. Farm in der Karroo. – Anfangs Unterhaltungslektüre u. Jugendromane; großer Erfolg mit dem Roman ›Swart Pelgrim‹ (in 6 Sprachen übs.); Hauptleistung auf dem Gebiet des hist. Romans.
W: Gebondenes, R. 1949; Swart Pelgrim, R. 1952 (Am Kap der Schwarzen Hoffnung, d. 1960); Man van Cirène, R. 1957 (d. 1959); Geknelde Land, R. 1960 (Die Farm am Koonap-Fluß, d. 1962); Offerland, R. 1963 (Der große Zug nach Port Natal, d. 1966); Gelofteland, R. 1965; Werfjoernaal, Sk. 1965; Bedoelde Land, R. 1968; Die rentmeesters, R. 1969; Kambro-kind, Aut. 1979; Die koning se wingerd, R. 1984; Die keer toe ek my naam vergeet het, Aut. 1995.
L: T. T. Cloete, 1970; J. C. Kannemeyer, 1988; M. J. Prins, 1999.

Verbeeck, (Jozef) René (Antoon), fläm. Lyriker, 18. 4. 1904 Wilsele – 13. 11. 1979 Hove. Mitbegründer der Zs. ›Vormen‹ (1936–40) u. Leiter von ›De Bladen voor de Poëzie‹ (1937–44). – Wortführer des fläm. Vitalismus. S. dynam., lebensbejahenden Verse zeigen im Gegensatz zur metr. Freiheit der Expressionisten strenge, beherrschte Form.
W: De donkere bloei, G. 1930; De minnaars, G. 1935; De dwaze bruid, G. 1937; Tusschen twee werelden, G. 1940; De dichter H. Marsman, Es. 1959; Van Eros tot

Requiem, G. 1964; De zomer staat hoog en rijp, G. 1965; Het meisje van Rochehaut, G. 1977.
L: J. Haest, 1971; P. de Vree, 1974.

Vercammen, Jan, fläm. Lyriker, 7. 11. 1906 Themse – 5. 8. 1984 Brügge. Schulverwaltungsbeamter; Zeitschriftenredakteur. – S. frühen Gedichte sind dem christl.-humanist. Expressionismus zuzurechnen, s. späteren einem sozialist. Humanismus.
W: Eksode, G. 1929; Volubile, G. 1939; De parelvisser, G. 1946; Verbroken zegel, G. 1952; Tussen twee woestijnen, G. 1958; Magnetisch veld, G. 1967; Het huis ten einde, G. 1971; Ontgraven graan, G. 1984. – Verzamelde Gedichten, 1976.
L: R. Seys, hg. 1966 (m. Bibl.); C. Verleyen, 1977; A. Demedts, 1977.

Vercors (eig. Jean Marcel Bruller; Ps. auch: Roland Dolée, Santerre), franz. Schriftsteller, 26. 2. 1902 Paris – 10. 6. 1991 Paris. Elektroingenieur, Graphiker und Buchillustrator. Gründete 1942 den geheimen Résistance-Verlag ›Editions de Minuit‹, veröffentlichte darin anonym die Novelle ›Le silence de la mer‹, die ihn bekannt machte und großen Einfluß auf das franz. Nationalgefühl unter Pétain hatte. – Mit maßvoller Menschlichkeit, Verhaltenheit und Nüchternheit des Stils behandelt V. die dunkle Zeit der dt. Besatzung. Schildert in ›La marche à l'Etoile‹ die Erlebnisse e. slowak. Juden, der, bis zuletzt vom Glauben an Frankreich erfüllt, von Pétains Gendarmen erschossen wird. In ›Les armes de la nuit‹ beschreibt er den Verfall e. Mannes, der e. Einäscherungsofen bedienen muß. Die späteren Novellen, abstrakter als die der Widerstandszeit, behandeln v. a. das Problem der Verantwortung und die unbedingte Verpflichtung zur Wahrung der Menschenwürde. Auch Essays.
W: Nouvelle clef des songes, Prosa 1934; L'enfer, Prosa 1935; Visions intimes et rassurantes de la guerre, Prosa 1936; Silences, Prosa 1937; Le silence de la mer, N. 1942 (d. 1945); La marche à l'Etoile, N. 1943; Souffrances de mon pays, Prosa 1944; Le songe, N. 1945; Les mots, Prosa 1945; Le sable du temps, Es. 1945; Portrait d'une amitié, Es. 1946; Les armes de la nuit, N. 1946 (d. 1949); Les yeux et la lumière, Nn. 1948; Plus ou moins homme, Fs. 1950; La puissance du jour, N. 1951; Les animaux dénaturés, N. 1952 (Das Geheimnis der Tropis, d. 1958); Les pas dans le sable, Es. 1954; Les divagations d'un Français en Chine, Es. 1956; Colères, R. 1956 (Auflehnung, d. 1962); P. P. C., Es. 1957; Sur ce rivage, Nn. III 1958–60; Sylva, R. 1961 (d. 1963); Zoo ou l'assassin philanthrope, Dr. 1964 (d. 1966); Les chemins de l'être, Br. 1965 (m. P. Misraki); Quota ou les Pléthoriens, N. 1966; La bataille du silence, 1967; Le fer et le velours, Dr. 1969; Questions sur la vie, Es. 1973; Comme un frère, 1973; Tendre naufrage, R. 1974; Ce que je crois, 1976; Cent ans d'histoire de France, 1981.
L: R. D. Konstantinović, 1969; E. M. Peller, Diss. Ann Arbor 1976/77; J.-M. Collavet, 1994; J.-J. Delanoy, 1997; G. Heddrich, 1997; G. Cesbron, 1999.

Verdaguer i Santaló, Jacint, katalan. Dichter, 17. 5. 1845 Folgueroles/Barcelona – 10. 6. 1902 Vallvidrera/Barcelona. Bekannt als ›Mossèn Cinto‹; verdiente sich s. Stud. mit Landarbeit u. Privatunterricht; 1870 Priesterweihe, 1873–75 Kaplan e. Schiffahrtsgesellschaft; erlangte 1877 mit s. Dichtung ›L'Atlàntida‹ Weltruhm; 1884 Europareise; 1885 zum katalan. Dichter gekrönt; 1886 Reise ins Heilige Land. Leiter versch. lit. Zsn. – Populärster katalan. Dichter, sehr gefeiert u. mit Ehren überhäuft; starke ep. Begabung; großartige Bilder, Klangfülle u. gewaltige Einbildungskraft; aber auch Vf. von zarten, innigen Gedichten myst. Art voller Aufrichtigkeit u. Demut; glänzende Beschreibungen der wilden Pyrenäenlandschaft u. der unberührten Natur; Sänger katalan. Sitten u. Legenden, in denen vergangene Zeiten lebendig werden. Übs. von Frédéric Mistrals ›Nerto‹.
W: L'Atlàntida, Dicht. 1877 (d. 1888 u. 1897); Idil·lis i cants místics, G. 1879; Llegendas de Montserrat, 1881; Caritat, G. 1885; Canigó, Dicht. 1886; Lo somni de sant Joan, Dicht. 1887 (d. 1909); Excursions y viatges, Prosa 1887; Pàtria, G. 1888; Jesús infant, Dicht. 1891 (Christrosen, d. 1906); Roser de tot l'any, G. 1894; En defensa pròpia, Prosa 1895; Flors del Calvari. Llibre de Consols, G. 1896 (d. 1904); Santa Eulària, G. 1899; Flors de Maria, G. 1902; Eucarístiques, G. 1904 (d. 1907). – Obres completes, XXVII 1904–20, XXX 1930, 1995ff.; Ed. Selecta (GW), 1949, 1964, 1974, 1995; Escrits inèdits, hg. J. M. Casacuberta I 1958; Episolari de J. V., XI 1959–93.
L: A. Vassal, 1903; A. Navarro, 1908; R. Dubois, 1912; Conde de Güell, 1927; M. de Montolíu, 1929; V. Serra Boldú, 1932; J. Moles, 1944; A. Esclasans, 1944; E. Junyent, M. de Riquer, 1946; M. Manent, La poesía de V., 1949; S. J. Arbó, 1952; J. Miracle, 1952; A. Torrent, 1952; J. Pabón, 1954; M. Condominas, 1970; A. Carner, 1971; R. Xuriguera, 1971; J. Moles, Mossèn Cinto, 1971; R. Guilleumas, 1977; M. Condominas, La gènesi de L'Atlàntida, 1978; M. Arimany, 1986; O. Cardona, 1986; J. M. de Casacuberta, 1986; I. Cònsul, 1986; J. G. López Antuñano, 1994; R. Torrents, 1995.

Verde, José Joaquim Cesário, portugies. Lyriker, 25. 2. 1855 Lissabon – 19. 7. 1886 ebda. Sohn e. Landwirts u. Kaufmanns, Stud. Philol. Lissabon. Starb an Tbc. – Bedeutender Erneuerer der portugies. Lyrik des 19. Jh., Überwinder des romant. Erbes, von hohem krit. Bewußtsein, modifiziert e. ursprüngl. romant.-parnass. Stilhaltung zugunsten realistischerer Technik. Mitunter imagist. Züge, von Baudelaire beeinflußt. Entdeckte die Großstadt u. den arbeitenden Menschen als lyr. Gegenstand; später besingt er jedoch auch die in sich ruhende u. gute ländl. Natur. In den letzten Dichtungen bewußt sozialkrit. Zu Lebzeiten keine Buchveröffentlichung. Wirkung auf F. Pessoa.

A: O Livro de C. V., hg. M. J. de Silva Pinto 1887; Obra Completa (GW), hg. J. Serrão 1964.
L: L. Amaro de Oliveira, 1944 u. 1949; C. Cunha, 1956; J. Serrão, ²1986; S. Reckert, 1987.

Veres, Péter, ungar. Schriftsteller, 6. 1. 1897 Balmazújváros – 16. 4. 1970 Budapest. Aus armer Landarbeiterfamilie; Hirte, Tagelöhner, Bahnarbeiter, Politiker, Minister. Autodidakt. – Begann mit soziograph. Studien zu Bauern- u. Agrarfragen; auch s. Erzählungen u. Romane bewegen sich in diesem Themenkreis. S. Hauptwerk ist die Trilog. ›A Balogh család története‹ (Geschichte der Familie B.), e. wahre Enzyklopädie des bäuerl. Lebens in Ungarn, in der die einschneidenden Änderungen des Dorfes von der Jh.wende bis 1945 geschildert werden.

W: Számadás, Aut. 1937; Próbatétel, Nn. 1951 (Die Knechte des Herrn Csatáry, d. 1952); Pályamunkások, N. 1951 (An der Strecke, d. 1954); Almáskert, Nn. 1954; Rossz asszony, R. 1954; A kelletlen leány, R. 1960; A Balogh család története R. III 1961 (I: Knechtschaft, d. 1954; II: Die Liebe der Armen, d. 1958).

L: P. Nádasdi, 1974; D. Szőke, 1996.

Veresaev, Vikentij Vikent'evič (eig. V. V. Smidovič), russ. Schriftsteller, 16. 1. 1867 Tula – 3. 6. 1945 Moskau. Arztsohn; Stud. Gesch. Petersburg und 1888–94 Medizin Dorpat, ärztl. Tätigkeit. 1918–21 auf der Krim, seit 1921 in Moskau. – Seit 1885 lit. tätig; veranschaul. im Roman ›Bez dorogi‹ das Suchen der jüngeren Generation der russ. Intelligenz nach neuen Wegen, in 2 weiteren Romanen und vielen Erzählungen der Zeit vor 1917 das Verhältnis der russ. Intelligenz zu Marxismus und Revolution, während er in s. besten Werk ›V tupike‹ e. fesselnde Darstellung des Ringens von Menschen der gebildeten Schicht um ihre innere Einstellung zum Kommunismus gibt. Kennzeichen s. Erzählweise ist, daß auf den Gesprächen e. weit stärkeres Gewicht als auf der Darlegung des Handlungsverlaufs liegt; e. Ergebnis s. lit.hist. Forschungen sind die 4 Bücher ›Puškin v žizni‹, e. der frühesten Beispiele von lit. Montage, die dann den Übergang zur Tatsachenlit. gefördert hat. Erregte 1901 mit den nicht rein lit. ›Zapiski vrača‹ Aufsehen; schuf vor 1917 bemerkenswerte Übertragungen von Werken antiker Dichter, 1949 s. ausgezeichnete Übs. der ›Ilias‹.

W: Bez dorogi, E. 1895 (Ohne Weg, d. 1905); Zapiski vrača, Ber. 1901 (Bekenntnisse e. Arztes, d. 1903); V tupike, R. 1924 (In der Sackgasse, d. 1924); Puškin v žizni, Abh. 1926 f. (Puschkin. Sein Leben u. Schaffen, d. 1947); Gogol' v žizni, Abh. 1933; Sëstry, R. 1933 (The Sisters, engl. 1934); Vospominanija, Mem. 1936; Nevydumannye rasskazy o prošlom, En. 1940. – Polnoe sobranie sočinenij (SW), XII 1928/29; Sobranie socinenij (GW), V 1961; Žizn' geniev (Ausw.), IV 1995.

Verga, Giovanni, ital. Schriftsteller, 2. 9. 1840 Catania – 24. 1. 1922 ebda. Aus liberaler u. gebildeter Familie. Privatschulen, s. Lehrer A. Abate führte ihn zur Vaterlandsliebe u. zum hist.-polit. Roman. Erster Romanversuch ›Amore e patria‹ (1856/57). Stud. Rechte. S. Roman ›I carbonari della montagna‹, die Geschichte des Aufstandes in Kalabrien gegen die Franzosen unter Murat, spiegelt den patriot. Zeitgeist. Polit. Journalist. Gründete die patriot. Zs. ›Roma degli Italiani‹. 1869 in Florenz; Freundschaft mit berühmten Literaten. Lebte ab 1873 in Mailand, oft zu Gast im lit. Salon des Maffei. 1893 Rückkehr nach Catania u. zurückgezogenes, beschaul. Leben. 1906 Freundschaft mit De Roberto u. Capuana. 1912 als begeisterter Nationalist für die territoriale Expansion Italiens. – Anfangs hist.-polit. Romane mit romant. Zügen. ›Sulle lagune‹ zeigt bereits e. psycholog. Vertiefung. Dann unter Einfluß der ›Scapigliatura milanese‹, e. dekadenten Richtung der Romantik, Romane aus dem großstädt. Milieu der Bohème u. der Künstler. Morbide Sinnlichkeit vor e. eher konstruierten realist. Hintergrund. Mit der Erzählung ›Nedda‹ u. den Novellensammlungen ›Vita dei campi‹ u. ›Novelle rusticane‹ Übergang zur realist. Darstellung s. sizilian. Heimat. Aus s. persönl. Erinnerung schildert er ungeschminkt die soz. Verhältnisse auf dem Lande u. das Leben der Bauern, Fischer und Hirten, s. Beobachtungsgabe u. s. Objektivität machen ihn zum bedeutendsten Vertreter des ital. Verismo: Das Wahre tritt an die Stelle des Schönen. Die Darstellung auch des Grausamen u. Häßlichen zeigt starken Einfluß der franz. Naturalisten. Nach dem Vorbild der ›Rougon-Macquart‹ plante er e. Romanzyklus ›I Vinti‹ über gesellschaftl. Fortschritt, soz. Aufstieg u. Niedergang, jedoch aus konservativer philos.-pessimist. Sicht. Von 5 Bänden erschienen nur ›I Malavoglia‹ u. ›Mastro Don Gesualdo‹. Die Novelle ›Cavalleria rusticana‹ wurde von ihm selbst zu e. Drama umgearbeitet u. von P. Mascagni vertont.

W: I carbonari della montagna, R. IV 1861ff.; Sulle lagune, R. 1862; Una peccatrice, R. 1866; La Storia di una capinera, R. 1873 (Die Geschichte eines Schwarzblättchens, d. 1900); Eva, R. 1873 (d. 1897); Tigre reale, R. 1873; Nedda, E. 1874; Eros, R. 1875 (d. 1898); Vita dei campi, Nn. 1880 (Sizilianische Dorfgeschichten, d. 1897, u.d.T. Trockenes Brot, 1954); I Malavoglia, R. 1881 (d. 1981); Il marito di Elena, R. 1882 (Ihr Gatte, d. 1885); Novelle rusticane, Nn. 1883 (Sizilianische Novellen, d. 1955); Per le vie, Nn. 1883; Cavalleria rusticana, Dr. 1884 (Sizilianische Bauernehre, d. 1891); Mastro Don Gesualdo, R. 1889 (d. 1960, u.d.T. Meister Motta, 1894); La Lupa, Dr. 1895; La caccia al lupo, Dr. 1896; Dal tuo al mio, R. 1906 (Erst mein, dann dein, d. 1908). – Opere, V 1939–43, I 1955; Tutte le novelle, II 1979; Teatro, 1952; Tutti i romanzi, III 1984; Edizione nazionale delle opere di G. V., 1987ff. – *Übs.:* (Ausw.):

Sizilianische Bauerngeschichten, 1908; Sizilianische Geschichten, 1940; Meisternovellen, 1955.
L: L. Russo, 1920, ⁵1955 (m. Bibl.); A. Momigliano, 1923 u. 1944; N. Cappellani, III 1940–54 (m. Bibl.); G. Santangelo, Storia della critica verghiana, 1954; W. Hempel, G. V.s Roman ›I Malavoglia‹, 1959; D. Böhm, 1967; R. Luperini, 1968; G. Cattaneo, B. 1969; A. Asor Rosa, Il caso V., hg. 1972; A. Alexander, 1972; G. Cecchetti, 1978; E. Ghidetti, 1979; G. Barberi Squarotti, 1982; G. Mazzachrati, 1985; V. Masiello, hg. 1986; G. P. Marchi, 1987; S. Pautasso, 1990; G. Locastro, 2001. – *Bibl.:* G. Raya, 1972.

Vergilius Maro, Publius, röm. Dichter, 15. 10. 70 v. Chr. Andes b. Mantua – 21. 9. 19 v. Chr. Brundisium (Brindisi). Obwohl aus bescheidenen Verhältnissen, sorgfältige Ausbildung. Elementarschule Cremona, dann Unterricht in Mailand. 54 nach Rom, wo Parthenios aus Nicäa s. Lehrer in griech. Sprache u. Lit. war. Philos. bes. Einfluß des Epikureers Siron. Nahes Verhältnis zu dem Politiker Asinius Pollio u. dem Elegiker Cornelius Gallus. Zutritt zum Kreis um Maecenas, der ihn mit Augustus bekannt machte; durch V. gelangte auch Horaz in diesen Kreis. Von e. Griechenlandreise, bei der er in Athen Augustus traf, kehrte V. krank zurück u. starb bald nach der Landung. In Neapel begraben. – Gilt als der größte röm. Dichter. Die Worte s. Grabinschrift ›cecini pascua, rura, duces‹ umfassen s. ganzes Werk. Anfangs unter dem Einfluß der Neoteriker, bes. Catulls. In den ›Bucolica‹ (in den Hsn. als ›Eclogae‹ überliefert), e. Sammlung von 10 Hirtengedichten mit vielen Anspielungen auf Ereignisse u. führende Männer der Zeit in Italien u. Rom, ahmt er teils Theokrit nach, teils entwickelt er e. eigenen bukol. Stil. Die berühmte 4. Ekloge (messian. Weissagung) nimmt e. Sonderstellung ein. Die ›Georgica‹, angeregt wohl von Cato u. Varro u. beeinflußt von Hygin u. Lukrez, beschreiben in 4 Büchern Ackerbau, Baumkultur, Vieh- u. Bienenzucht. Das Werk zeigt V.' nahe Beziehung zu Italien u. zum harten Leben der Bauern u. s. enge Naturverbundenheit. In der Verkleidung des Lehrgedichts vermittelt V. zugleich tiefere philos., eth., allgemeingültige Inhalte (transparentes Lehrgedicht). Nach langen Studien der Werke Homers u. der hellenist. Epiker, des Naevius, Ennius, Cato u. Lukrez schuf V. (zunächst Prosaentwurf) in 10jähriger Arbeit die nicht ganz vollendete ›Aeneis‹. Sie ist weniger e. Heldengedicht als e. vaterländ. u. relig.-polit. Epos, das sich an Augustus' Neuordnung orientiert. V. betrachtet den Sieg der röm. Auffassung von Recht u. Sitte als weltgeschichtl. Bestimmung Roms. Das Epos erstrebt e. Besinnung auf die Kräfte des röm. Volkes durch die Darstellung der myth. Vergangenheit. Der stoische Fatumsbegriff u. die ›pietas‹ des Aeneas stehen im Mittelpunkt. Charakterist. ist das Mitgefühl des Dichters für s. Gestalten, gerade für die Opfer des vom Fatum vorgegebenen Gangs der Ereignisse. Dies ermöglicht auch e. pessimist. Lesart der Aeneis (Two-voices-Theorie). Das Werk zeichnet sich aus durch seel. Vertiefung s. Gestalten, abgewogenen Aufbau und hohe stilist. u. metr. Kunst. Mit diesem Nationalepos hat V. röm. Wesen bewahrt u. erneuert. V.' Werk wird heute als e. Einheit gesehen, die in wachsendem Künstlertum die klass. Höhe der röm. Poesie erreicht. Schon zu Lebzeiten fand er höchste Anerkennung u. Bewunderung bei den augusteischen Dichtern. Es entstanden Gedichte unter dem Schutz des großen Namens, die sog. → ›Appendix Vergiliana‹. Nachahmer wurden Lucan, Silius Italicus u. Statius. Im MA (nach Augustin besaß V. eine ›anima naturaliter christiana‹) bestimmte er in unbestrittener Autorität das lit. Leben (Heinrich von Veldeke, Dante u.a.). Die 4. Ekloge wurde als Ankündigung der Geburt Christi gedeutet. Mit der Entdeckung Homers im 18. Jh. wurde V. in Dtl. zurückgedrängt, aber seit dem Ende des 19. Jh. zeigt sich wieder e. neue Hinwendung zu V.

A: O. Ribbeck IV ²1894f. (n. 1966); R. Mynors 1969; M. Geymonat 1973. – *Komm.:* Servianorum in Vergilii carmina commentariorum editio Harvardina, III 1946; Heyne-Wagner IV 1830–41 (n. 1968); Bucolica: H. Holtorf 1959; R. Coleman 1977; W. Clausen 1994; Georgica: W. Richter 1957; M. Erren 1985 (m. dt. Übs.); R. F. Thomas II 1988; R. A. B. Mynors 1990; Buch 4: A. Biotti 1994; Aeneis: J. Conington, H. Nettleship, F. Haverfield III 1883–1898 (n. 1979); E. Paratore VI 1978–83; Buch 1: R. G. Austin 1971; Buch 2: V. Ussani 1952; R. G. Austin 1964; Buch 3: R. D. Williams 1962; P. V. Cova 1994; Buch 4: A. S. Pease 1935 (n. 1967); E. Paratore 1947; R. G. Austin 1955; Buch 5: R. D. Williams 1960; Buch 6: E. Norden ⁴1957; Buch 7–8: C. J. Fordyce 1977; Buch 7: N. Horsfall 2000; Buch 8: R. T. Eden 1975; K. W. Gransden 1976; Buch 9: P. Hardie 1994; J. Dingel 1997; Buch 10: S. J. Harrison 1991; Buch 11: K. W. Gransden 1991; Buch 12: W. S. Maguinness ²1960; A. Traina 1997. – *Lexikon:* H. Merguet 1909–12 (n. 1960); M. N. Wetmore 1911 (n. 1961). – *Übs.:* R. A. Schröder 1924 (n. 1952); J. Götte II ⁴1979–81; Georgica, d. O. Schönberger 1994; Aeneis, d. T. v. Scheffer ²1953, Th. Haecker 1958; E. Staiger 1981; E. u. G. Binder VI 1994ff.

L: R. Heinze, V.s epische Technik, ³1915; H. J. Rose, The Eclogues of V., 1942; B. Otis, 1963; G. N. Knauer, 1964; M. C. J. Putnam, The Poetry of the Aeneid, 1965, n. 1988; W. F. Jackson Knight, Roman V., ²1966; F. Klingner, 1967; L. P. Wilkinson, The Georgics 1969; M. C. J. Putnam, V.'s Pastoral Art, 1970; G. Binder, Aeneas und Augustus, 1971; G. Highet, The Speeches in V.'s Aeneis, 1972; E. A. Schmidt, Poetische Reflexion, 1972; W. R. Johnson, Darkness Visible, 1976; R. Kettemann, Bukolik und Georgik, 1977; V. Pöschl, ³1977; E. Coleiro, An Introduction to V.'s Bucolics, 1979; M. C. J. Putnam, V.'s Poem of the Earth, 1979; G. B. Miles, V.'s Georgics, 1980; J. Thomas, Structures de l'imaginaire dans l'Énéide, 1981; W. Moskalew, Formular Language and Poetic Design in the Aeneid, 1982; G. Williams,

Techniques and ideas 1983; G. B. Conte, 1984; P. u. J. Courcelle, Lecteurs paiens et chrétiens de l'Énéide,1984; J. Griffin, 1986; P. R. Hardie, V.'s Aeneid, 1986; S. Timpanaro, Per la storia della filologia virgiliana antica, 1986; R. O. A. M. Lyne, Further Voices in V.'s Aeneid, 1987; D. O. Ross, V.'s Elements, 1987; R. D. Williams, The Aeneid, 1987; R. O. A. M. Lyne, Words and the Poet, 1989; F. Cairns, V.'s Augustan Epic, 1989; K. W. Gransden, 1990; J. J. O'Hara, Death and the Optimistic Prophecy in V.'s Aeneid, 1990; J. Farrell, V.'s Georgics and the Tradition of Ancient Epic, 1991; R. F. Glei, Der Vater der Dinge, 1991; N. Horsfall, 1991; M. C. J. Putnam, V.'s Aeneid, 1995; H.-C. Günther, Überlegungen zur Entstehung von V.s Aeneis, 1996; M. O. Lee, V. as Orpheus, 1996; L. Rumpf, Extremus labor, 1996; R. Cramer, V.s Weltsicht, 1998; H. Heckel, Das Widerspenstige zähmen, 1998; R. Jenkyns, V.'s Experience, 1998; M. C. J. Putnam, V.'s Epic Designs, 1998; L. Morgan, Patterns of Redemption in V.'s Georgics, 1999; H. Seng, V.s Eklogenbuch, 1999; W. Suerbaum, V.s Aeneis, 1999. – Forschungsbericht: P. Hardie, 1998. – Enzyklopädie: Enciclopedia Virgiliana, V 1984–91.

Verhaeren, Emile (Adolphe Gustave), belg. Dichter, 21. 5. 1855 Saint-Amand-les-Puers/ Antwerpen – 27. 11. 1916 Rouen. Besuchte mit Maeterlinck und Rodenbach die Jesuitenschule Sainte-Barbe in Gent. Stud. Rechte Löwen, 1881 Advokat in Brüssel, widmete sich ganz der Lit. Mitbegründer der Jeune-Belgique-Bewegung. Mitarbeiter der Zs. ›Art moderne‹, Reisen in England, Dtl. und Spanien. 1887–91 schwere seel. Krise; überwand sie durch Hinwendung zu soz. Problemen. Arbeitete in der ›Maison du Peuple‹ in Brüssel. 1891 ∞ Marthe Massin. Lebte in Belgien und Paris. Starb bei e. Eisenbahnunfall. – Von Whitman beeinflußter Lyriker in vielseitiger, kraftvoller und farbiger Sprache mit barock-pathet., überquellenden Bildern. Begann mit derben und realist. Gedichten über s. Heimatprovinz und parnass. Versen über das Glück mönch. Lebens. Nach morbiden, während s. seel. Krise entstandenen Gedichten fand er zum Symbolismus, zu wuchtiger soz. Lyrik. Stellt melanchol. der fiebrigen Großstadt die Verlassenheit der Dörfer gegenüber, besingt Apostel des techn. Fortschritts und im Glauben an menschl. Bruderschaft visionär und ekstat. die Schönheit der Großstadt, der industrialisierten, von der Technik geprägten Welt. Bewahrt immer Erdverbundenheit und tiefe, innige Liebe zum fläm. Land. Schildert die idyll. Freuden des Ehelebens. Ruft zur Völkerversöhnung auf. Gebraucht anfängl. die traditionelle Form des Alexandriners, findet zum ›vers libre‹, dessen er sich mit großer Leichtigkeit bedient. V.s Rhetorik ist übersteigert, er verwendet ausdrucksstarke Verben, Alliterationen, häufige Wiederholungen, erreicht dadurch e. hämmernden, sehr eindringl. Rhythmus. Auch Dramatiker und Kunstkritiker.

W: Les Flamandes, G. 1883; Contes de minuit, En. 1885 (d. 1921); Les moines, G. 1886; Les soirs, G. 1888; Les débâcles, G. 1888; Les apparus dans mes chemins, G. 1891; Les flambeaux noirs, G. 1891; Au bord de la route, G. 1891; Les campagnes hallucinées, G. 1893 (n. 1982); Les villages illusoires, G. 1895 (d. 1911); Les villes tentaculaires, G. 1895 (n. 1982); Tril.: Les heures claires, G. 1896, Les heures d'après-midi, G. 1905, Les heures du soir, G. 1911 (d. 1907, 1912); Les aubes, Dr. 1898 (d. 1925); Les visages de la vie, G. 1899 (d. 1911); Le cloître, Dr. 1900 (d. 1914); Les forces tumultueuses, G. 1902; Philippe II, Dr. 1904 (d. 1914); Toute la Flandre, G. V 1904–11; Rembrandt, Schr. 1905 (d. 1912); La multiple splendeur, G. 1906; Hélène de Sparte, Dr. 1909 (d. 1914); Les rythmes souverains, G. 1910 (d. 1912); P.-P. Rubens, Schr. 1910 (d. 1922); Les blés mouvants, G. 1912 (d. 1917); La Belgique sanglante, Prosa 1915; Parmi les cendres, Prosa 1916; Les ailes rouges de la guerre, G. 1916; Poèmes chrétiens, hg. M. de Poncheville 1916; Les flammes hautes, G. 1917; Chants dialogués, G. 1926. – Œuvres, IX 1912–36; Choix de poèmes, 1917 (m. Bibl.), hg. M. Gevers 1966; Poèmes choisis, hg. R. Vivier 1977; E. V. à Marthe V., 219 lettres inédites 1889–1916, 1937. –
Übs.: Ausgew. Gedichte, S. Zweig 1904 u. ö.; Gedichte, E. Rehwoldt 1909, ³1921; Hymnen an das Leben, S. Zweig 1911; Erzählungen, 1921, 1923.
L: S. Zweig, ²1913 u. 1927; J. de Smet, II 1920ff.; A. Gide, 1927; C. Brutsch, 1929 (m. Bibl.); A. Fontaine, 1929; A. Mockel, ³1933; R. T. Sussex, L'idée d'humanité chez E. V., Diss. Paris 1938; Abbé C. Hanlet, 1947; A. Mabille de Poncheville, 1953; L. Christophe, 1955; P. M. Jones, Cardiff/Lond. ²1957; R. Bodart, 1966; S. I. Kalinowska, Les motifs décadents dans les poèmes de V., 1966; F. Lapraz, 1976; L. Tsan-Hacquard, 1981; P. E. Knabe, 1884; P. Arno, 1985; J. Warmoes, 1985, C. Challot, 1991; J. Höfel, 1994; G. Gullentops, 1996; P. Gorceix, 1998; G. Gullentops, 1999.

Verhulst, Raf(aël), fläm. Schriftsteller, 7. 2. 1866 Wommelgem – 24. 3. 1941 Vaals. Journalist, Lehrer, Publizist; im 1. Weltkrieg e. der führenden fläm. Aktivisten. 1918 Flucht in die Niederlande, vom belg. Gericht zum Tode verurteilt. 1921–31 Lektor für Niederländ. an der Univ. Göttingen. – Schrieb zunächst Lyrik, dann v. a. hist. Dramen, Opernlibretti u. Romane.
W: Langs groene hagen, G. 1899; Jezus de Nazarener, Dr. 1904; Reinaert de Vos, Dr. 1904, Libr. 1909; Telamon en Myrtalée, Dr. 1909; Semini's kinderen, Dr. 1911; Coucke en Goethals, R. 1940; De jeugd van Tijl Uilenspiegel, R. 1942.
L: L. Delfos, 1966.

Veríssimo, Érico Lopes, brasilian. Romancier, 17. 12. 1905 Cruz Alta/Rio Grande do Sul – 28. 11. 1975 Porto Alegre. Versch. Aufenthalte in den USA, wo er über brasilian. Lit. las; 1933–36 Hrsg. der ›Revista do Globo‹; lebte in Porto Alegre. – Äußerst erfolgr. Autor, schreibt aus modernist. Haltung, von den zeitgenöss. anglo-amerik. Romanschriftstellern, die er ausgezeichnet übersetzte, stark beeinflußt. Gesellschaftskrit., deutet vorzugsweise die geistig-soz. Entwicklung s. Heimatstaates. Auch Vf. von Essays, Reisebüchern, hist. Biographien u. Jugendlit.

W: Fantoches, Kgn. 1932; Clarissa, R. 1933; Caminhos Cruzados, R. 1935; Música ao longe, R. 1935; Um lugar ao Sol, R. 1936; Aventuras de Tibicuera, R. 1937; Olhai os Lírios do Campo, R. 1938 (Die Lilien auf dem Felde, d. 1974); Saga, R. 1940; O Resto é Silêncio, R. 1943; O tempo e o vento, R.-Tril., I: O Continente, 1949 (Die Zeit und der Wind, d. 1953), II: O Retrato, 1951 (Das Bildnis des Rodrigo Cambará, d. 1955), III: O Arquipélago, 1962; Informe sobre las actividades culturales de la Unión Panamericana, Ess. span. 1954; Noite, R. 1956 (Nacht, d. 1956); Mexiko, Ber. 1957 (d. 1958); Fatnoches e outros contos, En. 1959; O Senhor Embaixador, R. 1965 (Seine Exzellenz der Botschafter, d. 1967); O Prisoneiro, R. 1967; Israel em abril, Ber. 1969; Incidente em Antares, R. ²1970; A Ponte, R. 1975; Contos, En. 1978. – Ficção completa, V 1966f.

L: A Coutinho, 1960; W. Martins, 1966; A. Clinto, 1966; M. J. Pompermayer, 1968; F. Py, 1968.

Verlaine, Paul (eig. P. Marie), franz. Dichter, 30. 3. 1844 Metz – 8. 1. 1896 Paris. Offizierssohn; erste Jahre in Metz, dann in Montpellier; seit 1851 in Paris, Schüler des Lycée Bonaparte. Kleiner Kommunalbeamter; 1870 ∞ Mathilde Maute. Zunächst bürgerl. Leben in glückl. Ehe. Verfiel der Trunksucht. Verließ 1872 Frau und Beruf. 1871–73 leidenschaftl. Freundschaft zu → Rimbaud, dem er restlos verfiel. Zog mit ihm als Vagabund durch Nordfrankreich, Belgien und England; verletzte ihn im Streit durch Pistolenschüsse. 1873–75 im Gefängnis von Mons, dort Bekehrung zum Katholizismus; versuchte vergebl., Anschluß an e. geregeltes Leben zu finden; 1874 ließ s. Frau sich scheiden. 1879 Lehrer in England, Landwirt in Coulomme. Genoß bereits Ruhm (›prince des poètes‹), verfiel erneut dem Alkohol, lebte letzte Jahre in Kneipen, Bordellen und Spitälern, starb einsam und elend. – E. der bedeutendsten franz. Lyriker. In Genialität, Labilität und Schicksal Villon vergleichbar. Wegbereiter des Symbolismus. S. Verse zeigen e. von jeder Rhetorik freie, scheinbar natürl., doch nach bewußtem Programm geschaffene Sprachmusik. Formulierte s. ästhet. Prinzipien in dem Gedicht ›Art poétique‹. S. Lyrik ist die poet. Wiedergabe jeder Form menschl. Erfahrung in ihren komplizierten und subtilen Gefühlsnuancen, s. poet. Mittel die Musikalität des Verses. Diese beruht auf schwebender Anmut und suggestiver Kraft von Melodie und Rhythmus, auf bewußt einfachem, impressionist. vagem Stil. Lockert die traditionelle Metrik auf, verzichtet aber noch nicht auf den Reim. Gestaltet die ganze Skala s. Empfindungen, wechselt zwischen obszöner Erotik, heidn. Sinnenfreudigkeit, abgründigem Zynismus und Kindlichkeit, inniger Zärtlichkeit, ekstat. Frömmigkeit, echter seel. Zerknirschung. Begann unter Einfluß von Banville und Baudelaire als parnass. Dichter (Beiträge zum ›Parnasse contemporain‹, 1866). S. ›Fêtes galantes‹ sind von Watteau und Malern des 18. Jh. inspirierte elegant-graziöse Rokokogedichte. ›La bonne chanson‹ ist Ausdruck der kurzen Zeit s. Liebesglücks, ›Romances sans paroles‹ das 1. Meisterwerk des Symbolismus, von melanchol. Stimmungen beherrscht. Die bedeutenden relig. Gedichte ›Sagesse‹ spiegeln s. Bekehrung. Die letzten Werke zeigen s. Schwanken zwischen Erlösung und Verfallenheit. Seit 1885 merkl. Nachlassen s. dichter. Zucht und Kraft. S. Prosaschriften, autobiograph. und lit.krit., stehen der Lyrik an Bedeutung nach. Starker Einfluß auf die franz. Symbolisten, der auch über Frankreich hinaus in hohem Maße wirksam wurde.

W: Poèmes saturniens, 1866; Fêtes galantes, G. 1869 (d. 1949); La bonne chanson, G. 1870; Romances sans paroles, G. 1874; Sagesse, G. 1881; Jadis et naguère, G. 1884 (enth.: Art poétique); Les poètes maudits, Prosa 1884, 1888; Mémoires d'un veuf, Aut. 1886; Amour, G. 1888; Parallèlement, G. 1889; Femmes, G. 1890 (d. 1966); Dédicaces, G. 1890; Bonheur, G. 1891; Les uns et les autres, Dr. 1891; Mes hôpitaux, Aut. 1891 (d. 1919); Chansons pour elle, G. 1892; Liturgies intimes, G. 1892; Mes prisons, Aut. 1893 (d. 1914); Quinze jours en Hollande, Aut. 1893; Confessions, Prosa 1895 (d. 1921); Chair, G. 1896; Invectives, G. 1896; Voyage en France, Aut. 1907. – Œuvres complètes, V ³1943; Œuvres poétiques complètes, hg. Y.-G. Le Dantec III 1938 (n. 1951, rev. J. Borel 1977); Œuvres poétiques, hg. J. Robichez 1969; Correspondance, hg. van Bever III 1926–29, VII 1941; Lettres inédites, 1976. – Übs.: Ausw., O. Hauser 1900; W. v. Kalckreuth ²1912; GW, S. Zweig II 1922; Ausw. 1927; R. Schaukal 1906; M. Hahn 1927; G. v. d. Vring 1940; K. Krolow 1957; V. Hinderberger 1959 u. ö.

L: E. Lepelletier, 1907, ²1923; F. Porché, 1933, 1949; P. Claudel, 1935; A. Adam, 1936; C. Cuénot, 1938; F. Carco, 1939; H. Mondor, 1940; E. Delahaye, 1942; A. Micha, 1943; G. Haug, 1944; L. Morice, Diss. Rennes 1944; P. Martino, ²1944 (m. Bibl.); A. Adam, 1953; J.-H. Bornecque, 1953 u. 1966; A. D. Friedel, Diss. Freib. 1954; L. u. E. Hanson, Lond. 1957; O. Nadal, 1961; G. Zayed, 1962; C. Cuénot, 1963; I. Siciliano, 1964; E. M. Zimmermann, 1967; J. Richer, 1968; J. Richardson, Lond. 1971; H. Maisongrande, 1972; Ch. Chadwick, Lond. 1974; C. Mackworth, English Intenludes, Lond. 1974; P. Stephan, Manchester 1974; P. Petifils, 1980; B. Monkiewicz, Genf 1983; B. Manderna, 1997; J. Gobry, Verlaine et le destin, 1997; M. L. Premuda Prosa, 1999; M. Landi, 2001; A. Wild, 2002; St. Murphy, 2003. – Bibl.: F. Montel, 1924; A. van Bever, M. Monda, 1926.

Vermeylen, August, fläm. Schriftsteller, 12. 5. 1872 Brüssel – 10. 1. 1945 Ukkel. Stud. in Brüssel, Berlin u. Wien. 1901–23 Prof. für Kunstgesch. Brüssel, 1923–40 Prof. für Lit., später auch für Kunstgesch. Gent. Von der dt. Besatzung s. Amtes enthoben. – Prosaist, Essayist. Wurde, obwohl in Brüssel aufgewachsen u. von Baudelaire

Verne

u. der franz. Décadence beeinflußt, zu dem das geistige Leben bestimmenden und die Lit. aus dem Regionalismus befreienden Führer der fläm. Bewegung. 1893 Mitgründer der Zs. ›Van Nu en Straks‹. Anarchistischer Individualist, später Bejaher der Mitarbeit an den Aufgaben der Gemeinschaft. Dynam. Pantheismus. S. symbolist.-philos. Roman ›De wandelende Jood‹ schildert die 3 Stufen des Wahrheitssuchers: sinnl. Genuß, Entsagung, Arbeit.

W: Leven en werken van Jonker Jan van der Noot, Diss. 1899; Verzamelde opstellen, Ess. II 1904f.; De wandelende Jood, R. 1906 (d. 1917); Geschiedenis der Europeesche plastiek en schilderkunst, III 1921ff. (u. d. T. Van de catacomben tot El Greco, ²1946); Van Gezelle tot Timmermans, Schr. 1923; Beschouwingen, Ess. 1942; Twee vrienden, R. 1943. – Verzameld werk, VI 1951–55.

L: Gedenkboek A. V., 1932; P. de Smaele, 1948; H. Teirlinck, 1958; A. Westerlinck, 1958; J. Venstermans, 1965. – *Bibl.:* R. Roemans, 1934, ²1953.

Verne, Jules (eig. J.-Gabriel), franz. Romancier, 8. 2. 1828 Nantes – 24. 3. 1905 Amiens. Stud. Jura Paris. Schrieb zuerst Opernlibretti, dann zusammen mit Dumas fils Dramen. Begann 1863 die große Reihe halbwiss. Romane: zugleich utop., exot. und techn. Abenteuerromane, die den Interessen des Publikums der 1860er Jahre entsprachen und techn. Erfindungen des 20. Jh. vorwegnahmen; ab 1871 polit. Tendenz. – Sehr einfallsreiche und in frischem Erzählton geschriebene Bücher, lange Zeit lediglich. beliebte Jugendlektüre, im Zuge der aktuellen Neubewertung von Science-fiction und allg. von phantast. Lit. auch für die ›seriöse‹ Lit.kritik von gesteigertem Interesse.

W: Cinq semaines en ballon, R. 1863; Voyage au centre de la terre, R. 1864; De la terre à la lune, R. 1865; Le désert de glace, R. 1866; Aventures du capitaine Hatteras, R. 1866; Les enfants du capitaine Grant, R. 1867; Une ville flottante, R. 1867; Autour de la lune, R. 1869; Vingt mille lieues sous les mers, R. II 1869f.; L'île mystérieuse, R. 1870; Le tour du monde en 80 jours, R. 1873; Michel Strogoff, R. II 1876. – Œuvres complètes, LXXXII 1878–1910, XIX 1966–68, XXVIII 1966–69, Correspondance inédite (1863–1874), II (1863–86). – *Übs.:* GA, IIC 1873–1911; Hauptwerke, 1967ff.

L: B. Frank, 1941 u. 1966; R. Escaich, Voyage à travers le monde vernien, 1951; M. Allette de la Fuye, ²1953; F. Born, Der Mann, der die Zukunft erfand, 1959; M. Moré, 1961 u. 1963; M. Metral, 1963; A. Renoux, R. Chotard, 1964; F. Franquinet, 1964; I. O. Evans, Lond. 1965; F. Russell, 1965; M. Rheims, L'art 1900, 1965; B. Becker, N. Y. 1966; ›L'Arc‹, Sondernr. J. V. 1966; G. de Diesbach, 1969; J. Chesnaux, 1971; M. Serres, 1974; M.-H. Huet, 1974; P. Stephan, 1974; B. Blanc, 1978; P. Costello, Lond. 1978; Ch.-N. Martin, 1978; T. Ostwald, 1978; F. Rivière, 1978; C. Robin, Nantes 1978; M. Soriano, 1978; M. J. Miller, N. Y. 1978; Y. Gilli, 1998; R. Pourvoyeur, 1999; G. de Robien, 2000; K. Pfatschbacher, 2000; F. Lestringant, 2002;

R. Junkerjürgen, 2002. – *Bibl.:* E. J. Gallagher, J. A. Mistichelli, J. A. van Eerde, 1980; P. Gondola della Riva, 1985.

Verneuil, Louis (eig. L. Colin du Bocage), franz. Schauspieler, Regisseur und Dramatiker, 14. 5. 1893 Paris – 3. 11. 1952 ebda. – Vf. von etwa 30 sentimentalen, psycholog. wenig überzeugenden, doch geschickt und witzig gebauten Boulevardkomödien, vorwiegend über erot., später auch polit. Themen. Z. T. zusammen mit G. Berr. Auch Drehbücher.

W: Le danger de l'autre, K. 1913; La jeune fille au bain, K. 1919; Le traité d'Auteuil, K. 1919; Mademoiselle ma mère, K. 1920 (d. 1928); L'amant de cœur, K. 1921; Régine Armand, K. 1923; Maître Bolbec et son mari, K. 1928; La banque Nemo, K. 1931; Ma sœur et moi, K. 1931 (d. 1930); La vie merveilleuse de Sarah Bernhardt, B. 1942; Rideau à neuf heures, Aut. 1944; Affairs of State, K. (1952); Love and Let Love, K. 1952. – Théâtre complet, II 1941–44.

Verriest, Hugo, fläm. Schriftsteller, 25. 11. 1840 Deerlijk – 28. 10. 1922 Ingooigem. Schüler Gezelles im Theologenkonvikt Roeselare, Priester, Lehrer, Schulleiter, Pfarrer an verschiedenen Orten. Wirkte anfeuernd auf Rodenbach und die fläm. Kultur- u. Stud.-Bewegung. Neben s. publizist. Tätigkeit schrieb er auch Gedichte u. Prosa. Geschätzter Redner.

W: Regenboog uit andere kleuren, Sk. 1901; Twintig Vlaamsche koppen, Bn. II 1901; Op wandel, Sk. 1903; Voordrachten, R. 1904.

L: A. Demedts, 1945; G. Depamelaere, 1972; J. M. Baillieul u. a., 1978.

Verschaeve, Cyriel, fläm. Schriftsteller, 30. 4. 1874 Ardooie – 8. 11. 1949 Hall in Tirol. Priester, Lehrer, radikaler fläm. Aktivist. Verließ zu Ende des 2. Weltkriegs Belgien mit den dt. Truppen, lebte dann in Österreich; 1946 in Belgien wegen Kollaboration in Abwesenheit zum Tode verurteilt. – Temperamentvoll-dynam. Dichter-Priester in der fläm. Tradition von Gezelle u. Verriest. Rhetor.-pathet. Lyriker von blitzender Sprachkraft in philos.-symbolist. Gedankendichtung. Essayist und Biograph bedeutender Dichter, Denker, Künstler und Musiker und Vf. e. monumentalen Jesus-Biographie. Am einflußreichsten als Dramatiker mit Stücken von barockem Schwung und psycholog. Tiefe um bibl. und nationale Stoffe.

W: Zeesymphonieën, G. 1911 (d. 1936); Jacob van Artevelde, Dr. 1911 (d. 1939); Ferdinand Verbiest, Dr. 1912; Judas, Dr. 1917; Uren van bewondering voor grote kunstwerken, Ess. VI 1920–22; Maria Magdalena, Dr. 1928; Rubens, B. 1938 (d. 1938); Jezus, B. 1940 (d. 1957). – Verzameld Werk, X 1934–40; VIII 1955–61. – *Übs.:* Schönheit u. Christentum, Ess. 1929; Die altfläm. Meister, Ess. 1942.

L: M. van de Walle, 1935; D. Vansina, ²1941; R. van den Bussche, 1942; M. Verheecke, 1943; K. de Jager, 1951; D. Vansina, 1956; L. Vilzen, 1962; A. van der Plaetse, 1964; V.iana, 1971ff.; J. Vinks, 1977.

Verwey, Albert, niederländ. Dichter, 15. 5. 1865 Amsterdam – 8. 3. 1937 Noordwijk aan Zee. Mitgründer der Zs. ›De Nieuwe Gids‹, 1891 Austritt aus der Redaktion. Gab ab 1894 zusammen mit L. van Deyssel das ›Tweemaandelijksch Tijdschrift‹ heraus, ab 1902 umbenannt in ›De Twintigste Eeuw‹, 1905–19 s. eigene Zs. ›De Beweging‹, beeinflußte damit maßgebl. die öffentl. Meinung. 1925–35 Prof. für niederländ. Lit. in Leiden. – Geistiger Führer der Gruppe der ›Tachtiger‹ mit der Vorstellung von der besonderen Berufung des Dichters, mit e. an Goethes Stellung zur Natur erinnernden Naturgefühl u. von stark intellektueller Prägung. Im Gegensatz zum streng kalvinist. Geist, in dem er erzogen wurde, ist in seinem Frühwerk die Schönheit an die Stelle der christl. Glaubensinhalte getreten. Auf der Frühstufe, auf der er nur in dem Band ›Van de liefde die vriendschap heet‹ persönl. Gefühle ausspricht, sucht er Klarheit über den Sinn der Vergänglichkeit zu gewinnen, steht dichter. gestaltend über dem Gefühl und sucht den göttl. Seinsgrund in sich zum Ausdruck zu bringen. Auf der folgenden Stufe formt er aus dem Geist e. Pantheismus im Sinne Spinozas reflektierend die Schau, die den Zusammenhang der Erscheinungswelt zu umgreifen sucht. Durch die Erschütterung des Krieges erkennt er in Tod und Elend Ausdrucksformen des göttl. Seinsgrundes, die die einseitige Wahrnehmung des Schönen ergänzen. S. Dramen sind infolge kompakter Darstellungsform nicht leicht zugänglich. Lit.wiss. Schriften über Vondel, Potgieter, Jan van der Noot u. Spiegel. Von symbol. Bedeutung s. Freundschaft mit S. George, in deren Verlauf ihnen die Wesensart ihrer Völker deutlich wurde; V. strebte nach Verklärung der Wirklichkeit, George bewahrte Abstand. Später suchte V. an der Verwirklichung e. Weltgemeinschaft der Völker mitzuarbeiten, in der jedes Volk s. Art bewahren würde. Übs. von Dante und Shakespeare.

W: Persephone en andere gedichten, G. 1885; Van het leven, G. 1888; Johan van Oldenbarnevelt, Dr. 1895; Aarde, G. 1896; Het brandende braambosch, G. 1899; Dagen en daden, G. 1901; Het leven van Potgieter, Prosa 1903; De kristalwijg, G. 1903; Uit de lage landen bij de zee, G. 1904; Het eigen rijk, G. 1912; Het zwaardjaar, G. 1916; Goden en grenzen, G. 1920; De weg van het licht, G. 1922; De getilde last, G. 1927; Vondel herdacht, G. 1929; De figuren van de sarkofaag, G. 1930; De ring van leed en geluk, G. 1932; Mijn verhouding tot Stefan George, Prosa 1934 (d. 1934); De dichter en het derde rijk, G. 1936. – Proza, X 1921ff.; Oorspronkelijk dichtwerk, II 1938‹, Suppl.: Dichtspel, 1983; Kunstenaarsleven, Br.

hg. M. Nijland-Verwey 1959; A. V. en S. George, Br. hg. dies. 1965; Wolfskehl u. V., Br. hg. dies. 1968. – *Übs.:* Europäische Aufsätze (1895–1922), 1930; Ausgew. Gedichte, 1954.

L: M. Uyldert, III 1948–59; Th. Weevers, Mythe en vorm, II 1965; R. Pannwitz, A. V. u. S. George, (dt.) 1965; J. Kamerbeek jr., 1966; M. Wolf, (engl.) 1977; Th. Weevers, 1978.

Very, Jones, amerik. Dichter, 28. 8. 1813 Salem/ MA – 8. 5. 1880 Boston. Stud. Harvard; Griech.-Tutor ebda. – Von Emerson geförderter Freund der Transzendentalisten. S. relig.-myst. Erfahrungen, die ihn in den Ruf e. Geisteskranken brachten, legte er in geistl. Sonetten nieder, deren Thema die Hingabe des einzelnen Willens an den absoluten Gott ist, der sich in der Natur ausdrückt.

A: Essays and Poems, hg. R. W. Emerson 1839, J. F. Clark 1886, K. W. Cameron ²1965; Selected Poems, hg. N. Lyons 1966.

L: W. I. Bartlett, 1942, n. 1968; E. Gittleman, 1967; C. Gerbaud, 1974; L. Deringer, 1983; S. T. Clayton, 1999.

Vesaas, Halldis Moren, norweg. Lyrikerin u. Übersetzerin, 18. 11. 1907 Trysil – 8. 9. 1995 Oslo. 1934 ∞ norweg. Dichter Tarjei Vesaas. – Freiheitsdrang, aber auch Solidarität mit der Gemeinschaft sind zentrale Themen ihrer Verse, in denen das lyr. Ich mit weibl. Selbstbewußtsein auftritt. Daneben Vf. von Kinder- u. Jugendlit. Bedeutende Tätigkeit als Übersetzerin für die Bühne von Klassikern der Weltlit. (Shakespeare, Racine, Brecht, Sophokles).

W: Harpe og dolk, G. 1929; Strender, G. 1933; Du får gjera det, du, Kdb. 1935; Lykkelege hender, G. 1936; Treet, G. 1947; tidleg på våren, Kdb. 1949; Sett og levd, Ess. 1951; I ein annan skog, G. 1955; I Midtbøs bakkar, Erinn. 1974; Båten om dagen, Erinn. 1976; Livshus, G. 1995. – Dikt i samling, G. 1998.

L: Klarøygd, med rolege drag. Om H. M. V. forfatterskap, hg. O. Karlsen 1996.

Vesaas, Tarjei, norweg. Schriftsteller, 20. 8. 1897 Vinje/Telemarken – 15. 3. 1970 ebda. Bauernsohn; 1917/18 Volkshochschule Voss. Reisen nach Dtl., Italien, Frankreich, England. Seit 1947 Staatsstipendium. Schreibt in Landsmål. – Realist.-psycholog. Erzähler in schlichter, doch bezwingend kraftvoller Sprache mit Vorliebe für problemat. Naturen, symbol. Bilder und Gleichnisse. Schildert in s. sozialkrit. Romanen, Novellen und Bauernchroniken die seel. Abgründe in Schuld geratener Menschen. Auch Lyriker, Dramatiker und Hörspielautor.

W: Menneskebonn, E. 1923; Sendemann Huskuld, R. 1924; Guds bustader, Dr. 1925; Grindegard, R. 1925 (d. 1938); Grindekveld, R. 1926; Dei svarte hestane, R. 1928 (Die schwarzen Pferde, d. 1936); Klokka i haugen,

Veselinović

Nn. 1929 (Die Glocke im Hügel, d. 1935); Tetralogie: Fars reise, 1930, Sigrid Stallbrok, 1931, Dei ukjende mennene, 1932, Hjarta høyrer sine heimlandstonar, 1938 (Wächter seines Lebens, d. 1939); Sandeltreet, R. 1933; Ultimatum, Dr. 1934; Det store spelet, R. 1934 (Das große Spiel, d. 1937); Kvinnor ropar heim, R. 1935 (Eine Frau ruft heim, d. 1937); Leiret og hjulet, N. 1936; Kimen, R. 1940 (Nachtwache, d. 1964); Huset i mørkret, R. 1945; Bleikeplassen, R. 1946 (Johan Tander, d. 1960); Kjeldene, G. 1946; Leiken og lynet, G. 1947; Morgonvinden, Dr. 1947; Tårnet, R. 1948; Lykka for ferdesmenn, G. 1949; Signalet, R. 1950; Vindane, Nn. 1952 (Der Wind weht, wie er will, d. 1953); Løynde eldars land, G. 1953; 21 år, Dr. 1953; Vårnatt, R. 1954 (Frühlingsnacht, d. 1962); Fuglane, R. 1957 (Die Vögel, d. 1961); Ein vakker dag, E. 1959 (Regen im Haar, d. 1961); Brannen, R. 1961; Is-slottet, R. 1963 (Das Eisschloß, d. 1964); Bruene, R. 1966 (Drei Menschen, d. 1967); Båten om kvelden, Nn. 1968 (Boot am Abend, d. 1970); Liv ved straumen, G. 1970 (Leben am Strom, d. 2000); Det rare, 1975. – Dikt i samling, G.-Ausw. 1969; Skrifter i samling, XIV 1987–88; Noveller i samling, Nn. 1973; Huset og fuglen (Ausw.), 1971.
L: R. Skrede, 1947; L. Mæhle, hg. 1964; J. E. Vold, hg. 1964; Fs. T. V. 1897–1967 (m. Bibl.), 1967; K. Chapman, 1969; H. M. Vesaas, 1976; W. Baumgartner, 1976; K. Lønning, 1979; O. Vesaas, Løynde land, 1995; B. Aamotsbakken, Det utrulege greineverket, 2002.

Veselinović, Janko, serb. Autor, 13. 5. 1862 Crnobarski Salaši – 26. 6. 1905 Glogovac. Stammt aus Popenfamilie, Dorflehrer, ab 1893 Redakteur in Belgrad. Als Oppositioneller mehrfach verhaftet. – V. schreibt in der Tradition russ. Erzähler, typ. Vertreter des poet. Realismus. Mehrfach thematisiert er das traditionelle Dorfleben, orientiert sich an narrativen Stil der Volkssepen.
W: Slike iz seoskog života, En. 1886 u. 1888; Pisma sa sela, Aut. 1889; Poljsko cveće, En. 1891; Od srca srcu, En. 1893; Seljanka, R. 1893; Rajske duše, En. 1893; Zeleni vajati, En. 1895; Hajduk Stanko, R. 1896. – Celokupna dela (GW), IX 1933; Izabrana dela (AW), 1964; Izabrane pripovetke (AW), 1980.
L: S. Jelača, 1999.

Veselis, Jānis, lett. Schriftsteller, 1. 4. 1896 Nereta – 18. 5. 1962 Milwaukee/WI. Knechtsfamilie; örtliche Schulen; 1911–13 Schule Jēkabpils; 1915–20 Frontsoldat, verwundet, Armeezensor; ab 1926 Redakteur bei Zeitungen u. Zeitschriften; 1932–34 Pressezensor; Hinwendung zur ›Dievturu kustība‹; 1944 nach Dtl. emigriert, Lehrer; 1950 in die USA übergesiedelt, 1955–62 Redakteur bei Zs. ›Labietis‹. – Psychol. gut motivierte Romane; eigene Art der Erzählung, die pseudomytholog. ›Teiksma‹, wo vor realist. Hintergrund Menschen u. lett. Götter dargestellt werden; Übs. (Plutarch, Tolstoj, Dostoevskij, Gladkov).
W: Pasaules dārdos, En. 1921; Saules kapsēta, R. 1921; Dievu gulta, R. 1923; Tīrumu ļaudis, R. 1927; Jumis, Tr. 1931; Dzīves vainagi, G. 1943; Latvju teiksmas, En. 1942, 1945, 1948, 1966; Tērauda dvēsele, R.-Tril. 1961.
L: L. Puže, 1980.

Vesëlyj, Artëm (eig. Nikolaj Ivanovič Kočkurov), russ. Schriftsteller, 29. 9. 1899 Samara – 8. 4. 1938 (in Haft). Vater Wolgastauer; zunächst Arbeiter und Fuhrmann, nahm am Bürgerkrieg teil; die Sprache s. Erzählungen und Romane ist durch reichen Gebrauch von Provinzialismen, des ›skaz‹ nach dem Vorbild Remizovs und Belyjs (stilisierte mündl. Rede, ›ornamentale Prosa‹), gekennzeichnet. Schwache Entwicklung der Fabel, bes. in den Romanen ›Strana rodnaja‹ und ›Rossija, krov'ju umytaja‹. Thematik auf den Bürgerkrieg bezogen. Schildert die Revolution als ›elementare‹, aus der bäuerl. Masse heraus erwachsene Begebenheit.
W: Reki ognennye, E. 1924; Strana rodnaja, R. 1926 (Heimatland, d. Ausz. 1925); Rossija, krov'ju umytaja, R. 1932; Guljaj, Volga, R. 1932. – Izbrannoe, Ausw. 1990.

Vestdijk, Simon, niederländ. Schriftsteller, 17. 10. 1898 Harlingen – 23. 3. 1971 Utrecht. Stud. Medizin Amsterdam, 1927–32 als Arzt tätig, u. a. als Schiffsarzt, dann freier Schriftsteller; seit 1939 in Doorn. Im 2. Weltkrieg als Geisel in Haft. Einfluß von Dostoevskij, Rilke, Proust, Faulkner u. a. – Überaus fruchtbarer Romanschriftsteller, auch Lyriker und Essayist. Intellektuell bohrende, psycholog. vertiefte u. konzentrierte Darstellungsweise von stoffl. großer Variationsbreite, bes. aggressive Analysen der bürgerl. Gesellschaft und breitangelegte hist. Romane mit Neigung zu Zynismus und Groteske. Übs. von Dickinson, Stevenson, Poe und Doyle.
W: Verzen, 1932; Terug tot Ina Damman, R. 1934; Else Böhler, Duitsch dienstmeisje, R. 1935; Meneer Visser's hellevaart, R. 1936; Het vijfde zegel, R. 1937 (d. 1939); Rilke als barokkunstenaar, Es. 1938; De nadagen van Pilatus, R. 1938; Sint Sebastiaan, R. 1939 (d. 1993); Albert Verwey en de idee, Es. 1940; Rumeiland, R. 1940 (Die Fahrt nach Jamaica, d. 1941); Aktaion onder de sterren, R. 1941 (d. 1942); Iersche nachten, R. 1944 (d. 1944); De uiterste seconde, G. 1944; De vuuraanbidders, R. 1947; De toekomst der religie, Es. 1947; De kelner en de levenden, R. 1949; De koperen tuin, R. 1950; De dokter en het lichte meisje, R. 1951 (d. 1953); Op afbetaling, R. 1952 (Betrügst du mich ..., d. 1954); De schandalen, Es. 1953; De arme Heinrich, R. 1958; Gestalten tegenover mij, Aut. 1961; Een alpenroman, R. 1961; De onmogelijke moord, R. 1966; Het proces van meester Eckhart, R. 1969; Het verboden bacchanaal, R. 1969. – Verzamelde gedichten, III 1971; Verzamelde verhalen, 1974; Verzamelde romans, 1978ff.; Verzamelde muziekessays, X 1983 ff.; De grenslijn uitgewist, En. 1984.
L: Th. de Vries, 1968, ²1981; Th. Govaart, ³1971; R. v. d. Paardt, 1979; R. A. Cornets de Groot, 1979; H. Visser, 1987; P. Kralt, 1988; M. Hartkamp, 1989; L.

Nachtergaele, 1996; J. H. de Roder, 2001. – *Bibl.:* J. Brüll, VI 1977–81, 1984.

Vetāla-pañcaviṁśati(kā), die (25 Geschichten des Leichendämons), altind. Sanskrit-Erzählwerk, dessen ursprüngl. Fassung verlorenging. In versch. Rezensionen, u. a. von → Kṣemendra, → Somadeva, Śivādasa u. Jambhaladatta, überliefert. Den Rahmen bildet e. Legende über König Vikramāditya, dem e. in e. Leiche hausender Dämon (vetāla), der von e. Yogi bedroht wird, die 25 jeweils mit e. Frage endenden Geschichten auf dem Weg zum Verbrennungsplatz erzählt. Weite Verbreitung in Zentralasien (tibet. Version hg. A. W. McDonald 1967, Nepali-Version hg. T. Riccardi 1971 [mit engl. Übs.], mongol. Version hg. G. Kara 1984).
A: Śivadās-Rezension, hg. H. Uhle 1881–84, 1914 (d. ders. 1924, n. 1966); Jambhaladatta-Rezension, hg. M. B. Emeneau 1934 (m. engl. Übs.). – *Übs.:* Ozean der Märchenströme, d. W. Ruben 1944, E. Ritschl, M. Schetelich 1979, ³1989; engl. C. Rajan 1995.
L: L. Sternbach, 1976.

Vetemaa, Enn, estn. Schriftsteller, * 20. 6. 1936 Tallinn. 1943–54 Gymn. Tallinn, 1954–59 Stud. Chemie Tallinn, 1960–65 Stud. Komposition, 1963–69 Redakteur, 1969–76 lit. Berater im Schriftstellerverband, danach freiberuflich. – Er debütierte als Lyriker, wurde jedoch als Prosaist mit seinen Kurzromanen bedeutend, in denen er als Gegenentwurf zum sozialist. Realismus einen negativen Helden kreiert.
W: Häälemurre, G. 1962; Monument, R. 1965 (Das Monument, d. in: Kleine Romane, 1981); Eesti näkiliste välimääraja, R. 1983 (Die Nixen in Estland, d. 1985); Möbiuse leht, R. II 1985–1990.

Vetranović, Mavro, kroat. Dichter, nach 1482 Dubrovnik – 15. 1. 1576 ebda. Bürgerl. Herkunft, Benediktiner, zuletzt Abt. – S. vorwiegend reflexiv-relig. Lyrik, Zeitsatiren, moral-didakt. geistl. u. mytholog. Dramen sowie geistl. Epen zählen zu den besten Schöpfungen der 2. Phase der Dubrovniker Renaissancelit.
W: Uskrsnutje Isukrstovo, Dr.; Suzana čista, Dr.; Posvetilište Abramovo, Dr.; Orfeo Dr. (unvollendet); Remeta, Ep.; Piligrin, Ep.-Ausg. in: ›Stari pisci hrvatski‹ 3–4, 1871f.; Pet stoljeća hrvat. književ. 5, 1968 (m. Bibl.); Izabrani stihovi (AW), 1994.
L: A. Pavić, Historija dubrovačke drame, 1871; F. Švelec, 1959f.; Dani hrvatskog kazališta XIV (Sammelbd.), 1988; J. Torbarina, 1997.

Veuillot, Louis François, franz. Schriftsteller, 11. 10. 1813 Boynes/Loiret – 7. 3. 1883 Paris. Arbeitersohn, Autodidakt. Journalist, anfangs von ›L'Echo de la Seine Inférieure‹ in Rouen, seit 1832 des ›Mémorial de la Dordogne‹ in Périgueux. Nach Bekehrung bei Romreise leidenschaftl. und intoleranter Ultramontanist. Seit 1843 Redakteur, später Chefredakteur des kathol. Organs ›L'univers catholique‹. – Bekämpfte in Pamphleten mit meisterhafter Rhetorik, in klarer und kraftvoller Sprache, Gallikanismus und Liberalismus. Ferner relig. bestimmte Romane und Erzählungen sowie polit. und literarkrit. Studien.
W: Pierre Saintive, R. 1840; Agnès de Lauvens, R. 1842; L'honnête femme, R. II 1844; Les nattes, R. 1844; Corbin et d'Aubecourt, R. 1850; Etudes sur Saint Vincent de Paul, St. 1854; La guerre et l'homme de guerre, St. 1855; Mélanges religieuses, historiques et littéraires, Aufse. VI 1856–75; Molière et Bourdaloue, St. 1877; Etudes sur V. Hugo, St. 1885. – Œuvres complètes, XXXIX 1924–37; Correspondance, VI 1883–85.
L: E. Veuillot, IV 1899–1914; E. Gauthier, 1938 u. 1953; J. Morienval, 1941; F. Veuillot, ⁶1948; L. Christophe, 1967; C. Foucart, L'aspect méconnu d'un grand lutteur, 1978; B. Le Roux, 1984.

Vežinov, Pavel (eig. Nikola Gugov), bulgar. Schriftsteller, 9. 11. 1914 Sofia – 21. 12. 1983 ebda. Stud. Philos. in Sofia. Kriegskorrespondent gegen Ende des 2. Weltkriegs, Redakteur, führende Posten bei der bulgar. Kinematographie, Drehbuchautor. – Vertreter der städt. Prosa. Bekannt v. a. durch s. Science-fiction, deren Problematik die moralischen Bereiche des Menschlichen betrifft.
W: Sinijat zalez, R. 1947; Na post, En. 1947; Vtora rota, N. 1949; V poleto, N. 1950; Našata sila, En. 1958; Krajat na putja, N. 1958; Momčeto s cigulkata, En. 1963; Dŭh na bademi, En. 1966; Zvezdite nad nas, R. 1966; Sinite peperudi, Nn. 1968; Gibelta na Ajaks. Nad vsičko, R. u. N. 1973; Noštem s belite kone, R. 1975; Barierata, N. 1976; Ezernoto momiče, Nn. 1978; Vezni, R. 1982. – AW, II 1974; IV 1984.

Vialar, Paul, franz. Erzähler, 18. 9. 1898 Saint-Denis – 8. 1. 1996 Vaucresson (Hauts-de-Seine). Früh verwaist; 1918 Kriegsfreiwilliger, Stud. Wirtschaftswiss. Präsident der ›Société des Gens de Lettres‹; lebte in St. Tropez. – Erzähler von handlungsreichen realist. Romanen in schönem und kraftvollem Stil mit instinktiv sicherem Empfinden für das erzähler. Wirksame. Mehrere Romanzyklen, so ›La mort est un commencement‹ aus der Zeit seit 1914. Auch liebenswürdig heitere Romane.
W: L'âge de raison, Dr. 1922; Les hommes, Dr. 1930; La rose de la mer, 1939 (d. 1953); La grande meute, 1943 (d. 1949); La caille, E. 1945; La mort est un commencement, VIII 1945–51 (Le bal des sauvages, 1945, Le clos des trois maisons, 1945, Le petit jour, 1947, La cœur vivants, 1949, Risques et périls, 1949, La Carambouille, 1949, Dansons la Capucine, 1950, Epilogue, 1951); Une ombre, 1946 (d. 1948); L'éperon d'argent, 1951 (d. 1952); La grande Ribaude, 1951; La chasse aux hommes, R.-Zykl. X 1952ff. (I–II: Madame de Viborne, d. 1965f.); Chronique française du XXe siècle, R.-Zykl. X

1955–61; La découverte de la vie, R. 1957; Le petit garçon de l'ascenseur, R. 1957 (Achter Stock, s'il vous plaît, d. 1960); Le bonheur est pour demain, R. 1965; Mon seul amour, R. 1971; Le Butor, E. 1972; Le triangle de fer, R. 1976; La chasse de décembre, R. 1979; L'homme du fleuve, R. 1981.

Vian, Boris (Paul) (Ps. Vernon Sullivan), franz. Schriftsteller, 10. 3. 1920 Ville-d'Avray – 23. 6. 1959 Paris. Aus großbürgerl. Familie; Ausbildung in Versailles und Paris; 1942–47 Ingenieur, dann Jazzmusiker und -kritiker, freier Schriftsteller, Chansonnier, Übs. (u.a. Brendan Behan, Strindberg). – Umfangreiches, disparates Werk: neben e. Unzahl journalist. Arbeiten Romane, Chansons, Theaterstücke, Novellen, Erzählungen, Gedichte. Grundzug s. lit. Schaffens ist auf aggressivanarch. Phantasie aufbauender und bis zur Groteske gesteigerter schwarzer Humor mit satir. Absicht, getragen vom Drang nach geistiger Freiheit und unverfälschtem Gefühl. Zu V.s lit. Ahnen zählen die Leitsterne des Surrealismus und Existentialismus, insbes. der ›Pataphysiker‹ A. Jarry.

W: Vercoquin et le plancton, R. 1946; J'irai cracher sur vos tombes, R. 1946; Les morts ont tous la même peau, R. 1947; L'écume des jours, R. 1947 (Chloé, d. 1964); L'automne à Pekin, R. 1947 (d. 1965); L'équarrissage pour tous, Dr. 1948; Et on tuera tous les affreux, R. 1948; Elles se rendent pas compte, R. 1948; Les fourmis, En. 1949 (d. 1967); L'herbe rouge, R. 1950; L'arrache-cœur, R. 1953 (d. 1966); Les bâtisseurs d'empire ou le Schmürz, Dr. 1960 (d. in: Franz. Theater der Avantgarde, 1961); Je voudrais pas crever, G. 1962; Les lunettes fourrées, En. 1962; Théâtre, II 1965–70; Chroniques de Jazz, Feuill. 1967; Le loup-garou, Nn. 1970; Chansons, 1984. – Œuvres, I–XIV 1999. – *Übs.:* Der Voyeur, Gesch. 1969.

L: W. D. Noakes, 1964; F. de Vree, 1965; H. Baudin, 1966 u. 1973; M. Rybalka, 1969; J. Duchateau, 1969; N. Arnaud, hg. 1970 (m. Bibl.); J. Clouzet, ²1971 (m. Bibl.); A. Cismaru, N. Y. 1974; M. Fauré, 1975; J. Bens, 1976; H. Dickhoff, 1977; M. Andersen, Koph. 1981; P. Birgander, Lund 1981; G. Beauvarlet, 1982; J. Duchateau, 1982; V. Sullivan, 1996; C. Suhner, 1997; J. K. L. Scott, 1998; A. Ch. Rolls, 1999.

Viana, Javier de, uruguay. Schriftsteller, 5. 8. 1868 Canelones – 5. 10. 1926 La Paz. Journalist, Grundbesitzer, Abgeordneter; verbrachte viele Jahre im Exil. – Scharfe Beobachtungsgabe für Figuren u. Situationen; meisterhafte Dialoge; dem Naturalismus u. Positivismus verpflichtet. Schrieb etwa 700 Erzählungen.

W: Campo, En. 1896; Gaucha, R. 1899; Gurí, En. 1901; Con divisa blanca, Mem. 1904; La dotora, Dr. 1907; La nena, Dr. 1909; Macachines, En. 1910; Leña seca, En. 1911; Yuyos, En. 1912; Crónicas de la Revolución del Quebracho, 1944. – Selección de cuentos, II 1965.

L: J. F. Garganigo, 1972; J. J. Da Rosa, 1979; R. S. Scott, 1984, 1986; A. Barros Lémez, 1985.

Viau, Théophile de, franz. Dichter, 1590 Clairac b. Agen – 25. 9. 1626 Chantilly. Sohn e. hugenott. Advokaten. Kam nach abenteuerl. Jugend 1615 nach Paris, Hausdichter und Protegé des Grafen von Candale, später der Herzöge von Liancourt und Montmorency. 1623 wegen Veröffentlichung antirelig. Gedichte angeklagt, zum Scheiterhaufen verurteilt, 2 Jahre im Gefängnis, starb entkräftet 1 Jahr nach s. Entlassung. – Letzter bedeutender Lyriker aus dem Kreis der Freidenker vor A. Chénier. Kühner Freigeist von spontaner, lebendig-sinnenhafter Sensibilität. Achtete Malherbes techn. Meisterschaft, lehnte jedoch dessen Dogmatismus ab. Vertrat, unbekümmert um letzte Reinheit der Form, Freiheit und Kraft der Inspiration. Verfeinerter, allem Schönen auch in Natur und Landschaft zugewandter Epikureer. Schrieb empfundene Liebesgedichte, gestaltete aus echtem Naturgefühl mit poet. Sinn subtile Sinneseindrücke in maler.-anmutigen Versen, die, von Malherbe und den Zeitgenossen abgelehnt, von den Romantikern anerkannt wurden. S. galantes Drama ›Pyrame et Thisbé‹ entsprach mit der Einführung ital. Metaphernstils dem preziösen Zeitgeschmack.

W: Pyrame et Thisbé, Tr. 1623 (hg. J. Hankirs 1933). – Œuvres complètes, III 1621ff., hg. Alleaume II 1856; Œuvres, 2. Teil (1623), hg. G. Saba, Rom 1978; Œuvres complètes, 3. Teil, hg. ders., Rom 1979; Œuvres complètes, 1. Teil, hg. ders., Rom 1984; ders. III 1999; Œuvres poétiques, hg. L. R. Lefèvre 1926, J. Streicher II 1951–58.

L: K. Schirmacher, 1897; F. Lachèvre, II 1909; A. Adam, 1935 u. 1966; F. Lachèvre, Un second cas d'envoûtement littéraire, 1937; H. Impiwaara, 1963; G. Saba, Triest 1964 u. 1968; A. Bruzzi, Bologna 1965; A. Bianchi, R. Casanova, hg. 1967; G. Müller, 1968; K. Meyer-Minnemann, Die Tradition der klass. Satire in Frankreich, 1969; C. L. Lynn, The cabaret poetry of V., 1980; J. Kohls, 1981; R. Duchêne, 1991; V. Adam, 1996; G. Saba, 1997.

Viaud, Julien → Loti, Pierre

Vicent, Manuel, span. Schriftsteller, * 10. 3. 1936 Villavieja/Valencia. Stud. Jura, Philos., Lit., Journalismus Valencia u. Madrid; bekannter Journalist (›El País‹) u. Kunstgalerist. – Vf. brillant unterhaltender Romane u. Erzählungen; feinsinniger Satiriker.

W: Pascua y Naranjas, R. 1967; Ángeles o neófitos, R. 1980; Balada de Caín, R. 1987 (d. 1987); Contra paraíso, R. 1993 (Zeit der Orangen, d. 2002); Tranvía a la Malvarrosa, R. 1995; Son de mar, 1999 (Der Gesang der Wellen, d. 2000); La novia de Matisse, R. 2000 (Die Bildersammlerin, d. 2002).

Vicente, Gil, portugies. Dramatiker, um 1465 Guimarães (oder Lissabon) – 1536 (?) Lissabon. Biographie recht umstritten, wohl mit dem gleichnamigen berühmten Goldschmied ident., ›mestre da balança‹ (Münzmeister), stand bei Dom Manuel u. Joāo III. in Gunst (Organisator der Hoffeste), wahrscheinl. kein Univ.-Stud., gute Kenntnis der lat. liturg. Dichtung. Schrieb s. über 40 Stücke in span. und portugies. Sprache, meist jedoch zweisprachig. Außerordentl. schlechte Überlieferung, meist als fliegende Blätter gedruckt, posthum weitgehend von der Inquisition indiziert oder auf deren Druck hin verstümmelt. – Größtes Genie des portugies. Theaters u. dessen eigentl. Begründer; Einwirkung der volkstüml. u. liturg. Tradition, ma. Vorformen (Mysterienspiele, Moralitäten). Gliederte s. Schaffen in Comédias, Farsas u. Moralidades. Verwendete christl.-ma. Symbolik u. Allegorien. Wegbereiter des span. Auto Sacramental des Goldenen Zeitalters, spiegelt hervorragend die portugies. Gesellschaft zu Beginn des 16. Jh. in all ihren Schichten. Unabhängiger, humanist. gestimmter Geist (Raimundus Lullus u. Erasmus verwandt) trotz der ma. Formen, tolerant, bekämpfte entschieden den Antisemitismus s. Zeit, aufgeschlossen gegenüber relig. Reformen. Höhepunkte s. Schaffens sind die ›Autos das Barcas‹ (Totentanz-Thema), ›Auto da Alma‹ (Preis der göttl. Gnade), ›Auto da Índia‹ (seine 1. Farce, über e. Frau, die sich während der Abwesenheit ihres Gatten in Indien mit zwei Verehrern vergnügt u. dem heimkehrenden Ehemann e. von der Wirklichkeit durchaus abweichende Schilderung liefert), ›Auto de Inês Pereira‹ (seine beste Farce, deren Komik e. unklugen Heirat u. ehel. Untreue entspricht). Lebendige Charaktere, kom., witzig, satir., Vicente galt bei s. Zeitgenossen auch als glänzender Schauspieler u. mitreißender Improvisator.

W: Auto da Índia, Dr. 1509; Moralidade dos Quatro Tempos, Dr. 1513; Primeiro Auto de Moralidade das Barcas, Dr. 1517 (hg. J. S. Révah 1951); Moralidade da Alma, Dr. 1518; Segundo Auto de Moralidade das Barcas, Dr. 1518; Terceiro Auto de Moralidade das Barcas, Dr. 1519; Auto de Inês Pereira, Dr. 1523 (hg. J. S. Révah 1955); Comédia de Amadis de Gaula, Dr. 1523; Farsa dos Físicos, Dr. 1524; Auto da Lusitânia, Dr. 1532; Auto da Cananeia, 1534 (hg. A. de Campos 1938); Comédia Floresta de Enganos, Dr. 1536. – Copilaçam de todas obras de G.V., hg. L. u. P. Vicente 1562 (n. J. Gomes Monteiro III 1834 u. 1852, Faks. 1928); Obras Completas (GW), hg. M. Braga VI 1942–44 u.ö., hg. Costa Pimpão 1956, ^{2}1962; Obras, hg. J. Mendes dos Remédios III 1907ff.; Autos Portugueses, hg. C. Michaëlis de Vasconcellos 1922. – Übs.: Stücke, d. M. Rapp, in: Span. Theater, II 1868–71; Geistl. Spiele, M. Kühne 1940.

L: A. A. Marques, 1917; O. de Pratt, 1931; A. F. G. Bell, 1940; M. de Castro e Azevedo, 1942; A. Braamcamp Freire, ^{2}1944; J. S. Révah, II 1951–55; A. Asensio, 1958; P. Teyssier, Paris 1959; L. Keates, 1962; J. Almeida Pavão, 1963; C. Láfer, 1963; L. Sletsjøe, 1965; R. Brasil, 1965; A. J. Saraiva, ^{2}1966; A. Martins Janeiro, 1967; J. H. Parker, N. Y. 1967; P. Teyssier, 1982; S. Reckert, 1983.

Vico, Giovanni Battista, ital. Schriftsteller und Philosoph, 23. 6. 1668 Neapel – 21. 1. 1744 ebda. Sohn e. Buchhändlers. Stud. bei den Jesuiten u. Autodidakt. Auch jurist. Stud. Arbeitete als Rechtsanwalt, dann als Hauslehrer bei der Familie Rocca. 1699 ∞ Teresa Caterina Destito, insgesamt 11 Kinder; 1699 Prof. der Rhetorik in Neapel. 1710 Mitgl. der ›Arcadia‹. 1735 Historiograph Karls III. von Neapel. – Entwickelt gegen den Rationalismus von Descartes s. System der Geschichtsphilos. in der ›Scienza nuova‹, e. myst.-platon. Kreislauf um Aufstieg, Fortschritt, Zustand, Verfall u. Wiederkehr, jedoch im Rahmen des Prinzips der göttl. Vorsehung. Vorläufer des Historismus; beeinflußte Nietzsche u. Spenglers organ. Zyklen. V. sieht Sprache ursprüngl. als Ausdruck e. poet. Phantasie und weist dem frühen Stadium des myth. Denkens e. bedeutsame Rolle in der Entwicklung der menschl. Kultur zu. Damit wird auch die Dichtung als Ausdruck des Urgrundes der menschl. Seele aufgewertet, auch wenn das poet. Zeitalter längst vom ›heroischen‹ und vom rationalen abgelöst wurde. Montesquieu, Rousseau, Herder u. Goethe entwickelten s. Ideen weiter.

W: Rime, 1701; De nostri temporis studiorum ratione, 1708 (d. 1947); De antiquissima Italorum sapientia, 1710; Sinopsi del diritto universale, 1720; De constantia philosophiae, 1721; De constantia philologiae, 1721; De universi juris uno principio et fine uno, 1721 (d. 1854); Autobiografia, 1725 (hg. F. Nicolini 1947, d. V. Rüfner 1948); Principj di una scienza nuova d'intorno alla comune natura delle nazioni, 1725, ^{2}1730, ^{3}1744 (krit. hg. F. Nicolini III 1911–16, d. E. Auerbach 1924, n. 1965). – Tutte le opere, hg. F. Nicolini VIII 1914–41, F. Flora 1957; Opere, hg. F. Nicolini 1953; Opere, hg. A. Battistini 1990.

L: G. Gentile, 1915; R. Peters, Der Aufbau d. Weltgeschichte bei G. V., 1929; H. P. Adams, 1935; E. Chiocchetti, 1935; A. Corsano, 1935; E. Auerbach, 1936; A. Lantrua, 1938; J. Chaix-Ruy, 1943, 1945, 1967; V. Rüfner, Die Geschichtsphilos. G. V.s, 1943; B. Croce, ^{7}1947 (d. 1927); G. Villa, 1949; T. G. Bergin, M. H. Fish, 1949; A. R. Caponigri, Time and Idea, Lond. 1953; A. M. Jacobelli-Isoldi, 1960; N. Badaloni, 1961; G. Tagliacozzo, H. V. White, hg. Baltimore 1969; W. Vossenkuhl, 1973; F. Fellmann, 1976; H. Viechtbauer, 1977; G. Tagliacozzo, Lond. 1980; D. P. Verene, Ithaca 1981; R. W. Schmidt, 1982; N. Badaloni, 1984; P. Burke, Oxford 1985; A. M. Jacobelli Isoldi, 1989; S. Otto, 1989; J. Mali, Cambridge 1992; C. Miller, N. Y. 1993; P. Christofolnini, 1995; G. Cacciatore, 2002. – Bibl.: B. Croce, III 1904–10, II ^{2}1947; M. Donzelli, 1973; A. Battistini 1983.

Víctor Català (eig. Caterina Albert i Paradís), katalan. Schriftstellerin, 11. 9. 1869 La Escala/Girona – 27. 1. 1966 ebda. – Lyrikerin von großer Schlichtheit u. Tiefe, makellose Form; Erzählungen u. Sittenbilder in korrekter Sprache; berühmt bes. der Roman ›Solitud‹, e. Hymne auf die Natur

u. den Glauben. Wendet den franz. Naturalismus auf die ländl. u. bäuerl. Umwelt an.

W: Cant del mesos, G. 1898; Drames rurals, En. 1902 (n. 1982); Solitud, R. 1904 (⁶1998, d. 1907); Ombrívoles, En. 1904; Llibre blanch, G. 1906; Caires vius, En. 1907; Els centaures, N. 1924; El carcanyol, N. 1924; Un film, R. III 1926 (n. 1985); Contrallums, En. 1930; Vida mòlta, En. 1949; Jubileu, En. 1951. – Obres completes, 1951 u. 1972; Teatre inèdit, 1967; Contes diversos, 1981.

L: D. Brunet, 1926; J. Triadú, hg. 1960; J. Miracle, 1967; J. Oller i Rabassa, 1967; M. Serrahima, Dotze mestres, 1973; J. Miracle, 1978; Ll. Albert u.a., 1992; F. Bartrina, 1999.

Vida, Marco Girolamo, neulat. Dichter, um 1485 Cremona – 27. 9. 1566 Alba. Humanist. Ausbildung in Cremona u. Mantua; Eintritt in den Orden der lateranens. Regularkanoniker; Stud. Theol., Dr. theol.; unter Papst Leo X. Prior von S. Silvestro, Frascati, 1532 Bischof von Alba/Herzogtum Monferrat; 1545 auf dem Konzil von Trient, Eintreten für Reformen der Kirche. – Als Epiker, Lyriker und Lehrdichter e. der wichtigsten neulat. Dichter des Humanismus. Die früheste Veröffentlichung fanden s. Lehrdichtungen über den bombyce ›De bombyce‹ (1520), und über das Schachspiel, ›Scacchia ludus‹. S. im Aufbau an Vergils ›Aeneis‹ geschultes Epos ›Christias‹ (vollendet wohl 1527) ist e. in klangvollen Versen geschriebene Darstellung vom Leben und Leiden Christi. An Cicero angelehnt ist außer s. Reden auch die Prosaschrift ›De dignitate rei publicae‹. Die auf Horaz zurückgreifende ›De arte poetica‹ beeinflußte später auch dt. neulat. Lyriker. Weniger erfolgr. mit s. stets von starken Empfindungen beherrschten Lyrik und breit angelegten relig. Hymnen meist in Hexametern.

W: De arte poetica, III 1527 (hg. R. G. Williams 1976 m. engl. Übs.; R. Girardi 1982 m. ital. Übs.); De bombyce, 1527 (d. J. J. Hoffmann 1864); Scacchia ludus, 1527 (hg. M. A. Di Cesare 1975 m. engl. Übs.; d. J. J. Hoffmann 1826, n. 1979; A. Baldi 1873, n. 1982); Christias, Ep. VI 1535 (hg. G. C. Drake, C. A. Forbes 1978 m. engl. Übs.; d. J. D. Müller 1811); La disfida dei Tredeci campioni (hg. P. M. Mainardi 1995 m. ital. Übs.). – Opera II, 1550; Poemata omnia cum dialogis, hg. Volpi II 1731.

L: V. Cicchitelli, 1904; M. A. Di Cesare, 1964; S. Rolfes, Die lateinische Poetik des M. G. Vida und ihre Rezeption bei J. C. Scaliger, 2001. – *Bibl.:* M. A. Di Cesare, 1974.

Vidal, Gore (eig. Eugene Luther), amerik. Schriftsteller, * 3. 10. 1925 West Point/NY. Wuchs in Washington auf, wo s. Großvater Senator war (hatte selber polit. Ambitionen); Teilnahme am 2. Weltkrieg als Marineoffizier; freier Schriftsteller, Drehbuchautor, Fernsehspiele. – Sehr vielseitige lit. Produktion: zeitkrit. Dramen mit polit. Hintergrund, Essays u. Lit.kritik, polit. Satire. S. (z. T. von ihm später selbst revidierten) Romane sind in Inhalt u. Form sehr verschiedenartig, doch stets im Einklang mit den Zeitströmungen der lit. Geschmacks, manchmal tonangebend: Kriegserlebnis in knapper an Hemingway geschulter Prosa (›Williwaw‹); Problematik der Homosexualität (›The City and the Pillar‹); amerik. Playboy im Nachkriegseuropa (›The Judgment of Paris‹); hist. Roman aus dem Oström. Reich (›Julian‹); Parodie der Pornowelle (›Myra Breckinridge‹); aktuelle Politik (›Washington, D. C.‹). Unter Pseudonym (Edgar Box) Kriminalromane.

W: Williwaw, R. 1946; In a Yellow Wood, R. 1947; The City and the Pillar, R. 1948 (Geschlossener Kreis, d. 1986); The Season of Comfort, R. 1949; A Search for The King, R. 1950; Dark Green, Bright Red, R. 1950; The Judgment of Paris, R. 1952; Messiah, R. 1954; A Thirsty Evil, Kgn. 1956; Visit to a Small Planet, Dr. 1957; The Best Man, Dr. 1960; Rocking the Boat, Ess. 1962; Julian, R. 1964 (d. 1965); Washington, D. C., R. 1966 (d. 1967); Myra Breckinridge, R. 1968 (d. 1969); Weekend, Dr. 1968; The Woman of Ephesus, R. 1969; Reflections Upon a Sinking Ship, Ess. 1969 (d. 1971); Two Sisters, R. 1970; An Evening with Richard Nixon, Dr. 1972; Burr, R. 1973 (d. 1974); Collected Essays 1952 to 1972, 1974; Myron, R. 1974; 1876, R. 1976 (d. 1978); Matters of Fact and Fiction, Ess. 1977 (American Plastics, d. 1986); Kalki, R. 1978 (d. 1980); Views from a Window, Interviews hg. R. J. Stanton 1980; Creation, R. 1981 (Ich, Cyrus, Enkel des Zarathustra, d. 1986); The Second American Revolution, Ess. 1982; Duluth, R. 1983 (d. 1984); Lincoln, R. 1984 (d. 1985); Vidal in Venice, Ess. 1985; Empire, R. 1987 (d. 1989); Armageddon?, Ess. 1987; Hollywood, R. 1990 (d. 1991); A View from the Diner's Club, Ess. 1991; United States, Ess. 1992; Live from Golgotha, R. 1992; Palimpsest, Mem. 1995 (d. 1996); The Smithsonian Institution, R. 1998; Sexually Speaking, Slg. 1999; The Golden Age, R. 2000 (d. 2001); The Last Empire, Ess. 2001; Founders of the Republic, St. 2003. – *Übs.:* Das ist nicht Amerika!, Ess. 2000.

L: R. L. White, 1968; B. F. Dick, 1974; R. F. Kiernan, 1982; J. Parini, hg. 1992; S. Baker, 1997; N. Bensoussan, 1997; F. Kaplan, 1999; J. Behrendt, 2002. – *Bibl.:* R. J. Stanton, 1978.

Vidal, Peire → Peire Vidal

Vidmar, Josip, slowen. Kritiker u. Essayist, 14. 10. 1895 Laibach – 14. 4. 1992 ebda. Stud. Phil. Prag, Bonn, Wien, Paris, Ljubljana; 1934–42 Dramaturg des slowen. Nationaltheaters, 1952–76 Präsident der Slowen. Akad. der Wiss. – Tritt für die Freiheit des geist. Schaffens ein. Lehnt in der dramat. Lit. die Zersetzung des Mythos u. des Heroischen durch Groteske u. absurde Satire ab. Vf. zahlr. Übs. aus dem Russ., Franz., Engl. u. Dt.

W: Kulturni problem slovenstva, St. 1932; Literarne kritike, Ess. 1951; Dnevniki, Tg. 1968; Obrazi, Aut.

1979 (erg. 1985); Esej o lepoti, Ess. 1981; Mrtvaški ples, Ess. 1983; Slovensko pismo, Ess. 1984 (Zwischen Verzicht und Behauptung, d. 1985); Pričevanja, Aut., Ess. 1983–84; Improvizacije, Ess. 1985.

L: A. Vodnik, 1927; J. Pahor, 1955; T. Kermavner, 1972; S. Štih, 1965, 1974; F. Zadravec, 1976; A. Inkret, 1980.

Vidrić, Vladimir, kroat. Dichter, 20. 4. 1875 Zagreb – 29. 9. 1909 Psychiatr. Anstalt Stenjevac b. Zagreb. Anwaltssohn, Stud. Jura Prag, Zagreb (1895 wegen Teilnahme an Studentendemonstrationen in Haft). Gründete 1908 in Wien mit M. Dežman e. Zs. der kroat. Moderne, ›Mladost‹. – Gefühlstiefe, Bildhaftigkeit u. Rhythmik kennzeichnen V.s schmales lyr. Werk, das Motive des soz. u. polit. Lebens behandelt.

W: Pjesme, G. 1907. – Sabrane pjesme (GW), 1969; Pet stoljeća hrvat. književ. 74, 1970 (m. Bibl.); Pjesme (AW), 1924, 1994; Izabrane pjesme (AW), 1996. – *Übs.:* Z. Gorjan, Kroat. Dichtung, Ausw. 1933.

L: A. Barac, 1940; I. Frangeš, 1974; J. Užarević, 1996.

Vidyāpati Ṭhākura, ind. Dichter, Schriftsteller u. Dramatiker, um 1360 Bisaphi/Darbhanga (Bihar) – um 1448 Bājitapur (Bihar). Maithila-Brahmane, verbrachte den größten Teil s. Lebens in s. Geburtsort, den der damalige Prinz und spätere König Śivasiṃha (regierte 1412–15) ihm 1399 schenkte und ihm gleichzeitig den Titel ›neuer Jayadeva‹ verlieh. – E. der bedeutendsten Hindi-Dichter; schrieb 2 Epen, ›Kīrtilatā‹ (um 1402) zu Ehren des Königs Kīrtisiṃha und ›Kīrtipatāka‹ (zwischen 1412 und 1415) zu Ehren des Königs Śivasiṃha, beide in Maithili-Apabhramsa-Versen mit eingestreuter Prosa. Außerdem Vf. der ›Puruṣa-parīkṣā‹ (Die Prüfung der Männer, zwischen 1412 und 1415), e. Sammlung von Erzählungen in Sanskrit, des Sanskrit-Dramas ›Gorakṣopākhyāna‹ (zwischen 1412 und 1415) sowie mehrerer relig. Sanskritschriften. Den Hauptteil s. Werkes bildet jedoch s. in reinem Maithili gedichtete krishnait. Liebeslyrik, die zu den hervorragendsten Werken der Kṛṣṇa-Rādhā-Dichtung zählt und in versch. Sammlungen (padāvalī) vorliegt; sie war bes. in Bengalen sehr beliebt und wurde häufig nachgeahmt.

A: Puruṣa-parīkṣā, hg. Chandra Jhā 1888, S. Jha 1983 (The Test of a Man, engl. G. A. Grierson 1935); Kīrtilatā, hg. Haraprasād Śāstrī 1924 (m. engl. Übs. 1924), B. R. Saksenā 1929; Viśuddha Vidyāpati padāvalī (Ges. G.), hg. Śivandana Ṭhākura 1941; Maithila kokila Vidyāpati saṃkṣipta padāvalī (Ges. G.), hg. Bahuguṇa Śambhuprasād 1947; Padāvalī, hg. A. K. Coomaraswamy, A. Sen 1994 (m. engl. Übs.). – *Übs.:* Gedichte aus der ind. Liebeslyrik des MA, G.-Ausw. hg. H. Goetz, R. Ilse-Munk; Love songs of V., G.-Ausw. hg. D. Bhattacharya, W. G. Archer 1963.

L: R. Jha, 1972; H. Jha, 2002.

Vieira, Afonso Lopes, portugies. Dichter, 26. 1. 1878 Leiria – 25. 1. 1946 Lissabon. Stud. Jura Coimbra, Reisen Italien, Frankreich, Schweiz, Afrika, Brasilien; freier Schriftsteller in Coimbra. – Nach dekadent-pessimist. Jugendversen wirklichkeitsbejahend dem lit. Nationalismus der Generation von 1890 verpflichtet, von der portugies. Geschichte inspiriert, verdient um die Erneuerung der ›Auto‹ von Gil Vicente, auch Vf. polit. Satiren. Erstrebte e. geistige Wiedergeburt Portugals.

W: Para Quê?, G. 1897; Náufrago, G. 1898; O Meu Adeus, G. 1900; O Poeta Saudade, G. 1900; O Encoberto, G. 1905; Ar Livre, G. 1906; O Pão e as Rosas, G. 1908; Canções do Vento e do Sol, G. 1911; Animais Nossos Amigos, G. 1911; Inês de Castro na Poesia e na Lenda, Abh. 1913; Ilhas de Bruma, G. 1917; Canções de Saudade e Amor, G. 1917; País Lilás, Desterro Azul, G. 1922; Em demanda do Graal, Aphor. 1922; O Romance de Amadís, Übs. 1923; O Carácter de Camões, Abh. 1940; Onde a Terra Acaba e o Mar Começa, G. 1940.

L: A. L. V. In Memoriam, 1947.

Vieira, José Luandino (José Vileira Mateus da Graça), portugies.-angolan. Schriftsteller, 15. 4. 1935 Lagoa do Furadouro (Portugal). Sohn portugies. Einwanderer, beteiligte sich an der Befreiungsbewegung Angolas, 14jährig polit. Inhaftierung, Mitarbeiter versch. lit. Zsn., s. Auszeichnung mit dem ›Grande Prémio de Novelística‹ des portugies. Schriftstellerverbandes führt zur Auflösung des Verbandes u. zum größten lit. Skandal des Regimes Salazar. – Kritik am portugies. Kolonialismus, Suche nach e. angolan. Identität, Erschaffung e. neuen Sprache aus dem in den Ghettos von Luanda gesprochenen Portugies. u. den afrikan. Sprachen.

W: A Cidade e a Infância, En. 1960; Luuanda, En. 1966; A Vida Verdadeira de Domingos Xavier, En. 1974; Nós, os do Makulusu, R. 1974; Velhas Estórias, Kgn. 1974; Macandumba, Kgn. 1978; Nosso Musseque, R. 2003.

L: M. Laban, 1980; S. Trigo, 1981; U. Tavares Rodrigues, 1985.

Vieira, Padre António, portugies. Prediger und Schriftsteller, 6. 2. 1608 Lissabon – 13. 6. 1697 Bahia/Brasilien. Seit 1614 in Bahia, Besuch des Jesuitenkollegs, 1623 Eintritt in den Orden, 1635 Weihen, 1638 Theologieprof., 1641 in Lissabon Hofprediger Joãos IV.; 1646–48 polit. Missionen in Paris, London, Den Haag, 1652/53 u. 1655–61 Missionar in Maranhão/Brasilien, nach dem Tode Joãos IV. in Zusammenhang mit der nunmehr einsetzenden jesuitenfeindl. Politik inhaftiert (Coimbra 1665–67) u. wegen Ketzerei verurteilt, infolge der Absetzung Afonsos VI. amnestiert, 1669–76 in Rom, hielt Predigten in ital. Sprache; propagierte die Interessen s. Ordens, 1681 endgültige Rückkehr nach Brasilien, 1688–91 Ordensprovinzial. – Hinterließ als bedeutendster Prediger des 17. Jh. u. hervorragender Prosaist e. überaus reiches lit. Erbe, rund 200 Predigten, über 500 Briefe, zahlr. Berichte, Schriften und Abhandlungen; bewußte Verbindung von Politik u. Religion, dennoch vorurteilsfreier, klarer Denker, allerdings auch utop.-idealist. Züge (Sebastianismus), tolerant gegenüber den Juden, bekämpfte die barbar. Methoden der Inquisition, trat für die Indios ein. Barocke Sprache, archaisierende Tönung, Konzeptismus, kraftvoller, melod. u. dialekt.-gespannter Ausdruck.

W: História do Futuro, Abh. 1663; Sermões, Predigten XV 1679–1699 (n. G. Alvez XV 1908f.). – Obras completas (GW), XXVII 1854ff. (d. XIII 1871ff.); Obras Escolhidas (AW), XII 1951–54; Cartas, Br. III 1735, I 1871, II 1885, hg. J. L. de Azevedo III 1925ff.; Onze Cartas Inéditas, 1927. – *Übs.*: Die Predigt des hl. Antonius an die Fische, 1966; A. V.s Pestpredigt, 1974.

L: L. de Azevedo, II ²1931; L. Cabral, II ²1936; C. R. Boxer, Lond. 1957; R. Cantel, Paris 1959; M. Haubert, Brüssel 1964; H. Cidade, 1964; J. J. van den Besselaar, 1967; M. Vieira Mendes, 1989; M. L. C. Buescu, 1992.

Vielé-Griffin, Francis, franz. Dichter, 26. 5. 1864 Norfolk/VA – 12. 11. 1937 Bergerac/Dordogne. Aus alter Hugenottenfamilie, seit s. 8. Lebensjahr in Frankreich, lebte in Paris, meist in der Touraine. Gehörte zum engsten Kreis um Mallarmé. 1890 Mitarbeiter der Zs. ›Entretiens politiques et littéraires‹; Anwalt des Symbolismus. – Begann mit Gedichten in konventioneller Form. Übernahm dann vom Symbolismus den ›vers libre‹. Schrieb zarte, von großer Liebe zu den Dingen, Optimismus und Diesseitsfreude erfüllte Gedichte über Liebe, Freuden des Landlebens, antike und nord. Mythen. Übs. von Swinburne.

W: Les cygnes, G. 1885f.; Cueille d'avril, G. 1886; Joies, G. 1888; Chevauché de Yelais, 1893; Poèmes et poésies, 1895; La clarté de la vie, G. 1897; Phocas le jardinier, Dicht. 1898; La partenza, G. 1899; La légende ailée de Wieland le forgeron, Dicht. 1900; L'amour sacré, G. 1903; Voix d'Ionie, G. 1904; Plus loin, G. 1906; Lumière de la Grèce, G. 1912 (d. Ausz. O. Hauser 1917); Les voix d'Ionie, G. 1914; Le domaine royal, G. 1923; La sagesse d'Ulysse, G. 1925; Le livre des reines, G. 1925; Saint-François aux poètes, G. 1927. – Œuvres, IV 1924–30; Correspondance m. F. Jammes, hg. 1966.

L: J. de Cours, 1930; R. Scalamandré, 1950; H. Nicolas, Diss. Paris 1958; R. Kuhn, The Return to Reality, 1962; H. de Paysac, 1976; R. Scalamandre, 1981.

Vienuolis, Antanas (eig. Žukauskas), litau. Schriftsteller, 7. 4. 1882 Užuožeriai b. Anykščiai – 17. 8. 1957 Anykščiai. Bauernsohn, Gymnas. Liepaja, Stud. Moskau, Apothekerlehrling in Petersburg, Tiflis, Vladikavkaz. Teilnahme am Aufstand 1905, Verbannung in den Kaukasus. Nach 1918 Rückkehr nach Litauen, Apotheker in Anykščiai.

– Vertreter des Realismus; den Stoff für s. Erzählungen u. Romane nahm V. aus s. Umgebung; so entstanden s. ›Kaukazo legendos‹ u. ›Krimo įspūdžiai‹ mit plast. Naturschilderungen. In Rußland traf er viele litau. Intellektuelle, die dort nicht Wurzel fassen konnten; die Begegnungen verarbeitete er in s. Erzählungen ›Pati‹, ›Gyvenimo niekniekiai‹, ›Grįžo‹. Starker Einfluß Čechovs. Später e. Reihe von Gesellschaftsromanen.

W: Kalėjimo įspūdžiai, E. 1905; Kaukazo legendos, 1907; Užkeikti vienuoliai, E. 1907; Amžinasis smuikininkas, E. 1907; Paskenduolė, E. 1913; Vėžys, E. 1927; Prieš dieną, E. 1929; Kryžkelės, R. 1932; Viešnia iš šiaurės, R. 1935; Prieblandoje, Dr. 1944; Užželusiu taku, E. 1946; Išduktere, E. 1948; Puodžiunkiemis, R. 1952 (Ausgespielt, d. 1955). – GW, XII 1920–44, VII 1953–55, VI 1985–88.

L: K. Korsakas, 1953; J. Žekaite, 1956 u. 1958; J. Stonys, 1957; J. Būtėnas, 1959; B. Mituziene, 1960; J. Kaminskas, 1966.

Viereck, Peter (Robert Edwin), amerik. Lyriker u. Historiker, * 5. 8. 1916 New York. Stud. in Harvard u. Oxford; Kriegsteilnehmer; seit 1948 Prof. für Geschichte Mount Holyoke College; 1949 Pulitzer-Preis für ›Terror and Decorum‹. – In krit. Essays führender Vertreter des New Conservatism; Attacken gegen liberale, sozialist. orientierte Intellektuelle u. gegen Rechtsradikale. Gelangte von experimentellen, kulturkrit. Gedichten zu traditioneller, neo-klass. Lyrik.

W: Metapolitics: From the Romantics to Hitler, St. 1941 (u. d. T. The Roots of the Nazi Mind, ²1961); Terror and Decorum, G. 1948; Conservatism Revisited, Es. 1949; Strike Through the Mask!, G. 1950; The First Morning, G. 1952; Shame and Glory of the Intellectuals, Ess. 1953; Dream and Responsibility, St. 1953; The Persimmon Tree, G. 1956; The Unadjusted Man, Es. 1956; Conservatism: From John Adams to Churchill, St. 1956; The Tree Witch, Versdr. 1961; Archer in the Marrow, G. 1987; Opcomp, Dr. 1993; Tide and Continuities, G. 1995. – New and Selected Poems, 1967.

L: M. Hénault, 1969.

Vigny, Alfred (eig. A. Victor), Comte de, franz. Dichter, 27. 3. 1797 Schloß Loches/Touraine – 17. 9. 1863 Paris. Aus royalist. Adelsfamilie. 1814–27 ereignislose Laufbahn als Offizier in der kgl. Garde. 1825 ∞ Engländerin Lydia Bunbury, wegen lebenslängl. Krankheit der Frau unglückl. Ehe, 1831–37 Liebesverhältnis mit der Schauspielerin Marie Dorval, Enttäuschung. Gehörte zum Kreis der Romantiker, zog sich nach 1840 zurück, lebte einsam in Paris oder im Landhaus Le-Maine-Giraud (von Sainte-Beuve ›elfenbeinerner Turm‹ genannt), 1845 Mitglied der Académie Française, 1848 und 1849 erfolgloser Kandidat bei Parlamentswahlen. 1853 Übersiedlung nach Paris. – Einsame, exklusive Gestalt unter den Romantikern, geprägt durch Pessimismus und philos. Gedanklichkeit. Einfluß A. Chéniers. Unterscheidet sich von den anderen Romantikern durch Bekenntnisscheu und Entpersönlichung der Dichtung, dadurch Vorläufer der Parnassiens. Objektiviert im Symbol, schöpft anfangs aus antiker und bibl. Mythologie, später aus der eigenen Erfahrungswelt. Zentralthema s. Gedichte, Prosa und Dramen ist das schuldlose Leiden der Geschöpfe. S. Helden sind der Engel Eloa als Opfer des Mitleidens, der von Gott nicht erhörte Jesus am Ölberg, der Wolf als edles, vom Menschen gequältes Tiergeschöpf und bes. das an Verständnislosigkeit und Kälte der Gesellschaft zugrunde gehende Genie, ferner der Soldat als Paria der Gesellschaft. Hoffnungslose Revolte gegen die Unerbittlichkeit Gottes, faßt das Leben als Gefängnis auf. Zerrissen zwischen Verzweiflung und Überwindung durch sittl. Stolz, die Werte des Ehrgefühls, der Güte und die Kraft des Denkens. Übs. Shakespeare (›Romeo and Julia‹ 1828, ›Othello‹ 1829, ›The Merchant of Venice‹ 1829).

W: Poèmes, 1822; Eloa ou la chute d'un ange, G. 1824; Poèmes antiques et modernes, 1826 (hg. E. Estève ²1931, A. Jarry ²1980); Cinq-mars, R. 1826 (n. 1911; d. 1911, 1969); La Maréchale d'Ancre, Dr. 1831; Stello, R. 1832 (d. 1832, 1964); Quitte pour la peur, K. 1833; Chatterton, Dr. 1835 (d. 1950); Servitude et grandeur militaires, Nn. 1835 (n. 1936, 1948); Les Destinées, G. 1864 (n. V. L. Saulnier 1947; d. 1878, ²1883; n. P. Villaneix 1983); Journal d'un poète, hg. L. Ratisbonne 1867 (n. F. Baldensperger 1928, 1981); Daphné, Prosa 1912. – Œuvres complètes, hg. L. Seche-Baldensperger XII 1913ff., IX 1920ff., II 1960–65; Œuvres, hg. F. Baldensperger II 1948f.; Correspondance 1816–63, hg. E. Sakellaridès 1905; Lettres à Hugo, hg. L. Barthou 1929; Lettres à Sainte-Beuve, hg. L. Gillet 1929; Lettres d'un dernier amour. Correspondance inédite avec Augusta, hg. V. L. Saulnier 1952; Mémoires inédites, hg. J. Sangnier ⁷1958. – *Übs.:* Gedichte, 1878; Das rote Siegel, En. 1947.

L: E. Lauvrière, 1909, n. II 1946; E. Dupuy, II 1910–12; L. Séché, II 1913; A. France, ²1923; E. Estève, 1923; M. Citoleux, 1925; F. Baldensperger, ²1929 u. 1933; G. Bonnefoy, La pensée religieuse et morale d'A. de V., 1946; P.-G. Castex, 1952 (n. 1969); F. Germain, 1961; B. de la Salle, 1963; P. Villaneix, Hrsg., F. Baldensperger, 1965; M. Eigeldinger, 1965; J. Doolittle, N. Y. 1967; J. Sungolowsky, 1968; P. Flottes, 1970; F. Bassan, 1984; N. Casanova, 1990; E. K. Shwimer, 1991; Y. Bonnefoy, 1997; L. Chotard, 1997; Y. Legrand, 1998; A. Jarry, 1998; L. Sabourin, 1998.

Vihārī Lāla → Bihārīlāl Caube

Viiding, Juhan (Ps. Jüri Üdi), estn. Dichter und Schauspieler, 1. 6. 1948 Tallinn – 21. 2. 1995 Rapla. 1955–68 Gymn. Tallinn, 1968–72 Stud. Schauspiel Tallinn, seit 1972 Schauspieler und Regisseur in Tallinn. – S. rhythmische, intellektuelle und sprachschöpferische Lyrik fügte der estn. Lyrik in den 70er Jahren eine neue Dimension hinzu: Er kombinierte Theater, Kabarett und Stehgreifdichtung zu einem Gesamtkunstwerk.

W: Detsember, 1971; Selges eesti keeles, 1974; Ma olin Jüri Üdi, 1978; Elulootus, 1980; Osa, 1991; Kogutud luuletused, 1998.

Viita, Lauri Arvi, finn. Dichter, 17. 12. 1916 Pispala – 22. 12. 1965 Helsinki. Nach humanist. Gymnas. Bauarbeiter, Zimmermann, ab 1947 freier Schriftsteller; 1948–56 ∞ Aila Meriluoto. – Debüt mit Gedichten, die durch ihre Fähigkeit, ganz alltägl. Situationen philos. Dimensionen zu geben, der Lyrik neue Wege öffneten. Grundtenor s. Schaffens ist e. positives Lebensgefühl, der Glaube an die schöpfer. Kraft des Menschen. Aus diesem Geiste lebt s. Hauptwerk, der Roman ›Moreeni‹, e. monumentales Epos der Arbeitervorstadt Pispala/Tampere.

W: Betonimyllari, G. 1947; Kukunor, M. 1949; Moreeni, R. 1950 (Ein einzelner Weiser ist immer ein Narr, d. 1964); Käppyräinen, G. 1954; Suutarikin, suuri viisas, G. 1961; Entäs sitten, Leevi?, R. 1965. – Kootut runot (ges. G.), 1988.

L: Y. Varpio, 1973; A. Meriluoto, L. V., 1988.

Vik, Bjørg, norweg. Schriftstellerin, * 11. 9. 1935 Oslo. Journalistenausbildung, Mitbegründerin der Frauenz. ›Sirene‹ 1973. – Ihre ersten Bücher kreisen um die Geschlechterrollen, insbes. Frauenschicksale werden in e. realist. Sprache thematisiert. V. hat sich auch als Dramatikerin e. Namen gemacht u. zählt heute zu den erfolgreichsten Autorinnen des Landes.

W: Søndag ettermiddag, Nn. 1963; Nødrop fra en myk sofa, Nn. 1966; Kvinneakvariet, Nn. 1972 (Das Frauenaquarium, d. 1980); To akter for fem kvinner, Dr. 1975; En håndfull lengsel, Nn. 1979; Snart er det høst, Nn. 1982; Små nøkler store rom, R. 1988; Reisen til Venezia, K. 1992; Alt kvinner tilgir, Dr. 1999; Forholdene tatt i betraktning, Nn. 2002.

Viková-Kunětická, Božena, geb. Novotná, tschech. Schriftstellerin, 20. 7. 1862 Pardubice – 18. 3. 1934 Libočany u Žatce. Schauspielerin, gab nach der Heirat ihren Beruf auf u. widmete sich der Politik u. Lit. – In realist., psycholog. Erzählungen, Romanen u. Dramen läßt V.-K. ihre Heldinnen gegen die herrschende Gesellschaftsordnung ankämpfen u. entwickelt sich zur eifrigen Frauenrechtlerin. Schrieb Reiseberichte u. Feuilletons.

W: Povídky, En. 1887; Vdova po chirurgovi, E. 1893; Minulost, R. 1895; Medřická, R. 1897; Přítěž, K. 1901; Vzpoura, R. 1901; Pán, R. 1905; Cop, K. 1905; Dospělé děti, K. 1909; Dál, Ess. 1912. – Dílo (W), VII 1919–22.

L: J. S. Machar, Poledne, 1928; J. Voborník, 1934.

Vikrama-carita → Siṃhāsana-dvātriṃśikā

Viksten, (Isak) Albert, schwed. Schriftsteller, 8. 4. 1889 Graninge/Norrland – 23. 6. 1969 ebda. Sohn e. Neusiedlers. Begann als Kind am Kohlenmeiler zu schreiben. Bahn- u. Waldarbeiter, Seemann, Eismeerfahrer, Journalist. – ›Arbeiterdichter‹, schildert das Leben in Norrland unter Jägern, Eismeerfahrern u. vertritt bes. die breite, noch im bäuerl. Leben verwurzelte Arbeiterschicht. Erzählt, vorwiegend nach eigenem Erleben, von Wäldern, Tieren, arkt. Einsamkeit. Einfacher, konkreter Stil u. gute Beobachtungsgabe, daher das Vermögen, Gefühle u. Stimmungen einzufangen. Humor, krit. Einstellung gegen städt. Leben u. Gesellschaft. Auch Gedichte, Essays, Reiseschilderungen.

W: Bland björnskyttar och sälfångare i Norra Ishavet, E. 1921 (Abenteuer im Eismeer, d. 1929); Bäverbäcken, En. 1923; Hårda män, G. 1926; Den vita vidden, R. 1931; Byns ögon, R. 1934; Storm över niporna, R. 1935; Spelet under skyarna, En. 1936; Äventyr i Norra Ishavet, 1942 (Eisbär steuerbord, d. 1943); Porten mot havet, 1943; Blå gryning, R. 1950; Vindkantring, R. 1953; Gunilla, E. (Die Bärin G., d. 1959); De sökte nytt land, R. 1947 (Sie suchten neues Land, d. 1959); Nybyggare i Barbarskogen, St. 1961; Hälsingland – saga och verklighet, 1972; Mitt liv, ett äventyr, Mem. 1971.

Vilallonga, José Luis de, span.-franz. Erzähler und Dramatiker, * 29. 1. 1920 Madrid. Stud. Jura Barcelona u. Salamanca. Dr. jur. Nach dem Bürgerkrieg Exil in Argentinien (1944), ab 1951 in Frankreich; seit 1977 wieder in Spanien. – Schreibt v. a. in franz. Sprache. S. realist., kraftvollen u. krassen Romane schildern zeitkrit. das span. Leben der letzten 30 Jahre.

W: Les Ramblas finissent à la mer, R. 1952; Les gens de biens, R. 1955; L'homme de sang, R. 1959 (Ein Mann allein, d. 1959); L'homme de plaisir, R. 1961 (Ein Playboy in Paris, d. 1962); Allegro barbaro, R. 1967 (d. 1969); Fiesta, R. 1971 (Tod am Vormittag, d. 1972); Gold Gotha, Aut. 1972 (d. 1972); Furia, R. 1974; El Rey, B. 1993; El gentilhombre europeo, R. 1993; Memorias no autorizadas, Aut. 2000.

Vila-Matas, Enrique, span. Schriftsteller, * 1948 Barcelona. E. der bekanntesten span. Gegenwartsautoren; lebt und arbeitet in Barcelona. – Vf. phantasievoller, origineller u. anspielungsreicher Romane u. Erzählungen.

W: Historia abreviada de la literatura portátil, R. 1985 (Dada aus dem Koffer, d. 1988); Una casa para siempre, R. 1988 (d. 1989); Suicidios ejemplares, En. 1991 (d. 1995); Hijos sin hijos, En. 1993 (d. 2000); Extraña forma de vida, R. 1997 (Die merkwürdigen Zufälle des Lebens, d. 2002); Bartleby y compañía, R. 2000 (d. 2001).

Vilar, Jean François, franz. Schriftsteller, * 1948. – Vf. von Kriminalgeschichten, mit häufig iron. Grundton und schwarzem Humor führt er s. Helden durch zahlr. Städte, mitten in das polit.-soz. Geschehen und die Probleme Frankreichs unter Mitterrand, z. B. zur Frage der Integration der maghrebin. Bevölkerung.

W: Etat d'urgence, R. 1985; Djémila, R. 1988; La doublure, R. 1990; Nous cheminons entourés de fantômes aux fronts troués, R. 1993; C'est toujours les autres qui meurent, R. 1997; Bastille tango, R. 1998.

Vilariño, Idea, uruguay. Lyrikerin, * 18. 8. 1920 Montevideo. Lit.-Prof., Essayistin. – Antirhetor., frei von Künstlichkeiten, Metaphern, Adjektiven u. sogar syntakt. Kohärenz, kommt sie der Synthese ihrer Ästhetik, in der die Negation mehr u. mehr Bedeutung gewinnt, immer näher. Vf. durchlebter, ehrl. Poesie der Unterlassung u. der Leere in e. geschlossenen rhythm. Stromkreis, in dem das lyr. Ich die eigene Angst thematisiert.

W: La suplicante, 1945; Paraíso perdido, 1949; Nocturnos, 1955; Poemas de amor, 1957, [9]1984; Las letras de tango, Es. 1965; Pobre mundo, 1966; No, 1980. – Poesía completa, 2002. – *Übs.:* An Liebe, 1994.

Vilde, Eduard, estn. Schriftsteller, 4. 3. 1865 Pudivere, Kr. Wierland – 26. 12. 1933 Reval. Journalist, 1890–92 in Berlin, Mitarbeiter versch. Zeitungen; nach der Revolution von 1905 in der Emigration, u. a. in Finnland, 1907–10 in Dtl. 1911–17 in Dänemark, dann wieder in Estland, 1919/20 estn. Gesandter in Berlin, als freier Schriftsteller dort bis 1923, dann in Reval. – Begann als frühreifer, fruchtbarer u. populärer Unterhaltungsliterat (schrieb auch dt.); Bekanntschaft mit dem dt. u. franz. Naturalismus sowie mit H. Ibsen u. a., bes. in Berlin Anfang der 1890er Jahre, was zum Durchbruch des sozialkrit. orientierten Realismus in der. estn. Lit. führte (bes. ›Külmale maale!‹); große hist., teilw. dokumentar. angelegte Romane mit sozialer Problematik u. dt.-estn. Auseinandersetzungen; in späteren Werken zielbewußte künstler. Gestaltung.

W: Musta mantliga mees, E. 1886; Kännud ja käbid, R. 1892; Röövitud tiivad, R. 1892; Karikas kihvti, R. 1893; ›Linda‹ aktsiad, R. 1894; Külmale maale!, R. 1896; Raudsed käed, R. 1898; Astla vastu, E. 1898; Mahtra sõda, R. 1902 (Aufruhr in Machtra, d. 1952, 1955, 1984); Kui Anija mehed Tallinnas käisivad, R. 1903; Koiduajal, E. 1904; Prohvet Maltsvet, R. 1906–08; Naise-õiguslased, E. 1908; Lunastus, R. 1909; Jutustused, En. 1912; Tabamata ime, Dr. 1912; Pisuhänd, K. 1913; Mäeküla piimamees, R. 1916; Side, Dr. 1922. – Kogutud teosed (GW), XXXIII 1923–35; Teosed (W), XIV 1951–61.

L: F. Tuglas, 1925; M. Sillaots, 1925; D. Palgi, 1929; H. Salu, Helsinki 1964; V. Alttoa, 1965; J. Käosaar, A. Nagelmaa, L. Raud, 1966; K. Mihkla, 1972; V. Alttoa, 1973; H. Salu, Stockholm 1981.

Vildrac, Charles (eig. C. Messager), franz. Schriftsteller, 23. 11. 1882 Paris – 25. 6. 1971 Saint-Tropez. Gehörte 1906/07 mit s. Freund

und späteren Schwager G. Duhamel zur Abbaye-Gruppe; Freund von R. Rolland. – Schrieb Dramen über Arbeiter und kleine Angestellte, in denen er zart und andeutend, vom Glauben an humane Werte erfüllt, e. schlichte und an inneren Werten reiche Menschlichkeit darstellt. S. bestes Werk ist ›Le paquebot Tenacity‹. Zahlr. kleine Sketchs und Gedichte zeigen s. Vertrautheit mit der Welt der Arbeiter.

W: Poèmes, G. 1905; Images et mirages, G. 1908; Le livre d'amour, G. 1910; Notes sur la technique poétique, Prosa 1911 (m. G. Duhamel); Découvertes, G. u. Dr. 1912; Le paquebot Tenacity, Dr. 1919; Chants du désespéré, G. 1920; Michel Auclair, Dr. 1923; Le pèlerin, Dr. 1923; Poucette, Dr. 1925; Poèmes de l'Abbaye, G. 1925; Madame Béliard, Dr. 1925; L'île rose, Kdb. 1925 (d. 1930); La brouille, Dr. 1930; Prolongements, G. 1931; Le jardinier de Samos, Dr. 1932; L'air du temps, Dr. 1938; Trois mois de prison, Dr. 1942; Théâtre, II 1943–48; Enfance, Aut. 1945; Dommages de guerre, Dr. 1961; Pages de journal, 1968.

L: G. Bouquet, P. Menanteau, 1959; M. Maunoury, 1983.

Vilhjálmsson, Thor, isländ. Schriftsteller, * 12. 8. 1925 Edinburgh. Sohn eines Reeders, 1944–46 Stud. der Nordistik in Reykjavík, 1946/47 Stud. in Nottingham u. 1947–52 an der Sorbonne. 1953–55 Bibliothekar an der isländ. Nationalbibliothek, 1956–59 Arbeit am Nationaltheater u. als Reiseleiter. Viele Ehrenämter im Bereich von Lit. u. Kunst, u. a. Vorsitzender des isländ. Schriftstellerverbands (1959/60, 1966–68), der isländ. Künstlervereinigung (1975–81), des PEN-Clubs u. des Judoverbands von Reykjavík (Träger des schwarzen Gürtels). 1955 Mitbegründer der Kulturzeitschrift ›Birtingur‹ (bis 1968 in der Redaktion). Wirkte auch als Künstler (Illustrationen eigener Werke, Ausstellungen). Verheiratet, zwei erwachsene Söhne. – Einer der führenden Autoren seines Landes, gehört (neben Svava Jakobsdóttir, Guðbergur Bergsson u. a.) zu den wichtigsten Erneuerern der isländ. Lit. der Nachkriegszeit. Als umfassend gebildeter Kosmopolit öffnete er den Horizont seiner Werke weit über Island hinaus auf die gesamte europ. Kulturgeschichte. Seine ersten Werke enthalten eine Sammlung von Kurzprosa u. Lyrik unterschiedl. Stilrichtung u. überspielen die gewohnten Gattungsgrenzen. Die Romane der 1960er u. 70er Jahre, die mit ihren fragmentierten Bildern u. Reflexionen, der Auflösung von Handlung u. Figurenidentität dem Nouveau roman verpflichtet sind, sind meist in südl. Ländern lokalisiert. S. größter Erfolg war wohl der hist. Roman ›Das Graumoos glüht‹ von 1986, ein stilist. Meisterwerk voller Montagen, Spiegelungen u. Rückblenden, das einen hist. Prozeß um ein kriminell erot. Schicksalsdrama aufrollt. Seine letzten Romane basieren auf Ereignissen des 13. Jh., wie sie in der ›Sturlunga saga‹ aufgezeichnet sind. V. schrieb auch Lyrik, Dramen, autobiograph. Werke, Malerbiographien, Reiseerinnerungen u. eine Vielzahl von Essays, meist zu kulturellen Themen. Er übersetzte zahlreiche Werke, u. a. U. Eco u. A. Malraux.

W: Maðurinn er alltaf einn, E. 1950; Dagar mannsins, F. 1954; Andlit í spegli dropans, E. 1957; Undir gervitungli, Erinn. 1959; Regn á rykið, Erinn. 1960; Svipir dagsins og nótt, Erinn. 1961; Ætlar blessuð manneskjan að gefa upp andann? Burleske 1963; Kjarval, B. 1964; Fljótt, fljótt sagði fuglinn, R. 1968; Óp bjöllunnar, R. 1970; Hvað er San Marino?, Erinn. 1973; Fiskur í sjó, fugl úr beini, Ess. 1974; Fuglaskottís, R. 1975; Mánasigð, R. 1976; Skuggar af skýjum, E. 1977; Turnleikhúsið, R. 1979; Ljóð mynd, G. 1982; Grámosinn glóir, R. 1986; Sporrækt, G. 1988; Vikivaka, Opernlibretto, 1988; Náttvíg, R. 1989; Svavar Guðnason, B. 1991; Eldur í laufi, Ess. 1991; Raddir í garðinum, Erinn. 1992; Tvílýsi: myndir á sýningu, R. 1994; Snöggfærðar sýnir, G. 1995; Fley og fagrar árar, Erinn. 1996; Stríðsmenn andans, G. 1997; Morgunþula í stráum, R. 1998; Sveigur, R. 2002.

Viljanen, Lauri Sakari, finn. Lyriker und Kritiker, 6. 9. 1900 Kaarina – 29. 9. 1984 Helsinki. Tischlerssohn; Stud. Philol. Turku, 1949 Dr. phil., Lit.kritiker, 1949–54 Prof. für vergl. Lit. Univ. Turku, seit 1954 Univ. Helsinki. – Als Gedankenlyriker hält V. an der Formstrenge u. der hohen lit. Kultur s. Lehrers Koskenniemi fest, verschließt sich jedoch nicht den mod. europ. Strömungen. S. Glauben an die Menschheit läßt s. Humanitätsideal als zentrale Idee erkennen. Weitblickender Kritiker u. Biograph. Übs. Kleists, T. S. Eliots.

W: Auringon purjeet, G. 1924; Tähtikeinu, G. 1926; Merkkivaloja, Ess. 1929; Musta runotar, G. 1932; V. A. Koskenniemi, B. 1935; Taisteleva humanismi, Ess. 1936; Näköala vuorelta, G. 1938; Atlantis, G. 1940; Illan ja aamun välillä, Ess. 1940; Runeberg ja hänen runoutensa, B. II 1944–48; Tuuli ja ihminen, G. 1945; Aleksis Kiven runomaailma, B. 1953; Hansikas, Ess. 1955; Seitsemän elegiaa, G. 1957; Lyyrillinen minä, Ess. 1959; Henrik Ibsen, B. 1962; Alexis Kivi, B. 1964; Ajan ulottuvuudet, Ess. 1974. – Kootut runot (ges. G.), 1946; Valikoima runoja, G.-Ausw. 1958; Kootut runot (ges. G.), 1978.

L: P. Lappalainen, 1993.

Villaespesa, Francisco, span. Schriftsteller, 14. 10. 1877 Laujar/Almería – 9. 4. 1936 Madrid. Stud. Rechte Granada, ging 1897 nach Madrid, dort Mitarbeiter lit. Zsn.; Bohemeleben; trat ab 1911 als Dramatiker hervor; Reisen durch Amerika, u. a. als Theaterdirektor; seit 1931 wieder in Madrid. – Lyriker, Dramatiker u. Romancier von außergewöhnl. Fruchtbarkeit; beliebtester modernist. Dichter; schrieb Verse von melod. Fluß, verhaltener Melancholie u. großer Klangfülle, teilte mit Zorrilla die Vorliebe für altspan. The-

Villalón

men u. oriental. Phantasiewelt; Einfluß Daríos u. D'Annunzios. S. Dramen tragen starken lyr. Akzent, verschwender. Szenerie, aber schwache Handlung u. Charaktere. Übs. D'Annunzios.

W: Intimidades, G. 1898; Luchas, G. 1899; La musa enferma, G. 1901; Tristitia rerum, G. 1906; El jardín de las quimeras, G. 1909; El alcázar de las perlas, Tr. 1911; Aben Humeya, Tr. 1913; El rey Galaor, Tr. 1913; Ajimeces de ensueño, G. 1914; Judith, Tr. 1914; Los nocturnos del Generalife, G. 1915; La leona de Castilla, Dr. 1915; Sonetos espirituales, G. 1917; Los Conquistadores, G. 1925; La gruta azul, G. 1927. – Obras completas, XII 1927–54; Teatro escogido, 1951; Novelas completas, 1952; Poesías completas, II 1954; Antología poética, 1977.

L: J. Álvarez Sierra, 1949; F. de Onís, 1955; E. Cortés, 1971; A. Sánchez Trigueros, 1974.

Villalón, Cristóbal de, span. Schriftsteller, um 1505 Alcalá de Henares(?) – 1581 Valladolid(?). – Berühmt als Vf. des ›Crotalón‹, e. satir. Sittenbildes. Ganz sicher irrtüml. wurden ihm die bekannte ›Viaje de Turquía‹ u. der ›Diálogo de las transformaciones de Pitágoras‹ zugeschrieben. Kontroversen selbst um die Identität s. Person.

W: Tragedia de Myrrha, Tr. 1536 (n. R. Foulché-Delbosc 1908); Ingeniosa comparación entre lo antiguo y lo presente, Dial. 1539 (n. M. Serrano y Sanz 1898); El Scholástico, Es. (hg. M. Menéndez Pelayo 1911); El Crotalón, Sat. (Verfasserschaft fragl.; hg. 1871, in: ›Nueva Biblioteca de Autores Españoles‹, Bd. 7, n. A. Rallo 1982); Gramática castellana, Abh. 1558 (hg. C. García 1971).

L: A. Farinelli, Dos excéntricos, 1936; J. Kindcaid, N. Y. 1973.

Villalonga, Llorenç, span. Schriftsteller in katalan. Sprache, 1. 3. 1897 Palma de Mallorca – 28. 1. 1980 ebda. Stud. Medizin Madrid, Barcelona, Saragossa, später Psychiatrie in Paris. In Palma als Psychiater tätig, widmete sich mehr u. mehr der Lit. 1934–36 Hrsg. der Zs. ›Brisas‹. Nach dem Bürgerkrieg schrieb er wenig u. in span. Sprache; ab 1952 wieder katalan. – E. der beachtetsten Romanciers in katalan. Sprache der Gegenwart; deutl. von franz. Kultur u. Lit. beeinflußt. Krit. Stellung gegenüber der heutigen mallorquin. Gesellschaft, v. a. den oberen Zehntausend.

W: Morte de Dama, R. 1931 (endgültige Ausg. 1965); La novel.la de Palmira, R. 1952; Fedra, Tr. 1955; Bearn, R. 1961; L'hereva de Donya Obdúlia, R. 1964; Falses memòries de Salvador Orlan, R. 1967; Les fures, R. 1967; La gran batuda, R. 1968; El llumí, En. 1968; La Virreyna, R. 1969; La Lulú, R. 1970; El misantrop, R. 1972; Andrea Victrix, R. 1974; Un estiu a Mallorca, R. 1975; La bruixa i l'infant orat, R. 1992. – Obres completes, 1966ff.; Proses rimades, Anth. 1995.

L: J. Vidal i Alcover, Ll. V. o la imaginació raonable, 1984; D. Ferrá-Ponç, 1987; B. Porcel, 1987; J. Pomar, 1995, 1998; M. Alcover, 1996; V. Simbor Roig, 1999. – *Bibl.:* C. Bosch u.a., 1999.

Villanueva, Tino, Chicano-Dichter, * 11. 12. 1941 San Marcos/Texas. Mexikan. Herkunft, führte e. sehr hartes Leben, bis er 1981 promovierte. Vf. auch von zweisprachigen Gedichtbänden. – Beschreibt das erniedriegende Schicksal der Chicanos, ihre Ambivalenz u. Verwurzelung in ihrem Ursprung u. ihrer Sprache.

W: Hay otra voz poems, 1972; Chicanos: Antología histórica y literaria, hg. 1980; Shaking off the Dark, 1984; Crónica de mis años peores, 1987; Scene from the movie Giant, 1993.

Villaurrutia, Xavier, mexikan. Lyriker und Dramatiker, 27. 3. 1903 Mexiko Stadt – 25. 12. 1950 ebda. Lit.-Prof. u. Theaterwissenschaftler. – Anfangs intellektualist., spieler.-iron., oft surrealist. Lyrik, dann zunehmend tiefempfundene, gefühlvolle Gedichte. Vf. e. Reihe merkwürdiger, skurriler, surrealist. Einakter u. Komödien.

W: Reflejos, G. 1926; Dama de corazones, R. 1928; Dos Nocturnos, G. 1933; Parece mentira, Dr. 1934; El ausente, Dr. 1937; ¿En qué piensas?, Dr. 1938; Nostalgia de la muerte, G. 1938, erw. 1946; Textos y pretextos, Ess. 1940; Invitación a la muerte, Dr. 1940; Décima muerte, G. 1941; La hiedra, Dr. 1941; El pobre Barba Azul, Dr. 1947; Canto a la primavera, G. 1948; Juego peligroso, Dr. 1950. – Poesía y teatro completos, 1953; Obras. Poesía. Teatro. Prosas varias. Crítica, hg. M. Capistrán u. a. 1966.

L: F. Dauster, 1971; A. Snaidas, 1973; E. L. Moretta, 1976; M. H. Forster, 1976; O. Paz, 1978.

Villaverde, Cirilo, kuban. Romancier, 28. 10. 1812 Ingenio Santiago/Pinar del Río – 23. 10. 1894 New York. Journalist, Span.lehrer, Übs.; wegen polit. Aktivitäten inhaftiert; Jahre im Exil. – Beschrieb Sitten der Landbevölkerung. Das wichtigste Werk, ›Cecilia Valdés‹, ist der moral. Spiegel e. Gesellschaft, die durch die Sklaverei zugleich bereichert u. erniedrigt ist.

W: El espetón de oro, 1838; Cecilia Valdés o La Loma del Ángel, 1839, 1882 (verfilmt); Teresa, 1839; Dos amores, 1858; El penitente, 1889.

L: R. Lazo, 1971; J. C. Sánchez, 1973; I. Alvarez, 1982.

Villegas, Esteban Manuel de, span. Dichter, 1589 Matute b. Nájera/Logroño – 3. 9. 1669 Nájera. Stud. Humaniora u. Rechte in Salamanca; kgl. Schatzmeister in Nájera; 1659 Inquisitionsprozeß; zog sich wegen s. selbstgefälligen Wesens die Feindschaft der Schriftsteller s. Zeit zu. – War als gründl. Kenner der griech.-lat. Klassiker sehr geschickt in der Anpassung klass. Metren an die span. Sprache, bes. der sapph. u. adon. Versmaße (v.a. ›Al céfiro‹). Der leichte, gefällige Ton s. kurzen Gedichte erinnert an Anakreon. Die ›Cantilenas‹ behandeln e. idyll. Schäferwelt. Fand starke Resonanz bei den Lyrikern des 18. Jh., bes. Meléndez

Valdés. Übs. von Anakreon, Horaz, Boëthius u. Theokrit.
W: Eróticas y amatorias, G. 1618 (n. N. Alonso Cortés 1956).
L: J. Bravo Vega, IV 1989f.

Villehardouin, Geoffroy, Maréchal de Champagne, altfranz. Historiker, um 1150 Schloß Villehardouin b. Bar-sur-Aube – nach 1213 Thrakien. Aus vornehmem Geschlecht. E. der bedeutendsten und einflußreichsten Berater der Führer des 4. Kreuzzuges, an dem er in leitender Stellung teilnahm. Nach dem Fall von Konstantinopel 1204 Marschall von Rumänien, Lehensherr in Thrakien. – Das unvollendete Geschichtswerk ›La conquête de Constantinople‹, e. Darstellung des 4. Kreuzzugs, ist das 1. bedeutendere in franz. Sprache. Versuch e. Rechtfertigung des Verhaltens der Kreuzzugführer, die von ihrem ursprüngl. Ziel (Ägypten) abgekommen waren. Schreibt zugleich als ergebener, frommer Ritter und kluger Diplomat. S. Stil ist nüchtern, doch nicht unpersönl., kraftvoll, klar, method. und knapp.

A: La conquête de Constantinople, hg. u. neufranz. E. Faral II 1938f.; 1968, 1969 (d. 1878, 1915), 1978. – *Übs.:* Die Chroniken des vierten Kreuzzugs, 1998.
L: J. Longnon, 1940; J. M. A. Beer, 1968; J. Dufournet, 1973.

Villiers de l'Isle-Adam, Jean-Marie Mathias Philippe-Auguste, Comte de, franz. Schriftsteller, 7. 11. 1838 St.-Brieuc – 18. 8. 1889 Paris. Aus alter Adelsfamilie. In s. Kindheit übersensibel und verträumt. Nach Verarmung s. Familie ab 1857 lange einsam und in großer Armut in Paris. Freund von Baudelaire und Mallarmé. – In s. Gedichten, poet. Dramen und Romanen später romant. Idealist. Mit s. Erzählungen e. der großen franz. Novellisten. Beeinflußt von E. A. Poe, R. Wagner und Hegel. Von Haß erfüllt gegen zeitgenöss. Materialismus und Positivismus, als überzeugter Legitimist Feind der Demokratie. Suchte s. ganzes Leben nach e. die Wirklichkeit überwindenden Geistigkeit. Beschäftigte sich, obwohl gläubiger Katholik, mit Okkultismus und Freimaurerei. S. Traum vom Absoluten ist in einigen s. Erzählungen ebenso gestaltet wie im Drama ›Axel‹, dessen Helden alle iriz. Güter, auch Liebe und Leben opfern, sich in Tod und Ewigkeit flüchten. Übt mit Ironie, Satire und burlesker Phantasie in s. Erzählungen scharfe Kritik an den zeitgenöss. Sitten. E. Symbol des pseudowiss. demokrat. und kunstfeindl., alles Große ablehnenden gesunden Menschenverstandes ist die Figur des Tribulat Bonhomet. Zeigt in blutigen und grauenhaften Novellen die Bedrohtheit des menschl. Lebens. Stellte im Roman ›L'Eve future‹ angsterfüllt, wenn auch in iron. Form, die künftigen Möglichkeiten der Wiss. dar. Als Vertreter des poet. Dramas Vorläufer der Neuromantik. Starker Einfluß auf die symbolist. Dichter.

W: Premières poésies, 1859; Isis, R. 1862; Elën, Dr. 1865; Morgane, Dr. 1866; Claire Lenoir, E. 1867; La révolte, Dr. 1870; Le nouveau monde, Dr. 1880; Contes cruels, Nn. 1883 (hg. P. G. Castex, J. Bollery II 1956, A. Cabois 1963, n. P. Citron 1980; d. 1904); Akédysséril, R. 1885; L'Eve future, R. 1886 (d. 1909, 1972); Tribulat Bonhomet, Nn. 1887 (hg. P. G. Castex, J. M. Bellefroid 1967); L'évasion, Einakter 1887; Nouveaux contes cruels, Nn. 1888; Histoires insolites, Nn. 1888; Le secret de l'échafaud, N. 1888; Axel, Dr. 1890 (hg. P. Mariel 1960; d. 1914). – Œuvres complètes, XI 1914–31, II 1986; Œuvres, hg. J. H. Bernecque 1957; Correspondance générale, hg. J. Bollery 1962. – *Übs.:* GW, VII 1909–20; Grausame Geschichten, 1948; Das zweite Gesicht, En. 1949; Novellen, 1949; Erzählungen, 1970.
L: L. Bloy, 1906; E. de Rougemont, 1910 (m. Bibl.); C. J. C. van der Meulen, L'idéalisme de V., 1925; M. Daireaux, 1936; D. Lanfredini, Florenz 1940; G. Jean-Aubry, Une amitié exemplaire, 1942; M. Brosch, Diss. Wien 1951; A. Lebois, 1952 (m. Bibl.); P. G. Castex, J. Bollery, 1956; F.-A. Burguet, 1965; A. W. Raitt, V. et le mouvement symboliste, 1965; ders., Oxf. 1981; P. Bürgisser, 1969; J.-H. Bornecque, 1974; D. Conyngham, 1975; W. T. Conroy jr., Boston 1978; J. Decottignies, 1983; A. Néry, 1984; V. Doering, 1984; P.-G. Castex, 1989; J.-M. Bellefroid, 1990; D. Oster, 1996; V. Joubert, 1998; G. Jolly, 2002; M. F. Klinkenberg, 2002; L. Finas, 2003. – *Bibl.:* J. Bollery, 1939; J. P. Gourévitch, 1971.

Villon, François (eig. F. de Montcorbier oder des Loges), franz. Dichter, 1431 Paris – nach 1463. Sohn armer Eltern, genannt nach s. reichen Wohltäter Kaplan Guillaume de Villon, der ihn erzog und an der Sorbonne studieren ließ. 1449 Baccalaureus, 1452 Magister artium. Wildes Studentenleben in schlechter Gesellschaft. Tötete 1455 im Streit e. Priester, floh aus Paris. 1456 begnadigt; an e. Diebstahl im Collège de Navarre beteiligt, erneute Flucht, Gauner- und Vagantenleben. 1461 im Kerker zu Meung, befreit durch e. Amnestie Ludwigs XI. 1462 wegen Diebstahls im Chatelet gefangen. Nach Messerstecherei 1463 zum Tode am Galgen verurteilt, zu 10jähriger Verbannung aus Paris begnadigt. Danach fehlt jede Spur. – Der bedeutendste spätma. Dichter Frankreichs. Schrieb s. umfangmäßig kleines Werk in traditionellen ma. Formen; ›Lais‹ oder ›Petit Testament‹, ›Grand Testament‹, daneben kleinere Gelegenheitsdichtungen, ›Lais-Legs‹. In 6 Balladen verwendet er die zeitgenöss. Gaunersprache (Argot). Sprengt erstmalig durch Unmittelbarkeit und Persönlichkeit s. dichter. Aussage die Konventionen. Offenbart in s. Balladen und Rondeaus eindringl. und erschütternd s. eigene komplexe Persönlichkeit, die Erlebnisse s. verbummelten, verkommenen Lebens, gibt e. Bild des zeitgenöss. Paris. Besingt Liebe und Haß, Tod und Vergänglichkeit, wechselt zwischen Diesseitsfreude, Obszönität

Villoro

und echter kindl. Frömmigkeit. Ironie, Witz, Zynismus stehen neben ernster Einsicht in die Wertlosigkeit s. Lebens und schluchzender Reue.

W: Le petit testament, 1456; Le grand testament, 1461; Des pendus, 1463. – Œuvres, hg. A. Longnon 1892 (n. L. Foulet ⁴1969), L. Thuasne, III 1923, P. Messiaen, 1948, A. Mary, 1957 u. ö., A. Landy, II 1969; Les poèmes variés, hg. J. Rychner, A. Henry, Genf II 1977. – Übs.: K. L. Ammer 1930; P. Zech 1931; M. Löpelmann ⁴1951; E. Stimmel 1939, ²1950; W. Widmer, Das Große Testament, ²1959; Sämtl. Dichtungen, W. Küchler 1956, n. M. L. Bulst ²1973; Die Lebensbeichte des F. V., M. Remané 1968.

L: P. Champion, II 1913, ²1933 (n. 1984); A. Suarès, Portraits, 1922; P. Hodann, Diss. Marb. 1927; D. D. W. Lewis, 1928; J. Chapiro, 1931; L. Cons, 1936; P. Valéry, 1937; F. Desonay, ²1947; A. Ziwès, A. de Berey, II 1954; G. A. Brunelli, Mail. 1961 (m. Bibl.), n. 1975; J. Fox, Lond. 1962; R. Las Vergnas, 1963; D. Kuhn, La poétique de V., 1967; I. Siciliano, ²1967; P. Le Gentil, 1967; P. Guiraud, 1968 u. 1970; F. Habeck, 1969; R. H. Anacker, N. Y. 1969; J. Dufournet, 1970, ²1971 u. 1980; I. Siciliano, Mésaventures posthumes de V., hg. A. u. J. Picard 1973; P. Demarolle, 1973; A. Burger, Genf 1974; E. B. Vitz, The Hague 1974; A. J. A. van Zoest, The Hague 1974; V. Rossman, 1976; P. Brockmeier, 1977; G. Pinkernell, 1979; P. Demarolle, 1980; J. Favier, 1982; R. Sturm, II 1982 (m. Bibl.); T. Vertone, Rom 1983; D. Fein, Alabama 1984; A. Jolivet, 1991; M. Martin, 1995; J. Koopmans, 1995; F. Bott, 1996; D. A. Fein, 1997; M. Freeman, 1999; A. Burl, 2000; M. Fisher, 2002; G. Pinkernell, 2002.

Villoro, Juan, mexikan. Romancier, * 24. 9. 1956 Mexiko Stadt. Journalist, Prof., Übs., Kulturattaché in Ostberlin. Auch Kdb. – Es geht um die Neuerfindung der Stadt Mexiko mit Metaphern. Bruch mit der Routine; verwendet die Sprache der Jungen.

W: Albercas, En. 1985; El disparo de argón, R. 1991 (Die Augen von San Lorenzo, d. 1993); La alcoba dormida, En. 1992; Los once de la tribu, Chronik 1995; Materia dispuesta, R. 1996 (Das Spiel der sieben Fehler, d. 1997); La casa pierde, En. 1999; Efectos personales, Ess. 2000.

Vilmorin, Louise Lévêque de, franz. Schriftstellerin, 4. 4. 1902 Verrières-le-Buisson – 26. 12. 1969 ebda. ∞ Graf Pálffy. Weite Reisen. Befreundet mit Saint-Exupéry u. A. Malraux. – Schrieb lebendige, spött.-einfallsreiche Romane und Erzählungen, deren Heiterkeit Melancholie verbirgt.

W: La fin des Villavide, R. 1937; Fiançailles pour rire, G. 1939; Le lit à colonnes, R. 1941; Le sable du sablier, G. 1945; Le retour d'Erica, R. 1948; Madame de ..., E. 1951 (d. 1954); Julietta, R. 1951 (d. 1953); Les belles amours, R. 1954 (d. 1955); L'alphabet des aveux, G. 1955; Histoire d'aimer, R. 1955 (Weh dem, der liebt, d. 1956); La lettre dans un taxi, R. 1958; Migraine, R.

1959; L'heure malicieuse, R. 1967; Carnets, Tg. 1970; Poèmes, 1970; Solitude, ô mon éléphant, G. 1972.

L: A. de Vilmorin, 1962 (m. Bibl.).

Vimala-sūri, ind. Dichter des 2./3. Jh. n. Chr. – Vf. des ältesten erhaltenen, in Jaina-Maharastri gedichteten Kunstepos, des ›Paüma-cariya‹ (Sanskrit ›Padma-carita‹: Die Taten Padmas, d. i. Rāmas), e. 18 Gesänge umfassenden jainist. Bearbeitung des → ›Rāmāyana‹.

A: H. Jacobi 1914 (n. ²1962).

L: K. R. Chandra, 1966, 1970.

Viñas, David, argentin. Schriftsteller, * 28. 7. 1929 Buenos Aires. Lit.-Prof.; Hrsg. e. wichtigen Zs., polit. sehr aktiv; er mußte ins Exil gehen; zwei s. Kinder wurden vom argentin. Militär ermordet. – V. versucht, die Schlüsselmomente der argentin. Geschichte festzuhalten u. die bürgerl. Macht, Politik u. Kultur zu hinterfragen; er macht aus der argentin. Lit. e. polit. Lektüre.

W: Cayó sobre su rostro, R. 1955; Los años despiadados, R. 1956; Un dios cotidiano, R. 1957; Los dueños de la tierra, R. 1958 (verfilmt); Sara Golpmann, Dr. 1959; Dar la cara, R. 1962 (verfilmt); Las malas costumbres, En. 1963; Literatura argentina y realidad política, Es. 1964, 1971, II 1995/96; En la semana trágica, R. 1966; Los hombres de a caballo, R. 1968; Cosas concretas, R. 1969; Lisandro, Dr. 1971; Tupac-amaru, Dr. 1973; Jauría, R. 1974; ¿Qué es el fascismo en Latinoamérica?, Es. 1977; Cuerpo a cuerpo, R. 1979; Anarquistas en América Latina, Es. 1983; Prontuario, R. 1993; Rodolfo Walsh y Gardel, Dr. 1993; Claudia conversa, R. 1995; De Sarmiento a Dios, Es. 1998.

Vinaver, Michel (Ps. M. de Grindberg), franz. Bühnenschriftsteller, * 31. 1. 1927. Thematisiert in durchdringender, realist. Darstellung menschl. Schwäche u. die Sinnlosigkeit des Krieges. Von Brecht beeinflußt.

W: Lataume, 1949; L'objecteur, 1952; Les Coréens, 1956; La fête du cordonnier, 1959; Iphigénie Hôtel, 1963 (d. in: ›Theater heute‹, 1964); Par – dessus bord, 1972; La demande d'emploi, 1973; L'émission de télévision, Dr. 1990. – Théâtre complet, o. J.

L: K. Elstob, 1992; D. Bradby, 1993; H. Göbler-Lingens, 1998.

Vinaya-piṭaka → Tipiṭaka, das

Vine, Barbara → Rendell, Ruth

Vinea, Ion (eig. I. Iovanachi), rumän. Dichter, 30. 4. 1895 Giurgiu – 6. 7. 1964 Bukarest. Stud. Jura Bukarest u. Jassy, gab 1912 mit T. Tzara die avantgardist. Zs. ›Simbolul‹ heraus, leitete die Zs. ›Facla‹. Freier Publizist. – Subtiler Surrealist; s. Prosastücke sind phantast. Skizzen zwischen Magie und Halluzination, die oft an Barbey d'Aurevilly erinnern; die Dichtung, zuerst symbolist., dann meditativ, ist e. fortwährende Hymne an die Freiheit.

W: Descântecul şi flori de lampă, G. 1925; Paradisul suspinelor, G. 1930; Ora fântânilor, G. 1964; Lunatecii, R. 1965; Venin de Mai, R. 1971. – Opere, hg. M. Vaida, Gh. Sprinţeroiu 1971ff.
L: S. Sălăgean, 1971; E. Zaharia, 1972; S. Mioc, 1972.

Vinje, Aasmund Olafsson, norweg. Schriftsteller, 6. 4. 1818 Vinje/Telemarken – 30. 7. 1870 Gran/Hadeland. Häuslerssohn; ärml. Jugend. Versch. Berufe; Volksschullehrer, Journalist. Mit H. Ibsen 1851 Hrsg. der Zs. ›Andhrimner‹ und 1858 Hrsg. der Zs. ›Dølen‹; schrieb seither in Landsmål. – Bedeutend als Vorkämpfer des Neunorweg. Witzig-iron. Journalist, Erzähler, Lyriker und Epiker. S. Reiseschilderungen verbinden z. Z. der Nationalromantik tiefes Naturgefühl mit realist. Beobachtung. Lyriker mit teils leicht melanchol. Zügen und sehnsüchtigen Kindheitserinnerungen; bes. meisterhafte Naturlyrik.

W: Ferdaminni fraa Sumaren 1860, Reiseb. II 1861; Diktsamling, G. 1864; Storegut, G. 1866; Bretland og Britarne, Prosa 1867. – Skrifter i samling, hg. O. Midttun V 1916–21, 1942–48; Dølen: eit Vikublad (Faks.-Ausg.), IV 1970–73; Brev, Br. hg. O. Midttun 1969. – Übs.: Ausgewählte Gedichte, 1881, 1908.
L: V. Vislie, ²1929; S. Skard, 1938; A. Bergsgård, 1940; O. Midttun, 1960; J. Haarberg, V. på vrangen, 1985.

Vinkenoog, Simon, niederländ. Schriftsteller, * 18. 7. 1928 Amsterdam. Journalist. u. publizist. Tätigkeiten. – E. der Wortführer der experimentellen Dichter der 50er Jahre (›Vijftigers‹), Zusammensteller der Anthologie ›Atonal‹. Sehr persönl. Gedichte; stark autobiograph. Romane; Essays. 1965 tritt er mit ›Liefde‹ für bewußtseinserweiternde Mittel ein u. führt die ›Flower Power‹ in die niederländ. Lit. ein.

W: Woordkoorts, G. 1950; Zolang te water, R. 1955; Wij helden, R. 1957; Spiegelschrift, G. 1962; Het verhaal van Karel Appel, B. 1963; Liefde, R. 1965; Eerste gedichten, 1965; Wonder boven wonder, G. 1971; Aan het daglicht, Aut. 1972; Mij best, G. 1976; De andere wereld, R. 1978; Op het eerste gehoor, G. 1988; Vreugdevuur, G. 1998; De ware Adam, G. 2000. – Übs.: Ist dir das Leben die Freiheit noch wert?, G. 1951–1974, 1976.

Vinogradov, Anatolij Kornel'evič, russ. Schriftsteller, 9. 4. 1888 Polotnjanye Zavody/Gouv. Smolensk – 26. 11. 1946 Moskau. Vf. biograph. u. hist. Romane u. Erzählungen, macht von der lit. Montage Gebrauch, verwendet aus Briefen, Mem. Tagebüchern entnommenes Material; zeigt z. B. in ›Tri cveta vremeni‹ Stendhal als Teilnehmer am Napoleon. Krieg in Rußland, schildert in ›Povest'o brat'jach Turgenevych‹ die freimaurer.

Kreise der Zeit Alexanders I., in ›Chronika Malevinskich‹ das Leben des russ. Chemikers Mendeleev.

W: Tri cveta vremeni, R. 1931 (Drei Farben e. Zeit, d. 1952); Černyj konsul, R. 1932 (The Black Consul, engl. 1935); Povest' o brat'jach Turgenevych, R. 1932; Osuždenie Paganini, R. 1936 (Die Verurteilung Paganinis, d. 1953); Chronika Malevinskich, R. 1943; Sobranie sočinenij (GW), III 1987/88.

Vinokurov, Evgenij Michajlovič, russ. Lyriker, 22. 10. 1925 Brjansk – 23. 1. 1993 Moskau. – In s. frühen Lyrik ist der Nachhall des Kriegserlebnisses zu vernehmen, in der späteren herrscht Reflexion vor, wobei die Sprache sich von der des Alltags kaum zu entfernen scheint; das Moment der Inspiration ist für das Entstehen dieser Lyrik wesentlich.

W: Voennaja lirika, G. 1956; Priznanija, 1958; Slovo, G. 1962; Lirika, 1962; Stichotvorenija, 1964; Muzyka, G. 1964; Charaktery, 1965; Poèzija i mysl', Ess. 1966; Izbrannoe iz devjati knig, G. 1968; Metafory, G. 1972; Bytie, G. 1982. – Izbrannye proizvedenija (AW), II 1976; Sobranie sočinenij (GW), III 1983 f.

Vinyoli, Joan, katalan. Dichter, 3. 7. 1914 Barcelona – 30. 11. 1984 ebda. Autodidakt; arbeitete von 1932–79 im Verlagshaus ›Labor‹. – E. der bedeutendsten u. einflußreichsten katalan. Lyriker des 20. Jh.; symbolist. Anfänge, eleg. Grundstimmung, vorherrschende Themen: Landschaft, Liebe, Vergänglichkeit; später zunehmende Einfachheit u. Verinnerlichung. Auch Übs. (Rilke).

W: Primer desenllaç, G. 1937; De vida i somni, G. 1948; Les hores retrobades, G. 1951; Tot és ara i res, G. 1970; Vent d'aram, G. 1976; Llibre d'amic, G. 1977; Cercles, G. 1979; A hores petites, G. 1981; Domini màgic, G. 1984; Passeig d'aniversari, G. 1984. – Poesia completa 1937–75, 1975; Obra poètica completa, hg. X. Macià 2001; Obra poètica 1975–79, 1979.
L: J. M. Sala-Valldaura, 1985; F. Carbó, 1990, 1991, 1995; X. Macià, Diss. Lleida 1994.

Virgil → Vergilius Maro, Publius

Virginia → Accoramboni, Vittoria, Herzogin von Bracciano

Virués, Cristóbal de, span. Schriftsteller, 1550 Valencia – 1614 ebda. Sohn e. angesehenen Arztes; militär. Laufbahn, kämpfte in Mailand u. Lepanto, wo er verwundet wurde. In Italien Kontakt mit Literaten u. Schriftstellern, Einfluß auf lit. Geschmack u. Stil; seit 1580 ausschließl. schriftsteller. tätig. – Vf. des Epos ›El Monserrate‹ über die katalan. Legende vom Einsiedler Garín u. der Gründung des berühmten Klosters, 20 Gesänge in Stanzen; folgte als Dramatiker klass. Vorbildern, s. 5 Tragödien besitzen dramat. Größe, büßen aber durch Anhäufung von grausamen Episoden u. unwahrscheinl. Vorgängen an lit. Wert ein.

W: El Monserrate, Ep. 1588 (n. in: ›Biblioteca de Autores Españoles‹, Bd. 17); El Monserrate segundo, Ep. 1602 (n. M. F. Finch 1984); La infelice Marcela (n. J. G. Weiger 1985). – Obras trágicas y líricas, 1609.
L: C. V. Sargent, N. Y. 1930; J. G. Weiger, Lond. 1978.

Virza, Edvarts (eig. Jēkabs Eduards Liekna), lett. Dichter, 27. 12. 1883 Emburga/Salgale, jetzt Sidrabene – 1. 3. 1940 Riga. Hofbesitzerfamilie; örtliche Schule, bis 1901 Schule Bauska; 1904/05 Moskau, Gasthörer; Hofbesitzer, Autodidakt, Übersetzer; 1916 ›Lett. Schütze‹, 1917/18 Petrograd, ›Lett. Nationalrat‹; Liepāja, Valka, Journalist; 1921/22 Paris, ›Lett. Pressebüro‹; 1923–40 Leiter des Literaturressorts der Zs. ›Brīvā Zeme‹; Radioredakteur, Theaterdirektor; 1934–36 Abteilungsleiter im Bildungsministerium. – Erotische Liebeslyrik u. düstere, hist. Balladen; Natur u. Götter nach Vorbild der Volkskunst, pseudomytholog. u. patriot. Verbrämung.

W: Biķeris, G. 1907; Dieviškīgās rotaļas, G. 1919; Zaļā Zemgale, En. 1923; Poēmas, Dicht. 1924; Skaidrība, G. 1927; Dzejas un poēmas, G. u. Dicht. 1933; Pēdējās dzejas, G. 1941. – Kopoti raksti (GW), IV 1958–66; Mīļās Māras pārnākšana (AW), 1991.

Viśākhadatta, ind. Dramatiker, lebte zwischen dem 6. und 9. Jh. n. Chr. – Schrieb das ›Mūdrarākṣasa‹ (Rākṣasas Siegelring), e. Drama (Nāṭaka) in 7 Akten, das die Vertreibung der Nanda-Dynastie durch Candragupta Maurya (regierte 322–298 v. Chr.) als hist. Hintergrund hat. Behandelt die Intrigen von Candraguptas Kanzler Cāṇakya, um Rākṣasa, den Minister der Nandas, auf s. Seite zu bringen. Im Mittelpunkt dieses Dramas, das mit Ausnahme e. sehr kleinen weibl. nur männl. Rollen hat, steht die Nīti (polit. Klugheit) im Sinne des ›Kauṭilīya-artha-śāstra‹ (→ Cāṇakya).

A: K. T. Telang 1884, [8]1935, A. Hillebrandt 1912 (n. 1984); M. R. Kale [7]1983, 1991 (m. engl. Übs.), G. S. Rai 1992. – *Übs.:* engl. H. H. Wilson 1871, J. A. B. van Buitenen 1968; ital. A. Marazzi 1874; d. L. Fritze 1887, W. Morgenroth in: s. u.; franz. V. Henry 1888.
L: W. Ruben, 1956; W. Morgenroth, Mūdrarākṣasa. Dokumentation einer Inszenierung am Dt. Nationaltheater in Weimar, 1979; C. Seth, Kalkutta 1998.

Visnapuu, Henrik, estn. Dichter, 2. 1. 1890 Leebiku, Kr. Fellin – 3. 4. 1951 New Yerker. Ab 1907 Lehrer, 1917–23 Stud. Philos. Dorpat u. Berlin; gehörte 1917 zur ›Siuru‹-Gruppe; bis 1935 freier Schriftsteller, 1935–37 am staatl. Propagandaamt; redigierte 1937–40 die Zs. ›Varamu‹; 1941–44 im Estn. Dramat. Theater; 1944 als Flüchtling in Dtl., 1949 in die USA ausgewandert. – Eminent lyr. Begabung von großer Beweglichkeit; von Futurismus u. Expressionismus beeinflußt; bedeutend bes. durch s. sensuelle Liebesdichtung, klangl. Experimente und Zeitlyrik; Naturlyrik u. Auseinandersetzung mit dem Schicksal s. Landes; Erneuerung des Reims (Assonanzreime); kulturgeschichtl. interessante Memoiren.

W: Amores, G. 1917; Jumalaga, Ene!, G. 1918; Talihari, G. 1920; Hõbedased kuljused, G. 1920; Käoorvik, G. 1920; Vanad ja vastsed poeedid, Ess. 1921; Ränikivi, G. 1925; Maarjamaa laulud, G. 1927; Jehoova surm, Poem 1927; Parsilind, Vers-E. 1927; Puuslikud, G. 1929; Tuulesõel, G. 1931; Päike ja jõgi, G. 1932; Poeetika põhijooni I, Hdb. 1932 (m. J. Ainelo); Saatana vari, Vers-R. 1937; Põhjavalgus, G. 1938; Tuule-ema, G. 1942; Esivanemate hauad, G. 1946; Ad astra, G. 1947; Periheel, G. 1947; Mare Balticum, G. 1948; Linnutee, G. 1950; Päike ja jõgi, Mem. 1951. – Kogutud luuletused (ges. G.), II 1964f.; Mu ahastus ja armastus (ausgew. G.), 1993; Valit värsid, 1924; Üle kodumäe, 1934; Kaks algust, 1940; Tuuline teekond, 1946 (alle ausgew. G.). – *Übs.:* Acht estnische Dichter, 1964.
L: P. Krusten, Kaugelviibija käekõrval, 1957; H. Peep, 1989.

Višnevskij, Vsevolod Vital'evič, russ. Dramatiker, 21. 12. 1900 Petersburg – 28. 2. 1951 Moskau. Polit. Funktionär im Bürgerkrieg, schwach begabter Dramatiker, Inhaber hoher lit.-polit. Posten, überzeugter Stalinist. – Schuf mit dem episodesk strukturierten Propagandastück ›Optimističeskaja tragedija‹, e. Paradebeispiel des ›sozialist. Realismus‹.

W: Optimističeskaja tragedija, Dr. 1932 (Optimist. Tragödie, d. 1937); Nezabyvaemyj 1919–j, Dr. 1949; Dnevniki voennych let, 1979. – Sobranie sočinenij (GW), VI 1954–61.
L: G. Düwel, 1975.

Viṣṇu-Purāṇa → Purāṇas, die

Viṣṇuśarman → Pañcatantra, das

Visscher, Roemer, niederländ. Dichter, 1547 Amsterdam – 19. 2. 1620 Begräbnis ebda. Getreidehändler mit umfassender Bildung, sein Amsterdamer Haus wurde ein lebendiger kultureller Mittelpunkt für Dichter, Künstler, Musiker u. Gelehrte. Auch s. beiden Töchter waren vielseitig künstlerisch tätig. – Sein Werk steht zwischen der Redeijkers-Tradition und der Renaissance-Literatur. Die meist kurzen Gedichte sind überwiegend in e. heiteren Ton geschrieben. Wichtig für die niederländ. Literaturentwicklung wurden s. Emblemata.

W: Brabbeling, G. 1614; Sinnepoppen, Emblemata 1614 (hg. u. komm. L. Brummel 1949).
L: Die Sprache der Bilder, hg. W. J. Müller 1978.

Vitéz, Mihály Csokonai → Csokonai Vitéz, Mihály

Vitezović, Pavao, Ritter, kroat. Dichter u. Historiker, 7. 1. 1652 Senj – 20. 1. 1713 Wien. Jesuitenzögling in Zagreb, Verwalter der Landesdruckerei ebda., Vertreter des kroat. Adels, ›agens regni‹ am Hofe in Wien, offizieller Historiograph Leopolds I. – Als Dichter besang V. den heldenhaften Kampf der Kroaten gegen die Türken in der Festung Sziget, schrieb lat. Gelegenheitsgedichte, gab volkstüml. Schriften, bes. Kalender, heraus; als Historiker plante er e. Enzyklopädie aller Südslawen, von der jedoch nur die ›Stemmatographia‹ erschien; beschrieb in Versen die Kämpfe u. Ereignisse im 16. u. 17. Jh. in Kroatien, den Untergang des Königreichs Bosnien, verfaßte e. Weltchronik. S. sprachl. Interesse bekundet das große lat.-illyr. Wörterbuch, das jedoch nicht gedruckt wurde.

W: Odiljenje sigetsko, E. 1684 (n. 1971); Kronika, 1696; Stemmatographia, Schr. 1700; Croatia rediviva, Schr. 1700; Plorantis Croatiae saecula duo, G. 1703; Priričnik, aliti razliko mudrosti cvitje, Verschronik 1703; Sibila, G. 1706; Bosna captiva, Schr. 1712. – Pet stoljeća hrvat. književ. 17, 1976 (m. Bibl.); Izbor iz djela (AW), 1994.

L: V. Klaić, 1914; Izložba djela P. V., 1952; N. Kolumbić, hg. 1986; J. Bratulić, 1994; ders., 1997.

Vitrac, Roger, franz. Dramatiker, 17. 11. 1899 Pinsac/Lot – 22. 1. 1952 Paris. Kam früh nach Paris, 1922 Mitglied der Surrealistengruppe um Breton, 1925 ausgeschlossen; gründete 1927 mit A. Artaud das ›Théâtre Alfred Jarry‹. – Von Dadaismus, Surrealismus und bes. dem Einfluß A. Jarrys geprägt, schrieb V. farcenhafte, burleske Bühnensatiren, in denen er mit oft grotesker Komik Leerlauf u. innere Haltlosigkeit bürgerl. Lebensformen entlarvt. Vorläufer avantgardist.-absurdist. Dramaturgie.

W: Les mystères de l'amour, K. 1927; Victor ou les enfants au pouvoir, Dr. 1930 (d. in: ›Theater heute‹, 1964); Le coup de Trafalgar, Dr. 1934; Les demoiselles du large, Dr. 1938; Le camelot, Dr. 1938; Le loup-garou, Dr. 1946; Le Voyage oublié, 1974. – Théâtre, IV 1946–64; Dés-lyre, poésies complètes, 1964.

L: H. Béhar, 1967; J. Grimm, V., ein Vorläufer des Theaters des Absurden, 1976; K.-D. Vilshöfer, 1976; H. Béhar, V., théâtre ouvert sur le rêve, Brüssel 1980; S. A. Heed, Le cocu du dada, Lund 1983; Y.-B. Lee, 1997.

Vittorini, Elio, ital. Erzähler, 23. 7. 1908 Syrakus – 13. 2. 1966 Mailand. Sohn e. Eisenbahnbeamten. 1925 Bauassistent; Autodidakt. Seit 1930 Journalist, 1939 Verlagsangestellter. Mitgl. der Widerstandsbewegung, 1943 inhaftiert; Mitarbeiter lit. Zsn. und Zeitungen; 1945 einige Monate Chefredakteur der kommunist. Parteizeitung ›L'Unità‹, 1945–47 Hrsg. der dem Marxismus nahestehenden Zs. ›Il Politecnico‹. 1947 Distanzierung von der Parteiführung. Ab 1951 Hrsg. der Buchreihe ›I gettoni‹ im Verlag Einaudi, ab 1961 der Zs. ›Il Menabò‹ zus. mit I. Calvino. E. der führenden linksunabhängigen Intellektuellen der 1950er Jahre. – Begann 1927 mit lyr. Prosatexten. Von der amerik. Lit. stark beeinflußt; übersetzte Werke von Hemingway, Faulkner, Saroyan, Steinbeck; weckte in den ital. Leserkreisen Interesse für die amerik. Erzähler. Verfaßte auch e. Anthologie der amerik. Lit., ›Americana‹, die e. beachtl. Einfluß auf die nachfolgende Entwicklung der ital. Erzählkunst hatte. E. der Begr. des ital. Neorealismus; Neigung zu e. neuen, weniger polit. als menschl. gebundenen Form des lit. Engagements in der leidenschaftl. Auseinandersetzung mit soz. Problemen, doch in poet.-symbol. Form mit surrealen Elementen bereicherten Romanstils. Zog die Aufmerksamkeit auf sich bes. mit s. Roman ›Conversazione in Sicilia‹, der v. a. e. myth. Bild von Sizilien entwirft, und mit ›Uomini e no‹, dem Dialogroman aus der ›resistenza‹ in Mailand im Jahre 1944. Bedeutend auch als Übs., insbes. engl. u. amerik. Lit.

W: Piccola borghesia, En. 1931; Nei Morlacchi-Viaggio in Sardegna, 1936 (u. d. T. Sardegna come un'infanzia, 1952); Conversazione in Sicilia, R. 1941 (auch u. d. T. Nome e lacrime; Tränen im Wein, d. 1943, u. d. T. Gespräch in Sizilien, 1948); Uomini e no, R. 1945 (Der Mensch N2, d. 1946, u. d. T. Dennoch Menschen, 1963); Il Sempione strizza l'occhio al Fréjus, E. 1947 (Im Schatten des Elefanten, d. 1949); Il garofano rosso, R. 1948 (d. 1951); Le donne di Messina, R. 1949 (erw. 1964; d. 1965); Erica e i suoi fratelli, E. 1956 (d. 1983); La Garibaldina, E. 1956 (d. 1960); Diario in pubblico, 1957 (Offenes Tagebuch, d. 1959); Le due tensioni, En. hg. D. Isella 1967; Le città del mondo, R.-Fragm. 1969. – Opere narrative, hg. M. Corti, R. Rodondi II 1974; Lettere 1945–1951, hg. C. Minoia 1977; Epistolario 1933–1943, hg. C. Minoia 1985.

L: Omaggio a E. V. (Rendiconti 15/16), 1967; S. Pautasso, 1967; ders., 1978; S. Briosö, 1970; S. Pautasso, 1977; G. Gronda, Per conoscere V., 1979; F. Zanobini, 1984; R. Rodondi, 1985; M. Gesthuisen, 1985; E. V. vent'anni dopo, hg. P. M. Sipala 1988; H. Marek, 1990; R. Crovi, 1998; G. Bonsaver, Leeds 2000.

Vivanco Bergamín, Luis Felipe, span. Lyriker, 22. 8. 1907 San Lorenzo del Escorial – 21. 11. 1975 Madrid. Architekt. – Suchte nach dem Vorbild der span. Klassik reine, lyr. Formen zu entwickeln. Schuf in schlichter, intensiver Sprache echte Idyllen über das Familienleben, den Alltag, kleine Erlebnisse u. relig. Themen. Gestaltete eindrucksvoll das Erlebnis des Span. Bürgerkriegs. Übsn. von Jammes, Claudel, Rilke.

W: Cantos de primavera, G. 1936; Tiempo de dolor, G. 1940; Baladas interiores, G. 1941; Continuación de la vida, G. 1949; Los ojos de Toledo, Aut. 1953; El descampado, G. 1957; Memoria de la plata, G. 1958; Lecciones para el hijo, G. 1961; Los caminos 1945–1965, G. 1974;

Vivanti

Antología poética, 1976; Prosas propicias, G. 1977; Diario 1946–1975, 1983.

L: H. Jergen, 1962.

Vivanti, Annie, ital. Erzählerin, 2. 2. 1868 London – 20. 2. 1942 Turin. Tochter e. dt. Schriftstellerin und e. ital. Vaters aus Mantua, der aus polit. Gründen in England in Verbannung lebte. ∞ 1908 den ir. Rechtsanwalt John Chartres. Lebte lange in der Schweiz, in England und den USA, hier Stud. Musik und Gesang. Freundin von G. Carducci, der 1890 das Vorwort für ihre ›Lirica‹ schrieb. Bevorzugt als Erzählerin starke Leidenschaften und seltsame Ereignisse. In ›Zingaresca‹ schildert sie in lebhafter und origineller Prosa ihre Reiseerlebnisse; in dem Roman ›I divoratori‹, der zuerst in engl. Sprache erschien und den sie selbst ins Ital. übersetzte, schrieb sie die Geschichte ihrer Tochter Vivien.

W: Lirica, 1890; Marion, artista da caffè concerto, R. 1890; The Devourers, R. 1910 (I divoratori, ital. 1911; Nancy war ein Genie, d. 1953); Vae victis, R. 1917; Zingaresca, En. 1918; Naja tripudians, R. 1921; Perdonate Eglantina, En. 1926; Mea culpa, R. 1927.

L: V. Brosio, 1983.

Viviani, Raffaele, ital. Schauspieler, Bühnenautor u. Dichter, 10. 1. 1888 Castellammare di Stabia – 22. 3. 1950 Neapel. Bereits 4jährig auf der Bühne; gelangte später als Artist, Sänger und Schauspieler zum Erfolg im europ. Varieté. Ab 1917 mehr als 50 Theaterstücke im neapolitan. Dialekt. S. kom., aber auch realist. Darstellungen der Lebensverhältnisse in Neapel brachten ihm internationale Erfolge, aber auch zuweilen Kritik in s. Heimat ein.

A: Dalla vita alle scene, 1928; Poesie, hg. V. Pratolini, P. Ricci 1956; Teatro, hg. L. Ridenti II 1957.

L: Onoranze a R. V., 1950; R. Minervini, Un uomo e una città, 1950; G. Trevisani, 1961; P. Ricci, Ritorno a V., 1979.

Vivien, Renée (eig. Pauline M. Tarn), franz. Lyrikerin, 1877 London – 1909 Paris. Aus angloamerik. Familie. Lebte zuerst in England, dann in Paris. E. großes Vermögen erlaubte ihr Reisen nach Griechenland und Indien. – Ihre geschmeidigen und musikal. Verse sind Ausdruck ihrer lesb. Veranlagung, erfüllt von wollüstigem Schmachten und Sehnsucht nach dem heidn.-griech. Leben. Schülerin Baudelaires. Ihr Heidentum ist nicht überzeugend, stark vom christl. Sündenbegriff durchdrungen. Tod als häufiges Thema. Starb als Christin. Übs. von Sappho.

W: Souvenirs contemporains, 1900; Etudes et préludes, G. 1901; Cendres et poussières, G. 1902; Evocations, G. 1903; A l'heure des mains jointes, G. 1906; Les flambeaux éteints, G. 1907. – Poésies complètes, II 1934, ²1948; Poèmes, II 1923f.

L: L. Brun, 1911; A. Germain, 1917; Y.-G. Le Dantec, 1933; T. Campi, Rom 1983.

Vizenor, Gerald Robert, indianisch-amerik. Schriftsteller, * 22. 10. 1934 Minneapolis/MN. Indian. Vater, weiße Mutter; Jugend im Chippewa-Reservat u. bei Pflegeeltern; arbeitet als Journalist, Sozialarbeiter, Arbeitsamtsleiter, Univ.-Prof. (u. a. auch in China). – V.s umfangreiches Werk umfaßt Lyrik, Dramen, Erzähltexte, journalist. u. lit.theoret. Texte. In allen versteht er Sprache als dekonstruktives, starre ethnische Kategorien durchbrechendes, oft subversives u. letztlich einziges schöpferisches Element. Mit Anleihen aus indian. Konzepten, bes. dem Trickster als nichtfestlegbarer Erlebnisinstanz, betont V. den Primat des kulturell durchlässigen Geschichtenerzählens. Im Sinn e. vertrackten Synkretismus lehnt V. polit. Aktivisten seiner Gruppe als ›Freibeuter des Rassismus‹ ab u. bringt in s. postmodern-skurrilen, verkomplizierten Texten feste Positionen u. Abgrenzungen ins Rutschen u. Vibrieren.

W: Darkness in Saint Louis Bearheart, R. 1978 (neu als Bearheart: The Heirship Chronicles, 1990); Wordarrows, En. 1978; Earthdivers, En. 1981; The People Named the Chippewa: Narrative Histories, hist. Es. 1984; Griever: An American Monkey King in China, R. 1987; Griever, the Trickster of Liberty: Tribal Heirs to a Wild Baronage, R. 1988; Interior Landscapes: Autobiographical Myths and Metaphors, Aut. 1990; Crossbloods: Bone Courts, Bingo, and Other Reports, lit.theoret. Schr. 1990; The Heirs of Columbus, R. 1991; Landfill Meditations: Crossblood Stories, En. 1991; Hotline Healers: An Almost Browne Novel, R. 1997; Fugitive Poses: Native American Indian Scenes of Absence and Presence, lit.theoret. Schr. 1998.

L: A. Velie, Four American Lit. Masters: F. Scott Momaday, James Welch, Leslie Marmon Silko and Gerald Vizenor, 1982; Narrative Chance, hg. ders. 1989; L. Coltelli, Winged Words: American Indian Writers Speak, 1990; K. M. Blaeser, 1996; G. V. u. A. R. Lee, Postindian Conversations, 1999.

Vizyinos, Georgios (eig. G. Michailidis), griech. Schriftsteller, 1849 Vizyi/Thrakien – 1896 Athen. Lebte in Konstantinopel u. Zypern, Promotion in Psychol. Berlin; beschließt sein Leben in Armut u. geistiger Umnachtung. – Aufgrund s. innovativen Darstellung psych. Vorgänge gilt er als e. der größten griech. Erzähler des 19. Jh.

W: Ho Kodros, G. 1874; Atthides aurai, G. London 1883; To hamartēma tēs mētros mu, E. 1883; Poios ētan ho phoneus tou adelphu mu, E. 1883; To monon tēs zōēs tu taxeidion, E. 1884; Moskōb Selim, E. 1895. – Ta diēgēmata, En. hg. V. Athanasopulos 1991; Ta poiēmata, G. u. Paidikai poiēseis, hg. M. Chrysanthopulos 1997.

L: V. Athanasopulos, Hoi mythoi tēs zōēs kai tu ergu tu G. B., 1992; M. Chrysanthopulos, G. B. Metaxy phantasias kai mnēmēs, 1994.

Vjazemskij, Pëtr Andreevič, russ. Lyriker u. Lit.-kritiker, 23. 7. 1792 Moskau – 22. 11. 1878 Baden-Baden. Aus altem Fürstengeschlecht; wuchs auf dem Erbgut Ostaf'evo b. Moskau auf; Schwager N. Karamzins, der sich ab 1807 – nach dem Tode des Vaters – um s. Bildung kümmerte. 1817–21 u. 1830–55 im Staatsdienst, zuletzt in höchsten Rängen; 1815 einer der Gründer des Dichterkreises ›Arzamas‹. – S. lyr. Schaffen weist e. großen Reichtum an Gattungen auf, Oden in der Tradition Deržavins stehen neben epikureischer Dichtung im Stil des franz. Klassizismus, scharfe Epigramme u. treffende Satiren zeigen s. Lust am Wortspiel, späteres Schaffen wird tiefer, verinnerlichter, deutet in überwiegend verhaltendunklen Tönen das Lichte an.

A: Polnoe sobranie sočinenij (GW), XII 1878–96; Stichotvorenija, G. 1958, 1978, 1986; Sočinenija (W), II 1982.

L: I. N. Rozanov, 1915; G. Wytrzens, 1961; M. Gillel'son, 1969.

Vladimov, Georgij Nikolaevič (eig. G. N. Volosevič), russ. Erzähler, * 19. 2. 1931 Char'kov. Stud. Jura Leningrad, große Anerkennung durch erste Buchveröffentlichung ›Bol'šaja ruda‹, s. zweiter Roman von 1963/64 ›Vernyj Ruslan‹ aus polit. Gründen in der SU nicht veröffentlicht; Austritt aus dem sowjet. Schriftstellerverband 1977, aktiver Menschenrechtskämpfer, 1983 Ausreise in die BRD; 1983–86 Redakteur der Zs. ›Grani‹. – E. der vielbeachteten russ. realist. Prosaiker. ›Vernyj Ruslan‹ veranschaulicht am Bild des Lagerhundes das Ideal des Kommunismus: das vollkommen dressierte Wesen. ›Tri minuty molčanija‹ zeigt schonungslos den unmenschl. Arbeitsprozeß auf e. sowjet. Fischfangschiff.

W: Bol'šaja ruda, R. 1962, 1971 (d. in: Im Licht des Tages, 1963); Tri minuty molčanija, R. 1969 (Urfassg. Ffm. 1982); Vernyj Ruslan, R. 1975 (Die Geschichte vom treuen Hund Ruslan, d. 1975); Ne obraščajte vniman'ja, maèstro, E. 1983; General i ego armija, R. 1995 (Der General u. s. Armee, d. 1997). – Sobranie sočinenij (GW), IV 1998.

L: R. C. Porter, Oxford 1989.

Vlahuţă, Alexandru, rumän. Schriftsteller, 5. 9. 1858 Pleşeşti/Tutova – 19. 11. 1919 Bukarest. Bauernsohn, freudlose Jugend; Volksschullehrer, dann Stud. Jura ohne Abschluß; Rechtsanwalt, Lehrer, Gymnasialprof. in Târgovişte, Domänenverwalter, schließl. Schulrat. Redakteur der lit. Zs. ›Viaţa‹, 1901 Mitgründer der Zs. ›Semănătorul‹, Kulturkritiker. – Erste melanchol. Gedichte und Erzählungen in Zsn. Verfaßte, beeinflußt von Eminescu, philos. und erot. Verse, Elegien und Oden. Romantiker, der realist. zu schreiben versuchte; echte relig. und soz. Akzente und unermeßl. Liebe zu den rumän. Bauern und der rumän. Landschaft, die er meisterl. beschrieb.

W: Nuvele, Nn. 1886; Din goana vieţii, Nn. 1892; Icoane şterse, G. 1893; Dan, R. II 1894; Un an de luptă, Nn. 1895; În vâltoare, Nn. 1896; Poezii, 1899; Clipe de linişte, Nn. 1899; România pitorească, Schr. 1901; Din trecutul nostru, Nn. 1908; Pictorul N. Grigorescu, B. 1910; La gura sobei, Nn. 1911; Dreptate, Nn. 1914; Scrieri alese (AW), III 1963f. – *Übs.:* AW, 1960.

L: G. Ibrăileanu, 1912; N. Zaharia, 1921 (m. Bibl.); I. G. Oprişan, 1937; C. Petrescu, 1954; A. Bojin, 1959; V. Râpeanu, 1966; V. Ene, 1976.

Vlajkov, Todor (Ps. Veselin), bulgar. Aufklärer, Schriftsteller u. Publizist, 13. 2. 1865 Pirdop – 28. 4. 1934 Sofia. 1886 Stud. slav. Philol. Moskau. Lehrer in Bulgarien. 1902–25 Hrsg. der Zs. ›Demokratičeski pregled‹. – Autor volkstümlicher Erzählungen u. Novellen mit Motiven aus dem Schicksal einfacher Menschen. Stellt das natürl. Landleben dem korrupten Städterdasein gegenüber.

W: Djadovata Slavčova unuka, N. (1. Aufl. o. J.), ²1917; Strina Venkovica i snaha í, N. ²1938; Čičo Stajko, N. 1890; Rataj, N. 1894; Razkazi i povesti, En. u. Nn. 1897; Učitel Milenkov, N. 1901; Kmetove, Chr. 1904; Preživjanoto, Mem. III 1934–42. – Sučinenija (GW), VI 1925–31; Ausw. 1949; VIII 1963–64.

L: G. Konstantinov, 1960.

Vlierden, Bernard Frans van → Kemp, Bernard

Vodnik, Anton, slowen. Dichter u. Publizist, 28. 5. 1901 Podutnik – 2. 10. 1965 Ljubljana. Stud. Kunstgeschichte ebda., als Redakteur tätig. – Zunächst pflegt er den Ästhetizismus, später begründet er die Poetik des harmon. Expressionismus. S. Sprache zeichnet sich durch Melodie u. nuancierten Rhythmus aus, oft greift er bibl. Elemente auf.

W: Žalostne roke, G. 1922; Vigilije, G. 1923; Skozi vrtove, G. 1941; Srebrni rog (G.-Ausw.), 1948; Zlati krogi, G. 1952; Glas tišine, G. 1959; Sončni mlini (G.-Ausw.), 1964.

L: K. Šalamun-Biedrzycka, 1978.

Vodnik, Valentin, slowen. Schriftsteller, 3. 2. 1758 Zgornja Šiška b. Laibach – 8. 1. 1819 Laibach. Stud. Theologie u. Philol. bei den Franziskanern in Laibach, Pfarrer an versch. Orten. Lehrer, Schulinspektor Laibach, wegen Franzosenfreundlichkeit frühzeitig pensioniert. – Gab außer Lehrbüchern den ersten slowen. Kalender u. 1797–1800 die erste slowen. Zt. ›Ljubljanske novice‹ heraus; sammelte Volkslieder u. schrieb Gedichte, in denen er das Wesen der slowen. Bauern und die Schönheit s. Heimat besang u. somit wesentl. zur nationalen Wiedergeburt beitrug. Arbeitete an e. slowen.-dt. Wörterbuch.

W: Pesme za pokušino, G. 1806; Pesme za brambovce, G. 1809; Ilirija oživljena, G. (1811); Pismenost za prve šole, Gramm. 1811. – Zbrano delo (GW), 1988; Pesme, hg. F. Levstik 1840; Izbrane pesmi (Ausw.), hg. A. Gspan 1958; Izbrano delo (AW), 1970; Izbrano delo (AW), 1997.

L: I. Grafenauer, 1918; J. Pogačnik, 1963; J. Kos, 1973; ders., 1990.

Völuspá → Edda

Vörösmarty, Mihály, ungar. Dichter, 1. 12. 1800 Kápolnásnyék – 19. 11. 1855 Pest. Aus Adelsfamilie. Streng relig. Erziehung. Gymnas. Székesfehérvár u. 1816 Budapest. Als s. Familie zugrunde ging, wurde er Erzieher bei der Familie Perczel u. besuchte gleichzeitig die Univ. Stud. Philos. u. Jura. Gab 1826 s. Erzieherstelle auf. Hatte großen Erfolg mit s. ersten Epos ›Zalán futása‹. Redakteur der Zsn. ›Koszorú‹, 1828 dann ›Tudományos Gyűjtemény‹. 1830 Mitgl. der Ungar. Akad. der Wiss. 1833 gewann s. Schauspiel ›Vérnász‹ den 1. Preis der Akad. 1837–43 zusammen mit Bajza Redakteur der Zs. ›Athenaeum‹. S. ›Szózat‹ wurde neben Kölcseys Hymnus Nationallied. Nahm als Abgeordneter am Freiheitskampf teil, nach dessen Niederschlagung mußte er sich verborgen halten. Ging 1850 nach Pest u. wurde von Haynau freigesprochen. Zog sich voll Trübsinn in s. Heimatdorf zurück. – Vf. glühender patriot. Lyrik, klass. Epen und Dramen um nationale Stoffe in urwüchs. Sprache, später philos. Gedankendramen in romant. Stil von großer dichter. Schönheit und Märchenspiele. Auch Kritiker und Epigrammatiker.

W: Zalán futása, Ep. 1825 (Zalans Flucht, d. 1900); Cserhalom, Ep. 1825; Tündérvölgy, Ep. 1825; A bujdosók, Dr. 1828; Csongor és Tünde, Msp. 1830 (d. 1904, 1938, 1943); A két szomszédvár, Ep. 1833; Vérnász, Tr. 1833; A fátyol titkai, Lsp. 1834; Szózat, G. 1836; Szép Ilonka, Leg. 1837; Árpád ébredése, Sch. 1838. – Összes munkái (W), hg. P. Gyulai VIII [2]1884–88; Összes művei, hg. K. Horváth, D. Tóth 1960. – Übs.: Gedichte, 1895, 1901.

L: P. Gyulai, [3]1890; J. Kont, 1903; F. Riedl, 1937; D. Tóth, [2]1974.

Vogelaar, Jacq Firmin (eig. Frans Broers), niederländ. Schriftsteller, * 3. 9. 1944 Tilburg. Ab 1977 Redakteur der Lit.-Zs. ›Raster‹. – Anfangs beeinflußt von Nouveau roman u. Beckett; später tritt der experimentelle Charakter stärker hervor, deutl. polit. (neomarxist.) Engagement.

W: Parterre, en van glas, G. 1965; Vijand gevraagd, R. 1967; Gedaanteverandering van 'n metaforiese muizeval, R. 1968; Kaleidiafragmenten, Prosa 1970; Orientaties, Ess. 1983; De dood als meisje van acht, R. 1991; Uit het oog: beeldverhalen, Ess. 1997; Inktvraat, G. 1998; Meer speelruimte, Ess. 1998.

L: A. Mertens, 1991.

Vogt, Nils Collett, norweg. Lyriker, Erzähler und Dramatiker, 24. 9. 1864 Oslo – 23. 12. 1937 ebda. Sohn e. Ingenieurs aus gehobenem Bürgertum. Schon in s. Gymnasialzeit polit. tätig mit Mitarbeiter versch. Zsn. 1884 Stud. Jura, Journalist; Aufenthalt in Kopenhagen, Reise nach Berlin, 1890 wieder in Oslo; Italienreise. ⚭ 1894 Siri Tyselius. 1899 zweite Italienreise; ab 1912 in Oslo. 1920 Parisreise. – Enthusiast. sozialrevolutionärer und patriot. Lyriker im Gefolge des Naturalismus; später mehr gedämpfte, stark gedankl. Gedichte und dunkle, wehmütige Naturlyrik. Auch in kulturhist. interessanten autobiograph. Romanen Kritik am Bürgertum.

W: Digte, G. 1887 (d. Ausw. 1903); Familiens Sorg, R. 1889; Fra vaar til høst, G. 1894; Musik og vaar, G. 1896; Det dyre brød, G. 1900; Harriet Blich, R. 1902 (d. 1903); Mennesker, Nn. 1903; Fra Kristiania, G. 1904; To mennesker, Dr. 1904; Septemberbrand, G. 1907; Spændte sind, Dr. 1910; Moren, Dr. 1913; Therese, Dr. 1914; Hjemkomst, G. 1917; Karneval, Dr. 1920; Levende og døde, Ess. 1922; Ned fra bjerget, G. 1924; Vind og bølge, G. 1927; Forbi er forbi, Dr. 1929; Fra gutt til mann, Mem. 1932; Oplevelser, Mem. 1934; Mordersken, Prosa 1935. – Digte i utvalg, G. 1908, 1919, 1923; Et liv i dikt, II 1930, 1964; Brev til Roll Anker, hg. E. Kielland 1947.

L: N. Parelius, 1973; K. Haave, 1979.

Vogüé, Eugène Marie Melchior, Vicomte de, franz. Schriftsteller, 24. 2. 1848 Nizza – 24. 3. 1910 Paris. In e. relig. Schule in Auteuil erzogen. Erlebte im Krieg 1870/71 den Tod des Bruders und Gefangenschaft. Diplomat der Türkei, unternahm von dort Reisen nach Konstantinopel und Kairo; 1876–82 in Petersburg. 1889 Mitglied der Académie Française, 1893–98 der Abgeordnetenkammer. – Begann mit Beiträgen in der ›Revue des deux mondes‹. Traditionalist in Politik, Religion und Lit. Gegner des Materialismus und Naturalismus. Machte durch s. bedeutendstes Werk, ›Le roman russe‹, Frankreich mit der russ. Lit. bekannt, auch in der Absicht, die Überwindung des Naturalismus zu fördern. Vf. von konservativkathol. Romanen und Reisebeschreibungen.

W: Le temple de Jérusalem, 1864; Syrie, Palestine, mont Athos, Reiseber. 1876; Histoires Orientales, 1880; Le fils de Pierre le Grand, Schr. 1884; Histoires d'hiver, En. 1885 (d. 1888); Le roman russe, Schr. 1886; Jean d'Agrève, R. 1886; Souvenirs et visions, Erinn. 1887; Regards historiques et littéraires, 1892; Devant le siècle, Schr. 1896; Les morts qui parlent, R. 1899; Le maître de la mer, R. 1903. – Journal 1877–83, hg. F. de V. 1932.

L: L. le Meur, 1932; E. Tillmann, Diss. Bonn 1934; M. Röhl, Le roman russe de V., Stockh. 1976.

Voiculescu, Vasile, rumän. Lyriker, 27. 11. 1884 Pârşov/Buzău – 26. 4. 1963 Bukarest. Stud. Lit. und Medizin Bukarest. Arzt in versch. Städten, dann Prof. in Bukarest, künstler. Leiter des rumän. Rundfunks, Mitgl. des ›Gândirea‹-Kreises; nach 1945 wiederholt verhaftet, 1958 zu fünfzehn Jahren Zwangsarbeit verurteilt. – E. der größten zeitgenöss. Dichter Rumäniens, von bewußt bäuerl.-derber, am primitiven Alltagsausdruck geschulter Sprache. In hohem Ansehen bei der jüngeren Generation stehen s. myst.-phantast. Erzählungen (entstanden nach 1944), die er zu s. Lebzeiten nicht veröffentlichen konnte. E. eigenartige Welt nimmt darin Gestalt an: Über der walach. Landschaft, wo Hirten u. Bauern sich abmühen, wo die Tiere des Waldes in gutem Einvernehmen mit dem Menschen leben, öffnen sich die Himmel, Gott u. s. Engel werden sichtbar. Dieser Weg zum Schöpfer wird nur durch myst. Leiden zugängl.; V. predigt in e. herben Sprache, die zum Psalm wird, die absolute Reinheit des Kindes, die das wunderwirkende Gebet kennt.

W: Poezii, 1916; Din țara zimbrului, G. 1918; Pârgă, G. 1921; Poeme cu îngeri, G. 1927; Fata Ursului, Dr. 1930; Destin, G. 1933; La pragul minunii, Dicht. 1934; Urcuș, G. 1937; Întrezăriri, G. 1939; Duhul pământului, Dr. 1942; Povestiri, En. II 1964; Ultimele sonete, G. 1964; Ultimul Berevoi, E. 1966; Poezii, II 1968; Zahei Orbul, R. 1970; Teatru, 1972. – *Übs.:* Magische Liebe, Nn. u. En. 1970.

L: V. Streinu, 1964; M. Tomuș, 1972; Șt. A. Doinaș, 1972; I. Apetroaie, 1975; L. Grăsoiu, 1977; E. Zaharia-Filipaș, 1980; C. Ungureanu, 1981.

Voisenon, Claude-Henri de Fuzée, Abbé de, franz. Komödiendichter u. Erzähler, 8. 7. 1708 Schloß Voisenon b. Melun – 22. 11. 1775 ebda. Geistlicher ohne innere Berufung, Generalvikar des Bischofs von Bologna; lehnte es ab, dessen Nachfolger zu werden. In Paris Gast der lit. Zirkel. Protegiert von s. Freund Voltaire, dem er die Aufnahme in die Académie Française 1763 verdankt. – Schrieb, dem Zeitgeschmack entsprechend, leichte galante Gedichte, erwarb sich die Gunst des Publikums mit Komödien, deren beste, ›La coquette fixée‹, nach Vorbild Marivaux' geschrieben ist. Am bekanntesten wurde er mit leichten Erzählungen im oriental. Kostüm.

W: L'école du monde, K. 1739; Les mariages assortis, K. 1744; La coquette fixée, K. 1746; Le sultan Misapouf et la princesse Grisemine, E. 1746; Zulmis et Zénaïde, E. 1747; Amour et Psyché, Op. 1762. – Œuvres complètes, V 1781; Romans et contes, II 1775 u. ö. – *Übs.:* Romane und Feenmärchen, V 1770; Drei galante Erzählungen, 1918.

Voiture, Vincent, franz. Schriftsteller, 24. 2. 1598 Amiens – 25. 5. 1648 Paris. Sohn e. Weinkaufmanns. E. der angesehensten Besucher des Hôtel de Rambouillet (ab 1623). Starb im Duell. – Schrieb mit techn. Geschick galante, vom span. Barock und Marini beeinflußte Gedichte. S. posthum veröffentlichten, von vornherein für e. größeren Kreis bestimmten Briefe, die er an Gäste des Hôtel de Rambouillet schickte, verbinden preziöse Gezierheit mit spieler. Anmut.

A: Œuvres, 1649 u. 1658, hg. J.-H.-A. Ubicini II 1855; Poésies, hg. H. Lafay 1971; Lettres, II 1880, 1969; Entretiens, 1655 (n. 1972).

L: E. Magne, II 1929f.; J. Dennis, 1971.

Vojnikov, Dobri, bulgar. Dramatiker, Aufklärer u. Publizist, 10. 11. 1833 Šumen – 27. 3. 1878 Tŭrnovo. Stud. am franz. Lyzeum in Istanbul. 1858 Lehrer. Emigration nach Rumänien, wo er Ende 1865 die erste bulgar. ansässige Theatertruppe gründete. – E. der ersten bulgar. Dramatiker. In den 1860er Jahren schuf er hist. Dramen, in den 1870er Jahren Komödien um zeitgenöss. Themen. S. bedeutendstes Werk ist die Komödie ›Krivorazbranata civilizacija‹, die auf humorvolle Weise den Zusammenstoß zwischen dem Heimischen u. dem Fremden schildert.

W: Rajna knjaginja, Dr. 1866; Pokrŭštenie na Preslavskij dvor, Dr. 1868; Velislava, bŭlgarska knjaginja, Dr. 1870; Vŭzcarjavaneto na Kruma Strašnij, Dr. 1871; Krivorazbranata civilizacija, K. 1871; Poevropejčvane na turčina, K. 1876. – Ausw., 1928, 1941; GW, II 1983.

Vojnović, Ivo, kroat. Schriftsteller, 9. 10. 1857 Dubrovnik – 30. 8. 1929 Belgrad. Aus alter ragus. Patrizierfamilie, Sohn e. Universitätsprof.; 1875–79 Stud. Jur. Wien, Zagreb; Richter, Beamter, 1907–14 Dramaturg des Nationaltheaters Zagreb, freier Schriftsteller; 1914 Internierung; 1917 nach Amnestie Rückkehr zum Theater. – Anfängl. Realist, wurde V. sehr früh vom Symbolismus beeinflußt. In s. weiteren Schaffen von allen europ. lit. Strömungen bis zum Expressionismus inspiriert. Behandelte in psycholog. durchdrungenen Novellen u. Dramen allg. menschl. Probleme u. seel. Konflikte, schöpfte aus dem Volkslied, dem Leben des Adels, des Volkes, der Künstler, verherrlichte die Heldentaten s. Volkes. Gibt in s. Hauptwerk ›Dubrovačka trilogija‹ e. Bild vom politischen Niedergang Dubrovniks. Starker Lyrismus, Ausdrucksreichtum u. bildhafte Sprache kennzeichnen s. Werke.

W: Geranium, N. 1880; Ksanta, N. 1886; Psyche, Dr. 1889; Lapadski soneti, G. 1892–98; Ekvinocij, Dr. 1895; Dubrovačka trilogija: I: Suton, 1900, II: Allons enfants, 1901, III: Na taraci, 1903; Smrt majke Jugovića, Dr. 1907; Vox clamans, G. 1910; Gospodja sa suncokretom, Dr. 1912; Lazarevo Vaskresenje, Dr. 1913; Imperatrix, Dr. 1918; Maškarate ispod-kuplja, Dr. 1922; Prolog nenapisane drame, Dr. 1929. – Sabrana dela (GW), hg. L. Vojnović IV 1939–41; Pet stoljeća hrvat. književ. 55, 1964 (m. Bibl.); Izbor iz djela (AW), 1995.

L: A. Wenzelides, 1917; B. J. A. Balota, 1935; G. Krklec, 1960; R. Jovanović, 1974; N. Ivanišin, 1984; D. Jelčić, 1996.

Vojnovič, Vladimir Nikolaevič, russ. Prosaiker, * 26. 9. 1932 Stalinabad. Vater Journalist; ab 1956 in Moskau zunächst als Zimmermann, 1957–59 Stud. Päd. Inst. 1974 Ausschluß aus Schriftstellerverband, 1975 weltberühmt durch den Roman ›Žizn' i neobyčajnye priključenija soldata Ivana Čonkina‹. 1980 Emigration, lebt b. München. – In der ›Tschonkin‹-Satire werden in der Art des Schelmenromans vergnüglich, humorvoll das sowjet. System u. s. hohle Propaganda entlarvt. Mit ›Ivan'kiada‹ schuf er e. Individualsatire auf e. sowjet. Lit.funktionär. Mit ›Moskva – 2042‹, dem ersten großen in der Emigration geschriebenen Roman, schrieb er e. Gesellschaftssatire, die von e. utop. ›Sozialismus in e. Stadt‹ nach 60 Jahren ausgeht.

W: Dva tovarišča, E. 1967 (Zwei Freunde, d. 1969); Putěm vzaimnoj perepiski, R. 1973 (Brieffreundschaft, d. 1976), Žizn' i neobyčajnye priključenija soldata Ivana Čonkina, R. Paris 1975 (Die denkwürdigen Abenteuer des Soldaten Iwan Tschonkin, d. 1975); Ivan'kiada, E. 1976 (Ivankiade, d. 1979); Pretendent na prestol, R. 1979 (Iwan Tschonkin, Thronanwärter, d. 1983); Antisovetskij Sovetskij Sojuz, Ess. 1985 (Ihr seid auf dem richtigen Weg, Genossen!, d. 1986); Tribunal, Komm. 1985; Moskva – 2042, R. 1987 (d. 1989); Zamysel, R. 1995. – Maloe sobranie sočinenij (GW), V 1993–96.

L: C. E. Pearce, Ann Arbor 1982; R. C. Porter, Oxford 1989.

Vold, Jan Erik, norweg. Lyriker, * 18. 10. 1939 Oslo. Stud. nord. Sprachen u. Lit.wiss. ebda., USA u. Uppsala. Mithrsg. der lit. Zs. ›Vinduet‹. – Reflexion auf sprachl. Mittel bei extremer Verdichtung u. Aussparung kennzeichnen e. Gedichte u. Kurzprosa im Stil der konkreten Lyrik, mit denen er den Spätsymbolismus überwand u. sich als Vertreter der sog. ›Neuen Einfachheit‹ zu erkennen gab, später beeinflußt vom Zenbuddhismus. V. ist e. brillanter Rezitator eigener u. fremder Gedichte in der Sparte Jazz u. Poetry. Bedeutender Lit.vermittler, Hrsg. u. Übs.

W: Mellom speil og speil, G. 1965; Blikket, G. 1966; Fra rom til rom. Sad & Crazy, Kurzprosa 1967 (Von Zimmer zu Zimmer. Sad & Crazy, d. 1968); Mor Godhjertas glade versjon. Ja, G. 1968; Kykelipi, G. 1969; Spor, snø, G. 1970; Entusiastiske essays, Ess. 1976; En som er, G. 1981; God dag, G. 1981. – Samlede kortprosa, Ges. Kurzprosa 1982; Her. Her i denne verden, Ess. 1984; Sorgen. Sangen. Veien, G. 1987; Elg, G. 1989; Poetisk praksis, Ess. 1990; IKKE. Skillingstrykk fra nittitallet, G. 1993; Kalenderdikt, G. 1995; I. Vektens tegn. 777 dikt, G. 2000; Uten manus – dokumentarisk 1980–2000, Ess. 2001; Tolv meditasjoner, G. 2002.

L: O. Karlsen, hg. 2000.

Volder, Willem de → Gnaphaeus, Guilhelmus

Volodin (eig. A. M. Lifšic), Aleksandr Moiseevič, russ. Dramatiker, 10. 2. 1919 Minsk – 16. 12. 2002 St. Petersburg. Stud. Hochschule für Filmwesen, ab 1954 Dramatiker. – Durch s. erstes Stück ›Fabričnaja devčonka‹, das kommunist. Parteipraktiken u. pseudoeth. Ideale anprangert, in liberalen Kreisen geachtet. Das Zwischenmenschl. im Kontrast zum heldenhaften Getue der Presse steht im Zentrum von ›Pjat' večerov‹, e. Stück vom Wiedersehen zweier Liebender nach langer Kriegstrennung. Mit ›Dve strely‹, ›Vypuchol'‹ u. ›Jaščerica‹ ging V. um 1980 zu e. neuen Form, dem Parabelstück über.

W: Fabričnaja devčonka, Dr. 1957; Pjat' večerov, 1959 (Five Evenings, engl. 1966); Moja staršaja sestra, Dr. 1961; Dlja teatra i kino, Drr., Drehbücher, Ess. 1967; Portret s dožděm, Drr. 1980; Osennij marafon, Drr. 1985. – Izbrannoe (Ausw.), II 1995/96.

L: T. V. Lanina, 1989; S. Marinov, Ann Arbor 1994.

Vološin, Maksimilian Aleksandrovič (eig. M. A. Kirienko-Vološin), russ. Lyriker, 28. 5. 1877 Kiev – 11. 8. 1932 Koktebel'/Krim. Aus ukrain. Kosakenfamilie, Mutter dt. Herkunft, mußte Stud. der Rechte in Moskau wegen Teilnahme an Studentenunruhen abbrechen; 6 Monate Exil in Taškent, dann mehrjähr. Aufenthalt in Paris, auch in Dtl. und der Schweiz, schloß sich nach Aufnahme persönl. Beziehungen zu Bal'mont und Vjačeslav Ivanov den Symbolisten an. Mitarbeiter der symbolist. Zs. ›Apollon‹. – S. frühe Dichtung ist teils formstreng, feierl., läßt die Schule von Hérédia und dem jungen Verhaeren erkennen (Sonette, Zyklus ›Ruanskij sobor‹), teils in weichen, zarten Farben und Konturen gehalten (Zyklus ›Pariž‹). Ihn fesselten die Stätten alter europ. Kunst und Kultur, empfing aus Bibliothek und Museum stärkste Anregungen. Thema der Bände ›Demony gluchonemye‹ und ›Stichi o terrore‹ ist die Revolution, deren Grauen er in schlimmster Weise auf der Krim erlebt hatte. Nach 58 Jahren Unterdrückung erschien 1977 e. Gedichtauswahl in der SU, sein Werk wird seit der Perestrojka aufgearbeitet.

W: Stichotvorenija, G. 1910; Anno mundi ardentis 1915, G. 1916; Liki tvorčestva, Ess. 1916; Iverni, G. 1918; Demony gluchonemye, G. 1919 (n. 1965); Stichi o terrore, G. 1923; Puti Rossii, G. 1946; Stichotvorenija, G. 1977; Stichotvorenija i poěmy, G. u. Vers-En. II 1982–84, I 1995.

L: M. S. Sarjan, 1913; E. L. Lann, 1927; M. V.-Chudožnik, 1976; I. Kuprijanov, 1978, ²1979, C. Wallrafen, 1982.

Volponi, Paolo, ital. Schriftsteller, 6. 2. 1924 Urbino – 23. 8. 1994 Ancona. Stud. Jura 1948 erste, post-hermet. Gedichte. 1950 untersucht er die Situation der Obdachlosen in Süditalien, 1956–71 Leiter der Sozialabteilung der Firma Olivetti in Ivrea. 1971–75 Leiter der Fondazione Agnelli bei der Firma Fiat, dann beim staatl. Fernsehen RAI und im Verlagswesen tätig. 1983 Wahl zum Senator auf der Liste der kommunist. Partei (PCI); Wiederwahl 1992, Rücktritt aus Gesundheitsgründen 1993. – S. erster Roman zeigt die Paranoia e. Industriearbeiters als Symptom für die Entfremdung des Menschen im kapitalist. System. Der zweite, ›La macchina mondiale‹, hat e. donquichottesken Neurotiker zum Helden u. begegnet den Möglichkeiten u. Formen des Lebens in der Industriegesellschaft mit Skepsis. In den folgenden Romanen wird die Problematik des entfremdeten Helden in neuen Varianten gestaltet.

W: Il ramarro, G. 1948; L'antica moneta, G. 1955; Le porte dell'Appennino, G. 1960; Il memoriale, R. 1962 (Ich, der Unterzeichnete, d. 1964); La macchina mondiale, R. 1965 (d. 1966); Corporale, R. 1974; Il sipario ducale, R. 1975; Il pianeta irritabile, R. 1978; Poesie e poemetti, G. 1980; Il lanciatore di giavellotto, R. 1981; Con testo a fronte, G. 1986; Le mosche del capitale, R. 1989; Nel silenzio campale, G. 1990; La strada per Roma, R. 1991.

L: G. C. Ferretti, 1972; E. Baldise, 1982; P. V. Scrittura come contraddizione, 1995; M. C. Papini, 1997; P. V. Il coraggio dell'utopia, hg. M. Raffaeli 1997.

Vǫlsunga saga, isländ. Saga, um 1260, Prosaparaphrase der vom Sagenkreis der Nibelungen handelnden Eddalieder. In der nicht an die Edda anknüpfenden, mit Zügen des Märchens ausgestatteten Einleitung wird das Wölsungengeschlecht auf Odin, also göttl. Ursprung, zurückgeführt.

A: M. Olsen, 1906–08; W. Ranisch, ²1908; R. G. Finch, Lond. 1965. – *Übs.:* P. Herrmann in: Isländ. Heldenromane, 1923 (n. 1966).

L u. Überlieferung: K. Schier, Sagalit., 1970; R. Simek, H. Pálsson, Lex. d. altnord. Lit., 1987.

Voltaire (eig. François-Marie Arouet), franz. Schriftsteller, 21. 11. 1694 Paris – 30. 5. 1778 ebda. Notarssohn; 1704–11 Jesuitenkolleg Louis-le-Grand. Seit 1710 Gast der libertinist. eleganten Gesellschaft des ›Temple‹. 1717 Haft in der Bastille wegen e. Satire auf Ludwig XIV. Seit dem großen Erfolg s. Tragödie ›Œdipe‹ 1718 in der Gunst des Hofes: Pensionär des Königs, danach des Regenten. 1726 nach e. Auseinandersetzung mit dem Chevalier Rohan-Chabot erneut in der Bastille, 1726–29 Exil in England. 1734 wegen Verurteilung s. ›Lettres anglaises‹ Flucht nach Cirey/Champagne zum Schloß s. Freundin Emilie, Marquise du Châtelet, dort bis 1744 mondänes, Naturwiss., Metaphysik und Geschichte gewidmetes Leben. 1745 Historiograph und Kammerherr des Königs. 1746 Mitglied der Académie Française, fiel am Hof als Freigeist in Ungnade. 1750–53 am Hof Friedrichs d. Gr., in Ungnade entlassen. Ab 1754 Mitarbeiter der ›Encyclopédie‹. Kaufte 1755 das Landgut ›Les délices‹ und 1758 Ferney b. Genf; dort Anwalt der wegen ihres Glaubens Verfolgten und der Leibeigenen; Freund und Ratgeber der Bauern, Gründer e. Gerberei und Seidenfabrik. Ausgedehnte Korrespondenz und Pamphlete. 1778 in Paris nach der Aufführung s. Dramas ›Irène‹ als nationaler Held gefeiert. 1791 im ›Panthéon‹ beigesetzt. – Hervorragender geistiger Exponent der Aufklärung. Militanter Anwalt der Vernunft. Von starkem Einfluß auf die europ. Öffentlichkeit durch s. Ideen, als Verteidiger der Menschenrechte und ihr mit prakt. Sinn begabter Förderer. Verbindet e. durch Klarheit, Eleganz und ›esprit‹ ausgezeichneten Stil (mit dem er e. typ. franz. Prosaform begründete) mit krit. Schärfe und genialer Universalität des Geistes. S. Werk (neben Gedichten und Epen philos., dramat., hist. Schriften und Romane) zeigt enzykloäd. Umfang. S. rd. 14 000 Briefe umfassende Korrespondenz (1711–78) zeigt ihn frivol, gewinnsüchtig, ehrgeizig, aber auch als klugen, treuen Freund, Wohltäter mit ausgeprägtem Gerechtigkeitsempfinden, heftigen Feind von Fanatismus jeder Art. Überlegenes Urteil über alle Fragen: Politik, Ökonomie, Natur- und Geisteswiss., Lit. und Kunst. Als Philosoph (›Lettres anglaises‹) vorwiegend Polemiker: im Namen der Vernunft Gegner der absolutist. Monarchie s. Landes, der Kirche als Ursache von staatl. Unordnung, Fanatismus und Ignoranz. Wendet die Methode der hist. Kritik auf die Überlieferung des Christentums an. Deist und Leugner der Willensfreiheit. Unter engl. Einfluß (Locke) ein naturwiss. Empirie zugeneigt. Gegner jeder dogmat. Metaphysik und metaphys. Spekulation. Zunächst optimist. Epikureer (›Le mondain‹, ›Discours en vers sur l'homme‹), nach dem Erdbeben von Lissabon Gegner e. metaphys. Rechtfertigung des Bösen und Pessimist, der die Wichtigkeit e. kleinen, sinnvollen Arbeit betont. Wendet als Historiker die von Bayle, Fontenelle und Montesquieu begründete Methode ohne heilsgeschichtl. Prinzip an. Schöpfer e. erzählenden und dramat. aufgebauten künstler. Historiographie (›Siècle de Louis XIV.‹), die dokumentar. unterbaut ist und stark wirtschaftl., soz. und lit. Zusammenhänge einbezieht. Bedeutend s. Gestaltung der Idee e. universalen Kulturgeschichte unter dem Gesichtswinkel des Fortschrittsgedankens, die Entwicklung der Menschheit als Kampf der Vernunft gegen die Unvernunft in ›Essai sur les mœurs‹ (prägte den Begriff ›Geschichtsphilosophie‹). Schrieb als Dramatiker v. a. Tragödien (heute noch gespielt ›Zaïre‹) nach den Regeln der klass. Tragödie, deren Horizont er räuml., zeitl. und stoffl. erweiterte. S. Vers fehlt die Kraft der großen Klassiker, s. Pathos ergibt sich aus äußeren Situationen. In den heute noch lebendigen und wirksamen Romanen und Erzählungen, in denen die Episoden rasch aufeinanderfolgen und die Personen mit wenigen Strichen gezeichnet werden, gestaltet er oft im Gewand e. oriental. Märchens e. mit relig., polit. und soz. Kritik verbundenes philos. Grundthema (nach dem traditionellen Romanschema der Trennung und Vereinigung zweier Liebender): Fast immer geht es um die Frage, unter welchen Bedingungen sich menschl. Glück verwirklichen lasse. Mit zunehmendem Alter pessimistischere Antwort. Dargestellt sind entsprechend s. deist. Überzeugung das Leiden der Menschen, Marionetten ohne Willensfreiheit, unter blindem Schicksal. Intellektueller Stil von erklärender Bildhaftigkeit, von einschmeichelnder Natürlichkeit und Gefälligkeit, Transparenz, schlagkräftiger Prägnanz. Charakterist. sind der kurze Satz, Ironie und Witz, die bisweilen beißend, meist aber elegant und anmutig sind.

W: Œdipe, Dr. 1718 (d. 1749); Artémise, Dr. 1720; La Henriade, Ep. 1723 (hg. O. R. Taylor 1965; d. 1751); Hérode et Mariamne, Dr. 1725; Essay upon the civil wars in France, 1727; Le pour et le contre, G. 1728; Brutus, Dr. 1730 (d. 1754); Histoire de Charles XII, 1731 (d. 1733, 1963); Eryphile, Dr. 1732; Zaïre, Dr. 1733 (d. 1749); Le temple du goût, Sat. 1733 (d. 1938); Letters concerning the English Nation, 1733 (Lettres philosophiques, franz. 1734; hg. G. Lanson II 1915–17, 1964; auch u. d. T. Lettres anglaises); Adélaïde Duguesclin, Dr. 1734; Mort de César, Dr. 1735 (hg. A. M. Rousseau 1964; d. 1737); Alzire, Dr. 1736 (d. 1738); L'enfant prodigue, Dr. 1736; Vie de Molière, 1739; Mahomet, Dr. 1742 (d. 1749, J. W. v. Goethe 1802); Mérope, Dr. 1744 (d. 1754); Princesse de Navarre, Dr. 1745; Zadig, E. 1747 (u. d. T. Memnon, hg. G. Ascoli 1962; d. 1748); Sémiramis, Dr. 1748 (hg. J. Olivier 1946); Le monde connu comme il va, E. 1748; Visions de Babouc, E. 1748; Nanine, Dr. 1749; Oreste, Dr. 1750; Le siècle de Louis XIV, Schr. 1751 (hg. A. Adam 1966; d. 1752); Micromégas, E. 1752 (hg. R. Pomeau 1966; d. 1752); Rome sauvée, Dr. 1752; Diatribe du docteur Akakia, Pamphlet 1752; La pucelle d'Orléans, Ep. 1755 (d. 1763); L'orphelin de la Chine, Dr. 1755 (d. 1756); Essai sur l'histoire générale et sur les mœurs et l'esprit des Nations, 1756/69 (hg. R. Pomeau 1963; d. 1760–62); Poèmes sur le désastre de Lisbonne et sur la loi naturelle, 1756 (hg. F. J. Crowly 1938); Le pauvre diable, Sat. 1758; Candide, R. 1759 (hg. R. Pomeau 1959, G. R. Hawkins 1969; d. 1776); Histoire de la Russie sous Pierre le Grand, 1759–63; La vanité, Sat. 1760; Le Russe à Paris, Sat. 1760; Tancrède Dr. 1760 (hg. J. S. Henderson 1968; d. J. W. v. Goethe 1802); L'Ecossaise, Dr. 1760; Pièces originales concernant la mort des Sieurs de Calas, 1762; Traité sur la tolérance, 1763 (d. 1775); Olympie, Dr. 1763; Le blanc et le noir, E. 1764 (d. 1948); Dictionnaire philosophique portatif, 1764 (hg. J. Benda 1954); Jeannot et Colin, E. 1764; Contes de Guillaume Vadé, G. 1764; Théâtre de P. Corneille avec ses commentaires, 1764; Défense de mon oncle, 1767; L'ingénu, E. 1767 (hg. W. R. Jones ²1957, J. H. Brumfitt, Oxf. 1960; d. 1784); Profession de foi des théistes, Schr. 1768; Relation de la mort du Chevalier de la Barre, 1766–68; Singularités de la nature, Prosa 1768; Droits des hommes, Prosa 1768; L'homme aux quarante écus, E. 1768; Précis du règne de Louis XV, Schr. 1768; Dieu et les hommes, Schr. 1769; La princesse de Babylone, E. 1769; Les Guèbres, Dr. 1769; Histoire du Parlement de Paris, 1769; Questions sur l'Encyclopédie, IX 1770–72; Fragments sur l'Inde et sur le général Lalli, 1773; Les lois de Minos, Dr. 1773; Le taureau blanc, E. 1774; Les oreilles du comte de Chesterfield, E. 1775; Prix de la justice et de l'humanité, 1777; Irène, Dr. 1778; Mémoires pour servir à la vie de Voltaire, 1784. – hkA 1968ff.; Œuvres complètes, hg. Decroix, Beaumarchais u. Condorcet LXX 1784–89, M. Beuchot LXX 1829–34, Index II 1840; L. Moland LII 1877–82 (n. 1967); Œuvres Complètes, 2003; Romans et contes, hg. P. v. Tieghem IV 1929, R. Groos 1932, ²1940, F. Deloffre, J. van den Heuvel 1979; Œuvres, hg. R. Groos, R. Pomeau II 1954–57; Correspondance, hg. Th. Besterman 1953ff. (d. 1908, 1953); Notebooks, hg. ders. II 1952. – *Übs.:* SW, IXXX 1783–97, XXIX 1825–30; Erzählungen, II 1920, 1924, 1947, 1956; (Sämtl.) Romane u. Erzählungen, ⁵1962; II 1961; 1969; Krit. u. satir. Schriften, 1970; Schriften, hg. G. Mensching II 1978f.; Korrespondenz 1749–1760, 1978.

L: G. Desnoiresterres, V. et la société au 18e siècle, VIII 1867–76, ²1871–76; H. A. Korff, V. im lit. Deutschland des 18. Jh., II 1917; G. Brandes, II ³1923; G. Lanson, ⁵1924; A. Bellessort, ⁵1925; H. Célarié, M. de V., sa famille et ses amis, 1928; J. G. Prod'homme, 1929; R. Naves, Le goût de V., 1938; ders., V. et L'Encyclopédie, 1938; ders., V., ⁸1969; P. Valéry, 1945; A. Maurois, 1945; E. Henriot, 1948; H. N. Brailsford, 1948; H. Missenharter, 1949; R. Pomeau, 1955; Studies on V. and the 18th century, hg. Th. Besterman 1955ff.; P. Gay, Princeton 1959; P.-G. Castex, 1961; Ch. Rihs, 1962, ²1977; Th. Besterman, hg. Oxf. 1962; ders., Lond. 1969, Oxf. ³1976 (d. 1971); J. Orieux, 1966 (d. 1968); J. Sareil, hg. N. Y. 1966; J. van den Heuvel, 1968; I. O. Wade, Princeton 1969; J. R. Vrooman, 1970; J. H. Brumfitt, Lond. 1970; H. Micha, 1972; R. S. Ridgway, Montreal 1973; Th. Besterman, Banbury 1973; C. Pujol, Barcelona 1973; U. van Runset, 1974; R. Pomeau, 1974; A. O. Aldrige, Princeton 1975; D. A. Bonneville, Oxf. 1976; J. E. N. Hearsey, Lond. 1976; J. Orieux, 1977; J. Vercruysse, 1978; ders., hg. Les Voltairiens, Nendeln 1978; V. Badaire, 1978; J. Sareil, 1978; V. und Deutschland, hg. P. Brockmeier u. a. 1979; O. A. Nordberg, Stockh. 1979; H. Baader, hg. 1980; W. Andrews, N. Y. 1981; G. Mailhos, 1983; H. Sagel, 1993; R. Pomeau, 1994; J. Goldzink, 1994; P. Lepape, 1994; S. Détemple, 1994; D. Haddad, 1996; E. Hinrichs, 1996; J. v. Stakkelberg, 1998; S. Fiszer, 2001; S. Finke, 2002. – *Bibl.:* G. Bengesco, IV 1882–91 (erg. von J. Malcolm 1953); M. H. Barr, N. Y. 1929, ³1941 (erg. in MLN 44, 48, 56); dies., F. A. Speer, 1969.

Vondel, Joost van den, niederländ. Dichter, 17. 11. 1587 Köln – 5. 2. 1679 Amsterdam. Eltern Mennoniten, die unter dem Druck der Verfolgungen von Antwerpen nach Köln geflohen waren; 1596 Übersiedlung nach Amsterdam, 1613 Übernahme des väterl. Strumpf- und Seidenwarengeschäftes. 1639 Übertritt zum Katholizismus, übte weiterhin relig. Toleranz. 1657 Verlust s. Vermögens. 1657–68 Buchhalter beim Pfandhaus, die fruchtbarste Periode s. Schaffens. – Vf.

von Gedichten, Satiren und bes. Dramen. Hauptvertreter des humanist. Barockdramas in den Niederlanden, und größter Dichter der klass. Epoche der niederländ. Lit. Erhielt Anregungen in der Begegnung mit P. C. Hooft, Gerard Vos und Hugo Grotius. Wandte sich in s. Gedichten gegen relig. Intoleranz und Fanatismus, griff aber auch nationale und hist. Themen auf. Für viele von ihnen ist e. satir.-polem. Ton kennzeichnend. Nach s. Übertritt zum Katholizismus verfaßte er relig. Gedichte von tiefer Empfindung u. Innerlichkeit. S. Schaffen als Bühnendichter wurde zunächst von Seneca, ab 1639 von Euripides und Sophokles bestimmt u. läßt Verinnerlichung erkennen (Versform: Alexandriner). Vorzugsweise bilden bibl. Stoffe die Grundlage s. Dramen, die wegen ihrer lyr. Einschübe (Chöre) bes. Bedeutung gewonnen haben. In ›Palamedes‹ kleidete er s. scharfe Kritik an der relig. Intoleranz in die Form e. alten Sagenstoffes. Volkstümlichkeit erlangte das zur Eröffnung des Amsterdamer Theaters verfaßte Trauerspiel ›Gysbreght van Aemstel‹, zu dem Vergils ›Aeneis‹ stoffl. Beitrag leistete. Es wird heute noch alljährl. am Neujahrstag aufgeführt. Neben s. eigenen dichter. Schaffen übersetzte V. die Psalmen, Vergil, Horaz und Ovid. S. Dramen beeinflußten die dt. Barockdichter, vor allem Gryphius.

W: Het Pascha, Dr. 1612; Palamedes, Dr. 1625; Gysbreght van Aemstel, Dr. 1637 (d. 1867); De Maeghden, Dr. 1639; Gebroeders, Dr. 1640 (d. A. Gryphius 1662); Joseph in Dothan, Dr. 1640; Joseph in Egypten, Dr. 1640; Maria Stuart, Dr. 1646 (d. 1673); Poezy, G. 1647; De Leeuwendalers, Dr. 1647 (d. 1938); Lucifer, Dr. 1654 (d. 1868, 1869, 1919); Jephta, Dr. 1659 (d. 1869; 1887); Samson, Dr. 1660 (d. 1681); Adam in Ballingschap, Dr. 1664 (d. 1667); Hercules in Trachin, Dr. 1668. – De Werken, hg. J. H. W. Unger XXX 1888–93; hkA, hg. J. F. M. Sterck, H. W. E. Möller u. a. XI 1927–1937; Briefe, hg. J. F. M. Sterck 1935. – Übs.: Gedichte, Ausw. hg. F. Grimmelt, A. Jansen 1873.

L: J. G. Bomhoff, V.s drama, 1950; W. A. P. Smit, Van Pascha tot Noah, III 1957–62; ders., P. Brachin, Paris 1964; K. Langvik-Johannessen, Zwischen Himmel u. Erde, Oslo 1963; L. Rens, 1969; ders., O zoete vrijheid, 1969; J. J. Poelhekke, 1979; Visie op V., hg. S. F. Witstein, E. K. Grootes 1979; P. K. King, Concordances (...), II 1982. V.-Kroniek, 1930–42. – Bibl.: J. H. W. Unger, 1888.

Vonnegut, Kurt, amerik. Schriftsteller, * 11. 11. 1922 Indianapolis. Stud. Biochemie; 1942–45 Soldat; erlebte 1945 als Kriegsgefangener die Zerstörung Dresdens (lit. Verarbeitung als ›Slaughterhouse Five‹); 1945–47 Stud. Anthropologie Chicago, arbeitete als Reporter und als PR-Mann für General Electric; seit 1950 freier Schriftsteller, gelegentl. Lehrtätigkeit an versch. Univ.; lebt in Northampton/MA. – Verfaßte postmod. Texte, e. Mischung aus Science-fiction-Elementen, Zeitsatire, pointierter Handlungsführung und brillantem Stil, sind durch respektlose Haltung gegenüber Systemzwängen, Antimilitarismus u. durch die unermüdl. Forderung nach humanitärem Verhalten gekennzeichnet. In späteren Romanen Hang zu vordergründiger Clownerie.

W: Player Piano, R. 1952 (Das höllische System, d. 1964); The Sirens of Titan, R. 1959 (d. 1979); Mother Night, R. 1961 (d. 1988); Canary in a Cathouse, Kgn. 1961; Cat's Cradle, R. 1963 (d. 1985); God Bless You, Mr. Rosewater, R. 1965 (d. 1968); Welcome to the Monkey House, Kgn. 1968 (Geh zurück zu deiner lieben Frau und deinem Sohn, d. 1971); Slaughterhouse Five, R. 1969 (d. 1970); Happy Birthday, Wanda June, Dr. 1971; Between Time and Timbuktu, Mediencollage 1972; Breakfast of Champions, R. 1973 (d. 1974); Wampeters, Foma & Granfalloons, Ess. 1974; Slapstick, R. 1976 (d. 1977); Jailbird, R. 1979 (d. 1980); Palm Sunday, autobiograph. Collage 1981; Deadeye Dick, R. 1982 (Zielwasser, d. 1987); Galapagos, R. 1985 (d. 1987); Bluebeard, R. 1987 (d. 1989); Hocus Pocus, R. 1990 (d. 1992); Fates Worse than Death, autobiograph. Collage, 1991 (Dann lieber gleich tot, d. 1993); Miss Temptation, Dr. 1993; V. Chronicles, Interviews u. Ess., hg. P. J. Reed 1996; Timequake, R. 1997 (d. 1998); Bagombo Snuff Box, Kgn. 1999 (Suche Traum, biete mich, d. 2001); God Bless You, Dr. Kevorkian, Kgn. 2000. – Übs.: Das Nudelwerk, Slg. 1992.

L: P. J. Reed, 1972; D. H. Goldsmith, 1972; The V. Statement, Ess. hg. J. Klinkowitz, J. Somer 1973; S. Schatt, 1976; J. Lundquist, 1977; V. in America, hg. J. Klinkowitz, D. L. Lawler 1977; L. Marchetti, Pescara 1980; J. Klinkowitz, 1982; E. M. Streier, Bedrohung der Menschen, 1984; H. Breinig, Satire und Roman, 1984; W. R. Allen, hg. 1988; U. H. Bertram, 1989; L. R. Broer, 1989 (n. 1994); L. Mustazza, 1990; J. Klinkowitz, 1990 u. 1998; R. Merrill, 1990; W. R. Allen, 1991; D. E. Morse, 1992 u. 2003; B. Pettersson, 1994; M. Leeds, 1995; P. J. Reed, 1997; M. Leeds, hg. 2000; T. F. Marvin, 2002. – Bibl.: A. B. Pieratt, J. Klinkowitz 1974.

Voorde, Urbain van de, fläm. Schriftsteller, 27. 10. 1893 Blankenberge – 16. 7. 1966 Leuven. Beamter am Unterrichtsministerium in Brüssel, 1944 wegen Kollaboration entlassen. Lit.kritiker (meist unter Ps. Sirius). – Setzte sich mit s. streng traditionellen Lyrik ab von allen Zeitströmungen. Zentrales Thema sowohl s. Lyrik als seiner literaturkrit. Essays ist die Suche nach den ewigen menschlichen Gefühlen, Werten u. Wahrheiten.

W: De haard der ziel, G. 1921; Diepere krachten, G. 1924; Gezelle's Eros, Es. 1930; Eros Thanatos, G. 1943; Goethe's Iphigenie, Es. 1949; De gelieven, G. 1951; Metamorfosen, G. 1955.

Voronca, Ilarie (eig. Eduard Marcus), rumän. Lyriker, 31. 12. 1903 Brăila – 5. 4. 1946 Paris. Stud. Jura Bukarest und Paris. Hrsg. modernist. Zsn., emigrierte nach Frankreich, Mitarbeiter der ›Nouvelles littéraires‹ und der ›Cahiers du Sud‹, Teilnehmer der franz. Widerstandsbewegung, Freitod. – S. Gedichte sind Ausdruck leidenschaftl. Revolte gegen Unterdrückung und soz. Ungerechtigkeit, auch Ausdruck der Hoffnung. Schrieb in der Tradition des Symbolismus zuerst in rumän., seit 1933 in franz. Sprache prosanahe Verse von großer Einfachheit, bisweilen bewußt im Predigerton.

W: Restriști, G. 1923; Colomba, G. 1927; Ulise, G. 1928; Plante și animale, G. 1929; Brățara nopților, G. 1929; Zodiac, G. 1930; A doua lumină, Ess. 1930; Invitație la bal, G. 1931; Incantații, G. 1931; Petre Schlemihl, G. 1932; Patmos, G. 1933; Ulysse dans la cité, 1933; La joie est pour l'homme, G. 1936; Beauté de ce monde, G. 1940; Les témoins, G. 1942.

L: I. Pop, 1971.

Vos, Jan, niederländ. Dramatiker u. Lyriker, 1610 oder 1611 Amsterdam − 12. 7. 1667 Begräbnis ebda. Von Beruf eigentlich Glasmacher; ungewöhnlich belesen. Spielte als Dramatiker u. Theaterleiter eine wichtige Rolle für das Amsterdamer Theaterleben seiner Zeit. − Sehr erfolgreiche Theaterstücke, welche sich über die traditionellen Dramentheorien hinwegsetzten. In mehreren Stücken spielt ›Rache‹ eine zentrale Rolle. Auch Gedichte u. epische Werke.

W: Aran en Titus, Tr. 1641; Klucht van Oene, Lsp. 1642; Alle de gedichten, II 1662 u. 1671; Medea, Tr. 1667. − Toneelwerken, hg. u. komm. W. J. C. Buitendijk 1975.

Vosmaer, Carel, niederländ. Schriftsteller, 20. 3. 1826 Den Haag − 12. 6. 1888 Montreux. Rechtsanwalt bis 1873, dann widmete er sich ganz der Kunst u. Lit. − Nahm lebhaften Anteil am lit. Leben s. Zeit. Veröffentlichte etwa 25 Jahre lang s. lit. u. polit. Meinungen unter dem Ps. Flanor in der Zs. ›De Nederlandsche Spectator‹. Suchte Überwindung des Realismus durch Erweckung der antiken Geisteswelt, deren Vergegenwärtigung in ital. Sphäre er in der Novelle ›Mona‹ u. in den Romanen ›Amazone‹ u. ›Inwijding‹ erstrebte. Übersetzte Homers ›Ilias‹ u. ›Odyssee‹. Auch Lyrik.

W: Rembrandt Harmens van Rijn, Es. 1863; Vogels van diverse pluimage, G. u. Prosa III 1872−75; Nanno, G. 1872; Londinias, G. 1873; Beelden en zangen, G. 1876; Vlugmaren, Ess. III 1879−82; Amazone, R. 1880; Over kunst, Ess. 1882; Inwijding, R. 1888.

L: R. Borger, Drei Klassizisten, 1979; F. L. Bastet, ²1989; N. Maas, 1989.

Vovčok, Marko (eig. Marija Aleksandrovna Markovyč, geb. Vilins'ka), ukrain. Schriftstellerin, 22. 12. 1834 Jekaterynivka − 10. 8. 1907 Nal'čyk. ∞ den ukrain. Ethnographen Markovyč; hatte 1858 ungewöhnl. Erfolg mit Erzählungen über Volksleben in der Ukraine (von I. Turgenev ins Russ. übersetzt); wurde in Petersburg mit Ševčenko bekannt, 1859−67 im Ausland, dann wieder in Petersburg, dort Mitarbeiterin der ›Otečestvennye zapiski‹ Nekrasovs, gab 1878 die lit. Tätigkeit auf. − Die Konfliktsituationen und menschl. Tragödien werden als Folgen der sozialen Ungleichheit zwischen Leibeigenen und Freibauern heraufbeschworen; sie bringt romant. wie realist. Elemente zur Geltung, erstere in Erzählungen, die auf der Linie e. ›ethnograph. Romantik‹ liegen; brachte es zur Meisterschaft in der der ›physiolog. Skizze‹ der russ. ›Natürl. Schule‹ entsprechenden Kurzerzählung um aktuelle Themen (Leibeigenschaft der Bauern) im realist. Stil. Schrieb Romane und Erzählungen in russ. Sprache um Personen aus der nichtadeligen Intelligenz.

W: Narodni opovidannja, En. III 1858; Živaja duša, R. 1868; Zapiski pričetnika, R. 1869; V gluši, En. 1875; Rasskazy, 1990; Maruss'a, 1993. − Tvory (W), III 1930−32, VI 1955/56, VII 1964−67; Lysty do M. V., Br. II 1979.

L: D. Tamarčenko, 1946; M. D. Bernštejn, hg. 1955; O. E. Zasenko, hg. 1957; ders., 1959; ders., 1964; M. Taranenko, 1958; B. V. Chomenko, 1977; K. Horbatsch, 1978; B. B. Lobač-Žučenko, 1979, 1987; M. J. Omel'anoy, 1987.

Voznesenskij, Andrej Andreevič, russ. Dichter, * 12. 5. 1933 Moskau. Beendete 1957 Stud. Architektur; s. Gedichte u. Poeme zeigen Anregungen durch Architektur, bildende Kunst, Großstadtleben; Neigung zum formalen Experiment im Suchen nach neuen Formen u. Bildern, nach neuen Mitteln für die Ausdruckskraft des Verses; Gegenstand s. Dichtung ist der Mensch in der von der Technik bestimmten mod. Welt, daher Wortschatz der Mitte des 20. Jh., oft aus dem techn. Bereich, aus der städt. Zivilisation; s. Ziel ist publizist. Wirkung durch Neuartiges, sogar provokativ Exzeptionelles in Wort u. Klang.

W: Mozaika, G. 1960; Parabola, G. 1960 (Bahn der Parabel, d. 1963); 40 liričeskich otstuplenij iz poėmy ›Treugol'naja gruša‹, G. 1962 (Dreieckige Birne, d. Ausw. 1963); Antimiry, G. 1964 (Antiwelten, d. 1967); Achilessovo serdce, G. 1966; Dubovyj list violončel'nyj, G. 1975; Vitražnych del master, G. 1976; Proraby ducha, Prosa u. G. 1984. − Sobranie sočinenij (GW), III 1983/84

L: D. Ward, 1974; N. P. Condee, 1981; R. Reck, 1992; G. Dornblüth, 1999.

Vraz, Stanko (eig. Jacob Fras), slowen. und kroat. Dichter, 30. 6. 1810 Cerovec − 24. 5. 1851 Zagreb. Gymnas. Maribor; Stud. Rechte und Slawistik Graz ohne Abschluß, schrieb zunächst in slowen., nach der Bekanntschaft mit Lj. Gaj, der ihn für den Illyrismus begeisterte, in kroat. Sprache; 1839 Übersiedlung nach Zagreb, Sekretär des Kulturvereins ›Matica ilirska‹, Hrsg. der lit. Zs. ›Kolo‹. − Als guter Kenner der europ. lit. Strömungen suchte V. das Niveau der kroat. Lit. zu heben u. bekämpfte die einseitige patriot. Lyrik, schrieb vorwiegend zarte Lyrik, führte als neue Form das Sonett in die kroat. Lit. ein, dichtete Romanzen u. Balladen mit Motiven aus der Volksüberlieferung u. im Alter scharfe Epigramme, in denen er die nationalen u. lit. Verhältnisse geißelte. Für die Zs. ›Kolo‹ verfaßte er Kritiken und wurde zum Begründer der kroat. Lit.kritik; Übers. Puškin, Byron u. Dante.

W: Narodne pjesni ilirske, Slg. 1839; Djulabije, G. 1840; Glasi iz dubrave žerovinske, G. 1841; Gusle i tambura, G. 1845. – Izabrane pjesme (GW), 1999; Djela (W), V 1863–77; Izbor iz djela (AW), 1994; Izabrane pjesme, hg. F. Marković 1880; Slovenske pesmi, hg. F. Mohorič 1926; Stihovi i proza (Ausw.), hg. A. Barac 1951; Slovenska djela, hg. A. Slodnjak II 1952; Pjesnička djela, III 1953–55.

L: B. Drechsler, 1909; F. Petré, 1938; A. Slodnjak, 1950; J. Kos, 2002.

Vrchlický, Jaroslav (eig. Emil Frída), tschech. Dichter, 17. 2. 1853 Launy – 9. 9. 1912 Domažlice. Kaufmannssohn, Gymnas. Slaný, Prag und Klatovy, 1872 Abitur; Stud. unter dem Einfluß s. Onkels, auf dessen Pfarre in Ovčáry er viele Jahre verbrachte, zunächst Theologie, dann Geschichte. Tiefe Spuren hinterließen der Aufenthalt in Italien (1875/76), wo er als Erzieher der Familie Montecuccoli-Laderchi mit Antike u. Renaissance in Berührung kam, sowie die Freundschaft mit der Schriftstellerin S. Podlipská, mit deren Tochter ihn e. später sehr unglückl. Ehe verband. Ab 1877 Beamter, 1893 Prof. für vergleichende Lit.-Gesch. in Prag. 1908 zerstörte e. schwerer gesundheitl. u. seel. Zusammenbruch den Rest s. Lebens. – V.s umfangr. lyr. u. ep. Werk, s. Dramen u. Nn. Kritiken u. Essays verraten den Einfluß der franz. Hochromantik, bes. V. Hugos, u. der Parnassiens. Als geistiger Eklektiker schöpft V. aus allen Epochen u. Kulturen, behandelt in rhetor.-ornamentalem Stil, kunstvollen Strophen u. ausdrucksvoller Sprache fremde u. nationale Themen, mytholog. u. hist. Vorgänge, wobei er dem inneren Zusammenhang nicht immer gerecht wird. Durch zunehmende Entpersönlichung u. Gegenstandsbezogenheit dringen in s. Dichtung mod. soziale, nationale u. naturwiss. Ideen ein. Im Mittelpunkt s. Schaffens stehen die lyr.-ep. Bruchstücke. Epopöe der Menschheit, in denen V.s Evolutionsphilos., s. Glaube an den Sieg des Geistes über die Materie, der Liebe über den Egoismus am deutlichsten zum Ausdruck gelangen. Vier dieser Bruchstücke, die Legende ›Hilarion‹, die Faustiade ›Twardowski‹, der trag. Fall Jerusalems ›Bar Kochba‹ u. die altdän. Sage ›Píseň o Vinetě‹ wuchsen zu selbständigen Büchern an. V.s intime u. reflexive Lyrik, geprägt vom Pessimismus u. Skeptizismus (›Z hlubin‹; ›Sny o štěstí‹), spiegelt bes. in der Zeit der schweren Enttäuschungen (1894–1903) die düstere Stimmung des Dichters wider (›Okna v bouři‹; ›Písně poutníka‹), doch ringt sich V. erneut zum lebensbejahenden Optimismus durch. Als Meister der Sprache erwies sich V. in s. Sonetten (›Sonety samotáře‹; ›Hlasy v poušti‹). Von s. Dramen ist nur die Komödie ›Noc na Karlštejně‹ bühnenwirksam. V.s Werk wird durch zahlr. Übs. aus dem Dt., Ital. u. Span. (Dante, Calderón, Cervantes, Goethe u.a.) u. durch lit. Essays ergänzt.

W: Z hlubin, G. 1875; Epické básně, G. 1876 (Ep. Gedichte, d. 1913); Sny o štěstí, G. 1876; Duch a svět, Ep. 1878 (Geist und Welt, d. 1927); Myty, Ep. II 1879–88; Eklogy a písně, G. 1880 (Eklogen und Lieder, d. 1936); Dojmy a rozmary, G. 1800; Nové epické básně, G. 1881 (Neue ep. Gedichte, d. 1928); Pouti k Eldorádu, G. 1882; Hilarion, Ep. 1882; Smrt Odyssea, Dr. 1882; Staré zvěsti, Ep. 1883 (Alte Märchen, d. 1933); Sfinx, Ep. 1883; Perspektivy, Ep. 1884; Noc na Karlštejně, Dr. 1884 (Die Nacht auf Karlstein, d. 1953); Jak táhla mračna, G. 1885; Sonety samotáře, G. 1885; Twardowski, Ep. 1885; Julian Apostata, Dr. 1885; Zlomky epopeje, Ep. 1886; Hudba v duši, G. 1886; Dědictví Tantalovo, Ep. 1887 (Das Erbe des Tantalus, d. 1927); Barevné střepy, En. 1887; È morta, G. 1889; Hořká jádra, G. 1889; Hlasy v poušti, G. 1890; Hippodamie, Dr. 1891 (d. 1892); Fresky a gobeliny, Ep. 1891; Život a smrt, Ep. 1892 (Leben und Tod, d. 1930); Nové barevné střepy, En. 1892; Moje sonáta, G. 1893; Okna v bouři, G. 1894; Nové zlomky epopeje, G. 1895; Písně poutníka, G. 1897; Skvrny na slunci, G. 1897; Bar Kochba, Ep. 1897 (d. 1899); Votivní desky, G. 1902; Duše mimosa, G. 1903; Píseň o Vinetě, Ep. 1906 (Das Lied von Vineta, d. 1934); Strom života, G. 1910; Meč Damoklův, G. 1912 (Das Schwert des Damokles, d. 1934). – Sebrané básnické (GW), LXV 1896–1913; Básnické dílo (W), hg. K. Polák u. V. Tichý XX 1948–63; Dramatická díla XXXIII 1886–1908; Soubor dramat. spisů (Drr.), IX 1931; Briefe, hg. A. Pražák 1955; Korrespondenz mit S. Podlipská, 1917. – Übs.: Gedichte, 1886, 1893, 1894, 1895, 1932.

L: A. Jensen, 1906; J. Borecký, 1906; F. V. Krejčí, 1913; M. Weingart, 1921; Živý V., 1937; V. Tichý, 1947, ²1951; L. Páleníček, J. V. divadelním kritikem, 1949; J. Polák, V. Tichý u. K. Krejčí, 1954; E. Vrchlická, 1960; M. Součková, Den Haag 1964; Kapitel zur Poetik. V. und der tschechische Symbolismus, hg. H. Schmid 2003.

Vrettakos, Nikiforos, griech. Lyriker, 1. 1. 1912 Krokees/Sparta – Aug. 1991 Plumitsa/Athen. 1967–74 im Exil: zunächst Schweiz, ab 1970 Palermo. – Tritt für die Freiheit u. die Menschenrechte ein. Starke Naturverbundenheit, neben soz. Engagement u. tiefer Menschlichkeit, charakterisiert s. Lyrik, mehrere internationale Auszeichnungen, 1987 Wahl zum Mitgl. der Athener Akad. der Wissenschaften.

W: Katō apo skies kai phōta, G. 1929; Katebainontas stē sigē tōn aiōnōn, G. 1933; Hoi grimatses tu anthrōpu, G. 1935; Ho polemos, G. 1936; Hē epistolē tu kyknu, G.

1937; To taxidi tu Archangelu, G. 1938; Margarita, G. 1939; To gymno paidi, Pr. 1939; To mesuranema tēs phōtias, G. 1940; Hēroikē symphonia, G. 1944; 33 hēmeres, G. 1945; To agrimi, Prosa 1945; He paramythenia politeia, G. 1947; To biblio tes Margaritas, G. 1949; Ho Taygetos kai hē siōpē, G. 1949; Ta thola potamia, G. 1950; Plumitsa, G. 1951; Exodos me to alogo, G. 1952; Ston Robert Oppenheimer, G. 1954; Ho chronos kai to potami, G. 1957; Hē mētera mu stēn ekklēsia, G. 1957; Basilikē drys, G. 1958; Ho henas apo tus dyo kosmus, Prosa 1958; To bathos tu kosmu, G. 1961; Autobiographia, G. 1961 (d. 1972); Eklogē, G. 1964; Odyne, Prosa 1969; Mprosta sto idio potami, Prosa 1972; Odē ston hēlio, G. 1974; Diamartyria, G. 1974; To potami Bues, G. 1975; Ho Promētheas ē to paichnidi mias hēmeras, Tr. 1978; Ho diakekrimenos planētēs, G. 1983; Hēliakos lychnos, G. 1983; Ekkremēs dōrea, G. 1986; Chōrōdia, G. 1988; Sikelika poiēmata, G. 1990; Diamartyria, G. 1991; Synantēsē me tēn thalassa, G. 1991. – *Übs.*: Gedichte, 1972; Jenseits der Furcht, griech./dt. I. Rosenthal-Kamarinea.

L: N. Vr., Meletes gia to ergo tu, 1976; M. Tsanos Gallo, N. Vr., Poesie scelte, Palermo 1976; M. Staphylas, 1983.

Vries, Abraham Hermanus de → De Vries, Abraham Hermanus

Vries, Hendrik de, niederländ. Lyriker, 17. 8. 1896 Groningen – 18. 11. 1989 Haren. 1918–47 tätig am städt. Archiv Groningen; Maler, Zeichner, Dichter. Viele Reisen, bes. nach Spanien. Übersetzte über 1000 span. Volkslieder. – Visionär-romant. Lyriker mit knappen, formstrengen, z. T. makabren Gedichten unter Einfluß span. Dichtung, Vondels, Bilderdijks, ab 1911 auch Poes.

W: De nacht, G. 1920; Vlamrood, G. 1922; Lofzangen, G. 1923; Silenen, G. 1928; Spaansche volksliederen, Übsn. 1931; Stormfakkels, G. 1932; Coplas, G. 1935; Nergal, G. 1937; Atlandische balladen, G. 1937; Romantische rhapsodie, Übsn. 1937; Robijnen, G. 1944; Slingerpaden, G. 1945; Tovertuin, G. 1946; Vers tegen vers, Ess. II 1949–51; Distels en aloë's, Übsn. 1951; Gitaarfantasieën, G. 1955; Groninger symphonie, G. 1958; Goyescos, G. 1971; Impulsen, G. 1978. – Verzamelde gedichten, G. 1993.

L: H. d. V., 50 jaar, 1946; F. van der Vegt, 1996; In droomcadans bedwongen, hg. B. Slijper 1999.

Vries, Theun de (eig. Theunis Uilke de V.), niederländ. Erzähler, * 26. 4. 1907 Veenwouden/Friesland. Bibliothekar; während der dt. Besetzung Schriftleiter e. illegalen Zeitung, 1944 interniert, nach dem Krieg Journalist u. Schriftsteller in Amsterdam. Reisen nach Dtl., Frankreich, England, Italien, Skandinavien, Osteuropa, Sowjetunion, China. Bis 1971 wichtiges Mitglied der Kommunist. Partei, danach parteiloser Marxist. – Begann als Lyriker, ging aber bald über zu sozial engagierter Prosa: Sehr fruchtbarer Vf. hist. u. zeitgeschichtl. Romane; auch Sachbücher.

W: Terugkeer, G. 1927; Westerse nachten, G. 1930; Rembrandt, R. 1931 (d. 1934 u. 1950); Stiefmoeder aarde, R. 1936 (d. 1937 u. 1949); Het rad der fortuin, R. 1938 (Das Glücksrad, d. 1942); De vrijheid gaat in 't rood gekleed, R. 1945 (Die Freiheit geht im roten Kleide, d. 1947 u. 1950); Sla de wolven, herder!, R. 1946 (d. 1957); De Friese postkoets, En. 1948 (d. 1967); 1848, R. III 1948–54 (Die Feuertaufe, d. III 1953); Bruiloftslied voor Swaantje, N. 1956 (Brautlied für S., d. 1957); Het meisje met het rode haar, R. 1956 (d. 1960); Noorderzon, En. 1958; Het motet voor de kardinaal, R. 1960 (d. 1962); Februari, R. 1962 (Stadt wider den Tod, d. 1965); Moergrobben, R. 1964 (Die drei Leben des Melchior Hintham, d. 1966); Het wolfsgetij, R. 1965 (Wolfszeit, d. 1983); Doodskoppen en kaalkoppen, En. 1966 (Dolle Dinsdag, d. 1968); Hernomen konfrontatie met S. Vestdijk, Erinn. 1968; Baruch de Spinoza, Es. 1972 (d. 1970); Meester en minnaar, En. 1972 (Geliebt und bewundert. Frauen um Rembrandt, d. 1985); Marx, Mon. II 1983; 77 korte gedichten, 1984; De première, R. 1990; De bergreis, R. 1998.

L: E. Popelier, 1974; H. van de Waarsenburg, Voetsporen door de tijd, 1984 (m. Bibl.).

Vriesland, Victor E(manuel) van, niederländ. Schriftsteller, 27. 10. 1892 Haarlem – 29. 10. 1974 Amsterdam. Stud. franz. Lit.; Feuilletonredakteur. War ein wichtiger Organisator des niederländ. lit. Lebens; 1945–69 Vorsitzender des niederländ. PEN-Zentrums, 1962–65 Präsident des Internationalen PEN-Clubs. – Gehörte zur Gruppe ›De Beweging‹. Beeinflußt von J. van Oudshoorn, P. Valéry und A. Verwey. Ausgezeichneter Essayist und Hrsg. Seine Dichtung hat relig.-myst., philos., intellektuelle und melanchol. Züge.

W: De cultureele noodtoestand van het Joodsche volk, Es. 1915; De verloren zoon, Dr. 1925; Het afscheid van de wereld in drie dagen, R. 1926; Voorwaardelijk uitzicht, G. 1929; Herhalingsoefeningen, G. 1935; Drievoudig verweer, G. 1949; Kortschrift, Aphor. 1954; Onderzoek en vertoog, Ess. II 1958; Tegengif, G. 1959; Ondoordacht, G. 1965; Verzamelde gedichten, 1968; Herinneringen, Erinn. 1969; Bijbedoelingen, G. 1972.

L: M. Vasalis u. a., Fs. 1947; W. Brandt u. a., 1957; Zs. ›Maatstaf‹, V.-Nr. 1972; J. Meijer, 1976.

Vroman, Leo, niederländ. Schriftsteller, * 10. 4. 1915 Gouda. Biologe, lebt in New York. – Gehört keiner lit. Gruppe an, zeigt Verwandtschaft mit den ›Vijftigers‹. Gedichte persönl. u. originell in Thematik u. Formulierung, virtuoser Umgang mit der Sprache, manchmal bis zum Zerbrechen des normalen syntakt. Gefüges. Auch Gedichte in Englisch, Prosa, Theaterstücke, Illustrationen zu s. Werken.

W: Gedichten, 1946; Tineke, E. 1948; Poems in English, G. 1953; De adem van Mars, En. 1956; Snippers, En. 1958; 126 gedichten, 1964; Bloed, Diss. 1968 (d. 1969); 114 gedichten, 1969; Het carnarium, R. 1973; Just one more world, G. 1976; Nieuwsgierig, G. 1980; Dierbare

ondeelbaarheid, G. 1989; Warm, rood, nat en lief, Aut. 1994; De gebeurtenis, G. 2001.
L: L. H. Pelzer, 1965; Het Vroman-effect, hg. J. Kuijper 1990.

Vrugt, Johanna Petronella → Blaman, Anna

Vučetić, Šime, kroat. Dichter u. Essayist, 21. 3. 1909 Vela Luka – 28. 7. 1987 Zagreb. Lehrerausbildung Dubrovnik. – Zunächst im Stil des Synthet. Realismus, später entwickelt er eigenen metaphor. Stil. Bedeutender Lit.kritiker.
W: Svanuća, G. 1939; Pjesme Ilije Labana I, II, III, G. 1939, 1940, 1952; Knjiga pjesama, G. 1948; Između dogme i apsurda, Ess. 1960; Hrvatska književnost 1914–1941, Ess. 1960; Putnik, G. 1964; Iza pozornice, G. 1971; Ujević i drugi, Ess. 1979; Svjetlost u rudniku, G. 1980; To si ti ovdje, G. 1982; Libro Dubaja Marusa, G. 1984.
L: R. Bogišić, 1989.

Vurgun, Samed, aserbaidschan. Dichter, 12. 5. 1906 Yukari Salihli – 27. 5. 1956 Baku. Stud. in Baku, Lehrer, Abgeordneter im Sowjet, 1.–4. Legislaturperiode. – Begründer der neuen poet. Schule in Aserbaidschan, der Volkstradition verpflichtet erneuerte er die Versform; Gegner des Formalismus; er beschwört in s. Poemen und Dramen den neuen Menschen durch Patriotismus, die bolschewist. Revolution Lenins, kosmopolit. Leben; großer Einfluß auf Sprache und Stil der aserbaidschan. Poesie, in mehrere Sprachen übersetzt.
W: Fanar, G. 1932; Azarbaycan, G. 1935; Bastı, G. 1937; Vakıf, Sch. 1937; Hanlar, Sch. 1939; Ferhad Ve Şirin, Sch. 1941; Ananın Öğüdü, G. 1941; Şefkat Bacısı, G. 1941; Kahramanın Hüneri, G. 1942; Mana Bela Söyledilar, G. 1943; Dünyanın Haritası/Avrupa Hatıraları, G. 1944; İnsan, Sch. 1945; Zencinin Arzuları, G. 1948; Mugan, G. 1949; Menim Andım, G. 1950; Aygün, G. 1951; Seçilmiş Eserler, Ausw. 1976.

Vu Trong Phung, vietnames. Dichter, 1912 Hung Yên – 1939 Hanoi. Arbeitete als Sekretär, Journalist und freier Autor, starb an Tbc. Ab 1930 gesellschaftskrit. und satir. Reportagen, Kurzgeschichten und Erzählungen.
W:-Übs.: Dumb Luck. A Novel, Ann Arbor 2000.

Vutyras, Dimosthenis (auch Voutyras D.), griech. Erzähler, 1872 Konstantinopel – 1954 Athen. – Das ärml. Leben und die seel. Verfassung der Menschen am Rande der Gesellschaft in Athen, das V. in kräftigen Farben und nicht selten mit e. gewissen Traurigkeit schildert, zieht sich durch s. ganzes Werk. V. markiert in der griech. Lit. den Übergang von der Beschreibung des Landlebens zur Thematisierung des Lebens in der Großstadt.

W (Ausw.): Ho Lankas, En. 1915; Papas eidōlolatrēs, En. 1920; Stēn chōra tōn sophōn kai tōn agriōn, En. 1927; To tragudi tu kremasmenu, En. 1935; Trikymies, E. 1945. – Hapanta III, hg. V. Tsokopulos 1994f.
L: H. Talec Leroy Leroy: L'universe de D. V., Paris 1992.

Vvedenskij, Aleksandr Ivanovič, russ. Schriftsteller, 6. 12. 1904 Petersburg – 19. 12. 1941 (in Haft). Mit Charms u. Zabolockij bedeutendster Vertreter der Leningrader lit. Vereinigung ›Obėriu‹, die 1927–30 mit absurder Kunst gegen die Verbürgerlichung der Lit. protestierte. Diese Dichtung blieb ungedruckt. 1928–41 anerkannter Kinderbuchautor. Nach dem Tode verschwiegen, ab 1956 gelegentl. Erwähnung. Werkausgabe bis 1993 nur im Westen.
A: Izbrannoe, Ausw. hg. W. Kasack 1974; Sny, G. 1977; Minin i Požarskij, Dr. 1978. – Polnoe sobranie sočinenij (SW), Ann Arbor III 1980–84; Polnoe sobranie proizvedenij, II 1993. – *Übs.:* Kuprijanov und Nataša, 1986.
L: B. Müller, 1978; A. Stone-Nakhimovskij, 1982.

Vyāsa (›o.‹) oder Krsna Dvaipāyana, ind. Heiliger, der Legende nach Sohn des Sehers Parāśara und des Fischermädchens Satyavatī und Stammvater der Helden des ›Mahābhārata‹. – Angebl. Vf. des → ›Mahābhārata‹, das er in nur drei Jahren auf den Rat des Gottes Brahmā hin dem Gott Ganeśa diktiert haben soll, außerdem angebl. Vf. der → ›Purānas‹, der ›Brahmasūtras‹ und des ›Pāñcarātra‹ und o. (daher ›Vyāsa‹) der 4 → ›Vedas‹.
L: Valmiki and Vyasa, hg. K. Ratnam 1980; B. M. Sullivan, K. D. V. and the Mahabharata, Leiden 1990.

Vydūnas (eig. Vilius Storosta), litau. Dramatiker u. Philosoph, 22. 3. 1868 Jonaičiai, Kr. Šilutė – 20. 2. 1953 Detmold. Missionssohn, Lehrerseminar Pilkalnis und Ragainė; Stud. Philol., Philos. und Theol. Greifswald, Halle, Leipzig, Berlin; Lehrer am Gymnas. Tilsit. 1917–19 Dozent für litau. Sprache und Lit. in Berlin. Während des 2. Weltkriegs 1944 Emigration nach Dtl. – Myst.-pantheist. Philosoph unter Einfluß des Buddhismus und Vf. von symbolist., realist. und myst.-allegor. Dramen in eigenwilliger Sprache zum Gedanken der Vervollkommnung des Menschen. ›Amžina ugnis‹ ist e. Apotheose der heidn. Religion. Die dramat. Dichtung ›Prabočių šešėliai‹ ist e. Gesch. des litau. Volkes in symbol. Bildern. Verinnerlichung des lit. Menschen durchzieht das Gesamtwerk.
W: Prabočių šešėliai, Dr. 1908; Mūsų laimėjimas, Dr. 1910; Amžina ugnis, Dr. 1913; Vergai ir dykiai, Dr. 1919; Jūrų varpai, Dr. 1920; Žvaigždžių takai, Dr. 1920; Likimo bangos, Dr. 1922; Pasaulio gaisras, Dr. 1928; Amžina ugnis. Prabočių šešėliai. Pasaulio gaisras, Drn. 1968. – Raštai (W), IV 1990–94.

L: V. Mykolaitis-Putinas, 1935; J. Lankutis, 1988; A. Martišiūtė, 2000.

Vynnyčenko, Volodymyr, ukrain. Schriftsteller, 2. 7. 1880 Jelysavethrad – 6. 3. 1951 Mougins/ Südfrankreich. Sohn e. Tagelöhners; abgebrochenes Jurastud.; 1917–19 an der nationalen Befreiung der Ukraine beteiligt; 1920–25 in Berlin, bis 1934 in Paris, danach bei Cannes. – S. schriftsteller. Werk, durch moralisierende Tendenzen gekennzeichnet, zeigt mehrere Phasen: die erste bis 1905 mit realist. Erzählungen aus dem Milieu des Provinzkleinbürgertums, verarmter bäuerl. Schichten; in der anschließenden Darlegung psychopatholog. Probleme in Dramen u. Romanen; in der nachrevolutionären Phase um Klärung sozialer Fragen bemüht.

W: Povisty ta opovidannja, En. IV 1903–10; Vidrodžennja naciji, Ess. III 1920; Tvory (W), VI 1912–16, XI 1919, XXI 1923–28, XXIII 1926–29; Pisnja Izrajilja (Kol-Nidre), Dr. 1930; Prorok, En. N. Y. 1960; Slovo za toboju Staline!, R. N. Y. 1971; Opovidannja, En. Bratislava 1968; Ščodennyk, Tg. N. Y. II 1980–93; Son'ašna mašyna, R. 1989; Vidrodzenn'a naciji, 1990; Vybrani p'jesy, 1991; Povisti ta opovidann'a, 1992. – Übs.: Ehrlich zu sich selbst, R. 1914; Der schiefnäsige Mephisto, R. 1994.

L: I. Svjencic'kyj, 1920; P. Chrystjuk, 1922; A. Ričyc'kyj, 1928; M. Zerov, 1929; Statti j materijaly, Ess. N. Y. 1953; H. Kostjuk, N. Y. 1980; S. Pohorilyj, N. Y. 1981; O. Hniden, 1989; L. Moroz, 1994. – Bibl.: Anotovana bibliohrafija, Edmonton 1989.

Vyskočil, Ivan, tschech. Schriftsteller, * 29. 4. 1929 Prag. Stud. Dramaturgie u. Philol. Prag; 1958 Mitbegründer u. bis 1962 Regisseur des ›Divadlo na zábradlí‹ (Theater am Geländer); freier Schriftsteller. – In spielhaft-grotesker Prosa u. Dramen gibt V. e. psycholog. Analyse des modernen Menschen, zeigt s. gesellschaftl. u. moral. Deformation durch die Umwelt u. s. absurden Existenzkampf.

W: Kdyby tisíc klarinetů, Dr. 1958 (m. J. Suchý); Faust, Markéta, služka a já, Dr. 1959 (m. J. Suchý); Autostop, Dr. 1961 (m. V. Havel); Vždyť přece létat je tak snadné, En. 1963; Kosti, En. 1966 (Knochen, d. 1967); Malé hry, En. 1967 (Bei-Spiele, d. 1969; Příhoda, H. 1967; Křtiny v Hbřbvích aneb Blbá hra, Dr. 1969; I. V. a jiné povídky, En. 1971; Haprdáns, Dr. 1980; Cesta do Úbic, Dr. 1985. – Nedivadlo I. V. (Drn.-Ausw.), 1996.

Vysockij, Vladimir Semënovič, russ. Dichter, 25. 1. 1938 Moskau – 25. 7. 1980 ebda. Stud. Schauspielschule Moskau 1956–60, ab 1964 führender Schauspieler des Moskauer ›Theaters an der Taganka‹, Auftritte in 26 Filmen, keine Publikation in der SU zu Lebzeiten, reiche Verbreitung s. Liedtexte. Erster sowjet. Auswahlband ›Nerv‹ 1981, vollst. Ausgabe in New York ab 1981. – Als Liedermacher Idol von Millionen russ. Menschen aller Schichten. Die Kraft s. Dichtung liegt in der an Selbstaufgabe grenzenden Bereitschaft, sich in die jeweilige zwischenmenschl. Situation zu versetzen, sie so vorzutragen, daß der Hörer sich selbst erkennt.

W: Nerv, 1981; Pesni i stichi, III N. Y. 1981f.; Sobranie sočinenij (GW), VII 1994, V 1993–98. – Übs.: Wolfsjagd, G. u. Lieder 1986.
L: D. Boss, 1985; M. Vlady, 1989 (d. 1991); H. Pfandl, 1993; V. Sorge, 1998; Ju. V. Domanskij, hg. 2001. – Bibl.: A. S. Épštejn, 1992.

Wace, Robert, anglonormann. Dichter, um 1100 Insel Jersey – um 1174 Caen (?). Wahrscheinl. aus adliger Familie. Stud. zuerst in Caen, dann in Ile-de-France. Vor 1135 in Caen ›clerc lisant‹, danach in England; vor 1169 von Heinrich II. von Anjou zum Kanoniker von Bayeux eingesetzt. – Ältester namentl. bekannter franz. Dichter. Vf. e. umfangreichen und verschiedenartigen Werkes von lebendigem, frischem Stil. Schrieb Heiligenleben (Margarete, Nikolaus, Maria) aufgrund lat. Quellen, nach Vorlage der ›Historia regnum Britanniae‹ des Geoffrey of Monmouth, ferner die Reimchronik ›Geste des Bretons‹ oder ›Roman de Brut‹ (um 1155; über 15 000 Verse), erwähnt darin erstmalig in der franz. Lit. König Artus und s. Tafelrunde. Mehr Romancier als Historiker. S. ›Roman de Rou‹ (1161–74) ist die unvollendete Geschichte der normann. Herzöge. Trotz anglonormann. Dialekts wichtig für Festigung der franz. Sprache.

A: La vie de Ste. Marguerite, hg. A. Joly 1879, E. A. Francis 1932; La vie de St. Nicholas, hg. J. Ronsjö, Diss. Lund 1942; La vie de la vierge Marie, hg. V. Luzarche 1859; Geste des Bretons oder Le roman de Brut, hg. I. Arnold II 1938–40, ders., M. Pelan 1962 (La partie arthurienne du R. de B.), G. Jones 1962; Geste des Normans oder Roman de Rou, hg. H. Andresen III 1877–79, A.-J. Holden III 1971ff. – Übs.: F. v. Gaudy, 1835 (Rou), L. Uhland, 1812.

L: H. Ulbrich, Über das Verhältnis von W.s Roman du Brut zu seiner Quelle, Diss. Lpz. 1908; J. H. Philpot, Lond. 1926; M. MacLean, L'influence du Brut de W. sur les romanciers Français de son temps, Diss. Paris 1931; H.-E. Keller, Etude descriptive sur le vocabulaire de W., 1953.

Waddington, Miriam, kanad. Dichterin, * 23. 12. 1917 Winnipeg/Manitoba. Tochter jüd.-russ. Einwanderer, Univ. Toronto, Sozialarbeiterin, ab 1964 Prof. für Lit. York Univ. Toronto. – Durch jüd. Religion inspirierte, feminist. engagierte u. z.T. bilinguale Lyrik mit direkter, transparenter Diktion und sozialpolit. Anspruch.

W: Green World, G. 1945; The Second Silence, G. 1955; The Season's Lovers, G. 1958; The Glass Trumpet, G. 1966; Say Yes, G. 1969; Driving Home, G. 1972; The Dream Telescope, G. 1972; The Price of Gold, G. 1976; Mister Never, G. 1978; The Visitants, G. 1981; Summer at Lonely Beach, Kgn. 1982; Collected Poems, 1986; Apartment Seven, Ess. 1989; The Last Landscape, G. 1992.

L: P. Stevens, 1984.

Wadman, Anne Sybe, westfries. Schriftsteller, 30. 11. 1919 Langwar – 6. 2. 1997 Sneek. Von sozialdemokrat. Kreisen geprägt, studierte Neerlandistik in Amsterdam, Promotion 1955; Dozent Friesisch und Niederländisch, heiratete die fries. Autorin Hylkje Goïnga, Kritiker der Ztn. ›Leeuwarder Courant‹ und ›Het Vrije Volk‹, Redakteur der Zsn. ›Podium‹ und ›De Tsjerne‹. Erwirkte radikale Erneuerung durch lit. Experiment in ›De smearlappen‹ und ›De feestgongers‹, aber viel mehr noch durch seine innovativen Ideen, die eine regionale Isolation Frieslands zugunsten eines (inter)nationalen Anschlusses durchbrachen.

W: Fan tsien wâllen, G. 1945; Fioele en faem, R. 1948; Kritysk konfoai, Ess. 1952; De Teannewâdder, Zs. 1961–63; Hoe moat dat nou, Marijke?, R. 1960; De smearlappen, R. 1963; De feestgongers, R. 1968; Mei Abraham fûstkje, Ess. 1969; It kritysk kerwei, Ess. 1996; In okse nei de slachtbank, R. 1994; Oer oarmans en eigen, Ess. 1995.

L: B. A. Gezelle Meerburg, Hwant wy binne it nijs ûnder en boppe de sinne, Diss., 1997.

Wägner, Elin (Matilda Elisabeth), schwed. Erzählerin, 16. 5. 1882 Lund – 7. 1. 1949 Lilla Björka. Tochter e. Oberschuldirektors; frühe Opposition zum Vater wegen s. konservativ-patriarchal. Einstellung. Nach dem Tode der Mutter als 3jähr. bei der mütterl. Familie in Småland, dem Schauplatz ihrer Romane. Journalistin u. Redaktionssekretärin, 1904 Reise nach England, 1944 Mitgl. der Schwed. Akad., 1910–22 ∞ John Landquist. Stark beeindruckt durch Gandhi u. Freundschaft mit Quäkern, entschied sie sich für Pazifismus; prakt. internationale Hilfstätigkeit u. damit verbundene Reisen u.a. in die besetzten Gebiete Dtl.s, 1920 Genf, Wien, Budapest, Holland, Frankreich, England. – Ihr umfangr. Œuvre verrät oft radikale Anschauungen, der Form nach Nähe zur Reportage: Problem der berufstätigen Frau, Durchbruch des Industrialismus in Småland, Erfahrungen der Friedensarbeit im vom Kriege zerstörten Europa. Kampf für das Frauenstimmrecht. Höhepunkt ist der småland. Bauernroman ›Åsa-Hanna‹ mit sicherer realist. Beobachtung, feiner psycholog. Einfühlung, liebenswürdiger Ironie u. auch drast. Humor.

W: Norrtullsligan, R. 1908; Pennskaftet, R. 1910 (Die Liga der Kontorfräulein, d. 1910); Helga Wisbeck, R. 1913; Mannen och körsbären, Nn. 1914; Camillas äktenskap, R. 1915 (Kämpfende Frauen, d. 1918); Släkten Jerneploogs framgång, R. 1916; Åsa-Hanna, R. 1918; Kvarteret Oron, R. 1919; Den befriade kärleken, R. 1919; Den förödda vingården, Rep. 1920; Nyckelknippan, Nn. 1921; Den namnlösa, R. 1922; Från Seine, Rhen och Ruhr, Reiseb. 1923; Silverforsen, R. 1924; Natten till söndag, R. 1926; De fem pärlorna, R. 1927; Den odödliga gärningen, Nn. 1928; Svalorna flyga högt, R. 1929; Gammalrödja, Rep. 1931; Dialogen fortsätter, R. 1932; Vändkorset, R. 1935 (Das Drehkreuz, d. 1948); Genomskådad, R. 1937; Hemlighetsfull, R. 1938; S. Lagerlöf, B. II 1942f.; Tusen år i Småland, St. 1939; Väkkarklocka, R. 1941. – Valda skrifter (AW), XIV 1950–54.

L: H. Ahlenius, 1936; H. Martinson, 1949; U. Isaksson, E. H. Linder, 1977, 1980; K. Lindqvist, 1980.

Wälsungen-Saga → Vǫlsunga saga

Waes, Frank van → Jong, Adrianus Michael

Wästberg, Per (E.), schwed. Schriftsteller, * 20. 11. 1933 Stockholm. Sohn e. Redakteurs; 1955 B. A. Harvard, 1962 Lizentiat der Philos.; 1967–78 Präsident des schwed. PEN-Clubs, 1976–82 Chefred. von ›Dagens Nyheter‹, 1979–86 Präsident des internat. PEN-Clubs. ∞ 1992 Anita Theorell. – Begann früh als weltoffener, stilsicherer, lit. inspirierter Romancier u. Schilderer Stockholms. Reisen v. a. nach Afrika ließen ihn zum leidenschaftl. engagierten Kämpfer gegen Rassenunterdrückung werden. S. Romane von 1968–72 behandeln die Liebe zwischen Halbgeschwistern, die Fragwürdigkeit jegl. menschl. Beziehungen im Zusammenleben u. die Möglichkeit, sich anders zu engagieren.

W: Pojke med såpbubblor, En. 1949; Ett gammalt skuggspel, R. 1952; Halva kungariket, R. 1955; Klara, Rep. 1957; Arvtagaren, R. 1958; Förbjudet område, Rep. 1960; På svarta listan, Rep. 1960 (Auf der schwarzen Liste, d. 1963); Afrika berättar, Anth. 1961; Östermalm, Stockholmsrep. 1962; Tio atmosfärer, G. 1963; Enkel resa, G. 1964; Vattenslottet, R. 1968; Luftburen, R. 1969 (Gelöste Liebe, d. 1973); Modern afrikansk litteratur, Ess. 1969; Afrikansk poesi, Anth. 1971; Jordmånen, R. 1972; Afrika ett uppdrag, Ber. 1976; Berättarens ögonblick, Ess. 1977; Obestämda artiklar, Ess. 1981; Tal i Röda Rummet, 1982; En avlägsen likhet, G. 1983; Eldens skugga, R. 1986; Bergets källa, R. 1987; Frusna tillgångar, G. 1990; Ljusets hjärta, R. 1991; Vindens låga, R. 1993; Förtöjningar, G. 1995; Ung mans dagbok, Aut. 1996; Ung författares dagbok, Aut. 1997; Tre rader, G. 1998; Duvdrottningen, Es. 1998; Raderingar, G. 1999; Edith Whartons hemliga trädgård, Es. 2000; Fortifikationer, G. 2001; Minnets stigar, G. 2001. – Briefw. Hj. Söderberg – Bo Bergman, hg. 1969.

Wahl, Mats, schwed. Schriftsteller, * 5. 5. 1945 Malmö. Stud. Anthropologie u. Pädagogik, Lehrer für schwererziehbare Jugendl. – Behandelt die Probleme Heranwachsender, häufig als psychol. Kriminalfälle, v.a. Romane, auch Drehbücher u. Bühnenstücke, genau beobachtete sachl. Darstellung. Oft ausgezeichnet.

Wahlöö

W: Hallonörnen, R. 1980; Norrpada, R. 1982; Halva sanningen, R. 1984; Skrinet, R. 1986; Kärlek i September, R. 1990; Några riktigt fina dar, R. 1992 (Ein paar richtig schöne Tage, d. 1996); I ballong över Stilla Havet, R. 1994; Emma och Daniel, R. III 1996–98 (d. 1997–99); Tre pjäser (Marie – Försök ett besök – Kentaur), Sch. 1998; John-John, R. 1999; Den Osynlige, R. 2000 (Der Unsichtbare, d. 2001); Tjafs, R. 2002.

Wahlöö, Per, schwed. Kriminalautor, 5. 8. 1926 Göteborg – 23. 6. 1975 Stockholm. Vater Redakteur, Abitur 1946, Studium, linksengagierter Journalist, ∞ 1962 Maj → Sjöwall, gemeinsame Produktion von Kriminalromanen ab 1965. Schrieb mehrere Polit-Thriller.

W: Himmelsgeten, 1959 (Foul play, d. 1982); Vinden och regnet, 1961 (Wind und Regen, d. 1983); Lastbilen, 1962 (Das Lastauto, d. 1969); Uppdraget, 1963 (Libertad!, d. 1980); Mord på 31:a våningen, 1964 (Mord im 31. Stock, d. 1977); Generalerna, 1965 (d. 1981); Stålsprånget, 1968 (Unternehmen Stahlsprung, d. 1980). Sjöwall/Wahlöö: Roseanna, 1965 (Die Tote im Götakanal, d. 1968); Mannen som gick upp i rök, 1966 (Der Mann, der sich in Luft auflöste, d. 1969); Mannen på balkongen, 1967 (d. 1970); Den skrattande polisen, 1968 (Endstation für neun, d. 1971); Brandbilen som försvann, 1969 (Alarm in Sköldgatan, d. 1972); Polis, polis, potatismos!, 1970 (Und die Großen läßt man laufen, d. 1972); Den vedervärdige mannen från Säffle, 1971 (Das Ekel aus Säffle, d. 1973); Det slutna rummet, 1972 (Verschlossen und verriegelt, d. 1975); Polismördaren, 1974 (Der Polizistenmörder, d. 1976); Terroristerna, 1975 (d. 1977).

L: N. Mors Nielsen, 1974; E. Søholm, 1976; G. Dove, 1984; K. V. Dover, 1993.

Wahšī Bāfqī, pers. Lyriker, aus Bāfq bei Kerman/Südostiran, † 1583 Yazd, wo er die meiste Lebenszeit verbrachte. – Geschätzter Liebeslyriker von schlichter Gefühlswärme, während s. Panegyrik auf Schah Ṭahmāsp (reg. 1524–76) in alten Bahnen blieb; s. unvollendetes romant. Epos ›Farhād u Šīrīn‹ (berühmtes Liebespaar der Sasanidenzeit) beendete 1849 der Dichter Wiṣāl.

A: Diwan, hg. Ḥ. Naḥa' ī 1338/1960; Farhād u Šīrīn, hg. Āl-i Dāwud 1380/2001.

Wain, John (Barrington), engl. Schriftsteller, 14. 3. 1925 Stoke-on-Trent – 24. 5. 1994 Oxford. Stud. 1946–49 Oxford, 1949–55 Engl.-Dozent Univ. Reading, freier Schriftsteller, Gastprof. in Bristol, Vincennes, Cincinnati u. Oxford. – Als Lyriker mit Larkin u. Amis e. der Hauptvertreter des Movement, später experimentellere Formen mit unterschiedl. Sprechern. Traditionell realist., sozialkrit. u. zugleich geistreich humorist. Romane über antiheld. Außenseiter, die sich bemühen, dem Erfolgs- u. Konformitätsdruck der mod. (Klassen-)Gesellschaft auszuweichen, ihre Individualität frei auszuleben, sich am Ende aber gewöhnl. mit e. Kompromiß zufriedengeben. Dieser Thematik blieb er letztlich von s. ersten, berühmt gewordenen Roman, ›Hurry on Down‹, bis zu seinem letzten, gut 40 Jahre später erschienenen, treu.

W: Mixed Feelings, G. 1951; Hurry on Down, R. 1953 (u. d. T. Born in Captivity 1954); Living in the Present, R. 1955 (Blick auf morgen, d. 1958); A Word Carved on a Sill, G. 1956; Preliminary Essays, 1957; The Contenders, R. 1958 (Liebhaber und Machthaber, d. 1965); A Travelling Woman, R. 1959; Nuncle, Kgn. 1960; Sprightly Running, Aut. 1960 (rev. 1963); Weep Before God, G. 1961; Sprightly Running, Aut. 1962; Strike the Father Dead, R. 1962 (Jeremy und der Jazz, d. 1964); Essays on Literature and Ideas, 1963; The Young Visitors, R. 1965 (Roter Mond über Soho, d. 1967); Wildtrack, G. 1965; Death of the Hind Legs, Kgn. 1966; The Smaller Sky, R. 1967 (d. 1968); Letters to Five Artists, G. 1969; A Winter in the Hills, R. 1970; The Life Guard, Kgn. 1971; A House for the Truth, Ess. 1972; The Shape of Feng, G. 1972; Feng, G. 1975; Professing Poetry, Ess. 1977; The Pardoner's Tale, R. 1978; King Caliban, Kgn. 1978; Poems 1949–79, 1981; Young Shoulders, R. 1982; Frank, Dr. 1984; Dear Shadows, Sk. 1986; Open Country, G. 1987; Where the Rivers Meet, R. 1988; Comedies, R. 1990; Hungry Generations, R. 1994; Jonson Is Leaving, Dr. 1994; Selected Poems and Memoirs, 2000.

L: J. Schwend, 1984; E. Hatziolou, B. 1997. – *Bibl.:* D. Salwak, John Braine and J. W., 1980; D. E. Gerard, 1987.

Wakoski, Diane, amerik. Dichterin, * 3. 8. 1937 Whittier/CA. Stud. Univ. Berkeley, Lehrtätigkeiten an versch. Univ., seit 1976 an Michigan State Univ.; lebt in East Lansing/MI. – Experimentelle Lyrik mit starker Diktion, oft auf persönl. Leiden basierend u. ins Mytholog. und Archetyp. gewendet.

W: Coins and Coffins, G. 1962; Discrepancies and Apparitions, G. 1966; Inside the Blood Factory, G. 1968; Love, You Big Fat Snail, G. 1970; The Motorcycle Betrayal Poems, 1971; Exorcism, G. 1971; Smudging, G. 1972; Form Is an Extension of Content, Ess. 1972; Dancing on the Grave of a Son of a Bitch, G. 1973; Creating a Personal Mythology, Ess. 1975; Cap of Darkness, G. 1980; Toward a New Poetry, Ess. 1980; The Lady Who Drove Me to the Airport, G. 1982; Saturn's Rings, G. 1982; The Magician's Feastletters, G. 1982; The Collected Greed, G. 1984; Emerald Ice, G. 1962–1987, 1988; Unveilings, Ess. 1989; Archaeology of Movies and Books, G. IV (Medea the Sorceress, 1991, Jason the Sailor, 1993, The Emerald City of Las Vegas, 1995, Argonaut Rose, 1998); The Butcher's Apron, G. 2000.

L: Bibl.: R. Newton, 1987.

Walcott, Derek (Alton), karib. Lyriker u. Dramatiker, * 23. 1. 1930 Castries/St. Lucia. Engl., holländ. u. afrikan. Vorfahren. Stud. Jamaika u. New York; Lehrer in St. Lucia, Gründer (1959) u. langjähr. Leiter des ›Trinidad Theatre Workshop‹ in Port of Spain; seit den 1970ern div. Gastprof. in den USA; heute Wohnsitz New York. – Einer der wichtigsten Vertreter karib. Literatur, 1992 als erster westind. Schriftsteller mit dem Nobelpreis ausgezeichnet. Sein Œuvre entwirft e. karib. Poetik, die sich in e. spannungsvollen Verbindung von westl. Literaturtraditionen (Homer, Shakespeare, Joyce) mit oralen Erzählformen, musikal. Stilen u. der visuellen Kraft der Karibik, von Weltbürgertum mit regionaler Identifikation, manifestiert.

W: 25 Poems, G. 1948; Henri Cristophe: A Chronicle, Dr. 1950; The Sea at Dauphin, Dr. 1954; Ione: A Play with Music, Dr. 1957; In a Green Night, G. 1962; Selected Poems, G. 1964; The Gulf, G. 1970; Dream on Monkey Mountain and Other Plays, Drn. 1970; Another Life, Aut./G. 1973; Sea Grapes, G. 1976; Remembrance, Dr. 1977; Pantomime, Dr. 1978; The Star-Apple Kingdom, G. 1979 (d. 1989); The Fortunate Traveller, G. 1981; Midsummer, G. 1984 (d. 2001); Collected Poems 1948–1984, 1986; The Arkansas Testament, G. 1987; Omeros, Ep./G. 1990 (d. 1995); Poems 1965–1980, 1993 (d. 1999); Bounty, G. 1997; Tiepolo's Hound, G. 2000.

L: R. D. Hamner, 1981; S. Brown, 1991; J. Thieme, 1999; B. King, 2000; P. Burnett, 2000, P. Breslin, 2001.

Walker, Alice, afroamerik. Autorin, * 9. 2. 1944 Eatonton/GA. Aus kinderreicher Sharecropper-Familie; studiert am Spelman u. Sarah Lawrence College; Afrikareise, 1965–68 aktiv im Bürgerrechtskampf in New York u. im Süden; 1967 ∞ jüd. Rechtsanwalt, 1977 o|o; lebt mit Tochter in Kalifornien – W. war von Beginn an (angeregt von ihrer beredten, handwerkl. kreativen Mutter) in Lyrik u. Erzählprosa auf Frauen u. den amerik. Süden zentriert, mit wachsendem Interesse zuerst für zeitpolit. (siehe ihr Buch gegen die Beschneidung von Frauen in Afrika, 1992), später auch für esoterische Themen. In ihren herausragenden Erzählungen u. Romanen (1970 u. 1982) beweist sie eindringliches Gespür für schwarze Umgangssprache u. formale Experimentierfreude. 1983 erhielt sie den Pulitzer-Preis u. den National Book Award. In wichtigen Essaybänden definierte sie ihre Position als ›womanist‹ (konkret aus der Gesch. afroamerik. Frauen abgeleitet) u. verhalf Z. N. Hurston als Vorläuferin zu neuer Anerkennung u. e. markierten Grab. W. verfaßte auch mehrere Kinderbücher. Sie gilt neben Toni Morrison als bedeutendste afroamerik. Erzählerin des 20. Jh.

W: Once, G. 1968; The Third Life of Grange Copeland, R. 1970; Revolutionary Petunias and Other Poems, G. 1973; In Love and Trouble: Stories of Black Women, En. 1973 (Roselily: 13 Liebesgeschichten, d. 1986); Meridian, R. 1976 (d. 1993); Saving the Life That Is Our Own, Ess. 1976; One Child of One's Own, Ess. 1979; You Can't Keep a Good Woman Down, En. 1981 (Freu dich nicht zu früh! 14 radikale Geschichten, d. 1987); The Color Purple, R. 1982 (Die Farbe Lila, d. 1984; Verfilmung Steven Spielberg 1985); In Search of Our Mothers' Gardens, Ess. 1983 (d. 1987); Living By the Word: Selected Wirtings, 1983–87, Ess. 1988; The Temple of My Familiar, R. 1989 (Im Tempel meines Herzens, d. 1990); Possessing the Secret of Joy, R. 1992 (Sie hüten das Geheimnis des Glücks, d. 1993); By the Light of My Father's Smile, R. 1998 (Das Lächeln der Vergebung, d. 1999); Her Blue Body Everything We Know: Earthling Poems: 1965–1990, G. (WA) 1991. – *Hg.*: I Love Myself When I Am Laughing, Anth. zu Hurston 1979.

L: A. Koenen, Zeitgenöss. afroamerik. Frauenlit., 1985; H. Bloom, hg. 1989; E. Butler-Evans, Race, Gender, and Desire: Narrative Strategies in the Fiction of T. C. Bambara, T. Morison and A.W., 1989; D. H. Winchell, 1992. – *Bibl.*: L. H. u. D. D. Pratt, 1988; E. D. Banks, K. Byerman, 1989.

Walker, Margaret, afroamerik. Autorin, * 7. 7. 1915 Birmingham/AL. Pfarrerstochter; lit. gebildet, M.A. u. Ph.D. in Geschichte, Zus.arbeit u. Freundschaft mit Richard Wright über WPA Federal Writers' Project um 1940. – W.s Rang beruht v. a. auf ihrer von Langston Hughes beeinflußten, aber überwiegend hochsprachlichen Lyrik. Das Titelgedicht ihres ersten Bandes ›For My People‹ wurde zum Programmtext schwarzer Lesergenerationen; spätere Bände, bei schwarzer Broadside Press, setzen militantere Akzente. Ihr einziger R., über die hautnah dramatisierte Sklavenbefreiung von 1863 und danach, wurde ursprünglich als Doktorarbeit eingereicht.

W: For My People, G. 1942; Jubilee, R. 1966; Prophets for a New Day, G. 1970; October Journey, G. 1973; Richard Wright: Demonic Genius, B. 1988; How I Wrote ›Jubilee‹ and Other Essays on Life and Lit., 1990; On Being Female, Black, and Free, Ess. 1997; This is My Century: New and Collected Poems, (WA) 1989.

L: Conversations with Amerik. Novelists, hg. K. Bonetti u. a. 1997.

Wall, Bengt V., schwed. Schriftsteller, 23. 1. 1916 Boden – 13. 2. 1998. Beamtensohn; 1944 Staatsexamen Uppsala, Studienrat. – In Dramen psycholog. Analyse u. moral. Problematik, oft vor dem Hintergrund zeitgenöss. polit. Ereignisse. Tiefes Erbarmen mit den Leidenden u. Erniedrigten. ›Zenotien‹ ist e. Schreckensvision der vollständig durchgeführten Technisierung der Umwelt auf Kosten des Individuums.

W: De profundis, Nn. 1947; Vännen Patrik, R. 1948; Det inåtvända leendet, Aphor., G. 1949; Hinna-Pinna och hans vänner, Kdb. 1950; Nakna, R. 1951; Ensam och kvinna, R. 1953; Dikter 1949–58, 1959; Dramatik, III 1966–70; Röster från vår tid (›Kirchenopern‹), 1968; Rapport från Zenotien, R. 1972; Världen är ingen lekplats för barn, Aphor. 1973; Musikens makt, R. 1980; Noveller vid gränsen, 1983; Den svarta vanen, R. 1983; Illusionernas hus, Aphor. 1984; Ascartes, R. 1985; Vad vågar jag tro? En tankebok, Ess. 1990; Anteknad i skymningen, R. 1996.

L: A. Wirtanen, 1965.

Wallace, (Richard) Edgar (Horatio), engl. Romanschriftsteller u. Dramatiker, 1. 4. 1875 Greenwich – 10. 2. 1932 Hollywood. Unehelicher Sohn e. Schauspielers, von e. Fischhändlerfamilie erzogen; Elementarschule Peckham, 12jähr. Laufjunge, Zeitungsverkäufer usw. Trat 18jähr. in die Armee ein, kämpfte während des Burenkrieges in Südafrika, dort nach s. Entlassung aus der Armee Korrespondent der ›Daily Mail‹. Verdiente bis zu 50 000 Pfund pro Jahr, hinterließ 150 000 Pfund Schulden, die jedoch von den Einnahmen aus s. Werken innerhalb von 2 Jahren bezahlt werden konnten. – Vf. von außerordentl. erfolgr. Romanen und Detektivgeschichten von reger Phantasie (z.T. Einbeziehung des Übersinnlichen), schuf zahlr. verschiedenartige Charaktere, erdachte spannende, verwickelte Handlungen. Außerordentl. produktiv, schrieb in 27 Jahren über 170 Bücher, auch lukrative Schauspiele. Noch heute werden jährlich über 1 Mill. Exemplare s. Bücher verkauft.

W: The Four Just Men, R. 1905; The Council of Justice, R. 1908; Sanders of the River, R. 1911; Bones, R. 1915; The Clue of the Twisted Candle, R. 1918; The Man Who Knew, R. 1919; The Angel of Terror, R. 1922; The Crimson Circle, R. 1922; The Missing Million, R. 1923; The Green Archer, R. 1923; The Clue of the New Pin, R. 1923; The Mind of Mr. J. G. Reeder, R. 1925; The Face in the Night, R. 1925; A King by Night, R. 1925; The Ringer, R. u. Sch. 1926; People, Aut. 1926; The Dead Eyes of London, R. 1926; The Three Just Men, R. 1926; The Traitor's Gate, R. 1927; The Squeaker, R. 1928; Red Aces, R. 1929; On the Spot, Sch. 1930.

L: E. V. Wallace, 1932; R. G. Curtis, 1932; M. Lane, 1938, n. 1964 (d. 1966).

Wallace, Irving, amerik. Schriftsteller, 19. 3. 1916 Chicago – 29. 6. 1990 Los Angeles. Höhere Schulbildung, Journalist u. freier Schriftsteller; lernte von Berufs wegen weite Teile der Welt kennen; schrieb mehr als 500 Artikel u. Kurzgeschichten für Zsn. sowie Drehbücher. – Von den Klassikern des Realismus beeinflußter Erzähler. S. Romane entfalten sich jeweils aus e. von e. Wirklichkeit inspirierten Einfall oder Gedankengang; oft überraschende Originalität des Ansatzes u. wohldurchdachte, bis in die Details schlüssige, teilweise ep. breite Ausführung.

W: The Fabulous Originals, St. 1955 (d. 1963); The Square Pegs, Ess. 1957; The Fabulous Showman, B. 1959; The Sins of Philip Fleming, R. 1959 (Die sieben sündigen Tage, d. 1969); The Chapman Report, R. 1960 (d. 1960); The Twenty-Seventh Wife, B. 1961 (d. 1970); The Prize, R. 1962 (d. 1962); The Three Sirens, R. 1963 (d. 1964); The Man, R. 1964 (Der schwarze Präsident, d. 1965); The Sunday Gentleman, Ess. 1965; The Plot, R. 1967 (Palais Rose, d. 1968); The Writing of One Novel, Es. 1968; The Seven Minutes, R. 1969 (d. 1970); The Nympho and Other Maniacs, Abh. 1971;
The Word, R. 1972 (Die andere Bibel, d. 1978); The Fan Club, R. 1974 (d. 1975); The R Document, R. 1976 (Geheimakte R, d. 1979); The Pigeon Project, R. 1979 (Das Serum, d. 1980); The Almighty, R. 1982 (Ich, der mächtigste von allen, d. 1985); The Miracle, R. 1984; The Seventh Secret, R. 1986 (Eva, das 7. Geheimnis, d. 1987); The Celestial Bed, R. 1987 (Die Couch, d. 1989); The Guest of Honor, R. 1989 (Eine Staatsaffäre, d. 1989).

L: J. Leverence, 1974.

Wallace, Lew(is), amerik. Romanautor, 10. 4. 1827 Brookville/IN – 15. 2. 1905 Crawfordsville/IN. Vater Gouverneur von Indiana; Rechtsanwalt, Teilnahme am Mexikan. und Amerik. Bürgerkrieg, zuletzt als Generalmajor; 1878–81 Gouverneur von New Mexico, 1881–85 Botschafter in der Türkei. – Berühmt durch s. Bestseller ›Ben Hur‹ über die frühen Tage der Christenheit.

W: The Fair God, R. 1873 (d. 1891); Ben-Hur: A Tale of the Christ, R. 1880 (d. 1887); The Boyhood of Christ, R. 1889; The Prince of India, R. 1893 (d. 1894); The Wooing of Malkatoon, Dicht. 1898; L. W. – An Autobiography, II 1906; Smoke, Sound & Fury, Mem. 1998.

L: M. E. Schaaf, 1962; R. E. u. K. M. Morsberger, 1980.

Wallant, Edward Lewis, amerik. Erzähler, 19. 10. 1926 New Haven/CT – 5. 12. 1962 Norwalk/CT. Stud. Pratt Institute, New School for Social Research; Arbeit als Werbegraphiker. – Ruhm durch die Geschichte des jüd. Pfandleihers aus Harlem (›The Pawnbroker‹), der aus s. durch KZ-Erfahrung verursachten Apathie zu neuem Lebenswillen erwacht.

W: The Human Season, R. 1960; The Pawnbroker, R. 1961; The Tenants of Moonbloom, R. 1963; The Children at the Gate, R. 1964.

L: J. Ruddel, 1971; H. Breenber, 1972; D. R. Mesher, 1978; D. Galloway, 1979.

Wallenberg, Jacob, schwed. Erzähler, 5. 3. 1746 Viby/Östergötland – 25. 8. 1778 Mönsterås. Hauslehrer, 1763/64 Stud. Theol. Uppsala. 1769 Europareise, danach Schiffspfarrer; drei Asienfahrten. 1777 Pfarrer in Mönsterås. – Wurde bekannt durch s. humorist., derben Reiseberichte, die noch heute gelesen werden. Wechselnd zwischen Versen u. Prosa, ist er e. ausgezeichneter Erzähler. s. dramat. Erlebnisse, freimütig u. grobkörnig, iron. u. parodist., voller übersprudelnder, oft burlesker Einfälle, diesseitige Lebenslust mit naiver Frömmigkeit vereinend.

W: Susanna, Sch. 1778 (d. 1783); Sandfärdig resebeskrifning, 1781; Min son på galejan, Reiseber. 1781 (Das Muttersöhnchen auf der Galeere, d. 1782). – Samlade skrifter, hg. N. Afzelius II 1928–41 (m. Bibl.).

L: S. Siwertz, 1938.

Waller, Edmund, engl. Lyriker, 3. 3. 1606 Coleshill/Buckinghamshire – 21. 10. 1687 Beaconsfield. Erzogen in Eton, Stud. Cambridge. Schon 1624 Parlamentsmitglied. Warb vergebl. in Versen um Lady Dorothy Sidney; die an sie gerichteten ›Sacharissa-Gedichte‹ (1635) liefen handschriftl. um, fanden viel Bewunderung. 1643 führte W. e. royalist. Verschwörung (Waller's Plot), wurde aber wegen Verrats verbannt; lebte in Rouen, reiste in die Schweiz u. nach Italien; die Verbannung wurde 1651 aufgehoben; W. ließ sich in Beaconsfield nieder. Seit 1661 wieder im Parlament, wo er sich für Toleranz gegen Nonkonformisten einsetzte. – Schrieb Huldigungsgedichte an Cromwell, später an Charles II. Nach der Restauration Liebling des Hofes. Vorläufer des Klassizismus. Schrieb vor allem kleinere Lieder, meist im heroischen Reimpaar in e. Sprache von bewußter Einfachheit. S. Dichtung ist kühl, verstandesmäßig, unverbindlich.

W: Poems, 1645; Poems, 1686 u. 1690; The Maid's Tragedy, Tr. 1690. – Poems, hg. G. Thorn-Drury II 1893.

L: P. Stockdale, 1772; N. Röckerath, 1931; W. L. Chernaik, The Poetry of Limitation, 1968; J. Gilbert, 1979; A. Chambers, Andrew Marvell and E. W., 1991.

Wallin, Johan Olof, schwed. Lyriker, 15. 10. 1779 Stora Tuna/Dalarne – 30. 6. 1839 Uppsala. Sohn e. Feldwebels, 1799 Stud. Theol. Uppsala, Pfarrer auf versch. Stellen. 1810 Mitgl. der Schwed. Akad. 1818 Pastor primarius in Stockholm, 1830 Oberhofprediger, 1837 Erzbischof. – Debütierte mit bedeutungslosen Preisgedichten u. schloß sich dann dem Kampf der Romantiker gegen die Aufklärung an, ohne selbst e. Schule anzugehören. Bestrebt, das schwed. Kirchengesangbuch zu erneuern, verfaßte er seit 1807 Choräle. Wenig eigene Ideen, aber große formale Begabung. In dem unter s. Leitung entstandenen ›Svenska psalmboken‹ von 1819 sind 130 Lieder von ihm verfaßt, 200 weitere bearbeitet oder übs. Trotz notwendiger Rücksicht auf Orthodoxie u. neue Strömungen gelingt es ihm, altkirchl. Frömmigkeit mit platon. Spekulation zu organ. Einheit zu verschmelzen u. in wirkl. Dichtung e. persönl. Gefühl wiederzugeben.

W: Witterhetsförsök, G. 1821; Dödens Engel, G. 1839 (d. 1841); Religionstal, III 1825–31 (d. 1835); Predikningar, III 1840f. (Ausw. d. in: Ausgew. Predigten, schwed. Kanzelreden I 1846); Predikningar, Ny årgång, III 1850–52. – Skrifter, hkA, hg. E. Liedgren, S. Malmström IV 1955–67; Samlade vitterhetsarbeten, II 1847f., III 1863f.; Skrifter, predikningar och dikter, VI 1929; Bref och dagboksanteckningar, 1905.

L: E. Liedgren, 1916, 1926, 1929, 1946; E. Grip, 1919; B. v. Schmalensee, F. M. Franzén och J. O. W. såsom förkunnare, 1932; H. Wentz, 1939; H. Olsson, 1939; H. Blomberg, Mannen som var kyrkorgel, 1945; K. Koch, 1946; D. Andreae, 1956.

Wallquist, Einar, schwed. Schriftsteller, 5. 1. 1896 Steneby/Västergötland – 21. 12. 1985 Arjeplog. Sohn e. Geschäftsführers. 1922 Medizin-Lizentiat, 1922–62 Bezirksarzt in Arjeplog/Lappland. 1966 Dr. phil. h.c. Umeå. Vf. beliebter Schilderungen aus Lappland mit Humor, sozialem Mitgefühl u. fein abgestimmten Naturschilderungen.

W: Kan doktorn komma?, En. 1935; Lappmarksdoktor, En. 1936; Att få komma, En. 1947 (Der Doktor kommt, d. 1960); De tolv månaderna, En. 1953 (Neues vom Lappendoktor, d. 1955); Blott en dag, En. 1955 (Arzt im hohen Norden, d. 1958); Lappmarksdoktorn berättar, Volkssausg. X 1954; De bodde i norr, 1961 (Sie wohnten im Norden, d. 1963); Närstående, 1963 (Die mir nahestehen, d. 1964); I minnet gömt, 1965 (Ihr bleibt unvergessen, d. 1967); Av mången glömt, 1967 (Die schwere Wanderung, d. 1969); De sista fjällgårdarna, 1977; Lapparnas handaslöjd, 1979; Arjeplog fordomtida, 1983.

Walpole, Horace (Horatio), Earl of Orford, engl. Schriftsteller, 24. 9. 1717 London – 2. 3. 1797 ebda. Sohn des bedeutenden Staatsmannes und Ministers Georges II., Robert W. Erzogen in Eton, zus. mit Thomas Gray, Richard West, Thomas Ashton; Stud. Cambridge; ausgedehnte Bildungsreise nach Frankreich und Italien. Versch. einträgl. Posten, seit 1741 mehrfach Parlamentsmitgl., jedoch uninteressiert am polit. Leben. Kaufte 1747 die Villa Strawberry Hill/Twickenham, verwandelte sie in e. Schloß im sog. ›got. Stil‹. Hier sammelte er Kunstwerke und Kuriositäten. Gründete 1757 e. eigene Druckerei (Officina Arbutucana), in der er s. Schriften und die s. Freunde drucken ließ. Wurde nach dem Tod s. Neffen 1791 Earl of Orford. Führte das Leben e. Amateurschriftstellers und Weltmannes, der sich s. Liebhabereien widmen konnte. Im Alter vereinsamt und zu Schwermut neigend. – S. ›Castle of Otranto‹ war Vorläufer des Schauerromans und zugleich des romant. Geschichtsromans. W. wollte die Wirklichkeit und das Wunderbare vereinigen und übernatürl. Kräfte symbolhaft darstellen, wirkt jedoch oft ungewollt lächerl., da er das Unheimliche allzu unwahrscheinl. schildert. Am bedeutendsten sind s. vielen sehr flüssig und lebendig geschriebenen Briefe, in denen er Zeitchronik, Anekdotenhaftes, Plaudereien, auch Klatsch anschaul. berichtet. Dramatisierte s. ›Castle of Otranto‹ zu der erfolgr., melodramat. Horrortragödie ›The Mysterious Mother‹.

W: Letter from Xo Ho his Friend Lien Chi at Pekin, 1757; Fugitive Pieces in Verse and Prose, 1758; Anecdotes of Painting in England, IV 1762–71; The Castle of Otranto, R. 1764 (hg. W. S. Lewis 1996; d. 1768, n. 1988); The Mysterious Mother, Tr. 1768 (hg. ders. 1934); Nature will prevail, K. 1773; Description of the Villa of H. W., 1774; Hieroglyphic Tales, 1785; Memoirs of the Last Ten Years of the Reign of King George

II., hg. Lord Holland 1822 (d. IV 1846–48); Memoirs of the Reign of King George III., hg. D. Le Marchant II 1845 (n. 1971). – Works, hg. M. Berry IX 1798–1825; Letters, hg. P. Toynbee XIX 1903–25; Yale Edition, hg. W. S. Lewis XII 1937–81. – *Übs.*: Hist.-lit. und unterhaltende Schriften, A. W. Schlegel 1800; Briefe, 1846–48.

L: B. Fothergill, The Strawberry Hill Set, 1983; N. Miller, 1986; M. R. Brownell, Prime Minister of Taste, 2001. – *Bibl.:* A. T. Hazen, III 1969; P. Sabor, 1984.

Walpole, Hugh Seymour Sir, engl. Romanschriftsteller, 13. 3. 1884 Auckland/Neuseeland – 1. 6. 1941 London. Sohn e. protestant. Domherrn. Stud. Oxford. Kurze Zeit Lehrer in der Provinz, dann Kritiker und freier Schriftsteller in London. Während des 1. Weltkriegs beim Roten Kreuz in Rußland (›The Dark Forest‹, ›The Secret City‹). – Außerordentl. produktiver, vielseitiger Schriftsteller, bes. von realist. Romanen mit myst.-romant. Zügen über den Kampf junger Generationen gegen überholte Vorstellungen. 1919 begann er die Familien-Trilogie ›Jeremy‹, die viel Autobiograph. enthält und das bürgerl. Leben e. Kleinstadt des viktorian. Englands anschaul. schildert. Am bedeutendsten die Chronik der ›Herries‹, die e. Panorama engl. Kultur vom 18. Jh. bis zur Gegenwart entwirft. Breite Szenenschilderungen, flüssiger Stil.

W: The Wooden Horse, R. 1909; Maradick at Forty, R. 1910; Mr. Perrin and Mr. Traill, R. 1911 (Isabel und der Lehrer Perrin, d. 1954); Fortitude, R. 1913 (Der Reiter auf dem Löwen, d. 1930); The Duchess of Wrexe, R. 1914 (d. 1951); The Dark Forest, R. 1916 (Und der Wald stand still, d. 1953); J. Conrad, St. 1916; The Green Mirror, R. 1917 (d. 1950); The Secret City, R. 1919; Jeremy, R. 1919 (d. 1931); The Cathedral, R. 1922 (d. 1952), Dr. 1932; Jeremy and Hamlet, R. 1923 (J. und sein Hund, d. 1930); The Old Ladies, R. 1924; Portrait of a Man With Red Hair, R. 1925 (d. 1927); Harmer John, R. 1926; Jeremy at Crale, R. 1927 (J. auf der Schule, d. 1931, u.d.T. J. siegt, 1963); A. Trollope, St. 1928; Wintersmoon, R. 1928; The Herries Chronicle, R. IV 1930–33 (d. IV 1937–39): Rogue Herries, Judith Paris, The Fortress, Vanessa; Captain Nicholas, R. 1934; John Cornelius, R. 1937; The Sea Tower, R. 1939 (d. 1948); The Bright Pavilions, R. 1940 (Die Lustgärten Gottes, d. 1942); The Blind Man's House, R. 1941 (Ein Leben ohne Licht, d. 1944); The Killer and the Slain, R. 1942 (d. 1946).

L: M. Steen, 1933; M. Osten, Diss. Wien 1950; R. Hart-Davis, 1952.

Walschap, Gerard, fläm. Schriftsteller, 9. 7. 1898 Londerzeel/Brabant – 25. 10. 1989 Antwerpen. Abgebrochene Priesterausbildung; Redakteur versch. Zeitschriften. 1940 Inspektor der öffentl. Bibliotheken. – Erzähler der Neuen Sachlichkeit. Vf. handlungsstarker, stark dialogisierter Romane in dynam., volkstüml. Sprache und ernster wie heiterer Novellen aus dem fläm. Dorf- u. Kleinstadtleben. S. naturalist. Darstellung abnormer Charaktere und Seelenzustände schreckte kathol. Kreise ab. Der Kampf zwischen Glauben u. Rationalismus führt bei W. zur Bejahung e. erdgebundenen natürl.-vitalen Lebensform (›Houtekiet‹), ohne daß W. jedoch die Kraft verlor, in ›Zuster Virgilia‹ tiefrelig. Leben darzustellen.

W: Waldo, R. 1928; Adelaïde, R. 1929; Volk, E. 1930 (Flandrische Erde, d. 1939); De dood in het dorp, E. 1930 (Himmelfahrten, d. 1933); Eric, R. 1931; Carla, R. 1933; Trouwen, R. 1933 (Heirat, d. 1934); Een mensch van goeden wil, R. 1936 (d. 1938); De Spaanse Gebroeders, Dr. 1937; Sibylle, R. 1938 (d. 1939); Het kind, R. 1939 (d. 1939); De familie Roothooft (Adelaide, Eric, Carla), R.-Tril. 1939 (Die Sünde der Adelaide, d. 1933); Houtekiet, R. 1939 (d. 1941); Denise, R. 1942 (d. 1949); Moeder, R. 1950 (d. 1950); Zuster Virgilia, R. 1951 (d. 1952); Oproer in Congo, R. 1953 (d. 1956); Het avondmaal, R. 1968; De heilige Jan Mus, R. 1979; Autobiografie van mijn vader, R. 1989. – Verzameld werk, VI 1988–93. – *Übs.*: Beinahe die Liebe, En. (Ausw.) 1969.

L: J. C. Brandt Corstius, 1960; A. Westerlinck, II 1969f.; B. F. van Vlierden, 1978; V. Daelman u. C. Walschap, Album G. W., 1985; J. Borré, 1990. – *Bibl.:* R. Roemans, H. van Assche, 1974.

Walsh, Enda, ir. Dramatiker und Regisseur, * 1967 Dublin. Spielte zunächst für versch. Theatergruppen in Irland; ab 1994 in Cork, Mitglied und Hausautor des ›Corcadorca Theatre‹, dort Zusammenarbeit mit Pat Kiernan. – Vf. von Dramen, die wie bei C. McPherson und M. O'Rowe zu großen Teilen aus den Monologen weniger Figuren gestaltet sind; die Sprache zeigt Slang und Lokalkolorit (Dialekt von Cork). S. wohl bekanntestes, vielfach preisgekröntes und auch verfilmtes Stück ist ›Disco Pigs‹ (1996) über zwei Jugendliche in Cork; die meisten s. Stücke werden auch von dt. Bühnen gespielt.

W: Fishy Tales (1993; Stück für Kinder); A Christmas Carol, 1994 (nach C. Dickens); The Ginger Ale Boy, 1995 (mit Musik); Disco Pigs, 1997 (Uraufführung 1996, Drb. für Film 2001; in: Theater heute 39 [1998] 10, 57–67); Sucking Dublin, 1997; Disco Pigs. Sucking Dublin. Two Plays, 1998; Love Underneath (1999); Four Big Days in the Life of Dessie Banks, H. (2000); Misterman, 2001 (Uraufführung 1999); Bedbound, 2001 (Uraufführung 2000; in: Theater heute 43 [2002] 2, 53–58); Bedbound. Misterman, 2001.

L: N. Tobler, Diplomarbeit Potsdam 2002.

Waltari, Mika Toimi, finn. Erzähler, 19. 9. 1908 Helsinki – 26. 8. 1979 ebda. Studienratssohn; bis 1929 Stud. Theol., Philos. u. Lit. Helsinki; Literaturkritiker, Journalist u. Übersetzer, längere Reisen, u.a. nach Frankreich, ab 1938 freier Schriftsteller. 1957 Mitgl. der Finn. Akad. – Erfolgreichster u. produktivster zeitgenöss. Erzähler Finnlands. Begann früh mit relig. Lyrik u. kehrte in den letzten Romanen zum Thema Religion zurück. S. großen hist. Romane sind in Tagebuchform gekleidete Bekenntnisdichtungen, anfangs voll zyn.-pessimist. Lebensphilos., immer stärker um metaphys. Fragen kreisend. Phantasie, scharfer Verstand u. intensive hist. Studien schufen breite kulturhist. Freskogemälde. E. Welterfolg wurde der Roman ›Sinuhe‹ aus dem alten Ägypten. Künstler. geschlossener als die stoffüberladenen großen Romane sind die Novellen u. Erzählungen.

W: Sinun ristisi juureen, G. 1927; Suuri illusioni, R. 1928; Surun ja ilon kaupunki, R. 1936 (Stadt der Leiden u. der Freuden, d. 1948); Vieras mies tuli taloon, R. 1937 (Ein Fremdling kam auf den Hof, d. 1938); Akhnaton, auringosta syntynyt, Dr. 1937; Kuka murhasi rouva Skrofin?, R. 1939 (Warum haben Sie Frau Kroll ermordet?, d. 1943, u.d.T.. Die Blutspur, 1963); Antero ei enää palaa, R. 1940 (Nein, wir werden niemals sterben, d. 1942); Komisario Palmun erehdys, R. 1940 (Gefährliches Spiel, d. 1943); Kaarina Maununtytär, R. 1942 (Karin Magnustochter, d. 1943); Tanssi yli hautojen, R. 1944 (Die Königin des Kaiserballs, d. 1949); Ei koskaan huomispäivää, En. 1944; Sinuhe, egyptiläinen, R. 1945 (d. 1948); Noita palaa elämään, Dr. 1947; Neljä päivänlaskua, R. 1948 (Vor Einbruch der Nacht, d. 1955); Mikael Karvajalka, R. 1948 (M., der Finne, d. 1952); Mikael Hakim, R. 1949 (Der Renegat des Sultans, d. 1953); Johannes Angelos, R. 1952 (Der dunkle Engel, d. 1954); Kuun maisema, Nn. 1953; Turms kuolematon, R. 1955 (T., der Unsterbliche, d. 1956); Feliks onnellinen, R. 1958 (Die weiße Taube, d. 1959); Valtakunnan salaisuus, R. 1959 (In diesen Zeichen, d. 1961); Koiranheisipuu ja neljä muuta pienoisromaania, En. 1961; Tähdet kertovat, komisario Palmu!, R. 1962 (d. 1974); Ihmiskunnan viholliset, R. 1964 (Minutus der Römer, d. 1965); Pöytälaatikko, Mem. 1967. – Valitut teokset VII (AW), 1977; Mikan runoja ja muistiinpanoja 1925–78; Ges. G. u. Aufz. 1979; Kirjailijan muiselmia, Mem. 1980.

L: M. Kurjensaari, 1958; M. Envall, Suuri illusionisti, 1994.

Walther von Châtillon → Gaultier de Chatillon, Philippe de Lille

Walton, Izaak, engl. Schriftsteller, 9. 8. 1593 Stafford – 15. 12. 1683 Winchester. Lehrling e. Eisenwarenhändlers, dann Wirkwarenhändler in London, seit 1643 im Ruhestand. Befreundet mit J. Donne u.a. bekannten Anglikanern; in der Kathedrale von Winchester beigesetzt. – Sein bekanntestes Werk, ›The Compleat Angler‹, ist eine pastoral-verklärende Schilderung ländl. Szenen in Dialogen und gibt ein idyll. Bild der elisabethan. Zeit wider. Schrieb außerdem e. Reihe klass. Kurzbiographien, in denen er vor allem das innere Fühlen seiner Helden darstellt und widerspruchsvolle Züge wegläßt, so z.B. über John Donne.

W: The Life and Death of Dr. Donne, B. 1640; The Life of Sir Henry Wotton, B. 1651; The Compleat Angler, 1653 (n. 1961; d. 1859 u. 1958); The Life of R. Hooker, B. 1665; The Life of G. Herbert, B. 1670; The Life of Dr. Sanderson, B. 1678. – The Complete Works, hg. G. Keynes 1929.

L: S. Martin, 1903; R. B. Marston, ^{2}1909; P. Oliver, 1936; M. Bottrall, 1955; D. Novarr, The Making of W.'s Lives, 1958; J. E. Butt, Biography in the Hands of W., Johnson and Boswell, 1966; J. R. Cooper, The Art of The Compleat Angler, 1968; F. Costa, 1973; J. Beavan, I.W.'s The Complete Angler. The Art of Recreation, 1988; R. Coigney, 1989; P. Stanwood, 1998. – *Bibl.*: A. Wood, 1900; J. E. Butt, 1930.

Wandor, Michelene, engl. Schriftstellerin, * 20. 4. 1940 London. Stud. engl. Lit. Cambridge u. Univ. Essex. Freiberufl. Journalistin bei lit. Zsn., 1982–83 Playwright in residence an der Univ. Kent, Hrsg. der Reihe ›Plays by Women‹. – Polit. und feminist. engagierte Dramatikerin, die sowohl in Essays wie auch Theaterstücken Geschlechter- und Familienbeziehungen auslotet. Zahlr. Bühnen-, TV- und Hörspieladaptionen.

W: You Too Can Be Ticklish, Dr. 1971; To Die Among Friends, Dr. 1975; Spilt Milk, and Mal de Mère in Point 101, Dr. 1981; Aurora Leigh, Dr. 1982; Upbeat: Poems and Stories, G. 1982; Gardens of Eden, G. 1984; Five Plays, Drn. 1985; Guests in the Body, Kgn. 1986; The Wandering Jew, Dr. 1987; Arky Types, R. 1987; More Tales I Tell My Mother, Kgn. 1987; Wanted, Dr. 1988.

Wang Anshi, chines. Dichter u. Politiker, 18. 12. 1021 Qingjiang (Jiangxi) – 1086 Nanking. 1042 Staatsprüfung, 1047–49 Landrat, danach mehrere Provinzposten, 1069 Vizekanzler, 1070–75 Kanzler, 1076 Gouverneur von Jiangning (= Nanking), Hofämter. – Gelehrt, belesen, kompromißlose Natur, Idealist, oft unprakt. im Leben. Bekannt hauptsächl. als Sozialreformer; Gesetzgebung für Hebung der landwirtschaftl. Produktion und Stärkung der Wehrkraft; von Konservativen wie Su Shi, Ouyang Xiu, Sima Guang bekämpft und aus dem Amt gedrängt. Als Politiker umstritten, als Dichter und Essayist hoch geschätzt, auch von s. Gegnern. Schrieb auch Kommentare zu konfuzian. Klassikern.

W: Zhouguan xinji, Komm. 1075; Hongfan zhuan, Komm. 1075; Wang Jingwen gong shi, G. – Wang Linchuan quanji (GW), 1140. – *Übs.*: Bibl. in: M. Davidson, A List of Published Translations from Chinese, New Haven/CT 1957.

L: O. Franke, 1932; H. R. Williamson, Lond. II 1935–37 (m. Übs. der Prosaschriften); J. T. C. Lin, Cambr. 1959.

Wang Anyi, chines. Schriftstellerin, * 6. 3. 1954 Nanking. Tochter der Autorin Ru Zhijuan und e. Opernregisseurs; Schule in Shanghai, nach 1970 Landarbeit, dann Musikerin in der Provinz; erste Publikation 1977, seit 1987 Berufsschriftstellerin. – In den Werken der frühen Phase (1977–82) beschreibt W. die Wünsche, Träume und Vorstellungen vor allem weibl. Protagonisten in der Konfrontation mit der Realität der nach-kulturrevolutionären Epoche. Die Erzählungen und Kurzromane der 1980er Jahre befassen sich mit Frauenschicksalen, Liebe und Sexualität vor dem Hintergrund des Stadt-Land-Gegensatzes; sie durchzieht e. Stimmung der Resignation und Selbstbescheidung. E. neue städt. Lit. in der Tradition von W.s Vorbild Zhang Ailing entsteht in den zahlr. Romanen und Erzählungen der 1990er Jahre. W. gilt als vielseitigste, produktivste und erfolgreichste zeitgenöss. chines. Autorin.

W: Yu shashasha, En. 1981; Xiaobaozhuang, En. 1986; Huangshan zhi lian, En. 1988; Haishang fanhua meng, En. 1989; Mini, R. 1990 (Zwischen Ufern, d. 1997); Changhen ge, R. 1995. – *Übs.:* Wege, En. d. 1985; Lapse of Time, Peking 1988; Kleine Lieben, En. d. 1988.
L: U. Solmecke, 1995.

Wang Meng, chines. Schriftsteller, * 15. 10. 1934 Peking. 1948 Mitglied der KP, nach 1949 Journalist und Schriftsteller. Wegen der Publikation einer kontroversen Erzählung zu Zwangsarbeit verurteilt, ab 1963 in Xinjiang. 1979 Rehabilitierung und Neubeginn der schriftsteller. Aktivität. 1983 Chefredakteur der Lit.zs. ›Volksliteratur‹; 1986 Kulturminister, 1989 wegen liberaler Haltung abgesetzt und kritisiert, weiterhin als Essayist und Erzähler tätig. – Früh von sowjet. Literatur beeinflußt, betont W. die soz. Funktion der Lit. Im chines. Kontext als modernist. kritisiert, sind s. Werke aber weiter von realist. Erzählhaltung, Patriotismus und Loyalität zur Partei geprägt. Humor, manchmal auch satir. Züge charakterisieren die Romane und Erzählungen der 1980er Jahre; Themen sind des Individuums in der Gesellschaft, die Konsequenzen der Modernisierung und der Konfrontation der chines. Kultur mit dem Westen.

W: Qingchun wansui, En. 1979; Ye de yan ji qita, En. 1981; Xiangjian shi nan, R. 1982; Huodong bian renxing, R. 1987 (Rare Gabe Torheit, d. 1994). – Wenji (GS), X 1993. – *Übs.:* Der Neuling in der Organisationsabteilung, E. in: Hundert Blumen, hg. W. Kubin 1980; Ein Schmetterlingstraum, En. 1988; Selected Works, II Peking 1989.
L: L. O. Lee, in: Moderne chines. Literatur, hg. W. Kubin 1985.

Wang Shifu, chines. Dramatiker, 13. Jh., aus Peking. Über s. Lebensumstände ist nichts bekannt. Von insges. 14 Theaterstücken sind nur 3 erhalten, am berühmtesten ›Xixiang ji‹ (Geschichte des westl. Pavillons). Bühnenfassung e. Tang-Novelle des → Yuan Zhen, behandelt die Liebesaffäre der Cui Yingying und des Zhang Junrui. W. benutzte für s. Werk frühere Bühnenfassungen; trotzdem

als eigenständiger Dichter anzusehen, namentl. in dem von ihm selbst verfaßten 5. Akt. Als lyr. Drama in China außerordentl. beliebt, auch ins Mandschu übersetzt.

W: Xixiang ji, Dr. (Das Westzimmer, d. V. Hundhausen 1926, n. 1964; engl. S. I. Hsiung, Lond. 1936 u. 1968); Lichun tang, Dr.; Zhusi furong ting, Dr.

Wang Shih-chen → Wang Shizhen

Wang Shizhen, chines. Dichter, 19. 10. 1634 Kaifeng (Henan) – 26. 6. 1711 Xincheng (Shandong). Frühreif, 1658 Staatsprüfung, 1660–65 Polizeikommissar in Yangzhou (Jiangsu), 1665–67 Sekretär im Ritenministerium, weitere Provinz- und Hofämter, 1690–92 stellv. Kriegsminister, 1692–98 stellv. Finanzminister, 1699–1704 Justizminister. 1704 wegen angebl. Rechtsbeugung entlassen, 1711 rehabilitiert. – Außerordentl. fruchtbarer (übcr 100 Werke!) und vielseitiger Autor, bes. berühmt als Dichter. Vertrat die poet. Theorie, daß Phantasie und Einfühlung wichtiger seien als formale Vollendung; s. eigenen Gedichte jedoch sind z.T. anspielungsbeladen und esoterisch. Bibliophile, Hrsg. von Anthologien, Mitarbeit an der Enzyklopädie ›Yuanjian leihan‹.

W: Chibei ou-tan, 1691; Juyi lu, 1701; Xiangzu biji, Mem. u. krit. Not., 1702; Daijing tangji, G. u. Ess. 1711; Daijing tang shihua, Poetik 1760.
L: A. W. Hummel, Eminent Chinese of the Ch'ing Dynasty, Washington D. C. 1944; R. J. Lynn, Diss. Stanford 1971.

Wang Shuo, chines. Schriftsteller, * 23. 8. 1958 Nanking. Nach Schulausbildung in der Marine, ab 1980 versch. Tätigkeiten; heute freier Schriftsteller und Filmproduzent. – In den seit Ende der 1980er Jahre erschienenen Erzählungen und Romanen porträtiert W. satir., witzig, in Pekinger Umgangssprache und Slang, die zeitgenöss. Rocker-, Kleinkriminellen- und Halbweltszene. Die amüsant zu lesenden Werke waren Bestseller, wurden aber auch wegen ihrer amoral. Haltung und ihres unernsten Charakters kritisiert.

W: Kongzhong xiaojie, E. 1984; Wanzhu, E. 1987 (Oberchaoten, d. 1997); Yidian zhengjing dou meiyou, E. 1989 (Kein bißchen seriös, d. in: Oberchaoten); Wande jiu shi xintiao, R. 1989 (Herzklopfen heißt das Spiel, d. 1995). – Wenji (GW), IV 1992.

Wang Tuo (eig. Wang Hongmin), chines. Schriftsteller, * 1944 Badouzi (Taiwan). Sohn e. Fischers, Stud. der chines. Literatur in Taibei, Lehrer und Univ.-Dozent; als Regimekritiker 1979–84 in Haft; heute Parlamentsabgeordneter. – In Erzählungen Beschreibung des Lebens der Fischer u.a. von der Modernisierung Benachteiligter der zeitgenöss. taiwanes. Gesellschaft; Wort-

führer und Theoretiker der realist.-sozial.krit. ›xiangtu wenxue‹ (Heimatlit.).
W: Jinshui Shen, En. 1976; Wang jun zao gui, E. 1977. – *Übs.:* The Hanging Tree, E. Taibei 1973; weitere En. in: Blick übers Meer, hg. H. Martin u. a. 1982; Th. Zimmer, hg. 1996; R. Haddon, hg. 1996.

Wang Wei, chines. Dichter, 699 Taiyuan (Shanxi) – 759 bei Changan (Shensi). 721 Staatsprüfung, dann hohe Hof- und Regierungsämter, Zensor. Beim Aufstand des An Lushan 756 zu Amtsübernahme gezwungen, deshalb degradiert, durch Eingreifen s. Bruders, der damals Kanzler war, amnestiert, 758 Staatssekretär. – Tief innerl. Natur, Buddhist. Am bedeutendsten als Landschafts- und Stimmungsdichter; Weltflucht, Einsamkeit, Abneigung gegen Hofgetriebe. Sprachl. meist schlicht; gewählte, anschau. Sprache. Auch als Maler hochbedeutend; echte Werke jedoch nicht erhalten. Angebl. Vf. e. Traktats über Landschaftsmalerei.
W: Shanshui jue, Mallehrbuch (d. in Ostasiat. Zs. N. F. 7, 1931); Wang Youcheng ji, G. (Kap. 1 d. A. Hoffmann in Studia Sino-Altaica, 1961). – *Übs.:* H. Franke in: Ostasiat. Zs. N. F. 13, 1937; Liou Kin-ling, Paris 1941; Chang Yin-nan, L. C. Walmsley, 1958; G. W. Robinson, Lond. 1973; Ch'eng Hsi 1974; P. Yu, Bloomington 1980; S. Schumacher 1982.
L: L. C. u. D. B. Walmsley, Tokyo 1968; M. A. Wagner, Boston 1981.

Wang Zhenhe, chines. Schriftsteller, 1940 Hualian (Taiwan) – 1990. Stud. der westl. Lit., Tätigkeiten in der Wirtschaft, als Lehrer und Fernsehredakteur. – Wichtiger Repräsentant der taiwanes. Regionallit.; in oft satir. Erzählungen und Romanen liebevolle, amüsante Porträts der kleinen Leute mit ihren Alltagsproblemen, konfrontiert mit Modernisierung und soz. Wandel; Stil umgangssprachl., oft auch in taiwanes. Regionalsprache.
W: Jiazhuang yi niuche, En. 1969; Jimo hong, En. 1970; San chun ji, En. 1975; Xiangelila, En. 1980; Meiren tu, R. 1982; Meigui, meigui, wo ai ni, R. 1988 (Rose, Rose, I Love you, N. Y. 1998). – *Übs.:* En. in: Blick übers Meer, hg. H. Martin u. a. 1982; R. Haddon, hg. 1996.
L: J. Kinkley, Mod. Chin. Lit. 6, 1992.

Wańkowicz, Melchior, poln. Schriftsteller, 10. 1. 1892 Kałużyce/Weißrußland – 10. 9. 1974 Warschau. Stud. Jura u. Staatswiss.; Journalist, Verleger u. Ministerialbeamter. 1939–58 im Ausland, zuletzt USA. Lebte in Warschau. – Pflegte traditionelle Erzählformen; besondere Erfolge mit lit. Reportagen; ferner Kinderbücher.
W: Szczenięce lata, Aut. R. 1934; Opierzona rewolucja, Rep. 1934; Na tropach Smętka, Rep. 1936; Sztafeta, Schr. 1939; Bitwa o Monte Cassino, R. III 1945–47; Dzieje rodziny Korzeniewskich, R. 1945; Wrzesień żagwiący, En. 1947; Ziele na kraterze, Aut. R. 1951; Tworzywo, R. 1954; Droga do Urzędowa, R. 1955; Hubalczycy, R. 1959; Westerplatte, R. 1959; Tędy i owędy, Mem. 1961; Walczący Gryf, Rep. 1963; Prosto od krowy, Sk. 1965; Zupa na gwoździu, Feuill. 1967; Szkice spod Monte Cassino, Schr. 1969; Od Stołpców po Kair, Rep. 1969; Przez cztery klimaty, Rep. 1972; Królik i oceany, Rep. 1973; Karafka La Fontaine'a, Schr. II 1972–81; Wojna i pióro, Es. 1974. – Dzieła wybrane (AW), 1974–88; Anoda i katoda, Feuill. II 1981.
L: M. Kurzyna, 1972; K. Kąkolewski, 1973, 1984; M. Kurzyna, ^{2}1977; A. Ziołkowska, ^{3}1988; M. Skwarnicki, 2002.

Wannūs, Sa'dallah, syr. Dramatiker und Theaterkritiker, 1941 Husain al-Bahr b. Tartūs – 1997 Damaskus. 1959–63 Stud. Journalismus in Kairo, 1966–68 Theaterwiss. in Paris, bei mehreren Zsn. als Feuilletonredakteur u. Chefredakteur, 1976 Direktor des Experimentiertheaters in Damaskus. – Im Zentrum s. Dramen steht das Verhältnis von Gesellschaft und polit. Herrschaft. Vorwiegend brennende polit. Themen wie die militär. Niederlage im Juni 1967, die polit. Unterdrückung u. der Klassenkampf in Syrien werden behandelt. Figuren aus versch. Traditionen, z. B. der Geschichtenerzähler und der Hofnarr, treten bei ihm zusammen auf. S. Sprache ist e. Mischung aus klass. Arab. und Dialekt.
W: Haflat samar min aġl 5 Huzairān, Dr. 1968; al-Fīl yā malik az-zamān, Dr. 1969; Muġāmarat ra's al-mamlūk Ġābir, Dr. 1970; Sahra ma' Abī Ḫalīl al-Qabbānī, Dr. 1973; al-Malik hūwa al-malik, Dr. 1977; al-Iġtisāb, Dr. 1990; Ṭuqūs al-išārāt wa-t-taḥawwulāt, Dr. 1994; Aḥlām šaqīya, Dr. 1995; Malḥamat as-sarāb, Dr. 1996. – *Übs:* Serata di gala per il 5 giugno, Fasano di Puglia 1984; La cabeza de Yabir, Valencia 1992.
L: F. Ismā'īl, Beirut 1981; R. Allen, 1984; A. Gouryh, 1986; F. Pannewick, 1993; R. Allen, Lond. 1998; A. al-Ḥusain, Beirut 1999.

Warburton, Thomas Henry, finn. Schriftsteller u. Übersetzer, * 4. 3. 1918 Vaasa. – Debütierte als lakonischer Lyriker, wurde jedoch zunächst als bedeutender Übersetzer finn. Klassiker, aber auch von Joyce bekannt. Seine spätere Lyrik (ab 1966) entwickelt ihre polit. Dimension aus humanist. Perspektive und zeigt Interesse für schwer verbalisierende Momente der Lebenserfahrung. W. schrieb maßgebliche Texte über die finnl.-schwed. Literatur u. zuletzt über das Übersetzen.
W: Du, människa, G. 1942; Slagruta, G. 1953; Kort parlör, G. 1966; Leve revisionismen!, G. 1970; Fällas eller falla, G. 1975; Spegelbilder av det forna Japan, Reiseb. 1994; Besökare, G. 1998; Förklädnar, En. 2001; Efter 30000 sidor, Es. 2003.

Ward, Artemus → Browne, Charles Farrar

Ward, Mrs. Humphry, geb. Mary Augusta Arnold, engl. Romanschriftstellerin, 11. 6. 1851 Hobart/Tasmanien – 24. 3. 1920 London. Nichte von Matthew Arnold. Ihr Vater ließ sich 1865 in Oxford nieder. Stud. ebda. Verkehrte viel in akadem. Kreisen, ⚭ 1872 T. Humphrey Ward, Dozent des Brasenose College, der ab 1881 Mitarbeiter der ›Times‹ war, lebte seitdem in London. Eifrig sozialfürsorger. tätig. Gegnerin des Frauenwahlrechts, gründete 1908 die ›Women's Anti Suffrage League‹. Kurz vor ihrem Tode als e. der ersten Frauen Magistratsmitglied. – Ihre seinerzeit populären, konservativen Romane interessieren kulturgeschichtl., sind aber künstler. schwach, da darin die wissenschaftl. Problemstellung zu stark in den Vordergrund rückt. In ›Robert Elsmere‹, der Geschichte e. engl. Geistlichen, spitzt sie ihre relig. Skepsis dahin zu, daß sie der Kirche nur noch auf sozialem Gebiet e. Zukunftsaufgabe zubilligt.

W: Miss Bretherton, R. 1884; Robert Elsmere, R. III 1888 (d. 1889); The History of David Grieve, R. III 1892; Marcella, R. III 1894 (d. 1896); The Story of Bessie Costrell, Tr. 1895; Sir George Tressady, R. 1896 (d. 1899); Helbeck of Bannisdale, R. 1898; Eleanor, R. 1900; Lady Rose's Daughter, R. 1903; The Marriage of William Ashe, R. 1905; Fenwick's Career, R. 1906; Diana Mallory, R. 1908; Canadian Born, R. 1910; The Case of Richard Meynell, R. 1911; A Writer's Recollections, Aut. 1918. – Writings, XVI 1911f.

L: J. S. Walters, 1912; S. L. Gwynn, 1917; J. P. Trevelyan, 1923; W. S. Peterson, Victorian Heretic, 1976; E. M. G. Smith, 1980; J. Sutherland, 1990.

Warner, Marina, engl. Romanschriftstellerin u. Kulturhistorikerin, * 1946 London. Aufgewachsen in Kairo, Brüssel u. England, Stud. in Oxford. Zahlr. Gastprofessuren an europ. u. amerik. Univ. – In ihrem fiktionalen Werk wie in ihren erfolgr. Sachbüchern setzt sich W. mit kulturellen Repräsentationen von Weiblichkeit, Mythen, Märchen, Kollektivsymbolen auseinander.

W: The Dragon Empress, Sb. 1972 (d. 1982); In a Dark Wood, R. 1977; Queen Victoria's Sketchbook, Sb. 1980; Joan of Arc, Sb. 1981; The Impossible Day, Kdb. 1981 (d. 1982); The Impossible Night, Kdb. 1981 (d. 1982); The Skating Party, R. 1983; Monuments and Maidens, Sb. 1986; The Lost Father, R. 1988 (d. 1990); Indigo, R. 1992 (d. 1994); The Mermaids in the Basement, R. 1993; Managing Monsters, Sb. 1994 (d. 1996); From the Beast to the Blonde, Sb. 1994; No Go the Bogeymen, Sb. 1999; The Leto Bundle, R. 2001.

Warner, Rex, engl. Romancier und Essayist, 9. 3. 1905 Birmingham – 24. 6. 1986. Sohn e. anglikan. Geistlichen. Stud. klass. Philol. Oxford. Lehrer u. Journalist in England, Griechenland und Ägypten. 1945–47 Leiter des brit. Instituts in Athen, 1962/63 Prof. für Engl., Bowdoin College, Brunswick/Maine, 1963–74 Univ. of Connecticut. – Vertreter des existentialist. Romans. Zeitkrit.-satir. Allegorien über den Konflikt des Individuums zwischen Freiheit und Autorität. Disziplinierte, an der Klassik geschulte Sprache. Schrieb außer hist. Romanen auch krit. Essays und Gedichte. Bedeutender Kenner u. Interpret des Altertums, Übs. klass. griech. u. röm. Autoren.

W: The Wild Goose Chase, R. 1937 (d. 1949); Poems, 1937; The Professor, R. 1938; The Aerodrome, R. 1941 (d. 1946); Why Was I Killed?, R. 1943 (Wenn keine andere Stimme spricht, d. 1948); The Cult of Power, Ess. 1946; Men of Stones, R. 1949; Men and Gods, Kgn. 1950; E. M. Forster, St. 1950; The Vengeance of the Gods, Es. 1954; The Greek Philosophers, Es. 1958; The Young Caesar, R. 1958 (Die tugendhafte Republik, d. 1959); Imperial Caesar, R. 1960 (d. 1962); Pericles the Athenian, R. 1963; The Converts, R. 1967; Athens at War, Jgb. 1970; Men of Athens, St. 1972.

L: A. L. McLeod, hg. 1965; N. H. Reeve, 1989; S. Tabachnik, 2002.

Warner, Sylvia Townsend, engl. Erzählerin und Lyrikerin, 6. 12. 1893 Harrow/Middlesex – 1. 5. 1978 Maiden Newton/Dorset. Lehrerstochter. Musikal. hochbegabt, Mithrsg. e. 10bänd. Werkes ›Tudor Church Music‹. Lebte ab 1927 mit der Dichterin Valentine Ackland zusammen. – Lyrik zunächst im Stil Th. Hardys, dann zunehmend dramat. Monologe; erfolgreiche Romane sowie Kurzgeschichten für den ›New Yorker‹. Mitfühlende Darstellung exzentr. Charaktere in der Spannung von persönl. Selbstentfaltung u. repressiven gesellschaftl. Konventionen. Übs. Proust.

W: The Espalier, G. 1925; Lolly Willowes, R. 1926; Mr. Fortune's Maggot, R. 1927; Time Importuned, G. 1928; The True Heart, R. 1929; Opus 7, Vers-R. 1931; Rainbow, G. 1932; Summer Will Show, R. 1936; A Garland of Straw, Kgn. 1943; The Museum of Cheats, Kgn. 1947; The Corner That Held Them, R. 1948; Somerset, Reiseb. 1949; Jane Austen, St. 1951; The Flint Anchor, R. 1954; Winter in the Air, Kgn. 1955; The Cat's Cradle Book, Kgn. 1960; Boxwood, G. 1960 (m. R. Stone); A Spirit Rises, Slg. 1962; A Stranger with a Bag, Kgn. 1966 (u. d. T. Swans on the Autumn River, 1966); T. H. White, B. 1967; The Innocent and the Guilty, Kgn. 1971; Kingdoms of Elfin, Kgn. 1977; Twelve Poems, 1980; Scenes of Childhood, Kgn. 1981; One Thing Leading to Another, Kgn. 1984; The Music at Long Verney, Kgn. 2001. – Collected Poems, hg. C. Harman 1982; Selected Poems, 1985; Selected Short Stories, 1988; Letters, hg. W. Maxwell 1982; Sylvia and David: The T. W./Garnett Letters, hg. S. Stevenson 1994; I'll Stand By You: The Letters of S. T. W. and Valentine Ackland, hg. S. Pinney 1998; The Element Of Lavishness: Letters of William Maxwell and S. T. W., hg. M. Steinman 2001; The Diaries, hg. C. Harman 1994.

L: W. Mulford, This Narrow Place, 1988; C. Harman, 1989.

Warren, Robert Penn, amerik. Lyriker, Erzähler und Kritiker, 24. 4. 1905 Guthrie/KY – 15. 9.

1989 Shatton/VT. In Süd-Kentucky und Tennessee aufgewachsen; Stud. Univ. Vanderbilt/ CA, Yale, Rhodes Scholar in Oxford; Prof. für Engl. u.a. Univ. Vanderbilt, 1934 Louisiana, 1942–50 Minnesota, ab 1950 Yale; ∞ Schriftstellerin E. Clark; ab 1986 >poet laureate< der USA. – Bedeutender Schriftsteller der >Southern Renaissance<. Schon als Student an der Vanderbilt Univ. gehörte W. zu der Gruppe, die das Magazin >The Fugitive<, das sich auf die Lit. des Südens konzentrierte, herausgab; später maßgebl. beteiligt an der Gruppe der Agrarier, die e. agrar. Wirtschaftsordnung für die dem Süden angemessene hielt und lit. den Regionalismus vertrat, und deren Anthologien >I'll Take My Stand< und >Who Owns America?<; schließl. neben C. Brooks e. der führenden Vertreter des >New Criticism< (zwei wichtige Anthologien). Redakteur der >Southern Review< (1935–42) und der >Kenyon Review<. – S. traditionsverbundene Romane behandeln hist. Ereignisse des Südens, etwa die >Kentucky-Tragödie< (>World Enough and Time<) oder die Diktatur des Demagogen und Gouverneurs von Louisiana, Huey Long (>All The King's Men<). Eth. Konfliktsituationen stehen meist im Mittelpunkt s. Prosa. Die anfängl. metaphys. Lyrik ist später eher regional, erzähler. gefärbt. Auch Lit.kritik u. später Auseinandersetzung mit polit. Zeitfragen (Rassenproblem im amerik. Süden).

W: John Brown: The Making of a Martyr, Abh. 1929; Thirty-Six Poems, 1935; Understanding Poetry, Anth. 1938 (m. C. Brooks); Night Rider, R. 1939; Eleven Poems on the Same Theme, G. 1942; At Heaven's Gate, R. 1943 (Alle Wünsche dieser Welt, d. 1959); Understanding Fiction, Anth. 1943 (m. C. Brooks); Selected Poems 1923–1943, 1944; All the King's Men, R. 1946 (d. 1949, u.d.T. Der Gouverneur, 1951), Dr. 1960 (m. E. Piscator; Blut auf dem Mond, d. 1956) Blackberry Winter, N. 1946; The Circus in the Attic, Kgn. 1947; World Enough and Time, R. 1950; Brother to Dragons, Ep. 1953; Band of Angels, R. 1955 (Amantha, d. 1957); Segregation: The Inner Conflict in the South, Schr. 1956; Promises, G. 1957; Selected Essays, 1958 (d. 1961); The Cave, R. 1959 (Die Höhle von Johntown, d. 1961); You, Emperors, and Others, G. 1960; The Legacy of the Civil War, Schr. 1961; Wilderness, R. 1961; Flood, R. 1964; Who Speaks for the Negro?, Schr. 1965; Selected Poems, 1966; Incarnations, G. 1968; Audubon: A Vision, G. 1969; Meet Me in the Green Glen, R. 1971; Homage to Th. Dreiser, Schr. 1971; J. G. Whittier's Poetry, Abh. u. Anth. 1971; Or Else – Poems, 1974; Democracy and Poetry, Ess. 1975; Selected Poems 1923–1975, 1976; A Place To Come To, R. 1977; Now and Then, G. 1978; Being Here, G. 1980; Jefferson Davis Gets His Citizenship Back, Schr. 1980; R. P. W. Talking, Interviews 1950–1978, hg. F. C. Watkins, J. T. Hiers 1980; Rumor Verified, G. 1981; Chief Joseph of the Nez Percé, G. 1983. – Collected Poems, hg. J. Burt 1998; New and Selected Poems 1923–1985, 1985; New and Selected Essays, 1989; C. Brooks and R. P. W.: literary correspondence, 1998.

L: K. Poenicke, 1959; L. Casper, 1960; C. Brooks, The Hidden God, 1963; P. West, 1964; C. H. Bohner, 1964; V. H. Strandberg, A Colder Fire, 1965; J. L. Longley, hg. 1965; ders., 1969; L. H. Moore, Den Haag 1971; V. Strandberg, 1977; R. H. Chambers, 1977; G. Tschoepl, 1978; R. Gray, 1980; K. Snipes, 1983; C. Bedient, 1984; J. Burt, 1988; H. Ruppersburg, 1990; R. S. Koppelman, 1995; J. L. Blotner, 1997; L. Casper, 1997; L. Ferriss, 1997; L. C. Corrigan, 1999; C. S. Donahue, 1999; J. S. Cullick, 2000; R. Hendricks, 2000; D. Madden, hg. 2000; J. A. Grimshaw, 2001; A. Szczesiul, 2002. – *Bibl.:* M. N. Huff, o. J.

Warshofsky, Isaac → Singer, Isaac Bashevis

Warton, Joseph, engl. Dichter und Kritiker, 20. 4. 1722 Dunsfold/Surrey – 23. 2. 1800 Wickham/Hampshire. Vater Geistlicher und Inhaber des Lehrstuhls für Poetik in Oxford. Basingstoke Grammar School und Winchester, dort Mitschüler von William Collins. Stud. Oxford. Headmaster von Winchester, später Domherr von Winchester und St. Paul's. Mit D. Johnson befreundet, Mitgl. des >literary club<. – S. Essay über Pope, der die imaginative Funktion des didaktischen in der Dichtung überordnete, beeinflußte die romant. Bewegung. Wandte sich gegen Popes Auffassung, Korrektheit sei der Maßstab für gute Dichtung. S. Oden sind unbedeutend, zeigen jedoch e. für die damalige Zeit ungewöhnl. Naturempfinden. Bedeutend bes. als Kritiker. Hrsg. A. Popes (1797). Übs. Vergil.

W: Odes on Various Subjects, II 1744–56; The Enthusiast, G. 1744; An Essay on the Genius and Writings of Pope, II 1757–82 (d. 1763). – Poetical Works, 1805; Ausw., hg. E. H. Partridge 1927.

L: E. Gosse, Two Pioneers of Romanticism, 1915; J. Pittock, The Ascendancy of Taste, 1973. – *Bibl.:* J. A. Vance, 1983.

Warton, Thomas, engl. Dichter und Kritiker, 9. 1. 1728 Basingstoke/Hampshire – 21. 5. 1790 Oxford. Bruder von Joseph W. Grammar School Basingstoke, Stud. Oxford, lehrte ebda. Veröffentlichte 19jährig die vielversprechende Dichtung >The Pleasures of Melancholy<. S. Betrachtungen zu Spensers >Faerie Queene< erhöhten s. wiss. Ruf, er erhielt die Professur für Poetik, die er 10 Jahre innehatte. 1785 poet laureate, gleichzeitig Prof. für Geschichte – S. bedeutendstes Werk ist e. große Geschichte der engl. Dichtung, die das Interesse der Wiss. auf die ma. und elisabethan. engl. Dichtung hinlenkt und die romant. Bewegung beeinflußte. E. der ersten, der die Fälschungen Chattertons aufdeckte.

W: The Pleasures of Melancholy, Dicht. 1747; The Triumph of Isis, 1749; Observations on the Faerie Queene of Spenser, St. 1754; History of English Poetry, III 1774–81 (hg. W. C. Hazlitt IV 1871); An Enquiry into, the Authenticity of the Poems attributed to Th. Rowley,

1782. – Poetical Works, II 1969; Correspondence of Th. Percy and T. W. in The Percy Letters, Bd. 3 1951.
L: C. Rinaker, Urbana 1916; L. C. Martin, 1934. – *Bibl.:* J. A. Vance, 1983.

Washa-Pschawela → Važa-P'šavela

Wasilewska, Wanda, poln. Schriftstellerin, 21. 1. 1905 Krakau – 29. 7. 1964 Kiev. Tochter e. bekannten Führers der Rechtssozialisten. Nahm früh Partei für das Proletariat. Lebte im 1. Weltkrieg auf dem Lande. Stud. Krakau. Lehrerin. Mitgl. der Widerstandsbewegung gegen Piłsudski. Im 2. Weltkrieg Flucht nach Lemberg, dann Moskau. Organisierte die poln. Legion gegen die Deutschen. ∞ den ukrain. Schriftsteller A. Kornijčuk. 1939 sowjet. Staatsbürgerschaft. Aktive Teilnahme am kulturellen u. polit. Leben; Weltfriedensbewegung. – Begann mit gesellschaftskrit. Reportagen, dann leidenschaftl. anklagende Romane um Not u. Befreiung der Landbevölkerung und des Stadtproletariats. In der Trilog. ›Pieśń nad wodami‹ Darstellung der poln. Gesch. der letzten Jahre bis 1952.

W: Oblicze dnia, Rep. 1934; Ojczyzna, R. 1935 (Magda, d. 1957); Ziemia w jarzmie, R. 1938 (Boden im Joch, d. 1951); Tęcza, R. 1944 (Regenbogen über dem Dnjepr, d. 1945); Po prostu miłość, R. 1945 (Einfach Liebe, d. 1947, 1956); Pieśń nad wodami, R.-Tril. 1940–52 (Lied über den Wassern, d. III 1956). – Pisma zebrane (SW), IV 1955 f.
L: E. Usievič, Moskau 1941; L. Vengerov, Moskau 1955; H. Zatorska, 1976; A. Ciołkosz, Lond. 1977; E. Sysdek, 1981.

Wasserstein, Wendy, amerik. Dramatikerin, * 18. 10. 1950 New York. Lehrt an Columbia und New York Univ. – Subversiv-humorvolle Dramen über Frauenprobleme zwischen traditionellem und mod. Rollenverständnis, so die feminist. Bewegung seit den 1960ern nachzeichnend in ›The Heidi Chronicles‹.

W: Uncommon Women and Others, Dr. 1978; Isn't It Romantic, Dr. 1984 (d. 1985); Bachelor Girls, Ess. 1990; The Heidi Chronicles, Dr. 1990; The Sisters Rosenzweig, Dr. 1993; An American Daughter, Dr. 1997; Pamela's First Musical, Kdb. 1996; Seven One-Act Plays, 2000; Shiksa Goddess, Ess. 2001; Old Money, Dr. 2002.
L: G. Ciociola, 1998; C. Barnett, hg. 1999.

Wassiltschenko, Stepan → Vasyl'čenko, Stepan

Wassing, Åke, schwed. Romanschriftsteller, 18. 6. 1919 Simtuna/Västmanland – 18. 8. 1972 Stockholm. Sohn e. Landwirts. Brachte zehn Jahre s. Kindheit in e. Altersheim zu, was ihm den Stoff für s. Werk lieferte; sensibel, reich an Humor, Phantasie u. Träumen. Zwar hat der Erzähler die rauhe Wirklichkeit überwunden, doch schärft der Abstand die Kritik an der Gesellschaft.

W: Dödgrävarens pojke, 1958 (Die Spuren der Kindheit, d. 1965); Slottet i dalen, 1960; Grimman, 1963; Gropen i skogen, 1965 (Die Freistatt im Walde, d. 1968).
L: E. Funck, Diss. 1980.

Wassmo, Herbjørg, norweg. Schriftstellerin, * 6. 12. 1942 Myre/Vesterålen. Lehrerausbildung in Bodø, Lit.-Stud. in Tromsø, Lehrerin in Nordnorwegen, e. Landschaft, die auch den Hintergrund vieler ihrer Werke bildet. – Bekannt geworden ist W. mit ihren realist. Romanen über das Mädchen Tora, in denen e. Reihe damals noch tabuisierter Themen wie Inzest und ›falsche‹ Abstammung, Toras Vater gehörte zur dt. Okkupationsmacht, thematisiert werden. Bei der breiten Leserschaft sehr erfolgr., steht die akadem. Kritik der Vf. reservierter gegenüber.

W: Vingeslag, G. 1976; Huset med den blinde glassveranda, R. 1981 (Das Haus mit der blinden Glasveranda, d. 1993); Det stumme rommet, R. 1983 (Der stumme Raum, d. 1985); Hudløs himmel, R. 1986 (Gefühlloser Himmel, d. 1992); Dinas bok, R. 1989; Lykkens sønn, R. 1992 (Sohn des Glücks, d. 1994); Karnas arv, R. 1997; Det sjuende møte, R. 2000.

Wast, Hugo (eig. Gustavo Martínez Zuviría), argentin. Romancier, 22. 10. 1883 Córdoba – 28. 3. 1962 Buenos Aires. Militanter Katholik, Prof. für Wirtschaftspolitik; 1931–54 Direktor der Nationalbibliothek; Justiz- u. Erziehungsminister (erzwang den Religionsunterricht in sämtl. Schulen). – Vf. von Unterhaltungsromanen mit geschickter Erzähltechnik für e. breites, anspruchsloses Publikum; zu s. Zeit e. der meistgelesenen Romanciers Lateinamerikas.

W: Alegre, 1905 (Frühes Heldentum, d. 1941); La casa de los cuervos, 1916 (d. 1930); La que no perdonó, 1923 (d. 1929); Desierto de piedra, 1925 (d. 1928); Myriam, la conspiradora, 1926; El jinete de fuego, 1926 (Die Verschwörung des Alzaga, d. 1956 zus. mit dem vorigen); Lucía Miranda, 1929 (d. 1949); El camino de las llamas, 1930 (d. 1962). – Obras completas, II 1957.
L: R. Sedgwick, o. J.; J. C. Moreno, 1969.

Wat (eig. Chwat), Aleksander, poln. Dichter, 1. 5. 1900 Warschau – 29. 7. 1967 Antony b. Paris. Stud. Philos. u. Psychol. Warschau. Mitbegründer des poln. Futurismus. Im 2. Weltkrieg in sowjet. Haft, nach 1948 Chefredakteur in Warschau. Als Dichter bedeutend in den 20er Jahren u. nach 1956. Emigrierte 1959. Übs. aus dem Dt. u. Russ. (u. a. J. Roth, H. Mann, Dostoevskij, Ehrenburg).

W: Ja z jednej strony i Ja z drugiej strony mego mopsożelaznego piecyka, poet. Prosa, 1920; Bezrobotny Lucyfer, En. 1927; Wiersze, G. 1957; Wiersze śródziemnomorskie, G. 1962 (Mediterranean poems, engl. 1977); Ciemne świecidło, G. 1968; Mój wiek, Mem. II 1978 (Jenseits von Wahrheit und Lüge, d. Ausw. 2000); Swiat

na haku i pod kluczem, Sk. Lond. 1985. – Pisma wybrane (AW), III 1988; Pisma zebrane, I – IV 2001–03.
L: A. W. und »sein« Jh., Wiesbaden 2002.

Waterhouse, Keith (Spencer), engl. Schriftsteller, * 6. 2. 1929 Leeds. – Gesellschaftsdokumentar. Darstellung des Schicksals unheld., einsamer Außenseiter. ›Billy Liar‹, e. der besten neueren humorist. Romane in England, stellt das Farcenhafte echter Haltlosigkeit u. Verzweiflung dar. Die perverse, reduzierte Randexistenz von ›Jubb‹ erscheint fast vollständig in trag. Perspektive.
W: There Is a Happy Land, R. 1957; Billy Liar, R. 1959 (d. 1964), Dr. 1960; Celebration, Dr. 1961; Jubb, R. 1963; All Things Bright and Beautiful, Dr. 1963; The Sponge Room and Squat Betty, Drn. 1963; England, Our England. A Revue, 1964; Come Laughing Home, Dr. 1965; Say Who You Are, Dr. 1967; The Bucket Shop, R. 1968 (auch u. d. T. Everything Must Go); The Card (1973); Who's Who?, Dr. 1974; Children's Day, Dr. 1975; Whoops-a-Daisy, Dr. 1978 (alle Drn. m. Willis Hall); The Passing of the Third-Floor Buck, Slg. 1974; Billy Liar on the Moon, R. 1975; Office Life, R. 1978; Maggie Muggins, R. 1981; Mrs. Pooter's Diary, R. 1983; Thinks, R. 1984. – Our Song, R. 1988; Jeffrey Bernard is Unwell, Dr. 1991; Unsweet Charity, R. 1991; City Lights: A Street Life, Aut. 1994; Streets Ahead: Life after City Lights, Aut. 1995; The Collected Letters of a Nobody, Br. 1986.

Watkins, Vernon (Phillips), engl.-walis. Lyriker, 27. 6. 1906 Maesteg/Südwales – 8. 10. 1967 Seattle/WA. Schule in Repton, Stud. Cambridge, ab 1925 Bankangestellter. Mitgl. der Royal Society of Literature. Mit D. Thomas befreundet, veröffentlichte nach dessen Tod dessen Briefe an ihn. 1964 Visiting Professor of Poetry in Seattle. – S. von W. B. Yeats beeinflußten Gedichte schildern Landschaft, Volksleben u. Legenden von Südwales.
W: The Ballad of the Mari Lwyd and Other Poems, 1941; The Lamp and the Veil, Poems-B. 1945; The Lady with the Unicorn, G. 1948; Selected Poems, 1948; The Death Bell, G. 1954; Cypress and Acacia, G. 1959; Affinities, G. 1962; Fidelities, G. 1968; Uncollected Poems, 1970; Selected Verse Translations, Übs. hg. R. Pryor 1977; The Ballad of the Outer Dark, G. hg. ders. 1979. – Collected Poems, 1987.
L: L. Norris, hg. 1970.

Watson, Ian, engl. Schriftsteller, * 20. 4. 1943 St. Albans/Hertfordshire. Stud. Lit. in Oxford, Dozent in Tansania, Japan und England, seit 1976 freier Autor. – In seiner off philos. Science-fiction und Fantasy lotet W. die Grenzen der menschl. Wahrnehmung u. Sprache aus.
W: The Embedding, 1973 (Das Babel-Syndrom, d. 1983); The Jonah Kit, 1975 (Der programmierte Wal, d. 1977); The Woman Factory, 1976 (Orgasmachine, franz. 1976); The Martian Inca, 1977 (d. 1980); Alien Embassy, 1977 (Psychonauten, d. 1980); Miracle Visitors, 1978 (Zur anderen Seite d. Mondes, d. 1981); The Gardens of Delight, 1980 (d. 1983); The Book of River, 1984 (d. 1987); The Fire Worm 1988 (d. 2000); The Flies of Memory, 1990 (d. 1991); Hard Questions, 1996 (Quantennetze, d. 2000); Oracle, 1997 (d. 1999); Mockymen, 2003.

Watson, John (Ps. Ian MacLaren), schott. Romanschriftsteller, 3. 11. 1850 Manningtree/Essex – 6. 5. 1907 Mount Pleasant, Iowa. Beamtensohn. Stud. Edinburgh. Geistlicher in Logiealmond/Perthshire, das er als ›Drumtochty‹ in s. archetypischen Erzählungen schildert. Ab 1877 Geistlicher in Glasgow, ab 1880 in Liverpool. Mitbegründer der Univ. Liverpool und des Westminster College, Cambridge. Vorlesungsreisen nach USA. – S. Erzählungen und idyll. Dorfromane geben Skizzen schott. Lebens und Charakters. Vertreter der sog. Kailyard School, e. schott. lit. Richtung der sentimentalen häusl. Idylle. Auch theolog. Schriften.
W: Beside the Bonny Brier Bush, Kgn. 1894 (d. 1901); The Days of Auld Langsyne, Kgn. 1895 (n. 1970); A Doctor of the Old School, E. 1895; Kate Carnegie and Those Ministers, E. 1896; Afterwards and Other Stories, Kgn. 1898 (n. 1971); The Young Barbarians, Kgn. 1901; St Jude's, Sk. 1907; Books and Bookmen, Ess. 1971.
L: W. R. Nicoll, 1908; G. Blake, Barrie and the Kailyard School, 1951; I. Campbell, Kailyard, 1981; Th. D. Knowles, Ideology, Art and Commerce: Late Victorian Scottish Kailyard, 1983.

Watson, Thomas, engl. Dichter, 1557(?) London – 24. 9. 1592 ebda. Stud. Jura in Oxford, wo W. sich als lat. Dichter auszeichnete. Als Renaissancedichter orientierte er sich an antiken u. ital. Vorbildern, in seinen Sonettdichtungen v. a. an Petrarca. ›Hekatompathia‹ ist im Stil Petrarcas angelegt als Zyklus von 100 sonettartigen Gedichten mit 6 Sextetten und erschien gleichzeitig mit Sidneys ›Astrophel und Stella‹ als erster Zyklus dieser Art. ›Italian Madrigalls‹ wurde von William Byrd vertont; außerdem Übs. von Sophokles und Tasso.
W: Antigone, Sophokles-Übs. 1581; Hecatompathia or Passionate Centurie of Loue, G. 1582; Meliboeus, G. 1590; Italian Madrigalls, 1590; Phyllis and Amyntas, Dr. 1591; The Tears of Fancie, G. 1593. – The Complete Works of T. W., hg. D. Sutton 1996.

Watson, Sir William, engl. Dichter, 2. 8. 1858 Burley-in-Wharfedale/Yorkshire – 11. 8. 1935 Rottingdean/Sussex. Kaufmannssohn aus alter Methodistenfamilie. Vf. polit. engagierter Sonette. Beim Tod Tennysons in der engeren Wahl für den Poet laureate. 1917 geadelt. – S. konservative, formglatte, meditative Dichtung zeigt Einflüsse Tennysons. Anfangs, bes. ›Wordsworth's Grave‹, vielversprechend, das spätere Werk erfüllt diese

Erwartung nicht. Bei s. Tode fast vergessen. Guter Epigrammatiker.

W: The Prince's Quest, G. 1880; Epigrams of Art, Life and Nature, 1884; Wordsworth's Grave, G. 1890; Lachrymae Musarum, G. 1892; Odes and Other Poems, 1894; The Father of the Forest, G. 1895; The Purple East, G. 1896; The Year of Shame, G. 1899; For England, G. 1904; The Heralds of the Dawn, Dr. 1912; The Muse in Exile, G. 1913; The Man Who Saw, G. 1917; I Was an English Poet, G. hg. Lady M. P. Watson 1941. – Poems, hg. J. A. Spender II 1905; The Poems, 1936.

L: W. Archer, Poets of the Younger Generation, 1902; J. G. Nelson, 1966; J. M. Wilson, I was an English Poet, 1981.

Watts, Isaac, engl. Lyriker, 17. 7. 1675 Southampton – 25. 11. 1748 Stoke Newington. Sohn e. Kaufmanns, in nonkonformist. Bildungstradition erzogen; ab 1699 Geistlicher. – W.s überragende Bedeutung besteht in s. maßgebl. Einfluß auf die Entwicklung des engl.sprachigen Kirchenlieds. Die Mehrzahl s. Werke wendet sich ausdrückl. auch an die ungebildeten Schichten, denen grundlegende Glaubensinhalte in eleganter Schlichtheit vermittelt werden.

W: Hymns and Spiritual Songs, 1707; Divine Songs Attempted in Easy Language for the Use of Children, 1715. – Works, VI 1753.

L: H. Escott, 1962. – Bibl.: S. L. Bishop, 1974.

Watts-Dunton, Walter Theodore, engl. Schriftsteller, 12. 10. 1832 St. Ives/Huntingdonshire – 6. 6. 1914 Putney (London). Schule in Cambridge. Rechtsanwalt in London, später Lit.kritiker des ›Examiner‹ und des ›Athenaeum‹. Den Präraffaeliten eng verbunden. Nahm ab 1879 Swinburne in s. Hause auf und betreute ihn bis zu dessen Tod. – Bes. interessiert an der Kultur der Sinti und Roma, die er in der Verserzählung ›The Coming of Love‹ und im romant. Roman ›Aylwin‹ schildert.

W: The Coming of Love and Other Poems, 1898; Aylwin, R. 1899; Old Familiar Faces, Ess. 1916; Poetry and the Renascence of Wonder, St. 1916; Kesprie Towers, R. 1916.

L: J. P. Hamelius, 1899; J. Douglas, 1904; T. Hake, A. Compton-Rickett, 1916.

Watwāṭ → Rašīdu'd-Dīn, gen. Watwāṭ

Waugh, Evelyn (Arthur St. John), engl. Schriftsteller, 28. 10. 1903 London – 10. 4. 1966 Taunton. Verlegersohn. Bruder von Alec W. Stud. Gesch. Oxford u. Kunst London. Lehrer u. Journalist. 1928–37 ausgedehnte Reisen in Europa, dem Nahen Osten, Afrika u. Amerika. Freundschaft mit dem Philosophen M. d'Arcy, von ihm beeinflußt 1930 Konversion zum Katholizismus.

Im 2. Weltkrieg Dienst im Mittelmeerraum als Kommandooffizier. – Extrem konservativer Zyniker u. Kulturpessimist, der in kühler, kunstvoller Prosa mit Witz u. oft überdeutl., farcenhafter Satire die Kuriositäten des zeitgenöss. Lebens enthüllt. W. möchte den mod. Menschen hinweisen auf die Sinnlosigkeit s. Tuns, die Fragwürdigkeit e. absurd-phantast. u. chaot. Daseins. S. Reisebücher schildern bizarre, unverständl. Welten, in s. frühen Romanen zeichnet er als amüsierter Zuschauer frivole, unterhaltsame Bilder der Nichtigkeit u. Torheit des Treibens der gehobenen Gesellschaftskreise der 1920er u. frühen 30er Jahre. In späteren Büchern, insbes. seit dem bedeutenden ›Brideshead Revisited‹, zeigt sich die Konversion, der Ton ist ernster geworden, die Bedeutung der Religion als Gegenpol des Kuriosen tritt immer deutlicher hervor. Die von eigenen Kriegserlebnissen beeinflußte ›Sword of Honour‹-Trilogie enthüllt anhand der geistigen u. militär. Odyssee des kathol. Offiziers Guy Crouchback die erbärml., frustrierende Hilflosigkeit des Menschen angesichts unsinniger, zufälliger Geschichtsläufe. Was in dem Chaos dieser Welt allein noch zählt, ist die aufrichtige Auseinandersetzung mit der Wirklichkeit u. die Sorge um das Heil e. individuellen Seele.

W: Rossetti, B. 1928; Decline and Fall, R. 1928 (Auf der schiefen Ebene, d. 1953); Vile Bodies, R. 1930 (Aber das Fleisch ist schwach, d. 1933); Labels, Reiseb. 1930; Remote People, Reiseb. 1931; Black Mischief, R. 1932 (d. 1938, u. d. T. Die schwarze Majestät, 1954); Ninety-Two Days, Reiseb. 1934; A Handful of Dust, R. 1934 (d. 1936); E. Campion, B. 1935 (d. 1954, u. d. T. Saat im Sturm, 1938); W. in Abyssinia, Reiseb. 1936; Scoop, R. 1938 (Die große Meldung, d. 1954); Robbery Under Law, Reiseb. 1939; Put Out More Flags, R. 1942; Work Suspended, R.-Fragm. 1942; Brideshead Revisited, R. 1945 (d. 1947); When the Going Was Good, Reiseb. 1946 (d. 1949); Scott King's Modern Europe, R. 1947 (Ferien in Europa, d. 1950); The Loved One, R. 1948 (Tod in Hollywood, d. 1950); Helena, R. 1950 (d. 1951); The Sword of Honour, R.-Tril.: Men at Arms, 1952, Officers and Gentlemen, 1955, Unconditional Surrender, 1961, in 1 Bd. 1965 (Ohne Furcht u. Tadel, d. 1979); Love Among the Ruins, R. 1953 (Und neues leben blüht aus den Ruinen, d. 1955); The Ordeal of Gilbert Pinfold, R. 1957 (d. 1958); Ronald Knox, B. 1959 (d. 1965); Basil Seal Rides Again, R. 1963; A Little Learning, Aut. 1964; The Diaries, hg. M. Davie 1976; A Little Order, hg. D. Gallagher 1977; The Essays, Articles and Reviews, hg. ders. 1984; A Tourist in Africa, Tg. 1985. – The Letters, hg. M. Amory 1980.

L: C. Hollis, 1954; A. A. De Vitis, Roman Holiday, 1956; F. J. Stopp, 1958; M. Bradbury, 1964; J. F. Carens, 1966; F. Donaldson, 1967; A. Waugh, 1967; R. M. Davis, 1969; P. A. Doyle, 1969; K. Schlüter, 1969; W. J. Cook, 1971; D. Lodge, 1971; D. Pryce-Jones, hg. 1973; J. St. John, 1974; C. Sykes, 1975; I. Littlewood, 1982; M. Stannard, hg. The Critical Heritage 1984; ders., 1986; J. McDonnel, 1986; H. Carpenter, 1990; F. Garnett, 1990;

E. Myers, 1991; S. Hastings, 1994; D. Wykes, B. 1999; D. L. Patey, B. 2001. – *Bibl.*: R. M. Davis u.a., 1972 u. 1989.

Ważyk, Adam (eig. A. Wagman), poln. Dichter, 17. 11. 1905 Warschau – 13. 8. 1982 ebda. Mitgl. der poet. ›Avantgarde‹. Im 2. Weltkrieg Aufenthalt in der UdSSR. Rückkehr mit der sowjet. Armee. – Futurist. u. franz. Einfluß (G. Apollinaire). Meister in der Verwendung der Metapher. S. Dichtung der Frühzeit zeigt die Suche nach eigenwill. Gestaltung, originellen Reimen u. raffinierter, präziser Form in Gedichten u. surrealist. Romanen. S. Kriegsgedichte in einfacher, realist. Sprache; Abkehr vom Futurismus, Hinwendung zu Horaz. Die Nachkriegsdichtung, dem Aufbau Polens zugewendet, zeigt Überwindung der dichter. Anfänge, traditionelle, klare Formen. Auch Kritiker u. Übs. zeitgenöss. franz. Dichtung u. von Puškins ›Onegin‹.

W: Semafory, G. 1924; Oczy i usta, G. 1926; Człowiek w burym ubraniu, En. 1930; Latarnie świecą w Karpowie, R. 1933; Mity rodzinne, R. 1938; Serce granatu, G. 1944; Mickiewicz i wersyfikacja narodowa, Schr. 1951; Planetarium, K. 1956; Poemat dla dorosłych, G. 1956 (Ein Gedicht für Erwachsene, d. 1957); Wiersze i poematy, Ausw. 1957; Epizod, R. 1961; Labirynt, Dicht. 1961; Wagon, G. 1963; Esej o wierszu, Ess. 1964; Kwestia gustu, Sk. 1966; Gra i doświadczenie, Ess. 1974; Zdarzenia, G. 1977; Cudowny kantorek, Ess. 1979; Eseje literackie, 1982; Amfion, Schr. 1983. – Wiersze wybrane (ausgew. G.), 1973, 1978; Wybór przekładów, ausgew. Übs. 1979. – *Übs.*: Farbe der Zeit, G.-Ausw. 1965.

L: W. Krzysztoszek, Mit niespójności, 1985.

Webb, Mary Gladys, geb. Meredith, engl. Romanautorin, 25. 3. 1881 Leighton/Shropshire – 8. 10. 1927 St. Leonards/Sussex. Lehrerstochter walis. Herkunft. Jugend auf dem Lande bei Shrewsbury. Schule in Southport. ∞ 1912 den Lehrer Henry Bertram Law W., lebte zunächst in Weston-super-Mare, dann in Pontesbury, Lyth Hill und seit 1921 in London. Ihr Leben war e. beständiger Kampf gegen Krankheit und wirtschaftl. Nöte. Lit. Erfolg stellte sich erst posthum ein, nachdem Premierminister S. Baldwin ihren Roman ›Precious Bane‹ lobte. – Ihre künstler. wertvollen, doch in Charakter- und Handlungsaufbau mittelmäßigen Heimatromane aus der Shropshire-Landschaft geben ausgezeichnete Naturschilderungen. Grundthema ist die Sehnsucht der Menschen nach Liebe u. Erlösung. Wie bei Th. Hardy greift die Natur aktiv als verhängnisvolle Schicksalsmacht in die menschl. Geschicke ein. Auch Lyrik und Essays.

W: The Golden Arrow, R. 1916; Gone to Earth, R. 1917 (d. 1943); The Spring of Joy, Ess. 1917; The House in Dormer Forest, R. 1920 (d. 1945); Seven for a Secret, R. 1922 (d. 1948); Precious Bane, R. 1924 (Die Geschichte von der Liebe der Prudence Sarn, d. 1930); The Armour Wherein He Trusted, R.-Fragm. 1929 (Über die Hügel und in die Ferne, d. 1956). – The Collected Works, 1934; Sarn Edition, VII 1937; A Webb Anthology, 1939; Fifty-One Poems, 1946; The Essential M. W. 1949; Collected Prose and Poems, 1977.

L: W. Chappell, 1930; H. L. Addison, 1931; T. Moult, 1932; G. Schneider, Diss. Gött. 1934; W. Byford-Jones, 1937; R. W. Butler, 1957; D. P. H. Wrenn, Goodbye to Morning, 1964; D. P. Harcourt, 1964; G. M. Coles, The Flower of Light, 1978; G. Dickins, 1981; M. A. Barale, 1987; G. M. Coles, 1990; L. Davies, M. W. Country, 1990; P. Mastin, The M. W. Society, 1998; G. M. Coles, 2003.

Webster, John, engl. Dramatiker, um 1580 London – um 1625. Über s. Leben ist fast nichts bekannt. Angebl. Sohn e. Schneiders; Vertrautheit mit klass. Lit. läßt auf gute Schulbildung schließen. – Neben Shakespeare einer der berühmtesten Dramatiker seiner Zeit. Schrieb neben eigenen Dramen in Zusammenarbeit mit Dekker ›Westward Hoe‹ und ›Northward Hoe‹, mit Dekker u. Heywood ›Christmas Comes But Once a Year‹, mit Marston ›The Malcontent‹. Seine Bühnenstücke sind typ. Schauerstücke im Stile von Kyds ›Spanish Tragedy‹, realist. Darstellung ausgeklügelter Grauensszenen mit Bezügen auf Ereignisse aus jüngster Vergangenheit, unter Einfluß Senecas. ›The White Devil‹ verhandelt im Rahmen einer Gerichtsszenerie die angeblich ausschweifende und zum Ehebruch führende Sexualität einer Frau; die ›Duchess of Malfi‹ bewegt sich im Spannungsfeld von Homoerotik, des inzestuösen Begehrens und der Unterminierung von Klassengrenzen. Zunächst wenig beachtet, erst Lamb u. Hazlitt, später Swinburne, weisen hin auf W.s große Fähigkeiten als Tragiker; wird vor allem in der jüngeren kulturtheoret. Forschung und der feminist. Theoriebildung viel gelesen.

W: The White Divel, or The Tragedy of P. G. Ursini with the Life and Death of Vittoria Corombona, Tr. 1612 (hg. J. R. Brown ³1969, C. Hart 1970; d. 1986); The Devils Law-Case, Tragikom. 1623 (hg. F. A. Shirley 1972, E. M. Brennan 1975); The Duchesse of Malfy, Tr. 1623 (hg. J. R. Brown 1969; d. 1985); Monuments of Honour, Fsp. (1624); Appius and Virginia, Tr. 1654. – Complete Works, hg. F. L. Lucas IV ²1966f.; Dramatic Works, hg. W. Hazlitt 1856. – *Übs.*: Dramat. Dichtungen, F. M. Bodenstedt 1858.

L: E. E. Stoll, 1905, n. 1967; J. I. Glier, 1957; R. W. Dent, J. W.'s Borrowing, 1960; T. M. Bogard, ²1965; I. Scott-Kilvert, ²1966; N. C. Rabkin, 1968; R. Brooke, ³1967; G. K. Hunter, S. K. Hunter, hg. 1969; P. B. Murray, Den Haag 1969; C. E. J. Leech, ³1970; M. West, The Devil and W., 1974; T.-L. Wang, The Lit. Reputation of W. to 1830, 1975; F. L. Goodwyn, Image, Pattern, and Moral Vision in W., 1977; S. H. McLeod, Dramatic Imagery in the Plays of W., 1977; M. C. Bradbrook, 1980; J. Pearson, Tragedy and Tragicomedy in the Plays of W., 1980; The Critical Heritage, hg. D. D. Moore

1981; S. Schuman, J. W.: A Reference Guide, 1985; D. Goldberg, Between Worlds: A Study of the Plays of J. W., 1987; M. Ranald, 1989; D. Callaghan, The Duchess of Malfi. Critical Essays, 2000.

Weda → Veda, der

Węgierski, Tomasz Kajetan, poln. Dichter, 1756 Śliwno – 11. 4. 1787 Marseille. Adliger; Jesuiten-Konvikt Warschau. Kammerherr des Königs. Verlor durch aggressive Schmähgedichte s. Stellung, wurde eingekerkert. 1779 verläßt er Polen. Parisaufenthalt, intensives Stud. Voltaires. Begegnung mit Washington in Amerika, zurück nach Paris. Reisen nach England u. Schweiz. – Pseudoklassizist. Dichter von satir. Oden, Fabeln, Episteln, Epigrammen u. Satiren, wendet sich stets direkt an die besungenen Persönlichkeiten. Dazu ›Organy‹ (1784, n. 1956), e. Bearbeitung von Boileaus Satire ›Le Lutrin‹ u. Übs. der ›Pers. Briefe‹ Montesquieus (1778) u. der Moral. Erzählungen Marmontels (1776f.).

A: Pisma wierszem i prozą, hg. K. Estreicher 1882; Wiersze wybrane (ausgew. G.), 1974; Poezje wybrane (ausgew. G.), 1981.

L: N. P. Bobrik, Moskau 1981.

Weidman, Jerome, amerik. Schriftsteller, 4. 4. 1913 New York – 6. 10. 1998 ebda. Stud. an versch. Univ. – Die meisten s. Romane, Dramen und Geschichten beschreiben, oft satir.-krit., Leben und Aufstieg New Yorker Juden.

W: I Can Get It for You Wholesale, R. 1937, Dr. 1962; What's in It for Me?, R. 1938; The Horse That Could Whistle ›Dixie‹, Kgn. 1939; I'll Never Go There Any More, R. 1941; The Lights Around the Shore, R. 1943; Too Early to Tell, R. 1946; The Captain's Tiger, Kgn. 1947; The Price Is Right, R. 1949; The Hand of the Hunter, R. 1951; The Third Angel, R. 1953; Your Daughter, Iris, R. 1955 (d. 1957); The Enemy Camp, R. 1958 (d. 1959); Fiorello!, Dr. 1959 (m. G. Abbott); Before You Go, R. 1960 (d. 1964); Tenderloin, Dr. 1961; The Sound of Bow Bells, R. 1962 (Ein Mann von Rang, d. 1965); Word of Mouth, R. 1964; The Death of Dickie Draper, Kgn. 1965; The Center of the Action, R. 1969; Ivory Tower, Dr. 1969 (m. J. Yaffe); Fourth Street East, R. 1970; Last Respects, R. 1972; Tiffany Street, R. 1974; The Temple, R. 1975; A Family Fortune, R. 1978; Counselors-at-Law, R. 1980; Praying for Rain, R. 1986.

Weil, Jiří, tschech. Schriftsteller, 6. 8. 1900 Praskolesy b. Hořovice – 13. 12. 1959 Prag. Nach Abitur 1919 Stud. slav. Philologie (Diss. 1928) u. 1922–31 Angestellter der sowjet. Gesandtschaft; 1933–35 als Übs. aus dem Russ. u. Journalist in der Sowjetunion; 1942–45 illegal in Prag, ebda. 1947–49 Verlagsredakteur u. 1950–58 Mitarbeiter des staatl. jüd. Museums. – S. Roman ›Život s hvězdou‹ zeigt am Leidensweg e. kleinen jüd. Bankangestellten in Prag während der dt. Besetzung die im Alltägl. verborgene Grausamkeit faschist. Terrors; formal Annäherung an mod. Erzähltechnik perspektiv. Brechung.

W: Moskva hranice, R. 1937 (Moskau – die Grenze, d. 1992); Makana, otec divů, R. 1946; Život s hvězdou, R. 1949 (Leben mit dem Stern, d. 1973); Mír, En. 1949 (erw. u.d.T. Vězeň chillonský, 1958); Harfeník, N. 1958; Žalozpěv za 77 297 obětí, N. 1958; Na střeše je Mendelsohn, N. 1960 (Mendelssohn auf dem Dach, d. 1992); Hodina pravdy, hodina zkoušky, Prosa 1969.

L: S. (= J.) Vondráčková, Mrazilo-tálo, 1979 (Samizdat).

Weiner, Richard, tschech. Schriftsteller, 6. 11. 1884 Písek – 3. 1. 1937 Prag. Stud. Chemie; Journalist, Pariser Korrespondent der Zt. ›Lidové noviny‹. – In Gedichten u. Prosa dringt W. in das Unterbewußtsein vor, wo der gequälte Mensch auf s. Flucht vor der Sinnlosigkeit u. den Widersprüchen der äußeren Realität jedoch nur tödl. Leere vorfindet.

W: Pták, G. 1913; Usměvavé odříkaní, G. 1914; Lítice, En. 1916; Netečný divák, En. 1917; Rozcestí, G. 1918; Prázdná židle, En. 1918 (Der leere Stuhl, d. 1968); Škleb, En. 1919; Mnoho nocí, G. 1928; Zátiší s kulichem, herbářem a kostkami, G. 1929; Lazebník, R. 1929; Mezopotamie, G. 1930; Hra doopravdy, En. 1933 (Spiel mit der Wirklichkeit, d. 1969).

L: J. Chaloupecký, 1947; S. Widera, Mchn. 2001.

Weinstein, Nathan Wallenstein → West, Nathanael

Weiss, Jan, tschech. Schriftsteller, 10. 5. 1892 Jilemnice – 7. 3. 1972 Prag. Beamter im Arbeitsministerium. – In grotesken Erzählungen u. Romanen schildert W. den krankhaften Verfall der bürgerl. Welt. Analysiert mit Vorliebe die seel. Vorgänge, die sich im einsamen Menschen auf der Grenze zwischen Realität u. Surrealität vollziehen.

W: Zrcadlo, které se opožďuje, En. 1927; Dům o tisíci patrech, R. 1929 (Das Haus mit tausend Stockwerken, d. 1989); Škola zločinu, R. 1931 (u.d.T. Zázračné ruce, 1944); Tři sny Kristiny Bojarové, En. 1931; Spáč ve zvěrokruhu, R. 1937; Nosič nábytku, En. 1941; Volání o pomoc, R. 1946; Příběhy staré a nové, R. 1945; Země vnuků, R. 1957; Hádání o budoucím, En. 1963. – Dílo (W), V 1958–63; Bláznivý regiment, Ausw. 1979.

L: A. M. Píša, Stopami prózy, 1964.

Welch, Denton, engl. Schriftsteller, 29. 3. 1915 Shanghai – 30. 12. 1948 London. Stud. Malerei am Goldsmith's College, London. Nach Fahrradunfall 1935 für den Rest s. Lebens Invalide. – Bekannt v.a. für 3 autobiograph. geprägte Romane, in denen er s. Jugend, s. Homosexualität und s. Unfall aufarbeitet. Atmosphär. dichte, handlungsarme Texte mit viel Sinn für bildl. Details.

W: Maiden Voyage, R. 1943; In Youth is Pleasure, R. 1945; Barve and Cruel, and other Stories, Kgn. 1949; A Voice through a Cloud, R. 1950; A Last Sheaf, Kgn. 1950; I left My Grandfather's House, Kgn. 1984. – The Stories of Denton Welch, Kgn. 1985; The Journals of Denton Welch, Tg. 1984.

L: R. S. Phillips, 1974; M. De-la-Noy, 1984; J. Methuen-Campbell, 2002.

Welch, James, indianisch-amerik. Schriftsteller, * 18. 11. 1940 Browning/MT. Im Blackfeet-Reservat geboren, Missionsschulen u. Minneapolis, Stud. Lit. Univ. of Montana; lehrte an diversen Univ. – In fünf Romanen hat W. sich als bedeutende Stimme der sog. Indian. Renaissance etabliert. Meist im Gegenwartsmilieu von Städten u. in Montana angesiedelt, zeigen sie v. a. männl. Protagonisten in marginalen, sozial offenen, psychisch instabilen, von Irritationen, Schmerz u. Desorientierung geprägten Konflikten zwischen dominanter u. indian. Kultur. In ›Fools Crow‹ gelingt W. die hautnahe, kulturell augenöffnende histor. Rekonstruktion e. rein indian. Gemeinschaft kurz nach dem Bürgerkrieg, bevor weiße Einflüsse sie zu zersetzen beginnen. In den 90er Jahren wandte sich W. der nichtfiktionalen Aufarbeitung indian. Geschichte zu.

W: Riding the Earthboy 40, G. 1971; Winter in the Blood, R. 1974 (d. 1977); The Death of Jim Loney, R. 1979; Fools Crow, R. 1986 (d. 2001); The Indian Lawyer, R. 1990; The Heartsong of Changing Elk, R. 2000 (Mahpiyah heißt Himmel, d. 2002).

L: A. R. Velie, Four American Lit. Masters, 1982; P. Wild, 1983; K. Lincoln, Native American Renaissance, 1983; K. Lincoln, Indi'n Humor, 1993; J. Ruppert, Meditation in Contemporary Native American Fiction, 1995.

Weldon, Fay, engl. Erzählerin u. Dramatikerin, * 22. 9. 1933 Alvechurch/Worcestershire. Aufgewachsen in Neuseeland. M. A. in Wirtschaftswiss. u. Psychol. St. Andrews Univ. Arbeitete als Werbetexterin, Mutter von 4 Söhnen. – Vielseitige, sehr erfolgr. Autorin von Romanen, Erzählungen, Dramen, Hörspielen u. Fernsehadaptationen, u.a. e. Drehbuch für die TV-Serie ›Upstairs Downstairs‹ (1970, d. ›Das Haus am Eaton Place‹). In ihren witzigen u. unterhaltsamen, oft beißendspött. Romanen beschreibt W. aus entschieden feminist. Perspektive mod. Geschlechterbeziehungen, bes. ökonom. Abhängigkeitsverhältnisse in der Ehe.

W: The Fat Woman's Joke, R. 1967; Down Among the Women, R. 1971; Words of Advice, Dr. 1974; Female Friends, R. 1975; Remember Me, R. 1976; Little Sisters, R. 1978; Praxis, R. 1979 (Die Decke des Glücks, d. 1983); Puffball, R. 1980; Watching Me, Watching You, Kgn. 1981; The President's Child, R. 1982; The Life and Loves of a She-Devil, R. 1984 (d. 1987); Letters to Alice on First Reading Jane Austen, R. 1984 (d. 1987); Polaris, En. 1985; The Shrapnel Academy, R. 1986; The Heart of the Country, R. 1987; Darcy's Utopia, R. 1990; Life Force, R. 1992; Affliction, R. 1992; Big Women, R. 1998; Rhode Island Blues, R. 2000; The Bulgari Connection, R. 2001 (d. 2002); Nothing to Wear & Nowhere to Hide, Kgn. 2002.

Welhaven, Johan Sebastian Cammermeyer, norweg. Lyriker, 22. 12. 1807 Bergen – 21. 10. 1873 Oslo. Stud. Theol.; ab 1828 freier Schriftsteller, 1846–68 Prof. für Philos. Oslo. – Romant. Lyriker in der Nachfolge der dän. Romantik, bes. J. L. Heibergs. Wurde als Bewunderer der dän. Kultur und durch s. Eintreten für e. norweg.-dän. Kulturgemeinschaft zum Gegner H. Wergelands und entfaltete im Streit mit diesem in den Jahren nach 1830 s. dichter. Begabung. Schrieb (mehrfach vertonte) Naturgedichte aus der Landschaft Westnorwegens, tief innerl. Liebesgedichte und z. T. an Schiller und den Volksballaden geschulte volkstüml. romant.-nationale Balladen. S. eigenen ästhet. Anschauungen enthält der polem. Sonetten-Zyklus ›Norges Dæmring‹.

W: Norges Dæmring, G. 1834; Digte, G. 1839; Nyere Digte, G. 1845; Halvhundrede Digte, G. 1848; Reisebilleder og Digte, G. 1851; L. Holberg, Es. 1854; En Digtsamling, G. 1860; Ewald og de norske Digtere, Es. 1863. – Samlede verker, V 1990–92; Samlede digterverker, IV 1921, III 1943; Samlede skrifter, VIII 1866–69; Skrifter, hg. B. Gran II 1943; Kjærlighetsbrever til Ida Kjerulf, hg. O. L. Mohr 1945. – *Übs.:* Gedichte, Ausw. 1884.

L: A. Løchen, 1900; G. Gran, ²1922; I. Handagard, ²1926; A. Aarnes, 1955; I. Hauge, 1955; R. Andersen-Næss, 1959; P. Saugstad, 1967; G. Gumpert, J. S. W.s Ästhetik u. Dichtungstheorie, 1990.

Wells, H(erbert) G(eorge), engl. Romanschriftsteller u. Essayist, 21. 9. 1866 Bromley/Kent – 13. 8. 1946 London. Vater Berufssportler u. Kaufmann. Bis 1879 Middlehurst Grammar School. Lehrling in Drogerie u. Tuchhandlung; autodidakt. Weiterbildung. 1882 gleichzeitig Schüler u. Hilfslehrer an e. Grammar School. Stipendium für Stud. am Royal College of Science, London, bei T. S. Huxley. Einige Jahre Lehrer u. Dozent, später freier Schriftsteller. ∞ 1891 s. Cousine Isabel Mary Wells, o|o 1895, ∞ dann s. Schülerin Amy Catherine Robbins. Schloß sich 1903 der Fabian Society an, trat nach heftigen Kämpfen mit s. Freund G. B. Shaw später wieder aus. Einige s. Romane sind fiktive Paraphrasen sozialist. Traktate im Sinne der Fabianer. Bereiste Dtl., Rußland u. USA, um für s. Ideen zu werben, besuchte Stalin und Roosevelt. Nach Galsworthy Präsident des PEN-Clubs. – Außerordentl. produktiver Autor, in erster Linie Reformer und Zeitkritiker, die künstler. Qualität s. Romane leidet häufig unter ihrer Thesenhaftigkeit. Die ersten, naturwiss. Phantasien in der Art J. Vernes schildern zukünftige techn. Möglichkeiten. Manche s. damals bahnbrechenden Gedanken sind heute Allgemeingut. Erst in den Romanen s. 40er Jahre schildert er individuelle Gestalten, bes. das Leben kleinbürgerl. Kreise, entwickelt e. Weltbild aus der Perspektive des Helden. Das Spätwerk umkreist vielfach die Fähigkeit des Menschen, Weltbürger zu werden. S. optimist. Einstellung erlitt schwere Erschütterungen durch das Erlebnis beider Weltkriege; Pessimismus spiegelt sich in den letzten Büchern. Zahlr. soziolog. Abhandlungen zeigen s. Entwicklung vom Marxisten zum gemäßigten Sozialisten u. Pazifisten u. behandeln volkswirtschaftl., polit. und soz. Probleme.

W: The Time Machine, R. 1895 (d. 1904); The Stolen Bacillus, En. 1895 (d. 1910); The Island of Dr. Moreau, R. 1896 (d. 1904); The Invisible Man, R. 1897 (d. 1911); The War of the Worlds, R. 1898 (d. 1901); When the Sleeper Wakes, R. 1899 (d. 1906); Love and Mr. Lewisham, R. 1900; Anticipations, St. 1901 (d. 1904); The First Men in the Moon, R. 1901 (d. 1905); A Modern Utopia, R. 1905 (Jenseits des Sirius, d. 1911); Kipps, the Story of a Simple Soul, R. 1905 (d. 1982; u.d.T. Wie wird man Millionär?, 1995); New Worlds for Old, Es. 1908; Ann Veronica, R. 1909; Tono-Bungay, R. 1909 (d. 1981); The History of Mr. Polly, R. 1910 (d. 1993); The Contemporary Novel, Es. 1911; The Country of the Blind, Kgn. 1911 (d. 1912); The New Machiavelli, R. 1911; Marriage, R. 1912 (d. 1933); The Passionate Friends, R. 1913 (Die große Leidenschaft, d. 1949); Mr. Britling Sees it Through, R. 1916 (d. 1918); The Outline of History, St. II 1920 (d. 1925, gekürzt u.d.T. A Short History of the World, 1922, d. 1926); The Salvaging of Civilization, St. 1921 (d. 1922); Men Like Gods, R. 1923 (d. 1927); Christina Alberta's Father, R. 1925 (d. 1929); The World of W. Clissold, R. 1926 (d. 1927); Meanwhile, R. 1927 (d. 1930); The Open Conspiracy, St. 1928 (d. 1983); The Science of Life, St. VI 1929–35 (m. G. P. Wells u. J. Huxley); The Autocracy of Mr. Parham, R. 1930 (Der Diktator, d. 1931); The Work, Wealth, and Happiness of Mankind, St. 1932 (d. 1932); The Shape of Things to Come, St. 1933; Experiment in Autobiography, II 1934; The Fate of Homo Sapiens, St. 1939; The New World Order, Es. 1940; The Rights of Man, Es. 1940; '42–'44: A Contemporary Memoir, 1942; Mind at the End of Its Tether, St. 1945 (d. 1946); The Valley of Spiders, Kgn. 1964 (d. 1997); The Wealth of Mr. Waddy, R.-Fragm. 1970. – Works, XXVIII 1924–27; Short Stories, 1927; A Quartette of Comedies, 1928 (Kipps, Mr. Polly, Bealby, Love and Mr. Lewisham); The Scientific Romances, 1933; Collected Short Stories, 1960; Journalism and Prophecy 1893–1946, hg. W. Wagar 1966; Complete Short Stories, 1966; The correspondence of H. G. W., hg. D. C. Smith 1998. – *Übs.:* GW, IX 1926–33.

L: E. Guyot, 1920; R. T. Hopkins, 1922; G. A. Connes, 1926; I. Brown, ²1929; G. West, ²1932; H. Mattick, 1935; M. M. Meyer, 1935; H.-J. Lang, 1948; N. Nicholson, 1950; V. Brome, 1951; M. Belgion, 1953; L. Edel, G. Ray, Henry James and H. G. Wells, 1957; W. W. Wagar, 1961; F. R. Chaplin, 1961; B. Bergonzi, 1962; I. Raknem, 1962; J. Kagarlitski, 1966; M. R. Hillegas, The Future as Nightmare, 1967; D. Hughes, The Man Who Invented Tomorrow, 1968; L. Dickson, 1969; J. P. Wood, 1969; K. B. Newell, 1969; P. Parrinder, 1970, hg. 1972; B. Schultz, 1971; A. Borello, 1972; J. Williamson, 1973; N. u. J. Mackenzie, The Time Traveller, 1973; G. N. Ray, 1974; B. Bergonzi, hg. 1976; J. R. Hammond, 1979; P. Kemp, 1982; A. West, 1984; J. Batchelor, 1985; D. C. Smith, 1986; M. Foot, 1995; W. J. Scheick, 1995. – *Bibl.:* H. G. Wells, 1926; H. G. W. Society, A Comprehensive Bibliography, 1966, n. 1968; J. R. Hammond, 1977.

Welsh, Irvine, schott. Erzähler, * 27. 9. 1958 Leith/Edinburgh. Wuchs in e. Arbeitervorort Edinburghs auf, verschiedene Jobs als DJ, Punkmusiker etc., Stud. Informatik in Edinburgh. – Sein zum Kultbuch avancierter Debütroman ›Trainspotting‹ (später Theaterversion u. erfolgr. Verfilmung) porträtiert das Arbeitslosen- u. Drogenmilieu s. Heimatstadt in lakonischem Ton aus der Perspektive der Betroffenen, ohne moral. zu werten. Ähnl. Themen u. ein experimentell-realist. Stil kennzeichnen auch sein späteres Werk, das aber die Energie u. Schockwirkung s. Erstlings nicht erreicht.

W: Trainspotting, R. 1993 (d. 1996); The Acid House, En. 1994 (d. 1999); Marabou Stork Nightmares, R. 1995; Ecstacy, En. 1996 (d. 1997); Filth, R. 1998 (Drecksau, d. 1999); Glue, R. 2001 (Klebstoff, d. 2002).

Weltman, A. → Vel'tman, Aleksandr Fomič

Weltschöpfungsepos (Enūma eliš), babylon. 7-Tafel-Dichtung, Ende 2. oder 1. Jt., am 4. Tag des babylon. Neujahrsfestes u. ö. im Marduktempel in Babylon vorgetragen. Das vielfältig aitiolog. Epos erzählt vom Entstehen der Welt aus der Mischung von Salz- (Ti'amat) und Süßwasser (Apsû) und der Entwicklung von Göttergenerationen. Das Lärmen der jungen Götter stört Apsû. Er will sie vernichten. Der weise Ea stellt Apsû mit e. Beschwörung ruhig, tötet ihn, baut über dem Toten s. Heiligtum und nennt es »Apsû«. Ti'amat will ihren Gatten rächen; Kingu soll ihre Truppen anführen. Eas Sohn, der junge Marduk, besiegt und tötet Ti'amat. Eine Hälfte Ti'amats formt er zum Himmel und richtet dort Wohnungen für Anu, Ea und Enlil ein, befestigt die Sterne am Firmament, legt Jahr, 12 Monate und Tage fest und schafft Mond und Sonne, regelt ihren Lauf und teilt Tageszeiten und Nachtwachen ein. Er formt Wolken, aus Ti'amats Kopf Berge, öffnet dort Quellen und läßt aus ihren Augen Euphrat und Tigris fließen; am aufgestellten Schwanz befestigt er den Himmel und macht die untere Körperhälfte zur Erde. Dort will er s. Stadt Babylon bauen. Die Götter nennen ihn »unser König«. In e. 2. Schöpfungsakt wird Kingu, weil er Ti'amat zum Kampf anstachelte, zum Tode verurteilt. Aus s. Blut schafft Ea die Menschen (anders als im → Atraḫasīs-Epos ohne göttl. Fleisch und ird. Lehm!) und erlegt ihnen die Arbeit der Götter auf. Dankbar bauen die ihm Babylon, erheben s. Bogen, mit dem er Ti'amat tötete, zum Sternbild, ernennen ihn zu ihrem König und binden sich mit solennem Eid an ihn. Sie proklamieren s. 50 Namen, jeder e. Kunstwerk sprachl. Komposition und philolog. Raffinesse. Der Namenskatalog entwickelt und verfeinert den des Anzu-Epos; denn Marduk bezwingt das Chaos wie zuvor Ninurta in den → Ninurta-Mythen.

A: R. Labat, Le poème babylonien de la creation (Enūma eliš), 1935. – *Übs.:* E. A. Speiser, A. K. Grayson, (ANET), ³1969; J. Bottéro, S. N. Kramer, Lorsque les dieux faisaient l'homme, 1989; St. Dalley, Myths from Mesopotamia, 1989; W. G. Lambert, K. Hecker, (TUAT III/4), 1994; B. R. Foster, Before the Muses, ²1996.
L: G. Çağirgan, W. G. Lambert, (JCS 43–45), 1991–93.

Welty, Eudora, amerik. Schriftstellerin, * 13. 4. 1909 Jackson/MS. Stud. Mississippi State College, Univ. Wisconsin, Columbia; in Werbung und Publicity tätig; lebt in Jackson. – Ihre wandelbaren Geschichten u. Romane wurzeln fest im heimatl. Mississippi und beschreiben oft groteske Charaktere der Kleinstadt und Plantage, weiße wie schwarze. ›Delta Wedding‹ (aus dem Bewußtseinsstrom e. außenstehenden Kindes erzählt) verklärt romant.-impressionist. das ländl. Leben im amerik. Süden.

W: A Curtain of Green, Kgn. 1941; The Robber Bridegroom, R. 1942 (d. 1987); The Wide Net, Kgn. 1943; Delta Wedding, R. 1946 (Die Hochzeit, d. 1962); The Golden Apples, Kgn. 1949 (d. 1992); The Ponder Heart, R. 1954 (Mein Onkel Daniel, d. 1958; Dr. v. J. Chodorov u. J. Fields, 1957); The Bride of the Innisfallen, En. 1955; Selected Ess. 1958; Three Papers on Fiction, 1962; Thirteen Stories, hg. R. M. Vande Kieft 1965; Losing Battles, Kgn. 1970; One Time, One Place, Kgn. 1971; The Optimist's Daughter, R. 1972 (d. 1973); The Eye of the Story, Ess. 1978; Moon Lake, Kgn. 1980; One Writer's Beginnings, Aut. 1984 (Eine Stimme finden, d. 1990); Complete Novels, (WA) 1998; Stories, Ess. and Memoir, 1998. – The Collected Stories, 1980. – *Übs.:* Der purpurrote Hut, En. 1986.
L: K. Opitz, Diss. FU Berlin, 1957; R. M. Vande Kieft, 1962; A. Appel, A Season of Dreams, 1965; J. A. Bryant, 1968; N. Isaacs, 1969; M.-A. Manz-Kunz, 1971; J. F. Desmond, 1978; M. Kreyling, 1980; E. Evans, 1981; J. L. Randisi, 1982; A. J. Devlin, 1983; P. W. Prenshaw, hg. 1983; C. S. Manning, 1985; R. M. Vande Kieft, 1987; J. N. Gretlund, H. Westarp, hg. 1998. – *Bibl.:* S. L. Gross, 1960.

Wenamun, altägypt. Reisebericht, um 1075 v. Chr., auf e. Papyrus im Moskauer Puschkin-Museum. Der Ägypter Wenamun wird beauftragt, vom Libanongebirge Bauholz für die Barke des Gottes Amun einzukaufen, hat in den levantin. Städten Dor, Tyros und Byblos mit mancherlei Widrigkeiten zu kämpfen u. gelangt schließl. nach Alasia (Zypern). Die Erzählung zeichnet sich durch e. lebendigen Sprachstil und ironische Dialoge aus. Tenor ist der im Vergleich zu früheren Jhh. dramatisch geschwundene Einfluß Ägyptens in Vorderasien. Umstritten ist, ob es sich um e. tatsächlichen Bericht oder um e. Literaturwerk handelt.

A: A. Gardiner, Late Eg. Stories, Brüssel 1932. – *Übs.:* E. Blumenthal, Altägypt. Reiseerzählungen, 1982.

Wendt, Albert, samoanischer Schriftsteller, * 27. 10. 1939 Apia/West-Samoa. Stud. in Neuseeland, Lehrer u. Universitätsdozent. – Einflußreicher Autor des Pazifikraums, starker Befürworter indigenen Schreibens. Thema seiner Romane sind die polynes. Mythen und Traditionen ebenso wie die westl. Kultur (viele seiner Helden tragen existentialist. Züge), der Kolonialismus sowie die Auswirkungen der Globalisierung.

W: Sons for the Return Home, R. 1973; Flying-Fox in a Freedom Tree, Kgn. 1974; Pouliuli, R. 1977; Leaves of the Banyan Tree, R. 1979 (d. 1998); Ola, R. 1991; Black Rainbow, R. 1992; The Book of the Black Star, G. 2002.

Wen I-to → Wen Yiduo

Wennerberg, Gunnar, schwed. Lyriker, 2. 10. 1817 Lidköping – 24. 8. 1901 Läckö/Västergötland. Pfarrerssohn; Stud. Philos. Uppsala, 1845 Promotion, 1846 Dozent für Ästhetik, 1849 Lektor in Skara, 1861/62 Museumsarbeit. 1863/64 Auslandsstud., ab 1865 Abteilungsleiter im Kulturministerium, 1866 Mitgl. der Schwed. Akad., 1870–75 und 1888–91 Kulturminister, dazwischen Landeshauptmann in Växjö. – Schrieb Texte und Musik zu noch heute populären Studentenliedern u. Duetten, in denen humorvoll die akadem. Idyllik der 1840er Jahre besungen wird. Später wandte er sich der Komposition geistl. Musik zu.

W: Gluntarne, G. 1849–51; Davids Psalmer, G. 1861–87; Romerska minnen, G. 1881. – Samlade skrifter, IV 1881–85; Brev och minnen, hg. S. Taube III 1913–16; Brev och minnen, 1923.
L: S. Almquist, 1917; C. F. Hennerberg, 1918; B. Almqvist, Uppsalastudenten i W.svers och Strindbergsprosa, 1926; G. Jeansson, 1929; E. Malm, Ack, i Arkadien, 1949; B. Lewan, Drömmen om Italien, 1966.

Wen Tingyun, chines. Dichter, um 812 Taiyuan – 870. Aus angesehener Beamtenfamilie stammend erregte W. schon als Jugendlicher durch s. Flötenspiel und s. Verse Aufmerksamkeit. W.s Scheitern in der Staatsprüfung, möglicherweise auch s. unkonventioneller Lebenswandel (Beziehungen zu bekannten Kurtisanen, die auch oft als Subjekte oder Adressaten in s. Dichtung auftreten) verhinderten e. erfolgr. Beamtenkarriere. – W.s Lied-(ci)-Dichtung begründete s. Ruhm. Die Thematik vieler s. Lieder und die Sinnlichkeit s. Metaphorik wurde von manchen als unmoral. kritisiert, doch fand s. neuartige Bildsprache auch Bewunderer. Die einstrophigen Lieder beschreiben meist in explizit hypotakt. Stil e. Dame und ihren Liebhaber; in den zweistrophigen ci ist die Bildsprache verschlüsselt: Häufig dienen Gegenstände als Projektionsfläche der Gefühle der verlassenen Liebhaberin.

A: Wen Feijing shiji, G. 1967. – Übs.: Sunflower Splendour, hg. W. Liu u.a., Garden City/NY 1975; Song Without Music, hg. S. C. Soong, Hongkong 1980; L. Fusek, Among the Flowers, N. Y. 1982.

L: K. S. Chang, Princeton 1980.

Wen Yiduo, chines. Dichter, 24. 11. 1899 Xishui (Hubei) – 15. 7. 1946 Kunming (Yunnan). Aus wohlhabender Familie. Stud. Tsinghua-Univ. Peking, 1922–25 in USA; Prof. für Engl. Nanking, 1928 Mitbegründer der lit. Zs. ›Xinyue‹ (Neumond), seit 1932 Prof. für chines. Lit. Tsinghua-Univ. Mit dieser 1938 vor japan. Invasion nach Kunming evakuiert. Polit. Engagement in der ›Demokratischen Liga‹. S. Ermordung (vermutl. durch die Geheimpolizei der Nationalregierung) entfremdete viele Intellektuelle der Regierung Chiang Kaisheks. – Bis 1928 unter dem Einfluß der engl. Romantik. Vf. melanchol., oft anklagender Gedichte und formgewandter Übsn. aus dem Engl. (u. a. Th. Hardy, E. Browning). Gilt als e. der bedeutendsten Erneuerer der chines. Lyrik. Später nur noch als Lit.historiker tätig; Kommentare zu chines. Klassikern; Theorie der Dichtung.

W: Sishui, G. 1925; Shide gelü, Poetik 1926. – Quanji (GS), XII, 1993. – Übs.: Gedichte, 1999; Essays, 2000.

L: K. Y. Hsü, Boston 1980.

Weöres, Sándor, ungar. Dichter, 22. 6. 1913 Szombathely – 22. 1. 1989 Budapest. Promovierte in Philos.; Bibliothekar, Redakteur. – Introvertierter Lyriker, genialer Virtuose in sämtl. Formen; s. außerordentl. Begabung macht ihn zum vielseitigsten Übs. S. eigene Lyrik ist pantheist. u. verschließt sich konsequent den Konflikten unserer Zeit.

W: Hideg van, G. 1934; Theomachia, G. 1941; Medúza, G. 1943; Bóbita, G. 1955; A hallgatás tornya, G. 1956; Merülő Saturnus, G. 1968; Psyché, G. 1972. – Egybegyűjtött írások (GW), III ⁴1987. – Übs.: Der von ungern, G. 1970; War mal eine schöne Lade, G. 1976.

L: A. Tamás, 1978; G. Schein, 2001; M. Domokos, Öröklét, 2003.

Weressajew, W. → Veresaev, Vikentij Vikent'evič

Wergeland, Henrik (eig. Henrik Arnold, Ps. Siful Sifadda), norweg. Dichter, 17. 6. 1808 Kristiansand – 12. 7. 1845 Oslo. Sohn e. Pfarrers u. patriot. Politikers; Kindheit in Eidsvold; Schule in Oslo, dort 1825–29 Stud. Theol., auch Botanik u. Geschichte, danach freier Schriftsteller, 1835–37 Journalist. Obwohl er als polit. Agitator für die Loslösung Norwegens von Schweden und e. demokratischere Verfassung eintrat, erhielt er 1838 vom schwed. König e. Stipendium u. wurde 1840 Kgl. Reichsarchivar. 1839 ∞ Amalie Bekkenvold. Starb an Schwindsucht. – Im Grunde Romantiker und tiefrelig. veranlagt, war W. zugleich rationalist. Aufklärer und leidenschaftl. Kämpfer für polit. und geistige Freiheit, daher prominentester Widersacher der traditionalist. ›Intelligenzgruppe‹ s. ehemaligen Studienfreundes J. S. Welhaven. Entwickelte e. fieberhafte u. vielseitige lit. Tätigkeit. Als Student veröffentlichte er unter Pseudonym zwei Possen in der Art Holbergs u. unter eigenem Namen e. Tragödie im Stile Shakespeares u. überraschte mit teils naturlyr., teils polem. Gedichten von bilderreicher Sprachkraft, die auch s. umfangreiches Hauptwerk ›Skabelsen, Mennesket og Messias‹ auszeichnet, e. großartiges, wenn auch in Einzelheiten oft abstruses Weltanschauungsepos, in dem er e. Religion allumfassender Liebe fordert; e. zweite, von allzu krassen Bildern u. schwülstigen Erotismen gereinigte Fassung erschien u.d.T.. ›Mennesket‹. Neben s. volkserzieher. Schriftenreihen für die ›breite Masse‹, den ›gemeinen Mann‹ u. die ›Arbeiterklasse‹ sind seine z.T. mit dramat. Dialogen durchsetzten Tendenzgedichte ›Jøden‹ u. ›Jødinden‹ bemerkenswert, weil sie den prakt. Erfolg hatten, daß das Aufenthaltsverbot für Juden in Norwegen aufgehoben wurde. Wenn nicht der Begründer, so doch der stärkster Anreger der neueren norweg. Lit.

W: Ah!, K. 1827; Irreparabile tempus, K. 1828; Sinclairs Død, Tr. 1828; Digte, Første Ring, G. 1829; Skabelsen, Mennesket og Messias, Ep. 1830; Før Almuen, Schr. 1830–39; Spaniolen, G. 1833; Anden Ring, G. 1833; Før mennigmand, Schr. 1836–38; Digte, Poesier, G. 1838; For Arbeidsklassen, Schr. 1839–45; Den Konstitutionelle, K. 1839; Jan van Huysums Blomsterstykke, G. 1840; Svalen, G. 1841; Jøden, Ep. 1842; Jødinden, Ep. 1844 (Der Jude und die Jüdin, d. 1935); Den engelske Lods, Ep. 1844; Mennesket, Ep. 1845. – Samlede skrifter (GS), XXIII 1918–40; Skrifter, VIII 1957–62.

L: H. Lassen, 1866, rev. 1877; H. Schwanenflügel, 1877; O. Skavlan, 1892; H. Koht, 1908; V. Troye, 1908; J. Handagard, W. og Welhaven, 1915; E. Gordon, 1938; H. Beyer, 1946; H. Møller, 1947; R. Myhre, 1950; D. Håkonsen, Skabelsen i W.s diktning, 1951; A. Kabell, II 1956–58; Y. Ustvedt, 1966, 1975; K. Austarheim, II 1966–74; H. Heiberg, 1972; L. Amundsen, 1977; S. A.

Aarnes, Og nevner vi H. W.s navn, 1991; Y. Ustvedt, 1994.

Wertenbaker, Timberlake, engl. Dramatikerin, * 1951 USA. Aufgewachsen in Frankreich und den USA, Journalistin in London und New York. – Vf. vielseitiger Theaterstücke, in denen dramat. Traditionen versch. Epochen und Kulturen Eingang finden. Häufiges Thema ihres dramat. Werkes ist die Uneindeutigkeit der Geschlechterrollen, die durch die wechselnde Besetzung von weibl. und männl. Rollen szen. ausgedrückt wird: In ›New Anatomies‹ über die Arabienreisende I. Eberhardts werden z. B. alle Männerrollen von Frauen übernommen. Daneben erfolgr. Adaptionen klass. griech. und franz. Tragödien.
W: Inside Out, Dr. 1982; Home Leave, Dr. 1982; New Anatomies, Dr. 1984; The Grace of Mary Traverse, Dr. 1985; The Love of the Nightingale, Dr. 1989; Three Birds Alighting on a Field, Dr. 1991; The Thebans (Adaptionen dreier Tragödien von Sophokles), 1992.

Werumeus Buning, Johan Willem Frederik, niederländ. Dichter und Essayist, 4. 5. 1891 Velp b. Arnhem – 16. 11. 1958 Amsterdam. Journalist. – Populärer Balladendichter mit franz.-span. Einfluß. ›In memoriam‹ ist e. zart-lyr. Totenklage um die verstorbene Geliebte, in ›Dood en leven‹, stärker in ›Hemel en aarde‹, findet er in steigendem Grad e. bejahendes Verhältnis zur Wirklichkeit. In einfachem Volkston abgefaßte Balladen, von denen die 100strophige ›Maria Lécina‹ am bekanntesten wurde. S. essayist. Tätigkeit, für die er e. spieler. Form wählte, erstreckte sich auf die mannigfachsten Gebiete.
W: In memoriam, G. 1921; Dood en leven, G. 1926; Hemel en aarde, G. 1927; Maria Lécina, G. 1932; Et in terra, G. 1933; Negen balladen, 1935; Dagelijksch brood, G. 1940; Verboden verzen, G. 1947; Jacob en de engel, G. 1951; Rozen, distels en anjelieren, G. 1953; Winteraconiet, G. 1961. – Verzamelde gedichten, 1970.
L: P. Hijmans, 1969 (m. Bibl.).

Wescott, Glenway, amerik. Lyriker und Erzähler, 11. 4. 1901 Kewaskum/WI – 22. 2. 1987 Rosemont/NJ. 1917–19 Stud. Univ. Chicago, lebte nach dem 1. Weltkrieg ein Jahr in Dtl., dann in New Mexico u. New York, 1925–34 in Frankreich, erst unter den ›expatriates‹ in Paris, dann in Villafranca/Riviera u. in New Jersey. – Schrieb anfangs über den amerik. Mittelwesten u. psycholog. Romane über die Nöte junger Menschen, später Werke mit kosmopolit. Einstellung, die in Paris und Athen angesiedelt sind und oft den Gegensatz zwischen amerik. u. europ. Zivilisation behandeln.
W: The Bitterns, G. 1920; The Apple of the Eye, R. 1924; Natives of Rock, G. 1925; Like a Lover, Kgn. 1926; The Grandmothers, R. 1927 (Die Towers, d. 1928); Good-Bye, Wisconsin, Kgn. 1928; The Babe's Bed, N. 1930; The Pilgrim Hawk, R. 1940 (d. 1952); Apartment in Athens, R. 1945; Images of Truth, Ess. 1962; The Best of All Possible Worlds, Br. 1975; Continual Lessons, Tg. hg. R. Phelps, J. Rosco 1990.
L: W. H. Rueckert, 1965; J. D. Johnson, 1971; J. Rosco, 2002.

Wesker, Arnold, engl. Dramatiker, * 24. 5. 1932 Stepney, London. Aus kleinbürgerl. jüd. Familie russ.-ungar. Abstammung, zahlr. Gelegenheitsberufe, 1950–52 R. A. F. 1955/56 London School of Film Technique; Initiator und 1961–70 Leiter des von den Gewerkschaften finanzierten Kulturinstituts ›Centre 42‹. – Wichtigster Vertreter des naturalist. ›kitchensink‹-Dramas; wiederholt Konflikte mit dem engl. Theatersystem. Der Ruhm des engagierten sozialist. Gesellschaftskritikers gründet auf der autobiograph. beeinflußten ›Trilogie‹ u. den in den 1960er Jahren uraufgeführten Stücken: Aus der Perspektive e. humanist.-individualist. Sozialismus prangert W. die Unmenschlichkeit der brit. kapitalist. Klassengesellschaft an. Die ›Trilogie‹ exemplifiziert am Beispiel der jüd. Familie Kahn die polit. und menschl. Situation engl. Arbeiter seit dem Span. Bürgerkrieg u. die Verkümmerung ihrer sozialist. u. menschl. Ideale; Experimente mit episierenden Zeitstrukturen. ›The Kitchen‹ zeigt das hekt. Getriebe in der Küche e. Großrestaurants als Abbild e. sinnentleerten Welt perfektionierter Arbeitsteilung. Seit ›The Four Seasons‹ vorwiegend weniger erfolgr., psychologisierende Charakterstudien; in den 1980er Jahren v. a. Frauenmonologe. In ›Denial‹, e. Drama über Kindesmißbrauch u. das ›False-Memory-Syndrom‹, das mit interessanten Perspektivwechseln arbeitet, hat W. s. Interessen an psychoanalyt. Problemstellung u. am gesellschaftl. Wert der Familie theaterwirksam miteinander verbunden.
W: The Kitchen, Dr. 1960 (d. in: ›Theater heute‹, 1964); The W. Trilogy, Drn. 1960 (d. 1967): Chicken Soup with Barley, 1959, Roots, 1959, I'm Talking About Jerusalem, 1960; Chips with Everything, Dr. 1962 (d. 1969); Their Very Own and Golden City, Dr. 1966 (d. 1967); The Four Seasons, Dr. 1966; Fears of Fragmentation, Ess. 1970; The Friends, Dr. 1970 (d. 1970); Six Sundays in January, Slg. 1971; The Old Ones, Dr. 1973; The Journalists, Dr. 1975; The Wedding Feast, Dr. (1974) 1977 (d. 1974), Love Letters on Blue Paper, Kgn. 1974, Dr. 1978; Said the Old Man to the Young Man, Kgn. 1978; The Merchant, Dr. 1980 (d. 1977); Caritas, Dr. 1981; Annie Wobbler, Dr. (1983) (d. 1984); Distinctions, Ess. 1985; Lady Othello, Drn. 1990; As Much As I Dare, Aut. 1994; Wild Spring, Drn. 1994; The Birth of Shylock, 1997; The King's Daughters, En. 1998, Denial, Dr. (2000). – GW: Penguin Plays, VII 1976–94. – *Übs.:* Gesammelte Stücke, 1969; Stücke, 1977.

L: H. U. Ribalow, 1965; R. Hayman, 1970; G. Leeming, S. Trussler, 1971; G. Leeming, 1972; G. Klotz, Individuum und Gesellschaft im englischen Drama der Gegenwart, 1972; V. Lindemann, Diss. Marb. 1972; Kl. u. V. Lindemann, 1984; G. Leeming, hg. 1985.

Wessel, Johan Herman, dän.-norweg. Dichter, 6. 10. 1742 Jonsrud b. Vestby/Norwegen − 29. 12. 1785 Kopenhagen. Sohn e. Geistlichen. Lateinschule Oslo, unabgeschlossenes Stud. Engl. u. Franz. Kopenhagen; Sprachlehrer; 1772 Mitbegründer der ›Norske Selskab‹, e. norweg. Studentenklubs in Kopenhagen mit gegen die german. Tendenz von Ewald u. a. gerichtetem franz.-klassizist. Programm. 1784/85 Hrsg. des Wochenblattes ›Votre Serviteur Otiosis‹. Als Bohemien ständig in finanziellen Nöten. − Meister des beherrschten Witzes u. des wehmütigen Humors; s. kom. Verserzählungen sind kurze Anekdoten in flüchtiger Form u. iron. Ton, trotz ihrer scheinbaren Nachlässigkeit immer formsicher; s. Tragödienparodie ›Kærlighed uden strømper‹, in tadellosen Alexandrinern geschrieben und mit genauer Beachtung der ›Einheiten‹, ist eher gegen die dilettant. dän. u. norweg. Versuche in der franz. Tragödiengattung als gegen diese selbst gerichtet; sie ist e. Meisterwerk der dän.-norweg. kom. Lit., und ihre Satire über jede Unnatur wird immer noch geschätzt.

W: Kærlighed uden strømper, Dr. 1772 (n. zus. m. Comiske fortællinger, 1996; Der Bräutigam ohne Strümpfe, d. 1827, u. d. T. Lieb' ohne Strümpfe, 1844); Epilog, 1774; Komiske Fortællinger, 1775ff.; Lykken bedre end forstanden, Dr. 1776; Anno 7603, Dr. 1785. − Samlede digte, ²1961; Samtlige Skrifter, II 1787; Digte, II 1918, I 1992.

L: S. Thomsen, Kun en Digter, 1942; J. H. W. og Norge, hg. W. P. Sommerfeldt 1942 (m. Bibl.); H. Langberg, 1973; C. F. Engelstad, 1992; L. Bliksrud, 1999; J. H. W. og hans tid, hg. L. Bliksrud 2000.

West, (Mary) Jessamyn, amerik. Schriftstellerin, 18. 7. 1902 North Vernon/IN − 23. 2. 1984 Napa/CA. Stud. an e. Quäker-College u. in Berkeley, Mitglied der ›Gemeinschaft der Freunde‹, Lehrtätigkeit an versch. Schulen u. Univ. − Ihre Romane zeichnen sich durch große Fabulierfreude, poet. Sprache und gläubiges Vertrauen auf Gottes Ordnung aus; Kurzgeschichten für die gehobenen Magazine des Mittelstands, Filmskripte.

W: The Friendly Persuasion, Kgn. 1945 (Locke sie wie eine Taube, d. 1957); Mirror for the Sky, Dr. 1948; The Witch Diggers, R. 1951 (Das vergrabene Wort, d. 1959); Cress Delahanty, En. 1953 (Das Mädchen Creszent mit dem bunten Hut, d. 1956); Love, Death, and the Ladies' Drill Team, Kgn. 1955; To See the Dream, Es. 1957; Love Is Not What You Think, Es. 1959 (Solange es Liebe gibt, d. 1960); South of the Angels, R. 1960 (Terra buena, d. 1964); The Quaker Reader, Anth. 1962; A Matter of Time, R. 1966 (Der Tag kommt ganz von selber, d. 1968); Leafy Rivers, R. 1967; Except for Me and Thee, Kgn. 1969; Crimson Ramblers of the World, Farewell, Kgn. 1970; Hide and Seek, Ess. 1973; The Secret Look, G. 1974; The Massacre at Fall Creek, R. 1975 (... auf daß ihr nicht gerichtet werdet, d. 1977); The Woman Said Yes, Aut. 1976; The Life I Really Lived, R. 1979; Double Discovery, Es. 1980; The State of Lonesome, R. 1984; Collected Stories, 1986.

L: A. S. Shivers, 1972 (n. 1992); A. D. Farmer, 1982. − *Bibl.:* A. D. Farmer, 1998.

West, Morris L(anglo), austral. Romanautor, 26. 4. 1916 St. Kilda b. Melbourne − 1999. Seit 1956 vorwiegend in Italien. − Kathol. Unterhaltungsschriftsteller mit liberalem u. sozialkrit. Engagement.

W: The Big Story, R. 1957 (Die Stunde des Fremden, d. 1960); Children of the Sun, Rep. 1957 (Kinder des Schattens, d. 1964); The Devil's Advocate, R. 1959 (d. 1960); Daughter of Silence, R. 1962 (d. 1962); The Shoes of the Fisherman, R. 1963 (d. 1964); The Ambassador, R. 1965 (d. 1965); The Tower of Babel, R. 1968 (d. 1968); The Heretic, Dr. 1970 (d. 1971); Summer of the Red Wolf, R. 1971 (d. 1971); The Salamander, R. 1973 (d. 1974); Harlequin, R. 1974 (d. 1975); The Navigator, R. 1976 (Insel der Seefahrer, d. 1979); Proteus, R. 1979 (d. 1979); The Clowns of God, R. 1981 (d. 1981); The World Is Made of Glass, R. 1983 (d. 1983); Cassidy, R. 1987 (d. 1987); Lazarus, R. 1990; Ringmaster, R. 1991 (Die Fuchsfrau, d. 1992); The Lovers, R. 1993; Eminence, R. 1998; Masterclass, R. 1998 (d. 1999); The Last Confession, R. 2000.

West, Nathanael (eig. Nathan von Wallenstein Weinstein), amerik. Erzähler, 17. 10. 1902 New York − 22. 12. 1940 b. El Centro/CO (Autounfall). Stud. Brown Univ.; Hotel-Geschäftsführer, dann mit W. C. Williams Redakteur der Zs. ›Contact‹, Journalist in New York (fand hier Stoff für s. Roman ›Miss Lonelyhearts‹ über das menschl. Leid, das ihm in s. Rat und Trost gebenden Zeitungsspalte begegnet); ab 1934 Drehbuchautor in Hollywood; ⚭ Eileen McKenney. − Surrealist.-phantast. und z. T. satir. Erzähler von intensiver, knapper Sprache mit Filmschnitt-Technik. Bittere, makaber-skurrile Weltsicht. Neben F. S. Fitzgerald bedeutendster Schilderer des Zeitgeistes der 30er Jahre in Amerika. Starker Einfluß auf den mod. amerik. Roman (besonders mit s. Konzeption des Anti-Helden). ›The Day of the Locust‹ dramatisiert Hollywood als apokalypt. Vision der Hoffnungslosigkeit menschl. Existenz.

W: The Dream Life of Balso Snell, R. 1931; Miss Lonelyhearts, R. 1933 (Schreiben Sie Miss L., d. 1962); A Cool Million, R. 1934 (d. 1972); The Day of the Locust, R. 1939 (d. 1964). − The Complete Works, 1957.

L: J. F. Light, 1961; S. E. Hyman, 1962; V. Comerchero, 1964; J. Martin, 1970; K. Widmer, 1982; A. Wisker, 1990; B. Pichon-Kalau von Hofe, Krisen: Kontrollen u. Kontingenzen, 1990; J. Veitch, American Superrealism, 1997.

West, Rebecca (eig. Cecily Isabel Fairfield), anglo-ir. Schriftstellerin, 25. 12. 1892 County Kerry/Irland – 14. 3. 1983 London. Tochter e. Journalisten; nach dessen frühem Tod Jugend in Edinburgh. Stud. Dramatic Academy London, kurz Schauspielerin. Prototyp der unabhängigen ›new woman‹ der 1920er Jahre. Nahm das Pseudonym R. W., den Namen der Heldin von Ibsens ›Rosmersholm‹, an, deren Rolle sie gespielt hatte. Ab 1912 Journalistin, später freie Schriftstellerin. Schrieb zunächst Beiträge für Frauenzsn., später für ›Daily News‹ und ›Daily Telegraph‹. Sozialistin u. Frauenrechtlerin. Liaison mit H. G. Wells, ∞ 1930 Bankier Henry Maxwell Andrews. 1937 Jugoslawienreise. – Vielseitige feminist. Romanschriftstellerin unter Einfluß der Psychoanalyse mit geschickter Perspektivtechnik, klarem, herbem Stil u. breiter Themenwahl; auch gesellschaftskrit. Familienromane, Essays u. Reisebücher. ›The Return of the Soldier‹ schildert psychoanalyt. die Heilung e. infolge Nervenschocks an Gedächtnisschwund leidenden Offiziers des 1. Weltkriegs. Ihr berühmtestes Buch, die scharfsinnige und humorvolle Reiseerzählung ›Black Lamb and Grey Falcon‹ über ihre Jugoslawienreise im Frühjahr 1937 verbindet sicheres polit. Urteil, Autobiographie, informative Geschichts- u. Reiseerzählung mit e. emotional bewegenden und brillanten Stil.

W: H. James, St. 1916; The Return of the Soldier, R. 1918; The Judge, R. 1922; The Strange Necessity, Ess. 1928; H. Hume, R. 1929; D. H. Lawrence, an Elegy, St. 1930; St. Augustine, St. 1933; The Harsh Voice, 4 R. 1935; The Thinking Reed, R. 1936; Black Lamb and Grey Falcon, Reiseb. II 1942; A Train of Powder, Ess. 1955; The Fountain Overflows, R. 1957 (d. 1958); The Court and the Castle, St. 1958; The Vassall Affair, Es. 1963; The Birds Fall Down, R. 1966 (Die Zwielichtigen, d. 1967); The Young Rebecca, Ess. hg. J. Marcus 1982; Sunflower, R. 1986.

L: V. E. Wolfer, 1972; G. N. Ray, H. G. Wells and R. W., 1974; F. Weldon, 1985; H. Orel, 1986; V. Glendinning, 1987, 1992, 1995.

Westerberg, Caj Torsten, finn. Dichter u. Übersetzer, * 14. 6. 1946 Porvoo. – Bedeutender Übers. schwedischsprachiger Lyrik. S. Poesie entwickelt sich von bewegl., assoziationsreichen Gedichten mit intensivem Sprechrhythmus zu imagistischen Wahrnehmungen, die Bedeutung im Kleinen aufspüren. Hinter scharfen Beobachtungen schimmert magisches Licht.

W: Onnellisesti valittaen, G. 1967; Runous, G. 1968; Uponnut Venetsia, G. 1972; Äänesi, G. 1974; Reviirilaulu, G. 1978; Elämän puu, G. 1981; Kirkas nimetön yö, G. 1985; Että näkyisi valona vedessä, G. 1991; Lähettien rientävät pilvinä kivet, G. 1992; Ataraksia, G. 2003.

Westerlinck, Albert (eig. José Joris Maria Aerts), fläm. Schriftsteller, 17. 2. 1914 Geel – 30. 4. 1984 Kasterlee. Lit.-Prof. in Leuven. Ab 1945 Redakteur der kathol. Zs. ›Dietsche Warande en Belfort‹. – Lyriker mit wohllautenden Versen von relig. Grundcharakter und literaturkrit. Essayist.

W: Bovenzinnelijk verdriet, G. 1938; Met zachte stem, G. 1939; Aardsch en hemelsch, G. 1943; Het schoone geheim der poëzie, Es. 1946; De innerlijke Timmermans, Es. 1957; Gesprekken met Walschap, II 1969f.; Taalkunst van G. Gezelle, Es. 1980.

Westmacott, Mary → Christie, Agatha

Das Westzimmer → Wang Shifu

Wetering, Janwillem van de, niederländ. Schriftsteller, * 12. 2. 1931 Rotterdam. Er ist jahrelang in aller Welt herumgekommen u. verbrachte einneinhalb Jahre in einem japanischen Zen-Kloster. Der Zen-Buddhismus spielt in s. Leben und s. Werk immer wieder eine Rolle. Als Alternative zum Militärdienst war er bei der Amsterdamer Reservepolizei tätig, die dortigen Erfahrungen kann er für seine Polizeiromane nutzen. Seit den 70er Jahren lebt er mit s. Familie in Maine, später auch in Florida. – Schreibt v. a. Kriminalromane, oft mit philosophischem Einschlag; außerdem hat er einige Bücher über s. zen-buddhistischen Erfahrungen veröffentlicht. Er schreibt alle Bücher in niederländ. u. engl. Fassung.

W: De lege spiegel, Aut. 1971 (d. 1981); Outsider in Amsterdam, R. 1975 (d. 1977); Buitelkruid, R. 1975 (Eine Tote gibt Auskunft, d. 1978); De straatvogel, R. 1983 (Der Commissaris fährt zur Kur, d. 1983); De kat van brigadier De Gier, En 1983 (d. 1983); Zuivere leegte, Aut. 2001 (Reine Leere, d. 2001).

Weyergans, François, belg. Schriftsteller franz. Sprache, * 1941 Brüssel. Stud. Lit. bei Jesuiten, dann Filmographie (Paris); Drehbuchautor und Romancier, s. film. Erstlingswerk ist e. Porträt von Maurice Béjart. – Verarbeitet e. vorübergehende psych. Krankheit in der Romanfigur Eric Wein, dessen sexuelle Probleme er, beeinflußt von Lacan, tiefenpsycholog. analysiert; in den folgenden Romanen dominieren reisende Helden, ebenfalls mit autobiograph. Zügen ausgestattet, die die Einsamkeit des Schriftstellers symbolisieren. Feinsinnige, subtile Sprache.

W: Française, Français, Ess. 1964; Le pitre, R. 1973; Berlin mercredi, R. 1979; Macaire le copte, R. 1981; Béjart, Drb. 1983; Je suis écrivain, R. 1989; Rire et pleurer, R. 1990; La démence du boxeur, R. 1992.

Weyssenhoff, Józef, Baron, poln. Schriftsteller, 8. 4. 1860 Kolano (Podlesie) – 6. 7. 1932 Warschau. Aus altem, berühmten livländ. Adel. Mittelschule Warschau; bis 1884 Stud. Jura Dorpat.

1891–96 Redakteur der ›Biblioteka Warszawska‹, Auslandsreisen. Im 1. Weltkrieg in Rußland, nach 1918 zunächst in Bromberg, ab 1929 in Warschau. – Fortsetzer der bürgerl. Positivisten. Meisterhafte satir.-iron. Darstellungen des poln. Landadels, doch ohne Verständnis für die Entwicklung nach 1918. Bes. einprägsame Naturschilderungen s. litau. Heimat in späteren Jagdromanen.

W: Żywot i myśli Zygmunta Podfilipskiego, R. 1898 (Die vornehme Welt. Leben u. Gedanken des Herrn Z. P., d. ²1987); Sprawa Dołęgi, R. 1901 (Die Affaire Dolega, d. 1904); Syn marnotrawny, R. 1904 (Der verlorene Sohn, d. 1917); Unia, R. 1910; Erotyki, G. 1911; Soból i panna, R. 1912 (Der Zobel u. die Fee, d. 1937); Znaj pana, En. 1912; Gromada, R. 1913; Puszcza, R. 1915; Cudno i ziemia cudeńska, R. 1921; Noc i świt, R. 1924; Mój pamiętnik literacki, Mem. 1925; Jan bez ziemi, R. 1929; Ulica, R. 1930. – Pisma (W), XIII 1927; Dzieła zebrane (SW), III 1932 (unvollst.); Pani Teodora, En. 1971; Z młodych lat, Br. 1985.

L: M. Piszczkowski, 1930; H. Obiezierska, 1965; I. Szypowska, 1976.

Wharton, Edith, geb. Newbold Jones, amerik. Schriftstellerin, 24. 1. 1862 New York – 11. 8. 1937 St. Brice-sous-Forêt/Frankreich. Aus alter, reicher New Yorker Familie, in Europa und Amerika privat erzogen; ⚭ 1885 Edward W., der geisteskrank wurde; lebte ab 1906 fast ständig in Frankreich (im 1. Weltkrieg freiwillig karitative Tätigkeit) und, da in ihrem lit. Schaffen von der Familie ignoriert, in der Gesellschaft von Künstlern und Schriftstellern (H. James, Howells, C. E. Norton, P. Bourget). – Ihre Romane und Kurzgeschichten spielen in der New Yorker Gesellschaft, später behandeln sie den Gegensatz zwischen Amerika u. Frankreich. In der Nachfolge von H. James bilden sie e. Höhepunkt der realist.-gesellschaftskrit. amerik. Lit.; ihr Grundklang ist trag., ihr Thema e. durch Weltkrieg und aufstrebenden Mittelstand zum Sterben verurteilte Gesellschaftsklasse. ›The Age of Innocence‹, ihr größter Roman, unter den ›oberen Zehntausend‹ New Yorks spielend, erhielt 1921 den Pulitzerpreis. ›Ethan Frome‹ schildert Menschen Neuenglands in schicksalhafter Auseinandersetzung; hier wird W.s subtile Art der Charakterschilderung bes. deutl.; die klare Sprache beruht auf e. ersten Fassung in franz. Sprache.

W: The Greater Inclination, Kgn. 1899; The Valley of Decision, R. 1902; Sanctuary, R. 1903; Italian Backgrounds, Reiseb. 1905; The House of Mirth, R. 1905 (d. 1988); Madame de Treymes, R. 1907; A Motor-Flight Through France, Reiseb. 1908; Ethan Frome, R. 1911 (Die Schlittenfahrt, d. 1948); The Reef, R. 1913 (d. 1997); The Custom of the Country, R. 1913 (Die kühle Woge des Glücks, d. 1997); The Marne, R. 1918; The Age of Innocence, R. 1920 (Amerikanische Romanze, d. 1939, u. d. T. Im Himmel weint man nicht, 1951); The Glimpses of the Moon, R. 1922 (d. 1995); A Son at the Front, R. 1923; The Writing of Fiction, Ess. 1925; The Mother's Recompense, R. 1925; Twilight Sleep, R. 1927 (Die oberen Zehntausend, d. 1931); A Backward Glance, Aut. 1934; The Buccaneers, R. 1938 (Die Freibeuterinnen, d. 1994). – Collected Short Stories, hg. R. W. B. Lewis II 1967; Collected Stories, hg. A. Brookner 1998; An E. W. Treasury, hg. A. H. Quinn 1950; The Best Short Stories of E. W., hg. W. Andrews 1958; E. W. Reader, hg. L. Auchincloss 1965; Ghost Stories, 1973; E. W. Abroad, Reiseb. hg. S. B. Wright 1995; Uncollected Critical Writings, 1997; Yrs. Ever Affly, E. W. and L. Bromfield, Br. hg. D. Bratton 2000.

L: R. M. Lovett, 1925; E. K. Brown, Paris 1935; P. Lubbock, 1947; B. Nevius, 1953; M. J. Lyde, 1959; L. Auchincloss, 1961; I. Howe, hg. 1962; M. Bell, E. W. and Henry James, 1965; G. Kellogg, 1965; O. Coolidge, 1966; G. Walton, 1971; R. H. Lawson, 1974; J. Fryer, Felicitous Structures, 1986; D. M. Bauer, 1994; S. Benstock, 1994; E. Dwight, 1994; E. E. Fracasso, 1994; S. Goodman, 1994; R. Worth, 1994; J. Dyman, 1995; K. A. Fedorko, 1995; B. Millicent, 1995; C. J. Singley, 1995; T. Craig, 1996; H. Killoran, 1996; A. Price, 1996; R. Turk, 1997; S. B. Wright, 1997 u. 1998; M. E. Montgomery, 1998; C. Colquitt, hg. 1999; A. R. Tintner, 1999; H. Hoeller, 2000; C. Preston, 2000; H. Killoran, 2001; J. Beer, 2002; P. Collas, 2002; C. J. Singley, hg. 2003. – Bibl.: L. R. Davis, 1933.

Wheatley, Phillis, afroamerik. Dichterin, ca. 1753 Senegal oder Gambia – 5. 12. 1784 Boston. 1761 auf dem Schiff ›Phillis‹ nach Amerika gebracht, kauft der Bostoner Kaufmann Wheatley sie als Dienstmädchen für seine Frau; W. beginnt nach nur vier Jahren Gedichte zu schreiben (e. Elegie auf George Whitefield 1770 findet internationale Beachtung), wird 1771 getauft, reist 1773 nach England, wo ihre aufsehenerregende Gedichtsammlung erscheint, wird nach ihrer Rückkehr von Wheatley freigegeben, verliert aber mit dem Tod der Wheatleys 1774 deren Protektion, heiratet 1778 den freien Schwarzen John Peters, gebiert drei Kinder u. stirbt mit 31 in Armut. – Ihr Buch – das erste von afroamerik. Hand – enthält Gelegenheitsgedichte u. Elegien, von weißen Gönnern eingeleitet; sie galten sofort als Belege für die vorher bestrittene Bildungsfähigkeit der Afroamerik. u. lösten fruchtbare Debatten über deren Bestimmung aus. Als Kind der Aufklärung u. e. christl. Erziehung zeigt W. in ihren Gedichten adoptierte konventionelle Formen im Stil von Pope u. Milton mit wenig persönl. Akzenten. Danach nur noch vereinzelte Gedichte u. Scheitern e. per Subskription geplanten Gedichtbandes.

W: Poems on Various Subjects, Religious and Moral, G. 1773. – The Collected Works, hg. J. C. Shields 1988; Complete Writings, hg. V. Carretta 2001.

L: G. H. Renfro, Life and Works of P.W., 1916 (n. 1969); M. A. Richmond, Bid the Vassal Soar. Interpretive Essays on the Life and Poetry of P. W. and G. M. Horton, 1974; W. H. Robinson, 1975; Critical Ess., hg. W. H. Robinson 1982; ders., 1984.

Whetstone, George, engl. Dichter, um 1544 London – Sept. 1587 Bergen-op-Zoom. Vermutl. Jurastud., dann 1574 Soldat in den Niederlanden, begleitete 1578/79 Sir Gilberts Expedition nach Neufundland, nahm 1586 an der Schlacht bei Zutphen teil. Befreundet mit Gascoigne. Im Duell getötet. – Scharfer Kritiker des zeitgenöss. Dramas. Vf. von Versen, Prosaromanen und Schauspielen. Sein bedeutendstes Werk ›Promos and Cassandra‹, eine Tragikomödie nach Cinthios ›Hecatommithi‹, gilt als eine der Hauptvorlagen für Shakespeares ›Measure for Measure‹, die ›Dedication‹ zum Stück enthält erstmals in der engl. Lit. e. Theorie des Dramas.

W: The Rock of Regarde, Schr. 1576 (hg. J. P. Collier 1867); Promos and Cassandra, K. 1578 (hg. Sir I. Gollancz 1909; W. C. Hazlitt in Shakespeare's Library 6, 1875; G. Bullough in Narrat. and Dramat. Sources of Shakespeare 2, 1958); Heptameron of Civill Discourses, E. 1582.

L: T. C. Izard, 1942.

White, Patrick (Victor Martindale), austral. Romanschriftsteller, 28. 5. 1912 London – 30. 9. 1990 Sydney. Kindheit in Australien, Cheltenham College/England, Stud. franz. u. dt. Lit. Cambridge; Reisen in Dtl., Frankreich, Amerika; im 2. Weltkrieg bei der Air Force in Ägypten, 1948 wieder in Paddington/Sydney. Nobelpreis 1973. – Vf. psycholog. Romane. S. Frühwerk ist schwer zugängl., düster, in der Nachfolge von J. Joyce, später Wendung zum Positiven: Suche nach e. Sinn des Lebens, der moral. Essenz der Ereignisse. S. bedeutendstes Werk ›Voss‹ gilt als der kraftvollste mod. austral. Roman. Er schildert den Leidensweg des dt. Forschers Leichhardt als paradigmat. Reise in e. menschl. Grenzsituation.

W: The Ploughman, G. 1935; The Living and the Dead, R. 1941; The Aunt's Story, R. 1948; The Tree of Man, R. 1955 (Zur Ruhe kam der Baum des Menschen, d. 1957); Voss, R. 1957 (d. 1958); Riders in the Chariot, R. 1961 (Die im feurigen Wagen, d. 1969); The Burnt Ones, Kgn. 1964; Four Plays, 1965; The Solid Mandala, R. 1966 (Die ungleichen Brüder, d. 1978); The Vivisector, R. 1970 (Der Maler, d. 1972); The Eye of the Storm, R. 1973 (d. 1974); The Cockatoos, Kgn. 1974; A Fringe of Leaves, R. 1976 (Der Lendenschurz, d. 1982); Big Toys, Dr. 1978; The Twyborn Affair, R. 1979 (d. 1986); Flaws in the Glass, Mem. 1981 (Risse im Spiegel, d. 1994); Memoirs of Many in One, R. 1986.

L: G. Dutton, 1963; R. F. Brissenden, 1966; G. A. Wilkies, hg. 1970; P. A. Morley, 1972; I. Björkstén, 1974; A. Lawson, 1974; J. R. Dyce, 1974; I. Björkstén, 1976; P. Beatson, 1976; M. Johnson, 1980; B. Kiernan, 1980; J. Colmer, 1984; C. Bliss, 1986; L. Woolfe, 1990; D. Marr, 1992. – *Bibl.:* J. Finch, 1966.

White, T(erence) H(anbury, Ps. James Aston), engl. Schriftsteller, 29. 5. 1906 Bombay – 17. 1. 1964 Piräus. – Sehr vielseitiger, origineller Autor. Der auf Malory beruhende ›Once and Future King‹ war die Grundlage des Musicals ›Camelot‹ von Lerner u. Loewe.

W: Lovel Helen, G. 1927; The Once and Future King, R.-Tril.: The Sword in the Stone, 1938 (d. 1976), The Witch in the Wood, 1939 (später u. d. T.: The Queen of Air and Darkness; d. 1976), The Ill-Made Knight, 1941 (n. in 1 Bd. 1958; d. 1976); Mistress Masham's Repose, R. 1946 (Das Geheimnis von Liliput, d. 1951); The Goshawk, Ber. 1951; The Master, R. 1957 (Der Herrscher im Fels, d. 1983); The Godstone and the Blackymor, Aut. 1959; The Book of Merlyn, 1977 (d. 1980); A Joy Proposed, G. 1980; The Maharajah, En. 1981 (Kopfkalamitäten, d. 1982).

L: S. T. Warner, 1967; J. K. Crane, 1974; D. Moran, 2000. – *Bibl.:* F. Gallix, 1986.

White, William Hale (Ps. Mark Rutherford), engl. Schriftsteller, 22. 12. 1831 Bedford – 14. 3. 1913 Groombridge. Sohn e. Druckers; in Bedford Modern School erzogen. Stud. Theol., mußte s. unorthodoxen Ansichten wegen vorzeitig abgebrochen werden. Ab 1854 Beamter. – Übs. Spinozas, Vf. einiger krit. u. philos. Schriften, mehrerer psycholog. Romane, guter Beschreibungen des Kleinbürgertums der Provinz, ferner einiger halbautobiograph. Schriften, in denen er mit großer Aufrichtigkeit persönl. Bekenntnisse ablegt.

W: The Autobiography of M. R., Dissenting Minister, 1881 (hg. H. W. Massingham 1923); M. R.'s Deliverance, Aut. 1885 (hg. ders. 1923); The Revolution in Tanner's Lane, R. 1887; Miriam's Schooling, R. 1890; Catharine Furze, R. 1893; Pages from a Journal, III 1900–15; J. Bunyan, St. 1905; Early Life, Aut. 1913. – Novels, hg. H. W. Massingham VI 1923.

L: A. E. Taylor, 1914; W. R. Nicoll, 1924; D. V. White, The Groombridge Diary, 1924; U. C. Buchmann, 1950; W. H. Stone, 1954; C. M. Maclean, 1955; I. Stock, 1956; S. Merton, 1967; C. R. Harland, 1987.

Whiting, John (Robert), engl. Dramatiker, 15. 11. 1917 Salisbury – 16. 6. 1963 London. Ausbildung an der Royal Academy of Drama. Schauspieler. – Vf. geistreich-frivoler Komödien mit kultiviertem Dialog, witzigen Aperçus und Neigung zum Skurril-Absurden. Weniger erfolgr. mit s. heftig umstrittenen symbolisierend-realist. Stücken. Das psycholog. Drama ›The Devils‹ basiert auf A. Huxleys ›The Devils of Loudon‹. Übs. Anouilhs.

W: Saint's Day, Dr. 1951; A Penny for a Song, K. 1951; Marching Song, Dr. 1954; The Gates of Summer, K. (1956); The Devils, Dr. 1961 (d. in ›Theater heute‹, 1962); No, Why?, Dr. 1964; Conditions of Agreement, Dr. 1965 (auch u. d. T. A Walk in the Desert, 1969). – The Collected Plays, hg. R. Hayman II 1969; The Art of the Dramatist, Slg. hg. ders. 1970.

L: R. Hayman, 1968; S. Trussler, 1972; Salmon, 1979; G. Robinson, 1989.

Whitman, Walt(er), amerik. Dichter, 31. 5. 1819 West Hills/NY − 26. 3. 1892 Camden/NJ. Sohn e. Zimmermanns und e. Quäkerin; Kindheit in Brooklyn und am Strand von Long Island; Druckergehilfe und Schullehrer; journalist. Tätigkeit für Tageszeitungen, u. a. den konservativ demokrat. ›Brooklyn Eagle‹ und den ›New Orleans Crescent‹ (1848); 1847/48 Reise durch Landschaft und Städte des damaligen Westens (Mississippi); erneut polit. Publizist in New York für die Sache e. individualist. u. egalitären Agrardemokratie; Enthusiasmus für Theater und ital. Oper; Vertrautheit mit dem einfachen Mann der unteren Schichten der Großstadt. 1855 Privatdruck des Gedichtbandes ›Leaves of Grass‹. Einflüsse: Lektüre bes. Shakespeares, Ossians, Homers, der Bibel und der Hindu-Schriften; der dualist. Idealismus Emersons mit s. Betonung der autonomen Einzelseele und der in der Natur symbol. offenbarten göttl. Allseele, die Vorstellung vom poeta vates; e. in der polit. Diskussion geprägtes myst. Nationalbewußtsein, das Amerika für kulturell u. intellektuell selbständig erklärt; schließl. e. für sinnl. Reize unerhört empfindl. Natur und e. unbewältigte Sexualität, die neurot. Spannungen hervorrief. Der Bürgerkrieg bekräftigt W.s Glauben an die Demokratie durch das als Pfleger in e. Lazarett erfahrene Erlebnis der Freundschaft; 1864–73 kleiner Beamter in Washington; ab 1873 infolge e. Schlaganfalls leidend und in dürftigen Umständen; Mittelpunkt e. Gruppe glühender Verehrer und Gegenstand e. von ihm selbst kultivierten biograph. Legende. − Sänger Amerikas und der Demokratie von weltlit. Rang; begründet e. neue Stiltradition und e. neues Lebensgefühl. ›Leaves of Grass‹ entwickelt sich als Lebenswerk aus den 12 Gedichten von 1855, darunter ›Song of Myself‹, über ständig revidierte u. vermehrte Ausgaben zur letzten Fassung von 1891. Drei Ideen, theoret. dargelegt in dem ›Preface 1855‹ und dem kulturkrit. Essay ›Democratic Vistas‹, bestimmen auch die Lyrik: der Widerspruch zwischen autonomem Individuum u. demokrat. Gesellschaft; der Mensch als e. zwischen Natur u. Geist stehendes, als psychophys. Einheit begriffenes Wesen; e. die Natur als zykl., die Geschichte als eschatolog., göttl. gelenkten Prozeß verstehender optimist. Evolutionismus. Charakterist. sind der abstrakte Idealismus und die kosm. Gebärde bes. des Spätwerks, e. die Welt und die eigene Existenz sinnenhaft-konkret erlebende Unmittelbarkeit bes. des aus Angst und Vereinsamung geborenen bekenntnishaften Frühwerks, die revolutionäre Form des freien, aber sehr rhythmisierten Verses mit der Mischung von lyr.-hymn. und ep.-deskriptiven Tönen, die impressionist. u. zugleich symbol. Bildhaftigkeit, der universale Wortschatz und der ellipt., alog. Ausdruck. Großes Vorbild für die ›Beat‹-Generation (Ginsberg, Kerouac u. a.) sowie für das Amerikaerlebnis in den Romanen T. Wolfes.

W: Leaves of Grass, 1855 (d. 1868 u. ö.); Drum-Taps, G. 1865; Democratic Vistas, Ess. 1871 (d. 1922); Passage to India, G. 1871; Memoranda During the War, 1875f.; Two Rivulets, G. 1876; Specimen Days and Collect, Skn. u. Stn. 1882f. (d. 1946); November Boughs, G. 1888; Good-bye My Fancy, G. 1891; Leaves of Grass, [11]1891/92. − Leaves of Grass, Inclusive Edition, hkA hg. E. Holloway 1924; The Collected Writings, hkA hg. G. W. Allen, E. S. Bradley XIX 1961–84; Complete Writings, hg. H. L. Traubel, R. M. Bucke, T. B. Harned X 1902; Complete Poems and Prose, 1855–88, 1888f.; The Complete Poetry and Prose, hg. M. Cowley II 1948–54; The Poetry and Prose, Inner Sanctum Edition, hg. L. Untermeyer 1949; Uncollected Poetry and Prose, hg. E. Holloway II 1921; Complete Poetry and Selected Prose and Letters, hg. ders. 1938; Complete Prose Works, 1891; W. W. Archive, hg. J. Myerson III 1993; Autobiographia, 1892; The Gathering of the Forces, Ess. II 1920; I Sit and Look Out, Ess. 1932; Correspondence, hg. E. H. Miller VI 1961–77; Camden Conversations, hg. W. Teller 1973; Intimate with Walt, Gespräche hg. G. Schmidgall 2001; Sacrificial Years, hg. J. H. McElroy 1999. − *Übs.:* Ausw. H. Reisiger II 1926, 1960 u. ö.; Lyrik u. Prosa, Ausw. H. Petersen, E. Arendt, H. Heinrich 1966.

L: J. A. Symonds, 1893, n. 1967; H. B. Binns, 1905 (d. 1907); B. Perry, 1906, n. 1971; B. de Selincourt, 1914, n. 1965; E. Holloway, 1926; J. Catel, 1929; F. Schyberg, 1933, 1951; N. Arvin, 1938, n. 1969; H. S. Canby, 1943 (d. 1947); H. Reisiger, 1946; G. W. Allen, W. W. Handbook, 1946; R. Asselineau, Paris 1954 (engl. II 1950–62); F. Bowers, 1955; E. H. Eby, Concordance, 1955; G. W. Allen, The Solitary Singer, 1955; ders., W. W. Abroad, hg. 1955; ders., 1961; R. Chase, 1955; M. Hindus, hg. 1955; J. E. Miller, A Critical Guide to Leaves of Grass, 1957; L. Marx, hg. 1960; J. E. Miller, K. Shapiro, B. Slote, Start with the Sun, 1961; J. E. Miller, 1962; R. H. Pearce, hg. 1962; H. J. Waskow, 1966; E. H. Miller, 1968; ders., hg. 1969; F. Murphy, hg. 1969; T. L. Brasher, 1970; G. W. Allen, Reader's Guide, 1970; T. E. Crawley, 1970; M. Hindus, hg. 1971; J. J. Rubin, 1973; F. Stovall, Foreground, 1974; A. Golden, hg. 1974; G. W. Allen, 1975; S. E. Black, 1975; M. Schaper, 1976; I. Marki, Trial of the Poet, 1976; J. E. Miller, American Quest for a Supreme Fiction, 1979; J. Kaplan, 1980; H. Aspiz, 1980; W. H. Eitner, 1981; C. C. Hollis, Language and Style, 1983; Critical Essays on W. W., hg. J. Woodress 1983; P. Zweig, 1984; H. Bloom, 1985; J. P. Krieg, hg. 1985; D. Cavitch, 1985; M. W. Thomas, 1987; P. Akers, 1991; M. Bauerlein, 1991; G. Clarke, 1991; W. Grünzweig, 1991 u. 1995; M. Moon, 1991; J. Myerson, hg. 1991; P. Callow, 1992; B. R. S. Fone, 1992; K. F. Gambone, hg. 1992; R. K. Martin, hg. 1992; J. E. Miller Jr., 1992; T. Nathanson, 1992; J. E. Schwiebert, 1992; G. M. Sill, R. K. Tarbell, hg. 1992; J. Dougherty, 1993; M. J. Killingsworth, 1993; B. L. Knapp, 1993; M. Camboni, hg. 1994; E. Folsom, 1994; ders., hg. 1994; G. W. Allen, E. Folsom, hg. 1995; E. Greenspan, hg. 1995; M. Klammer, 1995; C. Reef, 1995; D. S. Reynolds, 1995; E. I. Thurin, 1995; C. Beach, 1996; B. Erkkila, J. Grossman, 1996; K. M. Price, hg. 1996; R. L.

Davis, 1997; L. Mancuso, 1997; G. Schmidgall, 1997; S. Ceniza, 1998; E. Folsom, J. Perlman, D. Campion, hg. 1998; J. P. Krieg, 1998; D. D. Kummings, J. R. LeMaster, hg. 1998; J. Loving, 1999; L. Kramer, hg. 2000; J. P. Krieg, 2000; R. Morris Jr., 2000; V. Pollak, 2000; D. Reynolds, hg. 2000; E. Folsom, hg. 2002. – *Bibl.*: J. Boswell, 1900–78, 1980; S. Giantvalley, 1838–1939, 1981; D. D. Kummings, 1940–75, 1982; J. Myerson, 1993; B. Gibson, 2001.

Whittier, John Greenleaf, amerik. Dichter, 17. 12. 1807 Haverhill/MA – 7. 9. 1892 Hampton Falls/NH. Sohn e. Quäker-Farmers; lückenhafte Schulbildung, wahllose Lektüre; 1828 Zeitungsredakteur in Boston, Hartford, 1836 New York, 1838–40 Philadelphia, 1847 Washington. – Zu ihrer Zeit beim bürgerl. Lesepublikum sehr populäre Lyrik u. Publizistik. E. durch R. Burns geförderte romant. Heimattreue äußert sich in s. erzählenden Balladen u. Idyllen über Geschichte, Landschaft u. Menschen Neuenglands; am berühmtesten wurde die Idylle ›Snow-Bound‹ mit ihren realist. beschriebenen Begebenheiten aus der ländl. und winterl. Natur. 1833–59 widmete sich W. ganz s. journalist.-polit. Kampf gegen die Sklaverei, dessen poet. Früchte er in ›Voices of Freedom‹ sammelte. W.s Quäkertum beeinflußte das humanitäre Pathos u. den gehobenen eth. Ton s. Toleranz u. demokrat. Brüderlichkeit proklamierenden Dichtung.

W: Legends of New-England, G. 1831; Moll Pitcher, G. 1832; Justice and Expediency, Pamphlet 1833; Narrative of J. Williams, R. 1838; Lays of My Home, G. 1843; Ballads and Other Poems, 1844; Voices of Freedom, G. 1846; Old Portraits and Modern Sketches, En. 1850; Songs of Labor, G. 1850; The Chapel of the Hermits, G. 1853; The Panorama, G. 1856; Home Ballads and Poems, 1860; In War Time, G. 1864; National Lyrics, G. 1865 (n. 1971); Snow-Bound, G. 1866 (Eingeschneit, d. 1879); The Tent on the Beach, Ep. 1867; Among the Hills, G. 1869; Hazel-Blossoms, G. 1875; At Sundown, G. 1890 – Collected Writings, hg. G. W. Allen, E. S. Bradley XXII 1961–84; Writings, hg. H. E. Scudder VII 1888; Complete Poetical Works, 1895; Poetry, Ausw. hg. R. P. Warren 1971; W. on Writers and Writing, 1950; Letters, hg. J. B. Pickard III 1975.

L: W. S. Kennedy, 1882; F. H. Underwood, 1884; G. R. Carpenter, 1903; S. T. Pickard, II ²1907; B. Perry, 1907; J. K. Eastburn, 1915; T. W. Higginson, ²1926; A. Mordell, 1933; W. Bennett, 1941; J. A. Pollard, 1949; J. B. Pickard, 1961; L. Leary, 1961; E. Wagenknecht, 1967; J. B. Pickard, hg. 1968; Critical Essays on J. G. W., hg. J. K. Kribbs 1980; R. H. Woodwell, 1985. – *Bibl.*: Th. F. Currier, 1937, n. 1971; A. J. von Frank, 1976; J. B. Pickard, 1987.

Wiclif, John → Wyclif(fe)

Wideman, John Edgar, afroamerik. Erzähler, * 14. 6. 1941 Washington, D.C. Wuchs arm in Pittsburgh, Stadtteil Homewood, auf; Stud. Univ. of Pennsylvania, Rhodes-Stipendiat in Oxford; Univ. of Iowa; lehrte Univ. of Pennsylvania, Univ. of Wyoming u. in Amherst/MA. – Nach ersten modernist. Romanen (Vorbild Faulkner) konzentrierte sich W. mit der ›Homewood Trilogy‹ (1981–83) auf Nachbarschaft, Geschichte u. Sprachidiom seiner erweiterten Familie, suchte Anschluß an mündl. Tradition, Musik u. Straßenerfahrung seiner Gruppe u. ließ in ›Philadelphia Fire‹ u. in der unerhörten, kontrastiv sein Schicksal mit dem des straffälligen Bruders verquickenden Doppelautobiographie ›Brothers and Keepers‹ zunehmend gesellschaftskrit. Akzente hinzutreten. W. ist e. der virtuosesten u. engagiertesten afroamerik. Erzählstimmen in e. sprach- u. geschichtsbewußten lit. Avantgarde.

W: A Glance Away, R. 1967; Hurry Home, R. 1970; The Lynchers, R. 1973; Damballah, En. 1981; Hiding Place, R. 1981; Sent for You Yesterday, R. 1983; Brothers and Keepers, Aut. 1984 (Bruder u. Hüter, d. 1987); The Homewood Trilogy, 1985; Reuben, R. 1987; Philadelphia Fire, R. 1990; The Stories of J. E. W., En. 1992; Fatheralong, Aut. 1995; The Cattle Killing, R. 1996 (Schwarzes Blut, d. 2003); Two Cities, R. 1998 (Himmel unter den Füßen, d. 2000); Hoop Roots, R. 2001.

L: J. W. Coleman, Blackness and Modernism: The Literary Career of J. E. W., 1989; Conversations with J. E. W., 1998.

Widsith, altengl. Kataloggedicht, spätes 7. Jh. (?). Im Alliterationsvers verfaßt, überliefert im Exeter-Buch. Der fiktive Sänger (scop) mit dem sprechenden Namen Widsith (Weitfahrt, der Weitgereiste) zählt quasi-autobiograph. die ca. 140 Herrscher und Stämme bzw. Völker auf, bei denen er angebl. weilte und auftrat. Wichtig für die german. Sagengeschichte und die Geographie der Völkerwanderungszeit des 3.–6. Jh.

A: R. W. Chambers 1912; The Anglo-Saxon Poetic Records 3, 1936; K. Malone ²1962; B. J. Muir, The Exeter Anthology of Old Engl. Poetry, II 1994.

L: N. Howe, The Old Engl. Catalogue Poems, 1985. – *Bibl.*: S. B. Greenfield, F. C. Robinson, 1980.

Wiebe, Rudy (Henry), kanad. Schriftsteller, * 4. 10. 1934 Speedwell/Saskatchewan. Sohn russ.-mennonit. Einwanderer; wuchs mit dem Niederdt. auf u. lernte Englisch erst in der Schule; 1960 M. A. Univ. Alberta, 1967–90 Dozent ebda. – Sein mennonit. Hintergrund beeinflußt W.s Werk ebenso wie s. Beschäftigung mit den kanad. First Nations u.a. Minderheiten. Betonung des Regionalen u. Revision der offiziellen kanad. Historiographie.

W: Peace Shall Destroy Many, R. 1962; First and Vital Candle, R. 1966; The Blue Mountains of China, R. 1970 (Wie Pappeln im Wind, dt. 2004); The Temptations of Big Bear, R. 1973; Where Is the Voice Coming From, Kgn. 1974; The Scorched-Wood People, R.

1977; Far As the Eye Can See, Dr. 1977; Alberta: A Celebration, Kgn. 1979; The Mad Trapper, E. 1980; The Angel of Tar Sands, Kgn. 1982; My Lovely Enemy, R. 1983; Playing Dead, Ess. 1989; Chinook Christmas, Kdb. 1992; A Discovery of Strangers, R. 1994 (Land jenseits der Stimmen, d. 2001); River of Stone, Kgn./Mem. 1995; Stolen Life, B. 1998; Sweeter Than All the World, R. 2001.

L: W. J. Keith, 1981; S. Whaley, 1984; P. van Toorn, 1995; T. W. Smyth, 1997.

Wied, Gustav (Johannes), dän. Schriftsteller, 6. 3. 1858 Holmegaard b. Nakskov/Lolland – 24. 10. 1914 Roskilde. Sohn e. Gutsbesitzers, Buchhändlerlehrling, Anwaltssekretär u. Hauslehrer in Kopenhagen. 1886 Abitur, 1887 Debüt mit einigen Aphorismen; versch. Berufe; Schriftsteller u. Journalist in Kopenhagen, dann in Roskilde. 1914 Freitod. – Vf. von bizarren Erzählungen u. Schauspielen u. einigen düsteren naturalist. Romanen; hinter der meistens humorist. Maske steht e. großer Moralist und Melancholiker. S. kleinen Erzählungen der 1890er Jahre zeigen realist.-humorist. Bilder des Lebens auf Lolland; ähnl. s. Provinzromane ›Livsens ondskab‹ u. ›Knagsted‹ mit ihrer vorzügl. Karikaturkunst, jedoch Anwachsen e. galgenhumorist. Stimmung; s. Romane ›Slægten‹ u. ›Fædrene æde druer‹ sind die äußerste Konsequenz e. trostlosen darwinist. Determinismus. Als Dramatiker schrieb er das oft gespielte ›Skærmydsler‹ über das Schattenleben von zwei alten Damen; Schöpfer e. originellen Gattung, der nichtspielbaren ›Satyrspiele‹, worin die Regieangaben dermaßen den Dialog überwuchern, daß sie Träger des herb-satir. Inhalts werden. Sehr unbarmherzig ist W.s unromant. Darstellung des Bauern; die tiefste persönl. Desillusionierung im großen Satyrspiel ›Dansemus‹.

W: En hjemkomst, Sch. 1889; Silhuetter, En. 1891; En bryllupsnat, Sch. 1892; Barnlige sjæle, En. 1893; Jægermesterinden, Sch. 1894; Menneskenes børn, En. II 1894 (n. I 1980, Wie die Menschen einmal sind, d. 1908); Ungdomshistorier, R. 1895 (Aus jungen Tagen, d. 1907); Lystige historier, En. 1896 (Lustige Geschichten, d. 1907); Erotik, Sch. 1896 (d. 1902); Fire satyrspil, 1897 (Vier Satyrspiele, d. 1901); Adel, gejstlighed, borger og bonde, Sch. 1897; Slægten, R. 1898 (n. 1979; Die von Leunbach, d. 1900); Første violin, K. 1898 (Die erste Geige, d. 1909); Livsens ondskab, R. 1899 (n. 1993; Die leibhaftige Bosheit, d. 1901, n. u.d.T. Die Karlsbader Reise der l. B., 1984); Det svage køn, Sch. 1900; To kroner og halvtreds, Sch. 1901; Atalanta, 1901; Knagsted, R. 1902 (n. 1993; d. 1904); Den gamle pavillon, Sch. 1902 (Der alte Pavillon, d. 1910); Dansemus, Sch. 1905 (Tanzmäuse, d. 1906); Ranke viljer, Satyrsp. 1906 (2×2 = 5, d. 1907); Fra by og land, R. 1907; Fædrene æde druer, R. 1908 (n. 1993; Die Väter haben Herlinge gegessen, d. 1909); Circus Mundi, En. 1909 (d. 1910); Vidunderbarnet, K. 1911; Pastor Sørensen og Co., En. 1913 (n. 1982; d. 1913); Imellen slagene, En. 1914; Digt og virkelighed, Aut. 1914. – Samlede værker, VIII 1915f.; Værker i ud-

valg, 1938; Udvalgte værker, VII 1966; Romaner, Skuespil, Noveller, XII 1967f.

L: J. Brøndum-Nielsen, 1946; E. Salicath, 1946; E. Neergaard, 1951; K. Ahnlund, 1964; G. W. og hans eftertid, hg. D. Turéll, J. Fisker 1988; M. Eigtved, 1993; E. Verwohlt, 1995; I. Boye, Skælmsmesteren og hans fans, 1996; F. J. Billeskov-Jansen, 1997; N. Bruhn Meredin, J. Nøhr Christensen, 2000. – *Bibl.:* S. Houmøller, 1948.

Wiele(n) → Stalpart van der Wiele, Joannes

Wiener, Franz → Croisset, Francis, de

Wieners, John, amerik. Dichter, 6. 1. 1934 Boston – 1. 3. 2002 ebda. Stud. Boston College, Black Mountain College, Univ. at Buffalo; Hrsg. von ›Measure‹ 1957–62, ab 1973 Lehrer in Boston. – Beeinflußt von C. Olson, befreundet mit R. Duncan, zeugen s. rhapsod., okkulten Gedichte von e. teils vereinsamt paranoiden, teils ekstat. hymn. Weltsicht; imagist. Bildsprache, Jazz-Elemente.

W: The Hotel Wentley Poems, 1958; Ace of Pentacles, G. 1964; Hart Crane, Harry Crosby, I See You Going Over the Edge, G. 1966; Pressed Wafer, G. 1967; A Letter to Charles Olson, 1968; Asylum Poems, 1969; A Memory of Black Mountain College, 1969; Nerves, G. 1970; Woman, G. 1972; Behind the State Capitol, or Cincinnati Pike, G. 1975; Cultural Affairs in Boston, Poetry and Prose, 1956–1985, 1988; The Journal of J. W., 1996. – Selected Poems, 1972; Selected Poems, 1958–1984, 1986.

L: W. Corbett, M. Gizzi, 2000.

Wieren, Jan van → Duribreux, Gaston

Wierzyński, Kazimierz, poln. Dichter, 27. 8. 1894 Drohobycz – 13. 2. 1969 London. Sohn e. Eisenbahnbeamten, Gymnas. Als Schüler in Geheimbünden zur Befreiung Polens. Stud. Lemberg, Krakau, Wien. Im 1. Weltkrieg in der poln. Legion, dann österr. Armee. Russ. Gefangenschaft. 1918 in Warschau, Anschluß an die Gruppe ›Skamander‹. 1938 Mitgl. der Poln. Literaturakad. 1939 Emigration in den Westen. – Wie Tuwim Dichter der Stadt, aber nicht der Elendsviertel, sondern lebensbejahender, impressionist. Sänger der Boulevards u. ihrer gesunden Lebensfreude, des mod. Sports ›Laur olimpijski‹ in klarer, bildstarker Sprache. S. Kriegsnovellen stellen den Menschen in Grenzsituation dar. Später mehr trag. u. nostalg. Töne.

W: Wiosna i wino, G. 1919; Wróble na dachu, G. 1921; Wielka Niedźwiedzica, G. 1923; Pamiętni miłości. G. 1925; Laur olimpijski, G. 1927 (Olympischer Lorbeer, d. 1928); Granice świata, Nn. 1933; Wolność tragiczna, G. 1936; W garderobie duchów, Sk. 1938; Barbakan warszawski, G. 1940; Ziemia-wilczyca, G. 1941; Róża wiatrów, G. 1942; Pobojowisko, E. 1944; Ballada o Churchillu, G. 1944; Krzyże i miecze, G. 1946;

Korzec maku, G. 1951; Życie Chopina, B. 1953 (The Life and Death of Chopin, engl. 1949); Siedem podków, G. 1954; Tkanka ziemi, G. 1960; Kufer na plecach, G. 1964; Moja prywatna Ameryka, Sk. 1966; Cygańskim wozem, Schr. 1966; Czarny polonez, G. 1968; Sen mara, G. 1969. – Poezje zebrane (sämtl. G.), 1959; Poezje wybrane, 1951–64 (ausgew. G.), 1972, 1974 u. 1979; Poezja i proza, II 1981. – *Übs.*: Selected Poems, 1959.

L: Przebity światłem, 1969; M. Długska, 1972; B. Miążek, Diss. Wien 1973; J. Dudek, 1975; Studia o twórczości K. W., 1986.

Wiesel, Elie(zer), Schriftsteller franz. Sprache, * 30. 9. 1928 Sighet/Ungarn. 1944 in e. Konzentrationslager deportiert; lebte nach s. Befreiung zunächst in Frankreich, bis er 1956 nach New York übersiedelte. Lit.kritiker des ›Jewish Daily Forward‹; Prof. für jüd. Studien am City College; 1986 Friedensnobelpreis. – Im Zentrum s. Romane, Erzählungen und Bühnenstücke steht die Leidensgeschichte des jüd. Volkes, die durch W.s individuelle Passion stark autobiograph. gefärbt ist. Das Schicksal von Minderheiten und Außenseitern in offen oder latent feindl. Umwelt, gegenüber unterschwelliger Diskriminierung und unverhüllter Aggressivität gerät ihm stets zum Paradigma jüd. Existenz, die er in beschwörendeindringl. Prosa durch e. Mischung von e. myst. Traum und nüchternem Realismus, von Religiosität und Anklage gegen Gott umreißt.

W: La nuit, E. 1958; L'aube, E. 1960; Le jour, R. 1961 (alle 3 u. d. T. Die Nacht zu begraben, Elischa, d. 1962); La ville de la chance, R. 1962 (Gezeiten des Schweigens, d. 1963); Les portes de la forêt, R. 1964 (d. 1966); Les juifs du silence, Es. u. H. 1966 (Die Juden in der UdSSR, d. 1967), als Dr. u. d. T. The Madness of God, 1974; Le chant des morts, En. 1966 (d. 1968); Zalmen ou la folie de Dieu, Dr. 1968; Le mendiant de Jérusalem, R. 1968 (d. 1968); Entre deux soleils, R. 1970; Célébration hassidique. Portraits et légendes, En. 1972 (d. 1974); Le serment de Kolvillág, R. 1973 (d. 1976); Un Juif aujourd'hui, En. u. Ess. 1977 (d. 1987); Four Hasidic Masters and Their Struggle against Melancholy, En. 1978 (Was die Tore des Himmels öffnet, d. 1981); Five Biblical Portraits, 1982 (Von Gott gepackt, d. 1983); Contre la mélancolie. Célébration Hasidique II, En. 1983 (d. 1984); Le cinquième fils, R. 1983 (d. 1985); The Golem, E. 1983 (d. 1985); L'oublié, R. 1998; Les juges, R. 1999. – *Übs.*: Macht Gebete aus meinen Geschichten, 1986; Worte des E. W., 1987; Der Prozeß von Schamgorod, Dr. 1987.

L: M. G. Berenbaum, 1975; J.-Y. Friedemann, Le rire dans l'univers tragique de W., 1981; E. S. Fine, Legacy of the Night, Albany 1982; R. M. Brown, W. Messenger to all Humanity, Notre Dame/IN 1983; E. N. Stern, Wo Engel sich versteckten, ²1987; C. A. Rittner, 1990; J. Semprun, 1997; R. Boschki, 1998; A. Kalfa, 1998; S. Melchardt, 2001; G. v. den Berg, 2002.

Wigglesworth, Michael, amerik. Dichter, 18. 10. 1631 Yorkshire, England – 27. 5. 1705 Malden/MA. Ab 1638 in Neuengland; Stud. Theol. Harvard; Pastor in Malden. – Vf. puritan. Erbauungslyrik über orthodox-theolog. Themen, darunter das populäre Hauptwerk ›The Day of Doom‹, e. dramat. Gedicht über das Jüngste Gericht von vorwiegend hist. Interesse.

W: The Day of Doom, G. 1662; Meat Out of the Eater, G. 1670; Riddles Unriddled; or Christian Paradoxes, G. 1689. – Poems, hg. R. A. Bosco 1989; Diary, hg. E. S. Morgan 1965.

L: J. W. Dean, 1871; R. Crowder, 1962; E. J. Osowski, 1975.

Wiktor, Jan, poln. Schriftsteller, 1. 11. 1890 Radomyśl – 17. 2. 1967 Krakau. Sohn e. Maurers, Stud. Medizin Lemberg wegen Tbc abgebrochen; 1914 Journalist. – S. liebevollen Schilderungen der kleinen Leute, Arbeiter u. Bauern, zeigen s. christl., oft fast sentimentale u. mitleidvolle Haltung. Im Mittelpunkt steht das Dorf mit s. gesellschaftl. Schichtungen. S. Liebe zu den Unterdrückten führt ihn nur zur rührenden Anklage, nicht zur Revolte. Überträgt s. Liebe auch auf die Tiere. Im Roman Darstellung der Not poln. Auswanderer in Frankreich. Im Spätwerk überwindet Humor den anfängl. Sentimentalismus.

W: Oporni, E. 1920; Przez łzy, E. 1923; Legendy o grajku Bożym, E. 1925; Burek, E. 1925; Tęcza nad sercem, R. 1928 (Morgenröte über der Stadt, d. 1930, 1963); Gołębie przy kościele, E. 1929; Zwariowane miasto, E. 1931; Eros na podwórzu, En. 1932; Wierzby nad Sekwaną, R. II 1933; Orka na ugorze, R. 1935; Ożywcze krynice, Schr. 1946; Skrzydlaty mnich, R. 1947; Zbuntowany, R. 1948; Papież i buntownik, R. 1953; Wyznania heretyka, En. 1955; Pieniny i ziemia sądecka, Schr. 1956; Prześwietlone wspomnienia, Erinn. 1958; Miłość wśród płonących wzgórz, En. II 1959; Okruchy słoneczne, En. 1961; Basia, E. 1962; Burek i inne opow., En. 1963.

L: J. W.‹, 1960 u. 1972; A. Olcha, 1968; A. Niewola-Krzywda, Twórczość lit. J. W., 1991.

Wilbur, Richard (eig. R. Purdy), amerik. Lyriker, * 1. 3. 1921 New York. Stud. Amherst u. Harvard, Tramptouren durch Amerika, Soldat in Italien, Prof. in Harvard u. Wesleyan Univ., seit 1977 Smith College. Vielfacher Preisträger. – S. musikal. und spekulative Lyrik vereinigt in flüssiger, eleganter Form traditionelle Technik, bes. des Reims, und die Errungenschaften der experimentellen Dichtung; Kultiviertheit der Form und der Sensibilität; Bildungsstoffe. Molière-Übs.

W: The Beautiful Changes, G. 1947; Ceremony, G. 1950; Things of This World, G. 1956; Advice to a Prophet, G. 1961; Walking to Sleep, G. u. Übsn. 1969; The Mind-Reader, G. 1976; Responses, Ess. 1953–76, 1976; Verses on the Times, 1978; Conversations, hg. W. Butts 1990; Catbird's Song, Ess. 1963–1995, 1997; Mayflies, G. u. Übsn. 2000. – Poems 1943–56, 1957; The Poems, 1963; New and Collected Poems, 1988.

L: D. L. Hill, 1967; P. F. Cummins, 1971; J. P. Field, 1971; W. Salinger, hg. 1983; F. Bixler, 1991; B. Michelson, 1991; J. B. Hougen, 1995; R. S. Edgecombe, 1995.

Wilde, Eduard → Vilde, Eduard

Wilde, Oscar (Fingal O'Flahertie Wills), anglo-ir. Dichter, 16. 10. 1854 Dublin – 30. 11. 1900 Paris. Sohn e. Arztes und e. Dichterin; Portora School, Enniskillen. Stud. Dublin und Oxford. Formte schon in Oxford s. L'art-pour-l'art-Kunstprogramm u. wurde zum Führer der ästhet. Bewegung in England. Von W. Pater und dem franz. Symbolismus beeinflußt. Lebte ab 1879 in London als bekannter Exzentriker und Dandy, als solcher in Gilbert und Sullivans kom. Oper ›Patience‹ karikiert. 1882 Amerikareise. ∞ 1884 Constance Lloyd. 1895 stellte er Strafantrag wegen Verleumdung gegen den Vater s. Freundes Lord Douglas, den Marquis von Queensberry, dieser klagte ihn daraufhin wegen sexueller Perversität an. W. wurde zu 2 Jahren Zuchthausstrafe verurteilt, damit zugleich gesellschaftl. und finanziell ruiniert; 1897 aus dem Zuchthaus in Reading entlassen, lebte er, von Freunden unterstützt, in Frankreich unter dem Decknamen Sebastian Melmoth, starb jedoch bald nach der Entlassung, nachdem er kurz zuvor der röm.-kathol. Kirche beigetreten war. – Dramatiker, Erzähler und Lyriker. S. amoral.-antibürgerl. und bewußt provozierenden Schönheitskult u. der ästhet. Weltsicht s. Romans ›The Picture of Dorian Gray‹ legte er das Narzißmotiv und den Leitgedanken von Balzacs ›Peau de chagrin‹ zugrunde u. zeichnet mit Dorian Gray das Bild e. perversen Genußmenschen, der jedoch schließl. der Verzweiflung anheimfällt. Außerordentl. geistreich und witzig geschrieben, trotzdem durch die allzu schnelle Folge paradoxer Epigramme stellenweise ermüdend. Als Dramatiker versuchte er sich zunächst an melodramat. und unbedeutenden Tragödien, nur ›Salomé‹ wurde e. Erfolg; W. hatte sie für Sarah Bernhardt in franz. Sprache geschrieben, s. Freund Lord Alfred Douglas übertrug sie ins Engl., R. Strauss verwendete sie als Libretto. Die Aufführung war in England bis 1931 verboten. S. künstler. beste Leistung und zugleich s. größter Erfolg waren s. Gesellschaftskomödien, e. Wiederbelebung der ›comedy of manners‹ mit geistreicher Verspottung viktorian. Konventionen, geschickter Zuspitzung der Situationen, sprühenden, witzigen Dialogen, spieler. Sinnumkehr bekannter Redewendungen, Verblüffungstechnik u. heiterer Komödienatmosphäre (›The Importance of Being Earnest‹). W. beherrscht die dramat. Technik virtuos. Er mißachtet die bequeme bürgerl. Moral und verbirgt s. Unmut hinter der Maske der Frivolität. S. teils exot., etwas romant.-sentimentalen Märchen ›The Happy Prince‹ und ›The House of Pomegranates‹ verbinden heiteren Tiefsinn mit schwereloser Form. S. weiteren Prosawerke in amüsantem Stil überraschen durch geistvolle Darstellung sonderbarer Themen. S. Lyrik blieb meist unoriginell. Im Zuchthaus entstand s. Confessio ›Epistola in carcere et vinculis‹, die posthum als Fragment ›De Profundis‹ veröffentlicht wurde. 1898 schrieb er in Frankreich s. bedeutendste Dichtung, ›The Ballad of Reading Gaol‹, zugleich s. letztes Werk.

W: Ravenna, G. 1878; Vera, or the Nihilists, K. 1880; Poems, 1881 (d. 1907); The Duchess of Padua, Tr. 1883; The Happy Prince and Other Tales, M. 1888 (d. 1903); Lord Arthur Savile's Crime and Other Stories, 1891 (d. in Erzählungen u. Märchen, 1910); The Picture of Dorian Gray, R. 1891 (d. 1901); Intentions, Ess. 1891 (Fingerzeige, d. 1903); A House of Pomegranates, M. 1891; Lady Windermere's Fan, K. 1893 (d. 1902); Salomé, K. 1893 (engl. 1894; d. 1903); A Woman of No Importance, K. 1894 (d. 1894); Love of the King, Tr. 1894; The Sphinx, G. 1894 (d. 1981); An Ideal Husband, K. 1895 (d. 1903); A Florentine Tragedy, 1895; The Importance of Being Earnest, K. 1895 (d. 1907); The Ballad of Reading Gaol, Dicht. 1898 (d. 1903); De Profundis, Aut. 1905 (hg. V. Holland 1949; d. 1905). – Collected Works, hg. R. B. Ross XIV 1907–09; Complete Works, IV 1936, hg. J. B. Foreman ²1966, hg. R. Jackson, I. Small 2000ff.; Collected Poems, 1892; Poems in Prose, 1894 (d. 1909, u.d.T. Herberge der Träume, 1955); Essays, hg. H. Pearson 1950; Interviews and Recollections, hg. E. H. Mikhail II 1979; Complete Letters, hg. M. Holland, R. Hart-Davis 2000; Letters, hg. R. Hart-Davis 1962 (n. 1979; d. II 1966). – *Übs.:* SW, X 1906–08, XII 1918, V 1922, II 1937, hg. N. Kohl VII 2000; W, II 1970; ›Züricher Ausgabe‹, V 2004; Sämtl. Theaterstücke, 1985; Letzte Briefe, 1925.

L: R. H. Sherard, 1906, 1970; L. C. Ingleby, 1907 u. 1912; R. T. Hopkins, 1913; F. Harris, II ²1930; A. Symons, 1930; P. Braybrooke, 1930; G. J. Renier, 1933; V. O'Sullivan, 1936; B. Brasol, 1938; A. Douglas, ²1962; H. Pearson, 1946; E. Roditi, ²1986; R. Merle, 1948; St. John G. Ervine, 1951; J. Laver, 1954; E. Ebermayer, 1954; V. Holland, 1960; H. M. Hyde, 1963; C. A. Ryskamp, 1966; E. San Juan, 1967; R. Ellmann, hg. 1969; A. Ranson, ³1971; R. Croft-Cooke, The Unrecorded Life of O. W., 1972; Ph. Jullian, 1972; R. Shewan, 1977; K. Worth, 1983; R. Ellmann 1987; P. F. Behrendt, 1991; G. Schmidgall, 1994; C. G. Sandulescu, hg. 1994; R. Pine, 1995; S. Eltis, 1996; M. P. Gillespie, 1996; J. Stokes, 1996; Cambridge Companion, hg. P. Raby 1997; M. S. Foldy, 1997; L. Danson, 1997; K. Beckson, hg. 1998. – *Bibl.:* Mason-Stuart, 1914; R. Ross, 1914; S. Mason, 1967.

Wildenvey, Herman Theodore (eig. H. Portaas), norweg. Schriftsteller, 20. 7. 1886 Eiker – 27. 9. 1959 Larvik. Sohn e. Landarbeiters, Gymnas.; 1904–06 Stud. Theol. Minnesota/USA. Rückkehr nach Norwegen, häufige Reisen durch Europa und in die USA, lebte in Stavern. – Impressionist. Lyriker mit rhythm.-melod. Versen in leichtem, graziösem Plauderton unter dem Einfluß Karlfelds, Frödings und bes. Heines, voll Heiterkeit und Lebensfreude, z.T. in Schwermut umschlagend. Anfangs stimmungsvolle Natur- und Landschaftsgedichte, später Übergang zu relig. Innerlichkeit. Auch Dramatiker, Erzähler und Vf. bes. formvollendeter Memoiren. Übs. Heines ›Buch der Lieder‹ (1929).

W: Nyinger, G. 1907; Digte, 1908; Prismer, G. 1911; Aarets eventyr, G. 1913; Lys over land, Dr. 1913; Kjærtegn, G. 1916; Flygtminder, R. 1917; Hemmeligheter, G. 1919; Trold i ord, G. 1920; Fiken av tistler, G. 1925; Der falder stjerner, Dr. 1926; Et herrens år, R. 1928; Dagenes sang, G. 1930; Høstens lyre, G. 1931; På ville veier, Mem. 1932; Stjernenes Speil, G. 1935; En ung manns flukt, Dr. 1936; Vingehesten og verden, Mem. 1937 (Mein Pegasus und die Welt, d. 1938); Den nye rytmen, Mem. 1938; En lykkelig tid, Mem. 1940; Filomele, G. 1946; Ved sangens kilder, G. 1947; Mine sangers bok, G. (Ausw.) 1950; Polyhymnia, G. 1952; Ugler til Athen, G. 1953; Soluret, G. 1956. – Samlede digte, VI 1927–37; Samlede dikt, VI 1949–52, II 1957; Dikt i utvalg, 1998; Prosa i udvalg, 1926.

L: K. Haave, 1952; G. Wildenvey, 1975; T. Lotherington, 1993.

Wilder, Thornton (Niven), amerik. Dramatiker und Erzähler, 17. 4. 1897 Madison/WI – 7. 12. 1975 Hamden/CT. Aus neuengl. Familie, Vater Zeitungsverleger u. Konsul in China, wo W. 1905–09 aufwuchs. 1910–13 in Kalifornien, 1915–17 Oberlin College; Armeedienste, Yale College, 1920/21 American Academy Rom; 1921–28 Lehrer, 1928–30 Studienreise in Europa, 1931–36 Prof. in Chicago; 1942–45 bei der Luftwaffe im Mittelmeer. 1927, 1938 u. 1942 Pulitzer-Preise. – S. frühe Erzählkunst ist novellist., die Episoden werden durch philos. Fragen zusammengehalten (›Bridge of San Luis Rey‹: Ist Unglück Zufall oder göttl. Schickung?); im Stil iron.urban bei gelegentl. Sentimentalität. Publikumserfolg, aber angegriffen als die Wirklichkeit fliehend. Stellte sich der amerik. Gegenwart in der Geschichte e. idealist. Handlungsreisenden (›Heaven's My Destination‹), aber erreichte erst nach s. Dramen e. komplexen, originellen Roman über die Ermordung Caesars als Geheimnis von Charakter u. Schicksal, in fiktiven Briefen u. Dokumenten dargestellt. Wandte sich früh dem Drama zu; meist preziöse Einakter, aber wachsende Originalität (›The Long Christmas Dinner‹). Von G. Stein u. J. Joyce beeinflußt, entdeckte W. Ewigkeitswerte im amerik. Alltag u. Gleichzeitigkeit der Epochen. W.s Bühnenstil, vom chines. Theater vorgeformt, oft als ›Experiment‹ mißverstanden, ist Ergebnis gereifter dramaturg.-philos. Überlegungen, am erfolgreichsten in ›Our Town‹ (Alltag sub specie aeternitatis). Undogmat. Glaube aus der Tradition des amerik. Protestantismus; Aneignung des antiken u. christl. Erbes.

W: The Cabala, R. 1926 (d. 1929); The Bridge of San Luis Rey, R. 1927 (d. 1929); The Angel That Troubled the Waters and Other Plays, 1928 (Ausw. d. 1949); The Woman of Andros, N. 1930 (d. 1931); The Long Christmas Dinner and Other Plays in One Act, 1931 (d. 1954); Heaven's My Destination, R. 1934 (d. 1935); Our Town, Dr. 1938 (Unsere kleine Stadt, d. 1959); The Merchant of Yonkers, K. 1939 (umgearb. zu The Matchmaker, 1954 [d. 1957]); The Skin of Our Teeth, Dr. 1942 (Wir sind noch einmal davongekommen, d. 1944); The Ides of March, R. 1948 (d. 1949); A Life in the Sun, Dr. (1955) (Die Alkestiade, d. 1957); The Eighth Day, R. 1967 (d. 1968); Theophilus North, R. 1973 (d. 1974); American Characteristics, Ess. hg. D. Gallup 1979. – Collected Short Plays, hg. D. Gallup, A. T. Wilder II 1997f.; Collected Translations and Adaptations, 2000; Mirrors of Friendship, G. Stein and T. W., Br. hg. E. M. Burns 1996; A Tour of the Darkling Plain, T. W. and A. Glasheen, Br. 2001; The Journals 1939–61, hg. D. Gallup 1985. – *Übs.:* Einakter u. Dreiminutenspiele, 1954.

L: R. Burbak, 1951; D. Grebanier, 1964; H. Papajewski, ²1965; M. Goldstein, 1965; D. Haberman, 1967; E. J. Haeberle, 1967; R. H. Goldstone, 1975; L. Simon, 1979; A. N. Wilder, 1980; M. E. Williams, 1980; G. A. Harrison, 1983; J. R. Bryer, hg. 1992; P. Lifton, 1995; M. Blank, 1996; K. de Koster, hg. 1998; M. Blank, hg. 1999. – *Bibl.:* J. M. Edelstein, 1959.

Wilding, Michael, austral. Erzähler, * 5. 1. 1942, Worcester/England. Stud. Univ. Oxford, 1963 Dozent für engl. Lit. Univ. Sydney, 1969 M. A. Oxford, dann Prof. Sydney. – Vf. zahlr. sozialkrit. Kurzgeschichten und Romane, die iron. austral. Befindlichkeit und gesellschaftl. Konventionen karikieren.

W: Aspects of the Dying Process, Kgn. 1972; Living Together, R. 1974; The West Midland Underground, Kgn. 1975; Pacific Highway, R. 1982; The Paraguayan Experiment, R. 1985; The Man of Slow Feeling, Kgn. 1986; Under Saturn, Kgn. 1988; Her Most Bizarre Sexual Experience, R. 1991; Somewhere New, Kgn. 1996.

L: B. Bennett, 2002.

Wilhelm, Peter, südafrikan. Lyriker u. Erzähler, * 1943 Kapstadt. Frühe Kindheit auf e. Missionsstation in der Transkei. Lehrer, später Journalist. Kapstädter Chefredakteur der ›Financial Mail‹. – Behandelt Rassen- und Kulturkonflikte im südl. Afrika vor dem Hintergrund der Kolonialgeschichte.

W: L M and Other Stories, 1975; The Dark Wood, R. 1977; White Flowers, G. 1977; At the End of a War, Kgn. 1981; Summer's End, R. 1984; Some Place in Africa, Kgn. 1987; The Healing Process, R. 1988; Falling into the Sun, G. 1993; The Mask of Freedom, R. 1994.

Wilhelm, Prins → Prins Wilhelm

Wilhelm IX. von Aquitanien → Guilhem IX., Herzog von Aquitanien, Graf von Poitou

Wilkins, Mary Eleanor → Freeman, Mary E(leanor) Wilkins

Willems, Jan Frans, fläm. Schriftsteller, 11. 3. 1793 Boechout b. Antwerpen – 24. 6. 1846 Gent. Steuerbeamter. Mitbegründer der ›Maatschappij tot bevordering der Nederduytsche Tael- en Letterkunde‹ (1836), gründete 1837 die Zs. ›Het Belgisch Museum‹. – Spielte für die fläm. Literatur v. a. als Philologe u. Sprachpolitiker eine bedeutende Rolle, als Sammler u. Hrsg. alter fläm. Lieder, als Hrsg. mittelniederländ. Texte, v. a. des Tierepos ›Van den Vos Reinaerde‹ sowie als Verfasser einer modernen Übersetzung des Textes, deren Einleitung eigentl. ein fläm. Manifest war: W. trat ein für die niederländ. Sprache in Belgien u. für die Festigung des großniederländ. Bewußtseins (›Vater der fläm. Bewegung‹). Auch Lyriker u. Dramatiker.

W: Aen de Belgen, G. 1818; Verhandeling over de Nederduytsche tael- en letterkunde, opzigtelyk de zuydelijke provintien der Nederlanden, Ess. II 1819–34; Reinaert de Vos, Übs. 1834 (m. niederländ. A. 1836); Oude Vlaemsche liederen, hg. 1848. – Briefwechsel m. Hoffmann v. Fallersleben, hg. A. Deprez 1963.

L: B. Nieuwenhuis, 1937; A. de Poortere u. a., 1944; J. Crick, 1946; J. van Mierlo, 1946; A. Deprez, 1964, 1966 u. 1969; M. de Smet, 1984.

Willems, Paul, belg. Dramatiker franz. Sprache, 4. 4. 1912 Edegem b. Antwerpen – 29. 11. 1997 Zoersel. Sohn der Schriftstellerin M. Gevers. Reisen durch Europa und Amerika, 1975 Wahl in die ›Académie royale de langue et littérature française‹. – Neben dem in e. märchenhaften Gartenreich spielenden Roman ›Chronique du cygne‹ Vf. von poet.-phantast. Dramen von Naturbeseelung und mag. Weltbild. Neubelebung des Volks- und Märchenstücks.

W: Le bon vin de Monsieur Nuche, K. 1948 (d. 1953); La chronique du cygne, R. 1949 (d. 1950); Lamentable Julie, Dr. 1949; Peau d'ours, Dr. 1950 (d. 1952); Off et la lune, Dr. 1954 (d. 1955); Un merle n'est pas un merle, Dr. 1957; Il pleut dans ma maison, Dr. 1958; Phébus ou la plague aux anguilles, Dr. 1960 (d. 1960); L'écho, Dr. 1963 (d. 1963); Warna, Dr. 1963 (Schnee, d. 1963); Le marché des petites heures, K. 1964 (Mitternachtsmarkt, d. 1964); La ville à voile, Dr. 1967 (d. 1967); Le soleil sur la mer, Dr. 1970 (d. 1973); Les miroirs d'Ostende, Dr. 1974 (d. 1976); Tout est réel ici, R. 1980; Nuit avec ombres en couleurs, Dr. 1983; Elle disait dormir pour mourir, Dr. 1983; La cathédrale de brume, R. 1983; Blessures, 1984; Théâtre, 1954–1962, 1995.

Williams, Charles (Walter Stansby), engl. Dichter und Schriftsteller, 20. 9. 1886 London – 15. 5. 1945 Oxford. Stud. Univ. London. 36 Jahre lang Mitarbeiter der Oxford Univ. Press, Dozent des City of London Literary Institute, während des 2. Weltkriegs Dozent in Oxford. Im Freundeskreis von T. S. Eliot. – Gedankentiefer, relig.-symbol. Dramatiker, Lyriker, Theologe, Biograph, Essayist u. Erzähler philos.-myst., zugleich jedoch außerordentl. spannender Romane über den Kampf von Gut und Böse mit Einbeziehung alter Mythen und Legenden ähnl. wie J. R. R. Tolkien oder C. S. Lewis. Dichter. Sprache, auch in s. Prosa, geistig verwandt mit Donne und den ›metaphysical poets‹.

W: The Silver Stair, G. 1912; Poems of Conformity, G. 1917; Divorce, G. 1920; Windows of Night, G. 1925; A Myth of Shakespeare, Dr. 1928; War in Heaven, R. 1930; Poetry at Present, Es. 1930; The Place of the Lion, R. 1931 (d. 1982); Many Dimensions, R. 1931; The English Poetic Mind, Es. 1932; The Greater Trumps, R. 1932; Shadows of Ecstasy, R. 1933; Queen Elizabeth, B. 1936; Th. Cranmer of Canterbury, Dr. 1936; Descent into Hell, R. 1937; Taliessin Through Logres, Dicht. 1938; Judgement at Chelmsford, Dr. 1939; The Descent of the Dove, St. 1939; Witchcraft, St. 1941; The Forgiveness of Sins, St. 1942; The Figure of Beatrice, St. 1943; The Region of the Summer Stars, G. 1944; All Hallow's Eve, R. 1945; The Seed of Adam, Drn. 1948; Arthurian Torso, G. hg. C. S. Lewis 1948. – Selected Writings, hg. A. Ridler 1961; Collected Plays, hg. J. Heath-Stubbs 1963.

L: J. Heath-Stubbs, 1955; A. M. Hadfield, 1959; M. McDermott Shideler, 1962; R. R. Reilly, 1971; G. Utang, 1971.

Williams, Heathcote, engl. Schriftsteller, * 15. 11. 1941 Helsby/Cheshire. Dramatiker, Lyriker u. Filmschauspieler. – Verf. anarchischer, bewußt schockierender und experimenteller Theaterstücke, die Randexistenzen u. Extremisten präsentieren und sich obszöner Sprache, drastischer Gewaltdarstellungen sowie verfremdender Elemente bedienen, etwa einer Installation aus Fernsehbildschirmen in ›AC/DC‹. Das spätere Werk ist lyrisch, wobei der Schutz bedrohter Tierarten, wie Wale, Delphine u. Elefanten, zum beherrschenden Thema wird.

W: The Speakers, Dr. 1964; The Local Stigmatic, Dr. 1973; AC/DC, Dr. 1973; Hancock's Last Half Hour, Dr. 1977; The Immortalist, Dr. 1978 (d. 1979); Whale Nation, G. 1988 (d. 1988); Falling for a Dolphin, G. 1989 (d. 1991); Sacred Elephant, G. 1989 (d. 1991).

Williams, Helen Maria, engl. Schriftstellerin, 1761 (?) London – 15. 12. 1827 Paris. Aufgewachsen in Schottland, im Alter von 20 in Londoner Dissenter-Kreise eingeführt, lebte von 1790 ab hauptsächl. in Frankreich. Einflußreiche Dichterin der engl. Romantik; wichtigste Chronistin der Franz. Revolution; befreundet mit Thomas Paine und Mary Wollstonecraft. 1793 in Frankreich verhaftet. – Vf. von polit. engagierten

Gedichten: ›Edwin and Eltruda‹ richtet sich gegen den Krieg, ›Peru‹ gegen die Sklaverei und span. Herrschaft in Südamerika. Empfindsame Augenzeugenberichte der Franz. Revolution, in denen wirtschaftl. Hintergründe ausgespart werden und die persönl. Erfahrung und Emotion im Zentrum steht.

W: Edwin and Eltruda, G. 1782; An Ode on the Peace, G. 1783; Peru, G. 1784; Poems, G. 1786; Letters from France, Reiseb. 1792–96 (n. 1975); Letters Containing a Sketch of the Politics of France, Reiseb. 1794 (n. 1975); Letters Containing Many New Anecdotes from France, Reiseb. 1795–96; A Tour of Switzerland, Reiseb. 1798; A Narrative of Events Which have Taken Place in France from the Landing of Napoleon Bonaparte ... till the Restoration of Louis XVIII, Reiseb. 1815; On the Late Persecution of the Protestants in the South of France, 1816; Letters on Events Which Have Passed in France since the Restoration in 1815, Reiseb. 1819; An eye witness account of the French Revolution, 1997.
L: L. D. Woodward, 1930; St. Blakemore, Crisis in representation, 1997; D. Kennedy, 2002.

Williams, John A(lfred), afroamerik. Schriftsteller, * 5. 12.1925 Hinds County/MS. Wächst in Syracuse, New York, auf; im 2. Weltkrieg in der Navy; Syracuse Univ., Gelegenheitsjobs, journalist. Arbeiten; Reisen in Afrika, Europa, Karibik; Lit.-Prof. City Univ. of New York u. Rutgers Univ. – W. hat neben Artikeln, Essays, Anthologien u. Sachbüchern zwölf Romane veröffentlicht. Anfangs stark auf Rassenspannungen u. Machtverhältnisse in den USA konzentriert, verbreitert sich das themat. Spektrum seiner Erzähltexte auf die Karibik (›Berhama Account‹), Afrika (›Jacob's Ladder‹) u. die KZ-Erfahrung in Dachau (›Clifford's Blues‹). Die Romane der 60er Jahre dramatisieren den Alltag, die Musik u. militante Impulse von Afroamerikanern in New York (darunter W.s Hauptwerk ›The Man Who Cried I Am‹). Neben Chester Himes gilt W. als wichtigster Erbe von Richard Wrights erfahrungsbezogener Protesthaltung.

W: The Angry Ones (auch: One For New York), R. 1960; Night Song, R. 1961; Sissie, R. 1963; The Man Who Cried I Am, R. 1967; Sons of Darkness, Sons of Light, R. 1969; The Most Native of Sons, Ess. 1970; Captain Blackman, R. 1972; Flashbacks, Ess. 1973; The Junior Bachelor Society, R. 1976;! Click Song, R. 1982; The Berhama Account, R. 1985; Jacob's Ladder, R. 1987; Clifford's Blues, R. 1999. – Hg.: The Angry Black, Anth. 1962.
L: E. A. Cash, 1975; G. H. Muller, 1984.

Williams, Nigel, brit. Schriftsteller, * 20. 1. 1948 Cheadle/Cheshire. Stud. Oxford. – W.' Werke analysieren die Wechselbeziehungen innerhalb isolierter Gruppen differenzierter Individuen u. enthüllen die atavist. Impulse hinter Klassen-, Rassen- oder Geschlechtsbeziehungen.

W: My Life Closed Twice, R. 1977; Class Enemy, Dr. 1978; Jack Be Nimble, R. 1980; Line 'em, Dr. 1980; Sugar and Spice, and Trial Run, Dr. 1981; Star Turn, R. 1985; My Brother's Keeper?, Dr. 1985; Witchcraft, R. 1987; The Wimbledon Poisoner, R. 1990; Two and a half Men in a Boat, R. 1993 (d. 1996); Scenes from a Poisoner's Life, R. 1994; Stalking Fiona, R. 1997 (Chefsache, d. 1998).

Williams, Pantycelyn → Williams, William

Williams, Raymond, engl. Kulturkritiker. 31. 8. 1921 Llanfihangel Crocorney/Wales – 26. 1. 1988 Cambridge. Stud. Cambridge, Kriegsdienst 1941–45. Dozent für Lit., Theaterwiss., Politik in Oxford und Cambridge. Hrsg. der ›New Thinkers Library‹ 1962–70. Ab den 1960ern große TV-Präsenz als Kritiker und Mitschaffender am neuen Medium. – Als einer der wichtigsten sozialist. Intellektuellen der Nachkriegszeit Begründer des ›Cultural Materialism‹. Neukonzeption von Kultur als Prozeß, an dem ökonom. und institutionelle Faktoren teilhaben, zielt ab auf Untersuchung der Spannungen und Widersprüchlichkeiten zwischen Hoch- und Popkultur.

W: Reading and Criticism, St. 1950; Drama from Ibsen to Eliot, St. 1952; Drama in Performance, St. 1954; Modern Tragedy, St. 1958; Culture and Society, 1780–1950, St. 1958; The Long Revolution, St. 1961; Communications, St. 1962; May Day Manifesto 1968, Slg. 1968; Drama from Ibsen to Brecht, 1968; English Novel from Dickens to Lawrence, St. 1970; Orwell, St. 1971; Television: Technology and Cultural Form, St. 1974; Keywords: A Vocabulary of Culture and Society, 1975; Marxism and Literature, 1977; Politics and Letters, Slg. 1979; Problems in Materialism and Culture, Ess. 1980; Contact, 1981; Culture, 1981; The Sociology of Culture, 1982; Towards 2000, 1983; Writing in Society, 1983; R. W. on Television, Slg. hg. A. O'Connor 1989; Resources of Hope, Slg. hg. R. Gale; What I Came to Say, 1989; Views Beyond the Border Country, Ess. hg. D. Dworkin 1993.
L: J. P. Ward, 1981; T. Eagleton, 1989; J. Ethridge, 1994; J. Gorak, The Alien Mind of R. W., 1988; A. O'Connor, 1989; F. Inglish, 1995; T. Pinkney, 1991; N. Stevenson, 1995; J. Higgins, 1999.

Williams, Tennessee (eig. Thomas Lanier W.), amerik. Dramatiker, 26. 3. 1911 Columbus/MS – 25. 2. 1983 New York. Sohn e. Angestellten, 1927 nach St. Louis, 1931–38 Stud. Iowa Univ., unterbrochen von Arbeit in e. Schuhfabrik u. Nervenzusammenbruch. 1930 wurde s. erste Story publiziert, 1937 2 Dramen von St. Louis Mummers aufgeführt; 1940 Mißerfolg mit ›Battle of Angels‹ in Boston, schwere Jahre bis zum Ruhm mit ›The Glass Menagerie‹; seel. Nöte, Drogen u. Alkohol bestimmen s. Leben; tritt 1969 nach schwerer Krankheit zum Katholizismus über; lebte in Key West/FL. – S. Gedichte, Stories u. Einakter erweisen sich in Motiv u. Symbolik als Vorübungen für s. gelungensten Werke, das lyr. ›Spiel der Erinnerungen‹ ›The Glass Menagerie‹ u. die Studie psych. Zerfalls ›A Streetcar Named Desire‹ (Pulitzer-Preis). ›Camino Real‹ zieht alle Register des Bühnenzaubers in Farbe u. Bewegung (Regisseur E. Kazan, von dem sich W. später trennte) bei pessimist. Grundstimmung; spätere Stücke neigen zu psychopath. Besessenheit der Figuren. Von D. H. Lawrence beeinflußt, stellt W. die sexfeindl. ›puritan.‹ Angloamerikaner aufgeschlosseneren ethn. Gruppen gegenüber, meist vor dem Hintergrund des amerik. Südens. Dem Verfall preisgegeben, verlorene Unschuld unsicherromant. suchend, spiegeln die Figuren des Autors innere Zerrissenheit. Zunehmende Steigerung des Patholog. bei gleichbleibendem Motivkreis s. Sexualtragödien aus krasser Perversion, Morbidität und Exzessen führte schließl. zu e. die Form zerbrechenden Fülle der Komplexe und Konflikte, daher ab 1960 gelegentl. Wendung zum leichteren Genre. Bühnen- u. filmnahe Kunst.

W: American Blues, Dr. (1939); Stairs to the Roof, Dr. (1944); Battle of Angels, Dr. 1945 (umgearb. zu Orpheus Descending, 1958); The Glass Menagerie, Dr. 1945 (d. 1946); Twenty-Seven Wagons Full of Cotton and Other One-Act Plays, 1946 (Titelstück d. 1949); You Touched Me, Dr. 1947 (m. D. Windham; d. 1947); A Streetcar Named Desire, Dr. 1947 (Endstation Sehnsucht, d. 1947); One Arm and Other Stories, 1948; American Blues, Drn. 1948; Summer and Smoke, Dr. 1948 (Der steinerne Engel, d. 1951), vertont 1971; The Roman Spring of Mrs. Stone, R. 1950 (d. 1953); The Rose Tattoo, Dr. 1951 (d. 1952); Camino Real, Dr. 1953 (d. 1954); Hard Candy, A Book of Stories, 1954; Cat on a Hot Tin Roof, Dr. 1955 (d. 1955); In the Winter of Cities, G. 1956; Suddenly Last Summer, Dr. 1958 (d. 1959); Sweet Bird of Youth, Dr. 1959 (d. 1960); Period of Adjustment, K. 1960 (d. 1962); Three Players of a Summer Game, Kgn. 1960 (d. 1962); The Night of the Iguana, Dr. 1961 (d. 1963); The Milk Train Does Not Stop Here Any More, Dr. 1964 (d. 1965); The Knightly Quest, Kgn. 1967 (d. 1970); Slapstick Tragedy, Drn. (1966); Two Character Play (1967) (überarb. u.d.T. Outcry, 1969); The Seven Descents of Myrtle, Dr. (1968; auch u.d.T. Kingdom of Earth); In the Bar of a Tokyo Hotel, Dr. 1969; Small Craft Warning, Dr. 1972; Flee, Flee This Bad Hotel, Kgn. 1974; Eight Mortal Ladies, Possessed, Kgn. 1974 (d. 1977); Memoirs, 1975 (d. 1977); Vieux Carré, Dr. 1979 (d. 1986); Where I Live, Ess. hg. C. R. Day, B. Woods 1978; A Lovely Sunday for Creve Coeur, Dr. 1980 (d. 1980); Clothes for a Summer Hotel, Dr. 1981 (Ein kalter Tag im Sommer, d. 1986); It Happened the Day the Sun Rose, Dr. 1981; Collected Stories, 1985; Conversations, hg. A. J. Devlin 1986; The Red Devil Battery Sign, Dr. 1988; Five O'Clock Angel, Br. 1990; Something Cloudy, Something Clear, Dr. 1995; Not About Nightingales, Dr. 1998 (d. 1998); Collected Poems, 2002.

L: N. M. Tischler, 1961; B. Nelson, 1961; E. D. Williams, 1964; F. Donahue, 1964; E. M. Jackson, 1965; G. Weales, 1965; G. Maxwell, 1965; Ch. Jauslin, 1969; M. Steen, 1969; F. H. Link, 1974; C. Petersen, 1975; J. Tharpe, hg. 1977; R. R. Leavitt, 1978; S. L. Falk, ²1978; R. Boxhill, 1987; A. Griffin, 1995; L. Leverich, 1995 u. 1997; G. W. Crandell, 1996; R. A. Martin, 1997; J. O'Connor, 1997; M. C. Roudane, hg. 1997; A. J. Saddik, 1998; P. C. Kolin, hg. 1999 u. 2002; J. Baier, 2001; S. K. Bauer-Briski, 2002; R. F. Voss, hg. 2002; J. J. Thompson, 2002. – *Bibl.:* D. W. Gunn, ²1981; G. W. Crandell, 1995.

Williams, William (auch Williams Pantycelyn), walis.-kymr. Dichter, 1716 Cefn-coed/Carmarthenshire – 11. 1. 1791 Pantycelyn/Carmarthenshire. Pfarrer von Llynwrtyd und Llanddewi Abergwesyn, später Hauptführer der methodist. Bewegung in Wales, Wanderprediger, Landwirt und freier Schriftsteller. – Fruchtbarster Schriftsteller in walis. Sprache (92 Bücher u. Pamphlete) u. bedeutendster Dichter walis. Kirchenlieder.

W: Aleluia, G. 1744–47; Hosanna i Fab Dafydd, G. 1751–54; Golwg ar Deyrnas Crist, G. 1756; Cân Benrydd, G. 1762; Llythyr Martha Philopur, Prosa 1762; Caniadau y Rhai sydd ar y Môr o Wydr, G. 1762; Cerdd Newydd am Briodas, 1762; Ffarwel Weledig, Groesaw Anweledig Bethau, G. 1763–69; Ateb Philo Evangelius, Prosa 1763; Bywyd a Marwolaeth Theomemphus, G. 1764; Crocodil Afon ir Aipht, Prosa 1767; Hanes Bywyd a Marwolaeth Tri Wyr o Sodom a'r Aipht, Prosa 1768; Gloria in excelsis, G. 1771f.; Aurora borealis, Prosa 1774; Drws y Society Profiad, Prosa 1777; Ductor nuptiarum, Prosa 1777; Pantheologia, Prosa 1779.

L: G. M. Roberts, Y Pêr Ganiedydd, 1949, 1958; J. G. Jones, 1969; G. T. Hughes, 1983.

Williams, William Carlos, amerik. Lyriker, 17. 9. 1883 Rutherford/NJ – 4. 3. 1963 ebda. Stud. Medizin Genf, Univ. of Pennsylvania, New York, Leipzig, Arztpraxis in New Jersey. – Von Pound und den Imagisten beeinflußte frühe Lyrik, die sensor. Impressionen realist. erfaßt und irreal assoziativ aneinanderreiht. Auf der Suche nach dem vom präzis gesehenen alltägl. Gegenstand ausgelösten Gefühl; ›Objektivismus‹ des Gedichts angestrebt; Vorbereiter der ›konkreten Lyrik‹; in Opposition zu T. S. Eliots u. E. Pounds kosmopolit. Bildungslyrik. Bewußtes Streben nach spezif. amerik. Idiom u. Rhythmus, in dem sich Kraft u. Buntheit der USA ausprägen sollen; Verarbeitung umgangssprachl. Elemente. ›Paterson‹ ist e. langes ep. Gedicht über e. amerik. Großstadt, über die Suche nach Identität, über die Rolle von Imagination u. Liebe, über den Verlust e. naturnahen älteren Amerika u. die unsichere Zukunft der technisierten Zivilisation. Dichtung als Vergewisserung e. unverlierbaren Menschlichkeit. Starke Wirkung auf die amerik. Lyrik seit Mitte der 1950er Jahre. Das vielseitige Prosawerk

W.' umfaßt krit. Essays u. realist. Romane, darunter ›A Voyage to Pagany‹ (1928) über e. amerik. Landarzt in Europa und ›White Mule‹ (1937) über Einwanderer in den USA.

W: Poems, 1909; The Tempers, G. 1913; Al Que Quiere!, G. 1917; Kora in Hell, G. 1920; Sour Grapes, G. 1921; Spring and All, G. 1923; The Great American Novel, Ess. 1923; In the American Grain, Ess. 1925 (Die Neuentdeckung Amerikas, d. 1969); A Voyage to Pagany, R. 1928; The Knife of the Times, Kgn. 1932; An Early Martyr, G. 1935; Adam and Eve and the City, G. 1936; White Mule, R. 1937 (d. 1987); The Complete Collected Poems, 1906–38, 1938; The Broken Span, G. 1941; The Wedge, G. 1944; Paterson, G. V 1946–58 (d. 1970); Make Light of It, Kgn. 1950; Collected Later Poems, 1950; Collected Earlier Poems, 1951; Autobiography, 1951; The Build-Up, R. 1952; Selected Essays, 1954; The Desert Music, G. 1954; Many Loves, Drn. 1961; The Farmers' Daughters, Kgn. 1961; Pictures from Brueghel, G. 1962; Imaginations, Ess. 1970; The Embodiment of Knowledge, Ess. 1974; A Recognizable Image, Ess. 1978; Something to Say, Ess. 1985; The Doctor Stories, En. 1987. – W. C. W. Reader, hg. M. L. Rosenthal 1966; Collected Poems, II 1988f.; Early Poems, 1997; W. C. W., G.-Ausw. hg. S. L. Berry 2003; Collected Stories, 1996; Asphodel, That Greeny Flower, G. 1994; Selected Letters, hg. J. C. Thirlwall 1957; Pound/Williams, Br. hg. H. Witemeyer 1996; Letters of Denise Levertov and W. C. W., hg. C. MacGowan 1998; The Humane Particulars, W. C. W. and Kenneth Burke, Br. 2003; Interviews, hg. L. W. Wagner 1976. – *Übs.:* Gedichte, H. M. Enzensberger 1962 (erw. u. d. T. Die Worte, die Worte, 1973); Eine Nacht im Juni, Kgn. 1980.

L: V. Koch 1950; L. W. Wagner, 1964; A. Ostrom, 1966; J. H. Miller, hg. 1966; W. S. Peterson, 1967; A. K. Weatherhead, 1967; H. Galinsky, Wegbereiter, 1968; J. Guimond, 1968; Sh. Paul, 1968; Th. R. Whitaker, 1968; B. Dijkstra, 1969; L. W. Wagner, 1970; J. Conarroe, 1970; J. E. Breslin, 1970; M. Weaver, 1971; J. Mazzaro, 1973; Ch. Angoff, hg. 1974; J. N. Riddel, 1974; R. Coles, 1975; H. Kenner, 1975; P. L. Mariani, 1975; R. Townley, 1975; R. Whittemore, 1975; M. G. Lloyd, 1979; D. Tashjian, 1979; M. A. Bernstein, 1980; Ch. Doyle, hg. 1980; P. Mariani, 1981; Ch. Doyle, 1982; W. Marling, 1982; D. A. Fedo, 1983; S. R. Loevy, 1983; R. Miki, 1984; H. M. Sayre, 1983; C. F. Terrell, hg. 1983 (m. Bibl.); N. Baldwin, 1984; C. J. MacGowan, 1984; C. Rapp, 1984; S. Tapscott, 1984; D. Walker, 1984; S. Cushman, 1985; M. Kallet, 1985; J. Heller, 1986; B. Ahearn, 1994; S. G. Axelrod, H. Deese, hg. 1994; P. Halter, 1994; D. W. Markos, 1994; J. Marzan, 1994; B. Comens, 1995; J. Laughlin, 1995; D. Morris, 1995; J. Lowney, 1996; S. L. Berry, 1997; S. Koehler, 1998; G. Lenhart, 1998; B. Zsófia, 1999; M. Peterfy, 1999. – *Bibl.:* E. M. Wallace, 1968; N. Baldwin, S. L. Meyers, 1978; L. W. Wagner, 1978; K. A. Larson, 1995.

Williamson, David, austral. Dramatiker, * 24. 2. 1942 Melbourne. Studierte u. lehrte Ingenieurwiss. u. Soziol. ebda. 1964–72, 1978 Gastprof. für Drama Aarhus. – S. naturalist. Dramen und Drehbücher setzen sich oft satir. mit Materialismus u. Machtspielen in der Gesellschaft auseinander.

W: The Removalist, Dr. 1972; The Coming of Stork, Jugglers Three, What If You Died Tomorrow, Drn. 1974; The Department, Dr. 1975; Sons of Cain, Dr. 1985; Emerald City, Dr. 1987; After the Ball, Dr. (1997); Corporate Vibes, Dr. (1999); Up for Grabs, Dr. (2000).

L: P. Fitzpatrick, 1987; O. Zuber-Skerritt, 1988; B. Kiernan, 1990.

Williamson, Henry, engl. Romanautor, 1. 12. 1895 Parkstone/Dorset – 13. 8. 1977 London. Freiwilliger im 1. Weltkrieg, Journalist, freier Schriftsteller u. Landwirt. – Vf. von sehr erfolgr. desillusionierten Kriegsromanen u. stilist. meisterhaften Tierbüchern. Mit s. ehrgeizigsten Unternehmen, der Tetralogie ›The Flax of Dreams‹ u. dem 15bändigen Romanzyklus ›A Chronicle of Ancient Sunlight‹ e. der Hauptvertreter des ›roman fleuve‹ in England, wenn auch s. Niveau nicht an das von Waugh oder Powell heranreicht. ›A Chronicle of Ancient Sunlight‹, die am Leben des Vf. orientierte fiktive Autobiographie des Phillip Maddison, gibt e. mikroskop. genaues Bild e. schlichten, extrem konservativen Mannes des 20. Jh. mit zunehmend peinlich berührenden romant.-faschist. Sympathien.

W: The Flax of Dreams, R.-Tetralogie 1921–33 (n. 1929–31; Bd. 1: Die schönen Jahre, d. 1938); Tarka the Otter, E. 1927 (d. 1929); The Wet Flanders Plain, Ber. 1929; Tales of a Devon Village, Aut. 1932; Salar the Salmon, Ber. 1935 (d. 1936); T. E. Lawrence, B. 1941; A Chronicle of Ancient Sunlight, R.-Zykl. XV 1951–69; A Clear Water Stream, Aut. 1958 (Der Fluß vor meinem Haus, d. 1965); Collected Nature Stories, 1970; The Scandaroon, R. 1972.

L: I. W. Girvan, 1931; H. F. West, 1932; L. Lamplugh, 1990.

Willingham, Calder, amerik. Schriftsteller, 23. 12. 1922 Atlanta/GA – 19. 2. 1995 Laconia/NH. Aus alter Familie der Südstaaten, Univ. Virginia, 1943 nach New York. – Vf. realist., z. T. gesellschaftskrit. Romane, auch Dramatiker; Drehbücher (›The Graduate‹).

W: End as a Man, R. 1947, Dr. 1951; Geraldine Bradshaw, R. 1950; The Gates of Hell, Kgn. 1951; Reach to the Stars, R. 1951; Natural Child, R. 1952; To Eat a Peach, R. 1955; The Automobile Man, K. 1956; Eternal Fire, R. 1963 (Zeit der Magnolienblüte, d. 1965); Providence Island, R. 1969 (Die Gestrandeten, d. 1970); Rambling Rose, R. 1972 (Wie ein Falter im Wind, d. 1981, u. d. T. Die Lust der schönen Rose, 1992); The Big Nickel, R. 1975 (Die Traumfrau, d. 1981); The Building of Venus Four, R. 1977.

Willis, Nathaniel Parker (Ps. Philipp Slingsby), amerik. Schriftsteller, 20. 1. 1806 Portland/ME – 20. 1. 1867 Idlewild/NY. Jugend in Boston, Stud. Yale, Journalist, 1829–31 Hrsg. des ›American Monthly Magazine‹, dann in New York; 1832–36 Gesellschaftsberichterstatter für den

›New York Mirror‹ in Europa und im Nahen Osten; danach wieder Journalist in New York, meist für den ›Mirror‹, dem er auch die Mitarbeit s. Freundes Poe sicherte; gesellschaftl. und lit. Mittelpunkt New Yorks auf s. Landsitz am Hudson. – Zu s. Zeit sehr beliebter Vf. von Reiseskizzen, sehr weltläufig und elegant; s. Kurzgeschichten arbeiten bereits mit dem Überraschungseffekt. Auch Dramatiker.

W: Sketches, G. 1827; Fugitive Poetry, 1829; Pencillings by the Way, Sk. III 1835; Melanie, G. hg. B. Cornwall 1835; Inklings of Adventure, Sk. III 1836; Bianca Visconti, Dr. 1839; Loiterings of Travel, Sk. III 1840; American Scenery, Sk. 1840; The Sacred Poems, 1843; Poems of Passion, 1843; Dashes at Life with a Free Pencil, Kgn. III 1845 (n. C. Gohdes 1969); Health Trip to the Tropics, Sk. 1853; Famous Persons and Famous Places, Ess. 1854; Paul Fane, R. 1857 (d. 1858). – Complete Works, XIII 1849–59.

L: H. A. Beers, 1885; K. L. Daugherty, 1934; C. P. Auser, 1969; T. N. Baker, 1999.

Willis, Ted (seit 1963 Lord Edward Henry W.), engl. Dramatiker, * 13. 1. 1918 London. Sohn e. Busfahrers. Gelegenheitsarbeiter, Soldat. 1967 Direktor e. Filmgesellschaft. – Erfolgr. Autor Dutzender von Kino- u. TV-Filmen. Zahlr. Theaterstücke, meist im Arbeitermilieu spielend. Spannende Unterhaltungsromane.

W: No Trees in the Street, Dr. 1948; Hot Summer Nights, Dr. 1958; Woman in a Dressing Gown and Other TV-Plays, 1959 (d. 1962); Whatever Happened to Tom Mix?, Aut. 1970; Death May Surprise Us, R. 1974 (Stakkato, d. 1975); The Left-Handed Sleeper, R. 1975 (Spion auf Eis, d. 1976); Man-Eater, R. 1976 (Killerkatzen, d. 1978); The Churchill Commando, R. 1977; The Buckingham Palace Connection, R. 1978 (In Sachen Romanow, d. 1979); The Lions of Judah, R. 1979; The Naked Sun, R. 1980.

Willumsen, Dorrit, dän. Schriftstellerin, * 31. 8. 1940 Kopenhagen. S. 1963 ∞ m. d. Dichter Jess Ørnsbo. – Auf eine modernist. Phase folgen die realist.-biograph. Romane ›Marie‹ über Madame Tussaud, ›Klædt i purpur‹ über Kaiserin Theodora sowie ›Bang‹ über den Schriftsteller Hermann Bang. Auch Lyrik und Dramen.

W: The, krydderi, acryl, salær, græshopper, R. 1970 (Bück dich, Schneewittchen, d. 1973); Manden som påskud, R. 1980 (Der Mann als Vorwand, d. 1982); Programmeret til kærlighed, R. 1981 (d. 1984); Marie, R. 1983 (d. 1987); Suk hjerte, R. 1986 (Seufze, Herz, d. 1990); Klædt i purpur, R. 1990; Bang, R. 1996 (d. 1998); De kattens feriedage, E. 1997 (Ferientage einer Katze, d. 2000).

L: A. B. Richard, På sporet af den tabte hverdag, 1979.

Wilmot, John 2nd Earl of Rochester, engl. Dichter, 10. 4. 1647 Ditchley/Oxfordshire – 26. 7. 1680 Woodstock. Stud. Oxford. 1661 M.A.; 3jährige Bildungsreise auf dem Kontinent. 1665 Teilnahme am Krieg gegen die Niederlande bei der Marine. Vorübergehend im Gefängnis, weil er s. spätere Frau entführen wollte. Gönner versch. Dichter, u.a. Drydens. Galt als e. der leichtfertigsten Höflinge Charles' II., starb 33jährig an den Folgen s. ausschweifenden Lebenswandels. – Seine z.T. obszöne u. frivole Liebeslyrik ist leicht, graziös u. formvollendet. Die realist.-satir. Gedichte, die teilweise große Selbstkritik zeigen, lassen die Enttäuschung über sein Leben, dessen sittl. Werte erschüttert wurden, erkennen.

W: Satyr against Mankind, 1675; Poems on Several Occasions, G. um 1680 (hg. J. Thorpe 1950). – Collected Works, hg. J. Hayward 1926; Poems, hg. V. de Sola Pinto 1953, D. M. Vieth 1968 (m. Bibl.); Sel. Satires and Other Poems, hg. D. Brooks 1979; Lyrics and Satires, hg. D. Brooks 1980; Letters, hg. J. Treglown 1980.

L: B. Dobrée, 1926; J. Prinz, 1927; Ch. Williams, 1935; F. Whitfield, 1936; V. de Sola Pinto, ²1962; ders., The Restoration Court Poets, 1965; D. M. Vieth, 1963; D. Farley-Hills, hg. 1972; ders., 1980; N. Fisher, 2000; G. Greer, 2000; C. Goldsworthy, The Satyr, 2001.

Wilson, A(ndrew) N(orman), engl. Schriftsteller, Erzähler und Biograph, * 27. 10. 1950 Stone/Staffordshire. Stud. Oxford; Lehrer, später Dozent Oxford; Redakteur beim ›Evening Standard‹, Lit.kritiker; regelmäßig Beiträge zu versch. Londoner Ztn., lebt in London. – Vf. zahlr. oft provokativer Romane, Essays und Biographien. Thema s. häufig satir. Romane sind exzentr. Vertreter der zeitgenöss. und viktorian. brit. Oberschicht, etwa des Kirche, Politik oder Intellektuelle, die oft in tragikom. Ereignisse verwickelt sind. Die fünf Romane der ›Lampitt Chronicles‹ schildern die Suche des Erzählers nach Informationen zu Leben und Verschwinden des Schriftstellers Lampitt und umfassen dabei e. Zeitspanne von 1933 bis 2000 sowie versch. Schauplätze. Beschäftigung mit relig. Themen in Essays und auch in zwei s. zahlr., sonst Schriftstellern gewidmeten Biographien (W. Scott [1980], J. Milton [1983, n. 2002], H. Belloc [1984], L. Tolstoj [1988], C. S. Lewis [1990], Jesus [1992, d. 1993] und Paulus [1997]) sowie in einigen Romanen.

W: The Sweets of Pimlico, R. 1977; Unguarded Hours, R. 1978; Kindly Light, R. 1979; The Healing Art, R. 1980; The Laird of Abbotsford, B. 1980; Who Was Oswald Fish?, R. 1981; Wise Virgin, R. 1982; Scandal, or, Priscilla's Kindness, R. 1983; Gentlemen in England, R. 1985; How Can We Know?, E. 1985; Love Unknown, R. 1986 (d. 1988); Stray, Kdb. 1987; Penfriends From Porlock. Essays and Reviews 1977–86, 1988; Lampitt Chronicles, R. V 1988–96 (I: Incline Our Hearts, 1988, II: A Bottle in the Smoke, 1990, III: Daughters of Albion, 1991, IV: Hearing Voices, 1995, V: A Watch in the Night, 1996); Against Religion, E. 1991; The Vicar of Sorrows, R. 1993; Dream Children, R.

1998; God's Funeral, Sb. 1999; The Victorians, Sb. 2002; Iris Murdoch, B. 2003.

Wilson, Sir Angus (eig. Frank Johnstone), engl. Schriftsteller, 11. 8. 1913 Bexhill/Sussex – 31. 5. 1991 Suffolk. Kindheit wegen Spielleidenschaft des Vaters vorwiegend in billigen Pensionen u. Hotels, 3 Jahre in Südafrika bei Verwandten der Mutter. Stud. Geschichte Oxford. 1937–55 Bibliothekar im Brit. Museum. 1942–46 im Auswärt. Amt. Begann nach Nervenzusammenbruch 1946 als Therapie Kurzgeschichten zu schreiben. Freier Schriftsteller. 1963 Dozent, 1966–78 Prof. Univ. of East Anglia, seit 1967 auch Prof. an versch. amerik. Univ. Vortragsreisen in 28 Ländern. Geadelt 1980. – E. der bedeutendsten zeitgenöss. engl. Romanautoren. Unbestechl., bissigboshafter, pessimist. Analytiker der Kuriosität des mod. Lebens u. satir.-parodist. Charakterschilderer der bürgerl. Gesellschaft, insbes. untüchtiger, parasitärer Familien. Kern s. Romane ist meist das moral. Problem der Diskrepanz zwischen Sein u. Sein-Sollen. Unverkrampfte Darstellung homosexueller Charaktere. Zuerst durch s. Kurzgeschichten bekannt, Prosa der 1940/50er Jahre v. a. Sozialsatire, virtuose Romantechnik in Anlehnung an den viktorian. Gesellschaftsroman; dann Darstellung postmoderner Befindlichkeiten in zunehmend experimentellem Stil, bes. Pastiche u. Parodie; ›No Laughing Matter‹ mischt Episches mit Dramatischem.

W: The Wrong Set, Kgn. 1949; Such Darling Dodos, Kgn. 1950; Emile Zola, St. 1952; Hemlock and After, R. 1952; For Whom the Cloche Tolls, Sk. 1953 (m. P. Jullian); The Mulberry Bush, Dr. 1956; Anglo-Saxon Attitudes, R. 1956 (Späte Entdeckungen, d. 1957); A Bit off the Map, Kgn. 1957; The Middle Age of Mrs. Eliot, R. 1958 (Meg Eliot, d. 1960); After the Show, FSsp. 1959; The Stranger, FSsp. 1960; The Old Men in the Zoo, R. 1961 (d. 1962); The Wild Garden, St. 1963; The Invasion, FSsp. 1963; Tempo: The Impact of Television on the Arts, St. 1964; Late Call, R. 1964 (d. 1966); No Laughing Matter, R. 1967 (d. 1969); Death Dance, Kgn. 1969; The World of Charles Dickens, St. 1970; As If By Magic, R. 1973 (d. 1975); The Naughty Nineties, St. 1976; The Strange Ride of Rudyard Kipling, B. 1977; Setting the World on Fire, R. 1980 (Brüchiges Eis, d. 1982); Reflections in a Writer's Eye, Reiseb. 1986; Diversity and Depth in Fiction, Ess. hg. K. McSweeney 1983. – Collected Short Stories, 1987. – *Übs.*: Was für reizende Vögel, Kgn. 1958; Mehr Freund als Untermieter, Kgn. 1961.

L: C. B. Cox, The Free Spirit, 1963; J. L. Halio, 1964; K. W. Gransden, 1969; K. Schlüter, Kuriose Welt im mod. engl. Roman, 1969; J. Gindin, 1971; K. Wogatzky, 1971; P. Faulkner, 1980; Critical Essays, hg. J. L. Halio 1985; A. Gardner, 1985; G. Klein, 1990; M. Drabble, 1996; P. Conradi, 1997. – *Bibl.*: J. H. Stape, A. N. Thomas, 1988.

Wilson, August (eig. Frederick August Kittel), afroamerik. Dramatiker, * 27. 4. 1945 Pittsburgh/PA. Jugend in Armut; 1962/63 US Army; Gelegenheitsjobs, Theatergruppen, Black-Power-Aktivitäten; Gedichte, 1978 nach St. Paul, ab 1983 in New York – W.s in den späten 70er Jahren einsetzende Produktion von Dramen bildet einen Zyklus (Vorbild Ed Bullins), der verschiedene Perioden des 20. Jh. ins Auge faßt u. überwiegend in Pittsburghs Hill District spielt. Durch alltagsnahe, umgangssprachl. gefaßte Geschichten über schwarze Figuren in Amerika soll die geschichtl. u. gesellschaftl. antagonist. Erfahrung der Afroamerikaner in bluesartig breitenwirksamer Weise vor Augen geführt werden. Seit s. Durchbruch mit ›Ma Rainey's Black Bottom‹ gilt W. als e. der bedeutendsten lebenden Dramatiker der USA, mit zwei Pulitzer-Preisen (1987 u. 1990) u. Erfolgen auch am Broadway.

W: Ma Rainey's Black Bottom, 1985; Fences, 1987; Joe Turner's Come and Gone, 1988; The Piano Lesson, 1990; Three Plays, 1991; Two Trains Running, 1993; Seven Guitars, 1996; King Hedley II, 1999.

L: May All Your Fences Have Gates: Essays on the Drama of A. W., hg. A. Nadel 1994; M. Elkins, hg. 1994; S. G. Shannon, 1995; T. Leuchtenmüller, Die Macht der Vergangenheit. Einführung in Leben u. Werk A. W.s, 1997; J. Shafer, 1998; P. Wolfe, 1999; M. L. Bogumil, 1999.

Wilson, Colin (Henry), engl. Schriftsteller, * 26. 6. 1931 Leicester. Gelegenheitsarbeiter, seit dem gewaltigen, schnell verflogenen Erfolg des ›Outsider‹ freier Schriftsteller, mehrere Gastdozenturen. – Sehr origineller, produktiver, kontroverser Autor, der mit missionar. Sendungsbewußtsein e. myst., okkulte, spiritualist., visionäre, telepath. Erweiterung des menschl. Bewußtseins propagiert.

W: The Outsider, St. 1956; Religion and the Rebel, St. 1957; The Stature of Man, St. 1959; Ritual in the Dark, R. 1960 (Der Schacht zu Babel, d. 1961); Adrift in Soho, R. 1961; The Strength to Dream, St. 1962; Origins of the Sexual Impulse, St. 1963; The World of Violence, R. 1963; Man Without a Shadow, R. 1963; The Brandy of the Damned, St. 1964; Rasputin and the Fall of the Romanovs, St. 1964; Necessary Doubt, R. 1964; Beyond the Outsider, St. 1965; The Glass Cage, R. 1966; The Black Room, R. 1968; Voyage to a Beginning, Aut. 1969; The Occult, St. 1971 (d. 1982); New Pathways in Psychology, St. 1972; Order of Assassins, St. 1972; Strange Powers, St. 1973; The Schoolgirl Murder Case, R. 1974; A Book of Booze: A Celebration of Drinking by a Life-long Devotee, 1974; The Craft of the Novel, St. 1975; The Space Vampires, R. 1976 (Die Seelenfresser, d. 1983); Mysteries, St. 1978; Science Fiction as Existentialism, St. 1978; Starseekers, St. 1980; The Quest for Wilhelm Reich, St. 1981; Rudolf Steiner, B. 1985.

L: S. Campion, 1963; J. A. Weigel, 1971; K. G. Bergström, 1983.

Wilson, Edmund, amerik. Schriftsteller, 8. 5. 1895 Red Bank/NJ – 12. 6. 1972 Talcottville/ NY. Sohn e. bedeutenden Juristen; Stud. Princeton (Freundschaft mit F. S. Fitzgerald); 1917–19 Sanitätssoldat in Frankreich; Redakteur ›Vanity Fair‹ 1920/21, ›New Republic‹ 1926–31, ›New Yorker‹ 1943–48. – Der angesehenste Kritiker soziolog.-psycholog. Richtung in den USA; Einfluß auf Entwicklung der amerik. Prosa zwischen den Weltkriegen; symptomat. Linksruck in der Weltwirtschaftskrise; Gegner des Eintritts der USA in den 2. Weltkrieg u. den Vietnamkrieg. S. Werk beinhaltet 50 Jahre Kommentar zur amerik. Lit., Kultur und Politik.

W: The Undertaker's Garland, Sat. 1922 (m. J. P. Bishop); I Thought of Daisy, R. 1929; Poets, Farewell, Ess. 1929; Axel's Castle, Ess. 1931; The American Jitters, Rep. 1932; Travels in Two Democracies, 1936; The Triple Thinkers, Ess. 1938, rev. 1948; To the Finland Station, Abh. 1940 (d. 1974, u.d.T. Der Weg nach Petersburg, 1963); The Boys in the Backroom, Ess. 1941; The Wound and the Bow, Ess. 1941; Notebooks of Night, 1942; Memoirs of Hecate County, R. 1946 (d. 1965); The Little Blue Light, Dr. 1950; Classics and Commercials: A Literary Chronicle of the 40s, 1950; The Shores of Light: A Literary Chronicle of the 20s and 30s, 1952; Five Plays, 1954; The Scrolls from the Dead Sea, Abh. 1955 (d. 1956); A Piece of My Mind: Reflections at Sixty, Ess. 1956; Red, Black, Blond and Olive, Ess. 1956; The American Earthquake, Dok. 1958; Apologies to the Iroquois, 1960 (d. 1974); Night Thoughts, Ges. G. 1961; Patriotic Gore: Studies in the Lit. of the American Civil War, 1962; The Cold War and the Income Tax: A Protest, 1963; O Canada: An American's Notes on Canadian Culture, 1965; The Bit Between My Teeth: A Literary Chronicle of 1950–65, 1965; A Prelude: Landscapes, Characters and Conversations from the Earlier Years of My Life, Aut. 1967; The Fruits of the MLA, Abh. 1968; Upstate: Records and Recollections of Northern New York, 1971; The Twenties, 1974; The Forties, 1983. – Portable E. W., Ausw. hg. L. Dabney 1983; Letters on Lit. and Politics, 1912–72, hg. El. Wilson 1977 (d. 1981); Nabokov – W. Letters 1940–71, hg. S. Karlinsky 1979.

L: S. Paul, 1965; C. P. Frank, 1970; L. Kriegel, 1971; J. Wain, hg. 1978; G. H. Douglas, 1983; D. Castronovo, 1984. – *Bibl.:* R. D. Ramsey, 1971.

Wilson, Ethel, kanad. Erzählerin, 20. 1. 1888 Port Elizabeth/Südafrika – 22. 12. 1980 Vancouver. Erzogen ebda. u. in Southport/Lancashire, lebte in Vancouver. – Subtile, humorvolle u. trag. Romane u. Kurzgeschichten über zwischenmenschl. Beziehungen, vorwiegend in der realist. dargestellten Szenerie ihrer Heimat.

W: Hetty Dorval, R. 1947; The Innocent Traveller, R. 1949; The Equations of Love, Kgn. 1952; Swamp Angel, R. 1954; Love and Salt Water, R. 1956; Mrs. Golightly, Kgn. 1961.

L: D. Pacey, 1967; M. McAlpine, 1988.

Wilson, Guthrie (Edward), neuseeländ. Erzähler, * 8. 11. 1914 Palmerston. Lehrer an diversen Colleges in Neuseeland u. Australien. – In s. Romanen ist er hin- u. hergerissen zwischen psycholog. Tiefgang u. Darstellung von Gewalt.

W: Brave Company, R. 1951; Julian Ware, R. 1952 (d. 1960); Sweet White Wine, R. 1956 (d. 1956); Dear Miranda, R. 1959; The Incorruptibles, R. 1960 (Die Unbestechlichen, d. 1962).

Wilson, John Burgess → Burgess, Anthony, eig. John Anthony Burgess Wilson

Wilson, Lanford (Eugene), amerik. Dramatiker, * 13. 4. 1937 Lebanon/MO. Mitbegründer der Circle Repertory Company. – Trotz Ursprüngen im alternativen Theater des Off-Off-Broadway realist. Dramen mit Verwendung von Multiperspektivik und Collage, so in der achronolog. Montage über ›The Rimers of Eldritch‹; Aufeinandertreffen von glücklosen, gesellschaftl. Außenseitern, Schicksalsgemeinschaft als Ersatzfamilie, bes. in dem handlungsarmen Hoteldrama ›The Hot L Baltimore‹; Kriegstrauma Vietnam in Midwest-Trilogie über die Familie Talley.

W: So Long At the Fair, Dr. (1963); The Rimers of Eldritch, Dr. 1966 (d. 1970); The Gingham Dog, Dr. 1968 (Der Plüschhund und die Baumwollkatze, d. 1970); Lemon Sky, Dr. 1970; The Hot L Baltimore, Dr. 1973 (d. 1973); The Fifth of July, Dr. 1977; Talley's Folly, Dr. 1979; A Tale Told, Dr. 1981 (u.d.T. Talley and Son, 1985); Angels Fall, Dr. 1982; Burn This, Dr. 1987 (d. 1988); Redwood Curtain, Dr. 1992.

L: G. A. Barnett, 1987; J. R. Bryer, 1994; A. M. Dean, 1994.

Wilson, Robert, amerik. Bühnenautor, * 4. 10. 1941 Waco/TX. Bühnenbildner, Architekt, Autor, Regisseur und Schauspieler in e. Person. – Erfinder e. visionären Theaters, in dem Sprache relativ unwichtig ist. W. weckt die Lust an Bildern, zeigt Bruchstücke unserer Welt und erzielt mit geringem Aufwand (Licht und Choreographie) knappste, genaue Effekte.

W: The Life and Times of Sigmund Freud, Dr. (1969); Deafman Glance, Dr. (1971); A Letter for Queen Victoria, Dr. (1974); Einstein on the Beach, Dr. (1976); Death, Destruction & Detroit, Dr. (1979); The Man in the Raincoat, Dr. (1981); Die Goldenen Fenster, Dr. (1982); the CIVIL warS, Dr. (1984); Parzival, Dr. (1987); The Forest, Dr. (1988); The Black Rider, Dr. (1990).

L: F. Quadri, 1976 u. 1999; S. Brecht, 1979; R. Stearns, 1980; C. Nelson, hg. 1984; L. Shyer, 1989; D. Y. Dietrich, 1992; T. Grillet, 1992; F. Hentschker, 1993; B. Graff, 1994; F. Böhm, M. Shareghi, 1996; A. Holmberg, 1996; F. Quadri, F. Bertoni, R. Stearns, 1997.

Wilson, Sloan, amerik. Erzähler, 8. 5. 1920 Norwalk/CT – 25. 5. 2003 Colonial Beach/VA. Stud. Psychol. Harvard; Marineoffizier, publizist. Tätigkeit für e. Reform der amerik. Erziehung. – Hauptfiguren s. erfolgr. Romane sind die vom Leben Enttäuschten, die sich nicht oder nur schwer in die konformist. bürgerl. Gesellschaft einordnen.

W: Voyage to Somewhere, R. 1947; The Man in the Gray Flannel Suit, R. 1955 (d. 1956); A Summer Place, R. 1958 (Die Sommerinsel, d. 1959); A Sense of Values, R. 1960 (Am Tisch des Lebens, d. 1962); Georgie Winthrop, R. 1963 (d. 1964); Janus Island, R. 1967; Away from It All, Aut. 1970; All the Best People, R. 1970 (Wie ein wilder Traum, d. 1971); What Shall We Wear to This Party?, Aut. 1976; Small Town, R. 1978; Ice Brothers, R. 1979 (d. 1982); The Greatest Crime, R. 1980; Pacific Interlude, R. 1981; The Man in the Gray Flannel Suit II, R. 1984.

Wilson, Snoo, engl. Dramatiker und Schriftsteller, * 2. 8. 1948 Reading. Stud. Univ. East Anglia; 1968 gründet er mit David Hare das ›Portable Theatre‹ in Brighton, Direktor ebda. bis 1975; Dramaturg an der Royal Shakespeare Company 1975/76. – Vf. abgründiger schwarzer Komödien, in denen er psychol. Randexistenzen und Grenzerfahrungen ausleuchtet. Themen s. Dramen sind die eth. Verwahrlosung der Gesellschaft, Gewalt und die ökolog. Zerstörung des Planeten. Mit s. stilist. und themat. Weigerung, mit dem Mainstream des brit. Theaters Kompromisse einzugehen, bleibt W. e. etablierter Autor des Fringe.

W: Vampire, 1973; The Pleasure Principle: The Politics of Love, The Capital of Emotion, 1974; The Beast, 1974; Blowjob, 1975; Pinguin, 1975; Reason, 1976; The Everest Hotel, 1976; The Glad Hand, 1979; Flaming Bodies, 1983; Spaceache, R. 1984 (d. 1987); Inside Babel, R. 1985; Wilson's Plays, II 1999/2000; A la recherche du temps perdu, G. 2000; In Defence of T. S. Eliot, Ess. 2000; Moonshine, R. 2000.

Winsor, Kathleen, amerik. Romanautorin, 16. 10. 1919 Olivia/MN – 26. 5. 2003 New York. Jugend in Berkeley/CA, Stud. Univ. California. – Wurde durch den Bestseller ›Forever Amber‹, e. hist. Roman aus der engl. Restaurationszeit, weltbekannt.

W: Forever Amber, R. 1944 (Amber, d. 1946); Star Money, R. 1950 (Die Sterntaler, d. 1951); The Lovers, R. 1952 (d. 1953); America, With Love, R. 1957 (Cassy, d. 1958); Wanderers Eastward, Wanderers West, R. 1965 (Rauher Osten, Wilder Westen, d. 1968); Calais, R. 1979 (Ich fürchte nur dein Herz, d. 1980); Jacintha, R. 1985 (d. 1985); Robert and Arabella, R. 1986 (d. 1987).

Winter, Leon de, niederländ. Schriftsteller u. Filmemacher, * 24. 2. 1954 's-Hertogenbosch. Stammt aus orthodox-jüd. Familie. Stud. Filmakademie Amsterdam 1974–78. – Im frühen Werk spielt die existentielle Angst vor der Leere eine zentrale Rolle; später steht immer wieder die jüd. Identität im Mittelpunkt. Ironische Brechungen machen die Geschichten sehr unterhaltsam.

W: De verwording van Herman Dürer, Film (Premiere) 1979, R.-Bearb.: De (ver)wording van de jongere Dürer, R. 1978 (Nur weg hier!, d. 1986, 1992); Kaplan, R. 1986 (Leo Kaplan, d. 2001); Hoffman's honger, R. 1990 (d. 1993), eigene TV-Bearb. 1994; SuperTex, R. 1991 (d. 1993); De ruimte van Sokolov, R. 1992 (d. 1999); De hemel van Hollywood, R. 1997 (d. 1998); God's gym, R. 2002 (Malibu, d. 2003).

Winter, Zikmund, tschech. Schriftsteller, 27. 12. 1846 Prag – 12. 6. 1912 Bad Reichenhall/Österreich. Geschichtsstud. u. Promotion Prag, Gymnasiallehrer in Rakovník u. Prag. – Als Schüler V. Tomeks überzeugt vom erzieher. Wert der nationalen Gesch., sammelte W. eifrig Archivmaterial aus dem 16. u. 17. Jh., das er mit feiner psycholog. Durchdringung, Phantasie u. Humor in s. Erzählungen u. Romanen zu e. farbigen Kultur- u. Sittenbild des alten Prag zusammenfaßte oder wiss. auswertete, wobei er den äußeren Erscheinungen den Vorrang vor den inneren Zusammenhängen gab.

W: Rakovnické obrázky, En. 1888; Kulturní obraz českých měst, St. II 1890–92; Pražské obrázky, En. 1893; Život církevní v Čechách, St. II 1895–96; Děje vysokých škol pražských, St. 1897; Staré listy, En. 1902; Rozina sebranec, R. 1905; Dějiny řemesel a obchodu v Čechách, St. 1906; Bouře a přeháňka, En. 1907; Mistr Kampanus, R. 1909 (Magister Kampanus, d. 1957). – Sebrané spisy (GW), XXI 1911–25; Dílo (AW), hg. M. Novotný VIII 1937–50.

L: A. Novák, 1914; Z. W. a Rakovník, 1937.

Winters, Yvor, amerik. Lyriker u. Kritiker, 17. 10. 1900 Chicago – 25. 1. 1968 Palo Alto/CA. Stud. Romanistik und Anglistik Chicago u. Colorado. Seit 1927 Prof. an der Stanford Univ. in Palo Alto/CA; 1932–34 Mitarbeit an der Zs. ›Hound and Horn‹; einflußreicher Lit.kritiker der 30er/40er Jahre. – Vf. bewußt an der Tradition orientierter neoklass. Gedichte, die er selbst über s. in ›In Defense of Reason‹ gesammelte Lit.kritik stellt. Diese wendet sich auf der Grundlage e. eth. Rationalismus gegen Romantizismus u. metaphys. Vagheit bei amerik. Autoren und Kritikern des 19. u. 20. Jh.

W: The Immobile Wind, G. 1921; The Bare Hills, G. 1927; The Proof, G. 1930; The Journey, G. 1931; Before Disaster, G. 1934; Primitivism and Decadence, Ess. 1937; Maule's Curse, Ess. 1938; Poems, 1940; The Anatomy of Nonsense, St. 1943; The Giant Weapon, G. 1943; In Defense of Reason, Ess. 1947. – Collected Poems, 1952; The Function of Criticism, Ess. 1957; On Modern Poets, Ess. 1960; Early Poems 1920–28, 1966; Forms of Discovery, Ess. 1967; Uncollected Essays and Reviews, 1973; Collected Poems, 1978.

L: G. Powell, 1980; E. Isaacs, 1981; D. Davis, Wisdom and Wilderness, 1983; T. Comito, 1986. – Bibl.: G. Powell, 1983.

L: N. Bøgh, III 1893–1901; P. Levin, 1896; J. Clausen, C. W.s digtcyclus ›Til Een‹, 1918; O. Friis, Hjortens flugt, 1961.

Winterson, Jeanette, engl. Schriftstellerin, * 27. 8. 1959 Manchester. Stud. Oxford. Adoptiert von e. Ehepaar des christl. Pfingstgemeinde, die sie mit 15 Jahren verläßt, als sie durch ihre Homosexualität zur Außenseiterin wird. – W.s Romane spiegeln ihre Auseinandersetzung mit dem christl. Glauben und der Anerkennung von Homosexualität. Dabei greift sie nicht auf die einfache Umkehrung gegebener Binaritäten zurück, sondern hinterfragt mit Hilfe postmodernist. Stilmittel die Normen der Sexualität u. die Aussagekraft von Mythen, bes. der christl., die identitätsbildend gegen lebensweltl. erfahrene Unterdrückung wirken sollen.

W: Oranges Are Not The Only Fruit, R. 1985; The Passion, R. 1987; Sexing The Cherry, R. 1989; Written On The Body, R. 1992; Art & Lies, R. 1994; Art Objects, Ess. 1995; Gut Symmetries, R. 1997 (Das Schwesteruniversum, d. 1997); The World and Other Places, Kgn. 1998; The PowerBook, R. 2000.

L: ›I'm telling you stories‹, hg. H. Grice, T. Woods 1998; Sponsored by Demons, hg. H. Bengtson, M. Børch, C. Maagaard 1999.

Winther, (Rasmus Villads) Christian (Ferdinand), dän. Dichter, 29. 7. 1796 Fensmark b. Næstved/Südseeland – 30. 12. 1876 Paris. Sohn e. Pfarrers, theol. Examen 1824; Hauslehrer; 1830/31 Italienreise, ökonom. Schwierigkeiten; 1841 Lehrer der späteren Kronprinzessin Marianne in Neu-Strelitz; seit 1836 Verhältnis mit der Pfarrersfrau Julie Werliin, später öffentl. Skandal u. Ehescheidung; ∞ Julie 1848. – Unkomplizierter, schlichter Lyriker auf dem Übergang von der Romantik zum Biedermeier mit Liebesliedern und anspruchslosen naturnah-idyll. Verserzählungen aus der seeländ. Heimat, zeitweilig mit Weltschmerzzügen unter Einfluß Byrons und Heines. Hauptwerke s. erot. Zyklus ›Til Een‹ an s. spätere Gattin und das Epos in Romanzen ›Hjortens flugt‹ aus dem dän. MA, Verbindung von seeländ. Landschaftsschilderung und Preis der Liebe. Weite Nachwirkung.

W: Digte, G. 1828; Nogle digte, G. 1835; Sang og sagn, G. 1840, erw. 1858; Håndtegninger, G. 1840; Digtninger, G. 1843; Fire noveller, 1843; Håndtegninger, gamle og nye, G. 1846; Lyriske digte, G. 1849; Til Een, G. 1848; En morskabsbog for børn, Prosa 1850; Nye digte, G. 1851; Tre fortællinger, En. 1851; Nye digtninger, G. 1853; Hjortens flugt, Ep. 1855 (n. hg. E. A. Nielsen 1999; Die Flucht des Hirschen, d. 1883); Brogede blade, G. 1865; En Samling vers, G. 1872; I Nådsensaaret, Prosa 1874; Et vendepunkt, Prosa 1876; Efterladte digte, G. 1879. – Samlede digtninger, XI 1860–72; Poetiske skrifter, hg. O. Friis III 1927–29; Breve fra og til W., 1880 (n. IV 1974).

Wireker, Nigellus → Nigellus de Longchamps

Wirpsza, Witold, poln. Dichter, 4. 12. 1918 Odessa – 16. 9. 1985 West-Berlin. Stud. Jura u. Musikwiss. 1939–45 in dt. Kriegsgefangenschaft, später beim Rundfunk und Journalist in Stettin u. Warschau; dann Verlagslektor. Reisen nach Dtl., Frankreich, Österreich, China, Vietnam. 1972 Gastdozent FU Berlin, 1973 durch verweigerte Paßerneuerung zwangsemigriert. Lebte in Berlin. – In s. Lyrik vom franz. Spätsymbolismus beeinflußt, in Roman und Erzählung Nachfolger der realist. Erzähltradition des 19. Jh. Übs. von Gedichten Goethes, Benns, Brechts, zusammen mit Maria Kurecka auch von T. Manns ›Doktor Faustus‹.

W: Sonata, G. 1949; Stocznia, G. 1949; Polemiki i pieśni, G. 1951; Pisane w kraju, G. 1952; List do żony, G. 1953; Na granicy, R. 1954 (Schwester Milli, d. 1957); Stary tramwaj, En. 1955; Z mojego życia, G. 1956; Don Juan, Poem 1960; Komentarze do fotografii. The Family of Man, G. 1962; Pomarańcze na drutach, R. 1964 (Orangen im Stacheldraht, d. 1967, 1987); Drugi opór, G. 1965; Gra znaczeń, Schr. 1965; Przesądy, G. 1966; Morderca, En. 1966 (Der Mörder, d. 1971); Traktat skłamany, G. 1968; Wagary, R. 1970; Liturgia, G. 1985. – Übs.: Bruchsünden u. Todstücke, G. 1967; Pole, wer bist du?, Schr. 1971; Drei Berliner Gedichte, 1976.

Wiseman, Nicholas (Patrick Stephen), ir. Schriftsteller, 2. 8. 1802 Sevilla – 15. 2. 1865 London. Kathol. Theologe; Rektor des English College in Rom, Prof. für oriental. Sprachen Univ. Rom. Trug wesentl. zur Entwicklung des Oxford Movement bei. Begründer der ›Dublin Review‹. Nach der auf s. Anraten erfolgten Wiedererrichtung der kathol. Hierarchie in England 1850 zum Kardinal und Erzbischof von Westminster ernannt. Mit ›Appeal to the English People‹ versuchte W. engl. Bedenken gegen die päpstl. Politik zu begegnen. – Vf. zahlr. theol. Schriften. S. lit. Ruf beruht hauptsächl. auf s. hist. Roman ›Fabiola‹, der um 302–18 im altchristl. Rom spielt und die Kirche der Katakomben schildert.

W: Horae Syriacae, St. 1828; Twelve Lectures on the Connection between Science and Revealed Religion, II 1836 (d. 1840); Lectures on the Principal Doctrines and Practices of the Roman Catholic Church, II 1836 (d. 1838); Essays, III 1853 (d. 1854); Fabiola, R. 1855 (d. 1855); The Hidden Gem, Dr. 1859; Recollections of the Last Four Popes, En. 1858 (d. 1860); Two Mysteries, or Sacred Dramas, 1863.

L: W. Ward, II 1897; D. R. Gwynn, 1929; A. B. Fothergill, 1963; S. W. Jackman, 1977.

Wispelaere, Paul de, fläm. Schriftsteller, * 4. 7. 1928 Assebroek (Brügge). Deutschlehrer, dann Lit.-Prof. in Antwerpen; Tätigkeit als Zeitschriftenredakteur. – Romane (im späteren Werk zunehmend gesellschaftskrit. u. mit autobiograph. Elementen), literaturkrit. Essays.

W: Een eiland worden, R. 1963 (So hat es begonnen, d. 1966); Mijn levende schaduw, R. 1965; Het Perzische tapijt, Ess. 1966; Met krit. oog, Ess. 1967; Facettenoog, Ess. 1968; Paul-Tegenpaul, Tg. 1970; Een wereld apart, Ess. 1972; Een dag op het land, E. 1976, ²1989 (d. 1992); Louis Paul Boon, Es. 1976; Tussen tuin en wereld, aut. R. 1979; Mijn huis is nergens meer, aut. R. 1982; Brieven uit Nergenshuizen, autobiograph. R. 1986; En de liefste dingen nog verder, R. 1998.

L: J. Kruithof, Schrijven in Arcadia, 1990.

Wister, Owen, amerik. Erzähler, 14. 7. 1860 Philadelphia – 21. 7. 1938 Crowfield b. Kingston/RI. Stud. Musik u. Jura Harvard; Jagdaufenthalte in Wyoming inspirierten ihn zu an Stevenson und Kipling geschulten Erzählungen über das Leben von Cowboys; Freund von Theodore Roosevelt. – In dem Bestseller ›The Virginian‹ flößt er den melodramat. Klischees des populären Westerngenres durch realist. Milieu- und Charakterzeichnung neues Leben ein. Die Handlung kulminiert nach der Heirat des heroisierten Titelhelden (mit e. Lehrerin aus New England) in e. Showdown, der Grenzer-Selbstjustiz über bürgerl. Moral u. humanen Ausgleich stellt. ›The Virginian‹ wurde zum Vorbild für spätere Westernromane (etwa von Zane Grey).

W: Red Men and White, Kgn. 1896; Lin McLean, En. 1898; The Jimmyjohn Boss, Kgn. 1900; The Virginian, R. 1902 (d. 1955, III 1971 f.); Philosophy 4, E. 1903; Lady Baltimore, R. 1906; The Seven Ages of Washington, B. 1907; The Pentecost of Calamity, Kgn. 1915; Neighbors, Henceforth, Kgn. 1922; When West Was West, Kgn. 1928; Roosevelt: The Story of a Friendship, 1880–1919, B. 1930. – Collected Works, XI 1928; O. W. Out West: His Journals and Letters, 1958; My Dear Wister, Br. F. Remington/O. W., hg. B. M. Vorpahl 1972.

L: R. W. Etulain, 1973; J. L. Cobbs, 1984; D. Payne, 1985.

Wit, (Anna) Augusta (Henriëtte) de, niederländ. Erzählerin, 25. 11. 1864 Siboga/Sumatra – 10. 2. 1939 Baarn. Oberrealschule Utrecht, Stud. London und Cambridge, Journalistin und Lehrerin in Batavia, 1900 Rückkehr nach den Niederlanden. – Ihre klaren u. sachl. Romane spielen meist in Indonesien und suchen Verständnis für die Javaner zu wecken.

W: Verborgen bronnen, En. 1899 (Feindschaft, d. 1903); Orpheus in de Dessa, R. 1902 (d. 1905); De godin die wacht, R. 1903 (Göttin, die da harret, d. 1908); Het dure moederschap, R. 1907 (Eine Mutter, d. 1908); De wake bij de brug, En. 1918; De avonturen van een muzikant, R. 1927.

Wither (auch Withers), George, engl. Dichter und Satiriker, 11. 6. 1588 Bentworth/Hampshire – 2. 5. 1667 London. Stud. Jura Oxford und Lincoln's Inn. 1613 wegen e. Satire gegen den Hof im Gefängnis, verfaßte dort e. Schäferdichtung ›The Shepherd's Hunting‹. 1639 auf seiten Charles' I. gegen die Schotten, wandte sich später den Puritanern zu; 1660 von den Royalisten gefangengenommen, vorübergehend im Tower. – S. Werk umfaßt Satiren, Pastoraldichtungen, didakt. Gedichte, später bes. relig.-lehrhafte Dichtungen.

W: Abuses Stript and Whipt, Sat. 1613; The Shepherd's Hunting, Dicht. 1615; Fidelia, G. 1615; Wither's Motto, 1618; Juvenilia, G. 1622; Fair Virtue, the Mistress of Phil' Arete, Dicht. 1622; The Psalmes of David, 1632 (n. 1881); Heleluiah, or Britain's Second Remembrancer, G. 1641 (n. 1879). – Works, XX 1871–82; Poems, hg. H. Morley 1891; The Poetry, hg. F. Syidgwick II 1902 (m. Bibl.).

L: I. Tramer, Stud. zu d. Anfängen d. puritan. Emblemlit. in England, 1934; Ch. S. Hensley, Den Haag 1969.

Witkacy, Stanisław Ignacy → Witkiewicz, Stanisław Ignacy

Witkiewicz, Stanisław Ignacy (Ps. Witkacy), poln. Schriftsteller, Philosoph u. Maler, 24. 2. 1885 Warschau – 18. 9. 1939 Jeziory (Selbstmord nach Einmarsch der sowjet. Truppen). Sohn des Malers u. Schriftstellers Stanisław W. – Wichtige Erscheinung der poln. Avantgarde unter Einfluß des dt. Expressionismus. Vertrat die Theorie der ›reinen Form‹. Schrieb ca. 30 experimentell-absurde Dramen u. erot.-lyr. und utop.-philos. Romane. In s. Bedeutung erst nach 1956 erkannt. Heute in der ganzen Welt gespielt.

W: Nowe formy w malarstwie i wynikające stąd nieporozumienia, Schr. 1919 (n. 1959); Pragmatyści, Dr. 1920 (Die Pragmatiker, d. 1967); Tumor Mózgowicz, Dr. 1921; Szkice estetyczne, Schr. 1922; Mątwa, czyli Hyrkaniczny światopogląd, Dr. 1923 (Der Tintenfisch oder die hyrkanische Weltanschauung, d. 1967); Nowe Wyzwolenie, Dr. 1923 (Neue Befreiung, d. 1967); Teatr, Schr. 1923; Wariat i zakonnica, Dr. 1925 (Narr u. Nonne, d. 1965); Pożegnanie jesieni, R. 1927 (Abschied vom Herbst, d. 1987); Nienasycenie, R. II 1930 (n. 1957; Unersättlichkeit, d. 1966); Sonata Belzebuba, Dr. 1938 (Die Beelzebub-Sonate, d. 1967); Idealizm i realizm, Schr. 1946; W małym dworku, Dr. 1948 (Im kleinen Landhaus, d. 1971); Szewcy, D. 1948 (Die Schuster, d. 1967). – 1962 aus dem Nachlaß veröff. Dramen, u.a.: Oni (1920; Jene, d. 1968); Kurka wodna (1921; Das Wasserhuhn, d. 1965); Bezimienne dzieło (1921; Das namenlose Werk, d. 1972, 1982); Nadobnisie i koczkodany, czyli Zielona pigułka (1922); Janulka córka Fizdejki (1923; Die Tochter des Fizdejko, d. 1967); Matka (1924). – Nowe formy w malarstwie i inne pisma estetyczna (ausgew. ästhet. Schr.), 1962; Jedyne wyjście, R. 1968 (entst. 1932f.); 622 upadki Bunga, czyli Demonicz-

na kobieta, R. 1972 (entst. 1910). – Dramaty II 1962, ²1972 f.; Wybór dramatów (Drn.-Ausw.), 1974; Pisma filozoficzne i estetyczne, IV 1974–78; Poza rzeczywistością, Ges. G. 1977; Dzieła wybrane (AW), V 1985; Dramaty (Drn.-Ausw.), 1985. – *Übs.*: Stücke, 1982; Verrückte Lokomotive, AW 1985.
L: T. Kotarbinski u. J. E. Płomienski, hg. 1957 (mit Bibl.); J. Speina, Powieści W., 1965; H. Kunstmann, Mod. poln. Dramatik, 1965; Cahiers M. Renaud – J.-L. Barrault, Sondernr. 1970; A. van Crugten, Lausanne 1971; Studia o W., hg. M. Głowiński, J. Sławiński 1972; B. Danek-Wojnowska, W. a modernizm, 1976; M. Szpakowska, Światopogląd W., 1976; J. W. Sarna, Filozofia W., 1978; I. Jakimowicz, 1978; ders., 1986 u. 1987; D. C. Gerould, S. I. W. jako pisarz, 1981; J. St. W., hg. A van Crugten 1982; St. I. W. 1885–1939, 1985; P. Piotrowski, Metafizyka obrazu, 1985; P. Piotrkowski, 1989; A. Micińska, 1991; J. Błoński, 2003.

Wittig, Monique, franz. Schriftstellerin, 1935 Elsaß – 3. 1. 2003 Tucson/AZ. Linguistikstud. in Paris; organisiert 1968 die Gruppe ›Féministes Révolutionnaires‹, veröffentlicht im anarchist. Blatt ›L'idiot international‹ enttäuscht über die Zerrissenheit der feminist. Bewegung emigriert sie in die Vereinigten Staaten, kooperiert mit Simone de Beauvoir, bis zu ihrem Tod Hochschullehrerin; betont lesb. Grundhaltung. – Ihr lit. Werk konzentriert sich auf Kampfschriften und die Darstellung von polit. und soz. engagierten Helden.
W: Opoponax, R. 1964; Les guérillères, R. 1969 (Die Verschwörung der Balkis, d. 1970); Le corps lesbien, Ess. 1973; Brouillon pour un dictionnaire des amants, Ess. 1976; Virgile, non, Ess. 1985; Paris – la politique, Kgn. 1999.
L: Actes du Colloque, Paris 2001.

Wittlin, Józef, poln. Dichter, 17. 8. 1896 Dmytrów – 28. 2. 1976 New York. Jüd. Abstammung. Jugend in Lemberg. Leidenschaftl. Pazifist. 1939 Emigration nach Frankreich, 1941 nach USA. – Bedeutendster Vertreter der poln. expressionist. Lyrik. S. ›Hymny‹ erinnern an Kasprowicz, sind aber mit ihren Humanitätsgedanken und myst. Gottsuchen mehr den dt. Expressionisten verwandt. Das Erlebnis des Weltkriegs gewinnt in Lyrik wie in Erzählungen tiefere u. allg.-menschl. Bedeutung. Versuchte neue Wege in der Übs. antiker Dichtung: expressionist. ›Odyssee‹-Übs. (1924). Ferner Übs. der Romane J. Roths u. von Hesses ›Steppenwolf‹.
W: Hymny, G. 1920; Wojna, pokój i dusza poety, Ess. 1925; Święty Franciszek z Asyżu, G. 1927; Etapy, Sk. 1933; Sól ziemi, R. 1935 (Das Salz der Erde, d. 1937, 1969); Mój Lwów, Sk. 1946; Orfeusz w piekle XX wieku, 1963. – Poezje, 1978. – *Übs.*: Die Geschichte vom geduldigen Infanteristen (AW), 1986.
L: Z. Yurieff, N. Y. 1973; K. Jakowska, 1977; Studia o twórczości J. W., 1990.

Wivallius, Lars, schwed. Dichter, 1605 Vivalla/Närke – 6. 4. 1669 ebda. Bauernsohn. Nach Stud. Jura in Uppsala abenteuerl. Reisen in Holland, Frankreich, England, Dtl.; 1628/29 Gefängnis Nürnberg; heiratete als angebl. Baron e. reiche dän. Adlige. Nach Aufdeckung s. Hochstapelei 1631 zum Tode verurteilt, mehrfach Fluchtversuche, 1641 begnadigt. Starb vergessen u. wurde erst gegen 1900 als bedeutender Vertreter des Barock wiederentdeckt. – S. lat., dt. u. schwed., zumeist im Gefängnis entstandenen Gedichte im Stil der Zeit sind flüssig, musikal., im Rhythmus oft verspielt. Wahre Größe erreichte W. im Angesicht des Todes: echtes Naturgefühl u. Bewußtsein der Vergänglichkeit, scharfe Beobachtungsgabe, unbändige Freiheitssehnsucht aus dem Elend des Gefängnisses.
W: Klagewijsa öfwer thenna torra och kalla wåhr, 1641. – Dikter i urval, Självbiografi, brev och prosastykken i urval, hg. E. Camby II 1957.
L: H. Schück, II 1893–95; ders., En äventyrare, 1918; S. Ek, 1921, 1930; W. Friese 1968.

Wivel, Ole, dän. Lyriker, * 29. 9. 1921 Kopenhagen. Stud. Lit., während der dt. Besetzung beim Roten Kreuz, Verlagsleiter, Mitredakteur der Zs. ›Heretica‹ (mit M. A. Hansen), Lehrer an der Heimvolkshochschule Askov, 1954–63 Mitdirektor des Verlags Gyldendal. – Von Hölderlin, Novalis, Nietzsche, Rilke, V. Grønbech, S. Claussen, H. Rode, T. S. Eliot u.a. beeinflußter, aber auch von eigenen Erlebnissen des Unglücks u. der Trauer geprägter, sehr formsicherer Lyriker, dessen Suchen nach dem verschwundenen Gott in der Liebe, der Brüderlichkeit, in etwas ›Absolutem‹ hinter den Phänomenen oder im Rückgriff auf alte Kulturen überall zugegen ist. E. kühler u. intellektueller Dichter, der nach Wärme und Existenz sucht.
W: Digte, G. 1940; Digte 1943–55, G. 1956; Digte 1948–58, G. 1960; Kunsten og krigen, Ess. 1965; Udvalgte digte, G.-Ausw. 1971; Romance for valdhorn, Erinn. 1972; Tranedans, Erinn. 1975; Danmark ligger her endnu, G. 1979; Skabelsen, G. 1981; Musikken kommer fra vægene, Erinn. 1986; Karen Blixen, Ess. 1987; Anna Ancher, Ess. 1987 (d. 1994); Kontrapunkt, Erinn. 1989 (zus. m. Romance f. valdhorn u. Tranedans, n. 1999); Et midlertidigt nærvær, G. u. Ess. 1990; Modspil, G. u. Ess. 1991; Iris, G. 1993; Sol og krig, G. 1995; Bunkere ved havet, G. 1996; Skygger i sandet, G. 1997; Kroketkuglen, G. 1998; Digte, 1948–98, G. 1999; Under mursejlerhimlen, Erinn. 2001.
L: Hermes, hg. F. Lasson 1981.

Wodehouse, P(elham) G(renville), engl. Romancier, 15. 10. 1881 Guildford – 14. 2. 1975 New York. Bankbeamter, ab 1903 freier Schriftsteller. Mitarbeiter des ›Globe‹ u. ›Punch‹. ∞ 1914 Ethel Rowley. Während des 2. Weltkriegs in dt.

Gefangenschaft, Rundfunksprecher in Frankreich. Verbrachte e. großen Teil s. Lebens in den USA, seit 1955 amerik. Staatsbürger. Dr. h.c. der Univ. Oxford. – Schrieb Texte zu Musicals von Cole Porter, Irving Berlin u. George Gershwin. S. über 70 Romane haben grob-humorist., oft farcenhafte Plots. Bekannt v.a. durch die ›Jeeves‹-Romane: humorist. Geschichten um den unnachahml. Butler Jeeves und den reichen jungen Hohlkopf Bertie Wooster. Gutmütige Darstellung menschl. Schwächen u. Absurditäten, reich an Situationskomik.

W: Love Among the Chickens, R. 1906; Enter Psmith, R. 1909; Psmith in the City, R. 1910; Uneasy Money, R. 1917; Piccadilly Jim, R. 1917; A Damsel in Distress, R. 1919 (Die liebe Not mit jungen Damen, d. 1964); The Coming of Bill, R. 1920; The Indiscretions of Archie, Kgn. 1921; The Clicking of Cuthbert, Kgn. 1922; Leave it to Psmith, R. 1923 (P. macht alles, d. 1954); The Inimitable Jeeves, Kgn. 1924 (d. 1934); Ukridge, Kgn. 1924; Bill the Conqueror, R. 1924 (Ein Glücklicher, d. 1927); Sam the Sudden, R. 1925; The Small Bachelor, R. 1927 (Der schüchterne Junggeselle, d. 1963); Summer Lightning, R. 1929; Very Good Jeeves!, Kgn. 1930; If I Where You, R. 1931 (Vertauschte Rollen, d. 1966); Big Money, R. 1931 (Paß auf, Berry, d. 1933); Jeeves Omnibus, Kgn. 1931; Hot Water, R. 1932 (Maskerade in St. Rocque, d. 1966); Heavy Weather, R. 1933 (Ein X für ein U, d. 1935); Thank You, Jeeves, R. 1934 (d. 1934); Lord Emsworth and Others, Kgn. 1937; Uncle Fred in Springtime, R. 1939; Full Moon, R. 1947 (d. 1983); The Mating Season, R. 1949; Pigs Have Wings, R. 1952; Performing Flea, Aut. 1953; Something Fishy, R. 1957 (d. 1959); Over Seventy, Aut. 1957; Jeeves in the Offing, R. 1960 (Keine Ferien für Jeeves, d. 1975); Ice in the Bedroom, R. 1961; Service With a Smile, R. 1962 (Immer zu Diensten, d. 1972); Frozen Assets, R. 1964; Galahad at Blandings, R. 1965; A Pelican at Blandings, R. 1969 (Ein Pelikan im Schloß, d. 1982); The Girl in Blue, R. 1970 (d. 1979); Much Obliged, Jeeves, R. 1971 (Ohne Butler geht es nicht, d. 1974); Bachelors Anonymous, R. 1973; Aunts Aren't Gentlemen, R. 1974; The Golf Omnibus, Kgn. 1974.

L: J. Patz, Diss. Innsbr. 1951; H. W. Wind, 1972; T. Gazalet-Keir, hg. 1973; D. A. Jasen, 1974; D. Dudley, 1977; R. Usborne, 1977; ders., 1981 u. 1991; B. Green, 1981; F. Donaldson, 1982; F. Connolly, 1983; N. K. Kiernan, Frivolity Unbound, 1990; E. MacIlvaine, 1990. – *Bibl.*: D. A. Jasen, 1971.

Woestijne, Karel (Peter Eduard Marie) van de, fläm. Dichter, 10. 3. 1878 Gent – 24. 8. 1929 Zwijnaarde b. Gent. Stud. Germanistik Gent, 1899–1904 im Künstlerdorf St. Martens Latem. Lehrer, Journalist, 1911 Beamter im Kulturministerium, seit 1921 Prof. für niederländ. Lit. an der Univ. Gent. Mitgl. des Dichterkreises um die Zs. ›Van Nu en Straks‹. – Bedeutendster fläm. Lyriker des Fin de siècle, in s. aristokrat. Individualismus fern der Heimatkunst. Schrieb unter Einfluß der franz. Symbolisten formvollendete Lyrik, die ebenso wie s. Prosa e. symbol. Autobiographie ist. W.s wohllautende, bilderreiche u. breitströmende Dichtungen um Unruhe u. innere Gegensätze, Liebe, Leid u. Tod, Geist u. Sinnlichkeit, Lebensangst u. Gottessehnsucht offenbaren s. gequältes Seelenleben. Später Bearbeitungen antiker Stoffe, Parabeln, undogmat. christl. Thematik in spröderer Sprache u. barocker Form. Auch in s. literarhist. u. kunstkrit. Essays e. autobiograph. Element. Stärkste Nachwirkung auf die Dichtung s. Generation.

W: De Vlaamsche primitieven, Ess. 1903; Het vaderhuis, G. 1903; Laethemsche brieven over de lente, Sk. 1904; De boomgaard der vogelen en der vruchten, G. 1905; Verzen, 1905; Janus met het dubbele voorhoofd, Prosa 1908 (J. mit dem Zwiegesicht, d. 1948); De gulden schaduw, G. 1910; Kunst en Geest in Vlaanderen, Ess. 1911; Interludiën, G. II 1912–14; Goddelijke Verbeeldingen, Prosa 1918 (Die Geburt des Kindes, Ausw. d. 1946); De bestendige aanwezigheid, Prosa 1918; Zon in den rug, G. 1924; Substrata, G. 1924; God aan zee, G. 1926; Het zatte hart, G. 1926; Christophorus, E. 1926; Het bergmeer, G. 1928; De leemen torens, R. II 1928 (m. H. Teirlinck); De schroeflijn, Ess. II 1928. – Verzameld werk, VIII 1948–50; Verzamelde gedichten, 1953. – *Übs.*: Tödlicher Herbst, G. 1941; Einsame Brände, G. 1952.

L: P. Minderaa, II 1942, 1984; F. V. Toussaint van Boelaere, 1944; G. van Severen, 1944; A. Westerlinck, 1952, 1956; H. Teirlinck, 1956; G. van de Woestijne, Karel en ik, 1979; M. Somers, K. v. d. W., Ausstellungs-Kat., Brüssel 1979; A. Westerlinck, 1982.

Woinowitsch, Wladimir → Vojnovič, Vladimir Nikolaevič

Wojaczek, Rafał, poln. Lyriker, 7. 12. 1945 Mikołów b. Kattowitz – 11. 5. 1971 Breslau. Geboren in Lehrerfamilie. 1963 Abitur. Nach Abbruch des Polonistikstudiums in Krakau seit 1964 in Breslau. – Sechs Jahre nur dauerte W.s literarisches, von öffentlichen Ärgernissen u. Haft begleitetes Wirken. Der lit. Nachlaß umfaßt nur knapp 250 Gedichte. Sie provozieren, weil sie das Obszöne nicht scheuen u. brutal moralische u. sprachlich-sittliche Tabus brechen. Sie sind eingebettet in die konsequente Legende e. selbstzerstörerischen Lebens, das nahezu zwangsläufig im Selbstmord sein Ende gefunden hat. Tod, Liebe, Schmerz, Hunger, Körperlichkeit, Sinnlichkeit und Sexualität dominieren diese Verse. Die Kompromißlosigkeit seiner Auflehnung brachte W. den Beinamen ›polnischer Rimbaud‹ ein und machte ihn zur Kultfigur seiner Generation.

W: Sezon, G. 1969; Inna bajka, G. 1970; Którego nie było, G. 1972; Nie skończona krucjata, G. 1972. – Utwory zebrane (GW), 1976; Poezje wybrane (AW), 1983; Wiersze, G. 1996. – *Übs.*: In tödlicher Not, G.-Ausw. 2000.

L: M. Szczawiński, R. W., który był, 1996.

Wojciechowski, Piotr, poln. Schriftsteller * 18. 2. 1938 Posen. Stud. Geologie in Breslau, Journalistik in Warschau und an der Filmhochschule in Łódź. Lebt seit 1963 in Warschau. – Seit seinem Debüt 1967 kreiert W. in allen Romanen eine einzigartige lit. Welt, sie ist verschwommen, märchenhaft und reich an hist. und phantast. Details. Die Helden sind fast immer dieselben. Das fiktive Imperium ähnelt der österr.-ungar. Monarchie. In diesem Kontext wird nach dem Sinn des Lebens, aber auch nach dem Einfluß der Tradition auf das Bewußtsein gefragt,

W: Kamienne pszczoły, R. 1967 (Steinerne Bienen, d. 1970); Czaszka w czaszce, R. 1970 (Der Schädel im Schädel, d. 1973); Półtora królestwa, En. 1984; Harpunnik otchłani, R. 1988.

Wojtyła, Karol (Papst Johannes Paul II.), poln. Dichter u. Schriftsteller (Ps. Andrzej Jawień, Stanisław Andrzej Gruda, Piotr Jasień), * 18. 5. 1920 Wadowice. Stud. Polonistik u. Theologie Krakau u. Rom, 1946 Priesterweihe, 1954–58 Prof. für Philos. Kathol. Univ. Lublin, 1958 Bischof, 1963 Erzbischof von Krakau, 1967 Kardinal, am 16. 10. 1978 zum Papst gewählt. Seit 1938 lit. tätig. Leitete als Student e. Untergrund-Theater. – Vf. von Dramen während des Krieges u. in der ersten Nachkriegszeit, dann vor allem Gedankenlyrik, Meditationen u. philos.-theol. Werke. Bedeutender Prediger.

W: Hiob, Dr. 1940; Jeremiasz, Dr. 1940; Pieśń o Bogu ukrytym, Versdicht. 1947; Brat naszego Boga, Dr. 1950 (Der Bruder unseres Gottes, d. 1981); Przed sklepem jubilera, dialog. Meditationen 1960 (Der Laden des Goldschmieds, d. 1979); Osoba i czyn, Schr. 1969 (The Acting Person, engl. 1979); Promieniowanie ojcowstwa, Mysterium 1979 (Strahlung des Vaters, d. 1981); Autobiografia, Aut. 2002. – Poezje i dramaty (GW), 1980; Kazania, Pred. 1980; Poezje zebrane (ges. G.), 2003. – *Übs.:* Der Gedanke ist eine seltsame Weite, Ausw. 1979; Poèmes, 1979; Liebe u. Verantwortung, Schr. 1979; Erziehung zur Liebe, Schr. 1979; Primat des Geistes, Schr. 1980; Betrachtungen zur Schöpfungsgeschichte, Schr. 1980; Die Jugendgedichte des Papstes, 2000.

L: Bibl.: W. Gramatowski, Z. Wilińska, Vatikan 1980; B. Taborski, K.W. dramaturgia wewnętrzna, 1989.

Wolfe, Bernard, amerik. Schriftsteller, 28. 9. 1915 Connecticut – 27. 10. 1985 Kuba. Stud. Psychol. Yale, Bodyguard von Leo Trotzki, Kriegskorrespondent. – Bekannt für s. Sciencefiction-Roman ›Limbo‹ über einen exilierten Kriegsheimkehrer, der in Tagebuchform zynisch über die Bemühungen s. Mitmenschen höhnt, die versehrte Gesellschaft zu restituieren, und der dabei unversehens zum Held des Wiederaufbaus avanciert; die Entwaffnung (›disarmament‹) als wörtl. genommene Amputation von Gliedmaßen (›limbs‹); auch Jazz-Kenner.

W: Really the Blues, St. 1946 (m. M. Mezzrow; Jazz-Fieber, d. 1956); Hypnotism Comes of Age, St. 1949; Self Portrait, Kgn. 1951; Limbo, R. 1952 (d. 1989); In Deep, 1957; The Great Prince Died, R. 1959; The Never-Ending Penny, Kgn. 1960; Marcianna and the Natural Carpaine in Papaya, Kgn. 1961; The Magic of Their Singing, 1961; Come on Out, Daddy, R. 1963; The Dot and Dash Bird, Kgn. 1964; Move Up, Dress Up, Drink Up, Burn Up, 1968; Monitored Dreams & Strategic Cremations, Kgn. u. Ess. 1972; Memoirs of a Not Altogether Shy Pornographer, Aut. 1972; Logan's Gone, R. 1974; Trotsky Dead, 1975; Lies, 1975.

L: C. Geduld, 1972.

Wolfe, Thomas (Clayton), amerik. Erzähler, 3. 10. 1900 Asheville/NC – 15. 9. 1938 Baltimore. Vater Steinmetz, Mutter führte e. Fremdenpension und spekulierte mit Grundstücken. 1916–20 Univ. North Carolina, erste dramat. Versuche unter F. H. Koch; 1920–23 Harvard, Drama-Workshop G. P. Baker; 1924–29 Dozent New York Univ., zahlr. Europareisen; ab 1925 Verbindung mit Bühnenbildnerin Aline Bernstein (vgl. deren Roman ›The Journey Down‹, 1938). Letzte Europareise 1936 (Olympiade Berlin, Abscheu vor Nationalsozialismus); auf Sommerreise im amerik. Westen unheilbar erkrankt; begraben in s. Heimatstadt, in der er wegen Porträtierung s. Mitbürger angefeindet worden war. – Von Univ.-Bühnen mehrfach aufgeführt, verbaute sich W. durch Kompromißlosigkeit den Weg zum Broadway-Theater. Als Erzähler von überströmender Sinneseindrücke und Erinnerungen reproduzierender, rhetor. aufgeladener Energie. Herzhafte, z. T. satir. Charakterkunst wechselt mit Whitmanschen Lyrismen. Versuchte, Formlosigkeit in den späteren Werken durch größere Objektivität zu begegnen, doch Übergang von privater Legende des einsamen jungen Menschen zum nationalen Mythos mißlang. 1937 Bruch mit Freund und Verlagslektor Maxwell Perkins, um s. künstler. Selbständigkeit zu beweisen. Postume Werke von E. C. Aswell aus Manuskriptbergen ediert.

W: The Return of Buck Gavin, Dr. 1919; Welcome to Our City, Dr. 1923 (Willkommen in Altamont, d. 1962); Look Homeward, Angel, R. 1929 (d. 1932); Of Time and the River, R. 1935 (d. 1936); From Death to Morning, Kgn. 1935 (d. 1937); The Story of a Novel, Es. 1936 (Uns bleibt die Erde, d. 1951); The Web and the Rock, R. 1939 (d. 1953, u. d. T. Strom des Lebens, 1941); You Can't Go Home Again, R. 1940 (d. 1942); The Hills Beyond, Kgn. 1941 (d. 1956); Gentlemen of the Press, Dr. 1942 (d. 1962); Stories, 1944; A Stone, a Leaf, a Door, G. 1945; Mannerhouse, Dr. 1948 (d. 1953); The Years of Wandering, Tg. 1949; A Western Journal, 1951; The Short Novels, hg. C. H. Holman 1961; The Mountains, Dr. hg. P. M. Ryan 1970; The Hound of Darkness, Dr. 1986; T. W.'s Composition Books, 1990; The Good Child's River, R. 1991; The Lost Boy, N. 1992 (d. 1998); The Starwick Episodes, hg. R. S. Kennedy 1994; The Party at Jack's, N. 1995; O.

Lost, R. 2001. – The Complete Short Stories, hg. F. E. Skipp 1987; Letters, hg. E. Novell 1956 (d. 1961); Letters to His Mother, hg. J. S. Terry 1943 (d. I. Seidel 1949), überholt durch The Letters of T. W. to His Mother, hg. C. H. Holman, S. F. Ross 1968; Correspondence of T. W. and H. A. Watt, hg. O. Cargill, T. C. Pollock 1954; Letters of T. W. and A. Bernstein, hg. S. Stutman 1983; To Loot My Life Clean, T. W. – Maxwell Perkins, Br. hg. M. J. Bruccoli, P. Bucker 2001; The Notebooks, hg. R. S. Kennedy, P. Reeves 1970. – *Übs.:* Sämtl. Erzählungen, 1971; Ausgew. Briefe, 1971.
L: P. H. Johnson, 1947; H. J. Muller, 1947 (d. 1962); R. Walser, hg. 1953; K. Pfister, 1954; L. D. Rubin, 1955; F. C. Watkins, 1957; C. H. Holman, 1960; ders., hg. 1975; E. Nowell, 1960; J. Daniels, 1961; R. S. Kennedy, 1962; R. Raynolds, 1965; H. Helmcke, 1967; A. Turnbull, 1968; L. A. Field, hg. 1968; P. Reeves, 1969; ders., hg. 1974; R. Walser, 1977; D. H. Donald, 1987; C. Johnston, 1995; J. C. Griffin, 1996; S. Holliday, 2001; J. Scotchie, R. Roberts, 2001; T. Mitchell, hg. 2001; D. H. Donald, 2002; R. T. Ensign, 2003. – *Bibl.:* E. D. Johnson, 1970; J. S. Phillipson, 1977; C. Johnston, 1987; J. E. Bassett, 1996.

Wolfe, Tom (Thomas Kennerly Jr.), amerik. Schriftsteller, * 2. 3. 1931 Richmond/VA. Nach dem Stud. (B. A. 1951; Ph. D. 1956) Reporter bei versch. Zeitungen (u. a. ›Washington Post‹, ›New York Herald Tribune‹); 1968–76 Mithrsg. des ›New York Magazine‹, seit 1977 Mithrsg. von ›Esquire‹; lebt in New York. – Mit s. impressionist.-sprachschöpfer. Reportagen von unfehlbarem Gespür für gesellschaftl. Modeerscheinungen und deren kom. Aspekte übt W. teilweise beißende, oft kühl distanzierte Kritik an der amerik. Gesellschaft, so bes. in ›The Bonfire of the Vanities‹.
W: The Kandy-Kolored Tangerine-Flake Streamline Baby, 1965 (d. 1968); The Pump House Gang, 1968 (Das Silikongespritzte Mädchen, d. 1976); The Electric Kool-Aid Acid Test, 1968 (Unter Strom, d. 1987); Radical Chic and Mau-Mauing the Flak Catchers, 1970 (d. 1972); The New Journalism, 1973; The Painted Word, 1975 (d. 1975); Mauve Gloves and Madmen, Ess. u. En. 1976; The Right Stuff, Rep.-R. 1979 (Helden der Nation, d. 1983); From Bauhaus to Our House, Sat. 1981 (d. 1982); The Purple Decades, Ess. 1982; The Bonfire of the Vanities, R. 1987 (d. 1988); A Man in Full, R. 1988 (d. 1999); Hooking Up, Ess. 2000.
L: D. H. Donald, 1987; D. Scura, hg. 1990; D. Shomette, 1992; W. McKeen, 1995; H. Bloom, hg. 2001; B. A. Ragen, 2002.

Wolff-Bekker, Elisabeth (Betje), niederländ. Schriftstellerin, 24. 7. 1738 Vlissingen – 5. 11. 1804 Den Haag. ∞ 1759 den 30 Jahre älteren kalvinist. Prediger A. Wolff, nach dessen Tod (1777) Lebens- u. Arbeitsgemeinschaft mit Aagje Deken in De Rijp, ab 1782 auf Zomerlust in Beverwijk. Die beiden Freundinnen flohen vor dem Einzug des preuß. Heeres 1787 nach Frankreich, ab 1797 wieder in den Niederlanden. – Verfaßte in Zusammenarbeit mit → A. Deken von Rousseau u. Richardson beeinflußte, philos. unterbaute Briefromane, die in realist.-empfindsamer u. witziger Form u. gewandter Dialogführung Zustände u. Personen des 18. Jh. schildern. Der größte Erfolg der beiden, ›De historie van mejuffrouw Sara Burgerhart‹, ist der erste niederländ. psycholog. Roman in Briefen; Die ›Historie van den Heer Willem Leevend‹, die Entwicklungsgeschichte e. Theologen, warnt vor den Gefahren der Sentimentalität, tritt ein für e. unkirchl. Christentum.
W: Bespiegelingen over het genoegen, G. 1763; Walcheren in vier zangen, G. 1769; Proeven van mengeldichten, G. 1769; Mengelpoëzie, G. III 1785f.; Folgende Werke in Zus.arbeit m. A. Deken: De historie van Mejuffrouw Sara Burgerhart, R. II 1782 (d. 1796); Historie van den Heer Willem Leevend, R. VIII 1784f. (d. 1798–1800); Brieven van Abraham Blankaart, III 1787–89; Historie van Cornelia Wildschut, R. VI 1793–96 (d. 1800). – Brieven van B. W. en A. Deken, hg. J. Dijserinck 1903.
L: H. C. M. Ghijsen, 1919; ders., II 1954; P. J. Buijnsters, 1971; P. van der Vliet, 1982; P. J. Buijnsters, 1984. – *Bibl.:* P. J. Buijnsters, 1979.

Wolker, Jiří, tschech. Dichter, 29. 3. 1900 Prostějov – 3. 1. 1924 ebda. Aus kleinbürgerl. Familie, Gymnas. Prostějov, erkrankte vor Abschluß des Jurastud. (Prag) an Schwindsucht, der er erlag. – W.s frühe Lyrik wurde von der Dichtung der Dekadenz, von Neruda u. der zeitgenöss. franz. Lit., bes. G. Apollinaire, inspiriert. In der Sammlung ›Host do domu‹ vertritt W. e. sentimentalen Vitalismus, der die Welt nach den Gesetzen der Liebe u. Gerechtigkeit umgestalten will. Zum Sprecher des Proletariats wird W. in der Sammlung ›Těžká hodina‹, bes. in s. sozialen Balladen, die zu den schönsten Schöpfungen der ›proletar. Poesie‹ zählen. Bedeutender Kritiker u. Theoretiker dieser Strömung.
W: Host do domu, G. 1921 (Der Gast ins Haus, d. 1924); Svatý Kopeček, G. 1921; Těžká hodina, G. 1922 (Die schwere Stunde, d. 1924); Polární záře, R.-Fragm. 1922; Tři hry, Drr. 1923. – Dílo (W), III 1930/31; Spisy (W), IV 1953–54; Korresp., hg. Z. Trochová 1984.
L: V. Nezval, 1925, 1964; Z. Kalista, 1933; L. Kratochvíl, 1936; Z. Wolkerová, 1937 (n. 1951); V. Pekárek, 1949; S. K. Neumann, 1952; A. M. Píša u. a., 1954; F. Soldan, 1964; S. V. Nikol'skij, 1968; Š Vlašín, 1974 (erw. 1980; m. Bibl.).

Wolkers, Jan (Hendrik), niederländ. Schriftsteller u. Bildhauer, * 26. 10. 1925 Oegstgeest. Stud. Bildhauerei Amsterdam, Paris, Salzburg. Begann 30jährig zu schreiben. – Erfolgr. Romane u. Erzählungen, auch Dramen. Im Mittelpunkt des frühen, autobiograph. gefärbten Werks steht der Versuch der Befreiung vom engen calvinist. Milieu und von der autoritären Vaterfigur; bei ihrem Erscheinen in den 60er Jahren haben diese Bücher durch die direkte Beschreibung von Sexualität und Sadismus die Öffentlichkeit schockierte. In späteren Romanen ist die Einsamkeit ein zentrales Thema. Ab 1990 Essays über Künstlerpersönlichkeiten. Erfolgreicher Bildhauer (z. B. Auschwitz-Mahnmal in Amsterdam), auch Maler.

W: Serpentina's petticoat, En. 1961; Kort Amerikaans, R. 1962; Gesponnen suiker, En. 1963; De Babel, Dr. 1963; Een roos van vlees, R. 1963 (d. 1969); Terug naar Oegstgeest, R. 1965 (d. 1979); Turks fruit, R. 1969 (d. 1975); Werkkleding, Aut. 1971; De walgvogel, R. 1974; De perzik van onsterfelijkheid, R. 1980 (d. 1985); Brandende liefde, R. 1981; Gifsla, R. 1983; Tarzan in Arles, Ess. 1990; Rembrandt in Rommeldam, Ess. 1994; Het kruipend gedierte des aardbodems, E. 1998.

L: J. H. Caspers, 1971; E. Populier, 1975.

Wollstonecraft, Mary → Shelley, Mary

Wood, Charles Gerald, engl. Dramatiker, * 6. 8. 1932 Insel Guernsey. Berufssoldat, dann Schauspieler und Regisseur; lebt in Leigh Woods/Gloucester. – Naturalist., grausame, poet.-myst. u. farcenhafte Stücke über das Leben beim Militär; ›Fill the Stage with Happy Hours‹ gestaltet nostalg. die ihm aus s. Kindheit vertraute Welt e. schäbigen Provinzbühne.

W: Cockade, Drn. 1965; Meals on Wheels, Dr. (1965); Fill the Stage with Happy Hours, K. 1967 (d. 1972); Dingo, Dr. 1969; H, Dr. 1970; The Veterans, Dr. 1972 (d. 1974).

Wood, Ellen, geb. Price, bekannt als Mrs. Henry Wood, engl. Romanschriftstellerin, 17. 1. 1814 Worcester – 10. 2. 1887 London. ⚭ 1836 Henry Wood, mit dem sie bis zu s. Tod 1866 in Frankreich lebte. Danach als Schriftstellerin in London; ab 1867 Hrsg. der Zs. ›Argosy‹, in der sie ihre Romane veröffentlichte. – Schrieb über 30 durchschnittliche, aber z. T. sehr populäre Romane; am bekanntesten ›East Lynne‹, in viele Sprachen übs. Gute Charakteranalysen in den ›Johnny Ludlow‹-Erzählungen.

W: East Lynne, R. III 1861; The Channings, R. III 1862; Mrs. Halliburton's Troubles, R. III 1862; The Shadow of Ashlydyat, R. III 1863; Within the Maze, R. III 1872; Johnny Ludlow, En. XII 1874–80; Pomeroy Abbey, R. III 1878.

L: C. W. Wood, 1894; R. Burgauer, Diss. Zürich 1950.

Woodall, Nicholas → Udall

Woolf, Leonard (Sidney), engl. Schriftsteller, 25. 11. 1880 London – 14. 8. 1969 Rodmell/Sussex. ⚭ 1912 Virginia W., nach ihrem Tode veröffentlichte er e. Reihe von ihren Werken. Engagierter Sozialist. Initiator u. Direktor der ›Hogarth Press‹. S. Haus war Zentrum der ›Bloomsbury Group‹. – Schrieb zunächst Romane u. Erzählungen, später Beschränkung auf polit. Schriften. S. Autobiographie über die Jahre 1919–69 bietet wertvolles Material zur Zeitgeschichte, insbes. Band 3 (1911–18).

W: The Village in the Jungle, R. 1913 (d. 1930 u. 1982); Stories of the East, Kgn. 1915; International Government, Es. 1916; Co-operation and the Future of Industry, St. 1918; Quack! Quack!, Ess. 1936; The Hotel, Dr. 1939; Autobiography, V: Sowing, 1960, Growing, 1961, Beginning Again, 1964, Downhill All the Way, 1967, The Journey Not the Arrival Matters, 1969 (Mein Leben mit Virginia, d. 1988).

L: G. Spater, I. Parsons, A Marriage of True Minds, 1977; D. Wilson, 1978; P. F. Alexander, 1992; J. H. Wills, 1992; S. P. Rosenbaum, 1995; N. Rosenfeld, 2000.

Woolf, Virginia, geb. Adeline Virginia Stephen, engl. Erzählerin u. Essayistin, 25. 1. 1882 London – 28. 3. 1941 River Ouse b. Lewis/Sussex. Tochter des Biographen u. Kritikers Sir Leslie Stephen. In hochintellektuellem Elternhaus erzogen, dort Umgang mit den bedeutendsten Persönlichkeiten der Zeit, nutzte die vorzügl. Bibliothek ihres Vaters. ⚭ 1912 den Lit.kritiker Leonard W., begründete 1917 mit ihm die Hogarth Press. Ihr Haus war Zentrum der sog. ›Bloomsbury Group‹, zu der u. a. L. Strachey, E. M. Forster, V. Sackville-West u. J. M. Keynes gehörten. Jahrelang Lit.kritikerin für ›The Times Literary Supplement‹; von sicherem Urteil u. scharfem krit. Verstand. Ausgezeichnete Essayistin u. Tagebuchschreiberin. Gefeierte engl. Schriftstellerin der 20er Jahre. Beendete im 2. Weltkrieg freiwillig ihr Leben, nachdem ihr Haus durch e. Bombe zerstört worden war. Sie fürchtete, in geistige Umnachtung zu fallen. – Vf. von Bewußtseinsromanen in der Art von Proust u. J. Joyce, die das ständige Fließen der Zeit u. des menschl. Bewußtseins als Symbole des Endlichen im Unendlichen erfassen. Sie sucht das fluktuierende Leben einzufangen, indem sie den flüchtigen Augenblick aufzeichnet. Keine abgerundeten Charakterskizzen, sondern e. Fülle subtiler seel. Einzelheiten in inneren Monologen der Hauptfigur oder Eindrücken anderer Figuren; gerade dadurch wirken ihre Gestalten echt u. lebensnah. In ›Orlando‹, e. ihrer reizvollsten Werke, verkörpert der Held symbolhaft die Gestalt der engl. Dichtung, geht durch 3 Jhe., wechselt das Geschlecht u. trägt zugleich Züge der mit ihr befreundeten Dichterin Sackville-West, der sie mit diesem Werk huldigte.

W: The Voyage Out, R. 1915 (d. 1983); Night and Day, R. 1919 (d. 1989); Monday or Tuesday, Nn. 1921; Jacob's Room, R. 1922 (d. 1981); Mrs. Dalloway, R. 1925 (d. 1955, u. d. T. Eine Frau von fünfzig Jahren, 1928); The Common Reader, Ess. II 1925 u. 1932; To the Lighthouse, R. 1927 (d. 1931); Orlando, R. 1928 (d.

1929); A Room of One's Own, Ess. 1929; The Waves, R. 1931 (d. 1959); Flush, B. 1933 (d. 1934); The Years, R. 1937 (d. 1954); Three Guineas, Ess. 1938 (d. 1978); R. Fry, St. 1940; Between the Acts, R.-Fragm. 1941 (d. 1963); The Death of the Moth, Ess. 1942 (Der schiefe Turm, d. 1957); A Haunted House, Kgn. 1943 (d. 1990); The Moment, Ess. 1947; A Writer's Diary, 1953; Granite and Rainbow, Ess. 1958 (d. 1960); The Lady in the Lookingglass, En. 1960 (d. 1960); Mrs. Dalloway's Party, Kgn. hg. S. McNichol 1973; Moments of Being, Aut. hg. J. Schulkind 1976 (d. 1981); Freshwater, K. hg. L. P. Ruotolo 1976. – Works, XIV 1929–52; V. W. and L. Strachey: Letters 1956; Collected Essays, hg. L. Woolf IV 1965ff.; The Diary, hg. A. O. Bell, A. McNeillie V 1977–84; The Letters of V. W., hg. N. Nicolson, J. Trautmann VI 1975–80. – *Übs.*: GW, hg. K. Reichert 1989ff.

L: F. Delattre, 1932 (m. Bibl.), n. 1967; E. M. Forster, 1942; D. Daiches, 1942; J. Bennett, 1945, n. 1964; D. Newton, 1946; R. L. Chambers, 1947; B. Blackstone, 1949; M. Nathan, 1956; D. Brewster, 1960; J. Guiget, 1962 (engl. 1966); A. D. Moody, 1963; C. Woodring, 1966; M. Brandt, 1968; H. Marder, 1968; H. Richter, 1970; J. O'Love, 1970; E. Dölle, 1971; Q. Bell, II 1972 (d. 1994); A. McLaurin, 1973; N. T. Bazin, 1973; J. Naremore, 1973; A. van Buren Kelley, 1973; J. Alexander, 1974; J. Novak, 1974; A. Fleishman, 1975; J. Lehmann, 1975, n. 1987; R. Majumdar, A. McLaurin, hg. The Critical Heritage 1975; H. Lee, 1977; G. Spater, I. Parsons, A Marriage of True Minds, 1977; R. Poole, 1978; T. E. Apter, 1979; L. A. DeSalvo, 1980; H. M. Kastinger Riley, 1983; J. Elkin, 1984; L. Gordon, 1984 (d. 1987); E. Warner, hg. 1984, 1987; A. Velicu, 1985; Th. Riedl, 1986; R. Bowlby, 1987, ²1997; J. Marcus, 1987; E. Abel, 1989; C. Schöneich, 1989; S. MacNichol, 1990; V. u. A. Nünning, 1991; W. Erzgräber, ²1993; E. Bettinger, 1993; S. Raitt, Vita and Virginia, 1993; S. Amrain, 1994; H. Lee, 1996 (d. 1999); N. Marsh, 1998; C. Wenner, 1998; S. Roe, 2000; K. Dalsimer, 2001; H. Bloom, 2002. – *Bibl.*: B. J. Kirkpatrick, 1957, ⁴1997; R. Majumdar, 1976.

Wordsworth, Dorothy, engl. Schriftstellerin, 25. 12. 1771 Cockermouth – 25. 1. 1855 Rydal Mount b. Grasmere/Westmoreland. Schwester und treue Lebensgefährtin von William W. – Ihre Tagebücher berichten ab 1798 in ausgezeichneter Prosa vom gemeinsamen Leben mit dem Dichterbruder und bezeugen ihre enge Naturverbundenheit.

W: Recollections of a Tour in Scotland, 1804; Journal of a Tour on the Continent, 1820. – Journals, hg. W. Knight 1897, E. de Sélincourt II 1941, ²1970; M. Moorman 1971; Poetry, hg. H. Eigerman 1940, ²1970; Letters of the Wordsworth Family, hg. W. Knight III 1969; Letters of William and D. W., hg. E. de Sélincourt, VIII ²1967–93; Ausw.: Home at Grasmere, hg. C. Clark 1960.

L: C. M. Maclean, ²1932 (mit Bibl.); E. de Sélincourt, 1933, n. 1967; E. Gunn, 1981; R. Gittings, J. Manton, 1985; S. M. Levin, 1987; A. Thomas, 1997; E. A. Fay, Becoming Wordsworthian, 1995.

Wordsworth, William, engl. Dichter, 7. 4. 1770 Cockermouth/Cumberland – 23. 4. 1850 Rydal Mount b. Grasmere/Westmoreland. Sohn e. Rechtsanwalts, verlor 7jähr. die Mutter, 13jähr. den Vater. Hawkshead School, 1787–91 Stud. Cambridge. Bildungsreisen nach der Schweiz, Italien und 1791/92 Frankreich, dort tief beeindruckt vom Erlebnis der Revolution. Liebe zu Annette Vallon, Tochter e. franz. Chirurgen, die ihm e. Tochter gebar. 1793 Rückkehr nach England. 1795 gab ihm e. kleines Legat die Möglichkeit, für sich und s. Schwester Dorothy, mit der ihn zeitlebens innige Freundschaft verband, in Alfoxdon e. Heim zu begründen. Im gleichen Jahr begann die Freundschaft mit Coleridge. Ein Jahr lang lebten beide in engstem Kontakt nahe beieinander und veröffentlichten gemeinsam die ›Lyrical Ballads‹, in deren 2. Ausgabe W. s. Ansichten über das Wesen lyr. Dichtung darlegte. Der Band markiert heute die romant. Bewegung in England. 1798/99 Dtl.reise gemeinsam mit Coleridge u. Dorothy W. Aufenthalte in Hamburg (Besuch b. Klopstock) und Goslar. Hier begann W. s. große philos. autobiograph. Dichtung ›The Prelude‹. Coleridge blieb länger in Dtl., W. kehrte mit s. Schwester nach England zurück und zog nach Grasmere im Lake District. ∞ 1802 s. Cousine Mary Hutchinson; die Schwester Dorothy teilte weiter den Haushalt. Gelegentl. kürzere Auslandsreisen, anläßl. e. Reise nach Schottland Freundschaft mit W. Scott. 1805 beendete W. die erste Fassung des ›The Prelude‹, die bis zu ihrer Erstveröffentlichung kurz nach W.s Tod immer wieder überarbeitet wurde. 1805 Veröffentlichung weiterer ›Poems‹, darunter die berühmten Oden ›To Duty‹ und ›On the Intimations of Immortality‹. Ab 1813 in Rydal Mount. W. erhielt hier die einträgliche Sinekure e. ›Distributor for Stamps‹ in Westmoreland, 1838 und 1839. 1843 als Nachfolger Southeys Poet laureate. In Westminster Abbey beigesetzt. – Bedeutender Romantiker mit umfangr. Werk, wobei (nur) 1797–1807 als W.s große Dekade gilt. Dichter der Lake School neben Coleridge u. Southey; aus e. anfängl. überzeugten Revolutionär wurde e. traditionsgetreuer konservativer Humanist. S. Lyrik besingt in schlichter, klarer Sprache bewußt einfache Themen: Menschen, Kinder und e. pantheist. aufgefaßte Natur, die ihm Ausdruck des Übersinnl., Wegweiser zur Menschenliebe ist. Betont die Rolle der schöpfer. Phantasie in der Lyrik; wesentl. Dichter der Erinnerung. Meister der Ode und seit Milton größter engl. Meister des Sonetts, z. T. mit patriot.-nationalem Inhalt.

W: The Evening Walk, G. 1793; Descriptive Sketches, G. 1793; The Borderers, Tr. (1796); Lyrical Ballads, G. 1798 (m. Coleridge, ²1800 mit ›Preface‹; hg. E. Dowden 1890, J. B. Owen 1967, hg. J. Butler, K. Green

1992), darin: Lines Written above Tintern Abbey, Dicht. 1798; The Prelude, Dicht. 1805–06, 1850 (hg. E. de Sélincourt, überarb. S. Gill 1970, J. C. Maxwell 1971, M. H. Abrams, S. Gill 1979; d. 1974); Upon Westminster Bridge, Son. 1801; On Poetic Diction, St. 1802; Intimations of Immortality, G. 1803–06; Poems, II 1807; Miscellaneous Sonnets, 1807; Tract on the Convention of Cintra, 1809; Essay upon Epitaphs, 1810; The Excursion, Dicht. 1814 (hg. J. S. Lyon 1970); Poems, 1815; The White Doe of Rylstone, G. 1815; Peter Bell, Dicht. 1819; The Waggoner: a Poem to which are added sonnets, 1819; Miscellaneous Poems, IV 1820; The River Duddon, Son. 1820; Memorials of a Tour on the Continent, 1822; Ecclesiastical Sketches, 1822; Yarrow Revisited and other Poems, 1835; Poems chiefly of Early and Later Years, 1842; The Recluse, Dicht. 1888. – The Poetical Works, hg. E. de Sélincourt, H. Darbishire V 1940–49, hg. T. Hutchinson 1895, überarb. v. Sélincourt ³1969; Cornell W., hg. S. Parrish, M. L. Reed 1975ff.; Complete Poetical Works, hg. A. J. George 1971; Prose Works, hg. W. Knight II 1896; Ausw. hg. Matthew Arnold 1879; Prose Works, hg. W. J. B. Owen, J. W. Smyser III 1974; Poems, hg. J. O. Hayden II 1977; Selected Poems, hg. H. M. Margoliouth 1959; Poetry and Prose, hg. J. Butt 1964; Memoirs, hg. C. Wordsworth II 1851; Literary Criticism, P. M. Zall 1966, hg. W. J. B. Owen 1974; Letters of the W. Family, hg. W. Knight III ³1969; Letters of Dorothy and W. W., hg. E. de Sélincourt VIII ²1967–93; The Love Letters of W. and M. W., hg. B. Darlington 1981; W.-Pocket Notebook, hg. G. H. Healey 1942. – *Übs.:* Gedichte, 1893; Zwölf Gedichte, 1897; Gedichte, 1959.

L: W. H. Garrod, ²1927; H. J. C. Grierson, Milton and W., 1937; E. de Selincourt, 1947; H. Darbishire, 1950; L. Abercrombie, 1952; F. W. Bateson, ²1956; M. Moorman, II 1957/65; A. Beatty, ³1960; C. Salvesen, The Landscape of Memory, 1965; J. Scoggins, Imagination and Fancy, 1967; G. Hartman, ³1967; W. J. B. Owen, 1969; V. S. Pritchett, 1970; M. Spark u. D. Stanford, hg. 1970; M. H. Abrams, hg. 1972; M. Golden, The Self Observed, 1972; R. Cowell, hg. 1973; M. L. Reed, 1975; J. Beer, 1978 u. 1979; M. H. Friedman, The Making of a Tory Humanist, 1979; J. H. Averill, W. and the Poetry of Human Suffering, 1980; R. M. Rehder, W. and the Beginnings of Modern Poetry, 1981; J. K. Chandler, W.s Second Nature, 1984; F. B. Pinion, A W. Companion, 1984; J. R. Watson, 1984; S. M. Levin, D. W. and Romanticism, 1987; A. Liu, 1989; S. Gill, 1989 u. 1998; C. Langan, 1995; J. Williams, 1996; M. Schoenfield, 1996; T. Pfau, 1997; K. R. Johnston, 1998; K. Henley, 2001; Critical Heritage, hg. R. Woof 2001ff. – *Bibl.:* T. J. Wise, 1927; J. V. Logan, 1947, fortgef. v. E. F. Henley, D. H. Stam, 1960–65; K. Henley, 1995; Konkordanz: L. A. Cooper, 1911.

Woronicz, Jan Paweł, poln. Dichter, 28. 6. 1757 Brodów – 7. 12. 1829 Wien. Mitgl. des Jesuitenordens, bis zu dessen Auflösung in Puławy. Hohe kirchl. Würden. 1815 Bischof von Krakau, 1828 Erzbischof von Warschau, poln. Primas. – Schrieb Idyllen, Dorflieder u. Gelegenheitsdichtung, wandte sich dann hist. Themen zu. Bizarre Epen voll romant. Phantastik mit Nachahmung Homers. Verbindung von Klassizismus mit Anfängen der Romantik. Intensive Beschäftigung mit dem Volkslied. Auch Predigten. Erste Anklänge an poln. Messianismus.

W: Assarmot, Ep. 1805 (d. 1822); Hymn do Boga, G. 1810; Świątynia Sybilli, Ep. 1818 (n. 1918); Lech, Ep. 1830. – Pisma, VI 1832 f.; Dzieła poetyczne wierszem i prozą, III 1853.

L: A. Jougan, II 1908.

Woroszylski, Wiktor, poln. Schriftsteller, * 8. 6. 1927 Grodno. Absolvent der Moskauer Lit.hochschule, Journalist, bis zum ›Poln. Oktober‹ 1956 stark parteipolit. engagiert, danach in polit. Opposition; schrieb auch Jugendbücher u. biograph. Romane über russ. Autoren.

W: Śmierci nie ma, G. 1949; Noc komunarda, Dicht. 1949; Pierwsza linia pokoju, G. 1951; Ojczyzna, G. 1953; Okrutna gwiazda, En. 1958; Wanderjahre, Poem 1960; Cyryl, gdzie jesteś?, E. 1962; Twój powszedni morderca, G. 1962; Dialog o gryzieniu i inne, G. 1963; Sny pod śniegiem, R. (üb. Saltykov-Ščedrin) 1963 (Träume unter Schnee, d. 1964); Niezgoda na ukłon, G. (1964); Życie Majakowskiego, B. 1966 (engl. 1971); Przygoda w Babilonie, G. 1969; Zagłada gatunków, G. 1970; Dziesięć lat w kinie, Schr., Feuill. 1973; Powrót do kraju, Tg. 1979; Kto zabił Puszkina, R. 1983; Lustro, G. 1983. – Wybór wierszy (G.-Ausw.), 1974; Poezje wybrane (G.-Ausw.), 1982. – *Übs.:* Auch du wirst Indianer werden, Kdb. 1976; Geschichten, 1987.

Wosnessenski, Andrej → Voznesenskij, Andrej Andreevič

Wouk, Herman, amerik. Romanschriftsteller, * 27. 5. 1915 New York. Sohn russ.-jüd. Emigranten. Stud. Columbia Univ. Rundfunkmitarbeiter, Drehbuchautor, 1942–46 Marineoffizier, dann freier Schriftsteller in New York; 1952–58 Gastprofessor Yeshiva Univ.; vielfacher Preisträger u. Ehrendoktor; lebt in Washington, D. C. – Welterfolg s. Kriegsromans ›The Caine Mutiny‹, der auf persönl. Erfahrungen als Deckoffizier im Pazifik beruht, über den Konflikt zwischen militär. Gehorsamspflicht und individueller Verantwortung. Weitere satir.-iron. Gesellschaftsromane mit traditioneller Grundhaltung. ›Youngblood Hawke‹ ist e. Schlüsselroman über Thomas Wolfe.

W: Aurora Dawn, R. 1947 (Rosa ist Aurora, d. 1960); The City Boy, R. 1948 (d. 1958); The Traitor, Dr. 1949; The Caine Mutiny, R. 1951 (d. 1952); The Caine Mutiny Court Martial, Dr. 1954 (d. 1954); Marjorie Morningstar, R. 1955 (d. 1956); Nature's Way, K. 1958; This Is My God, Abh. 1959 (d. 1961); Youngblood Hawke, R. 1962 (d. 1964, u.d.T. Ein Mann kam nach N. Y., 1967); Don't Stop the Carnival, R. 1965 (d. 1966); Lomokome Papers, R. 1968 (Das Land im Mond, d. 1983); The Winds of War, 1971 (Der Feuersturm, d. 1972); War and Remembrance, R. 1978 (Der Krieg, d. 1979); Inside, Outside, R. 1985 (Der Enkel des Rabbi, d. 1986);

The Hope, R. 1993 (d. 1995); The Glory, R. 1994; The Will to Live On, Ber. 2000.

L: A. Beichman, 1984; L. W. Mazzeno, 1994; H. Sarner, 1995; B. A. Paulson, 1999.

Wright, Charles S(tevenson), afroamerik. Erzähler, * 4. 6. 1932 New Franklin/MO. Schule ebda., 1952–54 Wehrdienst in Korea; New York, diverse Jobs, journalist. Arbeit, 1967–73 Kolumne in ›The Village Voice‹; lebt seit 1972 in Mexiko. – W. ging durch zwei Romane in die Lit.gesch. ein, beide mit New York als Schauplatz, der erste (hautnah autobiograph.) auf den schäbigen, sozial illusionslosen Straßenalltag e. jungen Schwarzen aus dem Süden fokussiert, der zweite e. satirisches Meisterwerk, das in einem ›Amerika von morgen‹ die Suche von Lester Jefferson nach Teilhabe am amerik. Traum als grotesken Taumel zwischen realer Ohnmacht u. Phantastereien gestaltet, mit der symptomat. Kastration des Protagonisten am Ende.

W: The Messenger, R. 1963; The Wig, R. 1966; Absolutely Nothing to Get Alarmed About, Ess. 1973.

L: Interviews with Black Writers, hg. J. O'Brien 1973; The Afro-American Novel since 1960, hg. P. Bruck, W. Karrer, Amst. 1982.

Wright, James (Arlington), amerik. Dichter, 13. 12. 1927 Martin's Ferry/OH – 25. 3. 1980 New York. Aus ärml. Verhältnissen stammend; Kriegsdienst in Japan, studierte bei J. C. Ransom am Kenyon College, bei T. Roethke und S. Kunitz an der Univ. of Washington, Studienaufenthalt in Wien; Lehrtätigkeit an versch. Univ., Freundschaft mit R. Bly. – Erlittene Armut und der Gegensatz Natur-Industrie s. Kindheit in Ohio beeinflußten s. polit. und soz. engagierte Dichtung nach den Vorbildern T. Hardys und R. Frosts; stilist. konventionelle ›The Green Wall‹ und ›Saint Judas‹ über Menschen am Rande der Gesellschaft, isoliert aufgrund von Klassen-, Rassenzugehörigkeit oder sexueller Orientierung; mit ›The Branch Shall Not Break‹ wird W. zunehmend experimentierfreudig in formaler und bekennend in inhaltl. Hinsicht.

W: The Green Wall, G. 1957; Saint Judas, G. 1959; The Lion's Tail and Eyes, G. 1962 (m. R. Bly u. W. Duffy); The Branch Will Not Break, G. 1963; Shall We Gather at the River, G. 1969; Collected Poems, 1971; Two Citizens, G. 1973; Moments of the Italian Summer, G. 1976; To a Blossoming Pear Tree, G. 1977; This Journey, G. 1982. – Collected Prose, 1983; Above the River: Complete Poems, 1990.

L: D. Smith, hg. 1982; D. C. Dougherty, 1987; C. J. Trotman, hg. 1988; F. Graziano, hg. 1988; K. Stein, 1989; P. Stitt, hg. 1990; A. Elkins, 1991; S. R. Maley, 1996. – *Bibl.:* W. H. Roberson, 1995.

Wright, Judith (Arundell), austral. Lyrikerin, 31. 5. 1915 Armidale/New South Wales – 25. 6. 2000 Canberra. ∞ Philosoph J. P. McKinney. – Formal traditionelle Lyrik über Versuche des Menschen, in e. gottlosen Welt Ausgeglichenheit u. Frieden zu finden. Zentrales Thema ist die Auseinandersetzung mit der Besiedlung Australiens durch die Europäer, der austral. Landschaft u. den Ureinwohnern.

W: The Moving Image, 1946; Woman to Man, 1949; The Two Fires, 1955; Birds, 1962; Five Senses, 1963; City Sunrise, 1964; The Nature of Love, Kgn. 1966; The Other Half, 1966; Because I Was Invited, Ess. 1975; Fourth Quarter and Other Poems, 1976; The Coral Battleground, 1977; The Double Tree: Selected Poems 1942–1976, 1978; Reef, Rainforest, Mangroves, Man, 1980; Born of the Conquerors, Ess. 1991; Collected Poems 1942–1985, 1994.

L: W. N. Scott, 1967; A. K. Thomson, hg. 1968; A. D. Hope, 1975; N. Simms, hg. 1976; S. Walker, 1980; dies., 1991; J. Strauss, 1995. – *Bibl.:* S. Walker, 1981.

Wright, Richard, afroamerik. Autor, 4. 9. 1908 Roxie b. Natchez/MS – 28. 11. 1960 Paris. Sohn e. Landarbeiters; Armut u. demütigende Jugend; diverse Jobs; 1927–36 Chicago, 1933–44 Mitgl. der kommunist. Partei, 1937–46 in New York (Federal Writers' Project u. Guggenheim Stipendium), danach in Paris. Reisen 1953 nach Afrika, 1954 nach Spanien, 1955 nach Indonesien. – Vf. naturalist., schonungslos gewalterfüllter Romane u. Erzählungen über wirtschaftl., polit. u. psycholog. bedrohte (meist junge) Afroamerik. und deren Ausbruchsversuche. W.s Hauptwerk ›Native Son‹ ist die krimiähnl. Geschichte des jungen Bigger Thomas aus den Slums von Chicago, der aus Haß u. Frustration zum Mörder einer Weißen wird u. auf dem elektr. Stuhl endet. W.s Erzählwerk setzt mit Widerstand in u. Flucht aus e. rassist. Süden ein, thematisiert die Ghettoerfahrung in den Großstädten des Nordens als Falle, Wasteland oder auch als existentialist. Probefeld u. nimmt mit dem Zentralmotiv befreiender Gewalt Postulate e. späteren militanten Selbstbesinnung der Afroamerik. vorweg. Intensive Verwendung afroamerik. Folklore u. d. mündl. Tradition; Einfluß auf J. Baldwin u. R. Ellison, Kritik an ›Négritude‹-Bewegung; befreundet mit J.-P. Sartre.

W: Uncle Tom's Children, En. 1938 (erw. 1940, d. 1949); Native Son, R. 1940 (d. 1940); Twelve Million Black Voices, Ber. 1941 (Schwarz unter Weiß, d. 1952); Black Boy, Aut. 1945 (Ich Negerjunge, d. 1947, Black Boy, d. 1985); The Outsider, R. 1953 (Der Mörder u. die Schuldigen, d. 1966); Black Power, Reiseb. 1954 (d. 1956); Savage Holiday, R. 1954; The Color Curtain, Reiseb. 1956; Pagan Spain, Reiseb. 1957 (d. 1958); White Man, Listen!, Ess. 1957; The Long Dream, R. 1958 (Der schwarze Traum, d. 1960); Eight Men, En. 1961 (Der Mann, der nach Chicago ging, d. 1961); Lawd Today, R. 1963; American Hunger, Aut. 1977 (d. 1980);

R. W. Reader, hg. E. Wright, M. Fabre 1978; Black Boy (inkl. American Hunger) 1997.

L: C. Webb, 1968; R. Bone, 1969; D. McCall, 1969; E. Margolies, 1969; R. C. Brignano, 1970; J. A. Williams, 1970; R. Abcarian, hg. 1970; H. A. Baker, hg. 1972; K. Kinnamon, 1972; D. Bakish, 1973; D. Ray, R. M. Farnsworth, hg. 1971, 1973; M. Fabre, Unfinished Quest, 1973; ders., 1985; K. Fishburn, 1977; J. M. Reilly, hg. 1978; E. G. Avery, Rebels and Victims, 1979; R. Felgar, 1980; A. Gayle, B. 1980; Y. Hakutani, hg. 1982; R. Macksay, F. E. Moorer, hg. 1984; H. Bloom, hg. 1987; E. E. Miller, Voice of a Native Son, 1990; New Essays on Native Son, hg. K. Kinnamon 1990; Conversations with R. W., hg. ders., M. Fabre 1993. – *Bibl.:* Ch. T. Davis, M. Fabre, 1982.

Wroth, Lady Mary, engl. Dichterin, 18. 10. 1587(?) Penshurst – 1651. Verbrachte wohl einen Großteil ihrer Kindheit bei ihrer Tante Mary Countess of Montgomery; 1604 ∞ Sir Robert Wroth, durch den sie Zugang zu lit. Kreisen am Hof bekam; dort Freundschaft u.a. mit Ben Jonson. Nach Tod ihres Mannes 1614 Geliebte von William Herbert; zudem bekannt geworden als lit. Patronin. – Veröffentlichte 1621 die Prosaromanze ›Urania‹, die sich vielfach an zeitgenöss. höf. Skandalen entzündet und in unterschiedl. Formen die Situation einer unglücklichen Ehe für eine Frau im England d. frühen Neuzeit problematisiert. Am Ende dieser Romanze steht die Sonettsequenz ›Pamphilia to Amphilantus‹, die eine Sonettcorona enthält und zu den Momenten eines weiblichen Petrarkismus der europ. Renaissance zählt (neben L. Labé, G. Stampa, V. Franco). Darin stilisiert W. Pamphilia als heroische Frau, die versucht, jenseits polit.-aktueller Zwänge das Verhältnis der Geschlechter auf eine neue Basis der Gleichheit zu stellen.

W: The Countess of Montgomery's Urania, Dicht. 1621. – Love's Victory, Sch. hg. M. Brennan 1988; The Poems, hg. J. Roberts 1983.

L: M. Paulissen, The Love Sonnets of Lady M. W., 1982; M. Lamb, Gender and Authorship in the Sidney Circle, 1990; Reading M. W.: Representing Alternatives in Early Modern England, hg. N. Miller 1991; G. Waller, The Sidney Family Romance: M.W., William Herbert and the Early Modern Construction of Gender, 1993; N. Miller, Changing the Subject: M. W. and Figurations of Gender in Early Modern England, 1996; S. Cavanagh, Cherished Torment: The Emotional Geography of Lady M. W.'s Urania, 2001; S. Schabio, M. W., Shakespeare und die Grenzen des Ähnlichen, 2004.

Wu Cheng'en, chines. Romanautor, um 1500 Huaian (Jiangsu) – 1582. Vf. des Romans ›Xiyou ji‹ (Reise nach dem Westen) unter Benutzung älterer Versionen des 13. oder 14. Jh. Mehrere Fassungen überliefert, Textgeschichte z.T. noch nicht aufgehellt. Das ›Xiyou ji‹ schildert e. Reise des buddhist. Mönchs Xuanzang (596–664) nach Indien, um dort heilige Schriften zu besorgen; Hauptgestalt ist jedoch eher der ihn begleitende Sun Wukong, e. Affe, der übernatürl. Fähigkeiten erlangt hat, durch s. äff. Wesen jedoch immer wieder Verwirrung stiftet (Symbol des menschl. Herzens). Merkwürdige Mischung aus Satire, Humor, buddhist. u. taoist. Frömmigkeit, uneinheitl. in s. Gestaltung, phantast. und groteske Episoden. Volkskundl. interessant. Stoff auch beliebt in vielen Bühnenbearbeitungen.

W: Übs.: L. Avenol, Paris II 1957; A. Waley, Monkey, Lond. 1942 (Kap. 1–30; danach Monkeys Pilgerfahrt, d. 1947 u. 1961); T. Richards, Shanghai 1913 (Kap. 1–8, Rest Inhaltsangabe); A. C. Yu, Chicago-Lond. IV 1977–83 (vollst.); gekürzt d. J. Hertzfeld 1962; W. J. F. Jenner, Peking III 1982 (vollst.).

L: T. Y. Liu (T'oung Pao 51 u. 53), 1964 u. 1967; G. Dudbridge, Cambr. 1970; A. H. Plaks, Princeton 1975.

Wu Ching-tzu → Wu Jingzi

Wu Jingzi, chines. Schriftsteller, 1701 Quanjiao (Anhui) – 12. 12. 1754 Yangzhou (Jiangsu). Aus alter Beamtenfamilie, vielseitig interessiert, bestand jedoch nur die 1. Staatsprüfung 1720. Verzog 1733 nach Nanking, lebte dort in ärml. Umständen. – Berühmt durch s. Roman ›Rulin waishi‹ (Inoffizielle Geschichte der Gelehrten), e. bittere Satire auf weltfremde Literaten und das starre Prüfungssystem, gegen Aberglauben aller Art und soz. Mißstände. Schilderung oft kraß, übertreibend, formal keine durchgehende Handlung, mehr episod. Großer Einfluß auf spätere Schriftsteller wie → Wu Woyao und → Liu E.

W: Wenmu shanfang ji, G. 1739; Rulin waishi, R. um 1770 (The Scholars, engl. Peking 1957; Der Weg zu den weißen Wolken, d. 1962).

L: T. C. Wong, Boston 1978; P. S. Ropp, Ann Arbor 1981; Z. Slupski, in: HJAS 49, 1989.

Wulff, Johannes (Charles), dän. Schriftsteller, 11. 1. 1902 Kopenhagen – 29. 12. 1980 Herlev. – Vf. von Romanen u. Novellen mit selbstiron. Humor, menschl. Mitgefühl u. e. halb pantheist. Religiosität. In s. Gedichten nähert er sich allmähl. e. unsicheren Glauben an die Existenz e. Gottes. Ferner Skizzen über Kinder u. Tiere sowie vier Bände mit Erinnerungen; plaudernde u. anspruchslose Form.

W: O, ungdom, R. 1929 (rev. 1977); Man går og mumler, Nn. u. Sk. 1930; Udvalgte digte, G. 1942; Opstandelse, G. 1946; Evighedsbruden, G. 1949; Mor ta'r til byen, Nn. 1950; Katten, der fik feber, R. 1952 (Die Katze die Fieber bekam, d. 1957); Menneskedage, G. 1954; Hunden Bonzo, R. 1957; Fjerne år, Erinn. 1960; Scener fra virkeligheden, En. 1962; Syndere og frelste, Erinn. 1965; Eventyr i Italien, En. 1966; Student i alverden, Erinn. 1968; Jeg tror min sandten, at jeg lever, G. 1970; Udvalgte digte, G.-Ausw. 1972; Tyk og glad som sædvanlig, En. 1974; Det er i øjnene det sker, G. 1978; Saa vidt jeg ved, G. 1981.

Wuolijoki, Hella (Maria), geb. Murrik (Ps. Juhani Tervapää, Felix Tuli), finn. Dramatikerin, 22. 7. 1886 Helme/Estland – 2. 2. 1954 Helsinki. Stud. Dorpat u. Helsinki. 1908 Magister, ∞ e. finn. Großgrundbesitzer; als Kommunistin im 2. Weltkrieg in Haft. 1945–49 Intendantin des finn. Rundfunks, 1946–48 kommunist. Reichstagsabgeordnete. – Ihre bühnenwirksamen Komödien u. Schauspiele haben die Zerstörung der alten Traditionen durch den Einbruch der neuen Zeit zum Thema.

W: Talu lapsed, Dr. 1912; Koidula, Dr. 1932 (beide in estn. Spr.); Niskavuoren naiset, Dr. 1936 (Die Frauen auf Niskavuori, d. 1937); Juurakon Hulda, K. 1937; Vastamyrkky, K. 1939 (Gegengift, d. 1942); Niskavuoren leipä, Dr. 1939 (Das Brot von N., d. 1939); Niskavuoren nuori emäntä, Dr. 1940; Iso-Heikkilän isäntä ja hänen renkinsä Kalle, Dr. 1946 (Herr Puntila u. sein Knecht, d. Bearb. B. Brecht 1948); Entäs nyt, Niskavuori, Dr. 1953. – J. T'n yksinpuheluja aikojen draamassa, Aut. III 1945–53. – *Übs.:* Und ich war nicht Gefangene, 1987.

L: J. Ammondt, H. W.-Kultuurivaikuttaja, hg. 1988.

Wurmser, André, franz. Schriftsteller, 27. 4. 1899 Paris – 6. 4. 1984 ebda. Kommunist, glänzender Journalist, temperamentvoll und angriffslustig. Lit.kritiker der ›Lettres Françaises‹, Mitarbeiter bei ›L'Humanité‹. – Die Romanreihe ›Un homme vient au monde‹ schildert autobiograph. s. Jugend in Paris.

W: Changement de propriétaire, R. 1929; Courrier de la solitude, En. 1930; Un homme vient au monde, R. VII 1946–55 (d. 1956–59); La comédie inhumaine, Es. 1964, ²1970; Mémoires d'un homme du monde, 1964; Conseils de révision, Ess. 1972; Le Kaleidoscope, o. J.; Le théâtre des variétés, 1985.

L: L. Wurmser, 1990.

Wu Woyao, chines. Romanautor, 29. 5. 1866 Peking – 21. 10. 1910 Shanghai. Ging 1883 als Journalist nach Shanghai, später Redakteur in Hankou, dann wieder in Shanghai. Anhänger der Reformbewegung, Gegner der Mandschuherrschaft. – Vf. zahlr. Romane und Novellen, teils hist. Inhalts, vorwiegend aber scharf satir. Schilderungen der Korruption und Unfähigkeit der Beamtenschaft. Lit. Vorbild: ›Rulin waishi‹ des → Wu Jingzi.

W: Ershi nian mudu zhi guai xianzhuang, R. 1903–10 (n. 1959; Vignettes from the late Ch'ing, engl. Hongkong 1975); Henhai, R. 1905 (n. 1955; The Sea of Regret, engl. Honolulu 1995); Jiuming qiyuan, R. 1904–05 (n. 1956).

L: K. Nieper, 1995.

Wyatt, Sir Thomas, engl. Dichter, 1503 Allington Castle/Kent – 11. 10. 1542 Sherborne/Dorset. Stud. Cambridge, bereiste in diplomat. Missionen 1526 Italien, 1528–32 Frankreich u. 1537–39 Spanien, erlebte am Hofe Henrys VIII. abwechselnd dessen Gnade und Ungnade, 1526/27 brit. Gesandter bei der Kurie, wo er erstmalig ital. Dichtung kennenlernte. 1537 High Sheriff von Kent. Zeitweise, vor deren Verheiratung mit Henry VIII., Verehrer von Anne Boleyn, deshalb später vorübergehend im Tower gefangengesetzt, noch einmal Gefangener im Tower als Verbündeter von Cromwell, 1541 wieder freigelassen. Mittelpunkt e. höf. Dichterkreises. – Durch seine Italienreisen vertraut mit der ital. Dichtung. W. reformierte Stil und Metrum der engl. Dichtkunst nach ital. und klass. Vorbildern, lehnte sich dabei aber zumindest formal noch stark an seine Vorbilder an (v. a. Petrarca). In s. sangbaren Gedichten in versch. Strophenformen verwendet er teilweise Dantes terza rima; s. bes. Verdienst ist die Einführung von Petrarcas Sonettendichtung in England und deren Um- und Fortschreibung im Sinne der elisabethan. ›imitatio‹. W. schrieb, nachdem er die Gunst des Hofes verloren hatte, auch satir. Gedichte in der Horaz-Nachahmung. S. Gedichte wurden posthum in ›Tottel's Miscellany‹ (1557) veröffentlicht.

A: Songes and Sonnettes, 1557; Works, hg. R. Bell 1854; Poems, hg. A. K. Foxwell II 1913; Unpublished Poems, hg. K. Muir 1961; Collected Poems, hg. ders., P. Thomson 1963, J. Daalder 1975; Complete Poems, hg. R. A. Rebholz 1978.

L: A. K. Foxwell, 1911; E. K. Chambers, 1933; E. M. W. Tillyard, ²1949; O. Hietsch, D. Petrarcaübs. T. W.s, 1960; W. H. Wiatt, 1958; S. Baldi, ²1961; K. Muir, 1963 (m. Br.); P. Thomson, 1964; R. Southall, The Courtly Makers, 1964; The Critical Heritage, hg. P. Thomson 1974; R. Harrier, The Canon of W.'s Poetry, 1975; H. Mason, 1986; S. Foley, 1990; M. Adams, 1992; P. Thompson, 1995; K. Szalay, The Obstinate Muse of Freedom, 2000; Konkordanz: E. C. Hangen, 1941.

Wybicki, Józef, poln. Dichter, 29. 9. 1747 Bendomin b. Danzig – 10. 3. 1822 Manieczki. Mitgl. der poln. Legion, die die Tradition des Kościuszko-Aufstandes aufrechterhalten wollte und noch einmal versuchte, Polen zu befreien. Reger Anteil an der poln. Politik. – Ausdruck s. Gesinnung sind die ›Mazurka des Generals Dąbrowski‹, ›Jeszcze Polska nie zginęła‹ (1797, ›Noch ist Polen nicht verloren‹), die 1918 zur Nationalhymne wurde, und s. Memoiren.

W: Myśli polityczne, Schr. III 1775 f.; Listy patriotyczne, Br. II 1777 f. (n. 1955); Kulig, K. 1783; Zygmunt August, Dr. 1783; Samnitka, Libr. 1787; Kmiotek, Libr. 1788; Polka, Libr. 1788; Discours à Napoléon, 1812; Pamiętniki, Mem. III 1840 (n. A. Skałkowski 1927). – Archiwum W., II 1948–50; Utwory dramatyczne (Drn.), 1963; Wiersze i arietki, G. 1973; Poezje wybrane (ausgew. G.), 1982; Myśli polityczne o wolności cywilnej, Schr. 1985.

L: A. M. Skałkowski, 1927; J. Lechicka, 1962; J. Pachoński, Jeszcze Polska, 1972; S. Majchrowski, 1973; J. Wójcicki, Chorąży wolności, 1977; D. Wawrzykowska-Wierciochowa, Masurek Dąbrowskiego, ²1977; W. Zajewski, 1977, 1983.

Wycherley, William, engl. Dramatiker, 1640 Clive b. Shrewsbury – 1. 1. 1716 London. Stud. Jura Oxford und am Inner Temple, London. Verbrachte e. Teil s. Jugend in Frankreich, trat dort der röm.-kathol. Kirche bei, nach der Restauration erneut Protestant. Seine 4 Komödien entstanden während der Regierungszeit Charles' II.; später veröffentlichte er nur noch e. kleinen Gedichtband. – Einer der Begründer der ›comedy of manners‹. Satiriker, der menschl. Heuchelei und zeitgenöss. Konventionen der Sexualität verspottet. Sein Stück ›The Country Wife‹ stellt in der Figur des Verführers eine besonders schillernde Version des ›restoration rake‹ vor und wurde von der neueren Theoriebildung als Kernbeispiel für die Inszenierung homoerotischen Begehrens betrachtet. Sein bestes Stück ›The Plain Dealer‹ fußt auf Molières ›Misanthrope‹.

W: Love in a Wood, K. 1672; The Gentleman Dancing-Master, K. 1673; The Country Wife, K. 1675 (hg. J. H. Wilson 1959, G. G. Falls 1964, Th. H. Fujimura 1965, D. Cook, J. Swannell 1975; d. in: Engl. Theater 6, 1776, Die Unschuld vom Lande, 1972); The Plain-Dealer, K. 1677 (hg. L. Hughes 1967, J. L. Smith 1979); Miscellany Poems, 1704. – Complete Works, hg. W. C. Ward 1888, M. Summers IV 1924; Plays, hg. W. C. Ward ²1948, G. Weales 1966, F. Friedman 1979, P. Holland 1981.

L: J. Klette, 1883; C. Perromat, Paris 1921; W. Connelly, 1930; S. Korninger, 1958; R. Zimbardo, 1965; P. F. Vernon, 1965; W. R. Chadwick, The Four Plays of W., 1975; B. E. McCarthy, 1979; J. Thompson, Language in W.s Plays, 1984; B. MacCarthy, 1985; E. K. Sedgwick, Between Men in: English Literature and Male Homosocial Desire, 1985; W. Marshall, A great Stage of Fools. Theatricality and Madness in the Plays of W.W., 1993; J. Vance, W.W. and the Comedy of Fear, 2000.

Wyclif(fe) (Wiclif), John, engl. Reformator, ca. 1320 b. Richmond/Yorkshire – 31. 12. 1384 Lutterworth/Lincolnshire. Stud. Balliol College Oxford, wo er später selbst Theol. lehrte. Griff kirchl. Dogmen an, wandte sich zunächst gegen die weltl. Herrschaft u. polit. Macht der Papstkirche, dann aber auch gegen Heiligenverehrung, bekämpfte kirchl. Besitz, leugnete die Lehre von der Transsubstantiation, forderte, daß jedermann selbst die Bibel prüfen können müsse. Päpstl. Bulle von 1377 erklärte W.s Lehren zum Ursprung weltl. Herrschaft für ketzer. John of Gaunt protegierte W. als Teil s. antipäpstl. Politik; nach dem Bauernaufstand wandten sich die meisten s. Freunde von ihm ab, der Erzbischof von Canterbury und die Univ. Oxford verurteilten s. Lehren. Die auf ihn zurückgehende Wanderpredigerbewegung der Lollarden ging später weit über W.s Ziele hinaus. W.s lit. Bedeutung liegt darin, daß er erstmalig e. Übs. der ganzen Bibel ins Engl. veranlaßte. S. Sprache ist kraftvoll und klar, er wollte durch den Inhalt, nicht durch die Form wirken. W. beeinflußte die böhm. Hussitenbewegung und Luther.

W: The Latin Works, hg. W.-Society XXXVI 1882–1922 (n. 1965); Selected Engl. Works, hg. Th. Arnold III 1869–71, hg. F. D. Matthew 1880; Wycliffe-Bibel: hg. J. Forshall, F. Madden IV 1850 (n. 1982); C. Lindberg VIII 1959–97 (frühere Version); English Wycliffite Sermons, hg. A. Hudson, P. Gradon V 1983–96.

L: W. Chapman, 1883; C. Wordsworth, 1884; R. Buddensieg, 1885; O. Odložilík, Prag 1937; M. Brandt, Zagreb 1955; J. A. Robson, 1961; H. B. Workman, ³1966; K. B. McFarlane, 1966; J. H. Dahmus, ²1970; W. Farr, 1974; P. A. Knapp, The Style of W.s Sermons, 1977; M. Vasold, Frühling im Mittelalter, 1984; A. Kenny, 1985; ders., hg. 1986; A. Hudson, Lollards and their Books, 1985; dies., The Premature Reformation, 1988; K. Ghosh, The Wycliffite Heresy, 2002. – *Bibl.:* Manual ME 2. III, 1970.

Wygodzki, Stanisław, poln. Schriftsteller, 13. 1. 1907 Będzin – 9. 5. 1992 Givataim b. Tel Aviv. Als Jungkommunist wiederholt verhaftet. 1943–45 im KZ, 1968 nach Israel emigriert. – Erzähler, Lyriker u. Übs. Befaßt sich hauptsächl. mit dem Los der poln. Juden während der nazist. Okkupation u. dem Schicksal der Kommunisten im halbfaschist. Vorkriegspolen, in der Zeit des Krieges und kurz nach dem Krieg.

W: Apel, G. 1933; Chleb powszedni, G. 1934; Żywioł liścia, G. 1936; Pamiętnik miłości, G. 1948; W kotlinie, En. 1949 (Im Kessel, d. 1950); Nad Engelsem, G. 1950; Newa wiecznie nowa, Rep. 1950; Widzenie, En. 1950; Wiersze, G. 1950; Jelonek i syn, R. 1951 (Jelonek u. Sohn, d. 1953); Opowiadanie buchaltera, En. 1951 (Die Erzählung des Buchhalters, d. 1952); Wzgórza, G. 1952; Powrót do domu, R. 1954; Pusty plac, En. 1955; Przy szosie, En. 1957; Zatrzymany do wyjaśnienia, R. 1957/1965 (Bis zur Klarstellung, d. 1969); Milczenie, En. 1958; O świcie, En. 1959; Upalny dzień, En. 1960; Koncert życzeń, En. 1961; Człowiek z wózkiem, En. 1961; Drzewo ciemności, G. 1971; Podróż zimowa, G. 1975; Pożegnanie, G. 1979; Pamiętnik miłości, G. London 1983. – *Übs.:* Erzählungen, 1953; Der kleine Satan, ausgew. En. 1965.

Wyk Louw, N. P. van → Louw, Nicolaas Petrus van Wyk

Wyld Ospina, Carlos, guatemaltek. Schriftsteller, 19. 6. 1891 Antigua – 18. 6. 1956 Quezaltenango. Journalist, Lehrer, Abgeordneter, Bankdirektor. – S. bekanntestes Werk, ›La gringa‹, ist e. Variante der venezolan. ›Doña Bárbara‹ von R.

Gallegos. Beschrieb auch die Ausbeutung der Indios u. das Leben in e. Diktatur.
W: Las dádivas simples, G. 1921; El solar de los Gonzaga, R. 1924; La tierra de los Nahuyacas, En. 1933; La gringa, R. 1935 (d. Pranke u. Schwinge, 1940).

Wylie, Elinor (Morton Hoyt), amerik. Lyrikerin u. Erzählerin, 7. 9. 1885 Somerville/NJ – 16. 12. 1928 New York. Tochter e. Generalstaatsanwalts; Jugend in Washington, durch e. Romanze mit H. Wylie mit Familie und Gesellschaft zerfallen; ∞ 1923 in 3. Ehe W. R. Benet; Redakteurin ›Vanity Faire‹ und ›New Republic‹, Freundschaft mit Edmund Wilson u. John Dos Passos. – Sensitiv-intellektuelle Lyrikerin unter Einfluß der engl. Romantiker (bes. Shelley), schrieb techn. vollendete Gedichte zwischen spieler. Phantasie und schmerzl. Selbstanalyse; strenge Form und geschliffene Diktion, gelegentl. preziös ziselierter Stil. Phantast.-poet. Romane in manierierter Prosa.
W: Nets to Catch the Wind, G. 1921; Black Armour, G. 1923; Jennifer Lorn, R. 1923; The Venetian Glass Nephew, R. 1925; The Orphan Angel, R. 1926; Angels and Earthly Creatures, Son. 1928; Mr. Hodge & Mr. Hazard, R. 1928. – Complete Works, II 1945; Collected Poems, hg. W. R. Benet 1932; Collected Prose, hg. ders. 1933; Last Poems, 1943.
L: W. R. Benet, 1934; N. Hoyt, 1935; Th. A. Gray, 1969; S. Olsen, 1979; J. Farr, 1983; E. H. Hively, 2003.

Wyndham, John (eig. J. W. Parkes Lucas Benyon Harris), engl. Science-fiction-Autor, 10. 7. 1903 Knowle/Warwickshire – 11. 3. 1969 Petersfield/Hampshire. – Seit den 1930ern Autor von Science–fiction-Erzählungen in amerik. Magazinen, is er mit ›The Day of the Triffids‹ s. erfolgr. Serie alptraumhafter Science-fiction-Katastrophenromane begann, die zur klass. Schullektüre in England wurden.
W: The Day of the Triffids, 1951 (d. 1955); The Kraken Wakes, 1953 (Kolonie im Meer?, d. 1961); The Chrysalides, 1955 (Wem gehört die Erde?, d. 1961); The Seeds of Time, 1956 (Die Kobaltblume, d. 1960); The Midwich Cuckoos, 1957 (Es geschah am Tag X, d. 1965); The Outward Urge, 1959 (m. L. Parkes; Griff nach den Sternen, d. 1965); Web, 1979 (Eiland d. Spinnen, d. 1981).

Wynne, Ellis, walis.-kymr. Schriftsteller, 7. 3. 1671 Y Lasynys/Harlech – 13. 7. 1734 (begraben) Llanfair/Harlech. 1691 Stud. Oxford, ab 1704 Geistlicher in Llandanwg, ab 1711 in Llanfair. ∞ 1698 Lowri Wynne, ∞ 1702 Lowri Llwyd. – Vf. von etwas bigotten visionären Schriften über Welt, Tod und Hölle in der Nachfolge von Roger L'Estranges engl. Version der Visionen Quevedos. Lebendiger idiomat. Stil, unterhaltsam, satir., nicht tiefschürfend.

W: Rheol Buchedd Sanctaidd, Übs. 1701; Gweledigaetheau y Bardd Cwsc, 1703 (hg. J. Morris Jones 1898, A. Lewis 1960; The Visions of the Sleeping Bard, engl. 1897 u. 1940); Prif Addysc y Cristion, 1755.
L: G. Thomas, Y Bardd Cwsg a'ir Gefudir, 1971; G. Thomas, 1984.

Wynnytschenko, Wladimir → Vynnyčenko, Volodymyr

Wyspiański, Stanisław, poln. Dichter u. Maler, 15. 1. 1869 Krakau – 28. 11. 1907 ebda. Sohn e. Bildhauers, Jugend in Krakau. Auf der Kunstakad. Schüler des Historienmalers J. Matejko, zugleich Stud. Philos. an der Univ.; in Paris, Italien, Bayreuth. Auseinandersetzung mit R. Wagner u. F. Nietzsche, von beiden in s. Tragödien-Konzeption bedeutend beeinflußt. Zunächst Maler, bed. Werk die Vitragen der Krakauer Franziskanerkirche, Mitgl. der Wiener Sezession. 1905 Preis der Akad., 1906 Ernennung zum Prof. Aktive Teilnahme am polit. Leben Krakaus. Ratsherr. In letzten Jahren trotz unheilbarer Krankheit sehr produktiv. – Hauptvertreter der poln. Neuromantik. Bereits im Frühwerk ist Wagners Einfluß deutl. spürbar: Verbindung von Musik, Bildkunst u. Dichterwort zum Gesamtkunstwerk mit romant. u. phantast. Zügen, Bewunderung des klass. Altertums. Behandlung von myth. Gestalten aus der poln. Geschichte und Antike nach Euripides und Ovid, Sieg des Mythos über die Vernunft; dann moderne Problematik: Behandlung des Novemberaufstandes. Auftauchen des ›Führer‹-Problems, wie bei Słowacki. Nach Auseinandersetzung mit der Vergangenheit Wendung zur Gegenwart: Bauernfrage. Darstellung von Episoden aus Mikkiewicz Leben in ›Legion‹, symbol. Auseinandersetzung mit Mickiewicz, Kritik W.s an den poln. Führern der Vergangenheit: Der Messianismus verhindert die ›Tat‹, die zum Sieg führt (›Wyzwolenie‹). Die Tragikomödie ›Wesele‹ (1901), anläßl. der Hochzeit s. Freundes Rydel entstanden, zeigt symbol. das Schicksal des poln. Volkes. Kennzeichnend für s. schriftsteller. Werk ist die Betonung der gesellschaftl. Funktion der Kunst. Mit s. Forderung nach der ›Tat‹ steht er im Gegensatz zu den anderen naturalist. u. anpassungsbereiten Tendenzen s. Zeit. Wie St. George wirkte er bei der Gestaltung s. Bücher bis ins typograph. Detail mit. illustrierte auch versch. Bücher, z.B. Homers ›Odyssee‹. Für s. Dramen, deren expressionist. Massenszenen bedeutsam sind, schuf er selbst die Dekoration. Übs. Corneilles ›Cid‹. Vf. e. Buches über ›Hamlet‹.

W: Legenda, Dr. 1898; Meleager, Dr. 1898; Warszawianka, Dr. 1898 (Die Warschauerin, d. 1918); Protesilas i Laodamia, Dr. 1899 (d. 1933); Lelewel, Dr. 1899; Klątwa, Dr. 1899 (Der Fluch, d. 1909); Legion, Dr. 1900; Kazimierz Wielki, Ep. 1900; Bolesław Chrobry, 1900;

Wesele, Dr. 1901 (Die Hochzeit, d. 1977 u. 1992); Wyzwolenie, Dr. 1903; Bolesław Śmiały, Dr. 1903; Achilleis, Dr. 1903; Piast, Rhapsodie 1903; Akropolis, Dr. 1904; Noc listopadowa, Dr. 1904 (Novembernacht, d. 1918); Skałka, Dr. 1907; Powrót Odysa, Dr. 1907; Sędziowie, Dr. 1907 (Die Richter, d. 1933); Daniel, Dr. 1907 (d. 1929). – Dzieła (W), VIII 1924–32; Dzieła malarskie, 1925 (mit Œuvrekatalog); Dzieła zebrane (GW), XVI 1958–71; Dramaty, II 1970; Listy zebrane (ges. Br.), 1979ff. – *Übs.*: Dramat. Werke, 1918.

L: P. Chmielowski, 1902; A. Grzymała-Siedlecki, 1909, n. 1970; Z. Marković, Der Begriff des Dramas bei W., 1915; T. Sinko, ²1922; St. Lack, 1924; S. Kolbuszewski, 1928; T. Trojanowski, 1927; Cz. Latawiec, 1930; C. Backvis, Paris 1952; W. żywy, Lond. 1957; S. K. Zimmer, Chicago 1959; J. Z. Jakubowski, 1967; W. Natanson, ²1968; O. Ortwin, 1969; T. Makowiecki, Poeta-malarz, 1969; H. Blum, 1969; W. w oczach współczesnych, II 1971; J. Nowakowski, 1972; E. Miodońska-Brookes, 1972; T. Żeleński, 1973; H. Filipkowska, 1973; A. Łempicka, 1973; A. Okońska, 1975; W. Natanson, 1976, 1982; St. W.-poeta-malarz, 1976; K. Zbijewska, Orzeł w kurniku, 1980; E. Miodońska-Brookes, Wawel-Akropolis, 1980; M. Bukowska, 1981; Z. Kępiński, 1984; Studia o dramacie i teatrze S. W., 1994; A. M. Terlecka, S.W. and Symbolism, Roma 1985.

Xenophanes aus Kolophon, altgriech. Naturphilosoph u. Dichter, 6./5. Jh. v. Chr. Kaum sichere biograph. Nachrichten; übersiedelte wohl von Ionien in den griech. Westen, als Rhapsode Reisen durch die gesamte griech. Welt. – X. ist der früheste der sog. ›vorsokrat.‹ Philosophen, von dem neben Testimonien auch e. größere Anzahl wörtl. Zitate aus hexametr., eleg. (vgl. v. a. die sog. ›Symposienelegie‹) und iamb. Gedichten erhalten sind, von denen die meisten vermutl. aus den ›Silloi‹ (›Spottgedichte‹, 5 Bücher) stammen. Die Fragmente zeigen X. v. a. als Kritiker traditioneller Vorstellungen: Naturphänomene (z.B. Regenbogen) löst er aus ihrer myth. Bedeutung und erklärt sie rational; den anthropomorphen Gottesvorstellungen der Epen (v. a. Homer und Hesiod) stellt er e. ›einzigen‹, körperl. wie geistig den Menschen ›unähnl.‹ Gott entgegen, der durch s. bloßen Denkakt das ›Ganze schüttelt‹. S. Wahrnehmung ist nicht an die Sinne gebunden, wenn diese auch sonst primäre Erkenntnisquelle sind; in den ihnen nicht zugängl. Bereichen muß man sich mit Vermutungen (›doxazein‹) behelfen. X. bietet als erster griech. Philosoph Ansätze zu e. philos. Theologie, den Versuch, die Natur durch e. Verbindung von Empirie und Theorie zu erklären, sowie e. eigene Erkenntnistheorie. Noch der Skeptizismus ist in manchen Aspekten von X. geprägt, Platon nimmt die Auseinandersetzung mit dem Epos wieder auf, und Aristoteles' ›unbewegter Beweger‹ scheint in mancher Hinsicht von X.' Gottesbegriff präfiguriert.

A: M. Untersteiner 1956 (m. ital. Übs. u. Komm.); E. Heitsch 1983 (m. dt. Übs. u. Komm.); J. H. Lesher 1992 (m. engl. Übs. u. Komm.).

L: E. Heitsch, in: RhM 109 (1966); P. Steinmetz, in: RhM 109 (1966); J. H. Lesher, in: Phronesis 23 (1978); A. Tulin, in: Hermes 121 (1993); A. Kellessidou, Athen 1993; J. H. Lesher, in: A. A. Long, hg. 2001.

Xenophon aus Athen, altgriech. Sokratiker, Historiker u. Schriftsteller, um 430 v. Chr. – nach 355 v. Chr. Aus wohlhabender Athener Familie, nach 410 Bekanntschaft mit Sokrates, 401 Teilnahme am Zug des Kyros, kämpft 399 im spartan. Heer, 394 bei Koroneia gegen die Boioter (Verbündete Athens), evtl. deswegen aus Athen verbannt; lebt erst in Skillus, ab 371 in Korinth, 365 Aufhebung der Verbannung, nach 355 kaum weitere biograph. Nachrichten. – Gemäß antikem Schriftenverzeichnis ist s. gesamtes Werk erhalten. Als Historiker verfaßte X. die Monographie ›Anabasis‹ (Rückzug des griech. Söldnerheeres nach Kyros' Tod), die ›Hellenika‹ (7 Bücher) führen das Geschichtswerk des Thukydides bis zum Ende des peloponnes. Krieges fort. X. formuliert mit s. ›Kyru Paideia‹ (8 Bücher, ›Erziehung des Kyros‹ und deren spätere Bewährung) sowie den kleinen Schriften ›Hieron‹ (fiktiver Dialog zwischen Hieron, Tyrann von Syrakus, und Simonides von Keos), ›Agesilaos‹ (Lob des Spartanerkönigs) und der ›Verfassung der Spartaner‹ (v. a. militär. Organisation) am ›großen‹ Einzelbeispiel s. Vorstellungen e. gerechten Herrschers bzw. Staates. Ähnl. paränet. Tendenzen zeigen auch ›Vom Führen der Kavallerie‹ (›Hipparchikos‹) sowie X.s Überlegungen zur Neuordnung der athen. ›[sc. Staats-]Einkünfte‹ (›Poroi‹). Als Sokratiker entwirft X. in den ›Erinnerungen an Sokrates‹ (›Hypomnemoneumata‹, lat. ›Memorabilia‹, 4 Bücher), der ›Apologie des Sokrates‹, dem ›Symposion‹ und dem ›Oikonomikos [sc. logos]‹ (Dialog über rechte Haushaltsführung) e. in manchen Aspekten von Platons Sokrates abweichendes Bild, doch handelt es sich auch hier um e. stark literarisierten Sokrates. Die kleinen Fachschriften ›Über die Reitkunst‹ und ›Über die Jagd mit Hunden‹ bieten Spezialwissen. Sicher nicht von X. sind die ›Staat der Athener‹ (Kritik an der athen. Demokratie) sowie die unter s. Namen erhaltenen Briefe. Als Historiker nimmt X. viele Elemente der hellenist. Historiographie vorweg, s. ›Kyru P.‹ ist e. der frühesten Vorläufer des antiken Romans. Als Stilist wird X. bis in Kaiserzeit und Spätantike geschätzt, noch in der Neuzeit ist er Schulautor und Stilvorbild.

A: E. C. Marchant 1900–20. – *Anab.*: P. Masqueray 1949, 1952 (m. franz. Übs.), *Komm.*: O. Lendle 1995, J. P. Stronk 1995; *Ath. pol.*: E. Kalinka 1913 (m. Komm. u. dt. Übs.), H. Frisch 1942 (m. engl. Übs.); *Equ.*: K. Widdra 1964; *Hellen.*: K. Hude 1930, J. Hatzfeld 1948, 1954 (m. franz. Übs.); *Hipp.*: É. Delebecque 1973 (m. franz.

Übs.); *Kyrn P.:* W. Gemoll 1969, M. Bizos 1972, 1973 (Bd. 1, 2), É. Delebecque 1978 (Bd. 3, m. franz. Übs.), B. Brust 1993 (Buch 8); *Lac. Pol.:* F. Ollier 1934 (m. Komm. u. franz. Übs.), *Komm.:* K. M. T. Chrimes-Atkinson 1948, S. Rebenich 1998 (m. griech. Text u. dt. Übs.); *Mem.:* K: O. Gigon 1953, 1956 (zu Buch 1, 2), A. Delatte 1933 (Buch 3); *Oik.:* P. Chantraine 1949 (m. franz. Übs.), S. B. Pomeroy 1994; *Poroi: Komm.:* Ph. Gauthier 1976; *Symp.: Komm.:* G. J. Woldinga 1938, 1939, B. Huss 1999; *Opusc.:* G. Pierleoni 1954; *Papyrus:* A. H. R. E. Paap 1970 (m. Komm.).

L: G. Rudberg, Uppsala 1939; A.-H. Chroust, Lond. 1957; É. Delebecque, Paris 1957; L. Strauss, Ithaca 1972; E. M. Soulis, Athen 1973; K. Anderson, 1974; E. Scharr: X.s Staats- und Gesellschaftsideal, 1975; W. E. Higgins, Albany/NY 1977; J. M. Moore, Lond. 1983; B. Due, Aarhus 1989; V. Gray, Lond. 1989; dies., Stuttgart 1998; J. Tatum, Princeton 1989; J.-Cl. Riedinger, Paris 1991; G. Vlastos, Cambr. 1991; D. L. Gera, Oxf. 1993; J. Dillery, X. and the history, Lond. u. a. 1995; Chr. Mueller-Goldingen, Untersuchungen zu X.s Kyrupädie, 1995; J. N. O'Sullivan, X., Berlin u. a. 1995; H. Wilms, Techne und Paideia, 1995; G. Hutchinson, Lond. 2000; J.-M. Girand, X. et l'histoire, 2001; Chr. Nadon, Berkeley u. a. 2001. – *Bibl.:* R. Nickel, hg. 1979 (Forschungsbericht); D. R. Morrison, Pittsburgh 1988.

Xenophon von Ephesos, altgriech. Romanautor, vermutl. 2. Jh. n. Chr. – Vf. des idealisierenden Liebesromans ›Ephesiaka‹ (›Ephes. Geschichten‹, auch: ›Habrokomes und Antheia‹, 5 Bücher), der dem typ. Schema des Genres folgt: Liebe e. jugendl. Paares, Trennung, Abenteuer und Reisen, Paar wieder vereint. Die serienhafte, manchmal wenig motivierte Handlung sowie der reduzierte, kaum rhetor. Stil legen die Vermutung nahe, daß uns nur die Epitome e. ursprüngl. längeren Werkes erhalten ist. Die Handlung wird äußerl. durch ausgedehnte Reisen im gesamten Mittelmeerraum, innerl. durch e. nahezu übermächtiges Schicksal bestimmt. Abgesehen vom Roman des Heliodor kaum weiterer Einfluß oder Verbreitung der ›Ephesiaka‹ in der Antike; dementsprechend überlebte das Werk nur in e. einzigen Hs. Die Editio princeps erfolgte erst 1726.

A: A. D. Papanikolaou 1973; G. Dalmeyda 1926 (m. franz. Übs.). – *Übs.:* Im Reiche des Eros 1, hg. B. Kytzler 1983.

L: G. Schmeling, X. of Ephesus, Boston 1980; C. Ruiz Montero, in: ANRW II 43.2 (1994); J. N. O'Sullivan, X. of Ephesus, Berlin u. a. 1995; R. Turasiewicz, in: Grazer Beiträge 21 (1995); C. Chew, in: Classical World 91 (1998); N. Holzberg, Der antike Roman, ²2001.

Xenopulos, Gregorios, griech. Erzähler, Dramatiker und Lit.kritiker, 9. 12. 1867 Konstantinopel – 14. 1. 1951 Athen. Jugend auf Zante. Stud. Physik u. Mathematik Athen, dann Schriftsteller, 1890–95 Hrsg. der Zs. ›Hestia‹. – In s. Romanen, Erzählungen und psycholog. Dramen werden zum ersten Mal in der griech. Lit. Gesellschaftsprobleme und soz. Konflikte aufgegriffen. Gilt als Mitbegr. des neugriech. Theaters. Schildert neben persönl. Konflikten griech. Volksleben, Sitten u. Gebräuche. Mehrere lit.krit. Essays.

W: Margarita Stepha, R. 1906; Phōtini Santrē, Dr. 1908; Stella Violantē, Dr. 1909; Ho Peirasmos, K. 1910; Psychosavvato, Dr. 1911; Ho kokkinos vrachos, R. 1915; Hē timē tu adelphu, Dr. 1916; Petries ston hēlio, En. 1919; Ho popolaros, En. 1919; Plusioi kai phtōchoi, R. 1926; Teresa Varma Dakosta, R. 1926; Timioi kai atimoi, R. 1926; Tycheroi kai atychoi, R. 1927; Ho katēphoros, R. 1928; Athanasia, En. 1945. – Hapanta, Drr. IV 1913–45; Hapanta (SW), XI 1958–71.

L: D. Trovas, 1984.

Xiao Hong (eig. Zhang Naiying), chines. Schriftstellerin, 2. 6. 1911 Hulan (Heilongjiang) – 22. 1. 1942 Hongkong. Nach unglückl. Kindheit in Gentry-Familie flieht X. früh aus dem Elternhaus. Zunächst mit dem Schriftsteller Xiao Jun liiert, beginnt sie zu schreiben, gefördert auch von Lu Xun; 1940 Flucht vor der japan. Invasion nach Hongkong. – Das Werk von X. ist geprägt von der Kindheit in der kleinen Landstadt Hulan und von menschl. Mitgefühl v. a. mit Frauenschicksalen. In ihrem ersten Roman ›Shengsi chang‹ beschreibt sie die Leiden der Landbevölkerung vor und nach der Besetzung der Mandschurei durch japan. Truppen. Ihr autobiograph. Meisterwerk ›Hulanhe zhuan‹ zeichnet sich durch die Spannung zwischen der liebevoll-nostalg. Perspektive auf die Heimat und der distanzierten Kritik an der Moral der Zeit und der Herrschaft der Tradition aus. Im Gegensatz zu vielen Zeitgenossen meidet X. Propaganda und patriot. Pathos.

W: Shengsi chang, R. 1935 (Der Ort des Lebens und des Sterbens, d. 1989); Qiao, En. 1936; Niuche shang, En. 1937; Ma Bole, E. 1941; Hulanhe zhuan, R. 1942 (Geschichten vom Hulanfluß, d. 1990). – *Übs.:* Selected Stories, engl. Peking 1982; Frühling in einer kleinen Stadt, d. 1985.

L: H. Goldblatt, Boston 1976; R. Keen, 1984.

Xiao Qian, chines. Romanautor und Journalist, 17. 12. 1911 Peking – 11. 2. 1999 ebda. 1935 Redakteur der lit. Beilage der Zeitung ›Dagong bao‹, 1939–45 Korrespondent und Dozent in London, 1947 Prof. für chines. Lit. an der Fudan-Univ. Shanghai. – Westl. gebildeter Schriftsteller, der neben in bürgerl. Milieu spielenden realist. Liebeserzählungen auch lit.geschichtl. Arbeiten verfaßte; auch Übs. des ›Ulysses‹ von J. Joyce.

W: Lixia ji, Kgn. 1936; Lizi, Kgn. 1937; Meng zhi gu, R. 1937; China but not Cathay, Ess. 1942; Etchings of a Tormented Age, St. 1942 (Die Chines. Lit. der Gegenwart, d. 1947); A Harp with a Thousand Strings, Anth. 1944; The Spinners of Silk, 1944 (Die Seidenraupen, d. 1946); Wei dai ditu de lüren, Aut. 1988 (engl. Traveller without a Map, 1990).

Xia Yan (eig. Shen Duanxian), chines. Dramatiker, 30. 10. 1900 Hangzhou − 2. 6. 1995 Peking. Stud. TH Hangzhou, dann in Japan. Gründet 1930 e. polit. linken Dramaklub, 1937–48 Journalist in Shanghai und Hongkong, 1954–65 stellv. Kulturminister, in der Kulturrevolution als ›bourgeois‹ kaltgestellt, 1978 rehabilitiert. − Vf. von Reportagen, Filmskripts, Dramen, Übs. von Gor'kijs ›Mutter‹.
W: Baoshen gong (Fronarbeit), Rep. um 1930; Shanghai wulian xia (Unter den Dächern von Shanghai), Dr. 1930; Faxisi xijun, Dr. um 1938 (Der faschist. Bazillus). − *Übs.:* E. Gunn, Bloomington 1983.

Xie Lingyun, chines. Dichter, 385 b. Shaoxing (Zhejiang) − 433 Nanhai (heute Guangzhou). Stammt aus angesehener Adelsfamilie; hohe Regierungsämter, Verwicklung in Staatsintrigen, Verbannung und Aufenthalte auf s. ausgedehnten Landgütern wechseln einander ab; Hinrichtung aufgrund fadenscheiniger Anklagen. − Vom umfangreichen lyr. Werk sind ca. 100 Gedichte (shi) und einzelne Rhapsodien (fu) erhalten. X. gilt als Vater der chines. Landschafts- oder Naturlyrik; in s. Werken preist er in daoist. Manier den Rückzug in die Natur und den ästhet. Genuß, in denen er Erfüllung nach Enttäuschungen im polit. Leben findet.
A: Xie Kangle ji, 1925; Xian Qin Han Wei Jin Nanbeichao shi, 1983. − *Übs.:* E. v. Zach, Die chines. Anthologie I, Cambr./MA 1958; Anthology, hg. D. Frodsham u.a. Oxford 1967; D. Hinton, N. Y. 2001.
L: J. D. Frodsham, Kuala Lumpur II 1967.

Xi Kang, chines. Dichter, Philosoph und Musiker, 223 Bo (Anhui) − 262 Luoyang (Henan). Lebte zumeist als Privatmann, endete durch Hinrichtung als Opfer e. polit. Intrige. Taoist. Neigungen (Weltflucht, Alchemie); berühmt als Zitherspieler und -komponist. Mitgl. der Künstlergruppe der ›Sieben Weisen im Bambushain‹. − Als Dichter von myst. Tiefe und ästhet. Feinheit.
A: Xi Zhongsan ji (GW), 1525. − *Übs. u. L:* R. H. van Gulik, Tokyo 1941; D. Holzman, Leiden 1957; R. G. Henricks, Princeton 1983.

Xin Qiji, chines. Dichter, 1140 Licheng (Shandong) − 1207 Hangzhou. Beteiligte sich 1161 am Aufstand gegen die Jin (Jurčen), schloß sich den Song an. Als Beamter unermüdl. für e. Revanchekrieg zur Befreiung Nordchinas von den Jurčen tätig. − Gehörte als Lieddichter zu den besten der südl. Song-Dynastie (1127–1280), durch Kraft und Unmittelbarkeit ausgezeichnet.
W: Jiaxuan ci, Lieder; Xin Jiaxuan shiwen chaoxun, Prosa u. G. 1957.
L u. Übs.: I. Y. Lo, N. Y. 1971.

Xiong Foxi, chines. Dramatiker, 12. 12. 1900 Xiancheng (Jiangxi) − 26. 10. 1965 Shanghai. 1919–23 Stud. Peking, 1921 Mitglied der realist.-sozialkrit. orientierten ›Lit. Studiengesellschaft‹; 1923–26 Stud. Columbia Univ./NY; 1937–45 in Sichuan und Yunnan patriot. Propagandastücke; nach 1949 Mitglied des Volkskongresses u. a. polit. Ämter. − Als Autor, Hrsg., Regisseur und Intendant Engagement für Popularisierung des Sprechtheaters, sieht in Volkserziehung wichtige Funktion des Theaters, erreicht mit s. aufklärer. Volksstücken auch die ländl. Bevölkerung.
W: Yipian aiguoxin, Dr. (1926); Zuile, Dr. (1928); Yishujia, Dr. (1928); Tuhu, Dr. (1934). − *Übs.:* Hsiung Fu-hsi, d. Tokyo 1938; Modern Chinese Plays, hg. T. Ku Shanghai 1945; B. Eberstein, hg. d. 1980.
L: A. Forke, Orient et Occident 11–12, 1936.

Xixiangji → Wang Shifu

Xiyouji → Wu Cheng'en

Xu Zhimo, chines. Lyriker, 1896 Haining (Zhejiang) − 19. 10. 1931 b. Tientsin (Flugunfall). Stud. in Peking, ab 1916 USA (M. A. Columbia Univ./NY) und Cambridge (England); Verkehr mit K. Mansfield und E. M. Forster. 1922 Prof. für Engl. der Tsinghua-Univ. Peking. 1924 Reisebegleiter R. Tagores durch China. Europareise, dann an versch. Univ. tätig; Publizist. Mithrsg. der Lit.zs. ›Xin yue‹ (Neumond). − Bedeutendster Vertreter der durch die angelsächs. Lyrik angeregten romant. Richtung der mod. chines. Lyrik, dichtete in der Umgangssprache. Formgewandter Übs. aus dem Engl., Franz. (Voltaire, ›Candide‹) und Dt. (Fouqué, ›Undine‹). Auch Essayist nach abendländ. Vorbild, Erzähler und Dramatiker.
W: Luoye, Ess. 1926; Feilengcui de yi ye, G. 1927; Zhimo de shi, G. 1928; Menghu ji, G. 1931; Qiu, R. 1931.
L: R. v. Schirach, 1975; M. Loi, in: Mod. Chines. Lit., hg. W. Kubin 1985.

Yacine, Kateb, alger. Schriftsteller franz. Sprache, 6. 8. 1929 Condí-Smendou/Constantine − 1989. Stud. Sétif, versch. Berufe; seit 1962 in Paris. − Beginn als Journalist (›Alger-Républicain‹). E. der führenden Vertreter der Lit. des Maghreb. Thematisiert in Romanen und Bühnenstücken mit sprachl. Vehemenz die Problematik ehemals kolonisierter Länder (Algerien, Vietnam). Als Vertreter des engagierten Theaters, von Brecht beeinflußt, weist er dem Künstler e. revolutionäre Rolle in der Gesellschaft zu.
W: Soliloques, G. 1946; La femme sauvage, Dr. 1954; Nedjma, R. 1956 (d. 1958); Le cercle des représailles, Drn. 1959 (enth. Le cadavre encerclé, Poudre d'intelligence, Les ancêtres redoublent de férocité); Le polygone étoilé, R. 1966; L'homme aux sandales de caoutchouc,

Dr. 1970; Mohamed, prends ta valise, Dr. 1972; Boucherie de l'espérance, Es. 1987; Le poète comme un boxeur: entretiens, 1958–1989, 1994. – Œuvres théâtrales, 1999.

L: B. C. Arsu, The Fiction of Y., Diss. Washington 1975; S. Tamba, 1992; B. Jeyifo, Modern African Drama, 2002. – *Bibl.:* C. Bonn, 1997.

Yahya Kemal Beyatli → Beyatli, Yahya Kemal

Yajurveda → Veda, der

Yakamochi → Ôtomo(no) Yakamochi

Yakub Kadri → Karaosmanoğlu, Yakup Kadri

Yakumo Koizumi → Hearn, Patrick Lafcadio

Yamamoto, Yûzô, jap. Dramatiker u. Erzähler, 27. 7. 1887 Tochigi-Präfektur – 11. 1. 1974 Atami. Nach versch. Versuchen, Kaufmann zu werden, absolvierte er 1915 die Tokyo-Univ. in dt. Lit. Später Lehrtätigkeit an der Meiji-Univ. – Romant. Stil mit stark liberalist. Tendenzen. Strebt über den bloß analysierenden Naturalismus hinaus und befürwortet e. neue ›Moral der Sachlichkeit‹. S. Dramen halfen das ›Neue Theater‹ (shingeki) zu begründen.

W: Eijigoroshi, Dr. 1920 (Die Kindsmörderin, d. H. Kojima 1959); Seimei no kammuri, Dr. 1920 (The crown of life, engl. G. W. Shaw, in: Three plays 1935); Sakazaki Dewa no kami, Dr. 1923 (engl. G. W. Shaw ebda.); Dôshi no hitobito, Dr. 1923; Umihiko Yamahiko, Dr. 1923 (d. T. Uchiyama, A. Spann in: Das Junge Jap. 1, 1924); Nami, R. 1929 (Die Wellen, d. W. Sakurai 1939); Nyônin-aishi, Dr. 1931 (engl. G. W. Shaw a.a.O.); Onna no isshô, R. 1933; Shinjitsu ichirô, R. 1936; Robô no ishi, R. 1937. – Y. Y. zenshû (GW), 1939–40.

Yamanoue no Okura, jap. Dichter u. Gelehrter, 660–733. Ging 701 als Begleiter des Gesandten Kurita Mabito nach China; nach s. Rückkehr 716 Erzieher des Kronprinzen, 721 Statthalter von Chikushi, 733 Rückkehr nach Kyoto. Stud. des Konfuzianismus, Buddhismus u. Taoismus, deren Gedanken sich in s. Gedichten, bes. in den Langgedichten (chôka), spiegeln, die durch ihre Wärme der Empfindung und e. ausgeprägten Sinn für Familie u. soziale Not ansprechen. Im ›Manyôshû‹ finden sich 10 s. Lang- u. 61 s. Kurzgedichte (waka). Ihm wird die Kompilation der Anthologie ›Ruijûkarin‹ zugeschrieben, die als Quelle für das ›Manyôshû‹ diente.

Übs.: W. Gundert, Lyrik des Ostens, 1952.
L: E. Katsuyama (Journal of Orient. Lit. 3), 1949; R. A. Miller, Y. O., A Korean Poet, 1984; G. Mu, Y. O. and Chinese Classical Poetry, 1986; N. Haga, The Poetic Style of Y. O., 1999.

Yamazaki Sôkan (eig. Shina Norishige), jap. haikai-Dichter, 1465(?) Provinz Omi – 1553(?) Provinz Sanuki. Vasall des Shôgun Ashikaga Yoshinao, nach dessen Tod (1489) Mönch, Zen-Stud. unter Ikkyû (1394–1481). Zog sich in e. Einsiedelei b. Yamazaki in der Provinz Yamato zurück, fand vom Kettengedicht (renga) zum haikai u. wird als dessen eigentl. Begründer betrachtet. Kompilator der haikai-Sammlung ›Shinsen-Inutsukubashû‹ (um 1539), die deutlich die Verselbständigung des haikai und s. Wandel zur volkstüml. Form aufzeigt.

A: Faks. 1940.
L: R. H. Blyth, A History of Haiku, 1963–64.

Yáñez, Agustín, mexikan. Schriftsteller, 4. 5. 1904 Guadalajara – 17. 1. 1980 Mexiko Stadt. Rechtsanwalt, Prof., Gouverneur, Erziehungsminister, Direktor der mexikan. Sprachakad. – Hervorragende Schilderung von Milieu u. Menschen, insbes. der Provinz Jalisco; tiefgreifender psycholog. Realismus.

W: Fray Bartolomé de las Casas, B. 1942; Archipiélago de mujeres, Nn. 1943; El contenido social de la literatura iberoamericana, Es. 1944; Esta es mala suerte, En. 1945; Al filo del agua, R. 1947 (verfilmt); La creación, R. 1959; La tierra pródiga, R. 1960; Ojerosa y pintada, R. 1960; Las tierras flacas, R. 1964; Los sentidos al aire, En. 1964; Las vueltas del tiempo, R. 1974. – Obras escogidas, 1968.

L: A. Rangel Guerra, 1969; L. M. Van Conant, 1969; J. J. Flasher, 1969; J. Sommers, 1970; G. Gamiochipi de Lignori, 1970; H. F. Giacoman, hg. N. Y. 1973; R. A. Young, 1978; P. Schiefer, 1986; J. L. Martínez, 1991; Y. Jiménez de Báez, R. Olea Franco, hg. 2000.

Yang Hsiung → Yang Xiong

Yang Lian, chines. Lyriker, * 22. 2. 1955 Bern. Sohn e. Diplomaten; nach Schulbesuch in Peking Landverschickung, ab 1977 beim Pekinger Rundfunk; 1979 Veröffentlichungen in der inoffiziellen Zs. ›Jintian‹; seit 1988 in Neuseeland und London. – Im Gegensatz zu anderen Lyrikern der ›hermet. Schule‹ orientiert sich Y. eher an der chines. Tradition, v.a. an Mythen und den Gesängen des Qu Yuan; die Gedichte der Phase vor dem Exil sind als Suche nach kulturellen Wurzeln zu sehen, die durch die kommunist. Herrschaft verschüttet schienen. Charakterist. sind die 64 den Hexagrammen des ›Yijing‹ korrespondierenden Gedichte des Zyklus ›Yi‹ (1991). In der späteren Schaffensphase dominieren von Musikalität gekennzeichnete Kurzgedichte zu Themen wie Tod und Mensch in der Welt. Y. zählt zu den einflußreichsten chines. Exilschriftstellern.

W: Taiyang, mei tian dou shi xinde, 1981; Haibian de haizi, 1982; Lihun, 1985; Liuwang de sizhe (The Dead in Exile), chines.-engl. Kingston, Australien 1990; Minju yu eyu (Masks & Crocodile), chines.-engl. Sydney 1990 (Masken und Krokodile, d. 1994); Yi, 1991; Guihua, Ess. Taibei 1994 (Geisterreden, d. 1995); Wurencheng (Non-Person Singular), chines.-engl. Lond. 1994. – *Übs.*: Pilgerfahrt, G. 1987; Gedichte, 1993; Das Meer und das Exil, Ess. 1996.

L: S. Golden, J. Minford, in: Worlds Apart, hg. H. Goldblatt Armonk 1990.

Yang Mu (eig. Wang Jingxian), chines. Lyriker und Essayist, * 6. 9. 1940 Hualian (Taiwan). Stud. Engl. Taibei; seit 1964 in den USA. – Die frühen Gedichte sind von der klass. Tradition geprägt; gleichzeitig auch Anknüpfung an die neue chines. Lyrik der 1920er und 30er Jahre. Nach intensiver Beschäftigung mit der westl. Lit. wendet sich Y. nach 1964 in Versdramen mytholog. und hist. Themen zu; Y. identifiziert sich mit s. taiwanes. Herkunft; Gestaltung polit. Motive (Unabhängigkeitsbewegung, Demokratisierung) in den Gedichten der neueren Zeit. Aufgrund der Vertrautheit mit der Tradition, s. Musikalität und s. Formbewußtsein zählt Y. zu den bedeutendsten Lyrikern Taiwans.

W: Shuizhimei, G. 1961; Huaji, G. 1963; Dengchuan, G. 1966; Chuanshuo, G. 1971; Pingzhonggao, G. 1975; Nianlun, G. 1976; Beidouxing, G. 1978; Wu Feng, Versepos 1979; Haian qidie, G. 1980; Sousuzhe, Ess. 1982; Youren, G. 1986; Wanzheng de yuyan, G. 1991; Shiji, G. II 1978/1995. – *Übs.*: Selected Poems, Hongkong 1992; Forbidden Games, G. Seattle, Lond. 1993; No Trace of the Gardener, G. New Haven 1997.

L: L. C. Man, Hongkong 1994.

Yang Xiong, chines. Schriftsteller und Philosoph, 53 v. Chr. Chengdu (Sichuan) – 18 n. Chr. Aus verarmter Familie, kam 13 v. Chr. an den Hof in Chang'an, zunächst Amt in der Palastgarde, später Zensor. Diente auch unter dem Usurpator Wang Mang, was ihm Kritik durch spätere Konfuzianer eintrug. – Vf. philos. Schriften. S. ›Fayan‹ (Vorbildl. Worte) vertritt die konfuzian. Lehren, stilist. mehr abstrakt, kritisiert andere philos. Schulen, namentl. Taoisten. S. ›Taixuan jing‹ (Buch der Großen Dunkelheit), e. kosmolog. Traktat, Wahrsagebuch nach Art des ›Yijing‹, bietet systematisierte Naturphilos., schwer verständl. Als Dichter vornehml. Vf. von prunkvoller Reimprosa, nahm → Sima Xiangru zum Vorbild. Angebl. auch Vf. e. Dialektwörterbuches.

W: Taixuan jing; Fayan, Schr. (d. E. v. Zach, in: Sinolog. Beiträge 4, Batavia 1939); Fangyan, Dialektwörterb.; Yang Shilang ji, G. – *Übs.*: E. v. Zach, Die chines. Anthologie, Cambr./MA 1958; D. R. Knechtges, The Han Rhapsody, Cambr. 1976.

L: F. Jäger, in Sinica Sonderbd. 1937; D. Schilling. 1998.

Yao Nai, chines. Schriftsteller, 17. 1. 1732 Tongcheng (Anhui) – 15. 10. 1815 Nanking. Aus alter Beamtenfamilie. 1763 Staatsprüfung, dann zunächst akadem. Ämter, Prüfungskommissar, 1773/74 Mitarbeiter an der Kaiserl. Bibliographie, nahm 1774 Abschied, danach als Lehrer an Privatakad. tätig, 1776–78 Yangzhou (Jiangsu), 1780–87 Anqing (Anhui), zuletzt 1790 Nanking. – Bemüht um e. Reform der Prosa, trat für Schlichtheit ein, konservative Gesinnung, betrachtete die Lit. als eth.-polit. zweckgebunden. Großer Einfluß auf s. Zeitgenossen weniger durch s. eigene Prosa als die Lehrtätigkeit und s. Anthologie ›Guwen cilei zuan‹ (Sammlung von alter Prosa nach Sachgruppen geordnet), die anerkanntes Stil-Lehrbuch wurde. Berühmt als Kalligraph.

A: Xibao xuan quanji (GW), XII 1820, XIV 1927–36; Xibao xiansheng chidu, Br. 1832.

Yaşar Kemal (Gökçeli), türk. Schriftsteller, * 1922 Hemite. Mittelschule Adana ohne Abschluß; Angestellter, Hilfslehrer, Landarbeiter. Interessierte sich früh für die anatol. Volksdichtung; veröffentlichte zuerst Lyrik unter Pseudonym in Zeitschriften. Seit 1951 Journalist in Istanbul (türk. Reportagepreis 1955). – Y. K. verfügte über e. rhapsodenhaft ungebändigte Erzählfreudigkeit, die gelegentl. die lit. Formen sprengt. S. Romane u. Erzählungen spiegeln in kraftvoller, bisweilen krasser Realistik das anatol. Landleben wider u. enthalten manche Anklänge an die Volksepik. ›Ince Memed‹, der auf hist. Begebenheiten zurückgehende Roman e. edelmütigen Räubers in den Taurusbergen, erhielt kurz nach Erscheinen den Romanpreis der Zs. ›Varlık‹ u. fand auch außerhalb der Türkei starke Beachtung. Autor mehrerer Filmdrehbücher u. einiger Reportage-Sammelbände. Internat. Lit.preise; Friedenspreis des Dt. Buchhandels 1997.

W: Sarı Sıcak, En. 1952 (Gelbe Hitze, d. 1982); Ince Memed, R. 1955 (Memed, mein Falke, d. 1960); Teneke, R. 1955 (Anatolischer Reis, d. 1962); Ortadirek, R. 1960 (Der Wind von der Ebene, d. 1985); Yer Demir Gök Bakır, R. 1963 (Eisenerde, Kupferhimmel, d. 1986); Üç Anadolu Efsanesi, R. 1967; Ölmez Otu, R. 1969 (Das Unsterblichkeitskraut, d. 1986); Ince Memed II, R. 1969 (Die Disteln brennen, d. 1983); Ağrı Dağı Efsanesi, R. 1970 (Ararat-Legende, d. 1981); Binboğalar Efsanesi, R. 1971 (Das Lied der Tausend Stiere, d. 1979); Demirciler Çarşısı Cinayeti, R. 1974; Yusufcuk Yusuf, R. 1975; Yılanı Öldürseler, R. 1976 (Töte die Schlange, d. 1988); Al Gözüm Seyreyle Salih, R. 1976; Allahın Askerleri, R. 1978 (Gut geflunkert, Zilo!, d. 2002); Kuşlar da Gitti, R. 1978 (Auch die Vögel sind fort, d. 1984); Deniz Küstü, R. 1978 (Zorn des Meeres, d. 1996); Kimsecik, R. 1980 (Salman, d. 1999); Höyükteki Nar Ağacı, R. 1982 (Der Granatapfelbaum, d. 2002); Ince Memed III, R. 1984 (Das Reich der Vierzig Augen, d. 1993); Kale Kapısı, R. 1985; Ince Memed IV, R. 1987 (Memed – Der letzte Flug des Falken, d. 2003); Kanin

Sesi, R. 1991; Firat Suyu Kan Akiyor Baksana, R. 1998 (Die Ameiseninsel, d. 2001); Karincanin Su içtiği, R. 2002; Tanyeri Horozlari, R. 2002.
L: A. Püsküllüoğlu, 1974; A. Basquet, 1997.

Yasumaro → Ô no Yasumaro

Yasuoka, Shôtarô, jap. Schriftsteller, * 30. 5. 1920 Kôchi-Präfektur. Stud. Lit. Keio-Univ. Tokyo, zum Militär eingezogen, wegen Tbc wieder zurückgestellt. – Y.s Erfahrungen aus dieser Zeit gingen in s. Bücher ein, die e. Mischung von Zynismus u. Humanismus zeigen. Bevorzugt die Form der Ich-Erzählung. Auch Reisebücher (Amerika, ehemalige Sowjetunion).
W: Garasu no kutsu, E. 1951 (Die Glasschuhe, d. in: Eine Glocke in Fukagawa, ²1969); Warui nakama, En. 1953; Umibe no kôkei, E. 1959 (engl. 1984); Shichiya no nyôbô, En. 1963 (engl. 1961); Hanamatsuri, R. 1962. – Y. S. zenshû (GW), 1971. – Übs.: Regen, in: Japan erzählt, 1969.
L: V. C. Gessel, The String of Life, N. Y. 1998.

Yavuz, Hilmi, türk. Dichter, * 1936 Istanbul. Stud. Philos. London, Kolumnen, Kritiken in Zeitungen, Zeitschriften, Lehraufträge an Univ. in Istanbul und zuletzt Ankara. – Greift Quellen östl., türk. Poesie mit modernem Verständnis auf und führt sie über in unverwechselbar eigene Sprache, Form und Redeweise; als e. der einflußreichsten Dichter der heutigen Türkei anerkannt; fundierter Polemiker gegen Modernismus ohne Traditionsbezug, Kulturkritiker.
W: Bakış Kuşu, G. 1969; Bedrettin Üzerine Şiirler, G. 1975; Doğu Şiirleri, G. 1977; Yaz Şiirleri, G. 1981; Gizemli Şiirler, G. 1984; Zaman Şiirleri, G. 1987; Kültür Üzerine, Ess. 1987; Felsefe Üzerine, Ess. 1987; Yazın Üzerine, Ess. 1987; Söylen Şiirleri, G. 1989; Taormina, En. 1990; Fehmi K.'nın Acayip Serüvenleri, E. 1991; Ayna Şiirleri, G. 1992; Kuyu, E. 1994; Çöl Şiirleri, 1996; Akşam Şiirleri, G. 1998; Yol Şiirleri, G. 2000.

al-Yāzīğī, Nāṣif, arab. Dichter und Philologe, 25. 3. 1800 Kafr Shīmā b. Beirut – 8. 2. 1871 Beirut. Christ ohne regelmäßige Ausbildung; zeitweise Sekretär des Fürsten von Libanon; freier Literat und Lehrer in Beirut, wo er die wiss. Bemühungen der amerik. Mission unterstützte. – Schrieb neben Lehrbüchern und e. Geschichte der franz. Expedition nach Ägypten zahlr. nach dem klass. Muster gebaute Gedichte, die den Einfluß Mutanabbīs verraten und viele Sentenzen und Wortspiele aufweisen. Nahm krit. zu de Sacys Ausgabe der Maqāmen Ḥarīrīs Stellung und dichtete dann selbst Maqāmen, die viel Anklang fanden. Durch meisterhafte Beherrschung der Sprache hat Y. viel zur Wiederbelebung der arab. Lit. beigetragen.
W: Maǧma' al-baḥrain, 60 Maqāmen 1856 (eine Maqāma d. 1851); Epistola critica usw., hg. A. F. Mehren 1848 (mit lat. Übs.).

Yeats, William Butler, ir. Dichter, 13. 6. 1865 Sandymount b. Dublin – 28. 1. 1939 Roquebrune Cap Martin b. Mentone/Frankreich. Vater ursprüngl. Rechtsanwalt in Dublin, wurde Maler, ermutigte auch Y., e. künstler. Beruf zu wählen. Kindheit teils (1874–80) in London, teils im ir. Sligo, dessen Szenerie und Geschichte s. Schaffen beeinflußten. Erzogen in Godolphin School, Hammersmith und Erasmus Smith School, Dublin. 1883–86 Kunstschul. in Dublin, ab 1889 in London; enge Verbindung zu den Dichtern des Fin de siècle, bes. O. Wilde, A. Symons, En. Dowson. Begründete mit E. Rhys den ›Rhymers Club‹. 1896 Rückkehr nach Irland. Begründete 1899 mit Lady Gregory das Abbey Theatre, dessen Leiter er bis zu s. Tode war und für das er s. Stücke schrieb. Hatte großen Einfluß auf Synge, den er für das national-ir. Drama gewann. Versuche in Theosophie und Spiritismus. Jahrzehntelange unerfüllte Leidenschaft für die Schauspielerin u. nationalist. Aktivistin Maud Gonne, die er in vielen Gedichten formulierte. ∞ 1917 Georgie Hyde-Lees, e. spiritist. Medium, lebte mit ihr in e. normann. Turm. 1922–28 Mitgl. des ir. Senats. 1923 Nobelpreis für Lit. Um 1930 zeitweise Nähe zum ir. Faschismus. – Größter ir. Dichter, der in engl. Sprache schrieb, künstler. Hauptinspirator der ir. lit. und dramat. Bewegung 1889–1925; weit über Irlands Grenzen hinaus bedeutsam. Seit Shakespeare der erste erfolgr. Erneuerer des poet. Dramas, inspiriert durch kelt. Mythen, die ihm Gleichnisse verborgenen inneren menschl. Erlebens waren. 1900–10 bes. stark lyr.-symbol. Versdramen um ir. Stoffe, später mehr Ideendramen ohne festumrissene Charaktere. S. frühe, stark melanchol. Lyrik zeigt Einflüsse der Präraffaeliten und der Dekadenzbewegung, dann Hinneigen zu den franz. Symbolisten, bes. Baudelaire und Verlaine. Gewinnt nach der Jh.wende zunehmend Statur in der selbstgewählten Rolle des ir. Nationaldichters, der das Persönlich-Biographische zum Sinnbild des Wesens u. des Schicksals ganz Irlands überhöht u. beidem vor dem Hintergrund s. mystisch-zyklischen Geschichtsphilosophie (›A Vision‹) gültige poet. Deutungen zu geben versucht. Die ›Last Poems‹ enthalten s. reifsten und schönsten Dichtungen.
W: The Wanderings of Oisin, Dicht. 1889; The Countess Kathleen, Dr. 1892 (d. 1925); The Celtic Twilight, Ess. 1893; The Land of Heart's Desire, Dr. 1894 (d. 1911); The Wind Among the Reeds, G. 1899; The Shadowy Waters, Dr. 1900; Cathleen ni Houlihan, Sch.

1902; The Hour Glass, Sch. 1903; Ideas of Good and Evil, Ess. 1903; In the Seven Woods, G. 1903; The Pot of Broth, Sch. 1904; The King's Threshold, Sch. 1904; Deirdre, Sch. 1907; The Green Helmet, G. 1910; The Cutting of an Agate, Ess. 1912; Responsibilities, G. 1914; Reveries Over Childhood and Youth, Aut. 1916; The Wild Swans at Coole, G. 1919; Calvary, Dr. 1921; Four Plays for Dancers, Sch. 1921; Essays, 1924; A Vision, Philol. 1925 (n. 1937; hkA 1978); Autobiographies, 1926; The Tower, G. 1928; Words for Music Perhaps, G. 1932; The Winding Stair, G. 1933; A Full Moon in March, G. 1935; Dramatis Personae, Aut. 1936; The Herne's Egg, Sch. 1938; Last Poems and Two Plays, 1939. – Collected Poems, 1933; Collected Plays, 1934; Letters on Poetry to D. Wellesley, 1940; Letters to K. Tynan, hg. R. McHugh, 1953; The Collected Letters, 1865–1895, hg. J. Kelly 1986; The Variorum Edition of the Poems, hg. P. Allt, R. K. Alspach 1957; Collected Poems, 1958; Mythologies, 1959; Essays and Introductions, 1961; The Senate Speeches, hg. D. R. Pearce, 1961; Explorations, Ess. 1962; Selected Criticism, hg. A. N. Jeffares 1964; The Variorum Ed. of the Plays, hg. C. C. u. R. K. Alspach 1966; Letters to the New Islands, hg. H. Reynolds 1970; Uncollected Prose, hg. J. P. Frayne II 1970; Memoirs, hg. D. Donoghue 1972; Poems, 1919–1935, hg. E. Cullingford 1984; The Correspondence of R. Bridges and W. B. Y., hg. R. J. Finneran 1977; The Gonne-Yeats Letters, hg. A. M. White, N. A. Jeffares 1992. – Übs.: Erzählungen und Essays, d. F. Eckstein 1916; Ir. Schaubühne, d. H. v. Heiseler 1933; Gedichte, d. H. E. Herlitschka 1958; Werke, d. W. Vordtriede VI 1977.

L: J. H. Pollock, 1935; L. Robinson, 1939; L. MacNeice, 1941; J. M. Hone, 1942; R. Ellmann, 1949 (n. 1961); D. A. Stauffer, The Golden Nightingale, 1949; A. N. Jeffares, 1949 (n. 1962); T. R. Henn, The Lonely Tower, 1950 (n. 1965); J. Hall, M. Steinmann, 1950; V. Koch, 1951; G. S. Fraser, 1954; G. B. Saul, 1957; F. A. C. Wilson, 1958; J. Unterecker, 1959; H. M. Black, 1959; A. G. Stock, 1961; B. L. Reid, 1961; J. Stallworthy, Between the Lines, 1962; M. J. Seiden, 1962; H. H. Vendler, 1963; J. Kleinstück, 1963; P. Ure, 1963; R. D. Clark, 1964; B. Rajan, 1965; D. Donoghube, J. R. Mulryne, hg. 1965; A. N. Jeffares, K. G. W. Cross, hg. 1965; R. Skelton, A. Saddlemyer, hg. 1965; D. E. S. Maxwell, S. B. Bushrui, hg. 1965; K. Völker, 1967; R. Cowell, 1969; H. Bloom, 1970; R. Ellmann, Eminent Domain, 1970; A. N. Jeffares, The Circus Animals, 1970; ders., 1971; B. Levine, The Dissolving Image, 1970; J. Unterecker, 1970; P. L. Marcus, 1970, [2]1987; R. J. Finneran, hg. 1970; D. J. Gordon, hg. 1971; Critics on Y., hg. R. Cowell 1971; R. W. Desai, 1971; J. R. Moore, 1971; W. M. Murphy, 1971; D. Donoghue, 1971; D. Eddins, 1971; K. Raine, 1973; J. White, 1973; R. Shukal, High Talk, 1973; C. Meir, 1974; G. M. Harper, 1974; A. N. Jeffares, A. S. Knowland, 1975; R. Ellmann, 1979; M. Harmon, 1981; E. Cullingford, 1981; G. Freyer, 1982; A. S. Knowland, 1983; E. B. Loizeaux, 1987; H. C. Martin, 1987; E. Timm, 1987; A. N. Jeffares, 1988; P. S. Stanfield, 1988; D. Peirce, 1989; S. Smith, 1990; L. Orr, 1991; D. Toomey, 1992; S. C. Ellis, 1995; K. Aldritt, 1997; S. Coote, 1997; R. F. Foster, II 1997–2003; T. Brown, 1999; B. Maddox, 1999; S. J. Graf, 2000; D. Peirce, hg. IV 2000; W. J. McCormack, 2000; H. Bloom, 2001. – Bibl.: A. J. A. Symons, 1924; A. Wade, [2]1958; C. Berryman, 1967; K. G. W. Cross, R. T. Dulop, 1972.

Yerby, Frank (Garvin), amerik. Schriftsteller, 5. 9. 1916 Augusta/GA – 29. 11. 1991 Madrid. Lebte ab 1954 ebda. – Vf. zahlr. erfolgr. Unterhaltungsromane, meist aus dem Süden der USA; vermeidet sozialkrit. Themen; Anpassung an den Geschmack des Massenpublikums durch romant. und hist. Themen.

W: Health Card, E. 1944; The Foxes of Harrow, R. 1946 (Eine Welt zu Füßen, d. 1950); The Vixens, R. 1947 (Louisiana-Fieber, d. 1953); The Golden Hawk, R. 1948 (Pirat und Gentleman, d. 1951, auch u. d. T. Lady Rotkopf); Pride's Castle, R. 1949 (Ich kaufe New York, d. 1949); Floodtide, R. 1950 (Goldene Flut, d. 1951); A Woman Called Fancy, R. 1951 (d. 1951); Saracen Blade, R. 1952 (d. 1973); The Devil's Laughter, R. 1953 (d. 1954); Benton's Row, R. 1954 (Das Erbe der Bentons, d. 1955); Bride of Liberty, R. 1954 (Die Rebellin, d. 1956); Captain Rebel, R. 1956 (d. 1957); Fairoaks, R. 1957 (Herr über Weiß und Schwarz, d. 1958); The Serpent and the Staff, R. 1958 (d. 1959); Jarrett's Jade, R. 1959 (Das Haus der Jarretts, d. 1960); Gillian, R. 1960 (d. 1961); The Garfield Honor, R. 1961 (d. 1962); Griffin's Way, R. 1962 (Das Schicksal der Griffins, d. 1963); The Old Gods Laugh, R. 1964 (Im Schatten der alten Götter, d. 1965); An Odor of Sanctity, R. 1965 (d. 1967); Goat Song, R. 1967 (d. 1971); Judas, My Brother, R. 1968; Speak Now, R. 1969 (Spiel mir den Song von der Liebe, d. 1972); The Dahomean, R. 1971 (Ausgelöscht, d. 1971); The Girl from Storyville, R. 1972 (d. 1975); The Voyage Unplanned, R. 1974 (Reise zu Simone, d. 1975); Tobias and the Angel, R. 1975; A Rose for Ana Maria, R. 1976 (d. 1977); Hail the Conquering Hero, R. 1977; A Darkness at Ingraham's Crest, R. 1979 (Mississippi Story, d. 1981); Western, R. 1982 (d. 1983); Devilseed, R. 1984 (d. 1984); Mckenzie's Hundred, R. 1985 (Virginia-Love, d. 1987).

Ye Shaojun (auch Ye Shengtao), chines. Schriftsteller, 28. 10. 1894 Suzhou – 16. 2. 1988 Peking. Nach Abschluß der Mittelschule ab 1911 als Dorflehrer tätig, 1921 Mitbegründer der ›Lit. Studiengesellschaft‹; als Verlagslektor und Zeitschriftenhrsg. einflußreich für die Entwicklung der neuen Lit. Nach 1949 u. a. stellv. Erziehungsminister, Leiter des Verlags für Volkserziehung. – 1914 erste Erzählungen in klass. Schriftsprache, ab 1919 unter dem Einfluß der ›Bewegung des 4. Mai‹ Werke in mod. Schriftsprache; Schauplatz s. Erzählungen sowie s. Hauptwerks, des autobiograph. Romans ›Ni Huanzhi‹, sind die Welt der kleinstädt. Intellektuellen und der Schulen; realist. und teilnahmsvolle Beschreibung der kleinen Leute; besonderes pädagog. Engagement, daher später die Wendung zur Kinder- und Jugendlit.

W: Gemo, En. 1922; Gecao ren, Kdb. 1923; Huozai, En. 1923; Chengzhong, En. 1926; Ni Huanzhi, R. 1929 (Schoolmaster Ni Huan-chih, Peking 1958; Die Flut des Tjiäntang, d. 1962); Gudai yingxiong de shixing, Jgb.

1931; Sisan ji, En. 1936. – *Übs.:* The Scarecrow, Kdb. Peking 1963.

Ye Shengtao → Ye Shaojun

Yezierska, Anzia, poln.-amerik. Erzählerin, ca. 1885 Plinsk/Polen – 21. 11. 1970 Claremont/CA. Mit 15 Jahren nach New York ausgewandert, Arbeit als Wascherin, Hauswirtschaftslehrerin. – Y.s Erzählungen und Romane entwerfen den ›American Dream‹ aus weibl. Perspektive zwischen Anpassung und Selbstverwirklichung bes. im jüd. Ghetto New Yorks.
W: Hungry Hearts, Kgn. 1920; Salome of the Tenements, R. 1923; Children of Loneliness, Kgn. 1923; Bread Givers, R. 1925 (Mein Vater, mein Freund, d. 1993); Arrogant Beggar, R. 1927; Red Ribbon on a White Horse, Aut. 1950; The Open Cage, Slg. hg. A. Kessler-Harris, L. L. Henriksen 1979.
L: C. B. Schoen, 1982; E. Meer, 1987; L. L. Henriksen, 1988; S. A. Drucker, 1988.

Yijing, ›Buch der Wandlungen‹, chines. philos. Werk, erstes der 5 kanon. Bücher der Konfuzianer. Anderer Name: ›Zhouyi‹ (Wandlungen der Dynastie Zhou). Die älteste Schicht (7./6. Jh.?) des wohl erst zur Han-Zeit (2./1. Jh. v. Chr.) zum heutigen Text kompilierten Werks sind alte Orakelsprüche, aufgebaut auf 64 Konfigurationen von je 6 entweder durchgehenden oder gebrochenen Linien (altes Orakel mit Schafgarbenstengeln). Die Erläuterungen zu diesen Hexagrammen sind altertüml. rätselhafte, oft gereimte Sprüche. Ferner umfaßt das Y. die ›Shiyi‹ (Zehn Flügel), dem Konfuzius zugeschriebene weitere Erklärungen, sowie den Kommentar ›Xici zhuan‹. In den später entstandenen Teilen des Y. herrscht spekulative Naturphilos. vor, aufbauend auf den 2 Urkräften Yin und Yang (dunkle und lichte Kraft) und ihrem Ineinanderwirken. Trotz überreichl. chines. Kommentare späterer Jahrhunderte ist das Y. weithin noch unerklärt. Als Weisheits- und Orakelbuch bis in die Neuzeit in China hoch angesehen. Nach A. Conrady war das Y. ursprüngl. e. Wörterbuch, nach A. Waley e. Synthese bäuerl. Merkverse und alter Orakeltexte.
Übs.: R. Wilhelm 1924 u. ö.
L: A. Conrady (Asia Major Bd. 7), 1930; A. Waley (BMFEA Bd. 5), 1934; H. Wilhelm, Die Wandlung, 1958; R. G. H. Sin, A Man of Qualities, Cambr./MA 1968; H. Wilhelm, Sinn des I Ging, 1972; D. Hertzer, 1996.

Yi Kwangsu (Ps. Ch'unwŏn), korean. Dichter, Schriftsteller, Kritiker, 22. 2. 1892 Chŏngju – 1950. 1915–19 Philosophiestud. in Japan, Rückkehr nach Korea 1922, Arbeit bei großen korean. Zeitungen. Seit Beginn des Koreakrieges 1950 verschollen. – Verfasser zahlr. Erzählungen, Gedichte, Reisebeschreibungen, literaturkrit. Essays und Romane im Übergang vom Sinsosŏl (mod. realist. Prosalit.) zur kritisch-realist. korean. Lit.
W: Mujŏng, R. 1917; Hŭk, R. 1932/33; Yi Sunsin, R. 1931/32; Halmŏm, En. 1922; Na, aut. R. 1947 u. a., ges. in: Yi Kwangsu chŏnjip (Bd. 1–20, 1964). – *Übs.:* Aus dem Leben eines koreanischen Gelehrten, E. 1927.

Yi Kyubo (Ps. Paegun kosa), korean. Dichter, 15. 1. 1169 Yŏju – 2. 9. 1241 Kanghwado. Stammte aus lit. gebildeter Beamtenschicht (Yangban), dann selbst in hohen Staatsämtern. – Realist. Lyrik, die u. a. von Volksverbundenheit, Patriotismus u. tiefer Heimatliebe zeugt.
W: Tongmyŏngwang p'yŏn, G. 1193; Nongsagun-ŭi norae, G. – *Übs.:* A Lay of King Tongmyong (Korea Journal, July 1973).

Yıldız, Bekir, türk. Schriftsteller, 3. 3. 1933 Urfa – 8. 8. 1998 Istanbul. Berufsschule, Setzerlehre, 1962–66 arbeitete er in Dtl. und kehrte mit einer Setzmaschine nach Istanbul zurück, einige Jahre führte er die Setzerei, danach freier Schriftsteller. – Als einer der ersten schrieb er Geschichten über türk. Gastarbeiter in Dtl., ansonsten wurde er mit realist. Erzählungen über das Leben der Grenzschmuggler im Südosten der Türkei bekannt.
W: Türkler Almanya'da, R. 1966; Reşo Ağa, En. 1968; Kara Vagon, En. 1969; Kaçakçı Şahan, En. 1970; Sahipsizler, En. 1971; Evlilik Şirketi, Nov. 1972; Harran, Rep. 1973; Beyaz Türkü, En. 1973; Alman Ekmeği, En. 1974; Dünyadan Bir Atlı Geçti, En. 1975; İnsan Posası, En. 1976; Demir Bebek, En. 1977; Halkalı Köle, R. 1980; Mahşerin İnsanları, En. 1982; Yaman Göç, Rep. 1983; Aile Savaşları, R. 1984; Bozkır Gelini, En. 1985; Ve Zalim Ve İnanmış Ve Kerbela, R. 1986; Darbe, R. 1989; Seçilmiş Öyküler, En. 1989. – *Übs.:* Topkapı – Harran einfach, Rep. 1983; Südostverlies, En. 1987.
L: M. Ergün, 1975.

Yi Munyŏl, südkorean. Schriftsteller, * 18. 5. 1948 Sŏul. Im Koreakrieg Trennung der Fam., Umzug nach Kyŏngsanbukto. Oberschule in Andong abgebrochen, externer Abschluß 1968. Studium der korean. Sprache an der Sŏul-Univ., 1970 Abbruch wegen Vorbereitung auf Beamtenlaufbahn, Prüfung aber erfolglos. 1973 Heirat u. Armeedienst. 1976 Rückkehr nach Yŏngyang, Dozent am Institut in Taegu. – Nach seinem Debüt 1979 (›Saehagok‹, E.) e. der meistgelesenen südkorean. Autoren, hauptsächl. Kurzgeschichten und Erzählungen, zentrales Thema ist Mißbrauch von Macht.
W: Saram-ŭi adŭl, E. 1979; Kŭhae kyŏul, E. 1980; Hwangje-rŭl wihayŏ, R. 1982; Yŏngung sidae, E. 1984; Uri-dŭrŭi ilgurŏjin yŏngung, E. 1987. – *Übs.:* Hail to the Emperor, R. 1986; Der entstellte Held, E. 1999.

Yizhar (eig. Yizhar Smilansky), hebr. Erzähler, * 26. 9. 1916 Rechovot/Israel. Teilnahme am Unabhängigkeitskrieg 1948, 17 Jahre Mitglied des israel. Parlaments, Promotion an der Hebr. Univ. in Jerusalem, Prof. für Erziehungswiss. an der Univ. Tel Aviv. – S. Erzählungen und Romane beschreiben unpathetisch und ohne Heroisierung das Leben im vorstaatl. Israel; sie thematisieren das moral. Dilemma, mit dem der Israeli in seinem Kampf gegen den arab. Feind konfrontiert ist. Nach 30jähr. Schweigen begann Y. in den 80er Jahren wieder zu schreiben. S. spätere Prosa ist durch sinnl. Poesie gekennzeichnet.

W: Be-Paatey ha-Negev, En. 1945; Hirbet Chizea veha-Schawuy, En. 1949; 1989); Shayara shel Chatzot, En. 1950 (Midnight Convoy and other Stories, engl. 1969); Yemey Ziklag, R. 1958; 1989; Sipur eyno, Ess. 1980; Mikdamot, R. 1992 (Auftakte, d. 1996); Tzalhavim, En. 1993; Etzel ha-Yam, Nn. 1996; Kitvey s. Y. (GW), 1996; Giluy Elijahu, Mem. 1999. – *Übs.*: Geschichten von Krieg und Frieden, 1997; Ein arab. Dorf, 1998.

L: D. Miron, 1962; R. Beizar-Bohrer, Nature and Man in the Works of S. Y., 1978; M. D. Rotstein, 1978.

Yokomitsu, Riichi (eig. Y. Toshikazu), jap. Schriftsteller, 17. 3. 1898 Fukushima-Präfektur – 30. 12. 1947 Tokyo. Stud. Waseda-Univ. ohne Abschluß. Beeinflußt von Flaubert, Gide, Proust, Valéry und Rimbaud; wichtiges Mitglied des Kreises um die Zs. ›Bungei Jidai‹, in der e. neue, subjektiv-impressionist. Art der Darstellung proklamiert wurde. Bestreben, mit allen Mitteln e. neue Lit. zu schaffen; wichtig wurde v. a. die Schilderung der Empfindungen. Y. strebte eine Verbindung von ›purer‹ u. populärer Lit. an, scheiterte jedoch.

W: Nichirin, E. 1923; Onmi, En. 1924; Shanghai, R. 1932 (engl. 2001); Kikai, E. 1930 (Mechanismen, d. in: Träume aus zehn Nächten, ²1980); Shinen, R. 1932; Monshô, R. 1934; Junsui shôsetsuron, Es. 1935; Ryoshû, R. 1937–46; Yoru no kutsu, Tg. 1946. – Y. T. zenshû (GW), 1981f. – *Übs.*: Time and Others, 1965; Der Herbst, in: Eine Glocke in Fukagawa, ²1969.

L: D. Keene, Y. R. Modernist, N. Y. 1980; G. L. Galley, Voices in the Machine, Ann Arbor 2000.

Yonge, Charlotte Mary, engl. Schriftstellerin, 11. 8. 1823 Otterbourne b. Winchester – 24. 3. 1901 ebda. Zu Hause erzogen. Lehrerin der Sonntagsschule, relig. beeinflußt durch Keble, der Geistlicher im Nachbardorf war, u. durch das Oxford Movement. Lebte scheu und zurückgezogen im Heimatdorf. – Sehr produktive Schriftstellerin, über 100 Bücher: Romane, Kinderbücher, relig. Traktate. 1851–89 Hrsg. der Kinderzs. ›The Monthly Packet‹. Ihre außerordentl. populären Romane waren ganz dem Geschmack der Viktorian. Zeit angepaßt und von relig. Eifer erfüllt sentimental-moral. Milieu- u. Menschenschilderungen.

W: Abbey Church, or Self Control and Self Conceit, Schr. 1844; The Heir of Redclyffe, R. II 1853; Heartsease, R. 1854; The Little Duke, Kdb. 1854 (d. 1875); The Lances of Lynwood, R. 1855; The Daisy Chain, R. 1856; The Dove in the Eagle's Nest, R. 1866; Unknown to History, R. II 1882; Cameos from Engl. History, 1868–99. – Novels and Tales, XVI 1879f.; Works, XXXV 1888f. – *Übs.*: Schriften, VII 1860ff.; Ausgew. En., VII 1865–83.

L: C. R. Coleridge, 1903 (m. Bibl.); E. Romanes, 1908; G. Battiscombe, 1943; M. Mare, A. Percival, Victorian Best-Seller, 1947; G. Battiscombe, M. Laski, hg. 1965; B. Dennis, 1992; A. Hayter, 1996.

York Plays, Sammlung engl. Mysterienspiele, die umfangreichste von vier erhaltenen Sammlungen (Zyklen) engl. Mysterienspiele (Mirakelspiele) aus dem 14./15. Jh., für die Handwerkergilden von York zur Aufführung auf Wagenbühnen an Fronleichnam geschrieben, im Laufe der Zeit offenbar immer wieder revidiert, zuletzt während der Regierungszeit Elisabeths I. gespielt (1569; seit dem 20. Jh. in York wiederbelebt). Anschaul. Illustration der Heilsgeschichte von der Schöpfung bis zum Jüngsten Gericht in 48 z. T. naiv-realist. Szenen von unterschiedl. Qualität.

A: L. Toulmin Smith 1885 (n. 1963); J. S. Purvis 1957; P. Happé, English Mystery Plays, 1975; R. Beadle, P. King, Ausw. 1984.

L: A. Williams, The Drama of Medieval England, 1961; O. B. Hardison, Christian Rite and Christian Drama in the Middle Ages, 1965. – *Bibl.*: Manual ME 5. XII, 1975.

Yosa Buson → Buson

Yosano, Akiko (eig. Ôtori A.), jap. Dichterin, 7. 12. 1878 Sakai (Osaka) – 29. 5. 1942 Tokyo. Wandte sich früh der Dichtung zu. 1901 nach Tokyo, dort 1901 ∞ Yosano Hiroshi. Ihr Band ›Midaregami‹ machte sie sofort berühmt. 1912 Europareise mit vielen nachhaltigen Eindrücken. Obwohl sie auch Gedichte im ›Neuen Stil‹ schrieb, steht das traditionelle waka voran. Um ihre große Familie zu ernähren, schrieb sie daneben e. große Anzahl von Kommentarwerken zur klass. Lit. Japans, dazu Aufsätze über Erziehungs-, Sozial- u. Frauenfragen.

W: Midaregami, G. 1901 (Tangled hair, engl. S. Sakanishi 1935, S. Goldstein, S. Shinoda 1971); Dukosô, G. 1904; Koigoromo, G. 1905; Maihime, G. 1906; Natsu yori aki e, G. 1914; Rurikô, G. 1925; Hakuôshû, G. 1942. – Y. A. zenshû (GW), 1979–81. – *Übs.*: H. H. Honda, The Poetry of Y. A., 1957; S. Hill, River of Stars, Selected Poems, 1997.

L: G. Hughes, Y. T. Iwasaki, Three women poets of mod. Jap., o. J.; K. May, D. Erneuerung d. Tanka-Poesie, 1975; G. G. Rowley, Y. A. and the Tale of Genji,

Ann Arbor 2000; N. Takeda, A Flowering Word, N. Y. 2000; J. Beichmann, Embracing the Firebird, Honolulu 2002.

Yoshida Kenkô (eig. Urabe Kaneyoshi, auch Kenkô Hôshi), jap. Dichter, 1283 Kyoto – 8. 4. 1350 ebda. Aus dem Shintô-Priestergeschlecht der Urabe stammend, trat er in den Palastdienst u. hatte bei Hofe versch. Ämter inne. Beim Tode des Mönchskaisers Go-Uda (1324) wurde er buddhist. Laienmönch u. änderte s. Namen in Kenkô. Nach e. längeren Reise durch die Ostprovinzen ließ er sich auf dem Narabigaoka b. Kyoto nieder. – Zwischen 1324 u. 1331 (andere Auslegung 1330 u. 1336) entstand das ›Tsurezuregusa‹, e. der bedeutendsten Zeugnisse der jap. zuihitsu-Lit., die Episoden, Beobachtungen u. Gedanken lose aneinanderreiht und ihren Anfang in den ›Makura no sôshi‹ gefunden hatte, demgegenüber das ›T.‹ aber vielschichtiger ist. Neben buddhist. Gedanken finden sich hier auch konfuzian. u. taoist. im Nebeneinander. Der Vf. strebt danach, e. wahres Bild des Menschen zu zeichnen, dessen Gefühle er wohl bejaht, über die er aber das relig. Streben stellt. Das menschl. Leben betrachtet er von mehr als e. Seite mit krit. Blick u. weiß das Gefundene mit meisterhaft geführtem Pinsel festzuhalten. S. anerkannten Gedichte sind in den offiziellen Anthologien und in s. privaten Sammlung ›Kenkô Hôshi shû‹ aufgenommen.

Übs.: T. oder Aufzeichnungen aus Mußestunden, d. O. Benl 1940, 1963; Essays in Idleness, engl. D. Keene 1967; Betrachtungen aus der Stille. Tsurezuregusa, 1978; J. Berndt, Draußen in der Stille, En. 1993.
L: L. H. Chance, Formless in Form, Stanford 1997.

Yoshikawa, Eiji (eig. Hidetsugu), jap. Schriftsteller, 11. 8. 1892 Kanagawa-Präfektur – 7. 9. 1962 Tokyo. Sohn e. verarmten Samurai; nach Volksschulabschluß in versch. Berufen tätig. 1910 nach Tokyo, dort Kontakte zu Literaten u. erste eig. Arbeiten. 1921 Journalist, von 1925 an freier Schriftsteller. – Äußerst populär durch s. hist. Unterhaltungsromane, die Lit.preise erhielten u. verfilmt (TV) wurden.

W: Naruto hichô, R. 1927; Shinshû temmakyô, R. 1926–29; Hinoki yama kyôdai, R. 1932–33; Miyamoto Musashi, R. 1936–39 (Musashi, d. 1984); Shin-Heikemonogatari, R. 1951–57 (engl. ^{12}1974); Wasure nokori no ki, E. 1957 (engl. 1992), Shihon-Taiheiki, R. 1959– 62. – Y. E. zenshû (GW), 1966–70.

Yoshimoto, Banana (eig. Y. Mahoko), jap. Romanautorin, * 24. 7. 1964 Tokyo. Tochter des bekannten Lit.kritikers Y. Takaaki; Stud. an der Nippon-Univ. in Tokyo, abgeschlossen 1986 mit der B.A.-Arbeit ›Mûn raito shadou‹ (Moonlight Shadow), einer Erzählung, die ihr den Universitätspreis einbringt. Mit dem zweiten Werk, ›Kitchin‹ (Kitchen), erlangt sie den Durchbruch und gewinnt weltweit Popularität in e. jugendl. Leserschicht, deren Lebensgefühl sie sensibel anspricht. – Im Zentrum ihrer Romane stehen junge, feinfühlige Helden, die sich dem aktiven Leben verweigern u. das Erwachsenwerden ablehnen. Unverbindliche Beziehungen, Desinteresse an Sex, das Verschwinden der Familie, eine latente Androgynität sind Merkmale ihrer Charaktere. Spätere Romane, die Millionenauflagen erreichen, dokumentieren auch ein wachsendes Interesse für Okkultes u. die sog. ›neue Spiritualität‹.

W: Kitchin, R. 1988 (ital. o. J.; engl. 1993; d. 1992); Tsugumi, R. 1989 (d. 1997); N. P. (enu pii), R. 1990 (ital. 1991); Amrita, R. 1994 (engl. 1997; d. 2000/2002); Sly (surai), R. 1996 (d. 2002); Hardboiled-Hardluck (hâdoboirudo-hâdorakku), R. 1999 (franz. 2001).
L: G. J. W. Treat, Y. B.'s Kitchen or the Cultural Logic of Japanese Consumerism, 1995; ders., Y. B. Writes Home, 1996; G. Amitrano, The New Jap. Novel, 1996.

Yoshiyuki, Junnosuke, jap. Schriftsteller, 13. 4. 1924 Okayama – 26. 7. 1994 Tokyo. Sohn des Schriftstellers Y. Eisuke, e. Vertreters der ›neuen Kunst‹. Stud. engl. Lit. Tokyo, kein Abschluß. Wegen Asthma vom Kriegsdienst befreit, wandte er sich dem Journalismus zu. S. Werk kreist um Frauengestalten u. weibl. Psychologie sowie Sex. Ästhetisierende Weltsicht.

W: Shû-u, En. 1954; Suna no ue no shoku-butsu-gun, E. 1964; Hoshi to tsuki wa ten no ana, E. 1966; Anshitsu, E. 1970 (engl. 1975); Kaban no naka mi, En. 1974. – Y. J. zenshû (GW), 1983f. – *Übs.*: Erdbeeren, in: Japan erzählt, 1969; Personal Baggage, 1976; Birds, Beasts, Insects and Fish, in: JQ 28, 1, 1981; Three Policemen, 1991.

Young, Andrew (John), engl. Lyriker u. Essayist, 29. 4. 1885 Elgin/Schottland – 25. 11. 1971 Bognor Regis/England. Geistlicher in Sussex u. Chichester. – Zeitlose, schlichte Lyrik u. Essays vorwiegend über Landschaft u. Naturdinge, stark relig. Grundton. Vollendete Formbeherrschung, Präzision und Anmut.

W: Songs of Night, G. 1910; The Bird-Cage, G. 1926; The White Blackbird, G. 1935; Collected Poems, 1936, 1948, 1950 u. 1960; A Prospect of Flowers, Ess. 1945; A Retrospect of Flowers, Ess. 1950; Into Hades, G. 1952; Out of the World and Back, G. 1958; Quiet as Moss, G. 1959; The Poet and the Landscape, Ess. 1962; The New Poly-Olbion, Ess. 1967; Burning as Light, G. 1967. – The Complete Poems, 1974; The Poetical Works, hg. E. Lowbury u. A. Young 1985.
L: L. Clark, hg. 1958.

Young, Edward, engl. Dichter, getauft 3. 7. 1683 Upham/Hampshire – 5. 4. 1765 Welwyn/ Hertfordshire. Vater Geistlicher; erzogen in Winchester. Stud. Oxford. Jurist, später Geistlicher.

Young

Fand erstmalig lit. Beachtung durch e. Elegie auf den Tod Queen Annes. 1727 als Geistlicher ordiniert, ab 1728 Kaplan Georgs II., 1730 Pfarrer von Welwyn/Hertfordshire. ∞ 1731 Lady Elizabeth Lee, verwitwete Tochter des Grafen von Lichfield. Als bald danach s. Frau, die Stieftochter und deren Gatte, s. Freund Temple, starben, schrieb der vereinsamte Dichter s. bedeutendstes Werk ›The Complaint, or Night Thoughts‹, e. klagend-meditative, teils rhetor. Dichtung über Leben, Tod und Unsterblichkeit in 10 000 Blankversen, die ihm Welterfolg brachte, e. herausragendes Werk der graveyard poetry. Y.s Werke sind von sehr ungleicher Qualität. Er schrieb außerdem witzig-geistreiche Verssatiren über die menschl. Ruhmsucht (damals sehr bewundert, später hinter Popes Satiren zurücktretend), ferner Dramen, Dichtungen, Versparaphrasen zum Hiob und den Essay ›Conjectures on Original Composition‹, in dem er intuitives Schaffen gegen Kunstgelehrsamkeit verteidigt und die Dichter auffordert, sich in die Höhen der Freiheit zu erheben. Die von ihm gepredigte Versenkung in das Ich und die Ablehnung klassizist. Regeln hatten großen Einfluß, bes. auf den dt. Sturm und Drang und die Romantik.

W: An Epistle to Lord Lansdoune, 1713; A Poem on the Last Day, G. 1713 (d. 1754); The Force of Religion, G. 1714 (d. 1754); On the Late Queen's Death, G. 1719; A Paraphrase on Part of the Book of Job, 1719; The Reven Paraphrase on Part of the Book of Job, 1719; The Revenge, Tr. 1721; The Love of Fame, the Universal Passion, Sat. 1725–28; The Complaint, or Night Thoughts, IX 1742–44 (n. hg. S. Cornford 1989; d. 1751, 1844); The Brothers, Tr. 1753 (nach Corneille); Conjectures on Original Composition, Es. 1759 (hg. A. Brandl 1903, E. J. Morley 1918; d. 1760; Faks. 1976); Resignation, II 1761 (d. 1763). – Works, IV 1757, VI 1778f.; Poetical Works, hg. J. Mitford II 1830; Complete Works, hg. J. Doran, J. Nichols II 1854 (n. 1969); Correspondence, hg. H. Pettit 1970. – *Übs.:* Werke, V 1780–84.

L: W. Thomas, Paris 1901; H. C. Shelley, 1914; P. van Tieghem, La poésie de la nuit et des tombeaux, 1921; C. V. Wicker, 1952; E. König, 1954; W. Kemper, 1956; I. St. John Bliss, 1968; B. Hepworth, hg. 1975; H. Forster, 1986.

Young, Francis Brett, engl. Romanschriftsteller, 13. 7. 1884 Hales Owen/Worcestershire – 28. 3. 1954 Kapstadt. Arztsohn; Stud. Medizin Birmingham. ∞ 1907 die Sängerin Jessie Hankinson. 2 Jahre Schiffsarzt der Amerika-Japan-Linie. Im 1. Weltkrieg Militärarzt in Ostafrika. Malaria-Erkrankung. 1922 Südafrika-Reise, danach mehrere USA-Reisen. Ging nach dem 2. Weltkrieg nach Kapstadt. – Begann mit dramat. Abenteuerromanen wie ›The Red Knight‹ unter Einfluß J. Conrads, später psycholog. (bes. Ärzte- u. Frauen-)-Romane, deren bekanntester ›The Portrait of Clare‹ ist, und realist. Heimatromane. Im Spätwerk hist. Romane und Geschichten aus Südafrika. Gute Charakter- und Landschaftsdarstellung, seel. Einfühlungsvermögen bei trag. Grundstimmung.

W: Deep Sea, R. 1914; The Dark Tower, R. 1914; Marching on Tanga, Kriegsber. 1918; The Crescent Moon, R. 1918; Poems, 1919; The Young Physician, R. 1919 (d. 1953); The Black Diamond, R. 1921 (d. 1930); Pilgrim's Rest, R. 1922 (d. 1928); Cold Harbour, R. 1924; Woodsmoke, R. 1924; Sea Horses, R. 1925 (Brandung, d. 1928); Portrait of Clare, R. 1927 (d. 1950); My Brother Jonathan, R. 1928 (d. 1949); Black Roses, R. 1929 (d. 1951); Jim Redlake, R. 1930 (d. 1954); The House Under the Water, R. 1932 (d. 1951); This Little World, R. 1934 (Eine englische Rhapsodie, d. 1952); White Ladies, R. 1935 (d. 1956); Far Forest, R. 1936; They Seek a Country, R. 1937 (Vom Kap nach Port Natal, d. 1938); Portrait of a Village, R. 1937; Dr. Bradley Remembers, R. 1938 (Des Lebens Bogen, d. 1951); The City of Gold, R. 1939 (d. 1943); The Man About the House, R. 1942 (d. 1943); The Island, Dicht. 1944; In South Africa, Ess. 1952; Winstanlow, R.-Fragm. 1956.

L: J. B. Young, 1962.

Yourcenar, Marguerite (eig. M. de Cleenewerck de Crayencour), franz. Schriftstellerin, 8. 6. 1903 Brüssel – 18. 12. 1987 Mount Desert Island/ME. Stud. Frankreich, England, Schweiz. Viele Reisen in Europa und Amerika. Prof. der franz. Lit. am Sarah-Lawrence-College, New York. Als 1. Frau in die ›Académie Française‹ gewählt (1980). – Vf. psycholog. Romane und Novellen, in denen sie sich mit dem Geheimnis des ewig Menschl., der Träume und der Kulturen beschäftigt. Internationaler Erfolg ihres von außergewöhnl. Bildung zeugenden Werkes ›Les mémoires d'Hadrien‹, imaginärer Memoiren des Kaisers, kurz vor s. Tod geschrieben, die die auf den Höhepunkt e. Kultur gewonnenen Einsichten darstellen. Namhafte Übs. (u.a. V. Woolf, H. James).

W: Alexis ou le traité du vain combat, R. 1929 (d. 1956); La nouvelle Eurydice, R. 1931; Pindare, Es. 1932; Le denier du rêve, R. 1934; La mort conduit l'attelage, R. 1934; Feux, G. 1936; Les songes et les sorts, R. 1938; Nouvelles orientales, En. 1938 (d. 1964); Le coup de grâce, R. 1939 (d. 1968); Mémoires d'Hadrien, 1951 (Ich zähmte die Wölfin, d. 1953); Electre ou la chute des masques, Dr. 1954; Les charités d'Alcippe, G. 1956; C. Cavafy, Es. 1958; Sous bénéfice d'inventaire, Ess. 1962; Fleuve profond, Sombre rivière: les Negro spirituals, 1964; L'œuvre au noir, R. 1968 (Die schwarze Flamme, d. 1969); Yes, peut-être, Shaga, En. 1969; H. Flexner, Ess. 1969; Théâtre, II 1971; Le labyrinthe du monde, Erinn.: Souvenirs pieux, I 1974 (Gedenkbilder, d. 1984), Archives du Nord, II 1977 (Lebensquellen, d. 1985); Mishima ou la vision du vide, 1980 (d. 1985); Le temps, ce grand sculpteur, Es. 1983; Essais et mémoires, 1991; Sources, 1999.

L: J. Blot, 1971, ²1980; P. de Rosbo, 1972; F. Dupont, 1978; M. Galey, Yeux ouverts, 1980; E. Real, 1988; S. Pouchol, 1990; N. Harris, 1994; S. Delcroix, 1995; S.

Proust, 1997; P. Doré, 1999; N. Saint, 2000; A. Ivens, 2001; A.-Y. Julien, 2002.

Yovhannēs Erznkacʻi (Plowz), armen. Dichter; 1230 Bezirk Mec Ekeġacʻ – 1293 Kloster Akner (Kilikien; heute Türkei). Beerdigt Erznka (heute Erzincan/Türkei). Schüler des Philosophen Vardan Arevelcʻi. Lehrte viele Jahre am Sitz des Katholikos in Kilikien sowie in geistl. Schulen zu Erzincan. Letzter Vertreter der altarmen. Dichtung, bereits unter starkem Einfluß der mittelarmen. Umgangssprache, bes. in seinen Gedichten. Hinterließ über 100 Werke in Prosa und Reimen, relig. und weltl. Inhalts, darunter wissenschaftl. Gedichte, Tragödien, ›šarakannerʻ.

A: Tetrak hamaṙoteli imastaxoh; Yaġags erknayin šaržmancʻ, Nor Naxiǰevan 1972; I tačkacʻ imastasiracʻ grocʻ kʻaġeal bankʻ Y. E. 1958; Bankʻ čʻapʻav, 1986.

L: H. Grk. Kʻyowrtyan, Venedig 1953; G. Grigoryan, 1962; N. Tʻahmazyan, 1963; Ē. Baġdasaryan, 1977; A. Srapyan, 1993.

Yuan Hongdao, chines. Dichter und Essayist, 1568 Gongan (Hunan) – 1610 ebda. Nach bestandener Staatsprüfung 1590 zieht sich Y. schon bald aus dem Amt zurück; auf Reisen entstehen wichtige Gedicht- und Essaysammlungen. Nach e. weiteren Amtsperiode 1606 erneut Rückzug vor den polit. Wirren in die Heimat. – In Y.s Lyrik Bezug zur südl. Tradition der sog. Chu-Dichtung; Suche nach Ausdruck der Individualität in der Sprache der Zeit. Auch in lit.krit. Texten plädiert Y. für Individualität, Originalität, Spontaneität und klare Sprache; Kritik am akadem.-gekünstelten Stil s. Zeit. Mit s. ebenfalls als Dichter und Essayisten bedeutenden Brüdern Zongdao und Zhongdao gilt Y. als Begründer der ›Gongan-Schule‹, die im 20. Jh. neu entdeckt und als Vorläufer der Bewegung für neue Lit. angesehen wurde.

A: Yuan Zhonglang quanji, SW 1936; Yuan Hongdao ji jianjiao, komm. Ausg., 1981. – *Übs.:* Pilgrim of the Clouds, G. u. Ess. engl. N. Y. 1978; Nuages et Pierres, G. franz. Paris 1982.

L: M. Vallette-Hémery, 1982; C. Chou, Cambr. 1988; H. Butz, 1988.

Yuan Mei, chines. Dichter, 25. 3. 1716 Hangzhou – 3. 1. 1798 Nanking. 1739 Staatsprüfung, fiel 1742 in mandschur. Sprachprüfung durch, danach Landrat in mehreren Kreisen Jiangsus 1742–48. 1749 Abschied, lebte seitdem auf s. Anwesen Suiyuan in Nanking; viele Reisen; großes Einkommen durch schriftsteller. Tätigkeit. – Lebenskünstler, Genießer mit unorthodoxen Anschauungen (trat für lit. Bildung der Frauen ein). Vielseitiger Autor mit Witz, Ironie und menschl. Charme. Weit belesen, immer aufnahmebereit, von Zeitgenossen als Lüstling angegriffen. Vertrat als Lit.kritiker die Ansicht, Dichtung solle Vergnügen bereiten, daher gegen Formalismus, für freien Gefühlsausdruck, auch in Liebesdingen. S. Novellensammlung ›Zi bu yu‹ (Wovon Konfuzius nicht sprach) ähnelt dem → ›Liaozhai zhiyi‹ des → Pu Songling, jedoch schlichter im Stil; auch als volkskundl. Quelle wichtig.

W: Zi bu yu, Nn. 1781; Shidan, Kochbuch (franz. Peking 1924; d. W. Eberhard, in: Sinica 15, 1940). – Sui yuan quanji (GW), 1931.

L u. Übs.: A. Waley, Lond. 1957; W. Eberhard, Die chines. Novellen, Ascona 1948.

Yuan Zhen, chines. Dichter, 779 Luoyang (Henan) – 2. 9. 831 Wuchang. Abkömmling der Kaiserdynastie der Toba-Wei. 802 Palastprüfung, 808 Zensor, versch. Provinzposten, 821 Präsident der Hanlin-Akad., 822 vorübergehend Staatskanzler, 823 Präfekt von Shaoxing (Zhejiang), 825 Ritenminister, 830 Finanzminister. – Als Dichter s. Freund Bo Juyi nahestehend; schrieb auch Novellen, von denen ›Huizhen ji‹ als Quelle für → Wang Shifus Drama ›Xixiang ji‹ wichtig ist. Gleich Bo schon früh in Japan bekannt u. hoch geschätzt.

A: Yuanshi changqing ji (GW). – *Übs.:* W. Bauer, H. Franke, Die goldene Truhe, 1959; Lyrik: Bibl. in: M. Davidson, A List of Published Translations from Chinese, New Haven/CT 1957.

L: A. Waley, Po Chü-i, Lond. 1949; J. R. Hightower, in: HJAS 33, 1973.

Yu Dafu, chines. Schriftsteller, 7. 12. 1896 Fuyang (Zhejiang) – 17. 9. 1945 Sumatra. Als Kind Ausbildung in klass. Lit.; 1913–22 Aufenthalt in Japan (u. a. Medizinstud.), befreundet mit Guo Moruo, gründete mit diesem die subjektivist.-romant. ›Chuangzaoshe‹ (Schöpfungsgesellschaft). ›1921 erste Erzählungen, die wegen ihrer schonungslosen Ich-Zergliederung und des expliziten Ausdrucks erot. Träume und Wunschvorstellungen Aufsehen erregten. Auch sein späteres Werk, häufig aus der Ich-Perspektive erzählt, ist geprägt von e. depressiven Grundstimmung und Verzweiflung über den Niedergang Chinas. 1927 trennt sich Y. von der Schöpfungsgesellschaft, tritt 1930 der ›Liga linker Schriftsteller‹ bei und arbeitet mit Lu Xun zusammen. In der Folge entstehen überwiegend Essays und autobiograph. Texte. Ab 1937 Engagement im Widerstand gegen die japan. Aggression, 1938 Exil in Singapur, 1942 Flucht vor den japan. Truppen nach Sumatra, dort von den japan. Geheimpolizei hingerichtet.

W: Chenlun, En. 1921; Niaoluo ji, En. 1923; Ta shi yige ruo nüzi, R. 1932; Chi guihua, R. 1932. – Quanji (GW), VIII 1928–33; Wenji (GS), 1981. – *Übs.:* Untergang, E. d. 1947 (neu: Versinken, minima sinica 2002,1;

Erzählungen und Briefe in: minima sinica 1990, 2 – 2000.

L: A. Dolezelová, Bratislava, N. Y. 1970/71; L. O. Lee, The Romantic Generation, Cambr./MA 1973; J. Prušek, in: Moderne chines. Lit., hg. W. Kubin 1985.

Yüan Chen → Yuan Zhen

Yücel, Can, türk. Dichter, 1926 Istanbul – 12. 8. 1999 Izmir. Stud. Altphilologien in Ankara und Cambridge, Sohn des legendären Kulturministers, des Begründers der Dorfinstitute Hasan Ali Yücel. – Polit. Dichter mit dem Duktus eines modernen Vagabunden und schlagkräftigen Wortbildern.

W: Yazma, G. 1950; Sevgi Duvarı, G. 1973; Bir Siyasinin Şiirleri, G. 1974; Ölüm Ve Oğlum, G. 1976; Rengahenk, G. 1982; Gökyokuş, G. 1984; Canfeda, G. 1986; Çok Bi Çocuk, G. 1988; Kısa Devre, G. 1990; Kuzgunun Yavrusu, G. 1990; Gece Vardiyası, G. 1991; Güle Güle – Seslerin Sessizliği, G. 1993; Gezintiler, G. 1994; Düzünden, Ess. 1994; Ve Can'dan Yazılar, Ess. 1995; Maaile, G. 1995; Seke Seke, G. 1997; Alavara, G. 1999; Mekânım Datça Olsun, G. 1999. – GW, 2000.

Yücel, Tahsin, türk. Schriftsteller, 17. 2. 1933 Elbistan. Franz.sprachiges Gymnas. und Stud. der franz. Sprache und Literatur in Istanbul, akademische Laufbahn, dort Professur. – Er erzählt insbes. von Armen und Menschen aus dem Mittelständ Anatoliens, über deren bedrückte, gebrochene Lebensgeschichten, in e. klaren, fast eleg. Ton; zahlr. Übsn. aus der franz. Lit.

W: Uçan Daireler, En. 1954; Haney Yaşamalı, En. 1955; Anadolu Masalları, M. 1957; Düşlerin Ölümü, En. 1958; Mutfak Çıkmazı, R. 1960; Yaşadıktan Sonra, En. 1969; Vatandaş, R. 1975; Dönüşüm, En. 1975; Yazın Ve Yaşam, Ess. 1976; Yazının Sınırları, Ess. 1976; Ben Ve Öteki, En. 1983; Aykırı Öyküler, En. 1989; Peygamberin Son Beş Günü, R. 1992; Tartışmalar, Ess. 1993; Yazın, Gene Yazın, Ess. 1995; Bıyık Söylencesi, R. 1995; Alıntılar, Ess. 1997; Söylemlerin İçinden, Ess. 1998; Komşular, En. 1999; Yalan, R. 2002.

L: A. Bezirci, 1962.

Yü Hsin → Yu Xin

Yü Ta-fu → Yu Dafu

Yu Guangzhong, chines. Lyriker u. Erzähler, * 9. 9. 1928 Nanking. 1937 von s. Familie getrennt; Stud. Nanking und Xiamen; 1950 Übersiedlung nach Taiwan; lebt und unterrichtet in Taiwan, Hongkong und den USA. – Y. trat schon früh v. a. als Lyriker hervor; in den 1950er Jahren ist s. Werk von der westl. Romantik und W. Whitman geprägt; dann Abkehr von westl. Einflüssen, Hinwendung zu China als Ort der Schönheit, Spiritualität und Quelle der Inspiration. Themen der von klass. Wendungen und Anspielungen geprägten Gedichte sind die Reflexion über die Lage chines. Intellektueller zwischen Ost und West, Trauer über das Schicksal Chinas, Kritik an Moderne und materialist. Tendenzen. Konsequent daher Y.s Kritik an der sozialkrit. ›Xiangtu wenxue‹ (Heimatlit.) und polit. Affinität zur Nationalpartei. Übsn. von O. Wilde, E. Hemingway.

W: Zhouzi de beige, G. 1952; Lanse de yumao, G. 1954; Zhongrushi, G. 1960; Lian de lianxiang, G. 1964 (Lotos-Assoziationen, d. 1971); Wuling shaonian, G. 1967; Qiaodayue, G. 1969; Zai lengzhan shidai, G. 1969; Baiyu kugua, G. 1974; Tianlang xing, G. 1976; Yu yongheng bahe, G. 1979; Ge shui Guanyin, G. 1983; Shixuan (AW), 1983; Di qi du, G. 1984; Lang laile, Ess. (Die Wölfe kommen, d. in: M. Woesler, hg. 1998).

L: D. Köhn, 1971.

Yunus Emre, türk. Dichter, 1240/41 – 1320/ 21. An die Stelle fehlender authent. Nachrichten über s. Leben trat e. reiche Legendenbildung. Das anatol. Dorf Sarıköy wird als s. Geburts- und Sterbeort genannt. Der Bektaschi-Orden hat ihn als angebl. Schüler s. Stifters Hadji Bektasch für sich in Anspruch genommen. Als wandernder Sufi soll er u. a. nach Konya (wo er die Bekanntschaft von Djalālo'd-Dīn Rūmī gemacht haben soll), Aserbaidschan und Syrien gekommen sein. – Größter Dichter der volkstüml. türk. Mystik, der schlichteste Sprachformen mit stärkster Ausdruckskraft verband. Die Erforschung s. in der Zuschreibung z. T. noch umstrittenen Werkes steht erst am Anfang. S. lange auf die Volksdichtung beschränkte Nachwirkung ist heute bei e. Teil der mod. türk. Lyrik wieder spürbar.

A: Divan, hg. A. Gölpınarlı (m. Komm.) II 1943–48; Bütün şiirleri (ges. G.), hg. C. Öztelli 1971 (Mit Bergen, mit Steinen, d. 1981). – *Übs.:* Das Kummerrad, 1986; Wanderungen mit Yunus Emre, 1989 (A. Schimmel).

L: A. Gölpınarlı, 1936; A. R. Ergüven, 1982.

Yurdakul, Mehmed Emin, türk. Dichter, Mai 1869 Istanbul – 14. 1. 1944 ebda. Sohn e. Fischers. Autodidakt, Beamter, 1909–12 Gouverneur versch. Regierungsbezirke. Seit 1921 Anhänger Atatürks, mehrere Jahre Abgeordneter. – Stand durch den Gebrauch e. volksnahen, reintürk. Sprache u. der alttürk. Silbenzählung in bewußtem Gegensatz zur herrschenden Servet-i Fünun-Schule. Mit patriot.-lehrhaften Gedichten gab er dem türk. Nationalismus entscheidende Impulse. Auch die Themen Armut u. Elend fanden in ihm e. lyr.-pathet. Gestalter. In der republikan. Ära ließ er die lit. Einfluß des ›Sängers des Türkentums‹ rasch nach. Er bleibt jedoch stilgeschichtl. von großer Bedeutung.

W: Türkçe Şiirler, 1899; Türk Sazi, G. 1914; Ey Türk Uyan, G. 1914 (Heda, Türke, wach auf!, d. 1915); Tan Seslcri, G. 1915 (u. 1956); Zafer Yolunda, G. 1918; Mustafa Kemal, G. 1928; Ankara, G. 1939; Şiirler, G., krit.

Ausg. 1969. – *Übs.:* Ausw.: F. Giese 1910 (Mitteilungen d. Seminars f. Oriental. Sprachen Bln. 2, 13), A. Fischer 1921 (Morgenländ. Texte u. Forschungen 1, 3, m. Orig.-Texten u. Komm.).
L: E. N. Göksen, 1963.

Yu Xin, chines. Dichter, 513 Xinye (Henan) – 581. General unter der Dynastie Liang, wurde anläßl. e. Gesandtschaftsreise in den Staat Zhou (Nordchina) dort behalten, vom Zhou-Herrscher wegen s. lit. Leistungen hochgeschätzt. – Als Dichter oft prunkvoll, sinnl., ›Palastlyrik‹ nach Vorbild des ›Chuci‹. Führte in die früher meist nur beschreibende Reimprosa (fu) die Behandlung zeitgenöss. Themen ein. Von Du Fu bewundert.
A: Yu Kaifu ji (GW). – *Übs.:* E. v. Zach (Sinolog. Beiträge III), Batavia 1935; W. T. Graham, The Lament for the South, Cambr. 1980.

Zabłocki, Franciszek, poln. Dichter, 2. 1. 1752 Wolhynien – 10. 9. 1821 Końskowola. Adliger, Jesuitenzögling. 20 Jahre Schreiber und Privatlehrer. Vertrat bürgerl. radikale Ideen. Während des Kościuszko-Aufstandes im ›Höchsten Nationalrat‹, Heeresdienst. Nach Scheitern des Aufstandes Theologiestud. in Rom; Priesterweihe. Endete in Schwermut in s. Pfarrei. – S. satir. Gedichte entstanden meist in der Frühzeit, Ausdruck s. radikalen Gesinnung ist die Themenwahl der vorwiegend 1779–85 von ihm bearbeiteten Dramen. Arbeitet oft trockene fremde (bes. franz.) Vorlagen in lebensvolle Stücke für die poln. Bühne um.
W: Cztery żywioły, Dicht. 1777; Zabobonnik, K. 1781 (n. 1903); Fircyk w zalotach, K. 1781 (n. 1969); Amfitrio, K. 1783; Król w kraju rozkoszy, K. 1787 (n. 1960); Sarmatyzm, K. 1820 (n. ³1954). – Dzieła (W), VI 1829 f., II 1877; Pisma, 1903.
L: M. Gawalewicz, 1894; B. Kąsinowski, Beitr. z. e. Stud. des Lustspieldichters F. Z., 1897.

Zabolockij, Nikolaj Alekseevič, russ. Dichter, 7. 5. 1903 Kazan' – 14. 10. 1958 Moskau. Vater Agronom; Stud. Philol. Leningrad; Verlagsarbeit; Mitgl. der Dichtergruppe ›Oberiu‹ (1927–30), dem letzten Versuch künstler. Eigenheit vor der totalitären Gleichschaltung; erster Lyrikband ›Stolbcy‹ von kommunist. Funktionären scharf angegriffen, zweiter 1932 vor Auslieferung makuliert; 1938–46 Gulag-Haft; 1948 überraschende Veröffentlichung e. Gedichtbandes; Rehabilitierung u. gewisse Anerkennung nach 1956, vor allem nach dem Tode. – E. der bedeutendsten russ. Lyriker in der SU. S. frühes, von der Gegenständlichkeit des Futurismus geprägtes Schaffen stellt in surrealist. Konfrontationen das Absurde der Realität heraus, ist von burlesker metaphor. Vielfalt. Spätere Gedichte gehören zur bleibenden russ. Gedankenlyrik, durchgehend das Thema der Natur – als Gefängnis, Kampfplatz, Symbol.
W: Stolbcy, G. 1929; Vtoraja kniga, G. 1937; Stichotvorenija, G. 1948 u. 1957. – Izbrannoe, Ausw. 1960; Stichotvorenija i poėmy, G. u. Poeme 1965; Sobranie sočinenij (GW), III 1991–93.
L: D. Goldstein, Cambridge 1993; N. Zabolotsky, Cardiff 1994; S. Pratt, Evanston 2000.

Záborský, Jonáš, slovak. Schriftsteller, 3. 2. 1812 Záborie – 23. 1. 1876 Župčany. Stud. der Theol. in Prešov u. an der Univ. in Halle, evangel. Geistlicher, 1842 konvert. zum kathol. Glauben, Pfarrer, Prof. an der jurist. Akad. in Košice, Redakteur; Anhänger der tschech. Sprache in der Slowakei. – Mit s. auf den Ideen der Aufklärung u. des Rationalismus aufgebauten philos., polit. u. ästhet. Orientierung u. s. didakt.-krit., klassizist. Gedichten, Prosa u. Dramen stand er in der Opposition zum zeitgenössischen Romantismus. Der polem. Charakter s. Betrachtungen zeigte sich am deutlichsten in s. Satiren u. Parodien.
W: Bájky, Fabeln 1840, 1866; Žehry, básně a dvě řeči, G. 1851; Múdrosť života ve chrámových řečech, Pred. II 1853; Chruňo a Mandragora, E. 1864; Básne dramatické, Drr. 1865; Lžedimitrijady čili Búrky Lžedimitrijovské v Rusku, Drr. 1866; Šofránkovci, E. 1866; Divadelné hry, Drr. 1870; Panslavistický farár, E. 1870; Dva dni v Chujave, E. 1873; Faustiáda (Teil: Černokněžník, G. 1864), Prosaepos 1961. – Výber z diela (Ausw.), IV 1953–54; Dielo (W), II 1989.
L: E. Lehuta, Dramatik J. Z., 1998.

Zach, Natan, hebr. Dichter, * 13. 12. 1930 Berlin. Zach kam als Kind nach Eretz Israel. Promotion an der Univ. Essex in Großbritannien, Prof. für Lit. an der Univ. Haifa. Als Dichter, Übersetzer, Kritiker und Herausgeber bekannt, wurde er mit dem Israel-Preis geehrt. – Z. gilt als Wegbereiter einer gänzlich neuen Richtung in der hebr. Gegenwartslyrik. Bereits in den 50er Jahren plädierte er für die Befreiung der Dichtung von Pathos und Ideologie, sprach sich hingegen für die Verwendung der Alltagssprache und Ironie wie auch für einen anti-romant. Ton aus.
W: Shirim rishonim, G. 1955; Kawey Awir, Ess. 1983; Anti-Mechikon, G. 1984; Mot Imi, Prosa, 1997; Ki ha-Adam hu Etz ha-Sade, G. 1999; Sipur al ha-Anashim ha-ketanim, Kdb. 2001. – *Übs.:* Against Parting, engl. 1967; The Static Element, engl. 1982.

Zadas(s)a, Gamsat → C̦hadasa, Hamzat

Zadi Zaourou, Bernard, ivoir. Schriftsteller franz. Sprache, * 1938 Yacolidabré/Elfenbeinküste. Stud. Abidjan und Straßburg, verwickelt in die Unabhängigkeitsunruhen s. Landes. Afrikanist, Hochschullehrer. – S. Werk ist geprägt durch e. feinsinnig präzise ziselierte Sprache, in die zahlr. Begriffe afrikan. Dialekte aufgenommen werden mit dem Ziel der authent. Wiedergabe der Leitmotive afrikan. Dichtungstradition. Hauptthema ist der innere Kampf des Dichters mit s. Werk, das die Wunden s. Revolte und die Leiden des afrikan. Volkes widerspiegelt. S. Gedichte und Theaterstücke bilden in ihren inhaltl. und formalen Ausprägungen e. Einheit.

W: Sory lombe, Dr. 1968; Fer de lance, G. 1975; Les sofas, Dr. 1975; Césaire entre deux cultures, Ess. 1978; La Tignasse, Dr. 1979; Césarienne, 1980; La Termitière, Dr. 1981; Le secret des Dieux, Dr. 1983; La guerre des femmes, Dr. 1985.

Zagajewski, Adam, poln. Lyriker, Prosaist u. Essayist, * 21. 6. 1945 Lemberg. 1945 Aussiedlung nach Gleiwitz. 1963–70 Studium Psychol. u. Philos. in Krakau. 1976 Druckverbot. 1982 Emigration. Lebt seitdem in Paris. – Die programmatische Auflehnung gegen das herrschende Literaturverständnis, den Sprachmißbrauch der Instanzen u. polit. Praktiken machen ihn zum Wortführer der jungen Generation. Auch nach der Emigration kennzeichnet s. Dichtung die Reflexion über literarische und kulturelle Fragen in Verbindung mit politischen; an die Stelle nationaler treten zunehmend europäische Traditionen und Kulturwerte.

W: Komunikat, G. 1972; Świat nieprzedstawiony, Ess. 1974 (m. J. Kornhauser); Sklepy mięsne, G. 1975; Polen. Staat im Schatten der Sowjetunion, Schr. 1981 (nur in dt. Übs. publ.); Das absolute Gehör, R. 1982 (nur in dt. Übs. publ.); List. Oda do wielości, G. 1983; W cudzym pięknie, Ess. 1998 (Ich schwebe über Krakau, d. 2000); Pragnienie, G. 1999. – Dzikie czereśnie (G.-Ausw.), 1992. – Übs.: Stündlich Nachrichten (G.-Ausw.), 1984; Gedichte, 1989; Lachen u. Zerstörung. Prosa u. Gedichte, 1996; Mystik für Anfänger (G.-Ausw.), 1997.

Zagorčinov, Stojan, bulgar. Schriftsteller, 3. 12. 1889 Plovdiv – 31. 1. 1969 Sofia. Stud. franz. Philol. u. Gesch. Sofia, Philos. u. Philol. Genf. Lehrer, Redakteur. – Größte Leistungen im Bereich des hist. Romans. Schildert das individuelle Schicksal des Menschen im Kontext der wichtigen hist. Ereignisse.

W: Legenda za sveta Sofia, N. 1926 (franz. 1938); Den posleden – den gospoden, R. III 1931–34; Pŭrvata sŭlza na Don Žuan, Dr. 1938; Rŭka Ilieva, Dr. 1943; Praznik v Bojana, R. 1950; Brazdi, Ess. 1956; Ivajlo, R. 1962.

Zagoskin, Michail Nikolaevič, russ. Romanschriftsteller, 25. 7. 1789 Ramazai/Gouv. Penza – 5. 7. 1852 Moskau. Vater Gutsbesitzer; seit 1815 lit. tätig, hatte 1829 mit dem 1. Roman ›Jurij Miloslavskij‹ großen Erfolg; gab darin, von W. Scott beeinflußt, e. farbiges Bild des Rußland der Zeit um 1612; weitere Geschichtsromane, wie ›Roslavlev ili Russkie v 1812 godu‹, ›Askol'dova mogila‹, stehen hinter ›Jurij Miloslavskij‹ zurück, der Bedeutung für die Geschichte des russ. hist. Romans gewonnen hat.

W: Jurij Miloslavskij, ili Russkie v 1612 godu, R. 1829 (Jurij Miloslawski oder die Russen im Jahre 1612, d. II 1830); Roslavlev, ili Russkie v 1812 godu, R. 1831 (Roßlawlew oder die Russen im Jahr 1812, d. II 1832); Askol'dova mogila, R. 1833. – Sobranie sočinenij (GW), XII 1901.

L: M. G. Schwartz, Ann Arbor 1989; C. Baumgarten, 1998.

az-Zahāwī, Ǧamīl Ṣidqī, irak. Dichter und Politiker, 1863 Bagdad – 1936 ebda. Aus kurd. Familie, versch. Ämter in der osman., später irak. Verwaltung, 1908 irak. Vertreter in osman. Abgeordnetenkammer in Istanbul, Richter in Bagdad. – S. Poesie in neoklass. Stil verzichtet auf manierierte Sprache, ruft zu Modernisierung, Emanzipation und nationaler Unabhängigkeit auf.

W: Kalim al-Manzūm, 1909; Dīwan az-Zahāwī, 1924; Rubʿiyyāt Ǧamīl Ṣidqī az-Zahāwī, 1924.

L: Y. Izzidien, Kairo 1971.

Zahradníček, Jan, tschech. Lyriker, 17. 1. 1905 Mastník (b. Třebič) – 7. 10. 1960 Uhřínov (b. Velké Meziříčí). Stud. Philos. nicht abgeschlossen, Redakteur u. freier Schriftsteller. 1951–60 inhaftiert, nach dem Tode rehabilitiert u. ausgezeichnet. – Schrieb anfangs melanchol., später relig. Gedichte, deren Grundmotive sowohl Tod u. Verneinung als auch hymn. Verherrlichung des Lebens sind. Übs. aus dem Dt. u. Franz. (u.a. Th. Mann, Hölderlin, Mörike, Rilke).

W: Pokušení smrti, G. 1930; Návrat, G. 1931; Žíznivé léto, G. 1935; Pozdravení slunci, G. 1937; Korouhve, G. 1941; Pod bičem milostným, G. 1944; Svatý Václav, G. 1946; Stará země, G. 1946; La Saletta, G. 1947; Rouška Veroničina a jiné básně, G. Rom 1968; Čtyři léta, G. 1969. – Výbor z básní, Ausw. Rom 1961; Dům strachu, G.-Ausw. Toronto 1982; Dílo (W), III 1991–95. – Übs.: Der Häftling Gottes, G. 1945–60, 1984.

L: Z. Kalista, Vzpomínání na J. Z., Mchn. 1988.

Zahrebel'nyj, Pavlo, ukrain. Prosaist, * 25. 8. 1924 Sološyn. Während des 2. Weltkrieges Frontsoldat, überlebt dt. Gefangenschaft mühevoll. Stud. Univ. Dnipropetrovs'k; journalist. und redakt. Arbeit in führenden lit. Zeitschriften. – In einer Reihe von Novellen Verarbeitung der Erlebnisse der Front- und Gefangenschaftsjahre sowie der Nachkriegszeit in der südlichen Ukraine. Mit einem hist. Roman über den Bau der Kiever Sophienkathedrale (Dyvo) beginnt eine Reihe von hist. Romanen, die das Leben im alten Kievstaat, der Kosakenukraine und der Türkei schildern. Es folgte phantastische Prosa in Erzählungen und gesellschaftskrit. Romanen, als Kritik negativer Tendenzen in der Gesellschaft unter Gorbatschow aktuell wurde. Immer noch einer der erfolgreichsten Romanautoren der älteren Generation, auch Theaterstücke und Filmdrehbücher.

W: Duma pro nevmyruščoho, 1957; Jevropa 45, 1959; Speka, 1960; Jevropa ... Zachid, 1961; Den' dl'a pryjden'oho, 1964; Dyvo, 1968; Smert' u Kyjevi, 1973; Jevpraksija, 1975; Roxol'ana, 1980; Julia, 1997.
L: Istorija ukrain. literatury XX stolitt'a, knyha druha, 1998.

Zaidān, Ǧirǧī, ägypt.-arab. Schriftsteller syr. Herkunft, 1. 1. 1861 Beirut – 22. 7. 1914 Kairo. Arbeitete sich vom Schuhputzer zum Medizinstudenten in Beirut und Kairo empor; philolog. Studien; Journalist und Begr. des Blattes ›al-Hilāl‹; Aufenthalt in England. – Vf. von europ. Historiographie beeinflußter Werke zur morgen- und abendländ. Geschichte, 22 erfolgr. hist. Romane. Daneben Arbeiten zur Verbreitung europ. Wissens und Aufsätze zu aktuellen Themen.
W: al-Mamlūk aš-Šārid, R. 1901 (Der letzte Mameluck und seine Irrfahrten, d. 1917); Ta'rīḫ at-tamaddun al-islāmī, V 1902–06 (Bd. 4 engl. D. S. Margoliouth 1907); al-ʿAbbāsa uḫt ar-Rašīd, R. 1906 (A. ou la sœur du Calife, franz. 1912); al-Inqilāb al-ʿuṯmānī, R. 1911 (Allah Veuille!, franz. 1924).
L: A. A. Dolmina, Moskau 1973; Th. Phillip, 1979.

Zain al-ʿÂbidîn → Zeino'l-ʿÂbedīn, Ḥāǧǧī

Zajc, Dane, slowen. Dichter u. Dramatiker, * 26. 10. 1929 Zgornja Javorščica. Bibliothekar Ljubljana. – Z.s an Surrealismus u. Neoexpressionismus anklingende Lyrik u. s. lyr.-meditativen Dramen greifen die elementaren Probleme der menschl. Existenz auf: Entfremdung, Verfall, Tod. S. Sprache ist reich an Symbolen u. Metaphern. Auch Jugendlit.
W: Požgana trava, G. 1958; Jezik iz zemlje, G. 1961 (Erdsprache, d. 1990); Otroka reke, Dr. 1963; Potohodec, Dr. 1971; Rožengruntar, G. 1974; Voranc, Dr. 1978; Si videl, G. 1979; Mlada Breda, Dr. 1981; Zarotitve, G. 1985; Kalevala, Dr. 1985; Igre, Drn. 1989; Gromače, Dr. 1995. – Glava sejavka, G.-Ausw. 1971.
L: T. Kermavner, 1968, 1970, 1971; M. Zupančič, 1973; F. Pibernik, 1978; A. Inkret, 1980.

Zajcev, Boris Konstantinovič, russ. Schriftsteller, 10. 2. 1881 Orël – 22. 1. 1972 Paris. Aus Adelsfamilie, Vater Bergingenieur; 1898–1902 Stud. Moskau und St. Petersburg versch. Fachrichtungen; ab 1901 lit. Tätigkeit mit zunehmender Anerkennung; emigrierte 1922; lebte ab 1924 in Paris. – Z. steht formal in der Tradition Turgenevs und Čechovs, ist inhaltl. aber religiös ausgerichtet. Die weichen Konturen, zarten Farben und e. Ton von Resignation in s. Erzählungen, Novellen und Romanen lassen diese zum ›melanchol. Impressionismus‹ rechnen. Aus dem Frühwerk hebt sich ›Tichie zori‹ heraus, kleine Stücke ohne Sujet, in denen die Stimmung wesentl. Moment ist. Bedeutend die Novelle ›Golubaja zvezda‹, e. Bild kunstsinnigen, heiteren und unbeschwerten Lebens im Moskau der Vorkriegszeit. Impressionist., fragmentar. Roman ›Dom v Passy‹ über das Alltagsleben russ. Emigranten; lyr. getönt wie die autobiograph. Tetralogie ›Putešestvie Gleba‹ mit Schilderung des Lebens des Titelhelden bis zur Emigration. Bücher wie ›Afon‹ ganz dem relig. Thema gewidmet. Auch gediegene literarhist. Schriften.
W: Dal'nij kraj, R. 1915; Tichie zori, En. 1916 (n. 1961); Prepodobnyj Sergij Radonežskij, E. 1925; Zolotoj uzor, R. 1926 (Natascha Nikolajewna, d. 1959); Anna, R. 1929 (engl. 1928); Žizn' Turgeneva, Abh. 1932; Dom v Passy, R. 1935; Putešestvie Gleba, R.-Tetral.: Zarja, 1937, Tišina, 1948, Junost', 1950, Drevo žizni, 1953; Moskva, Erinn. 1939; Žukovskij, Abh. 1951; Čechov, Abh. 1954; Dalëkoe, Ess. 1965; Reka vremën, En. 1968. – Sobranie sočinenij (W), VI 1916, VII 1922 f.; Sočinenija (W), III 1993. – *Übs.:* Nn. 1923.
L: I. Hux, 1997. – *Bibl.:* R. Guerra, 1982.

Zākānī, ʿUbaid → ʿUbaid-i Zākānī

Zako (eig. Çako), Andon (Ps. Çajupi, daher oft Zako Çajupi gen.), alban. Dichter, 25. 3. 1866 Sheper (Südalbanien) – 11.(?) 7. 1930 Heliopolis (Ägypten). Sohn e. Tabakhändlers; griech. Progymnas. Nivan (Südalbanien); franz. Lyzeum Alexandria; Stud. Jura Genf 1887–1892, Dr. jur. 1893; lebte seit etwa 1895 in Kairo bzw. Heliopolis, kurze Zeit als Anwalt, dann als Privatier. Z. versuchte, mit s. Gedichten u. durch s. publizistische Tätigkeit das Nationalbewußtsein der Albaner zu wecken u. ihre Bestrebungen um Eigenstaatlichkeit u. nationale Anerkennung zu fördern.
W: Baba Tomorri, G. 1902 (n. 1935 u.ö.); Burri i dheut, Dr. 1910, postum hg. 1937. – Çajupi (GW), VI(V) 1983; Vepra letrare, III 1983.
L: Gj. Zheji, A. Z.-Ç, 1966 (n. 1969); F. Dado, A. Z. Ç., Jeta dhe vepra, 1983 (n. 1986); M. Hysa, A. Z. Ç., Jeta dhe vepra, 1983.

Zalamea, Jorge, kolumbian. Schriftsteller, 8. 3. 1905 Bogotá – 10. 5. 1969 ebda. Journalist, Übs., Hrsg. mehrerer Zsn., mit e. Theatergruppe bereiste er Lateinamerika; versch. öffentl. u. diplomat. Ämter; Exil. – Zeigt das Elend s. Landsleute, klagt die Ausbeutung u. Manipulation durch den Kapitalismus an. ›Burundún‹ stellt e. schauerl. Diktatur dar mit Terror, Korruption u. barocken Begräbnisfeierlichkeiten.
W: El regreso de Eva, Dr. 1927; La vida maravillosa de los libros, Es. 1941; El rapto de las sabinas, Dr. 1941; El gran Burundún-Burundá ha muerto, Prosadichtung 1952 (d. 1958); El sueño de las escalinatas, G. 1964; Cantos, G. 1975; Erótica y poética del siglo XX, Vortr. 1992.

Zaleski, (Józef) Bohdan, poln. Dichter, 14. 2. 1802 Bohaterka/Ukraine – 31. 3. 1886 Villepreux b. Paris. Aus armem Landadel. Als Kind mit Volk und Folklore vertraut. Stud. Warschau ohne Abschluß. Hauslehrer. Schloß sich mit Goszczyński u. Grabowski in Humań zu e. ›lit. Zelle‹ zusammen. Beeinflußt von Brodziński u. dem slaw. Gedanken. Gehört zur ›ukrain. Schule‹ der poln. Romantik. 1831 Teilnahme am Aufstand, 1832 Emigration nach Frankreich; mit Mickiewicz befreundet, Gegner Towiańskis. 1843 Italien- und Palästinareise. – Hauptanliegen s. Gedichte, idyll. Balladen u. Lieder ist romant. Schilderung s. ukrain. Heimat u. des Lebens der ukrain. Kosaken. In s. frühen Schaffen durch die Folklore bestimmt, später mehr relig.-philos. Themen. Übs. versch. Balladen, serb. Lieder. Bewunderer Ševčenkos.

W: Śpiew poety, G. 1825 (Des Dichters Sang, d. 1855); Rusałki, Dicht. 1829 (d. 1889); Złota duma, Dicht. 1836 (vollst. 1891); Duch od stepu, Dicht. 1836 (gedr. 1847); Przenajświętsza Rodzina, Dicht. 1839 (vollst. 1898; Die Hl. Familie, d. 1879 u. 1882); Wieszcze oratorium, G. 1866; Wniebogłosy, G. 1866. – Pisma (GW), IV 1877; Dzieła pośmiertne (posth. W), II ²1899; Wybór poezji (G.-Ausw.), 1985; Korespondencja, V 1900–04.

L: H. Blumenstock, 1877; M. Mazanowski, 1900; S. Zdziarski, 1902; M. Konopnicka, 1903; J. Tretiak, II 1911–14.

Zālīte, Māra, lett. Dichterin, * 18. 2. 1952 Krasnojarsk/Sibirien. Eltern waren Verschleppte; ab 1956 Lettl.; bis 1970 Murjāņi, Sportinternat; bis 1975 Philol.-Stud. Riga; 1977–90 Redakteurin bei der Zs. ›Liesma‹; seit 1989 Chefredakteurin der Zs. ›Karogs‹. – Integrationsfigur mit ebenso emotionsgeladenen wie vielseitigen Themen, darunter die persönl. u. nationale Freiheit.

W: Vakar zaļajā zālē, G. 1977; Rīt varbūt, G. 1979; Nav vārdam vietas, G. 1985; Debesis, debesis, G. 1988; Dzīvais ūdens, Sch. (1988); Lāčplēsis, Rockoper (zus. m. Z. Liepiņa) (1988).

Zalygin, Sergej Pavlovič, russ. Erzähler, 6. 12. 1913 Durasovka/Gouv. Ufa – 19. 4. 2000 Moskau. Bis 1939 Stud. Hydrologie Omsk, 1948–55 Prof. ebda., danach Schriftsteller u. Wissenschaftler in Novosibirsk, seit Ende der 60er Jahre in Moskau, wurde 1986 Chefredakteur der Zs. ›Novyj mir‹. – ›Na Irtyše‹ – über die Kollektivierung – zeigt erstmals auch die Unmenschlichkeit jener Zwangsmaßnahme, ›Solënaja Pad'‹ – über den Bürgerkrieg – auch den fanat., rücksichtslosen kommunist. Führer als negative Gestalt; ›Južnoamerikanskij variant‹ behandelt das für die sowjet. Lit. ungewöhnl. Problem außerehel. Beziehungen. Alle Werke lösten viel Diskussion aus.

W: Obyknovennye dni, En. 1957; Na Irtyše, E. 1965 (Am Irtysch, d. 1966); Solënaja Pad', R. 1968 (Republik Salzschlucht, d. 1970); Literaturnye zaboty, Ess. 1972; Južnoamerikanskij variant, R. 1973 (Liebe, ein Traum, d. 1977); Komissija, R. 1976 (Die Kommission, d. 1979); Posle buri, R. II 1982, 1986. – Izbrannye proizvedenija, Ausw. II 1973; Sobranie sočinenij (GW), VI 1991.

L: N. Janovskij, 1966; G. Kolesnikova, 1969; L. Terakopjan, 1973; D. G. Wilson, Kansas 1988.

Zamfirescu, Duiliu, rumän. Schriftsteller, 30. 10. 1858 Plăineşti – 3. 6. 1922 Agapia. Stud. Jura Bukarest, 1880/81 Anwalt in der Dobrudscha, 1881 Journalist, 1885 Diplomat in Rom (15 Jahre), Athen, Brüssel und Konstantinopel; nach dem 1. Weltkrieg Abgeordneter, Senator, Minister, 1908 Mitgl. der Rumän. Akad., Freundschaft mit Maiorescu. – Schrieb Gedichte, zuerst unter romant. Einfluß, dann Sonette mit genauen Naturbeschreibungen aus s. Heimat u. dem sonnigen Italien, das er über alles verehrte, sowie e. feinsinnigen zykl. Sittenroman, in dem er das Leben e. Bojarenfamilie mit ihren Bauern u. Gutspächtern in patriarchal. und idyll. Harmonie und den aufkommenden soz. Konflikten durch mehrere Generationen hindurch beschreibt. Erregte Aufsehen durch s. kosmopolit. Ablehnung der Volkslit. Einfluß L. Tolstojs.

W: Fără titlu, G. u. Nn. 1883; În faţa vieţii, R. 1884; Nuvele, Nn. 1888; Alte orizonturi, G. 1894; Romanul Comăneştenilor, R.-Zyklus, V 1894–1910 (n. 1935–42; Bd. I – III: Das Leben auf dem Lande. Tănase Scatiu. Im Krieg, d. 1967): I. Viaţa la ţară, 1894, II. Tănase Scatiu, 1896, III. În războii, 1897, IV. Îndreptări, 1900–02, V. Ana, 1906–10; Lume nouă şi lume veche, R. 1895; Nuvele romane, Nn. 1895; Imnuri păgâne, G. 1897; Poezii nouă, G. 1899; Lumină nouă, Dr. (1912); O amică, Dr. (1912); Poezia depărtării, Dr. (1913); Voichiţa, Dr. (1914). – Poezii, 1934; Opere, hg. M. Gafiţa 1970ff.

L: M. Dragomirescu, 1924; I. Petrovici, 1924; N. Petraşcu, 1929; L. Predescu, 1938; A. Săndulescu, 1969; I. Adam, 1976; D. Caracostea, 1988.

Zamfirescu, George Mihail, rumän. Erzähler und Dramatiker, 13. 10. 1898 Bukarest – 8. 10. 1939 ebda. Arbeiterfamilie. Stud. Lit. Bukarest, Direktor einiger avantgardist. Bühnen, Tbc-krank. – Pessimist. Schilderer des Lebens in den Elendsvierteln der Großstadt; erinnert manchmal an Steinbeck, jedoch bitterer u. düsterer.

W: Cuminecătura, Tragikom. 1925; Domnişoara Nastasia, Tragikom. 1927; Maidanul cu dragoste, R. 1933, ²1936; Sfânta Mare Neruşinare, R. 1936.

L: V. Râpeanu, 1958; S. Cucu, 1967; G. Ivaşcu, 1988.

Zamjatin, Evgenij Ivanovič, russ. Schriftsteller, 1. 2. 1884 Lebedjan'/Gouv. Tambov – 10. 3. 1937 Paris. Stud. Polytechn. Institut Petersburg, Marine-Ingenieur, aktives Mitgl. der sozialdemokrat. Partei. 1. Erzählung 1908. 1916/17 in

England, um den Bau von Eisbrechern für die russ. Regierung zu überwachen; war in Fragen der lit. Kunst für den Kreis der ›Serapionsbrüder‹ maßgebend; wegen einiger Erzählungen angegriffen und gehindert, s. Roman ›My‹ in der SU zu veröffentlichen, emigrierte er 1931 nach Paris. S. international hochangesehenes Werk wurde in der SU erst ab 1986 dem Leser freigegeben. – S. schriftsteller. Eigenart, die auf viele sowjet. Autoren gewirkt hat, beruht auf stilist. Neuerungen, s. Leskovs und z. T. Remizovs ›ornamentale Prosa‹ weiterführender Stil ist realist. mit e. Einschlag grotesker Phantastik, steht dem Surrealismus nahe. Z. steht als Schriftsteller unter dem Eindruck geometr. Formen. Gibt in der Erzählung ›Uezdnoe‹ e. frühes Beispiel s. Stils. Ausgesprochen surrealist. ist die Darstellung der Revolution in ›Rasskaz o samom glavnom‹; das Moment des Satir. tritt bes. hervor in ›Ostrovitjane‹ mit überlegenem Spott auf charakterl. Züge des Helden, die als typ. engl. gezeichnet sind; überaus wirkungsvoll ›Peščera‹, e. der kurzen Erzählungen über die Zeit des Kriegskommunismus. Versuchte in Schauspiel ›Blocha‹, von e. Wanderanekdote und Leskovs bekannter Erzählung ›Levša‹ ausgehend, die russ. Volkskomödie zu erneuern. S. bedeutendstes Werk, der Roman ›My‹, worin in lit. gültiger Weise äußerste Konsequenzen in der Entwicklung e. totalitären Staats dargelegt sind, hat auf A. Huxley (›Brave New World‹) und G. Orwell gewirkt.

W: Na kuličkach, E. 1913; Uezdnoe, E. 1916; Ostrovitjane, E. 1918 (n. 1978); Bol'šim detjam skazki, M. 1922; Ogni svjatogo Dominika, Sch. 1922; Peščera, E. 1922; My, R. 1924 (franz. Übs. u. d. T. Nous autres; russ. Kurzfass. 1927, 1. vollst. russ. Ausg. N. Y. 1952; Wir, d. 1958); Blocha, Dr. 1925 (Der Floh, d. 1961); Navodnenie, E. 1926; Nečestivye rasskazy, En. 1927 (n. 1978); Bič božij, R.-Fragm. 1937 (Die Geißel Gottes, d. 1965); Lica, Abh. 1955. – Sobranie sočinenij (GW), IV 1929; Sočinenija (W), IV 1970–88, V 2003f. – Übs.: AW, IV 1991.

L: D. Richards, Lond. 1962; A. M. Shane, Berkeley/CA 1968; Ch. Collins, 1973; G. Leech-Anspach, 1976; N. Franz, 1980; L. Scheffler, 1984; W. Schmid, 1992; R. Goldt, 1995.

Zamora, Antonio de, span. Dramatiker, um 1664 Madrid – 1728 ebda. Staatsbeamter, seit 1694 Hofdichter, 1698 Kammerherr; getreuer Anhänger Karls II., verteidigte nach dessen Tod die Sache der Bourbonen u. geriet in Schwierigkeiten während des Unabhängigkeitskrieges. – E. der letzten Vertreter des span. Nationaldramas in der Nachfolge Calderóns; schrieb relig., hist. u. Sittenstücke, gelungene Bearbeitungen der Autoren der Blütezeit u. e. beachtl. Version des Don-Juan-Themas, fußend auf Tirsos ›Burlador‹. Verfaßte auch ›entremeses‹.

W: No hay plazo que no se cumpla ni deuda que no se pague; Lucero de Madrid, San Isidro Labrador; Mazariegos y Monsalves; La doncella de Orleans; La destrucción de Tebas; El hechizado por fuerza; Don Domingo de don Blas. – Comedias nuevas, II 1722 (n. in: ›Biblioteca de Autores Españoles‹, Bd. 49, 1859, Nachdr. 1975).

Zangwill, Israel, engl. Erzähler u. Dramatiker, 14. 2. 1864 London – 1. 8. 1926 Midhurst/Sussex. Sohn e. russ.-jüd. Emigranten. Erzogen in Jew's Free School, Stud. Univ. London. Kurze Zeit Lehrer in Spitalsfield, danach freier Schriftsteller. – Vf. meisterl. Studien über jüd. Geschichte u. jüd. Leben; am bekanntesten ›Dreamers of the Ghetto‹, das bedeutende Persönlichkeiten der jüd. Geschichte darstellt. Zionist. Begründer und 1. Präsident der ›International Jewish Territorial Organization‹ 1905–25. Auch Romane aus dem Ghetto, Kurzgeschichten, Essays u. einige polit. Schauspiele in realist. Darstellungsweise.

W: The Children of the Ghetto, Sk. III 1892f. (d. 1897); The Big Bow Mystery, R. 1892 (Auch Heilige sind sterblich, d. 1975); Ghetto Tragedies, Kgn. 1893 (d. 1907); The King of the Schnorrers, R. 1894 (d. 1897 u. 1967); The Master, R. 1895 (d. 1910); Dreamers of the Ghetto, Sk. 1898 (d. 1908); The Mantle of Elijah, R. 1900; The Grey Wig, R. 1903 (d. 1910); Ghetto Comedies, Kgn. 1907 (d. 1910); The Melting Pot, Dr. 1908; The War God, Dr. 1911; The Next Religion, Dr. 1912; Plaster Saints, Dr. 1914; The Grandchildren of the Ghetto, Sk. 1914; Chosen Peoples, Dr. 1918; Too Much Money, Dr. 1918; Jimmy the Carrier, R. 1919; The Cockpit, Dr. 1922; We Moderns, Dr. 1926; Speeches, Articles and Letters, hg. M. Simon 1937. – Works, XIV 1925.

L: J. Leftwich, 1957; M. Wohlgelernter, 1964; E. B. Adams, 1971; J. H. Udelson, 1990.

Zanzotto, Andrea, ital. Dichter, * 10. 10. 1921 Pieve di Soligo/Treviso. Stud. Lit.wiss. in Padua; danach wirkte er über Jahrzehnte als Mittelschullehrer in s. Heimatort, wo er noch heute lebt und arbeitet. – S. äußerst vielgestaltiges lyr. und essayist. Werk verbindet in scheinbar paradoxer Weise das Sich-Anklammern an die engste Heimat mit steter Aufmerksamkeit für die Denkansätze der neueren psychoanalyt. (Lacan), ästhet. (Blanchot, Bataille) und strukturalist.-linguist. Theorien. Vom hermet. Dichten e. Montale herkommend, entwickelte sich Zanzotto zum kühnen Experimentator mit heterogenem Sprachmaterial, das auch Dialekt und Kindersprache (›petel‹) einbezieht. Er gilt heute als der bedeutendste lebende Dichter der ital. Sprache.

W: Dietro il paesaggio, G. 1951; Vocativo, G. 1957; IX Ecloghe, G. 1962; La beltà, G. 1968; Gli sguardi i fatti e senhal, G. 1969; Pasque, G. 1973; Il Galateo in bosco, G. 1978; Fosfeni, G. 1983; Idioma, G. 1986; Meteo, G. 1996; Le poesie e prose scelte, hg. S. Dal Bianco, G. M. Villalta 1999 (mit Bibl.); Sovrimpressioni, G. 2001; Ipersonetto, hg. L. Tassoni 2001. – Übs.: Lichtbrechung.

Ausgew. G., Übs. D. Capaldi, L. Paulmichl, P. Waterhouse 1987; Lorna, Kleinod der Hügel. Ausgew. G., Übs. H. Böhmer, G. B. Bucciol 1990; La beltà – Pracht, hg. u. übs. D. Capaldi 2001.
L: V. Abati, 1991; V. Hand, Edinb. 1994; U. Motta, 1996; G. Spampinato, 1996; P. Waterhouse, Basel 1997; M. Abath-Folchetti, Tüb. 1998. – *Bibl.:* V. Abati, 1995.

Zapata Olivella, Manuel, kolumbian. Schriftsteller, * 17. 3. 1920 Lorica/Córdoba. Arzt, Lit.-Prof., Erforscher afro-amerik. Folklore. – Beschrieb die Situation der Landarbeiter, die Elendsviertel, den ›Bogotazo‹ von 1948, der die ›violencia‹ hervorrief, die Straßenjungen, den relig. Fanatismus u. stellt in s. Hauptwerk ›Changó‹ die Geschichte der Schwarzen in Lateinamerika in den Vordergrund.
W: Tierra mojada, R. 1947; Hotel de vagabundos, Dr. 1954; La calle 10, R. 1960; Cuentos de muerte y libertad, 1961; Corral de negros, R. 1963; Detrás del rostro, R. 1963; En Chimá nace un santo, R. 1964; El retorno de Caín, Dr. 1972; El hombre colombiano, St. 1974; Changó el gran putas, R. 1983; El fusilamiento del diablo, R. 1986; Hemingway, el cazador de la muerte, 1993.
L: Y. Captain-Hidalgo, 1993.

Zapolska, Gabriela (eig. Maria G. Korwin-Piotrowska; Ps. Józef Maskoff), poln. Schriftstellerin, 30. 3. 1857 Podhajce – 21. 12. 1921 Lemberg. Aus Landadel, Tochter e. Ballerina. Erziehung in e. Lemberger Pensionat. 1876 ∞ K. Śnieżko, 1881 Trennung, 1880 Schauspielerin in Warschau, Lemberg, Krakau, Posen. 1890–95 am ›Théâtre libre‹ Paris. Zweite Ehe mit Janowski ebenfalls unglückl. Kritikerin u. Leiterin e. Schauspielschule. – Schrieb nach Vorbild Zolas derbnaturalist. Romane u. Dramen des Aufbegehrens gegen die Konvention und die heuchler. Scheinmoral der zeitgenöss. Gesellschaft. Führt neue Themen in die poln. Lit. ein: das Los der sozial unterdrückten oder in der Ehe unbefriedigten Frau, Probleme des Ghettos, der Prostitution, der Geschlechtskrankheiten. Bes. wirksam sind ihre Dramen um die gleichen Themen, noch heute Bestandteil des poln. Theaters.
W: Małaszka, E. 1883; Akwarele, Nn. 1885; Kaśka karjatyda, R. 1888 (Käthe, d. 1902); Przedpiekle, R. 1889 (Die Hölle der Jungfrauen, d. 1911); One, Nn. 1890; Fantazje i drobnostki, Sk. 1891; Szmat życia, R. 1892; Janka, R. 1893; Menażeria ludzka, Nn. 1893; Fin de siècle'istka, R. 1896; Wodzirej, R. 1896; Żabusia, Dr. 1897 (Die kleine Kröte, d. 1955); Tamten, Dr. 1898 (d. 1916, auch u.d.T. Die Warschauer Zitadelle); Zaszumi las, R. III 1899; Sybir, Dr. 1903; A gdy w głąb duszy wniknięmy, R. III 1904; Sezonowa miłość, R. III 1905 (Sommerliebe, d. 1915); Pan policmajster Tagiejew, R. 1905 (Der Polizeimeister, d. 1914); Moralność pani Dulskiej, Dr. 1907 (Die Moral der Frau Dulska, d. 1912 u. 1981); Skiz, K. 1909; O czym się nie mówi, R. 1909 (Wovon man nicht spricht, d. 1910); Panna Maliczewska, Dr. 1912 (Die Freundin, d. 1912 u. 1955); Kobieta bez skazy, K. 1912 (Die unberührte Frau, d. 1912); R. 1913 (d. 1920); O czym się nawet myśleć nie chce, R. 1914 (Woran man nicht denken mag, d. 1914); Frania Poranek, jej dalsze losy, R. 1922. – Teatr, VIII 1903; Dzieła (W), XXVI 1922–27; Dzieła wybrane (AW), XVI 1957 f.; Publicystyka, III 1958–62; Dramaty, II 1960 f.; Wybór dramatów (Drn.-Ausw.), 1983; Listy, Br. II 1970. – *Übs.:* Ausgew. Romane, IX 1924.
L: J. Czachowska, 1966 (mit Bibl.); D. Srabotnik, Diss. Wien 1966; T. Weiss, 1968; M. Podeschwik, Diss. Bln. 1969; J. Rurawski, 1981.

Zarathustra, durch F. Nietzsche im Abendland eingebürgerte Namensform, genauer Zaraθuštra ›der mit goldfarbenen [?] Kamelen‹ Spitāma aus der Sippe Haēčat-aspa, altiran. Prophet u. Religionsstifter; nach zoroastr. Überlieferung dritter der 5 Söhne des Poruašaspa, zum Priesterberuf erzogen, nach e. Zeit der Wanderschaft im Alter von 30 Jahren Durchbruch prophet. Offenbarung in Visionen u. Auditionen, vermittelt durch den guten Geist Vohu Manah (›Gutes Denken‹); nahm von da an den Kampf auf gegen das heim. altiran. Götterpantheon, v. a. gegen den Mithra-Kult mit s. blutigen Stieropfern u. gegen Orgien unter Hauma-Rausch; fand die Unterstützung des ›Fürsten‹ (kawi) Wištāspa (nicht identisch mit dem Vater des Achämenidenkönigs Dareios I.), der s. zum Z.-Glauben bekehrte; zum Gedenken an den Durchbruchserfolg pflanzte Z. (freilich nach später Überlieferung) e. Zypresse in s. neugestifteten Feuerheiligtum im heutigen Dorf Kešmar südl. Nīšāpūr, wo er auch im Alter von 77 Jahren gestorben u. begraben sein soll. – Historisch nicht gesichert, doch nach der Überlieferung gilt Z. als e. der größten Prophetengestalten der alten Welt, Vorkämpfer e. entschiedenen Monotheismus. Ahura Mazdā (der ›Weise Herr‹), Stifter der ›Rechten Ordnung/Wahrheit‹ (Aša), Vater von Spenta Mainyu, des ›Guten Geistes‹, gegen den sich dessen Zwillingsbruder Aka Mainyu (Ahriman, der ›Böse Geist‹) auflehnte, weshalb er aus dem Himmel verstoßen wird. Die Z.-Religion fordert den Menschen auf, im Kampf zwischen Gut u. Böse sich durch freie Wahl für das Gute zu entscheiden u. dadurch jenseitige Seligkeit zu erringen. Die mit Z.s Name verbundene Lehre ist in 17 sog. Gāthās (›Gesängen‹) in höchst dichter., freilich sehr schwieriger archaischer ostiran. Sprache niedergelegt (→ Awesta), ihr Inhalt ist trotz zahlr. gelehrter Untersuchungen noch heftig umstritten, doch unstrittig e. der herrlichsten Werke relig. Poesie aller Zeiten, voll tiefsten Sinngehaltes, hat mit Nietzsches ›Also sprach Z.‹ absolut gar nichts gemein.
A: H. Humbach II 1959 (m. Übs. u. Komm.). – *Übs.:* H. Lommel, 1971 (m. Komm.).
L: C. Bartholomae, 1924; H. Lommel, 1930; E. E. Herzfeld, Princeton II 1947; J. Duchesne-Guillemin,

Paris 1948; W. B. Henning, Lond. 1951; W. Hinz, 1961 (m. Übs.); F. König, 1964; B. Schlerath, hg. 1970; M. Boyce, Leiden I 1975, II 1982, III 1991; M. Stausberg, 2002.

Zariņš, Kārlis (bis 1894 K. Žagars), lett. Schriftsteller, 9. 12. 1889 Liepāja – 30. 12. 1978 Sabile. Sohn e. Pferdeknechts; 1898 St. Petersburg; 1899–1906 Riga, diverse Schulen, Schiffsjunge, Chorist; 1906–09 verhaftet, Smolensk; 1909–14 o. im Theater; 1915 Flüchtling, Soldat in Odessa; 1919 Kämpfer gegen Bermont; ab 1920 Redakteur der Zs. ›Latvijas Kareivis‹, 1927–31 Berufsschriftsteller; 1931–40 Steuerfahnder; 1941–44 Redakteur der Zs. ›Tēvija‹; 1946–56 Talsi, Baubrigade. – Vielschreiber; Realist mit symbolist. Tendenzen; Prosawerk meist den sozial Außenstehenden gewidmet; Übs. (Gork'ij).

W: Skumju paradīze, En. 1920; Dzīvība un trīs nāves, R. 1921; Roberts un citi stāsti, En. 1925; Kaugurieši, R. 1938/1975; Spīganas purvā, R. 1929; Te nu bija, Sch. 1930; Negudra Ģertrūde, Sch. 1933; Vainīgais, R. 1940. – Cirka mākslinieks (ausgew. En.), 1990.

Žáry, Štefan, slovak. Dichter, * 12. 12. 1918 Poniky. – Führender slovak. Surrealist, der nach dem Kriege zur engagierten Lyrik übergeht. Besingt den slovak. Aufstand, die Partisanentätigkeit u. die Befreiung. Den endgültigen Wendepunkt bildet die Sammlung ›Cesta‹. Übs. aus dem Franz.

W: Srdcia na mozaike, G. 1938; Zvieratník, G. 1941; Pečať plných amfor, G. 1944; Pavúk pútnik, G. 1946; Zasľúbená zem, G. 1947; Dobrý deň, pán Villon, G. 1947; Apeninský vzduch, En. 1947; Meč a vavrín, G. 1948; Cesta, G. 1952; Aká to vôňa, G. 1954; Návšteva, G. 1955; Po mne iní, G. 1957; Povesti o báje, G. 1957; Zázračný triezvy koráb, G. 1960; Osmelenie do dňa, G. 1962; Múza oblieha Tróju, G. 1965; Púť za kolibríkom, G. 1966; Léto nášho dospievania, G. 1974; Smaragdové rúno, G. 1977; Snímanie masiek, Ess. 1979. – Vybrané spisy (AW), III 1968–81.

L: I. Plintovič, Básnická tvorba S. Ž., 1967. – *Bibl.*: in Slovenský nadrealizmus, 1968.

Zaturenska, Marya, russ.-amerik. Dichterin, 12. 9. 1902 Kiew – 19. 1. 1982 Shelburne Falls/MA. 1909 Emigration nach New York, Fabrikarbeit, Journalistin, Valparaiso Univ. und Univ. of Wisconsin; ∞ den Dichter Horace Gregory. – Formal traditionelle Dichtung mit Natursymbolik und myth.-pastoralen Traumlandschaften; ihre Studien zu C. Rossetti, E. Siddal und A. C. Swinburne zeigen Wirkung auf eigenes Schreiben in der romantisierenden Thematisierung von Verlusterfahrungen; Hrsg. von Lyrikanthologien.

W: Threshold and Hearth, G. 1934; Cold Morning Sky, G. 1937; The Listening Landscape, G. 1941; The Golden Mirror, G. 1944; A History of American Poetry, 1910–1940, St. 1946 (m. H. Gregory); Christina Rossetti, St. 1949; Selected Poems, 1954; Terraces of Light, G. 1960; The Crystal Cabinet: An Invitation to Poetry, 1962 (m. H. Gregory); Collected Poems, 1965; The Hidden Waterfall, G. 1974. – New Selected Poems, hg. R. Phillips 2002; Diaries of M. Z., 1938–1944, hg. M. B. Hinton, 2002.

Závada, Vilém, tschech. Lyriker, 22. 5. 1905 Hrabová b. Ostrava – 30. 11. 1982 Prag. Stud. Lit.; Universitätsbibliothekar in Prag. – S. anfangs pessimist.-melanchol. Lyrik nimmt nach dem Kriege e. optimistischere Haltung an, strahlt Hoffnung u. Zuversicht aus.

W: Panychida, G. 1927; Siréna, G. 1932; Cesta pěšky, G. 1937; Hradní věž, G. 1940; Povstání z mrtvých, G. 1946; Město světla, G. 1950; Básně, G. 1954; Polní kvítí, G. 1955; Vzduch a světlo, G. 1960; Jeden život, G. 1962; Na prahu, G. 1970; Krajina a lidé mého srdce, G. 1975 (erw. 1980); Živote, díky, G. 1977. – Hořké lásky, G.-Ausw. 1971; Básnické dílo (GW), V 1972–79; Korresp. Z. – V. Martínek, hg. A. Závodský 1981.

L: J. Petrmichl, 1963. – *Bibl.*: M. Spáčilová, 1985.

Zavattini, Cesare, ital. Schriftsteller, 20. 9. 1902 Luzzara/Reggio Emilia – 13. 10. 1989 Rom. Beginnt Jurastud. in Parma. Mitarbeiter u. Hrsg. versch. Zeitungen und Zsn. v. a. im Bereich des ital. Films, der ihm viel von s. Aufschwung nach 1945 verdankt. Auch Maler. – Erster Erfolg durch s. kleine Trilogie ›Parliamo tanto di me‹, ›I poveri sono matti‹ und ›Io sono il diavolo‹. E. der originellsten Humoristen, mit melanchol. Unterton: Mitleid für alle Lebenssituationen der Armen, Enttäuschten, Verstoßenen. Erfolgr. Drehbuchautor neorealist. Filme (›Fahrraddiebe‹, ›Miracolo a Milano‹ nach s. Erzählung ›Totò il buono‹) und bedeutendster Theoretiker des ital. Kinos nach 1945.

W: Parliamo tanto di me, 1931 (Liebenswerte Geister, d. 1958); I poveri sono matti, En. 1937; Io sono il diavolo, En. 1942; Totò il buono, E. 1943 (Das Wunder von Bamba, d. 1974); Ipocrita 1943, E. 1955; Diario cinematografico, 1956; Come nasce un soggetto cinematografico, Dr. 1959; Le voglie letterarie, 1974; Toni Ligabue, 1974; La notte che ho dato uno schiaffo a Mussolini, 1976; Basta coi soggetti, hg. R. Mazzoni 1979; Diario cinematografico, hg. V. Fortichiari 1979; Neorealismo ecc., hg. M. Argentieri 1979; Z. parla di Z., hg. S. Cirillo 1980; Polemica col mio tempo, hg. M. Argentieri 1997; Io. Un'autobiografia, 2002. – Opere 1931–1986, hg. S. Cirillo 1991.

L: L. Angioletti, 1978; Z. Cinema, hg. T. Masoni 1988; C. Z.: Cinema e vita, hg. G. Gambetti 1996.

Zavřel, František, tschech. Schriftsteller, 1. 11. 1885 Trhová Kamenice – 4. 12. 1947 Prag. Ministerialbeamter u. Rechtsanwalt in Prag. – Begann mit ep. u. hymn. Gedichten, denen 1923 aggressive Gelegenheits- u. erot. Liebeslyrik folgten. Als Dramatiker schrieb Z. zahlr. effektvolle, aber schemat. Dramen u. Lustspiele über antike, hist., allg. menschl. u. aktuelle Themen, wobei er als Anhänger Nietzsches Individualismus u. Übermenschentum verherrlicht. Später auch Gesellschaftsromane aus dem Prager Milieu.

W: Hanel, Vers-E. 1903; Vlast, G. 1904; Simson, Dr. 1912; Don Juan, Dr. 1915; Oidipus, Dr. 1915; Boleslav Ukrutný, Dr. 1919; Návrat, Dr. 1920; Dravec, Dr. 1921; Král Přemysl Otakar II., Dr. 1921; Kamenný host, Dr. 1921; Vzpoura, Dr. 1923; Oba Kokoškové, K. 1923; Předehra, G. 1923; Napoleon, Dr. 1925; Vykupitel, Dr. 1925; Hora Venušina, R. 1928; Fortinbras, R. 1930–34; Jan Žižka, Dr. 1935; Panna, K. 1935; Hus, Dr. 1935; Heroika, Drr. 1937; Eva, R. 1937; A porta inferi, G. 1939; Valdštýn, Dr. 1940; Polobozi, Dr. 1941; Aféra Tilly, R. 1941; Verše o lásce a smrti, G. 1941; Za živa pohřben, Aut. 1941; Caesar, Dr. 1941; Kost, Dr. 1944; In memoriam, G. 1945.

Zawieyski, Jerzy, poln. Dramatiker u. Romancier, 2. 10. 1902 Radogoszcz b. Łódź – 18. 6. 1969 Warschau. Schauspielschule Krakau. Wurde nach linksradikal-atheist. Jugend bei gleicher sozialer Anschauung zum führenden kathol. poln. Schriftsteller. Gestaltet in handlungsarmen Dramen Gewissenskonflikte und letzte Seinsfragen, 1949–55 vorübergehend ›innere Emigration‹.

W: Gdzie jesteś, przyjacielu, R. 1932; Dyktator On, Dr. (1934); Powrót Przełęckiego, Dr. (1937); Droga do domu, R. 1946; Noc Huberta, R. 1946; Rozdroże miłości, Dr. 1947; Ocalenie Jakuba, Dr. 1947; Mąż doskonały, Dr. 1948; Miłość Anny, Dr. 1948; Pokój głębi, En. 1956; Notatnik liryczny, R. 1956; Wysoka ściana, Dr. 1956; Ave Maria, Schr. 1958; Próby ognia i czasu, Schr. 1958; Brzegiem cienia, Mem. 1960; Romans z ojczyzną, En. 1963; W Alei bezpożytecznych rozmyślań, Mem. 1965; Wawrzyny i cyprysy, R. 1966; Konrad nie chce zejść ze sceny, R. 1966; Pomiędzy plewą i manną, En. 1971. – Dramaty, II 1957 u. IV 1985–87; Dramaty współczesne, 1962; Kartki z dziennika, Tg. 1983.

L: K. Eberhardt, Cień buntownika, 1957; J. Z. Brudnicki, 1985.

Zayas y Sotomayor, María de, span. Schriftstellerin, 12. 9. 1590 Madrid – ca. 1660 ebda. (?). Adeliger Herkunft, lebte in Saragossa. – Zu ihrer Zeit hochberühmte Vf. von Gedichten, Dramen (›La traición en la amistad‹, hg. 1994) u. zwei von Boccaccios ›Decamerone‹ u. Cervantes' ›Novelas ejemplares‹ beeinflußten Novellen-Sammlungen. Im 1. Bd. (›Novelas amorosas y ejemplares‹, 1637) erzählen je fünf Frauen u. Männer zur Unterhaltung der liebeskranken Lisis je zwei Novellen, die alle glückl. ausgehen. Im 2. Bd. (›Parte segunda del sarao, y entretenimiento honesto‹, auch u. d. T. ›Desengaños amorosos‹, 1647) erzählen nur Frauen, alle Geschichten enden unglückl. Hauptthema ist der Konflikt zwischen dem weibl. Verlangen nach Liebe u. Selbstbestimmung u. dessen Unterdrückung durch Eherecht u. Ehrenkodex. Ausgehend von der prinzipiellen Gleichwertigkeit von Männern u. Frauen werden aus feminist. Sicht Strategien des Rückzugs u. der ingeniösen Täuschung erörtert, um die grausame männl. Ordnung zu unterlaufen.

A: Novelas completas, hg. M. Martínez del Portal 1973; Obra narrativa completa, hg. E. Ruiz-Gálvez Priego 2001. – Übs.: Erotische Novellen (d. C. Brentano), Ffm. 1991.

L: I. V. Vasileski, N. Y. 1972; A. Melloni, Turin 1976; H. Felten, Ffm. 1978; S. M. Foa, 1979; S. Montesa, 1981.

Zeami Motokiyo (eig. Kanze Saburô M.), jap. Nô-Autor, -Theoretiker u. -Schauspieler, 1363 (?) Yûzaki/Provinz Yamato – 1443 (?). Sohn des Kan'ami, Star-Schauspieler seiner Zeit und Vollender des Nô-Dramas, das er vom volkstümlichen Spiel (das heterogene Elemente sakraler u. weltlicher Aufführungsgattungen vereinte) durch Aufnahme von Traditionen höf. Dichtungsformen zur edlen Kunst verfeinerte. – Als Kind Schauspielunterricht beim Vater; ab dem 12. Lebensjahr Erziehung in höf. Künsten unter Protektion des Shôgun Ashikaga Yoshimitsu (1358–1408) u. des Reichskanzlers u. Dichterfürsten Nijô Yoshimoto (1320–88); nach Tod des Vaters 1384 Leiter der Kanze-Truppe; später verliert er die Gunst des Shôgun u. die bevorzugte Position u. erfährt zunehmend Unbill nach Yoshimitsus Tod. 1422 nimmt Z. die Tonsur an, übergibt Leitung der Truppe s. Sohn Motomasa, ist nach dessen plötzlichem Tod 1432 gezwungen, die Schulleitung dem Neffen On'ami zu übergeben (1433). Verbannung 1434 (unter ungeklärten Umständen) auf die Insel Sado. Von da aus schickt er s. auserwählten Erben u. Schwiegersohn, Komparu Zenchiku, s. letzten (überlieferten) Schriften zu. Nach 1436 verlieren sich Z.s Spuren, auch das Todesjahr ist ungewiß. – Als Schauspieler setzt Z. das lyr. Tanzdrama gegen das bisher realist. Spiel seiner Schule durch. Der Dramatiker Z. gilt als Vollender des Nô in seiner ausgereiftesten poet. Form, die er dem gesamten Repertoire durch umfassende Bearbeitungen aufstülpt. Erschaffer des zweiteiligen ›Traumspiels‹, dessen Held zunächst in unscheinbarer Gestalt, dann im 2. Teil als Erscheinung aus dem Jenseits auftritt (göttliches oder dämonisches Wesen, Totengeist etc.). Z.s Dramen (ca. 50 werden ihm zugeschrieben) zählen zu den Meisterwerken der Gattung. – Als Theoretiker hinterließ Z. eine Reihe geheimer Schriften zur Ästhetik, Schauspielkunst bzw. Musik u. Choreographie des Nô, die, 1909 entdeckt u. publiziert, weltweit u. hohe Anerkennung erlangten u. von der Theaterwissenschaft sowie -praxis intensiv rezipiert wurden. Grundbegriffe: hana (die ›Blüte‹); yûgen (die geheimnisvolle Anmut); mezurashi (das Überraschende) u. a.

W: Sch. (Datierung unsicher): Aridôshi (franz. 1979); Ashikari (engl. 1970); Atsumori (Die Flöte des A., d. 1961); Hanjo (engl. 1970); Hanagatami (franz. 1979); Higaki (engl. 1989); Izutsu (Am Brunnenrand, d. 1961; engl. 1998); Kiyotsune (K.s Tod, d. 1961); Kinuta (engl. 1977); Koi no omoni (Die Last der Liebe, d. 1961); Nishikigi (engl. 1970); Nomori; Nue (Nachtuhle, d. 1992); Oimatsu (engl. 1972); Sakuragawa (engl. 1983); Saigyôzakura (engl. 1990); Tadanori (engl. 1989); Takasago (Zwei Kiefern, d. 1961); Tôru (engl. 1989); Yorimasa (engl. 1978; franz. 1979); Yumi yawata. – Ästhetische Schriften: Fûshi-kaden, 1408 (franz. 1960); Ongyoku kuden, 1419; Shikadôsho, 1420 (franz. 1960); Nikyoku santai ezu, 1421 (franz. 1960); Nôsakusho, 1423 (Buch der Nô-Gestaltung, d. 1954); Kakyô, 1424 (Blumenspiegel, d. 1953; franz. 1960; engl. 1982/83); Yûgaku shudô kempûsho, o. J. (franz. 1960); Go-i, o. J.; Kyûi shidai (franz. 1960; engl. 1978); Shudôsho, 1430 (engl. 1990); Shûgyoku tokka; Go-ongyoku jojô; Kyakuraika (Höchster Blume Weg, d. 1961; engl. 1980). – *Übs.*: E. Pound, E. Fenollosa, The Classic Noh Theater of Japan, 1916; A. Waley, The Nô Plays of Japan, 1920; M. Shidehara, W. Whitehouse, Seami's (sic) Sixteen Treatises, 1942; O. Benl, Seami M. u. der Geist des Nô-Schauspiels, 1953; P. Weber-Schäfer, Vierundzwanzig Nô-Spiele, 1961; D. Keene, Twenty Plays of the Nô Theatre, 1970; R. Sieffert, Nô et Kyôgen, II 1979; R. Tyler, Pining Wind, 1978; ders., Granny Mountains, 1978; Th. Rimer, M. Yamazaki, On the Art of the Nô Drama, The Major Treatises of Zeami, 1984; K. Brazell, Twelve Plays of the Noh and Kyôgen, 1988/90; A. Godel, K. Kano, La Lande des mortifications, 1994; Traditional Japanese Theater, hg. K. Brazell 1998.
L: O. Benl, 1953; H. Bohner, Nô, II 1956, 1959; R. Sieffert, La Tradition secrète du Nô, 1960; Th. B. Hare, Z.'s Style, 1986; S. Murakami Giroux, Les Traités de Z., 1989; dies., Z. Dramaturge, 1990; S. Scholz-Cionca, Z.s Nue, 1990.

Zegadłowicz, Emil, poln. Dichter, 20. 7. 1888 Bielitz – 24. 2. 1941 Sosnowiec. Vater Ukrainer, Mutter Tschechin. Stud. Philos. Krakau u. Wien. 1919–21 im Kulturministerium; 1927–32 Dramaturg des Theaters u. Programmdirektor des Senders in Posen. Später zurückgezogen in Gorzeń Górny b. Wadowice. – Expressionist. Dichter. Sucht Ausgleich zur Großstadtdichtung in idyll. Landschaftsdichtung; regionalist. Sänger der Beskiden, Nachdichter von Volksballaden. Anfangs balladeske Epen und Dramen in Nachfolge Wyspiańskis, dann gesellschaftskrit. Dramen. In s. Autobiographie Wendung zu naturalist. Darstellung mit z. T. greller Erotik. Übs. Goethes ›Faust‹ (2 Bde., 1926f.).
W: Dziewanny, Ball. 1921; Kolędziołki beskidzkie, G. 1923; Lampka oliwna, Dr. 1924; Głaz graniczny, Dr. 1925; Łyżki i księżyc, Groteske 1928 (gedr. 1957); Gdy się Chrystus rodzi, Dr. 1929; Żywot Mikołaja Srebrempisanego, autobiograph. R.-Zyklus: 1. Godzina przed jutrznią, 1927, 2. Spod młyńskich kamieni, 1928, 3. Cień nad falami, 1929 (1–3 gekürzt u. d. T. Uśmiech 1936), 4. Zmory, 1935; Dziesięć ballad o powsinogach beskidzkich, 1929; Dęby pod pełnią, G. 1929; Pieśń o Śląsku, Dicht. 1933; Motory, R. II 1938 (n. 1982); Martwe morze, R. 1939; Domek z kart, Dr. 1940 (gedr. 1954). – Dramaty, II 1932; Pokosy, ausgew. G. 1933; Wiersze wybrane (ausgew. G.), 1957 u. 1971.
L: S. Papée, Misterje balladowe E. Z., 1927; W. Studencki, 1962; E. Kozikowski, 1966; Studia o. Z., 1982; Szkice o twórczości Z., hg. J. Anders 1985; K. Szymanowski, Narcyz, 1986.

Zeï, Alki, griech. Schriftstellerin, * 1925 Athen. Langjähriger Aufenthalt in der Sowjetunion. – Etablierte sich als Vf. von Jugendbüchern. In ›Hē arraboniastikia tu Achillea‹ übt Z. Kritik an der griech. kommunist. Bewegung.
W: To kaplani tēs bitrinas, Jgb. 1963 (d. 1972); Ho megalos peripatos tu petru, Jgb. 1971; Ho theios Platōn, Jgb. 1975; Arbylakia kai gobes, En. 1975; Ta paputasakia tu Anniba, En. 1979; Hē arraboniastikia tu Achillea, R. 1987; Hē mōb omprela, R. 1995; Neanikē phonē, R. 1996.

Zeino'l-ʿĀbedīn, Ḥāǧǧī (›Mekkapilger‹), Mohammad (Ps. Ibrāhīm Beg), pers. Schriftsteller aus Marāġe/Nordwestiran, † um 1910 Istanbul. Kaufmannssohn, überwarf sich früh mit s. Familie, wanderte aus nach Jalta/Krim, später Istanbul, wo er mit der pers. revolutionären demokrat. Bewegung in der Zs. ›Aḫtar‹ (Stern) zusammenarbeitete. – Verfaßte als ersten pers. Roman das 3bändige zeitsatir. ›Siyāḥat-Nāme-ye Ibrāhīm Beg‹, treffsicher und sehr populär, wirkte wesentl. am Umschwung in Iran (Verfassung 1906/07) mit.
W: Siyāḥat-Nāme-ye Ibrāhīm Beg, Reise-Tg. 1901–10 (Bd. I d. W. Schulz 1903).

Zejleŕ, Handrij (Andreas Seiler), sorb. Dichter, 1. 2. 1804 Salzenforst b. Bautzen – 15. 10. 1872 Lohsa/Oberlausitz. Evangel. Pfarrer von reicher Wirksamkeit auf allen Gebieten des kulturellen Lebens. – Bedeutendster sorb. Dichter, Hauptvertreter der sorb. Romantik. Volksliedersammler und selbständiger Lyriker im Anschluß an Volkslieder mit innigen, naturnahen und patriot.-relig. Gedichten, Romanzen, Balladen und Fabeln. Gründer der 1. regelmäßigen Wochenzs. ›Tydźeńska Nowina‹ (1842), der Zs. ›Missionske Powjesće‹ (1844) und Vf. e. ›Wendischen Grammatik‹ (1830).
W: Sserbskeje bassnje, Fabeln 1855. – Zhromadźene Spisy (GW), hg. A. Muka IV 1883–91; L. Hajnec 1972; Wubrane basnje (Ausw.), hg. J. Brězan, M. Nowak 1954; Serbske fabule (Ausw.), hg. K. Lorenc 1966. – Übs.: Ausw. in J. Brězan, Sorb. Lyrik, 1954; Unvergessen bleibt das Lied, Ausw. 1964; Der betreßte Esel. Sorb. Fabeln, Ausw. 1969.
L: J. Patá, 1922; A. Muka, H. Z. a. K. A. Kocor, 1923; B. Dobrucký, 1953; O. Wićaz-Lehmann, 1955; B. Šretrová, 1972.

Żeleński, Tadeusz (Ps. Boy), poln. Dichter und Übersetzer, 21. 12. 1874 Warschau – 3. 7. 1941 Lemberg. Sohn e. bekannten Komponisten, Jugend in Krakau, Stud. Medizin ebda., 1895 Paris. 1904–08 Assistent in der Univ.-Kinderklinik in Krakau. Bis 1919 als Arzt tätig. Seit 1906 lit. Tätigkeit. Mitbegründer der ersten poln. Kabaretts ›Der grüne Ballon‹ in Krakau. Seit 1922 in Warschau. Enge Beziehungen zu den Skamandriten. Später Rezensent, Feuilletonist, Dramaturg, Mitgl. der poln. Lit.-Akad. 1939 Emigration ins russ. Lemberg, hielt dort Vorlesungen über franz. Lit. Beim Einmarsch der Dt. ermordet. – Sehr geschätzter Übs. von Villon, Descartes, Rabelais, Montaigne, Pascal, Molière, Diderot, Rousseau, Musset, Stendhal, Balzac, Verlaine, Proust. Einflußr., provokativer Kritiker. Auch Interpretation u. Korrektur am überlieferten Bild poln. Lit. (Fredro, Mickiewicz). In eigenen Werken gegen die Stagnation des poln. Kultur- u. Gesellschaftslebens auftretend.

W: Piosenki i fraszki ›Zielonego Balonika‹, G. 1908; Słówka, G. 1913; Flirt z Melpomeną, Ess. X 1920–32; Studia z literatury francuskiej II 1920–22; Molière, Schr. 1924; Mózg i płeć, Ess. II. 1926–28; W Sorbonie i gdzie indziej, Mem. 1927; Ludzie żywi, Schr. 1929; Brązownicy, Ess. 1930; Piekło kobiet, Schr. 1930; Znaszli ten kraj?, Mem. 1931; Obrachunki fredrowskie, Schr. 1934; Marysieńka Sobieska, B. 1937 (Die Historie von Marysieńka Sobieska u. König Jan, d. 1981); Wrażenia teatralne, Ess. XVII 1933–39; O Krakowie, Schr. 1974. – Pisma (W), XXVIII 1956–75; Listy, Br. 1972. – *Übs.:* Erinnerungen an das Labyrinth, 1979.

L: F. L. Schoell, L'enfant terrible de la Pologne, Paris 1932; A. Stawar, 1958; R. Zimand, 1961; B. Winklowa, 1967 (m. Bibl.); dies., Obrachunki boyowskie, 1975; A. Makowiecki, 1974; S. Sterkowicz, 1974; B.-Ż. 1874–1974, hg. C. Jean 1976; W. Natanson, 1978, 1983.

Žemaitė (eig. Julija Beniuševičiūtė-Žymantienė), litau. Erzählerin, 14. 6. 1845 Bukantė – 7. 12. 1921 Marjampolė. Bojarentochter, Unterricht zu Hause, ∞ 1865 L. Žymantas, Teilnehmer am Aufstand 1863. Lebte in Užnėnai, in der Nähe von P. Višinskis, der sie zum Literatum bekehrte. Schrieb bereits 50jähr. die 1. Erzählung ›Rudens vakaras‹, Jablonskis verbesserte die Sprache. Arbeitete an den Zsn. ›Varpas‹, ›Ūkininkas‹, ›Lietuvos Žinios‹; Reise nach Amerika. – In ihren kurzen, realist. Erzählungen in urtüml. reicher Sprache schildert sie das litau. Landleben, den ewigen Gegensatz zwischen Gut u. Dorf, idealisiert aber weder die Bauern noch die Gutsbesitzer.

W: Piršlybos, E. 1895; Marti, E. 1895–98; Petras Kurmelis, E. 1898; Topylis, E. 1898; Sučiuptas velnias, E. 1898; Paveikslai, En. 1899; Prie dvaro, E. 1902; Autobiografija, 1946. – Raštai (W), IV 1924–31, VI 1955–57.

L: J. Žiugžda, 1935; J. Butėnas, 1938, 1954; K. Korsakas, 1949; A. Venclova, 1958; A. Šešelgis, 1968; J. Jasaitis, 1972; K. Umbrasas, 1975; D. Sauka, 1988; J. Žėkaitė, 1991.

Zeman, Antonín → Stašek, Antal

Žemčužnikov, Aleksej Michajlovič, russ. Lyriker, 23. 2. 1821 Počep/Gouv. Černigov – 7. 4. 1908 Tambov. Aus Adelsgeschlecht, Mitgl. des unter dem Ps. Koz'ma Prutkov schreibenden Kollektivs. Unter Einfluß Nekrasovs u. Saltykov-Ščedrins auch sozialkrit. Lyrik.

W: Stichotvorenija, G. II 1892; Pesni starosti, G. 1900. – Izbrannye proizvedenija, Ausw. 1963.

Zeng Pu, chines. Schriftsteller, 13. 5. 1872 Changshu (Jiangsu) – 23. 6. 1935 ebda. Nach Scheitern in der Staatsprüfung mehrere Jahre als Sekretär in Peking; Stud. der franz. Sprache, Übs. aus dem Franz., 1904 Gründung e. Verlags in Shanghai; ab 1908 wieder im Staatsdienst, dann Abgeordneter, Beamter, Verleger und Übs. – Das Hauptwerk von Z., der Roman ›Niehai hua‹, zählt zu den ›4 großen Romanen‹ der späten Qing-Zeit. Thema des Schlüsselromans ist die Suche nach den Gründen für den Niedergang Chinas. Anhand des Schicksals des hohen Beamten Jin Wenqing und s. Konkubine Fu Caiyun spielt die vielfältige Handlung in den letzten Jahrzehnten des 19. Jh. in Suzhou, Shanghai, Peking, Berlin u. St. Petersburg. Die Niederschrift wurde 1903 von dem Revolutionär Jin Tianhe begonnen, Z. führte das Werk fort und fügte 20 Jahre später weitere 10 Kapitel hinzu.

W: Niehai hua, R. 1905 u.ö. (Blumen im Meer der Sünde, d. 2001); Lu nanzi, R. 1929 (n. 1985).

L: P. Li, Boston 1980; B. Hinz, 1995.

Zeno, Apostolo, ital. Dichter und Kritiker, 11. 12. 1668 Venedig – 11. 11. 1750 ebda. Gründete 1710 und leitete bis 1718 das ›Giornale dei letterati d'Italia‹. Zwischen 1718 und 1728 Hofdichter in Wien; bemüht um e. Reform des Melodramas, wollte diesem die Würde der klass. (franz.) Tragödie zurückgeben. – Vf. mehrerer Melodramen: ›Ifigenia in Aulide‹, ›Merope‹, ›Temistocle‹, ›Andromaca‹, ›Griselda‹; schrieb 1719–37 17 Oratorien bibl. Inhalts, z.B. ›Giuseppe‹, ›Ezzechia‹. Die Melodramen wie s. Oratorien oder ›azioni sacre‹ sind von keiner sehr großen poet. Bedeutung, da Z. mehr Literat und Kritiker war. Für A. Scarlatti lieferte er viele Operntexte. Ferner krit. Schriften und Biographien.

A: Poesie sacre drammatiche, 1735; Poesie drammatiche, hg. G. Gozzi X 1744; Dissertazioni vossiane, II 1752f.; Annotazioni alla Biblioteca della eloquenza italiana di G. Fontanini, II 1753; Drammi scelti, hg. M. Fehr 1929; Epistolario, III 1752, hg. F. Morelli VI 1875.

L: F. Negri, 1816; W. Pietzsch, Diss. Lpz. 1907; M. Fehr, Diss. Zür. 1912; A. Vullo, Confronto fra i melodrammi di Z. e di Metastasio, 1935; R. Giazotto, Poesia melodrammatica e pensiero critico nel Settecento, 1952.

Zéraffa, Michel, franz. Schriftsteller und Journalist, 29. 1. 1918 Nizza – 25. 11. 1983. Vater Bankier; Stud. Lit.wiss. – Das Verhältnis von Humanität zu Technik und Fortschritt ist Gegenstand s. Romane, die, von Malraux beeinflußt, auf aktuell-polit. Schauplätzen spielen. Auch Vf. von Reiseberichten und lit.theoret. Schriften.
W: Le temps des rencontres, R. 1948; L'écume et le sel, R. 1950; Les derniers sacrements, R. 1953; Tunisie, Es. 1955; Les doublures, R. 1958 (Ball der Verdammten, d. 1960); Le commerce des hommes, R. 1958; E. O'Neill dramaturge, Es. 1959; L'histoire, R. 1964; Personne et personnage, Es. 1969; Roman et société, Es. 1971; Métro aérien, R. 1976.

Z(Ts)ereteli, Akaki → Ceret'eli, Akaki

Zermatten, Maurice, schweizer. Romancier franz. Sprache, 22. 10. 1910 Saint-Martin/Wallis – 11. 2. 2001 Kanton Wallis. Lehrer. – Schildert, anfangs von Ramuz beeinflußt, in psycholog. vertieften Romanen aus bäuerl. Milieu das Wirken der Naturgewalten, Landschaft, Kultur und Menschen s. Heimat. Mittelpunkt oft sittl. Konflikte und relig. Thematik.
W: Le cœur inutile, R. 1936 (d. 1939); Le chemin difficile, R. 1938 (Der Heimweg, d. 1941); La colère de Dieu, R. 1940 (d. 1941); Les années valaisannes de Rilke, Es. 1941 (Der Ruf der Stille, d. 1944); Le sang des morts, R. 1942 (Unversöhnliches Blut, d. 1943); Christine, R. 1944 (d. 1946); L'esprit des tempêtes, R. 1947; Connaissance de Ramuz, Es. 1947; C. F. Ramuz, Es. 1948; Le jardin des oliviers, R. 1951 (Der Garten Gethsemane, d. 1956); La montagne sans étoiles, R. 1956 (d. 1960); Le lierre et le figuier, R. 1957; A l'assaut de la face Nord, R. 1958 (d. 1959); La fontaine d'Aréthuse, R. 1958 (Denn sie wissen nicht, was sie tun, d. 1959); Loyse de Savoie, R. 1960; Le bouclier d'or, R. 1961 (Wie geläutertes Gold, d. 1962); Le cancer des solitudes, R. 1964; Pays sans chemins, R. 1966 (d. 1971); Les sèves d'enfance, Erinn. 1968; Une soutane aux orties, R. 1971; A l'est du grand couloir, R. 1983; Contes et légendes de la montagne valaisanne, 1984.
L: M. Grin, Terre et violence, 1983; ders., L'univers romanesque de M. Z., 1995.

Żeromski, Stefan (Ps. Maurycy Zych u. Józef Katerla), poln. Romancier, 14. 10. 1864 Strawczyn b. Kielce – 20. 11. 1925 Warschau. Aus verarmtem Adel. Von e. lungenkranken Mutter, die frühzeitig starb, erzogen; 2. Ehe des Vaters führte zu e. Familienkrise. Russ. Gymnas. Kielce. Nach Tod des Vaters Abbruch des Schulbesuches wegen mangelnder Mathematikkenntnis. Stud. Veterinärmedizin Warschau. Beteiligung an revolutionärer Arbeit, 1888 Verhaftung (Tbc). Begegnung mit Prus u. den Journalisten aus dem Kreis des ›Głos‹. Hauslehrer auf versch. Gütern. 1892 ∞. Bibliothekar am poln. Nationalmuseum in Rapperswyl/Schweiz bis 1896. Von westeurop. Kultur maßgebl. beeinflußt. Intensive hist. Studien. Beschäftigung mit Dickens, L. Tolstoj, Shakespeare, Zola, Maupassant. 1897 Bibliothekar in Warschau. Seit 1904 freier Schriftsteller. Reisen nach Frankreich, Dtl., Italien. – Begann mit impressionist. Bildern aus der poln. Geschichte u. Darstellungen aus dem Leben der poln. Intelligenz. Verband unter Einfluß skandinav. und russ. Lit. Realismus, Naturalismus u. Romantik. Im 1. Roman Behandlung des erwachenden Nationalbewußtseins. Von Tolstojs ›Krieg u. Frieden‹ angeregt e. breitangelegter hist. Roman aus der Napoleonzeit ›Popioły‹. In s. z. T. stark erot. Romanen herrscht e. pessimist. Zug vor (Kindheitserinnerungen). Der poln. Nationalgedanke tritt, maßgebl. von Wyspiański, dessen Ideen er weiterführt, beeinflußt, im Werk immer mehr hervor. Wegen späterer Neigung zum Kommunismus von nationalist. und kathol. Seite abgelehnt, doch als Stilkünstler u. Seelenkenner geschätzt. Im letzten Roman Wendung zur Opposition gegen Piłsudski. S. Gesamtwerk ist e. in meisterhafter Sprache geschriebenes Aufbegehren gegen soz. Ungerechtigkeit mit pessimist. Grundton.
W: Rozdziobią nas kruki, wrony, Nn. 1896 (Den Raben und Geiern zum Fraß, d. 1903); Syzyfowe prace, R. 1897 (später u. d. T. Andrzej Radek); Ludzie bezdomni, R. II 1899 (Die Heimatlosen, d. 1954); Aryman mści się, Leg. 1904; Popioły, R. III 1904 (In Schutt u. Asche, d. II 1904); Echa leśne, N. 1905 (Waldecho, d. 1917, 1978); Powieść o Udałym Walgierzu, Leg. 1906; Dzieje grzechu, R. II 1908 (Die Geschichte einer Sünde, d. 1910); Duma o Hetmanie, Dicht. 1908; Róża, Dr. 1909; Sułkowski, Dr. 1910; Uroda życia, R. II 1912 (Der Rächer, d. 1916); Wierna rzeka, R. 1912 (Der getreue Strom, d. 1976); Walka z szatanem, R.-Tril.: Nawracanie Judasza, 1914, Zamieć, 1916, Charitas, 1919; Wisła, Dicht. 1918; Wiatr od morza, E. 1922 (ital. 1931); Turoń, Dr. 1923; Uciekła mi przepióreczka, K. 1924; Przedwiośnie, R. 1924 (Vorfrühling, d. 1975 u. 1983); Puszcza jodłowa, Dicht. 1926; Dzienniki, Tg. IV 1953–74. – Pisma zebrane, XXXVII 1987–2003.
L: J. Bronowicz, 1926; T. Wojeński, 1926; E. Lo Gatto, 1926; S. Piołun-Noyszewski, 1928 u. 1937; W. Jampolski, [2]1930; J. Kaden-Bandrowski, 1930; N. Nucci, Alucuni elementi sociali e nazionalisti dell' opera letteraria di St. Ż., Rom 1932; S. Adamczewski, [2]1949; St. Ż., hg. E. Korzeniowska 1951; H. Markiewicz, Przedwiośnie S. Ż.go, 1953; ders., Prus i Ż., 1964; ders., W kręgu Ż., 1977; Wspomnienia o S. Ż., 1961; S. Kasztelowicz u. St. Eile, 1961; V. Vitt, Moskau 1961; J. Z. Jakubowski, 1964 u. 1967; W. Borowy, [2]1964; J. Kądziela, 1964; St. Eile, 1965; A. Hutnikiewicz, [7]1973; I. Tułodziecka, 1970; W. Natanson, 1970; H. Janaszek, 1971; W. Maciąg, 1972; J. Kucharski, 1974; Z. J. Adamczyk, 1975; J. Kądziela, 1976, 1979; J. Kulczycka-Saloni, Pozytywizm i Ż., 1977; M. Warneńska, Róża na wietrze, 1979; S. Za-

bierowski, 1981; B. Pękala, 1982; A. Lubaszewska, 1984; A. Hutnikiewicz, 1987; J. Paszek, 1992, 2001.

Zetterholm, Tore (Ulf Axel), schwed. Schriftsteller, 4. 10. 1915 Stockholm — 11. 11. 2001 Högnäs. Sohn e. Ingenieurs. 1941 Lizentiat der Philos. ∞ 1985 Stoika Hristova. — Romancier, Dramatiker, Drehbuch- u. Hörspielautor mit aktueller Problemstellung aus der schwed. Gesellschaft: Verantwortung e. Vaters für die faschist. Handlungen s. Sohnes (›Krevad‹); realist. u. psycholog. Dokumentation des Verhaltens der Gesellschaft (›Simon trollkarlen‹); Geschwindigkeitsrausch jugendl. Motorradfahrer (›Tiger-Harry‹); Anklage gegen die Autoindustrie wegen Zynismus u. Massenmords (›En bilroman‹). — Übs. Tolkien.

W: Stora Hoparegränd och himmelriket, R. 1940; En pajas vill predika, Ess. 1946; Krevad, R. 1948; Simon trollkarlen, R. 1950, Dr. 1950, Film 1954; Modell Beatrice, Dr. 1954; Tiger-Harry, Dr. 1954; Duvan, R. 1958; Det brinnande spjutet, Dr. 1960; Loppmarknad, Dr. 1962; Kvinnorna från Shanghai, Dr. 1967; S O S, Dr. 1968; Sanningen om S. En bilroman, 1968; Den kinesiska utmaningen, 1969; 666, R. 1970; Vi möts vid Rynge, R. 1972; Predikare-Lena, R. 1974; Turisterna, R. 1975; De främmande djävlarna, R. 1977; Oannes, R. 1980; Tibet mellan Buddha och Marx, Ber. 1981; Den röde Buddha, R. 1983; Bortom Vintergatan, R. 1988; Stenarna ropa, R. 1989; Gudarnas tystnad, R. 1992; Så kom jag till Copacabana, Ber. 1995.

Zetterström, Hans Harald (Ps. Hasse Z.), schwed. Feuilletonist, 23. 5. 1877 Stockholm — 1. 6. 1946 ebda. Sohn e. Architekten, seit 1895 Journalist, 1897–1901 am ›Figaro‹, seit 1897 Mitarbeiter und 1901–43 Hrsg. u. Redakteur der satir. Zeitung ›Söndags-Nisse‹ (nach der Vereinigung mit A. Engströms ›Strix‹ 1924 ›Söndagsnisse-Strix‹), 1916–43 auch von ›Grönköpings Veckoblad‹. Seit 1931 Mitarbeiter an ›Svenska Dagbladet‹. ∞ 1901 Anna Maria Ahlberg. — Humorvoller Plauderer voller positiver Ironie. S. Anekdoten u. Betrachtungen entnehmen ihr Material vor allem dem Alltagsleben Stockholms u. der Schären. Geschliffener, an franz. Vorbildern geschulter Stil. Unter den Scherzen verbirgt sich e. Moralist und Alltagsphilosoph mit viel Verständnis für menschl. Schwächen. Guter Kinderpsychologe.

W: Anna-Clara och hennes bröder, 1917; Ur Grönköpings stads krönika, 1924; Den lilla gåtan, 1927; Blick på tingen, 1928; 25 år med svenska folket, 1931; Lurgatan 5 med omnejd, 1944; Sällskap där man haft roligt, 1945; Dag för dag, 1946. — Samlade historier, XII 1918–22; Hasse Z.s samlade, XII 1948f. — *Übs.:* Der Dynamithund, 1918; Meine merkwürdigste Nacht, 1919; Lütiti, 1922; Kapriolen, 1923; Schwedenpunsch, 1925; Angenehme Zeitgenossen, 1937; Die Schwedenplatte, 1938; Cocktail in Bunt, 1939.

L: S. Tjerneld, 1962.

Zeyer, Julius, tschech. Dichter, 26. 4. 1841 Prag — 29. 1. 1901 ebda. Reicher Kaufmannssohn, in dessen Adern franz., dt. u. jüd. Blut floß. Eignete sich als Autodidakt an Univ. u. auf Reisen umfangr. ästhet., lit. u. sprachl. Kenntnisse an. 1887–1900 freier Schriftsteller in Vodňany. — Hauptvertreter der tschech. Neuromantik. In s. an einheim. und fremden Quellen inspirierten Werken wechseln farbenfrohe Exotik u. schwüle Sinnlichkeit mit scheuem Spiritualismus u. myst. Religiosität ab, die in der Vereinigung der Seele mit Gott ihr höchstes Ziel sieht. Dieser Zwiespalt kennzeichnet sowohl Z.s Epik, bes. die karoling. Epopöe u. die Annalen der Liebe, denen sich die intime Beichte des Dichters ›Troje paměti Víta Chorázec anschließt, als auch s. Vers- u. Prosadramen, von denen der alttschech. ›Neklan‹, die span. ›Doňa Sanča‹ u. das slovak. Märchenspiel ›Radúz a Mahulena‹ am bekanntesten sind. Z.s objektive Darstellungsart offenbart sich in dem ma. Ritterroman von Amis u. Amil sowie s. Legenden. Stark subjektiv dagegen sind s. psycholog. Romane. S. zutiefst pessimist. Lyrik ist reich an patriot. u. relig. Reflexionen u. metaphys. Betrachtungen.

W: Novely, Nn. 1879; Román o věrném přatelství Amise a Amila, R. 1880 (Roman von der treuen Freundschaft der Ritter A. u. a., d. 1904); Vyšehrad, Ep. 1880 (d. 1898); Fantastické povídky, En. 1882; Griselda, Ep. 1883 (d. 1900); Gompači a Komurasaki, R. 1884 (Sternenschimmer, d. 1925); Poesie, G. 1884; Sulamit, Dr. 1885; Čechův příchod, Ep. 1886 (Heimat, d. 1907); Kronika o sv. Brandanu, Ep. 1886; Libušin hněv, Dr. 1887; Letopisy lásky, Ep. 1889–92 (Aus den Annalen der Liebe, d. 1899); Jan Maria Plojhar, R. 1891 (d. 1908); Tři legendy o krucifixu, Lg. 1895 (Drei Legenden vom Krucifix, d. o. J.); Amparo, E. 1896; Karolínská epopeja, Ep. 1896; Doňa Sanča, Dr. 1897; Zahrada marianská, Leg. 1897/98; Dům u tonoucí hvězdy, R. 1897; Neklan, Dr. 1898; Radúz a Mahulena, Msp. 1898 (vertont J. Suk); Troje paměti Víta Chorázee, Ep. 1899; Kristina Zázračná, E. 1903; Šárka, Dr. 1906; Nové básně, G. 1907. — Sebrané spisy (GW), XXXIV 1901–07, X 1941–49 (unvollendet). — *Übs.:* Geschichten u. Legenden, 1903; Feniciens Sünde, Nn. 1921; Florenz im Schnee, Nn. 1922.

L: F. V. Krejči, 1901; J. Voborník, O poezii J. Z., 1907; ders., 1907; M. Marten, 1910; E. Jurčinová, 1941; J. Š. Kvapil, 1942; J. Fučík, Tři studie, 1948; ders., Pokolení před Petrem; 1958; M. Honzíková, 1971.

Zhang Ailing (auch: Eileen Chang), chines. Schriftstellerin, 13. 9. 1921 Shanghai — 8. 9. 1995 Los Angeles. Tochter aus prominenter Familie des ›ancien régime‹, nach unglückl. Kindheit Stud. des Engl. in Shanghai u. Hongkong, 1942 Rückkehr nach Shanghai und erste erfolgr. Publikationen (Essays, Erzählungen); 1952 Ausreise nach Hongkong, 1955 in die USA, dort vorwiegend als Übs. eigener und fremder Werke tätig. — Zh. gilt in Hongkong und Taiwan als e. der größten Schriftstellerinnen chines. Sprache, neuerdings auch auf dem chines. Festland beliebt und nachgeahmt. Ihre bedeutendsten Erzählungen, u. a. ›Qing cheng zhi lian‹ (Liebe in einer gefallenen Stadt) und ›Jinsuo ji‹ (Das goldene Joch), sind psycholog. Studien von Frauenschicksalen zwischen Tradition und Moderne; nach 1952 zwei krit.-realist. Romane über Intellektuelle und Dorfleben unter dem neuen Regime.

W: Qing cheng zhi lian, En. 1943; Jinsuo ji, En. 1943; Chuanqi, En. 1944; Liuyan, Ess. 1944; Yangge, R. 1954 (Das Reispflanzerlied, d. 1956); Chi di zhi lian, R. 1954 (Naked Earth, Lond. 1967); Yuannü, R. 1966 (Rouge of the North, 1967). – Quanji (GW), XV 1992. – *Übs.:* Das goldene Joch, E. in: Orientierungen, Lit.-Sonderheft 1995.
L: E. M. Gunn, N. Y. 1980; Renditions 45, 1996 (m. Übs.); H. Martin, in: Symbols of Anguish, hg. W. Kubin 2001.

Zhang Jie, chines. Erzählerin, * 27. 4. 1937 Peking. Nach Stud. der Planungswiss. ab 1960 in Provinzbehörden und im Ministerium für Maschinenbau tätig. 1978 Beginn der schriftsteller. Tätigkeit, seit 1982 Berufsschriftstellerin. – Vf. erfolgr. Romane und Erzählungen über die Stellung der Frau in der chines. Gesellschaft. Die Erzählung ›Fangzhou‹ gilt als erstes feminist. Werk der VR China. Der auch in Deutschland erfolgr. Roman ›Chenzhongde chibang‹ beschreibt die Schwierigkeiten und Hindernisse der Reformen nach der ›Kulturrevolution‹.

W: Ai shi bu neng wangji de, En. 1980; Chenzhongde chibang, R. 1981 (Schwere Flügel, d. 1985); Fangzhou, R. 1982 (Die Arche, d. 1985); Shijieshang zui deng wode nage ren qule, B. 1996 (Abschied von der Mutter, d. 2000); Wu zi, R. III 2002. – *Übs.:* Solange nichts passiert, geschieht auch nichts, Sat. d. 1987; Liebes-Erzählungen, En. d. 1987.

Zhang Tianyi, chines. Roman- und Novellenautor, 10. 9. 1906 Nanking – 28. 4. 1985 ebda. Stud. Peking, Dozent für chines. Lit. in Shanghai, nach 1937 in Changsha, 1952 stellv. Leiter des Zentralinstituts für Lit.-Forschung in Peking. Hrsg. der Zs. ›Volkslit.‹. – Beginn mit satir. Erzählungen, später mehr polit. Schriftsteller mit starker klassenkämpfer. sowie patriot., antijapan. Einstellung.

W: Cong kongxu dao xianshi, N. 1931; Guitu riji, R. 1931; Mifeng, N. 1933; Zai chengshi li, R. 1937; Xinsheng, N. 1938. – *Übs.:* Geschichten von Jungpionieren Chinas, Nn. 1964.

Zhang Xianliang, chines. Schriftsteller, * 8. 12. 1936 Nanjing. Nach Abschluß der Mittelschule versch. Tätigkeiten in Gansu, 1957 wegen e. Gedichts als ›rechtes Element‹ verurteilt; 22 Jahre im Arbeitslager bzw. Gefängnis; nach Rehabilitation 1979 Beginn der schriftsteller. Tätigkeit. – In Romanen und Erzählungen setzt sich Zh. mit bis dahin tabuisierten Themen wie Leben im Arbeitslager und unterdrückter Sexualität auseinander. Die Bezeichnung ›chinesischer Solshenizyn‹ ist nur teilweise passend, da Zh. immer e. systemkonforme Lösung und e. optimist. Perspektive findet. Dennoch Verbot des Romans ›Xiguan siwang‹ im Jahre 1989.

W: Ling yu rou, En. 1981; Lühua shu, R. 1984 (Die Pionierbäume, d. 1990); Nanren de yiban shi nüren, R. 1985 (Die Hälfte des Mannes ist die Frau, d. 1989); Xiguan siwang, R. 1989 (Gewohnt zu sterben, d. 1994); Wode Putishu, R. 1993 (My Bodhi Tree, Lond. 1996); Xiaoshuo Zhongguo, Ess. 1997.

Zhang Xinxin, chines. Schriftstellerin, * 4. 10. 1953 Nanjing. Nach Schulbesuch in Peking Landarbeit in Heilongjiang, 1973 Armeemitglied, Krankenschwester, 1979–84 Stud. Schauspielhochschule Peking, dann Dramaturgin in Peking, seit 1989 im Exil in den USA. – In dem 100 Kurzbiographien im Stil der oral history umfassenden Band ›Beijingren‹ zeigt Zh. die ungeschönte, inoffizielle Seite chines. Lebens, die bisher von der Propaganda verdeckt war. Thema ihrer Erzählungen ist die Problematik von Liebe, Ehe und Partnerschaft im Konflikt mit der durch Markt und Wettbewerb geprägten neuen Realität.

W: Zhang Xinxin xiaoshuo ji, En. 1985; Beijingren, Rep. 1986 (mit Koautor Sang Ye; Pekingmenschen, d. 1986); Zai lushang, R. 1987. – *Übs.:* Traum unserer Generation, E. 1986; Am gleichen Horizont, E. 1986.

Zhang Ziping, chines. Roman- und Novellenautor, 1893 Meixian (Kanton) – 1947. Nach Stud. in Tokyo 1926 Prof. der Mineralogie in Wuhan, 1928 Prof. für chines. Lit. in Shanghai, 1939 Mitgl. der Regierung Wang Jingwei in Nanking, deshalb 1947 wegen Kollaboration mit Japan verhaftet. – 1922 Mitbegründer der lit. Gesellschaft ›Schöpfung‹ (Chuangzao she) mit Guo Morno u. a., veröffentlicht seit 1922 zahlr. Romane und Novellen, meist Liebesgeschichten in intellektuellen oder bürgerl. Kreisen mit starker Kritik am traditionellen Familiensystem.

W: Zhongji qi huashi, R. 1922; Taili, R. 1927; Shangdi de nüermen, R. 1931; Ziping zizhuan, Aut. 1934; Muai, R. 1942.

Zhao Shuli, chines. Schriftsteller, 24. 9. 1906 Jinshui (Shanxi) – 23. 9. 1970 Taiyuan (Shanxi). Aus Kleinbauernfamilie, schloß sich früh der kommunist. Bewegung an. – Prominenter Vertreter e. linientreuen ›sozialist. Realismus‹; beschrieb in Romanen und Erzählungen das Leben in den Dörfern und Probleme der Bodenreform in einfacher, volksnaher Sprache.

Zhou Libo

W: Xiao Erhei jiehun, E. 1943; Li Youcai banhua, E. 1943 (d. 1950); Tiesuo, R. 1945 (Die Wandlung des Dorfes Lidjadschuang, d. 1952); Sanli wan, R. 1955 (engl. 1957).
L: Y. M. Feuerwerker, Stanford 1998.

Zhou Libo, chines. Schriftsteller, 9. 8. 1908 Qingqi (Hunan) – 1979. Stud. Shanghai; Korrektor. Ab 1934 in der KP tätig. – Als Vertreter des sozialist. Realismus beschreibt er die soz. und polit. Umwälzungen auf dem Land; während der ›Kulturrevolution‹ 1966–70 ausgeschaltet.
W: Baofeng zhouyu, R. 1949 (Orkan, d. 1953); Tieshui benliu, R. 1955; Shanxiang jubian, R. 1958; Zhou Libo xuanji, En. 1969; Xiangjiang yiye, N. 1978.

Zhuangzi (Meister Zhuang), Sammelname für chines. philos. Schriften, angebl. von Zhuang Zhou (um 365 v. Chr. Meng b. Guide/Ost-Henan – 286?) verfaßt. Insgesamt 33 Kapitel von ursprüngl. 52 sind erhalten. Kapitel 1–7 (Innere Abschnitte, neipian) sollen von Zhuang Zhou selbst sein, Kapitel 8–22 (Äußere Abschnitte, waipian) und 23–33 (Vermischte Abschnitte, zapian) stammen sicherl. nur von Schülern oder Anhängern. 742 n. Chr. vom Kaiser durch den Titel ›Wahres Buch von Nanhua‹ (Name des Geburtsorts von Zhuang Zhou) kanonisiert. Wichtigste und umfangreichste Quelle des philos. Taoismus. – Zh. vertritt e. All-Einheitslehre, in der Sein und Nichtsein, Leben und Tod aller Wesen nichtig sind. Ziel des Menschen sind Anpassung an die Natur, Ergebung in das Schicksal, Verzicht auf persönl. Wünsche, myst. Schau, Versinken im Weltganzen. Stark ausgeprägte Kulturkritik: Riten, Gesetze, Staat sind Verfallserscheinungen und Abkehr vom Weg (Dao) des Weltganzen. Aufschlußreich die vielen Polemiken gegen andere philos. Richtungen. Völlige Ablehnung des Konfuzianismus (Konfuzius erscheint als fast lächerl. Figur). Form und Sprache teils essayist.-abstrakt, teils anekdot.-dialog. Kühne und tiefsinnige Gleichnisse, Personifikation von Naturkräften und Ideen neben altem Mythengut in taoist. Umdeutung; Paradoxa, Witz und Satire. Insges. ist Zh. trotz s. Uneinheitlichkeit das eindrucksvollste Dichtwerk des chines. Altertums u. e. der sprachmächtigsten Schriften der Weltlit.
Übs.: H. A. Giles, Lond. 1889, ²1926; J. Legge, Oxf. 1891; L. Wieger, Les pères du système taoiste, Paris ²1950; d. R. Wilhelm, 1912 u.ö.; B. Watson, N. Y. 1968; K. H. Liou, Paris 1969; A. C. Graham, Lond. II 1981–82.
L: T. T. Chang, 1982.

Ziedonis, Imants, lett. Dichter, * 3. 5. 1933 Ragaciems b. Jūrmala. Fischerfamilie; bis 1952 örtliche Schulen; bis 1959 Stud. der Philol. Riga, bis 1964 Literaturkurse Moskau; Straßenbauer, Lehrer, Bibliothekar; 1966/67 Sekretär des Schriftstellerverbandes; Berufsschriftsteller, 1977 sowjet. ›Volksdichter‹; seit 1987 Vorsitzender des Lett. Kulturfonds. – Im ›Tauwetter‹ groß geworden, lebende Legende, vielseitig; trotz s. Biographie waren s. Gedichte oft an der Grenze des Erlaubten; typische Elemente sind unlyrischer Stil, direkte Leseranrede, Wortwiederholungen, mögliches bildhaftes Verständnis; Übs. (Puškin, Blok).
W: Zemes un sapņu smilts, G. 1961; Motocikls, G. 1965; Es ieeju sevī, G. 1968; Caurvējš, G. 1975; Lāču pasaka, M. 1976; Man labvēlīgā tumsā, G. 1979; Re, kā, G. 1981; Taureņu uzbrukums, G. 1988. – Raksti (W), XII 1995–2002.
L: V. Ķikāns, Pieci, 1980.

Zielens, Lode, fläm. Schriftsteller, 13. 6. 1901 Antwerpen – 28. 11. 1944 ebda. Autodidakt. Starb kurz nach der Befreiung durch e. Geschoß der deutschen V-Waffe. – S. Romane in der Tradition des fläm. Realismus u. Naturalismus schildern das Elend der Armen.
W: Het jonge leven, En. 1928; Het duistere bloed, R. 1930; Moeder, waarom leven wij?, R. 1932; De gele roos, R. 1933; Nu begint het leven, R. 1934; De dag van morgen, R. 1938; Lees en vergeet, En. 1941; Te laat voor muziek, En. u. Sk. 1941; Herinneringen van toen..., En. 1942; Alles wordt betaald, R. hg. 1945; Menschen als wij, R. hg. 1946.
L: Gedenkboek, 1945; H. Lampo, 1956; E. Willekens, 1971.

Zilahy, Lajos, ungar. Schriftsteller, 27. 3. 1891 Nagyszalonta – 1. 12. 1974 Novi Sad. Gymnas. Nagyszalonta. Stud. Jura Budapest. Im 1. Weltkrieg schwer verwundet, im 2. Weltkrieg Widerstandskämpfer, danach Präsident der Sowjet.-Ungar. Kulturvereinigung. Emigrierte 1947, als er die wahren Bestrebungen der kommunist. Machthaber erkannte. Lebte dann in den USA u. ließ s. Publikationen in engl. Sprache erscheinen. – Vf. psycholog.-realist., von zeitnahen Problemen der Zwischenkriegszeit angeregter Romane, die, stark erotisch betont, e. gewisse Dekadenz verraten. Auch als Dramatiker einige bedeutende Erfolge; weniger erfolgr. als Lyriker.
W: Versei, G. 1916; Az ökör és más komédiák, Sch. 1920; Halálos tavasz, R. 1922 (Tödlicher Frühling, d. 1936); Szépapám szerelme, R. 1922 (Die Liebe meines Urahnen, d. 1938); Hazajáró lélek, Sch. 1923; Az ezüstszárnyú szélmalom, Nn. 1924; Süt a nap, Sch. 1924; Csillagok, Sch. 1925; Zenebohócok, Sch. 1925; Két fogoly, R. 1927 (Zwei Gefangene, d. 1937); A fehér szarvas, Sch. 1927 (Der weiße Hirsch, d. 1937); A világbajnok, Lsp. 1927; Szibéria, Sch. 1928; Valamit visz a víz, R. 1929 (Etwas treibt im Wasser, d. 1937); A tábornok, Sch. 1928; Leona, Sch. 1930; A szökevény, R. 1930 (The Deserter, engl. 1932); Tűzmadár, Sch. 1932; A lélek kialszik, R. 1932 (Die Seele erlischt, d. 1938); Fehér hajó, Nn. 1935; A fegyverek visszanéznek, R. 1936 (Die gol-

dene Brücke, d. 1940); A szűz és a gödölye, Sch. 1937 (Die Jungfrau mit dem Lamm, d. 1937); A földönfutó város, R. 1939; Csöndes élet, E. 1941 (Stilles Leben, d. 1947); Szépanyám, Sch. 1943; Ararát, R. 1947 (The Dukays, engl. N. Y. 1949; Die Dukays, d. 1950; Krisztina és a király, R. 1953; The Angry Angel, R. 1953 (d. 1953); Deep in the Forest, R. 1959 (Im Herzen des Waldes, d. 1959); Century in Scarlet, R. 1959. – Összegyűjtött munkái, X 1929.

Zimorowic, Bartłomiej Józef (eig. B. J. Ozimek), poln. Dichter, 20. 8. 1597 Lemberg – 14. 10. 1677 ebda. Sohn e. Steinmetzes. Bruder von Szymon Z.; Bürgermeister von Lemberg ab 1648. – Schrieb nach e. Schilderung der Lisowski-Kosaken und e. Anti-Luther-Schmähschrift Versoder Prosadichtungen, die die Geschichte Lembergs besingen, dazu relig. Gedichte, bes. Marienlyrik, in poln. u. lat. Sprache. Bedeutend s. ruthen. Idyllen, die das alte Vorbild der erot. u. sentimentalen Schäfertändelei vor antiker Staffage benutzen, um eigene Angelegenheiten darzustellen.
W: Żywot kozaków Lisowskich, 1620 (n. 1950); Testament Luterski, 1623 (n. 1890); Pamiątka wojny tureckiej, 1623; Vox Leonis, 1634 (n. 1887); Hymny na uroczyste święta Panny ... Mariej, 1640 (n. 1876); Jesu, Maria, Joseph, 1640; Advocatus mundi, 1642; Sielanki nowe ruskie, G. 1663 (n. 1916); Viri illustres civitatis Leopoliensis, 1671; Leopolis triplex, 1672 (gedr. 1899); Leopolis a Turcis a. 1672 hostiliter obsessa, 1693. – Pisma do dziejów Lwowa odnoszące się (AW), 1899.
L: K. J. Heck, 1904; S. Adamczewski, 1928; K. Płachcińska, 1988.

Zimorowic, Szymon (eig. Sz. Ozimek), poln. Lyriker, 1608 Lemberg – 21. 6. 1629 Krakau. Bruder von Bartłomiej Józef Z., schrieb künstler. kultivierter als dieser Idyllen in antikem Gewand für dessen Hochzeitsfeier. Formal weit besser durchgestaltet, Verse geschmeidiger, geschmackvoller. Kennzeichnend tiefes Gefühl u. Wahrhaftigkeit.
W: Roksolanki, to jest ruskie panny, G. 1654 (n. 1984).
L: K. J. Heck, 1904; K. Płachcińska, 1988.

Zinov'ev, Aleksandr Aleksandrovič, russ. Schriftsteller, * 29. 10. 1922 Pachtino/Gebiet Kostroma. 1954–77 Mitarbeiter des philos. Inst. der Akademie der Wissenschaften der UdSSR. 1977 Ausreise. Lebte bis zur Rückkehr nach Rußland 1999 in München. – Autor von ca. 15, meist umfangreichen, sich in vielem wiederholenden satir. Werken über das sowjet. System. Das Leben der sowjet. Intelligenz wird in weniger künstler. als soziolog. kleinen Einzelszenen durch e. abstrahierenden Zerrspiegel gesehen.
W: Zijajuščie vysoty, R. 1976 (Gähnende Höhen, d. 1981); Svetloe buduščee, R. 1978 (Lichte Zukunft, d. 1979); Bez illjuzii, Ess. 1979 (Ohne Illusionen, d. 1980); Gomo Sovietikus, R. 1982 (Homo soveticus, d. 1984); Katastrojka, R. 1990; Smuta, R. 1995. – Sobranie sočinenij (GW), X 2000f.
L: P. Hanson, hg. Basingstoke 1988; B. Heitkam, 1990; M. Kirkwood, Basingstoke 1993.

Žinzifov, Rajko, mazedon. Schriftsteller, 15. 2. 1839 Veles – 15. 2. 1877 Moskau. Zunächst Lehrer bei D. Miladinov, später Stud. klass. Philol. Moskau, wo er bis zu s. Tode Gymnasiallehrer war. – Außer lyr. Gedichten, in denen er s. Heimat verherrlichte u. soziale Probleme berührte, sowie Epen, die die Unterdrückung durch die Türken zum Gegenstand haben, verfaßte Ž. zahlr. Publikationen, in denen er für die Vereinigung aller Slawen eintrat. Bediente sich e. mazedon.-russ. Mischsprache. Übs. aus dem Russ., Ukrain. u. Tschech.
W: Gusljar v sobor, G. 1868; Krvava košulja, G. 1870; Prošedba, N. o.J. – Odbrani tvorlbi (AW), 1986.
L: A. Spasov, 1960.

Zīverts, Mārtiņš, lett. Dramatiker, 5. 1. 1903 Mežmuiža b. Valle – 4. 10. 1990 Stockholm. Sohn e. Pächters; ab 1910 Vilce, örtliche Schulen; bis 1924 Gymnas. Jelgava; 1924 Rom; bis 1934 Redakteur bei der Zs. ›Jaunais Zemgalietis‹; bis 1938 Stud. der Philol. Riga; 1938–44 Dramaturg; 1944 nach Schweden emigriert; diverse Jobs; Dramen auf internationalen Exilbühnen. – Sehr bühnengerechte Dramen, geschickte Dialoge; Frühwerk meist sehr dramat. Handlung, später auch witzig oder philos. gestaltet; die Themen der Gegenwart werden oft surreal behandelt; größte Erfolge bei Komödien, Tragödien u. hist. Dramen.
W: Hasana harems, Sch. 1928; Tīreļpurvs, Dr. 1936; Āksts, Dr. 1938 (Der Schwan v. Avon, d. 1938); Ķīnas vāze, K. 1940; Minhauzena precības, K. 1942; Vara, Tr. 1945; Rakte, Tr. (1946); Cenzūra, Sch. (1951) 1976; Rūda, Dr. (1954) 1960 (Erz, d. 1961); Pēdējā laiva, Dr. (1956) 1970; Rakete, Sch. 1959; Rīga dimd, Dr. 1969. – M. Z. lugas (GW als Buchserie), XXX 1959–76.
L: M. Z. pasaule, hg. R. Birzgale, Sydney 1974; M. Z., Par sevi, Riga 1992.

Ziya Gökalp, Mehmed, türk. Schriftsteller, 23. 3. 1876 Diyarbakır – 25. 10. 1924 Istanbul. Beamtensohn; 1896 Verwaltungs- u. Veterinärschule Istanbul, 1900 wegen freiheitl. Tätigkeit zu Gefängnis verurteilt u. aus der Hauptstadt verwiesen, nach der Revolution von 1908 Mitgl. des jungtürk. ›Komitees für Einheit u. Fortschritt‹; verbreitete s. sozial-nationalen Ideen in der Zs. ›Genç Kalemler‹, 1915–19 Dozent für Soziologie an der Univ. Istanbul, 1919 mit anderen Nationalisten von der brit. Besatzungsmacht nach Malta deportiert, 1923 Abgeordneter. – Grundlegender

Zlatarić

Theoretiker des ›Türkismus‹, der die emotionellverschwommenen Strömungen des Panturanismus zu e. programmat. Ideologie (Türkisierung, Islamisierung, Modernisierung) zusammenfaßte. S. soziolog. Schriften (u. a. von E. Durkheim beeinflußt) wie auch s. sprachl. zum Purismus tendierenden, auf myth. Elemente zurückgreifenden Dichtungen dienten dem Zweck, den osman. Reichsgedanken durch e. das Türkentum jenseits der Grenzen einbeziehendes türk. Volksbewußtsein zu ersetzen.

W: Kızıl Elma, G. 1915 (Der rote Apfel, d. 1916); Türkleşmek, Islâmlaşmak, Muasırlaşmak, Schr. 1918; Yeni Hayat, G. 1918; Altın Işık, G. 1923 (n. 1942); Türkçülüğün Esasları, Schr. 1923 (Principles of Turkish Nationalism, engl. 1968). – GW, I 1952, II 1965 (engl. N. Berkes, N. Y. 1959), 1976.

L: A. Nüzhet, 1931; Z. Fahri, Paris 1936; H. Z. Ülken, 1942; E. B. Şapolyo, 1943; U. Heyd, The Foundations of Turkish Nationalism, Lond. 1950; I. Binark, N. Sefercioğlu, 1971; T. Parla, The Social and Political Thought of Z. G., 1876–1924 (1985).

Zlatarić, Dominko, kroat. Dichter, um 1558 Dubrovnik – 1613 ebda. Reicher Bürgersohn, Stud. Padua, dort ›rector artistarum‹, vom Dogen zum ›eques auratus‹ ernannt. – Kehrte unter Einfluß P. Bembos zur reinen petrarkist. Lyrik zurück, die er der schönen Cvijeta Zuzorić widmete, lehnte Sinnlichkeit ab, besang platon. Liebe. Übs. Tassos ›Aminta‹ aus der Hs. (1580), ferner Sophokles' ›Elektra‹ u. Ovids ›Pyramus und Thisbe‹ aus den ›Metamorphosen‹ (beide 1597).

W: Pjesni razlike, G. (vor 1580) hg. 1853. – Djela (W), hg. P. Budmani (Stari pisci hrvatski 21) 1899; Pet stoljeća hrvat. književ., V 1968 (m. Bibl. in Bd. V).

L: A. Vaillant, Paris 1928.

Zlatovratskij, Nikolaj Nikolaevič, russ. Schriftsteller, 26. 12. 1845 Vladimir – 23. 12. 1911 Moskau. Stud. Technolog. Institut Petersburg ohne Abschluß. – E. der namhaftesten lit. Vertreter der ›Volksfreunde‹, des ›narodničestvo‹; war über das Stud. der Werke Lavrovs und Michajlovskijs zu s. Gedanken über den Wert der Dorfgemeinschaft gelangt. S. Skizzensammlung ›Derevenskie budni‹ ist der Darstellung der Gemeindeordnung des Mir gewidmet; schildert in ›Krest'jane-prisjažnye‹ und ›Ustoi‹ in dichter. gehobener Sprache die zeitgenöss. Lage der in der Dorfgemeinde vereinten Bauernschaft und die in ihr hervortretenden Tendenzen.

W: Krest'jane-prisjažnye, R. 1874; Ustoi, R. 1878–82 (n. 1928, 1951); Derevenskie budni, Sk. 1879. – Sobranie sočinenij (GW), III 1884–89, VIII 1912 f.; Izbrannye proizvedenija, Ausw. 1947; Vospominanija, Erinn. 1956.

Zlobec, Ciril, slowen. Schriftsteller, * 4. 7. 1925 Ponikve. Stud. Slawistik Ljubljana, Zsn.- u. TV-Redakteur, polit. Tätigkeit. – Z. arbeitet als Neoexpressionist mit Elementen des Surrealismus.

W: Ljubezen, G. 1958; Pesmi jeze in ljubezni, G. 1968; Moj brat svetnik, R. 1970; Dve žgoči sonci, G. 1973; Poezija in politika, Ess. 1975; Nove pesmi, G. 1985; Moja kratka večnost, G. 1990; Lepo je bit Slovenec, ni pa lahko, Prosa 1992; Mojih sedamdeset, Bibl. 1995; Spomin kot zgodba I–II, Prosa 1998; Samo ta dan imam, G. 2000.

L: M. Švajncer, 1995.

Zmaj → Jovanović, Jovan

Żmichowska, Narcyza (Ps. Gabryella), poln. Schriftstellerin, 4. 3. 1819 Warschau – 24. 12. 1876 ebda. 1849–52 in polit. Haft, dann Lehrerin in Warschau. Führerin des Kreises der ›Entuzjaści i Entuzjastki‹ in Warschau. In soz. Arbeit tätig. Vorkämpferin der Frauenemanzipation. – Bedeutend sind ihre Romane, in denen sie inneren Protest ebenso wie individualist. Absonderung von der Gesellschaft als unfruchtbar ablehnt. Trifft sich mit poln. Positivisten in der Forderung nach Umwandlung der Gesellschaft. In Romanen Darstellung leidenschaftl. dämon. Frauentypen in der Art der G. Sand.

W: Wolne chwile Gabryelli, G. 1845; Poganka, R. 1846 (n. 1950); Książka pamiątek, R. 1848; Biała róża, R. 1858 (n. 1929); Czy to powieść?, R.-Fragm. 1877. – Pisma, V 1885f.; Wybór powieści (ausgew. R.e), II 1953; Ścieżki przez życie, Mem. 1961; Listy (Br.), III 1885–1906, III 1957–65.

L: C. Walewska, 1919; M. Romańkówna, 1962; H. Pańczyk, 1962; M. Stępień, 1968; M. Woźniakiewicz-Dziadosz, Między buntem i rezygnacją, 1978.

Zola, Emile Edouard Charles Antoine, franz. Schriftsteller, 2. 4. 1840 Paris – 29. 9. 1902 ebda. Vater Ingenieur, naturalisierter Italiener, Mutter Französin. Kindheit in Aix-en-Provence. Enge Freundschaft mit Cézanne. Ab 1858 mit s. Mutter in Paris, Schüler des Lycée Saint-Louis; nach Mißerfolg bei der Reifeprüfung Dockarbeiter, im Verlag Hachette tätig, ab 1865 Journalist. Trat in ›L'événement‹ für die neue Kunstrichtung des Impressionismus, für Manet u. a. ein. S. Roman ›L'assommoir‹ (1877) war der 1. Erfolg des Naturalismus. Versammelte regelmäßig junge Schriftsteller (P. Alexis, H. Céard, J.-K. Huysmans, L. Hennique und G. de Maupassant) um sich, veröffentlichte mit ihnen Novellen u. d. T. ›Soirées de Médan‹. Führte 1879–82 e. glühende Kampagne für den Naturalismus. 1888, nach Veröffentlichung von ›La terre‹, distanzierten sich einige s. Schüler mit dem ›Manifeste des cinq‹ von Z.s ›Littérature putride‹. Trat 1898 mit dem offenen Brief ›J'accuse‹ für Dreyfus ein, floh, zu 1

Jahr Gefängnis verurteilt, nach England, kehrte amnestiert und gefeiert 1899 zurück. Im Panthéon beigesetzt. – Als Erzähler und Theoretiker Haupt des Naturalismus in Frankreich und Europa. Wendet unter Einfluß von Taine und C. Bernard (›Introduction à la médecine expérimentale‹) die nach den zeitgenöss. wiss. Ergebnissen aus Milieutheorie und Vererbungslehre resultierende Determiniertheit des Menschen auf die Ästhetik des Romans an. Übereinstimmend mit der naturwissenschaftl. beruht s. künstler. Methode auf Beobachtung und Experiment. S. Hauptwerk, der 20bändige Romanzyklus ›Les Rougon-Macquart‹, ist die Natur- und Sozialgeschichte von 5 Generationen e. verfallenden Familie. Das Schwergewicht liegt auf der Milieuschilderung, der Darstellung Frankreichs im 2. Kaiserreich mit s. techn. und soz. Erscheinungen wie Warenhaus, Bergwerk, Geld, Maschine, die Z. möglichst naturgetreu in allen auf s. Personen wirkenden Einzelheiten wiederzugeben sucht. Betont die häßl. Aspekte, oft mit abstoßendem Realismus. Schwach ist die psycholog. Analyse von Individuen; s. Personen sind durch Umwelt und Vererbung bestimmte Abstraktionen. Z. überwindet die Enge s. Theorie durch visionäre Einbildungskraft. Hervorragend sind s. plast. und dynam. Beschreibungen von Volksmassen. Verwandelt bisweilen durch die Intensität s. visionären Kraft unbelebte Gegenstände, Mächte der materiellen Welt, wie z. B. Bergwerk und Lokomotive, in gigant., myth. und symbol. Wesen. S. Meisterwerk ist der Roman ›Germinal‹ über das harte Leben der Bergleute. Die letzten Romane stehen nicht mehr im Dienst s. wiss. Fatalismus, sondern sind von soz. Ethos und humanitärem Idealismus durchdrungen. Mehrere Dramen, einige Romane dramatisiert.

W: Contes à Ninon, Nn. 1864; Mes haines, Es. 1866 (Was ich nicht leiden mag, d. 1886); Mon salon, Es. 1866; Edouard Manet, Es. 1867; Les mystères de Marseille, 1867; Thérèse Raquin, 1867 (d. 1884); Madeleine Férat, 1869; Les Rougon-Macquart. Histoire naturelle et sociale d'une famille sous le second Empire, R.-Zykl. XX 1871–93 (n. A. Lanoux, H. Mitterand V 1960–67; d. XX 1892–99, 1923–25, hg. R. Schober 1954ff. [mehrere Auflagen], 1974ff.; darüber hinaus zahlr. ältere u. neue Einzelübs.): La fortune des Rougon, 1871, La curée, 1874, Le ventre de Paris, 1874, La conquête de Plassans, 1874, La faute de l'abbé Mouret, 1875, Son Excellence Eugène Rougon, 1876, L'assommoir, 1877, Une page d'amour, 1878, Nana, 1880, Pot-Bouille, 1882, Au bonheur des dames, 1883, La joie de vivre, 1884, Germinal, 1885, L'œuvre, 1886, La terre, 1887, Le rêve, 1888; La bête humaine, 1890, L'argent, 1891, La débâcle, 1892, Le docteur Pascal, 1893; Nouveaux contes à Ninon, Nn. 1874; Théâtre (Thérèse Raquin, Les héritiers Rabourdin, Le bouton de rose), 1878; La République française et la littérature, Schr. 1879; Le roman expérimental, Schr. 1880 (d. 1904); Les soirées de Médan: L'attaque du Moulin, 1880; Les romanciers naturalistes, Schr. 1881 (d. 1893); Le naturalisme au théâtre, Schr. 1881; Nos auteurs dramatiques, Schr. 1881; Documents littéraires, études et portraits, Schr. 1881; Naïs Micoulin, N. 1884; L'affaire Dreyfus: Lettre à la jeunesse, 1887, La vérité en marche, 1901 (Tagebuch der Affäre D., d. 1957); Les trois villes, R.-Zyklus: Lourdes, 1894, Rome, 1896, Paris, 1898; Nouvelle campagne, Schr. 1897; Les quatre Evangiles, R.-Zyklus: Fécondité, 1899, Travail, 1901, Vérité, 1903, Justice, Fragm.; Madame Sourdis, 1929. – Œuvres, hg. M. Le Blond L 1927–29; Œuvres choisies, 1930; Contes et nouvelles, 1976; Zola photographe, hg. F. Emile-Zola et Massin 1979 (d. 1979); Le procès Zola, 7–23 février 1898, hg. M. Thomas, Genf 1980f.; Correspondance, X 1858–1902, 1980. – Übs.: GW, X 1950, VIII 1911, III 1925; Ges. Novellen, III 1921; Erzählungen, C. Noch 1953; Monsieur Chabres Muscheln, Nn. 1959; Dramen, S. Savits 1887f.; Kampf um Wahrheit und Recht, Br. 1928.

L: E. A. Vizetelly, d. 1905; E. Seillière, 1923; M. Josephson, 1928; B. de Jouvenel, 1931; H. Barbusse, 1932; D. Leblond-Zola, 1932; J. Romains, Z. et son exemple, 1935; C. Beuchat, Histoire du naturalisme français, 1949; G. Robert, 1952; A. Wilson, N. Y. 1952, ²1965; F. W. J. Hemmings, Oxf. 1953, ²1966; A. Lanoux, 1954; J. H. Matthews, 1957; N.-O. Franzén, Z. et La joie de vivre, Stockh. 1958; M. Bernard, 1959; G. Walter, 1959; H. Guillemin, 1960; ders., Présentation des ›Rougon-M.‹, 1964; ders., 1971; R. Ternois, 1961; A. Carter, Z. and the Theatre, New Haven 1963; A. Laborde, 1963; J. C. Lapp, Toronto 1964 (franz. 1972); A. C. Proulx, Aspects épiques des ›R.-M.‹, 1966; E. M. Grant, N. Y. 1967; M. Euvrad, 1967; P. Brady, 1968; I. G. Patterson, A Z. Dictionary, ²1969; A. Dezalay, 1973; J. A. Bédé, N. Y. 1974; A. Krakowski, 1974; W. Hewitt, 1974; A. de Lattre, 1975; R. Paris, Rom 1975; H. Suwala, Warschau 1976; C. Bertrand-Jennings, 1977; N. de Faria, 1977; N. Schor, Baltimore 1978; J. A. Frey, Madrid 1978; E. Koutchborskaia, Moskau 1978; J. Allard, Grenoble 1978; J. Richardson, Lond., N. Y. 1978; B. de Jouvenel, 1979; B. Knapp, N. Y. 1980; K. Korn, 1980; J. Noiray, 1981; R. Ripoll, 1981; E. Scolari, Reggio Emilia, 1981; J.-M. Guieu, 1983; P. Walker, Amst. 1984; J. Best, 1986; A. Schom, 1987; C. Seassau, 1989; Actes du Colloque, 1993/95; L. Ulbach, 1998; B. Tillier, 1998; W. Gallois, 2000; J. Albers, 2002; C. Becker, 2002; F.-M. Mourad, 2003. – Bibl.: A. Laporte, 1894; H. Mitterand, H. Suwala, 1968; D. Baguley, 1976.

Zoppi, Giuseppe, ital.-schweizer. Schriftsteller, 12. 9. 1896 Broglio/Tessin – 18. 9. 1952 Locarno. Stud. Romanistik Fribourg, 1918 Dr. phil.; 1924 Gymnasialprof. in Locarno, 1931 Prof. für ital. Sprache TH Zürich. – Schildert in freirhythm. Lyrik, Erzählungen und Prosa die Alpenlandschaft s. heimatl. Tessin. Vermittler zwischen dt. und ital. Lit.; Übs. von Ramuz und C. F. Meyer.

W: Il libro dell' Alpe, 1922; Il libro dei gigli, 1924; Quando avevo le ali, E. 1926 (d. 1966); Leggende del Ticino, 1926; Valchiusa, 1929; Mattino, 1933; Azzurri sui monti, 1936; Presento il mio Ticino, 1939; Antologia delle lettere italiane ad uso degli stranieri, IV 1939–44;

Poesie d'oggi e di ieri, Übsn. 1944; Convegno, 1948; Dove nascono i fiumi, R. 1950.

L: L. Del Priore, 1964; P. R. Frigeri, hg. 1997.

Zoranić, Petar, kroat. Dichter, 1508 Zadar – vor 1569 ebda. Aus altem Adelsgeschlecht; nähere biograph. Daten fehlen. – Mit Krnarutić Hauptvertreter der Renaissancelit. in Zadar; s. frühen Dichtungen ›Ljubveni lov‹ u. ›Vilenica‹ sind verloren; Sannazaros Idylle ›Arcadia‹ regte Z.s Schäferroman ›Planine‹ an, den 1. kroat. Prosaroman.

W: Planine, R. 1569 (hg. F. Švelec 1964; Faks. 1952), 1995. – Djela (Stari pisci hrvatski 16), 1886; Pet stoljeća hrvat. književ, VIII 1964 (m. Bibl.).

L: T. Matić, 1909; F. Švelec, 1964; P. Z. i njegova doba, 1969; F. Švelec, 1988; ders., 1990; J. Vončina, 1988.

Zorin, Leonid Genrichovič, russ. Dramatiker, * 3. 2. 1924 Baku. Stud. Univ. Baku u. Lit.institut Moskau (bis 1947). Lebt in Moskau. – Begabter Dramatiker, dessen sozialkrit. Stücke ›Gosti‹ u. ›Druz'ja i gody‹ von offiziöser Kritik angegriffen wurden. ›Dekabristy‹ (1967) um Lösung von tradit. Formen bemüht.

W: Svetlyj maj, Drr. 1962; Teatral'naja fantazija, Drr. 1974; Staraja rukopis', R. 1983; Avanscena, R. 1997. – Izbrannoe, Drr.-Ausw. 1986.

Zorrilla y Moral, José, span. Dichter u. Dramatiker, 21. 2. 1817 Valladolid – 23. 1. 1893 Madrid. Sohn e. hohen kgl. Beamten; Erziehung im Adelsseminar von Madrid, wo er sich durch scharfen Verstand u. lit. Begabung auszeichnete; 1833 auf Wunsch des Vaters Stud. Rechte Toledo u. Valladolid; brach 1836 die Laufbahn ab u. verließ s. Elternhaus, um sich in Madrid ganz der Lit. zu widmen; journalist. Tätigkeit, Verkehr in Literatenzirkeln, ständige Geldnot; 1839 ∞ Matilde O'Reilly, e. 16 Jahre ältere Witwe, unglückl. Ehe; daher 1846 Reise nach Frankreich, zuerst 1847 Bordeaux, dann Paris, befreundet mit V. Hugo, G. Sand, Musset u. a.; 1855 nach Mexiko, Protektion Kaiser Maximilians, Leitung des dortigen Nationaltheaters; 1866 Rückkehr nach Spanien, begeisterter Empfang; 1869 ∞ Juana Pacheco; 1882 Aufnahme in die Span. Akad.; 1889 Krönung zum Nationaldichter auf der Alhambra in Granada. – E. der bedeutendsten span. Romantiker, mit starker Phantasie u. dichter. Schöpferkraft begabt; besaß ungeheure Leichtigkeit u. Virtuosität im Dichten; große Musikalität der Verse, entging nicht immer der Rhetorik u. Oberflächlichkeit. Wurde über Nacht berühmt durch e. Dichtung, die er am Grabe Larras vortrug. Bevorzugte Themen sind Liebe, Religion u. Vaterland. Erfreute sich außerordentl. Beliebtheit beim span. Volk, das ihn als Bewahrer altspan. Traditionen verehrte; bedeutend v. a. durch s. Verslegenden, in denen er das ma. Spanien mit s. Ritterwelt in farbenprächtigen, fesselnden Bildern wiederaufleben läßt. Höhepunkt ›Granada‹ über die Eroberung der Stadt durch Ferdinand u. Isabella. S. Bühnenwerk ist themat. u. stilist. eng mit den Legenden verbunden, behandelt bes. hist. u. legendäre Gestalten u. Episoden (Rodrigo-Sage, Maurenkämpfe, Zeit Pedros I. u. a.); berühmtestes Werk ›Don Juan Tenorio‹, bis jetzt beste Version des Don-Juan-Themas, noch heute mit unvermindertem Erfolg auf allen span. Bühnen aufgeführt; abweichend von bisher übl. Fassungen findet s. Don Juan Erlösung durch die Kraft der Liebe.

W: A buen juez, mejor testigo, Leg. 1838; El zapatero y el rey, Dr. II 1840f. (n. 1980); Cantos del Trovador, Legn.-Slg. III 1841; Vigilias del estío, G. 1842; El puñal del godo, Dr. 1842; Don Juan Tenorio, Dr. 1844 (n. Lond. 1966; d. 1850, 1898, 1947, 1988); La azucena silvestre, Leg. 1845; El rey loco, Dr. 1847; Traidor, inconfeso y mártir, Dr. 1849; Granada, Leg. 1852; Ecos de las montañas, Leg. 1868; Recuerdos del tiempo viejo, Aut. II 1880–83 (n. 2001); La leyenda del Cid, Leg. 1882. – Obras completas, IV 1905, II ²1942; Antología poética, 1984.

L: A. de Valbuena, 1889; E. Ramírez Angel, 1915; N. Alonso Cortés, ²1942; A. de María y Campos, 1956; J. López Rubio u. a., 1972; L. Díaz Viana, 1982; Actas del Congreso sobre J. Z., 1995; R. Navas Ruiz, 1995. – *Bibl.:* A. H. Lensing, Ann Arbor 1986.

Zorrilla de San Martín, Juan, uruguay. Dichter, 28. 12. 1855 Montevideo – 3. 11. 1931 ebda. Stud. Jura Santiago de Chile, seit 1878 Rechtsanwalt in Montevideo; polit. u. journalist. Tätigkeit, 1880 Prof. für Lit.; Verbannung nach Buenos Aires, 1887 Rückkehr, Diplomat; Lehrstuhl für Kunstgeschichte. Wurde als ›Dichter der Nation‹ geehrt. – Romantiker in der Nachfolge Bécquers, dessen Einfluß in den Vers- u. Strophenformen wie auch in der Schilderung von Seelenzuständen zwischen Traum u. Wirklichkeit sichtbar wird; die ›Leyenda patria‹ hat heroischen Charakter; die Dichtung ›Tabaré‹ behandelt e. Sage aus der Zeit der span. Invasion.

W: Notas de un himno, G. 1877; La leyenda patria, Dicht. 1879; Tabaré, Dicht. 1888 (endgültige Fassg. 1923; d. L. Fastenrath, in: Aus Spanischen Landen, 1911); Resonancias del camino, Reiseb. 1895; Discursos y conferencias, Prosa 1905, III 1965; La epopeya de Artigas, Dicht. II 1910. – Obras completas, hg. O. Crispo Acosta XVI 1930; Obras escogidas, hg. R. Bula-Piriz 1967; Ensayos, hg. A. S. Visca 1978.

L: R. Rojas, 1933; R. A. Ardoino, 1945; A. M. Escudero, 1955; Lauxar, 1955; R. Montero Bustamente, 1955; E. Tomé, 1955; C. Zorrilla, 1957; Homenaje, 1959; R. Ibáñez, 1959; N. Sniffet, 1960; D. Bordoli, 1961; E. Anderson Imbert, 1968; A. Seluja, A. Paganini, 1979.

Zorut(t), Pjeri, rätoroman.-friaul. Dichter, 27. 12. 1792 Lonzano del Collio/Friaul – 23. 2. 1867 Udine. Schulen in Lonzano, Cividale und Udine. Schreiber, dann Offizial im k.k. Finanzdienst, 1854 pensioniert. – Bedeutendster friaul. Lyriker, schrieb humorvolle, leicht dahinfließende Lyrik, die v.a. in Sonettform den versch. Situationen des tägl. Lebens erheiternden oder leicht sentimentalen Ausdruck verleiht.

W: Poesie friulane, 1828; Poesiis, II 1836f., III 1846–57. – Poesie edite ed inedite, II 1880; Poesie complete, hg. B. Chiurlo 1911f.; Poesie scelte, 1946, 1949.
L: B. Chiurlo, 1942; G. D'Aronco (Nuova Antologia della Letteratura friulana), 1960 (m. Bibl.). – *Bibl.:* ders. (Aevum 19), 1945.

Zoščenko, Michail Michajlovič, russ. Schriftsteller, 10. 8. 1895 Poltava – 22. 7. 1958 Leningrad. Vater Kunstmaler; Stud. Rechte Petersburg, 1915 Kriegsfreiwilliger, Offizier, 1918/19 in der Roten Armee, schloß sich 1921 der lit. Gruppe der ›Serapionsbrüder‹ an, 1943 von Fadeev heftig angegriffen, nach überraschender vernichtender Verurteilung durch den Parteierlaß vom 14. 8. 1946 aus dem Sowjet. Schriftstellerverband ausgeschlossen, nächster Auswahlband erst 1956. – War lange der beliebteste und meistgelesene sowjet. Schriftsteller. Bedeutender Satiriker, dessen Stil den sog. ›skaz‹, die ›ornamentale Prosa‹, fortsetzt, die am Anfang der 20er Jahre im Kreis der ›Serapionsbrüder‹ gepflegt wurde und in ihrer Entwicklung über Remizov und Leskov zurück bis zu Gogol' zu verfolgen ist; z.B. berichtet der fingierte Erzähler in ›Rasskazy Nazara ... Sinebrjuchova‹ in der Sprache der Halbgebildeten, die mit volkstüml. Wendungen, gelehrten Ausdrücken und journalist. Idiomatik vermengt ist. S. oft dem Feuilleton nahestehenden Kurzgeschichten führen die milieuschildernde Anekdote Gorbunovs weiter, haben meist e. Umfang von nur wenigen Seiten; darunter in Struktur und Stil vollendete Stücke; Gegenstand s. Satire sind der die Revolution ohne e. Spur von Heroismus hinnehmende Sowjetbürger, die sowjet. Bürokratie, die zu absurden Fällen führt, Korruption und Mißhelligkeiten des Alltagslebens. Von Ironie und Resignation gegenüber der kommunist. Doktrin durchsetzt ist s. Roman ›Vozvraščënnaja molodost'‹; ›Golubaja kniga‹ faßt Einzelerzählungen zykl. zusammen, das satir. Element ist durch die Zensur bereits abgeschwächt. Bemerkenswert die Parallelen zu Gogol', von bestimmten stilist. Kunstmitteln bis zur Atmosphäre von Pessimismus u. verhaltener Trauer.

W: Rasskazy Nazara Il'iča, gospodina Sinebrjuchova, E. 1922; Uvažaemye graždane, En. 1926; O čëm pel solovej, En. 1927; Vozvraščënnaja molodost', R. 1933; Golubaja kniga, En. 1935 (Das Himmelblaubuch, d. 1966); Rasskazy-Fel'etony-Komedii, Ausw. 1962; Pered voschodom solnca, 1967. – Sobranie sočinenij, VI 1929–31, V 1993/94. – *Übs.:* So lacht Rußland, 1927; Die Stiefel des Zaren, 1930; Der redl. Zeitgenosse, 1947; Schlaf schneller, Genosse, 1953; Wie die Nachtigall sang, 1957; Der Rettungsanker, 1959; Der Flieder blüht, 1959; Der Anruf im Kreml, 1963; Wovon die Nachtigall sang, 1964; Qualitätsware, 1969; Bleib Mensch, Genosse, 1970; Schlüssel des Glücks, 1977.
L: A. B. Murphy, 1981; M. Grau, 1988; D. Kreuz, 1992; B. Mai, 1993; L. Scatton, Cambridge 1993; J. Hicks, Nottingham 2000.

Zozulja, Efim Davydovič, russ. Erzähler, 10. 12. 1891 Moskau – 3. 11. 1941 Rybinsk. Journalist in Odessa u. Petrograd, ab 1919 in Moskau. Mit M. Kol'cov Redakteur des ›Ogonëk‹. Nach s. Soldatentod in Vergessenheit verdrängt. – Hochbegabter Meister der psycholog. Kurzgeschichte; am bedeutendsten s. phantast. verfremdete Zeitkritik nach der Revolution unter Einfluß Zamjatins.

W: Sobranie sočinenij (W), III 1927–29; Ja doma, En. 1962. – *Übs.:* Der Mann, der allen Briefe schrieb, En. 1981.

Zrínyi, Miklós Graf, ungar. Dichter, 1. 5. 1620 Csáktornya – 18. 11. 1664 im Wald von Kursanec b. Csáktornya. Aus e. Adelsfamilie, die in der ungar. Geschichte e. wichtige Rolle spielte. Wurde unter dem Schutz Pázmánys streng kathol. erzogen. Stud. in Nagyszombat u. Wien. 1636 Reise nach Italien. Nach acht Monaten kehrte er nach Ungarn zurück u. übernahm das väterl. Erbe. 1649 Banus von Kroatien; stellte sich bald der Politik der Habsburger entgegen. Verteidigte die Draugegend seit 1652 aus eigener Kraft mit s. Truppen siegreich gegen die Türken. Trotz s. Siege führte Montecuccoli den neuen Feldzug 1664. Erbittert zog sich Z. auf s. Gut zurück, wo er noch im selben Jahr bei e. Eberjagd umkam. Man vermutete in s. Tod die Intrigen des Wiener Hofes. – S. bestes Werk ist das Heldenepos ›Obsidio Szigetiana‹ (ungar. Titel ›Szigeti veszedelem‹, 1651), das am Heldentum s. Urgroßvaters die nationale Sendung der Ungarn betont. Als Lyriker stand er unter dem Einfluß Tassos. In s. Prosaschriften gab er den Ungarn Ratschläge gegen die Habsburger u. die Türken.

W: Adriai Tengernek Syrenaia, G. 1651 (enth. Obsidio Szigetiana, n. 1817; Der Fall von Sziget, d. 1944); Szigeti veszedelem, Ep. 1651; Az török áfium ellen való orvosság, 1660. – Művei, hg. L. Négyesy 1914; Összes művei (GW), hg. Cs. Csapodi, T. Klaniczay II 1958; Levelei, Br. 1950; Összes művei (SW), 2003.
L: K. Széchy, V 1896–1902; T. Klaniczay, ²1964; G. Perjés, 1965; I. Kovács Sándor, Z.-tanulmányok, 1979.

Zuhair ibn Abī Sulmā, altarab. Dichter, 6. Jh., Vater des Kaʿb ibn Zuhair. – Feiert in s. sog. Muʿallaqa das Ende e. großen Bruderkrieges. Andere Gedichte betreffen den Stamm und Persönliches. Charakterist. ist neben der Vermeidung sprachl. Ungewöhnlichkeiten e. resignierendmoral. Unterton. Die Vermutung, daß Z. Christ war, besteht kaum zu Recht.

W: Dīwān, hg. A. Socin 1867 (mit dt. Übs.); W. Ahlwardt, The Diwans of the six ancient Arabic Poets, Lond. 1870; Cte. de Landberg, Primeurs arabes 2, Leiden 1889. – *Übs.:* O. Rescher, Beiträge zur arab. Poesie 4/2, 1952.

Žukauskas, Antanas → Vienuolis, Antanas

Zukofsky, Louis, amerik. Lyriker, 23. 1. 1904 New York – 12. 5. 1978 Port Jefferson/NY. Sohn russ.-jüd. Emigranten. Stud. Columbia Univ.; 1947–66 Prof. für Engl. am Brooklyn Polytechnic Institute. – S. großenteils autobiograph., doch keineswegs introvertierten, sondern vom Vertrauen auf Mitmenschentum getragenen Dichtungen sind Ausdruck e. Ringens um höchste stilist. Prägnanz, oft rauh in ihrer Wortkargheit, dabei von großer lyr. Intensität. Z.s Kunst der Aussparung wirkte, neben derjenigen W. C. Williams', stilbildend auf viele jüngere Lyriker (Ch. Olson, Creeley, Duncan u.a.). Auch als Lit.kritiker außergewöhnl. Weite und Intensität. Schrieb außerdem Kurzgeschichten; Catull- und Einstein-Übsn.

W: First Half of ›A‹ 9, G. 1934; 55 Poems, 1941; Anew, G. 1946; A Test of Poetry, komm. G.-Anth. 1948; Five Statements for Poetry, Es. 1958; ›A‹ 1–12, G. 1959; It Was, Kgn. 1959; Bottom: On Shakespeare, Es. II 1963 (m. Celia Z.); I's Pronounced ›Eyes‹, G. 1963; Found Objects 1926–1962, G. 1964; Prepositions, Ess. 1967; Little, R. 1967; ›A‹ Autobiography, G. 1970 (m. Celia Z.); Arise, Arise, Dr. 1973; ›A‹, ep. G. 1978; 80 Flowers, G. 1978. – ALL: Collected Short Poems 1923–1964, II 1965–66; Collected Fiction, 1990; Complete Short Poetry, 1991; Upper Limit Music, Slg. 1997; A. Useful Art, Ess. 2003; Pound-Z., Br. hg. B. Ahearn 1987.

L: C. F. Terrell, hg. 1979; B. Ahearn, 1983; M. J. Leggott, 1989; S. K. Stanley, 1994; M. Scroggins, 1998. – *Bibl.:* C. Zukofsky, 1969.

Žukovskij, Vasilij Andreevič, russ. Dichter, 9. 2. 1783 Mišenskoe/Gouv. Tula – 24. 4. 1852 Baden-Baden. Illegitimer Sohn des Gutsbesitzers Bunin und e. gefangenen Türkin, wuchs in der Familie A. G. Žukovskijs auf. 1797–1810 Stud. Moskau. Seit 1802 in der Heimat, ab 1808 wieder in Moskau. Wurde 1802 durch ›Sel'skoe kladbišče‹, e. freie Übertragung von Th. Grays ›Elegy‹, bekannt, 1815 im lit. Kreis ›Arzamas‹, auf dem Höhepunkt s. Geltung als Dichter. Begann 1820 s. Einfluß auf die lit. Entwicklung zu verlieren. 1826 Prinzenerzieher Alexanders II.; Auslandsreisen. Lebte seit 1841 in Dtl. (Düsseldorf, Frankfurt) und (1848) der Schweiz. Ging unter der Wirkung d. Romantiker, bes. Uhlands, Tiecks, Novalis', F. Schlegels, über den Sentimentalismus hinaus, übernahm einige wesentl. Eigenheiten der Romantik, wie relig. und poet. Idealismus. Überzeugung von der hohen Bedeutung des Dichterberufs, Hinwendung zur Volkspoesie vergangener Zeiten, gilt daher als Vorromantiker; sieht in der Dichtung echte Offenbarung. Grundzug s. aus innerstem Fühlen heraus erwachsenen Lyrik ist e. Resignation, der die Gegenwart angesichts e. in beseligender Erinnerung bewahrten Vergangenheit, e. Traumbilds der andern Welt wenig bedeutet. Mit s. Balladen setzte die Blüte dieser Gattung in Rußland ein; hat dort die Elegie eingebürgert. Drei Viertel s. Gesamtwerks sind Übsn., gab der engl. und dt. Lit. den Vorrang (übersetzte aus Byron, W. Scott, Southey, Moore sowie die Balladendichtung Schillers, Goethes, Uhlands) und beendete damit die Vorherrschaft des franz. Geistes in Rußland. Schuf die bis heute gültige Version der ›Odyssee‹, Übs. des ›Cid‹, altind. und pers. Heldendichtung. E. der bedeutendsten Übersetzer der Weltlit., hat mit s. Übertragungen und Nachdichtungen den Gang des russ. geist. Lebens beeinflußt, war durch s. Wirken im Bereich von Sprache und Vers Wegbereiter Puškins.

W: Polnoe sobranie sočinenij (SW), XII 1902; Stichotvorenija, G. 1958; Sobranie sočinenij (GW), IV 1959 f.; Sočinenija (W), III 1980; Polnoe sobranie sočinenij i pisem (GW u. Br.), XX 1999f.

L: P. A. Pletnev, 1853; A. N. Veselovskij, ²1918; B. Zajcev, Paris 1947; D. Gerhardt, 1965 u. 1989; I. M. Semenko, Boston 1976; U. Kahlenborn, 1985; A. Pein, 1991.

Żukrowski, Wojciech, poln. Dichter, * 14. 4. 1916 Krakau. Stud. Polonistik ebda. Im Krieg in der ›Heimatarmee‹. 1956–59 Diplomat. Reisen nach China, Vietnam, Tibet u.a. – Stilist. feiner, phantasievoller Erzähler z.T. um Erlebnisse aus Krieg und Zwangsarbeit. Neigung zur Groteske.

W: Z kraju milczenia, En. 1946; Porwanie w Tiutiurlistanie, E. 1946 (Entführung in Tiutiurlistan, d. 1958); Piórkiem flaminga, En. 1947 (Mit der Flamingofeder geschrieben, d. 1973); Ręka ojca, R. 1948; Dni klęski, R. 1952 (Tage der Niederlage, d. 1962); Poszukiwacze skarbów, R. 1953; Dom bez ścian, Reiseb. 1954; Okruchy weselnego tortu, Erinn. 1958; Skąpani w ogniu, R. 1961; Wędrówki z moim guru, En. 1960; Kamienne tablice, R. II 1966; Plaża nad Styksem, R. 1976; Zapach psiej sierści, R. 1980; Opowiadania z czasu wojny, En. 1983; Opowiadania z Dalekiego Wschodu, En. 1985. – *Übs.:* Ariadnes Nächte, En. 1967; Feuer im Dschungel, En. 1970; Der schüchterne Bräutigam, En. 1983.

L: Z. Lichniak, Dokoła Wojtka, 1963; L. M. Bartelski 1972; St. Melkowski, 1985.

Żuławski, Jerzy, poln. Dichter, 14. 7. 1874 Lipowiec – 9. 8. 1915 Dębica b. Tarnów. Stud. Philos. Bern. 1899 Diss. ›Das Problem der Kausalität bei Spinoza‹. Mittelschullehrer in Krakau. Journalist. Ab 1910 in Zakopane, Mitbegr. der poln. Alpinistik. Im 1. Weltkrieg als Offizier in der poln. Legion gefallen. – Durch philos. Ausbildung reflektierende lyr. Dichtung. Beeinflußt von Nietzsche, den er auch übs., u. Przybyszewski, in dessen verworrene Theorien er e. systemat. Ordnung zu bringen bemüht ist. Bes. patriot. u. Liebeslyrik. E. Verbindung von Wiss. u. Dichtung im utop. Roman ›Na srebrnym globie‹. Übs. des Talmud.

W: Na strunach duszy, G. 1895; Poezje, II 1900 f.; Z domu niewoli, G. 1902; Dyktator, Dr. 1903; Na srebrnym globie, R.-Tril. 1903 (Auf silbernen Gefilden, d. 1984 u. 1988; 2. Zwycięzca, 1910; Der Sieger, d. 1983; 3. Stara ziemia, 1911; Die alte Erde, d. 1983); Eros i Psyche, Dr. 1904 (ital. 1919); Pokłosie, G. 1905 (d. 1912); Ijola, Dr. 1905; La bestia, Dr. 1906 (d. 1913); Koniec Mesjasza, Dr. 1911; Laus feminae, R. II 1914–16; Miasta umarłe, Schr. 1918. – Poezje, IV 1908; Eseje, 1960; Wiersze wybrane (ausgew. G.), 1965 u. 1982.

L: E. Łoch, 1976.

Zunzunegui y Loredo, Juan Antonio de, span. Romanschriftsteller, 21. 12. 1901 Portugalete/ Bilbao – 1. 6. 1982 Madrid. Kaufmannssohn; Abitur im Jesuitenkolleg, Stud. Rechte u. Lit. in Deusto u. Salamanca; Aufenthalt in Frankreich; Reisen durch Westeuropa; 1926 erste Veröffentlichung; ab 1960 Mitglied der Span. Akad. Lebte in Madrid. – E. der bedeutendsten Gestalten im span. Romanschaffen der Gegenwart; knüpft an die großen Romanciers der Jahrhundertwende (Galdós, Palacio Valdés u.a.) an; glänzende Milieuschilderungen, v.a. s. bask. Heimat in frühen regionalist. Novellen. Später umfangreiche, sorgfältig komponierte Romane aus dem mod. Wirtschafts- u. Gesellschaftsleben mit pessimist. Grundzug. S. Werke zeichnen sich durch Gedankentiefe, menschl. Wärme, psycholog. Durchdringung der Charaktere, Einfallsreichtum u. Humor aus.

W: Vida y paisaje de Bilbao, En. 1926; Chiripi, R. 1931; Cuentos y patrañas de mi ría, En. IV 1935–61; El Chiplichandle, R. 1940; ¡Ay, estos hijos!, R. 1943; El barco de la muerte, R. 1945; La quiebra, R. 1947; La úlcera, R. 1948; Las ratas del barco, R. 1950; El supremo bien, R. 1951; Esta oscura desbandada, R. 1952; La vida como es, R. 1954 (n. 2000; Die dunklen Straßen von Madrid, d. 1959); El hijo hecho a contrata, R. 1956; El camión justiciero, R. 1956; Los caminos de El Señor, R. 1959; El mundo sigue, R. 1960; El premio, R. 1961; El camino alegre, R. 1962; Don Isidoro y sus límites, R. 1963; Todo quedó en casa, R. 1965; El trabajo ... y la vida o la muerte, En. 1965; Un hombre entre dos mujeres, R. 1966; La Ricahembra, R. 1970; La hija malograda, R. 1973. – Obras completas, IX 1969–77.

L: J. de Entrambasaguas, 1942; J. A. Tamayo, 1944; L. Lisagarrem, 1953; L. Meneses Hormazábal, 1953; R. Held, Diss. Mainz 1955; D. Carbonell Basset, 1965 (m. Bibl.); A. C. Isasi Angulo, 1971; F. Prados Silva, 1992.

Zuo zhuan → Chunqiu

Župančič, Beno, slowen. Autor u. Politiker, 22. 3. 1925 Sisak – 28. 8. 1980 Ljubljana. Stud. Slawistik Ljubljana, Verlags- und Zsn.-Redakteur. – Zunächst Vertreter des Sozialist. Realismus, später entdeckt er Humor u. Ironie, schreibt Kinderbücher. Hauptthemen sind Krieg und Nachkriegszeit.

W: Štirje molčeči in druge zgodbe, Nn. 1951; Sedmina, R. 1957 (Ein Gruß für Maria, d. 1965); Deček Jarbol, Kdb. 1959; Plat zvona, R. 1970 (Sturmglocken, d. 1975); 105 lubenic, Kdb. 1972; Golobnjak, R. 1972; Zlati prah, En. 1979; Luka, Kdb. 1981.

Župančič, Oton, slowen. Dichter, 23. 1. 1878 Vinica – 11. 6. 1949 Laibach. 1896–1901 Stud. Gesch. Wien; 1905–10 ausgedehnte Europareisen, wobei er sich mit dem dt., franz. u. engl. geistigen Leben bekannt machte. 1912 Rückkehr in die Heimat. Dramaturg u. Direktor des slowen. Nationaltheaters in Laibach, Archivar, Redakteur versch. Zsn., 1945 Leiter des Instituts für slowen. Sprache an der Akad. der Wiss. – Dem lit. Kreis um Cankar, Kette u. Murn-Aleksandrov angehörend, begann Ž. mit Gedichten im Geiste der slowen. Moderne, in denen sich Dekadenz, Impressionismus u. schwüle Erotik, Kosmopolitismus u. Individualismus mischen. In s. weiteren Werken treten die fremden Einflüsse in den Hintergrund, u. Ž. reagiert immer mehr auf das polit.-soziale u. gesellschaftl. Geschehen s. Zeit. Bereicherte die slowen. Sprache, verwandte statt traditioneller Metrik freie Verse. Von großer Unmittelbarkeit u. Einfühlungsvermögen in die kindl. Psyche zeugen s. Kindergedichte. Ž.s meisterhafte Beherrschung der Sprache verraten s. zahlr. Übsn. aus dem Engl., Franz., Dt. u.a.: Shakespeare (15 Werke), Dickens, Shaw, Wilde, Molière, Voltaire, Balzac, Stendhal, Maupassant, Dante, Calderón, Goethe, Schiller, Heine, Nestroy, Puškin u.a.

W: Čaša opojnosti, G. 1899; Pisanice, G. 1900; Čez plan, G. 1904; Samogovori, G. 1908; Sto ugank, Kdb. 1915; Ciciban in če kaj, Kdb. 1915; Mlada pota, G. 1920; V zarje Vidove, G. 1920; Veronika Deseniška, Dr. 1924; Zimzelen pod snegom, G. 1945; Veš, poet, svoj dolg, G. 1948; Spo pesmi, G. 1948. – Zbrano delo (GW), XI 1956ff.; Izbrano delo (AW), V 1936–50; Izbrane pesmi (AW), 1989.

L: I. Sever, 1928; A. Cronia, Rom 1928; L. Tesnière, Paris 1931; J. Vidmar, 1935; J. Mahnič, 1955; E. Lovšin, 1975; D. Rupel, 1977; J. Vidmar, 1979.

Zurtaweli (Zurtaveli), Jakob → C'urtaveli, Iakob

Zwetajewa, M. → Cvetaeva, Marina Ivanovna